山川 日本史小辞典

日本史広辞典編集委員会 編 【新版】

山川出版社

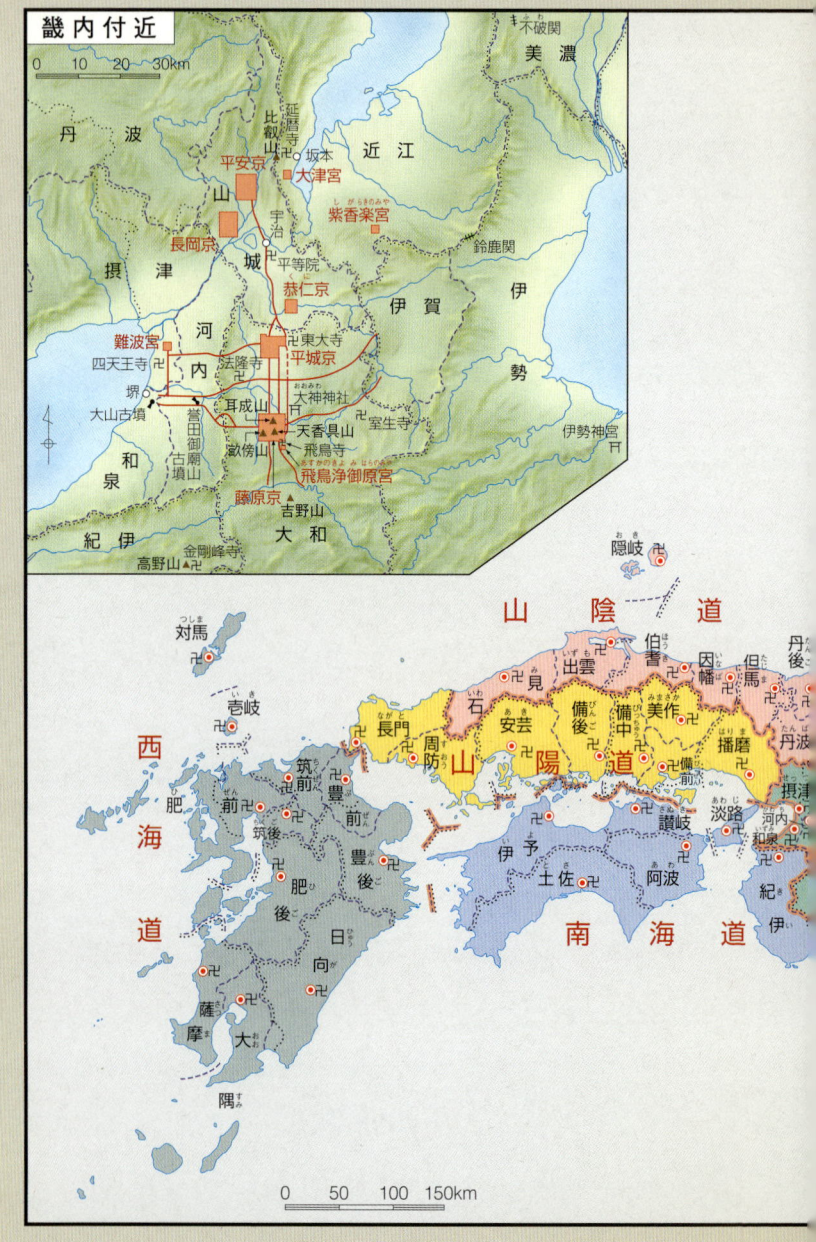

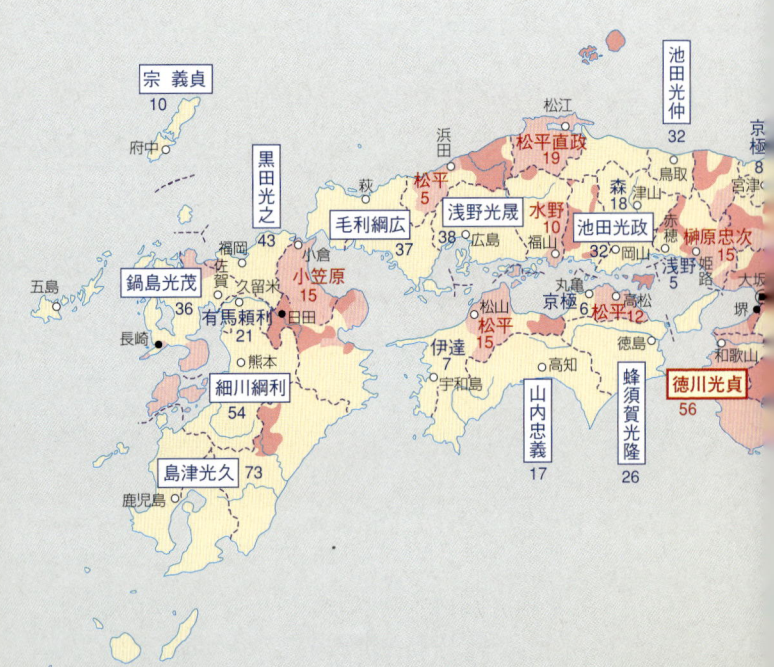

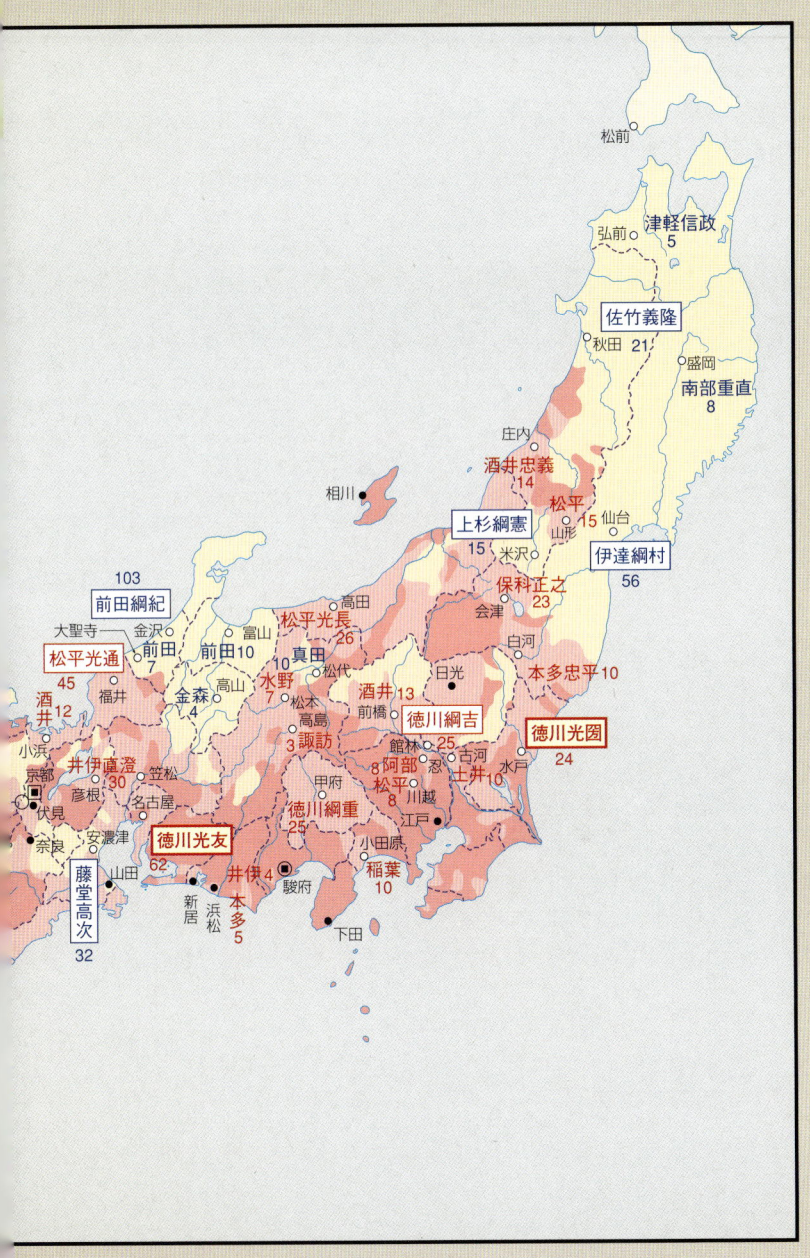

●●・年号索引

年号		西暦
あ		
安永	あんえい	1772〜1781
安元	あんげん	1175〜1177
安政	あんせい	1854〜1860
安貞	あんてい	1227〜1229
安和	あんな	968〜 970
え		
永延	えいえん	987〜 989
永観	えいかん	983〜 985
永久	えいきゅう	1113〜1118
永享	えいきょう	1429〜1441
永治	えいじ	1141〜1142
永正	えいしょう	1504〜1521
永承	えいしょう	1046〜1053
永祚	えいそ	989〜 990
永長	えいちょう	1096〜1097
永徳	えいとく	1381〜1384
永仁	えいにん	1293〜1299
永保	えいほ	1081〜1084
永万	えいまん	1165〜1166
永暦	えいりゃく	1160〜1161
永禄	えいろく	1558〜1570
永和	えいわ	1375〜1379
延応	えんおう	1239〜1240
延喜	えんぎ	901〜 923
延久	えんきゅう	1069〜1074
延享	えんきょう	1744〜1748
延慶	えんきょう	1308〜1311
延元	えんげん	1336〜1340
延長	えんちょう	923〜 931
延徳	えんとく	1489〜1492
延文	えんぶん	1356〜1361
延宝	えんぽう	1673〜1681
延暦	えんりゃく	782〜 806
お		
応安	おうあん	1368〜1375
応永	おうえい	1394〜1428
応長	おうちょう	1311〜1312
応徳	おうとく	1084〜1087
応仁	おうにん	1467〜1469
応保	おうほ	1161〜1163
応和	おうわ	961〜 964
か		
嘉永	かえい	1848〜1854
嘉応	かおう	1169〜1171
嘉吉	かきつ	1441〜1444
嘉慶	かきょう	1387〜1389
嘉元	かげん	1303〜1306
嘉承	かしょう	1106〜1108
嘉祥	かしょう	848〜 851
嘉禎	かてい	1235〜1238
嘉保	かほう	1094〜1096
嘉暦	かりゃく	1326〜1329
嘉禄	かろく	1225〜1227
寛永	かんえい	1624〜1644
寛延	かんえん	1748〜1751
寛喜	かんぎ	1229〜1232
元慶	がんぎょう	877〜 885
寛元	かんげん	1243〜1247
寛弘	かんこう	1004〜1012
寛治	かんじ	1087〜1094
寛正	かんしょう	1460〜1466
寛政	かんせい	1789〜1801
寛徳	かんとく	1044〜1046
寛和	かんな	985〜 987
寛仁	かんにん	1017〜1021
観応	かんのう	1350〜1352
寛平	かんぴょう	889〜 898
寛文	かんぶん	1661〜1673
寛保	かんぽう	1741〜1744
き		
久安	きゅうあん	1145〜1151
久寿	きゅうじゅ	1154〜1156
享徳	きょうとく	1452〜1455
享保	きょうほう	1716〜1736
享禄	きょうろく	1528〜1532
享和	きょうわ	1801〜1804
け		
慶安	けいあん	1648〜1652
慶雲	けいうん	704〜 708
慶応	けいおう	1865〜1868
慶長	けいちょう	1596〜1615
建暦	けんりゃく	1204〜1207
元応	げんおう	1319〜1321
元永	げんえい	1118〜1120
元亀	げんき	1570〜1573
建久	けんきゅう	1190〜1199
元久	げんきゅう	1204〜1206
乾元	けんげん	1302〜1303
元弘	げんこう	1331〜1334
元亨	げんこう	1321〜1324
建治	けんじ	1275〜1278
元治	げんじ	1864〜1865
元中	げんちゅう	1384〜1392
建長	けんちょう	1249〜1256
建徳	けんとく	1370〜1372
元徳	げんとく	1329〜1332
元和	げんな	1615〜1624
建仁	けんにん	1201〜1204
元仁	げんにん	1224〜1225
元文	げんぶん	1736〜1741
建保	けんぽう	1213〜1219
建武	けんむ	1334〜1338
建暦	けんりゃく	1211〜1213
元暦	げんりゃく	1184〜1185
元禄	げんろく	1688〜1704
こ		
弘安	こうあん	1278〜1288
康安	こうあん	1361〜1362
康永	こうえい	1342〜1345
康応	こうおう	1389〜1390
弘化	こうか	1844〜1848
康元	こうげん	1256〜1257
興国	こうこく	1340〜1346
弘治	こうじ	1555〜1558
康治	こうじ	1142〜1144
康正	こうしょう	1455〜1457
弘長	こうちょう	1261〜1264
弘仁	こうにん	810〜 824
康平	こうへい	1058〜1065
康保	こうほ	964〜 968
康暦	こうりゃく	1379〜1381
弘和	こうわ	1381〜1384
康和	こうわ	1099〜1104
斉衡	さいこう	854〜 857
し		
至徳	しとく	1384〜1387
寿永	じゅえい	1182〜1185
朱鳥	しゅちょう	686
正安	しょうあん	1299〜1302
承安	しょうあん	1171〜1175
貞永	じょうえい	1232〜1233
正応	しょうおう	1288〜1293
承応	じょうおう	1652〜1655
貞応	じょうおう	1222〜1224
正嘉	しょうか	1257〜1259
貞観	じょうがん	859〜 877
承久	じょうきゅう	1219〜1222
正慶	しょうきょう	1332〜1333
貞享	じょうきょう	1684〜1688
正元	しょうげん	1259〜1260
承元	じょうげん	1207〜1211
貞元	じょうげん	976〜 978
正治	しょうじ	1199〜1201
貞治	じょうじ	1362〜1368
昌泰	しょうたい	898〜 901
正中	しょうちゅう	1324〜1326
正長	しょうちょう	1428〜1429
正徳	しょうとく	1711〜1716
承徳	じょうとく	1097〜1099
正平	しょうへい	1346〜1370
承平	じょうへい	931〜 938
承保	じょうほ	1074〜1077
正保	しょうほう	1644〜1648
正暦	しょうりゃく	990〜 995
承暦	じょうりゃく	1077〜1081
正和	しょうわ	1312〜1317
昭和	しょうわ	1926〜1989
承和	じょうわ	834〜 848
貞和	じょうわ	1345〜1350
神亀	じんき	724〜 729
神護景雲	じんごけいうん	767〜 770
た		
大永	たいえい	1521〜1528
大化	たいか	645〜 650
大治	だいじ	1126〜1131
大正	たいしょう	1912〜1926
大同	だいどう	806〜 810
大宝	たいほう	701〜 704
治安	ちあん	1021〜1024
治承	じしょう	1177〜1181
長寛	ちょうかん	1163〜1165
長久	ちょうきゅう	1040〜1044
長享	ちょうきょう	1487〜1489
長元	ちょうげん	1028〜1037
長治	ちょうじ	1104〜1106
長承	ちょうしょう	1132〜1135
長徳	ちょうとく	995〜 999
長保	ちょうほう	999〜1004
長暦	ちょうりゃく	1037〜1040
長禄	ちょうろく	1457〜1460
長和	ちょうわ	1012〜1017
治暦	ちりゃく	1065〜1069
て		
天安	てんあん	857〜 859
天永	てんえい	1110〜1113
天延	てんえん	973〜 976
天応	てんおう	781〜 782
天喜	てんぎ	1053〜1058
天慶	てんぎょう	938〜 947
天元	てんげん	978〜 983
天治	てんじ	1124〜1126
天授	てんじゅ	1375〜1381
天正	てんしょう	1573〜1592
天承	てんしょう	1131〜1132
天長	てんちょう	824〜 834
天徳	てんとく	957〜 961
天和	てんな	1681〜1684
天仁	てんにん	1108〜1110
天平	てんぴょう	729〜 749
天平感宝	てんぴょうかんぽう	749
天平勝宝	てんぴょうしょうほう	749〜 757
天平神護	てんぴょうじんご	765〜 767
天平宝字	てんぴょうほうじ	757〜 765
天福	てんぷく	1233〜1234
天文	てんぶん	1532〜1555
天保	てんぽう	1830〜1844
天明	てんめい	1781〜1789
天養	てんよう	1144〜1145
天暦	てんりゃく	947〜 957
天禄	てんろく	970〜 973
徳治	とくじ	1306〜1308
に		
仁安	にんあん	1166〜1169
仁治	にんじ	1240〜1243
仁寿	にんじゅ	851〜 854
仁和	にんな	885〜 889
仁平	にんぴょう	1151〜1154
は		
白雉	はくち	650〜 654
ふ		
文安	ぶんあん	1444〜1449
文永	ぶんえい	1264〜1275
文応	ぶんおう	1260〜1261
文化	ぶんか	1804〜1818
文亀	ぶんき	1501〜1504
文久	ぶんきゅう	1861〜1864
文治	ぶんじ	1185〜1190
文正	ぶんしょう	1466〜1467
文政	ぶんせい	1818〜1830
文中	ぶんちゅう	1372〜1375
文保	ぶんぽう	1317〜1319
文明	ぶんめい	1469〜1487
文暦	ぶんりゃく	1234〜1235
文禄	ぶんろく	1592〜1596
文和	ぶんわ	1352〜1356
へ		
平治	へいじ	1159〜1160
平成	へいせい	1989〜
ほ		
保安	ほうあん	1120〜1124
宝永	ほうえい	1704〜1711
保延	ほうえん	1135〜1141
宝亀	ほうき	770〜 780
保元	ほうげん	1156〜1159
宝治	ほうじ	1247〜1249
宝徳	ほうとく	1449〜1452
宝暦	ほうりゃく	1751〜1764
万延	まんえん	1860〜1861
万治	まんじ	1658〜1661
万寿	まんじゅ	1024〜1028
め		
明応	めいおう	1492〜1501
明治	めいじ	1868〜1912
明徳	めいとく	1390〜1394
明暦	めいれき	1655〜1658
明和	めいわ	1764〜1772
養老	ようろう	717〜 724
養和	ようわ	1181〜1182
り		
暦応	りゃくおう	1338〜1342
暦仁	りゃくにん	1238〜1239
霊亀	れいき	715〜 717
わ		
和銅	わどう	708〜 715

まえがき

　歴史の研究や学習に際してだけでなく，文学作品を読んだり旅行で他の土地を訪ねる場合でも，事件・人物・制度・風習・地名などを歴史的背景のもとに理解したいと思うことが多い。この辞典は常に身近に置いて，必要なときに簡単に調べることができるように，小型でありながら必要な項目を厳選して，正確で簡潔な記述を心掛けた。

　山川出版社は1957年に『日本史小辞典』を発行し，第2次大戦後初めての日本史に関する辞典として半世紀近く多くの人々に愛用され，出版界でも小辞典の嚆矢として注目されてきた。

　そうした実績を踏まえ，新しい研究成果や考古学的発見をも加えて，先年同社は『日本史広辞典』を発行した。この辞典は，今まであまり重視されてこなかった北辺アイヌや南方沖縄に関する歴史項目も取り入れて，学界でも高い評価を受けた。この『日本史広辞典』を基盤に，必要度の高いと思われる項目を9000項目程度に絞り，手軽に持ち運べるよう小型版にしたのが『山川　日本史小辞典』(新版)である。新しい世紀での研究や学習に対応できる辞書として愛用され，広い歴史的知見の泉となって人間と社会の理解・協力が進むことに役立つようにと願う次第である。

　　2001年1月

　　　　　　　　　　　　　　日本史広辞典編集委員会

凡　　例

見出し語
◎仮名見出し，本見出しの順に掲げた。
◎仮名見出しは，日本語は現代仮名遣いによるひらがなとした。外国語・外来語，アイヌ語，琉球語，民俗の項目は漢字表記が慣用とされている場合を除いて，カタカナとした。カタカナ表記にはヴは用いず，パ行音で表記した。
◎日本人名は姓，名の順としたが，近世以前の俳人・連歌師は号のみとした。
◎中国・朝鮮の人名は日本語読みの仮名見出しを付し，近代以降の人名は本見出しのあとに，中国人名には拼音（ピンイン）字母を，朝鮮人名にはマッキューン・ライシャワー方式で表記したものを付した。
◎藩名は藩庁所在地名で立項した。
◎「日本」の読みは「にほん」とした。

配　列
◎五十音順に配列し，促音・拗音も音順に加え，清音→濁音→半濁音の順とした。長音符（ー）は音順に含めなかった。
◎同音の項目はカタカナ→ひらがな→漢字の順とした。
◎同音の漢字項目は，第1字目の画数の少ないものを先にし，第1字目が同字画のときは，順次第2字目以降の画数順により配列した。
◎同音同字の項目は，一般名詞→人名・団体名→地名→書名の順とした。
◎同音同字の事件名・人名・寺社など同種のものが複数あるときは1項目にまとめ，■■■を付して区別した。配列順は以下のとおり。日本人名は生年順，外国人名はパーソナルネームの欧文アルファベット順。地名は「全国地方公共団体コード」の配列順。他は年代順。
◎付録として，冒頭に主要歴史地図および「年号索引」，巻末に「年代表」「系図」「方位・時刻・干支順位」「度量衡」を付した。

本　文
◎漢字まじりのひらがな口語文とし，平易な記述を心がけた。
◎仮名遣いは「現代仮名遣い」により，固有名詞・引用文などは旧仮名遣いも用いた。
◎漢字は「常用漢字表」「人名用漢字表」による字体を用いた。それ以外は

慣用のものを除いて正字を用いた。
◎本文中の書名・引用などは「　」を用いた。
◎全送り項目は⇨で送り先を示した。

年次・元号・時代
◎年次は原則として西暦で表記し，初出に（　）で日本年号を付した。崇峻天皇以前は西暦を用いず，天皇年紀で表記した。外国に関する記述でとくに日本と関係しない場合は西暦のみとした。
◎1872年(明治5)12月3日の改暦以前は西暦と和暦とは1カ月前後のずれがあるが，月日の西暦換算は行わず西暦年に和暦の月日を続けて記した。ただし，外交関係など必要に応じ両暦の年月日を並記した。
◎外国人の生没年月日は，日本で没した場合など特別な場合を除いて，原則として本国の暦によっている。
◎改元の年は新元号で示した。
◎南北朝時代は北朝，南朝の順で示した。
◎歴史時代の呼称は，古代・中世・近世・近代・現代を用いた。また，飛鳥時代，奈良時代，平安時代（前・中・後期），鎌倉時代（前・中・後期），室町時代（南北朝期・室町中期・戦国期），安土桃山時代（織豊期），江戸時代（前・中・後・幕末期），明治期，大正期，昭和期，平成期などの時代区分も用いた。

＊各種データは2001年(平成13)現在のものである。

●編集委員

石井 進	大口 勇次郎	大津 透	勝俣 鎭夫	加藤 陽子
久留島 浩	合田 芳正	小風 秀雅	坂上 康俊	笹山 晴生
高村 直助	田村 晃一	鳥海 靖	宮田 登	宮本 袈裟雄
安田 次郎	山室 恭子	山本 博文	義江 彰夫	吉田 伸之
蜷川 壽惠				

●執筆者

會田 実	青山 幹哉	秋山 喜代子	浅倉 有子	安里 嗣淳
安達 宏昭	安達 裕之	安達 義弘	阿部 浩一	阿部 武司
阿部 安成	天川 晃	天野 文雄	荒井 明夫	新井 勝紘
荒井 清明	有馬 学	有山 輝雄	安在 邦夫	安藤 孝一
飯尾 秀幸	飯島 吉晴	飯田 勇	飯野 正子	家永 遵嗣
井川 克彦	生田 滋	池田 忍	池田 節子	池田 尚隆
井ケ田 良治	石井 謙治	石井 進	石井 孝	石井 米雄
石上 英一	石毛 忠	石澤 良昭	石田 千尋	石田 晴男
石田 佳也	石橋 健一郎	石山 洋	石山 禎一	市沢 哲
市原 博	伊藤 貞夫	伊藤 孝幸	伊東 玉美	伊藤 久子
伊藤 正敏	伊藤 正直	伊藤 康宏	稲本 万里子	井上 攻
井上 勝生	井上 聡	井上 寿一	井上 洋一	井上 亘
揖斐 高	今井 明	今井 修平	今井 典子	岩井 眞實
岩城 卓二	岩佐 光晴	岩崎 真幸	岩下 哲典	岩田 浩太郎
岩田 重雄	岩田 みゆき	岩橋 勝	岩淵 令治	岩本 通弥
上島 享	上江洲 均	上杉 和彦	上野 誠	宇佐見 隆之
宇佐美 英機	宇佐美 ミサ子	牛川 喜幸	牛山 敬二	宇田 敏彦
内田 正男	内田 律雄	内海 孝	江上 幹幸	江島 香
榎本 勝己	榎本 淳一	榎本 正敏	榎原 雅治	海老原 由香
江森 一郎	遠藤 正治	老川 慶喜	追塩 千尋	大石 利雄
大石 学	大木 毅	大口 勇次郎	大澤 研一	大沢 眞澄
大島 暁雄	大嶋 善孝	大城 将保	大隅 清陽	大曾根 章介
大谷 節子	大津 透	大塚 美保	大藤 修	大友 一雄
大西 比呂志	大貫 紀子	大橋 幸泰	大平 聡	大豆生田 稔

大森 映子	大森 恵子	大山 誠一	岡 雅彦	小笠原 信夫
岡田 和喜	岡田 芳朗	岡戸 敏幸	岡中 正行	岡野 智子
岡野 友彦	岡村 道雄	小川 彰	小川 直之	小川 政亮
荻 美津夫	荻野 喜弘	奥 健夫	奥田 環	小口 雅史
尾口 義男	小熊 誠	小椋 喜一郎	小倉 慈司	小澤 弘
小沢 文子	小野 征一郎	小野 雅章	小野田 雅一	小原 仁
大日方 克己	及川 良彦	織笠 昭	海津 一朗	貝塚 和実
賀川 隆行	籠谷 直人	笠原 英彦	梶田 明宏	柏村 祐司
粕谷 誠	片岡 豊	片桐 一男	片山 倫太郎	勝浦 令子
勝俣 鎭夫	勝又 壽久	桂島 宣弘	加藤 榮一	加藤 悦子
加藤 貴	加藤 友康	加藤 陽子	金井 清	金井 安子
金澤 史男	金田 房子	鐘江 宏之	金子 修一	兼子 昭一郎
金子 文夫	金子 真土	印牧 信明	鎌倉 惠子	鎌倉 佐保
紙屋 敦之	神谷 浩	神山 彰	神山 恒雄	亀井 若菜
蒲生 美津子	鴨川 達夫	河合 仁	川島 優美子	川尻 秋生
川添 裕	川村 肇	川本 桂子	川本 重雄	神崎 彰利
神崎 直美	神作 研一	神田 千里	神田 文人	神田 由築
菊地 明範	菊池 勇夫	菊池 健策	岸本 昌也	北 啓太
北河 賢三	北島 万次	北野 耕平	北村 優季	橘川 武郎
狐塚 裕子	鬼頭 清明	木永 勝也	樹下 文隆	木場 明志
木村 直也	木村 元	木村 昌人	清田 善樹	吉良 芳恵
國岡 啓子	救仁郷 秀明	久野 幸子	久野 マリ子	久保 貴子
熊井 保	熊田 亮介	倉石 あつこ	倉石 忠彦	倉田 喜弘
倉本 一宏	久留島 典子	久留島 浩	黒石 陽子	黒沢 文貴
黒田 洋子	京馬 伸子	源城 政好	小池 淳一	小池 進
小池 聖一	小泉 直美	合田 芳正	河内 祥輔	河野 元昭
河野 康子	神野志 隆光	小風 秀雅	小熊 伸一	小坂 眞二
小路田 泰直	小関 和弘	小曽戸 洋	古藤 真平	後藤 治
後藤 乾一	後藤 康二	小西 秀隆	小西 瑞恵	小橋 孝子
小林 梅次	小林 和幸	小林 信也	駒込 武	小松 大秀
五味 和之	小峯 和明	小宮 木代良	薦田 治子	今 正秀
近藤 瑞男	近藤 正己	近藤 好和	斎藤 潔	齋藤 憲

齋藤 慎一	斎藤 多喜夫	齋藤 融	斎藤 洋一	斎藤 善之
佐伯 昌紀	早乙女 雅博	酒井 和子	坂井 孝一	酒井 信彦
酒井 紀美	坂上 早魚	坂上 康俊	栄原 永遠男	阪口 弘之
坂本 忠久	坂本 昇	鷲森 浩幸	佐久間 貴士	佐久間 正
桜井 昭男	桜井 英治	桜井 弘	酒田 正敏	佐々木 馨
佐々木 恵介	佐々木 史郎	佐々木 隆	佐々木 長生	佐々木 利和
佐々木 尚毅	佐々木 寛司	佐々木 文昭	笹木 義友	笹山 晴生
佐島 顕子	里井 洋一	佐藤 昭嗣	佐藤 孝	佐藤 孝之
佐藤 常雄	佐藤 道信	佐藤 秀夫	佐藤 弘夫	佐藤 信
佐藤 正広	佐藤 良博	澤 博勝	沢井 実	澤野 泉
三田 武繁	塩崎 文雄	塩出 貴美子	設楽 薫	篠原 進
柴田 美恵	渋谷 啓一	島尾 新	島村 恭則	清水 信行
清水 康幸	清水 洋二	下平 和夫	下向井 龍彦	釈迦堂 光浩
白井 哲哉	白石 昭臣	白石 浩之	白石 仁章	白水 智
新藤 協三	真野 俊和	新谷 恭明	末柄 豊	末永 國紀
末松 剛	菅井 益郎	菅原 亮芳	杉立 義一	杉谷 昭
杉本 一樹	杉本 史子	杉森 哲也	鈴木 敦子	鈴木 英一
鈴木 和夫	鈴木 健一	鈴木 浩平	鈴木 淳	鈴木 淳
鈴木 章生	鈴木 毅彦	鈴木 恒夫	鈴木 哲雄	鈴木 俊幸
鈴木 眞弓	須田 勉	関 周一	関 俊彦	関口 隆一
千田 嘉博	曾根 ひろみ	曾根 正人	曾根 勇二	薗部 寿樹
平 智之	田浦 雅徳	高井 佳弘	高木 俊輔	高木 正幸
高田 陽介	高埜 利彦	高野 信治	鷹野 光行	高橋 章則
高橋 慎一朗	高橋 敏子	高橋 秀樹	高橋 正衛	高橋 昌郎
高橋 雅夫	高橋 美都	高橋 陽一	高林 直樹	高村 直助
高山 茂	高良 倉吉	竹内 美砂子	竹ケ原 幸朗	竹下 義人
竹谷 俊夫	竹村 信治	蛸島 直	田沢 裕賀	田嶋 信雄
田島 佳也	多田 暢久	舘 かおる	蓼沼 康子	館野 和己
田名 真之	田中 克行	田中 春雄	田中 秀和	田中 博美
棚橋 訓	谷口 貢	谷口 康浩	田畑 勉	玉城 司
田村 晃一	田村 貞雄	田村 憲美	近松 鴻二	千野 香織
千葉 基次	千本 英史	趙 景達	塚田 孝	塚本 明

月本 雅幸	辻村 昌昭	辻本 雅史	土川 信男	土田 良一
土屋 直樹	土谷 恵	土屋 礼子	津波 高志	坪井 利剛
津山 正幹	鶴田 啓	手島 一雄	手塚 直樹	鉄野 昌弘
寺内 直子	寺崎 昌男	照沼 康孝	土居 郁雄	東野 治之
時里 奉明	土肥 鑑高	豊見山 和行	友野 清文	鳥谷 智文
豊島 修	豊田 寛三	鳥海 靖	長井 純市	永井 晋
長岡 新吉	中川 和明	中川 すがね	中川 博夫	長崎 一
中島 圭一	中嶋 隆	長島 修	中武 香奈美	長妻 廣至
中野 高行	中野 健	中野 栄夫	中野 等	中野 実
中野目 徹	中林 隆之	中村 修也	中村 節子	中村 利則
中村 尚史	中村 仁美	中村 ひろ子	中村 文	中村 羊一郎
中村 順昭	中山 誠二	中山 富広	永山 修一	永由 徳夫
生井 知子	奈良 毅	成田 賢太郎	成田 龍一	南部 昇
西岡 芳文	西海 賢二	西川 明彦	西川 武臣	西川 誠
西坂 靖	西里 喜行	西澤 一光	西宮 秀紀	西村 はつ
西谷地 晴美	新田 一郎	仁藤 敦史	仁藤 智子	布川 弘
沼倉 延幸	根井 浄	根崎 光男	野川 美穂子	野地 恒有
野島 博之	野田 有紀子	野村 実	法月 敏彦	橋本 哲哉
橋本 直子	長谷部 八朗	畠山 秀樹	畑中 幸子	波多野 澄雄
波田野 富信	服部 英里子	服部 仁	波戸 祥晃	馬場 章
馬場 憲一	馬場 弘臣	濱島 正士	浜田 耕策	浜田 雄介
林 温	林 久美子	林 徹	林 譲	原 直史
原 秀成	原口 志津子	原島 陽一	原田 一敏	針谷 武志
春名 徹	春名 宏昭	半田 淳子	東島 誠	樋口 隆正
日暮 吉延	日隈 正守	平石 直昭	平川 新	平川 一臣
平川 南	平勢 隆郎	平野 邦雄	平野 正裕	廣井 隆
廣瀬 雄一	広瀬 順晧	深井 甚三	深井 雅海	深沢 眞二
福井 淳	福島 邦夫	福島 恒徳	福田 千鶴	福地 悼
服藤 早苗	藤井 和夫	藤井 恵介	藤井 信幸	藤口 健二
藤實 久美子	藤本 篤	藤原 良章	古家 信平	古尾谷 知浩
古川 淳一	古川 隆久	古瀬 清秀	古瀬 奈津子	古田 啓
北條 秀樹	保谷 徹	保坂 智	保坂 裕興	星野 鈴

細井 計	細井 浩志	細江 光	細川 涼一	堀 新
堀 勇良	堀内 祐子	本郷 和人	本郷 隆盛	本郷 真紹
本田 康雄	前川 啓治	前嶋 雅光	前田 禎彦	前坊 洋
真栄平 房昭	前山 亮吉	曲田 浩和	増川 宏一	増渕 徹
町村 敬志	松井 恵理	松井 洋子	松尾 剛次	松尾 知子
松尾 美恵子	松崎 憲三	松重 充浩	松薗 斉	松原 誠司
松村 恵司	松村 敏	松村 潤	松本 良太	丸山 茂
丸山 士郎	丸山 伸彦	丸山 裕美子	三浦 広子	水林 彪
三谷 博	三谷 芳幸	宮川 康子	宮城 公子	三宅 明正
宮崎 勝美	宮崎 ふみ子	宮﨑 昌喜	宮澤 正明	宮下 満郎
宮島 英昭	宮田 登	宮本 袈裟雄	武藤 達夫	村井 早苗
村岡 健一郎	村瀬 信一	村瀬 典章	村田 裕子	牟禮 悦也
茂木 陽一	持田 泰彦	望月 幹夫	茂手木 潔子	本宮 一男
桃木 至朗	森 公章	森 謙二	森 節子	森 隆男
森 哲也	森 久男	森 幸夫	森下 徹	森田 悌
森田 朋子	森山 優	森山 茂徳	八重樫 直比古	八百 啓介
屋嘉比 収	八木橋 伸浩	安岡 昭男	八杉 淳	安国 陽子
安国 良一	安田 次郎	柳沢 遊	柳谷 慶子	矢野 敬一
矢羽 勝幸	矢部 誠一郎	矢部 良明	山内 弘一	山川 直治
山岸 公基	山口 明穂	山口 和夫	山口 研一	山口 輝臣
山口 英男	山口 敏	山崎 進	山崎 誠	山崎 祐子
山崎 有恒	山下 克明	山下 信一郎	山下 有美	山田 邦明
山田 智恵子	山田 宙子	山中 裕	山室 恭子	山本 和重
山本 武夫	山本 質素	山本 敏子	山本 博文	山本 博也
山本 光正	山家 浩樹	湯川 洋司	行武 和博	横井 敏郎
横山 昭男	横山 真一	横山 伊徳	義江 彰夫	義江 明子
吉川 真司	吉田 一彦	吉田 早苗	吉田 靖	吉田 伸之
吉田 ゆり子	吉武 佳一郎	吉永 昭	米田 俊彦	劉 傑
若林 正丈	脇野 博	和田 修	渡辺 昭夫	渡辺 晃宏
渡辺 江美子	渡辺 和敏	渡辺 匡一	渡辺 浩一	渡邊 守順
渡辺 正気	渡辺 尚志	渡辺 奈穂子	渡辺 信夫	渡辺 典子
渡邉 正男	渡辺 守邦			

あい [藍] タデ科の1年草アイ(タデアイ)からとった染料、その染色。染料植物には印度藍・琉球藍・菘藍(しょうらん)なども用いた。平安時代頃までは野生の山藍ですった青緑色が藍で、藍染による青色を藍というのは中世以降。藍染では、タデアイから製した葉(すくも)や泥藍などを藍甕(かめ)に仕込み、アルカリ・水・発酵助剤などを加えて加熱し、発酵作用で還元酵素を生じさせ、藍の葉に含まれる青藍を白藍にかえて染液とする。これを藍建(だて)という。一般的には浸染(しみぞめ)を行い、染色後、空気中で酸化させて藍色を発色させる。浸染の回数により濃さを増し、濃淡によって甕覗(かめのぞき)・水色・空色・浅葱(あさぎ)・千草・縹(はなだ)・紺・搗(かち)色などと区別れる。近世に木綿の普及とともに一般化し、マムシや毒虫・ヒルなどを防ぎ殺菌作用も強いため、野良着や仕事着・産着などの染色に多用された。

アイエムエフ [IMF] 国際通貨基金(International Monetary Fund)の略称。ブレトン・ウッズ協定にもとづき国際復興開発銀行とともに1945年設立された国際連合の専門機関。第2次大戦前の自国本位の為替操作の弊害の反省に立ち、固定為替レートの維持、国際収支均衡にむけた短期融資を目的として、47年約77億ドルを資金に業務開始。本部がワシントン。加盟国は一定の出資額を拠出するが、外貨の借入ができる。さらに金1オンス=35ドルの米通貨を基準に自国通貨の為替レートを決定・維持する義務を負う。平価の変更には承認を必要とする。日本は52年(昭和27)加盟を承認。

アイエルオー [ILO] 国際労働機関(International Labor Organization)の略称。1919年(大正8)のベルサイユ条約によって、国際連盟と緊密な関係をもつ機関として同年発足。本部はジュネーブ。労働者の権利保護、労働条件改善などを目的とし、正当な労働基準を世界的に広めることを目的とし、総会・理事会・事務局をおいた。46年(昭和21)国際連合の専門機関となる。日本は設立当初から加盟国だったが、38年に脱退、51年に再加盟した。

あいかわよしすけ [鮎川義介] 1880.11.6〜1967.2.13 明治〜昭和期の実業家・政治家。山口県出身。東大卒。1910年(明治43)戸畑鋳物を設立。28年(昭和3)経営が破綻した久原(くはら)鉱業の社長に就任し、同社を日本産業に改組。満州事変以後の軍需景気による株価高騰を利用して傘下企業の株をプレミアムつきで公開し、その資金で拡大をはかり、日産コンツェルンをつくった。37年関東軍の要請をうけて日本産業を満州へ移転し、満州重工業開発会社に改組。しかし軍部の干渉や外資導入の不成功などのために失敗、42年退いて帰国。第2次大戦後は公職追放解除後、52年中小企業助成会、56年中小企業政治連盟を結成。53年に参議院議員となり、59年次男金次郎の選挙違反問題で引責辞任。

あいきゅう [相給] 分給・分郷(ぶんごう)・相知・相知行・入会知行とも。江戸時代における所領の知行形態。石高制にもとづく江戸時代の知行は村を基本単位としていたが、1村を複数の領主が分割して知行することを相給といった。一般的には幕府が旗本や大名などに村を分郷して与えることをいうが、諸藩の領内でも家臣の知行形態の一つとして行われた。とくに幕府による知行割の再編・整備として行われた寛永期と元禄期の地方(じかた)直しを画期として、旗本が大量に配置された関東や関西・東海地方で多くの相給村が出現した。相給の村は領主の数により2給・3給などと称し、多いものでは20給に及ぶものもあった。

あいきょうじゅく [愛郷塾] 1931年(昭和6)に橘孝三郎が水戸市郊外に開いた私塾。正式名称は「自営的勤労学校愛郷塾」。農場を経営していた橘は、1929年荒廃しつつある農村を救おうとして愛郷会を結成、農村青年教育のため愛郷塾を創立。塾生は寄宿舎で合宿し、学課のほか農業実習などが教授された。橘は井上日召(にっしょう)の知遇を得て国家革新運動に関与、5・15事件では塾生による農民決死隊の変電所襲撃をもって参加した。

あいこくこうとう [愛国公党] 1874年(明治7)1月、征韓論争に敗れて下野した板垣退助・後藤象二郎・副島(そえじま)種臣・江藤新平と、政府高官の由利公正(まさ)や小室信夫・古沢滋(しげる)らが東京で結党した政治結社。民撰議院設立建白書を左院に提出し、国民的な運動としての自由民権運動の出発点となる。75年には解党。

あいこくしゃ [愛国社] 1875年(明治8)2月22日、板垣退助・片岡健吉ら立志社の社員が中心になって大阪で結成された、日本で最初の全国的規模の自由民権結社。全国の民権運動の指導的役割をはたした。結成大会には徳島・福岡・大分・熊本・石川などの各県から40余人の参加者があった。東京に本社をおき、年4回大会を開催することを決定したが、十分な活動も行わないうちに解散。西南戦争後の78年、再び立志社が愛国社再興をよびかけ、大阪で再興大会が開催された。翌年の第3回大会で国会開設請願書の提出が決定され、第4回大会には、2府22

県から集めた8万7000余人の署名人の代表114人が結集し、国会期成同盟と名を改め、発展的に解消した。

あいざわじけん [相沢事件] 永田事件とも。1935年(昭和10)8月12日、陸軍省軍務局長永田鉄山少将が陸軍中佐相沢三郎に局長室で斬殺された事件。永田は数年後の陸軍の実質的指導者・権力者、統制派の中心人物と目されていた。真崎甚三郎教育総監の更迭に刺激された皇道派の相沢に斬られたもので、現役陸軍将校の上官殺害という陸軍史上の大不祥事。事件は日本政治の分岐点となり、2・26事件の原因の一つとなった。

あいざわせいしさい [会沢正志斎] 1782.5.25～1863.7.14 江戸後期の儒学者。常陸国水戸藩士。父は恭敬。名は安、字は伯民、通称は恒蔵。正志斎は号。水戸生れ。藤田幽谷に儒学を学び、彰考館で「大日本史」編纂に従事。23歳で徳川斉昭ら諸公子の侍読となる。1824年(文政7)藩領へのイギリス人船員上陸に遭遇し対外的危機感を深め、翌年「新論」を著して国体神学にもとづく富国強兵論と民心統合策を体系的に提示。29年藩主の継嗣問題では斉昭擁立派として活躍。藩主斉昭のもとで郡奉行・彰考館総裁を歴任し、藩校弘道館の初代総教(教授頭取)にも就任。尊王攘夷思想の体系的提唱者として幕末の志士に影響を与えた。58年(安政5)の戊午の密勅をめぐる藩内対立では、鎮派として尊攘激派の武力弾圧を主張した。著書「下学邇言」。

あいざわただひろ [相沢忠洋] 1926.6.21～89.5.22 昭和期の考古学者。東京都出身。1945年(昭和20)から群馬県桐生市内で縄文早期の遺跡の踏査を行い、翌年岩宿遺跡で関東ローム層中から石器を発見。49年に杉原荘介らがここを発掘し、日本に縄文土器以前の石器文化が存在したことを実証した。これ以降、各地で縄文文化以前の石器文化の存在が明らかにされた。旧石器発見の功により吉川英治賞を受賞。著書「岩宿の発見」「赤城山麓の旧石器」「赤土への執念」。

アイゼンハワー Dwight David Eisenhower 1890.10.14～1969.3.28 アメリカの陸軍軍人。第34代大統領(共和党、在職1953～61)。第2次大戦後半、西ヨーロッパ連合国軍最高司令官としてノルマンジー上陸作戦などを指揮。1952年大統領選挙で大勝して61年まで2期8年共和党政権を維持し、その間朝鮮戦争終結を実現。60年の訪日は安保闘争激化のため中止された。

あいたいすましれい [相対済令] 江戸幕府が、貸金・売掛金の延滞など、おもに金銭貸借にかかわる訴訟を受理しないこととして、当事者間で裁判によらず相談・合意のうえ解決するように命じた法令。近世を通じて数次にわたって出されたが、1719年(享保4)のものが最も有名。背景には、全国規模での商品流通の発展にともない、売買・貸借・取引などにかかわる私人間の紛争が増加したことがあげられる。幕府は、こうした訴訟の増加に対して、全体として幕府裁判制度の充実、私法典の整備という方向で積極的に対応するのではなく、しばしば相対済令による訴権の棄却で乗りきろうとした。

あいたいぼうえき [相対貿易] 江戸前期の長崎貿易における取引方法。売手と買手の当事者が直接に値段を決めて売買する貿易仕法。生糸の糸割符仕法や市法貨物商法など、日本側の特権的商人仲間が輸入品の価格決定の主導権をもって外国船から一括購入する取引と区別される。1655～71年(明暦元～寛文11)の期間、唐船・オランダ船のすべての輸入品は、買手の日本側商人の入札競売などによって売り渡された。

あいちけん [愛知県] 中部地方の南部に位置し、南は伊勢湾・三河湾から太平洋に臨む県。旧尾張・三河両国を県域とする。1871年(明治4)廃藩置県により、尾張には名古屋県・犬山県、三河には豊橋・半原・重原・西尾・岡崎・刈谷・西端・挙母・田原・西大平の10県がおかれた。同年11月尾張は名古屋県、三河は額田県に統合された。72年名古屋県は愛知県と改称し、額田県を合併して現県域となった。県庁所在地は名古屋市。

あいちぼうせきじょ [愛知紡績所] 官営二千錘紡績の一つ(もう一つは広島紡績所)で、1881年(明治14)愛知県額田郡大平村(現、岡崎市)で開業。紡績機はイギリスのヒギンス社製ミュール2000錘、水車は横須賀造船所製。所長は紡績連合会で中心的役割をはたした岡田令高。民間紡績所の技術伝習生をうけいれ、綿紡機運転技術の普及に貢献。86年所員の篠田直方に払い下げられ、民間企業として再出発したが、96年火災にあい閉鎖された。

あいちようすい [愛知用水] 愛知県濃尾平野南東部から知多半島丘陵地帯の灌漑を目的として木曾川上流から引いた人工用水路。幹線水路112km。1950年(昭和25)公布の国土総合開発法で木曾特定地域の指定をうけ、世界銀行からの借款とアメリカからの見返り資金によって愛知用水公団が事業を推進した。57年着工、61年に完成し、約30万kmの耕地が潤ったほか、上水道・工業用水・発電など多目的に利用されている。

あいづぜめ [会津攻め] 1600年(慶長5)8月、徳川家康による陸奥国会津若松城主上杉景勝の討伐戦。1598年1月、蒲生秀行の宇都宮転封をうけ若松城に入封した景勝は、99年8月以

降，神指𣘺城の築造や道橋普請など領国整備を進めた。これに対して嫌疑を抱いた家康は上洛を督促したが，景勝が応じなかったため討伐を決意。6月16日に大坂を出発した家康は，7月24日下野国小山に着陣したが，石田三成の挙兵を聞いて宇都宮に子の結城秀康をおき，伊達・最上氏らに上杉氏の牽制を命じて兵を返した。会津攻めの目的は，家康の石田三成らに対する軍事的挑発といわれる。

あいづせんそう [会津戦争] 戊辰戦争における東北地方最後の戦。1868年(明治元)5月，新政府による会津藩討伐令に反発して奥羽越列藩同盟を結んだ諸藩は，白河・平潟・越後の3方面から進撃する新政府軍に次々と帰順し，白河口の新政府軍は8月21日に会津軍を母成峠で破り，23日若松城下に突入した。会津藩は籠城戦に入ったが，9月になると米沢・仙台両藩が降伏，22日には会津藩も降伏した。24日に鶴岡藩が降伏して最終的に同盟側は敗北した。

あいづぬり [会津塗] 福島県会津若松市周辺で製作される漆器の総称。消粉・平蒔粉を用いた蒔絵をはじめ，変塗など幅の広い表現が特色。起源は不明だが，室町中期に当時の領主蘆名氏が漆器の生産を奨励したことに始まるといわれ，その後も蒲生氏をへて保科氏まで歴代領主の手厚い保護をうけた。江戸時代に入ると，漆器は会津藩の経済を支える重要な産品として専売の対象となり，ウルシノキの栽培，職人の育成などが組織的に行われた。

あいづのうしょ [会津農書] 陸奥国会津郡幕内村の肝煎佐瀬与次右衛門が，1684年(貞享元)に著した農書。3巻。東北の寒冷降雪地帯を代表する農書。水田作，畑作，農家の屋敷構え，農家生活などについてのべ，田畑の土壌観察と分類にもとづき，会津地域に限定した農業技術を主張。与次右衛門は後年に「会津農書附録」「会津歌農書」を著して3部作とし，養子林右衛門が「会津農書」の畑作技術を深めるために「幕内農業記」を完成させた。「日本農書全集」所収。

あいづはん [会津藩] 陸奥国若松(現，福島県会津若松市)を城地とする家門大藩。近世初期は蒲生氏，ついで上杉景勝の領地だったが，のち蒲生・加藤両氏の支配をへて，1643年(寛永20)保科正之が出羽国山形から入封。以後9代にわたる(1696年以後は松平姓)。藩領は，陸奥国会津・耶麻・大沼・河沼・安積5郡と，越後国蒲原郡で23万石。正之は家訓十五箇条を制定するなど藩政の確立につとめ，救恤対策の社倉制や，米価安定を目的とした常平法を実施した。天明の飢饉後の藩制改革では農村の復興がはかられるとともに，藩校日新館の建築，「会津家世実紀」の編纂などが行われた。会津蝋は，専売品として重要。詰所は帝鑑間または溜間。9代藩主容保は，京都守護職などを勤め，幕末の幕政を支えた。1864年(元治元)5万石加増。戊辰戦争では，奥羽越列藩同盟の中心として官軍と戦った。戦後，領地は没収され，民政局をへて若松県となる。会津松平家は69年(明治2)同国斗南藩として復興。

あいづやいち [会津八一] 1881.8.1～1956.11.21 大正・昭和期の美術史家・歌人・書家。雅号秋艸道人・渾斎。新潟県出身。早大卒。大和旅行を機に奈良美術研究を志す。1926年(昭和元)以降早稲田大学で日本・東洋両美術史を講義。博士論文「法隆寺・法起寺・法輪寺建立年代の研究」。大和国の風物をよんだ歌集「南京新唱」は万葉調を借りながら独自の透明な歌境をうちたてている。ほかに歌集「鹿鳴集」。書の道にもすぐれ，個展をしばしば開催。

アイヌ 日本列島の古くからの住人で，アイヌ語を母語とし，アイヌ文化のもとに同族意識をもっている人々およびその子孫をいう。文化的には北海道アイヌ・樺太アイヌ・千島アイヌに分類できる。狭義には北海道に居住する北海道アイヌをさす。日本国内の少数民族であるため，政治的・社会的・文化的に多くの不利益な扱いをうけてきた歴史をもつが，近年は，失われた権利の回復と言語・文化の復興をめざしてさまざまな活動を行い，アイヌ新法制定運動はその大きな核となっている。往時は狩猟・採集を主とし，コタン(村)を単位とする社会生活を営んでいた。アイヌとは神に対しての「人間」であり，女に対しての「男」の意。近世文書には蝦夷と記されるが，アイヌと思われる「蝦夷」を記した初見は1356年(延文元)成立の「諏訪大明神絵詞」である。

アイヌご [アイヌ語] アイヌが母語としている言語。系統的には不明とされる。樺太方言・千島方言・北海道方言に大別され，このうち千島方言は言語伝承が途絶え，樺太方言も話し手が少なくなっている。文字(文語・雅語)がなく，日常語(口語)として伝えられているが，北海道方言は伝承者も現存し，近年はアイヌ語を学ぶ者もふえているところから，その復興運動が盛んになりつつある。日本語との接触が長く相互に借用された語彙が多い。

あいのうしょう [𤨏嚢鈔] 室町中期の百科事典。7巻。行誉著。1445・46年(文安2・3)成立。巻1～4が一般的な問題(素問)，巻5～7が仏教に関する問題(緇問)を扱う。「塵袋」や「続古事談」「文選」などを典拠とする。刊本には慶長古活字本・正保3年整版本があり，後者は巻2以降の各巻を2～3

あうす

巻にわけて15巻とする。正保3年本は「日本古典全集」所収。複製本が「塵添壒囊鈔・壒囊鈔」として刊行。

アウストラロピテクス 1924年に南アフリカのタウングで発見された初期人類の化石にR.A.ダートがつけた属名。現在ではタウング出土のアウストラロピテクス・アフリカヌスのほかに，ロブストゥス，ボイセイ，アファレンシスなどの種が知られている。日本では猿人と総称される。ヒト科最古の進化段階に属し，鮮新世から更新世初期にかけてアフリカに生息した。

あうん [阿吽] サンスクリットのア・フーンの音訳。梵字では阿は口を開いて発する最初の音声，吽は口を閉じて発する最後の音声であり，それぞれ万物の始原・終極を示す。密教では阿を万法発生の理体(胎蔵界)，吽を万法帰着の智徳(金剛界)とする。一方が口を開き，他方が閉じた寺院の仁王像，神社の狛犬像はそれを表したもの。「阿吽の呼吸」というように，呼気・吸気にもあてられる。密教では，呼吸そのものが菩提心・涅槃につながるとも説かれた。

アエノコト 稲の収穫後，田の神を家に迎えて饗応する奥能登地方の農耕儀礼。12月5日(旧11月5日)の早朝，ゴテとよぶ戸主が山から木を採り，これを座敷の種稲俵に立てる。夕刻に田の神を家に招き，甘酒を供えたあと風呂に案内し，つづいて座敷で膳をすすめ，言葉をかけつつもてなすなど擬人的な儀礼を行う。その後，田の神は家に滞在して翌年2月9日(旧正月9日)に，迎えたときと同様の作法で田に送り返す。田の神とともに稲種子を祭る稲作行事である。類似の儀礼が福井県武生市や鳥取県中・西部にもみられる。

あおうどうでんぜん [亜欧堂田善] 1748〜1822.5.7 江戸後期の洋風画家。本名は永田善吉。陸奥国須賀川生れ。松平定信に才能をみいだされ，その命をうけて洋風画・銅版画を学ぶ。「新訂万国全図」(1810)は実用絵画としての高い到達点を示すが，その天分は風俗画の要素を色濃くもつ江戸名所図の連作に最もよくいかされた。文化年間を中心に制作された田善の作品は，高い技術と絵画性を示し，司馬江漢以降の銅版画の展開のうえで重要な位置を占める。

あおきこんよう [青木昆陽] 1698.5.12〜1769.10.12 江戸中期の儒者・蘭学者。名は敦書，字は厚甫，通称は文蔵。昆陽は号。江戸日本橋小田原町生れ。京都古学派の伊藤東涯に入門し実証的な学風を身につける。町奉行大岡忠相にみいだされ，1735年(享保20)「蕃薯考」を刊行した。甘藷(サツマイモ)の栽培普及を積極的に進めた功績は大きい。御書物御用達をへて，40年(元文5)将軍徳川吉宗から野呂元丈とともに蘭語学習を命じられ，42年(寛保2)以降は江戸参府のカピタン一行やオランダ通詞から言語・文化・社会などを学んだ。47年(延享4)評定所勤務の儒者，67年(明和4)幕府紅葉山文庫の書物奉行。昆陽の修得した成果は前野良沢にうけつがれる。著書「和蘭文字略考」「和蘭貨幣考」「和蘭文訳」。

あおきしげる [青木繁] 1882.7.13〜1911.3.25 明治期の洋画家。福岡県生れ。森三美に洋画を学び，中学を中退して上京，小山正太郎の不同舎に入門した。1900年(明治33)東京美術学校西洋画科選科に入学，黒田清輝らの指導をうける。哲学・宗教・神話・文学書などにも親しみ，第8回白馬会展で「黄泉比良坂」などの神話画稿により第1回白馬会賞を受賞，脚光を浴びた。卒業の夏に坂本繁二郎らと房州布良に滞在，「海の幸」を第9回白馬会展に出品。明治浪漫主義絵画を代表する作品を生み出す。07年「わだつみのいろこの宮」を東京府勧業博覧会に出品するがふるわず帰省。のち九州北部を放浪し，文展落選などで中央画壇復帰はならず，福岡市で病没。

あおきしゅうぞう [青木周蔵] 1844.1.15〜1914.2.16 明治期の政治家・外交官。号は琴琅。長門国生れ。蘭方医の子に生まれ萩藩医青木研蔵の養子となる。維新後ドイツに留学，外務省に入る。1874年(明治7)駐独公使，86年外務次官。89年第1次山県内閣の外相に就任して対等条約の実現に尽力したが，大津事件の突発で退任した。92年ドイツ公使兼ベルギー公使に転出し，94年駐英公使を兼ねて陸奥宗光外相の条約改正を助けた。その後，第2次山県内閣で外相，駐米大使・枢密顧問官などを歴任した。子爵。

あおそざ [青苧座] 中世に青苧をとり扱った商人の座。青苧は苧の茎の繊維で，越後上布・奈良晒の原料となる。室町時代には三条西家を本所とする天王寺座・京中苧座・坂本苧座があった。天王寺苧座は本座として産地越後に青苧を買いにいき，購入を独占，京中苧座・坂本苧座に販売したが，越後国守護代長尾氏の台頭によってその購入独占権・課役免除は否定された。永正の越後争乱以後は，越後府内の青苧座が畿内に青苧を移出するようになった。

あおもりけん [青森県] 本州の最北端に位置する県。旧陸奥国北部，明治の分国後の新しい陸奥国を領域。1871年(明治4)廃藩置県により弘前・黒石・斗南・七戸・八戸の5県と館の県(北海道松前地方)がおかれたが，9月弘前県に統合，同月末に県庁を弘前から青森

あかいとり [赤い鳥] 鈴木三重吉が1918年(大正7)7月，児童読み物の文学的水準を高めることを目的に創刊した児童文芸雑誌。36年(昭和11)8月の終刊まで，小川未明・島崎藤村・芥川竜之介・有島武郎・北原白秋・山田耕筰ら当時一流の芸術家が近代童話や童謡を執筆。この雑誌を通じて坪田譲治・新美南吉・与田準一ら多くの児童文学者を育て，また児童の投稿作品の綴方指導など児童教育にも大きな影響を与えた。

あかえぞふうせつこう [赤蝦夷風説考] 工藤平助が著したロシア地誌。2巻。上巻に天明3年(1783)の序，下巻に天明元年の識語(とき)がある。赤蝦夷とはカムサスカ(カムチャツカのこと)，またロシアをさすという。上巻には赤蝦夷風説のこと，付録蝦夷地に東西の別あること，西蝦夷のこと，下巻には「ロシア誌」など諸書から引用したカムサスカヲロシア私考，ロシア記事，ヲロシア文字などを収める。日本最初のロシア地誌として，また積極的な対ロシア交易論を展開した警世の書として幕府の政策などに大きな影響を与えた。「北門叢書」所収。

あかごよういくしほう [赤子養育仕法] 江戸時代に幕府・諸藩によって行われた農村人口維持・増加策の一つ。飢饉などが続き農民生活が極端に困窮すると，捨子や身売り・間引きが盛んとなり，農村人口の減少につながった。幕府は1767年(明和4)「出生之子取扱之儀御触書」を出し，間引きを禁じた。仙台・白河など諸藩でも農民を教諭し堕胎や間引きを防止する一方，養育金を与えて赤子の養育を奨励した。

あかさかくいちがいのへん [赤坂喰違の変] 1874年(明治7)1月14日夜におきた右大臣岩倉具視(とも)暗殺未遂事件。前年10月の征韓論による政府分裂で辞職した征韓派の高知県士族の武市熊吉ら9人は，征韓中止を岩倉の責任とみなし，赤坂仮御所への参内を終えて帰宅途中の岩倉を赤坂喰違で襲撃した。岩倉は負傷したが一命をとりとめた。武市らは逮捕され，全員斬首刑になった。

あかさかじょう [赤坂城] 鎌倉末～南北朝期に楠木正成が拠点とし，大阪府千早赤阪村にあった山城。下赤坂城と上赤坂城があった。1331年(元弘元)元弘の乱で正成は下赤坂城に籠城。幕府軍により落城するが，翌年奪還。このあと上赤坂城・千早城が築かれる。33年には上赤坂城も落城し千早城を本拠とした。南北朝期にも南朝方の拠点となり，60年(延文5・正平15)に落城した。下赤坂城の正確な位置は不明。上赤坂城は郭・堀切が残るが，現遺構は等高線に沿って続く横堀があり，戦国期に改修をうけたとみられる。周辺尾根上には猫路山城・国見山城・枡形城などの出城があり，赤坂城塞群を形成していた。国史跡。

あかさかりきゅう [赤坂離宮] 明治期を代表する洋風建造物。東京都港区元赤坂。東宮御所として建設された。1898年(明治31)宮内省に東宮御所御造営局が設置され，技監片山東熊(くま)を筆頭に，高山幸次郎・足立鳩吉ら宮内省内匠寮の営繕スタッフにより1908年に竣工。煉瓦石造を主体に鉄骨構造を導入して耐震化を図ったほか，室内意匠や調度に明治美術工芸界の総力が結集されたことでも特筆される。74年(昭和49)国の迎賓館となった。

あかざわぶんじ [赤沢文治] ⇨川手文治郎(ぶん じろう)

あかしげんじん [明石原人] 兵庫県明石市西八木海岸の崖の崩壊土中から，1931年(昭和6)に直良(なお)信夫によって発見された左寛骨(腰骨)をいう。長谷部言人(ことん)によって原人級の原始的形態をもつと判断され，ニッポナントロプス・アカシエンシスと命名されたが，82年に遠藤万里男・馬場悠男(ひさ)の研究により新人の寛骨であることが明らかにされた。原標本は空襲によって焼失し，石膏模型だけが東京大学に

あかぞめえもん [赤染衛門] 生没年不詳。平安中期の歌人。赤染時用(ときもち)の女だが，母ははじめ平兼盛(かねもり)の妻で，身ごもったまま時用と再婚したともいう。大江匡衡(まさひら)の妻。子に挙周(たか)・江侍従(じじゅう)ら。藤原道長の女上東門院彰子に仕えた。良妻賢母として知られ，長寿を保ち晩年まで歌壇で活躍した。1041年(長久2)までの生存が確認できる。「栄花物語」正編30巻の作者の有力候補。中古三十六歌仙の1人。「拾遺集」以下の勅撰集に約93首入集。家集「赤染衛門集」。

あがた [県] 大和政権の地方制度。畿内の県は大和国の六御県(むあがた)のように，大王(おおきみ)の日常生活を支える物資を供出し，内廷経済を支えた。その県が県主(あがた)。一方，畿外の県については諸説があり，「古事記」「日本書紀」の所伝では祭祀とも深い関係をもち，宗教的性格が強いところから，国造制の成立以前におかれた大和王権の古い地方組織とみなす説，「隋書」倭国伝の軍尼(ぐに)—伊尼冀(いなぎ)から，稲置(いな ぎ)を県の長とみなし，国一県という2段階の地方組織が7世紀にあったと考える説などがある。さらに県を「こおり」とよみ，評・郡の前身となる地方組織の存在(屯倉(みやけ)を核とする)を推定する説もあり，その実態には検討が必要である。

あがたいぬかいのみちよ [県犬養三千代] ?

~733.1.11 奈良前期の高級女官。東人の女。はじめ三野王に嫁して葛城王(諸兄)・牟漏女王(藤原房前の妻)らをもうけるが、のちに藤原不比等の後妻となり、光明皇后らを生む。708年(和銅元)元明天皇の大嘗会のとき、天武朝以来の奉仕を賞されて杯に浮かぶ橘とともに橘宿禰姓を賜る。721年(養老5)正三位に叙され、同年元明の危篤を契機に出家。死後に従一位、のち正一位と大夫人の称号を贈られる。

あがたぬし [県主]
大和政権の地方組織である県の長。畿内の県主は大和国の六御県の県主のように、朝廷の直轄領を管理し、蔬菜・薪炭・氷などの日常物資を貢納した。のちに主殿寮の伴部となる葛野県主(賀茂県主)はその典型である。一方、畿外の県主については、国造制成立以前におかれた大和政権の古い地方組織の長(政教一致)とみなす説,「隋書」倭国伝の記載によって、国造一県主(稲置)という2段階の地方統治組織が7世紀にあったと考える説などがだされている。

あがためしのじもく [県召除目]
春除目のこと。主として外官を任命したので県召と称したが、実際には京官もあわせて補任された。除目議は清涼殿に公卿が参集して行われ、執筆の大臣が天皇の意をうかがいながら任官者を決め、順次大間書に記入していく。式日は「年中行事御障子文」や「北山抄」が1月9日とするが、現実には1月下旬から2月に行われ、3月以降のこともあった。ふつう3夜にわたり、第1夜には四所籍や年官(当年給)を、第2夜に年官(未給・国ספ・更任・名替)、文章生、内舎人労、上召使、諸道挙、諸院挙、親王参議以下の兼国、宿官、顕官挙を、第3夜に院宮内官未給、京官、受領任、公卿を任じ、種々の申文(自薦・他薦)と勘文が参考資料とされた。議が終わると大間書が奏上され、天皇の確認をへて正式決定となった。

あがのがわすいぎんちゅうどくじけん [阿賀野川水銀中毒事件]
昭和電工鹿瀬工場の排水で汚染された魚を食べた阿賀野川流域の漁民らが有機水銀中毒症にかかった公害事件。1965年(昭和40)に発生が確認されるが、正式認定は68年9月。67年6月患者は損害賠償を求めて新潟地裁に提訴、71年9月原告勝訴の判決。第2水俣病・新潟水俣病とも称される。未認定患者による認定を求める訴訟は、95年(平成7)12月政府与党案により和解決着が図られた。

あかはたじけん [赤旗事件]
1908年(明治41)6月東京神田でおこった社会主義者と警官隊との衝突事件。当時の社会主義運動は直接行動派と議会政策派が対立していたが、筆禍事件で入獄中の山口孤剣らは分裂に無関係だったが、出獄歓迎会には両派が出席。錦輝館での会終了後、直接行動派が赤旗を振り回して警官隊と衝突。大杉栄・荒畑寒村やなだめ役の堺利彦・山川均ら16人が検挙された。当局は事件を重大視、関係者を重刑に処し、社会主義者弾圧を加速して、大逆事件に至った。

あかまがせき [赤間関]
赤馬関・馬関とも。中世、現在の山口県下関市赤間町付近にあった関。その後地名となって近代に及ぶ。関の史料的初見は「吾妻鏡」元暦2年(1185)正月条。現在の山口県上関町にあった竃戸関(上関)に対応して下関とも称された。1864年(元治元)に英・仏・米・蘭の四国艦隊と萩藩が交戦した地としても知られる。

あかまつかつまろ [赤松克麿]
1894.12.4～1955.12.13 大正・昭和期の社会運動家。山口県出身。東大卒。在学中、宮崎竜介らと新人会を結成。1921年(大正10)総同盟に参加、翌年共産党に入党したが、第1次共産党事件で検挙され、右派社会民主主義・国家社会主義から日本主義に転向、満州事変を肯定、大政翼賛会企画部長に就任、第2次大戦後公職追放処分となる。追放解除後、日本産業協力連盟理事長に就任したが振るわなかった。

あかまつし [赤松氏]
中世播磨国の守護大名。村上源氏。鎌倉初期の則景のとき、播磨国佐用荘の地頭に任じられたという。則景の子家範の頃、荘内の赤松村に住み、赤松氏を名のる。家範の曾孫則村のは、元弘の乱に際し宮方として六波羅探題攻略に活躍。当初、幕府に属していたことから建武政権下では冷遇され、1335年(建武2)足利尊氏が反旗をひるがえすとこれに従い、播磨国守護に任じられた。その後、義則のときに備前・美作両国の守護を兼ね、侍所司ともなり、四職家の一つとして重んじられた。1441年(嘉吉元)義則の長男、満祐が将軍足利義教を殺害、幕府軍によって追討され、一時没落した。その後、一族の政則が再興したが、その死後はふるわず、家臣浦上氏らに勢力を奪われた。嫡流は1585年(天正13)に絶える。→巻末系図

あかまつのりむら [赤松則村]
1277～1350.1.11 鎌倉後期～南北朝期の武将。播磨国佐用荘地頭茂則の子。次郎。法名円心。同荘の代官で六波羅探題被官小串氏のもとにあった。元弘の乱に際し、護良親王の令旨をうけて同荘内の苔縄城で挙兵。播磨国人を集めて東上、足利尊氏とともに六波羅を攻め落とした。建武政権によって播磨国守護職を与えられたが、まもなく没収、恩賞は佐用荘の安堵に限られた。そのため、尊氏が建武政権に離反

するとただちに呼応、尊氏が九州にのがれた際、追走する新田義貞軍を佐用荘内の白旗城で支えるなど、室町幕府の成立に大いに貢献。初代の播磨国守護に任じられ、同氏の守護大名としての発展の基礎を築いた。

あかまつみつすけ [赤松満祐] 1373～1441.9.10 室町中期の武将。播磨・備前・美作3国守護。侍所所司も3度歴任。赤松本宗家義則の嫡子。兵部少輔・左京大夫・大膳大夫。法名性具。1427年(応永34)義則死没直後、将軍足利義持から播磨国を没収されたが、まもなく回復。翌年には播磨の正長の土一揆を鎮定し、守護大名として最も整備された領国支配機構を確立。しかし将軍義教が満祐の弟義雅の所領を没収するなど赤松本宗家を圧迫。そのため満祐は嫡子教康らとともに、41年(嘉吉元)6月義教を自邸へ招いて殺害。播磨国木山城にこもるが、山名持豊らの追討軍の攻撃で落城、自刃。教康は伊勢国司北畠教具を頼るが殺害され、赤松本宗家は断絶。

あかりしょうじ [明障子] 外からの光を通すように紙や絹を張った障子。現在では紙障子をいう。鎌倉時代の公家・武家の家屋で用いられ始め、書院造の流行とともに普及。民家でも室町時代の記録に現れる。採光に利点があり、座敷回りを中心に使われた。古くは夜間や降雨時には板戸と明障子とを交互に用いたが、雨のあたりやすい下部に板を張った腰付障子ができたり、外側に雨戸をしつらえるようになった。

あきしのでら [秋篠寺] 奈良市秋篠町にある単立の寺。776年(宝亀7)または780年の建立で、光仁天皇の勅願という。当初は内径寺と称したらしい。780年、寺封100戸が施入された。興福寺の高僧善珠が開基とされ、「秋篠寺の善珠」と称された。善珠の護持をうけた安殿親王(平城天皇)は善珠の死後、その肖像を当寺に安置。光仁・桓武両天皇の庇護をうけ、桓武天皇の五七日の法要は当寺と大安寺で営まれた。812年(弘仁3)寺封100戸が施入されるなど平安時代に繁栄したが、1135年(保延元)講堂を残して焼亡。鎌倉時代には西大寺と寺領や用水をめぐって争った。
本堂 正面5間、奥行4間で、寄棟造、本瓦葺の堂。鎌倉初期の建立だが、古代の形式をよく残す。秋篠寺の古代の講堂の後身と推定される。国宝。堂内の伎芸天像・梵天像などは重文。

あきたけん [秋田県] 東北地方の北西部に位置する県。旧出羽国の北半部と陸奥国の一部、明治の分国後は羽後国の大部分と陸中国の一部を県域とする。1871年(明治4)廃藩置県により秋田・岩崎・本荘・矢島・亀田の5県がおかれた。同年11月これら諸県と酒田県管轄下の由利郡南部、陸中の江刺郡管轄下の鹿角郡を統合して秋田県が成立し、現県域が定まった。県庁所在地は秋田市。

あきたじょう [秋田城] 出羽国北部におかれた古代の城柵。秋田市寺内にあり、雄物川河口東岸の高清水丘陵上に位置する。733年(天平5)に出羽柵(現、山形県庄内地方)を秋田村高清水岡に移転。760年(天平宝字4)の丸子足人らの解状に「阿支太城」とみえ、この頃までに改称された。外郭施設は、はじめ築地のち材木塀で、1辺550mの不整な多角形状。政庁は東西94m、南北77mで、はじめ築地のち材木塀で区画され、正殿や広場を配す る。当城におかれた出羽国府は804年(延暦23)に廃されたが、城は北方支配の拠点としてその後も機能した。830年(天長7)には震災にあい、878年(元慶2)の俘囚の反乱では多くの官舎が焼損したものの、のち復旧された。平安時代には出羽介が秋田城専当となり、のち秋田城介などと称した。国史跡。

あきたはん [秋田藩] 久保田藩とも。出羽国久保田(現、秋田市)を城地とする外様大藩。1602年(慶長7)戦国大名の系譜を引く佐竹義宣が、常陸国水戸から転封して成立。以後12代にわたる。表高は、出羽国秋田・仙北・河辺・山本・平鹿・雄勝6郡と、下野国河内・都賀両郡で20万5810石。入封後に先竿・中竿・後竿の3検地を行い、また角館や湯沢に一門や有力家臣を配して(所預)領内の掌握につとめた。秋田杉に代表される山林資源や院内銀山・阿仁銅山などの鉱山資源に恵まれる。産出した銅は、長崎貿易の主要な輸出品でもあった。詰席は大広間。藩校明徳館。支藩に秋田新田藩。廃藩後は秋田県となる。

あきづきのらん [秋月の乱] 1876年(明治9)10月に福岡県秋月(現、甘木市)でおきた士族の反乱。1873年の征韓論による政府の分裂後、征韓と国権拡張を主張する元秋月藩士宮崎車之助・磯淳らは一派を結成し、熊本敬神党(神風連)や萩の前原一誠らと通じていた。76年10月24日神風連の乱勃発が伝わると、27日秋月で約230人が挙兵、豊前豊津(現、福岡県豊津町)に進んで不平士族の結集をはかったが失敗した。小倉留兵の出動で宮崎ら幹部は自刃し、乱は鎮圧された。

あきないばちぎょうせい [商場知行制] 江戸時代の松前藩の独特な知行形態。松前藩は幕府からアイヌ交易の独占権を保証され、上級家臣に対し給場・商場とよばれる特定の地域におけるアイヌとの交易権を知行として与えた。藩主や家臣は商場内のコタンに毎年交易船を派遣し、物々交換を行った。アイヌはそれまで領主のもとへ出かけて交易(ウイマム)をしていた

が、商場知行制の展開とともに場所内に活動が狭められ、また不等価交換など不利な立場にかれていった。

あきのくに [安芸国] 山陽道の国。現在の広島県西部。「延喜式」の等級は上国。「和名抄」では沼田・豊田・賀茂・安芸・佐伯・山県・高宮・高田の8郡からなる。国府は平安時代には安芸郡(現,府中町)、国分寺・国分尼寺は賀茂郡(現,東広島市)におかれた。一宮は厳島神社(現,宮島町)。「和名抄」所載田数は7357町余。「延喜式」では調庸として綾・絹・糸や塩を定め、中男作物にみえる安芸木綿は高級品とされた。平安末期には平氏との結びつきが強く、平氏政権下では院や貴族の厳島詣が盛んであった。鎌倉時代には武田・宗・乙越氏らが守護となり、この間に安芸武田氏が勢力をのばした。南北朝期には銀山(現,広島市)が守護所とされ、安芸武田氏や今川貞世が守護を勤めた。戦国期に大内氏が勢力を拡大して守護方を圧倒するが、陶晴賢が大内氏に謀反をおこしたのを機に毛利元就が国内を統一し、近隣諸国をも支配下に組み入れた。関ヶ原の戦後、福島正則が一国を支配。1619年(元和5)福島氏改易後、浅野長晟が広島城主となり、幕末まで続く。1871年(明治4)廃藩置県により広島藩は広島県となる。

あきはぎじょう [秋萩帖] 平安時代の草仮名の代表的な書の巻子本。巻首に「あきはぎの」(「古今集」巻4)の歌があり、江戸時代に模刻本が刊行され、本でありながら「秋萩帖」とよばれる。(1)第1紙(和歌2首,麻紙がかった楮紙),(2)第2紙以下(和歌46首,楮紙),(3)第16紙以下巻末まで(王羲之書状臨写11通),(4)上の(2)と(3)の裏(淮南鴻烈兵略間詰第四)に区分される。第1紙は、古意豊かな品位に富む草仮名で小野道風の書と伝えるが確証はない。第2紙以下は連筆に遅渋のあとがみえ表現が散漫。藤原行成・伏見天皇など、時代・筆者推定に諸説ある。料紙裏の継ぎ目に伏見天皇の花押があり、御物であったことが知られ、のち霊元天皇・有栖川宮家・高松宮家に伝えられ、現在は東京国立博物館蔵。国宝。

あきはじんじゃ [秋葉神社] 静岡県春野町の秋葉山に鎮座。旧県社。祭神は火之迦具土神。創祀は不詳だが、「三代実録」にみえる岐気保神が当社にあたるとの説がある。中世、仏教と習合し、修験霊場として発展。曹洞宗大登山霊雲院秋葉寺が別当寺として一山を支配した。近世以降、火防の神として民衆の信仰を集め、秋葉詣が盛んになり各地に秋葉講が組織された。近世の朱印領は26石。神仏分離で秋葉神社として独立、秋葉寺は一時廃寺となった。例祭は12月15・16日。

あきやまさねゆき [秋山真之] 1868.3.20～1918.2.4 明治・大正期の海軍軍人。愛媛県出身。1890年(明治23)海軍兵学校卒。日清戦争に砲艦筑紫の航海士として参加し、戦後アメリカに留学して米西戦争を観戦。米・英駐在の3年間に海軍の戦略・戦術・戦務の3概念を具体化し、帰国後海軍大学校教官となり普及させた。日露戦争では連合艦隊作戦参謀として活躍。1914年(大正3)海軍省軍務局長となり、第1次大戦で艦隊の地中海派遣を推進した。中将で没。

あきやまよしふる [秋山好古] 1859.1.7～1930.11.4 明治・大正期の陸軍軍人。伊予国生れ。海軍中将秋山真之の兄。陸軍士官学校卒。陸軍大学校をへてフランスに留学し、1916年(大正5)大将となる。予備、乗馬学校校長・騎兵監などを歴任、騎兵科の確立に尽力し、日清・日露戦争では騎兵部隊指揮官としても活躍した。

あくせん [悪銭] 「あくぜに」とも。中世の人々によって撰銭の対象とされた、通用価値の低い貨幣。鐚銭、破銭、欠銭など破損した銭貨、中国や日本で造られた粗悪な私鋳銭、15世紀末期に価値が下落した明銭などがあるが、どこまでを悪銭に含めるかは時期や地域によって基準が変わり、一定しない。戦国期、商品流通の発展に比して良質の鋳貨(精銭)が不足したことから、貨幣流通のなかでしだいに大きな位置を占めるようになった。

あくたがわしょう [芥川賞] 1935年(昭和10)に文芸春秋社の菊池寛が芥川竜之介を記念して創設した文学賞。年2回。優れた純文学の作品を発表した新人作家に贈られ、文壇の登竜門となっている。第1回受賞は石川達三「蒼氓」。38年財団法人日本文学振興会の設立とともにその所管となった。受賞作は「文芸春秋」誌上に発表される。

あくたがわりゅうのすけ [芥川竜之介] 1892.3.1～1927.7.24 大正期の小説家。東京都出身。東大卒。乳児期に実母が発狂し、母方の実家で育てられた。東京帝国大学在学中の1914年(大正3)に第3次「新思潮」の同人となり、16年第4次「新思潮」の創刊号に発表した「鼻」が夏目漱石に絶賛され文壇にデビュー。初期作品には「羅生門」「芋粥」「地獄変」「奉教人の死」「戯作三昧」「枯野抄」など古今東西の文献から材料をえて、さまざまなスタイルを工夫した技巧的作品が多い。その後しだいに現代小説や「点鬼簿」「歯車」など自己の周辺を描いた作品が増えていった。肉体や精神の衰弱、トラブル、自分の芸術への自信喪失などが重なり、27年(昭和2)自殺。

あくとう [悪党] 鎌倉後期～南北朝期に公武政権や荘園領主に敵対し、各地で蜂起した悪党のこと。畿内やその周辺では荘園領主の力が強く、在地の武士の成長が押さえられた。荘園領主の支配に抵抗して年貢や公事(くじ)を納めない武士は訴えられ、悪党として幕府の検断の対象となった。夜討・強盗・山賊・海賊などは悪党の典型的な行動とされるが、商売や金融上のいざこざにもとづくものも少なくなかった。西国武士があわせもっていた商工業者、金融業者、交通・運輸業者などの側面が、まだうまく支配体系のなかに編成されていなかったことが悪党発生の一因。14世紀後半、都市や分業が発達して、悪党が荘園領主の代官や守護の被官などに組織されるようになると消滅した。

あくにんしょうきせつ [悪人正機説] 親鸞(しんらん)の思想の一つ。「歎異抄(たんにしょう)」の「善人なをもて往生をとぐ、いはんや悪人をや」に代表される。この言葉は醍醐寺本「法然上人伝記」にもみえ、師の法然から継承したとされる。その解釈には諸説あるが、善人とは自力で修行する人、悪人とは煩悩をもつすべての大衆とする。人々は平等に悪人なのであり、その自覚のない善人ですら往生できるのだから、悪人であることを自覚した他力信仰者の往生は疑いない、と解釈するのが近年の説。親鸞の悪人正機説は、大衆に対する蔑視を捨てた平等思想にもとづくものとされる。

あぐらなべ [安愚楽鍋] 滑稽本。仮名垣魯文(かながきろぶん)著。挿絵は落合芳幾(よしいく)・河鍋暁斎(きょうさい)。1871～72年(明治4～5)誠之堂刊。式亭三馬の「浮世床」「浮世風呂」にならい、牛鍋屋に出入りする客たちの浮世態を写実的に描いたもの。舶来品に身を固める「西洋好(せいようずき)の聴取(ききとり)」、田舎出身の書生の生態を描いた「鄙武士(いなかざむらい)の独盃(どくはい)」、外国との取引を胸算用する「商法個気(あきき)の胸全計(むねそろばん)」など、さまざまな人物とエピソードを盛りこんで、開化風俗を活写する。

あげち [上知]「じょうち」とも。上地とも。江戸時代、幕府が大名領・旗本領を没収すること。また大名が自分の家臣の領地を没収する場合にも用いる。没収された土地は上り知とよんだ。処罰的な場合と行政的な場合があり、1843年(天保14)に幕府が江戸・大坂周辺の私領を、替地を与えて収公しようと試みて失敗した上知令は、行政的な例としてよく知られる。なお上地と書くときは、農民の土地を収公する上り田地を意味する場合が多い。

あけちみつひで [明智光秀] ?～1582.6.13 織豊期の武将。十兵衛。日向守。朝倉義景に仕えていた1568年(永禄11)、足利義昭の織田信長上洛依頼に参画した。上洛が実現すると、京都支配に政治力を発揮し、義昭に属しながら信長に仕えた。信長軍としてまず各地を転戦し、71年(元亀2)近江国坂本城主となり、75年(天正3)惟任(これとう)の名字を得、信長の丹波攻略の先鋒となった。79年平定終了後、丹波一国支配を認められた。82年信長が中国赴援に向かったおりに、京都の宿所の本能寺を襲撃し、続いて近江・美濃を支配下においた(本能寺の変)。しかし豊臣秀吉の反撃をうけ、山崎の戦で敗れ、山城国小栗栖(おぐるす)(現、京都市伏見区)で自刃した。女の玉(ガラシャ)は細川忠興の室。

あげちれい [上知令]「じょうちれい」とも。上地令とも。江戸後期の天保の改革の政策。1843年(天保14)6月、幕府が江戸・大坂10里四方の私領をほかに替地を与えて収公しようとしたもの。その目的には、幕府収入の増加、将軍による土地所有権掌握の再確認、江戸湾防備体制の強化などが指摘される。しかし年貢収入が減少する大名や旗本のほか、領主交代による年貢増徴や貸金の棒引きをおそれた農民や町人の間でも強力な反対運動がおこり、幕府内の意見も分裂したため、閏9月7日撤回。これが契機となり、天保の改革を主導した老中水野忠邦は同月13日に罷免され、改革は失敗に終わった。

あげはま [揚浜] 入浜と並ぶ代表的な塩田の一種。入浜に先行して古代からみられ、中世には主力となった。粘土でつき固めた上に砂を敷いたもので、ここに海水をまいて乾燥させ、砂に付着した塩分を海水で溶かしだして濃厚な塩水をつくった。近世には、効率のよい入浜式塩田におされて主役の座をおりたが、能登半島沿岸をはじめ各地に残った。

あげまいのせい [上米の制] 1722年(享保7)7月、江戸幕府が財政窮乏対策として、諸大名に対し1万石につき毎年100石ずつの上米を命じ、その代償に参勤交代の江戸在府期間を1年から半年に短縮した制度。上納された米は年間18万7000石にのぼり、旗本・御家人への給米の50%強にあたった。すべての大名領を課税の対象とした点、大名は軍役(参勤交代)を勤めるという幕藩関係の基本原理に変更を加えた点で重要な意義をもつ。しかし、8代将軍徳川吉宗はあくまでも一時的な政策と考え、幕府財政が安定してきた31年廃止し、参勤交代制も旧に戻した。

あこうじけん [赤穂事件] 1702年(元禄15)12月14日、播磨国旧赤穂藩の浪士47人が吉良義央(よしなか)を襲撃して殺傷した事件。前年3月14日、勅使饗応の席で赤穂藩主浅野長矩(ながのり)が吉良に刃傷し、即日切腹、浅野家はとりつぶされた。旧臣には、当初御家の再興を期待する穏健派と即時主君の怨みを晴らすべしとする急進派とが対立したが、前者が挫折した結果、討入りと

なった。浪士たちは翌03年2月4日，徒党を組み幕府高官を殺害したとの理由で切腹させられた。この事件は，浪士らの行動が義にかなったものか否か，とりわけ主君への忠誠という武士意識と幕法への違反という道徳の相剋をめぐって儒学者を中心に論争のあった側面をもち，事件後「仮名手本忠臣蔵」など演劇・文学の題材にもなり，日本人の心情倫理ともからんで，現在でも映画やテレビなどでとりあげられている。

あこうのふんぎ [阿衡の紛議] 平安前期におきた天皇と藤原氏の政治的抗争。887年(仁和3)11月に即位した宇多天皇は，太政大臣藤原基経^{もとつね}を関白として先代の光孝天皇と同様に政務を一任しようとした。基経は当時の慣例に従い辞退したが，それに対して橘広相^{ひろみ}が起草した勅書に「よろしく阿衡の任をもって卿の任となすべし」とあった。「阿衡」とは位のみで職掌がないとする藤原佐世^{すけよ}の言に従い，基経は以後出仕するのをやめた。事件は政争となり，翌年6月，宇多天皇は左大臣源融^{とおる}の助言で勅書を改訂して収拾しようとしたが，基経は天皇の信任の厚かった広相の断罪を図った。基経には関白としての政治的立場を確認するねらいがあったと推定され，10月，女の藤原温子^{おんし}の入内により事件は落着した。

あざ [字] 名所^{なところ}・小名と・下げ名とも。市町村内の行政区分。大字と小字とがある。複数の大字によって町村が構成され，大字はいくつかの小字からなる。小字は土地区画以上の意味をもたないが，大字は共同体としての側面をあわせもっている。字付帳に記載されて，近世には行政単位として使用された。明治期以降，三新法や町村制の整備とともに江戸時代の村が大字となるなど，地方制度として確立した。現在も市町村の最小行政単位として位置づけされている。名称は山林や田畑など自然発生的なものや，寺院名に由来するものなどがある。

あさいちゅう [浅井忠] 1856.6.21〜1907.12.16 明治期の洋画家。江戸の佐倉藩邸に生まれる。号は黙語^{もくご}。国沢新九郎に師事，после新設の工部美術学校に入学し，フォンタネージの指導をうけた。明治美術会を創立，中心作家として「春畝^{しゅんぽ}」「収穫」など明治洋画の代表的作品を発表し，東京美術学校教授となる。1900年(明治33)フランスに留学，帰国後京都都に移り，京都高等工芸学校教授・関西美術院初代院長を務めるなど，関西洋画壇の指導者として活躍した。門下に安井曾太郎・梅原竜三郎らがいる。

あさいながまさ [浅井長政] 1545〜73.8.28 戦国期の北近江の大名。久政の子。初名賢政。新九郎。備前守。1560年(永禄3)父の隠居で家督を継承すると六角氏との関係を絶ち，67年頃織田信長の妹お市(小谷^{おだに}の方)をめとって同盟を結ぶ。翌年信長上洛の際には観音寺城攻撃の先鋒を勤める。70年(元亀元)4月，信長が越前に侵攻すると朝倉義景と結んで離反。同年6月には織田・徳川連合軍の攻撃をうけ，朝倉氏の援軍とともに姉川で大敗。以後，朝倉氏・武田信玄・延暦寺・石山本願寺などと連携し信長を苦しめた。73年(天正元)8月，朝倉氏を滅ぼした信長は続いて小谷城を攻め，久政・長政父子は自害し，浅井氏は滅亡。

あさいのそうずい [阿佐井野宗瑞] ？〜1531.5.17 室町後期の医師。堺の人。婦人科医として活躍したと伝えるが不明。屋号を野遠屋という商人だったともいう。「論語集解」その他の儒書を刊行したが，1528年(享禄元)明版の医書「医書大全」10巻を私費を投じて板刻し，日本最初の医書刊行をなしとげた。交流のあった建仁寺の月舟寿桂^{じゅけい}の跋文によれば，この刊行にあたって明本三写の誤りを正したというから，かなりの医学知識をもっていたらしい。堺の南宗寺をおこした大徳寺の僧大林宗套^{だいりん}^{そうとう}に帰依した。法名雪庭宗瑞居士。一説に没したとき60歳。

あさかすいすい [安積疏水] 猪苗代^{いなわしろ}疏水とも。福島県安積郡の原野を灌漑するため，猪苗代湖から取水するため水路。明治政府の士族の生活救済策として企画され，勧農局の管掌のもとに1879年(明治12)着工，82年ほぼ完成。全長は幹線52km，分水路78kmで，94年現在で古田2967ヘクタール，開墾田1290ヘクタール，合計4258ヘクタールの田を灌漑した。設計はオランダ人ファン・ドールンの必要水量の推計とトンネル測量にもとづき，農商務省の南一郎平が担当。この完成により安積郡の米収穫量は約1万5000トン増大したと報告されている。旧士族のこの地に帰農したものは512戸。のちに疏水は水力発電にも利用され，郡山の工業都市としての発展にも貢献した。

あさかたんぱく [安積澹泊] 1656.11.13〜1737.12.10 江戸前・中期の儒学者。常陸国水戸藩士。父は貞吉。名は覚，字は子先，通称は覚兵衛，澹泊斎・老圃^{ろうほ}と号した。祖父以来水戸藩に仕え，水戸藩の賓客であった明の遺臣朱舜水^{しゅしゅんすい}に師事して儒学を学ぶ。1683年(天和3)彰考館編修，93年(元禄6)同総裁となり，2代藩主徳川光圀^{みつくに}のもとで「大日本史」編纂の中心的役割をはたし，また「論賛」を執筆。致仕後も紀伝稿本の筆削補訂に従事。新井白石・室鳩巣^{きゅうそう}・荻生徂徠^{そらい}らと親交があり，前期水戸学を代表する学者。著書「西山遺事」「烈祖成績」「澹泊史論」「澹泊斎文集」。

あさくさおくら [浅草御蔵] 浅草御米蔵とも。江戸幕府が1620年(元和6)江戸浅草橋の近くに設置した倉庫。大坂・京都二条とともに三御蔵

と称される。御蔵の管理や収支にあたるため36年(寛永13)に浅草蔵奉行がおかれ,勘定奉行の支配下に入った。浅草御蔵にはおもに全国の幕領の年貢米や買上米を回漕して収納し,収納米は旗本・御家人の切米として支給。御蔵の諸経費は,蔵前入用という付加税として幕領の農民に賦課した。御蔵の前の1区画をとくに蔵前とよび,火除明地が設けられたほか,切米の委託販売を行う札差が蔵宿(札差宿)を設けて営業した。

あさくらし [朝倉氏] 越前国の戦国大名。日下部氏。但馬国朝倉(現,兵庫県八鹿町)からおこった。鎌倉時代,一族が御家人長井氏に仕えた。南北朝期には,広景が斯波高経に従って越前国に転戦,守護斯波氏に仕えた。その後,応仁・文明の乱後,孝景の代に斯波氏の内紛に乗じて守護代甲斐氏を抑え,越前一国を支配。一乗谷(現,福井市)を本拠として戦国家法の「朝倉孝景条々」を制定。以後,氏景・貞景・孝景・義景と続き,一向一揆などとの戦いをくり返した。1573年(天正元)織田信長に一乗谷を攻められ滅亡。→巻末系図

あさくらたかかげ [朝倉孝景] 1428.4.19～81.7.26 室町中期の武将。家景の子。初名教景。「朝倉始末記」などは敏景とする。法名英林宗雄。越前国における管領斯波氏の被官。守護代斯波義廉を家督に擁し,寺社本所領の押領を進めた。応仁・文明の乱でははじめ西軍に属したが,越前国支配権の公認を条件に東軍に転じる。越前国回復をめざす斯波義敏との対陣中に病没。子の氏景のために家訓「朝倉孝景条々」を残す。

あさくらたかかげじょうじょう [朝倉孝景条々] 越前国の戦国大名朝倉孝景が子の氏景に残した家訓。伝本により「朝倉英林壁書」「朝倉敏景十七箇条」などともいわれ,内容に若干の異同もある。文明年間の成立と推定されているが,16世紀初頭朝倉宗滴が編集したという説もある。重臣の世襲制を否定して有能な人材の登用を説くなど,革新的・合理的な内容。とくに領国内における朝倉本城以外の城郭を認めず,家臣に一乗谷への集住を求め,領地には代官をおくよう規定した点は,戦国大名朝倉氏の集権支配への志向を表したものとされる。しかし現実には,家臣団の世襲制や領国内に城郭が多数存在したことなど,家訓の理念は朝倉氏の領国支配で必ずしも実現しなかった。「日本思想大系」所収。

あさくらとしかげ [朝倉敏景] ⇨朝倉孝景

あさくらのみや [朝倉宮] ⇨泊瀬朝倉宮

あさくらふみお [朝倉文夫] 1883.3.1～1964.4.18 明治～昭和期の彫刻家。大分県出身。東京美術学校卒。1908年(明治41)の第2回文展から第8回まで「墓守」などで連続受賞し,21年(大正10)母校教授,24年帝国美術院会員。27年(昭和2)から朝倉塾塾を開催し,36年朝倉彫塑塾と改め,彫刻界の重鎮として後進を育成した。44年帝室技芸員となり,48年文化勲章受章。日本画家の摂子は長女,彫塑家の響子は次女。

あさくらよしかげ [朝倉義景] 1533.9.24～73.8.20 越前国一乗谷を本拠とした戦国大名。孝景の子,母は若狭国武田氏の女。初名延景。孫次郎。左衛門督。法名松雲院大球宗光。1552年(天文21)将軍足利義輝の1字をうけて義景と改名。65年(永禄8)義輝が殺害されると,その第一乗院覚慶(のち義昭)は義景を頼って越前に下った。68年元服した義昭は,上洛を願うが義景が応じなかったため,織田信長を頼って上洛をはたす。信長は70年(元亀元)4月,越前国敦賀に侵攻。義景は浅井長政と結んで信長をいったんは撤退させたものの,6月に信長と徳川家康の連合軍に近江国姉川で敗れた。73年(天正元)義景は信長を討つため出兵したが大敗。追撃され,一乗谷に火を放ったのち越前国大野郡賢松寺で自害。

あさだごうりゅう [麻田剛立] 1734.2.6～99.5.22 江戸中期の天文学者・医師。豊後国杵築藩の儒者綾部絅斎の子。名は妥彰,剛立は号。幼時から天文を好み独学で研究を積んだ。その間に医術を修め,1767年(明和4)藩医。辞職を許されず脱藩し,大阪に出て麻田と改姓。医師を生業とし,暦学研究に没頭した。家暦「時中法」を作成し,官暦よりも正確であることから名声があがった。95年(寛政7)幕府改暦で招請されるが応じず,門下の高橋至時・間重富の重富を推挙した。遺著「実験録推歩法」「消長法」。

あざな [字] 男子が元服したのち,実名以外につける別名・通称。本来は中国でおこった風習。実名を知られるのを忌み嫌うという思想にもとづいて,実名をよぶことを不敬と考え,一般には字を通用させるようになった。その際,実名となんらかの関連のある文字が字として選ばれた。また,目上の人に対して字を用いることはせず,公文書に署名する際も実名を記すものとされていた。この風は日本の律令官人層にまず導入され,日本では苗字の1字と連称することが流行した。しかし日本の律令官人の字は中国のそれとは違い,儀礼的で生活に密着しなかったため,平安末～鎌倉時代には廃れた。それと入れ替わるように,禅僧の間で法名の上に2字の字を連称する風が導入された。近世に入ると,儒者や文人の間で字を用いる風が

あさのし [浅野氏] 近世の大名家。清和源氏頼光流の美濃土岐氏の一族といわれるが、藤原姓も称した。長勝のとき織田信長に仕え、養女がのちの豊臣秀吉と結婚。その縁で養子長政は秀吉に重用され、政権の中枢を占めた。関ケ原の戦後、長政は常陸国真壁5万石を、子の幸長ゆきながは紀伊国和歌山37万6000石余を与えられた。幸長没後に弟長晟ながあきらが襲封し、1619年(元和5)安芸・備後42万6000石余を与えられ広島に移る。以後明治期に至り侯爵。一方、32年(寛永9)長晟の庶子長治は備後国三次みよし5万石を分知され、1720年(享保5)まで続いた。また長政の三男長重は真壁を襲封し、1645年(正保2)長直のとき播磨国赤穂に転封されたが、1701年(元禄14)長矩ながのりの代で断絶した。→巻末系図

あさのそういちろう [浅野総一郎] 1848.3.10～1930.11.9 明治・大正期の浅野財閥を築きあげた実業家。越中国生れ。1873年(明治6)横浜で薪炭・石炭販売店を開設し、実業家としてスタート。83年渋沢栄一の斡旋で工部省深川工作分局のセメント工場を借りうけ、翌年払下げをうけてセメント事業に乗りだし成功を収めた。その後金融面で安田財閥のバックアップをうけて磐城炭鉱・東洋汽船など事業分野を広げ、明治末から第1次大戦前後にかけて事業の範囲を急速に拡大した。また京浜工業地帯の埋立事業を行い傘下の企業を誘致し、臨海工業地帯の建設に貢献した。

あさのながのり [浅野長矩] 1667～1701.3.14 江戸前期の大名。播磨国赤穂藩主。内匠頭たくみのかみ。1675年(延宝3)父長友の遺領5万3000石余を継ぐ。93年(元禄6)水谷勝美かつよし改易の際、備中国松山城を守衛した。1701年、年頭の勅使の饗応役を命じられており、指導役の吉良義央きらよしひさと対立し、3月14日江戸城中松之廊下で義央に斬りつけ、即日切腹に処される。浅野家は改易、これが赤穂事件に発展した。

あさのながまさ [浅野長政] 1547～1611.4.7 織豊期の武将。尾張国春日井の安井重継の子。通称は弥兵衛尉。初名は長吉ながよし。弾正少弼。伯父浅野長勝の養子となり織田信長に仕える。1573年(天正元)以来豊臣秀吉麾下として勢力を伸張し、奉行として権中枢・軍事などを掌る。93年(文禄2)甲斐国22万5000石(1万石は公領)を子の幸長ゆきながとともに得たが、関白秀次事件の影響で一時政治の中枢から離れた。98年(慶長3)五奉行の1人となったが、翌年引退。関ケ原の戦では東軍に属した。

あさひしんぶん [朝日新聞] 1879年(明治12)1月25日、大阪で創刊された日本の代表的新聞。最初は「朝日新聞」の題号で木村騰のぼるの所有・経営であったが、81年に村山竜平と上野理一りいちの共同出資・共同経営となった。典型的な小新聞こしんぶんとして成功、89年東京に進出して「東京朝日新聞」を発刊した。東京・大阪の2大都市での新聞発行となり、報道言論の充実に努め、指導的新聞となった。1918年(大正7)「大阪朝日新聞」の白虹はっこう事件で弾圧された。大阪での「毎日」との寡占体制を背景に、19年株式会社に改組。関東大震災後に全国紙となった。販売部数約832万部(2000)。

あさまやまふんか [浅間山噴火] 江戸時代の最大級の噴火の一つ。浅間山噴火の記録上の最古は1108年(天仁元)7月。1783年(天明3)の大噴火は4月8日に始まり、以後断続的な噴火をへて、7月6～8日の大爆発で火砕かさい流と溶岩流が北麓の村々を埋め、吾妻あがつま川流域も被った。死者は2万人余ともいわれる。また6月以来の噴煙が日射量を減らし、天明の大飢饉を決定づけた。

あさみけいさい [浅見絅斎] 1652.8.13～1711.12.1 江戸前期の儒学者。名は安正、通称は重次郎、絅斎は号。崎門きもん三傑の1人。近江国生れ。はじめ医師だったが、28歳のとき山崎闇斎の門に入り朱子学を学ぶ。塾を開いて弟子をとり、生涯仕官せず、江戸の地も踏まなかった。師説を忠実に継承したが、闇斎の神道説はとらず、また闇斎の敬義内外の説を批判して破門された。中国の忠臣義士を顕彰した編著「靖献遺言せいけんいげん」は、幕末の尊王攘夷派の志士たちに大きな影響を与えた。ほかに筆録「劄録さつろく」。

あじ [按司] 「あんじ」とも。近世の首里しゅり王府においては位階名だが、古くは沖縄の各地に割拠した政治的支配者のこと。語源については定説はない。按司が発生したのは12世紀頃で、沖縄の各地におこった村落間や地域間抗争の統率者・指導者が起源であったと考えられる。13～14世紀頃には鉄製品や鉄塊を輸入する按司が現れ、他の按司を従える強力な支配者、すなわち「世の主」が登場する。沖縄全体の世の主となる国王が出現しても、第一尚氏しょうし王統までは按司は各地の城塞に割拠した。しかし第二尚氏王統の尚真王代の1523年に王都首里城下に集められ、地方には按司掟あじおきてが派遣された。近世には国王と王子に次ぐ位置を示す位階名となった。

アジア・アフリカかいぎ [アジア・アフリカ会議] バンドン会議とも。略称AA会議。1955年(昭和30)4月18～24日、インドネシアのバンドンで開催されたアジア・アフリカ諸国29カ国の国際会議。このアジア・アフリカ諸国だけの史上初の国際会議は、東西冷戦の論理とは異なる、南北問題を基軸とする反植民地主義、反人

種主義の立場からの新しい国際関係のビジョンを提示し、「平和十原則」として発表した。内容は、基本的人権と国家の主権・領土保全の尊重、人種平等、内政不干渉、紛争の平和的解決、国連憲章の尊重などであった。第2回会議も予定されていたが、参加国の内乱や地域紛争の発生によって実現していない。

アジアきょうぎたいかい［アジア競技大会］
アジア地域各国のオリンピック委員会が組織するアジア競技連盟（1948結成）が主催する競技会。前身は1913年（大正2）から34年（昭和9）まで10回行われた極東選手権大会（日本が参加）、34年の西アジア競技大会、40年の東亜競技大会（日本が主催）。第1回は51年（ニューデリー）、54年の第2回以後は4年ごとに開催。

アジアたいへいようけいざいきょうりょくかいぎ［アジア太平洋経済協力会議］ ⇨APEC
　　　　　　　　　　　　エーペック

あしおこうどくじけん［足尾鉱毒事件］ 日本の公害の原点。古河市兵衛経営の足尾銅山から流出した重金属を含む鉱滓や酸性廃水によって、渡良瀬川の中・下流、利根川下流域の10万ヘクタールに及ぶ農地が鉱毒被害をうけた。被害農民は田中正造とともに明治政府に対して足尾銅山の操業停止を訴え、東京へ押し出し（大挙請願運動）を行うなど、強力な鉱毒反対運動を展開、大きな社会問題となった。政府は刑事弾圧を加える一方（川俣事件）、日露戦争中に鉱毒問題を治水問題にすりかえて運動を分断し、1907年（明治40）遊水池設置のため谷中村村民の家屋を強制破壊した。今も足尾には、約2000ヘクタールの禿げ山、旧谷中村周辺に3000ヘクタールもの湿地帯が広がり、鉱毒事件の生き証人となっている。

あしおどうざん［足尾銅山］ 栃木県足尾町にあった銅山。1610年（慶長15）発見。採掘の開始は戦国期との伝えもある。48年（慶安元）公儀御台所銅山となり、最盛期の70～90年代には最大250万斤（1500トン）の産銅があったが、以後は衰退。1871年（明治4）民間に払い下げられ、77年古河市兵衛が買収、最新の鉱山技術を導入して91年には産銅量1500万斤を超え、全国一の銅山となった。一方、90年頃から鉱毒事件がおき、1907年に坑夫の暴動（足尾銅山争議）、19・21年（大正8・10）にも争議が発生したが、日本の代表的銅山として古河鉱業（現、古河機械金属）の根幹をなし、73年（昭和48）閉山。

あしおどうざんそうぎ［足尾銅山争議］ 1907年（明治40）2月4日に足尾銅山でおこった大暴動。足尾銅山では、大日本労働至誠会の永岡鶴蔵・南助松が鉱夫を組織し、06年10月に至誠会足尾支部を結成、鉱夫の親睦団体友子同盟や飯場頭に協力を働きかけた。この過程で至誠会の影響をうけた友子同盟と飯場頭との対立が深まるが、発端は飯場頭による挑発の可能性が強いとされる。暴動は2月6日まで続き、7日高崎連隊3個中隊の出動で鎮圧。所長が重傷を負ったほか、65棟が焼失・破壊された。実質賃金の低下、賄賂を強要する役員への反発が背景にあった。

あしかがうじみつ［足利氏満］ 1359～98.11.4 南北朝期～室町中期の武将。2代鎌倉公方。初代基氏の子。従四位下左兵衛督。幼名金王丸。法名永安寺璧山道心。1367年（貞治6・正平22）父の死により9歳で鎌倉公方となる。その直後、鎌倉府の武蔵国支配に不満をもつ河越・高坂両氏を中心とした武州平一揆の反乱を鎮圧。79年（康暦元・天授5）には京都の政変に乗じて将軍足利義満の打倒をはかるが、関東管領上杉憲春の諫死で思いとどまる。その後は関東有数の大豪族小山義政・若犬丸父子2代にわたる反乱鎮圧に努めた。92年（明徳3・元中9）には幕府から陸奥・出羽両国の管轄権を与えられた。

あしかががっこう［足利学校］ 中世、下野国足利（現、栃木県足利市）に設けられた儒学・易学の学校。草創の時期や状況は不詳だが、室町中期の永享頃に、足利荘を管轄した関東管領上杉憲実が、鎌倉円覚寺の僧快元を足利に招いて学校を再建。第1世庠主となった快元は易学に精通し、憲実は多くの漢籍を寄進して学校を保護した。憲実の子憲忠も「周易註疏」を寄進し、孫憲房も「孔子家語句解」などを寄進した。上杉氏の保護をえて栄えたが、享禄年間に火災で多くの書籍を失い衰微した。1560年（永禄3）庠主九華は、小田原の北条氏康父子と対面してその信頼をえ、後北条氏の後援のもと学生の数3000人と記される最盛期を迎えた。徳川家康が江戸に入ると、庠主三要（閑室元佶）は家康に近侍してその保護をえ、衰微することなく存続した。

あしかがし［足利氏］ 清和源氏。源義家の孫義康が下野国足利荘（現、栃木県足利市）を本拠としたのに始まる。義康は保元の乱に源義朝と行動をともにし、その子義兼は源平の争乱に源頼朝に従い、北条時政の女を妻とした。以後、代々北条氏と姻戚関係を結び、鎌倉幕府に重んじられ、上総・三河両国の守護となる。1333年（元弘3）足利尊氏は北条氏に背き、建武政府の成立に協力したが、35年（建武2）これに反旗をひるがえし、翌年室町幕府を開いた。3代将軍義満から6代義教の頃が最盛期。義教は赤松満祐によって殺され、8代義政のときには応仁・文明の乱がおこり、以後、幕府は有名無実化した。1573年（天正元）15代義昭は織田信長に

追われ，幕府は滅亡。他方，尊氏の子基氏は鎌倉公方<ruby>方<rt>ぼう</rt></ruby>として東国を支配したが，después に幕府と対立し滅ぼされた。その子成氏<ruby>氏<rt>しげうじ</rt></ruby>は，下総国古河<ruby>河<rt>こが</rt></ruby>を本拠としたので古河公方とよばれ，子孫は喜連川<ruby>川<rt>きつれがわ</rt></ruby>氏を名のったが，明治期に入って足利氏に復し，子爵に列した。支族に斯波<ruby>波<rt>しば</rt></ruby>・畠山・細川・今川・吉良<ruby>良<rt>きら</rt></ruby>氏など。→巻末系図

あしかがしげうじ　[足利成氏] 1434?～97.9.30
室町中期～戦国期の武将。初代古河公方<ruby>方<rt>ぼう</rt></ruby>。鎌倉公方持氏の子。従四位下兵衛督。幼名万寿王丸。法名乾亨院久山道昆。永享の乱(1438～39)後，鎌倉からのがれて信濃の国人大井持光を頼る。1447年(文安4)公方就任と鎌倉帰還をはたした。49年元服，将軍足利義成(のち義政)から1字をとる。54年(享徳3)上杉氏勢力一掃のため関東管領上杉憲忠を謀殺，幕府と上杉氏に対抗しようと古河に拠を移した。幕府から派遣された堀越<ruby>越<rt>ほりごえ</rt></ruby>公方に対し，これを古河公方という。以後長く上杉氏と戦うが，77年(文明9)和睦。ついで82年幕府とも和睦した。

あしかがたかうじ　[足利尊氏] 1305～58.4.30
室町幕府の初代将軍(1338.8.11～58.4.30)。貞氏の次男，母は上杉清子。初名高氏。法名等持院殿仁山妙義，鎌倉では長寿寺殿。従二位権大納言。贈従一位太政官，太政大臣を追贈。1333年(元弘3)後醍醐天皇が隠岐を脱出すると鎌倉幕府の命で西上，丹波で倒幕に転じ六波羅探題を滅ぼした。建武政権でも隠然たる勢力を保持し，対立する護良<ruby>良<rt>もりよし</rt></ruby>親王を失脚させる。35年(建武2)中先代<ruby>代<rt>なかせんだい</rt></ruby>の乱で下向した鎌倉で建武政権に離反，新田義貞を破って翌年正月入京。いったんは九州へ敗走したが，湊川の戦をへて6月に再度入京。7月光明天皇の践祚<ruby>祚<rt>せんそ</rt></ruby>を実現。11月に建武式目を制定し，事実上幕府を開設した。南北朝の抗争は北朝の優位で推移したが，尊氏と弟直義<ruby>義<rt>ただよし</rt></ruby>による2頭政治の矛盾から51年(観応2・正平6)観応の優乱が勃発，直義追討のため一時南朝へ帰順した。直義死後も関東平定に努め，53年(文和2・正平8)京都を占領した南朝軍を排除して入京。のち九州南朝軍の勢威を恐れて遠征を企てるが病没。

あしかがただふゆ　[足利直冬] 生没年不詳。
南北朝期の武将。尊氏の庶子。母は越前局。はじめ鎌倉東勝寺の喝食<ruby>食<rt>かつじき</rt></ruby>で，持氏が将軍になると上洛するが，実子と認められず，叔父直義<ruby>義<rt>ただよし</rt></ruby>の養子になる。1349年(貞和5・正平4)山陰・山陽8カ国を管轄する長門探題として下向途中，備後で高師直<ruby>直<rt>こうのもろなお</rt></ruby>方の杉原又四郎に襲われ九州にのがれる。鎮西探題一色<ruby>色<rt>はんのり</rt></ruby>範氏と南朝征西将軍宮の対立を利用して勢力を拡大，尊氏と直義が和睦すると鎮西探題に任じられた。直義没後，長門に移って南朝に投降，尊氏・義

詮<ruby>詮<rt>よしあきら</rt></ruby>と対抗。54年(文和3・正平9)山名時氏らとともに京都へ侵入するが敗退，のち安芸にのがれた。63年(貞治2・正平18)時氏の幕府帰参後の活動は不明。

あしかがただよし　[足利直義] 1306～52.2.26
南北朝期の武将。父は貞氏。尊氏の同母弟。従三位左兵衛督。元弘の乱では尊氏とともに行動し，建武政権では成良<ruby>良<rt>なりよし</rt></ruby>親王を奉じて鎌倉に下り，関東の政務にあたる。中先代<ruby>代<rt>なかせんだい</rt></ruby>の乱で鎌倉から退却するが尊氏の来援で回復。以後，幕府の創始まで尊氏と同行。当初幕府の権限は尊氏が軍事指揮権を，直義が裁判などの政務を担当。直義の政策は鎌倉幕府執権政治の踏襲にあり，豪族的大領主層や寺社本所勢力には支持されたが，畿内周辺の新興武士団や足利氏根本被官を組織する高師直<ruby>直<rt>こうのもろなお</rt></ruby>との対立を招いた。1349年(貞和5・正平4)師直のクーデタに始まる抗争は尊氏との不和を生じ(観応の優乱)，直義は鎌倉にのがれたが，追撃する尊氏に敗れて降伏し，まもなく病没。尊氏による毒殺ともいう。

あしかがちゃちゃまる　[足利茶々丸] ?～1498.8.-
堀越公方<ruby>方<rt>ほりごえぼう</rt></ruby>政知の子。1491年(延徳3)4月，父の病死で家督を継ぐ。同7月に異母弟潤童子とその母円満院を殺害，さらに重臣を誅殺するなどで家臣の離反を招いた。そのため93年(明応2)北条早雲の伊豆侵攻をうけ，堀越公方府は滅亡。その後は武蔵・甲斐などを流浪し，98年8月，早雲によって自害に追いこまれた。

あしかがまさとも　[足利政知] 1435.7.12～91.4.5　堀越公方<ruby>方<rt>ほりごえぼう</rt></ruby>。6代将軍義教の3子。母は斎藤加日氏。法名勝幢院九山。従三位左衛門督。はじめ禅僧となり天竜寺香厳院主。1454年(享徳3)足利成氏<ruby>氏<rt>しげうじ</rt></ruby>が関東管領上杉憲忠を謀殺し，関東は争乱状態に陥った。幕府は古河による成氏に対抗するため，57年(長禄元)将軍義政の弟香厳院主の還俗および下向を決定。翌年下向したが，関東諸将に支持されず，関東管領上杉氏とも疎遠のため，駿河国守護今川氏を頼み，伊豆国堀越に居館を構えた。結局，関東への政治的影響力はほとんど保持できなかった。82年(文明14)幕府と古河公方は和睦，伊豆だけが政知の料国として確保された。

あしかがもちうじ　[足利持氏] 1398～1439.2.10　4代鎌倉公方<ruby>方<rt>ぼう</rt></ruby>。3代満兼の子。従三位左兵衛督。幼名幸王丸。法名長春院楊山道鑑。1416年(応永23)上杉禅秀の乱で一時鎌倉をのがれたが幕府の援助で鎮圧，以後政治基盤の強化をはかる。23年，勢力増大を恐れた幕府と全面対決の危機を招くが，持氏が将軍足利義持に謝罪の誓書を送り和睦。しかし足利義教<ruby>教<rt>よしのり</rt></ruby>が将軍になると関係は再び悪化。38年(永享10)持氏が，幕府と結ぶ関東管領上杉憲実<ruby>実<rt>のりざね</rt></ruby>を追討す

るため出陣すると, 幕府は持氏討伐をはかり, 永享の乱がはじまった。幕府軍と憲実軍の包囲, さらに三浦時高らの裏切りによって敗れ, 武蔵国金沢の称名寺で出家, 翌年鎌倉永安寺で自害。

あしかがもとうじ [足利基氏] 1340~67.4.26 初代鎌倉公方。尊氏の四男, 母は赤橋登子。法名瑞泉寺玉岩道昕。従三位左兵衛督。1349年(貞和5・正平4)兄義詮の上洛により鎌倉へ下向, 高師冬と上杉憲顕を執事とする。のち憲顕は南朝方に呼応, 基氏は尊氏とともに, これを武蔵野合戦で破った。53年(文和2・正平8)上洛した尊氏の命で, 南朝方新田義興を牽制するため, 執事畠山国清とともに武蔵国入間川に布陣。6年間の在陣で義興の謀殺をはたし関東平定を進める。61年(康安元・正平16)関東諸将の支持を失った国清を追討, 63年(貞治2・正平18)憲顕を関東管領に復帰させ, 鎌倉府による関東支配体制の確立に尽力。

あしかがやすおう・はるおう [足利安王・春王] 安王1429~41.5.16 春王1431~41.5.16 4代鎌倉公方持氏の次男・三男。1439年(永享11)永享の乱で敗れた父と兄義久が自刃すると, 鎌倉から常陸に脱出。40年3月, 同国木所城(現, 茨城県岩瀬町)で挙兵, 結城氏朝に迎えられて下総国結城城に入る(結城合戦)。翌年4月, 幕府軍により落城すると兄弟は捕らえられ, 京都への護送途中, 美濃国垂井の金蓮寺で殺された。

あしかがよしあき [足利義昭] 1537.11.3~97.8.28 室町幕府の15代将軍(1568.10.18~73.7.18)。12代義晴の次男。母は近衛尚通の女。初名義秋。法名霊陽院昌山道休。従三位権大納言・准三宮。はじめ興福寺一乗院に入室, 覚慶と称して門跡となった。1565年(永禄8)兄の将軍義輝が殺害されると, 細川藤孝らにたすけられて近江に逃れた。翌年還俗, 越前の朝倉義景を頼る。68年7月, 織田信長に迎えられて岐阜に移り, 9月入京, 10月将軍となる。独自の政治活動から信長と不和を生じ(三カ亀2)本願寺顕如, 浅井長政, 朝倉義景, 武田信玄ら反信長勢力を集めて包囲網を形成。翌年山城国槇島で挙兵するが, 敗れて将軍位を追われ, 室町幕府は滅亡。その後紀伊国由良に退き, ついで備後国鞆に移る。毛利氏に依頼して幕府再興をはかるがはたせなかった。88年(天正16)に帰京して出家, 秀吉から1万石を与えられた。文禄の役(1592)では肥前国名護屋に従軍。大坂で没した。

あしかがよしあきら [足利義詮] 1330.6.18~67.12.7 室町幕府の2代将軍(1358.12.8~67.12.7)。初代尊氏の三男。母は赤橋登子。幼名千寿王。法名宝篋院瑞山道権。正二位権大納言・贈従一位左大臣。1333年(元弘3)父の名代として新田義貞とともに鎌倉攻めに参加。以後も鎌倉に留まって関東を掌握した。49年(貞和5・正平4)叔父直義にかわって政務をとるため上洛。51年(観応2・正平6)父とともにいったん南朝に降るが, 翌年南朝軍を男山合戦で破り, 後光厳天皇を践祚させた。その後3度にわたって南朝の京都占拠を撃退。尊氏の死後将軍となり, 斯波義将を執事として幕政の安定をはかり, 63年(貞治2・正平18)大内・山名両氏を帰服させた。67年, 死に臨んで幼少の嫡子義満に家督を譲り, 細川頼之を管領に任じ後事を託した。

あしかがよしうじ [足利義氏] 1541?~83.1.21 最後の古河公方。父は晴氏, 母は北条氏綱の女芳春院。幼名梅千代王丸。法名香雲院長山周壽。従四位下右兵衛佐。1552年(天文21)後北条氏の意向で嫡子(異母兄)藤氏を差しおいて家督をつぐ。晴氏が後北条氏に幽閉されると, 母とともに鎌倉葛西ケ谷に移された。その後, 後北条氏の庇護をうけて下総国関宿などを転々としたが, 69年(永禄12)頃古河に復帰, 死没まで在城した。

あしかがよしかず [足利義量] 1407.7.24~25.2.27 室町幕府の5代将軍(1423.3.18~25.2.27)。4代義持の子。母は日野栄子。法名長得院驚山道基。正四位下参議・贈従一位左大臣。1423年(応永30)3月18日, 父の辞職とともに将軍職就任。義持から大酒を戒められており, 酒宴を好んで健康を害したことが知られる。在職わずか2年で病死。

あしかがよしかつ [足利義勝] 1434.2.9~43.7.21 室町幕府の7代将軍(1442.11.7~43.7.21)。6代義教の長子。母は日野重子。幼名千也茶丸。法名慶雲院栄山道春。正五位下左中将・贈従一位左大臣。1441年(嘉吉元)義教が赤松満祐に殺害されたため, 管領細川持之らに擁されて家督を継承。翌年9歳で元服, 将軍となった。管領畠山持国の補佐をうけるが, 在職1年たらずで赤痢によって死亡。

あしかがよしずみ [足利義澄] 1480.12.15~1511.8.14 室町幕府の11代将軍(1494.12.27~1508.4.16)。堀越公方政知の次子。母は武者小路隆光の女。法名法住院柏山清晃。従三位参議・贈従一位太政大臣。1487年(長享元)上洛し, 天竜寺香厳院の喝食となり清晃と称する。上洛前後から細川政元との連携がうわさされ, 93年(明応2)将軍足利義稙の河内出陣中, 政元が晴氏で清晃を擁立して義稙を廃した。清晃は還俗して義遐, ついで義高と改名。翌年征夷大将軍に任じられる。1502年(文亀2)義澄と改名。08年(永正5)前将軍義稙

が大内義興に奉じられて京都に迫ると、九里(くのり)氏を頼って近江国岡山城にのがれた。子義晴・義維(よしつな)を赤松義村に託し、同城で没した。

あしかがよしたね [足利義稙] 1466.7.30～1523.4.9　室町幕府の10代将軍(1490.7.5～93.6.29, 1508.7.1～21.12.25)。初名義材(よしき)、のち義尹(よしただ)。父は義視(よしみ)、母は日野政光の女(富子の妹)。法名恵林院岱山道舜。従二位権大納言。9代将軍義尚(よしひさ)没後、日野富子の支持で義尚継嗣子とされ、義政死後将軍となる。奉公衆の掌握のため、義尚にならい六角高頼の討伐に出陣。さらに畠山政長の要請で河内国正覚寺へ出陣したが、細川政元に将軍職を廃されて幽閉。のち越中へ逃れ、1499年(明応8)京都回復をはかるが失敗、周防の大内義興を頼った。義興に擁されて上洛後、再度将軍位につく。しかし義興帰国後、細川高国との対立から、1521年(大永元)淡路へ出奔、将軍職を廃された。阿波国撫養(むや)で死去。

あしかがよしてる [足利義輝] 1536.3.10～65.5.19　室町幕府の13代将軍(1546.12.20～65.5.19)。12代義晴の長子。母は近衛尚通(ひさみち)の女。初名義藤(よしふじ)。法名光源院融山道円。従四位下参議。細川晴元らに擁立され、11歳で将軍職を譲られ、当initialに父義晴の補佐をうけた。1547年(天文16)細川氏綱と結んだため、晴元から京都を追われる。翌年講和したが、49年晴元が三好長慶に敗れると近江国坂本へのがれ、義晴没後朽木(くつき)に移った。52年に一時帰京するが、まもなく朽木に戻る。58年(永禄5)六角義賢の尽力で長慶と和して京都に帰還。交戦中の戦国大名間に和議を勧めるなど将軍権威の回復に努めた。しかし長慶没後に実権を握った松永久秀と三好三人衆に居館を襲撃され、奮戦ののち自害。

あしかがよしのり [足利義教] 1394.6.13～1441.6.24　室町幕府の6代将軍(1429.3.15～41.6.24)。3代義満の子。4代義持の同母弟。法名普広院善山道恵。従一位太政大臣・贈太政大臣。はじめ青蓮院に入室して義円(ぎえん)と号し、天台座主となる。1428年(正長元)義持の死後神籤(くじ)で選ばれ、還俗して義宣(よしのぶ)と改名。翌年元服、将軍就任と同時に義教と改名。はじめ諸重臣の意見を求めつつ政務をすすめたが、義円(ぎえん)として土岐持頼の謀殺など、そのきびしすぎる政策は諸大名の不満・不安を招き、赤松満祐に誘殺された。

あしかがよしはる [足利義晴] 1511.3.5～50.5.4　室町幕府の12代将軍(1521.12.25～46.12.20)。11代義澄の子。法名万松院瞱山道照。従三位権大納言・贈従一位太政大臣。近江国岡山城で生まれ、播磨国守護赤松義村のもとで養育された。1521年(大永元)将軍義稙(よしたね)の淡路への出奔後、播磨から細川高国に迎えられて将軍となる。27年、高国が桂川の戦で敗れると、近江国坂本へのがれた。翌年、足利義維(よしつな)を擁して京都を支配した細川晴元との和議をはかるが失敗、同国朽木(くつき)へ移る。34年(天文3)晴元と和して京都へ帰還。将軍職を長子義輝に譲った翌47年、晴元と同氏綱の争いで氏綱に与したため、晴元により坂本へ追われた。翌年晴元と和し帰京するが、49年晴元が三好長慶に背かれて敗れ、またも坂本へ逃走。翌年近江国穴太(あのう)に移り、同地で病没。

あしかがよしひさ [足利義尚] 1465.11.23～89.3.26　室町幕府の9代将軍(1473.12.19～89.3.26)。8代義政の長子。母は日野富子。のち義煕(よしひろ)と改名。法名常徳院悦山道治。従一位内大臣・贈太政大臣。1473年(文明5)9歳で将軍となる。79年に御判始(ごはんはじめ)・評定始・御前沙汰(ごぜんさた)始を行うが、政務はいぜん義政・御前沙汰が握っていた。83年頃から政務に関与するようになるが、実権は義政が握っており、85年には義尚の不満が奉公衆と奉行人との抗争事件というかたちで顕在化した。義尚は奉公衆を中心に自己の基盤の強化を企て、87年(長享元)六角高頼征討のため近江出陣を断行。2年後、鈎(まがり)(現、滋賀県栗東(りっとう)町)の陣中で病没。和歌をよくし、歌集「常徳院集」がある。

あしかがよしひで [足利義栄] 1538～68.9.30　室町幕府の14代将軍(1568.2.8～68.9.30)。12代義晴の弟義維(よしつな)の長子。母は大内義興の女。初名義親。法名光徳院玉山。従五位下左馬頭。阿波国平島荘(現、徳島県那賀川町)で誕生。三好家の支持がえられず、一時大内氏を頼って周防に移る。63年(永禄6)阿波に帰還。65年、松永久秀らによる将軍足利義輝殺害後三好三人衆に擁され、翌年摂津国富田(とんだ)に入るが、久秀と三人衆の対立で入京できなかった。67年、将軍宣下(せんげ)を請うが許されず、翌年2月に宣下。同年9月に織田信長に奉じられた義昭が上洛、義栄は対戦を前に病没。

あしかがよしまさ [足利義政] 1436.1.2～90.1.7　室町幕府の8代将軍(1449.4.29～73.12.19)。6代義教(よしのり)の子、母は日野重子。初名義成(よししげ)。法名慈照院喜山道慶。従一位左大臣・准三宮・贈太政大臣。同母兄義勝の早世で後嗣となる。当初、管領畠山持国・細川勝元が幕政を主導したが、成長とともに将軍親裁の傾向を強め、政所執事伊勢貞親を重用して守護大名抑制策を進めた。1466年(文正元)諸大名が共

同して貞親を失脚させると，義政の政治的基盤は弱体化し，翌年畠山氏の家督争いに際し双方の実力による解決を容認するにいたる。これが細川勝元・山名持豊の対立を激化させ，大名勢力を二分する応仁・文明の乱の勃発を招いた。73年(文明5)嫡子義尚に将軍職を譲り，83年東山山荘に移って東山殿と称されたが，義尚の近江出陣まで政務に関与し続けた。89年(延徳元)義尚の死で再度執政するが，翌年病没。芸能風流を好み，芸能者・文化人を庇護するなど，東山文化の興隆を支えた。家集「源義政公集」。

あしかがよしみ［足利義視］ 1439.閏1.18〜91.1.7　室町中期の武将。6代将軍義教の子。正二位権大納言・贈従一位太政大臣。はじめ浄土寺に入室して義尋ぎん。1464年(寛正5)兄将軍義政の継嗣として還俗，義視と改名。翌年，義政に実子義尚が誕生，両者の継嗣争いが応仁・文明の乱の一因になる。乱の勃発直後伊勢へ下る。68年(応仁2)義政の要請で上洛して東軍の陣へ入るが，義政との不和は解消せず，比叡山をへて西軍の陣に迎えられた。77年(文明9)京都の戦闘が終息すると美濃へ下向，義政と和睦後も同地に留まった。89年(長享3)義尚の死後子義材まと上洛，通玄寺で剃髪。翌年義材(義植よし)が将軍になると准三宮とされたが，まもなく病没。

あしかがよしみつ［足利義満］ 1358.8.22〜1408.5.6　室町幕府の3代将軍(1368.12.30〜94.12.17)。2代義詮よしの子，母は紀良子。法名鹿苑院天山道義・道有。1367年(貞治6・正平22)父の死で家督を譲られ，翌年11歳で将軍，管領細川頼之に補佐される。78年(永和4・天授4)北小路室町の新第(花御所)に移る。翌年頼之を解任して斯波義将しばに代えた。父祖の例をこえて内大臣に進むと，諸儀を摂関家にならい，武家としてはじめて准三宮ともされた。91年(明徳2・元中8)山名氏清を滅ぼし，翌年南北朝合一を達成。94年(応永元)将軍職を辞したのち太政大臣に任じられたが，翌年出家。99年，仙洞せんを模した北山第へ移り，みずからを法皇に擬す。同年大内義弘らを討って西国支配を強化，1401年には明に国書を送って国交を開き，冊封をうけて日本国王と認められた。06年，妻日野康子が天皇の准母として北山院の院号宣下げんをうけ，08年4月に愛児義嗣が内裏で認親に准じて元服の儀を行うなど，天皇家との一体化を推進。没後，朝廷は太上法皇号を贈ろうとしたが，子の義持は固辞した。

あしかがよしもち［足利義持］ 1386.2.12〜1428.1.18　室町幕府4代将軍(1394.12.17〜1423.3.18)。3代義満の子。母は三宝院坊官安芸法眼の女藤原慶子。法名勝定院顕山道詮。従一位内大臣・贈太政大臣。将軍就任後も，父義満

は依然実権を掌握し，義持の異母弟義嗣よしを偏愛した。父の死後，斯波義将しばの補佐で家督の地位を再確立するため，義将ほか管領を重用し，義満への太上法皇号宣下げんの辞退や対明通交の停止などを行った。また，北畠満雅の挙兵や上杉禅秀の乱を鎮圧し，義嗣を殺害。のち富樫満成がかや赤松持貞ら近習が，将軍専制をめざして守護大名勢力と対立するが，いずれも大名側の反撃にあって失脚。嫡子義量よしに将軍職を譲り出家するが，義量はまもなく早世。その後，後嗣未決定のまま没する。

あしがらのせき［足柄関］ 相模国におかれた関。899年(昌泰2)9月の太政官符によって，上野国の碓氷ひの関とともに儆馬ひの党鎮圧のために設置された。関跡は神奈川県南足柄市の足柄峠付近に比定される。この地は古代の東海道の山越えの交通の要衝であったが，鎌倉時代に箱根路が開かれると主道をゆずった。足柄坂の東がいわゆる坂東で，この坂は関東地方を守る要地でもあった。

あしがる［足軽］ 足白あし・足弱あし・疾足はやとも。中世における雑兵・歩卒。中世成立期には「足軽をする」という用法が多くみられ，合戦の際，放火・略奪などの後方攪乱をすることの意味で用いられた。集団戦が開始された南北朝期も武士たちによって足軽行為がさかんに行われた。戦国期になって，このような特殊技能をもつ雑兵を足軽と称するようになり，大名に部隊として編制された。戦国大名は弓・槍などの武器ごとに足軽の部隊を編制し，足軽大将に統率させた。鉄砲伝来後は足軽の鉄砲隊も編制されて重要性はさらに高まり，弓足軽・長柄足軽・鉄砲足軽などとよばれた。近世，足軽は士とは区別された歩卒として扱われる。明治維新後，士族とは別に卒族そつとして戸籍編成されたがまもなく廃止，士族または平民に編入された。

あしぎぬ［絁］ 太い絹糸で平織にした粗製の織物。「令義解りょうの」に「細きを絹と為し，麁あらきを絁と為す」とあり，「日本書紀」では「フトギヌ」と読む。中国渡来の上質の絹織物に対する悪し絹の意ともいれ，出殻繭でがらや野蚕さんをすいて紡いだ，節が多く光沢の少ない織物と思われる。

あしだひとし［芦田均］ 1887.11.15〜1959.6.20　昭和期の外交官・政治家。京都府出身。東大卒。外交官試験に合格し，最初の任地ペテルブルクでロシア帝国の崩壊を目撃。満州事変を機にベルギー大使館勤務を最後に辞職，立憲政友会に入党した。「ジャパン・タイムズ」社長に就任。第2次大戦後は日本自由党創立に参画するが，吉田茂とのライバル意識からしだいに離れ，新憲法制定時の衆議院憲法改正特別委員会

委員長として，憲法解釈に独自の立場をとる。1947年(昭和22)民主党総裁となり，社会党との連立内閣に外相として入閣。さらに翌年首相となるが，昭和電工疑獄で総辞職においこまれ，晩年は志を得なかった。「芦田均日記」(全7冊)がある。

あしだひとしないかく [芦田均内閣] 民主党総裁芦田均を首班とし，片山哲内閣と同様に民主・社会・国民協同の3党連立内閣(1948.3.10～10.15)。社会・国協両党首は入閣せず，社会党左派から2人が入閣。外資導入による経済再建を重点政策としたが，与党が弱体でGHQの権威を支えとして施策を進めた。発足直後の全逓を中心とする3月闘争はGHQのスト禁止のマーカット覚書で切り抜け，1948年(昭和23)7月22日のマッカーサー書簡にこたえ，公務員の争議権を剝脱する政令201号を公布。西尾末広前副総理や栗栖赳夫ら経済安定本部長官ら主要閣僚が昭電疑獄事件などに関連して逮捕され，10月7日総辞職した。

あしな [蘆名氏] 中世陸奥国の豪族。桓武平氏。三浦義明の子佐原義連らが，奥州平定の功で源頼朝から会津を与えられ，孫光盛のとき蘆名氏を名のったという。本拠地の三浦半島蘆名(現，神奈川県横須賀市)にちなむ。南北朝期，会津黒川(現，福島県会津若松市)を根拠地に定め，勢力を張った。戦国期には，伊達氏・佐竹氏らと対抗する戦国大名に成長，盛氏のときに最盛期を迎えた。盛重の代の1589年(天正17)伊達政宗により滅ぼされた。

あしはせ [粛慎] 古代の日本列島北部に居住した民族。本来は中国の古典で極遠の地に住むとされた伝説上の民族で，挹婁・勿吉・靺鞨などはその後裔とされる。欽明5年に佐渡に流れついたのが初見で，660年(斉明6)には阿倍比羅夫の軍と交戦した。696年(持統10)には渡島の蝦夷とともに朝貢しており，蝦夷とは異なる民族とされる。中国大陸からサハリン・北海道方面に渡来したツングース系民族ともいわれるが，不明。8世紀以降は靺鞨と称され，また蝦狄・狄と称された集団に粛慎・靺鞨が含まれる可能性がある。「みしはせ」の読みが一般的だが，粛慎・靺鞨とも「あしはせ」が本来の読みと考えられる。

アジャンター インド西部デカン高原の北西端にある仏教遺跡。馬蹄形の断崖に29の石窟が掘削され，そのほとんどすべてに優れた壁画が描かれている。時期的には紀元前1世紀～紀元2世紀後半と，5世紀後半～7世紀前半の2期にわかれる。とくに後者に属する第1・第2窟の壁画と天井の装飾画はグプタ美術の傑作で，法隆寺の壁画と技法的に相通じるものがある。19世紀前半にイギリス人により発見された。

アジール ドイツ語Asylで聖域を意味し，避難所・平和領域などの訳をもつ。アニミズムが支配的だった原始社会では，自然のなかの神々が宿る，また神々が出現すると考えられた森・山・河原，さらには巨木・巨石などのある空間がアジールであった。この自然のアジールはその後も神聖視され，同じ観念のもと，社会発展のなかでアジールは再生産され，神殿，寺院，王の居所，市場や，先祖の魂が宿るとされた屋敷などが不可侵の聖域とされた。中世社会ではこうしたアジールがいたるところに存在し，犯罪人・奴隷・負債人の避難所となっていたが，戦国期に入ると，アジールは俗権力によってしだいに否定・制限され，江戸時代には駆込寺・縁切寺などにその姿を残すのみとなった。

あすか [飛鳥] 明日香とも。奈良盆地南部の地名。大和川支流の飛鳥川上流域。広義には大和三山に囲まれた地域を含む。語源については鳥のイスカの群棲地説，洲処ぁ説，朝鮮系渡来人の安住地(安宿)説などがある。「飛ぶ鳥の」の枕詞から飛鳥の表記が用いられた。豊浦・川原など川にちなむ地名が多い。渡来人が多く居住し，6世紀末～7世紀末に小墾田宮・岡本宮・浄御原宮などの宮室や寺が集中し，政治や文化の中心地となった。

あすかじだい [飛鳥時代] 古代の時代区分で6世紀中葉～7世紀前半の約1世紀をさす。飛鳥とその周辺の奈良盆地南部(奈良県)に都があったことから名づけられた。仏教伝来など中国・朝鮮の先進文化の導入，6世紀末～7世紀初の推古天皇期の国制整備や遣隋使派遣による東アジア世界での地位確立などにより，645年(大化元)以降の律令国家成立過程の前段階として特徴づけられる。

あすかでら [飛鳥寺] (大)法興寺・(本)元興寺とも。奈良県明日香村にある寺。現在は真言宗豊山派で安居院と称する。崇峻元年，蘇我馬子の発願で創建。596年(推古4)に塔が完成し，606年には鞍作鳥作の丈六釈迦像を金堂に安置した。蘇我氏の氏寺として建立されたが，高句麗の慧慈，百済の慧聡らの渡来僧が住し，飛鳥時代の仏教の拠点として繁栄。677年(天武6)当寺で一切経会が修され，天皇が南門に出御した。680年にはとくに官治の例にされた。大官大寺・川原寺・薬師寺とともに飛鳥の四大寺と称され，唐から帰朝した道昭も当寺の東南に禅院をたてて住し，法相の教えを広めた。平城遷都にともない，718年(養老2)平城京に移され，旧地の寺は平城京の元興寺に対して本元興寺とよばれた。東・西・北の金堂が塔をとり囲む飛鳥式伽藍配置は，朝鮮半島の様式をうけつい

だとされる。

釈迦如来像 飛鳥大仏とも。座像。605年(推古13)から翌年の間に鞍作鳥によって造像され，元興寺金堂に安置したと「日本書紀」に記される。日本で造像された現存最古の仏像。ほぼ全体が鎌倉時代の補作であるが，目や額に当初の面影を残す。銅造鍍金。像高275.2cm。重文。

あすかのいたぶきのみや[飛鳥板蓋宮] 皇極・斉明天皇の宮。642年(皇極元)東は遠江国，西は安芸国に至る諸国から丁を徴発して，4カ月間の造営を計画し，翌年遷宮する。大化の改新の舞台となるが，大極殿や十二門の表記は潤色か。645年(大化元)の孝徳天皇による難波遷都後も宮は存続し，655年(斉明元)同宮で斉明天皇として重祚するが，冬に焼失する。奈良県明日香村岡に伝承地があり，国史跡に指定されている。

あすかのきよみはらのみや[飛鳥浄御原宮] 天武・持統天皇の宮。672年(天武元)壬申の乱に勝利した天武天皇は飛鳥岡本宮の南に新宮を造営し，翌年ここで即位して以来，694年(持統8)の藤原宮遷都まで機能した。宮号は地名ではなく，686年の朱鳥改元にともなう嘉号による命名とする説がある。「日本書紀」には大極殿・朝堂など充実した殿舎名称が散見される。比定地としては伝飛鳥板蓋宮跡上層遺構(現，奈良県明日香村岡)が有力視されるが，朝堂は確認されていない。

あすかのきよみはらりつりょう[飛鳥浄御原律令] 天武朝に編纂され，持統朝に施行された律令。681年(天武10)に草壁皇子を主宰者として編纂が開始され，689年(持統3)令22巻が諸司に示された。考仕令・戸令という編目名が知られる。官人の遷任や戸籍作成の起点となるなど，日本の律令制成立過程の画期として重要。なお律の編纂・施行は疑問で，単行法令によるとする説，唐律を準用したとする説などがある。

あずかり[預] 平安時代以降，一部の官司や社寺・荘園・国衙などにおかれた下級職名。一般に長官や別当の下におかれた実務責任者であることが多いが，下部機関の責任者である場合もある。官司では太政官厨家や文殿や後院庁・院庁・殻倉院や禁中所々などにおかれ，神社では平野社や早くみられるほか，石清水社・春日社では正預・権預ののちのちまで社務を掌管した。寺院でも東大寺灯油納所・修理所などさまざまな機関にあった。

あずかりち[預地] (1)「あずけち」とも。江戸時代，無年季の小作において地主が小作人に貸しつけ，小作料を取り立てている土地。恩恵的な意味をこめていう。ここから一般的に小作地をさすこともある。(2)江戸時代，村中で地割りをした際に残った土地で，名主が当座預かっているもの。

あずかりどころ[預所] 「あずかっそ」とも。中世荘園で，荘園領主の代官として荘園権を執行した荘官または領家をさす。中世荘園の成立契機の多くは寄進にあった。寺社領などでは，寺僧や神官が預所として現地に下り，現地の荘官を指揮する権限をもった。複数の荘園の荘務を担う預所もあった。中流貴族や官人が荘園権をもつ国免荘を院や摂関家などを本家として再寄進した場合，領家兼預所となることが多かった。開発領主が在地支配権を掌握したまま権門勢家に所領を寄進して荘園とした場合も，預所となることがあった。

あずけ[預] 中世～近世に行われた刑事的処分のうちで，未決囚を私人や団体に預けて拘留，あるいは拘禁刑に服させること。中世では召預ともいい，鎌倉幕府は御家人に囚人を預け，預けられた囚人が逃亡した場合には所領没収などの罪科に処した。江戸幕府法でも，未決拘留あるいは刑罰として私人ないし団体に責任を負わせて監禁させ，武士については大名預，庶民については町預・宿預・村預などがあった。

あずまうた[東歌] 「万葉集」巻14に収録される238首(うち8首が或本歌)の歌をおおう標題。勘国歌(国名判明歌)95首と未勘国歌(国名不明歌)143首からなり，それぞれ相聞・譬喩歌などに分類されるが，うち相聞歌が8割以上を占める。すべて作者未詳。労働・土俗・性愛の表現に特徴があり，東国方言的要素(ただし音韻上の現象に偏る)を含む。また全歌が短歌形式に整えられていること，序詞をもつ歌や地名を含む歌が他に比べ多いこと，表記は1字1音を原則とするが整理者の統一の痕跡が著しいこと，中央の歌と用語や発想の共通性がみられることなどが指摘されている。東歌の特性を民謡性にみるか非民謡的性格を重視するかが，研究史上の争点となっている。

あずまかがみ[吾妻鏡] 1180年(治承4)の源頼政の挙兵から1266年(文永3)の宗尊親王の京都送還までの鎌倉幕府の歴史を編年体で綴った歴史書。近世以降「東鑑」とも。完成した書か，未完のものか明らかでない。源氏3代と摂家将軍・宗尊親王の時期との記述形式が著しく異なっていることから，14世紀初頭成立説と，源氏3代の前半部を文永年間，のちの3代を14世紀初頭とする2段階説がある。完本として残るものはなく，大内氏の武将右田弘詮が20年にわたって諸本を収集して復元した吉川本，1404年(応永11)に金沢文庫本から書写したことを本奥書に記す後北条氏伝来の北条本，二階堂氏伝

来の島津家本などがある。室町時代に「吾妻鏡」から抄出した記録も多く、「山密往来」紙背の元暦年間の記録を抄出した前田本や1187年(文治3)から1226年(嘉禄2)までの記録を抄出した「文治以来記録」などがある。近世に入ると、北条本を底本とした寛永版本、その不足分を島津家本から補った「吾妻鏡脱漏」が出版され、明治中期までの流布本となった。明治に入ると、黒板勝美が北条本を底本として諸本と校合した国史大系本を編んだ。文体は、吾妻鏡体とよばれる和風漢文。

アセアン【ASEAN】東南アジア諸国連合(Association of South East Asian Nations)の略称。1967年8月、タイ、インドネシア、マレーシア、シンガポール、フィリピンの5カ国が設立した地域協力機構(84年ブルネイ、95年ベトナム、97年ラオス、ミャンマー、99年カンボジアが加盟)。経済・社会・文化・政治・安全保障などの協力を通じて、東南アジアの安定をはかることを目的とする。事務局は76年からジャカルタ。外相会議・常任委員会などの機構をおき、域外諸国ともASEAN拡大外相会議(16カ国・1機関)を通じて協議し、日本とも緊密な関係を保持している。

あぜくら【校倉】断面三角形の横長の部材を井桁に組み重ねたものを壁体とした倉。叉倉とも記し、古くは甲倉とも称した。板校倉のように、部材の断面が三角形以外でも同一構造のものにはこの名称を用いる場合がある。正倉院、唐招提寺宝蔵・経蔵、東大寺本坊経庫などの遺構があり、古代寺院には数多く存在したと推定される。古代寺院の遺構はすべて高床で、校木断面を二等辺三角形の頂点に面をとった形とし、三角形の底辺が内側になるようにくまれている。

あぜち【按察使】古代における地方行政督のための臨時の官。令外官の一つ。719年(養老3)畿内・西海道をのぞく全国に設置されたとみられ、1国の国守が周辺の2～3カ国を管轄。管内国司の治績を調査・監督し、あわせて民政政策のため直接指揮した。中央政府による地方支配強化のための方策であった。畿内におかれた摂官とともに、養老年間に集中して史料に登場するが、以後は陸奥出羽按察使あるいは近江・因幡などの特例のぞいて衰退。

あそん【朝臣】古代のカバネ。敬愛の念を示すアソを朝廷の臣下を意味する漢語「朝臣」をあてたもの。684年(天武13)に制定された八色の姓のうちの第2等として定められた。そのとき因幡旧姓を賜った52氏の旧姓は、臣が39氏、君が11氏、連が2氏で、景行天皇以前の諸天皇の後裔と称する疎遠な皇別氏が多い。最上級の官人をだす母体であった。平安時代以降カバネ制が衰退するにつれて賜姓対象が広範になった。

あたい【直】「あたえ」とも。費・費直とも。古代のカバネ。貴人を意味する「アタヒエ(貴兄)」の訳か。5～6世紀頃、大和政権に服属した地方豪族である国造層に賜った。503年の紀年をもつ隅田八幡神社蔵の人物画像鏡に「開中費直」とあり、これが「カワチノアタイ」と読めることから、この頃には存在していたことが知られる。なお瀬戸内海沿岸地方には、広範囲を支配した国造に与えられた凡直という姓もみられる。

あたかのせき【安宅関】石川県南部、小松市にあった関所。梯川河口に面し、古来から海上・陸上交通の要衝。「延喜式」に安宅駅がみえ、「源平盛衰記」には安宅・安宅の渡・安宅城・安宅松原が記される。謡曲「安宅」は「義経記」などを題材にしたもので、北国を下向する源義経の一連の受難を描く。のちに歌舞伎の「勧進帳」ともなった。

あたけぶね【安宅船】戦国期～文禄・慶長期の水軍の主力艦で、重裝甲・重武装の伊勢船や二形船船をさす。総矢倉上に城郭風の天守をあげ、また薄い鉄板で装甲することもあた。小さいものは500石積だが、多くは1000石積以上で、1人用の小櫓から50挺から160挺の櫓(大櫓なら6割程度)を装備した。1609年(慶長14)9月幕府が西日本大名の水軍力抑止の目的で、西国から500石積以上の船を一掃したため、大型の安宅船は姿を消す。各地には小安宅船が残ったが、元和偃武以降は速力が遅く動きも鈍い安宅船にかわって、大型化した快速の関船が水軍の主力となった。

あだちかげもり【安達景盛】?～1248.5.18 鎌倉前・中期の武士。父は盛長、母は比企尼の女。弥九郎とも。父とともに源頼朝に仕える。1218年(建保6)秋田城介となり、この職は以後安達氏の世襲となる。19年(承久元)将軍源実朝の死を機に出家し、覚智と号す。やがて高野山に登り、金剛三昧院を建立。執権北条経時・同時頼の外祖父として、高野山にいながらしばしば幕府政治にも関与。とくに時頼と子の景景に有力御家人三浦氏への警戒を説き、47年(宝治元)三浦氏を攻め滅ぼさせた(宝治合戦)。

あだちけんぞう【安達謙蔵】1864.10.23～1948.8.2 明治～昭和期の政治家。肥後国生れ。済々黌卒。ソウルで「漢城新報」を発刊。1895年(明治28)閔妃殺害事件に加わるが不起訴処分。1902年衆議院議員初当選。憲政会・民政党の党人派の中心となり、巧妙な選挙采配から「選挙の神様」とよばれた。31年(昭和6)満州事変勃発後、挙国一致の協力内閣を提唱し

て第2次若槻内閣を退陣に追い込み脱党。翌年国民同盟を結成したが、40年解党し、大政翼賛会顧問に就任。

あだちやすもり [安達泰盛] 1231～85.11.17 鎌倉中・後期の武士。父は義景、母は伴野時長の女。通称城九郎。得宗の外戚の家に生まれ、幕政の中心にあった。1256年(康元元)評定衆となり、さらに越訴奉行・肥後国守護・秋田城介などにつく。元寇の際には御恩奉行として御家人の恩賞の審査にあたった。84年(弘安7)得宗北条時宗の死後には、内管領の平頼綱および新得宗の北条貞時を補佐し、弘安徳政とよばれる政治改革を推進。やがて頼綱と対立、85年頼綱の訴えをいれた貞時の命により、謀反の疑いありとして攻め滅ぼされた(霜月騒動)。

アダムズ William Adams 1564.9.24～1620.4.24 日本に来日した最初のイギリス人で徳川家康の側近。ケント州ジリンガム生れ。造船業を学び、地中海航路で働いた後、1598年オランダのロッテルダム会社東洋派遣艦隊の水先案内としてリーフデ号に乗船。1600年(慶長5)豊後国臼杵湾に漂着し、大坂で家康と会見。以後その側近・外交顧問として仕え、幾何学・数学・地理学などを講じ、イギリス型の帆船を建造。江戸の日本橋近辺(按針町)に邸を、相模国三浦郡逸見に200余石の知行地を与えられ三浦按針と名のった。13年イギリス東インド会社が日本にクローブ号を派遣すると、その司令官セーリスの平戸イギリス商館開設を援助し、会社の使用人としてシャム貿易に、またみずから朱印船主として安南・トンキン貿易に従事。20年(元和6)平戸で病死。

あたらしきむら [新しき村] 武者小路実篤らが試みた理想主義の実践運動。1918年(大正7)機関誌「新しき村」を創刊した実篤は、同年、兄弟主義を掲げた共働共生の理想村「新しき村」を宮崎県児湯郡木城村に開き、大正末期までみずから仕事と生活の根拠地とした。有島武郎の農場解放と並ぶ、「白樺」派の理想主義の実践の一つ。ダム建設によりほぼ水没のため、39年(昭和14)埼玉県入間郡に東の村を建設した。以後、曲折をへて現在に至る。

あちのおみ [阿知使主] 阿智使主・阿智王・阿知直とも。東漢氏の祖とされる伝説上の人物。「日本書紀」によれば応神朝に倭の子の都加使主と党類17県を率いて渡来し、37年には工女を求めて呉人に派遣されたという。阿知使主の名は阿直岐と酷似し、応神朝に日本に派遣された百済の阿華王の王子直支が、直支→阿直岐→阿知使主のように変化したものであろう。坂上系図などでは、後漢の霊帝の子孫とするが、8世紀以降に造作された伝承である。

あつたじんぐう [熱田神宮] 名古屋市熱田区神宮坂町に鎮座。式内社・尾張国三宮。旧官幣大社。祭神は熱田大神、相殿に天照大神・素盞嗚尊・日本武尊・宮簀媛命・建稲種命を配祀。三種の神器の一つ草薙剣を祭る。日本武尊の妃、尾張国造の女宮簀媛命が、尊の死後、社をたてて草薙剣を祭ったのが起源とされる。平安末期まで尾張氏の一族が祀官を世襲。源頼朝は、母が大宮司藤原季範の女であったことから当社を「外戚之祖神」として崇敬し、鶴岡八幡宮に熱田社を勧請した。後醍醐天皇は建武の新政に際して当社を官社に列し、足利・豊臣・織田・徳川の諸氏は社殿の造営・修造を行った。1686年(貞享3)5代将軍徳川綱吉の行った修復・遷宮はとくに大規模なものであった。建築様式は、本殿と神剣を祭る土用殿が並立する尾張造だったが、1893年(明治26)伊勢神宮とほぼ同様の神明造に改められた。例祭は6月5日。

あづちしゅうろん [安土宗論] 安土法論・安土問答とも。1579年(天正7)5月27日、織田信長の命により、浄土宗鎮西義の浄厳院(現、滋賀県安土町)で行われた浄土宗と日蓮宗の宗論。奉行衆の立会いのもと、両宗各4人の代表と判者4人が出席して13問答を重ねた。信長の内意をうけ、華厳宗の学者とされる因果居士らにより、浄土宗の勝利と判定された。日蓮宗側は奉行衆に詫証文を提出して罰金を納めるなどの罰をうけた。信長が排他的な日蓮宗を計画的に抑圧したものと考えられ、以後、日蓮宗は折伏から摂受へと変化した。「安土問答(宗論)実録」は安土宗論に関する基本史料。

あづちじょう [安土城] 滋賀県安土町にあった織豊期の平山城。織田信長が1576年(天正4)から79年にかけて築城。大規模な天主形の山城に5層7階の天守閣を備えた。天守閣内部は信長の御用絵師狩野永徳の豪壮な襖絵で装飾。瓦葺の礎石建物が建ち並び穴太積の高石垣で塁線を築く。山腹の黒鉄門は外枡形虎口の初例。これより内部に家臣の屋敷や城郭型の城本丸を構築。これより内部に厳重な城郭と城本丸を構築。山腹以下に重臣の屋敷が建ち並び、山上の城郭部から尾根筋に塁線をのばし、山麓の水堀と一体化した総構を構成。城下には安土山下町中掟書が下され、直属商工業者の居住域と市町が一元化された近世的な城下町をつくった。82年本能寺の変の直後に主要部は焼失。山中の遺跡はほぼ完全に残る。国特別史跡。

あづちももやまじだい [安土桃山時代] 織田信長と豊臣秀吉が天下をとっていた時代。織豊期に同じ。ふつう、信長が足利義昭を奉じて京都に上った1568年(永禄11)から、関ケ原の戦で豊臣氏の率いる西軍が徳川方の東軍に敗れる16

00年(慶長5)までをいう。安土は、1576年(天正4)近江国に信長が築いた城の所在地。桃山は、秀吉が晩年に居住した山城国伏見城の所在地。それぞれ安土時代、桃山時代ともいう。

アッツとうのたたかい [アッツ島の戦] 太平洋戦争で米軍がアリューシャン列島西端のアッツ島に反攻上陸したのにともない、1943年(昭和18)5月におきた同島をめぐる日米間の攻防戦。アメリカは強力な艦隊の援護下に、5月12日兵力約2万を上陸させた。5月29日約2500人の守備隊は全滅、最初の「玉砕」となった。

あておこない [充行]「あてがい」とも。宛行とも。平安時代以降の前近代社会で、所領の支配者が自己の所領の一部を縁者や支配下の人物に与えること。領主や地主が農民に耕作する土地を割りあてたり、荘園領主が荘官に給田・給畠を与える、将軍や大名が御家人や家臣に知行地を恩給するなど。その際、給与者から被給与者に交付された文書を充行状または充文(あてぶみ)といった。充行の対象はしばしば作職(さくしき)・下司(げし)職・地頭職などと表現され、充行状が補任状の形式をとる場合もあった。武家社会では主人の従者に対する恩恵行為として、既得所領を承認する安堵(あんど)とともに最も重要とされた。

あてがわのしょう [阿氐河荘] 紀伊国在田郡にあった荘園。荘域は和歌山県清水町付近。倉倉中期は円満院領、1304年(嘉元2)以後高野山領となる。水田が少なく、材木・綿・果実類などが特産物。湯浅氏が地頭として入り、過重な夫役を課したり、百姓の家を侵害したり、百姓の保有地に下人を入植させるなど非法を重ねた。それらの収奪に対する百姓の抵抗がよくわかる荘園で、1275年(建治元)の片仮名書きの言上状は有名。百姓の闘争は、円満院や六波羅の法廷での裁判、地頭層の組織的実力行使を行った。さらに当荘は厳密には嘉元以前は高野山領でなかったが、高野山が領有権を主張していたため、百姓の抵抗は鎌倉幕府の高野山領荘園の荘官排除政策に便乗したり、修験者と連係するなど、多様な形態をとった。この結果、1304年の湯浅氏の排除に成功した。

あてがわのしょうひゃくしょうもうしじょう [阿氐河荘百姓申状] 紀伊国有田川ぞいの山間荘園である阿氐河荘上村の百姓らが、1275年(建治元)10月28日、地頭湯浅氏による苛酷な収奪の実情を、荘園領主円満院に訴えた申状。たどたどしい片仮名書きで、13カ条にわたって具体的に地頭の非法を告発した言上状として著名。「ミミヲキリ、ハナヲソキ」と脅迫する地頭方の言葉は、その暴力的支配の町りさまを如実に示している。また荘園領主への公事(くじ)である材木の納入が遅延しているのは、地頭方の苛法に原因があると主張し、荘内での生活の保証を要求する百姓らの言い分からは、その抵抗の強靭さがうかがえる。「大日本古文書」所収。

あてるい [阿弖流為] ?～802.8.13 大墓公(たいものきみ)阿弖利為とも。8世紀後半～9世紀初頭の陸奥国胆沢地方の蝦夷(えみし)の首長。789年(延暦8)征東大将軍紀古佐美(きのこさみ)以下の政府軍を迎え討ち勝利した。しかし征夷大将軍となった坂上田村麻呂が801年に征討を始めると、翌年4月、盤具公母礼(いわぐのきみもれ)とともに500余人を率いて降伏した。7月、京に送られ、田村麻呂の助命嘆願の甲斐なく、8月に河内国杜(椙)山で斬首された。

あない [案内]「あんない」とも。(1)文書の下書き、もしくは草案。草案を「案」ということからきている。「案」の内容ということで、草案の内容をさすことがある。(2)役所やしかるべき機関で作成された文書の内容。とくに保存して後日の参考にする目的で作成された文書の内容。「案内を検ずるに○○」のように使われ、「以前のしかるべき文書の内容により先例を調べてみると、○○である」という意味を示すことが多い。

アナーキズム ⇨無政府主義(むせいふしゅぎ)

あなほべ [穴穂部] 孔王部・穴太部とも。穴穂天皇(安康天皇、倭王興)の名代とする説が有力。「日本書紀」雄略19年3月条に設置の伝承がある。正倉院文書の「養老五年(721)下総国葛飾郡大島郷戸籍」には数百人の孔王部姓がみえる。倭王武の上表文に「東は毛人を征すること五十五国」とあるように、5世紀に大和朝廷の経略が南関東に及んだとき、数カ村の人々を部民としたが、大島郷戸籍の人々はその子孫であろうといわれる。天武紀にみえる穴穂部造(みやつこ)に管掌されたか。

アナ・ボルろんそう [アナ・ボル論争] 大正期後半の無政府主義者と社会主義者との労働運動の組織論をめぐる論争。前者がアナーキスト、後者がボリシェビキといわれたのが語源。「冬の時代」を通じて前者の大杉栄らが堺利彦ら後者より活発で、影響力もあった。しかし米騒動やロシア革命の紹介によって後者も次第に活発化した。両者合同の日本社会主義同盟が解散し、共産党結成後の1922年(大正11)9月、両派合同の日本労働組合総連合結成が企図されたが、前者の自由連合論と後者の中央集権論とが対立、紛糾のうちに解散させられた。以後ボル派の台頭に対してアナ派は衰退し、とくに関東大震災での大杉の虐殺で混迷、テロリスト化していった。

あなみこれちか [阿南惟幾] 1887.2.21～1945.8.15 昭和前期の軍人。陸軍大将。大分県出身。陸軍士官学校(18期)・陸軍大学校卒。参謀本部部員・侍従武官・陸軍省人事局長などを歴

任。1939年(昭和14)陸軍次官となり、翌年の陸軍による米内内閣倒閣に関与。のち第2方面軍司令官・航空総監などをへて、45年4月鈴木貫太郎内閣に陸相として入閣、ポツダム宣言の条件付き受諾を主張した。同年8月15日自決。

アナルコ・サンディカリスム 無政府主義的労働組合主義。労働組合運動と結合したアナーキズム運動。政治活動を否定したクロポトキンらは労働組合の直接行動＝ゼネラル・ストライキによって、一挙に一切の権力のない自由平等の理想社会の実現を志向、理論化に努めた。日本では幸徳秋水・大杉栄らが紹介、明治期末から関東大震災の時期にかけて影響力をもった。

あにこうざん[阿仁鉱山] 秋田県阿仁町にある金・銀・銅鉱山の総称。別子・尾去沢とともに近世の御用三鉱山の一つ。1575年(天正3)湯口内で銀山が開坑、ついで1614年(慶長19)七十枚金山が開坑して金山が主体となる。寛永期以降は再び銀山が主体となった。70年(寛文10)小沢銅山の開坑をはじめ、次々と銅山が開かれ、阿仁十一カ山と称された。1708年(宝永5)の産銅高360万斤は近世銅山では最大。18世紀以降、秋田藩が直営するが、産銅の減少が長崎貿易不振の原因となり、幕府が上知を計画したこともある。1875年(明治8)官営となり、85年古河市兵衛に払い下げられた。第2次大戦後は休山・再開をくり返し、1978年(昭和53)以来休山。

アニミズム 原始宗教・民間信仰における霊的な存在への信仰をいう。イギリスの人類学者E.B.タイラーによれば、未開人は死と別個の生命原理(霊魂＝アニマ)を考え、死を霊魂の分離過程と解釈する。さらにこの生命原理は動植物・無生物・自然現象にも働くと拡大解釈され、霊魂の遍在が指摘される。文化進化主義においては、アニミズムを基礎に、死霊崇拝、呪物崇拝、精霊信仰、多神教、そして一神教という発展図式が描かれる。

あねがわのたたかい[姉川の戦] 1570年(元亀元)6月28日、近江国野村・三田村(現、滋賀県浅井町)付近の姉川河畔で織田・徳川連合軍が浅井・朝倉連合軍を破った戦。織田信長は同年4月、越前朝倉氏を攻めたが、浅井長政の裏切りで失敗した。6月、信長は2万5000の軍勢を北近江に展開、徳川家康の援軍5000を得、浅井軍5000～6000および朝倉軍1万5000と激突。はじめ浅井・朝倉軍が優勢だったが、徳川軍の力戦によって形勢が逆転した。浅井・朝倉両氏滅亡の端緒となり、濃尾と京都を結ぶ要路の近江を掌握することとなった。

あのうのあんぐう[賀名生行宮] 南北朝期、現在の奈良県西吉野村におかれた南朝の仮宮。旧地名は穴生。1336年(建武3・延元元)12月、後醍醐天皇は幽閉地の京都花山院から当地に走り、吉野山へ移った。また後村上天皇も48年(貞和4・正平3)1月、高師直に攻められて吉野から当地へ逃れ、52年(文和元・正平7)2月の河内国東条入りまで滞在。5月、ñí山から再び当地入り、54年10月の河内国天野入りまで滞在した。両天皇の御座所は和田集落の華蔵院跡・堀家住宅、黒淵集落の崇福寺跡などの伝承があるが明らかではない。

あぶつに[阿仏尼] ?～1283.4.8 鎌倉中期の歌人。女房名は安嘉門院四条。実父母は不詳。平度繁の養女。日記「うたたね」は若き日の失恋の顛末を記したもの。30歳頃藤原為家の側室となり、冷泉為相らを生む。為家没後、播磨国細川荘の相続をめぐり、嫡妻の子為氏と争い、1279年(弘安2)訴訟のため鎌倉に赴く。その折の紀行と鎌倉滞在の記が「十六夜日記」である。訴訟の結果をみずに60余歳で鎌倉で没した(帰京後没したとする説もある)。「弘安百首」などに参加。関東十社に勝訴を祈願して奉納した「安嘉門院四条五百首」や「安嘉門院四条百首」などがある。歌論書に「夜の鶴」があり、為相にはじまる冷泉派歌学の礎を築いた。

アプト式てつどう[アプト式鉄道] 登山鉄道の一方式。線路の中央にのこぎりの歯状のラックレールを設け、車両下部の歯車とかみあわせて走行する。急勾配を登る鉄道に利用される。日本では1893年(明治26)に開通した信越線横川一軽井沢間で使用、急勾配は1000分の66.7。60mm間隔に並べた3本のラックレールを使用し、両側のレール面より75mm高く敷設された。

あぶらざ[油座] 中世に荏胡麻などを原料とする油を製造・販売した商人の座。油座商人は本所に灯油を納入し、公役免除や原料購入、油販売における独占権などの特権を保障されていた。平安後期にはすでに山城国醍醐寺三宝院の油座や、筑前国筥崎八幡宮の油座があった。鎌倉時代には大和国興福寺大乗院を本所とする符坂油座が奈良一帯の油販売を独占。山城国では石清水八幡宮の神人を主体とし、離宮八幡宮に所属する大山崎油座が諸関料免除の特権をもっていたが、南北朝期には京都での油販売を独占した。大山崎油座は室町幕府の保護をうけ、原料仕入・油販売の独占権を諸国に拡大した。しかし応仁の乱以降、幕府権力の失墜にともなって大きな独占権は動揺し、豊臣秀吉の座廃棄策によって大きな打撃をうけた。近世には菜種油が大量生産されるようになり、すっかり衰えた。

あべいそお[安部磯雄] 1865.2.4～1949.2.10

明治〜昭和期の社会主義者。筑前国生れ。同志社に学び、海外留学から帰国後、東京専門学校講師となる。キリスト教的人道主義の立場から社会主義を唱え、1901年(明治34)社会民主党を結成した。10年の大逆事件以後、社会主義運動から退き、学生野球などのスポーツ振興に尽力。24年(大正13)日本フェビアン協会を創立、同年6月大山郁夫ぃぉらと政治研究会をつくる。26年(昭和元)労働農民党の結成を指導し、同年12月右派の社会民衆党を結成して委員長、32年7月にはその後身の社会大衆党の委員長となった。その間28年の総選挙から4度衆議院議員に当選し、第2次大戦後は日本社会党の顧問となる。

あべうじ [安倍氏] ❶平安時代東北地方の豪族。中央氏族の阿倍氏と同じく大彦命を祖と称する系譜もあるが不詳。11世紀前半の忠頼・忠良父子以来、奥六郡(陸奥国北部、衣川以北の胆沢ぃぎゎ・江刺ぇぎし・和賀ゎが・稗貫ひぇぬき・紫波しゎ・岩手の6郡)で俘囚ふしゅうの長として勢力を振う。忠良の子頼時に至り、支配圏を拡大しようとして中央政府と衝突。この前九年の役の過程で頼時および子の貞任さだとぅは戦死、宗任は捕虜となり、安倍氏は滅亡した。津軽安藤氏・出羽秋田氏・九州松浦党まつらとうなどは安倍氏の子孫と称する。

❷平安中期以降陰陽道おんみょう・天文道に多くの人材を輩出した氏。すべて安倍晴明せいめいの子孫。この安倍氏も吉志舞きしまいを奉仕することから大化改新以来の名族阿倍氏とつながっていると思われるが、詳細は不明。系図類では右大臣阿倍御主人みうしの末裔とするが疑問。平安後期以降は天文道での支配的地位を独占し、陰陽道でも賀茂氏とその地位を二分。近世以降は嫡流の土御門つちみかど家が陰陽道・暦道をも独占的に支配した。

あべじろう [阿部次郎] 1883.8.27〜1959.10.20
明治〜昭和期の哲学者。山形県出身。東大卒。夏目漱石の門下。1922年(大正11)文部省在外研究員として渡欧、翌年帰国して東北帝国大学教授となり、45年(昭和20)の定年退官まで美学を担当した。18年に刊行した「三太郎の日記」によって大正教養主義を代表した。昭和期に入って「徳川時代の芸術と社会」「世界文化と日本文化」で日本の文化を論じた。

あべともじ [阿部知二] 1903.6.26〜73.4.23
昭和期の小説家・評論家・英文学者。岡山県出身。東大英文科卒。1930年(昭和5)小説「日独対抗競技」、評論集「主知的文学論」などによって文壇にデビュー。第1次大戦後の西欧文学の流れをくむモダニズムの文学者として活躍。昭和10年代には「冬の宿」など多くの作品を発表し、自由主義的立場から知識人の内面を描いた。「白鯨」の翻訳などメルビル研究でも業績をあげた。

あべのうちのまろ [阿倍内麻呂] ?〜649.3.17
阿倍倉梯麻呂くらはしとも。大化の改新時の左大臣。阿倍内・阿倍倉梯は複姓。推古朝の大夫まぇっきみ阿倍内鳥の子か。624年(推古32)蘇我馬子うまこが推古天皇に葛城県あがたの譲渡を請うたときに使者を勤め、628年に蘇我蝦夷ぇみしのもとで田村皇子(舒明天皇)の擁立を図る。改新政府の左大臣としての事績は不詳だが、百済大寺の造寺司となった。647年(大化3)冠位十三階制の施行時、古冠をつけたという。安倍寺(崇敬寺)を建立。

あべのさだとう [安倍貞任] ?〜1062.9.17 平安中期の陸奥国の豪族。頼時の子。厨川くりやがゎ二郎と称する。1056年(天喜4)陸奥権守藤原説貞さだきちの子弟を襲撃し、前九年の役が勃発。翌年、父が戦死したあと、弟宗任むねとぅとともに源頼義の軍を破ったが、62年(康平5)頼義が清原武則の支援をうけて攻勢に転じ、厨川柵(現、盛岡市)の戦で負傷し捕えられ死亡。34歳または44歳ともいう。衣川柵(現、岩手県平泉町あるいは衣川村)の戦の際、源義家と交わした問答歌の逸話は有名。

あべのせいめい [安倍晴明] 921〜1005.12.16/9.26 「はるあき」とも。平安中期の陰陽道おんみょう・天文道の達人。大膳大夫益材ますきの子で、陰陽道安倍氏の祖。960年(天徳4)天文得業生とくごうしょうのとき、焼失した節刀の形状を勘申したのを初見とし、以後天文博士・左京権大夫などを歴任、1005年(寛弘2)中宮行啓に反閇ヘんばい奉仕したのを最後とする。賀茂忠行ただゆき・同保憲やすのりを師として陰陽道・天文道を学んだ。生前から名声高く、平安後期以降安倍氏の隆盛とともに伝説化された。著書「占事略決」。

あべのなかまろ [阿倍仲麻呂] 698?〜770?
安倍とも。奈良時代の遣唐留学生、のち唐の高官。中務大輔船守ふなもりの子。717年(養老元)吉備真備まきびらとともに入唐、名を仲満まんと改める。のち朝衡ちょうこう・晁衡ともいう。太学だいがくに学んで盛名を得、左春坊司経局校書・左拾遺・左補闕ほけつ・儀王友・衛尉少卿・秘書監を歴任。753年帰国に失敗して安南に漂着。長安に戻り、左散騎常侍・鎮南(のち安南と改称)都護・安南節度使を歴任、没後に廊州大都督を贈られた。この間李白りはく・王維おぅぃらと親交を結び、「あまの原ふりさけみれば云々」の歌を残す。

あべのひらふ [阿倍比羅夫] 生没年不詳。7世紀中期の武人。越国守として658年(斉明4)4月、船師180艘を率いて齶田あぎた・渟代ぬしろの蝦夷ぇみしを討ち、彼らに冠位を授け郡領に任じた。660年には粛慎あしはせを討った

らしい。翌年8月、百済救援軍の将軍となり（時に大花下）、663年（天智2）3月、2万7000人を率いて発進、8月に白村江で唐・新羅連合軍に敗れた。のちに大錦上。「続日本紀」は斉明朝の筑紫大宰帥と記す。

あべのぶゆき［阿部信行］ 1875.11.24～1953.9.7 大正・昭和期の陸軍軍人・政治家。石川県出身。陸軍大学校卒。陸軍省軍務局長などをへて1928年（昭和3）陸軍次官。宇垣一成陸相下で一時陸相臨時代理・軍事参議官をも務めるが、2・26事件後に予備役に編入された。39年平沼内閣のあとをうけて組閣、欧州大戦不介入を宣言し、日中戦争解決をめざしたが、短命に終わった。40年中国特派全権大使となり、汪兆銘らと日華基本条約を締結。42年翼賛政治会総裁。

あべのぶゆきないかく［阿部信行内閣］ 陸軍大将阿部信行が陸軍の支持のもとに組織した内閣（1939.8.30～40.1.16）。欧州大戦には不介入の方針をとり、汪兆銘工作などによって日中戦争の解決を企図したが、収拾の端緒をつかめず、また野村吉三郎を外相に起用して日米関係の打開を模索したが、日米通商条約改定交渉も不成功におわった。国内ではインフレに対して価格等統制令による物価抑制を試みたが、成果をあげなかった。さらに貿易省設置問題で外務省の、官吏身分保障廃止問題で枢密院の反対をうけ、第75議会では政党の内閣不信任運動がおき、陸軍の支持をも失って総辞職した。

あべのむねとう［安倍宗任］ 生没年不詳。平安中期の陸奥国の豪族。頼時の子。鳥海三郎と称する。前九年の役では1057年（天喜5）父の戦死後、兄貞任とともに源頼義と戦い、これを破った。62年（康平5）頼義が出羽国の豪族清原武則・光頼兄弟の援助をうけると形勢は逆転、厨川柵（現、盛岡市）の戦で敗れ投降した。64年伊予国に配流され、67年（治暦3）大宰府に移されたという。その後は不明。女は奥州藤原氏の基衡の妻。

あべのよりとき［安倍頼時］ ?～1057.7.26 平安中期の陸奥国の豪族。忠良の子。はじめ頼良と名のったが、源頼義との同訓をさけて改名。安大夫と称する。俘囚長として奥六郡の支配権を掌握し、衣川を越えて南下をはかり陸奥国司藤原登任と対立、これを破った。後任の国司源頼義に従ったが、1056年（天喜4）戦闘となり、翌年、俘囚を味方に誘おうと鳥海柵に赴いたところを討たれた。

あべまさひろ［阿部正弘］ 1819.10.16～57.6.17 幕末期の老中。備後国福山藩主。父は正精。伊勢守。号は裕軒。1836年（天保7）兄正寧の隠居にともない相続。22歳で寺社奉行、43年、25歳で老中に抜擢された。45年（弘化2）老中首座。弘化・嘉永期には、徳川斉昭や島津斉彬ら雄藩大名と連携、朝廷に異国船情報を奏上するなど、海防政策に追われた。53年（嘉永6）ペリーの来航時には合衆国大統領親書をうけとり、大名・諸士に対応を諮問し、翌年に日米和親条約を締結して日本を開国に導いた。また品川台場の築造や軍艦の注文、長崎海軍伝習所・講武所・蕃書調所の設立などの新政策を実現した。岩瀬忠震・大久保忠寛・永井尚志ら多くの優秀な人材を登用した。

あべよししげ［安倍能成］ 1883.12.23～1966.6.7 明治～昭和期の哲学者。愛媛県出身。東大卒。1924年（大正13）に渡欧、28年（昭和3）京城帝国大学法文学部長、40年一高校長、45年貴族院議員、46年文相、同年文相辞任後学習院院長となり、私立となった学習院の経営と教育に専念した。オイケン、カントの研究で知られたが、謡曲を通じて漱石門に入って文芸評論の筆をとり、一高時代からの友人岩波茂雄との交情によって「哲学叢書」を編集した。第2次大戦後は全面講和論を唱えて自由主義者の真骨頂を示すなど、活動の幅はさらに広がった。妻恭子は藤村操の妹。著書「岩波茂雄伝」「我が生ひ立ち」。

アヘンせんそう［アヘン戦争］ 阿片戦争・鴉片戦争とも。1839～42年のイギリスと清国の戦争。イギリスは中国から茶を輸入していたが、それにみあう輸出品がなく、禁制品のアヘンをインドから輸出した。その量は19世紀に急激に増大し、中国からは大量の銀が流出した。清朝のアヘンების高まりにより発せられた林則徐は、39年広州で外国商人から在庫アヘンを没収、焼却。これに対しイギリスは武力に訴え、40～42年に沿岸の要地を攻撃して清軍を破った。42年8月南京条約締結で終結。この経緯は当時の日本でも注目され、幕府の海防政策や幕末期の有識者に大きな影響を与えた。

あまかすじけん［甘粕事件］ 1923年（大正12）9月16日、関東大震災の戒厳令下で憲兵大尉の甘粕正彦ら5人が大杉栄・伊藤野枝夫妻と甥の橘宗一を拘殺した事件。亀戸事件・朝鮮人虐殺事件と並ぶ不法弾圧事件。関東大震災の発生とともに「不逞鮮人」暴動の流言蜚語が流され、東京市および周辺に戒厳令が布かれ、自警団が組織され、虐殺が行われた。新宿柏木に住んでいた大杉も自警団に参加していたが、16日野枝とともにその妹を鶴見に見舞い、甥を連れ帰る途中、自宅近くで甘粕らに強制的に憲兵隊本部に連行され、虐殺された。軍法会議では甘粕に懲役10年の判決が下された。実際の犯人は麻布の第3連隊との説もある。甘粕は26年10月出獄、のち満州に渡り、満州国協和会中央本

部総務部長など重要ポストに就いた。

あまくさしろう [天草四郎] ⇨益田時貞

あまくさばん [天草版] ⇨キリシタン版天草版

あまくさぼんイソポものがたり [天草本イソポ物語] 1593年(文禄2)天草コレジヨ(学林)刊のキリシタン版イソップ物語。原題は「イソポのファブラス」。口語体ローマ字本で、宣教師の日本語学習に使用されたものと思われる。「天草本平家物語」とともに国語学上重要な文献。「日本古典全書」「日本古典文学大系」所収。

あまくさぼんへいけものがたり [天草本平家物語] 1592年(文禄元)天草コレジヨ(学林)刊のキリシタン版平家物語。4巻。口語体ローマ字本で、宣教師の日本語・日本史学習に使用されたものと思われる。吉川弘文館から刊行。

あまごし [尼子氏]「あまごし」とも。室町・戦国期の大名。宇多源氏佐々木氏流。出雲・隠岐両国守護、京極高秀の次男高久が近江国甲良荘尼子郷(現、滋賀県甲良町)を領して尼子氏を称したのに始まる。高久の子持久は出雲国守護代のち富田(月山)城(現、島根県広瀬町)を本拠とした。持久の子清定は応仁・文明の乱に乗じて、国人の掌握に努める。その子経久のとき、いったんは富田城を追放されたが、1486年(文明18)奪還、山陰地方から山陽の一部までを支配下におさめた。孫の晴久は勢力を受け継いだが、大内氏や毛利氏と対立。その子義久は1566年(永禄9)に毛利氏に敗れ、降伏。その後、支族勝久が遺臣の山中鹿介らに擁立されて再興をはかったが、78年(天正6)滅亡。 →巻末系図

あましょうぐん [尼将軍] 北条政子の呼称。鎌倉幕府3代将軍源実朝の死後、元服前の藤原頼経は将軍宣下をうけられないため、政子が事実上の将軍として号令したのでこうよばれた。「北条九代記」に「諸人皆おそれ随い尼将軍と申せし」とあるように、公的な呼称ではなく、御家人社会内外での通称。

あまてらすおおみかみ [天照大神]「古事記」では天照大御神。記紀の神話における代表的神。天照は天に照りたまうの意で、オオミとともに称辞であり、神名には実体をさす語を含まない。「日本書紀」ではイザナキ・イザナミが、大八洲国と山川草木生成ののちに「天下の主」を生もうとして月神(ツクヨミ)・ヒルコ・スサノオとともに生んだ。そこでは日神と記され、天上のことを授けられたとする。また大日孁貴と号し、一書に天照大神・天照大日孁貴などといったとも記される。孁は巫女の意、貴は称辞で、巫女で日に仕える巫女を意味するか。スサノオと誓約を行い、のち天の石窟に籠もり常闇をもたらした。

一方、「古事記」では、イザナキの禊の際に左目から生まれ、高天原の主宰神かつ葦原中国の中継点にある至高神と位置づけられる。それは天の石窟籠もりの際、葦原中国までも混乱と無秩序に陥ったことから明らかである。

あまのはちろう [天野八郎] 1831～68.11.8 戊辰戦争時の彰義隊の副隊長。上野国甘楽郡磐戸村庄屋大井田忠恕の次男。のち旗本天野氏を称し、徳川慶喜の辞官納地を憤り、幕臣を組織して彰義隊を結成、副頭取となる。慶喜の説得に応じず、上野寛永寺にこもって官軍と戦い敗走。江戸市中に潜伏するが密告により捕らえられ、獄中で病死。

あまみおおしま [奄美大島] 古くは海見・阿麻美・菴美とも。鹿児島県南部の奄美諸島最北にある島。面積712㎢。奈良時代は南島路の遣唐船の中継地として重視された。中世には琉球王国の支配下に入ったが、1609年(慶長14)の島津氏の琉球征服以後、鹿児島藩の直轄地。近世前期に中国から甘蔗栽培と黒糖製法が伝わり、島内に広まった。財源として黒糖を有望視した藩は漸次専売政策を強化し、ことに調所広郷の天保の財政改革で推進された砂糖惣買入専売制度の徹底は、島民にきびしい生活を強いた。明治期以後鹿児島県に属し、第2次大戦後は米軍の直接軍政下におかれたが、1953年(昭和28)12月奄美諸島返還の日米協定が調印され、日本に復帰した。

あみこ [網子] アゴ・アンゴ・オーゴとも。多人数の合力を必要とする網漁業組織のなかで漁労操作にたずさわる漁夫。網漁業経営者の網親・網主に労力を提供する。網主と網子は主従関係の強い世襲的な親方・子方の関係にあるもの、共同作業の役割分担の関係を示すだけの場合とがある。網子各自の漁獲物の分配は一般に平等だが、特別な技術を要する漁では、網子の間に差をつけることもある。

あみごう [阿弥号] 阿号とも。阿弥陀号の略。中世の浄土教の遁世者に与えられた称号。南無阿弥陀仏・世阿弥・法阿などと称する。もともとは法号の上に称されるものだったが、11世紀以降法号そのものとして用いられた。俊乗房重源が大仏勧進の手段として広く人々に阿弥号を与えてからは、遁世者ばかりでなく、公家や武家を含む俗人にまで広まった。浄土宗や時宗教団に属する僧侶が多く、時宗の遊行上人遊行上人は代々「他阿弥陀仏」と称した。南北朝以降になると茶人や能役者などに阿弥号を称する者も多く、将軍の同朋衆や御伽衆に対してもつけられた。

あみださんぞん [阿弥陀三尊] 中尊の阿弥陀如来に脇侍として観音(観世音)・勢至両菩薩を配したもの。「観無量寿経」に無量寿

仏（阿弥陀仏）が空中にたち，左右に観音・勢至が侍立したとあるように，観音は阿弥陀の左に，勢至は右に配置される。京都仁和寺・三千院，奈良県天理市の長岳寺の彫像，法隆寺金堂・高野山蓮華三昧院・石川県心蓮社の各画像，大分県臼杵磨崖石仏などがある。

●● 阿弥陀三尊

勢至菩薩　　阿弥陀如来　　観世音菩薩

あみだどう [阿弥陀堂] 阿弥陀仏を本尊として安置した堂。中国では東晋の僧慧遠が廬山の般若台精舎に阿弥陀仏像をすえたのに始まる。日本では奈良時代に阿弥陀信仰が流行し，東大寺阿弥陀堂などが造られた。平安中期の浄土信仰の隆盛にともない，この世で阿弥陀仏の極楽世界とその荘厳を心に描いて一心に思いをこらし観相念仏を唱えるため，阿弥陀堂が数多くたてられた。藤原道長の法成寺，同頼通の平等院鳳凰堂（1053）や富貴寺大堂（12世紀前半）・願成寺白水阿弥陀堂（1160）などが代表。京都浄瑠璃寺阿弥陀堂（1107）は道長の頃に始まった九体阿弥陀堂の唯一の現存例。

あみだにょらい [阿弥陀如来] 阿弥陀はサンスクリットのアミターユス（無量の寿命の意）とアミターバ（無量の光明の意）の音訳。西方にある極楽浄土の仏で，日本では，浄土教の隆盛にともない諸仏のなかでも最も多くの信仰を集めた。さまざまな経典に記されているが，とくに浄土三部経とよばれる「無量寿経」「観無量寿経」「阿弥陀経」は阿弥陀に対する信仰を中心として書かれている。10世紀に源信が「往生要集」を著し，同じ頃民間に空也が現れて称名念仏を唱え，阿弥陀に対する信仰を勧めた。この頃から浄土信仰は盛んになり，12～13世紀には法然・親鸞・一遍などが教理と実践の両面をいっそう純化させ，それぞれ浄土宗・浄土真宗・時宗教団の基礎を作った。

あみだらいごうず [阿弥陀来迎図] ⇨聖衆来迎図

あみぬし [網主] 網元・頭元・津元とも。網の所有者で，一般に網漁業の経営者をい

う。労力提供者である網子の網主に対する関係には隷属的なものもあった。この場合，網主は網子の生活全般の面倒をみるかわりに漁獲物をすべて確保し，この関係が世襲的につづいた。両者の関係がもっと自由で，雇用関係が年々更新され，網子の自由意思で更新できる場合もあった。正月の船祝のときに網主が網子を家に招き，それに出席すればその年の雇用関係が決まるところが多い。

あみもと [網元] ⇨網主

あめつちのことば [天地の詞] 48字の仮名からなる最古の諷文。作者不詳。平安中期の日本語の音韻体系を知る手がかりになる。「古事記」では61あった清音音節が48に減っている。「え」がア行の「衣」とヤ行の「江」の二つあることから，ほぼ天暦年間（947～957）以前の成立と推測される。

　あめ（天）　つち（地）　ほし（星）　そら（空）
　やま（山）　かは（川）　みね（峰）　たに（谷）
　くも（雲）　きり（霧）　むろ（室）　こけ（苔）
　ひと（人）　いぬ（犬）　うへ（上）　すゑ（末）
　ゆわ（硫黄）　さる（猿）　おふせよ　えのえを
　なれゐて

最後の12文字には「生ふせよ　榎の枝を　馴れ居て」と「負ふ　為よ　江の（良籠）　衣を（愛男）　汝　優（ゐで）」の2案がある。「宇津保物語」の国譲の巻に手習いの手本として「あめつち」があり，「源順集」に「あめつち」の各文字を詠みこんだ歌があることから，当時は広く流布したと思われる。ただし，ほどなく1音節少ない「いろはうた」にその位置を譲ったとされる。

あめのかぐやま [天香具山] ⇨大和三山

あめのもりほうしゅう [雨森芳洲] 1668.5.17～1755.1.6　江戸中期の儒学者。名は東・俊良・誠清，字は伯陽，通称は東五郎。号は芳洲・尚絅堂。近江国伊香郡雨森の出身。16～17歳のとき江戸に出て木下順庵に入門。1689年（元禄2）順庵の推挙により対馬国府中藩に仕え，文教をつかさどり，対朝鮮外交に従事。幕府との折衝にも尽力し，朝鮮通信使の待遇問題などでは同門の新井白石と対立した。「交隣提醒」は朝鮮外交の概要を記した名著。朝鮮語研究にも成果をあげ，「芳洲詩集」「橘窓文集」「橘窓茶話」「多祝礼草」などの著書もある。

あめみやせいしそうぎ [雨宮製糸争議] 1886年（明治19）6月に山梨県甲府の雨宮製糸工場でおこった女工のストライキ。日本最初の工場労働者のストライキといわれる。県の生糸商・製糸家により同年2月に組織された生糸組合の規約中に女工の工場選択の自由を拘束する工女取締規定が設けられ，管理が強化されたのに対し

て，6月14日100余人の女工が職場を放棄。16日組合規約の緩和という成果をえて終結した。

アメリカがっしゅうこく [アメリカ合衆国]
北アメリカ中部にある連邦共和国。漢字表記は亜米利加，略称は米国。1775年東部の植民地13州がイギリスに対し独立戦争を始め，76年7月4日独立を宣言。19世紀前半から西部開拓が進み，1840年代には太平洋岸に領土がひろまった。日本との関係は，1853年(嘉永6)ペリーが来航，翌54年(安政元)日米和親条約，58年日米修好通商条約を結んだ。明治前期は，条約改正問題や外国人教師による学問・技術面の交流など友好関係を保ったが，日露戦争後は中国の門戸開放やアメリカ西海岸への日系移民問題をめぐって日米対立を生じることになる。第1次大戦後の中国・太平洋問題はワシントン会議で調整されたが，満州事変・日中戦争と日本が積極的に中国・南方に進出すると，アメリカは経済制裁を強化し緊張が高まった。武力衝突回避のための日米交渉も難航，1941年(昭和16)12月太平洋戦争に突入した。日本は45年の敗戦後，連合国の名においてアメリカの占領下におかれ，民主化の諸改革が実施された。51年サンフランシスコ講和条約と日米安全保障条約を締結。朝鮮・ベトナム戦争などを通じて，日本は極東の重要な同盟国に位置づけられた。しかし70年代以降は貿易摩擦で日米関係が不安定になり，冷戦解消後の新しい日米関係が模索されている。本土の48州にアラスカ，ハワイの2州を加えた50州と，1首都地区(コロンビア区)からなる。首都ワシントン。

アメリカきょういくしせつだん [アメリカ教育使節団] 第2次大戦後の日本の教育改革のために，1946年(昭和21)3月と50年8月に2度来日した米国使節団。第1次使節団は，教育の民主的改革の具体案として，6・3制や男女共学，PTA，教育委員会の設置を提示した。その理念は，教育の中央統制の排除，地方分権化とアメリカ型の教育システムの導入による民主化であった。これをうけて制定された教育基本法に依拠して新制度が実施された。第2次使節団の目的は，おもに改革の成果の確認であった。この間に冷戦状況が進展していたが，基本方針に変化はなく，この線で日本の戦後教育改革は定着した。

アモイじけん [廈門事件] 1900年(明治33)8月，義和団事件に乗じ日本が中国福建省を勢力範囲とすべく廈門占領のために出兵した事件。山県内閣は廈門における変事に際して軍隊上陸を想定していたが，台湾総督児玉源太郎と民政長官後藤新平は廈門占領を企て，東本願寺布教所焼失を機とし廈門上陸計画を断行した。しかしこれを謀略と断定した列国の抗議に直面する

や作戦は中止され，責任をとって山県内閣は総辞職した。

あやうじ [漢氏] 渡来系の氏族。東漢氏と西漢氏の両系があり，両者の間に同族関係はないと考えられる。東(倭)漢氏は阿知使主の祖とする有力氏族で，後漢の霊帝の後裔というが，朝鮮半島系とみる説もある。大和国高市郡檜前を本拠に，新たに渡来した技術者(漢人部)や部民(漢部)などを統率する地位を得て発展。7世紀頃までに書(文)・坂上・民などの枝氏に分裂。姓ははじめ直，ついで枝氏も一括して682年(天武11)に連に，685年に忌寸に改姓。西(河内)漢氏は中国系という渡来系氏族。大和国を本拠とした東漢氏に対し，河内地方を本拠に同地の漢人・漢部を統率したか。東漢氏にくらべ氏勢はあまりふるわない。はじめ直，683年に連，685年に忌寸に改姓。

あゆかわよしすけ [鮎川義介] ⇒鮎川義介

アユタヤ タイ国の首都バンコクの北方に位置する都市。アユタヤ朝(1351~1767)の王都として栄えた。15世紀前半からの琉球船をはじめ，ポルトガル船・オランダ船など，また17世紀前半には日本の朱印船が渡航して盛んに交易を行った。盛時には，バーン・ジープンとよばれる日本町に1500人以上の日本人が住み，交易や国王の傭兵として活躍。日本町統領として山田長政・城井久右衛門らの名が知られる。

あらいはくせき [新井白石] 1657.2.10~1725.5.19 江戸中期の儒学者・政治家。上総国久留里藩士正済の子。名は君美，字は在中・済美，通称与五郎・伝蔵・勘解由。白石は号。久留里藩などに仕えたのち牢人。1693年(元禄6)朱子学者木下順庵の推挙で甲府藩主徳川綱豊(家宣)の侍講となる。家宣の6代将軍就任とともに幕政に参画，7代将軍家継を補佐し正徳の治を断行。武家諸法度改訂・貨幣改鋳・正徳長崎新例施行・朝鮮使節応接簡素化などを行うが，家継没後失脚。のち著述に専念。朱子学を基本とし言語学・歴史学にも長じ，「東雅」「古史通」「読史余論」は代表的著作。世界史的視野の広さを示す「西洋紀聞」「采覧異言」や「折たく柴の記」「藩翰譜」など，今日の幕政史研究の必須書となる。

あらきさだお [荒木貞夫] 1877.5.26~1966.11.2 大正・昭和期の軍人。陸軍大将。男爵。東京都出身。陸軍士官学校(9期)・陸軍大学校卒。参謀本部第1部長・教育総監部本部長などを歴任し，1931年(昭和6)犬養内閣，ついで斎藤内閣の陸相となる。観念的・精神主義的言動により青年将校の支持を集め，真崎甚三郎とともに皇道派の中心人物。2・26事件後予備役に

編入された。第1次近衛内閣・平沼内閣で文相に就任。第2次大戦後、A級戦犯として終身刑。

あらきそうたろう [荒木宗太郎] ?～1636.11.7 近世初期の朱印船貿易家。肥後国に生まれ、1588年(天正16)長崎に移住。1606年(慶長11)のシャム渡航を初見として、鎖国直前の32年(寛永9)まで6回の朱印船派遣が確認される。渡航地はおもに交趾ジ(中部ベトナム)で、みずから渡航して交易にあたった。交趾の実力者の阮ジ氏の信任が厚く、その一族の女性を妻とした。荒木家はその後、長崎西築町の乙名ホッ役を勤め、代々継承した。

あらきだもりたけ [荒木田守武] 1473～1549.8.8 戦国期の神宮祠官・連歌師。荒木田一門薗田ゼの氏の出身で、父は荒木田守秀、母は荒木田(藤波)氏経ポの女。守晨ホッの弟。1541年(天文10)一禰宜となる。宗鑑カスッから連歌を学び、「新撰菟玖波グッ集」に入集のものをはじめ、1508年(永正5)の「法楽発句集」などの連歌集、30年(享禄3)の「独吟百韻」などの俳諧集、25年(永永5)の教訓歌集「世中ポの百首」などがある。俳諧の祖ともよばれる。

あらごと [荒事] 歌舞伎の演技演出術。上方の和事プに対し、江戸歌舞伎を象徴する。隈取ヘッ・六方ホッ・つらね・ニラミ・神仏のまねなどの要素を伴い、非写実的・幻想的な劇空間を創造。基礎を築いたのは初世市川団十郎で、「江戸芝居年代記」は1673年(延宝元)14歳で初舞台を踏んだ「四天王稚立沼シ」での坂田金時役をそのはじめとするが、役者評判記類の85年(貞享2)「金平六条通ガホッの金平役を嚆矢とする。初世団十郎の荒事は、旗本奴や町奴といった無頼の徒が徘徊する江戸の精神風土に根ざし、金平浄瑠璃から想をえたという。その後2世団十郎が「家の芸」として完成させ、天保年間に至って7世団十郎が歌舞伎十八番を制定した。

あらちのせき [愛発関] 古代、越前国に設置された関。三関ホッの一つ。位置については諸説ある。設置時期は天智朝とみるのが通説か。764年(天平宝字8)の恵美押勝ミスッの乱の際には、愛発関において越前へ入ろうとする押勝軍と政府軍の間で戦闘が行われた。三関は789年(延暦8)に廃止されたが、その後も非常時の固関ゲが行われた。しかし810年(弘仁元)の固関使は越前国のかわりに近江国に派遣されており、この間に愛発関は停廃したと考えられている。

あらはたかんそん [荒畑寒村] 1887.8.14～1981.3.6 明治～昭和期の社会運動家。横浜市出身。本名勝三。小学校卒。働きながら文筆で、平民社の影響で社会主義に開眼し直接行動論に同調、赤旗事件で入獄した。1912年(大正元)大杉栄と「近代思想」を創刊。22年共産党結成に参加、翌々年の解党に反対したが、再建共産党には参加せず、27年(昭和2)「労農」創刊に参加。以後左派社会民主主義を堅持。第2次大戦後労働組合運動再建に着手、社会党代議士になる。芦田内閣の予算案に反対して脱党、一時社会主義協会に参加。晩年は文筆活動に専念。

アララギ 1908年(明治41)10月正岡子規系の根岸短歌会の機関誌として発刊、歌壇の主流として今日に至る。08年2月に「馬酔木ポッ」の後継誌「アカネ」が創刊されたが、伊藤左千夫と三井甲之ッとの対立により、左千夫は発行人蕨真ジェの「阿羅ヾ木グッ」に参加。翌年9月島木赤彦の「比牟呂ゼ」と合併して発行所を左千夫方に移す。古泉千樫ゼ・中村憲吉ら俊英が結集、万葉主義と写実を基本とした。大正期には左千夫批判を契機に斎藤茂吉・島木赤彦が、おのおの「実相観入」「鍛錬道」を提唱し、理想と実作の面で主導的立場に立つ。昭和期には土屋文明が引き継ぎ、生活に即した思想詠を実践。傘下に佐藤佐太郎・山口茂吉・吉田正俊・柴生田稔ヅらを輩し、裾野を広げている。

ありげけみ [有毛検見] 江戸時代の検見の一種。田畑の上中下の等級や石盛ニケ、根取米ニッなどを無視し、実際の収量に応じて年貢の額を決定する方法。検見に先立って、まず村方で坪刈をし、田方一筆ごとに現実の収穫に応じた有税量を算出して、これらの段別を集計した内見合付ツヤセッ帳を代官に提出する。これに検見による坪刈で算出した刈出税を加味して村全体の税収穫量を決定する。生産力の上昇分を確実に把握することができるため、幕領では勘定奉行神尾春央ニスエによって、1749年(寛延2)からとくに畿内の綿作地域の農村で採用された。

ありさわひろみ [有沢広巳] 1896.2.16～1988.3.7 昭和期の経済学者。東大卒。1924年(大正13)東京帝国大学助教授。翌年ドイツ留学。帰国後は脇村義太郎・阿部勇らと研究会を組織し、世界経済の現状分析に着手。38年人民戦線事件で検挙され休職となったが、第2次大戦後東京大学に復帰。第1次吉田内閣時の傾斜生産方式の立案者として有名。退官後は法政大学総長、原子力委員会委員長などを歴任。著書「日本工業統制論」「インフレーションと社会化」。

ありしまいくま [有島生馬] 1882.11.26～1974.9.15 明治～昭和期の洋画家・小説家。本名壬生馬ホッ。神奈川県出身。武郎の弟。藤島武二に洋画を学び、1905年(明治38)ヨーロッパに渡る。10年帰国して「白樺」同人となり、はじめて本格的にセザンヌを紹介した。二科会・一水会の創立に参加、35年(昭和10)帝国美術院会員となる。小説「蝙蝠ホッの如く」「嘘の果

あり し

ありしまたけお [有島武郎] 1878.3.4～1923.6.9 大正期の小説家。東京都出身。札幌農学校卒。その後ハーバード大学などの大学院に学び，ヨーロッパ巡歴をへて帰国。母校の英語教師を1915年(大正4)まで務め，以後作家活動に専念した。白樺派に属し，幅広い教養と知性にもとづいて，キリスト教的な倫理と人間の本能や個性の相克を主題とする作品を発表。晩年は社会主義に共鳴し，北海道にあった農場を小作人へ解放したりしたが，最晩年は虚無的となり，人妻の婦人記者波多野秋子と軽井沢で心中。代表作「宣言」「カインの末裔」「迷路」「生れ出づる悩み」「或る女」「惜みなく愛は奪ふ」「宣言一つ」。

ありすがわのみや [有栖川宮] 高松宮と称した後陽成天皇の第7皇子好仁親王を祖とする宮家。世襲親王家の一つ。2代は後水尾天皇の皇子良仁親王で花町宮と称したが，皇統を継いで後西天皇となったため中絶。のち後西天皇の第2皇子幸仁親王が3代を継承し，1672年(寛文12)有栖川宮と改称。4代正仁親王には後嗣がなく，霊元天皇の皇子職仁親王が相続，10代威仁親王のとき王子栽仁王が早世したため断絶。ただし大正天皇は威仁親王の死去に先立ち，特旨をもって第3皇子宣仁親王に高松宮を与え，当宮家の祭祀をうけつがせた。→巻末系図

ありすがわのみやたるひとしんのう [有栖川宮熾仁親王] 1835.2.19～95.1.15 幕末～明治期の皇族・政治家・軍人。有栖川宮8代幟仁親王の第1王子。幼名歓宮。1849年(嘉永2)親王宣下で熾仁の名をうける。64年(元治元)国事御用掛，同年の禁門の変で謹慎処分をうけたが，67年(慶応3)王政復古により総裁に就任。翌年戊辰戦争で東征大総督。75年(明治8)元老院議官，ついで議長。77年西南戦争で征討総督となり，その功により陸軍大将。80年左大臣兼任，82年露国皇帝即位典礼に参列して欧州各国を歴訪。85年内閣制度の発足にともなう参謀本部長，のち近衛都督兼任。参謀総長も務めた。日清戦争で陸海全軍の総参謀長となる。

ありた・クレーギーかいだん [有田・クレーギー会談] 1939年(昭和14)夏に有田八郎外相とクレーギー駐日大使との間で行われた日英交渉会談。39年4月に天津の英仏租界において海関監督程錫庚が暗殺され，日本は容疑者の引渡しを要求，英仏租界の封鎖を断行した。イギリスは正式交渉を申し入れ，7月15日から会談を開始。イギリスは中国における日本軍の要求を妨害しない旨の原則的了解が成立するが，法幣流通問題が難航し，8月下旬に決裂した。

ありたはちろう [有田八郎] 1884.9.21～1965.3.4 大正・昭和期の外交官。新潟県出身。東大卒。1909年(明治42)外務省入省。27年(昭和2)田中義一内閣の亜細亜局長，32年から外務次官，36年広田内閣の外相に就任。以後，第1次近衛・平沼・米内内閣の3内閣で外相。日独防共協定を締結したが，三国同盟化した。日中戦争解決に努力するが，九カ国条約の修正もいとわない姿勢に，アメリカなどの警戒をまねいた。

ありたやき [有田焼] 佐賀県有田町産の焼物の総称だが，主として磁器をさす。開窯された江戸初期から製品が出荷された港名を冠した伊万里焼の名称が通用したが，近年有田町の磁器だとして，地元では有田焼の称が普及している。実体は伊万里焼と同一。江戸時代の磁器を伊万里焼とし，近代の磁器を有田焼とかなえる風潮もある。

ありましんしち [有馬新七] 1825.11.4～62.4.23 幕末期の尊攘派志士。鹿児島藩伊集院の郷士坂本正直の子。藩士として儒学・弓剣術を修めた。1856年(安政3)上洛し梅田雲浜らと交わる。大老井伊直弼が通商条約調印や将軍後嗣決定にふみきると，同志と井伊要撃などを画策。62年(文久2)島津久光の上洛に従い，京都で活動中伏見寺田屋で久光派遣の同藩士に殺された。

ありまのみこ [有間皇子] 640～658.11.11 孝徳天皇の皇子。母は阿倍内麻呂の女小足媛。父の死後657年(斉明3)狂人を装い，牟婁温泉(和歌山県白浜町)に湯治に行く。これは，皇子が有力な皇位継承候補者で，反体制派の豪族層のよりどころとして中大兄皇子らから危険視されているのを避けたものと考えられる。翌年，中大兄皇子の意をうけた蘇我赤兄の訪問をうけ，現体制への批判の言葉を聞かされて反乱を決意。そのために捕らえられ，与党とともに天皇らの滞在する紀温泉(牟婁温泉)に送られ，中大兄皇子の訊問をうけたのち藤白坂(現，和歌山県海南市藤白)で絞殺された。護送途中に皇子の詠んだ歌，および皇子の死をいたんだ後人の歌を「万葉集」に収める。

ありまはるのぶ [有馬晴信] 1561/67～1612.5.6 織豊期～江戸初期の武将。肥前国日野江城主義貞の子。十郎。1571年(元亀2)継領。洗礼名プロタジオ，のちジョアン。87年(天正15)豊臣秀吉に属したが，追放されたイエズス会士を自領にかくまい，宣教・教育・出版などの活動を許した。1609年(慶長14)朱印船貿易に参画した家臣を殺された報復としてポルトガル船を撃沈。その恩賞として旧領回復を望んだことが岡本大八事件に発展し，斬罪された。

ありわらうじ [在原氏] 平安初期に、平城天皇の皇子の阿保親王・仲野親王らの子らに賜った氏姓。薬子の変によって高岳親王は廃太子となり、阿保親王も左遷されて皇位から遠ざかった。高岳親王の子らは王号を止められて賜姓をうけ、826年(天長3)には阿保親王の上表に応じて、その子仲平・行平・守平・業平らに在原朝臣の賜姓があった。行平は中納言まで進み、一門子弟のための大学別曹奨学院も設けられたが、氏の勢力はあまりふるわなかった。業平は歌人として著名。→巻末系図

ありわらのなりひら [在原業平] 825〜880.5.28 平安前期の歌人。六歌仙・三十六歌仙の1人。平城天皇の皇子阿保親王の子。母は桓武天皇の皇女伊都内親王。五男で右近衛権中将なので在五中将とよばれた。行平は兄、子に棟梁・滋春ら。826年(天長3)在原の姓を賜った。『三代実録』の伝に「体貌閑麗、放縦にして拘らず、略ほ才学無く、善く倭歌を作る」とあり、美男で気まま、学才はないが、和歌を得意としたという。『古今集』仮名序に「在原業平は、その心あまりてことばたらず」と評されたように、情熱あふれる秀歌が多く、技法的にも古今歌風の先駆をなした。『古今集』に30首入集、『伊勢物語』は業平の歌に物語を付したもので、主人公を業平と同一視する後世の見方は誤りである。家集『業平集』。

アルタイしょご [アルタイ諸語] 東南ヨーロッパから東アジアやシベリアに至るユーラシアの広い範囲に分布する、チュルク(トルコ系)諸語・モンゴル諸語・ツングース諸語の総称。各言語グループの話者数は、それぞれ8000万人・600万人・6万人前後で、ほぼこの順に西から東へ並ぶ。これら三つの言語グループが、それぞれのなかで親族関係をもつことは明らかだが、三者がさらに一つの祖語にさかのぼれるとする説(アルタイ説)があり、この説に従えば三者はまとめてアルタイ語族とよばれる。アルタイ語族に朝鮮語と日本語を含めることもあり、まだ明らかにされていない日本語の系統問題にも関連してさまざまに議論されてきた。これら諸言語の間に著しい類型論的類似性があるのは明白だが、親族関係があることには ならず、音韻対応が認められる必要がある。しかし、アルタイ説のなかでこれまで示された音韻対応例は、十分説得力をもたない。こうした状況下で、親族関係について中立的なアルタイ語という用語が用いられている。

アローせんそう [アロー戦争] 第2次アヘン戦争とも。1856〜60年の清国と英仏連合軍の戦争。56年10月広州の珠江で、香港船籍・船主イギリス人の商船アロー号が清国官憲から取調べをうけた(アロー号事件)。イギリス広東領事パークスは、清側に強硬な要求を突きつけ、交渉が決裂すると現地のイギリス軍に広州を砲撃させた。本国政府もこれを支持し、57年12月以降遠征軍による広州攻撃が行われた。フランスも56年2月広西省でのフランス人宣教師殺害を理由に共同出兵した。58年天津条約締結後いったん停戦したが、清側が批准に抵抗したため、60年英仏は再度遠征軍を編成して北京を攻撃し、北京条約を結ばせた。

あわじのくに [淡路国] 淡道国・粟路国とも。南海道の国。現在の兵庫県淡路島。『延喜式』の等級は下国。『和名抄』では津名・三原の2郡からなる。国府・国分寺・国分尼寺は三原郡(現、三原町)におかれた。一宮は伊弉諾神社(現、一宮町)。『和名抄』所載田数は2650町余。古代には御食国とよばれ、海人部による海産物の貢納が行われ、天皇の食膳の料を供える国とされた。738年(天平10)の正税帳や『延喜式』からも健児が知られる。皇族の配流地とされ、淳仁天皇や早良親王などが流された。鎌倉時代の守護は長沼氏、室町中期は細川氏で、戦国期には阿波国三好氏の勢力下にあった。1615年(元和元)徳島藩領となり、洲本城として稲田氏をおいた。1871年(明治4)廃藩置県により兵庫県と徳島県に分割、76年全島が兵庫県に編入された。

あわたのまひと [粟田真人] ?〜719.2.2/5 奈良時代の公卿。681年(天武10)小錦下。のち筑紫大宰栗田をへて大宝律令の編纂に参加。702年(大宝2)遣唐執節使として入唐し、則天武后に謁見。704年(慶雲元)帰朝して中納言に任じられ、708年(和銅元)大宰帥を兼務。のち正三位に至る。唐では経史を学び、容姿温雅と讚えられ、司膳卿(一説に同員外卿)に任命されたという。

あわのくに [安房国] 東海道の国。現在の千葉県南部。『延喜式』の等級は中国。古くは上総国に属したが、718年(養老2)4郡をもって安房国となし、741年(天平13)再び上総国に合併、757年(天平宝字元)再度安房国となる。『和名抄』では平群・安房・朝夷・長狭の4郡からなる。国府は平群郡(現、三芳村)、国分寺は安房郡(現、館山市)におかれた。一宮は安房神社(現、館山市)。『和名抄』所載田数は4335町余。『延喜式』では調は布・鰒、庸は海松・布があり、中男作物として紅花・堅魚・鰒など。平城京跡から多くの鰒貢進の木簡が出土している。平安中期には平忠常の乱により荒廃。石橋山の戦に敗れた源頼朝が上陸した。鎌倉時代には安西・丸氏らが支配した。日蓮の生国として知られる。室町時代には上杉氏

が守護となり、のち里見氏が支配したが、国府台_{こうのだい}の戦で後北条氏に敗れ、以後衰退。1614年(慶長19)里見氏は転封され、以後譜代小藩が分立、旗本領・幕領もあった。1871年(明治4)廃藩置県により木更津県に入り、73年千葉県に属した。

あわのくに [阿波国] 粟国とも。南海道の国。現在の徳島県。「延喜式」の等級は上国。「和名抄」では板野・阿波・美馬_{みま}・三好・麻殖_{おえ}・名方東_{なかたのひがし}(名東)・名方西(名西)・勝浦_{かつうら}・那賀の9郡からなる。国府・国分寺は名東郡(現、徳島市)、国分尼寺は名西郡(現、石井町)におかれた。一宮は大麻比古_{おおあさひこ}神社(現、鳴門市)。古代には畠作の割合が大きく、水田不足のため陸田も口分田として班給された。「和名抄」所載田数も3414町余と少ない。養蚕が盛んで、「延喜式」でも各種の糸・織物の貢進を規定。平安末期に那賀郡から海部_{あまべ}郡が分立。鎌倉時代は小笠原氏、室町時代は細川氏が守護となり、戦国期には三好氏が支配した。1585年(天正13)長宗我部元親_{ちかちか}を降した豊臣秀吉は阿波国に蜂須賀正勝を封じ、蜂須賀氏の徳島藩が幕末まで続く。1871年(明治4)廃藩置県により徳島県となる。

あわまるじけん [阿波丸事件] 太平洋戦争末期の1945年(昭和20)4月1日夜、連合国から安全を保障されていた阿波丸が撃沈された事件。アメリカの要請により、南方の日本占領地域の連合国捕虜・抑留者に救恤_{きゅうじゅつ}品を輸送した日本郵船の阿波丸が、帰航途上の台湾海峡で米潜水艦に撃沈された。阿波丸は連合国に航行位置を知らせ、緑十字を標示し、夜はイルミネートしていたが、当夜は視界不良で誤って攻撃された。日本の抗議に対しアメリカは誤りを認めたが、最終的に日本は戦後の国会決議で賠償請求権を放棄した。

あん [案] ⇨案文_{あん}

あんかんてんのう [安閑天皇] 記紀系譜上の第27代天皇。6世紀前半の在位という。勾大兄_{まがりのおおえ}皇子・広国押武金日_{ひろくにおしたけかなひ}天皇と称する。継体天皇の長子。母は尾張連草香_{おわりのむらじくさか}の女目子媛_{めのこ}。「日本書紀」によると、継体の死後、3年たって即位したことになるが、この間、異母弟欽明天皇との間に対立がおこり、内乱もしくは2朝並立の事態が生じたとする説もある。「日本書紀」には、この天皇の代のこととして多くの屯倉_{みやけ}・名代_{なしろ}の成立が伝えられる。

あんご [安居] 仏道修行者が一定期間1カ所に集まって修行すること、またその期間。インドの夏は雨期があるため外出が不便で、修行者が一定の場所に修行に専念するようになったとされる。日本では、683年(天武12)宮中で行ったのが文献上の初見。陰暦4月15日から3カ月間行われるのがふつうで、平安時代以後、一般寺院でも盛んに行われ、中世には禅宗で冬期も行われるようになった。

あんごいん [安居院] ⇨飛鳥寺_{あすかでら}

あんこうてんのう [安康天皇] 記紀系譜上の第20代天皇。5世紀後半の在位という。穴穂_{あなほ}天皇と称する。允恭天皇の皇子。母は忍坂大中姫_{おしさかのおおなかつひめ}命。兄の木梨軽_{きなしのかる}皇子を攻め、自殺に追いこんで即位したとされる。また大草香_{おおくさか}皇子を殺してその妻中蒂姫_{なかし}を妃としたことから、その子眉輪_{まゆわ}王に殺された。「宋書」倭国伝にみえる倭王済_{せい}の世子の興に比定される。菅原伏見西陵に葬ったとされ、奈良県宝来町の古城_{こじょう}1号墳がそれにあてられる。

あんこくじ [安国寺] 足利尊氏・直義兄弟が、後醍醐天皇をはじめとする元弘以来の戦死者を供養し、国土安穏を祈願して建立した寺院。夢窓疎石_{むそうそせき}の勧めで1338年(暦応元・延元3)頃から造営を開始し、全国66国2島にそれぞれ1寺1塔を設けた。45年(貞和元・興国6)光厳_{こうごん}上皇は院宣により寺に安国寺、塔に利生塔_{りしょう}の通号を定めた。安国寺は守護の菩提所である禅院があてられた。安国寺造営は宗教面だけでなく、等護を通じての幕府の支配力や威信の浸透、治安の維持という意味もになっていたことを示す。尊氏・直義の死、五山制度の確立などにともない、その意義も薄らいだ。現存する安国寺は約40、利生塔は皆無。

あんこくじえけい [安国寺恵瓊] ?〜1600.10.1 戦国末期の禅僧。諱は恵瓊、字は瑶甫_{ようほ}。一任斎・正慶と称する。安芸国の銀山城主武田信重の遺児という。1541年(天文10)銀山城が落城し武田氏が滅亡した際、安国寺に入る。53年に竺雲恵心_{じくうんえしん}の弟子、1600年(慶長5)に京都南禅寺の住持となる。毛利氏の使僧として活躍。のちに豊臣秀吉の直臣のような存在となる。関ケ原の戦では毛利輝元に味方し、京都で梟首_{きょうしゅ}となる。

あんざいしょ [行在所] ⇨行在所_{あんざいしょ}

あんざんせいてつしょ [鞍山製鉄所] 南満州鉄道会社(満鉄)が満州に開設した大規模な製鉄所。鞍山一帯の鉄鉱資源に着目した満鉄は、1915年(大正4)の対華二十一カ条の要求を契機にして採掘権を確保し、翌年に日中合弁の採掘会社として振興鉄鉱公司_{コンス}を設立。その原料を用いて製鉄事業を行う目的で、18年5月鞍山製鉄所が設立された。当初は不況と原料面の制約から小規模な銑鉄生産にとどまっていたが、貧鉱処理技術の開発をへて、33年(昭和8)鞍山製鉄所は満鉄の子会社昭和製鋼所(1929設立)に移管され、銑鋼一貫生産を発展させた。以後、満州産

業開発の中枢に位置し、44年満州製鉄会社に統合、第2次大戦後は中国の代表的製鉄所となった。

あんじ [按司] ⇨按司きぃ

あんじゅ [案主]「あんず」とも。古代～中世に、諸官司で文書の作成・保管にあたった下級職員。正倉院文書にみえる奈良時代の写経所の場合は、写経の発願が行われると、担当する事務官を決めてこれを案主とよび、経師きょう・校生しょう・装潢そうからなるチームを編成した。案主は多くの帳簿を作って、職員の管理、用具の入手、食料の手配、職員への給与の申請・給付など一切の実務をこなした。平安時代の諸司・諸家や荘園に、鎌倉時代の将軍家政所などにもおかれるようになった。

あんじゅうこん [安重根] An Jung-gŭn 1879.7.16～1910.3.26 李氏朝鮮末期の独立運動家。1905年(明治38)の第2次日韓協約で韓国が日本の保護国となったことに憤慨し、義兵運動に参加した。のちウラジオストクに亡命し、抗日独立運動を展開、韓国の道徳立国を主張し日本の背信を非難した。09年10月26日、ハルビン駅で前統監伊藤博文を暗殺、翌年3月旅順監獄で死刑に処せられた。韓国の国家的英雄。

アンジロー ⇨ヤジロウ

あんせいきんぎん [安政金銀] 幕末期のペリー来航以降、主として安政期(1854～60)に江戸幕府が鋳造・発行した金銀貨。文政期に始まる小額貨幣化がより進展し、開国にむけて海外との金銀比価の格差への対応に翻弄された時期にあたる。小額貨幣は4種改鋳されたが、うち嘉永一朱銀・安政二分金はたんに改鋳益金を得るため鋳造されたものである。最も大量に発行された安政一分銀は洋銀と同質な銀貨を流通させるため、同二朱銀は金銀比価の格差に対応するため鋳造された。基準貨幣の正字小判・一分金は天保小判と同品位で量目の2割小型化した。政字丁銀・豆板銀は品位13%で、近世最悪の銀貨となったが、流通量が少なく影響は小さかった。

あんせいごかこくじょうやく [安政五カ国条約] 安政仮条約とも。1858年(安政5)江戸幕府が米・蘭・露・英・仏の5カ国と結んだ修好通商条約。6月ハリスとの間に日米修好通商条約が調印され、これを原型として、7月にオランダ・ロシア・イギリス、9月にフランスとそれぞれ締結した。幕府が自由貿易にふみきった歴史的な条約で、これによって日本は先進資本主義諸国が形成しつつあった世界市場にくみこまれることになった。日本にとっては片務的な領事裁判権・協定税率・最恵国条款を骨幹とする不平等条約で、国際社会での日本の地位を従属的なものにした。この条約改正が明治政府の大きな課題となった。

あんせいのかいかく [安政の改革] 幕末期の外圧危機に対して、安政年間(1854～60)に老中阿部正弘を中心に行われた幕政改革。開港にそなえた国防強化を中心に、講武所の充実や洋式訓練の採用、長崎海軍伝習所の設立、韮山にらの反射炉の完成、洋学所の設立などが行われた。阿部は水戸藩主徳川斉昭なり・福井藩主松平慶永よしなが、鹿児島藩主島津斉彬なりらの支援をとりつけ改革反対派を抑え、川路聖謨としあきら・筒井政憲・永井尚志なおむね・井上清直・岩瀬忠震ただなりら勝海舟ら清新な人材を登用した。外圧による危機意識を媒介に、ゆらぎつつあった幕藩体制の再強化をめざしたもので、登用された人材はその後、開明派吏僚として外交・内政両面で指導力を発揮した。

あんせいのじしん [安政の地震] ●安政の東南海地震。1854年(安政元)11月4日に東海地方を襲った地震(安政東海地震)および翌5日に中部・近畿・四国・九州を襲った地震(安政南海地震)。前者は遠州灘～駿河湾、後者は土佐沖を震源とし、マグニチュードはそれぞれ8.4。家屋の倒壊のほか、津波により大きな被害がでた。東海地震の潰つぶれ・焼失家屋約3万戸、死者2000～3000人、南海地震では死者数千人とされている。

●安政の江戸地震。1855年(安政2)10月2日の夜、江戸を襲った地震。震源は江戸直下荒川河口付近、マグニチュードは6.9と推測。被害は江戸市中、とくに深川・本所・下谷・浅草で著しく、さらに地震後の火災が追い打ちをかけた。江戸町方の被害は死者4000人余、倒壊焼失家屋1万4000戸余。武家・寺社方もあわせた死者の総数は、7000～1万人と推測される。

あんせいのたいごく [安政の大獄] 1858～59年(安政5～6)に大老井伊直弼なおすけが尊攘派に行った弾圧。井伊は13代将軍徳川家定の継嗣をめぐって一橋派と対立し、南紀派の推挙で大老となり一橋派有司を左遷した。また日米修好通商条約を勅許を得ないまま締結した。この二つの問題の強硬処理後、井伊は徳川斉昭なりあき・松平慶永よしながらを処分し、条約調印に激怒した孝明天皇の上京命令を無視。京都では反幕勢力が増大し、志士が集結した。井伊は志士の逮捕・投獄を中心とする大弾圧を開始し、京では梅田雲浜うんぴんら、江戸では橋本左内ら、長州では吉田松陰が逮捕され、京の僧月照はのがれて自殺した。翌年には藩廷内にも処罰者が出た。58年暮～59年3月、幕府は逮捕者を江戸に護送し断罪。これによって反対派を一掃したが、幕府自体の力を弱めることになった。60年(万延元)3月3日、井伊が桜田門外の変により横死し、大獄は終了。

あんぜんほしょうりじかい [安全保障理事会] 国際連合の主要機関。国際平和と安全の維持の主たる責任を負う。侵略行為の存在を決定し、軍事的手段を含む平和回復措置の方法を決定する。常任理事国の米・英・仏・ソ(現、ロシア)・中の5カ国と、2年任期で総会から選出される非常任理事国10カ国(1965年の憲章改正までは6カ国)で構成される。第2次大戦時の五大国であった常任理事国には拒否権が与えられ、新規加盟申請や憲章改正などに関しては常任理事国の全会一致を要する。

あんど [安堵] 武家社会で主人と従者の間で行われた、従者の生命の安全保障および所領・所職の保全にかかわる政治的・法的行為。対象は、鎌倉時代を通じて「人」から「モノ」へと変化し、鎌倉後期以降、所領知行権の存在・継続・移転などを承認するものとなった。鎌倉時代には下文(くだしぶみ)や下知(げち)状、室町時代には下文・下知状や将軍家御判御教書(ごはんのみぎょうしょ)、戦国期には判物(はんもつ)や印判状、江戸時代には判物や朱印状によって行った。

あんどうし [安藤氏] 安東氏とも。中世陸奥国津軽地方の豪族。安倍貞任(さだとう)の後裔といわれ、鎌倉時代には北条氏得宗(とくそう)家に仕えてその所領の代官を勤め、蝦夷管領(えぞかんれい)ともなる。鎌倉末期には、一族の内紛がさらに蝦夷の反乱をひきおこし、幕府滅亡の一因となった。その頃、上国(かみのくに)・下国(しものくに)の両家にわかれたといわれ、戦国期、下国家の愛季(ちかすえ)は上国家をも継承、秋田氏の祖となった。室町幕府奉公衆などにも安東氏がいるが、関係は不明。

あんどうしのらん [安藤氏の乱] 鎌倉末期におこった奥州の豪族安藤氏の反乱。1325年(正中2)6月、蝦夷の反乱鎮圧のため、幕府は蝦夷管領職を安藤又太郎から同五郎三郎にかえしたが、かえって安藤氏の内紛をよびおこし、内管領長崎高資(たかすけ)が双方から賄賂をとるなどしたため、津軽地方でおこった内乱はいっそう拡大した。幕府は、26年(嘉暦元)工藤祐貞を、翌年宇都宮高貞・小田知如を追討使として派遣し、28年和議によって収拾した。

あんどうしょうえき [安藤昌益] 1707?～62.10.14 江戸中期の医師・思想家。字は良中(りょうちゅう)、確竜堂とも号す。江戸時代で唯一の徹底した封建制批判者。出羽国秋田郡二井田村生れ。1744年(延享元)から陸奥国の八戸(はちのへ)城下で町医者として開業し、八戸近辺に多くの門人がいた。二井田村で没し、門人らが「守農大神確竜堂良中先生」の石碑を建立。昌益は、万人が生産労働に従事し自給自足の生活をする自然の世を理想化し、現実の封建社会を支配階級が他人の労働成果を食る差別の体系であると批判。また儒教や仏教などの思想を差別と支配を合理化するものとして否定した。著書「自然真営道」「統道真伝」。

あんとうしょうぐん [安東将軍] 「宋書」倭国伝にみえる倭(わ)の五王に与えた将軍号。中国では、南宋の頃には安東・安西・安南・安北の4将軍号が成立していた。倭国王は宋の東方に位置することからこの称号を求めたが、安東大将軍号をうけたのは済(せい)と武(ぶ)のみで、珍と興は安東将軍であった。倭国王が中国に将軍号を求めたのは、自国内の外交権を独占するとともに、軍事指揮権をも掌握することをめざしたためとみられる。

あんどうのぶまさ [安藤信正] 1819.11.25～71.10.8 幕末期の老中。陸奥国磐城平藩主。父は信由(のぶよし)。諱ははじめ信睦(のぶゆき)。対馬守。号は鶴翁。1847年(弘化4)遺領相続。48年(嘉永元)奏者番、51年寺社奉行、58年(安政5)若年寄、60年1月老中兼外国事務専掌。同年3月桜田門外の変で井伊直弼(なおすけ)が暗殺されると、老中久世広周(くぜひろちか)とともに幕政を主導。日普修好通商条約締結やヒュースケン暗殺事件の解決など、困難な対外交問題を処理。将軍徳川家茂(いえもち)の正室に孝明天皇の妹和宮を迎える計画(公武合体)を推進したため、62年(文久2)尊攘派の志士たちに襲撃され負傷(坂下門外の変)、失脚した。戊辰(ぼしん)戦争では、新政府側に対抗して奥羽越列藩同盟に参加、敗退して処罰された。

あんどうひろしげ [安藤広重] ⇨歌川広重(うたがわひろしげ)

あんどうれんしょう [安藤蓮聖] 1239～1329 北条氏得宗(とくそう)家の家臣。通称平(へい)右衛門入道。摂津国守護代。京都で借上(かしあげ)を営むなど商業・金融の分野で活躍した富裕な西国武士。西大寺叡尊(えいそん)に帰依し、律宗勢力の活動を背景に各地の港や都市を舞台に活躍し、1302年(乾元元)には私財を投じて播磨国福泊(現、姫路市)を修築。

あんとくてんのう [安徳天皇] 1178.11.12～85.3.24 在位1180.2.21～85.3.24 高倉天皇の第1皇子。母は平清盛の女建礼門院徳子。名は言仁(ときひと)。誕生後1カ月で皇太子に立てられ、3歳で即位。父高倉からの譲位は清盛によって強引に進められたが、反発を招き、全国的内乱に発展した。1183年(寿永2)7月、源義仲の軍勢に京を追われ、以後、平家に忠実な国を転々とし、85年(元治元)3月24日、祖母の平時子に抱かれて長門国壇ノ浦に入水、8歳。

あんなのへん [安和の変] 969年(安和2)3月、藤原氏が謀略によって左大臣源高明(たかあきら)を失脚させ、大宰権帥(だざいのごんのそち)に左遷した事件。醍醐天皇の皇子高明の女は村上天皇の皇子為平親王の妃であり、親王は冷泉天皇の東宮の有力

候補だったが，藤原氏は967年(康保4)守平親王(円融天皇)の立太子を成功させた。しかし病弱の冷泉天皇譲位後の東宮問題に不安を抱いた藤原氏(師尹^{もろただ}・伊尹^{これただ}・兼家ら)にとって，筆頭大臣を舅とする為平親王の存在は脅威であり，高明を失脚させることで，為平親王の皇位継承資格を奪おうとしたのであろう。969年3月25日，左馬助源満仲^{みつなか}が左兵衛大尉源連^{つらね}らの謀反を密告したのを機に，右大臣藤原師尹らはただちに内裏警固・固関^{こげん}を行い，前相模介藤原千晴^{ちはる}らを逮捕。翌日の臨時除目で高明は大宰権帥に左遷され，師尹が左大臣になった。千晴は隠岐に流され，諸国に源連らの追討が命じられ，下野国には藤原秀郷^{ひでさと}の子孫を教戒せよとの官符が出された。一方，満仲は密告の功で昇進した。

アンナン [安南] ベトナムをさす中国名。唐の安南都護府^{とごふ}に由来し，阿倍仲麻呂も760年代に赴任している。1802年まで中国は安南国の呼称を用いた。明代以降，琉球・日本にもこの名で知られ，17世紀の分裂や19世紀初頭の越南(ベトナム)への国号変更にもかかわらず，日本では第2次大戦期まで安南とよんだ。なおフランス植民地時代には，王都フエ(ユエ)のある中部のみをアンナンとよんだ。

あんぽかいていそしこくみんかいぎ [安保改定阻止国民会議] 岸内閣の安保条約改定を阻止するため1959年(昭和34)3月28日，社会党・総評・中立労連など134団体が結成した組織。日本共産党はオブザーバーとして参加。安保改定阻止のための院外大衆運動推進の中心となった。同年11月の統一行動ではデモ隊が国会に乱入。翌年5月19日の新条約強行採決以後，岸退陣を求めて国会周辺デモを組織した。

あんぽとうそう [安保闘争] アメリカと日本との同盟関係の根幹である日米安全保障条約の改定に反対する闘争。日米安保条約は1951年(昭和26)調印，52年4月に10年ごとの検討を前提に発効したが，最初の継続期の60年安保闘争が有名。この条約は日本に再軍備を要求するものと一般にうけとられ，59年3月社会党・総評・原水協などが安保改定阻止国民会議を結成，共産党もオブザーバーとして参加。58年12月に誕生したブント系全学連も反対闘争に全力をあげた。60年に入って国会周辺はこれらの抗議デモが連日渦巻き，最大の盛り上がりをみせた6月15日の全学連の国会突入闘争の警官隊との衝突の中で，東大3年生樺^{かんば}美智子が死亡した。新安保条約は6月19日参議院で自然承認されたが，予定されていたアイゼンハワー米大統領の来日は樺の死などの衝撃によって中止され，岸内閣は退陣。70年の安保再継続時にも抗議集会・デモ，ストライキなどが行われたが，その後80年と90年には反対行動はみられなくなった。

アンボンじけん [アンボン事件] アンボイナ事件とも。1623年モルッカ諸島(現，インドネシア領)のアンボン島でイギリス人らがオランダ人に殺害された事件。同島ではオランダが丁子^{ちょうじ}貿易の独占を求めてポルトガル人を駆逐したのち，1619年の英蘭同盟により両国が共存していた。しかしオランダ商館に捕らえられたイギリス商館の日本人傭兵の自白からイギリス側の攻撃計画が露見，イギリス商館長以下21人が処刑された。この結果，イギリスは東南アジアから撤退した。

あんもん [案文] 案とも。本来の文書(正文^{しょうもん})に対する語。正文作成後に，それに準じて作られた写しの文書のうち，効力も正文に準じるもの。同文の文書を複数の受取人に出す場合や，正文を紛失した場合，訴訟のときに証拠として提出する場合，権利の一部を他人に譲与する場合などに作成される。たんに参考のためや学問的な興味から写され，効力までを期待しないものは写^{うつし}とよばれる。

い

いあくじょうそう [帷幄上奏] 軍機軍令を扱う統帥機関の長と陸海軍大臣が、内閣とは別個に天皇に上奏すること。帷幄とはとばりをめぐらした場所のことで、最高指揮官の本営をいう。本来なら閣議または総理大臣の了解をえたうえでなされるはずの軍政上のことがらについても、内閣と軍部が意見を異にした場合などに、軍部大臣が独自に反対意見を上奏してしばしば問題となった。

いいだじけん [飯田事件] 1884年(明治17)愛知県田原(たばら)の公道協会、長野県飯田の愛国正理社社員、急進派自由党党員らによる政府転覆挙兵未遂事件。租税軽減・徴兵令廃止・貧民救恤(きゅうじゅつ)をスローガンに、名古屋鎮台を攻略し、監獄を破壊して囚徒を兵士とし、伊那から甲府地方の貧民を糾合して挙兵する計画であった。しかし事前に発覚して、12月村松愛蔵ら首謀者が逮捕され、内乱陰謀罪で処断された。挙兵のための檄文は植木枝盛(えもり)の起草。

いいなおすけ [井伊直弼] 1815.10.29〜60.3.3 幕末期の大老。近江国彦根藩主。父は直中。掃部頭(かもんのかみ)。号は宗観。兄直亮(なおあき)の死により1850年(嘉永3)遺領相続。ペリーのもたらした合衆国大統領書簡に対する意見書では開国論を展開し、前水戸藩主徳川斉昭(なりあき)と対立。溜間詰譜代の重鎮として、将軍継嗣問題では和歌山藩主徳川慶福(よしとみ)を推挙、一橋派と対立した。58年(安政5)大老となり、ハリスとの日米修好通商条約調印を勅許なく締結し、慶福(家茂(いえもち))を将軍継嗣に決定。その後水戸藩主に密勅が下されたため、尊攘派の志士をきびしく取り締った(安政の大獄)。そのため60年(万延元)3月水戸・薩摩の浪士に暗殺された(桜田門外の変)。白昼におきた幕府最高実力者の暗殺は、幕府の権威を急速に失墜させた。

イエズスかい [イエズス会] ゼズス会・耶蘇(やそ)会とも。イグナティウス・デ・ロヨラら7人の同志が、1534年8月15日パリのモンマルトルで誓願をたてたことに始まるカトリック修道会。40年教皇パウロ3世によって正式に認可された。軍隊的な組織ときびしい規律をもち、ポルトガルの布教保護権のもとでプロテスタントに対抗して世界的な布教活動を展開。日本には49年(天文18)ザビエルが鹿児島に渡来したことに始まる。巡察師バリニャーノの指導により日本社会順応主義による布教活動が展開され、日本人司祭の養成によって日本教会の自立を企図した。一方で、日本教会の維持を目的としたイエズス会宣教師による軍事・経済活動の展開や他修道会との対立から、豊臣政権・江戸幕府の警戒を招いた。1612年(慶長17)の禁教令以降、多くの殉教者をうみ、44年(正保元)最後のイエズス会士小西マンショの殉教で断絶した。1908年(明治41)再来日。

イエズスかいしにほんつうしん [イエズス会士日本通信]「耶蘇会士日本通信」とも。イエズス会宣教師による日本キリシタン布教報告集。日本布教の開始から1580年(天正8)までの書簡形式の布教報告書エボラ書簡集を村上直次郎が翻訳したもの。イエズス会宣教師は自己の活動の成果を誇張して報告することが少なくなかったが、当該期の日本側史料の欠如を補う史料として貴重。「新異国叢書」所収。

イエズスかいにほんねんぽう [イエズス会日本年報]「耶蘇会日本年報」とも。イエズス会の日本におけるキリシタン年次布教報告書。ザビエルの日本布教以来、書簡形式で布教報告(「イエズス会士日本通信」)が行われたが、形式の違いや内容の矛盾から、欧州での誤解や混乱のもとになっていた。このため、1579年(天正7)来日した巡察師バリニャーノによって整備された通信制度の報告集である。報告は各地の教会から地区長をへて(準)管区長へ送られ、まとめられて欧州へ送付された。邦文史料の欠如を補う点で貴重だが、イエズス会による編纂物である点は考慮されなければならない。この制度は1626年(寛永3)まで続いた。一部が「新異国叢書」所収。

いえのこ・ろうとう [家子・郎等] 中世武士団の構成員。一族の長である惣領に対し、同族的な関係から軍事的指揮下に入っている一族の庶子をよび、主従的な関係から軍事的指揮下に入っている従者を郎等(党)とよんだ。室町時代以降は、庶子が自立性を失って家子も家臣化し、家子・郎等は家臣団をさすようになった。

いえもち [家持] 前近代社会において、家屋敷をみずから所持して居住する者。とくに家屋敷の名義人である戸主をさす。おもに都市の住民について、地借(じがり)・店借(たながり)に対していう。家屋敷は金融の担保となるなど、商工業活動を行ううえで最も重要な個人の資産であり、これをもつ家持と地借・店借では社会的、法的に明確な格差がつけられていた。家持は町共同体の正式な構成員として町政に参加する一方、公役・町役を家屋敷の間口の広さに応じて負担する義務を負った。

いえもと [家元] 日本の芸道・武道・学問・宗教などで、その流派の正統とする精神・芸風・技術などを伝える家、あるいは人をいう。平安

時代から歌道・雅楽・蹴鞠などに存在が認められる。多くは江戸時代以降に成立し、代々血縁的に世襲される場合と、人格・技能がとくにすぐれた人物が継ぐ場合がある。家元制の構造は師匠と弟子の家父長制的主従関係を基本とし、古来の伝統を重視し、名取などの任免権による収入や、秘伝・秘技の独占などの問題もあるが、日本文化の伝統保持のための効率的組織であることから、その必要性も説かれる。茶道の三千家_{さんせんけ}・遠州流・石州流、華道の池坊_{いけのぼう}・草月流・小原流、能楽の観世流・金春流、剣道の柳生流・一刀流などがある。江戸時代には家本とも書いた。

いおうとうのたたかい [硫黄島の戦] 太平洋戦争で米軍の硫黄島攻略にともない、1945年(昭和20)2～3月におこった日米間の激戦。アメリカはマリアナ諸島から日本本土を爆撃するB29の不時着場と護衛戦闘機の基地を入手するため、砲爆撃のあと2月19日に上陸を開始。日本は地下坑道陣地を構築して勇戦したが、栗林忠道中将が3月17日に訣別電を発して玉砕。アメリカの人的損害は日本より多かった。

いかい [位階] 律令制における官人の序列を示す等級。養老令では、親王は一品_{ぼん}～四品、諸王・諸臣は一位～八位および初位_{そい}(諸王は五位以上)からなり、一位～三位は正・従の各2階、四位～八位は正・従をさらに上・下にわけ各4階、初位は大・少を上・下にわけ4階、合計30階からなる。また五位以下には内位と外位_{げい}の別がある。官人は原則として、その帯びる位階に相当する官職に補任され(官位相当制)、所定年数の勤務成績により位階が昇進する。位階に応じて種々の特権があり、三位以上を貴、五位以上を通貴_{つうき}といい、六位以下との差は大きかった。また以上の文位_{ぶんい}のほかに勲位の制もある。位階制は形骸化しながら明治維新まで存続し、明治期以後も内容を変更して現在に至っている。

いがくじょ [医学所] 江戸幕府の西洋医学校。幕府は神田お玉ケ池の種痘所を1860年(万延元)直轄とし、61年(文久元)西洋医学所、63年医学所と改称、名実ともに西洋医学の教育機関とした。同年松本良順が頭取に昇格し、ポンペ直伝の系統的な教育が実施された。維新後、明治政府に引き継がれ、のち東京大学医学部に発展した。

いがごえのかたきうち [伊賀越の敵討] 1634年(寛永11)11月7日、備前国岡山藩士の渡辺数馬_{かずま}が姉婿荒木又右衛門の助太刀をえて、弟の敵である同藩士河合又五郎を伊賀上野城下の鍵屋の辻で討った事件。のち、曾我兄弟・赤穂浪士の敵討と並ぶ三大敵討の一つとして人形浄瑠璃・歌舞伎・講談・映画などの題材にされ、伊賀越物と総称される一連の作品がうまれた。代表的なものに人形浄瑠璃「伊賀越道中双六」(1783初演)がある。

いがっかん [医学館] 江戸幕府の医学校。幕府奥医師多紀元孝_{たきげんこう}が1765年(明和2)神田佐久間町に開設した私営の躋寿_{せいじゅ}館がその前身。91年(寛政3)幕府がこれを医学館と改称して直轄の官医養成機関とし、多紀氏を代々督事とした。1806年(文化3)火災にあい向柳原新橋_{しんばし}通に移転。幕末まで漢方医学教育・研究と医書の収集・校刊・検閲などを行い、医学界の拠点となった。68年(明治元)幕府崩壊後、種痘館と改称、翌年大学校(のちの東京大学)の所管となった。

いがのくに [伊賀国] 東海道の国。現在の三重県北西部。「延喜式」の等級は下国。「和名抄」では阿拝_{あえ}・山田・伊賀・名張_{なばり}の4郡からなる。「扶桑略記」によれば680年(天武9)の成立という。国府・国分寺・国分尼寺は阿拝郡(現、上野市)におかれた。一宮は敢國_{あえくに}神社(現、上野市)。「和名抄」所載田数は4051(異本では4055)町余。「延喜式」では調として綾・絹・糸、庸として白木韓櫃_{からびつ}、中男作物として紅花・紙・茜_{あかね}などの貢進を規定。杣山を領する東大寺などにより大土地所有が進み、平安時代には多くの荘園が形成された。在地領主の藤原実遠_{さねとお}は著名。中世には大内・千葉・仁木氏らが守護を勤めたが、一方で悪党が勢力をもち、戦国期以降には伊賀者も活躍。豊臣政権では筒井氏、江戸時代には藤堂氏が大名として支配した。1871年(明治4)廃藩置県により津県となり、安濃津県をへて、72年三重県に属した。

いがもの [伊賀者] 伊賀国の地侍の呼称。甲賀者とともに、戦国期には間諜や斥候_{せっこう}として活躍した。1582年(天正10)徳川家康は本能寺の変に遭遇して領国三河へ帰る際に従った者を、のち護衛と道案内の功により直参や服部半蔵配下の伊賀同心にとりたてた。彼らは江戸幕府成立後も、大坂の陣などに出陣して間諜を勤めたという。その後は、職制の制度化にともない、大奥広敷勤番の広敷伊賀者、明屋敷勤番の明屋敷番伊賀者、西丸山里門勤番の西丸山里伊賀者、普請場の巡視や職工の勤怠を監察する小普請方伊賀者、江戸城大手三の門を警衛する鉄砲百人組の伊賀組与力・同心などに編入された。いずれも御目見以下で、役高30俵2人扶持程度の軽輩であった。

いかるがのみや [斑鳩宮] 推古朝から皇極朝にかけて厩戸_{うまやと}皇子(聖徳太子)と山背大兄王_{やましろのおおえのおう}の親子を中心とする一族が居住した皇子宮_{みこのみや}。601年(推古9)太子は宮室を斑鳩にたて、605年に遷居、622年に同地で没したとい

う。宮はその後、子の山背大兄王に伝領され、643年(皇極2)蘇我入鹿からの斑鳩襲撃により焼失した。狭義には法隆寺東院の地下遺構を示すが、広義には上宮王家の一族が分散居住する岡本宮・中宮・飽浪宮あくなみを含めた総称。

いかん[衣冠] 広義には、衣服と冠をつけた服装の総称。狭義には朝服としての束帯たいの略装。束帯を昼装束ひるしょうぞくというのに対し、衣冠は宿衣とのいとよばれ、平安中期までは遠行や院参に用い、参内には通常使用しなかった。束帯のうち半臂はんび・衵あこめ・下襲したがさね・石帯せきたいを省略し、表袴うえのはかまも指貫さしぬきにかえ、袍は文武両官とも縫腋袍ほうえきのほうを使用。平安時代末の強装束ごわしょうぞくの普及以来、束帯が儀礼用となり、衣冠が日常参内用に格上げされた。

垂纓の冠
衣冠
縫腋袍
檜扇
指貫
浅沓

いき[意気] 江戸時代、江戸を中心にみられる美的理念の一つ。江戸深川の遊里ゆうりにおける通言であったものが市中に一般化したもの。「粋」の字をあてたものも多く、上方を中心にみられる「粋すい」と通うところもある。主として言語・動作・身なりなどの都会的に洗練された美しさをいうときに使われる。のちには女性の張りのある色っぽさをもいうようになり、人情本にんじょうぼんに登場する女性たちに典型的に形象化されている。

いきのくに[壱岐国] 西海道の一島。現在の長崎県壱岐郡。『魏志倭人伝』の一大(支)国、『古事記』の伊伎島(大八島の一つ)、『万葉集』の「由吉能之麻」にあたる。『延喜式』の等級は下国。『和名抄』によれば壱岐・石田の2郡からなる。島府は『和名抄』では石田郡(現,芦辺町)にあるとするが、もとは島分寺とともに壱岐郡(現,芦辺町)にあったと思われる。一宮は天手長男あめのたながお神社(現,郷ノ浦町)。『和名抄』所載田数は620町余。古代には防人さきもり・烽とぶひがおかれ、刀伊とい の入寇、元寇の際には大きな被害をうけた。少弐しょうに氏の守護時代ののち、松浦党まつらとう・波多氏の支配をへて、近世は平戸藩領。1871年(明治4)廃藩置県により平戸県、同年長崎県に属した。

いぎょう[易行] 成仏するのに平易であることをいう。難行に対する語。「十住毘婆娑論じゅうじゅうびばしゃろん」に「易行をもって阿惟越致あゆいおっち(不退転)にいたるものあり」とある。日本ではとくに浄土宗や浄土真宗などの浄土系の僧侶が、称名しょうみょう念仏や阿弥陀如来への信心による極楽往生

や成仏を説き、これを易行といった。これに対し、念仏以外の諸行による往生や成仏は難行とされ、末法まっぽうの世の凡夫ぼんぶには困難なこととされた。

イギリス ヨーロッパ北西部に位置し、大ブリテン島と北アイルランドおよび付近の島々からなる国。漢字表記は英吉利、略称は英国。18世紀後半～19世紀にいち早く産業革命を達成し、圧倒的な海軍力と海運力を背景に海外植民地と国際貿易の拡大を図る。19世紀末からアメリカ、ドイツの台頭により、その地位は低下し、経済・軍事両面でイギリス帝国の維持が不可能となり、1931年にイギリス連邦へと改編、第2次大戦後、国際的地位はさらに低下した。対日関係の発端は1600年(慶長5)オランダ船の航海士ウィリアム・アダムズ(のち三浦按針と改名)の豊後海岸漂着で、以後平戸にイギリス商館が設けられ交易が始まった。しかし23年アンボン事件を機にイギリスは東アジアから撤退することになり、日英の貿易関係は閉ざされた。1808年(文化5)イギリス船フェートン号がオランダ国旗をかかげて長崎に無断入港し、幕府を狼狽させた。ペリー来航の翌54年(安政元)東インド艦隊が長崎に入港し、同年に日英和親条約、58年には日英修好通商条約を締結して外交関係を開き、公使パークスは明治新政府の樹立を支援した。94年領事裁判権を撤廃する日英通商航海条約を結ぶ。1902年(明治35)にはロシア牽制を主目的に日英同盟を締結、23年(大正12)の同盟解消後は中国問題をめぐっての対立が深まり太平洋戦争にいたる。51年(昭和26)サンフランシスコ講和条約の締結とともに国交関係を回復した。正式国名はグレートブリテン・北アイルランド連合王国。立憲君主国。首都ロンドン。

イギリスこうしかんやきうちじけん[イギリス公使館焼打事件] 1863年1月31日(文久2年12月12日)、萩藩士高杉晋作らが品川御殿山に建設中のイギリス公使館を焼き打ち全焼させた事件。攘夷断行を幕府に促す勅使一行が江戸滞在中の前年の11月13日、高杉ら10余人は横浜襲撃を計画。同藩世子毛利定広(元徳)の説得で中止したが、その後御楯みたて組を組織し、勅使らが江戸を離れた後、実行した。久坂玄瑞・志道聞多しじもんた(井上馨)・伊藤俊輔(博文)らが参加。その後攘夷運動は激化の一途をたどった。

イギリスしょうかん[イギリス商館] 近世初期、イギリス東インド会社が平戸ひらどに設立した商館。1613年(慶長18)国王ジェームズ1世の使節セーリスが幕府から貿易許可の朱印状をえて、コックスを館長として開設。日本へは毛織物・鉛などの商品を売り込んだが、オランダとの競争は熾烈で、また中国との取引にも失敗。16年(元和2)幕府が江戸・上方での取引を禁止

したことから，23年閉鎖。イギリスは日本から撤退した。

イギリスひがしインドがいしゃ [イギリス東インド会社] 1600年にエリザベス1世により喜望峰からマゼラン海峡に至るアジア貿易の独占権を賦与され，設立された会社。日本にも商館を設置したが，1623年のアンボン事件を契機として東南アジアから撤退し，以後インドの植民地経営に従事。1757年プラッシーの戦でフランスとベンガル王侯の連合軍を破ったほか，各地の王侯国を占領し支配を拡大したが，1857年のシパーヒーの反乱の結果，翌年インドはイギリス国王の直接支配となり，会社は解散。

イギリスほうりつがっこう [英吉利法律学校] 中央大学の前身。1885年(明治18)に東大大学法学部の卒業生・関係者によって東京府神田区錦町に創立。イギリス法学を中心とした。86年には私立法律学校特別監督条規の適用をうけ，89年に東京法学院，1903年に専門学校となり東京法学院大学，05年に中央大学と改称し，20年(大正9)に大学令による大学となった。

いくさぶぎょう [軍奉行] 鎌倉・室町幕府，戦国大名諸家の職名。大将のもとで軍略・着到など軍事全般をつかさどる。鎌倉幕府では侍所の高級職員が勤め，室町幕府でも前代にならって侍所所司があたったが，応仁期以降は所司以外からも任命された。戦国大名家でも多くがこれをおいた。

いくさめつけ [軍目付] 室町時代以降，武家では監察にあたる役職を一般に目付と称した。軍目付は戦国大名諸家におかれ，戦陣で敵情探査にあたったり，自軍兵士の勤務状況を調査・記録した。

いくたよろず [生田万] 1801〜37.6.1 江戸後期の国学者。名は国秀，字は救卿，万は通称。父信勝は上野国館林藩士。若くして江戸へ遊学，平田篤胤に国学を学ぶ。帰国後の1828年(文政11)藩政改革を求める意見書「岩にむす苦言」を藩主に上呈，追放される。流浪の後，31年(天保2)上野国太田に私塾厚載館を開き，著述に専念する。36年同門の樋口英徳に招かれ越後国柏崎に移住，私塾桜園塾を開き国学を説いた。この年越後は大飢饉にみまわれ，代官・豪商の不正もあり農民は困窮していた。翌37年2月に大塩の乱がおこると，同志とはかり柏崎にあった桑名藩支阯の陣屋を襲撃し敗死(生田万の乱)。著書「大中道人護稿」「日文伝評論」「大学階梯纂外篇」「良薬苦口」がし。

いくたよろずのらん [生田万の乱] 1837年(天保8)6月，国学者生田万が桑名藩領越後国柏崎でおこした事件。前年から全国的に飢饉が広がり，大坂ではこの年2月に元幕府与力大塩平八郎が挙兵した。飢饉に対する柏崎代官の処置に不満をいだく生田らは，大塩の挙兵に応じて「大塩平八郎門弟」を名のり，同志5人と近隣の庄屋宅などを襲い，窮民救済の金品を徴収，ついで柏崎陣屋を襲撃したが敗死した。摂津国能勢の山田屋大助の乱とともに，大塩の乱の影響をうけた事件として有名。

いくのぎんざん [生野銀山] 但馬国朝来郡にあった銀山。現在の兵庫県生野町。1542年(天文11)の発見といわれ，但馬国守護山名祐豊はここを直轄領として銀山城を築き，領国防衛と銀山経営の拠点とした。69年(永禄12)織田信長は当地を支配下に収め，銀山を直営地とした。信長の死後第2次但馬国平定後は豊臣秀吉，関ケ原の戦以後は徳川家康の直轄領となる。慶長・元和期が最盛期で，慶安期からは産出量が減少し，江戸中期には銅の産出量が激増した。1868年(明治元)工部省所管。96年三菱に払い下げられたが，1973年(昭和48)三菱金属鉱業は休山とした。

いくののへん [生野の変] 1863年(文久3)尊攘派が但馬国生野で挙兵した事件。大和の天誅組の挙兵に呼応しようとした福岡藩の平野国臣らが，鹿児島藩の美玉三平ら浪士が主導し，中島太郎兵衛・北垣晋太郎ら但馬の豪農が推進してきた農兵計画と結び，七卿落ちの1人沢宣嘉を総師に迎えて，10月12日未明に生野代官所を占拠した。挙兵の檄に応じた近隣の農兵は2000人に及んだ。しかし幕府の命令で出石・姫路などの諸藩が出兵すると挙兵側の結束は乱れ，翌13日夜に沢は脱出し，農兵も離反した。残った強硬派の多くは農民に襲われ，尊攘派志士壊滅後，但馬地方には一般農民層の豪農層に対する打ちこわしが続いた。

いけがいてっこうじょ [池貝鉄工所] 工作機械企業。池貝庄太郎が1889年(明治22)に創設。1905年の英米式を折衷した池貝式標準旋盤の創製以来日本の工作機械生産を技術的に主導し，昭和初期には五大メーカー(池貝・大隈・唐津・新潟鉄工所・東京瓦斯電気工業)の一つに数えられ，また内燃機関・印刷機械の分野でも主要地位を占めた。第2次大戦後は池貝鉄工として新発足，91年(平成3)池貝に商号変更。

いけがみそねいせき [池上曾根遺跡] 池上遺跡とも。大阪府和泉市から泉大津市にある弥生時代の大環濠集落。弥生中期の環濠は3本の溝で囲まれ，南北約300m，東西約400mと推定される。環濠内からは膨大な量の土器，石器，農耕具などの木製品が出土し，鳥形木製品や男根状木製品などの特殊な祭祀遺物もある。1994・95年(平成6・7)の調査では遺跡中央部から大型建物跡が発見された。環濠外では前期にさかのぼる方形周溝墓や土器棺墓群が調査された。

いけた

いけだせいひん [池田成彬] 1867.7.16～1950.10.9 明治～昭和期の実業家・政治家。米沢藩士の子。慶応義塾卒。ハーバード大学に留学。時事新報社に一時勤めたのち、1895年(明治28)三井銀行に入社。1909年常務取締役となり、同行経営の中心となる。32年(昭和7)財閥批判のなかで三井合名理事、翌年常務理事となって財閥転向を主導した。36年定年制を設けて退任。日本銀行総裁、第1次近衛改造内閣の蔵相兼商工相を歴任し、41年枢密顧問官となる。

いけだてるまさ [池田輝政] 1564.12.29～1613.1.25 織豊期～江戸初期の武将・大名。恒興の次男。1584年(天正12)父と兄元助討死の領を継いで美濃国大垣城主となり、翌年岐阜城主。91年三河国吉田城に移り、15万2000石を領す。94年(文禄3)徳川家康の女督姫(良正院)を継室とする。関ケ原の戦の戦功により播磨国姫路城52万石を領し、一族の所領をあわせると92万石に達したため、西国の将軍と称された。姫路城の大部分は輝政の構築によるもの。

いけだはやとないかく [池田勇人内閣] 自民党の池田勇人を首班とする内閣。池田内閣は、日本経済の国際化、高度経済成長期に日本経済を方向づけるとともに、吉田内閣の対米協調外交を継承した。■第1次(1960.7.19～12.8)。岸内閣の日米安保条約改定をめぐる政治的激動の後をうけ、1960年(昭和35)成立。「寛容と忍耐」をスローガンに掲げ、所得倍増計画を発表することで人心一新を図った。三井三池炭鉱の争議の平和的解決に成功し、その政治姿勢を印象づけた。

■第2次(1960.12.8～63.12.9)。1960年(昭和35)11月の総選挙の結果成立した内閣の課題は、内政では所得倍増政策の具体化、外交では日米協調の枠内での日中関係の改善であった。

■第3次(1963.12.9～64.11.9)。内閣は臨時行政調査会の答申をうけて行政改革にとりくむが、1964年(昭和39)11月、池田首相の病気のため総辞職。

いけだみつまさ [池田光政] 1609.4.4～82.5.22 江戸前期の大名。備前国岡山藩主。父は播磨国姫路藩主池田利隆。はじめ幸隆。通称は新太郎。1616年(元和2)父が没し、翌年因幡国鳥取32万石に転封。32年(寛永9)備前国岡山31万石余に移り、以後50年にわたり岡山藩政の確立に尽くした。熊沢蕃山・市浦毅斎などに師事して儒学をおさめ、仁政理念を藩政の基本とする。農政では農民の育成に努めながら年貢徴・小農民自立を促進。藩士・庶民の教育にも熱心で、41年家臣修学のための花畠教場を設け、68年(寛文8)には庶民子弟のための手習所を各地に設置した(のち閑谷学校に統合)。

自筆の「池田光政日記」が残る。

いけだやじけん [池田屋事件] 1864年(元治元)6月におきた新撰組による尊攘派志士襲撃事件。公武合体運動の退潮により、尊攘派志士が京都に潜伏、活発化したため、京都守護職・京都所司代・新撰組は警戒を強めていた。新撰組は京都三条の旅館池田屋を内偵し、6月5日早朝志士1人を捕らえ拷問。志士に市中放火、中川宮・松平容保らの暗殺計画などがあるとして、同夜池田屋で会合中の志士を襲った。かけつけた京都守護職の兵3000が囲むなかで新撰組が中心となって激闘し、志士7人を斬殺、23人を捕らえた。この事件によって新撰組の威名があがった。一方尊攘派の藩や志士を憤激させた、禁門の変の原因となった。

いけだ・ロバートソンかいだん [池田・ロバートソン会談] 1953年(昭和28)10月2～30日、ワシントンで行われた吉田茂首相の特使池田勇人と米国務次官補W.ロバートソンの防衛問題をめぐる会談。日本政府のMSA受入れをめぐって、再軍備の促進を要求するアメリカ側と、経済援助だけを求める日本側との間で意見が食い違ったが、最終的には日本が自衛力を漸増することで妥結した。

いけのたいが [池大雅] 1723.5.4～76.4.13 江戸中期の南画家・書家。名は勤・無名。字は公敏・貨成など。号は大雅堂・霞樵・三岳道者など多数。京都生れ。幼い頃から万福寺に出入りし、黄檗文化に親しむ。「八種画譜」にふれ、柳沢淇園・祇園南海の影響をうけつつ南宗画法を身につける。琳派や水墨画など伝統的な日本画や西洋画法などもとりいれながら、独自の南画様式を確立。与謝蕪村と並ぶ日本南画の大成者で、「山亭雅会図襖」や「楼閣山水図屏風」など明るい大気の広がりと深い空間表現をもつ大画面や、「東山清談帖」「十便十宜図」のような詩情あふれるものをのびやかな筆致とリズムで描いた。独自の書風で書道史上にも一角を占める。

いけのぼう [池坊] いけばなの流派、またその家元の姓。本来は京都の紫雲山頂法寺(通称六角堂)の塔頭の名。池坊の僧が立花で有名になるのは、室町時代の専慶から。戦国期の専応の働きにより立花の主流となり、安土桃山時代の初世専好と江戸時代の2世専好の活躍により立花の流派は池坊のみとなった。寛文期に立花(のち立華)を創出。化政期には専定・専明により生花の表現法が制定され、明治期に現在の正風体が成立。1952年(昭和27)には現家元専永のもとで学校法人池坊学園を設立し、いけばな教育の拡大をめざしている。

いけのぼうせんけい [池坊専慶] 生没年不詳。

室町中期の京都の紫雲山頂法寺(通称六角堂)の僧。室町中期、立花の上手として有名になった。東福寺の月渓聖澄の「百瓶華序」(1600成立)では池坊の流祖とする。「碧山日録」によれば、1462年(寛正3)近江国守護佐々木氏に招かれて金瓶に草花数十枝をさし、洛中の好事者が競って見物したという。

いけのぼうせんこう[池坊専好] 立花師。安土桃山〜江戸中期に3世を数える。初世(1536〜1621)は立花の構成理論に儒教を導入し、立花に画期的な変化をもたらした。1599年(慶長4)京都大雲院で催した百瓶華会は絶賛をえた。2世(1570〜1658)は後水尾天皇に召されて立花を指導し、宮中立花会の判者にもなり、法橋に叙された。立花の大成者で、立花の構成理論に仏教をもちこんだ。作品図は池坊・曼殊院・陽明文庫などに残されており、重文。3世(1680〜1734)は伝書の整備と伝授の式法を改訂。また抛入花にも対応した。

いけのぼうせんのう[池坊専応] 1482〜1543 「せんおう」とも。戦国期の立花師。立花を造形芸術にまで高め、池坊が立花界の主流になる契機をつくった。晩年の伝書「池坊専応口伝」は歴代に継承され、池坊華道の基本を示すものとして「大巻」の名称で現在も門弟に授けられている。

いけばな[生花] 「しょうか」とも。活花・挿花とも。草花や樹木を素材に、花器とくみあわせてする表現芸術。室町時代には花材を手桶にいれて座敷飾にしたものを生花と称し、東山時代になると抛入花も成立した。両者は侘茶の花として展開した。江戸中期の享保の改革後、簡略な表現法が求められ、立華にかわる座敷飾の花として流行し、多くの流派が生じた。18世紀後半に植物の出生を理論化して、五つの役枝を有する花形を創出し、抛入花と区別するようになった。寛政の改革を機に役枝に天地人・序破急のような意味を付与することが形式化され、表現法が変化した。大正期に流行した盛花・投入花も生花の範疇に入るし、昭和30年代には各流派とも新しい生花を制定している。

いけんじゅうにかじょう[意見十二箇条] 意見封事十二箇条とも。914年(延喜14)4月、参議三善清行が醍醐天皇の諮問に答えて提出した政治意見書。序論と12カ条の建議からなる。当時直面していた政治的・社会的矛盾を的確に指摘しつつ、その打開策をものべたもので、意見書のなかでも最も優れたものとされる。とくに律令政治の衰退のありさまを、備中国下道郡邇磨郷の課丁の減少を例にとって論じた序論は有名である。

いけんふうじ[意見封事] 臣下が意見書を密封して天皇に上奏すること。令制では、密封された意見(封事)は少納言が受理し、中をあけずに天皇に奏聞した。その意見の内容は国政の得失に限られ、その他の意見は上表の形式を用い、中務省経由で奏聞した。三善清行の意見十二箇条が著名。封事は任意に献上する場合と詔勅により意見を募る場合があり、後者は詔書を下すか、特定の者を指名して封事を提出させ、名前の部分を切りとってから公卿会議(封事定)にかけた。

いご[囲碁] 碁とも。日本の代表的な盤上遊戯。19条19路の盤面上の交点に黒石・白石を交互に打って場所をとる遊び。起源は不明で中国の唐時代に発達。当初は17条17路の盤面であった。「続日本紀」天平10年(738)条に記事があり、正倉院に日本最古の碁盤が所蔵される。古代から愛好されていたことが、文芸作品・絵巻によって知られ、中世の公家・僧侶の日記にもみえる。江戸幕府は碁打4家(本因坊・井上・安井・林)に家禄を支給、幕府公認の技芸となり、名人・段位制も設けられた。明治維新により碁家は困窮したが、自主的な愛好者の方円社が結成され、1924年(大正13)には財団法人日本棋院がつくられて職業棋士も養成された。現在はアマチュアも含めて新聞社主催の棋戦も多い。

いこう[遺構] 過去に人類が残した日常・生産・信仰・葬祭などあらゆる生活のための構築物。住居・墓・水田・工房など多岐にわたり、時代・地域によって形態・構造の変化がみられる。遺構の多様な特徴は、それぞれの時代・地域の社会のあり方を反映すると考えられる。遺物群を含めて総体的には遺跡として認識される。

いこくけいごばんやく[異国警固番役] 鎌倉幕府が元軍の侵攻に備え、九州北部と長門国の沿岸部の防備を固めるために編成した番役。これを勤めると、京都・鎌倉の番役が免除された。はじめは御家人のみで編成、のちには非御家人にも拡大され、幕府の権限が西国の本所一円地にも深く浸透する結果となった。1271年(文永8)九州諸国に所領をもつ御家人に、下向して防備にあたることを命じたのが始まりで、翌年2月には東国御家人の下向を待たずに九州諸国の御家人に守護の指揮に入って防備につくことを命じた。75年(建治元)、国単位で3カ月を1期とした編成を定めたが、翌年には石築地の構築が始まり、国単位で地域を定める方式に改められた。1304年(嘉元2)には国単位で1年を1期とする編成に改められ、鎌倉幕府滅亡にいたった。

いこくせんうちはらいれい[異国船打払令]

文政の打払令・無二念[念]打払令とも。1825年(文政8)に幕府が発した異国船取扱令。異国船来航があいつぎ、沿岸諸藩が警備や応接の負担に苦しむなか、イギリス船フェートン号事件や常陸国などへの上陸事件を契機に、幕府は1806年(文化3)を国に接近する異国船に対し無差別の打ち払いを指令した。オランダから諸外国に本令を伝えることで、接近する船を減少させるとの狙いもあった。しかし、37年(天保8)のモリソン号事件、清国でのアヘン戦争勃発、イギリス軍艦渡来情報などから、幕府は打払令の継続はイギリスとの紛争を招く恐れがあると判断、42年再び薪水給与令を発した。

いざなきのみこと・いざなみのみこと [伊奘諾尊・伊奘冉尊]「古事記」では伊邪那岐命・伊邪那美命。記紀の神話で神世七代の最後の2神で国造りをになう神。「日本書紀」では天地の中間に出現し、陽神・陰神として2神相和して大八洲[おおやしま]国をはじめとした地上世界を完成させ、ついで日神(アマテラス)・月神(ツクヨミ)・ヒルコ・スサノオを生んだ。「古事記」では高天原に出現し、天津神[あまつかみ]の命で天降り、国生みに続いて神々を生み成していくが、火の神カグツチを生んでイザナミは死に、国造りは未完に終わる。そしてイザナキはイザナミを追って黄泉[よみ]国に赴き、帰還したのち、禊[みそぎ]をしてアマテラス・ツクヨミ・スサノオを誕生させた。両神を社名にもつ式内社が淡路国などに存在する。

いざよいにっき [十六夜日記] 鎌倉時代の日記・紀行。1279～80年(弘安2～3)成立。阿仏尼[に]の50歳代後半の著。冷泉[れいぜい]家の祖である藤原為相[ためすけ]・同為守らの母として、亡夫家から子に譲られた播磨国細川荘の領有権の確認を求め、鎌倉幕府に直訴のため鎌倉へ下った際の旅日記と、半年間の鎌倉滞在中に京都に残る人々と交わした和歌の記録が中心。実際には訴訟の結果をみずに死んだようだが、写本で伝わる「阿仏東下り」は、阿仏尼が勝訴して帰京したように近世初期に改作したもの。「群書類従」、簗瀬一雄編「校註阿仏尼全集」、「新日本古典文学大系」所収。

いざりばた [居坐機] 技術的に原始機と高機[たかばた]の中間に位置する手織機。腰をおろす位置が低いので地機[じばた]ともいう。5世紀頃、絹織用の高機と同時期に日本に伝来したとされる。機台が斜めにたちあがる西日本型と、水平な東日本型がある。庶民衣料の麻織物、のちには綿・絹の生産用にまで盛んに使われたが、明治期に織物生産が発展すると高機が木綿織にも用いられるようになり、しだいに消滅。現在、国重要無形文化財指定の結城紬[ゆうきつむぎ]や越後縮[えちごちぢみ]などで使われる。

いさわしゅうじ [伊沢修二] 1851.6.29～1917.5.3 明治・大正期の教育行政官。信濃国生れ。高遠藩藩校進徳館に学び、1870年(明治3)大学南校貢進生に抜擢される。74年愛知師範学校校長となり、75～78年に師範学校取調べのためアメリカに派遣され、メーソンに西洋音楽、ベルに聾唖教育法を学ぶ。帰国後、東京師範学校校長を務め、体操伝習所、音楽取調掛(のち東京音楽学校)などの創立にたずさわる。95年に台湾に渡り民政局学務部長となる。国家教育社や吃音矯正教育の楽石社を設立した。

いさわじょう [胆沢城] 陸奥国におかれた古代の城柵。岩手県水沢市佐倉河にあり、北上川・胆沢川が合流する沖積地に位置する。胆沢は蝦夷[えみし]の拠点として8世紀後半から征討の対象となり、801年(延暦20)征夷大将軍坂上田村麻呂[たむらまろ]が制圧し、のち蝦夷の首長阿弖流為[あてるい]らの降伏をみた。胆沢城は、802年に田村麻呂が造胆沢城使となって以来、それにともない多賀城にあった鎮守府[ちんじゅふ]が移されて、陸奥国北部を支配する政治・軍事の拠点となった。源頼朝は1189年(文治5)「伊沢郡鎮守府」で吉書始[きっしょはじめ]を行った。遺構は国史跡。

いざわらんけん [伊沢蘭軒] 1777.11.11～1829.3.17 江戸後期の医学者・儒者。名は信恬[のぶさだ]、号は蘭軒など。備後国福山藩侍医伊沢長安の長男として江戸に生まれる。目黒道琢[どうたく]・武田叔安[しゅくあん]らに師事し医学を学び、また儒学・本草学も修めた。1806年(文化3)、長崎に遊学し唐人医師と交わり、のち福山藩の侍医・儒官となった。門人に森立之[たつゆき]・渋江抽斎[ちゅうさい]らを出し、頼山陽・大田南畝[なんぽ]らと親交があった。

いしいきくじろう [石井菊次郎] 1866.3.10～1945.5.26 明治～昭和前期の外交官。上総国生れ。東大卒。1915年(大正4)第2次大隈内閣の外相。17年特派大使として渡米、同年11月石井・ランシング協定を結んで満蒙における日本の特殊権益を認めさせた。駐米大使をへて第1次大戦後には国際連盟の日本代表となるなど、外交界の穏健派の長老として活躍した。29年(昭和4)以降は枢密顧問官。東京の空襲で行方不明。

いしいはくてい [石井柏亭] 1882.3.28～1958.12.29 明治～昭和期の洋画家。父は日本画家石井鼎湖[ていこ]。鶴三は弟。本名満吉。東京都出身。東京美術学校中退。浅井忠・中村不折[ふせつ]に学び、日本画の无声[むせい]会にも参加した。1907年(明治40)雑誌「方寸」を創刊、08年パンの会に加わる。13年(大正2)日本水彩画会の創立、14年二科会の創立、15年「中央美術」創刊にかかわる。35年(昭和10)帝国美術院会員とな

り，36年一水会を創立した。

いしい・ランシングきょうてい[石井・ランシング協定] 1917年(大正6)11月，石井菊次郎特派大使とアメリカのランシング国務長官の間で結ばれた中国に関する共同声明。9月初旬からの交渉で，日本は中国における特殊利益を承認させることを主目標とし，アメリカは機会均等・勢力範囲撤廃の確約を求めてこれに反対した。日本は中国における門戸開放・機会均等・領土保全を認める一方，「合衆国政府は日本国が支那に於て特殊の利益を有することを承認す」との言葉を条文に挿入させることに成功した。日本側はこれを政治的特殊権益も保証されたものとし，アメリカ側は経済関係のみとするという解釈上のくいちがいを生んだが，協定は九カ国条約の締結で23年に廃棄された。

いしかわけん[石川県] 本州中央部の日本海側に位置する県。旧加賀・能登両国を県域とする。1868年(明治元)能登の幕領は飛騨県をへて高山県に属した。71年の廃藩置県により金沢・大聖寺の2県がおかれた。同年11月大聖寺県が金沢県に合併され，同時に金沢県域の能登国と越中国射水郡を併せて七尾県が成立。72年金沢県は石川県と改称，七尾県の廃県により能登を編入，さらに足羽県から白山麓18カ村を編入し，現県域が定まった。その後76年，敦賀県の一部と新川県を合併するが，81年福井県，83年富山県を分離した。県庁所在地は金沢市。

いしかわごえもん[石川五右衛門] ?～1594.8.23 織豊期の盗賊。1594年(文禄3)に京三条河原で極刑に処された。江戸時代になると歌舞伎や人形浄瑠璃の題材にとりあげられ，それらを通じて五右衛門の虚像が拡大・定着していった。一連の作品は五右衛門物と総称され，義賊あるいは天下国家を狙う大盗賊として描かれた。代表的な作品に「金門五山桐」(1778初演)がある。

いしかわさんしろう[石川三四郎] 1876.5.23～1956.11.28 明治・大正期の社会運動家・無政府主義者。埼玉県出身。号は旭山。東京法学院(現，中央大学)在学中に海老名弾正から受洗，卒業後「万朝報」記者となる。平民社に加わり，「新紀元」「日刊平民新聞」「世界婦人」に関係。大逆事件後，1913年(大正2)渡欧し，哲学者E.カーペンターの影響をうけた。20年に帰国後，無政府主義の啓蒙に努めた。

いしかわじまぞうせんじょ[石川島造船所] 隅田川河口の造船所。1853年(嘉永6)幕府の委託をうけた水戸藩の洋式帆船旭日丸造船用地となり，以後，戸田号を模した洋式帆船君沢形4隻や汽走軍艦千代田形などが建造された。71年(明治4)兵部省に移管，海軍造船所として整備されたが，横須賀造船所の海軍移管で重要性が薄れ，76年平野富二に貸し渡され，石川島播磨重工業発祥の地となる。

いしかわじょうざん[石川丈山] 1583.10.-～1672.5.23 江戸前期の漢詩人。名は重之，字は丈山，号は六六山・凹凸窩で。三河国生れ。徳川家康に仕え，大坂夏の陣に出陣し軍功をたてたが，軍令違反のため蟄居を命じられ致仕。のち剃髪して京都妙心寺で禅を修行し，藤原惺窩に朱子学を学んだ。老母の孝養のため広島浅野家に仕え，54歳で辞した。1640年(寛永17)洛北に詩仙堂をたてて隠逸の生活に入り，漢詩人として知られた。著書に漢詩文集「新編覆醤集」。

いしかわたくぼく[石川啄木] 1886.2.20～1912.4.13 明治期の歌人・詩人。本名一。岩手県出身。誕生翌年より渋民村で育つ。1902年(明治35)盛岡中学を中退し上京，与謝野寛(鉄幹)の知遇をえて「明星」ほかに詩を発表。05年詩集「あこがれ」を出版。生活のため渋民村の小学校代用教員となり，以後，地方紙の記者として北海道各地を転々とする。再び上京して小説家を志すが失敗。失意の思いを短歌に表し「一握の砂」(1910)を書く。09年生活に根ざす文学を唱えて評論「食ふべき詩」を発表。翌年大逆事件の報道に衝撃をうけて社会主義に関心をもち，自然主義文学批判の評論「時代閉塞の現状」を書く。詩風も変化し，11年には「果てしなき議論の後」ほかを創作。肺結核で死亡後，歌集「悲しき玩具」が刊行された。

いしかわたつぞう[石川達三] 1905.7.2～85.1.31 昭和期の小説家。秋田県出身。早大中退。1930年(昭和5)のブラジル移民体験をもとにした「蒼氓」で35年第1回芥川賞受賞。日中戦争初期の南京攻略を翻訳した「生きてゐる兵隊」は発売直後に発禁とされた。社会性の強いいわゆる「調べた文学」は，ルポルタージュ文学の先駆となる。代表作「風にそよぐ葦」「四十八歳の抵抗」「人間の壁」「金環蝕」。

いしかわちよまつ[石川千代松] 1860.1.8～1935.1.17 明治～昭和前期の動物学者。江戸生れ。東大卒。在学中にモースの影響で進化論に共鳴し，1883年(明治16)モースの講義を翻訳出版し進化論を紹介。ドイツ留学後，帝国大学教授として動物学を担当。また東京帝室博物館館長。細胞学・発生学・実験形態学を専攻したが，さまざまな生物の受精現象の研究はとくに有名。動物園の設立にも努めた。

いしかわまさもち[石川雅望] 1753.12.14～1830.閏3.24 江戸後期の狂歌師・戯作者。狂名は宿屋飯盛。通称石川五郎兵衛。号は六樹園

るえん・五老ごろなど。江戸小伝馬町で旅宿を営む。天明初年から狂歌を詠み、四天王の1人として、版元蔦屋つたや重三郎から多くの狂歌書を出版。文化年間(1804～18)天明狂歌を主張して、俳諧歌を唱道した鹿津部真顔しかつべのまがおと鋭く対立した。国学者としても知られる才人で、著書『万代狂歌集』『都の手ぶり』『雅言集覧』。

いしがんとう [石敢当]「せきがんとう」とも。道の辻や路地の入口、屋敷の表門にたて、「石敢当」の3文字を刻んだ小さな石碑。邪鬼の侵入を払うもの。沖縄地方に多くみられ、青森県まで分布する。俗に奄美地方では魔物払い石の意でマジムン・バレ・イシ、当りの意でアタリ、久米島では突当り石の意でチチャーイシという。石敢当の文字は「敢当」は無敵の意で、中国古代の石姓の武将をさすとする説と、石そのものがもつ威力の意とする説とがある。

いじじょう [伊治城] 陸奥国におかれた古代の城柵。宮城県築館町城生野じょうのにあり、一迫いちはさま川と二迫にのはさま川が合流する段丘上に位置する。道島三山みしまのみやまの建言で、767年(神護景雲元)30日にもみたない短期間で造営されたという。外郭施設は土塁・溝で、約700mの不整方形とみられるが不詳。政庁は東西54～58m、南北60mで、築地で区画される。780年(宝亀11)伊治砦麻呂いじのあざまろが伊治城で按察使あぜち紀広純きのひろずみらを殺害し、こののち奥羽両国で戦乱が続いた。796年(延暦15)、東国や越後・出羽から9000人を伊治城に移配するが、のち史料から消える。これまで「いじ」と読まれてきたが、「これはり」「これはる」の可能性が高い。

いしだばいがん [石田梅岩] 1685.9.15～1744.9.24 江戸中期の町人思想家、石門心学の創始者。通称は勘平、梅岩は号。丹波国生れ。京都の商家に奉公しながら勉学と思索に努め、隠士小栗了雲に師事。心学の根本である人性の体悟、自身の心と世界の一体性を自覚し、45歳のとき自宅に講席を開いて教化活動を開始。朱子学に由来する用語を多く使い、勤勉・倹約・正直・孝行などの通俗倫理による人間の道徳的自己規律を説いた。商人をはじめ四民の社会的役割を指摘し、賤商観を克服し庶民の人間としての尊厳を強調するなど、社会的に成長してきた町人を主とする庶民層の意識を自覚的に思想化した。著書『都鄙問答とひもんどう』。

いしだみつなり [石田三成] 1560～1600.10.1 織豊期の武将。父は正継。近江国石田村生れ。早くから豊臣秀吉に仕え、秀吉の奉行として活躍。1586年(天正14)堺政所まんどころを勤め、小田原攻めや朝鮮出兵などに功がある。豊臣政権の中枢にあり、軍需品輸送や行政・外交政策にその手腕を発揮した。とくに太閤検地に参画し、現在、島津家に三成署判の検地尺が残る。95年(文禄4)近江国佐和山城主となり19万4000石を領有。近江国内の豊臣蔵入地代官も兼任。秀吉死後、徳川家康に対抗して挙兵。1600年(慶長5)関ケ原の戦で敗走。近江で捕らえられ、小西行長らとともに京都で処刑。

いしついじ [石築地] 1274年(文永11)の元軍襲来(文永の役)後、再来襲にそなえて鎌倉幕府が博多湾沿岸に築いた防塁。築造は九州の各国ごとに分担され、守護が管国御家人を指揮して、76年(建治2)頃から開始された。のちの修理も各国の分担制とされ、鎌倉幕府滅亡後も続けられて室町初期に及んだが、14世紀中葉以降は放棄され埋没。1913年(大正2)から発掘・整備が進められ、現在は国史跡として残る。

いしづかやまこふん [石塚山古墳] 福岡県刈田町にある古墳前期の前方後円墳。周防灘に面し、墳長110m、後円部径60m、高さ9.5m。前方部は狭くて低く、端部は撥はち状に開く。後円部中央に長さ約5.4m、幅約0.9mの竪穴式石室がある。1796年(寛政8)に乱掘、鏡14面などが発見されたという。1987年(昭和62)に再調査。現存の遺物に京都府の椿井大塚山つばいおおつかやま古墳との同笵どうはん鏡を含む三角縁神獣鏡7面、獣帯鏡片1、勾玉まがたま、管玉くだたま、素環頭大刀、鉄鏃、銅鏃、小札こざね、斧、土師器はじきがある。豊前地方最古の前方後円墳。国史跡。

いしつりょう [医疾令] 大宝・養老令の編目。養老令では第24編であるが、大宝令では第19編であったことが平城宮木簡から知られる。倉庫令と同じく散逸したが、「政事要略」などにより復次収集が行われた結果、全27条のうち26条が復原され、残り1条も内容が推定されている。唐令をほぼ全面的に継受して成立。医博士の任用規定に始まり、医生いせいの資格、講義内容、試験方法、また諸国医療制度、薬物徴収体制などを規定する。

いじのあざまろ [伊治砦麻呂] 生没年不詳。奈良末期の蝦夷えみしの首長。伊治は「これはり」「これはる」と読んだ可能性が高い。778年(宝亀9)戦功により外従五位下を授けられた。780年、覚鱉城かくべつじょう造営のため陸奥按察使あぜち紀広純きのひろずみが伊治城に赴いた際に、砦麻呂は上治(伊治か)郡大領だいりょうとして広純に従っていたが、同年3月、俘軍を率いて反乱をおこし、広純と牡鹿おじか郡大領道島大楯おおしまのおおたてを殺した。砦麻呂が広純を嫌悪し、蝦夷出身の砦麻呂を侮辱した大楯を忍んでいたためという。砦麻呂は陸奥介朴井真綱まつを助け多賀城に護送したが、真綱らが城から逃亡したため、府庫の物を奪い多賀城を焼き払った。この事件を契機として戦乱状態が長期にわたり続くが、その後の消息は不明。

いしばしたんざん [石橋湛山] 1884.9.25～19

73.4.25 大正・昭和期の経済評論家・政治家。東京都生れ。早大卒。1911年(明治44)東洋経済新報社に入社、主幹・社長を歴任。自由主義・小日本主義の論陣を張り、大正デモクラシー期から昭和戦前期に硬骨の言論人として活躍した。第2次大戦後は日本自由党に入り、第1次吉田内閣の蔵相に就任して積極財政を推進。47年(昭和22)新憲法下初の総選挙に当選するが、公職追放となる。51年追放解除、政界復帰後は鳩山一郎と行動をともにし、第1～3次鳩山内閣で通産相を務めた。鳩山退陣後の56年、自由民主党総裁選に勝利しみずから内閣を組織するが、病に倒れ辞職。「石橋湛山全集」全15巻。

いしばしたんざんないかく [石橋湛山内閣]
自民党の石橋湛山を首班とする内閣(1956.12.23～57.2.25)。保守合同後、日も浅く激しい派閥抗争の最中にある自民党の党内事情を背景に、総裁選で勝った石橋が組閣。積極財政予算をくみ、外交面では国連加盟の実現をうけてアジア・アフリカとの提携、日中国交回復を志向するなど意欲的な姿勢を示し、新鮮味を感じさせたが、首相急病のため、政策の具体化をみないまま63日間の短命内閣に終わった。

いしばしやまのたたかい [石橋山の戦]
1180年(治承4)8月、相模国石橋山で大庭景親が率いる平氏方の軍と源頼朝の間で行われた戦。同月17日、伊豆国目代山木兼隆を破った頼朝は、相模国の三浦氏との連携を求めて東進。これに対し大庭景親は、熊谷直実ら平氏方武士3000余騎を率い、伊豆の伊東祐親の300余騎と頼朝を挟撃。同月23日、大庭景親率いる平氏方が大勝し、翌日には頼朝追跡が展開された。土肥実平らに導かれた頼朝は箱根山にのがれ、真鶴から海路安房国へ渡り、有力豪族の上総介広常・千葉常胤らを味方とし、再起に成功。

いしはらかんじ [石原莞爾] 1889.1.18～1949.8.15
昭和期の軍人。陸軍中将。山形県出身。陸軍士官学校(21期)・陸軍大学校卒。同大学校教官などをへて、1928年(昭和3)関東軍参謀。日蓮宗を信仰し、世界最終戦論を打ち出す。満州事変、満州国建国のプランナーでもあった。35年参謀本部作戦課長となり、2・26事件の収拾に尽力し、ついで同作戦部長となる。日中戦争で不拡大方針をとり、関東軍参謀副長に左遷。第16師団長ののち、41年予備役に編入され、東亜連盟運動を推進した。

いしはらじゅん [石原純] 1881.1.15～1947.1.19
明治～昭和期の物理学者・歌人。東京都出身。東大卒。1911年(明治44)東北帝国大学助教授。ヨーロッパに留学してアインシュタインに学び、相対性理論と量子論を研究。アララギ派の歌人としても知られたが、歌人原阿佐緒との恋愛事件で大学を退き、以後は著作活動に専念。「アインシュタイン全集」を刊行。31年(昭和6)から雑誌「科学」の編集長。学士院恩賜賞受賞。

いしぶたいこふん [石舞台古墳]
奈良県明日香村島庄にあり、明日香の平地を見渡す台地上に営まれた2段築成の大きな方墳あるいは円墳下方墳。墳丘底面は1辺50m余、濠をめぐらした内外斜面に丸石を葺ふく。古くから墳丘を失い、巨大な天井石をもつ横穴式石室が露出していたためこの名がある。南西に開口する石室の全長は約20m。玄室は長さ7.7m、幅3.4m、高さ4.7mで、側壁にそって排水溝をめぐらし、長さ11.5mの羨道中央をまっすぐに貫いて南端へ排出する。付近の島宮の遺構と結びつけて巨大な石室を蘇我馬子の墓とする解釈もあるが、確証はない。国特別史跡。

いしぼうちょう [石包丁]
石庖丁とも。弥生時代の穀物類の収穫具。大陸系磨製石器の一つで、東アジアの初期農耕社会に広くみられ、日本では九州南部から東北南部にかけて分布。長方形・半月形をなし、直刃・曲刃がある。背の部分にふつう2カ所の孔があり、紐を通して指に掛けて稲穂を穂摘みで刈り取る。九州南部・瀬戸内・中部地方では竹製石包丁もみられる。同様のものに貝包丁・石包丁形木製品がある。弥生後期に鉄製の手鎌の普及とともに消滅。

●●石包丁

いしもだしょう [石母田正] 1912.9.9～86.1.18
昭和期の古代・中世史学者。北海道出身。東大卒。法政大学教授。唯物史観にたって天皇制の克服を隠されたモチーフとした名著「中世的世界の形成」を第2次大戦中に執筆。雄大な構想と強靱な論理で貫かれたこの本は、敗戦後の歴史学再建の支柱となった。終始現実の社会や政治をみつめてそこから学び、実践することを重視した。「石母田正著作集」全16巻。

いしやまかっせん [石山合戦] 1570～80年(元亀元～天正8)
の織田信長と石山本願寺・一向一揆の戦。信長の矢銭徴収や石山退去要求によって両者の関係が悪化し、70年9月12日、本願寺が挙兵した。本願寺の顕如は各地の一向宗門徒に決起を促し、浅井氏・朝倉氏・武田氏ら時々の反信長勢力と同盟関係を結んで反抗したため、畿内・東海・西国にわたる戦となり、和睦と戦争がくり返された。76年4月から石山籠城戦が開始され、信長は補給を支える雑賀衆・毛利水軍と戦うが、信長軍に寝切られがついた。80年閏3月、本願寺が勅命講和をのんで終結。それまでで最大の一向一揆を屈服させ

いしゃ

たことで、信長の天下統一は一挙に現実化した。

いしやまでら [石山寺] 大津市石山寺にある東寺真言宗の別格本山。西国三十三所観音第13番札所。石光山と号する。749年（天平勝宝元）聖武天皇の勅願で良弁の開基と伝える。造石山寺所が設けられ、761年（天平宝字5）から翌年にかけて諸堂が整えられた。はじめ東大寺と関係が深かったが、平安時代には真言の道場となり、聖宝（初代座主）や観賢（2代）・淳祐（3代）ら多数の名僧を輩出。また観音信仰の隆盛にともなって天皇や貴族らの信仰を集め、参詣者があいついだ。1078年（承暦2）火災で全焼、現存の本堂は96年（永長元）の再建。多宝塔は1194年（建久5）の建立で源頼朝の寄進という。「石山寺縁起」「延暦交替式」など多数の国宝を所蔵する。

多宝塔 1194年（建久5）の建築で、現存する最古の木造多宝塔。初重の平面が大きく高さが低いため、安定感のある整った外観をもつ。初重内部は、四天柱の後方に来迎壁を設け須弥壇上に大日如来坐像を安置。四天柱・長押・天井・扉回りなどに極彩色の仏画・文様を描く。慶長年間の修理で軒回りや小屋組・扉などをとり替えた。高さ16.3m。国宝。

いしやまでらえんぎ [石山寺縁起] 観音霊場として知られる近江国石山寺の草創縁起と利生譚33段からなる絵巻物。7巻。正中年間（1324～26）に王道回復と仏家隆盛を祈って制作が始まったが、正中の変などの政情のため複雑な経緯をたどり、約500年後に7巻となる。第1・2・3・5巻は14世紀、詞書・絵とも筆者に諸説あるの。第4巻は1497年（明応6）、詞書は三条西実隆、絵は土佐光信。第6・7巻は1805年（文化2）、詞書は飛鳥井雅章、絵は谷文晁ら、松平定信が後援。縦33.7cm、横1361～1927cm。重文。詞書のみの杲守筆「石山寺絵詞」（京都国立博物館蔵）と、1655年（明暦元）頃旧本を模写した新縁起5巻（石山寺蔵）も残る。

いしやまほんがんじ [石山本願寺] 大坂坊・石山御坊・石山御堂とも。大阪市中央区にあった浄土真宗の寺。1496年（明応5）本願寺8世蓮如が摂津国東成郡生玉荘大坂に築いた隠居所に始まる。1532年（天文元）10世証如のとき、山科本願寺が六角定頼と法華門徒に焼打され、石山に本山を移ära。本山を中心に形成された寺内町は交通の要衝で、商人が集住する経済の中心に発展し、大坂の原型となる。人口は2万人以上と推測される。耶蘇会士ビレラの手紙に「日本の富の大部分はこの坊主の所有なり」と記された。11世顕如の時代に織田信長と対立、70年（元亀元）から11年にわたる石山合戦の末、80年（天正8）に紀伊国鷺森へ退去、石山全土が焼失した。

いしょう [医生] 古代令制の典薬寮に所属し、医博士のもとで医療を学んだ者。薬部や世襲の家から優先して選ばれ、定員40人。待遇は学生に準じる。医疾令に規定する諸経を学び、専門別に教習をうけ、定期試験をこなして修業年限を終えると、宮内省で最終試験があり、太政官に挙送され、式部省で任用試験をうけた。なお諸国には国医生がおかれ、国医師のもとで医療を学ぶことになっていた。

いしょたいぜん [医書大全] 中国の明の医学書。1446年頃の出版か。元の孫允賢の「医方集成」を熊宗明が増補した「医方大成」を、さらに熊宗立が増補。医学の全分野にわたって平易に説明。日本でも1528年（享禄元）阿佐井野宗瑞が板刻出版。それまで日本では「和剤局方」にもとづく局方医学が中心だったが、「医書大全」の医方と「傷寒論」の医論により著しい進歩を遂げた。

いしんすうでん [以心崇伝] 1569～1633.1.20 金地院崇伝とも。江戸初期の臨済宗の禅僧。諱は崇伝、字は以心。紀伊の一色氏の出身。幼くして京都南禅寺の玄圃霊三について修行し、靖叔徳林の法をつぐ。1605年（慶長10）同寺の住持となる。08年以来、徳川家康の諮問をうけ、公家諸法度・武家諸法度・外交文書の作成、寺院統制、キリスト教禁制など、幕政の中枢に関与し黒衣の宰相といわれた。

いしんぽう [医心方] 平安中期、丹波康頼が撰した医学全書で、日本に現存する最古の医書。30巻。984年（永観2）11月28日撰進（一説に982年完成）。総論から各論の諸種の疾病まで、唐の王燾の「外台秘要方」の形式にならい、康頼自身の意見は出さず、中国の文献を渉猟して構成されている。唐以前の医書の逸文を多量に含み、かつそれらが宋代の改修をへる以前のかたちを示している点で貴重である。長らく宮中に秘蔵されていたが、16世紀半ば半井瑞策らのもとに下賜され、以後半井家のものになった。東京国立博物館蔵（国宝）。ほかに仁和寺蔵の残欠本（国宝）がある。「日本古典全集」所収。

いずきんざん [伊豆金山] 静岡県伊豆地方に散在した金銀山の総称。主要鉱山の土肥金山は1577年（天正5）発見、50年にわたって稼行した。縄地金山（河津町）は文禄・慶長期頃から稼行し、ほかに修善寺・瓜生野・毛倉野・青野などの金山がある。最盛期は1606～07年（慶長11～12）のごく短期間だったが当時佐渡金銀山に匹敵し、佐渡奉行の大久保長安が代官を兼務した。明治期に稼行が再開され、土肥・清

越𝑒𝑖・持越𝑚𝑜𝑐ℎ𝑖・大仁𝑜ℎ𝑖𝑡𝑜・河津𝑘𝑎𝑤𝑎𝑧𝑢・縄地などの諸鉱山があったが，1987年(昭和62)までにすべて閉山。

いずのくに [伊豆国] 東海道の国。現在の静岡県伊豆半島と東京都下の伊豆諸島。「延喜式」の等級は下国。「和名抄」では田方・賀茂・那賀の3郡からなる。「扶桑略記」に680年(天武9)駿河国からの分置を伝える。国府・国分寺は田方郡(現，三島市)にあったと考えられる。一宮は三島大社(現，三島市)。「和名抄」所載田数は2110町余。「延喜式」に調として綾・羅・帛や堅魚𝑘𝑎𝑡𝑢𝑜を，中男作物として木綿・胡麻油・堅魚煎汁𝑖𝑟𝑜を定める。724年(神亀元)遠流𝑜𝑛𝑟𝑢の国に指定された。鎌倉時代には北条氏得宗家が守護を勤め，室町時代には幕府と鎌倉公方の対立から足利政知が派遣されて韮山𝑛𝑖𝑟𝑎𝑦𝑎𝑚𝑎にとどまり，堀越公方とよばれた。1491年(延徳3)北条早雲が堀越公方を倒して，戦国大名小田原北条氏の支配下となる。江戸時代はほとんどが幕領。1868年(明治元)韮山県となる。71年足柄県，76年静岡県に属した。78年伊豆七島を東京府に編入。

いずはらはん [厳原藩] ⇨府中藩𝑓𝑢𝑐ℎ𝑢

いずみきょうか [泉鏡花] 1873.11.4～1939.9.7 明治～昭和期の小説家。本名鏡太郎。金沢市出身。北陸英和学校中退。尾崎紅葉に入門。「夜行巡査」「外科室」などいわゆる観念小説で流行作家となるが，「照葉𝑡𝑒𝑟𝑖ℎ𝑎狂言」で浪漫主義的作風に転向。幻想性と花柳情緒に独自の文学世界を築いた。代表作「高野聖𝑘𝑜𝑦𝑎ℎ𝑖𝑗𝑖𝑟𝑖」「日本橋」「歌行灯𝑢𝑡𝑎𝑎𝑛𝑑𝑜𝑛」「天守𝑡𝑒𝑛𝑠𝑦𝑢物語」。

いずみしきぶ [和泉式部] 生没年不詳。平安中期の歌人。「和泉式部集」「和泉式部日記」の作者。大江雅致𝑚𝑎𝑠𝑎𝑚𝑢𝑛𝑒の女。母は平保衡𝑦𝑎𝑠𝑢ℎ𝑖𝑟𝑎の女。和泉式部は女房名で，江式部ともよばれた。20歳頃に橘道貞𝑚𝑖𝑐ℎ𝑖𝑠𝑎𝑑𝑎と結婚，小式部内侍𝑘𝑜𝑠ℎ𝑖𝑘𝑖𝑏𝑢𝑛𝑜𝑛𝑎𝑖𝑠ℎ𝑖を生む。やがて冷泉天皇の皇子為尊𝑡𝑎𝑚𝑒𝑡𝑎𝑘𝑎親王，その死後は弟の敦道𝑎𝑡𝑢𝑚𝑖𝑐ℎ𝑖親王との恋におちた。その経緯は「和泉式部日記」に詳しいが，1007年(寛弘4)敦道親王にも先立たれ，09年一条天皇の中宮彰子𝑠ℎ𝑜𝑢𝑠ℎ𝑖のもとに出仕した。その後，藤原保昌𝑦𝑎𝑠𝑢𝑚𝑎𝑠𝑎と再婚，27年(万寿4)までの生存が確認できる。平安中期を代表する歌人の1人で，新鮮で情熱的な叙情歌が多い。中古三十六歌仙の1人。「拾遺集」以下の勅撰集に248首入集。奔放な恋愛と和歌はのちにさまざまな説話・伝説をうんだ。

いずみしきぶにっき [和泉式部日記] 「和泉式部物語」とも。平安時代の日記文学。和泉式部作。1003年(長保5)4月から翌年1月までの和泉式部と帥宮敦道𝑎𝑡𝑢𝑚𝑖𝑐ℎ𝑖親王の恋愛を描く。145首に及ぶ贈答歌を中心に，2人の出会いからしだいに深まる恋情がたどられる。主人公は「女」と三人称で扱われ，物語的な手法がとられている。これは「伊勢集」「一条摂政御集」などにもみられ，私家集が日記文学へ発展する流れを示している。07年(寛弘4)の帥宮死去後まもなくの成立か。「日本古典文学大系」「日本古典文学全集」所収。

いずみのくに [和泉国] 畿内の国。現在の大阪府南部。「延喜式」の等級は下国。もと河内国で，716年(霊亀2)大鳥・和泉・日根の3郡が割かれて和泉監𝑖𝑧𝑢𝑚𝑖𝑛𝑜𝑔𝑒𝑛が設置された。和泉監は740年(天平12)に廃されて再び河内国に編入され，757年(天平宝字元)あらためて和泉国が分立した。郡の編成は上記3郡で，13世紀までに和泉郡から南郡が成立。国府は和泉(現，和泉市)におかれ，国分寺は839年(承和6)安楽寺(現，和泉市)が指定された。一宮は大鳥神社(現，堺市)。「和名抄」所載田数は4569町余。「和名抄」には調として銭のほか陶器・土器を定める。百舌鳥𝑚𝑜𝑧𝑢古墳群・陶邑𝑠𝑢𝑒𝑚𝑢𝑟𝑎古窯跡群などの遺跡や中世都市として著名な堺がある。守護は鎌倉時代には三浦氏・北条氏，南北朝期以降は楠木・細川・山名・大内氏らが任じられ，戦国期には畠山氏・三好氏や根来𝑛𝑒𝑔𝑜𝑟𝑜寺などの勢力が及んだ。近世には堺は幕領で，また陶器𝑡𝑜𝑢・岸和田・伯太𝑎𝑘𝑎諸藩が成立。1868年(明治元)藩領以外は堺県となり，71年廃藩置県により旧藩領も堺県に統合，81年大阪府に合併。

いずみのげん [和泉監] 8世紀に和泉地域(現，大阪府南部)におかれた行政単位。和泉地域はもと河内国に属したが，716年(霊亀2)に珍努宮𝑐ℎ𝑖𝑛𝑢𝑛𝑜𝑚𝑖𝑦𝑎の行幸に供するため和泉の2郡を割き，さらに同年大鳥郡を加えて和泉監が成立した。正倉院文書に737年(天平9)の正税帳が伝わる。740年には廃され，3郡は再び河内国に編入された。

いずもたいしゃ [出雲大社] 島根県大社町杵築𝑘𝑖𝑧𝑢𝑘𝑖東に鎮座。式内社・出雲国一宮。旧官幣大社。1871年(明治4)まで杵築大社と称した。祭神は大国主𝑜𝑘𝑢𝑛𝑖𝑛𝑢𝑠ℎ𝑖神。「先代旧事本紀」には素戔嗚𝑠𝑢𝑠𝑎𝑛𝑜𝑜尊とあり，中世には素戔嗚尊が祭神と考えられていた。大国主神の国譲りののち，多芸志之小浜𝑡𝑎𝑔𝑖𝑠ℎ𝑖𝑛𝑜𝑜𝑏𝑎𝑚𝑎に造営された宮を起源とすると伝える。そのときの祠祭者天穂日𝑎𝑚𝑒𝑛𝑜ℎ𝑜ℎ𝑖の命が出雲国造家の祖。「口遊𝑘𝑢𝑐ℎ𝑖𝑧𝑢𝑠𝑎𝑚𝑖」によれば，神殿は東大寺大仏殿よりも高く，平安時代には神殿転倒の記録がしばしばである。11世紀中頃から国司による社領の寄進が増大し，鎌倉時代には社領12郷7浦となり，出雲国内最大の領主となった。出雲を姓とした国造家は南北朝期に千家𝑠𝑒𝑛𝑔𝑒・北島両氏にわかれて，当初で神事をつとめたが，明治期以降は千家氏が行っている。近世に社領は大幅に削減され，御師𝑜𝑛𝑠ℎ𝑖の活動や富くじが重要な財源となった。1667年(寛文7)に神

いずも

仏分離と正殿式の社殿復興がなされた。例祭は5月14〜16日。本殿のほか、所蔵の秋野鹿蒔絵手箱も国宝、遷宮儀式注進状・後醍醐天皇綸旨(りんじ)は重文。

いずものおくに [出雲のお国] 生没年不詳。織豊期〜江戸初期の女性芸能者。歌舞伎の創始者として多くの伝説をうんだが、その生涯についてはほとんど不明。通説では、1582年（天正10）春日若宮でややこ踊を演じた10歳前後の童の1人が少女時代のお国で、以後もややこ踊の名で諸国を遍歴したとする。1603年（慶長8）京で新風のかぶき踊を演じて成功し、多くの模倣者をうんで女歌舞伎の隆盛を招来した。京では北野社の境内を拠点とし、宮廷や伏見城でもかぶき踊を披露。出雲大社の巫女(みこ)と称したが、出自についても諸説ある。07年には江戸でも興行したが、12年以後の消息は不明。

いずものくに [出雲国] 山陰道の国。現在の島根県東部。「延喜式」の等級は上国。「和名抄」では能義(のぎ)・意宇(おう)・島根・秋鹿(あいか)・楯縫(たてぬい)・出雲・神門(かんど)・飯石(いいし)・仁多(にた)・大原の10郡からなる。国府・国分寺・国分尼寺は意宇郡（現、松江市）。一宮は杵築(きずき)大社（出雲大社）。「和名抄」所載田数は9435町余。「延喜式」では調庸として絹・帛など。出雲神話などから知られるように、古くから独自の文化圏を形成し、律令制下でも出雲国造が任命され、代替りごとに天皇に神賀詞(かんよごと)を奏上するなど、特殊性が保持されていた。中世には近江国佐々木氏が守護となり、応仁・文明の乱後は守護代尼子氏が君臨、16世紀後半には毛利氏の領国となる。近世は堀尾氏・京極氏が松江藩主として一国支配。のち徳川家康の孫松平直政が松江藩主となり、隠岐国も兼領した。以後、支藩の広瀬藩・母里(もり)藩とともに廃藩置県に至る。1871年（明治4）隠岐をあわせて島根県となる。

いずものくにのみやつこ [出雲国造] 出雲国におかれた国造。意宇郡を本拠として勢力を伸ばし、出雲臣を称した。「古事記」「日本書紀」は、杵築大社（出雲大社）の奉斎を命じられた天穂日(あめのほひ)命を祖と記す。「日本書紀」崇神60年条には出雲大神宮の神宝をめぐる争いがみえ、「国造本紀」は大和政権に従った宇迦都久怒(うかつくぬ)を国造に任じたとする。仁徳即位前紀には淤宇宿禰(おうのすくね)が倭屯田(やまとのみた)の経営に関与しており、大和政権内部の役割分担にもあずかったか。659年（斉明5）出雲国造に神の宮修厳を命じるとあり、これを杵築大社奉斎の始まりとみる説、意宇郡の熊野大社とみる説がある。律令制下にも国造任命が行われ、新任の国造は神賀詞(かんよごと)を奏上し服属を誓った。意宇郡は神領とされ、国造が郡大領を兼任した。国家家は南北朝期に千家(せんげ)・北島両家に分裂

したが、現在まで存続し、国造相続の際に火継(ひつぎ)式が行われる。

いずものくにふどき [出雲国風土記] 諸国風土記の一つ。完全なかたちで伝わる唯一の風土記である。733年（天平5）2月30日成立。内容はほぼ713年（和銅6）の官命に対応し、国内の地勢や国・郡・郷などの由来、国内の寺院・神社のようす、特産物などが詳細に説かれ、八束水臣津野(やつかみずおみつの)命による国引き神話なども含む。国府・郡家や駅家間の里程、軍団・烽(とぶひ)・戍(まもり)などの軍事的要素の強い記載も含むが、これは風土記成立の前年の節度使(せつどし)設置と関係するか。現存の諸本はすべて出雲国造家などに伝わる副本を祖本とする。「日本古典文学大系」所収。

いせき [遺跡] 人類の行為の痕跡が遺構や遺物として地上や地下・水底などに残されているところをいう。その性格によって生活遺跡、生産遺跡、墳墓遺跡、祭祀・信仰遺跡、政治関連遺跡などにわけられ、また存在している状態によって開地遺跡、洞窟（岩陰）遺跡、泥炭層遺跡・水底遺跡などに分類される。考古学的調査・研究の最も基礎的な資料であるとともに、人類の歴史を再構成するために必要なもので、人類共有の文化財として重視される。

いせこう [伊勢講] 神明講とも。伊勢信仰にもとづき、参宮を目的に組織された団体。室町時代以降の記録に散見。伊勢神宮へ講員全体が参詣する惣参形式のものと、講員の2〜3人が代表して参詣する代参形式のものとに大別される。代参の場合、出発のときに講中でデタチという祝いをしたり、帰郷のときは村境まで出迎えて坂迎えという祝宴を開いた。各地の講と神宮参詣を媒介したのが伊勢御師(おし)で、講ごとに師檀関係を結んだ。また、太々神楽(だいだいかぐら)を奉納する講中もあり、伊勢太々講という。

いせごえしょうにん [伊勢越商人] 山越(やまごえ)商人・四本(しほん)商人とも。平安時代から中世を通じて近江国と伊勢国を往復した近江の商人。四本商人とは湖東の保内・石塔・小幡・沓懸(くつかけ)の4地域の座商人団をいう。八風(はっぷう)・千種(ちぐさ)両街道の通商独占権をもち、他座商人を排除し、苧(からむし)・紙・塩・干物などを運搬・販売した。なかでも野々川商人ともよばれた保内商人は、山門（延暦寺）の権威を利用し16世紀中頃まで伊勢越商人の中心として活躍。

いせさだたけ [伊勢貞丈] 1717.12.28〜84.5.28/6.5 江戸中期の幕臣・有職故実家。通称平蔵、号は安斎。幕府の寄合・御小姓組番士。伊勢家は室町幕府政所執事の家柄で礼法に精通し、江戸幕府にも仕えた。兄貞陳が夭折して断絶したが、弟の貞丈が再興。とくに武家故実に詳しい第一人者とされる。著書「貞丈(ていじょう)雑

いせさだちか[伊勢貞親] 1417～73.1.21 室町中期の武将。七郎。兵庫助・備中守・伊勢守。法名聰松軒常慶。父は貞国、母は蜷川親俊の女。1460年(寛正元)から政所執事。将軍足利義政の信任をえ、蔭涼軒主季瓊真蘂(しんずい)とともに幕政を左右した。66年(文正元)足利義視の暗殺を企てて失敗し、近江に逃亡。翌年義政に召還されて政界復帰。71年(文明3)辞任、出家して若狭に隠棲。武家の礼式に通じ、伊勢故実の形成に大きな役割をはたした。

いせさだむね[伊勢貞宗] 1444～1509.10.28 室町中期～戦国期の武将。貞親の子。七郎。兵庫頭・備中守・伊勢守。法名常安。文正の政変で父が没落すると、将軍足利義政の命で家督を継承。応仁・文明の乱では終始東軍に属した。1471年(文明3)政所執事。足利義尚(よしひさ)の養育者として、将軍義尚幼時の補佐役を勤めた。諸芸・礼式に通じ、後世、武家礼式の規範とされた伊勢流故実の大成者と評価される。

いせし[伊勢氏] 室町幕府の政所執事家。桓武平氏。鎌倉末期、平俊継(としつぐ)が伊勢守となって以後、伊勢氏を称するようになったという。代々足利氏の被官で、1330年(元徳2)足利氏の上総国守護代として活動がみえる。79年(康暦元・天授5)貞継が政所執事となり、以来これを世襲。貞親のとき、将軍足利義政の側近として権勢をふるったが、幕府滅亡とともに衰えた。一族からは、申次衆(もうしつぎしゅう)や奉公衆を多く出した。→巻末系図

いせじ[伊勢路] 伊勢街道・参宮街道とも。広くは伊勢神宮へ行く道の総称だが、ふつう、平安時代には東海道を鈴鹿駅で分岐して伊勢神宮に至る道をいい、江戸時代には東海道の四日市―石薬師宿間の日永の追分から伊勢神宮に至る約17里半の道筋をいう。神戸(かんべ)・白子(しろこ)・上野・津・松坂・小俣(おばた)・山田の7宿があり、東国からの伊勢参宮者で賑わったほか、東海道と伊勢・志摩両国や南紀を結ぶ交通路であった。

いせしょうにん[伊勢商人] 中世末以後、諸国の城下町などに進出した伊勢国出身の商人。同国大湊・桑名・津は中世から交通の要地として商業が栄え、津の商人は後北条氏の小田原に出店していた。近江国日野から移住された蒲生氏郷(がもううじさと)が1588年(天正16)松坂に築城すると、伊豆蔵・雲出蔵・射和(いざわ)蔵などの伊勢の豪商や日野商人も松坂に来住した。江戸では、開府早々から日本橋周辺の町屋に小田原や松坂の伊勢商人が多数移住している。故郷の松坂木綿をはじめ尾州木綿・三州木綿を扱い、呉服類や両替商・質屋などてがけ、店数の多さを利殖に巧みなことにあわせ、「伊勢屋稲荷に犬の糞」と皮肉られるほどにった。三井・川喜多・小津・長谷川・竹川の伊勢商人が有名。

いせじんぐう[伊勢神宮] 三重県伊勢市に鎮座。皇大神宮(内宮(ないくう))と豊受(とようけ)大神宮(外宮(げくう))、および両社に所属する宮社の総称。古来、伊勢大神宮・二所大神宮などとよばれたが、現在は神宮を正式名称とする。内宮を伊須受(いすず)宮・天照皇大神宮とも、外宮を豊受宮・止由気(とゆけ)宮・度会(わたらい)宮とも称した。祭神は内宮が天照(あまてらす)大神、相殿に天手力男(あめのたぢからお)神・万幡豊秋津姫(よろずはたとよあきつひめ)。外宮が豊受大神、相殿に3座(神名不明)。垂仁25年、諸国巡幸ののち当地に鎮座したのが内宮の始まりと伝えるが、元来この地には地方神が祭られており、5世紀末～6世紀頃に天照大神が畿内から移されたとする説もある。一方外宮は、雄略22年、天照大神の神慮により御饌都(みけつ)神として止由気大神が丹波国比治の真奈井原から山田原に遷座されたと伝える。もとは伊勢の地方神であったとする説もある。中央氏族の大中臣(おおなかとみ)氏が祭主・宮司を勤め、内宮は荒木田氏、外宮は度会氏が禰宜(ねぎ)として奉仕した。7世紀末に式年遷宮が開始され、律令制下では最高の国家祭祀の対象として斎宮(いつきのみや)がおかれた。また天皇以外の私的奉幣が禁じられた。平安末期以後、神領・神宝寄進が盛んに行われるようになって、御師(おんし)の制が発展し、近世には各地に伊勢講が結成されて庶民の参詣で賑わった。明治期に神宮制度の大改革がなされ、国家神道の中心となった。第2次大戦後宗教法人となる。社殿の建築様式は神明造とよばれる。

いせしんとう[伊勢神道] 外宮神道・度会(わたらい)神道とも。鎌倉時代に伊勢神宮外宮の禰宜(ねぎ)である度会氏が唱道した神道説。典拠とする「神道五部書」は、奥書では奈良時代あるいはそれ以前の著述としているが、いずれも鎌倉初～中期に成立。神宮の起源由緒についての記述を中心とするが、儒教・仏教に対して神道が根本に位置すると主張し、また外宮が内宮に劣るものではないことを強調する。南北朝期に度会家行が「類聚神祇本源」に集大成した。伊勢神道の影響は大きく、室町末期には唯一神道(吉田神道)が成立した。

いせのくに[伊勢国] 東海道の国。現在の三重県の大半。「延喜式」の等級は大国。「和名抄」では桑名・員弁(いなべ)・朝明(あさけ)・三重・鈴鹿・河曲(かわわ)・奄芸(あんき)・安濃(あの)・壱志(いちし)・飯高(いいたか)・飯野・多気(たけ)・度会(わたらい)の13郡からなる。「伊勢国風土記」逸文に伊勢津彦が神武天皇に献上し、天皇がその名をとって国名としたという由来をのせる。古くは伊賀国・志摩国と一体であった。国府は鈴鹿郡(現、鈴鹿市)、国分寺・

国分尼寺は河曲郡(現,鈴鹿市)におかれた。一宮は椿大社(現,鈴鹿市)。三関の一つである鈴鹿関は鈴鹿郡(現,関町)におかれた。「和名抄」所載田数は1万8130町余。「延喜式」に調庸として綾・絹・糸・塩など,中男作物として紙・木綿・海産物などを定める。伊勢神宮があるため,度会郡などの神郡や神領が多く,平安中期には員弁郡などをあわせ神八郡と称した。平安末期には伊勢平氏の拠点。鎌倉時代には大内・北条氏らが守護となり,南北朝期には北畠氏が南伊勢に進出し,以後国司として続いた。近世には多くの大名領・幕領となる。1871年(明治4)の廃藩置県により北に安濃津県,南に度会県が成立,72年安濃津県を三重県と改称,76年両県が合併して三重県となる。

いせへいし[伊勢平氏] 平安中・後期,坂東に土着した平氏のうち伊勢国方面に進出した一派。桓武平氏。10世紀末,平貞盛の子維衡が伊勢国を本拠に京都で活躍。その後,維衡の曾孫正盛は,1097年(承徳元)伊賀国の所領を六条院に寄進し,白河上皇の信任を得た。これにより中央政界への進出をはたし,伊勢平氏の勢力基盤を築いた。正盛の孫清盛のとき平氏の繁栄は頂点に達し,平氏政権を成立させたが,清盛死去後の1185年(文治元)一族は長門国壇ノ浦で滅亡。清盛の異母弟頼盛の一流のみが,鎌倉時代以降も公家として残った。

いせぼうどう[伊勢暴動] 三重大一揆とも。1876年(明治9)12月,三重県飯野郡でおこった農民闘争史上最大の一揆。地租改正実施に際し,石代納米価の引下げ,米納の是認,地租改正入費の官費負担などを要求して農民が蜂起し,愛知・岐阜両県にまで拡大し,処罰者5万人を数えた。旧度会県域の一揆が戸長層も参加した惣百姓強訴による地租改正反対一揆であったのに対し,旧三重県,岐阜・愛知県域に展開した一揆は,官有施設と区・戸長層に対する徹底した攻撃と,諸帳簿の破棄を中心とした新政反対一揆としての性格を強めた。

いせもうで[伊勢詣] 伊勢参り・伊勢参宮とも。伊勢神宮に参拝すること。古代には私人が直接幣帛をささげることは禁断であったが,平安末期以降は緩和され,のちに御師を介して,武士層を中心に参拝が行われた。中世末には,御師の活動による伊勢信仰の全国的展開とともに民衆の参拝が増加。近世には民衆の経済的ゆとりや交通手段・宿泊施設の発達により,観光的性格の参拝が伊勢講・神明講などの講集団単位で行われた。

いせものがたり[伊勢物語] 平安時代の歌物語。作者・成立年未詳。「昔,男ありけり」といった書出しの,歌を核とする長短さまざまの話を125編(定家本)集めたもの。在原業平に擬せられる主人公の初冠(元服加冠)から始まり,辞世の歌で終わる。恋物語が中心だが,惟喬親王の段など政治的な話も含む。世俗の掟に挑戦する主人公の激情と行動性が魅力である。高貴でありながら不遇であった業平への共感が,彼を好色者として理想化する物語を生んだのだろう。原形は「古今集」以前に成立し,以後10世紀半ば頃までに増補された。「源氏物語」への影響は多大。「日本古典文学大系」「日本古典文学全集」所収。

いそのかみじんぐう[石上神宮] 石上振宮・布都努斯神社とも。「延喜式」では石上坐布都御魂神社・石上(神)社。奈良県天理市布留町に鎮座。式内社。旧官幣大社。祭神は布都御魂神・布都斯御魂神・布留御魂神ほか。神武天皇が東征のとき使用した剣を崇神天皇時代に仁徳天皇のころに祭ったのが創祀と伝える。現拝殿裏から勾玉・神剣などが出土し,古代の祭祀遺跡の存在が確認された。物部氏が祭ったことから物部氏の氏神としても信仰された。文室錦麿の神ともされ,867年(貞観9)正一位に昇り,「延喜式」では名神大社・相嘗祭社とされた。例祭は10月15日。古代の文字史料として注目される神宝の七支刀など,鎌倉中期の作とされる拝殿はともに国宝。

いそのかみのやかつぐ[石上宅嗣] 729〜781.6.24 奈良後期の公卿。物部朝臣・石上大朝臣とも称した。父は乙麻呂,祖父は麻呂。761年(天平宝字5)遣唐副使に任じられたが,渡海することなく辞任。770年(宝亀元)称徳天皇の没時,藤原永手とともに光仁天皇を擁立。中納言から大納言・正三位に進み,死後正二位を贈られた。文人として名高く,旧宅を阿閦寺とし,一隅の書庫を芸亭と名づけ,おもに仏教経典以外の外典を一般に公開した。日本最初の公開図書館という。

イソポのファブラス ⇨天草本イソポ物語

いそほものがたり[伊曾保物語] 西洋の古典「イソップ物語」の翻訳本。ローマ字本1巻,国字本3巻。訳者不詳。1593年(文禄2)イエズス会天草学林出版のキリシタン版ローマ字本と,寛永頃刊の古活字本をはじめとする国字本の2系統がある。ともに伊曾保の伝記と寓話からなり,寓話はローマ字本70話,国字本64話で,共通する話は25話のみ。内容や文章に精粗の差が著しく,直接の関係は認めがたい。ローマ字本は当時の口語体を伝え,国語学的に貴重。「日本古典文学大系」所収。

イタイイタイびょう[イタイイタイ病] 三井金属神岡鉱業所(岐阜県神岡町)の廃水中のカドミウムが原因で,富山県の神通川流域住民

に発生した腎臓障害や多発性の骨軟化症などの病気。大正初期から奇病とされていたが，1957年(昭和32)地元の萩野昇医師がカドミウム原因説を発表。68年3月患者は鉱業法により三井金属に損害賠償を求めて提訴。同年5月厚生省は公害病と認定。71年6月富山地裁で原告勝訴の判決が下された。99年(平成11)12月現在の生存認定患者は6人。認定者総数は183人。

いたがきせいしろう [板垣征四郎] 1885.1.21～1948.12.23 大正・昭和期の軍人。陸軍大将。岩手県出身。陸軍士官学校(16期)・陸軍大学校卒。参謀本部部員・北京公使館付武官補佐官などを歴任。中国通として知られる。1929年(昭和4)関東軍高級参謀となり，石原莞爾らとともに満州事変をおこす。満州国執政顧問・関東軍参謀副長などをへて，38年近衛内閣の陸相に就任，ついで支那派遣軍総参謀長・朝鮮軍司令官となる。第2次大戦後，A級戦犯となり刑死。

いたがきたいすけ [板垣退助] 1837.4.17～1919.7.16 幕末～明治期の高知藩士・政治家。父は高知藩士乾正成。戊辰戦争で功があり，賞典禄1000石，高知藩家老となる。維新後，高知藩大参事として親兵編成に尽くし，参議に就任，西郷隆盛らと留守政府を指導したが，征韓論争で敗れて下野。1874年(明治7)民撰議院設立を建白し，高知に立志社を設立して自由民権運動を開始した。運動の代表者として81年に自由党を結成，総理になり民権運動の拡大に努めた。82年岐阜の金華山麓の中教院で襲われ負傷，「板垣死すとも自由は死せず」の逸話を残す。87年伯爵。日清戦後，第2次伊藤内閣と自由党の接近を指導し，内務大臣として入閣。98年大隈重信とともに組閣(隈板内閣)して再び内務大臣となる。1900年政友会創設を機に政界を引退し，晩年は社会改良運動に尽力。

いたくらかつしげ [板倉勝重] 1545～1624.4.29 江戸初期の京都所司代。父は好重。伊賀守。三河国生れ。出家していたが，還俗して徳川家康に仕えた。1586年(天正14)駿府町奉行となり，家康の関東入国後は関東代官・町奉行を兼ね，1601年(慶長6)京都奉行，ついで所司代。09年近江国で加増され，1万6000石余を領した。元和初年まで山城国奉行も兼ね，朝廷や豊臣氏・西国大名の動静監視のほか，山城一国の支配も行うなど，初期幕政に大きな役割をはたした。京都支配の掟書「板倉氏新式目」を制定したと伝えられる。

いだしふづくえ [出文机] 「だしふづくえ」とも。付書院の原型と考えられる造りつけの机。採光のために机の部分が部屋の外にとびだし，正面に明障子をいれる。「法然上人絵伝」などの絵巻にみえる。本来は読書のために設けられたが，のちに文具を飾る場所になり，さらに室内意匠としての付書院に発展する。

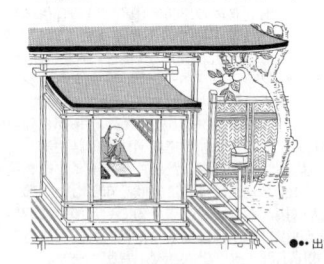

●●出文机

いたつけいせき [板付遺跡] 福岡市博多区板付にある水稲農耕集落跡。福岡平野の東部を北流する御笠川左岸の低平な台地の中央部に環濠集落と墓地が形成され，周辺の沖積地に水田が造られた。集落は縄文晩期末に始まり，台地中央西側縁辺を掘削した灌漑・排水用の水路や水口をそなえた最古の水田遺構も確認された。弥生前期初頭には台地の中央部に110m×82mの卵形の環濠(内濠)が形成され，台地の東西縁辺と台地の南部をめぐる水路が掘られた。水路は外濠の機能も兼ね，南北約370m，東西約170mほどの規模で，板付集落は内外二重の環濠をそなえた中核的な農耕集落となった。しかし環濠の埋没が進み，中期には集落は台地全体に広がった。内濠の東南方にあった板付田端遺跡は墳丘墓の可能性が強く，前期末～中期中頃の甕棺6基と，細形銅剣・銅矛7本が出土。これらは地域を統合していく中核的集落の指導者たちの成長を示す。国史跡。

いたび [板碑] 板石塔婆ともいう。13世紀前半頃から17世紀初頭にかけて造られた石塔の一形式。全国的に分布し，それぞれ地域的特色をもつが，関東地方の青石塔婆は，現在約3万基の存在が知られ，板碑を代表するものとされる。青石塔婆は，板状の緑泥片岩で造られ，頂部を三角形にし，上方から順に2本の横線，梵字，仏の画像などが刻まれている。造立の目的は，両親の供養また自分の後生供養のためで，鎌倉時代に前者が多く，室町時代には後者のものが多い。鎌倉時代は，在地領主層の造立したものが多いが，15世紀以降は，農民の供養塔が多くなる。戦国期の関東の板碑には，私年号で年号を表記したものが多くみられる。

イタリア ヨーロッパ南部に位置し，地中海に突出した半島とサルデーニャ島・シチリア島を含む国。漢字表記は伊太利・伊太利亜など。日本との関係はイエズス会の日本布教に始まる。バリニャーノによる天正遣欧使節が1585年(天

正13)ローマ法王に拝謁。1615年(元和元)には伊達政宗の家臣支倉常長の慶長遣欧使節がローマを訪れている。開国後の正式な外交関係はイタリア王国成立後の1866年(慶応2)の日伊修好通商条約によるが、この不平等条約は94年(明治27)と1912年(大正元)に改正された。明治政府はキオソーネ、ラグーザ、フォンタネージら印刷・美術の外国人教師をイタリアから招いている。37年(昭和12)ムッソリーニ政権が日独伊防共協定、40年日独伊三国同盟を締結、第2次大戦の枢軸国を形成したが、45年ドイツ敗戦後の7月イタリアは日本に宣戦を布告した。第2次大戦後、対日講和条約発効にもとづいて52年国交回復。46年国民投票の結果共和国が成立。正式国名はイタリア共和国。首都ローマ。

いち [市] 物資や情報の交換取引が行われる場。大化の改新以前から河内国餌香市 ^{えがの}、大和国海石榴市 ^{つばの}、同国阿斗桑市 ^{あとのくわの} などが開かれていた。大化の改新以後、律令制のもとに平城京・平安京に東西市がおかれ、各地の国府が市が開かれた。平安末期には月3回の定期市(三斎市)が開かれるようになり、鎌倉時代には社寺の門前、領主の居館周辺、宿駅・港津などにもみられるようになった。南北朝期には常陸国府市のように月6回開かれる六斎市が、三斎市と並行して発生。戦国期には諸国の農村にも広がった。戦国大名は独占的な市座を楽市令によって排し、市の発展を促した。江戸時代にも東国では六斎市が開かれたが、城下町などの都市の発展とともに常設店舗が発達し、一般には衰退。近世には江戸・坂・京都などの大都市に米穀・青物・海産物などの大規模な卸売市場が発達した。新年の必要品などを扱う年の市や、門前・境内で開かれる祭礼市は今日まで続いている。

いちかわこだんじ [市川小団次] 歌舞伎俳優。江戸前期から5世を数えるが、4世が著名。初世(1676〜1726)は初世市川団十郎の門弟。俳名花薫。4世(1812〜66)は幕末期を代表する名優。京坂で早替り・宙乗りなどけれん演出を得意としたが、晩年は江戸で河竹黙阿弥と提携し、生世話物 ^{きぜわもの} の名作を多数うみだした。市井描写と音楽的な演出にすぐれ、所作事 ^{しょさごと} もよくした。屋号は高島屋。俳名米升 ^{べいしょう}。

いちかわさだんじ [市川左団次] 歌舞伎俳優。幕末期から4世を数える。屋号は高島屋。初世(1842〜1904)は大坂生れ。本名高橋栄三。俳名莚升・松蔦 ^{しょうちょう}。4世市川小団次の養子。男性的な芸風で明治期の東京を代表する名優。9世市川団十郎・5世尾上菊五郎とともに「団菊左」と並び称され、明治中期の歌舞伎全盛期を築いた。晩年は明治座の座主にもなった。2世(1880〜1940)は初世の子。東京都出身。本名高橋栄次郎。俳名杏花 ^{きょうか}・松蔦。小山内薫と提携して自由劇場を創立。またオペラや新歌舞伎の初演、歌舞伎十八番や鶴屋南北作品の復活上演など、革新的な仕事で近代の演劇界に独自の足跡を残した。3世(1898〜1969)は東京都出身。本名荒川清。6世市川門之助の養子で6世尾上菊五郎門下。本領は古風な二枚目や女方で、第2次大戦後は長老として重きをなした。人間国宝。芸術院会員・文化功労者。

いちかわだんじゅうろう [市川団十郎] 歌舞伎俳優。江戸前期から12世を数える。屋号は成田屋。江戸の歌舞伎界で「宗家」とよばれる特権的名家。初世(1660〜1704)は江戸生れ。初名海老蔵 ^{えびぞう}。俳名才牛。江戸荒事の創始者で元禄期の江戸を代表する名優。三升屋 ^{みますや} 兵庫の筆名で劇作もした。2世(1688〜1758)は初世の子。俳名三升 ^{さんしょう}・栢莚 ^{はくえん}。荒事を様式的に洗練し、和事にも芸域を広げ、市川家の地位を不動のものとした。4世(1711〜78)は初世松本幸四郎の養子で宝暦期の実悪 ^{じつあく} の名手。5世(1741〜1806)は4世の子で安永〜寛政期の名優。7世(1791〜1859)は5世の外孫で江戸後期の名優。俳名白猿・夜雨庵・寿海老人など。天保の改革で江戸を追放されたが、のちに復帰し幕末期まで活躍。「歌舞伎十八番」の制定者。8世(1823〜54)は7世の長男で、美男の花形だったが、大坂で自殺。9世(1838〜1903)は7世の五男。本名堀越秀。俳名紫屏・三升・団洲 ^{だんじゅう} など。近代随一の名優で「劇聖」とよばれる。演劇改良に熱心で活歴物 ^{かつれきもの} をつぎつぎと上演、後年は古典にも近代的演技術を導入して後世への規範を残した。11世(1909〜65)は7世松本幸四郎の長男で10世の養子。本名堀越治雄。美男の立役で第2次大戦後随一の人気俳優。

いちかわふさえ [市川房枝] 1893.5.15〜1981.2.11 大正・昭和期の婦人運動家・政治家。愛知県出身。愛知女子師範卒。1920年(大正9)平塚らいてうなどと新婦人協会を創設。21年渡米し、アリス・ポールなどの女性参政権運動に感銘をうけた。帰国後、婦人参政権獲得期成同盟会(婦選獲得同盟)を結成、以後婦人参政権運動の中心となった。第2次大戦後は参議院議員を24年半務め、理想選挙の実現に努力。75年(昭和50)からは性差別撤廃条約のために、国内の婦人運動の連帯に尽力した。「市川房枝自伝」戦前編。

いちききとくろう [一木喜徳郎] 1867.4.4〜1944.12.17 明治〜昭和前期の法学者・官僚・政治家。遠江国生れ。父は岡田良一郎。東大卒。内務省に入り、ドイツ留学後に東京帝国大学教授を兼任。1900年(明治33)貴族院議員。法制局長官などをへて、14年(大正3)第2次大隈

いちの

- **いちごぶん [一期分]** 中世財産相続権の一形態。分割相続から嫡子単独相続への過渡的形態。相続人が次の相続人を自由に選べる永代譲与に対し，相続人の権利をその一生(一期)に限定し，被相続人が次の相続人(未来領主)を指名する相続形態を一期譲与といい，一生涯に限定された相続人(一期領主)の相続を一期分という。平安末期の寺院内の師資ᠯ相続にみられ，女子・庶子に対しては鎌倉後期～南北朝期に一般化した。所領の細分化・流出を防ぐために，子女の生存中は権益を保障し，死後は嫡家領額にとり戻した。嫡子単独相続が成立し，庶子が相続からのぞかれ扶持をうけるようになっても，女子に対しては持参財として一期分が存続する場合があった。

- **いちざ [市座]** 中世，市日に特定の地所に販売座席(露店)を掛ける権利をもった座。本来販売座席は先着順であったとみられるが，やがて占有権が成立し，個々の座席を特定の商人が占めるようになった。市座の占有権は商人の慣習法によって保障される場合と，領主への納税によって保障される場合とがある。備前国西大寺門前市・摂津国天王寺門前浜市などには，魚座・鋳物師ᠯ座など職種別に市座があった。戦国大名は楽市令によって市座の解体をはかったが，近世まで残存した例もある。

- **いちじょうかねよし [一条兼良]** 1402.5.27～81.4.2 名は「かねら」とも。室町中期の公卿・学者。父は経嗣，母は東坊城秀長の女。一条禅閣・三華老人・桃華老人・三関老人・東斎と号し，500年来の学者，無双の才人と評された。1412年(応永19)元服し翌年従三位。16年兄の出家後一条家をつぎ，32年(永享4)摂政となるが，未拝賀のまま辞退。47年(文安4)関白・氏長者。67年(応仁元)再び関白となるが，翌年応仁の乱を避け，子の大乗院門跡尋尊ᠯを頼って奈良へ疎開。70年(文明2)関白を辞し，73年出家。後成恩寺殿のᠯと号し，法名覚恵。77年，乱の終息にともない帰京。編著に有職ᠯ書の「公事ᠯ根源」「桃華蘂葉ᠯ」，和歌の「新続和歌集」，連歌の「新式今案」，古典研究の「花鳥余情」「日本書紀纂疏ᠯ」「伊勢物語愚見抄」，政道論の「文明一統記」「樵談ᠯ治要」，美濃旅行の紀行文「ふぢ河の記」，随筆「小夜の寝覚ᠯ」などがある。

- **いちじょうけ [一条家]** 藤原氏北家嫡流の九条家支流。五摂家の一つ。鎌倉中期の九条道家の四男実経に始まる。家名は，実経が父からその邸宅一条室町殿を譲られたことにちなむ。一条の坊名にちなんで桃華ᠯともいう。次兄良実が父と不和であったのに対し，実経は父に愛され，多くの所領を譲与された。「尊卑分脈ᠯᠯ」には九条・二条・一条のうち「一条殿の流れをもって嫡家となす」とみえる。代々摂政・関白となったが，兼良の長子教房は土佐国に下着。江戸初期，後陽成天皇の皇子昭良が養子として入り家を継いだ。江戸時代の家禄ははじめ1019石余，のち2度の加増で2044石余。維新後，実輝のとき公爵。→巻末系図

- **いちじょうだにじょう [一乗谷城]** 戦国大名朝倉氏が代々の本拠とした城。福井市の東を流れる足羽ᠯ川の支流，一乗谷川に沿った地にある。標高約470mの山頂に連続竪堀や堀切・土塁で構成された山城を構え，西山麓の川沿いに上城戸と下城戸をもった城下町が展開する。城下町は城戸の外の安波賀ᠯまで延びていたと推定される。周辺には槙山ᠯᠯ城などの支城があった。城下町中心部では，朝倉館をはじめ武家屋敷や商職人層の屋敷地の発掘調査で，戦国期の日用品が多数出土。朝倉氏が本拠をこの地に定めたのは，15世紀後半とされる。100年5代の繁栄ののち，1573年(天正元)織田信長により灰燼に帰した。国特別史跡。

- **いちじょうてんのう [一条天皇]** 980.6.1～11.6.22 在位986.6.23～1011.6.13 円融天皇の第1皇子。母は藤原兼家の女詮子。名は懐仁ᠯ。984年(永観2)皇太子に立ち，2年後，花山ᠯ天皇のにわかな出家により7歳で践祚ᠯしした。皇太子には冷泉ᠯ天皇の皇子居貞ᠯ(三条天皇)をたてた。その在位は藤原道長が摂関家の地位を固めた時期にあたるが，朝野に人材が輩出し，女流文学も栄えた。皇后藤原定子(道隆の女)に敦康ᠯ親王をもうけたが，中宮藤原彰子(道長の女)の生んだ男子2人(後一条・後朱雀ᠯ)の即位が実現して，皇位継承は円融・一条系に一本化された。

- **いちじょうよしやす [一条能保]** 1147～97.10.13 鎌倉前期の公卿。従四位下丹波守藤原通重の長男。五摂家の一条家とは別流。妻が源頼朝の同母妹であった関係から，頼朝と親密であった。1186年(文治2)2月に京都守護に任じられ，洛中警護，後白河上皇との交渉にあたる。その頃から，頼朝の推挙で後鳥羽天皇の乳父ᠯとして天皇に近侍し，未婚の娘も天皇の乳母となった。頼朝の後楯によって従二位・権中納言に昇る。94年(建久5)病により出家。法名は保蓮。

- **いちのたにのたたかい [一の谷の戦]** 1184年(元暦元)2月，摂津国一の谷(現，神戸市)において，源範頼・義経の平氏追討軍と平氏の間で行われた戦。83年(寿永2)7月に京都を追われ

た平氏は、翌年福原に戻り、2月4日に平清盛の三周忌仏事を行ったのち一の谷に陣どった。一方、源義仲を破って入京した範頼・義経の源氏軍は、1月29日、平氏追討のため京都を発し、範頼を大手に、義経を搦手にして軍を二手にわけ、2月7日、一の谷を攻撃。和平の使を派遣するとの後白河上皇の使者を信じた平氏は、一の谷背後の鵯越から義経の奇襲をうけて大敗。主将宗盛らは海路四国にのがれたが、重衡が生け捕られたほか、通盛・忠度など多くを失った。

いちのつかさ [市司] 古代に市での売買・交易活動をつかさどった官司。「日本書紀」大化2年(646)条が初見。都城に市が本格的に設置され、律令制下には東西両市に市司がおかれ、東市司が左京職に、西市司が右京職に所属した。正文・佑・令史のほか、価格の検査にあたった価長が属した。市での売買を監視し、また市内部の治安維持にもあたったが、正倉院文書などによれば、官司や貴族の命で物資を調達することもあった。

いちのひじり [市聖] ⇨空也

いちのみや [一宮] 平安中期～中世に国ごとに設定された社格の一種。国内第1の社。「今昔物語集」に周防国の一宮玉祖大明神とあるのが文献上の初見。一宮以下二宮・三宮の順位も生じた。存在形態は各国の歴史的条件や地域的特性により多様で、国衙近くにあって国衙在庁と深い関係をもつもの、国衙とは離れているものの古代以来の由緒をもつ国内の有力社などがある。時代の変遷とともに、一宮の交替や一宮争いなどもおこった。

いちぶきん [一分金] 一分判とも。江戸時代の標準貨幣。俗称小粒が。4枚で小判1両になる。小判とともに1600年(慶長5)から金座で鋳造された。改鋳も小判と同時に順次行われたが、いずれも重量は小判の4分の1、品位は小判と同位であった。形状は長方形で、表に桐紋と「一分」の極印、裏には金座後藤家の初代光次の花押や改鋳年次を表す小極印もあった。

いちぼくづくり [一木造] 寄木造に対する技法で、一つの木材から頭体の幹部を彫りだすこと。肩から先、体側部、背面、座像の場合は脚部に別の材を用いる場合も一木造という。飛鳥時代から寄木造が現れるまでの木彫像はこの技法で造られ、寄木造が盛行する11世紀半ば以降も小像を中心に多用された。ただし一木造というと、唐招提寺木彫群・神護寺薬師如来像などの8世紀半ばから9世紀末頃に造像された中国盛唐後期の影響である量感表現の顕著な像が、一木という材料の重量感と重なりあってイメージされることがある。なお一木造には、木心をとりさって干割れを防ぐための背刳り・割剝造の技法がある。

いちまん [一幡] 1198～1203.9.2 鎌倉前期の将軍源頼家の嫡男。母は比企能員の女若狭局。1203年(建仁3)8月、北条時政と政子は頼家を引退させ、関西38カ国の地頭職を頼家の弟千幡(実朝)に、関東28カ国の地頭職と総守護職を一幡に譲らせようとした。これに反発した頼家と能員は、時政と千幡を攻めようとしたが失敗。比企一族は、一幡とともに滅ぼされた。

いちみしんすい [一味神水] 中世の寺院・村落などで一揆的集団結成の際の誓約の作法。寺堂や村落内の神社に集まり、鐘などの金属を鳴らして神仏を招来し、同心を誓った起請文を作成・署名した。起請文は焼いて神仏に供えた水に混ぜ、全員で飲んだ。共同飲食によって神仏と一体化し、それを媒介に集団の強固な団結を図った。寺院社会に起源をもつとみられるが、14世紀には農民層にも広く浸透した。

いちみどうしん [一味同心] 中世に一揆的集団がもった連帯性。寺院社会の集会で、仏教的な一味和合の精神にもとづき、参加者の総意による決定が図られたことに起源するとみられる。神仏を介して強い連帯性が備わるとする観念は広く中世社会に浸透した。一味同心を図るために、一味神水の作法が用いられた。

いちむらざ [市村座] 江戸の歌舞伎劇場。1725年(享保10)の書上によれば、1634年(寛永11)村山又三郎が村山座を創設、婿の村田九郎右衛門で、その縁者から初世市村宇左衛門が興行権を譲られて市村座と改称したとするが、年代などに疑問がある。「大和守日記」では64～67年(寛文4～7)市村宇左衛門・竹之丞の興行が確認される。元禄期までに所在地も葺屋町と定まり、市村宇左衛門としたが、1748年(寛延元)羽左衛門と改めた。1872年(明治5)の休座後、興行権は転々としたが、92年下谷二長町に新開場。1932年(昭和7)焼失し、再建されなかった。

いちめがさ [市女笠] 笠の一種。市に集まる女性が多く用いていたことによる名称。平安時代からあり、菅を材料とし、幅広の万頭まんじ形の中央をやや高くして造った。当時の女性は、外出時に顔をださない慣習から、被衣をかけて上からかぶったり、笠の周辺に虫垂衣をかけた。雨の行幸には公家の男子も雨具として用いた。

いちもん [一門] 一流・一家・門流とも。氏の内部にうまれた家々の集まりである親族単位で、氏が神話的始祖をいただく擬制的血縁集団であるのに対し、一門は具体的な近祖に始まる父系の血筋を中心に母方や妻方の親族をも随時含む家の結集体。氏内部の系統の別を表す

「門」の語は奈良時代からあるが、一門は平安時代以降、氏から家の過渡期にあって親族結集の単位として重要な意味をもち、中世以降は武士団編成の基本単位となった。

いちりづか [一里塚] 道の両脇に1里ごとに塚を築き木を植えた。起源には諸説あり、日本で高野山の町石や藤原清衡のたてた笠卒塔婆かさそとばをはじめ、織田信長や豊臣秀吉の設置した塚がある。制度として確立したのは近世で、1604年（慶長9）徳川家康は秀忠に江戸日本橋を起点に造築させた。東海道・東山道は永井白元・本多光重が、北陸道は山本重蔵・米田正勝が奉行となり、江戸町年寄樽屋藤左衛門・奈良屋市右衛門らがこれに属し、大久保長安が統轄した。一里塚は旅の目安ともなったが、度量衡統一の目的もあったと考えられる。塚上には多く榎が植えられたが、松や杉もあった。明治以後里程標の設置、交通機関の発達により失われていった。

いつかいちけんぽうそうあん [五日市憲法草案] 千葉卓三郎たくさぶろうの起草した私擬憲法。正式名称は日本帝国憲法だが、東京近郊の五日市住民の学習活動のなかで起草されたので、こうよばれる。1881年（明治14）作成。国帝（天皇）は神聖不可侵とされ、立法・行政・司法を総括し、軍を総督する。国会は民撰議院・元老院の二院制で、立法や租税徴収・財政のほか、憲法・条約の議定にも権限が及ぶ。議院内閣制を定め、国民の権利と自由の規定は詳細で、範囲の広い点が特色。

いっかついぶつ [一括遺物] 一つの遺構から一緒に発見された、同時代の（同時に埋められた、あるいは埋まった）遺物をいう。神戸市桜ケ丘出土の14個の銅鐸どうたくと7本の銅戈どうかや、福岡県飯塚市立岩10号甕棺かめかん出土の6面の鏡と1本の銅矛ほこなどはその典型。編年研究や地域間の文化交流の状況を知るのに有用。

いっき [一揆] 一味同心という連帯感を共有する人々の集団。本来の語義は「揆きを一にする」こと。日常的な方法では実現困難な、共通の目的を達成するために結成された。中世には大名から村落住民までさまざまな階層で一揆が形成されて、戦場で共開すべき一族や地縁的集団の団結を固めたり、寺院や村において遵守すべき掟を定めたり、外部勢力の侵入に対して地域住民が団結したり、支配者の不法に対して抵抗したりした。こうした目的のために、日常的な社会関係を止揚して全員が平等の資格で合議し、多数決により集団意志の決定を行う集団儀式をへて結成された。一揆は神の意志を帯した集団と考えられたために、大きな力を発揮した。近世では、一揆行為は全面的に禁圧されたが、一味神水による一揆結成の慣行は残った。百姓らの幕藩領主に対する強訴ごうそ・逃散ちょうさんなどの抵抗を百姓一揆とよぶ。

いっきいっぱん [一紀一班] 一紀すなわち12年に1度班田を行うこと。6年ごとの班田収授は早くも奈良時代半ばから施行しだいに困難となったが、794年（延暦13）の造籍にもとづく班田の実施は次の造籍年である800年まで遅延した。そこで班田を1回省略することでその打開を図ろうと、801年に発令されたのが一紀一班の最初である。のち班田ение保持のため、834年（承和元）に畿内に、902年（延喜2）には全国に発令されたが、実効性はなかった。

いっきゅうそうじゅん [一休宗純] 1394～1481.11.21 狂雲子とも。宗純は諱いみな。室町中期の大徳寺派の禅僧。後小松天皇の落胤という。幼くして山城安国寺の象外集鑑の門に入り、詩法を慕哲竜樊ぼっけつりゅうはんに、外典を清叟師仁に、禅を謙翁宗為けんおうそういに学んだ。1414年（応永21）謙翁が没し、翌年華叟宗曇かそうそうどんのもとに参じた。18年華叟より一休の号を授けられた。求道の精神は熾烈で、法兄養叟宗頤ようそうそういの偽善的な禅風を批判した。40年（永享12）大徳寺如意庵の住持となるが、即日退庵するなど反俗求道の姿勢を貫いた。56年（康正2）山城国薪の妙勝寺を復興して酬恩庵をたて、主にここに住した。74年（文明6）大徳寺住持となり、応仁の乱で焼失した同寺の復興に尽くした。連歌師の宗長・智蘊ちうん・宗鑑、能の金春禅竹こんぱるぜんちく、茶道の村田珠光じゅこうらとの交渉もあった。著書「狂雲集」「自戒集」。

いつくしまじんじゃ [厳島神社] 伊都岐島いつきしま神社とも。広島県宮島町に鎮座。式内社・安芸国一宮。旧官幣中社。祭神は市杵島姫いちきしまひめ命・田心姫たごりひめ命・湍津姫たぎつひめ命の宗像むなかた3女神。811年（弘仁2）名神と四時の幣帛にあずかる。1017年（寛仁元）の奉幣で安芸国では当社のみがあげられ、この頃から一宮としての地位が確立したとされる。平清盛の安芸守就任以降、平氏一門の崇敬を集めて隆盛。この頃の神主は佐伯姓だったが、承久の乱後、藤原姓神主となった。戦国期以降、大名の庇護下にあったが、民間でも広く信仰された。例祭は旧暦6月17日、管絃祭で知られる。諸建築・所蔵文化財の多くが国宝・重文。とくに海中の大鳥居や平家納経が著名。厳島文書を所蔵。

いつくしまのたたかい [厳島の戦] 1555年（弘治元）毛利元就もとなりが大内氏の実権を握る陶晴賢すえはるかたを破った戦。安芸・備後に勢力を及ぼした毛利氏は、陶氏に対しては劣勢だったが、54年（天文23）5月、陶氏が石見国津和野つわのの吉見氏を攻めたのを機に決起。厳島を占領、広島湾頭を制圧した。これを知った晴賢

は、ただちに吉見氏と和睦し、軍を率いて55年9月21日、厳島に上陸。毛利方が率いた宮ノ尾城を攻めた。報をうけた元就は100艘ほどの船を徴発し、30日夜、荒波をついて島に上陸し、陶氏が本陣を構える塔ノ岡を背後から襲った。狭い島内に大軍を集結させていた陶軍は大混乱となり、即座に勝敗はきまった。晴賢は島の西岸大江までのがれたが、ここで自刃。元就方には村上水軍が味方についていた。この勝利の後、大勢は毛利方に有利になる。

いっこういっき［一向一揆］戦国期、本願寺門徒の武士・農民・都市民が、守護大名や幕府の武将と戦うために結成した一揆、またその武装蜂起。本願寺は15世紀半ば第8代宗主蓮如の時代から、真宗諸派の門徒をはじめ、時宗、あるいは山伏など密教的念仏者ら一向宗とよばれる浄土信仰の徒を結集し、一大教団を形成。門徒らはみずからの信仰や利益を守るために結束して支配者と戦い、また本願寺の指令をうけて政治闘争に介入し、戦国期の一大政治勢力となった。加賀の守護大名を滅ぼし、100年にわたる一揆の自治を実現した加賀の一向一揆、室町幕府末期の足利義昭をめぐる政治抗争のなかで、天下人織田信長と10年に及ぶ抗争を展開した石山合戦などが有名。1580年(天正8)朝廷を通じての和議で顕如が石山本願寺を退去し、組織活動は終わった。

いっこうさんぞんしき［一光三尊式］1面の蓮弁型の大光背を背後に負うかたちで中尊および両脇侍の三尊を表す形式。火焔光背の発達にともない5～6世紀の中国で確立。日本には朝鮮半島を経由して飛鳥時代に伝えられ、623年(推古31)の法隆寺金堂釈迦三尊像などの作例をうんだ。鎌倉時代に至り善光寺式阿弥陀三尊の光背形式として復古的に再生した。

いっこうしゅう［一向宗］浄土真宗の別称。広義には一心一向に阿弥陀仏に帰依することを旨とする浄土教系の宗派をいう。中世には一遍の時衆、その系統を引く一向俊聖の一向派、親鸞の真宗がそれぞれ一向衆とよばれていた。それらは混同されていたが、14世紀初め頃から真宗を一向宗とよぶことが定着し始めた。蓮如はこの呼称を嫌い、親鸞が用いていた浄土真宗を称することを主張した。しかし一向宗という名称の定着化は続き、室町中期・戦国期の真宗門徒による一揆は一向一揆とよばれた。近世に至り、東西本願寺は宗名を浄土真宗と改称することをしばしば幕府に願いでたが許可されなかった。その後、1872年(明治5)大蔵省から真宗と称すべき通達がだされ、宗名問題は決着した。

いっこくいちじょうれい［一国一城令］江戸初期の大名統制法令。大坂夏の陣直後の1615年(元和元)閏6月13日付で酒井忠世・土井利勝・安藤重信ら幕府年寄衆の連署奉書で出され、西国の外様大名がおもな対象であった。内容は大名分国内における居城以外の城郭の破却を命じたもので、これにより数日のうちに約400の城がとり壊されている。その意図が、幕府による大名軍事力の削減であることは確かだが、一方で大名家臣による城郭所持の可能性も否定され、有力家臣に対する大名の軍事的優位性が促進された。

いっこくへいきんやく［一国平均役］国役とも。内裏造営・大嘗会・伊勢神宮式年遷宮などの国家的事業・行事を遂行する経費を調達するため、諸国の荘園・公領に賦課した負担。11世紀初頭から造内裏役が荘園・公領に賦課されるが、主要な一国平均役が出そろうのは12世紀前半である。12世紀中葉には、一国平均役が「勅事院事」と称され、一つの租税として扱われ、後白河天皇親政期になると朝廷が一国平均役の賦課・徴収・免除に積極的に関与し、租税として確立した。南北朝期以降は段銭というが、基本的性格は変わらない。

いっさ［一茶］1763.5.5～1827.11.19 江戸中・後期の俳人。小林氏。幼名弥太郎、名は信之。信濃国水内郡柏原の人。3歳で生母に死別し、15歳で江戸へ出て奉公。竹阿・一夢ら・素丸らに師事。1791年(寛政3)4月帰郷、翌年4月から京坂・四国・九州地方を6カ年および俳諧行脚、「西国紀行」「旅拾遺」「さらば笠」を編む。1801年(享和元)帰郷、父没。継母・異母弟と遺産相続をめぐり対立、13年(文化10)和解して、故郷に定住。翌年52歳で初婚、3男1女を得たがすべて早世。19年(文政2)長女さとの死を悼み、「おらが春」を編む。23年妻没。その後再婚、1年をへずして離婚、再々婚で1子を得る。27年柏原大火で家屋を失い、焼け残りの土蔵のなかで中風のため没。「七番日記」など句日記も多く残す。

いっさいきょう［一切経］⇨大蔵経

いっさんいちねい［一山一寧］1247～1317.10.24 鎌倉後期に中国の元から来朝した臨済宗の僧。法諱は一寧、一山は道号。台州臨海県の人。1299年(正安元)元の成宗の国書をもって来日。一時は伊豆国修禅寺に幽閉されたが、執権北条貞時はその徳義を聞いて建長寺の住持に迎え、のち円覚寺・南禅寺の住持ともなる。晩年は後宇多天皇や六条有房らの帰依をうけた。学識は天台教学をはじめ、朱子学・書道・文学の領域に及び、日本の中世文化史上に大きな足跡を残した。弟子に夢窓疎石・虎関師錬などがいる。

いっしき［一色］(1)一つの色、同じ色。(2)一つの種類、同じ種類。(3)一式、ひとそろいなどの

意味。中世の荘園では年貢・公事(くじ)の両方を負担する名田(みょう)と異なり、年貢のみを負担する地種を一色田とよんだが、この一色は(2)の一種類の課役をいう。一色地・一色不輸田・一色別納(べつのう)・一色別符もほぼ同様の地種で、中世所領を1人で独自に支配することは一色(一式)進退といった。華道で一種類の草花をいけることも一色という。

いっしきし [一色氏] 室町時代の守護大名。清和源氏。足利氏の支族。足利泰氏の子公深(こうしん)が、三河国吉良荘一色(現、愛知県一色町)を本拠としたのに始まる。一色範光は足利尊氏に従い、九州で活躍。範光の子範光は若狭・三河両国守護、曾孫の満範は明徳の乱の功により、丹後国守護となった。四職家の一つとして重んじられたが、義貫(よしつら)が6代将軍義教に殺されて衰退。その子義直が応仁・文明の乱で西軍として活躍したが、江戸初期には断絶。→巻末系図

いっしきでん [一色田] 荘園の地種の一つ。荘園内の耕地は、名田(みょう)、荘官・寺社などの給免田、一色田からなる。一色田は荘園領主の直属地で、勧農の際に耕作を農民に割り当てられたため、散田ともいった。一色とは一種類の課役の意。名田が年貢・公事(くじ)をともに負担する地種なのに対し、一色田には年貢のみが課され、名田に比べて通例斗代(とだい)が高い。一色田のみを耕作する農民は一色百姓ともよばれた。

いっしきのりうじ [一色範氏] ?～1369.2.18 南北朝期の武将。公深(こうしん)の子。宮内少輔。法名猷(けんゆう)。1336年(建武3・延元元)足利尊氏に従い九州に下る。尊氏は東上の際、範氏を博多にとどめ幕府軍の統轄を命じたが、これにより初代九州探題となる。46年(貞和2・正平元)には子直氏も九州探題としても下向した。しかし、料所不足や権限未確定で九州経営は失敗し、56年(延文元・正平11)帰洛して隠退。

いっしのへん [乙巳の変] ⇨大化の改新(たいかの かいしん)

いっしほごじょうやく [乙巳保護条約] ⇨日韓協約(にっかんきょうやく)□

いっしょけんめいのち [一所懸命地] 死活にかかわる重要な所領の意味。中世武士の所領は各地に散在していることが多く、そのうち領主的経営の中心となる最も重要な本拠地をさしていう。はじめは、主人からの恩給によるのではなく、みずから開発(かいほつ)にたずさわり、また開発領主から相伝して自身が居住する本領をさすことが多かったが、のちには本領・新恩の別なく生活基盤として最も重要な土地をいった。

いっすんぼうし [一寸法師] 室町物語の庶民物。作者不詳。江戸時代に入ってからの成立か。「御伽草子」の一編。難波の里に住む老夫婦が住吉大明神に授かった男子は、背が1寸であったため一寸法師と名づけられる。都へ上った一寸法師は三条の宰相に仕え、宰相の姫に一目ぼれをする。計略をめぐらして姫を都から連れ出すことに成功した一寸法師は、船に乗って鬼の住む輿(こし)がる島に着き、鬼を退治する。鬼が忘れていった打出の小槌で、ふつうの背丈と財宝を手にいれた一寸法師は都へ上り、少将となり、一門は繁栄する。同類の話に「小男の草子」がある。「日本古典文学大系」「日本古典文学全集」所収。

いっせいいちげんのせい [一世一元の制] 天皇の治世のはじめに定めた年号を、一代の間、改元せずに使用する制度。桓武朝の延暦をはじめ、平安前期には一世一元の時期もあったが、のち祥瑞(しょうずい)・災異・辛酉(しんゆう)革命・甲子革命(かっしかくめい)などさまざまな理由にもとづく改元が行われるようになり、天皇一代に数号の年号という場合すらみられた。このような改元頻発からくる繁雑を省くため、1868年9月8日の明治改元の際、改元詔書ならびに行政官布告を通じて一世一元の制が定められた。また1889年発布の皇室典範、1909年公布の登極令(とうきょくれい)によって、より明確化するかたちで法制化された。

いっちいっさくにん [一地一作人] 近世、田畑などの土地一筆ごとに所持・耕作者をただ1人に確定すること。太閤検地によって体制化され、江戸時代以降の土地の権利関係の基本となった。戦国期までは、領主と耕作農民との間に、重層的な職の秩序によってさまざまな権利者がいたが、太閤検地はこれを否定、石高による生産高の決定とともに田畑一筆ごとに1人の百姓を名請人として確定し、検地帳に記載した。この名請人が年貢・諸役を領主に対して負担することになる。

いっちゅうぶし [一中節] 都(みや)太夫一中を始祖とする浄瑠璃の流派。享保頃、京都から江戸に流行した。一中が一流を樹立した時期は不詳。はじめ座敷芸であったらしいが、1706年(宝永3)大坂の片岡仁左衛門座で「京助六心中」を出語りしたのが芝居出演の初めという。その後江戸市村座に2回出演して評判をとり、江戸にも愛好者を広めた。彼の語り物の大部分は、道行・景事の類である。のち一中節は豊後節に押されるが5世まで続き、本流の都派から菅野・宇治が分脈して3派となる。

いつつぎぬ [五衣] 女房装束で、表着(うわぎ)と肌着である単(ひとえ)との間に着用した衣(きぬ)。衣は袿(うちぎ)ともいい、寒暖の調節と袖や裾の装飾とを兼ねて数枚重ねて着用した。重ねの枚数は華美を好みしだいに増えていったため、1044年(寛徳元)に衣を5領に限定。以来、通常の女房装束の衣は5領が慣例のように解釈され、五衣の

名称が生じた。同型・同寸法の袿の衣5枚からなり、地質は冬が練絹、夏は生絹を用いた。とくに上級女房の五衣は表に綾もしくは浮織物を、裏に綾を用いて表裏の色とし、さらに5領の色合いもそれぞれに違え、襲色目として趣向をこらし、紅梅・山吹・卯花などの名称である。

いっぷくいっせん [一服一銭] 中世後期に行われた茶売形態の一つ。路傍や寺社の門前で茶を点てて、1服を銭1文で飲ませた。縁日の雑踏などでの立売が一般的だったが、参詣者の多い寺社には小屋掛けした常設の茶屋も現れた。15世紀初頭明の東寺の南大門付近には、多数の一服一銭茶屋が店を出していたことが知られる。「七十一番職人歌合」にも、一服一銭の茶売の姿が描かれている。

●●・一服一銭

いっぺん [一遍] 1239.2.15～89.8.23 鎌倉中期の僧。時宗の開祖。諡号は証誠大師。伊予国の豪族河野氏の出身。1248年(宝治2)出家して随縁と号し、51年(建長3)浄土宗西山義の聖達・華台に師事し智真と改名。その後一度還俗して、67年(文永4)再出家ののち、信濃善光寺への参詣、伊予窪寺での別行をへて、己心解脱の法門である「十一不二頌」を感得して一遍と改める。74年紀伊国熊野本宮証誠殿に参籠し同権現の神託をうけ、よりいっそう他力念仏の深奥を理解する。日本全土を廻国巡礼(遊行)し、「南無阿弥陀仏 決定往生六十万人」と刷られた算(賦算)をくばり(賦算)、踊念仏を修して人々に念仏を勧めた。その数は250万人に及んだという。兵庫和田岬の観音堂(現、真光寺)で死去。

いっぺんしょうにんえでん [一遍上人絵伝] 時宗の開祖一遍の伝記絵巻。現存作品は15点以上知られるが、詞書で分類すれば聖戒編「一遍聖絵」と、宗俊編「一遍上人絵詞伝」の2系統。宗俊本は10巻中4巻分が一遍の伝記で、1307年(徳治2)以前に成立した原本は現存せず、各地に転写本が残る。聖戒本は1299年(正安元)制作、12巻。絵巻には珍しい絹本着色、絵は円伊、外題は世尊寺経尹による。一遍が遊行した全国の景観、風俗を平安時代以来の伝統的な名所絵、四季絵に水墨画の趣を加味した独特な画風で描く。縦37.7cm、横935.5～1163.5cm。歓喜光寺・清浄光寺蔵(第7巻のみ東京国立博物館蔵)。国宝。

いっぺんしょうにんごろく [一遍上人語録] 時宗の開祖一遍智真の頌・和讃・法語などを、清浄光寺27世(遊行52世)一海が編纂したもの。2巻。1763年(宝暦13)刊。「播州法語集」「一遍念仏法語」「一遍上人絵伝」などをもとに編集。上巻には別願和讃百利口語・誓願偈文・時衆制誡・道具秘釈・消息・遺誡・頌・和歌、下巻には法語を収める。「日本思想大系」「岩波文庫」所収。

いっぺんひじりえ [一遍聖絵] ⇒一遍上人絵伝

いでん [位田] 律令制下、有品親王と五位以上の有位者(通貴)に対して班給された田。親王の位階品位に対して支給された田は品田とも称された。法的には私田・有主田で輸租田でもあった。田令の規定によれば正一位の80町から従五位の8町に至るまで10段階の差がつけられ、女子の場合は男子の3分の2。728年(神亀5)以後、外位の位田は半減された。位階は基本的に終身であるから、位田も終身用益が可能であった。

いとうげんぼく [伊東玄朴] 1800.12.28～71.1.2 江戸後期の蘭方医。旧姓は執行という。佐賀藩士伊東祐章の養子。名は淵。肥前国生れ。島本竜嘯に医を、長崎の大通詞猪股信次右衛門にオランダ語を学び、ついでシーボルトにも学ぶ。1826年(文政9)シーボルトの江戸参府に同行、そのまま江戸にとどまり、33年(天保4)御徒町に蘭学塾象先堂を開く。43年佐賀藩主鍋島氏の御側医となる。弘化年間、痘瘡流行に際し、牛痘苗の導入を進言、49年(嘉永2)出島に到着した痘苗を用いて長崎と佐賀で種痘が成功、西日本に普及した。58年(安政5)江戸の蘭方医と神田お玉ケ池に種痘所を設立。これがのち東大医学部の前身西洋医学所となる。同年、将軍徳川家定の重病のとき幕府奥医師に抜擢される。訳書に「医療正始」ほか多数。

いとうさちお [伊藤左千夫] 1864.8.18～1913.7.30 明治期の歌人・小説家。上総国生れ。明治法律学校中退。東京市本所区茅場町で搾乳業を始め、家業安定後に和歌を学ぶ。桂園調から万葉調に移行。1900年(明治33)頃から正岡子規に師事し、写実性を深める。03年から根岸短歌会の機関誌「馬酔木」の中心となった後、09年からは「アララギ」の編集・発行者となり、島木赤彦・斎藤茂吉ら後進を育成した。小説に「野菊の墓」。

いとうじんさい [伊藤仁斎] 1627.7.20～1705.3.12 江戸前期の儒学者。通称は七右衛門、名

は維楨、字は源佐、仁斎は号。京都の町人出身。角倉・里村家など上層町人と姻戚関係があった。1662年(寛文2)京都堀川の私宅に学塾古義堂を開く。程朱学を信奉したが、のち疑問をもち半生をかけて古義学として独自の儒学を構築。その特徴として、天地活物観、四端の心を忠信などの工夫で拡充し、仁義礼智の普遍道徳をなしとげること、天は人の善悪を監督して禍福を下すが、1対1の個別的対応関係があるわけではないこと、政治と道徳を区別し、道徳の立場で卜筮は鬼神を人倫界から排除しようとすることなどがある。その学派は堀川学派・古義学派とよばれる。「語孟字義」「童子問」「論語古義」「孟子古義」などの主著は、死後男の東涯らにより刊行。荻生徂徠に「日本には過ぎたる大豪傑」と評された。

いとうせい [伊藤整] 1905.1.16～69.11.15 昭和期の詩人・小説家・文芸評論家。北海道出身。本名整ひと。東京商大中退。新心理主義的な批評家兼作家として注目される。私小説「得能五郎の生活と意見」で日中戦時下の知識人の生き方を追求、戦後の「鳴海仙吉」に発展させ、文学理論を「小説の方法」にまとめる。代表作「火の鳥」、自伝小説「若い詩人の肖像」、「日本文壇史」18巻。

いとうとうがい [伊藤東涯] 1670.4.28～1736.7.17 江戸中期の儒学者。仁斎の長男で古義堂の2代目。名は長胤、字は原蔵(源蔵・元蔵)、東涯は号。温厚な長者で父や弟たちを支えて古義学の隆盛をたすけた。仁斎遺著の編集・刊行に努め、自身も「訓幼字義」などを刊行。中国語学・制度史・儒教史などの基礎的分野の研究にも精励。「用字格」「名物六帖」「制度通」「古今学変」などは、堅実な学風と博識を示す著で、学界に大きく貢献。

いとうのえ [伊藤野枝] 1895.1.21～1923.9.16 大正期の婦人運動家・アナーキスト。福岡県出身。東京の上野女学校卒業後、英語教師だった辻潤と同棲。1913年(大正2)青鞜社に参加、「青鞜」編集に従事。アナーキスト大杉栄と恋愛関係となり、16年の日蔭茶屋事件ののち同棲、4女1男を生んだ。21年山川菊栄らと赤瀾会を結成したが、関東大震災のとき大杉とともに憲兵大尉甘粕正彦らに虐殺された。「伊藤野枝全集」全2巻。

いとうひろぶみ [伊藤博文] 1841.9.2～1909.10.26 明治期の政治家。公爵。幼名は利助・俊輔、号は春畝。周防国の農家に生まれるが、父が萩藩の中間の養子となり、下級武士の身分を得た。吉田松陰に学んで尊王攘夷運動に身を投じたが、イギリスに留学して開国論に転じる。明治維新後、大蔵少輔・租税頭・工部大輔などを歴任。1871～73年(明治4～6)岩倉遣外使節団の副使として欧米を視察。帰国後参議兼工部卿となり、大久保利通らの片腕として殖産興業政策の推進に尽力。大久保の死後、内務卿。明治14年の政変ののち、ヨーロッパで憲法調査に従事し、帰国後、宮中改革・近代的内閣制度樹立を進め、85年初代の内閣総理大臣に就任。ドイツ風の憲法を起草し、枢密院議長に転じて草案審議にあたり、89年2月大日本帝国憲法の発布に貢献した。四たび首相を務める。日清戦争では全権として講和条約に調印。日清戦争後、衆議院の多数党の自由党と提携、1900年にはみずから立憲政友会総裁となって政党内閣を組織し、明治立憲制のもとで政党政治への道を開いた。晩年は元老として勢力を保持し、日露戦争後、韓国統監を務めたが、韓国の民族運動家安重根によりハルビン駅頭で暗殺された。

いとうひろぶみあんさつじけん [伊藤博文暗殺事件] 1909年(明治42)10月26日、東清鉄道ハルビン駅頭で、元老の伊藤博文が韓国の独立運動家安重根に射殺された事件。同年6月に韓国統監を辞任し枢密院議長に復帰していた伊藤は、10月に極東情勢をめぐる日露関係の調整のため渡満。蔵相ココフツォフとの列車内会談を終えたところで事件に遭遇した。この結果、日本は明治憲法体制下における最有力の調停者を失った。

いとうひろぶみないかく [伊藤博文内閣] 明治期の伊藤博文を首班とする内閣。■第1次(1885.12.22～88.4.30)。太政官制に代わる内閣制度の樹立とともに、伊藤が初代の内閣総理大臣に任命され、薩長出身者中心の藩閥内閣を組織。立憲的諸制度の制定と条約改正を課題とした。井上馨外相による条約改正交渉の失敗や欧化政策が反政府勢力の非難にあい、民権派の三大事件建白運動に直面して保安条令で対処した。憲法草案完成を機に伊藤が枢密院議長に転じ、黒田内閣に代わった。

■第2次(1892.8.8～96.9.18)。第1次松方内閣の後をうけて成立。大物政治家を集め元勲内閣と称された。衆議院第1党の自由党と接近、「和衷協同の詔書」により海軍軍拡に成功。対外硬派の反政府攻撃に衆議院解散で対処し、陸奥宗光外相を中心に条約改正を実現した。日清戦争を遂行し、下関講和条約を締結。1895年(明治28)戦後経営をめぐって自由党と提携、翌年4月、板垣退助を内相に迎えて自由党との連立内閣となった。松方正義・大隈重信の入閣工作に失敗して、第2次松方内閣に代わった。

■第3次(1898.1.12～6.30)。第2次松方内閣の後をうけて成立。自由党との連立工作に失敗。衆議院で地租増徴案を否決され、衆議院解散で応じたが、自由党・進歩党が合同して憲政

党を結成したため半年足らずで退陣し、伊藤の強い推薦で大隈内閣に代わった。

□第4次(1900.10.19～01.6.2)。第2次山県内閣の後をうけて成立。伊藤が衆議院第1党の立憲政友会総裁として組閣した。閣僚の大半も同党員による政党内閣。山県系官僚派と対立し、増税案が貴族院の反対で難航。渡辺国武蔵相の公債による事業の繰延べ案も与党の反対にあい閣内不統一で退陣し、桂内閣に代わった。

いとうマンショ [伊東マンショ] 1569?～1612.10.21 天正遣欧使節の正使の1人。日向国領主伊東氏の一族。1582年(天正10)バリニャーノにより遣欧使節が企画され、大友宗麟の名代として日本を出発、ポルトガル、スペイン、ローマなどに赴く。90年長崎に帰国、翌年聚楽第で秀吉に他の使節とともに豊臣秀吉に謁見。同年イエズス会に入会し、1608年(慶長13)司祭に叙階。九州各地で布教に従事し、長崎で病死。

いとうみよじ [伊東巳代治] 1857.5.7～1934.2.19 明治～昭和前期の官僚・政治家。肥前国長崎生れ。伊藤博文のもとで大日本帝国憲法など法典の調査・起草にたずさわった。枢密院書記官長をへて、1892年(明治25)第2次伊藤内閣の内閣書記官長。日清戦争では全権弁理大臣として批准書を交換。その後枢密顧問官となり、1903年には帝室制度調査局副総裁として皇室令を制定。原敬時代の政友会には理解を示す態度をとった。17年(大正6)臨時外交調査委員会委員となり、政府の方針を批判した。27年(昭和2)の金融恐慌に際し、台湾銀行救済緊急勅令案を枢密院で否決させて第1次若槻内閣総辞職の要因を作り、30年のロンドン海軍軍縮条約でも批准反対の論陣をはった。日記の一部が写本で伝わる(「翠雨荘日記」)。

いとこく [伊都国] 「魏志倭人伝」に記される邪馬台国連合の1国。中心的位置を占め、朝鮮半島の帯方郡からの使いはここにとどまり、先へは赴かなかったらしい。伊都国を境に倭人伝の旅程記事に変化のみられることから、以後の国々への道筋は、直線的に読むのでなく、伊都国を中心に放射状に読むべきであるとする説がある。またここには一大率がおかれ、諸国を検察する任務を負い、畏れられた。筑前国怡土郡(現、福岡県糸島郡)に所在したとみられる。

いとじょう [怡土城] 福岡県前原市にある古代の山城。対新羅関係が緊張するなか、756年(天平勝宝8)大宰大弐吉備真備を専当官として築城が開始され、真備の転出後は765年(天平神護元)大弐佐伯今毛人が専当官となって768年(神護景雲2)に完成した。標高416mの高祖山の西斜面に、東は山頂の稜線、北は尾根、南は谷、西は山裾を境とし、西麓に約6.1kmの石塁を築いた。城の全周は約6.5km、面積は約280ヘクタール。北辺に5カ所、南辺に3カ所の望楼があったが、築城法は大野城をはじめとする朝鮮式山城と異なり、大陸式山城の影響がみられる。

いとわっぷ [糸割符] 白糸割符とも。江戸時代、輸入生糸の貿易仕法。1604年(慶長9)幕府は堺・京都・長崎の有力商人に仲間(三カ所糸割符仲間)を組織させ、長崎に来航したポルトガル船からの主要な輸入の白糸(中国産生糸)に対して、価格をつけ一括購入(ポルトガル語でパンカダpancada)させて、売買差益を一定の比率で仲間全員に分配することとした。この制度は幕府が直轄都市の商人に特権を付与し、また生糸の輸入価格決定の主導権を日本側が握ることで価格を抑制し、当時需要の高かった生糸の国内市価の安定をはかったものとみられる。その後制度は改正され、31～33年(寛永8～10)江戸と大坂を追加して五カ所糸割符仲間とし、さらに特定の呉服商と博多なども北九州の諸都市の有力商人への配分(分国糸という)を認めた。制度の対象は当初ポルトガル船の生糸だけであったが、輸入量の減少とともに31年唐船、41年オランダ船にも通用した。55年(明暦元)制度は一時廃止、85年(貞享2)に復活し(定高貿易法)、以後も変遷をみた。しかし18世紀以降は和糸(国産生糸)の増産により輸入が漸減したため、制度は形骸化し幕末に至った。

いとわっぷなかま [糸割符仲間] 江戸時代、長崎の生糸貿易で特権を与えられた5カ所の直轄都市の有力商人。1604年(慶長9)糸割符の成立期に堺・京都・長崎、さらに31～33年(寛永8～10)江戸と大坂を加えた5カ所の商人仲間は、輸入白糸(中国産生糸)を一括購入し、それを一定の比率で仲間全員に分配する特権を付与された。各都市の糸割符年寄を代表とし、5カ所の都市の富裕かつ有力な商人で組織された。

いなぎ [稲置] 古代の官職名あるいはカバネ。「日本書紀」成務紀にみえ、645年(大化元)8月の東国国司への詔にも「県稲置」が現れ、国造より下位の地方豪族がつく職名とみられる。「隋書」倭国伝の「伊尼冀」をあてる説もある。一方、允恭紀2年条には闘鶏国造の姓が稲置に見え、645年、某稲置を名のる豪族の実例から、カバネの一つとも考えられる。684年(天武13)制定の八色の姓の最下位にもみえている。

いなさく [稲作] 縄文晩期(弥生早期とも)には中国大陸から日本に稲作技術が伝わり、弥生時代には本州北部から九州南部まで広がった。日本の稲作は水田稲作を基調とし、用水の灌漑技術のあり方に規制される。古代～中世の用水体

系は溜池灌漑に代表され，水田の分布は小河川の流域ないし山間部の谷戸田（谷津田）が大部分であった。しかし，近世社会の用水体系は用水源を河川に求めた用水路灌漑に移行して，飛躍的な農業生産力の発展を可能にした。大河川流域の沖積層平野が大規模に開発され，稲作技術の向上や肥料の普及，品種改良の推進，施肥技術の改善などがみられた。近代の稲作は「米と繭の経済構造」と称されたように，一大基幹作目として日本経済の重要な産業部門であった。現在は国際経済のなかで米が自由化の波に洗われている。

いなさくぎれい【稲作儀礼】 稲の生産過程の折目ごとに1年を通して行われる儀礼。呪術的なものが多い。年頭にはその年の豊作を祈願する行事や儀礼が小正月を中心に催される。春の田の神迎えより以前に行うので予祝行事という。田の神を迎えて，苗代づくり・播種から田植の終りまでの実作業の各工程ごとに儀礼があり，この期間は祭りつつ働くことになる。植え終わって物忌の期間のサナブリがすむと，稲を自然災害から守る行事が初刈りまで続く。秋に収穫が終わると田の神を送る儀礼がある。

いなただつぐ【伊奈忠次】 1550～1610.6.13
江戸前期の代官頭。通称熊蔵。備前守。忠家の長男。三河国小島生れ。1579年(天正7)徳川家康の嫡男松平信康の自殺後，一時堺へ出奔したが，82年に復帰。90年徳川氏の関東入国後，武蔵国小室・鴻巣の内に1万石を給された。小室に陣屋を構えて関東郡代となり，検地，知行割，新田開発，交通制度の整備，水利・治水事業，諸産業の奨励に貢献し，甲斐代官を兼任するなど，その支配領域は関東から甲斐・伊豆・駿河・遠江・三河・尾張諸国に及んだ。関八州の検地を実施し，備前検地と称されて，伊奈流の行なった農政仕法として，その後の幕府農政の基本となった。また備前堀を開削した。子孫は1792年(寛政4)まで関東郡代を世襲。

いなただはる【伊奈忠治】 1592～1653.6.27
江戸前期の幕臣。関東郡代。通称半十郎，法名源周。忠次の次男。はじめ勘定方を勤め，1618年(元和4)兄忠政の死後，関東郡代職を継いだ。のち武蔵国赤山(現，埼玉県川口市)に陣屋を構え7000石を領し，関東および駿河・遠江・三河国の年貢収納にあたった。利根川の改修，新田開発，沼沢池の干拓，井堰・堤防の築造など，北関東の開発や民政に従事した。

いなばのくに【因幡国】 山陰道の国。現在の鳥取県東半部。「延喜式」の等級は上国。「和名抄」では巨濃・法美・邑美・八上・智頭・高草・気多の7郡からなる。平安末期に八上郡から八頭郡が分立。国府は法美郡(現，国府町)におかれ，東西に国分尼寺・国分寺，北に一宮の宇倍神社がある。「和名抄」所載田数は7914町余。「延喜式」では調は絹・帛，庸は白木韓櫃・綿，中男作物として紅花・海石榴油・平栗子・火乾年魚などあ。南北朝期以降は山名氏の影響下にあり，政治の中心は鳥取に変る。江戸時代には伯耆国とともに鳥取藩池田氏による一円支配をうけた。1871年(明治4)廃藩置県により伯耆国とともに鳥取県となる。

いなむらさんぱく【稲村三伯】 1758～1811.1.16 江戸後期の蘭方医・蘭学者。名は箭完，号は白翔。鳥取藩医稲村三杏の養子となり，亀井南冥然に学ぶ。1792年(寛政4)大槻玄沢の芝蘭堂に入門。玄沢に辞典の翻訳を頼んだが，多忙のため断られ，元通詞の石井恒右衛門を紹介された。ハルマの蘭仏辞典を訳出してもらい，宇田川玄随・岡田甫説らの協力をえて辞書を編纂，96年日本最初の蘭日辞典「ハルマ和解」ができた。その後，実弟越前屋大吉の負債事件に関連して藩邸を出奔，下総国稲毛に隠棲，名も海上随鷗と改めた。1805年(文化2)京都に移り蘭学を教授，門下には藤林普山・小森桃塢・中天游らが輩出しており，関西の蘭学発展に貢献した。

いなりしんこう【稲荷信仰】 京都市伏見区に鎮座する伏見稲荷大社をおもな信仰の源とする信仰。祭神は宇賀魂命で，田の神とされ，狐を神使とする信仰がある。もともと稲荷大社は山城国を中心に近畿一帯に繁栄した秦氏の氏神とされ，平安時代には教王護国寺(東寺)の鎮守として，その勢力を背景に広く崇拝され稲荷信仰も広まった。中世から近世には商業経済の発達にともない，農耕神から商売繁盛の神として各地に勧請された。信仰内容は多面的で一様でないが，穀霊神の性格が顕著。関東・東北地方では稲荷を屋敷神として祭るところが多い。

いなりやまこふん【稲荷山古墳】 埼玉県行田市埼玉にある埼玉古墳群中最も北に位置する古墳中期の前方後円墳。1937年(昭和12)に前方部が採土工事で破壊されたが，墳長約120mほどとされる。後円部径62m，高さ11.7m。68年「さきたま風土記の丘」整備の一環として発掘され，後円部墳頂で粘土槨と礫槨を発見した。粘土槨は盗掘されてわずかな副葬品があったにすぎないが，礫槨は完全な形で検出され，金錯銘鉄剣をはじめ，画文帯神獣鏡・挂甲・直刀・矛・鏃・轡・雲珠・鐙・杏葉・三環鈴・帯金具・玉類など豊富な副葬品が残されていた。その後の調査で，長方形の周濠を二重にもち，西側中堤には造出しが確認され，形象・人物埴輪が出土した。国史跡。

いなりやまこふんしゅつどてっけん [稲荷山古墳出土鉄剣]
埼玉県行田市埼玉の稲荷山古墳出土の有銘鉄剣。古墳は古墳中期の前方後円墳。鉄剣は1968年(昭和43)の発掘調査で後円部の礫槨内から出土し、78年に銘文が発見された。長さ73.5cm、身体の両面に115文字が金象嵌されている。銘文によると、この剣は辛亥年(471年か)にヲワケ臣が作らせたもので、祖先のオホヒコからヲワケまで8代の系譜を記し、代々大王の宮を警護する杖刀人の長であったこと、ヲワケがワカタケル大王の統治を助けた記念としてこの刀を作ったという由来が記されている。この鉄剣銘からは、大和政権に仕える5世紀後半の東国豪族の姿が読みとれる。さきたま資料館蔵。国宝。

いなわしろすいりょくでんき [猪苗代水力電気]
1911年(明治44)に設立され、日本ではじめて本格的な高圧長距離送電を行った電力会社。15年(大正4)福島県の猪苗代水力発電所から東京の田端変電所へむけて送電を開始した。電圧は11.5万ボルト、距離は226kmで、この高圧長距離送電は当時の世界第3位に相当。23年に東京電灯に合併され、解散。

いにんとうちせいど [委任統治制度]
国際連盟の監督下に、住民の福祉向上、自治・独立の促進を目的として、ドイツ、トルコ両国の旧植民地・領土を統治した制度。第1次大戦後、英・仏・日は敗戦国側の領土割譲を望んだが、米大統領ウィルソンが反対したため、南ア連邦首相スマッツが妥協案として考案した。連盟規約22条は、住民の自治達成度によってA式・B式・C式と地域を三つに分類していた。C式は旧独領の南西アフリカと南太平洋諸島に適用されたが、日本はこのうち赤道以北の太平洋諸島の受任国となった。受任国は該地域に関する年報を連盟理事会に提出する義務があった。

いぬおうもの [犬追物]
馬場に犬を放って騎兵で追いかけ、響引矢にして追物射にする武芸。流鏑馬・笠懸とともに、馬上の三物と称されるが、挙行記事は他の二つよりも遅く、「吾妻鏡」承久4年(1222)2月6日条が初見。当初は小規模だったが、徐々に作法が整備されて大規模になった。室町時代には、はずし弓70枚四方の馬場に垣をめぐらし、中央に縄で二重の円をつくる。小円に犬を放ち、これを大円の外から馬上より射る。また大円の外に逃げてくる犬を射ることも行われた。諸役のほか射手36騎、犬150匹を例とした。

いぬかいつよし [犬養毅]
1855.4.20〜1932.5.15 明治〜昭和前期の政党政治家。号は木堂。備中国生れ。慶大中退。新聞記者から官僚となったが明治14年の政変で下野。第1回総選挙で当選。以後、立憲改進党・進歩党・憲政本党で活躍。1910年(明治43)立憲国民党を結成し、第1次護憲運動では尾崎行雄と並び「憲政の神様」と称され、第2次護憲運動でも革新倶楽部を率いて活躍。25年(大正14)同倶楽部を立憲政友会と合同させて政界を1度引退。29年(昭和4)政友会第6代総裁になり、31年末には内閣を組織して金輸出再禁止を実施、満州事変の処理をはかったが、翌年の5・15事件で殺害された。辛亥革命を支援したアジア主義者でもあった。

いぬかいつよしないかく [犬養毅内閣]
第2次若槻礼次郎民政党内閣の総辞職後、犬養毅が組織した政友会内閣(1931.12.13〜32.5.26)。高橋是清蔵相は内閣成立後ただちに金輸出を再禁止し、さらに積極財政を通じて昭和恐慌からの脱却を企図した。政友会は第18回総選挙で大勝したが、閣内にはなお対中国積極政策を主張する森恪内閣書記官長や荒木貞夫陸相らとの対立があり、満州国承認に消極的な犬養首相が、それに批判的な海軍青年将校によって暗殺されたため(5・15事件)、内閣はわずか5カ月で、高橋財政による成果があがる前に総辞職した。これによって政党内閣は終りを迎えた。

いぬかいべ [犬養部]
犬甘部とも。大化前代の部。番犬を飼養し、屯倉や倉庫・宮門などの守衛に奉仕した。猟犬を飼育・訓練して狩猟に奉仕していたとする説もある。犬養部の伴造としては、県犬養・稚(若)犬養・阿曇(安曇)犬養・海犬養の4氏があり、このうち稚犬養と海犬養の氏名は宮城十二門の門号にとられており、宮門守衛にあたったと考えられる。犬養部の遺制は令制にはまったくみられない。

いぬかみのみたすき [犬上御田鍬]
三田耜とも。生没年不詳。7世紀の官人。614年(推古22)矢田部造蓍らと入唐し、翌年百済使を伴って帰朝。630年(舒明2)初代遣唐使として薬師恵日らとともに入唐し、翌々年返答使高表仁に送られて帰京した。このとき、留学僧旻らも帰国。

いぬつくばしゅう [犬筑波集]
室町時代の俳諧句集。宗鑑撰。1530年(享禄3)前後の成立。書名は「新撰犬筑波集」の略称で、古写本には「誹諧連歌抄」などとみえる。「犬」は連歌の「新撰菟玖波集」に対する俳諧としての卑称。俳諧撰集としては1499年(明応8)成立の「竹馬狂吟集」についで古く、写本・古活字本・整版本として広く流布。諸本によって句数や本文に異同が多い。大部分の句の作者は不明だが、他の史料により宗祇・宗長・兼載・宗鑑らの作と知られる句もある。作風は和歌的優美さを付句で卑俗に逆転したり、卑

猥な描写をよみこんだ句が多い。「古典俳文学大系」所収。

いぬめむらひょうすけ [犬目村兵助] 1797～1867.2.23　甲州騒動の頭取の1人。甲斐国都留郡犬目村の水田屋水疵市郎左衛門の子。1836年(天保7)甲州騒動で下和田村武七らとともに頭取となり、幕府の裁決では、存命ならば石和いさ宿において磔とあるが逃亡し、永尋となる。逃走日記によると、三島大社を皮切りに信濃の善光寺から安芸の厳島神社、讃岐の金刀比羅宮、さらには高野山・伊勢神宮など各地の名だたる神社仏閣を参詣し、そろばん指南などで糧を得ながら逃走を続けた。口承では、木更津で寺子屋の師匠をしたのち犬目村に戻り余生を送ったという。

いぬやまじょう [犬山城]　白帝城とも。愛知県犬山市にあった中世～近世の平山城。1537年(天文6)織田信康の築城と伝える。84年(天正12)の小牧・長久手の戦では、豊臣秀吉方の池田恒興に攻め落とされた。1607年(慶長12)徳川義直が清洲藩主になると付家老つけがろうの平岩親吉が城主になり、親吉死後は付家老成瀬氏が継ぎ幕末を迎えた。城全体が大きな外枡形をなす特異な縄張。天守閣は慶長年間の改修によって完成したもので，国宝。

いのうええんりょう [井上円了] 1858.2.4～1919.6.6　明治・大正期の仏教哲学者。越後国の真宗大谷派の寺に生まれる。東大卒。在学中に哲学会を組織し、1887年(明治20)「哲学会雑誌」を創刊。湯島に哲学館(現、東洋大学)を創立し、政教社創設にも関与した。仏教に哲学的基礎を与えようとした「真理金針」3編は、キリスト教批判において国粋的だったが、その方法は西洋哲学の原理にもとづいていた。迷信打破に熱心で怪異を合理的に論じ妖怪博士の異名をとった。

いのうえかおる [井上馨] 1835.11.28～1915.9.1　幕末期の萩藩士，明治期の藩閥政治家。一時，志道し家の養子となり、1860年(万延元)藩主から聞多たの名を賜わる。号は世外せがい。尊攘運動にたずさわりイギリス公使館焼打に参加，のち伊藤博文らとイギリスに密航。維新後造幣頭・大蔵大輔などを歴任，留守政府と対立して一時退官。76年(明治9)全権副大臣として日朝修好条規を結ぶ。欧州出張後，参議兼工部卿をへて参議兼外務卿(となり)、85年漢城条約を締結。条約改正にあたったが，87年外国人法官任用問題などの紛糾で辞任。黒田内閣で農商務相となり自治党結成を試みたが失敗，大隈重信外相の条約改正に反対して同内閣崩壊の原因をつくった。第2次伊藤内閣で内相，第3次伊藤内閣で蔵相を務め，政友会結成にも関与。第4次伊藤内閣退陣後に組閣命令を

うけたが、渋沢栄一が蔵相就任を断ったため辞退。以後は財政面の元老として活動。侯爵。

いのうえきよなお [井上清直] 1809～67.12.28　幕末期の幕臣。旧姓は内藤。井上家の養子。川路聖謨としあきらの弟。信濃守。1855年(安政2)下田奉行となり、翌年米国駐日総領事ハリスの応接にあたる。58年日米修好通商条約に目付岩瀬忠震ただなりとともに調印、外国奉行兼帯となるが、翌年小普請奉行に左遷、軍艦奉行となる。62年(文久2)外国奉行、町奉行に転じ、翌年老中格小笠原長行ながみちの率兵上京に従ったため罷免、64年(元治元)外国奉行、勘定奉行となり、66年(慶応2)関東郡代を兼ねる。同年町奉行となり内政にも敏腕をふるった。

いのうえこわし [井上毅] 1843.12.18～95.3.16　明治期の官僚・政治家。号は梧陰ごいん。熊本藩出身。維新後官界に入り、司法省・法制局で昇進。大久保利通・岩倉具視ともみ・伊藤博文の下で立法政策にたずさわり、明治憲法や教育勅語の起草に重要な役割をはたした。臨時帝国議会事務局総裁として議会開設準備にあたり、第1次山県内閣の法制局長官として第1議会に臨んだ。藩閥政府内の議会尊重派として知られる。第2次伊藤内閣の文相として学制改革にあたったが、肺病で死去。子爵。

いのうえじゅんのすけ [井上準之助] 1869.3.25～1932.2.9　大正・昭和前期の財政家。大分県出身。東大卒。1896年(明治29)日本銀行に入行、大阪支店長・営業局長・ニューヨーク代理店監督役歴任後、1911年横浜正金銀行に入行、13年(大正2)同行頭取。19年日本銀行総裁に就任した。第1次大戦期の国際金融、戦後の金融政策を担当。23年山本内閣の蔵相に就任。24年1月辞職とともに貴族院議員となり、「財界世話役」として活躍。29年(昭和4)浜口内閣で蔵相、31年若槻内閣でも蔵相を務め井上財政を展開。しかし、旧平価による金解禁は世界恐慌と重なったため、大量の正貨流出などを招き失敗に終わる。32年2月血盟団員に狙撃されて死亡。

いのうえてつじろう [井上哲次郎] 1855.12.25～1944.12.7　明治～昭和前期の哲学者。号は巽軒そんけん。筑前国生れ。東大卒。1884年(明治17)ドイツに留学、90年帰国して帝国大学教授。長らく学界に君臨し、スエズ以東第一の哲学者と自称したという。西洋哲学の受容と東洋哲学の研究に努め、両者の融合に腐心したが、一方で国家主義によるキリスト教排撃論を「教育ト宗教ノ衝突」として発表。新体詩運動にもかかわった。東京帝国大学文科大学長・貴族院議員となる。東京学士会院会員。著書「日本陽明学派之哲学」「日本古学派之哲学」「日本朱子学派之哲学」。

いのうえでんぞう [井上伝蔵] 1854.6.26～1918.6.23
明治前期の自由民権家。秩父事件の指導者。武蔵国秩父郡の旧家に生まれる。絹・生糸の仲買商。1884年(明治17)に自由党に入党、秩父自由党の中心人物となる。同年10月秩父事件がおこると、秩父困民党の会計長を務め、政府軍と戦った。11月4日の本陣解体とともに秩父山中に逃亡し、その後北海道に渡り、伊藤房次郎と名を変えて道内を転々とした。死ぬ間際に秩父事件のことを家族に告白した。

いのうえにっしょう [井上日召] 1886.4.12～1967.3.4
昭和期の国家主義者。群馬県出身。早大・東洋協会専門学校中退後、1910年(明治43)中国に渡り参謀本部の諜報活動に加わる。のち茨城県大洗海岸の立正護国堂にこもり、暴力による国家革新運動を企図。32年(昭和7)5・15事件の先駆けとして小沼正・菱沼五郎を指揮して井上準之助と団琢磨を暗殺させた(血盟団事件)。無期懲役となるが、40年に仮出所。第2次大戦後は54年に護国団を結成し、講演活動を行う。

いのうえまさる [井上勝] 1843.8.1～1910.8.2
明治期の鉄道官僚。長門国生れ。萩藩士の三男。1863年(文久3)脱藩してイギリスに密航、ロンドン大学で土木・鉱山学を学ぶ。68年(明治元)に帰国後明治政府に出仕、鉄道行政にかかわり鉄道頭・鉄道局(庁)長官などを歴任。91年に著した「鉄道政略ニ関スル議」は、官設官営主義の立場から全国的な鉄道体系を構想したもので、翌年の鉄道敷設法制定の契機となった。

いのうえみつさだ [井上光貞] 1917.9.19～83.2.27
昭和期の日本古代史学者。東京都出身。東大卒。東京大学教授を務め、退官後は国立歴史民俗博物館の初代館長となり、その開館に尽力した。部民制や浄土教の成立に関する研究などで第2次大戦後の日本古代史の研究をリードし、古代国家の形成や律令継受の過程などの解明に努めた。著書「日本古代国家の研究」「日本浄土教成立史の研究」「日本古代思想史の研究」「井上光貞著作集」全11巻。

いのうえやすし [井上靖] 1907.5.6～91.1.29
昭和期の詩人・小説家。北海道旭川市に生まれ、伊豆の湯ケ島で育つ。京大卒。学生時代は同人誌に詩を発表し、各種懸賞小説に入選した。卒業後は毎日新聞社に入社。「闘牛」で1949年(昭和24)芥川賞受賞。51年から創作に専念。76年文化勲章受章。代表作「猟銃」「氷壁」「天平の甍」「しろばんば」「本覚坊遺文」ん。

いのうじゃくすい [稲生若水] 1655～1715.7.6
稲生若水とも。江戸中期の本草家。名は宣義、字は彰信、通称正助。山城国淀藩永井氏の儒医稲生恒軒の子。江戸生れ。父に医学を、福山徳順に本草学を学ぶ。主家除封のため流浪して京都に移り、1693年(元禄6)加賀国金沢藩主前田綱紀に儒者役として仕え、その命により「庶物類纂」の編纂を行うが、未完のまま病没。その間、隔年詰の出仕が許されたため、金沢にいるとき以外は京都に開塾して本草学を講義。門人に松岡恕庵・野呂元丈・丹羽正伯・内山覚仲ら著名な本草家がおり、本草学の発展に大きく貢献した。著書「庶物類纂」前編362巻、「炮炙全書」「食物伝信纂」。

いのうず [伊能図] ⇨大日本沿海輿地全図

いのうただたか [伊能忠敬] 1745.1.11～1818.4.18
江戸後期の測量家・地理学者。字は子斎、通称は三郎右衛門のち勘解由、東河と号した。上総国山辺郡小関村の網元の家に生まれる。幼時に母を亡くし、婿養子の父は実家に戻って再婚、そこにも落ち着けず、17歳で佐原の伊能家の婿となる。伊能家の繁栄に尽くし、50歳で隠居。江戸深川黒江町に転居し、幕府天文方高橋至時に師事して天文学を修める。緯度1度の里数確定を期し、師の助力で幕府の許可を得て、1800年(寛政12)奥州道中と蝦夷地東南沿岸を測量。その年中に略図を呈上した。期待にこたえる測地成績・地図作成で幕府の評価は高く、以後14年(文化11)まで沿岸中心に全国を測量した。後半生をかけた実測にもとづく日本全図「大日本沿海輿地全図」の作図中死去。完成は孫忠晦らによる。

いはふゆう [伊波普猷] 1876.2.20～1947.8.13
大正・昭和期の沖縄学者・民俗学者・言語学者。那覇市出身。東大卒。琉球古謡「おもろさうし」を中心に郷土資料の収集を行いつつ、伝統文化の価値を説き、沖縄図書館設立運動などさまざまな分野で啓蒙活動に専念。1925年(大正14)の上京後は、柳田国男や折口信夫らと交流しながら、在野の研究者として民俗学・歴史学・言語学の各方面で沖縄研究の基礎を築いた。著書「おもろさうし選釈」「をなり神の島」「沖縄考」。

いばらきけん [茨城県]
関東地方の北東部に位置する県。旧常陸国全域と下総国北西部を県域とする。1871年(明治4)廃藩置県により水戸藩など16藩がそれぞれ県となった。同年11月常陸国の北部5郡は茨城県、南部6郡と下総国の一部は新治県に統合され、下総国北西部は印旛県に統合されたのち千葉県に合併された。75年茨城県は新治県のうち常陸国分と千葉県の北西部を合併し、現県域が定まった。県庁所在地は水戸市。

いばらきけんちそかいせいはんたいいっき [茨城県地租改正反対一揆]
1876年(明治9)

11～12月に茨城県でおこった地租改正反対一揆。真壁・那珂両郡農民が,神相場による石代納を,地租改正入費の官費負担などを要求して,各所で集会・嘆願を行った。とくに那珂郡では鎮撫の警官を殺害し,県庁をめざして進撃したが,県庁の計略で主導者が殺され敗北。死刑3人を含む1000人以上が処罰された。

いはらさいかく [井原西鶴] 1642～93.8.10
江戸前期の浮世草子作者・俳諧師。「見聞談叢」によると本名は平山藤五。大坂生れ。貞門派の俳諧師としてはじめ鶴永と号した名のる。「生玉万句」(1673)を契機に談林派に転じ,西鶴と号する。オランダ流と評された前衛精神で1日に2万3500句もの独吟(矢数俳諧)を成功させる一方,浮世草子の処女作「好色一代男」(1682)が評判をよんだことにより,発展途上の大坂の出版ジャーナリズムと並走して二十数編の浮世草子を手がけた。好色や金銭という装置を通して巧みに世の人心をくみあげる才能は抜群で,八文字屋本などの後続作に多大な影響を与えた。代表作「好色五人女」「好色一代女」「本朝二十不孝」「日本永代蔵」「世間胸算用」。

いふ [位封] 律令制下の給与の一つで,諸王・諸臣に対し位階に応じて支給した食封。親王に対するものは品封という。女子は原則として男子の半額。浄御原令制下では,その位の五位以上に相当まで支給されたが,大宝禄令では,正一位に300戸,従一位に260戸,正二位に200戸,従二位に170戸,正三位に130戸,従三位に100戸と,三位以上に限られた。しかし706年(慶雲3)三位以上はほぼ2倍に増額され,正四位に100戸,従四位に80戸を支給するよう改められた。808年(大同3)に再び令制に復した。

いぶせますじ [井伏鱒二] 1898.2.15～1993.7.10 昭和期の小説家。本名満寿二。広島県出身。早大中退。処女作に,旧作「幽閉」を加筆,改題した「山椒魚」がある。左傾化の風潮に乗らず独自の文体を築いた。「ジョン万次郎漂流記」で1937年(昭和12)直木賞受賞。第2次大戦後の作に「本日休診」「遥拝隊長」,広島の原爆に取材した「黒い雨」など。文学への厳格な姿勢を貫き晩年まで自作の推敲を続け,85年「山椒魚」の山椒魚と蛙の和解を思わせる末尾を削除した。1966年文化勲章受章。

いぶつ [遺物] 過去に人類(集団)がかかわって残した「モノ」の総称。考古学研究に欠かせない基礎資料。広い意味では遺構をも含むが,一般的には建造物や構造物のように固定されたものを除く動産的な「モノ」をさすことが多い。大別して人工遺物と自然遺物がある。人工遺物は各種の器物・道具など加工されたもので,材質によって土器・石器・木器・金属器・骨角器などに分類される。自然遺物は動植物や昆虫・魚介類などの遺存体をいう。

いまい [今井] 戦国期,大和国にあった寺内町。現在の奈良県橿原市今井町。真宗寺院称念寺を中核とする。「大和記」には「今井村ト申処ハ,兵部卜申一向坊主ノ取立申新地ニテ(中略)四町四方堀ヲ掘リ廻シ土手ヲ築キ,内ニ間割成シ,方々ヨリ人ヲ申集メ,家ノ中ヘノ商等イタサセ,又ハ年人ヲ呼集メ置キ申候」とあり,寺を中心に堀を巡らした自治都市の形態がわかる。

いまいそうきゅう [今井宗久] 1520～1593.8.5 織豊期の堺の商人・茶人。千利休・津田宗及につぐ天下三宗匠の1人。号は昨夢斎。大和国今井に生まれ(一説に近江国),堺にて納屋宗次の家に住み,同家を継いだ。織田信長の堺への矢銭など賦課に対しては,保守派の抗戦論に対して和平論を主張,信長の武器調達にも協力して信頼をえ,堺五箇荘代官に任じられた。茶道を武野紹鷗に学び,信長の茶頭として,京都妙覚寺茶会・相国寺茶会に参席した。茶会記に「今井宗久茶湯書抜」がある。松島茶壺・紹鷗茄子(茶入)・定家色紙などの名物を所持した。茶室に大徳寺黄梅院昨夢軒がある。

いまいそうくん [今井宗薫] 1552～1627.4.11 織豊期～江戸前期の堺の商人・茶人。宗久の子。名は兼久。通称弾丁。号は単丁斎。豊臣秀吉に茶頭として仕えた。1599年(慶長4)秀吉の遺命に反して徳川家康の子松平忠輝と伊達政宗の女五郎八姫との婚儀に尽力したため,高野山に追放された。関ケ原の戦以後は徳川方についたが,1614年大坂冬の陣が始まるとスパイ容疑で一時大坂城に監禁された。のち徳川秀忠・家光の各将軍に茶頭として仕えた。父宗久以来の所領を守り,旗本今井家を成立させた。

いまかがみ [今鏡] 「続世継」とも。平安時代の歴史物語。10巻。藤原為経(寂超)作とみるのが定説。1170年(嘉応2)かその数年後の成立。「大鏡」の語り手大宅世継の孫で,紫式部に仕えたこともある150歳をこえる老女が語るという形式をとる。「大鏡」の終りの1025年(万寿2)から1170年までを描く。紀伝体で,「すべらぎ」3巻が天皇,「藤波」3巻が藤原氏,「村上の源氏」「みこたち」が源氏と親王を描き,さらに「昔語」「打聞」という逸話を収めた巻をもつ。保元・平治の乱などは簡単にふれるだけで,貴族社会の種々相を肯定的に記す。平安後期の史料としても重要。「講談社学術文庫」所収。

いまがわうじちか [今川氏親] 1473～1526.6.23 戦国期の駿河国の武将。戦国大名今川氏の初代。1476年(文明8)父義忠の戦死後,家督を

めぐり家中に内紛がおきたが,伯父伊勢新九郎(北条早雲)に擁立されて家督を相続。明応・文亀・永正年間に遠江を侵略して,三河にも触手をのばした。1517年(永正14)に斯波氏を駆逐し,遠江を完全に制圧。この前後から守護大名からの脱皮をみせ,26年(大永6)には分国法「今川仮名目録」を制定した。

いまがわかなもくろく [今川仮名目録] 東海地方の戦国大名今川氏が制定した分国法。1526年(大永6)に今川氏親が制定した33カ条の「仮名目録」と,その子義元が53年(天文22)に制定した21カ条の「仮名目録追加」とからなる。分国の新しい裁判基準の設定という明確な目的意識で編纂され,それまで機能していた今川氏の個別法令や慣習法,「御成敗式目」の規定などを取捨して社会の実情にあった規範の制定をめざした。内容は堺相論・売買・貸借・相続・検地など多岐にわたるが,いずれの分野でも大名による統制を強くうちだし,一切の私闘を禁じた喧嘩両成敗法の条項もみられる。東国の分国法としては最も初期に属し,武田氏の「甲州法度之次第」などにも大きな影響を与えた。「日本思想大系」所収。

いまがわさだよ [今川貞世] 1326~? 南北朝期~室町中期の武将。九州探題。入道して了俊。1371年(応安4・建徳2)探題となる。懐良親王・菊池氏などの南朝方を圧迫して大宰府を確保。75年(永和元・天授元)には少弐冬資を殺害(水島の変)するなど,室町幕府の九州経営を進展させた。しかし南北両朝合体の成立などり政情の変化により,95年(応永2)探題を解任された。99年大内義弘らと提携して幕府に反抗を試みたが失敗(応永の乱)。和歌にすぐれ多数の歌論書があり,また史書「難太平記」などの著作を残した。弟仲秋に与えた教訓状は「今川状」として知られる。生年には異説もある。

いまがわし [今川氏] 中世,東海地方の武家。清和源氏。足利氏の支族。鎌倉中期に,足利義氏の孫国氏が三河国今川荘(現,愛知県西尾市)を支配したことに始まる。国氏の孫範国は足利尊氏に従い,遠江・駿河両国の守護に任じられた。その子貞世(了俊)は,侍所頭人・九州探題として活躍。以後,駿河国守護を世襲して,東海地方の要所を支配,室町幕府の東国政策に重要な役割をはたした。氏親のときに,遠江をはじめて戦国大名となり,家法「今川仮名目録」を制定,領国支配の体制を整えた。子の義元はさらに三河を支配下におき,東海第一の大名となった。1560年(永禄3)上洛の途中,織田信長によって桶狭間で敗死。その子氏真以後勢力は衰え,69年,領国を後北条・武田・徳川各氏に奪われて大名としての地位を失った。江戸時代,子孫は高家となった。→巻末系図

いまがわよしもと [今川義元] 1519~60.5.19 戦国期の東海地方の武将。駿河・遠江・三河にわたる領国を築いた。1536年(天文5)兄遍照光院恵探を倒して家督となり(花倉の乱),翌年武田信虎の女婿となった。その直後北条氏綱に駿河を侵されたが(河東一乱),45年攻勢に転じ,北条勢をおし返した。一方三河では松平氏とともに織田信秀と争い,42・48年の2度小豆坂(現,愛知県岡崎市)で戦った。54年北条氏康・武田信玄と同盟を結び(善徳寺の会盟),織田氏との抗争に専念する態勢をつくったが,60年(永禄3)尾張国桶狭間(現,愛知県豊明市)で織田信長に急襲されて敗死。内政面では徹底した検地とそれにもとづく兵力増強を行い,商工業の振興・統制など富国強兵を推進。53年には仮名目録追加を制定し,その一節「自分の力量を以て国の法度を申付」は,戦国大名を象徴する言葉として有名。

いまがわりょうしゅん [今川了俊] ⇨今川貞世

いまぎれのせき [今切関] 江戸時代,幕府が設置した最も重要な関所の一つ(現,静岡県新居町)。東海道の今切渡船の新居宿側にあったため新居関ともいう。戦国期に今川氏が設置し,1600年(慶長5)徳川氏が改めて設置。「入鉄砲に出女」の検閲はとくにきびしかったが,入女も検閲の対象とし,関所手形を必要とした。1702年(元禄15)までは幕府が直接関所奉行を派遣して運営にあたり,以降は三河国吉田藩の所管。関所を中心に,浜名湖周辺の宿村にも関所破りを監視させた。1855年(安政2)に建て替えられた現存の関所建造物と周囲は国特別史跡。

いまぼり [今堀] 中世,近江国蒲生郡にあった延暦寺領得珍保内の郷。現在の滋賀県八日市市今堀町一帯。保内商人の拠点の地。郷内十禅師社(現,日吉神社)には中世の村落座商業や惣村・宮座関係の史料「今堀日吉神社文書」が保存される。近世には今堀村として存続。

いまよう [今様] 広義には平安中・後期に流行した当世風の歌謡をいう。狭義には特定の曲態や曲調をもつものをさし,「只の今様」「常の今様」とか,「枕草子」などには風俗歌・神楽歌とともに今様歌としてみえ,従来の固定化した風俗歌・神楽歌・催馬楽に対し,自由な表現と「今めかしさ」をもった新興歌謡として貴族の間にしだいに浸透した。院政期に盛行し,なかでも後白河上皇は青年時代から愛好し,1174年(承安4)には15夜にわたって今様合を行い,また「梁塵秘抄」を撰した。ほかに藤原敦家・源資賢らの今

- **いまりやき [伊万里焼]** 佐賀県有田町近辺に広がる日本を代表する磁器窯とその製品。有田の製品が伊万里港から出荷されたため、江戸初期から伊万里焼とよんだ。1616年(元和2)朝鮮の李参平<ruby>りさんぺい</ruby>が有田泉山に白磁鉱を発見し、白磁染付を焼き始めた。47年(正保4)以前に有田の酒井田柿右衛門が色絵を開発。59年(万治2)に大量にヨーロッパへ輸出され始め、国際的評価をえた。輸出用色絵は柿右衛門様式、国内向け色絵は古九谷様式とよばれる。元禄年間には華麗な金襴手<ruby>きんらんで</ruby>を完成して、国内外で大流行した。

- **いみき [忌寸]** 古代のカバネ。語義は不詳。684年(天武13)に制定された八色の姓<ruby>やくさのかばね</ruby>の第4等。翌年に11氏に賜ったのが初例。うち10氏が旧連<ruby>むらじ</ruby>姓であったが、それらは683年以降新たに賜ったもので、もとは8氏が直<ruby>あたい</ruby>、他は造<ruby>みやつこ</ruby>・首<ruby>おびと</ruby>・吉士<ruby>きし</ruby>であった。主として畿内の国造層氏族と渡来系氏族に与えられたが、のち渡来系氏族に与えられた。伊美吉とも記されたが、759年(天平宝字3)忌寸に統一された。

- **いみな [諱]** 本名・実名<ruby>じつめい</ruby>のことだが、とくに生前の名をその死後に人々がいう場合の名をさす。もともと、死後はその人の実名を忌んで口にしなかったことから、この呼称が生じたとされる。のちにはそうした区別がなくなり、生前においても実名のことを諱とよんだ。また、貴人などの実名は口にするのもはばかられたため、その実名を敬称して諱とよぶこともあった。「偏諱<ruby>へんき</ruby>を賜う」といういい方もこれにもとづいたもので、特別なことがないかぎり貴人の実名を他に用いることは避けられた。死後にその人をたたえてつけられる称号・諡<ruby>おくりな</ruby>のことをさして、「のちのいみな」ともいう。

- **いもじ [鋳物師]** 「いものし」とも。金属をとかして鋳型に流しこみ、武器や像・鍋・釜などを作る工人。平安末期には蔵人所<ruby>くろうどどころ</ruby>に属し、灯炉供御人<ruby>とうろくごにん</ruby>として灯炉を製造し、朝廷に献ずる職人となった。蔵人所から交通税の免除などの特権を与えられ、原料と需要を求めて自由に諸国を遍歴し、やがて各地に鋳物業の中心を作った。とくに河内国丹南郡の鋳物師が蔵人所の供御人として独占権をふるい、能登の中居<ruby>なかい</ruby>(現、石川県穴水町)など諸国の鋳物師は、丹南の鋳物師に与えられた綸旨の写しを所持するにとどまった。近世には蔵人所付属の京都の真継<ruby>まつぎ</ruby>家が朝廷の権威を背景に諸国の鋳物師を統制しようとした。

- **いよ [壹与]** 「魏志倭人伝」にみえる邪馬台国の女王。卑弥呼<ruby>ひみこ</ruby>の死後男王を立てたが国中が服さず、戦乱状態に陥ったため13歳で王に立てられた。卑弥呼の宗女<ruby>そうじょ</ruby>とあるのは同族の意味か。「壹(壱)」を「臺」の誤りとみて台与<ruby>とよ</ruby>とする説もある。

- **いよのくに [伊予国]** 伊余国・伊与国とも。南海道の国。現在の愛媛県。「延喜式」の等級は上国。「和名抄」では宇摩<ruby>うま</ruby>・新居<ruby>にい</ruby>・周敷<ruby>すふ</ruby>・桑村・越智<ruby>おち</ruby>・濃満(野間)<ruby>のま</ruby>・風早・和気・温泉<ruby>ゆ</ruby>・久米・伊予・浮穴<ruby>うけな</ruby>・喜多・宇和の14郡からなる。国府・国分寺・国分尼寺は越智郡(現、今治市)におかれた。一宮は大山祇<ruby>おおやまづみ</ruby>神社(現、大三島町)。「和名抄」所載田数は1万3501町余。「延喜式」では布帛とともに多くの海産物の貢進を規定。7世紀に国司の前身として総領の存在が知られる。10世紀には海賊を率いる藤原純友が乱をおこした。中世には河野氏が勢力をもつが、他国からの侵攻で強固な守護大名にはなれなかった。17世紀後半に伊予八藩が成立し、以後幕末まで続く。1871年(明治4)廃藩置県の後、松山県(翌年石鉄<ruby>いしづち</ruby>県と改称)・宇和島県(翌年神山<ruby>かみやま</ruby>県と改称)が成立。73年2県は統合して愛媛県となる。

- **いりあい [入会]** 入相・入合とも。一定の場所を複数の家や村が共同で利用し、利益を得ること。山野や海面の利用、また用水路の利用などに入会関係が生じた。近世では山野の入会は、農民が刈敷・秣<ruby>まぐさ</ruby>・薪や建築用材・萱などを採取したもので、村の農民全員が入り会う村中入会と複数の村が入り会う村々入会があった。農業生産の拡大にともない入会をめぐる争論が頻発した。一方、商業的農業の発達によって金肥が導入され、薪が商品化されるなどによって、入会地の利用形態が変化し、分割所持される場合も生じた。入会地は、地租改正によって官有地とされた場合が多かったが、入会関係は現在でも残存している。

- **いりあいぎょじょう [入会漁場]** 複数の漁民または村が共同で利用する、近世的な総有関係にある漁場。村中入会・村々入会・他村入会の三つにわかれる。村中入会は一村入会で、総百姓入会と浦方総有入会がある。村々入会は複数村の入会形態で、漁業が発展して、旧村の占有漁場に新村が参入利用される場合や、分村独立した漁村が親村と入会をはかる場合などに成立する。通常は「公儀の海」と考えられている沖合の入会漁場はここに入らない。他村入会は自村の地先漁場を他村漁民が入漁利用する形態。これら入会漁場は、明治漁業法では専用漁業権として、現行漁業法では共同漁業権として法的に認められた。

- **いりでっぽうにでおんな [入鉄砲に出女]** 江

戸時代、関所でとくに検閲を重視した対象。入鉄砲とは江戸へ入る鉄砲のこと。幕府は江戸での反乱防止、治安維持のため関所でこれを監視させた。出女とは江戸から出る女性のことで、江戸に住む大名の妻女の逃亡を防ぐため女性の通行を監視した。入鉄砲には幕府老中、出女には幕府留守居発行の関所手形を必要とした。外様藩でも同様の理由で口留(くちどめ)番所で取り締まった例がある。

いりはま [入浜] 揚浜と並ぶ塩田の一種で、満潮時に海水を引き入れることに工夫した浜。ここで水分を蒸発させて塩の付着した砂をえ、この砂からつくった濃厚な塩水を釜で煮ると塩ができる。干満の差が大きく、波の静かな瀬戸内地方で行われ、近世塩田の中心となり、全国に塩を供給した。近代に入り新たな製塩技術が導入されると姿を消した。

いれふだ [入札] 「にゅうさつ」とも。入簡とも。売買・請負・人選などさまざまな意志決定に際して投票を行うこと、またその投票用紙。古代～近代に幅広く行われたが、とくに近世では各地で村役人を入札によって選んでいた。このとき札には被選挙人の名前だけを記すのみでなく、投票者の名前を明記することもあった。このほか講集団での当選者や土木工事の請負業者・官有物の払下げ先なども入札によって決定した。

いろい [綺] 干渉すること、口出しや手出しをすること。同じ意味の語に口入(くにゅう)があるが、言論による介入を価値中立的に意味する口入に対し、綺は実力による干渉を非難の意をこめてよぶ。所領所職に対する他人の介入を非難する文脈で用いられることが多い。現在でも方言として残る。

いろえ [色絵] 陶磁器の加飾法の一つで、透明釉のかかった陶磁器の釉面に、各種の絵具を使って文様を焼きつける技法。昭和期に入ってからの造語で、江戸時代以来、伊万里焼では赤絵、京都では錦手(にしきで)とよんだ。あらかじめ高火度で透明釉のかかった無地陶磁器を本焼きしておき、特別の絵具で絵付して、低火度の錦釜(にしきがま)で焼きつける。たとえば伊万里焼では、赤は酸化鉄の粉末と鉛ガラスを混ぜて作り、緑・黄・紫などは鉛釉を基本に、銅・鉄・マンガンなどで呈色した色釉を上絵具に作用する。その華やかな効果は、江戸時代以来の赤絵の名称よりも本質をいいあてているため、第2次大戦後、色絵の称が普及した。

いろかわみなか [色川三中] 1801.6.24～55.6.23 幕末期の国学者。常陸国土浦の薬種商人色川英恵の子。通称は三郎兵衛、号は東海。家業の再興に努めながら、1836年(天保7)橘守部に入門し、古代の田制・税制・度量衡の研究、鎌倉・室町時代の古文書収集や編纂などに励み、中世社会経済史料研究に貴重な足跡を残した。著書『検田考証』『香取文書纂』『続常陸遺文』。

いろく [位禄] 律令制下の給与の一つ。四位・五位の者に位封(いふ)の代替として位階に応じて年1回支給された。禄令によれば、四位・五位には食封(じきふ)を支給せず、位禄として絁・綿・布・庸布を、正四位に10疋・10屯・50端・360常、従四位に8疋・8屯・43端・300常、正五位に6疋・6屯・36端・240常、従五位に4疋・4屯・29端・180常を支給することになっていた(女性は半額)。しかし食封を大夫(五位以上)に支給していた大宝令前の遺制のため、令条どおり実施できず、705年(慶雲2)11月には五位のみ食封を停め、701年(大宝元)格(きゃく)で令制より増額されていた位禄を支給することになった。翌年2月の詔で四位にも位封を支給することになり、令の規定どおりの範囲と支給額が実施されたのは808年(大同3)であった。なお外五位の位禄は、728年(神亀5)3月6日の格で内位の半額とされた。

いろはうた [いろは歌] 47の仮名を重出させずに作られた今様歌(いまよう)。手習い歌や字母表として使われた。「いろはにほへとちりぬるをわかよたれそつねならむうゐのおくやまけふこえてあさきゆめみしゑひもせす」。「色は匂へど散りぬるを、我が世誰ぞ常ならむ、有為の奥山今日越えて、浅き夢見じ酔ひもせず」の意で、『涅槃(ねはん)経』の一節によるという。平安中期の成立で、文献に残る最古の例は1079年(承暦3)の『金光明最勝王経音義』。空海の作という説があったが、ア行とヤ行の「エ」の区別がすでになく、今様の形式であることなどから否定されている。藤原定家や契沖(けいちゅう)の仮名遣い研究は、いろは歌に使用された仮名の書きわけを意図したものであり、後代に与えた影響は大きい。

いろはかるた いろは48文字を頭字とすることわざを使った教訓・教育用のかるた。歌かるたの系のことわざかるたに絵合せなどの要素を加えた形式で、18世紀末の成立と推定される。正月の家庭遊戯として昭和初期まで続いた。文字を書いた読み札と、内容に相応する絵を描いた絵札からなる。絵札を散らして並べ、読み札にしたがって絵札をとり、とった枚数の多いものが勝ちとなる。京・大坂・江戸そのほか地方によってことわざは違う。いろは47字に、「ん」の代わりに「京」を加えて48枚あるのは、他のかるたの枚数に合致させたものであろう。

いろはじるいしょう [色葉字類抄] 内膳司典膳の橘忠兼が編纂した平安後期の辞書。当初の体裁を伝える天養～長寛年間(1144～65)成立の2巻本、それに補訂を加えた天養～治承年間

(1144～81)成立の3巻本,鎌倉初期に大幅に増補した流布本の10巻本「伊呂波字類抄」がある。日常使用された和語・漢語をいろは順に48編に区分し,さらにそれぞれを天象・地儀・植物・動物・人倫・人体・人事・飲食・雑物・光彩・方角・員数・辞字・重点・畳字・諸社・諸寺・国郡・官職・姓氏・名字の21部に序列し,和訓(反切)・用法などを示す。寺社の由来・縁起にも詳しい。当時の漢字表記を知りうる一級史料。

いわいのらん [磐井の乱] 6世紀前半,筑紫君磐井が九州北部でおこした反乱。「日本書紀」によると,継体21年,筑紫国造磐井は新羅の貨物をうけ,近江毛野臣の任那出兵をはばむため火・豊2国で反乱をおこしたが,物部麁鹿火に鎮圧された。磐井の子の葛子は,縁坐を恐れて糟屋屯倉を献上したという。福岡県八女市には磐井の墓とされる九州最大の岩戸山古墳があり,石人・石馬に象徴される独特の文化や,古墳の衙頭で独自の裁判を行ったという「筑後国風土記」逸文の伝えなど,磐井の権勢を示すものである。また八女地方の古墳から新羅系の装身具が出土し,新羅との提携も認められる。この乱の平定により,大和王権による西日本支配と外交の一元化が実現することになった。

いわきたいらげんぶんいっき [磐城平元文一揆] 1738年(元文3)陸奥国磐城平藩でおきた百姓一揆。100石につき金1両3分ずつという夫役金徴収が直接的な原因となり,年貢減免・諸小物成廃止などを要求,割元・御用商人・町会所などを打ちこわし,城下へ強訴。参加人数が数万人にのぼった典型的な全藩強訴。この間1729年(享保14)に箱訴した荒田目村菅勒次を解放している。夫役金の廃止を勝ちとったが,頭取ら死罪10人の犠牲を出した。

いわくら [磐座] 神が宿るとされる石。原始信仰では基本的には自然崇拝を行っており,神は山・樹木・石などに宿ると考えられた。このうち神が降臨した石(岩)が神聖視され,信仰の対象となった。一般的にはこの種の祭祀遺跡は古墳時代以降とされる。奈良県三輪山,静岡県天白磐座遺跡などがある。

いわくらけんがいしせつ [岩倉遣外使節] 明治初年に政府が海外に派遣した大使節団。明治政府は,(1)締盟国表敬訪問,(2)条約改正予備協議,(3)制度文物視察のため,岩倉具視を特命全権大使,木戸孝允・大久保利通・伊藤博文・山口尚芳を副使とし,理事官以下計40余人を派遣。同行した留学生とともで総calcul 107人。1871年(明治4)12月23日アメリカの船で横浜を出帆。米,英,仏,ベルギー,蘭,独,露,デンマーク,スウェーデン,伊,オーストリア,スイスの12カ国を巡訪,各国元首らに会い近代的諸施設を視察した。アメリカでは条約改正交渉に入ったため,大久保・伊藤が全権委任状をうけて一時帰国したが,交渉は中止。ヨーロッパ各国でも信教の自由と内地開放を要望され,留守政府は禁教の高札を撤去。73年9月13日帰国。使節の在外中に内定した西郷特使朝鮮派遣をめぐり征韓論争・政変を招いた。随行の久米邦武筆は「米欧回覧実記」をまとめ,顧問フルベッキの献策による各分野の分担調査の成果は「理事功程」などに報告され,その後の日本の近代化に寄与した。

いわくらともみ [岩倉具視] 1825.9.15～83.7.20 幕末～明治前期の政治家。下級公卿堀河康親の次男。京都生れ。幼名周丸,号は華竜,のち対岳。14歳で侍従・近習の養子となる。宮中に出仕し,侍従・近習を勤め,1858年(安政5)条約勅許問題で中山忠能らとともに幕府に反対。ついで公武合体を意図し和宮降嫁を画策。そのため尊攘派から奸物視されて朝廷から退けられ,岩倉村に潜居。大久保利通など薩長の倒幕派と接触を深め,67年(慶応3)王政復古の実現に暗躍した。新政府成立により参与・議定・外務卿などを歴任。71年(明治4)廃藩置県後に右大臣。71～73年特命全権大使として欧米を visite歴訪,帰国直後は,征韓優先論の立場から西郷隆盛の朝鮮遣使(いわゆる征韓論)を阻止した。74年不平士族に襲撃され負傷。81年プロイセン流憲法の制定を説く意見書(井上毅起執筆)を提出し,大隈重信のイギリス流政党政治の実現を説く「国会開設奏議」に対抗,明治14年の政変に深く関与した。

いわさか [磐境] 神祭のための祭場。古代に神を迎え祭るために石囲いをした施設。「日本書紀」の天孫降臨には,天津神籬と天津磐境をおこしたとの記述がある。福岡県沖ノ島遺跡などの祭祀遺跡や伊勢神宮内の石積神祠などから形態が類推されるが,小型の石で周囲を囲ったり石を積み上げたりして造った臨時の祭場で,形は円形・方形など。臨時的な施設のため磐座に比べて現存するものは少ない。

いわさきやたろう [岩崎弥太郎] 1834.12.11～85.2.7 幕末～明治期の実業家。土佐国生れ。高知藩の開成館長崎出張所・大坂出張所などに勤務して藩の貿易に従事していたが,1870年(明治3)開成館大坂商会を形式上藩営から分離して,九十九商会と改称。翌年同商会を引き継ぎ,72年三川商会と改称,さらに73年三菱商会,75年郵便汽船三菱会社とした。同社は台湾出兵の軍事輸送を担当して政府の保護をけるようになり,西南戦争の軍事輸送も担当した。しかし新汽船会社共同運輸が設立され,83年から弥太郎の死まで同社との激しい競争が続

いた。吉岡銅山・高島炭鉱を経営，三菱為換（かわせ）店を設立し，長崎造船所を借りうけるなど，のちの三菱財閥のもとを築いた。

いわさきやのすけ [岩崎弥之助] 1851.1.8～1908.3.25 明治期の実業家。土佐国生れ。岩崎弥太郎の弟。弥太郎の主宰する郵便汽船三菱会社の経営を助けたが，1885年（明治18）弥太郎の死にともない同社の社長に就任，同年共同運輸と合併して日本郵船を設立した。86年三菱社を設立，鉱業・造船などを拡充して三菱財閥の基礎を築き，93年弥太郎の長男久弥を社長に会資会社に改組した。96年男爵。同年日本銀行総裁に就任，98年退任した。

いわさまたべえ [岩佐又兵衛] 1578～1650.6.22 江戸前期の絵師。摂津国伊丹城主荒木村重の子。岩佐は母方の姓，名は勝以（かつもち），又兵衛は通称。道薀（どううん）・碧勝宮（へきしょうきゅう）と号した。1637年（寛永14）江戸に上る。土佐派・狩野派などを修得し，古典的な題材に当世風の卑俗さを加えた新しい画風で，菱川師宣（もろのぶ）以後の浮世絵様式の基礎を形成。代表作「柿本人麿・紀貫之像」「三十六歌仙絵額」「耕作図屛風」。

いわしみずはちまんぐう [石清水八幡宮] 京都府八幡市八幡高坊に鎮座。旧官幣大社。祭神は応神天皇・神功皇后・比売（ひめ）大神。859年（貞観1）大安寺の僧行教（ぎょうきょう）が宇佐八幡宮で神託をうけて大山崎男山に勧請し，朝廷が社殿を建立したのが創祀。このとき従来あった石清水寺は護国寺と改名して八幡宮と一体化し，別当に管理されながら仏教色が強かった。10世紀頃から護国神として信仰され，二十二社制では伊勢・賀茂に次ぐ上社とされた。別当家（田中家・善法寺家）の勢力も拡大し，宇佐弥勒寺・大隅正八幡宮も支配下においた。源氏の氏神とされ，鎌倉・室町将軍たちに信仰された。例祭は9月15日（以前は8月15日）。

いわじゅくいせき [岩宿遺跡] 群馬県笠懸町の赤城山東南麓大間々扇状地の孤立丘上にある旧石器時代遺跡。1946年（昭和21）相沢忠洋によって関東ローム層中から黒曜石の剥片（はくへん）が土器を伴うように発見された。1949・50年相沢と杉原荘介らの発掘で，日本で最初に旧石器時代遺跡であることが確認された。縄文時代以前に人類生活の痕跡はないとする日本考古学界の定説がくつがえり，1万年前の更新世の旧石器時代研究がここに開始された。調査では礫群や炭化物片とともに層位的に文化層が検出され，その後の研究の基盤が得られた。岩宿Ⅲ石器文化は尖頭器（せんとうき）文化，岩宿Ⅱ石器文化は切出形石器を伴うナイフ形石器文化，岩宿Ⅰ石器文化は局部磨製石斧を伴うナイフ形石器文化初期の所産である。出土石器は重文に，遺跡は国史跡に指定され，笠懸町立笠懸野岩宿文化資料館が付設されている。

いわせせんづかこふんぐん [岩橋千塚古墳群] 和歌山市東部にある600基以上の大群集墳。紀ノ川下流域の左岸に位置する丘陵上に南西約3km，南北2.5kmにわたって分布。大部分は円墳で，少数の前方後円墳・方墳をまじえ，5世紀中葉〜7世紀の築造とみられる。内部構造はこの流域で産出する緑泥片岩を用いた横穴式石室に最も特色があり，竪穴式石室・粘土槨（ねんどかく）・箱式棺もある。各種玉類・耳飾・刀剣・金銅馬具・須恵器（すえき）・土師器（はじき）を出土し，形象埴輪には人物・家形・盾形・靫（ゆぎ）・胡簶（やなぐい）形・動物があり，双脚輪状文形の異形品もある。土器の中に加羅（から）・新羅系陶質土器の要素を示すものがあり，石室に棚や梁を設けた特異な石室の構造とともに，外来文化の影響が注目される。国特別史跡。紀伊風土記の丘として公園化。

いわせただなり [岩瀬忠震] 1818～61.7.11 幕末期の幕臣。父は設楽貞丈（したらさだたけ）。岩瀬家の養子。肥後守。老中阿部正弘に抜擢されて1854年（安政元）目付となる。海防掛などを兼務し，台場築造・大艦大船製造・軍制改正にあたる。56年7月ハリスが来日すると，交渉全権となる。58年老中堀田正睦（まさよし）と上京したが，条約勅許を得られないまま，日米修好通商条約に調印。新設の外国奉行となり，蘭・露・英・仏各国との通商条約調印の全権。一橋派だったため同年作事奉行に左遷され，翌59年差控となる。

いわてけん [岩手県] 東北地方の北東部に位置する県。旧陸奥国の中央部，明治の分国後は陸中国の大部分と陸前・陸奥両国の一部を県域とする。戊辰戦争の敗北後，盛岡藩は減封され磐城国白石（しろいし）に移されたが，1869年（明治2）盛岡に復帰し，没収地には胆沢（いさわ）県・江刺（えさし）県，八戸（はちのへ）県（八戸県，三戸県と改称し江刺県に合併）がおかれた。70年盛岡藩が廃され盛岡県がおかれた。71年廃藩置県をへて11月，胆沢・江刺2県は一関（いちのせき）県（水沢県，磐井（いわい）県と改称）に合併された。72年盛岡県は岩手県と改称し，76年磐井県のうち陸中3郡，宮城県から気仙（けせん）郡，青森県から二戸郡を編入して現在に至る。県庁所在地は盛岡市。

いわとやまこふん [岩戸山古墳] 福岡県八女（やめ）市吉田の八女古墳群中にある古墳後期の前方後円墳。周濠・周堤を含む総長170m，墳長135m，後円部径約60m，高さ18m。前方部も同高で幅はもっと広い。2段築成。埋葬主体は未掘で不明。北東部の周堤に1辺43mの方形の別区とよぶ遺構がある。墳丘と別区に，円筒形象埴輪や石人（せきじん）・石馬をはじめ各種の石造品が発見され，『筑後国風土記』逸文との対比から，継体天皇22年誅殺とある筑紫君磐井（いわい）の

いんき

いわなみしげお [岩波茂雄] 1881.8.27～1946.4.25 大正・昭和期の出版人。長野県出身。東大卒。1913年(大正2)古本屋として岩波書店を創業。翌年夏目漱石と知り合い「こゝろ」を出版する。15年西田幾多郎らとの縁によって「哲学叢書」を出版し、出版社としての基盤を築く。40年(昭和15)津田左右吉らの筆禍事件で発行者として起訴された。45年貴族院議員。

いわなみぶんこ [岩波文庫] 1927年(昭和2)出版界の不況期に岩波書店が刊行した文庫本。岩波茂雄がドイツのレクラム文庫にならって発案し、哲学者の三木清らが参画して発刊。古今東西の書物の普及を目的として、廉価で手軽に買える書物として考案した。当時星印一つが約100ページで定価20銭。装丁は平福百穂らが、正倉院宝物の古鏡の模様を図案化したもの。

いわふねのさく [磐舟柵] 越国におかれた古代の城柵。渟足柵についで648年(大化4)造営され、越・信濃両国の民を選んで柵戸とし、蝦夷に備えたとある。698年(文武2)と700年に石船柵の修理記事がみえ、のち史料から消えるものの8世紀まで存続していた可能性が高い。658年(斉明4)都岐沙羅柵がみえ、これを磐舟柵の旧称とする説もあるが疑問。新潟県村上市浦田山に比定地があったが、この遺構は古墳の石室であることが判明した。村上市と岩船郡神林村に接する旧岩船潟周辺とする説などもあるが、現在のところ所在は未詳。

いわみぎんざん [石見銀山] 石見国邇摩郡大森にあった銀山。現在の島根県大田市大森町。室町時代から採掘が行われたというが、1533年(天文2)神谷寿禎が博多から吹工を連れてきて本格的な銀山開発にのりだした。尼子・大内・小笠原諸氏が争奪戦をくり返し、62年(永禄5)毛利氏が押さえた。その後、豊臣秀吉は銀山に目付を派遣して直轄領とした。江戸幕府も銀山周辺の4郡146カ村を直轄化し石見銀山領とした。1601年(慶長6)大久保長安を代官とし、大森に代官所をおいた。以後産出量は飛躍的にのび、年間3600貫にまで最盛期となるが、寛永年間には衰微しはじめ、江戸中期には年間産出量が100貫程度となった。18世紀以降は銅も産出。1923年(大正12)休山。

いわみのくに [石見国] 山陰道の国。現在の島根県西部。「延喜式」の等級は中国。「和名抄」では安濃・邇摩・那賀・邑知・美濃・鹿足の6郡からなる。国府・国分寺は那賀郡(現、浜田市)におかれた。一宮は物部神社(現、大田市)。「和名抄」所載田数は4884町余。「延喜式」では調庸として綿、中男作物として紙・紅花など。石見の万葉歌を残した柿本人麻呂はこの地で没したと伝えられる。鎌倉時代には益田氏一族が各地で勢力をはった。のち戦乱のなかで大内氏、毛利氏の領国となる。16世紀半ばから石見銀山が盛期を迎え、各氏がこれをめぐり争った。近世は幕領(石見銀山領)・浜田藩・津和野藩が成立。1866年(慶応2)幕領・浜田藩領は萩藩に占領された。69年(明治2)旧幕領・浜田藩領は大森県となり、石見は浜田県と改称。71年の廃藩置県により津和野藩は浜田県に合併。76年浜田県は島根県に合併。

いわみりゅう [石見流] 江戸初期の地方仕法の一つ。徳川家康の側近の大久保石見守長安が実施した仕法で、伊奈忠次による伊奈流や彦坂元成の彦坂流と並び称された。とくに長安が幕府の代官頭として甲斐・石見・美濃・越後などに実施した慶長期の検地は、6尺1分を1間とした最初の検地であり、石見検地、大久保検地として知られる。また佐渡金山をはじめとする鉱山開発にも手腕を発揮したが、長安の失脚で石見流の仕法はすたれた。

いわやさざなみ [巌谷小波] 1870.6.6～1933.9.5 明治・大正期の児童文学者・小説家・俳人。東京都出身。本名季雄。漣山人ともいう。父は書家の一六。幼時から文学に親しみ、ドイツ語も学ぶ。1887年(明治20)硯友社に参加して小説を発表。同年杉浦重剛の称好塾に入り大町桂月・江見水蔭らを知る。91年「こがね丸」を発表し、以後児童文学に力を注ぐ。後年は早稲田大学講師、文部省の各種委員などを歴任。「日本昔噺」「世界お伽噺」など童話の編集も多い。

いん [院] 原意は倉庫のような建物のことだが、譲位した天皇の居住地をさすようになり、転じて譲位した天皇そのものをさす語となった。複数の上皇が同時に存在する場合、本院・中院・新院などとそれぞれを区別してよぶ。皇后・中宮等などで女院の号の宣下をうけた者も院とよばれ、さらに平安時代以降は在位中の天皇も院号でよばれるようになった。

いん [院] 平安後期に形成された国衙領の所領単位の一つ。律令制下において諸郷に設置された郡衙の収納施設(正倉)を基礎として、従来の郡郷を再編したものと考えられる。薩摩・大隅・日向の南九州諸国の事例が著名だが、能登・紀伊などの国にもみられる。

いんぎょうてんのう [允恭天皇] 記紀系譜上の第19代天皇。5世紀中頃の在位という。雄朝津間稚子宿禰天皇と称する。仁徳天皇の皇子。母は皇后磐之媛。皇后忍坂大中姫との間に安康・雄略両天皇がいる。

「宋書」倭国伝の倭王済誉に比定される。葬られた恵我長野北ぇがのなが陵は，大阪府藤井寺市国府の市ノ山古墳にあてられる。

いんぐうおうしんけ [院宮王臣家] 8世紀末～9世紀に後院・諸宮・貴族の総称として官符や正史に使用された特有の表現。本来は三位以上の家，場合により四～五位の家も含む。新たに台頭した有力農民と結託して大土地所有を展開したため，しばしば禁制の対象となったが，10世紀以降国家がそれを阻止できなくなるにつれて，この呼称も史料から消えた。

いんぐうぶんこくせい [院宮分国制] 院・女院ないし中宮・斎宮などに国守の推挙権を与え，国主に収益を得させる制度。その国を分国・御分国・院分国という。908年（延喜8）宇多上皇の信濃国を分国の初見とし，院政期を中心に鎌倉時代にかけて増大。知行国の前提となる制度とされる。院宮分国制を年給制度のうち国守を給するものとする説もあるが，否定的な見方が有力。

いんげんりゅうき [隠元隆琦] 1592.11.4～1673.4.3 中国明代の禅僧。日本黄檗おう宗の開祖。中国福建省出身。29歳で出家し，諸方遍歴ののち，福州黄檗山万福寺（古黄檗）の費隠通容ひぃんつうの法をついで山主となる。長崎興福寺の逸然性融いつねんしょうゆうらの懇請をうけ，1654年（承応3）来日。58年（万治元）将軍徳川家綱に謁し，幕府から山城国宇治に寺地を与えられ，61年（寛文元）万福寺を創建して日本黄檗宗を開いた。嗣法の弟子は日本僧3人を含む23人。著述に「黄檗語録」「普照国師広録」などがあり，日本で数多く開版された。歴代天皇から，大光普照・仏慈広鑑・径山首出・覚性円明の各国師号と真空の大師号を贈られた。弟子の木庵性瑫もくあんしょう・即非如一そくひにょいつとともに黄檗三筆とよばれた。隠元豆は隠元が明から移植したものという。

いんごう [院号] 太上だじょう天皇の称号，女院じょの称号，摂関・将軍などの称号の3種類がある。(1)太上天皇の称号は，嵯峨天皇以後，京内外に営んだ居所によってよばれたもの。当初は居所の名を中国風の雅名にかえるのが例であったが，後一条天皇以後は日本風の名を用いた。また，後一条天皇は在位のまま没した場合も院号を贈るのが例となり，ついには天皇号として定着した。(2)女院の称号は，これにならって，皇太后を辞した藤原詮子せんが東三条院とよばれたのを初例とする。上東門院（藤原彰子）以後は門院号が大半を占めた。(3)摂関・将軍などの称号は，寺院名にちなんでよばれ，摂関藤原兼家の法興院ほうこうや，足利尊氏の等持院に始まり，のちには庶民や一般の僧尼にもこの風が広まった。

いんし [院司]「いんのつかさ」とも。院庁あるいは女院庁の職員の総称。平安前期，嵯峨上皇の院庁におかれたのが初例。別当・判官代ほうがん・主典代しゅてんのような院中諸事をつかさどる者，院蔵人くろうどのような院・女院の身辺雑事をつかさどる者，院中の所々をつかさどる者，北面のような警護をつかさどる者などの諸種の院司があり，上下さまざまの階層の廷臣が含まれていた。院司は本官をもつのが原則で定数はなかったが，徐々に増加の傾向を示した。院政期頃からは，執事とつとよばれる院司の統轄者がおかれる体制が成立し，鎌倉時代には執事のほかに執権けんがおかれて，院中諸務を統轄した。

いんじ [印璽] 国家にとって最も重要な印章の称。璽は中国では白玉で製する天子の印で，皇帝の印章としての御璽ぎょと，国家の印章としての国璽こくとがあった。日本では皇位の象徴としての鏡・剣を神璽と称するとともに（神祇令），五位以上の位記や諸国に下す公文もんに押捺する内印ないに「天皇御璽」と刻された。

いんじうち [印地打ち] 石合戦とも。河原などで大勢があい対して石を投げ合い勝敗を競う遊戯，またその行事。「いんじ」は石打ちの訛り。小石を打ち合って豊凶などを占う習俗から派生したものとみられる。平安時代から遊戯として行われたが，源平合戦には実戦に石合戦の得意な「いんち」と称する無頼の徒が加わった。室町時代には5月5日の節供や小正月の男児の行事として流行。しばしば大人が加わって集団的に戦闘さながらに演じられた。寛永年間に全国的な禁令の対象となる。5月節供の菖蒲打ちを印地打ちとよぶところもある。

いんじゃ [隠者] 通世ねんした人。みずからの意志で俗世間からのがれて生活する人。中世には，仏教思想の影響のもと一つの理想的生き方とされ，隠者が輩出した。その生活のなかでえた思索やものの見方などにより，鴨長明かものちょうめい・西行さいぎょう・吉田兼好けんこうらに代表される，隠者文学と称される中世文学の独自の分野をうみだした。

いんじゅ [印綬] 本来は古代中国で，官印とそれを身につけるための組紐のこと。印は官人の身分を証明する印形で，綬は長さや幅・色が身分により異なった。日本から中国に遣使した際に中国の官爵を賜与された例がいくつかあり，その際に印綬を与えられた。たとえば239年魏に朝貢した邪馬台やまたい国の女王卑弥呼ひみこは親魏倭王の称号と金印紫綬にあずかり，率善中郎将に任じられた大夫難升米なしょうに銀印青綬を賜与されている。

いんしょう [印章] 文書などに押す「はん」。古代には太政官その他の出す公文書には，それ

それの役所の印章(官印)が押されていたが、中世になるとみられなくなる。鎌倉中期には、中国で行われていた私的な印章の使用が入宋僧・渡来僧などにより伝えられた。まず禅宗の僧侶、つづいて禅宗に帰依した武士(足利尊氏・同直義など)が使い始めた。ただし画像の賛に押したり、文書の本文部分に押して、署名の代用としては用いられなかった。戦国期になり、しだいに花押のかわりに用いられた。近世以降現代まで、いわゆる「はんこ万能」の時代となった。

いんせい [院政] 譲位した天皇である上皇あるいは出家した上皇である法皇が、院庁において実質的に国政を領導する政治形態。院政の萌芽は、すでに平安前期の宇多上皇の時代にみられるが、本格的に展開するのは、1086年(応徳3)の白川上皇の院政開始に始まる。以後、鳥羽・後白河と3代の院政が続き、法にとらわれない専制的政治が定着した。この時代は院政期とよばれる。以後、中世を通じて天皇親政よりもむしろ院政がふつうとなり、形式的には1840年(天保11)の光格上皇死去まで継続する。院政においては、院宣・院庁下文といった院の発給文書が国政上重要な機能をはたすようになり、それらの発給を通じて太政官の諸機構が動かされるというかたちで国政が掌握された。摂関家におさえられた受領層などの中下級貴族が王権のもとに結集し、武士とともにまき返しを図ろうとした点に院政成立の最大の要因があり、これに父子血統を通じて自分の意のままに天皇の位を廃立しようとする王権の意図が結びついて、院政という政治形態が出現したと考えられる。のち武家政権と対立してその専制力を弱め、承久の乱以後は形式化していった。

いんせいじだい [院政時代] 日本史の時代区分の一つ。退位した天皇が朝政を主導する院政が、国政の基本形態として確立したことを指標に設定された。始期は1086年(応徳3)の白河院政開始とされるが、後三条天皇の延久新政(1068〜72)を含む場合もある。終期はふつう鎌倉幕府の成立とされるが、朝廷と幕府の基本関係が固まる承久の乱後の後鳥羽院政終了時(1221)とする考え方もある。荘園公領制の確立、国制での武家の地位向上などの点から、中世的秩序が確立した時代といえる。

いんぜん [院宣] 上皇に近侍する院司が、上皇の意向をうけて、自分を形式上の差出人として発給する奉書形式の文書。「東大寺要録」に収める928年(延長6)の「宇多院宣旨書」の初見とみられるが、文書として様式が整うのは院政期である。書式は本文中に「院宣かくのごとし」「院の御気色により」などの文言をいれて、院の意向をうけたものであることを示し、最後に月日の下に奉者の署名に「奉」字を添えて記し、末行に充所を記す。本来私状形式の文書であるが、院政時代に上皇の政治力が強くなるにしたがい、院宣の影響力も増大した。

いんてん [院展] 日本美術院展覧会の略称。1898年(明治31)に設立された日本美術院は、同年から春秋2回展覧会を行った。前期日本美術院の展覧会は、日本絵画協会と実質的な主力メンバーが同じだったため、両会合同で行われ、むしろ絵画共進会の名でよばれている。展覧会の名を「院展」の名称でよぶのは、通常1914年(大正3)以降の再興日本美術院の展覧会についてである。回数も14年の再興第1回院展以降の通算で数えられる。45年(昭和20)から小品展も開催し、59年第14回から春季展と改称された。

インド アジア大陸中南部に位置し、インド洋に面した国。漢字表記は印度、古くは身毒・天竺とも。紀元前4世紀末からマウリヤ朝、グプタ朝、ムガル帝国などが継起した。17世紀初めからイギリス東インド会社の支配下となり、1857年の大反乱(シパーヒーの反乱)後、イギリスの植民地となる。第1次大戦後独立運動が高揚、第2次大戦後の1947年ヒンズー教徒を中核とするインド連邦とイスラム教徒を中核とするパキスタンの2国に分離独立した。50年連邦共和国となる。ヒンズー教のほかイスラム教・シーク教などの宗教問題、言語・民族問題、カースト制などの社会問題をかかえている。日本との関係は、第2次大戦前は綿花の原料市場、綿製品の輸出市場であったが、戦後は鉄鉱石輸入先で、日本からの重化学工業品の輸出が多く、技術協力も行われている。対印援助額は諸外国中日本が1位。正式国名はインド。連邦共和制。首都ニューデリー。

インドネシア 東南アジアで、太平洋とインド洋が接する地域にある群島国家。ジャワ、スマトラ、スラウェシ、カリマンタンなど約1万3700の島々からなる。イスラム文化を主とする小国群が成立していたが、17世紀からしだいにオランダが進出。バタビアを拠点に東インド会社が貿易と植民地化を進めた。第2次大戦中は日本の軍政下におかれ、日本敗戦の1945年8月独立を宣言し、オランダ軍と戦って49年完全独立。58年日本とも平和条約・賠償協定を締結した。今日もASEANの盟主的存在。正式国名はインドネシア共和国。首都ジャカルタ。

いんないぎんざん [院内銀山] 秋田県雄勝町の院内銀山町にある銀山。1606年(慶長11)発見、翌年から秋田藩の御直山となり運上銀で繁栄した。銀山奉行の梅津政景はのち藩老となり、秋田の鉱山行政に後世まで大きな影響を与えた。しかし排水の困難と直山支配のむずかしさから1725年(享保10)全山を山師に請け負

わせる請山詩となったが，産銀からの金の析出に成功すると，1817年(文化14)再び直山となり，以後幕末期には日本一の産銀高をあげた。廃藩後，小野組をへて官営となり近代技術を導入，85年(明治18)古河市兵衛に払い下げられた。1921年(大正10)休山，32年(昭和7)再開されたが，第2次大戦後再び休山。

いんのきんしん [院近臣] 院・女院院の身近に近侍した上中級廷臣。院庁・女院庁の職員として院中の庶務をつかさどるとともに，多くは受領記を歴任することでえた富により，院政を経済面から支えた。代表的な院近臣として，白河院政の藤原顕隆禁・高階為章等ななか，鳥羽院政の藤原顕頼・藤原家成等，後白河院政の藤原信頼・藤原隆季ならがあげられる。

いんのちょう [院庁] 上皇・女院院の家政機関。その職員を院司と称し，別当・判官代懸だ・主典代は・公文蓋・院掌・雑色は などの構成員があった。発給文書として院庁下文鶯・院庁牒浮などがあった。字多上皇の時代にその原型が存在し，院政時代以降，組織は拡大・整備され，国政上重要な役割をはたすようになった。鎌倉中期の後嵯峨院政の時代には，鎌倉幕府の制にならって評定衆がおかれた。狭義には，庁官や院司のなかで院内庶務を処理する下級職員によって構成される機構を院庁と称した。鎌倉時代以降は院司の1人が庁年預となって統轄した。

いんのちょうくだしぶみ [院庁下文] 上皇の政務機関である院庁の発給する文書の一つ。「院庁下」と書き出し，その下に充所認を記し，事書蓋以下の本文は「故下」で書き止める。奥には別当以下の院司の署判が，日付の下には主典代の署判がすえられる。院司が多数のときは署判は2段に記される。初見は1114年(永久2)。院政初期には院庁牒が多く発給されたがしだいに減少し，院庁下文が発給されるようになった。両書の分担関係は不明だが，国衙認あての場合に院庁牒の充所が「国衙」なのに対し，院庁下文では「在庁官人等」とある点が異なる。院政期における内容は院の所領などに関するものが大半で，それも官符などの太政官系文書の命令とあわさってはじめて効力を発揮した。

いんのひょうじょうしゅう [院評定衆] 中世前期，院政を補佐する評議機関として設置され，院の諮問に応じて答申を行った院評定の構成員。摂関・清華家出身の上流廷臣と，職事・弁官を勤め実務処理能力に優れる名家出身の中流廷臣とからなるが，実質的な担い手は後者であった。

いんのべっとう [院別当] 院司の一つ。上皇・女院の家政機関である院庁の職員で，公卿・四位クラスの官人が任じられる職。一般に別当は，本官をもつ官人が他の機関の長に任じられたときの称であるが，嵯峨上皇の時代を初例として，院庁にも別当がおかれるようになった。当初1～2人が任じられるだけだったが，院政時代以降増加の傾向をみせ，公卿のほとんどが院別当となり，別当の1人が執事として，院中の諸事を実質的に統轄する体制が定着した。

いんぱ [院派] 平安後期以降の仏師の一派。覚助の弟子院助祭に始まるが，この系統の仏師の名には院の字のつくことが多いので院派とよばれる。京都に七条大宮仏所・六条万里小路認仏所を構え，おもに宮廷や貴族関係の造仏にたずさわった。とくに院覚の子院康祭は，平安末～鎌倉初期に造仏界の重鎮として活躍。鎌倉時代に入り，院尊の子院実をはじめ院賢や院範などが活躍したが，慶派の勢力に押され，造仏界の主流となることはなかった。

いんばぬまかんたく [印旛沼干拓] 千葉県北部の印旛沼は，利根川水系の旧支谷を土砂が堰き止めてW字型の沼になったもので，沼面標高1m，最深1.8m，干拓前の面積21.3㎢。江戸時代に干拓工事が3度(享保・天明・天保)試みられたがいずれも失敗。維新後にも計画があったが，着手されなかった。1946年(昭和21)国営事業として干拓工事が開始され，途中で工業用水確保のために北部・西部の二つの調整池が設けられて，69年には13.9㎢の干拓地がうまれた。沼水は印旛沼放水路(新川・花見川)から東京湾に排水する。

インパールさくせん [インパール作戦] 太平洋戦争中ビルマの日本軍が，インドからの連合軍の攻撃を封ずるためインパール(インド東部の州都)を占領しようとして惨憺した作戦。多くの反対を押し切って，第15軍司令官牟田口廉也浪の強硬な主張が認められ，1944年(昭和19)3月中旬，第15軍の3個師団とインド国民軍による攻撃が開始された。軽装備の急進戦法をとったため補給は軽視された。4月に入って日本軍はコヒマを占領してインパール包囲態勢をとったが，連合軍は空中補給により防衛線を固めて反撃し，さらに日本軍の後方に空挺部隊を急派した。補給のない日本軍は雨季の到来とともに急速に壊滅状態に陥った。作戦中止命令が遅れ，7月10日ようやく中止が命じられたが，悲惨な退却戦となった。

いんべ [忌部] 古代の部民。のちには斎部とも記す。諸国に分布したが，紀伊の忌部は中央の忌部氏に直属し，阿波・讃岐の忌部は国造を介して大和朝廷の官司に所属したという。律令時代には忌部姓の人々や忌部郷が阿波・越前・紀伊・出雲・上総国に分布。斎部広成の『古語拾

遺」によると，彼らは天皇のため正殿をたて，鏡・玉・矛・盾・木綿・麻布・竿舁を貢し，大嘗祭に奉仕した。「延喜式」によると，忌部は践祚大嘗祭で重要な役割をはたした。

いんやく [印鑰] 印鑰とも。印と鍵のこと。天皇の正印と朝廷諸司の庫の鍵。転じて諸官府の長官の官印と官庫の鍵，寺社の長者の職印と寺庫の鍵を意味した。具体的には国守の官印と国庫の鍵，僧綱の職印と僧綱所の鍵，天台座主の職印と延暦寺宝蔵の鍵などをさす。官府の長官や寺社の長者の交代時に印鑰を渡すことから，「印鑰渡し」が前任者から後任者への事務引継ぎを意味し，印鑰が官府や寺社を統轄する職務・職権の象徴ともされた。平将門が国府占拠にあたり国衙の官印と国庫の鑰を掌握したことは有名。国衙周辺に印鑰を祭る印鑰社がよくみられた。

いんようごぎょうせつ [陰陽五行説] 中国の戦国時代に陰陽説と五行説が結合して成立した理論。世界の人事・自然現象を，陰陽とその展開した五行（木・火・土・金・水の5要素）をくみあわせたものとして理解し，仏教の五戒などとも結合して中国の人事・自然現象の解釈に重要な理論的枠組みを与えた。日本でも古代以来近世まで有力な理論として，仏教・儒教・神道・陰陽道などの学問や茶道などの芸能に強い影響を及ぼした。明治期以降は迷信として排斥されながらも，現代の漢方医学はこの理論を基礎的な枠組みとし，また現代の占いも陰陽五行説を標榜している場合が多い。

いんりょうけんにちろく [蔭涼軒日録]「おんりょうけんにちろく」とも。室町時代の京都相国寺蔭苑軒蔭涼軒主の公用日記。蔭涼軒主は禅宗寺院と将軍の仲介を行っており，内容は住持の任免，寺院からの申請と将軍の決裁，将軍の寺院への移徙などの記事を中心とする。1435～41年（永享7～嘉吉元）と58～66年（長禄2～文正元）は季瓊真蘂の日記で，記事は簡略。84～93年（文明16～明応2）は亀泉集証の日記で，記事は詳細なうえ，他にもわたって豊富。16世紀後半の継之景俊の日記も，「鹿苑日録」に断片的に残る。室町幕府や禅宗史・文化史の研究に不可欠の史料だが，原本は焼失。「増補続史料大成」所収。

う

ウィッテ Sergei Yulievich Vitte 1849.6.17～1915.2.28 ビッテとも。ロシア末期の政治家。1892年から1903年まで蔵相として，シベリア鉄道建設，露清銀行と東清鉄道による東アジア進出などを推進したが，日露開戦に反対し左遷される。戦後に全権として日露講和条約を締結。著作に大竹博吉訳「ウィッテ伯回想記」上中下。

ウィリアム・アダムズ ⇨アダムズ

ウィリス William Willis 1837.5.1～94.2.14 幕末・維新期のイギリスの外交官・医師。北アイルランド生れ。1859年エジンバラ大学卒。62年（文久2）5月，駐日イギリス公使館補助官兼医官として来日。68年（明治元）の戊辰戦争に従軍し敵味方の別なく負傷兵を治療した。翌年，明治政府に請われて医学校および東京府大病院に勤めるが，ドイツ医学採用という政府の方針転換により，同年鹿児島医学校兼病院に転じ，一時帰国をはさんで77年3月まで同地で勤務し離日。85年シャム国イギリス総領事館医官に任じられ，92年まで在職。

ういん [右院] 明治初年の中央行政機関。1871年（明治4）7月，太政官に正院・左院とともに設置。各省の長官・次官（卿・輔）が集会して行政事務の実際を審議するところとされた。右院から上達した施政の事務は正院が裁決した。73年5月の太政官職制章程の改正で正院の権限が拡大し，右院の権限は縮小した。75年4月，左院とともに廃止。

うえきえもり [植木枝盛] 1857.1.20～92.1.23 明治期の自由民権家。高知藩士出身。独学で民権思想を学ぶ。1875年（明治8）上京し，板垣退助の書生をしながら新聞に投書して言論活動を開始，筆禍を経験して民権家の自覚を高め，77年に帰郷して立志社に入社，西南戦争中に立志社建白を起草した。執筆や演説会で活発な言論活動を展開し，理論家・運動家として名を高めた。私擬憲法「日本国国憲案」を起草。愛国社・国会期成同盟・自由党で板垣の片腕的存在として活躍し，自由党解党以後は，高知に戻り県会議員となる。「土陽新聞」に健筆をふるった。議会開設で高知から衆議院議員に当選，自由党土佐派の有力者として第1議会で政府と妥協し，自由党を脱党。

うえすぎうじのり [上杉氏憲] ?～1417.1.10 室町時代の武将。関東管領，上総・武蔵両国守護。犬懸上杉氏。入道して禅秀。1411

年(応永18)関東管領となる。15年鎌倉公方足利持氏が犬懸上杉氏の被官の所領を没収する事件がおき、これを不満として管領を辞職。さらに持氏が山内上杉憲基を後任としたため、持氏・憲基に対する反感を強めた。16年10月同じ反持氏の足利満隆(持氏の叔父)を擁して持氏らを鎌倉から追い、いったんは政権の奪取に成功。しかし幕府が持氏らを支持して越後・駿河などの軍勢を派遣したためしだいに圧迫され、17年正月満隆とともに鎌倉で自害。

うえすぎかげかつ[上杉景勝] 1555.11.27～1623.3.20 織豊期～江戸初期の武将・大名。初名顕景。越後国春日山城(現、新潟県上越市)城主、出羽国米沢藩主。上杉謙信の甥ではじめ長尾姓であったが、1575年(天正3)上杉姓と景勝の名乗りを与えられた。78年謙信の死後、上杉景虎と家督を争い、翌年これを破り(御館の乱)、謙信の後継者として越後を領有。84年豊臣秀吉に従い、以後豊臣政権に協力、のち五大老の一員となった。98年(慶長3)秀吉により陸奥国会津に移封。秀吉の死後、1600年石田三成らと連絡して徳川家康と対立したが、関ケ原の戦で三成が敗れたため降伏。翌年知行高を大幅に減封されて米沢に移る。

うえすぎけんしん[上杉謙信] 1530.1.21～78.3.13 戦国期の越後国の武将。長尾為景の子。初名景虎、ついで上杉政虎・同輝虎、入道して謙信。武田・後北条氏両氏などと戦い、戦国武将を代表する1人だが、その勢力圏はほぼ越後一国にとどまった。1548年(天文17)家督となり、50年守護上杉定実の死去により名実ともに越後国主となる。武田信玄の信濃北部への進出に対抗。53年信濃に出動し、以後しばしば武田勢力と戦った(川中島の戦)。北条氏康に関東を追われた関東管領上杉憲政を保護する。60年(永禄3)から翌年にかけて憲政を擁して関東に進出、氏康の本拠相模国小田原城(現、神奈川県小田原市)を攻めたが、攻略できなかった。このとき憲政から上杉姓と関東管領職を継承、以後ほぼ毎年関東に出動したが、成果を残せなかった。武田・後北条氏両氏の敵対し、69年後北条氏と同盟したが、短期間で破れた。北陸方面では73年(天正元)越中を制圧、さらに能登・加賀に進攻、織田信長軍と戦った。

うえすぎし[上杉氏] 中世～近世の武家。勧修寺流藤原氏。重房のとき、丹波国上杉荘(現、京都府綾部市)を支配して上杉氏を称した。1252年(建長4)宗尊親王に従って鎌倉に下ったといわれる。重房の孫清子は足利貞氏に嫁いで尊氏・直義を生み、足利氏に重んじられ、室町幕府下では関東管領家として繁栄。一族は山内・扇谷・犬懸・宅間の4家にわかれた。宅間家はまもなく衰退、犬懸家も15世紀初めの上杉禅秀の乱により滅亡。関東管領は15世紀半ば頃から扇谷家が台頭して宗家の山内家と対立。争乱をくり返すなか、両家は新興の後北条氏によってしだいに圧迫された。1546年(天文15)山内憲政・扇谷朝定連合軍は武蔵国河越で北条氏康軍に敗れ、朝定は戦死、扇谷家は滅亡した。憲政も52年越後国へ逃亡、61年(永禄4)関東管領職と上杉姓を長尾景虎(上杉謙信)に譲り、山内家も滅んだ。謙信は越後国春日山城を本拠に北陸の有力戦国大名となり、関東・信濃方面にもしばしば出兵。その死後、養子景勝は豊臣秀吉に従い、五大老となった。会津若松120万石を領したが、関ケ原の戦で西軍に加わり、米沢藩30万石に減封。1664年(寛文4)さらに15万石に半減された。維新後、伯爵。「上杉家文書」を伝える。
→巻末系図

うえすぎしげふさ[上杉重房] 生没年不詳。鎌倉中期の武将。上杉氏の祖。父は藤原清房。公家の家に生まれ育ち、修理大夫・左衛門督などを歴任。1252年(建長4)宗尊親王が将軍として鎌倉に赴くのに随行。そのまま鎌倉に定着して将軍の側近となる。丹波国上杉荘を与えられ、以後上杉氏を名のる。女が足利頼氏の妻となり、家時を生んだため、足利氏の姻戚となった。

うえすぎしげふさぞう[上杉重房像] 上杉氏の祖上杉重房の肖像彫刻。烏帽子をかぶり、狩衣と指貫をつけ、右手に笏をとって安座する姿は、鎌倉時代に流行した武人俗体像の典型的な様式。顔の写実表現が巧みで、肖像彫刻として優れた作域を示し、制作時期も13世紀にさかのぼる。高さ68.2cm。神奈川県明月院蔵。重文。

うえすぎしんきち[上杉慎吉] 1878.8.18～1929.4.7 明治後期～昭和前期の憲法学者。法学博士。福井県出身。東大卒。東京帝国大学助教授となり、1906年(明治39)ドイツに留学。当初天皇機関説をとるが、帰国後は天皇主権説に転向し、穂積八束とともに美濃部達吉を批判して論争となる。12年(大正元)教授、翌年から穂積を継いで憲法講座を担当。14年「帝国憲法述義」刊行。国家主義団体の七生社を育成するなど実践面にも関与した。

うえすぎぜんしゅうのらん[上杉禅秀の乱] 1416年(応永23)におこった、前関東管領犬懸氏上杉氏憲(禅秀)の鎌倉公方足利持氏・関東管領山内家上杉憲基に対する反乱。乱の前年持氏が犬懸上杉氏の被官の所領を没収する事件がおき、これを不満として氏憲は管領を辞職。さらに持氏が犬懸家の対立勢力である憲基を管領に起用したため、氏憲は持氏・憲基に対する反感を強め、持氏の叔父足利満隆を擁して

同志を募り，16年10月持氏・憲基を攻めて鎌倉から追い，政権を奪取。当時京都では将軍足利義持と弟義嗣が対立していたが，氏憲らは義嗣と連絡があり，幕府はこれに対抗して持氏らの支持にまわった。幕府は駿河・越後の軍勢を派遣して持氏らを救援し，17年正月氏憲らを鎌倉に包囲し，氏憲・満隆はともに自殺。本来義持と持氏の関係は良好でなく，乱後持氏が残党討伐と称して親幕府の諸氏を攻めたため，その関係はいっそう悪化した。

うえすぎのりざね [上杉憲実] 1410～66.閏2.～ 室町中期の武将。房方の子。山内上杉憲基の養子。関東管領，伊豆・上野両国守護。1419年(応永26)関東管領となる。鎌倉公方足利持氏は幕府を敵視し，両者の関係はつねに緊張状態にあったが，憲実は持氏を諫め関係改善に努めた。しかし持氏との関係はしだいに険悪になった。38年(永享10)鎌倉から管国上野に退去，ついで幕府の命令に従って持氏を攻め，翌年鎌倉で自殺させた(永享の乱)。これを罪悪として出家・隠退したが，のち政治に復帰し結城合戦の処理などにあたった。この間，鎌倉円覚寺の僧快元を招いて足利学校を再建し，これを保護した。49年(宝徳元)以後諸国を流浪し，晩年は大内氏に保護されて長門大寧寺(現，山口県長門市)に住した。

うえすぎのりただ [上杉憲忠] 1433～54.12.27 室町中期の武将。関東管領。山内上杉氏。憲実の子。永享の乱後，上杉氏の重臣団が関東の実権を握ったが，乱に敗れた足利持氏の与党などは持氏の遺子鎌倉公方足利成氏を擁して反抗，両者の対立は深まった。1450年(宝徳2)山内上杉氏の家宰長尾景仲らは鎌倉周辺で成氏軍と戦ったが勝利をえられず，憲忠は鎌倉から七沢(現，神奈川県厚木市)に退いた。まもなく鎌倉に帰ったが，54年(享徳3)成氏邸に誘い出され殺された。

うえすぎのりまさ [上杉憲政] ?～1579.3.17 戦国期の武将。憲房の子。関東の名門山内上杉氏の最後の関東管領。1531年(享禄4)管領となる。関東制覇をめざす北条氏と戦ったが，46年(天文15)河越城の戦の敗北などでしだいに圧迫され，52年長尾景虎を頼って越後に落ちた。景虎に上杉の名字と管領の職を譲り，景虎は上杉政虎(のち謙信)となった。78年(天正6)謙信の死後，上杉景虎・景勝が家督を争い戦うが，憲政の居館の御館は景虎方の拠点となり，憲政自身もここに拠った。翌年御館は陥落し，憲政は景勝方の兵に殺害された(御館の乱)。

うえすぎはるのり [上杉治憲] 1751.7.20～1822.3.12 江戸中期の大名。出羽国米沢藩主。弾正大弼。号は鷹山。父は日向国高鍋藩主秋月種美。1760年(宝暦10)米沢藩主上杉重定の

養子となり，67年(明和4)家督相続。世子時代より師事した折衷学派の細井平洲を文学師範とした。69年米沢に入国。73年(安永2)藩政を牛耳っていた重臣を処罰。藩校興譲館を創設し，細井平洲を招いて藩政改革に着手。倹約を勧め，改革派の竹俣当綱らに離散農民の帰村，新田開発の奨励，用水路の開削，漆・養蚕等の特産品の奨励などの農村復興政策を行わせ，一定の成果を収めた。85年(天明5)隠居して重定の四男治広に家督を譲るが，後見として藩政をみた。

うえだあきなり [上田秋成] 1734.6.25～1809.6.27 江戸中期の国学者・歌人・読本作者。本名は仙次郎，のち東作。号は秋成・無腸など。大坂生れ。商人の娘の私生児として生まれ，4歳で紙油商上田家の養子となる。痘痕の後遺症のテンカン質性の発作を克服し，俳諧・和歌・国学・医学を学び，医者を開業。その間，和訳太郎の名で異色の浮世草子「諸道聴耳世間猿」「世間妾形気」を執筆。賀茂真淵をうけて影響を受ける一方で，古代国語の音韻の日神をめぐって本居宣長と論争。晩年の「春雨物語」は彼の多面的活動の集大成。

うえだびん [上田敏] 1874.10.30～1916.7.9 明治期の外国文学者・評論家・詩人。旧姓柳村。東京都出身。東京英語学校卒業後に一高入学。在学中からイギリス，ギリシアの詩に親しむ。東大卒。1894年(明治27)「文学界」同人となり，「帝国文学」発刊にも参画。のち東京帝国大学文科講師をへて，京都帝国大学教授となる。耽美主義系の文学者に崇敬され，パンの会や「スバル」の理論的指導者の1人として後進を指導。1905年の訳詩集「海潮音」は象徴派を紹介し，詩壇に多大な影響を与えた。

うえのせんそう [上野戦争] 戊辰戦争時の新政府軍と彰義隊による江戸上野で行われた戦。1868年(明治元)2月に徳川慶喜の護衛を名目に旧幕臣を中心に結成された彰義隊は，4月の江戸開城後しばしば新政府軍と衝突，慶喜の水戸退去後も解除勧告に従わず輪王寺宮をたてて抵抗した。5月15日権威の失墜を恐れた新政府は，大村益次郎の指揮で上野寛永寺彰義隊屯所に一斉攻撃を行い，隊は1日で壊滅，輪王寺宮は奥羽地方に逃れた。この戦により関東地方での新政府の支配権が確立した。

うえのりいち [上野理一] 1848.10.3～1919.12.31 現在の朝日新聞社の基礎を築いた新聞経営者。丹波国篠山藩の藩士の家に生まれる。製茶業・大阪鎮台司令官秘書をへて，1881年(明治14)朝日新聞に出資したことを契機に，村山竜平と共同で同紙を所有・経営し，大阪の小新聞から全国紙にまで育てた。村山が

積極拡大を推進したのに対し，上野は社内にあって実務的役割を担った。

うえはらせんろく［上原専禄］ 1899.5.21～1975.10.28 昭和期のドイツ中世史家。京都市出身。東京高等商業卒。1923年(大正12)から3年間ウィーンに留学。帰国後，高岡高商商業教授をへて，28年(昭和3)から60年まで東京商科大学教授として西洋経済史などを講じた。46～49年同大学長。実証的なドイツ中世史研究により学界での声価を確立。第2次大戦後は実践的意欲に支えられた独自の世界史像の構築と社会的発言に力を注いだ。著書『独逸中世史研究』『独逸中世の社会と経済』『世界史における現代のアジア』。

うえはらゆうさく［上原勇作］ 1856.11.9～1933.11.8 明治～昭和前期の軍人。陸軍大将・元帥。子爵。日向生れ。陸軍士官学校(旧3期)卒。日清・日露両戦争に参加ののち，1912年(大正元)第2次西園寺内閣の陸相。2個師団増設問題で西園寺と対立，単独辞職して倒閣，大正政変のきっかけをつくった。その後教育総監・参謀総長などを歴任，21年元帥。陸軍では長州閥に対抗し，皇道派につながる勢力を育てた。

うえむらぶんらくけん［植村文楽軒］ 人形浄瑠璃劇場文楽座の経営者。江戸後期～明治期に6世を数える。初世(1751～1810)は淡路島の出身。本名正井与兵衛，釈楽道と号した。18世紀末に大坂へ出て，高津に浄瑠璃稽古所を開業。2世(1784～1819)は初世の子。本名嘉兵衛，釈浄楽と号す。文化年間に大坂博労町難波神社境内に「稲荷の芝居」(文楽の芝居)を経営。4世(1813～1887)は2世の子，本名大蔵。釈真軽と号し，俗に文楽翁とよばれる。宮地芝居が禁じられた天保の改革以後，大坂市内を転々としながらも浄瑠璃興行を続けた。1872年(明治5)官許人形浄瑠璃文楽座の看板を掲げ，松島新地で文楽座の全盛期を迎えた。文楽翁の死後は経営不振となり，孫の6世(本名泰蔵)は1909年経営を он竹に譲った。

うえむらまさひさ［植村正久］ 1857.12.1～1925.1.8 明治期の牧師・神学者。幼名道太郎。旗本の長男。1868年(明治1)横浜に転居，宣教師J.H.バラの塾に学び，73年5月バラから受洗し日本基督公会に入会。S.R.ブラウンの塾や東京一致神学校に学び，80年下谷一致教会の牧師になる。87年番町一致教会(現，富士見町教会)を創立。以来日本基督一致教会・日本基督教会の指導者として行動した。独立自治の志が強く，1904年東京神学社(現，東京神学大学)を創設。さらに1890年『日本評論』『福音週報』(のちの『福音新報』)を創刊，広く政治・社会・教育・宗教などに発言した。

うおいち［魚市］ 鮮魚類を売買する市場。近世初頭，都市の発達とともに都市住民の水産物需要をまかなうため，鮮魚の円滑な流通を期して設置された。京都の魚市は元和年間に始まり，万治・寛文頃には市内3カ所に魚屋町があり，三伎生を魚問屋と称し25軒の問屋があった。大坂では天正年間に始まり，鮮魚商人は1618年(元和4)天満町・靱町から上魚屋町に移住したが，のち京町堀と江戸町のあたりが魚市場(雑喉場)となった。1772年(安永元)に鑑札をうけていた問屋は84，仲買は103。江戸の魚市場は江戸初期に摂津国佃村から移住した漁民が，幕府へ上納した残りの菜魚の売場を日本橋本小田原町・本船町に開設したことに始まる。近代ではこれらは中央卸売市場の一つとなった。

うおざ［魚座］ 中世，魚をとり扱った商人の座。1303年(嘉元元)石清水八幡宮を本所とする生魚座・塩魚座があった。一般に魚座は生魚を扱う座をさし，塩魚を扱う座は相物座とよばれた。室町時代に瀬戸内海産の魚を扱った摂津国今宮の魚座，琵琶湖産の魚を扱った近江国粟津の魚座が有名。諸国でも周防国宮市や甲斐国府内などに魚座があった。

うがいこきちざえもん［鵜飼吉左衛門］ 1798～1859.8.27 幕末期の尊攘派志士。水戸藩士鵜飼真教の次男。名は知信，号は拙斎。藩主徳川斉昭に仕え，斉昭の藩政復帰後は京都で活動。公卿の間に出入りして攘夷を唱え，将軍継嗣には一橋慶喜を擁立のために奔走。病気のため戊午下の密勅は子幸吉に伝達させたが，安政の大獄で父子ともに捕らわれ，江戸で斬首。

うがきかずしげ［宇垣一成］ 1868.6.21～1956.4.30 大正・昭和期の軍人・政治家。陸軍大将。岡山県出身。陸軍士官学校(1期)・陸軍大学校卒。陸軍省軍事課長・参謀本部第1部長などをへて，1924年(大正13)田中義一の推薦で清浦内閣の陸相となり，4個師団廃止などの宇垣軍縮を断行。31年(昭和6)陸軍のクーデタ計画に関与(3月事件)。同年参謀総長。37年組閣を命じられたが陸軍の反対で断念。翌年第1次近衛内閣の外相・拓相に就任。第2次大戦後，参議院議員。

うがきぐんしゅく［宇垣軍縮］ ⇨陸軍軍縮

うきぐも［浮雲］ 二葉亭四迷の長編小説。1887年(明治20)6月に第1編，88年2月に第2編を金港堂から刊行。89年7～8月に第3編を『都の花』に掲載。役所を免職になった主人公内海文三の心の動揺を発端に，出世主義者の同僚本田昇やそれになびく従妹お勢，旧弊で実利的なその母親との心理的葛藤の描写を通して，明治20年当時の浮薄な日本社会への批判が意図され

ている。未完に終わったが、日本近代小説史上、言文一致体による最初の本格的リアリズム小説とされる。

うきたひでいえ [宇喜多秀家] 1572～1655.11.20 織豊期の武将。備前国岡山城主。直家の子。豊臣秀吉の五大老の一員。秀吉を事実上の後見人として1581年(天正9)客臣となり、備前・美作・備中半国50万石余を領有。以後秀吉の四国・九州・関東出兵など全国統一事業に協力、朝鮮出兵にも主力として渡海。98年(慶長3)五大老の一員となり国政に参画。1600年関ケ原の戦では西軍に参加、敗北後は薩摩に落ち島津氏にかくまわれたが、のち八丈島に流された。近世岡山城と岡山城下町の原形を作り、また「宇喜多堤」を築いて児島湾の干拓に着手。

うきよえ [浮世絵] 近世の絵画様式の一つ。浮世すなわち現世謳歌の風俗を画題とした。肉筆画と版画があり、遊女や評判美人を描いた美人画、芝居絵・役者絵・相撲絵、名所絵・風景画・花鳥画、武者絵、物語絵など幅広い。見立（みたて）や略（姿をかえる）も重要な要素である。肉筆画は近世初期の風俗画の系譜を引く、菱川師宣・西川祐信・懐月堂安度・宮川長春などが輩出した。浮世絵版画は、量産化にともない絵画の大衆化を促し、墨摺（すみずり）から始め手彩色をへて錦絵とよばれる木版多色摺が明和頃に考案され、黄金期を迎えた。絵師には喜多川歌麿・東洲斎写楽・葛飾北斎らが出た。版本の挿絵も多く、私家版の摺物も出版された。西洋画の遠近法の影響をうけた浮絵（うきえ）もある一方で、浮世絵がヨーロッパの印象派に与えた影響も見逃せない。

うきよえはんが [浮世絵版画] 木版画の浮世絵。はじめは単色の墨摺（すみずり）だったが、手彩色した丹絵・紅絵・丹緑絵や、膠（にかわ）や黄銅粉を用いた漆絵（うるしえ）がうまれ、紅摺絵をへて1765年(明和2)に多色摺の吾妻（あずま）錦絵が完成した。その後、彫り・摺りの技術が向上して役者や美人を画題とした似顔絵や大首絵（おおくびえ）が発達、暈（ぼか）しや木目込摺（もくめごみずり）・空摺（からずり）などの複雑で高度な技法により、世界でも類をみない高水準の木版画となった。こうした浮世絵版画は、版元を中心とした絵師・彫師・摺師などの工房の作業によって制作・出版されたが、盛行の一因には版木の桜材や摺紙となる奉書紙などの安定供給があった。

うきよぞうし [浮世草子] 近世小説の一様式。1682年(天和2)井原西鶴作「好色一代男」の刊行後、西鶴自身により、またその作品の影響のもとでさまざまな作品が近世中期まで主として上方で栄えた風俗小説の一群。「好色一代男」は斬新な構想・表現と娯楽性によって、それ以前の仮名草紙として一括される啓蒙・教訓をもっぱらとした散文作品群と一線を画した。内容から、好色物・町人物・武家物、また説話的な物、伝奇小説的な物、気質物などに大別できる。西鶴以後の代表的作者に西沢一風・江島其磧（きせき）・多田義俊(南嶺)らがいる。作品の多くは、八文字屋本に代表されるように、出版書肆主導の体制のなかで量産された。

うきよどこ [浮世床] 江戸後期の滑稽本。3編。1・2編は式亭三馬作、歌川国直画、1813・14年(文化10・11)刊。3編は滝亭鯉丈（りゅうていりじょう）作、23年(文政6)刊。「浮世風呂」の後をうけた作品。庶民の社交場である髪結床での気楽な無駄話が書かれている。落語などから材をえており、曲亭馬琴の読本も槍玉にあげられている。三馬自作の洒落本「辰巳婦言」と文章が一致している部分があり目立った。「浮世風呂」と同一趣向で会話による写実性があるが、「浮世風呂」よりも洗練され、構成も統一がとれている。「日本名著全集」所収。

うきよぶろ [浮世風呂] 江戸後期の滑稽本。4編。式亭三馬作、歌川国直・北川美丸画。前編「男湯」1809年(文化6)、2編「女湯」10年、3編「女中湯之遺漏」12年、4編「男湯再編」13年刊。歌川豊国宅で三笑亭可楽の銭湯の落語を聞いて、その「柳巷花街の事を省きて俗事のおかしみを増補」したものと巻頭でのべている。湯屋を舞台としていろいろな人物の動作や会話を徹底的に精密に描写する。先行作品として伊藤単朴（たんぼく）の談義本「銭湯新話」(1754)や山東京伝の黄表紙「賢愚湊銭湯新話（けんぐみなとせんとうしんわ）」(1802)などがある。「新日本古典文学大系」所収。

うけさく [請作] 中世～近世の小作の一種。中世では、10世紀頃から荘園領主らと田堵・負名（ふみょう）などの耕作者との間で結ばれはじめた。古代の賃租（ちんそ）という1年有期の小作契約制を継承し、毎年領主に請料と請文を出して耕作を申請し、段別3～5斗の地子（じし）を納めた。1年ごとの契約なので、耕作者の身分は領主の束縛から自由であるが、土地用益権は不安定で、領主の優位は動かなかった。12世紀には請作経営の反復実績から安定的な永年請作に転化。さらに世襲の永年作手（さくて）、そして名主職へと結集するが、その反面耕作者は領主への身分的従属を強いられた。近世では有力領主と小農民との間で結ばれた私的な小作関係をさす。

うけしょ [請所] 中世、豊凶にかかわらず、毎年本所への一定額の年貢納入を条件に、荘園の下地（したじ）支配を請負者にゆだねた契約関係。その荘園をさすこともある。鎌倉中期、荘園年貢の押領（おうりょう）を拡大する地頭と、これに悩む本所の間の和解策として始められたもので、鎌倉時代には地頭による地頭請が多い。室町時代以

後は、守護請や、守護被官・有力国人・京都の土倉や禅僧らによる代官請が一般的になり、惣村による地下請もみられるようになる。最低限の年貢は確保しようという本所側の契約意図にもかかわらず、上納額はしばしば低減され、結果的には地頭や国人の荘園侵略の拡大をもたらすことも多かった。

うげつものがたり [雨月物語] 江戸中期の読本。5巻。上田秋成作、桂屋仙画。自序によれば1768年(明和5)成立。76年(安永5)刊。9話すべてが独自の和漢混淆文による短編の怪異譚。本邦怪異小説史上の最高傑作、かつ前期上方読本を代表する名作。漢学(医学もの)の師都賀庭鐘や国学の師加藤宇万伎の影響もあり、中国の小説や故事と日本の古典や故事を巧みに組み合わせて典拠として取り入れ、その重層的な構成のなかに人間の哀しみ・怒り・憤りといった感情を主題とし、秋成独自の文章で描写する。「日本古典文学大系」所収。

うげのひとごと [宇下人言] 松平定信の自叙伝。1巻。1758年(宝暦8)の誕生から93年(寛政5)老中辞職直前までの生い立ち、学問、交友、みずからの藩政や幕政などについて、子孫の参考のために記した半生記で、秘書として伝えられた。題名は定信の2字を分解したもの。老中辞職後あまりьь進しない時期の執筆と推定される。定信の半生や思想を知るためだけでなく、寛政の改革を研究するのに不可欠の史料。「岩波文庫」所収。

うけやま [請山] 近世の鉱山の支配形態の一つ。直山に対して、山師などが一山全体の支配を委任される鉱山をいう。

うさじんぐう [宇佐神宮] 宇佐宮・宇佐八幡宮とも。大分県宇佐市南宇佐亀山に鎮座。式内社・豊前国一宮。旧官幣大社。祭神は一御殿に誉田別尊(八幡大神)、二御殿に比売大神、三御殿に神功皇后。欽明天皇の代に八幡大神の神霊が出現して大神比義がこれを祭り、725年(神亀2)現在地に移ったと伝える。祭神の性格には諸説あるが、外来信仰の影響が濃厚である。兵乱に際して神威を増し、伊勢神宮につぐ宗廟として崇敬を集めた。東大寺大仏建立に際しての援助や道鏡託宣事件は著名。898年(昌泰元)から3年に1度の宇佐使が始まる。神仏習合も進展し、「延喜式」には八幡大菩薩宇佐宮と記される。社領は神宮寺の弥勒寺領をあわせて九州で最大を保持した。例祭は3月18日。社殿は9国2島の役で、33年に1度の式年遷宮で造営された。

うさはちまんぐうしんたくじけん [宇佐八幡宮神託事件] 769年(神護景雲3)道鏡が皇位をねらった事件。764年(天平宝字8)恵美押勝の乱平定後、淳仁天皇を廃して重祚した称徳天皇は皇太子をたてず、祥瑞の出現を演出するなど皇嗣に法王道鏡を意識した宣命をたびたびだしていた。769年初夏、大宰主神の習宜阿曾麻呂が宇佐八幡宮の神託と称して道鏡を皇位につけるべきことを奏した。その真偽の確認のため病弱な和気広虫にかわり弟の清麻呂が宇佐にさしむけられ、皇族以外の者は皇嗣になれない旨を上奏。道鏡の野望は阻止され、期待を裏切られた称徳天皇は激怒し、広虫・清麻呂を別部狭虫・穢麻呂と名をおとしめて備後・大隅両国に配流した。

うじ [氏] 親族集団およびその集団名。万葉仮名では宇治。朝鮮語のウルulなど、父系親族をさす語に由来するとされるが、氏はそもそもは非父系の集団であったらしい。5世紀後半から形成され、地名や職掌などにちなむ氏名をもち、姓で秩序づけられる。原始氏族とは異なり、一般民衆は含まれない。古代の氏は、非血縁をも含む氏人などが族長の氏上の率いられ、奴婢を所有し、部民を統轄して朝廷に仕える、支配層だけの政治的組織である。7世紀後半の八色の姓、甲子の宣などの一連の氏族政策により再編され、以後は父系血縁集団としての性格を固める。律令制により旧来の政治組織としての性格は否定されたが、氏による奉仕の伝統は平安時代まで続いた。中世以降、社会集団としての実質を失ったあとも、天皇から賜る氏名の観念は存続し、家々が称する苗字とあわせて、授位・任官などの場では氏名が必要だった(明治初年まで)。現在の法律用語としての氏は、苗字=ファミリーネームをさす。

うじがみ [氏神] 古代には一氏族が共同で祭る祖先神あるいは守護神。藤原氏の春日神社、賀茂氏の賀茂神社などがある。中世以降血縁よりも地縁的結合が重要となると、地縁集団の居住地の鎮守や産土神と混同されるようになった。今日各地にある氏神には、同族によって祭られる一門氏神、一定地域に居住する住民が共同で祭る村氏神、個々の家の屋敷に祭られる屋敷氏神の三つの型がある。

うしかわじん [牛川人] 愛知県豊橋市牛川町の石灰岩採石場で、1957年(昭和32)に発見された左上腕骨中央部の化石。鈴木尚ら・高井冬二らの研究により、更新世中期の、身長約135cmの女性のものと判断された。ヨーロッパのネアンデルタール人の上腕骨との形態的な類似が認められるが、頭骨が発見されていないため進化の段階についてはまだ明らかではない。

うじがわのたたかい [宇治川の戦] 1184年(元暦元)1月、山城国宇治(現、京都府宇治市)で源義経と源義仲の間で行われた戦。83年(寿永

2）11月の法住寺殿合戦によって，後白河上皇との対立を決定的とした義仲に対し，源頼朝は義経・範頼らによる追討軍を派遣。義仲は宇治川の橋を落として防御したが，義経の渡河作戦によって敗退，近江国粟津付近で討たれた。「平家物語」などに，義経指揮下の佐々木高綱と梶原景季が名馬にまたがり，渡河の先陣争いをしたことがみえる。

うじしゅういものがたり [宇治拾遺物語] 鎌倉初期の説話集。編著者未詳。2巻で，1659年（万治2）整板本以降，15冊本となる。雑纂。197話。成立は159段「鳥羽院御時」の記述から，承久の乱(1221)後まもなくとされる。序文には散逸した「宇治大納言物語」の改訂増補とあるが，隣接話題との有機的な関連性や離れた話題相互の対話的関係性が指摘されるなど，緊密な編纂に独自の作品世界の形成が認められる。話題は内外貴賤聖俗にわたり多様。大半は「今昔物語集」などに同話がみられるが，明確な意味づけを示さずにさまざまな読みを引きだす仕掛けをもつ点が特徴。既成の価値観を相対化しながら笑いに解消する姿勢に，変動期の表現性がうかがえる。「新日本古典文学大系」所収。

うじでら [氏寺] 特定の氏族一門が帰依相伝する寺。日本では伝来当初，仏教は氏族単位で受容され，有力氏族がみずからの本拠地に氏寺を建立した。律令体制下では私寺は原則として禁止されたが，平安時代から貴族の台頭にともないその氏寺も興隆し，氏族出身者の入寺も増加した。先祖の追善や氏族の発展を祈願し，管理・人事権は通常氏族が握っていた。院政期には，国王の氏寺として六勝寺があいついで建てられ，平氏は延暦寺の氏寺化を試みた。中世に武士の勢いが強まると，千葉氏と中山法華経寺との関係のように，在地領主が菩提寺として氏寺を建立する例が顕著となり，近世大名の菩提寺まで引き継がれる。

うじのかみ [氏上] 氏長とも。古代の氏の統率者。大宝令で氏上，養老令では氏宗と表記。古訓はコノカミ。7世紀後半に慣用化され，664年（天智3）の大氏・小氏の氏上が史料上の初見。氏人が定めて官に提出し，勅によって認定された。氏を代表して朝廷に仕え，氏人の統率，氏神の祭祀，共有財産である氏賤の管理，氏女の貢上，改姓申請，氏人の範囲の確定などを機能としてもっていた。平安時代には氏長者といわれるようになる。

うじのちょうじゃ [氏長者] 平安時代の氏の統率者。令制の氏上・氏宗の系譜をひき，氏人を率いて氏祭を行う。氏人の称の初見は799年（延暦18）。氏人の範囲を確定して本系帳を提出するほか，氏社の祭，大学別曹の管理，氏爵の推挙などを行い，藤氏長者は氏印（氏印）と朱器台盤を伝えた。氏中で官位第一の者であるのが原則とされる。本来はすべての氏にあったのであろうが，「職原抄」は「凡そ氏長者と称するは，王氏・源氏・藤氏・橘氏この号あり」とし，他に史料上では（大）伴・中臣・忌部・卜部・高階・和気・菅原などの例が知られるだけである。橘氏の長者の権能は，橘氏寛徹ののちは縁戚関係のある有力公卿が是定として行使した。藤氏長者・源氏長者の称は明治初年に廃されるまで続いた。

うじびと [氏人] 氏を構成する人。古くは氏々人・氏氏名名人といわれ，世襲の職掌をもって朝廷に奉仕する人を意味した。氏人の称は奈良時代以後にみられ，平安時代にはおもに氏神の祭にあずかる範囲の人々をいい，さらには神職をさすようにもなった。中世以降の鎮守すなわち氏神を祭る集団は氏人ではなく氏子という。

うしゅうたんだい [羽州探題] 室町幕府が出羽統治のためにおいた職。その実態を確証する史料は乏しいが，幕府の出羽国内に関する指令が，奥州管領斯波家兼の子兼頼を通じて行われていることから，兼頼が羽州探題（管領）の職にあったと推定される。兼頼は1356年（延文元・正平11）8月に最上郡山形に移住し，子孫の最上氏は探題職を世襲して戦国大名になったと伝える。

うすいのせき [碓氷関] 江戸時代，幕府が設置した最も重要な関所の一つで，中山道の碓氷峠東麓（現，群馬県松井田町）にあった。同地近辺には899年（昌泰2）すでに関所が設置されており，鎌倉時代にも設置されたが，1590年（天正18）改めて徳川家康の命で碓氷峠に設けられ，江戸時代を通じて安中藩が所管した。1623年（元和9）横川村へ移転したため横川関所ともしたが，1710年（宝永7）名称を碓氷関所に統一した。

うすきまがいぶつ [臼杵磨崖仏] 阿蘇溶岩台地の凝灰岩層に彫られた磨崖仏群。大分県臼杵市に所在。大日如来座像（像高270cm）を含む古園石仏群，如来座像（265cm）を含む山王山石仏群，四つの龕からなるホキ第1群，阿弥陀如来像（279cm）などのホキ第2群の4群からなり，おもな像だけでも60体以上残る。大部分は平安後期の製作であるが，鎌倉・室町時代の追刻もある。磨崖仏が多い豊後地方で最も規模が大きい。石像彩色。国宝・特別史跡。

うずらごろも [鶉衣] 俳文集。4編。也有著。220余章を収録。稿本は「鶉衣」「続鶉衣」「後鶉衣」「鏡裏梅」の4編。版本の4編のうち前編・後編が稿本からの抄録で，それぞれ1787

年(天明7)と翌年の刊。続編・拾遺は石井垂穂編「半掃庵他也有翁筆記」を底本にして編まれたもので、1823年(文政6)序。「日本古典文学大系」「古典俳文学大系」所収。
- **うたあわせ** [歌合] 左右にわかれて歌の優劣を競う文学的行事。現存最古の例は885年(仁和元)頃の「在民部卿家歌合」。平安中期までは「寛平后宮歌合」や「天徳内裏歌合」など、内裏や貴人の邸宅において盛大で遊戯的・儀礼的な晴儀歌合が多く行われたが、しだいに文芸性が高まり、批評を伴った文学形態として発展した。鎌倉初期からその最盛期で、「六百番歌合」「千五百番歌合」などが催された。勅撰集の撰集とともに、和歌の発展に寄与するところが大きかった。
- **うたい** [謡] ⇨謡曲
- **うだいこんどうひさく** [宇内混同秘策] ⇨混同秘策
- **うだいじん** [右大臣] ❶右府とも。古代律令制の官職。太政官の長官の一つで、定員1人。職掌・相当位は左大臣と同じであるが、官としては左大臣の下位に位置した。藤原不比等をはじめ、太政大臣・左大臣欠員のまま、右大臣が首班として国政を領導した例も少なくない。藤原仲麻呂政権下の758年(天平宝字2)に大保と改められ、764年旧に復した。
❷明治維新政府で太政大臣・左大臣につぐ二位相当の官職。1869年(明治2)7月、職員令制定により設置。左大臣とともに職掌は、天皇輔佐・大政統理・官事総判とされた。71年7月の太政官制改定で一時廃止されたが、同8月正院に再設置。71年までは左大臣は空席だったため、右大臣三条実美が事実上最高位を占め、71年以降83年まで岩倉具視が在任した。85年12月、内閣制度の創設にともない廃止。
- **うたがき** [歌垣] 嬥歌とも。男女が歌舞して豊作を祈り、性的結合の場ともなった古代の集団儀礼。春や秋に豊作を祈って行われる農耕儀礼から、やがて歌寄や性的解放に主眼がおかれるようになり、民間の求婚儀礼、宮廷の風流行事へと変化していった。水辺や高い山、市などの聖場で行われ、常陸の筑波嶺や童子女松原、摂津の歌垣山、肥前の杵島岳、大和の海石榴市などの例が知られている。奈良時代には中国の踏歌と結びついたかたちで宮廷化し、734年(天平6)には五位以上を交えた男女240人余、770年(宝亀元)には渡来系の6氏男女230人による盛大な歌垣が催された。歌垣の習俗は中国南部から東南アジアにもみられ、後世の春の山遊びの民俗につながる。
- **うだがわげんずい** [宇田川玄随] 1755.12.27~97.12.18 江戸後期の蘭方医。美作国津山藩医宇田川道紀(彦倫)の子。名は晋。号は槐園。はじめ漢学を学び、のち蘭学に転じした。桂川甫周・杉田玄白・大槻玄沢らに蘭医学を学び、ゴルテルの内科書の翻訳を志し、約10年を費やして「西説内科撰要」18巻のうち3巻までを1793年(寛政5)に出版。没後の1810年(文化7)に全巻出版。「東西病考」「遠西名物考」「西洋医言」などは未刊。1794年玄沢らとともにオランダ商館医ハルトケンを尋ね質疑を行い、同年玄沢の新元会(オランダ正月)にも出席した。墓は浅草誓願寺塔頭長安院から多磨霊園をへて玄真・榕庵の墓とともに岡山県津山市に移された。
- **うたがわひろしげ** [歌川広重] 1797~1858.9.6 江戸後期の浮世絵師。安藤氏。幼名は徳太郎、のち重右衛門・徳兵衛。一遊斎・一幽斎・一立斎・立斎・歌重とも号した。歌川豊広の門人。江戸八代洲河岸定火消同心屋敷の同心の家に生まれ、1809年(文化6)家督を継ぐ。18年(文政元)から版本や役者絵などを描き始め、やがて美人画や合巻も手がける。31年(天保2)頃から「東都名所」など風景画を描くようになり、33年頃から刊行された「東海道五十三次」続絵で人気を得て、以後「木曾海道六十九次」「名所江戸百景」など多くの風景画を残す。花鳥画の作品も多い。
- **うだがわようあん** [宇田川榕庵] 1798.3.9/16~1846.6.22 江戸後期の蘭学者・津山藩医。名は榕、号は榕庵。大垣藩医の家に生まれ、宇田川玄真(榛斎)の養嗣子となる。オランダ語を馬場佐十郎らに学び、蛮書和解御用訳員として「厚生新編」の翻訳に参加するなど、若年から医・理関係書の訳述・研究に従事。植物学から化学分野へ進み、日本での開拓者となる。「菩多尼訶経」「植学啓原」「舎密開宗」「植物啓原」「舎密開宗」など各方面での本格的著作をなした。江戸でシーボルトに会い、実験化学の面での直接的影響をうけたと考えられる。
- **うたじょうるり** [歌浄瑠璃] 浄瑠璃の分類用語。狭義には芝居用ではなく、宴席などで演奏を聞かせることを目的としたもの。別に座敷浄瑠璃・肴浄瑠璃などともいう。河東節・一中節・宮薗節・新内節などがある。広義には歌舞伎の舞踊音楽としての浄瑠璃である常磐津節・富本節・清元節なども含む。
- **うだてんのう** [宇多天皇] 867.5.5~931.7.19 在位887.8.26~897.7.3 亭子院帝・寛平法皇とも。光孝天皇の第7皇子。母は班子女王(桓武天皇の孫)。名は定省。884年(元慶8)父の即位の2カ月後に源朝臣を賜姓され、臣籍に下ったが、887年(仁和3)父

の臨終に際し皇位継承者に決まり,死去の当日に立太子して,即日践祚した。即位早々,藤原基経に関白として政治を一任しようとしたが,勅答文中の「阿衡」の用語をめぐって基経と対立し,苦杯をなめる(阿衡の紛議)。その後,菅原道真を重用し,藤原氏との間の溝を深めた。31歳で長子(醍醐天皇)に譲位し皇統を確立するが,901年(延喜元)の道真失脚事件によって発言力を失う。899年(昌泰2)仁和寺で出家,法皇となり仏道に励み,御室の法流を開く。著作に「寛平御遺誠」があり,日記も逸文として伝わる。

うたまくら [歌枕] 古来和歌によく詠まれた地名・名所。本来は歌詞・枕詞・名所・歌題など広く和歌に詠みこまれる歌語や題材の意。またはそれらを解説した書名の意。平安後期には,和歌の題材としての名所をさすようになった。この狭義の歌枕(名所歌枕)は,たんに和歌に詠まれた地名というだけでなく,その名所のもつ特定のイメージを古歌によって形成し,詠作上に一定の表現形式を備えた類型的美意識をもたらした。

うたものがたり [歌物語] 和歌を中心に,和歌の詠まれた事情を語る小話,およびその物語集。詞書・左注が物語的に増幅したもの,あるいは物語り(和歌について作者や詠作事情などが口頭で語られた話)が仮名で記載されたもの。韻文と散文が緊張関係を保ちつつ融合する,叙情的な物語。代表的なものに10世紀半ばに成立した「伊勢物語」「大和物語」「平中物語」がある。しだいに散文の部分が肥大化して散文の物語に近づき,以後は衰退した。

うちかけ [打掛] 打掛の小袖の略称。近世武家の婦人がおもに用いる最上衣の小袖のこと。鎌倉末期から重ね小袖の一番上に華麗な装飾をほどこす風を生じたが,室町末期には,袴を省略し着胴の小袖に帯を締め,上の小袖をはおったまま打掛とした。打掛は裾を長く引くため歩行には両褄を掻い取るので掻取ともいう。公家の婦人も略儀としてこの姿をすることがあり,公家では掻取,武家では打掛とよびならわした。江戸時代には御殿女中の常用服となり,種々の慣例が生じ,大名などの奥向の婦人にも影響を与えた。

うちかんれい [内管領] ⇒内管領

うちき [袿] 袿・衣・衵とも。肌着である単と表着の間につけた内着。裏をつけてもたてる。平安時代の肌小袖の登場まではこの数によって寒暖を調節したため,3領から8領重ねた。とくに女子の場合は多く重ねて華美になったので,過差の禁令により5領を限度とし,五衣の名称がうまれた。それぞれの衣の色に趣向をこらし,襲色目かさねのいろめとして装飾とすることもある。男装では袴の中に着こめるため裾をより短くしたてるのがふつうで,これを衵という。

●●袿

張袴

うちくび [打首] 斬首とも。首を斬り捨てる仕方の死刑の総称。江戸幕府法では下手人・死罪・斬罪・獄門などの死刑がこれにあたる。

うちこわし [打ちこわし] 打毀しとも。江戸時代の下層都市民や百姓による闘争形態のうち,最も激しいもの。ただしその概念は多様。都市の打ちこわしは飢饉などによる米価の騰貴が原因となったものが多い。1703年(元禄16)の長崎の米商人への打ちこわしに始まり,33年(享保18)の米の買占めに起因する江戸の打ちこわし(高間騒動),68年(明和5)の大坂家質奥印差配所設置反対の打ちこわしなどがある。87年(天明7)には江戸・大坂を中心に近世を通じて最高の発件数となった。百姓一揆における打ちこわしは,強訴に付随し,藩の専売政策と結びついて暴利を貪る特権商人や不正を行う村役人などにむけられた。家屋や家財・仏壇の破壊など,共同体による制裁の意味合いが強く,盗火・放火は自制された。

うちじに [討死] 軍陣で敵の手にかかって死ぬこと。戦死の武士的形容。中世初頭の治承・寿永の内乱期以来,分捕や先懸とともに軍功の重要な一つとして意識され,討死者の所領は遺族に安堵された。また遺族に所領が給与されることもあったが,軍功の賞としての所領の給与は源頼朝の東国政権成立以後であり,治承・寿永の内乱期に,討死・分捕・先懸などが軍功として強く意識されたのは,所領の獲得に直結したからである。

うちだか [内高] 実高とも。江戸時代,大名が領民に年貢を賦課する際に基準とした実際の総石高。幕府によって認知された表高(本知高)に対する言葉。大名の格式や大名の負担す

べき軍役や公役は、幕府公認の検地により打ちだされた表高を基準としたが、実際の石高は表高を上回っているのが普通であった。検地後に新田開発によって耕地面積が拡大したり、田畑の生産力そのものの増大、また専売制の収入なども内高に組みいれられたためである。したがって表高と内高の差が大きいほど、その藩は経済的に余裕があったといえる。しかし内高の増加は、藩の収入の増大をもたらすとともに領民の年貢負担の増加も意味した。

- **うちだきせん[内田汽船]** 1914年(大正3)三井物産船舶部出身の内田信也が設立した海運会社。折からの大戦景気で所有汽船を1隻から翌年16隻に増加させ、60割の配当を実現。資本金は当初25万円、15年に50万円、16年には一挙に1000万円に増資。山下汽船・勝田汽船とともに「船成金」と喧伝されており、第1次大戦後の不況下にいち早く事業を縮小。

- **うちだやすや[内田康哉]** 1865.8.1～1936.3.12 大正・昭和前期の外交官・政治家。肥後国生れ。東大卒。1887年(明治20)外務省入省。第2次西園寺・原・高橋・加藤友三郎の4内閣の外相を務め、シベリア出兵・パリ講和会議・ワシントン会議などに対処した。1925年(大正14)枢密顧問官に就任、28年(昭和3)不戦条約全権委員となるさい、批准問題により顧問官を引責辞任。満鉄総裁をへて、32年斎藤内閣の外相に就任、国際連盟脱退・満州国承認などを断行し、焦土外交と評された。

- **うちつおみ[内臣]**「ないしん」とも。孝徳朝の大化の改新政府で新たにおかれた官。中臣鎌足なかとみのかまたりが任じられ、終身この職にあったのが初例。天皇もしくは中大兄なかのおおえ皇子の政治顧問で、左右大臣などとは別系統と考えられ、令制にも規定されなかった。これ正시的においては藤原房前ふささきが任じられ、天皇や首皇太子を補佐した。さらに光仁朝では藤原良継が任じられ、その官位・待遇が定められたが、員外大臣の性格が強い。ついで藤原魚名うおなが任じられ、官名が忠臣ただおみと改められたが廃絶した。

- **うちなだじけん[内灘事件]** 石川県河北郡内灘村(現、内灘町)の米軍砲弾試射場をめぐる反対闘争。朝鮮戦争に際して日本は米軍用砲弾を製造していたが、米軍は1952年(昭和27)9月の日米合同委員会で砲弾試射場の提供を要求。政府(第4次吉田内閣)は内灘村砂丘地を選定、地元と交渉を開始したが、県議会などの反対運動により難航した。12月に4カ月の期限付でようやく接収、翌年3月試射が開始された。政府は6月2日試射場の継続使用を決定したため、着弾地点への座りこみ、北陸鉄道労組の米軍物資輸送拒否など反対運動が燃えあがり、デモ隊と警官隊の衝突へと発展したが、15日試射再開が強行された。その後条件派の台頭などにより、9月village試射場使用を承認した。11月の村長選挙で反対派候補が敗れ、反対運動は終息に向かったが、その後の基地反対闘争に大きな影響を与えた。

- **うちむらかんぞう[内村鑑三]** 1861.2.13～1930.3.28 明治・大正期のキリスト教伝道者。高崎藩士の子として江戸に生まれる。札幌農学校卒。在学中に受洗し、札幌独立教会の設立に尽くす。1884年(明治17)渡米、87年にアマースト大学を卒業した。88年に帰国後、北越学館の教頭などをへて第一高等中学校の嘱託教員となったが、91年教育勅語奉読式での態度を不敬と非難され依願解職。97年「万朝報よろずちょうほう」記者となり日露戦争には非戦論を唱える。足尾鉱毒反対運動にもたずさわり理想郷の結成に加わった。翌年「東京独立雑誌」を創刊、無教会主義を唱えて自宅で聖書講読会を開き、矢内原忠雄・藤井武・南原繁など有為の人材を輩出した。「内村鑑三全集」がある。

- **うちむらかんぞうふけいじけん[内村鑑三不敬事件]** 教育勅語に関連した思想弾圧事件。1891年(明治24)1月9日、第一高等中学校で教育勅語奉読式が挙行された際、講師の内村がキリスト者の信念に従い、天皇の親署のある教育勅語に対する奉拝を拒んだため、内村を弁護した教員1人とともに不敬として職を追われた。この事件以後、天皇主義者によるキリスト教排撃の世論が高まり、井上哲次郎らによって「教育ト宗教ノ衝突」論争がひきおこされた。

- **うつきむこうはらいせき[宇津木向原遺跡]** 東京都八王子市宇津木町の低台地上にある縄文中期と弥生後期～古墳前期の複合集落。1964～66年(昭和39～41)に、縄文時代の竪穴住居跡19軒と弥生時代の竪穴住居跡39軒、4基の方形周溝墓しゅうこうぼが調査された。方形周溝墓の中には土壙があり、副葬品としてガラス玉が出土したことからはじめて墓と認識され、大場磐雄によって方形周溝墓と命名された。弥生時代の竪穴住居跡からは素文鏡が出土した。

- **うつのみやし[宇都宮氏]** 中世下野国の豪族。関白藤原道兼の曾孫宗円が前九年の役のとき、祈禱のため下野国に下り、土着したのに始まるという。下毛野しもつけの氏・中原氏出身説もある。宗円の孫朝綱は源頼朝に属し、子孫は御家人として評定衆や伊予国守護となった。南北朝期にははじめ南朝方に属したが、のち北朝方に転じた。室町時代には足利氏に仕え、有力豪族として勢威をふるった。戦国期には後北条氏と敵対し、のち豊臣秀吉に従ったが、国綱の代に改易された。なお宗円の孫信房流は豊前国などに繁栄し、江戸時代には細川氏の家臣となった一族もある。

うつほものがたり [宇津保物語] 平安時代の物語。20巻。作者・成立年未詳。鎌倉時代から源順ﾉｼﾀｶﾞｳを作者とする説が多いが不明。天禄～長徳期(970～999)頃に書き継がれたらしいので、作者は複数とみる説もある。成立過程が複雑なため、初期に書かれた部分と後期の部分では方法も文体も異なり、主題も分裂ぎみである。琴の霊力を伝承する俊蔭ﾄｼｶｹﾞ一族の流離と栄華の物語を一応の軸として、貴宮ｱﾃﾐﾔをめぐる求婚や立后争いが描かれる。求婚者の多様な人物像および摂関政治最大の問題を描くことは、当時の貴族社会の現実の物語化でもあった。日本最初の長編物語であり、「源氏物語」などへの影響も多大。「日本古典文学大系」所収。

うとくにん [有徳人] 徳人・得人とも。中世～近世における富裕者をいう。流通関係に携わる一般庶民の富者をさす場合が多い。経済的利得が「徳」と表記された背景には、御伽草子の長者説話のように、拝金的世相や単純な致富願望とは異質な、中世民衆の「有徳」観があった。有徳人には頭役や寄進などによる社会への経済的・宗教的還元が期待され、領主からは有徳銭が課された。そこには徳政要求にも通じる、富の平準化を求める「ならかし」という中世的な論理があった。

うどねり [内舎人] 中務省の品官。定員90人だったが、808年(大同3)40人に減員。五位以上の官人の子弟のうち優秀者を任じた。高級官僚の見習い的性格をもつ一方、警固や宿衛、行幸時の分乗をつかさどる実質のある官であった。帯刀するが文官扱いで、中務少丞に準じて給録された。一時は闕司ｹﾂｼﾞｳなどの奏事にかわり官物の出納にも関与したが、しだいに高官の子弟の任ngo官では絶えて出身制限も守られなくなり、摂政・関白などの随身ｽﾞｲｼﾞﾝになる例もでてきた。

うねびのかしはらのみや [畝傍橿原宮] 記紀にみえる神武天皇の宮。宮名は白檀の原野であったことに由来するか。「古事記」では畝火之白檮原宮、「日本書紀」は畝傍山東南の橿原に宮を造営したと伝えることから、現在の奈良県橿原市久米町に比定される。橿原神宮は、神武天皇陵および宮跡の調査考証にもとづき、1889年(明治22)に宮比定地に創祀されたもの。

うねびやま [畝傍山] ⇨大和三山ﾔﾏﾄｻﾝｻﾞﾝ

うねめ [采女] 後宮に出仕した女官。令制以前は、国造ｸﾆﾉﾐﾔｯｺ・県主ｱｶﾞﾀﾇｼなど地方豪族が一族の女性を朝廷への服属の証として貢進し、天皇に近侍、とくに食膳に奉仕した。采女を母とする皇子女もいた。令制では、郡の少領以上の姉妹・娘で容姿の端正な者が3郡に1人貢進され、742年(天平14)からは郡ごとに1人となった。水司ﾓｲﾄﾘ・膳司ｶｼﾜﾃﾞ・女嬬ﾆｮｼﾞｭにあてられ、采女司が統轄した。この時期の采女は高位に昇進した例が多い。9世紀に貢進が一時停止されたが復活、国別貢進となり、39国47人制となって存続したが、下臈ｹﾞﾛｳの地位となった。

うのこうじ [宇野浩二] 1891.7.26～1961.9.21 大正・昭和期の小説家。本名格次郎。福岡県出身。1919年(大正8)「蔵の中」「苦の世界」を発表して認められた。ほかに「夢見る部屋」「山恋ひ」「子を貸し屋」などが初期の代表作で、饒舌で軽妙な話術とユーモアが高く評価された。27年(昭和2)精神に錯乱をきたし、以後数年間療養生活を送るが、33年「枯木のある風景」で文壇復帰。後期の代表作は「子の来歴」「器用貧乏」「思ひ川」。

うのこうぞう [宇野弘蔵] 1897.11.12～1977.2.22 大正・昭和期の経済学者。岡山県出身。東大卒。1922年(大正11)大原社会問題研究所所員としてドイツに留学。24年帰国後東北帝国大学助教授。38年(昭和13)人民戦線事件で検挙。47年東京大学社会科学研究所教授。原理論・段階論・現状分析の3段階論に集約される独自のマルクス経済学体系(宇野理論)を構築した。「宇野弘蔵著作集」全10巻・別巻1。

うのじゅうきち [宇野重吉] 1914.9.27～88.1.9 昭和期の俳優・演出家。本名寺尾信夫。福井県出身。日本大学中退後、日本プロレタリア演劇研究所に入り、東京左翼劇場・新協劇団をへて第2次大戦後、劇団民衆芸術劇場の結成に加わる。特異な風貌と演技で人気を集め、映画やテレビでも活躍。著書「新劇・愉し哀し」。

うのそうすけないかく [宇野宗佑内閣] 自民党の宇野宗佑を首班とする内閣(1989.6.3～8.10)。竹下内閣をめぐるリクルート疑惑で政局が混乱するなかで難航の末に成立。当初清新な印象を与え、政治改革への期待を担って発足したが、ほどなく首相の女性スキャンダルを新聞に暴かれ、7月の参議院選挙で自民党が惨敗し、8月総辞職した。在任68日の超短命内閣。

うばやまかいづか [姥山貝塚] 千葉県市川市柏井にある縄文中・後期の環状貝塚。江戸加岸の台地上にある。明治時代以来何度も発掘が行われたが、1926年(昭和元)の八幡一郎らの調査は、はじめて竪穴住居跡を完掘してその構造を明らかにし、学史的にも有名。発掘された竪穴住居跡の1軒には5体の人骨があり、不慮の死をとげた一家のものと推定されて話題となり、また家族構成を知る資料となった。その後の調査でも多数の竪穴住居跡や人骨・土器・石器・骨角器が出土。後期堀之内期の火災住居跡の木炭を試料に、炭素年代測定が日本ではじめて試みられた。国史跡。

うぶすながみ [産土神] 自分が生まれた土地の神。ウブスナは本居などとも表記され、自己の

生地を出自意識において表現する語である。生産を意味する他動詞ウムスと同源のウブスに土地の意のナが結合したもの。生地との紐帯の強さから、産土神は一生の守護神と信じられた。「延喜式」では尾張国に宇夫須那神社がみえる。中世以降しだいに氏神㊟の語が血縁集団から地縁集団の守護神をも意味するようになり、氏神との混淆が生じた。近世、初宮参りや一般の氏神参りを産土参り（産神㊟詣とも）というに至る。この信仰は平田派国学に重視された。

うまだし[馬出し] 枡形㊟とともに最も発達した城館の出入口の形態。16世紀後半に出現し、近世城郭で広く用いられた。城館の要所の出入口前の堀の対岸に築かれた橋頭堡㊟で、広場と道の屈曲をくみあわせて造られた。ヨーロッパではバービカンとよばれ、13～15世紀に発達。

うまやどのみこ[厩戸皇子] ⇨聖徳太子㊟

うみさち・やまさち[海幸・山幸] 記紀神話にみられる説話。元来サチは漁具・猟具をいい、またその獲物、さらに獲物を獲得する霊力をいう。ニニギの子であるホノスソリは海幸を、その弟のヒコホホデミは山幸をもつ神であり、それぞれ海幸彦・山幸彦とよばれた。ある時兄弟は道具を交換したが、弟は兄の釣針を海でなくしてしまう。兄に責められた弟は、シオツチノオジのはからいで海神㊟国へ行き、そこで海神の女トヨタマヒメと結婚、失った釣針と潮の干満を左右することができる珠を得て地上に帰り、兄をこらしめ服従させた。このようなモチーフをもつ説話は環太平洋地域に広く分布する。また海幸彦は隼人㊟の祖であり、その奉仕起源伝承ともなっている。

うめけんじろう[梅謙次郎] 1860.6.7～1910.8.25 明治期の民法・商法学者。法学博士。出雲国生れ。司法省法学校卒。1885年(明治18)ヨーロッパに留学し、「和解論」によりリヨン大学で学位取得。90年帰国し、帝国大学法科大学教授。民法典論争ではボアソナード案に対抗し、起草委員となり、93年民法・商法の起草委員となり、法典整備にも功績を残した。和仏法律学校の経営にも尽力。

うめづ・かおうきんきょうてい[梅津・何応欽協定] 1935年(昭和10)6月10日、支那駐屯軍(天津軍)司令官梅津美治郎と国民政府北平㊟(北京)軍事委員分会委員長何応欽との間で締結された協定。国民党系機関や軍隊の河北省外への撤退、反日的人物の罷免、排日禁止などを内容とする。天津軍は同年5月の天津の親日新聞社長ら暗殺事件を契機に華北分離を策し、最後通牒をもって日本側の要求を承認させたもの。この協定で河北省全域からの国民政府勢力の一掃を実現した。

うめづよしじろう[梅津美治郎] 1882.1.4～1949.1.8 大正・昭和期の軍人。陸軍大将。大分県出身。陸軍士官学校(15期)・陸軍大学校卒。陸軍省軍事課長・参謀本部総務部長などをへて、1934年(昭和9)支那駐屯軍司令官となり、翌年梅津・何応欽㊟協定を結んだ。2・26事件後、陸軍の中枢に位置し、陸軍次官・関東軍司令官などを歴任。最後の参謀総長となり、降伏文書調印式に陸軍代表として参列。第2次大戦後、A級戦犯として終身刑。

うめはらすえじ[梅原末治] 1893.8.13～1983.2.19 昭和期の考古学者。大阪府出身。京大考古学教室に学ぶ。浜田耕作の指導をうけ、日本・朝鮮半島・中国の考古学的研究に従事。とくに日本の銅鐸や古墳出土の鏡、中国の青銅器などの研究に顕著な業績をあげた。京都大学教授・天理大学教授を歴任。1963年(昭和38)文化功労者。著書「銅鐸の研究」「鑑鏡の研究」「古代北方系文物の研究」「漢三国六朝紀年銘鏡図説」など多数。

うめはらりゅうざぶろう[梅原竜三郎] 1888.3.9～1986.1.16 大正・昭和期の洋画家。京都市出身。一時良三郎と名のる。鍾美会で伊藤快彦㊟、聖護院洋画研究所で浅井忠に学ぶ。1908年(明治41)渡仏、アカデミー・ジュリアンで学ぶが、ルノワールに影響を受け師事した。帰国後、二科会・春陽会・国画創作協会洋画部などの創立に参加。52年(昭和27)文化勲章受章。代表作「紫禁城」「北京秋天」、著書「天衣無縫」。

うよくうんどう[右翼運動] 天皇を至上価値とする明治期以降の政治運動・社会運動。国粋主義・日本主義・国家主義・農本主義・国家社会主義などを標榜、天皇中心の国家観を基調に日本の文化・伝統の擁護と国家的独立維持への強い信念をもつ。また共産主義を激しく排斥する点も特徴である。明治期には欧化主義への反発や対外硬運動、大アジア主義の主張といったかたちで運動が活性化した。大正期になると従来の支洋社や黒竜会の系統とは別に、大川周明の猶存社や上杉慎吉㊟・髙畠素之㊟の経綸学盟など国家革新をめざす団体が誕生し、昭和期にはその数も飛躍的に増大、運動が激化する過程で5・15事件や2・26事件などを起した。第2次大戦後は天皇制護持や憲法改正・反共などを主要目標としている。

うら[浦] 地形的には海や湖を抱えこむかたちで湾曲した場所。前近代では漁村一般に属した。古代には王権に直属する贄人㊟・海人㊟が浦や浜の魚介を贄として貢納。中世にはその系譜をひく供御人㊟や神人㊟が供御・供祭㊟を貢納しながら、浦・浜の地先水面

漁場を共同開発して,魚介類の特権的な販売に従事した。近世ではとくに領主に対して浦役を勤める漁民を浦百姓,またその漁村を漁業権のある浦(浦方)と認定し,地方の百姓・村と区別した。

うらが [浦賀] 神奈川県横須賀市,三浦半島東端の地名。近世初期までは浦河ともいう。入江が深く切れこみ水深がある天然の良港。戦国期は後北条氏水軍の根拠地。江戸時代は一貫して幕府。1720年(享保5)幕府が江戸湾改のため浦賀番所を設置,江戸湾海路の要所となる。1853年(嘉永6)アメリカ海軍ペリー提督が入港し,開国を要求,以後江戸防衛の拠点となる。同年,幕府は初の西洋式の浦賀造船所を建設。その後造船工業地として今日に至る。

うらがき [裏書] 文書の効力を確認するために紙背に記された文言。中世の土地証文の場合,作成した当事者または裁判の奉行人が本紙の裏側にその文書が正当あるいは虚偽であることを裏書し,以後の証拠能力を確定した。これを「裏を封ずる」「裏を毀つ」「裏を破る」と称した。文面の案件の一部を抹消する場合は,その箇所の裏に裏書が記され,和与状には訴訟奉行人の裏封が記されるのが一般的。近世の訴訟手続で,奉行所が訴状の裏に何月何日まで出廷すべきことを書き加え押印する目安裏判を裏書といった。

うらかみぎょくどう [浦上玉堂] 1745〜1820.9.4 江戸後期の南画家。姓は紀,名は弼,字は君輔。玉堂琴士の号は,中国伝来の琴の銘からつけたもので,幼少には七弦琴も得意とした。備前国岡山藩支藩岡山新田(鴨方)藩士として37歳のときに大目付にまで進むが,1794年(寛政6)旅先で2子をつれて脱藩。以後,琴を背負って各地を放浪し晩年は京都に住んだ。画は独学だったらしい。画作は脱藩後といい,60〜70歳代に集中する。作品は「東(凍)雲篩雪図」や「煙霞帖」のような憂愁感漂うものや,「山紅於染図」や「高下数家図」のように澄んだ境地をみせるものなどがある。内面の揺れをそのまま筆墨に托す表現は,南画史上にも類をみない個性的な世界をつくっている。

うらかみくずれ [浦上崩れ] 肥前国浦上村(現,長崎市)で,近世後期から幕末期にかけて発生した4回のキリシタン露顕事件。一番崩れは1790年(寛政2),二番崩れは1842年(天保13),三番崩れは56年(安政3)におきたが,証拠不十分であまり問題にならなかった。四番崩れは浦上教徒事件ともいう。58年締結の諸外国との通商条約により,幕府は居留地内の外国人の信仰の自由を承認。カトリックのパリ外国宣教会は大浦天主堂を完成し,居留地外の日本人に布教した。長崎奉行所は67年(慶応3)秘密教会を襲撃して信徒を逮捕したが,フランスとの関係を考慮して信徒を帰村させ,事件は一段落した。しかし明治維新後,新政府が浦上一村総流罪を決定し,70年(明治3)名古屋以西の20藩に3384人を配流したため,列強外交団の抗議をうけ,73年キリシタン禁制の高札を撤去し,信徒も釈放した。

うらかみてんしゅどう [浦上天主堂] 長崎市北部の浦上にあるキリスト教の聖堂。潜伏キリシタンの多かった浦上に1895年(明治28)司祭P.T.フレノーの設計により建設した会堂で,天主堂の高塔を含めた全体の完成は1925年(大正14)。ロマネスク建築として知られた。45年(昭和20)8月の原爆投下で倒壊したが,59年に再建された。

うらさく [裏作] 後作とも。おもな作物を収穫したのち,次の作付までの期間を利用して同一の土地に他作物を栽培すること。二毛作または両毛作ともいい,おもな作物を表作,他作物を裏作・後作という。水田二毛作では表作が水稲,裏作が大麦・菜種など。裏作は平安時代に史料に登場するが,近世農業において本格的に開始された。第2次大戦期には水田の半分近くを占めていたが,高度成長期以降急速に減少した。

ウラジオストク 日本海に面したロシア連邦沿海州最大の港湾都市。東方を支配せよという意味。漢字表記は浦塩斯徳。1860年北京条約で沿海州全体とともに清から獲得,海軍基地を設置。90年代シベリア鉄道の起点になって,ロシアの極東進出の拠点,貿易の中心地となる。1918年(大正7)シベリア出兵時には日本の派遣軍総司令部がおかれ,22年の撤兵まで占領した。ソ連時代,太平洋艦隊の司令部として長く閉鎖都市とされたが,1992年外国人にも開放された。

うらしまたろう [浦島太郎] 室町物語の異国物。作者不詳。室町時代に成立。「御伽草子」の一編。丹後の浦島太郎が磯で釣った亀を助けると,翌日美しい女房の乗る小船が浜辺に漂着する。太郎は小船に乗り竜宮に行き,女房と結婚し3年を送るが,望郷の念にかられ暇を乞う。女房は自分が助けられた亀だと明かし,けっして開けないようにといって玉手箱を形見に渡す。帰郷してみると700年がたっており,太郎は悲しみのあまり箱を開けると煙が立ちのぼり,老翁の姿に変貌する。太郎は鶴となり蓬莱山で亀と再会,浦島明神となって現れる。浦島伝承を物語化したもので,浦島明神の本地譚がつけ加わるところに室町物語としての特徴がある。「日本古典文学全集」所収。

うらせんけ [裏千家] 江戸初期に成立した茶道

三千家の一つ。千利休を祖とし,子の少庵宗を2世とし,3世宗旦が子の江岑宗左に茶室不審庵を譲り,その隣接地に茶室今日庵を建造して移り住んだ。この茶室を宗旦の四男仙叟宗室が継承して,今日庵1世を名のり,裏千家とよばれるようになった。代々斎号とともに宗室を名のり,現15世鵬雲斎宗室まで約300年にわたって,利休流茶道の伝統の保持と改革に尽力。茶道家元として最大の規模を誇り,諸外国にも多くの支部をもつ。月刊誌「淡交」を刊行し,茶道の研究にも尽くす。

うらべ [卜部] 神祇官の伴部とも。定員20人。おもな職掌は亀卜で,6月・12月の晦日などの大祓時の解除も行った。大宝令では定員がなかったらしいが,各官員令別記の規定から「延喜式」まで,対馬の上県・下県と壱岐・伊豆から一定数の卜部を貢進させて奉仕させる制度に変化はなかった。775年(宝亀6)卜部中の優秀者2人を卜長上として卜部を管掌させ,のちにこれを宮主と称した。

うらべのかねかた [卜部兼方] 名は「やすかた」とも。懐賢とも。生没年不詳。鎌倉中期の学者・神道家。神祇権大副・山城守に任じられる。兼文の子。「日本書紀」の注釈書「釈日本紀」の著述で知られる。父兼文が「日本書紀」神代巻を講述したものを基礎とし,私記や古典を多く参照して編集,私記などの逸文を今日に伝える。

うらぼん [盂蘭盆] 盂蘭盆会・盆とも。サンスクリットから転化したウランバーナ(はなはだしい苦の意)の音訳とされるが,イラン語系のウルバン(霊魂の意)が原語だとする説もある。旧暦7月15日の中元に先祖・死者の霊を迎え,供物をそなえて供養する行事。「盂蘭盆経」に,釈迦の弟子の目連が餓鬼道に落ちて苦しんでいる母を供養したのが始まりという。「日本書紀」推古14年(606)条に「是年より初めて寺毎に,四月の八日,七月の十五日に設斎す」とあり,同書斉明3年(657)条に盂蘭盆会を設けたとあるのがこの行事の初見。

うらやく [浦役] 中世～近世に,浦方・浜方の百姓に課せられた役負担の総称。難破船の救助・公儀荷物の海上運搬などにともなう労役をさす。のち米銀・金納がみられるようになり,浦役米・浦役銭といった。また水主役・海役・浦年貢など,浦方・浜方百姓のさまざまな負担を浦役とよぶこともあった。近世では浦方村々は,浦役を負担する代償として地先での漁業を認められ,沿岸の村でも浦役を勤めなければ漁業を営むことはできなかった。

うりこみしょう [売込商] 居留地の外国商社と日本人荷主との間に介在し,日本の品物を外国商社に売り込んだ貿易商人。1859年(安政6)の開港と同時に活動を始め,しだいに資本を蓄積,明治期には荷主への金融などを通じて輸出品の流通ルートを独占的に掌握した。なかでも横浜の生糸や茶の売込商は活発に活動し,輸出産業の動向に重要な影響を与えた。第1次大戦後は商社が輸出に大きな役割をはたすようになり,衰退。

うりんけ [羽林家] 摂家・清華家・大臣家につぐ公家の家格。羽林とは,近衛府の唐名。近衛少将・中将をへて,中納言・大納言を極官とする。平安末～室町時代に家格が形成され,江戸時代に固定。幕末には40余家となった。おもな家には,正親町・滋野井・清水谷・姉小路・河鰭(以上閑院庶流),中山・難波・飛鳥井(以上花山院庶流),持明院・園・松木(以上中御門流),四条・油小路・鷲尾・山科(以上四条流),水無瀬・冷泉などの藤原氏諸家や,六条・千種・久世(以上久我家庶流),庭田・綾小路などの源氏諸家がある。多くは1884年(明治17)に伯爵となった。

ウルグアイラウンド 1986年に開始され,93年12月に実質合意したGATTの新多角的貿易交渉。一括関税引下げ,非関税障壁除去をめざした東京ラウンドをうけ,自由化の対象を金融・通信・情報などのサービス貿易に拡大,農業保護の削減,GATTに代わる世界貿易機関(WTO)の設立による紛争処理機能の強化などが合意された。94年終結し,翌年1月WTOがスタート。

うるしえ [漆絵] 漆塗の板に絵や文様を色漆で描いた絵およびその技法。中国では漢代の棺を漆絵にみられ,朝鮮の楽浪遺跡群などからも精巧なものが出土している。日本では飛鳥時代の玉虫厨子の須弥座に漆絵と密陀絵を混用した作品。近世に入って食器などの漆器に描く華かな漆絵が発達した。秀衡椀・浄法寺椀・会津塗などの地方的漆絵もうまれた。また浮世絵版画のうち,墨に膠をまぜて漆絵のような光沢を出したものも漆絵という。

うるしがみもんじょ [漆紙文書] 漆の状態を良好に保つために漆に文書の反故でふたをしたため,その紙に漆がしみこんで地中に遺存したもの。1978年(昭和53)宮城県多賀城跡ではじめて発見されたが,その後全国各地の遺跡からあいついで出土している。都以外で発見される漆紙文書には,中央へ上申される以前の行政文書が数多く含まれており,地方における実態を詳細にものがたっている点で,きわめて貴重である。また,「戸番」(1郷=50戸にもとづき,戸主それぞれに1～50の番号を付す)つきの兵士歴名簿や,8世紀末の常陸国の人口を22

万4000～24万4000人と推計することのできた戸口集計簿など、これまで知られていなかった新たな種類の文書も発見されている。

ウルップとう[ウルップ島] 千島列島の中央部の島。漢字表記は得撫島。17世紀にオランダ船が発見、18世紀後半にロシア人により開発される。1854年(安政元)の日露通好条約は同島とその南に位置する択捉(えとろふ)島との間に国境を定めたが、75年(明治8)の樺太・千島交換条約で日本はサハリン(樺太)南半を放棄し、ウルップ島以北シュムシュ島までの千島列島18島を獲得した。第2次大戦後の1945年8月ソ連軍が占拠。現在ロシア連邦のサハリン州に属する。

うわえつけ[上絵付] ⇒絵付(えつけ)

うんきゃく[運脚] 脚夫・担夫(たんぷ)とも。律令制下、地方から中央への貢納物を徒歩で運ぶ人夫。納入される貢納物には、調・庸(よう)と国衙が正税により交易したものとがある。前者の場合、路次の食料などは調庸納入者の負担で、後者の場合、食料などは正税から支給された。「延喜式」では、調庸運脚のほか、運脚に雑徭(ぞうよう)をあてて食料を支給するもの、交易雑物のように食料と功賃が支給されるものが規定されている。

うんけい[運慶] ?～1223.12.11 鎌倉前期の仏師。康慶の子。奈良を本拠に天平彫刻や平安初期彫刻に学びながら、写実的な量感に富んだ新しい仏像様式を確立し、鎌倉彫刻の基礎を築いた。1180年(治承4)に平重衡の攻撃によって焼亡した東大寺・興福寺の復興造像をはじめ、東国武士や宮廷貴族関係の造像にたずさわるなど幅広く活躍。東寺(とうじ)にも重用され、東寺講堂諸仏の修理や神護寺講堂の造像を行った。95年(建久6)の東大寺大仏殿供養で法眼(ほうげん)、1203年(建仁3)の東大寺総供養に際し法印に叙された。建暦の12年(建暦2)頃に完成した興福寺北円堂の弥勒如来像と無著(むじゃく)・世親(せしん)像は日本彫刻史上の傑作。

うんげんさいしき[繧繝彩色] 色彩の濃淡の変化を、暈(ぼか)し(ぼかし)によらず、明暗の異なる同系の色面を段階的に並列することで表す方法。中国にならって日本でも7世紀から用いられたが、天平期には紺(青)・丹(赤)・緑・紫の4系統の繧繝をくみあわせた色彩法が法則化された。正倉院宝物に代表的な例がみられる。

うんこうせっくつ[雲崗石窟] 中国山西省大同市雲崗鎮に残る北魏(ほくぎ)の5世紀後半の仏教石窟寺院。南北朝時代に北部中国を統一した鮮卑(せんぴ)族拓跋(たくばつ)部の拓跋珪がたてた北魏は、4世紀文成帝のとき排仏政策から親仏政策に転換、460年雲崗に開窟が始まる。東方群・中央群・西方群にわかれる石窟で、大小の窟53と小仏龕(ぶつがん)約1100からなり、ほとんどが都が平城(現、大同)にあった時代に造営された。

うんこくとうがん[雲谷等顔] 1547～1618.5.3 桃山時代の画家。雲谷派の祖。名は直治。肥前国能古見城主原直家の次男。父の戦死後、広島城主毛利輝元のお抱え絵師となる。1593年(文禄2)命により雪舟筆「山水長巻」を模写。雪舟の旧跡雲谷庵を復興して雪舟後代を標榜(ひょうぼう)し、雲谷等顔を名のる。雪舟様の形式美を示す水墨山水図を数多く描いた。代表作は88年(天正16)創建の大徳寺黄梅院方丈障壁画。1611年(慶長16)法橋に叙せられる。

うんじょう[運上] (1)中世、年貢を京都の領主のもとへ運び納めること。租税としての意味はない。(2)江戸時代の雑税で小物成(こものなり)の一種。おもに商・工・鉱業や漁・狩猟など各種の営業や生業に対し一定の税率で課税したもので、営業税・免許税の性格をもつ。類似のものに冥加(みょうが)があるが、冥加は税というより献金としての性格が強く、税率は一定していない。しかし両者とも浮役(うきやく)の一部とされたので、普通は混同して用いられている。運上の種類は多様で、おもなものに水車運上・問屋(とんや)運上・池運上・鳥運上・油船運上・鉄砲運上・酒運上・海苔運上などがあった。幕府では、運上の収納を勘定所の運上方がつかさどった。

うんじょうしょ[運上所] 税関の前身で、幕末～明治初年に各開港場で関税徴収や外交事務を扱った役所。幕末期には各開港場を管轄する遠国奉行のもとに設けられ、奉行所の役人が勤務した。運上所は、1859年(安政6)神奈川・長崎・箱館の3港におかれ、67年(慶応3)兵庫と大坂にも設置された。明治維新後、運上所はもとの名称のまま各地方官庁のもとで活動を続け、68年(明治元)新潟にも設置された。各運上所は71年から翌年にかけて大蔵省の直接管轄下におかれ、関税徴収事務を行う現在の税関の機構ができあがった。名称は73年1月税関と改称された。

うんじょうや[運上屋] アイヌ交易のために蝦夷地の商場(あきないば)に設けられた施設。アイヌ交易が場所請負商人により担われるようになってからは、支配人・通司・番人などがつめ、交易や漁業にあたった。たんなる商人的施設ではなく、松前藩による蝦夷地支配、アイヌ支配のための行政的施設という性格ももっていた。とくに1799年(寛政11)以降の幕府直轄下には場所行政の中心となり、東蝦夷地では会所と改められた。

うんてい[芸亭] 芸亭院とも。奈良末期に文人の大納言石上宅嗣(いそのかみのやかつぐ)が設立した外典(げてん)の書庫。設立年代は未詳。「続日本紀」天応元年(781)6月辛亥条によれば、宅嗣は邸宅を阿閦寺(あしゅくじ)(平城京左京2条3坊9・18町付近と推

定)となし、その一隅に芸亭を設け好学の徒には自由に閲覧を許可したという。芸亭の条式には、内外両門(仏教と儒教)はもとは一体で、内典を助けるために外典を加えるという理念が記される。桓武朝から平城朝に活躍した文章博士賀陽豊年とは、芸亭で数年間群書をひろく究めたという。宅嗣の甍伝を収める「続日本紀」巻36が撰進された794年(延暦13)頃には存続していたらしいが、「綜芸種智院式」の書かれた828年(天長5)頃にはすでに廃絶していた。日本における公開図書館のはじめとされる。

うんゆしょう [運輸省] 運輸交通行政を所管する中央官庁。1945年(昭和20)5月19日、組織の膨大さのため円滑性を欠いた運輸通信省から通信部門を通信院として内閣に移管して設置。官房・鉄道総局・海運総局・企画局・自動車局・港湾局・航空局から構成された。第2次大戦後の48年、国家行政組織法の公布により設置法の立案が図られたが、国有鉄道の扱いをめぐって紛糾、GHQの指示で公共企業体として分離し、49年6月1日発足。大臣官房・海運局・船舶局・船員局・港湾局・鉄道監督局・自動車局の内局と、海上保安庁・船員労働委員会・海難審判庁の外局で再構成。のち民間航空再開にともない航空局が、また外局に気象庁が加わった。84年大きくは機能別に改編された。許認可権の多い官庁である。2001年(平成13)1月、中央省庁再編により建設省・北海道開発庁・国土庁と統合して国土交通省となる。

え

えいがものがたり [栄花物語]「栄華物語」「世継物語」「世継物語」とも。平安時代の歴史物語。40巻。巻30までの正編と、以下の続編にわかれる。正編の作者としては赤染衛門が有力視されるが、確証はない。続編作者は未詳。正編は長元年間(1028～37)、続編は1092年(寛治6)以降まもなくの成立とみるのが定説。正編は村上朝から藤原道長の死までを整った編年体で描く。後宮に歴史をみるという姿勢が基本。道長に対する賛美的記述が多く、批判性に乏しい。続編は30～92年(長元3～寛治6)を扱うが、散漫で統一的な構造がみえない。摂関時代史をはじめて描き、また歴史物語の最初の作品として「大鏡」以下の諸作品の先駆となった。歴史と文学の両面で重要な作品。「新編日本古典文学全集」「日本古典文学大系」所収。

えいきょうのらん [永享の乱] 1438・39年(永享10・11)に鎌倉公方足利持氏がおこした内乱。以前から室町幕府と鎌倉府の対立が続いていたが、上杉禅秀の乱(1416・17)後、持氏が討伐した禅秀側の残党には当時の将軍足利義持の扶持衆が多く含まれていたため、義持は持氏討伐軍を派遣。両者は和睦したものの、持氏は幕府に対して反抗的な態度をとりつづけた。38年、嫡子賢王丸の元服に際して将軍の偏諱をうける慣習を破って義久と命名し、それを諫めた関東管領上杉憲実を討とうとしたため、憲実は8月に上野国に退き、持氏は武蔵国府中に出陣。将軍義教が今川範忠・武田信重・小笠原政康を持氏追討軍として関東に派遣したり、鎌倉の三浦時高は持氏から離反して大倉御所を焼き、憲実も武蔵国分倍河原に陣をしいた。持氏は降伏して11月に武蔵国金沢の称名寺で出家、鎌倉の永安寺に移った。翌年2月、義教の命令で憲実が同寺を攻め持氏を自害させた。この結果4代にわたる鎌倉公方の東国支配は幕をおろした。

えいげんじ [永源寺] 山上寺とも。滋賀県永源寺町にある臨済宗永源寺派の本山。はじめ飯高山、のち瑞石山と号す。開山は寂室元光(円応禅師・正灯国師)。1361年(康安元・正平16)に六角氏頼(法名崇永)が開創。修行僧が多く集まり、83年(永徳3・弘和3)に足利将軍家の祈願所となる。応仁・文明の乱の時期には戦火をさけて京都五山の名僧が滞在した。1564年(永禄7)5月には一山が焼失し、織田信長が六角氏を滅ぼしたために庇護者を失い衰退した

が，1643年(寛永20)に住持となった一糸文守いっしもんしゅが彦根藩主井伊氏の後援をうけて復興。塑造寂室和尚座像・「約翁徳倹像」(ともに重文)などがある。

えいこさく [永小作] 永代小作・永代卸・定卸とも。江戸時代から行われた小作形態の一つ。期限を定めず，20カ年以上の長期にわたる小作関係をいい，一般の小作と区別された。小作期間が長期であることが，小作料が低いこと，地主が変わっても小作関係に変更がないこと，小作地の改良・修繕を小作人が行うこと，小作人が貢租・諸負担を負担すること，小作権の売買などが行われたこと，小作料の減免がないこと，など小作人の権利が強いのが特徴。明治政府は，地主に地券を公布し，永小作を廃絶する方向をとった。

えいさい [栄西] 1141.4.20～1215.6/7.5 「ようさい」とも。鎌倉前期の臨済宗黄竜派の僧。道号は明庵みょう，法諱は栄西。千光法師・葉上房ともいう。備中国賀陽かよう氏の出身。11歳で仏門に入り，14歳のとき比叡山で受戒。以後，天台教学を修学する。1168年(仁安3)入宋，途中，俊乗房重源じゅうげんにあい，ともに天台山万年寺で羅漢に茶を供養。禅を学んで帰国後，天台復興のため禅の必要を感じ，87年(文治3)再び入宋。天台山万年寺の虚庵懐敞について臨済禅を学び，その法脈を得て91年(建久2)に帰国。禅の布教を始めたが，能忍のうにんの無師独悟の禅と混同され布教を停止された。比叡山衆徒による弾圧に対し「興禅護国論」を著す。99年(正治元)鎌倉で北条政子の帰依をうけ，寿福寺を建立。1202年(建仁2)将軍源頼家の庇護をうけて京都に台(天台)・密(真言)・禅の三宗一致の建仁寺を建立。06年(建永元)重源の跡をついで東大寺大勧進職となり復興に尽くした。14年(建保2)将軍源実朝の病気平癒のため祈禱を行い，「喫茶養生記」を献じた。ほかに「出家大綱」など。

えいざんじ [栄山寺] 奈良県五條市小島町にある真言宗豊山派の寺。719年(養老3)藤原武智麻呂むちまろの建立と伝え，当初は前山寺さきやまでらと称した。武智麻呂の長男豊成とよなりが田地を寄進し，次男仲麻呂が現存する八角堂を建立。多数の寺領を所有したが平安時代以降しだいに衰微した。1565年(永禄23)八角堂をのぞく諸堂が焼失。当寺の北方に武智麻呂の墓(後阿陀峯のちのあだのみね)がある。八角堂およびもと道澄寺にあった延喜17年(917)銘の梵鐘は国宝。

えいぜんりょう [営繕令] 「ようぜんりょう」とも。大宝・養老令の編目の一つ。養老令では第20編で全17条。建築・橋梁・堤防の造営など，すべて公的な営繕事業について定めたもので，雇人に支払うべき代価やその徴発方法を具体的に列挙している。

えいそん [叡尊] 1201.5.～90.8.25 鎌倉中期の律宗の僧。字は思円しえん，諡号は興正菩薩。戒律を復興し奈良西大寺の中興開山として知られる。大和国生れ。父は興福寺の学侶慶玄。17歳で醍醐寺の阿闍梨あじゃり叡賢を師として出家。のち高野山に上り，1235年(嘉禎元)戒律復興を志し西大寺宝塔院持斎僧となる。36年覚盛かくじょう・円晴・有厳うごんらと東大寺で自誓受戒し，海竜王寺をへて翌年西大寺に還住かんじゅうして結界した。授戒・文殊供養・光明真言などの宗教行為による殺生禁断・慈善救済・土木事業などを行い，非人・癩者から後嵯峨・亀山・後深草3上皇にいたる幅広い帰依を得た。著書「感身学正記」「梵網経古迹記けんくじゃっき輔行文集」

えいたいうり [永代売] 年季を限らずに売り渡すこと。中世までは，人身についても行われた。江戸時代，幕府は1643年(寛永20)に永代売買による小農民の土地の喪失の防止を目的とした田畑永代売買禁止令をだした。禁止は1872年(明治5)まで続いたが，買入の形態による事実上の永代売が広く行われ，時期が下るにしたがって増加した。

えいだか [永高] 永積・永盛・永別とも。中世末期の東国で，永楽銭えいらくの価値を基準に表示された年貢・諸役の賦課基準高のこと。同様に課税額を銭納する貫高との関係は地域により異なる。戦国期の永楽銭の通用状況には地域差があり，西国では私鋳銭が多く出て撰銭えりぜにの対象となったが，東国では最上の通用銭となり，価値基準として永楽銭に換算して表示する方法がとられた。現実の流通状況では永楽銭のみの銭納は困難で，代物納も行われた。1608年(慶長13)江戸幕府により永楽銭の通用は禁止され，公的には永高は消滅したが，その後も地域によって慣習的な永の表示が行われた。

えいちっきょ [永蟄居] 江戸時代，武士や公家に科せられた生涯にわたる謹慎刑。一室に閉じ込め，外出を禁止し謹慎させた。蟄居は蟄居隠居・永蟄居などの種類があり，永蟄居は終身の蟄居を予定したもの。幕末期，徳川斉昭がこの刑に処された例が有名。

えいてんせいど [栄典制度] 栄誉を表すために天皇が位階・勲等等を与える制度。律令制以来の位階，近代では勲章(1875制定)，褒章(1881制定)，爵位(1884制定)，金鵄きんし勲章(1890制定)，文化勲章(1937制定)がある。明治憲法では栄典の授与は天皇の大権とされ，日本の近代化と密接に結びついていた。第2次大戦後，爵位・金鵄勲章は廃止，位階勲等は一時停止されたが，1964年(昭和39)池田内閣により生存者叙勲と戦没者叙勲が再開された。

えいとう[穎稲] 穂首で刈り取り、稲穂に付いたままのイネの称。単位は束・把(1束=10把)。穎稲1束は稲穀1斗に相当し、白米5升(現在の約2升、約3kg)が得られる。律令制下のイネの収取は本来、穎稲によるのを原則とした。布とともに支払手段としても利用された。正税の穎稲は出挙され、その利息は賑給以外の正税支出の財源となった。稲穀を収納する正倉の底敷に用いた例もある。なお粟にも穎と穀の別があった。

えいにんのとくせいれい[永仁の徳政令] 1297年(永仁5)3月に鎌倉幕府が制定した、関東徳政といわれた3カ条の法令。内容は次のとおり。(1)越訴の停止。(2)御家人所領の売買・質入れの禁止。これまでの売却・質流れ所領は、無償で取り戻すことができる。ただし、質得安堵状を下付されたものと20年を経過した所領は取り戻せない。非御家人や侍身分以下の者の買得地には、この但書条項を適用しない。(3)債務の不履行など債権債務に関する訴訟はいっさいうけつけない。質物を入れることは禁止しない。以上の立法の背景には、貨幣経済にまきこまれて窮乏し、所領を手離す御家人の激増がある。翌年には97年以前の売却・質流れ所領の無償取戻し令は存続させたうえで売買・質入れ禁止令を撤廃、債権債務訴訟が再開されていることも、御家人の窮乏の深刻さを示す。同時に越訴も復活したが、その背景には専制化する北条氏得宗家の権力と御家人勢力の対抗関係があったらしい。徳政令ははじめてではなかったが、社会の反応はすばやかった。徳政による取戻しを避けるため、売券と同時に譲状が作られるようになる。また取戻し令(徳政令)が出ても、この売買には適用されないという文言(徳政担保文言)を売券に記すことも多くなった。

えいへいじ[永平寺] 福井県永平寺町にある曹洞宗本山。吉祥山と号す。比叡山の圧迫をのがれ波多野義重の招きをうけてこの地に下った道元が、1244年(寛元2)大仏寺を開き、2年後に永平寺と改称。3世徹通の時代に、徹通と義演の間で寺号相続や宗風をめぐる論争が勃発。徹通派は永平寺を離れ加賀国大乗寺に拠ったが、瑩山紹瑾らの活躍によりまもなく永平寺を圧倒。やがて永平寺に復帰して主導権を握り、同寺は再び専従教団の本山となった。1615年(元和1)には江戸幕府の永平寺諸法度によって、総持寺とともに曹洞宗総本山の承認を得た。多数の文書を蔵し、道元筆の「普勧坐禅儀」は国宝。

えいほうじ[永保寺] 虎渓寺・古渓寺・巨景山とも。岐阜県多治見市虎渓山町にある臨済宗南禅寺派の寺。虎渓山と号す。1313年(正和2)に夢窓疎石が法弟元翁本元をともない長瀬山に庵を結んだことに始まるという。山の境地が中国廬山の虎渓に似ていることから虎渓山と名づけられた。39年(暦応2・延元4)3月に勅願寺となる。観音堂前の庭園は国名勝。観音堂・開山堂(国宝)、「千手観音像」(重文)などがある。

開山堂 永保寺開山の元翁本元を祭る堂。方3間の昭堂と方1間裳階つきの祠堂を前後に配置し、相の間でつなぐ。祠堂は1347年(貞和3・正平2)建立。続いて昭堂がたてられたらしい。国宝。

えいゆうけ[英雄家] ⇨清華家

えいらくつうほう[永楽通宝] 永・永楽・永楽銭とも。中国明の銅銭。成祖永楽帝治下の1408年初鋳。日明貿易によって大量に日本に流入し、同では私鋳も精良として通用した。15世紀末期以降、他の明銭が悪銭化するなかで価値は一時不安定になったが、最終的には精銭に準ずる地位を保った。とくに東国では、16世紀半ば以降、旧来の精銭の2倍の価値を付与され、田畠からの収益量を永楽銭換算の金額によって表示する永高制が広がるなど、基準通貨として位置づけられた。江戸幕府もはじめこれを踏襲したが、1608年(慶長13)使用を禁止し、銭貨を鐚銭と同価値である寛永通宝に統一した。以後、永は金貨計算の単位として用いられるのみとなった。

えいりじゆうしんぶん[絵入自由新聞] 明治中期の政党系小新聞。1882年(明治15)9月1日東京で創刊。発行所の絵入自由新聞社の社屋は自由党機関紙「自由新聞」を発行する自由新聞社の隣にあり、自由党の主張を大衆に普及させるのをねらいとした。桜田百衛・宮崎富要(夢柳)らが記者で活躍。90年11月15日「雷鳴新聞」と合併後、92年4月8日に一時再開されたが、同年12月「万朝報」に吸収された。最盛期の発行部数約9000部。

えいんがきょう[絵因果経] 釈迦の過去世での善行(本生譚)と現世での伝記(仏伝)との因典を説いた「過去現在因果経」という4巻の経典を、8巻の絵巻物仕立てにしたもの。紙面を上下にわけ、下段に経文を、上段にはその内容を絵画化して表す。書写が盛んに行われた奈良時代の作例として醍醐寺本ほか系統の異なる4巻がわずかの部分しか残っていない零本型の形で現存。その後も室町に至るまで各時代に制作され、とくに鎌倉時代の作は奈良時代のものに対して「新絵因果経」とよぶ。

ええじゃないか 1867年(慶応3)8月から翌年4月にかけて、江戸以西の東海道・中山道沿いの宿場や村々、中国・四国地方に広まった民衆運動。関西以西の囃し言葉から「ええじゃないか」と総称するが、地域により御影祭・ヤッ

チョロ祭・御札祭などさまざまな呼称がある。東海道吉田宿近郊農村の御鍬祭百年祭を発端とする。各地の事例に共通な点は、天からお札が降ったとして、お札を祭壇に祭り、参詣に訪れた人々に酒食を振る舞うこと、高揚した人々が女装・男装して踊りながら練り歩くことである。富家に踊りこんで酒食を要求したり、村や町単位で臨時の祭礼に発展する地域も多かったが、領主の取締りの強化によって鎮静化した。長州戦争による夫役・徴発や、物価の高騰に苦しんできた民衆の世直し願望が表出した民衆運動であった。

えがわたろうざえもん [江川太郎左衛門] 1801.5.13～55.1.16 幕末期の幕府代官・砲術家。父は英毅。名は英竜、号は坦庵。中世来の名家である江川家は1596年(慶長元)から伊豆韮山の世襲代官となり、代々太郎左衛門を襲名。ただし1723年(享保8)英ープのとき罷免され、英彰のときに復職。英竜は1835年(天保6)家督を相続。洋学者と交流し、38年目付鳥居耀蔵らとともに江戸湾の海防巡見を行った際、渡辺崋山から測量技師の推薦をえたことが蛮社の獄の一因となった。41年高島秋帆から高島流砲術を伝授され、その隆盛に努めた。幕府の海防政策に重用され、伊豆諸島の巡見、下田警備などに力を入れ、ペリー来航後、勘定吟味役格海防掛となり品川台場建設、反射炉溶鉱炉建設などに尽力。

えき [易] 古代中国で考案された占法の一つ。占い具として算木と筮竹を用いて掛を立て「易経」にもとづいて吉凶を占う。「日本書紀」には6世紀中頃の欽明14年に、百済から易博士と卜書の送付を求めたとあるのが伝来に関する初見。令制では陰陽寮の陰陽師が卜筮を職務としたが、平安中期に陰陽師は式占と particular なルーレット様の式盤を用いた占法をもっぱらとし、易占は明経道・算道の儒家や僧侶らが多く行った。室町時代には軍事占に関する需要から足利学校で盛んに易筮が学ばれた。江戸中期には儒学の興隆を背景に「周易」の研究が流行して、平沢常矩や新井白蛾らの易学者が輩出し、都市には易筮を専業とする者も増加した。

えきか [駅家]「うまや・はゆまうまや」とも。古代駅制の駅路に設けられた施設、また駅務に従事する駅戸から構成された組織。30里(約16km)ごとに設置され、一定数の駅馬がおかれた。「延喜式」の駅数は全国402ヵ所。駅使は駅馬で次の駅へ送られるほか、駅で食料を供給され、休息や宿泊もできた。駅の施設は一般に周囲が区画され、門があり複数の屋と倉で構成されていた。山陽道の駅家は瓦葺、朱塗、白壁だった。財源にははじめ駅(起)稲・駅(起)田が設定されたが、のち正税があてられた。駅の管理・運営は国司の管下に駅戸から任じられた駅長があたった。駅家は郷と同じ編戸集団でもあり、「和名抄」には駅家郷、駅名と同名の郷として一郷をなす例も全国にみえ、駅長は郷長と同じ任務も負っていた。

えきせい [駅制] 律令国家により設定された公的な交通制度。京を中心に諸国を結んで東海・東山・北陸・山陰・山陽・南海・西海各道の駅路を設定し、一定距離ごとに駅をおいた。駅には駅馬などが設置され、駅戸から徴発された駅子が労役を負担した。駅の財源は、はじめ駅起稲・駅起田が設けられ、のち正税があてられた。駅戸のなかから駅長が任命され、国司の管下に駅を管理・運営した。駅鈴を付与された駅使が駅馬に乗り、食料の供給をうけて通行した。改新の詔に駅馬の設置があるが実態は不明。伊場遺跡出土木簡に「駅評人」がみえ、7世紀後半から駅制の整備が進んだらしい。8世紀後半から交通量の増大などで駅戸の負担過重となり、伝馬制とあわせて再編が進んだ。平安時代後半には崩壊していった。

えきれい [駅鈴] 古代の駅制で、駅馬利用の資格を示す鈴。剋がつけられており、剋数1につき駅馬か伝馬が1匹給された。駅鈴は、(1)駅使に支給されるもの、(2)在外諸司に支給されるもののほか、天皇が行幸するときに京の留守官に支給されることもあった。(1)の剋数は位階により、(2)の個数は国の等級により差異があった。駅鈴の出納は少納言・主鈴がつかさどった。隠岐国造家に駅鈴が伝来しているが、剋がないので真偽をめぐって議論がある。

えこういん [回向院] 東京都墨田区両国にある浄土宗鎮西派の寺。国豊山無縁寺と号する。1657年(明暦3)江戸大火の死者を埋葬して築いた潮沢園(無縁塚)に始まる。増上寺23世誉貴屋が幕府の援助により1宇を建立、諸宗山無縁寺と号した。万治年間(1658～61)刑死者を弔うため三仏堂がたてられ、1667年(寛文7)には小塚原刑場に別院の常行庵が建立された。1781年(天明元)境内で始められた勧進相撲は、国技館大相撲の前身となった。

えごうしゅう [会合衆]「かいごうしゅう」とも。室町・戦国期の都市、和泉国の堺や伊勢国の宇治山田・大湊などにみえる都市共同体の運営にあたる上層町衆の指導者。堺では「蔗軒日録」に、文明年間の念仏開口七神社の祭礼頭役を毎年2人の会合衆が勤めたとあるのが初見。堺における会議の場である地下公界会所が堺北荘の経堂にあり、当時の構成員は10人。彼らは納屋衆ともよばれ、倉庫業を営み貿易商・金融業をかねた豪商が多かった。戦国期には36人いたと記され

るが、組織的整備によるもので基本的に10人だった。伊勢神宮の門前町では、宇治六郷・山田三方の自治組織があり、御師(権禰宜)が会合所年寄として町政を勤め、外港大湊でも鎮守日保山八幡宮を会所に、会合衆が船から入港税を徴収し町政を行った。その多くは廻船業者で、大名の御用商人を勤め、のち東南アジアに進出する貿易商人角屋などもここから発展した。

えごま [荏胡麻] 荏とも。シソ科の1年草。インド・中国原産の油料作物。縄文時代の遺跡から出土し、古くから利用された。「延喜式」によれば、山城・尾張・美濃3国が交易雑物として貢進している。中世には瀬戸内海沿岸で栽培され、もっぱら社寺や公家の灯油として用いられた。石清水八幡宮の大山崎油座に属する商人が、荏油の製造・販売の特権を握って繁栄した。近世には灯油は菜種油・綿実油にかわった。実は胡麻の代用となり、搾り粕は肥料や牛馬の飼料にも用いられた。

えごんりつ [衛禁律] 大宝・養老律の編目の一つ。宮城の警衛や行幸での警固、および地方におかれた関の管理に関する法令を集める。写本や逸文によって20余条の条文が知られるが、とくに守護を担当する者や禁を犯した者への罪刑を詳細に列挙する。唐の衛禁律を原型にしていることは疑いないが、日本の実情にあわせた字句の改変がみられ、条文にも異同のあったことが知られる。

えさんいせき [恵山遺跡] 北海道恵山町にある、続縄文文化恵山式土器の標式遺跡。海に面した海岸段丘上に広がる。数回の調査が行われ、海水産の貝塚と土壙墓を検出。遺構窪地内に堆積したと考えられる貝層は厚さ80cmほど。土壙墓は複数の土器と配石を伴う例があり、一部の墓壙は再葬墓の可能性がある。アシカ・クジラなどの海獣や魚の骨などがあり、離頭銛・銛・釣針・結合釣針などの漁労具が出土する。

えじ [恵慈] ?～623.2.22 飛鳥時代の高句麗からの渡来僧。595年(推古3)来朝し、聖徳太子の仏法の師となる。よく仏教を広め、翌年に法興寺が完成すると百済僧慧聡と住し、ともに三宝の棟梁と称された。615年、太子の三経義疏をたずさえて本国に帰る。622年2月22日の太子の死去を聞いて大いに悲しみ、みずからも翌年同日に浄土で太子との遭遇を誓約し、言のとおりに没したという。

えじ [衛士] 奈良・平安時代に宮都の警衛にあたった兵。諸国の軍団兵士から選ばれて上京、左右衛士府・衛門府に配され、宮中の警固、行幸の警備、京中の治安維持等にあたった。定員は時により増減があるが、805年(延暦24)の時点では合計1600人であった。勤務年限は養老令で1年と定めていたが、実際には長期にわたった。衛士になると課役が免除され、庸から食料が支給され、のちには郷土負担の銭が支給されたが、衛士の待遇は仕丁との類似点が多い。衛士は公民に課された過酷な徭役労働の一種であり、中央親衛軍ではしだいに官人・豪族層による舎人の武力を充実させて、衛士の軍事的意義は低下していった。792年の軍団制廃止後も衛士は公民から直接徴発され、延喜式制では左右衛門府に各600人が属した。

えじふ [衛士府] 大宝・養老令に規定された官府。左衛士府と右衛士府がある。養老令によれば、おのおのの督・佐・大尉・少尉・大志・少志の四等官がおり、その下に諸国から上番した衛士が所属した。職務は宮中の庁舎や諸門の禁衛・巡検、行幸の前駆・後衛、京中の夜回などである。758～764年(天平宝字2～8)の藤原仲麻呂による官号改称では、左右の勇士衛といった。808年(大同3)衛門府を併合し、さらに811年(弘仁2)左右の衛門府と改称された。

えじょう [懐奘] 1198～1280.8.24 鎌倉中期の曹洞宗の僧。道号は孤雲。永平寺2世。京都生れ。九条為通の曾孫、為実の孫。はじめ比叡山で天台・南都の教学を学び、ついで証空から浄土教、さらに多武峰の覚晏から大日能忍流の臨済禅を学んだ。1234年(文暦元)深草の道元のもとに参じ、翌年法をついだ。以後、終生道元に従い「正法眼蔵」などの著作を手伝い、「正法眼蔵随聞記」を著した。道元死後、永平寺2世として教団をまとめた。

えぞうし [絵双紙] 絵草紙とも。江戸時代にうまれた絵を主体とした出版物。児童向け読物である赤本に始まり、黒本・青本、大人向けの黄表紙・合巻がこれに属す草双紙とする。ただし絵入浄瑠璃本・芝居絵本など文章の添えられた大衆向き絵入本すべてを含む場合や、錦絵などの一枚絵を含める場合もある。狭義には、瓦版など新聞号外的絵入摺物をさすこともある。

えぞち [蝦夷地] 近世の北海道のうち、渡島半島南端の和人地を除く、アイヌ民族の居住空間である地域。ただしアイヌは和人地内や津軽・下北半島にも居住していたから、アイヌの居住地域とは一致しない。また日本には北の境の観念がロシアの対外的緊張が高まる以前はなく、北方に外延的な広がりをもつ化外の異域であった。中世の蝦夷が島(夷島)、蝦夷が千島の後に続く呼称で、17世紀後半頃から使われ始め一般化。1869年(明治2)北海道と改称した。近世の蝦夷地は和人地の東側にあって太平洋側方面を東蝦夷地(下蝦夷地)、西側に続く日本海側方面を西蝦夷地(上蝦夷地)といい、知床岬

を両者の境界とした。また09年(文化6)樺太を北蝦夷地とした。

えた [穢多] 近世の主要な賤民身分の一つ。中世前期の穢多は、非人＝キヨメの大きな連環のなかにあったが、中世後期には非人宿の分化により、斃牛馬処理や行刑を専業とする河原者かわらのの集団が近世の穢多身分につながった。幕藩権力は彼らに皮革御用・行刑役・牢番などを勤めさせ、穢多身分として編成をはかった。しかし畿内などでは皮多かわたが、関東では長吏ちょうりなどの地域的呼称が併存し、みずからは穢多とは違うという意識をもつこともあった。一般的には百姓からなる本村の枝村を構成し、その周辺に展開する草場・旦那場・職場などとよばれる縄張り(権域)で斃牛馬処理を行った。そこで得た牛馬皮を原料として皮革業・履物業などを発展させ、また農業にも従事した。関東では穢多頭弾左衛門が非人や猿廻も支配したが、畿内では穢多頭はおらず、非人は別組織であった。このようにその存在形態は多様だが、縄張りを穢多身分内の相互共有で形成し、穢多村間に広域的ネットワークを形成していた点で共通する。

えたふなやまこふん [江田船山古墳] 熊本県菊水町の台地上にある古墳中期の前方後円墳。1873年(明治6)発掘。墳長62m、後円部径41m、高さ10mの3段築成で、周囲に盾形の周濠をもつ。円筒・朝顔形・家形・馬形の埴輪がある。くびれ部からは陶邑すえむら産の14個体分の須恵器が出土。後円部中央に阿蘇溶結凝灰岩製の横口式家形石棺を直葬する。副葬品には神人車馬画像鏡などの中国鏡5面と仿製鏡1面、玉類・武器類・甲冑かっちゅう・馬具・須恵器のほか、金銅製の冠・冠帽・沓くつ・帯金具、金製垂飾じゅしょく付耳飾など、朝鮮系要素の濃厚な装身具類がある。銀象嵌された75文字の銘文をもつ大刀たちも出土。国史跡。

えたふなやまこふんしゅつどたち [江田船山古墳出土大刀] 熊本県菊水町の江田船山古墳(国史跡)出土の有銘大刀。古墳は古墳中期の前方後円墳。大刀は1873年(明治6)に金銅製冠や沓くつ・耳飾など豪華な副葬品とともに発掘された。鉄製で長さ90.7cm、鉄刀の刀背部に銀象嵌ぞうがんで75文字の銘文が刻まれている。銘文冒頭の「獲□□□鹵大王」は稲荷山鉄剣の発見により、「加多支鹵」(ワカタケル=雄略天皇)であるとする説が有力となった。典曹人てんそうじん(文官)である无利弖むりてが四尺廷刀を作ったという由来が記される。稲荷山鉄剣銘と類似の表現が多くみられ、大和政権が東から西までその勢力を及ぼしつつあった状況がうかがわれる。東京国立博物館蔵。国宝。

えだぶみ [枝文] 律令制下に四度使しどのつかいが諸国から持参する公文くもん。大帳だいちょう・調帳など四度使が持参する主たる公文に対し、その補助としてそえられる種々の公文をまとめて大帳枝文・調帳枝文などとよんだ。また進上する時期が同じために四度使に付託された公文を含めてもよばれる。出雲国計会帳には奈良時代の天平年間に実際に提出された枝文の記載がみられ、また「政事要略」にも多くの枝文の類例が列挙されている。

えちごのくに [越後国] 北陸道の国。現在の新潟県(佐渡島を除く)。「延喜式」の等級は上国。「和名抄」では頸城くびき・古志こし・三島みしま・魚沼いお・蒲原かんばら・沼垂ぬた・石船(岩船)いわふねの7郡からなる。古くは越こし(高志・古志)国の一部をなし、7世紀後半に越後国として分立。当初の国域はのちの岩船・沼垂郡域のみであったが、702年(大宝2)越中国の頸城・古志・魚沼・蒲原4郡を編入。708年(和銅元)出羽郡を新設、712年これを割いて出羽国とした。743年(天平15)佐渡国を併合、752年(天平勝宝4)再び分離。9世紀に古志郡から三島郡が分立。国府・国分寺は頸城郡におかれたが、越後国成立当初の国府とともに所在地は未詳。伊夜比古いやひこ神社(現、弥彦村)・居多こた神社(現、上越市)が一宮とされる。「和名抄」所載田数は、1万4997町余。「延喜式」では調庸として絹・布などのほかに鮭を貢進する。平安後期から城氏が勢力をもち、守護は鎌倉時代には佐々木・名越なごえ氏、室町時代は上杉氏。戦国期には上杉謙信が越中・能登とあわせ領有したが、1598年(慶長3)上杉景勝が会津に転封され、以後小藩が分立した。1871年(明治4)の廃藩置県の後、新潟県・柏崎県が設置され、73年柏崎県は新潟県に合併。

えちごや [越後屋] 江戸時代の呉服問屋。三井高利が1673年(延宝元)江戸本町1丁目に開店した呉服店がはじめに、同年に京都室町通二条下ル蛸薬師町に仕入店を開いた。87年(貞享4)には幕府御納戸呉服御用をひきうけて、商売を拡張。呉服物のほか関東絹や木綿・繰綿くりわたなども扱った。大阪店も開き、越後屋八郎右衛門名前の京都店を本店とし、越後屋八郎兵衛名前の江戸向店と松坂屋八助名前の江戸芝口店、京都西陣の上之店、紅店や勘定場、江戸糸見世をあわせ越後屋は有機的に構成されていた。長崎では落札商人の仲間にも加わり、1859年(安政6)には横浜店も開いた。

えちぜんのいっこういっき [越前の一向一揆] 戦国期、越前国の本願寺門徒による一揆蜂起の総称。とくに1573年(天正元)朝倉氏滅亡後に進駐した織田信長軍を追放し、翌々年滅ぼされるまで越前一国を支配した一揆が著名。73年富田長繁が守護代前波長俊を滅ぼすと朝倉

滅亡後の越前は再び内乱状況となり，一向一揆が国内を制圧。本願寺は坊官を派遣して支配を行ったが，現地勢力との対立が生じ，翌々年8月信長は再度出兵，門徒を大量殺戮して越前を再平定した。

- **えちぜんのくに [越前国]** 北陸道の国。現在の福井県北東部。「延喜式」の等級は大国。「和名抄」では敦賀・丹生・今立・足羽・大野・坂井の6郡からなる。7世紀後半に越国とよばれた北陸地方を分割して成立。当初の管郡は11郡であったが，718年(養老2)能登国，823年(弘仁14)加賀国を分置した。国府は丹生郡(現, 武生市)におかれた。一宮は気比神宮(現, 敦賀市)。「和名抄」所載田数は1万2066町。「延喜式」では調として糸・絹など，庸として米・綿・韓櫃などを規定。令制三関の一つ愛発関を管理する関国であった。鎌倉時代の守護として島津・後藤氏ら，室町時代には斯波氏が知られる。のち朝倉氏が権力を掌握し，一乗谷を本拠地として約100年間支配したが，織田信長により滅ぼされた。近世は徳川家康の子結城秀康を藩祖とする福井藩により支配された。1871年(明治4)の廃藩置県の後，敦賀県・福井県(まもなく足羽県と改称)となり，76年石川・滋賀両県に分割されたが，81年福井県となる。

- **えつけ [絵付]** 陶磁器の加飾法の一つで，具体的な文様を主として絵筆で描きつける技法。手法自体は原始的な技で原始土器にも行われたが，ふつう絵付という場合は釉のかかった陶磁器の絵付で，土器の絵付ではない。上絵付と下絵付の区別があり，下絵付が早く，上絵付は遅れて登場した。下絵付は文様の上に透明釉をかけたもので，染付・鉄絵・釉裏紅とよばれる。上絵付は色絵・赤絵・錦手・五彩とよばれる。どちらも文様はコバルト・鉄・銅で描く。

- **えっちゅうのくに [越中国]** 北陸道の国。現在の富山県。「延喜式」の等級は上国。「和名抄」では礪波・射水・婦負・新川の4郡からなる。7世紀後半に越国とよばれた北陸地方を分割して成立。はじめ管郡は8郡であったが，702年(大宝2)頚城郡以下4郡を越後国に移管。741～757年(天平13～天平宝字元)能登国を併合した。国府・国分寺・国分尼寺は射水郡(現, 高岡市)におかれた。一宮は高瀬神社(現, 井波町)。「和名抄」所載田数は1万7909町余。「延喜式」では調庸は綿を主体とするが，中男作物として紅花・漆・胡麻油・鮭などを定める。平城宮跡出土木簡に鰤の例がある。平安時代以降，立山が霊山として知られ，多くの修行者を集めた。鎌倉時代の守護ははじめ比企氏，承久の乱以降は名越氏。室町時代は畠山氏。守護所は国府と射水川を挟んだ対岸の放生津にあり，一時高岡市の二上山麓におかれたこともあったらしい。守護大名・戦国大名は育たなかった。近世は金沢藩領とその支藩の富山藩領となる。1871年(明治4)の廃藩置県の後，富山藩は新川県となり，翌年七尾県の所管であった射水郡を合併。76年石川県に併合されたが，83年富山県が再置された。

- **えど [江戸]** 東京の前称。平安末期以来の地名。江戸氏が居館をつくり，1457年(長禄元)太田道灌が江戸城を築いた。戦国期には後北条氏の支城がおかれた。1590年(天正18)徳川家康が入城，1603年(慶長8)家康が征夷大将軍に任じられ幕府を開いて以降，日本の政治的中心となる。江戸城築造や町割の実施，五街道の開設，参勤交代の制度化，将軍直属家臣団の集住などにより，市街は急速に発展した。明暦の大火(1657)後の再開発で市域を拡大し，18世紀初めには人口100万をこえる巨大都市となり，一大消費市場を形成した。一方では関東・東北地方に対する中央市場，上方と結ぶ中継市場としても機能した。巨大都市化の結果としてさまざまな都市問題も発生し，とくに貧民層の肥大化は，享保・天明・慶応各期の大規模な打ちこわしの要因となった。明治期になって江戸城の跡に皇居がおかれ，東京と改称。

- **えとうしんぺい [江藤新平]** 1834.2.9～74.4.13 幕末期の佐賀藩士，明治期の政治家。肥前国生れ。藩校弘道館に学び，ついで枝吉経種(神陽)に師事。義祭同盟に加わり尊攘運動にたずさわる。のちに開国論に転じ藩吏となる。1862年(文久2)脱藩して姉小路公知らを通じ皇権回復の密奏を図って失敗，国許で永蟄居となる。維新後徴士となり江戸遷都を提唱。佐賀藩の powerful 参事，文部大輔などをへて，1871年(明治4)左院副議長となる。72年4月司法卿。司法制度の整備，民法仮規則の制定作業などを主宰したが，官吏不正の摘発に関して長州閥としばしば対立した。73年4月参議，明治6年の政変で下野，翌年1月民撰議院設立建白書に名をつらねた。同年2月佐賀の乱で首領に擁され，敗れて刑死。

- **えどうちこわし [江戸打ちこわし]** 江戸の下層都市民が米蔵などを打ちこわした事件。(1)1733年(享保18)1月前年の凶作による米価騰貴を原因に，30・31号幕府の米価引上げ政策に積極的に加担した下り米問屋高間伝兵衛宅を2000～3000人で打ちこわしたもの。(2)1787年(天明7)5月天明飢饉による米価騰貴を原因に，江戸市中の米蔵をはじめ質屋・酒屋など900軒以上が打ちこわされた事件。最盛期の20～23日にかけて江戸は無警察状態に陥った。当時幕府は前年

に田沼意次が老中を罷免され、政治は停滞状況にあったが、この事件を契機に寛政の改革の勢力が追放され、松平定信の老中入りが実現した。(3)1866年（慶応2）5・6月、第2次長州戦争による政治不安・物価騰貴のなかで、米屋を中心に横浜商いの商人も打ちこわしをうけた事件。直後に発生した武州一揆とともに幕府に衝撃を与えた。9月にも下層民が集結したが、大規模な打ちこわしにはいたっていない。これらの事件は幕府の膝元で発生したため、幕政に多大な影響を与えた。

えどうまれうわきのかばやき [江戸生艶気樺焼] 山東京伝画作の黄表紙。3巻。1785年（天明5）江戸蔦屋重三郎刊。醜男ながら金持でうぬぼれ屋の艶二郎（えんじろう）が周囲におだてられ、世に浮名をたてようとばかげた努力をするさまを描く。艶二郎という語がうぬぼれの代名詞として流行したほど大評判となり、何種かの後摺本も確認できる。黄表紙の技法を駆使し滑稽の限りを尽くした黄表紙中の傑作。「日本古典文学大系」所収。

えどかいじょう [江戸開城] 明治新政府による江戸城接収。1868年（明治元）1月の鳥羽・伏見の戦ののち、新政府は徳川慶喜（よしのぶ）追討令を発して、東海・東山・北陸の3道から東征軍を進次させた。2月に慶喜は上野寛永寺に謹慎して恭順の意を示したが、新政府軍は強硬な処分を主張して3月15日を江戸城攻撃の日と決めた。しかし関東では一揆や打ちこわしが頻発したため、旧幕府陸軍総裁勝海舟（かいしゅう）と東征軍大参謀西郷隆盛が3月13・14日に江戸薩摩藩邸で会談し、慶喜の水戸謹慎、江戸城や軍艦・兵器の引渡しなどで合意し、総攻撃は回避された。旧幕府の将兵が大量に脱出して関東・奥羽・北越・蝦夷地で抵抗を続けたが、4月11日は新政府軍に接収された。

えどがわらんぽ [江戸川乱歩] 1894.10.21〜1965.7.28 大正・昭和期の小説家。本名平井太郎。三重県出身。早大卒。職を転々としたのち、1923年（大正12）「新青年」に「二銭銅貨」が掲載され作家としてデビュー。怪奇趣味と合理的推理をあわせもつ探偵小説をつぎつぎに発表、斯界を主導した。「怪人二十面相」などの少年物も執筆。第2次大戦後は推理小説をめぐる研究・評論に活躍するとともに、後進の育成につとめた。

えどさんざ [江戸三座] 江戸で幕府から興行を許された歌舞伎劇場。寛文期までは多くの劇場があったが、延宝〜元禄期には中村・市村・森田・山村の四座に限定され、1714年（正徳4）の江島（えじま）・生島（いくしま）事件で山村座が廃絶し、三座に限られた。三座が休座した場合、中村座には都（みやこ）座、市村座には桐・都・玉川の各座、森田座には河原崎座がかわって興行した。興行地は1661年（寛文元）までには中村座は堺町、市村座は葺屋（ふきや）町、森田座は木挽（こびき）町に定められたが、1842年（天保13）に三座とも猿若（さるわか）町に移転させられた。72年（明治5）三座の制度が廃止され、興行地も自由となった。

えどじだい [江戸時代] 徳川時代とも。江戸が、徳川氏の権力によって政治の中心地として機能していた時代。徳川氏が関ヶ原の戦で豊臣氏を倒し天下を握った1600年（慶長5）、もしくは徳川家康が征夷大将軍に任じられて江戸に幕府を開いた03年に始まり、15代将軍徳川慶喜（よしのぶ）が大政奉還し将軍を辞職した1867年（慶応3）に至るまでの間をいう。また織豊期をも含めて近世と呼称することもある。

えどじまわりけいざい [江戸地廻り経済] 近世に、江戸とその周辺地域によって構成された市場圏。範囲はほぼ関八州と考えてよい。江戸初期の江戸地廻り地域は、総じて自給的色彩が強かったが、巨大消費都市江戸の形成は当地域に大きな影響をおよぼし、江戸向けの商品生産が発展した。その結果、18世紀後半以降、各地に特産品生産地帯が生まれ、下荷（くだに）を供給する上方市場から相対的に自立した、江戸を核とする地域市場としての江戸地廻り経済圏が成立した。これにともない、江戸と地域市場農村を結ぶ結節点として各地に在方市（ざいかたいち）が生まれ、農民から生産物を集荷する在方商人や、彼らと結んだ江戸の仲間外商人が成長する。そのため江戸十組問屋仲間による集荷独占体制はしだいに崩れた。

えどじょう [江戸城] 徳川15代の将軍の居城で、江戸幕府の中心となった城館。東京都千代田区にある。平安時代に江戸重継が居館を構え、15世紀前半まで江戸氏の本拠として機能したと推定される。江戸氏は15世紀の動乱のなかで没落し、江戸の地は扇谷（おうぎがやつ）上杉氏が関係する土地となった。古河公方との対抗関係で、1457年（長禄元）扇谷上杉氏の家宰太田道灌（どうかん）が築城。当城を訪れた禅僧が当時の様相を伝える。1524年（大永4）以降は後北条氏の支城となる。90年（天正18）徳川家康が入城し、拡張を重ねた。1636年（寛永13）総構（そうがまえ）がなり、現在に至る江戸城が完成。天守は明暦の大火で焼失し、再建されなかった。現在、富士見三重櫓や伏見櫓などの建造物や、枡形門が随所にみられる。1868年（明治元）4月江戸開城、9月明治天皇が入城。10月東京城と改称され、以後皇居となる。

えどのさんとみ [江戸の三富] 三富とも。近世後期に江戸の谷中感応寺、湯島天神社、目黒不動滝泉寺で開催された富籤（とみくじ）。いずれも富籤を主催したのではなく、他の寺社の富籤に抽

籤(富突)会場として場所を提供した。当時江戸には30以上の寺社を会場に、1年間で120回の富籤を開催しており、最高賞金額・当籤率・立地条件などにより、この3会場が人気が高く人出も多かった。

えどばくふ [江戸幕府] 徳川将軍家を最高権力者として、江戸に存在した武家による全国支配政権。1603年(慶長8)の徳川家康の征夷大将軍職任命に始まり、1867年(慶応3)の徳川慶喜(よしのぶ)の大政奉還までの265年間、将軍は15代続いた。将軍は全国の大名らとの間に主従関係を結び、改易などで大名への処分権を前提に、外様大藩の支配領域などに対しても間接支配を行った。一方幕府組織および軍事力の中核をなしたのは、徳川氏の従来からの家臣の譜代大名や旗本・御家人である。組織は老中および若年寄を中心とする。老中の下には勘定奉行・町奉行をはじめ、大名の監視にあたる大目付・遠国奉行など、全国政権としての幕府の機能に関わる役職が多く存在した。これに対して若年寄の下には、将軍の親衛隊としての書院番頭・小姓組番頭や、新番頭・目付など将軍直属家臣団の指揮に関わる役職が多い。このほか朝廷の護衛・監視および取次などを行う京都所司代、将軍と老中・若年寄の連絡にあたる側用人などがある。財政的基盤としては全国に400万石以上(中期以降)の直轄地をもち、主要な都市・鉱山などを直轄支配して、全国の市場構造を掌握。軍事的には旗本・御家人中心の直属軍をもち、その規模は単独の外様大名のそれをはるかに上回った。しかし長期的には、農民的商品生産の進展に代表される全国市場構造の変化に対応できなかったため慢性的な財政危機を招き、数度の幕政改革による建直しにもかかわらず、幕府の全国政権としての地位は少しずつ傾いていく。幕末期の列強の外圧に対して、幕藩制的な軍役構造の無力さを露呈。最終的には、鹿児島や萩などの雄藩勢力に全国政権としての地位を否定されるにいたった。

えどまちかいしょ [江戸町会所] 寛政の改革によって江戸市中に設置された社会とその運営機関。1792年(寛政4)向柳原馬場・的場跡地に設立。同時に市中地主層からの七分積金で購入した囲穀(かこいこめ)を貯蔵する穀蔵(もみぐら)も同所に建設された。穀蔵は後年、深川橋富町・神田筋違橋・霊岸島・小菅(こすげ)にも増設された。任命された勘定所御用達10人に積金や幕府からの差加金(さしくわえきん)が預けられ、囲穀購入・窮民救済・低利貸付などの運営が委託された。事務は御用達が選任した年番名主・座人が担当。幕府の勘定方、町方の与力・同心が町会所掛として派遣され、運営を監督した。1872年(明治5)東京府の営繕会議所の設立にともない廃止された。

えどまちどしより [江戸町年寄] 近世都市江戸の惣町を統轄する町役人。喜多村・奈良屋・樽屋の3家が世襲した。職務は町奉行所からの町触の伝達、区画整理や武家地・寺社地・町人地・代官支配地の間の地面受渡しの際の立会いと諸手続きの指揮、宗門改・人別改、仲間組織の結成を促進したり仲間の構成員変更の届出など商人・職人の統制、町方政策の事前調査、民事紛争の調停事務という多様なものであった。そのほか、江戸周辺の関口村(現,文京区)以下3カ村の代官も兼帯し、水道の管理を行う。

えどめいしょずえ [江戸名所図会] 江戸の地誌。7巻。美濃判。編者は斎藤幸雄・幸孝・幸成(月岑(げっしん))の父子3代。挿絵は長谷川雪旦(せったん)。1834年(天保5)3巻、36年4巻刊。編者の斎藤家は神田雉子町名主。幸雄は実地調査から草稿を作ったが1799年(寛政11)没、幸孝は絵師に雪旦を起用し江戸近郊を増補したが刊行を果たせず没した。遺業を継いだ幸成が校訂を加えてなしとげた。江戸城を中心に七つの地域にわけた構成は、実際には江戸をはるかにこえた範囲に及ぶ。1000余を数える神社仏閣・古跡名所などの現況・沿革は、実地調査と古書の引用と考証をふまえた記述で評価は高い。雪旦の絵の精緻な描写も当時の景観・風俗を知る好史料。「日本名所風俗図会」所収。

えとろふとう [択捉島] 千島列島南部にある島。東に得撫(うるっぷ)島、西に国後(くなしり)島を望む。島は北東から南西に展開し、面積3183km²で、列島中最も広い。散布(ちりっぷ)山(標高1587m)を最高峰とする火山島。急峻な南東岸にくらべ、北西岸は緩傾斜で平地も開け、蘂取(しべとろ)・別飛(べっとぶ)・紗那(しゃな)・留別(るべつ)の立地をみた。南東岸中央の単冠(ひとかっぷ)湾は結氷せず、湾奥に年萌(としもい)港が位置した。この湾はハワイ攻撃への連合艦隊集結の施設下にある。第2次大戦後はロシア(旧ソ連)の施設下にある。

えのもとけんいち [榎本健一] 1904.10.11～70.1.7 昭和期の喜劇俳優。東京都出身。愛称エノケン。1922年(大正11)東京浅草オペラの舞台に立ち、29年(昭和4)喜劇に転じる。軽妙でスピーディな動きと愛嬌ある表情で多数の傑作を残し、演劇・映画で喜劇王といわれた。代表作「エノケンのちゃっきり金太」「エノケンの法界坊」。

えのもとたけあき [榎本武揚] 1836.8.25～1908.10.26 幕末期の幕臣、明治期の政治家。通称釜次郎。号は梁川(りょうせん)。幕臣の子として江戸に生まれる。箱館奉行所に勤め樺太探検に参加、長崎海軍伝習所をへてオランダ留学、1868年(明治元)幕府海軍副総裁。江戸開城後、幕府艦隊を率いて脱走し北海道に蝦夷島政府を樹立、総裁となるが、翌年五稜郭で降伏。このと

き黒田清隆に助命され親交を結ぶ。72年出獄、開拓使に出仕ののちロシア公使となり、樺太・千島交換条約を結ぶ。外務大輔・海軍卿・清国公使を歴任。内閣制度創設後は黒田系の政治家として活躍、第1次伊藤・黒田両内閣の逓信相、第1次山県内閣の文相、第1次松方内閣の外相、第2次伊藤・第2次松方両内閣の農商務相を歴任。植民問題にも深い関心を寄せた。

えびこうりょう [海老虹梁] 寺社建築に用いる繋ぎ虹梁の一つで、海老の胴のように曲がった形をしたもの。本屋柱と裳階𛀕柱・向拝𛀕柱などのように、つなぐ高さが異なる場所に架ける。元来は禅宗様のものであるが、南北朝期以降神社本殿などにも盛んに使われた。側面の下方に眉欠き、両端に袖切りを施し、下面に錫杖彫を彫る。

エービーシーディーほういじん [ABCD包囲陣] 太平洋戦争時、米・英・中・蘭による日本の南進阻止のための対日経済封鎖を日本側からよんだ呼称。1941年(昭和16)7月28日の日本の南部仏領インドシナ進駐にアメリカが反発し、8月1日に対日石油輸出を全面禁止、イギリスとオランダもこれにならった。またアメリカは武器貸与法を中国に適用し、パイロット・航空機・顧問団の援助をすでに決定していた。このような国際情勢を日本の政府・軍部は対日包囲網が着々と進展しつつあると強調し、国民の敵愾心をあおった。

えびなだんじょう [海老名弾正] 1856.8.20〜1937.5.22 明治・大正期の日本組合基督教会牧師・教育家。筑後国柳河藩士の家に生まれ、幼名喜三郎。熊本バンドに参加し、L.L.ジェーンズから受洗。同志社卒業後、群馬の安中教会牧師に就任したのを最初として各地に伝道。日本基督教伝道会社社長として日本組合基督教会の自給独立に尽力、また同志社大学総長在任8年。本郷教会牧師在職23年、学生・青年・知識人を集める大教会として吉野作造・内ヶ崎作三郎・鈴木文治・小林富次郎らを各方面の指導者を育成した。1901・02年(明治34・35)の間、植村正久と福音主義の理解をめぐる神学論争を展開し、福音同盟会を離脱。

えひめけん [愛媛県] 四国の北西部に位置する県。旧伊予国を県域とする。1871年(明治4)廃藩置県により東予に西条・小松・今治・松山、中予に松山、南予に大洲・新谷・吉田・宇和島の8県がおかれた。同年11月松山平野を流れる重信川を境に東・中予の4県を松山県、南予4県を宇和島県に統合した。翌年松山県は石鉄県、宇和島県は神山県と改称。73年両県が合併して愛媛県が成立し、県庁を松山においた。76年香川県を合併したが、88年分離して現県域となった。県名は「古事記」国生み神話にみえる伊予国の女神愛比売にちなんでつけられた。

えふ [衛府] 律令国家における宮都守衛の中央軍隊組織。大宝・養老令制では衛門府・左右衛士府・左右兵衛府の五衛府の体制であったが、707年(慶雲4)授刀舎人寮がおかれ、これが728年(神亀5)中衛府に発展、さらに授刀衛府(のち近衛府と改称)・外衛府が新設され、一時八衛府体制となった。以後改称・統廃合をへて、811年(弘仁2)左右衛門府・左右兵衛府・左右近衛府の六衛府体制となり、後世まで存続した。

えぶみ [絵踏] 江戸時代、キリシタン検索のために実施された方法。キリシタンの信仰対象である聖画像などの踏絵を足で踏ませること。1620年代後半頃、長崎ではじめて実施。当初はキリシタンが棄教したことを証明する手段だったが、17世紀中頃に宗門改が制度化されてからは一般の者へも実施され、キリシタンでないことを証明する手段となった。ただしキリシタンが多数生じた九州に限られるが、宣教師の潜入、漂流民の帰国、崩れなどの際にも実施された。

エーペック [APEC] アジア太平洋経済協力会議(Asia-Pacific Economic Cooperation)の略称。ECなどによる世界経済のブロック化に対抗するため環太平洋諸国の閣僚が参加して1989年11月に発足、以後毎年開催。92年シンガポールに常設事務局設置を決定、93年からは首脳会議も開催され、域内の貿易・投資の自由化推進機関となっている。2000年現在21カ国・地域が加盟。

えぼし [烏帽子] かぶりものの一種。布帛や紙を黒く袋状にしたてた帽子。冠の参内用に対し、天皇以外の諸衆に使用された。立て烏帽子・折り烏帽子の種類がある。材質は羅紗などの柔軟な織物が使用されたが、院政期になると強装束などの影響から漆で塗って強く張らせ容儀を整える風が生じた。このため日常のかぶりものとしてはしだいに用いられなくなり、露頂の風が一般化すると、柳営の儀式、武士の元服などの儀礼的なかぶりものとなった。

えぼしおや [烏帽子親] 男子の成年式にその後見として依頼する仮の親。女子の場合は鉄漿親。鎌倉時代の武家社会では男子が元服の式に烏帽子をかぶる儀礼があり、その際に有力者を仮親にたててかぶせてもらい、童名を廃して烏帽子名をつける例が多い。以後烏帽子親・烏帽子子として擬制的親子関係を結んだ。この関係は室町時代以降は形式化したが、近世以降は民間にも浸透し、現在でも成年式に仮親をとる地域がある。

えま [絵馬] 神社・仏閣に祈願・報謝・記念のため奉納する絵入りの額。神の乗物として神聖

視された馬を献上したのにかわって、馬形や馬を描いた絵を奉納したのが起源とされる。絵馬の奉納習俗は奈良時代からあったが、室町時代頃から馬以外の図が現れ、また大型化してくる。同時に絵馬をかけるための建物である絵馬堂が出現する。多くは市井の絵師によって描かれたが、大型絵馬には著名画家のものも含まれる。図様は、奉納する神仏にちなむもの、祈願の目的による画題などさまざまである。奉納者自身が描いた小絵馬は民間信仰的要素を強くもち、合格祈願などのかたちで現在にまで及んでいる。

えまき[絵巻] 横長の巻物に絵を描いたもの。鑑賞する際は、両手でもち、順次右から左へ巻きすすめていく。詞章(詞書<ruby>詞書<rt>ことばがき</rt></ruby>)とその内容を表した絵の組合せを1段とし、これを数段くりかえすのが最も一般的な形式だが、詞書のないのや絵のなかに説明文や登場人物の台詞<ruby>台詞<rt>せりふ</rt></ruby>などを書きいれたものもある。主題は物語・日記・説話・御伽草子・詩歌・経典・社寺縁起・高僧伝・肖像など多岐にわたり、歴史資料・民俗資料としても重要。現存最古の絵巻は8世紀前半の「絵因果経」。平安時代には、唐の画巻の影響をうけて上品で優雅な物語絵巻の制作が始まり、鎌倉時代以降は、社寺縁起や高僧伝の流行により大量の絵巻が制作された。近世以降、しだいに創造的な気運を喪失した。

えみし[蝦夷] 古代の東北地方を中心とした地域の住民に対する呼称。毛人<ruby>毛人<rt>もうじん</rt></ruby>・蝦蛦<ruby>蝦蛦<rt>かい</rt></ruby>・蝦狄<ruby>蝦狄<rt>かてき</rt></ruby>・夷・俘囚<ruby>俘囚<rt>ふしゅう</rt></ruby>・夷俘<ruby>夷俘<rt>いふ</rt></ruby>など多様な表記・表現があり、「えびす」とも読み、平安中期以降は「えぞ」と読む。古くは東国の人々を毛人と称したが、のちに言語・風俗・文化などを異にし、政治的にも朝廷に従わない人々を区別して蝦夷とよび、奈良時代以降は服属した蝦夷を大きく蝦夷・俘囚に編成した。語源や実体がアイヌか否かをめぐり諸説があるが、現在のところ定説はない。

えみのおしかつ[恵美押勝] ⇨藤原仲麻呂<ruby>藤原仲麻呂<rt>ふじわらのなかまろ</rt></ruby>

えみのおしかつのらん[恵美押勝の乱] 奈良中期の反乱。光明皇太后の死で後楯を失った恵美押勝(藤原仲麻呂)の権力基盤が弱体化すると、孝謙太上天皇の発言力がしだいに強まり、その寵愛を得た道鏡<ruby>道鏡<rt>どうきょう</rt></ruby>が台頭。762年(天平宝字6)6月、孝謙と押勝のたてた淳仁天皇との不仲が表面化し、孝謙は皇権分離の宣命<ruby>宣命<rt>せんみょう</rt></ruby>をだして天下大事・賞罰の執行を宣言した。12月、押勝は子弟を参議に任じて退勢の挽回を図るが、官人層の反発を招き失敗。764年9月2日、押勝は都督四畿内三関近江丹波播磨等国兵事使に就任して軍事権の掌握をもくろむが、11日に密告により計画が露見して機先を制され、中宮院の鈴印を孝謙方に奪われた。越前への敗走もはたせず、近江国で斬死。孝謙は淳仁を廃して淡路国に幽閉し、称徳天皇として重祚<ruby>重祚<rt>ちょうそ</rt></ruby>した。

エムエスエーきょうてい[MSA協定] 1954年(昭和29)3月8日、日米間に締結された協定。アメリカの相互安全保障法(MSA, Mutual Security Act)にもとづく4協定。相互防衛援助協定・農産物購入協定・経済措置協定・投資保証協定の総称。米国政府は53年に、西側陣営の結束強化の目的で、同盟国に対してMSAによる軍事援助を行うことを決定し、日本とは同年7月15日から東京で交渉が開始された。争点は池田・ロバートソン会談の場合と同様、米側の防衛力増強要求と、日本側のMSA援助を経済援助に限定することの対立であった。結局、これらの協定による米国の軍事的・経済的援助を背景に、日本が自国防衛の責任をとることになり、7月に陸・海・空3軍構成の自衛隊の発足になった。

えもんふ[衛門府] 大宝・養老令に規定された衛府の一つ。養老令によれば督<ruby>督<rt>かみ</rt></ruby>・佐<ruby>佐<rt>すけ</rt></ruby>・大尉・少尉・大志・少志の四等官がおり、その下に門部<ruby>門部<rt>かどべ</rt></ruby>200人、物部<ruby>物部<rt>もののべ</rt></ruby>30人、衛士<ruby>衛士<rt>えじ</rt></ruby>らが所属、また隼人司<ruby>隼人司<rt>はやひとのつかさ</rt></ruby>が属した。職務は宮門・宮城門を警衛し、出入りを検察することなどである。758〜764年(天平宝字2〜8)の藤原仲麻呂による官号改称では司門衛<ruby>司門衛<rt>しもんえい</rt></ruby>といった。808年(大同3)廃止、左右衛士府に併合されたが、811年(弘仁2)左右衛士府は左右衛門府と改称され、後世まで存続した。

エリザベス・サンダース・ホーム 1948年(昭和23)沢田美喜<ruby>沢田美喜<rt>みき</rt></ruby>が占領軍兵士と日本女性との「占領の落とし子」である混血孤児のため、神奈川県大磯に開設した施設。施設名は資金難のホームに寄付をしたイギリス人女性の名に由来。養育された混血児は、海外養子縁組をしたブラジルに移民した者も多い。現在も社会福祉施設として存続。

えりぜに[撰銭] 「えりせん・せんせん」とも。清撰<ruby>清撰<rt>せいせん</rt></ruby>・精撰とも。貢納や商取引の際、通用価値の低い銭貨の受取りを拒否し、精銭による支払いを要求する行為。平安末期以来、中国銭を中心とする貨幣使用が広がったが、やがて磨滅・破損した銭や粗悪な私鋳銭などが入り混じって流通するようになり、そのような悪銭の受取りを嫌う考え方が生じた。とくに戦国期には、明銭<ruby>明銭<rt>みんせん</rt></ruby>の下落など通貨体系に大きな動揺がおこり、貨幣価値が不安定化して撰銭が激しくなったことから、多くの撰銭令が発令された。撰銭の対象となった悪銭も、貨幣流通から排除されたわけではなく、低価値で通用した。江戸時代に入り、寛永通宝が発行されて大量に

流通するにいたり、撰銭は終息した。

えりぜにれい [撰銭令]「せんせんれい」とも。撰銭を制限し、貨幣の通用基準を示した法令。15世紀末期以降、貨幣秩序が動揺し、撰銭をめぐるいざこざが多発したため、幕府・大名・惣村などは、自己の統制の及ぶ領域内における各種銭貨の通用価値を公定することで、流通貨幣量の量的拡大による貨幣流通の円滑化を図った。

えりんじ [恵林寺] 山梨県塩山市小屋敷にある臨済宗妙心寺派の寺。乾徳山と号す。1330年(元徳2)二階堂貞藤が夢窓疎石を開山として建立。後住に絶海中津らゅうしんなど名僧があいついだため、甲斐臨済宗の中心として発展した。1564年(永禄7)には、武田信玄が快川紹喜かいせんしょうきを招いて菩提寺としている。武田氏滅亡時には、織田軍の攻撃によって快川ら100余人の僧が山門楼上にて焼死。のち徳川家康により復興された。安土桃山時代の四脚門は重文。「恵林寺検地日記」はじめ、多数の文書を所蔵。

エルティーぼうえき [LT貿易] 1962年(昭和37)11月に結ばれた協定にもとづき行われた日中間の準政府間貿易。調印者である中国首脳の廖承志りょうしょうしと自民党高碕達之助のイニシャルからLT貿易とよばれる。池田勇人内閣の登場で、一時中断していた日中間の交流が再び活発化し、LT協定が成立した。化学肥料・鋼材・プラント(日本側)、石炭・鉄鉱石・大豆(中国側)などの輸出を内容とした。74年の日中貿易協定締結により幕を閉じた。

エレキテル 野礼幾的爾・エレキテリセイリテイとも。オランダ語のelektriciteitの転訛。広義には電気の意味だが、日本では江戸中期に静電気を発生させる摩擦起電機をさした。平賀源内が1776年(安永5)製作したエレキテルが有名。火花放電・感電などの静電気現象は見せ物として利用された。幕末期にはダニエル電池が移入され、これを用いた誘導起電機が作られた。佐久間象山の製作した電気治療器もこの一種。

エロアしきん [エロア資金] アメリカによる占領地域経済復興資金。略称EROA。占領地の産業低迷を救済する目的で、1949会計年度からガリオア資金の一部としてエロア資金(Economic Rehabilitation in Occupied Areas)が追加されたもので、独立の援助資金ではない。通常ガリオア・エロア資金とよばれる。対日エロア援助は、主として綿花・羊毛などの産業原料を日本に送ることにあてられた。62年(昭和37)の日米協定で15年間の分割返済が決定された。

えん [円] 明治期以降の通貨の基本単位。1871年(明治4)の新貨条例で純金1.5gを1円(さらに十進法で銭・厘)と定めたが、中国で円・元とよばれた1ドル銀貨とほぼ等価だった。円1金貨は1両とほぼ等価で交換されたが、銀価下落にともなって海外流出が多く、85年には銀本位制度に移行した。97年貨幣法で純金0.75gを1円とする金本位制が確立したが、1931年(昭和6)の金輸出再禁止以後対外価値は大きく下落した。第2次大戦後の49年に1ドル=360円の固定相場が設定されたが、71年の308円への改訂をへて73年から変動相場制に移行、ドル下落にともなって円高が進んだ。

えんい [円伊] 生没年不詳。鎌倉後期の絵師。「一遍聖人絵伝」のうち、1299年(正安元)成立の「一遍聖絵えん」の奥書に「画図法眼円伊」とあり、この絵巻の画家として知られる。しかし複数の画家の関与が想定されるため、絵巻制作にたずさわる絵画工房の主宰者と考えられる。園城おんじょう寺の僧という説などもあるが、出自は不明。

えんかくじ [円覚寺] 琉球最大の官寺。首里城の北側に近接する。臨済宗、山号は天徳山。開山住持は京都南禅寺の芥隠かいいん禅師。1495年先王尚円しょうの祭祀のため創建され、以後第二尚氏王朝の宗廟となる。先王祭祀は仏式を基本とした。歴代の住持には五山僧の檀渓全義だんけいぜんぎなどがおり、近世初期には菊隠きくいんが名僧として知られる。知行高には変遷があるが、1695年以降は100石であった。主要な建物として竜淵殿・仏殿・獅子窟・御照堂などがあったが、第2次大戦の沖縄戦で破壊された。

えんがくじ [円覚寺] 神奈川県鎌倉市山ノ内にある臨済宗円覚寺派の大本山。正式には円覚興聖禅寺。瑞鹿山と号す。北条時宗が、元寇で死んだ人々の追善のため無学祖元むがくそげんを開山として建立。1281年(弘安4)建立が開始され、82年には僧堂はじめが完成した。室町時代には鎌倉五山の第2位に位置づけられた。明治期には夏目漱石ら知識人・官僚・軍人が参禅し、一種の在家仏教である居士禅こじの集団である人間禅などが形成された。梵鐘と舎利殿などの国宝があり、重文としては「仏涅槃図」「無学祖元像」、無学祖元木像、銅造阿弥陀如来および両脇侍立像、「円覚寺境内絵図」「尾張富田荘図」など。200通をこえる中世文書もある。

舎利殿 しゃりでん 円覚寺開山塔頭なっつ正続院の昭堂。禅宗様建築で、方3間裳階もこしつきの中規模仏殿の代表例。もと鎌倉尼五山の太平寺の仏殿で、室町末期に円覚寺に移建された。創建年代は確かでないが、応永14年(1407)の墨書をもつ東京都東村山市の正福寺地蔵堂と規模・形式・技法ともによく似ており、室町初期のものと考えられる。国宝。

えんぎ [縁起] 仏教の中心的な思想「因縁生

起」のことで，いっさいの現象は種々の因縁(いんねん)によって生起するという考え。日本では吉凶の前兆や事物の起源・由来も意味するようになり，神社仏閣の創立・沿革の由来を説くものはとくに寺社縁起といわれた。747年(天平19)成立の大安寺・法隆寺・元興寺の各「伽藍縁起并流記資財帳」は現存最古の類の例とされる。中世には各寺社が布教のために霊験利益譚中心の縁起を制作し，「信貴山縁起」「北野天神縁起」などの縁起絵巻の傑作がうまれた。

えんぎきゃく [延喜格] 藤原時平(ときひら)らにより907年(延喜7)11月に撰進され，翌年12月に施行された法令集。「弘仁格」「貞観格」と並ぶ三代格の一つ。「貞観格」のあとをうけ，869～907年(貞観11～延喜7)の格を取捨選択して官司別に10巻，臨時格2巻に編集。法体としては「弘仁格」「貞観格」との併用によってはじめて完結。現在は散逸しているが，「類聚三代格」「政事要略」によりかなりの部分が知られる。

えんぎしき [延喜式] 律令法の施行細則を集成した法典。醍醐天皇の命により，905年(延喜5)藤原時平(ときひら)らにより編纂が開始されたが，作業の本格化は時平死後の藤原忠平の時代で，927年(延長5)撰進。こののち修訂作業が行われたらしいが，完了しないまま967年(康保4)施行。当時の現行法であった「弘仁式」「貞観式」を集成し，それ以外の法令を追加したもの。律令格の施行細則の網羅的な集大成にふさわしい内容をもち，とくに以後の公家の世界では，行事や儀式，法令研究の典拠として尊重された。弘仁・貞観の両格式と「延喜格」とあわせて三代格式と称するが，このなかでほぼ完存している唯一のものであり，研究上きわめて価値が高い。

えんぎ・てんりゃくのち [延喜・天暦の治] 醍醐天皇代の897～930年(寛平9～延長8)および村上天皇代の946～967年(天暦9～康保4)の政治を，後世「聖代」として賛美した語。延喜は醍醐天皇の，天暦は村上天皇のときの年号。摂政・関白をおかずに天皇親政がおこなわれ，たとえば醍醐天皇代には，延喜格式・儀式・交替式や「三代実録」の編纂，「古今集」の勅撰が行われるなど，政治面での積極的姿勢や文化面での隆昌がみられたとして賞賛された。この時代を聖代とする見方は，数十年を へないうちにおこったという。その反面では律令体制の解体が際だち，国家体制の転身を余儀なくされた時代でもあった。

えんぎのしょうえんせいりれい [延喜の荘園整理令] 902年(延喜2)3月12日と13日に発せられた一連の太政官符のうち，私的大土地所有の制限に関する官符。その中心となるのは13日付の「まさに勅旨田并びに諸院・諸宮及び五位以上，百姓の田地舎宅を買い取り，閑地荒田を占請するを停止すべき事」についての官符。これらによると大土地所有が進行していること，諸国の百姓が中央の院宮王臣家などと結びつき，その私的土地所有の確立をはかっていることなどが知られる。荘園の盛行を目の前にして律令政治への復古をめざしたものとする説と，荘園の盛行に即してその政策を対応させようとしたものであるとする説との二つの相反する評価がなされている。近年では，この整理令発布をもって王朝国家が成立したとする説もある。

えんきゅうのしょうえんせいり [延久の荘園整理] 1069年(延久元)後三条天皇が実施した荘園整理。太政官庁の朝所(あいたどの)に寄人(よりうど)5人からなる記録荘園券契所(記録所)を設置し，荘家の提出文書と国衙の報告をもとに，荘園の整理・免除を決定したが，記録所の上申により天皇が裁決することもあった。基本方針は(1)1045年(寛徳2)以後の新立荘園の停止，(2)1045年以前の荘園でも券契の明白でないものや国務の妨げとなるものの停止にあった。摂関家領も例外とはされず文書調査が行われ，藤原氏長者領にも整理をうけた所領があった。藤原氏を外戚とせず壮年で即位した後三条天皇の荘園整理に対する積極性がうかがわれる。以後，荘園は摂関家よりも上皇・法皇に集中し，院政の経済的基盤となった。

えんきりでら [縁切寺] 駆込(かけこみ)寺・駆入寺とも。離縁状を渡さない夫に対して妻から離婚を求める方法が限定されていた江戸時代に，一定期間(約3年間)尼として奉公することで，女性からの離婚を可能とする特権をもった尼寺。女性救済に活躍したといわれる北条時宗の妻覚山尼(かくざんに)を開山とする神奈川県鎌倉市の臨済宗東慶(とうけい)寺や，徳川氏と関係が深く，家康の孫千姫(せんひめ)が豊臣秀頼と離縁する際，身代りの俊澄尼が入寺したという群馬県尾島町にあった時宗満徳寺が有名。

えんきんほう [遠近法] 風景や物象の距離感を平面上に描き表す絵画技法。ある一点からみた対象を科学的に正確に表す透視図法による線遠近法と，色彩の濃淡や調子で表現する空気遠近法とがある。日本では絵巻物などのやまと絵において，線遠近法とは反対に，遠くへいくほど大きく描く逆遠近法が用いられた。18世紀になってオランダや中国の絵画を通してもたらされたヨーロッパの遠近法に，日本人ははじめて主体的興味をむけた。まず透視図法がとりいれられ，眼鏡絵・浮絵(うきえ)が流行し，やがて葛飾北斎・歌川広重らが浮世絵で用いるようになった。また平賀源内を指導者とした秋田蘭画の画

家や司馬江漢らは，銅版画などを通して西洋画法を学び，遠近法を用いて洋風画を描いた。

えんくう [円空] 1632～95.7.15 江戸前期の僧。美濃国中島郡上中島村(現，岐阜県羽島市)に生まれ，若くして出家し天台宗の教義を学んだ。修行のため1665年(寛文5)と翌年に東北・蝦夷地を巡ったのをはじめ，東日本を中心に諸国を行脚，各地で多数の木彫の仏像や神像を造立した。造像の分布も岐阜・愛知を中心に西は奈良，東は東北・北海道に及び，移入仏は福岡・愛媛からも発見される。生涯に12万体の造像を発願したと伝えられるが，遺作はわかっているだけでも5000体をこえる。鑿目を残した自由奔放な彫技が特色で，作風はユーモラスで親しみやすい。

えんげきかいりょううんどう [演劇改良運動] 明治前期に行われた各種の改良運動のうち，演劇にかかわる一連の動きをいう。従来の歌舞伎の卑俗・荒唐無稽な点を改め，時代考証を正確にした活歴劇が行われ，一方，劇場の構造や興行制度の改革などが唱えられた。1878年(明治11)の新富座開場当時から顕著な動きとなり，86年には末松謙澄・外山正一などにより演劇改良会が作られ，末松の「演劇改良意見」，外山の「演劇改良論私考」が出版された。改良会は87年の天覧劇ののち，88年に日本演芸矯風会，89年に日本演芸協会と改組され，同年に洋風建築の歌舞伎座が開場した。依田学海・福地桜痴らも深くかかわったが，多くの批判と不人気により明治20年代に終息した。

えんざ [円座] 「わろうだ」とも。菅芋や藺草・真菰などの茎葉を渦巻状に平たく編んだ敷物。直径60～90cm，厚さ3cm程度で，板敷・床子・畳の上などに敷いて1人ずつ座った。菅円座が古くから利用された。平安時代の儀式では，円座を綾や絹で包み，身分によってその縁に使われる錦の色が異なった。中世は一般に用いられたが，近世には綿の座布団にかわった。

えんざ [縁坐] 特定の犯罪に関し，犯罪人の親族に連帯責任を負わせる制度。律では謀反人・大逆の場合に科し，謀反・大逆の場合は父子は没官されて官戸に，祖孫兄弟は遠流とされた。武家法では殺害・刃傷・山賊海賊などにも科されたが，当座の口論に発する犯罪には適用しないなど，適用範囲をせばめる傾向があった。戦国期にはさらに広範な犯罪に父子・妻子の縁坐が適用されたが，近世は庶民を対象に犯罪の範囲が主殺し・親殺しに限定され，近代刑法典で全廃された。

えんしょうルート [援蒋ルート] 日中戦争から第2次大戦中にかけて米・英・ソなどが中国の抗日支援のために開拓した物資搬入路。フランス領インドシナから奥粵鉄道に至る仏印ルート，ラングーンから昆明に至るビルマルート，アルマータから西安に至る西北ルートなどがあった。日本は蔣介石の対日抗戦を阻止するため，ドイツ制圧下で弱体化した英仏との外交交渉，空爆，海上封鎖によるルートの途絶をはかったが，完全には成功しなかった。

えんせいがい [袁世凱] Yuan Shikai 1859.9.16～1916.6.6 中国近代の軍人。河南省出身。1884年の甲申事変で朝鮮の親日派を鎮圧，清国勢力の拡大につとめる。日清戦争後は新式陸軍を編成し，清国軍隊の中核となる。戊戌政変で西太后の信任を得，直隷総督などの清国要職を歴任。西太后の死により一時失脚したが，1911年辛亥革命が勃発すると復権，内閣総理大臣となり，12年清朝皇帝の退位と引換えに中華民国臨時大総統に就任。13年に第2革命を鎮圧し正式に大総統となる。15年には対華二十一ヵ条の要求を承認。12月に帝政を復活しみずから帝位に就くが，第3革命が発生。翌年3月には帝政を取り消し，6月6日失意のうちに死亡。

エンタシス 胴張りとも。建物の円柱にみられる曲線状のふくらみ。下から3分の1ぐらいの所を最も太く，上方・下方へいくにしたがって細くする。起源はギリシア建築にさかのぼり，日本へは中国から伝えられた。日本建築では法隆寺金堂・五重塔・中門にみられ，その後は奈良時代の建物と大仏様建築にわずかなふくらみがある。

えんち [園地] 田令に規定された地目。田令の構成から蔬菜や桑・漆等を植える地であったらしい。地の多少にしたがって等しく与えられ，絶戸の場合のみ国家に返還し，数年にわたる賃租や永売も許される規定であった。しかし収授の実例は史料にみえず，経営の実際も明らかではない。のちに雑穀を植える地として陸田が制度化され，11世紀以降には畠地子経営が発展するが，園地・陸田・畠の関係は未詳である。

えんちん [円珍] 814.2/3.15～891.10.29 智証大師とも。平安前期の天台宗僧。俗姓和気氏。空海の姪の子。讃岐国那珂郡生れ。義真に師事して出家受戒。延暦寺真言学頭，ついで内供奉十禅師となる。853年(仁寿3)入唐。天台山の物外・良諝に天台教観を学びて，長安青竜寺の法全及び，大興善寺の智慧輪から密教をうけた。858年(天安2)帰国の際に善本の経典441部をもたらし，翌年園城寺に唐院を開創して収蔵。以後，同寺を円珍系の灌頂道場として再興。天台宗義における密教の優位を唱えて台密の充実・喧伝

えんでん　[塩田]　塩釜で煮つめるためにあらかじめ濃縮された海水(鹹水(かんすい))をえる浜。古くは塩浜とよばれ、奈良時代にその存在が確認される。塩浜のなかでは、自然浜を用いたものが最も古く、中世にはこれと並んで揚浜が主流を占めていたとされる。前者は満潮時に塩分の付着した浜砂を干潮時に集める方式で、後者は人力によって海水を撒布したのち、乾燥させた砂を集める方式で、どちらもそのあと海水を注いで濃い塩水を溶出させる。近世に入ると、瀬戸内海地域に堤防と海水を導き入れる浜溝とを備えた入浜が出現し、全国塩業の中心となった。入浜式塩田は、第2次大戦後、流下式塩田への切換えによって消滅。さらにイオン交換膜法が開発され、塩田そのものが姿を消した。

えんとう　[遠島]　「おんとう」とも。流罪とも。江戸幕府の刑罰の一種。斬罪より軽く、重追放より重い。「公事方御定書」制定後制度が整った。罪人を江戸および大坂の牢屋に集め、一括して離島に送り島民と雑居して生活させた。江戸からは大島・八丈島・三宅島・新島・神津島・御蔵島・利島の伊豆七島へ、大坂からは薩摩・五島の島々と隠岐・壱岐・天草島へ配流したが、後には八丈島・三宅島・新島・隠岐のみとなった。身分を問わず適用され、田畑・家屋敷・家財は闕所(けっしょ)とされた。刑期は無期限だが赦令によって許される場合があった。配流地からの逃亡を島抜けといい、再度捕らえられると死罪となった。

えんどう　[羨道]　横穴式石室や横穴墓などの玄室と外部を結ぶトンネル状の部分をさし、入口を羨門という。通常は玄室より幅や高さが小さい。玄室の中央につくもの以外に一方に偏ったもの、なかには玄室と羨道の境界が明確でないものもある。この部分で祭祀が行われた例もある。羨門は石で閉塞され、追葬の際にはずす。慣用的に「せんどう」とも読む。

えんにち　[縁日]　有縁の日・結縁の日・因縁日とも。神仏の示現・降誕・成仏などの由緒にもとづく特定の日。縁日に参詣して祈念すると平生に勝る功徳が生じるとされる。たとえば、5日水天宮、7・16日閻魔(えんま)、8・12日薬師、10日金毘羅宮(こんぴらぐう)、13日日蓮、15日阿弥陀・妙見、18日観音、21日弘法、24日地蔵、25日天満宮、28日の大黒天、甲子の大黒、寅の毘沙門天、巳の弁天、午の稲荷、申の帝釈天など。

えんにん　[円仁]　794～864.1.14　慈覚(じかく)大師とも。平安前期の天台宗僧。俗姓壬生(みぶ)氏。下野国都賀(つが)郡生れ。はじめ関東で広智(こうち)につき、ついで広智に伴われ比叡山に上り最澄(さいちょう)に師事。受戒後、最澄と東国巡行。また如法経の行儀を確立し比叡山に横川(よかわ)(首楞厳(しゅりょうごん)院)を開いた。838年(承和5)入唐。天台教観を学び、また揚州開元寺の全雅(ぜんが)、長安大興善寺の元政(げんせい)、青竜寺の義真(ぎしん)らから密教を受法。五台山に巡礼し、常行三昧(じょうぎょうざんまい)の基となる法照流念仏を学んだ。武宗の会昌(かいしょう)の廃仏(845)をきりぬけて847年帰国。天台教学を密教の一翼に位置づけ、真言宗に遅れをとっていた密教法門を確立。比叡山のおもな行業の多くを整備し、854年(斉衡元)第3世天台座主となる。著書「金剛頂経疏(こんごうちょうぎょうしょ)」「顕揚(けんよう)大戒論」「入唐求法(にっとうぐほう)巡礼行記」。

えんのおづの　[役小角]　「えんのおづぬ」とも。生没年不詳。7世紀末、大和国葛城山に住した呪術者。鬼神を役使し、従わねば呪縛するほどの呪術者であったが、699年(文武3)その能力をねたんだ弟子の韓国広足(からくにのひろたり)の讒言(ざんげん)により伊豆島に流された。「日本霊異記」では大和国葛上郡の賀茂役公(かものえのきみ)(のち高賀茂朝臣)の出身で、三宝に帰依した優婆塞(うばそく)であり、山林修行して孔雀(くじゃく)王の呪法を修習した結果、呪力を得たとする。そして、一言主神(ひとことぬしのかみ)の讒言によって伊豆島に流されたが、その後も富士山で修行して701年の大宝元に仙となって天に飛んだとする。小角の呪術はそもそも仏教に関係なかったが、平安初期には「日本霊異記」の伝のように仏教者と位置づけられ、鎌倉初期には修験道の祖の「役行者(えんのぎょうじゃ)」として崇められ、江戸時代には朝廷から神変(じんぺん)大菩薩の諡号が与えられた。

えんぱ　[円派]　平安後期以降の仏師の一派。定朝(じょうちょう)の高弟長勢の弟子、円勢(えんせい)に始まる。この系統の仏師の名に円の字がつくことが多いのでこうよばれる。円勢について長円・賢円、さらに明円と、12世紀を通じて六勝寺をはじめ宮廷や貴族の造像に華々しく活躍し、中央の造仏界で主導的な位置を占めた。しかし鎌倉時代に入ると慶派の台頭におされ、造仏界の主流から離れた。明円(みょうえん)の仏所が京都三条にあったためか、後世には三条仏所ともよばれた。

えんぷん　[円墳]　墳丘の平面形が円形をなす古墳。頂部の平坦面は、新しくなるに従いせまくなる。古墳時代の全時期を通じてみられるが、後期には多数の円墳が築造され、群集墳を構成した。前方後円墳と比較すると一般に規模は小さく、径50mをこえる例は少ない。前・中期には各地域の中小豪族層に一般的な墳形であったが、後期には集落の家父長層も円墳を築くようになったことが、爆発的増加の原因と考えられる。

えんぽ　[塩浦]　⇒三浦(みうら)

えんまんいざ　[円満井座]　「えまいざ」とも。

大和猿楽の一つ。円満井は「円満寺」の訛伝らしい。円満井は奈良西ノ京の薬師寺南方にあった寺。大和四座の一つで四座のなかでは最も古い由緒をもつ。長い間金春座の古名とされていたが、「翁」を演じる組織の翁座としての円満井座から能芸を主とする能座の金春座が派生した。金春座は竹田座ともよばれたが、金春の名は南北朝期の円満井座の大夫金春権守に由来する。

えんゆうてんのう [円融天皇] 959.3.2～991.2.12 在位969.8.13～984.8.27 村上天皇の第5皇子。名は守平。母は藤原師輔の女安子。冷泉天皇の同母弟。967年(康保4)皇太弟に立つ。2年後、冷泉から譲位されたとき皇太子には冷泉の長子(花山天皇)が立ったが、円融も藤原詮子(兼家の女)所生の1子(一条天皇)を得、譲位に際し、これを花山天皇の皇太子に立てた。985年(寛和元)出家した。

えんようこうろほじょほう [遠洋航路補助法] 1909年(明治42)3月に公布された航海奨励法にかわる遠洋航路の助成法。欧州・北米・南米・豪州の各航路の定期船(3000総トン以上、速力12ノット以上、船齢15年未満の鋼製汽船)に対し補助金を支給する。海外航路全体を対象とした航海奨励法に比べ、補助対象を特定航路の優秀汽船に限定しており、日本郵船の欧州・シアトル航路、大阪商船のタコマ航路、東洋汽船のサンフランシスコ・南米西岸航路の5線に適用。

えんりゃくじ [延暦寺] 山門とも。大津市坂本本町にある天台宗総本山。比叡山と号す。近江国分寺で得度した最澄は、785年(延暦4)の受戒後まもなく比叡山に入山。788年には薬師仏を刻んで小堂に安置し、比叡山寺・一乗止観院と号した。入唐求法の旅から帰朝後、年分度者2人をうけて天台法華宗を開創。822年(弘仁13)最澄没後7日目には大乗戒壇建立が認可され、翌年に延暦寺の号が勅許された。以後、円仁・円珍両門徒の対立と993年(正暦4)後者の離山などの事件はあったが、天皇家・摂関家との結びつきを強めながら、三塔(東塔・西塔・横川)十六谷の広大な寺域をもつ大寺に発展。平安後期からは寺領荘園を集積して巨大な権門寺院に成長し、南都の諸寺とともに南都北嶺とよばれ、宗教界だけでなく世俗の世界でも大きな権勢をふるった。1571年(元亀2)織田信長の焼打で焼失するが、のち豊臣秀吉や徳川氏の庇護により復興した。

根本中堂 延暦寺の中心建築。正しくは一乗止観院という。788年(延暦7)最澄が開いた草庵が起源。正面11間、奥行4間の内陣と、その前方に奥行2間の礼堂が設けられ、さらに前庭を囲んで廻廊・中門がある。現在の建築は1642年(寛永19)の再建だが、規模は980年(天元3)再建時のものと推定される。国宝。

えんりゃくじのやきうち [延暦寺の焼打] 1571年(元亀2)9月12日、織田信長が比叡山延暦寺の根本中堂以下を焼き払い、僧俗男女3000～4000人を殺した事件。1570年の石山本願寺の挙兵に浅井・朝倉両勢が呼応したため、前後に敵をうけるかたちになった信長は延暦寺に同盟を申してたが、延暦寺は敵対の態度を改めなかった。71年8月、信長は北近江に出馬、浅井氏の小谷城を攻めたのち延暦寺に報復。諸堂舎や寺宝などほとんどを焼き払った。王城を鎮護する比叡山だったが、堕落と僧侶の悪行もはなはだしく、焼打がたんなる暴挙とはいいがたい面もある。

お

おいえそうどう [御家騒動] 江戸時代の大名家(将軍家を含む)や旗本家に生じた内紛。家督相続争いや、政治経済上の利害をめぐっての権力抗争に端を発し、数十年にわたって長期化するものもある。初期の騒動は大名から独立した所領をもつ高禄家臣を大名権力のなかに包摂する過程で、後期は財政立直しのため藩政改革が断行される過程で生じることが多い。初期の騒動には幕府権力の強い介入があるのを特徴とし、池田騒動・生駒騒動・越後騒動は改易、黒田騒動・柳川一件・伊達騒動などは危うく改易を免れた。後期の例としては、加賀騒動・津軽騒動・お由羅騒動が有名。他に家臣が当主を押し込め隠居させる騒動もある。御家騒動は歌舞伎や文学作品の好題材となり、勧善懲悪、忠臣・逆臣などの儒教的評価が加えられた。第2次大戦前後には史実の考証的研究が進められ、近年は政治史の一分野として各騒動を歴史的に位置づける研究成果がみられる。

おいえりゅう [御家流] 青蓮院門跡尊円入道親王を始祖とする書流。青蓮院流・尊円流、また青蓮院が粟田口にあることから粟田流ともいう。御家流と一般によぶのは、青蓮院門跡に対する人々の敬意の表れと考えられている。尊円親王ははじめ世尊寺行房・行尹兄弟に書法を学び、さらに小野道風や宋の書風を加えて発展させ、一流を創始した。その書流は中・近世に流布して和様書道の中心となり、他派を圧した。平明で温和な書風であるところから、江戸初期には数多くの支流を生んだ。上は幕府の公用書体として、下は庶民教育の手本にされるほど幅広い支持層を得、隆盛を誇ったが、時代がくだるにつれて芸術性が失われ、形骸化して衰退した。

オーイーシーディー [OECD] 経済協力開発機構(Organization for Economic Cooperation and Development)の略称。1961年、発展途上国援助・自由貿易拡大を目的に欧州経済協力機構を改組のうえ発足。各国経済の年次審査・政策調整を行う。日本は64年(昭和39)に加盟。

おいのこぶみ [笈の小文] 「大和紀行」「卯辰紀行」とも。俳諧紀行。1冊。芭蕉著。乙州編。1709年(宝永6)刊。旅の行程は、1687年(貞享4)10月の江戸出立から伊賀国上野帰郷、翌年3月の門人杜国を伴っての吉野・大和巡遊、4月の須磨・明石遊覧から入京まで。芭蕉第3の紀行文で、冒頭の風雅論・紀行論は重要だが、作品全体の完成度や成立経緯に関しては諸説あって一定しない。「日本古典文学大系」所収。

おうあんしんしき [応安新式] 連歌作法の式目。二条良基の制定。応安5年(1372)の奥書をもつが、さらに2度補訂され、2〜3年後に完成。鎌倉時代以来、長連歌の一般化とともに共通の連歌規則すなわち式目が求められ、建治年間(1275〜78)成立の建治の新式が指針とされるようになった。しかし、それによってはささききれない疑問点がふえたため、良基が「僻連抄」や「連理秘抄」の述作をへて、地下の連歌の実力者救済らとはかり「応安新式」を定めた。内容は同じ表現のくり返しである輪廻を嫌うことなど連歌の理念の提示や、百韻のなかで使用回数に限度がある語や近接を避ける語彙を列挙。後代の式目にも大枠として引きつがれた。

おううえつれっぱんどうめい [奥羽越列藩同盟] 戊辰戦争時に明治新政府に対抗して結ばれた奥羽・北越諸藩の同盟。1868年(明治元)3月、会津藩追討令をうけた東北諸藩は、14藩連署の会津藩赦免願が鎮撫総督府に拒否されると、5月3日に25藩による同盟を結成し、これに長岡などの北越6藩も加わり、仙台藩を盟主とした。しかし新政府軍の進攻で敗北や脱落があいつぎ、6月には輪王寺宮を軍事総督に迎えたが、9月に仙台・米沢両藩が降伏して崩壊した。

おうえいのがいこう [応永の外寇] 1419年(応永26)朝鮮軍が対馬島を攻撃した事件。朝鮮では己亥東征とよぶ。前年、倭寇の鎮静化につくした対馬島主宗貞茂が没し、子の貞盛が継ぐが、島内の実権は倭寇の頭目早田左衛門太郎に移った。19年、倭寇が朝鮮半島沿岸を襲撃。朝鮮国王世宗の父太宗はこの情勢をみて、倭寇の根拠地とみていた対馬島の攻撃を決意。同年6月、兵船227隻・軍兵1万7285人の大軍を派遣したが、糠嶽の戦で多数の戦死者を出し撤退。京都方面では明来寇などの風説が流れた。乱後の復旧交渉時に、対馬の朝鮮慶尚道への帰属を提案する対馬島民がいた。室町幕府は、無涯亮倪を朝鮮に送って実情を探らせたのに対し、20年朝鮮は回礼使宋希璟を日本に派遣し、日本側の事情を掌握した。対日強硬論者の太宗が23年に没した後、世宗が親日的な外交を進め、対馬でも貞盛の統制が確立し、ようやく日朝間は円満な関係になった。

おうえいのらん [応永の乱] 1399年(応永6)大内義弘がおこし、全国に波及した反室町幕府行動。周防・長門国などの守護だった大内義弘は、幕府の九州制圧を助け、北九州の実力者として朝鮮との貿易を進めた。91年(明徳2・元

中8)の明徳の乱でも活躍して紀伊・和泉両国守護をかね，南北両朝の合体を周旋するばかりか，中央での勢力を強めた。義弘は，将軍足利義満による大内勢力削減の意図を察し，九州で少弐氏らを平定したのち，義満の再三の上洛命令に応じて，99年10月，大軍を率いて堺に到着，同地で反乱を決意した。11月，幕府は軍を進め，堺にこもった義弘は12月末に討死。この間，鎌倉公方足利満兼も反幕府行動をとるが挫折。美濃の土岐詮直 <small>あきなお</small>，丹波の山名時清，南朝系武士らの蜂起は鎮圧された。義満は，山名氏ほか足利一門以外の有力守護の勢力削減に成功，対外貿易の主導権もえたが，在国の義弘の弟盛見 <small>もりはる</small> を鎮圧できず，周防・長門両国守護職を与えた。

おうぎがやつうえすぎし [扇谷上杉氏] 関東管領上杉氏の一族。藤原氏。上杉頼重の子重顕が鎌倉扇谷に住んだことに始まる。南北朝初期，その子顕定は室町幕府の引付方・内談方 <small>だん</small> 頭人として活躍，丹後国守護ともなった。永享の乱後，家持は相模国守護として勢力を伸ばし，子の定正は太田道灌 <small>どう</small> を用いて山内上杉家に対抗したが，道灌を殺害して衰亡を早めた。1546年（天文15）朝定は武蔵国河越で北条氏康と戦い敗死，滅亡した。→巻末系図

おうぎし [王羲之] 生没年不詳。中国，東晋の能書家。字は逸少。官名から王右軍ともよばれる。漢代以来の名門貴族で，在世中から書名が高く，書体のすべてをよくし，後世「書聖」とよばれた。生没年に諸説あるが，黄伯思の「東観余論」による303～361年説が有力。現存する作品はすべて臨 <small>りん</small> 本・搨模 <small>とうも</small> 本のみだが，瀟洒で洗練された風雅な書風は，書の伝統を形成するとともに，日本の書にも多大な影響を与えた。代表作「蘭亭序」「十七帖」「喪乱帖」。

おうさかのせき [逢坂関] 相坂関とも。古代，近江国におかれた関。関跡は現在の大津市逢坂1丁目付近というが，確認されていない。設置時期は未詳だが，795年（延暦14）8月に廃止された。一方，789年以降停止されていた三関 <small>さん</small> にはをも固関 <small>こ</small> がとられていたが，810年（弘仁元）から越前国愛発 <small>あら</small> 関にかわって近江関が三関に加わり，これは逢坂関をさすと考えられる。ただし「拾芥抄」などは勢多関を三関の一つとしている。

おうしめいてっけん [王賜銘鉄剣] 千葉県市原市山田橋の稲荷台1号墳出土の有銘鉄剣。古墳は径約27.5mの円墳で，古墳中期の築造。鉄剣は1976・77年（昭和51・52）の調査によって，埋葬施設から出土した。鉄剣の推定復原長は約73cm，銘文は銀象嵌 <small>ぞう</small> で，剣身の下部の表と裏に6文字ずつ記されていると推定される。きわめて簡潔な文章構成で，冒頭の「王賜」の表現は，古代国家形成期における王の下賜刀の典型的文型であるといえる。市原市文化財センター保管。

おうしゅうかっせん [奥州合戦] 1189年（文治5）源頼朝が奥州藤原氏を滅ぼした合戦。源義経をかくまったことを口実として朝廷に藤原泰衡 <small>やすひら</small> 追討の宣旨を求めた頼朝は，一方で全国的な軍事動員を進めた。追討宣旨を得られないまま奥州征討を決定，7月19日みずから大軍を率いて鎌倉を発した。8月には伊達郡阿津賀志 <small>あつ</small> 山で藤原国衡 <small>くに</small> の率いる奥州軍主力を破り，逃げる泰衡を追って22日，藤原氏の本拠地平泉にいたった。泰衡は館に火を放ち，さらに北走したが，9月3日，郎従河田次郎の裏切りによって殺された。この合戦により奥州藤原氏は滅亡。

おうしゅうかんれい [奥州管領] ⇨奥州探題 <small>しゅうたんだい</small>

おうしゅうそうぶぎょう [奥州惣奉行] 鎌倉幕府初期に陸奥国におかれた地方行政職。1189年（文治5）の奥州合戦直後，源頼朝が葛西清重に陸奥国御家人奉行，平泉郡の検断などの任務を与え，同国を支配させたことに始まる。翌年，伊沢家景が陸奥国留守職に任命され，同国内の訴訟を幕府に伝達した。以後，葛西・伊沢両氏が奥州惣奉行ともよばれ，守護のおかれなかった陸奥国で，その役割を代替したらしい。両氏は陸奥に定住し，とくに伊沢氏は留守氏を称した。のち陸奥に北条氏の勢力が伸長すると，惣奉行職は有名無実となった。

おうしゅうたんだい [奥州探題] はじめは奥州管領 <small>かん</small> とも。室町幕府の奥州統治機関。軍事指揮権・行政権をあわせもつ統治機関としての整備は，1346年（貞和2・正平元）ともに奥州管領に任じられた吉良貞家・畠山国氏の時期に求められる。観応の擾乱で幕府が分裂すると，その影響で奥州管領制も分裂。貞家と国氏の衝突以降，新管領斯波 <small>しば</small> 家兼のほか，吉良・畠山・石塔・石橋の諸氏が管領を自称して行動し，奥州全域を統治する機能を失った。南北朝末期に奥羽が鎌倉府の管轄に編入されたのち，幕府は斯波氏の子孫大崎氏を管領の職権を継承する奥州探題に任じ，鎌倉府を牽制。その後，戦国大名伊達氏が探題職を継承。

おうしゅうどうちゅう [奥州道中] 近世の五街道の一つ。道中奉行の支配に属する。江戸と奥羽地方とを結ぶ幹線路で，宿駅は宇都宮の北から白沢・氏家・喜連川 <small>きつれ</small> ・佐久山・大田原・鍋掛・越堀・芦野・白坂・白河の10宿。千住─宇都宮間は日光道中である，鉄剣の奥州道中もかねる。白河以北は松前街道と称される脇往還である。俗称として使用される奥州街道は広義には千住以北をさす。参勤交代で利用する藩は

37に及んだ。また東北南部の諸藩の年貢米が多く輸送され，鬼怒川の阿久津・板戸河岸などに送られた。この江戸廻米や商品作物などの輸送をめぐって，奥州道中の東側にある関街道と西側にある原方街道との間で，江戸前期からたびたび争論が発生している。荷物の輸送にあたった付子〔ゖ〕が活動した。

おうしゅうふじわらし〔奥州藤原氏〕 平安後期の約100年間，奥羽を支配した豪族。陸奥国平泉(現，岩手県平泉町)を本拠とした。藤原秀郷〔ひでさと〕の子孫という。前九年の役で安倍氏について討たれた亘理〔わたり〕(藤原)経清の子清衡が，後三年の役後，奥六郡を中心に奥羽の支配権を掌握。清衡は豊田(現，江刺市)から移って平泉を本拠とし，以後，基衡・秀衡と3代にわたって奥羽に君臨。摂関家など中央との関係も保ち，秀衡は鎮守府将軍・陸奥守に任じられた。中尊寺や毛越〔もうつ〕寺・無量光院などを建立。源平内乱期，秀衡は中立を守ったが，4代泰衡は源頼朝に追われて奥州入りした源義経をかくまったとして，1189年(文治5)頼朝に攻められ滅亡。→巻末系図

おうじょう〔往生〕 この世の命が終わって，ほかの世界に生まれること。とくに浄土思想の発展・流行によって，この穢土〔えど〕を離れ浄土に往生することをいう。その場合の往生浄土は，輪廻〔りん〕をこえて仏の世界にいたる意味をもっている。多種の浄土が説かれ，往生思想もそれにより多様で，おもなものに兜率天〔とそつ〕往生・西方(極楽)往生などがあった。しかし，阿弥陀信仰の盛行により，往生とは極楽往生のこととみなされるようになった。

おうじょうでん〔往生伝〕 極楽に往生した人々の伝記を集めた編纂書。日本の往生伝は平安時代と江戸時代に多く制作された。平安時代には，中国の往生伝にならって慶滋保胤〔よししげのやすたね〕が著した「日本往生極楽記」をはじめ，文人たちの手になる大江匡房〔まさふさ〕「続本朝往生伝」，三善為康〔ためやす〕「拾遺往生伝」「後拾遺往生伝」，蓮禅〔れんぜん〕「三外〔さんげ〕往生記」，藤原宗友「本朝新修往生伝」などがあり，それぞれ先行書を補足・継承している。これらに収められた往生人の行業は法華・念仏などの別を問わず，特定の宗派に偏らない。江戸時代には幕府の保護をうけた浄土宗，および一向宗の発展を背景に「稲白〔とうはく〕往生伝」などが刊行された。

おうじょうようしゅう〔往生要集〕 極楽往生に関する経論文を集め，念仏が最要の行業と説いた天台浄土教を代表する書。3巻。源信〔げんしん〕著。985年(寛和元)成立。厭離穢土〔おんり〕・欣求〔ごんぐ〕浄土・極楽証拠・正修〔しょうじゅ〕念仏・助念方法・別時念仏・念仏利益〔りやく〕・念仏証拠・明است生諸行・問答料簡の10門からなる。はじめの3門は六道と極楽の様をのべて極楽往生を願いすすめるべき理由を説き，つぎの6門で往生の行法をのべて念仏最要を明らかにする。第10門は補足説明。観相念仏が主で口称〔くしょう〕念仏は二義的位置におかれたほか，臨終行儀を重視するなど後世の浄土宗の念仏とは異なる。成立当初から僧俗や貴族層に広く読まれ，11世紀以降の貴族的浄土教信仰の教理的裏付けを提供し，文学や美術にも多大な影響を与えた。「日本思想大系」所収。

おうしんけ〔王臣家〕 おもに奈良中期～平安初期の史料にみえる語。多量の私有財産を領有している皇親5世以上の王および諸臣の家を総称したもの。「富豪之輩〔ふごう〕」と称された在地有力者と結託し，墾田・庄家〔しょうけ〕・山川藪沢の私的所有を拡大し，公地公民という律令制の原則を解体させた。律令政府はしばしば大土地所有を禁止・制限する官符をだしたが効果なく，902年(延喜2)の荘園整理令で王臣家の大土地所有を公認した。

おうじんてんのう〔応神天皇〕 記紀系譜上の第15代天皇。胎中天皇・誉田〔ほんだ〕天皇・品陀和気〔ほんだわけ〕命・誉田別命・大鞆和気〔おおともわけ〕命とも称する。父仲哀天皇の没後，母の神功〔じんぐう〕皇后が朝鮮への軍事行動を行い，帰国後九州で応神を生んだとされる。その出生状況には説話的要素が強く，それ以前の皇統とは隔絶した新王朝の創始者としての性格が濃厚である。名前に美称が含まれないことなどから，5世紀に実在した大王とする説もある。軽島豊明〔かるしまとよあきら〕宮(現，奈良県橿原市大軽町付近)のほか，難波に大隅〔おおすみ〕宮(現，大阪市東淀川区大道町付近)を営んだとされ，陵墓が恵我藻伏岡〔えがのもふしのおか〕陵(現，大阪府羽曳野市誉田〔こんだ〕の誉田御廟山古墳に比定)とされることなどから，応神に始まる王朝を河内王朝とよぶ説もある。百済〔くだら〕の王朝と密接な関係を築いたと伝えられ，また後代の有力な渡来系氏族の祖とされる阿知使主〔あちのおみ〕・弓月君〔ゆづき〕・王仁〔わに〕などが渡来した時代ともされる。「宋書」倭国伝にみえる倭王讃〔さん〕を応神に比定する説もある。皇后仲姫命〔なかつひめ〕との間に仁徳天皇らをもうけたとされる。

おうじんりょうこふん〔応神陵古墳〕 ⇒誉田御廟山古墳〔こんだごびょうやまこふん〕

おうすのみこと〔小碓命〕 ⇒日本武尊〔やまとたけるのみこと〕

おうせいふっこのだいごうれい〔王政復古の大号令〕 1867年(慶応3)12月9日，天皇出席のもと，学問所で下された政体変革の御沙汰書。徳川慶喜〔よしのぶ〕の大政奉還と将軍職辞任の申出を認めるとともに，王政復古・国威挽回のため，摂関・幕府など中央政府の政治制度をすべて廃止し，仮に総裁・議定・参与の三職をおいて新政府を組織すると宣言。神武天皇の創業を

おうちょうこっか [王朝国家] 古代国家が解体して中世国家が成立するまでの過渡期の国家。主として中世社会経済史研究者により，地方支配体制に着目して提唱された概念。10世紀初頭に成立し，中世＝封建国家への橋渡しをすべき初期封建国家としての性格をもち，11世紀後半の院政の成立まで続いたとするのが一般的。その特徴として，国司が国内支配の実権を中央政府から委任されていること，農民支配の基礎的単位として名がみられることなどが指摘されている。

おうちょうめい [汪兆銘] Wang Zhaoming 1885.5.4～1944.11.10 近代中国の政治家。広東省出身。号は精衛。法政大学留学中に孫文らの中国革命同盟会に加入。辛亥革命後国民党の要職を歴任したが，孫文の死後蒋介石とあわず，反蒋運動を展開，蒋の下野により南京政府と妥協。満州事変勃発後の1932年(昭和7)には，復帰した蒋と妥協し蒋汪合作政権を樹立し行政院長に就任。36年の西安事件では反共第一を主張した。日中戦争勃発後の38年重慶を脱出し，反共和平救国声明を発表。40年南京国民政府を樹立し主席代理(のち主席)兼行政院長となるが，事実上は日本の傀儡政権であった。43年来日し，翌年名古屋で死去。

おうちょうめいせいけん [汪兆銘政権] 日中戦争中，南京に成立した日本の傀儡政府。1938年(昭和13) 1月から始まった汪兆銘を対象とした対中和平工作の結果，11月，日華協議記録などの合意が日本陸軍と汪兆銘の代表者間に成立。これにもとづいて，汪兆銘が周仏海・陳公博らとともに国民政府を脱出し，40年3月南京に国民政府(南京国民政府)を樹立。日本は11月，日華基本条約を調印して同政府を承認したが，重慶国民政府に対する和平工作は終戦まで続けられた。

おうちょく [王直] ?～1559.12.- 後期倭寇の首領。名は鋥。五峰と号する。中国安徽省の出身。塩商だったが失敗して密貿易に転じた。1540年海禁政策のゆるみに乗じて広東へいき，禁制品の密貿易を行って巨富をたくわえた。「鉄炮記」によると，43年(天文12)ポルトガル人をのせて種子島に漂着，鉄砲を伝えたのも王直らしい。その後日本の五島を根拠地とし，平戸に豪奢な巨宅を営んだ。部下2000余人を擁し，36島の逸民を指揮し，徽王とよばれたという。53年中国での拠点である浙江省瀝港をおわれたのち，嘉靖帝の大倭寇とよばれる海賊活動をおこし，数百隻の船団で中国沿岸を襲撃したが，57年総督胡宗憲の勧めに応じて投降。2年後斬首された。

おうづかこふん [王塚古墳] 福岡県桂川町にある古墳後期の前方後円墳。装飾古墳。1934年(昭和9)墳丘の土砂採掘中に横穴式石室の一部が破壊され，壁画を発見。墳長約80m，後円部径約50m，高さ約8m。前方部は北側の一部が残る。後円部に横穴式石室があり，全長6.5m。玄室は長方形で広くて高く，奥壁に枕座を彫った床石をもつ石屋形があり，その前に隔障と灯明台がある。これらをはじめ石室内全面に赤・黄・緑・黒・白で，連続三角文を基調に蕨手文・双脚輪状文・珠文，靫・盾・大刀などが描かれる。玄門の左右袖石前面には赤馬・黒馬なども描く。副葬品は仿製鏡・武器類・玉類・馬具など。国特別史跡。

おうてんもんのへん [応天門の変] 平安前期におきた応天門の炎上をめぐる疑獄事件。866年(貞観8) 3月，平安宮朝堂院の正門である応天門が東西2楼とともに炎上した。はじめ左大臣源信に放火の疑いがかかったが，8月になり左京の人で備中権史生大宅鷹取が，犯人として大納言伴善男を告発し，政治的事件として表面化した。善男は尋問に対して強く否認したが，鷹取の女を殺し鷹取を傷つけた事件で調べられた善男の従者生江恒山・伴清縄が，善男が源信を失脚させるために子の中庸に命じて放火させたと自白。9月には善男父子ら5人が死一等を減じて遠流，紀豊井・紀豊城ら8人も流刑となった。善男らの田宅・資財も没収され，善男は868年に配所の伊豆で没した。事件の真相は不明だが，8月に摂政となった太政大臣藤原良房が関与し，炎上事件を政治的に利用して善男・夏井ら有能な官人を排除したものと推定される。「伴大納言絵巻」はこの事件を題材とした絵巻。

おうにん・ぶんめいのらん [応仁・文明の乱] 15世紀後半の内乱。嘉吉の乱後，将軍の権威は失墜し，守護家におこった相続争いは家臣団の分裂・抗争を軸に激化，守護勢力相互の均衡関係も崩れ，室町幕府体制は動揺した。三管領のうち畠山・斯波の両氏も家督をめぐる内紛でそれぞれ2派に割れ，ひとり勢力を維持した細川勝元と嘉吉の乱の功で強大化した山名持豊(宗全)が幕府の覇権を争う情勢となり，対立する諸勢力はそれぞれの主のもとに結集し，同5月全面戦争に突入した。戦局は一進一退をくり返したのち膠着状態となり，戦火はむしろ地方へ拡大。乱にあたって東軍(細川方)は幕府

を押さえ、西軍(山名方)も義視を擁し、幕府に似た政治機構を備えて対抗、東西二つの幕府の抗争として展開した。この間、在京守護大名の領国では守護代・国人らの反乱や土一揆がおこり、守護の帰国をうながした。73年(文明5)に持豊と勝元が病没するより覇権争いの色彩は薄れ、翌年4月両軍は講和。77年西軍の大内政弘が幕府に帰降するに及んで西幕府は崩壊、諸大名は領国に下り、京都の戦乱はいちおう終息した。乱の直接原因は家督争いや幕府での覇権争いだが、根本的には社会体制的変動にともなう諸矛盾に起因し、乱をきっかけとして諸国では守護代・国人あるいは守護による政治体制の再編成が進められた。乱ののち幕府・守護体制と荘園制は崩壊へむかい、幕府は山城を中心とする政権に転落、守護も多くは下剋上で没落し、時代は戦国大名の形成へむかった。

おうばくしゅう【黄檗宗】 1654年(承応3)来日した明僧隠元隆琦の伝えた禅宗の一派。61年(寛文元)に隠元が山城国宇治に開創した黄檗山万福寺を本山とする。中国では臨済宗の一派にすぎなかったが、日本では明の念仏禅の影響が濃く、伽藍様式・規則・風儀などすべてに明朝風で歴代住持も中国僧だったため、在来の日本臨済宗とは異質となった。隠元の前任地、中国福建省の黄檗山万福寺(古黄檗)にちなみ臨済宗黄檗派・万福寺派などと称された。公武の厚い庇護のもとに近世を通じて大いに教勢を伸ばし、法系は法嗣木庵性瑫らの紫雲派以下11派にわかれ賑わった。1874年(明治7)臨済宗に併合されたが、76年独立して黄檗宗と公称し現在に至る。

おうみさるがく【近江猿楽】 日吉大社が鎮座する近江を根拠とした猿楽諸座の総称。鎌倉時代の活動は不明だが、室町初期には上三座と下三座の6座が活動していた。上三座は「風姿花伝」に「日吉御神事相随申楽三座」としてみえる、山階・下坂(ともに現、長浜市)・比叡(日吉、現、大津市)の3座で、下三座には、多賀大社に関係した敏満寺(犬上郡)・大森(蒲生郡)・酒人(甲賀郡)の3座がある。これらの関係については「申楽談儀」に詳しく、敏満寺座が最も古く、上三座では山階座が惣領格であった。作作者の赤鶴と比叡座の犬王(道阿弥)はとくに有名である。江戸時代に大和四座に属した山科(山階)や日吉は近江猿楽の後裔。別に文明年間に京での演能記録のある守山の児猿楽もあった。

おうしょうにん【近江商人】 おもに江戸時代、全国的にめざましく活躍した近江国出身商人およびその商法や性格を含めていう。とくに蒲生・神崎・愛知の湖東3郡の出身者が多い。この地方は古来水陸交通の要地として市が栄え、中世は市座を結んで隣接諸国へ隊商を組んで往来した。近世には活動領域も全国に広がり、鎖国前は朱印船貿易にも進出した。天秤棒による持下り商いから、しだいに三都をはじめ要地に設けた出店間の産物廻しにより富を蓄え、蓄積した資金を金融業・醸造業などによって増殖した。商家経営には共同企業、複式簿記、退職金、内部預金制度など最も進んだ合理的経営法を採用。西川・外与・星久・塚本・稲西・丁吟・伊藤忠・丸紅・市田・小杉などは現存の近江商人系商社。

おうみちょうてい【近江朝廷】 淡海朝廷とも。天智天皇と弘文天皇の両朝をさす語。天智天皇が667年(天智6)近江の大津に遷都し、次の弘文天皇(大友皇子)まで都であったことによる。天智天皇は白村江敗戦後の緊迫した状況のなかで、近江遷都、庚午年籍の作成、官制の整備などを行い、律令制国家の形成を一歩進めたが、天皇死去の翌672年、壬申の乱が勃発し、弘文天皇は敗死して、近江朝廷は終りを告げた。

おうみのおおつのみや【近江大津宮】 近江宮・大津宮とも。近江国におかれた天智天皇の宮。近江への遷都は、防衛・交通・生産力などの観点から選択されたと考えられる。667年(天智6)飛鳥から近江に遷都し、671年(天智10)大蔵省の第3倉から火災が発生し、翌年には壬申の乱における近江朝廷側の敗北によって廃絶した。持統朝には柿本人麻呂が廃都を嘆く歌を詠んでいる。殿舎名称としては、宮門・内裏・朝庭・大殿・西小殿(西殿)・仏殿・浜楼などがあり、大蔵省・大炊・漏刻・大学寮などが付属したと考えられる。朝堂院や条坊制などの存在は疑問である。現在の大津市錦織から大型の掘立柱建物群が発見され、宮跡として有力視されている。

おうみのくに【近江国】 東山道の国。現在の滋賀県。「延喜式」の等級は大国。「和名抄」では滋賀・栗本(栗太)・甲賀・野洲・蒲生・神埼・愛智・犬上・坂田・浅井・伊香・高島の12郡からなる。天智天皇により一時近江大津宮が営まれたほか、紫香楽宮・保良宮なども造営された。壬申の乱や恵美押勝の乱の古戦場。国府は栗太郡(現、大津市)にあり、国分йも同地におかれたが焼失し、国昌寺に定められた。石山寺・園城寺・延暦寺など大寺院も多い。「和名抄」所載田数は3万3402町余。「延喜式」では調は綾・帛・絹や雑器、庸は米など。鎌倉・室町時代にかけて佐々木氏が守護に補任された。中世には在地勢力の活動もめざましく、しばしば土一揆がおきた。近世は彦根藩・膳所藩をはじめとする多数の

藩があり，他国大名の藩領，幕領，旗本領，宮家領，寺社領が錯綜していた。1868年(明治1)幕領，旗本領などが大津県となり，71年の廃藩置県の後，大津県と長浜県が成立，72年大津県が滋賀県，長浜県が犬上県と改称，同年両県が合併して滋賀県が成立。

おうみのみふね [淡海三船] 722〜785.7.17
名を御船とも。奈良後期の文人。天智天皇の皇子大友皇子の曾孫。父は葛野$\frac{かど}{の}$王の子池辺王。751年(天平勝宝3)淡海真人$\frac{まひ}{と}$を賜姓。卒伝に「性識聡敏にして群書を渉覧しもっとも筆札を好む」とみえ，大学頭・文章博士$\frac{もんじょう}{はかせ}$として石上宅嗣$\frac{いそのかみの}{やかつぐ}$と並ぶ文人の首と称された。しかし756年(天平勝宝8)朝廷を誹謗したとして大伴古慈斐$\frac{こ}{じひ}$とともに禁固された。恵美押勝$\frac{えみのお}{しかつ}$の乱で勢多橋を焼いてその一党を防ぎ，その功によって東山道巡察使に任じられたが，苛政のため767年(神護景雲元)解任。若い頃，元開という僧名を得たこともあり，外典・漢詩にもすぐれ，「続日本紀」「唐大和上東征伝」を撰した。

おうみりょう [近江令] 天智朝に藤原鎌足$\frac{かま}{たり}$らが編纂し，668年(天智7)に完成したとされる令。律は伴わない。「藤氏家伝」上，「弘仁格式」序などにみえるが，内容は不明。律令制定史において日本最古の令と評価されるが，近江令の確実な史料がないため，天智朝での体系的法典制定の条件がないとして近江令の存在を否定する説もある。

おうむろうちゅうき [鸚鵡籠中記] 尾張国名古屋藩士朝日定右衛門重章$\frac{しげ}{あき}$(1674〜1718)の日記。37冊。1684年(貞享元)8月29日から1717年(享保2)12月末日を記録。書名は鸚鵡の口真似のようにそのまま書いたという意味。名古屋の町人や世間のようすなどについて詳細に記録しており，江戸・京都，他藩のことにも及ぶ。名古屋藩内部のさまざまな事柄，藩主・大奥の秘事などの裏面記録も多いのが特徴。「名古屋叢書」所収。

おうめいしゃ [嚶鳴社] 明治初期の学術団体・政治結社。岩倉遣欧使節団に加わった司法官officeの学術団体法律講習会を母体に，沼間守一$\frac{ぬま}{もり}$・島田三郎・田口卯吉$\frac{う}{きち}$らが1877年(明治10)秋に東京で結成。沼間が社長。定期的に討論会・演説会や地方遊説を行い，代表的民権結社に成長した。78年から地方支社を29社設立。79年10月に機関誌「嚶鳴雑誌」，11月に機関紙「東京横浜毎日新聞」を刊行。嚶鳴社憲法案も起草した。最盛期の本社員は約100人で，3分の1が中央政府の民権派官吏であった。(支社を含めた総計約1000人)。のち官吏グループと在野グループにわかれて活動し，在野グループは自由党の準備会に参画したが，不参加。社は

82年の立憲改進党結成に加わり，7月に集会条例違反で解散したが，独自の演説会・討論会は継続。

おうようめい [王陽明] 1472.9.30〜1528.11.29
中国明代の哲学者・政治家。名は守仁，字は伯安。陽明は号。浙江$\frac{せっ}{こう}$省余姚$\frac{よ}{よう}$の出身。官は南京兵部尚書・兼都察院左都御史にいたる。文臣としては明代を通じて武功第一と称され，江西福建の賊乱，宸濠$\frac{しん}{ごう}$の反乱(寧王による皇位争奪の挙兵)，広西瑶$\frac{よう}{}$族の乱などを平定。はじめ朱子学を信奉したが，宦官劉瑾$\frac{りゅう}{きん}$に反対して流された貴州省竜場山中で，南宋の陸象山の心即理説をうけ，これを根本原理とし，知行合一・万物一体・致良知を主張する陽明学を確立。陽明学は客観的哲学である朱子学とは対照的に主観的色彩がこく，朱子学と並ぶ儒学の2大潮流の一つとなった。弟子との問答・書状を収録した「伝習録」がある。

おうらいもの [往来物] 平安時代〜近代前期までに手紙文例集の形態で編纂された初等教科書の総称。往復一対の手紙を編纂した形態をとることからこの名がある。1066年(治暦2)に没した藤原明衡$\frac{あき}{ひら}$撰の「雲州消息」(「明衡$\frac{めい}{ごう}$往来」とも)が最古。形態的には，(1)明衡往来型(実際の消息や操作を集め故実や儀礼に関する知識を与えたもの)，(2)十二月往来型(12カ月の月順に時宜折々の消息の模範を示したもの)，(3)雑筆往来型(消息に常用される語彙を集めたもの)，(4)庭訓往来型(文例集と語彙集とを組合せて諸道の知識を与えたもの)，(5)富士野往来型(消息文以外に，種々の文書の書式をあげて武家の教養を目的としたもの)がある。近世には約7000種も出版された。

おうりょう [押領] 中世，所領を不当に知行する行為をいう。古代には軍兵を監督・統率する意に用いられたが，平安中期には強いて奪いとる横領の意味が一般化した。中世の知行権は得分などのかたちで重層して存在したため，年貢・公事$\frac{く}{じ}$などの徴収にかかわっても押領行為が発生した。押領の語は，当事者が現状を不当として訴えるために使われたので，その事実認定には困難がつきまとった。鎌倉時代には，地頭による荘園や公領内での押領の深刻化を反映して，鎌倉幕府法や本所法には，押領に関する多数の法令がみられる。

おうりょうし [押領使] 10世紀以降，諸国におかれた凶徒の追捕機関。追捕使と同じく国司が国解$\frac{こく}{げ}$で国内有力武士を推挙し，官符で任命される。武装蜂起(凶党)が発生すると，国司は太政官に報告して追捕官符をうけ，それにもとづいて押領使は凶党の規模に応じて国内武士を動員し，凶党集団を追捕。押領使は東山・山陰・西海道諸国，追捕使は畿内近国・山陽・南

海道諸国という分布傾向があるが、坂東諸国の場合、受領が押領使を兼帯した。押領使は、9世紀末～10世紀初頭の東国の乱、つづく平将門の乱に関係諸国に臨時におかれたが、10世紀中葉以降、常置された。

おおあまのみこ [大海人皇子] ⇨天武天皇

おおいがわ [大堰川] 大井川とも。京都市西郊を流れる桂川（葛野川）のうち、嵯峨から松尾にかけての流域。上流は保津川。嵐山・小倉山・渡月橋などがあり、平安遷都直後から著名な景勝地であった。桓武天皇以降たびたび行幸があり、また藤原道長など平安貴族が遊覧したことでも知られる。「秦氏本系帳」によれば、秦氏の祖がここに葛野大堰を築いて一帯の水田を開発したという。平安initial期には大井津があり、平安京の経済拠点ともなった。

おおいがわのわたし [大井川渡] 遠江・駿河両国の境を流れる大井川の渡。川幅が広く急流のため架橋は困難で、江戸時代は歩行（徒）越しによって渡河した。「箱根八里は馬でも越すが、越すに越されぬ大井川」といわれたように、大井川の川越は難しかった。はじめ旅行者は勝手に渡河したが、危険が伴うため一定の渡場が決められ、川越人足の手引きによって渡河する制度が成立した。徒渉制は交通を阻む要因でもあり、明治維新後は渡船となった。

おおいけんたろう [大井憲太郎] 1843.8.10～1922.10.15 明治・大正期の政治家。本姓は高並、幼名彦六、号は馬城。豊前国生れ。長崎遊学をへて、大学南校などでフランス学を学び、多くの法律書を翻訳。1874年（明治7）の民撰議院論争では即時開設論を主張。75年元老院少書記官となるが、翌年免官。82年自由党常議員となり、急進派を指導した。85年大阪事件をおこし重懲役となるが、89年大赦により出獄。92年東洋自由党を結成、対外硬を主張するとともに、社会問題解決にも尽力。

おおいしよしお [大石良雄] 1659～1703.2.4 播磨国赤穂藩浅野氏の家老。幼名喜内、通称内蔵助。知行高1500石。山鹿素行に軍学を、伊藤仁斎に漢学を学んだとされる。1701年（元禄14）藩主浅野長矩の切腹、城地没収に際し、家中を統括して浅野家再興をめざしたが、その可能性を断たれた02年12月、吉良義央らを殺害して、喧嘩両成敗のかたちを自力で完遂させた。幕命により熊本藩下屋敷に預けられ、翌年自刃。赤穂事件は赤穂の浪士らが幕府の方針に反した犯罪者か義士かで、当時から論争になった。一般には文学作品や演劇の題材にとりあげられるなかで、忠098義士のイメージが定着し、大石の指導者としての理想像が形成されていった。

おおいたけん [大分県] 九州の北東部に位置する県。旧豊後国全域と豊前国の一部を県域とする。1868年（明治元）旧幕領に日田県がおかれた。71年廃藩置県により豊後国には杵築・日出・府内・岡・森・臼杵・佐伯の各県が成立、同年11月豊後国はすべて大分県に統合された。豊前国の各県は71年小倉県、76年福岡県に合併されたが、同年下毛・宇佐両郡が大分県に編入され、現県域が確定した。県庁所在地は大分市。

おおうちけかべがき [大内家壁書] 「大内氏掟書」とも。中国地方の守護大名大内氏の家法。条文・条数は伝本によりかなり異なり、体系的な法典として発布されたものではなく、個別に出された法令・命令を、のちに国政上の基準資料の収集を目的として編纂したものとみられる。諸本では最も古いかたちを伝えるとされる前田本系に収められた法令の発布年代は1439年（永享11）から95年（明応4）に及ぶ。おそらく95年をそれほど下らない時期に編纂されたと推測される。他の諸本には、追補のかたちをとったもののほか、独立に編纂されたと思われるものもある。法令の内容は、家中の儀礼的規定・軍役関係・寺社保護などが主で、年貢など経済関係のものは比較的少ない。「中世法制史料集」所収。

おおうちし [大内氏] 中世中国地方西部の大名。百済聖明王の子琳聖太子の子孫といい、多々良氏を姓とする。平安末期以来の周防国の有力在庁官人。大内介を称し、鎌倉御家人として六波羅評定衆にも連なった。南北朝期、弘世は山口を本拠に西中国に勢力を伸ばし、発展の礎を築いた。子の義弘のとき、応永の乱で一時衰退したが、弟盛見が家運を再興。その孫政弘は応仁・文明の乱に活躍、子の義興は幕府管領代に、さらにその子義隆は7カ国守護となり、山口文化を興隆させた。1551年（天文20）義隆が家臣陶晴賢に討たれ、甥義長が擁立されたが、57年（弘治3）滅亡。→巻末系図

おおうちしゅご [大内守護] 平安宮の内裏（大内）を警固する職。平安中期～鎌倉前期、多田源氏の頼光流が世襲した。源頼光の頃、はじめて衛府に代わって武士の棟梁が内裏を警固するようになったらしく、在職の徴証があり、1183年（寿永2）には子の頼兼が任命された。88年（文治4）頼兼は自力のみでは任に堪えないとして鎌倉幕府へ援助を請い、そのため御家人の一部が頼兼を補佐して警固することとなった。これを禁裏守護番という。1219年（承久元）父頼兼から本職を継承した頼茂は、後鳥羽上皇の追討をうけ自殺。以後、本職は設置されず、平安宮内裏も27年（安貞元）廃絶し

た。

おおうちばん [大内版] 山口本とも。室町時代，守護大名大内氏領内で出版された刊本。大内氏は，中国の明および朝鮮との貿易などを行って経済的繁栄を誇り，その城下山口には京都の文化人が多く集まり，文運が栄えた。1410年(応永17)大内盛見らが刊行の「蔵乗法数抄」が現存最古のもの。93年(明応2)に虎関師錬の韻書「聚分韻略 しゅうぶんいんりゃく」，99年に杉武道が「論語集解 しっかい」を刊行。1539年(天文8)には大内義隆が天文版「聚分韻略」を出版したが，狭義の大内版はこれをさす場合もある。

おおうちひょうえ [大内兵衛] 1888.8.29～1980.5.1 大正・昭和期の経済学者。兵庫県出身。東大卒。大蔵省勤務ののち1919年(大正8)東京帝国大学経済学部新設により助教授。20年の森戸事件で失官したが22年復職，翌年教授。38年(昭和13)人民戦線事件で検挙。第2次大戦後東大に復帰し，49年の退官後は法政大学総長，社会保障審議会会長などを歴任。平和憲法擁護を主唱し，革新勢力の精神的指導者でもあった。「大内兵衛著作集」全12巻。

おおうちまさひろ [大内政弘] 1446～95.9.18 室町時代の武将。周防・長門両国ほかの守護。教弘のりの子。1465年(寛正6)家督となる。細川勝元と伊予国河野通春の抗争に際し，父敵弘と同様通春を援助。このため勝元と対立，67年(応仁元)応仁の乱では山名持豊方として上京，西軍の有力武将となった。77年(文明9)帰国，領国の経営に専念。「大内家壁書」に収める法令の大半は，政弘時代のもの。文化面での業績が顕著で，和歌は三条西実隆に師事し「拾塵和歌集」を残した。連歌では宗祇 そうぎ と交流し，「新撰菟玖波集」には作品が多数収録される。

おおうちよしおき [大内義興] 1477～1528.12.20 戦国期の武将。周防・長門両国ほかの守護。政弘の子。1494年(明応3)家督。細川政元に将軍職を廃された足利義稙 よしたね は，1500年周防国山口に下り，義興に保護された。08年(永正5)義稙を擁して上京，足利義澄・細川澄元を追い，義稙は将軍職を回復，義興は細川高国とともに実権を握り，管領代となった。11年京都船岡山の戦に勝利し，澄元らの反撃を退けた。18年領国経営に専念するため帰国。おもに安芸で尼子経久と勢力を争い，25年(永永5)には毛利元就 もとなり を配下においたが，まもなく死没。

おおうちよしたか [大内義隆] 1507～51.9.1 戦国期の武将。周防・長門両国ほかの守護。義興の子。1528年(享禄元)家督をつぐ。九州で少弐しょうに氏と戦い，36年(天文5)大宰大弐の称号をえた。40年出雲の尼子はるひさ晴久が安芸の毛利元就 なり を攻めると，出兵して元就を救援。42年遂に出陣に進攻したが，翌年敗退。明・朝鮮との交易をすすめ，領内でのキリスト教布教を許可した。学問・芸能を好み，中央貴族と交際し，位階は従二位まで昇った。武断主義の家臣陶晴賢 すえはるかた はこれを不満として義隆排除の計画をめぐらし，51年周防国山口に義隆とその交際相手の公家を襲った。義隆は長門国深川(現，山口県長門市)の大寧寺にのがれたのち自殺。

おおうちよしひろ [大内義弘] 1356～99.12.21 南北朝期～室町中期の武将。周防・長門両国ほかの守護。弘世の子。1370年代九州探題今川貞世に従って九州各地を転戦。91年(明徳2・元中8)明徳の乱の鎮圧，92年南北両朝の合体に功があり，室町幕府の安定に大きく貢献。対外関係でも，朝鮮との外交・貿易に独占的な地位を築き，大内氏の富強化を推進。将軍足利義満は義弘の威勢を警戒し，両者の関係は不穏となった。99年(応永6)鎌倉公方足利満兼らと連絡し，領国の和泉国堺で反乱をおこしたが，籠城のすえ敗死(応永の乱)。

おおうらてんしゅどう [大浦天主堂] 長崎市南山手にある現在では日本最古の天主堂。フランス人宣教師フューレ，プティジャン両神父の設計，天草の棟梁小山秀之進の施工により，1865年(慶応元)竣工。78年(明治11)大改築がなされ，外壁も木造から煉瓦造となる。幕末期に浦上に潜伏していたキリシタンが名のりでて，浦上崩れの発端となった場所でもある。国宝。

おおえ [大兄] 大王位継承者もしくはたんに長子を示す語。従来は，5～7世紀前半に大王位継承候補者に与えた称号とする説が有力であったが，大兄とは元来長子という意味しかもたず，地方豪族であった継体天皇の即位後，尾張氏所生の勾 まがり 皇子(安閑天皇)が他の大王位継承資格者に対抗する手段として導入されたとの説がだされている。

おおえうじ [大江氏] 大枝氏とも。菅原氏と並ぶ学者の家として知られ，菅家に対して江ごう家とよばれた氏族。もとは土師宿禰 はじのすくね で，790年(延暦9)に桓武天皇の外祖母土師宿禰真妹が大枝朝臣を賜ったのを機に，その系統が大枝朝臣に，さらに866年(貞観8)大江朝臣に改称。「貞観格式」を選定し「文徳実録」の編纂にかかわった参議大江音人 おとんど，その子で歌人として知られ「句題和歌」を著した大江千里 ちさと，後三条・白河・堀河の3天皇の侍読 じとう を勤め，儀式に通じ「江家次第」を著した大江匡房 まさふさ，多くの文人を輩出している。→巻末系図

おおえのひろもと [大江広元] 1148～1225.6.10 鎌倉幕府草創期の官僚。大江匡房の孫維光の子。一説には藤原光能の子ともいう。明法博

士中原広季の養子となり中原姓を名乗るが、のち大江姓を称する。少外記として局務にたずさわり、後安芸権介となったが、源頼朝に招かれ鎌倉に下向。幕府の中枢にあって頼朝の側近として重用された。頼朝の右筆を勤め、公文所・政所の初代別当となって実務をとり、朝幕間の交渉にあたる。また文治地頭職の設置などしばしば重要な建言をした。京下り官人としての彼の見識は、草創期の幕府の基礎固めに大きな役割をはたした。頼朝死後も北条氏の信任を得て幕政に重きをなし、数々の政変や承久の乱を乗り切り、執権体制の安定をみた。

おおえのまさふさ [大江匡房] 1041〜1111.11.5 平安後期の儒者・文人・政治家。匡衡の曾孫。成衡の子。東宮学士から蔵人・左衛門権佐・右少弁(三事兼帯)をへて、1088年(寛治2)参議、94年(嘉保元)権中納言。白河院別当・記録所寄人として白河院政を支える一方、関白藤原師通とも親交があった。朝廷儀式の故実に通じて「江家次第」を著したほか、日記「江記」を残し、また談話が「江談抄」にまとめられている。和漢文学にすぐれ、「江帥集」「江都督納言願文集」「続本朝往生伝」などを残し、「本朝続文粋」「朝野群載」や「後拾遺集」以後の勅撰集に多くの秀作を残す。

おおおかせいだん [大岡政談] 江戸の町奉行大岡越前守忠相に仮託した、実録・講談・落語・歌舞伎・浪花節など一連の作品群の総称。いずれも話の主眼は、「大岡裁き」とよばれた公平で人情味のある名判決ぶりにあるが、実際には忠相とはほとんど関係のない話である。歌舞伎の「天一坊」や「村井長庵」、落語の「三方一両損」などが、今日でもしばしば演じられる代表的作品。

おおおかただすけ [大岡忠相] 1677〜1751.12.19 享保の改革期の町奉行。越前守。父は忠高。1920石取の旗本大岡忠真の養子。1700年(元禄13)家督相続。書院番・御徒頭・使番・目付・山田奉行・普請奉行を勤め、17年(享保2)8代将軍徳川吉宗によって町奉行に抜擢された。吉宗の享保の改革の実務を担当し、商人の仲間・組合の公認、町火消制度の創設、小石川養生所の設置など、江戸の経済・都市政策を実施。22年から24年間、関東地方御用掛を兼ね、地方巧者田中丘隅らを用いて、酒匂川の治水工事や武蔵野新田の開発などを指揮。36年(元文元)寺社奉行に昇進し、48年(寛延元)奏者番を兼ね、三河国西大平藩1万石の大名となった。

おおおく [大奥] 江戸城の本丸・西丸などで、将軍やその父・世子の妻妾が生活していた場所。本丸の場合は、幕府の政治機構がおかれていた表、将軍が日常生活を送る中奥に対していう。御鈴口から北側が中奥で、中奥と大奥の間には上御鈴廊下があり、将軍だけが通行できた。その際には鈴のついた紐をひいて知らせる。大奥の内部は、妻妾の居室である御殿向・奥女中の居室である長局向・御広敷向の三つにわかれ、御広敷向のみ大奥の事務を担当する武士が勤務していたが、御殿向・長局向は将軍以外男子禁制であった。大奥には、将軍の妻妾のほか、上臈を筆頭に御年寄・中年寄・御客会釈・中臈などの大奥女中がおかれた。

おおおみ [大臣] 大化前代の大和朝廷の最高執政者の称号。「大」は美称で、臣姓氏族中の最高位者をさす。履中朝の葛城円、雄略・清寧朝の平群真鳥、継体朝の許勢男人をへて、宣化朝から稲目、馬子、蝦夷と蘇我氏が独占して大化の改新を迎える。この4氏は、ともに大和地方に勢力を張る豪族であった。それ以前にも成務朝に武内宿禰が大臣とみえるが疑わしく、おそらく彼が天皇を補佐する臣下の理想像であり、4氏の祖先と伝承されているためであろう。大臣は、大連とともに朝廷の全氏族を統轄し、大夫らを支配して国政を指導したが、用明朝の物部守屋らの滅亡後は大臣が文字どおりの最高執政者であった。大化の改新直後におかれた左右大臣は、旧来のオオオミの性格をもっていたらしい。

おおかがみ [大鏡] 「世継」「世継物語」とも。平安時代の歴史物語。作者・成立年代は諸説あり未詳だが、作者が男性であることは確実。190歳の大宅世継と180歳の夏山繁樹という2人の老人が歴史を語り、さらに口をはさむ若侍を配するという形式をとる。語りの場は1025年(万寿2)に設定。紀伝体で、序・天皇紀・大臣列伝・藤原氏物語・雑々物語からなる。天皇は文徳から後一条まで、摂関は藤原冬嗣から道長までを対象とし、摂関時代の始まりからその頂点までを扱う。先行の「栄花物語」が女性作者による道長賛美の歴史であるのに対し、政権争いにからむ生き生きとした人間像を描く。いわゆる鏡物の最初で、後代に与えた影響は大きい。「日本古典文学全集」「日本古典文学大系」所収。

おおかわしゅうめい [大川周明] 1886.12.6〜1957.12.24 昭和期の国家主義者・右翼理論家。山形県出身。東大卒。1918年(大正7)満鉄東亜経済調査局に入社、翌年編集課長。調査に従事するかたわら、北一輝らと猶存社を結成、その後も行地社を創立するなど、国家主義運動を率いた。31年(昭和6)橋本欣五郎らの桜会とともに陸軍主導の内閣樹立をめざした3月事件・10

月事件に参画。翌年の5・15事件で禁錮刑判決。第2次大戦後、A級戦犯容疑で逮捕されるが、極東国際軍事裁判審理中に精神障害をおこし、免訴となった。

おおかわへいざぶろう [大川平三郎] 1860.10.25～1936.12.30 明治～昭和前期の実業家。武蔵国入間郡生れ。1875年(明治8)抄紙会社(のち王子製紙)に入社し93年専務となるが、大株主の三井と対立し98年退社。1913年(大正2)樺太工業を設立し、業界第3位に育てる。のち業界最大手の富士製紙の社長に就任。しかし両社が経営不振に陥り、33年(昭和8)に王子製紙に合併されると相談役に退いた。

おおきたかとう [大木喬任] 1832.3.23～99.9.26 幕末期の佐賀藩士、明治期の藩閥政治家。義祭同盟に参加し佐賀藩で勤王運動に従事。維新後に参与・東京府知事などを務め、東京遷都に功があった。民部卿・文部卿・参議兼司法卿・参議兼元老院議長などを歴任、枢密顧問官をへて1889年(明治22)枢密院議長。第1次松方内閣で文相、同内閣退陣後に一時枢密院議長に復した。伯爵。

おおぎまちてんのう [正親町天皇] 1517.5.29～93.1.5 在位1557.10.27～86.11.7 後奈良天皇の第2皇子。名は方仁(みちひと)。母は万里小路賢房(までのこうじかたふさ)の女吉徳門院栄子。1533年(天文2)親王宣下。57年(弘治3)後奈良天皇の死去により践祚(せんそ)。即位の費用にも事欠くありさまだったが、68年(永禄11)の織田信長上洛以降は、信長・豊臣秀吉の宮廷復興策などにより権威を回復。天皇も85年(天正13)秀吉を関白に任じるなど、伝統的権威でこれを支えた。

おおきみ [大王] 大君とも。天皇号成立以前の君主号。元来は中国皇帝から王に冊封された諸国の君主に対して、支配圏内で用いられた尊称で、国内的には君主号としても機能し、銘文にも使用されていた。日本では漢語の「大王(だいおう)」が「キミ」(君・王など、自己の仕える主人)の尊称としての和語「オオキミ」と結合し君主号として成立した。初見は5世紀後半の雄略朝であり(埼玉県稲荷山古墳鉄剣銘、熊本県江田船山古墳大刀銘)、7世紀初めの推古朝でも倭王は「阿輩雞弥阿毎多利思比孤(おおきみあめたりしひこ)」と称したようで(『隋書』倭国伝)、7世紀末の天武～持統朝頃の天皇号採用までは、大王が君主号であった。『万葉集』には「大君」の表記も頻出する。

おおくにぬしのかみ [大国主神] 記紀の神話にみえる神名で、スサノオと奇稲田(くしなだ)姫の6世の係。偉大な国の主の意。オオナムチ・葦原醜男(きもしこお)・ヤチ戈(やちほこ)神・顕(うつし)国玉神などの別名をもつ。『古事記』によれば、オオアナムジ(オオナムチ)がスサノオの試練をへてスセリヒメと結婚することによりこの名を与えられ、兄弟八十神を追い国土全体を支配した。その物語は(1)オオナムチが因幡の白兎を助け、八上比売(やがみひめ)と結婚したことにより兄弟八十神から迫害されるが、根堅州(ねのかたす)国へ渡ってスサノオの女スセリヒメを娶りオオクニヌシとなる物語、(2)ヤチ戈神のヌナカワヒメへの求婚と、スセリヒメの嫉妬と和解についての歌謡物語、(3)オオクニヌシがスクナヒコナおよび御諸(みもろ)山の神とともに国造りを完成する物語、からなる。こののちタケミカヅチの平定事業の際、葦原中国(あしはらのなかつくに)を天津神の御子に献上し、みずからは出雲大社に隠れた。オオクニヌシの名は『古事記』のほかには『日本書紀』一書にみえるのみである。葦原醜男としての活動は『播磨国風土記』にみられる。ヤチ戈神はヤチ(多数)＋ホコ(武具)であり、武威をたたえた名とされるが、ホコは男性の象徴ともみられる。この名では『古事記』の歌謡物語や『万葉集』に登場し、オオクニヌシの八島国に及ぶ色好みの徳を語るものとなっている。

おおくびえ [大首絵] 浮世絵版画の一種で、人物の上半身または顔面のみを大写したものの総称。役者絵を専門とした鳥居派の作品中にすでに萌芽がみられたが、役者の個性の表現を求める時代の流れに呼応してか、安永・天明頃、勝川春章・一筆斎文調(いっぴつさいぶんちょう)らが大首絵の役者似顔絵を完成した。寛政期の喜多川歌麿の美人画と、ほぼ同時期の東洲斎写楽の役者絵は、大首絵の頂点をきわめたものとして評価が高い。

おおくぼただたか [大久保忠教] 1560～1639.2.1 江戸前期の旗本。父は忠員(ただかず)。通称彦左衛門。三河国に生まれ、1575年(天正3)から徳川家康に仕える。76年遠江国乾(いぬい)の戦の初陣以来、81年の遠江国高天神城攻め、85年の信濃国上田城攻めなど戦陣のたびに戦功をあげた。90年武蔵国で2000石を領する。1614年(慶長19)甥の大久保忠隣(ただちか)改易に際し、駿府によばれ三河国で新たに1000石を与えられた。大坂の陣には鑓(やり)奉行として従った。32年(寛永9)旗奉行となり、33年三河国で1000石を加増、計2000石を領した。著書『三河物語』。

おおくぼとしみち [大久保利通] 1830.8.10～78.5.14 幕末～明治初期の政治家、明治維新の指導者。幼名は一蔵、号は甲東(こうとう)。鹿児島藩下級藩士の出身。藩主島津斉彬(なりあきら)の信任をうけ、その死後は島津久光のもとで藩政改革・国事に奔走。西郷隆盛らとともに倒幕運動を推進し、1867年(慶応3)12月、岩倉具視(ともみ)らと連携して王政復古の政変を実現。新政府の参与・参議・大蔵卿などを務め、版籍奉還・廃藩置県に尽力。71～73年(明治4～6)岩倉遣外

使節団の副使として欧米諸国を視察。帰国後、西郷隆盛の朝鮮派遣（征韓論）に反対して明治6年の政変を招いた。政変後、参議兼内務卿として明治政府の中心となり、殖産興業政策に全力をそそぐとともに、漸進的な立憲政体の樹立をめざすなど日本の近代化の推進につとめた。74年清国に赴き台湾出兵の善後処理に従事。あいつぐ保守派士族の反乱に強硬姿勢で対処。77年西郷を擁する鹿児島士族の反乱（西南戦争）の鎮圧にあたったが、翌年5月14日、不平士族に襲われ死去。維新の三傑の1人。

おおくぼながやす[大久保長安] 1545〜1613.4.25　江戸初期の代官頭。通称藤十郎・十兵衛。石見守。甲斐国生れ。猿楽師大蔵大夫の次男。武田氏滅亡後徳川家康に仕え、大久保忠隣（ただちか）から大久保姓を与えられる。家康の関東入国後には、武蔵八王子陣屋で関東十八代官や八王子千人同心を統轄。伊奈忠次とともに各地の検地を行い、大久保縄・石見検地と称された。一里塚や伝馬宿の設置による交通制度の確立、江戸・駿府・名古屋の築城工事への参与、石見・伊豆両銀山、佐渡金山の採掘や木曾の林業開発に成功。美濃・大和の国奉行も担当。死の直後、生前の不正を理由に遺子7人は切腹、信濃国松本藩主石川康長などの大名や代官が多く連坐して失脚した。

おおくぼひこざえもん[大久保彦左衛門] ⇒大久保忠教（おおくぼただたか）

おおくましげのぶ[大隈重信] 1838.2.16〜1922.1.10　明治・大正期の政治家。佐賀藩士の家に生まれる。幕末期尊王攘夷急進派として活躍、新政権では徴士・参与・外国官副知事・会計官副知事などを務め、1870年（明治3）参議に就任、財政通として近代産業の育成に努めた。81年開拓使官有物払下げや国会開設問題で伊藤博文らと対立、参議罷免（明治14年の政変）。翌年立憲改進党を創立、東京専門学校（現、早稲田大学）を創設。88年外務大臣となり条約改正交渉に臨むが、外国人裁判官任用問題で辞職。96年進歩党、98年憲政党を結成、同年日本初の政党内閣を組織したが、4カ月余で退陣。一時政界を離れ大日本文明協会の設立など文化運動に尽力した。1914年（大正3）第2次大隈内閣を組織。16年退陣、政界から引退した。著書「開国五十年史」。

おおくましげのぶないかく[大隈重信内閣] 大隈重信を首班とする明治・大正期の内閣。■第1次（1898.6.30〜11.8）。伊藤博文の強力な推挙により大隈と板垣退助の2人に組閣命令が降り、初の政党内閣として発足（隈板内閣）。旧自由党と旧進歩党からなる与党憲政党の内紛・分裂のため一度も議会を迎えずに退陣した。■第2次（1914.4.16〜16.10.9）。立憲同志会・中正会をおもな与党とし、加藤高明・大浦兼武が力をもった。第1次大戦への参戦、いわゆる対華二十一カ条の要求など東アジアへの膨張を企てたが、中国ナショナリズムの反発をよぶ一方、加藤外相の強引な政治手法が元老の不興を買った。内政面では1度否決された2個師団増設を解散・総選挙をへて実現させたが、大浦内相の選挙干渉が問題化した。はじめ元老は政友会の抑制や民衆運動の鎮静化を期待して大隈を首班にしたといわれるが、内閣の人気はしだいに下降し両者の関係も微妙になり、加藤を後継首班にしようとした大隈の意は通らず、曲折の末、寺内内閣が成立した。

おおくら[大蔵] 律令官制成立以前からあった財政官司。地方の在地首長からの貢納物を収納した。「古語拾遺」「新撰姓氏録」などには、雄略朝に秦氏が調を奉ったのち、地方からの貢納物があふれたため、以前からあった斎蔵（いみくら）・内蔵（うちくら）に加えて大蔵をたて、これらを蘇我麻智（そがのまち）が管理し、秦氏が出納を行い、東文（やまとのあや）氏・西文（かわちのあや）氏が帳簿に記録したとある。大蔵と内蔵の分立は6世紀のことと考えられ、渡来系氏族の氏の名に大蔵・内蔵を冠するものがあること、令制大蔵省・内蔵寮の下級官人に渡来系氏族が多いことだから、これらの官司が渡来系氏族の技能に支えられて早くから整備されていたことは事実であろう。のちに大蔵は天武朝の六官の一つとなり、令制大蔵省につながった。

おおくらざいばつ[大倉財閥] 大倉喜八郎が創設した財閥。幕末・維新期に銃砲販売・軍用達などで蓄財した大倉は、1873年（明治6）商事貿易の大倉組商会、87年藤田伝三郎らと共同で内外用達を設立、93年合名会社大倉組に統合した。87年には藤田らと日本土木も設立、93年その事業を大倉土木組に引き継いだ。1911年現業部門をあわせて株式会社大倉組を設立したが、17年（大正6）鉱業部門を大倉鉱業として、土木部門を大倉土木組（現、大成建設）として独立させ、翌年大倉商事と改称して合名会社大倉組を本社とするコンツェルン体制を確立した。本渓湖煤鉄公司（ほんけいこばいてつこんす）に巨額の投資をするなど、中国大陸への投資に積極的で、傘下に銀行をもたない点も特色であった。49年（昭和24）財閥解体により解散した。

おおくらしょう[大蔵省] ■大宝・養老令制の官司。八省の一つ。令制以前の大蔵の系譜を引くと考えられ、「日本書紀」では天智朝にみえるほか、天武末年の六官のかがある。養老令制では、諸国の調をはじめとする貢納品の出納をおもな職掌とし、中央財政のさまざまな支出をまかなった。他に所属の典鑰（てん）

り・百済手部くだらのてひと・典鋳でん・狛部こま などに よって皮革製品を製作し、典鋳司・掃部司かにもり・漆部司ぬりべの・縫部司ぬいべの・織部司など、多くの伝統的な手工業官司を管轄し、さまざまな製品を制作した。しかし令制下で中央財政運営の中核を担ったのは民部省であり、物品の保管・出納を行う大蔵省の位置づけは相対的に低かった。被管の手工業官司も平安初期に統廃合されることとなった。

■国の財政・金融などの財務行政を統一的に担当する行政機関。明治政府は1869年(明治2)7月の行政機構改革により、会計処理機関を廃止して「金穀出納・秩禄・造幣・営繕・用度等」を担当する大蔵省を設置。内閣制度の創設にともない86年に大蔵省官制が制定され、歳入歳出・租税・国債・貨幣・銀行および地方財政の監督を管掌事項とした。98年には官房と主計・主税・理財の3局となり、他に現業の造幣局・専売局・印刷局があった。以後銀行局(1916年)・預金部(25年)・外国為替管理局(33年)設置などの組織拡充が行われた。第2次大戦後、占領管理にともなう財務処理や財閥解体、経済復興政策を担うなかで組織は拡充され、49年の国家行政組織法・大蔵省設置法の施行により、現行組織の原型が形成された。高度成長期には、予算配分、租税特別措置、税制改正、財政投融資、金融機関への行政指導、財政金融政策などを通じて、経済政策全般への発言力を増大させた。2001年(平成13)1月、中央省庁再編により財務省となる。

おおくらながつね[大蔵永常] 1768~1860? 江戸時代の三大農学者の1人。豊後国日田郡隈町の商家兼業農家に生まれ、生蠟問屋に奉公。20歳の頃離郷し、九州各地を放浪。1796年(寛政3)大坂に出、苗木・農具販次商として畿内各地を回るうち、農民向けの参考書の必要を感じ、1802年(享和2)『農家益』を出版。25年(文政8)江戸に移り、農書の著述に専念しながら全国各地の取材と調査を行った。34年(天保5)渡辺崋山のすすめで三河国田原藩の興産方となるが、39年の蛮社の獄ばんしゃのごくにともない解雇。のち水野忠邦の遠江国浜松藩に一時仕えた。79歳で再び江戸に戻り、さらに大坂に移って著述に専念。「広益国産考」「農具便利論」「綿圃要務」「老農茶話」「油菜録」「製油録」など著書多数。

おおけみ・こけみ[大検見・小検見] 江戸時代の幕領で行われた検見の手続き。代官が村々を巡回して検見を行うことを大検見といい、これに先立って代官の手代が行った下調査としての検見を小検見という。村方ではさらに小検見に先立って、村役人と地主立会いのうえで、一筆ごとに立毛けを見分して内見ない帳や耕地絵図などを作成した。手代は2人ずつ2~3組にわかれて村の数カ所で坪刈をし、これらと照合して村全体の収穫量を調査した。その後代官が再び坪刈をし、小検見の結果と照合して村全体の貢租量を決定した。幕府は小検見の際の収賄が年貢減少の原因であるとして、1713年(正徳3)小検見を廃止したが、代官の要望で19年(享保4)に復活した。

おおこうちまさとし[大河内正敏] 1878.12.6~1952.8.29 大正・昭和期の科学者・実業家。正質まさただの長男。東京都出身。大卒。1911年(明治44)東京帝国大学教授となり、造兵学の近代化に努めた。15年(大正4)貴族院議員。21年理化学研究所所長に就任、財政難に苦しむ研究所のため、同所の発明を工業化する理研コンツェルンを創立、150人余の博士を輩出した。46年公職追放で所長を辞任。

おおごしょじだい[大御所時代] 江戸後期、11代将軍徳川家斉いえなりが退任したのち大御所を名のったことから、家斉が襲封した1787年(天明7)から死去する1841年(天保12)までをさすが、一般には寛政と天保の二つの幕政改革の間、すなわち文化・文政期をさすことが多い。幕政退廃の代名詞にも使われる。

おおさか[大坂] 本来は大阪市のほぼ中央を南北に貫く上町うえまち台地の北part端の地。摂津国東成ひがしなり郡に属し、1496年(明応5)の「本願寺蓮如消息」に「摂州東成郡生玉之庄内、大坂トイフ在所」とみえる。小坂おさかとも書いたようで『厳助おうじょ往年記』の1561年(永禄4)3月28日条には「小坂本願寺」とある。戦国期に本願寺蓮如が建立した坊舎が石山本願寺となって寺内町が建設され、豊臣秀吉の大坂城の建設で城下町となり、やがて近世の大坂三郷へと発展し、大坂という呼称も広域名称となった。近世にはほとんど大坂と書くが、住吉大社石灯籠や道標などに大阪と彫られたものもある。大阪の文字が広く用いられるようになったのは、1877年(明治10)前後である。

おおさかあさひしんぶん[大阪朝日新聞] ⇒ 朝日新聞あさひしんぶん

おおさかうちこわし[大坂打ちこわし] 大坂で発生した打ちこわし。(1)1767年(明和4)家屋敷の質入れの際、差配所の奥印じんを必要とする家質かしちの奥印差配所の反対し、同所の発願人津国屋長右衛門・紙屋利兵衛らを打ちこわしたもの。差配所は75年(安永4)に廃止。(2)1787年(天明7)天明飢饉による米価騰貴を原因に、市中の下層民が米の安売りを要求し米屋約200軒を打ちこわしたもの。その他に小規模な打ちこわしがおきている。なお83年にも小規模な打ちこわしがおきている。(3)1836年(天保7)天保飢饉による米価騰貴を契機に発生した打ちこわし。打ちこわし軒数は10数軒で、天明期ほどの

規模ではないが，大坂とその周辺村落の窮乏状態は翌年の大塩の乱の前提となった。(4)1866年(慶応2)第2次長州戦争のための大量の米買付けと商人の買占めによる米価騰貴を原因に，将軍徳川家茂が大坂在陣中に発生した打ちこわし。打ちこわしは885軒におよんだ。取調べに対し参加者は，張本人は御城にいる(将軍をさす)と叫んだ。

おおさかかいぎ【大阪会議】 1875年(明治8)大久保利通が木戸孝允・板垣退助らと大阪で政治改革を協議した会議。征韓論を唱えていれられず下野した板垣らは，74年1月，民撰議院設立を建白して政府に迫り，同年4月，台湾出兵に反対して木戸が参議を辞職し，士族の反政府気運が高まった。これに対処して政府の体制を固めるため，明治政府の実力者大久保は，伊藤博文・井上馨らの周旋で，75年1～2月，再三木戸と大阪で会談し，ついで板垣とも会って政治改革案を提示し，木戸・板垣の参議復帰を要請した。3月に2人の復職が実現し，大久保・木戸・板垣・伊藤が政体取調委員となって政治改革の具体化を進めた。4月には元老院・大審院の設置と地方官会議の召集が決定され，漸進的な立憲政体樹立の詔が発せられた。

おおさかじけん【大阪事件】 1885年(明治18)自由党の大井憲太郎らが朝鮮の独立運動と国内の立憲政治樹立運動との結合を企図した事件。1884年12月，朝鮮で独立党のクーデタが失敗に終わると(甲申事変)，大井らは朝鮮に渡って，保守派の高官を暗殺し独立派の政権の樹立を計画。独立達成後には民主的諸改革を断行し，日本国内の政治的改革と連動させようとした。資金調達のため強盗を働いたり，リーダーが変節したため，85年11月計画が発覚，130人余が一斉に逮捕され，大井らは外患罪で処断された。検挙者のなかに，女性民権家として知られた景山英子も含まれていたことから国民の注目を集めた。

おおさかじょう【大坂城】 金城・錦城とも。大阪市中央区，上町台地の北端に位置する近世の平城。豊臣政権の本城。中世には石山本願寺の寺内町があった。賤ヶ岳の戦で柴田勝家を滅ぼした豊臣秀吉は，1583年(天正11)築城を開始，配下の大名を動員し，86年に5層の天守を完成させた。秀吉のあと豊臣秀頼が城主となるが，1615年(元和元)大坂夏の陣で落城，焼失した。その後松平忠明が入るが，19年から幕府直轄となり，天下普請で修築された。幕府再建の5層の独立式天守は，65年(寛文5)落雷で焼失。豊臣時代には台地全域を囲む総構があり，冬の陣では南端に出丸の真田丸が設けられた。1868年(明治元)鳥羽・伏見の戦でほぼ焼失，現在の天守は1931年(昭和6)に再建。国特別史跡。

おおさかしょうせんかいしゃ【大阪商船会社】 日本郵船とならんで日本を代表する海運企業。略称OSK。1884年(明治17)大阪の中小船主が合同して設立。98年に中橋徳五郎が社長に就任してから，台湾・中国航路に進出，日露戦後には北米航路など遠洋航路へ進出し，第1次大戦後遠洋定期船会社としての地位を確立した。世界恐慌下の1931年(昭和6)には船舶と協調協定を結び，ニューヨーク航路に快速貨物船を就航させるなどの経営改善に努め，また37年には国際汽船の経営権を掌握して，郵船に代わって定期船の主導権を握った。64年海運集約化により三井船舶と合併して大阪商船三井船舶となる。

おおさかじょうだい【大坂城代】 江戸幕府の職名。大坂城に駐在して城下諸役人の首班として城の守護にあたり，政務を統轄した。また西日本諸大名の動静を監察した。1619年(元和5)大坂の直轄時に設けられたとき初設。重職のため原則として5万～6万石以上の譜代大名から選任されたが，実際は最高15万石から最低役2万石までであった。任期は不定。最長21年から最短1年未満の者もいたが，多くは数年間の在任。幕末まで70人就任。奏者番・寺社奉行から転任し，京都所司代・老中へ進む昇進コースの一つとされた。老中支配。役知1万石。四位に叙された。屋敷は城内二の丸千貫櫓北，下屋敷は城外西の現在の法円坂町にあった。

おおさかのじん【大坂の陣】 徳川氏が豊臣氏を滅ぼした戦。1614年(慶長19)冬と15年(元和元)夏の2度にわたる。関ケ原の戦ののち，徳川家康にとって豊臣氏排除は幕府権力の安定をはかるうえで不可避の課題であった。家康は豊臣氏の財力消耗をはかり，14年には方広寺鐘銘事件をおこして豊臣氏を挑発，冬の陣が勃発した。10月，徳川軍は防備を整えた大坂城を包囲したが，12月20日に講和が成立。徳川方は講和条件を無視して内堀の埋立てなどを強行。さらに秀頼への転封命令などで豊臣氏を圧迫し，15年4月に再び戦闘状態に入った。豊臣方は野戦を展開するがあいついで敗北，5月7日に大坂二の丸が陥落，本丸が炎上した。翌8日，秀頼と淀殿が自刃し，豊臣氏は滅亡した。

おおさかふ【大阪府】 近畿地方の中西部に位置し，大阪湾に面する府。旧河内・和泉両国と摂津国の東部にあたる。幕末には摂津国に高槻藩・麻田藩，河内国に丹南藩・狭山藩，和泉国に岸和田藩・伯太が藩があれ，幕領のほか21藩の飛地領，公家領，寺社領があった。1868年(明治元)1月旧幕領を支配するため大阪鎮台がおかれ，まもなく大阪裁判所と改称。さらに

同年5月大阪府と改称、6月管下の和泉国に堺県、69年摂津国に摂津県、同年に河内県が新設されて大阪府の管轄は大阪市街地だけとなった。同年河内県は堺県に合併。70年近江国三上藩が和泉国に移り吉見藩となる。71年廃藩置県により旧藩は県となり、同年11月豊島郡以東の摂津7郡を管轄する大阪府と、河内・和泉両国を管轄する堺県に整理統合された。堺県は76年奈良県を合併し、81年大阪府に合併された。87年奈良県を再置して現府域が確定した。

おおさかぼうせき [大阪紡績]
日本最初の1万錘規模紡績企業。渋沢栄一らの構想をもとに、25万円の資本金で1883年(明治16)に開業。政府の直接的保護をうけず、華族、政商、大阪・東京の綿関係商などが有力株主となった。設立当初からの技術者山辺丈夫は有名。主力製品を内地用綿糸・輸出用綿糸・輸出用兼営織布と変え、業界の模範的存在だったが、後発の大規模企業の追上げに苦労した。1914年(大正3)に三重紡績に吸収されるかたちで合併、東洋紡績となる。

おおさかほうへいこうしょう [大阪砲兵工廠]
明治前期に設立された陸軍に必要な兵器を製造・修理する官営製造所。火砲を中心に製造し、その技術発展を担った。1870年(明治3)大阪城内に工場を建設し作業を開始。大阪造兵司・大阪大砲製造所と改称し、79年10月制定の砲兵工廠条例によって大阪砲兵工廠とよばれた。1923年(大正12)の陸軍造兵廠設置にともない、同年大阪工廠となる。陸軍省管轄。

おおさかまいにちしんぶん [大阪毎日新聞]
⇨毎日新聞

おおさかまちぶぎょう [大坂町奉行]
江戸幕府の職名。遠国奉行の一つ。大坂の市政一般のほか、町続きの地方、川方、寺社方、廻米、糸割符などを管掌。1722年(享保7)からは、摂津・河内・和泉・播磨4カ国の幕領の租税徴収および公事裁判も担当。1619年(元和5)初設。定員2人(一時3人)。任期不定。持高1000石以上3000石以下の者から選任されたが、実際は最高format4500石から最低年奉行並30俵まで就任。役高1500石、役料現米600石。老中支配、芙蓉間席。従五位下。下僚として与力30騎、同心50人。東西の奉行所で、各町奉行が月番と非番にわかれ、隔月交代で政務をみた。

おおさき・かさいいっき [大崎・葛西一揆]
1590年(天正18)冬、陸奥国でおこった豊臣秀吉の奥羽仕置への反対一揆。太閤検地による領主の権限を失う国人領主層が中心となった。90年8月、秀吉は小田原攻め不参を理由に大崎義隆・葛西晴信の所領を没収して、そこに木村吉清・清久父子を封じた。しかし木村氏による検地の実施などのため、全領で一揆が勃発。大崎・葛西両氏の旧臣に指導された一揆勢は木村父子がこもる佐沼城を包囲したが、11月24日、米沢城主伊達政宗によって父子は救出された。この過程で会津城主蒲生氏郷と政宗の間に確執が生じ、91年2月上京した政宗は秀吉から会津近辺数郡の没収と、大崎・葛西旧領の移封を命じられた。6月には一揆鎮圧を再開、7月に制圧した。

おおしおのらん [大塩の乱]
1837年(天保8)大坂町奉行所元与力で陽明学者の大塩平八郎らがおこした挙兵事件。前年の大飢饉は大阪市中にも大被害をもたらしたが、町奉行所は有効な施策を講じえず、豪商らも豪奢な生活を続けていた。平八郎は近隣農村へ檄をとばし、37年2月、門下の与力・同心や憂民とともに挙兵。一党は町に火をかけ、鴻池ほかの豪商を襲い、金銭や穀物を窮民に与えるなどしたが、2度の戦闘で鎮圧された。平八郎父子は約40日の潜伏後、発見され自刃。天下の台所大坂でおこり、首謀者が元幕府与力で著名な学者だっためため影響力は大きく、各地で「大塩門弟」「大塩残党」と称する一揆・騒動がおこった。

おおしおへいはちろう [大塩平八郎]
1793.1.22～1837.3.27 江戸後期の大坂町奉行所与力、儒学者。名は後素、字は子起、通称は平八郎、中斎と号した。父政高の没後、家職の与力を継ぎ、のちに大坂町奉行高井山城守実徳に重用され吟味役となる。在任中は手腕をふるい名声を高めたが、高井の辞職に際しみずからも辞職。文武両道に秀で、学問では陽明学を修め、私塾洗心洞を開いて大坂の与力・同心や近隣の憂民とその子弟などに教授した。1836年(天保7)の大飢饉のとき、東町奉行跡部良弼に窮民の救済を上申したが聞きいれられず、翌年近隣の農村へ檄をとばし挙兵、失敗し逃亡、約40日後に市中潜伏中を発見され自刃した(大塩の乱)。著書『古本大学刮目』『洗心洞剳記』。

おおしこうちのみつね [凡河内躬恒]
生没年不詳。平安前期の歌人。三十六歌仙の1人。諸利の子とも、系譜不詳ともにする。894年(寛平6)甲斐少目となる。以後の官歴も不遇で、最高位は淡路権掾となる。紀貫之と並ぶ「古今集」の代表歌人で、紀友則・貫之・壬生忠岑とともに「古今集」の撰者を勤めた。歌合への出詠、屏風歌の制作も多く、歌人としての評価は高かった。「古今集」の60首を含め、勅撰集に190首あまりが入集。家集『躬恒集』。

おおじょうや [大庄屋]
大肝煎・大名主・割元とも。近世の幕領や藩領で村をこえた広い領域におかれた地方役人。熊本藩では惣庄屋、金沢藩では十村という。管轄

地域を組・郷・触・領・手永・通りなどとよぶ。幕府や藩から管下の村々への布達・伝達、村が提出する文書への奥書、普請場所の検分や村々の人別帳・明細帳の集中管理などが職務。円滑な地域行政遂行のためには有効だったが、世襲制による弊害も生じた。17世紀後半以降、藩によっては世襲制を廃止し、村役人のなかから能力に応じて抜擢するようになり、地方支配を代行する中間的官僚の性格が強くなった。幕領では、1713年(正徳3)不正を理由に廃止され、原則として復活されなかった。

おおしんぶん [大新聞] 明治10年代の政論新聞の総称。娯楽本位で小型判の小新聞に対して大判であったためのよび名。言論中心の紙面で、1面には難解な漢文調の社説が掲載された。記者は自由民権運動の政治活動家で、政治家と新聞記者の職業的分化はない。購読料も高く、読者層は政治的関心の高い士族・憂農層だった。代表的なものに「郵便報知新聞」「朝野新聞」など。

おおすぎさかえ [大杉栄] 1885.1.17～1923.9.16 大正期の無政府主義の社会運動家・思想家。香川県出身。陸軍幼年学校中退。東京外国語学校在学中に平民社に出入りし社会主義に傾倒、無政府主義者として大正初年からきびしい弾圧下に活発に活動。ボリシェビキに反対し、革命をめぐり堺利彦・山川均らボリシェビキ派とアナ・ボル論争を展開。関東大震災の混乱のなか、憲兵大尉甘粕正彦らに惨殺された。

おおすけごう [大助郷] 江戸時代、定助郷以外に人馬提供義務を課された宿の近郊農村、およびその人馬役。1694年(元禄7)東海道などでは助郷は定助郷・大助郷に区別され、定助郷には宿駅の近郊農村が、大助郷にはそれより若干遠方の村が指定された。人馬の徴発形態は宿人馬、定助郷、大助郷の順だが、輸送量の増加にともない定助郷と同様に徴発された。1725年(享保10)の全国的な助郷の組替えにより、主要街道の大助郷の名称はほとんど廃止され、定助郷に統一された。大助郷に指定されていた村の負担は、これにより以前より増した。

おおすみのくに [大隅国] 西海道の国。現在の鹿児島県東半部。「延喜式」の等級は中国。713年(和銅6)日向国の贈於(贈唹)・大隅・肝杯(属)・姶羅の4郡をもとに建国された。その後肥前・豊後の移民により桑原郡が、755年(天平勝宝7)浮浪人の申請により菱刈郡が成立。824年(天長元)には旧多禰島の熊毛郡・馭謨郡を吸収した。国府・国分寺は桑原郡(現、国分市)におかれた。一宮は鹿児島神社(現、隼人町)。当国の隼人は713年と720年(養老4)に反乱をおこしており、班田制導入は800年(延暦19)となった。「和名抄」の所載田数は4800余町。調庸は綿・布。古代末には多くの院・郷が成立し、鎌倉初期、島津荘・寄郡が当国全田数の約5割、正八幡宮(鹿児島神社)領が約4割を占めた。鎌倉時代の守護職の大半は北条氏で(短期間島津氏・千葉氏)、南北朝期以降島津氏が保持された。各地の豪族の力が強く、16世紀後半に島津氏の支配が確立した。近世も一貫して島津氏の鹿児島藩領で、1871年(明治4)の廃藩置県により鹿児島県となる。

おおせいだされしょ [被仰出書] ⇨学制

おおたてんじんやまこふん [太田天神山古墳] 群馬県太田市内ケ島にある古墳中期の前方後円墳。金山の南麓に広がる低湿地中の微高地に立地し、女体山古墳に隣接。墳長210m、後円部径120m、高さ16.5mで東国の古墳中最大の規模。3段築成で、円筒埴輪列と昔石が確認された。周濠は盾形で二重にめぐる。埋葬主体は長持形石棺。中期古墳の典型である。国史跡。

おおたどうかん [太田道灌] 1432～86.7.26 室町時代の関東の武将。扇谷上杉氏の家宰。資清の子。実名は資長か。入道して道灌。1456年(康正2)江戸築城を開始、岩槻・河越にも築城するなど武蔵・相模の実力者となる。76年(文明8)山内上杉氏の被官長尾景春が上杉氏に反乱をおこすと、以後数年にわたり関東各地で景春方と戦う。これにより扇谷家を山内家に匹敵するまでに成長させたが、86年相模国糟屋(現、神奈川県伊勢原市)の主家上杉定正邸に誘い出されて殺害された。扇谷家の内部対立と、扇谷家の台頭を恐れた山内家の策動といわれる。文化人としても知られ、禅僧万里集九との交遊は有名。

おおたなんぽ [大田南畝] 1749.3.3～1823.4.6 江戸時代の戯作者。名は覃。通称直次郎。別号は蜀山人・四方赤良など。江戸生れ。家は御徒を勤める幕臣。平賀源内との出会いを契機に、19歳で狂詩集「寝惚先生文集」を出版。以後、狂歌・洒落本「甲駅新話」など)、黄表紙とその活動の範囲を広げた。また「菊寿草」「岡目八目」は黄表紙の評判記として影響力をもった。唐衣橘洲編「狂歌若菜集」に対抗して、「万載狂歌集」を発表。軽妙な笑いと機知は広く歓迎され、天明期を制するが、寛政の改革に抵触し筆を断つ。以後、役人の仕事に専心して大坂や長崎に出役するが、文名は衰えず、最晩年まで著作が出版された。

おおたによしつぐ [大谷吉継] 1559～1600.9.15 織豊期の武将。父は大友宗麟の臣大谷盛治といわれる。紀之介。刑部少輔。豊臣秀吉に近侍し、1583年(天正11)賤ケ岳の戦に

加わり，87年九州攻めで兵站を調え，89年越前国敦賀5万石を得た。小田原攻め，奥州平定に従い，出羽検地を担当した。92年(文禄元)の朝鮮出兵には名護屋船奉行，ついで三奉行として漢城(現，ソウル)に入り，翌年晋州攻撃ののち帰国。1600年(慶長5)西軍に与し，関ケ原で戦死した。

おおたぶみ[大田文] 田数帳・図田帳・田数目録とも。中世，とくに鎌倉時代に作成された文書で，一国内の荘園・公領すべてについてその田地面積や領有関係などを記したもの。国司が命じて作成させたものと，幕府の命で各国守護が作成させたものがある。前者は伊勢役夫工米・内裏造営・諸国一宮造営など一国平均役の賦課に際して，後者は地頭への御家人役賦課のために作成されたが，いずれも実際には国衙の在庁官人が調査・作成した。大田文に所載の田は公田とよばれ，その数値は室町時代に至っても，国家的賦課の基準として重要視された。ただ現実の田数との乖離はしだいに大きくなった。

おおつかいせき[大塚遺跡] 横浜市都筑区大棚西の比高40mの台地上にある縄文早・中期と弥生中・後期の複合遺跡。とくに弥生中期の環濠集落として知られる。環濠は幅4m，深さ1.5～2m，地形にそって繭状にめぐり，長軸長200m，幅130m，面積7万2000m²の規模。環濠の外側に土塁を設けていたことが推定されている。環濠内には約90軒の竪穴住居跡と10棟の倉庫跡がある。竪穴住居群は三つの群にわかれ，それぞれ一時期10軒ほどの竪穴住居と，1～2棟の倉庫から成り立っていた。遺物は土器・石器・管玉・炭化米やモモの種子など。石器には各種の磨製石斧類が多く，関東地方では数少ない鉄剣形石剣もある。同じ尾根上のすぐ南東には当集落の墓域である方形周溝墓群の歳勝土遺跡がある。両遺跡は国史跡。この地域の拠点集落としてだけでなく，弥生集落の構造理解にも大きな意味をもつ。

おおつかくすおこ[大塚楠緒子] 1875.8.9～1910.11.9 明治期の小説家・詩人・歌人。本名久寿雄。東京都出身。東京控訴院院長の長女として生まれ，竹柏園門下の歌人として少女時代から頭角を現す。東京女子師範付属女学校を首席で卒業の頃から美貌の才媛として評判になった。擬古典風の小説を著し，一葉につぐ女性作家ともいわれた。夫保治の友人夏目漱石から文学的・人生的影響をうけた。厭戦詩「お百度詣」(1905)も知られる。

おおつかひさお[大塚久雄] 1907.5.3～96.7.9 昭和期の経済史学者。京都府出身。東大卒。法政大学教授をへて1939年(昭和14)東京帝国大学助教授，47年同教授。ウェーバーの宗教社会学とマルクスの唯物史観の双方を摂取しつつ，独立自営農民(中産的生産者層)の両極分解に近代的産業資本形成の歴史的起点を求めるという個性的な近代社会成立史観(大塚史学)を確立した。92年(平成4)文化勲章受章。「大塚久雄著作集」全13巻。

おおつきげんたく[大槻玄沢] 1757.9.28～1827.3.30 江戸中期の蘭方医・蘭学者。名は茂質，字は子煥，号は磐水。玄沢は通称。はじめ陸奥国一関藩医建部清庵に医を学び，のち江戸に出て杉田玄白・前野良沢に蘭学を学ぶ。1785年(天明5)長崎に遊学，翌年江戸に帰り仙台藩主伊達氏の侍医となり，蘭学塾芝蘭堂を開く。同塾には「蘭学階梯」(1788)に刺激をうけた俊秀が全国から参集し，新元会(オランダ正月)の賀宴で江戸蘭学界の中心的存在となった。1811年(文化8)幕府の天文方に蛮書和解御用の局が設けられ，馬場佐十郎貞由を補佐する訳員となり，ショメルの百科事典(「厚生新編」)の訳出に従事した。訳著は「瘍医新書」「重訂解体新書」「環海異聞」など数多い。

おおつきふみひこ[大槻文彦] 1847.11.15～1928.2.17 明治・大正期の国語学者。名は清復。号は復軒。大槻磐渓の三男。兄は如電。江戸生れ。儒学・英学・数学を学び，幕末には国事に奔走。1872年(明治5)文部省出仕，75年宮城師範学校校長から本省に戻って国語辞書編纂に着手し，91年に「言海」刊行。さらにその補訂に取り組み，没後に「大言海」が完成。学士院会員。仮名文字運動・言文一致運動にも熱心であった。

おおつじけん[大津事件] 湖南事件とも。1891年(明治24)滋賀県大津でロシア皇太子が襲われた事件。シベリア鉄道起工式にのぞむ途中来日したニコライ皇太子(のちニコライ2世)に，5月11日警備の巡査津田三蔵が斬りつけ頭部に傷を負わせ，朝野に衝撃を与えた。明治天皇は13日京都宿所に，19日神戸出航当日露艦に皇太子を見舞った。成立直後の松方内閣閣僚・元老らは犯人を皇室罪で死刑に処す意向だったが，大審院長児島惟謙らは特別法廷(大津地裁で開廷)担当判事らに通常謀殺未遂の適用を説得，無期徒刑の判決を下させ司法権の独立を守ったとされる。青木周蔵外相らは引責辞職。津田は釧路集治監で9月病死。

おおつのしか[大角鹿] 第四紀更新世中・後期にヨーロッパから東アジア・北アジアに分布し，氷河時代の末期に絶滅したシカ。現在のヘラジカに似た大型のシカで，角のさしわたしは3.5m以上にも達した。マンモスやナウマン象の化石とともに出土することが多く，疎林や草原で生活していた。中国の周口店の洞穴からは北京原人の化石にともなって出土した。

日本でも各地で化石が発見されており,縄文早期頃まで生存していた。

おおつのみこ[大津皇子] 663〜686.10.3 天武天皇の第2皇子。誕生順では草壁皇子について3番目。母は天智天皇の女大田皇女で,持統天皇の同母姉。皇子自身文筆の才に優れていたことから,天武の諸皇子中では草壁につぐ皇位継承の有力候補となった。683年(天武12)にはじめて朝政を聴き政治の場にのぞんだが,686年(朱鳥元)天武の死の15日後,皇太子草壁に謀反を企てたとして捕らえられ,死を賜った。「万葉集」には死にあたって皇子の詠んだ歌が収録され,「懐風藻」には「五言臨終一絶」を含む詩4編をのせる。妻の山辺皇女も皇子と死をともにした。

おおどどう[男大迹王] ⇨継体天皇

おおともうじ[大伴氏] 古代の有力な中央豪族。姓は連で,684年(天武13)宿禰となる。本来は摂津・和泉の豪族で,大和の城上・十市両郡にも本拠をもった。大伴の名は有力な伴造の意で,靫負や久米部,同族の佐伯を率いて宮門を守るのを職掌としたが,しだいに力を増し国政にも参与した。雄略朝に大連となった室屋以後が実在とされ,その孫金村は継体天皇を擁立した。その後,新興の物部・蘇我両氏に押されたが,大化の改新後,長徳兄弟が右大臣となり,その弟の馬来田・吹負らは壬申の乱で活躍した。文武朝以後には御行・安麻呂・旅人らが大納言となったが,旅人の子の家持以後は藤原氏に抑えられ,866年(貞観8)大納言の伴善男が応天門の変で失脚して衰微した。なお823年(弘仁14)氏の名を伴と改めている。→巻末系図

おおともし[大友氏] 中世豊後国の大名。初代能直は,藤原秀郷流の近藤能成の子,母は同流の大友経家の女。のち中原親能らの養子となり,相模大友郷(現,神奈川県小田原市)を支配,大友氏を称した。源頼朝の有力御家人で,筑後・豊後両国守護となった。3代頼泰のとき,元寇により豊後国に下り,鎮西奉行を兼任。のち豊後国府内(現,大分市)を拠点とし,南北朝期には足利氏に従う。少弐氏・菊池氏らと戦って勢力を伸ばし,九州北部の有力守護大名に成長。戦国期,義鎮(宗麟)のときが全盛期で,1559年(永禄2)には筑前・筑後・豊前・豊後・肥前・肥後6カ国守護職と日向および伊予半国を領有,竜造寺氏・島津氏と九州を三分する勢いを示した。キリスト教を保護し,南蛮貿易でも活躍したが,島津氏との戦いに敗れて以降衰退。子の義統は豊臣秀吉から豊後一国を安堵されたが,文禄の役の際の過失により改易。子孫は徳川氏に仕え,高家づけとなった。支族に詫摩・志賀・田原各氏がいる。→巻末系図

おおともそうりん[大友宗麟] 1530.1.3/5.4〜87.5.23 戦国期の豊後国の武将。大友義鑑の長子。幼名塩法師丸,のち五郎。諱は義鎮。左衛門督。円斎・三非斎。1550年(天文19)宗麟廃嫡を企てた父義鑑が重臣に殺害された大友二階崩の変後,家督を継ぐ。周防大内家家督を継いだ弟の義長が57年(弘治3)毛利氏に討たれると,同氏に内応した豊前・筑前両国の領主らを制した。59年(永禄2)豊前・筑前・筑後各国守護職をえ,豊後・肥後・肥前と合わせて6カ国守護。将軍足利義輝から九州探題に任じられる。70年(元亀元)毛利氏と和睦。毛利軍の豊前撤兵で大友氏は全盛期に入った。76年(天正4)には家督を長子義統に譲るが,実権は保持。78年に洗礼をうけ,ドン・フランシスコと名のる。同年の耳川合戦で島津氏に大敗し,以後,離反者があいつぎ,急速に衰勢にむかった。86年の島津氏の侵攻で分国は崩壊,本拠豊後府内まで攻めこまれたが,87年豊臣秀吉の九州進攻に助けられ,子義統に豊後一国が安堵された。同年病死。

おおとものかなむら[大伴金村] 生没年不詳。6世紀の有力豪族。室屋の孫。談の子。磐・狭手彦・咋らの父。雄略天皇の死後,平群臣真鳥父子を討ち,武烈天皇を即位させ,大連の地位についた。武烈の死により皇嗣が絶えたが,継体天皇を擁立し,引き続き安閑・宣化・欽明朝に仕えた。新羅による任那地方の併呑や筑紫国造磐井の内乱で,内外ともに激動の時期で,欽明朝に至り物部尾輿らから外交政策の失敗を糾弾され失脚した。

おおとものくろぬし[大友黒主] 生没年不詳。平安前期の歌人。六歌仙の一人。系譜についていくつかの所伝があるが疑わしい。近江国滋賀郡の豪族か。「古今集」仮名序では「大友黒主はそのさまいやし。いはば薪負へる山人の,花の蔭に休めるがごとし」と評されている。「古今集」4首,「後撰集」3首を含め,勅撰集入集は11首。むしろ「古今集」序によって名が知られ,しだいに伝説化され,謡曲などにも登場した。

おおとものさかのうえのいらつめ[大伴坂上郎女] 生没年不詳。万葉第3期の歌人。父は安麻呂,母は石川内命婦。最初穂積親王に嫁し,その死後,藤原麻呂に求婚される。のち異母兄宿奈麻呂との間に坂上大嬢・坂上二嬢の2女を生んだ。名は,平城京北方の坂上に住んだための通称。兄旅人らの死後,家刀自として大伴家を切り盛りしたらしい。「万葉集」に長歌6首,短歌77首

を残す。機知に富んだ贈答歌に特徴があり、平安和歌に通じる歌風が注目される。

おおとものたびと[大伴旅人] 665~731.7.25 多比等・淡等とも。奈良前期の公卿・歌人。父は安麻呂、母は巨勢郎女で、子に家持・書持がいる。718年(養老2)中納言。720年山背賎官、のち征隼人持節大将軍として南九州の隼人の反乱を鎮圧。神亀年間には大宰帥として赴任し、山上憶良とともに筑紫歌壇を形成。730年(天平2)大納言に任じられ帰京、翌年従二位に昇るが、まもなく病没。「懐風藻」には格調の高い漢詩を、「万葉集」には任地九州で死んだ妻の大伴郎女をしのぶ歌など心情豊かな作品を残す。

おおとものみこ[大友皇子] 648~672.7.23 伊賀皇子とも。天智天皇の皇子。母は伊賀采女宅子娘。天智天皇晩年の671年(天智10)太政大臣に任じられた。この年、病の重くなった天皇は、後事を皇太弟の大海人皇子(天武天皇)に託そうとしたが、大海人はこれを辞退した。天皇の死後、大友皇子は近江朝の中心として、吉野に移った大海人を警戒し対立したが、翌年の壬申の乱で大海人の軍に敗れ、山前で自殺、その首は不破(現、岐阜県不破郡)の大海人皇子の軍営に運ばれた。大友皇子が即位したかどうかは明らかでないが、「大日本史」は皇子の即位を認めて大友天皇紀をたて、1870年(明治3)明治天皇から弘文天皇と追諡された。

おおとものみゆき[大伴御行] ?~701.1.15/16 7世紀後半の上級官人。長徳の子。安麻呂の兄。子に御依がいる。684年(天武13)連らから宿禰を賜姓され、694年(持統8)氏上に任じられた。696年大納言。壬申の乱の功臣、死後701年(大宝元)に功封を支給され、一部の子への伝領が許された。文武天皇はその死を悼み、右大臣を贈った。「万葉集」に「大君は神にしませば」の歌が残る。712年(和銅5)妻の紀音那が貞節を表彰された。

おおとものやかもち[大伴家持] 716/717/718 ~785.8.28 奈良時代の公卿・歌人。姓は宿禰。父は旅人。弟に書持がいる。叔母大伴坂上郎女の女坂上大嬢は正妻。天平年間は内舎人として聖武天皇に近侍し、従駕歌、安積皇子への挽歌などを作る。746年(天平18)越中守として赴任、数々の作品を残す。帰京後は衰えつつある大伴氏の首長として一族の団結と復権に尽くしたが、763年(天平宝字7)藤原仲麻呂を除こうとして薩摩守に左遷される。780年(宝亀11)参議、翌年従三位。782年(延暦元)には氷上川継の変に連坐して解官されたが、許されて中納言に昇り、征東将軍在任中に没した。直後、藤原種継

暗殺事件により除名されたが、806年(大同元)復位した。「万葉集」編纂に大きな役割をはたしたとみられる。

おおともよしあき[大友義鑑] 1502~50.2.12/13 戦国期の豊後国の武将。豊後・筑後・肥後3カ国守護。父は義長。幼名塩法師丸のち次郎五郎。初名親安のち親敦。修理大夫・左少将。1518年(永正15)父の死により家督相続。20年弟重治を肥後菊池氏の養子とする。大内氏と筑前・筑後・豊前各国の領有をめぐりたびたび抗争し、ことに34年(天文3)の速見郡勢場ケ原の合戦は激戦であった。一時は弟菊池重治も大内方にかこまれたが、38年に大内方と和議成立。46年には伊予国宇和島の西園寺氏領にも侵攻。九州地方における有力戦国大名としての地歩を固めた。しかし長子宗麟の廃嫡と末子塩市丸への家督譲渡を企て、50年2月10日の大友二階崩の変での傷がもとで死没。

おおとりけいすけ[大鳥圭介] 1833.2.25~1911.6.15 幕末期の幕臣、明治期の官僚政治家。播磨国生れ。幕府軍の近代化に従事し歩兵奉行となる。江戸開城に反対して関東・奥羽を転戦、蝦夷島政府陸軍奉行となるが五稜郭で降伏。出獄後、陸軍省をへて工部省で累進、1882年(明治15)元老院議官。この前後、工部大学校校長・学習院院長を務める。89年清国公使、94年朝鮮公使を兼務、日清開戦外交の一翼を担った。枢密顧問官。男爵。

おおとりじんじゃ[大鳥神社] 大阪府堺市鳳北町に鎮座。式内社・和泉国一宮。旧官幣大社。祭神は日本武尊・大鳥連祖神。日本武尊が死後に白鳥となり、現社地に降り立ったのが創祀と伝える。861年(貞観3)従三位に叙された。中世には一宮とされたが、中世後期には兵火により一時荒廃し、寛文年間以降に再建された。例祭は8月13日。大鳥大神宮五社流記帳と大鳥五社大明神并神鳳寺縁起帳がある。

おおのじょう[大野城] 大宰府政庁の北にある標高410mの四王寺山に築かれた朝鮮式山城。福岡県宇美町と太宰府市・大野城市にまたがる。白村江の敗戦後の国際的緊張のなかで、665年(天智4)亡命百済人の憶礼福留らに指揮させて、長門城・椽城(基肄城)と同時に築かれた。四王寺山の尾根に沿ってめぐらされた土塁・石塁の総延長は約6.5kmで、南側と北側は通っており、4カ所に城門があった。約180ヘクタールの城内には7カ所、計70棟余の建物があり、そのほとんどが高床式倉庫だったことから、大宰府の逃込み城だったことがわかる。大宰府あるいは筑前国によって管理されたようで、823年(弘仁14)に主城が新設されて城司が成立。774年(宝亀5)には新羅調伏のため当城内に四天王寺(四王寺・四王

おおのやすまろ［太安万侶］ ?～723.7.6　奈良朝の官人。姓は朝臣。『古事記』『日本書紀』の編者。父は多品治。711年（和銅4）9月、元明天皇の詔をうけて稗田阿礼の暗誦していた「帝紀」「旧辞」を撰録し、翌年『古事記』を献上。同じ頃、『日本書紀』の編纂にたずさわったと考えられる。715年（霊亀元）従四位下。民部卿で没した。1979年（昭和54）奈良市此瀬町で墓誌が出土した。

おおばかげちか［大庭景親］ ?～1180.10.26　平安末期の武将。景忠の子。通称大庭三郎。相模国大庭御厨の下司職を相伝。源義朝に従い保元・平治の乱に加わった。平治の乱に敗れたあと、許されて平氏の家人となる。1180年（治承4）以仁王の挙兵に平家方として参加。源頼朝が挙兵すると追討軍の大将となり、石橋山に頼朝を破ったが、富士川の戦で頼朝に降伏。平広常に預けられたあと処刑された。

おおはしそうけい［大橋宗桂］ 1555～1634.3.9　江戸初期の著名な将棋指し。能楽師とかかわりのある京都の町衆の出身で、将棋三家の筆頭大橋本家の初代。初見は『鹿苑日録』の天正20年（1592）とみなされる。徳川家康をはじめ公家や寺社にも招かれ、駿府城や江戸城内でも本因坊算砂と対局するなど、職業的将棋指しの先駆。1602年（慶長7）に山科言経が宗桂の詰将棋集を天皇に献上している。12年に幕府から50石5人扶持を支給された。吉田社や神竜院などに招かれて将棋の技芸を披露していたと『舜旧記』にみえる。

おおはらえ［大祓］ 人々に付着した罪・穢れ・災などを除いて清浄にする儀式。国家が行った大祓の確実な最古の事例は、『日本書紀』天武5年（676）8月辛亥条。大宝・養老令での常例のものと、中央政府が行うものとして6月・12月晦日の常例のものと、大嘗祭や災害異変などの臨時のものが規定され、諸国の国造・郡司らに行わせるものは臨時のものに限られた。中央政府の大祓は、御贖麻呂・祓刀・馬・稲などの祓物を朱雀門前大路上にならべ、大臣以下百官を集めて中臣が大祓詞をのべ、卜部が祓を行った。この大祓は平安時代の儀式書でも詳細に施行規則が定められたが、平安中期以降は形骸化し、応仁の乱後には途絶した。しかし民間の大祓は、6月晦日のものが水無月祓と称して広範に定着し、近世以降にも及んだ。

おおはらこうしろう［大原孝四郎］ 1834～1910.7.6　倉敷の素封家で倉敷紡績の初代社長。孫三郎の父。1888年（明治21）青年有志によって企図された有限会社倉敷紡績の設立に参加し、対外的な信用を高めて株式募集を円滑にすすめた。倹約主義で生産費の切下げに貢献した。会社の経営は木村利太郎・木山精一に委ねた。

おおはらしげとみ［大原重徳］ 1801.10.16～79.4.1　幕末・維新期の公家。重尹の五男。母は唐橋在家の女。1805年（文化2）兄重成の養子となり、31年（天保2）従三位、38年家督相続。62年（文久2）左衛門督に任官、幕政改革・攘夷督促の勅使として江戸に赴いた。同年国事御用掛。63年2月勅定の改竄を理由に落飾・閉門に処されるが、8月赦免。66年（慶応2）朝政改革を主張する列参運動を主導、再び閉門。翌年赦免、王政復古で参与。68年（明治元）議定・集議院長官などを歴任、70年辞官し麝香間祗候。

おおはらしゃかいもんだいけんきゅうじょ［大原社会問題研究所］ 1919年（大正8）2月9日、大原孫三郎の発意と出資により設立された民間研究機関。労働問題の研究が中心。初代所長は高野岩三郎。櫛田民蔵・森戸辰男・大内兵衛らが参加。当初は大阪にあったがのち東京に移転し、法政大学と合併して法政大学大原社会問題研究所となる。定期刊行物に『日本労働年鑑』『日本社会事業年鑑』などがある。

おおはらまごさぶろう［大原孫三郎］ 1880.7.28～1943.1.18　明治～昭和前期の実業家。岡山県出身。父孝四郎の後をつぎ1906年（明治39）に倉敷紡績の社長に就任。倉敷絹織の設立などで繊維部門を拡張する一方、倉敷銀行・倉敷電灯などの経営に参加した。労働・社会問題にも強い関心をよせ、大原社会問題研究所を設置し、高野岩三郎らの社会科学者に参加を求めたほか、暉峻義等らと倉敷労働科学研究所も創設した。石井十次を支援して岡山孤児院の運営に携わった。

おおはらゆうがく［大原幽学］ 1797～1858.3.7　江戸後期の農民指導者。氏・素性を隠し、名古屋藩牢人とだけ称する。18歳で勘当され、畿内・中国・四国・信濃と流浪し、1835年（天保6）名主の依頼で下総国香取郡長部村（現、千葉県干潟町）を訪れ、性学を説いた。38年、同村に先祖株組合を結成し家と村の復興事業を指導、この仕法は東総農村に広まった。51年（嘉永4）関東取締出役から嫌疑をうけ、教導所改心楼は取り壊され、57年（安政4）幕府評定所の判決で100日押込に処せられた。翌年3月、刑期を終えたのち長部村で自刃、墓は同所にある。

おおばん［大判］ 判金とも。織豊期～江戸時代に賞賜・贈答用に鋳造された金貨。1588年（天正16）に豊臣秀吉が彫金師後藤徳乗に製作を命じて以来、江戸時代を通じて後藤家が大判座として鋳造にあたった。豊臣氏による大判は天正大判と総称され、江戸時代に入ると慶長・

元禄・享保・天保・万延の各大判が順次鋳造された。慶長大判のうちには、明暦の江戸大火後に鋳造された通形、明暦判もある。表は鏨目が施され、「拾両　後藤(花押)」の墨書と桐紋の極印があるが、裏の形式は時期により違いがある。重量は44匁余で京目10両に相当したが、万延大判では30匁となった。品位は天正が70%位、慶長・享保・天保が約68%、元禄が約52%、万延が約37%に下落した。

おおばん〔大番〕 元来は武家の軍制上の部隊名。江戸幕府においては五番方の一つ。戦時には旗本備の先鋒、平時には江戸城の警衛や幕府直轄城の在番を勤めた。役高5000石の番頭1人、その下に600石高の組頭4人を含む番衆50人(200俵高)をもって1組とした。各組に与力10騎、同心20人が付属。開幕以前からあり、組数ははじめ3組、その後しだいにふえ、1632年(寛永9)には12組となり、以後これを定数とした。2組ずつ1年交代で大坂城と二条城に在番(上方在番)し、その2年の間に知行高の1倍の合力米を給された。初期には伏見城や駿府城にも在番している。江戸御番の組は、明き御殿の西丸や二の丸を警備した。大番は諸藩の番方職制にもある。

おおばんざ〔大判座〕 判金座とも。江戸時代の大判鋳造機関。金座後藤と区別するためのよび名で正式の名称ではない。1588年(天正16)に豊臣秀吉が彫金師後藤四郎兵衛家の徳乗に大判製作を命じたのをはじめとして、江戸時代を通じてその一族が大判を鋳造した。後藤四郎兵衛家は元来刀剣装具の彫金をもって徳川氏に仕えたので、腰物奉行の所管であり、大判鋳造のほか、幕府の非常用金銀分銅の製作や天秤用分銅の製作・販売を行い、全国の分銅改にもあたった。大判鋳造は当初京都の後藤家屋敷内で行われたが、明暦の江戸大火後は江戸で行われ、元禄大判以降、江戸の鋳造が定着した。

おおばんさいそく〔大番催促〕 鎌倉幕府の守護の職権の一つ。守護役ともよばれた京都大番役に、御家人が勤仕するよう督促・指揮すること。この権限はすでに1190年代、西国の守護に付与され、まもなく守護の基本的職権である大犯三箇条の第1とされた。具体的手順は、幕府から守護へ京都大番役催勤の命が下ると、守護は管国の御家人を上京させ、彼らを統率して六波羅探題の下で大番役を勤仕し、終了後は覆勘状(勤務終了証)を発給した。このように大番催促は、守護による管国御家人指揮権の発動だったが、東国御家人の有力者には、守護の催促によらず、惣領が一族を率いて勤番した。

おおばんやく〔大番役〕 平安末～鎌倉時代、内裏や院御所・摂関家・将軍御所を警固する役をいい、それぞれ内裏大番役(大内大番役・京都大番役)・摂関家大番役・鎌倉大番役とよばれた。たんに大番役といえば内裏大番役をさすことが多い。内裏大番役は平安後期以来、諸国の武士が交代で上京して勤め、やがて平氏がその統率にあたった。鎌倉幕府もこの制度をうけ継いだが、勤仕者を御家人に限った。御家人は国ごとに守護の指揮をうけて勤番し、1回の期間は3カ月ないし6カ月。在京中の大番衆は、初期には京都守護、ついで六波羅探題の統制下にあった。内裏大番役の勤仕は御家人の証となったが、その経費は彼らにとって相当の負担であった。

おおひこのみこと〔大彦命〕 孝元天皇の皇子で、四道将軍の1人とされる伝説上の人物。阿倍臣・膳臣など7族の祖と伝える。「古事記」「日本書紀」によると、崇神10年、四道将軍として北陸におもむく途中、和珥坂上で少女の歌によって武埴安彦命の謀反を知り、戻って崇神に報告したのち山背でこれを討ち、北陸に出発して翌年帰還した。稲荷山古墳出土鉄剣銘の「意富比垝」は、膳臣の祖先記載との関連から大彦命の可能性がある。

おおひらまさよしないかく〔大平正芳内閣〕 自民党の大平正芳を首班とする内閣。■第1次(1978.12.7～79.11.9)。いわゆる「三角大福」の派閥抗争のなか、1978年(昭和53)11月の自民党総裁選挙で、現職の総理福田赳夫を破った大平(党幹事長)が組閣した。第5回先進国首脳会議の開催国になったが、一般消費税導入の企図は挫折した。79年10月の総選挙で敗北し、党内抗争が激化した。

■第2次(1979.11.9～80.7.17)。外交面で太平洋連帯構想などをうちだすが、総裁選以来の党内対立のしこりが残り、ソ連のアフガニスタン侵攻への対応などに化殺された。1980年(昭和55)5月、内閣不信任案が可決され、大平は国会を解散した。総選挙の最中に大平は急死するが、自民党は大勝した。

おおまがき〔大間書〕 大間とも。除目で選考結果を記録した帳簿。欠員となっている官職を書き並べた巻子で、外記が準備した。除目の執筆はここに新任者名と任官事由(尻付)を順次記入していった。議が終わると天皇の確認をうけ、清書上卿が正式の任官文書の「除目」の下書きを作成するための台帳となった。「長徳二年(996)大間書」(「続群書類従」所収)が現存最古のもの。

おおみねこう〔大峰講〕 修験道の中心道場である大峰山に登拝する在俗信者の組織。大峰登拝講・山上講、また役行者の崇拝にもとづくことから行者講とも称した。修験道では一定期間山岳にこもって修行することを峰入・入

峰といって重視し、行者は各地の霊場でこれを勤めたが、とくに吉野から熊野に連なる大峰山は重要な場所だった。江戸期以降、近畿を中心とする在俗信者の間に広まり、登拝のための講が組織されるに至り、とくに阪堺（八島）八講は大きな勢力をもった。

おおみわじんじゃ［大神神社］ 三輪明神とも。「延喜式」では大神大物主神社。奈良県桜井市三輪に鎮座。式内社・大和国一宮。二十二社中社。旧官幣大社。祭神は倭大物主櫛甕玉命・大己貴命・少彦名命神。記紀によれば、崇神天皇のとき、夢枕により大田田根子を神主としてこの神を祀り、疫病を鎮めたという。三輪山を神体とし、神殿を設けていないことで知られる。古くから朝廷に信仰され、859年（貞観元）正一位。例祭は4月9日。1664年（寛文4）徳川綱吉により造営された拝殿は重文。鳥居は明神鳥居の左右に小さな鳥居をつけたもので、三輪鳥居とよばれる。神祇令に規定される鎮花祭は、当社と狭井神社の祭祀。

おおむらじ［大連］ 大化前代の大和朝廷の最高執政者の称号。「大」は美称で、連姓氏族中の最高位者をさす。なお中臣氏系図での「大連公」は歴代の先祖への尊称。実際的な初任者は履中朝の物部伊莒弗と思われ、その後大伴氏の室屋・金村と物部氏の目・麁鹿火・尾輿・守屋が任じられ、大臣とともに朝廷の全氏族を統轄し国政を指導した。大臣が天皇家と並んで大和地方に勢力を張る豪族であったのに対し、大連の大伴氏と物部氏は、旧来から伴造らに仕えていた氏族で、軍事的・外交的契機をえて朝廷内に地歩を築いたが、まず大伴金村が任那経営の失敗で失脚し、用明朝に物部守屋が滅ぼされ、以後廃絶した。

おおむらすみただ［大村純忠］ 1533～87.4.18/5.18 戦国期～織豊期の肥前国の武将。父は有馬晴純。幼名勝童丸。法名理専。丹後守・民部大輔。1538年（天文7）大村純前の養子となり、50年同家を相続するが、甕対後夫の純前の兄子後藤貴明を擁する一派などと抗争が続く。南蛮貿易を積極的に行い、63年（永禄6）に洗礼をうけ最初のキリシタン大名となったが、改宗を不満とする謀反がおき追放された。のち、有馬晴純の援助で復帰。80年（天正8）に竜造寺隆信の軍事的圧迫に屈服し、一時領国主の地位を失い逼塞させられるなど、統治は終始不安定であった。82年、甥千々石ミゲルを遣欧使節の一員として派遣。86年子喜前に家督を譲り、翌年大村坂口館で死没。

おおむらますじろう［大村益次郎］ 1824.5.3～69.11.5 幕末・維新期の軍政家。洋学・兵学に明るく、近代兵器と西洋的組織・陣法を備えた中央集権的軍隊を構想した。はじめ村田良庵、のち蔵六、のち大村益次郎。名は永敏。周防国の医師の家に生まれる。緒方洪庵の適々斎塾で学び塾頭にまで進む。宇和島藩に出仕、1856年（安政3）江戸で鳩居堂を開塾。ついで蕃書調所教授手伝、講武所教授として幕府に出仕。60年（万延元）萩藩に迎えられ慶応軍制改革に参画、66年（慶応2）の第2次長州戦争でその軍制・戦略の有効性が実証された。戊辰戦争でも軍略面で活躍。69年（明治2）新政府の兵部大輔となり軍制改革を提案、藩兵の親兵化構想と衝突した。また守旧派・草莽の志士にもうらまれ、同年京都で襲撃されて約2カ月後に没した。

おおめつけ［大目付］ 江戸幕府の職名。1632年（寛永9）に柳生宗矩など4人が総目付に任じられたのが起源といわれる。はじめ大名や旗本、老中以下諸役人の監察をおもな職務としたが、中期以降幕府の職制が整備され、幕藩関係が安定するにしたがい、大名への法令伝達や江戸城内における大名の席次・礼法をつかさどる式部官的な傾向が強くなった。服忌令改・分限帳改・指物帳改・鉄砲改・宗門改・御日記改などの職務を分担するほか、道中奉行を兼務した。定員は4～5人だが、家光の混乱期には10人におよんだこともある。62年（寛文2）以降老中支配、1723年（享保8）以降役高3000石。芙蓉間席、従五位下。

おおもときょう［大本教］ 出口なおを開祖、出口王仁三郎（上田喜三郎）を聖師として成立した新興宗教。なおは1892年（明治25）神がかり状態になったことを契機に翌々年より金光教と合同で布教を開始した。霊学・霊術に詳しい上田喜三郎は、なおの五女すみと結婚したことから教団の組織化に加わり、金明霊学会を京都府綾部に結成。のち組織は大日本修斎会をへて1913年（大正2）大本教と改称。なおのお筆先や王仁三郎の「霊界物語」を教典として地上天国の形成を主張した。信者には海軍士官学校関係者などもいたが、18年のなおの死後分裂をくり返し、2回にわたる弾圧もうけた。19年以降は亀岡を本部とし、第2次大戦後は世界平和を主張。

おおものぬしのかみ［大物主神］ 記紀の神話にみえる神名。偉大なモノ（畏怖される魔的な対象）の主の意。「古事記」神武段では美和の大物主神と記され、大神神社の祭神とする。御諸山（三輪山）の神として海上から来臨し、オオクニヌシの国造りに協力した。「日本書紀」一書ではオオクニヌシの別名とし、「出雲国造神賀詞」ではオオナムチの和魂

おおもりかいづか [大森貝塚] 東京都品川区大井から大田区山王にかけてある縄文後期を中心とした中～晩期の貝塚。1877年(明治10)東京帝国大学に赴任したE.S.モースが発見し、同年日本ではじめての学術的な発掘を実施。ハイガイ・アサリを主とし、土器・石器・装身具・土版・骨角器・人骨など豊富な遺物を検出した。出土土器は大森式と称され、後に薄手式土器の代表となった。また破砕された人骨から食人の風習を指摘し、後の人種論争に影響を与えた。遺物の正確な実測図、詳細な分類・考察を加えた報告書「Shell Mounds of Omori」(邦訳「大森介墟古物篇」)は日本最初の学術報告書として高く評価されている。国史跡。

おおもりふさきち [大森房吉] 1868.9.15～1923.11.8 明治・大正期の地震学者。福井県出身。東大卒。ヨーロッパ留学後、東京帝国大学教授。地震の統計的研究で業績を残す。初期微動の継続時間と震源までの距離の関係を表す大森公式で知られる。地震学からみた建築法を研究、日本の地震記録をまとめ、大森式地震計を考案。震災予防調査会をつくり予防対策に力をいれた。関東大震災発生でオーストラリアから帰国途中に病に倒れた。万国地震学会協会設立に尽力。著書「地震学講話」。

おおやまいくお [大山郁夫] 1880.9.20～1955.11.30 大正・昭和期の社会運動家・政治家。兵庫県出身。東大卒。欧米に留学。1914年(大正3)早稲田大学教授となり政治学を講じる。17年辞職し大阪朝日新聞社に入社するが、翌年白虹事件で退社。吉野作造らと黎明会を結成、雑誌「我等」を創刊し民本主義を唱えた。26年(昭和元)労働農民党の委員長となり、28年第1回普通選挙に出馬するが、未曾有の弾圧にあい落選。翌年新労農党を発足させ、30年には代議士に当選した。以後共産党の激しい確執、ファッショ化の嵐のなかで32年アメリカに亡命。第2次大戦後47年に帰国、50年に参議院議員。平和運動に献身した。

おおやまいわお [大山巌] 1842.10.10～1916.12.10 幕末期の鹿児島藩士、明治・大正期の藩閥政治家・陸軍軍人、元老・元帥・公爵。西郷隆盛の従弟。初名弥助。江川塾で砲術を学び弥助砲を開発。維新後フランスに留学して軍事学を学び、日本陸軍の建設にあたる。陸軍卿・参議・参謀本部長を歴任、1885年(明治18)第1次伊藤内閣の陸相。日清戦争では第2軍司令官、日露戦争では満州軍総司令官を務めた。長州閥の山県有朋と並ぶ陸軍の実力者。1914年(大正3)内大臣。

おおやまざきあぶらざ [大山崎油座] 中世に石清水八幡宮神人を主体とし、山城国大山崎の離宮八幡宮に所属した油座。諸関料免除の特権をもち、南北朝期頃には京都での油販売を独占、さらに室町幕府の保護をうけて原料購入・油販売の独占権を諸国に拡大した。応仁の乱以後は幕府権力の失墜、豊臣秀吉による座の破棄、菜種油の全国的な大量生産をへてすっかり衰えた。

おおやまざきじにん [大山崎神人] 中世、京都石清水八幡宮の末社、山城国乙訓郡大山崎の離宮八幡宮に属し、本社に対し内殿灯明の貢納を負担し、本社・離宮間の神幸儀礼である4月3日の日使の頭役を勤めた。代償として荏胡麻の購入と荏胡麻油売買の独占権が認められたため、隊商を組んで西日本各地で荏胡麻を買い付け、諸国に油を独占販売した。地方の油商人の大部分はこれに屈服して新加神人となり、本所神人である大山崎神人の配下となった。神人の活動とともに大山崎は中世都市として栄え、室町幕府から公方課役免除、守護使不入、徳政免除などの特権を与えられた。しかしこれらの特権は戦国大名により否定され、近世には廃止された。

おおやまざきりきゅうはちまんぐう [大山崎離宮八幡宮] ⇨離宮八幡宮

おおやまづみじんじゃ [大山祇神社] 大山積神社・三島大明神・三島社とも。愛媛県大三島町宮浦に鎮座。式内社・伊予国一宮。旧国幣大社。祭神は大山積神。創建については、「伊予国風土記」逸文が仁徳天皇の代に百済から摂津国三島をへて渡ってきたとするなど、安芸国霧島から遷座、崇峻2年に越智益躬が播磨から勧請など諸説ある。875年(貞観17)正二位。鎌倉時代以降、社領三島荘は長講堂領として皇室領に含まれた。神職は大祝職が統轄、越智(三島)氏が相伝し、鎌倉幕府御家人・在庁官人として勢力を張った。24の供僧坊があったというが、現在は東円坊・南光坊のみ。例祭は旧暦4月22日。甲冑・刀剣類など国宝・重文を含め多くの文化財を所蔵。大山積神社文書・三島家文書を残す。

おおゆかんじょうれっせき [大湯環状列石] 秋田県鹿角市十和田大湯にある縄文後期の遺跡。大湯川と豊真木沢にはさまれた台地中央部にある。1931年(昭和6)に野中堂と万座の2ヵ所で環状列石が発見され、51・52年に発掘。小単位の配石が群をなして内外二重の同心円状に配されている。配石下には墓穴があり、特殊な共同墓地・祭祀場と考えられている。その後も周辺の調査が行われ、遺跡は約25ヘクタールに広がることが判明し、新たに弧状の列石、環状配石3基、竪穴住居群が発見された。

万座環状列石では外側に掘立柱建物跡，さらにフラスコ状貯蔵穴がめぐっていることが明らかになった。国特別史跡。

●●● 大湯環状列石
日時計状組石

おおよろい [大鎧] 甲よろいの一つ。腹巻・胴丸に比べて大型であるための名称。たんに鎧ともいい，室町時代以降は式正しょうの鎧ともいう。挂甲けいこうの伝統を引く札ざね製で，右の引合ひきあわせに脇楯わいだてを施して4間の草摺を下げる。胴の正面には弦走つるばしという画韋えがわを張り，左右の肩に袖(大袖とも)，左胸に鳩尾板きゅうびのいた，右胸に栴檀せんだん板をつける。重量はあるが，馬上での弓箭きゅうせん使用に最も適した構造をもつ。平安中期以降に発生し，源平の争乱期を中心に使用されたが，鎌倉末期以降，打物中心の戦闘になって腹巻が主流になると，儀礼用となった。

●●● 大鎧姿

おおわだのとまり [大輪田泊] 摂津国にあった港津。神戸市兵庫区の神戸港付近に比定される。この地は西方にある和田岬によって風や潮流の影響をあまりうけないため，停泊地として古くから利用された。三善清行の「意見十二箇条」では，天平年間に行基ぎょうきが設置した五泊いつとまりの一つに数え，「行基年譜」も「大輪田船息」のことを記している。瀬戸内海航路の要地であるため，その維持には注意が払われ，修理にあたっては造大輪田船瀬使が任命され，財源として船瀬荘が付設された。のち平清盛が防波堤として経が島を築造したが，やがて大輪田泊の名は消滅し，かわって兵庫・兵庫津などとよばれるようになった。

おが [大鋸] 原木から大板材を挽き割るために用いる縦挽き専用の鋸おが。室町時代頃から用いられ，従来の横切り用鋸では得られない大板を製材することができ，木材加工および建築分野に一大革新をもたらした。大鋸が普及するにともない大鋸引という職人が出現する。江戸初期，城郭作事用材などを得るために大鋸役の賦課がなされ，大工頭中井大和守支配下の大鋸引が動員され，吉野や木曾で製材を行った。

●●● 大鋸

おかいかくみあい [御改革組合] 寄場組合・改革組合・取締組合とも。関東農村支配の再編強化をめざして設定された組合村組織。1827年(文政10)の御取締筋御改革(文政の改革)の一環。関東取締出役しゅつやくの下部組織として機能した。領域をこえて近隣5～6カ村をくみあわせて小組合，小組合10前後で大組合とし，それぞれ小惣代・大惣代の役人がおかれた。大組合の中心で村高も多く交通・経済の要衝の村を寄場(大寄場)・親村とよび，その村の名主は寄場役人として組合村を統轄した。組合村設置の目的は，農村の治安悪化に対する取締りと経済統制にあった。以後，天保の改革期の在方統制や幕末期の農兵設置なども，この組合村を単位として行われた。水戸・川越・小田原の各藩，増上寺領などは独自の組合村を組織した。

おかくらてんしん [岡倉天心] 1862.12.26〜1913.9.2 明治期の美術史家・思想家。名は覚三。福井藩士の子。横浜生れ。東大卒。文部省に出仕し，大学時代の師フェノロサらと国内外に出張した。東京美術学校開設準備にあたり，雑誌「国華」創刊の翌1890年(明治23)から同校校長。98年学内に天心排斥運動がおこり，辞職して日本美術院を創立した。この前後に中国，インドを旅行し，1904年からはボストン美術館勤務のため日米間を往復した。「東洋の理想」「日本の目覚め」「茶の本」をロンドン，ニューヨークから英文で出版し，東洋の優秀性を主張するとともに日本の役割を強調した。

おかげまいり [お蔭参り] 近世の伊勢神宮への民衆の集団参拝のこと。1650年(慶安3)・1705年(宝永2)・71年(明和8)・1830年(天保元)の4回の流行があり，その年には，通常70万人程度だった参詣者が，多いときには500万人にもなった。お蔭年かげどしに伊勢神宮の大麻札たいま

が天から降るとされ、約60年周期で主として都市や近郊農村を中心に流行した。奉公人や農民が着の身着のままで銭ももたずにでかけ、沿道の住民の喜捨や富豪の施行(せぎょう)を頼りに参宮することも多かった。やがてお蔭踊などの熱狂的な踊りを伴うようになった。67年(慶応3)の5回目の流行は、世直し要求の表現としておこり、町や村を「ええじゃないか」と歌い歩いた。

おかざきまさむね[岡崎正宗]⇨正宗(まさむね)

おがさわらしょとう[小笠原諸島] 東京都の中心部から南へ約1000kmの太平洋上に散在する列島。父島・母島ほか30余の島からなる。島名の由来は1593年(文禄2)小笠原貞頼の発見によるとされるが、確証はない。1675年(延宝3)幕府は「無人島」と名づけ日本領土とするが、19世紀に入って欧米人が来航して帰属が国際問題となると、1861年(文久元)外国奉行などを派遣し、同島が日本領であることを宣言。76年(明治9)内務省所管、80年東京府に編入。入植者もふえ本格的な開拓が始まるが、サトウキビ栽培や捕鯨などが主産業であった。第2次大戦では硫黄島が激戦地となる。戦後は国連の信託統治領としてアメリカの軍政下にあったが、1968年(昭和43)6月復帰、東京都小笠原村となる。

おがさわらへんかんきょうてい[小笠原返還協定] 1968年(昭和43)4月、日米間に締結された小笠原諸島返還をめぐる協定。第2次大戦の軍事基地とされた小笠原諸島は、敗戦とともに米軍の管理下におかれ、サンフランシスコ講和条約第3条にもとづき、アメリカが行政権・司法権・立法権を行使していた。島民の復帰運動や、同一の地位にある沖縄の返還問題とあわせて日米間の交渉が進められた結果、65年の墓参開始、67年11月の日米共同声明をへて復帰が実現した。

おかだかんせん[岡田寒泉]1740.11.4～1816.8.9 江戸後期の朱子学派の儒者。旗本岡田善富の子。名は恕(じょ)、字は子敬、通称清助。崎門(きもん)学を村士(むらじ)玉水に学ぶ。1789年(寛政元)松平定信に抜擢されて儒官となり、柴野栗山(りつざん)とともに寛政異学の禁政策を推進した。これに尾藤二洲(にしゅう)を加えて寛政の三博士(のち寒泉に代えて古賀精里)とよぶ。94年代官職に転じ、常陸国内の民政に治績をあげ、領民から功徳碑を建てられるなど長く敬慕された。著書『幼学指要』。

おかだけいすけ[岡田啓介]1868.1.21～1952.10.17 明治～昭和期の海軍軍人・政治家。福井県出身。海軍大学校卒。日清・日露戦争に従軍。海軍省ほか軍政要職を歴任。1924年(大正13)大将。連合艦隊司令長官をへて27年(昭和2)田中義一内閣の海相となる。30年のロンドン海軍軍縮会議に際しては海軍部内をまとめ条約締結に寄与した。32年斎藤内閣の海相辞任後、34年に元老西園寺公望(きんもち)の期待を担い現状維持を目的とする中間内閣を組織したが、陸軍・右翼勢力からの攻撃に苦慮。36年の2・26事件では難を逃れたが内閣総辞職。その後、重臣として対米開戦に反対。第2次大戦末期には戦局収拾をはかって東条内閣の退陣を進め、鈴木終戦内閣を支えた。

おかだけいすけないかく[岡田啓介内閣] 予備役海軍大将岡田啓介を首班とする内閣(1934.7.8～36.3.9)。現状維持を期待されたが政友会の支持をえられず、民政党を準与党としつつ後藤文夫内相らの新官僚に依拠し、社会大衆党とも関係をもって、革新的色彩を強めた。内閣調査局の設置や、ワシントン海軍軍縮条約の廃棄、ロンドン軍縮会議からの脱退などは、その現れである。高橋是清蔵相は赤字公債による軍事費拡大を抑制しようとしたが、陸軍は華北分離工作、在満機構改革問題、天皇機関説問題などで政府を揺さぶった。第19回総選挙では選挙粛正運動を展開し、民政党が勝利を収めたが、2・26事件によって内閣は総辞職した。

おがたけんざん[尾形乾山]1663～1743.6.2 江戸時代を代表する京都の陶工・絵師。京都屈指の呉服商雁金屋(かりがねや)尾形宗謙の三男に生まれ、幼名は権平、長じて深省と改名。乾山とは主宰する乾山焼の商標で、世人がこれを通称とした。1689年(元禄2)双ケ岡(ならびがおか)に習静堂を建て、隠士を自称。しかし99年(元禄12)には陶工として独立し、仁和寺近くの鳴滝泉谷に開窯。京都乾(いぬい)の方角にあたるため「乾山」を商標とし、作品にもこの款識をつけた。はじめ兄光琳(こうりん)が絵付に参加し、光琳意匠を焼物に応用して、乾山焼は一世を風靡。享保の中頃、江戸に下向して絵画にも力を注ぎ、文人陶工・絵師として81歳まで江戸に住んだ。

おがたこうあん[緒方洪庵]1810.7.14～63.6.10 江戸後期の蘭学者・医学者・教育者。備中国足守藩士佐伯惟因の三男。名は章。号は洪庵・適々斎(てきてきさい)など。1825年(文政8)父と大坂に出、翌年蘭学者中天游(なかてんゆう)に入門。緒方三平と改称。31年(天保2)江戸の坪井信道塾に入り、信道の師宇田川玄真(げんしん)にも学び、蘭書翻訳の力を蓄えた。36年長崎に遊学し、洪庵と名のる。38年大坂に適々斎塾を開き、医業とともに蘭学教育に専心し、近代日本の建設に寄与した多くの人材を育成した。牛痘接種法の普及やコレラの治療にも成果をあげた。62年(文久2)幕府奥医師・西洋医学所頭取となるが、翌年吐血により急死。著書『扶氏(ふし)経験遺訓』『病学通論』『虎狼痢(ころり)治準』など多数。

おがたこうりん[尾形光琳]1658～1716.6.2

俵屋宗達らの画風をうけつぎ新たな琳派様式を展開した江戸前期の画家。通称市之丞，号は積翠，潤声斎，道崇，寂翁，青々斎など。京都の呉服商雁金屋の次男に生まれ，1692年(元禄5)頃から光琳と称する。1701年法橋となる。二条綱平や銀座年寄中村内蔵助の庇護をうける一方，宝永年間(1704〜11)には江戸に下って酒井家など大名家の扶持をうけたこともあった。晩年は京都で大作を次々と制作し，弟乾山らの焼物の絵付にも意欲的にとりくんだ。画風は大胆な空間構成や鮮やかな色彩による意匠性を特徴とし，染織や蒔絵などの工芸デザインに及ぼした影響も大きい。代表作「燕子花図屏風」「八ツ橋図屏風」「紅白梅図屏風」。

おかださぶろうすけ [岡田三郎助] 1869.1.12〜1939.9.23 明治〜昭和前期の洋画家。佐賀県出身。旧姓石尾。曾山幸彦・堀江正章，ついで天真道場で黒田清輝・久米桂一郎に学び，1896年(明治29)白馬会の創立に参加。97年渡仏し，ラファエル・コランに師事する。1902年東京美術学校教授，12年(大正元)本郷洋画研究所設立。19年帝国美術院会員となる。37年(昭和12)第1回文化勲章受章。作品「紫の調」「あやめの衣」。

おかやまいちごうふん [岡田山1号墳] 松江市大草町の島根県立「八雲立つ風土記の丘」地内の低丘陵上にある古墳後期の前方後方墳。墳長24mで3段築成。後方部に玄室の長さ2.8mの横穴式石室があり，家形石棺と箱式石棺を安置。遺物には舶載の内行花文鏡をはじめ馬具類・大刀・須恵器などがある。1915年(大正4)に出土した鉄製銀象嵌装具付の装飾大刀は，84年(昭和59)に銘文のあることが確認された(六所神社蔵)。国史跡。

おかねぐら [御金蔵] 江戸幕府および諸藩がもつ貨幣の貯蔵ならびに出納機関。幕府では江戸・大坂・二条・駿府・甲府などにあり，江戸はとくに重要で，奥(本丸内)と蓮池(寺沢門内)にわかれていた。はじめ軍事，江戸大火，諸国の凶災などのための非常用備蓄機関であったが，1646年(正保3)勘定奉行支配の金奉行が任命され，出納機関としての制も確立した。元方で年貢金・拝借返納金・小普請金・改鋳益金・諸品売却代金などを収納し，払方で物品購入代金その他諸種の支払いを行った。奥御金蔵は非常用の御除金を収蔵し，留守居の支配で，勝手方老中および勘定奉行の封印・開印を必要としたが，蓮池は勘定奉行，大坂は大坂定番などの金奉行が出納事務を行った。

おかやまけん [岡山県] 中国地方の南東部に位置する県。旧備前・備中・美作の3国を県域とする。幕末には備前国に岡山藩，備中国に岡山新田藩(鴨方藩・生坂藩)，岡田・足守・庭瀬・新見藩・浅尾・松山の諸藩，美作国に津山藩・勝山藩がおかれた。1868年(明治元)備中国では成羽藩が立藩，旧幕領には倉敷県がおかれた。同年石見国浜田藩が美作国に移って鶴田藩と改称，翌年松山藩は高梁藩，勝山藩は真島藩と改称。71年廃藩置県により各藩は県となり，同年11月備前国は岡山県，備中国および備後国東部6郡は深津県，美作国は北条県に統合された。翌年深津県は小田県と改称，岡山県は75年小田県，76年北条県を合併し，備後6郡を広島県に分離して現県域が確定した。県庁所在地は岡山市。

おかやまはん [岡山藩] 備前国岡山(現，岡山市)を城地とする外様大藩。戦国大名宇喜多氏が関ケ原の戦で没落した後，小早川秀秋の領地となったが，無嗣断絶。かわって1603年(慶長8)姫路藩主池田輝政の次男忠継が入封し，池田氏の岡山領有がはじまる。32年(寛永9)忠雄が没した際，子の光仲が幼少のため従兄の鳥取藩主池田光政との所領替えとなり，以後10代にわたって光政系が領有。光政は儒学者熊沢蕃山を重用して政治機構の整備をはかり，治水や殖産興業に力を入れた。文教政策にも熱心で藩学校花畠教場を設置。その後も藩士子弟のための教育をはじめ，領内各地に100カ所をこす庶民教育機関を設け，のちに統合して閑谷学校を開いた。藩政の基礎は光政とその子綱政の頃までに確立。藩領は備前一国と備中4郡の一部をあわせて31万5000石余。詰családは大広間。また輝政時代に将軍から松平を許され，以来公式には松平を称した。支藩は岡山新田藩(鴨方・生坂両藩)。廃藩後は岡山県となる。

おきて [掟] 掟書・置手とも。中世後期以降に盛んに用いられた成文法のこと。はじめに「掟」「定」などの語をおき，以下事書形式で規則を列挙し，「如件」で結ぶのが典型的な様式である。村落などの集団内部の規律をさだめた村掟・惣掟のほか，室町幕府の法令のうち右の形式を備えた撰銭令・徳政令関係，さらに戦国大名の制定法などを一括していう。

おきながたらしひめのみこと [気長足姫尊] ⇨神功皇后

おきなもんどう [翁問答] 中江藤樹の著書。1640〜41年(寛永17〜18)頃成立。上下2巻とその後加えられた改正編からなる。老翁と門人の問答の形で朱子学の道徳理論を孝の道理という形で説いている。藤樹自身はこの書の内容を不満として公刊の意図はなかったが，没後の49年(慶安2)無断で刊行されたため，翌年門人の手で改正編を付して出版さ

れ、江戸時代を通じて広く読まれた。「岩波文庫」「日本思想大系」所収。

おきなわかいづかぶんか [沖縄貝塚文化] 沖縄の新石器時代は、島嶼性を反映して貝塚が多いこと、その終末期は平安時代平行期に及ぶこと、縄文時代人の文化を源流にしつつも独自性が強いことなどから、貝塚時代の名称が使用されている。早期前半は縄文草創期の爪形文系土器との類似を特徴とするが、本土の爪形文土器よりは新しいとする見解が主流である。後半は縄文前期の曾畑式土器や室川下層式土器があり、いくらか南島的色彩もみられる。縄文中期平行期は不明だが、近年面縄前庭様式土器群がそれに相当するとされ、完全に南島独自の型式を創造している。貝塚文化前・中期は縄文後・晩期にそれぞれ対応し、沖縄諸島全域への波及とともに、島嶼性にもとづく独自色をいっそう強める。後期初頭は弥生時代に平行し、九州との貝輪材交易が盛んに行われ、移入弥生土器や青銅器も伴うが、農耕をうけいれた痕跡はしだいに日本本土の文化的影響がうすれ、独自の道を歩む。

おきなわけん [沖縄県] 日本最南端の県。東西1000km、南北400kmの広大な海域に島々が分布し、亜熱帯の気候に属する。考古学や言語学などの研究により、島々に居住した人々が古い日本語を話し、日本文化をおびていたことがわかっている。縄文末期からしだいに個性化を強め、弥生文化の影響は少なく、古墳文化に至ってはその痕跡さえ見いだせない。12世紀頃から按司とよばれる首長層の対立が激しくなり、14世紀には北山・中山・南山の3勢力が鼎立する時代を迎えた。中山の尚巴志は1429年統一権力を樹立し、琉球王国が成立した。琉球は中国との外交・貿易関係を軸に、日本・朝鮮・東南アジア諸国と活発な海外貿易を推進するなど独自の発展をとげた。1609年(慶長14)薩摩軍の武力侵入をうけ、以後鹿児島藩の支配のもとに幕藩体制に編成されたが、一方で伝統的な中国との冊封関係は存続した。明治維新後の1879年(明治12)琉球の編入を目的に政府が軍隊・警察を動員して首里城の明け渡しを迫ったため、王国体制は崩壊し、沖縄県が設置された(琉球処分)。置県後、地域感情を考慮しておやかな改革が行われたが、1903年終了の土地整理後に本土並みの制度がほぼ設定された。近代化の進展にともなってハワイ・南米などへの海外移民が増加し、本土工業都市への出稼ぎも活発となる。太平洋戦争末期の地上戦の戦場となり、県民が巻きこまれ4人に1人が命を落とした(沖縄の戦)。戦後のサンフランシスコ講和条約で日本の施政権から分離され、アメリカが直接統治するところとなり、各地に広大な米軍基地が建設され、基地優先の軍事施政が進められた。これに対し県民は1960年代から祖国復帰運動、反戦平和運動を活発に展開した。72年(昭和47)5月15日施政権が日本に返還され、沖縄県が復活した。復帰後は政府による格差は正事業が推進され、民間資本による観光・リゾート開発が進むなど急激な変貌をとげつつある。だが広大な米軍基地は温存されたままである。県庁所在地は那覇市。

おきなわけんそこくふっきうんどう [沖縄県祖国復帰運動] 1945年(昭和20)米軍の占領により日本から分離され米軍政下にあった沖縄の日本への復帰・帰属を求める運動。初期段階は一部の心情的復帰論であったが、奄美諸島の復帰後、60年には沖縄県祖国復帰協議会が結成され、国民的広がりをもつ運動へ発展した。60年代後半には日米同盟の再編強化として、復帰問題が日米両政府の政策にくみこまれた。72年5月15日施政権が返還され、日本復帰が実現。

おきなわけんそこくふっきょうぎかい [沖縄県祖国復帰協議会] 沖縄の日本への復帰運動を推進した中心母体。略称復帰協。1960年(昭和35)4月28日(対日講和条約発効の「屈辱の日」)に、沖縄教職員会・沖縄青年団協議会・官公労の3団体をはじめとする主要民主団体、およびPTAや遺族連合会などを含む幅広い組織で結成。以後復帰運動は高揚し、国民的運動へと展開した。具体的な政治政策を掲げて復帰運動を推進したことにより、その後の革新共闘の母体の役割もはたした。

おきなわのたたかい [沖縄の戦] 太平洋戦争末期の1945年(昭和20)4月1日から6月23日にかけて沖縄本島で行われた第32軍(司令官牛島満中将)とアメリカ第10軍の戦闘。44年7月7日にサイパンが陥落すると、大本営は沖縄決戦で米軍の艦船・航空機を撃滅したうえで最終的な本土決戦に備えようとし、健児部隊・ひめゆり部隊も含めて約10万人の防衛隊を組織した。米軍の圧倒的な戦力で日本軍は首里防衛線から摩文仁の第89高地の最終防御線まで追い詰められ、6月23日戦闘は終結した。日本軍が民間人を守らなかったこともあり、約50万人の島民のうち10万～15万人が犠牲になった。日本軍死者は約6万5000人。

おきなわへんかんきょうてい [沖縄返還協定] 1971年(昭和46)6月、日米間で調印された沖縄の施政権返還に関する協定。対日平和条約第3条によってアメリカの施政権下におかれ、祖国復帰運動の高まりを背景に、60年代後半から日米両政府間で返還交渉が重ねられた。返還協定の調印により72年5月の返還が確定したが、米軍基地の存続を認める協定の内容に沖縄県民は不満を表明し、全国的に反対闘争が展開

おぎのぎんこ [荻野吟子] 1851.3.3～1913.6.23 明治期の医師。日本最初の女性の医師資格試験合格者で，女医第1号とよばれる。武蔵国大里郡生れ。16歳で結婚するが，夫に性病をうつされて離縁。治療中に医師を志して1875年(明治8)東京女子師範に入学，卒業後私立医学校好寿院で学ぶ。85年に医師資格試験に合格し，荻野医院を開業。86年に洗礼をうけ，日本キリスト教婦人矯風会・大日本婦人衛生会の活動にも参加。90年青年牧師志方之善と結婚し，94年に北海道に渡り開業。

おきのくに [隠岐国] 山陰道の国。現在の島根県隠岐郡。『延喜式』の等級は下国。『和名抄』では知夫・海部・周吉・隠地の4郡からなる。国府・国分寺・国分尼寺は周吉郡(現，西郷町)におかれた。一宮は島後の水若酢神社(現，五箇村)と島前郡の由良比女神社(現，西ノ島町)。『和名抄』所載田数は585町余。『延喜式』では調として多くの海産物，庸として布を定める。平城宮跡出土の木簡により，海藻貢進国だったことがわかる。724年(神亀元)遠流の国と定められ，以後小野篁・後鳥羽上皇・後醍醐天皇らが配流された。守護は鎌倉時代は近江国の佐々木氏，南北朝期は山名氏，室町中期は京極氏で，応仁・文明の乱後，尼子氏が支配，のち毛利氏の領国となる。近世は松江藩預地となるが，1687年(貞享4)松江藩は隠岐国を幕府へ返上した。1868年(明治元)鳥取藩管轄，69年隠岐県から大森県，70年浜田県，71年島根県・鳥取県と所属が変遷し，76年島根県に属した。

おきのしまいせき [沖ノ島遺跡] 福岡県宗像郡の沖ノ島にある祭祀遺跡。1954～71年(昭和29～46)に3次の発掘を実施。祭祀遺跡は，島の中腹にある巨岩群地区に集中し，23カ所を確認。祭祀の場は，(1)巨岩上祭祀(4～5世紀)，(2)岩陰祭祀(5世紀後半～7世紀)，(3)半岩陰・半露天祭祀(7～8世紀)，(4)露天祭祀(8～9世紀)の4段階にわけられる。出土遺物も各段階に応じて変遷し，(1)では鏡・玉類・武器・碧玉製品・工具類などで，前・中期古墳の副葬品に共通する。(2)では後期古墳の副葬品に共通し，中国大陸・朝鮮半島からの渡来品もある。(3)以降はペルシアのカットグラス，唐三彩長頸瓶，奈良三彩小壺，金属製雛形品など多彩で，奈良時代の祭祀遺物などに共通する。これらの遺物は，大和政権が大陸との対外交渉にともなう海上通交に際し，沖ノ島で国家的祭祀を執行したことを示すと考えられた。遺跡は宗像神社境内として国史跡，遺物は国宝。

おきぶみ [置文] 相続人または後継者が将来にわたって遵守すべきことを記した文書。所領譲与の際に相続人に対する遺命のかたちをとるものと，所領譲与とは無関係に作成されるものがある。前者では相続方法や相続対象物の保護，年貢・公事の配分，違反者に対する制裁などを記す場合が多い。後者はおもに寺院で作成され，相承のあり方のほか規則などが載せられた。ともに条々書ほか形式はさまざまだが，文末は「置文之状如件」の文言をもつことが多い。

おぎゅうそらい [荻生徂徠] 1666.2.16～1728.1.19 来軒とも。江戸中期の儒学者。父方庵は上野国館林藩主時代の徳川綱吉の侍医。通称惣右衛門，名は双松，字は茂卿，徂徠は号。江戸生れ。父と上総国に流浪し25歳のときゆるされて帰府。講義などで生計をたてるうちにのち柳沢吉保に仕え，将軍綱吉の学問相手などを勤めた。赤穂浪士処断など政治上も献策していた。当初，朱子学を修めたが，唐音学習も始め，40歳頃から古文辞学を提唱し，詩文革新に努力。1709年(宝永6)藩邸を出て私塾蘐園を開く。堀川(古義)学派や新井白石らとはライバル関係にあった。門人らと経典解釈の仕事を進め，やがて独自の体系を樹立。その学派は蘐園学派・古文辞学派とよばれる。語学に「訳文筌蹄」を，経学に「蘐園雑筆」「弁道」「弁名」「論語徴」など，幕政改革の献策に「太平策」「政談」，刑律兵書に「明律国字解」「鈐録」，漢詩文集に「徂徠集」などがある。

おぎわらしげひで [荻原重秀] 1658～1713.9.26 江戸中期の幕臣。勘定奉行。種重の次男。母は横松氏の女。通称五左衛門・彦次郎。近江守。法名日秀。1674年(延宝2)勘定衆に加わり，83年(天和3)勘定組頭，87年(貞享4)勘定頭3人の罷免で，勘定頭差添役(のちの勘定吟味役)になり，96年(元禄9)勘定奉行に昇進。5代将軍徳川綱吉の後半の幕府財政を一手に握り，貨幣改鋳(元禄金銀)による差額を幕府の益金とし，長崎貿易の代物替を増額して運上金を徴収し，全国の酒造家に50%の運上銀をかけるなど，幕府歳入の増加をはかった。6代家宣の代にも財務を担当して悪貨鋳造(宝永金銀)を行ったが，1712年(正徳2)新井白石の3度にわたる弾劾で失脚。

おぎわらもりえ [荻原守衛] 1879.12.1～1910.4.22 明治期の彫刻家。号は碌山。長野県出身。小山正太郎の不同舎で洋画を学び，1901年(明治34)アメリカに渡る。フランスにも渡り，04年ロダンの作品に感動して彫塑に転じた。08年帰国後，生命のかがやきにあふれる作品を制作。代表作「女」「坑夫」。

おくいん [奥印] 奥判とも。証文や諸願届書などに記載された内容に誤りがないことを証明す

るため奥書に押す印。裏に押した場合は裏印という。江戸時代、百姓・町人が土地売買証文・戸籍書類・訴状・諸願届などを提出する際には、記載が事実であることや内容の効力を保証するため、庄屋(名主)・町年寄などの奥印が必要であった。村方では庄屋が奥書を加印をした諸証文などを写し、後日の備えに奥印帳・裏印帳を作成することが一般的に行われた。

おくじょちゅう[奥女中] 江戸時代、大身の武家の居宅でその奥向に仕えた女性。江戸城本丸の大奥の場合、総勢250人前後の奥女中がいた。将軍の妻である御台所に御目見得を許されたのが上臈・御年寄・中年寄・御客会釈・中﨟・御坊主・御小姓・御錠口詰・表使・御次﨟・御小姓・御右筆・御錠口衆・御錠口助・御切手・呉服之間頭・呉服之間・御三之間頭・御広座敷詰で、御末頭・御三之間・御広座敷・御仲居・御火之番・御使番・御末・御犬子供は御目見以下であった。

おくて[晩稲] ⇨早稲・中稲・晩稲

おくにかぶき[阿国歌舞伎] 狭義には京でかぶき踊を始めた出雲のお国による歌舞伎をさし、広義には女歌舞伎を含めた総称。お国一座がかぶき踊を創始したのは1603年(慶長8)とされる。男装したお国が、男姿の女装した茶屋のかかと戯れ、道化役の猿若がこれにからむ様を舞踊劇に仕立てたもので、先端の風俗を一種倒錯した方法でみせるところに「かぶき(傾き)」という名称の所以がある。お国の時代にはまだ三味線は使用されず、演目の構成、伴奏楽器や舞台は能の踏襲であり、京都の北野神社や五条橋詰に竹矢来で囲いを設けて興行したという。

おくのほそみち[おくのほそ道] 俳諧紀行。1冊。芭蕉作。版本は芭蕉の依頼によって素竜が清書した素竜清書本(素竜跋)を底本として1702年(元禄15)に刊行。芭蕉第5の紀行文。1689年3月27日、門人曾良を伴って江戸を発ち、奥羽・北陸地方の歌枕・名所・旧跡をめぐり、8月20日すぎに大垣にいたる旅をもとに創作されたもので、旅の実際は「曾良旅日記」に詳しい。素竜清書本(西村本)は「日本古典文学大系」所収。芭蕉自筆本は「芭蕉自筆奥の細道」(岩波書店刊)に影印と翻刻を収録。

おくむめお[奥むめお] 1895.10.24〜1997.7.7 大正・昭和期の婦人運動家。福井県出身。旧姓和田、本名は梅尾。日本女子大学卒。女工として紡績工場に勤め労働運動に入る。1920年(大正9)平塚らいてう・市川房枝と新婦人協会を設立し、女性の政治参加を求めて対議会活動を行った。23年に職業婦人社を設立。消費組合運動にも参加。30年(昭和5)には婦人セツルメントを開設して働く女性の地位向上に尽力した。48年主婦連合会を創立して会長となる。以後消費者運動に力を注いだ。著書「野火あかあかと」。

おくやまのしょう[奥山荘] 越後国蒲原郡の北端にあった荘園。荘城は新潟県中条町築地・黒川村を中心に広がる。摂関家領のうち近衛家領。平安末期に城氏一族が勢力を張り、同氏が衰亡すると、鎌倉初期に相模の三浦氏の一族の和田氏が地頭となった。1277年(建治3)に地頭の時茂は荘内を北条・中条・南条に3分して3人の孫に譲り、3家が分立。中条を領した一流は中条氏を称し、北条と南条を領した一族は根拠の地名により黒川氏と関沢氏を称した。中条・黒川両氏は独立性の強い領主として競いあい、戦国期まで活躍した。中世史料を多く残し、国人層の動きが詳細に追える。

おくら[御蔵] 江戸時代、幕府が幕領からの年貢米を収納・保管した倉庫。1620年(元和6)に設置された江戸浅草の御蔵が最大で最重要な米蔵であった。浅草御蔵には、36年(寛永13)にはじめて蔵奉行3名が任命されたといわれるが、実際にはそれ以前に存在した可能性がある。蔵奉行は勘定奉行の支配下に属し、はじめは大番からの出役だったが、やがて勘定方出身者が占めるようになる。江戸の御蔵は、両国本所にも御蔵が設けられたが、両国御蔵はやがて浅草御蔵に吸収された。畿内では浅草御蔵とともに三御蔵とよばれた大坂・二条の御蔵、および淀・伏見の御蔵があり、いずれも浅草御蔵より早く設置されていた。のち難波・天王寺にも開設された。ほかに長崎・大津にもおかれていたが、大津御蔵は元禄年間に廃止された。

おぐらきんのすけ[小倉金之助] 1885.3.14〜1962.10.21 大正・昭和期の数学者・数学史家。山形県出身。東京物理学校卒。東大中退。独学で数学を勉強し東北帝国大学助手となる。フランスに留学し、1925年(大正14)大阪医科大学付設の塩見理化学研究所所長。29年(昭和4)「階級社会の数学」を発表。史的唯物論にたつ数学史を研究し、数学の大衆化のためにさまざまな著書を発表した。日本科学史学会会長・民主主義科学者協会会長を歴任。著書「日本の数学」。

おぐらひゃくにんいっしゅ[小倉百人一首] 「百人一首」「小倉山荘色紙和歌」とも。天智天皇から順徳天皇に至る男79(僧13)・女21の100人各1首を、勅撰集より選んだもの。藤原定家撰。成立の時期と経緯は、定家撰の「百人秀歌」との先後関係をめぐって諸説があり、確定をみない。1235年(嘉禎元)夏頃、定家の次男為家の岳父宇都宮頼綱(蓮生)の依頼で書いた色紙和歌が両者いずれかの原態とされる。「新勅撰集」に引き続き定家晩年の好みがうかがえる。

修辞を駆使した理知的・技巧的かつ優艶な歌が多い。二条派歌学の聖典として後世に多大の影響を与え、近世以降、歌かるたとして一般に流布した。

おくりな [諡]　「のちのいみな」とも。贈名・諡号とも。死後にその人の徳や功績をたたえて贈られる称号。中国におこった習俗で、7世紀後半に日本でも採用された。天皇の場合、国風諡号と漢風諡号がある。臣下では、とくに功績ある太政大臣に贈られたが、生前出家した者には与えられないのが原則。高僧では、最澄が伝教大師の諡号を贈られたのがその初例。

おくりび [送り火]　門火などの一つで迎え火に対するもの。一般に盂蘭盆会の最終日の旧暦7月15ないし16日の宵に、迎えた祖先・死者の霊を送るために門前で焚く火。盆の送り火の燃料はオガラや杉・松などの皮。もとは共同で行った正月の火祭同様の悪霊払いの行事で、仏教教化の影響で変化した。大勢で山に登り松明をともして送り火とする例が残り、京都の大文字送り火はその代表。

おけはざまのたたかい [桶狭間の戦]　1560年（永禄3）5月19日、織田信長が尾張国桶狭間・大脇村付近で今川義元を破った戦。武田信玄・北条氏康と同盟していた義元は、策略で奪った鳴海城支援のため、駿河・遠江・三河の3国の軍2万5000を率い、5月12日駿府を発った。17日沓掛城に到着した義元は、19日西に進んだ。信長は、丸根・鷲津の両砦を救援するため、19日早暁清須城から出陣、同日午後2時頃、桶狭間山で休息中の義元前軍に攻撃をかけた。義元は退却を指示するが、前軍の敗走の混乱のなかで討たれ、今川軍は総崩れとなった。義元の進発を上洛のためとする説もあるが、最近では尾張・三河両国の境界争いのためとする説が有力。この戦は、今川氏の没落と織田氏躍進の起点となり、三河の松平（徳川）氏もこれをきっかけに今川氏から独立、信長と同盟した。

おこたりぶみ [怠文]　怠状・過状とも。過失を謝罪する意を伝える文書で、古代～中世に用いられた。特定の様式はなく、一般の個人上申文書と同様、古代には解の様式を用い、平安後期から申文・申状に変化した。正倉院文書には、病気で公務を欠席したことをわびる書状など、軽い内容の実例が残るが、中世には裁判の過程で罪を公式に認めたり、訴訟の一部を過誤として取り下げる場合などに用いた。

おことてん [ヲコト点]　漢文の訓読において原文の漢字の四隅などに、｜ー／十＝などの符号を記入し、特定の読み方を表すようにしたもの。9世紀の初め、漢文への訓点記入が始まるとともに創案された。その発生は奈良の古宗派に属する学僧集団の中からと考えられる。当初は個人により符号の体系が異なっていたが、しだいに宗派・学派ごとに特定の方式が使用され伝承されるようになった。法相宗の喜多院点、真言宗仁和寺系統の円堂点、天台宗寺門派の西墓点がある。10世紀には漢籍にも使われるようになった。12世紀以降、仏教の世界ではヲコト点は急速に衰退して、その使用は限定的なものとなり、片仮名による訓点記入が盛んになった。漢籍においては中世以降も紀伝点（大江・菅原家）などが引き続き使用された。

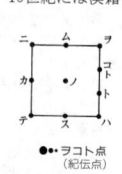

●■‥ヲコト点
（紀伝点）

おさかべしんのう [刑部親王]　?～705.5.7　忍壁・忍坂部とも。天武天皇の第9皇子。誕生順では大津皇子についで4番目。母は宍人臣大麻呂の女樴媛娘。681年（天武10）「帝紀」や上古諸事の撰述に参加。700年（文武4）には大宝律令撰定作業の主宰者となり、翌年完成させた。703年（大宝3）知太政官事に就任したが、705年（慶雲2）没。

おざきこうよう [尾崎紅葉]　1867.12.16～1903.10.30　明治期の作家。本名徳太郎、別号は十千万堂など。江戸生れ。父惣蔵は角彫りの名手で、赤羽織の谷斎とよばれる幇間でもあった。1883年（明治16）大学予備門に入学。山田美妙・石橋思案・丸岡九華らと知り合い、85年硯友社を結成、「我楽多文庫」を創刊。89年「二人比丘尼色懺悔」を「新著百種」第1号として発刊、出世作となる。帝国大学文科に在籍のまま読売新聞社員となり、西鶴を模した雅俗折衷文体の「伽羅枕」「三人妻」、知識人の多情を描いた「多情多恨」を発表。97年から死の直前まで書き続けられた「金色夜叉」は、金銭と愛情の相克を描いて広く国民に迎えられた。門下生に泉鏡花・徳田秋声・小栗風葉・柳川春葉らがいる。

おざきゆきお [尾崎行雄]　1858.11.20～1954.10.6　明治～昭和期の政党政治家。号は咢堂。相模国生れ。慶応義塾中退。明治14年の政変で統計院を退官し、立憲改進党結成に参画。大同団結運動にも参加し、保安条例で東京を追放される。第1回総選挙から衆議院議員に25回連続当選。第1次大隈内閣で文相となるが共和演説事件で辞任。立憲政友会に憲政本党からただ1人参加。1903年（明治36）から東京市長。第1次護憲運動では第3次桂内閣打倒の中心的役割をはたすが、山本内閣との提携に反対して脱党、中正会を結成。第2次大隈内閣には法相として入閣、大浦内相の汚職事件を追及。憲政会総務となったが普選論をめぐる対立で脱党、革

新倶楽部に参加した。第2次護憲運動以降は無所属。昭和期には日独伊三国同盟反対，大政翼賛会批判の立場から活動。翼賛選挙では不敬事件をひきおこした。

おさたけたけき【尾佐竹猛】 1880.1.20～1946.10.1 明治～昭和期の日本近代史家・司法官。法学博士。石川県出身。明治法律学校卒。福井地方裁判所・東京控訴院の判事をへて1924年(大正13)大審院判事。かたわら明治維新に強い関心を抱き，維新を立憲政治実現への過程とする視点から日本憲政史の実証的研究を進めた。吉野作造らと明治文化研究会を組織し「明治文化全集」を編集・刊行。憲政史学派の中心的存在として多くの著作を発表するとともに，憲法制定や自由民権運動などに関する第1次史料の調査・収集に貢献した。著書「維新前後における立憲思想」「日本憲政史」「日本憲政史大綱」「明治維新」。

おさだめがきひゃっかじょう【御定書百箇条】 ⇨公事方御定書

おさないかおる【小山内薫】 1881.7.26～1928.12.25 明治・大正期の劇作家・演出家・小説家。広島県出身。東大英文科卒。1909年(明治42) 2世市川左団次とヨーロッパ近代劇運動の全面的移植を試み，自由劇場を創立。坪内逍遙の文芸協会とともに日本新劇界の草創期を形成した。関東大震災後の24年(大正13)土方与志が築地小劇場を開設すると同人として参加，多くの演出を手がけた。

おさふねながみつ【長船長光】 ⇨長光

おさらぎじろう【大仏次郎】 1897.10.9～1973.4.30 大正・昭和期の小説家。本名野尻清彦。神奈川県出身。星の研究家野尻抱影の弟。東大卒。女学校教諭・外務省勤務をへて作家生活に入る。国民的英雄を造形した連作「鞍馬天狗」(1924～59)，市民精神をうたう西洋史伝小説「ドレフュス事件」，戦後への批判をこめた現代小説「帰郷」など，知性と良心に裏づけられた多面的な創作は，大衆文学の品性を高めた。絶筆は史伝「天皇の世紀」。文化勲章受章。

おさらぎのぶとき【大仏宣時】 1238～1323.6.30 鎌倉中・後期の武将。父は大仏(北条)朝直。1273年(文永10)評定衆，87年(弘安10)連署となる。1301年(正安3)連署を退き，出家。歌人としても活躍した。「徒然草」には北条時頼に夜中によび出され，味噌を肴に酒を飲んだ逸話がみえる。

おさりざわこうざん【尾去沢鉱山】 秋田県鹿角市尾去沢にあった銅山。阿仁・別子とともに近世の御用三銅山の一つ。尾去沢鉱内で西道・五十枚などの金山が衰退したのち1666年(寛文6)銅鉱が発見され，田郡・元山・赤沢などの銅山となり，17世紀末に一括されて江戸・大坂の商人による請山稼行が続いたが，1764～1868年(明和元～明治元)まで盛岡藩の直営で，天保と慶応期には産銅高100万斤となった。明治初期に経営者が代代り，87年(明治20)三菱が入手，近代化の進展とともに三菱財閥の中心的鉱山として生産も上昇した。1936年(昭和11)安全性無視の増産により鉱滓ダム決壊の惨事がおきた。78年閉山。

おし【御師】 神に対する信者の祈願の仲立ちをする職能者。伊勢神宮の御師が最も有名だが，熊野の御師がより早く出現し，石清水・賀茂・白山・富士浅間・羽黒など，各地の大社にもいた。とりわけ伊勢神宮では天皇以外の者の祭祀を受けることが禁じられていたにもかかわらず，鎌倉時代になると，東国の武士を中心に伊勢を崇拝する風が生じ，私幣禁の禁の建前との隙間に祈禱師の活躍する余地が生じた。御師の職能は参詣者の宿泊のほか，祈禱・奉祭・神楽奉納・守札の発行など多岐にわたる。通常は地方に講を組織し，信者はこの講を通して参詣することが多かった。

おしがい【押買】 公方買とも。買手が売手の意思に反して，威力で財物などを買いとる行為。対語が押売。1242年(仁治3) 1月15日の鎌倉幕府追加法では町での押買が，また「宇都宮家式条」では市での押買が禁止され，室町・戦国期の市の制札にも頻出。売買の平和領域である町・市では禁止された行為だったが，中世～近世初期に広く行われていたとみられる。

おしこめ【押籠】 獄舎やその他の場所に罪人を隔離する刑罰。「御成敗式目」で召籠とか召禁などと表記される刑罰も同じ。古代末に検非違使庁の実務のなかから誕生し，中世の主要な刑罰の一つとなった。律の徒刑や近代刑法の懲役刑とは異なり，罪人の教育を目的とする労役が科せられない。社会からたんに排除しようとする消極的刑罰で，流罪が社会の外域への追加的排除であるのに対して，押籠は社会の内部に設置された一所への隔離的排除であった。罪人を人格劣等な教育対象とみないという意味で，罪人の名誉が重んじられているともいえる。中世になるとおもに押込と書かれ，閉門・逼塞・遠慮・差控とならんで，主として武士が自宅謹慎する刑罰の一種をさすようになった。

おしさかのみや【忍坂宮】 近江国坂田の息長氏系王族が居住した宮。息長氏により管理され，王族の資産のための刑部(忍坂部)が設定された。隅田八幡神社人物画像鏡の銘文によれば，即位前の継体天皇は意柴沙加宮に居住した。允恭天皇皇后の忍坂大中姫，敏達天皇皇子の押坂彦人大兄

皇子らが居住したと推定される。現在の奈良県桜井市忍阪付近に比定される。

おしさかひこひとのおおえのみこ [押坂彦人大兄皇子] 忍坂日子人太子・麻呂古王とも。6世紀後半頃の人物。敏達天皇の皇子。母は息長真手王の女広姫。舒明天皇の父。舒明に始まる皇統の始祖となったことから、皇祖大兄とよばれた。息長氏の勢力を背景に、允恭天皇の皇后忍坂大中姫の恭しい押坂宮と、名代なしの押坂部（刑部）を領有したと考えられる。敏達天皇と推古天皇との子竹田皇子とともに有力な皇位継承候補であったが、即位は実現しなかった。

おしょう [和尚] 上人とも。仏法の師・受戒の師のことで、高徳の僧の尊称。禅宗・浄土宗では「おしょう」、華厳宗・天台宗では「かしょう」、法相宗・真言宗では「わじょう」、律宗では「和上」と伝統的に呼称する。日本における僧侶の官位としては758年（天平宝字2）鑑真に授けられた大和尚位を最初とし、864年（貞観6）僧綱として法眼和尚位、法印大和尚位が定められた。しだいに修行を積んだ高徳の僧侶をさすようになり、転じて住職など僧侶一般の通称となった。

おすくいごや [御救小屋] 江戸時代、飢饉・火災・水害などの際、窮民を救済するためにたてられた仮小屋。江戸では、1786年（天明6）、1829年（文政12）、34年（天保5）のものが有名で、施行101軒を設置し、窮民を収容して食事を与えた。天保期以降では、窮民に元手銭を与えて自立をはからせた。天保の飢饉では、江戸に21棟の仮小屋が設置され、36年10月からの1年間に6000人近くを収容した。なお室町時代にも京都五条河原に設けられた。

オーストラリア 南太平洋のオーストラリア大陸とタスマニア島からなる連邦国家。漢字表記は濠太剌利亜、略称は豪州。1770年イギリス人クックが東部海岸を踏査、イギリスの領有を宣言。当初はおもに流刑植民地であったが、1850年代に金鉱が発見され、人口が急増した。日本からも農・漁業のオーストラリア移民が渡航、アジア系移民と白人との抗争が激化したが、1901年6州がオーストラリア連邦を結成後、白豪主義をとり移民の入国は制限された。日露戦争後、日本の南進を警戒して日豪関係は悪化、第2次大戦では交戦状態に入りニューギニア方面で激戦。戦後は日本の占領・管理にも参加した。51年サンフランシスコ講和条約、57年日豪通商協定に調印。戦前から兼松商店が開いた羊毛貿易のほか、小麦・牛肉や鉄鉱石などの資源輸出国。72年成立の労働党政権が人種差別を廃止。現在は日本との文化・技術交流や観光客も増大している。イギリス連邦加盟国だが、太平洋圏の米・日・東南アジア諸国との結びつきが強まっている。首都キャンベラ。

オーストリア 中部ヨーロッパに位置する国。漢字表記は墺太利・墺太利亜。日本との外交関係は、オーストリア-ハンガリー帝国との1869年（明治2）日墺修好通商航海条約に始まる。この不平等条約は97年改定された。大日本帝国憲法の制定ではウィーン大学教授シュタインが、渡欧した伊藤博文らに憲法を講じ影響を与えた。日露戦争後に来日したレルヒ陸軍少佐は、新潟県高田で近代スキーの初の本格的指導を行う。オーストリア-ハンガリー帝国は1918年第1次大戦に敗れて消滅、共和国として独立した。38年ヒトラーのドイツに併合され第三帝国の1州となったが、第2次大戦55年に独立を回復し永世中立国となる。第2次大戦で消滅した日本との外交関係は、1953年（昭和28）復活した。正式国名オーストリア共和国。首都ウィーン。

おぜほあん [小瀬甫庵] 1564～1640　江戸初期の儒医。「太閤記」の作者。名は道喜、又四郎・長大夫と称する。甫庵は号。尾張国の土岐氏の一族で、はじめ坂井と称し医術をもって豊臣秀次に仕えた。秀次没後、土岐・小瀬と改姓し、京都で「補註蒙求」「十四経発揮」などの古活字本を刊行。のちに堀尾吉晴、加賀国金沢藩主前田利常に仕えた。儒教の解釈や評価を織りまぜた「太閤記」や「信長記」「天正軍記」などの軍記を著すとともに、儒道の要点をまとめた「童蒙先習」を残す。

おだいのかた [於大の方] 1528～1602.8.28　徳川家康の生母。三河国刈谷城主水野忠政の女。法号伝通院。1541年（天文10）同国岡崎城主松平広忠と結婚。45年、兄水野信元と松平氏の対立により離別。51年頃までに尾張国阿古居城主久松俊勝と再婚。1602年（慶長7）家康の勧めで上洛し、後陽成天皇に謁した後、病にかかり伏見城で没。江戸小石川の伝通院に葬られる。

おださくのすけ [織田作之助] 1913.10.26～47.1.10　昭和期の小説家。大阪市出身。旧制三高中退。「俗臭」が芥川賞候補になり、「夫婦善哉」で作家としての地位を築く。大阪の庶民を描いた西鶴的作風が注目される。第2次大戦後「世相」で流行作家になるとともにデカダンスの生活に陥り、無頼派（新戯作派）とよばれる。評論「可能性の文学」の実験作「土曜夫人」執筆途中喀血し、急逝。

おだじょう [小田城] 茨城県つくば市にあった中世～近世初頭の城。北畠親房が「神皇正統記」を著した場所として知られ、小田氏累代の本拠であった。筑波山の南側、宝篋山南麓にある。南北朝期は南朝方の有力拠点で、戦

国期の小田氏治の頃はたびたび佐竹氏に攻め101れた。土塁を伴った方形の郭が主郭で，これを囲いこむように堀で区画された馬出しや帯郭などが配される。北側にある標高119mの前山も城域とし，広い面積にわたり縄張される。はじめ館として出発したが，徐々に改修が加えられ，戦国期には大規模な城館になった。現在一部が住宅地などになっているが，発掘調査で柱穴・堀・井戸などの遺構が確認され，かわらけや内耳鍋などが出土。国史跡。

おだながます［織田長益］1547～1621.12.13 織豊期の武将・茶人。号は有楽斎うらくさい。信長の弟。本能寺の変後に信長の子信雄配下となり，のち豊臣秀吉に従う。関ヶ原の戦では東軍に属して戦功があり，大和で3万石を与えられた。その後大坂城で豊臣秀頼を補佐し，徳川家康との折衝に尽力したが，大坂夏の陣直前に退城し，京都に隠棲。千利休の高弟で茶道有楽流の祖。茶室如庵じょあん（国宝）を作る。江戸屋敷跡に有楽町の名を残す。

おだにのかた［小谷の方］1547?～83.4.24 お市の方とも。織田信長の妹（一説には従姉妹）。名は市。1567年（永禄10）末頃に近江国小谷城主浅井長政と結婚。信長の朝倉攻めの際，浅井氏が離反したため，信長に小豆袋の両端を縛って送り，危機を知らせたという。73年（天正元）信長が浅井氏を滅ぼした際，城を出て兄信包のぶかねに預けられる。82年の清須きよす会議後，越前国北庄きたのしょう城主柴田勝家と再婚。83年，勝家が豊臣秀吉に攻められ，女の茶々（淀殿）・初（常高院）・江（崇源院すうげんいん）を城から出して，勝家とともに自害。

おだのなおたけ［小田野直武］1749.12.11～80.5.17 江戸中期の洋風画家。号は羽陽・玉泉。秋田藩士。1773年（安永2）平賀源内から西洋画法に関する刺激をうけ，のち江戸に出て活躍。蘭学者とも交流し，74年「解体新書」の挿絵を担当する。秋田蘭画の中心画家として，漢画の技法に陰影法・遠近法をとりいれ，風景画を中心に清新な作品を残す。

おだのぶお［織田信雄］1558～1630.4.30 「のぶかつ」とも。織豊期の武将。信長の次男。父の政略で伊勢国司の北畠家を継ぐ。本能寺の変後，伊勢・伊賀・尾張を領有。のち豊臣秀吉と対立し，徳川家康と結んで1584年（天正12）小牧・長久手に戦ったが，同年中に講和。秀吉に従い，官位は正二位内大臣にのぼった。90年小田原攻め後に転封を拒否して失脚。出家し常真じょうしんと号する。大坂の陣後，家康から大和国松山藩5万石余を与えられた。

おだのぶたか［織田信孝］1558～83.4.29/5.2 織豊期の武将。信長の三男。伊勢神戸かんべ氏を継いで神戸三七さんしちとよばれた。1582年（天正10）四国遠征直前に本能寺の変をきき，豊臣秀吉に合流して明智光秀を破った。兄信雄と織田家の後継を争った清須きよす会議の結果，甥秀信が家督を相続，信孝は美濃国岐阜城主となる。その後秀吉の処遇に不満をもち，柴田勝家と結んで打倒をはかったが失敗し，尾張国野間で自害した。

おだのぶただ［織田信忠］1557～82.6.2 織豊期の武将。信長の長男。初名信重しげしげ。1575年（天正3）長篠の戦後，甲斐武田氏の属城美濃国岩村城を攻略，その功績で信長から尾張・美濃両国を譲られ，岐阜城主となる。77年松永久秀討伐の功で従三位左中将に叙任された。82年武田氏との戦では織田軍の先鋒となり，信濃の諸城を落とし，甲斐に進軍して武田氏を滅亡させた。本能寺の変で二条御所に明智勢を迎え自害した。

おだのぶなが［織田信長］1534.5.12/28～82.6.2 戦国期～織豊期の武将。父は信秀。幼名吉法師。1546年（天文15）元服。信秀没後，本家の清須（洲）きよす・岩倉両織田家を滅ぼし尾張を統一。60年（永禄3）桶狭間おけはざまの戦で今川義元を破り，67年美濃斎藤氏を降して岐阜に居城を移す。この頃から天下統一を意識して「天下布武」の印章を用いた。翌年，足利義昭とともに上洛し，義昭を将軍に擁立したが，その政治行動を牽制し，ほどなく両者は不和となった。義昭に呼応する近江浅井・越前朝倉両氏をはじめ，比叡山延暦寺僧徒，甲斐武田氏，一向一揆などの包囲をうけて苦戦したが，73年（天正元）義昭を京都から追放して室町幕府を滅ぼした。75年長篠の戦で武田勝頼に大勝し，同年越前の一向一揆を鎮圧。翌年近江に安土城を築いて移った。80年石山本願寺を攻め降し，畿内を平定。82年春甲斐に遠征して武田氏を滅ぼし，つづいて中国・四国制圧を期して上洛中，本能寺で明智光秀の謀反にあい自害した（本能寺の変）。

おだのぶひで［織田信秀］1511～52?.3.3 戦国期の武将。織田信長の父。尾張国を代表する実力者となり近隣の大名と戦った。尾張国守護代織田氏の一族でその家臣だったが，天文年中自立して那古野城（現，名古屋市）に拠り，以後東の今川氏・西の斎藤氏と戦った。1542年（天文11）・48年2度の今川氏との小豆坂あずきの戦，48年の斎藤道三の女と信長の政略結婚は有名。晩年那古野城を信長に譲り末盛城（現，同市）に拠った。没年については諸説ある。

おだわらじょう［小田原城］神奈川県小田原市にあった中世～近世の城館。戦国大名の後北条氏の本拠。1495年（明応4）伊勢早雲が大森藤頼を襲い，奪った。2代氏綱以後も改修・拡張を重ね，最盛期には総延長約10kmの総構そうがまえをもつ大城館となった。主郭は現在の八幡山に

あった。1590年(天正18)豊臣秀吉に攻められ開城。江戸時代は大久保氏や稲葉氏などが入城し、江戸の西の守りをはたしたが、1870年(明治3)廃城。各所で発掘調査が行われ、障子堀などの遺構や多種にわたる遺物が発見された。出土した陶磁器は大森氏時代の15世紀から、19世紀後半の長期にわたる。国史跡。

おだわらぜめ [小田原攻め] 1590年(天正18)豊臣秀吉が関東の後北条氏を滅ぼして全国統一をはたした戦。秀吉に服従していた真田昌幸と後北条氏の上野国沼田領をめぐる争論をきっかけに、秀吉はかねてからの上洛要求に応じない後北条氏討伐を決意。3月1日京都を出発し、27日には沼津に到着、山中・韮山両城を攻撃した。後北条氏は一族・重臣を小田原城に集めて籠城。4月、秀吉も石垣山に一夜城を築いて持久戦となるが、後北条方の支城が次々に落ち、7月5日、北条氏直が降伏。氏直の父氏政と叔父氏照のほか家老2人が切腹を命じられ、後北条氏は事実上滅亡した。その旧領は徳川家康に与えられた。この戦ののち、関東・奥羽の大名もしだいに来属し、秀吉の全国統一は完成した。

おちあいなおぶみ [落合直文] 1861.11.15～1903.12.16 明治期の歌人・国文学者。陸奥国本吉郡生れ。号は萩之家など。仙台藩伊達家の家老鮎貝盛房の次男として生まれ、平田派の国学者落合直亮の養子となる。伊勢の神宮教院から東京大学古典講習科に学ぶ。1888年(明治21)長編新体詩「孝女白菊の歌」を発表。のち森鷗外らの新声社に参加、93年短歌革新をめざし、あさ香社を設立した。「日本文学全書」や国語辞典「ことばの泉」の編纂など、国語国文研究にも寄与した。

おちくぼものがたり [落窪物語] 平安時代の物語。4巻。作者・成立年未詳。「枕草子」以前、10世紀後半に成立。作者はあまり身分の高くない男性知識人と推測される。現存する最古の継子いじめ物語。女主人公は継母から冷遇され、裁縫仕事が上手なために次から次におしつけられるが、健気に耐えている。忠実な召使が女君をかばい、やがて立派な男君が通いはじめる。継母は妨害するが、女君は幸福になり、男君が継母に復讐するという話。自然描写はなく、霊験譚的なところもなく、合理的・現実的に人間を描き出す。因果応報・勧善懲悪の思想がみられる。「日本古典文学全集」「新潮日本古典集成」所収。

おちぼしゅう [落穂集] 徳川家康とその周辺に関する聞書を編年体でまとめた書。30巻。大道寺友山著。成立は1727年(享保12)冬。1542年(天文11)の家康誕生に始まり、大坂落城後の1615年(元和元)7月の改元に終わる。友山はほかに、家康入国から4代将軍家綱までの事柄を問答形式で語った「落穂集追加」(1728成立)を著した。「大日本思想全集」と「改定史籍集覧」所収本は、ともに「落穂集追加」である。

おづきうじ [小槻氏] 平安前期以降に活躍した事務官僚氏族。もと近江国栗太郡を本拠とする地方豪族で、本姓は小槻山公。873年(貞観15)に左少史兼算博士今雄らが平安京に居を移し、翌々年に阿保朝臣の姓を賜って以来、その一族は算道から出身して大少史や主計・主税両寮官人、算博士などを歴任。今雄の子当平以後は小槻宿禰を称し、禰家ともよばれたが、10世紀末に当平の曾孫奉親が官務(史の上首である大夫史)となってからは、代々小槻氏の長者が世襲し、官務家と称された。鎌倉時代の初めに同氏は壬生家と大宮家にわかれるが、後者は16世紀半ばに断絶し、以後壬生家が幕末期まで官務を独占した。

おっそ [越訴] 訴訟制度上の用語。(1)古代では所轄裁判所の判定をへずに上級官司に訴えること。中世ではそうした用法と並び、再訴の意味にも用いられた。鎌倉幕府は1264年(文永元)越訴頭人を設置して手続きを定め、すでに下された判決に対する再訴を一般の訴えと区別して越訴とした。これは、それまで事実上無限定に行われていた訴えのくり返しを制御するための方策であった。(2)近世では、藩主や登城中の老中の乗籠に訴状を提出する駕籠訴や、奉行所への駆込訴という形で行われた。幕府は越訴の訴状は受理しないことを原則とし、不当な訴訟方法であるとしたが、重い刑罰に処すことはなかったため、半合法的な訴訟方法として定着した。

おっそかた [越訴方] 越訴(再審)を担当する鎌倉幕府訴訟機関の一つ。越訴は一般の所領沙汰と同様、引付で審理されたが、1264年(文永元)金沢(北条)実時・安達泰盛の頭人と、数名の奉行人からなる越訴方が創設された。以後、頭人には執権・連署につぐ有力な評定衆が任命されたが、得宗北条貞時の専制下では改廃がくり返され、一時的には越訴は北条氏得宗家被官の管理するところとなった。

オッペケペぶし [オッペケペ節] 明治期の流行歌。作者は川上音二郎。自由と民権の伸張を平易に説く文句からなり、リズムの面白さを聞かせる。「オッペケペ」とは特別な意味のない口拍子のようなもの。1889年(明治22)川上が京都新京極の寄席で歌ったのが始まりで、91年夏以降は日本各地で大流行した。演歌の第1号。

オーディーエー [ODA] 政府開発援助(Official Development Assistance)の略称。開発途

おのえ

上国・地域の経済発展、福祉充実のため先進国が行う政府開発援助で、技術援助と資金援助(無償および低利かつ長期での有償)がある。OECD発足とともに本格化。日本の援助額は1991年(平成3)以降世界最大となったが、ヒモつき援助や援助内容の不透明性などの問題が指摘されている。

おてつだいぶしん [御手伝普請] 助役とも。近世の大名課役の一つ。江戸幕府が行った大規模な土木工事に、領知高に応じて人足や資材、費用を負担した。江戸幕府に先立って豊臣政権も大坂城や伏見城などの築造に大名を動員。江戸幕府のもとでは江戸城・大坂城・駿府城などの城普請、大和川・木曾川などの堤川除普請のほか、御所、日光山・寛永寺・増上寺の諸堂社なども手伝により造営・修復された。はじめは大名が工事も担当したが、のち経費だけを分担するようになる。

おどい [御土居] 豊臣秀吉が1591年(天正19)に築いた京都を取り囲む土塁。高さ5m前後、全長23kmに及ぶ。竹が植えられ外側には堀が掘られた。水害を防ぐ目的ともいわれているが、秀吉の京都都市改造の一環として、同時に破却した上京・下京の総構に代えて、統一権力として築いたもの。17世紀から都市域による開発が進み、現在では北辺を中心にわずかに残存するのみ。国史跡。

おとぎぞうし [御伽草子] 狭義には、江戸中期に出版された23編の物語草子「御伽文庫」をさす。広くは、室町時代から江戸時代にかけて作られた物語集数百編の総称としても用いる。今日では「御伽草子」を書物名に限定し、物語類の総称としては室町物語などとよぶことが多い。広義の御伽草子(室町物語)は、(1)公家物(「岩屋の草子」など)、(2)僧侶・宗教物(「秋夜長物語」「熊野の本地」など)、(3)武家物(「酒呑童子」など)、(4)庶民物(「文正草子」など)、(5)異国物(「二十四孝」など)、(6)異類物(「鴉鷺合戦物語」など)に分類される。作者・成立が不詳であること、主人公が神仏によって授けられた申し子で、最後に神仏として現れる本地物の体裁をとることなどが特徴。

おとこだて [男達] 男伊達とも。江戸時代、男子としての面目や意地を張り通し、また信義を重んじ、そのためには命も惜しまない気風を誇る者。江戸前期にはおもにかぶき者などをさしたが、中期以降は火消を担う鳶の頭、人宿などの口入れ業者や人足頭、通り者などとよばれる任侠の徒に代表される。実際は無頼の徒や乱暴者などが多かったが、彼らに特有な気質・行動・生活態度は、都市民衆文化の一つの基調をなした。

おとな [乙名] 大人・長・老・年寄衆とも。中世農民の自治的共同組織である惣村や、同じく都市民の共同組織である町を中心となって運営した者。村や町の成員のなかで、年齢階梯制の最上位にいる階層。「日葡辞書」には「百姓の頭、または、ある町とか村所とかの長」とある。神事祭礼では頭役を勤め、惣掟などの制定にかかわり、惣有地の売買に際しては村を代表して署判を加えた。若衆・中老をへて、乙名成りの儀式ののち乙名となる。

おとめやま [御留山] ⇨留山

おどりねんぶつ [踊念仏] ⇨念仏踊

おのうじ [小野氏] 古代の中堅氏族。姓は臣、684年(天武13)の八色の姓の制定時に朝臣となる。始祖は天押帯日子命とし、栗田・柿本氏らと同じく和珥氏の同族。本拠地は近江国滋賀郡で、小野村には式内社小野神社が鎮座。「小野毛人墓誌」の出土した山城国愛宕郡小野郷もが勢力下にあったと思われる。7世紀には遣隋使の妹子、8世紀以降には遣新羅使の馬養・石根(田守は遣渤海使も歴任)、遣唐使の石根・滋野がでて、外交面での活躍が目立つ。一方、老・永見・岑守・篁・滝雄・千株らは大宰府・陸奥国・出羽国などで、地方行政・辺境防衛にたずさわった。岑守・篁などは学者としても著名。→巻末系図

おのえきくごろう [尾上菊五郎] 歌舞伎俳優。江戸中期から7世を数える。屋号は音羽屋。初世(1717~83)は江戸中期立役の名優。京都生。尾上左門の門弟。女方かい転じ、武道事・実事を得意とした。俳名梅幸。3世(1784~1849)は化政期の名優。江戸生れ。初世の高弟尾上松助の養子。風姿にすぐれ、舞踊以外ほぼすべての役柄に評価をうけ、生世話・怪談物を得意とした。俳名梅寿。5世(1844~1903)は3世の孫。本名寺島清。9世市川団十郎・初世市川左団次とともに明治劇壇を代表する俳優で「団菊左」と並び称された。河竹黙阿弥と結んでの生世話物、御家の怪談狂言、舞踊劇などに技芸を示す。新古演劇十種を制定・創演。6世(1885~1949)は昭和前期歌舞伎の第一人者。5世の長男。東京都出身。本名寺島幸三。繊細な技芸に精神的解釈を加えて評価をうた。芸術院会員。文化勲章受章。

おのえまつのすけ [尾上松之助] 1875.9.12~1926.9.11 明治・大正期の映画俳優。本名中村鶴三。岡山市出身。歌舞伎俳優として地方巡業中牧野省三に見いだされ映画界に入る。1909年(明治42)「碁盤忠信」でデビューした。以後英雄豪傑もの忍術映画など数多くの時代劇に活躍し、出演作品は死去するまでに1000本といわれる。「目玉の松ちゃん」の愛称で大衆に愛された。おもな出演作「自来也」「荒木又右衛

門」。

おのぐみ [小野組] 江戸時代～明治初年の豪商。初代新四郎則秀が近江国高島郡大溝で、上方と南部地方(盛岡)との物産を交易したとされる。1662・63年(寛文2・3)に盛岡、ついで京都・江戸に出店し、1776年(安永5)金銀御為替御用達に加入し、大名貸も営んだ。明治維新に際しては、金穀出納所御用達となり、通商会社・為替会社などに参加、陸軍省や多数の府県の為替方として官金を扱い、三井組とともに三井小野組合銀行(のちの第一国立銀行)を組織した。また蚕種の直輸出に乗りだすとともに、築地製糸場(1871開業)をはじめ各地で器械製糸業を営み、院内・阿仁などの鉱山をも経営した。しかし1874年(明治7)の官金に対する抵当増額の達しに対応できず、11月680店した。

おののいもこ [小野妹子] 生没年不詳。7世紀前半の豪族。子に毛人、孫に毛野がいる。推古朝の対隋交渉に活躍した。607年(推古15)大礼であった妹子は「日出づる処の天子、書を日没する処の天子に致す」という国書をもって渡海。隋の煬帝の不興をかったが、返答使裴世清を伴って帰国することができた。翌年裴世清の帰国時には再び送使として入隋した。607年の遣隋使は、『隋書』によれば600年につぐ第2次の遣使であったことが知られる。中国名は蘇因高。609年の帰国後の消息は不明。

おののこまち [小野小町] 生没年不詳。平安前期の歌人。三十六歌仙の1人。系譜については諸説あるが疑わしい。経歴も未詳。歌は『古今集』仮名序に「あはれなるやうにて、つよからず。いはば、よき女のなやめるところあるに似たり」と評される。情念と哀愁をあわせもった恋歌が多く、王朝女流文学の先駆として重要な歌人。阿倍清行・小野貞樹きょ・文屋康秀・遍照らとの贈答歌が残る。『古今集』に18首など勅撰集入集は66首。家集『小町集』。美貌の歌人として知られ、平安後期以降さまざまの説話・伝説がうまれた。晩年には零落したとするものが多く、謡曲や御伽草子のような文学作品のほか、各地に遺跡と称するものが残る。

おののたかむら [小野篁] 802～852.12.22 平安初期の官人。岑守の子。最高位位にちな野宰相・野相公とも称される。822年(弘仁13)文章生、833年(天長10)東宮学士をへて834年(承和元)に遣唐副使に任命される。しかし2度の難航、大使藤原常嗣との不和のため、3度目の渡航を拒否、嵯峨上皇の怒りにふれて隠岐国へ配流された。840年帰京が許され、847年参議となる。『経国集』『和漢朗詠集』などに漢詩を、『古今集』『小野

篁集』(後世の偽作も多い)などに和歌を残し、文人としても名高い。

おののみちかぜ [小野道風] 894～966.12.27 名は「とうふう」とも。平安中期の官人・能書家。葛絃の子。正四位下・内蔵頭。醍醐・朱雀・村上の3朝にわたって活躍。宮門の額や紫宸殿賢聖障子の銘の執筆、願文や上表文の清書など、能書ぶりを裏づける記録は多い。朱雀・村上両天皇の大嘗会の悠紀主基屛風の色紙形揮毫は、道風が当代一の能書であることを象徴する。書は王羲之の書法を骨格とし、さらに豊麗で柔軟な筆遣いにより新書風を打ち出した。『源氏物語』にいう「今めかしうおかしげ」なこの書風は、のちの和様書道の基礎となった。道風の書は野蹟と尊ばれ、藤原行成・同佐理とともに、三蹟にあげられる。代表作『屛風土代』『玉泉帖』『三体白氏詩巻』。

おののみねもり [小野岑守] 778～830.4.19 平安初期の公卿・文人。父は永見。子に篁らがいる。810年(弘仁元)嵯峨天皇の即位時に侍読として特進し、内蔵頭・皇后宮大夫などを歴任し、参議に至る。823年大宰大弐として赴任中、管内に公営田を設置すること、行旅のための救済に続命院を設けることなどを申請。多禰島を大隅国に合併した。『凌雲集』の撰進、『日本後紀』『内裏式』の編集に参画し、『文華秀麗集』『経国集』に漢詩を収める。

おののよしふる [小野好古] 884～968.2.14 平安中期の公卿・歌人。父は葛絃。祖父は篁。弟に道風がいる。940年(天慶3)藤原純友の乱に際し、山陽道追捕使・追捕山陽南海両道凶賊使に任じられ、翌年博多津で純友を討つ。947年(天暦元)、2度も大宰大弐を勤めたため野宰相・野大弐とも称する。930年(延長8)醍醐天皇への奉悼歌、藤原師輔の五十賀屛風歌など歌人としても知られる。967年(康保4)致仕。

おのらんざん [小野蘭山] 1729.8.21～1810.1.27 江戸後期の本草家。父は地下官人小野職茂。名は職博、字は以文、通称は喜内。京都生れ。13歳で松岡恕庵に入門し本草学を学ぶ。京都に衆芳軒を開き本草学を教授。1799年(寛政11)幕命で江戸に移り、医学館で本草学を講義した。6次にわたり諸国に採薬に、採薬記を作った。門人は1000人をこえ、幕末期の本草学に大きな影響を与えた。著書『本草綱目啓蒙』、島田充房と共著の『花彙』。

おはやし [御林] 江戸時代、領主が設定した直轄林。藩によっては留山・立山・直山などともよぶが、幕府は御林・公儀林ということが多い。林業活動を目的とするものと、治山治

水・砂防などを目的とする保安林に大別できる。後者は、公的社会的機能をもつものとして古くからあったが、幕府は国家公権として公的機能を拡充するなかで御林として編成していったとみられる。前者は、江戸前期、城下町建築の進展にともない山林資源が急激に枯渇化する状況のなかで、領主層が山林資源の獲得や、経済的な効果を念頭に優良林を収公したもの。寛文期を中心に、寛永～享保期に設定され、地元の御林守が管理した。明治期に設定される国有林の大半は、この系譜を引く。

おはらめ [大原女] 薪などを頭にのせて京の町で行商した京都北郊愛宕郡大原・八瀬などの女性。販女の一類。「東北院職人尽歌合」「七十一番職人歌合」には筒袖に帯を前結びとし、鬘のうえに薪をのせた姿が描かれる。古くから京の風物詩とされ、和歌をはじめ狂言や舞踊などに登場する。販女としてはほかに鮎・飴を行商した桂女が有名。

おはりだのみや [小墾田宮] 記紀にみえる推古天皇の宮。「古事記」では小治田宮。603年(推古11)天皇は飛鳥豊浦宮から移り住み、当宮で37年間統治したとされる。760年(天平宝字4)には淳仁天皇が小治田宮に行幸し、新京と称して諸国の糒や調庸を納めさせた。宮付近には兵庫・倉庫・官衙などが存在した。現在の奈良県明日香村豊浦小字古宮に比定される説があるが、8世紀の小治田宮については雷岡東方の官衙遺跡(明日香村雷)を比定地とする可能性が強まった。

おびと [首] 古代のカバネ。勢力者を意味する「オヒト(大人)」からきた尊称。忌部首・錦織首・河内馬飼首・鷹養首・書首などの伴造氏族や、伊勢大鹿首・迹見首・生田首などの地方小豪族の首長が称する例が多い。684年(天武13)の八色の姓で廃止されたが、その後もこのカバネを称する氏族は多く、757年(天平宝字元)には聖武天皇の諱を避けて毗登と改め、770年(宝亀元)にもとに復した。

おぶすまさぶろうえまき [男衾三郎絵巻] 武蔵国在住の武士の生活と継子いじめを題材とした絵巻物。後半を欠く1巻のみ現存。13世紀末成立。都風の優雅な生活を送る兄吉見二郎、武道一途の弟男衾三郎の兄弟は、大番警護に上京するが山賊に襲われ、兄は非業の死をとげる。その後、陰謀によって許嫁も出家し、

後楯を失った二郎の女慈悲と母は、三郎の家で下女となされ虐待をうける。後半は失われているが、観音の利生による慈悲親子の救済が暗示される。御伽草子の先例としても貴重。絵は各段に春・夏・秋の背景をあてて季節的構成をとり、草花や鳥獣を細やかに描く。1295年(永仁3)頃の「伊勢新名所絵歌合」に酷似した画風を示す。広島藩主浅野家伝来。縦29.2cm、横1253.7cm。東京国立博物館蔵。重文。

おぶちけいぞうないかく [小渕恵三内閣] 自由民主党総裁の小渕恵三を首班とする平成期の内閣(1998.7.30～2000.4.5)。橋本竜太郎内閣退陣の後をうけて自民党単独内閣として発足。蔵相に宮沢喜一元首相を起用して経済再生を最大の課題とし、1998年(平成10)金融再生関連法を成立させた。99年1月自由党(小沢一郎党首)との連立内閣となり、日米ガイドライン関連法、国旗・国歌法などを制定。2000年4月首相が急病で倒れ重態となったため、青木幹雄官房長官が首相臨時代理に就任し内閣総辞職。

おふみ [御文] 本願寺8世の蓮如が書簡のかたちで残した真宗の教義を集成したもの。東本願寺(大谷派)では御文、西本願寺(本願寺派)では御文章という。基本的には1521年(大永元)に蓮如の孫円如が、1461～98年(寛正2～明応7)の約260通の書簡から選録した5帖80通をさす。これにもれたものを追加編集したものは帖外御文という。15世紀後半の門徒教化の方法や信仰の具体的なありかたが知られる。

おふれがきしゅうせい [御触書集成] 江戸中・後期に幕府評定所が編集した官撰法令集。御触書とは幕府や藩が公布した成文法のこと。江戸幕府では8代将軍徳川吉宗以来、幕府の御触書の収集編纂が行われた。1615～1743年(元和元～寛保3)の御触書3550通を編纂した寛保集成51巻、44～60年(延享元～宝暦10)の御触書2060通を編纂した宝暦集成33巻、61～87年(天明7)の御触書3020通を編纂した天明集成52巻、88～1837年(天保8)の御触書6607通を編纂した天保集成109巻がある。54年(安政元)にも編纂が開始されたが未完。書名はいずれも「御触書」で、寛保集成などのよび名はそれぞれを区別するための通称。岩波書店から刊行。

オペック [OPEC] 石油輸出国機構(Organization of Petroleum Exporting Countries)の略称。中東・アフリカ・南米など12の石油輸出国が結成するカルテル。1960年メジャーによる価格引下げへの対抗を目的として結成された。第4次中東戦争を機に原油価格・生産量の決定権を握り、価格引上げによって1970年代に2度の石油危機をひきおこしたが、石油需給の緩和、加盟国の政治的対立の激化により影響力は

низ下した。

オホーツクぶんか [オホーツク文化] オホーツク式土器を使用している文化。7世紀頃から12・13世紀頃にかけて，北海道の利尻・礼文両島からオホーツク海沿岸一帯に分布。遺跡は海浜に立地し，多数の海獣骨(クジラなど)を出土することから海洋狩猟民文化であったとの意見もあるが，狩猟・漁労が主であったと考えられる。平面が五角形・六角形の竪穴住居内に，「コ」の字形の粘土敷面を作るなどの特徴をもつ。また熊に対する特殊な儀礼・信仰をもっていた。遺物は土器以外に，骨角器・鉄器・青銅器などがあり，中国北宋代の古銭や遼の土器なども伴う。オホーツク文化には沿海州の靺鞨ま゙つかつ・女真じょしん文化，あるいはその背後のポリツェ文化，中国東北地方の文化などとの関連が色濃く認められる。

おみ [臣] 古代のカバネ。もともとは「オオミ(大身)」，つまり勢力のあるものの意か。『新撰姓氏録』では臣姓を称した氏は孝元天皇以前の皇裔氏族とされているが，これらは政治的に造作されたものである。葛城臣・春日臣・蘇我臣などの中央氏族や吉備臣・出雲臣などの地方豪族が，ともに地名を氏の名としている点を考えると，臣姓氏族は地方の大首長的な氏族であったと思われる。これらのうち中央でとくに有力であった氏族は，「臣」に「大」を付す伝承を作りえたのであろう。また684年(天武13)の八色の姓ゃくさのかばね制定に際して臣姓は第6等のカバネとされ，旧臣姓の有力な氏族は第2等の朝臣ぁそ姓を賜った。

おみ [使主] 古代の称号。阿知使主・中臣烏賊津いか使主など名の下に付す敬称の場合と，末使主・和ど゙に薬使主などカバネの場合とがある。このうち使主をカバネとした氏族の多くは渡来系であるが，末使主などは神別天神系を称している。なお『日本書紀』で坂本臣の祖とする根使主を『古事記』では根臣とも記しており，政治制度としての氏姓制の確立以前は使主と臣は混同して用いられたと思われる。

おめみえ [御目見] 江戸時代，大名・旗本が将軍に，あるいは藩士が大名に対して，主従関係を結ぶ場合や儀礼上のあいさつなどで謁見すること。武家社会では主君への御目見は家督相続の場合などに際し重要な意味をもつ。御目見以上の旗本と御目見以下の御家人のように，主君に謁見できるかどうかは，武士の格式を示すものでもあった。武家や商家で奉公人を雇用する場合にも，一般に主人に御目見をして当人の人品を見届けたうえ，奉公契約を結ぶのが通例であった。

おもてせんけ [表千家] 江戸初期にわかれた茶道三千家さんせんけの一つ。千利休の建立した茶室不審庵ふしんあんを，2世千少庵しょうあんをへて3世を千宗旦たんから三男江岑宗左こうしんが譲られて不審庵4世を唱えたのに始まる。豊臣秀吉・徳川家康からうけた土地の表屋敷の茶室不審庵を継承したのでこの名がある。4世宗左から幕末に至るまで，紀伊徳川家の茶頭さどうを勤め，その庇護のもとにあった。利休を1世とし現14世而妙斎じみょうさい宗左に至るまで，家元を継承。なかでも江戸中期の6世覚々斎原叟げんそうは，大坂の鴻池善右衛門や和泉屋吉左衛門らの富豪の支持により隆盛に導いた。7世如心斎天然宗左は，それまでの形式主義的な茶事に遊戯性をとりいれた「千家七事式しちじしき」を数人の高弟とともに考案。これは茶事を多人数で楽しめたことから民衆にうけいれられ，流派を不動のものとした。これは京都市上京区に所在。

おもてだか [表高] 本知高ほんちだか，たんに高とも。江戸時代，幕府から認知された大名の所領の表面上の石高。大名が支配する実際の石高である内高に対していう。表高は幕府の公認する検地によってうちだされた石高で，将軍の朱印状に明記され，大名の格式や大名の負担する軍役や各種の公役の基準となった。しかし，普通は内高が表高を上回り，領民の年貢負担などはすべて内高になっていた。

おもてだな [表店] 近世都市で常設店舗が営まれる空間，またその営業者・居住者。多くは地借・店借だが，裏店うらだなの民衆より一段高い階層を象徴する呼称で，問屋・仲買商人層にほぼ相当する。大商人を意味する大店は，表店が大規模化し，町屋敷所有をも実現した場合の呼び方といえる。表店の発生は，中世後期の問屋・商人宿の定住過程にさかのぼるとみられる。

おもや [母屋] 主屋・表屋・面屋とも。家の中央の部分をいったが，近世以後，一般には，屋敷内の付属の小屋に対して主人家族の住む主要建物をさす。ザシキとよぶこともある。小屋にくらべて規模も大きく材料・造作とも上等で，居住性を中心に造られている。通気性・断熱性・採光は板戸・襖ふすま・障子を立てたりすることで，開放的にも閉鎖的にも変更でき，四季の変化に対応しうる。さらに草屋根・土壁・畳などにより温湿度調節ができ，随所に居住性を高める工夫がなされている。

おもろ・おもろそうし [おもろ・おもろさうし] 「おもろ」は12〜17世紀頃に沖縄・奄美あまみ諸島でうたわれたと考えられる古歌謡のこと。それらを首里王府が収集し，中央的な整理をしたうえで編纂したのが，沖縄最古の歌謡集『おもろさうし』(「神歌双紙」の意。全22巻)である。編集年代は不明な四つの巻をのぞけば，1531年・1613年・1623年の3種にわかれる。なお，おもろの語源は「思い」といわれる。

おやかた [親方] 首里王府の位階名および称号。ウェーカタと発音する。首里王府では王子や按司をのぞく一般の士は、親方と平士にわけられた。親方はさらに三司官次の親方、三司官座敷の親方、ただの親方の3種の位にわかれる。いずれも紫冠を戴く位であった。この位の者が親方を称するようになるのは1627年からで、知行を授かり、一つの間切を領所とした。

おやかた・こかた [親方・子方] 親分・子分とも。親方・子方関係とは子方が親方へ従属、奉仕するのと引替えに、親方は子方を庇護・援助するという人格的な社会関係で、個人間だけでなく家どうしの関係として、近世～近代に広くみられる。都市部では商家の主人と子飼の奉公人、商家同族団内での本家と分家、職人の親方と弟子がこれにあたり、得意先の分与や経営上の支援、技術の伝授などと引替えに、親方への奉仕や協力が義務づけられた。農村部では有力な百姓とそこから分出した血縁・非血縁の分家、大地主とそれに経済的に隷属する小作人との関係にあたる。耕作地の分与や生活上の保護をうけるかわりに、冠婚葬祭などにかかわる労働提供などが求められた。

おやといがいこくじん [御雇外国人] 幕末～明治期に、欧米の近代文明や技術を短期間に摂取するため、幕府や藩、明治政府、民間会社などが臨時的に高給で雇い入れた外国人教師。幕末期には、1855年(安政2)長崎海軍伝習所で雇ったオランダ人をはじめ、おもに軍事分野でフランス人やイギリス人などが雇われた。明治期に入ると、政府は近代化政策を推進するため、政府雇外国人を急増させた。74年(明治7)には858人(英433人・仏145人・米94人・独62人など)に達している。この時点では工部省の392人が圧倒的で、文部省は107人、兵部省は142人であった。しかし政府雇外国人の数は同年をピークとして94年には77人にまで急減し、明治20年代で彼らの指導的役割は終わった。一方、私雇外国人は以後も増加を続け、88年に588人、97年には765人を記録している。

おやまし [小山氏] 中世下野国の豪族。藤原秀郷の子孫。大田行政の子政光が小山荘(現、栃木県小山市)を本拠として、小山氏を称したのに始まる。平安中期以来、下野国の有力在庁官人として勢力をほこった。政光の子朝政は源頼朝に従って功をたて、下野国守護職を安堵された。鎌倉時代を通じ同職を世襲、播磨国守護をも兼ねた。南北朝期、秀朝は足利氏に属し、中先代の乱で武蔵国府中に戦死。その子氏政、1380年(康暦2・天授6)義政は鎌倉公方足利氏満に背いて攻められ、いったん降伏したが再び反抗、自害した。その子若犬丸(隆政)のとき一時断絶、一族の結城氏により再興。戦国期には後北条氏に属し、その滅亡とともに滅んだ。→巻末系図

おやまともまさ [小山朝政] 1155/58～1238.3.30 鎌倉前期の武将。下野国の有力御家人。政光の子。1183年(寿永2)源頼朝に反旗をひるがえした源(志田)義広を破った功により、常陸国村田下荘・下野国日向野郷の地頭職を得る。その後、源範頼のもとで平家追討に従軍するが、許可なく兵衛尉に任官したため頼朝に叱責される。89年(文治5)奥州合戦に従い軍功をあげ、翌年頼朝の推挙で右衛門尉となる。建久年間、先祖以来の下野国の検断権を継承し下野国守護職を安堵され、99年(正治元)に播磨国守護を兼ねる。2年後、在京中に城長茂の襲撃を撃退。承久の乱では宿老の1人として鎌倉にとどまる。1225年(嘉禄元)下野守・従五位下に任じられ、その後出家して生西と号す。

おらがはる [おらが春] 俳文俳句集。1冊。一茶著。1820年(文政3)成稿と推定される。版本は一茶没後25年目の52年(嘉永5)刊。逸淵序。四山人・西馬跋。19年の1年間の随想・見聞に四季の発句を配した一茶晩年の代表作。文は長短18編ほどを収録し、長女さとの生と死をめぐる記述が中心。初版本の巻末には諸家の寄せた俳諧作品ものせる。『古典俳文学大系』『一茶全集』所収。

オランダ ヨーロッパ北西部に位置する国。漢字表記は阿蘭陀・和蘭。16世紀、ネーデルラント連邦共和国として独立。商業国家として発展。海外へも進出したが、イギリスやフランスの台頭により衰退。19世紀には立憲君主国となった。日本との関係は1600年(慶長5)オランダ船リーフデ号の豊後海岸漂着に始まる。09年徳川家康の通商許可を得て平戸に商館を設立。41年(寛永18)商館を長崎出島に移転、鎖国期にはヨーロッパ唯一の通交国となる。同年以降世界の情勢を伝えるオランダ風説書が幕府に提出され、出島商館員や商館長の江戸参府などの交流が進み蘭学がおこった。1840年からのアヘン戦争を機に、44年(弘化元)国王ウィレム2世が軍艦パレンバンを派遣して開国を勧告するが、幕府は拒絶。ペリー来航後の55年(安政2)日蘭和親条約、58年日蘭修好通商条約を締結、両国は新たな外交関係に入り、62年(文久2)榎本武揚・西周・津田真道らが幕府留学生として派遣された。第2次大戦では日本がオランダ領東インド(現、インドネシア)を占領、捕虜虐待などの関係から現在も対日悪感情が根強く残る。1951年(昭和26)サンフランシスコ講和条約に調印。正式国名はオランダ王国。立憲君主制。首都アムステルダム。

オランダこくおうかいこくかんこく [オランダ

国王開国勧告］幕末期にオランダ国王が日本国王にあてた開国・通商を勧める親書をさす。1844年(弘化元)7月、国王の特使コープスが長崎に持参。アヘン戦争の結果と原因から、日本の異国船打払令撤廃などを称賛したうえで、孤立を続けることは不可能と述べ、通商を勧めた。翌年8月幕府はこれを謝絶。当時、政争状態にあった幕府には鎖国政策緩和の方針をとりえず、鎖国重視の方向へと進み、同年7月海防掛を再置した。

オランダしょうがつ［オランダ正月］ 蘭学者たちが開催した太陽暦の1月1日の賀宴。1794年(寛政6)11月11日が西洋暦(グレゴリオ暦)の95年1月1日にあたったで、大槻玄沢は家塾芝蘭堂に江戸の蘭学者を招集、新元会と称して賀宴を開催、オランダ正月の宴といった。玄沢没後の1837年(天保8)まで続いた。起源は長崎出島のオランダ商館で催された新年の賀宴で、1683年(天和3)1月1日が最初。

オランダしょうかん［オランダ商館］ 江戸時代、オランダ東インド会社が諸国に設置した商館。バタビアを本店とする同会社の日本支店。1609年(慶長14)幕府の貿易許可によりJ.スペックスを初代商館長として平戸に設立。その後幕府の鎖国政策のため41年(寛永18)長崎の出島に移転を命じられ幕末期に至る。貿易は68年(寛文8)の銀輸出禁令やその後の幕府の貿易制限によりしだいに低迷した。商館は商館長(カピタン)のほか事務長・倉庫役・簿記役・医師・書記・商務員補など十数人で構成されていた。

オランダしょうかんちょう［オランダ商館長］ ⇨カピタン

オランダしょうかんちょうえどさんぷ［オランダ商館長江戸参府］ 江戸時代、長崎のオランダ商館長が貿易の御礼を目的として江戸にのぼり、将軍に拝謁した。平戸オランダ商館時代の1633年(寛永10)に日蘭貿易が再開されて以来毎年行われたが、1790年(寛政2)から4年に1回となった。初期は年末に長崎を出発、正月将軍に拝謁したが、のち1月に出発した。往復で約3カ月を要し、商館長のほか書記役・医師のオランダ人と、日本のオランダ通詞、長崎奉行所役人が同行。江戸滞在中は定宿の長崎屋に隔離されたが、幕閣・大名や蘭学者などが訪れて西洋の学問や情報を摂取したほか、若干の物品の取引も行われた。

オランダひがしインドがいしゃ［オランダ東インド会社］ 1602年オランダ国内の諸航海会社を統合して設立されたアジア貿易のための特許会社。正式には連合オランダ東インド会社と称した。本国の議会によりアジア貿易の独占権とともに、外交・軍事・行政権を賦与された。09年初代総督が任命され、19年にはバタビア(現、ジャカルタ)に東インド総督府がおかれた。日本からペルシアに至るアジア各地に商館を開き、日本からは金・銀・銅などをアジア・ヨーロッパへ輸出したが、18世紀に入ると利益が減少。このため経営がしだいに悪化し、1798年活動を停止、99年末解散。

オランダふうせつがき［オランダ風説書］ 近世、長崎に来航したオランダ船から幕府に提出された海外情報に関する報告書。1639年(寛永16)幕府はポルトガル船の来航禁止後、東アジアにおけるスペイン・ポルトガルの動静を探るため、オランダ人にアジア・ヨーロッパ情報の報告書提出を命じた。その後しだいに形式化したが、1840年のアヘン戦争を契機として、42年(天保13)からは別に詳しい情報を提出し、これを「別段風説書」とよんだ。これらの風説書はオランダ通詞によって翻訳され、長崎奉行を通じて幕閣にもたらされた。風説書による海外情報は、幕府が秘匿・独占を建前としたが、一部諸藩や知識人にも伝えられた。

オランダぼうえき［オランダ貿易］ 江戸時代、平戸および長崎に来航したオランダ船による日蘭貿易。1609年(慶長14)幕府がオランダ船に通航許可状を与えて以降は平戸商館、41年(寛永18)からは長崎出島のオランダ商館で行われ幕末期まで続いた。オランダ船はオランダ東インド会社がアジア貿易の根拠地としたバタビア(現、ジャカルタ)から派遣され、中国産の生糸・織物類や南洋諸地域の物資(染料・香料・皮革・砂糖など)を積載し、日本からはおもに金・銀・銅を持ち帰った。初期の平戸商館時代はきわめて自由な取引であったが、鎖国後幕府は諸制限を加えた。41年輸入生糸の糸割符制、68年(寛文8)銀輸出の禁止、72年輸入品すべてを日本側の評価額で買い取る市法貨物商法、85年(貞享2)取引額を制限した定高貿易法など。18世紀に入ると、主要輸出品の銅不足により取引額の制限が進み、オランダ貿易は漸減していった。開国後の1857年(安政4)日蘭追加条約で、取引額の制限は撤廃された。

おりくちしのぶ［折口信夫］ 1887.2.11〜1953.9.3 大正・昭和期の国文学者・民俗学者・歌人・詩人。別名釈迢空。大阪府出身。国学院大学卒。大学在学中に折口家の教会に参加。1910年(明治43)大学卒業後、帰阪して中学校教員となる。15年(大正4)雑誌「郷土研究」に「髯籠の話」を発表。柳田国男に私淑し、民俗学研究に着手。歌集「海やまのあひだ」「春のことぶれ」では1字空けや句読点使用などによりつつ、独自の歌境を築いた。民俗学研究では詩人的直観にもとづく「まれびと」などの概念をもとに、文学や芸能の発生を考

究。研究と創作の接点に小説「死者の書」がうまれた。「折口信夫全集」全31巻・別巻1。

おりたくしばのき [折たく柴の記] 新井白石の自叙伝。3巻。1716年(享保元)起筆。祖父母・父母の経歴と自身の生い立ちから甲府藩主徳川綱豊(家宣)への出仕の時期までを記した上巻、6代将軍家宣・7代将軍家継の時期に白石がなした政治施策や幕府関連記事などを収める中巻・下巻からなる。子孫以外の他見を前提しない私的な見解・主張が記されて客観性には欠けるが、儒教の理想主義を実現しようとする白石の為政の態度がうかがわれ、政治・思想関係史料として重要。「岩波文庫」「日本古典文学大系」所収。

おりべやき [織部焼] 桃山時代に美濃焼が焼成した作風の一つ。織部焼という窯場はない。慶長年間に茶の湯界を指導した古田織部の名を冠した茶の湯道具で、織部が指導した証拠はないが、時代は一致する。円形を破った自在な形に、緑釉と鉄絵をくみあわせて抽象美を強調。黒釉と鉄絵をくみあわせた茶碗は、黒織部茶碗として分類される。慶長～寛永年間まで焼かれたが途絶え、江戸後期に瀬戸で復興した。

おりものしょうひぜい [織物消費税] 明治後期～昭和期の織物に対する国税で間接税。製造業者・税関などから織物を引き取る織物商や輸入業者などに価格を基準に賦課。元来は日露戦争時の非常特別税として1904年(明治37)に毛織物、05年にその他の織物に導入された。反対が多かったが、10年に税率を軽減し恒久的な普通税に転換。以後の改正で綿織物免税などを実施し、シャウプ勧告により50年(昭和25)に廃止。

オリンピック 国際オリンピック委員会(IOC)主催による国際総合スポーツ大会。フランスのクーベルタンが古代オリンピックの復興を提唱し、1894年同委員会が結成され、96年近代オリンピックの第1回大会がアテネで開催された。以後4年ごとに開かれ、第5回大会(1912年、ストックホルム)から日本も参加した。冬季オリンピックは1924年のシャモニー大会からで、日本は第2回(28年、サン・モリッツ)から参加。40年(昭和15)の第12回大会は東京(冬季大会は札幌)で行われる予定であったが、日中戦争下の経済情勢悪化のため中止された。日本は第2次大戦後の第15回大会(52年、ヘルシンキ)から復帰し、64年には第18回東京大会、72年には第11回札幌冬季大会、98年には第18回長野冬季大会が開催された。

オリンピックとうきょうたいかい [オリンピック東京大会] 1964年(昭和39)10月、東京で開かれた第18回夏季オリンピック。52年から日本は五輪大会招致運動を行い、7年後のIOC総会で開催が決定。日本にとっては、第2次大戦敗戦後の復興を世界に示す一大行事であり、総経費1兆円を投入、東海道新幹線建設ほか都市開発を進めた。アジアではじめてのオリンピック開催で、参加国は大会最多の94カ国、参加選手5586人を集めた。日本は金16、銀5、銅8のメダルを獲得。

オルガンティーノ Gnecchi-Soldo Organtino 1533～1609.3.17 イタリア人イエズス会宣教師。1570年(元亀元)来日。フロイスを助けるために京都に派遣され、76年(天正4)フロイスが九州に転じたため畿内地方の責任者となった。日本の諸事情を研究して理解を深め、「ウルガン伴天連」として親しまれた。織田信長の親交を得て、76年京都南蛮寺を建立、80年安土セミナリヨを開設。78年荒木村重が信長に背いた際には、村重の配下の高山右近を説得し、教会の危機を救った。87年豊臣秀吉のバテレン追放令によって一時小西行長領の小豆島に隠れたが、その後も畿内地方の責任者として布教に従事。晩年高齢と衰弱のため長崎に隠退し、同地で没。

オールコック Rutherford Alcock 1809.5.～97.11.2 イギリスの外交官。福州・上海・広東の領事をへて、1858年(安政5)11月初代駐日総領事に就任、翌年5月江戸に着任した。第1次東禅寺事件ではあやうく難をのがれた。11月公使に昇進、駐日外交団のリーダーとなる。62年(文久2)賜暇で帰国中、外相と遣欧使節竹内保徳らとの間の開市開港の延期を認めるロンドン覚書調印を斡旋し、64年(元治1)帰任した。萩藩の下関海峡封鎖、幕府の横浜鎖港提議などに対抗し、四国連合艦隊下関砲撃を遂行して萩藩を屈服させ、幕府に生糸貿易の制限を解除させた。11月下関遠征につき本国政府から召還され帰国。65年清国公使に転任。著書「大君の都」。

おわりのくに [尾張国] 東海道の国。現在の愛知県北西部。「延喜式」の等級は上国。「和名抄」では海部・中島・葉栗・丹羽・春部・愛智・山田・愛智・智多の8郡からなる。国府・国分寺は中島郡(現、稲沢市)におかれた。一宮は真清田神社(現、一宮市)。「和名抄」(名古屋市博本)所載田数は9450町余。「延喜式」では調に羅、綾、帛、糸や塩を、庸に韓櫃を定める。古代には尾張氏が国造として勢力をもった。古くから猿投窯、尾北窯などで陶器が生産され、瀬戸焼や常滑焼につながる。南北朝期には動乱が激しく、1352年(文和元・正平7)には近江・美濃とともに全国初の半済令が出される。守護所は下津(現、稲沢市)におかれた。守護の土岐氏は足利義満に討伐され、その後斯波氏が守護職を世襲。

戦国期には守護代織田氏が力をのばし、織田信長が国内を平定、全国統一へ乗りだした。関ヶ原の戦後、徳川家康は四男の松平忠吉を配し、江戸時代には名古屋藩が大部分を支配した。1871年(明治4)の廃藩置県により名古屋県となり、翌年愛知県と改称。

おわりのくにぐんじひゃくしょうらげぶみ [尾張国郡司百姓等解文] 「尾張国解文」とも。988年(永延2)尾張の郡司・百姓らが国守藤原元命の非法を31ヵ条にわたって列挙し、中央に訴えた文書。内容は強圧的な正税出挙て、交易雑物の買上値の操作による蓄財、税帳などの公文書偽造、勤務状態の悪さ、官符の未布告、子弟・従者の乱暴など多岐にわたる。その内容が国務の詳細に立ちいっているところから、百姓とはあるものの、任用国司や在庁官人らがかかわって作成したものとの疑いも濃い。10世紀以降、地方行政が受領に委任され、彼らへの権力集中が進展する一方で、地方の権力機構から排除された任用国司や郡司ら地方有力者の反発を背景にして作成されたものである。

おわりはん [尾張藩] ⇨名古屋藩

おんい [蔭位] 律令制下、父祖の位階によってその子・孫が一定の位階を与えられる制度。初叙の年齢は21歳以上で、親王の子は従四位下、諸王の子は従五位下、諸臣は嫡子の場合、一位は従五位下、二位は正六位下、三位は従六位上、正四位下は正七位下、従四位は従七位上、正五位は正八位下、従五位は従八位上で、庶子は嫡子より1階下げた。三位以上の場合は蔭位に及び、子より1階下とされた。外位は内位に準じるが、神亀5年(728)格によって内位より1～2階下げられた。蔭位は秀才以下の試験による初叙の最高位が正八位上であるのに比して高く、高位の貴族官人を同一階層で維持するのに役立ったと考えられている。

おんががわしきどき [遠賀川式土器] 弥生前期の土器の総称。中山平次郎が福岡県水巻町の立屋敷遺跡で採集の土器を無文の第1系土器と有文の第2系土器に分類し、前者が先行するとした。それに対し小林行雄が畿内の土器の分析から後者を西日本一帯に分布する弥生前期の土器であることを明らかにし、立屋敷遺跡が遠賀川の右岸堤防上にあることから、総称として遠賀川式土器と命名。伊勢湾岸地域以西の西日本に分布するが、東日本にも点在する。遠賀川式土器とともにその影響をうけた遠賀川系土器は、東北北部にまで及ぶことが判明しており、弥生文化の波及を示す。

おんがくとりしらべがかり [音楽取調掛] 文部省直轄の日本最初の音楽教育機関。1879年(明治12)創設。建物は現東京大学敷地内にあり、外国人教師モルレーの旧居館を使用。奏楽室をもち、十数台のスクエア・ピアノなど各種の和洋楽器を備えた。創設者で掛長の伊沢修二は、80年同掛のなすべき3項目を文部省に上申。(1)東西二洋の音楽を折衷して新曲を作る事、(2)将来国家を興すべき人物を養成する事、(3)諸学校に音楽を実施する事。この目標は87年東京音楽学校設立までに、教材となる唱歌集の出版、伝習生の教育と音楽教師の派遣、音楽書の翻訳出版などの形で実現した。

おんきゅう [恩給] 恩恵を施すこと。中世では、封建的主従関係のなかで奉公をねぎらい功労を賞するため、主人から従者に与えられる報償(恩)のうち、所領の給与をいうことが多い。鎌倉幕府の御家人に対する所領給与は、旧来の所領に対する権利を確認する本領安堵と、新たに所領所職を給与する新恩給与とに大別されるが、新恩だけを恩給という狭義の用法もあった。安堵された本領は私領、新恩として給付された所領は恩領として区別され、恩領の処分がきびしく制約されていたのに対し、私領の処分は原則的に自由だった。しかし幕府はしだいに私領も恩領として扱い、処分権を制約するようになった。

おんごく [遠国] 律令制下、京からの行程によって畿外諸国を分類した遠・中・近の3段階のうち最も遠いもの。調庸物の運京出発時期の基準となる。「延喜式」では東海道の相模以遠、東山道の上野以遠、北陸道の越後と佐渡、山陰道の石見と隠岐、山陽道の安芸以遠、南海道の伊予と土佐、西海道諸国が該当する。

おんごくぶぎょう [遠国奉行] 江戸幕府が重要直轄地においた各地の奉行の総称。中央在勤の奉行に対してよびならわした。京都・大坂・駿府の各町奉行、伏見・奈良・堺・山田・日光・下田・浦賀・新潟・佐渡・長崎・箱館(はじめ蝦夷地奉行、のち松前奉行)・兵庫(幕末)・神奈川(幕末)などの各奉行をさす。初設年代は不同。上級の旗本から任命されたが、伏見奉行のみは大名の任。職掌は行政、警察など万般のことを扱ったが、権限は立地柄により相違があった。在任中江戸出府の際には必ず評定所に出席して、聴訴の法を見習った。老中支配。知行高1000～2000石、役料500～2000俵。布衣。従五位下。下僚は与力・同心・地役人など。奉行間の異動、中央の重職へ昇進の道があった。

おんしょうかた [恩賞方] 建武政権・室町幕府に設けられた恩賞審査の組織。建武政権では、洞院実世らを上卿として、発足直後に設置された。実態は不明だが、決定権は後醍醐天皇にあり、しばしば審議結果が覆され上卿が交代したという。1334年(建武元)5月、4番

制で各頭人が雑訴決断所の頭人を兼ねるかたちに整備された。室町幕府でも成立直後に設けられ，将軍足利尊氏の出席する給与決定の場と，恩賞地の選定にあたる場からなり，執事高師直らが参加した。足利義詮以後，実質的な活動は少なくなるが，評定にかわって整備される御前沙汰の基盤となる。室町後期，御前沙汰に参加する奉行人を恩賞方衆とよんだ。

おんじょうじ［園城寺］三井寺・寺門とも。大津市園城寺町にある天台寺門宗の総本山。長等山と号す。7世紀後半に大友皇子の子，大友与多麿が創建したと伝える。859年（貞観元）円珍が再興して天台別院とし，以後，円珍門徒によってうけつがれた。993年（正暦4）円仁門徒の攻撃をうけた円珍門徒は比叡山を離れて園城寺に拠り，ここに山門派と寺門派が分離。以後天台宗の正統をめぐって長期の対立が続き，山門による7度の焼打をうけた。しかしそのつど皇室・摂関家などの庇護により復興。江戸時代には徳川氏の帰依を得て大いに栄えた。多数の寺宝を所蔵し，「五部心観」「不動明王像（黄不動）」・智証大師関係文書典籍はいずれも国宝。

不動明王像 黄色身であることから，黄不動といわれる。平安前期の作で，円珍感得像として古くから著名。現在秘仏。絹本着色。縦178.0cm，横72.1cm。国宝。

おんたけしんこう［御嶽信仰］おもに長野・岐阜県境に位置する木曾御嶽山に対する信仰。タケは雨・雲を支配する神霊のすむ高所の霊界を意味し，御嶽は各地方でかなめとなる山をさした。各地のタケの一つ御嶽山は，近世中期に黒沢・王滝に新たに登山道が開設され，江戸・尾張を中心に御嶽講が結成されるなどして，富士山とともに庶民登拝の山として信仰を集めるようになった。御嶽講は神がかりして託宣をする点に特徴があり，死後信者の霊魂は霊神となって御嶽に回帰するという信仰も顕著である。

おんだもく［恩田杢］1717～62.1.6 名は木工とも。江戸中期の信濃国松代藩家老。父は民清。諱は民親。1746年（延享3）家老，57年（宝暦7）勝手方となり，扶持米不払による足軽不動や増歩反対一揆に動揺していた松代藩で宝暦改革を主導。幕府から拝借金1万両をえて水害後の村落復興に尽くし，年貢の月割上納制（金納）を定着させた。倹約策や役務日記の引継制度，財政帳簿の継続的作成など文書行政の整備を行う。「日暮硯」に彼の政治が理想化され語り継がれた。

おんどのせと［音戸瀬戸］広島県呉市と安芸郡倉橋島の間にある狭水道。最も狭い所で幅90m。厳島神社を崇拝する平清盛が，瀬戸内海航路の整備のため，もと地峡であったのを

開削したと伝えられているが，史料的な根拠はない。しかしこの瀬戸を通って厳島に至る航路は，中世を通じて内海の主要な航路であった。瀬戸の間の往来は渡し船が用いられていたが，1961年（昭和36）音戸大橋が架けられ，芸南地域の観光の名所となっている。

おんながた［女方］「おやま」とも。女形とも。歌舞伎の役柄。1629年（寛永6）江戸幕府が女優を禁止したためにおこり，寛永期の村山左近，慶安期の右近源左衛門らが元祖とされる。万治・延宝期に老役のかか方（のちに花車方）と区別され，以来若女方とよんだ。当初若い俳優が勤めたが，18世紀中葉以降，年齢にかかわらず専門の職掌となった。特殊な技能を必要とし，芳沢あやめの「あやめぐさ」や初代瀬川菊之丞の「女方秘伝」など，すぐれた芸談・口伝が残る。

おんなかぶき［女歌舞伎］江戸前期，出雲のお国の人気に追随した遊女や女芸人による歌舞伎。多くは遊女のかぶき踊であったことから，遊女歌舞伎の称がある。遊女の張見世を兼ねた遊女歌舞伎は，規模ではお国を上回り，遊里に普及していた三味線を用いたりしたが，遊女の総踊が眼目で，戯曲性の点では退歩といえる。女歌舞伎は京のみならず諸国に伝播し，一般庶民はもとより大名・武家にも絶大な人気を得た。しかし遊女をめぐる喧嘩口論で風俗紊乱を招き，各地に禁令がだされた後，1629年（寛永6）幕府に禁止された。以後明治期まで女優のない社会が続く。

おんなだいがく［女大学］江戸中期以降広く普及した女子の教訓書。はじめ1716年（享保元）の「女大学宝箱」の本文として説かれた。貝原益軒の「和俗童子訓」のうち「女子を教ゆる法」をもとに取捨されている。女は嫁にいくものとの立場から嫁としての心構えを説く「女今川」とともに近世の女子教育の一典型をなすが，その「三従」の教えは，前近代的なものとして福沢諭吉以来批判されてきた。「女大学宝箱」は再版されて広く普及。明治期以降も「女大学」の名で同内容のものが続出した。

おんなで［女手］男手に対する呼称で，平仮名をさす。平安時代には男は主として漢字（万葉仮名）を用い，女は平仮名を用いたことからこの名がある。平仮名は万葉仮名を草体化した草仮名をさらに簡略化したもの。女手の語は「宇津保物語」「源氏物語」などにみえる。ただしこの語は一般に定着することなく，たんに平仮名の異称として，また男手の対語として使われるにとどまった。

おんみつ［隠密］主君や上司などの密命をおびて探索に従事した者。戦国期には忍者などとよばれた。江戸時代に入ると，幕府や藩は

隠密を用いてさまざまな情報を収集し、幕藩制の維持や統制に役立てた。幕府で隠密を勤めたのは、徒目付・小人目付・御庭番・隠密廻同心などで、隠し目付ともよばれた。徒目付・小人目付は、老中・目付の命をうけて大名の動静や幕臣の行状などを内偵したが、ことに大名が城郭の修築を願いでた際には、小人目付が派遣され状況を調査した。御庭番は将軍直属の隠密で、将軍や側用申取次の指令をうけて、諸藩の実情、諸役人の行状、世間の風聞などの情報を収集した。隠密廻同心は江戸の町奉行所に属し、市中の動静を検察した。

おんみょうじ［陰陽師］ 陰陽道の呪術により吉凶の判定や除災などを行う術士。684年(天武13)が初見で、令制では陰陽寮に6人、大宰府に1人と規定され、のち鎮守府や辺境諸国におかれた。平安中期以降、物忌・方違などの陰陽道禁忌が確立し、おもに安倍・賀茂両氏が陰陽師として活躍、陰陽頭・陰陽博士などについて、天皇・貴人のための占いや除災の法を行った。賀茂(勘解由小路)家は戦国期に廃絶したが、安倍氏の後裔である土御門家は江戸時代に全国に広まっていた民間の陰陽師の支配を認められた。明治期以降に自然消滅した。

おんみょうどう［陰陽道］ 中国から伝来した陰陽五行説をもとに成立した呪術の体系、またはこれにたずさわる呪術者の集団。陰陽五行説は、万物の生成転変を日月や木火土金水の運行・性質によって説明しようとする学説である。日本では祥瑞や災異の判定とそれをもとにしての占いが行われたほか、金神・太白・天一などの諸神の遊行する方角にもとづく物忌・方違や厭日・坎日・凶会日・衰日といった日の吉凶にともなう禁忌が流行し、また邪気を祓うための反閇・呪詛なども行われた。大化前代から朝鮮半島経由で伝わってきたものが淵源となり、本格的には平安時代に陰陽寮の官人たちの間で成立。平安後期以降は賀茂氏・安倍氏による支配・統制が強まり、江戸時代には安倍氏の一派の土御門家が独占的に支配して天社神道を成立させた。

おんみょうりょう［陰陽寮］ 令制で中務省に属した官司。唐の太史局と太卜署の機能をあわせもつとされる。中国的な占いを行う陰陽師、暦を作る暦博士、天変を監視する天文博士、水時計を管理する漏刻博士などが属し、これらに関する技能教育も行われた。成立は天武天皇の時代と思われ、その後8~9世紀を通じて祭祀その他の呪術にまで職域を広げた。

おんりょう［怨霊］ 恨みや執念をこの世に残して死亡し、さまざまな祟りをなす人の霊、御霊のこと。御霊信仰は平安時代から盛んになり、政治的に非業の死をとげた菅原道真の怨霊が雷となって京に火災をもたらしたり、伴大納言の御霊が祟りをあらわして、悪性流行風邪をはやらせたりしたと信じられた。餓死者や戦乱による死者の霊も、怨霊となって飢饉や疫病・大火・日照り・水害・虫害・死傷などの祟りをなすとして、施餓鬼・御霊祭を実施したり、念仏を詠唱し芸能を奉納した。長野県下伊那郡の遠山地方では、疫病や日照りになるのは一揆の折に死亡した領主の遠山一族の怨霊の祟りとされ、下栗のかけ踊はこれを鎮め祭るために始められたと伝えられる。

おんりょうしんこう［怨霊信仰］ ⇨御霊信仰

か

かいあわせ[貝合] 平安時代の物合(ものあわせ)の一つ。左右に、あらかじめ準備した同じ種類の貝を出しあい、優劣を競う遊戯。1040年(長久元)の「斎宮良子内親王貝合」は、貝の豊富な伊勢の地で催され、海辺を模した洲浜(すはま)台が作られ、和歌が添えられた。「堤中納言物語」の「貝あはせ」は、貝合を目前にした貝の収集のようすを描く。このような本来の貝合は平安末期からしだいにすたれ、貝覆(かいおおい)と混用されていった。貝覆は180対あるいは360対の蛤(はまぐり)の貝殻を左右両片にわけ、一方を並べて他方にあうものを探す遊び。やがて貝殻の内側に絵を描き、貝を入れる貝桶(かいおけ)も蒔絵(まきえ)など豪華なものが作られるようになり、婚礼調度の一つとなった。

かいえき[改易] 古代では職務の交代・改補のこと。職務を解くことが職務に付随する得分の剝奪に結びつくことから、中世には制裁的な得分剝奪をさす用法がうまれた。中世武家法では、所帯改易・所職(しょしき)改易のように、得分を対象とする制裁的な用法が主となり、罪科・落度に対応する刑罰・制裁としての所帯所職の収公処分をさすようになった。近世には、武家の当主ならびに嫡子に罪があったときに科される刑罰となり、主人との間の主従関係をたち切り、家臣としての身分やそれに付随する封録を剝奪して、家屋敷も没収のうえ家を断絶させるものであった。

かいえんたい[海援隊] 幕末期に坂本竜馬を中心に活動した有志集団。1865年(慶応元)に廃止された神戸海軍操練所に学んだ者たちが、竜馬を中心に長崎の豪商小曾根家の援助をえて、同年5月に亀山社中を結成、海運に従事しながら航海術を磨いた。高知藩は67年4月竜馬の脱藩をゆるし、社中を海援隊として長崎出張所の管轄ということで間接的に藩に属させ、竜馬を隊長に任じた。隊士は土佐中心ではあるが、他国の出身者もまじっていた。国事に奔走した竜馬の死後は組織も崩壊し、68年(明治元)閏4月に藩が解散命令を出した。

かいき[開基] 寺院を創建すること、また創建のための経済的支持者。鎌倉の臨済宗円覚寺の開基は、経済的支持者であり世俗の実力者である北条時宗、開山は無学祖元(むがくそげん)である。禅宗寺院では開基と開山を区別するが、混用される場合もある。浄土真宗では宗祖親鸞を開山と称し、末派寺院の創設者を開基とよぶ。

かいきん[海禁] 下海通蕃之禁(かかいつうばんのきん)の略。中国・朝鮮で、一般の中国人・朝鮮人の私的な海外渡航や海上貿易を禁止した政策。とくに明・清代の政策が知られる。明の太祖洪武(こうぶ)帝は、冊封(さくほう)関係を結んだ周辺の諸国王との朝貢貿易だけに限定。1371年、国内の人民に対して海外渡航と外国人との私的交流を禁止し、倭寇(わこう)を禁圧しようとした。清は1655年以降、海禁政策をとる。日本の江戸時代の鎖国を、海禁の一種とする見解もある。

かいぐんぐんれいぶ[海軍軍令部] ⇨ 軍令部(ぐんれいぶ)

かいぐんこうしょう[海軍工廠] 軍艦・兵器の製造修理や兵器・艦営需品の調達・保管・供給などを行う機関。1903年(明治36)海軍工廠条例により各鎮守府造船廠・兵器廠などを統合して設置。当初は横須賀・舞鶴・呉・佐世保の各鎮守府に設置され、造船・造機・造兵の3部からなった。呉はさらに製鋼部をもち、兵器・装甲板製造の中心となった。23年(大正12)航空機製造にあたる広(広島県)に海軍工廠を設置、のち航空機関係は航空工廠に分離したが、戦時下での需要急増に対応して39年(昭和14)豊川(愛知県)、翌年光(山口県)、太平洋戦争中には相模(神奈川県)・川棚(長崎県)・鈴鹿(三重県)・沼津(静岡県)・多賀城(宮城県)・高座(こうざ)(神奈川県)・津(三重県)に開設された。

かいぐんしょう[海軍省] 明治初年から第2次大戦の敗戦まで海軍の軍政を統轄した中央官庁。1871年(明治4)7月、兵部省海軍部を設置。72年2月、兵部省の廃止により陸軍省・海軍省が分離して設置された。はじめは太政官の一省、初代海軍卿は勝海舟。85年内閣制度制定により内閣の一省となる。初代海軍大臣は西郷従道(つぐみち)。海軍省設置当初は秘史・軍務・造船・水路・会計の5局からなる。86年海軍官制制定により大臣官房および軍務・艦政・会計の3局がおかれた。軍政だけでなく海軍の教育も管轄、89年に海軍参謀部(のち海軍軍令部)が設置されるまでは海軍の軍令機能も保有した。1945年(昭和20)11月に廃止され、第二復員省となった。

かいぐんそうれんじょ[海軍操練所] 1869年(明治2)9月明治政府(兵部省)が近代海軍創設のため、京都築地の広島藩邸跡に創設した海軍士官の養成機関。大藩5員、中藩4人、小藩3人ずつ進貢の修業生を選抜入所させ、そのほか約100人の通学生徒で同年11月に始業した。翌年11月海軍兵学寮と改称、76年8月には海軍兵学校と改組・改称した。

かいぐんひこうよかれんしゅうせい[海軍飛行予科練習生] 海軍の航空機搭乗員を希望する年少者を採用して教育し、将来の下級幹部と

かいく

する制度。海軍がこの制度を創設したのは1929年(昭和4)で、37年に甲種飛行予科練習生制度を新設し、従来のものを乙種とした。甲種は旧制中学4年程度、乙種は高等小学校卒業程度から選抜。40年に海軍兵からも選抜する制度が丙種に加わり、総称して予科練といわれ、飛行兵の中心となった。

かいぐんへいがっこう [海軍兵学校] 海軍兵科将校の養成機関。1869年(明治2)9月創設の海軍操練所が海軍兵学寮をへて76年8月海軍兵学校と改称。この間、横須賀に分校が設置され機関科が設けられたが、のち海軍機関学校として分離・独立。88年8月東京築地から広島県江田島に移転した。生徒は明治・大正期には1期約50~300人だったが、太平洋戦争末期には1期3000人をこえ、各地に分校が急造された。45年(昭和20)11月廃止。

かいぐんりくせんたい [海軍陸戦隊] 陸上での警備や戦闘に従事する海軍部隊。陸戦隊と略称。日本海軍は戦時・事変に際して居留民保護や局地的な暫時占領などの必要があるとき、所定の艦船乗員で臨時に陸戦隊を編制し陸上に派遣した。昭和期になって常時編制の陸戦隊が必要になると、1932年(昭和7)海軍特別陸戦隊を、37年特設鎮守府陸戦隊を創設。前者には上海海軍特別陸戦隊の例、後者には太平洋戦争でセレベス島(現、スラウェシ島)のメナドに落下傘降下した横須賀鎮守府第1特別陸戦隊などの例がある。

かいけい [快慶] 生没年不詳。鎌倉前期の仏師。康慶の弟子。運慶とほぼ同時期に活躍し、鎌倉彫刻の基礎を築いた。重源の阿弥陀信仰に大きな影響をうけ、安阿弥陀仏と号した。重源のほか、明恵や貞慶、法然の浄土宗教団、さらに藤原通憲の一族の造像にたずさわるなど幅広く活動。1203年(建仁3)の東大寺総供養に際し法橋、08~10年(承元2~4)の間に法眼位に昇った。優美で親しみやすい仏像様式を創出し、作風は安阿弥様とよばれた。とくに数多く造立した3尺の阿弥陀如来立像はその特色をよく示し、後世に大きな影響を与えた。作例は、1195年(建久6)頃の兵庫県浄土寺阿弥陀三尊像をはじめ37件が確認されている。

かいけいかん [会計官] 明治初年に財政を担当した官庁。1868年(明治元)閏4月政府が政体書を公布、三職八局制に代わり太政官制を採用したのにともない、財政担当部局も会計事務局を会計官に改組した。長官である知事には公家が就任したが、参与由利公正が主導して太政官札の発行、商法司の設置など由利財政を展開した。69年2月に由利が辞職すると、大隈重信らが実権を掌握。69年7月の職員令による太政官制改革で大蔵省に改組された。

かいげん [快元] ?~1469.4.21 室町中期の臨済宗の禅僧。足利学校の初代庠主(校長)。鎌倉円覚寺で喜禅から易を学び、足利学校を興隆した上杉憲実から学校に招かれた。1439年(永享11)に学校に来ていたことは確実。「春秋」を学ぶため渡明をはかり九州に下ったが、目的を達せられなかったという。

かいげん [改元] 元号を改めること。改元の理由には大きくわけて代始・祥瑞・災異・革年の四つがある。代始改元は天皇の践祚(即位)に伴う改元で、践祚の翌年に改元する踰年改元が原則であった。祥瑞改元は珍しい自然現象や動植物などの出現による改元で、奈良時代に多い。災異改元は彗星・地震・旱魃・洪水・飢饉・疫病・火災・兵乱などの天変地異や人災による改元。革年改元は辛酉・甲子の年には変乱が多いとする辛酉革命・甲子革令説にもとづく改元。そのほか、平安時代には陰陽思想で厄年にあたる年の改元もあった。改元は本来天皇の権限であったが、室町時代以降には武家政権の発議・主導による改元が多くなった。明治改元の際に一世一元の制度が採用され、以後、改元は天皇の代始に限られている。

かいげんくよう [開眼供養] 新たに造られた仏像や仏画を堂宇に安置する際に行う儀式。仏眼を開き魂を請じいれる意味で開眼といい、香華・護摩などの供養を伴う。この儀式をへてはじめて神聖な尊像とみなされた。752年(天平勝宝4)4月に行われた東大寺大仏開眼供養は日本で最初の大規模なものだった。

かいげんつうほう [開元通宝] 中国唐代を通じて鋳造され流通し、東アジアの貨幣の規範となった銅銭。初鋳は621年。これ以前の唐の銅銭は重量を刻んでいたが、開元通宝以降は銭名のみとなり、以後清代末まで継承。日本にも大量に輸入され、和同開弥の模範とされた。銭名を右回りに開通元宝と読む説もある。

かいげんれい [戒厳令] 戦時またはそれに準じる非常事態に際して一定の区域内の国民の権利・自由を制限し、行政・司法の事務の一部または全部を軍事機関の支配下におくことを定めた法令。1882年(明治15)太政官布告第36号として公布。大日本帝国憲法では、戒厳の宣告は天皇の大権とされ(第14条)、形式は勅令で定められた。臨戦あるいは合囲の区域(敵軍に囲まれたり攻撃をうけたりする区域)では、戒厳司令官が行政・司法事務を管轄し、集会や出版物の停止、民有の家屋や物品の検査・接収、郵便物の開封などの権限をもった。日清戦争、日比谷焼打事件、関東大震災、2・26事件などに際し地域を限定して実施された。第2次大戦の敗戦

により失効。日本国憲法には戒厳の規定はない。

がいこくかわせかんりほう[外国為替管理法] 1933年(昭和8)3月に制定された外国為替の管理・統制法。1931年12月の金輸出再禁止以降,資金の海外流出を防ぐために翌年制定された資本逃避防止法の実効があがらなかったことを背景に制定された。外国為替取引と外国貿易について,政府の強い統制権限を規定。41年さらに強化されたが,敗戦とともに無効となり,49年外国為替及び外国貿易管理法に吸収された。

がいこくかん[外国官] 外交・貿易・開拓などの事務を管轄した明治初年の中央官庁。1868年(明治元)1月,外交を管掌する政府機関として外国事務科をおき,翌月外国事務局と改称。ついで閏4月政体書により外国官を設置した。七官のうちの一官。当初は大阪におかれ,まもなく太政官内に移り,69年2月東京に移転。貿易事務を管理する通商司は同年5月会計官に移管された。長官である知事には伊達宗城・沢宣嘉らが,副知事には東久世通禧・大隈重信・寺島宗則らが就任。同年7月の官制改革で外国官は廃止され,外務省を設置。

がいこくじんきょうし[外国人教師] ⇒御雇外国人

がいこくぶぎょう[外国奉行] 幕末期の幕府の職名。1858年(安政5)7月海防掛を廃し,はじめて外交を扱う役職として設置。田安家家老水野忠徳・勘定奉行永井尚志・目付岩瀬忠震らが任じられ,ほかに2人が外国奉行兼帯となった。1854年日米和親条約締結後しばらくは海防掛を外交事務にあたらせていたが,56年外国御用取扱を命じられた老中堀田正睦のもとで堀田を補佐する外交機関がおのずから成立し,58年の外国奉行設置へつながった。外国奉行の下に支配組頭・支配調役・支配調役並,さらに定役・同心がおかれ,外国奉行以下を外国方といった。

かいこくへいだん[海国兵談] 国防を目標とした兵書。16巻。林子平著。1786年(天明6)成立,翌年工藤平助の序をつけて第1巻を刊行,91年(寛政3)全巻刊。地続きの隣国をもたない「海国」日本には,それにふさわしい国防がなければならないというのが基本的な立場で,第1巻ではオランダ船の装備や構造の紹介とともに,洋式軍艦を建造し海軍を充実させるよう説き,大砲を改善し沿海に配備すべきことを提言。とくに江戸湾の防備が急務であると指摘する。第2巻以下は従来の兵書の内容をでないが,本書の刊行により著者林子平は処罰され,本書も92年幕府により絶版とされたが,のち解除され再刻。「岩波文庫」「林子平全集」所収。

かいさん[開山] もともとは寺院を建立すること。転じて一寺を開いた僧,すなわち寺院の初代住職をさし,寺院の経済的支持者である開基と区別。仏弟子の修行には閑静な地を選ぶ必要から,山地を開いて道場あるいは一寺を建立したのでこの名がある。さらに転じて,一宗を開いた高僧,宗祖・派祖も意味する。

かいしょ[会所] 会合や事務所などに使われる建物や部屋をいう。(1)室町時代の公家や武家の住宅のなかに建てられた客殿。連歌・茶会などの会合や対面のときに利用され,住宅を構成する建物のなかでは最も重要な役割を担った。(2)中世末期,町衆が地域ごとに設けた集会所。(3)江戸時代にはさまざまな会所がみられる。株仲間の事務所,米・金銀の取引所,商業機能をもった藩の役所,町内の事務所や集会所,両替・手形・藩札などの引替所,幕末に幕府や藩が外国貿易のために江戸や大坂に設けた役所などをいう。

かいじょうけいびたい[海上警備隊] 日本近海の海上警備を主任務とする部隊。1952年(昭和27)4月26日海上保安庁内に発足。陸上の警察予備隊に相当し,同年8月1日の保安庁の発足により,警察予備隊は保安隊に,海上警備隊は警備隊となる。さらに54年7月1日の防衛庁の発足により,保安隊は陸上自衛隊に,警備隊は海上自衛隊となった。海上警備隊発足時の基幹兵力は,アメリカから貸与されたパトロール・フリゲートと上陸支援艇であったが,逐年増強された。

かいじょうほあんちょう[海上保安庁] 航行の安全と海上の治安を担当する運輸省の外局。1948年(昭和23)5月1日設置。第2次大戦後の日本の近海は機雷や標識破壊のため航行の安全が失われ,海軍の消滅で治安も悪化していることから,海上保安の一元的な管理機関として発足。50年7月の警察力増強に関するマッカーサー書簡により海上保安庁も増強。52年4月には海上警備隊が設置されたが,8月新設の保安庁へ移管された。沿岸警備,海難救助,海上交通の安全,灯台・水路の保安などを任務とした。

かいしんとう[改進党] 第2次大戦後の政党。国民民主党を中心に農民協同党・新政クラブが合同して1952年(昭和27)2月に結成。総裁は公職追放を解除された重光葵,幹事長三木武夫。修正資本主義と協同主義をうたい,自由党と社会党の中間勢力をめざした。結党以来,内部に与党連携派と野党派の対立があり,軍備・改憲・対ソ外交などの問題についての政策は動揺が続いた。同年10月の総選挙では85議席を得て自由党につぐ第2党となったが,翌年4月の総選挙で76議席に後退。この頃からしだいに野

党色を強めて自由党内の反吉田派に接近，54年11月自由党鳩山派などと合同して日本民主党が結成された。

かいしんのみことのり [改新の詔] 「日本書紀」大化2年(646)1月1日条にみえ，大化の改新の基本方針を示した法令。内容は4カ条からなり，それぞれ主文といくつかの副文からなる。第1条は，旧来の部民制を廃止し，諸豪族にはかわりに食封(じきふ)や布帛(ふはく)を支給すること。第2条は，京師・畿内・国司・郡司などの行政区画の画定。第3条は，戸籍・計帳・班田収授。第4条は，旧の賦役をやめて新しく田之調(たのみつぎ)，戸別之調および調副物(つきのそわつもの)，贄(にえ)に，仕丁の徴収を定めている。その特徴は，これまで部民制・国造制によって治められてきた地方人民を，国家が直接支配する公民に編成し，一律の税をかける点にあり，中央官制にはふれず，中央の豪族が割拠する畿内も対象から除外されていた可能性がある。なお，詔の信憑性についてさまざまな疑問が出されている。いわゆる郡評論争により詔の「郡」は大宝令の用字であること，副文の一部に大宝令文の転載がみられることなどから「日本書紀」編者の手が加えられていることは明らかであるが，645年8月および646年3月の東国国司の詔や同年3月の皇太子奏，同年8月の品部(しなべ)廃止の詔なども同様の政策を示しており，詔の存在自体は事実とみられる。

かいせいがっこう [開成学校] 明治初期，東京にあった官立洋学校。1868年(明治元)9月旧幕府直轄の開成所を新政府が改称して設立。大学南校の前身。医学校とともに昌平学校(旧，昌平坂学問所)を補佐して，英・独・仏の外国人教師らが語学・普通学を教授した。

かいせいじょ [開成所] 江戸幕府の洋学研究教育機関。1863年(文久3)8月「易経」の「開物成務(かいぶつせいむ)」という一句にもとづき洋書調所を改称して成立。慶応の改革の一環として，英語・フランス語・数学を中心に，教授方増員や職務割当ての合理化を推進。研究教育部門の充実がはかられ，67年(慶応3)までに幕府直轄学校のうち最大規模になった。68年(明治元)6月新政府に移管され，9月開成学校として再開された。

かいぜいやくしょ [改税約書] 下関戦争の償金減免と引換えに，1866年(慶応2)6月，幕府全権水野忠精(ただきよ)と英・米・仏・蘭4国代表との間に結ばれた協約。その内容は安政五カ国条約で定められた関税を引き下げ，大部分の輸入品目に従価5％を基準とする従量税を課すこととしたもので，以後商品価格の上昇によりさらに実質的な関税率の低下をもたらすという問題が生じた。またイギリス公使パークスの主張により，陸揚げ船積手数料の廃止，保税倉庫の設置，日本の輸出品に対する内地関税の禁止，貨幣の等価交換，すべての日本人の対外貿易・外国船舶購入・海外渡航の自由なども規定され，欧米諸国の自由貿易の意向を強く反映した協約である。

がいせき [外戚] 母系の親族をいうが，その範囲は明確でない。ちなみに，名例律議親条で特権が与えられた天皇の外戚は，外祖父母，オジ・オバとその子である。外戚が最も意味をもった古代では，結婚した男子は妻の生家の支援をうけ，生まれた子は母の家で養育され，成長後は邸宅など財産を継承することも多くみられた。天皇も，有力な外戚が後見でなければ即位を期待できず，逆に天皇の外戚も，高位高官(追贈を含む)にのぼるなどの優遇をうけた。清和天皇の外祖父藤原良房(よしふさ)が最高権力をにぎって以後，藤原氏が天皇の外戚の地位を保持して摂関を歴任した。院政期には，上皇の父権の確立にともない外戚の地位は低下したが，その後も外戚関係を含む姻戚関係は，社会全体に少なからぬ影響を及ぼした。

かいせん [廻船] 鎌倉時代以降，各地で商品を売りまわる荷船。商船(あきないぶね)・荷船も同義。近世以降は，経営形態を問わず商品を輸送する海船一般を称した。菱垣(ひがき)廻船・樽(たる)廻船が江戸一大坂間の廻漕に活躍する一方，江戸幕府や藩などの雇船を中心に海運機構が整備された。これらは運賃積だが，江戸中・後期には，雇船体制から独立し成長した中小の廻船業者による買積船の活動が活発化した。化政期に全盛を迎えるが，その代表は北前船(きたまえぶね)である。

かいせんしきもく [廻船式目] 日本最古の海商法。末文に1223年(貞応2)成立と記すが，これは権威づけのための仮託で，実際の成立は戦国期と推定される。中世以来の各港津の発達，運送業者の分業化や座的団体の形成とそれにともなう権利強化，活動範囲の広がりが，古くから各地方に存在した慣習法をもとに，広範囲な地域に統一的に通用する成文法の成立を促した。写本も多く条文数もまちまちだが，原文は31カ条で，のち修正・付加された。内容は多様だが，船主・荷主・船頭・水主(かこ)それぞれに対する共同海損の規定が多くを占める。近世に入ると law源も多様化するが，「廻船式目」はその核として継承された。

かいせんどいや [廻船問屋] 船問屋とも。菱垣(ひがき)廻船・樽(たる)廻船などの運賃積の廻船を対象とする問屋か，買積の廻船を相手に積荷商品の売買を行う問屋の2種あった。一般に大都市や拠点港に成立し，商品売買は廻船問屋が，船員の世話は船宿(ふなやど)(小宿とも)が行った。ほかにも商品の斡旋，売買相手の紹介，相場情報の

収集提供，為替送金や金融，商品の保管，入港税の代理徴収など多様な業務に従事した。廻船営業に欠かせない存在だったが，一般的に廻船問屋と廻船は固定的顧客関係を結んでおり，これを客船𠴛という。

かいぞう［改造］ 1919年(大正8) 4月山本実彦の改造社から創刊された総合雑誌。山川均ðと・大杉栄・河上肇はৢ・櫛田ੰৢ民蔵らによるマルクス主義，B.ラッセル，A.アインスタインらの外国の新知識の紹介など，第1次大戦後の新思潮を敏感にとりいれた誌面で読者を獲得した。文芸では志賀直哉「暗夜行路」，芥川竜之介「河童」，武者小路実篤「或る男」，細井和喜蔵「女工哀史」など，また小林秀雄・宮本顕治らの評論を掲載し，中央公論とならぶ総合雑誌となる。しかし42年(昭和17) 8・9月号に掲載された細川嘉六の論文に端を発した横浜事件で軍部の圧力が加わり，44年6月休刊。第2次大戦後GHQの要請で再刊されるが，55年2月社内の争議で廃刊。

かいたいしんしょ［解体新書］ 日本初の西洋解剖書の本格的訳書。杉田玄白ば訳，中川淳庵じัん校，石川玄常参，桂川甫周じし校閲。5巻。1774年(安永3) 江戸須原屋市兵衛刊。クルムス著「解剖学表」のディクテン蘭訳本(「ターヘル・アナトミア」1734刊)の注を除く本文のみを全漢訳したもの。1771年(明和8) 3月4日江戸小塚原での腑分ふっの見学により「ターヘル・アナトミア」の図の正確さに感銘をうけ，翌日から会読が開始された。翻訳の主力は前野良沢りしだったが，名を出していない。解剖図は他の原書からも採用され，小田野直武はが模写した。本書の出版は，西洋の自然科学が本格的に導入される端緒となり，蘭学の発達をみた。「日本思想大系」所収。

かいたくし［開拓使］ 北海道および樺太の開拓を主任務とした明治初期の官庁。1869年(明治2) 7月，版籍奉還後の官制改革により設置。当初東京に本庁をおいたが70年閏10月函館へ，さらに71年5月札幌に移転した。70年5月黒田清隆が開拓次官(74年長官)に任命されて，開拓政策推進の中心となる。黒田は71年1～6月に渡米し，H.ケプロンを開拓使顧問として招くことを決定。72年以降10年間毎年平均100万円の継続支出が認められた。道路・鉄道・都市の整備，官営工場経営，石炭の採掘，屯田兵の配置，移民の入植・定住など，82年2月開拓使の廃止までの10年間の総事業支出は2000万円をこえたが，官営事業はほとんど欠損を生じた。

かいたくしかんゆうぶつはらいさげじけん［開拓使官有物払下げ事件］ 1881年(明治14) 政府の開拓使官有物払下げ計画が，世論の反対にあい中止を余儀なくされた事件。開拓長官黒田清隆は開拓使10年計画の満期を迎え，総額1500万円にのぼる費用をかけた開拓使所有の不動産などを，38万円無利息・30年賦という廉価で法外な好条件で，同郷の政商関西貿易商会の五代友厚ःだিらに払い下げようとした。藩閥と政商の結託とみて国民各層で激しい反対運動が展開され，国会開設運動にも結びついた。政府部内でも筆頭参議大隈重信らが批判・反対したため計画は取り消され，国会開設の勅諭，明治14年の政変へとつながった。

かいだん［戒壇］ 戒律をさずけるための壇。受戒の場所のこと。インドに始まり，中国では3世紀半ば頃洛陽に造られたと伝える。日本では，来訪した鑑真ぷが754年(天平勝宝6) 東大寺大仏殿前に築き，400人に菩薩戒を授けたのが最初。翌年常設の戒壇(戒壇院)を建立し，761年(天平宝字5) には下野国薬師寺，筑前国観世音寺にも設置，三戒壇とよばれた。平安初期には最澄が比叡山に大乗戒壇の設立を申請，没後の822年(弘仁13) 勅許を得た。のち天台宗は山門と寺門の両派に分裂，寺門派は園城はᡒ寺に戒壇創設をはかるが，山門派の反対によって実現しなかった。東大寺戒壇院は三重の高壇を築き，中央に釈迦・多宝2仏を安置する多宝塔をおく。

かいだんぼたんどうろう［怪談牡丹灯籠］ 幕末～明治期の落語家初世三遊亭円朝作の人情噺。1884年(明治17) に速記本が出版された。原話は中国の「剪灯ょৢ新話」にあり，円朝はそれを，焦がれ死にした旗本の娘お露の亡霊が毎夜牡丹灯籠をさげ，いとしい新三郎のもとに通う話を主筋に，いくつかの副筋を交えて脚色した。92年には「怪異談牡丹灯籠」の題で歌舞伎化もされた。

かいちがっこう［開智学校］ 明治初期小学校建築の代表的遺構。長野県松本市。地元の大工棟梁立石清重が東京の開成学校や医学校を参考にして造ったと伝える。1876年(明治9)竣工。伝統的な木造建築技術を母胎に隅石などの洋風意匠を積極的にとりいれているほか，玄関や望楼などが奇想的ともいえる意匠が認められることから，擬洋風という化建築の傑作とされる。学制の地方における展開や西洋建築の地方への浸透を示す遺構でもある。重文。

かいちょう［開帳］ 開屝かǔ・啓龕ਚ・開龕ṋฤとも。厨子の扉や斗帳ಃを開き，内に安置した非公開の本尊や祖師像などの尊像・秘宝をじかに拝観させること。寺社境内で行う場合を居৺開帳，他所に出張して行うことを出ৢ開帳という。もとは結縁ネ⏈のためだったが，寺社の修造費・経営費を獲得する目的となり，拝観のとき奉納する金銭を開帳銭といった。最も盛んになった江戸時代には娯楽化・興行化の傾向

が強まった。開帳を行う開帳場には歌舞伎や人形浄瑠璃の見世物小屋や茶店などがでて盛り場となり，戯曲やからくりのなかには開帳をあてこんで作られた開帳物とよばれる作品がうまれた。

かいちょうおん [海潮音] 上田敏の訳詩集。1905年(明治38)刊。英・独・仏などの29人の詩57編を収録。浪漫主義的抒情が支配的となりつつあった詩壇に西欧の象徴主義詩風を移植し，若い詩人たちの詩作方法に多大な影響を与えた。訳者による「序」や「解説」での象徴主義の紹介も，詩壇の流れを変える大きな役割をはたした。マラルメ，ベルレーヌら象徴派詩人の詩のほか，高踏派(パルナシアン)の詩も多い。ベルレーヌ「落葉」，ブッセ「山のあなた」などは有名。

かいつうしょうこう [華夷通商考] 外国地誌・貿易書。2巻。西川如見著。1695年(元禄8)刊。草稿を著者に無断で書肆が刊行したとの理由で，如見みずから大幅に増補訂正し，「増補華夷通商考」5巻として1708年(宝永5)再度刊行。中国15省，外国(朝鮮・琉球など5国)，外夷(チャンパなど11国)，さらにそれ以外のオランダ人が交易する31国の日本からの道程，気候，物産，日本との交易関係などが載る。如見以前の「諸国土産書」や唐通事林道栄の「異国風土記」，さらには「職方外記」などを参考にしたと推定される。鎖国下の人々に外国の知識を与え，外国地理書として先駆的な意義をもつ。「岩波文庫」「日本経済大典」所収。

かいづか [貝塚] 過去の人類が居住地の周辺に捨てた貝類の殻や魚骨・獣骨が層をなして堆積した遺跡。縄文早〜晩期に各地にみられるが，関東地方の東京湾沿岸には大規模な貝塚が集中する。地域によっては弥生〜古墳時代以降までみられる。貝塚を構成する灰，海水産主体の鹹水貝塚と淡水産主体の淡水貝塚にわけられ，さらに純鹹・主鹹・淡鹹・主淡・純淡に細分される。規模のうえでは平面形が環状または馬蹄形をなす大型貝塚と，廃屋となった竪穴住居の窪地などに堆積した小型貝塚がある。貝塚は日々の食べかすや不用品が下から順に堆積しているので，縄文土器の編年研究に大きく寄与し，通常の遺跡では遺存しにくい埋葬人骨なども多く検出され，葬制の研究や人類学的な研究が進められた。当時の食生活や生業活動に関するさまざまな資料も得られる。

かいづかぶんか [貝塚文化] ⇨沖縄貝塚文化

かいていりつれい [改定律例] 明治初期の刑法典。司法省を中心に編纂事業が進められ，1873年(明治6)6月13日に太政官布告として公布，7月10日施行。3巻318条からなる。新律綱領(1870年制定施行)を修正・増補したもので，新律綱領に並行して適用された。中国流の律にフランス流の刑法をとりいれている。それまでの答・杖・徒・流を懲役に改め，刑罰を死刑と懲役刑とに体系化。新律綱領に比べて多少刑罰を軽くしたが，身分によって異なる刑罰はなおї議している。翌年1月1日に刑法(旧刑法)が施行されるまで効力を有した。

かいてん [回天] 太平洋戦争末期に日本海軍が使用した特攻兵器。人間魚雷と俗称。特殊潜航艇の要員から熱烈な上申が出て1944年(昭和19)2月に試作を始め，8月から量産(約400基完成。秋から実戦に使用)。魚雷を改造し，長さ約15m，直径1m，爆薬1.5トン。潜水艦から発進し，乗員1人が操縦して敵艦船に体当りすることによって戦局を一変することを期待して命名された。ウルシー環礁を最初とし，南太平洋の各港湾を攻撃し，硫黄島・沖縄周辺海域にも出撃した。

かいと [垣内] 古代〜中世，周囲に垣をめぐらして私的占有地であることを示した小規模な開発地。本来は畠を中心としたものだったが，開発にともなって屋敷が設けられ，周囲の林や水田なども含むものになった。数個の垣内が複合して小集落を形成することもあり，この集落を垣内とよぶ。全国にあるカイト・カイチ・カイドなどの地名は，こうした耕地や集落の名に由来する。

かいどうき [海道記] 1223年(貞応2)京都白川に隠棲の僧が，京都—鎌倉間を往還した際の紀行。各所に天台仏教の思想がみられる。「和漢朗詠集」「本朝文粋」などの漢詩句をちりばめた和漢混交文体。和歌84首を含む。遠江国菊川宿では承久の乱で刑死した藤原宗行をしのぶ。現行の「竹取物語」とは異系の「竹取翁伝承」が記される。「群書類従」「新日本古典文学大系」所収。

かいとくどう [懐徳堂] 江戸中期，摂津国尼崎町1丁目(現，大阪市中央区)の道明寺屋吉左衛門隠宅に設置された漢学塾。1724年(享保8)同地の町人5人が出資。三宅石庵を学主とし，庶民教育を目的とした。26年に官許の学問所となる。学風は初期は朱子・陸王・古学の折衷。学主は石庵没後，中井甃庵・三宅春楼・中井竹山・同履軒・同碩果と継がれ，五井蘭州が基礎確立に努め，三輪執斎・伊藤東涯らも来講。受講生には大坂近郷，西国の人々が多かった。1869年(明治2)閉塾。明治末期に西村時彦らによって財団法人懐徳堂記念会が発足し，1916年(大正5)大阪市中央区豊後町に新堂建立。45年(昭和20)空襲で罹災し，49年に蔵書類は大阪大学に寄贈された。

かいなんがくは [海南学派] 南学派とも。戦国末〜江戸前期に土佐に興った儒学の一派。派祖の南村梅軒は，儒・禅一致の立場から朱子の「四書集注」にもとづいて儒学を講じた。この学統から忍性・如淵・天質など，儒学を得意とする禅僧が現れ，天質の弟子が当派の実質的な派祖となる谷時中である。時中の門からは高知藩政で活躍した野中兼山や小倉三省が出，現実の政治と結びつく実践的な儒学を形成した。ほかに崎門学派の祖となる山崎闇斎がいる。

かいのくに [甲斐国] 東海道の国。現在の山梨県。「延喜式」の等級は上国。「和名抄」では八代・山梨・巨麻・都留の4郡からなる。国府ははじめ山梨郡(現，春日居町)にあったが，平安中期には八代郡(現，御坂町)に移ったと考えられる。国分寺・国分尼寺は八代郡(現，一宮町)におかれた。一宮は浅間神社(現，一宮町)。「和名抄」所載田数は1万2249町余。「延喜式」では調庸は布帛だが，中男作物として紅花・胡桃油・鹿脯など。古代には甲斐の黒駒と称される良馬の特産地で，御牧が設定され，平安時代には宮廷で駒牽が行われた。平安後期に甲斐源氏が勃興し，その一流武田氏が鎌倉時代以降，代々守護を独占した。戦国期には石和から躑躅ヶ崎へ進出し，城下町として甲府を創建，信虎・信玄・勝頼の3代にわたり勇名をはせた。江戸時代には甲府藩とされ，譜代大名を封じたが，中期以降幕領となり，甲府勤番の支配となる。1868年(明治元)新政府軍が甲府城を占領，69年甲府県となり，71年山梨県となる。

かいはくごししんれい [海舶互市新例] ⇨正徳長崎新例しょうとくながさきしんれい

かいばらえきけん [貝原益軒] 1630.11.14〜1714.8.27 江戸前期の儒学者・博物学者。名は篤信，字は子誠，通称助三郎のち久兵衛。損軒・益軒と号す。筑前国福岡藩士の子として生まれ，19歳から71歳で致仕するまで，ほとんど福岡藩主黒田家に仕えた。その間，長崎で医学を学び，江戸・京都に出て儒学を研鑽し，林鵞峰・向井元升・木下順庵・松永尺五・山崎闇斎らと交わる。朱子学を基本としたが，青年期には陽明学も学んだ。晩年には朱子学に疑問をいだき「大疑録」を著し，古学にも関心を示した。本草学・農学・天文学・地理学などの自然科学にも造詣深く，「大和本草」は著名。教育や経済の分野での著作も多く，「養生訓」「和俗童子訓」など簡潔に説かれた実践道徳書は広く流布し，今なお心身修養の書として評価されている。

かいふ [貝符] 貝札とも。南西諸島に分布する小さな板状の貝製品。イモガイの貝殻を縦位に長方形に切りとり，表面にさまざまな文様を彫刻。弥生中期以後歴史時代まで長く使用された。種子島広田遺跡では，1体に多数の貝符を装着した女性人骨が発見されたが，ふつうは1遺跡から1〜2点が発見される程度。たんなる装身具ではなく，護符のような役割をもっていたのであろう。文様が中国との関係を示すとする意見もある。

●●貝符

かいふうそう [懐風藻] 現存最古の漢詩集。1巻。撰者は淡海三船などに擬せられるが，不詳。751年(天平勝宝3)成立。序によれば「先哲の遺風を忘れずあらむが為」に「懐風」と題するという。近江朝から天平末年まで80余年間，64人の詩120編が，ほぼ時代順に作者ごとにまとめて配列されている。冒頭の5人の詩人と3人の僧および石上乙麻呂の伝記を付する。七言詩は7首にすぎず，大半が五言詩で，六朝・初唐詩の影響が強い。吉野宮や長屋王宅などでの詩宴における作が多く，私的心情を歌いあげた作品はまれである。「万葉集」に歌を残す詩人も多く，上代における歌と詩の交渉を知るうえで貴重。「日本古典文学大系」所収。

かいふとしきないかく [海部俊樹内閣] 自民党の海部俊樹を首班とする内閣。1989年(平成元)参議院選挙大敗で退陣した宇野内閣の後に成立。海部は少数派閥の河本派出身だったため，党・政府内での指導力は弱く，また参議院の多数を野党に奪われている状態での政治運営は困難をきわめた。■第1次(1989.8.10〜90.2.28)。リクルート・スキャンダルの残した政治不信の払拭をねらいとする政治改革を優先課題とし，清新なイメージで内閣支持率を増大させた。■第2次(1990.2.28〜91.11.5)。衆議院選挙での自民党勝利を背景に発足したが，懸案の政治改革法案を成立させることができなかった。国際的には天安門事件以後の対中国政策，ソ連邦崩壊後の旧社会主義国への経済支援，湾岸危機に際しての対イラク制裁など重要問題が続いた。とくに湾岸危機で明確な政策をうちだせず，政府提出の国連協力法案は，大きな論議のなかで廃案となった。

かいほう [解放] 吉野作造・大山郁夫・赤松克麿・佐野学ら進歩的知識人や社会運動家を編集顧問・協力者として，1919年(大正8)6月大鐙閣より創刊された総合雑誌。山川均・山川菊栄・荒畑寒村・石川三四郎らも労働運動・普通選挙・婦人参政権獲得運動・水平運動などに大正デモクラシー運動を指導する論陣を

張った。関東大震災で休刊。25年10月復刊、プロレタリア文学の拠点となり、34年(昭和9)10月社会大衆党系の政論雑誌となる。

かいぼうがかり [海防掛] 江戸幕府が外交問題に対処するために設けた役職名。1792年(寛政4)ロシア船来航に際して老中松平定信が海辺御備御用掛となったのが最初。1840年(天保11)アヘン戦争の情報を入手すると、老中土井利位ときつら、真田幸貫ゆきつらを海防掛に任じた。定置となったのは45年(弘化2)以降で、老中阿部正弘・牧野忠雅が兼務し、若年寄2人も任じられた。さらに大小目付・勘定奉行・勘定吟味役から選抜して任じ、外交実務を担当させた。ペリー来航後は重要度が増し幕政内での発言力を強めた。58年(安政5)の外国奉行の新設により廃止。

かいほうゆうしょう [海北友松] 1533～1615.6.2 桃山時代の画家。海北派の祖。名は紹益。近江国浅井家家臣海北善右衛門綱親の子。同国坂田郡生れ。幼時から京都東福寺に入り修禅。40歳代で還俗し、海北家再興を志したが、文禄年間頃から画家として活動を始める。狩野派に学ぶ一方で宋元水墨画も体得し、武人的な気迫があふれる独自の画風をうみだす。晩年は宮中の御用も勤め、画家として名声を得た。1599年(慶長4)再建の建仁寺方丈の襖絵「花鳥図」(重文)や、「飲中八仙図屛風」(京都国立博物館蔵、重文)などの水墨画のほか、「花卉ぎ図屛風」(妙心寺蔵、重文)や「浜松図屛風」(宮内庁三の丸尚蔵館蔵)などの金屛風も描いた。

かいほうれい [解放令] 賤称廃止令・賤民廃止令とも。穢多えた・非人などの称を廃し、身分・職業とも平民同様とする1871年(明治4)8月28日の太政官布告。各府県への通達には旧免租地への賦課を準備する旨も記された。これより先、穢多・非人への授産により徐々に平民へ編入する民部省案が出されていたが、廃藩置県後、大蔵省原案が採用され一時に解放となった。その背景には、当時の大蔵省による地租改正の準備、「国民」軍創出を企図した族属の廃止、対外的顧慮などがあった。

かいほうれいはんたいいっき [解放令反対一揆] 解放令反対を要求に掲げた新政府反対一揆。西日本を中心に11府県21件が確認されている。福崎など旧穢多えた村を襲撃したり、岡山など殺害に及んだものもある。背景に民衆の伝統的世界を破壊する新政への不安、経済的に上昇する近隣旧穢多村への怨恨えんなどが指摘されている。その後も「新平民」などとよび、差別の実態に大きな変化はなかった。

かいぼうろん [海防論] 江戸後期、欧米列強の東アジア進出に対して日本沿岸の防備充実を主張した議論。ロシアの蝦夷地への接近を知り、世界情勢と軍備の充実を説いた林子平しへいの「海国兵談」(1786成立)をその嚆矢こうしとなる。以後、防衛面からの要請だけでなく、欧米列強の行動が民衆の不満と結びつく危険性を含めて、海防は為政者・識者の重要問題となった。欧米列強の通商要求が頻繁化すると、識者の意見は鎖国維持論と開国論(避戦のための消極的開国を含む)にわかれたが、幕藩体制自体が意識上、日本の軍事的卓越を前提として成立していたため、海防の充実は避けて通れない課題であった。対外的危機意識が深まった天保期以降、海防に関する議論は、西洋軍事技術の導入による軍事力強化の主張と鎖国・攘夷論とが、国内の政治体制のあり方をめぐる議論とからみあいつつ展開された。

かいほせいりょう [海保青陵] 1755～1817.5.29「かいほ」とも。江戸後期の経世思想家。名は皐鶴こうかく、通称は儀平、青陵は号。丹後国宮津藩の家老角田市左衛門の長男に生まれたが、のち曾祖父の姓を継ぎ海保と称した。徂徠そらい学派の宇佐美灊水しんすいに学ぶ。京都と江戸を中心に諸国を遊歴し、物産や地理など実際的な知識を身につけた。京都に塾を開くとともに諸国を回って経世思想を講じた。徂徠学の学統だが、その思想は商品経済の発展にともなう社会動向を積極的に評価するもので、藩営専売を富国の源泉とし、商品交換の原理である「ウリカヒの理」を社会関係の基軸にすえるなど経験的現実から人が則るべき行動規範を抽出しようとした。「稽古談」をはじめ「海保青陵経済談」と一括される講演筆記の著作が多い。

かいほつ [開発] 平安中期～鎌倉時代に行われた荒野や荒田の開墾。荘園や領主制、また中世村落成立の基礎となった。浪人や百姓を雇用して労働力を編成し、開墾費用を支出しながら開発者みずからが労働を指揮する領主型開発と、住人・百姓らによる共同開発がある。水田開発は畠地開発を前提とするのが通例だが、海岸の江に堤を築いて干拓する開発などもさかんに行

かいほつりょうしゅ [開発領主] 根本領主ほんりょうしゅとも。平安中期～鎌倉時代、利水工事や種子下行じょうげなどで田畠の大規模な開発を行い、根本私領(本領)を形成した領主。階層的には国司・官人層と、「富豪の輩」とよばれた上層農民層がある。後者は国衙の承認を得て開発地を別名べつみょうや保ほにし、あるいは権門に寄進して荘園としたりした。そして、みずからは別名の領主・保司・荘官などになり、在地領主として成長した。彼らを基盤に成立した政権で、鎌倉末期の訴訟解説書「沙汰未練書」には「御家人トハ往昔以来開発領主トシテ武家御下文ヲ賜ル人ノ事也」とあって、開発領

主であることが御家人の本質だと意識されていた。

かいまい [廻米] 江戸時代，各地から米が廻送されること。また廻送される米。浅草をはじめとする幕府の各米蔵に搬送される幕領の年貢米，諸藩の蔵米，商人により運ばれる納屋米がある。蔵米や納屋米は交通，とくに西廻にし海運など水運の発達で，すぐに換金ができる大坂・江戸などの中央米市場に廻送されるようになった。これは中央市場にとって米価低落の要因にもなるので，幕府は米価調節のため種々の廻米制限を設けた。

かいみょう [戒名] 法号とも。仏教で出家者に対して戒律を授け，一生これを犯さないことを宣誓させて名を与える受戒の証としての名。のち僧が死者に戒を授けたうえで，「何々院何々居士（大姉）」「釈何々」と入道名を付与し，その法名をさすようになった。僧尼の戒名には法然房空のように房号がついた。死者の戒名を墓石や位牌に書くのが広く定着するのは江戸時代から。

がいむしょう [外務省] 近代において外交事務を担当する政府の中央官庁。1869年（明治2）二省六官の制の成立により外国官を廃止し太政官の一省として設置。長官は外務卿（初代は沢宣嘉つぐよし）で，「外国交際ヲ総判シ貿易ヲ監督スル」ものとされた。85年内閣制度の樹立により内閣の一省となる。初代外務大臣は井上馨かおる。86年外務省官制公布。内部に大臣官房および総務・通商・取調・記録・会計・翻訳の各局を設けた。91年政務局設置。内閣の特命全権公使（のち大使）以下の外交官・領事官を法制化。太平洋戦争下は大東亜省の設置で権限を一部移譲。1945年（昭和20）以後はGHQとの折衝がおもな職務となったが，52年サンフランシスコ講和条約発効とともに外交機能を回復した。

かいもくしょう [開目鈔] 日蓮の最重要著作の一つ。1272年（文永9）2月，流罪地の佐渡で成立。日蓮宗学においては，法開顕の書「観心本尊鈔」に対し，人開顕の書と位置づけられる。「法華経」の至人性と，迫害に耐えてこの経を広める自身の正当性を明らかにしようとする。身延山久遠おんじ寺に真筆本が残っていたが，明治期に火災で焼失した。「昭和定本日蓮聖人遺文」「日本古典文学大系」所収。

かいゆうしきていえん [回遊式庭園] 江戸初期に完成した庭園の様式。一巡することによって庭園の鑑賞と利用がまっとうされるよう意図的に構成された庭。典型的なかたちは池の周辺にいくつかの庭園建築を配置し，それらを有機的に結ぶ園路を巡らし，築山ゃま や野筋のすじ・洲浜すはま など移り変わる景色を歩きながら鑑賞できる。伝統的な築山泉水庭に茶庭の要素をくみいれ，枯山水かれさんすい 的な部分もとりいれ，それまでの日本庭園の様式を集大成したものといえる。桂離宮を初例とし，諸大名の江戸や国元の庭園にきそって採用された。

かいようきしょうだい [海洋気象台] 海上気象予報や海洋の観測，洋上船舶への海況情報サービスを行う気象庁の部局。海洋観測は1872年（明治5）に開始，1920年（大正9）に海運業界の支援をうけて神戸に海洋気象台が設置されて本格化した。42年（昭和17）函館，47年長崎・舞鶴に設置。観測船による洋上観測は1927年に近海，37年に外洋で開始された。

かいりつ [戒律] 戒は悪を防ぐための規範，律は教団維持のための禁制条項。両者はしだいに同一視された。日本への本格的な戒律の伝来は鑑真がんじん に始まり，東大寺に戒壇院をたて具足戒授戒の場とした。のち最澄さいちょう は具足戒を小乗戒であるとして否定し，大乗戒壇の独立を実現。簡便な大乗戒による菩薩僧の育成をめざした。以後日本では，一部に戒律復興の動きはあったが戒律の意義はしだいに低下，親鸞のように明確にするものもでた。

かいろう [廻廊] 回廊・歩廊とも。主要建物をとり囲んで構えた廊下。現存最古の法隆寺の廻廊は東西につけられ，東の廻廊は金堂，西の廻廊は五重塔をとり囲む。外回りの柱間は戸口以外は連子れんじ 窓，内側は開放とする。有形無形の外敵を防ぎ，信者の自由な礼拝を可能にする造り。

カイロかいだん [カイロ会談] 1943年（昭和18）11月22〜26日，エジプトのカイロで開催された米・英・中3国首脳会談。米大統領F.D.ローズベルト，英首相チャーチル，中華民国主席蒋介石しょうかいせき が列席。議題は対日戦の戦略と戦後処理問題であった。この会談は連合国の協力関係の誇示と，4大国の一つとしての中国を内外に明示するためのものもった。会談後，日本の領土問題に関するカイロ宣言が発せられた。

カイロせんげん [カイロ宣言] 1943年（昭和18）11月27日，カイロ会談の結果，第2次大戦の連合国米・英・中3国が共同で発した宣言。日本の戦後処理に関する連合国の基本方針が，戦時中ここに初めて明示された。具体的には領土問題に関連して，南洋委任統治地域の放棄，満州・台湾・澎湖ほうこ 諸島の中華民国への返還，朝鮮の独立などが定められた。同時にこれらの目的を達成するために，3国が引き続き協力して日本の無条件降伏に至るまで対日戦を遂行することが確認された。この基本線は以後変わることなくポツダム宣言へとうけつがれた。

がうんたっち [臥雲辰致] 1842.8.15〜1900.6.29 臥雲紡績機の発明者。信濃国生れ。家業は足袋底たびぞこ 織業であったが，20歳で仏門に入

り、同国安曇郡の臥雲山孤峰院の住持となってまもなく還俗。1873年(明治6)日本最初の臥雲紡績機を発明し、第1回内国勧業博覧会(1877)に出品して最高賞の鳳紋賞牌を授与された。洋式紡績機が普及する90年頃までガラ紡全盛期を作りあげた。1882年藍綬褒章受章。

がうんぼうせきき [臥雲紡績機] 1873年(明治6)に臥雲辰致らが発明した綿紡績機。伝統的な手紡績技術に独自の改良を加えた手回し式の紡績機で、生産性をいっきょに10倍余に引き上げた。運転中ガラガラと音を発するため俗にガラ紡機とよばれた。第1回内国勧業博覧会(1877)に出品されて注目を集め、愛知県を中心に綿производ地に普及した。しかし、90年前後には輸入紡績機との競争に敗れ、その後は落綿を利用した緞通用糸に用いられた。

かえいさんだいき [花営三代記]「武家日記」とも。南北朝後期～室町初期の室町幕府にかかわる記録。足利義満・同義持・同義量ら3代の記録を意味するが、別の2書を合わせたか。前半部は1367～81年(貞治6・正平22～永徳元・弘和元)。幕府の法令や公式行事・人事異動を中心に、世事も伝える編集物。記事が簡略なため解釈が難しいが、他に類例がなく、この時期の幕府を研究するうえで基本となる。後半部は1421～25年(応永28～32)。筆者は伊勢貞弥か。将軍などの移徙などの記事が中心で、供奉人の交名も多く引用され、奉公衆などの研究に欠かせない重要史料。「群書類従」所収。

かえせん・かえまい [替銭・替米] 替銭は「かえぜに・かわしぜに・かわし」とも。切銭ともいう。中世の為替。対象が銭貨なら替銭、米なら替米といった。荘園年貢の輸送や商取引の方法として発達したもので、通常は銭貨を発送地の替銭屋に払いこんで割符(手形)を振り出してもらい、目的地で指定された替銭屋にこの割符を提示して支払いをうけた。このほかに、他所で利子を加えて支払うことを約した手形を振り出して、借銭に利用するものもあった。

かえせんや [替銭屋] 替屋・割符屋とも。中世の為替業者。海陸交通の要地にあって、為替手形である割符の振出しとその支払いを取り扱った。専業者はなく、有力な商人が兼業したものとするのが通説。

かえち [替地] 土地を交換すること、またその土地。古代から行われ、近世では土地の永代売買が禁じられていたので、事実上の土地所有権移転のために、所有者間の合意のもと田畑・屋敷地などが交換された。旗本が拝領地を交換すること、あるいは交換した土地や大名の転封先の所領のこともいう。さらに、河川池溝の改築や修築など、公儀の名で行われる土木普請工事や、陣屋などの公的施設建設の際に収公された土地の代わりに与えられる土地もいう。

かえるまた [蟇股] 寺社建築に用いられる、台形の斜辺に繰形をつけたような材。板蟇股と本蟇股がある。板蟇股は虹梁などの上において棟木や天井桁をうける構造材で、奈良時代から使われた。はじめは厚くて丈が低かったが、のちには丈の高いものもある。本蟇股は組物の中備に用いる装飾材で、蟇股の内部をくり抜いて蛙が足を開いたような形となり、平安後期から例がある。内側の彫刻は、時代とともにしだいに複雑となり、桃山時代にはさらに厚みを増し華麗になった。蟇股は時代の特徴をよく表していて、建立年代判定の手がかりとなる。

かえんどき [火炎土器] 縄文中期中葉に新潟県の信濃川・阿賀野川流域に成立した土器様式。鶏頭冠型または王冠型の大型把手と半肉彫の隆帯で描かれた曲線文様に特色がある。鶏頭冠型把手の縁や口縁部に配された鋸歯状の装飾が燃えさかる炎に似るところから命名。福島会津地方では、火炎土器と大木式の融合した独特な土器群が派生した。

●●火炎土器

かおう [花押] 押字・書判・判形・花書とも。文書の差出人が、本人独自の象徴として書き加える一種のサイン。文書に本人の名前を書くことを自署といい、やがてこれをくずして草書で書くようになり(草名)、さらに字として読みとれないほど記号化されて花押がうまれた。平安末期には定着したと考えられる。自署の代用として発達したため、名前と花押がともに書かれることはないの

●●花押

大江匡房 (匡+房) 源頼朝 (東+月) 平忠盛 (忠) 三好政康 徳川家康

かがい [嬥歌] ⇨歌垣うたがき

かかいしょう [河海抄] 南北朝期の「源氏物語」注釈書。20巻。1360年代頭、のちの従一位太政大臣四辻善成よつつじよしなりが将軍足利義詮よしあきらの命により著す。本文に「物語博士源惟良撰」とあるが、光源氏の乳兄弟の惟光と腹心の家臣良清の名から作ったもの。書名は「和漢朗詠集」の「河海不厭細流，故能成其深」から、諸説を集めた意による。初期の代表的源氏注釈書で、引用された文献には、今日すでに散逸したものも少なくない。巻頭に「源氏物語」の成立事情・準拠・諸本・紫式部伝のほか、後代和歌への影響が解説される。玉上琢弥編「紫明抄・河海抄」所収。

ががく [雅楽] 東アジア音楽の一種目。雅楽とは「雅正の楽」の意で、中国では儒教の典礼楽をさした。日本に伝わった雅楽は中国の宮廷で行われていた宴饗楽で、これに朝鮮系の楽舞を加えて、外来の宮廷音楽の総称として雅楽が成立した。これが今日の唐楽とうがくと高麗楽こまがくの淵源である。唐楽と高麗楽は伝来当初は舞楽の形態であったが、平安中期以降、管弦の形態もうまれた。今日、狭義の雅楽はこの唐楽と高麗楽の舞楽・管弦をさす。広義の雅楽はこのほか、御神楽かぐら・東遊あずま・久米舞くめまいなどの日本固有の歌舞と、平安中期に成立した催馬楽さいばら・朗詠などの謡物うたいものを含む。

かがくかた [歌学方] 江戸幕府の職名。和歌に関する書物の研究や詠歌のことを担当する。3代将軍徳川家光の代には公家の烏丸からすまる光広が江戸に滞在し詠歌の指導にあたった。1689年(元禄2)12月北村季吟きぎん・湖春こしゅん父子が召し出され、将軍家の詠歌指導にあたるようになり、季吟はこのあと歌学方として法印に叙され800石を給された。季吟のあと孫の湖元が継ぎ(家禄500石)、以後北村家が世襲した。役料は200俵、はじめ寺社奉行に属したが、のち若年寄支配。

かがくしゅう [下学集] 室町時代の国語辞書。2巻。著者不詳。1444年(文安元)成立。配列は、いろは順でなく語義分類による。天地・時節以下18の語義を掲げ、合計約3000の語をおのおのに配列し、若干の注を施す。意味の近い語をまとめてあるため、百科語彙あるいは教科書の性格もある。古写本の数も多く、1617年(元和3)の刊本でさらに流布したが、いろは順の「節用集」にかわられた。刊本は「岩波文庫」所収。

かかくとうとうせいれい [価格等統制令] 第2次大戦の勃発による海外物価上昇の波及を阻止するため、国家総動員法にもとづき1939年(昭和14)10月18日に公布された命令。運送費・保管料・保険料を含むすべての価格が同年9月18日の水準に固定され(9・18価格停止令)、以降従来の海外物価にかえて国内生産条件(生産費＋適正利潤)を価格決定の基準として公定価格を順次改定し、商品間の価格不均衡の是正がはかられた。敗戦まで価格統制の根拠法規として機能し、物価統制は著しく強化された。

かがのいっこういっき [加賀の一向一揆] 戦国期、加賀国を支配した本願寺門徒の一揆組織、および加賀門徒の一揆蜂起。加賀の本願寺門徒らは、1474年(文明6)富樫政親とがしまさちかと結んで守護富樫幸千代を撃破。さらにみずから守護に擁立した政親と対立、富樫泰高を擁して88年(長享2)政親を滅ぼした。この過程で「郡中」「組中」という門徒の一揆組織が複数結成され、これらが連合して国の寄合よりあいを行い、加賀を事実上支配した。貴族・寺社・奉公衆などが本願寺を介して、加賀にある所領の安堵を一揆組織に依頼するようになり、1546年(天文15)本願寺の指令中枢かつ門徒勢力の拠点として御山御坊も造られた。外交面では本願寺配下の政治勢力として戦国大名と同盟、抗争するなどの活躍がみられる。80年(天正8)織田軍により御山御坊が滅ぼされ、本願寺が織田信長に降伏・和睦し、一揆は壊滅した。

かがのくに [加賀国] 北陸道の国。現在の石川県南部。「延喜式」の等級は上国。「和名抄」では江沼えぬ・能美のみ・加賀・石川の4郡からなる。823年(弘仁14)越前国から加賀・江沼の2郡が分置され、同時に加賀郡(のち河北郡)南部が石川郡に、江沼郡北部が能美郡としてわかれた。平安時代の国府は能美郡(現，小松市)におかれたと考えられる。国分寺には841年(承和8)勝奥寺をあてた。国分尼寺は創建されなかったとされる。「和名抄」所載田数は1万3766町余、「延喜式」では調として絹・綾・帛など、庸は綿・米が主体。一宮は白山比咩しらやま神社(現，鶴来町)で、白山信仰を背景に奈良時代以来、鎌倉時代末まで勢力をふるった。南北朝期以降、在地の富樫とがし氏が守護大名となり、守護所を現在の野々市町においたが、1488年(長享2)一向一揆により滅ぼされ、以後約1世紀の間、本願寺による一国支配が続いた。一向一揆の政府は1546年(天文15)草創の御山御坊(金沢御堂。現，金沢市)であったが、1580年(天正8)柴田勝家により陥落した。近世は金沢藩とその支藩大聖寺藩領。1871年(明治4)の廃藩置県により金沢県となり、72年石川県と改称。

かがのちよ [加賀千代] ⇨千代女じょ

かがはん [加賀藩] ⇨金沢藩かなざわ

かがみのみえい [鏡御影] ⇨親鸞聖人像しょうにん

かかゆうらくず [花下遊楽図] 満開の桜花の下で、幔幕を張り花見を楽しむ貴人の一行を描いた野外遊楽図屏風。狩野長信の作。左隻に当時流行の風流踊、右隻には16世紀に伝来し流行した楽器の三味線が描かれており、元和期頃の制作と推定される。右隻中央の2扇分は関東大震災時に焼失。縦149cm、横348cm。国宝。東京国立博物館保管。

かがりや [篝屋] 鎌倉幕府が京都の治安維持のため辻々に設けた番所。そこでの番衆は御家人役の一つ。「太平記」には48カ所とあるが、実数は不明。1238年(暦仁元)6月、洛中警衛のため、辻々に篝火を焚くことを命じたのが始まり。はじめは大番役の御家人をあてたが、畿内近国の御家人を篝屋守護人に選んで勤番させるようになった。篝屋を設けた辻には太鼓をおき、近隣の在家に松明を用意させて、犯人逮捕に協力させた。篝屋は洛中の治安維持に効果をあげたものの、鎌倉の政情不安から46年(寛元4)10月にいったん縮小され、廃止の情報が京都に流れた。宝治年間はもとに戻された。

かがわかげき [香川景樹] 1768.4.10〜1843.3.27 江戸後期の歌人。鳥取藩士荒井小三次の次男。初名純徳・景徳。通称銀之助・真十郎・式部・長門介。号は桂園・東塢亭・梅月堂・観篶亭・臨淵社・万水楼・一月楼。親族の奥村定賢に養育され、京都で梅月堂香川景柄との養子となるが、1804年(文化元)離縁。従五位下肥後守。清水貞固に和歌を学び、上京して徳大寺家に出仕。養父景柄を通じて小沢蘆庵に私淑、のち「しらべの説」を提唱して独自の桂園歌風を創始する。熊谷直好・木下幸文・菅沼斐雄・高橋残夢など門人は非常に多い。法号実参院悟阿在鳶居士。家集「桂園一枝」「桂園一枝拾遺」のほか、「新学異見」「百首異見」「古今和歌集正義」など著作多数。

かがわけん [香川県] 四国の北東部に位置する県。旧讃岐国を県域とする。1868年(明治元)旧幕領は備中の倉敷県の管轄となり、71年多度津藩も同県に合併。同年4月丸亀藩から丸亀県となり、7月の廃藩置県で高松県が成立。同年11月倉敷県のうち讃岐国分と丸亀・高松両県を合併して香川県を設置。72年北条県から小豆島6カ村を編入して讃岐国全域を管轄。73年香川県が廃され名東県に合併。75年分離して再置。翌年愛媛県に合併され、88年分離し三置されて現在に至る。県庁所在地は高松市。

かがわとよひこ [賀川豊彦] 1888.7.10〜1960.4.23 明治〜昭和期のキリスト教伝道者・社会運動家。兵庫県出身。徳島中学校時代にキリスト教に入信、明治学院・神戸神学校で学び、1909年(明治42)から神戸の貧民窟に住みこんで伝道。アメリカ留学後は労働運動にたずさわり、友愛会に参加。19年(大正8)に関西労働同盟会を結成、21年の川崎・三菱造船所争議を指導した。翌年杉山元治郎と日本農民組合を結成。消費組合運動にも参画。キリスト教の布教も続け、海外でも伝道活動に従事。第2次大戦後は日本社会党結成に参加した。1920年に出版した小説「死線を越えて」はベストセラー。

かきざきし [蠣崎氏] 中世、北海道渡島半島南端に勢力をもった領主。のちの松前氏。上之国花沢館主蠣崎季繁の客将であった武田信広が、1457年(長禄元)コシャマインの蜂起を鎮圧し、季繁の家督を相続したことに始まる。信広は若狭国武田氏の出身とされるが、信広の子光広はショヤコウジの蜂起鎮圧を契機に、1514年(永正11)上之国から大館(松前)に根拠地を移し、檜山の安藤氏の代官として道南の支配者の地位を確保。光広の孫季広は50年(天文19)ないしは51年、瀬戸内のハシタインおよび知内のチコモタインと講和を結び、アイヌ民族との融和を図る。季広の子慶広の代に豊臣氏・徳川氏に近づいて安藤氏から独立。99年(慶長4)松前氏に改姓。

がきぞうし [餓鬼草紙] 平安後期の絵巻物。六道絵の中の餓鬼道を描いた絵巻。京都国立博物館本(曹源寺旧蔵)と東京国立博物館本(河本家旧蔵)の2巻が現存するが、画風はやや異なる。前者は、詞書と絵7段からなり、複数の経典から題材をえて、説話画的性格を備える。餓鬼の出現する場面の描写の風俗表現にすぐれる。後者は、絵のみ10段分が現存。「正法念処経」餓鬼本の説く36種の餓鬼を表すものといわれるが、すべての餓鬼の名称が特定できるわけではない。おぞましい鬼を描きだす筆致は精緻で暢達している。紙本着色。京博本は、縦27.0cm、横541.0cm、東博本は、縦27.3cm、横384.0cm。ともに国宝。

かきつのつちいっき [嘉吉の土一揆] 1441年(嘉吉元)土一揆が徳政実施を求めて京都周辺で蜂起し、幕府に迫って徳政令を発令させた事件。近江国で守護六角氏による徳政令が出されたのをきっかけに京都周辺の土民が蜂起、酒屋・土倉を襲撃し、借用証文の破棄、質物の奪取などの私徳政を行った。この年は足利義教が暗殺され、将軍が代替りした年であることを理由に、同じく代替りの年におこった正長の土一揆(1428)を先例にあげて土一揆側はその行動を正当化した。将軍暗殺直後の幕府内の混乱をつく高度に政治的な行動にでた土一揆は、管領細川持之と対立する畠山持国と気脈を通じていたと考えられる。土一揆の勢いにおされた幕府は徳政令を発布、山城国内の徳政を容認した。

かきつのらん [嘉吉の乱] 1441年(嘉吉元)有力守護赤松満祐が将軍足利義教を暗殺し、播磨国で幕府の追討軍に討たれた事件。赤松氏は幕初以来の重臣で播磨・備前・美作各国の守護職を兼ねたが、1427年(応永34)将軍足利義持は満祐から3カ国の守護職を奪い討伐をはかった。しかし守護勢力の反対もあり断念。次の将軍義教は、政治力の強化を企て守護家の家督への干渉や反抗的大名の追討などによって守護大名抑圧策を強行。こうしたなか義教が満祐から播磨・美作両国を没収し、寵臣である赤松庶流の貞村に与えるとのうわさが広がった。憤りと不安にかられた満祐は41年6月、結城合戦勝利の祝宴と偽って義教を自邸に招いて殺し、本国播磨に拠り幕府に反抗したが、同年9月、追討され敗死。赤松氏は没落し、領国は山名氏に帰した。事件は義教の守護抑圧策の行き詰りが招いたもので、かえって将軍権威の失墜をもたらした。

かきつばたずびょうぶ [燕子花図屏風] 尾形光琳の代表作。1701年(元禄14)の法橋叙任後の作品。金箋地六曲一双屏風にカキツバタのみを巧みに配した構成は、明快で斬新な意匠性に富む。図様は「伊勢物語」第9段にちなむともいわれ、のちの「八ツ橋図屏風」の先駆となる。根津美術館蔵。各隻縦151.2cm、横358.4cm。国宝。

かきのもとのひとまろ [柿本人麻呂] 生没年不詳。万葉第2期の歌人。柿本朝臣は、和邇氏の同族。経歴なども不詳。「万葉集」に人麻呂作歌とあるものは長歌18首、短歌64首。年代判明歌中の最初の歌は689年(持統3)の草壁皇子挽歌、最後は700年(文武4)の明日香皇女挽歌。「石見にありて死に臨む時」の歌が残るが、石見国赴任は晩年でなく、伝説によって題されたものか。儀礼・羇旅・相聞・挽歌など各分野に歌があり、多くは宮廷の席で歌われたものらしい。ほかに「柿本人麻呂歌集」があり、680年(天武9)作と注する1首によれば、歌集歌は題詞に人麻呂作と明記する「作歌」以前の作と認められる。漢詩文の影響をうけ、はじめて文字によって歌を記しながら作っていった歌人で、その反省的意識から、歌形や対句・枕詞・序詞などの技法を完成し、流れゆく時間とせめぎあう新たな抒情を展開した。

かきべ [部曲] 「うじやつこ・かきのたみ・かき」とも。令制以前に豪族の支配下にあった隷属民。646年(大化2)の改新の詔において廃止が宣言されたが、実際には675年(天武4)に廃された。その間、664年(天智3)の甲子の宣で家部とともに定められた部曲は部曲のことで、豪族の私的支配下にあった部曲が、このときはじめて朝廷に把握されることになっ たと考えられる。部曲は廃止された後、律令制下では公民とされた。なお中国にも部曲という私的隷属民が存在したが、日本とは違い賤民身分であった。

かきべ・やかべ [民部・家部] ともに令制以前に豪族の支配下にあった隷属民。664年(天智3)の甲子の宣において、氏上らの認定など一連の氏族政策として民部・家部が定められた。おそらくそれまで朝廷が未掌握であった豪族の隷属民がこのときはじめて把握され、支配が公認されたと考えられる。うち民部は部曲のことと考えられ、675年(天武4)廃止され、律令制下では公民とされた。家部はそのまま豪族の支配が認められ、律令制下では比賤とされたと考えられる。このことから同じく豪族の隷属民といっても、家部は民部(部曲)より隷属性が強かったと推定される。なお民部と民部省、家部と家人・家人部との関連を指摘する見解もあるが未詳。

かきょう [花鏡] 世阿弥の著した能の伝書。1424年(応永31)奥書。「風姿花伝」に続く約20年間の芸論集成で、題目6カ条・事書12カ条からなる嫡子観世元雅への相伝書。「花習内抜書」の1418年奥書に、題目6カ条・事書8カ条の「花習」がみえ、幾度かの過程をへて成立したらしい。「花鏡」の名は21年奥書「二曲三体人形図」に付し、事書14カ条追加と既存の条の増補は20年奥書「至花道」より先と思われる。長期かつ複雑な成立過程を反映し、演技の基礎・応用、習道・理念などが混在するが、演者の心を問題にした論が多い。後年成立の条に高度の論が多く、とくに初心不可忘を展開しての生涯稽古論は人口に膾炙し、名言として誤用を含みつつ今日でも用いられる。「世阿弥十六部集」では「覚禅条々」の仮題を付している。「日本思想大系」所収。

かきょく [下局] 明治初年の公議機関。1868年(明治元)閏4月、政体書にもとづき上局と下局からなる議政官が設置され、立法をつかさどることになった。下局は上局の命をうけ、租税、駅逓、貨幣鋳造、条約の締結、宣戦と講和、藩と藩との争訟などを審議するものとされた。議長は弁事が兼任し、議員には諸府県・諸藩から選ばれた貢士(のち公務人、ついで公議人と改称)があてられた。しかし十分に機能を発揮しないまま、同年12月に公議所にかわった。

かくかくさんぼうしじょうやく [核拡散防止条約] 正式には「核兵器の不拡散に関する条約」。1968年(昭和43)に署名を開始し、70年3月に発効した多国間条約。日本は70年2月に署名、76年に批准した。目的は、締約国間における核兵器その他の核爆発装置の授受や開発援助などを禁止し、核兵器保持国の増加を防ぐこ

かくし

と。原子力発電の軍事利用を防止するための査察など、保障措置をも規定。

かくし [画指] 指則とも。字の書けない者が、文書に自分の名前を書くかわりに人さし指の長さと節の位置を書いたもの。本来中国の南北朝時代に始まったが、日本でもとりいれられ「大宝令」の戸令に、妻を離婚する際、夫が字を書けない場合は画指をせよ、という規定がみられる。奈良時代は盛んに行われたが、中世以降はみられなくなった。

がくしゅういん [学習院] ●1846年(弘化3)京都御所の開明門院跡に設置された公家の学校。開講は翌年。68年(明治元)維新政府により復興され、大学寮代・漢学所・大学校代をへて、70年京都府に移管し京都府中学校となる。
●1877年(明治10)に成立した華族対象の学校。東京の神田錦町に華族会館経営で開校され、84年宮内省所管の官立学校となる。85年女子部門を廃し華族女学校を創設。1906年華族女学校を合併して学習院女学部とし、08年豊島区目白に移転。18年(大正7)女学部を分離して女子学習院を設立。47年(昭和22)一般の教育機関として財団法人学習院となり、49年新制大学を発足させた。初代学長安倍能成。当初は文政・理の2学部。のち法・経済・文・理の4学部と大学院、学習院女子大学で構成、併せて小学・中学・高校の内容を整えた。

がくしょう [学生] 古代の学校で学んだ学生。令制では、中央の大学に大学生、地方の国学に国学生がおかれ、大宰府の府学にも学生がいた。そのなかで最も重要なのは大学生である。正規の有資格者は五位以上の貴族の子弟、東と・西の史部の子であったが、六～八位の官人の子の志望者にも入学が認められた。入学年齢は13歳以上16歳以下と定められ、式部省が聡明な者を選んだ。大学生は主体となる学生400人と算生30人であった。学生は博士・助教のもとで経学中心の学習を行い、秀才・明経・進士の試験に備えたが、実際の受験者はごく少数で、他は出仕以前の教養取得という程度であったらしい。728年(神亀5)に秀才・進士に対応する文章生が新設されると、明経のみと対応することになったが、その後も学生の語は用いられたので、明経生の語は経学分野を学ぶ学生を意味したものであろう。

かくしんクラブ [革新倶楽部] 大正末期の政党。1922年(大正11)11月立憲国民党を中心に、無所属倶楽部や憲政会を脱党した急進的普選派の代議士45人によって結成。実質的な党首は犬養毅だった。普通選挙・軍部大臣武官制廃止・軍備縮小・行財政整理・減税・ソ連邦承認などを主張。第2次護憲運動では憲政会・立憲政友会とともに護憲三派を形成したが、憲政会・立憲政友会という大政党の間にあって党勢は伸張せず、24年の総選挙では30人に減少。25年5月に犬養ら多数派は立憲政友会に合流し、尾崎行雄らは中正倶楽部の一部と合同して新正倶楽部を結成した。

がくせい [学制] 日本の近代学校制度に関する初の総合的基本法令。1872年(明治5)8月公布。前年に設置された文部省が、欧米先進諸国の教育制度を参考に立案。大・中・小の学区、学校、教員、生徒試業、海外留学生、学資などを定めた。学制の理念は太政官布告(学制序文・被仰出書)で従来の身分的学校を廃し全国民が就学すべきこと、実学思想、個人の立身出世の思想などが表明された。学区には学区取締がおかれ大学・中学・小学を設けることとされたが、おもに小学校の設置に力が注がれた。しかしその強引な実施や過重な経費負担、教育内容の国民生活との隔たりなどにより国民の不満は大きく、79年の教育令公布にともない廃止された。

がくせいしゃかいかがくれんごうかい [学生社会科学連合会] 大正期後半から昭和初期にかけての大学・高校・高専学校学生の全国的研究・運動団体。1922年(大正11)に新人会・建設者同盟などが学生連合会を結成、24年の第1回大会で学生社会科学連合会と改称、翌年の大会はマルクス主義を教育方針として左傾化。以後、軍事教練反対運動・京都学連事件などにとりくみ、3・15事件後の弾圧で急速に尖鋭化、29年(昭和4)11月7日、共産青年同盟への改組のため解散。

がくどうそかい [学童疎開] 太平洋戦争末期に重要都市の国民学校初等科児童を疎開させた政策。戦局が悪化するなか、政府は空襲時の混乱を避け、戦意の衰えを防ぐために計画。縁故を有する児童は個人的に、他の大多数の児童は集団的に疎開した。1944年(昭和19)6月の閣議で一般および初等科児童の疎開促進が決定され、東京をはじめ18都市における初等科3年以上6年までの児童を対象とした疎開が実施された。8月には第1陣が出発、翌年には対象範囲が拡大され、約46万人が7000カ所に疎開したといわれる。社寺や旅館に寝泊りしたが、親元を離れての慣れぬ長期間の集団生活のうえに、食糧不足や疎開先の人々との人間関係のむずかしさもあり、児童にとってはつらい体験であった。

がくときんろうどういん [学徒勤労動員] 第2次大戦下の戦時経済運営上の労働力不足を補うためにすすめられた、大学・高校・中学・生徒の強権的動員。戦争拡大にともない軍需部門を中心に労働力不足が深刻化したため、政府は19

43年(昭和18)6月学徒戦時動員体制確立要綱を閣議決定し，学徒の軍需部門への勤労動員を一段と強化した．翌年3月には「決戦非常措置要綱ニ基ク学徒動員実施要綱」で，学徒全員の工場配置が閣議決定された．45年3月には本土決戦体制にむけた極限的勤労動員体制の一環として，決戦教育措置要綱において1年間の授業停止による学徒勤労総動員の体制がとられた．終戦時の学徒動員数は340万人以上．

がくとしゅつじん [学徒出陣] 太平洋戦争中の在学徴集延期措置停止にともなう学生・生徒の入営・出陣．政府は軍략部要員不足の補充のため，1941年(昭和16)10月16日，緊急勅令の形式で兵役法を一部改正し，在学徴集猶予を制限した．戦局の悪化がこの方針に拍車をかけ，43年10月2日に勅令として在学徴集延期臨時特例を公布．理・工・医・教員養成以外の大学・高等専門学校在学生の徴集延期が廃止され，満20歳に達した学生は臨時徴兵検査のうえで同年12月1日に入営・入団することになった．同年10月21日の明治神宮外苑競技場での7万人の壮行会の模様は文部省映画「学徒出陣」に収録されている．

かくにょ [覚如] 1270.12.28〜1351.1.19 鎌倉末〜南北朝期の浄土真宗の僧．京都生れ．父は覚恵か゛く，母は周防権守中原某の女．親鸞の曾孫．幼名は光仙こう，諱は宗昭．毫摂ごう と号する．1286年(弘安9)出家し，翌年親鸞の孫如信にょか ら他力法門を伝授される．「親鸞聖人伝絵」「拾遺古徳伝」「口伝鈔」「改邪鈔」など多くの著述により，法然の正統な後継者としての親鸞と浄土真宗内における本願寺教団の優位性を主張した．1310年(延慶3)本願寺御影堂留守職3代を安堵された．伝記に「慕帰絵詞ぼ き」がある．

かくべえじし [角兵衛獅子] 越後獅子・蒲原か んば ら獅子とも．新潟県西蒲原郡月潟村を本拠地とした子供による獅子舞曲芸．各地をまわって門付かどをし，その芸をみせた．江戸では多く角兵衛獅子の名でよばれ，宝暦期頃から盛行し，幕末期まで親しまれたが，大道芸としては明治末頃に衰微した．現在，月潟村では民俗芸能として演じられている．この芸能風俗は長唄物の舞踊などにもとりいれられた．

がくもんのすすめ [学問のすゝめ] 明治初期の啓蒙的学問論．福沢諭吉著．1872年(明治5)2月に初編，76年に第17編を刊行．80年7月に合本として刊行．初編は1871年の郷里旧豊前国中津の市学校開校時に生徒に示したもの．2編以降は随時執筆され，それぞれが独立．第2編「人は同等なること」，第3編「国は同等なること」「一身独立して一国独立する事」，第4編「学者の職分を論ず」などを内容とする．初編は有名な「天は人の上に人を造らず，人の下に人を造らず」で始まり，人は学問のなかでも実学を心得ることで身も独立し，それが家の独立，天下国家の独立に通じると説いた．この主張はほぼ全編を貫き，学制や自由民権運動に広く影響を与えた．「福沢諭吉全集」「岩波文庫」所収．

かぐやま [香具山] ⇨ 大和三山や まと さん ざ ん

かくゆう [覚猷] 1053〜1140.9.15 鳥羽僧正と ば・法輪院僧正とも．平安後期の天台宗僧．大納言源隆国たかく にの子．覚円かくに師事．頼豪らい に灌頂かんを うけた．鳥羽上皇の好遇を得て護持僧を勤め，鳥羽殿証堂(証金剛院しょうごんご うい ん)，ついで園城寺お んじょう 法輪院を創建して住した．1079年(承暦3)法成寺修理別当の賞により法橋となる．それ以降，絵画活動がみえ，図像の収集に努めたほか画技にも腕をふるい，「古今著聞集こ こん ちょ もん しゅ う」には「ちかき世にはならびなき絵書」と評された．醍醐寺蔵「不動明王立像」や「信貴山しぎ さん縁起絵巻」「鳥獣人物戯画」はその筆になるといわれる．一方，天王寺・証金剛院・梵釈寺・法勝寺などの別当を歴任．1134年(長承3)大僧正，翌年園城寺長吏，38年(保延4)天台座主と なった．

かぐら [神楽] 神事の歌舞．宮廷などの御神楽み かぐと民間の里神楽さ と か ぐ に大別される．起源は神を降臨させる際の神がかりの舞や神とともに飲食歌舞するなどの神遊びに求められる．宮廷では貞観年間(859〜877)に豊楽院ぶらく いんの清暑堂での琴歌神宴が整備され，11世紀初頭にはこれをもとに賢所かしどこ ろ御神楽が成立して恒例化，おもに衛府官人が行った．また新嘗祭の前日の鎮魂祭には御巫女な かんぎ・猿女さる めによる神楽舞があり，「古語拾遺」は天岩戸での天鈿女あめの うずめ命の俳優をそ の由来すると説く．御神楽はこのほか賀茂臨時祭の還立か え り だちの御神楽，石清水臨時祭の御神楽などがあり，賢所御神楽に影響を与えた．一方，里神楽はかぐら・おかぐらともよばれ，形態から巫女みこ神楽・出雲流神楽・伊勢流神楽・獅子神楽に分類される．

がくりょ [学侶] 学生がくし ょ・学匠とも．学業を本務とする僧，諸寺を通じて最も基本的な身分の一つ．一山の頂点に立つ座主・別当とうのほか，権門貴族出身の門跡もんぜ・院主，僧綱そうご・已講ぎ・阿闍梨あじ などが学侶身分といえる．大衆だいしゅ・衆徒は本来学侶身分の僧をさす語であった．学侶に対し，行を本務とする身分層に行人ぎょうに ん・禅衆・堂衆など，また高野聖こうや ひ じのように寺院大衆の体制から離脱した者に聖・上人しょうがあった．

がくりょう [学令] 大宝・養老令の篇目．養老令では第11編で全22条．唐令を継受し，学制を規定．第1条は博士・助教の任用規定，ついで

学生の資格を五位以上の子孫、東西史部 (ふひとべ) の子を優先とし、国学では郡司の子弟と規定する。以下、釈奠 (せきてん) の規定、講義内容や試験についての細則から学生の日常生活の規範まで、大学・国学の制度全般を定める。明経 (みょうぎょう) 道・算道のみ設置であったが、平安時代には明法 (みょうぼう) 道・文章 (もんじょう) 道 (紀伝道) を加えた四道が確立した。

かくれキリシタン [隠れキリシタン] ⇨ 潜伏キリシタン (せんぷくキリシタン)

かくれねんぶつ [隠れ念仏] 広義には江戸時代に幕府や宗門によって禁止された秘事法門 (ひじほうもん)・隠し念仏などを含むが、とくに鹿児島藩では藩命に背きひそかに行われた浄土真宗の信仰をさす。同藩では1597年 (慶長2) 以降、一向宗 (真宗) が禁止され門徒は徹底的に弾圧されたが、番役や毛坊主 (けぼうず) を指導者として、お座元とよばれる本尊を中心に講間 (こうま)・お座という組織を作ってひそかに伝道と信仰を続けた。明治の解禁後もカヤカベ教として存続。

かけおち [欠落] 中世、とくに戦国期の民衆が軍役・租税・戦禍などからのがれるため、村外や領外に行方をくらますこと。大規模な抵抗の形態である逃散 (ちょうさん) とはちがい、個別的・分散的なものをいう。中世末期の失踪 (しっそう) 者の場合、家出・逐電 (ちくでん)・出奔 (しゅっぽん)・立退京・風与出 (ふとで) などを問わず、欠落として扱われた。所轄の役所が欠落人の親類や役人らに命じ、30日を限って捜索させ、その日限は合計180日まで延期された。

かけこみでら [駆込寺] ⇨ 縁切寺 (えんきりでら)

かけぜに [欠銭] 「かけせん」とも。中世の悪銭の一種。中国銭などが欠け損じたもので、欠損の程度によって通用価値が異なる。

かけづくり [懸造] 急斜面または崖に張りだして家を建てる技法、またはそれによって建てられた家。床を支える束柱 (つかばしら) は長大な部材となり、見あげたときの意匠効果もある。近世には、懸造の仏堂では平安末期の鳥取県の三仏寺投入堂 (なげいれどう) が古い例で、清水寺本堂など観音信仰にかかわるものが多い。「法然上人絵伝」にも懸造の住居が描かれ、山地の神社・民家にもこの形式をとるものがある。懸造の前面に舞台を設けている仏堂もあるところから舞台造ともいう。

かげつそうし [花月草紙] 松平定信の随筆。6巻。1812年 (文化9) 起稿、18年 (文政元) 成立・刊行。退隠後、学問・文筆に遊んでいた定信が、心に浮かぶことを筆にまかせて書いたもので、156章からなる。文章は簡潔達意の擬古文で、政治・経済・道徳・学問・文芸などについて記述し、教訓的傾向が強いが、和漢の学に通じた定信の卓越した見識と学問の素養がうかがえる。「日本随筆大成」「岩波文庫」所収。

かけや [掛屋] 江戸時代、大坂などで諸藩の蔵屋敷に出入りして公金の出納、江戸屋敷や国元への送金、金銀の融通や両替などを担当した商人。諸藩ではこれに扶持米を給付し、用人・留守居役格の士分として扱った例が多い。掛屋は蔵物 (くらもの) の売却を行う蔵元を兼ねた両替商が多く、藩財政と密接にかかわり、諸藩にとっては安定した資金調達先として必要な存在であった。大坂の鴻池 (こうのいけ) 善右衛門は代表的な掛屋で、数藩の掛屋や用達を兼ね、扶持米だけで1万石にのぼった。

かげやまひでこ [景山英子] ⇨ 福田英子 (ふくだひでこ)

かげゆし [勘解由使] 官人の交替事務を監査する令外官 (りょうげのかん)。797年 (延暦16) 設置、806年 (大同元) に廃止され、824年 (天長元) 再置。長官1人・次官2人・判官3人・主典3人の20等官構成。当初は奈良後期の交替政策の整備再編をめざし、「延暦交替式」の編纂を主務としたとする説が強い。再置後は、解由制が内外官に拡大された事態を前提として、不与 (ふよ) 解由状の審査 (勘判) を主要な任務とした。一方「貞観交替式」「延喜交替式」を編纂し、交替関係の法的整備をも進めた。「勘解由使勘判抄」は勘解由勘判の実態を示す。945年 (天慶8) 以後は、主計・主税2寮の勘文と並んで勘解由使勘文が受領功過 (ずりょうこうか) に利用され、交替監査よりも功課判定へと機能を傾斜させた。

かげろうにっき [蜻蛉日記] 平安時代の日記文学。3巻。藤原道綱母作。最終的には974年 (天延2) 以後の成立であるが、段階的な成立が推定される。藤原兼家との結婚生活を中心とした21年間の記録。上巻は954～968年 (天慶8～安和元)、中巻は969～971年 (安和2～天禄2)、下巻は972～974年 (天禄3～天延2)。一夫多妻の社会で、玉の輿とはいえ夫の愛情を独占できず、多くの子供を生んだ他の妻に圧倒される嘆きを記す。自分の人生を家集としてではなく日記形式で回想した最初の作品であり、「源氏物語」への影響も大きい。「日本古典文学全集」「新潮日本古典集成」所収。

かこ [水主] 水手とも。船の乗組員。最も乗組員が多かった廻船では、船長である船頭 (せんどう) のほかに、事務長である知工 (ちく)・賄 (まかない)、航海長である表仕 (おもてし)・楫取 (かじとり)、水夫長である親父 (おやじ)、船方三役とよばれる幹部船員と、一般船員である若衆や平水主、さらに見習い船員である炊 (かしき) などの区別があった。北前船 (きたまえぶね) の場合、一つの船に乗り組む水主は、出身地を同じくする者や血縁関係にある者で固められていたという。水主雇用にあたっては、水主請状とよばれる契約書が取り交わされ、雇用契約を結んだ。

かこ [課戸] 律令制における民衆支配の基礎的

区分で、戸内に課口のいる戸をさす。これに対して課口が1人もいない戸を不課戸とよんだ。唐では課戸数は重視され、皇帝に奏上される戸口統計にもみえ、戸を単位に力役などをわりあてる差科カ制の基礎として機能したらしい。日本では、戸を単位とする差科制が導入されず、1戸が平均二十数人からなり実際には不課戸がほとんど存在しないことなどから、課戸にはあまり意味がなく、むしろ直接調庸納入数にかかわる課口数が重視された。

かご [駕籠]
乗用具の一つ。丸竹を芯とし、板や竹網代ジロ・筵ムシロの類でおおい、屋蓋の中央に1本の轅ナガエ(長棒)を通して吊るし、その前後をかついで運んだ。古代に犯罪者を運んだ「あんだ」とよぶ運搬具が起源という。駕籠としての様式が整い広く普及するのは近世からである。出入口を引戸とした高級なものをとくに乗物といい、身分を限って乗用公許とし、一般使用の狭義の駕籠と区別した。さまざまな種類があり、大名など上級武士やその夫人が用いる駕籠は引戸形式で、乗物に匹敵するものであった。庶民は、江戸市中では町駕籠・辻駕籠およぶ出入口が垂れ筵となった四手ヨツデ駕籠(京坂では四つ路駕籠)を用いたが、その作りは幕府の統制下におかれた。

かこいまい [囲米]
置米・詰米・囲籾カコイモミとも。江戸時代、幕府・諸藩や町村が備荒貯蓄・米価調整・軍事用の目的で貯蓄した米、またその制度。米は腐敗の恐れがあるため籾で蓄えられた。幕府や諸藩では当初、軍事目的が強かったが、中期になると救荒目的が強まった。町村の囲米は寛政の改革以降、制度化される。1790年(寛政2)三都で囲米が義務づけられ、諸藩に対しても領内在町の有力者に米を拠出させ、囲米を command ことが命じられた。この施策をうけ、江戸では七分積金による町会所運営が行われた。1843年(天保14)幕府の囲米は約55万石、諸藩の囲米は約88万石に達した。

かこう [課口]
律令制用語。課役の全部または一部を負担する戸口。課役負担対象の正丁セウテウ・次丁・中男ナカノヲトコのうち、戸令に基本的身分として不課とされる皇親・八位以上・蔭子オムシ・癈疾・篤疾を除いた者をさす。なお賦役令によれば帰化人や他国から帰還した者、孝子・順孫、および舎人トネリ・史生シセウや雑任役についていた場合も課役を免除されるが、これらは身分としては課口であり、特定の状態で課役が免除される見不輸ミフユである。実際は舎人や兵衛などを不課としたことが計帳にみえ、混同があった。日本では課戸よりも課口数に関心が強く、里を課口数の基準が作られたが、これは課口数と直結する調庸数の維持・確保が地方支配で最も重視されたためであろう。課口数の増減は、国司や郡司の勤務評定の重要な資料とされた。

かこげんざいいんがきょう [過去現在因果経]
宋の求那跋陀羅グナバダラ訳。4巻。仏陀が過去世に善慧仙人として普光仏のもとに生まれ、出家して菩薩の道を修行して兜率天トソツテンに生まれかわり、この世に降臨、誕生してからの王子としての生活や、四門出遊・出家、降魔ガウマ・成道ジャウ、初転法輪・五比丘・三迦葉カセフ・舎利弗ホツ・目蓮・大迦葉への教化ケウケなど、仏陀の伝記が記されている。奈良時代以降、絵因果経が描かれ広く普及した。

かごしまけん [鹿児島県]
九州の南端に位置する県。旧薩摩・大隅両国を県域とする。1871年(明治4)廃藩置県により鹿児島藩が廃され鹿児島県となり、旧藩領域のほか琉球国も管轄した。同年11月大隅国6郡と日向国諸県郡が都城ミヤコノシャウ県に編入された。72年都城県の一部を編入、また琉球藩が成立して管轄外となった。翌年都城県の大隅国を編入。76年宮崎県を合併したが、83年分離して現県域が確定した。第2次大戦後アメリカ軍の軍政下におかれた奄美諸島は、1953年(昭和28)に返還された。県庁所在地は鹿児島市。

かごしまはん [鹿児島藩]
薩摩藩とも。薩摩国鹿児島(現、鹿児島市)を城地とする外様大藩。薩摩・大隅・日向3国から北・中部九州まで勢力をのばしていた島津氏の所領は、豊臣秀吉の九州平定で薩摩・大隅2国と日向国諸県ムロカタ郡に減封された。関ケ原の戦では西軍に属したが本領安堵。同藩初代藩主となった家久は1609年(慶長14)幕府の承認のもと琉球王国を侵略、以後琉球の進貢貿易を利用し、中国との貿易関係を保った。藩領は琉球王国を加えて72万8700石余。中世以来の支配関係が外城トジャウ制度・門割制度などで藩体制に温存され、家臣も一般的に地方チガタ知行で、逃散シャウを除けば百姓一揆が非常に少なかった。新田開発や山ケ野・芹ケ野・鹿籠カゴなどの金山開発を行ったが、火山・台風などの自然災害や徳川氏との婚姻などで藩財政はしだいに窮迫。1753年(宝暦3)の木曾川治水の御手伝普請(宝暦治水事件)で決定的になり、1808年(文化5)藩財政改革をめぐる藩内抗争の近思録崩れにより事態はさらに深刻化した。しかし三島ミシマ砂糖惣買入制、琉球貿易の拡大、借銀の250年賦償還法などを骨子とする調所広郷ズショヒロサトによる天保改革で、藩債500万両といわれた藩財政も好転。お由羅ユラ騒動後は斉彬ナリアキラが藩政を主導し、洋式軍制・藩営事業を推進。国事政治にも参画した。斉彬死後は弟久光が実権を握り、雄藩合政権を構想するが、のち下級武士出身の西郷隆盛の指導で幕末政争の主導権を掌握し、討幕を実現。以後維新政府の中心となった。詰席は

大廊下。藩校造士館。廃藩後は鹿児島県となる。

- **かごしまぼうせきじょ [鹿児島紡績所]** 鹿児島藩が設立した日本で最初の洋式紡績所。始祖三紡績の一つ。イギリス人技師の指導をうけ、1867年(慶応3)5月磯ノ浜で紡績機3648錘、力織機100台の規模で開業。一時、地元の豪商浜崎太平次に貸与されるなどの変遷をたどったが、その後の増設によって、98年(明治31)の閉鎖時には6500錘の紡績会社に成長。経営は不振で、閉鎖後に紡績機は鹿児島紡績に移された。

- **かこちょう [過去帳]** 霊簿・鬼籍簿とも。死者の戒名や死亡年月日などを記した帳簿。死者の供養をするため作られたもので、「金剛峰寺恒例彼岸廻向道俗結縁過去帳」など鎌倉時代からみられた。古くは死去の年月順に記した逐年式だったが、江戸時代には年月に関係なく日ごとに法名を並べた日牌式のものが多く作られた。17世紀前半の檀家制度の確立にともない、寺では檀家の過去帳が作られた。

- **かこやく [水主役]** 加子役とも。浦に賦課された夫役の一種。本来は領主の軍事的必要に応じて徴発された海上の陣夫役で、戦国期から近世初めにかけて顕著にみられた。豊臣秀吉の朝鮮出兵の際に全国的規模で徴発された。その後、軍事のみでなく領主の御用・廻米などにも動員されたが、廻船業の発達にともない、多くは代金納化された。

- **かさいぜんぞう [葛西善蔵]** 1887.1.16～1928.7.23 大正期の小説家。はじめ歌棄星と号す。青森県出身。若くして貧窮生活を送るが、すべてを犠牲にしつつ孤独の中で芸術の完成をめざした。破滅型の私小説作家として知られる。1912年(大正元)同人誌「奇蹟」を創刊し、「哀しき父」を発表。18年「子をつれて」で注目された。後期作品に心境小説「湖畔手記」などがある。

- **かさがけ [笠懸]** 馬上の射技の一つ。本来射手の笠を懸けて的としたための呼称で、馬上から遠距離の対象を射る訓練を目的とした。流鏑馬よりも略式で行われ、装束も烏帽子・直垂に行縢だけで、矢も雁股の鏃をりを抜いた鏑矢を用いた。正式の馬場は直線1町(弓形51歩)。走路を疏とよび、馬場本から行45杖、8杖の距離に的を立てる。疏を逆行して馬手の側の小的を射ることを小笠懸、通常の笠懸を遠笠懸とよぶ。

- **かさぎでら [笠置寺]** 京都府笠置町にある新義真言宗の寺。鹿鷺山と号す。大友皇子の開創と伝えるが成立は未詳。奈良末期の制作と推定される弥勒仏など磨崖石仏群で知られる。平安後期に入るとこの山が兜率浄土とされ、修験の霊場として貴族の信仰を集めた。花山上皇・藤原道長・後白河上皇はじめ、多数の上皇・公卿の参詣が記録される。1192年(建久3)解脱房貞慶が入寺、般若台など伽藍と法会の整備を進めた。東大寺の宗性もここで弥勒信仰を宣揚した。1331年(元弘元)の元弘の乱で後醍醐天皇の行在所となったため、兵火をうけて多くの建物を焼失。多数の寺宝を所蔵し、貞慶筆と伝える「地蔵講式」は重文。

- **かさぎやまのたたかい [笠置山の戦]** 1331年(元弘元)山城・大和両国の境にある笠置寺(現、京都府笠置町)に拠った後醍醐天皇と反鎌倉幕府軍と幕府軍との戦。4月、吉田定房の密告によって天皇の倒幕計画が察知され、近臣日野俊基・文観らも幕府に逮捕・処罰された。8月24日、武力蜂起の道を選んだ天皇は京都を脱出、27日、笠置山に入った。六波羅軍の数度の攻撃は、険しい地形を利用した強力な抵抗によって失敗したが、9月、大仏貞直・金沢貞冬・足利尊氏らの率いる大軍の参着を得て、28日、これを陥れた。天皇は多賀有王山(現、京都府綴喜郡)付近で捕らえられ、京都に送還された。

- **かされんぱん [傘連判]** ⇨傘連判

- **かざんてんのう [花山天皇]** 968.10.26～1008.2.8 在位984.8.27～986.6.23 冷泉天皇の第1皇子。名は師貞。母は藤原伊尹の女懐子。969年(安和2)円融天皇践祚の日に2歳で立太子し、17歳で践祚。しかし在位1年10カ月で突然内裏を抜けだし、出家した。これは一条天皇の即位を急いだ藤原兼家の陰謀といわれる。その後は播磨国書写山の性空などのもとで仏道に励み、また和歌などの諸芸に多才ぶりを示した。「拾遺和歌集」の撰者といわれる。

- **かし [河岸]** 川岸とも。河川の岸で人や荷物の揚げ下ろしをする場所。中世の津から発展したものもあるが、近世初頭の慶長年間に領主の年貢米輸送を目的として創設されたものが多い。その後、年貢米輸送だけでなく一般商荷物も扱うようになった。1689年(元禄2)の幕府取調べの結果、関東8カ国および伊豆・駿河の計10カ国で124カ所、関東諸水系には88カ所あった。利根川筋のおもな河岸で大きなものに倉賀野・境・木下筋、淀川筋に伏見・淀などがあった。明治期になると鉄道やトラック輸送の普及により河川水運は衰退し、それにともなってほとんど消滅した。

- **かじ [鍛冶]** 金属を鍛えて武器・刃物類・農具などの器具を製造する工人。古称のカヌチは「金打ち」に由来する。律令制下には鍛部として現れ、中世以降、製作するものにより刀鍛冶・包丁鍛冶・鋳鍛冶・農鍛冶などに専門分業化した。城下町に居宅を構え顧客を待つ

居職 と，村々をめぐり仕事をする出職 があり，後者はのちに村に定着し農鍛冶を営んだ。各地に分布する「炭焼長者」の伝説は，遍歴の鍛冶や鋳物師 が伝えたものともいわれる。旧暦11月8日には鞴 祭を行った。

かしあげ [借上] 中世前期の高利貸，またその業者。「上」は出挙 の挙と同じ意味で，借して元金・利子を挙げさせる意からうまれた。荘園制下の交易・輸送などに従事し財力を蓄えた神人 ・寄人 などに多くみられる。巨大荘園領主だった山門(延暦寺)には，所領経営の実務に通じた下級僧侶である山僧が多く，京都の高利貸の主流となった。山僧は山門に集積された大量の米銭から融資をうけ，山門の威力を背景に債権回収を強行した。所領の経営能力を見込まれた，貸付金回収の手段として，従来無縁の荘園領主や地頭にまで所領の代官請負契約を結ぶ例がふえた。鎌倉幕府は地頭所領の流出や山門の関与を嫌い，借上を地頭代官に任じることを禁じた。室町時代には高利貸は多く蔵もち，土倉 ・蔵本 などとよばれた。

かじきとう [加持祈禱] おもに世俗的な願望の成就を目的に神仏に対して行われる密教の呪術的行為をいう。本来，加持と祈禱とは別義で，加持は加護の意で仏菩薩が人々を守り加護することを意味しつつ，とくに密教修法上の作法をいい，行者が手に諸仏諸尊の印契 を結び(身密)，口に真言を唱え(口密)，心も仏の心境に住する(意密)ことで，仏の三密と行者の三業が一体になると説いたことから，転じて密教で行う修法を意味するようになった。密教の隆盛した平安時代以降，もっぱら経文などの読誦 により神仏に祈って利益 を期待する祈禱と同一視され併称されるようになった。日蓮宗も盛んに行い，修験者も積極的にとりいれたため，民間に深く浸透した。

かしこどころ [賢所] 「けんしょ」とも。尊所・神座・神殿とも。宮中において天照大神 を象徴する神鏡を安置し祭る所。平安宮では，綾綺殿 の東の温明殿 にあった。神殿に奉仕し，神鏡の守護にあたる内侍 の居所でもあったため，内侍所 とも称した。賢所には三種の神器の一つである八咫鏡 のほか，天皇の権力を象徴する太刀・節刀・鈴なども保管された。

かじざ [鍛冶座] 中世～近世に鎌・鍬・釘・剃刀などの打物を製造・販売した同業者組織。1118年(元永元)には東大寺に属する鍛冶座があった。興福寺大乗院・一乗院に属した鍛冶座もあった。越前国大野郡の鍛冶座は営業独占権をもち，織田政権にも承認された。

かじし [加地子] (1)11世紀半ば以降に私領主が収取した段別1斗程度の得分。律令制下の公出挙 利稲分がのちに土地税(正税)へと変化し，それが私領主に対して免除されて加地子が出現した。この加地子は官物減免分そのもので，百姓の負担総量に変化はない。領主加地子は，荘園公領制の成立にともなって荘園年貢に組み込まれることが多かった。(2)13世紀以降に作手 ・永作手所有者である作人から取得した得分。紀伊国などでは片子 ともよばれた。小作形態から生じる場合のほか，百姓が負債解消のために自己の田畠を質入れし，毎年支払う返済料が初め加地子となることもあった。加地子額は土地売価の7分の1程度だったが，中世後期には本年貢を大きく上回るようになった。

かしはらじんぐう [橿原神宮] 奈良県橿原市久米町に鎮座。旧官幣大社。祭神は神武天皇・姫蹈韛五十鈴姫 命。社地は橿原宮跡と伝えられ，幕末以降の尊王運動のなかで神社建立を請願。1889年(明治22)京都御所の温明 殿(賢所)を本殿，神嘉殿を拝殿として移築。翌年官幣大社橿原神宮となり，鎮座祭が行われた。紀元二千六百年記念として1938年(昭和13)から第2次整備拡張事業を行い，全国からの勤労奉仕により境内域を拡張し，施設を整備。拝殿は神楽 殿として移築され，本殿とともに重文。例祭は2月11日。

かしはらのみや [橿原宮] ⇨畝傍橿原宮

かしほんや [貸本屋] 料金をとって本を貸し出す商人。木版印刷の普及により庶民相手の小説・実用書・娯楽読物が出版されはじめる寛永頃に出現した行商本屋がその始まり。版本も兼業した。大衆が娯楽本を読む場合，購読よりも貸本屋や行商本屋に見料(損料)を支払って借りるのが一般的で，江戸後期に全盛となった。貸本屋を営むには本人が本屋仲間に加入するか，本屋仲間加入者を世利親 とし，その世利子 となる必要があった。1808年(文化5)江戸では12組，世話役33人，総数656人が貸本屋を営業している。本問屋から仕入れた本を風呂敷に包み，家々を回る個人的行商が一般的な営業形態であった。

かしまじんぐう [鹿島神宮] 茨城県鹿嶋市宮中に鎮座。式内社・常陸国一宮。旧官幣大社。祭神は武甕槌 命を主神とし，経津主 命・天児屋根 命を合祀。武甕槌命は天孫降臨に先立る葦原中国を平定した神。「常陸国風土記」には香島の天の大神とあり，孝徳朝に神郡がおかれたと伝える。当神社はもと当地方の航海神であったらしいが，香取神宮とともに大和朝廷の東国平定・支配に大きな役割をはたし，古くから軍神として大和朝廷に崇敬され，839年(承和6)従一位。また中臣氏の氏神ともなり，藤原氏は平城遷都にあたって鹿島・香取

の神を春日神社に勧請。勅使鹿島使が派遣された。中世以降も源頼朝や徳川家康など武家から武神・軍神として信仰された。例祭は9月1日、7年ごとに勅使の下向がある。所蔵の直刀と黒漆平文太刀拵付刀唐櫃は国宝。本殿などは重文。

かじまや[加島屋] 近世大坂の米関連の豪商の屋号。当主が久右衛門を名のる玉水町の広岡家と、作兵衛を名のる大川町(はじめ玉水町)の長田家の2系統がある。いずれも堂島米市場の米仲買・両替として富を蓄え、大名貸を広範に行い、幕府の金銀引替拾十五軒組合などの御用も勤めた。御用金上納額からみて、両加島屋は大坂でも五指に入る豪商であった。加島屋長田家は、分家長田作次郎・作五郎家や別家に米方の業務を委譲し、それへの資金提供や大名貸に主眼を移していった。明治期以降は広岡久右衛門家以上に維新政府に接近し、政府機関や諸県の為替方として政商的活動を行ったが、1873年(明治6)陸軍省の預り金即時上納の命令に応じられず、閉店。

かじゃ[冠者] 「かんじゃ・かんざ・かざ」とも。元服して冠をつけた少年のこと。転じてたんに若者・弱輩の者をいもいった。若い召使・家来のことにも使われ、狂言に登場する太郎冠者はこれに類する。六位で無官の者を称する例もある。

かしゅう[家集] 私家集・家の集とも。勅撰集・私撰集などに対する個人の歌集の称。一般的には室町時代までの歌人の歌集をいう。歌人の個性や時代、成立事情や編纂方針、また形態・内容などによってさまざまだが、基本的性格としては、ある個人を中心に和歌が集められ、その人と周辺との生活や生涯を記録する意図がある。『万葉集』成立以前からあり、平安中期の「三十六人集」や鎌倉初期の「六家集」のように、複数の家集を一括したものもある。

かしょ[過所] 「かそ」とも。古代・中世の関所通行証。古代では過所、中世では過書と多く記される。律令制下では三関などの関所の通行には、官人は京職交付、庶民は国司交付の過所を要した。それには通行者の年齢・官位・姓名、従者・荷物の種類、宛先の関・国名、要件などを詳細に記すことが定められているが、現存する木簡過所の内容は簡素である。鎌倉時代には、幕府の早馬などの利用証も過書とよんだが、鎌倉後期以降はもっぱら関所の通行料免除状となった。朝廷と鎌倉・室町幕府が発給した過書を基本とするが、実効性は発給者と関所領主との力関係によるため、寺社・守護なども補助的過書を発給した。のち戦国大名も発給し、近世の関所手形にうけつがれた。

かしょせん[過書船] 京都と大坂を結ぶ淀川の貨客船。過書とは中世の淀川に乱立した関所を通過する際に関料の免除を認めた手形で、これをもつ船を過書船といった。豊臣秀吉は淀津を拠点とする淀船と海船に起源をもつという過書船を統制下におき、役負担とひきかえに淀川での営業独占を認めた。ついで徳川家康も独占を公認、淀川水運の管理統制機関として過書座を設け、過書株を162に限定するとともに過書奉行を設置した。これにより享保期には小型の淀二十石船もあわせて30石以上の過書船は1200艘余の勢力となった。しかし近世後期になると、過書座の独占を破る在方の船の活動が活発化し、その勢力は衰退していく。

かじわらかげとき[梶原景時] ?～1200.1.20 鎌倉初期の武将。相模国鎌倉郡梶原郷(現、神奈川県鎌倉市)が本領。父は鎌倉景清(一説に景長)。通称平三。石橋山の戦で源頼朝の危機を救ったことや、弁舌に巧みだったことから頼朝に重用され、侍所所司として御家人の統制にあたる。1183年(寿永2)頼朝の命で上総介広常を殺害。平家追討にも従軍するが、屋島攻撃の際に源義経と作戦上の問題で対立、義経失脚の一因をつくる。84年(元暦元)には播磨・美作両国の総追捕使に任じられるが、頼朝の死後、結城朝光が頼朝家に讒言したことから有力御家人層の弾劾をうけて失脚。1200年(正治2)1月、謀反を企て上洛をはかるが、駿河国清見関付近(現、静岡県清水市)で在地武士の攻撃をうけ敗死。

かじわらし[梶原氏] 平安末～鎌倉初期の相模国の豪族。桓武平氏。景久の代から梶原(現、神奈川県鎌倉市)を本拠として梶原氏を称したという。その曾孫景時は、石橋山の戦の際、源頼朝の危急を救ったことから、鎌倉幕府内で勢力を広げた。景時は巧みな弁舌で源義経を失脚させ、また侍所所司になった。頼朝の死後は諸氏に排斥され、駿河国清見関で討死。以後、衰退した。

かじんのきぐう[佳人之奇遇] 東海散士の長編政治小説。1885年(明治18)10月の初編以降、97年10月の8編まで博文堂から刊行。物語はアメリカ遊学中の日本の青年東海散士が、スペインの王党と闘う幽蘭、アイルランド独立運動の闘士紅蓮の2佳人に出会い、ヨーロッパ列強下にある弱小民族の自由と独立のために連帯することを誓いあうことに始まり、19世紀後半の世界を舞台に、壮大なスケールで彼らの活躍が展開する。国権論を背景とした後期政治小説の代表。

かすがごんげんげんき[春日権現験記] 鎌倉後期の代表的な絵巻。春日明神の霊験談を集め、20巻にまとめた大作。付属の目録によれば、西園寺公衡が家門繁栄を明神に感謝す

るために発願し、1309年(延慶2)3月に完成、春日神社に奉納された。絵は宮廷絵所預の高階隆兼筆、詞書は公衡の弟の覚円が起草し、鷹司基忠とその3人の子息が清書。絵巻物としては珍しく絹本で、構成の妙に加え、線描と彩色による格調高い画面をつくる。貴族から庶民までの変化にとむ描写は、史料としても重要。伏見上皇を中心とする宮廷文化の興隆を反映した作品。絹本着色。縦約41cm。宮内庁蔵。

かすがたいしゃ [春日大社] 奈良市春日野町に鎮座。式内社・二十二社上社。旧官幣大社。祭神は武甕槌命・経津主命・天児屋根命・比売神。創祀に諸説あるが、もとは御蓋山を神奈備として西麓に神地が設定され、768年(神護景雲2)祭神を整備して神殿を造営したとみる説が有力。祭神は鹿島・香取・枚岡の各社からの勧請とされる。藤原氏の氏神であるとともに当初は平城京の鎮護神ともされ、850年(嘉祥3)武甕槌命・経津主命が正一位に昇った。平安中期には興福寺の鎮守とされ、南都僧兵の強訴には春日の神木が用いられた。920年(延喜20)の宇多法皇の御幸以降、天皇行幸が行われ、1385年(至徳2・元中2)の足利義満以降、室町将軍の参詣も行われるなど、朝廷・武士からも信仰された。例great(春日祭)は3月13日(以前は2・11月の上中の日)。神殿は中世以降20年ごとに造替が行われ、1863年(文久3)造営の現本殿は国宝。

かすがのつぼね [春日局] 1579~1643.9.14
3代将軍徳川家光の乳母。明智光秀の重臣斎藤利三の女。母は稲葉通明の女。名は福。父利三が山崎の戦で没したため母方に身を寄せ、のち稲葉正成の後妻となり、4男を生む。1604年(慶長9)家光の乳母にともない、その乳母となる。家光・忠長の世嗣争いの際に、徳川家康に訴えて家光の世嗣決定をみた話は有名。徳川秀忠の御台所崇源院没後は大奥を統率した。29年(寛永6)秀忠の内意により上洛。武家伝奏三条西実条の猶妹となり、従女尾三位天皇の譲位問題にゆれる宮中に参内し対面、春日局の名を賜る。影響力は幕府内外に及び、その縁故で出世した者も多い。また江戸湯島に天沢寺を建立。34年子の稲葉正勝没後、麟祥院と称した。

かすかべ [春日部]「かすかべ」とも。春部とも。大化前代の部。開化天皇の名代、仁賢天皇の皇后春日大娘皇女の名代、安閑天皇の皇后春日山田皇女の子代、春日臣の部曲などの諸説があり定説はない。伴造を春日部とし

ては、中央の春日臣のほか、地方には春日部君・春日部主すぐり・春部直などが知られる。春日部は全国的に分布し上総国から肥後国まで存在が確認され、とくに美濃国に顕著である。

かすがやまじょう [春日山城] 新潟県上越市にあった山城。戦国大名上杉謙信の本拠として知られる。起源は南北朝期ともいうが不詳。1513年(永正10)の越後国守護上杉定実と守護代長尾為景の抗争時にはじめてみえる。当初、越後府中の要害として守護代長尾氏の管轄下にあったが、守護代権限の上昇にともない政治的機能が備えられた。上杉謙信・同景勝・堀秀治の時代を通じて拡張・整備され、98年(慶長3)監物堀の外郭線も普請された。1607年(慶長12)堀忠俊が直江津の福島城に移り廃城。実城を中心とした堀切や土塁が普請される要害と、根小屋などの空間からなり、近隣には支砦もある。国史跡。

かすけごう [加助郷] 江戸時代、定助郷だけでは負担しきれない臨時の大通行の際、定助郷の負担軽減のため課された助郷。定助郷より遠方の村に課されることが多く、農民には重い負担であった。指定される村は藩領外の村が大半であるため、無関係の村との間に負担をめぐってしばしば争論がおきた。また遠方のため、貨幣による代納形式をとることも多かった。

かすけそうどう [加助騒動] 嘉助騒動とも。信濃国松本藩領で、1686年(貞享3)収納法の変更による藩の年貢増徴政策に反対した一揆。1700人余が松本城下に押し寄せ5ヵ条の訴状を提出、米屋などを打ちこわした。藩は百姓の要求を受け入れたが、幕府の指示をうけた江戸藩邸からの命令で弾圧を開始、5ヵ条の受け入れを撤回。頭取の中萱村多田加助ら8人が磔、加助の子2人など20人が獄門となる。1725年(享保10)の藩主水野家改易は加助の祟りと噂され、旗本となった水野家は加助の像をつくり供養を続けたという。百姓一揆の初期義民として佐倉惣五郎などとともに有名。加助屋敷跡に貞享義民社がある。

かずさのくに [上総国] 東海道の国。現在の千葉県中部。「延喜式」の等級は大国。「和名抄」では市原・海上・畔蒜・望陀・周淮・天羽・夷灊・埴生・長柄・山辺・武射の11郡からなる。古くは総国で、大化の改新ののちに上・下に分割されたと思われる。718年(養老2)4郡がわかれて安房国として分立。国府・国分寺・国分尼寺は市原郡(現、市原市)におかれた。一宮は玉前神社(現、一宮町)。「和名抄」所載田数は2万2846町余。「延喜式」では調庸は各種の貲布・鰒などで、良質の望陀布は珍重され、中男作物は麻・紅花・漆・芥子・臘沢・鰒など。826年(天長3)以降は親王任国。平安中期には平忠常の乱により荒廃し、その血を引く上総権介平広常が源頼朝に協力した。上総氏の

滅亡後は足利氏，室町時代には佐々木・上杉氏などが守護をつとめた。戦国期には里見氏が後北条氏に倒され，同氏が豊臣秀吉に滅ぼされて徳川氏の領国となる。江戸時代には譜代小藩が数多くおかれた。1871年(明治4)の廃藩置県では安房国とともに木更津県となり，73年印旛県と合併して千葉県となる。

かずさひろつね[上総広常] ⇨平広常たいらのひろつね

ガスとう[ガス灯] 日本最初のガス灯は，横浜の高島嘉右衛門らがフランス人技師H.プレグランを招いて設計・起工し，1872年(明治5)9月横浜の馬車道・本町通りに十数基を点火し，年末には300基に達したという。東京では銀座煉瓦街建設にともなって，74～75年頃に京橋－金杉橋間，本石町－大喰町間の街路に設置した。85年に東京瓦斯が継承。屋内灯としては鹿鳴館ろくめいかんなどが設置したが普及しなかった。明治末期から電灯にかわっていった。

かずのみや[和宮] 1846.閏5.10～77.9.2 仁孝天皇の第8皇女，14代将軍徳川家茂いえもちの正室。名は親子ちかこ。母は橋本実久の女典侍経子。1851年(嘉永4)有栖川宮熾仁たるひと親王と婚約。60年(万延元)公武合体をはかる幕府の皇女降嫁奏請を孝明天皇が勅許し，61年(文久元)内親王宣下をし，62年江戸城で将軍家茂と結婚。66年(慶応2)家茂に死別，薙髪して静寛院と称した。68年(明治元)朝敵となった婚家徳川家の存続を朝廷に嘆願。のち京都，東京に隠棲。83年七回忌に贈一品。

ガスパル・ビレラ ⇨ビレラ

かずらき[葛城] 「かつらぎ」とも。葛木とも。奈良県西部の古代以来の地名。奈良盆地の西端で，金剛山地・葛城山脈東麓にあたる。古くは葛城県だがおかれ，律令制下では葛上かずらきのかみ郡・葛下郡・忍海郡おしのみにわかれた。この地を本拠とする葛城氏が大きな勢力をもっており，推古天皇のとき蘇我馬子うまこは葛城県を自分の本居として封県とすることを望んだが，天皇に拒否された。式内社に葛城一言主ひとことぬし神社・葛木水分かずらきのみくまり神社(以上葛上)，葛木倭文坐天羽雷命しどりにますあめのはいかずちのみこと神社・葛木御歳みとし神社(以上葛下)などがある。

かせいぶんか[化政文化] 江戸後期，文化・文政期(1804～30)の前後に，江戸町人を中心に開花した文芸・歌舞伎・浮世絵などの各分野にわたる文化活動の総称。広く一般庶民を対象にした読本・滑稽本・合巻ごうかんなどの文芸書を書いた曲亭馬琴・式亭三馬・柳亭種彦ら，浮世絵では風景画を描き人気を博した葛飾北斎・歌川(安藤)広重らが活躍した。元禄文化に比べ，受容する層が広がった一方，享楽的傾向が強まった。

かせきじんるい[化石人類] 化石の発見で存在が知られる人類。更新世またはそれ以前の人類をいう。直立は達成したが脳容積は現代人の3分の1程度の500cc前後しかなく，アフリカだけに分布していた段階を猿人(アウストラロピテクス)，脳容積が約1000ccに達し，定型的な石器をつくり，アフリカからユーラシアに進出した段階を原人(ホモ・エレクトゥス)，現代人なみの脳容積をもつが，頭骨の形態にまだ原人に近い特徴を残している段階を旧人(古型ホモ・サピエンス)，額が高く，顔が垂直になり，頤おとがいが形成された段階を新人(現代型ホモ・サピエンス)とよんでいる。日本で発見されている化石人類は牛川人以外はすべて新人段階に属する。

かせだのしょう[柿田荘] 拼田荘・笠田荘とも。紀伊国伊都郡にあった荘園。荘域は和歌山県かつらぎ町付近。1183年(寿永2)以後神護寺領。紀ノ川北岸にあり，紀ノ川の流路の変化にともない，平安時代以来，南岸の高野山領志富田だが(渋田)荘との間で中州の開発地(渋田島)をめぐって数百年の相論があった。出作でづくり関係は実際に入り組んだものであった。神護寺と地元の宝来山神社に，同時期の作成と考えられる同じ構図をもつ絵図が伝来し，ともに重文。中州の船岡山からは中世の遺物が出土。

かそう[火葬] 遺体を火で処理する葬法。土葬とともに古くから広く行われてきた。火葬後の遺骨は骨壺などにいれて墓や納骨堂に納めたり，川などに散骨する。インドで行われ，仏教の伝播とともに中国や古代朝鮮でも採用された。日本では，『続日本紀』文武4年(700)条に僧道昭どうしょうの火葬について，「天下の火葬此より始まれり」と記しており，まず僧侶が行い，703年(大宝3)持統天皇の火葬以降，上流階級の間にも広まった。土葬と異なり，すぐに物化してしまう火葬は，それまでの死生観と抵触するところもあり，庶民の間では長く土葬が支配的であった。

かぞく[華族] 1869～1947年(明治2～昭和22)の身分。版籍奉還後に公卿・諸侯を華族とするのが近代華族のはじめで，当初427家。84年の華族令で五爵制や世襲制などの特権が整備され，皇室を守護する者としての性格が確定。同時に勲功華族として薩長土肥出身者が大きく増加した。明治憲法制定後は貴族院議員の特権もみえる。1907年の華族令改訂後，大正・昭和期に改革の動きがあったが，日本国憲法の施行による廃止まで続いた。

かぞくれい[華族令] 近代の五爵制による華族制度を定めた法令。西南戦争後，明治政府の体制確立のため，旧華族(公卿・諸侯)制度を，西欧の制度を参考にして整備することが検討された。1881年(明治14)国会開設が定まると，将来

かそりかいづか [加曾利貝塚] 千葉市若葉区桜木町にある日本最大の貝塚。都賀川によって樹枝状に開析された標高約30mの台地上に,縄文中～晩期に営まれた。1887年(明治20)に紹介されて以来, 数多くの調査が行われた。南北二つの貝塚で構成され, 北貝塚は直径約130mの環状, 南貝塚は直径約170mの馬蹄形をなす。ハマグリ・アサリなどの貝層が厚いところで2mに及ぶ。山内清男らはE地点出土の土器を中期後半の加曾利E式土器, B地点ででた土器を後期の加曾利B式土器と型式設定した。1990年(平成2)までに137軒の竪穴住居跡が検出されたが, 中期が90軒と最も多い。北貝塚の東には後期の長軸19mの楕円形の大型住居跡もある。遺物は土器・石器・土偶・石棒, 釣針・ヤスなどの骨角器, 人骨・獣骨・魚貝類など豊富。膨大な貝は干貝に加工し, 石器の材料となる黒曜石などとの物々交換用に用いられたとの説がある。縄文時代の研究に重要な貝塚。国史跡。

かたあらし [片荒] 平安時代の和歌にみえる語で, 隔年に休耕させる田畠をさす。完全な未開地である荒野や半永久的な荒廃地である常荒・河成に対し, 年荒ともよばれた。休耕地はふつう一円地ではなく, 耕作中の土地と混在している。休耕中は標らをおろさず, 牛馬放牧のための共同用益地として利用された。田令に規定された易田も類似のもの。

かたい [過怠] もとは過失に属する微罪をはじめ比較的軽い罪をいい, 中世には軽罪に対する刑罰の意味にも用いられた。鎌倉初期には寺社や橋梁の修理などが課された例もあるが, 軽罪としての過怠には過料と称する罰金刑が科されることが多かった。刑罰の意味での過怠も過料とほぼ同義の罰金刑の呼称として用いられたとみられる例も多い。近世には過料を払えない者に対する刑として, 過怠手鎖があった。

かたおかけんきち [片岡健吉] 1843.12.26～1903.10.31 明治期の民権家・政党政治家。土佐国生れ。高知藩士として戊辰戦争に従軍。1871～73年(明治4～6)欧米視察。帰国後立志社創設に参画。西南戦争時には林有造らの挙兵計画に連坐して入獄。81年自由党結党に参加。第1回総選挙から衆議院議員に8回連続当選。自由党から立憲政友会を通じて土佐派領袖の1人として活躍し, 衆議院議長などを務める。クリスチャンであった。

かたおかなおはる [片岡直温] 1859.9.18～1934.5.21 明治～昭和前期の政治家。土佐国生れ。1889年(明治22)日本生命の創立に参加。副社長, のち社長に就任。92年代議士となり, 戊申倶楽部をへて, 同志会・憲政会・民政党に所属。1925年(大正14)加藤高明改造内閣の商工相, 翌年第1次若槻内閣の蔵相となるが, 27年(昭和2)震災手形法案に関して失言問題をおこし, 内閣退陣の原因となった。30年総選挙に落選するが, 貴族院議員に勅選。

かたかな [片仮名] 万葉仮名を手早く書くために漢字の字画を省いて書かれたものから成立した仮名。もともとは漢文訓読の際に補説すべき部分を漢文の字間に書きこんだもので, 漢字の草体から成立した平仮名に対し, 漢字の一部分＝片をとったところに特徴がある。漢文訓読がおもに男性によってなされたために男性専用の文字として平仮名と区別し男手ともいわれた。成立は平安初期の学僧によるものと推定され, かつて創案者とされた吉備真備説は否定されている。片仮名の使用は仏書を中心にした漢文訓読に始まるが, 説話集などの漢字仮名交り文や各種注釈書の表記に用いられて広がった。字体は書記者によってさまざまであったが, 12世紀頃から統一されるようになり, 現行の字体の決定は1900年(明治33)の小学校令施行規則である。

かたぎりかつもと [片桐且元] 1556～1615.5.28 織豊期～江戸初期の武将・大名。父は直貞。近江国生れ。初名は助作, のち直倫・貞盛・且盛。豊臣秀吉に仕え, 賤ヶ岳の戦の七本槍の1人。方広寺大仏殿作事, 太閤検地, 朝鮮出兵, 伏見城普請などに活躍。1595年(文禄4)播磨・伊勢両国内で1万石に加増。秀吉の死後, 秀頼の後見役となる。1601年(慶長6)大和国竜田2万8000石を領有。徳川家康の信任も厚く, 摂津・河内・和泉の国奉行を勤めた。14年方広寺鐘銘事件の処理をめぐり, 大坂城を退去。大坂の陣後, 加増され山城・大和・河内・和泉で4万石を領有。

かたたがえ [方違] 方忌のために, 目的地の方角を変えていき, 身にふりかかる災いをさけようとしたこと。平安初期から江戸時代まで行われた陰陽道の禁忌・呪法。外出のたびに吉凶の方向を占い, 凶方にある場所・方向(方塞)をさけた。天一神のいる方向にあたれば, 前夜に1度吉方の家に場所を移して1泊し, 方向を変えて翌日目的地に出発

する。凶方の日時・方位は民間の卜占者や運勢暦などによって判じられた。最も古い型は本命(生年の干支)により方違をするもので，平安中期以降は天一神の遊行方向を，平安末期からは年により忌避の方角を定める金神えをおもに忌避した。

かたながり [刀狩] 武力統制の実力行使をいうが，一般には豊臣秀吉による百姓らの所有する武器・武具を没収した刀狩政策をさす。秀吉の刀狩に先行するものとしては，1576年(天正4)越前で柴田勝家が行った刀がらえがあり，秀吉も85年，紀州攻めののち寺院僧徒の武力行使を戒めている。88年7月，秀吉は3ヵ条の刀狩令を発布し，諸国の百姓が刀・脇差などの武具を所持することを禁じ，大名給人にそれらのとり集めを命じた。没収した武具は造営中の京都方広寺大仏殿の釘などに利用するとし，以後，百姓は農事に専念すべしとしている。刀狩が一揆停止を目的としたことは当時から知られていたが，百姓の自力救済の否定を目的とした身分制的な性格をもつとの見解もある。

かだのあずままろ [荷田春満] 1669～1736.7.2 江戸前・中期の国学者。羽倉氏。通称は斎宮，初名は信盛のち東丸。山城国の伏見稲荷の社家で御殿預職の羽倉信詮の次男。母は細川元興の臣深尾氏の女具子。若くして妙法院宮尭延入道親王に仕え，和歌を進講して信頼をえる。1700年(元禄13)江戸へ下り，後陽成天皇直系の歌学を標榜しつつ古典学を教授して評判となり，その影響は神職層に浸透した。23年(享保8)将軍徳川吉宗から有職学の下問をうけ，評価が著しく高まった。著述は，業なかばで倒れたため未定稿が多いが，「古事記割記」「万葉集僻案抄」「伊勢物語童子問」などの注釈のほか，家集「春葉集」と和学専門の学校設立を幕府に請願した「創学校啓」がある。

かたやません [片山潜] 1859.12.3～1933.11.5 明治・大正期の労働運動・社会主義運動の先駆的指導者。美作国生れ。上京して働きながら漢学を学ぶが，1884年(明治17)渡米。苦学してイェール大学神学部などを卒業し，キリスト教社会主義の影響をうける。95年に帰国，東京キングスレイ館の活動を手始めに労働組合期成会・鉄工組合の結成に尽力。社会主義研究会・社会民主党の創立にも参画したが，直接行動派と対立した議会政策派を支持。1914年(大正3)困窮して渡米後，ロシア革命の影響をうけて共産主義者に転じアメリカ共産党員となる。21年ソ連に渡り，モスクワのコミンテルンを通じて革命運動を指導，クレムリンの赤い壁に葬られた。

かたやまてつ [片山哲] 1887.7.28～1978.5.30 大正・昭和期の社会運動家・政治家。和歌山県出身。東大卒。弁護士活動とともに政治活動も始め，1926年(昭和元)社会民衆党を結成した。30年の衆議院選挙で当選，32年社会大衆党の中央執行委員・労働委員長となる。40年斎藤隆夫の反軍演説懲罰の際に欠席して除名処分とされ，党は分裂した。第2次大戦後の45年には日本社会党結成に参加。47年の総選挙で同党は第1党となり，片山は民主・国民協同との3党連立内閣を組織したが9ヵ月余で退陣。その後の党分裂で右派社会党，のち民主社会党の最高顧問となった。63年政界を引退，65年民主社会党を離党。

かたやまてつないかく [片山哲内閣] 片山哲を首班とする日本国憲法下初の内閣(1947.5.24～48.3.10)。社会・民主・国民協同の3党連立内閣。社会党左派は入閣しなかった。経済安定のために，経済安定本部を中心にインフレ対策と石炭増産などにあたった。しかし，連立政権の不安定と官僚勢力の相克から成果があがらなかった。1947年(昭和22)11月に平野力三農相が罷免されてから安定を欠き，翌年2月の公務員生活補給金0.8カ月分の補正予算案を衆議院予算委員会に否決され総辞職。初の経済白書を発刊し，行政機構の民主化の一環として国家公務員法の制定，内務省の解体などを行った。

かたやまとうくま [片山東熊] 1854.12.20～1917.10.23 明治期を代表する建築家。長門国生れ。1879年(明治12)第1期生として工部大学校を卒業。工部省・外務省・臨時建築局をへて，86年宮内省に入り，以降宮廷建築家となる。最高傑作の赤坂離宮(現，迎賓館)は，日本人建築家による西洋建築技術修得の達成度を示す作品。他に京都および奈良の国立博物館，東京国立博物館表慶館などが現存。

かたりもの [語り物] 謡物に対して，語ってきかせることを主眼とする音楽・芸能の種目。その詞章を記した本は，文学では口承文芸の分野に入る。叙事的な物語を楽器の伴奏で語ることが多く，舞を伴うものもある。起源は古代の語部までさかのぼるが，中世には琵琶の伴奏で「平家物語」を語る平曲をはじめ，鼓を用いる曲舞，盲御前の語り，曲舞の一派である幸若舞などが広く行われた。近世には祭文説教や祭文語りなど，中世からの系統のものが三味線と結びついて説経節・浄瑠璃・歌祭文などに発展し，さらに邦楽の多くの種別をうんだ。浪花節・講談も語り物に含まれる。

ガダルカナルのたたかい [ガダルカナルの戦] 太平洋戦争中，米軍の反攻上陸から日本軍の撤退までの半年間にわたるソロモン諸島のガダルカナル島の争奪戦。日本が同島に飛行場を造成したことを知ったアメリカは，1942年

(昭和17) 8月7日海兵1個師団を基幹とする兵力を上陸させて飛行場を占領。日本は奪回しようとして、艦隊支援のもとに陸軍部隊をつぎつぎに投入して反撃したが失敗。第17軍はさらに第38師団を投入して攻撃しようとしたが、この間第3次ソロモン海戦などの結果、重装備・弾薬・食糧の補給が至難となり撤退を決意、43年2月上旬1万余の将兵の撤収作戦を行った。この戦で日本は多くの兵員・装備・航空機・艦船・燃料などを失い、国力を大きく低下させた。

かち [徒] 徒士・歩行士とも。近世、下級武士の一身分。本来の武士身分が御目見以上の馬上の身分をさすのに対し、徒は御目見以下で騎乗を許されない軽格の武士である。江戸では足軽以下の武家奉公人と同様に、人宿などから雇用される存在でもあった。本来の武士身分と足軽以下の奉公人の中間に位置するといえる。

がちぎょうじ [月行事]「つきぎょうじ」とも。1ヵ月交代で執務する当番の役職。中世~近世を通して、寺院・町・村・仲間などのさまざまな組織で幅広くみられる。一般にある組織で月行事が設置される前提として、組織構成員間の水平性とそれにもとづく組織運営原理の存在が指摘される。月行事と同様の役職として、1年交代の年行事、5日または10日交代の日行事があった。

かちょうまい [加徴米] 正規の官物や年貢以外に、別に追加して徴収される米。平安時代に受領が任国内に賦課していた例も知られるが、荘園に対する臨時の公事などを名目とした徴収が一般化して、やがて荘官の得分として広く定着するようになる。中世には兵粮米に加徴されることもあり、承久の乱後に定められた新補率法に、地頭得分として段別5升の加徴米がみえる。

かちょうよせい [花鳥余情]「かちょうよじょう」とも。室町時代の代表的な「源氏物語」注釈書。30巻。一条兼良著。1472年(文明4)初稿成立。序文でみずから「河海抄」の跡を追い、「残れるをひろひ、あやまりをあらたむる」という。伝本の系統に、76年大内政弘の求めに応じた宮内庁蔵の再稿本、78年後土御門天皇の求めに応じた竜門文庫蔵の献上本がある。出典を記し、典拠を重んじた前代までの注釈と異なり、むしろ文脈の理解に重点がおかれる。同じ著者に秘説15条をまとめた「源語秘訣」がある。「国文註釈全書」、松永本「源氏物語古注集成」所収。

かつおぎ [堅魚木] 鰹木・勝男木・葛緒木とも。神社建築特有の屋根頂部の飾り。古くは皇居や豪族の住宅にも用いられたらしい。棟上に棟と直角方向におき並べた短材で鰹節に似た形というのが語源とされる。

かつかいしゅう [勝海舟] 1823.1.30~99.1.19 幕末期の幕臣、明治期の政治家。父は小吉。諱は義邦。明治以後は安芳守。通称は麟太郎。1855年(安政2)海軍伝習のため長崎へ赴き、59年軍艦操練所教授方頭取。60年(万延元)咸臨丸で渡米。蕃書調所・講武所・軍艦操練所の勤務をへて、62年(文久2)軍艦奉行並。64年(元治元)軍艦奉行となり安房守と称したが、同年罷免。坂本竜馬が門弟となり、西郷隆盛に倒幕の示唆を与えた。66年(慶応2)軍艦奉行再任。長州戦争の処理につき萩藩と折衝する。68年(明治元)海軍奉行並、陸軍総裁。西郷隆盛と会見し、江戸無血開城を実現した。維新後72年海軍大輔、73年参議兼海軍卿、87年伯爵、88年枢密院顧問官。

かつかわしゅんしょう [勝川春章] 1726~92.12.8 江戸中期の浮世絵師。勝川派の祖。宮川春水の門人で、画姓に宮川・勝沢川も用いた。俗称要助、のち祐助。号は旭朗井・酉爾・李林・縦画生など。像主の個性を描きわけた役者似顔絵をはじめ、1000点をこす役者絵版画を制作したといわれる。晩年は肉筆画に専念し、繊細な筆致で質の高い美人画を数多く残した。

がっかんいん [学館院] 学館院・学官院とも。橘氏の氏院。嵯峨太皇太后橘嘉智子と右大臣橘公の姉弟が、847年(承和14)以前に橘氏の学生のために創立し、964年(康保元)橘好古らの奏状で大学別曹として公認された。所在は平安京右京3条1坊16町という。橘氏の学生は学館院に寄宿し、大学に登校して授業をうけ、各種の任官試験をうけたり、年挙によったりして官界に入った。職員には別当以下があり、橘氏一門から寄付された荘園・封戸を財源として運用したのであろう。1147年(久安3)にはすでに荒廃しており、同年に復興計画がたてられたが中止となったらしい。学館院別当の職、年挙、学館院領荘園は中世まで存続した。

がっきろん [楽毅論] 中国三国時代の魏の夏侯玄が著した文章。戦国時代燕の武将楽毅が斉と戦い、70余城を陥れながら莒と即墨の2城を攻略せずに世の誤解をうけたので、その真意をのべ楽毅を弁護した。正倉院には、光明皇后が東晋の王羲之の書写した楽毅論を手本にして書いたものが伝わる。末尾に「天平十六年(744)十月三日 藤三娘」と書かれ、皇后44歳の筆とわかる。藤三娘は藤原不比等の三女という意の自称。「東大寺献物帳」所載品。本紙縦25.3cm、横84cm。

がっこうきょういくほう [学校教育法] 教育基本法の精神にもとづき、第2次大戦後の学校制度の基本を定めた法律。1947年(昭和22) 3月

31日公布。アメリカ教育使節団報告書の勧告や内閣に設置された教育刷新委員会の建議にもとづき,初等教育から高等教育にいたる6・3・3・4の学校制度を確立した。教育の機会均等による開放的・統一的な学校制度,9年間の無償義務教育,男女差別撤廃を実現し,新制の小・中学校は47年度,高等学校は48年度,大学は49年度から発足した。戦前の学校に関する基本法令が学校種別ごとの勅令であったのに対し,すべての学校を総括的に法律で規定した。49年には短期大学,61年に高等専門学校の規定が追加されるなど改正を重ねている。

がっこうぼさつ [月光菩薩] 薬師如来の脇侍で如来の右にあり,左の日光菩薩に対する。単独で信仰の対象となることは少ないが,薬師信仰の展開にともない,薬師三尊の脇侍としてしばしば造立された。密教の両界曼荼羅には,主尊の薬師如来はないが脇侍の月光菩薩はとりこまれ,胎蔵界曼荼羅では文殊院の一尊として,また金剛界曼荼羅では賢劫十六尊の一つとして位置づけられる。薬師寺金堂や東大寺三月堂のものがよく知られる。

がっこうれい [学校令] 1886年(明治19)の帝国大学令以降,第2次大戦後の教育改革で学校教育法が制定されるまでの間の学校制度に関する勅令の総称。とくに86年公布の帝国大学令・師範学校令・小学校令・中学校令・諸学校通則の五つをさすこともある。1885年初代文相に就任した森有礼は学校に関する基本法令を,それまでの総合規定方式から学校の種別ごとの単行勅令方式に切り替えた。その後90年の小学校令改正時に,教育法令は勅令によるなどという慣例が成立し,戦後改革まで存続した。

かっさつ [甲刹] 諸山とも。五山制度における禅院の寺格の一つ。五山・十刹につぐ。史料では1321年(元亨元)北条高時が鎌倉の金剛崇寿寺を甲刹としたのが最初。のちしだいに増加し,中世末には二百数十カ寺に及んだ。甲刹間には序列は設けられず,数も定められなかった。認定は通常,将軍の御教書でもって行う。官寺の住持の資格を得た者はまず甲刹に住み,十刹・五山へと進むのがふつうの昇進コースであった。

かつしかほくさい [葛飾北斎] 1760.9.23〜1849.4.18 江戸後期の浮世絵師。江戸後期の浮世絵師の祖。本姓は川村の中島,俗称時太郎,のち鉄蔵。はじめ勝川春章の門に入り春朗と号した。宗理・画狂人・為一・卍など多くの号をもつ。活躍期は70年にも及び,狩野派・琳派・洋風画などの諸流派の画法を学んだ独自の画風で,錦絵版画・摺物・版本挿絵・絵本・肉筆画とあらゆるジャンルにわたって作画を行った。代表作の「富嶽三十六景」や「北斎漫画」などを通じてヨーロッパ後期印象派の画家たちにも影響を与えた。

かっしやわ [甲子夜話] 平戸藩主だった松浦静山著の随筆。正編100巻・続編100巻・3編78巻の計278巻と目録3巻。1821年(文政4)11月17日に起筆し,41年(天保12)没するまで書き継がれた。書名は甲子の夜に起筆したことに由来し,自身の見聞や,側近のもたらす異聞・雑記を収載している。狐狸・妖怪などに興味が示され,幕末期の世相風俗を知るとともに,大名の地位にあった人間の人格・識見・思想をみることができる。「日本随筆大成」(正編のみ)・「東洋文庫」所収。

かっちゅう [甲冑] 「よろい」と「かぶと」の総称。正しくは甲が「よろい」で,冑が「かぶと」であるが,軍記物語などではしばしば逆の場合がある。誤解のない用字は鎧と兜であるが,鎧は狭義には大鎧をさす。

かってかた [勝手方] 江戸幕府勘定所の分課の一つ。1721年(享保6)に勘定奉行は司法を扱う公事方と財政事務を扱う勝手方にわけられたが,2年後には勘定所についてもそれまでの上方・関東方という分課を廃し,新たに5分課が設置された。そのうちの勝手向納払御用が勝手方の前身と推測される。はじめ定員は勘定衆7人だったが,その後徐々に増加し,1859年(安政6)には組頭4人・勘定衆100人が配置された。職務も細分化され,この時点で御勝手方改方・積り方掛など22の掛が存在した。租税の徴収,金銀米銭の出納,三季切米の支給,張紙値段の吟味,貸付,金銀座などに関する事務を扱った。

ガット [GATT] 正称は関税および貿易に関する一般協定(General Agreement on Tariffs and Trade)。国際機構の略称。1947年,国際貿易機関(ITO)の予備憲章起草を意図するジュネーブでの国際貿易雇用会議で,23カ国が臨時に調印したが,ITOは成立せず,GATTが自由・互恵主義による貿易拡大をはかるための国際機関として発展。締約国団会議と理事会をもち,事務局はジュネーブ。日本は52年(昭和27)に仮加入,55年に正式加入。関税引下げ・非関税障壁削減の交渉として,ケネディラウンド(64〜67年),東京ラウンド(73〜79年),ウルグアイラウンド(86〜94)がある。95年解消し,新たにWTO(世界貿易機関)がスタートした。

かっぱんこうくみあい [活版工組合] 1899年(明治32)11月3日に結成された印刷工の労働組合。前年東京で組織された活版工同志懇和会が改組されたもの。島田三郎が会長,加藤弘之・桑田熊蔵・金井延らが名誉会員になった。穏健な組合で,横浜・京都・名古屋・大阪・奈

良に支部が設立され，2000人余の会員を擁したが，1900年に入り急速に衰退し，活動を停止した。

かつやすよし［勝安芳］ ⇨勝海舟

かつらがわほしゅう［桂川甫周］ 1751〜1809.6.21 江戸後期の蘭方外科医。桂川甫三の子で桂川家4代目。名は国瑞，字は公鑑，号は月池。江戸生れ。天性の鋭敏さとすぐれた才能をうたわれ，1769年(明和6)19歳で奥医師，94年(寛政6)医学館教授。1775年(安永4)来日の植物学者ツンベリと親交を結ぶ。前野良沢・杉田玄白らとともに「解体新書」の翻訳に参画。世界地理にも深い関心をもち，92年に送還された大黒屋光太夫の陳述から「北槎聞略」を著し，「魯西亜志」を訳述。弟子に吉田長叔。実弟は森島中良。医学館多紀元孝の長男道訓を養子に迎えた。顕微鏡をはじめて医学に応用し「顕微鏡用法」を著す。ほかに翻訳「地球全図」「和蘭薬選」。なお「和蘭字彙」の編著者である桂川家7代国興も甫周を称した。

かつらこごろう［桂小五郎］ ⇨木戸孝允

かつら・タフトきょうてい［桂・タフト協定］ 1905年(明治38)7月29日に結ばれた韓国・フィリピンに関する日米協定。アメリカのフィリピン統治に対する日本の承認，日本の韓国に対する宗主権のアメリカによる承認，極東における日・米・英3国の了解の必要などを，桂太郎首相と来日中のアメリカ陸軍长官タフトが秘密に協定した。フィリピンへの日本の脅威に対するアメリカの憂慮の産物であり，T.ローズベルト大統領も承認した。

かつらたろう［桂太郎］ 1847.11.28〜1913.10.10 明治・大正期の藩閥政治家・陸軍軍人。萩藩士の家に生まれる。戊辰戦争に従軍，維新後陸軍に入りドイツに学ぶ。兵制改革に貢献し陸軍次官・台湾総督などをへて，第3次伊藤・第1次大隈・第2次山県の3内閣の陸相。1901年(明治34)首相となり日英同盟・日露戦争などを処理した。山県系の後継者格となり当初対立していた政友会と妥協，政友会の交互担当，第三者の政派からの排除を基軸とする桂園体制を築いた。06年西園寺公望に政権を譲ったが，08年再び政権を担当，戊申詔書発布・韓国併合・大逆事件などを処理して，12年(大正元)内大臣。まもなく上原勇作陸相の帷幄上奏による第2次西園寺内閣崩壊をうけて組閣。第1次護憲運動に直面し，新党結成で危機突破を図るが程なく退陣。陸軍大将・公爵。

かつらたろうないかく［桂太郎内閣］ 藩閥政治家桂太郎を首班とする明治・大正期の内閣。

■第1次(1901.6.2〜06.1.7)。井上馨の組閣失敗をうけて元老会議の推挙により成立，山県系を基礎にあまり成立。与党をもたなかったため地租増徴継続に失敗するなど，衆議院との関係に苦しんだが，1903年(明治36)伊藤博文を枢密院議長に祭り上げ政友会と分裂した。1902年日英同盟を締結，満州・韓国問題で対露調整が不調に終わったが，日露戦争で勝利を収めた(この間懸案の外債調達や増税を実現)。講和反対運動・第2次日韓協約・統監府設置など戦後処理の後，西園寺公望に政権を譲った。

■第2次(1908.7.14〜11.8.30)。山県系を基礎に組閣。財政整理・地租引下げ・官吏増俸・地方改良・義務教育延長・戊申詔書発布・第2次日露協商締結・韓国併合・対米調整・大逆事件などを処理した。当初「一視同仁」を掲げたが「情意投合」に転換，政友会と協調し西園寺公望に政権を譲った。

■第3次(1912.12.21〜13.2.20)。上原勇作陸相の辞任による第2次西園寺内閣総辞職，松方正義の組閣辞退をうけ山県系の親性勢力を基礎に成立。前政権退陣の経緯や桂が内大臣から転じたことが非難され，憲政擁護運動がおこった。桂は新政党結成で事態を打開しようとしたが，前途への見通しを失い総辞職した。

かつらのみや［桂宮］ 正親町天皇の第1皇子誠仁親王の第6王子智仁親王を祖とする宮家。世襲親王家の一つ。豊臣秀吉の奏請で創立し，智仁親王は八条宮と称した。2代は王子智忠親王，3代は後水尾天皇の皇子穏仁親王，4代は後西天皇の皇子長仁親王が継いだ。その第5代尚仁親王にも継嗣がなく，霊元天皇の第8皇子作宮が継承して常磐井宮を称したが夭折。兄の文仁親王が6代となり京極宮と称した。8代公仁親王ののち一時空主となったが，光格天皇の皇子盛仁親王が継いで桂宮を名乗った。没後再び空主。10代の仁孝天皇の皇子節仁親王も夭折し三たび空主。1862年(文久2)姉淑子内親王が相続したが，81年(明治14)に死去して断絶。桂離宮は初代智仁親王が草創した別荘。なお1988年(昭和63)三笠宮崇仁親王の第2皇子宜仁親王が同名の宮家を創設。→巻末系図

かつらめ［桂女］ 京都市西京区桂に住んだ鵜飼で鮎売りの女商人。鎌倉時代，天皇に桂川の鮎の貢納をした桂供御人として，畿内諸国を遍歴して鮎売りの交易に携わった。室町時代以降は，勝栗や酒樽を持参して畿内周辺の権門を訪問し，酒宴

の席に侍る巫女的な遊女として知られるようになった。この時期の桂なは女系相続となし,白布を頭に巻きあげた独特の桂包で知られ,その風俗は妊婦の岩田帯や,出産・婚礼の際の綿帽子の起源としても説明される。

かつらりきゅう[桂離宮] 1615年(元和元)頃,八条宮(のち桂宮)初代智仁親王が京都下桂の里(現,京都市西京区)に創刻した別荘。桂宮家が絶家して,1883年(明治16)離宮に定められる。桂川から水を引きいれた苑池を中心に,数寄屋造を基調とした古書院・中書院・楽殿の間・新御殿からなる御殿群と,月波楼・松琴亭・笑意軒・賞花亭の四つの茶屋,外腰掛・卍亭の二つの腰掛,持仏堂である園林堂が庭園に点在する。1976年(昭和51)から6年をかけた昭和の大修理により,御殿群は3期にわたる増築によったことが判明。第1期は草創期の1615年頃まず古書院が建てられ,24年(寛永元)までには一応の完成をみたのであろう。41年,智忠親王が増築整備を行い,第2期の中書院が建増しされた。八波様には52年(承応元),笑意軒には55年(明暦元)の襖の下張りの反故片が使われており,現存する茶屋は,63年(寛文3)の2度におよぶ後水尾上皇の行幸に先立ち,第3期工事として楽器の間・新御殿が増築された62年頃に苑内に整えられたものであろう。広大な回遊式庭園には「源氏物語」の情景が断続的にはめこまれている。現在は離宮として宮内庁が管理。

かつれきもの[活歴物] 9世市川団十郎によって行われた時代物の一種。1878年(明治11)演劇改良を主張する依田学海らの発言「(時代物は)活きたる歴史ならざるべからず」を仮名垣魯文が「活歴」と揶揄したことに由来。従来の史実無視・荒唐無稽を廃し,時代考証の正確を期し,歴史上の人物を実だてだてだしたな新風をもたらしたが,一般に人気は低く,明治20年代になって9世の活歴熱は急速にさめた。おもな作者として河竹黙阿弥がかかわる。

かてい[課丁] 課役の全部または一部を負担する戸口。正丁・次丁(老丁・残疾)・少丁(中男)が負担するので課丁とよぶ。課口と同じ。

かていさいばんしょ[家庭裁判所] 親族間の争いや非行少年の保護などを扱う裁判所。1922年(大正11)制定の少年法により設置された少年審判所が,47年(昭和22)制定の家事審判法にもとづき地方裁判所支部として発足した家事審判所が,48年の裁判所法改正により統合された。おもな仕事は離婚請求・財産分与などに家庭に関する事件の裁判・調停と少年犯罪の処分決定だが,いずれも単独の裁判官により審理されるため,補佐する調査官・調停委員が重要な役割をはたす。

かでんしょ[花伝書] ⇒風姿花伝

かどう[花道] 華道とも。いけばなのこと。花道の言葉は「立華時勢粧」(1688刊)にはじめてみられるが,道の意識は立花成立期の南北朝期からあり,立花の修行が仏道の悟りをする契機とされたことに端緒がある。それが師弟関係と正統性の重視にもつながり,流派と家元制度を成立させることになる。寛政の改革を機にいけばなに儒教思想が導入されると,師弟関係も義理の論理で理解されるようになり,儒教の徳目を修するためのものとされた。明治20年代には,いけばなが女性教育の目標を達成するものとして「婦道」と密接にかかわりながら展開することにより,いけばなを花道(華道)と称することが一般化した。

かとうかげまさ[加藤景正] 生没年不詳。鎌倉時代に瀬戸焼を開いた陶祖とされる伝説的人物。加藤四郎左衛門景正といわれ,略称藤四郎。1223年(貞応2)に道元に従って中国に渡り,陶磁の技法を伝えたという。「森田久右衛門日記」延宝6年(1678)条には「瀬戸焼successと申者藤,藤四郎根元。但四百五拾年余ほど,鎌倉二三代め事」と記す。瀬戸焼の開窯は13世紀前半であり伝承と一致するが,瀬戸焼に中国陶磁技術が反映されていないことも確かである。

かとうかんじゅう[加藤勘十] 1892.2.25~1978.9.27 大正・昭和期の労働運動家・政治家。愛知県出身。日本大学(夜学)中退。1918年(大正7)以降労働運動とくに鉱山労働運動の指導者となる。26年(昭和元)日本労農党結成に参加,満州事変後は左派に転じ,全日本労働組合全国評議会委員長に就任。36・37年の総選挙で当選したが,人民戦線事件で検挙。第2次大戦後,社会党結成に左派として参加,衆議院議員となり,右派に転じて芦田内閣の労相に就任。妻は加藤シヅエ。

かとうきよまさ[加藤清正] 1562.6.24~1611.6.24 織豊期~江戸初期の武将・大名。父は清忠。名は虎之助。豊臣秀吉に仕え,賎ヶ岳の七本槍の1人。1588年(天正16)肥後半国を与えられ熊本城主。国人・土豪勢力の一掃に努め,麦年貢をルソンへ輸出するなど積極的な貿易をすすめた。文禄の役では先陣を勤め,オランカイ(中国東北部)まで侵入。慶長の役での蔚山籠城での奮闘ぶりは秀吉の信頼は厚かったが,石田三成ら奉行人の台頭により政権の中枢から遠ざけられた。関原の戦で東軍に属し,戦後に肥後一国54万石に加増。熊本城を築いて城下町を整備,領内の治水や干拓事業にも尽力。熱心な日蓮宗徒で領内での日蓮宗寺院の建立をすすめ,キリシタン弾圧政策を行った。

かとうたかあき [加藤高明] 1860.1.3～1926.1.28 明治・大正期の外交官・政治家。尾張国生れ。東大卒。1887年(明治20)外務省入省。1900年第4次伊藤内閣,06年第1次西園寺内閣の外相となるが,鉄道国有法に反対し辞任。08年駐英大使となり,11年第3次日英同盟を締結。13年(大正2)第3次桂内閣の外相に就任し,立憲同志会入党,同年桂の死後総裁。14年第2次大隈内閣の外相となり第1次大戦参戦,対華二十一カ条の要求などを断行。16年同志会を中心に憲政会を結成し,24年の総選挙で第1党となり,護憲三派内閣を組織した。治安維持法・普通選挙法などを制定。日ソ基本条約を締結し,ソ連との国交を回復。3派の提携決裂後,新に憲政会単独内閣を組織したが,議会途中で病死。

かとうたかあきないかく [加藤高明内閣] 憲政会総裁の加藤高明が組織した政党内閣(1924.6.11～26.1.30)。はじめは護憲三派内閣(憲政会・政友会・革新俱楽部)。第2次護憲運動で護憲三派が勝利して成立。第50議会で貴族院改革・普通選挙を実現,また治安維持法を制定。宇垣一成がず陸相による陸軍軍縮も実行された。幣原喜重郎外相は中国内政不干渉方針をとり,ソ連との国交を回復した。1925年(大正14)7月,税制整理をめぐる政友会と政友本党の対立により総辞職したが,背後には中国政策をめぐる対立があった。8月2日,憲政会単独内閣に改造し政友本党と提携したが,第51議会の会期中,首相の病死により総辞職した。

かとうちかげ [加藤千蔭] 1735.3.9～1808.9.2 江戸中・後期の国学者。加藤枝直なおの子。姓は橘,通称は又左衛門,字は常世麿とよまろ,号は荒園こうえん・芳宜園はぎなど。1788年(天明8)町奉行与力を辞したのちは学芸に専念した。若くして諸芸を学んだが,とくに国典を賀茂真淵に学び,退隠後,師の業をうけ,かつ本居宣長の協力を得て「万葉集略解りゃくげ」を著作,万葉研究の普及に資した。歌風は古今集前後を理想とする高調典雅なもので,村田春海はるみとともに並称された。書は松花堂昭乗にならって和様書家として一家をなし,仮名書の法帖ほうじょうを数多く出版した。絵ははじめ建部綾足あやたりに漢画を学んだが,のち大和絵風に転じた。

かとうともさぶろう [加藤友三郎] 1861.2.22～1923.8.24 明治・大正期の海軍軍人・政治家。安芸国生れ。海軍大学校卒。日清・日露戦争および第1次大戦に従軍。日露戦争では連合艦隊参謀長として,1905年(明治38)の日本海海戦を指揮した。日露戦争後,次官・海相として海軍の拡充に努めた。14年(大正3)清浦奎吾の組閣を阻止。ワシントン会議では全権として軍縮条約を締結,英米両国との建艦競争に歯止めをかけた。22年6月首相に就任し,外交面では軍縮やシベリア撤兵を実行。内政面でも行財政整理を推進したが,翌年8月首相在任中に死去。

かとうともさぶろうないかく [加藤友三郎内閣] 高橋是清政友会内閣の総辞職後,高橋内閣の海相加藤友三郎が組織した内閣(1922.6.12～23.9.2)。官僚・貴族院議員を中心とする中間内閣であったが,政権が憲政会に移ることを恐れた政友会の支持をうけた。山東問題を処理し,シベリアからの撤兵を実行。またワシントン会議にもとづいて海軍軍縮を実現,山梨半造陸相を通して陸軍軍縮にも着手した。普通選挙には反対の態度をとったが,選挙法改正による有権者拡大を企図し,衆議院議員選挙法調査会を設置,その答申を臨時法制審議会に諮問した。首相の病死により総辞職した。

かとうひろゆき [加藤弘之] 1836.6.23～1916.2.9 明治期の政治学者。但馬国生れ。出石藩藩校弘道館をへて,佐久間象山に学ぶ。1860年(万延元)蕃書調所教授手伝となり,ドイツ学を開拓。維新後侍読じとく・左院議官などを歴任。「真政大意」「国体新論」などで天賦人権論を啓蒙し,明六社に参加。民撰議院論争では尚早論をとった。77年(明治10)東京大学初代総理。81年前記の2著を絶版とし社会進化論に転向。90年帝国大学総長,1906年帝国学士院長・枢密顧問官。

かとうまど [火灯窓] 花頭窓とも。寺社建築などで,上部が数個の曲線からなる形の窓。元来は禅宗様ぜんしゅうのものだが,のちには住宅建築にも用いられた。古いものは両側縦框なげまちの下部が垂直だが,しだいに開くようになる。上部の曲線は火灯曲線といい,鎌倉市の円覚寺舎利殿などでは扉口の上部にも使われる。

かとうよしあき [加藤嘉明] 1563～1631.9.12 織豊期～江戸初期の武将・大名。孫六。左馬助・侍従。はじめ羽柴秀勝に仕え,1576年(天正4)播磨攻略時に豊臣秀吉の下に移り,各地に転戦。賤ヶ岳しずがたけ七本槍の1人。76年以来船手となり,文禄の役では船奉行として進発したが,安骨浦の海戦で李舜臣りしゅんしに敗れた。慶長の役では元均の艦隊を破った。95年(文禄4)伊予国松前まさき6万石。関ケ原の戦では東軍に属し,戦後,同国松山20万石。1627年(寛永4)陸奥国会津40万石に移された。

かとく [家督] 家の財産あるいはそれに付随する地位,さらにはその相続人をさすこともあり,時代によって意味が異なる。鎌倉時代には武士団の一族一門の統率する長を家督とよび,室町時代以降は家父長的家族の長をさした。江戸時代には,武家の俸禄を家督といい,庶民では家産・家屋敷・店舗など,家の財産や屋号・

営業権などを意味するようになった。また家の財産や身分は基本的には嫡子が単独で相続したことから、その相続人をも家督、相続方式を家督相続とよんだ。

かとくそうぞく[家督相続] 1人の子弟、おもに長男が家長としての地位や身分＝家督を継承し、あわせてその財産を独占的に相続する制度。室町中期以降、武家の間で長子相続が発達し、近世には武家の相続制度として家督相続が制度化され、庶民の間にも浸透した。明治政府は、天皇制国家体制の基盤としての家父長的家族による「家」をおき、その代表としての戸主に種々の権限を与えた。明治民法はそうした戸主権について、戸主の財産とともに長子が単独で相続すると規定し、相続は戸主の交代を意味した。第2次大戦後、家族体制と結びついた「家」の解体を行うため、その根幹となった家督相続は法的に廃止された。

かどけいざいりょくしゅうちゅうはいじょほう[過度経済力集中排除法] 財閥解体の一環として、大企業自体のもつ独占的経済力を除去するための法律。GHQの日本政府への指示によって、1947年(昭和22)12月18日に公布・即日施行。第2次大戦前の軍事力の経済的根拠となった独占体の再生を抑止するため、大企業の分割・再編を意図した。実施機関である持株会社整理委員会が分割対象企業として指定した会社数は当初325社に上ったが、実際には48年アメリカの対日政策の転換から続々と指定が取り消され、最終的に分割処分をうけた企業はわずか11社で、不徹底のままに終結した。

かどた[門田]「もんでん」とも。中世の地方武士・土豪の居館周辺に広がる付属耕地。一般に水利条件がよく地味も豊かであり、屋敷から離れた田と対置される。荘園領主や国衙の検注の対象からはずされるため、年貢・公事が免除されるのがふつう。地頭などの武士は周辺の土地を門田として囲いこみ、領主権を強化しようとした。畠の場合は門畠という。

かどや[門屋] 江戸時代、本百姓に従属した農民。地方によっては名子・被官・門などともよばれた。主家から家屋と土地を与えられ、結婚を認められていた点で譜代下人と異なる。宛行地にかかる年貢・諸役は直納せず、主家を通して上納した。主家に対して労役負担を義務づけられており、主家の意向によって売買・質入れ・譲渡の対象にもなった。譜代のものと新たに契約によって門屋になるものがあり、譜代の門屋は身代金を主家に支払い、主家から独立していった。

かとりじんぐう[香取神宮] 千葉県佐原市香取に鎮座。式内社・下総国一宮。旧官幣大社。祭神は経津主命で、武甕槌命とともに天孫降臨に先立ち葦原中国を平定した神とされる。なお六国史などに祭神を伊波比主神とする記事もある。当地は軍事的要衝にあり、鹿島神宮とともに大和朝廷の東国支配に重要な役割をはたしたと思われる。また中臣氏の氏神ともなり、藤原氏は香取・鹿島の神を勧請し春日神社とした。882年(元慶6)には正一位勲一等とみえる。香取郡は当社の神郡であった。中世以降も軍神・武神として源頼朝や徳川家など武家らからあがめられた。例祭は4月14日。所蔵の海獣葡萄鏡は国宝で、日本三名鏡の一つ。

かないのぶる[金井延] 1865.2.1～1933.8.13 明治・大正期の経済学者・社会政策学者。遠江国生れ。東大卒。ドイツに留学し歴史学派の理論を学ぶ。1890年(明治23)帰国直後に帝国大学法科大学教授となり、ドイツ社会政策学にもとづき、労資協調、国家による労働者保護を主張。社会政策学会の結成、帝国学士院会員としての活動、東大経済学部の創設(初代経済学部長)のほか、工場法の必要や日露開戦論、社会主義批判など社会的発言も活発に展開した。

かながきろぶん[仮名垣魯文] 1829.1.6～94.11.8 幕末・明治前期の戯作者・新聞記者。本名野崎文蔵。江戸生れ。1860年(万延元)に「滑稽富士詣」で売りだし、明治維新後は「西洋道中膝栗毛」「安愚楽鍋」で、維新後の文学空白期を埋めた。72年(明治5)三条教則の通達の際、山々亭有人らと「著作道書キ上ゲ」を上申、戯作者の限界を露呈した。75年「仮名読新聞」を創刊、「高橋阿伝夜叉譚」「鳥追阿松海上新話」などの毒婦・悪婦ものを発表して読者を魅了した。

かながわけん[神奈川県] 関東地方の南部に位置する県。旧相模国全域と武蔵国の一部を県域とする。幕末には相模国に小田原藩・荻野山中藩、武蔵国に金沢藩がおかれた。1868年(明治元)神奈川奉行支配地に横浜裁判所がおかれ、神奈川裁判所、神奈川府、神奈川県と短期間に改称。旧韮山代官領は韮山県の管轄となった。翌年金沢藩は六浦藩と改称。71年廃藩置県後の11月神奈川県は六浦県を合併し、相模国鎌倉・三浦の2郡、武蔵国久良岐・都筑・橘樹の3郡と多摩郡の一部を管轄。他の小田原・荻野山中・韮山の3県は足柄県に統合された。76年足柄県が廃され、相模7郡を神奈川県に編入、伊豆国を静岡県へ移管した。93年多摩3郡を東京府へ移管し、現県域が定まった。県庁所在地は横浜市。

かながわしゅく[神奈川宿] 東海道の宿駅(現、横浜市)。神奈川町と青木町で構成。1843年(天保14)の町並18町29間、人口5793人、家数1341軒、うち本陣2・旅籠屋58、定人馬100人100疋、うち定使5人5疋・臨時御用囲25人15疋。御城米船・八丈島御用船などに関す

る触があった場合は役船を提出した。58年(安政5)に調印された日米修好通商条約により開港場に指定されて，領事館が設けられて，横浜開港にともない，62年(文久2)領事館は横浜に移転。

かながわじょうやく [神奈川条約] ⇨日米和親条約にちべいわしんじょうやく

かなこ [金子] 金名子・金児とも。近世鉱山で鉱石の採掘にあたる者。生野銀山では内切うちぎりという。数人の掘子・手子てこを抱え，山師から一定の掘場を下請けして採掘し，鉱石の配分をうける。近世中期佐渡金山では6割，生野では2分の1から3分の1が金子の取り分とされた。本来は零細な鉱山稼行人だったが，近世初期の金銀山の繁栄期に，開坑する資金や技術がなく，山師と掘子の間で採掘にあたるようになったと思われる。のち山師から自立していく傾向がみられる。

かなざわはん [金沢藩] 加賀藩とも。加賀国金沢(現，金沢市)を城地とする外様大藩。1581年(天正9)前田利家は織田信長から能登1国を与えられたが，信長没後は豊臣秀吉に従い，83年加賀国石川・河北両郡を加封されて金沢城へ入城。以来14代にわたる。長男利長は関ケ原の戦功により加増され，領地は加賀・越中・能登3国119万2700石余。次代利常は1639年(寛永16)隠居に際して次男利次に富山10万石，三男利治に大聖寺7万石を分与して支藩をたてた。のち藩領は加賀・越中・能登3国内と近江国1郡のうち102万5000石に確定。利常は隠居後も藩政を後見し，改作仕法とよばれる農政改革を実施。給人知行権の抑制や郷村支配機構整備のための諸策が施行され，藩制が確立した。孫の綱紀も利常の政策を推進し，書物の収集・学者の招聘にも努めた。治脩はるながは文武の修業所として明倫堂および経武館を創設し，藩士の子弟のほか庶民へも門戸を開いた。詰席は大廊下。利常以来将軍家から松平性を許され，また加賀守を官名とした。廃藩後は金沢県となる。

かなぞうし [仮名草子] 江戸初期の仮名書きの散文作品の総称。慶長期から井原西鶴作「好色一代男」刊行の1682年(天和2)までに発行された小説類を中心とする。室町物語の流れをくむもの，古典文学のパロディである擬物語，随筆的内容のもの，怪談集や笑話本など説話文学系のもの，戦記文学，紀行文学など，さまざまな形態や内容のものを包括する。それまで限られた階層の占有物であった文芸は，政治の安定と印刷技術の進歩により多数の享受者を獲得する。仮名草子は一般大衆の娯楽や啓蒙に奉仕すべく制作された。初期作品のほとんどが匿名性が強いが，後期には浅井了意という優れた作家が登場した。

カナダ 北アメリカ大陸北部に位置する国。漢字表記は加奈陀。17世紀初めフランス人がケベックに入植，続いてイギリス人が入植して争ったが，1763年パリ条約でイギリス植民地となり，1867年4州を統合する自治領カナダ連邦が成立した。1931年に法的にイギリスと対等になる。日本との関係は明治初年からコクランらメソジスト派宣教師の布教や学校設立が行われたが，中心は移民問題である。ことに1887年(明治20)バンクーバー――横浜間の航路開通後は鉄道・鉱山や林業・漁業の移民労働者が急増して紛争・暴動も発生。1907年のルミュー協約による移民規制後も排日感情は強かった。第2次大戦中，日系人は敵性外国人として強制拘留された。51年(昭和26)サンフランシスコ講和条約に調印。88年カナダ政府は日系人への戦時補償と謝罪を行った。広大な国土の大半は森林とツンドラの無人地帯。日本にとって資源輸入・製品輸出型の重要貿易相手国となっている。名目上イギリス国王を元首とする立憲君主制にもとづく民主的連邦制。首都オタワ。

かなでほんちゅうしんぐら [仮名手本忠臣蔵] 人形浄瑠璃。時代物。11段。2世竹田出雲・並木千柳(宗輔そうすけ)・三好松洛しょうらく合作。1748年(寛延元)8月大坂竹本座初演。1702年(元禄15)の赤穂浪士の吉良よし討入事件を脚色。47年(延享4)に京都中村粂太郎くめたろう座上演の「大矢数おおやかず四十七本」で沢村宗十郎の大岸宮内(大石内蔵助)が大当りをとったことに刺激されて作ったという。赤穂浪士物の集大成で，本作の影響下に数多くの忠臣蔵物が作られた。「菅原伝授手習鑑すがわらでんじゅてならいかがみ」「義経千本桜」とともに3大名作と称される。歌舞伎には初演の年の12月大坂角の芝居に移され，翌年江戸三座で競演。以来，上演のたびに客が大入りになる作品といわれ，歌舞伎独特の演技や演出が工夫されて，今日に至る。

かなやしゅく [金谷宿] 東海道の宿駅(現，静岡県金谷町)。大井川西岸にある。対岸の島田とともに，大井川川越制度によって繁栄した。1843年(天保14)には町並東西16町27間，加宿の川原町を含めた人口4271人，家数1004軒，うち本陣3・脇本陣1・旅籠屋51，定人馬155人5分100疋，うち定囲5人5疋・臨時御用囲20人15疋。

かにこうせん [蟹工船] 小林多喜二たきじの中編小説。1929年(昭和4)「戦旗」5・6月号に分載。同年戦旗社より刊行。オホーツク海へ出漁する蟹工船の過酷な労働のなかで，労働者が集団として自覚し団結して立ちあがるさまを，背後の国際関係・財閥・帝国軍隊との緊密なつながりを浮かびあがらせつつ描いた。発表当初からの度重なる発禁にもかかわらず広く読まれ，

プロレタリア文学をこえて一般の文壇からも高い評価をうけた。

かねがふちぼうせき [鐘淵紡績] 第2次大戦前の日本で最大規模の紡績会社。前身は1886年(明治19)設立の東京綿商社。88年鐘淵紡績に改称。経営不振打開のために三井の傍系会社となり，武藤山治を経営者に迎えて優良企業に転換，積極的に合併を進めた。日露戦争後には織布業，絹糸紡績業を兼営し，第1次大戦後は総合繊維企業化，第2次大戦中は重化学工業にも進出した。1971年(昭和46)に社名を鐘紡に，さらに2001年(平成13)カネボウと変更。

かねがふちぼうせきそうぎ [鐘淵紡績争議] 1930年(昭和5)鐘淵紡績の各工場におこった争議。鐘紡は家族主義の労務管理で知られていたが，昭和恐慌の折から，第1次大戦当時から支給していた戦時手当の廃止を通告。それに反対して4月10日，総同盟の指導をえた大阪・京都の工場労働者がストライキに突入，ついで兵庫工場にも波及した。親を利用した会社の切崩しに対抗し，全国の労組・無産政党の支援のもとで争議を続行。6月5日，労働側の有利に解決した。大阪・京都両工場では総同盟系の組合支部が組織された。

かねくじ [金公事] 江戸時代の借金銀・売掛金・立替金など，主として無担保・利子つきの金銭債権，もしくはその債権の実現を求める民事的訴訟のこと。本公事に比べて幕府による訴権の保護が薄く，しばしば相対済令(あいたいすましれい)によって訴権を棄却された。また訴え出る最低額が定められていたこと，幕府や藩が強く内済(ないさい)(和解)を奨励したことなどが特徴としてあげられる。金公事は出入筋の手続きによって争われ，債務が確定した債務者には，奉行所から弁済が命じられた。

かねこけんたろう [金子堅太郎] 1853.2.4～1942.5.16 明治～昭和前期の官僚政治家。筑前国生れ。福岡藩士の子。藩校修猷館・ハーバード大学に学び，伊藤博文の知遇を得る。元老院書記官少書記官を皮切りに首相秘書官・枢密院書記官などを歴任し，伊藤の憲法制定作業を助けた。1890年(明治23)貴族院書記官長となり，農商務次官をへて第3次伊藤内閣の農商務相，第4次伊藤内閣の司法相を務めた。この間，98年の伊藤の新党計画や政友会創立に関与。日露戦争に際してはアメリカに特派され，ハーバード大学で同窓のセオドア・ローズベルト大統領らに接触してアメリカ世論の親日誘導にあたった。1906年枢密顧問官，昭和前期まで長老として活動した。伯爵。

かねざわあきとき [金沢顕時] 1248～1301.3.28 鎌倉中期の武将。正五位下・越後守。北条氏一門の実時の子。初名は時方。法名は恵日(えにち)

。1269年(文永6)引付衆となり，以後評定衆，引付頭人を歴任。85年(弘安8)妻の父の安達泰盛が内管領(うちかんれい)平頼綱に滅ぼされると，所領の下総国埴生(はにゅう)荘に流されたが，93年(永仁元)頼綱の滅亡により復活，同年執奏，翌年引付頭人となった。父同様好学の士。

かねざわさだあき [金沢貞顕] 1278～1333.5.22 鎌倉末期の武将。従四位上・修理権大夫。執権。北条氏一門の顕時の子。評定衆・六波羅南方・引付頭人・六波羅北方などをへて，1315年(正和4)連署に就任。26年(嘉暦元)3月，執権北条高時の出家後，長崎高資に推されて執権となるが，高時の弟赤橋家らの反対によりまもなく出家，法名は崇顕(そうけん)。翌月，赤橋守時が執権に就任。33年(元弘3)一門とともに東勝寺で自害。父祖同様に学問を好み，多数の書籍を書写・収集した。

かねざわさねとき [金沢実時] 1224～76.10.23 鎌倉中期の武将。越後守。父は北条義時の子実泰。1234年(文暦元)11歳で小侍所別当に就任し，以後歴代の将軍に近侍する一方，52年(建長4)引付衆，翌年評定衆に加わり，幕政の中枢にあった。学問を好み，将軍宗尊親王に従って関東に下った儒者清原教隆について勉学に励み，和漢の書籍を書写・収集した。膨大な書籍は，所領の武蔵国六浦荘(むつらのしょう)金沢に建てられた別邸内の文庫に収められ，金沢文庫のもととなった。西大寺の叡尊(えいそん)に深く帰依し，鎌倉に招いて北条時頼とともに受戒。67年(文永4)には念仏寺院の称名寺を律宗に改めた。

かねざわのさく [金沢柵] 古代末期における東北地方の在地豪族清原氏の軍事的拠点。山北(せんぼく)3郡のうち出羽国山本郡(現，秋田県横手市金沢)に所在。比高約90mの急峻な丘陵に立地し，発掘調査も行われている。1087年(寛治元)の後三年の役で，源義家が清原家衡(いえひら)を攻め，清原氏滅亡の地となった。

かねざわぶんこ [金沢文庫] 北条(金沢)実時が武蔵国六浦(むつら)荘金沢村(現，横浜市金沢区金沢町)の別業内にたてた文庫。北条義時の孫で鎌倉幕府の要人だった実時は，好学の士としても知られ，彼に始まる金沢氏は北条氏の有力庶家として鎌倉後期に繁栄，文庫も発展した。実時の孫で金沢氏で唯一執権に就任した貞顕のときが同氏および文庫の最盛期。幕府滅亡後は金沢氏の創建した称名寺が経営にあたったがしだいに衰退。現在は神奈川県立金沢文庫として再興。金沢貞顕書状をはじめ幕府関係文書を多数所蔵し，鎌倉幕府末期の政治史研究に欠かせない史料群である。

かねよししんのう [懐良親王] 1330?～83.3.27 「かねなが」とも。後醍醐天皇の皇子。1336年(建武3・延元元)後醍醐天皇から征西将軍に任

じられ九州へ下る。48年(貞和4・正平3)肥後の菊池氏の本拠に入って勢力をのばし, 61年(康安元・正平16)には大宰府を掌握。71年(応安4・建徳2)明から「日本国王」に封じられ, 翌年九州探題今川貞世(了俊)によって大宰府を追われ, 征西将軍職を退いて筑後国矢部に隠退, この地に没した。

かのうえいとく [狩野永徳] 1543.1.13～90.9.14
桃山時代の狩野派の画家。松栄しょうえいの長男。祖父元信にも直接学ぶ。父とともに制作にあたった大徳寺聚光院障壁画(国宝)は, 父松栄の温雅な作風から力動感にあふれた作風への転換をすでに示しており, 桃山障壁画の代表作として知られる。豪壮な大画様式は織田信長・豊臣秀吉ら覇者に好まれ, 安土城・大坂城・聚楽第じゅらくだいなどの障壁画の制作を次々に任じられたが, 48歳で急死。障壁画の大半は建物とともに焼失し, 確実な遺品は少ないが, 豪快な筆勢でモチーフを極端に大きく描く「唐獅子図屛風」など永徳様式を受け継ぐ作品は多い。

かのうこうきち [狩野亨吉] 1865.7.28～1942.12.22
明治～昭和前期の思想家。秋田藩儒の家に生まれる。東大卒。1898年(明治31)五高教授から一高校長に転じ, 京都帝国大学文科大学の創設委員を務めたのち, 1906年に初代学長となるが短期間で辞任。以後は在野で書画の鑑定・売買を業としてきわめて合理主義的に生きた。日本の自然科学思想史の草分けとして, 安藤昌益・志筑忠雄の紹介などでも活躍した。その収集資料は現在, 文書類が京都大学文学部博物館, 典籍類が東北大学付属図書館にそれぞれ所蔵されている。

かのうさんらく [狩野山楽] 1559～1635.8.4/19
桃山～江戸初期の狩野派の画家。浅井長政の家臣木村永光の子。狩野永徳えいとくの門人で永徳の大画様式を引き継ぐとともに, 大覚寺「牡丹ぼたん図襖」など装飾性を高めた作品を描いた。学究肌でもあり, 和漢の故事にもとづく作品として「帝鑑図屛風」「犬追物図屛風」などがある。豊臣秀吉に仕え, 1615年(元和元)の豊臣家滅亡後も京都にとどまり, 京狩野の祖となった。

かのうじごろう [嘉納治五郎] 1860.10.28～1938.5.4
明治～昭和前期の教育家・柔道家。父は治郎作。摂津国生れ。東大卒。1882年(明治15)学習院講師になり, 東京下谷の永昌寺で講道館を開き柔術を教える。古来の柔術を改良して講道館柔道を編み出した。のち第一高等中学校校長, 東京高等師範学校校長を歴任。1909年にアジアで最初の国際オリンピック委員会(IOC)委員となり, 11年には大日本体育協会初代会長に就任。12年(大正元)第5回オリンピック大会に団長として参加するなど, 国際的にも活躍した。

かのうたんゆう [狩野探幽] 1602.1.14～74.10.7
江戸前期の狩野派の画家。孝信たかのぶの長男。京都生れ。江戸に下り, 1617年(元和3)幕府御用絵師として鍛冶橋かじばし門外に屋敷を拝領し, 鍛冶橋狩野家の祖となった。38年(寛永15)法眼ほうげん, 62年(寛文2)法印叙任。実質的な狩野門門の統率者として数々の幕府御用を勤めた。室町水墨画・大和絵など幅広く吸収しつつ, 幕藩体制の整備に同調するように, 桃山時代の豪壮な大画様式を優美・知的な様式へと一変させた。代表作は, 二条城二の丸御殿・名古屋城上洛殿・大徳寺本坊方丈など数多くの障壁画や「探幽縮図」とよばれる古画の模写・写生帳など。探幽の画法は, 形式化しつつ江戸狩野様式として江戸時代を通じて継承された。

かのうは [狩野派]
室町中期～明治初期の日本画最大の画派。室町幕府の御用絵師狩野正信に始まる。その子元信は和漢融合の新しい装飾様式を創り, 同時に血縁者と弟子からなる工房を経営。織豊政権下で重用された元信の孫の永徳は, 多くの城郭殿舎の障壁画制作に一門絵師を率いてあたり, その豪放華麗な金碧きんぺき障壁画は一世を風靡した。永徳急逝後は子の光信・孝信や高弟山楽さんらくらが同派を維持, ついで孝信の子の探幽3兄弟が江戸幕府の御用絵師となり江戸に移住, 一族と門弟を序列化して幕府職制にならった巨大な画家組織を作りあげた。その地位と家系は世襲によって安泰であったが, 流派を維持しべく粉本主義の教育を続けたため, 画作はしだいに創意を欠くものとなった。

かのうほうがい [狩野芳崖] 1828.1.13～88.11.5
明治期の日本画家。幼名幸太郎, 元服して延信。号は松隣・勝海。長門国長府藩の御用絵師狩野晴皐せいこうの子。江戸木挽こびき町の狩野勝川院雅信がしんに師事。雪舟を中心に諸派絵画の研究に努める。明治10年代半ばにフェノロサと出会い, 以後フェノロサとともに新日本画創造に情熱を傾けた。狩野派の伝統画法に西洋絵画の構図や色彩, 空間表現をとりいれた「不動明王図」や「悲母観音図」などを描いた。東京美術学校の創立に尽力したが, 開校を前に死去。

かのうまさのぶ [狩野正信] 1434?～1530.7.9?
室町時代の画家。狩野派の祖。号は性玄・祐勢。大炊助おおいのすけを称し, 越前守・法橋ほっきょうとなる。出身は不明だが, 伊豆を郷国とする狩野一族とみられ, 上総の狩野氏の説もある。記録上の初見は, 1463年(寛正4)の相国寺雲頂院の壁画制作で, やがて小栗宗湛のあとを継いで幕府の御用絵師になったとみられる。83年(文明15)には将軍足利義政の東山殿襖絵ふすまえ「瀟湘しょうしょう八景図」を描いた。96年(明応5)までの活動が知られるが, その間に記録される画事は多様で,

仏画・肖像画・障壁画，さらには位牌入泥にまで及ぶ和漢の幅広い領域をこなし，狩野派発展の基礎を築く。遺品に「周茂叔愛蓮図」「布袋図」「山水図」。

かのうもとのぶ［狩野元信］ 1476.8.9～1559.10.6
戦国期の画家。正信の長男。初名四郎二郎。山城国生れ。大炊助を称し，越前守・法眼となる。狩野派発展の基礎を確立し，後世，古法眼と仰がれた。父正信が得た幕府の御用絵師の立場を保持する一方，宮廷や公家・寺社・町衆にも支持層を広げ，多くの門弟を擁する工房を組織して需要に応じた。1539年(天文8)から53年には石山本願寺の障壁画を制作。漢画の諸様式を広く学んで整理統合し，また大和絵の技法をもとりいれ，和漢融合による明解で装飾性豊かな障壁画様式を創始した。代表作は大徳寺大仙院客殿襖絵，妙心寺霊雲院旧方丈襖絵，「清涼寺縁起絵巻」など。

かのこぎのしょう［鹿子木荘］
「かなこぎのしょう」とも。肥後国飽田郡にあった仁和寺領荘園。荘域は熊本市北部にあたる。鹿子木氏が祖父沙弥寿妙の開発した私領に対する国衙の圧迫からのがれるため，1086年(応徳3)所領を大宰大弐藤原実政に寄進。実政の外孫の藤原隆通(願西)は国衙の圧迫を排除できなかったので，実政以来相伝してきた得分の半分を，1139年(保延5)高陽院の内親王に寄進。この頃正式に立荘され，高陽院内親王を本家，願西を領家とする皇室領荘園鹿子木荘が成立。その後本家職は美福門院により仁和寺に寄進された。鎌倉時代には地頭の大友庶家詫摩氏の勢力が伸長し，室町時代には荘園の実態は失われた。

かのこしぼり［鹿の子絞］
絞染技法の一つ。染上りが白星の斑となり子鹿の背のまだら模様に似るためこうよばれる。歴史は古く，正倉院にも遺例があり，平安時代には纐纈・目結・目染として盛行し，さらに近世に著しい流行をみた。技法的には手結度の子と機械度の子に大別され，前者には型紙で下絵描をする京鹿の子と，まったくの勘だけで絞る本座鹿の子がある。

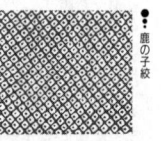

かばさんじけん［加波山事件］
1884年(明治17)9月，福島・栃木・茨城の3県の急進派自由党党員が政府転覆を企て茨城県加波山で蜂起した事件。はじめ福島・栃木両県令兼務の三島通庸の暗殺を謀り，また東京で開かれる新華族の授爵祝賀会で大臣顕官暗殺を計画したが会が延期となり，いずれも実現しなかった。9月宇都宮で開かれる栃木県庁落成式に多数の政府高官が出席するのを知り，再び襲撃を計画。茨城県真壁下館の旅館館長富松正安らなども引き入れて準備を進めたが，警察に察知され，追い詰められた富松ら16人が加波山で蜂起。真壁町町屋分署などを襲撃したがまもなく四散，関係者全員が捕縛され，国事犯ではなく常事犯として死刑7人を含む重刑に処せられた。参加者に福島事件関係者が多い。

かばね［姓］
古代の政治的称号。今日では氏の名，または氏の名に朝臣などを付したものをセイ(姓)というのに対し，朝臣・連など氏の名の下に付す称号をとくにカバネとよぶ。古代のカバネは臣・連・君・造・直などの三十数種に及び，それらには皇別と神別の出自(氏族系譜)による区別と，職掌など氏の性格による区別がある。しかし氏族系譜は後世に造作された可能性が高く，実際は畿内の有力豪族・伴造氏族，地方の有力豪族など各氏族の性格の違いによってカバネが与えられたものと思われる。カバネはもともと人名に付した尊称から発生したもので，5～6世紀の伴造制度や部制度の成立が，氏姓制度の一環としてのカバネに影響を与えたと考えられる。また670年(天智9)の庚午年籍で全国の人民の氏姓を定めたこと，683年(天武12)から始まる天武朝の族姓改革でカバネを大幅に改定したこと(八色の姓)によって，カバネ制は確定化した。

かばやますけのり［樺山資紀］ 1837.11.12～1922.2.8
幕末期の鹿児島藩士，明治期の陸海軍軍人・藩閥政治家。戊辰戦争に従軍。維新後陸軍に入り，台湾に出兵。西南戦争で活躍。大警視・警視総監をへて海軍に移り，1890年(明治23)第1次山県内閣の海相となる。つづく第1次松方内閣期に行った「蛮勇演説」が衆議院解散の契機となる。第2次松方内閣では内相として新聞紙条例を緩和し，一時は首相候補とされた。第2次山県内閣の文相をへて枢密顧問官となる。伯爵。

かばん［加番］
一般に，正規の勤番に加勢して城などの警備にあたる者。江戸幕府では大坂城と駿府城におかれた。大坂加番は大名役で，山里・中小屋・青屋口・雁木坂の4加番からなり，毎年8月に交代し，勤番中合力米が支給された。駿府加番は万石以上の大加番1人，5000石以上の寄合から選任される平加番2人の3人からなり，毎年9月に交代し，役扶持が与えられた。

カピタン
近世，長崎におけるポルトガル・オランダ貿易の指揮官。語源はポルトガル語。16世紀後半から17世紀初期のポルトガル貿易では，カピタン・モールとして貿易のほか軍事・外交の代表者であったことから，日本ではカピタンと称し甲比丹の字などをあてた。17世紀に

平戸でイギリス・オランダ両東インド会社との貿易が始まるが、これらの商館長に対しても用いられたが、鎖国時代には出島のオランダ商館長をした。

かぶ [株] おもに近世の社会集団内に占める成員の地位や資格の呼称。これが固定的・世襲的な権益として物権化し、相続や売買、譲渡の対象となった。御家人株や名主株のように、本来は世襲的な身分や業務が、人格から分離してある種の権益となり、売買の対象となった場合や、百姓株のように村落共同体の維持を目的に成立した場合もあったが、一般的には都市の諸商人・諸職人の株仲間のように、仲間規制や領主の政策によって固定化・独占化された営業権が株となる場合が多い。近代になって株式会社の制度が導入されたが、企業の出資形態として用いられるようになった。現代の日本相撲協会の年寄株などに前近代の名残をみることができる。

かぶき [歌舞伎] 歌舞妓とも。本来は「傾き」つまり異常な行動をとる意で、この風俗を舞台化したのが、1603年(慶長8)に始まる阿国歌舞伎(女歌舞伎)である。これは容色本位の舞踊劇で、売色による風俗的弊害から禁止され、歌舞伎は男優の演劇となった。かわって脚光をあびた若衆歌舞伎も同理由で禁止され、その後の歌舞伎は技芸本位への質的転換を余儀なくされた。これが結実するのが元禄期で、名優が輩出した。その後、浄瑠璃に押されて一時停滞するが、戯曲作法の確立、舞台機構の開発、所作事などの発達などにより、18世紀後半には再び隆盛をみた。文化・文政期から幕末にかけては退廃・解体期で、生世話物の発生と役柄の解体などが特徴。明治期以降は、演劇改良運動の影響で歌舞伎は高尚化・古典化の道をたどった。舞踊・狂言の両要素をあわせもった演技・演出法や、「世界」と「趣向」による作劇法など、現在も日本独特の古典演劇として伝承される。

かぶきえ [歌舞伎絵] ⇨役者絵

かぶきおどり [かぶき踊] 出雲のお国が1603年(慶長8)創始した踊。またその座をさす総称。お国は男装して刀を差し、キリシタンの数珠であるロザリオを首にかけて、女装した茶屋のかかと戯れる様などを小歌仕立てに踊ったという。あるいは愛人名古屋山三郎の亡霊とともに、昔をしのぶ小歌をうたい踊ったという演出も資料にみられる。これらは「ややこ踊」「念仏踊」ともよばれ、中世以来の小歌を連ねた形式をとっていたが、流行の先端をいく傾き者の風俗を舞台化した点に名称の由来があった。その後、諸国にかぶき踊を名のる女歌舞伎の一座が乱立し、また張見世を兼ねて遊女が舞台に

あがるようになる。遊女歌舞伎では、三味線が使用されるようになるが、容色本位のレビュー式総踊の性格が強くなり、戯曲上・演出上の進歩はみられなかった。

かぶきざ [歌舞伎座] 東京の劇場。1889年(明治22)11月、福地源一郎(桜痴)と出資者千葉勝五郎が京橋区木挽町(現、中央区銀座)に建設。経営は安定せず、田村成義らが参画して96年に株式会社となった。1914年(大正3)から松竹合名社が実質的経営にあたり、31年(昭和6)に劇場も松竹が興行の所有となった。火災や震災で再建をくり返し、戦災でも焼失。復興に際し株式会社歌舞伎座を創立して建築物を所有し、経営は松竹が担当。

かぶきもの [かぶき者] 江戸前期、江戸・京都などの都市を中心に活動した武士や武家奉公人・牢人者などからなる反体制的分子。かぶき(傾き)とは偏った異様な行動や風俗をさすが、かぶき者の風体・歩き方・言葉などがそれにあたる。彼らは男としての意地や面目を守りぬくことを信条とし、組を結成して集団化し、血判起請して仲間内の固い団結を誇るなど、幕藩権力による社会統制に反抗した。かぶき者の階層は本来は武家奉公人が中心だが、旗本奴や町奴のように武士・町人層にも広く波及し、その風潮は公家社会にも浸透した。彼らは放火・殺人や集団間での闘争をくり返すなど、社会治安を乱す存在であることから、きびしい取締りの対象となった。

かふちょうせい [家父長制] 家族に対する秩序が、家父長である年長の男性のもつ専制的な権力によって支配される制度。家父長制家族では、家父長が財産および妻子や奴隷に対して絶対的な権力をもった。古代ローマ、ゲルマンや中国が家父長制の代表とされるが、家父長権の内容はそれぞれ異なる。また家父長制の理念を国家に援用し、家父長としての君主が支配権を専有することによって民衆を支配し、民衆は無条件に服従するという政治的支配体制としての家父長制もある。日本では明治政府によって、家父長的家族制度を理念とする家を基盤にして、天皇と「臣民」の関係を父子関係に擬制させる家父長制的思想から、家族国家観が形成された。

かぶなかま [株仲間] 江戸時代、幕府や藩から株札の交付を認められ、営業権・独占権を保証された同業・同職の共同組織。領主の政策によって結成を命じられた御免株と、仲間からの出願によって株立てを認められた願株があり、冥加金の上納や仲間名前帳の提出が義務づけられていた。近世初期から株仲間化されていたのは、貿易統制や警察的取締りを目的とした御免株だけであった。18世紀になって、江戸で

は幕府が享保期に、奢侈禁止や物価引下げのため諸職人や諸問屋に仲間を結成させた。またおもに仲間の側からの出願によって、大坂と京都では明和・安永期に、江戸では文化年間に多くの願株が成立した。天保の改革で株仲間は解散を命じられたが、1851年(嘉永4)に再興令が出され、株数は増加した。72年(明治5)明治新政府によって廃止された。

- **かぶなかまかいさんれい**［株仲間解散令］天保の改革で、株仲間・問屋・組合の解散を命じた幕府法令。幕府は株仲間の独占権が物価騰貴の原因であるという認識から、1841年(天保12)に江戸十組問屋仲間を解散させ、翌年3月には、全国の商人・職人に対して適用した。これにより冥加金 ^{みょうが} や無代納物・無賃人足などは免除されたが、営業上の独占が排され、新たに仲間・組合を結成したり問屋と称することも禁じられて、素人直売買など自由な取引が奨励された。その結果、流通上の混乱を招き、かえって物価が高騰したため、51年(嘉永4)再興令が出された。

- **かぶなかまさいこうれい**［株仲間再興令］1851年(嘉永4)に株仲間・問屋・組合の再興を許可した幕府法令。天保の株仲間解散令の結果、かえって市場の混乱から物価が騰貴したため、それを撤回したものだが、株札の発行や冥加金の徴収を行わないなど、必ずしも天保以前の状態に復したものではなかった。そのため同一業種で以前からの本組と新規の仮組にわかれた仲間が生じ、全体として仲間数や加入者数は急増した。57年(安政4)大坂では、町人からの出願により冥加金の上納と株札の発行が復活して、本組と仮組の区別は消滅し、江戸でもやがて冥加金の再上納が行われた。

- **かぶらぎきよかた**［鏑木清方］1878.8.31～1972.3.2　明治～昭和期の日本画家。東京都出身。本名健一。水野年方 ^{としかた} に師事。1901年(明治34)烏合会、16年(大正5)金鈴社を結成。文展・帝展で受賞を重ね、粋な江戸文化の遺風漂う気品ある美人画・風俗画・肖像画の分野を開拓した。第8回帝展で帝国美術院賞を受賞した「築地明石町」は、近代日本画の代表的美人画として評価が高い。帝国美術院会員・帝室技芸員。文化勲章受章。「こしかたの記」など随筆集も多い。

- **かへいちだい**［貨幣地代］⇨封建地代 ^{ほうけん}

- **かへいほう**［貨幣法］日清戦争の賠償金2億3150万テール(邦貨換算約3億6000万円)を準備金として金本位制を定めた法律。1897年(明治30)10月1日施行。同法は純金の量目2分(0.75g)をもって価格の単位と定め、円と称し、貨幣の算則は十進法を採用、円・銭・厘の貨幣単位を定めた。また1円金貨幣を本位貨幣として無制限通用を認めるとともに、銀銅貨幣を1円までの補助貨として制限通用とすることを定めた。

- **かべがき**［壁書］法令・規則の公示方法、または壁書の形式で公布された法令。法令を木・紙に書いて官庁の壁・門に張るか掛ける。古くは9世紀の大同年間に朝廷の官吏の執務規則を壁書の形で公示した例がある。はじめは特定の関係者に示す性格が強かったが、嘉吉 ^{かきつ} の徳政令が管領や政所などに壁書されたように、のちには一般の人々へ公布する方法となる。建武政権・室町幕府・江戸幕府は公布した規則・法令を官庁に壁書しており、「管領井政所壁書」など室町幕府公布の壁書を官庁別に集成した法令集もある。寺院で寺僧の評議になる規則を壁書したり、惣村の村掟が壁書の形式をとる例も多い。守護大名の大内氏は「仍壁書如件 ^{よってへきしょくだんのごとし}」などの書止文言をもつ単行法令を発布した。

- **かほう**［家法］家およびその構成員を律する規範。中世の在地領主や大名の家の法をいうことが多い。道徳的訓戒を主とする家訓 ^{かくん} に対して、道徳規範から分化した法規範を示したものをいう。家の構成員を律する規範は、譲状などに記された規範的文言や、それが独立した文書の体裁をとった置文 ^{おきぶみ} に出発点をもつと考えられ、一族子弟を規制する家長の意思表示である規範的文言が、家臣をも構成員とする拡大した家の形成によって、家臣団統制のための主人の法として発展をとげた。そうした在地領主や大名の家が、領域支配を行う領国にまで拡大され、家法もまた領国支配の分国法へと拡大をとげる。

- **かほくぶんりこうさく**［華北分離工作］中国国民政府の支配下にあった華北5省(河北・察哈爾 ^{チャハル}・山東・山西・綏遠 ^{すいえん})を政治的に分離して親日化しようとした日本軍の工作。1935年(昭和10)6月の梅津・何応欽 ^{かおうきん} 協定、土肥原・秦徳純 ^{しんとくじゅん} 協定によって本格化し、北支自治運動の名の下に華北領袖の懐柔を進め、年末には冀東 ^{きとう}・冀察の二つの傀儡 ^{かいらい} 政権を成立させた。これらの策動は中国側を刺激し、12・9運動など抗日運動を高揚させる原因となった。

- **かまいしこうざん**［釜石鉱山］岩手県釜石市およびその周辺の鉄鉱山。享保年間(1716～36)の発見。釜石山の鉄鉱石を利用して、1857年(安政4)大島高任 ^{たかとう} が木炭高炉による製銑作業を開始。74年(明治7)官営となるが、83年業績悪化のため官営を廃止し、87年田中長兵衛に払い下げられた。鉱石の品質もよく、釜石鉱は軍需素材として重要な資源とされた。その後、三井鉱山・日本製鉄などと経営主体は交代したが、釜石製鉄所に鉄鉱石を供給し続けた。現在

は休山中。

かまくら [鎌倉] 神奈川県南東部に位置し，相模湾に臨む。735年（天平7）の「相模国封戸租交易帳」に鎌倉郡・鎌倉郷の名称がある。平安後期，東国武士団を率いた源頼義が所領とし，石清水八幡宮を勧請，鶴岡八幡宮となる。1180年（治承4）伊豆で挙兵した源頼朝は鎌倉に入り，日本初の武家政権の根拠地とした。以後東国の中心都市として発展。室町時代には鎌倉府が設置されたが，1455年（康正元）関東公方足利成氏が室町幕府の追討軍に追われ，下総の古河を拠点としたため衰退。戦国期には小坂郡・東郡とよばれた。北条早雲が玉縄城を築城し，近世初頭には再び鎌倉郡とよばれ，神社・寺院が多く，江の島・大山詣での途中に立ち寄る遊山の地としてにぎわった。明治期以降は，別荘地・保養地として著名。1939年（昭和14）鎌倉・腰越の2町が合併し市制施行。

かまくらかいどう [鎌倉街道] 鎌倉道・鎌倉往還とも。鎌倉へ通じる中世の古道の総称。鎌倉幕府成立により鎌倉が政治の中心地となり，各地から御家人が鎌倉へむかう道ができた。鎌倉街道の道名は各地にあるが，とくに関東北部にまで至る上道（かみつみち）・中道（なかつみち）・下道（しもつみち）が主要。上道は別称武蔵道，3道のうち最も西に位置し信濃国へ通じる。源頼朝が下野国に狩猟におもむくときに利用したといわれ，その後新田義貞が南下の際通行，分倍河原の戦がおきた。下道は最も東を通り下総国へむかう。中道は上道・下道の間に位置し，頼朝が奥州平泉攻めのときに通行したという。江戸時代でも鎌倉へ通じる道の総称としてよばれ現在に至る。

かまくらくぼう [鎌倉公方] 鎌倉御所・鎌倉殿・関東御所・関東公方とも。室町幕府が東国統治のためにおいた鎌倉府の首長。足利尊氏は京都に幕府を開いたが，嫡子義詮を鎌倉にとどめて鎌倉御所とした。1349年（貞和5・正平4）義詮が上京すると弟基氏がとあとをつぎ，以後子孫の氏満・満兼・持氏・成氏（しげうじ）と継襲された。幕府からしだいに諸権限を移管され，幕府とは独立して関東支配を行うことなった反面，氏満以降しばしば謀反を企て将軍職への野心をみせ，将軍との対立を深めた。持氏のとき，永享の乱で将軍義教・関東管領上杉憲実と遭遇し滅亡。義教の横死後，持氏の遺児成氏は許されかいった鎌倉公方が，関東管領上杉憲忠を殺害したため幕府の追討をうけ，1455年（康正元）下総国古河（こが）に逃れ，古河公方を称した。

かまくらござん [鎌倉五山] 五山制度のもと鎌倉で最も格式が高いとされた五つの禅寺。建長寺を筆頭に，円覚寺・寿福寺・浄智寺・浄妙寺をいう。

かまくらじだい [鎌倉時代] 鎌倉に幕府があった時代。1185年（文治元）の守護・地頭設置前後から1333年（元弘3）の幕府滅亡までの期間。武士が歴史の主役としての地位を固めたが，京都の朝廷や寺社の勢力はいぜん強く，多元的な権力によって複雑に入り組んだ支配が行われた。承久の乱や皇統の分裂などによって幕府の政治的力は大きく伸びたが，社会や経済構造の変化には幕府は必ずしも有効な手をうてなかった。

かまくらしょうぐんふ [鎌倉将軍府] 建武政権の地方統治機関。1333年（元弘3）12月，足利尊氏の弟直義は後醍醐天皇の皇子成良（なりよし）親王を奉じて鎌倉に下り，関東10カ国を管轄する行政府を開設。これは同年10月に北畠親房・顕家父子が義良（のりよし）親王を奉じ陸奥将軍府を開設したことへの足利方の対抗措置で，これにより鎌倉幕府滅亡後の東国武士を支配下に収め，東国に拠点を築いていた足利勢力が公認されることとなった。職制の詳細は不明だが成良を将軍，直義を執権とする小幕府で，政所を設け，管轄国内に対する裁許機構を備えた。また足利一門や東国武士から構成される関東廂番（ひさしばん）などがおかれた。35年（建武2）7月の中先代の乱に際し，直義は成良を帰京させ，将軍府は消滅。

かまくらだいぶつ [鎌倉大仏] ⇨高徳院阿弥陀如来像（こうとくいんあみだにょらいぞう）

かまくらどの [鎌倉殿] 鎌倉幕府の首長をさす言葉。用例は，早く『吾妻鏡』寿永元年（1182）5月25日条にある治承6年（寿永元）5月1日付文書にみえる。「関東下知状（げちじょう）」など以後鎌倉幕府公式文書は，「鎌倉殿の仰」によって発給された形式をとる。主従結合の面から，従者である御家人に対する主君という私的性格とともに，朝廷から任じられた諸国守護の統率者という公的性格をもつ。

かまくらばくふ [鎌倉幕府] 12世紀末から1333年（元弘3）までの間，鎌倉を本拠とし，鎌倉殿とよばれる武家の棟梁を首長とした武家政権。幕府の性格規定に関しては，(1)中世国家を，階級的性格を同じくする公家・寺社など本来私的な複数「権門（けんもん）」の相互補完によって成り立つ「権門体制」ととらえ，そのなかで国家的次元での検断・軍事を分担する一権門であるとする説，(2)中世に複数の国家が並存したととらえ，京都から半ば独立した東国政権であり，基本的に同質でありながら，支配者集団の異質性ゆえに王朝国家と異質な部分をもつ「中世国家の第二の型」であるとする説，(3)門閥貴族層を基盤とする官僚制に立つ王朝権力とともに「ブロック権力」を形成する，レーン制的主従関係にもとづく権力であるとする説，などがある。これと密接に関連する幕府の成立時期に

関しては，①1192年(建久3)の源頼朝征夷大将軍補任，②1190年(建久元)の頼朝右近衛大将補任，③1184年(元暦元)の公文所・問注所設置，④1185年(文治元)の守護・地頭補任勅許，⑤1183年(寿永2)の寿永2年10月宣旨による東国行政権獲得，⑥1180年(治承4)の東国における軍事政権樹立，⑦1190年の頼朝日本国総守護総地頭補任，などの時点を画期とする諸説があり，④⑦が(1)と，⑤⑥が(2)と関連する。今日では①②③は形式的理解にとどまるとの見解が強い。

かまくらばんやく [鎌倉番役] 鎌倉幕府の御家人役。おもに鎌倉大番役をさすが，御家人が鎌倉で勤める番役全体を包括して用いることもある。源頼朝の頃から関東番役・当番という将軍警固の番役があったが，その後，番役の制も整備され，1225年(嘉禄元)将軍御所の東西の侍所(御家人の詰所)に東国15カ国の御家人と北条氏以下の有力御家人とを分属させた。すなわち西侍の東国御家人は侍所の指揮下に鎌倉大番役を勤め，東小侍之の特定御家人は，小侍所の管轄下に将軍御所内の番役や将軍供奉随兵役に従うこととなった。将軍御所内の番役には，近習番・格子番・問見参番・廂番などがあり，番衆は御所に宿侍したが，13世紀後半からしだいに形式化した。

かまくらふ [鎌倉夫] 坂東夫・関東人夫役とも。鎌倉時代，鎌倉に徴発される夫役，また徴発された人夫。御家人役として幕府から徴発される場合と，地頭・御家人の鎌倉出向・滞在の際に雑用を徴発するため，関東御公事の運搬のために徴発される場合がある。後者について西国では，地頭はそのための夫銭・夫物を徴収するのが一般的で，荘園領主が荘民に鎌倉夫を課した例もみられる。

かまくらふ [鎌倉府] 関東府とも。室町幕府が鎌倉においた東国統治機関。建武政権下の鎌倉将軍府が起源で，1349年(貞和5・正平4)の足利基氏の鎌倉公方就任から1455年(康正元)公方成氏比が下総国古河にを移るまで続いた。関東8カ国と伊豆・甲斐両国(のち奥羽2国が加わる)を管轄国とし，鎌倉公方を首長に，政務を統轄して公方を補佐する関東管領，東国の伝統的豪族層と上杉氏が任命される守護，事務官僚である奉行衆および公方直属の軍事力を担う奉公衆らで構成。幕府にならい，管領をはじめ評定衆・政所・問注所・侍所・諸奉行などがおかれ，旧得宗家を中核とする御料所を財政基盤とした。公方・管領・守護職の任命権は幕府にあったが，しだいに種々の権限が鎌倉府に移管され，幕府から独立して東国支配を行うようになる。のち幕府との対立が深まり，鎌倉府内でも公方と管領が対立し，永享の乱・享徳の乱の結果崩壊した。

かまくらぶっきょう [鎌倉仏教] 平安末〜鎌倉時代に政治・社会変動を背景に展開した，古代仏教に対する一大革新運動。浄土系統の法然設による浄土宗，その弟子親鸞による浄土真宗(一向宗)，一遍智真による時宗の開宗，禅宗系の栄西による臨済宗や，道元による曹洞宗の中国からの将来，日蓮による日蓮宗(法華宗)などの開宗に示される。この6宗の開宗の背景には，既成の仏教界や為政者からのきびしい弾圧があった。東大寺の明恵高弁や，興福寺の解脱房貞慶に代表される法然批判はその典型。西大寺の叡尊・忍性にら旧仏教側の復興・革新の動きも注目される。新旧の仏教教団の対立・批判を通して，仏教の庶民への開放(易行化)，来世における救済の保証(現世否定)などが唱えられた。日本宗教史上，豊かな思想を結集させた空前の思想運動であった。

かまど [竈] 「くど・へっつい」とも。竈処の意。家の火所で，すなわちクドの一つで日常的に食物の煮炊きに用い，一般には土間の奥に築いた。クドはもとカマドのうしろの煙出し穴をさした。火所のもう一つである炉もクド・カマドといったので，土で築いた土竈の出現以前は，クドとカマドは一致していたのである。生活の拠点となるところから，家・所帯を数えるのにも用い，分家させることを「カマドを分ける」ともいう。家を象徴するところから，カマドに祭られる竈神は家の神の性格をもつ。

かみ [長官] 律令官制の四等官の最上位。太政官は太政大臣・左右大臣をさし，神祇官は伯，八省は卿，弾正台たは尹，職・坊は大夫，寮は頭，司・監は正(内膳司は奉膳)，署は首，家令は令，大宰府は帥☆，国は守，郡は大領(小郡はície)，五衛府は督(大宝令の兵衛府は率)，軍団は大毅と表記された。定員は1人(内膳司は2人)。各官司の事務を統轄(惣判)する地位にあり，四等官制にもとづき次官以下と共同して執務を行った。押印は長官の監督下に行った。

かみいせき [加美遺跡] 大阪市平野区にある弥生〜古墳時代初頭の集落跡・墓地。弥生中期の4基の方形周溝墓のうち，Y1号墓は長辺21m，短辺11m，高さ約1mで，大きさから墳丘墓という。墳丘内には23基の箱型木棺があり，人骨が残存していた。中央の大型木棺は四周の側板と蓋が二重になる構造。他の木棺3基からはガラス勾玉・小玉や銅釧などが出土。弥生末〜古墳時代初頭には住居跡・方形周溝墓群・井戸が調査され，住居跡から鉄剣形銅剣・銅鏃が出土。方形周溝墓群は前方後方形1基を含む46基以上があり，舶載鏡片・仿製

鏡・石製鏃ぞく・玉類が出土。

かみがた [上方] 室町時代から皇居のあった京都をさした語として用いられた。江戸時代,政治都市として発展した江戸を中心とする関東に対して,京風文化の浸透した山城・大和・河内・和泉・摂津の五畿内に近江・丹波・播磨を加えた8カ国をいう。あるいは東海道筋・中国筋・四国筋・西国筋・北国筋の総称,または五畿内以西の全地域をさす語としても用いられた。現在では京都・大阪を中心とする一つの文化圏・経済圏をさす場合が多い。

かみくろいわいわかげいせき [上黒岩岩陰遺跡] 愛媛県美川村にある縄文草創・早期の遺跡。久万くま川右岸の段丘上に屛風のように張りだした石灰岩壁にある。1961年(昭和36)に発見され,同年から70年までに5回発掘された。深さ8mの深さまで掘られ,早期の埋葬人骨20体以上,鹿骨製槍先が貫通した人の腰骨,下層からは草創期の細隆線文土器・有舌尖頭器ゆうぜつせんとうきや,女性を描いた緑泥片岩製の線刻礫せんこくれきが発見された。国史跡。

かみしばい [紙芝居] 物語を10枚ほどの絵にして箱形の枠にいれ,順にみせて説明する絵解きの一種。幻灯を利用して人物の動作を表現した近世末期以降の錦影絵・写し絵が原形ともいう。昭和期初めに出現し,香具師ヤシ支配の飴売り行商のおまけとして街頭で演じられた。東京都荒川区町屋には戦前多くの紙芝居作家・画家が居住し,貸元かしもと・絵元えもととよぶ元締役も集中して絵芝居のメッカをなした。

かみしも [上下] 裃とも。江戸時代の武士の正装。袖なしの上衣である肩衣かたぎぬと下衣の袴はかまからなり,小袖の上に着用する。本来は鎌倉時代以来の武家社会で,直垂ひたたれ・大紋だいもん・素襖すおうの上衣と下衣(袴)を共布で作ったものが正式。室町中期頃から,その袖を外した肩衣が着られはじめ,末期には肩衣袴として直垂系の衣服にかわって正装となった。江戸時代に入ると肩幅をピンと張らせたり,襞ひだのたたみ方を工夫するなど公服としての威儀を整え,「裃」と書くようになった。最も正式な場には長上下,通常は半上下を用い,略装に継上下がある。武家の公服としては,幕末の一時期,羽織袴になったがすぐ復活,明治維新まで続いた。

かみすき [紙漉] 紙を漉くこと。溜漉ためすきと流し漉ながしずきがある。溜漉は後漢の蔡倫さいりんが創始したという方法。十分に叩解こうかいした紙料を水の入った漉船に入れ,これを簀すと桁げたですくう。水が漏出したのち湿紙と簀を離し,湿紙の上に紗をかぶせる。何枚も湿紙と紗を重ね合わせて重石で水分を切り,干板で天日に干す。叩解が不十分だと繊維が凝結して漉むらができやすい。流し漉は9世紀初めに考案された技術で,

助漉じょすき剤である黄蜀葵とろろあおいなどのねりを紙漉きつ江戸版に最も近いものをあてるのが近い。助漉剤は楮こうぞなどのように叩解しても繊維が長く不均等な紙料を平均化させ,漉きあげる際も簀の上になめらかで均質に広げることを可能にした。この方法は叩解に時間をかける必要がないため能率的で,楮紙ちょしの大量生産につながった。

かみやしき [上屋敷] 居屋敷とも。江戸の大名屋敷のうち,大名自身が居住した本邸。中屋敷・下屋敷に対していう呼称で,複数の屋敷のうち江戸城に最も近いものをあてるのが通例。敷地は幕府から拝領し,家作を大名側が負担して建造した。邸内には大名とその家族が住む殿舎や付随する施設・庭園などをはじめ,江戸藩庁の政務を行うための諸役所や江戸詰めの藩士らの長屋がおかれていた。

かみやじゅてい [神谷寿禎] 生没年不詳。戦国期の博多の貿易商人・鉱業家。神谷氏の系譜では主計かずえの子とするが疑問。1526年(大永6)石見国銀峰山清水寺に参詣して銀鉱を発見し,出雲国鷺浦の銅山主三島清左衛門と共同して坑道を開いたと伝える。これが石見大森銀山の発見である。はじめ船で銀鉱石を博多へ運んでいたが,33年(天文2)に博多から吹工宗丹と桂(慶)寿を伴い,銀山での銀の精錬に成功。この時,朝鮮からはじめて灰吹法を導入したとされる。灰吹精錬法は江戸時代に各地の鉱山で使用された。38年には風待ちのため博多の竜華院に滞在中の遣明副使の策彦周良さくげんしゅうりょうを訪れ,贈物をしている。

かみやそうたん [神谷宗湛] 1553.1.1〜1635.10.28 織豊期〜江戸初期の博多商人・茶人。幼名善四郎,字は貞清,剃髪して置安斎宗湛と号する。父紹策の代に戦乱で焦土と化した博多から肥前国唐津に移った。1586年(天正14)11月上洛,翌年1月3日に豊臣秀吉の大坂城の大茶湯に招かれ,はじめて千利休に会っている。同年6月秀吉の博多復興に尽力,屋敷を与えられ町役免除の特権をえた。92年(文禄元)の朝鮮出兵では兵糧集積などで兵站面で活躍,秀吉から名護屋での商売を許された。筑前国主小早川氏とは親密な関係にあったが,関ヶ原の戦ののち入部した黒田氏のもとではふるわなかった。

かめ [甕] 土器や陶器製の容器。壺や瓶子へいしなどとともに古くから使われていたが,酒などの液体容器を甕とよぶようになったのは中世以降のこと。液体のほか,穀物の貯蔵や漬物用などに幅広く用いられる。死体埋葬にも使われ,弥生時代に北九州地方で用いられた大型の甕棺が著名だが,民俗例では伊豆諸島の一部などで死体を甕にいれた例がある。

かめいかついちろう [亀井勝一郎] 1907.2.6〜66.11.14 昭和期の評論家。北海道出身。東

大中退。早くから共産主義思想にめざめ、プロレタリア文学運動で評論活動にたずさわる。1934年(昭和9)のナルプ(日本プロレタリア作家同盟)解散後、雑誌「日本浪曼派」の同人となり、日本の伝統・古典への傾斜を深め、また仏教に強い関心を寄せた。第2次大戦後は日本近代の歴史と日本人のあり方の検討にとりくんだ。晩年の著作に「日本人の精神史研究」がある。「亀井勝一郎全集」全21巻・補巻3。

かめいどじけん [亀戸事件] 1923年(大正12)9月、関東大震災のときに亀戸警察署でおきた警察・軍隊による社会主義者虐殺事件。ほかに朝鮮人や自警団員4人も殺された。震災発生後の戒厳令下の4日、自警団として立番中の木村丈四郎ら4人が警官に暴行を加えたとして検挙され、習志野騎兵第13連隊の兵士に刺殺された。同じく救援活動に従事していた純労働者組合の平沢計七・中筋宇八、南葛(なんかつ)労働会の川合義虎(よしとら)ら8人も3日亀戸署に捕らえられ、留置場で革命歌を歌い、他の留置者を煽動、警察の手に負えないとして騎兵隊に斬殺された。事件は厳秘にされていたが、甘粕事件第1回公判の際に表面化、10月10日公表され、社会的反響をよんだ。

かめがおかいせき [亀ケ岡遺跡] 青森県木造(きづくり)町にある縄文晩期の集落跡。丘陵先端から谷部にある。江戸時代から甕を多く出土する丘として知られ、地名の由来となった。明治・昭和初期に先駆的な発掘が行われ、戦後も低湿地の泥炭層を発掘。豊富な木製品、石館(せきかん)などの漆器、土器、石器、重要文化財の遮光器(しゃこうき)土偶などが出土した。東日本の縄文晩期を代表する亀ケ岡文化の命名の地でもある。国史跡。

かめがおかしきどき [亀ケ岡式土器] 縄文晩期に東北北部を中心として成立した土器様式。東北地方一帯と北海道南西部に分布。土器製作技術と文様装飾の技巧にすぐれ、三叉文(さんさ)・羊歯(しだ)状文・雲形文・工字文(こうじ)などの文様と、朱・黒の漆塗や磨消(すりけし)縄文と研磨(けんま)によって仕上げた美しい造型に特色がある。深鉢・浅鉢・台付鉢・皿・高坏(たかつき)・注口(ちゅうこう)壺・香炉形土器など器種も豊富。青森県木造町の亀ケ岡遺跡にちなむ名称だが、1930年(昭和5)山内清男(すがお)が岩手県大船渡市大洞(おおぼら)貝塚の出土資料を標式として、亀ケ岡式を大洞B式・BC式・C1式・C2式・A式・A′式の6型式に細別し、今日でも縄文晩期の土器編年の重要な基準である。

かめかんぼ [甕棺墓] 甕を棺に用いた墓。縄文・弥生時代にみられるが、一般的には九州北部の弥生時代に発達した大型の甕を使用した墓制をさす。弥生前期に現れ、中期に最盛期を迎え、後期に衰退する。甕棺には単棺と二つの甕をあわせた合口(あわせぐち)甕棺とがある。単棺でも石や木で蓋をする。墳丘墓の埋葬施設の一つでもあり、石などの墓標の伴うものもある。群をなして共同墓地を形成し、2列に配される群構成などで一定の秩序のもとに墓域が形成されている。多くは副葬品をもたないが、特定の甕棺には銅鏡・青銅武器・鉄製品・玉類などの副葬品がある。とくに副葬品の集中する甕棺があり、ここには九州北部における弥生時代の王級の人物が葬られていたと考えられている。福岡県須玖(すぐ)岡本遺跡・三雲南小路(みくもみなみしょうじ)遺跡・立岩遺跡、佐賀県宇木汲田(うきくんでん)遺跡・吉野ヶ里遺跡が著名。

かめぎく [亀菊] 生没年不詳。鎌倉前期の後鳥羽上皇の寵姫。白拍子(しらびょうし)であったが、後に上皇の女房となり伊賀局(いがのつぼね)とよばれた。上皇から摂津国長江・倉橋両荘領家職を与えられた。1219年(承久元)後鳥羽上皇は両荘の地頭職の停止を鎌倉幕府に要求したが拒否された。慈光寺本「承久記」によると、両荘の地頭は北条義時で、「吾妻鏡」はこのことが承久の乱の原因とする。乱後、後鳥羽上皇が隠岐に配流されると、亀菊も隠岐に赴き、上皇の死までその側に仕えた。

かめこうばか [亀甲墓]「きっこうばか」とも。方音ではカーミナクーバカ。外形が亀甲状になっている沖縄特有の墓。中国華南地域の墓形式の影響をうけているという。現存最古のものは那覇市首里石嶺町の伊江御殿(いえうどぅん)家の墓で17世紀末に築造されたらしい。破風(はふ)墓よりも後代に現れ、首里王府時代は破風墓とともに一般庶民には築造が禁じられ、士族階層のみに許された。一般庶民に広く普及したのは明治中期から。

かめやまてんのう [亀山天皇] 1249.5.27～1305.9.15 在位1259.11.26～74.1.26 後嵯峨天皇の皇子。名は恒仁(つねひと)。母は西園寺実氏の女大宮院姞子(きつし)。兄後深草天皇の皇太子となり、1259年(正元元)即位。72年(文永9)後嵯峨上皇が没し皇位継承問題がおこったので、鎌倉幕府の諮問に対し大宮院は亀山天皇を支持、幕府もこれに従った。74年皇子後宇多天皇に譲位して院政を始め、訴訟制度の改革などにとりくんだ。伝領した所領に八条院領などを加えて大覚寺統の所領の基礎をつくった。87年(弘安10)皇位が持明統の伏見天皇に移ると、89年出家、法名金剛源。

かもいっき [加茂一揆] 1836年(天保7)三河国加茂・額田両郡に発生した一揆。下河内村ές蔵らを頭取にとり、米価・諸物価引下げ、頼母子講2年休会などを要求した領主への強訴だが、一揆の主要な形態は商人などへの打ちこわしで

あった。一帯を席巻した後, 挙母ごろ城下へ押しかけ, 岡崎藩兵らの発砲により鎮圧された。幕府・5 藩・19旗本・4 寺領247カ町村 1 万余人が参加した典型的な広域闘争で, 一揆時に世直しが主張されたものとしては最も古い部類に属する。水戸藩主徳川斉昭は, この一揆を大塩の乱や甲州騒動などとともに, 内憂を代表するものとして把握し, 幕府に改革を迫った。

がもううじさと [蒲生氏郷] 1556～95.2.7
織豊期の武将。父は近江国蒲生郡日野城主の賢秀。はじめ賦秀がう。1568年(永禄11)人質として織田信長のもとに送られたが, 寵遇をうけ岐阜で元服, 信長の女をめとって日野に帰城した。本能寺の変後, 豊臣秀吉に属し, 84年(天正12)小牧・長久手の戦後, 伊勢国松が島(松坂)城主となり12万石を領する。90年小田原攻めの戦功により陸奥国会津42万石に移る。翌年にかけて奥州各地を平定し, 92万石に加増された。95年(文禄 4)伏見で没。石田三成の陰謀による毒殺説もあるが明らかでない。茶道では千利休の高弟。キリスト教に帰依し, 洗礼名レオン。

がもうくんぺい [蒲生君平] 1768～1813.7.5
江戸後期の思想家。尊王論者として有名。姓は福田のち蒲生。名は秀実, 字は君臧・君平, 通称は伊三郎。修静庵と号する。下野国生れ。同国鹿沼の鈴木石橋せきょうに儒学を学んだのち藤田幽谷ゆうこく・林子平しへいと交わり, 朱子学の名分論にもとづいて尊王思想を説く。海防をはじめ時世の改革論を唱え, 諸国を歴遊。代表的著書「山陵志」は山陵復興運動や尊王論の先駆となる。寛政の三奇人の 1 人。

かもうじ [賀茂氏]
加茂・鴨とも。大化前代以来の氏。伝わる系譜もさまざまで, 大和国葛城を本拠とする賀茂君(のち賀茂朝臣)は大国主神の子孫大田田根子おおたたねこの孫大鴨積おおかもつみを祖とする。主水司もいとりの負名氏ふみょうしである賀茂県主あがたぬしは山城国葛野を本拠とする。これらの神別の賀茂氏のほかに皇別の賀茂氏も存在する。陰陽道おんようどうで活躍した賀茂氏(賀茂朝臣)は賀茂忠行に始まり, 平安中期から陰陽道で支配的地位を固めるとともに, 後期以降は暦道で支配的地位を独占した。室町時代に主流は勘解由小路かでのこうじ家, 別流は幸徳井こうとくい家を称した。この賀茂氏は祖を賀茂吉備麻呂まろとして吉備麻呂を吉備真備びに真備をあてるが, 吉備麻呂を祖とすること自体に疑問があり, 系譜は不明。

かもちまさずみ [鹿持雅澄] 1791.4.27～1858.8.19
幕末期の国学者。土佐国土佐郡福井村出身で徴禄の下級藩士。旧姓は柳村だったが, 飛鳥井・鹿持と称した。通称源太, のちに藤太, 号は古義軒・櫃実ひつみなど。高知藩儒中村世潭たんに学び, 国学を教授役宮地仲枝に学んだが, ほとんど独学で万葉研究に従事した。その集大成「万葉集古義」は141冊に及ぶ大著で, 言霊ことだまの風雅によって万葉を解釈したもの。土佐勤王派として名高い武市瑞山たけちずいざんは妻の甥。

かものちょうめい [鴨長明] 1155?～1216.閏6.-
鎌倉前期の歌人。京都下鴨社の禰宜長継の次男。通称菊大夫。名は正しくは「ながあきら」。和歌を歌林苑の主宰者俊恵に, 琵琶を中原有安に学んだ。1200年(正治 2)後鳥羽上皇の「正治二度百首」に参加。01年(建仁元)和歌所寄人よりうどに抜擢された。04年(元久元)河合社の禰宜に就任しようとしたがはたせず出家(「文机談」の伝える異説もある), 大原で隠遁生活を送る。法名蓮胤。08年(承元 2)日野に移住。11年(建暦元)飛鳥井雅経とともに鎌倉に下向し源実朝と面談した。翌年 3月「方丈記」を執筆。家集「鴨長明集」, 歌学書「無名抄むみょうしょう」, 仏教説話集「発心集ほっしんしゅう」。

かものまつり [賀茂祭]
葵あおい祭とも。上賀茂神社・下鴨神社の祭。京都三大祭の一つ。古くは 4 月中酉の日に行われたが, 現在は 5 月15日。京都御所での出立の儀ののち, 斎院(斎王とも)・勅使を中心として検非違使けびいし・山城使・御幣櫃・舞人らが下鴨社にむかい, その後上賀茂社へいって御례へ戻る。この路頭の儀が祭のなかでも華やかで, 最も重要な社頭の儀では返祝詞をのべる。葵の葉を社前や牛車にかけ, 供奉者が衣冠につけたことから葵祭ともいわれ, 古代にはたんに祭といえば葵祭をさした。石清水いわしみず八幡宮の南祭に対して北祭ともいう。

かものまぶち [賀茂真淵] 1697.3.4～1769.10.30
江戸中期の国学者。岡部氏。通称は三四し・衛士, 名は淵満ふちまろほか, 号は県居あがたい。遠江国敷智ちが郡伊場村の人で, 本家は同地賀茂神社の神職。浜松の杉浦国頭くにあきや森暉昌てるまさに典故を学んだともに歌詠にはげみ, 太宰春台門の渡辺蒙庵に詩作を学んだ。のち荷田春満かだのあずままろに学ぶためしばしば上京。師の没後, 1737年(元文 2)単身で出府し, 学業の研鑽を積むうちにますます学名もあがり, 門下もふえた。田安宗武と荷田在満の「国歌八論」論争を契機に田安家の和学御用として抱えられ, 宗武の要請で数々の著述をなす。万葉調の歌をよくし, 当時の歌壇に清新な刺激を与えた。著書「冠辞考」「万葉考」「祝詞考」「伊勢物語古意」「国意考」「新学にいまなび」「賀茂翁家集」。

かもみおやじんじゃ [賀茂御祖神社]
下鴨神社・下社とも。京都市左京区下鴨泉川町に鎮座。式内社。二十二社上社。賀茂わけいかずち別雷神社(上社)とともに山城国一宮。旧官幣大社。祭神は玉依姫たまよりひめ命・賀茂建角身かもたけつぬみ命。上社とあ

かもわ

わせて賀茂社と総称されることが多い。祭神の玉依姫命は賀茂氏の祖で、建角身命は父にあたり、当初は賀茂氏の氏神として信仰かれた。平安遷都に際しては京の東の鎮守とされ、807年(大同2)正一位を授かった。奈良時代から神戸(かんべ)が与えられ、1017年(寛仁元)には神社周辺の蓼倉(たでくら)・上栗田・栗野(くりの)・出雲の4郷が朝廷から施入され、11世紀末には荘園・御厨(みくりや)が整備された。9世紀以降、未婚の皇女が斎院として奉仕。例祭は5月15日(以前は4月中酉の日)の葵祭。

かもわけいかずちじんじゃ [賀茂別雷神社]

上賀茂神社・上社とも。京都市北区上賀茂本山に鎮座。式内社。二十二社上社。賀茂御祖神社(下社)とともに山城国一宮。旧官幣大社。祭神は賀茂別雷神。下社とあわせて賀茂社と総称されることが多い。祭神は賀茂氏の祖の玉依(たまより)姫と乙訓坐火雷神との間の子とされる。本来は賀茂氏の氏神で、祭礼賀茂祭は山城国の国祭として行われていた。平安遷都により京の東の鎮守とされ、807年(大同2)正一位を授かった。奈良時代から神戸(かんべ)が与えられ、1017年(寛仁元)にはのちの賀茂六郷の基礎となる賀茂・小野・錦部・大野の4郷が朝廷から施入され、11世紀末には荘園・御厨(みくりや)が整備された。例祭は5月15日(以前は4月中酉の日)で、下社同様葵祭として知られ、祭礼の3日前には御阿礼(みあれ)の神事が行われる。

かもん [家門]

江戸時代の大名の家格。親藩のうち御三家・御三卿を除いたもの。ただし広い意味では徳川将軍家の男子の子孫で大名家となった御三家以下全体を、徳川家門として扱うこともある。家康の次子秀康を祖として数家にわかれた越前家の諸家(越前国福井・美作国津山・出雲国松江・播磨国明石など)や2代将軍秀忠の子保科正之を祖とする会津松平家、とよばれる御三家の支流(尾張家支流の美濃国高須家、紀伊家支流の伊予国西条家、水戸家支流の讃岐国高松家・陸奥国守(もり)山家ほか)などの諸松平家がある。

かや [伽耶] ⇒加羅(から)

かやく [加役]

江戸時代、幕府の本役をもつ者に加えられた臨時的な役職のうち、専任者をおかない特定の役職。道中奉行や火付盗賊改が有名。道中奉行は大目付と勘定奉行、火付盗賊改は先手頭の加役である。のちに加役というと、火付盗賊改のことをさすようになった。大目付には道中奉行のほか、分限帳改・鉄砲改・宗門改の加役があり、宗門改は作事奉行の加役でもあった。

かやく [課役]

「かえき」とも。律令制で税制の中心をなす法制用語。課は上、元来は人頭物納税の総称であるが日本では調(ちょう)をさし、また役は歳役(さいえき)と雑徭(ぞうよう)をさすが、歳役は実際には庸(よう)で徴収されたものであり、養老令では原則として調・庸・雑徭の総称である。唐令では課役は租・調・歳役をさし、正丁(せいてい)に対して均額に賦課された人頭税で均田制に対応するものである。しかし日本では雑徭を含んで田租を含まず、また班田収授法の給田基準とまったく対応せず、正丁以外の次丁・中男にも課されるなどの点で唐とは異なっていた。

から [加羅]

駕洛(からく)・加耶・伽耶とも。朝鮮半島南東部の地域名。また、ここを流れる洛東江流域の小国を総称した国名。日本では任那(みまな)とよぶこともあった。「日本書紀」には十数カ国の名がみえるが、有力なのは高霊(こうれい)加羅(大加羅)・金官(きんかん)加羅・阿羅(あら)加羅など六加羅とよばれる6カ国で、共通の始祖伝承をもつ。古くから九州北部と交流があり、欽明朝には阿羅(安羅)に任那日本府がおかれたこともある。6世紀中葉に新羅に滅ぼされた。

からいせんりゅう [柄井川柳] 1718~90.9.23

江戸中期の前句付点者。通称八右衛門。江戸浅草新堀端の竜蔵寺門前の人。前句付点者として1757年(宝暦7)8月25日最初の万句合を興行。以降、月3回5の日に興行。62年10月15日には総句高1万句をこし、流行ぶりがうかがえる。川柳の出題は前句付の14字題と冠付のみであり、総句高に対する番勝句の比率も高い。新しい趣向を好み、選句眼にも優れていたことが、上級武士を含む江戸の作者の嗜好にかなった。65年(明和2)7月刊の「誹風柳多留(はいふうやなぎだる)」は、川柳評前句付の流行に拍車をかけた。川柳の号は5世まで襲名された。

からえ [唐絵]

平安時代からある語で、やまと絵と対をなす様式の絵画。中国あるいは高麗・朝鮮など外国で描かれ日本へ舶載された絵画、また、日本で描かれた中国風の絵画のこと。内容は時代とともに異なる。平安時代には、中国の典籍にもとづいた唐風の人物などを描いた障子絵や屏風絵をいったが、鎌倉後期頃から主として宋や元の水墨画に学んだ絵画をさすようになる。やまと絵との区別は、題材・主題によるものから技法・様式によるものへと変化した。室町中期には唐絵の様式を統一して狩野派がおこった。

からかされんぱん [傘連判]

円形を中心に放射状に連署する署名形式。近世では車連判ともよぶ。中世後期の一揆契状に特徴的にみられ、一揆参加者の平等を表示したり、発起人を隠すためにとられた形式。

からかぬちべ [韓鍛冶部]

韓鍛部・辛金部・韓鉄師部とも。銅・鉄製品を鍛造する鍛部(かぬちべ)のなかで、朝鮮系の新技術を伝えた品部(しなべ)。「古事記」の伝承によると、応神朝に百済(くだら)

が卓素という鍛冶技術者を貢上したという。その伝統は律令時代にも続き、典鋳司では金・銀・銅・鉄を鋳造したが、『令集解』には、この司の雑工戸は鍛冶司・造兵司の鍛戸と高麗・百済・新羅の雑工人から抽出するとある。8世紀には韓鍛冶・韓鍛冶部姓の人々が、畿内のほか紀伊・丹波・近江・播磨・讃岐国に分布する。

からぎぬ[唐衣]「からごろも」とも。女房の朝服の上半身の最上位に着用する衣。2幅で衽を設けず襟は方領のに、前身を後身より長く仕立て幅の狭い袖をつけ、襟を返して裏をみせて着用した。禁色勅許の女房は赤色や青色の使用が許されたが、通常は上膳が二倍織物、中膳は綾、それ以下は平絹を使用した。日常は袿の上に唐衣と裳をつけ、晴儀には袿・打衣・表着の上に唐衣・裳を着用し、物の具姿と称した。古くは裳の上に唐衣をつけたが、のちに唐衣の上から裳を着用したため、時代により仕立てに相違があった。

からくさもん[唐草文]蔓草の葉がからみあったようすを文様化したもの。世界各地で用いられた文様意匠で、古代ギリシア・ローマ世界で発達し、東漸して中国の蟠螭文と接し、唐代に開花したものが日本に伝来した。日本ではおもに軒平瓦の文様として用いられ、忍冬唐草文・葡萄唐草文・宝相華唐草文などがある。これらの唐草文には、左右対称に展開する均整唐草文と非対称に展開する偏行唐草文がある。日本で最も古いとされる唐草文軒平瓦は、法隆寺若草伽藍と坂田寺跡出土の手彫り忍冬唐草文軒平瓦であり、いずれも偏行唐草文である。この文様が基礎となって均整忍冬唐草文がうまれ、その忍冬文が形式化して、大官大寺の創建期の均整唐草文軒平瓦になったといわれる。それが以後永く軒平瓦の基本文様となった。

がらくたぶんこ[我楽多文庫]硯友社発行の文芸同人誌。筆写回覧本時代、活版非売本時代、活版公刊本時代にわけられる。1885年(明治18)5月、尾崎紅葉・山田美妙ら・石橋思案・丸岡九華らが硯友社をおこし、筆写回覧したのが始まり。86年11月9号から活版非売本となり、16号まで出された。88年5月活字公刊本1号が発行され、翌年3月17号から『文庫』と改題、同年10月27号をもって終刊。同人にはほかに巌谷小波・川上眉山・江見水蔭・広津柳浪らがあり、『文庫』には淡路寒月・幸田露伴も寄稿。筆写回覧本時代には戯作・戯文が多い。公刊本1号に『硯友社々則』をかかげるなど、日本文学革新の先導者としての意識がうかがえる。

からこ・かぎいせき[唐古・鍵遺跡]奈良県田原本町にある30万m²に及ぶ弥生時代の大集落跡。奈良盆地中央部の初瀬川に形成された微高地に立地。1937年(昭和12)京都大学・奈良県が発掘し、弥生文化の実態をはじめて明らかにした。現在も調査を継続。前期から後期の土器を第Ⅰ～第Ⅴ様式にわける編年が示され、畿内の弥生土器編年の基準となっている。集落は前期から営まれ、中期には直径400mの大環濠がめぐらされ、その外側をさらに複数の溝が取り巻く。環濠は中期末に洪水でいったん埋没し、後期に掘り直され、後期末には再度埋没。多数の柱穴群・貯蔵穴・製塩用土坑・井戸・溝が調査された。農耕具をはじめ多種多様の木器が発見され、土器には人物・鹿・建物などの絵画土器も多い。石製・土製鋳笵など銅鐸鋳造関連遺物も注目される。ほかに各種の石器類・銅鏃・ガラス勾玉・卜骨・銅鐸形土製品・獣骨・種子など。学史的にも弥生時代研究にも重要な遺跡。国史跡。

からじしずびょうぶ[唐獅子図屏風]雌雄の獅子が荒野を闊歩するさまを描いた桃山時代を代表する金碧画。狩野探幽筆による「狩野永徳法印筆」の紙中極があるのみで落款・印章はないが、画風から永徳筆説は広く支持されている。毛利家伝来。1582年(天正10)本能寺の変をきいた豊臣秀吉が毛利と講和を結び引き返す際に、本図を贈ったという説が流布しているが根拠はない。秀吉関係の城郭の障壁画を屏風に改装した可能性も残る。縦224.2cm、横453.3cm。国宝。御物。

からつやき[唐津焼]佐賀県西部から長崎県にまたがる一大窯業地帯を形成した陶器窯とその製品。最近の研究で天正年間に開窯したことが判明。文禄・慶長の役で渡来した朝鮮陶工が窯を拡大。窯は唐津に居住した陶工と、佐賀藩祖鍋島直茂が招致き伊万里に居住した陶工の2系統があったらしい。割竹式登窯・連房式登窯という大量生産型の大型窯を築き、はじめ朝鮮系の製品を焼いたが、日本の茶陶も併焼。作風により奥高麗・朝鮮唐津・絵唐津・斑唐津・無地唐津・三島唐津などにわける。江戸時代には茶陶生産は少なくなり、染付の茶陶が焼かれたが、大半は日常雑器であった。現代は桃山茶陶を再生して活気をおびている。

からはふ[唐破風]破風の一形式で、中ほどがもり上がり左右は水平となる反転曲線をもつもの。門や向拝・玄関・車寄などに用いられる。門の屋根を唐破風とした場合はとくに唐門とよび、安土桃山時代の本願寺西門(京都市)などが著名。破風を軒の一部にとりつけた場合は軒唐破風といい、神社本殿・拝殿や城の天守閣などに多くみられる。鎌倉時代の石上神宮摂社出雲建雄神社拝殿(奈良

からふと [樺太] サハリン。宗谷海峡を隔てて北海道の北に位置する長大な島。日本では松前藩が調査，アイヌとの交易などにあたったが，17世紀末には江戸幕府も探検を始め，1808年(文化5)間宮林蔵がシベリアとの間に海峡(間宮海峡)を確認した。同時期にロシアの進出も積極化し，両者の利害衝突も生じた。1855年2月(安政元年12月)の日露通好条約で樺太は「界を分たず」とされたが，さらに雑居化が進んだため，75年(明治8)樺太・千島交換条約で日本は樺太を放棄した。その後日露講和条約で北緯50度以南を領有，1920年(大正9)尼港事件を理由に北樺太も保障占領した。45年(昭和20)8月実質占領，翌年併合，51年のサンフランシスコ講和条約で日本は正式に千島と樺太を放棄した。日本の占有期には，漁業，製紙パルプ工業や石炭・石油採掘が行われ，日本人約40万人が在住。現在も主要産業としてひきつがれている。現在はロシア連邦サハリン州，州都はユジノサハリンスク(旧豊原)。

からふと・ちしまこうかんじょうやく [樺太・千島交換条約] 明治初期，日露両国間の懸案だった領土問題を解決した条約。1875年(明治8)5月，ペテルブルクで榎本武揚公使とゴルチャコフ外相が調印。8カ条。正文はフランス文。おもな内容は，(1)日本は樺太島(サハリン)にもつ権利をロシアに譲り，全島をロシア領とし，ラペルーズ海峡(宗谷海峡)を両国の境界とする。(2)ロシアは代わりにクリル諸島(千島列島)のウルップ島(得撫島)まで18島を日本に譲る。(3)ロシアは日本のオホーツク海，カムチャツカ諸港での通商航海と近海の漁業に最恵国待遇を与える(北洋漁業権)。(4)現地住民(アイヌ)の去就は本人の意志に任せる。8月批准，同月東京で条約付録を調印。従来日露雑居だった樺太の放棄は国内に非難を生じた。

からふとちょう [樺太庁] 明治後期～昭和前期に樺太を統轄した日本の植民地行政機関。日露戦争末期の1905年(明治38)7月，日本軍がサハリン(樺太)を占領して軍政を実施。同年9月，日露講和条約でサハリンの北緯50度以南の地が日本に割譲され，07年4月，樺太庁官制の施行により大泊出張所を設置し統治に移管。翌年8月，豊原(現，ユジノサハリンスク)に移転。樺太庁長官は内務大臣(のち内閣総理大臣)の指揮・監督のもとに法律・命令の執行，行政事務の統轄にあたった。初代長官は楠瀬幸彦海軍大佐で，以下は歩兵隊司令官(陸軍少将)が歴任。2代以下はおおむね文官が任じられた。1945年(昭和20)8月，ソ連軍の樺太占領により消滅した。

ガラぼうき [ガラ紡機] ⇨臥雲紡績機

からもの [唐物] 中国などから舶載された物品の総称。本来は中国唐朝の物品というほどの意味だったが，唐の滅亡後も中国を唐とよんだように，明治期に至るまで舶来品の代名詞として使用された。ただし江戸時代には「とうぶつ」と読み，ヨーロッパなど中国以外からの輸入品をも意味した。なお時代によって，唐織物・唐茶入・唐物点などなど特定の物品の略称としても用いられた。

からよう [唐様] 中国風の書のことで，日本風の書を意味する和様に対する語。唐様・和様の区別がより強く意識されたは，その勢力が競合している場合であり，狭義では江戸時代に行われた中国風の書をとくに唐様とよび，また限定して江戸唐様ともいう。当時は和様である御家流が公用書体として全盛をきわめ，あらゆる階級に浸透していた。そうしたなかで儒学者・文人の間では中国の書を好む傾向が強く，一貫してその姿勢を堅持したところから，とくに中国風の書が唐様として注目された。北島雪山しゅう・細井広沢によって基礎が築かれた江戸唐様は，幕末の三筆と称される市河米庵あん・巻菱湖りょうこ・貫名海屋かいおくによって完成された。

からようけんちく [唐様建築] ⇨禅宗様建築ぜんしゅうよう

がらんはいち [伽藍配置] 古代寺院の伽藍を構成する建物は，塔・金堂などの仏のための建物と，講堂・僧房などの人のための建物，廻廊・門などの仕切りとなる建物に大別できるが，これらの主要建物の配置を伽藍配置とよぶ。塔・金堂の配置による分類は，両者を廻廊で仕切った同じ空間におくものと別空間におくものに大別できる。前者には塔・金堂を前後に並べる四天王寺式，左右・右左に並べる法隆寺式・法起寺式，金堂の前に2基の塔を並べる薬師寺式などがある。後者には塔が1基のもの(興福寺式)，2基のもの(東大寺式)などがある。仏と人の空間を仕切る方法による分類は，講堂が廻廊の外にあり人のための建物が独立するもの，廻廊が講堂にとりつき人と仏のための建物が接続するもの，といった空間の利用方法に依拠する。時代が下るほど，塔が伽藍の中心部から遠ざかり，仏と人の建物が接続して密接な関係をもつ傾向がある。→図次頁

かりあげ [借上] ❶ ⇨借上米

❷借知がり・借高とも。江戸時代，財政に窮乏した諸藩が，家臣の俸禄の一部を削減すること。慢性的な赤字財政に苦しむ諸藩は，財政再建策の最後の手段として，家臣の俸禄の一部を借り上げるという名目で，実質的にはその分を削減した。借上にあたっては削減率や対象となる家臣に条件をつけることもあったが，削減率

伽藍配置

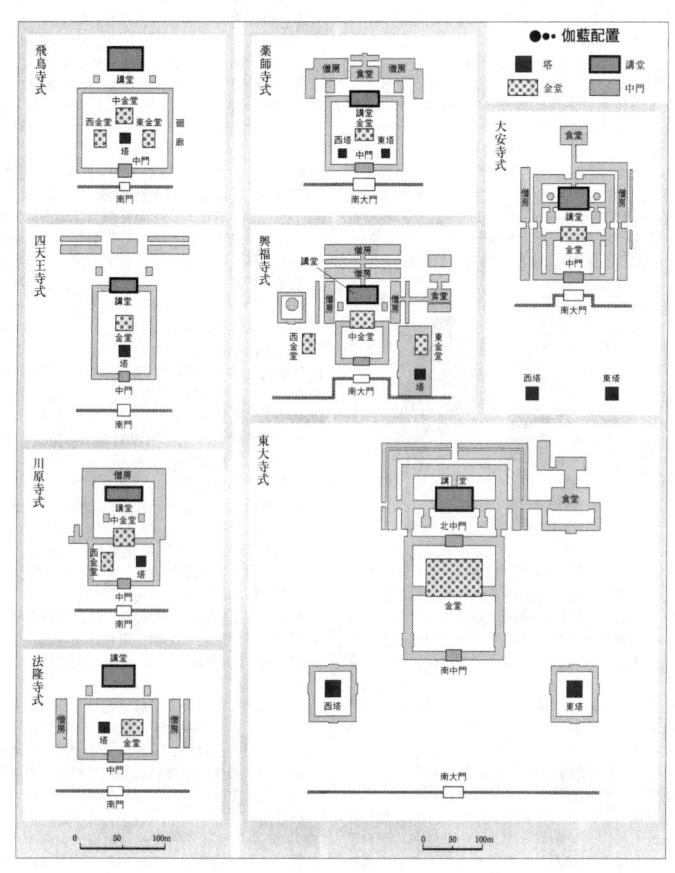

飛鳥寺式 / 薬師寺式 / 大安寺式 / 四天王寺式 / 興福寺式 / 川原寺式 / 東大寺式 / 法隆寺式

が5割に達する半知の場合もあったため家臣の困窮を招いた。

カリウム・アルゴンほう [カリウム・アルゴン法] 岩石に含まれるカリウムの放射性同位元素^{40}Kの濃度を測定して年代を決定する方法。半減期が1億3000万年という長い期間であるので，考古学や人類学では猿人・原人段階のような数十万年を単位とする時代の年代決定に使用する。たとえばアフリカのオルドバイⅠ文化は，この方法により175万年前とされている。

ガリオアしきん [ガリオア資金] アメリカによる占領地域救済特別支出金。略称GARIOA。1946年，アメリカ議会が占領地域の飢餓や疾病を防ぐため，47会計年度から陸軍省歳出予算中に設定した資金 (Government Appropriation for Relief in Occupied Areas)。日・独両国への食糧援助のために，資金の予算規模は47年度7億2500万ドル，48年度10億ドルと増額された。対日ガリオア援助は主として食糧援助にあてられ，小麦・小麦粉・とうもろこし・大豆粉など，占領期日本の輸入食糧の大部分はこの資金によりアメリカから供給された。62年（昭和37）の日米協定で15年間の分割返済が決定された。

かりぎぬ [狩衣] 猟衣・雁衣とも。本来は布製のため布衣（ほい）ともいった。狩猟に用いる衣服の意。公家では略装に，武家では正装に用いた。狩衣での参内はできなかったが，院への参上に

は用いられたので、院政期以降、上皇以下広く着用され、地質にも絹が使われるようになった。そのため絹製を狩衣、布製を布衣とよんで区別することもあった。構造は闕腋(けってき)形式の身1幅仕立て、襟は盤領(まるえり)で蜻蛉(とんぼ)と縅(おどし)でとめる。闕腋形式を襖(あお)と称することから、狩襖(かりあお)ともいった。身が1幅で狭いため、袖つけは後身にわずかに縫いつけて両脇は大きく開け、袖口には括緒(くくりお)をつけた。着用は同地質の当帯(あておび)を後身の腰から前へ回し、前身をくりあげて結んだのち懐をつくる。烏帽子(えぼし)をかぶり、指貫(さしぬき)または狩袴を用いた。

[図: 狩衣各部名称 — 立烏帽子、狩衣、袖括の露、狩袴、盤領、当腰、狩衣の尻]

かりくら [狩倉] 狩蔵・狩庭(かりば)とも。中世、荘園領主や在地領主が狩猟のため囲いこんだ山野。平安後期には和泉国大鳥神社ほか各地の神社に狩猟神事を営むための狩倉・狩庭が成立した。鎌倉時代には荘園領主や在地領主により多くが囲いこまれた。巻狩や騎射などの戦闘技術を養う軍事訓練の場でもある。一般百姓の立入は堅く禁じられていたが、中世中期以降しだいに形骸化した。

かりしき [刈敷] 「かしき・かっちき」とも。春先に山野・畦畔などに繁茂する青草や木の若芽を採取し、そのまま田畑にすきこんで肥料としたもの。草を肥料とする施肥法は古代から苗草として広く普及し、近世農業でも農民の自給肥料として重要な地位を占めていた。そのため水田の周囲には広大な採草地を必要とし、共同利用地である山野の入会地からも採取した。草肥にはマメ科作物の茎葉、池や沼の藻、レンゲ草などもある。

かりたろうぜき [刈田狼藉] ある所領を知行する正当な権限をもつと称して、他人の知行している土地の作物を実力で刈りとる行為。これは刈田・刈畠とよばれ、鎌倉前期の裁判では知行の権利を争う所務沙汰訴訟に含め、刈田自体は刑事罰の対象とされなかった。文永〜弘安年間から刈田狼藉と称して特別な制裁の対象とされるようになり、1310年(延慶3)以降刑事訴訟である検断沙汰に移管され、侍所・六波羅検断方から諸国守護という系列で処置された。刈田狼藉が発生するが、守護はただちに現場に赴いて抗争を鎮圧するとともに、実情を調査して中央に報告する義務があった。室町幕府も46年(貞和2・正平元)に検断沙汰に含め、使節遵行(じゅんぎょう)とともに大犯三箇条に加えて守護の職務とした。

カリフォルニアしゅうはいにちとちほう [カリフォルニア州排日土地法] 1913年にアメリカのカリフォルニア州で制定した市民権を得られない日本人移民の土地所有を禁じた法律。日本人移民が出稼ぎではなく、アメリカで土地を得て定着する傾向にあったので、これは法的に彼らの生活手段を奪うものとなった。同様の法案はネバダ、オレゴン、モンタナ各州の議会にも提出されたが、制定には至らなかった。

かりやえきさい [狩谷棭斎] 1775.12.1〜1835.閏7.4 江戸後期の考証学者。名は望之(もちゆき)、字は卿雲、通称三右衛門。江戸の書籍商家に生まれ、陸奥国弘前藩御用達商人狩谷保古(やすひさ)の養子となる。松崎慊堂(こうどう)・屋代弘賢(ひろかた)らに和漢の学を学んだ。豊かな経済力を背景に和漢の善本や古器物・古銭などの収集に努め、厳密な考証と書誌学的研究にすぐれた成果を残した。晩年浅草の住居を実事求是書屋(じつじきゅうぜしょおく)と称した。著書「本朝度量権衡攷」「和名類聚抄箋注」「古京遺文」「日本霊異記攷証」。

かりょう [過料] 財産刑の一種。鎌倉幕府の法制での財産刑としては、重科に対する所領没収が主要なものだったが、おもに比較的軽い罪である過怠に対する刑としては、過料・過怠銭・過代などと称して銭貨を徴したり、篝屋(かがりや)入途(にゅうとう)や寺社・道路・橋梁などの修造役を課すことが行われた。幕府による課刑のほか、地頭が領内の住人の罪科に過料を科すこともあった。近世では、一般的な罰金刑として広く用いられた。

カルテル 生産制限・最低価格・販路・生産分野などの協定を通じて市場の安定をはかる独立企業間の組織。加盟企業の規模・生産性が均等でシェアが高いこと、実効力のある制裁規定を備えていることなどが成立の条件となる。1880年(明治13)の製紙連合会が先駆とされるが、同業組合的性格が強く、明確な市場規制は90年の紡績連合会の操業短縮活動が最初といえる。1920年代後半に化学・金属などの主要産業に普及し、重要産業統制法の制定をみた昭和恐慌期にはほぼ全産業に拡大した。第2次大戦中は政府の配給・価格統制を代行する統制団体の中心となる。戦後は独占禁止法制定により原則的に違法となるが、行政指導や適用除外立法を通じて多くの分野で形成された。

かるのみこ [軽皇子] ⇨孝徳天皇(こうとくてんのう) ⇨文

武天皇(ぶてんのう)

ガレウタ 南蛮船の船型。ガレオンを小型化した快速帆船(galeota)。ポルトガルは16世紀中頃からの日本貿易に、大型帆船のカラックやガレオンを使用していたが、17世紀に入ってオランダ船・イギリス船の東洋進出により攻撃をうけたので、1618年(元和4)以降マカオ－長崎間に小型快速のガレウタを用いることとした。日本側ではこれを「がれうた」「がりょうた」とよび、ポルトガル船を意味した。

かれさんすい [枯山水] 古くは「こせんずい・からせんずい・こせんすい」とも。日本庭園の一様式。水を素材として用いずに、水のある感じを象徴的に表現した庭。「作庭記」には「池もなくやり水もなき所に石をたつること」とあり、野筋(のすじ)や築山(つきやま)の裾などに石を立てた部分のよび名であった。15世紀末に完成したと考えられ、従来の築山泉水庭を基本にした風景画的なもの(大徳寺大仙院庭園)、風景や事物の象徴をこえて抽象的な構成をとるもの(竜安寺方丈庭園)、両者を折衷したものに類別される。造形の多様性、管理の容易さによって現代に至るまで多用される。

かろう [家老] 大名家の最上級家臣で藩政を総理する最高の職制。戦国大名のもとで家政を主宰する者を名老(などろう)・年寄・家老というようになって職制が確立。江戸時代に入ると、藩によっては年寄・宿老・老(おとな)とも称した。多くは藩主の一族や譜代の重臣から任じられ、数人から十数人となり、月番合議制によって藩政を執行した。江戸幕府も最初は家老・年寄と称していたが、寛永10年代に老中を設置して、家老の称を廃した。また幕府は、徳川一門の取立に際して付家老をおいて政務を勤めさせた。家康に命じられた名古屋藩の成瀬正成・竹腰正信はその代表例。諸藩では、参勤交代の制度化によって、江戸家老と藩老を分掌した。

かろく [家禄] 明治初年に旧来の俸禄に代わり政府が給与した禄米。1869年(明治2)の版籍奉還を契機に公家・諸侯を華族・士族・卒として家禄を定めた。武士の場合、旧藩主は現石の10%、藩士は元の禄高に応じて減額。廃藩置県後も継承し、72年の卒の廃止で平民になった者にも一代限りの終身禄を与えた。73年に財政負担軽減のため家禄奉還・家禄税導入、75年に石代相場で換算した現金支給としたうえで、76年に金禄公債発行による廃止を決定した。

かわいえいじろう [河合栄治郎] 1891.2.13～1944.2.15 大正・昭和前期の経済学者・自由主義思想家。東京都出身。東大卒。農商務省に入るが辞職し、1920年(大正9)東京帝国大学経済学部助教授となり、のち教授。経済学史・社会政策を担当した。理想主義的リベラリズムとフェビアン的社会主義の立場から、マルクス主義とファシズムの両方に反対した。そのため弾圧をうけ、39年(昭和14)には平賀粛学によって休職に追いこまれた(河合栄治郎事件)。著書「労働問題研究」「社会思想史研究」「トーマス・ヒル・グリーンの思想体系」「社会政策原理」「社会思想家評伝」。

かわいぎょくどう [川合玉堂] 1873.11.24～1957.6.30 明治～昭和期の日本画家。愛知県出身。本名芳三郎。京都で望月玉泉・幸野楳嶺(こうのばいれい)に、東京で橋本雅邦(がほう)に師事。1907年(明治40)東京勧業博覧会出品作「二日月」で脚光を浴びる。第1回より文展審査員を務める。15年(大正4)東京美術学校教授。四条派と狩野派を融合させ、穏やかで素直な画風の風景画を描いて人気を博した。歌人としても名高い。帝室技芸員・帝国美術院会員。40年(昭和15)文化勲章受章。51年文化功労者。

かわいつぐのすけ [河井継之助] 1827.1.1～68.8.16 幕末・維新期の越後国長岡藩士。父は代右衛門秋紀。名は秋義。江戸に出て佐久間象山(しょうざん)・古賀謹堂に学び、長崎に遊学して開国論者となる。郡奉行・町奉行から執政に進み、その間藩を説いて長州再征参加を中止させ、また財政改革に努めた。1867年(慶応3)藩主牧野忠訓(ただくに)に従って京に入り、大政奉還に反対。戊辰戦争開始後に長岡に帰り、藩を中立の立場にたたせた。北陸征討軍が迫ると、5月小千谷(おぢや)に東山道軍軍監岩村高俊を訪ね中立の趣旨を弁明するがいれられず、官軍に抗戦を決意。陥落した長岡城を奇襲により奪還するが、このおりの傷がもとで、会津へ赴く途中会津藩領大沼郡塩沢村で没。旅日記「塵壺(ちりつぼ)」。

かわかみおとじろう [川上音二郎] 1864.1.18～1911.11.11 明治期の俳優。筑前国生れ。自由民権期の政治青年として自由童子を名のり、演説を芸とし、オッペケペ節で人気を得る。1890年(明治23)関東ではじめて壮士芝居を演じ、翌年川上書生芝居を創始。93年に渡仏、帰国後の舞台で好評を博し、日清戦争劇で大成功をおさめた。99年に夫人川上貞奴(さだやっこ)と欧米に巡業して名を高め、帰国して翻案劇を上演した。1907年には俳優を引退、興行師となった。

かわかみはじめ [河上肇] 1879.10.20～1946.1.30 明治～昭和期の経済学者。山口県出身。東大卒。東京帝国大学農科大学講師をへて1908年(明治41)京都帝国大学講師、翌年助教授。ヨーロッパ留学後の15年(大正4)に教授。この間、農政学者として農業立国・保護貿易論を展開。16年「貧乏物語」を新聞に連載し好評を博す。のち人道主義からマルクス主義にかたむき、19年の個人雑誌「社会問題研究」の発刊をへて、

昭和初期の「資本論入門」「経済学大綱」などで立場を鮮明にした。28年(昭和3)大学を辞職して実践運動に飛び込み、32年共産党に入党。翌年1月検挙され、37年6月まで獄中生活。出獄後は書斎生活に戻り、「自叙伝」執筆のほか詩歌・書道などにも親しんだ。「河上肇全集」全35巻・別巻1。

かわぐちえかい [河口慧海] 1866.1.12~1945.2.24 明治~昭和前期の仏教学者。黄檗宗の僧。本名定治郎。大坂生れ。哲学部卒。1897年(明治30)チベットに向け出発、1900年密入国したが、チベット語訳一切経に接するという宿志をはたせないまま03年帰国、チベット探検家として知られた。翌年再渡航して15年(大正4)に帰国、ナルタン版チベット大蔵経をもたらし、チベット仏教学の開拓者となった。のち僧籍返上。著書「西蔵旅行記」。

かわぐちしんでん [川口新田] 江戸時代、大坂湾に注ぐ神崎川・安治川・大和川などの河口の砂州や海などを開発した五十数カ所、約2000町歩の新田の総称。現在の大阪市此花区・港区・大正区の大部分と西淀川区・西区・浪速区・西成区・住之江区の一部にあたる。開発は江戸時代を通じて順次進められたが、1684年(貞享元)の河村瑞賢による安治川(はじめ新川)開削前後急速に進展。元禄年間には市岡新田・津守新田・泉尾新田などの大規模な新田が開発された。川口新田の大部分は大坂やその周辺の町人が請け負って開発したもので、彼らは地代金を幕府へ納め、開発費も自費であった。開発後は地主となって小作料を徴収した。

かわさきざいばつ [川崎財閥] 川崎八右衛門を創始者とする金融財閥。水戸藩為替御用達であった川崎は1874年(明治7)川崎組を設立、80年川崎銀行に改組した。ついで保険業に進出し、1910年日本火災保険を傘下に収め、14年(大正3)日華生命保険、22年国華徴兵保険を設立、31年(昭和6)には福徳生命保険を傘下に収めた。1927年には川崎信託も設立した。製造会社にはめぼしい企業がなかった。統轄機関として1906年川崎定徳合資会社を創立、36年株式会社定徳会に改組した。川崎銀行は合併を重ねて36年第百銀行となり、常陽銀行などを傘下においたが、第2次大戦時の合同政策で三菱銀行に合併された。49年財閥解体により定徳会は解散した。

かわさきしょうぞう [川崎正蔵] 1837.7.10~1912.12.2 川崎造船所の創立者。薩摩国生れ。長崎の山木屋(浜崎太平次家)支店に勤務した後、大坂で商品輸送・販売業を営み、1873年(明治6)大蔵省から琉球国産品の調査を命じられ、同年前島密の斡旋で日本国郵便蒸気船会社副頭取に就任。78年に東京築地の官有地を借用して造船業に進出し、また東京商法会議所の運輸及船舶事務委員となる。81年神戸東出町の官有地を借りて川崎兵庫造船所を開設、86年官営兵庫造船所の貸下げ、翌年同所の払下げを許可された。90年には貴族院議員に当選。96年の川崎造船所の株式会社への改組を機に松方幸次郎を社長に譲り、顧問に退いた。

かわさき・みつびしぞうせんじょうそうぎ [川崎・三菱造船所争議] 1921年(大正10)友愛会神戸連合会の指導のもとに川崎・三菱両造船所を中心におこった第2次大戦前の日本最大の争議。6月25日三菱内燃機工場の労働者が横断組合の承認、団体交渉権の確認などを要求し、29日怠業。7月2日川崎造船所で工場委員制度の採用、組合加入の自由などを要求。5日三菱造船所でも同様の要求を提出し、7日には川崎・三菱の全工場がストライキ状態になる。12日川崎争議団の工場管理宣言を機に軍隊が出動するなど弾圧が激化、会社のロック・アウトと切崩しに争議団は動揺し、8月9日無条件就業、12日敗北宣言を発表した。

かわじとしあきら [川路聖謨] 1801.4.25~68.3.15 幕末期の幕臣。旧姓は内藤。川路家の養子。通称は左衛門尉。佐渡奉行・小普請奉行・普請奉行・奈良奉行・大坂町奉行をへて、1852年(嘉永5)勘定奉行、海防掛となる。おもにロシアとの外交交渉にあたったほか、禁裏造営・軍制改革に尽力。58年(安政5)堀田正睦の上京に随行したが、帰府すると井伊直弼に左遷され、59年隠居差控となる。63年(文久3)一時外国奉行となるが5カ月で辞任。幕府滅亡時にピストル自殺。佐渡奉行在勤日記「島根のすさみ」や「下田日記」「長崎日記」を残す。

かわしまたけよし [川島武宜] 1909.10.17~92.5.21 昭和期の民法・法社会学者。岐阜県出身。東大卒。東京帝国大学助教授をへて1945年(昭和20)同教授。法社会学の発展に寄与、第2次大戦後の民法改正にも影響を与え、また法社会学と法解釈学の関係も基礎づけた。日本法社会学会理事長。著書「日本社会の家族的構成」。「法社会学講座」10巻を編集。

かわせ [為替] 中世では「かわし」。遠隔地間の取引・貸借の決済を行う際、現金にかえて手形・小切手などの信用手段を用いる方法。すでに鎌倉時代には為替・替米・替銭などと称して実施され、この手形を割符とよんでいた。発達するのは江戸時代で、とくに大坂・京都・江戸などの両替商が中心となる。幕府や諸大名は蔵物で換金し、大坂の両替商から江戸の両替商にあてて振り出した為替手形にかえ、江戸の両替商から支払いをうけ、幕府財政や江戸屋敷の費用をまかなった。この

場合，江戸は大坂に対し受取勘定となるが，商品代金の場合は大坂から江戸への下り荷が多く，大坂が受取勘定となった。この為替は，大坂では江戸為替，江戸では上方為替という。ただし，商人間の代金取立手形は，振出日と支払日の間にある1カ月程度の期間に手形の売買が行われた。その際，金銀相場の変動により手形の額面金額と相場金額に差が生じ，利鞘の支払いが行われた。これを為替打歩といい，金融業者の投機心をあおることになった。

かわた [皮多] 皮田・革田とも。近世，おもに畿内から西日本にかけて穢多の別称として用いられた語。戦国末～近世初頭は，皮革職人としての側面を示す皮多の称が一般的だったが，幕藩権力は17世紀半ば以降穢多として統一的に編成。しかし，以後も西日本で穢多として広く用いられ，広島藩では革田が公称となっている。このようななかで近世後期，播磨では皮多百姓自身が穢多とは異なるという意識をもついたった。

かわたけもくあみ [河竹黙阿弥] 1816.2.3～93.1.22 幕末～明治期を代表する歌舞伎作者。江戸日本橋生れ。本名吉村芳三郎。俳名其水。別号古河黙阿弥。1835年(天保6)5世鶴屋南北に入門。勝蔵蔵・柴晋輔らをへて43年2世河竹新七を襲名し，立作者となる。安政～慶応期には4世市川小団次と提携して生世話物，ことに白浪物の名作をうみ，一方では歌舞伎の音楽演出を進展させた。明治期には唯一の大作者として活歴物・散切物・松羽目物はをつくり，81年(明治14)引退を表明，「もとのもくあみ」という意味で黙阿弥と改名したが，実際は最晩年まで執筆を続けた。「最後の狂言作者」「江戸歌舞伎の大問屋」とよばれ，作品数360余編。「黙阿弥全集」全28巻。

かわちげんじ [河内源氏] 河内国を根拠地とした清和源氏の一流。河内守となった源満仲の三男頼信を祖とする。頼信・頼義・義家3代にわたり，平忠常の乱や前九年・後三年の役などの争乱を鎮圧，東国にも勢力をはり，武士の棟梁となった。義家の子義親は平正盛に討たれたが，孫の為義が養子となり跡を継いだ。その後，為義の孫にあたる頼朝が鎌倉幕府を創設。源氏の正統は3代将軍実朝で絶えたが，のち義家の三男義国の子孫が嫡流を称し，その系統から室町幕府を開いた足利氏が出た。義家の五男義時はその後も父祖の地に住み，義時の子義基は石川荘を本拠に石川氏を名のった。義時の孫義兼は源平争乱期に活躍。

かわちのくに [河内国] 畿内の国。現在の大阪府北東部から南東部。「延喜式」の等級は大国。「和名抄」では錦部・石川・古市・安宿・志紀・丹比・大県・高安・河内・若江・渋川・讃良・茨田・交野の14郡からなる。「古事記」「日本書紀」に大化前代から国名がみえ，716～740年(霊亀2～天平12)の和泉監の分置後，和泉国が分立した。国府は志紀郡(現，藤井寺市)におかれ，国分寺・国分尼寺は安宿郡(現，柏原市)におかれたと推定される。一宮は枚岡神社(現，東大阪市)。「和名抄」所載田数は1万1338町余。「和名抄」には調として銭のほか雑穀を定める。早くから開発が進められ，渡来系氏族も多数居住し，大和盆地から西へ通じる交通の要衝として古代から重要な役割をはたした。平安中期以降に丹比郡から丹北・丹南，さらに中世に八上の各郡が分立。鎌倉時代には三浦氏・北条氏が守護となり，末期には楠木正成の根拠地であった。室町時代には畠山氏の領国となる。近世は丹南・狭山の2小藩のほかは国外諸藩領や寺院領となる。1869年(明治2)藩領以外の地は河内県とされ，71年すべての地が堺県となる。81年堺県は大阪府に編入された。

かわちのふみうじ [西文氏] 河(川)内文(書)氏とも。応神期に百済から来朝したと伝える王仁を祖とする渡来系氏族。東漢氏の一族である東文氏に対して西文氏と称したか。西漢氏との関係は不詳。河内国古市郡を本拠とし，氏寺は西琳寺。姓ははじめ首，683年(天武12)9月に連，685年6月に忌寸，791年(延暦10)4月に宿禰に改姓。「古語拾遺」によれば，雄略朝に東文氏とともに三蔵の簿を勘録。令制下では両氏を中心とする東西史部の子弟は大学入学の対象とされた。

かわちもめん [河内木綿] 近世以来おもに河内国で生産された白木綿・縞・木綿・雲斎・厚司などの糸太地厚の綿布。河内は近世初期から綿作が盛んで，やがて繰綿・手紡糸・綿布が農家によって生産されるようになった。そのうち綿布は大永・享禄年間(1521～32)に作られ始めたともいわれるが，本格的発展は元禄年間(1688～1704)とみられる。以降河内は他の綿織物産地を圧倒して成長し1830年(天保元)頃年産300万反に達したというが，近世を通じてこの水準に到達した綿織物産地は他に例がない。幕末の弘化年間(1844～48)以後河内の綿布生産は停滞し，明治期には後発産地の泉南などに押され不振となった。

かわてぶんじろう [川手文治郎] 1814.8.16～83.10.10 幕末～明治期の宗教家。教派神道の一派である金光教の教祖。旧姓香取，のち赤沢を名のる。生神金光大神と称する。中国地方生れ。1855年(安政2)喉の重病にかかり，以後，元来陰陽師の暦神で俗信ではたたり神だった金神を守り神の天地金乃神として信仰するようになり，59年10月21日に

- **かわどめ**［川留］江戸時代、川越制の実施された河川で水位が一定限度をこえると川越を禁止すること。判定基準は河川によって異なるが、東海道の酒匂川の場合、脇通りの水（約4尺5寸）で馬越禁止、首通りの水（約4尺5寸）で歩行差留となった。河川をはさむ宿は逗留者によって繁忙となり利益を得たが、沿岸の村落は賄いを余儀なくされることも多く困窮した。川留は4～5日から1カ月に及ぶ場合もあり、旅行者が路銀を使い果たすこともあった。水位が下がると川越が再開され、これを川明・留明といった。川留・川明の判定は川役人の裁量による。川明になると御状箱が優先された。

- **かわなかじまのたたかい**［川中島の戦］戦国期、信濃国川中島周辺（現、長野盆地）で行われた武田信玄と上杉謙信との抗争。狭くは1561年（永禄4）の合戦をさすが、広くはこれを含め前後5回の抗争をいう。甲斐から北進して信濃制圧を狙う信玄と、越後の安全のためにこれを阻止しようとする謙信の衝突である。(1)53年（天文22）村上義清らが信玄に追われ謙信を頼ったため、謙信が信濃に出動し各所で交戦。この段階では武田勢力圏は長野盆地南端まで。(2)55年（弘治元）犀川をはさんで長期間対峙したが、今川義元の斡旋により双方撤兵。(3)57年信玄が葛山城（現、長野市）を攻略したことから、謙信も信濃に出動、上野原（同市）で交戦。長野盆地は武田勢力圏に入った。(4)61年謙信は武田勢力の一掃を狙って出動、八幡原（同市）で衝突。信玄と謙信の一騎打があったといわれ、信玄の弟信繁が戦死するなど激戦だったが、信玄は謙信を撃退。(5)64年信玄が野尻城（現、長野県飯山市）などを攻め、謙信は長野盆地に出動したが、両軍の交戦はなかった。以上の結果、上杉勢力は信越国境に追いつめられ、信玄は信濃をほぼ制圧、以後南進に転じた。

- **かわばたぎょくしょう**［川端玉章］1842.3.8～1913.2.14　明治・大正期の日本画家。京都生れ。蒔絵師の子。名は滝之助。号はほかに敬亭、敬亭は璋谿。円山派の中島来章、南画家小田海僊に師事。上京後は一時高橋由一に学び、円山派の写生に洋画の手法を融合させた画風を確立した。東京美術学校教授・古社寺保存会委員・帝室技芸員を歴任。第1回から文展審査員を務める。川端画学校を創設し、下から平福百穂・結城素明らが輩出。代表作「墨堤春暁図」「桜花鶏図」。

- **かわばたやすなり**［川端康成］1899.6.14～1972.4.16　大正・昭和期の小説家。大阪府出身。幼時に両親・祖父らで肉親を次々に失った。一高を経て東大卒。1924年（大正13）横光利一らと「文芸時代」を創刊し、新感覚派の一翼を担う。以降自己の資質に忠実な作家活動を続けた。第2次大戦後は日本ペンクラブの会長として国際ペン大会を東京で開催、68年（昭和43）ノーベル文学賞受賞。72年ガス自殺。代表作「伊豆の踊子」「雪国」「千羽鶴」「山の音」。

- **かわばたりゅうし**［川端竜子］1885.6.6～1966.4.10　大正・昭和期の俳人。和歌山県出身。本名昇太郎。白馬会絵画研究所・太平洋画会研究所で洋画を学ぶ。国民新聞社で挿絵を描いたが、1913年（大正2）渡米し、帰国後日本画に転向。15年珊瑚会を結成。17年日本美術院同人となるが、28年（昭和3）脱退。翌年青龍社を創立し、会場芸術を標榜した。35年帝国美術院会員（のち辞退）。59年文化勲章受章。作品「霊泉由来」「潮騒」。

- **かわひがしへきごとう**［河東碧梧桐］1873.2.26～1937.2.1　明治・大正期の俳人。愛媛県出身。本名秉五郎。松山中学時代に正岡子規から俳句の手ほどきをうけた。二高中退後、上京し、子規の俳句革新運動に参加し、「ホトトギス」の中心的存在となる。1902年（明治35）の子規没後は新聞「日本」の俳句選者。06年から国内各地を旅し、俳句の近代化のため新傾向俳句を広めた。のち自由律をも作句。与謝蕪村研究の著述も多い。紀行文集「三千里」。

- **かわむらずいけん**［河村瑞賢］1618.2.～99.6.16　江戸前期の富商で、海運・治水に功労のあった事業家。伊勢国度会郡東宮村（現、三重県南島町）生れ。江戸にでて、車力や人夫頭をへて、材木屋、さらに土木建設業を営み、老中稲葉正則などと結んで幕府・諸侯の土木工事を請け負った。1657年（明暦3）の江戸大火に際し、木曾の山林を買い占め、焼け跡の普請をひきうけて巨利を得たという。70年（寛文10）には陸奥国信夫郡の幕領米の江戸運送を幕府から命じられ翌年成功（東廻航路）、72年から出羽幕領米の江戸廻米のために西廻航路を改善した。また84年（貞享元）から畿内の治水工事にあたり、晩年には鉱山の開発にもあたった。98年（元禄11）功により旗本に列した。

- **かわらでら**［川原寺］「かわはらでら」とも。河原寺・弘福寺とも。奈良県明日香村にある真言宗豊山派の寺。大官大寺・薬師寺・飛鳥寺とともに藤原京四大寺の一つ。斉明天皇の川原宮の地に天智天皇の勅願で建立されたと考えられる。673年（天武2）には当寺で一切経書写が行われた。794年（延暦13）の「弘福寺文書目録」によれば、畿内をはじめ美濃・播磨・紀伊・讃岐などの諸国に多くの寺領をもってい

た。平安時代には空海が住したと伝え，東寺末寺となった。鎌倉時代に東大寺の教弁きょうべんが僧房などを建立したが，室町時代以降しだいに荒廃。近年の調査で，むかいあった塔と西金堂の北に中金堂・講堂が並ぶ大規模な伽藍配置が確認された。近隣の地から多数の塼仏せんぶつも出土した。寺跡は国史跡。

かわらばん[瓦版] 江戸時代，市井のニュースを庶民に伝えた，木版または土版木つちばん(瓦をつくる粘土を焼いて作成)によるとされる1〜2枚の絵入りの印刷物。街頭で読み売りされ，古くは読売と通称された。大坂夏の陣(1615)を報道した「大坂安部之合戦之図」が最古のもので，以後，心中事件・火災・地震・敵討・珍談奇聞などの一枚摺が売り出された。明治期になって活版印刷の新聞が刊行されると姿を消した。

かわらぶき[瓦葺] 瓦で屋根を葺くこと。飛鳥時代に中国・朝鮮半島から寺院建築とともに本瓦葺が伝来し，宮殿・住宅建築などにも広まった。この本瓦葺は雨水を流す平瓦とその接ぎ目をふさぐ丸瓦からなり，野地のの上に土をおいてまず平瓦を上下に半分以上重ねて軒先から順次葺きあげ，ついで丸瓦を尻の玉縁たまぶちで重ねて葺く。丸瓦に玉縁がなく尻幅が狭められていて直接重ねて葺くものは行基ぎょうき葺といい，主として古代に一部の建物で用いられた。江戸時代に考案された桟さん瓦葺は平瓦と丸瓦を一体化し，重なりを少なくして軽量化・簡便化したもので，民家にも広く普及した。近代初めには西洋から洋瓦葺が入った。瓦葺は茅かや葺・板葺などにくらべて耐用年限が長く，防火性能が高い。

かわらもの[河原者] 中世，京都鴨河原など不課税の地の河川敷に住み，斃牛馬処理・細工・行刑・井戸掘り・胞衣えな埋めなどの日傭的な雑業や肉体労働に従事した者を賤民視した語。「左経記」長和5年(1016)正月2日条に「河原人」の職掌として，斃牛の皮をはぎ，体内から薬用の牛黄ごおうをとりだしたとあるのが初見。作業が盛んになるのは中世後期に入ってからで，宮廷や禅宗寺院の庭に河原の木石を運ぶうち，作庭に従事するようになった山水河原者せんずいかわらものも現れた。作庭の名手とたたえられ，将軍足利義政に寵愛された善阿弥ぜんあみと，孫の又四郎はその代表。

かん[貫] ❶貨幣の単位。銭貨1000文(1貫文かん)，または銀貨1000匁(1貫目かん)の称。後者は重量による。日本古代の制度に由来。日本で銭貨1000文を1貫とするのは，和同開珎わどうかいちんがはじめて鋳造された和銅年間にまでさかのぼる。調銭の事例はすべて1貫を単位とし，1貫ごとに(あるいは100文の緡さし10個を束ねて)荷札を付した。長屋王家木簡(和銅〜霊亀年間)にも1貫の緡の付札の実例がある。なお九六銭くろくぜに計算の場合には，銭貨960文で1貫とした。❷〆とも。匁もんめの1000倍に相当する重量の単位。中国で貨幣1000級(文)の単位としたことからおこり，日本の重量の単位となった。近世では1貫が約3.74kgに相当したが，1891年(明治24)の度量衡法でメートル法を基準として，1貫を3.75kgと定め尺貫法の基本単位とした。1959年(昭和34)から計量法により商取引上の使用が禁止された。

かん[漢] 中国の王朝。前漢と後漢にわかれる。❶前漢(前206〜後8) 秦末の混乱のなかから，漢王の劉邦りゅうほう(高祖)が垓下がいの戦に項羽こうを破り中国を統一。都は長安。長安が後漢の都洛陽の西にあることから西漢せいかんともいう。はじめ封建制と郡県制を併用する郡国制を採用したが，しだいに諸侯の勢力をそぎ，武帝の頃には儒教をもとに中央集権制が強化された。しかし匈奴きょうどや朝鮮へのたびかさなる外征は財政の窮迫を招き，宦官かんの勢力も強まって，ついに外戚の王莽おうに帝位を奪われた。

❷⇒後漢ごかん

かんあみ[観阿弥] 1333〜84.5.19 南北朝期の能役者・能作者。初代観世大夫でシテ方観世流の祖。実名清次きよつぐ。芸名観世，のちにこれが座名となる。観阿弥は擬法名観阿弥陀仏の略称。世阿弥の父。大和国の山田猿楽，美濃大夫の養子の三男で，通称三郎。大和猿楽四座の結崎ゆうざ座に属し，能役者の棟梁として大和国以外でも活動し，1375年(永和元・天授元)頃に京都今熊野いまの能で将軍足利義満よしみつに認められ，天下に名声を博した。この催しで，猿楽座本来の座衆である翁おきな猿楽専門の芸人と能大夫の分離が決定的となり，芸能史上の画期とされる。広い芸域で観客を魅了し，能の音曲に革命をもたらした。能作者としても「自然居士じねんこじ」「四位少将しいのしょう(通小町かよいこまち)」などが知られる。84年(至徳元・元中元)駿河国で客死。

かんい[冠位] 7世紀に官人にさまざまな規格の冠を授け，それを着用させることにより朝廷での身分の上下を明らかにした制度。ウジを対象とする氏姓と異なり個人に与えられ，昇進が可能であり，世襲されないことなどを特色とする。唐の官品が官職のランクであるのに対し，冠位は個人に冠を与えて格づけするもので，朝鮮三国の制度をうけついだもの。603年(推古11)の冠位十二階を端緒とし，以後647年(大化3)，664年(天智3)，685年(天武14)に順次改定された。689年(持統3)の飛鳥浄御原きよみはら令施行にともない，従来の位冠に加えて文書の位記が発給されるようになった。さらに

701年(大宝元)の大宝令では、30階の位階制が施行されるとともに位冠の授与が停止され、位階の授与は位記の交付を通して行われることとなり、冠位制は律令制的な位階制に発展的に解消した。

かんいじゅうにかい [冠位十二階] 603年(推古11)に定められた日本最初の冠位。徳・仁・礼・信・義・智の儒教的徳目をそれぞれ大小にわけ大徳以下の12階とする。色の異なる絁_{きぬ}で作った囊_{ふくろ}状の冠で、元日などの儀式の際には階に応じた材質の飾りをつけ、衣服にも冠と同色を用いる。施行範囲はのちの畿内とその近国に限られ、中央豪族については、最上位の大徳がのちの令制の四位に対応するように、蘇我氏などの最上層豪族と皇族は授与対象から外されていた。官職ではなく個人を冠の授与により格づける点は、中国ではなく朝鮮三国の制度をうけついだもの。推古朝には従来の部民制が官司制的なかたちで整備され、官人制の萌芽が形成されるとともに、遣隋使の派遣など積極的な外交が展開されたため、外交の場で使節の身分を表示する必要も生じ、これらのことが制定の背景と考えられる。

かんいそうとうせい [官位相当制] 官は官職、位は品階を含めた位階を意味するの。律令制下の官人制は、親王には品階が、諸王・諸臣には位階が与えられ、それに相当する官職を授けられるのが原則であり、官位令はこの官と位の相当関係を表示したものである。ただ、実際の任官には官位が相当しない場合もあり、位が高いときは守_{しゅ}、低いときは行_{ぎょう}の字が官につけられた。

かんいんのみや [閑院宮] 東山天皇の第6皇子直仁_{なおひと}親王(秀宮_{ひでのみや})を祖とする宮家。世襲親王家の一つ。新井白石の進言と近衛基熙_{もとひろ}の周旋により、1710年(宝永7)幕府は秀宮の宮家創設を認め所領1000石を献じ、18年(享保3)宮号が閑院宮と定まった。その後、5代愛仁_{なるひと}親王に後嗣がなく、親王の母吉子_{ょしこ}を家主同様として30年間宮家を存続させた。1872年(明治5)伏見宮邦家親王の王子易宮_{やすのみや}が相続(のち載仁_{ことひと}親王)。1947年(昭和22)7代春仁王のとき皇籍を離脱して閑院家となった。→巻末系図

かんえいじ [寛永寺] 東京都台東区にある天台宗の寺。東叡山円頓院と号す。天海が3代将軍徳川家光に進言し、江戸城の鬼門にあたる上野忍岡_{しのぶがおか}に比叡山にならって伽藍を建立。1625年(寛永2)幕府の助力のもとに本坊が完成した。54年(承応3)後水尾天皇の皇子守澄_{しゅちょう}入道親王が3世として入山。以来天台座主を兼ねた日光山輪王寺門跡_{もんぜき}が住持する寺となり、天台宗の実権を握った。増上寺とともに徳川家の菩提寺となり、家綱・綱吉・吉宗・家治・家斉_{いえなり}・家定6代の将軍と夫人の廟が設けられる。寺領は1万余石に及び、広大な寺域には諸大名によって多くの堂舎が建立された。1868年(明治元)戊辰戦争で彰義隊の拠点となり、戦火で多くを焼失。のち寺域の大半が上野公園となった。

かんえいつうほう [寛永通宝] 江戸時代の代表的な銭貨。1626年(寛永3)に水戸で私鋳されたのが最初で、幕府は36年に江戸と近江国坂本で、翌年にはさらに水戸・仙台など8カ所で銅一文銭の鋳造を開始させた。以後の再三の増鋳時にも寛永通宝の銭文_{せんぶん}が採用されたが、鋳造時期や場所によって銭質や大小軽重に差があった。68年(寛文8)以降裏に「文」の刻印のある文字銭_{ぶんせん}が大量に鋳造された。元禄・宝永あるいは元文の金銀改鋳の際にも、多数の銭座で鋳造が行われた。この頃までの銭座は請負方式をとったが、1765年(明和2)以降、金座・銀座以外での鋳銭は困難になった。素材の銅が不足したため、1739年(元文4)鉄一文銭が登場し、68年には4文通用の真鍮_{しんちゅう}四文銭、1860年(万延元)には精鉄四文銭などが発行された。

かんえいのききん [寛永の飢饉] 1642年(寛永19)を中心に全国的な被害をもたらした飢饉。1640年西日本での牛の大量死を端緒に、翌年から43年にかけて全国に凶作・飢饉が広がった。その自然的原因は牛死以外にも、旱魃_{かんばつ}・洪水・冷害など地域によりさまざまだが、「取りからし」の表現にみられるように、領主層の収奪がそれに拍車をかけた面も指摘される。江戸幕府は42年大名・旗本に対し、国元・知行地での対策を命じるとともに、東日本と西日本にわけてそれぞれ飢饉対策のための担当役人をおいた。これら飢饉への対応の経験は、その後の幕藩領主層による農政の転換に大きな影響を与えた。

かんえいぶんか [寛永文化] 江戸時代初頭、寛永年間(1624～44)に京都から地方に町衆を担い手として、朝廷・公家や大名の間に広がった絵画・工芸・建築など各分野にわたる文化活動の総称。貴族的な文化と古典的な美の追求を特徴とする。やまと絵の装飾画に新境地を開いた俵屋宗達、洗練された蒔絵などの工芸品を残した本阿弥光悦らの作品がよく知られる。華麗な日光東照宮、簡素で気品のある桂離宮はその代表的な建築物。

かんおはるひで [神尾春央] 1687～1753.5.5 江戸中期の幕臣。父は下島為政。神尾春政の養子。若狭守。1737年(元文2)勘定奉行。老中松平乗邑_{のりさと}のもとで年貢増徴策を推進。42年(寛保2)の関東洪水では手伝普請・国役普請合

体方式の河川復興工事を主管。44年(延享元)東海道・五畿内・中国筋の検地におもむき、隠田摘発や有毛検見法を採用して徹底した増徴を行った。公家領検地が問題化し、松平乗邑失脚の一因となったが、神尾は没するまで在職。

かんかいいぶん [環海異聞] 江戸後期の漂流記。巻首序例とも16巻。仙台藩の儒学者大槻玄沢が、大黒屋光太夫・間重富・山村才助らの知識を借りつつ、志村弘強の協力によって編纂。1807年(文化4)成立。1793年(寛政5)アリューシャン列島に漂流し、イルクーツクに居住したのち、遣日使節レザノフによって1804年(文化元)に送還された石巻の廻船若宮丸の乗組員、津太夫ら4人からの聞書にもとづくロシア事情が記されている。津太夫らは日本人としてはじめて世界を一周した。題名はこの意をこめる。

かんがくいん [勧学院] 藤原氏の氏院。821年(弘仁12)に藤原冬嗣が藤原氏の学生のために創立した。大学別曹として公認された時期は不明だが、下限は872年(貞観14)。所在は平安京左京3条1坊5町で、大学寮の南にあったため南曹ともよばれた。学生は勧学院に寄宿し、大学に登校して授業をうけ、各種の任官試験や、年挙によって官界に入った。財源は藤原氏一門から寄付された荘戸・荘園などである。藤原氏の学生の支援だけでなく、春日・大原野・吉田・鹿島・香取社、興福寺のような氏社・氏寺の事務を担当する氏院としての機能もしだいに拡大した。職員には公卿別当・弁別当(南曹弁・氏院弁とも)・六位別当(有官別当・無官別当)・知院事・案主などがあり、その上に氏長者をいただいた。

かんぎえん [咸宜園] 江戸後期の儒学者広瀬淡窓の開いた私塾。1805年(文化2)豊後国日田(現、大分県日田市)に成章舎として発足し、17年咸宜園と改称、97年(明治30)までほぼ90年間継続した。学歴・年齢・家格を問わないいわゆる三奪法で、万人に門戸を開いた。月旦評による実力主義の人材養成と、炊事・飲食・掃除などは塾生の自治とするユニークな塾風で知られる。来学者は全国からのべ数4600人におよび、近世最大規模の私塾。

かんきのききん [寛喜の飢饉] 鎌倉中期、1231年(寛喜3)におきた大飢饉。前年は2～3年来の異常気象が頂点に達した年で、真夏に美濃・信濃・武蔵諸国で雪が降り、冬に蟬が鳴いた。秋には大風・大雨もあり、その結果大凶作となり、32年末曾有の大飢饉がおきた。幕府は人身売買を黙認せざるをえなかった。この年朝廷の発布した寛喜新制および翌年幕府の制定した「御成敗式目」は、飢饉による社会混乱を鎮めるための徳政として出された側面をもつ。

がんぎょうかんでん [元慶官田] 879年(元慶3)藤原冬緒の提言で畿内におかれた4000町の官田。山城・河内・摂津3国に各800町、大和国に1200町、和泉国に400町が乗田から割りあてられた。官人への位禄・季禄支給のために減少した正税や不動穀を補填することを目的とした。収穫高の5分の1を収める賃租(地子)制による小作方式または直営方式がとられた。直営方式の場合には公営田と同じく営料を支給し、正長をおいて監督させた。

かんきょうしょう [環境省] ⇨環境庁

かんきょうちょう [環境庁] 公害行政・自然保護行政を管掌する総理府の外局。1971年(昭和46)7月1日設置。長官には国務大臣をあてる。昭和40年代にあいつぐ公害などの環境問題が多発し、総合的・計画的な対応が求められるようになった。70年暮からの国会は公害国会とよばれ、公害対策法案が審議される一方で、機構一元化問題がとりあげられ、政府は官庁の新設を決定。同庁は環境保全行政に関する実施官庁であると同時に、各省庁所管の関連業務についての総合調整官庁である点に特色がある。そのため対応の消極さが指摘されている。長官官房・企画調整・自然保護・大気保全・水質保全の内部部局がある。2001年(平成13)1月、中央省庁再編により環境省に改編。

がんぎょうのらん [元慶の乱] 平安前期に出羽国でおきた戦乱。878年(元慶2)3月、出羽国の俘囚が蜂起して秋田城を急襲、城郭・郡院などを焼いた。政府は兵を派遣するが敗れ、俘囚側は雄物川以北の地の独立を要求したが拒否され、陸奥からの授兵を含め秋田城に集結した5000余の大軍を壊滅させた。新たに現地に派遣された出羽権守藤原保則、鎮守将軍小野春風らは武力鎮圧策をとらず、俘囚側にも内部分裂があって、8月以降には俘囚側の降伏が続いた。これを好機として政府は翌年征討命令を下したが、保則らの反対で撤回。戦乱の原因は秋田城司の苛政であり、蜂起した俘囚軍には秋田城下の12村のほか津軽の俘囚らも加担したと推定される。

かんぎょうはらいさげ [官業払下げ] 1880年代から日清戦争前に行われた官営工場・鉱山などの民間払下げ。財政整理を背景に、1880年(明治13)の工場払下概則制定を起点とするが、同概則は払下げ条件がきびしかったため、活発化するのは84年の同概則廃止後である。払下げ対象はおもに工部省の事業で、深川のセメント製造所(84年浅野総一郎へ)、長崎造船所(87年三菱へ)、兵庫造船所(87年川崎正蔵へ)、阿仁銅山(85年古河市兵衛へ)、釜石鉄山(87年田中長兵衛へ)、三池炭鉱(89年三井へ)など

がある。経営不振の官業はとくに安価に払い下げられ、その多くは財閥を中心とした民間の大規模鉱工業生成の中核となった。

かんぎんしゅう [閑吟集] 室町時代の小歌集。編者は、仮名序に「ふじの遠望をたよりに庵をむすびて十余歳」の「桑門(僧)」とするのみで不詳。連歌師柴屋軒宗長をあてる説もある。1518年(永正15)成立。収録歌数311首、仮名序に「毛詩三百余篇になずらへ」とある。配列は、おおよそ四季・恋の順に並ぶが、四季のなかにも恋の歌と解されるものも多く、連歌のように小歌の内容の連想・連鎖によって各歌がつながっているとみたほうがよい。小歌230首のほか、大和節・近江節・田楽節・早歌・放下歌ほか、狂言小歌・吟詠などを収める。「続群書類従」「日本古典文学大系」所収。

かんけこうしゅう [菅家後集]「西府新詩」とも。菅原道真の漢詩集。901年(延喜元)以降に大宰府で詠んだ作品を、903年1月死期の近いのを知った道真が紀長谷雄に贈ったと伝えられる。「通憲入道蔵書目録」に「菅家後集1巻」とある。全46首からなり、大宰府へ同行を許された幼児2人を励ます詩、時の権力や社会に対する批判の詩、望郷の念を詠んだ詩などを収録。尊経閣文庫に鎌倉時代の古写本がある。「日本古典文学大系」所収。

かんけぶんそう [菅家文草] 菅原道真の漢詩文集。12巻。900年(昌泰3)醍醐天皇の求めに応じて編進献上。巻1～6は詩(年代順)、巻7～12は散文(内容別)からなる。饗宴でのものや天皇側近との酬唱詩など華麗な詩のほか、讃岐時代の地方民衆の生活にふれての詩作もある。また国司としての実務体験にもとづいた奏状や、賦・対策・詔勅・願文などの散文もある。「日本古典文学大系」所収。

かんこ [官戸] 律令制における官有賤民。謀反・大逆の犯罪者の父子や私鋳銭の従犯などで没官された者のうち、戸を構えた者が官戸とされた。官奴司の管理のもと内廷官司で使役され、76歳(反逆縁坐によるまでは80歳)になると解放され良民に戻された。待遇は官奴婢とほぼ同じで、良民と同額の口分田が班給され、休暇・食料・衣服が与えられた。8世紀半ば以降、一般公民の戸も官戸と称される例がみえ、賤民としての官戸の実体はそれ以前に失われたらしい。

かんごう [勘合] 室町時代、中国の明の皇帝から日本国王(足利将軍)に与えられた渡航証明書。中国では軍事、外国交通、銭糧の収支、官吏の公務出張の証明書である割符をいう。明代には、日本以外にもシャム・占城(ベトナム南部)などの国王に与えられた。日本に対しては、皇帝の代替りごとに明政府の礼部が発行。日本の2字をわけた日字号勘合百道・本字号勘合百道・日字号底簿二扇・本字号底簿二扇が作られ、日本には本字号勘合と日字号底簿が送付された。遣明船が勘合をもって入明すると、寧波の浙江市舶司、北京の礼部で底簿と照合検査され、礼部が没収する。料紙は縦1尺2寸、横2尺7寸で「本字壱号」などの文字が半印された。勘合符の称は、江戸時代以降に用いられた。

がんごうじ [元興寺] 現在、奈良市芝新屋町(観音堂の系譜を引く。華厳宗)と中院町(極楽坊の系譜を引く。真言律宗)に同名の寺がある。蘇我馬子のたてた飛鳥寺(法興寺)を平城遷都にともない京内に移したもので、旧地の飛鳥寺を本元興寺、当寺を新元興寺とも称した。718年(養老2)に建立が始まり、天平年間には諸堂が整い、多数の水田・寺封や奴婢を保有する大勢力の寺院となった。南都四大寺・七大寺の一つに数えられる。三論・法相の両宗が栄え、当寺三論宗の系統を元興寺流、法相宗の系統を興福寺の北寺伝に対して南寺伝と称した。1451年(宝徳3)の土一揆で金堂などを焼失。1859年(安政6)の火災では五重塔・観音堂を失うなど、たびたび被害にあった。

がんごうじがらんえんぎならびにるきしざいちょう [元興寺伽藍縁起并流記資財帳]「元興寺資財帳」とも。奈良市元興寺の開創経緯・財産などを記したもの。746年(天平18)の僧綱の牒により翌年まとめられた。醍醐寺本「諸寺縁集」引用の抄本が現存。縁起に飛鳥寺の塔露盤銘・釈迦如来光背銘・古釈names などを引用し、「日本書紀」の原史料にもとづくと思われる部分もあるが、別系統の仏教伝来記事も載せる。「寧楽遺文」所収。

かんごうしゅうらく [環濠集落] 弥生時代の特徴的な集落形態の一つ。集落の周囲を濠(溝)で取り囲む。ときには二重三重に溝をめぐらせたり、柵列や土塁・逆茂木を設けた遺跡もある。弥生初期に出現し、弥生時代を通じて九州地方から関東地方にかけて分布。韓国でも同様の遺跡が発見されており、環濠集落の成立にはそれとの関係が考えられる。外敵の侵入を防ぐための防御的な機能や、高地性集落とともに弥生時代の軍事的な緊張状態を反映する遺跡と考えられている。佐賀県吉野ケ里遺跡、福岡県板付遺跡、大阪府池上曽根遺跡、愛知県朝日遺跡、静岡県伊場遺跡、神奈川県大塚遺跡などが著名。

かんごうぼうえき [勘合貿易] 室町中期～戦国期に、遣明船による日明貿易に対する俗称。通常、勘合を用いた貿易と解されるが、勘合は渡航証明書ではあっても貿易の許可証ではなく、勘合を所持する勘合船(遣明船)による貿易

とするのが適当。勘合船は1404～1547年(応永11～天文16)に17回で84隻が渡航している。1451年(宝徳3)出発の第9回勘合船は9隻・乗員1200人余という最大規模だったが、第10回以降はほぼ船数3隻・乗員300人に制限された。勘合船は、名義上日本国王(足利将軍)の使節だが、有力な守護大名や大寺社が実際の経営を行い、貿易には和泉国堺や筑前国博多の商人が活躍した。応仁・文明の乱後は守護大名細川・大内両氏が主導権を争い、1523年(大永3)には双方の使臣が争う寧波ネンポの乱に発展。その後、勘合は大内氏が所持し、その滅亡まで同氏が勘合船を派遣した。貿易の方法には、進貢貿易・公貿易・私貿易の3種類があった。

かんこく [韓国] 大韓帝国および大韓民国の略称。李氏朝鮮は第26代国王高宗のとき、1897年に国号を大韓帝国、国王も皇帝と改称。1910年(明治43)の韓国併合条約により日本の植民地となった。19年(大正8)3・1独立運動のあとには、亡命政治家たちが上海で大韓民国臨時政府を樹立した。第2次大戦後、アメリカ・ソ連の朝鮮分割占領をへて、48年(昭和23)南朝鮮が大韓民国として独立した。

かんこくへいごう [韓国併合] 1910年(明治43)8月22日調印の「日韓併合ニ関スル条約」で韓国を日本の植民地としたこと。韓国(大韓帝国)という国号は廃され朝鮮となった。1905年の第2次日韓協約で韓国を保護国とした日本は、韓国の外交権を掌握し内政に強く干渉した。しかし義兵運動など韓国内の抵抗はやむことなく、欧米列国の干渉のおそれも減らず、初代統監伊藤博文の推進した保護政治も実効をみなかった。07年ハーグ密使事件がおこると、日本は皇帝高宗を退位させ、第3次日韓協約を結んで内政を完全に掌握したが、日本国内での派閥対立も激しく伊藤は統監を辞任。折から日清間の懸案であった間島カンド問題交渉が行き詰まり、アメリカの満州鉄道中立化案のように欧米列国の満州・韓国への干渉の危険が具体化した。09年伊藤が暗殺されると、日本は韓国を植民地とすることを決め、第3代統監寺内正毅マサタケは義兵運動を弾圧しつつ併合を断行した。以後第2次大戦終了の45年(昭和20)まで朝鮮総督府による植民地支配を続けた。

かんこくへいごうじょうやく [韓国併合条約] 1910年(明治43)8月22日調印、8月29日公布された韓国を日本の植民地とする条約。日本の朝鮮侵略の帰結であり、統監寺内正毅マサタケと韓国首相李完用リワンヨンが調印。内容は韓国皇帝が韓国の統治権を日本の天皇に譲与し、日本の天皇はこれを承諾する、韓国皇帝以下皇室に対する併合後の待遇を保証する、日本政府は韓国の資産を管理・運用する、旧韓国国民に対し保護を与え福利増進を図り官吏に登用する、勲功のある韓国人に爵位及び金品を授与である。また同日明治天皇の三つの詔書が発布され、皇帝以下の称号および大赦・免租の決定が示された。しかし朝鮮では勅令による統治が行われ、大日本帝国憲法は施行されなかった。

かんさいぼうえきしゃ [関西貿易社] 明治初期の商社。大隈財政末期の直輸出奨励による殖産興業・正貨蓄積政策に呼応して、1881年(明治14)五代友厚トモアツらが設立。北海道産品の対清国直輸出を計画し、開拓使官有物払下げによる北海道開発に関与、明治14年の政変の原因となった。払下げ中止後は、北海道昆布取引や上毛繭糸ジョウモウケンシ改良会社などの生糸直輸出に、資金供給などを通して関与したが、83年に解散。

かんざんじっとくず [寒山拾得図] 中国の伝説的な詩僧、寒山と拾得を描いた図。禅僧たちによって盛んに描かれた。通常、箒や筆・硯・巻物をもつ弊衣蓬髮ヘイイホウハツの人物2人の談笑するさまが描かれる。中国の宋代に始まり、日本では鎌倉時代末頃から描かれたらしい。禅余ゼンヨ画系の素朴な表情の図像のほかに、顔輝ガンキ系の奇怪な笑みをうかべる図像も伝わり、多くの遺品がある。

かんし [干支]「えと」とも。十干と十二支のこと、またそれをくみあわせた六十干支の称。六十干支は、十干の最初の甲キノエと十二支の最初の子ネとからなる甲子に始まり、乙丑、丙寅と進んで癸亥に至る。奇数番は奇数番、偶数番は偶数番としかくみあわされない。六十干支は年・月・日に配され、無限に循環する東アジア独特の紀年法として用いられてきた。日本では6〜7世紀に年号に先だって用いられ、のちには併用された。干支は五行説と結合して吉凶が付会され、辛酉シンユウ革命・甲子カッシ革命とか丙午ヒノエウマ年生れという迷信や、暦日の禁忌・吉事注などのもととなった。

かんし [漢詩] 中国の言語文字を用いて創作した詩。一句が五言・七言からなるものが多く、通常、平仄ヒョウソクや脚韻を踏む。奈良時代は宮廷を中心にした侍宴応詔の詩が多く、六朝リクチョウ詩の影響をうけて詠物詩がうまれたが、五言詩がほとんどである。平安時代になると、唐詩の影響で七言詩へ展開するとともに題材も拡大し、《白氏文集ハクシモンジュウ》の渡来によって詩風に影響された。鎌倉末期に留学僧や帰化僧らによって中国の禅林での詩文制作の風習がもたらされ、唐の李白・杜甫や宋の蘇軾ソショクらが規範にされた。江戸初期は朱子学の文学観から軽視されたが、荻生徂徠オギュウソライらの古文辞学派により盛唐詩を模する擬古主義が唱えられ、のちに自己の真情を率直に表現する自由な詩風が広がり、多数の詩人が登場して隆盛をきわめた。

かんじ［官寺］ 本来は国家により設置された寺院をいうが、広義にははじめ私的に建立され、のち国家の経済援助をうけるようになった寺院もさす。680年（天武9）官治の対象が大官大寺_{だいかん}・川原寺_{かわはら}などの国の大寺と飛鳥寺に限定された。奈良時代には、薬師寺・大安寺・元興寺、藤原氏の氏寺である興福寺なども官寺の扱いをうけ、天平年間には新たに東大寺・法華寺が造営され、地方に国分寺・国分尼寺がおかれた。天皇の発願により設置されたこれらの寺院のほか、国家から寺封（食封）の施入をうけ運営される有後封寺や、国家から指定された一定の定額寺_{じょうがく}も、もとは貴族・豪族などの発願にかかる寺院だが、官寺に準じる存在として扱われた。

かんしつづくり［乾漆造］ 漆に挽粉_{ひきこ}や抹香_{まっこう}などを混ぜペースト状にした木屎漆_{こくそうるし}により像を塑形_{そけい}する技法。脱活_{だっかつ}乾漆造と木心_{もくしん}乾漆造がある。脱活乾漆造は土型に麻布を漆で数層張り重ねて概形を造り（型土は後でかきだし、かわりに木骨を組み入れて閉じる）、木屎漆で表面の造形を行いしあげる。当麻_{たいま}寺四天王像（7世紀後半）が最古の遺品。材料費は高価だが軽量で強靱、しかも分業に適した技法のため、天平時代の官営造仏所では盛んに用いられ、東大寺法華堂（三月堂）不空羂索_{ふくうけんじゃく}観音像をはじめ遺例が多い。しかし9世紀以降にはほとんど姿を消した。木心乾漆造は、文字通り木心に木屎漆で塑形する技法で、8世紀後半に出現し、聖林_{しょうりん}寺十一面観音像のような名作をうんだ。脱活乾漆造と同じく平安時代に入ると廃れるが、その名残ともいえる木彫に部分的に乾漆を併用する技法はなおしばらく行われた。

がんじつのせちえ［元日節会］ 正月元日の朝賀ののちに行われた節会。史料上では天武朝末年が初見。行われた場は、奈良時代には一定しなかったが、平安時代には嵯峨朝に豊楽_{ぶらく}殿が一時使われたほかは紫宸_{ししん}殿であった。儀式次第は、天皇の出御ののち、諸司奏として中務省陰陽_{おんみょう}寮から御暦奏_{ごりゃくのそう}、宮内省主水司から氷様_{ひのためし}奏、内膳司から腹赤_{はらか}奏があり、その後群臣が参入して賜宴・奏楽・賜禄などが行われた。

かんじゃく［勘籍］ 戸籍を確認調査すること。とくに律令制下、課役負担を免除する際に、現在から数回前の戸籍にさかのぼって記載の確認を行うこと。律令制の支配機構に下級官人としてはじめて加わるとき（出身）、律令国家の官僧になるとき（得度）、罪人が徒罪_{ずざい}以上の刑罰をうけたときなどに勘籍が行われた。ふつう五比（造籍5回分）の籍が調査されたが、得度者は三比とされるなど場合によって異なり、時代によって変化する例もある。正倉院に奈良時代の勘籍文書の実物が残る。

かんじゅ［貫首］ 「かんしゅ・かんず」とも。貫主とも。貫首（戸籍）で上首の意から転じて、一つの集団で最上席の者をいう。公卿を除く殿上人_{てんじょうびと}中の最上席の者である蔵人頭_{くろうど}や、諸道得業生_{とくごうしょう}が貫首と称される。また一宗一派の上首の意から、天台座主_{ざす}や本山・大寺の管長も貫首と称された。

かんじょ［漢書］ 前漢の高祖劉邦_{りゅうほう}から新の王莽_{おう}まで（前206〜後23）の230年間をおもに記した中国の正史。帝紀12代を記した帝紀12巻、諸侯・官名などを一覧にした表8巻、律暦・礼楽など制度を扱う志10巻、個人の事績を記す伝70巻の計100巻（のち細分化して120巻）からなる。後漢の班固_{はんこ}の撰。班固の父班彪_{はんびょう}が基礎的仕事を手がけ、班固の死後、8表と天文志は妹の班昭がうけつぎ、馬続_{ばしょく}がこれを助けて完成させた。文章が古典的で、班固没後100年にみたぬ頃から音義が作られた。帝王が見るべき古典として、「史記」とともに周辺諸国にも大きな影響を及ぼす。巻28の地理志に倭_わの記事がみられる。注釈は多く書かれ、唐の顔師古の注が知られる。日本でも奈良〜平安前期には「史記」よりも重宝された。中華書局刊。

かんじょうがしら［勘定頭］ 勘定奉行とも。大名などで領内の財務をつかさどった役人。戦国大名の安房国里見家の分限帳に、横小路将監という者が台所奉行と勘定頭を兼ねていたことがみえる。鎌倉幕府などでは年貢の計量・勘定を奉行人が行っていたが、勘定頭といった職制はない。室町中期に大名家で始まり、江戸時代に一般化した職と考えられる。江戸幕府の勘定奉行も元禄頃まで勘定頭といった。

かんじょうぎんみやく［勘定吟味役］ 江戸幕府の役職。老中支配。1682年（天和2）創置。99年（元禄12）一時廃止されたが、新井白石の献言により1712年（正徳2）再置され、1867年（慶応3）まで存続。一時廃止時までは勘定頭差派役・勘定吟味とよばれていた。定員ははじめ3人だったが、享保年間に増員され4〜6人となった。職務は勘定所における金穀の出納、封地分与、幕府直轄領の年貢徴収および郡代・代官の勤惰、金銀改鋳などの監察であった。また勘定所構成員の不正を老中に報告する権限をもっていた。さらに勘定所の経費の決定には吟味役の同意を必要とした。役高500石、役料300俵。

がんじょうじあみだどう［願成寺阿弥陀堂］ 白水_{しらみず}阿弥陀堂とも。福島県いわき市に所在。1160年（永暦元）の建築と伝える。中央方1間の母屋_{もや}の周囲に1間通りの庇_{ひさし}を回す。母屋の後方に来迎壁_{らいごう}を設け須弥壇_{しゅみ}を

造り，阿弥陀三尊と二天像を安置する。内部各所には極彩色で仏画や文様を描くが，剥落がはげしい。堂の正面には中島・小中島がある広い池をもつ庭園があり，平安後期の阿弥陀堂の特徴をよく表している。高さ7.7m。国宝。境域は国史跡。

かんじょうしょ [勘定所] 江戸幕府の役所。幕府財政の運営，幕領の租税の徴収と訴訟などを管掌した。勘定奉行を長として，勘定組頭，勘定，支配勘定，同見習などで構成され，勘定吟味役が監査を行った。場所は江戸城内（御殿勘定所）と大手門横（下勘定所）の2カ所。1721年（享保6）勘定所の機構は公事方（司法）と勝手方（財政）に区分され，公事方は役宅で，勝手方はさきの2カ所で執務した。また，従来の上方・関東方の地域的区分は，23年勘定奉行による一元的代官統制の実現で廃止され，勘定所の機構も御殿勘定所が御勝手・勝手方，下勘定所が取箇方・伺方・帳面方などに分課した。

かんじょうじょうやく [漢城条約] 甲申事変に関する日本・朝鮮両国間の善後約定。特派全権大使井上馨が金宏集と漢城（現，ソウル）で交渉し，1885年（明治18）1月9日調印。五款と別単からなる。朝鮮国は，(1)日本に国書で謝罪の意を表し，(2)賠償金11万円を支払い，(3)磯林真三大将の殺害者を捕らえて処刑し，(4)日本公使館再建費2万円と用地を提供すること，などを約した。日本国内では国権論者などが条件が寛大にすぎるとして批判した。

かんしょうのだいききん [寛正の大飢饉] ⇨ 長禄・寛正の飢饉

かんじょうぶぎょう [勘定奉行] 江戸幕府の役職。勘定奉行・勘定頭の名称は室町中期以降各大名家でみられ，江戸幕府でも元禄年間までは勘定頭とよばれた。寺社奉行・町奉行とともに三奉行となり，評定所の構成員。勘定方の最高責任者として幕府の財政一般を担当し，幕領の租税徴収事務のほか，全国の幕領と関八州の私領の訴訟を担当した。定員は4〜5人で，うち1人は道中奉行を兼帯。江戸初期には老中がのちの勘定奉行の職掌を統轄し，その下に実力のある会計担当者がいたが，1642年（寛永19）農政と財政部門が合一して勘定頭制が成立した。役高3000石，のちに役金300両が給されるようになった。老中支配，芙蓉間席。配下には勘定組頭，勘定・支配勘定などの勘定所構成員のほか，郡代・代官・蔵奉行・金奉行・漆奉行・川船改役などがいた。

かんしょうふしょう [官省符荘] 太政官符，および太政官の命を諸国に施行する民部省符をうけて，領有を公認されるとともに，国家の賦課の免除（律令制下では不輸租，のちには不輸物）の特権を獲得した荘園。律令制下で官省符によって保証された寺社の荘田は，平安中期までには大半が転倒し，荘園領主の膝元に所在するものを例外として，おおむね有名無実の状態となっていた。平安後期に広範に成立する土地と荘民を統一的に支配する領域型荘園と，直接につながるものではないが，中世荘園のうちには，前代から官省符荘であった由緒を新たに主張することによって，立荘されたものもある。

かんじょうれきみょう [灌頂歴名]「灌頂記」とも。812年（弘仁3）と翌年，高雄山寺（現，京都市神護寺）で空海が，求法の人々に真言の灌頂を授けた折の受法者名簿。大部分は空海の書。素紙の巻子本。受法者名の下に，各人が学んだ寺名・得仏名が注記される。のべ166人が記され，そのなかに最澄や和気真綱・仲世兄弟の名があり注目される。その書は，唐の顔真卿の影響が強くみられるものの，にわかの間に書かれ空海風の真髄が発揮されている。神護寺蔵。縦28.8cm，横266.1cm。国宝。

かんじょうれっせき [環状列石] ストーンサークル・環状石籬とも。縄文時代の配石遺構の一種。縄文中〜晩期に，北海道を含む東日本に分布。河原石を環状になるように配置し，列石内に立石・石組遺構・埋設土器・土壙などを伴うものもある。祭祀遺構とする説と墓地とする説がある。

かんじん [官人]「かんにん」とも。律令制下の官吏のこと。厳密には，官位令に掲げる官職に就く人，すなわち諸司の四等官および品官に就きます。広義では史生・舎人などの雑任や郡司なども含める。力役として差発された衛士・仕丁などと異なり，勤務により，毎年の考課にもとづき位階を授けた。のちには近衛府などで将監（判官）以下をとくにさす場合もあり，また国司で実務にあたる人々を在庁官人とよぶようにもなった。

かんじん [勧進] 本来は人々を教化して仏道に入らせることをいうが，堂塔の造営や写経などの善根を積むことを勧める意味となり，そのための金品の寄付を募ることをさすようになった。東大寺再建のための募財や，その行為者，それに従う人をいずれも勧進とよんだ。念仏をすすめることを念仏勧進と称するのは本意に近い。勧進のための興行が，勧進猿楽・勧進能・勧進相撲・勧進歌舞伎として行われた。

がんじん [鑑真] 688?〜763.5.6 中国唐代の高僧。日本律宗の開祖。揚州江陽県の出身。俗姓淳于氏。701年出家し，705年菩薩戒を，708年長安にて具足戒をうけた。淮南で戒律教授を重ね江准の化主と仰がれた。742年日本の留学僧栄叡・普照の伝戒師招請の懇願を受諾したが，5度も渡航に失敗し，苦難のなか

で失明。753年帰国の遣唐使船に乗り，6度目にようやく志をはたした。来日後は授戒伝律のことを一任され，東大寺戒壇院・唐招提寺を創建した。この間僧綱に任じられ，辞任後は大和上の尊号を授けられた。唐招提寺で入滅。伝に淡海三船撰「唐大和上東征伝」がある。入滅直前に作られた唐招提寺の鑑真和上像は，現存する日本最古の肖像彫刻。

かんしんじ [観心寺] 大阪府河内長野市寺元にある真言宗の寺。檜尾山と号す。天武朝に役小角が開創，雲心寺と称したという。815年(弘仁6)空海が再興し観心寺と改号。869年(貞観11)清和天皇の勅願で定額寺となる。金堂は後醍醐天皇が討幕祈禱の賞として1334年(建武元)再建したものといい，南朝との関係が深く南朝文書(「観心寺文書」)が多い。

金堂 14世紀後半から15世紀前半の建築。正面7間，奥行7間。表面2間を礼堂，その奥の4間を内陣，背面の1間を後戸とする。内陣の仏像の前方左右に両界曼荼羅を掛ける壁を設けるのが特徴。和様が原則だが，海老虹梁・双斗など禅宗様・大仏様の技法を咀嚼しとりいれている。国宝。

如意輪観音像 [にょいりんかんのんぞう] 観心寺の本尊で，密教彫刻の代表作。座像。883年(元慶7)の「観心寺勘録縁起資財帳」にある「綵色如意輪菩薩像」にあたる。寺地が定められた頃の造像とされる。木彫に乾漆を併用する技法は，9世紀の高位者の発願仏にみられるもの。長く秘仏であったためか，彩色がよく残る。像高108.8 cm。国宝。

かんじんずもう [勧進相撲] 勧進を名目に掲げた相撲興行。寺社や道・橋などの造営・修復の費用を調達するために喜捨を募ることを勧進という。鎌倉末期以降は，能・猿楽などの芸能興行による収益をあてる勧進興行が広く行われた。相撲も芸能の一つとして，15世紀初めから勧進興行が行われ，職業的な相撲人集団の活躍の場となった。近世には，江戸・京・大坂の三都を中心に盛んとなり，営利目的の興行も行われるようになった。幕府は当初は，風紀統制の意図もあり，そうした興行には抑制的で，しばしば勧進相撲禁令を発したが，18世紀半ばには三都で四季1度ずつの営利興行が公認され定着した。現代の大相撲興行はこの系譜につながる。

かんしんせい [完新世] 後氷期・沖積世・現世とも。第四紀を二分した後期の地質時代で，1万年前から現在までの時代。更新世末期※※最終氷期最盛期(1万8000年前)以降におきた地球的規模の温暖化は完新世以降も進み，約7000年前前後の数千年間にヒプシサーマル(高温期)をむかえた。この時期，日本列島の大半は現在よりも温暖で，海面も数m高かったといわれる。700年前以降，気温はわずかながら上下変動をくり返し，海面も小規模な海退・海進がおきて現在に至る。

かんじんちょう [勧進帳] 歌舞伎狂言。3世並木五瓶作，4世杵屋六三郎作曲。1840年(天保11)3月江戸河原崎座初演。兄源頼朝と不和になり都をのがれた義経一行は，奥州へ落ちる途中，安宅の関で関守富樫らに止められる。弁慶は白紙の巻物を東大寺の勧進帳といって読みあげ通行がされるが，あとに従っていた義経をみとがめられる。弁慶が義経を杖で打つのをみた富樫は，心を打たれて一行を通す。7世市川団十郎が歌舞伎十八番の一つとして本曲を初演した。原作は能「安宅」で，能舞台を模した大道具・衣裳をはじめとてとりいれた点でも画期的な曲。9世団十郎が演出を洗練させた。

かんじんのう [勧進能] 勧進猿楽とも。寺社や道路・橋などの造営・修復の費用調達のための能の興行形態。1317年(文保元)法隆寺惣社勧進八講に架裟大夫参勤の記録が，勧進に猿楽が関与した早い例で，39年(暦応2・延元4)には紀伊国幡河寺で勧進猿楽が催されている。1422年(応永29)丹波篠向の矢田による伏見御香宮の楽頭職買戻しのための勧進猿楽のように，勧進の名を借りて座の収益のみを目的とした興行がみられ，室町末期にはそれがふつうとなる。江戸時代には田楽衰退を反映して勧進能と称し，江戸・大坂・京を中心に諸都市で勧進能が盛行し，とくに幕府や藩の後援で一生に1度許される一代能が盛大で有名。

かんじんひじり [勧進聖] 人々を仏道に導き，寺社の造営・修復，造像，土木事業など作善※※に結縁させることを勧める遊行の僧。勧進は勧誘策進のことだが，中世以降は作善を行うための募金行為を意味するようになった。行基※※が起源とされ，鎌倉時代に東大寺を再建した重源は著名。平安末期以降，寺社の再建

●●勧進聖

かんせ

に大いに活躍したが、多くは半僧半俗の姿で一宗一派に偏せず、諸国を遊行しながら募財に努めた。

かんじんほんぞんしょう [観心本尊鈔] 日蓮の著作。「如来滅後五五百歳始観心本尊鈔」の略。1273年(文永10)配流先の佐渡一谷で著された。日蓮宗では人門顕血書「開目鈔」に対し法開顕の書とされ、最重要著作の一つとされる。末法において信仰すべき本門の本尊と本門の題目を説き明かしたものという。日蓮の真筆本が千葉県中山法華経寺に伝わる。国宝。「昭和定本日蓮聖人遺文」「日本思想大系」所収。

がんじんわじょうとうせいえでん [鑑真和上東征絵伝] ⇨東征絵伝

がんすいどう [含翠堂] 老松堂とも。1717年(享保2)摂津国平野郷市町(現、大阪市平野区)に設置された学塾。土橋友直の発議で郷内有力者の協力を得て成立。平野郷近在住民の子弟を対象として、寄付金を基金に利息と家賃収入で経営。飢饉に備えての備蓄基金も設けていた。講師には学派にこだわらず、三輪執斎・伊藤東涯・五井持軒・藤沢東畡・同南岳らが来講。

かんせいいがくのきん [寛政異学の禁] 1790年(寛政2)老中松平定信が林大学頭信敬に対し、家塾での朱子学以外の講学を禁じたもの。古学や折衷学が盛行していたが、幕府は朱子学を正学と定め、寛政の改革の正統イデオロギーとした。異学の禁は幕臣教育と民衆教化を正学によって行うことの明示で、続く学問吟味や素読吟味の実施および昌平坂学問所という林家塾の幕府直轄化など、寛政の改革における一連の教学政策の前提として諸藩に大きな影響を与えた。この背後には柴野栗山と連携した西山拙斎・頼春水・尾藤二洲ら異学の禁政策推進派の動きがある。禁令は異学自体の否定ではなく、思想統制を意図したものでもなかったが、その影響は大きく、諸藩でも古学派・折衷学派の排斥と朱子学の復興があいついだ。

かんぜいじしゅけん [関税自主権] 国家が独自に自国の関税を定める権利。1858年(安政5)の安政五カ国条約で日本の関税は協定関税とされ、相手国の承認なしには改定できないと規定されたため、日本は関税自主権を喪失した。その後改税約書により税率がさらに引き下げられ、財政収入と国内産業保護のうえから関税自主権回復は重要な課題となった。陸奥宗光外相の条約改正時の新通商条約により日本の関税自主権が承認されたが、同時に結ばれた関税協定によりなお多くの品目に協定税率が適用された。小村寿太郎外相の条約改正時にこうした片務的低率協定関税が排され、輸入品の大半が国定税率を適用されることになり、関税自主権の回復をみた。

かんせいのかいかく [寛政の改革] 江戸時代の3大幕政改革の一つ。1787年(天明7)5月の都市打ちこわしにより田沼意次政権が崩壊し、老中松平定信を中心とする政権が誕生。御三家・御三卿をはじめ譜代門閥層が政権を支え、同年から95年(寛政5)までの期間に改革が実施された。改革の主眼は田沼の政治路線を転換し、都市秩序の安定と本百姓体制の再建、幕府財政の立直し、公儀権威の回復におかれた。そのため都市社会政策(物価政策・七分積金・人足寄場設置など)、農村復興策(他国出稼制限令・荒地起返令 幷小児養育手当貸付策など)、財政策(公金貸付策・棄捐令など)、思想・情報統制策(寛政異学の禁・出版統制令・奇特者褒賞)などが実施された。勘定所御用達など一部の江戸特権商業資本の資力や、商業・金融上の手腕に頼りつつ実施された点に特徴がある。また、改革の過程で江戸湾海防、蝦夷地取締りに関する建策も行われ、後年の幕政に大きな影響を与えた。

かんせいのさんはかせ [寛政の三博士] 江戸時代の寛政の改革期、幕府に登用されて聖堂学問所(昌平黌、のち幕府直営化されて昌平坂学問所)の学政や教育の改革にあたった3人の朱子学者。柴野栗山(彦輔)・岡田寒泉(清助)・尾藤二洲(良佐)を当時の人がよんだ名称で、寒泉が1794年(寛政6)代官に転じ、96年古賀精里(弥助)が登用されると、この3人をさすようになった。いずれも通称にスケがつくため、寛政の三助ともいわれた。

かんせいれき [寛政暦] 江戸時代の暦法。1798年(寛政10)から1843年(天保14)まで46年間用いられた。宝暦暦が不備なため、幕府は西洋流の暦法をとりいれて改暦を試みた。天文方に適任者がなく、1795年に大阪で高名な麻田剛立の弟子高橋至時を天文方に登用して、同門の間重富とともに改暦の準備にあたらせた。2人は先任の天文方と協力して、97年に京都と江戸で太陽や月の実測を行い、西洋天文学の中国語訳である「暦象考成後編」により寛政暦を完成した。これは日月の運行について楕円軌道説をとり、また麻田剛立の消長法を採用し暦法数の値を修正している。

かんぜもとまさ [観世元雅] ?〜1432.8.1 室町中期の観世座の能役者・能作者。世阿弥の子で、「申楽談儀」編者の七郎元能とは兄弟。通称十郎、実名元雅。父の出家後、観世大夫となり活躍するが、将軍足利義教は元雅の従兄弟音阿弥元重を重用し、世阿弥父子を圧迫した。元雅は苦境の中で父に先立ち伊勢国の津で客死、30代の早世だった。法名善春。「風姿花伝」などの伝書を元雅に相伝した世阿弥は、追

悼文「夢跡一紙」を著し、「子ながらもたぐひなき達人」「祖父にもこえたる堪能」と評した。若年より世阿弥の薫陶をうけて能作を行い、「隅田川」「弱法師(よろぼし)」「歌占(うたうら)」などに新傾向の作風を樹立。世阿弥晩年の作風に影響をうけつつ、遊舞主体の能をこえようとした。独自の悲劇的色彩が光る。

かんぜりゅう[観世流] (1)能のシテ方の一流儀。流儀名は、大和猿楽四座の一つ、結崎(ゆうさき)座の大夫であった流祖観阿弥清次の幼名観世丸に由来。後継世阿弥元清は数多くの能楽論と能の作品を著すが、嫡子元雅(もとまさ)を生前に亡くし、3世は甥の音阿弥(おんあみ)三郎元重。歴代大夫のなかでは、世阿弥伝書などの写本を多く残す7世元忠(宗節)、光悦流謡体の謡本を残す9世身愛(ただちか)(黒雪)、国学者加藤枝直らとともに謡本の改訂を行い、明和改正本を刊行した15世元章が著名。分家の銕之丞(てつのじょう)家は1752年(宝暦2)元ား の弟清尚から。明治維新に際し、22世清孝が徳川慶喜に従って一時静岡に移っている間に、初世梅若実・5世観世銕之丞紅雪が東京の能楽界に勢力を伸ばし、やがて観梅両家の不和をもたらし1921年(大正10)梅若流が分離したが、54年(昭和29)復帰した。(2)小鼓方(こつづみかた)観世流。新九郎流ともいう。信光(音阿弥の子)の孫、観世九郎豊次が初世。流祖は鼓の名手宮増弥左衛門親賢という。観世座付。(3)大鼓方(おおつづみかた)観世流。小鼓方観世流の6世新九郎豊重の四男を流祖とする。観世座付であったが、1694年(元禄7)から宝生座付。(4)太鼓方観世流。左吉流ともいう。音阿弥の子四郎吉国を流祖とする。4世社我(しが)与左衛門国広は太鼓伝書を記したことで著名。

かんせん[官銭] 公文銭(くもんせん)とも。室町時代、五山(ござん)・十刹(じっさつ)・諸山の官寺禅院の住持職は、幕府から公帖(こうじょう)という辞令を受けて任命されており、その際、公帖の受領者が幕府に納入する礼銭を官銭と称した。幕府の重要な財源となり、幕府はその増収のため、実際には入寺しない坐公文(ざくもん)にまで公帖を発給した。

かんせんじ[官宣旨] 弁官下文(べんかんくだしぶみ)とも。太政官の上卿(しょうけい)の宣(命令)をうけて弁官が発給する文書。「左(右)弁官下」で書き出してその下に充所を記し、本文の後の日付の下に史、奥に弁官(1人)が位署する様式。通常の事項は左弁官、凶事は右弁官の下文を用いた。捺印など複雑な手続きのいる太政官符・牒にかわり、9世紀半ばから出現するが、11世紀半ば以降、弁官の事務処理機能の強化で官宣旨の数と重要性が増した。

かんそう[官奏] 太政官が天皇に奏聞して勅裁を請うこと。太政官奏。令制では大納言が奏上する論奏(公卿らが発議)・奏事(諸司が発議し

て公卿が審議)や、少納言の便奏(尋常奏)をいうが、平安期では一般に、結政(かたなし)から南所(みなみのところ)・陣座(じんのざ)での弁官申政(南所申文(なんしょもうしぶみ)・陣申文)へと上申されてきた諸司・諸国の上申文書を、大臣が奏上し最終的な勅許をうける儀式をさす。その儀は、(1)陣座での覧文の儀(文書の確認)、(2)清涼殿(または紫宸殿)での大臣(または大中納言)による奏上(結申(むすびもうし))、(3)裁許をうけた大臣が陣座にもどり、史に伝宣(奏報)する、の3義からなる。

かんだあおものいちば[神田青物市場] 江戸神田多町(たちょう)2丁目・連雀町(れんじゃくちょう)など町界隈(現、千代田区神田多町ほか)にあった青果市場。起源については諸説あるが、水陸交通の便から17世紀中頃には隆盛を迎えたという。市場の有力問屋は幕府への青果上納人に指定され、市場近くの青物役所管轄の下、幕末期は50軒の問屋が110種にも及ぶ上納品の大半を請け負った。明治期以降も青物市場は存続したが、1928年(昭和3)秋葉原駅の北側に移転、89年(平成元)大田市場に統合された。

かんだかせい[貫高制] 中世後期、武士の所領に課した軍役などの役の基準を貫高(銭高)で表示した制度。起源は不明だが、13世紀後半、北条氏の所領に貫高表示の所領が出現した。建武政権のもとで地頭の所職の所出を貫高で把握し、その20分の1の税を徴収することが定められた。さらに室町幕府は、地頭の所領高を貫高で把握し、その50分の1を地頭・御家人役として課した。この所領高としての貫高は、その所領からの年貢・公事(くじ)・夫役(ぶやく)などの得分を銭で換算したもので、銭納にもとづく年貢高ではない。戦国大名は、この軍役高としての貫高制を採用するとともに、検地などにより郷村の年貢高を貫高で把握し、軍役高と年貢高の両者を統一した貫高制を確立しようとするが、後北条氏を除き体制としては完成しなかった。太閤検地により、この郷村高と知行役高を統一し、米で換算した役の基準体制として完成したのが石高(こくだか)制である。

かんだじょうすい[神田上水] 近世初期に開削された江戸の上水道。井之頭(いのかしら)池を水源に、善福寺川・妙正寺川などをあわせて東流し、駿河台・小川町一帯に開渠(かいきょ)で給水、さらに神田川を万年樋で渡し、暗渠(あんきょ)で郭内や江戸城東部にも給水した。1590年(天正18)大久保藤五郎忠行が徳川家康の関東入国に先立ち開いたとされるが、慶長年間説、寛永年間説、1653年(承応2)説などもあり確定していない。開削した人物も大久保以外に、武蔵国の百姓内田六次郎があげられている。内田家は代々水元役として神田上水の経営にあたり、1732年(享保17)から同家が水銀という水道料を徴収したが、70

かんだじんじゃ [神田神社]
神田明神とも。東京都千代田区外神田に鎮座。旧府社。祭神は大己貴命・少彦名命。社伝では730年(天平2)武蔵国豊島郡芝崎村に創祀という。1603年(慶長8)頃に神田橋御門内から駿河台に移され、16年(元和2)現在地に遷座。武州総社として日枝神社とならぶ徳川家の厚い庇護をうけた。例祭は5月中旬の神田祭。日枝神社の山王祭とともに江戸二大祭とされた。

かんだたかひら [神田孝平]
1830.9.15～98.7.5 幕末～明治期の啓蒙思想家・官僚。美濃国生れ。名は孟恪。当初儒学を学んだが、ペリー来航を機に蘭学に転じ、1862年(文久2)蕃書調所教授出役、68年(明治元)開成所頭取となり、その後は新政府に出仕、明六社同人にも名を連ねた。明治初年に「税法改革ノ儀」「田和改革建議」を提出し、地租改正に大きな影響を与えた。兵庫県令・元老院議官・貴族院議員などを歴任。

かんだまつり [神田祭]
東京都千代田区にある神田神社の祭。山王祭とともに、徳川将軍が上覧したことから天下祭・御用祭ともいう。もとは9月15日に行われたが、現在は5月15日。1681年(天和元)氏子の負担を名目で幕府が介入し、山王祭と隔年で行われるようになった。祭を行わない年を、本祭に対して陰祭ともいう。祭では、社家が馬に乗って2基の神輿とともに行列の中心となり、各町からでた36基の山車と、雇とよばれる歌舞の列とともに巡幸した。幕末には将軍の上覧がなくなり、盛時ほどではないが現在でも東京有数の祭。

かんでん [官田]
宮内省管轄の天皇に供するための食料田。大和・摂津両国に各30町、河内・山城両国に各20町あり、2町ごとに牛1頭がおかれ、中中以上の戸に飼育させた(戸の雑徭は免除)。耕作には雑徭をあて、宮内省管轄諸司の伴部・使部から選ばれた田司が管理した。768年(神護景雲2)に宮内省直轄の省営田と国司管轄の国営田にわけられたが、以後の変遷は不明。なお大宝令では令前の遺制から屯田とよばれた。また元慶官田を略称して官田とよぶ場合もある。

かんでん [乾田]
排水が良好で、用水を止めたときにすぐに田面が乾燥して畑地になりうる水田。または稲の収穫後のよく乾いた田地。通常は湿田との対比で使われる。乾田は土壌中の有害物の除去、地温の上昇、二毛作の拡大、田畑輪換を可能にするなど土地生産性の上昇をもたらす。明治期以降には湿田の乾田化事業が積極的に行われ、なかでも畜力を利用した乾田馬耕が日本の稲作上の画期となった。

かんとう [官稲]
律令制下、諸国の正倉に収納して、主として国衙の諸経費にあてた稲。田租として徴収された稲と、出挙の利稲とを一括して運用し、田租に相当する量を蓄積して不動穀とし、残りは穎稲のまま出挙の本稲とした。官稲の起源は、孝徳朝に評制が施行された際、ミヤケの稲と旧国造領の稲を統合・一元化したものにあると考えられる。734年(天平6)の官稲混合、745年の公廨稲の設置により、正税・公廨稲・雑官稲の3本立ての制度が成立し、以後徐々に文字どおり国家の稲として中央の用途に消費できるようになった。弘仁主税式や延喜主税式に定数の規定がある。

かんどう [勘当]
「かんとう」とも。(1)勘気をこうむること。勘事ともいう。律令の用語では罪を勘えて刑をあてることを意味していたが、平安時代以降は、転じて勘気をこうむることを意味するようになった。とくに天皇の勘気をこうむることを勅勘とよぶ。(2)中世になると主君の勘気をこうむることのほか、親が子を絶縁する場合にも用いられるようになった。後者の意味では不孝・義絶の語も使われた。近世では親がこらしめのために子を絶縁して家から追い出す行為を意味して、出奔した子に対する親の絶縁(久離)とは一応区別された。ただし、追出久離とも称する。勘当は、親が口頭または文書で申し渡すだけ(内証勘当)の場合もあったが、法的効力をもつには、幕臣は大目付、その他の武士は主君、幕領の名主・百姓は町奉行所・代官所、町民は領主に願い出、それより幕府の三奉行に届け出て、江戸町奉行所の言上帳に登録のうえ、その謄本である書替を受理する必要があった。

かんとうい [貫頭衣]
弥生時代の婦人の服装。「魏志倭人伝」に「衣を作ること単被の如く、其の中央を穿ち、頭を貫きて之を衣る」とあるように、単被(単と夜具)のような布類の中央に孔をあけて頭を貫いて着る簡略な衣服。裂袋衣裳と同様に近代になってからの命名で、当時の呼称ではない。なお後代の武官の礼服である裲襠も貫頭衣の形式をとるが、中国から伝来したもので両者間に関連はない。

かんとうかんれい [関東管領]
当初は関東執事とも。室町幕府が鎌倉公方を補佐するために任じた職。1336年(建武3・延元元)足利尊氏は斯波家長を、関東統治のために鎌倉にとどめた嫡子義詮の補佐役とした。翌年末に北畠顕家軍との戦で家長が敗死すると、尊氏は高師冬・上杉憲顕の2人を後任として派遣。49年(貞和5・正平4)尊氏は義詮にかわり義詮の弟基氏を鎌倉公方として関東に下し、一時高重茂と師冬が交代したが、補

佐役の二員制は51年(観応2・正平6)まで続いた。これは尊氏と弟直義による二頭政治の反映である。観応の擾乱後、尊氏は尊氏派の畠山国清を基氏の補佐役に任じたが、国清没落後の63年(貞治2・正平18)基氏は隠遁していた旧直義派の憲顕を再び関東管領に迎えた。憲顕の就任によって管領の職名が確立し、以来山内やまのうち・犬懸いぬかけ両上杉氏が世襲。上杉(犬懸)禅秀の乱以後は山内上杉氏が独占。任命権は幕府が保持し、関東の政務を統轄して分国のほか武蔵国守護職を兼任するなど鎌倉府内で大きな実力をもち、しだいに鎌倉公方と対立。永享の乱では幕府側について公方足利持氏を自害させ、その後も持氏の子成氏しげうじと抗争を続けたが、上杉氏内部の対立抗争や後北条氏の台頭で勢力を失った。越後にのがれた上杉憲政は1561年(永禄4)管領職を長尾景虎(上杉謙信)に譲るが、78年(天正6)謙信の死で同職は消滅。

かんとうぐん [関東軍] 1919年(大正8)4月12日、関東都督府陸軍部隊をひきつぎ、関東州の防備と南満州鉄道の沿線保護に任ずるため設立された日本軍部隊。司令部は旅順におかれ、のち奉天(瀋陽)・新京(長春)と移り、「満州国」建国後は満州全土の軍事力の中核となった。満州事変までは基本的に、満鉄警護のための独立守備隊(6大隊)と、内地から交替で派遣される1個師団からなっていた。急速に力をつけてきたソ連極東軍と中国のナショナリズムに対して、軍事力で対抗しようとした参謀たちに率いられ、20年代後半から大陸政策の推進基地となった。41年(昭和16)の関東軍特種演習発動時(兵力約70万、飛行機約600機)から1年ほどは戦力もピークにあった。その後戦力は次々に南方に転用され、45年8月9日のソ連軍参戦にあたって敗北し、8月15日に解体した。

かんとうぐんだい [関東郡代] 江戸幕府の職名。関東の幕領支配のほか、水系の整備・治水灌漑・検地など広域行政にあたった。1590年(天正18)徳川家康の関東入部の際、伊奈忠次が任命され、以後伊奈氏の世襲となる。当初は代官頭とよばれ約100万石を支配したが、元禄期に関東郡代が正式名称となり、享保期以降は関東において25万石前後を支配した。役宅は江戸の馬喰ばくろ町。1792年(寛政4)伊奈忠尊ただたかが罷免され、同職は勘定奉行の兼職となった。その後1806年(文化3)に一時廃止、64年(元治元)に再設された。67年(慶応3)関東在方掛と改称。

かんとうぐんとくしゅえんしゅう [関東軍特種演習] 関東軍特別演習・関特演とも。日本軍の対ソ作戦準備行動。1941年(昭和16)6月22日の独ソ戦勃発に際して、軍部のなかにはドイツとともにソ連を挟撃する構想がうまれ、7月2日の御前会議で、ただちにはソ連に侵攻しないが準備は行い、独ソ戦が有利に進展すれば対ソ武力行使を行うと決定。7月7日に動員令が下されたが、中立条約締結国であるソ連への配慮から、演習という名のもとに召集などにも特別な注意がはらわれた。関東軍の兵力は倍増して約70万人、馬約14万頭、飛行機約600機を数えた。

かんとうごくにゅうち [関東御口入地] 鎌倉時代、幕府から本所への申入れによって、御家人が地頭職・荘官職に任命された所領。幕府は1243年(寛元元)8月付の法令で、御家人が罪科のため本所に解任された場合、別の御家人の任命を本所に申し入れることを定めている。幕府の仲介で地頭請所となった土地のこともいう。

かんとうごぶんこく [関東御分国] 鎌倉幕府の首長である鎌倉殿(将軍)に与えられた知行国。1184年(元暦元)に三河・駿河・武蔵3カ国が源頼朝に与えられたのに始まる。85年(文治元)末には相模・武蔵・伊豆・駿河・上総・下総・信濃・越後・豊後の9カ国が頼朝の知行国となった。その後やや減少し、幕末までほぼ4ないし6カ国であった。文治期以後幕末まで関東御分国だったのは、駿河・相模・武蔵・越後の4カ国(越後は一時期離れる)である。初期の名国司みょうこくしは源氏一族に限られたが、のち有力御家人にも及び、やがて北条氏一族に独占される。なお幕府が特殊な支配力を及ぼしていた東国諸国を関東御分の国々とよぶこともあった。

かんとうごりょう [関東御領] 鎌倉殿御領とも。鎌倉幕府の首長である鎌倉殿(将軍)が、本所として支配した荘園。幕府の直轄地で、御家人に課す関東御公事くじとともに幕府の主要な財源であった。多くは平氏一族や承久の乱での京方貴族がもっていた本家・領家の職を継承したもの。そのほかの平家没官領へいけもっかんりょうや承久没収地についても、継承した権限が拡張され関東御領となったものが少なくない。その全貌は不明だが、現在200カ所近くが知られる。支配は政所まんどころが統轄し、預所あずかりどころと地頭(同一人が兼帯することもある)が現地の管理にあたった。鎌倉後期には、北条氏の得宗領化していく。

かんとうさいきょじょう [関東裁許状] 鎌倉幕府から出された裁判の判決内容を記した文書。関東下知状げちじょうの形式をとる。執権と連署が将軍の意志を承って出すという形式になる。原告と被告双方の主張を記したのち、幕府の判断を記す。鎌倉末期になると、判決までの過程を詳細に記述した長大なものがふえる。

かんとうじけん [間島事件] ⇨琿春事件こんしゅんじけん

かんとうしゅう [関東州] 遼東半島における日本の租借地。1905年(明治38)の日露講和条約

（ポーツマス条約）によりロシアの遼東半島南部の租借権を継承，満州に関する日清条約で清国にこれを承認させ，15年（大正4）対華二十一カ条の要求で租借期限を99年間に延長した。当初は関東総督府をおいたが，1906年旅順に関東都督府を設け，都督は陸軍大将か中将とされた。19年には関東庁と関東軍が分離，関東長官が行政を担当した。その後関東軍の支配力が強化され，34年（昭和9）には関東局が設置されて関東軍司令官である駐満大使が長官を兼ね，その管下に関東州庁がおかれた。第2次大戦の敗戦により一時ソ連に占領されたが，のちに中華人民共和国に返還された。

かんとうしんししょりょう [関東進止所領]
鎌倉時代，関東御領以外で幕府が御家人を地頭職や荘官職に任じた所領。狭義の関東御成敗地にあたる。源頼朝は挙兵以後，敵対した武士の所領を没収，そこに地頭を配置した。1185年（文治元）末には「諸国荘園に平均に」地頭職をおくことを朝廷に認めさせたが，朝廷側の反撃にあって，翌年には地頭の任命は謀反人の没収地に限ることになった。89年の奥州合戦や1221年（承久3）の承久の乱後には，大量の没収地に地頭が任じられた。殺害・強盗など犯罪人の没収地や，重大犯罪発生のおそれのある地域にも地頭をおいた。地頭職のほか，下司職・公文職・名主職がおかれる場合もあった。

かんとうしんせいじょうじょう [関東新制条々] ⇨弘長新制条々

かんとうそうとくふ [関東総督府] 1905年（明治38）から06年8月までの1年間，関東州・南満州鉄道付属地の行政機関。05年9月関東総督府勤務令が制定され，11月業務を開始。軍事命令による軍事機関で遼陽におかれた。長官である関東総督は天皇に直属し，軍隊などの諸機関を統制，関東州の守備，民政監督などを任務とした。中国官吏との対立が避けられず，06年平時命令の機関である関東都督府に改められた。

かんとうだいしんさい [関東大震災] 1923年（大正12）9月1日午前11時58分，関東地方南部を襲った相模湾北西部を震源地とするマグニチュード7.9の大地震。死者9万9331人，行方不明者4万3476人，負傷者10万3733人，全被災者は約340万人。小田原・根府川方面の地震は激烈で，東京・横浜では地震による火災が加わり大きな被害を出した。戒厳令が2日東京市に，翌3日には東京府・神奈川県に施行された。1日夕刻から「朝鮮人投毒・放火」などの流言が広まり，自警団・軍隊・警察などによって数千人の朝鮮人が殺され，また亀戸事件・甘粕事件・王希天事件などがおこった。震災後の帝都復興事業は，後藤新平内相らを中心に計画的に進められた。丸の内のオフィス街と山の手の郊外住宅地域などが急速に発達し，東京・横浜などの都市計画作成の契機となった。

かんとうちょう [関東庁] 関東州租借地を管轄した日本の統治機関。1919年（大正8）従来の関東都督府にかわり勅命により設置。長官は親任の文官を原則とし，満鉄業務の監督，満鉄付属地における警察権も掌握した。当初諸般の政務については内閣総理大臣，渉外事項については外務大臣の監督をうけたが，29年（昭和4）の拓務省設置にともない拓務大臣が統理した。32年日本が満州国を承認すると，駐満大使が関東長官を兼任し，34年在満州国大使館の一部局として関東局が設置されると，関東庁は廃止された。

かんとうととくふ [関東都督府] 1906年（明治39）8月から19年（大正8）4月までおかれた関東州・南満州鉄道付属地の行政機関。関東総督府にかわる平時命令の行政機関として，06年8月1日公布の関東都督府官制により9月1日に設置。長官の関東都督は陸軍大将か中将から任命され，部下軍隊の統率，外務大臣監督下の政務整理，特別委任による清国地方官憲との交渉管轄，関東都督府令の発布などの権限があった。都督府は旅順におかれ関東州の管轄，南満州鉄道線路の保護・取締り，同会社の業務監督にあたった。初代都督は陸軍大将大島義昌。数次の官制改正をへて，19年関東庁官制が実施され，陸軍部は関東軍司令部，民政部は関東庁となった。

かんとうとりしまりしゅつやく [関東取締出役] 八州廻とも。江戸幕府の職名。江戸中期以降の関東農村の動揺による治安悪化への対応として，農村支配を強化するため1805年（文化2）創設。関東代官の手付・手代から8人が選任され，勘定奉行の支配のもとに関東の幕領・私領の違いをこえて警察活動や農間余業調査などを行った。27年（文政10）取締りの効果をあげるために，関東一円で40～50カ村を単位に取締組合（御改革組合）を結成。60年（万延元）には横浜警備のために保土ケ谷宿に出役が常駐，江戸四宿にも定詰がおかれ，64年（元治元）には総員20人に及んだ。

かんとうみぎょうしょ [関東御教書] 鎌倉殿御教書とも。鎌倉幕府から出され，命令や伝達などの用途に使用された奉書形式の文書。執権と連署が将軍の意思を承って出す形式をとる。ふつう「仰せに依り執達件の如し」という文で終わる。裁判において被告の弁明を求める問状や，原告や被告に出頭を求める召文などにも使用された。下文や下知状と異なり，後日の証拠となるものではなく，幕府の意思が伝達されれば機能を終える性格の文書である。

かんとうもうしつぎ [関東申次] 鎌倉時代の公武交渉で朝廷側の窓口となった役職。後鳥羽院政期に設置され、坊門信清・西園寺公経きん・九条道家らが任じられた。1246年(寛元4)の宮騒動で前関白九条道家、前将軍藤原(九条)頼経父子が失脚したのちは、西園寺氏が世襲。鎌倉後期には皇位継承以下の主要な朝政はすべて幕府の意をうけて行われたため、幕府との唯一の窓口となった西園寺氏の権勢は絶大であった。

かんとうロームそう [関東ローム層] 関東地方とその周辺域の更新世中期〜後期に形成された段丘や丘陵をおおう風成堆積物の総称。通常、スコリアや軽石とよばれる火山の噴火がもたらした粗い粒子からなる層と、黒色または褐色をおびた細粒の堆積物からなる。また、遠方火山の噴火堆積物や周辺域の裸地からの砂ぼこりなどが、長期にわたり徐々に堆積したものである。黒色の場合には黒ボク、褐色の場合には褐色風化火山灰土またはロームなどとよばれ、その境界は1万年前後であることが多い。両者は過去の地表面の重なったものであることから、考古遺物が出土することもある。

かんとくえん [関特演] ⇒関東軍特種演習とくしゅ えんしゅう

かんとくのしょうえんせいり [寛徳の荘園整理] 平安中期の1045年(寛徳2)10月21日、太政官符により全国に発布された荘園整理令。諸国一律に前任国司の任期中以後にたてられた荘園の停止を命じた。この法令は以後の荘園整理の出発点とされ、つづく天喜・延久・承保・承暦・康和の各整理令は、いずれも寛徳2年を基準とし、以後の新立荘園停止を掲げている。

かんなびのたねまつ [神奈備種松] 「宇津保物語」吹上巻に登場する長者。紀伊国牟婁も 郡に住み、「限なき宝の王たね」で国の掾じょうの官をもち、吹上巻の主人公源涼すずしの外祖父という設定。1万〜2万町の田をもち、20万〜30万疋の綾・秘錦ひきんをも収取でき、家は20町もの営田に囲まれる。築地をめぐらした8町四方の屋敷内には160もの倉や政所・御廐・牛屋・大炊殿おおい・酒殿・作物所つくも・鋳物師所いもじ・鍛冶屋・織物所・染殿・神殿などが建ち並び、多くの使用人が働くという富豪ぶりが描かれる。

かんなめさい [神嘗祭] 「しんじょうさい」とも。その年に収穫された新穀を伊勢神宮の内宮・外宮に供える祭儀。6月と12月に行われる月次つきなみ祭とともに三節さん祭・三度祭として、年中の祭のなかで最大・最重の厳儀とされ、皇室では勅使(例幣使)を9月11日に発遣、17日に宮中で天皇が衣服を改めて遥拝式を行い、賢所かしこに での親祭の儀がある。現在は10月に行われる。伊勢神宮では、外宮で15日午後10時に由貴夕の大御饌、翌日午前2時に由貴朝の大御饌、正午に奉幣、午後6時に御神楽が行われる。内宮では外宮と1日違いで行われ、16日夜に由貴夕の大御饌、17日に由貴朝の大御饌・奉幣・御神楽が行われる。別宮・摂社でも奉幣などの行事がある。

かんぬひ [官奴婢] 公奴婢くぬひ とも。律令制下の官有賤民の一種。大化前代以来の皇室の譜代(第)隷属民の系譜を引く者と、犯罪により官奴婢にされた者(没官奴婢)がある。前者は66歳になるか癈疾になれば良民とされ、後者は76歳(反逆縁坐の場合は80歳)で解放された。なお、没官奴婢のうち戸をなした者は官戸とされた。ともに官奴司のもと朝廷で使役されたが、良民と同様に口分田くぶんを班給されたほか、衣服・食料なども支給された。

かんのうのじょうらん [観応の擾乱] 足利尊氏・直義ただ兄弟の対立によりおこった室町幕府の分裂とそれに連動する全国的内乱。初期室町幕府は、恩賞給与・守護職任免などの主従的支配権を将軍尊氏が握り、所領裁判権・安堵権を中核とする統治権的支配権を弟直義が掌握する体制をとっており、必然的にそれぞれを中心とする党派が形成された。尊氏の権限を代行したのは執事の高師直こうので、まず師直と直義との抗争が表面化した。1349年(貞和5・正平4)師直が尊氏に迫り直義を引退させると、直義の養子直冬ただふゆが西国で挙兵。翌50年(観応元・正平5)には直義党の上杉重顕しげあき・能憲よしのり父子が関東で、直義自身も南朝に帰順して河内で挙兵した。51年2月、直義党は師直以下の高一族を摂津国武庫川むこで殺害し、尊氏と一時和睦して幕府の実権は直義が握った。しかし直義が寺社本所擁護の政策をくり返した結果、離反する武将が相次ぎ、同7月直義は政務を辞して引退。8月、尊氏・義詮よしあきら父子が東西から直義を挟撃しようとして出京すると、直義は京都を脱出、勢力圏である北陸路をへて鎌倉をめざした。今度は尊氏が南朝に降り、直義討伐を正当化して、11月東海道を東下、52年(文和元・正平7)1月直義軍を破って鎌倉に入り、2月26日直義を殺害。直義の死で幕府の二元的権力はしだいに統一にむかうが、直冬をはじめ直義党武将の反抗はなお続けられ、南朝方の延命につながった。

かんのスガ [管野スガ] 1881.6.7〜1911.1.25 明治期の初期社会主義者。大阪府出身(「寒村自伝」による)。東京で結婚するがまもなく離婚、大阪で記者となり社会主義に接する。平民社に参加し、1906年(明治39)堺利彦の紹介で牟婁む ろ 新報社に入社。荒畑寒村と知り合い、結婚。2人は赤旗事件で起訴されるが、荒畑のみ有罪服

役。幸徳秋水の思想に共鳴して同棲し,「自由思想」の発行に協力。宮下太吉が幸徳を訪問し,天皇暗殺計画(大逆事件)をのべた際に同意したことから,大逆罪で処刑された。

かんのわのなのこくおうのいん[漢委奴国王印] 1784年(天明4)筑前国那珂郡志賀島しかのの島で,農作業中の百姓甚兵衛が,水田近くの溝の中から発見し,黒田藩に献上した金印。形状は一辺23.5mmの方形,高さ22.4mmで,印の上部に蛇鈕だちゅうがあり,「漢委奴国王」の陰刻がある。「後漢書」東夷伝倭人条に,57年,倭わの奴国が使者を派遣して朝貢し,後漢の光武帝が印綬を与えたとあるが,一般にこの金印がそのときのものと考えられている。古来,偽作説も多いが,一辺の23.5mmは後漢の時代の1寸と正確に一致し,金の含有量も95%で,当時のものとして疑問はない。福岡市博物館蔵。国宝。

かんのんこう[観音講] 観世音菩薩の徳を称賛し,その利益りやくを仰ぎ,観音の補陀落ふだらく浄土への往生を願うことなどを媒介にして構成された講。聖観音や千手観音など対象となる観音によってそのきまりを異にする。「義経記」に土地の名主・百姓が100余人集まっての金仙寺の観音講がみえ,弁慶が観音講式を読みあげたとある。解脱房貞慶じょうけいに「観音講式」がある。

かんのんじじょう[観音寺城] 滋賀県安土町にあった中世の山城。近江国守護佐々木(六角)氏の居城。応仁・文明の乱の際,六角氏はしばしば観音寺城に籠城し,1487年(長享元)と91年(延徳3)には室町幕府の討伐をうけ落城。その結果,永禄期(1558~70)に大規模な整備が行われ,最も早い時期の総石垣の城と判明。しかし屋敷の集合体にとどまり,求心的な構成を造りだせなかった。1568年(永禄11)上洛をめざす織田信長に攻められ落城し,廃城。国史跡。

かんのんしんこう[観音信仰] 観世音菩薩に対する信仰。観音の慈悲の功徳は,「法華経」「華厳経」などの経典にのべられているが,信仰の様相は多岐にわたる。招福攘災・観音info護けご・死者追善などの現世利益の側面では観音の住む補陀落ふだらく浄土が信じられ,阿弥陀の極楽浄土の主尊や脇侍きょうじとしても信仰された。多彩な救済の姿は,六観音・七観音・三十三観音などの変化身へんげしんをうみ,西国三十三所観音や坂東三十三所観音・百番巡礼などの霊場を成立させた。

かんぱく[関白] 天皇の大政総理の権を補佐する職掌・地位。唐名は博陸はくりく・秉柄へいへいなど。9世紀後半の藤原基経もとつねが朱雀すざく天皇の元服を機に摂政を辞し関白とされて以降,幼帝に摂政,成人帝に関白をおくことが例となる。その地位は藤原北家,なかでも御堂みどう流,さらには五摂家に固定し(例外は豊臣秀吉とその養子秀次のみ),1867年(慶応3)12月の摂関・内覧廃止まで続いた。補任は詔勅によるのを原則とし,それを発した天皇一代限りの任であった。職掌の中核は,奏聞・宣下に先だって政務関係文書に目を通すこと(内覧)であるが,おのずから天皇の最終的な諮問相手としても機能した。

かんばらありあけ[蒲原有明] 1875.3.15~1952.2.3 明治期の詩人。東京都出身。本名隼雄はやお。幼時の家庭事情から孤独にすごし,小学生の頃から新体詩に親しむ。訳詩集「於母影おもかげ」や北村透谷とうこくの詩に感動し,島崎藤村の「若菜集」に影響をうけて,1902年(明治35)第1詩集「草わかば」を刊行。浪漫的な詩風だったが,のち「鳥集」で薄田泣菫きゅうきんと並ぶ日本の象徴詩の泰斗となり,観念の象徴的表現に特色を発揮した。随筆集「飛雲抄」,自伝「夢は呼び交す」。

がんばん[岩版] 入組いりぐみ文・渦巻文などを線刻した板状の石製品。人面を表した文様をもつものもある。青森・岩手両県を流れる馬淵まべち川流域で縄文晩期初頭に出現し,関東地方まで分布が及ぶが,のちに土版どばんにとってかわられる。土版と同じように護符的な性格をもつと考えられている。

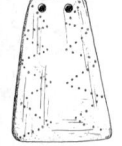

●●:岩版

かんぱんバタビヤしんぶん[官板バタビヤ新聞] 江戸幕府が海外情報を公開するため,1862年(文久2)蕃書調所の翻訳で刊行した邦字紙。木活字版。万屋兵四郎方から発売。もとになったのは週2回バタビアで発行されたオランダ領東印度総督府の機関紙「ヤパッシェ・クーラント(Javasche Courant)」。61年8~11月分を23巻本として刊行。半紙二つ折で冊子形態,欧米の政治情勢などを掲載。「官板海外新聞」は「官板バタビヤ新聞」を継続したもので,62年1月分を洋書調所(蕃書調所が改称)が翻訳。「官板海外新聞別集」3冊は,1冊がオランダの新聞から遣欧使節の動向を訳載した「日本使節巡行紀事」,上下巻2冊がニューヨークの新聞から南北戦争の状況を訳載したもの。

かんぴょうき[間氷期] 現在と同じような温暖な気候に支配された二つの氷期の間の時期。最新の氷期に続く現在(地質時代区分の完新世。後氷期ともよばれる)は典型的な間氷期である。氷期に北ヨーロッパや北アメリカに発達した氷床は,気候の温暖化とともに縮小,消滅した。これに対応して,海水面が上昇し,海岸地域では海進が生じた。最終間氷期の海水面高度は現在より5~6m高かった。このような氷期・間

氷期のサイクルは、最近70万年間に8回認められる。

かんぴょうのごゆいかい [寛平御遺誡] 897年（寛平9）宇多天皇が譲位に際して、13歳の醍醐天皇に与えた訓戒書。天皇としての日常の振舞いや学問、公事儀式や任官叙位などの政務上の注意事項から、藤原時平・菅原道真ら諸臣の人物論に及ぶ。「聖明の遺訓、鑒誡<ruby>鑒誡<rt>かんかい</rt></ruby>と為すに足れり」（「花園天皇宸記」）と評価され、長く帝王必読の書として重んじられた。「源氏物語」「禁秘抄」などの諸書に引用され、「大槐秘抄」「花園天皇誠太子書」など多くの訓戒書の先例となった。完本としては現存しない。「群書類従」「日本思想大系」所収。

かんぴょうのち [寛平の治] 宇多天皇時代の887〜897年（仁和3〜寛平9）の政治をさす。とくに891年1月の関白藤原基経死後の政治に限定するのが一般的。宇多天皇は文人の菅原道真<ruby>菅原道真<rt>すがわらのみちざね</rt></ruby>を蔵人頭<ruby>蔵人頭<rt>くろうどのとう</rt></ruby>に迎え、能吏の聞え高い南家の藤原保則<ruby>保則<rt>やすのり</rt></ruby>を左大弁に任じるなど、北家藤原氏を意識した親政を始め、律令政治の復興をはかるとともに、蔵人所による宮廷運営、年中行事の整備などを行った。この路線は醍醐天皇にうけつがれ、いわゆる延喜の治がうまれる。

かんぶつえ [灌仏会] 仏生会・誕生会とも。最近は花祭とよぶ。陰暦4月8日に釈迦誕生を祝って釈迦像を洗浴する法会。「普曜経」に、菩薩が生まれてすぐ7歩あるき偈<ruby>偈<rt>げ</rt></ruby>を説いたとき、帝釈天<ruby>帝釈天<rt>たいしゃくてん</rt></ruby>が香水で菩薩を洗浴したことなどが記されている。日本では606年（推古14）以降諸寺で行われ、840年（承和7）から宮中でも毎年この日に修した。江戸時代以降は香水ではなく甘茶をかけるようになった。

かんぶんいんち [寛文印知] 江戸時代、4代将軍徳川家綱のとき、幕府が全国の諸大名・公家・寺社に対して領知承認をいっせいに行ったこと。将軍の代替りにともなう領知判物・朱印状の発給は、従来は個々になされていたが、1664年（寛文4）全国の諸大名に対して一斉に発給された。対象となったのは、御三家などの徳川一門と一部の大名家をのぞく全大名で、ほかにすべての公家と由緒ある寺社に対しても翌年に発給。総数はほぼ大名とあわせて1830点にのぼった。この時の書式や手続きはその後も踏襲され、領知判物・朱印状の形式が整えられた。このおりの発給文書は「寛文朱印留」「寛文印知集」などに所収。

かんぺいしゃ [官幣社] 神社の社格の一つ。古代律令制下では神祇官の管する官社は、神祇官から例幣をうけたが、798年（延暦17）僻遠の地にある官社には神祇官にかわって国司が奉幣することが定められ、官幣・国幣の別が生じた。官幣社には大社と小社があり、「延喜式」には3132座の官社のうち官幣大社304座、小社433座が記され、宮中・京・畿内の神社はすべて官幣であり、畿外の神社は40座にすぎない。また官幣と国幣では幣帛の品目・数量にちがいがある。1871年（明治4）国家神道のもとで改めて官国幣社の制が定められ、歴代の天皇・皇族を祭る神社と皇室の崇敬の厚い神社が官幣社に指定されて、大・中・小3等級にわけられた。72年には別格官幣社が設けられ、国家のためとくに功労のあった人臣を祭る神社がこれに指定された。1946年（昭和21）廃止。

カンボジア インドシナ半島南部の国。漢字表記は柬埔寨。9〜13世紀にアンコールを首都とする王朝、真臘<ruby>真臘<rt>しんろう</rt></ruby>国が栄え、アンコール・ワット寺院が築かれた。15世紀には衰退。16世紀にはプノンペンなどに日本町が建設された。1863年フランスの保護国となったが王制は形式的に維持された。1941年日本軍が南部仏印に進駐、45年日本軍の支持でシアヌーク王がカンボジア独立を宣言したが、日本の敗戦で消滅。53年完全独立してカンボジア王国が成立した。70年親米派のロン・ノル将軍が王制を倒しクメール共和国を樹立。しかし、左派・右派の武力対立に加え、ベトナム戦争後のベトナム軍の侵入もあって、長い内戦を展開した。91年国連の仲介で和平協定が成立。4派で構成するカンボジア最高国民評議会（SNC）が発足、13年間の内戦が終結した。93年国連監視下で総選挙を実施、新憲法を採択し、立憲君主制のカンボジア王国が成立。国王はシアヌーク。日本との関係は、51年（昭和26）9月、対日講和条約に署名。54年対日賠償請求権放棄に対応して、57年日本は15億円相当の無償経済・技術協力を表明。92年から国連カンボジア暫定行政機構（UNTAC）代表として明石康が活動。国連平和維持活動に自衛隊が参加した。首都プノンペン。

かんむてんのう [桓武天皇] 737〜806.3.17 在位781.4.3〜806.3.17 日本根子皇統弥照<ruby>弥照<rt>やまとねこすめらみよいやてらす</rt></ruby>天皇と称する。光仁天皇の子。母は和乙継<ruby>和乙継<rt>やまとのおとつぐ</rt></ruby>の女高野新笠<ruby>新笠<rt>にいがさ</rt></ruby>。山部王と称し、光仁即位ののち親王号を与えられた。772年（宝亀3）異母弟の皇太子他戸<ruby>他戸<rt>おさべ</rt></ruby>親王が母の皇后井上内親王とともに廃されると、翌年立太子し、781年（天応元）天皇の譲位をうけて即位した。同母弟の早良<ruby>早良<rt>さわら</rt></ruby>親王を皇太子としたが、785年（延暦4）藤原種継暗殺事件にかかわってこれを廃し、子の安殿<ruby>安殿<rt>あて</rt></ruby>親王（平城天皇）を皇太子とした。784年には長岡京、794年には平安京への遷都を行って政治の局面の転換をはかり、強大な皇権を確立した。地方政治の刷新を行い、また蝦夷<ruby>蝦夷<rt>えみし</rt></ruby>の征討を行って東北地方の支配を固めた。

かんむへいし [桓武平氏] 桓武天皇から出た平氏の一族。第5皇子葛原親王の系統の高棟流と高望流が最も栄えた。親王の子高棟王の一流は公家として発展し、子孫から烏丸・安居院・西洞院などの諸家がわかれた。一方高望流は武家として繁栄。葛原親王の孫で、高見王の子平高望は上総介となって関東に下向し土着。子孫から北条・千葉・上総・秩父・三浦・土肥・大庭・梶原などの坂東平氏の各流がうまれた。さらに坂東平氏の一部が伊勢области に進出し、伊勢平氏となった。伊勢平氏の正盛・忠盛・清盛の3代は院に登用されて中央政界に進出。清盛のとき全盛を築いたが、源氏に滅ぼされ、清盛の弟頼盛流のみが宮廷貴族として残った。坂東平氏は前九年・後三年の役以来源氏と関係が深く、鎌倉幕府の有力御家人となった者が多い。→巻末系図

かんもつ [官物] 律令制下においては官有物ないし官が収取した租税をさす。のち平安後期以降の荘園公領制下では、最も基本的な地税として所当官物ともいわれ、たてまえ的に人別賦課である臨時雑役とともに収取された。段別3斗程度の賦課基準は公田官物率法というが、その由来は必ずしも明確ではない。荘園においては、公領の官物相当分を年貢という呼称で継承した。

かんもん [勘門] 「かもん」とも。平安時代以降、朝廷や幕府などの諮問に答えて諸司・諸道から上申された文書。政治・儀式などを行う過程で生じた疑義について先例・故実・吉凶などの調査や判断を、関連する諸司や諸道に通じた者に命じて提出させたもの。のちに勘状と称することが多くなる。先例を上申したものは勘例ともいう。勘文を提出する諸司・諸道は多岐にわたっているが、官司には神祇官・外記局・大殿・陰陽寮などが、諸道には明法・紀伝・文章・陰陽・暦・天文などがある。

がんもん [願文] 神仏に対して祈願の意図を表明する文書。冒頭に「敬白」などと記し、祈願・供養の趣旨をのべる。文章をその道の名人にゆだね、多くは装飾的な漢文で書かれるが、神社に納める願文は宣命体を用いることもある。天皇の願文を勅願文、建物や仏像を造立するときに作るものを造立供養願文という。祈願の意志の熱烈さを表現するため朱に血を混ぜた血書願文もある。室町時代以降は書状様式を用いる例がふえる。

かんもんトンネル [関門トンネル] 山口県下関市と北九州市の門司地区を結ぶ海底トンネル。1901年(明治34)山陽鉄道神戸―馬関(現、下関)間の開通と同時に、関門間に航路輸送が開始されたが、産業経済の発達と軍事的要請の高まりを背景に、関門海峡下のトンネル建設が構想された。36年(昭和11)9月に下り線(3614m)から着工、42年11月に完成。上り線(3604m)は40年に着工、44年8月に完成。山陽本線と鹿児島本線は門司駅(貨物は門司操車場駅)でつながれた。日本初の海底トンネル造成にはシールド工法・圧気工法などが用いられた。58年には関門国道トンネル、74年には新幹線用の新関門トンネルが完成。

かんやひょうコンス [漢冶萍公司] 1908年(明治41)資本金2000万元でつくられた中国の銑鋼一貫の製鉄会社。中国湖北省にある漢陽製鉄所・大冶鉄山・萍郷炭鉱によって構成され、銑鋼一貫生産を計画したが、鉄鉱石の確保をはかろうとする日本政府は、借款を通じて同公司を金融的に従属させたため、もっぱら八幡製鉄所へ鉄鉱石を供給する役割を負わされ、製鉄会社として十分な機能をはたすことができなくなった。38年(昭和13)日中戦争が始まると、日本軍の管理のもとにおかれ、日本製鉄の事業所とされた。

かんりこうせんのほう [官吏公選の法] 1868年(明治元)閏4月公布の政体書に規定された官員選出法。岩倉具視の発議によるとされ、アメリカの大統領制に範をとり、諸官は公選入札で選ばれ、4年で交代するとした。69年5月、輔相1、議定3、六官の知事6、内廷職知事1は公卿・諸侯から、参与6と六官の副知事6は貴賤にかかわらず、いずれも3等官以上の投票によって選出。大久保利通ら雄藩出身者が多数を占め、公選は1回限りに終わった。

かんりつうかせいど [管理通貨制度] 金本位制を離脱した一国の通貨当局が国内通貨流通量を政策的に管理し、為替相場の変動を調整しつつ、多国間協定にもとづき安定させる通貨制度。歴史的には1920年代の再建金本位制が30年代に大恐慌により崩壊し、第2次大戦にかけて各国が過渡的・戦時的な管理通貨制度に移行した。大戦中に戦後通貨体制がJ.M.ケインズの活躍により米・英両国間で模索され、44年のブレトン・ウッズ会議をへて45年に国際通貨基金(IMF)が成立、アメリカ・ドルを基軸とした国際的な管理通貨制度が確立した。日本は1931年(昭和6)末犬養内閣の高橋是清蔵相による金本位制離脱後に始まる戦時管理通貨制度が、戦後占領期に再編され、独立後の52年にIMFに加盟して確立した。

かんりんまる [咸臨丸] 原名はヤパン号。江戸幕府がオランダに発注・購入した蒸気軍艦。1857年竣工。排水量625トン、機関出力100馬力。同年(安政4)長崎に回航。艦長カッテンダイケらオランダ人教官のもとで

第2次海軍伝習の練習艦となる。60年(万延元)遣米使節の随行艦として木村芥舟・勝海舟らが乗り組み、同乗したブルックらアメリカ海軍士官の支援を得て日本人初の太平洋横断に成功。68年(明治元)機関を取り外して帆船となっていた咸臨丸は、戊辰戦争に際し榎本武揚の指揮下に江戸を出港したが、遭難して清水港で官軍に捕えられた。その後、北海道開拓使の運送船をへて民間に移され、70年北海道沿岸で難破した。

かんれい [管領] 室町幕府の職名。足利一門の最有力守護である斯波・細川・畠山3氏から選任された。家宰的色彩の濃い従来の執事と政務の長官をあわせた地位で、幕府諸機関を統轄して将軍を補佐し、将軍が幼少あるいはみずから政務をとれない場合に幕政を代行した最高の職。成立時期は諸説あるが、将軍足利義詮から義満の代に幕府開設当初の足利尊氏・直義の権限分割による二頭政治が克服され、幕府権力の強化とともに将軍親裁権も拡大された。同時に、執事の職権も強化され幕政全般を統轄する職となり、有力一門が任じられ、しだいに管領の呼称が一般化する。守護勢力の代表として幕府諸政策の実行を支えるかなめであるとともに、将軍の専権を牽制する役割を担った。

かんろく [観勒] 生没年不詳。百済の僧。602年(推古10)来朝し、暦本・天文地理書・遁甲方術書を献上。このとき陽胡史の祖玉陳に暦法を、大友村主高聡に天文通甲を、山背臣日立らに方術を学ばせた。624年、ある僧が祖父を殴殺したため、天皇は諸寺の僧尼も罰せんとしたが、観勒が上表して悪逆僧以外の赦免を請い許された。これを機に僧尼統制のため僧正・僧都の僧官が設置され、観勒は僧正に任命された。三論宗の学匠で成実宗にも通じた。

き

ぎ [魏] 曹魏とも。呉・蜀とともに中国の三国時代を形成した王朝(220〜265)。都は洛陽。後漢末の社会混乱のなかから曹操が実力を高めて魏王を称し、その子曹丕(文帝)が後漢の献帝から禅譲されて王朝を開いた。九品官人法を施して人材を登用し、貴族社会を形成した。また兵戸制と屯田制により富国強兵をはかり、呉・蜀に対抗した。東方では238年、遼東の公孫氏を滅ぼし、翌年倭の女王卑弥呼の使者を迎え、「親魏倭王」の号と印綬を下賜した。244年には毌丘倹に高句麗の都の丸都城を陥落させた。だが内紛により司馬懿に実権が移り、蜀の滅亡後、元帝が司馬炎(晋の武帝)に禅譲、魏は滅んだ。

ぎ [議] 律で定められた減刑措置。名例律議条によれば、六議とよばれる六つの徳目のいずれかを備えた人が罪を犯した場合、その犯罪が死刑に相当するときは、太政官審議のうえ天皇の裁定で減刑の可否と内容を定める。流?以下の犯罪については一律に一等を減じる。ただし八虐の罪を犯した場合には適用しない。

きいじょう [基肄城] 椽城・記夷城とも。佐賀県基山町と福岡県筑紫野市にまたがる朝鮮式山城。白村江敗戦後の国際関係の緊迫化のなかで、665年(天智4)亡命百済人の憶礼福留・四比福夫らの指揮のもとに大野城と同時に築造された。標高400m前後の基山と坊主山の2峰にまたがって築かれた。土塁・石垣の総延長は約4.3km、三つの門が知られ、北ân門付近で土塁は二重になっていた。約76ヘクタールの城内には7カ所、計40棟以上の建物跡が確認された。基肄城内の倉庫に蓄えられていた稲穀を筑前・筑後・肥前・肥後4国に班給することを命じる木簡が大宰府跡から出土した。城の南東約2km²に関連施設らしい関屋土塁・塔れぎ土塁がある。国特別史跡。

きいと [生糸] 蚕繭の繭糸を数本抱き合わせて1本の糸にしたもの。ふつう撚りを加えたり、精練して膠質のセリシンを除去する前のものをいう。ただし古代には真綿を紡いだ紬糸や玉糸類が多かったようである。「延喜式」によれば全国的に生産されていたが、近世期以降は東日本が中心となった。また近世前期には絹の消費拡大を背景に京都の西陣などの絹織物産地が発展し、長崎や対馬などをへて中国や東南アジア産の生糸が大量に輸入され

た。しかしその後国内で蚕糸業が発展し，幕末開港を契機に生糸が欧米へ大量に輸出されるようになった。以後昭和戦前期まで生糸は重要な外貨獲得商品となった。

きいのくに [紀伊国] 南海道の国。現在の和歌山県全域と三重県南部。「延喜式」の等級は上国。「和名抄」では伊都郡・那賀・名草・海部※・在田※・日高・牟婁※の7郡からなる。もとは山がちな地勢から木国とよばれたが，のち好字を用いることで改名した。大化前代には豪族として，北部に紀伊国造，南部に熊野国造がいた。国府は名草郡(現，和歌山市)，国分寺は那賀郡(現，打田町)におかれた。一宮は日前国懸※※神宮(現，和歌山市)。「和名抄」所載田数は7198町余。「延喜式」では調・中男作物として塩・各種海産物・紅花・胡麻油など。平安時代以降，高野山が多数の荘園を領有して勢力を誇り，熊野大社も貴族らの信仰をえて栄えた。守護は鎌倉初期には和泉国守護の兼任であったり，おかれなかったりしたが，以後も有力大名となる家はでなかった。江戸時代は御三家の一つ和歌山藩領として推移。5代藩主徳川吉宗は8代将軍となる。1869年(明治2)版籍奉還し，和歌山・田辺・新宮の3藩から，71年の廃藩置県の後，和歌山県となる。

ぎいんないかくせい [議院内閣制] 国民が選出した議会の意思で内閣の存立が決定される制度。市民革命後のイギリスで発達。通常は政党内閣の形態をとる。権力分立を特徴とする明治憲法下では制度的には成立しないが，政党の力の拡大とともに政党政治を常態とされる憲政常道論が唱えられた。1924～32年(大正13～昭和7)のいわゆる政党内閣期には，内閣が倒れると野党第1党の総裁が首相に任命されるという方式が続いたが，後継首相の選定は元老の判断であり，本来の議院内閣制が確立したとはいえない。第2次大戦後日本国憲法で議院内閣制の条件が規定された。

ぎいんほう [議院法] 帝国議会の両院(衆議院・貴族院)の組織と運営について定めた法律。1889年(明治22)2月11日の大日本帝国憲法の発布とともに，その付属法として公布。18章99条。議会の召集・成立・開会，衆議院議長・副議長の選任，議員の歳費，委員会制度，停会・閉会，秘密会，予算案の議定，国務大臣・政府委員，質問，上奏・建議，両院協議会，請願，懲罰などについて規定。1947年(昭和22)5月3日廃止。

きうじ [紀氏] 古代の中央豪族。姓は臣※，684年(天武13)の八色の姓※※※制定時に朝臣※となる。祖先は孝元天皇の孫，あるいは曾孫にあたる武内宿禰※※※とその子紀角※の宿禰とされる。外征にかかわって勢力を拡大し，

7～8世紀に麻呂・飯麻呂※※など上級官人をだす。光仁朝では外戚として大納言に古佐美※※・船守※※，参議に広漢※・家守※・勝長らを輩出。866年(貞観8)の応天門の変で失脚し，その後は「古今集」撰者の貫之※・友則らの文人を輩出するにとどまった。→巻末系図

きえんれい [棄捐令] 旗本・御家人層に対する札差※※の債権を破棄または軽減するため，江戸幕府が1789年(寛政元)9月に出した法令。札差は旗本・御家人層に知行米を担保とした高利金融を営み，天明末年には債権を増大させていた。寛政の改革において，米価・物価変動のなかで困窮した旗本・御家人層の救済が課題となり，棄捐令は(1)84年(天明4)以前の債権は無条件に破棄(棄捐)，(2)85年以降の債権については，18%であった年利を6%に下げ年賦償還，(3)89年夏以降の債権は年利12%とする，などを内容とした。幕府は猿屋町貸金会所を新設し，打撃をうけた札差に対して無利息または低利の公金貸下げを実施，札差の金融を幕府の統制下においた。

きおいざかのへん [紀尾井坂の変] 大久保利通※※の暗殺事件。1878年(明治11)5月14日，参議兼内務卿の大久保が太政官に出勤の途中，麹町の紀尾井坂(現，東京都千代田区)で石川県士族島田一良※※ら不平士族6人に殺害された。島田らは鹿児島私学校の中島専制批判に同調し，西南戦争に呼応しようとしてはたさず，大久保暗殺を企図。斬姦状※※※には5項目の罪状があげられていた。島田らは斬罪。事件の結果，政局の主導権は伊藤博文ら長州閥に移った。

キオソーネ Edoardo Chiossone 1833.1.20～98.4.11 キヨソーネとも。イタリアの銅版画家。ジェノバ近郊生れ。ジェノバの美術学校に学ぶ。1875年(明治8)日本政府に招かれ来日。銅版技術を紙幣印刷に活用し，大蔵省紙幣寮に17年間在任して紙幣・切手・印紙などのほか，皇族や政界の重鎮たちのコンテや銅版肖像画も制作した。日本美術への関心も高く，収集品はジェノバのキオソーネ美術館に収蔵。東京で死去。

ぎおんしゃ [祇園社] ⇨八坂神社※※※※

ぎおんのにょうご [祇園女御] 生没年不詳。平安後期の女性で，白河上皇の寵姫。平清盛の生母という伝説が「平家物語」にみえる。出自は，祇園社門前の水汲女，宮廷に出仕する女房，源仲宗の妻，藤原顕季の母で白河上皇の乳母の藤原親子の縁者など諸説がある。1105年(長治2)頃から記録にみえる。上皇の寵愛を背景に，祇園堂供養，五部大乗経講説，一切経供養などをもよおして多数の公卿・殿上人※※※を参列させた。

きおん

ぎおんまつり[祇園祭] 祇園会・祇園御霊会ともいう。京都市東山区の祇園社(八坂神社)の祭。もとは旧暦6月14日に行われたが、現在は7月。869年(貞観11)疫病の退散を願い、66本の矛をたてて御霊会を行ったことが起源とされるが、970年(天禄元)創始説もある。7月14日に山鉾建て、15・16日に宵山渡り、17日には山鉾巡行、24日に花傘巡行が行われる。室町時代から作山がみられ、京の町々を単位とする鉾がみられた。応仁・文明の乱で衰退したが、京都町衆により復興されて山鉾は豪華になり、祭は住民結合を維持・強化するものとなった。神輿は3基で四条の御旅所へむかうが、古くは大政所井などを巡っていた。鶏鉾・函谷鉾・鯉山は重文。

きかいせいし[器械製糸] 洋式を模した器械による生糸生産の技術形態。糸枠を回転させる動力を繰糸工以外(人力・水車動力・蒸気力・モーターなど)によって一斉に行う点と、数本の繭糸を1本に撚りあわせる抱合装置をもつ点を特徴とする。近代の工場制生産の場合はほとんどが器械製糸であるが、技術的には繰糸工の手先の熟練度に大きく依存する点で機械以前のマニュファクチュア段階とされる。明治初年以降洋式技術の導入により普及し、器械糸の生産高は1894年(明治27)に座繰糸のそれを凌駕した。

きかくいん[企画院] 日中戦争下、戦時統制経済の調査立案にあたった総合国策機関。内閣の外局。1937年(昭和12)10月25日、企画庁官制により内閣の外局である企画庁と資源局を統合して設置。総裁は親任官で国務大臣が兼ねることもあった。陸軍・革新官僚は総動員政策の統合主体として設置を望んだが、各庁への優越性が否定されるなど事務機関の地位に留まった。しかし国家総動員法の制定、それにもとづく動員計画の調査立案を担当し、戦時国家統制の確立に重要な役割をはたした。革新官僚の拠点であったが、経済新体制問題で財界と対立、41年には企画院事件がおこって和田博雄ら革新官僚が検挙されたりし、以後軍部主導となった。43年11月新設の軍需省に吸収された。

ぎがくめん[伎楽面] 伎楽に用いられた仮面。治道・師子児・呉公・呉女・迦楼羅・金剛・力士・婆羅門・崑崙・大孤父・大孤児・酔胡王・酔胡従面などの面や獅子頭がある。仏教関係や中国・西域・インド地方の容貌が多い。奈良時代には法隆寺・西大寺の資財帳にみえ、法隆寺には飛鳥・白鳳期から奈良時代の作品32面が現存(31面は東京国立博物館蔵)。東大寺などには752年(天平勝宝4)の大仏開眼供養会に使用されたものなど、奈良時代の200面以上が伝存し、このうち正倉院には171面を収蔵。平安時代の史料では広隆寺、筑前国観世音寺、上野国の諸公額寺の資財帳にも、地方への伝播もうかがえる。

きかじん[帰化人] 古代におもに朝鮮から渡来した人々とその子孫。最近では、中華思想をさけて渡来人の語を使用することが多い。応神朝に百済から渡来したとされる東漢氏・西文氏は、人質として来日した王子直支が伴った楽浪官人の子孫らしく、大和王権の外交・記録を担当し、5世紀末以後には新たに今来漢人を配下にいれて、有力な氏族となった。秦氏の伝承は疑問が多いが、古くから移住していた新羅系の人々で、6世紀になり山背の勢力を中心に氏族的結合をなした。以後も、7世紀の百済・高句麗の滅亡に際し、多く亡命人が渡来し、奈良時代以後も鑑真のように中国から渡来した人々もあった。彼らが日本の古代国家形成にはたした役割はきわめて大きい。

きき[記紀] 「古事記」と「日本書紀」とを一括してよぶ呼称。天皇の世界を神話的根源にまでさかのぼりつつ歴史のかたちで根拠づけるものという点で両書は共通性をもち、記紀とよび慣らわされてきた。しかし、そのことは一方で両書の異質性を軽視することにもなりがちであり、注意が必要である。

きぎょうせいびれい[企業整備令] 事業の譲渡・廃止・休止・禁止を命じる権限を商工大臣に与えた勅令。遊休設備をもつ民需産業の再編・統合、軍需産業への転換を目的とし、1942年(昭和17)5月国家総動員法にもとづき公布。当初、行政指導による整備が困難な場合に発動するという方針がとられ、自主的な整備を保証する根拠として機能したが、43年6月の戦力増強企業整備基本要綱の閣議決定以降新たな段階に入り、政府の強制的な整備命令の根拠となった。

きぎょうぼっこう[企業勃興] 近代史上は明治中期の2度の会社企業の勃興をいう。銀兌換制が確立して貨幣価格が安定し金利が低下すると、株式取引が活発化し、1886～89年(明治19～22)に鉄道・紡績などで会社設立熱が生じたが、89年夏以降の恐慌(明治23年恐慌)で沈静化した。日清戦後の95年半ばから日本銀行が積極的貸出方針をとったのを契機に、銀行・鉄道・紡績などで第2次企業勃興が生じたが、日清戦後第1次恐慌(1897～98)で沈静化した。2度の企業勃興を通じて多くの株式会社がうまれ、会社払込資本金は通貨流通高を上回るにいたる。

きくたのせき[菊多関] 菊多関とも。陸奥国に設置された関。835年(承和2)12月の太政官符によると、設置からこのときまで400年余をへ

ていたと伝えるが、確実な設置時期は不明。その後、菊多関の名は史料から消え、かわって勿来(なこそ)関が登場する。通常、両者は同一視されるが、根拠は明らかでない。

きくちかん [菊池寛] 1888.12.26～1948.3.6
大正・昭和期の小説家・劇作家。本名「ひろし」。香川県出身。京大卒。苦学して一高に学ぶが、卒業直前に友人の窃盗の罪をかぶって退学。一高時代の友人芥川龍之介・久米正雄らが第3次・第4次「新思潮」を創刊すると同人となり、「屋上の狂人」「父帰る」を発表。1918年(大正7)「無名作家の日記」「忠直卿行状記」、翌年「恩讐の彼方に」を発表し、文壇での地位を確立。20年には新聞に「真珠夫人」を連載して大成功をおさめ、以後通俗小説家として活躍した。23年雑誌「文芸春秋」を創刊、作家の地位向上に尽くし、文壇の大御所とよばれた。第2次大戦後、戦争協力者として公職追放をうけた。

きくちし [菊池氏] 中世肥後国の豪族。1019年(寛仁3)の刀伊の入寇の際、大宰権帥(ごんのそち)藤原隆家に従って奮戦した。大宰府の下級官人藤原蔵規(まさのり)(政則)の子孫。その子則隆は隆家の郎等でもあり、肥後国菊池郡(現、熊本県菊池市)を本拠に武士化した。源平争乱期、隆直は平家に敵対したが、のち平家の有力武将となり、一族の多くは平家とともに滅びた。鎌倉幕府下では、承久の乱で京方となったこともあったが、御家人となり、蒙古襲来の際には武房らが奮戦。元弘の乱では、武時は鎮西探題を博多に攻めて討死。その子武重・武光・武політは、九州南朝方の中心勢力として活躍。南北朝合一後は肥後国守護職を保持したが、戦国期に大友氏に制圧された。子孫は日向国米良(めら)にのがれ、維新後、男爵。→巻末系図

きくちだいろく [菊池大麓] 1855.1.29～1917.8.19 明治期の数学者・教育行政官。江戸生れ。美作国津山藩の洋学者箕作秋坪(みつくりしゅうへい)の次男。父の実家菊池家を継ぐ。1866年(慶応2)幕府から派遣されイギリスに留学、70年(明治3)再度イギリスに留学し数学・物理を学ぶ。77年東京大学教授となり、文部省専門学務局長、文部次官をへて98年東京帝国大学総長。1901年文相に就任したが、教科書疑獄事件により引責辞任した。08～12年(明治41～大正元)まで京都帝国大学総長。17年理化学研究所初代所長。著書「初等幾何学教科書」。

きくちたけとき [菊池武時] 1272/81/92～1333.3.13 鎌倉末期の武士。肥後国の豪族菊池武房の嫡子。通称次郎。法名寂阿(じゃくあ)。兄時隆が一族の内紛により殺害されたのち、菊池家の家督を継ぐ。1333年(元弘3)伯耆国船上山(せんじょうさん)に拠った後醍醐天皇の綸旨(りんじ)をうけ討幕を決意。同年3月、鎮西探題赤橋英時の九州の御家人召集を機に、一族とともに博多にむかい、13日未明、博多市街に火を放ち探題館を襲撃。しかし少弐貞経・大友貞宗の裏切りもあって、奮戦むなしく敗死。

きくちたけみつ [菊池武光] ?～1373.11.16? 南北朝期の肥後国の武将。父は武敏。豊田十郎。肥後守。前当主武士(たけひと)が後継者として指名した乙阿迦丸(おとあかまる)と同一人物とする説もあるが、別人の可能性が強い。1345年(貞和元・興国6)合志幸隆に占拠された菊池氏本拠深川城の奪還に成功。実力を背景に一族から惣領の地位を承認される。48年(貞和4・正平3)征西将軍宮懐良(かねよし)親王を肥後に迎え、これに従う。九州探題一色範氏や畠山直顕・大友氏時・少弐頼尚をあいついで撃破し、大宰府を占領。ここに征西府を移し、九州の覇権と菊池氏全盛期を築く。しかし新探題今川了俊の下向後は劣勢となり、筑後国高良(こうら)山に退却。「菊池氏系図」では73年(応安6・文中2)11月16日没とあるが、確証はない。

ぎけいき [義経記]「判官(ほうがん)物語」「義経物語」「義経双紙」とも。源義経の生涯を描く軍記物語。8巻。作者不詳。成立は幸若舞(こうわかまい)曲との関連や「平家物語」諸本との対応関係、婆娑羅(ばさら)風俗などからみて室町中期。「平家物語」が源平争乱期の活躍を扱うのに対し、巻4の1までの母常盤との日々、遮那(しゃな)王時代、藤原秀衡・鬼一法眼・弁慶との出会い、浮島ケ原での頼朝との対面、巻4の2の鎌倉腰越(こしごえ)での頼朝との反目、その後の吉野逃避行から北国落ち、衣川での最期などを詳細に語る。義経像の不統一や義経の影の薄い存在から判断して、個別に発生成長した語り物をもとに、一編の貴種流離物語を構成したと思われる。この影響下に謡曲・浄瑠璃・御伽草子などの判官物が作られた。「日本古典文学大系」所収。

きげん [紀元] 歴史的な年数を数えるときの起点となる年、またはそこからの年数。紀元には、ローマ建国紀元、オリンピアード、ビザンチン紀元など、政治的・歴史的なものや、キリスト紀元(西暦)、ヒジュラ(ムハンマド聖遷)紀元、仏滅紀元、ユダヤ教の創世紀元など、宗教的起源をもつものがある。日本では1872年(明治5)11月15日に制定された神武天皇即位紀元がある。これは通常略して皇紀という。皇紀は第1代神武天皇の即位を紀元とし、「日本書紀」の記述に従って、西暦紀元前660年としている。

きげんせつ [紀元節] 1873年(明治6)3月に定められた国家の祝日。明治政府は国家成立の起源を「日本書紀」に記された神武天皇即位の「辛酉年正月朔」に求め、これを西暦紀元前660

年2月11日と定めた。制定当初は国民生活になじみが薄かったが、89年のこの日に大日本帝国憲法が発布されて以降、学校教育を通じて紀元節奉祝が徹底され浸透していった。1948年(昭和23)7月廃止されたが、66年12月「建国記念の日」として制定された。その間歴史学者・宗教学者・ジャーナリズムなどから、その歴史的根拠の非科学性と第2次大戦前の軍国主義の復活に通じるとして強い批判をあび、反対運動が行われた。

きげんにせんろっぴゃくねんしきてん [紀元二千六百年式典] 1940年(昭和15)11月10日、この年が「日本書紀」にある神武天皇即位の紀元元年から2600年にあたるとして挙行された記念式典。すでに前年から橿原神宮整備・万国博開催・神武天皇聖蹟調査・国史館建設など多くの記念事業が計画されたが、日中戦争勃発のため大規模事業の多くは中止された。そのなかで政府の奉祝式典が皇居前広場を会場として実施され、当日は天皇をはじめ約5万2000人が参加、道府県・市町村などでも奉祝行事が行われた。戦争下の重苦しい気分を転換して、戦争協力への気運をもりあげるねらいもあった。

きこう [寄口] 寄・寄人ぷとも。古代の戸籍に記載された、戸主との続柄注記のない戸口。単身者や破片的家族だけでなく、傍系親を含むものや妻をもつものもある。その性格については、戸主との同姓・異姓の別も手がかりとしつつ、(1)戸主を家長とする家父長制家族の従属的労働力、(2)戸を人為的画一的に編成するため便宜的に編付されただけで階層差とはかかわらない、(3)父系的な続柄記載の原則からはみでた女系親族、とみる諸説が対立している。

きこえおおきみ [聞得大君] 首里王府において国家的な女性司祭組織の頂点に位置する司祭。方言ではチフィジン。制度化されたのは第二尚氏王統(1470年)以降のことである。聞得大君は、地方の女性司祭を管轄する三平等ぴゅのオオアムシラレや、三十三君ぎみと称される中央の女性司祭集団を統轄し、国王や王室の繁栄を祈り、王国レベルの祭祀儀礼を施行した。廃藩置県まで、王女・王妃・王母などがその職につき、就任式であるお新下りあらはセーファウタキ(斎場御嶽)で行われた。

きこんちけいしょうえん [既墾地系荘園] 墾田地系荘園のうち、すでに開墾された田地の集積によって成立した荘園。これに対して荘園主がみずから開墾した荘園を自墾地系荘園という。既墾地系・自墾地系の用語は、発生経路から荘園のあり方を分類したもので、要するに奈良時代の荘園(初期荘園)ないしは平安時代の荘園のこと。

きざいはにわ [器財埴輪] ⇨埴輪はに

きざきむらこさくそうぎ [木崎村小作争議] 1922年(大正11)に全国一の大地主地帯である新潟県木崎村(現、豊栄市)の農民組合が、市島家ほかの地主に小作料1~2割減免を要求した争議。翌年、同組合は日本農民組合に加入、木崎村農民組合連合会に発展した。一部地主は強硬な姿勢を貫き訴訟を提起し、組合と不納同盟で対応し、争議は深刻化して社会の注目をあびた。26年(昭和元)に地主勝訴と組合員への弾圧で終結したが、以後小作料は実質3割低下した。

きさく [寄作] 荘園や公領に、その土地の農民以外の百姓が外部から寄りつくかたちで入作ぎすること。耕地数に比べ固定した農民が少なかった平安時代の荘園で、田畠耕作の労働力を確保するために発達した制度。徴募された近辺の公民や浪人あるいは他荘民は、寄作人として荘園領主との間で年間の地子ぢ額を契約し荘田を請作ぎするが、地子を滞納すれば耕作の権利を失う場合が多かった。

きさつせいむいいんかい [冀察政務委員会] 1935年12月、北平ぺきに成立した国民政府の対日妥協的政策の産物。冀は河北省、察は察哈爾ぷ省の略。35年6月の梅津・何応欽こおうきん協定と土肥原・秦徳純じゅん協定以後、奉天特務機関長の土肥原賢二少将が華北の自治・独立を名目に冀東防共自治委員会を樹立。日本の圧力で、国民政府は冀察政務委員会の設立を妥協案として提示、宋哲元てつげんを委員長に任命した。こうした日本の華北分離工作は、12・9反日運動をひきおこし、日中戦争勃発後、同委員会は消滅した。

ぎしき [儀式] 朝廷における儀礼の法式、またそれを規定した書物。古代日本では、固有の儀礼のうえに7世紀以来、中国の儀礼をとりいれて儀式を整備した。推古朝から孝徳朝・天武朝にかけてたびたび礼法が改正され、文武朝には朝儀の礼を定めた別式が作られた。平安初期には格式などの法令の編纂とともに「内裏だい式」「内裏儀式」「貞観儀式」などが編纂され、中国的な要素を盛りこんだ儀礼の整備が図られた。

きじし [木地師] 山中の木を切って木彫の材料として粗挽きをしたり、ろくろを使って椀・盆などの木地(挽物)を作る山民的な職人。良材を求め山野に仮泊しながら木地挽を行ってきた。中世には轆轤師ろくろとも呼ばれた。滋賀県神崎郡永源寺町(かつての愛智ぇち郡小椋おぐら荘)の君ヶ畑きみがや・蛭谷ひるたになどの木地師には、文徳天皇の第1皇子惟喬これたか親王が、第4皇子惟仁親王(のちの清和天皇)との位争いに敗れ、この地に隠棲した親王の祖神になったとの伝承がある。この伝承は全国に広がるが、小椋荘蛭谷に住んでいた大岩氏によって近世初

頭に作りだされ，流布されたものと考えられている。君ケ畑の木地師は小椋姓を，蛭谷の木地師は大岩姓を名乗り，近世には全国木地師の支配本所を争った。

きしだとしこ [岸田俊子] 1863.12.5～1901.5.25 明治期の自由民権運動の女権弁士・作家。号は湘煙^{しょう}。京都生れ。15歳で宮中に出仕，漢学を進講する。1882年(明治15)から自由民権運動に参加，各地を遊説して評判になる。83年滋賀県での演説「函入娘」で官吏侮辱罪と集会条例違反の嫌疑をうけ投獄される。中島信行との結婚後は「女学」に転じ，評論・随筆・小説・日記・漢詩などの執筆活動を行った。評論「同胞姉妹に告ぐ」は男女同権を主張した画期的な作品。

きしだりゅうせい [岸田劉生] 1891.6.23～1929.12.20 明治～昭和前期の洋画家。東京都出身。父は岸田吟香^{ぎん}。1908年(明治41)白馬会絵画研究所に入り外光派を学ぶ。第4回文展に初入選。雑誌「白樺」で後期印象派やフォービスムを知り影響を受ける。12年(大正元)フュウザン会を結成し，15年から草土^{そうど}社を主宰。作風はしだいにデューラーらの写実主義に感化されたものや，宋画・元画に影響された東洋的作風へと変化していった。日本画の制作，古美術の収集も行った。29年(昭和4)満州からの帰途山口県で急逝。作品「道路と土手と塀(切通之写生)」「麗子微笑(青果ヲ持テル)」，著書「美乃本体」「初期肉筆浮世絵」。

きしのぶすけ [岸信介] 1896.11.13～1987.8.7 昭和期の政治家。山口県出身。東大卒。1920年(大正9)農商務省に入り，商工官僚として頭角を現す。36年(昭和11)満州国総務部次長をへて，39年商工省次官として復帰。東条内閣の商工相，同省の軍需省への改組後は東条軍需相の下で国務相・軍需次官を務めた。第2次大戦後はA級戦犯容疑者として服役，48年釈放。52年追放解除後は反吉田保守勢力の糾合に尽力，日本民主党の幹事長，保守合同後の自由民主党の幹事長をつとめた。石橋湛山^{やま}首相の発病とともに臨時総理，その後，2次にわたり内閣を組織。日米安全保障条約の改正を推し進め，安保闘争の攻撃目標にされた。新安保条約の国会承認後に総辞職。

きしのぶすけないかく [岸信介内閣] 自民党の岸信介を首班とする内閣。■第1次(1957.2.25～58.6.12)。病気で辞職した石橋首相の後をうけて，自民党総裁に指名された岸が組閣。人事も基本政策も前内閣をひきついだが，第2次大戦後の首相として初の東南アジア諸国歴訪を行うなど，活発なアジア外交を展開。他方，防衛力の漸進的整備を趣旨とする国防方針を決め，日米関係の改善を提唱した。1957年(昭和32)6月訪米し，安保改定・沖縄返還・対アジア経済協力についてアイゼンハワー大統領らと協議，「日米新時代」を強調した。■第2次(1958.6.12～60.7.19)。1958年(昭和33)5月の総選挙で自民党が絶対多数を獲得し，みずからの構想にもとづき組閣，一転して野党との対決姿勢を強めた。安保闘争のくりひろげられるなかで，新安保条約の国会承認をみとどけた後，60年7月15日総辞職。

きしゅうぜめ [紀州攻め] 1585年(天正13)3～4月，豊臣秀吉が行った根来^{ねごろ}衆・雑賀^{さいか}衆の討伐戦。3月21日，秀吉は小牧・長久手の戦で徳川家康と結んだ根来・雑賀衆を討つため大坂城を出陣。千石堀・畠中・積善寺・沢城などを攻略し，23日には根来寺に入るが，寺は出火によって全山焦土となった。24日，雑賀に入って一揆の棟梁土橋氏を攻め，25日には千石秀久・中村一氏が紀伊奥郡まで平定。4月22日，太田党がたてこもる太田城を水攻めで陥落させ，この間4月10日には金剛峰寺を服従させた。紀伊は弟秀長の領地となる。これによって秀吉は本拠地大坂の前後を固め，また中世以来の寺院勢力に対して近世的支配を展開することになる。

ぎじょう [議定] 明治初年の官職。1867年(慶応3)12月の王政復古にともない，総裁・参与とともに三職の一つとして設置された。当初議定職は仁和寺宮嘉彰^{よしあきら}(小松宮彰仁^{あきひと})親王・松平慶永^{よしなが}らが，続いて三条実美^{さねとみ}・岩倉具視^{ともみ}ら皇族・公家・諸侯が任命された。68年(明治元)の三職七科の制の設置では，神祇・内国・外国・海陸軍・会計・刑法・制度寮の各科の総督を議定が分掌した。同年閏4月公布の政体書で三権分立がうたわれ，立法府の議政官と行政を担う行政官，司法の刑法官が設置され，議政官上局の議定から行政官を統轄する輔相^{ほしょう}が任命された。69年には議政官を廃止，行政官に輔相・議定・参与がおかれ，官吏公選が行われた。同年7月職員令の制定により廃官。

きしょうちょう [気象庁] 国土交通省の外局。1956年(昭和31)7月1日設置。1875年(明治8)6月内務省地理寮に気象掛をおいて定時観測を始め，東京気象台と称した。83年には天気図を，84年には天気予報を出した。87年1月中央気象台と改称。95年4月行政整理により文部省に移った。1943年11月新設の運輸通信省に移管され，45年以後運輸省(2001年国土交通省に改編)に属す。56年防災気象業務の重視のため付属機関から外局に昇格して気象庁となる。

きしょうもん [起請文] 誓紙・罰文・告文^{こうもん}・神判^{しんぱん}とも。契約した内容の遵守を神仏に誓い，違反した場合に神仏の罰をうけることを記した文書様式。平安末期には天判起請文と

称し，誓約内容に反した場合には罰をうけることを神仏に誓約する内容が行われた。そのため特定の充所^{あてどころ}はつけない例が多い。鎌倉後期からは，神仏の名を手書あるいは木版刷にした牛王^{ごおう}宝印の裏を返し，多数の人間が詳細な誓約を記すようになった。誓約内容を記した部分を前書^{まえがき}，神仏の罰をうけることを記した部分を神文とよぶ。大寺院の衆徒の意思統一や所職^{しょしき}・荘園支配の保持のために広く用いられた。戦国期には大名どうしの盟約の手段として起請文の交換がよく行われ，そのため充所を付加する様式もみられるようになる。

ぎしわじんでん [魏志倭人伝]
陳寿^{ちんじゅ}撰の「三国志」の一書「魏書」の東夷伝の倭人^{わじん}条のこと。「魏志倭人伝」は通称。成立は3世紀後半で，宋の范曄^{はんよう}撰「後漢書」より1世紀以上早く，史料価値は高い。内容は，邪馬台国^{やまたいこく}を中心とする3世紀の倭人社会に関するもので，まず，帯方郡から邪馬台国までの道程と途中の国名を記す。その記述に距離と方角の点で矛盾があるため，江戸時代から邪馬台国の比定地をめぐって，畿内説と北九州説が対立している。続いて，倭人の風俗，女王卑弥呼^{ひみこ}の鬼道や男弟の存在など邪馬台国のようす，さらに魏と邪馬台国の交流を記している。とくに卑弥呼を親魏倭王としたとあるのは，周辺民族としてはきわめて異例なものとして注目されている。「岩波文庫」所収。

きしんちけいしょうえん [寄進地系荘園]
古代の墾田地系荘園に対して，寄進によって成立した荘園。とくに田地の寄進とともに，租税収取権など国家的諸権限の割譲をともなった荘園のこと。平安後期以降，国家による所領没収や課役の賦課からのがれるため，有力農民や在地領主は自己の開発した地を貴族や寺社などに寄進し，所領支配を維持発展させようとした。寄進をうけた側の力が弱く国司の干渉などを十分に排除できない場合，寄進をうけた者から院などへ再寄進が行われて支配権の確保がはかられた。

ぎせいかん [議政官]
明治初年の政府の立法諮問機関。1868年(明治元)閏4月，政体書の発布により太政官の権力を立法・行法(行政)・司法にわけ，立法をつかさどる機関として設置された。上局と下局にわかれる。上局は議定^{ぎじょう}・参与らにより構成され，政体の創立，法制の造作，条約の締結，宣戦・講和などについて審議する。下局は議長を行政官の弁事が兼任し，各府県・諸藩から差しだした貢士を議員として，上局の命をうけ，租税制度，貨幣の鋳造，条約の締結，宣戦・講和などについて審議するものとされた。しかし実際には議政官の上局は行政官と一体化し，立法諮問機関としての機能を発揮しないまま68年9月に廃止され，69年4月いったん復活したが，5月に廃止となった。

きせいじぬし [寄生地主]
小作料収入だけで生活しうる大地主。千町歩地主はその最上層。地租改正による土地所有権法認を前提に，松方デフレ期に土地金融などを手段に土地集積を進め，地租1万円(耕地15～25町歩)以上の大地主が全国的・普遍的に成立した。醸造業や金貸業などを営み，地方名望家として地方政治にかかわるものが多く，多額納税者の互選で貴族院議員になるものもあった。20世紀に入る頃から，有価証券投資を拡大して資本主義との結びつきを強めたが，第1次大戦後には，小作争議の激化や米価の低迷などで土地利回りは停滞するようになった。第2次大戦後の農地改革によって寄生地主は基本的に消滅した。

ぎせき [偽籍]
戸籍に虚偽の記載がなされること。律令制では，調庸^{ちょうよう}・力役・兵役の賦課，口分田^{くぶんでん}の班給はすべて人民の基本台帳である戸籍にもとづいて行われたため，虚偽の申告による諸負担の忌避と口分田の不正受給が企図された。たとえば性別・年齢を偽ったり，死亡者の除帳を行わないなどの方法によって，8世紀末には課口減少・不課口増大の傾向が顕著となっている。現存する平安時代の戸籍は，偽籍の実情をよく示しているが，背後には農民側の不正を助長するような国郡司の動きもみられた。

ぎぜつ [義絶]
「ぎぜち」とも。親族関係・婚姻関係を断つことをさす法制用語。律令では配偶者の父母・祖父母を殴ったり，外祖父母・伯叔父母・兄弟姉妹を殺したり，妻が夫を殺そうとした場合などに婚姻関係を解消することをさした。中世，鎌倉幕府法では親が子に対して親子関係を断つことをさし，義絶をうけた子は相続権などの権を失った。一般には不孝子ともいい，師弟間でも行われた。義絶を行うときには義絶状が作成され，親族等による承認・告知が行われることもあった。近世では武家において親族関係を断絶することをさした。久離^{きゅうり}が目上の者から目下や，本家から分家に対して関係を断つことをいうのに対して，義絶は対等の親族関係においても成立した。

きぜわもの [生世話物]
真世話物^{まぜわもの}とも。歌舞伎戯曲の世話物の一区分。純粋な世話物，世話物のなかの世話物という意味で，下層社会の風俗や犯罪を描いた点に特徴があるが，手法は一定しない。生世話物の代表的作者である文化・文政期の4世鶴屋南北は，絢爛^{けんらん}たる手法のなかで市井風俗をどぎつく描写したが，幕末の河竹黙阿弥はさらに美しく様式化した。なお並木五瓶^{ごへい}の「五大力恋緘^{ごだいりきこいのふうじめ}」を生世話物の嚆矢とする説がある。

きせん [喜撰]
生没年不詳。平安時代の歌人。系譜・経歴など不詳。六歌仙の1人。「古今集」仮名序では「宇治山の僧喜撰は、詞かすかにして、始め終りたしかならず」と評する。確実な作品は「古今集」の「わが庵は都の辰巳なしかぞ住む世をうぢ山と人はいふなり」のみ。「古今集」編纂時すでに伝説的人物であったらしく、宇治山に住んだ歌詠みの僧ということしかわからない。

ぎそう [義倉]
■古代、賦役令に規定された国営の備荒貯蓄制度。親王をのぞくすべての良民の戸を資材高により9等分し、等級に応じて長期保存に適した粟などの穀物を納入させた。706年(慶雲3)中下戸以下は納入を免除されたが、のちに9等戸の区分基準が見直され増徴が図られた。8世紀中頃の義倉帳では下下戸まで徴収していった(ただし多数は等外戸)。飢饉による賑給の際には、租穀ではなく義倉穀が用いられることが多かったらしい。
■江戸時代の備荒貯蓄のための施設。常平倉・社倉とともに三倉の一つで、小規模なものが多かった。富裕者の義捐や農民からの徴収による穀物を貯蓄し、幕藩領主が管理し、飢饉・災害などの際に供出した。津・弘前・米沢諸藩などの義倉が著名。

ぎそう [議奏]
議奏公卿のこと。1185年(文治元)12月6日の源頼朝の後白河上皇への要請によって29日に設置され、10人が任命された。朝廷で神祇・仏道ほか重要政務を合議し、天皇に具申することを職務とする。1288年(正応元)にも存在が確認されるが詳細不明。室町時代には設置されなかったらしい。

きぞく [貴族]
古代では三位以上を貴、五位以上を通貴といい、国家の支配階級である彼らがほぼ貴族にあたる。大和朝廷下の豪族の首長は、それぞれが宗教的権威者・政治的権力者として人民を支配する王権であり、その支配組織が氏であった。こうした豪族が貴族となるのは、人民支配を放棄し、王権の主権者であることを放棄したときで、大化の改新から大宝律令成立にかけて氏族的要素をある程度残しながらも、制度上は土地・人民から離れた律令官僚貴族として位置づけられた。中世以後は、新たに支配階級となった武家に対する公家の上層部(摂家・清華家など)をさしたが、伝統的権威をもつ存在にすぎなかった。明治期以後おかれた旧大名を含む華族は特権階級にとどまり、これも第2次大戦後廃止された。

きぞくいん [貴族院]
大日本帝国憲法のもとで衆議院とともに帝国議会の1院を構成した立法機関。1890年(明治23)11月、帝国議会の開設により開会。(1)皇族(成年男子)、(2)公・侯爵、(3)伯・子・男爵の互選、(4)国家の勲功者・学識者から勅任、(5)各府県の多額納税者の互選者から勅任、の人々が貴族院議員となった。のちに帝国学士院会員の互選者を議員に加えた。衆議院の予算先議権のほかは、衆議院とほぼ同等の権限をもち、藩閥官僚系など特権的勢力の拠点として政党勢力と対抗した。大正期には貴族院の最大会派研究会が衆議院の多数党の立憲政友会と接近し、大きな影響力をもったが、1925年(大正14)加藤高明内閣のとき貴族院改革が行われ勢力は減退した。47年(昭和22)5月3日、日本国憲法の施行により廃止。

きそふくしまのせき [木曾福島関]
江戸時代、幕府が中山道に設置した最も重要な関所の一つ(現、長野県木曾福島町)。木曾谷の中央部、木曾福島宿の東端にあり、たんに福島関とも称した。大坂の陣の直後、それまで妻籠にあった口留番所を当地に移したのが始まりと伝える。関所の管理は名古屋藩の木曾代官山村甚兵衛が代々世襲し、運営には山村氏家臣の上番2人・下番4人があたった。中山道を利用する「入鉄砲に出女」を検閲するのがおもな任務で、通行人のため磁水と相互に書替手形を発行した。同関所の添番所として贄川番所・黒川渡番所、脇関として伊那谷に清内路・波合・帯川・心川・小野川の各関所があった。関跡は国史跡。

きそよしなか [木曾義仲]
⇨源義仲

きたいっき [北一輝]
1883.4.3～1937.8.19 大正・昭和前期の国家主義運動指導者。新潟県出身。本名輝次郎。1906年(明治39)独学で「国体論及び純正社会主義」を執筆・出版。生産手段と生産関係からではなく、明治憲法を読み解くことによって国体論から社会主義を論じた。辛亥革命に際しては、中国革命同盟会・黒竜会にあって宋教仁らを支援。「支那革命党及革命之支那」(のち「支那革命外史」)を執筆した。のち、中国の排日運動が激化すると日本国内の改革優先を痛感し、皇道派青年将校に多大な影響を与える「国家改造案原理大綱」(のち加筆され「日本改造法案大綱」)を執筆した。20年(大正9)猶存社に参加。宮中某重大事件など天皇をめぐる諸事件に関与。満州事変後は陸軍内部の派閥抗争にも深入りし、36年(昭和11)の2・26事件では直接には関与しなかったが、民間側の中心人物として死刑となった。

きたいん [喜多院]
北院とも。埼玉県川越市小仙波町にある天台宗の寺。星野山無量寿寺と称し、通称川越大師。寺伝に830年(天長7)円仁の創建。1296年(永仁4)尊海が仏蔵房(北院)・仏地房(中院)を設けて中興し、関東天台の中心となった。1537年(天文6)兵火により焼失し、99年(慶長4)天海が住持となり、徳川家康の後援をうけて復興し、中院に代わっ

て北院が中心となった。朱印地700石, 関東八檀林の一つとして栄え, 後陽成天皇から東叡山の山号を下賜した(のちに江戸上野寛永寺に譲る), 南隣には東照宮が建立された。1638年(寛永15)の川越大火による焼失後に建立された客殿・書院・庫裏のほか, 狩野吉信画「喜多院職人尽絵」, 宋版一切経は重文。

きたがわうたまろ [喜多川歌麿] 1753/54～1806.9.20 江戸中・後期の浮世絵師。喜多川派の祖。本姓は北川。俗称勇助・市太郎。町狩野の絵師鳥山石燕に学び, 豊章と号して安永期に版本挿絵で活躍。1781年(天明元)に号を歌麿と改め, 「画本虫撰(えほんむしえらみ)」などの狂歌絵本にその才を発揮した。寛政期には, 「婦人相学十軀」に代表される女性の半身像を描いた錦絵に新機軸をうちだし, 役者絵に用いられていた大首絵(おおくびえ)を美人画に採用するなど, 豊かな表情の女性像を描いて美人画の第一人者となった。しかし, 寛政期末から美人大首絵は禁止され, 乱作もたたって質的低下をみせる。1804年(文化元)筆禍事件で手鎖の刑をうけ, 2年後失意のうちに没した。

きたさだきち [喜田貞吉] 1871.5.24～1939.7.3 明治～昭和前期の日本史学者。徳島県出身。東大卒。文部省図書審査官, ついで文部編修として国定国史教科書の編修にあたったが, 南北朝正閏問題がおこり職を退いた。のち京都帝国大学教授・東北帝国大学講師を歴任。日本古代史を中心に幅広い研究を行ったが, 部落問題研究の基礎を築いたことや, 関野貞との法隆寺再建・非再建論争などは特筆される。「喜田貞吉著作集」全14巻。

きたさとけんきゅうしょ [北里研究所] 私立伝染病研究機関。北里柴三郎は東京芝の伝染病研究所の所長であったが, 1914年(大正3)に同研究所が文部省に移管されて東京帝国大学付属になると, 実務的な衛生業務を主張する北里と所員は総辞職し, 北里研究所を開いた。研究部門では設立後50年間で300余人の学位取得者を出し, 診療部門では結核病棟を開き, 製造部門では各種ワクチン・血清の製造販売を行う。62年(昭和37)に北里大学が開設された。

きたさとしばさぶろう [北里柴三郎] 1852.12.20～1931.6.13 明治～昭和前期の細菌学者。肥後国生れ。20歳のとき熊本医学校に入学してマンスフェルトに学び, 1874年(明治7)東京医学校に入学。卒業後, 国民の疾病を治療し予防する行政医の道に進むため, 内務省衛生局に入った。のちドイツに留学し, 86年からロベルト・コッホに師事し細菌学を学び, コッホ四天王の1人といわれた。帰国後, 福沢諭吉らによって設立された伝染病研究所の所長となり, 同所を辞任したのち, 1914年(大正3)北里研究所を創設し所長になった。滞独中に破傷風菌の純粋培養とその毒素の研究, ジフテリアと破傷風の血清療法の創始などの功績をあげた。

きたのおおちゃのゆ [北野大茶湯] 1587年(天正15)10月1日に, 豊臣秀吉が京都北野神社で開催した大茶会。茶の湯を好む者は貴賎を問わず全国から参集するよう命がでた。北野社殿には秀吉・千利休・津田宗及(そうぎゅう)・今井宗久の4席が設けられ, 総勢803人に茶が供された。境内の松原には1500余の簡素な茶室が設けられ, 趣向の茶が点じられた。はじめ10日間の予定が, 肥後一揆の勃発からか1日で終わった。

きたのしょう [北庄] 現在の福井市の旧称。足羽御厨(あすわみくりや)の北荘であったためとも, 足羽川の北岸にあったためともいう。中世, 北陸道ぞいで平野中央部のため朝倉領国下で重要拠点の一つとなり, 朝倉氏滅亡後の1575年(天正3)柴田勝家が北陸経営の拠点として北庄城を築き, 城下町となる。柴田氏は1583年豊臣秀吉に滅ぼされ, 関ケ原の戦後は徳川親藩の城下町となり, 寛永～元禄期は福居, その後は福井と名を変えた。

きたのてんじんえんぎ [北野天神縁起] 菅原道真の生涯や死後の怨霊(おんりょう)談, 北野天満宮の由緒・霊験などに関する絵巻物。鎌倉初期から制作され, 転写・流布本も多い。最古の伝本は京都の北野天満宮所蔵本で, 詞書(ことばがき)に「承久元年(1219)今に至るまで」とあることから「承久本」とよばれ, この系統のものの根本とみられるので「根本縁起」ともよばれる。大型画面に粗放な線描と鮮烈な色彩で描かれる異色作。怨霊の災いも描かれている。絹本着色。縦51.5cm, 横845.2～1204.8cm。国宝。ほかに詞書の系統が異なる正嘉本(1258年頃), 弘安本(1278年頃)があり, 繊細な描写に優れる。正嘉・弘安本系の流れをひく「松崎天神縁起」(1311年), 承久本系の「荏柄(えがら)天神縁起」(1319年)など地方作もうみだされた。

きたのてんまんぐう [北野天満宮] 北野寺・北野聖廟・北野神社とも。京都市上京区馬喰町に鎮座。二十二社下宮, 旧官幣中社。祭神は菅原道真・中将殿・吉祥女。道真の託宣をうけた乳母の多治比文子(たじひのあやこ)が942年(天慶5)自宅の祠に祭り, 947年(天暦元)現在地に勧請したのが創建と伝える。959年(天徳3)社殿を建立。1004年(寛弘元)は算賀(さんが)の任命以降, 別当により支配された。当初は道真の怨霊を鎮める鎮魂・雷神信仰が中心だったが, 室町時代頃から文学・学問の神としての性格が強まる。中世には麹(こうじ)などの座が結ばれた。例祭は8月4日。「北野天神縁起」や1607年(慶長12)造営の本殿などは国宝。

きたのへ [北辺] 都城の条坊のうちで1条以北

の地。「延喜式」に北辺坊とあり,平安京では左右京の1条大路(北京極)から土御門大路までの南北2町つまり半分の地域をさした。このほか平城京にも,条里図の記載から右京のみに北辺があったと推定される。

きたのまんどころ [北政所] 平安時代以後,摂政・関白の正室をいう。北は陰陽の陰を表し,邸宅では夫の主催する公的な空間に対して奥きの空間を意味した。大臣の正室を北の方というのに対し,とくに北政所と称したのは,彼女らが自身高い位階をえたり准三后の位をえて政所を開くことを許されたことによると考えられる。やがて大臣,大・中納言の正室も北政所と称された。なお北政所は一般名詞であったが,豊臣秀吉の正妻寧子がとくに有名なため,固有名詞化した。

きたばたけあきいえ [北畠顕家] 1318〜38.5.22 南北朝期の公卿・武将。親房の長子。建武新政の当初,従三位陸奥守となり,義良親王(後村上天皇)を奉じて父とともに陸奥へ下り,多賀国府を拠点に奥羽両国の経営にあたる。1335年(建武2)足利尊氏が離反すると,鎮守府将軍に任じられて西上,尊氏を九州に敗走させた。まもなく再下向するが,北関東・奥羽の戦局悪化にともなって伊達郡霊山(現,福島県霊山町・相馬市)に拠点を移す。37年(建武4・延元3)後醍醐天皇の要請で再度西上,翌年正月,美濃国青野ケ原(現,岐阜県大垣市)での勝利後,伊勢・伊賀をへて大和へ入り,同国般若坂(現,奈良市)で敗北。河内・摂津で奮戦するが,和泉国堺浦で高師直に敗れ,石津で討死(現,大阪府堺市)で討死。死の直前,新政を批判する諫草を後醍醐天皇に提出。

きたばたけあきのぶ [北畠顕信] ?〜1380.11.- 南北朝期の武将。親房の次子。1336年(建武3・延元元)伊勢で挙兵して後醍醐天皇の吉野遷幸をたすける。38年(暦応元・延元3)戦死した兄顕家にかわって鎮守府将軍として陸奥へ下向するため,義良親王(後村上天皇)を奉じて伊勢国大湊から出航したが,暴風にあい吉野に帰還。翌年後村上天皇即位後に東下,常陸をへて海路陸奥国牡鹿郡に入った。いったん敗北して北奥に退くが,51年(観応2・正平6)観応の擾乱による幕府方の分裂に乗じて多賀国府を回復。翌年関東へ向かう背後を襲われ,田村荘宇津峰城(現,福島県須賀川市・郡山市)にこもったが53年(文和2・正平8)落城,以後北奥に転じた。「桜雲記」によれば,のち吉野に戻って右大臣になったという。

きたばたけちかふさ [北畠親房] 1293.1.-〜1354.4.17 鎌倉後期〜南北朝期の公卿で,南朝の重臣。万里小路宣房・吉田定房とともに後の三房と称された。父は師重,母は左少将隆重の女。後醍醐天皇の信任あつく,1324年(正中元)父祖の例をこえ大納言任官。30年(元徳2)出家。法名宗玄,のち覚空。33年(元弘2)従一位准大臣。同年義良親王を奉じ長男顕家とともに陸奥国に下る。35年(建武2)足利尊氏が建武政権にそむくと上洛。同年の尊氏東上で伊勢にのがれる。38年(暦応元・延元3)再度の陸奥下向を企てたが遭難し,常陸に漂着。近隣豪族に軍勢催促を行ったが失敗し,吉野に戻る。51年(観応2・正平6)の正平一統に功あって准后となるが,京都占領に失敗し吉野に退却。その地で没した。著書「神皇正統記」「職原抄」。

きたはらはくしゅう [北原白秋] 1885.1.25〜1942.11.2 明治〜昭和前期の詩人・歌人。福岡県出身。本名隆吉。1900年(明治33)「文庫」に投稿し,04年上京。早大中退後,新詩社に入り,木下杢太郎・吉井勇・石川啄木・高村光太郎らと交友。「明星」の新鋭として活躍したが,08年脱退し,耽美派によるパンの会を結成。翌年,第1詩集「邪宗門」で象徴詩に画境をなす。13年(大正2)の歌集「桐の花」で清新な感覚世界を展開した。18年から鈴木三重吉の「赤い鳥」に関係し,童謡を多数創作。35年(昭和10)に歌誌「多磨」を創刊,写実一辺倒の歌壇に影響を与えた。前期の耽美的な感覚世界から後期の幽玄の境地へと発展し,詩歌の広範な領域で活躍した。詩集「水墨集」,歌集「雲母集」。

きたまえぶね [北前船] 近世後期〜明治前期に,おもに日本海航路で活動した買積廻船集団。近世前期に松前ström・蝦夷地を結ぶ近江商人に雇用され,同地と越前国敦賀を結ぶ航路を往復した運賃積の荷所船にかわり,宝暦〜天明期に荷所船から独立した買積廻船主が越前・加賀・佐渡などに出現し,大坂と松前を直接結ぶ取引を始めたもの。松前・尾大坂・瀬戸内・上方の地域市場を結び,その間の商品価格差でもうける買積形態は,領主的流通を崩しながら全国を結びつけ,近代国民市場の形成を促した。明治30年代の鉄道網の形成により衰退し,その歴史的役割を終えた。

きたむらきぎん [北村季吟] 1624.12.11〜1705.6.15 江戸前期の歌人・俳人・和学者。名は静厚。通称久助。別号は慮庵・呂庵・七松子・拾穂軒・湖月亭。近江国北村の人。祖父・父につぎ医学を修めた。はじめ貞室に,のち貞徳直門となり,「山之井」刊行で貞門の新鋭といわれた。飛鳥井雅章・清水谷実業に和歌・歌学を学んだことで,「土佐日記抄」「伊勢物語拾穂抄」「源氏物語湖月抄」などの注釈書を著し,1689年(元禄2)には歌学方として幕府に仕えた。俳諧は貞門風をでなかったが,

「新続犬筑波集」「続連珠」「季吟十会集」の撰集，式目書「埋木[うもれぎ]」「僚[いなご]」は特筆される。元隣・芭蕉・素堂らの門人を輩出したことも，俳諧史上大きな意義がある。

きたむらけ[喜多村家] 近世初期から江戸町年寄を，奈良屋・樽屋とともに代々世襲した。初代は弥兵衛，以後は彦兵衛ないし彦右衛門と称する当主が多く，本町3丁目に拝領屋敷を所有していた。町年寄のほかに1670年(寛文10)から1768年(明和5)まで神田・玉川の両上水を管理し，1670年から93年(元禄6)まで関口・小日向・金杉3ヵ村の代官も勤めた。尾張町1丁目・橘[たちばな]町1丁目などで町屋敷経営を行っていた。

きたむらとうこく[北村透谷] 1868.11.16～94.5.16 明治前期の詩人・評論家。本名門太郎。神奈川県出身。東京専門学校中退。自由民権運動に加わり大阪事件への参加を求められたが，煩悶の末，頭を剃って運動から離脱。その後キリスト教に入信，文学へ移って詩や評論などで活躍した。1893年(明治26)島崎藤村らと「文学界」を創刊，初期浪漫主義運動の指導的役割をはたし，一方プロテスタント各派と交流して反戦平和運動を展開した。著作に初期の劇詩と「厭世詩家と女性」「内部生命論」「人生に相渉るとは何の謂ぞ」などの評論があり，その基調は実世界に対して想世界・内部生命・他界などの観念を対置させることで，現実社会の止揚をはかろうとするものであった。山路愛山との人生相渉[あいわたる]論争は有名。

きたやまじゅうはっけんど[北山十八間戸] 奈良市川上町坂上にある史跡。癩患者の収容と救済を目的とし，日本最古の社会事業施設の一つとして欧米にも知られる。光明皇后の創始というが，実際は鎌倉中期頃，西大寺の僧忍性[にんしょう]が創建。1567年(永禄10)三好・松永の兵乱で焼失したが，寛文年間に旧規模に忠実に再建。鎌倉時代の遺風をよく伝える。国史跡。

きたやまどの[北山殿] 京都北山(現，京都市北区金閣寺町)にあった足利義満の邸宅。もとは1224年(元仁元)西園寺公経が造営した旧称で西園寺家の所有。1394年(応永元)12月，将軍職を嫡子義持に譲った義満はこの地を譲りうけ，97年室町殿を義持に与えて移住。以来，義満死去にいたるまで政治・文化の中心となった。義満没後まもなく寺となり，鹿苑寺[ろくおんじ]と称した。金閣寺はその遺構。

きたやまぶんか[北山文化] 室町前期に形成された文化。足利義満が京都北山に営んだ邸宅(現，金閣寺)をシンボルとするので，この呼称がある。伝統的な公家文化を摂取しながら新興の武家文化が成立しつつあった時期にあたる。漢詩文に秀でた禅僧たちによる五山文学，如拙[じょせつ]や周文[しゅうぶん]による水墨画，義満の庇護をうけて高い芸術性を獲得するに至った観阿弥・世阿弥の猿楽能などに特徴づけられる。室町中期に形成された東山文化と対をなす。

ぎだゆうぶし[義太夫節] 義太夫とも。17世紀後期に大坂で生まれた語り物で，浄瑠璃の代表的な一流派。18世紀以降は，人形浄瑠璃の語りもほとんど義太夫節で行われる。初世竹本義太夫が，大坂道頓堀に竹本座を創立して人形浄瑠璃芝居を始めた1684年(貞享元)を創始とする。義太夫以前の古流の浄瑠璃(古浄瑠璃)に対して当流浄瑠璃といった。古浄瑠璃の播磨節や嘉太夫節の長所を総合した新浄瑠璃であった。義太夫以降にも多数の名人，中興の祖が輩出したが，別の流派としては独立せず現在に及んでいる。歌舞伎の劇中で語る場合は竹本という。

きたりゅう[喜多流] 七大夫流とも。能のシテ方の一流儀。流祖の北七大夫長能[おさよし]は幼名を七ッ大夫とよばれ，はじめ金剛座に属し金剛三郎と改名。大坂夏の陣では豊臣方に加わったらしく一時閉塞するが，1619年(元和5)には金剛座に復帰して七大夫と名のる。元和末年には将軍徳川秀忠の後援を得て金剛流から独立，喜多座が成立し，江戸時代の「四座一流」の枠組みができあがる。1776年(安永5)9世古能[うの](健忘斎)のとき5番綴30冊150番の流儀の謡本が刊行されたように隆盛をきわめ，諸藩の大名の流儀は喜多流が少なくなかった。明治期以降，14世六平太能心は後援会の結成や舞台の建設，「喜多流謡曲大成」の発刊で能楽の普及に力を尽くした。

きだん[基壇] 建物の基礎用に造られた壇。建物の威厳を増し，湿潤から守る効果をもつ。通常，礎石建物の基礎を構成し，版築[はんちく]によって構築。地面をいったん掘り下げる例が多いが，直接地表に積土したり，山地を削り残した削出し基壇もある。外周の化粧material やその積み方により，凝灰岩壇正積基壇・瓦積基壇・乱石積基壇，塼[せん]積基壇などとよぶ。

きちはんたいうんどう[基地反対運動] 日本に点在する米軍基地の飛行機騒音，土地の強制使用，米軍兵士による犯罪などを糸口として，日米安全保障条約・日米地位協定の見直しを求める運動。内灘[うちなだ]・砂川・横田・嘉手納[かでな]基地をめぐるものが著名。横田の夜間騒音被害訴訟については，1994年(平成6)夜間の騒音を違法とする東京高裁判決が確定し，国は騒音被害についての賠償金を支払うことになった。翌年9月に沖縄本島でおきた米兵による少女暴行事件を契機に，沖縄県の大田昌秀知事は米軍基地の管理を国の権限外とする政府の姿勢の転換を迫った。

きちょう[几帳] 屋内を仕切るために用いる調

度の一つ。土居という台に2本の足を立てて、その上に横木をのせ、二重の横木から帳として布帷を垂らして、視線や風をさえぎるようにしたもの。高さによって、3尺几帳と4尺几帳がある。御簾の遮蔽性を高めるために、その内側に立てても利用された。平安時代の住宅で広く用いられた屏障具。

- **きちんやど　[木賃宿]**　飯米のための薪代のみで宿泊できる簡素な宿。宿泊施設の最初の形態。干飯などを持参し自炊する。湯代・薪代のみを支払うことから木賃宿といった。江戸時代には一般庶民は食事提供のある旅籠に泊まることが多く、利用者は貧困者・旅芸人・巡礼・乞食・助郷人足などであった。木賃は慶長年間には銭3文ほど。1658年(万治元)には薪代として銭6文であった。近代以降も貧困者には格好の宿泊施設として利用された。

- **きっかわもとはる　[吉川元春]**　1530～86.11.15　戦国期～織豊期の武将。毛利元就の子。毛利氏の部将として活躍。1550年(天文19)安芸国吉川氏を継承したが、以後も父元就・兄隆元に協力して毛利氏の運営に参画。71年(元亀2)元就の死後は、弟小早川隆景とともに若年の毛利輝元を補佐。この間おもに山陰方面の経略を担当。ついで織田信長軍と戦ったが、82年(天正10)講和成立ののち隠退。86年豊臣秀吉の九州出兵に参加し、豊前国小倉で病化。

- **きっさようじょうき　[喫茶養生記]**　諸病発生の要因と茶の薬効を説いた書。2巻。栄西著。1211年(建暦元)祖稿、14年(建保2)修訂再編、源実朝に献上された。第1「五臓和合門」、第2「遣除鬼魅門」がそれぞれ上巻、下巻をなす。「五臓和合門」では、五臓を五行に配当し、心臓は苦味を好むので、茶の苦味によって心臓の病を治し、五臓が調和すると説く。ついで養生のため、茶の名称・樹形・効能・採茶時期・製法を説明。「遣除鬼魅門」では、「大元帥大将儀軌秘抄」を引き、その心呪・念誦が末世の病を退散させると説く。飲水・中風・不食・瘡病・脚気からなる病の5種相の防衛とその治療法、とくに病のもととなる冷気に効く桑粥について詳述。「群書類従」「仏教全書」所収。

- **ぎっしゃ　[牛車]**　牛に引かせた車の称。古代から荷物運搬用の車もあるが、一般的には平安時代から広くみられる屋根をもつ箱形の乗用車。構造は二輪車の上に乗用部分である車箱(轅)がおかれ、下縁両側から牛を入れる轅がつく。轅は四隅に柱をたて屋形を形成し、側面には物見とよぶ窓を設ける。前後の出入口には簾を垂らし、乗降には榻という踏台を用いた。平安時代から太上天皇・東宮・摂関以下の官人、女性などに広く利用されたが、14世紀頃から儀式用のもの以外はみられなくなる。車箱の構造、外装の材質、文様などによりさまざまな名称のものがあり、乗る人の身分や公私の別によって使用する種類が定められた。

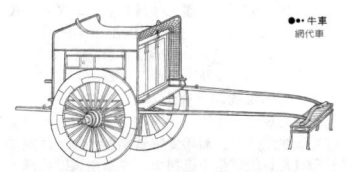

●●・牛車
網代車

- **きっしょ　[吉書]**　年始・政始・代替・改元・任初など、物事の始まりに際して儀礼的に取り扱う吉事に関する文書。平安中期頃の朝廷で年始などに天皇に文書を奏上する吉書奏が年中行事として定着し、のちに上皇・女院や中宮・東宮の年始や院庁始、摂関家や公卿などの補任や着陣などの際にも吉書が行われた。鎌倉・室町時代になると、武家も年始や将軍に任じられた直後などに吉書始を行い、室町幕府では吉書奉行に吉書を清書させた。

- **きったん　[契丹]**　10世紀初めに遼を建てたモンゴル系民族。8世紀前半のオルホン碑文にはキタイKitai、8世紀中頃のウイグル碑文では複数形のキタンKitanの名でみえる。4世紀以来、東モンゴルのシラ・ムレン川の流域で遊牧し、突厥・ウイグル・高句麗・中国に隷属していたが、10世紀初めに隣接諸族を征服し、中国北辺を領有して大契丹国を建て、のち遼と改めて2世紀にわたって君臨した。

- **ぎていしょ　[議定書]**　条約の一種。条約の修正・補足や付属書、また外交交渉・国際会議の議事・決定事項に各国代表が署名した文書。北清事変の北京議定書(1901)、国際連盟規約を補い、国際紛争の平和的処理を定めたジュネーブ議定書(1924)、満州国を正式承認した日満議定書(1932)などがある。

- **きでんたい　[紀伝体]**　中国における歴史書の叙述形式。基本的には皇帝在位中の年代記である本紀、臣下の伝記の集成である列伝から構成され、ほかに志や表などをもつものもある。正史はすべて紀伝体によっており、列伝には日本など外国の伝がたてられている場合も多い。年ごとに記事を連ねていく編年体は先秦時代からあったが、紀伝体は前漢中期の司馬遷による「史記」で創始され、後漢の班固の「漢書」で踏襲されてから正史の記述形式として定着し、中国史書の最も正統的な編纂形式となった。朝鮮でも「三国史記」が本紀・列伝・年表・志からなる紀伝体で、日本では「大日本史」が志・表を含む紀伝体の史書である。

- **きでんどう　[紀伝道]**　大学寮の四道の一つで、

漢文学・中国史を教授した学科。文章博士とょぅ2人の教授陣と、そのもとで学ぶ文章得業生とくごょぅ2人、文章生20人、擬文章生20人で構成される。大学の教科書としては、紀伝の書である三史(「史記」「漢書」「後漢書」)と、文章の書である「文選ぜん」が奈良時代から学ばれていたが、紀伝道が成立したのは9世紀中期に入ってからである。文章得業生・文章生の対応する試験は本来は秀才・進士しんの二つだったが、紀伝道の成立後は事実上秀才に一本化され、文章得業生がその正規の受験資格者として位置づけられた。文章生を選抜する文章試は式部省によって行われて省試しょうとよばれ、その受験資格者として擬文章生がおかれた。秀才試及第者は学者官人、文章生から出仕した一般官人として活躍し、ともに参議以上に昇進する者を輩出した点で、紀伝道は四道の花形であった。文章生になれなかった者にも、年爵ねんによる任官の道が開かれていた。なお紀伝道を文章道とよぶのは明治期以降の誤伝である。

きど [木戸] 古代~中世では柵・城郭といった防御施設の門をいう。戦国期の京都では町を防衛するため町境の道路上に設けられた。近世になると、各地の都市で両側町の道路の両端に設置された。木戸には番屋が付属し木戸番が居住した。木戸の機能は第一に治安維持であり、夜間と打ちこわしのような緊急時には閉ざされた。重要な町共同体施設のため町入用によって維持された。陸奥国仙台や伊予国松山などのように個別町ごとには木戸がなく、藩の出入口や武家地と町人地の境などにのみ木戸が設置されている都市もある。城下町以外の都市や都市的集落では、都市であることの象徴としての役割も担った。なお芝居小屋の出入口なども木戸という。

ぎどうしゅうしん [義堂周信] 1325.閏1.16~88.4.4 南北朝期の禅僧。別号空華くう道人。土佐国生れ。俗姓は平氏。はじめ比叡山で台密を学ぶが、17歳で夢窓疎石そせきに参禅、のち法を継いだ。1359年(延文4・正平14)足利基氏もとぅじの招きで鎌倉円覚寺に住し、71年(応安4・建徳2)上杉氏に請われて報恩寺(現、廃寺)の開山となる。80年(康暦2・天授6)足利義満の命で帰京。建仁寺・等持院に住し、86年(至徳3・元中3)南禅寺住持。義堂の意見により南禅寺は五山の上におかれた。絶海中津ぜっかいちゅうしんと五山文学の双璧と称された。「貞和類聚祖苑聯芳集」「義堂和尚語録」や、漢詩文集「空華くう集」、日記「空華日用工夫略集」などがある。

きとうぼうきょうじちせいふ [冀東防共自治政府] 中国河北省通州に成立した日本の傀儡かい政権。塘沽タン協定以後、華北分離工作を推進していた関東軍は、1935年(昭和10)11月奉天特務機関長土肥原賢二少将の主導で、非武装地帯に非戦区督察専員殷汝耕いんじょこうを政務長官に擁立し、冀東防共自治委員会を設置した。当初、冀察政務委員会との連合案もあったが、12月25日、冀東防共自治政府として独立政権の形をとった。38年2月中華民国臨時政府に合流。

きどこういち [木戸幸一] 1889.7.18~1977.4.6 昭和期の重臣・官僚政治家。木戸孝允たかの養嗣子孝正の長男。東京都出身。京大卒。農商務省に入省し、1930年(昭和5)内大臣秘書官長に採用される。西園寺公望きんもち・牧野伸顕のぶあきら宮中・側近グループの知遇を得る一方、近衛文麿・原田熊雄ら革新貴族や鈴木貞一ら革新派軍人と交わる。37年第1次近衛内閣に文相として入閣、初代の厚相を兼任したのち厚相専任となる。平沼内閣には内相として残留し、近衛と平沼の連絡にあたり、近衛新党運動にもかかわる。40年内大臣に就任、重臣会議の幹事役として首班選考にたずさわり、陸軍軍人による陸軍制御を期待して東条内閣の成立に関与したほか、昭和天皇の秘書長役として活動した。太平洋戦争中は東条内閣を支えたが、戦争末期には終戦促進に動いた。戦後A級戦犯容疑者として終身刑判決をうけたが、55年仮釈放された。

きどたかよし [木戸孝允] 1833.6.26~77.5.26 幕末期の萩藩士、明治期の政治家。本姓和田、旧名桂小五郎、号は松菊。吉田松陰に兄事し、江戸の斎藤弥九郎道場に学ぶ。萩藩の尊攘派を指導する一方、藩外の開明派とも親しく、8月18日の政変後も京都で萩藩の孤立回避に努めたが、禁門の変後但馬出石いずしに逃れた。1866年(慶応2)西郷隆盛らと薩長連合を密約、翌年秋に西郷・大久保利通と倒幕出兵を策した。維新後参与をへて70年(明治3)参議となる。長州閥・開明派の巨頭として版籍奉還・廃藩置県など一連の改革にあたり、岩倉遣外使節団には全権副使として参加。明治6年の政変では内治優先論をとった。翌年台湾出兵に抗議して下野、75年大阪会議で立憲制確立を条件に参議に復帰。しかし大久保への権力集中は改まらず、翌年参議を辞任した。

きない [畿内] 「うちつくに」とも。古代の行政区分。現在の近畿地方の中央部にあたる。山城・大和・河内・和泉・摂津の各国が所轄。646年(大化2)の改新の詔で四至の地点を示すかたちで畿内が規定された。中国の王畿の制の影響をうけて、大和政権の存在した大和盆地とその周辺を特定地域として設定。その後、令制の国の成立によって、畿内は大倭やまと・山背やましろ・河内・摂津の4国から構成されて四畿内とよばれ、757年(天平宝字元)の和泉国設置以後、五畿内(五畿)とよばれた。律令制度で

きねんさい [祈年祭]

「としごいのまつり」とも。「とし」は穀物のみのりを意味し、その年の稲の豊穣をすべての神々に祈願する祭。神祇官登録の全官社に神祇官で班幣するもので、律令国家形成とともに成立した律令制祭祀の一つ。2月4日に行われた。唐の祈穀郊祀の影響も考えられる。798年(延暦17)には国司班幣が始まり、官幣と国幣にわかれた。「延喜式」神名帳では3132座に班幣されている。成立以来重視されていたが、10世紀初頭には衰えはじめ、応仁・文明の乱で廃絶。1869年(明治2)伊勢神宮で再興。現在、伊勢神宮では2月17日に五穀の豊穣を祈念して、神饌を供える大御饌の儀が、勅使が参向する奉幣の儀が行われる。

きのくにやぶんざえもん [紀伊国屋文左衛門]

1669?〜1734.4.24 江戸前期の江戸の豪商で大尽として有名。紀伊国生れ。伝記は不明なことが多く文学的逸話に富む。紀州みかんを江戸に回漕して利を得たのをはじめとし、貞享年間江戸に進出して材木商として活躍した。火災や寺院建立の建築ラッシュにのり繁栄をきわめ、勘定頭荻原重秀らと結び、上野寛永寺の用材を提供して巨利を得た。この間、俳人の其角や画家の英一蝶らをつれ、吉原で豪遊した話は有名。経営は投機的で、しかも幕閣と結託していたため、柳沢吉保らの引退と材木の焼失により正徳年間には廃業、隠居生活に入った。

きのしたじゅんあん [木下順庵]

1621.6.4〜98.12.23 江戸前期の儒学者。名は貞幹、字は直夫。順庵・錦里・敏慎斎・薔薇洞と号す。恭靖は私諡。京都生れ。松永尺五に学び、一時江戸に遊学する。帰洛後、加賀国金沢藩主前田利常に仕える。1682年(天和2)幕府の儒官となり、将軍徳川綱吉の侍講を勤める。その間、「武徳大成記」をはじめとした幕府の編纂事業に携わり、林鳳岡や林門の人々とも交わる。朱子学を基本とするが、古学への傾きも示す。新井白石・室鳩巣・雨森芳洲・祇園南海・榊原篁洲・南部南山・松浦霞沼・三宅観瀾・服部寛斎・向井三省ら「木門十哲」とよばれる逸材を輩出した教育者として特筆される。著書「錦里先生文集」。

きのしたなおえ [木下尚江]

1869.9.8〜1937.11.5 明治・大正期のキリスト教社会主義者・小説家。長野県出身。東京専門学校卒。郷里で新聞記者となり受洗。中村太八郎らと普選運動などに従事したのち、上京して「毎日新聞」記者となり、足尾鉱毒問題で活躍。社会民主党結成や平民社の活動にも参加、日露戦争前夜には「火の柱」など反戦小説を執筆した。平民社解散後は月刊誌「新紀元」を創刊、東京市電値上反対事件に関係したが、母の死などから運動の第一線を離れた。

きのつらゆき [紀貫之]

?〜945 平安前・中期の歌人・日記文学作者。三十六歌仙の1人。望行の子。宮廷文芸としての和歌の復興の気運のなかで歌壇に登場。905年(延喜5)紀友則・凡河内躬恒・壬生忠岑らとともに「古今集」の撰者をつとめ、優れた歌論でもある仮名序を記した。「古今集」に最多の102首をのせるほか、勅撰集入集は450首以上。歌合・屏風歌といった公的な詠進歌が多く、歌壇の第一人者として認められていた。930年(延長8)土佐守として赴任。その帰途をつづったのが「土佐日記」で、日記文学のみならず仮名文学全般の発展に多大の影響を与えた。家集「貫之集」。その他の作品に「大井川行幸和歌」の仮名序、「新撰和歌」の撰定と真名序など。

きのとものり [紀友則]

生没年不詳。平安前期の歌人。三十六歌仙の1人。有友の子。紀貫之の従兄弟。「後撰集」の藤原時平との贈答歌によれば、40歳まで無官であった。貫之らより一世代上の歌人。歌合でも活躍し、貫之・凡河内躬恒・壬生忠岑とともに「古今集」の撰者となった。ただし「古今集」中に貫之と忠岑の友則追悼歌があり、撰集途中あるいは直後に没したか。「古今集」には貫之・躬恒につぐ46首がのる。勅撰集入集は65首。家集「友則集」。

きのなつい [紀夏井]

生没年不詳。平安前期の官人。善岑の子。豊城の異母兄。長身の美男と伝えられ、雑芸・医薬に通じ菅原道真や島田忠臣らとも親交があった。隷書の達人で、文徳天皇に重用され、850年(嘉祥3)少内記から右中弁に昇進。文徳没後赴任した讃岐では、善政により百姓らが任期延長を朝廷に懇願した。866年(貞観8)応天門の変で豊城に縁坐し土佐へ配流の折も、任国肥後の百姓が悲しんだという。

きのはせお [紀長谷雄]

845〜912.2.10 平安前・中期の公卿・文人。貞範の子。字は寛。紀納言と称される。名は長谷男。図書頭・文章博士・大学頭などをへて、902年(延喜2)参議、911年中納言に進んだ。最高位は従三位。醍醐天皇の侍読と。都良香や菅原道真に師事し、「菅家後集」の編纂にもたずさわったほか、自詩文集に「紀家集」がある。和歌も「後撰集」に入集。「長谷雄卿草紙」「江談抄」「今昔物語集」に彼にかかわる説話がみえる。

きば [木場] 貯木場のこと。江戸時代以前の木場では山城国木津川の木津、鎌倉の材木座などが有名。江戸時代に木材流通が盛んになり、日本各地に成立。出羽国能代(秋田杉)、尾張国熱田の白鳥(木曾檜)、紀伊国新宮(吉野北山杉)、江戸深川、大阪の立売堀などがある。運送される河川の河口付近、海運による集散地、木材の消費都市にでき、材木問屋・仲買の商人が存在した。

きばな [木鼻] 寺社建築などで隅柱から突出する頭貫などの装飾的な端部。鎌倉時代に大仏様・禅宗様とともに中国からもたらされ、のち和様にも用いられた。大仏様・禅宗様それぞれに特有の繰形や絵様がつき、時代とともに変化した。近世には象や獅子などの丸彫り彫刻を別木で造って柱へとりつける懸鼻も多い。

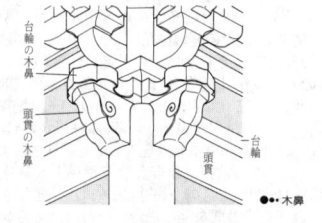

●●‥木鼻

きばみんぞくせつ [騎馬民族説] 第2次大戦後、江上波夫によって提唱された学説。これによれば3世紀末から4世紀初めにかけて、東北アジア系の騎馬民族である扶余族が朝鮮半島から九州に渡来して征服し、第1次建国を行って成立したのが崇神王朝であるとする。この王朝は5世紀初めに九州から畿内へ移動し、倭人を征服して第2次建国を行い、応神王朝が成立したという。天皇の諡号や畿内の後期古墳から馬具が集中的に現れることなどをその証拠とする。古墳文化の連続性なども、考古学的な点で疑問も多いが、日本における国家の形成を外的要因から捉えようとした点で画期的である。また日本古代の民族・言語・神話など文化的諸要素の特質の解明にも示唆を与えるものが多い。

きびうじのはんらん [吉備氏の反乱] 吉備氏による5世紀の反乱伝承。吉備の諸豪族は、椿井大塚山古墳出土鏡と同笵の三角縁神獣鏡をもつ湯迫車塚古墳の存在や、日本武尊の従者であった吉備武彦など、比較的大和王権に対し協力的だったことが知られている。だが5世紀後半の雄略朝には、むしろ反乱伝承が多い。『日本書紀』雄略7年、吉備下道臣前津屋は天皇に不敬を行ったため物部の兵士に滅ぼされ、妻の稚媛を雄略に奪われた吉備上道臣田狭も任那で反し、派遣された田狭の子の弟君も田狭に通じたので、その妻に殺された。さらに雄略没後、稚媛が生んだ星川皇子も皇位をのぞみ、上道臣一族がこれを支援したので、大伴室屋らにより滅ぼされたという。これらを事実の反映とする説もあるが、大和王権の全国平定を強調する『日本書紀』の編纂姿勢、とくに物部・大伴氏らにより造作されたとする説もある。

きびつじんじゃ [吉備津神社] 一品吉備津宮とも。『延喜式』では吉備津彦神社。岡山市吉備津に鎮座。式内社・吉備国総鎮守・備中国一宮。旧官幣中社。祭神は孝霊天皇の皇子大吉備津彦命。852年(仁寿2)官社に列し四品が授けられ、940年(天慶3)には一品。中世、神祇官を本所に仁和寺を領家とし、室町時代には備中守護を社務職に守護代を社務代職に補任して社領は守護請になった。近世、160石の朱印地のみに削減されたが、これをめぐる社家・社僧間の相論で敗訴した社僧は当社から撤退した。例祭は5月と10月の第2日曜日。本殿・拝殿は国宝、南北随身門は重文。温羅退治神話にかかわる鳴釜神事が知られる。

きびないしんのう [吉備内親王] ?〜729.2.12 北宮とも。長屋王の正室。草壁皇子の女。母は元明天皇とされている。膳夫王・桑田王・葛木王・鉤取王らをもうける。715年(霊亀元)所生の王子女は皇孫扱いになる。724年(神亀元)三品から二品に昇る。729年(天平元)長屋王の変で膳夫王ら4人の子と自殺し、長屋王とともに生駒山に葬られる。近年のいわゆる長屋王家木簡には家政機関に関する木簡があり、注目される。

きびのくに [吉備国] 律令制以前の吉備地方の古称。律令制下の美作・備前・備中・備後4国を包摂する地域で、現在の岡山県と広島県東部にあたる。大伯・上道・三野・下道・加夜・笠臣・吉備中県・吉備穴・吉備品治・波久岐などの国造が知られ、畿内に匹敵する巨大古墳が存在することから、古くから発展し大きな勢力を形成していたと考えられる。7世紀後半には吉備総領・吉備大宰の地方官名が知られ、吉備総領の任命は700年(文武4)までみられる。天武〜持統朝頃に吉備国は三分され備前(のち美作が分国)・備中・備後国が成立する。その後も大宝令で筑紫の大宰府以外の大宰・総領が廃止されるまでは、吉備として一括され広域的管轄がなされたと思われる。

きびのまきび [吉備真備] 693/695〜775.10.2 奈良時代の公卿・学者。父は下道朝臣圀勝の

朝臣に改姓。717年(養老元)遣唐使とともに入唐し,734年(天平6)留学僧玄昉らと帰国。翌年入京して「唐礼」「大衍暦」などの書籍やかずかずの宝器を将来し朝廷に献上,正六位下となる。玄昉の推挙によって右衛士督となるが,740年藤原広嗣らによって除かれそうになった(藤原広嗣の乱)。皇太子阿倍内親王(孝謙天皇)の春宮大夫兼学士を勤めたが,孝謙即位後は一時筑前守に左遷された。751年(天平勝宝3)遣唐副使に任命され,帰国後大宰大弐として怡土に城を造るなど,緊張した東アジア情勢をふまえた防備充実に尽力した。恵美押勝仲麻呂の乱後,正二位大臣。称徳天皇(孝謙重祚)没時には天武天皇の孫文室浄三ふんや,大市王の即位をはかるが,成らず。逸話が多い。「吉備大臣入唐絵巻」(ボストン美術館)が現存。

きびょうし [黄表紙] 草双紙を分類するときの文学史用語。『金々先生栄花夢』が刊行され,それ以前の青本の流れに一石を投じた1775年(安永4)から,草双紙における合巻様式成立に大きな影響を与えたとされる『雷太郎強悪物語』刊行の1806年(文化3)までの約30年間に刊行された草双紙。料紙に渋返し紙を用いて5丁を1冊に綴じわけ,萌黄色の表紙に絵題簽を付けるのが基本的な形態。上質の料紙を用い,1冊に綴じ薄水色の表紙を掛けた上に,多色摺の上袋で包んで売り出された袋入とよばれる豪華装丁本もある。代表的な作者は恋川春町・朋誠堂喜三二・山東京伝・曲亭馬琴・十返舎一九・式亭三馬らがいる。

ぎふけん [岐阜県] 中部地方の西部に位置する内陸県。旧美濃・飛驒両国を県域とする。幕末には美濃国に大垣・高富・郡上・岩村・苗木・加納・大垣新田の諸藩がおかれ,飛驒一国は幕領であった。1868年(明治元)美濃に今尾藩が立藩。同年両国の旧幕領に笠松裁判所がおかれたが,すぐに笠松県となり,飛驒国は飛驒県(高山県と改称)となる。旧幕末大垣新田藩は野村藩と改称。71年廃藩置県後の11月高山県は信濃の筑摩県に編入され,美濃の諸県は統合されて岐阜県となった。76年筑摩県の廃止により飛驒3郡を岐阜県に編入して現県域が定まった。県庁所在地は岐阜市。

きふどう [黄不動] ⇨園城寺不動明王像おんじょうじふどうみょうおうぞう

ぎへいうんどう [義兵運動] 日本の侵略に対する朝鮮在野勢力による武装闘争。初期義兵は日清戦争以後の日本の内政干渉を背景とし,直接には1895年(明治28)の閔妃殺害事件や断髪令などを契機としておこった。96年国王高宗がロシア公使館に脱出し,日本勢力が後退

したため解散した。後期義兵は日本の韓国保護国化を契機としておこり,1907年に韓国軍の解散によって戦闘力が強化されると,全国に拡大した。初期義兵が儒者中心であるのに対し,後期義兵は軍隊出身者中心であった。日本軍は焦土戦術によって弾圧し,09年には大規模な掃討を行い勢力を衰退させた。義兵はやがて中国東北部に移動してゆく。

きへいたい [奇兵隊] 幕末・維新期の長門国萩藩でうまれた軍事組織。高杉晋作が1863年(文久3)6月に下関で編成したのが最初。士庶混成の編成と幹部クラスの会議所による合議体制が特徴で,洋式化された藩軍制のなかに組み込まれ,正規兵に対して奇兵と称された。ほかの洋式部隊とともに諸隊とよばれ,その象徴的存在でもあった。隊は武士的理念で支えられ,65年(慶応元)中には定員400人であった。藩改革派の軍事的基盤となり,藩内戦や第2次長州戦争,さらに戊辰戦争で活躍したが,維新後の集権的な常備軍編成の動きに反発し,69年(明治2)11月,他の諸隊とともに脱隊騒動をおこし,維新政府は農民一揆との結合を恐れ,徹底的に弾圧した。

きみ [君] 公とも。古代のカバネの一つ。本来は自己の仕える主人の尊称で,豪族の首長の尊称であった。君姓をもつものには,大三輪君のような中央豪族もいるが,上毛野君・下毛野君・火君・大分君・胸形君のような国造級の地方大豪族,伊勢飯高君・犬上君・吉備品遅君・磐梨別公のような畿内周辺の中小豪族の例が多い。684年(天武13)八色の姓の制定に際して,守山君・路公など13氏に真人姓,大三輪君・鴨君など11氏に朝臣姓を賜与した。このときに賜姓にあずからなかった者はそのまま・公姓を名のり,759年(天平宝字3)君姓の者は「公」の字を使用させることにしたが,その後も君・公姓はともに存続した。

ぎみん [義民] 義のために一身を犠牲にしてつくす人。とくに百姓一揆の頭取として処刑された人物をさす。ただし最近では,刑死しなくても義民になった事例が明らかにされている。義民伝承は長い間に親から子へと「御霊」や「農神」として伝えられ,伝承にもとづき筋書きのある物語が作られるようになった。もっとも典型的な義民とされる佐倉惣五郎の物語など,物語の多くは18世紀後半に各地でつくられた。明治期には自由民権運動のなかでさかんに義民顕彰が行われ,義民観が確立した。磔茂左衛門・松木長操・多田加助などが有名。

ぎむきょういくせいど [義務教育制度] 子供・青年の一定期間の学校への就学を保護者に義務づける制度。期間,学校の程度は各国の歴

史的条件により異なる。万人に教育を施す理念は宗教改革において登場し、絶対主義国家の成立のなかで民衆教化政策として現実化する。日本では児童の就学について、1872年(明治5)の学制、79年の教育令で父母・後見人の責任とされ、86年の小学校令で「父母後見人等ハ其学齢児童ヲシテ普通教育ヲ得セシムルノ義務」とされたが、法体系として義務教育制度が成立したのは1900年の小学校令である。就学年限は07年の小学校令改正で4年から6年に、41年(昭和16)の国民学校令で初等科6年、高等科2年の8年に延長された。第2次大戦後は47年の教育基本法・学校教育法で、9カ年の義務教育制が確立した。戦前は、国家(天皇)とその富強化に寄与するという観念であったのに対し、日本国憲法第26条では国民の教育をうける権利(学習権)を実現するための義務教育であることが明示され、国家・地方公共団体がはたすべき義務が想定されている。

きむらしげなり [木村重成] ?〜1615.5.6 織豊期〜江戸初期の武将。通称長門守。豊臣秀頼に仕え、1614年(慶長19)大坂冬の陣で籠城。同年12月秀頼の使者として徳川方との和睦に臨み、徳川秀忠の誓書をうけとる。翌年夏の陣で、5月6日大坂城外の若江で井伊直孝と戦い敗死した。正確な史料は少なく、紀伊国猪垣村の地侍の子とも、木村常陸介の子ともいわれる。

きむらひさし [木村栄] 1870.9.10〜1943.9.26 明治〜昭和前期の天文学者。石川県出身。東大卒。1899年(明治32)に岩手県の水沢緯度観測所所長となり、国際共同緯度観測事業に従事、1941年(昭和16)までその職にあった。1902年に同所で観測された結果に、緯度変化の計算式でZ項(木村項)を加えるべきことを発見。万国天文学同盟会緯度変化委員会委員長、万国共同緯度観測事業の中央局長として国際的に活躍した。学士院賞・文化勲章をうけた。

きもいり [肝煎] 肝入ともに。世話役・支配役・斡旋役の意味で、江戸時代には広く用いられた。(1)江戸幕府の職制。同職の頭として職務を取り扱い、高家肝煎・小納戸肝煎・普請方同心肝煎・寄合肝煎などがある。(2)江戸時代の村役人。庄屋・名主の名。江戸初頭には1村の長を肝煎と称する地域があったが、しだいに庄屋・名主の呼称が広く用いられるようになった。しかし盛岡・仙台・一関・中村・会津・秋田・亀田・鶴岡・米沢など東北地方の各藩では江戸時代を通じて用いられ、大庄屋は大肝煎とよばれた。東北地方でも庄屋・名主の呼称は用いられているが、石高が大きく、江戸初頭から領主が交代していない藩では肝煎の呼称が多い。

きもんがくは [崎門学派] 闇斎学派・敬義学派とも。江戸前期の儒学者山崎闇斎を学祖とする朱子学の一流派。闇斎は、朱子学一尊主義の立場から、朱子の学説を遵奉して異説を排するとともに、朱子の思想・倫理規範を日常生活のなかで敢然に実践することを課題とし、厳格な道徳主義を徹底した。これが「道学先生」といわれる理由である。後年、闇斎は吉川惟足から神道の伝授をうけ垂加神道を提唱し、学派は純儒学と神儒兼学の2派にわかれたが、前者が主流で、佐藤直方派・浅見絅斎派・三宅尚斎派の崎門三傑を輩出した。師説が厳格に継承されていった結果、江戸時代を通じて独自の学問を形成し、のちの政治・道徳思想に大きな影響を与えた。

きゃく [格] 律令の規定を修正したり補足するため制定される単行法、ないしそれを編纂した法令集。中国の隋・唐では律令と同時に格も編纂されたが、日本では編纂が遅れ、9〜10世紀初頭に弘仁格・貞観格・延喜格のいわゆる三代格が編纂された。その際に単行格としての当初の形が変更される場合があった。体裁は式と同じく官司ごとに分類されたが、現在は弘仁格の目録が「弘仁格抄」として伝わるのみ。ただし内容は11世紀の「類聚三代格」や諸書所引の逸文から知られる。

ぎゃくしゅ [逆修] 仏教用語では順修の対として、修行に背き、迷見にとらわれて真理に遠ざかること。一般的には、「灌頂経」や「地蔵菩薩本願経」の説にもとづき、生前にあらかじめ死後の菩提に資すべき善根功徳を修することをいい、預修ともいう。仏事正当の日をくりあげて仏事を修すること、位牌や石塔の戒名に朱書すること、若く死んだ者のために年長者が冥福を祈り仏事を修することなどもいった。

ギヤドペカドル キリシタン版の一つ。1599年(慶長4)長崎コレジヨで刊行。国字本。2巻。原著は1555年リスボンで刊行されたカトリック思想界の代表的著作で、ドミニコ会士ルイス・デ・グラナダ著。原題「Guia do Pecador」は「罪人の導き」の意。聖書や教父らの著作からの引用が多い。著名なキリシタン文学。「日本古典全集」所収。

きゅうかくじょう [久隔帖] 最澄の書いた現存唯一の書簡。「久隔清音」の句で始まることからこの名がある。最澄が、高雄山寺(現、京都市神護寺)の空海のもとにいた門弟の泰範にあてたもので、813年(弘仁4)11月25日の日付がある。内容は、空海が40歳を賀してみずから作った詩が示されたことに対し、その中の「法身礼図」などの大意を問いただすとともに、最澄が和詩を贈るために必要な「釈理趣経」な

どの借覧を泰範を通じて空海に依頼したもの。その書は清冷にして純粋，気品が高く，王義之(おうぎし)の「集字聖教序」を学んだことがうかがえ，宗祖にふさわしく澄敞(ちょう)とした美しさをもつ。奈良国立博物館保管。縦29.4cm，横55.2cm。国宝。

きゅうかこくじょうやく [九カ国条約] ワシントン会議の場でとりきめられた中国問題に関する条約。1922年(大正11)アメリカ，イギリス，日本，フランス，イタリア，ベルギー，ポルトガル，オランダ，中国の9カ国が調印。アメリカの門戸開放政策を背景に，中国の主権・領土の尊重，中国における商工業上の機会均等，勢力範囲の設定禁止などを確認したが，日本の満蒙権益のような既得権を対象外とし，また条約違反に対する制裁条項も欠いていた。同条約にもとづいて石井・ランシング協定も廃棄された。日本は満州事変以降，同条約違反を重ね，日中戦争後には同条約を事実上破棄した。

きゅうじ [旧辞] 「古事記」編纂材料の一つ。同書序文は「本辞」「先代旧辞」とも記し，「帝紀(き)」と並んで登場する。内容については系譜的記事と考えられる「帝紀」部分を「古事記」から除いた，神話や説話といった物語的なものとみなす説が有力である。また神代巻であったとする見方もあるが，どちらも十分な根拠をもつものではない。成立年代も明らかではないが，大王権力の強化が図られた6世紀中頃とする説が有力。

きゅうしゅうぜめ [九州攻め] 1587年(天正15)豊臣秀吉が島津氏を破り，九州を平定した戦。日向耳川の戦で，島津氏に圧迫された大友氏に救援を依頼された秀吉は，島津氏に講和をすすめたが不調に終わった。島津氏は86年12月12日，戸次(べっき)川の戦で勝利してほぼ豊後全土を制圧。87年3月，秀吉は九州へ進発し，みずからは肥後路，弟秀長は日向路に軍を進め，4月1日筑前秋月氏の巌石(がんじゃく)城を落とし，17日，日向根白坂で島津義久を破った。戦意を失った義久は，剃髪して秀吉の本陣である薩摩国川内(せんだい)泰平寺を訪れ降伏。秀吉は薩摩を義久，大隅をその弟の義弘に安堵。帰路，筑前国箱崎で論功行賞を行い，豊後を大友義統(よしむね)，筑前を小早川隆景，肥後を佐々成政に与えた。

きゅうしゅうたんだい [九州探題] 室町幕府の九州統治の責任者。はじめは鎮西大将軍や鎮西管領とよばれた。九州から反攻する足利尊氏が，1336年(建武3・延元元)一色範氏(道猷(どうゆう))を残したのが始まり。10年後，子の直氏が下向して権威を拡大したが，少弐(しょうに)・大友・島津氏の勢力が大きく，足利直冬(ただふゆ)・征西将軍宮懐良(かねよし)親王の下向による南朝勢力も伸長し，範氏は20年ほどで九州を退去。この間一時，直冬が鎮西探題を勤めた。のちの斯波氏経・渋川義行も成果をみなかったが，71年(応安4・建徳2)今川貞世(さだよ)(了俊)は南朝方を制圧して九州統治にあたった。95年(応永2)了俊解任後は渋川満頼以下代々渋川氏が任じられたが，北九州の一勢力にとどまった。

きゅうしゅうてつどう [九州鉄道] 1887年(明治20)1月，福岡・佐賀・熊本・長崎の各県知事，地元有力者の主唱で発起計画された私設鉄道。89年博多―千歳川間が開業，91年までに門司―熊本間を開業。その後，路線延長をはかるとともに，筑豊興業・豊州・唐津・伊万里などの諸鉄道を合併・買収し，北九州での独占的な地位を築き，筑豊など諸炭田の石炭輸送を担った。1907年政府に買収された。

きゅうじん [旧人] 古型ホモ・サピエンスという。人類進化の段階のうち原人と新人との中間の段階をさす。時代はおよそ20万年前から3万5000年前まで。脳容積は現代人に匹敵する1500cc前後だが，眼窩(がん)上隆起が発達し，脳頭蓋が低く，下顎に頤部(いぶ)が形成されていないなど，部分的に原人に似た形態をもつ。ヨーロッパのネアンデルタール人やラシャペロオサン人，アフリカのカブウェ人やンガロバ人，西アジアのシャニダール人やアムッド人，中国の大荔(れい)人や馬壩(ば)人，インドネシアのソロ人などがこれに属する。鋭い刃をもつ剥離(はくり)石器をつくり，死者の埋葬も行っていたが，壁画や装身具は残していない。

きゅうせいぐん [救世軍] プロテスタント協会の一派。イギリスのメソジスト派の牧師W.ブースが1865年ロンドン東部の貧民地区で伝道に着手，のち東ロンドン伝道会と称し，77年に救世軍と改め軍隊的な制度・組織を採用。日本救世軍は，95年(明治28)E.ライト大佐が最初の日本救世軍司令官として来日したときに創立され，「ときのこえ」を創刊。翌年山室軍平(ぐんぺい)を日本人最初の救世軍士官に任命。貧民・労働者に対する伝道，廃娼・禁酒などの社会改良運動を行い，社会事業の開拓者的役割をはたした。第2次大戦中は日本基督教団に強制加入，現在は宗教法人救世軍。

きゅうせっきぶんか [旧石器文化] イギリスのJ.ラボックが命名した旧石器時代の文化をいう。前・中・後期の3期に区分される。約200万年前から1万年前まで続き，考古学的には土器が出現する以前の時代。この文化の荷担者は人類学上では猿人・原人・旧人・新人の順に交替する。地質学上は更新世に属し，絶滅動物が多い。代表的遺物は石器で，石核(かく)石器・剥片(はくへん)石器・石刃(せきじん)石器がある。石器とともに出土する化石人骨や化石動物と一緒に研究されるのがふつうだが，日本では化石人骨

と石器が伴出した例はなく、化石動物が伴った例も乏しいため、旧石器文化研究は主として石器によって行われている。炭素年代測定によると岩宿下層以後の文化の上限は約3万年前とされており、これ以前を前期旧石器、以後を後期旧石器とよぶことがある。日本の前期旧石器文化がどこまでさかのぼるか、どのような変遷をたどったかは今後の研究課題である。後期旧石器文化は、広域火山灰を鍵層とする編年によると、ナイフ形石器以前、ナイフ形石器、ナイフ形石器以後の3段階に区分される。日本では1万2000年前頃(炭素年代)から細石器や土器が使用され始め、世界史的にいえば中石器時代的様相をおびる。最近は日本の旧石器文化を岩宿文化とよぶこともある。

きゅうちゅうこもんかん [宮中顧問官] 1885年(明治18)太政官達68号によって内大臣・内大臣秘書官とともに設置された勅任の官職。定員は15人以内で、帝室の典範・儀式に関する諮詢に意見をのべ、内大臣が議事を総轄した。97年の官制改正により先の職掌を廃止し功労者を任ずるとした。1907年には宮内省官制で勅任名誉官として宮中顧問官25名をおくとした。はじめから名誉職的な色彩が強く、45年(昭和20)11月内大臣府官制廃止により廃官となった。

きゅうちゅうぼうじゅうだいじけん [宮中某重大事件] 1920〜21年(大正9〜10)におこった皇太子(裕仁)妃決定をめぐる政治的紛争。1919年久邇宮邦彦王の長女良子が東宮妃に内定したが、翌年良子生母の実家島津家に色盲の遺伝があることが判明。婚約辞退を要望する枢密院議長山県有朋ら元老や宮内相と、婚約解消に反対する久邇宮家や東宮御用掛杉浦重剛らの間に対立が生じた。このことが漏洩したため頭山満・内田良平・北一輝ら右翼による山県攻撃が展開され、薩派が久邇宮家を支持するなど政治問題へと発展した。21年2月宮内省は皇太子妃内定変更なしと発表、中村雄次郎宮内相の引責辞任により事件は落着した。

きゅうでん [給田] 中世、荘園領主が荘官や荘園経営にかかわる特定の職人などに給付した田地。年貢・公事とも免除され、給田所有者の収入となった。荘官には預所給・下司給・公文給・地頭給があり、職人には鍛冶給・番匠給・絵所給などがあった。経営は給主自身が下人・所従を使って耕作する場合と、農民に作請させる場合があった。当初名主には与えられなかったが、南北朝期以降、年貢徴収などの荘官的役割が重視されるようになると、一部荘園で名主給もみられる。

きゅうにん [給人] 一般化していえば経済的な恩典を支給された人。平安時代以降、公武社会で長く用いられた。給主ともいう。公家社会では、年給を賜って、叙位・任官者を推挙し、それに伴う経済的利益をえた人のこと。荘園・公領では、公文・下司・地頭など、職務に対する経済的保障として給田を支給された人のこと。将軍や大名から給地(知行地)を支給された武士も給人という。戦国期は、給人の給地に対する支配権が強かった。江戸時代の武士は、将軍・藩主から知行地をあてがわれる場合と、禄米を支給される場合があり、知行地を給与された武士を給人とよび、地頭ともいった。上・中級武士に多かったが、しだいに禄米支給に切り替えられた。

きゅうやくじょう [己酉約条] 慶長条約とも。1609年(慶長14)朝鮮王朝と対馬島主宗氏との間で結ばれた条約。己酉は成立年の干支。15世紀以来の朝鮮・対馬間の諸約条に準拠し、日本から朝鮮へ渡航する使者の資格や船、接待に関して定めたもの。これにより対馬は朝鮮との貿易を再開したが文禄・慶長の役による関係断絶後だけに、国書形式にきびしい制約が設けられ、対馬から朝鮮への島主歳遣船は20隻に限定された。その後対馬国府中藩では各種の名目で渡航船の増加を図るが、明治初期、外務省が同藩の外交業務を接収するまでは、効力をもっていた。

きゅうよう [球陽] 琉球王朝の編年体の正史。原文は漢文。球陽は琉球の雅名。正巻22巻・付巻4巻と、編年体に配列できない昔話や伝説類を収めた外巻「遺老説伝」3巻からなる。1745年鄭秉哲ら4人により14巻までが編纂された。その後は王府の系図座で編集が続けられ、1876年(明治9)の頃で終了。内容は王家・国事に関することがらや、天地万物・異変現象・善行美談など多岐にわたる。

きゅうりきのうれい [旧里帰農令] ⇨ 人返しの法

きょういくいいんかい [教育委員会] 都道府県・市町村など地方公共団体の教育行政機関。1948年(昭和23)教育委員会法にもとづいて設置。教育長と事務局、公選の教育委員(任期4年、3〜5人)の合議制で運営され、学校教育、社会教育、文化・スポーツなど自治体の教育関係のことを管理・執行する。第2次大戦前の官僚的・中央集権的な教育行政を改め、公正な民意と地方の実情に即した自主的な教育行政(民主化・地方分権化)を期待するものであった。しかし広範な反対世論を押し切って、56年「地方教育行政の組織及び運営に関する法律」(地方教育行政法)が制定された。公選制は地方公共団体の首長による任命制に改められ、文部大臣の監督権、学校・教職員の上からの管理統制を強めている。

きょういくきほんほう [教育基本法] 日本国憲法の精神にもとづき,第2次大戦後の教育の根本理念を確定した法律。1947年(昭和22)3月31日公布。教育の根源を個人の尊厳,真理と平和の希求におき,教育を国民みずからのものとするという民主主義教育の理念を明示した。戦後教育改革全般を審議した教育刷新委員会の建議にもとづいて法案を作成。前文と11条からなり,前文では憲法の理想の実現を教育に求め,各条では教育の目的,教育の方針,教育の機会均等,義務教育,男女共学,学校教育,社会教育,政治教育,宗教教育,教育行政,補則を定めた。以後の教育法令はすべて本法に則ることとされたが,その後の教育行政や教育立法については,本法に適合しているか否かなど問題となることも多い。

きょういくさっしんいいんかい [教育刷新委員会] 1946年(昭和21)に発足した首相直属の教育政策審議機関。第2次大戦後,アメリカ教育使節団に協力した日本側教育家委員会を母体に,教育改革全般を調査・審議した。49年教育刷新審議会と改称し,52年中央教育審議会の設置とともに廃止された。委員は各界を代表する約50人で構成されたが,初代委員長安倍能成ぁべよししげ,副委員長南原繁ら自由主義的な教育関係者が多数を占めた。CIE(GHQ民間情報教育局)との協力のもと多方面にわたる建議を行い,教育基本法・学校教育法の制定,公選制教育委員会の発足など重要な教育改革を推進した。

きょういくそうかん [教育総監] 陸軍の三官衙の一つであり,教育内容の選定や陸軍諸学校の管理などにあたる教育統轄機関の教育総監部の長官。1898年(明治31)教育総監部条例によって,それまでの監軍を廃して新設されたが,この時点では総監は陸軍大臣に従属していた。1900年の改正で総監の地位を天皇直隷とし,形式上は陸軍大臣・参謀総長と同格となり,陸軍の軍政・軍令・教育の三分割がスタートした。

きょういくちょくご [教育勅語] 1890年(明治23)10月30日の発布以後,第2次大戦後の教育改革まで日本の教育理念の指針とされた勅語。成立の直接的契機は同年2月の地方長官会議の建議で,従来の啓蒙主義的教育政策を批判し,天皇直裁による徳育方針の確立を求めたことによる。井上毅こわしの原案に元田永孚ながざねの意見も加えて修正,成立した。大臣の副署を伴わない形式をとったため,すべての法令をこえた絶対的性格をもった。内容は天皇の徳化と臣民の忠誠からなる儒教の教育の淵源を求め,忠孝を中核とした臣民の実践すべき徳目を列記し,その普遍性を強調し,遵守を求めている。文省は全国の学校に謄本を配布し,学校儀式などで奉読させたほか,修身科をはじめ諸教科も勅語の精神を基本とした。戦後,憲法・教育基本法の成立により根拠を失い,1948年(昭和23)6月国会決議において失効・排除が確認された。

きょういくにほう [教育二法] 1954年(昭和29)6月3日に公布された教育公務員特例法一部改正および義務教育諸学校における教育の政治的中立の確保に関する臨時措置法の通称。前者は教育公務員の政治活動の制限を国家公務員並みに勤務区域外にまで拡大し,後者は義務教育学校の教職員がその属する団体の組織・活動を利用して,児童・生徒に対して特定の政党などを支持,反対させる教育を行うことを禁じた。この法案成立をめぐっては国会内外に強い反対運動がおこり,戦後教育のあり方をめぐって国民的関心をよんだ。

きょういくれい [教育令] 明治期の学制にかわる学校教育に関する基本法令。1879年(明治12)公布。学制の中央集権的画一主義を改め,教育の地方管理を基本とし,条文も全47条と簡略化した。従来の学区制を廃止し,公立小学校の配置主体は町村またはその連合体とした。学区取締にかわり公選制の学務委員が規定され,教則の自由,私立学校への就学認可など,就学義務が大幅に緩和された。教育令施行後,教育の混乱・衰退を招く地方が多かったため,翌年の改正で学校設置・就学義務を厳格にし,文部卿・府知事・県令の監督権限を強化した。86年の諸教育令制定にともない廃止された。

きょううんしゅう [狂雲集] 一休宗純いっきゅうそうじゅんの漢詩集。書名は一休の号狂雲子による。一休が没した1481年(文明13)には本書の原型が成立していたと推定される。真珠庵蔵本・蓬左文庫本など各種類の写本が伝存し,収録された詩の数も写本により異なる。一休の弟子祖心紹越筆の奥村家蔵本が最も多くの詩を収め,良質の写本である。「新撰日本古典文庫」「続群書類従」所収。

きょうおうごこくじ [教王護国寺] 東寺とも。京都市南区にある東寺真言宗の総本山。八幡山と号す。794年(延暦13)平安遷都の際,羅城門をはさんで西寺と一対の寺として建立。823年(弘仁14)嵯峨天皇の命により,空海に与えられ真言道場となる。平安時代は国家的な修法を修める護国の寺として知られた。中世には源頼朝や後宇多上皇らの庇護を得て伽藍や寺内組織の整備に努める一方,積極的な荘園支配を展開。15世紀には土一揆によってしばしば占拠され,兵火をあびている。近世に入り豊臣・徳川両氏の保護のもとに復興。多数の文化財をもち,僧形八幡神像・五大明王像・真言七祖像・空海筆「風信帖ふうしんじょう」はいずれも国宝。「東寺百合ひゃくごう

"文書」とよばれる膨大な文書群も所蔵する。

講堂諸像[こうどうしょぞう] 839年(承和6)に開眼された五仏・五菩薩・五大明王・梵天[ぼん]・帝釈天[たいしゃく]・四天王の21体の仏像。うち五仏など6体は後世の補作。諸像の構成は仁王経法と金剛界法をくみあわせたもので、空海の考えによると思われる。木彫に乾漆塑形を併用した技法が用いられることから、8世紀の造仏所の流れをくむ工房によるものと考えられる。官能的ともいえる肉身表現は図像の表現をとりいれている。創建当初の像は国宝、ほかは重文。

両界曼荼羅[りょうかいまんだら] 日本最古の彩色両界曼荼羅。伝真言院曼荼羅の名で知られるが、東寺西院に伝来したとみられる。諸尊は西域風の強い隈取[くまどり]によって異国的に表現され、中国晩唐期の様式を模写する。円珍が唐から請来した曼荼羅とのかかわりが説かれる。金剛界は縦187.1cm、横164.3cm。胎蔵界は縦185.1cm、横164.3cm。国宝。

きょうか[狂歌] 伝統的な和歌の形式で、滑稽な内容を反古典的な手法で詠んだ短歌。鎌倉・室町時代にすでに歌人の座興として行われたが、詠み捨てが原則で伝えられるものは少ない。江戸時代になると俳諧と並ぶ新文芸として喜ばれた。半井卜養[なからいぼくよう]・豊蔵坊信海[ほうぞうぼうしんかい]らは後水尾天皇下の俳人によって京都を中心に盛んになり、由煙斎貞柳が大坂の庶民層に導入して、浪花ぶり狂歌の大流行となった。江戸では独自の文芸が勃興した18世紀半ばに、若い知識人の唐衣橘洲[からころもきっしゅう]・四方赤良[よものあから](大田南畝)らの武家や、平秩東作[へづつとうさく]・元木網[もときのあみ]ら好学の町人を中核として天明狂歌の最盛期を迎えた。寛政の改革後は鹿津部真顔[しかつべのまがお]・宿屋飯盛[やどやのめしもり](石川雅望)らの町人が職業的狂歌師として層を全国的に拡大したが、基礎的教養の欠如から質的低下をきたして衰退、明治期にはほとんど消滅した。

きょうかい[景戒] 「けいかい」とも。生没年不詳。奈良時代の薬師寺僧。日本最初の仏教説話集『日本霊異記』[りょうい]の著者として有名。その記述から、紀伊国名草郡の大伴氏出身が有力、また私度僧[しどそう]の説話が多いことから、景戒を私度僧とする説もあるが、ともに確証はない。ただ妻子や飼鳥をもつなど半俗生活を営んでいた。景戒は787年(延暦6)に『日本霊異記』初稿本を増補し、822年(弘仁13)頃に完成させたと思われる。795年(延暦14)伝灯住位を授けられた。

きょうがく[京学] 戦国末〜江戸初期に京都を中心に活動した朱子学者藤原惺窩[せいか]を学祖とする学派の名称。狭義には、惺窩とその門弟子で、京都を中心に活動した松永尺五[せきご]・一木下順庵の系譜の人々をいう。同じ朱子学派である土佐に興った海南学派や、その系譜に連なる崎門[きもん]学派、幕府の儒官となった林家[りん]朱子学などに対比して使われる。

きょうがくきょく[教学局] 「国体ノ本義ニ基ク教学ノ刷新」を担当した文部省の部局。1937年(昭和12)7月文部省の外局として設置、42年行政改革により文部省の内局に縮小。文部省思想局が改編されたもので、調査・出版などを通じ、「思想善導」を担当した。第2次大戦終了直後の45年10月廃止。

きょうがくしようしよう[経覚私要鈔] 「安位寺殿御自記」とも。室町時代の奈良興福寺大乗院門跡経覚の日記の総称。日次記[ひなみ]は65冊。1415〜72年(応永22〜文明4)を収めるが、欠失も多い。別記は16冊。一部重複するが、尋尊[じんそん]の『大乗院寺社雑事記』より早い時期を伝え、興福寺・南都研究の重要史料であり、院の動静も記す。原本は内閣文庫蔵。『史料纂集』所収。

きょうがくせいし[教学聖旨] 1879年(明治12)夏頃、明治天皇が教学の基本に関する意見を侍講元田永孚[ながざね]に起草させ、内務卿伊藤博文・文部卿寺島宗則らに示した文書。「聖旨」の表題のもと、維新後の欧風化した教育風潮を批判し、仁義忠孝の精神を根本として知識才芸を究めるべきことを説いた「教学大旨」と、具体的方法を述べた「小学条目二件」からなる。教育令公布目前の時期、伊藤と元田ら宮中派の対立を背景に「教育議」論争を招いた。

きょうかしょけんていせいど[教科書検定制度] 民間で著作した教科書を監督庁が審査し、合格したものだけを教科書として認める制度。日本では1872年(明治5)の学制以降、自由発行・自由採択制だったが、しだいに国家統制が強まり、開申制(届出制、81年)、認可制(83年)をへて86年から検定制となった。検定権者は文部大臣で、小学校は1903年に国定制になるまで、中学校でも43年(昭和18)まで続いた。第2次大戦後は47年の学校教育法で小・中・高校での検定制が復活。当初は検定権を地方教育委員会に移す予定だったが、53年の教育委員会法改正により検定権者は文部大臣となった。以後検定が強化されるなかで、与党による「うれうべき教科書の問題」配布、不合格処分や修正要求を憲法違反と訴えた家永三郎による訴訟、東アジア諸国からの批判などが続いた。

きょうかしょさいばんもんだい[教科書裁判問題] 家永訴訟・教科書検定訴訟とも。家永三郎(元東京教育大学教授)執筆の高校用教科書『新日本史』(三省堂)への検定処分をめぐる裁判。訴訟は国家賠償・検定不合格処分取消を求め、1965年(昭和40)・67年・84年の3次にわたって提起された。教科書検定の合憲性が最大の争点となるなかで、教科書裁判支援運動が組織

され，歴史学界・法学界や教育界も審理経過・判決を注視。一審段階では家永教科書の検定不合格処分を違憲・違法とする判決（1970年第2次訴訟東京地裁杉本判決）も出されたが，検定制度そのものは合憲とする判断が多い。第1次・第2次訴訟は家永側敗訴がすでに確定。第3次訴訟は97年（平成9）最高裁判決が下され，家永訴訟は32年の歳月をへて決着した。

きょうかん [京官] 在京の諸司のこと。具体的には，太政官を頂点とする，二官八省・一台五衛府・左右馬寮・三兵庫とその所管官司からなる中央機構と，諸国に対応する左右京職・東西市司と摂津職，および後宮十二司と東宮官属（傅・学士および春宮坊とその所管である三監六署）・家令を含めたもの。大宰府と諸国司を示す外官と対をなす用語で，内官ともいった。特殊なものでは，伊勢国にあった斎宮寮も京官とされた。

ぎょうき [行基] 668～749.2.2 奈良時代の僧。河内国大鳥郡の人。父は高志才知，母は蜂田古爾比売。682年（天武11）出家し，道昭・義淵らに師事して「瑜伽師地論」「唯識論」など法相教学を学ぶ。民衆教化・社会事業に従事し，知識集団を組織して，四十九院の創設，布施屋の設置，池溝橋の開発などを活発に行い，行基菩薩と崇められた。活動は，僧尼令違反として717年（養老元）以降政府からたびたび弾圧されたが，731年（天平3）以降禁圧は緩和され，743年の盧舎那仏造立には弟子や衆庶を率いて協力し，745年大僧正に任じられた。749年，平城京右京の菅原寺で没した。

きょうぎょうしんしょう [教行信証] 親鸞撰の書で，浄土真宗の立教開宗および教義に関する根本聖典。正称は「顕浄土真実教行証文類」。教・行・信・証・真仏土・化身土の6巻からなり，広く経論釈を引用し解説を加えている。親鸞が関東在住時代にまとめたが，帰洛後も補訂を死ぬまで続けたと考えられている。教・行・信・証の4巻では「大無量寿経」を根本聖典とした念仏の行・悟り・往生のことを説き，真仏土・化身土の2巻では念仏の結果得られる真実の仏身・仏土や浄土真宗の位置などを論じている。写本・注釈書も多いが，坂東本とよばれる東本願寺蔵の真筆本は国宝。「日本思想大系」「定本親鸞聖人全集」所収。

きょうけ [京家] 藤原四家の一つ。不比等の四男麻呂の別称。麻呂が左京大夫であったことにちなみ，子孫も京家を称する。子の参議浜成は学者としてもきこえ，「歌経標式」を著すが，氷上川継の変に連坐して大宰員外帥に左遷される。元慶官田を提案した大納言冬緒もいるが，早くから衰微して家運はふるわなかった。

きょうげん [狂言] 南北朝期にうまれ，室町・江戸時代に大成する中世を代表する喜劇。能や歌舞伎・文楽などとともに日本の代表的な古典舞台芸能の一つ。能とのかかわりが深く，能狂言と並称，対照される。能が古典を題材に幽玄美を究極においく歌舞芸能であるのに対し，狂言は日常卑俗の庶民的な世界を対象にするせりふ劇である。おおらかな笑いや世相や社会を風刺したものも多く，当時の笑いの世界を象徴する。近世に武家の式楽となって保護され，大蔵流・鷺流・和泉流の3派にわかれた。室町時代の芸態は「天正狂言本」にわずかにうかがえ，近世初期には「大蔵虎明本」などの台本も書かれた。現行は二百数十番ある。

きょうげんめん [狂言面] 狂言に使用される仮面の総称。能と比べ狂言では仮面を使用することが少ないため，種類は十数種に限られる。喜劇的な要素の強い狂言自体の性格から，ユーモラスで大らかな表現を示すものが多い。おもな種類には，七福神などの俗信仰を反映した夷・大黒・毘沙門，地獄の鬼の武悪，格の低い神を示す登髭，男の幽霊の鼻引，動植物などの精霊である空吹や賢徳，老人の祖父，老女や醜女を表す尼や乙，現実の動物として猿・狐・鳶などがある。空吹・賢徳・祖父・乙などには古面が多く，その成立の早さを物語り，猿と狐もそれぞれ日吉社と稲荷社の使者として，狂言以前の成立が推定される。

きょうこう [恐慌] 資本主義の景気循環の一局面としての経済破綻。その理論的根拠については，労働力商品起因説，生産の無政府性説，労働者の過小消費説などがある。一般に，独占段階には恐慌の激発性が失われる一方，不況の長期化と農業恐慌の随伴がみられ，さらに管理通貨制を基礎に国家の強制力が強化されると，好況・恐慌・不況の循環は不透明性を増す。日本では，明治23年恐慌（1890）は過渡恐慌であったが，日清戦後第2次恐慌は，紡績資本の拡大を導因とする本格的資本主義恐慌であり，日露戦後恐慌は世界恐慌との連動を強めつつ不況の長期化をもたらした。第1次大戦期の異常な好況はその反動として戦後恐慌をひきおこし，救済政策によって弥縫された矛盾は，震災恐慌・金融恐慌によって露呈された。金解禁・産業合理化政策と世界恐慌の影響とが複合して勃発した昭和恐慌は，深刻な農業恐慌をともない，金本位制放棄を余儀なくさせるに至った。

きょうごくし [京極氏] 中世近江国北半の守護大名，近世大名家。佐々木信綱の四男氏信が京都京極高辻に屋敷を構え，京極氏と称したことに始まる。鎌倉時代，氏信・宗綱父子は評定衆・引付衆となり，地歩を築く。南北

朝期、高氏(導誉)は室町幕府創立に功があり、佐々木氏の惣領職を与えられ近江ほか5カ国の守護となった。のち四職家として活躍したが、内紛により応仁・文明の乱の頃から衰退。高次のとき、織田・豊臣氏に仕えて再び栄え、関ケ原の戦では東軍に属し、戦後若狭国小浜8万5000石を領した。弟の高知には丹後国宮津12万3000石余が与えられた。その後高次の子忠高は出雲国松江藩主26万4000石余となったが急死。甥の高和に養子が認められ播磨国竜野6万石をへて讃岐国丸亀藩主。高知の子孫には但馬国豊岡藩主1万5000石と丹後国峰山藩主1万1000石となる。維新後、いずれも子爵。→巻末系図

きょうごくのみや [京極宮] ⇨桂宮

きょうさんとうかんぶついほう [共産党幹部追放] 1950年(昭和25)6月6日の連合国軍最高司令官マッカーサーの指令による共産党幹部の公職追放。同年1月コミンフォルムから平和革命論を批判された共産党は、反帝民族独立闘争方針を採択したが、徳田球一ら主流派と志賀義雄・宮本顕治らの国際派に分裂。マッカーサーはこの両者を「民主主義の破壊者」として中央委員全24人を公職から追放。翌日「アカハタ」編集局幹部17人も追放。労働運動でのレッドパージの先駆となる。

きょうし [経師] 写経生とも。正倉院文書にみえる、写経所で書写を担当した技術者。写経所のなかでは最も人数が多い。経師になるためには、書いた文字の試験(試字)に通ることが必要だったが、経師の親族や同族はなりやすかったらしい。なお写経所には、各官司から派遣された舎人なども働いており、官司の下級官人に抜てきされる者もいた。月ごとあるいは季節ごとに仕事を報告する手実を提出し、給与である布施を支給されたが、このとき誤字・脱字分は減給された。

きょうじ [脇侍] 「わきじ」とも。脇士・挟侍とも。中尊の左右や周囲に侍るものをいう。中尊が阿弥陀如来の場合は左に観音菩薩、右に勢至菩薩を配することが経典に定められている。造形的には、両像が腰をかがめ、あるいは膝をつき、上体を軽く前に傾けることによって、来迎のさまを効果的に表すことができる。

きょうしき [京職] 律令制下に京を管轄した中央官司。古訓はミサトツカサ。京が左右京からなっていたことと対応して、左京職・右京職がおかれた。長官の大夫、亮、大進・少進、大属・少属の四等官と、使部と・直丁・坊令からなり、東西市を管轄した東西市司をも指揮下においた。地方の国司と同じく、京の行政全般を統轄したが、国司が外官だったのに対し、京職は内官(京官)として扱われた。京職の存在は、すでに7世紀後半の天武朝でも知られ、持統・文武両朝の藤原京の時代にもあったが、京職が左右に分化したのは大宝律令の成立以後。このような官員や職掌が整うのも、大宝律令の制定にともなう改革と推定される。

きょうしゅ [梟首] 晒首ぎとも。死刑の一種で、威嚇のため斬った首を公衆の前にさらすとされている。古くは死刑のなかでも最重刑とされ、平将門のような内乱の首謀者や政治犯に科せられることが多かった。首をさらす際に獄の門前の木を用いたことから、中世以降、獄門といういい方がうまれ、近世では梟首にかわる呼称となった。戦国期以降、磔・火刑が最重刑として採用され、それらにつぐ重刑とされた。

きょうじょうやく [京上役] 中世に、荘園領主や地頭から農民に課された夫役の一つで、荘園現地から京都に上るもの。それに従事する者は京上夫・京上人夫とよばれた。最大の用務は年貢の運送で、ほかに造営に伴われる往還での雑役に従事したり、荘園領主の家宅での雑役などのために上京させられた。地頭や京外の領主も、京都への通信や京都での訴訟、物資調達などに農民を使役した。京上夫銭を徴収することもあった。

きょうしょくついほう [教職追放] 1945年(昭和20)10月のGHQ指令によって、教職の不適格者として認定された教育関係者を職務から排除・追放する措置。翌年政府は教育民主化のため、軍国主義者および極端な国家主義者を追放した。審査対象120万人、追放者総数約11万人。50年には占領政策の転換にともないGHQの指令で共産主義的とみなされた教職員約1700人も追放(レッドパージ)された。後者を含む場合は、広義の意味となる。

ぎょうせいかん [行政官] 明治初年の行政機関の一つ。1868年(明治元)閏4月に公布された政体書にもとづいて設置された。立法機関である議政官、司法機関である刑法官とともに政府を構成。神祇官・外国官・軍務官・会計官からなり、内治庶政を分担した。行政官は輔相ほを兼任する議定の三条実美・岩倉具視らの指導のもと宮中諸事にもたずさわった。69年には版籍奉還にともなう官制改革と官吏公選の実施により、人事異動と大規模な機構改革が断行された。政体書による体制は、アメリカ憲法を基礎に三権分立を建前としたが、実際には藩閥勢力が要職を独占した。同年7月の職員令の公布にともなう行政官は廃止となり、太政官に吸収された。

きょうせいしゅうようしょ [強制収容所] 主としてファシズム国家や革命国家にみられる政

治的抑圧施設。国家が政治的反対派や民族的少数派に対して隔離・抑圧・転向強制または物理的抹殺を行うため設置する。法的な裏付けを欠く場合が多い。政治的左翼やユダヤ系市民を隔離・抹殺したナチス・ドイツ、クラーク(富農)やトロツキストら政治的反対派を隔離したソ連、第2次大戦中に日系市民を隔離したアメリカの場合などが有名。アメリカでは、1942年大統領令に基づき軍事地域に指定されたカリフォルニア、ワシントン、オレゴン、アリゾナ各州に居住していた日系人を強制退去させ、内陸部のマンザナーなどの強制収容所に収容した。

きょうぞめ [京染] 京都で行われる染物の総称。794年(延暦13)平安遷都に際し織部司が設けられて以来、日本の染織の技術・生産・流行の面でつねに中心的位置を占めてきた歴史を背景に、他の都市や地方の染物に対する優越性を示している。用語としては武田信玄の掟書にあるのが最初といわれ、江戸時代には一般に用いられた。友禅染・絞染・中形染・小紋染など各種あったが、分業化が発達し悉皆屋がそれらをとりまとめる点は共通の特色。

きょうぞんどうしゅう [共存同衆] 明治初期の学術結社。イギリス留学から帰った小野梓らが1874年(明治7)9月に東京で結成。日本の独立と国民統一のための知識人相互の学術研鑽・人民の啓蒙を目的とした。衆員はイギリス留学を終えた若い知識人たちで、官吏が多かった。定期的に討論会・演説会を催し、75年からは「共存雑誌」を刊行して衆員の論説を掲載し、東京の民権運動の一翼を担った。80年代に入り主要な衆員の個別活動が強まり衰退、親睦団体化した。

ぎょうちしゃ [行地社] 1925年(大正14)2月11日、大川周明が前年に組織した行地会を母体に創立した国家主義団体。「則天行地」より命名。機関誌は「日本」。大川は21年頃から宮城内にあった社会教育研究所(のち大学寮)の講師となり、24年行地会として主宰者となった。牧野伸顕や荒木貞夫以下陸軍の少壮将校も主宰。白人からアジアを解放する大アジア主義を基幹とし、反マルクス主義、翻訳的議会政治の打破など国家革新をめざした。その一つの発想形態が3月事件・10月事件となった。

きょうちょうかい [協調会] 1919年(大正8)12月22日、政府・財界の協力で設立された社会政策推進の民間機関。会長徳川家達。社会政策の調査研究、社会政策に関する政府の諮問に応じ、意見の提出を行うなど、協調的労資関係の普及に努めた。日中戦争が始まると産業報国運動を提唱し、38年(昭和13)7月産業報国連盟を結成。40年政府により大日本産業報国会が設立されると、一部は合流した。

きょうづか [経塚] 平安時代の末法思想により、仏教経典を書写し、仏法滅亡後の経典の消滅に備えて地下に埋納し、その上に小さな塚を築いた。経典はおもに紙本経で、他に瓦経・礫石経・銅板経・滑石経・貝殻経などがあり、金属・陶器・石・木などの外容器に入れ、地中に石組などの施設を造り、合子・刀子・鏡・銭貨などとともに埋納。藤原道長が1007年(寛弘4)に造営した金峯山経塚(奈良県)は最も有名。鎌倉・室町時代になると極楽往生・現世利益の祈願にかわる。

きょうていぜいりつ [協定税率] 外国との協定により定めた関税率。日本の関税は幕末の条約により協定税率として設定されたが、一般に低率に抑えられ、日本の関税だけを対象とする片務的なものであったため、産業育成上・財政上の制約となった。陸奥宗光外相による条約改正で協定税率がある程度限定され、さらに小村寿太郎外相の条約改正で協定税率の不平等性は一応払拭され、以後は互恵的協定税率が結ばれた。

きょうと [京都] 京都府南部に位置する。府庁所在地。794～1868年(延暦13～明治元)日本の首都であった。京都が平安京をさす固有名詞として用いられている早い例は、988年(永延2)の尾張国郡司百姓等解文第23条で「裁断せられんことを請う、旧例に非ず、国の雑色人并に部内人民等に夫駄を差し負わしめ、京都・朝裏両所に雑物を運送せしむる事」とある文で、平安後期には通例化した。保元・平治の乱以後、兵乱に遭うことが多かったが、そのたびに復興し政治・経済・文化の中心として栄えてきた。明治維新で東京遷都となったが、三都の一つとして行政上も特別に扱われた。1878年(明治11)郡区町村編制法の施行により、三条通を境にした上京・下京両区を設置。89年の市制・町村制施行後も市制特例法が適用されて東京・大阪両市とともに府の直接行政が行われた。98年市制特例法が廃止され普通市になる。1906年に建設された第2琵琶湖疏水の開削と蹴上上水場の建設、道路拡築と電気軌道(市電)敷設事業は京都市3大事業といわれ、近代都市へと大きく飛躍した。29年(昭和4)左京・中京・東山の3区を、31年に右京・伏見2区を設置した。55年には上京区から北区、下京区から南区を、76年には東山区から山科区、右京区から西京区を分区して現在11区の編成となっている。50年国際文化観光都市、56年政令指定都市となり、66年には古都保存法が適用された。

きょうどういんさつそうぎ [共同印刷争議] 評議会が指導した代表的な争議。1925年(大正14)10月以降東京の印刷会社を相手とした争議

に勝利し，組織を拡大していた評議会関東出版労働組合の排除を狙った会社の企てからだった。26年1月8日，会社は操業短縮を発表，減収に反対した労働側が19日にストライキに入ると，会社はロック・アウトを実施，21日全員解雇を通知した。2月19日妥協が成立したが，スト破りの労働者の反抗で挫折。警察の猛烈な弾圧と暴力団の襲撃に組合と争議団はアジト・細胞を組織して対抗したが，3月18日，全員解雇，退職金・争議費用の支給などの条件で労働側の敗北に終わった。この争議をモデルに徳永直な「太陽のない街」が書かれた。

きょうどううんゆ [共同運輸] 1882年(明治15)7月，当時独占的海運企業であった郵船汽船三菱会社に対抗するため，農商務大輔品川弥二郎を中心に渋沢栄一・益田孝らを発起人として設立された海運企業。資本金600万円のうち政府が260万円を出資した。北海道運輸・越中風帆船・東京風帆船を合併，翌年1月に開業。84年頃から三菱会社と激しい競争を展開し共倒れの危険が生じたため，政府は85年4月に農商務少輔森岡昌純を同社の社長とし，三菱との合併を推進した。交渉は難航したが9月に完了し，新たに日本郵船が設立された。

きょうどうしょく [教導職] 明治初期の教部省が国民教化のために任命した職名。1872年(明治5)に設置され，教正・講義・訓導など14の等級にわかれていた。設置の目的は三条教則を説教することで民衆の教化をはかり，キリスト教の蔓延を防止することにあった。教導職には神官全部と僧侶や一般有志が任命され，神仏合同布教の体制が整えられた。82年神官と教導職が分離され，84年に廃止。

きょうとおおばんやく [京都大番役] ⇨ 大番役おおばんやく

きょうとくのらん [享徳の乱] 15世紀後半の東国の戦乱。足利成氏しげうじが1478年(文明10)頃まで享徳年号を使用したことによる名称。当初は関東管領上杉憲忠および長尾・太田氏と，鎌倉公方成氏および結城・小山氏ら豪族の間の対立抗争だったが，1454年(享徳3)末に成氏が憲忠を殺害したため，55年(康正元)幕府の追討をうけ，幕府・上杉方と成氏方の対立に拡大。今川範忠が幕命により鎌倉に進攻すると成氏は下総国古河こがに拠った。幕府は57年(長禄元)成氏に対抗するため，堀越公方として足利政知を伊豆へ派遣。上杉方は武蔵国五十子いかっこの陣に拠り，利根川を挟み成氏方とにらみあったが，76年(文明8)長尾景春の反乱で上杉方は崩壊。同年末上杉顕定と成氏は和睦。幕府と成氏も82年に和睦。

きょうとこくりつはくぶつかん [京都国立博物館] 京都市東山区茶屋町にある文化庁所管の国立博物館。1875年(明治8)京都御所内旧御米倉に設けられた府営の博物場に始まる。のち河原町二条の勧業場内に移り，83年いったん廃館。89年に設立が決まった宮内省所管の帝国京都博物館に受け継がれ，97年に開館。1900年京都帝室博物館と改称，24年(大正13)皇太子(昭和天皇)御成婚記念で京都市に下賜され恩賜京都博物館と改称。52年(昭和27)国に再移管されて京都国立博物館となった。文化財保存修理所・京都文化資料研究センターを併設。構内の旧陳列館は帝室博物館創立当時の初期洋風建築の代表的遺構(重文)。

きょうとござん [京都五山] 五山制度のもとで最も格式の高い京都の五つの禅寺。天竜寺・相国寺・建仁寺・東福寺・万寿寺の5寺。

きょうとしゅご [京都守護] 鎌倉前期の幕府の職名。京都にあって在京御家人を統率し，洛中の警備・裁判などを扱うとともに，朝幕間の連絡にもあたった。六波羅探題の前身だが，権限は六波羅探題に比べ弱体であった。初代は1185年(文治元)就任の北条時政で，源頼朝の時代には頼朝の一条能保などの縁者，中原親能のような頼朝の側近が任じられたが，のち平賀朝雅・伊賀光季など北条氏の縁者が任命されるようになった。1221年(承久3)承久の乱がおこると，2人の京都守護のうち伊賀光季は京方武士の攻撃によって敗死，大江親広は京方となったため京都守護は事実上消滅，乱後に廃止された。

きょうとしゅごしょく [京都守護職] 幕末期の江戸幕府の職制。1862年(文久2)閏8月に設置。役料5万石。大坂城代・京都所司代，京都・大坂・奈良・伏見各奉行の上位で，京都・近畿の治安維持にあたった。一時期を除いて会津藩主松平容保かたもりが任じられた。60年(万延元)の桜田門外の変による井伊家の権威失墜と，尊攘運動展開のなかで，井伊家があたってきた京都守護の機能低下を契機として設けられた。容保は尊攘激派に対し，当初宥和的だったが，63年8月18日クーデタ(8月18日の政変)を断行し，尊攘派弾圧に転じた。再任後弾圧を強化し，新撰組を使って池田屋事件など志士の弾圧を行った。67年(慶応3)12月の王政復古により廃止。

きょうとしょしだい [京都所司代] 織豊政権・江戸幕府の職名。室町幕府の侍所所司代に由来する。織田信長は将軍足利義昭を追放したあと村井貞勝を，また豊臣秀吉は政権が確定すると前田玄以げんいを所司代に任じ，京都市政や朝廷・寺社の統制を担当させた。徳川家康もこれにならい，関ケ原の戦後，奥平信昌を任じた。しかし実質的な初代の所司代はつぎの板倉勝重とする説が有力。以後1867年(慶応3)の廃

止まで定置された。職掌は，京都市政，朝廷の守護および監察，五畿内・丹波・近江・播磨8カ国の訴訟処理，京都・奈良・伏見奉行の統轄など多岐にわたったが，実務権限はその後徐々に縮小された。幕府職制上，老中につぐ格式をもち，従四位下侍従に叙任された。役高は1万石。

きょうとふ [京都府] 近畿地方の中央北部に位置する府。旧山城・丹後両国の全域と丹波国の大半にあたる。1868年(明治元)京都裁判所が京都府と改称され，山城国内の各藩領を除いた地を管轄，久美浜代官領は久美浜県となった。71年廃藩置県後の11月淀・亀岡・綾部・山家やま・園部の5県が京都府に編入され，久美浜・福知山・宮津・舞鶴・峰山の5県は豊岡県に合併されたが，76年京都府に編入され，現府域が確定した。

きょうとまちぶぎょう [京都町奉行] 江戸幕府遠国奉行の一つ。江戸初期には京都所司代と代官奉行が上方支配を統轄していたが，1668年(寛文8)両者から京都町奉行，山城国の年貢徴収事務を除く村方支配，五畿内・近江・丹波・播磨8カ国(1722年から山城・大和・近江・丹波4カ国)の公事訴訟裁許権および寺社支配などの職務を継承した町奉行制が成立した。人員は，1696～1702年(元禄9～15)の3人の時期を除き，東西の2人。老中支配，役は五位下。役高は1500石，役料は現米600石。現米80石の与力20騎，現米10石3人扶持の同心50人ずつが所属。1867年(慶応3)廃止。

きょうにょ [教如] 1558.9.16～1614.10.5 織豊期～江戸前期の浄土真宗の僧。本願寺12世，東本願寺初世。童名は茶々丸，諱は光寿。父は11世顕如，母は細川晴元の養女如春尼。1580年(天正8)石山合戦の和議がなり，顕如は紀伊国鷺森に，教如も籠城半年で同じく雑賀さいがに退いた。91年，顕如は豊臣秀吉から京都堀川七条の地を得て本願寺(西本願寺)を再興。その没後12世をつぐが，93年(文禄2)秀吉の命で弟准如に譲る。慶長7年(慶長7)徳川家康から京都烏丸六条に寺地を得て東本願寺をおこした。

きょうのにい [卿二位] ⇨藤原兼子おじわらのかねこ

きょうはしんとう [教派神道] 明治初年以降に布教が展開された，基本的に神道の考えに立脚した新興宗教。国家祭祀を担当する国家神道とは別に，神道の宗教的部門を行うものとして位置づけられ，神道事務局の設立を契機に1876年(明治9)の黒住くろずみ教以降，国家に公認されて活動を行った。神道十三派と99年に解散した神宮教の14派を総称することがある。種々の神道・陰陽おんみょう道・修験道・山岳信仰・国学など，多様な宗教・民間信仰・学問を教義の基底におき，布教開始年代や教団の組織化，開祖の前歴などについても，各教派の性格は多様である。

きょうふうかい [矯風会] ⇨日本キリスト教婦人矯風会にほんキリストきょうふうかい

きょうぶしょう [教部省] 明治初年の宗教行政・国民教化を統轄した中央官庁。左院の建議にもとづき1872年(明治5)3月，神祇省にかえて設置。神道と仏教の諸教派の教導・教則，社寺の廃立，神官・僧侶の資格・等級，社寺の格式などをつかさどった。翌年3月，キリシタンの禁制解除の実施にあたった。また神官や僧侶を教導職に任じ中央に大教院，地方に中教院をおき，これを統轄して国民教化のため「敬神愛国」の精神の布教を図るなど，大教宣布の運動を進めた。しかし十分な効果をあげることなく大教院は75年4月に廃止。77年1月，教部省は廃止となり，機能が縮小されて内務省社寺局に移された。

ぎょうぶしょう [刑部省] ❶大宝・養老令制の官司。八省の一つ。四等官のほかに判事・解部ときべが所属し，裁判の審理・量刑・判決・刑執行などにあたった。在京諸司内の犯罪は，杖じょう罪以下は当該諸司が専決するが，徒ず罪以上は刑部省に送り審理・量刑を行う。刑部省では徒以下の判決・刑執行を行い，流る罪以上は太政官に報告し，天皇での奏聞をへたうえで刑が確定した。地方でおこった犯罪でも流罪以上は諸国が太政官に報告し，疑わしい場合には刑部省が再審理した。このように刑部省は律令裁判手続きのなかで審理・量刑を行う中核的な官司であったが，10世紀以降しだいに検非違使けびいしに権限を奪われた。

❷明治初年，司法行政を管轄した中央官庁。司法省の前身。1869年(明治2)7月，刑法官にかえて太政官のなかの一省として設置。司法行政の統轄とともにみずからも刑事裁判権をもったが，大村益次郎暗殺犯人の処刑などに関し，その権限をめぐって弾正台だんじょうだい(同年5月設置)と対立。70年新律綱領と獄庭規則(裁判手続きを定めたもの)の制定・公布にあたる。刑部卿は正親町三条実愛おおぎまちさんじょうさねなる，刑部大輔は佐佐木高行。71年7月廃止，司法省となった。

きょうほうきんぎん [享保金銀] 江戸幕府が正徳金銀を踏襲して，享保期(1716～36)に鋳造・発行した金銀。銀貨は正徳期とまったく同じ品位で鋳造が続けられた。金貨は正徳期の武蔵小判が旧貨である宝永期の乾字金けんじきんと同品位(84.29%)のために引替えが進まなかったので，改定後の慶長金と同一の86.79%で鋳造された。大判も元禄大判が回収され，慶長大判の品位に改鋳された(享保大判)。この良貨政策は，市場での貨幣需要に見合う金銀素材量を無視して進められたため，当初はきめ細かな割合

遣い令を発して、新旧貨幣を併用せざるをえなかった。しかも新貨が物価表示の基準となった享保10年代には、深刻な物価下落と経済不況が生じ、元文改鋳を余儀なくされた。

きょうほうのかいかく [享保の改革] 江戸中期、8代将軍徳川吉宗が1716～45年(享保元～延享2)の在職中に行った幕藩制支配強化のための政治の総称。財政面では、元禄期以降の幕府財政の悪化に対し倹約令により支出を抑制し、上米の制・定免制の実施、年貢増徴・新田開発などで収入を増加させ黒字財政とした。同時に支配体制の強化をめざし、足高の制などの人材登用策、勘定所などの行政機構の改編、株仲間公認・米価安定などの物価・商業政策、通貨統一などの貨幣政策、小石川養生所の設置・薬園の整備などの医薬政策、公事方御定書の制定などの司法政策、火除地・火消組合などの防火政策、河川普請体制の整備、飢饉対策、実学の奨励、漢訳洋書輸入の緩和、目安箱の設置、儒学の普及、江戸周辺地域支配の強化など、さまざまな政策を展開。財政・行政・法制・文化・イデオロギーまで支配全般にわたる再編作業といえ、これらを通じて地域社会・社会集団の支配を強化し、幕府政治の再建をめざしたものであった。

きょうほうのききん [享保の飢饉] 1732年(享保17)に伊勢・近江両国以西の西国一帯をおそった大飢饉。同年7～8月頃からイナゴ・ウンカ・ズイムシなどの虫害で作物が大打撃をうけた。作物の出来が例年の半分以下の藩は46、関係諸藩の収穫高62万8000石余に対し、損毛高は173万石余に及んだ。翌年1月には、飢人が藩領分だけで96万9946人、餓死人7448人、死んだ牛馬2353匹に及んだ。幕府や諸藩は備蓄米の放出、東国などからの廻米、酒造制限などの措置で切り抜けようとしたが、米価の高騰は尋じ、同年1月26日には、江戸で最初の大規模な打ちこわしがおきた。

きょうます [京枡] 京判・京番とも。京都およびその周辺で使用された枡で、量制統一の基準となった。江戸時代にはとくに京田枡が製作した枡をさす。豊臣秀吉は太閤検地に際して、石高の統一的算定のために商業の中心地であった京都で使用されていた枡を基準とした。播磨国姫路郡田井村の検地帳外の規格は、口の縦5寸1分、横5寸1分半、深さ2寸7分、容積約6万4349立方分(約1.79リットル)である。同時期の京枡(古京枡)は1升入りで、方5寸、深さ2寸5分、容積6万2500立方分(約1.74リットル)であり、両者の容積は一致しない。江戸幕府は、1669年(寛文9)に当時の京枡(新京枡)で全国の量制を統一したが、その規格は1升入りで、方4寸9分、深さ2寸7分、容積6万4827立方分(約1.80リットル)であった。

きょうやき [京焼] 京都で作られた陶磁器の総称。広くはあらゆる陶磁器をさすが、一般的には江戸時代の陶磁器のうち、乾山焼・楽焼をのぞいた窯の製品の総称。京都では9～10世紀に緑釉陶が焼かれたが、以後、桃山時代まで空白だった。慶長年間に三条栗田口あたりに本格的な登窯が開かれた。「神屋宗湛日記」慶長10年(1605)条にみえる「肩衝茶京ヤキ」が史料上の初出。以後、東山を中心に洛北・洛西にかけて広く陶窯が開かれ、18世紀後半には磁器が創始されて作風は広がり、明治期には陶磁器の輸出によって隆盛した。現在、京都は美術陶芸の根拠地となっている。

きようらけいごう [清浦奎吾] 1850.2.14～1942.11.5 明治～昭和前期の官僚政治家。肥後国生れ。日田の咸宜園に学ぶ。維新後司法省で累進、のち内務省警保局長となり、山県有朋の知遇を得る。司法次官をへて、1896年(明治29)第2次松方内閣と第2次山県内閣の司法相、第1次桂内閣では司法相・農商務相を務めた。91年から15年間貴族院勅選議員を務め、日清戦争後には研究会の山県系議員の中核として動いた。1906年枢密顧問官となり、14年(大正3)には組閣命令を受けたが、海相が得られずに辞退(鰻香内閣)。22年枢密院議長に就任、24年1月貴族院を基礎に組閣したが、第2次護憲運動に敗れて半年で退陣。伯爵。

きようらけいごないかく [清浦奎吾内閣] 第2次山本内閣の総辞職後、枢密院議長清浦奎吾が組織した内閣(1924.1.7～6.11)。陸海両相を除く全閣僚を研究会を中心に貴族院からとった。衆議院では政友会から分裂した政友本党が支持したが、政友会は貴族院による「特権内閣」と批判し、憲政会・革新倶楽部とともに護憲三派連盟を結成、第2次護憲運動を展開した。政府は衆議院を解散、第15回総選挙で護憲三派が勝利したため総辞職した。

きょうわえんぜつじけん [共和演説事件] 第1次大隈内閣下の1898年(明治31)8月22日、帝国教育会の茶話会席上で尾崎行雄文相の行った拝金主義排撃演説が政治問題化した事件。日本が共和政体になるとしたら三井や三菱は大統領候補となるであろう、という部分が不敬にあたるとして「東京日日新聞」が攻撃、貴族院や旧自由党系の憲政党員らがこれに呼応して同年10月尾崎は辞任に追いこまれた。後任をめぐり大隈重信首相ら旧進歩党系と板垣退助内相ら旧自由党系が対立、結局旧進歩党系の犬養毅が就任したが、両派の亀裂は一層深まり、内閣崩壊の原因となった。

きょうわかい [協和会] 満州国で国民統合を目

的に組織された政治団体。満州国建国後、在満日本人団体の満州青年連盟は満州協和党の組織化を構想した。関東軍首脳はその政党的性格を許さず、人民の組織化・動員の官製団体としての満州国協和会に変更し、1932年(昭和7)7月に発足。民意表出機関の役割が期待されたが、実際には政府の宣伝機関の域をでなかった。

きょくすいのえん [曲水宴]「ごくすいのえん」とも。曲水飲・流觴ともいう。3月3日に行われた年中行事。庭中の曲水の流れにそって参会者が座し、上流から流れる杯が通り過ぎないうちに詩歌を詠んだ。中国では漢代以来3月上巳に水辺で禊祓を行う習俗があり、3月3日に固定し、水の流れに杯を浮かべる遊宴の行事となったもの。「日本書紀」顕宗紀に3月上巳曲水宴とみえ、早くに日本に伝わったらしい。雑令に節日と規定され節会が催されたが、桓武天皇の忌月にあたるため9世紀初めに廃止。以後宮中では詩歌の宴のみが催された。貴族の私邸でも行われた。

きょくていばきん [曲亭馬琴] 1767.6.9~1848.11.6 江戸後期の戯作者。本名は滝沢興邦。旗本の用人の五男として生まれる。山東京伝や蔦屋方に寄宿。黄表紙「尽用而二分狂言」以後、戯作者の道を歩む。32歳で滝沢家の当主となり、京坂旅行を契機に作者として開眼。「月氷奇縁」や「椿説弓張月」で読本の第一人者となった。子の宗伯の出世を祝って家譜の「吾仏乃記」を書き上げた。宗伯は38歳で死去したが、馬琴は天保の改革などの弾圧や眼疾などの逆境のなかでも著述を続け、稗史七法則という小説理論にもとづき、優れた構築性を示す「南総里見八犬伝」を28年かけて完成させた。

きょくとういいんかい [極東委員会] 1946年(昭和21)2月、連合国による対日占領に関する政策決定機関としてワシントンに設置された。前年10月に設置されていた極東諮問委員会を改組・強化したもの。極東諮問委員会の権限は連合国軍最高司令官に対する勧告にとどまったが、極東委員会の決定は連合国軍最高司令官を拘束するものとされた。これは45年12月のモスクワ外相会談で決定された。構成は、当初11カ国(英・米・中・ソのほか、フランス、オランダ、カナダ、オーストラリア、ニュージーランド、インド、フィリピン)、のちにビルマ(現、ミャンマー)、パキスタンが加わった。しかし極東委員会を構成する大国間の合意は困難を極め、占領政策実施に大幅な変化が生じるにはいたらなかった。

きょくとうこくさいぐんじさいばん [極東国際軍事裁判] 東京裁判とも。1946年(昭和21)5月3日から48年11月12日まで、極東軍事裁判所憲章にもとづいて東京で開かれた日本の戦争指導者に対する裁判。A級戦犯容疑者28人を平和に対する罪、人道に対する罪などで起訴。極東委員会11カ国は裁判官・検事を派遣、首席検察官はアメリカのJ.キーナン、裁判長はオーストラリアのW.ウェッブが務めた。判決は文官1人(広田弘毅)を含む東条英機・土肥原賢二・板垣征四郎ら7人が絞首刑、荒木貞夫・平沼騏一郎ら16人が終身禁錮、東郷茂徳が20年、重光葵が7年の禁錮となり、48年12月23日に7人の絞首刑が執行された。ニュルンベルク裁判と並んで、戦争犯罪に関し「平和に対する罪」で指導者個人が裁かれた点を特徴とする。

ぎょくよう [玉葉]「玉海」「後法性寺関白記」とも。九条兼実の日記。1164~1203年(長寛2~建仁3)の間、まったく記事を欠く年は2年間のみ。平氏の最盛期から源平内乱期をへて鎌倉幕府成立期に至る記述は、きわめて詳しく描写力に富み、批判や感想を加えるとともに、自身の発したものも含め文書・書状などを多く載せる。政治・社会・朝儀・宗教など方面からの当時の第一級史料。九条家旧蔵の古写本50冊は宮内庁書陵部蔵。刊本「玉葉」。なお刊本未収録の建仁元年正月・2月と同3年正月の分は「玉葉索引」に収載。

ぎょくようわかしゅう [玉葉和歌集] 第14番目の勅撰集。20巻。歌数約2800首。京極為兼撰。永仁期の勅撰集企画の頓挫と二条家世撰「新後撰集」の成立ののち、撰者の座をめぐる為世と為兼の「延慶両卿訴陳状」の論争をへて、1311年(応長元)に伏見上皇下命。12年(正和元)奏覧、翌年に完成。撰歌範囲は「万葉集」から当代まで。おもな歌人は、伏見上皇・藤原定家・西園寺実兼・藤原為子(為兼の女)・同俊成・西行・藤原為家・永福門院・京極為兼など。京極派周辺を重視するが、広範囲の歌人が入集。客観的写生と心理的分析の京極派歌風を示す。

きょこくいっちないかく [挙国一致内閣] 広義には国内の各政治勢力の代表を網羅した内閣。一般には1931~30年代のイギリスの例が有名だが、日本では経済不況、とくに農村の危機と政党不信の世論が背景となり、一定の支持を集めた。5・15事件で犬養内閣が倒れたあと、元老西園寺公望の意向で成立した斎藤内閣の場合、政党では立憲政友会・立憲民政党から、官僚・軍部・財界からも入閣しており、労農勢力が政治勢力としては未熟だったことを考えれば、文字どおりの挙国一致内閣であった。岡田内閣以後の内閣も同様の構成をとる場合が多かった。

きよさわきよし [清沢洌] 1890.2.8~1945.5.21 大正・昭和前期のジャーナリスト・外交史家。

長野県出身。キリスト教無教会派の研成義塾（長野県穂高町）に学び，1906年（明治39）渡米。苦学してホイットウォース大学を卒業，邦字紙で活躍する。帰国して20年（大正9）「中外商業新報」，27年（昭和2）「朝日新聞」の記者となるが，29年右翼の攻撃をうけ退社。その後「報知新聞」「東洋経済新報」と関係し，国際協調外交を唱える。「外交史」など著書多数。没後，第2次大戦中の42～45年の日記「暗黒日記」が刊行された。

きよざわまんし [清沢満之] 1863.6.26～1903.6.6 明治期の宗教家・思想家・哲学者。尾張国生れ。幼名満之助，建峰・骸骨・石水・臘扇・浜風などと号する。得度して賢了と称した。東本願寺育英教校をへて東大に入学。卒業後は大学院に進学し，宗教哲学を専攻。「哲学会雑誌」の編集にあたる。1896年（明治29）今川覚神・井上豊忠・稲葉昌丸・月見覚了・清川円誠らと「教界時言」を発刊して宗門改革を主張し，宗門から除名処分をうけた。98年復帰。精神主義的運動を展開し，1901年「精神界」を発刊。仏教における近代的信仰を樹立した。著書「宗教哲学骸骨」「我信念」。

ぎょじ [御璽] 内印とも。天皇の公印。「天皇御璽」を印文とする3寸四方の印。中国の律令法には皇帝八璽があったが，日本では天皇の印章を御璽のみとした。中国の璽は陰刻で封泥に用いるのに対し，日本では文書行政の開始当初から封泥の習慣はなく，御璽も陽刻で紙面に捺された。古代には銅や石を素材に数度改刻されたが，現在は金印。1869年（明治2）運用についての御璽の制が定められ，改編をへて1907年の公式令で定着し，現在はこの規定を準用している。

●● 御璽
「天皇御璽」明治7年

ぎょしたいふ [御史大夫] 中国では，秦・漢代の副丞相である御史府長官の御史大夫と，隋・唐代の官人の非違を正す御史台長官の御史大夫があった。天智朝の御史大夫は前者にならった官であり，弾正尹の唐名を御史大夫というのは後者にもとづくものである。671年（天智10）太政大臣・左右大臣とともに蘇我果安・巨勢人・紀大人が御史大夫に任じられており，これが令制の大納言に発展したと考えられる。

きょせききねんぶつ [巨石記念物] megalithic monuments の訳語。自然の，あるいはわずかに手を加えた，大きな石を使用した構造物。メンヒル（立石），アリニュマン（列石），ストーンサークル（環状列石），ドルメン（支石墓），チャンバー・トゥーム（石室墳）などを含む。新石器時代の末期以後，旧大陸の各地で，さまざまな時期に構築された。ドルメンは東南アジア各地では最近まで営造された。「生きた巨石記念物」といわれる。

きよはらうじ [清原氏] (1)天武天皇の皇子舎人親王の後裔氏族。姓は真人。791年（延暦10）長谷王（舎人親王の曾孫）が清原真人を賜ったのが初例。以後，清原真人賜姓記事は国史に数多く散見。数種の「清原氏系図」が伝世するが，個々の系譜は判別しにくい。平安初期の政治家として「令義解」の編纂者で右大臣の夏野がおり，蔵人頭・参議の岑成もいるが，平安中期には歌人として深養父や元輔（三十六歌仙の1人），「枕草子」の清少納言がみえる。(2)一方，明経道を家学とした広澄系清原氏は，外記局の局務を世襲するようになる。(3)また11世紀出羽で勢力をもった豪族清原氏があるが，中央の清原氏との関係については諸説あり不詳。→巻末系図

きよはらのいえひら [清原家衡] ?～1087.11.14 平安後期の武将。武貞の子。母は安倍頼時の女。四郎と称す。清原氏の同族争いに端を発した後三年の役では，当初異父兄の清衡と結び，異母兄の真衡らと争った。真衡の病死後は，陸奥守源義家の支援をうけた清衡と戦った。1086年（応徳3）出羽国の沼柵（現，秋田県雄勝郡川町・大曲市）の戦で勝利を収めた。叔父武衡の援助をえて金沢柵（現，秋田県横手市）に移り抗戦したが，翌年攻略され県次任らに斬殺された。

きよはらのさねひら [清原真衡] ?～1083 「まさひら」とも。平安後期の武将。武貞の嫡子。父同様に出羽国仙北郡および奥六郡に勢力を拡大し，清原氏の全盛期をむかえる。しかし独裁的な支配を行ったため，弟の清衡・家衡も同族の反発を抱いた，後三年の役がおきた。形勢は真衡側に不利だったが，1083年（永保3）陸奥守源義家の支援をうけ勢力を挽回する。陣中で病死し，以後，主導権は清衡・家衡に移った。

きよはらのたけのり [清原武則] 生没年不詳。平安中・後期の武将。出羽国仙北郡の俘囚長。光方の子。前九年の役で苦戦中の源頼義からの支援要請をうけ，1062年（康平5）軍兵を率いて陸奥国に赴く。清原一族の参戦により，戦況は一気に頼義側に有利となり，安倍軍は壊滅。武則はこの功により，翌年従五位下に叙せられ，鎮守府将軍に任じられた。以後，奥六郡を勢力下に加え，奥羽に強固な基盤を築きあげた。

きよはらのたけひら [清原武衡] ?～1087.11.14 平安後期の武将。武則の子。将軍三郎と称す。後三年の役では，甥の家衡を支援して清原清衡・源義家と戦った。1086年（応徳3）沼

(現, 秋田県雄物川町・大曲市)での戦に勝利を収めた家衡に, 金沢柵(現, 秋田県横手市)に移ることを進言。翌年同柵で2人は抗戦したが, 義家軍の兵粮攻めに苦戦。投降を申し入れたがうけいれられず, 捕らえられて義家に助命を願ったが殺された。

きよはらのなつの [清原夏野] 782～837.10.7 平安前期の公卿。父は小倉王(舎人とねり親王の孫), 母は小野綱手の女。子に滝雄・沢雄・秋雄がいる。幼名繁野しげの。双岡ならびの大臣・比なびの大臣とも称する。804年(延暦23)清原真人まひとを賜り, 夏野を名のる。823年(弘仁14)淳和天皇の即位にともない, 春宮亮とうぐうのすけから蔵人頭くろうどのとうとなる。のち右大臣・従二位に昇った。「日本後紀」「令義解」「内裏式」の編纂・撰進に尽力。たびたび同天皇を双岡山荘に迎える。民部卿を勤め, 親王任国の設置などを献策した。

きよはらののぶかた [清原宣賢] 1475～1550.7.12 戦国期の儒学者。吉田兼倶かねともの三男。清原宗賢の養子。環翠軒と号す。法名は宗尤。朱子の新注をとりいれる新古折衷的な家学をさらに進め, 五山僧の講義も参考にして徹底した。京都で公卿や将軍家・五山僧らに講義し, 能登国畠山氏・若狭国武田氏・越前国朝倉氏などの求めで講義に赴き, 地方の文化発展にも大きく寄与。そのために作成した「孝経抄」「左伝抄」「周易抄」などの抄物が多数現存し, また三条西実隆に学んで「伊勢物語惟清抄」を著し, 「塵芥」「詞源要略」などの辞書を編纂, さらに実父の神道説を祖述した「日本書紀神代巻抄」や, 「御成敗式目」に対する興味から「貞永式目抄」を著すなど多方面に活躍した。越前国一乗谷で死去。

ぎょぶつ [御物] 「ごもつ・ぎょもつ」とも。中国では天子が用いたり所蔵するものをいい, 日本では天皇あるいは皇室の所蔵品と室町幕府・江戸幕府の将軍家の所蔵品をいう。御物の語を用いるのは南北朝期以後で, 古代において天皇の所蔵品をどのようによんだかは不明。江戸中期以降, 足利家蔵品は東山御物, 徳川家蔵品は柳営御物とよび, 明治期以降には天皇家の御物を帝室御物とよんだ。正倉院の宝物も正倉院御物とよばれたが, 第2次大戦後に国有財産に移管されてからは正倉院宝物とよぶ。

きよみずでら [清水寺] 京都市東山区にある北法相宗の本山。音羽山と号す。西国三十三所観音の16番札所。「清水寺縁起」「東宝記」によれば, 778年(宝亀9)に延鎮えんちんがこの地に庵を結び練行していたが, 坂上田村麻呂により帰依・助力して, 798年(延暦17)十一面観音を造像・安置して清水寺と称し, 805年田村麻呂の私寺として承認されたとある。のち興福寺の末寺となったが, 祇園感神院との対立や興福寺と延暦寺との抗争にしばしば堂舎の焼打にあった。のち徳川家光の援助により寺観が整備された。本堂は国宝, 本尊の十一面観音は重文。

本堂ほんどう 現本堂は1633年(寛永10)の再建。中心部(本字)は正面9間, 奥行7間。周囲に裳階もこし・正面庇・翼廊・舞台がつく。本字は表が礼堂, 中が相の間, 奥が内陣となる。平安末期には現在とほぼ同規模であった。屋根は反転曲線をもつ檜皮葺ひわだぶき。崖の上に位置し, 傾斜地から太い束柱で支えられた舞台造・掛造る。国宝。

きよみずやき [清水焼] 江戸時代の京都東山の陶窯, またその製品。狭くは清水寺一帯の窯場をさすが, 広くは京都東山一帯の陶窯をいう。古い製品は古清水と総称される。「隔蓂記かくめいき」寛永20年(1643)条に初出し, 茶陶を焼く窯であった。江戸前期はあまり隆盛せず, 19世紀に京焼第一の生産量を誇る。とくに磁器生産に力をいれ販路を拡大した。

きよもとぶし [清元節] 清元延寿えんじゅ太夫が創始した浄瑠璃。豊後節の系統をひき, 常磐津節・富本節とともに豊後三流といわれる。豊後節の禁圧後, 江戸に残った高弟のうち宮古路文字太夫が, 1747年(延享4)改姓して常磐津節を創始。翌年に常磐津小文字太夫が常磐津からわかれ, 富本節を創始した。2世斎宮いつき太夫は, 富本節の家元豊前太夫と不和となり, 1814年(文化11)清元延寿太夫と改姓し, 富本から独立した。初世延寿太夫は25年(文政8)に刺殺され, 疑いが富本にかかり, 富本節衰退の一因となった。清元節は江戸町人文化の爛熟した文化・文政期に成立し, 粋で艶のあるところが特色とされる。

きょりく [許六] 1656.8.14～1715.8.26 江戸前期の俳人。近江国彦根藩士。姓は森川。名は百仲。別号は五老井ごろうせいなど。1692年(元禄5)江戸在勤中に芭蕉に入門。芭蕉最晩年の弟子だが, 画道の師と仰がれ, 帰国の際「柴門さいもんの辞」を贈られるなど, 素養を高く評価された。蕉風俳諧の格式を制定しようとした「韻塞いんふたぎ」「篇突つぶて」の共撰, 俳論史論「本朝文選」「歴代滑稽伝」, 芭蕉句集「泊船集」の補正, 漢詩の俳文化を試みた「和訓三体詩」など多彩な活躍をした。蕉門十哲の1人。

きょりゅうち [居留地] 1858年(安政5)の安政五カ国条約によって, 借地, 家屋などの建設, 居住, 営業が条約国の国民に許された開港場内の一定地域。居留は, 一時的滞在としての逗留や, 日本人との雑居に対比される語。五つの開港場のうち横浜・神戸・長崎に設けられ, 箱館・新潟には雑居地しか設けられなかった。一

方, 開市場である大坂・江戸(東京)では逗留しか認められないはずだったが, 開港場に変更された大坂とともに, 東京にも設けられた。土地は日本の主権のもとにあるが, 居留民の人身は領事裁判制度により条約国領事の保護におかれた。実際の運営は日本の地方官憲(各港奉行, のちに府県)と各国領事の協議によったが, 居留民の代表に一定の権限が与えられることもあった。99年(明治32)改正条約発効により廃止。

きょりゅうちぼうえき [居留地貿易] 幕末から1899年(明治32)まで行われた貿易取引。日本が開港にあたって締結した通商条約には, 外国人が日本国内を旅行する権利は含まれていなかった。また外国商人の活動は居留地内に限定され, 居留地の外で商品を売買することは禁止されていた。日本人と外国人との取引は居留地内でのみ行われ, こうした交易方法が幕末期の唯一の取引形態となった。これを居留地貿易とよび, 日本では居留地の撤廃される99年まで対外貿易の最も支配的な取引形態であった。

きらし [吉良氏] 清和源氏。足利氏の庶流。鎌倉中期頃, 三河守護足利義康の孫義氏が三河国吉良荘を与えられ, 吉良氏を称した。義氏の長男長氏(おさうじ)は西条, 三男義継は東条に住したが, 義継の子経氏は奥州に移住, 奥州吉良(世田谷吉良)氏の流となる。長氏の孫貞義はその子満義は足利幕府の開創に協力した。満義の嫡子満貞が嫡流西条吉良氏を, 弟尊義(たかよし)は東条に住み東条吉良氏をなし, 両者は抗争を重ねた。応仁の乱頃, 東条吉良氏は細川氏の守護代となるが, 文明年中に没落。西条吉良氏は三河一向一揆に味方して近江国へ敗走後に断絶。東条吉良氏はのち復活し, 徳川氏に仕えて儀式典礼をつかさどり, 高家(こうけ)に列せられるが, 赤穂事件で本家が断絶, 分家の旗本東条氏が吉良姓を継いだ。

きらよしなか [吉良義央] 1641.9.2~1702.12.15 「よしひさ」とも。江戸前期の高家(こうけ)。義冬の子。母は酒井忠勝の弟忠吉の女。幼名三郎, 通称左近。上野介。法名実山。1653年(承応2)幕府に出仕, 従四位下侍従, 従四位上左少将に任じられた。68年(寛文8)家督と高家肝煎(きもいり)を継ぐ。1701年(元禄14)勅使江戸下向の接待をめぐって, 播磨国赤穂藩主浅野長矩(ながのり)が江戸城中で刃傷沙汰に及び, 長矩は即日切腹となった。義央は高家役の辞退を願い隠居したが, 翌年浅野家旧臣の討入りで斬殺された(赤穂事件)。義央は尊大な気風と悪評高いが, 領地三河国吉良地方では, 富好(とみよし)新田の開発や黄金堤の築堤など水利事業を行った名君との評価もある。

きりがみでんじゅ [切紙伝授] 歌道伝授の一形態。全紙を横半切以下に小さく切った紙に, 歌道上の奥義秘事を記して相伝した。古典講釈における疑問は, 元来疑義や異説を書いて添付した紙片で, 副次的であった。しかし1471年(文明3)東常縁(つねより)から宗祇への「古今集」の講釈で秘説を切紙に記して与えて以後, とくに古今伝授において, 聞書きを補完して三鳥(さんちょう)・三木(さんぼく)などの奥義を伝える手段として秘儀化・権威化され, 形骸化しつつ近世まで続いた。

キリシタン 近世日本, あるいは広い意味で当該期の東アジアにおけるカトリック, および信者。吉利支丹・切支丹をあてた。語源は, キリスト教とその信徒をさすポルトガル語のChristão。日本では1549年(天文18)イエズス会宣教師フランシスコ・ザビエルの伝道に始まる。はじめ好意的に遇されられたが, 豊臣政権・江戸幕府により弾圧をうけ, 17世紀前期, 表面上消滅した。キリシタン禁制のもと, キリシタン民衆のなかには棄教した者も少なくないが, 仏教徒を装いつつ潜伏した者も少なからず存在し, しばしば崩れとよばれる露顕事件が生じた。

キリシタンだいみょう [キリシタン大名] 戦国期~江戸初期にキリシタンの洗礼をうけた大名。イエズス会はまず領主を信者にしたうえで領民を集団改宗させるという布教方針をとり, 領主もポルトガル船がもたらす貿易品の獲得とキリシタンのもとでの統治を志向し, 両者の利害の一致から多数出現した。江戸幕府のキリシタン禁教が徹底されると, 高山右近など一部を例外として多くが棄教した。

キリシタンばん [キリシタン版] 近世初期のイエズス会によるヨーロッパ式印刷機を用いた出版物の総称。巡察使バリニャーノのもたらした金属活字印刷機を用いた1591年(天正19)刊のローマ字本「サントスの御作業の内抜書」に始まる。一部, 木製活字のものもある。天草・加津佐など九州各地のコレジヨで作業が行われたため天草版ともよばれる。日本での出版は禁教令にともない1614年(慶長19)までだが, この期間に限らずマカオやローマでの同類の出版も含めてよぶことが多い。宣教師や日本人神学生のための教科書用の出版だったらしく, ローマ字の「平家物語」「伊曾保物語」, 国字の「ばうちずもの授けやう」「和漢朗詠集」, 欧文の「ラテン文典」「日葡辞書」などがある。

きりしまじんぐう [霧島神宮] 鹿児島県霧島町田口に鎮座。旧官幣大社。祭神は天饒石国饒石天津日高彦火瓊瓊杵(あめにぎしくににぎしあまつひだかひこほのににぎ)尊・木花開耶姫(このはなさくやひめ)命・彦火火出見(ひこほほでみ)尊ほか4神。古く僧慶胤が背門丘に社殿を造営したとされ, 天暦年間(947~957)には性空が瀬戸尾越に社殿と別当寺を造営したと伝える。噴火による焼失後, 1484年(文明16)島津忠昌が現在地に社殿と

別当寺を再興した。837年(承和4)に官社に列した式内社霧島神社にあたるか。例祭は9月19日。特殊神事に散穂祭・お田植祭・天孫降臨再現神火祭がある。

きりすてごめん [切捨御免] 無礼討とも。近世、武士が農民・町人などの非礼・無礼な言動により名誉を傷つけられた場合、彼らの斬殺を許されたこと。ただし相手を殺傷してもとどめはささないのが慣行であった。また証人を必要とし、事後の取調べでその正当性が立証されなければ裁判をうけ、処罰もされた。武士に対してみずからの名誉・体面を自力で守ることを認めた身分的特権ではあったが、その行使は抑制されていた。

きりひとは [桐一葉] 新歌舞伎の代表作。坪内逍遥作。1894〜95年(明治27〜28)の「早稲田文学」に発表。初演は1904年3月東京座。豊臣家崩壊を、多数の人物の思惑と行動のなかに描く長編。驕慢な淀君、豊臣家を守ろうと心を砕く老臣片桐且元、若き木村長門守などが印象的に描かれ、桐の葉が木から落ちるのをみて豊臣家の運命を且元が悟る「片桐邸」、且元と長門守が別れを惜しむ「長柄堤」はたびたび上演される。新史劇の創造をとなえた逍遥は、歌舞伎の手法を用いながら筋の合理的展開と個性的な人物像を描こうと試み、成功した。

きりまい [切米] 蔵米とも。江戸時代、知行地をもたない中・下級の武士に与えられた俸給。幕府の場合、知行所をもたない旗本や御家人に対して浅草御蔵から支給された。切米受取手形を書替奉行(切米手形改役)のもとへ持参して裏判をうけ、これを御蔵宿へ持参して切米をうけた。はじめは10月頃から1度に支給されたが、しだいに分割支給となり、夏・冬の2回支給をへて、1723年(享保8)以降は2月に4分の1を春借米、5月に4分の1を夏借米、10月に4分の2を冬切米として年3回の支給になった。現米で渡されるほかに、御張紙値段とよばれる公定米価により換金して支給されることもあった。普通は札差が切米の受渡しを代行した。諸藩の場合もおおよそ幕府の方法に準じていた。

きろく [季禄] 律令制下の給与の一つ。おもに在京の職事官が対象。大宝・養老禄令によれば、在京の文武職事官と大宰府・壱岐・対馬の職事官に対し、半年間(1月〜翌年1月、2〜7月)の勤務日数(上日)が120日以上ならば、帯官の相当位に応じ、2月に縫・糸・布・鍬からなる春夏季禄を支給した。同様に8月には秋冬季禄(糸・鍬は綿・鉄にかえる)を支給した。数官を兼ねた場合は相当位の高い官に従い、初任官の場合は規定の上日をみたす必要はなかった。家令・職員は相当位より1等降された。

相当位のない内舎人・別勅長上・才伎長上・兵衛・授刀舎人、後宮に仕える宮人には、別の規定によって季禄を支給した。

きろくしょ [記録所] 平安後期に朝廷におかれた荘園整理機関。寄人の評定による荘園文書審理を任務とするが、上卿一弁一史その他の太政官政務処理要員を含み、提出文書の受理から審理結果の天皇(上皇)・陣定への答申、裁定官符宣旨の発給まで一貫処理した。延久記録所は荘公区分の明確化を、天永記録所は伊勢神宮領の拡大防止を、保元記録所は南都寺社の荘園領有の抑制を、文治記録所は朝廷年中行事費用の確保を、それぞれ固有の任務としたが、所領訴訟審理も担当した。文治記録所は鎌倉時代を通じて訴訟機関として継続し、後醍醐天皇は建武の新政の政治機関となった。

きろくしょうえんけんけいしょ [記録荘園券契所] 1069年(延久元)後三条天皇が太政官朝所に設置した延久荘園整理令の執行機関。上卿一弁一寄人(実務官人・学者で構成。1人は大夫史)で構成された。荘園領主と国司に提出させた証拠文書を、個別荘園領主ごとに整理令の存廃基準(1045年以後の新立荘園の停止)にもとづき寄人の評定によって集中審理し、その結果を上卿が天皇に答申(勘奏)、天皇は記録所勘奏にもとづいて存廃を決定し、上卿一弁一史が官符宣旨によって権門寺社・国司に通達。この整理作業の結果、荘園と公領の区分は明確にされ、以後荘園公領制は本格的に展開する。天永・保元の記録所も、正式には記録荘園券契所。

ぎわだんのらん [義和団の乱] 1899〜1900年(明治32〜33)に中国でおこった民衆反乱。日清戦争後に激化した列強の中国侵略に反抗して、99年に山東省でおこった反キリスト教闘争が発端となり、義和團の修得と白蓮教系の信仰を媒介として北方諸省や満州(東北部)にも波及した。清朝政府の支持下に「扶清滅洋」を掲げ北京に進入し、清朝政府も列強に宣戦布告したが列強連合軍に敗れ、義和団も鎮圧された。

きん [金] 中国東北地方からおこった女真族のたてた王朝(1115〜1234)。ハルビン南東の按出虎水(現、阿什河)の流域を根拠地とした完顔部部長の阿骨打(太祖)が、1115年遼から独立して帝位につき、国号を大金と定めた。第2代太宗は遼を滅ぼし、宋の都開封を攻略して、満州・内モンゴル(内蒙古)・華北にまたがる地域を支配した。第4代海陵王は53年北京に遷都し南宋を攻撃しようとしたが、内紛がおこり失敗。1234年モンゴル軍などにより滅亡した。

きんかいきん [金解禁] 金の輸出入を自由化し、金本位制に復帰すること。第1次大戦の勃

発にともない、英米など主要国は金輸出禁止措置をとり、これに追随して日本も1917年(大正6)9月金本位を一時離脱した。大戦後の19年、アメリカがいちはやく金本位に復帰し、その後1920年代半ばまでに主要国が金本位に復帰したが、日本は関東大震災・金融恐慌などのために金本位への復帰が実現できなかった。29年(昭和4)7月に登場した浜口内閣は金解禁即実行を政綱に掲げ、30年1月旧平価による金解禁が実施されたが、世界恐慌のなかで莫大な正貨流出を招き、31年12月の犬養内閣の成立とともに金輸出は再禁止され、金本位制は崩壊した。

きんかいわかしゅう [金槐和歌集] 「鎌倉右大臣家集」とも。源実朝の家集。「金」は鎌倉の鎌の偏、「槐」は大臣の異称。諸本は、歌数663首の藤原定家所伝本と歌数719首の1687年(貞享4)版本の2系統。定家所伝本には、建暦3年(1213)12月18日の奥書がある。四季・賀・恋・旅・雑の部立別の編纂。実朝は万葉調歌人として有名だが、本集は多くが本歌に依拠した詠作で万葉相聞の類型のなかにあって万葉調の歌は少ない。中央歌壇から遠隔の地にいた環境と天性の資質からか、特異な歌風をみせる。

きんかくじ [金閣寺] ⇒鹿苑寺

ぎんかくじ [銀閣寺] ⇒慈照寺

きんきゅうちょくれい [緊急勅令] 大日本帝国憲法第8条に規定された勅令。帝国議会の閉会中緊急を要する事態に際し、次の会期において議会の承認を求めることを前提に、枢密院の諮詢をへて法律に相当する内容の法令を勅令として発することができた。1891年(明治24)大津事件に際し出版物取締りのために発せられたのが最初。当初は議会の承認を得られないこともしばしばあった。昭和初期には前議会で否決された法案が緊急勅令として発せられたことにより、この規定に対する非難が高まった。1945年(昭和20)勅令第542号「ポツダム宣言ノ受諾ニ伴ヒ発スル命令ニ関スル件」は、行政権に無制限の立法権をゆだねるもので、いわゆるポツダム緊急勅令の根拠となった。

きんきょうれい [禁教令] キリスト教を禁止する法令。江戸幕府による慶長17・18年の法令をさす場合が多い。1612年(慶長17)3月21日、幕府は駿府・江戸・京都に禁教令を布告し、教会の破壊と布教の禁止を命じた。これは直轄領に対するものとされているが、諸大名は「国々御法度」として受け止めており、直轄領にのみ限定されたものではない。その後キリシタン弾圧が進行し、13年12月19日(1614年1月28日)には重ねて禁教令が布告され、23日には徳川家康が以心崇伝に命じて起草させた「伴天連追放文」が将軍秀忠の朱印を押して全国に公布された。そして14年(慶長19)宣教師の国外追放と京都・長崎などの教会の破壊が行われ、禁教令は全国的に広まっていた。

きんぎょくきん [金玉均] Kim Ok-kyun 1851.1.23~94.3.28 李氏朝鮮末期の政治家。実学に影響され朴泳孝らとともに開化派として、朝鮮の清国からの独立と閔氏政権の打倒をめざした。1884年(明治17)甲申事変をおこしたが失敗し、日本に亡命。閔氏政権は彼の引渡しを日本に要請、またその暗殺を企てたため、日本政府は小笠原島や北海道に移送した。その後全は朝鮮中立化などを構想したが、刺客に誘い出され上海で暗殺された。

きんぎんぜにそうば [金銀銭相場] 金銀銭三貨相互の交換比率。三貨については織田政権以来公定相場が存在し、江戸幕府の公定相場としては1700年(元禄13)の金1両＝銀60匁＝銭4貫文が有名だが、実際には増歩鋳などによる三貨の質と量の変化により日々変動した。金銀相場は小判1両の銀値段で表示されたが、江戸と上方ではおもな使用貨幣が異なるため、江戸では銀相場、上方では金相場といった。江戸では駿河町の相場立合会所、大坂では金相場会所で毎日立合いがあった。両所の金銀相場の動きは為替相場に多大な影響があった。銭相場は金銀との交換比率で表示され、日々変動した。江戸では銭屋取引組で立合いが行われたことがある。

きんきんせんせいえいがのゆめ [金々先生栄花夢] 恋川春町画作の黄表紙。1775年(安永4)江戸鱗形屋孫兵衛刊。田舎出の若者が夢の中で栄華をきわめるが、それによって人生を悟るという筋。謡曲「邯鄲」の筋立てを主軸とし、ほかに謡曲「鉢木」「通小町」などの趣をとりいれ、当代の風俗を巧みにうがつ。青本の戯作化をはかって成立したともいえる本作は、青本と同体裁ながら、その知的な趣向でそれ以前の草双紙とは明確な一線を画す。本作刊行を文学史では草双紙の歴史における黄表紙時代の始まりとする。「日本古典文学大系」所収。

きんぎんひか [金銀比価] 金と銀の通用価値の比率。国・地域による金銀比価の相違は多様な経済現象をおこしたが、とくに幕末～明治前期の金銀流出問題や、1897年(明治30)金本位制採用以前の時期の洋銀下落が日本の輸出振興に与えた効果などが知られている。1870年代以降の欧米各国の金本位制採用の動きは、世界的な銀の長期低落をもたらした。銀本位国であった日本の円の価値は金に対してゆるやかに低下し、欧米の金本位国に対して、輸出を促進し輸入を抑制する円安効果をもたらした。

きんぎんふくほんいせい [金銀複本位制] 金銀の両者をともに本位貨幣として並立させる貨幣制度。日本の近代的貨幣制度の出発点である

1871年(明治4)の新貨条例は金本位制を採用した。しかし当時，貿易決済には大方がメキシコ・ドル銀貨があてられていたこともあって，開港場に限り1円貿易用銀貨の無制限通用を認めたから，実際上は金銀複本位制に近いものであった。79年10月の太政官布告第41号は，貿易1円銀に内国税をはじめ公私一般の取引上無制限通用を認め，複本位制に移行するに至った。しかし85年の日本銀行券の発行，86年の紙幣の銀兌換開始で金本位制に移行した。

キング 講談社の野間清治が1925年(大正14)1月巨費を投じて創刊した大衆娯楽雑誌。多彩なグラビア・写真・ノンフィクション物，村上浪六・吉川英治らの大衆小説などが人気を博し，翌年の新年号は150万部という当時では驚異的な部数を発行し，講談社文化の中心となった。太平洋戦争下の43年(昭和18)3月，敵性語という理由から「富士」と改題。46年1月に復題したがふるわず，57年12月廃刊。

ぎんこう [銀行] 社会的遊休資金を預金・債券などの形態で集中し，長短資金として必要な箇所に再配分する機関。第2次大戦前の日本の銀行制度は日本銀行を中央銀行とし，これに特殊銀行・普通銀行・貯蓄銀行をもって構成された。特殊銀行は1880年(明治13)設立の横浜正金をはじめとして，97年日本勧業・各府県農工・北海道拓殖，99年台湾，1902年日本興業，11年朝鮮の各行が設立された。第2次大戦後に特殊銀行は解散または普通銀行に転換した。普通銀行は1872年公布の国立銀行条例によって設立された各国立銀行を中心として，93年の銀行条例にもとづき1901年までに1867行が設立された。財閥系の大銀行を頂点とし，下部に多数の弱小銀行を配する重層的構成をとったが，昭和恐慌から第2次大戦下にかけて弱小銀行の淘汰，地方的合同をへて，都市・地方の2群の構成となった。また1890年の貯蓄銀行条例にもとづき，大衆の零細預金を扱う貯蓄銀行がうまれたが，第2次大戦後は普通銀行に転換した。

ぎんこうしゅうかいじょ [銀行集会所] 同一地域に本支店をもつ銀行業者が，営業上の諸問題の提案・建言の集約や，相互業務の疎通，権益擁護のために結成した団体。手形交換所の運営や，預金利率協定の中心として銀行業務の発展を図った。最初の設立は東京銀行集会所で，1877年(明治10)に渋沢栄一の主唱で設けられた択善会ﾀｸｾﾞﾝｶｲを前身とした(80年改組)。各銀行集会所は第2次大戦中は全国金融統制会にくみこまれ，戦後これらをもとに銀行協会が設立された。

ぎんこうほう [銀行法] 普通銀行を規制する法律。1927年(昭和2)3月公布，28年1月施行。1893年(明治26)施行の銀行条例は，中小銀行の乱立と経営悪化・倒産をもたらす原因ともなったので，1926年政府は弊害是正を目的に金融制度調査会を設置し，その答申にもとづき銀行法を制定。おもな内容は普通銀行の業務の定義，企業形態を株式会社に限定，5年間の猶予を認めて原則として資本金100万円以上，常務役員の兼職制限，設立の免許制，店舗設置や合併の認可制などで，大蔵省の監督権限を強化した。無資格化した銀行には合併が指導され，銀行合同進展の契機となった。81年銀行の公共性と経営の自主性尊重を明示して全面改正され，翌年施行。

きんごく [近国] 律令制下，京からの行程によって畿外諸国を分類した遠・中・近の3段階のうち最も近いもの。調庸物の運搬出発時期の基準となった。「延喜式」では伊賀・伊勢・志摩・尾張・三河・近江・美濃・若狭・丹波・丹後・但馬・因幡・播磨・美作・備前・紀伊・淡路の各国が該当した。

きんざ [金座] 江戸時代の金貨鋳造機関。はじめ小判座ともよばれた。1595年(文禄4)に江戸へ招請された後藤庄三郎光次ﾐﾂﾂｸﾞは徳川氏の領国貨幣を鋳造したが，その全国統一後，金銀改役ｷﾝｷﾞﾝｱﾗﾀﾒﾔｸ(のち金改役)として慶長金の鋳造を統轄し，小判師が鋳造した小判・一分金を検定し極印ｺﾞｸｲﾝを打った。この時期は後藤・小判師の自家営業を主体としたが，元禄改鋳を機に分一金支給による請負方式に変更され，後藤役所・金局(金座人役所)・吹所ﾌｷｼﾞｮという組織の整備も進んだ。留守居支配から，のち勘定奉行の支配をうけた。江戸のほか，はじめ京都・駿府・佐渡にも設けられたが，その後佐渡だけ断続的に鋳造を行った。

ぎんざ [銀座] 江戸時代の銀貨鋳造機関。1601年(慶長6)伏見に開設され，大黒常是ﾀﾞｲｺｸｼﾞｮｳｾﾞの極印銀を鋳造したが，08年京都へ移転。これと前後して駿府・大坂・長崎にも開設された。駿府の銀座はまもなく江戸に移転，大坂は灰吹銀買集めのための京都銀座の出張所で，長崎銀座は貿易銀の取締りを担った。銀座の組織は，銀貨鋳造・極印打ちと上納銀包立てを家職とした大黒常是の役所と，鋳造事業の運営にあたった狭義の銀座から構成された。はじめ独自に灰吹銀を買い求める自家営業が主体だったが，その流通量の減少とともに公儀灰吹銀を吹立て，分一銀(鋳造手数料)となる方式にかわった。留守居年寄衆支配，のち勘定奉行支配となった。1800年(寛政12)の銀座改革によって銀貨鋳造は江戸に集中され，長崎銀座は廃止された。

ぎんさつ [銀札] 江戸時代，銀で額面を表示した紙幣。藩札・私札の大部分を占めたが，1868年(明治元)の銀目廃止にともなって，多くの藩で金札や銭札に改めた。匁・分を貨幣単位

とする銀札は金札に比べて小額で、額面単位の刻みも多くできたため種類も豊富で、発行者にとっても重宝であった。原則として銀貨との交換が発行者によって保証されたが、乱発によって減価したり、交換が困難になる事態もみられた。

きんしゅんじゅう [金春秋] 603～661.6.- 新羅の貴族，のち国王(在位654～661)。諡は太宗武烈ぶれ王。真智王の孫，伊湌竜春の子。642年，百済の攻撃をうけた際，高句麗に援兵を請うが失敗，647年(大化3)高向玄理たかむくのらを送って来朝した。翌年唐に赴いて太宗に百済の征討を訴える。真徳王の没後，妻の兄金庾信きんゆしらが貴族に推されて即位。660年には唐と連合して百済を滅ぼした。この間654年に理方府格を制定するなど法制や服制の唐風化を図る。新羅による朝鮮半島統一の基礎を築き，後世その治政は新羅中代の始まりとして評価される。慶州市西岳洞に陵がある。

きんしん [謹慎] 江戸時代に罪を犯した武士を自宅にとじこめ、外部との接触を禁じる刑罰が発達したが、これもその一種。門戸が閉ざされ、昼間の出入が禁止された。自宅閉居の刑罰として、ほかに閉門・逼塞ひっそく・遠慮・押込おしこめなどがあった。明治初年の新律綱領も、士族身分に対する最も軽い刑罰として謹慎を設けたが、改定律例では禁錮と改称され、やがて自宅外の獄舎にとじこめる禁獄へと変化していった。

きんせきぶん [金石文] 金属や石に刻入または表出されている文字や文章。広く硬質の材に文字の入ったものを総称するのであり、その場合は瓦塼銘がせん・印章・木簡なども含まれるが、金石文本来の概念からははずれる。中国など他地域と異なり、日本では大規模な金石文の作例は少ないが、中国文化の影響が大きかった古代については、造像記・石碑・刀剣銘など各種の作例が残っており、史料の乏しさを補うものとしてとくに注目される。また梵鐘ぼんしょう銘・墓碑・板碑いたひなどは、広域にわたり多く遺存しており、地方史の史料としても貴重である。ただし金石文は、偽銘、追刻、事実の歪曲など、ただちに史料とはできないものもあり、十分な史料批判が必要とされる。

きんせきへいようじだい [金石併用時代] 銅石時代とも。Chalcolithic Ageの訳語。正しくは石が道具や武器のおもな素材である時代。日本では石器時代と青銅器時代の中間の時代ととらえられ、石と青銅が道具や武器の材料として使用された弥生時代、あるいは朝鮮半島のある時期を金石併用時代とよんだ。現在はこの考え方は誤りとされ、日本では使用されることは少ない。ヨーロッパやロシアの研究者は今でもこの用語を使用することがある。

きんぞくざいりょうけんきゅうじょ [金属材料研究所] 東北大学の付属研究機関。良質の鉄鋼の自給と生産技術研究の要請に応じ、1916年(大正5)臨時理化学研究所第2部が設置され、本多光太郎が所長となる。17年本多・高木弘により強力磁石鋼のKS鋼が発明された。19年東北帝国大学付属研究所となり、鉄鋼研究所と改名。22年現名称となる。超パーマロイ・新KS鋼・センダイト・MSO合金・特殊合金、さらに極低温の物性・強靱鋳鉄・粉末金属などが研究されている。

キンダー Thomas William Kinder 1817.11.10～84.9.2　キンドルとも。イギリスの技師。香港造幣局長を務めた後、横浜オリエンタル・バンクの斡旋で御雇外国人として日本の大蔵省に招聘され、1870年(明治3)5月来日。大阪に新設された造幣寮の造幣首長として最新式の機械を導入し、近代的な貨幣の鋳造を指導した。新貨幣に天皇の肖像使用を提案し、大蔵大輔井上馨の賛成をえたが、その後「恐れ多い」として不採用となる。75年帰国。

きんちゅうならびにくげしょはっと [禁中并公家諸法度] 1615年(元和元)に制定された江戸幕府の法令。大御所徳川家康が、大坂夏の陣直後の7月17日、京都二条城で将軍徳川秀忠、前関白二条昭実きんと連署して武家伝奏に布達、昭実の関白還任後の7月30日禁中に公家衆を招集し、伝奏が読み聞かせて発効。17カ条からなり、第1条で13世紀の順徳天皇の著『禁秘抄きんぴしょう』を引用して天皇が修得すべき徳目を規定。以下親王の序列を大臣の下におき(2条)、公家衆の官位昇進の基準を家々の旧例に定め(10条)、関白・伝奏による公家衆支配を明文化した(11条)。天皇をも法規の対象とし、五摂家に関白職独占を保証し、関白・武家伝奏を朝廷運営の中枢に位置づけた画期的な法度で、江戸幕府の朝廷支配の基本法令として幕末まで機能した。原本は御所の殿舎に壁書としておかれたらしく、1661年(寛文元)の火災で焼失。副本をもとに64年将軍徳川家綱、摂政二条光平連署で再制定された。ただし寛文の正本の伝存は不詳。

きんづかい・ぎんづかい [金遣い・銀遣い] 江戸時代、商取引や貢納などに金または銀を用いたこと。室町末期以降開発された金銀山の地域的分布や取引慣行によって、関東は金遣い、関西は銀遣いという地域的差異が生じた。幕府は慶長金銀を発行し、金銀銭の公定相場を示して貨幣的統合をはかったが、金銀相場の変動は両地域の経済に大きな影響力をもち続けた。その後も金遣い・銀遣いの対立を克服しようとしたが、成功しなかった。1868年(明治元)の銀目廃止によって銀遣いの慣行は終わり、大坂の両替

商は大きな打撃をうけた。江戸後期には銭勘定にみられるように、銀遣いに連関しながら実質的に銭を価値基準とする地域もあった。

きんていけんぽう [欽定憲法] 君主の意思により制定され国民に下し与えられた憲法。1814年のフランス憲法、1818年のバイエルン憲法、1889年(明治22)の大日本帝国憲法(明治憲法)などがこれにあたる。具体的内容は国情や歴史的・文化的背景により異なるが、一般に君主権が国民の代表機関としての議会の権限に優越する。大日本帝国憲法は伊藤博文を中心に起草されて枢密院で審議されたが、民議に付されることなく欽定憲法として発布された。

きんでんほう [均田法] 江戸時代の土地政策。対馬府中藩では田畑が狭小のうえ、主産地の木庭地(焼畑地)も中世以来給人さんにゅう知行地であった。農民・被官・名子をはそれに依存していたが、寛文改革の一環として給人領をいったん収公、新禄制により再配分し、残りの一部を被官・名子に与えて独立自営化をはかった。肥前国佐賀藩では干拓政策の展開により、松浦うら郡有田・伊万里両郡で、とくに有田焼で資本を蓄えた町人が地主化していた。これに対し、藩は1841年(天保12)以降、まず両地域、のち全蔵入地で小作料(加地子ひじ)を猶予し、さらに小作地を藩による上支配としたうえ、地主と小作人に事実上の農地の分配を実施。寛政期の伊勢国津藩、天保期の常陸国水戸藩にも土地の均分化政策がみられる。

きんとうみょう [均等名] 荘園制下、百姓名が一様な面積で構成されているとき、これを研究史上、均等名という。完全に均等の場合を典型として、若干の面積の開きのある名構成もこの類型に含める。1町ないし2町前後の地積であることが多い。事例のほとんどは大和国内の興福寺領と東大寺領の荘園だが、山城・伊勢・近江・若狭・摂津・河内など畿内近国でも知られる。形成要因について種々の議論があるが、荘園領主が収取の便宜のため採用した名主に対する公事くじの均等賦課が、名の均等構成に先行したと考えられる。

きんにっせい [金日成] Kim Il-sŏng 1912.4.15〜94.7.8 朝鮮民主主義人民共和国の政治家。平安南道出身。3・1運動後、中国東北地方に移住し、満州事変後は抗日武装闘争を展開したとされるが、この間の経歴にはなお不明な点も多い。日本敗戦後、朝鮮人民革命軍とともに帰国。朝鮮共産党北朝鮮分局責任秘書・北朝鮮労働党初代委員長などを歴任し、1948年朝鮮民主主義人民共和国(首相)。72年国家主席。その革命理論はチュチェ(主体)思想とよばれる。

きんぴ [金肥] 農民が商人を通して購入する肥料。近世農業の施肥技術において刈敷・厩肥・人糞尿・藻などの自給肥料に対していう。採草地をもたない平場村落や商品作物の栽培が本格化した先進農業地では、糠・油粕・灰・〆粕しめかす・干鰯ほしかなどの金肥が大量に畑に投下された。都市近郊農村では、都市住民の人糞尿を下肥として購入した。金肥価格が高騰して農業経営を圧迫すると、農民は値下げを求めて大規模な訴願運動をおこし、肥料商の打ちこわしまで発展させた。

きんぴしょう [禁秘抄]「順徳院御抄ぎょうしょう」「建暦御記けんりゃくぎょき」「禁中抄」ともいう。有職ゆうそく故実書。2巻ないし3巻。順徳天皇著。成立年は諸説あるが、和田英松説は1219年(承久元)起稿、21年完成とする。漢文体で上巻46項、下巻45項。宮中の諸行事次第・故実・芸能・政務など有職を兼ねる作法を説くが、執筆の姿勢は、建久年間以降の宮中の風習の乱れを古風に照らして批判することで貫かれる。「群書類従」「列聖全集」所収。

きんぺきしょうへきが [金碧障壁画] おもに日本の近世に流行した障壁画の様式の一つ。濃絵だみえともよばれ、全面金箔を押した画面に、緑青ろくしょうや代赭たいしゃなどの濃彩を用いて豪壮華麗に描かれた。安土桃山時代に最も盛んに行われた。権威の象徴として当時の支配者に好まれ、城郭の大広間など表向の居住空間を飾るとともに、寺院建築にも適用されて発展した。

きんほんいせい [金本位制] 金を本位貨幣とする貨幣制度。明治初年に金本位か銀本位かの論議があり、世界の大勢に従って1871年(明治4)の新貨条例は金量目4分(1.5g)を1円とする金本位制を採用したが、貿易用の銀貨流通をも認めたので実際上は金銀複本位制であった。金本位制実施の難点は、金準備の不足であったが、これは日清戦争で得た賠償金2億3150万テール(邦貨換算約3億6000万円)によって解消し。97年の貨幣法は金量目2分を1円と規定し金本位制が確立された。ただし当分の間、銀も準備高に加えるという変則的なものであったが、これによって日本の経済制度も先進国と対等の関係に立つこととなった。第2次大戦中の1942年(昭和17)の日本銀行法によって廃止された。

ぎんほんいせい [銀本位制] 銀を本位貨幣とする貨幣制度。1881年(明治14)10月松方正義の大蔵卿就任とともに、明治初年以来の不換紙幣の整理事業が開始され、銀貨・紙幣の価格差も急速に消滅した。これを背景に85年5月9日にはじめて日本銀行から10円の兌換銀行券が銀準備で発行され、翌年1月1日から政府紙幣も漸次に銀貨と兌換されることとなり、銀本位制が確立した。しかし当時、法制上は金銀ともに正貨とされていた。ここでの銀本位制は、(1)正貨準備

が主として銀であったこと、(2)東南諸国との貿易上銀貨決済が便利であったこと、による貨幣制度整備上の経過的なものとみなされる。

きんめいてんのう【欽明天皇】 記紀系譜上の第29代天皇。在位は6世紀中頃。天国排開広庭(あめくにおしはらきひろにわ)天皇と称する。継体天皇の嫡子。母は仁賢天皇の女手白香(たしらか)皇女。天皇の時代には蘇我稲目(いなめ)が大臣(おおおみ)として権勢をふるい、稲目の女堅塩媛(きたしひめ)・小姉君(おあねのきみ)は天皇の妃となって多くの皇子女を生み、蘇我氏発展の基礎を築いた。『日本書紀』によれば、天皇の時代において百済(くだら)の聖明王と伽耶(かや)諸国の王との間で任那(みまな)復興の協議を行わせ、のち552年、聖明王から仏像・経典などが送られたという。ただし『上宮聖徳法王帝説』などでは仏教渡来は538年のこととする。陵は檜隈坂合(ひのくまのさかあい)陵で、奈良県明日香村にあるが、同県橿原市五条野町の見瀬丸山古墳をそれにあてる説も強い。

きんもんのへん【禁門の変】 元治甲子の変・蛤御門(はまぐりごもん)の変とも。1864年(元治元)7月京都でおきた、尊攘派萩藩の軍と公武合体派会津・鹿児島両藩を中心とする軍の衝突。前年の8月18日の政変によって尊攘派は京都から追放され、京都では公武合体派が勢力をもり返した。64年1月参与会議が成立したが、尊攘派も挽回を策動するうちに6月5日池田屋事件がおこった。これを契機に萩藩は強硬論に転じ、京へ進発した。6月24日萩藩軍は京を囲み、軍勢の対峙が続いた。7月19日早朝戦端が開かれたが、1日で萩藩軍が敗北。京都市中は大火災となり、獄中の志士の多くが殺害された。7月21日長州追討令が出され、第1次長州戦争となった。

きんゆうきょうこう【金融恐慌】 1927年(昭和2)に勃発した日本の銀行恐慌。同年3月中旬から全国に銀行取付けがおこり、3月中に休業した銀行は45行に上った。恐慌の直接のきっかけは、3月14日の衆議院予算委員会における「渡辺銀行が破綻した」という片岡蔵相の失言にあったが、恐慌激化の要因は、関東大震災の処理として滞留していた震災手形にあった。この手形の最大の所持銀行は台湾銀行であり、最大の債務者は鈴木商店であった。第1次大戦による大戦景気のもとで急膨張した総合商社の鈴木商店の経営は戦後恐慌後いっきょに悪化し、その破綻が震災手形によってくりのべられていたのである。震災手形の処理をめぐる議会審議の過程でこの問題が表面化し、結局、台湾銀行・第十五銀行・近江銀行などの大銀行までが破綻した。恐慌の深化に直面し、政府は日銀特融法・台湾特融法の2法を成立させて救済にあたったが、その処理はその後長期間にわたった。また、この恐慌を契機に五大銀行体制が確立した。

きんゆうきんきゅうそちれい【金融緊急措置令】 第2次大戦後のインフレーションの終息を目的とした緊急勅令。1946年(昭和21)2月17日公布施行。幣原(しではら)内閣が前日に発表した経済危機緊急対策は、金融緊急措置令と日本銀行券預入令が中心。内容は施行当日の預金などを原則的に封鎖、5円以上の日銀券(旧円)の強制通用力の3月3日以降の喪失、旧円を金融機関に預け入れさせ封鎖預金とするなど。そのうえで新日銀券(新円)を発行し、毎月の生活費と事業用に一定額を封鎖預金から新円で引き出させることとした。旧円の回収額は約500億円にのぼり、発行額の80%強が回収され大幅な通貨収縮をもたらしたが、一時的効果にとどまり、インフレはさらに進行した。

きんゆうしほん【金融資本】 資本主義の帝国主義段階における支配的な資本。自由主義段階の産業資本と対比される。19世紀末以降のドイツを分析したR.ヒルファディングは、独占的な産業と銀行とが結びついた資本形態を、金融資本と名づけた。これを援用して日本の財閥コンツェルンを金融資本とよぶ場合がある。しかし、イギリスやアメリカではドイツのような関係はみられないので、金融資本の実態を一義的に規定すべきではないとする見解も有力である。

きんゆしゅっかいきん【金輸出解禁】 ⇨金解禁(きんかいきん)

きんゆしゅっきんし【金輸出禁止】 金貨および金地金の自由な輸出を禁止し、金本位制を実質的に停止すること。日本は、1917年(大正6)9月と31年(昭和6)12月の2度、この措置をとった。1回目は、第1次大戦下に欧米主要国が金本位をあいついで停止したのに追随して、円投機防止の目的で実施された。2回目は、世界恐慌のなかでドル買いによる莫大な正貨流出への対処として実施された。これは、31年夏以降のドイツの金本位事実上停止、イギリス帝国圏の金本位離脱という国際金本位制の崩壊過程のなかで実施されたもので、日本はこれ以降管理通貨制の時代に入った。

きんようわかしゅう【金葉和歌集】 第5番目の勅撰集。源俊頼(しゅんらい)撰。白河法皇の下命。1124年(天治元)の初度本、翌年の二度本とも返却され、三奏本は26年かその翌年に草稿として奏覧され、そのまま受納されたという。書名は優れた和歌の集の意。四季・賀・別離・恋上下・雑上下の10巻。代表歌人は源経信・俊頼・藤原公実(きんざね)・同顕季(あきすえ)。『古今集』以来の伝統から脱した新鮮な歌風を特色とする。『新日本古典文学大系』所収。

きんりごりょう【禁裏御料】 ⇨皇室領(こうしつりょう)

きんろうどういん[勤労動員] 国家による戦時経済運営のための強権的労働力動員。日中戦争の拡大にともない,軍需産業の労働力不足が深刻化したため,徴用制度により軍需産業への重点配置政策がとられた。1939年(昭和14)度からは労務動員計画にもとづき,学卒者,無職者,農業,不急不要の民需部門の労働者,植民地からの徴用労働者が強制的に軍需部門に大量動員された。戦争拡大による大規模な兵力動員のため,その規模は女子や学生・生徒,強制連行された朝鮮人・中国人などにまで拡大したが,労働力需要をまかなうことはできなかった。特に不熟練労働力が大量に投入されたため,労働生産性の低下をまねいた。

きんろくこうさい[金禄公債] 明治期に秩禄処分のために発行された長期国債。1876年(明治9)制定の金禄公債証書発行条例にもとづく。償還期限30年。75年に過去3年間の平均石代相場で換算して年金支給(金禄)に切り替えた家禄・賞典禄を廃止するため,禄高に応じて数年分の金禄を年利5～7％の金禄公債で支給した。永世禄は5～14年分,終身禄は永世禄の50％,年限禄は永世禄の15～40％に減額。金禄が少ないものほど換算年数・利率で優遇され,廃藩前の禄券法で売買されたものについては元高の10年分を年利10％の金禄公債で支給した。78年から約1億7400万円を発行したが,1906年までに償還を終了。

く

くいかえし[悔返] 中世の法制用語。いったん譲与または和与した所領などを取り戻すこと。公家法では,相続した子孫が死去した場合,夫のいる女子に譲与した場合,外孫に譲与した場合は悔返はできなかった。親権を重視する武家法では,子孫の死後や女子・外孫への譲与にも悔返が認められ,すでに安堵の下文が発給されたのちでも悔返ができた。他人和与については,公家法・武家法ともに悔返を認めなかったが,武家法では兄弟姉妹間(のちには叔姪間も)に限り認めた。

くうかい[空海] 774～835.3.21 弘法大師・遍照金剛とも。平安前期の真言宗開祖。讃岐国多度郡屏風浦の佐伯直田公の子。上京して大学などで経史・文章を学んだが,まもなく仏教に開眼。阿波国大滝山・土佐国室戸崎などで修行するうち「大日経」に出会って密教を奉ずるに至った。得度受戒後,804年(延暦23)遣唐使に従い入唐。長安青竜寺の恵果から「大日経」による胎蔵界と「金剛頂経」による金剛界を両翼とする密教を受法し,806年(大同元)帰朝。以後おもに高雄山寺に住し,最澄とも交流したがのち決別。816年(弘仁7)高野山開創に着手,822年東大寺南院に灌頂道場を設立,翌年東寺を賜り真言密教専修の寺とした。この頃から多くの公的修法を行い,824年(天長元)少僧都に,827年大僧都になる。翌年綜芸種智院を創始。832年頃からは高野山に隠棲しつつ,後七日御修法・真言宗年分度者を創設させ,真言宗の基盤をほぼ完成した。漢詩文にも優れ,書道では三筆の1人とされた。著述は密教文化研究所編「弘法大師全集」,勝又俊教編「弘法大師著作全集」,書は「弘法大師真蹟集成」所収。

ぐうけ[郡家]「ぐんけ・こおりのみやけ」とも。古代の郡の役所。類似の語として郡衙があるが,史料上の用例は10世紀以降。「続日本紀」などでは建郡を「某村に郡家を建つ」との表現が多く,郡家は文字どおり郡の中心だった。11世紀前半の「上野国交替実録帳」によれば,その構造は郡庁(政庁)・正倉・館・厨家からなり,館には伝馬をつないだと思われる厩屋が付属していた。発掘成果によれば,郡家遺構は7世紀末～8世紀初頭に出現し,2町(約220m)四方程度の範囲に先の諸施設が,塀や溝で区画されたブロックごとに配置されている。遺構の多くは10世紀には廃絶し,1030年

(長元3)頃の「上野国交替実録帳」では郡家もすべて「無実」と記されている。

くうげしゅう [空華集] 義堂周信ぎどうしゅうしんの漢詩文集。巻末に1368年(貞治7)の中巌円月ちゅうがんえんげつの跋がある。10冊。構成は、第1～4が詩、第5が説、第6・7が序、第8が疏・銘・題跋・雑著・記・歌・祭文・書、第9が仏上堂小参法語・陸遼ろくしん、第10が祜香・仏祖讃・真讃である。刊本は五山版のほか、20巻20冊の体裁に改編した1696年(元禄9)版がある。「五山文学全集」所収。

ぐうじ [宮司] 神社の祭祀や経営事務を担当する神職の長。孝徳天皇のとき伊勢神宮にはじめて宮司がおかれ、祭主の下で神郡財政を担当した。伊勢神宮のほか熱田・鹿島・香取・気比び・宇佐・宗像むなかた・香椎かしいの諸社にも宮司があり、少・権ごん宮司がおかれたところもあった。明治期以降の官国幣社制では大社に大・少宮司、中社に宮司・権宮司がおかれた。1946年(昭和21)官国幣社制が廃止され、全国の神社の長宮をすべて宮司というようになった。

くうや [空也] 903～972.9.11 「こうや」とも。弘也・市聖いちのひじり・阿弥陀聖とも。平安中期の念仏聖。醍醐天皇の皇子などと伝えるが不詳。諸国を巡って道路開設・架橋・死骸火葬を行い、20余歳で尾張国国分寺で出家、空也と自称した。938年(天慶元)入京し、市中の民衆に狂躁的な口称くしょう念仏を広めた。948年(天暦2)比叡山延昌えんしょうのもとで受戒したが、戒名の光勝こうしょうはみずからには用いなかった。以後貴族層にも教化活動を広げ、貴賤に勧進して観音像・天部像の造立や経典書写を行った。963年(応和3)の13年間を費やした金泥きんでいの「大般若経だいはんにゃきょう」完成供養には、左大臣藤原実頼さねよりが以下の貴賤が結縁した。またこの頃流行した悪疫の鎮静を祈って東山に西光寺(六波羅蜜寺ろくはらみつじ)を創建し、同寺で没した。

くえいでん [公営田] 9世紀に実施された国家直営田の一種。813年(弘仁4)に石見国、823年に大宰府管内、879年(元慶3)に上総国で行われたものが知られる。大宰府管内のものは大宰大弐小野岑守みねもりの建案で、管内の良田1万2095町を割き、徭丁ようてい6万257人を投入してその耕作にあたらせ、稲穀505万4120束から佃功・租料・調庸料・食料・修理溝池官舎料を差し引いた108万421束を納官し、財源の増加を図ったもの。正長しょうちょうには民間から有能な者が選ばれ、1町以上の田の管理を任された。徭丁の調庸は免除されるが、そのぶんを公営田からの収穫で補っている点に、人頭税から土地税へという律令国家の基本体制の変化をみいだせる。

くおんじ [久遠寺] 山梨県身延町にある日蓮宗総本山。身延山と号す。佐渡流罪から帰った日蓮が、1274年(文永11)檀越だんおつの南部(波木井)実長の領地に隠棲のための草庵を構えたのが始まり。82年(弘安5)の日蓮没後はその廟所となり、高弟が順番で運営にあたったが、まもなくその体制がくずれ日興にっこうが常住する。実長の没後に日興が駿河国大石寺に去ると、日向にっこうが継承した。11世日朝の時代に西谷から現在地に移転、以後、甲斐武田氏の庇護を得て発展した。近世初頭の不受不施をめぐる論争では受不施を唱え、江戸幕府の支持をうけて不受不施派を抑圧、日蓮教団の中心的存在となる。「報恩抄」はじめ日蓮の真蹟遺文多数を所蔵したが、1875年(明治8)火災で大半を失った。

くがい [公界] 世間・共同体・社交などを意味する言葉。公界の「公」は、私に対する広義の公で、公界は、私の世界に対置された、個々の私的利害の通用しない人と人との共同関係によってなりたつ世界を意味した。中世後期において、公界者は、特定の人に従属しないで世間に奉仕する遊女・陰陽師おんみょうじなどをさし、公界は世間という言葉と一般的に使用された。またこの時代、地方都市、町や村、一揆集団などの共同体がうまれると、これらも公界と称された。人と人との共同関係を表す公界という言葉は、近代の方言としても、富山県の公界上手(社交上手)、沖縄県のクゲー(社交上の宴会)など全国的に分布する。

くがかつなん [陸羯南] 1857.10.14～1907.9.2 明治期の新聞記者。本名実。陸奥国弘前生れ。東奥義塾・宮城師範学校に学んだ後、上京し司法省法学校に入ったが中退。帰郷し青森新聞社の主筆。親戚の陸家の養子となる。1883年(明治16)上京し、太政官御用係・官報局編集課長を歴任。88年新聞「東京電報」を発刊。翌年新聞「日本」を創刊、社長兼主筆。政教社と提携して国民主義を主張し、言論界で指導的役割をはたした。

くかたち [盟神探湯] 探湯・誓湯とも。古代における神判法。語源にはいくつかの説があるが未詳。争いごとがあったとき、神に誓ったのち熱湯のなかに手を入れたが、ただれるか否かで正邪を判断した。後代の湯起請ゆぎしょうにつながると解されている。「日本書紀」応神9年条に、武内宿禰の弟が兄を讒言ざんげんしたとき、どちらが正しいかを決めかねた天皇が川のほとりで探湯を行い、武内宿禰が勝ったという記事がある。また允恭紀4年条に、姓氏が乱れているのでそれをただすため沐浴斎戒して探湯せよという指示がだされ、味橿丘あまかしのおかで探湯瓮ゆかを据え行ったとみえる。虚実にいわず手がただれるか否かが歴然としたという。盟神探湯に類する神判法は、インドをはじめとする各地の古代社会にみられる。

ぐかんしょう [愚管抄] 天台座主慈円が著述した歴史書。7巻。成立は承久の乱以前とみる1219年（承久元）説・20年説と、承久の乱後とみる22年（貞応元）説にわかれ、定説をみない。公家政権が武家に対してとるべき方針や、鎌倉に下った九条道家の子三寅（頼経）への指針として著述。記述は、九条家の一員として慈円が伝え聞いた宮中・鎌倉に関する秘事や伝聞などがあり、梶原景時失脚や比企氏の乱、源頼家の最期など「吾妻鏡」とは異なる鎌倉の記述を多く含む。巻1・2は、冒頭に「漢家年代記」を付し、神武から順徳天皇までの事蹟をまとめた「皇帝年代記」。順徳天皇につぐ2代は追筆。巻3～6は、慈円の歴史観によって綴られた通史。日本は王法・仏法相依の国であり、天皇家と摂関家の関係を魚水合体、武士が失われた宝剣にかわって朝家を守る姿を文武兼行とよび、鎌倉前期の状態は皇室・藤原氏・源氏を守護する諸神によって定められたとする。巻7付論は、慈円の歴史観をのべた総論。歴史を7段階に区切って道理の盛衰をのべ、道理を悟ってそれに従うことが大切と説くので、道理史観とよばれる。

くぎょう [公卿] 律令制以前には「マエツキミ」の漢語的表現として、広い範囲の上級官人層をさす語であった。奈良時代にもこのような用例が多いが、平安時代に入ると、中国古代の三公九卿の制の影響をうけ、太政大臣・摂政・関白・左大臣・右大臣・内大臣を公、大納言・中納言・参議・三位以上の非参議官人を卿といい、あわせて公卿と称した。大臣以上と区別して、大納言以下のみを公卿と称する場合もある。参議は四位の者であっても公卿の列に入り、また三位以上を帯する者は議政官でなくとも公卿とされた。非参議公卿以外の、現に太政大臣以下参議以上の官職についている者を現任公卿とよんだ。上達部・月卿などの異称もある。

ぐぎょう [公暁] 1200～19.1.27 鎌倉幕府の将軍源頼家の子。母は賀茂重長の女。幼名は善哉。頼家の死後、1206年（建永元）に叔父実朝の猶子となる。11年（建暦元）出家、その後近江国の園城寺で修行。17年（建保5）鎌倉に戻り、鶴岡八幡宮寺の別当となる。父の死は実朝によるとしてこれを恨み、翌19年（承久元）鶴岡八幡宮での実朝の右大臣拝賀の儀式を襲い、実朝と源仲章を殺害。事件後、三浦義村を頼ったが、義村は味方せず逆に討手を派遣し、その日のうちに討たれた。

くぎょうぶにん [公卿補任] 神武天皇の代から1868年（明治元）までの高官職員録。持統天皇までは代ごとに、文武天皇以後は年ごとに、摂政・関白以下参議以上および非参議従三位以上のいわゆる公卿の氏名を、歴代官職順に列記し、彼らの略歴・叙位・任官・補任などを注記している。成立時期・著者ともに不明。811年（弘仁2）成立の「歴運記」、もしくは神武天皇から村上天皇の967年（康保4）までを収め、10世紀半ばには成立したとされる「公卿伝」をもとに順次書きついだといわれている。長年月にわたるため、記述の体裁・方法はかならずしも一様ではない。「国史大系」には、宮内庁書陵部所蔵本を底本とし、諸本で校合補訂したうえ、「六国史」「日本紀略」「扶桑略記」「本朝世紀」「尊卑分脈」や日記類を参照したものを収める。

くぐつ [傀儡] 傀儡子とも。狭義には人形遣いの古称だが、広義には人形とその芸能集団を含めた漂泊芸能民総体をいう。「くぐつ」の語源は不詳。文献上の初見は「新訳華厳経音義私記」の「機関」の注の「木星、久々都」（「星」は則天文字で人の意）で8世紀末。「和名抄」には「傀儡子、和名久々豆」とある。11世紀末頃の実態を記す大江匡房の「傀儡子記」によれば、流浪生活を送りながら、人形芸以外に男は狩猟・曲芸幻術、女は歌舞売春などをしたとある。今様の名手もこうした女性のなかから出た。鎌倉時代に消滅し、かわって「てくぐつ」と称する、のちの人形浄瑠璃につながる専門の人形芸人が登場し、室町時代に盛んとなった。

●•傀儡

くげ [公家] 「こうけ・おおやけ」とも。本来は天皇・朝廷をさす用語。院政の成立後、上皇の院に対し、天皇の呼称として用いられていたが、鎌倉幕府の成立後、武家の呼称に対し、朝廷をさす用語として使われるようになった。転じて朝廷を構成する官人、とくにその上層部である公卿の別称となった。この場合の公家は、藤原氏摂関家を頂点とする上級廷臣のことで、五摂家・七清華などとよぶ家格を形成した。江戸時代には昇殿を許されたいわゆる堂上家をさした。明治期には原則として子爵以上の爵位をもつ華族をさした。

くげとう [公廨稲] 「くがいとう」とも。正税の保全を図るため、745年（天平17）11月に制定され、翌年1月に施行された官稲の制。正税から大国40万束、上国30万束、中国20万束、下国10万束の穎稲を割いて出挙し、利稲を官物の未納・欠損の補塡、国儲、国司得分にあてた。分量は正税とほぼ同量。公廨稲制度

は糠成(穎稲の稲穀化)の実施とあいまってはじめて円滑に機能する。そのため798～800年(延暦17～19)に一時公廨稲を停止し、国司得分を国司俸として一本化し、出挙利稲の稲穀による収取によって、正税(とくに稲穀)の保全を図った。公廨稲の用途のうち、正税補塡と国儲の額は平安初期に定量化され、公廨稲は実質的には国司の給与として機能するようになった。なお国司得分としての機能は、国司借貸制の機能をひきつぐものである。

くげほう [公家法] 平安中期以降の朝廷の法体系をさす学術用語。平安中期以降、律の体系は固有法の伝統と時代の新しい要請によって変化し、刑罰の形態は追放・身分剝奪・拘禁など排除の論理を軸とし、裁定形態も逮捕から処罰までを天皇の命で行うという論理で構成されるものになった。公家法は地方の犯罪を国例にゆだねる傾向があり、鎌倉幕府の軍事検察権の拡大にともなってさらに対象領域をせばめ、南北朝期以降は京都の公家社会にしか通用しなくなった。

くげん [公験] 古代～中世に朝廷や幕府などが発行した、権利を公認する内容の文書。私有地に対する権利を保証する文書が多い。その土地を売却するときは、公験も買主に渡される。土地の一部を売却する場合は、別に写しを作って渡すか、渡せない旨のことわり書きをする。売主の手もとに残った公験は本公験といい、売却された土地に関する記載は抹消する。

くごにん [供御人] 禁裏供御人とも。中世、天皇の供御(食物)を貢納した職能民。古代の贄人に由来する。内蔵寮御厨子所や主殿寮・大炊寮などの朝廷宿衛に多様な供御人が分属した。供御貢進のかわりに国家課役の免除、関所等の自由通行権、営業権が与えられた。中世後期、天皇家の勢力低下とともにその特権が失われ、貢納も衰退し、近世に入って消滅した。

ぐさいにん [供菜人] 供祭人とも。神社に供菜を調進することを職能とした人々。供菜とは神社への供え物だが、供菜人の貢進物は魚介類であり、その実態は神社の所領である御厨などに属する漁民であった。代表的なものとして、鴨社領摂津国長洲が御厨の供菜人があげられる。供菜人は、貢進義務の代償としてさまざまな特権を与えられ、商業活動も活発に行うようになった。

くさかげんずい [久坂玄瑞] 1840.5.～64.7.19
幕末期の萩藩士。藩の尊攘派をリードした人。名は通武、のち義助。玄瑞は字。藩医の家に生まれる。吉田松陰に学び、高杉晋作とともに双璧と称される。江戸に遊学、帰国後、藩論の航海遠略策を批判。1862年(文久2)藩をこえた草莽の結合を提示した。また攘夷の勅命降下を図って、高杉らと品川のイギリス公使館を焼討ちした。翌年下関で尊攘派公家の中山忠光を擁して光明寺党を結成。8月18日の政変後は、京都・山口間を往復して藩の勢力回復に尽力した。当初実力に反対したが、64年(元治元)6月、藩の方針が京都進発論に決すると諸隊を率いて上洛、7月19日に禁門の変となり、流れ弾にあたって鷹司邸で自刃した。

さかべのみこ [草壁皇子] 662～689.4.13
日並知皇子尊とも。天武天皇の第1皇子。母は皇后鸕野讃良皇女(持統天皇)。誕生順では高市皇子についで2番目。681年(天武10)立太子し、4年後に諸皇子中最高の浄広壱位を授けられた。阿閇皇女(元明天皇)との間に、文武天皇・元正天皇・吉備内親王をもうけた。689年(持統3)皇太子のまま没したが、758年(天平宝字2)岡宮御宇天皇と追尊された。

くさぞうし [草双紙] 近世中期～明治初期、主として江戸(東京)で行われた、絵を主体とする小説の一様式。赤本、黒本・青本、黄表紙、合巻の順序で展開する本来的に幼童むけを建前とした絵本形式の文芸の総称。書型は中本(美濃判半截の二つ折り)を本体とし、5丁を1冊とする。寛文末頃には発生していたと思われる赤本は、ほとんどが1冊完結で、御伽噺などの簡略な絵解きである。演劇的要素の摂取、それにともなう筋の複雑化から、黒本とよばれる2～3冊の黒表紙のものがうまれ、つい で萌黄色表紙の青本が発生し黒本と同時期に行われる。1775～1806年(安永4～文化3)の青本を黄表紙と称し、それ以降の草双紙を合巻とよぶ。

くさだか [草高] 江戸時代、大名の支配する領地の米穀の生産量。幕府が公式の用語として使用することはなかったが、諸藩で用いられることがあった。草は稲の意味といわれ、米以外の穀物生産も含めすべて米に換算される。ただし毎年の現実の生産量ではなく、検地や新田開発により変動する生産高で、実質的には内高と同額であったと思われる。

くさどせんげん [草戸千軒] 中世、備後国にあった町。現在の広島県福山市の芦田川河口中州にあった常福寺(現、明王院)の門前市場町の遺跡。『備陽六郡誌』には1673年(延宝元)町が洪水で壊滅したとある。昭和初期の河川改修工事により中州が川床となって遺跡の破壊が進むため、1961年(昭和36)から発掘調査が行われた。平安末期を最下層に、鎌倉・室町時代の遺跡が重なる。室町後期の町の床面は保存状態がよく、堀と柵に囲まれ、東西南北に走る石敷きの道路を挟んで町屋が建ち並ぶようすがわか

る。庶民の日常生活を彷彿させる大量の遺物が出土。

くさわけ[草分け] 草創・草切り・芝切りとも。土地を開発して村や町を草創すること、または草創にたずさわった百姓や町人。草分百姓や草分町人の家は領主から優遇され、名主になる場合が多かった。村や町内でも、草分けの家は用水や入会地の用益に特権をもったが、新たな百姓や町人によって権利が侵害される危機にあうと、新参に対する草分けの格式が強調され、村政や宮座の運営などに排他性を生じるようになる。

くじ[公事]「くうじ」とも。もとは朝廷の公務・儀式。荘園公領制で租の系譜をひく年貢に対し、庸調ようちょうや雑徭ぞうようの系譜をひく課役を公事とよんだ。雑公事ぞうくじと夫役ぶやくに大別され、雑公事は山野河海の特産物や手工業品など多種多様であり、万雑公事まんぞうくじともよぶ。夫役も京上夫・兵士役・陣夫などさまざまであった。公事には賦課する者の側から勅役・院役・国役・寺社役・本家役・守護役・武家役など、賦課される側から御家人役・百姓役・段銭・棟別・人別・牛別・山手・川手・関銭・津料・座銭・節料せちりょう・一献料などの呼称がある。収取方法には、日(月)別、段別、名別などがあり、公事地や公事家の指定もあった。近世の公事は訴訟・裁判の意味。

くじ[公事] 近世における私人間の紛争(出入物)、もしくはその紛争を裁判する手続き(出入筋)のこと。刑事事件とその裁判手続き(吟味物・吟味筋)に対して、おおむね民事事件と民事裁判手続きに該当する語。また訴訟と同義に用いられることもあった。この場合は、奉行所でのはじめての審理を訴訟、2度目の審理以降を公事と称して区別したり、願出を訴訟、訴えを公事といって区別したりすることもあった。

くじかた[公事方] 江戸時代、裁判関係の事務、またそれを担当した役人。幕府の場合、1721年(享保6)に勘定奉行が公事方と勝手方にわけられた。支配下役人からの急変の諸願、支配下役人からの当座の注進などを処理するほか、おもに民事・刑事の訴訟関係を扱い、評定所にも公事方だけが出仕した。

くじかたおさだめがき[公事方御定書] 江戸幕府の、主として庶民を対象とする基本法典。2巻。明律・清律など中国法の影響をうけて8代将軍徳川吉宗が編纂を計画・推進した。上巻は重要法令を収めた法令集、下巻は判例・取決めなどからなる判例法・法書法。実質的な編纂事業が開始されたのは元文年間で、牧野貞通・石河政朝・水野忠伸、のちには大岡忠相ただすけら三奉行クラスらが編纂にあたった。1742年(寛保2)に完成したが、その後も「追加」の名で引き続き改訂され、54年(宝暦4)上巻81条、下巻103条からなる法文が最終的に確定した。下巻は俗に「御定書百箇条」ともいう。1841年(天保12)勘定奉行所は「榮蔭とくいん秘鑑」とよばれる本書の校正本を作成した。

くじこんげん[公事根源] 有職ゆうそく故実書。1巻ないし3巻。一条兼良かねら著。1422年(応永29)成立。室町時代の宮中の年中行事について月日順に記載し、行事の起源と意味についても説明する。おもな下敷きは、大江匡房まさふさの「江家次第ごうけしだい」と後醍醐天皇の「建武年中行事」。とくに前者については、後年その抄出解説書「江次第鈔ごうしだいしょう」を著している。本書の注釈書として、古いものに元禄期の松下見林「公事根源集釈」がある。明和年間に書かれた速水房常「公事根源愚考」は「新訂増補故実叢書」に収録。ほかに1926年(昭和元)に関根正直が著した「公事根源新釈」などがある。

くしだたみぞう[櫛田民蔵] 1885.11.16〜1934.11.5 大正・昭和前期の経済学者。福島県出身。京大卒。大阪朝日新聞論説記者、同志社大学教授をへて1919年(大正8)東京帝国大学講師となるが、20年の森戸事件を機に辞職して大原社会問題研究所研究員となる。22年にドイツ留学から帰国し、マルクス経済学の研究に没頭して論考を数多く発表。晩年は日本資本主義論争の論客として、小作料を前資本主義地代と規定し講座派と対立した。「櫛田民蔵全集」全5巻。

くしゃしゅう[倶舎宗] 薩婆多さつばた宗とも。南都六宗の一つ。世親せしんの「倶舎論」によっているので倶舎宗といい、あわせて「六足論」「発智論」「毘婆沙びばしゃ論」などを学んだ。入唐して玄奘げんじょうに師事した道昭によって661年(斉明7)にもたらされたのが初伝で、さらに智通・智達・玄昉げんぼうらによって伝えられた。一宗としての独立性に乏しく、806年(大同元)1月26日の官符では法相ほっそう業の年分度者3人のうち2人に「唯識論」を、1人に「倶舎論」を読ませることとしており、法相宗の付属とされたことがわかる。諸寺の僧侶に考究され、初期には元興寺の護命ごみょう・明詮みょうせんが知られるが、のち東大寺が倶舎の本拠とされ、良忠・宗性しょうしょうら多くの碩学が輩出した。

くじゅうくりはまぎょぎょう[九十九里浜漁業] 肥後国天草と並ぶ近世の一大鰯いわし地引網漁、鰯肥生産盛地。戦国期の弘治年間に紀州漁民が伝えて以来隆盛した。はじめ上方漁民の旅網たびあみによって発展し、元禄・正徳期には地網が台頭、享保期以降に大地引網が出現した。安永期には網数200、文政期には網主300家余にのぼった。春職・秋職2季操業の鰯漁は、網付肥加工商人との取引や江戸・浦賀の干鰯ほし問

屋の前貸支配が絡んで操業された。明治20年代に入ると、改良揚繰り網漁がとってかわる。

ぐじょういっき [郡上一揆] 美濃国郡上藩でおきた1677～83年(延宝5～天和3)の延宝一揆と、1754～58年(宝暦4～8)の宝暦一揆の総称。延宝一揆は年貢増徴策への反対運動に端を発し、やがて藩内を二分する家中騒動に発展。農民側についた家老の暗殺阻止に百姓が城下に結集する事件などが発生。また江戸藩邸へも出訴した。1683年両派の家臣が処罰されて決着。宝暦一揆は検見取りへの移行に対して百姓が城下強訴や老中駕籠訴・評定所箱訴などを繰り広げた闘争。のちに白山中居神社の神職(白川派と吉田派)間の対立した石徹白騒動が重なり、責任を問われた藩主金森家は除封され、さらに老中本多正珍などの処罰をひきおこした。途中百姓が最後まで一揆を闘うとした立者と一揆から脱落した寝者に分裂、後々まで影響を与えた。石徹白騒動は藩によって500人余が追放され、餓死者70人余を出した。一揆後きびしい隠田の摘発が行われた。義民に前谷村定次郎・歩岐島村四郎左衛門などがいる。

くじょうかねざね [九条兼実] 1149～1207.4.5 平安末～鎌倉初期の公卿。藤原忠通の三男で、九条家の祖。順調に昇進し、18歳で右大臣、その後従一位。摂関就任を望むが源氏には、その機会に恵まれず、1185年(文治元)源頼朝の後援により内覧宣下、翌年摂政・氏長者となる。91年(建久2)関白。執政期には後白河院政を牽制し、内乱後の公家政界の復興に努めた。また女任子を後鳥羽天皇に入内させて外戚の地位を狙うが、頼朝との関係悪化や源通親・藤原範季らとの対立により、96年関白を罷免され政界を追われた。1202年(建仁2)出家、円証と称す。月輪殿・後法性寺殿ともよばれる。日記「玉葉」は前後約40年間にわたり、当時を知る貴重な史料。

くじょうけ [九条家] 藤原氏北家嫡流のわかれで、五摂家の一つ。関白藤原忠通の三男兼実が父から九条の地を譲られ、関白家を構えて九条と称したことに始まる。兼実は源頼朝の後援を得て摂関となり公家政権を主導したが、源通親との争いに敗れて失脚。通親の没後、兼実の子良経が摂政に任じられ、摂関家としての家格が固まった。良経の子道家は、将軍頼経の父として幕府と結び、承久の乱後の公家政権を制して九条家の全盛期を築いた。道家の次男良実は二条家を、四男実経は一条を分立。その後ほかの摂家と並んで摂関の地位についた。江戸時代の家禄はおおむね2043石余、幕末に1000石加増。幕末の関白尚忠は公武合体策を推進。維新後、道孝のとき公爵。「九条家文書」「九条家記録」を伝える。→巻末系図

くじょうみちいえ [九条道家] 1193.6.28～1252.2.21 鎌倉前期の摂政・関白。良経の子。母は一条能保の女(源頼朝の姪)。1221年(承久3)姉立子の子仲恭天皇の摂政となったが、承久の乱により罷免。28年(安貞2)妻の父西園寺公経の引き立てで関白となり、翌年女竴子を後堀河天皇の中宮とした。31年(寛喜3)関白を長男教実に譲ったのちも、大殿として実権を握り続け、教実の早世後、外孫四条天皇の摂政となり、38年(暦仁元)出家したのちも勢力を維持した。42年(仁治3)四条天皇が急死し、後嵯峨天皇が即位すると勢力が後退。その後、名越光時の陰謀に関係して三男の前将軍頼経が鎌倉から追われ、失意のまま没した。日記「玉蘂」。

くじょうよりつぐ [九条頼嗣] ⇨藤原頼嗣

くじょうよりつね [九条頼経] ⇨藤原頼経

くすいこ [公出挙] 律令制下、雑税として機能した国家による稲の貸借制度。諸国の郡衙に蓄えられた穎稲を、春・夏の2回強制的に貸し付け、秋の収穫後に5割(のちに3割に軽減)の利稲とともに元本を回収した。起源については、備荒や種初の分与という共同体の再生産機能に求める考え方と、営料の下賜という共同体の支配を打破する新しいミヤケ制の支配に求める考え方がある。8世紀末以降、調庸にかわって正税への財政的依存が高まるなか、土地に対する賦課に転化した。

くずうじん [葛生人] 栃木県葛生町の石灰岩採石場で、1950年(昭和25)直良信夫や清水辰二郎らによって発見された化石人骨。上腕骨・尺骨・中手骨・大腿骨などの断片が出土し更新世の人骨とされているが、まだ概報がでているだけで、詳細な分析や比較研究は行われていない。

ぐすく [城]「ぐしく」とも。奄美・沖縄諸島にある城砦をいう。12～13世紀頃、各地に按司と称する首長層が台頭して小高い丘を城砦とした。当初は野面積の石垣をめぐらし、掘立柱の建物を構えた。14世紀には有力首長の勢力拡大にともなって大規模化し、切石積城壁、アーチ門、礎石と土壇をもった瓦葺建物が出現する。城壁は台形の突出部を交互に設け、城門は湾入部につけるなど防御上の工夫が施される。構造の一部に朝鮮半島の城郭と似たところがある。城内に拝所があることが多いが、城が機能していた当時のものと、機能停止後にグスク信仰のために設置されたものがある。城内外にグスク土器や中国陶磁器などが多数みられる。

くすこのへん［薬子の変］
平安初期におきた政治的事件。809年(大同4)4月、病気のため皇太弟(嵯峨天皇)に譲位した平城上皇は、12月寵愛していた藤原薬子やその兄仲成をはじめとする多数の官人らを伴い、平城宮に移った。810年(弘仁元)3月、天皇は上皇と薬子らの行動を抑えるため、坂上田村麻呂を蔵人頭などに任命。これに対し上皇は6月、みずからおいた観察使を廃して参議を復活する詔を下すなど対立を深めた。9月に上皇が平城旧京への還都を命じると、天皇は仲成を平安京で逮捕して対決に踏み切った。上皇は兵を率いて東国に入ろうとしたが、失敗。上皇は出家、薬子は自殺し、仲成は射殺された。これを機に藤原式家は衰退し、冬嗣流の北家が栄えるもととなった。

くすしえにち［薬師恵日］
医恵日とも。生没年不詳。7世紀の遣隋留学生・遣唐使。623年(推古31)新羅使とともに帰国、在唐留学生の召還と唐との交流の必要を奏上した。630年(舒明2)に犬上御田鍬とともに遣唐使になった。冠位は大仁。帰国年次は不詳だが、654年(白雉5)には冠位大山下で再び遣唐副使になった。758年(天平宝字2)難波連への改姓を願いでた難波薬師奈良らによれば、祖の恵日は百済に帰化し雄略朝に渡来した高句麗人徳来の5世孫で、唐で医術を学んだため薬師と号したという。

くすのきまさしげ［楠木正成］
?～1336.5.25
南北朝期の武将。父は正遠というが不詳。兵衛尉・左衛門尉。河内国石川郡赤坂(現、大阪府千早赤阪村)に居館があった。北条氏得宗家の被官であった可能性が高いが、文観を通じて後醍醐天皇と結びついたと思われる。元弘の乱で、後醍醐天皇に応じて赤坂城に挙兵するが落城。翌年冬に再度挙兵、千早城に幕府の大軍を引きつけて悪党的戦法で悩ませた。これらの功績によって、建武政権下で河内国司、河内・和泉両国守護となり、記録所・恩賞方・雑訴決断所などの枢要機関にも参画。1336年(建武3・延元元)2月、関東から上洛した足利尊氏を九州へ敗走させたが、5月に尊氏の東上を摂津国湊川(現,神戸市兵庫区)に迎えうって敗死。

くすのきまさつら［楠木正行］
?～1348.1.5
南北朝期の武将。正成の長子。帯刀・左衛門尉。父の敗死後、南朝の河内国司兼守護となり、畿内の南朝方軍事力の中心的存在になった。1347年(貞和3・正平2)8月以降、河内・紀伊で攻勢に転じ、幕府の派遣した細川顕氏、ついで山名時氏に大勝。事態を重視した幕府が高師直・同師泰を河内にむかわせると、河内国四条畷で迎撃して敗れ、弟正時と刺し違えて自害。湊川の戦に死を覚悟で赴く父正成が、桜井の駅(現,大阪府島本町)で教訓をたれて正行を河内へ帰したとされるが、事実は不明。

くすばさいにん［楠葉西忍］
1395～1486.2.14
「くすは」とも。室町中期の商人。父は天竺人ヒジリ、母は河内楠葉の女。幼名ムスル、俗名天次。はじめ父とともに京都に住むが、将軍足利義持の意に背いたため一色氏に預けられる。父の死後ゆるされ、家督を弟民部卿入道に譲ったのち、大和国平群郡立野(現,奈良県三郷町)に居住し、大乗院経覚により得度。立野氏の一族戌玄氏の女を妻とし、立野衆として大乗院と結び、坊官を勤める。1432年(永享4)と53年(享徳2)に遣明船に乗船。53年時には多武峰・長谷寺方同船の外官を勤め、北京まで同行して貿易を行った。その渡航体験を大乗院尋尊が「唐船日記」に残す。晩年は大和の古市に住み、ここで死去。その子同次も大乗院坊官として金銭出納にあたった。

くすみもりかげ［久隅守景］
生没年不詳。江戸前期の狩野派の画家。狩野探幽の門人。聖衆来迎寺客殿障壁画(滋賀県)など探幽門下四天王の1人として活躍。のち探幽に破門され、晩年は一時加賀に住した。当時の狩野派が画題・技法ともに形式化していくなかで、「夕顔棚納涼図屏風」(国宝)、一連の「四季耕作図屏風」など農民の実生活に即した穏やかな作品を残し、人気が高い。

くせひろちか［久世広周］
1819.4.～64.6.25
幕末期の老中。下総関宿藩主。父は旗本大草高好。関宿藩主久世広運の養子。1830年(天保元)遺領相続。37年奏者番、43年寺社奉行兼帯、48年(嘉永元)西丸老中、51年本丸老中。58年(安政5)大老井伊直弼と対立して老中解任。桜田門外の変後再任され、老中首座。安藤信正とともに政局の収拾を行うが、62年(文久2)安藤が失脚すると老中を辞任した。その直後隠居・永蟄居を命じられた。

くせまい［曲舞］
久世舞・口勢舞・口宣舞とも。中世芸能の一種。南北朝期～室町初期に流行し、簡単な舞と独特の節の謡いに特徴があり、白拍子から派生したとされる。祇園御霊会の舞車の曲舞や勧進曲舞が諸記録に記され、奈良や京都の声聞師のほか、美濃・若狭・越前・加賀などの諸国に座があった。世阿弥「五音」に「道の曲舞と申すは、上道・下道・西岳・天也・賀歌女也。賀歌は南都に百万と云ふ女曲節舞の末と云」とその流れを記す。賀歌の流れをくむ曲舞を学んだ観阿弥は、猿楽にとりいれて新しい音曲を作り、世阿弥が重要な構成要素として能にとりいれた。一方、室町中期

には曲舞から軍記物に取材した長編の曲がうまれ、当時人気を博した幸若座にちなみ幸若舞と称されるようになった。

くぜん [口宣] 朝廷などで、一般に上級者から下級者に口頭で伝えられる命令。個人が発した命令が多いが、民部省口宣や弁官口宣など、諸司が発した例もあり、文書として書き記された可能性もある。「西宮記」などでは上卿(じょうけい)の宣、弁官の伝宣をうけた史の仰せを諸司の官人が奉じて書き記した宣旨を口宣と称している。狭義には天皇の勅命をうけた蔵人が、これを上卿に伝達する際に手控えとして書き記したものをいう。本来蔵人から上卿への勅命伝達は仰詞(おおせことば)といって口頭でなされたが、のちに本来手控えの口宣を上卿の求めにより交付するようになり、口宣案と称した。

くぜんあん [口宣案] 朝廷で天皇の勅命をうけた蔵人(くろうど)がその内容を書き記して上卿(しょうけい)に伝達した文書。本来は蔵人から上卿への勅命伝達は仰詞(おおせことば)として口頭でなされたが、のちに文書化して交付するようになった。形式ははじめに「某年某月某日口宣旨」と記し、次に勅命の内容を書き、最後に蔵人の署名に「奉」字を添えて記した。

くだしぶみ [下文] 「下す」という文言で始まる命令のための文書形式。「下す」の上には命令を出す役所の名が書かれることもあり、「下す」の下には宛名が書かれる。平安時代に発生した弁官(べんかん)下文が最も古く、太政官の役所である左右の弁官局が発行し、「左(右)弁官下す、某」という形で始まる。弁官下文は官宣旨(かんせんじ)ともよばれる。のちには他の役所や、貴族・寺社の執務機関、武士個人からも下文を出すようになった。公家様文書や武家様文書の体系のなかで大きな役割をはたした。

くたにやき [九谷焼] 石川県の焼物の総称だが、正しくは石川県山中町九谷の地で焼かれた焼物の系統をひく陶磁器。明暦年間に大聖寺藩祖前田利治がおこした大聖寺焼(古九谷)が一時廃窯ののち、文化年間に古九谷窯の再興を願って新窯がおこり、今日に継承されている。再興九谷焼は、金沢藩の藩窯で、若杉陶器所とよばれた若杉窯をはじめとして春日山窯・民山窯・吉田屋窯・宮本窯・粟生屋(あおや)窯・小野窯・蓮代寺窯・松山窯・佐野窯・永楽窯・庄三(しょうざ)窯などで焼かれた。

くだら [百済] 「ひゃくさい」とも。朝鮮古代の三国の一つ(前18？〜後660)。高句麗の始祖朱蒙(しゅもう)の子温祚が、漢山の慰礼(いれい)城(現、ソウル市東郊の風納里(ふうのうり)か)に都をたてたという。王姓は扶余または余。「三国志」魏書の韓伝にみえる伯済(はくさい)国が帯方郡や楽浪郡と交渉を重ねて成長し、4世紀初めに馬韓(ばかん)の55国の多くを統合して王権を確立したとみられる。王は372年、東晋に朝貢して鎮東将軍領楽浪太守に叙され、さらに倭王に七支刀(しちしとう)を贈って高句麗に対抗したといわれるが、396年広開土王に敗れて一時高句麗に従属した。475年南の熊津(ゆうしん)(現、公州市)に遷都、武寧(ぶねい)王のとき中興。538年聖王(聖明王)は泗沘(しひ)(現、扶余)に遷都し、国家体制の再編を図った。倭と結んで新羅・高句麗に対抗したが、660年義慈(ぎじ)王のとき唐・新羅軍に都を落とされた。663年には復興軍も白村江(はくすきのえ)の戦に敗れて滅亡した。

くだらのかわなり [百済河成] 782〜853.8.24 平安前期の画家。百済からの渡来人の子孫。本姓は余(よ)、840年(承和7)百済朝臣の姓を賜る。808年(大同3)左近衛府、833年(天長10)には従五位下を授けられ、晩年は備中介・播磨介などに任ぜられた武官であるが、すぐれた画技がはじめて正史で特筆されるほど、画家として知られた人物。「文徳実録」にも「皆自ら生けるが如し」とあり、その描法は奈良時代以来の伝統である唐朝絵画の写実的表現法にのっとっていたと推定される。

くちどめばんしょ [口留番所] 江戸時代、諸藩が藩境や水陸交通の要地に設置した、関所に類する施設。たんに番所ともいい、幕府の番所に対抗して関所と称することもある。幕府が武家諸法度で諸藩による関所設置を禁止したため、多くの藩では実質的には関所的機能を有する口留番所を設け、藩境の警備のため旅人の出入りや物資の領外移出を監視した。はじめは軍事的緊張から前者に重点があったが、やがて後者の経済的機能が重視されるようになった。東北・北陸・九州地方の外様藩領で多く設置されたが、譜代藩が設置したものもあり、幕府も甲斐・飛驒両国に多く設置した。幕府が脇往還に設置した小規模の関所(脇関)を口留番所ともいう。

くちまい [口米] 江戸時代、本年貢に対する付加税。鎌倉末には、おもに年貢米の減損分を補う目的で口粮(こうりょう)の制があり、太閤検地を機に雑多な付加税が口米に統合された。江戸時代には、代官所の諸経費にあてられ、1616年(元和2)に1石につき2升8合5勺7才、44年(正保元)に東国で3斗7升、西国で1石につき3升と定められた。1725年(享保10)以降、代官所経費は幕府から支給されるようになったため、口米は幕府米蔵に直接納められた。

ぐちゅうれき [具注暦] 季節や日の吉凶などを示す暦注が詳しく書かれた暦。すべて漢字で記され、仮名暦に対し真名暦(まなごよみ)といわれる。毎年暦博士によって編纂され、11月1日に朝廷

から頒布された。暦首には，年号年次・干支・納音$^{なっ}_{おん}$・総日数，歳徳神・八将神などの方位，月の大小，各暦注の禁忌・吉事などの暦例を示す。毎月の月初めには，月建干支や諸神の方位を示し，各暦日には，上部欄外に二十八宿や七曜に加え，上段・中段・下段にわけて，詳細な暦注が記載されている。漆紙^{うるしがみ}文書や木簡などの出土例があり，正倉院文書にも具注暦断簡が残る。具注暦に日記を書きこむ習慣は奈良時代からおこり，「御堂^{みどう}関白記」をはじめ古代・中世の貴重な史料になっている。

くちょう[区長] 明治期以降，地方行政の末端機構の長官の呼称。時期により別の役職となる。(1)大区・小区制による大区の長官をさし，1872年(明治5)から78年の郡区町村編制法公布まで続いた。同法により東京・大阪・京都などで都市地域のなかに区が設けられ，その長官が区長とよばれた。(2)また98年の町村制度では町村合併によって町村内にも区がおかれ，その長が区長となった。

くっそう[屈葬] 蹲葬^{そんそう}とも。死者の手足の関節を曲げた状態で葬る葬法で，縄文時代に普遍的にみられる。仰向けの状態の仰臥^{ぎょうが}屈葬，横向きの状態の横臥^{おうが}屈葬，うつ伏せ状態の俯臥^{ふが}屈葬などの姿勢があり，軽く手足の関節を曲げたもの，きつく折り曲げたものなどがある。屈葬の理由として，墓穴を掘る労力の節約，死者に休息の姿勢をとらせる，胎児の姿勢をとらせて再生を祈り，母なる大地へかえる，死者の霊に対する恐れ，などの諸説がある。

くでん[口伝] 口授^{くじゅ}・口訣^{くけつ}・面授とも。宗教・学問・芸能において秘法や作法などを直接に口で伝授すること。またその記録。仏教では法会の儀式次第や教義の解釈を弟子に伝授する際に行われ，とくに密教では本証・儀軌よりも重視された。公家社会では朝儀典礼に関する説などを子孫に伝授する際に行われ，家説の口伝を有する人を家伝人といい，その人の言動が多少変則であっても相一緒ある説として是認された。中世以後は神道・学問・和歌・茶の湯・華道・香道・武芸・音曲などの分野でも，口伝による伝授が行われるようになった。筆録で伝えにくいことだけでなく，さまざまな事柄の伝授に口伝が利用されたのは，恣意的な解釈を防ぎ，権威を維持するためであった。

くどうへいすけ[工藤平助] 1734～1800.12.10 江戸中期の医師・経世思想家。名は球卿，字は元琳，号は万光。和歌山藩医の子として生まれたが，仙台藩医工藤家の養嗣子となり江戸詰になる。前野良沢^{りょうたく}や大槻玄沢^{げんたく}ら蘭学者と親交があり，海外事情を学んだ。1783年(天明3)老中田沼意次^{おきつぐ}に「赤蝦夷^{あかえぞ}風説考」を献上。蝦夷地開発とロシアとの交易により，ロシア南下の状況に対応すべきことを主張した。この献策にもとづき幕府の蝦夷地調査が行われ，蝦夷地開発計画が立案されたが，田沼の失脚で中止。「独考」を著した女性思想家の只野真葛^{まくず}は女。

くないしょう[宮内省] ❶「みやのうちのつかさ」とも。大宝・養老令制の官司。八省の一つ。被管の1職・4寮・13司のなかには木工^{もく}寮・主殿^{とのも}寮・内膳司・造酒司など，令制以前から氏族制的に天皇に奉仕していたものを再編成した官司が多く，これらを統轄して天皇への供御^{くご}にあたった。なかには一般官人への饗饌^{きょうせん}にあたる大膳職のようなものもある。天皇が畿内に伝統的にもっていた官田(大宝令では屯田)は宮内省の直営であった。宮内省は天皇の家産を支えるうえでは重要であったが，政治的には重視されなかったようで，被管諸司の多くも平安初期に統廃合され，規模を縮小した。

❷皇室事務を管理する近代の官庁。1869年(明治2)7月太政官の一省として設置。初代宮内卿万里小路^{までのこうじ}博房。85年内閣制度確立とともに宮内省を閣外におき，伊藤博文首相が宮内大臣を兼任し宮中の近代的官庁へ脱皮。86年宮内省官制制定。内事課・外事課・侍従職・式部職・図書^{ずしょ}寮・主馬^{しゅめ}寮・御料局(のち帝室林野局)・華族局(のち宗秩寮)などの部局をおき，皇室事務や華族の管理にあたった。第2次大戦後，大幅に整理・縮小され，1947年(昭和22)5月宮内府(のち宮内庁)に改組された。

グナイスト Heinrich Rudolf Hermann Friedrich von Gneist 1816.8.13～95.7.22 ドイツの公法学者・政治家。ベルリン大学に学び，1844年から没するまで同大学教授。ドイツ行政法学を確立。プロイセン下院議員・ドイツ帝国議会議員を歴任。憲法調査に訪れた伊藤博文や伏見宮貞愛^{さだなる}親王らに，君権強化や地方自治の等級選挙制などについて助言した。弟子にA. モッセがいる。

くないだいじん[宮内大臣] 明治～昭和前期の宮内省の長。1885年(明治18)12月の内閣制度の創設にともない，宮内省を内閣の外において宮中・府中の別を明らかにし，それまでの宮内卿を廃止して，宮廷のことをつかさどらせるためにおかれた。初代は内閣総理大臣伊藤博文が兼任。86年の宮内省官制によって帝室の事務を総判し宮中職員・皇族職員を統括し，華族を管理することとされた。1907年11月の皇室令で皇室一切の事務について輔弼^{ほひつ}の責に任じ，職員を統督し華族・朝鮮貴族を監督し，皇室令の制定・改廃・施行，省令の発布，主管事務の指令，訓令の発布などをつかさどると規定され

た。47年(昭和22)5月廃止。

くないちょう [宮内庁] 内閣府の外局の一つ。内閣総理大臣の管理下にあって，皇室関係の国家事務，ならびに天皇の国事行為のうち外国大公使の接受および儀式に関する事務を行い，御璽ぎょじ・国璽を保管する。第2次大戦後宮内省は組織の一部を移管・独立させるなど規模縮小をはかり，1947年(昭和22)日本国憲法の施行とともに宮内府が内閣総理大臣の所轄の機関として発足した。その後も部課人員の縮小が行われ，49年総理府設置法の制定により宮内庁が発足。現在の組織は長官の下に次長がおかれ，長官官房・侍従職・皇太后宮職・東宮職・式部職・書陵部・管理部などの部局と，付属機関として正倉院事務所・御料牧場が，地方支分部局として京都事務所がある。

くないちょうがくぶ [宮内庁楽部] 雅楽の演奏教習機関。1870年(明治3)太政官のなかに組織された宮内省雅楽局に始まる。その後たびたび名称の変更があり，1949年(昭和24)に宮内庁式部職楽部と改められ現在に至る。本来楽部は雅楽を奏するものだが，1874年に西洋音楽の習得を命じられ，洋楽先行者の役割を担うことになった。当時の楽部が残した重要な仕事に「保育唱歌」の編纂がある。現在は宮中外での演奏活動も盛んになり，国立劇場への出演，欧米への演奏旅行も行っている。

くないちょうしょりょうぶ [宮内庁書陵部] 内閣府の外局である宮内庁の部局の一つ。1884年(明治17)8月27日の太政官達によって宮内省の一部局として設置された図書寮りょうが前身。図書寮は第2次大戦後，廃止された諸陵寮の所管事務を引き継ぎ，1949年(昭和24)6月1日，国家行政組織法の施行により総理府の一外局の部局として宮内庁書陵部と改称。おもな職掌としては，皇統譜に関する事項，天皇および皇族の実録の編集，御陵の管理，収蔵図書の保管・修補・閲覧など。書陵部が収蔵する図書は歴代皇室の手沢本しゅたくをはじめとして，桂宮・伏見宮家など累代の御蔵本，旧堂上とうしょう公家・旧大名・武家などからの献上買上本，江戸幕府紅葉山文庫からの移管本など，約40万点にのぼる。

くなこく [狗奴国]「魏志倭人伝」にみえる倭の1国。邪馬台国やまたいの南にあり，男子を王とした。官に狗古智卑狗くこちひくがあった。倭人伝には女王国に属さずとあり，邪馬台国と敵対関係にあった。卑弥弓呼ひみくこが王であったとき，邪馬台国の卑弥呼ひみこと戦闘状態に入り，卑弥呼は247年帯方たいほう郡に戦況を報告し，督励使をうけた。所在地には諸説があり，熊襲くまそ・日向ひゅうが・熊野・毛野けのなどが候補地とされる。

くなしりとう [国後島] 千島列島最南端にある島で，根室海峡15kmをへて北海道本島に至る。地名はアイヌ語キナ・シリ(草の島)による。島は北東から南西に展開し，面積1499km²で，主峰爺爺ちゃちゃ岳(1822m)やルルイ岳をもつ火山島。北西岸は急峻な地形が多く，オホーツク海に面することから冬季には流氷におおわれる。泊とまり・古釜布ふるかまっぷ・植内うえない・乳呂路路にろろの主要な集落は南東岸の平原や砂派に立地した。1785年(天明5)最上徳内らの千島探険の基地。第2次大戦後はロシア(旧ソ連)の施政下にある。

クナシリ・メナシのほうき [クナシリ・メナシの蜂起] 1789年(寛政元)5月，クナシリ(国後)・メナシ(目梨)地方でおきたアイヌの蜂起。この地域は飛騨屋久兵衛の請負場所であったが，蜂起の原因は苛酷な漁場労働や出稼ぎ番人たちによる慣習を無視した横暴であった。アイヌ130人が参加し，場所の支配人・番人・稼方の者，飛騨屋千船の船頭・水主かこ，および松前藩上乗役人の計71人を襲って殺害した。松前藩は鎮圧隊を根室半島のノッカマップに陣取らせ，国後のツキノエ，ノッカマップのションコ，厚岸あっけしのイコトイらの協力をえて蜂起参加者を投降させた。37人のアイヌが和人を殺したかどで処刑された。この蜂起はロシアの南下を危惧する幕府に衝撃を与え，蝦夷地幕領化への契機となった。

くに [国] 律令制下の地方行政単位。律令制以前は地方豪族である国造くにのみやつこの支配地域を「クニ」とよんだが，大化の改新以後，国司の前身となる地方官が派遣され，のち683～685年(天武12～14)国境の画定が行われて制度として確立した。令制では大・上・中・下の4等級に応じて国司の員数が定められ，国司には畿内の官人が赴任し，国内の全行政を任された。国には郡・里が重層的に組織された。畿外諸国は京からの行程によって近・中・遠の3段階にわけられ，調庸物の運京時期の基準にされた。国は律令政治のために定められたが，中世でも守護設置の単位となるなど，律令制の衰退後も近世まで地方区分としての命脈を保った。

くにいっき [国一揆] 室町末～戦国期に，在地武士ら地域のおもだった住民を中核に結成された一揆。外部勢力の侵入などに対抗したり，地域の平和を維持するために結成された。南北朝末期に新守護の国入りに抵抗して追放した国人たちの信濃国一揆や，安芸国衆一揆などは国人一揆といえるが，室町末期には国人のみならず平民層や寺社なども巻きこんだ一揆が現れた。山城国一揆や山城乙訓おとくに郡一揆・加賀一向一揆などの著名な国一揆はしばしば郡を地域単位として結成された。なかには郡の中心となる神社を寄合よりあいの場としたものもある。地域の行

政機能を掌握した伊賀惣国一揆のようなものもあった。

くにえず [国絵図] 日本で16〜19世紀に作成された国郡単位の絵図。代表的なものは江戸幕府が全国に命じて作成させたものだが、その他、藩が領内支配のために作ったものや、民間に流布した版行図など、近世に多様な展開をみせた。前史としては古代国家により徴収されたとされる国郡の図が考えられるが、古代・中世の原図や写しは現存せず、実態は不明。近世では各時期によって内容が変化するが、基本的には国・郡・村の名称や石高などを書きあげた郷帳と一組のものとされた。山川を骨格とした地形表現のなかに、道・航路などの交通関係の描写と注記、記号化された村・町が記された。寺社も絵画的に描写された。

くにがえ [国替] ⇨転封

くにがろう [国家老] 江戸時代に大名の領国にいて勤務する最高の職制。藩主が参勤交代で江戸在府中の留守を預って国元の藩政を総覧した。家老は2〜3人から数人いたが、国家老と江戸家老にわかれて藩政を分掌した。諸藩によって名称が異なり、長門国萩藩では当職と称した。

くにきだどっぽ [国木田独歩] 1871.7.15〜1908.6.23 明治期の詩人・小説家。本名哲夫。千葉県出身。東京専門学校中退。青年期に民友社系の文学者と交流。ワーズワースなどイギリス・ロマン主義文学の影響をうけ、1898年(明治31)に発表した「今の武蔵野」(のち「武蔵野」)で新しい自然描写を試みたのち、約10年間にわたって短編小説を発表。文学史では浪漫主義作家にして自然主義の先駆と位置づけられる。代表作「独歩吟」「牛肉と馬鈴薯」「運命論者」「窮死」「竹の木戸」。

くにきょう [恭仁京] 奈良時代、聖武天皇によって営まれた都城。山背国相楽郡(現,京都府加茂町)に所在。京域の復原も行われている。奈良初期から甕原離宮が設けられるなど、木津川に面した景勝地でもあった。740年(天平12)12月、聖武天皇が移って都城としての一応の体制が整った。翌年には鹿背山(賀世山)の東西をそれぞれ左右京として官人に宅地を与え、大養徳恭仁大宮の名が定まったが、744年には難波京への遷都が行われた。

くにけびいし [国検非違使] 平安時代に諸国の非違を糺すためにおかれた官職。855年(斉衡2)の大和国の例を初見として21カ国の例が知られ、大宰府にも設置されていた。当初は国司の判断で設置の申請が行われたらしく常置の官職ではなかったが、把笏や帯剣、公廨稲の一分給が認められるようになった。894年(寛平6)には任期が6年とされ、またこの頃年給制度による補任の対象としても扱われたが、949年(天暦3)の例を最後にみられなくなる。

くにさだちゅうじ [国定忠次] 1810〜50.12.21 江戸後期の博徒。上野国国定村に富農の子として生まれる。隣村の田部井村を根拠に賭場を開催し、博徒となった。1834年(天保5)博徒間の抗争に関与して人を殺し、赤城山中を根城とする。42年、役人の配下を殺害し、関所を破って信濃へ逃亡、のち戻るが50年(嘉永3)捕縛され磔となった。

くにししなの [国司信濃] 1842.6.15〜64.11.12 幕末期の萩藩家老。名は朝相、のち親相。通称熊之助、のち信濃。高洲家に生まれ、家老職国司家に養子に入る。1863年(文久3)攘夷決行のため馬関(下関)へ出張、6月馬関総奉行となる。同年8月18日の政変に対する冤罪をはらす嘆願がいれられず、翌64年(元治元)兵を率いて上京。禁門の変に敗れて帰藩。幕府の征長軍の進発にあたり、謝罪のため家老益田右衛門介・福原越後とともに切腹させられた。

くにじとう [国地頭] 鎌倉幕府草創期に国ごとにおかれたとされる地頭。1185年(文治元)末、源頼朝が源義経・同行家の追捕を目的に、その設置を朝廷に要求し認められたもの。その国の荘園・公領を問わず、段別5升の兵粮米を徴収する権利をもち、同時に賦課の対象となる田地に対して検注権を含む支配権を行使した。紀伊を含む7カ国の北条時政、播磨・美作両国の梶原景時、備前・備中・備後諸国の土肥実平・同遠平、伊賀国の大内惟義、九州諸国の天野遠景などが国地頭に推定されている。しかし時政が86年3月に辞退するなど、国地頭制は早く衰退し、その実態については不明な点が多い。近年、国地頭の存在そのものを否定する見解もでている。

くにしゅう [国衆] ⇨国人

くにとも [国友] 近江国坂田郡にある地名。現在の滋賀県長浜市国友町、姉川流域にあたる。平安時代には延暦寺領国友郷であった。戦国期には鉄砲の一大生産地として知られた。国友の鉄砲は豊臣秀吉がこの地を領有してからは、秀吉を通じて織田信長に供給されたようだが、やがて徳川家康が掌握した。江戸時代にも引き続き鉄砲が生産され、鉄砲鍛冶年寄により「国友鉄砲記」が記された。

くになかのきみまろ [国中公麻呂] ?〜774.10.3 奈良時代の技術系官人。百済系帰化人の家系の出で、はじめは国中公麻呂、のちに大和国の国中村に居住し国中連の姓を賜った。東大寺の前身である金光明寺の造仏長官を勤め、747年(天平19)開始された大仏の鋳造に技術面で功績があり、761年(天平宝字5)造東大寺次官となった。

くにのあゆみ 第2次大戦後,文部省によって編纂された国民学校用日本史教科書。上下2冊。1946年(昭和21)春,文部省作成の歴史教科書の原稿には記紀神話が残っているとしてGHQが承認せず,全面的な編集やり直しの結果,省外の日本史研究者の執筆により9月に公刊。最後の国定歴史教科書。考古学的記述や庶民生活の登場など新しい歴史教科書の先駆けとなるが,進歩的学者・教師から批判をうけた。

くにのみやつこ [国造] 大和政権の地方支配機構。多くは各地域の有力首長を任命し,臣・連・君・公・直などのカバネを与えた。「国の御奴」と意識され,さまざまな面で大和政権の人的・物的収取を支えた。とくに東国の国造には某部を称する例が多く,国造は部民の管理にあずかり,また領内に設けられた屯倉の経営をも行ったとする説がある。出雲国造の杵築大社奉斎のように,各地域の有力な神を奉祀し,祭祀面でも国内を統轄したといわれ,国造軍が外征に活躍し,紀国造が外交に従事した例など,大和政権の役割分担にもあずかった。「隋書」倭国伝にみえる軍尼を国造と解すると,7世紀初めには120人いて支配機構としての体制が整っていたと思われる。大化の改新で国造は郡領(評督)となり,律令制下でも出雲・紀伊国以外は動向不明であるが,地方支配,とくに神祇祭祀の面で引続きその役割をはたした。

くにはかせ [国博士] 「日本書紀」皇極4年(645)6月14日条で,僧旻と高向玄理が任じられた官職。大化2年(646)9月に小徳高向博士黒麻呂(玄理)を新羅に派遣し,同3年博士小徳高向黒麻呂が帰朝したとする記事の博士,同5年2月の博士である高向玄理と旻に詔して八省・百官をおかせたとする記事の博士は,みな国博士と同じもので,改新政府のブレーン的な役割を担っていたと考えられるが,記事の信憑性も含めて明らかでない点が多い。

くにもちだいみょう [国持大名] 国主とも。江戸時代,大名の家格を領地の規模によって分類したときのまとまりの一つ。城持大名(城主)・陣屋大名(無城)に対応する呼称。律令の国郡制の一国一円以上を領する本国持,およびそれに近い規模の領地をもつ大身国持をさす。二十国主などと称されるが,その範囲は時期により一定していない。また松浦・小浜酒井氏らのように一国を領しても国持とされない大名もおり,準じる格として準国主がある。

くにやく [国役] 近世,幕府や国持大名が国郡を枠組に,公権力の存立や維持のために百姓・町人・諸職人を対象として賦課した役負担。百姓・町人の伝馬役によるものとしては,将軍の上洛,日光社参,あるいは朝鮮通信使や琉球使節の通行への人馬動員が代表例。また百姓・町人の人足役(夫役)によるものでは,初期の城郭や都市建設,大河川の堤川除普請への動員(国役普請)がある。このほか,伝馬役や人足役を免じられた諸職人が,技術労働を一国単位で奉仕する場合も国役と称した。

くにやくぶしん [国役普請] 江戸幕府が国郡を単位とし,同一の基準で人足や費用を徴して行った大規模な土木工事。江戸前期に摂津・河内両国や美濃国の治水制度として成立。1720年(享保5),幕府は諸国の堤川除普請について,国持大名または20万石以上の大名は従来どおり自普請とし,それ以下の領主で自力の普請が困難な場合は幕府主導の国役普請とすることを令し,24年に15カ条の施行細則を示した。国役指定河川と適用規定額,国役賦課国を定め,普請費用が規定額に相当するとき国役普請となった。しかし幕府の立替金が増加して32年に中断。58年(宝暦8)再開されたが,1811年(文化8)万石以上の出願を停止した。

くにゅう [口入] (1)言葉をさしはさんだり干渉したりすること。人事や政策,裁判に関して,本来関係すべきでない立場の人物が口を出すのをいうことが多い。「建武式目」にも,「権貴ならびに女性・禅律僧の口入を止めらるべきこと」とある。(2)口添えすること。金銭や土地の売買,荘園の役職を仲介・斡旋すること。鎌倉時代に幕府が荘園の役職につく人物を推薦・斡旋することがあり,その土地を関東御口入とよんだ。

くぬひ [公奴婢] ⇨ 官奴婢

くはらふさのすけ [久原房之助] 1869.6.4～1965.1.29 明治～昭和期の実業家・政治家。山口県出身。慶応義塾卒。藤田組に入り小坂鉱山の近代化に成功。1905年(明治38)独立し赤沢銅山を買収,日立鉱山と改称して日本有数の大鉱山に育てた。12年(大正元)久原鉱業を設立し,また日立製作所を日立鉱山から独立させた。第1次大戦後経営難に陥り,28年(昭和3)義兄鮎川義介に事業を譲って政界に転じる。政友会に入って通信相,政友会幹事長・総裁を歴任。大陸進出や政党解消を唱えたことで有名。

くぶんでん [口分田] 班田収授の法に従い,戸口数により,戸を単位として班給される田地。輸租田。飛鳥浄御原令制下では受給資格に制限はなかったらしいが,大宝令以後,6歳以上という年齢制限が付された。死亡後は班年に国家に返還される。法定面積は男子に2段,女子に1段120歩(家人・私奴婢はそれぞれ3分の1)であったが,現存する戸籍などによると,実際はそれに満たないのがふつうで,国ごとの基準額で実施していたらしい。居宅の近くに班

給される原則に対して,郡や国をこえての支給もみられる。また律令法上は有主田で私田とされていたが,のち公田と意識されていった。もっとも班田収授が実施されなくなると事実上私有田となり,初期荘園に吸収されたり,名として再編成されたりしていった。

くぼう [公方] 中世に,将軍・幕府,天皇・朝廷,守護,荘園領主などを,それらに比較して私的とみなされるものと区別していう言葉。鎌倉後期,「御内」に対して「公方」を用いる場合,(1)将軍個人よりも,得宗勢力に対し将軍がより上位にあることを示すため,安達泰盛の主導で使用されるようになったとする説と,(2)得宗をさし,幕府の公的側面に関与するようになった得宗が,その公的権限を行使する際に使用されるようになったとする説がある。室町時代には,将軍とともに鎌倉御所およびその後身である古河・堀越の御所も「公方」といい,近世では,将軍または将軍家をいった。

くぼうねんぐ [公方年貢] 中世後期に使用された本年貢をさす語。鎌倉末頃から,年貢を収取する荘園領主・地頭などの領主も領民から公方とよばれるようになり,公方に納入する年貢の意味で名称がうまれた。戦国期,耕作者の種々の納入物が一括して年貢といわれるようになると,これらの年貢と区別するため多く使用された。

くぼうみくら [公方御倉] 御倉奉行・御倉とも。室町幕府および将軍家の収入・支出などの財産管理や,代物・公文書の保管管理を行った土倉。禅住坊・定光坊・正実坊・定泉坊・玉泉坊など,ほとんどは延暦寺の山徒の土倉で構成され,椚井氏のみは俗人で土倉を営まない将軍家直属の倉であったとみられる。納銭方は一般的に公方御倉のなかから選ばれた。

くまがいなおざね [熊谷直実] 1141〜1208.9.14 平安末〜鎌倉初期の武士。直貞の子。平治の乱には源義朝方に属するが,乱後,京都大番役勤務中に平知盛に仕えし,得宗勢力盛に仕えし得宗勢力となり。1180年(治承4)石橋山の戦で平家方の大庭景親に従うが,まもなく源頼朝に服す。佐竹氏討伐の戦功により,2年後,本領の武蔵国大里郡熊谷郷(現,埼玉県熊谷市)の地頭職を安堵される。源義仲や平家との戦いでも活躍,一の谷の戦では先陣を争い,平敦盛を討ちとる。87年(文治3)流鏑馬の的立て役を忌避して所領の一部を没収される。92年(建久3)久下直光との所領争いで不利な裁決がくだされ,上洛して法然の門下に入る。法名は蓮生。

くまざわばんざん [熊沢蕃山] 1619〜91.8.17 江戸前期の儒学者。父は牢人野尻一利。名は伯継,字は了介,通称左七郎のち次郎八・助右衛門,号は息游軒。隠居後,知行地蕃山(現,岡山県備前市)の名をとり蕃山了介と称した。京都生れ。8歳で母方の祖父,水戸藩士熊沢守久の養子となり,16歳で岡山藩主池田光政に仕えた。一時職を辞して中江藤樹の門に学ぶが岡山藩に戻り,光政の信任を得て花畠教場の中心となって活動した。1654年(承応3)の旱魃・大洪水に続く飢饉では光政を助けて救民に尽力した。しかし名声があがるにともない,幕府や藩内外の中傷をうけ39歳で隠居。晩年,幕府に対する意見書「大学或問」で禁錮に処され,下総国古河で没。著書はほかに「集義和書」「集義外書」。

くまそ [熊襲] 「古事記」「日本書紀」に登場する古代の南九州の地名,またはその地域の居住者の称。「古事記」では熊曾,「日本書紀」では熊襲,肥後・筑前などの風土記逸文では球磨贈唹と書く。語源については,クマ地方(肥後国球磨郡。熊本県人吉盆地)とソオ地方(大隅国贈唹郡。鹿児島県国分平野を中心とする一帯,曾国ともされる)の並称とする説と,ソ=オに,獰猛の意の「クマ」の語を冠したとする説がある。「古事記」の大八島国成段に筑紫島の四面の一つに熊曾国がみえる。「日本書紀」の景行天皇筑紫説話では襲国と同一のものとされ,記紀では景行天皇・仲哀天尊・神功皇后らによって征討されたことになっている。

くまのさんざん [熊野三山] 熊野三所権現とも。熊野本宮大社・熊野速玉大社・熊野那智大社の総称。自然信仰に由来し,神仏習合により阿弥陀信仰や補陀落渡海信仰と結びつき,霊験化を進めた。院政期の院・貴族の熊野詣をきっかけに熊野信仰が広まり,鎌倉時代以降は武士や庶民にまで及んだ。有力者は檀那として御師に把握され,師檀関係が成立。この関係にはじめは特定の結びつきを結ぶのであったが,しだいに御師間で売買・譲与が行われるようになった。檀那の熊野詣に際しては先達が案内役を務める一方,各地の檀那に牛王宝印や守札などの配布も行った。1090年(寛治4)以降,熊野三山は形式上は園城寺の僧が兼帯する検校の支配下にあったが,実際には現地を統轄する別当が支配した。

くまのもうで [熊野詣] 熊野参りとも。和歌山県の熊野三山に参詣すること,またはその人。平安中期頃から修験者たちが修行地として好んで参集した。この修験者の間に教団が編成されて,熊野三山は天台系修験の一大拠点となり,彼らを先達として平安後期の院政時代には法皇・上皇が頭陀行者のためにたびたび参詣した。やがて伊勢路が開かれて,熊野三山と伊勢神宮との関係が説かれるようになると,各地から熊野道者が参集し,「蟻の熊野詣」の諺

をうむほどに盛行した。これに対して三山側では御師ホョ・先達組織を整え、彼らの活躍によって熊野の霊験が宣伝され、熊野詣はますます盛んになった。修験道の色彩が強いが、浄土思想の発展とともに熊野三山を観音の浄土の地と仰ぐ風もみられた。室町中期以降、盛時の面影を失っていった。

くまもとけん [熊本県] 九州の中央部に位置する県。旧肥後国を県域とする。1868年(明治元)幕領の天草・五家荘ショ゙ンは閏4月富岡県、6月天草県となり、8月長崎県に編入された。71年の廃藩置県により熊本県・人吉ヒェ県が成立。同年11月熊本県下の城南4郡と人吉郡および長崎県天草郡を併せて八代ショ゙県が新設され、熊本県は城北9郡の管轄となった。その際、熊本県下の豊後3郡は大分県に、人吉郡の米良ノ゙地方は美々津ミ県に移管された。72年熊本県は白川県と改称され、白川県は翌年八代県を合併した。76年県名を再び熊本県と改称し、現在に至る。県庁所在地は熊本市。

くまもとはん [熊本藩] 肥後藩とも。肥後国熊本(現, 熊本市)を城地とする外様大藩。1587年(天正15)豊臣秀吉は球磨ジ郡を除く肥後一国を佐々成政ジ゙ザに与えたが、成政は検地を行って国衆一揆をひきおこし、翌年斬された。ついで肥後国北部9郡に加藤清正、南部4郡に小西行長が配されたが、行長は関ケ原の戦で西軍に属して改易、東軍の清正が小西氏領の大部分と豊後国の一部を加増されて成立。54万1000石余。1632年(寛永9)2代忠広の子光広が幕府から謀反の嫌疑をうけ同氏は改易、豊前国小倉藩主細川忠利が入封した。以後12代にわたる。忠利は翌年から領内の人畜改め、地撫ジ検地などを実施、地方ジ支配機構は小倉時代の手永ジ制度を採用した。6代重賢は堀平太左衛門を登用して宝暦改革を実施、藩校時習館の創設、刑法草書による法制の整備などを行った。藩領は肥後国12郡と豊後国3郡のうちで54万1000石余。江戸時代を通じ有明・八代両海岸での干拓地が約2万4000町歩にのぼった。詰座は大広間。支藩に宇土・熊本新田(高瀬)両藩がある。廃藩後は熊本県となる。

くまもとバンド [熊本バンド] 熊本洋学校の教師L.L.ジェーンズの教えをうけ、1876年(明治9)熊本の花岡山で奉教趣意書に署名しプロテスタント・キリスト教を奉じて、これを日本に広めようと盟約した人々。同志社を卒業後、牧師として日本組合教会の成立に参加した海老名ェビ弾正・小崎コザキ弘道をはじめとして広く各界に活動した。

くみ [球美] ⇨久米島ジメ

くみ [組] 組合とも。前近代における社会結合の一形態。一般に同位平等な成員間の結合によ

る集団で、大別して地縁的なものと職縁的なものとの2種がある。地縁的な組としては大庄屋による広域支配領域としての組や都市の町組、諸種の組合村など、共同体としての村・町を単位としたものと、これら共同体内の個々の家を単位とした小地域としての組の両者がある。職縁的な組の典型は商人・職人の仲間組織であるが、同業者仲間全体が一組となる例と、仲間内部が複数に分かれる例とがあり、後者の場合業態や新旧の差(新組・古組)のほか、同業者集住にもとづき地域呼称を付したものもみられる。広義の職縁的な組には、軍団における戦闘単位に由来する番士の組や足軽・与力などの組も含まれる。

くみがしら [組頭] 与頭とも。❶戦国期〜近世初期の軍団編成上の組の長。戦国大名は臣従する諸士を組に編成し、各組に組頭をおいた。また足軽を弓・鉄砲・槍組などに組織し、各組に指揮監督者として組頭を設けた。

❷江戸幕府の役職。大番・書院番・小姓組番・新番・小十人組番の五番方の番頭の下に組頭がおかれ、組士を指揮監督した。ほかに寺社奉行・勘定奉行・目付・作事奉行・普請奉行・遠国オン奉行などの配下にも組編成があり、それぞれ組頭がおかれた。各藩にも同様な職が設けられていた。

❸江戸時代の村役人。名主(庄屋・肝煎ネ゙)・百姓代とともに村方三役とよばれる。組頭の称はおもに東日本で用いられ、西日本では年寄・長百姓が多い。各村1〜3人程度おかれ、名主(庄屋)の補佐役として村政運営にたずさわった。また村内の集落ごとの代表を組頭ということもある。総百姓の協議・入札ジで選ばれることもあり、年貢諸役を免除されたり、給米をうけとる者もいる。また十人組・五人組の頭のこともいい、十人組・五人組の組合員のなかから1人ずつおかれ、組を統轄した。

くめくにたけ [久米邦武] 1839.7.11〜1931.2.24 明治・大正期の歴史学者。佐賀藩士出身。太政官に出仕し、1871〜73年(明治4〜6)岩倉遣外使節団に加わり欧米を視察。記録係を務め「特命全権大使米欧回覧実記」を編集。修史館で広く史料収集にあたり、ついで帝国大学文科大学教授兼編年史編纂掛となり、実証主義史学の発展に貢献。「史学会雑誌」に発表した「神道は祭天の古俗」が神道家の非難を浴び、92年に辞職。のち早稲田大学教授。著書「国史眼」(共著)、「古文書学講義」。

くめけいいちろう [久米桂一郎] 1866.8.8〜1934.7.27 明治〜昭和前期の洋画家。肥前国生れ。はじめ藤雅三ミッ゙に師事。1886年(明治19)パリに留学、黒田清輝とともにラファエル・コランに学ぶ。93年に帰国し、翌年黒田と

くめじま[久米島] 沖縄本島の西約100kmにある島。面積約559km²。東半分が仲里村、西半分が具志川村。島の周囲には大珊瑚礁が発達している。「続日本紀」和銅7年(714)条に「球美」、1462年の「李朝実録」には「仇弥島」とみえる。14～15世紀に具志川城、伊敷索城などに政治的支配者が出現する。15世紀後半には琉球王国に統合され、1500年の琉球王国の八重山攻略には久米島最高の神女君南風が参加。近世には水田開発も盛んに行われ、紬の専売を首里王府に強制された。冊封船・進貢船の寄港地。沖縄の戦では、日本軍による22人にのぼる虐殺事件(鹿山事件)があった。

くめべ[来目部] 久米部とも。美称を冠して大来目部とも。大和朝廷の軍事的部民。射術に長じたらしい。「日本書紀」の天孫降臨神話では、大伴氏の遠祖が来目部の遠祖をひきいている。雄略紀2年条の伝承では、来目部が大伴氏のもとで刑罰を執行している。彼らは地方では大伴直に属し、中央では大伴連に統率されたとするのが定説である。久米歌・久米舞で有名。律令時代には久米郡・久米郷が西日本を中心に広く分布し、久米部を姓とする者も伊勢・筑前国に実在した。

くめまさお[久米正雄] 1891.11.23～1952.3.1 大正・昭和期の小説家・劇作家。長野県出身。東大卒。6歳のとき小学校校長だった父が御真影焼失の責任をとり割腹自殺。中学時代から新傾向俳句に優れていた。東京帝国大学在学中の1914年(大正3)第3次「新思潮」に「牛乳屋の兄弟」を発表して注目され、16年第4次「新思潮」に「父の死」を発表。師である夏目漱石の長女筆子への失恋を素材とした「蛍草」「破船」で一躍流行通俗作家となった。

くもすけ[雲助] 宿駅の問屋場付属の人足部屋に住み、街道で貨客輸送に従事した人足・交通労働者。日用の一形態。語源は雲のように居所が定まらない、また立場などで旅人に駕籠を勧めるさまが虫を捕らえるクモに似るからともいう。宿場が常備人馬を調達できなくなり、かわって人足を常雇するようになったため発生した。なかには無宿人や無頼の徒も多く混入し、江戸幕府は17世紀末以降たびたび取締令を出している。

くもと・くもひじき[雲斗・雲肘木] 雲斗栱とも。寺社建築における、雲の形に似た連続曲線からなる斗と肘木。狭義には飛鳥時代に使われた斗栱をさす。法隆寺玉虫厨子・金堂・五重塔・中門、法起寺三重塔にみられる。別に中世・近世でも雲形の肘木を使った例がある。

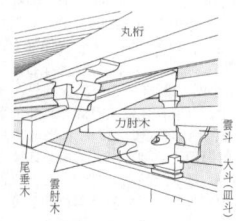

●●雲斗・雲肘木

くもん[公文] 律令制で行政上有効な文書。律令条文では官司の間に授受される文書と、各官司で保管される案文の両方をさす。大宝令の施行により律令文書行政が本格的に開始されると、国家運営のうえで諸国から多くの帳簿類が送られるようになり、やがて諸国の四度使などが持参する文書をとくに四度公文というようになった。すでに734年(天平6)の出雲国計会帳でも、貢調使・大帳使・朝集使の持参した帳簿類を公文と総称している。また「政事要略」は諸国から進上する公文として多くの種類の帳簿名をあげている。正倉院文書中の8世紀の公文のように、反故文書として紙背が利用されたために伝存したもの以外にも、近年では地方で作成された案文が漆紙文書として多数出土する。

くもん[公文] 荘官の一つ。公の文書を扱うことに由来する職名か。平安末期以降は荘園の現地管理にあたる荘官の職名として広くみられ、下司などと同様に年貢・公事・夫役の徴納にあたった。開発領主などが相伝する公文職として、荘園領主から補任されることによって地位が保証されていた。

くもんじょ[公文所] ❶平安時代、公文(文書)の作成・保管・勘申などの文書事務や訴訟審理を行った機関。諸国国衙・院宮・摂関家・寺社・諸家などにおかれた。

❷源頼朝は1184年(元暦元)鎌倉に公文所を設置し、大江広元を別当、中原親能・藤原(二階堂)行政らを寄人とし、侍所・問注所とともに政務を行わせた。85年(文治元)4月、頼朝が従二位に叙せられ(あるいは90年の右大将就任の際)、それまでの公文所が政所と改称されるにともない、政所の下部機関として公文所がおかれ、文書保管などを分担した。1261年(弘長元)3月13日、政所庁屋・公文所・問注屋が焼失し、77年(建治3)2月7日夜半にも

公文所が炎上した。

くもんせん [公文銭] ⇨官銭かん

くやかんこく [狗邪韓国] 古代朝鮮の弁韓べんの一国。慶尚南道金海の付近。「魏志」弁辰伝では弁辰狗邪べんしんくや国とある。「魏志倭人伝」では帯方郡から邪馬台やまたい国への経路上、朝鮮半島の最後の国で、帯方郡から7000余里、対馬へ渡る直前にみえる。のち発展して金官加羅きんかん国(南加羅あるいは加羅・加耶とも)となる。

くやく [公役] 国家の賦課する公的な課役・労役の総称。中世、荘園領主により課される公事くじのなかで国家的色彩の濃い呼称として用いられた。室町幕府の重要な財源である3種役(酒屋役・土倉役・味噌役)も公役と称した。近世では、百姓や町人身分が勤める国家的な役負担の総称。なかでも江戸幕府が江戸の町人(家持)に課した町人足役、大坂三郷さんごう入用のための役銀公役ぎんの別称として公役という。

くらいち [蔵入地] 戦国大名・織田氏・豊臣氏・江戸幕府・近世大名らの所領のうち、領主権力が直接支配し、年貢などを収納する直轄領。領主の蔵に直接年貢が収納されるためこの呼称がついた。これに対し、家臣などに与え、その支配を任せた土地を知行地という。豊臣政権では個別の大名領内を含め、全国の要地に蔵入地(太閤蔵入地)を設定。全国統一や朝鮮出兵のための兵糧米などにあてるとともに、全国支配の拠点とした。江戸幕府も全国に400万石以上の蔵入地(幕領)をもち、代官らを派遣して支配にあたった。個別大名領主もそれぞれ蔵入地をもっていたが、家臣へ配分した知行地とくらべて少ない場合が多かった。

クラーク William Smith Clark 1826.7.31～86.3.9 アメリカの植物学者・教育者。アマースト大学卒。母校で教授。マサチューセッツ農科大学学長。1876年(明治9)御雇外国人として札幌農学校に招かれ、1年間教頭を務める。帰国の際に、見送りの人々に「Boys, be ambitious」(青年よ、大志を抱け)と言い残したことで知られる。キリスト教にもとづく全人教育と、理論と実地を重視する科学的農業教育を主眼とした。

くらしき [倉敷] 倉敷地・倉町・倉所とも。おもに貢納物を一時的に保管しておくために設けられた荘園の倉庫、またその敷地。荘園内の荘庫とは別に、最寄りの港湾に設置。倉敷が港湾都市として発達すると、倉敷の管理者である倉本は問丸といまると なり、倉敷料(保管料)や問料(運送費)を荷主から徴収。備後国太田荘の尾道、安芸国志道浦しどうら荘の桑原郷、同国壬生みぶ荘の三入みいり荘の左東さとうや周防国上得地保とくちほの伊佐江など、瀬戸内海沿岸に多い。

くらたひゃくぞう [倉田百三] 1891.2.23～1943.2.12 大正・昭和前期の劇作家・評論家。広島県出身。一高中退。在学中西田幾多郎にしだきたろうの影響をうける。結核を病んだのち宗教的境地に没頭し、西田天香にしだてんこうの一灯園に入る。1917年(大正6)に刊行された戯曲「出家とその弟子」は大正期宗教文学の代表作。21年の論集「愛と認識との出発」は青春教養書として読まれた。大正期は白樺派の思想・作風に接近。26年(昭和元)「生活者」創刊。のち日本主義に傾き国民協会などの幹部となる。

くらつくりのとり [鞍作鳥] 司馬鞍首止利しばのくらつくりのおびととり・止利仏師とも。生没年不詳。7世紀前半に活躍した仏師。父の多須奈たすな、祖父の司馬達等しばだっととともに、移入期の仏教に重要な役割をはたした渡来系一族の1人。現存作例とされるものに法隆寺金堂釈迦三尊像・飛鳥寺釈迦如来像があり、作風が近似する止利派の仏像とよばれる像も残る。鳥たちは蘇我氏のもとで活躍したと思われる。

くらつくりべ [鞍作部] 鞍部とも。大和朝廷のもとで馬具、とくに鞍の製作に従事した品部しなべ。鞍の製作には木工・漆工・金工の高い技術を要したことが「延喜式」左右馬寮式からもわかる。「日本書紀」雄略7年条の伝承に、百済くだらの貢した今来才伎いまきのてひとの鞍部堅貴あなげみえ、彼らは東漢やまとのあや氏の管轄下に飛鳥各地に居住したという。百済系鞍作部の伝統は律令制下にも続いたらしく、鞍具製作の管理にあたる内蔵うちくら寮・大蔵省の双方に百済手部てひと・百済戸がおかれた。

グラバー Thomas Blake Glover 1838.6.6～1911.12.16 幕末～明治期のイギリス人貿易商。スコットランド生れ。上海で事業の後、1859年(安政6)来日。61年(文久元)長崎にグラバー商会を設立。元治・慶応年間に諸藩へ艦船・武器類を販売し、長崎屈指の貿易商となり、幕末政治史の重要な局面にも多く関与した。70年(明治3)グラバー商会は破産したが、高島炭鉱の業務などにたずさわった後、81年から三菱の顧問を務めた。日本人女性と結婚し、子供はのち帰化して姓を倉場とした。1911年東京で没した。長崎市のグラバー邸は1863年に建築した旧居宅。

くらまい [蔵米] ❶江戸時代、諸藩の蔵屋敷に廻送・販売された米穀。各藩は収納した年貢米を大坂や江戸の蔵屋敷へ廻送、売却・換金して財政収入としていた。そのため、財政がいきづまっていた各藩は蔵米をふやし、貨幣収入の増大につとめた。大坂への入津量は年間約350万俵、蔵屋敷をへず商人によって商品化した納屋米の約4倍であった。
❷⇨切米きりまい

くらまいとり [蔵米取] 蔵前取とも。江戸時代，俸禄として幕府や諸藩の蔵に収納された米穀の支給をうけた武士。知行地を与えられ，その土地と農民を直接支配して年貢を収納した地方ちかた知行取に対していう。蔵米取という場合は多く切米取をさすが，物成ものなり取や扶持米ふちまい取も幕府や諸藩の蔵からも現米の支給をうけていたため，蔵米取ともよばれる。地方知行取が上級武士なのに対して，蔵米取は中・下級の武士が多かった。

くらまえ [蔵前] 東京都台東区東部の地名。近世，隅田川に面して幕府の米蔵(浅草御蔵)が立ち並んでいたため，米蔵前の町並み全体の呼称となった。幕府の旗本らが給料として受け取った米の換金・高利貸を行ったのが蔵前の札差であった。豪商として江戸文化を花開かせた札差らが軒を並べた蔵前も明治期以後は疲れ，関東大震災後の1934年(昭和9)に1～3丁目に区画された。第2次大戦後の町名整理によって4丁目が追加され，今は日本有数の玩具問屋街となっている。

くらまえにゅうよう [蔵前入用] 御蔵前入用・浅草御蔵前入用とも。江戸時代の付加税で，高掛三役の一つ。江戸浅草におかれていた幕府米蔵の諸入用にあてるため，幕領村々に賦課された。1689年(元禄2)高100石につき，関東では金1分(永250文)とされ，このため「百石一分掛」などとも称する。上方では銀15匁めとされた。1872年(明治5)廃止。

くらまでら [鞍馬寺] 京都市左京区にある鞍馬弘教の総本山。松尾山と号す。縁起は，造東寺長官藤原伊勢人いせんどが貴船明神の示現にあい，796年(延暦15)に建立したと伝える。959年(天徳3)以来延暦寺末寺であったが，1952年(昭和27)独立した。毘沙門天を本尊とし平安京の北方鎮護の寺院として，また融通念仏の寺として広く信仰を集め，源義経や天狗の伝承でも知られる。毘沙門天・同脇侍像は国宝，鞍馬寺文書・聖観音像・銅灯籠などは重文。

くらもと [蔵元] 江戸時代，大坂・江戸・敦賀・大津・長崎などにおかれた諸藩の蔵屋敷で蔵物の売却や出納をつかさどった商人。多くの場合掛屋かけやを兼ねた。はじめは藩の蔵役人が担当したが，17世紀中頃から富商が行うようになった。この場合諸藩から扶持米を給与されて，蔵物を売却する際に口銭を与えられ，何かと利益が大きかった。このため大商人は競って蔵元・掛屋になろうとし，18世紀中頃の大坂には，100人をこえる蔵元が存在した。諸藩は蔵物を売却した収入で藩財政を運用していたが，やがてこの売却代金だけでは不十分となり，蔵元・掛屋からの融通に依存するようになった。

くらもの [蔵物] 全国の藩などから大坂・江戸などの蔵屋敷に集まった年貢米をはじめとする諸物資の総称。商人・農民が直接江戸・大坂などの問屋に廻送した物資である納屋物に対する語。米のほか砂糖・紙・畳表などがよく知られる。諸藩は蔵物売却の代銀で財政をまかなったが，江戸中期に納屋物が顕在化すると，藩は納屋物取引を圧迫して蔵物取引を盛んにしようとした。たとえば，従来納屋物として扱われていた商品を強制的に買いあげ，蔵物として蔵屋敷に送ることも行った。

くらやく [倉役] ⇨土倉役どそうやく

くらやしき [蔵屋敷] 江戸時代，収納した年貢米などを販売するため，諸藩・公家・宮家や大身の幕臣・藩士などが物資の集散地に開設した倉庫兼取引所。江戸・大坂・京都・長崎・敦賀・大津などにおかれた。軒数が最も多く規模も大きかったのが諸藩の蔵屋敷で，藩から派遣された蔵役人と町人からとりたてられた立入人がいた。前者の重職を留守居役とよび，後者には蔵元・掛屋・用達・用聞がいる。諸藩から蔵屋敷に運びこまれた物資は，納屋物に対して蔵物とよばれる。米穀が最も多く，ほかに砂糖・和紙・畳表などもあり，入札により取引された。諸藩の下屋敷のなかにも蔵屋敷と同様の機能をもっていたところがある。

くらやど [蔵宿] ⇨札差ふださし

くらりょう [内蔵寮] 「うちのくらのつかさ」とも。大宝・養老令制の中務なかつかさ省被管の財政官司。令制以前の内蔵くらにつながる。天皇の命を直接うけて供御いくを行うほか，官人への賜物，神社への奉幣などにもあたり，これらと天皇の結合の強化に寄与した。財源は大蔵省からうける原則だったが，直接諸国から調達するものもあった。歴代天皇の宝物も保管した。平安時代以降は蔵人所くろうどどころの指揮下で宮中の財政の中核にあり，多くの領地や供御人を管轄するなど，財政基盤を強化した。

クラン 特定の祖先から，父または母を通じて集団への帰属が自動的に決定される単系出自原理によって構成された親族集団で，族外婚規制をともない，成員は平等であり，シンボルなどの象徴物のもとに統一される社会集団。集団全体の系譜関係が明確でない点でリニッジと区別される。文化人類学の用語であり，和訳語として氏族しぞくが用いられてきたが，最近では，原理・構造の異なる日本古代の氏族うじとの用語上の混乱を避けるため，クランclanと表記されることが多い。

グラント Ulysses Simpson Grant 1822.4.27～85.7.23 アメリカの軍人。第18代大統領(共和党，在職1869～77)。1846～48年の米墨(対メキシコ)戦争で活躍。南北戦争の勲功によ

くりからとうげのたたかい [倶利伽羅峠の戦] 礪波山の戦とも。1183年(寿永2)5月11日、越中と加賀の国境倶利伽羅峠で、源義仲と平氏方の追討軍の間で行われた戦。1180年(治承4)の挙兵以来、信濃および北陸地方に勢力をのばしていた義仲に対し、追討軍は4月に京都を発し、越前・加賀の源氏方の軍を破って越中へ侵攻。義仲はこれを迎え撃つために越中に進出、5月11日夜、倶利伽羅峠で交戦、大勝した。「源平盛衰記」には、義仲軍が角に松明をつけた牛で平氏軍を攻めたとの記事がある。この戦の敗北以後、平氏は体勢を立て直せず、7月には都落ちし、再び京都に戻ることはなかった。

くりはしのせき [栗橋関] 房川渡中田関とも。江戸幕府が設置した重要な関所の一つ(現、埼玉県栗橋町)。日光道中の栗橋一中田宿間の利根川に設けられた房川渡の栗橋宿側にあった。設置年代は不詳だが、徳川家康が関東入国に際し関所を配備し、伊奈忠次に管理を命じたと伝えられる。江戸時代には、おもに北関東・東北地方を意識して「入鉄砲に出女」を検問し、郡代・代官支配のもと関守4人が2人1組で5日交代で管理した。

くりはま [久里浜] 中世には栗浜とも。神奈川県横須賀市、三浦半島東端の地名。中世前期には浦賀よりも入江が大きく、戦国期は後北条氏の舟手が支配。1853年(嘉永6)アメリカ海軍ペリー提督来航の際、当時彦根藩領だった久里浜の海岸でフィルモア米大統領の国書が受理された。

くりやがわのさく [厨川柵] 古代末期、東北地方の奥六郡を支配した安倍氏の軍事的拠点。奥六郡では最も北の陸奥国岩手郡に位置し、北上川流域の盛岡市に比定されている。「陸奥話記」には要害の地に立地し、楼・櫓を構えて兵力を蓄えたようすが記されている。1062年(康平5)安倍貞任・宗任兄弟が源頼義らに攻められ、安倍氏滅亡の地となった。

くりやがわはくそん [厨川白村] 1880.11.19～1923.9.2 大正期の英文学者・文芸評論家。本名辰夫。京都府出身。東大卒業後、五高・三高・京大教授を歴任し、その間アメリカに留学。独創性には欠けるが広範な近代欧米文芸思潮の紹介に努め、「近代文学十講」とその続編「文芸思潮論」は日本初の欧米文芸思潮の解説書として広く愛読された。またサント・ブーブの言葉を書名にした「象牙の塔を出て」で、学者が社会と交渉すべきことを説いた。その他「近代の恋愛観」などがある。

くりやませんぽう [栗山潜鋒] 1671～1706.4.7 江戸前期の儒学者。水戸藩士。父は山城国淀藩の儒者長沢良禎。名は愿、字は伯立、通称は源介、号は潜鋒・拙斎。1684年(貞享元)京都で崎門学派の桑名松雲に儒学を学び、同門の水戸史臣鵜飼錬斎の推挙により後西天皇の皇子八条宮尚仁親王の侍読となる。親王没後京都で開塾したが、のち水戸藩主徳川光圀に仕え「大日本史」編纂に従事、27歳で彰考館総裁に就任。光圀の死後、「義公行実」を執筆。著書「保建大記」「倭史後編」「弊帚集」。

グルー Joseph Clark Grew 1880.5.27～1965.5.25 アメリカの外交官。ハーバード大学卒。デンマーク、スイスの公使を歴任、1924～27年国務次官。32年(昭和7)6月から駐日特命全権大使。日米関係の緊張緩和に努力し、柔軟な対日政策を国務省に進言した。太平洋戦争の勃発後、42年6月に交換船で帰国し、国務長官特別補佐官・極東局長・国務次官・国務長官代理を歴任し、対日処理計画の立案に尽力。日本の降伏直後に官界を引退。

くるまにんぎょう [車人形] 人形遣いが、三つの車のついた台車(轆轤車)に腰掛け、前後左右に動いて遣う、1人遣いの人形芝居。左手で人形の胴串と左手を、右手で人形の両手の紐をもち、足指の間にある足の突起を車に挟んで操る。幕末期、経費削減のため、3人遣いの人形を1人で遣えるようにと西川古柳が考案し、東京・埼玉・千葉・神奈川を巡演したので、現在も東京都八王子市を中心とする地域に残る。地は説経節が基本だったが、今では義太夫節を用いる。

くるまれんぱん [車連判] ⇨傘連判

くるめはん [久留米藩] 筑後国久留米(現、福岡県久留米市)を城地とする外様大藩。豊臣秀吉の九州平定後、毛利氏の一族毛利秀包が領。関ケ原の戦後、柳河城主田中吉政の所領の一部となった。同氏の無嗣断絶による改易後、1620年(元和6)丹波国福知山藩主有馬氏が入封。以後11代にわたる。藩領は筑後国8郡内で21万石。城地は旧領主毛利氏の居城跡を拡張。旧領8万石から大幅な加増となった有馬氏は、石高相応の家臣確保のため田中氏遺臣を多く召し抱えた。2代忠頼から4代頼元の頃、治水施設が整備され生産高が増加したが、春免制導入など一連の増徴策に対し、1728年(享保13)と54年(宝暦4)には大規模な百姓一揆がおこった(久留米一揆)。7代頼僮は関流数学書

「拾璣算法」を著す。詰席は大広間。藩校明善堂、一時支藩松崎藩があった。廃藩後は久留米県となる。

くるわ [曲輪] 郭とも。堀切や切岸などの防御施設に守られた城館の削平地。建物が建ち、生活や政治、防戦が行われた空間。九州以東の中世・近世城郭は曲輪を主体として発達し、防衛の争点となる城壁と曲輪は一体のものであった。朝鮮半島の山城や、この影響を強くうけた沖縄のグスクは、城壁上のみが防御の要地となり、大きく異なる。中世城郭では実城とか人名を冠してよばれ、近世城郭では主要な曲輪が本丸・二の丸・三の丸などとよばれた。

くれかいぐんこうしょう [呉海軍工廠] ⇒海軍工廠

グレゴリオれき [グレゴリオ暦] 世界の大半の国で用いられている暦法で、一般に太陽暦とはこの暦法をさす。1582年にローマ教皇グレゴリウス13世によって、ユリウス暦を修正して公布された。日本では1873年(明治6)から実施。1年を365.2425日とし、そのために4年に1回閏日をおき、400年間に3回それを省略する。すなわち西暦が100で割り切れる年を平年とするが、400の倍数の年は閏年とする。

くろいたかつみ [黒板勝美] 1874.9.3～1946.12.21 明治～昭和前期の歴史学者。長崎県出身。東大卒。草創期の日本古文書学の体系化に大きな功績があった。旺盛な活動力で多方面に足跡を残し、長期間にわたり東京帝国大学で国史学を講じて後進の育成にたずさわった。「国史大系」「新訂増補国史大系」など史籍の校訂・出版に尽力し、東山文庫や醍醐寺の古文書を調査、藤原宮跡の発掘を指導した。その歴史観の集成ともいうべき日本史の概説書「国史の研究」は、きめ細かい時代区分法を提示するなどの新工夫もあって、戦前の学界で広く支持された。

くろいみねいせき [黒井峰遺跡] 群馬県北群馬郡子持村に所在する古墳時代の集落跡。6世紀中頃に噴出した榛名山二ッ岳をあてる噴火がおおわれていたため、当時の地表面が良好に残り、通常の集落遺跡では残存しない平地式住居・庭状遺構・祭祀場・畑・垣根・道・泉・立木痕などが発見されたほか、軽石層のなかに残る痕跡から住居の上部構造までもが明らかにされた。古墳時代の集落構成や社会構造を知るうえで重要な遺跡。国史跡。

くろいわるいこう [黒岩涙香] 1862.9.29～1920.10.6 明治・大正期の新聞記者・小説家。土佐国生れ。本名周六。1878年(明治11)大阪英語学校に入学、翌年上京。82年「同盟改進新聞」に参加後、「絵入自由新聞」「都新聞」などの主筆となり、92年「万朝報」を創刊。人気を呼んだ「鉄仮面」などの翻案小説を連載したほか、社会派的な暴露記事を得意とし、蝮の周六と恐れられた。大正期には大隈内閣を支持して不評を買った。

くろうど [蔵人] 職事とも。蔵人所の職員。唐名は侍中。宣旨で任命する官。内裏校書殿の納殿の管理・出納にあたっていたのが前身というが、蔵人所設置以後、とくに「蔵人式」が制定され、蔵人所およびその統轄下の宮廷諸機構が整備された宇多朝以降は、天皇の秘書官として、天皇と摂関・太政官の間の連絡(藤原氏・源氏出身の蔵人は、それぞれの氏関係の政務処理も担った)、陪膳・宿直など天皇の身辺雑事の奉仕、蔵人方行事(蔵人所主催の宮廷行事)の執行などを主要な職務とした。院・女院・春宮・親王家・摂関家などにもおかれ、後宮には女蔵人がおかれた。

くろうどどころ [蔵人所] 内裏校書殿におかれた令外官。810年(弘仁元)3月設置という。平城上皇と対立した嵯峨天皇が、弁官局・衛府・式部省・中務省などの実務官人を殿上に常侍させて、訴訟・人事・軍事などの実権を掌握し、詔勅の速やかな伝達と機密保持を図ったもの。その後は、宮廷社会の管理・運営を担う機関として機能し、令制以来の内廷諸官司や新設の宮廷諸機関である禁中の各所を統轄し、その活動を支えるために禁野・御薗・御厨などを領有した。11世紀後半以降は、諸種の供御人蔵人所の本所的存在としてその特権を保証するとともに、彼らへの課税を重要な財源とした。職員には別当・蔵人頭・五位蔵人・六位蔵人・非蔵人・所雑色・所衆・出納・小舎人などがあり、蔵人所牒・蔵人所下文などの文書を発給した。

くろうどのとう [蔵人頭] 貫首とも。蔵人所の長官。蔵人所設置の際の巨勢野足・藤原冬嗣以来、定員は2人。1人は弁官を、1人は近衛中将をあてる例が多く、それぞれ頭弁・頭中将と称した。殿上では殿上人の首座に着いたことから貫首とも称され、参議昇進が例とされて公卿への登竜門となるなど、名誉かつ有利な地位であり、それにふさわしい家柄の者が任じられた。職務は、天皇の秘書課長として天皇と摂関・太政官との間の連絡にあたり、宮廷の管理・運営責任者として蔵人や殿上人を指揮するなど多様かつ繁忙であり、それに堪え得る能力を要求された。職務上機密に関与することもあったが、忠実な取次役であることを第一とし、天皇側近として権力を握ることはなかった。

くろかわきんざん [黒川金山] 戦国期、武田氏の支配時代に甲斐国で栄えた金山。現在の山梨県塩山市上萩原にあった。武田信虎の時代に採掘が行われたというが、その子信玄の時代に最盛期をむかえた。1577年(天正5)信玄の子勝頼はここを管理する金山衆に、塩山方面からの物資を運ぶ馬に課す税を一部免除している。武田氏支配の末期に金脈が途絶えて閉山。金山衆は塩山地区の中村・大野・風間・田辺氏などの土豪からなる。遺跡は国史跡。

くろさわあきら [黒沢明] 1910.3.23〜98.9.6 昭和期の映画監督。東京都生れ。旧姓京華中学卒。1936年(昭和11)PCL(のち東宝に合併)に入社。43年「姿三四郎」で初監督。三船敏郎・京マチ子主演で撮った「羅生門らしょうもん」が51年のベネチア国際映画祭グランプリを受賞、躍動感あふれる映像で世界に衝撃を与えた。54年公開の「七人の侍」は、三船敏郎・志村喬などの優れた俳優陣にも支えられ、ことに雨中の騎馬上の戦闘場面など映画史上特筆される映像を撮った。85年文化勲章、98年(平成10)国民栄誉賞追贈。

くろずみきょう [黒住教] 黒住宗忠むねただを教祖とする新興宗教。神道十三派の一つ。宗忠は1814年(文化11)「天命直授てんめいじきじゅ」をうけて翌年から禁厭祈禱と講釈を中心とする布教活動を開始。46年(弘化3)「御定書」の制定で信仰の心得が示された。50年(嘉永3)の宗忠没後も6高弟を中心に中国・京阪神地方で布教を行って教線の拡大に努め、公家や勤王の志士なども信者に加わった。明治期以後は、76年(明治9)神道黒住派として教派神道では最も早く組織化し、82年には黒住教と改称。1974年(昭和49)本部を岡山市上中野から同市尾上の神道山に移した。

くろずみむねただ [黒住宗忠] 1780.11.26〜1850.2.25 江戸後期の神道家で黒住教の教祖。備前国御野みの郡上中野村今村宮の禰宜ねぎ黒住宗繁しげの子。幼名は権吉、初名は左之吉、のちに右源治と改めた。1812年(文化9)両親をあいついで失い、みずからも病気になったが、心持ちをかえて回復。14年の冬至(11月11日)の朝に太陽を呑みこんで神と合一する「天命直授てんめいじきじゅ」後、教祖となって黒住教の布教を展開、信者集団を形成していった。彼の講釈は「浮かびのままの説教」といい、準備を行わず心に浮かんだことを話した。著作は残されていないが、「日々家内心得の事」が教典とされた。

くろだきよたか [黒田清隆] 1840.10.16〜1900.8.23 幕末期の鹿児島藩士、明治期の藩閥政治家。尊王攘夷運動にたずさわり、戊辰ぼしん戦争では追討参謀として活躍、五稜郭開城に際し榎本武揚たけあきを助命した。維新後、開拓次官のち参議兼開拓長官として北海道開発に尽力、樺太・千島交換条約の実現や西南戦争にも尽力。大久保利通の死後は薩摩閥の長老として、北海道の官有物払下中止に反対して明治14年の政変のとき辞任。第1次伊藤内閣の農商務相をへて1888年(明治21)首相となり、憲法発布の際に超然主義の演説を行った。大隈重信外相と条約改正を試みたが失敗。首相辞任後は元老として活動、第2次伊藤内閣の通信相、枢密院議長を務めた。伯爵。

くろだきよたかないかく [黒田清隆内閣] 黒田清隆を首班とする明治中期の内閣(1888, 4.30〜89.12.24)。初代首相の伊藤博文が憲法草案審議のため枢密院議長に転じ、鹿児島出身の黒田を後継首相に推薦、閣僚は全員留任(伊藤は内閣に班列)して黒田内閣が成立。薩長中心のいわゆる藩閥内閣。1889年(明治22)2月、憲法発布にあたり黒田は超然主義を唱えたが、翌月大同団結運動の指導者後藤象二郎を入閣させ、議会開設に備えた。大隈重信外相を中心に条約改正交渉を進めたが、大審院への外国人判事登用案が憲法違反との非難を招き、民権派・国権派の反対運動に直面し、閣内の対立も生じた。大隈重信暗殺未遂事件がおこり、10月25日黒田は辞任。一時、三条実美さねとみ内大臣が首相を兼任し、12月24日に山県やまがた内閣に代わった。

くろだせいき [黒田清輝] 1866.6.29〜1924.7.15 明治・大正期の洋画家。薩摩国生れ。黒田清兼の子。伯父の黒田清綱の養子となり上京。法律を学ぶため1884年(明治17)パリに留学したが、画家に転向してラファエル・コランに師事。93年に帰国し、翌年久米桂一郎とともに天真道場を設け、96年には白馬会を結成。「読書」「湖畔」などの外光派風作品は画壇に大きな影響を与えた。東京美術学校西洋画科の教授となり、以来長く美術教育に貢献し、文展の創設にも尽力。帝室技芸員、国民美術協会会頭、帝国美術院会員のち同院長。晩年には貴族院議員となった。業績を記念して東京国立文化財研究所内に黒田記念室が設置されている。

くろだながまさ [黒田長政] 1568.12.3〜1623.8.4 織豊期〜江戸初期の大名。孝高たかたかの子。松寿・吉兵衛。甲斐守、筑前守。洗礼名ダミアン。1577年(天正5)父の人質として織田信長に差し出され、豊臣秀吉に預けられた。87年から秀吉の全国統一に従って転戦し、89年父の隠居により豊前国6郡ほかを襲封。文禄・慶長の役に出陣。1600年(慶長5)徳川家康の会津出兵に先鋒、関ケ原の戦では小早川秀秋の内応を画策し、筑前国50万石余を得て城地を福岡と名づけた。父の死後、襲封した。

くろだのしょう [黒田荘] 伊賀国名張郡にあった東大寺領荘園。荘域は三重県名張市付近。

755年(天平勝宝7)孝謙天皇が東大寺に施入した板蝿杣(いたはえの)から発展した。荘園としての初見は1043年(長久4)．1038年(長暦2)杣内の見作田6町18歩の領有と杣工50人の臨時雑役免除が認められた。これはのちに黒田本荘とよばれた。荘民は雑役免除の特権をいかして周辺の公領に出作し，しばしば国司と紛争をおこした。また出作地の領有をめぐる興福寺との相論などもあったが，12世紀半ばに覚仁(かくにん)が預所(あずかりどころ)として現地に下向し，支配を確立した。1174年(承安4)不輸不入の荘園となる。鎌倉後期以降，荘官大江氏を中心とした黒田悪党が東大寺の支配に反抗，東大寺の支配はしだいに弱体化した。

くろだよしたか [黒田孝高] 1546.11.29～1604.3.20 織豊期の武将。職隆(もとたか)の子。万吉・官兵衛。勘解由(かげゆ)。号は如水。1577年(天正5)主家の小寺氏に織田信長に通じることを勧め，豊臣秀吉を播磨に迎えた。以後秀吉の股肱として，播磨攻略，高松城水攻め，毛利氏との講和交渉などにあたった。87年豊前国6郡をえて中津に入部。89年家督を子の長政に譲った。文禄・慶長の役に出陣。関ケ原の戦では九州で東軍として戦った。伏見で没。1583年高山右近の感化で受洗し，洗礼名シメオン。

くろふね [黒船] 16世紀中頃から19世紀に来航した欧米諸国船の通称。戦国末～江戸初期には，来航ポルトガル船がタール塗りの黒色の船体であるところから黒船と称し，ときにはスペイン船・オランダ船をもさした。史料上の初見は，1587年(天正15)豊臣秀吉が発令したバテレン追放令のなかの「黒船」の語だが，江戸時代に入っても使用された。幕末期には欧米列国から来航した艦船を黒船と称したが，とくに1853年(嘉永6)ペリーの浦賀来航後，諸外国が開国を強要するようになって，この語は欧米資本主義の強大な圧力の象徴の意味をもつに至った。

クロマニョンじん [クロマニョン人] ⇒新人

くわがたいし [鍬形石] 古墳時代の腕輪形宝器。南海産の巻貝ゴホウラを縦に切断して作った弥生時代の貝製腕輪(金関型)を祖型としてうまれた。碧玉(へきぎょく)・凝灰岩・頁岩(けつがん)・安山岩などの石材からなり，上から笠状部・内孔・突起(右側)・板状部という名称がつく。形が鍬の刃に似ることから，江戸時代の学者がよんだ名称が現在も使用される。西は大分・山口県から，東は石川・岐阜県までの4世紀の古墳から出土する。特殊な例として福岡県沖ノ島祭祀遺跡からも出土。

●●鍬形石

くわしたねんき [鍬下年季] 新田開発をしてから一定期間は年貢・諸役を賦課せずに，開発者の作徳とすること。戦国期からみえ，天正15年(1587)2月20日付の徳川家康の定書第2条にも「新開作の田畠等開発次第弐ケ年の間年貢赦免せしめ」とある。年限は開発の難易度などにより決定された。3～5年が多いが，なかには10年，20年というものもある。

ぐん [郡] 「こおり」とも。律令地方制度上の国の下の行政区分。浄御原(きよみはら)令制までに各地に成立していた「評(ひょう)」が，大宝令制の施行にともなに「郡(ぐん)」と改称されてうけつがれた。所属する里の数によって大・上・中・下・小の5等級にわけられ，その等級に応じて在地の有力者から任じられる郡司の員数が定められた。大宝令施行後も地方への律令制度の浸透により，交通状況や帰化人の移配，蝦夷(えみし)・隼人(はやと)の服属など，在地の実情に即した郡の新置や統廃合が行われた。地方行政の末端にあって在地で民衆を動員できた郡司の力や，地方行政の運営を支える財源となった郡稲の存在など，郡は初期の律令国家の地方支配の基盤であった。やがて律令国家の地方行政の機能が国に集中するようになって以後，平安時代中頃からは荘園公領制の広がりによって制度的に変質し，行政区分としての機能をはたさなくなったが，その後も地域区分の名称としては存続し，中世・近世を通して国の下の単位とされた。

ぐんか [軍歌] (1)陸・海軍が士気を鼓舞するために制定した歌。1885年(明治18)陸軍軍楽隊雇教師ルーが作曲した外山正一(とやままさかず)作詞の「抜刀隊」が第1号。同年海軍は喇叭(らっぱ)吹奏歌を制定。第2次大戦に至るまで「軍艦行進曲」や「愛馬進軍歌」など軍隊でうたわれた歌は多い。(2)軍隊以外で制作された戦意高揚の愛国歌謡。「露営の歌」や「出征兵士を送る歌」などで，レコードやラジオを通じて愛国精神の浸透に大きな役割をはたした。

ぐんが [郡衙] ⇒郡家(ぐうけ)

ぐんかい [郡会] 1890年(明治23)に成立し，1923年(大正12)に廃止された郡単位の議会。1890年の郡制施行のもと，予算・決算などを審議した。郡会は郡長を議長とし，議員の3分の2が町村会議員の互選で，3分の1が地価総額1万円以上の大地主の互選であった。99年の郡制見直しにより，選挙権を直接国税3円以上の者，被選挙権を直接国税5円以上の者とし，自治的性格は強化されたが，郡制自体が根づかず，郡制ともども廃止となった。

ぐんがくたい [軍楽隊] 軍隊や艦隊に属して吹奏楽器・打楽器で編成された楽隊。洋式操練に必要であると考えられ，1872年(明治5)におか

れた。陸軍でははじめ近衛および各鎮台に1隊ずつおく方針であったが、86年近衛師団に、88年第4師管(大阪)に配属されただけだった。演奏料が安かったので、軍事以外に公共の行事などで活躍することが多かった。

ぐんきものがたり [軍記物語] 戦記物語・戦記物語とも。合戦を主要な題材とし、その背後にある人間と人間、思想を描いた物語。平安時代の「将門記」や「陸奥話記」などにその性格の一端が認められるが、質的には中世初期の「保元物語」「平治物語」をへて「平家物語」で頂点を迎える。中世後期の「太平記」は半世紀にわたる南北朝動乱をみつめた40巻に及ぶ膨大な作品だが、とくにその後半部は戦争のもたらす絶望的な状況を冷徹な目で描写し、「平家物語」とは異なる表現世界を構築した。

ぐんくちょうそんへんせいほう [郡区町村編制法] 明治前期に地方制度整備のために制定された三新法の一つ。1878年(明治11)7月太政官布告として公布された、郡・区・町・村の設置を定めた法律。全国を907の大区と7699の小区にわける大区・小区制のもとでは、地租改正などにみられる政府の急進的政策もあって農民の暴動など多大の混乱を生じた。そこで地方区画のあり方として、「固有ノ習慣ニ依ルガ如カス」とした大久保利通らの上申をうけて、旧来の郡制を行政区画として復活させるとともに、町・村を法律上自治体と認めた。郡および東京・京都・大阪の区にはそれぞれ官選の郡長・区長がおかれ、町・村にも戸長がおかれた。同制度は88年4月公布の市制・町村制、90年5月公布の府県制・郡制により廃止された。

ぐんけ [郡家] ⇨郡家

ぐんこくしゅぎ [軍国主義] 国家において軍事的な事象を最優先と考える思想に対する批判的呼称。たとえば国民全体を軍隊化するように、軍隊の組織原理の社会への浸透の主張、軍人を社会で最も尊重すべき人とする考え方や、国家への軍事的奉仕を国民の最も価値ある行動とする考え方などがある。多くは急速に軍事力を整備し、政治外交的手段として軍事力を多用すると認識される場合に批判的意味で用いられる。近代では19世紀から第1次大戦までのドイツに対しておもに用いられたが、ナチス・ドイツや十五年戦争期の日本にも用いられ、著名な例としては、太平洋戦争末期に連合国が日本の降伏を促したポツダム宣言がある。

ぐんじ [郡司] 律令制下の地方行政区画である郡の官人。大領・少領・主政・主帳の四等官からなり、大領・少領は郡領とも称する。孝徳朝に設置された評の官人の後身で、大宝律令の制定で郡司となった。とくに郡領には伝統的支配力をもつ地方豪族が任用され、資格として孝徳朝以来の譜第が重視された。終身官で職分田の額も国司より多く、職掌は郡内の庶政全般にわたる強大なものだったが、国司に対する下馬の規定などから、身分的には明確に国司の下位におかれた。9世紀以降には、伝統的地方豪族の衰退を背景として、擬郡司や郡老・郡目代・郡使などの、令制にない職名をもつ郡司が登場して国郡行政機構はしだいに一体化し、郡司の地方行政機構での特殊性は薄れていった。

ぐんじきょうれん [軍事教練] 男子の中等教育以上の教育機関において、1925年(大正14)から45年(昭和20)の敗戦まで実施された正課の軍事教育。第1次大戦後の軍縮動向のなかで、1925年に陸軍は4個師団廃止と同時に陸軍現役将校学校配属令を公布し、軍事教練を始めた。翌年には小学校卒業者を対象とする青年訓練所でも実施、39年には大学でも必修となった。軍縮で余剰になった将校の温存、学生の思想対策、軍国主義基盤の拡大を意図したものであった。

ぐんしゅうふん [群集墳] ほぼ同時期の古墳が、限られた地域内に密集している古墳群。丘陵・台地上・山腹などに築かれ、数百基を数える場合もある。古墳後期に各地で多数みられ、家父長制家族の台頭による造墓階層の拡大が原因と考えられる。群集墳を構成する古墳はほとんどが小円墳で、横穴式石室をもつものが多い。それらは無秩序に造られたわけではなく、いくつかの群にわけられ、場合によってはさらに小群にわけられた。副葬品は一般的に土器・耳環・直刀・鉄鏃・玉類など。和歌山県岩橋千塚古墳群、大阪府平尾山古墳群、奈良県新沢千塚古墳群、岡山県佐良山古墳群などが有名。なお横穴墓も群集墳の一種と考えられる。

ぐんじゅこうぎょうどういんほう [軍需工業動員法] 戦時に民間事業場・施設を軍需生産に動員する権限を政府に与えた法律。1918年(大正7)4月公布。第1次大戦が総力戦になったことを背景に、陸軍の強い要求により制定され、民間工場を含めた広範な産業の戦時管理が可能になった。当初は大戦終結のため民間軍需産業に対する奨励規定など平時条項のみが機能した。日中戦争開始後の37年(昭和12)、本法を適用する法律が制定され、初期の動員の根拠法となった。38年5月国家総動員法の施行で廃止された。

ぐんじゅしょう [軍需省] 太平洋戦争期に軍需生産行政を管轄した中央官庁。1943年(昭和18)11月1日商工省・企画院の大部分、陸海軍航空本部の一部を統合して設置。主要ポストには現役軍人が就任した。軍需生産増強のための計画から実施までの軍需工業行政の一元化、と

くに航空機の増産をめざしたが，陸海軍の対立もあり目的を達成しなかった。所管事務は国家総動員，軍需品の生産管理，民間工場の統制など。45年8月26日廃止され商工省が再置された。

ぐんしょるいじゅう [群書類従] 1276編からなる国書の一大叢書。塙己一編。文献資料の亡逸に備え，3巻以下の小冊に限っての網羅的な収録をめざしたもので，底本を精選して厳密な校訂を期した。分類は，菅原道真の「類聚国史」にならって，神祇・帝王・補任・系譜・伝・官職・律令・公事・装束・文筆・消息・和歌・連歌・物語・日記・紀行・管絃・蹴鞠・鷹・遊戯・飲食・合戦・武家・釈家・雑の25部からなる。1779年(安永8)保己一が平河天神社に祈誓してから，86年(天明6)の出版開始をへて，1819年(文政2)に全冊の刊行を完了するまで41年を費やした。幕府はじめ大名・公家・寺社・富商などの経済的援助や蔵書の提供，版下の筆耕など多くの援助があった。

ぐんじんちょくゆ [軍人勅諭] 1882年(明治15)1月4日に明治天皇が下した勅論。天皇制下の軍隊の性格を明示したもの。1880年，参議兼参謀本部長の山県有朋らが中心となって起案，西周が起草し，井上毅・福地源一郎らも加筆した。忠節・礼儀・武勇・信義・質素など軍人の徳目と，兵馬の大権を天皇が直接掌握することを示した。自由民権運動の高揚を背景に，軍人の政治不関与をも説く。「朕は汝等を股肱と頼み，汝等は朕を頭首と仰」げとのべ，憲法・議会の整備以前に天皇と軍人の直属関係を確立した点に歴史的意義がある。

ぐんせい [軍政] (1)戦時での占領地の統治形態。太平洋戦争中の南方各地でみられた。南方軍政は，1941年(昭和16)11月大本営政府連絡会議の決定に基づいて実施され，占領地における治安回復，重要資源の獲得などを目的とした。(2)第2次大戦後のGHQによる日本占領の統治形態。沖縄などへの直接軍政を除き間接統治であったが，軍政の特質がうかがえる。

ぐんせい [郡制] 明治期に府県と町村の間に位置する郡を地方自治体とした法律。1890年(明治23)5月公布。明治初年の大区・小区制のもとで発生した住民の反発を吸収するため，政府は1878年郡区町村編制法を制定し，旧来の郡を行政単位として郡長を任命した。しかし郡長は国の出先機関として，町村の戸長を通じて中央の行政命令を下達するにすぎなかった。郡制公布により，3分の2が町村会議員の互選，3分の1が大地主からの互選議員からなる郡会が発足，郡行政は郡長と郡会議員の府県知事任命の郡参事会員により担われた。しかし郡は自治体としては未発達で府県知事・内務大臣の監督下にあった。1921年(大正10)原内閣は郡制廃止に踏み切り，23年に郡はたんなる地理的名称にもどった。

ぐんだい [郡代] 室町～江戸時代の職名。鎌倉時代，郡を単位として軍事・警察権を行使していた守護代(守護の代官)が，室町時代に入り租税関係の仕事も行うようになったことに始まる。江戸時代になると，広域の幕領を支配する役人，あるいは諸藩で直轄地を支配する役人を郡代と称した。江戸初期には甲州・摂津河内・尼崎・三河・丹波などほぼ一国規模で支配を行う郡代がみられた。幕府職制の整備にともない，中期以降は関東郡代と新設の美濃・西国筋・飛驒のあわせて4郡代となった。職務は代官とほぼ同じで，支配高が10万石以上を郡代とよぶ。

ぐんだん [軍団] 律令制下，地方におかれた兵団。大宝令で成立したとみられる。国ごとに1団ないし数団があり，各団には最大1000人までの兵士が所属した。自弁の武具・食料を納め，部隊に編成されて訓練をうけ，諸種の任務に派遣された。軍団の長を大毅，副官を少毅といい，以下兵士200人を領する校尉，100人を領する旅帥，50人を領する隊正，また事務官の主帳がいた。このうち大・少毅は考課をうけて叙位の対象となった。兵は現地採用だが，軍団は全体として国司の支配下にあった。792年(延暦11)陸奥・出羽・佐渡・西海道等の辺要諸国を除き，兵士制とともに廃止され，西海道諸国は826年(天長3)に廃止，残る諸国の軍団もやがて衰退した。

ぐんちょう [郡長] 各郡の行政長官の官職名。1878年(明治11)7月の郡区町村編制法の公布によって，府県と町村を結ぶ位置に郡がおかれた。郡長には当初，当該府県本籍者の名望家が任用されたが，87年からは試験任用制度へ移行した。郡制は1921年(大正10)廃止が決定したが，郡長は経過事務を処理するため存続し，26年(昭和元)に廃止された。

ぐんないそうどう [郡内騒動] ⇨ 甲州騒動

ぐんばつ [軍閥] 日本では明治後期～昭和前期に二つの意味で使われた。(1)軍事力を背景に，政府・元老・重臣・政党・官僚・財閥に対抗する権力主体となった陸海軍上層部の呼称。明治憲法第11条による統帥権独立，軍部大臣現役制など閉鎖的で団結強固な武力集団として最終的に軍部独裁体制にまでいたった。軍閥という語は「中央公論」1919年(大正8)4月号の三宅雪嶺の論文，「改造」26年5月号の巻頭言などで使用された。昭和期のジャーナリズムではほとんどが軍部を使用した。(2)陸軍内の派閥が政治行動を行うときの呼称。建軍以来，陸軍主流派

の長州閥に対して反長州閥が大正末期に台頭し，31年(昭和6)頃からは統制派と皇道派が対立，政策・人事をめぐる抗争の相手の派閥を軍閥とよんだ。「軍閥重臣閥の大逆不遜」と題した怪文書のように，非合法文書で用いられたのみで公には使用されなかった。

ぐんぴょう [軍票] 戦地・占領地において軍事行動にともなう物資の調達・労賃の支払いなどに使用される特殊通貨の総称。軍用手票の略。古来戦争では略奪がほしいままに行われたが，近代国際法の確立にともなって取り締まられるようになった。1907年(明治40)のハーグ平和会議で戦時法規条約が採択され，物資は軍票を代価に強制購買されることになり，第1次大戦中から軍票使用が普及した。日本の軍票は日清戦争では間に合わず，日露戦争から使用されるに至り，シベリア出兵や日中戦争・太平洋戦争でも使用された。

ぐんぴょうろんそう [郡評論争] 律令制下の郡について，大宝令制以前にその名称が「郡」と「評」のいずれであったかをめぐる第2次大戦後の史学史上の論争。改新の詔の信憑性を検証する立場から，大宝令以前の金石文などの記述が「評」であることを根拠に，改新の詔の「郡」条項は大宝令文により修飾されたとする説がだされた。これに対し，「日本書紀」孝徳天皇以後の「郡」字をすべて大宝令文による修飾と認めると，同時期の他の記事にも修飾の可能性を考えねばならないことから，きびしい反論があった。その後，藤原京跡の発掘調査で出土した木簡の用字から，浄御原令制での「評」が大宝令制で「郡」となったことが明らかになり，一応の解決をみた。

ぐんぶだいじんげんえきぶかんせい [軍部大臣現役武官制] 陸海軍大臣の補任資格を現役大将・中将とする制度。1886年(明治19)2月26日制定の陸軍省・海軍省官制によって資格を武官に限定し，幾度かの改正後，第2次山県内閣の1900年5月19日公布の陸軍省職員表・海軍省定員表によって現役の大将・中将に限定した。13年(大正2)第1次山本内閣が現役規定を削除し，たんに大将・中将であればよいとしたが，予備役軍人が大臣に就任した例はなく，36年(昭和11)5月18日広田内閣のとき，2・26事件後の大異動を処理するため大臣の人事権を確立する必要から現役規定を復活した。この規定により組閣を断念したり瓦解した内閣がある。

ぐんぽうかいぎ [軍法会議] 通常裁判所の管轄に属さない軍人の犯罪を裁判するための特別裁判所。1869年(明治2)8月兵部省に紀問司きくもんしと海軍裁判所となった。陸軍は82年，海軍は84年それぞれの裁判所を廃して軍法会議を設置した。かねて陸軍治罪法と海軍治罪法により制度化されてきたが，1921年(大正10)4月26日，全面改正されて陸軍軍法会議法と海軍軍法会議法が基本法となった。常設と特設の2種があり，訴訟手続きの点で大きな差があり，常設は公開，弁護人付，上告可能であるのに対し，特設は非公開，弁護人なし，一審制であった。裁判官は判士と法務官から構成された。46年(昭和21)5月18日公布の勅令で廃止。

ぐんまけん [群馬県] 関東地方の北西部に位置する内陸県。旧上野国を県域とする。1868年(明治元)武蔵国北西部をあわせた旧幕領を管轄する岩鼻県がおかれ，翌年吉井藩を編入。71年廃藩置県により前橋・高崎・沼田・安中あんなか・伊勢崎・小幡・七日市の各県が成立し，同年10月東毛の新田にった・山田・邑楽おうら3郡を除く諸県域を合併して群馬県が設置された。73年東武の入間いるま県と合併して熊谷くまがや県となったが，76年8月栃木県に属していた東毛3郡を編入し，旧入間県管轄地を埼玉県へ移管。県名を再び群馬県と改称して現県域が確定した。県庁所在地は前橋市。

ぐんまじけん [群馬事件] 1884年(明治17)5月，急進派自由党党員が，群馬県甘楽かんら周辺の負債農民を糾合し，政府転覆を企図した事件。自由党の湯浅理兵りへい・日比遣之すけゆき・上野桃之助らは，高崎線開通式に参列する政府要人を暗殺する計画だったが，開通式の延期で中止され，妙義山山麓の陣馬ケ原に農民を集結。救民の名のもとに高利貸の家を打ち壊し，ついで松井田警察署を襲撃し，高崎鎮台分営に迫ろうとしたが意気阻喪し解散。首謀者は強盗・凶徒嘯集しょうしゅう罪などで処断された。

ぐんむかん [軍務官] 明治初年の軍政・軍令機関。1868年(明治元)閏4月，官制改定にともなって軍務事務局を軍務官と改称。陸軍局・海軍局・築造司・兵船司・兵器司・馬政司を統轄した。軍務官知事には仁和寺宮嘉彰よしあき(小松宮彰仁あきひと)親王，同判事に大村益次郎が就任。大村の力量で軍制の基礎が固まり，翌年7月兵部省に改組された。

ぐんやく [軍役] 武士が将軍や大名に対して負う軍事的役負担。鎌倉時代からあるが，負担が量的に規定されるのは戦国期から。統一基準の貫高などで国内を把握した戦国大名は，その量に応じて戦闘員を出させた。豊臣秀吉は日本全国に石高に応じた統一的な軍役を課し，戦闘員のみではなく陣夫までの総数を規定し，兵糧支給の原則を確立した。これは江戸幕府に引き継がれ，秀吉が無役とした大名蔵入地にも役を課すなど，より厳密になった。1616年(元和2)・33年(寛永10)に軍役規定が出され，武士はこの規定に従って常時武器と人数を用意しておくこ

とを要求された。参勤交代，幕府の城郭普請や河川改修の手伝い，改易大名の城地受取りなども軍役と意識された。

ぐんれい [軍令] (1)陸軍・海軍の作戦用兵に関する天皇の最高命令。(2)1907年(明治40) 9月12日の軍令第1号による陸軍・海軍の統帥に関して勅定をへた規定の形式。ともに対象は軍隊の使用・指揮・軍機であることが共通する。(1)については明治憲法第11条を「兵馬の統一は至尊の大権に属して専ら帷幄の大令に属する」(「憲法義解」)とするのが憲法解釈の主流で，国務大臣の輔弼によらない事項であるとした。天皇の大権(統帥権)行使を補佐するのは，軍事参議官と，陸軍では参謀本部，海軍では軍令部であるとされた。部分的に陸軍・海軍大臣も軍令に関与できた。

ぐんれいぶ [軍令部] 主として海軍の軍令事項を担当する天皇直属の機関。1893年(明治26)発足。海軍の軍令事項は1884年の海軍省軍事部以来，順次参謀本部海軍部・海軍参謀本部・海軍参謀部の機構で処理されてきた。93年5月20日海軍軍令部が東京の赤坂に発足し，作戦・編制・教育・訓練・情報などを担当。庁舎は94年霞ケ関に移転。陸軍の参謀本部の強大な権限にならって海軍省に対する地位を向上させたいとする願望が，大正末期から海軍軍令部内に潜行し，これは1933年(昭和8)10月1日伏見宮博恭王が部長のときに軍令部へ改編され実現。改編による軍令部の権限強化の歴史的影響は大きい。

け

ケ 褻・毛・気などの漢字をあてる。ハレと対比される語で，民俗学上，日常生活文化を分析する概念として定立している。祭りや年中行事・冠婚葬祭など，特別な時間すなわちハレをのぞいたごくふつうの毎日の暮しをいう。「ふだん」ともいい，普段着を着て，普段の食事をして，仕事に励む。褻の字は，晴着を脱いでいる状態を表し，毛は稲の成育状態をさす。また気は人間の生命力と関係する語である。したがってケには，人間のごくふつうの日常生活を支えているエネルギーの存在を予測させる。ケが順調にいかない状態に対して，ケガレ(気枯れ)の意味を与え，ケがケガレになるという説明原理も成立している。

げ [解] 公式令に定める文書様式。所管・被管の統属関係にある下級官司から上級官司や太政官へ上申する文書の形式。「某解申其事」とする書出文言，「以解」(太政官に対する場合は「謹解」)とする書止文言をもち，年月日，上申官司の四等官全員の位署の順で記された。ただし諸国は太政官に対してだけでなく八省や弾正台にも解を用いた。また官人が個人として上申する際にも，牒や辞にかわる上申文書として解の形式の文書が多用された。平安時代になると，個人名の申請文書(売買券文など)にも広くみられるようになり，さらには解文・解状などの名称で訴状としても用いられた。

げい [外位] 令制の位階の一系列。一位から初位までの内位に対し，五位から初位までの外位は傍系に位置づけられる。天武朝から機能したとみられる授与対象は，畿外の任官者である郡司・軍毅や土人を任用した国博士・医師，中央に出仕した帳内・資人などで，特殊な例として蝦夷への叙位もあった。728年(神亀5)外五位と内五位との礼遇や位禄・位田・賻物に格差が設けられるとともに，中央官人の一部もいったん外五位に叙されることとなった。

げいあみ [芸阿弥] 1431~85.11.2 足利義政・同義尚に仕えた同朋衆。真芸とも称し，学叟と号した。能阿弥の子。相阿弥の父。1471年(文明3)能阿弥の死とともに，将軍家所蔵の唐物の管理，座敷飾などの職掌を継承。連歌を詠み，また高い画技で京都の絵画界の中心にあった。とくに南宋の夏珪の画風を基礎とした山水画は，当時の画家に大きな影

響力をもった。現存作品に, 芸阿弥のもとで画を学んだ賢江祥啓の帰郷に際して与えた「観瀑図」(重文)がある。

けいあんげんじゅ [桂庵玄樹] 1427～1508.6.15 室町中期～戦国期の臨済宗聖一派の禅僧。諱は玄樹, 字は桂庵, 別称は島隠(陰)・海東野釈。周防国の人。16歳で出家。南禅寺の景蒲玄䜣に師事。1467年(応仁元)渡明, 73年(文明5)に帰朝。その後, 九州各地を歴遊。79年には島津忠昌が開創した薩摩の島陰寺(桂樹院)に住んで朱子新注による講説を行い, 伊地知重貞とともに朱子の「大学章句」を刊行。四書を門下に教授するために句読法を考案。のち京都の建仁寺・南禅寺の住持にもなったが, おもに薩摩・大隅・日向で中国の新思潮の紹介に努めた。その学統は近世の朱子学の源流となった。

けいあんじけん [慶安事件] 由比正雪の乱とも。1651年(慶安4)由比正雪・丸橋忠弥・金井半兵衛らによって計画された反乱未遂事件。同年4月の3代将軍徳川家光死去からまもなく7月23日, 江戸で密告をうけた町奉行が半人丸橋忠弥を逮捕尋問したところ, 正雪を首謀者とする駿河久能山乗取り, 江戸・上方での騒乱などによる幕府の転覆計画を自白。同月26日, 正雪は駿府の旅宿で捕手に包囲され自殺。8～9日に関係者の大量逮捕と処刑が行われた。事件の原因については諸説あるが, 幕府の牢人処遇への不満が主要な動機との説が有力。幕府は事件後, 牢人の救済や, 牢人の発生源である大名改易を減らすために, 末期養子禁止の緩和などを行った。

けいあんのふれがき [慶安の触書] 江戸幕府が1649年(慶安2)2月26日に発布したとされる32ヵ条の触書。百姓に農業技術・経営・日常生活のあり方などを教論したもの。幕府の農民に対する基本法令とされ, その理念や政策的意図について, 農民を土地に縛り生活全般にわたって規制したもの, 幕藩領主による小農民保護政策とするものなど, さまざまな評価が加えられてきた。しかし近年, 「徳川実紀」引用の「条令拾遺」のみの収録で「御触書寛保集成」や「御当家令条」などの法令集に載っておらず, 古い写本もみあたらないことなどから, 49年の発令や存在自体を疑問視し, 後年の作とする研究が報告されている。

けいえんじだい [桂園時代] 明治後期～大正初期に桂太郎と西園寺公望が交互に政権を担当した時期の通称。日露戦争を機に妥協した山県系藩閥・官僚閥と政友会は, その交互担当と基本利益の尊重, 薩摩閥・非政友系政党の排除を半ば慣行化させた。この秩序を桂園体制とよび, これが機能していた時期を桂園時代とよぶ。

けいえんは [桂園派] 江戸後期の和歌の流派。その活動は明治期にも及んだ。「しらべ」の説を提唱した香川景樹の歌学を継承する。桂園は景樹の雅号。門人は全国にわたり, おもな歌人に景樹の子景恒, 桂門の四天王といわれる熊谷直好・木下幸文・菅沼斐雄・高橋残夢のほか, 児山紀成・中川自休・内山真弓・八田知紀・渡忠秋・氷室長翁・誠拙ら禅師らがいる。

けいおうぎじゅく [慶応義塾] 福沢諭吉が1858年(安政5)江戸鉄砲洲の中津藩奥平家中屋敷に開いた蘭学塾。文久年間(1861～64)から英学に転じ原書読解を行った。68年(慶応4)芝新銭座に移り, 慶応義塾と改称。71年(明治4)から三田に移転した。入塾生を社中と称し, 塾を「会社」として共同体を組織し, 明治初年から「授教の費」として授業料を徴収したことは著名。その後たびたび経営難に当面したが次第に基盤を固め, 独立自尊を校是として経済学・人文諸学を教える代表的私学となった。90年大学部を開設, 1903年専門学校となり, 19年(大正8)大学令による文・経・法・医の4学部をもつ大学として認可, 44年(昭和19)に工学部を加えた。49年新制大学となった。

けいおうのかいかく [慶応の改革] 幕府が第2次長州戦争の敗北後に試みた制度改革。文久の改革の挫折後, 横須賀製鉄所の建設など海軍創設に努力した幕府は, 同戦争後, 15代将軍徳川慶喜の指導のもと陸軍の全面改革に着手。大番頭から従来の番方軍事組織を廃して洋式銃隊にかえ, 大幅な人材抜擢や仏・英による陸・海軍伝習も行った。ついで官僚制の合理化を始め, 職制の整備や兵賦の金納化を通じて旗本家禄の削減・吸収も行った。これらには駐日フランス公使ロッシュの意見が参考にされた。孝明天皇の死後には, 朝廷と幕府を慶喜を軸に一体化し, 大名の兵・財権を吸収して集権的体制を樹立することまで構想したが, 討幕派による王政復古で未完に終わった。

けいかい [景戒] ⇨景戒

けいかいちょう [計会帳] 律令制下の公文。1年間に各官司間の文書授受がきちんと行われたかを太政官が照合・監査する(計会という)ために, 毎年その文書授受の状況を各官司でまとめて太政官に提出した。大宝令制では諸国の計会帳は大帳使が持参したが, 養老令制では朝集使に変更された。8世紀の伊勢国計会帳と出雲国計会帳が現存するが, その書式は公式令の規定とはやや異なる。8世紀末の延暦年間にはすでに多くの国司が作成しなくなっていたらしい。

けいがし [慶賀使] 徳川将軍の襲職を祝う琉球

国王の使者。3代将軍家光の1634年(寛永11)を第1回とし、1842年(天保13)まで計10回派遣。1644年(正保元)からは家綱誕生の慶賀使も派遣された。幕府に対する琉球国王の服属儀礼だが、島津氏のねらいは琉球支配の強化にあった。1710年(宝永7)以降、東アジアにおける日本の対外威信を高める国家的儀礼として利用された。

けいこう [挂甲] 小札を革紐ないし組紐で縅し、胴・腰・草摺が一体となった鎧。「延喜式」によれば挂甲1領に800枚の小札を使用するという。胴1連に作られ正面で引きあわせる胴丸式と、胴の前後に垂下し左右は別におおう裲襠式の2種類がある。古墳から出土する数では前者が圧倒的に多い。中国にその源があり、日本では朝鮮半島との交渉が盛んであった5世紀中葉頃に現れた。前者は、古墳出土の武人埴輪にも表現され、正倉院宝物にもそれと思われるものがある。後者は、中世の儀礼的な裲襠式挂甲へと続くと思われる。

●●挂甲

けいこうてんのう [景行天皇] 記紀系譜上の第12代天皇。大足彦忍代別天皇と称す。垂仁天皇の皇子。母は日葉酢媛命。播磨稲日大郎姫を皇后とし、大碓命・日本武尊らをもうけた。また妃の八坂入姫との間に成務天皇ら多数の子をもうけ、諸国を治めさせたと伝える。「古事記」には倭建命(日本武尊)を派遣して九州の熊襲や東北の蝦夷らを平定させたと伝えるが、「日本書紀」には命の遠征のほか、天皇みずからの九州・東国への行幸を記す。纒向日代宮(現、奈良県桜井市穴師付近)を営み、山辺道上陵(奈良県天理市渋谷町の向山古墳に指定)に葬られたと伝える。

けいこくしゅう [経国集] 平安初期の漢詩文集。20巻(巻1・10・11・13・14・20が現存)。827年(天長4)良岑安世らが淳和天皇の勅を奉じて南淵弘貞・菅原清公らと撰進。「凌雲集」「文華秀麗集」につぐ第3の勅撰集。書名は魏の文帝の「典論」の「文章は経国の大業、不朽の盛事なり」にもとづく。収録作品の年代は、707年(慶雲4)から827年に及ぶ。先行する二つの勅撰集と異なり、詩のほか賦・序・対策を収め、奈良時代以来の漢詩文の総集ともいえる。部の配列は、序に「人は爵をもって分かち、文は類をもって聚む」とみえ、内容と作者の地位にもとづく。嵯峨天皇・石上宅嗣・淡海三船・滋野貞主・空海らの作品を収録。「群書類従」所収。

けいこくびだん [経国美談] 矢野竜渓の長編政治小説。正確には「(斉武名士)経国美談」。前編を1883年(明治16)、後編を翌年報知新聞社から刊行。紀元前4世紀のギリシアのテーベが舞台。前編は巴比庇(ペロピダス)や威能(イパミノンダス)などの名士たちが、党覚によるクーデタとその後の専制体制を倒し民主政治を回復するまでを、後編はテーベ軍が40万のスパルタ軍勢を破ってギリシア全体を解放する物語。民主政治回復と国権伸長を掲げる改進党系の代表的作品。

けいこだん [稽古談] 江戸時代の代表的経世論書。5巻。海保青陵著。1813年(文化10)成立。海保青陵経済談」の代表的著作。支配階級である武士が利をすてることの愚を説き、「君臣ハ市道ナリ(中略)ウリカイ也」と君臣関係も商品交換の論理で説明され、その原理的意義を「売買ハ天理也」と端的に宣言。さらに当時の商品経済の発展をふまえた興利の具体策がのべられ、それを実行する際の民衆への対処策などの留意点を指摘する。その主張は商品経済の発展を考えた藩レベルの合理的なものといえるが、他の経世論者と同様、実施主体についての認識は希薄で、民衆を上からの操作の対象とする愚民観に規定されている。「日本思想大系」所収。

けいこどう [稽古堂] 陸奥国会津藩の初期の学問所。1664年(寛文4)藩主保科正之のとき、城下桂林寺町にあった岡田如黙の私塾を学問所に指定し、稽古堂と称した。85年(貞享2)から岡田定好を堂主とし、88年(元禄元)、すでに1678年(延宝6)に本一之丁に設置されていた講所と合併して学科を定め、町講所(1689年甲賀町東口に設置)も併せた。その後数度の改革拡張をへて、1799年(寛政11)日新館となった。

けいざいあんていきゅうげんそく [経済安定九原則] 第2次大戦後の日本経済の早急な復興と自立・安定をはかるため、GHQが日本政府に指令した経済政策。1948年(昭和23)12月18日、GHQがアメリカの国務・陸軍両省の共同声明で、マッカーサーに対し自立復興の9原則実施を指令したと発表、翌日マッカーサーが吉田茂首相に書簡を送付するかたちで指令された。9原則とは、(1)総合予算の均衡、(2)徴税計画の強化と脱税の防止、(3)金融機関貸出しの制限、(4)賃金安定化の計画立案、(5)物価統制の強化、(6)貿易統制政策の改善と為替管理の強化、(7)資材割当て配給制度の改善、(8)国産の重要原材料・工業製品の増産、(9)食糧供出制度の強化

である。この政策が目標としたインフレの収束と単一為替レートの設定は、翌年2月のドッジ・ラインにより具体化された。

けいざいあんていほんぶ [経済安定本部] 第2次大戦後に設置された経済政策に関する企画調整官庁。1946年(昭和21)8月12日発足。総裁には内閣総理大臣が、総務長官には国務大臣があたった。戦後経済の復興と安定のため、GHQの強い要請もあり設置された。経済施策の企画立案、各庁事務の総合調整、統制の推進を所管し、傾斜生産方式による再建策の立案、主要物価の設定などにあたった。政府の公式計画にはならなかったが、経済復興計画も立案。47年には国民に理解を求める「経済実相報告書」を発表、経済白書の出発点となった。施策は経済統制的要素が強く、経済復興にともなう統制の撤廃もあり、49年6月他の官庁並みとなる機構上の改革が進んで漸次縮小、52年8月経済審議庁に改組された。

けいざいきかくちょう [経済企画庁] 経済政策に関する企画調整官庁。1955年(昭和30)7月20日設置。総理府の外局。長官には国務大臣をあてる。1954年成立の鳩山内閣が総合的経済政策を指向し、経済審議庁に計画推進権限を加えて経済企画庁に改組した。長期経済計画の策定推進、経済政策の立案調整、経済の調査分析などを任務とする。55年末に立案した経済自立5カ年計画が最初の閣議決定計画となった。その後、国民所得倍増計画や全国総合開発計画などを策定している。2001年(平成13)1月、総理府・沖縄開発庁と統合して内閣府となる。

けいざいきょうりょくかいはつきこう [経済協力開発機構] ⇒OECD_{オーイーシーディー}

けいざいさんぎょうしょう [経済産業省] ⇒通商産業省_{つうしょうさんぎょうしょう}

けいざいはくしょ [経済白書] 経済企画庁が経済の現状と政策指針を国民に公表する年次経済報告書。イギリス政府機関の公表する現状報告書が白書紙であったことからうまれた名称。1947年(昭和22)片山内閣時に当時の経済安定本部から第1回白書が「経済実相報告書」として発表されて以来、毎年7～8月頃に前年の景気と政策の実情を分析し報告している。経済の危機的状況を平明率直に分析し国民に打開への協力を訴えた第1回白書、「もはや戦後ではない」と戦後復興の終了を宣言した昭和31年白書、「二重構造問題」をとりあげた昭和32年白書、高度成長期の投資ブームを「投資が投資を呼ぶ」と特徴づけた昭和36年白書などが有名。

けいざいようろく [経済要録] 江戸後期の代表的経世論書。佐藤信淵の著。全15巻。1827年(文政10)成立。自序によれば大著「経済録」(現存しない)の要領の抜粋といい、総論・創業編・開物編・富国編からなる。幕藩制の危機の原因を生産力の低さと商業資本の寄生的性格に求め、その克服のため統一権力の上からの改革により、生産技術の振興、生産物の国家専売などを行い、人民を救済し富国の実現を説く。「世界を一新する大業」をめざすべきともいった。創業から殖物、富国、垂統へというみずからの経世論・経済思想を体系的にのべており、その経世論・経済思想を知るうえで必須の著作。「岩波文庫」「日本経済大典」所収。

けいざいろく [経済録] 徂徠学の政治経済論の面をとくに継承した太宰春台_{だざいしゅんだい}の代表作。10巻。1729年(享保14)序。「経済」は経世済民の意。総論で時・理・勢・情の四つを知る必要と為政者の決断・実行力を強調。以下礼楽、官職、天文律暦、食貨、章服、祭祀、学政、法令刑罰などの項目別で、先王の道を基準として幕藩制社会の実状を点検。専門官僚制や能力主義の導入、義倉_{ぎそう}や平準法の実施、武士土着と連帯責任制の適用、留守居役の廃止など幕藩制の欠陥に対する改善策を示す。他方で今日のような衰世には、老子の無為の道が有効ともいう。米価変動の記録なども含む。「経済録拾遺」では生産物の藩専売制の提案など、のちの海保青陵_{かいほせいりょう}に先がけた着想がある。「日本経済大典」所収。

けいさつかんしょくむしっこうほう [警察官職務執行法] 行政執行法にかわって警察官の職務権限を定めた法律。1948年(昭和23)7月公布。質問・保護・避難措置、犯罪予防のための警告・制止、武器の使用などを規定。58年岸内閣は改正案を国会に提出し、従来逮捕後とされた職務質問・所持品調べを犯罪を犯す疑いのある者にもできるとするなど権限の拡大をはかったが、社会党や諸団体の反対により審議未了となった。

けいさつせいど [警察制度] 廃藩置県以前の警察業務は、中央では軍務官(のち兵部省)・刑法官(のち刑部省)・弾正台の3機構が担当したが、明確な分掌体制を欠いた。地方では各藩が独自に、旧幕府直轄領は藩兵(のち府県兵)が行った。廃藩置県後、1872年(明治5)司法省内に警保寮をおき、全国の警察業務を統轄。同寮は74年内務省に移管され、以後同省が警察業務の統轄官庁となった。地方では神奈川・東京をはじめとして邏卒_{らそつ}が組織され、管轄機関として県治条例により聴訟_{ちょうしょう}課が設置された。邏卒は75年巡査と改称、聴訟課は第4課・警本署と改称され、90年警察部となった。1877年の警察署・同分署の体制は1926年(昭和元)警察署に一本化された。法令面では1874年司法警察規則、翌年行政警察規則が公布され、両者の区分が明確となった。明治前期の警察制度整備に

は川路利良らの尽力が大きく，フランスやドイツの影響がみられる．第2次大戦後の1947年警察法の公布にともない，自治体警察・国家地方警察の2本立てとなったが，54年都道府県警察に一本化された．

けいさつちょう［警察庁］ 1954年(昭和29)6月公布の新警察法により発足した中央官庁．内閣総理大臣所轄の国家公安委員会が長官の任免権を握り，その下で全国にわたる警察行政を調整するとともに，国の公安に関する警察運営の指揮監督を行う．全国を7管区にわけ，警察局をおく．付属機関として警察大学校・科学警察研究所・皇宮警察本部などがある．

けいさつほう［警察法］ 第2次大戦後の警察制度の基本法．1947年(昭和22)12月公布．警察の地方分権化がはかられ，市および人口5000人以上の町村における自治体警察と，それ以外の地域における国家地方警察の2本立てを定めた．しかし市町村財政の圧迫，警察行政の非能率化を招いたため，51年住民投票による自治体警察の廃止規定を追加．54年に全面改正され，都道府県警察に一本化するとともに，国家公安委員会・警察庁を頂点とする能率的な体制を定めた．

けいさつよびたい［警察予備隊］ 第2次大戦後に日本が保有した最初の防衛力．1950年(昭和25)朝鮮戦争勃発と在日米軍の朝鮮半島への出動によって生じた軍事力の空白を埋めるため，7月8日マッカーサーは7万5000人の警察予備隊の創設と，海上保安庁定員8000人の増加を指示した．政府は8月10日警察予備隊令を公布，警察力を補い治安維持をおもな任務とする警察予備隊を新設した．隊員は米軍顧問による訓練を受け，装備はすべて米軍のものであった．本部の下に総隊総監部，その下に4管区隊がおかれ，各管区隊には普通科連隊・特科連隊などの部隊が配置された．51年からは旧軍将校の追放を解除，入隊させて幹部の充実を図り，52年には11万人への増員が決定，同年10月保安隊に改編された．

けいざんじょうきん［瑩山紹瑾］ 1268.10.8～1325.8.15 鎌倉後期の曹洞宗の僧．能登国總持寺開祖．13歳で永平寺の懐奘に従い出家．懐奘死後，加賀国大乗寺の徹通義介について修行．その間，東福寺の慧暁，紀伊国興国寺の覚心らから臨済禅を学んだ．大乗寺，加賀国浄住寺，能登国永光寺などをへて1321年(元亨元)總持寺を開いた．門下に峨山韶碩・明峰素哲がでて，瑩山派として教団の全国的広がりの基礎を築いた．

けいし［家司］ 古代，貴族の家政機関の総称．律令制では有品親王・職事三位以上に家令と総称される家政職員が公設されたが，8世紀頃から四位・五位の貴族の家まで含めて令外ないし私設の家政職員が広がり，平安時代以降はこれらの全体を家司と称した．家司の構成は主家の位方にあたりたり，受領など実務官人としての本官をもつ別当以下，令・知家事・案主などや執事・年預などの職員・職種，政所・侍所・随身所・進物所・御厩や・文殿などの組織がおかれた．

けいじそしょうほう［刑事訴訟法］ 刑法上の刑罰を適用するための手続法．1890年(明治23)治罪法にかえて制定された．1921年(大正10)ドイツ法の影響をうけて全面改正され，被告人の人権保障に関して若干の配慮が加えられるとともに，検事の捜査権限の拡大も追認．48年(昭和23)英米法の影響のもとに現行の刑事訴訟法が成立した．それまでは判事・検事に広範な訴訟運営の権限を認める糾問主義を採用していたのに対し，予審が廃止されるなど被告人の防御権を強調する当事者主義を採用．令状主義や証拠法の厳格化，黙秘権の尊重などの原則がたてられた．

けいしちょう［警視庁］ 1874年(明治7)1月首都東京に設置された警察機構．当時の名称は東京警視庁．川路利良の建議にもとづき，パリ警視庁をモデルに発足．警察事務に加えて消防隊・監獄をも管轄した．東京府庁に属さず内務省直属となり，国際警察に関する事項では太政大臣の指令をうける規定となった．76年10月廃止となり，事務は内務省警視局に吸収され，その執行は東京警視本署があたった．81年1月復置．以後長官名を警視総監と改め，前長官の大警視樺山資紀が引き続き就任．明治期の総監には鹿児島県出身者が多い．内閣総理大臣に政治情報を直接報告する機会も多かった．1947年(昭和22)12月内務省の廃止にともない東京都に編入された．

けいしゃせいさんほうしき［傾斜生産方式］ 第1次吉田内閣期に，GHQの戦時補償打切りで大打撃をうけた日本経済を復興させるため，石炭・鉄鋼両産業に重点的に資金・資材を投入するよう策定された産業政策．1946年(昭和21)12月第1次吉田内閣が決定，片山・芦田両内閣が引き継いで，48年まで実施．石橋湛山蔵相や，有沢広巳を委員長とする石炭小委員会の手で構想がまとめられた．鉄鋼・石炭増産をバネに年間3000万トンの出炭を計画，片山内閣のもとで達成された．具体的な推進手段は，物資の割当制と復興金融金庫融資および価格差補給金であった．この結果48年には日本経済は拡大基調を回復した．

げいじゅつざ［芸術座］ 大正期の劇団．1913年(大正2)島村抱月が松井須磨子を中心俳優として結成．興行不振を続けたが，第3回公演

「復活」が大当りし,劇中歌「カチューシャの唄」の流行で全国巡演に成功。「アンナ・カレーニナ」「闇の力」のほか,中村吉蔵作「剃刀」も成功した。18年の抱月の死,19年の須磨子の自殺後,消滅。24年に水谷八重子が第2次芸術座を組織し,公演を重ねたが自然解消。現在東京日比谷にある同名の劇場は57年(昭和32)開場で,まったく無関係。

けいじょう [京城] ⇨ ソウル

けいしょういん [桂昌院] 1627~1705.6.22
3代将軍徳川家光の側室。5代将軍綱吉の生母。二条家家司本庄宗利の養女。実父は京都堀川通西薮屋町の八百屋仁左衛門,諱は宗子。本野・お玉の方と称す。家光の側室お万の方の縁故で大奥へ出仕,1646年(正保3)綱吉を生む。51年(慶安4)家光没後落飾して桂昌院と称した。綱吉の将軍就任にともない江戸城三の丸に入る。1702年(元禄15)従一位。仏教に帰依して僧亮賢・隆光を尊崇,江戸に護国寺を建立。幕政への影響力も多大であった。

けいしょうはにわ [形象埴輪] ⇨ 埴輪

けいしんとうのらん [敬神党の乱] ⇨ 神風連の乱

けいすうかへい [計数貨幣] 個数や額面によって通用し,多寡を計算できる貨幣。種類ごとに素材の品位や重量・形状は一定である。江戸時代の金貨は両・分・朱を単位とする計数貨幣,銀貨は重量で通用する秤量貨幣だったが,1765年(明和2)発行の5匁銀(明和五匁銀)は最初の計数銀貨であった。のち2朱銀(南鐐二朱銀)など金貨の単位をもつ計数銀貨が多数鋳造された。

けいせいひさく [経世秘策]「国家豊饒策」とも。江戸後期の代表的経世論書。2巻・補遺・後編。本多利明著。1798年(寛政10)成立。のちに2巻のみ刊行。経世秘策とは国を経営し富国とすべき秘訣となる政策の意。ここでの国は藩ではなく日本をさす。みずから見聞した1783年(天明3)の飢饉からの鋭い危機意識を背景に,従来の儒教的経世論とは異なり,西洋の知識に裏づけられた富国策を示した。具体策として,開発用の爆薬の製造,鉱山開発,海外貿易のための船舶の建造,蝦夷地を主とする日本近辺の諸島の開発の4大急務を詳述,小急務として河川の開発を論じる。「日本思想大系」「日本経済大典」所収。

けいたいてんのう [継体天皇] 記紀系譜上の第26代天皇。6世紀初頭の在位という。男大迹天皇・彦太尊と称する。「古事記」「日本書紀」は応神天皇5世孫と伝え,父を彦主人王,母を垂仁天皇7世孫の振媛とする。近江国高島郡に生まれ,父の死後は,母の故郷である三国(現,福井県三国町)で育ったが,武烈天皇の死後,後継者として擁立され即位したと伝える。在任中,朝鮮半島南西部のいわゆる任那4県についての百済の支配を承認する問題が生じ,また筑紫では新羅と結んで大和政権に反抗した磐井の反乱がおこった。死亡年に異説があることから,天皇の死後,安閑・宣化両天皇と欽明天皇との異母兄弟間に対立があり,2王朝の並立または内乱の可能性を主張する説もある。

けいちゅう [契沖] 1640~1701.2.25 江戸前期の和学者。俗姓は下川,字は空心。祖父下川元宜は加藤清正の家臣だったが,父元全は牢人となる。幼くして大坂今里の妙法寺の丰定に学んだのち,高野山で阿闍梨の位を得る。ついで大坂生玉の曼陀羅院の住持となり,その間,下河辺長流と交流するが,俗務を嫌い畿内を遍歴して高野山に戻る。その後,和泉国池田万町の伏屋重賢のもとで,日本の古典を渉猟。妙法寺住持分をへて,晩年は摂津国高津の円珠庵で過ごした。著書は,徳川光圀の委嘱をうけた「万葉代匠記」をはじめ,「厚顔抄」「古今余材抄」「勢語臆断」「源註拾遺」「百人一首改観抄」「和字正濫鈔」など数多く,その学績は古典研究史上,時代を画するものであった。

けいちょう [計帳] 律令制下,調庸などを賦課するための台帳として毎年作成された帳簿。6月末以前に戸ごとに姓名と年齢を記した手実が徴収され,整理・浄書が行われて計帳歴名が作成される。これをもとに国ごとの戸口や課口・不課口の合計数などを記した大計帳が国司によって作られ,8月末以前に太政官に提出されて民部省に下された。日本では手実・計帳歴名・大計帳を計帳と総称する。一般庶民についての計帳以外にも,諸王や品部・隼人,俘囚などの計帳があった。717年(養老元)大計帳式が諸国に下されて,「延喜式」大帳としてみえる書式が定まった。一方,計帳歴名は「延喜式」に計帳とあるが,その京進については諸説がある。

けいちょうきんぎん [慶長金銀] 1600年(慶長5)以降,江戸幕府が発行した最初の金銀貨。小判・一分金は同年中から金銀改役後藤庄三郎光次のもと,江戸の金座を中心に京都・佐渡などでも鋳造され,丁銀・豆板銀は翌年から伏見の銀座で鋳造が開始されたが,京都大判座における大判の製作開始年代は不明。大判は明暦の江戸大火後に江戸で再鋳され,これを通ण暦判とよぶ。09年には金1両=銀50匁=永楽銭1貫文=鐚銭4貫文と公定され,慶長金銀は全国的な統一貨幣として定置された。95年(元禄8)に元禄金銀が発行されるまで長期間流通したが,金貨は疵などのため額面どおりに通

用しない事態もおこった。

けいちょうけんおうしせつ［慶長遣欧使節］
1613年(慶長18)伊達政宗が家臣支倉常長を正使として派遣した遣欧使節。目的はノビスパン(メキシコ)との貿易を開くことであった。この派の派遣はイエズス会に対抗して東北地方に司教区を設置することを企図していたフランシスコ会士ルイス・ソテロの斡旋による。帆船の建造にあたったのが、1611年ノビスパンから徳川家康のもとに派遣されたビスカイノ配下の船匠と幕府の船大工だったことながらが、幕府の関与も認められた。支倉は現地で洗礼をうけることも奔走したが、貿易の開始も宣教師派遣も実現せず、幕府による禁教令の発令もあって、失意のうちに20年(元和6)帰国した。

けいちょうじょうやく［慶長条約］ ⇨己酉約条きゆうじょう

けいちょうちょくはん［慶長勅版］ 後陽成ごよぜい天皇の企画に始まる古活字版。1597年(慶長2)の「勧学文」「錦繡段きんしゅうだん」、99年の「日本書紀神代巻」「古文孝経」「大学」「中庸」「論語」「孟子」「職原抄」、1603年の「白氏五妃曲」に及んだ。いずれも木製活字を使用。同じ活字を用いた「長恨歌・琵琶行」「陰虚本病」や伝存未詳の「中臣祓なかとみのはらえ」も、同期の勅版に含める説がある。同天皇には金属活字による「古文孝経」の出版が1593年(文禄2)にあり、これは文禄勅版という。

けいちょうのえき［慶長の役］ 1597年(慶長2)2月～98年11月の豊臣秀吉の第2次朝鮮侵略。朝鮮側では丁酉ていゆうの倭乱とよぶ。秀吉は日明講和交渉で、明皇帝の皇女を日本の天皇の后にすること、日明間の勘合を復活し官船・商船を往来させること、朝鮮南4道の日本割譲など和議条件7カ条を提示したがいれられず、明皇帝からは「妓爾を封じて日本国王と為す」との誥命こうめいのみで、講和交渉は破綻。秀吉は朝鮮南4道を実力で奪うため、97年朝鮮に約14万を再派兵。7月、日本軍は慶尚道巨済島で元均げんきんの率いる朝鮮水軍を破り、8月全羅道南原城を陥れた。これに対し明・朝鮮側も反撃の態勢を固め、12月蔚山うるさん新城の包囲(蔚山の戦)、翌98年10月泗川しせん新城の攻撃を行った。結局同年8月の秀吉の死を機に日本軍は10月から朝鮮撤退を始めるが、この侵略で朝鮮抗日組織指導者の惨殺、朝鮮民衆の鼻切りなどの残虐行為のほか、農民・陶工・朱子学者など朝鮮人捕虜の日本強制連行を行った。

けいは［慶派］ 平安末期以降の仏師の一派。奈良仏師の傍系の康慶にはじまる。この系統の仏師の名には慶の字のつくことが多いのでこうよばれる。平安末～鎌倉初期に、一門からは康慶の子運慶、康慶の弟子の快慶・定覚じょうかく・定

慶などの名手が輩出。たくましい造形を示す鎌倉新様式を打ち出して造仏界の主流となった。その後、湛慶たんけいなど運慶の6人の子や快慶の弟子の行快ぎょうかい、栄快、さらに康円などが活躍。14世紀に入ると、康俊こうしゅんや康誉こうよが活動する。この派の仏師は、奈良の興福寺大仏師職、京都の東寺大仏師職を継承し、京都に七条仏所を構え、近世まで造仏界に重要な位置を占めた。

けいほう［刑法］ 犯罪の種類と刑罰を定めた法律。1880年(明治13)公布の「旧刑法」と1907年に改正された「現行刑法」に区別される。1875年からボアソナードに起草がゆだねられた旧刑法は、第2・3条で罪刑法定主義・刑罰不遡及原則といった近代刑罰思想の重要原理を採用した。一方、改正された現行刑法は新派刑法理論の影響をうけ刑事政策を重視し、判事・検事の裁量による刑の執行猶予・仮出獄・起訴猶予の範囲を大幅に認めた。1947年(昭和22)の改正で皇室に関する罪などが削除された。現行刑法の全面改正計画は74年に改正草案の作成にいたったが、保安処分導入問題をめぐり実現困難の状態にある。95年(平成7)刑法の現代用語化が実現。

けいほうかん［刑法官］ 明治初期の司法権を担当した政府機関。1868年(明治元)閏4月の政体書発布にともない設置された。同年10月の東京移転までに捕亡ほぼう・鞠獄きくごく・監察の3司を備えたが、民事裁判は民部省が管轄したまで、刑事裁判については各府藩県の裁判所に対し刑の適用の大枠を示す程度の機能をはたすにすぎなかった。翌69年5月には監察司が独立して弾正台となり、7月刑法官は司法省の前身にあたる刑部ぎょうぶ省へと改組された。

けいほうどくほん［刑法読本］ 刑法学者滝川幸辰ゆきとき の著書。1932年(昭和7)1～3月に大阪放送局から公民講座として放送した内容をまとめたもの。大畑書店刊。客観主義的法解釈の立場から姦通罪・内乱罪・尊属殺人などに触れた部分が問題とされ、鳩山一郎文相は滝川の京大教授辞職を要求、いわゆる滝川事件となった。33年9月に発禁となる。

げいん［外印］ 律令制下の印。天皇御璽ぎょじを内印ないんというのに対して、太政官印を外印とよんだ。印面は2寸半四方で、六位以下の位記と太政官の案文に捺される規定であった。内印よりも捺印手続きが簡単であったため、720年(養老4)以降は諸国に下す符のうち、小事については外印が捺されるようになった。内印と外印の使いわけについては「延喜式」に規定がある。

ケーエスこう［KS鋼］ 強力磁石鋼の一種。1917年(大正6)本多光太郎が発明した磁石鋼。従

来の永久磁石鋼に比べて保磁力・優良度ともに3倍以上で、おもに計器類に使われた。研究費を援助した住友吉左衛門の頭文字からKS鋼と命名された。

けがい [化外] 律令制の王化に浴していない人々のこと。またそれらの人々の住む地域。中国的律令法の導入にともなう中華思想により、天皇を中心とした朝廷の側から使われた語。

げかん [外官] 在京諸司の京官に対して、大宰府と諸国の国司・郡司・軍団をいう。奈良時代に一時期おかれた和泉監・芳野監も外官に含まれ、大宝令ではこの在外監司を条文中に想定していた。京官には詔が太政官符をそえて発給されるのに対し、外官には弁官・八省を通じた騰詔符が発給されるなど、政府の統制方法も京官と外官とでは異なっていた。

げき [外記] 少納言のもとで太政官文書記局として、詔書・論奏・奏事や太政官符の作成を担当する令制官司。大外記2人・少外記2人。815年(弘仁6)からは内乗の記録も内記とともに担当。正七位上・従七位上だった官位相当も、783年(延暦2)に職務繁多を理由に大・少内記と同じ正六位上・正七位上に昇格。さらに五位にのぼる大外記も現れて、大夫外記とよばれた。のちに外記の上首は清原氏・中原氏の世襲となり、局務と称された。

げきせい [外記政] 公卿が聴政・与奪(処理)する「政」の一形式。朝堂儀の尋常政が内裏に最も近い外記庁に展開したもので、公卿の内裏伺候化にともない9世紀半ばには成立。式日は官政の4・7・10月の1日を除く毎月1・4・16日であるが、休日と廃務日を除いて毎日行うべきものとされていた。式次第は官政と同様、結政所での結政をへて公卿・上官などが庁座に着座し、弁・史が諸司の申文を読みあげ、上卿が決裁した(庁申文の儀)。次に請印の儀、侍所での南所申文、食事の儀があり、参内、着陣と続く。

げきょう [外京] 平城京の京域のうち、東側に張りだした部分。正倉院文書などには平城京の2条から5条に限って5・6・7坊の名称がみえ、範囲は計12坊に及ぶ。興福寺・元興寺・紀寺などの有力寺院が集中し、すぐ東側には東大寺が隣接するなど、官人の居住地が大半を占める京内にあって独特の景観を形成した。中国の都城や平安京など他の日本の都城にも類例がない。

げぎょう [下行] 中世、上位者が下位者に米・銭などを下し与えること、またいったん収納したものを必要に応じ配分し下し与えること。荘園領主が百姓に井料を下行する、寺社において仏事・神事の用途を下行する、などのように用いられた。

げくう [外宮] ⇨伊勢神宮

げこ [下戸]「魏志」東夷伝にみえる被支配民。倭人条(「魏志倭人伝」)のほか、高句麗・夫余・濊・韓などの条にもみえ、各地の固有の名称というより中国人による一般庶民の呼称と考えられる。倭人条には「大人は皆四・五婦、下戸も或は二・三婦」とか、「下戸、大人と道路に相逢えば、逡巡して草に入り、辞を伝え事を説くには、或は蹲り、或は跪き、両手は地に拠り、之が恭敬を為す」など大人と下戸の支配・服従関係が記される。

げこく [下国] 律令制で国司の定員数などのために設けられた国の大・上・中・下の4等級のうちの最下級のもの。職員令の規定では守1人・目1人・史生3人がおかれた。「延喜式」では7カ国と壱岐島・対馬島が指定されている。

げこく [外国] 畿外諸国のこと。律令規定では畿内と畿外の間に多くの制度上の相違が設けられている。調菜の負担が異なったり、位階のうえでも外国の人には外位が授けられたことなど、一般的には畿内地域が優遇された。

げこくじょう [下剋上]「下、上に剋つ」と読み、下位の者が上位の者に実力でうち勝ち、その地位にとってかわる意。出典は陰陽寮で必読書とされた「五行大義」といわれる。鎌倉時代から「源平盛衰記」などにみられるようになり、「二条河原落書」には、建武政権に登用された成り上りの地方武士を罵る言葉として使われた。以後大名の命を拒否する国人一揆、荘園領主に要求をつきつける荘家の一揆、自治を行う国一揆、侍身分を獲得して成り上る凡下の者などの形容に使われ、中世後期に一貫してみられる社会構造の変革の風潮を表す言葉として用いられた。

けごんしゅう [華厳宗] 南都六宗の一つ。「華厳経」を所依の経典とする宗派。中国では東晋以後「華厳経」が漢訳され、唐代に法蔵が宗義を大成した。朝鮮半島では新羅の義湘・元暁らがこれを広め、日本へは8世紀前半までに経典や章疏が伝えられた。740年(天平12)からは審祥・慈訓・鏡忍らにより「華厳経」の講義が行われ、東大寺には華厳教主としての毘盧遮那の大仏が造立され、10世紀半ばには光智創建の尊勝院が教学の本拠地となった。鎌倉時代には宗性やその弟子凝然がでて華厳教学の復興をもたらした。1872年(明治5)浄土宗に属したが、86年東大寺を本山とする華厳宗として独立した。

けさい [袈裟衣] 横幅衣とも。弥生時代の男子の服装。「魏志倭人伝」にも「其の衣は横幅にして、ただ結束して相い連ね、ほぼ縫うことなし」とあるように、布を裁縫することなく体に

巻きつけ，結びとめるという。僧侶の袈裟に類似していることにより命名されたもので，実際に当時袈裟衣と呼ばれていたわけではない。

げさくしき [下作職] 中世後期の農民の土地所有権を示す職の一つ。従来は，職の分化によって生じた末端の実質的耕作権とする見解が一般的だったが，必ずしも作職の下に位置するとはかぎらず，作職と同義に用いられることもある。また耕作の事実を表しているともかぎらず，当作人の請作をともなう場合もある。

げさくぶんがく [戯作文学] 江戸を中心とした近世後半期に制作された遊戯的散文作品の総称。談義本・洒落本・黄表紙・合巻・滑稽本・人情本などを含む。狂歌や狂詩など韻文系統には用いない。享保期頃から知識人たちが趣味的な立場を堅持しつつ俗文芸にかかわる風潮がうまれ，彼らはみずからの作，および所行に「戯」の字を冠することによって，それが非本来的なものであるという意識を表現した。これらは世間にうけいれられ，出版書肆の経営を支える有力な出版物となるが，寛政の改革の影響による武士作家の退陣で，担い手は町人や下級武士へと変わり，書肆主導の生産体制が強まる。以後，より通俗的な作品が幕末期まで刊行された。

げし [下司]「げす」とも。荘園の現地で荘務を執行する荘官。下司に対する上司は，荘園領主から派遣される預所などであった。本来は，現地での荘務にあたる荘官の長であり，荘司と同意だったが，平安後期以降の荘園では，公文や田所などと並び，給田や給名を支給される荘官の一つとなる。世襲化して，鎌倉幕府成立以後には地頭や御家人になる者もいた。

げしみょう [下司名] 荘園で，下司に与えられた名。雑役免で，公事を免除されていた。百姓名より大規模なのがふつうだが，その面積や得分は荘園によって異なった。

けた [桁] 建物の柱より上方にあり，垂木などを支える横木。位置により軒桁・敷桁・母屋桁・指桁などという。寺社建築では軒桁のことをとくに桁という。

げだい [外題] 古代〜中世，役所や上級者に文書(解状・譲状・軍忠状・着到状など)で上申した際，その文書の袖・奥あるいは裏に，内容を承認した旨の文言と責任者の署判が記されることがあった。この上申文書の余白に記されたものが外題で，免判・証判ともいった。

げだいあんど [外題安堵] 安堵の形式の一つ。安堵にはふつう安堵状が作成されるが，場合によって安堵者の提出した文書(申状・譲状・和与状など)の袖・奥あるいは裏に，安堵するとの文言を記して署判を加え，被安堵者に交付することがあった。これを外題安堵という。鎌倉幕府は1303年(嘉元元)以降，譲与安堵についてはすべてこの方式で行った。南北朝期には，足利尊氏や同直冬が本領安堵について行った。

げだつ [解脱] ⇨ 貞慶

げち [下知] 上級者から指令・命令を下達すること。奈良時代から使用され，とくに中世の武家文書で，下知状・下知違背の咎などの法制用語として多用された。

げちじょう [下知状] 中世の武家文書のうち「下知如件」という書留文言をもつ様式のもの。弁官下文の形式を受け継ぎ，おもに裁許を指令する際に用いた。鎌倉幕府が出したものを関東下知状といい，将軍が象徴的な存在になって以後多用された。六波羅・鎮西両探題も下知状を用いた。室町幕府では，足利直義・同義詮・同義満が用いたが，しだいに御判御教書に移行。将軍幼少などの場合には執事・管領が出した。

けっかい [結界] 一定の区域を限って障害を避け，修行のため境とすること，またその区域。律宗では，受戒や懺悔・自己反省の布薩などを行うために他の人を入れない摂僧界，比丘尼が三衣(儀式・礼拝・作業の3種の僧衣)を離れて宿さないように一定の地域を区切って護持する摂衣界，乞食を原則としみずからの調理を制限する比丘が病気などのために調理を許される摂食界がある。密教では，ある区域を設定し，印や真言で魔障のない宗教的空間とする。修験道では，道場となる山などを竹やしめ縄で区切る。空海は高野山の7里四方を結界したが，これは大結界である国土結界に属し，このほか中結界の道場結界，小結界の壇上結界がある。

けつじ [闕字] 文書の本文で，敬意を表すべき言葉の上を，1字ないし2字分空白にすること。律令の公式令には，大社・詔書・勅旨・中宮・東宮・皇太子などの言葉に対して用いるよう規定している。この規定はあまり厳密には用いられず，他の言葉にも使用されるようになり，綸旨・院・院宣に対しても用いられた。

けっしょ [闕所] (1)中世では，所領を没収すること。闕所地については，処分をうけた者の同族や旧知行主，あるいはその一族への給与がある程度社会的に認知されていた。(2)近世では，財産没収の刑罰。重罪で処罰された者に付加刑として科され，田畑・家屋敷・家財などが公に没収された。

げっしょう [月照] 1813〜58.11.16 幕末期の尊攘派の僧。大坂の町医玉井鼎斎の長男，のち京都清水寺成就院住職。1854年(安政元)住職を弟信海に譲り尊攘活動に入る。水戸藩の京

都手入れ、密勅降下に関与し梅田雲浜うんぴん・頼三樹三郎みきさぶろうら志士と画策。そのため安政の大獄で身に危険が及び、近衛忠熙ただひろのすすめで西郷隆盛と京都を脱出した。九州へ渡り鹿児島城下に入るが滞在を許されず、西郷とともに錦江きんこう湾で入水自殺した。西郷は助けられ蘇生した。

けっせいいっき [血税一揆] 徴兵令反対一揆とも。1873年(明治6)1月の徴兵令布告以降、徴兵反対を掲げて発生した一揆。主として西日本各地に発生した。73年3月の三重県牟婁むろ郡神内こうのうち村一揆から74年12月の高知県幡多はた郡蜂起に至る19件が確認されている。73年の北条県(現、岡山県)、鳥取県会見あいみ郡、名東みょうどう県(現、香川県)などの一揆は、数万人が参加する大規模なものであった。攻撃対象になった県官は、原因を徴兵告諭中の「血税」文言を誤解した民衆が「血取」の流言・風評におびえたことに求めたが、実際はあいつぐ文明開化諸政策に対する民衆の拒否行動であった。県庁攻撃や区・戸長層への徹底的な破壊などを特徴とし、徴兵反対を掲げていない他の一揆と同様、新政反対一揆であった。

げっそう [月奏] 毎月、前月の出勤日数(上日)を天皇に奏上する行事。参議以上・少納言・外記・弁・史の上日と、左近陣から提出される出居でい・侍従・内記の上日は内侍所ないしどころが奏聞し、殿上・蔵人所くろうどどころ・所々・諸都の上日は蔵人が奏聞した。参議以上の上日を奏上するようになるのは、809年(大同4)以降のことで、『西宮記』の記載によると月奏の制度は10世紀には成立していた。『朝野群載』巻5に文書の実例がみえる。

けつめいだんじけん [血盟団事件] 1932年(昭和7)井上日召にっしょうを中心とした血盟団(名称は事件後の名)による要人暗殺事件。日蓮宗に帰依し茨城県大洗の立正護国堂にいた井上は国家革新運動に傾倒し、彼に私淑する青年たちと革命の捨石となって現体制を破壊するため、一人一殺の要人暗殺を計画。1930年井上らは上京して権藤成卿の協力を得、藤井斉ひとし系の海軍青年将校と連絡をとり、合法手段による国家改造を計画した。海軍側の有力者(藤井斉や三上卓ら)が上海に出征したため(第1次上海事変)、井上らが単独で暗殺計画を実行した。32年2月小沼正が前蔵相井上準之助を、3月菱沼五郎が三井合名会社理事長団琢磨だんたくまを暗殺した。同年5月には海軍青年将校らが5・15事件をひきおこした。

けにん [家人] ❶「やけひと・やかひと」とも。律令制下の私賤の一種。中国唐代の私賤の部曲ぶきょくや客女に相当する身分とされ、相続の対象とはされたが売買は禁じられ、その使役にも制限があった。家人同士の結婚以外は認められず、良民の3分の1の口分田くぶんでんを班給された。
❷従者をさす語。平安時代以降、社会的に主従制が発達するにともない、貴族や武士を主人として仕える従者の意として用いられた。従者のなかでも家人は、主人の一族として遇された家子いえのことは区別され、比較的隷属度のゆるやかな家礼けらい(家来)とも異なるとされる。鎌倉幕府の将軍の家人はとくに御家人と称され、幕府の支配基盤となった。

げにん [下人] 中世には隷属民の身分呼称で、所従と同様に世襲的に人身隷属支配をうけた。名主・百姓と下人・所従が、中世の2大被支配身分である。古代の下人は奴婢に限らず下層の被支配者を広く概括した呼称なのに対して、中世の下人は百姓などから転落して主人の支配下で使役される身分である。財産同様に売買・譲与され、主人を訴える主従対論も禁じられた。中世を通じて主人から離脱する動きがみられたが、新たに下人になる者もたえなかった。その契機には、みずからに保護を求めた場合、職禄のため従属契約書である曳文ひきぶみをだした場合、債務で身代となった場合、人身売買された場合などがある。近世には名子なご同様の隷属農民、または奉公人一般をさす呼称になった。

けののくに [毛野国] 「けぬのくに」とも。古代の地域名。現在の群馬県全域と栃木県南部。『古事記』『日本書紀』にはみえないが、『先代旧事本紀』国造本紀は仁徳朝に毛野国が分割され、上毛野かみつけの国・下毛野国が成立したとする。多数の古墳が分布し、とくに太田市の太田天神山古墳は東日本最大の前方後円墳で、この地域に一大勢力が存したことをうかがわせる。両国の国造となった上毛野氏・下毛野氏は、崇神天皇に国政統治を命じられた豊城入彦命とよきいりひこのみことを始祖とする伝承をもつが、実際には毛野地方は5世紀末~6世紀前半に大和政権の支配下に入ったと考えられる。

けびいし [検非違使] 平安~室町時代に、おもに京中の警察・裁判を担当した職。唐名は廷尉。検非違使は、衛門府の警察権と弾正台の糾弾権を統合する京中警察機関として弘仁年間(810~824)に成立した。10世紀以降、律令裁判制度の形骸化にともなって権限を拡大し、のちに「朝家民庶ヲ鎮キテ以来、獄訟ノ追捕、理非ノ糺弾、刑部ノ判断、京職ノ訴訟、併セテ使庁ニ帰ス」(『職原抄』)と評される強大な権能を獲得するにいたる。その官制は、弘仁年間の創設段階に尉・府生、824年(天長元)に佐、834年(承和元)に別当、858年(天安2)に志が設置されて別当・佐・尉・志・府生の職制が整い、佐以下は衛門府の官人が使宣旨によって任命され

た。下級職員には看督長(かどのおさ)・案主長(あんじゅのおさ)・放免などがいた。

けびいしちょう [検非違使庁] 使庁とも。検非違使の執務場所。元来，衛門府の局または市司(いちのつかさ)において執務が行われていたが，犯人の処断促進のため894年(寛平6)左右衛門府に，さらに947年(天慶元)左右衛門府に検非違使庁を固定して，毎日の政務を行うこととした。通常の政務は佐以下によって行われ，その詳細が別当邸(別当庁)に報告されることになっていた。

けひじんぐう [気比神宮] 気比大神宮・笥飯(けひ)宮とも。福井県敦賀市曙町に鎮座。式内社・越前国一宮。旧官幣大社。祭神は伊奢沙別(いざさわけ)命(気比大神)・仲哀天皇・神功皇后・日本武(やまとたける)尊・応神天皇・武内宿禰(たけのうち)・豊玉姫(とよたまひめ)命。もとは当地に古くから信仰されていた御食津(みけつ)神(食物の神)であるらしい。神功皇后が太子と武内宿禰を遣わして参拝させたと伝えられ，692年(持統6)神戸が増封された。朝廷の崇敬が厚く，893年(寛平5)正一位勲一等。貴族・武家の庇護のもと大いに繁栄した。例祭は9月など。大鳥居は重々。

けぶつ [化仏] 変化(へんげ)仏・応化(おうげ)仏とも。仏が衆生(しゅじょう)救済のため機根(きこん)に応じて姿を変えて現れた状態。仏の三身(法身(ほっしん)・報身(ほうじん)・応身(おうじん))のうちの応身にあたる。造像では，菩薩などの頭部・宝冠などに本地仏の標識としておかれる小仏像などをさす。観音の頭部の阿弥陀仏，千手観音の主要な手にもつ如来像などである。

ケプロン Horace Capron 1804.8.31～85.2.22 明治初期に招聘されたアメリカの農政家。南北戦争に従軍，グラント大統領の下で農務長官在任中，開拓次官黒田清隆の懇請で開拓使顧問となり，1871年(明治4)トーマス・アンティセルら技術者と来日。年俸1万ドル。北海道を72～74年の間毎年踏査し，移民・開拓・産業復興の基本構想を具申した「ホラシ・ケプロン報文」がある。75年5月辞任し，離日帰国。

ケーベル Raphael von Koeber 1848.1.3～1923.6.14 明治期に来日した哲学者・音楽家。ドイツ系ロシア人としてモスクワでピアノを学んだのち，ドイツに留学してショーペンハウエルに関する論文で学位を得た。1893年(明治26)帝国大学で教鞭をとるため来日。1914年(大正3)まで西洋哲学などを講じ安倍能成(よししげ)・宮本和吉らを育てた。東京音楽学校でピアノの指導にもあたった。大正教養主義の形成に寄与し，退職後は横浜に寄寓して同地で死去した。

けほう [家抱] 分付(ぶんつけ)・庭子(にわこ)とも。近世の本百姓に従属した隷民。主家から土地を分与された下人。分与地にかかる年貢・諸役は直納せず，主家から上納され，主家の家来の扱いをう

けた。1872年(明治5)8月の大蔵省布達第118号で禁止されたが，家格意識は長く残存した。

けまり [蹴鞠] 「しゅうきく」とも。古典的な競技の一つ。革製の鞠を一定の高さまで蹴りあげ，地に落とさず蹴り続けてその回数を競った。中国伝来の遊戯であるが，摂関期以後とくに盛んになり，蹴鞠道として完成。正式な競技には懸(かかり)という場を設け，柳・桜・松・楓の4本の木を四方に立て，ふつう8人の競技者(鞠足(まりあし))で行われた。13世紀には難波流・飛鳥井流などの流派が現れ，家業として独占された。これとは別に賀茂の氏人は地下(じげ)鞠を伝承した。

けみどりほう [検見取法] 定免法と並ぶ江戸時代の徴租法の一種で，収穫時に稲の作柄を調べ，その収穫量に応じて年貢の率を決定する方法をいう。幕領ではまず村方で耕地一筆ごとの立毛(たちげ)を見分して内見(ないけん)帳・耕地絵図などを作成し，これらをもとに代官手代が村内の数カ所で坪刈を行って村全体の収穫量を推定する(小検見)。その後代官が直接に坪刈を行って，この結果と照合してその年の貢租量を決定した(大検見)。検見は毛見とも称したように，本来は立毛を見分することを意味したが，検見取法はこのように実際の収穫量から貢租量の決定に至る一連の課税作業を内包した徴租法であった。そのため検見に際しては，稲の豊凶だけでなく，村の自然的・社会的条件をもみることのできる総合的な手腕が求められた。

げゆ [解由] 解由状とも。律令制下，官人の交代に際し，後任者が前任者に交代事務が完了したことを証明するために出す文書。交代に際して官有物の破損や紛失などの怠慢の責任を明確にするための制度で，在京諸司でも行われたが，とくに国司の交代の際に重視された。やがて国司交代に際して解由の発行までの交代事務が停滞して，9世紀初めには勘解由使(かげゆし)をおいて監督するようになり，また交代が完了していないことを示す不与解由状(ふよげゆじょう)が発行されるようにもなった。

けらい [家来] 家礼(けらい・かれい)，家頼とも。貴族や武士を主人として仕える従者の一類型。平安時代の貴族社会で，有職故実や礼式作法の教示のために主人に奉仕した家礼の制が，武士社会にもうけつがれたもの。武士社会では家人(けにん)は主家への隷属度が強く主人と運命をともにすべきものとされたのに対し，家礼・家来は比較的隷属度のゆるやかな双務契約的存在であったと考えられている。

げろう [下臈] もとは仏教用語で，僧侶の出家後の年数をいう夏臈(げろう)(臈)の浅い僧をさした。一般には官位の低い者や年功序列の低い者に対する呼称。転じて人に使われて

いる身分のいやしい者に対するよび名となり、蔑称ともなった。また多くは摂関家の家司や賀茂・日吉 (ひえ) 神社の社司などの家の出身で、内裏の女房のうち下級の者を下﨟女房、略して下﨟ともよんだ。

けん [拳] 指や手または姿勢を示して勝敗を決める遊び。江戸初期に中国から長崎へ伝えられたとされ、その後上方から江戸へ広まったという。数拳 (かずけん) と三すくみ拳にわかれる。数拳は指で数を示し相手との合計数をよんで合致したほうが勝ちで、数の名は中国語でいうのが基本。両者同数の場合は相声 (せい) で引分けとなる。数人ずつ2組にわかれる源氏拳、箸を指の代用にする箸拳もある。伝わった地方により薩摩拳・大坂拳など独特の変形がある。三すくみ拳は3種類の拳が互いに勝ち負けの関係にある庄屋・狐・鉄砲打の庄屋拳 (狐拳・藤八拳とうはちけんとも) や、虎・和藤内 (わとうない)・母親の虎拳、石拳 (じゃんけん) などさまざまな種類がある。数拳・三すくみ拳はともに酒席で用いられた。明治維新以後も軍人拳などが考案され、近年の野球拳もその一種。文政年間に出版された「拳独稽古」に詳しい。

けん [間] 長さの単位。主として建築や土地測量で用いられた。元来建物の柱間 (はしらま) の基準として6尺を1歩 (ぶ) とする単位が用いられていたが、歩が6尺四方を表す面積単位に転用されるようになると、かわって間合いを意味する間の字が単位となった。尺の長さの伸長に応じて間の表す長さは変化し、また中世・近世の検地では、権力者の政策的意図により6尺5寸あるいは6尺3寸を1間として検地を行った。ただし基本は1間=6尺であり、曲尺 (かねじゃく) で約1.82mにあたる。

げん [元] モンゴル人が中国に建てた王朝 (1271~1368)。チンギス・ハンが創建したモンゴル帝国が第5代フビライ・ハンのときに4大国に分裂、世祖フビライは都をカラコルムから大都 (現、北京) に移し、国号を大元とした。1279年南宋を滅ぼし、各地に遠征してモンゴリア・中国本土・中国東北地方などを支配、チベット・朝鮮を属国とした。1274年 (文永11) と81年 (弘安4) の2度日本に侵攻したが失敗した (元寇)。ハン位をめぐる抗争や交鈔 (こうしょう)(紙幣) 乱発による社会不安の増大に加え、1351年白蓮教 (びゃくれんきょう) などの指導による紅巾 (こうきん) の反乱がおこり、68年の明の太祖朱元璋 (しゅげんしょう) によって中国本土から追いはらわれた。

げんえ [玄慧] ?~1350.3.2 「げんね」とも。玄恵とも。南北朝期の天台宗の僧、儒学者。号は独清軒・健发。天台を学び法印権大僧都 (ごんのだいそうず) に就任したが、一方で儒学や詩文に通じた。南北朝期には武家方に従い足利尊氏・同直義 (ただよし) らと親交があり、「建武式目」の起草に関与した。「太平記」に倒幕の機の場で書を講じ、後醍醐天皇や公卿にも古典を講義したとあり、「庭訓 (ていきん) 往来」の作者ともされるがいずれも不詳。

けんえんがくは [蘐園学派] ⇒古文辞学派 (こぶんじがくは)

けんえんじゅく [蘐園塾] 荻生徂徠 (おぎゅうそらい) の開いた塾。蘐は「かや」で、住居が江戸日本橋茅場 (かやば) 町 (現、東京都中央区) にあったことによる。彼の江戸の住居は芝増上寺門前、柳沢吉保の藩邸内をへて、1709年 (宝永6) 茅場町に構えた。その後も転居しているが、門下を蘐園学派と称している。多数の人材が経学・文学を中心に輩出し、その唱導する古文辞学は諸分野に影響した。とくに経学では太宰春台、文学では服部南郭、明律研究では荻生北渓、経書 (けいしょ) の校合 (きょう) 校訂では山井崑崙 (やまのいこんろん) らが継承した。

けんかいろん [顕戒論] 僧綱の批判に応えて天台大乗戒壇独立の論拠を提示した書。3巻。最澄 (さいちょう) 著。819年 (弘仁10) 成立、翌年上表。819年に最澄の提出した「山家学生式 (さんげがくしょうしき)」四条式に対し、僧綱は批判の上表文と奏文を提出した。本書は第1編で上表文への反批判、第2編から第5編は四条式各条に相応するかたちで奏文への反批判を展開。日本では比叡山以外が一向大乗寺であること、大乗の大僧戒は「梵網経 (ぼんもうきょう)」の十重四十八軽戒であるべきこと、時代相応の僧とは大乗戒をうけ12年間籠山した菩薩僧であることなどを論じ、天台大乗戒壇独立の志業を訴えるとともに、それが桓武天皇の遺志にもそうものとした。「日本思想大系」所収。

けんかりょうせいばい [喧嘩両成敗] 喧嘩で暴力を行使した者双方に対し、理由を問わず同等の刑を科すこと。戦国大名による喧嘩両成敗法に顕著な法理で、その源流は室町幕府の故戦防戦 (こせんぼうせん) 法や成員相互の武力行使を禁じる国人一揆の盟約などにある。中世社会では、実力行使によって紛争解決をはかる自力救済観念が強く、個人間の紛争はただちに帰属する集団相互の私戦に発展した。喧嘩両成敗法の狙いは、諸集団の実力行使を否定し大名の裁判による解決をうけいれさせることにある。当事者双方に均等な被害を与えて終結をはかる衡平観念は、加害者側から被害者側へ下手人 (げしゅにん) を引き渡す慣習など中世人に共通のもので、紛争と近隣有力者が調停にあたる中人 (ちゅうにん) 制の慣行もかかわる。

げんかん [玄関] (1)禅宗寺院やその塔頭 (たっちゅう) の方丈にある出入口。主屋の隅から突きだした形式は中世住宅の中門に似るが、南正面を出入口にする点や土間である点が異なるから、禅

宗とともに中国からもたらされた形式であろう。(2)転じて、建物正面の出入口。江戸時代には、式台を構えた出入口をいい、玄関をもつことは武家や村役人などの特権だったが、近代には住宅形式を問わず出入口を玄関とよぶようになった。

けんぎょう [検校] 社寺やその行事を総監する名誉職的な僧職。本来は経律や伽藍造作の調査の意味だったが、初唐以降しだいに僧職名として定着。日本では「文徳実録」斉衡2年(855)9月28日条の「修理東大寺大仏司検校」、貞観3年(861)3月14日付「供養東大寺盧舎那大仏記文」の「僧行事検校」などが初例。これらは臨時の職だったが、896年(寛平8)益信を八幡検校に任じた例などを初見として、金剛峰寺・熊野三山・無動寺・平等院・金峰山寺・石清水八幡・春日・日吉・鹿島・祇園等の社寺に常設されるに至った。この他「塵添壒嚢鈔」14所引の「東大寺縁起」に聖宝が任じられた「七大寺惣検校」の名がみえるが、これも名誉職的なものとみられる。

けんぎょう [顕教] 文字・言語などであらわに説かれた教え。仏教を教義内容、教の説き方で分類したもので、密教に対する語。真言密教では大日如来がみずから味わう究極の教えを密教とし、顕教は大日如来の化身である釈迦が衆生の能力に応じてわかりやすく明確に説いたものとする。真言宗は「法華経」「華厳経」なども顕教として密教の優位を説くが、天台宗ではそれらも密教の理論を説いている(理密教)とし、顕密一致を説く。

げんくう [源空] ⇨法然

けんけい [券契] 券文・券とも。古代~中世における財産の保持や移動に関する証拠文書。奈良時代には奴婢や土地の売買には文書を作成して京職等に許可を申請し、また牛馬の売買では私的契約書を作成した。こうした作業を立券といい、作成されて証拠能力をもった文書を券契といった。荘園の設立にも太政官や国衙の認可を得た立券が必要で、券契の不分明なものは荘園整理の対象とされた。

けんげんたいほう [乾元大宝] 最後の皇朝十二銭。958年(天徳2)3月に発行された第12番目の銅銭。延喜通宝発行から51年後にあたる。改鋳の理由と新旧銭の交換比率は不明であるが、改鋳差益を目的とし新銭1=旧銭10の割合で併用したのであろう。成分は延喜通宝同様、鉛の含有量が平均50%ときわめて高く、ほとんど鉛銭といってもよい。963年(応和3)旧銭の使用を停止し新銭を用いることとしたが、劣悪な品質による信用の低下により、銭の使用は忌避され、古代国家の銭貨鋳造は断絶した。

けんけんろく [蹇蹇録] 明治期の外相陸奥宗光の日清戦争覚書。蹇蹇とは忠義を尽くす意。講和直後の1895年(明治28)に著された。朝鮮をめぐる日清対立、東学党の乱(甲午農民戦争)と両国の派兵、朝鮮の内政改革の提案、欧米との関係、開戦と条約改正、戦時外交、講和談判、三国干渉などにつき、公文の背後に隠された自身の政略と諸外国のそれへの観察を鋭利・率直に記す。第一級の史料であると同時に、リアリストの戦争外交論の古典として知られる。「岩波文庫」所収。

げんご [玄語] 江戸中期の哲学者三浦梅園の代表的な著作。「贅語」「敢語」とあわせて梅園三語とよばれる。反観合一の認識方法によって天地の条理の様態を記述しようとしたのが主著の「玄語」で、起草以来23年23回の改稿をへて1775年(安永4)に一応完成。8巻。みずからの哲学的立場から、諸学問を批判し、「玄語」を補説したものが「贅語」で、起草以来34年15回の改稿をへて、89年(寛政元)に完成。14巻。倫理道徳に関してのべた「敢語」は、起草以来4年4回の改稿をへて、75年に出版。1巻。「梅園全集」・「日本思想大系」(「玄語」のみ)所収。

げんこう [元寇] 蒙古襲来・モンゴル襲来とも。蒙古(元)・高麗軍の日本侵攻。元は高麗征服後、1268年(文永5)日本に服属を要求したが、鎌倉幕府はこれを拒絶。元は高麗軍を加えた大軍で、74年と81年(弘安4)の2度、九州北部に派遣したが失敗。これらは文永の役・弘安の役とよばれる。第3次計画は未遂に終わった。これを契機に北条氏得宗家への権限集中が進み、幕府倒壊の要因をうんだ。同時に神国思想が広まり、以後の日本人の対外観念を大きく規定した。

げんごう [元号] 年号とも。紀年法の一形態。紀元前140年に前漢の武帝によって立てられた建元に始まる。日本では645年の大化が最初の元号である。その後断絶があったが、701年の大宝以後は連続して、現在の平成に至る。明治改元以後は一世一元の制が採られ、践祚に伴う改元に限定されたが、それ以前は、祥瑞・災異・三革(辛酉・甲子・戊辰の年)などさまざまな理由で頻繁に改元された。改元の手続きとしては、紀伝道から提出された複数の候補の中から、大臣・参議らが陣の座において新元号を決定、天皇により改元詔書が公布されるのを常とした。1868年(慶応4)の明治改元の際、一世一元が定められるとともに、これら改元手続きは大幅に簡略化され、皇室典範(明治22年発布)、登極令(明治42年公布)の制定をへて制度的完成をみた。しかし戦後、新たに定められた憲法・皇室典範に

けんこ

は，元号に関する条項が設けられず，その法的根拠は失われた。このため1979年(昭和54)に元号法が制定され，元号制定に関する権限は内閣に属することとなった。

げんこうしゃくしょ [元亨釈書] 虎関師錬こかんしれんが1322年(元亨2)に編纂した日本仏教史。30巻。仏教伝来から同年までを，高僧の伝記をまとめた伝，欽明天皇から仲恭天皇までの仏教年代記をまとめた資治表，仏教の制度や寺院の歴史など部門史をまとめた志の3部からなる。同年8月16日の上表文から，多くの高僧を輩出しながら，日本には彼らの通信がないことを嘆いて著されたことがわかる。巻2・3・10・22の自筆浄書本が東福寺に現存。1360年(延文5・正平15)大蔵経に加えられ，東福寺海蔵院の無比単況なむひが64年(貞治3・正平19)から版をおこし，77年(永和3・天授3)に完成した大蔵経が最古の版本。「新訂増補国史大系」所収。

げんこうのらん [元弘の乱] 1331年(元弘元)後醍醐天皇が鎌倉幕府打倒を企てて挙兵した事件。1324年(正中元)正中の変によって，天皇とその近臣らによる討幕計画は失敗に終わったが，天皇はその後も親政を続けた。その後，大覚寺統の邦良親王が病死し，持明院統の後伏見上皇の皇子量仁かずひと親王が立太子するに及んで，討幕計画は再び具体化し，寺社勢力に働きかけるなどした。しかし31年4月，天皇の身を案じる吉田定房が幕府へ通報したため討幕計画は露見，首謀者の日野俊基としもと・文観もんかんらは六波羅探題たんだいによって逮捕された。8月，天皇は京都を脱出し，奈良にでし山城国の笠置かさぎに移り，関東から派遣された幕府の大軍の攻撃によって敗退(笠置山の戦)。天皇に呼応した楠木正成の赤坂城も落城し，天皇は捕らえられた。幕府は，量仁親王(光厳こうごん天皇)を践祚せんそさせて後伏見上皇の院政とし，俊基・文観ら首謀者の処罰を行い，32年3月，後醍醐天皇を隠岐へ配流した(以上の経過のみを元弘の乱とよぶことも多い)。その後も幕府に対する抵抗運動は続き，32年末には後醍醐天皇の子護良もりよし親王が吉野で，楠木正成が河内国で挙兵し，さらに護良親王の令旨りょうじをうけて，播磨国の赤松則村ら各地の反幕府勢力が挙兵。幕府軍が鎮圧に手間どるなか，33年閏2月，天皇は隠岐を脱出して名和長年のもとに身をよせ，伯耆国の船上山せんじょうざんに拠って討幕の綸旨をくだした。これに対して，幕府は名越高家・足利尊氏を大将とする大軍を派遣したが，高家は久我畷こがなわてで赤松則村に討たれ，尊氏は丹波国の篠村で天皇側に寝返り，六波羅を攻撃。5月7日，六波羅探題北条仲時は，合戦ののち光厳天皇と後伏見・花園両上皇を擁して関東へ脱出をはかったが，9日，近江国番場の蓮華寺で自刃，光厳天皇と両上皇は捕らえられた。以後各地の武士に立ちあがり，上野国に挙兵した新田義貞は，5月18日，足利千寿王(義詮よしあきら)らとともに鎌倉を攻撃。22日，北条高時以下北条氏一門と御内人みうちびとは東勝寺において自刃，鎌倉幕府は滅亡した。25日には鎮西探題の北条英時も少弐貞経・大友貞宗・島津貞久らの攻撃により博多で戦死した。六波羅滅亡の知らせをうけた後醍醐天皇は，23日船上山をたち，元号を元弘に復し，6月5日京都に戻った。

けんこくきねんのひ [建国記念の日] 国民の祝日の一つ。2月11日。第2次大戦前の紀元節(2月11日)は1948年(昭和23)7月施行の「国民の祝日に関する法律」で廃止。66年同法の改正により「建国をしのび，国を愛する心を養う」ことを趣旨とし，紀元節を実質的に継承する日として設置され，67年から祝日。

けんざお [間竿] 検地竿・間尺・歩竿ぶざおとも。検地用具の一つ。土地の測量を行う際に用いた竹製の竿。両端に摩滅を防ぐ銅を張り，1尺ごとに墨線の目印をつけたもの。古くは1間＝6尺5寸(約196cm)であったが，太閤検地では6尺3寸(約191cm)，江戸幕府では6尺(約181cm)と基準が縮小され，これに1分のゆるみを加えるのが通例となった。江戸時代の間竿には，1間竿(6尺1分)と2間竿(1丈2尺2分)の2種類があった。

けんざん [見参] 「けさん・げんざん」とも。(1)節会せちえ・大饗だいきょうなどに参賀・伺候した官人の名簿みょうぶを御前に提出すること。名簿を見参の文という。(2)本来は拝謁の意であったが，引見けんの場合にも使われた。(3)平安中期以降になると，主従関係を結ぶ際に名簿奉呈と対面(見参)が行われた。武家社会では平安末期以降は名簿奉呈はすたれ，見参が主従関係を結ぶ基本的儀式となった。「将門記」に平将門まさかどが藤原忠平に名簿を奉呈したことがみえる。

けんし [検使] 中世では，事情の検分のため臨時に派遣される使者という意味で広範囲に使用され，鎌倉時代には実検使といい，室町時代以降「検使」の称が定着したという。江戸時代には犯罪の現場検証，刑罰執行の検分，土地境界争いの見分，災害の実況検分などを行う行為，およびそれを行う役人の呼称として用いられた。事件がおこると，現場の管理者や発見者から検使願がだされたうえで，検使が派遣された。検使を勤める役人は場所や事件の内容などによって異なり，江戸の武家地では目付もしくは徒かち目付・小人こびと目付，寺社地・寺社領では大検使または小検使，町方では町奉行所同心，在方では代官所の手付・手代が派遣された。

けんじ [剣璽] 皇位の象徴としての宝剣と神璽<ruby>じ<rt></rt></ruby>。平安時代以降、同じく皇位の象徴とされる宝鏡が宮中の賢所<ruby>かしこどころ<rt></rt></ruby>に安置・祭祀されたのに対し、剣璽はつねに天皇の身辺におかれ、践祚<ruby>せんそ<rt></rt></ruby>または受禅にあたっては、前帝のもとから新帝のもとへ剣璽渡御が行われた。

げんじ [源氏] 皇族賜姓の一つ。814年(弘仁5)嵯峨天皇が信<ruby>まこと<rt></rt></ruby>以下の皇子女に源<ruby>みなもと<rt></rt></ruby>姓を与えて臣籍に下したのが初例。皇室経済困窮の打開と皇族の藩屛構築をめざして、仁明・文徳・清和・陽成・光孝・宇多・醍醐・村上・花山・三条の各天皇の皇子女らに源姓が与えられ、それぞれ始祖の天皇名を冠した源氏諸流がうまれた。このうち嵯峨・文徳・宇多・醍醐・村上の各流は大臣を輩出して廟堂で摂関家につぐ勢力を誇り、鎌倉時代には一時摂関家をこえる実権を握ることもあった。この4流の傍流と仁明・清和・陽成・光孝・花山・三条の各流は、下級官人にとどまるか下野・途絶する者が多かったが、一部は武士として発展した。武士化した源氏諸流のなかで質量ともに最大なのは清和源氏であり、平安中・後期にたびたびの反乱鎮定に功をあげて全国に勢力を広げた。同じように成長した皇族賜姓の桓武平氏と覇を競い、源平内乱で平氏を討滅することで全国の武士を公的に統合する鎌倉幕府を開いた。→巻末系図

けんじきん [乾字金] 1710年(宝永7)から5年間鋳造発行された金貨(小判・一分金)で、裏面右肩に「乾」字の極印が打たれたのでこの名がある。改定後の慶長金の品位に近い(84.29%)が、量目が半分余の2.5匁しかないので小形金とも、またたんに乾金とも称された。元禄金の品位が落ち悪評だったので、品位を慶長金に近い水準に戻したが、量目が半減したのでかえって元禄金より低価値の貨幣となった。享保期には2枚で通用金1枚と引き替えた。

げんしじだい [原始時代] 歴史上しの時代区分。「原始時代」は人類がその誕生から、文字や金属器の使用、都市的・階級的な国家の成立などによって代表される古代文明の発達を準備する時代をいう。日本ではほぼ縄文時代までがそれにあたる。これに対し「原史時代」は考古学上の時代区分で、先史時代と歴史時代との中間、信頼しうる文献史料の少ない時代をいう。日本では弥生中期~古墳時代がそれにあたるが、概念としては現在ほとんど用いられない。

げんししろく [言志四録] 「言志録」「言志後録」「言志晩録」「言志耋録<ruby>てつろく<rt></rt></ruby>」の総称。著者は佐藤一斎。1813~51年(文化10~嘉永4)頃までに順次成立。4巻。一斎が42歳からおよそ40年間にわたって筆録・刊行した語録で、日々の修養や心得、さまざまな事物の道理など、筆者の学問や体験からうまれた教訓が書かれている。西郷隆盛もこれを愛読して101ヵ条を抄録し座右の銘とした。「岩波文庫」「日本思想大系」所収。

けんじつ [兼日] あらかじめ、かねてより、の意。「かねてのひ」を音読みすると兼日となる。和歌・連歌などの歌会で、その場で詠む当座<ruby>とうざ<rt></rt></ruby>に対する語で、前もって題を出しておくこともいう。

げんしつ [玄室] 横穴式石室や横穴墓で遺体を安置する主室。玄室の前には羨道<ruby>えんどう<rt></rt></ruby>を伴い、その境には玄門を設けるのがふつうである。玄室が2室あるいは3室の複室構造のものもみられ、その場合前室・後室、前室・中室・後室とよぶ。棺台や屍床などの施設を設けるものもある。

げんしばくだん [原子爆弾] 原子核の分裂により放出されるエネルギーを利用した核兵器。原爆と略称。ウラン235(広島型)やプルトニウム239(長崎型)がおもに使われる。第2次大戦中アメリカは、ヨーロッパから逃れてきたユダヤ人科学者などの協力を得て原爆開発を推進し(マンハッタン計画)、1945年(昭和20)7月16日ニューメキシコ州で世界初の原爆実験に成功。同年8月6日広島、同月9日長崎に原爆を投下した。原爆は放射能汚染をともなし、現在でも原爆症で苦しむ人々がいる。

げんじものがたり [源氏物語] 平安時代の物語。54巻。紫式部作。1001年(長保3)以降10年(寛弘7)頃までに成立。「伊勢物語」などの歌物語と、「竹取物語」などの伝奇物語を統合した物語文学の最高峰。巻1「桐壺」から巻33「藤裏葉」までを第1部、巻34「若菜上」から巻41「幻」までを第2部、巻42「匂宮」から巻54「夢浮橋」までを第3部とするのが定説。とくに「橋姫」から「夢浮橋」までを「宇治十帖」とよぶ。第1部は絶世の美男であらゆる能力に恵まれた光源氏の女性遍歴と無類の栄華を、第2部はその栄華の崩壊を描く。第3部は晩年の妻の密通によって生まれた薫と宇治の姫君たちの物語。伝本は藤原定家による青表紙本、源光行・親行父子による河内本、そのどちらにも属さないもの(別本)にわかれる。800年以上の研究史があり、代表的な注釈書に「河海抄」「細流抄」「玉の小櫛<ruby>おぐし<rt></rt></ruby>」などがある。成立当初から評価が高く、物語のみならず和歌や謡曲、また現代の小説「細雪」など日本文学に与えた影響は多大。「日本古典文学大系」「日本古典文学全集」所収。

げんじものがたりえまき [源氏物語絵巻] 12世紀前半制作の現存最古の源氏絵の絵巻物。「源氏物語」の各帖から1~3場面を選びだして5グループで分担制作したものと推定される

が，現在では詞20段，絵19段の8帖分と若干の断簡が伝わるのみ。しかし現存部分からだけでも書風・絵画表現などに各グループの趣向がわかる。金銀箔散らしなどで加飾された手のこんだ料紙に詞書を記し，吹抜屋台の構図に引目鉤鼻で表された男女を濃彩で描きだした，平安時代を代表する豪華な絵巻物。画面の剝離部分には当初の下絵や書きこみの文字などがみられ，当時の宮廷絵所でのつくり絵の分担制作の状況がうかがえる。縦21.2～22.0cm。徳川美術館・五島美術館分蔵。国宝。

げんじものがたりこげつしょう【源氏物語湖月抄】「湖月抄」とも。「源氏物語」の注釈書。60巻。北村季吟著。1673年(延宝元)成立，75年刊。「源氏物語」本文に頭注をつけたもので，注の内容は旧来の諸説集成の性格が強い。「湖月抄」までは古注，以後は新注とされる。江戸時代の源氏注釈のなかで最も流布し，新注に与えた影響も大きい。「北村季吟古注釈集成」「講談社学術文庫」所収。

げんじものがたりたまのおぐし【源氏物語玉の小櫛】「源氏物語」の注釈書。9巻。本居宣長著。1796年(寛政8)成立，99年刊。宣長の門人に対する講義を基盤にしており，総論・年立・本文考欹・本文注釈からなる。「源氏物語」の本質は「もののあはれ」であるとの直観的把握と，厳密な語句・文脈分析が特色で，源氏注釈史上，画期的な書。「本居宣長全集」・「日本古典文学大系」(抄出)所収。

げんしょうてんのう【元正天皇】 680～748.4.21 在位715.9.2～724.2.4 奈良前期の女帝。日本根子高瑞浄足姫天皇・日高皇女(氷高内親王)・新家皇女と称する。草壁皇子の皇女。母は天智天皇の女阿閇皇女(元明天皇)。文武天皇の同母姉。715年(霊亀元)母の元明天皇から位を譲られて即位。「日本書紀」の編纂や三世一身の法の施行は，この天皇の時代のことである。724年(神亀元)文武天皇の子の皇太子首皇子(聖武天皇)に譲位したが，その後も748年(天平20)に没するまで，上皇として宮廷に重きをなした。

けんしらぎし【遣新羅使】 朝鮮半島を統一した新羅に日本が派遣した外交使節。668年(天智7)の道守麻呂に始まり，836年(承和3)の紀三津に至るまで，総計27回を数えるが(「三国史記」にはこの期間中に日本側の史料にみえない使節6回を載せる)，その大半は8世紀半ば以前である。初期には唐と対抗関係にあった新羅と，遣唐使の派遣を中断していた日本との関係は良好で，仏教その他の先進文物を将来するために頻繁に派遣された。8世紀以降は新羅を従属国とみなす日本との関係が険悪となり，遣唐使の往来の確保などに必要なときにのみ派遣された。「延喜式」では使節は大使以下，判官・録事・大通事・史生・知乗船事・船師・医師・少通事・雑使・傔人・鍛工・卜部・柁師・水手長・挾杪・水手からなる。

げんしりょくきほんほう【原子力基本法】 日本における原子力の研究・開発・利用の根本原則を定めた法律。1955年(昭和30)に公布・施行。「原子力の研究，開発及び利用は，平和の目的に限る」としたうえで，自主・民主・公開のいわゆる「原子力平和利用三原則」を明記。ほかに原子力行政の骨格をなす原子力委員会，原子力安全委員会，原子力研究所，動力炉・核燃料開発事業団の設置なども規定している。

げんしん【源信】 942～1017.6.10 恵心僧都・横川僧都・今迦葉とも。平安中期の天台宗僧。大和国葛下郡当麻郷の卜部正親の子。比叡山で良源に師事，論議に優れ広学堅義の堅者を勤め，因明学の書を著す一方，浄土教にも親近。天禄年間から横川に隠棲して念仏・読経と著述の生活に入った。985年(寛和元)「往生要集」を著して浄土教義を大成し，往生の指南として僧俗に広く読まれた。また念仏結社二十五三昧会に参加し「横川首楞厳院二十五三昧式」を制定した。1004年(寛弘元)権少僧都に任じられたが翌年辞退。13年(長和2)までに念仏20億遍・大乗経読誦5万余巻・念呪100万遍と称したように，数量重視・諸行往生の浄土教信仰者だった。著書は叡山学院編「恵心僧都全集」。

げんじん【原人】 ホモ・エレクトゥスとも。猿人と旧人の中間の進化段階に属する化石人類の総称。約160万年前にアフリカに出現し，100万年前頃にはユーラシア大陸に進出，約20万年前まで生息した。アフリカのナリオコトメ原人，ヨーロッパのハイデルベルク原人，アジアのジャワ原人・北京原人など。人類が火を用いるのはこの段階からであるという。

けんずいし【遣隋使】 日本(倭)が中国の隋に派遣した外交使節。「隋書」倭国伝と「日本書紀」によれば，総計4回派遣された。第1回の600年(推古8)の派遣は「隋書」にのみみえる。倭王武以来，1世紀に及ぶ中国との国交の途絶後に百済の仲介を得て派遣された。倭王は姓を阿毎，字を多利思比孤といい，天を兄とし日を弟とすると伝えたため，文帝から教諭された。これをうけて冠位十二階の制定など，中国の礼制を導入する端緒が開かれた。第2回(607年)は小野妹子が大使となり，隋への国書で対等な関係における形式をとったため，煬帝は礼に反するとしたが，裴世清を派遣した。第3回(608年)は，同じく小野

妹子が裴世清の送使として派遣され，同行した高向玄理(たかむこのげんり)・僧旻(みん)・南淵請安(みなぶちのしょうあん)らは唐朝の成立後に帰国し，大化の改新の際に活躍した。第4回(614年)の犬上御田鍬(いぬかみのみたすき)らののち，中国の先進文物の輸入と東アジアでの倭の地位の確立を目的としたこの事業は遣唐使にうけつがれる。なお『隋書』煬帝紀にみえる日本使の2例は，年次を誤ったものか。

げんすいばくきんしうんどう [原水爆禁止運動] 原水禁運動と略称。1950年代後半を最盛期とする，原水爆禁止を求める平和運動。1950年(昭和25)ストックホルム・アピールが発表され，日本においても54年の第5福竜丸事件を契機に，東京都杉並区の主婦らの始めた署名活動が拡大し，55年の第1回原水爆禁止世界大会開催と原水協の結成により，運動は超党派の国民運動となった。しかし原水協が安保改定反対の立場をとると，保守系が運動から離脱。61年民社党系が核禁会議を結成。ソ連が核実験を再開すると，いかなる国の核実験にも反対する社会党・総評系がソ連の核実験を擁護する共産党系と対立，65年に原水禁を結成。組織は三つに分裂し，運動の社会的影響力は著しく低下した。

けんせいかい [憲政会] 大正～昭和初期の政党。1916年(大正5)10月10日，第2次大隈内閣の与党である立憲同志会・中正会・公友倶楽部が合同して結成。総裁は加藤高明。第1次大戦後は普通選挙を主張，過激社会運動取締法制定に反対し，軍備縮小を唱えた。24年1月清浦内閣が成立すると，政友会・革新倶楽部とともに第2次護憲運動を展開して倒閣に成功，同年6月加藤高明を首班とする護憲三派内閣を組織した。翌年7月護憲三派解消後は，加藤が憲政会単独内閣を維持。26年1月加藤の死後は若槻礼次郎が総裁と首相を継承。若槻内閣が金融恐慌の収拾に失敗して27年(昭和2)4月総辞職すると，憲政会は政友本党と合同して，同年6月立憲民政党を結成した。

げんせいじんるい [現生人類] ⇨新人(しんじん)

けんせいとう [憲政党] 明治30年代の政党。1898年(明治31)6月，第3次伊藤内閣の地租増徴案に反対して連携した自由党と進歩党が合同して結成。第1次大隈内閣の与党となり，同年8月の第6回総選挙にも大勝したが，旧自由・旧進歩両派の対立などにより10月には内閣が瓦解，憲政党は旧自由党系の憲政党と旧進歩党系の憲政本党に分裂した。星亨(とおる)の指導する憲政党は第2次山県内閣と提携，地租増徴賛成に踏み切った。山県内閣が憲政党員の入閣要求を拒むと伊藤博文に接近，憲政党は1900年9月に解党して立憲政友会に合流，その中心を占めた。

けんせいほんとう [憲政本党] 明治後期の政党。1898年(明治31)11月成立。同年10月第1次大隈内閣の崩壊にともない与党憲政党のうち旧自由党系だけで憲政会を解散，新たに同名の憲政党を組織したため，残された旧進歩党系が憲政本党を結成した。結党時の議席数は123で憲政党を上回っていたが，尾崎行雄らの立憲政友会入りや第15議会での増税反対協議の脱党などで弱体化。日露戦後になると非政友大合同と官僚閥への接近をめざす大石正巳(まさみ)らの改革派と，民党主義を維持しようとする犬養毅(いぬかいつよし)らの非改革派との対立が顕在化。1909年，第26議会を前に両派の妥協が一応成立，翌年3月，又新会(ゆうしんかい)・無名会などと合同して立憲国民党を結成。

けんせいようごうんどう [憲政擁護運動] ■ 第1次。1912年(大正元)12月，2個師団増設問題で第2次西園寺内閣が総辞職し，桂太郎が第3次内閣を組織すると，旧来の政治体制の変革を期待する言論界や民衆運動の批判が集中。「閥族打破，憲政擁護」のスローガンのもとで憲政擁護会を中心とする諸団体の大会が各地で開催され，政友会・国民党も参加。13年2月停会後の議会は数万の群衆に包囲され，桂内閣は11日に総辞職した(大正政変)。

■第2次。1924年(大正13)1月，清浦奎吾(けいご)が貴族院を基礎にした内閣を組織すると，憲政会・政友会・革新倶楽部の3党が内閣打倒の運動を全国的に展開。5月の総選挙で護憲三派が勝利し，清浦内閣は総辞職。既成政党への不信感もあり，民衆運動は盛り上がりに欠けた。

けんせつしゃどうめい [建設者同盟] 早稲田大学学生を中心とする思想団体。1919年(大正8)9月に民人同盟会を脱退した和田巌(いわお)・浅沼稲次郎・稲村隆一を中心に結成され，田所輝明・平野力三・三宅正一らが加盟。22年10月機関誌「建設者」創刊(のち「青年運動」「無産階級」「無産農民」と改題)。農民運動家を輩出し，日本農民組合の戦闘化を促進した。26年12月，無産政党組織をめぐって労働農民党派と日本労農党派へ分裂し，解散した。

けんせつしょう [建設省] 国土建設事業を所管する中央官庁。1948年(昭和23)7月10日設置。47年12月の内務省解体によって，道路河川港湾工事および都市計画などを管掌していた同省国土局は戦災復興院と合併し，48年1月1日，国土復興と総合的保全開発の統一的組織として総理府外局の建設院となった。同年7月同院が昇格し建設省が設けられ，大臣官房・総務(国土計画所管)・河川・道路・都市・建築・特別建設の各局で構成。初期は災害復興が業務の中心であったが，のち河川開発・道路整備・住宅対策・都市計画に移った。2001年(平成13)1月，中央省庁再編により運輸省・北海道開発庁・国

土庁と統合して国土交通省となる。

げんせん [元銭] 中国の元朝によって鋳造された銅銭の総称。至大通宝・至正通宝など数種がある。元寇以来、日元間には政治的緊張が続いたが、貿易は盛んに行われ、これにともなって元銭も日本に流入して国内通貨として用いられた。ただし、元は主として交鈔(紙幣)の流通を推進し、銅銭の鋳造がもともと少なかったため、日本における流通量もわずかであった。

げんぞく [還俗] 復飾(ふくしょく)とも。出家した者が再び俗人に戻ること。自発的に僧の道をやめる帰俗(きぞく)と区別し、処罰として強制的に俗人に戻る場合に限っていうとの説もある。養老律令の僧尼令(そうにりょう)では吉凶をトしたり、巫術(ふじゅつ)で療病したり、別に道場をたてて衆を集めて教化するなど、僧尼の地位を利用して人心を惑わすことに対し、還俗のきびしい処罰を定めている。中世、法然・親鸞に俗名を与えて流罪としたのもこの種の処罰の還俗と考えられる。天台座主大塔宮尊雲法親王が還俗して護良(もりよし)親王となり、青蓮院(しょうれんいん)門跡義円(ぎえん)が足利義教となるのは、政治的背景による還俗である。

けんだん [検断] 中世で、今日の刑事的事件についての取締りと犯人に対する断罪。鎌倉時代には朝廷のほか荘園領主や幕府も検断権をもち、幕府の検断権は六波羅探題・守護・地頭らによっても行使され、御家人のなかには国衙(こくが)の検断権を継承した者もあった。室町時代以降検断権は守護大名・戦国大名の手に移った。同じ頃畿内近国の惣村(そうそん)では、自検断とよんで自治的に検断を行う場合も多い。江戸時代には大庄屋を検断とよぶ地域もあった。

けんだんざた [検断沙汰] 鎌倉幕府の訴訟の一区分。所務沙汰・雑務沙汰と区別され、今日の刑事訴訟に相当する。謀反・夜討・強盗・窃盗・山賊・海賊・殺害・刃傷・強姦などに関する訴訟をいう。13世紀後半以降、関東では侍所(さむらいどころ)、六波羅では検断方、九州では守護が扱う制度が整う。訴訟は公権力による犯罪の告発ではなく、被害者が犯人を特定し提訴することから開始された。室町幕府でももっぱら侍所で扱われ、侍所沙汰とよばれた。

けんち [検地] 縄入(なわいれ)・縄打(なわうち)・竿入・竿打・地押(じおし)とも。戦国期以後、とくに近世の領主が所領を把握するために行った土地の基本調査で、江戸時代の検地は、村単位に実施され、1筆ごとに所在地や地種・面積・等級・名請人を確定し、さらに村の生産性を米の収獲量(石高)に換算するもので、検地によって確定された検地帳は年貢や諸役賦課の基礎台帳として重要であった。戦国期以後北条氏や今川氏をはじめ多くの大名が検地を実施しているが、その過半は指出(さしだし)が中心である。豊臣秀吉による太閤検地は全国をほぼ同一の検地基準で把握しようと試みたもので、1段=300歩、1間=6尺3寸という新たな基準値が用いられ、30歩=1畝とする畝歩制がとられた。江戸幕府の検地は、おおむね太閤検地の基本方式を踏襲したが、その基準値は1間=6尺とされた。幕府の検地としては慶長検地、寛永・慶安検地、寛文・延宝検地、元禄検地などが重要であるが、18世紀に入ると、新田(しんでん)検地を除き大規模な幕領検地は実施されなくなった。

けんちじゃく [検地尺] 検地用具の一つで、土地の測定に用いる曲尺(かねじゃく)。間竿(けんざお)を用いる場合もある。古くは1間=6尺5寸(約196cm)を基準としていたが、太閤検地では6尺3寸(約191cm)、江戸幕府では6尺(約181cm)に縮小された。幕府が基準とした間竿は、砂摺(すなずり)分として1間につき1分のゆるみが加えられており、諸藩もこれに準ずることが多かった。

けんちじょうもく [検地条目] 近世の検地実施に際して、その基本方針や実施細目を定めた規定。通常は検地担当者に対して交付される。1589年(天正17)の美濃国の太閤検地で5カ条の条目が定められたのをはじめ、以後の大規模な検地に際して出された。94年(文禄3)の12カ条の規定は、太閤検地の基準を集大成した条目として知られる。江戸幕府の場合は初期の段階から各地で検地が実施されたが、確認されている条目は、1677年(延宝5)に畿内などの幕領検地に際して出された29カ条と、元禄年間の諸検地に対する27カ条の両条目、および1726年(享保11)の新田検地条目などで、その後まとまったものは出されていない。また慶安検地条目を江戸幕府最初の検地条目とする説には疑問も出されている。

けんちちょう [検地帳] 水帳・縄打帳・竿入帳、地詰帳などの、検地の結果を1村ごとに記録した土地の基本台帳。検地帳の形式は太閤検地段階でほぼ整えられ、江戸時代に整備された。通常は村内の田畑・屋敷地について1筆ごとの地字(じあざ)・地種・等級、縦横の間数、面積および名請人(なうけにん)が書き上げられ、末尾には地種・等級別の面積集計と石盛(こくもり)・石高、および1村全体の面積総計と石高総計が記され、最後に検地奉行をはじめとする諸役人と村方の代表者の署名・押印がなされた。検地本帳は2通作成され、領主と村で1冊ずつ保管するのを原則とした。江戸時代を通じ、宗門人別帳と並んで、農政・民政上の最も重要な基礎台帳であった。

けんちぶぎょう [検地奉行] 縄奉行とも。検地を執行する責任者。検地をし、田畑の上下の品等を定めた。封建制下の検地は土地・人民の支配を明確にするもので、執行にあたって

は公正・厳正を要求された。また豊臣政権期には在地給人や農民らの抵抗があり、反抗する者は「なで斬り」にせよと指示された。複数任命される場合が多く、その上に全体を統轄する惣奉行がおかれた。江戸幕府では勘定奉行が惣奉行的役割をはたした。

けんちゅう [検注] 中世の土地調査。官物免除の対象となる私領の設定や荘園の設立時に行われる立券$_{りっけん}$検注と、領主の代替りなどに際して行われる正$_{しょう}$検注、作柄調査のための内$_{ない}$検注があった。立券検注では、官司・国使・荘官・古老百姓らが現地に臨んで四至$_{しいし}$の確定や1筆ごとの田畠の帰属を調査した。1荘全体に実施される正検注は大検注ともよばれ、百姓の参加を前提に土地所有関係や年貢・公事$_{くじ}$の額が決定された。立券検注・正検注ともに、検注作業を通じて荘園制的支配関係を確認する重要な役割を担った。内検注は、天災がひどい場合に年貢減免を目的に荘民から調査が要求されたり、毎年恒常的に行われたり、荘園ごとに多様な形態をとった。

けんちょうじ [建長寺] 神奈川県鎌倉市山ノ内にある臨済宗建長寺派の大本山。正式には巨福山建長興国禅寺。開山は蘭渓道隆$_{らんけいどうりゅう}$、開基は北条時頼。1253年(建長5)落慶供養が行われた。建立の目的は、皇帝の万歳、将軍家および重臣の千秋、天下泰平を祈り、源氏3代・北条氏一族の死者の霊を弔うことにあった。本尊は丈六の地蔵菩薩座像。寺地はもと地獄谷とよばれた処刑場だった。日本で最初の禅宗専門道場である。1341年(暦応4・興国2)に鎌倉五山第1位となった。1271年(文永8)自筆の「大覚禅師像」、1255年(建長7)鋳造の銅鐘(ともに国宝)などがあり、仏殿前の柏槇$_{びゃくしん}$は開山のお手植えの樹といわれる。境内は国史跡。

けんちょうじぞうえいりょうとうせん [建長寺造営料唐船] 建長寺船とも。鎌倉後期の寺社造営料唐船の一つ。建長寺や勝長寿院の造営料獲得のために幕府が派遣し、警固は沿岸の御家人に命じた。1325年(正中2)7月に出航、翌26年(嘉暦元)9月までに帰国した。

けんでんし [検田使] 平安時代、検田のため国衙$_{が}$から派遣された役人。10世紀以降、国家の賦課体系は人身賦課から田地を対象としたものに転換するが、それにともない田地を把握するために設置された。検田使は田地の作・不作、その所在・田品・作人などを調査して検田帳を作成した。検田帳は馬上帳$_{ばじょうちょう}$ともよばれ、検田作業は騎馬のままの検田使の目分量による、かなり粗放なものだったようである。

けんとうし [遣唐使] 日本から唐に派遣された外交使節。630年(舒明2)出発の大使犬上御田鍬$_{いぬかみのみたすき}$に始まり、894年(寛平6)任命の大使菅原道真に至るまで計19回に及ぶ。うち4回は実際には渡航しなかった(数え方に諸説ある)。目的は、遣隋使の後をうけて、唐の先進文物・制度を輸入することと、日本が蝦夷$_{えみし}$や新羅$_{しらぎ}$などの上に立つ国であることを唐に主張することにあった。初期には2隻の遣唐使船に分乗していたが、8世紀以降は4隻に500人前後が乗船するようになる。天皇の代替りごとの派遣にもみえるが、20年に1度の決まりがあったことがある。使節が国書を携えていったか否かは定説がないが、おそらく表を持参し、唐の皇帝からは勅書をうけとっていた。唐からは朝貢使とみられており、数十人の入京が許され、また使節滞在中の費用は唐側が負担した。元日の朝賀にまにあうように、順風の得にくい夏から秋にかけて出航しなければならなかった。航路は初期には朝鮮半島西岸から山東半島に至る北路がとられたが、新羅との関係が緊張した8世紀以降は、五島列島から東シナ海を西に直進する南路をとるようになり、また帰路には沖縄から南西諸島ぞいに北上する南島路を用いたり、渤海$_{ぼっかい}$を経由することもあった。「延喜式」によれば使節の構成は、大使・副使・判官$_{じょう}$・録事の四等官のほか、大使の上に押使$_{おうし}$や執節使がおかれることがあり、史生・雑使・傔従$_{けんじゅう}$などが従った。さらに、訳語・新羅奄美訳語・主神$_{かんづかさ}$・医師・陰陽師$_{おんようじ}$・卜部$_{うらべ}$・射手・音声長などの職員や、知乗船師・船師・船匠・柁師$_{だし}$・挾杪$_{きょうしょう}$・水手長$_{かこおさ}$などの航海技術者、留学生$_{るがくしょう}$・請益生$_{しょうやくしょう}$・学問僧・還学僧などの留学者、音声生$_{おんじょうしょう}$・玉生・鍛生・鋳生・細工生などの技術者からなり、ほかに多数の水手$_{かこ}$がいた。使節には唐で客死した高向玄理$_{たかむこのくろまろ}$・阿倍仲麻呂・藤原清河、大量の文物を将来した玄昉$_{げんぼう}$・吉備真備$_{きびのまきび}$、元日朝賀の儀で新羅と上席を争い、また鑑真を連れ帰った大伴古麻呂、唐で研鑽を積んだ最澄・空海・円仁$_{えんにん}$らが著名。将来された唐の先進文物は政府によって独占的に管理され、やがてその咀嚼$_{そしゃく}$のうえに日本の古代文化が花開いた。新羅との国交途絶や唐の衰退、唐・新羅商人の貿易活動の活発化を背景に、大規模な使節団を派遣する意味が薄れ、菅原道真の停止の建議(894年)を契機に廃絶した。

けんとうせん [遣唐使船] 遣唐使の乗船。「続日本紀」などの正史や「入唐求法巡礼行記」の記事をもとに、「聖徳太子絵伝」「吉備大臣入唐絵巻」などの後世の絵画、中国泉州・寧波$_{ニンポー}$や韓国新安沖発見の宋・元代の船によって推測すると、長さ30m、排水量300トン程度で百数十人が乗船でき、マストには網代帆$_{あじろほ}$をつけ、舷側に櫓棚$_{ろだな}$を設けていたらしい。構造

げんとぐん【玄菟郡】 ⇨楽浪郡

げんなえんぶ【元和偃武】 戦国争乱が1615年(元和元)の大坂夏の陣による豊臣氏滅亡で終息したこと。「偃武」とは武器をおさめる意で,戦争の終結を意味する。大坂の陣に際し,諸大名は幕府の動員令に従って出陣したが,それによって諸大名の軍事力も幕府に統轄されていることが証明された。これを機に,幕府は一国一城令・武家諸法度を発令して軍事的統制も実現した。

げんなだいじゅんきょう【元和大殉教】 1622年(元和8)8月5日,長崎でのキリシタンの殉教。イエズス会宣教師スピノラはじめ計55人が火刑・斬首された。このときのようすはローマのイエズス会の作者不詳の絵図にみえる。

げんにほんじんせつ【原日本人説】 日本石器時代人(縄文時代人)はアイヌやコロボックルなどの先住民ではなく,現代日本人の祖先であるとする説。長谷部言人は石器時代人が進化して日本人に移行したとし,清野謙次は石器時代人が大陸からの渡来者と混血して,一方では日本人になり,北日本ではアイヌになったと考えた。現在では,渡来系の弥生時代人骨の研究が進展し,清野の説がおおむねうけいれられている。

けんにょ【顕如】 1543.1.6～92.11.24 織豊期の浄土真宗の僧。本願寺11世。幼名は茶々,法名は顕如。諱は光佐。父は10世証如,母は権中納言庭田重親の女。1554年(天文23)得度。59年(永禄2)門跡に列する。70～80年(元亀元～天正8)織田信長との間に石山合戦を展開。正親町天皇の仲я介で和議,石山を退き紀伊国鷺森,ついで和泉国貝塚に移り,85年豊臣秀吉の命により大坂に帰る。91年,秀吉から京都堀川七条に寺地を与えられた。顕如の死後,長男教如がつぐが,秀吉は三男准如に継職の証状を与えた。しかし徳川家康は教如をとりたて,教如は京都烏丸六条に寺地を得て東本願寺を建立。准如方の西本願寺と分裂した。

けんにんじ【建仁寺】「けんねんじ」とも。京都市東山区にある臨済宗建仁寺派の本山。開山は栄西。土御門天皇の勅願で,1202年(建仁2)源頼家が創建した日本最初の禅院。建築が始まったのは03年,竣工は05年(久元2)。1386年(至徳3・元中3)には京都五山の第3位になるなど,終始五山の一つであった。建造物では方丈・勅使門(重文),絵画では俵屋宗達の「風神雷神図」(国宝),南北朝期の「十六羅漢像」,桃山時代の「竹林七賢図」「花鳥図」「琴棋書画図」(いずれも重文)などがある。

げんばくとうか【原爆投下】 アメリカが日本の抗戦意志を最終的に挫折させるためにとった作戦。1945年(昭和20)8月6日午前8時15分広島に,同月9日午前11時2分長崎に原子爆弾を投下した。本土決戦の準備を進めながらポツダム宣言を黙殺した日本に対して,アメリカは予想される本土上陸作戦での米軍の犠牲を少なくし,ソ連参戦前にアメリカの立場を強固にするため,警告なしに原爆を用いることを決定。1942年からマンハッタン計画として推進され,45年7月16日にニューメキシコ州で実験に成功したばかりの原爆2個がテニアンのB29基地に輸送され,同基地から出撃した。45年末までに広島で約14万人,長崎で約7万人が熱線・放射線障害で死亡した。

げんぶ【玄武】 ⇨四神

げんぷく【元服】「げんぶく」とも。冠礼・初冠とも。男子が一人前になったことを祝って行う儀式。14～15歳あるいは17歳で行われた。公家・武家社会では冠をかぶり縫腋袍を着用し,幼名を改めて実名をつけ祝賀の儀をもった。加冠の役を烏帽子親といい,実名に烏帽子親の1字を用いるのが礼儀とされ,生涯親子の付合いをした。一般社会でも一人前になった印として前髪を剃って成人髷を結い,褌を締める祝(褌祝)も行われた。武家や公家と同様に仮親を頼む風習があり,烏帽子親・兵児親・褌親・剃刀親などさまざまなよび方をした。元服の祝がすむと一人前と認められ,若者組への加入が許された。

げんぶんいっち【言文一致】 言は話し言葉,文は書き言葉の意味で,話し言葉と書き言葉が同じ形式になった状態をいう。平安時代まで言文一致であったが,文に変化が生じなかったのに対し,言は変化し,鎌倉時代以降は言文二途の時代である。その後江戸時代に至って標準的な文章体(和文)が古典的な性格を帯びたものだったために,幕末から明治期にかけて,西欧にならった言文一致の文章が求められた。1866年(慶応2)の前島密の「漢字御廃止之議」に始まり,自由民権論者や二葉亭四迷・山田美妙らの文学者によって試みられた。以後,口語文の新しい文体が創始されるが,これが公用文のなかで認められたのは1946年(昭和21)になってからであり,法律条文なども文体の改訂が行われるようになる。

げんぶんきんぎん【元文金銀】 1736年(元文元)将軍徳川吉宗が享保幣制を転換し,新たに鋳造・発行した金銀貨。年号の1字である「文」が極印されたので,文金・文銀ないし文

字金・文字銀ともいう。また同じ「文」の極印のあった，のちの文政金銀と区別するため，その書体から真文金銀とも称した。金貨（小判・一分金）は品位65.71％，量目3.5匁，銀貨は46％の品位で，元禄金銀より価値が低かった。この悪貨政策への転換により，貨幣不足が解消された。以降，幕末までの改鋳は額面あたりの品位・量目を落として貨幣量を増やし，同時に幕府の改鋳益金も得る方式が定着した。

けんぺい[憲兵] 軍の機密保持を理由として，主として軍人の犯罪を扱うために設けられた軍事警察官の制度。1881年(明治14)1月14日，陸軍兵科の一つとして東京に設置。同年3月11日公布の憲兵条例で憲兵は形式上陸軍内部におかれたが，海軍・内務・司法の3省にも属し，軍人であり警察官でもあるという特殊な身分であった。軍人の犯罪を取り締まるだけでなく，軍人以外の人々に対しても「国内の安寧を掌」(憲兵条例)るため，警察権を行使することができた。89年3月30日に憲兵司令部が設けられ，全国の憲兵隊を統轄。第2次大戦の敗戦による軍の崩壊まで存続し，さまざまな功罪を遺した。

けんぺいけいさつせいど[憲兵警察制度] 韓国統治に際して陸軍大臣の管轄に属する憲兵が警察業務を兼務した制度。韓国警察制度の解体後の治安維持にあたるためとして，1907年(明治40)10月の勅令「韓国駐劄ちゅうさつ憲兵ニ関スル件」，10年9月の勅令「朝鮮駐劄憲兵条例」により制度として確立した。横暴なふるまいが多かったが，19年(大正8)8月の一連の朝鮮総督府官制改正で廃止され普通警察制度が導入された。

けんぺいしせつ[遣米使節] ⇨万延元年遣米使節まんえんがんねんけんべいしせつ

げんぺいじょうすいき[源平盛衰記] 「げんぺいせいすいき」とも。軍記。「平家物語」非当道系諸本の広本系統伝本の一つで，近世以降一作品としてひろめられた。48巻。諸資料記載増補作者名にあてて，「醍醐雑抄」に皇室時長説，「臥雲日件録」に玄慧げんえ法印説などの作者説があるが不詳。成立期も時長説の鎌倉初期から玄慧説の南北朝期まで諸説ある。内容は「平家物語」とほぼ同じだが，文書類資料，和漢故事や説話を大量に入れ文体も装飾的で，「平家物語」各本間では後出増補集成的な色彩が濃い。文覚譚を含む源頼朝挙兵の関連記事や源義経の末路記事などは，語り系本文と異なる源氏寄りの視点がみえ，書名の由来を説明する。翻刻「新定源平盛衰記」。

げんぺいそうらん[源平争乱] 源平合戦，治承・寿永の内乱とも。1180年(治承4)に以仁王もちひとおう・源頼政の挙兵から，89年(文治5)源頼朝による奥州合戦にいたる全国的内乱。平氏一門の独裁を打倒するため全国に挙兵した武士勢力はしだいに頼朝のもとに統一され，85年平氏は滅亡。89年の奥州藤原氏滅亡により，頼朝は全国を平定。この動乱のなかから最初の武家政権の鎌倉幕府が成立した。

げんぺいとうきつ[源平藤橘] 古代の代表的氏名うじ。源氏・平氏・藤原氏・橘氏をさす。「下学集」に「日本四姓ハ源平藤橘，是ナリ」とあり，総称して四姓しせいともいう。平安時代に天皇に近い子孫や外戚がいせきとして勢力をもったところから，代表的氏名と考えられるようになり，後世に作られた系図の多くが先祖を4氏に結びつける風潮をうんだ。

ケンペル Engelbert Kaempfer 1651.9.16～1716.11.2 ドイツ人医師・旅行家。レムゴー生れ。ヨーロッパ各地で学んだ後，スウェーデンのロシア・ペルシア両国への使節団に加わり，ついでオランダ東インド会社艦隊の軍医となり，1689年バタビアに来着。90年(元禄3)長崎に着き，92年までの商館医在任中，91・92年の2度江戸へ参府。オランダ通詞今村源右衛門を助手にえて日本の政治・社会・風俗・産業・動植物・鉱物などを研究。その成果の大著「日本誌」は死後，まず英訳本で出版された。

げんぼう[玄昉] ?～746.6.18 奈良時代の僧。俗姓阿刀あと氏。義淵ぎえんに師事。717年(養老元)入唐して智周に法相を学ぶ。735年(天平7)経論5000余巻をたずさえて帰朝。736年封戸などを賜り，翌年僧正に任命されて内道場に入り，藤原宮子の病を看護して賜物をうけた。吉備真備きびのまきびとともに橘諸兄たちばなのもろえ政権の担い手として栄達したが，人々の批判をうけ740年藤原広嗣の乱を誘発した。翌年千手経1000巻を書写供養した。745年筑前観世音寺に左遷され，封物を没収された。翌年任地で死没。広嗣の祟りによるといわれた。

けんぽうぎかい[憲法義解] ⇨帝国憲法義解ていこくけんぽうぎかい

けんぽうけんきゅうかい[憲法研究会] 1945年(昭和20)12月27日発表の憲法草案要綱を起草した研究会。高野岩三郎・杉森孝次郎・森戸辰男・鈴木安蔵らをメンバーとする。第1回会合は同年11月5日新生社で開催。

けんぽうさつよう[憲法撮要] 憲法学者美濃部達吉の著作。1923年(大正12)に初版発行。統治権は法人としての国家にあり，天皇は最高機関として統治権を行使する，という国家法人説(天皇機関説)を中心に，立憲主義的な憲法理論を展開しており，幾度も重版されている。美濃部の憲法学は大正中期以降，憲法学会では定説化していたが，35年(昭和10)貴族院の一部や右翼勢力の美濃部排撃によって国体明徴運動が展

開され，同年4月発禁となる。

けんぽうじゅうしちじょう［憲法十七条］十七条憲法とも。604年(推古12)に聖徳太子が作ったとされる法令。「日本書紀」同年4月条に全文を載せる。のちの律令や近代法とは異なり，官人に対する道徳的訓戒や臣下としての服務規律をまとめたもので，普遍的人倫としての和の尊重を説いた第1条以下，君臣関係の絶対性や臣下相互の協調，官人の心構え，民への慈愛などをのべる。その多くは儒教思想にもとづくが，三宝(仏法僧)を敬えとする第2条などは仏教思想であり，信賞必罰(第11条)や公私の峻別(第12・15条)を強調する点には法家の影響も認められる。官人に対する君主の道徳的訓戒は，中国南北朝時代の六条詔書などの例があり，その影響をうけた可能性が指摘される。江戸時代から偽作説があり，律令国家が形成される段階で太子に仮託して作られたとする見解もあるが，必ずしも説得的ではない。文体からは古い時代の特色も指摘され，推古朝時代のものとして扱うのがふつう。古代の日本で官僚制が成立するのは，大化の改新後7世紀後半のことで，推古朝の国制の基本は族制的な結合にもとづく世襲制であったが，他方この時期には，朝廷の品部のようなかたちで整備されるなど，すでに官僚制的な政治機構の萌芽がうまれつつあった。前年の603年に冠位十二階が制定されたこともそうした動きに関連し，憲法十七条の制定と軌を一にしている。

けんぽうそうあんようこう［憲法草案要綱］1945年(昭和20)12月27日，憲法研究会会員7人が発表し，首相とGHQに提出された憲法案。主権在民，総理大臣の各省大臣任免権，寄生地主制廃止，改憲規定をもつ。

けんぽうちょうさかい［憲法調査会］1957年(昭和32)岸内閣が設置した日本国憲法再検討のための審議機関。現行憲法の自主的改正を掲げる自由民主党の主導で，1956年5月憲法調査会法が成立し，同法にもとづき翌年7月自民党・緑風会所属の国会議員20人および学識経験者19人を委員として発足。同会ははじめ超党派で組織される予定であったが，改憲阻止を掲げる社会党が終始一貫して参加を拒否したため，憲法改正問題をめぐる保守・革新両勢力の対立が深まった。同会は，その後足掛け8年にわたり計131回の総会を開き，公聴会や海外調査を実施し。64年7月に改憲論31と改正不要論7の両論を併記した憲法調査会報告書を池田内閣および国会に提出，解散した。

けんぽうもんだいちょうさいいんかい［憲法問題調査委員会］明治憲法改正問題について審議をするため，1945年(昭和20)10月，幣原内閣に設置された非公式の委員会。マッカーサーの示唆をうけ，松本烝治を委員長に美濃部達吉ら3顧問，宮沢俊義ら7委員で発足。当時のおもな憲法学者を集め，首相官邸を舞台に7回の総会，15回の調査会を開催。翌年2月8日，改正を最小限に抑えた「憲法改正要綱」(松本私案)をGHQに提出したが，マッカーサーに拒否され，委員会は事実上消滅。

けんぼっかいし［遣渤海使］入渤海使とも。日本から渤海国に派遣した外交使節。728年(神亀5)渤海使高斉徳を本国に送る使として遣わされた引田虫麻呂に始まり，811年(弘仁2)まで総計13回に及ぶ。ほとんどは渤海使を送る送使だったが，帰途に渤海使を伴うこともあった。「延喜式」によれば，構成は大使・判官・録事・訳語生(通訳)・主神(神主)・医師・陰陽師・史生・船師・射手・卜部・雑使・船工・柁師・傔人・挟杪・水手からなる。安史の乱の情報がこの使節によってもたらされ，藤原仲麻呂の新羅征討計画に結びついたとされる。

けんみんし［遣明使］室町時代，日本から中国の明の皇帝に派遣した使節。明の太祖洪武帝は，大宰府の地を押さえた南朝の懐良親王に使節を送り，入貢を求めた。懐良親王は当初通交を拒否したが，1371年(応安4・建徳2)以降使者を派遣。足利義満も使者を送っている。一時通交は断絶したが，1401年(応永8)明との通交関係を開くため，義満は同明衆の祖阿と，博多商人の肥富を派遣して，日本国王に封じられた。以後1547年(天文16)まで，19回遣明船を派遣。1404年以降の17回は勘合を所持し，日本国王の表文・別幅を持参する正使(第1号船に乗船)には五山僧が選ばれた。これは，使節に外交交渉が可能な高い教養と，貿易を行う事務的能力が要求されたためである。

けんみんせん［遣明船］ ⇨勘合貿易

けんむいらいついか［建武以来追加］室町幕府が，鎌倉幕府制定の追加法に加え建武年間以降新たに定めた追加法令を集成した法令集。建武式目の追加ではない。室町幕府は御成敗式目を基本法典とし，鎌倉幕府の制定した追加法を引き継いでいる。条文総数は最大の群書類従本で210条。伝本は3系統といわれ，尊経閣文庫本は1485年(文明17)室町幕府奉行人飯尾兼連の書写による現存最古の写本。内閣文庫本は群書類従本と尊経閣文庫本の中間形態。他の諸本の条文をほぼ網羅する群書類従本は最も後に成立した。尊経閣文庫本の原型が応永末年頃にいったん成立し，以後，群書類従本まで次次にわたって増補拡張したと推定される。

けんむき［建武記］「建武年間記」「建武二年記」とも。建武政権の法令や，職員の交名

などを集めた書。編者は不詳。南北朝初期の成立か。法令や交名は,1334年(建武元)から36年(建武3・延元元)にかけてほぼ編年に並ぶが,年号の注記は信用できない。建武政権研究の基礎となる重要史料で,その施策,政権を構成する人材,雑訴決断所などの機構を時間的変遷とともに一覧できる。政権を揶揄する「二条河原落書」をはじめ,月食についての僧亮禅の文書や,右筆奉行人の松田氏に関する雑訴決断所牒も含む。15世紀後半,幕府奉行人清定が問注所町野氏伝来の本を書写し,その写本が転写されて流布した。「群書類従」所収。

けんむしきもく [建武式目] 1336年(建武3・延元元)11月7日,中原章賢(是円)ら8人が足利尊氏の諮問に答えた答申。実質的に室町幕府開創の基本方針である。王朝勢力の本拠である京都に幕府を開くためには,幕府の理念・施策も変えるべきことを進言するもので,御成敗式目のような法令ではない。形式は答申書である勘文だが公布されたらしい。作成時期は,後醍醐天皇が捕えられ建武政権が崩壊した直後。8人の答申者は,下級俗僧の是円をはじめ公家・武家の法曹官僚で,足利直義だに近い。諮問は,第1に幕府を鎌倉におくか京都に移すか,第2に今後の政道にどのような法を採用すべきかを問う。答申は,鎌倉からの移転は世論に従うべきこと,政道に関しては,17カ条が示され,京都の治安回復や経済活動保護の必要を唱え,守護を行政能力により任用する必要性を強調。寺社訴訟の抑制などを求めた。政治の理想像として,鎌倉幕府の執権政治とともに,公家政権側の理想である延喜・天暦の治も重視する。

けんむねんかんき [建武年間記] ⇨建武記

けんむねんじゅうぎょうじ [建武年中行事] 有職故実書。3巻。後醍醐天皇著。1334年(建武元)成立。宮中の年中行事を月ごとにまとめ,仮名を用いて記述する。建武新政の初期に書かれたことから,その内容とともに,形骸化していた天皇の政治力の再興とその絶対化を目的としたと思われる。一条兼良の「公事根源」の下敷きともなった。「群書類従」所収。

けんむのしんせい [建武の新政] 1333~35年(元弘3~建武2)に後醍醐天皇により行われた公家一統(天皇の公武統一支配)の政治。天皇の権限の制約を認めず親政を理想とする後醍醐は,1321年(元亨元)院政を廃止。さらに武家政権の否定すなわち鎌倉幕府打倒の計画を進めたが,正中の変・元弘の乱の失敗で隠岐に配流。しかし幕府滅亡により,33年6月,後醍醐は伯耆から帰京し新政に着手。中央に記録所・恩賞方・雑訴決断所・武者所・窪所の諸機関を設置。諸国には国司と守護を併置したが,守護の職権を削減し,国司が守護の指揮命令権を国司に移管した。大内裏の造営や造幣を計画し,また王朝国家の体制であった官職の譜代相伝化を否定する人事を断行,家格・門閥をもたない楠木・名和・結城氏など一部の腹心を専制支配の手足として重用した。後醍醐は天皇にすべての権限が集中する独裁体制の樹立をめざしたが,現実には個別所領安堵法の撤回,決裁権をもつ雑訴決断所の設置,地方統治機関である陸奥・鎌倉両将軍府の設置など,構想の修正・後退を余儀なくされた。家格や慣例を無視した人事や貴族層の不満をかい,所領政策の失敗や恩賞の不公平は武士層の動揺と反発を招き,地方では反乱が続発。武家政治復活をのぞむ武士層の信望を集めていた足利尊氏が,35年7月におこった中先代の乱鎮定のため東下して後醍醐から離反するに及び,新政はわずか3年たらずで崩壊し,南北朝内乱が始まった。

げんめいてんのう [元明天皇] 661~721.12.7 在位707.7.17~715.9.2 奈良前期の女帝。阿閇(陪)皇女・日本根子天津御代豊国成姫天皇と称する。天智天皇の第4皇女。母は蘇我倉山田石川麻呂の女姪娘。草壁皇子の妃となり,707年(慶雲4)子の文武天皇の譲位の意思をうけて即位。710年(和銅3)平城京に遷都したのをはじめ,藤原不比等らの補佐を得て律令政治を推進した。715年(霊亀元)女の氷高内親王(元正天皇)に譲位。その後も宮廷に重きをなした。

けんもんせいけ [権門勢家] 「けんもんせいか」とも。権勢のある家。封戸や禄などの国家給付をうけた五位以上の貴族は,その財力をもとに荘園経営を行い,平安時代に権門・貴族などと称される院宮王臣家に発展した。彼らは墾田開発に地元の豪族・有力百姓や一般農民を組織し,また地方の小荘園主を庇護下において大規模荘園経営を実現する一方,中央政府や国衙の介入を実力で排除し,ついには合法的に不輸不入権を獲得して,国家・社会の基本構成要素となった。

けんやくれい [倹約令] 江戸時代,幕府・藩が武士や領民に対し質素倹約を督励し,贅沢を禁じた法令。幕府の倹約令は「御触書集成」の「倹約之部」にまとめられている。大名・旗本に対しては元和・寛永期から「武家諸法度」や「諸士法度」で倹約を要求。また彼らの驕奢を禁じる法令を数多く発し,1649年(慶安2)には倹約を「天下御掟」として諸大名に令達。百姓・町人に対しても,江戸初期から折にふれ衣食住,冠婚葬祭などに細々とした制限を加え,倹約を奨励しながら分相応の生活を強制した。

江戸中期以降の緊縮財政下では,諸役所の経費節減を求めたものが出されるようになった。享保・寛政・天保の各改革時には各方面に倹約令がくり返し発令され,違反した者はきびしく罰せられた。

けんゆうしゃ [硯友社] 明治期の文学結社。1885年(明治18)大学予備門の尾崎紅葉・山田美妙・石橋思案,一橋高等商業の丸岡九華は回覧雑誌「我楽多文庫」発刊を決め,社名を硯友社とした。活版非売本・発売本,改名して「文庫」と変遷しながら89年の終刊までに43冊をだした。この間,川上眉山・広津柳浪・江見水蔭・大橋乙羽らが参加。美妙の脱退後「新著百種」の企画が成功し,90年代には文壇の中心勢力となる。紅葉門下に泉鏡花・小栗風葉・徳田秋声・柳川春葉らが結集。日清戦争後に深刻小説(悲惨小説)・観念小説をうんだが,1903年の紅葉の死を境に自然消滅した。趣味的文学観から出発し,西鶴模倣をへて写実主義へ発展した風俗小説といえるが,次代の文学を準備した功績は大きい。

げんようしゃ [玄洋社] 旧福岡藩士によって組織された国家主義・大アジア主義の政治団体。1881年(明治14)成立。「皇室の敬戴,本国の愛重,人民権利の固守」を掲げた。前身の向陽社時代は土佐の立志社とも連携し,民権に積極的であったが,玄洋社は国権拡張に力点を移した。当初の主要メンバーは箱田六輔・平岡浩太郎・頭山満・進藤喜平太ら。条約改正反対運動では社員来島恒喜が大隈重信外相に爆弾を投ずるなど,対外強硬の実行派として活動。韓国・中国に人を派遣し,商業活動,現地の政治家との接触,さらには政治家の日本招請など対外活動にも積極的であった。第2次大戦後,国家主義の右翼団体としてGHQにより解散。

けんれい [県令] 明治前期の県の行政長官の官職名。1871年(明治4)の廃藩置県以後,11月2日の府県官制の改正により全国は府と県に統合され,府の長官は知事,県の長官は令と定められた。廃藩置県後の人事では旧藩主ではなく,赴任先と無関係の者を選ぶことが原則で,とくに幕末維新の功労者が多かった。86年の地方官官制で,府県ともに知事を行政長官とすると改正された。

けんれいもんいん [建礼門院] 1155〜1213.12.13 高倉天皇の中宮。名は徳子。平清盛の次女。母は平時子。1171年(承安元)12月,後白河上皇の猶子として入内。女御となり,翌年2月,中宮に立てられる。78年(治承2)安徳天皇を生み,81年(養和元)院号宣下。この間,源氏の蜂起による内乱が勃発。83年(寿永2)7月,平氏一門は安徳天皇と女院を伴って都を落ち,85年(文治元)3月,長門国壇ノ浦の戦で滅亡。女院は安徳天皇とともに入水したが,女院のみ救助されて京都に送還。同年5月出家し,大原の寂光院に移って余生を送った。

げんろう [元老] 明治憲法のもとで天皇にかわり首班選考や内外重要政策に関して助言・決定にあたった長老政治家。はじめは伊藤博文・井上馨・山県有朋・大山巌・黒田清隆・西郷従道・松方正義の7人,のちに桂太郎・西園寺公望・大隈重信が加わった。内閣制度発足後,明治国家建設に大功のあった薩長の実力者が首班を選出し,首班選考規定のない明治憲法下でもこの手順が慣行となった。当初元勲・元老・黒幕ともよばれたが,桂園内閣期には元老のよび名が一般化した。1924年(大正13)西園寺1人となり,西園寺の活動停止後は内大臣,ついで重臣会議が首班選考にあたった。天皇から「元老優遇」の詔や御沙汰書をうけた者もいるが,基本的には他の元老の承認が第1条件であった。

げんろういん [元老院] 1875年(明治8)4月14日の立憲政体樹立の詔により,大阪会議にもとづく太政官改革の柱として設置された立法諮問機関。初代議長は有栖川宮熾仁親王,副議長は後藤象二郎。議官は国家功労者・学識者などから任命され,定員30人。定足数は3分の1,議決は多数決(同数は議長裁決)とされた。設立当初,同院は法律議決権や予算議定権をもつとされたが,同年11月の章程改正によりその権限は法案審議のみに限られ著しく弱体化した。翌年9月から国憲取調に従事,80年12月第3次案を上奏したが不採択となっている。同院改革の動きは多く,おもなものには80〜81年の一部議官の士族公選制導入への動きなどがある。90年10月20日,明治憲法施行にともない廃止。

げんろくきんぎん [元禄金銀] 1695年(元禄8)以降,江戸幕府が慶長金銀を改鋳して発行した金銀貨の総称。「元」の極印が打たれているので元字金銀ともいう。大判・小判・一分金,丁銀・豆板銀に加えて,97年には新たに二朱金が発行された。この改鋳は極印が見えにくくなった貨幣の追放や,金銀産出量の減少に対処して貨幣流通量の増加を図ることを名目としたが,金銀の品位を低下させたことによって幕府は莫大な出目(改鋳益金)を得た。銀貨より金貨の品位低下が大きかったため銀高相場となり,幕府はその解決策として1706年(宝永3)以降宝永改鋳を進めた。大判は享保大判の発行まで通用したが,他は順次宝永金銀に引き替えられた。

げんろくじだい [元禄時代] 狭義には「元禄」を年号とする1688〜1704年の17年間だが,一般

にはもっと幅広く, 5代将軍徳川綱吉が在位した1680～1709年(延宝8～宝永6)頃の約30年間をさすことが多い。幕藩体制の基礎がほぼ固まり,政治的には文治政治の時代といわれ,上方を中心とした流通経済の発展を基礎にして町人たちの学芸や文化が開花した。

げんろん・しゅっぱん・しゅうかい・けっしゃとうりんじとりしまりほう[言論・出版・集会・結社等臨時取締法] 太平洋戦争期の包括的言論統制法。1941年(昭和16)12月19日公布。戦時の社会秩序維持を目的とし,政党など政事結社の設立や政治集会,新聞の発行・出版を許可制とすることを定め,きびしい罰則を設けた。東条内閣は本法を利用して翌年の翼賛選挙を実施,選挙後は翼賛政治会以外の政事結社を事実上認めない方針をとった。45年10月13日廃止。

こ[戸] 戸主のもとに編成された律令法上の基本的単位集団。天皇・皇親以外の人々は,必ずどこかの戸に所属した。戸は,5戸で相互扶助・検察の単位である保をつくり,50戸が集まって里りを形成するというかたちで,国郡里制の地方行政組織の末端にくみこまれていた。戸令に戸主には家長をあてると規定され,家をそのまま法制上の戸とみなす建前であった。現存する古代戸籍にみられる戸はかなりの大家族で,これを当時の実態とみる考えもあるが,律令制の当初から家のような明確な社会的集団が一般に形成されていたことは疑問であり,徴税の単位として位置づけられたための法的な擬制を多少なりとも含むことが想定される。

ご[呉] 中国の三国時代の王朝(222～280)。後漢の末,孫堅けんが黄巾こうきんの乱の平定に功をあげ,江南に勢力圏を築いた。その子孫権けんは劉備りゅうびと結んで曹操そうそうを赤壁せきへきに破り,中国を三分。魏ぎの曹丕ひ,蜀しょくの劉備に続いて孫権も黄武と年号をたて,建業(現,南京)を都に建国。江南の農業開発を進めたが,孫権の死後,内乱がおこり,孫皓そんこうが晋に降って滅亡。日本では,赤烏せきう(238～251)の紀年をもつ青銅鏡が出土し,「日本書紀」は呉の紡績技術者の渡来を記録する。

ご[碁] ⇨囲碁いご

ゴア インド西海岸の港市。1510年ポルトガルが占領してインド総督をおき,東洋における貿易やキリスト教布教の中心地となった。16世紀後半,ポルトガル船がマカオ経由で日本へ来航,日本からも大友宗麟や豊臣秀吉が総督に書簡を送った。17世紀後半からはイギリスやオランダのアジア進出でポルトガルの地位が低下,疫病の流行などもあり衰退。1961年インドがポルトガル領を接収した。現在インド中央政府の直轄地区。

こいかわはるまち[恋川春町] 1744～89.7.7 江戸中期の戯作者。本名は倉橋格いたる。狂歌名は酒上不埒さけのうえのふらち。駿河国小島藩の留守居役。鳥山石燕のもとで絵を学び,謡曲「邯鄲かんたん」の筋に当世の遊里風俗を盛り込んだ「金々先生栄花夢」(1775)を画作。青本の概念を一変させて黄表紙の祖となる。以後,田沼意次と蝦夷貿易を題材とした「悦贔屓蝦夷押領よろこんぶきのえぞおし」や寛政の改革を風刺した「鸚鵡返文武二道おうむがえしぶんぶのふたみち」を発表するが,後者により筆禍をえて退役後に死去。自殺説もある。

こいしかわやくえん [小石川薬園] 江戸の小石川(現,東京都文京区)に設けられた江戸幕府直営の薬園。1684年(貞享元)に麻布の薬園を小石川白山御殿地に移して設立。はじめは約1万4000坪,木下道円が支配し,薬草の栽培と研究を行った。1721年(享保6)4万4800坪に拡張。翌年には園内に養生所が設けられ,35年には青木昆陽が甘藷を試作している。1868年(明治元)東京府管轄大病院附属御薬園となった。その後,小石川植物園と改称し,77年東京大学付属となる。

こいしかわようじょうしょ [小石川養生所] 養生所とも。1722年(享保7)江戸小石川の町医師小川笙船しょうの目安箱への建議にもとづき,江戸幕府が小石川薬園内に設けた施療施設。江戸市中の貧困な病人の救護を目的とした。町奉行支配のもと,笙船・林良適ら医師団と与力・同心など役人らからなる。収容人数ははじめ40人だったが,23年に100人,29年には150人に増加,江戸庶民の医療に大きな役割をはたした。1868年(明治元)医学所の所属となる。

こいずみしんぞう [小泉信三] 1888.5.4～1966.5.11 大正・昭和期の経済学者。東京都出身。慶大卒。1916年(大正5)英・独留学から帰国し,慶応義塾大学教授。33年(昭和8)塾長に選ばれ,第2次大戦後の47年まで在任。1945年5月戦災で重傷を負ったが再起。49年から皇太子の教育に参与し,皇太子妃の選定にも深くかかわった。59年文化勲章受章,65年東京都名誉都民。「小泉信三全集」全26巻・別巻1。

こいずみやくも [小泉八雲] 1850.6.27～1904.9.26 本名ラフカディオ・ハーン Lafcadio Hearn。ギリシア生れのイギリス人。明治期の随筆家・小説家。1890年(明治23)雑誌特派員として来日するが,同年英語教師として松江中学に赴任し,日本文化に関心をもつ。小泉セツと結婚し,熊本の五高へ転任。96年帰化後,上京し東京帝国大学で英文学を講じた。この間「日本瞥見記」「東の国から」などの随筆で,生活に密着した視点から日本を欧米に紹介。1904年アメリカで刊行された「怪談」は,日本の古典や民話などに取材した創作短編集。

こいそくにあき [小磯国昭] 1880.4.1～1950.11.3 大正・昭和期の軍人。陸軍大将。栃木県出身。陸軍士官学校(12期)・陸軍大学校卒。3月事件・満州事変の際の軍務局長。1932年(昭和7)2月荒木陸相のもとで陸軍次官となる。同年8月から関東軍参謀長兼特務部長として建国直後の満州国に影響力を行使した。35年12月から38年7月まで朝鮮軍司令官を務めた後,予備役に編入。平沼内閣・米内内閣の拓務相。第2次大戦の緒戦のドイツ軍の勝利に乗じた過激な南進論を主張。42年5月から朝鮮総督。44年7月,東条内閣のあとをうけて内閣を組織したが,戦局の急激な悪化のなか,45年4月に総辞職。戦後,A級戦犯として終身刑をうけ,巣鴨収容所内で病死。自伝は獄中で執筆した「葛山鴻爪かつざんこうそう」。

こいそくにあきないかく [小磯国昭内閣] 陸軍大将小磯国昭を首班に成立した内閣(1944.7.22～45.4.7)。東条内閣瓦解後の後任首班は陸軍長老とされ,小磯と寺内寿一ひさいちが候補にあげられたが,寺内は南方軍総司令官の要職にあったため朝鮮総督の小磯が浮上。重臣の近衛文麿の主張をいれ海軍の長老米内みつまさ光政への協力要請というかたちで組閣を行った。戦争完遂を施策の第1にかかげ,戦争指導の一元化の観点から大本営への首相の列席を求めたが拒絶され,1945年(昭和20)3月に天皇の特旨で大本営参列が認められたときにはすでに遅かった。この間,レイテ決戦の敗北など戦局は急激に悪化し,密かに進めた対重慶和平打診(繆斌びょう工作)も失敗,米軍の沖縄本島上陸直後の4月5日に総辞職。

ご・いちごじけん [5・15事件] 海軍青年将校・陸軍士官候補生と農民を含む民間右翼団体の愛郷塾が,1932年(昭和7)5月15日にひきおこしたテロ・クーデタ未遂事件。事件の中心には,古賀清志・三上卓・後藤映範・橘孝三郎・大川周明らがおり,一人一殺による社会覚醒を夢想した血盟団事件に続く事件と位置づけられる。首相官邸では犬養つよし毅首相を射殺しているが,内大臣官邸・政友会本部・三菱銀行には軽度の損傷を与えただけで憲兵隊に自首。愛郷塾関係者による変電所襲撃も失敗。三上卓の檄「日本国民に檄す」は,腐敗する政党・軍部・官憲・財閥,軟弱外交を批判した。犬養は満州国不承認,上海事変早期妥結,議会主権擁護を主唱していたため,その態度が格好の攻撃対象になったとみられる。裁判は海軍・陸軍・民間にわかれて行われたが,農村の窮状について訴えた被告に世論が同情し,無期懲役以下の軽い判決が下された。事件後,財閥は転向し,挙国一致内閣の成立をみた。

ごいちじょうてんのう [後一条天皇] 1008.9.11～36.4.17 在位1016.1.29～36.4.17 一条天皇の第2皇子。名は敦成あつひら。母は藤原道長の女上東門院彰子。1011年(寛弘8)三条天皇の皇太子に立ち,16年(長和5)践祚する。このとき立太子した敦明あつあきら親王(三条天皇の皇子)は翌17年(寛仁元)に皇太子を辞退し,かわって後一条天皇の同母弟の敦良あつなが親王(後朱雀天皇)が立太子した。同年,摂政は道長から頼通に継承された。男子はなく,中宮藤原威子(道長の女)所生の女子2人(章子・馨子けいし)がある。

こいつみ [肥富] 「こいとみ」とも。生没年不

詳。室町中期の博多商人。瑞溪周鳳の「善隣国宝記」によると、応永年間初めに中国の明から帰国、足利義満に日明両国の通信の利を説き、義満は1401年(応永8)に遣明船を計画したという。肥富は副使として、正使祖阿と入明。翌年、明使天倫道彜らと一庵一如らを伴い帰国。義満は日本国王に封じられ、日明関係が成立した。以後の遣明使節は五山僧が勤めたが、博多商人が任じられたのは異例。

こいほう [古医方] 漢の張仲景著の「傷寒論」を柱とする古典医書の精神を重視する、江戸前期におこった古方派の医家。名古屋玄医・後藤艮山・吉益東洞・香川修庵・山脇東洋・尾台榕堂らがその代表。室町～江戸前期の日本の医学は中国の金元・明医学が主流であった。これを後世方といい。ところが宋代から明・清代の中国の一部に「傷寒論」を重視する学風がうまれ、これに触発されたのが日本の古医方のはじまりである。陰陽五行説など中国自然哲学の影響を濃厚にうけた後世方と異なり、実証主義精神に根ざすものとされる。後世方派が奉じた金元医学は朱子らの宋学を背景とするが、古方派は宋学を批判した伊藤仁斎らの古学派に呼応する。なかでも吉益東洞は万病一毒論を提唱し、大衆医家の支持を得た。

こいわいのうじょう [小岩井農場] 1891年(明治24)岩手山麓(現、岩手県雫石町)に開設された日本最大の資本家的農場。鉄道庁長官の井上勝が岩崎家の資本援助と入会地の払下げをうけ、輸入の種畜や農機具を中心に経営を始めた。小岩井の名は、この両者と三菱の顧問小野義真の姓の頭をとったもの。後に三菱合資会社の直営となり、高級種牛や競走馬、バター、チーズなどの農畜産物を販売し、資本家的大経営へ発展。第2次大戦後の農地改革で牧野1000余町を解放したが、現在でも農場経営は続いている。

ごいん [後院] 平安時代、天皇が私産として営んだ邸宅をいい、付属する荘園などの管理主体も後院と称した。親王時代の私邸や外戚・側近から提供された邸宅で、冷泉院と朱雀院は、累代の後院として歴代天皇に継承された。別当・預・蔵人などからなる後院司がおかれ、別当には主要な公卿が補任された。院政期以後は、時の治天の君の管理下におかれた。京の荒廃にともない廃絶したが、江戸時代に上皇不在時の仙洞御所の称として復活した。

こう [興] 「宋書」倭国伝に記される倭の五王の1人。5世紀後半頃の王。済の世子で武の兄。済の死後に王となった。462年、中国南朝の宋に遣使して世祖孝武帝から安東将軍号を与えられた。名前のうえからは積極的な根拠に欠けるが、済と武との系譜関係から安康天皇である可能性が強い。允恭天皇とする説もある。

こう [講] 本来は経典を講説する僧衆の集会のこと。のちに信仰行事とそれを担う集団、さらに共通の利益のための世俗的な行事とその社会集団をいう。9世紀に入ると法華経の読誦が流行して法華八講が広まり、一般に法会に講の名称をつけるようになった。やがて法会を担う崇敬者の集団も講名とよばれ、さまざまな信仰集団にも用いられた。山の神講・海神講・氏神講・鎮守講・宮座講・観音講・地蔵講・念仏講・富士講・出羽三山講などがある。世俗的な集団も講でよばれるようになり、頼母子講・無尽講などがある。

ごう [号] 別号とも。実名や字とは別に用いられる人名呼称法。他人によらず、当人がみずからの思想・個性などを仮託して自称したものをいう。発生的には中国宋代に由来するが、日本では鎌倉時代の禅僧に広まったのを最初とする。室町時代には公家・武家にも広まり、江戸時代には学者や文人・画家なども雅号として用いるようになった。寺院の山号、商家の屋号もこの類。

ごう [郷] 古代の地方行政組織の単位。大宝令の施行により開始された国郡里制では50戸を1里として編成したが、律令国家の地方支配の強化のため、717年の霊亀3年式(旧説の霊亀元年は3年の誤りか)によって、それまでの里を郷と改称し、その下にさらに里を設置した郷里制がしかれた。郷は50戸から編成され、郷内から郷長1人が任じられたが、現実の自然村落とは無関係な行政上の単位であった。郷里制は740年(天平12)頃廃止されて地方組織は国一郡一郷となり、律令国家の地方統治の基本単位は郷となった。しかし10世紀以後、地方社会の変動にともない郷はすたれて荘園公領制へと移行し、たんに公領の一定地域をさすようになった。

こうあいん [興亜院] 日中戦争下、中国に関する政治・経済・文化諸政策の企画執行事務にあたった内閣の外局。1938年(昭和13)12月16日設置。総裁に首相、副総裁に外・蔵・陸・海の4相が就き、その下に親任官待遇の総務長官をおいた。軍部・企画院が対中国政策統合の必要を説いて設置を要求。軍部には宇垣一成外相和平交渉をつぶす意図もあり、同年9月に宇垣が辞任、外務省も押し切られて設置された。42年大東亜省設置により廃止。

こうあほうこうび [興亜奉公日] 1939年(昭和14)8月8日、平沼内閣が国民精神総動員運動の一環として閣議決定した。国民が「戦場ノ労苦」をしのんで生活の簡素化を図るため毎月1

日に設定された。42年毎月8日の大詔奉戴日に変更された。

こうあん [公案] 禅の問答、または問題。本来は官庁の調書・案件を意味する言葉だが、師が弟子を試し、または評価する意味の禅語となる。具体的には、祖師の言葉・言句・問答などをさす。禅の問答は、時と所を異にして第三者のコメントがつくのがふつうで、はじめになにも答えられなかった僧にかわる代語や、答えても不十分なものには別の立場から答えてみせる別語など、第2次・第3次の問答をうみだした。最初の問答を本則または古則・話頭・話則として、参禅工夫する禅を公案禅または看話禅という。古則を集めた挙古、韻文の頌をつける頌古、散文のコメントを集めた拈古など公案集が編纂され、「碧巌録」「無門関」は、それらの代表的著作。

こうあんじょうれい [公安条例] 交通秩序を保全し公共の秩序を維持するために、地方公共団体が集会やデモ行進を規制し取り締まる条例。1948年(昭和23)10月大阪市が朝鮮人学校閉鎖問題に端を発したデモの頻発を背景に、占領軍の指示をうけて「行進及び集団示威運動に関する条例」を制定したのが初例。以後同種の条例の制定があいついだが、49年東京都で制定の際、反対する人々が都議会に押しかける事態もあった。

こうあんのえき [弘安の役] 1281年(弘安4)モンゴル(元)・高麗軍による日本侵攻。文永の役後の1275年(建治元)元は杜世忠らを派遣して再度服属を要求したが、鎌倉幕府は杜世忠を鎌倉竜口で斬殺。79年南宋を滅ぼしたフビライは日本再征を決意し、81年1月に日本遠征出発の命を下した。遠征軍は、忻都・洪茶丘らが指揮するモンゴル人・漢人3万と金方慶らが指揮する高麗人1万の計4万人、900隻の東路軍と、アタハイ(阿塔海)・范文虎らの指揮下で、南宋の降兵を主体とする10万、3500隻の江南軍の2軍にわけられた。東路軍は5月3日、合浦(現、韓国慶尚南道)を出発し、対馬・壱岐を攻め、一部は長門を侵攻、主力は6月6日博多湾に進む。しかし、防塁や日本軍の激しい防戦で上陸を阻まれ、壱岐さらに肥前国鷹島に退いた。江南軍は6月18日に浙江で南部の慶元(現、寧波)を出発し、7月に平戸島付近で東路軍と合流し、7月27日鷹島に移動。しかし激しい暴風雨にあい、閏7月1日元軍はほぼ壊滅。被征服民が主力の元軍は戦意に乏しいうえ、両軍の連絡が悪く、作戦面の不備がめだった。第3回の遠征も計画されたが、フビライの死により中止。日本の防備体制は鎌倉末期まで異国警固番役が継続し、九州に鎮西探題が設けられるなどその後も続いた。

こうい [更衣] 古代の令外のキサキの一つ。女御の次に位置し、五位または四位。皇子女をもうけた後は御息所とよばれたが、出身が皇親氏族・藤原氏・橘氏など有力氏族以外の更衣所生の皇子女は源氏となった。成立は9世紀初期で、桓武朝との説もあるが、確実な史料上の初見は嵯峨朝。本来は天子の衣がえに奉仕した女官であり、「西宮記」によれば女蔵人らに下知し、天皇の日常の御盥や朝膳に奉仕することを日課とした。

こういんねんじゃく [庚寅年籍] 690年(持統4)庚寅の年に作成された戸籍。689年6月に飛鳥浄御原令が施行されると、ただちに浮浪を掌握して、人民を登録地に固定した状態で造籍し着手し、翌年9月に戸令にもとづいて戸籍を作るよう命じている。人民をその居住地で把握する、地域原理による編戸と一体になった造籍の最初のもの。50戸1里制にもとづく村落の編成が全国規模で行われ、6年ごとの定期的造籍の先駆ともなった。

こうえきこくさんこう [広益国産考] 大蔵永常の農学書。8巻。第1・2巻は既刊の「国産考」にあたり、全巻脱稿は1844年(弘化元)。永常死後の59年(安政6)に全巻刊行。1巻は特用作物と農具一覧、2巻以下に栽培・加工を説明。日用の食用作物・果実・嗜好作物のほか、養蚕・織物・砂糖・紙・櫨蝋などに関する60種に及ぶ産物とその加工技術を詳述。農家の自立経営の安定向上が一国の利益になるとする農学思想のもと、加工原料作物の栽培、国産の奨励をして殖産興業をめざす。近世後期から進展めざましい商品貨幣経済に対応した商業的農業を提唱するすぐれた技術論である。「岩波文庫」所収。

こうえきぞうもつ [交易雑物] 古代に諸国が正税で購入して進上する物品。8世紀前半の天平年間に郡稲が正税に混合されると、中央で必要な品を国衙の正税で交易して進上させるようになり、諸国正税帳にその記事が残っている。8世紀後半～9世紀前半に交易雑物制は拡大し、延喜民部式に各国の毎年の品目・数量を規定しているが、調の総量の2割強にも及ぶ。交易制は調庸制と2本立てで、調庸で納入されない必要物品を調達する実質的な補完制度といえるが、「延喜式」には絹・布など調庸と同じ品目も含まれ、中央政府の需要と調庸による貢納との量的差を補塡する面もあった。

こうおつにん [甲乙人] 中世の一般民衆を示す身分呼称の一つ。凡下と同じ。もとは甲の人、乙の人といった特定されない第三者を示した。鎌倉幕府法では所領・所職をもたない雑人

えんをさす。幕府は御家人所領が甲乙人に移動することを強く警戒し，所領・所職の保有や御家人化を規制した。侍身分である侍品(さぶらいぼん)と区別されて，きびしい身分規制をうけた。御家人にとっては凡下と同様，一種の蔑称・悪口であった。

こうか [考課] 律令制で官人の成績評価のこと。考は官人の勤務評定，課は貢挙人の試験評価。養老令では，毎年本司の評定にもとづき三位以上は奏裁，五位以上は太政官が裁定して奏聞，六位以下は式部・兵部両省(りょうしょう)が裁定して太政官に報告する。官職に応じて9等から3等の考第(こうだい)があり，所定の年数の考第を通計して位階の昇進が決定される。なお浄御原令(きよみはらりょう)制下では毎年の評定で毎年叙位され，大宝令で官級による考限が定められた。

こうかいえんりゃくさく [航海遠略策] 幕末期の長門国萩藩士長井雅楽(うた)が唱えた，日本の対外進出を推進する政策論。文久年間に雄藩は競って朝廷工作を強めるが，萩藩では1861年(文久元)3月長井の建議にもとづき，航海遠略策をもってのぞんだ。これは朝廷の鎖国攘夷論を海外進出策に転じさせることで，幕府と朝廷の融和を図ろうとするものであった。長井は同年5月京都，7月江戸で関係者を説得したが，藩内の尊攘派を中心に反発を招き，翌年6月失脚。

こうかいかいせん [黄海海戦] ❶日清戦争における最大の海戦。1894年(明治27)9月17日，伊東祐亨(すけゆき)中将の日本連合艦隊12隻と丁汝昌(ていじょしょう)提督の清国北洋艦隊12隻とが交戦した。北洋艦隊は5隻を撃沈され，巨艦定遠・鎮遠も大破。日本は大破2隻のほかは被害軽微。黄海の制海権を日本が掌握し，平壌攻略とともに日清戦争の帰趨を決定づけた。
❷日露戦争における海戦。1904年(明治37)8月10日，旅順を脱出してウラジオストクの艦隊と合同しようとするロシア太平洋艦隊に対し，東郷平八郎大将の日本連合艦隊主力がこれを阻止しようとした。ロシア艦隊は数隻を撃破され，旅順に退去して以後再び出撃しなかった。

こうかいしょうれいほう [航海奨励法] 海外航路の拡張をめざした法律。1896年(明治29)3月公布。1000総トン以上，速力10ノット以上，船齢15年未満の鉄または鋼製汽船の海外航海に対して，トン数・速度・航海距離に応じた奨励金を下付した。99年に改正，輸入数に対する支給率を半減して国内造船業の保護をはかり，欧州・北米航路を特定助成航路に指定して同法の対象外し補助額の維持を図った。以後，保護政策は特定航路助成と航海奨励法の2本立てで進められた。

こうがいたいさくきほんほう [公害対策基本法] 国民の健康と生活環境を守るために公害防止の基本事項を定めた法律。高度経済成長下の公害の激化を背景に，1967年(昭和42)8月公布。経済調和条項が公害対策を妨げているとの批判が高まり，70年のいわゆる公害国会で全面改正され，調和条項を削除。大気汚染・水質汚濁・土壌汚染・騒音・振動・地盤沈下・悪臭の典型7公害に対する施策および公害防止事業の費用負担原則，中央公害対策審議会の設置などを規定し，具体的な環境基準は個別規制法で定めている。ただし対象範囲が公害問題に限られているため，地球環境問題には十分対応できないとして，93年(平成5)11月環境基本法が制定された。

こうかいどうひ [広開土王碑] ⇨好太王碑

ごうがく [郷学] 郷校とも。江戸～明治初期の教育機関の一つ。江戸初期の岡山藩の閑谷(しずたに)学校，1717年(享保2)設立の摂津国平野郷の含翠(がんすい)堂などが著名。設立が盛んになるのは19世紀に入ってからで，明治初年にも多数創立された。郷学の性格は多様で，藩校の分校的存在，藩営による庶民教育機関，庶民の組合の組織による地方学校の3種に大別できる。教育史的に注目されるのは，幕末・維新期に爆発的に増えた3番目の地方学校で，明治期の小学校の短期間での多数設立の一母体となったとされる。ただしこの種の郷学も性格・教育内容は地域によって多様で，分布度に濃淡も多く，いまだ未解明の領域である。

こうかくてんのう [光格天皇] 1771.8.15～1840.11.19 在位1779.11.25～1817.3.22 閑院宮典仁(すけひと)親王の第6王子。初名師仁(もろひと)，のち兼仁(ともひと)。生母は大江磐代(いわしろ)。1779年(安永8)後桃園天皇の死に際し養子に立てられ践祚。89年(寛政元)父典仁親王に太上天皇の尊号を贈ろうとして幕府に反対された尊号事件がおきる。1817年(文化14)皇太子(仁孝天皇)に譲位したが，院政を行う。強烈な君主意識で朝儀の再興に努める。没後に漢風諡号と天皇号とをくみあわせた諡(おくりな)が，950年ぶりに復活。中宮は後桃園天皇の皇女欣子(よしこ)内親王(新清和院)。

こうかしゅんじゅう [耕稼春秋] 加賀国金沢藩の十村(とむら)役土屋又三郎が，1707年(宝永4)に著した農書。7巻。北陸地方を代表する農業技術書。稲・大豆・畑作のほか，田地の面積計算，農具を図入りで解説している。写本は2系統にわかれ，それぞれ数点確認される。又三郎は後年「耕稼春秋」巻1の「耕稼年中行事」の絵図化を試み，城下町金沢近郊農村の年間の農作業と農民生活を極彩色で描いた「農業図絵」を完成させた。「日本農書全集」所収。

こうかじょうやく [江華条約] ⇨日朝修好条

こうかとうじけん [江華島事件] 雲揚艦事件とも。1875年(明治8)日本軍艦が朝鮮砲台を砲撃した事件。朝鮮国との関係打開のため、日本は釜山から帰国した森山茂外務少丞の建議した軍艦による威嚇の方針をとり、雲揚・第2丁卯の2艦を朝鮮近海の航路測量などに派遣。雲揚艦は朝鮮半島西海岸の示威行動中、9月20日江華島に近い漢江の支流に投錨、淡水補給の名目で艦長井上良馨よし海軍少佐らがボートで遡行すると、草芝鎮砲台から砲撃され本艦に戻り応戦。仁川港対岸の永宗鎮を報復攻撃し、陸戦隊が上陸攻略して砲を奪いとり、官衙かん・民家を焼き払い、長崎に戻った。日本側は朝鮮に問罪の遣使を艦船5隻で送って江華府で交渉し、翌年日朝修好条規締結により開国させた。

こうかろん [黄禍論] 黄色人種が興隆して白色人種に禍をもたらすであろうという思想・政治的議論。元来は中国人に対する警戒から唱えられたが、日清戦争での日本の勝利に刺激されて表面化し、日露戦争でのロシアに対する日本の勝利後はいっそう激しく主張された。アメリカにも波及し日本人労働者の排斥、学童の隔離教育、移民禁止など排日気運を激化させた。代表的な黄禍論者としてはドイツ皇帝ウィルヘルム2世が著名である。

ごうかん [合巻] 草双紙の一類。本来は書籍の製本様式の一名称。文学史では製本様式のいかんを問わず、1807年(文化4)以降の草双紙をいう。黄表紙は絵画から筋を重視するた伝奇的色彩を強くし、長編化する傾向にあった。しだいに5丁1冊の様式では冊数が増大して製本が煩瑣になるため、数冊分を合冊製本することが試みられた。1806年1月に江戸で西宮新六が刊行した式亭三馬作・初代歌川豊国画「雷太郎強悪いかずちたろうごうあく物語」は、この製本様式をとりいれた最初とはいいがたいが、意識的な試みであり、様式変革に大きな影響力をもったため、文学史ではこの作品出現を画期とする。

こうかんのうちもんだい [降官納地問題] 辞官納地とも。1867年(慶応3)の王政復古にともなう徳川将軍家の処遇問題。倒幕派は徳川家の権威をそぎぬかぎり王政復古は有名無実に終わると考え、同年12月9日の小御所会議で徳川慶喜よしのぶの内大臣の官位辞退と領地返上を主張。慶喜を新政府の首班に擬していた徳川親藩や高知藩山内豊信とよしげらはこれに抵抗し、軍事衝突の回避を理由に徳川慶勝よしかつと松平慶永よしなが周旋にあたった。その結果、年末には慶喜は前内大臣と称し、采邑の費用を徳川家と大名が分担するという条件で、新政府の議定に迎えられることになった。会津藩や旗本の不満によって勃発した鳥羽・伏見の戦は、この政治的勝利を無に帰した。

こうぎ [公儀] 私事でない公的なこと。武家に対する朝廷・公家を表す言葉として使われたが、正当な公権力の担当者としてしだいに武家政権が認識されると、将軍家や幕府を意味するようになった。とくに広く用いられたのは江戸時代で、公儀御仕置・公儀林・公儀普請・公儀差などのように、江戸幕府の代名詞として使われた。また幕府権力に対しては私的な存在の藩権力も、内部においては公儀とよばれる場合があった。公儀掛り・公儀者のように世の中・世間という意味でも用いる。

こうぎこくぼうこっか [広義国防国家] 総力戦準備には軍備増強だけでなく、国民体位の向上や資本主義の修正などをも考慮すべきだとする日中戦争期の陸軍統制派の考え方。1934年(昭和9)10月の「国防の本義と其強化の提唱」(陸軍パンフレット)に示された。

こうぎしょ [公議所] 明治初年の立法諮問機関。五カ条の誓文の趣旨の具現化のため、1869年(明治2)3月各藩代表たる公議人を集め、東京の姫路藩邸内に設立された。設立・運営の担当者は山内容堂(豊信)・福岡孝弟なからが公議政体派であり、神田孝平たかひら・森有礼ありのり最新の知識をもつ洋学者を起用して西欧流の議会制度導入をめざした。22回の会議で14の議案が議論されたが、廃刀案などの審議を通じて、反欧化色の濃い公議人と森ら運営委員が対立して空転、同年7月集議院に改組された。

こうぎせいたいろん [公議政体論] 幕末・維新期の公議輿論にもとづく会議制度による国家権力構想。ペリー来航による開国要求は、幕府独裁体制の維持を困難にし、朝廷・諸侯との政治的合意・結束を求めることになった。条約締結・将軍継嗣問題における一橋派の政治統合構想が原初で、文久期の公武合体運動をはじめとして1864年(元治元)の参予会議や67年(慶応3)の諸侯会議はその実現形態である。坂本竜馬の「船中八策」などの権力再編成構想にもこの発想がある。その後、薩摩の大政奉還建白を機に公議政体論は具体的となり、公議の担い手は藩主層から藩士・豪商農層へと広がり、西洋の上下議院論をとりいれる構想をうむ。維新政府も公議輿論を大義名分として五カ条の誓文と政体書をたうたのが、他方では天皇を絶対化する動きもあり、公議政体論はむしろ、明治政府に有司専制として批判した自由民権運動の国会開設要求にその理念が継承されることになる。

こうきゅう [後宮] 天子の住む殿舎の後方にある宮殿をさし、転じてそこに住む皇后以下の女性を意味した。大宝令に後宮官員令、養老令に後宮職員令があり、キサキとして妃(内親王四

品以上)2人・夫人(諸王諸臣三位以上)3人・嬪(おみな)(諸王五位以上)4人、後宮に働く女性として後宮十二司や氏女(うじめ)・采女(うねめ)が規定されている。「日本書紀」には妃などが記されているが、天智朝以前は潤色であろう。ただ、キサキに階梯があったことは認められ、また采女の制も古い起源をもつ。平安時代になると、女性は女御(にょうご)・更衣(こうい)へとかわり、尚侍(ないしのかみ)・御息所(みやすんどころ)・御匣殿(みくしげどの)など、さまざまな称号をもつ者が現れた。後宮十二司も内侍司以外はほぼ実質を失い、かわって皇后・中宮や有力な女御には多くの女房(にょうぼう)がつき従った。

- **こうきょ [貢挙]**「ぐこ」とも。秀才・明経(みょうぎょう)・進士(しんし)・明法(みょうぼう)・算・書などの試験の受験者を推薦すること。国学から推薦された者を貢人(こうにん)、大学から推薦された者を挙人(きょじん)といった。大学・国学で学問を修め、学内試験に合格して貢挙された挙人・貢人は、太政官での手続きをへて式部省で試験をうけた。合格すれば出仕を許されて官人になり、不合格の場合は、9年の在学年限内の者は本学に、年限の残っていない者は本貫(ほんがん)に帰された。

- **こうぎょういけん [興業意見]** 殖産興業に関する農商務大書記官前田正名(まさな)企画の膨大な調査・意見書。1884年(明治17)編纂。綱領・緒言・現況・原因・参考・精神・国力・地方・方針の9部編成。松方財政のもとでの各地の産業の危機的状況とその原因を検討し、さらに制定すべき諸法規をあげて救治策を示した。前田は農商務省主導で設置する興業銀行が重点部門に融資する構想をもっていたが、松方の財政政策とあいいれず、経済問題の調査資料的な編纂となった。

- **こうぎょくてんのう [皇極天皇]** 594〜661.7.24 在位642.1.15〜645.6.14 斉明天皇として在位655.1.3〜661.7.24 系譜上の第35代天皇。退位後重祚(ちょうそ)して第37代斉明天皇。宝(たから)皇女・天豊財重日足姫(あめとよたからいかしひたらしひめ)天皇と称する。押坂彦人大兄(おしさかのひことのおおえ)皇子の孫で、父は茅渟(ちぬ)王、母は吉備姫王(きびつひめのおおきみ)。はじめ高向王と結婚していたが、のち伯父の舒明天皇の皇后となり、中大兄皇子(天智天皇)・間人(はしひと)皇女・大海人皇子(天武天皇)を生んだ。舒明の死後に即位。在位の間、朝鮮の高句麗・百済(くだら)に政変が生じ、国内でも643年(皇極2)山背大兄(やましろのおおえ)王の変がおこるなど、政情は緊迫した。645年(大化元)蘇我蝦夷(えみし)・入鹿(いるか)父子殺害の政変(乙巳(いっし)の変)にあたり、同母弟の軽皇子(孝徳天皇)に譲位。のち孝徳の死にあたり、655年(斉明元)重祚した。その後も658年に有間皇子の変があり、661年には百済遺臣の救援のため軍を指揮して九州に赴いたが、病のため筑紫朝倉宮で没した。

- **こうきょまえひろばじけん [皇居前広場事件]** ⇨メーデー事件(メーデー じけん)

- **こうくうけんきゅうしょ [航空研究所]** 1918年(大正7)航空学科の研究機関として設置された東京帝国大学の付属研究所。第1次大戦で航空機の研究が急がれ、総長山川健次郎が計画。陸海軍の要望で21年に官制の航空研究所が発足。38年(昭和13)航研機が世界航続距離記録を樹立。45年廃止されたが、58年再び航空研究所が設置され、64年東京大学宇宙航空研究所、81年国立宇宙科学研究所へと改組された。

- **ごうぐら [郷蔵]** 郷村に設置された穀物倉庫。江戸時代、年貢米の保管用に建てられたのがはじまり。年貢米は収穫後、各村の郷蔵に納められたのち、幕領では江戸・大坂の幕府蔵へ、藩領では藩庫や市場へ回送された。江戸中期には、こうした年貢米の一時保管に加え、備荒政策の展開にともない貯穀蔵としても利用された。農民から供出された穀物が備蓄され、災害時に救済用に貸し付けられた。はじめ村役人の私蔵を利用することが多かったが、不正な出穀が発覚したため、幕府は1789年(寛政元)村負担による郷蔵の建造を命じた。蔵の管理は村役人にゆだねられ、貯穀・出穀の状況は帳簿に記帳された。

- **こうくり [高句麗]** 朝鮮古代の三国の一つ(前47〜後668)。高麗・狛とも書き、「こま」ともよぶ。伝説では、天帝を父、河伯(かわのかみ)の女を母とする朱蒙(しゅもう)(鄒牟(すうむ))を建国の始祖とする。前2世紀末、漢の玄菟(げんと)郡の治下にあった高句麗族がしだいに成長、はじめ桓仁(かんじん)(中国遼寧省)を都とし、209年に丸都(がん)城(中国吉林省集安市)に遷都した。313年楽浪郡を攻め、400年にわたる中国の郡県支配を消滅させた。4世紀後半からは百済(くだら)と交戦し、広開土王は倭兵をも撃退し、ついで長寿王は427年平壌に遷都して南下策を進めた。だが百済・新羅(しらぎ)との3国抗争は隋・唐の介入を招き、泉蓋蘇文(せんがいそぶん)の政変もかさなって、668年唐・新羅に滅ぼされた。

- **こうけ [高家]** 格式の高い名家、あるいは権勢のある家の意。江戸時代には、幕府に仕えて儀式・典礼をつかさどることを世職とした家、および職名。朝廷への使者、勅使・院使の接待、および その際の幕府の饗応にあたる幕府の指導、伊勢神宮・日光東照宮などへの代参、年賀賜盃時の大名への給仕などを担当した。1603年(慶長8)徳川家康の将軍宣下の際に、儀礼をつかさどった大沢基宿(もといえ)が起源とされる。その後、吉良・今川・品川・上杉・戸田・畠山・織田など、室町時代以来の名家が取り立てられてしだいに増加し、26家におよんだ。1723年(享保8)制定の役高は1500石。万石以下だったが官位は

高く，四位・五位の侍従，または少将にまで昇ることができた。

こうけい [公慶] 1648.11.15〜1705.7.12 江戸前期の三論宗の僧。丹後国生れ。1660年(万治3)東大寺の英慶に師事。1567年(永禄10)の兵火によって大仏が露座しているのを嘆き，幕府の許可を得て全国に勧進。1692年(元禄5)に大仏の修理を完成し，開眼供養を行う。翌年，この功により将軍徳川綱吉に拝謁。その後も西国に勧進を続けたが，大仏殿の落慶は死後の1709年(宝永6)であった。現在の大仏殿・中門・廻廊・東西楽門はこのときの再建。

こうけい [康慶] 生没年不詳。平安末〜鎌倉初期の仏師。運慶の父。東大寺・興福寺の復興造像で活躍。一門からは運慶・快慶をはじめ有力な仏師を多く輩出した。1188年(文治4)から翌年にかけて造立した興福寺南円堂諸像(不空羂索(ふくうけんじゃく)観音・四天王・法相六祖像)が現存。しかし四天王像は現中金堂の像が本来の像とする説が有力)は写実的で力強く，鎌倉新様式の胎動がうかがわれる。1177年(治承元)の蓮華王院五重塔の供養で法橋(ほっきょう)，94年(建久5)の興福寺総供養時には法眼(ほうげん)であった。96年の東大寺大仏殿の脇侍像と四天王像の造立が最後の事績だが，同年4月7日の銘をもつ伎楽面が東大寺と神童寺(京都府山城町)に現存する。

ごうけしだい [江家次第] 平安後期の儀式書。大江匡房(まさふさ)撰。本来は21巻あったが，巻16・21は散逸し，現存するのは19巻。最も形式が整備された儀式書といえる。「中外抄」「古事談」によると，匡房が関白藤原師通の依頼によってまとめたとされる。本文・割注は後人の改定がほとんどなく，匡房の撰んだ原文が残されている。内容は，朝廷における年中行事，臨時の仏事・神事，即位，政務のほか，摂関家などの行事も含み，朝賀の記述を欠くなど，院政期における儀式の変化を示している。後世，朝儀の手本とされ，注釈書に一条兼良(かねよし)の「江次第鈔」がある。古写本は比較的少ない。「新訂増補故実叢書」所収。

こうげんじじゅういちめんかんのんぞう [向源寺十一面観音像] 滋賀県高月町にある渡岸(とがん)寺観音堂(現，向源寺の飛地仏堂)の本尊像。檜材の一木造(乾漆併用)，彩色・漆箔仕上げ。図像的には頂上面を菩薩面とし，本面両後ろに各1面を配する頭上面の形式が珍しく，その造立事情は不明ながら大陸風を強くうけた天台系の造像とみられる。練達した彫口で端正な像容が表され，作風・技法から9世紀前半〜中葉の制作とされる。像高177.3cm。

こうけんてんのう [孝謙天皇] 718〜770.8.4 在位749.7.2〜758.8.1 称徳天皇として在位764.10.9〜770.8.4 阿倍内親王・高野(たかの)天皇・高野姫(たかの)尊とも称する。聖武天皇の皇女。母は藤原不比等(ふひと)の女光明皇后。738年(天平10)女性の身で皇太子となり，749年(天平勝宝元)聖武の譲位をうけて即位。752年東大寺大仏の開眼供養を行い，受戒して法名を法基(ほうき)と称した。758年(天平宝字2)大炊(おおい)王(淳仁天皇)に譲位。のち淳仁と不和となり，764年には その庇護者藤原仲麻呂(恵美押勝)を近江に敗死させ，淳仁を廃して重祚(ちょうそ)(称徳天皇)。重祚後は僧道鏡を重く用い，西大寺や平城京東院の玉殿，由義宮(ゆげのみや)などの造営工事を行うなどして政治・財政の混乱をまねき，貴族の反感をかった。皇嗣を決定しないまま，770年(宝亀元)死去。

ごうこ [郷戸] 律令制下の行政組織である里郷を構成する戸。厳密には717年(養老元)以降の郷里制下および740年(天平12)以降の郷制下の戸をさすが，通常はそれ以前も含めて郷戸という。郷里制下では内部に房戸(ぼうこ)を2〜3含む。現存の戸籍によれば，ほぼ20人前後で戸主のイトコ程度の範囲の父系親族および寄口(きこう)・奴婢からなる均等な戸が多いが，100人前後の戸や数人の戸もある。その性格をめぐっては，現実の家族をほぼそのまま把握したとする郷戸実態説と，50戸1里の規制や租税収取や兵士徴発のための単位編成，父系イデオロギーの導入など，種々の要因による人為的編戸を重視する郷戸擬制説とが鋭く対立し，戸籍論・共同体論・家族論にかかわる重要論点となっている。

こうごいし [神籠石] 1898年(明治31)小林庄次郎が福岡県久留米市の高良山(こうらさん)にある巨石列を「神籠石」として報告したのが最初。福岡県女山(ぞやま)や山口県石城山(いわきさん)など類似例が発表され，その性格をめぐって，城郭説と霊域説とが激しく対立して神籠石論争をうんだが，朝鮮の山城と技術的に関連した山城であることは確実。西日本に分布し，現在9カ所が確認される(岡山県大廻(おおめぐり)・小廻(こめぐり)山，愛媛県永納山の類似遺構は含めない)。構造は，大きな切石を隙間なく連ねた列石を根加めとする土塁と水門・門とからなり，9カ所とも築造方法は基本的には同じ。7世紀代に，大和朝廷によって交通上の要衝や政治的に重要な地点の近くに構築された。

こうごう [皇后] 天皇の嫡妻。以前から嫡妻的なキサキである大后(おおきさき)はいたが，皇后の称号が定着したのは天武朝と考えられ，大后と共通する面をもつが，まったく同一かどうかは未詳。大宝律令では，文書は令旨・啓，敬称は殿下と称されて平出(へいしゅつ)の扱いをうけ，また中宮職(名称は皇后宮職)の設置，天皇に関する条項の準用が規定されている。出自規定はない

が、光明皇后以前は皇族が大半を占め、逆に以後は、諸臣とくに藤原氏出身がほとんどである。一条天皇のときから2后がたち、皇后宮職・中宮職が設置された。なお贈皇后が3人おり、また媞子﹅内親王から天皇の姉や伯叔母が准母として立后される例が開かれた。明治期には「皇室典範」で出自を皇族や特定の華族に限ったが、現在そのような制限はない。

ごうこう [郷校] ⇨郷学

こうこうてんのう [光孝天皇] 830〜887.8.26 在位884.2.4〜887.8.26 仁明天皇の第3皇子。名は時康。母は藤原総継の女沢子。大宰帥・式部卿などを歴任し、一品に昇る。884年(元慶8)陽成天皇退位のあとをうけ、55歳で践祚。藤原基経を実質上の関白とした。関白の初例とされる。在位の間皇太子を立てなかったが、887年(仁和3)臨終に際し、皇子源定省(宇多天皇)の即位を望み、基経にその擁立を託して実現させた。

こうこがく [考古学] 考古学という用語は、明治10年代に英語のArchaeologyの訳語として使われ始めた。その原語はギリシアのアルケオロギアであり、古代学あるいは古物学というほどの意味。現代の考古学は、過去の人類が残したさまざまな遺構・遺物の研究によって人類の生活を復元し、その歴史を再構成することを目的とする歴史科学の一分野。研究範囲は、先史時代や古代に限らず、中世・近世あるいは近現代までも対象とする。研究の対象となる遺構・遺物は発掘によって得られる。発掘の結果得られた新しい資料や情報にもとづき、多様な人類史を再構成する。発掘は、層序や遺構の先後関係、発見される遺物の共存関係を確かめて行われる。さらに発掘された遺物や遺構は、型式学(論)や民俗学・民族誌などの方法を援用して研究され、最近ではさまざまな分野の自然科学との共同研究も盛んである。

こうごねんじゃく [庚午年籍] 670年(天智9)庚午の年に作成された日本最初の全国的戸籍。具体的記載内容は明であるが、のちの律令制下の戸籍が、人民をその居住地で把握する地域的編戸を原則としたのに対し、部民制・氏ﾞといった族制的な原理に強く規制されていたようである。このため律令制下では旧体制の記録として重視され、良籍訴訟・改氏姓などの局面から、身分・氏族の根本台帳として参照されることが多い。大宝・養老令では、通常の戸籍は30年で廃棄されるが、庚午年籍のみは永久保存と定められ、以後も内容を改変せず保存することを命じる法令がしばしば出されている。平安時代に入り、戸籍制度自体の空洞化とともにその役割を終えたものとみられる。

こうごのうみんせんそう [甲午農民戦争] 東学党の乱とも。1894年(甲午の年)、朝鮮南部一帯におこった農民反乱。朝鮮では1860年代以降各地に農民反乱がおこり、民衆宗教である東学が全土に広がった。朝鮮政府はこれを禁じて教祖崔済愚ズを処刑したが、民衆は教祖伸冤ｽの運動をおこし、やがて「斥和洋倡義」を掲げて圧政打破と侵略阻止を唱えた。94年全羅道古阜ﾌに農民蜂起がおこると、東学の教団組織を通して朝鮮南部一帯に拡大。朝鮮政府は鎮圧のため清国に出兵を求め、日本も対抗して出兵、日清戦争の契機となった。反乱軍は一時解散したが、日本軍が占領を続けたため再び蜂起し、翌年日本軍により鎮圧された。

こうごんてんのう [光厳天皇] 1313.7.9〜64.7.7 在位1331.9.20〜33.5.25 後伏見天皇の第3皇子。名は量仁ﾄ。母は広義門院寧子ﾔ。1326年(嘉暦元)後醍醐天皇の皇太子となる。31年(元弘元)元弘の乱により後醍醐天皇が廃され践祚ｿするが、33年鎌倉幕府滅亡により廃位。36年(建武3・延元元)足利尊氏に擁され院政を開始。52年(文和元・正平7)南朝に拉致され出家。帰京後は丹波国山国荘の常照寺に隠棲、同寺で没した。

こうさ [光佐] ⇨顕如ｽ

こうざいしょ [行在所] 天皇が行幸時に、臨時に滞在する場所。儀制令に規定がある。行宮ﾞが建物を重視するのに対して、天皇の居場所を重視した用語。具体的には臣下の邸宅・寺・官衙などを臨時に利用・転用した。「あんざいしょ」と読むのは中世以降か。

こうさく [告朔] 「ついたちもうし」とも。古代、毎月1日に諸司が朝堂院で前月の政務や官人の勤務状況を記した公文を献上し、天皇に報告を行った儀式。676年(天武5)が史料上の初見。儀制令の「延喜式」によると、弁官が諸司官人を率いて公文を朝庭の案(机)の上におき、大納言が天皇に奏上する。造東大寺司管下でも月別や季別に告朔の文書が作られており、諸国でも郡司が同様の文書を国司に提出した。朝堂院での政務が衰退した平安初期以降は1・4・7・10月の四孟月ﾆのみに行われ、平安後期には廃絶。

こうさつ [高札] 江戸時代、幕府や藩が法度類を民衆に周知させるため、横長の板札に墨書して高く掲示したもの。町の辻や橋のたもとなど人通りの多いところに建てられた。室町時代にも徳政・撰銭令ｾなどの札がみられた。江戸幕府の法度は早くから、撰銭令やキリシタンの取締令のほか法令の改正などが頻繁に高札で触れ出された。幕府の建てた高札は大名領内にも建てるよう要求され、その基本的なものが1711年(正徳元)に建てられた親子兄弟・毒薬札・駄賃札・キリシタン札・火付札の5枚の高札で、

これらは修正されることなく幕末期にいたった。このほか諸国浦々に建てられた浦高札や、特定の宿場・渡船場・関所にかぎり建てられた高札がある。1868年(明治元)明治新政府もいわゆる五榜の[掲示]を建てたが、73年撤去。

こうざは [講座派] 1930年代の日本資本主義論争で、山田盛太郎「日本資本主義分析」および平野義太郎「日本資本主義社会の機構」の主張・方法にほぼ賛同し、日本資本主義の発展とその矛盾を半封建的諸特質との関連で把握しようと試みた学派。「日本資本主義発達史講座」の主要執筆メンバーであったことにより、この名称が定着。労農派と激しい論争を展開した。日本農業における半封建的地主制の支配を認め、明治維新後の天皇制国家を絶対主義国家と規定するに特徴があり、その主張は、当時のコミンテルンの32年テーゼの主旨ともほぼ一致していた。代表的理論家は、山田・平野のほか、野呂栄太郎・羽仁五郎・服部之総らゃ・大塚金之助ら。講座派理論は、日本の社会科学諸部門のその後の発展に大きな影響をおよぼした。

こうざんじ [高山寺] 京都市右京区にある寺。栂尾とがのお山と号す。開創は未詳。鎌倉初期に文覚もんがくが神護寺の別院とした。1206年(建永元)後鳥羽上皇の命により明恵上人高弁が華厳宗の道場として再興。栄西から贈られた種子をもとに茶の栽培が行われた地として知られ、ここで産した茶は本茶とよばれ珍重された。30年(寛喜2)太政官符により四至しいじが定められ、絵図(重文)が製作された。室町時代は紅葉の名所として知られたが、のち兵火で多くの堂宇を失った。再興当時の建物としては国宝の石水院だけが現存。多数の典籍文書を蔵するほか、「明恵上人像」「鳥獣戯画巻」「華厳宗祖師絵伝」「仏眼仏母像」などの絵画はいずれも国宝。

こうし [貢士] 1868年(明治元) 1月、政府が諸藩に命じて差し出させた代議員。大藩3、中藩2、小藩1の定員で選ばれ、下しもの議事所に列して藩論を代表して議事に参加した。下の議事所・下局・貢士対策所と改称された諸機関のもとで、貢士は租税・外国条約などについて議し、徳川慶喜ょしのぶ処分・兵制確立などの重要課題の諮問に答えた。貢士の多くは留守居役の兼任で、近世以来の伝統で大勢順応に努めたが、付和雷同と非難され、5月28日、両者分離のため公務人の職が設けられ、貢士の称は廃止された。

ごうし [郷士] 江戸時代、農村に居住し武士的身分を与えられた者の総称。地域により存在形態や呼称は多様。一般に正規の家臣より一段低く扱われたが、給地を与えられ軍役を負担するなど藩家臣団の一員として位置づけられる。他方で農民同様に年貢地を耕作して農業経営を行うことも多い。郷士には中世の小土豪が兵農分離の際、武士にも百姓にもならず土着した場合と、近世に新田開発や献金により有力農民が郷士にとりたてられた場合がある。鹿児島藩の外城とじょう衆や高知藩の郷士など、西国の外様諸藩に多くみられた。生活様式は農民的でも郷士意識が強く、藩の郷村支配にはたした役割も大きい。幕末期には大和国吉野の十津川とっがわ郷士のように政治的に重要な活動を行う者もいた。明治期以降、多くは士族とされた。

ごうじ [郷司] 平安中期以降、律令制の地方行政単位の変化にともなって設置された地方行政職。10世紀には地方で郡以下の機構の解体・再編成が進み、郡と並んで新たに国衙こくが から直接に把握される郷が設定され、その責任者として国司によって郷司が任じられた。その呼称は11世紀初頭からの例が知られ、主として在地の有力者に世襲され、郷の官物徴収中心の職務にあたった。また国衙機構の在庁として国務に参画する者もあった。

こうしえんきゅうじょう [甲子園球場] 兵庫県西宮市に所在。1920年(大正9)大洪水の多かった武庫むこ川を改修した際、廃川となった支流枝川・申川の河川敷が阪神電鉄に払い下げられ、住宅地・遊園地・スポーツセンターを建設。のち24年に遊園地・スポーツセンターの核として野球場を開設し、その年の干支をとって甲子園球場と命名した。以降全国中等学校(高等学校)野球やプロ野球のメッカとなった。

こうしつざいさん [皇室財産] 国有財産から独立した皇室の所有財産。1876年(明治9)帝室費・皇族費が宮内省費から区別されて皇室財産独立の道が開けた。議会開設以前に議会の干渉をうけない皇室財産の確立が急務とされ、膨大な皇室財産の設定と整備がなされた。皇室財産は世伝御料と普通御料にわけられ、土地・山林・建物などの不動産、有価証券などの動産その他からなる。御料林からの収益、有価証券の利子配当金は国庫支出金をはるかに上回っていた。第2次大戦後、皇室財産の解体が進められ、大部分は財産税として物納された。日本国憲法の発効により、純然たる私有財産を除くすべての皇室財産は国有財産に移管されたが、皇居など一部は皇室用財産として皇室の用に供される。

こうしつてんぱん [皇室典範] 皇室制度を定めた基本法。1889年(明治22)大日本帝国憲法と同時に制定。憲法とならぶ最高法として議会の関与を許さず、改正増補するには皇族会議および枢密顧問の議を経て勅定することとされた。構成は、第1章皇位継承、第2章践祚即位、第3章成年立后立太子、第4章敬称、第5章摂政、第6章太傅たいふ、第7章皇族、第8章世伝御料、

第9章皇室経費，第10章皇族訴訟及懲戒，第11章皇族会議，第12章補則。制定当初は公布されなかったが，1907年（明治40）公式令にもとづき公布。第2次大戦後廃止。かわって47年（昭和22）帝国議会の議決による皇室典範が日本国憲法と同時に公布・施行された。

こうしつりょう［皇室領］ 皇室の所領。律令制以前には屯田㞍（御田）などがあり，律令制施行後にも勅旨田などが設定された。院政期に入ると後院㞍領のほか，長講堂領などの御願寺領，八条院領などの女院㞍領，神社領などのかたちでの荘園，院宮分国など，膨大な皇室領が形成された。南北朝の争乱のなかで南朝方の所領は消滅し，北朝方の所領も応仁の乱以降の群雄割拠，荘園制の解体のなかでしだいに失われた。織田信長・豊臣秀吉・徳川家康は禁裏御料として皇室領の回復・進上を行い，江戸時代には約3万石となった。幕末期には徳川慶喜㞍が山城国一国を献じたが，明治維新以降は皇室費は国費から支出されるとともに，皇室財産が設定されて皇室経済を支えた。

こうしびょう［孔子廟］ 日本では聖堂・聖廟とも。孔子を祀った建築。中国で伝統的に建造されたが，日本でも古代から大学寮内に廟社が設けられ，釈奠㞍が行われた。江戸時代に儒学が官学になってからは，各藩の藩校にも多数建設された。基本的形式は仰高門・入徳門を設け，中央正面に大成殿をおく。大成殿は正面5間，奥行6間で，正面内部に孔子像，左右に四配十二哲像などが祭られた。中国の例を規範としながら，日本化された要素も多い。代表例は湯島・足利学校・閑谷㞍学校の聖堂など。

こうしゃく［講釈］ 物語芸の一種。仏教の説教に発して太平記読みから軍談をへて，元禄（1688～1704）頃に登場し，天明期（1781～89）以降に盛んとなった。曲節をつけず，張り扇で釈台を叩いて調子をとりながら抑揚と緩急で人物や情景を活写する。初期は大道芸だったが，のち釈場㞍とよばれる専属の小屋をもち，時代物や世話物を口演した。明治期以後は講談とよび，新作も発表されたが，現在は低迷している。

こうしゅうがくせいうんどう［光州学生運動］ 1929年（昭和4）11月におきた朝鮮における反日学生運動。全羅南道光州での日本人中学生の朝鮮人女学生への侮蔑的発言をきっかけにデモや同盟休校などの運動が各地に広がり，194校，約6万人の学生が参加した。民族統一戦線組織である新幹会も支援したが弾圧され，翌年春には終息した。

こうしゅうきん［甲州金］ 甲金とも。室町末～江戸時代に都留郡をのぞく甲斐一国内で通用した金貨。金山開発が進んだ武田氏支配下ですで に金貨が発行されたが，江戸初期に松木氏が金座を命じられ鋳造を行った。1695年（元禄8）の元禄金銀の改鋳時に一時通用停止となったが，1707年（宝永4）から品位を下げて鋳造された。元禄以前を古甲金，改鋳後を甲安金とよぶ。11年（正徳元）にはさらに品位を下げたが，21年（享保6）から甲重金，27年から甲定金を鋳造して古甲金並の品位に引き上げた。はじめ一両金もあったが，主体は円形の一分・二朱・一朱金，矩形の朱中金（1朱の半分）などであり，量目の基準はおもに1両を4匁とする田舎目が用いられた。文政期以後幕府金貨が流入するなかで姿を消した。

こうしゅうそうどう［甲州騒動］ 江戸後期，甲斐国幕領でおきた打ちこわし。郡内㞍（都留郡）騒動ともいうが，打ちこわしの中心は国中㞍（山梨・巨摩・八代各郡）で，甲斐国幕領全域におよんだ。凶作・暴風による米価の高騰で困窮した都留郡の百姓が，1836年（天保7）8月，犬目村兵助㞍と下和田村次左衛門（武七）を頭取に米価引下げなどを要求しておきた。郡内の白野宿から笹子峠をこえた郡内勢は，無宿者らの参加で統制がとれなくなり，山梨県熊野堂村で引き上げたが，その後一揆は激化して国全体に広がった。打ちこわされた家は熊野堂村の米商人奥右衛門宅など319軒余。一揆後，磔の刑を言い渡された者を含め，117人余が牢死。逃亡した兵助の旅日記が残る。江戸では瓦版が発行された。

こうしゅうどうちゅう［甲州道中］ 江戸時代の五街道の一つ。江戸日本橋から八王子・甲府・上諏訪をへて，下諏訪で中山道と合流する。戦国大名により伝馬制がしかれた。慶長年間，大久保長安が代官屋敷をおいた八王子と江戸を結ぶ街道が整備され，郡内㞍（現，山梨県の旧都留郡域）の山間部改修により，寛和年間には宿駅制度が整った。はじめ甲州海道とよばれたが，1716年（享保元）から甲州道中の名称を使用。45宿あったが，小宿駅が多く，合宿㞍勤めや片継ぎなどの変則的な継立てを行う宿駅が多い。大名の通行は飯田・高遠・高島3藩のみだが，甲府が幕領となったため勤番士の通行が増えた。信濃・甲斐両国からの中馬㞍荷物の輸送路として栄え，中期以降宿駅との間で争論がおこった。

こうしゅうはっとのしだい［甲州法度之次第］ 「甲州式目」「甲州新式目」「信玄家法」とも。甲斐国の戦国大名武田信玄が制定した分国法。26カ条本と55カ条本の2種の伝本がある。前者が1547年（天文16）6月に制定された原型で，その後54年までの間に追加制定されたものをあわせて後者が成立したと考えられる。「高白斎記」は47年の法度を「甲州新法度」として

こうし

いるので，さらに原型となる法があった可能性もあるが，「新」は「御成敗式目」に対していった可能性もある。喧嘩両成敗法・宗論禁止・私的盟約禁止などの項目があり，全体に「今川仮名目録」の強い影響をうけている。「中世法制史料集」所収。

こうじゅんしゃ [交詢社] 明治初期に創立された社交クラブ。小幡篤次郎・馬場辰猪などの慶応義塾出身者が1880年(明治13)に創立。福沢諭吉を会長に，大隈重信・鍋島直大ら・後藤象二郎をはじめ華族・官僚・学者・地主・商工業者などが参加した。「交詢雑誌」を発行，81年立憲改進党につながる構想の私擬憲法案(交詢社憲法)を発表。大正期にも憲政擁護会結成の中心的役割をはたした。現在も社交クラブとして存続している。

こうしょう [康勝] 生没年不詳。鎌倉前期の仏師。運慶の四男と伝えられ，運慶統率下の造仏で活躍。建久末年，教王護国寺(東寺)南大門の仁王像，同寺中門の二天像の造立に参加。法橋位にあった1212年(建暦2)頃の興福寺北円堂諸像の復興造像では多聞天などの像を分担，18年(建保6)以前に行われた地蔵十輪院諸像の造立でも多聞天像を担当した。32年(貞永元)の法隆寺金堂阿弥陀如来像，33年(天福元)の教王護国寺弘法大師像，年次不明の六波羅蜜寺空也上人像が現存する。

こうじょう [公帖] 「くじょう」とも。公文ともとも。禅寺住持の補任状。五山・十刹・諸山の官寺とそれに準じる禅寺に対してだされ，院宣・綸旨形式もあるが，一般には幕府による御教書のかたちをとる。起源は定かでないが，1279年(弘安2)無学祖元に対してだされたものが現存最古。手続きはおもに将軍と僧録の間で行われた。受領者は幕府に官銭を収めたので，それを得るため実際には入寺しない坐(居成)公文なんがだされた。

こうしょうがく [考証学] 江戸中期以後の儒学の一派。先行の諸注にとらわれず経書の正しい解釈を求めた古学の方法を徹底し，経書を確実な典拠の考証によって客観的に明らかにしようとする学派。宋明学の主観的学風に対立してうまれた中国清代の考証学の影響も大きかった。ただ日本の場合，折衷学の井上金峨門の吉田篁墩に始まることが示すように，折衷学とわかにくい関係で現れる。そのほか「九経談」を著した太田錦城あるいは松崎慊堂・狩谷棭斎・安井息軒・海保漁村らが知られる。考証学の文献実証主義は，国学における日本古典研究にも影響を与え，明治期の漢学にひきつがれていった。

こうじょうかん [興譲館] 出羽国米沢藩の藩校。1776年(安永5)城下細工町(現，山形県米沢市)に創設。前身は1697年(元禄10)設置の学問所。職制を定め，細井平洲を招く。漢学・習礼を本とし，入学は希望・選抜とし，選抜生には藩費を給した。はじめ古学および徂徠学を旨としたが，文政年間から朱子学を主とした。1864年(元治元)類焼し，主水町に聖堂などを新築。廃藩置県後，皇学・洋学・医学・筆学・数学の5科とし制度を改めた。

こうしょうじ [興正寺] 京都市下京区にある真宗興正寺派の本山。円頓山と号す。文明年間仏光寺の経豪(のち蓮教)が本願寺蓮如に帰依したため追放され，もと仏光寺があった山科に一寺を構え，興正寺(仏光寺の旧号)と称した。以後本願寺との関係を強め，1535年(天文4)には一家衆付となり，69年(永禄12)脇門跡とされた。91年(天正19)から現在地。その後本願寺からの離脱をめぐり配流事件もおき，1876年(明治9)独立。

こうじょうせいしゅこうぎょう [工場制手工業] マニュファクチュアManufactureの訳語。機械制大工業以前の産業資本の生産形態。作業場に非家族労働者を集め，道具を用いて分業にもとづく協業を行う。イギリスでは16世紀半ば～18世紀半ばに工場制手工業が発達したが，マルクスはこの時代を，産業革命ののちも機械制大工業のうみだす相対的過剰人口を基盤に存在した「近代的マニュファクチュア」と対比して，「本来的なマニュファクチュア時代」とよんだ。日本でも幕末期までに，酒造業・金属精錬業・綿織物業などで工場制手工業が存在したが，開港後の資本主義化の前提として「マニュ段階」が存在したのかどうかは，長年論争のひとつとされてきた。

こうじょうはらいさげがいそく [工場払下概則] 官営工場払下げのため，1880年(明治13)に制定された規則。大隈財政は当初は官業の振興など積極財政を展開したが，末期には財政難・正貨危機のため緊縮財政に転換した。その一環として，大蔵卿大隈重信の提案で繊維・機械製作など赤字部門の官業払下げ方針を決定し，概則を制定した。概則では財政投資の回収を重視し，競争入札，営業資本の即時上納など条件を厳格にしたため，ほとんど実現しなかった。松方財政下の84年に，希望者が多い鉱山の払下げ方針を決定する一方，概則を廃止して個別に払下げ条件を決めることとし，随意契約で，しかも投下資本の3分の1以下の価格で無利子，かつ25～55年賦という有利な条件のもとで官業払下げが本格化した。

こうじょうほう [工場法] 日本最初の労働者保護法。1911年(明治44)公布，16年(大正5)施行。児童雇用の禁止，年少者・女子の労働時間規制と深夜業禁止，工場主の労災補償責任など

を定めた。紡績業・製糸業などにみられた年少の女子の長時間労働，とりわけ紡績業における2交替制の採用になどの深夜労働などの問題に対応することを目的とした。立法過程では原案が紡績業・製糸業の雇主の反対にあい，期限つきで深夜業を認め，適用対象工場の規模を職工15人以上とするなどの規定の緩和がなされて成立。さらに施行が5年後にひきのばされるなど，労働者保護の点でかなりの限界をもっていたが，深刻化しはじめていた社会・労働不安の緩和には役立った。

こうしょくいちだいおとこ [好色一代男] 浮世草子。8巻。井原西鶴作。1682年(天和2)刊。浮世草子の第1作となった画期的作品。「源氏物語」54帖にならい，主人公世之介の7歳から60歳までの54年間を描いた54章からなる。前半4巻は，世之介が諸国をめぐり好色修業をつむ内容で，後半は大金持となった世之介の三都の廓での遊興が描かれる。俳諧的要素の強い清新な文体や，古典のパロディー化，流行風俗の描写など，仮名草子とは異なる新しい風俗小説として幅広い読者の支持を得た。上方版のほかに江戸版，また模倣作が出版された。後続の浮世草子に強い影響を与えた。「日本古典文学大系」「日本古典文学全集」所収。

こうしょくいちだいおんな [好色一代女] 浮世草子。6巻。井原西鶴作。1686年(貞享3)刊。京都嵯峨の好色庵に隠棲する老尼がみずからの転落の生涯を懺悔するという設定で，舞子・妾・遊女・寺大黒・女祐筆・腰元・歌比丘・茶屋女・風呂屋者・二瀬女・惣嫁など，当時の好色風俗の諸相を女性の側から描いた24章からなる。小町伝説や「遊仙窟」の影響，あるいは「色道大鏡」との関連がうかがえる。「日本古典文学大系」「日本古典文学全集」所収。

こうしょくごにんおんな [好色五人女] 浮世草子。5巻。井原西鶴作。1686年(貞享3)刊。演劇や歌謡でよく知られた5件の恋愛事件を素材にした作品。お夏と清十郎の密通(巻1)，樽屋おせんと麹屋長左衛門下の姦通(巻2)，大経師おさんと茂右衛門の永遠(巻3)，八百屋お七と吉三郎の悲恋(巻4)，おまんと源五兵衛の恋(巻5)を描く。巻5を除き，いずれも悲劇的結末をむかえるが，個々の場面の趣向や，人間性あふれる人物造形が高い評価を得た。「日本古典文学大系」「日本古典文学全集」所収。

こうしょくついほう [公職追放] GHQが軍国主義者や極端な国家主義者を公職などから排除することを目的としてとった措置。1946年(昭和21)1月4日に出した官公庁への，戦争犯罪人，職業軍人，極端な国家主義団体の指導者などの解職と再就職禁止措置が得られた。47年1月に財界・言論界，地方公職にも該当者の範囲が広がり，48年5月までに20万3660人が追放された。翼賛政治会・大日本政治会などの戦時政治家も該当したので戦後の政治指導者交代に大きな影響を与えたが，財界人の追放には経済復興をめざすアメリカ本国からの批判も強かった。50年10月から追放解除が始まり，52年4月，サンフランシスコ講和条約発効で全面的に解除された。

こうしん [皇親] 天皇の親族。養老令では四世王(天皇の玄孫)までを皇親とし，天皇の兄弟・皇子を親王，それ以外を諸王と称する。五世王は王と称することができるが皇親に含ます，706年(慶雲3)皇親に含むよう改めたが，798年(延暦17)再び令制に復した。皇親は刑法上で六議の一つとしての特典をうけるのをはじめ，課役の免除，時服料の支給などさまざまな特典が与えられた。

こうしんじへん [甲申事変] 朝鮮の開化派によるクーデタ。壬午事変以後，清国を頼る閔妃一派の守旧派(事大党)政権に対し，改革をはかる金玉均・朴泳孝ら開化派(独立党)は，1884年(甲申の年)清仏戦争における清軍敗戦の報に接し，竹添進一郎日本公使の支援を求めて，武力改革実行を計画。12月4日，漢城(現，ソウル)の郵政局開設の祝宴中に決起，守旧派の要人を殺害し，翌日には開化派政権の政綱を発表。竹添公使も日本軍守備兵とともに王宮に入ったが，優勢な清国軍に敗れ，公使館は炎上，仁川領事館に退去した。新政権は樹立後3日で倒れ，開化派の洪英植らは殺害され，金・朴らは日本へ亡命。井上馨外務卿は事件後の善後処理交渉で竹添の責任問題を避け，漢城条約で決着。

こうしんしんこう [庚申信仰] 60日ごとにめぐってくる庚申の日に，共同飲食しながら徹夜して語り明かし，夫婦の交わりを禁じるなど各種の禁忌がともなう信仰。庚申の夜は三尸の虫が睡眠中の身体から脱けて天に昇り，天帝に罪過を告げるため，身を慎んで善行し，起き明かすという道教の説や，申を猿にかけて，猿を神の使いとする日吉山王の信仰，庚申を農耕神とする信仰などとも結びついて，室町末期から講を通して民間に広まった。60年ごとの庚申の年に限り許された女人の富士登拝も，この信仰の一形態。

こうしんせい [更新世] 洪積世・最新世とも。第四紀を二分した前期の地質時代で，約178万年前から完新世の始まる1万年前までの時代。その始まりは，古地磁気編年上のオルドバイイベント(179万～164万年前)をはじめ，氷河，人類，哺乳動物，海生貝化石群，海生動物群集などを基準にさまざまな定義のされ方がある。地

磁気が変化した約78万年前と約13万年前の最終間氷期最盛期とを境に,前期・中期・後期に3区分される。氷河時代・人類紀などとよばれ,氷期・間氷期のくり返しと人類の活動に特徴づけられる。考古学上では旧石器時代全体と縄文時代のごく初期に相当する。

こうしんせいじ [皇親政治] 古代の天武・持統朝から奈良時代前半にかけて存在した,天皇と皇族を中心とした政治形態。壬申の乱に勝利して即位した天武天皇は大臣をおかず,持統朝では皇太子草壁皇子の死後,高市皇子が太政大臣となるなど,天武天皇の皇子が中心となって政権を領導したと考えられている。文武朝に大宝律令が施行されて,太政官の構成が整えられたが,703年(大宝3)刑部親王が知太政官事に任じられたのをはじめ,8世紀中葉まで皇親がこの地位をついだのは,貴族勢力を押さえる役割をもったと考えられている。また長屋王や皇族出身の橘諸兄が首班となったのも皇親勢力の政権とする見解がある。

こうしんせいじんるい [更新世人類] 第四紀更新世(約178万〜1万年前)の化石人類をさす。原人・旧人・新人が含まれる。猿人の年代は第三紀鮮新世までさかのぼるので,初期人類全体をさすときは鮮新・更新世人類ということがある。日本の更新世人類としては,静岡県の三ケ日人・浜北人,愛知県の牛川人,沖縄県の港川人・山下洞人・ピンザアブ人などがある。

こうじんだにいせき [荒神谷遺跡] 島根県斐川町神庭にある弥生時代の青銅器埋納遺跡。1984年(昭和59)農道建設前の試掘を契機として,谷の南斜面から刃を立てて整然と4列に並べられた358本の銅剣を発見。すべてが中細形に属し,それまでに知られる全国の銅剣出土総数の約300本をはるかにしのぐ。翌年には,この銅剣出土地点から奥7mほど奥の斜面から銅鐸6個,銅矛16本が一括出土。銅鐸は鰭を立てて横たえ,鈕を互い違いにし,銅矛は銅剣同様,刃を立て切先を交互に差し違えた状態で出土。銅鐸は横帯文・袈裟襷文の文の複環鈕式と外縁付鈕式,銅矛は中細形と中広形に属する。これまで分布域が異なり,同時に出土することがなかった銅鐸と銅矛が共伴した最初の例で,銅剣の大量埋納とともに,青銅器の埋納の意味を新たに問いかける重要な遺跡である。国史跡。

こうしんづか [庚申塚] 長年にわたる庚申信仰を記念して庚申講員がたてた碑塔,またそれがある場所。16世紀のものが多いという。庚申を仏教では青面金剛とし,神道では猿田彦として三猿の画像を碑塔に刻み,講員の所属する村や氏名などが刻まれることが多い。60年に1度の庚申年に建立されることも広く行われた。猿田彦が塞の神さえの神に付会されて,村境などの境界にたてられることが多かった。

こうずけのくに [上野国] 東山道の国。現在の群馬県。「先代旧事本紀」国造本紀によれば,仁徳朝に毛野が上毛野・下毛野国が分立,8世紀初めから上野国と表記(多胡なき碑など)。「延喜式」の等級は上国。「和名抄」では碓氷・片岡・甘楽・多胡・緑野・群馬・勢多・利根・吾妻・那波・佐位・新田・山田・邑楽の14郡からなる。国府は群馬郡(推定地は現,前橋市)。国分寺と国分尼寺は群馬郡(現,群馬町)におかれた。一宮は甘楽郡の貫前神社(現,富岡市)。「和名抄」所載田数は3万937町余。「延喜式」では調庸は絁・布などで,中男作物は麻・席・漆・紙・紅花。東日本最大の太田天神山古墳(現,太田市)など多くの古墳が県南部を中心に広く分布。826年(天長3)以降は親王任国。939年(天慶2)平将門まさが国府を占拠。12世紀には新田荘が設置され,新田氏の拠点となる。室町中期は上杉氏が守護となり,守護代の長尾氏が勢力をはった。戦国期には上杉氏・武田氏・後北条氏が覇を競った。江戸時代には多くの譜代藩がおかれ,幕領・旗本領もあった。1869年(明治2)幕領・旗本領は岩鼻県とされ,71年の廃藩置県の後,群馬県となる。

こうせいしょう [厚生省] 1938年(昭和13)1月11日発足した国の行政機関。満州事変に始まる戦時体制下,結核が増加の一途をたどったため,戦争遂行の観点から陸軍省が1937年5月衛生省案を提出したことが発端となり,翌6月成立の第1次近衛内閣は保健社会省(仮称)設置要綱を閣議決定。これに対し枢密院では社会という文字を不適当とする委員もあり,「書経」に語源を求めて厚生省となったという。「国民保健,社会事業及労働ニ関スル事務ヲ管理」するものとされた。戦後の厚生省は49年5月の厚生省設置法によるもので,「社会福祉,社会保障及び公衆衛生の向上及び増進を図ることを任務」とする。2001年(平成13)1月,中央省庁再編により労働省と統合して厚生労働省となる。

こうせいとりひきいいんかい [公正取引委員会] 独占禁止法(1947制定)の運用にあたる機関。1947年(昭和22)7月発足。委員長と4人の法律・経済の学識経験者からなる合議制。内閣総理大臣が衆参両院の同意をえてメンバーを任命。公正中立を期するため独立の行政委員会の形態をとり,委員の身分保障を認めている。企業による独占的な取引や価格決定,ダンピングその他の不公正競争などを監視,調査・勧告し,さらには審判のうえ検察庁に告発する権限

ももつ。53年の独禁法改正で同法が有名無実化するとともに、同委員会の活動も消極化。73年の石油危機では闇カルテルの告発を行った。

こうせいろうどうしょう［厚生労働省］ ⇨ 厚生省 ⇨ 労働省

こうせきせい［洪積世］ ⇨ 更新世

こうせん［口銭］ 近世の取引上の手数料。荷受問屋は荷主から仲買への商品売買の中介をする際、荷主への前貸金の利息とともに、荷主・仲買の双方から売捌価格に対して一定の割合で手数料を得る。この手数料が口銭である。口銭の割合は問屋仲間によって異なっており、京都の糸綿問屋の場合は荷主と仲買の双方から売値の1％ずつ、あわせて2％の口銭、大坂の綿問屋では荷主から1.3％の口銭をとった。江戸では仕入問屋が多かったが、下り酒問屋は荷受問屋で、摂津国灘の荷主から3％の口銭を徴収した。

こうぜんごこくろん［興禅護国論］ 日本禅宗開創の宣言書で、宗義綱領をのべたもの。日本仏教史・思想史上で画期的なもの。3巻。1198年(建久9)に58歳の栄西が、禅宗は天台宗の最澄の教学に背くものではないとして、経・律・論（とくに天台宗の古徳の論釈）のなかに説かれている禅の要旨をのべる。禅をおこすことは王法護国をもたらすと考え、「仁王護国般若波羅蜜経」の題号を用いて書名とした。第1令法久住門、第2鎮護国家門、第3世人決疑門、第4古徳誠証門、第5宗派血脈門、第6典拠増信門、第7大綱勧参門、第8建立支目門、第9大国説話門、第10回向発願門からなる。

こうぞ［楮］ クワ科の落葉低木樹。樹皮の繊維は和紙の原料になる。聖徳太子が楮の栽培を普及させ、701年(大宝元)美濃・筑前・豊前各国の戸籍用紙に楮紙が使われるなど、古くから和紙の原料として広く利用された。江戸時代になると和紙の国産奨励策のため、栽培も盛んになった。とりわけ山間村落では貴重な収入源の一つであり、小物成が賦課されている地域もあった。

ごうそ［強訴］ ❶嗷訴とも。僧徒・神人らが集団で武器をもち、鎮守神を押し立てて朝廷や幕府に訴え要求をすること。平安中期に始まり院政期に活発化した。春日社の神木をかざした興福寺の強訴と、日吉社の神輿をかついで行った延暦寺の強訴が有名。また荘園制下の百姓も一揆を結び、領主のもとに全員で押しかけ、年貢の減免などを訴える列参強訴を行った。

❷江戸時代の百姓一揆の闘争形態の一つ。管轄役所で定められた手続きをふまないでなされた訴えの一種。「公事方御定書」は、大勢徒党を組んで代官陣屋へ押し込み、あるいは私領城下へ詰めて要求を訴える行為と規定し、頭取は死罪とした。17世紀末に出現し、18世紀以降頻発した、百姓一揆の典型的な形態となった。強訴中に激しい打ちこわしをともなう場合もある。

ごうぞくきょかん［豪族居館］ 古墳時代の首長(豪族)層が居住し、祭政の拠点とした遺跡。1981年(昭和56)群馬県三ツ寺Ⅰ遺跡で初めて確認された。弥生時代の環濠集落の中で成長してきた首長層は、古墳時代になって一般集落とは隔絶する居住域を営むようになる。方形・長方形の濠・柵列で囲われた中に大型建物・祭祀建物・祭祀遺構・住居・工房・倉庫などが配され、周辺の集落と隔絶する。近在する有力古墳の被葬者との関連も考慮される。名称を含めてその定義については、隔絶性・防御性・祭祀性・建物構成などの諸要素をめぐって議論があるが、古墳時代の首長層の性格や社会の階層構造理解への研究を大きく推進させる重要な遺跡。

こうそくどうろ［高速道路］ 自動車の高速交通に供する道路で、出入制限・立体交差・往復交通の分離を原則とした高速交通のための幹線道路。1940年(昭和15)から内務省土木局が主要道路整備事業調査を実施し、43年に全国自動車国道網計画を策定。東京—神戸間の調査が試みられたが、戦況悪化にともなって中断。51年に東京—神戸間の有料道路調査として再開され、57年には国土開発縦貫自動車道建設法が制定され、65年に名神高速道路、69年に東名高速道路が全線開通。同法は87年に第4次全国総合開発計画による約1万4000kmの高規格幹線道路の整備という提唱をうけて改正され、約3920kmの予定路線が追加された。現在供用中の高速道路は、関越・常磐・中央・中国縦貫・東北縦貫・東関東・北陸・北海道縦貫など。2000年(平成12)4月現在約6615kmを供用。

ごうそんせい［郷村制］ 室町～江戸時代初期にみられる自治的な村落制度。この言葉は、1940～60年代初め頃に学界で盛んに使われた。古代の郷とも荘園制下の国衙領の郷とも異なる、郷を単位とした協同的で自治的な加工した郷村が中世後期に新たに生み出され、荘園制を解体させる原動力になったという。荘園制にかわるものとして位置づけられた。郷村は、乙名などの指導者層を中心に成員全体が参加する寄合をもち、独自の掟を定めて自検断を行った。その点では惣村と同義だが、郷村制の場合、本百姓を中心とした近世郷村制と、その萌芽となる中世郷村制を連続するものと考え、統一政権が成立する過程で自治的性格が失われ、支配の末端を担う存在になっていく、とする。その後、この時期の村落を郷と村の重層構造とする視点も示された。

こうた [小唄]

(1)邦楽の分類用語。短詩型の歌で、端唄（はうた）・俗曲・民謡・流行歌（はやりうた）の総称。(2)邦楽の種目名。大正期の初め、端唄からおこった爪弾（つまびき）の三味線小歌曲は東京の花街ではぐくまれ、関東大震災後は江戸回顧の風潮に従って「江戸小唄」ともいわれた。流派は1917年(大正6)創立の堀派をはじめとし、田村派、夢乃派、春日派と続く。とくに朝鮮戦争後の好景気時には激増して、60年代にかけて200以上の流派が誕生、全国各地でもてはやされた。

こうた [小歌]

短詩型の歌謡。時代により内容は異なり、定義にも諸説がある。平安時代には、宮廷女官の唱える五節舞（ごせちのまい）の出歌（いだしうた）など、男性楽人の大歌（おおうた）に対する女性歌曲の総称であったらしい。南北朝〜安土桃山時代には、曲舞（くせまい）、平曲（へいきょく）などの座頭、早歌（そうが）たい、放下師（ほうかし）、田楽・猿楽法師などが伝承し、民衆から知識層の人々まで広く愛唱された諸種の歌謡の総称。江戸時代には弄斎節（ろうさいぶし）・投節（なげぶし）・古今節など民間の流行小編歌曲も含み、七五七五、七七七五など一定の詞型をもつ歌が多く、一節切（ひとよぎり）尺八・笛・鼓などで伴奏することもあった。今日では狂言の劇中歌や能の謡（うたい）の一部に、曲節のおもかげをしのぶことができる。

こうだいいん [高台院] 1549〜1624.9.6

北政所（きたのまんどころ）とも。豊臣秀吉の正室。杉原定利の女。名はお禰（ね）・寧子・吉子。1561年(永禄4)浅野長勝の養女として木下藤吉郎（のちの秀吉）と結婚。85年(天正13)秀吉の関白任官にともない従二位、88年従一位に叙任され、准三后（じゅさんごう）となる。秀吉没後、落飾して京都に隠棲し、東山に高台寺を建立。徳川氏から河内国内に1万3000石余の知行をうけ、豊臣氏滅亡後も待遇は変わらず、高台寺で晩年を送った。

こうたいおうひ [好太王碑]

広開土碑とも。正しくは国岡上（こくこうじょう）広開土境平安好太王陵碑。好太王の没後2年の414年、遺体を山陵に移したとき、子の長寿王が好太王の事績を顕彰する目的で建てた碑。当時の高句麗の王都国内（こくない）城（丸都（がんと）城はこれに接続する山城）の東郊、現在の中国吉林省集安県にある。高さ約6.2mの不整形の方柱。四つの側面全体に文字が刻され、全字数約1800字のうち約200字は欠損のため判読できず、その読解にもさまざまな議論がある。碑文の内容は、3段にわかれ、最初に始祖鄒牟（すうぼう）王の建国伝承と好太王の治政の特徴、建碑の経緯を記す。次に、好太王の事績を圧年号の永楽年を下にして記す。遼東の稗麗（ひれい）（契丹氏の一部族）や夫余（ふよ）との戦争も記すが、ほとんどが南方の百済（くだら）・新羅（しらぎ）および倭（わ）との戦闘・交流記事で、中国関係の記事は

みえない。そのうち、従来最も重視されてきたのが、永楽6年(396)条の前文にある「百残新羅旧是属民、由来朝貢。而倭以辛卯年来、渡海、破百残□□□羅、以為臣民」の部分で、倭が半島南部に進出し、百済・新羅に対して外交的優位にたっていたことを意味するとされてきた。続く6年・9年・10年・14年条では、高句麗が倭の援助をうけた百済を攻め、倭の侵略をうけた新羅を助けて倭と戦ったと記す。しかし、倭が大和王権であることは一般に認められているものの、どこまで歴史的事実であるかは理解がわかれている。碑文の最後には、王陵の守墓人が列挙されているが、これも当時の高句麗の政治力を知るうえでの貴重な史料である。

こうたいごう [皇太后]

天皇の母で后位に昇った者。大宝令では、皇后の上位に位置し、待遇は皇后に準じるものと規定された。『日本書紀』では前代の皇后を皇太后に尊称する記事があるが、後世の創作である。その後淳和・仁明両朝には前天皇の皇后を皇太后に尊称し、さらに平安中期に一后一宮職制が成立して以後、皇太后は必ずしも現天皇の母ではなくなった。

こうたいし [皇太子]

ひつぎのみこ・儲君（ちょくん）・春宮（とうぐう）・東宮・太子とも。皇位を継ぐべく定められた者。天皇の在位中に皇子・皇孫・皇兄弟などの皇親のうちから定められ、必ずしも皇子とは限らなかった。『日本書紀』では歴代天皇について皇太子を定める記事があるが、実際に1人の皇族を皇位継承予定者に定める制度が確立するのは、7世紀のことと思われる。律令制のもとでは、皇太子は令旨（りょうじ）とよばれる様式の文書を発行し、天皇が行幸などで不在の場合、天皇大権の一部を行使できる皇太子監国（かんこく）の制度も存した。皇太子のための官司としては春宮坊（とうぐうぼう）がおかれ、皇太子の経済を支えるため雑用料が毎年支給された。皇太子を定めることを天下に告げる立太子の儀も、8〜9世紀に整備され、醍醐天皇以後は、立太子にあたり護身の剣を天皇から賜ることが行われた。霊元天皇の1683年(天和3)以後、立太子の儀に先だって儲君を冶定することが行われたが、1889年(明治22)に制定された旧皇室典範では、皇位の継承は典範の定める順序に従って行われることとなり、皇嗣が皇子であれば皇太子、皇孫であれば皇太孫と称することとなって現在に及んでいる。

こうたいしき [交替式]

律令制下において、官人の交替に際しての規定を定めた法令集。「延暦交替式」巻末の奏文によれば、奈良時代にすでに国司の交替に関する勅書・官符・省例・問答などを集めた交替式という私撰の書があったという。官撰のものとしては「延暦交替式」が最初で、以後「貞観交替式」「延喜交替式」が

撰定された。延暦の式は国司のみの，貞観・延喜の式は京官・外官の交替に関する法令集となっている。

こうだいじまきえ［高台寺蒔絵］ 安土桃山時代に始まった蒔絵の新様式。京都東山に造営された高台寺の霊屋や豊臣秀吉夫妻愛用の調度類に施された蒔絵，またこの様式の蒔絵をいう。文様は金粉を蒔きつけただけの蒔放しとよばれる簡素な技法に，絵梨地や針描などの手法を交えて描かれる。デザイン面では，菊・薄などの秋草を主体に，菊桐紋を重ねた図柄が特色。本来，建造物の室内や，大量の調度を飾る目的で考案された技法だが，平明ですっきりとした表現には独特の魅力があり，江戸時代を通じて，この流れをくむ作品が大量に制作された。

こうだき［敲打器］ 一定以上の大きさと重さをもち，鋭い刃部や尖端部によって敲たく・打つ・割るなどの機能をはたした石器の総称。人類史上，猿人・原人段階に盛行したが，石器時代全般で利用された。片刃礫器・両刃礫器・握斧・鉈状石器（クリーバー）・鶴嘴状石器（ピック）などがある。日本列島では石斧・礫器以外の敲打器はあまり顕著でない。

ごうだてんのう［後宇多天皇］ 1267.12.1～1324.6.25 在位1274.1.26～87.10.21 亀山天皇の第2皇子。名は世仁。母は洞院佶子実체の女京極院佶子。1268年（文永5）皇太子となり，74年即位。在位中は父亀山上皇が院政をしいた。1301年（正安3）皇子の後二条天皇が即位すると院政を開始。18年（文保2）後二条の弟後醍醐天皇が即位し再び院政をしいたが，21年（元亨元）院政を停止，後醍醐天皇の親政がこの間1307年（徳治2）出家，法名は金剛性。院政をやめたのちは密教に専念する生活を送った。

こうだろはん［幸田露伴］ 1867.7.23/26～1947.7.30 明治～昭和期の小説家・随筆家・考証家。本名成行。別号蝸牛庵・脱天子など。江戸下谷三枚橋の幕府表坊主役の家に生まれる。兄弟に実業家幸田成常，千島探検の郡司成忠，歴史家幸田成友，バイオリニスト安藤幸がいる。東京図書館で漢籍・仏書・江戸雑書を独学。電信修技学校卒業後，北海道の余市に電信技師として赴任。のち帰京して1889年（明治22）「露団々」を発表。以後「風流仏」「対髑髏」「一口剣」「五重塔」などで愛の極致と求道への執心を描き，尾崎紅葉と並び称される。評論・随筆に「一国の首都」「讕言」「長語」など。大正期に「運命」「蒲生氏郷」などの人物史伝を，昭和期には「芭蕉七部集」評釈に精力をそそいだ。

こうだん［講談］ ⇨講釈

こうだんしゃ［講談社］ 野間清治によって1911年（明治44）11月3日に創立された出版社。野間は1909年に大日本雄弁会を設立し，翌年雑誌「雄弁」を創刊して成功をおさめていたが，雑誌「講談倶楽部」創刊のため同社を設立。以後「少年倶楽部」「面白倶楽部」「婦人倶楽部」「少女倶楽部」などの雑誌を刊行。25年（大正14）「おもしろくて，ためになる」大衆雑誌「キング」の創刊を機に，大日本雄弁会と合併して大日本雄弁会講談社となった。「キング」は日本の雑誌ではじめて100万部を突破。第2次大戦後は，戦争責任を追及されて全役員が辞職するなど危機に直面したが再興し，55年講談社と改称。

こうちき［小袿］ 女装で，肌着と表着の間に着用する袿を小型にしたてたもの。平安時代には女房装束を略す際，唐衣と裳とを省略し重ね袿姿にするが，時として袿の最上部をはなやかな織物にして裾短にしたて唐衣代とし，小袿と称した。鎌倉時代には小袖に紅袴，単ひとえに袿を3領または5領重ねた三衣・五衣姿の上に着用し，定まったときは表着の上に小袿をつけた。鶴岡八幡宮の神服の小袿は表地に二陪織物，裏地に穀紗を，中陪として平絹を加えた三陪の捨身である。戦国期以降，女房装束が中絶し，表着も袿もすべて「おめり」と称する表地の周辺に裏地をのぞかせる様式になると，おめりの部分のわずかな幅に中陪をいれて三陪重らしくみせ，小袿と称するようになった。

●● 小袿

小袿
張袴

こうちけん［高知県］ 四国の南半分を占める県。旧土佐国を県域とする。1871年（明治4）廃藩置県で高知藩であった地が高知県となった。74年愛媛県に属していた沖ノ島・鵜来島・姫島（現，宿毛市）が高知県に移管された。76年名東県の廃止により阿波国全域を編入したが，80年分離して徳島県となり，現県域が確定した。県庁所在地は高知市。

こうちせいしゅうらく［高地性集落］ 稲作に

不適な、眺望のよい高地にある弥生時代の集落跡。畑作集落説、祭祀遺跡説、見張り台や狼煙台または逃城的役割をはたした防御・軍事的機能をもつ集落説などがある。数軒から20軒をこえる竪穴住居跡で構成され、基本的には平地の集落とかわらないが、環濠や焼土のつまった土坑をもつ例や、武器としての石鏃の出土などもあり、日本の弥生社会の歴史的理解ともからんで軍事的機能が有力視されている。各地に分布するが、典型的な例は兵庫県会下山遺跡、香川県紫雲出山遺跡など瀬戸内海・大阪湾沿岸部に数多くみられ、弥生中・後期に何回か営まれた。この現象を軍事的緊張関係の反映とみて、この時期の西日本の政治的状況から説明する意見が強い。そのなかには「魏志倭人伝」などにみえる倭国の大乱の記事に対応する状況が含まれていたであろうと考えられている。

こうちはん [高知藩] 土佐藩とも。土佐国高知（現、高知市）を城地とする外様大藩。関ケ原の戦後改易された長宗我部盛親にかわり、1601年（慶長6）山内一豊が遠江国掛川から土佐国浦戸に入封。03年居城を河中（のち高智、高知と改称）に移し、以後16代にわたる。藩領は土佐国7郡のうち20万2600石。2代忠義は朱子学者野中兼山を登用し、藩政を確立させた。長宗我部氏遺臣の不満解消と新田開発を目的とする郷土取立てが近世初期から行われたが、山内氏の家臣（上士）との差別は根深く、幕末の政争にも影をおとした。専売品に紙・漆・茶・樟脳など。1759年（宝暦9）設立の藩校教授館は、海南朱子学（南学）を教育の中核とした。宝暦・天明期には専売制の強化や天災により津野山一揆・池川紙一揆などがおこった。幕末期、15代豊信（容堂）は、吉田東洋を用いて藩政を主導するとともに幕政に参与。公武合体の立場をとって土佐勤王党を弾圧するなど、藩内の政争も続いたが、1867年（慶応3）大政奉還を将軍徳川慶喜に進言するにいたった。詰席は大広間。支藩に中村・高知新田両藩がある。廃藩後は高知県となる。

こうちゃくご [膠着語] 言語の形態に注目した伝統的言語類型の一つで、意味・機能の明確な形態素に語が分析できるような言語。トルコ語などのアルタイ諸語や日本語はこれに分類される。例えば、日本語 neko-tati-ni と トルコ語 kedi-ler-e は neko/kedi「猫」、tati/ler「複数」、ni/e「方向」のように意味・機能と形態素が対応する。ただし、一つの言語に膠着的特徴とそうでない特徴が同時にみられることのほうが一般的である。

ごうちょう [郷長] 律令制下の里の長である里長が、717年（養老元）の郷里制採用により改称したもの。任用方法・職掌などは里長と同じだが、8世紀後半〜10世紀には土地売券を作成したり、証判を加えたりした。同一人が村長と表記されることもあるが、郷長と同じものかどうかは不明である。

ごうちょう [郷帳] 江戸時代、幕府による国絵図作成事業の際、同時に作成された村名・村高を記載した帳簿。郷村高帳の略。原則として1国1冊作られた。江戸幕府は、慶長・正保・元禄・天保期の4度、国絵図・郷帳を作成したが、慶長のものは御前帳とよばれる。正保郷帳は、1644年（正保元）各国1人ないし数人の大名に作成が命じられ、村高のほかに田畑の内訳、新田の有無、干損・水損の別、山林の種別など元禄・天保郷帳に比べて詳しい記載が求められた。元禄郷帳は、97年（元禄10）諸大名に作成が命じられ、1702年までに提出された。天保郷帳は、幕府勘定所が直接作成にあたり、1831年（天保2）開始、34年に完成した。元禄・天保両郷帳の記載形式は、正保郷帳に比べ簡略である。元禄郷帳の石高が表高であるのに対し、天保郷帳では新田高などを含めた実高が記載された。

こうちょうし [貢調使] 調使・運調使とも。四度使よどのの一つ。諸国の調物物は近国は10月末、中国は11月末、遠国は12月末（夏調の糸は7月末）以前に国司官人により京進される。これを貢調使といい、調物物を実際に運搬する綱丁や運脚が従った。同時に調帳とその枝文を提出し、主計寮で照合・監査が行われた。775年（宝亀6）に調庸専当国司の目以上をあてることとし、781年（天応元）にはその名を計使に報告させるなど、きびしく監督した。

こうちょうじゅうにせん [皇朝十二銭] 本朝十二銭とも。和同開珎から乾元大宝

●•• 皇朝十二銭

銭文	銭種	発行年	天皇
和同開珎	銅・銀	708（和銅元）	元明
万年通宝	銅	760（天平宝字4）	淳仁
大平元宝	銀	760（ 4）	淳仁
開基勝宝	金	760（ 4）	淳仁
神功開宝	銅	765（天平神護元）	称徳
隆平永宝	銅	796（延暦15）	桓武
富寿神宝	銅	818（弘仁9）	嵯峨
承和昌宝	銅	835（承和2）	仁明
長年大宝	銅	848（嘉祥元）	仁明
饒益神宝	銅	859（貞観元）	清和
貞観永宝	銅	870（ 12）	清和
寛平大宝	銅	890（寛平2）	宇多
延喜通宝	銅	907（延喜7）	醍醐
乾元大宝	銅	958（天徳2）	村上

金銭・銀銭も表示した

に至る律令国家が発行した12種類の銅銭の総称。和同開珎・万年通宝・神功開宝・隆平永宝・富寿神宝・承和昌宝・長年大宝・饒益神宝・貞観永宝・寛平大宝・延喜通宝・乾元大宝の12種。私鋳銭の横行と貨幣価値の下落に対処するため、改鋳がくり返された。奈良時代の3種は銅を8割ほど含む比較的良質のものであったが、隆平永宝以降は改鋳のたびに品質が劣化し、銅と鉛を同量含むほどになり、形状も小型軽量化した。乾元大宝の発行を最後に国家の貨幣鋳造が断絶したのちは、平安末期に宋銭が流入するまで、交換手段として銭貨を用いない時代が続いた。

こうちょうしんせい [弘長新制] 鎌倉中期の弘長年間に発布された公家新制。1261年(弘長元)5月11日付と、63年8月13日付の二つある。弘長元年令は、同年が辛酉の年にあたったため、徳政の一環として発布された。21カ条だったことが知られるが、弘長3年令に継承された5カ条のほかは不明。また同年の2月、幕府も61カ条に及ぶ「関東新制条々」を発している。弘長3年令は天変を契機に徳政として発布、41カ条からなる。内容は、伊勢神宮に対する幣帛の興行などの神事・仏事関係、華美の禁止、朝廷公事の興行など。道祖神など辻祭の風流や華美の禁止とともに、飛礫の禁止、印地と称する悪徒の戒めもみられる。

こうでん [公田] 「くでん」とも。令本来の用法では、官に属する官田(屯田)や駅(起)田、乗田のような無主田をさす。無主田のうち乗田のみをさして公田という例もある。しかし8世紀半ば頃からは有主田で私田である口分田が公田とされた。初見は759年(天平宝字3)の越中国の東大寺領田図。この用法の変化は743年(天平15)の墾田永年私財法の発令で、班田収授の対象とならない有主田の墾田が出現したことにより、口分田をそれと区別するために生じたとみられる。こうして平安時代まで口分田と乗田をあわせて公田とする用法が一般的になるが、やがて荘園の本格的成立にともない、公領のことを公田とよぶようになった。鎌倉時代には荘園・公領を問わず、公的な検注をへて大田文に記載された定田をさして公田とよぶようになり、所当官物や一国平均役の賦課基準として利用された。室町時代には守護の段銭賦課の基準として利用されるに至る。

こうでん [功田] 功臣に対して与えられる田。不輸租田。功績の度合いに応じて、大功田・上功田・中功田・下功田の4等級があったが、具体的な田積については規定がない。大功田は世襲が認められ、上功田は曾孫まで、中功田は孫まで、下功田は子までの用益が認められた。大功田の例は藤原鎌足など知られにわかに知られず、中功田も例が少ない。壬申の乱の功臣や律令制定者らには中功田・下功田が与えられた。唐令には対応条文がなく、日本独自の規定である。

こうでん [荒田] 古代において、荒廃田・不堪佃田・常荒田などとよばれる、自然災害や人口の減少によって耕作が放棄された田。未墾地を示す荒地と区別した。田令によれば荒廃して3年以上たった田は、私田なら3年間、公田なら6年間、希望者による借耕が認められていた。9世紀には再開墾者一身の間の用益権や免租を認めるなどの恩典が施されるようになるが、国司の申請する不堪佃田はしだいに増加した。なお中世の荘園制下では見作田に対して荒田扱い、課税対象から外された。

こうでん [校田] 律令制下、班田に先だって国司または校田使(畿内)が行う田地の調査。戸籍が造られた後、農閑期を選んで田地の地種・面積・所有者などを調査し、翌年以降の班田収授に備えた。結果は太政官に報告され、校田帳に記載された。ときには隠没田の摘発を目的として、巡察使によって実施されることもあった。墾田永年私財法が施行されると、校田実務が煩雑化して査定が困難となり、しだいに実施が遅れ、班田自体も遅延するようになった。

こうとう [勾当] 諸司内の作業単位の統括官・責任者。平安中期以降に出現。民部省の廩院長殿勾当、大蔵省の正蔵率分所勾当、大膳職の調庸交易雑物勾当など、物品の出納にかかわるものがめだつが、ほかに寺院・記録所・院宮王臣家侍所や寺院などにもみられる。別当との違いは明らかでないが、他の官職との兼任的色彩の強いものが別当、専任的で管理責任の大きいものが勾当とひとまず把握でき、両者が並存するものは別当の下に勾当がおかれた。勾当は盲官にもみられ、階級的には検校・別当・勾当・座頭の順になる。

こうどう [香道] 沈香木を銀葉をへて間接にたき、その香りを賞翫して人格形成をはかる芸道。室町時代に佐々木道誉(高氏)を頂点とする婆娑羅の美意識から茶道・華道とともに創成期を迎えた。平安時代以降の薫香から沈香木のみをたく時代へと移行した。沈香木の香りに六国五味という分類が確立し、練香による薫物合から沈香木による名香合や組香へと発展した。しかし、実際に香道が大成したのは江戸初期で、三条西家の御家流と蜂谷家に伝えられた志野流をはじめ、建部流・米川流・風早流・大枝流などが活躍。香道の最盛期は18世紀で、その後は茶道や華道の普及はみられなかった。

こうとうがっこう [高等学校] 第2次大戦前の旧制高等学校と，戦後の1948年(昭和23)に発足した新制高等学校がある。両者は性格・機能が大きく異なる。旧制高校は1886年(明治19)の中学校令のもとでの高等中学校を前身として，94年の高等学校令によって設置され，1918年(大正7)の新令では「男子ノ高等普通教育ヲ完成」することを目的とした，実態としては帝国大学への予備教育機関として機能した。自治を重んじる全寮制，外国語重視といった独自の伝統をもった。50年(昭和25)まで存続し，大部分が新制大学に吸収された。新制高等学校は旧制の中等教育機関を吸収・統合し，47年の学校教育法のもとで高等普通教育および専門教育を施すことを目的として発足した。男女共学・小学区制・総合制を3原則としたが，60年代以降には学区制の再編や学科・学習形態の現代化などの変化も現れた。進学率は当初の40%台から74年には90%をこえ，96年(平成8)には96.8%に達している。

こうどうかん [弘道館] ■常陸国水戸藩の藩校。1841年(天保12)城内三の丸に設立。鹿島神宮・聖廟を中央に，学舎・御殿・至善堂・文館・武館・天文台・医学館などを建て職制を定めた。藩主徳川斉昭撰『弘道館記』に教育方針を示す。初代教授頭取は青山延于・会沢正志斎。藩士およびその子の修業を義務づけた。68年(明治元)焼失。72年閉館。建物の一部は水戸県庁・茨城県庁として使用。1945年(昭和20)戦災後修理され，重文。■肥前国佐賀藩の藩校。前身は1708年(宝永5)に城内鬼丸の聖堂内に設けた講堂(学問所)。81年(天明元)城下松原小路に開設。新開設を推進したのは石井鶴山で，古賀精里・同穀堂らが教授となった。1839年(天保10)大手前の北堀端に拡張改築し，本館のほかに講堂・内生寮・外生寮・蒙養舎・武芸場を整備，学校経費を1500石とした。42年身分別の武芸修業の目標を示し，50年(嘉永3)に全藩士の教育体制を整えた。71年(明治4)廃校。

こうどうかん [講道館] 嘉納治五郎が創設した柔道の道場。1882年(明治15)東京下谷区(現，台東区)の永昌寺内に開かれ，のち九段の品川弥二郎邸や本郷の陸軍施設を借用したが，93年小石川に移転し，翌年道場を新設して柔道界の中心的施設となった。1909年財団法人となり，嘉納治五郎没後も発展を続け，58年(昭和33)文京区春日に移転し今日に至っている。

こうどうかんきじゅつぎ [弘道館記述義] 水戸藩主徳川斉昭の撰になる『弘道館記』の解説書。同藩士藤田東湖どうの著。1845〜47年(弘化2〜4)成立。2巻。内憂と外患が深刻化しつつある政治情勢の中で，藩内の士民に対し，天照大神や歴代の天皇への恩籠と徳川家康や水戸藩主の徳以への報恩の論理によって，神州の道の実践にむけて主体性と能動性を喚起しようとするもの。幕末期の志士や近代日本の教育理念に強い影響を与え，会沢正志斎の『新論』とともに水戸学を代表する著作。「日本思想大系」所収。

こうとうしはんがっこう [高等師範学校] 第2次大戦前の官立の中等学校教員養成機関。1886年(明治19)の師範学校令により制度化。前年東京師範と女子師範が合併した東京師範学校を高等師範学校とした。90年に女子高等師範学校として再独立。97年の師範教育令により師範学校・尋常中学校・高等女学校の教員養成にあたることになった。1902年に広島高等師範学校，08年に奈良女子高等師範学校が，第2次大戦中の44年(昭和19)に金沢，翌年岡崎に高等師範学校，広島に女子高等師範学校が設置された。戦後新制大学に昇格，あるいは新制大学の教育学部の母体となった。

こうとうしょうがっこう [高等小学校] ⇨小学校しょうがっこう

こうとうじょがっこう [高等女学校] 第2次大戦前の女子中等教育機関。高等女学校という名称は，1882年(明治15)の女子師範学校付属高等女学校が最初。91年の中学校令改正で高等女学校は尋常中学校の一種とされ，99年の高等女学校令によって男子の中学校に対応する女子中等学校としての法的基盤を確立した。「女子ニ須要ナル高等普通教育ヲ為ス」ことを目的とし，道府県に設置を義務づけた。修業年限は4年(3年・5年も認める)を原則とし，中流階層以上の良妻賢母の育成を主眼としたが，教育内容のうえでも男子の中学校とは格差があった。1910年の高等女学校令改正により，家政に関する実科のみの課程をおく実科高等女学校が発足した。進学できる上級学校は女子専門学校などに限られていた。戦後の48年(昭和23)に新制高等学校に改編された。

こうどうは [皇道派] 昭和前期の陸軍の派閥の一つ。荒木貞夫・真崎甚三郎・柳川平助・小畑敏四郎らの将官と国家改造を希求する尉官級の隊付将校で形成。陸軍を慣例的に国軍とよんでいたのを荒木が皇軍とよんだことに由来する。1931年(昭和6)12月に荒木が陸相に就任し，翌32年1月真崎が参謀次長になると最盛期となり，次官・軍務局長・人事局長と陸軍省の枢要ポストを占めた。皇道中心の精神主義者や農本主義の思想の将校が多かったため，近代的国家総力戦の理解に乏しく，国家改造運動は尉官級の将校のクーデタによる天皇親政の政治実現を目ざした。対ソ主敵論を主張。35年に相沢事件，36年に2・26事件を決行し敗れた。しかし

近衛内閣では荒木・柳川の皇道派系将官を閣僚に起用、東久邇宮内閣でも小畑が国務相に就任している。

こうとうふ [皇統譜] 歴代の天皇・皇后および皇族の身分・系譜を登録したもの。天皇・皇后に関する事項を記載した大統譜と皇族を登録した皇統譜に区別され、誕生から死没までの身分に関する事項およびその日付などが記載される。いずれも正副2本。第2次大戦前は宮内大臣・図書頭が署名し、正本は図書寮、副本は内大臣府で保管、戦後は宮内庁長官・書陵部長が署名し、正本は宮内庁書陵部、副本は法務省に保管される。

こうとうぶんかんしけん [高等文官試験] 第2次大戦前の上級官吏任用試験。正しくは文官高等試験で、高文と略称。1887年(明治20)に導入されて奏任官任用の要件となり、93年の文官任用令で帝国大学法科・文科卒業生の無試験任用特典が廃止されて確立。満20歳以上の男子が有資格者で、年1回試験。憲法などの法律必修科目、選択科目の筆記・口述試験が行われた。合格者が大学および高文の成績と本人の志望によって各官庁に採用された。任用試験制度は機会均等の役割をはたした反面、学歴・学閥社会を形成することにもなった。第2次大戦後は国家公務員法にもとづく人事院の公務員上級試験に移行した。

こうとくいん [高徳院] 神奈川県鎌倉市長谷にある浄土宗鎮西派の寺。大異山高徳院清浄泉寺と号す。開山・開基ともに不詳。建長寺末寺になった時期もあり、のち真言宗の寺。1712年(正徳2)増上寺の祐天ゆうてん上人が再興した際に浄土宗となり光明寺末寺になった。

阿弥陀如来像あみだにょらいぞう 鎌倉大仏・長谷の大仏とも。1238年(暦仁元)僧浄光じょうこうの発願により大仏殿造営が始まり、43年(寛元元)落慶供養の法会が行われた。完成したのは木造の大仏であった。52年(建長4)に8丈の金銅製の大仏鋳造が始められた。これが現存するものである。木造の大仏は破損したが、金銅仏の原型だったと考えられる。のち、2度堂宇が破損・倒壊したが、修復。1495年(明応4)の津波で堂宇が倒壊して以来、露仏ろぶつとなる。東大寺の大仏と並ぶ2大仏の一つ。堂内で拝することを考え、前かがみの姿になっているという。高さ11.4m、重さ124トン。鎌倉彫刻の代表作。国宝。

こうとくしゅうすい [幸徳秋水] 1871.9.23～1911.1.24 明治期の社会主義者。高知県出身。本名伝次郎。早くから社会問題に関心をもち、自由民権運動の影響もうから。中江兆民に思想的に傾倒、1898年(明治31)「万朝報よろずちょうほう」の記者となり、社会主義研究会に参加。以降、社会民主党の結成、「社会主義神髄」などの刊行、足尾鉱毒事件への援助などに活躍。日露開戦気運のなかで堺利彦とともに「万朝報」をやめ、平民社によって非戦論を主張、有名な「露国社会党に与うる書」を執筆した。1905年の入獄後無政府主義に接近し渡米、帰国後直接行動論を唱えた。赤旗事件後、管野スガらと平民社の再建をめざすが、大逆事件で刑死。

こうとくてんのう [孝徳天皇] 596?～654.10.10 在位645.6.14～654.10.10 系譜上の第36代天皇。軽かる皇子・天万豊日あめよろずとよひ天皇と称する。押坂彦人大兄おしさかのひこひとのおおえ皇子の子、父は茅渟ちぬ王、母は吉備姫王きびつひめのおおきみ。645年(大化元)中大兄なかのおおえ皇子(天智天皇)らにより蘇我蝦夷えみし・入鹿いるか父子が打倒されると、皇極天皇の同母弟として皇位継承候補者の1人となり、最年長の故をもって即位。同年難波への遷都が行われ、翌年1月には4カ条からなる改新の詔が公布されたとされる。以後、新冠位制、旧俗の廃止や薄葬に関する制、品部しなべの廃止などいわゆる大化の改新の諸政策が次々に実施された。651年(白雉2)難波長柄豊碕宮なにわのながらのとよさきのみやが完成したが、ほどなく中大兄皇子と意見が対立し、皇子が皇極太上天皇や皇后間人はしひと皇女・諸臣とともに飛鳥に戻る事態となり、失意のうちに654年没した。

こうどけいざいせいちょう [高度経済成長] 1955年(昭和30)頃から始まり74年に終末を迎えた実質経済成長率10%におよぶ高度の経済成長。米欧の技術導入・技術革新による大規模な設備投資と新産業開発を軸におこった、歴史的にもまれな長期にわたる経済成長であった。この結果、日本の伝統的な過剰労働力は解消し、産業構造は高度化して、68年以降ついにアメリカに次ぐ自由世界第2位のGNPという経済大国に躍進した。

こうどこくぼうこっか [高度国防国家] 国防国家構想が高い度合いで実現した国家。1940年(昭和15)から翌年にかけての新体制運動の際に、運動の目標として掲げられた言葉の一つ。政府レベルでは同年8月27日の第1回新体制準備会において、近衛文麿首相があいさつのなかで初めて公式に用いた。国防国家とは陸軍が陸軍パンフレット以来主張してきた国家構想で、国家の全活動の目標を国防の充実におく国家のこと。

こうなんぐん [江南軍] ⇨弘安の役こうあんのえき

こうにちみんぞくとういつせんせん [抗日民族統一戦線] 日中戦争において、中国の諸党派が形成した民族統一戦線。日本の侵略に対する危機感から、1936年12月の西安せいあん事件を契機に国民党と共産党が内戦を停止し抗日で一致。狭義には1937年9月23日の第2次国共合作をさ

こうに

す。抗日のための統一戦線結成をよびかける共産党の戦術には、35年8月の8・1宣言、36年6月の全国各界救国連合会結成などがある。しかし、局地的には41年1月に国民党軍と新四軍の間に戦闘が勃発するなど国共間の連携は乱れがちであった。

こうにん [降人] 降参・降伏した人。『陸奥話記』などにすでにみえるが、具体的な処遇は治承・寿永の内乱期から現れる。鎌倉幕府では、降人の処遇はその場で決定せず、決まるまで関係者に預けたうえで審議の結果を待った。「玉葉」によると、1183年(寿永2)10月宣言の前に、源頼朝が後白河上皇へ提案した条々には、帰参した人を処罰しないとした1条が盛り込まれ、降人への寛大な処遇がうかがえる。降人の所領は、鎌倉時代に半分、3分の1など一部を残して没収する慣習が成立、南北朝期には「降参半分の法」として立法化された。

こうにんきゃく [弘仁格] 古代の法令集で、「貞観格」「延喜格」と並ぶ三代格の一つ。10巻。桓武天皇のときに撰定作業を開始したが中断。嵯峨天皇のときに再開し、820年(弘仁11)撰上、830年(天長7)施行。大宝令下の詔勅・官符・官奏などのうち現行法として有効なものを選択し、官司別に編集。伝存しないが、「弘仁格抄」によりほぼ全体の配列が、また「類聚三代格」や「政事要略」に引かれた個条により内容が知られる。なお施行後も修訂作業が続けられ、改訂された「弘仁格」が840年(承和7)にあらためて施行されており、「類聚三代格」などに残る「弘仁格」はこの改訂後のものと推定されている。

こうにんしき [弘仁式] 律令法の施行細則を集成した法典、三代格式の一つ。40巻。桓武朝に菅野真道らにより編纂が始まったが、天皇の死により中断。嵯峨朝に藤原冬嗣らや藤原葛野麻呂かどのらにより再開され、「弘仁格」とともに820年(弘仁11)撰上、830年(天長7)施行。701年(大宝元)から819年に至る故事・旧例・慣行などのうち、条例となすべきものを官司別に編集したもの。編纂の経緯は「類聚三代格」所収の「(弘仁)格式序」に詳しい。施行直後から修訂作業が続けられ、840年(承和7)にあらためて施行された。現在はほとんど散逸し、九条家本「延喜式」紙背などに一部が残るのみ。

こうにん・じょうがんぶんか [弘仁・貞観文化] 弘仁・貞観の年号を用いた9世紀(平安前期)の日本文化の時代区分。唐文化・中国思想の理解の深化を基礎とし、平安京を中心に、紀伝道・明経道(儒教)・明法道(律令)や医学などの学問が発展し、菅原道真・橘広相・三善清行らの学者が輩出。仏教では密教が発展し、最澄・空海が活躍した。朝廷の政務儀式や年中行事の整備も図られた。9世紀前半期には漢詩集が撰述された。10世紀以降の国風文化発展の基礎となった。

こうにんてんのう [光仁天皇] 709.10.13～781.12.23 在位770.10.1～781.4.3 白壁しらかべ王・天宗高紹あまつむねたかつぐ天皇と称する。天智天皇の孫で、施基しき皇子の第六子。母は紀諸人きのもろひとの女紀橡姫とちひめ。770年(宝亀元)称徳天皇の没時に皇太子となり、2カ月後に即位した。称徳天皇時代の政治・財政の混乱を収拾するため、官司・官人の整理、農民負担の軽減などをはかったが、東北では国家の支配に対する蝦夷えみしの抵抗が強まり、780年には伊治呰麻呂いじのあざまろの反乱がおこった。781年(天応元)病気のため皇太子山部親王(桓武天皇)に譲位し、同年没した。

こうのいけけ [鴻池家] 近世以来の大坂の豪商。始祖新右衛門が始めた酒造・金融業などを基礎とし、その子孫や奉公人が善右衛門本家のほかに分家・別家をたて、巨大な同族集団を形成した。有力分家としては、新右衛門の次男・三男による栄三郎・新十郎家、4代善右衛門の娘夫婦がおこした善五郎家などがある。著名な別家には、善右衛門家から独立した有力な両替商中原庄兵衛家や町人学者を出した草levity伊助家がある。分家・別家は本家との関係や業種などにそれぞれ特色があるが、金融業へのかかわりは共通した。明治維新後の大名貸債権切捨てにより打撃をうけたが、1877年(明治10)10代善右衛門幸富が第十三国立銀行(のち鴻池銀行をへて三和銀行)を設立、これに加わった者も多い。しかし、他の財閥ほどには積極的経営を進めなかったため、第2次世界大戦後は影を薄くしていった。

こうのいけしんでん [鴻池新田] 18世紀初頭、河内国若江郡(現、東大阪市)に開発された新田。1704年(宝永元)の大和川の付替えで水量の減少した川床・池床などを開発した新田のうち、大坂の両替商鴻池家が請け負って新開しんかい池の池床を開発した。開発にあたり地代金を幕府へ納め、開発費も自費であった。05年開発に着手し、07年に完成。開発面積は約159町歩。開発後は地主となって小作料を徴収した。この経営のため新田内に鴻池新田会所を設けた。

ごうのうろん [豪農論] 豪農とは近世～明治期の上層農民をさす。地主・商品生産者・在郷商人・金貸しなど多様な側面をもち、村役人であることが多かった。その性格規定はさまざまあるが、豪農に一定のブルジョア的性格を認め、近代化の下からの担い手として評価する藤田五郎を代表とする見解と、幕末・維新期に半プロレタリア・小生産者農民を主体とする世直し勢と決定的に対立したことを強調する佐々

木潤之介を代表とする見解に大別できる。

こうのだいのたたかい [国府台の戦] 1538年(天文7)・64年(永禄7)の2度，下総国国府台(現，千葉県市川市)で房総勢と後北条氏の間に行われた合戦。南関東の覇権を手にしつつあった後北条氏が，台頭する新興勢力を2度にわたって退けた。最初は小弓御所足利義明とそれに従う里見義堯らと，北条氏綱・氏康父子の間の戦で，後北条氏が勝利。この戦で義明が戦死，小弓御所の滅亡は，以後の里見氏の勢力伸長を促した。2度目は関東有数の大名に成長した里見氏(義堯・義弘父子)と後北条氏(氏康・氏政父子)の衝突で，再び後北条氏が勝利。後北条氏の覇権は安泰となり，里見氏は下総・武蔵・相模方面への発展を阻まれた。

こうのひろなか [河野広中] 1849.7.7～1923.12.29 明治・大正期の自由民権運動家・政党政治家。号は磐州。陸奥国三春藩の郷士の家に生まれる。J.S.ミルの「自由之理」に啓発されて自由民権思想に目覚め，民会や石陽社などの設立に尽力，福島自由党の指導者として活動。中央でも民権運動の指導者として活躍し，1880年(明治13)国会期成同盟を代表して政府に国会開設の願望書を提出。福島県会議長を務めていた82年，県令三島通庸と対立，福島・喜多方事件に連坐し国事犯として入獄。89年出獄後，衆議院議員に当選。のち衆議院議長や農商務相を務めた。

こうのもろなお [高師直] ?～1351.2.26 南北朝期の武将。師重の子。右衛門尉・三河守・武蔵守。足利氏根本被官の筆頭で，元弘の乱以来，足利尊氏の側近。建武政権では雑訴決断所奉行人。開幕後は将軍家執事となり，引付頭人や恩賞方頭人も勤めた。旧来の権威を無視し，畿内周辺の新興領主層の組織化に努め，荘園押領をも是認。そのため鎌倉以来の有力御家人や社本所勢力の支持をうけた足利直義らと対立。1349年(貞和5・正平4)閏6月執事を罷免されるが，8月，直義ののがれた尊氏邸を包囲し，尊氏に直義の執政停止と師直の復帰を承認させた。翌年(観応元・正平5)末，直義とともに九州の足利直冬討伐に向かうが，その途上直義が南朝に降って京都を占拠したため引き返し，播磨で直義軍に敗北。尊氏と直義の和睦後に出家。摂津国武庫川にで直義派の上杉能憲らに討たれた。

こうはいでん [荒廃田] ⇨ 荒田えん

こうはくばいずびょうぶ [紅白梅図屏風] 尾形光琳の最晩年の秀作。二曲一双の金箔地の左隻に白梅，右隻に紅梅を配し，画面中央には銀箔などを用いて流水を描く。ゆるやかな曲線をつらねて金の平面を大胆にわける構成は，やまと絵の伝統を踏まえながら光琳独自の趣向がこらされている。MOA美術館蔵。各隻縦156.6cm，横172.7cm。国宝。

こうひょうじん [高表仁] 生没年不詳。唐から来日した最初の使人。632年(舒明4)遣唐使犬上御田鍬らを送って来朝。「旧唐書」では表仁は新州刺史で，外交のさいで倭王と礼を争って唐の朝命を伝えずに帰国したとされる。「日本書紀」では，表仁は難波津に至って迎使大伴馬養らの出迎えをうけたが，その際礼を争ったようすは認められない。633年，帰国の際には送使吉士雄摩呂らが対馬まで送られた。

こうぶがったいうんどう [公武合体運動] 幕末期，公議政体論を背景として朝廷(公)と幕府(武)の協力によって安定的体制をつくろうとした政治運動。1862年(文久2)の和宮降嫁は幕府による公武合体だったが，尊攘派を激怒させ坂下門外の変で挫折した。これは雄藩の公武合体運動を誘発。すでに萩藩では長井雅楽らが航海遠略策を唱えて朝幕間の調停をはかっていたが，尊攘派により失脚。鹿児島藩では島津久光らが62年3月率兵上京，さらに幕政改革の勅命を奉じて江戸に赴き，文久の改革に成功した。63年の8月18日の政変により公武合体派が主導権を回復，翌年の参予会議の成立にこぎつけたが，3カ月で瓦解。佐幕的傾向を保ってきた公武合体派はその使命を終え，尊王倒幕派に主導権を譲った。

こうふくじ [興福寺] 奈良市登大路町にある法相宗大本山。南都七大寺の一つ。寺伝では，669年(天智8)藤原鎌足の死去に際し，その妻鏡女王が山背国の山科に建立した山階寺を起源とし，天武朝に飛鳥に移して厩坂寺と称し，さらに平城遷都にともなって左京3条7坊の地に移し，興福寺と称したとする。藤原氏の氏寺であるが，720年(養老4)に官寺に列した。藤原氏の勢力拡大にともない，時々の有力者によって豪壮な伽藍が整備され，広大な寺領を保有し繁栄した。教学面ではとくに法相宗が栄え，元興寺の南寺伝に対して北寺伝と称された。757年(天平宝字元)藤原仲麻呂が恒例とした当寺の維摩会は，平安時代に薬師寺最勝会・宮中御斎会とともに南都三大会(南京三会ともいう)と称された。平安時代には春日大社をも配下におき，摂関家との関係を強め，摂関家の子弟(貴種)が当寺の別当につくようになった。院政期には当寺の衆徒が春日大社の神木を奉じて入京，強訴を行い，延暦寺衆徒とともに「南都北嶺」として恐れられた。1180年(治承4)平重衡らの焼打をうけたが復興され，鎌倉時代には大和国守護職として一国の支配権をもち，一乗院・大乗院の両門跡が寺務を統轄した。のち両門跡の対立や衆徒の自立など

でしだいに衰退したが、江戸時代には寺領2万石余を所有した。明治初年の神仏分離で春日大社とわかれ、廃仏毀釈(はいぶつきしゃく)で打撃をうけた。

五重塔(ごじゅうのとう) 730年(天平2)創建。たびたび焼失し、現在の塔は1411年(応永18)の焼失後、26年の再建。平面は創建当初の規模を踏襲。部材の比例が大きく、雄大な建築で奈良時代の塔の雰囲気を伝える。高さ50.8m。国宝。

東金堂(とうこんどう) 726年(神亀3)創建。たびたび焼失し1411年(応永18)の火災の後、15年に再建。正面7間、奥行4間。八角円堂。奈良時代の規模と構造をよく踏襲しており、再建ではあるが、唐招提寺金堂とともに奈良時代の金堂建築の姿をうかがうことのできる少ない例。国宝。

北円堂(ほくえんどう) 721年(養老5)藤原不比等(ふひと)を記念する建築として創建。八角円堂。現在の建築は1180年(治承4)の平家の南都焼打後、1210年(承元4)に再建された。部材の比例が太く力強い奈良時代の伝統的な建築様式を伝える。長押(なげし)の裏側に貫(ぬき)を用いており、和様に大仏様が影響を与えたことがわかる初例。国宝。

阿修羅像(あしゅらぞう) 734年(天平6)光明皇后の発願になる興福寺西金堂の八部衆像の一つで、同堂創建当初の遺品。元来八部衆像は、十大弟子像とともに本尊釈迦像を囲んで配置されていた。三面六臂の脱活乾漆造で、細幼の体躯に少年を思わせる清純な容貌などに特色がある天平彫刻の典型。像高は153cm。国宝。

興福寺仏頭(こうふくじぶっとう) 678年(天武7)に鋳造され、685年に開眼された旧山田寺の丈六仏像で「上宮聖徳法王帝説」裏書。南都焼打の後、本尊再興が難航した興福寺東金堂の本尊とすべく、1187年(文治3)に東金堂が奪取した。1411年(応永18)の火災により頭部のみ遺存。明朗な青年相に白鳳様式の典型をみせる。興福寺国宝館に収める。高さ98.3cm。国宝。

金剛力士像(こんごうりきしぞう) もと興福寺西金堂の仏像。治承の兵火で焼けた興福寺の再興期に造立された像で、13世紀初めの作とみられる。やや誇張的ではあるが、力動感あふれる肉体表現や徹底した写実性から、鎌倉彫刻の典型ともいえる。寺伝では定慶の作と伝える。高さ阿(あ)形154.0cm、吽(うん)形153.7cm。国宝。

こうふくぶんしょ[降伏文書] 1945年(昭和20)9月2日、第2次大戦の終結にあたって日本と連合国の代表が調印し、降伏を最終的に決定した文書。重光葵(まもる)外相、梅津美治郎(よしじろう)参謀総長、マッカーサー連合国軍最高司令官、米・英・ソ・中・豪・加・仏・蘭・ニュージーランドの9代表が署名。ポツダム宣言の受諾とその誠実な履行の確認を骨格とする同文書は、日本軍の無条件降伏と全面的停戦、連合国軍捕虜の解放などについて規定すると同時に、連合国軍最高司令官による直接かつ統一的な日本の占領管理体制を規定。休戦協定と講和条約の予備的文書という二重の性質をもつ。

こうぶしょ[講武所] 幕末期に設けられた幕府の武術調練機関。1856年(安政3)4月、老中阿部正弘の命で江戸築地に開場。剣術・槍術・砲術と水泳をおもな科目とする武術の総合的な練習場で、砲術方は西洋砲術(銃隊調練)を採用、その後の洋式軍制化の中核機関となる。60年(万延元)に小川町に移転。長州戦争時には大坂に玉造講武所が設置され、旗本や大名軍の実地調練が行われた。66年(慶応2)11月、幕府軍制改革により陸軍所と改称。

こうぶしょう[工部省] 1870年(明治3)に設置され、洋式産業の移植にあたった官庁。旧幕府や諸藩の洋式工場・鉱山を引き継ぎ、大規模の新規事業をおこした。71年には工学・勧工・鉱山・鉄道・土木・灯台・造船・電信・製鉄・製作の10寮と測量司を管轄。工部大学校での技術者養成、洋式工・鉱業、運輸・通信事業の直営など広範な事業を行い、殖産興業政策の中心となった。80年以降、洋式工業移植の目的が一定程度達成したことを背景に、財政難と一部事業の経営不振を直接の理由として官営事業の払下げ方針がとられ、その結果85年に廃止。事業の一部は鉄道局・通信省・農商務省などに引き継がれた。

こうぶつうほう[洪武通宝] 洪武銭とも。中国明代の洪武年間(1368〜98)に鋳造された銅銭。室町時代に相当量輸入され、永楽銭とともに通貨として流通した。室町末期には渡来銭の模鋳が各地で行われ、洪武銭の模鋳は大隅国の加治木銭(かじきせん)が有名。

こうぶてい[光武帝] 前6〜後57.2.5 後漢初代の皇帝劉秀(在位25〜57)。前漢の高祖劉邦の9世の孫。22年に反王莽軍(おうもうぐん)の兵を宛(えん)県(現、河南省南陽市)で挙げ、即位ののち都を洛陽に定めた。36年までにほぼ全国の群雄を平定、43年には北ベトナムを領有するなど、周辺にも勢力を広げた。44年には三韓が、47年には高句麗が楽浪を通じて内属、49年には南匈奴(なんきょうど)も臣属した。最晩年の57年には倭の奴国(などこく)も遣使し、光武帝はこれに印綬を与えた。

こうぶんいん[弘文院] 延暦年間(782〜806)末頃に、和気広世(ひろよ)が父市麻呂の遺志をついで、大学寮の南辺の私宅を寄付して設けた教育施設。古図によれば左京3条1坊6町に所在。儒教・仏教の書籍数千巻を所蔵し、墾田40町を学料として有したという。和気氏の学生(がくしょう)に自習と寄宿の便宜を与える施設と考えられるが、正式の大学別曹であったかどうかには問題が残る。10世紀成立の「西宮記」は和気氏諸生別曹としているが、「今荒廃」とする同書の記

述の時点で，十分な典拠となる史料が失われていた可能性がある。848年(嘉祥元)に落雷にあったこと，885年(仁和元)に菅原道真が「秋夜宿弘文院」と題した詩を作ったことが知られ，9世紀末頃までは存続していたであろう。

こうぶんかん [弘文館] 弘文院とも。幕府儒官の家である林家の書院の呼称。1663年(寛文3)林鵞峰は五経講義の恩賞として弘文院の号を得，以後「弘文院学士」と称した。子鳳岡も87年(貞享4)に同号を許され，大学頭を称するまで使用した。中国の学院名に由来し朝鮮でも用いられた弘文館(院)を幕府最高儒官の尊称ならびにその書院名として使用することによって，鵞峰は自身の国内外での権威を高めたとみられる。弘文館を中核とした林家塾は，寛政年間に幕府の公教育機関昌平坂学問所へと発展した。

こうぶんてんのう [弘文天皇] ⇨ 大友皇子

こうべじけん [神戸事件] 開港地神戸での岡山藩兵と外国兵の衝突事件。1868年(明治元)1月11日，三宮神社前を西宮警備に向かう家老日置帯刀位以下の岡山藩兵の隊列を横切ったフランス水兵の制止を発端に，藩兵の威嚇発砲に英・仏・米陸戦隊が応戦(死者なし)，列国の神戸一帯に占領を招いた。新政府は事件4日後，外国使臣に王政復古を告げ開国和親を布告。外国側に陳謝と責任者極刑を要求され，日置を謹慎，隊長滝善三郎を切腹させて事件は解決した。

こうべん [高弁] ⇨ 明恵

こうべん [康弁] 生没年不詳。鎌倉前期の仏師。運慶の三男と伝えられる。運慶統率下での造像の事績が知られ，建久末年には教王護国寺(東寺)南大門の仁王像，同寺中門の二天像の造立に参加。法橋位にあった1212年(建暦2)頃の興福寺北円堂諸像の造立では広目天像を分担した。興福寺に現存する竜灯鬼像は15年(建保3)の康弁作とされ，一対の天灯鬼とともに，写実的で力感あふれた造形は運慶様の確実な継承を示す。

ごうほ [郷保] 古代末期から中世を通じて存在した所領単位。荘・郷・保・名などと並称された。平安後期の律令制的郡郷制の解体のなかから生まれ，郷は郡と併存する地域的単位として再編された。また未開地の開発を国守から許可されて開発申請者の所領化したものは保とよばれた。これらは国衙領として存続することが多かったが，荘園化する場合もあった。

こうぼうだいし [弘法大師] ⇨ 空海

こうみょうこうごう [光明皇后] 701～760.6.7 聖武天皇の皇后。名は安宿媛・光明子。藤原不比等の三女。母は県犬養三千代。716年(霊亀2)聖武の皇太子時代に入内し，即位後夫人となって，729年(天平元)長屋王の変後に皇族以外からはじめて立后。女の阿倍内親王(孝謙天皇)が即位すると，皇后宮職を改組して紫微中台に権力を集中，事実上天皇大権を掌握した。仏教をあつく信仰して大規模な写経事業を行い，国分寺建立・大仏造立をすすめ，また施薬院・悲田院を設けるなど社会救済事業にも尽くした。正倉院宝物は，聖武の一周忌に遺品を東大寺に献納したもの。光明の書「楽毅論」「杜家立成」は力強い筆致で，男性的な性格がうかがわれる。

こうみょうてんのう [光明天皇] 1321.12.23～80.6.24 在位1336.8.15～48.10.27 後伏見天皇の皇子。名は豊仁。母は広義門院寧子。1322年(元亨2)親王宣下。36年(建武3・延元元)足利尊氏に擁されて践祚。48年(貞和4・正平3)譲位して院政を行う。51年(観応2・正平6)正平一統で北朝が廃され出家，法名真恵。翌年南朝に拉致されたが，55年(文和4・正平10)帰京。80年(康暦2・天授6)大和国長谷寺で没した。

こうみん [公民] 古訓はオオミタカラ。古代の身分用語。当時の平民・百姓などの語とほぼ同義とされる。律令制下では課役を負担した一般庶民をさす用語に，良民・官人や奴婢などの賤民，雑戸・品部などとは区別された。しかし史料によっては皇族・官人層を含む用例もあり，公民の語が常に一定の意味で用いられたかは疑問。なお律令制以前，推古朝の頃には臣・連・伴造・国造・百八十部と連記され，大和朝廷の支配に連なる人民として公民の語が用いられていた。

こうみんかせいさく [皇民化政策] 朝鮮人を日本の戦時動員体制にくみこむための植民地政策。日本の朝鮮支配は当初より同化政策を基調としたが，日中戦争の拡大とともに強化され，第7代朝鮮総督南次郎は朝鮮人を完全に「皇国臣民」化させるため，「内鮮一体」を提唱した。神社参拝の強要や「皇国臣民ノ誓詞」の制定，日本語の強制，創氏改名などの政策が打ち出され，その推進体として1938年(昭和13)7月国民精神総動員朝鮮連盟が発足した。

こうめいてんのう [孝明天皇] 1831.6.14～66.12.25 在位1846.2.13～66.12.25 仁孝天皇の第4皇子。名は統仁。母は正親町実光の女新待賢門院雅子。1835年(天保6)儲君に定まり親王宣下，40年立太子，46年(弘化3)父の死去により践祚。63年(文久3)将軍徳川家茂を従え賀茂社・石清水八幡宮に行幸し，攘夷断行を祈念したが，孝攘激派を好まず，公武合体政策を支持した。66年(慶応2)痘瘡で死去。公武合体を旨とした政治姿勢は倒幕勢力の

障害とも評された。歌集「此花詠集」，伝記「孝明天皇紀」。

こうめいとう［公明党］ 創価学会を背景に1964年(昭和39)11月に結成された中道政党。69年の総選挙で野党第2党に躍進し，70年6月政教分離の新綱領を採択し，党組織の確立をはかった。79年に民社党，later 社会党との間で連合政権に関する合意文書を結び選挙協力も行うが，80年の衆参同日選挙で自民党が安定多数を確保すると，しだいに自民党寄りに路線を転換した。94年(平成6)12月の党大会で分党を決議，新進党結成に衆議院議員全員と参議院議員半数が参加。しかし98年1月新進党が分裂，同年11月再び公明党を結成。

こうもうじん［紅毛人］ 江戸時代，オランダ人の異称。もとは16～17世紀の中国で，オランダ人・イギリス人の毛髪が赤みがかってみえたことから紅毛春・紅毛夷と称したことによる。日本では16世紀から来航していたカトリックのポルトガル人・スペイン人を南蛮人と称したのに対し，17世紀に入って新たに登場したプロテスタントのオランダ人・イギリス人を称した。

こうもとだいさく［河本大作］ 1883.1.24～1955.8.25 大正・昭和期の軍人。陸軍大佐。兵庫県出身。陸軍士官学校(15期)・陸軍大学校卒。北京公使館付武官補佐官・参謀本部支那班長などをへて，1926年(昭和元)関東軍高級参謀。この間永田鉄山らと交わる。28年張作霖爆殺事件を計画して実行の指揮にあたった。翌々年予備役編入。以後，満鉄理事・満州炭鉱理事長・山西産業社長を務めるが，第2次大戦後，戦犯として中国で収監され病死。

こうもん［考文］ 律令制下，各官司が所属の官人について，毎年その勤務成績を報告する文書。養老令では，内長上の官について，各官司が9等の考第公を定め，京官と畿内国司は10月1日，外国の国司は11月1日に太政官に送ることとされている。分番については規定がないが，式部・兵部両者に送ったらしい。正倉院文書に残る考文では，前年8月から当年7月までの上日数，善・最美，功能，評定の考第などを記している。

こうや［空也］ ⇨空也

こうや［紺屋］「こんや」とも。紺掻ともいう。藍で布を染める職人。室町時代以降に専門職に分化した。木綿が普及する江戸時代以降，衣料を自家調達してきた農家も染めまではできないため，村々にも紺屋が成立した。藍の栽培から一貫して行ったが，近世には染料を作る藍建，藍染だけになった。近世には藍以外の染色や洗い張りも行い，染物屋と同義となった。甕場へは女性をいれない風習があったが，江戸時代には女性が盛んに藍染を行った。

こうやぎれ［高野切］「古今集」で現存する最古の巻子本。写本。「古今集」は序文を含めて21巻あるが，高野切は巻1・2・3・5・8・9・18・19・20の9巻のみ。このうち，巻5・8・20の3巻が完本。巻9の巻首の切が高野山に伝来したためこの名があり，巻子本を含めてすべて高野切という。書風で分類すると3人の寄合書で，3種に区別される。第1種は，巻1・9の断簡と完本の巻20。端正で貴族的な美しい連綿が特徴。第2種は，巻2・3の断簡と完本の巻5・8。側筆で強い筆力があり個性的。第3種は巻18の断簡と巻19の零本・断簡。平明でのびのびした線が特徴。筆者はすべて紀貫之と伝えられるが確定されていない。

こうやさん［高野山］ ⇨金剛峰寺

こうやひじり［高野聖］ 高野坊・高野坊主とも。高野山の下級僧侶で同山among や空海への信仰を広めて全国を回る勧進聖。同山修行僧全体をさす場合もある。平安中期の正暦の大火後，高野山復興のために定誉らが組織した集団に始まり，教懐・覚鑁によって真言念仏の教理を有する小田原聖・往生院谷聖の両集団に組織化された。中世には蓮花谷聖，五室聖，禅的信仰を加味した萱堂聖，時宗聖集団を形成した千手院谷聖の諸集団が活発な勧進活動を行い，高野山の納骨信仰を全国に広めた。その後南北朝期から真言宗への帰入が強制され，1606年(慶長11)の将軍裁許によって帰入が確定した。一方しだいに行商人化が進み，宗教者としての質も低下して世評は下落した。

●● 高野聖

こうようぐんかん［甲陽軍鑑］ 戦国大名武田氏の軍学書。20巻。著者については諸説あるが，山鹿素行の軍学の師小幡景憲とするのが有力。元和年間には成立していたとされる。1656年(明暦2)版が現存最古の版本。武田信玄・勝頼2代の甲州武士の心構え・事績・合戦・軍法・裁判などが記されている。近世に限っても多数の版本・写本があり，武士一般に広く読まれた。「改訂甲陽軍鑑」「古典資料類従」所収。

こうよりあい［香寄合］ 香会とも。香を賞翫する遊びは中世以降さまざまな形式が編み出され，しばしば賭物や贅を尽くした飲食をともなう遊戯として，また古典の教養を示す機会として広く流行。香1種をたいて楽しむ一炷聞，出席者各自が用意して順次出香する炷継

香のほか, 高度に洗練された香合（こうあわせ）や組香も行われた.

こうらい [高麗] 朝鮮半島の王朝（918〜1392）。都は開城。新羅（しらぎ）の末期, 地方豪族の王建（おうけん）が建国。新羅を併合後, 各地の豪族をしだいに統合し, 唐・宋の制度をとりいれて集権的官僚国家の建設をめざした。契丹（きつたん）・女真（じょしん）・モンゴルのたび重なる侵入をうけ, これらと宋との間に立って外交関係に苦慮するなかで, 1170年武人政権が成立。13世紀後半にはモンゴルの支配下に入った。日本とはおもに私的な通交貿易が行われたが, 元のフビライの日本遠征ではその基地となり, 軍事・経済上の莫大な負担をおった。14世紀以後, 倭寇（わこう）や中国からの紅巾（こうきん）の賊の侵入などで疲弊。中国で新が勢力を伸ばすと, 高麗では親明・親元の2派が抗争, そのなかから武人李成桂（りせいけい）が, 親明派の新興官僚の協力をうけて即位, 李氏朝鮮が成立し高麗は滅亡した。仏教が栄え, 青磁・大蔵経が著名。

こうり [小売] 商人どうしの取引である卸売に対して消費者への直接小量販売をいう。中世の商品取引の発達により, 中世末の商人には卸売商と小売商の分化がみられた。江戸時代には問屋―仲買―小売の流通機構が成立し, 原則として問屋・仲買は卸売で, 小売商が最終消費者に小量販売する体制が整った。江戸時代の小売商には, 越後屋・大丸屋のような大規模な店舗商業や近江商人・富山売薬商人のように全国を回る行商人もいた。近代の工業化による大量生産は大規模小売業を必要とし, 明治期には勧工場, ついで百貨店を登場させた。大正期以後は公設市場が設けられ, チェーン店・通信販売も出現し, 消費組合・購買組合も発達する。1960年頃にはスーパーマーケットが台頭した。

こうりがししほん [高利貸資本] 利子生み資本の古典的形態。その存在は貨幣経済の存在とともに古く, 基本的に自己資金の貸付であることを特徴とし, したがってその利子は高い。資本主義以前の諸生産様式に外側から寄生し, 侵食していくことはあっても, 新しい生産様式を生みだすことはない。預金を基礎とする銀行（近代的利子生み資本）の発達にともなって活動分野を制約されていくが, 小生産者・消費者金融の分野では生き続けている。

ごうりせい [郷里制] 8世紀に実施された地方行政組織。大宝令施行によって国郡里制が開始されたが, 人口増加と耕地面積の拡大に対応して地方行政を徹底させるため, 717年の霊亀3年式（従来知られた霊亀元年式は3年の誤りか）により, それまでの里を郷と改称してその下に新たに里が組織された。これを郷里制といい, 1郷を2〜3の里にわけて郷長（ごうちょう）・里正（りせい）をおいた。1郷は50の郷戸（ごうこ）から構成され, 郷戸の内部にさらに規模の小さな房戸（ぼうこ）が組織されて, 実際の家族単位により近い形態での人民把握がめざされた。しかし郷・里は自然村落にとらわれずに編成された人為的組織であり, 実質的には里の行政上の意義は小さく, 740年（天平12）頃には里と房戸が廃止され, 国郡郷制に改められた。

こうりゅうじ [広隆寺] 秦寺・太秦（うずまさ）寺とも。京都市右京区にある古寺。現在は真言宗。蜂岡山と号す。秦河勝（はたのかわかつ）が聖徳太子から授けられた仏像を安置するためにたてたと伝える。平安時代初めに火災にあうがまもなく再建, 12世紀に再び焼失。中世には聖徳太子信仰の寺として貴族の参詣者を集めた。桂宮院（けいきゅういん）本堂は国宝。多数の寺宝をもち, 飛鳥時代の弥勒菩薩像は国宝。

弥勒菩薩半跏像（みろくぼさつはんかぞう） 2体あり, 1体はとくに著名で宝冠弥勒ともよばれ, 新羅時代の造像。高さ84.2cm。もう1体は泣き弥勒・宝髻（ほうけい）弥勒ともよばれ, 7世紀日本の造像。高さ66.3cm。887年（仁和3）の「広隆寺資財交替実録帳」に載る2体の金色弥勒菩薩像と思われる。ともに国宝。

こうりょう [公領] 朝廷, 国司（国衙（こくが））が支配し, 官物・雑役を賦課する領地。私領に対する語。平安中期の国衙行政権の再編にともない, 国衙は国内の土地すべてを把握したが, それと並行する免除領田制の成立で国司記載によって官物などを免除された荘田とそれ以外の公田との区別がなされた。この荘田を私領とよび, 公田を公領とよぶ。平安後期以降, 荘田の多くが領域型荘園となるにともなって, 公田もほぼおなじ意味で同等の国衙領となる。

こうりん [光琳派] ⇨琳派（りんぱ）

こうろかん [鴻臚館] 古代の外国使節の迎接施設。名称は中国で外交をつかさどった鴻臚寺に由来。平安京と大宰府（博多津）に設けられ, 前者は810年（弘仁元）初見, 玄蕃寮に管理され, 7条に朱雀大路をはさんで2町四方の東西館があったが, 10世紀半ばには荒廃。後者はかつて筑紫館とよばれたもので, 名称の初見は837年（承和4）, 11世紀末まで存続し, 福岡市の平和台球場付近から遺構が検出された。本来は唐・新羅（しらぎ）・渤海（ぼっかい）など外国使客の迎接用だったが, のちに商人の応接機関となる。なお難波にも類似の施設があったという。

こうわかまい [幸若舞] 中世末期に完成した語り物芸能, あるいはその演者。曲舞（くせまい）に幸若ともよぶ。扇拍子または鼓・笛の伴奏で舞う。幸若は, もと越前国朝日村から出た曲舞の一派の名称だったが, とくにこの芸にすぐれて著名だったためこの名が冠された。はじめは

短い歌と舞で構成され、稚児や若衆、若い女が演じたらしいが、のち軍記物語など長編の物語を語るものへと変貌し、しだいに舞も行われなくなった。幸若本家は、1574年(天正2)織田信長から100石を給されて以降、武家に厚遇され、江戸幕府においても式楽に数えられた。

こえき [雇役] 律令制下で、中央での造宮や造寺のため人夫に功直と食料を与えて使役すること。国郡司を通して強制的に徴発する。令制は10日間の歳役を規定しているが、実際はすべて庸で納め、それを功直と食料にあてる雇役制が大宝令で開始され、平城京・平安京などは雇役で造営された。都に近い畿内の負担が重いが、大造営の際は畿外諸国も番を作って雇役にあたった。功直は銭貨で支給するのが一般的で、律令国家の銭貨発行の必要性も雇役制の採用にあった。他に強制でなく状況に応じて賃金を定める和雇の方式も、官司の労働力調達手段として律令制下に広く行われ、正倉院文書からそのようすが知られる。

ごえんゆうてんのう [後円融天皇] 1358.12.12～93.4.26 在位1371.3.23～82.4.11 後光厳天皇の皇子。名は緒仁。母は崇賢門院仲子。1371年(応安4・建徳2)親王宣下ののち践祚。82年(永徳2・弘和2)譲位して院政を行うが、政治上の実権は将軍足利義満に握られ、形式的な最後の治天の君となった。93年(明徳4)小川仙洞御所で没した。ただちに落飾し、法名光浄。日記「田記」。

こおりぶぎょう [郡奉行] 江戸時代、諸藩の農政・行政を統轄した役職。家老や勘定奉行の下にいて、宗門改・訴訟・警察・年貢徴収などの仕事を城下にある郡役所で執務する一方、郡内の巡見・巡察などを行った。配下には郷日付・代官・手代・同心などがいた。江戸幕府でも郡代や代官頭と同じような職掌としておかれていたが、1668年(寛文8)に廃止された。

こおりやまはん [郡山藩] 大和国郡山(現、奈良県大和郡山市)を城地とする譜代中藩。関ケ原の戦までは増田長盛が郡山城主として支配したが、戦後廃城。1615年(元和元)水野勝成が6万石で入り立藩するが、まもなく備後国福山に転封。かわって松平(奥平)氏が入り、郡山城を再興。以後本多氏・松平(藤井)氏・本多氏と譜代大名の頻繁な交替をへて、1724年(享保9)柳沢吉保の子吉里が甲斐国府中から入封。以後6代にわたる。15万1200石余。藩領は大和国のほか河内・近江両国などに分散。柳沢氏ははじめれも文教政策に熱心で、入封まもなく藩校を創設(のちの敬明館)。詰席は帝鑑間。廃藩後は郡山県となる。

ごおん [御恩] 中世武家社会の封建的主従制のもとで、主人が従者に対して行う保護や恩給。従者が主人に奉仕する奉公の対句。鎌倉幕府の将軍と御家人の間では、御家人の本領に対する権利を認めこれを保護すること(本領安堵)、きわだった功績に対して新たな所領を給付すること(新恩給与)、朝廷の官職への推挙などがおもな内容。御恩授給に際しては、将軍成人時には下文が、未成人時には下知状が主として用いられた。御家人とその被官の間にも類似した関係があったが、将軍・御家人間に比べて未熟なものであった。

ごかいどう [五街道] 江戸幕府道中奉行の支配下にあった主要街道。江戸を起点とする東海道(品川一大津または大坂)・中山道(板橋一草津)・甲州道中(内藤新宿一下諏訪)・日光道中(千住一日光御宮)・奥州道中(宇都宮一白河)のこと。江戸前期に整備・新設し、幕府の直轄とした。各宿には公用旅行者の荷物運送のため規定の人馬がおかれ、東海道は100人・100疋、中山道には原則として50人・50疋、中山道の木曾11宿と他の街道は25人・25疋と定められた。人馬賃銭の決定、助郷の指定などは幕府の権限とされ、道幅は4間前後で、広くて7間、箱根峠は2間であった。五街道の付属街道に、佐屋路・美濃路・例幣使街道・日光御成道・水戸路・本坂通(姫街道)などがあった。

こがくは [古学派] 江戸時代の儒学の一学派。山鹿素行の聖学、伊藤仁斎の古義学、荻生徂徠の古文辞学の総称。3人は朱子学を学ぶ過程でいずれも経書の朱子学的解釈を批判して儒学の古典に還り、それに則ってみの独自の儒学を形成しようとしたためこの名がある。朱子学への批判と独自の儒学説の形成は、外来思想の儒学を近世社会の特質に適合させる一連の思想的営みであったが、3人の思想はかなり異質である。ただ朱子学の個人主義的・内面主義的性格を排し、個々人の道徳のあり方を社会全体とのかかわりで捉える点で共通の指向性をもつ。

こがくぼう [古河公方] 室町中期～戦国期に下総国古河に存続した、足利成氏とその子孫の鎌倉公方。成氏は、享徳の乱で関東管領上杉氏および執事長尾・太田両氏と対立し、1455年(康正元)武蔵国分倍河原の戦で上杉方に勝ち、3月に下総国古河に着陣。6月に幕府から成氏追討軍として送られた今川範忠が鎌倉に入ったため、成氏は古河を御座所として古河公方とよばれた。成氏の後は政氏、高基、晴氏、義氏、義氏の女古河氏姫と続いた。1590年(天正18)に後北条氏を滅ぼした豊臣秀吉は、古河氏姫と高基の弟小弓御所足利義明の孫国朝を婚姻させ、下野国喜連川に知行地3500石を与えた。93年(文禄2)国朝が没すると氏姫はその弟頼氏と再婚。子孫は喜連川氏を称

し，江戸幕府の高家^{こうけ}として続いた。

ごかじょうのせいもん [五カ条の誓文] 1868年(明治元)3月14日に出された明治新政府の基本方針。公議の尊重を主眼とし，明治天皇が京都御所の紫宸殿^{ししんでん}で公卿・諸侯・百官を率い天神地祇に誓うかたちで発表された。同年1月に公議政体派の由利公正^{まさ}や福岡孝弟^{たかちか}が起草した諸侯会盟の盟約書を原案とし，木戸孝允^{たかよし}が修正を加えたとされるが，その過程で土佐藩などが提唱していた諸侯会盟論が完全に否定され，第1条の原案「列侯会議ヲ興シ」が「広ク会議ヲ興シ」に修正された。また古い悪習の打破(4条)，知識を世界に求める(5条)などの開明思想も含まれている。のちの自由民権運動などにも影響を与え，第2次大戦後の1946年(昭和21)の昭和天皇の人間宣言の冒頭でも引用されている。

ごかしょしょうにん [五カ所商人] ⇨糸割符仲間^{いとわっぷぶなかま}

ごかしわばらてんのう [後柏原天皇] 1464.10.20〜1526.4.7 在位1500.10.25〜26.4.7 後土御門^{ごつちみかど}天皇の第1皇子。名は勝仁^{かつひと}。母は贈皇太后源朝子。1480年(文明12)親王宣下。1500年(明応9)践祚^{せんそ}したが，即位礼は戦国動乱の最中で費用が調わず，22年目の21年(大永元)将軍足利義植^{たね}と本願寺実兼の献金により行われた。5年後，大嘗会を行わないまま没した。

こがせいり [古賀精里] 1750.10.20〜1817.5.3 江戸後期の朱子学派の儒者。名は樸^{ぼく}，字は淳風，通称弥助。肥前国佐賀藩士の子。はじめ陽明学を好んだが，京都で西依成斎らに学び，大坂で尾藤二洲^{にしゅう}・頼^{らい}春水と交わって朱子学に転じた。佐賀に帰国後，藩校弘道館の教授となり，朱子学による藩学を整備した。1796年(寛政8)幕府儒官に任じられ，寛政の三博士の1人として，異学の禁以後の学政に「孝義録」編纂に努めた。著書『精里文集』『四書集釈』。

こかつじばん [古活字版] 近世初頭に盛行した活字印刷による出版物。安土桃山時代末に渡来した活字印刷術が新奇を好む時潮に合い，天皇や武将・寺院・富豪らの慈善による出版に始まり，急速に世間に普及した。これは，金属活字に代えて扱いの便利な木製活字を利用したことが一因と思われる。その結果，歴史上に例をみない量の書物が出回り，読者人口が増大し，企業としての出版が成立する環境を整えた。しかし出版業が営利に有効な版木による印刷法を選択したため，1650年代には文禄年間前半世紀にわたる歴史に幕をおろした。その後私家版として明治期まで続いた小規模の活字出版を，木活字版^{もっかつじばん}とよんで区別する。

こがねづかこふん [黄金塚古墳] 大阪府和泉市上代にある古墳前期の前方後円墳。墳長85m，後円部径57mで，埴輪・葺石^{ふきいし}をもち，周濠の跡がある。後円部に3基の粘土槨^{かく}があり，中央棺は長さ8.7mの割竹形木棺，東・西棺は4mの箱形木棺。3棺の内外から，三角縁神獣鏡・画文帯神獣鏡などの鏡6面をはじめ，玉類・鍬形石・石釧^{いしくしろ}・車輪石・筒形石製品，衝角付冑^{しょうかくつきかぶと}・短甲などの武具，刀剣・槍・銅鏃・鉄鏃などの武器，各種の農工具類など豊富な副葬品が出土。中央棺神獣鏡は景初3年(239)銘をもち，刀剣などとともに中央槨の西側粘土中にあった。東棺内では五鉄鏡ごしゃめん，水晶製大型切子玉のほか，槨外におかれた巴形^{ともえがた}銅器を装着した盾も注目される。景初3年銘の鏡は『魏志倭人伝』中の卑弥呼^{ひみこ}が下賜されたという鏡との関連から，多くの議論をよんでいる。

こかほう [估価法] 沽価法とも。物品の売買・貢納における公定価格・換算率。古代〜中世にある程度機能した。估価は京の東西市司^{いちのつかさ}や諸国の市司が時価にもとづいて定め，估価帳に記録した。諸官司や国の売買は，これによるのが建前であったが，現実の東西市における売買では，估価によることはほとんどなかったと推定される。一方，律令制収取が交易に依存する度合を高めるにつれて，貢納の換算率として估価の重要性が高まった。交易雑物や地子^{じし}交易物など，地方から中央への貢納物を各国が交易によって調達する制度では，各国ごとに時価よりも安い国衙用としての估価が定められた。国司はそれによって強制的に買い付け，中央へは估価法にもとづいて納入し，両者の差額を取得することが行われた。

こがまさお [古賀政男] 1904.11.18〜78.7.25 昭和期の作曲家。福岡県出身。明治大学卒。在学中の1928年(昭和3)「影を慕いて」を作詞・作曲。30年コロムビア・レコードへ入社して作曲家の道を歩む。翌年の「酒は涙か溜息か」「丘を越えて」に始まるヒット曲路線は，第2次大戦後も「湯の町エレジー」「柔^{やわ}」「悲しい酒」などへと続き，ギターを基調にした古賀メロディー4000曲は多くの人に愛唱された。死後，国民栄誉賞受賞。

ごかめやまてんのう [後亀山天皇] ?〜1424.4.12 在位1383.10以後〜92.閏10.5 後村上天皇の皇子。名は熙成^{ひろなり}。母は嘉喜門院勝子といわれる。長慶天皇の皇太弟となり，南朝和平派の公家に推され，1383年(永徳3・弘和3)頃に践祚^{せんそ}か。92年(明徳3・元中9)足利義満からの和平の申入れに対し，譲国の儀式による神器授受，両統迭立^{てつりつ}，諸国国衙^{こくが}領の大覚寺統管轄などを条件としてこれをうけ，同年閏10

月入京,北朝の後小松天皇に神器を譲り上皇となる。しかし3条件は守られず,1410年(応永17)吉野に潜行。16年に帰京。

ごかもん [御家門] ⇒家門

こかわでらえんぎえまき [粉河寺縁起絵巻]

和歌山県粉河町にある粉河寺の本尊千手観音像の造立譚と,その霊験譚1話を表した絵巻。1巻。12世紀後半の制作。類話は1054年(天喜2)に僧仁ները̄が起草した「粉河寺大率都婆建立縁起」をはじめとし,数種の説話集などに収録されている。絵は舞台となる建物や風景を何度もくりかえし描く構成で,対象との距離を常に一定に保つ視点に特質があり,ほのぼのとした内容の説話を穏やかな筆致で淡々と描く。変化には乏しいが,素朴な味わいがある。火災のため巻頭部を失い,また巻末に至るまで波打つような傷痕が残る。縦30.8cm,横1984.2cm。粉河寺蔵。国宝。

ごかん [後漢]

王莽の新朝末期の農民反乱を平定した劉秀(光武帝)が再興した漢王朝(25〜220)。都の洛陽が前漢の都長安の東にあることから東漢ともいう。57年,朝貢した倭の奴国の大夫に光武帝が「漢委奴国王」の金印を下賜するなど,外夷の招撫につとめ,また91年に西域都護に任じられた班超が西域を経略してシルクロードを開いた。だが中央では外戚と宦官が政権を握り,地方には外寇と農民反乱があいつぎ,やがて献帝が曹操その子の曹丕に禅譲して王朝は滅び,中国は魏・呉・蜀の3国に分裂した。

ごがんじ [御願寺]

天皇や皇族など貴人の発願によりたてられた寺院。古代の大寺や定額寺に由来し,四円寺や六勝寺が代表例。勅令によって建立・指定された寺院を,とくに勅願寺・勅願所という。はじめ官寺的・公的性格が強かったが,貴族の氏寺の増加に対応じて平安後期から天皇家の私寺的色彩を強め,鎮護国家よりも願主の個人的な祈願にこたえることに主眼をおく。その所領も,長講堂領のように事実上の皇室領と化した。

ごかんじょ [後漢書]

後漢(25〜220)のことを記した中国の正史。皇帝の事蹟を扱う本紀10巻,個人の事蹟を扱う列伝80巻と,律暦・礼儀・祭祀などを扱う志30巻の計120巻からなる。范曄が「東観漢紀」をもとに本紀・列伝・志を撰したが,未完で獄死した。6世紀前期の官吏劉昭が,その本紀・列伝に,3世紀の司馬彪の撰した「続漢書」紀・志・伝80巻から志を抜いて加え現在のかたちにした。「史記」「漢書」と並び称された「東観漢紀」の内容をまじえ伝える。東夷伝倭人条に光武帝が倭の奴国の使者に金印を授与した記述がある(57年)。この印は,1784年(天明4)に福岡県の志賀島で発見された漢委奴国王印とみられる。中華書局刊。

こかんしれん [虎関師錬] 1278〜1346.7.24

鎌倉後期〜南北朝期の臨済宗の僧。謚号は本覚国師。京都生れ。父は藤原左金吾校尉。8歳で臨済宗聖一派東山湛照のもとに参禅,東山の没後,規庵祖円・桃渓徳悟らに従い修行。1307年(徳治2)建長寺の一山一寧を訪ねたのを機に,22年(元亨2)「元亨釈書」を著す。また鎌倉の無為昭元・約翁徳倹の会下である一方,仁和寺・醍醐寺で密教を学ぶ。39年(暦応2・延元4)南禅寺の住持となり,41年(暦応4・興国2)東福寺海蔵院に退き,翌年後村上天皇から国師号をえた。菅原在輔から「文選」を,六条有房から「易」を学ぶなど研鑚に努め,該博な知識をえた。「聚分韻略」「済北集」など著作多数。

こぎがく [古義学]

江戸前・中期に伊藤仁斎が唱え,同東涯らが継承した儒学。「論語」「孟子」を正統性の基準として,孔子・孟子の原意(古義)に即した儒教の再構築をめざした。程朱学の重んじた「大学」「中庸」を史料批判し,体用一源などの観念を仏老的として排する。天理・本然の性からなる宋学的天人相関論も批判。歴史的事実の集積として六経をとらえ,その理解には論孟の学習による義理の習得が必要とした。背後には3代聖人と孔子の非連続観がある。徂徠学など新思潮の発生を促した意義は大きい。四書注釈に集中した仁斎に対し,東涯らは中国語学研究や制度・儒学説の歴史的研究に新生面を開いた。

ごきしちどう [五畿七道]

律令制下での地方区分。五畿(五畿内)は山背(山城)・大倭(大和)・河内・和泉・摂津の畿内5カ国の総称。757年(天平宝字元)和泉国成立以前は四畿であった。七道は東海・東山・北陸・山陰・山陽・南海・西海の各道の総称。諸国は畿内と七道のいずれかに所属していたので,「五畿内七道諸国」は諸国の総称としての意味もあった。諸国全体が四畿七道に区分されて把握される体制が確立したのは,天武朝後期である。律令条文には畿内や諸道を単位として行政官をおく規定はないが,諸道ごとに節度使や観察使などが設置された時期もあり,律令行政の行われた時代を通じこの区分は維持された。

こぎどう [古義堂]

堀川塾とも。江戸中期,伊藤仁斎の創設した家塾。明治期まで存続。1662年(寛文2)京都近衛堀川の自宅に家塾を開いて古学を唱導。経義文章より徳性を重視し,武士・町人・農民など諸階層の門人が集まり,宮家や公卿への進講もあった。同志会・私試制義試会・訳文会などの過程を設け,相互に人格を尊重する教育であった。1705年(宝永2)長男

東涯(とうがい)が継ぎ、その没後は末弟伊藤蘭嵎(らんぐう)。以後宗家は東所・東里(とうり)・東峯・幅辱(ふくじょく)が継いだ。仁斎以下歴代塾主の著述・蔵書・門人録などが伝わり、現在天理図書館に収蔵。所在地は京都市上京区東堀川通下立売上ル(ひがしほりかわどおりしもだちうりあがる)(国史院)。

こきばし [扱箸] 稲の脱穀用具。形態・使用法から2種がある。一つは45〜60cmほどの2本の竹棒あるいは1本の竹を二つに割ったもので、一端をしばって地面の上に立ててもち、間に稲穂を挟んで引きしごくもの。「会津農書」には「竹こき」とある。もう一つは5〜6cmの細竹を指に固定してもち、間に稲穂を挟んでしごくもの。前者は麦や豆類の脱穀にも使われたが、元禄期以降、千歯扱(せんばこき)が使われるようになり、稲の脱穀にはしだいに使われなくなった。

●●・扱箸

ごきょうはかせ [五経博士] 儒教経典である「詩経」「尚書」「易経」「春秋」「礼記(らいき)」の五経を講じることを職務とする者。中国では五経の書目に違いがあるが、前漢の武帝がはじめておき、政治顧問としての役割をはたした。五経博士の制は南朝から百済(くだら)に入り、百済から6世紀の大和朝廷に段楊爾(だんようじ)・漢高安茂(あやのこうあんも)・王柳貴(おうりゅうき)らの五経博士が交代で派遣された。日本での具体的活躍は不明である。漢の五経博士や7世紀日本の国博士のように政治顧問の役割をはたしたのかわからないが、日本の支配者層に儒教が浸透していったことは想像される。おそらく儒教は彼らによって前代より体系的なかたちで日本に伝えられたであろう。

こきんちょう [古今調] 万葉調・新古今調と並んで和歌史に確立された3大表現様式の一つ。「古今集」的表現。万葉調・新古今調と対立・相違する「古今集」の歌風は、現実の事象から引きおこされる実情・実感をそのまま表さず、生活感情の美的観念化をはかる。したがって感動の対象も直接にいわず、対象に対する詠歌主体の心のあり方を表出する表現態度に特徴がある。具体的には懸詞(かけことば)・縁語の技法や比喩による見立ての工夫などで、言語による多様な表現性を獲得した。

こきんでんじゅ [古今伝授] 中世後期に行われた歌道伝授の一形式。「古今集」を講釈し、その注釈の重要な部分を切紙(きりかみ)として示し、これに古注・証状・相承系図を付して伝授した。形式化するのは室町後。15世紀後半には、二条流を尭孝から伝授された尭恵(ぎょうえ)流と、東常縁(とうのつねより)から伝授された宗祇流の2流があった。宗祇流は宗祇が近衛尚通(なおみち)・三条西実隆・牡丹花肖柏らに伝授。三条西実枝(さねき)(実澄)より伝授された細川幽斎(幽斎)が八条宮智仁(としひと)親王に伝授し、さらに親王から後水尾(ごみずのお)上皇に伝授され、御所伝授が成立した。細川幽斎から伝授された松永貞徳や、貞徳に師事した北村季吟らの流れをくむ地下(じげ)伝授の諸流もあった。

こきんわかしゅう [古今和歌集] 最初の勅撰和歌集。20巻。撰者は紀友則・紀貫之(き のつらゆき)・凡河内躬恒(おおしこうちのみつね)・壬生忠岑(みぶのただみね)。紀貫之の仮名序と、紀淑望(きのよしもち)の真名(漢文)序がある。905年(延喜5)醍醐天皇の勅により撰集が開始されたとも、成立したともいわれる。およそ1100首を、春上下・夏・秋上下・冬・賀・離別・羈旅(きりょ)・物名(もののな)・恋1〜5・哀傷・雑上下・雑体・大歌所御歌(おおうたどころおおんうた)の部立にわけ、以後の勅撰和歌集編集の規範となった。「万葉集」以後約1世紀にわたる120余人の和歌を収録。読人知らず時代・六歌仙時代・撰者時代の3時期に区分される。優美繊細な歌風で、七五調三句切が多い。理知的で懸詞(かけことば)・縁語・比喩・擬人法などの技巧を用いて婉曲に表現。四季の美意識や心情表現の方法など日本的なものの原形がみられる。貴族の基本的な教養として重んじられ、「源氏物語」など散文の作品にも多大な影響を及ぼした。「日本古典文学全集」「新潮日本古典集成」所収。

こく [石] (1)古くは「さか」とも。斛とも。容積の単位。斗の10倍、升の100倍。約180.39リットルに相当。米をはじめとする穀物の計量によく用いられ、江戸時代には俸禄や領地からの玄米収穫高(石高)に表示されるなど、重要な意味をもつ単位。(2)和船の積載量の単位。古くから、船荷は米を主としたので、船に積みこむことのできる米俵を目安として設定され、米1石の重量にもとづく単位として千石船などとよんだ。やがて船の航(かわら)(船底)の長さ・幅・深さを尺で計り、3者の積を10で割って求めるようになったが、1884年(明治17)以降は1石が10立方尺と決められた。

こくいこう [国意考] 儒教や仏教に対し、日本固有の古道の優位を主張した書。賀茂真淵(まぶち)著。1760年(宝暦10)成稿、のち加筆して65年(明和2)頃成立。版本は1806年(文化3)刊。古代中国で禅譲(ぜんじょう)と放伐(ほうばつ)がくり返された事実をあげてその非を論じ、日本の天地自然なる政道を是とする。日本の上代に親族結婚が存在したことを、同母兄弟を真の兄弟とする習俗が

あったという観点から擁護しつつ，人の本質は鳥獣に異ならないとした。これらには老荘思想の影響がうかがえる反面，仁義礼智などの道徳をいっさい拒否する立場を鮮明にしており，儒者の激しい反発を招いた。

- **こくいん [国印]** 大宝律令の施行にともなって，諸国におかれた印。銅製の鋳造品で，印面は2寸四方。国司の作成した文書の文面や紙継目に捺して改竄を防ぎ，文書の信用を保った。また正倉院宝物に，中央に貢進された調の布に記した墨書銘の上に捺された例もある。諸国の行政権の象徴として，倉の鑰とともに重視された。

- **こくいんじょう [黒印状]** 黒印の押してある印判状。戦国大名や江戸時代の将軍・大名によって用いられた。朱印状と併用した場合には，黒印状はより軽い内容の文書に使用された。

- **こくいんち [黒印地]** 江戸時代，大名の黒印によって認められた寺社の領地および所持地。幕初は大名も朱印で領知安堵を行ったが，将軍徳川家光・家綱以降，将軍は朱印，大名は黒印で領知安堵をすることとなった。黒印地には，年貢の収納や領主の課役からの免除，立木の伐採などを内容とする領家権が与えられていた。石高数は朱印地より少ない場合が多かった。

- **こくが [国衙]** 地方行政組織である国の役所。または役所の所在地。また国の行政機構総体をもさす。国府・国庁などの語との異同については諸説あるが，国衙の用例は平安時代以降に増加。役所としての国衙は政庁・倉庫群・学校(国学)などから構成され，11世紀以降の史料にみえる政所・田所・税所・大帳所・健児所などの「所」も，その一部は奈良時代から存在したらしい。行政機構としての国衙は，11世紀以降国司遙任の一般化にともない，国司の代理人である目代らが組織した留守所が，在地豪族や中央から土着した中下級貴族からなる在庁官人を指揮するという体制となるが，しだいに両者の対立が強まり，後者を御家人に組織した鎌倉幕府によって，国衙は守護を中心に再編成されていった。

- **こくがく [国学]** 古代の地方行政区画である国におかれた学校。令制では国ごとに，国内または近隣の国から任用される国博士・国医師各1人をおき，その指導をうける学生を大・上・中・下国それぞれ50・40・30・20人，医生を10・8・6・4人とした。国学生はおもに郡司の子弟から採用した。しかし実施はむずかしく，まもなく教官は中央から派遣されるようになり，723～779年(養老7～宝亀10)には国博士は数カ国に1人であった。また五畿内の国学は797～821年(延暦16～弘仁12)の間廃止された。国学における教育の実態は，9世紀以後，

正規の任命によらない非業博士や公廨稲の配分をうけるだけの遙任博士・権博士などの任用によって国博士の制度が弛緩し，国学が衰退していく過程については不明な点が多い。

- **こくがく [国学]** 広義には日本の法制・歴史・文学・有職故実などを対象とするすべての学問だが，狭義には元禄期以降の復古的思潮にもとづいた学問をいう。いずれの場合も和学・皇朝学・皇国学・古学などの呼称が一般的で，「国学」を自覚的に用いた例もあるが，本格的に使用されるのは近代以後。国学は広く和学の成果に立脚し，代表的学者に契沖・荷田春満・賀茂真淵・本居宣長・平田篤胤らがあげられる。彼らは「古事記」「万葉集」をはじめとする日本の古典についての精深な研究にたずさわり，契沖の「万葉代匠記」，真淵の「万葉考」，宣長の「古事記伝」，篤胤の「古史伝」など顕著な成果を残した。学問方法は，契沖の文献主義から春満の古道尊重に推移したが，古語・古典を通達してはじめて古道の理解がなされるという認識で共通し，儒学の古文辞学の方法に通じる。真淵・宣長は詩歌古文の実作の必要性をとくに強調したが，篤胤にいたって古道観が肥大化する一方，歌詠の実践には欠ける傾向となる。幕末期から近代にかけては，山陵や神祇官の復興運動とともに明治維新の一潮流となった。

- **こくがそうさくきょうかい [国画創作協会]** 大正期の美術団体。1918年(大正7)文展に不満をもつ土田麦僊・小野竹喬らち京都の若手日本画家5人によって結成された。大正期の京都画壇に大きな影響力をもち，26年(昭和元)第2部(洋画)，27年工芸部・彫刻部を新設。28年に第1部(日本画)が解散し，残った第2部と工芸部・彫刻部は新たに国画会を結成。

- **こくがりょう [国衙領]** 公領・国領とも。国衙が領有した所領。11世紀後半に領域型の荘園が出現するが，とくにこのような荘園に対していう。律令制の郡郷制は変質し，郡も郷も並立的で国衙に直結する所領単位となる。開発領主や在庁の活動によってあらたに保や別名などとよばれる所領が形成され，このような郡・郷・保・別名などが国衙領を構成した。開発領主らは，郡司・郷司・保司・別名主などに任命されて国衙支配の末端を担ったが，彼らは荘園における下司らに相当し，荘園も国衙領もほぼ同様の構造をもっていた。

- **こくぎかん [国技館]** 日本相撲協会が維持・管理する常設相撲場。日露戦後は，梅ケ谷・常陸山両横綱の対戦が人気をよび，ナショナリズム高揚の気運にのって相撲興行は好況を呈した。その機にあわせ大日本相撲協会は，天候に

左右されていた興行を安定させるため，東京両国の回向院境内に常設館を建設。1909年(明治42)6月に開館し，国技館と命名した。以後，相撲はひろく国技と称されるようになった。失火や関東大震災による焼失・再建をへて，第2次大戦後占領軍に接収された。1950〜84年(昭和25〜59)には浅草の蔵前国技館が使用され，85年1月，新たに両国国技館が開館した。

こくぐんりせい [国郡里制] 律令制下の地方制度。唐の州－県－郷－里の重層的地方組織にならって，日本でも大化の改新以降に中央集権的な地方制度が整備された。646年(大化2)の改新の詔にみられる国司・郡司や50戸1里の制は大宝令文による修飾をうけたものと考えられ，孝徳朝から天武朝までの間に国，郡の前身の評[こおり]，50戸からなる里の制度が形成されて，国－評－里の重層的地方制度が確立し，浄御原[きよみはら]令制にひきつがれた。701年(大宝元)大宝令施行により評は郡に改められて国郡里制となった。717年(霊亀3。従来知られた霊亀元年式は3年の誤りか)には郷里制が採用されて国－郡－郷－里の4段階の組織となったが，740年(天平12)頃には郷里制は廃止されて国－郡－郷の3段階となり，以後定着した。

こくさい [国債] 国が財政支出支弁のために負担する金銭債務。通常は借入金や一時借入を含まず，証券発行によるものをいう。近代日本では1870年(明治3)に鉄道敷設のためロンドンで募集した9分利付外国公債が最初のもの。当初の国債はいずれも短期償還で高利であったが，86年には整理公債条例が公布され，97年までに約1億5000万円が長期・低利の国債に借り換えられた。第2次大戦前には，日露戦争の戦費調達，国際収支の慢性的入超による赤字への対処から外債への依存度が高かったが，戦後は1947年(昭和22)公布の財政法で原則的に国債発行が禁止された。65年度に戦後はじめて発行され，以後発行は継続している。

こくさいつうかききん [国際通貨基金] ⇨IMF[アイエムエフ]

こくさいふっこうかいはつぎんこう [国際復興開発銀行] 世界銀行とも。ブレトン・ウッズ協定にもとづいて国際通貨基金(IMF)とともに1945年設立された国際機関。略称IBRD。第2次大戦の戦災国の復興，低開発国に対する開発援助を目的とする。46年業務開始，47年国連の専門機関となる。本部はワシントン。加盟国の政府・企業に対する資金貸付，そのための調査と技術援助を業務とする。授権資本は100億ドル。加盟は国際通貨基金加盟国に限定。5大株主国に理事任命権があり，22人の理事会が総裁を選任(慣行としてアメリカ人が就任)。日本は52年(昭和27)に応募資本2億5000万ドルで加盟，66年までに総額86億ドルの借款をうけ，90年(平成2)に完済。

こくさいれんごう [国際連合] 国際連盟にかわる国際平和維持機構。1944年のダンバートン・オークス会議，翌年のヤルタ会談をへて，同年サンフランシスコ会議に連合国50カ国が参加，国際連合憲章を採択。同年10月憲章が発効して発足。本部はニューヨーク。国際平和と安全の維持，福祉の増進を目的とする。原加盟国は連合国51カ国で，中立国・枢軸国は除かれた。主要機関(総会・事務局・安全保障理事会・経済社会理事会・信託統治理事会・国際司法裁判所)と補助機関があり，別組織の専門機関とは連携関係をもつ。総会は1国1票，多数決を原則とし，毎年9月に招集。日本は52年(昭和27)加盟を申請，日ソ国交回復後の56年に承認された。

こくさいれんめい [国際連盟] 第1次大戦後に設立された史上初の平和維持機構。ウィルソン米大統領の呼びかけで，ベルサイユ条約第1編の国際連盟規約ができ，1920年(大正9)発足。本部はジュネーブ。軍縮，紛争の平和的解決，集団安全保障による世界平和の実現，福祉の増進を目的とした。総会と理事会は1国1票，全会一致を原則とする。原加盟国は42カ国。アメリカは上院の反対で不参加。常任理事国の日本は，満州国承認問題が原因で33年(昭和8)に脱退(ドイツも同年脱退)。さらにイタリアのエチオピア併合を阻止できず，その無力を印象づけた。46年4月，第21回総会で解散を決議，財産は国際連合に引き継がれた。

こくさいれんめいだったい [国際連盟脱退] 1933年(昭和8)日本が国際連盟を脱退した事件。満州事変における日本の中国に対する侵略行為に対し，国際連盟はリットン調査団を派遣して実情を調査。33年2月24日の連盟総会は，リットン調査団報告書の趣旨を盛り込んだ十九人委員会の報告案を，賛成42，反対1，棄権1で採択した。松岡洋右[ようすけ]ら日本代表団は総会から退場，3月27日正式に連盟脱退を通告した。

こくさいろうどうきかん [国際労働機関] ⇨ILO[アイエルオー]

こくさく [告朔] ⇨告朔[こくさく]

こくさくがいしゃ [国策会社] 国の政策を遂行するため単独の特別法によって設立された会社。政府の出資をうけ，政府の厳重な指導監督下で利益を度外視して公益を優先する。生産力拡充を課題として経済統制が進んだ日中戦争以降設立が増加した。生産力拡充のための日本製鉄，経済統制のための日本石炭，植民地開発のための南満州鉄道・東洋拓殖，その他日中通

運・国際電気通信などがある。日本銀行などの特殊法人が含まれることがある。第2次大戦後多くは閉鎖機関に指定された。

こくさくのきじゅん[国策の基準] 1936年(昭和11)8月7日に広田内閣の五相会議で決定された基本的な外交・戦略の方針。同年6月、陸軍は対ソ戦を、海軍は対米戦を第一として帝国国防方針・用兵綱領を改訂した。こうした陸海軍の戦略構想に対応して策定されたもので、南進と北進を折衷的にのべ、そのための軍備拡張・庶政一新の必要をうたった。第2次大戦後の極東国際軍事裁判では、日本の南進決意がはじめて国策として一致をみた文書であるとみなされた。

こくさんかいしょ[国産会所] 国産方・産物方・産物会所・産物会所などとも。江戸時代、幕府や諸藩が殖産興業政策または国産専売の実施を目的に設置した役所。統制の対象となる商品名をつけて木綿会所・紙方会所・砂糖会所などとよぶこともある。諸藩の場合、江戸初期からみられるが、とくに中期以降、藩財政の窮乏や商品生産の発達などにより多くの藩で設置された。幕府の場合も早くから長崎貿易を統制するために設けられ、享保期には各種の座や会所が設置された。さらに幕末、蝦夷地き*の産物や国産を統制するため設けられた。会所には御用達商人が役人として参加している例が多い。

こくし[国司] 律令制下、中央から派遣された国の支配にあたった地方官。「日本書紀」の大化以前の国司の語は文飾であり、令制国司の基礎が確立するのは天武朝頃と考えられる。大宝・養老令制下の国司は守ホタ・介ホサ・掾ホラ・目ホサの四等官からなり(史生ホラ・国医師・国博士を含むこともある)、任国の祭祀・行政・軍事など庶政全般を統轄したが、一方で朝集使ホラなどを通じて中央に政務を詳細に報告する義務を負った。特権として職分田と事力ホラを与えられ、さらに8世紀後半以降は公廨稲ホラの配分にも与った。平安前期になると、国家は勘解由使ホラなどを設置して対国司統制を強化したが、しだいに国司の任国支配には中央の目が届かなくなり、10世紀には受領ホラによる私富追求が激化した。一方で収入目当ての遥任ホラも一般化し、平安末期には院宮分国・知行国の制もうまれた。鎌倉時代になると守護に圧迫されて有名無実となり、戦国期以降は武家の名誉的称号になった。

こくし[国師] 中世において国家の師表とすべき高僧に朝廷が贈った称号。1311年(応長元)円爾弁円ホラホラが定められた聖一ホラ国師を初例とする。夢窓疎石ホラホラは七朝国師とよばれた。

こくじ[国璽] 日本の国家の表章としての官印。1868年(明治元)1月各国公使に王政復古を通達する国書に「大日本国璽」の印を用いた例もあるが、正式に定められたのは71年。伊達宗城ホラを欽差全権として清国に派遣するにあたり、御璽の改刻とともに、国書に鈴りするため新たに国璽を刻した。いずれも石材であったが、74年御璽とともに金製に改められた。国璽の印文はいずれも「大日本国璽」。第2次大戦前は公文式・公式令で国璽を使用すべき場合が規定され、国書・条約批准書・委任状・勲記などに鈴したが、戦後は規定する法令はなく、実際には勲記のみに用いられる。国璽・御璽とも戦前は内大臣が尚蔵していたが、戦後は宮内庁の侍従職が保管。

●●:国璽
「大日本国璽」明治7年

こくしたいけい[国史大系] 日本史研究のための基本的な史料である古典籍を集成し、校訂を加えて刊行した叢書。1897年(明治30)田口卯吉ホラが編集し、経済雑誌社から17冊の叢書として刊行を始めたのが最初で、日本史の基本史料を活字化したものとして世に迎えられた。その後、続編・増補版の刊行をへて、1929年(昭和4)からは、黒板勝美ホラの編集になる「新訂増補国史大系」全66冊が吉川弘文館から刊行を開始し、戦時中の中断をへて64年に完成した。厳密な校訂や索引・目録の整備により研究者にとって必備の書とされ、学問研究の進展に寄与している。

こくしゅ[国主] ⇨国持大名ホラホラ

こくしゅ[国守] 国司ホラの長官。任国の庶政全般に絶大な権限をもち、10世紀以降の受領ホラにも継承された。官位相当は大国の従五位上以下、国の等級により差がある。

こくしょ[国書] 国家の間で交換される正式な外交文書の総称。平安時代からこの呼称が用いられ、おもに中国・朝鮮との間でとりかわされた。通常は漢文が用いられ、牒ホラの様式をとる。中世には禅僧が起草にあたった。近代には、元首の署名および国璽ホラの捺印、外務大臣の副署がある文書をいう。

こくじん[国人] 国衆ホラ・国民とも。中世後期、在地に経営基盤をもち、村落を支配した領主。地頭・土豪層と異なり、鎌倉時代の地頭領主クラスの系譜をもち、村落共同体の規制をあまりうけない。この言葉は鎌倉時代から用いられるが、14世紀中期から独自の社会勢力となる。本拠地付近に一円的に所領を集中させ、荘園代官職などの請負や検地も行った。流通経済の発展とともに、交通・流通の要衝近くに居館をおき、六斎市など地域の定期市を掌握し、一部の手工業者を直接支配した。国人領主間の地

こくじんいっき【国人一揆】中世後期，国人と称された地方の在地領主が，その地域の領主相互間の紛争解決や，平和秩序の維持などを自分たちの手で行うために結んだ領主間契約，またその一揆契約に参加した人々の集団。15〜16世紀には全国各地にさまざまな目的で国人一揆が結ばれ，その際作成された一揆契約状も，肥前松浦党・安芸国人一揆のものなど数多く残る。これらの契約状には，喧嘩や所領争い，逃亡奴隷，用水の利用などをめぐる領主相互間の紛争を領主が実力で解決することを禁止し，一揆の議決機関である衆議の決定に従うことが共通して定められている。契約は神仏への誓約という形式をとっており，その意味では，平和を目的とした誓約団体ということができる。

縁的結合である国人一揆を結び，多数決制を導入し，上級領主への抵抗や人返などで個別支配の強化に役立てた。戦国期には独自の家臣団を編成し，一部は戦国大名となった。

こくすいしゅぎ【国粋主義】明治中期，憲法・民法や改正通商航海条約などが制定・実施される時期，伝統文化否定の西洋化政策を批判して，「国粋保存」すなわち西洋文化の批判的摂取を主張した思想運動で，1888年(明治21)創立の政教社に代表される。政教社の指導者三宅雪嶺・志賀重昂らと，新聞「日本」の主宰者陸羯南が指導的理論家。雪嶺はのちの大正デモクラシー期に長谷川如是閑・丸山幹治・鳥居素川らとともに指導者として活動するように，この時期の国粋主義は大正末〜昭和期の排外的国家主義とは異なる。

ごくすいのえん【曲水宴】⇨曲水宴きょくすい

こくせいちょうさ【国勢調査】population census(人口調査)の日本語訳。欧米ではpopulation and housing censusとして行われることが多い。日本では1902年(明治35)公布の「国勢調査ニ関スル法律」にもとづき，05年に第1回の調査が行われる予定だったが日露戦争のため延期，20年(大正9)に実施された。以後10年ごとに大規模調査年を，またその中間の5年目に簡易調査年をおき，周期的調査が行われている。45年(昭和20)に予定された調査は敗戦のため47年に実施。47年以降は47年公布の統計法を根拠法とする指定統計。なお，1939年の臨時国勢調査は，「物の国勢調査」とよばれる一種の商業センサスで，人口調査ではない。

こくせんやかっせん【国性爺合戦】人形浄瑠璃。時代物。5段。近松門左衛門作。1715年(正徳5)11月大坂竹本座初演。明の貿易商鄭芝竜と日本人を母にもつ平戸生れの鄭成功が中国に渡り，明国の将軍となって清と戦った史実をもとに，錦文流作「国仙野手柄日記」を参考に脚色。舞台は日本と中国にわ

たり，主人公和藤内(鄭成功)の剛勇ぶりや，大仕掛のからくりなど，スケールの大きい変化にとんだ作品で，初演時には足掛け3年越しの大当りをとった。本作により近松の時代浄瑠璃の定型が完成したことや，幕間に演じていたのろま人形を廃止したことなど，浄瑠璃史上重要な作品の一つ。歌舞伎にもただちに移入され，和藤内は荒事の代表的人物として人気を博した。浄瑠璃・歌舞伎・浮世草子・謡曲などに追随作がみられ，新劇でも改作物を上演。現在は浄瑠璃・歌舞伎ともに2・3目目の上演が多い。

こくそ【国訴】「くにそ」とも。江戸後期，摂津・河内・和泉国などで，大坂の特権的商人らによる菜種・綿・肥料などの流通独占に反対して，生産にかかわる数百カ村が自由な売買などを要求しておこした合法的な訴願闘争。国訴年表によれば88件ある。なお，国訴を合法的な広域訴願闘争として把握すれば，関東の肥料購入をめぐる訴願闘争も含まれる。1823年(文政6)大坂三所綿問屋の市場独占をめぐる摂津・河内両国1007カ村の訴願闘争が有名。支配領域をこえて村々が結びつくのは在郷商人の指導とする説に対し，「郡中議定」をとり結ぶような村々の動きを基礎にとらえる説もある。

こくぞうほんぎ【国造本紀】全国135の国造(国司や重複を含む)について，それぞれの設置時期や被任命者を列記したもの。「先代旧事本紀」巻10として残る。「古事記」「日本書紀」にみえる国造で掲載されていないものも2〜3あるが，国造を網羅したものとして貴重で，記紀など他書にみられない所伝もあり，国名表記に古い用字もある。823年(弘仁14)の加賀国分立を記し，最終的な成立は平安初期か。成立経緯は，「先代旧事本紀」編纂時に古文献を斟酌して作成したとする説，6世紀中葉〜7世紀前半にその当時実在した国造を記録した原資料が存し，702年(大宝2)に作成された「国造記」をその公的記録とみなす説などがある。国造研究の重要な史料であるが，内容には十分な考証が必要となる。「国史大系」所収。

こくたいしんろん【国体新論】明治前期の天賦人権説にたつ政治理論書。加藤弘之著。1875年(明治8)刊。国家の主眼は人民で，君主・政府は人民の私事に干渉は許されず，政府の権力濫用を防ぐために三権分立がうまれたとし，人民は天賦の自由権をもつことを主張した。「真政大意」とともに自由民権運動に大きな影響を与えたが，保守派に批判され，81年に両書ともみずから絶版にした。「明治文化全集」所収。

こくたいのほんぎ【国体の本義】1935年(昭和

10)の国体明徴運動をうけて文部省が刊行した書。政府による正統的国体論の統一と普及の役割をになった。国体明徴と教学刷新のため文部省に設置された教学刷新評議会の審議と並行して編纂され、37年5月刊行。共産主義の温床として個人主義を排撃し、日本は皇室を宗家とする一大家族国家と規定して、天皇への絶対随順を説いた。はじめ20万部を作成し全国の学校や官庁に頒布、中等学校入学試験にも出題された。

こくたいめいちょうもんだい [国体明徴問題]
美濃部達吉の憲法解釈が反国体的であると非難されたことに始まる一連の政治問題。原理日本社など国家主義団体や在郷軍人会の攻撃が、政友会の岡田内閣倒閣運動と結びついて政治問題化し、議会主義勢力や軍部内穏健派などの後退をもたらした。1935年(昭和10)2月18日貴族院で菊池武夫が、美濃部の天皇機関説への政府の処置を質したのに端を発し、政友会・在郷軍人会・民間右翼も政府に対応を迫った。3月23日衆議院も国体明徴決議案をを可決。政府はしだいに譲歩し、8月3日、10月15日の2回にわたる国体明徴声明で天皇機関説を否定し、事態の沈静化を図った。事件の裏に皇道派の暗躍をみた林銑十郎陸相は、同年7月真崎甚三郎教育総監を更迭して、永田鉄山軍務局長暗殺事件(相沢事件)をひきおこし、さらに2・26事件の遠因ともなった。

こくだかせい [石高制] 土地の生産量である石高を基準にして構築された近世封建制の体制原理。1591年(天正19)豊臣秀吉は日本全土に対して、1国ごとに御前帳ごぜんちょうを提出するよう命じた。これは国単位にまとめた検地帳という性格をもち、全国の土地が石高で一元的に表示されることになる。石高は土地の等級(斗代だいり)に実測面積を乗じて算出され、土地の予想生産量を米の体積で表示するものだが、畑や屋敷なども石高で表示され、これに年貢率を乗じて年貢が徴収された。大名や武士の知行も石高で表され、彼らが課される軍役も統一的なものになり、転封なども容易になった。農民の石高所持は土地所持が公認されたことを示すが、武士はその石高で示される土地を所持する農民を含めて知行として与えられたから、武士と農民の階級がはっきりと分離されることになった。石高制の確立により兵農分離が実現し、世界に類をみない権的な封建制が成立したといえよう。

こくちきねんび [国恥紀念日] 第1次大戦中の1915年(大正4)1月、日本は対華二十一ヵ条の要求の受諾を迫り、中国側が拒否するも、5月7日に9日午後6時を期限とする最後通牒を突きつけた。この5月7日(または9日)を中国は国恥紀念日として心に刻み、毎年当日には各地でデモが行われた。柳条湖事件のおこった31年(昭和6)9月18日、蘆溝橋事件のおこった37年7月7日も、国恥を「紀念」する日となった。

こくていきょうかしょ [国定教科書] 政府機関が執筆・編集を行って、教育内容を一方的に定めた教科書。日本の場合、小学校は1904年(明治37)から、中学校では43年(昭和18)からで49年まで使用された。教科書検定制度時代の1896年、貴族院が修身教科書の政府による直接編集を建議したのに始まり、衆議院でも1901年にすべての小学校教科書の国定を建議した。文部省ではすでに1900年4月に修身教科書調査委員会を設けて国定化の準備を進めていたが、02年に発生した教科書疑獄事件を口実として国定化にふみきった。国定教科書は、戦前の天皇制教育をすすめるにあたって、教育を通じて国民思想を統一・支配する中核的役割をはたした。

こくどこうつうしょう [国土交通省] ⇨運輸省うんゆしょう ⇨建設省けんせつしょう

こくふ [国府] 律令制下の諸国の役所、またはその所在地。国衙が・庁の語との異同には諸説あるが、国府を条坊をもつ小型の都城的都市とみる従来の見解は、発掘調査などにより疑問視されている。役所としての国府は、多くの場合コの字形の建物配置をとる政庁を中心に、さまざまな官衙・倉庫、工房、国司の居館である館などから構成され、国内の比較的都に近い場所の立地が多く、官道にそって建設され、国府湊や国府津を付属させた。このような国府は、現在までの発掘成果では8世紀初頭頃に成立し、中心の政庁は大部分が10世紀には廃絶。また古辞書類などから、平安時代における国府の移転が想定される国もかなりある。

こくふうぶんか [国風文化] 10世紀以降、とくに10〜11世紀(平安中・後期)の日本の文化の特徴を表現した文化史の時代区分。9世紀の唐風文化に対する呼称。政治史では、藤原氏を中心とする摂関政治の時代に相当する。9世紀の唐風文化を基盤に発展した日本文化で、仮名文字の発展にもとづく和歌・物語文学、漢文の日本化による和漢混淆文、浄土教思想と浄土教美術、寝殿造のような住宅建築、束帯・直衣のうし・女房装束などに代表される服飾などの文化現象がみられる。のちの日本文化の基本形が成立した。

こくぶんじ [国分寺] 741年(天平13)聖武天皇の発願により国ごとに設けられた僧寺。護国経典の一つ「金光明最勝王経こんこうみょうさいしょうおうぎょう」に依拠して設立され、正式には金光明四天王護国之寺こんこうみょうしてんのうごこくのてらと称する。国衙が所在地に近く、人里と適度に距離を隔てて立地し、境内に七重塔が

たてられて、聖武天皇直筆の金字の「金光明最勝王経」が安置された。また封戸50戸と水田10町を施入するとともに、僧20人を常住させ、欠員があれば補充することとされた。鎮護国家の機能をになう本格的な地方の官寺として国家の期待がよせられたが、その建築は順調には進展せず、既存の寺院を転用して国分寺とする場合もあった。近年各地で国分寺の発掘調査が進められているが、その規模や伽藍配置などは多様である。

こくぶんじこんりゅうのみことのり [国分寺建立の詔] 741年(天平13)2月14日に発せられた、国分僧寺・国分尼寺の建立を命じる聖武天皇の詔。天下の諸国に七重塔を建立し、「金光明最勝王経」および「法華経」各10部を書写し、天皇直筆の金字の「金光明最勝王経」を塔に安置することが宣された。僧寺と尼寺に水田を施入し、僧尼を常住させ、毎月8日に最勝王経を転読し、月半に戒羯磨を誦すること、また毎月六斎日の殺生禁断が規定された。付記の願文には、国家護持、先帝の追善、皇族や貴族が死後彼岸に達すること、藤原不比等および県犬養三千代を範として、その子孫が固く君臣の礼を守ることなどが盛りこまれた。

こくぶんにじ [国分尼寺] 741年(天平13)国分寺とともに諸国に建立された尼寺。聖武天皇の発願により、鎮護国家を祈念する場として、僧寺である国分寺とともに設置された。「法華経」の教説に依拠して法華滅罪之寺と称し、水田10町を施入し、尼10人を常住させ、毎月8日に「金光明最勝王経」を転読させた。平安末期以降しだいに衰退し、多くは中世に廃絶した。

こくへいしゃ [国幣社] 神社の社格の一つ。古代律令制下では神祇官の管する官社は、毎年2月の祈年祭に神祇官から奉幣をうけたが、798年(延暦17)僻遠の地にある官社には神祇官にかわって国司が奉幣すること(国司班幣)が定められ、官幣社と国幣社との別が生じた。それぞれ大社・小社の別があり、「延喜式」には3132座の官社のうち国幣大社188座、小社2207座が記されている。幣帛には正税が用いられ、品目・数量とも官幣よりはるかに少ない。1871年(明治4)国家神道のもとで改めて官国幣社の制が定められ、地方の祭る神社が国幣社とされた。大社・中社・小社にわけられ、祈年・新嘗祭には宮内省から、例祭には国庫から神饌幣帛料が供出された。1946年(昭和21)廃止。

こくぼ [国母]「こくも」とも。天皇の生母。皇后であり、なおかつその子が天皇となった皇太后をいう。初見は「三代実録」元慶3年(879)3月25日条で、淳和天皇の皇后正子内親王が国母といわれたという。のち国母には女院号が与えられるようになった。

こくほう [国宝] 1950年(昭和25)制定の文化財保護法により、重要文化財のうちとくに価値が高いものとして国が指定した文化財。建造物と美術工芸品からなり、美術工芸品は絵画・彫刻・工芸品・書跡・典籍・古文書・考古資料・歴史資料に分類される。文部大臣が指定して文化庁が所管し、その管理・保護・公開などに必要な措置をとることが定められている。また1950年以前には、古社寺保存法・国宝保存法により、有形文化財の価値の高いものを国宝に指定したが、文化財保護法によりそれらは重要文化財と呼称を改め、これを含めた重要文化財のなかから新たに国宝が指定された。文化財保護法によるものを新国宝、それ以前のものを旧国宝として区別することもある。

こくぼうかいぎ [国防会議] 国防に関する重要事項について審議するため内閣に設けられた機関。1954年(昭和29)防衛庁設置法に国防会議の設置が規定され、56年7月2日公布の国防会議の構成等に関する法律により発足。内閣総理大臣を議長、副総理・外務大臣・大蔵大臣・防衛庁長官・経済企画庁長官を議員とし、必要により関係国務大臣、統合幕僚会議議長などの出席が許され(のち防衛庁長官・通商産業大臣・科学技術庁長官が常時出席)、内閣総理大臣は(1)国防の基本方針、(2)防衛計画の大綱、(3)防衛計画に関連する産業などの調整計画の大綱、(4)防衛出動の可否、(5)その他内閣総理大臣が必要と認める国防に関する重要事項について、国防会議に諮らなければならないことになった。86年安全保障会議に改組。

こくぼうのほんぎとそのきょうかのていしょう [国防の本義と其強化の提唱] ⇨陸軍パンフレット問題

こくほんしゃ [国本社] 大正後期・昭和前期の国家主義の思想啓蒙団体。平沼騏一郎司法相を中心として1924年(大正13)組織。「国本ヲ固クシ智徳ノ並進ニ努メ国体ノ精華ヲ顕揚スル」ことを目的に、「国本新聞」や雑誌「国本」の発行、講演会開催を事業の中心とした。鈴木喜三郎・塩野季彦・加藤寛治・宇垣一成・原嘉道・荒木貞夫・真崎甚三郎・後藤文夫・池田成彬ら・結城豊太郎などを理事とし、会員数は陸海・内務官僚、軍人を中心に1万7816人(1935)を数えた。「日本ファッショの総本山」などと称されたが、36年(昭和11)平沼の枢密院議長就任後、解散した。

こくみんかいへい [国民皆兵] 近代国家の軍隊を傭兵や募兵によらず国民からの徴兵によって編成しようとする考え方。1872年(明治5)の徴兵告諭は、明治政府の四民平等・兵農

合一の理想をのべたものだった。徴兵令は73年の発布以来数度改正され、皆兵をうたっていたが、実態は広範な免除規定があり公平とはいえなかった。

こくみんがっこう [国民学校] 教育審議会の答申をうけ、1941年(昭和16)3月公布の国民学校令により、それまでの小学校制度を廃して発足した初等教育機関。同年4月から47年3月まで存続。国民学校令第1条には「国民ノ基礎的錬成」が目的として掲げられ、就学義務年限も6年から初等科6年、高等科2年の8年に延長されることになった。従来の教科を統合・再編して、皇国民錬成の名のもとに心身一体の修錬や行事を重視し、大日本青少年団の活動と一体化して地域と学校との連携をめざすなど、全体として第2次大戦の戦時体制に即応した教育を行った。義務年限の延長は戦争の激化により実現しなかった。戦後の47年、学校教育法の成立により再び小学校に改編された。

こくみんぎゆうたい [国民義勇隊] 太平洋戦争末期に本土決戦に備えて組織された国民的な組織。1945年(昭和20)3月小磯内閣が創設を決定。職域・地域ごとに国民学校初等科終了以上で、65歳以下の男子、45歳以下の女子で組織された。内務省の指導の下に都道府県ごとに本部を設置し(本部長は地方長官)、大政翼賛会・翼賛壮年団・大日本婦人会などの民間組織がこれに統合された。軍需品・食糧の増産などを任務とし、戦況逼迫の場合には民間戦闘組織に移行することになっていた。

こくみんきょうかい [国民協会] 明治中期の政党。1892年(明治25)6月、中央交渉部を改組して成立。会頭は薩派の元勲西郷従道、副会頭品川弥二郎。国権拡張・実業振興・軍備充実などを政綱とし、民党の対抗勢力を標榜。佐々友房・大岡育造・元田肇らを擁し、第4議会開会時(1892〜93)には所属議員70人を数えた。第2次伊藤内閣と自由党との接近にともない改進党などとともに対外硬派を形成し、伊藤内閣および自由党に対抗。94年3月の第3回総選挙に惨敗し、以後党勢は振わなかった。日清戦後には第2次伊藤内閣に接近し、第3次伊藤内閣下の第12議会では唯一地租増徴案に賛成。第2次山県内閣下の99年7月に解散、帝国党に改組。品川も引退した。

こくみんきょうどうとう [国民協同党] 国民党と協同民主党が合同して1947年(昭和22)3月8日に結成された政党。委員長空席のまま書記長に三木武夫が就任。結成時には78議席を擁し、協同主義・階級協調・農山漁村の近代化をかかげ、中道勢力の結集をはかったが、同年4月の衆議院選挙では当選者は31人にとどまった。片山哲内閣に、社会党・民主党とともに与党となり三木ら2人が入閣。その後党勢はふるわず、50年4月に解散して民主党野党派・新政治協議会とともに国民民主党を結成した。のちの自由民主党三木派の源流となる。

こくみんしゅぎ [国民主義] 明治中期に活動した陸羯南らの唱えた思想。羯南は三宅雪嶺らの政教社に呼応して新聞「日本」を発刊し、「国民の統一」と「国民の特立」を強調、自己の立場を「国民主義」と称した。国民特性の発揚は世界文明の発達を助けるとし、また国家と国民とを明確に区別し、個人の自由・権利の伸張と立憲政治の導入を主張、明治政府による国家主義は「国民」よりも国家機構を優先するものとして批判した。

こくみんしょとく [国民所得] 一国の1年間の実質経済活動規模を示す統計概念。生産・分配・支出の各面からとらえられるが、支出面から計算するときは消費・総資本形成・輸出入の差額の計となる。これに間接税を加えると国民純生産、さらに資本減耗引当を加えると国民総生産(GNP)となる。市価で表示された名目系列と、一定時の価格で表示された実質系列とがある。近代日本の実質成長率は、大川一司の推計によれば、1887〜1904年2.65%、04〜30年2.95%、30〜69年5.33%で、国際的にみて高く、また趨勢加速の様相を呈した。

こくみんしんぶん [国民新聞] 1890年(明治23)2月1日に徳富蘇峰によって東京で創刊された。国民の中間層に広く読まれる平明で活気ある新聞をめざした。初期の社員は、人見一太郎・竹越与三郎・塚越芳太郎・久保田米遷など多彩。しかし日清戦争前後の蘇峰の転向とともに政治新聞化して桂太郎を代弁する御用紙となり、日露講和条約問題・憲政擁護運動など2度にわたって民衆の焼打をうけた。大正期は藩閥とは手を切り、在野の有力紙となったが、営業競争の激化と関東大震災被害のため経営はしだいに悪化、根津嘉一郎の資本参加をうけ、1929年(昭和4)蘇峰は退社した。その後「新愛知」の経営をへて、42年10月1日、新聞統合のために「都新聞」と合併、「東京新聞」となった。

こくみんせいしんさっこうにかんするしょうしょ [国民精神作興に関する詔書] 1923年(大正12)11月10日に第2次山本内閣によって出された詔書。関東大震災後の享楽的傾向や社会主義運動・労働運動の社会への浸透を浮華・軽佻であるとみて、国民教化によってこれを抑えようとしたもの。これにそって内務省社会局が中心となって全国教化団体連合会が組織された。

こくみんせいしんそうどういんうんどう [国民精神総動員運動] 日中戦争に際し、国民を戦争協力に動員するための官製の運動。1937年

(昭和12) 8月、第1次近衛内閣が決定した「国民精神総動員実施要綱」にもとづき、10月から中央・地方の動員組織が作られて発足。当初は儀式や行事を通じて精神教化をはかる運動が中心だったが、その後、貯蓄増加・国債購入・金属回収などの経済国策協力運動が加わり、町内会・隣組や婦人会を通じてとくに女性が動員された。39年9月からは毎月1日、一汁一菜・日の丸弁当・禁酒禁煙などを守る興亜奉公日を実施した。40年10月の大政翼賛会成立後、大政翼賛運動にうけつがれた。

こくみんせいふ [国民政府] 略称は国府。1925年に成立した中国国民党を主体とする政府。前身は1923年に成立した孫文を領袖とする陸海軍大元帥府。25年7月、広東(カントン)国民政府に改組し、主席は汪兆銘(おうちょうめい)。北伐開始後、27年1月に政府所在地を広州から武漢(ぶかん)に移した。4月蔣介石(しょうかいせき)が反共クーデタをおこし、南京(ナンキン)に胡漢民(こかんみん)を主席とする国民政府を樹立。武漢・南京両政府の分裂は、7月の汪兆銘反共クーデタ後に終止符が打たれた。28年に立法・行政・考試・監察の五院制の国民政府として出発。日中戦争中に重慶(じゅうけい)に移り抗日戦争を指導。第2次大戦後南京に復帰したが、49年共産党との内戦に敗れて台湾へ移り、大陸の共産党政府との対峙状態が続いている。

こくみんたいいくたいかい [国民体育大会] 第2次大戦後、毎年開催される全国的な総合競技大会。国体と略称。前身は戦前の明治神宮競技大会。日本体育協会(当initialは大日本体育協会)・文部省・開催都道府県の主催で、日本体育協会に国民体育大会委員会がおかれている。1946年(昭和21)の京都に始まり、毎年冬季・夏季・秋季の3大会が各都道府県もち回りで開催され、大会規模はいよいよ拡大している。

こくみんちょうようれい [国民徴用令] 国家総動員法にもとづいて1939年(昭和14) 7月に制定された、国家による強制的労働力動員政策遂行のための勅令。当初は申告義務のある職種の技能・技術者を対象に、軍の作業庁または政府の管理工場・指定工場に徴用しうることが定められていた。戦争拡大による兵力動員の結果、徴用規模が拡大し、43年の改正では年齢枠もひろげられ、すべての職種の技能・技術者を対象とした。同年10月制定の軍需会社法による軍需会社では、全従業員が徴用されたものとみなされた。しかし徴用制だけでは不十分であったため、学徒勤労動員・女子挺身隊などを組織して、軍需部門への労働力確保が図られた。

こくみんどうめい [国民同盟] 昭和前期の政党。1932年(昭和7)12月に結成。総裁は立憲民政党内閣の内相を務めた安達謙蔵。前年末に民政党を脱党した安達派を中心に、清瀬一郎ら革新党などの代議士30余人が参加。党内では統制経済を主張する中野正剛(せいごう)らと民政党復帰を主張する山道襄一派が対立、35年に中野派が脱党し、山道派は民政党に復帰、以後党勢は低落。40年7月新体制運動の過程で解党した。

こくみんのとも [国民之友] 明治中期の総合雑誌。1887年(明治20) 2月創刊。発行所は徳富蘇峰の主宰する民友社。誌名はアメリカの雑誌「The Nation」にちなんだもので、本格的総合雑誌であることを特色とした。内容は社会評論を主とし、蘇峰の唱える平民主義が強くアピールされ、青年層を中心に発行部数を伸ばし大きな影響力をもった。冒頭の社説欄は無署名だが、蘇峰自身あるいは蘇峰の意向にそった論説であり、特別寄稿欄では各方面の大家・新進の寄書が載せられた。文芸欄の「藻塩草(もしおぐさ)」も当時著名な文学者を網羅し、文壇でも重きをなした。日清戦争後は蘇峰の人気凋落とともに発行部数が激減、98年8月「国民新聞」に吸収されて廃刊。

こくむだいじん [国務大臣] 内閣を構成する閣僚。広義には内閣総理大臣をも含む。大日本帝国憲法では、各国務大臣の天皇に対する単独輔弼(ほひつ)責任制がとられていたが、日本国憲法では内閣の構成員として国会に対し連帯して責任を負う。任免権は内閣総理大臣にあり、任免には天皇の認証を必要とする。また、国務大臣の過半数は国会議員で構成し、同時に文民でなければならない。第2次大戦前の定数は16人であったが、現内閣法では原則14人以内と定められている。国務大臣にはそれぞれの省庁の行政事務を分担する主務の大臣と特命担当大臣がある。所管の行政事務にかかわる法律や政令審議のため閣議開催を求めたり、機関委任事務について自治体の長を監督する。

こくめんのしょう [国免荘] 権門寺社が開発や買得によって集積した田地について、そこに賦課される官物や臨時雑役などを、国司の権限で免除することによって成立した荘園。国司は、こうした措置で、権門寺社に納めるべき国家的給付の滞納分の代替にしようとした。平安中期に国司が国内の行政を中央政府から委任される体制が一般化した結果、可能となったもの。当初は免除した国司の在任中のみの措置であったが、のちには数代にわたる国司の免判(めんはん)を獲得して、官省符(かんしょうふ)をえずに事実上公認される場合もあった。

こくもり [石盛] 斗代(とだい)とも。江戸時代に使われた耕地の段当り基準生産高。検地の際、田畑や屋敷地などの等級を査定するとともに、これに対応する石盛を確定し、石高の算定基準とした。石盛の査定は土地の生産力を基準として

いたが，生産力そのものを直接表すわけではなく，地域の経済的・政治的条件なども勘案した。石盛の盛は段別に石高を盛りつけるときの指数で，ふつう1斗で除した数で示された。上田(じょうでん)1段に籾3石，米にして1石5斗収穫できる土地を石盛15，以下二つ下がりに石盛を設定し，上畑・屋敷地は下田並みに扱うのが一応の基準となった。江戸時代を通じて，石盛と現実の生産力とはしだいに乖離(かいり)する傾向にあったが，石盛の改訂はほとんどなされなかった。

ごくもん [獄門]

本来的には検非違使庁(けびいしちょう)の獄屋の門であるが，梟首(きょうしゅ)された首を門あるいは門前の木にかけたところから，斬罪に処せられた首をさらすことを意味するようになった。京都では処刑を鴨川の河原で行い，京中を巡る大路渡しが行われたのち，獄門でさらされた。江戸時代になると，幕府の刑罰体系にとりいれられ，牢内で首を切ったあと，これを俵にいれ，浅草と品川にあった仕置所に運んで獄門台の上におき，3日2夜さらした。磔(はりつけ)につぐ重刑。

こくやく [国役]

「くにやく」とも。中世，朝廷・国衙(こくが)の臨時雑役および室町幕府の段銭(たんせん)・守護役などのもの。11世紀から国衙の臨時雑役が国役として公田に賦課され，鎌倉時代には，大嘗会(だいじょうえ)用途などの院事・勅事や伊勢神宮・一宮の修造用途などの一国平均役となった。室町幕府は段銭として国役を収取，守護役なども新たに国役として徴収された。室町幕府崩壊とともに消滅したが，近世には国役普請のかたちで一部復活した。

こくようせき [黒曜石]

光沢をもつ流紋岩質や石英安山岩質のガラス質安山岩。黒色・暗灰色を呈し，赤褐色部分のあるものは花十勝とよぶ。割ると貝殻状断面を呈し，旧石器時代以来，剝片(はくへん)石器の材料として使用された。北海道大雪山系，長野県和田峠，神奈川県箱根，東京都神津(こうづ)島，大分県姫島，佐賀県腰岳などの原産地がある。北海道白滝産の黒曜石がサハリンから，腰岳産の黒曜石が韓国東三洞(とうさむどん)貝塚から発見されるなど，海をこえて分布することもある。

こくようせきすいわそうねんだいそくていほう [黒曜石水和層年代測定法]

黒曜石表面の水和層の厚さをもとに，黒曜石製石器または同石片の年代を測定する方法。黒曜石は表面から内部に拡散した水による水和層が発達する。水和層発達速度は温度や黒曜石の化学組成などにより変化する。北海道・関東では他の年代測定法をもとに水和層発達速度が決定され，約2万5000～1000年前の石器群の編年が可能とされる。

ごくらくおうじょう [極楽往生]

西方往生とも。仏土の一つで，阿弥陀仏の国土である極楽浄土に生まれること。極楽浄土は，この世界の西方，十万億の仏土をへたなたにあり，一切の苦患を離れた諸事が円満している安楽世界。往生の方法としては，念仏，とりわけ口称(くしょう)念仏によるものが有名。

ごくらくじ [極楽寺]

神奈川県鎌倉市極楽寺にある真言律宗の寺。もと奈良西大寺の末寺。霊鷲(りょうじゅ)山と号す。1258年(正嘉2)念仏僧が深沢の地に寺を建て始めたが，完成を前に死去した。北条重時がその寺を翌年現在地に移して極楽寺と号した。はじめは念仏系の寺であったが，67年(文永4)忍性(にんしょう)の入寺以後は，真言律宗の寺となった。鎌倉の西の境にあり交通の要衝に位置していた。忍性らは病者や女性をはじめ鎌倉の民衆の救済につとめ，道路・橋の修造，鎌倉の港である和賀江津(わかえつ)の管理も行い，鎌倉幕府の祈祷まで行う寺となった。清涼寺式の釈迦像(重文)，十大弟子像，忍性塔(重文)などの石造五輪塔，「極楽寺境内絵図」などがある。

こくらはん [小倉藩]

豊前国小倉(現，北九州市)を城地とする外様のち譜代中藩。豊臣秀吉は九州平定後，毛利勝信を小倉に配し豊前国2郡を与えた。関ヶ原の戦後，勝信は改易，丹後国宮津から豊後国中津に入封した細川忠興の所領30万石(実高39万9000石余)の一部となる。1602年(慶長7)同氏は居城を小倉に移すが，32年(寛永9)肥後国熊本に加増転封された。かわって播磨国明石から譜代の小笠原忠真が入封し，以後10代にわたる。藩領は豊前国6郡のうち15万石。細川氏は1622年(元和8)人畜改帳を完成，また領内行政区分として手永(てなが)制をとったが，小笠原氏もこれを継承した。詰席はおおむね帝鑑間，一時溜間。藩校は思永斎のち思永館。1866年(慶応2)第2次長州戦争で萩藩との戦いに敗れ小倉城を自焼，藩庁を田川郡香春(かわら)に移したため香春藩となった。さらに69年(明治2)仲津郡豊津に移し，豊津藩となり，廃藩後は豊津県となる。

こくりつかがくはくぶつかん [国立科学博物館]

日本唯一の国立の総合科学博物館で，自然史の研究センターとしても位置づけられる。東京都台東区上野公園にあり，新宿区百人町に分館，港区白金に自然教育園，茨城県つくば市に筑波実験植物園がある。1877年(明治10)1月教育博物館として創設され，1949年(昭和24)現名称となった。現在地に本館が建てられたのは1931年で，本館のほかに自然史館・科学技術館・航空宇宙館・たんけん館がある。研究活動や展示の充実はもとより，教育普及活動も活発で，たんけん館でのボランティアの養成・活用な

ど，科学教育にも力を注いでいる。

こくりつぎんこう [国立銀行] 1872年(明治5)11月制定の国立銀行条例による銀行制度。アメリカのNational Bankを模範として，明治政府発行の不換紙幣の整理，兌換制度樹立，殖産興業資金の供給をめざした民間資本による銀行。規定がきびしいため，当初設立されたのは4行にとどまったうえ，この4行も官金出納事務を担当し，官公預金を資金源にしながらも，発行銀行券の兌換請求などのため極度の営業困難に陥った。営業不振を打開し，かつ巨額の金禄公債の価格維持のため，政府は76年8月に条例を改正，銀行券の正貨兌換を中止し，政府紙幣をもって引換準備とさせた。この結果，全国各地で設立出願が増加し，79年末までに153行の国立銀行が創立された。日本銀行の設立にともない，83年5月に国立銀行条例は三たび改正され，営業期間を開業後20カ年とし以後は普通銀行に転換すること，銀行券は漸次消却することとした。99年末までに大部分の国立銀行は普通銀行に転換し，普通銀行の枢要部を構成することとなった。

こくりつぎんこうじょうれい [国立銀行条例] 殖産興業政策の促進，不換紙幣の整理，紙幣価値の動揺の終息をめざして，1872年(明治5)11月に制定された条例。当時，滞米中の伊藤博文の建白により，アメリカのNational Bankにならった。資本金の10分の6は金札で政府に納付させ，これと同額の銀行券を発行させた。10分の4は正貨払込みによる兌換準備とし，兌換銀行券を発行させて政府不換紙幣の整理をめざした。当初設立された国立銀行は第一・第二・第四・第五の4行であったが，76年8月に引換準備を正貨から政府紙幣に変更する条例改正以後，全国で設立が急増した。83年5月の条例改正で，国立銀行は開業後20カ年で営業満期とし，期限内に銀行券を消却，以後は普通銀行としてのみ営業継続することとされた。

こくりつこうえん [国立公園] 国が指定し経営管理する公園。自然景観・野生生物を保護しつつ，観光資源としての利用をも促進するためのもの。アメリカの国立公園法にならって法整備が進められ，1931年(昭和6)に国立公園法が制定された。34年に瀬戸内海・霧島・雲仙の3公園を指定，同年に，阿寒・日光・阿蘇などが続いた。57年に，それまでの国立公園法にかわって新たに自然公園法が制定され，国立公園・国定公園・都道府県立自然公園をその内容とし，自然公園の行政体系も整備された。環境省が管轄。2000年(平成12)現在の数は28。

こくりつこうぶんしょかん [国立公文書館] 日本の中央文書館。内閣府所管の施設。1971年(昭和46)設置。東京都千代田区。中央行政機関(立法・司法機関は除く)から移管された，原則として作成後30年を経過した公文書その他の記録を保存し，閲覧に供するとともに，これに関連する調査研究および事業を行うことを基本的業務とする。所蔵資料は公文書など約54万冊，図書約53万冊。明治太政官期の公文書は充実しているが，各省の公文書は震災や戦災の被害をうけている。おもな文書群としては「公文録」「太政類典」「公文類聚」「公文雑纂」をはじめとする閣議書原本綴のほか，「文部省公文書」「運輸省公文書」など。

こくりつこっかいとしょかん [国立国会図書館] 1948年(昭和23)に設置された唯一の国立納本図書館。東京都千代田区。立法部門の一機関であり，国会，行政・司法各部門，一般公衆の3者に対する図書館奉仕活動を目的とする。前身は1897年(明治30)設立の帝国図書館。所蔵図書は国内最大規模であり，2001年(平成13)現在約770万冊。多くの個人文庫を含む古典籍，「江戸幕府引継書類」「宗家記録」などの古記録類のほか，憲政資料室蔵の政治家・官僚らに関連する私文書，各種議事録，官庁出版物などの近・現代史料，「西村文庫」「幣原平和文庫」，マイクロフィルムによって収集されている占領期文書などを所蔵する。非図書資料として地図・映像資料などがある。

こくりつせいようびじゅつかん [国立西洋美術館] 東京都台東区上野公園の東側にある美術館。ロダンやモネなど，フランス近代美術の集成で著名な松方コレクションの保存公開を目的として，1959年(昭和34)開設。フランス人建築家ル・コルビュジェの設計。所蔵品のうち，ロダンの作品群は，パリ，フィラデルフィアにつぐ質量を誇る貴重なもので，前庭に並ぶ「考える人」「地獄の門」「カレーの市民」などの大作はその代表。

こくりつみんぞくがくはくぶつかん [国立民族学博物館] 世界の諸民族に関する資料収集・研究調査と，その成果を展示・公開する民族学研究博物館。1935年(昭和10)以来の日本民族学会の強い要望と日本学術会議などの勧告にもとづき，大阪府吹田市千里の日本万国博覧会跡地に建設され，77年に開館。国立大学共同利用機関として設立されたが，その後大学共同利用機関となり，博士課程のみの大学院も設置された。

こくりつれきしみんぞくはくぶつかん [国立歴史民俗博物館] 歴史学・考古学・民俗学の3分野の協業を通じて，日本の歴史と文化を総合的に究明する目的で，調査研究活動や資料収集を行う博物館。明治百年記念事業として千葉県佐倉市の佐倉城跡に建設され，1983年(昭和58)3月開館。当初文化庁の付属機関として設

立が予定されていたが、初代館長長井上光貞の努力で国立大学共同利用機関に変更され、国立民族学博物館と同様、研究博物館となって81年に設置された。展示には実物資料のほか復元模型や複製が利用され、ビデオや展示解説シートなども活用している。

こくれい [国例] 国衙慣習法のこと。平安中期以降、中央集権的な律令機構や法律の変質とともに、諸国独自の国衙行政機構(所)や役人(在庁官人)が整備されるようになると、律令法規はもはや国衙を動かす力を失い、これらの機構や職制にみあう独自の慣習法的行政法と刑罰体系が、国々の実情に即して多様なかたちをとってうまれてくるようになった。当時この国衙慣習法を「当国の例」とよび、国司・在庁官人・百姓らは紛争に際し、中央政府・荘園領主・他国などに対して自己の正統性の根拠として顕示した。国例は鎌倉時代以降も国衙が機能していた間は存続し、南北朝期に国衙の機能が守護に摂取されるにともない、守護領国法に吸収されて発展的に解消した。

こくれんぐん [国連軍] 国際連合が国際平和と安全を維持する目的で組織する陸海空軍。国連憲章では、加盟国と安全保障理事会間の兵力援助提供に関する特別協定の締結を国連軍成立の前提とする。朝鮮戦争時の「国連軍」は厳密にはこれにあてはまらない。国連軍の名称は平和維持活動として派遣される軍隊にも用いられる。

ごけい [五刑] ⇨五罪ざい

ごけい [御禊] 「みはらい」とも。天皇・中宮・東宮・斎王などの行う祓の儀式。伊勢斎宮は三度の御禊といって、初斎院から伊勢神宮に入るまでに3度行い、賀茂斎院の場合は毎年4月の賀茂祭に先立つた末の日に賀茂川の河原で行った。天皇の場合は石清水・賀茂・平野臨時祭や臨時に宮中で行われたが、たんに御禊といえば大嘗会だいじょうえ御禊をさし、大嘗祭に先立って10月下旬に、賀茂川などの河原に行幸して盛大に行った。17世紀以降は宮中で行われた。

ごけにん [御家人] ❶鎌倉幕府将軍家の家臣の呼称。鎌倉幕府成立にあたって将軍と主従関係を結んだ者を御家人・鎌倉殿御家人・関東御家人などと称した。御家人になるには名簿みょうぶの捧呈および見参げんざんの礼が必要だったが、当初からこの儀礼はしばしば省略され、将軍家下文の下付や西国派遣の使者の奉書下付、守護の交名注進や大番役勤仕の事実などが、御家人身分認定の根拠とされた。各御家人の所領規模は大小さまざまであるが、幕府との関係では身分的には同格であった。室町幕府は御家人制度を採用しなかったが、一種の身分・格式を示すものとして御家人の称は用いられた。戦国大名のなかには家臣を御家人と称した者もあった。

❷江戸時代、将軍の直参で御目見えみえ以下の者。18世紀初頭で1万7200人余おり、大半は蔵米取とりであった。所属のうえで譜代・二半場にはんば・抱席かかえ(抱入)の区分があり、譜代・二半場は無役でも俸禄が支給され、家督が相続できるのに対し、抱席は1代限りであった。家格に応じて役職もきめられた。近世中期以降御家人の窮乏は著しく、その地位が株化して売買される場合もあった。

ごけにんかぶ [御家人株] 江戸時代、御家人の家格・役職とそれに付属する俸禄が物権化して売買の対象とされ、株と化したもの。とくに御家人のうち一代抱である抱席かかえの家では相続が認められず、当人の死亡・退役時には近親者が新規雇用の形式で跡を継ぐのが一般的であった。そのため町人や百姓の子弟が養子縁組の手続きをとり、金銭でその地位を買いとる場合があった。江戸中期以降、御家人の窮乏化にともない、こうした株の売買は一般化し、町奉行所の与力が1000両、同心が200両、御徒かちが500両のように相場が形成された。さらには譜代の御家人や下級の旗本の株までが金銭で売買されるようになる。

ごけにんやく [御家人役] 鎌倉時代に、将軍からの御恩に対する見返りとして御家人に課せられた負担。軍事的な負担と経済的な負担があった。前者には戦時の動員のほか、京都大番役・鎌倉番役をはじめとする平時の警固役があり、後者には将軍御所修造役や将軍上洛用途・篝屋かがりや用途をはじめとする関東御公事くじがあった。鎌倉後期には西国御家人に対して異国警固番役などの新たな御家人役が賦課された。御家人役に対してはその所領の大小に応じて配分され、賦課をうけた御家人は惣領制にもとづきそれを庶子にも配分した。庶子が御家人役を対捍たいかん(拒否)した場合、惣領がかわって納め、庶子は惣領に2倍の弁償をした。

こけらぶき [柿葺] 木羽葺こけらぶきとも。板葺の一種で、おもに寺社建築に用いる。厚さ3mm前後、長さ約30cm、幅9〜15cmのスギまたはサワラの手割り板を3cm前後の間隔で重ね、竹釘を打って葺きあげる。『多武峰略記とうのみねりゃっき』の南院堂の項に、1180年(治承4)檜皮ひわだ葺を柿葺に改めたとあるのが文献上の古い例。

こげん [固関] 古代、国家の非常時に三関さんを閉じ、警固すること。三関とは伊勢国鈴鹿すずか関・美濃国不破ふわ関・越前国愛発あらち関で、天皇・上皇の死去、謀反などの際に固関使がこれらの国に派遣され、関を閉じた。三関は789年(延暦8)に廃止されたが、その後も有事には

固関が行われ，まもなく近江国逢坂関が愛発関に代わった。有事に際し，謀反を企てた者が東国にのがれ，そこを拠点とすることを防止するのが目的であった。

ごけんうんどう [護憲運動] ⇨ 憲政擁護運動

ごけんさんぱないかく [護憲三派内閣] ⇨ 加藤高明内閣

ごこう [御幸] 上皇や女院が出かけること。もとは天皇や上皇が出かけることを行幸・御幸と称したが，平安時代半ばから天皇の行幸に対して上皇の出行を御幸と称して区別するようになった。平安時代になって天皇が内裏から移動することが稀になったのに対し，上皇は行動の制約があまりなく，とくに院政期には熊野御幸などの寺社参詣をはじめ遠方への旅行が頻繁であった。

ごこうごんてんのう [後光厳天皇] 1338.3.2～74.1.29 在位1352.8.17～71.3.23 光厳天皇の皇子。名は弥仁。母は陽禄門院秀子。1352年(文和元・正平7)北朝の光敵・光明・崇光3上皇と直仁親太子が南朝に拉致されたため，足利義詮の要請により祖母広義門院の命で践祚。在位中はたびたび南朝軍の襲撃をうけて地方に遷幸。71年(応安4・建徳2)譲位し院政を行う。76年(応安7・文中3)落飾し，法名光融。柳原殿で没した。

ごこうみょうてんのう [後光明天皇] 1633.3.12～54.9.20 在位1643.10.3～54.9.20 後水尾天皇の第4皇子。名は紹仁。生母は園基任の女壬生院。幼称は素驚宮。学問を好み，儒学，とくに朱子学に傾倒した。経学の師は明経道の家柄である伏原賢忠であったが，朝山素心(意林庵)などの進講も聴き，藤原惺窩の文集に序文を与えた。また詩作も好み，漢詩91編，和歌5首を収めた「鳳啼集」がある。

ごこくじ [護国寺] 東京都文京区にある真言宗豊山派の大本山。神齢山悉地院と号する。1681年(天和元)5代将軍徳川綱吉の生母桂昌院が帰依するき亮賢を開山として開創。入門住持快意のとき将軍家の祈願寺となり，真言宗新義派のなかで江戸城竹橋外の護持院につぐ地位を占めた。1717年(享保2)護持院が焼失すると，当寺本坊が護持院となり，観音堂のみを護国寺と称して住持は護持院兼務となった。1868年(明治元)護持院が廃されると，護国寺が寺地を継承，現在に至る。本堂(重文)は1698年(元禄11)綱吉の建立。月光殿(重文)は園城寺塔頭の日光院客殿を移建したもので，桃山建築として知られる。

ごこくじんじゃ [護国神社] 招魂社の後身で，国に殉じた者や戦死者を合祀した神社。1939年(昭和14)に招魂社が護国神社と改称され，府県単位の指定護国神社と指定外護国神社の2種類となった。指定護国神社は府県一円を崇敬範囲とし，それぞれの府県名を社名にいれた。指定外護国神社は一般神社の村社に相当し，合祀できるのはその神社のそれまでの崇敬範囲のものとされた。第2次大戦後は神社本庁に属して宗教法人となった。

ごこくのさんぶきょうてん [護国の三部経典] 古代から鎮護国家を祈るために用いられた三つの経典。「法華経」「仁王経」「金光明経」の三経。

こごしゅうい [古語拾遺] 斎部広成が807年(大同2)に著した歴史書。斎部氏は中臣氏と並び古くから朝廷の祭祀を管掌してきたが，大化の改新以降，中臣氏からでた藤原氏が政界で有力になるにしたがい，神祇関係の要職は中臣氏が独占するようになった。広成はこのような状態を嘆き，806年に幣帛使の任命を中臣氏と争ったのを機に，斎部氏の立場からの史書を編み，平城天皇に献上した。神代から文武朝までの記事とそれに付属の補足的記述からなり，「日本書紀」「古事記」に漏れた伝承が少なくなく，日本の神話や古代史研究上の重要史料である。「群書類従」「岩波文庫」所収。ドイツ語訳や英語訳もある。

こごしょ [小御所] 鎌倉時代以降，将軍の世子の居所。転じて世子自身をもさした。前将軍の居所および前将軍自身を大御所と称したのに対する。これとは別に鎌倉時代以降，院御所・内裏のなかに同名の建造物がおかれるようになり，内裏では室町時代以後，紫宸殿の東北に位置が定まる。近世初期では御元服御験ともよばれ，諸種の儀式，将軍・大名との対面などが行われた。

こごしょかいぎ [小御所会議] 1867年(慶応3)12月9日，王政復古の具体化のため京都御所の小御所で開かれた会議。王政復古の布達，朝廷の諸制度の全廃と摂政らの参内停止の命令，および三職の任命が行われたのち，夕刻から開始された。将軍徳川慶喜を排除し天皇出席のもと，摂政二条斉敬・朝彦親王らの朝廷首脳と，新任の三職など特定の親王・公卿・大名・藩士のみが出席。王政復古のクーデタを仕掛けた大久保利通や岩倉具視ら武力倒幕派は徳川慶喜の降官納地を決定しようとしたが，山内豊信・松平慶永ら公議政体派は慶喜の参内を要求し，両者の間に激論が交わされた。休憩の際に豊信らは妥協に踏み切り，徳川慶勝と松平慶永が降官納地の周旋にあたることになった。

ごこまつてんのう [後小松天皇] 1377.6.27～1433.10.20 在位1382.4.11～1412.8.29 後円融

天皇の第1皇子。名は幹仁。母は三条公忠の女通陽門院厳子。1382年(永徳2・弘和2)北朝の天皇として践祚。92年(明徳3・元中9)南北朝合一により南朝の後亀山天皇から神器を譲られる。在位中は足利義満の専権時代で、義満没後に太上法皇の尊号を贈ろうとしたが、義満の子義持に固辞された。1412年(応永19)譲位。31年(永享3)出家、法名素行智。東洞院御所で没した。

ここんちょもんじゅう [古今著聞集]
鎌倉中期の説話集。20巻。橘成季編著。1254年(建長6)成立。神祇・釈教・政道・忠臣・公事・文学など30の編目で697話を収め、うち約80話は「十訓抄」などからの後人による増補。序と跋を備え、跋文に勅撰集をまねて撰進後の宴を催すとあるなど、編纂への明瞭な意思がみえる。各篇は、編目について「そのことのおこり」を説く小序をおき、跋文によれば以下年代順に説話を配する。編成の整備、実録重視の姿勢、雅俗にわたる取材には百科全書的性格がある。過去にさかのぼり類similar話を意味つけ、話題に歴史的な展開を確かめて現在を相対化する点、話題が日本の出来事に限られているところなどに、現実認識への行為性やイデオロギー的な自国意識がみられる。「日本古典集成」所収。

ござい [五罪]
五刑とも。律に規定された主刑。笞・杖・徒・流・死の5種があり、笞・杖・徒は各5等、流は遠・中・近の3等、死は絞・斬の2等の計20等にわけられる。五罪が確実に認められるのは701年(大宝元)に成立した大宝律令においてだが、「隋書」倭国伝には、すでに死・流・杖を記し、「日本書紀」天武5年(676)8月条には死・流・徒を記すなど、7世紀を通じて日本の固有法のうえに中国律の五刑の刑罰体系がしだいに継受されていった。

ごさいえ [御斎会]
「みさいえ」とも。南都三会の一つ。また宮中の重要な年中行事の一つ。正月8日から7日間、宮中に僧を招いて大極殿などで「金光明最勝王経」を講じて国家の安穏などを祈る。奈良時代に始まり、9世紀に入ると恒例の行事となり、内論義と称する同経をめぐる問答形式の論議を加えた。また南都三会の講師を勤めた僧を已講と称し、僧綱に任命される慣例もできた。室町時代になって途絶えた。

ごさいてんのう [後西天皇]
1637.11.16〜85.2.22 在位1654.11.28〜63.1.26 後水尾天皇の第8皇子。名は良仁。母は櫛笥隆致の女逢春門院隆子。幼称秀宮。1647年(正保4)高松宮好仁の親王の遺跡を継ぎ、桃園宮・花町宮と称する。54年(承応3)兄の後光明天皇の急死により、弟識仁と親王(霊元天皇)成長までの中継ぎとして即位。記録類の謄写に努めて京都御所東山御文庫の基を築く。また後水尾法皇から古今伝授をうけ、和歌・連歌にも堪能。

こさかこうざん [小坂鉱山]
秋田県小坂町にあった鉱山。1861年(文久元)銀山として開発され、67年(慶応3)盛岡藩の直営、69年(明治2)官営となる。黒鉱鉱床のため製錬が困難だったが、84年藤田組が政府から払下げをうけ、98年乾式製錬法による処理に成功、大規模な露天掘りによる日本の代表的な金銀銅山となった。藤田組の後身の同和鉱業が近年まで採掘していたが、1990年(平成2)終了。

ごさがてんのう [後嵯峨天皇]
1220.2.26〜72.2.17 在位1242.1.20〜46.1.29 土御門天皇の皇子。名は邦仁。母は源通宗の女通子。1242年(仁治3)四条天皇が没し、九条道家は順徳上皇の皇子を推したが、幕府は上皇が承久の乱に関与していたため拒絶し、北条泰時の妹姉婿定通の妻として皇位についた。46年(寛元4)後深草天皇に譲位して院政を始め、幕府の指導のもとで院の評定制など鎌倉後期の院政政治の基礎をつくった。道家の失脚後は摂家将軍にかえて皇子宗尊親王を鎌倉に送り、親王将軍の先駆けとなった。その後、後深草天皇に命じて亀山天皇に譲位させて、どちらを正嫡とするかを幕府に委ねたまま没し、両統迭立問題の発端をつくった。

こざきひろみち [小崎弘道]
1856.4.14〜1938.2.26 明治〜昭和前期の日本組合基督教会牧師。熊本藩士の次男。熊本洋学校在学中ジェーンズから受洗。同志社卒業後1879年(明治12)上京、京橋に新肴町教会を設立し按手礼をうける。82年粟津高明創立の教会と合併して東京第一基督教会と改称。86年赤坂霊南坂に会堂を建設(霊南坂教会)、90年新島襄の後継として同志社社長に就任した。この間「六合雑誌」「政教新論」を刊行。同志社辞職後、99年霊南坂教会牧師に復職し、1931年(昭和6)まで在任。「小崎弘道全集」全6巻。

こさく [小作]
地主から土地を借り、一定の小作料を支払って耕作する農業経営のこと。このような農業経営は奈良・平安時代からみられるが、小作という言葉が一般化し、地主・小作関係が広範に展開するのは江戸中期以降である。その形態は時代・地域によって名田小作・質地小作・永小作・別小作などさまざまである。一般に小作人は高額の小作料(田の場合は物納)を支払い、地主への隷属関係も強い。明治初年の地租改正は土地所有を法認することで地主・小作関係を一層強化することになった。第1次大戦頃から小作組合・農民組合を結成し、小作争

議によって地位向上を要求するようになった。第2次大戦後の農地改革で小作人の多くは自作農化した。

こさくけん［小作権］ 小作料を支払って他人の土地を耕作する権利。民法上,物権である永小作権と債権である賃借権とにわかれる。大部分は後者であった。第1次大戦後小作争議が急増するにともない,1920年(大正9)農商務省内に設置された小作制度調査委員会は第三者に対抗できる小作権を付与する小作法を制定しようとしたが,慎重論が強く実現しなかった。しかしそれに代わる小作調停法の実施過程において行政介入による小作権保護が進み,ついに戦時立法としての38年(昭和13)の農地調整法に小作権をもりこむことに成功した。農地改革後の農地法はさらに小作権を強化した。なお売買の慣行のある小作権は「慣行小作権」とよばれ,慣行上永小作権と賃借小作権の中間に位置する。

こさくそうぎ［小作争議］ 小作農による地主への争議の総称。農民組合や小作組合を組織したものが多い。1922年(大正11)全国的組織の日本農民組合が結成され,24年に小作調停法が施行されるにおよんで争議が多発。26・27年(昭和元・2)を頂点とするものは,全国一の地主地帯である新潟県や西日本を中心として大規模な争議が多く,小作料の減額や小作条件の改善を実現した。昭和恐慌期を頂点とするものは,東日本を中心として地主の土地取上げに対する返還闘争の色合が濃くなり,小規模かつ防衛的なものに転換した。争議を指導すべき日本農民組合・全国農民組合も分裂し,小作側の敗北に終わるものが多かった。

こさくちょうていほう［小作調停法］ 小作争議当事者間の調停を目的とし,裁判所・調停委員会などによる調停方法を定めた法律。小作制度調査会の答申により,1924年(大正13)公布。小作争議が少ない一部の地域には当初施行されなかった。本法によって各府県に地域の地主・小作関係の実情などに通じた小作官がおかれ,実際の調停工作にあたるほか,本法による調停以前の妥協形成(法外調停)がはかられた。51年(昭和26)の民事調停法施行により廃止。

ごさくらまちてんのう［後桜町天皇］ 1740.8.3～1813.閏11.2 在位1762.7.27～70.11.24 江戸時代最後の女帝。桜町天皇の第2皇女。名は智子とし。母は関白二条吉忠の女皇太后舎子とし(青綺門院)。1750年(寛延3)内親王宣下。62年(宝暦12)弟の桃園天皇死去の際,儲君英仁親王(後桃園天皇)成長までの中継ぎとして践祚。学問を好み,69年有栖川宮職仁おさ親王から古今伝授をうけた。日記「後桜町院宸記」。

こさくりょうとうせいれい［小作料統制令］ 国家総動員法により1939年(昭和14)12月11日に施行された勅令。小作料の引上げの停止,市町村農地委員会や地方長官による小作料の適正化が規定されたが,小作料の一般的引下げや金納化の規定はなく,地主対小作の関係を実質的に変えるものではなかった。

ござん［五山］ 南宋の制にならった禅宗寺院の寺格。鎌倉幕府により始められたが,建武新政権は鎌倉中心の五山を改め,南禅寺を第1とし大徳寺を同格として建仁寺・東福寺などを加えた。室町幕府は1342年(康永元・興国3)第1を建長寺・南禅寺,第2を円覚寺・天竜寺,第3を寿福寺,第4を建仁寺,第5を東福寺と定めたが,86年(至徳3・元中3)南禅寺を五山の上に昇格させ,第1を天竜寺・建長寺,第2を相国寺・円覚寺,第3を建仁寺・寿福寺,第4を東福寺・浄智寺,第5を万寿寺・浄妙寺とし,これが以後の基準となった。

●•• 五山

位次		寺名	開山	開基
京都五山	上	南禅寺	無関普門(聖一派)	亀山上皇
	1	天竜寺	夢窓疎石(夢窓派)	足利尊氏
	2	相国寺	夢窓疎石(夢窓派)	足利義満
	3	建仁寺	明庵栄西(黄竜派)	源頼家
	4	東福寺	円爾弁円(聖一派)	九条道家
	5	万寿寺	十地覚空・東山湛照(聖一派)	郁芳門院
鎌倉五山	1	建長寺	蘭渓道隆(大覚派)	北条時頼
	2	円覚寺	無学祖元(仏光派)	北条時宗
	3	寿福寺	明庵栄西(黄竜派)	北条政子
	4	浄智寺	大休正念・兀庵普寧(大応派)	北条宗政
			南洲宏海(大応派)	北条師時
	5	浄妙寺	退耕行勇(黄竜派)	足利義兼

ごさんきょう［御三卿］ 徳川将軍家の親族のうち江戸中期に設けられた田安・一橋・清水の3家をさす呼称。田安家は8代将軍吉宗の次男宗武たけを,一橋家は四男宗尹ただを,清水家は9代将軍家重の次男重好しげをそれぞれ祖とする。10万石の賄料と江戸城田安門・一橋門・清水門内に屋敷を与えられた。格式は御家家の尾張・紀伊家に準じ,御三卿の処遇は同等だった。11代将軍家斉なり・15代将軍慶喜よしのぶは一橋家の出。

ごさんけ［御三家］ 徳川将軍家の親藩のうち尾張徳川家・紀伊徳川家・水戸徳川家の3家。尾張家は家康の九男義直,紀伊家は十男頼宣,水戸家は十一男頼房を初代とする。将軍の次,他の諸大名の上に位置する待遇で,官位は尾張・紀伊両家が従二位権大納言,水戸家が従三位中納言を極位極官とした。幕政の重要案件の相談をうけることもあり,将軍家の跡継ぎのいない場合の継嗣にたつこともあった。

こさん

ご・さんじゅうじけん [5・30事件] 上海の反英反日デモに対して1925年5月30日にイギリス官憲の発砲で死者と多数の検挙者を出した事件。この事件をきっかけに反帝国主義を掲げたゼネストが上海全市に広がり、香港その他の大都市に波及して、北伐を支持する政治的土壌を形成した。事件の発端は、在華紡の一つである内外綿での幼工虐待・組合弾圧への抗議にある。同じ頃イギリスの影響下にあった上海工部局による商業者の利益に反する諸案上程への抗議や、度重なる弾圧で検挙された学生らの釈放を求める運動もあり、5月30日の共同租界での日英帝国主義打倒・租界回収を叫んだデモへと発展した。

ごさんじょうてんのう [後三条天皇] 1034.7.18~73.5.7 在位1068.4.19~72.12.8 後朱雀天皇の第2皇子。名は尊仁。母は禎子内親王(陽明門院、三条天皇の皇女)。1045年(寛徳2)死に臨んだ父によって皇太子に立てられる。関白藤原頼通はこれに異を唱え、陰に陽に圧迫もあったが、68年(治暦4)異母兄後冷泉天皇が嗣子なく死去したため即位した。荘園整理政策や記録荘園券契所の設置、宣旨枡の制定など、みるべき治績を残す。72年(延久4)長子の皇太子(白河天皇)に譲位し、同時に2歳の次子(実仁親王)を立太子させた。譲位の目的は実仁立太子にあったとみられ、院政の傾向を示すが、病気により翌73年に出家し、譲位の半年後に死去した。

ごさんねんかっせんえまき [後三年合戦絵巻] 奥州清原氏の内紛に源義家が介入して鎮定した後三年の役を描いた絵巻。現在は3巻だが、上巻よりも前にあるべき部分を欠くことなどから、もとは6巻であったと推測される。これに序文1巻が付属。法印大僧都玄慧が記した序文の内容から、1347年(貞和3・正平2)の作。現存する3巻の詞書に筆者は日野光国、土御門前内大臣仲直・持明院保脩・世尊寺行忠。絵は飛騨守惟久筆で、合戦の凄惨な場面を余すところなく描きだす。後三年の役を扱った絵巻としてほかに、1171年(承安元)後白河法皇の命により法印師賢が絵師明実につくらせた4巻本があったことが、「吉記」や「康富記」からわかる。紙本着色。縦45.5cm、横1820~1948cm。東京国立博物館蔵。重文。

ごさんねんのえき [後三年の役] 平安後期の1083~87年(永保3~寛治元)奥羽で起きた戦乱。前九年の役後、安倍氏の旧領をも領有して奥羽最大の豪族となった出羽国仙北俘囚長清原氏の内紛に、陸奥守源義家が介入し、戦闘は5年に亘る。義家は激戦の末、清原氏を滅ぼしたが、朝廷は義家の私戦として恩賞を与えず、義家はむなしく奥羽を去った。以後約100年間、奥羽は安倍・清原両氏に縁のあった藤原清衡を祖とする奥州藤原氏によって支配された。義家は直接的にはえるところがなかったが、東国武士団に対する清和源氏の棟梁権の安定化に成功した。

ござんは [五山派] 五山とは、室町時代の日本禅林における寺格制度で、五山・十刹・諸山という寺格があった。五山の禅寺の住持となるには室町幕府から公帖という任命状が必要であった。五山寺院に入寺した僧たちは、蘭渓道隆を派祖とする大覚派、無学祖元を派祖とする仏光派、大休正念の仏源派、一山一寧の一山派、明庵栄西の黄竜派、円爾弁円の聖一派などの臨済宗諸派と、東明慧日を派祖とする曹洞宗宏智派などの法系に属し、これらの諸派を総称して五山派という。

ござんばん [五山版] 鎌倉・室町時代、京都・鎌倉五山などの禅宗寺院や禅僧によって刊行された書籍。宋刊本・元刊本・明刊本の復刻本や、宋元本の版式をもつ版本で、禅籍や漢籍(外典)がある。最古の五山版は、1287年(弘安10)建長寺の正統庵で出版した「禅門宝訓」2巻、鎌倉時代は20余刊行された。南北朝期に最盛期を迎え、数百種を出版。京都では春屋妙葩、天竜寺に住した際に多数の書籍を刊行している。大陸から多数の刻工も移住し、その技術を伝えた。出版を行った寺院は、臨川寺・東福寺・建仁寺・南禅寺など。室町時代になるとしだいに地方での出版が多くなり、中期以後、京都五山の出版は衰退した。

ござんぶんがく [五山文学] 南北朝期~室町中期を最盛期とする京都五山の禅僧による漢文学。中世文化形成に重要な役割をはたした。鎌倉末期頃来朝した南宋の一山一寧が中国禅林の文学を好む気風を日本に伝え、禅宗の学芸興隆に大きな影響を与えた。その後禅林文学の純化をめざした元の古林清茂の弟子竺仙梵僊の来朝、入元し古林に師事した竜山徳見・中巌円月らの帰朝により、日本でも新たな作風の漢詩文が誕生した。虎関師錬をはじめ、雪村友梅・義堂周信・絶海中津などすぐれた作者が輩出し、創作のみならず、中国古典や宋・元文学の講究でも注目すべき足跡を残した。藤原惺窩・林羅山ら五山出身の近世儒学者は、この伝統を引き継いだ。

こし [越] 高志・古志とも。北陸地域の古称。「日本書紀」神代巻の国生み段に「越洲」とあるのが初見。「こし」は前から坂を越えたむこうの意とする説などがあるが不明。三国・高志深江などの国造がおかれたとされ、大化

の改新の直後には渟足柵・磐舟柵を造営。斉明朝(655～661)に国守阿倍比羅夫が渡島・津軽に遠征するなど、北方に広大な夷地をかかえる国であった。7世紀末に越前・越中・越後の3国に分割。

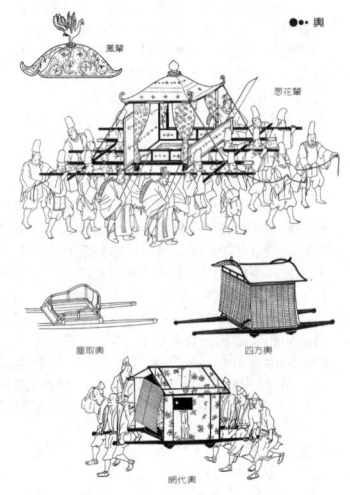

こし [輿] 人力で運行する乗物。着座する台の下に2本の轅を通し、それを駕輿丁が肩にかつぐものを葷輿、力者が手をそえて腰にあてて運ぶものを腰輿という。葷輿は屋形の頂上に鳳凰や葱花をすえて鳳輦・葱花輦といい、天皇が乗用した。腰輿は牛車に比べ難路などの通行も容易で、上下諸人に広く用いられた。上皇・摂関以下、公卿・僧綱などの遠用とした四方輿、屋形のない最も簡略な塵取輿などがある。武家も輿を使用したが、室町時代には武家の使用は、将軍により家格の高い者に制限された。

●●輿

鳳輦

葱花輦

塵取輿　四方輿

網代輿

ご・しうんどう [5・4運動] 1919年(大正8)5月4日、北京の学生デモを契機とする反日・反帝の民衆運動。19年のパリ講和会議において中国は対華二十一カ条の要求の撤回、山東権益の返還を要求したが、いずれも否認され、中国民衆の憤激を招いた。学生デモは「二十一カ条破棄」「講和条約調印拒否」などのスローガンを掲げて軍警と衝突し、北京のデモに呼応して各地の労働者・商業者が罷業を始め、上海では6万人をこえる労働者が罷業に参加した。この大衆運動は、中国政府に親日官僚の曹汝霖らの罷免、講和条約の調印拒否という態度をとらせるに至った。5・4運動は中国革命の指導理念にマルクス主義を持ち込み、中国共産党結成の基礎をおくことになった。

こしき [甑] 穀粒を蒸すのに用いる道具。底に1個ないし2個以上の穴をあけたり、簀を敷き、湯釜の上にのせ蒸気を通して蒸す。古くは土製で、古墳時代の住居跡から竈とともに出土する。木製の甑は、檜または楢と書き、コシキとよんだ。弥生・古墳時代の土製から、平安後期頃には底なしの曲物や薄板を井桁に組んだ箱型のもの(蒸籠とも)にかわっていたようである。稲作とともに日本に伝来したものと考えられる。米の食べ方は、古くは甑で蒸した蒸飯で強飯であったが、姫飯とよばれるやわらかい炊飯には鍋が使用されるようになった。

こじき [古事記] 奈良時代初頭に成立した史書。3巻。序文によれば、天武天皇が国家を治める大本にして民を教化する基となるべき「帝紀」「旧辞」の誤りを改め正して後代に伝えようとして、これを調べ実を定めたうえで稗田阿礼に誦み習わせた。しかし天皇の死で中断し、その後元明天皇の命により、712年(和銅5)1月28日に太安麻呂が撰録・献上したという。「続日本紀」には本書の成立について記すところがなく、かつては偽書説もだされたことがあった。上巻は神話で、中・下巻で神武天皇から推古天皇までを扱う。奈良朝にとっての近代は扱わないのが、書名に「古」を冠するゆえんである。現実の天皇の世界の正統性を確証するために、神話から始めて世界のなりたちと歴史を語ろうとする点で「日本書紀」と本質を同じくするが、「古事記」は近い時代を捨て、編年をせずに天皇の代ごとに記事をまとめるという相違がある。表現上でも漢文でなく、漢字の訓(意味)に依拠しながら日本語として表現しようとしている。またその神話的世界観も「日本書紀」のそれとは異質で独自なものをもっている。「日本思想大系」所収。

こじきおよびにほんしょきのしんけんきゅう [古事記及び日本書紀の新研究] 大正デモクラシー期を代表する日本古代史の研究書。津田左右吉著。1919年(大正8)刊。6年前に公刊した「神代史の新しい研究」の後をうけて、神武天皇から仲哀天皇までの記紀の天皇系譜と説話の厳密な史料批判を行い、その虚構性を明らかにした。本書は24年に改訂された際、書名から「新」の文字を削り内容も改めたが、40年(昭和15)皇室の尊厳を冒すものとして発禁処分をうけた。「津田左右吉全集」所収。

ごしきづかこふん [五色塚古墳] 神戸市垂水区五色山にある古墳中期初頭の大型前方後円墳。県下最大の規模をもつ。墳丘外形と埴輪円筒列、葺石が築造当初の状態に復原された

美しい古墳として著名。瀬戸内海の明石海峡に臨む台地の突端にあり、墳長194m、後円部径125m、前方部幅81mで、前方部は南西をむき、3段築成をなす。周濠があり、東側くびれ部近くに1辺20mの方壇と、後円部北東に長方形の壇状施設があった。後円部に石棺と石室があったらしいが明らかでない。墳丘表面から石製合子・破片・子持勾玉などが採集され、蓋形・盾形埴輪と土師器が出土。墳丘の復原によって、約2200本の円筒埴輪と223万個の葺石を用いていたことが判明した。古墳の西に接して直径60mの小壺古墳がある。国史跡。

こじきでん [古事記伝]「古事記」の注釈書。44巻。本居宣長著。師の賀茂真淵に研究の大成を託されし、1767年（明和4）の起稿以来、98年（寛政10）の脱稿まで30余年を費やした大著。90年に初本5冊が刊行されたが、全冊の刊行を終えたのは没後の1822年（文政5）。第1巻は「書紀の論ひ」「訓法の事」などのほか「直毘霊」を収め、第2巻が序文および神統譜・皇統譜、第3巻以降が本文注。本文注では、全巻を訓読したうえで精察細密な注を施すが、その解釈は創見に満ちており、「古事記」研究史上の画期をなした。「本居宣長全集」「新註皇学叢書」所収。

ごしきのせん [五色の賤] 養老戸令に規定された5種類の賤民。陵戸・官戸・官奴婢（公奴婢とも）・家人・私奴婢の総称。このうち陵戸・官戸・官奴婢は官賤ともよばれて朝廷に隷属し、家人・私奴婢は私賤ともよばれて氏や個人などの私的な支配をうけた。なお大宝戸令では陵戸は賤民とされておらず、養老令で新たに賤民に加えられた可能性が高い。したがって大宝令では賤民は4種類であったと思われる。

こしごえじょう [腰越状] 1185年（文治元）5月24日、源義経が相模国腰越駅から大江広元に出した書状。「吾妻鏡」に収録。平氏を滅ぼして帰還した義経は、鎌倉の手前腰越駅で足止めされた。この書状は、平治の乱以後の流浪の日々、数々の軍功、大夫尉補任が家系の名誉であることをのべ、兄頼朝の不興が周囲の讒言による誤解であることを主張。しかし鎌倉入りは許されず、義経は京都に引き返して頼朝追討を決意するにいたる。室町時代には「義経記」に記載され幸若舞の素材となり（「腰越」）、義経の悲劇として語られた。江戸時代には、「古状揃」に収録され、読本の教科書として広く読まれた。

こしつう [古史通] 日本神話の歴史的解釈書。4巻。新井白石著。1716年（享保元）成立。初稿本は徳川綱豊（家宣）に上呈され、のち「古史通或問」とともに撰述された。「先代旧事本紀」「古事記」「日本書紀」などを参考にして神代から神武天皇に至る日本国家成立史を解釈。白石の歴史研究の立場は、巻首の「古史通読法凡例」に示されるように儒教の合理主義に支えられたもので、「神は人也」の語はそれを象徴する。「古史通或問」3巻は「古史通」の重要な論点を質疑応答の形で論述し、中国古典籍の利用や地名の言語学的解釈など、白石の歴史研究の基礎的な方法を集約的にのべる。「新井白石全集」「新註皇学叢書」所収。

こしにかた [越荷方] 長門国萩藩撫育方の出先機関。1763年（宝暦13）検地による増収分を基金として、別途会計の機関の撫育方を設け、新田開発・殖産興業・士民の救済策などの事業を展開した。越荷方はこの事業の一環として設立された。越荷とは北前船をはじめとする他国廻船のもたらす商品のことで、越荷方はこれら商品を抵当とする資金の貸付けや委託販売・倉庫業などを行った。はじめ下関の伊崎新地に設立されたが、瀬戸内における廻船の増加もあり、のち萩・山口・三田尻にも設立された。

こじまいけん [児島惟謙] 1837.2.1～1908.7.1 名は「これかた」とも。明治期の司法官僚。宇和島藩士出身。品川県権少参事などをへて、1871年（明治4）司法省に入り、翌年司法省本事。名古屋裁判所所長・大審院民事乙局局長・長崎控訴院所長・大阪控訴裁判所所長・大阪控訴院院長などをへて、91年大審院院長。同年5月の大津事件では、犯人津田三蔵に大逆罪を適用して死刑を求める松方内閣の干渉をはねつけ、司法権の独立を守ったとされる。翌92年8月、いわゆる司法官弄花事件に連坐して免職。94年5月から98年4月まで貴族院勅選議員、第6回総選挙で衆議院議員に当選（進歩党）。1905年貴族院議員に復帰。第二十銀行頭取も務めた。

こしまき [腰巻] 近世大名家の婦女子が夏季の礼装の際、腰にまとった表着。もともと宮中では女嬬が湯浴みなどに奉仕する際に、小袖の上に着た表着を腰から上を脱いで腰に巻

●●腰巻
肩脱ぎにした打掛
小袖

きつけたものをさした。近世は夏季の礼装として，打掛の小袖を肩脱ぎにして帷子の上に締めた付帯の結びの両端に掛けるように腰にまとめて着用した。江戸時代には腰巻姿用に作った表着を腰巻と称した。

ごしゃく [五爵] 1884年(明治17)の華族令により華族の戸主に授けられた公・侯・伯・子・男の五つの爵位。名称は中国古代の表彰制による。1878年の貴族令案にはすでに公・侯・伯・子・男の名称が用いられており，84年の華族令で皇族の臣籍に降下した者，旧公卿・旧将軍・旧大名・旧幕臣，旧大名の家老，大華族の分家，国家に勲功のあった者に授けられた。世襲で貴族院議員となる資格をもつ。1947年(昭和22)廃止。

コシャマイン ?～1457 室町時代の東部アイヌの首長。1456年(康正2)志苔(志濃里)の鍛冶屋村でマキリ(アイヌの刀)の切れあじの良悪をめぐりアイヌ青年が和人に殺されたのを契機に，翌57年(長禄元)5月コシャマインは道南アイヌを率いていっせいに蜂起し，小林氏の志苔館を本拠に，箱館・中野館・脇本館など10館を攻め落とした。しかし和人側の反撃をうけ，花沢館主蠣崎季繁の客将武田信広により射殺された。

コシャマインのたたかい [コシャマインの戦] 1457年(長禄元)5月コシャマインに率いられたアイヌの蜂起。蝦夷島における和人勢力の進出に対する最初の大規模な民族戦争。志苔館など道南の館が次々陥落し，花沢館と茂別館の2館が残るのみであった。コシャマインを討った武田信広はこれを契機に蠣崎氏の家督を相続し，館主層を統一していく地歩を固めた。しかしその後もアイヌは1525年(大永5)まで断続的に蜂起をくり返し，東はムカワ，西はヨイチにまで及んでいた和人の居住範囲は狭められ，松前と上之国の天ノ川に集住したといわれる。

こしゅ [戸主] ❶「へぬし」とも。古代における戸の法的代表責任者。戸令に戸主には家長をあてると規定される。つぎ，50戸1里制によって国郡里の地方行政組織の末端にくみこまれ，戸主は戸口を統率してその監督を行うとともに，計帳作成時の手実の申告，班田に際しての口分田の受給，調庸の貢納などの義務を負った。

❷近代の戸籍法・民法で規定された戸すなわち家の長。江戸時代の宗門人別改帳で各家の筆頭に名前を記された者は，名前人または家主とよばれていた。1871年(明治4)制定の戸籍法で戸主という言葉が使用されて以後，一家の長をさす語として広まった。明治政府は国民統治の装置として家を位置づけ，戸主を通じて家族員を統制する方針をとった。そのため戸主を戸籍の支配者として，婚姻・養子縁組など送入籍をともなう家族員の身分上の行為に関し，戸長への届出権を付与した。その結果，家族員は身分上の行為について戸主の統轄に服さざるをえなくなった。98年施行の明治民法では，家族員の婚姻・養子縁組などに対する戸主の同意権が規定された。第2次大戦後，戸主制度は廃止。

ごしゅいおうじょうでん [後拾遺往生伝] 平安時代，三善為康が「拾遺往生伝」について著した往生者の伝記。3巻。上巻から順次作られた。往生者の没年の最下限である1137年(保延3)9月以後，著者の没した39年8月以前に完成したものと思われる。採話順に配列し，著者の在世中の往生者の話が多い。慶政の書写奥書のある真福寺蔵本は重文。「日本思想大系」所収。

ごしゅういわかしゅう [後拾遺和歌集] 第4番目の勅撰集。藤原通俊撰。白河天皇の命で1086年(応徳3)に奏覧，改訂をへて87年(寛治元)に完成。「古今集」以来の仮名序をもち，四季6巻・賀・別・羈旅・哀傷・恋4巻・雑6巻の20巻。歌数1218首。雑6に神祇歌と釈教歌をはじめて収録。主要歌人と歌数は和泉式部67，相模40，赤染衛門32，能因31，伊勢大輔27など。女流の進出が目立つ。源経信により勅撰集に対するはじめての論難「難後拾遺」が書かれた。「新日本古典文学大系」所収。

ごじゅうおんず [五十音図] 日本語の字母表。「いろは」47字からなり，イ・ウ・エがそれぞれ2ヵ所に重複する。縦の段・行，横の段を列・段という。同じ母音の音節を横に，類似の子音の音節を縦に並べてある。古くは五音・五音図・五重韻・五十連音などといった。10世紀頃の成立とされ，醍醐寺蔵本「孔雀経音義」の巻末に「キコカケク，シソサセス，チトタテツ，イヨハエウ，ミモマメム，ヒホハヘフ，キヲワエウ，リロラレル」が記されている。現存最古の完全な文献は「金光明最勝王経音義」(1079成立)である。明治初期に「いろは」のかわりに字母表としての地位を確立した。辞書などの見出し語の配列の基準として用いられる。

ごじゅうごねんたいせい [55年体制] 1955年(昭和30)秋の左右両派統一がなった社会党と，日本民主党と自由党の保守合同によって成立した自民党の2党を中心とする政治体制。自民党は安定的に長期政権を維持できるが，同時に社会党も改憲阻止に必要な約3分の1の議席数を保持しつづけるという均衡構造がつづいた。93年(平成5)8月細川内閣の成立によって，38年間の自民党単独支配が崩れ，55年体制も崩壊した。

こしゅ

ごしゅでん　[御守殿]　江戸時代，将軍の息女で三位以上の大名に嫁した者。将軍の息女と婚姻を結ぶ場合，大名側がその邸内に奥方の住居を建てたことから，そこの主人を御守殿とよぶようになった。また，そこに仕えた奥女中すなわち御守殿女中の略称，およびその髪形などに代表される特異な風俗に対しても用いる。これに対して四位以下の者に嫁した将軍の息女は御住居といった。

ごしゅん　[呉春]　1752.3.15〜1811.7.17　江戸中・後期の画家。四条派の祖。本姓は松村，初名は豊昌，通称文蔵。字は允白・伯望。号に月溪・蕪雨亭など。京都金座役人の家に生まれる。大西酔月から画技を習得，ついで与謝蕪村に画と俳諧を学んだ。1781年(天明元)摂津国池田へ移り，翌春，池田の古名呉服里にちなんで呉春と改名。京に戻ったのち円山応挙の影響をうけ，南画の抒情性と応挙の写実性を融合した独自の画風を確立する。代表作「柳鷺群禽図屛風」。

ごしょ　[御所]　天皇・太上天皇・三后・皇太子などの居所。またその部屋・殿舎・邸宅をも称す。ただし長屋王庭跡出土の木簡には内親王御所・竹野王子御所・安倍大刀自御所などの用字がみえ，一般には貴人の居所の意で用いられたことがわかる。平安後期から貴族の日記に摂政・関白・大臣に用いた例がみられるようになり，中世になると将軍の居所も称した。

こしょう　[小姓]　小性とも。江戸幕府の職名。貴人の側近で雑用に従事することを職堂とし，多くは少年を用いたが，室町末期から近臣の役名に使われた。江戸幕府では表(中奥)小姓と奥小姓がある。表小姓は将軍に近侍せず，もっぱら中奥に詰めて儀式の配膳などの雑用を行った。奥小姓はたんに小姓ともよばれ，将軍の側近で雑用を処理した。隔日勤務で宿直もあり，将軍の執務時間以外はほとんど側近に詰めていた。将軍が大奥に渡るときは送迎する。表・奥小姓それぞれ数十人ずつおり，ともに布衣，500石高。1000石以下に役料300俵，500石以下には足高を支給。小姓頭取によって統轄され，若年寄の支配をうけた。

こしょうがつ　[小正月]　1月15日を中心とする正月行事。モチ正月ともよばれ，満月の望月からきていることから明らかなように，もともと年初の中心的な行事が行われる日で，陰暦を基本とした古い要素を残す。(1)餅花・繭玉・成木責などの作物の豊穣を予祝する儀礼，(2)豊凶を占う粥占などの年占，(3)鳥追や左義長などの病気・災厄除けの火祭，(4)人々に祝福を与えるナマハゲのような神の来訪行事が各地で行われる。

こしょうぐみ　[小姓組]　武家の軍制では，主君に扈従(小性)し，その護衛を任務とする部隊。江戸幕府においては五番方の一つ。書院番とあわせて両番と称され，番士の格式は大番士より上であった。設置当初は江戸城本丸御殿西湖之間に勤番し花畑番とよばれたが，1643年(寛永20)以降，紅葉之間に勤番し小姓組と改称。1組は，4000石高の番頭1人，1000石高の組頭1人を含む番士50人(300俵高)からなる。城門の警備や在番はしないで，与力・同心は付属しない。組数には増減があり，6〜12組。番頭ははじめ年寄級の者が兼務したが，のち上級旗本の職となった。殿中の警備，将軍外出時の身辺警固，遠国への使者などを勤め，屋敷改や進物番，江戸市中巡回を行う昼夜廻などにも出役した。

こじょうるり　[古浄瑠璃]　竹本義太夫の語った近松門左衛門作「出世景清」(1685初演)以降の当流浄瑠璃に対して，それまでの古流の浄瑠璃をいう。おおむね，義太夫節成立以前とみてよいが，近松の最初の確実作「世継曾我」(1684初演)をもって，古流・当流の境とすべきとする見方もある。また江戸浄瑠璃の場合は，義太夫節が浸透してる享保頃までの作を広く含める。寛永期前後から正本の刊行をみるが，17世紀半ばには都鄙を問わず人気を集めていた語り物である。地方的語り物から出発して浄瑠璃化をとげた曲目や，その曲節に中世物語の詞藻をのせて語られる場合が一般的であったが，金平浄瑠璃以降創作時代を迎え，延宝期の宇治加賀掾・山本角太夫時代をへて当流浄瑠璃につながる。

ごしらかわてんのう　[後白河天皇]　1127.9.11〜92.3.13　在位1155.7.24〜58.8.11　鳥羽天皇の第4皇子。名は雅仁。母は藤原公実の女待賢門院璋子。崇徳天皇の同母弟。1155年(久寿2)近衛天皇が死去すると，鳥羽は後白河の長子(二条天皇)を後継者と決め，順序としてまず父の後白河を即位させた。崇徳はこれを不満として保元の乱(1156)がおき，後白河はこれに勝利する。2年後，二条天皇に譲位し，その翌年平治の乱で御所を焼かれている。二条の死後，三男(高倉天皇)を後継者に決め，68年(安三)二条の子六条天皇からこれに譲位させた。この頃から院政の実が備わる。その後，平清盛と対立を深め，鹿ヶ谷の謀議の結果，幽閉・引退させられた。しかし81年(養和元)高倉の死によって院政を再開し，平家都落ちの後，源義仲の襲撃をうけたものの，翌年源頼朝勢力の京都進出後は頼朝との協調を方針とし，義経挙兵事件(1185)の一時的混乱をこえて，朝廷と幕府の共存に道を開いた。信仰に厚く，遊び事を好み，今様を集成して「梁塵秘抄」を編纂したほか，朝儀の復興にもつとめ，「年

中行事絵巻」を作らせた。

こじるいえん [古事類苑] 日本の百科史料事典。1000巻、和装本350冊、洋装本50冊、総目録・索引1冊。1896～1914年(明治29～大正3)刊行。1879年文部大書記官西村茂樹が、中国や西洋の類書にならい日本の百科事典の作成を建議し、同年文部省で編纂に着手した。のち東京学士会院に委託、ついで皇典講究所、さらに神宮司庁に委任。96年から完成した部門が順次刊行された。神代から1867年(慶応3)に至る日本歴代の制度・文物・社会全般の事項を30部門にわけ、各事項について古今の典籍・記録・文書・金石文などを引用している。

こしろ [子代] ⇨名代・子代 (なしろ・こしろ)

こしんぶん [小新聞] 社説や政治記事を掲げず、雑報や芸能記事などを売り物にした明治初期の新聞。政論本位の大新聞と対照的な存在で、小型判であったことによるよび名。記者は戯作者系統の者が多く、文体も俗語調で、漢字には通常振り仮名をつけた。代表的なものに「読売新聞」「仮名読新聞」など。

ごしんぺい [御親兵] 親兵とも。明治初期の天皇の護衛兵。1868年(明治元)2月に山口藩兵を京都に駐屯させたことに始まる。71年2月22日、山県有朋 (ありとも) と西郷隆盛によって、天皇の兵権強化、全国統一促進の力として鹿児島・山口・高知の3藩の藩兵を兵部省の管轄下においた。翌年3月9日に近衛兵と改称し、91年近衛師団となった。

ごすざくてんのう [後朱雀天皇] 1009.11.25～45.1.18 在位1036.4.17～45.1.16 一条天皇の第3皇子。名は敦良 (あつなが)。母は藤原道長の女上東門院彰子。後一条天皇の同母弟。1017年(寛仁元)敦明 (あつあきら) 親王が皇太子を辞退したあとをうけて皇太弟に立つ。36年(長元9)後一条天皇の死去により28歳で践祚し、長子(後冷泉 (ごれいぜい) 天皇)を皇太子に立てた。死に臨んで後冷泉に譲位したが、同時に次子(後三条天皇)の立太子をはかり、関白藤原頼通が難色を示したにもかかわらず、これを実現した。

ごずてんのう [牛頭天王] 祇園社感神院(現、八坂神社)をはじめとする祇園系神社で祀られる祭神。本体は素戔嗚 (すさのお) 尊とされる。祇園精舎の守護神とされ、密教や陰陽道 (おんみょう) と習合して日本に伝えられ、疫病や虫害を除去する神格として信仰された。播磨国広峰(現、兵庫県姫路市)に祀られていたが、のち洛東に勧請 (かんじょう) された。形像は一定しないが、武装や束帯姿あるいは牛頭をかぶるかたちに造られる。

ごぜ [瞽女] 三味線や歌謡などによって門付 (かどづけ) 巡業した盲女。貴婦に侍する御前に由来する説、瞽女 (ごぜ) の転説説などがある。近世には、師匠と弟子が同居して世帯を構成し、師匠は数軒で組をつくり、数組で仲間または座を組織した。全国組織はないが、各地の仲間は初心・中老・一老などの年次階梯制による類似した秩序をもっていた。

ごせいばいしきもく [御成敗式目]「貞永式目」「関東御式目」「式目」とも。1232年(貞永元)に制定された鎌倉幕府の基本法典。内容は守護・地頭のこと、所領支配の効力、訴訟手続、犯罪とその処罰、百姓や奴婢の支配など51カ条。現在知られるものは原形ではなく、現在の第35条までを51カ条に配列したものを原形とする説がある。必ずしも体系的・網羅的なものではなく、当初から補充が予定されていた。実際、その後随時立法され、それらは式目追加とよばれた。室町幕府も、式目追加として同じく随時立法している。式目制定の趣旨について、主導者であった執権北条泰時は、裁判の公平を期するため、あらかじめ裁判の基準を御家人たちに周知させ、その基準は武家社会の良識で、律令格式とは異なるところもあるが、律令格式を否定するのではなく、この法を武家社会にのみ通用させる、とのべる。その背景には、承久の乱(1221)以後、全国各地に進出した地頭御家人が、荘園領主など異質の世界の人々との接触で、種々のトラブルにまきこまれるようになったことがある。泰時にとっては、評定衆(1225設置)たちとの評定の場を拠点に動きはじめた執権政治を、より確かなものにする必要もあった。式目は守護を通じて各国内の地頭御家人に伝達され、それを通して広く社会に浸透した。

こせき [戸籍] 古くは「へのふみた」とも。律令制下、人民の登録のために作成された最も基本的な台帳。「籍」だけで戸籍を示すことも多い。戸籍は6年ごとに作成され、庚午年籍 (こうごねんじゃく) は永久保存、その他は5比(30年)の間保存された。戸ごとに戸口の姓名・続柄・年齢などを記し、この記載は身分関係の基本となった。戸籍の主管部局は財政担当の民部省で、全国から戸籍各1通が送られたが、別に一揃いが民衆支配の象徴として、中務省を通じて天皇の御覧に供された。戸籍に関する諸規定は、おおむね戸令に定められている。正倉院文書に部分的に伝わる、702年(大宝2)の御野(美濃)・筑前・豊前各国戸籍、721年(養老5)下総国戸籍をはじめとする8世紀の文書が有名である。ほかに紙背文書のかたちで残された平安時代のものもある。明治期には、戸籍法にもとづいて近代的戸籍が作成されるようになった。

こせきさんえい [小関三英] 1787.6.11～1839.5.17 江戸後期の蘭学者。出羽国鶴岡藩の軽輩の家に生まれる。藩校で漢学を学び、江戸にて吉田長淑 (ちょうしゅく)・馬場佐十郎に師事。1823年

(文政6)仙台藩医学校教授となるが2年後辞職。その出府して幕府医官桂川甫周方に寄寓。蘭書翻訳に専念した。31年(天保2)渡辺崋山を知り、翌年岸和田藩医、35年には幕府天文方蛮書和解御用を命じられた。39年蛮社の獄がおきると、逮捕される前に自刃。翻訳「泰西内科集成」「卜那把盧的ボナパ戦記」「那波列翁ナポ伝初編」。

こせきほう [戸籍法] 近代の戸籍に関する法律。1868年(明治元)京都府で、1825年(文政8)の萩藩戸籍法の系譜をひく戸籍仕法を制定。翌年政府は他府県にも施行を命じたが、独自の戸籍法を行う府県もあった。71年4月4日、政府ははじめて全国統一の戸籍法を公布、これにもとづき翌年壬申戸籍が作製された。これはかつての族属別戸籍を廃し、新たに設定された区内の住民を臣民一般として把握したもの。86年戸籍取扱手続を改正、98年明治民法施行にともない身分関係公証を主目的とした戸籍法が制定された。1914年(大正3)の改正で身分登記制は廃止、47年(昭和22)の全面改正により家単位から氏を同じにする夫婦・子単位の編成となった。

ごせち [五節] 令制で規定された七節日のうち、平安初期にそれぞれ桓武天皇の忌月、平城天皇の国忌と重なって停止された3月3日・7月7日をのぞいた五つの節会という。元日・白馬あお・踏歌とう・端午・豊明とよの(新嘗祭にいな の翌日の11月中旬の日)の各節会のこと。また大嘗会だいじょうや新嘗会などで、公卿や国司などから召し出された未婚の少女による五節舞を中心とする儀式をさすこともある。

ごせっく [五節供] 民間の年中行事のうち特別視された五つの行事。古く公家などが祝う儀式であったが、江戸時代に幕府が式日として定めたことで民間にも広く行われるようになった。人日じん(1月7日)・上巳じょう(3月3日)・端午たん(5月5日)・七夕しち(7月7日)・重陽ちょう(9月9日)をさし、通俗にはそれぞれ七種なな(七草)の節供・桃の節供・菖蒲しょうの節供・七夕祭・菊の節供ともいう。この制定は、奇数の重日を尊ぶ中国の伝統による宮廷行事中、農村的・武家的な行事日を重ねて選んだものと思われる。明治期になってこの制は廃されたが、民間では現在も盛んに行われている。

ごせっけ [五摂家] ⇨摂家せっ

こせのかなおか [巨勢金岡] 生没年不詳。平安初期の宮廷絵師。巨勢派の始祖。880年(元慶4)唐本を手本に大学寮に先聖先師像を、888年(仁和4)御所南庇ひの東西障子に弘仁以後の詩にすぐれた学者の像を描き、藤原基経や源能有ありの五十の賀の屏風絵を描いた。貞観年間には神泉苑の監を勤め、菅原道真から神泉苑の図を求められた。唐絵から とともに日本の山水や肖像を描くなど、その画風は新様とよばれた。

ごぜんかいぎ [御前会議] 第2次大戦終了まで天皇が出席して開かれた会議。開戦・講和の可否、戦略・対外政策決定などの重要国務を審議した。元老院会議、枢密院などの常設会議への出席のほか、日清・日露両戦争の際の大本営会議、日中戦争・太平洋戦争の際の大本営政府連絡会議は時に応じて御前会議となることが多かった。大本営政府連絡会議(御前会議)の構成者は首相・蔵相・外相・内相・陸相・海相・企画院総裁・参謀総長・軍令部総長で、議題によって枢密院議長・参謀次長・軍令部次長・興亜院総務長官・外務省欧亜局長なども出席した。

ごぜんざた [御前沙汰] 室町幕府の政務決裁の体制。幕府初期には評定・引付が設けられ、訴訟をはじめ政務が議定されたが、2頭政治の一翼を担い評定・引付を掌握した足利直義ただの没落後は、しだいに衰退。3代将軍義満以降は将軍の親裁する御前沙汰がとってかわる。評議裁決手続や役割は時期により異なるが、応仁の乱前は将軍、管領、加持祈祷の評定衆の一部、奉行衆を構成員とし、6代将軍義教以降、意見などを通じて奉行衆の活動がしだいに拡大。乱後、体制は大きく変動し、有力構成員であった管領や旧来の評定衆が姿を消す。同時に将軍臨席の評議が開かれなくなり、指令の伝達や伺事うかがの取次役となった将軍側近衆が、奉行衆とともに大きな役割を担いはじめる。

ごぜんちょう [御前帳] 天皇・将軍などの手元に掌握された重要帳簿。戦国大名故北条氏の所領役帳なども御前帳とよばれるが、歴史的にとくに重要なのは豊臣秀吉が徴収した1591年(天正19)のものである。これは、国絵図とともに天皇に献納された国郡別の検地帳で、朝鮮出兵での軍役負担の基礎帳簿ともなった。徳川家康も1605年(慶長10)に御前帳と国絵図を徴収しており、以後、正保・元禄・天保の郷帳もその系譜をひくものである。国郡別に編成された御前帳の徴収は、国絵図と並び、関白・将軍権力が古代以来の国家公権を継承することを誇示するものであった。

ごせんわかしゅう [後撰和歌集] 第2番目の勅撰集。撰者は梨壺なしの5人で、大中臣能宣おおなかとみ のよしのぶ・清原元輔もとすけ・源順したごう・紀時文ときぶみ・坂上望城もちきの5人で、村上天皇の下命で951年(天暦5)10月に撰集を開始、成立年は不明。春上中下・夏・秋上中下・冬・恋1～6・雑1～4・離別羇旅きりょ・慶賀哀傷の20巻。歌数1425首。序はない。紀貫之・伊勢・凡河内躬恒おおしこうちのみ・藤原兼輔らの作が多いが、一方で貴族たちの日常の恋の贈答歌を多数採用する。「新日本古典文学大系」所収。

ごぞくきょうわ［五族共和］
中国の漢・満・蒙・回ﾜｲ・蔵ｿﾞｳの5民族が協同して共和国を建設するという主張。1912年中華民国の成立に際し、孫文らの革命家が唱えた。5族が平等に国家の発展に貢献し、中国人の平和と大同の主張のもとでの世界人類の幸福をはかるというもの。のち孫文は漢民族を中心に他民族を同化する中華民族の概念を導入。さらに各民族の自決権にもとづく自由で統一された中華民国の組織へと発展した。のち日本の満州国建国のとき、王道楽土・五族協和（日・漢・満・蒙・朝）に援用された。

こそで［小袖］
袖の小さい着物の総称。公家が着用した礼服ﾗｲﾌｸ下の小袖と、庶民の着用した表着ｳﾜｷﾞの小袖がある。礼服の小袖は盤領ﾏﾙｴﾘで表着の大袖に対する名称。庶民の着物の祖型。院政期には、武士の台頭とともに公家も下着として着用するようになる。公家の女子や武家が好んで用いるようになると、しだいに表末として文様などの体裁が整えられ、桃山時代には辻が花染、江戸時代には寛永小袖などの大文様のものや友禅染などが普及し、小袖の全盛時代となった。

ごだいかいかくしれい［五大改革指令］
1945年（昭和20）10月11日、連合国軍最高司令官マッカーサーが、新任挨拶の幣原ｼﾃﾞﾊﾗ喜重郎首相に対して口頭でのべた勧告。選挙権賦与による婦人の解放、労働組合の結成奨励、学校教育の自由主義化、圧制的諸制度の廃止、経済機構の民主化を内容とする。この結果、10月13日の国防保安法・軍機保護法の廃止、10月15日の治安維持法廃止、10月22日の「日本教育制度に対する管理政策」指令、11月6日の財閥解体指令、11月21日の治安警察法廃止、12月17日の選挙法公布、12月22日の労働組合法公布などのかたちで着々と実現された。

ごだいぎんこう［五大銀行］
1927年（昭和2）の金融恐慌で破綻した中小銀行の預金を集中し、全国的覇権を握った、三井銀行・三菱銀行・住友銀行・第一銀行・安田銀行をいう。

ごだいごてんのう［後醍醐天皇］
1288.11.2～1339.8.16 在位1318.2.26～39.8.15 後宇多天皇の第2皇子。名は尊治ﾀｶﾊﾙ。母は藤原忠継の女談天門院忠子。1308年（延慶元）持明院統の花園天皇の皇太子となり、18年（文保2）即位。はじめは後宇多上皇の院政であったが、21年（元亨元）親政をとり、家格にとらわれず人材を登用した。正中の変・元弘の乱と2度の倒幕計画に失敗し、32年（元弘2）隠岐島に配流。同年中に護良ﾓﾘﾅｶﾞ親王・楠木正成らが再び挙兵すると、翌年隠岐を脱出、伯耆の名和長年の援助をうけ、船上山ｾﾝｼﾞｮｳｻﾝにたてこもり、倒幕命令を各地に発した。これをうけた足利尊氏が六波羅探題、新田義貞が鎌倉幕府を滅ぼすと帰京し、建武新政を開始した。しかし政権を安定させることができず、尊氏の離反を招き、36年（建武3・延元元）吉野へのがれて南朝を樹立。39年（暦応2・延元4）後村上天皇に譲位して没した。著書「建武年中行事」。

ごだいじっこく［五代十国］
中国で唐・宋間に興亡した諸王朝の総称。いずれも節度使ｾﾂﾄﾞｼ体制の武人政権。唐の滅亡後、華北には後梁ﾘｮｳ（907～923）、後唐ﾄｳ（923～936）、後晋ｼﾝ（936～946）、後漢ｶﾝ（947～950）、後周ｼｭｳ（951～959）の五代があいつぎた。後晋は建国時に北方の契丹ｷﾀﾝの援軍を仰ぎ、長城ぞいの燕雲16州を割譲して契丹（遼）南進の端緒を作った。一方、華中・華南に呉（902～937）、南唐（937～975）、呉越ｴﾂ（907～978）、楚ｿ（907～951）、閩ﾋﾞﾝ（909～945）、南漢（917～971）、荊南ｹｲﾅﾝ（925～963）が、四川に前蜀ｾﾞﾝｼｮｸ（907～925）、後蜀（934～965）が、山西に北漢（951～979）があり、以上の十国は基本的には五代の王朝に臣属した。

ごだいともあつ［五代友厚］
1835.12.26～85.9.25 明治期の実業家。大阪財界の指導者。薩摩国生れ。1854年（安政元）鹿児島藩郡方書役ｶｷﾔｸとなり、長崎に遊学、上海・欧州に渡航した。明治維新後、外国事務局判事・大阪府権判事・会計官権判事などを歴任。69年（明治2）官を辞して金銀分析所を開設、73年には弘成ｺｳｾｲ館を創設して、半田銀山・天和銅山・蓬谷ﾖﾓｷﾞﾀﾞﾆ銀山・栃尾銅山などを経営した。76年政府から融資をうけて朝陽館を創立し製藍業を開始。堂島米商会所・大阪株式取引所の設立に尽力し、78年大阪商法会議所の初代会頭に就任した。81年関西貿易社を設立したが、開拓使官有物払下げ事件をおこして同年解散。東京馬車鉄道・阪堺ｻｶｲ鉄道・神戸桟橋の設立にも尽力した。

ごだいみょうおう［五大明王］
五大尊明王とも。五大明王の名称とその方角は、中央は不動明王、東方は降三世ｺﾞｳｻﾞﾝｾﾞ明王、南方は軍荼利ｸﾞﾝﾀﾞﾘ明王、西方は大威徳ﾀﾞｲｲﾄｸ明王、北方は金剛夜叉ｺﾝｺﾞｳﾔｼｬ明王である。五大明王を本尊とする修法は五壇法とよばれ、天皇や国家的大事に際し、息災・増益・調伏ﾁｮｳﾌﾞｸなどの功験ｸｹﾞﾝが期待された。五大明王を安置する五大堂も多く造られた。五大明王がそろった現存例としては、京都の教王護国寺・醍醐寺・大覚寺などの彫像が知られる。

ごたいろう［五大老］
豊臣政権末期の職制で、五奉行の上位。徳川家康・前田利家（のち同利長）・宇喜多秀家・上杉景勝・毛利輝元の5人の有力大名をいう。1598年（慶長3）8月頃、豊臣秀吉が死後の重要政務をこの5人に託したことに始まる。家康が伏見城にあって政務を総覧

し，利家が大坂城で秀頼の後見をする体制だったが，翌年閏3月利家が没したことにより急速に解体し，家康の独裁的体制となった。原型は1595年(文禄4)の豊臣秀次滅亡後，先の5人に小早川隆景を加えた6人が御掟を発布した時点にさかのぼる。五大老の呼称は「太閤記」によるが，秀吉の浅野長政への遺言状では奉行と称している。

ごたかくらいん [後高倉院] 1179.2.28～1223.5.14 鎌倉中期の上皇。高倉天皇の第2皇子。後鳥羽天皇の同母兄。母は藤原信隆の女七条院殖子かく。名は守貞しゅ。生後すぐ平知盛に引き取られて養育され，平氏の都落ちに伴われたが，平氏滅亡後帰京。1189年(文治5)親王宣下。乳父との持明院いん基家の家に住み，持明院家とよばれた。1212年(建暦2)出家。法名は行助。21年(承久3)承久の乱後，幕府の意向によって，子の茂仁親王(後堀河天皇)が即位し，みずからは太上天皇の尊号をうけて院政を行った。

コタン アイヌ語で，ふつうムラ・集落などの意とされるが，家が1軒，1人の居住でも，東京や大阪のような大都会でもコタンと称される。多くは河口近くの海岸や川筋に営まれた。伝統的な自然コタンのほか，和人の介入の結果，場所請負人によって会所などに集められた強制コタンもある。

コーチ [交趾] 跤趾・川内・河内とも。元来はインドシナ半島のベトナムをさす中国名の一つ。漢代の郡名に由来し，時代まで用いられた。近世日本では，ヨーロッパ人のコーチ(ン)シナの用法にひかれて，当時のベトナム中・南部(広南・クイナムとも)をしばしば交趾とよんだ。南シナ海の要衝の地で，朱印船やポルトガル船・中国船が来航し，フェイフォーなどに日本町も栄えた。

こちょう [戸長] 明治前期に町村の長として行政事務を扱った役職。1871年(明治4)の戸籍法をうけて，区内の戸籍責任者として設けられたのが始まり。翌年江戸時代の庄屋などを戸長と改称したが，同時に実施された大区小区の区長との区別は明確でなかった。78年町村が正式な行政単位となり，その長官として戸長が公選(84年に官選)で選ばれ，府県が任命した。89年市制・町村制施行で市長・町村長となり廃止された。

こっか [国歌] 国家および国民の象徴として演奏される曲。国家的祭典や国際的行事に用いられる。日本では，1882年(明治15)1月文部卿が音楽取調掛に国歌選定を命じたが，結論は得られなかった。これに先立つ80年11月，林広守作曲，エッケル編曲の「君が代」が作られた。これが現行の「君が代」で，85年制定「陸軍軍喇叭吹奏歌」の第1号と定められ，88年には吹奏楽譜が海軍省から諸外国へ「大日本礼式」として送付された。文部省でも93年8月，小学校の祝日大祭日唱歌の一つとして告示した。1890年代には「君が代」を国歌とみなす主張が現れ，日中戦争の始まる昭和初期には国歌と同一視されるようになった。1999年(平成11)国旗・国歌法の成立により法制化された。

こっかい [国会] 近代立憲国家の立法府で，国民を代表する機関。日本で最初の国会は，1889年(明治22)発布の大日本帝国憲法にもとづき90年に開会，帝国議会とよばれた。第2次大戦後の1947年(昭和22)5月3日，日本国憲法の施行により帝国議会にかわって国会が制式の呼称となった。国会は「国権の最高機関」「国の唯一の立法機関」と規定され，ともに公選の議員による衆議院・参議院の二院制で，内閣総理大臣の指名，予算の議定，法律の制定，条約の承認など広い権限をもち，議会制民主主義にもとづく国政運営の中心となっている。会議には毎年定期的に召集される通常国会，臨時の必要により召集される臨時国会，衆議院議員総選挙直後の特別国会の別がある。第1回国会(特別)は47年5月から12月まで。

こっかいかいせつうんどう [国会開設運動] 明治前期の国民的政治運動。明治政府の藩閥・有司専制を批判し，全国的規模で展開された。1874年(明治7)1月に政府に提出された民撰議院設立建白書からはじまる。この建白書は新聞に掲載されたため民撰議院論争をうみ，翌年の立憲政体樹立の詔につながった。詔は民会・政治結社創設の気運を醸成し，立憲政治の実現をめざす自由民権運動が高揚・発展した。具体的目標・要求となったのは国会開設で，80年には全国的組織として国会期成同盟が結成され，同時に全国各地から国会開設を求める建白書が政府に提出された。81年の国会開設の勅諭に結実した。

こっかいかいせつのちょくゆ [国会開設の勅諭] 1890年(明治23)を期して国会を開設することを明らかにした1881年の勅諭。政府は1875年に詔により漸進的な立憲政体樹立の方針を示したが，自由民権派による国会開設運動の高まりに対応して，81年10月12日に国会開設の勅諭を発した。岩倉具視ほ・伊藤博文らの主導により，政府部内における大隈重信の早期(1883年)国会開設論やイギリス流議会政治実現論を退け，時期を明示することで政府の手による漸進的国会開設の基本的方向を明確にした。

こっかいぎじどう [国会議事堂] 昭和期を代表する建築物。最初の本議院建築。東京都千代田区永田町。1886年(明治19)内閣に臨時建築局を設置し，エンデやベックマンらドイツ人建築

家を招いて諸官庁の集中計画にあたらせたが、議院建築は木造の仮議院を建設しただけに終わった。99年議院建築調査会、1910年には議院建築準備委員会を設置。大蔵省の官僚建築家妻木頼黄つまきよりなかと建築アカデミーに君臨する辰野金吾らとが対立し、「我国将来の建築様式を如何にすべきや」論争をまきおこしたが、議院建築は実現しなかった。18年(大正7)大蔵省に臨時議院建築局が設けられ、同局工務部長矢橋賢吉らが設計競技当選案を大幅改訂して、20年着工、36年(昭和11)8月竣工。

こっかいきせいどうめい [国会期成同盟] 明治期の自由民権運動の過程で結成された国会開設を目標とする運動組織。1878年(明治11)国会開設・地租軽減・条約改正などを運動目標として再興された愛国社を、80年3月に大阪で第4回大会を開催。大会出席者は、国会期成同盟を結成し、大会を国会期成同盟の第1回大会として継続。国会開設がなるまで同盟を解かないなどとする規約同盟規約を作成、国会開設の願望書の提出を図った。同年秋の第2回大会では、名称を大日本国会期成有志公会とし、憲法見込案の起草などを決めた。81年10月の第3回大会で自由党結党を協議しているさなか国会開設の勅諭が発布された。

こっかくき [骨角器] シカ・イノシシ・鳥・クジラなどの動物の骨・角・牙きばなどで作られた道具。特殊なものとしてエイの尾骨、サメの歯、人骨なども使用された。主として狩猟・漁労具と装身具が作られる。世界的には旧石器時代の後期から盛んに使用されたが、日本では旧石器時代の遺例は少ない。縄文時代にはやす・釣針・離頭銛りとうもりなどの漁具、弓矢の部品、あるいは簪かんざし・櫛・耳飾・腰飾などの装身具が製作・使用された。縄文後・晩期が全盛期で、宮城県沼津貝塚の骨角器は著名。

こっかこうむいんほう [国家公務員法] 国によって選任され公務を担当する職員の地位・待遇に関する基本法。1947年(昭和22)10月21日制定、翌年7月1日施行。第2次大戦の官吏の地位・待遇は勅令にもとづいて規定され、天皇に官制大権・任免大権があったことから全体への奉仕者という観念がなかった、との反省にたち、GHQの行った戦後の民主的改革の一環として成立。科学的な人事行政制度をめざして、専門的実施機関である人事院が設けられた。中立を保持するためとして政治的活動が制限され、労働基本権も制約された。

こっかしゃかいしゅぎ [国家社会主義] 大正中期以降におこり、日本の国家と社会とを改造して全体主義的に平等な国民生活の実現を意図したもので、国際的勢力拡充を前提としていた。1919年(大正8)大川周明・満川亀太郎らの設立した猶存ゆうぞん社を源流的なものとして革新右翼とよばれ、満州事変の勃発後に活発になり、内田良平の大日本生産党、大川周明会頭の神武じんむ会などが有力であった。また無産政党の内部からもファシズム運動に影響されて国家社会主義が生じた。

こっかしゅぎ [国家主義] 国民主義・民族主義と並ぶナショナリズムの訳語の一つ。本来18~19世紀に西ヨーロッパに出現した国民国家形成にともなう国民主義を意味し、自由主義的傾向をもつものであった。日本では1888年(明治21)雑誌「日本人」で「国粋保存旨義」と訳された当時は、後年の国家主義のような排他性をもたなかった。欧米列強の圧迫のもと、日本の独立達成、条約改正の実現を意図するもので、日本の伝統を維持しながら欧米文化を採用しようとしていた。日本で国家主義といって強調される場合、国家至上主義の主張、君民一体の家族国家観、日本文化優越論などが認められるが、この国家主義が強い排他性をもつのは満州事変以後で、ついには超国家主義とよばれるものも出現した。

こっかしんとう [国家神道] 明治期に形成され、第2次大戦後に廃止された神道。近代日本における国家的イデオロギーのよりどころであった。当時国家神道の言葉はなく、たんに神道あるいは神ながらの道、国体などといった。明治初期の神道国教化政策のなかで、政府は天皇の皇祖神を祭る伊勢神宮を頂点とする官・国幣社、県・郷・村社の階層組織をつくりあげたが、神道自体の国教化には失敗。神社を国家制度のなかにとりいれ、大日本帝国憲法の発布によって信教の自由が規定されると、すべての宗教に超越したものとしての国家神道をつくった。1945年(昭和20)国家神道廃止令によって廃止。

こっかしんとうはいしれい [国家神道廃止令] 1945年(昭和20)12月15日にGHQがだした指令。神道指令と略称。いわゆる国家神道を廃止し、国家が神社とかかわることを禁止した。正式標題は「国家神道ニ対スル政府ノ保証、支援、保全、監督並ニ弘布ノ廃止ノ件」。指令の全文は4条19項からなり、神道・神社への公的扶助の停止、国家神道の教義・儀式の宣伝禁止などを内容とする。

こっかそうどういんほう [国家総動員法] 1938年(昭和13)4月1日に公布(5月5日施行)された、政府の裁量で経済・国民生活・労務・言論・科学研究などへの広範な統制を実施できることを規定した法律。日中戦争の本格化を背景に、破局的な国際収支の危機を直接的な統制でのりきらねばならなかったこと、また新官僚・革新官僚のなかに統制イデオロギーを信奉する

者が多かったことなどを理由として、第73議会で成立。とくに統制の細目については「勅令ノ定ムル所ニ依ル」委任立法であったため、政府は以後勅令と省令によって経済を統制できるようになった。戦時体制の形成・強化に大きな役割をはたしたが、46年廃止された。

こっかたいかん【国歌大観】和歌索引。正編「国歌大観」は松下大三郎・渡辺文雄編、1903年(明治36)刊。続編は松下大三郎編、26年(昭和元)刊。正続ともに歌集部・索引部の2分冊。「万葉集」「源氏物語」などの代表的な歌集や物語の歌を収め、歌のどの1句からでも1首全体・作者・出典などが検索できる。類句を知るためにも便利で、和歌研究の基本的文献。なお「新編国歌大観」全10巻が83年同編集委員会編で角川書店から刊行され、92年(平成4)に完結。各巻とも歌集編・索引編の2分冊。第2巻以降の内容は新収録作品を拡充し、従来のものを一新した内容となっている。

こっかちほうけいさつ【国家地方警察】旧警察法(1947制定)のもとで自治体警察が設置されない村落地域を管轄するために設置された国家警察。1948年(昭和23)3月施行。定員は3万人以下とされた。占領当局者が戦前の日本を中央集権的な警察国家とみなし、内務省を解体させ警察制度の分権化を進めた結果誕生した制度。総理大臣の任命する5人の国家公安委員会管理下に、国家地方警察本部と全国6警察管区がおかれた。自治体警察とは対等な関係で相互の協力が義務づけられ、国家非常事態にのみ自治体警察を指揮するものとされた。54年7月の新警察法で自治体警察とともに廃止、都道府県警察に一元化された。

こっき【国記】推古朝に編纂されたといわれる書。「日本書紀」推古28年(620)条は、聖徳太子と蘇我馬子うまこが「天皇記及国記臣連伴造国造百八十部并公民等本記」を録したとする。皇極紀4年(645)6月条によれば、乙巳いっしの変(大化の改新)の際、蘇我蝦夷えみしがこれらを焼いたが、船史恵尺ふねのむらじえさかが焼かれる「国記」をとりだし、中大兄なかのおおえ皇子に献上したという。内容については不明。

こっき【国旗】国家の標識としての旗。国家の独立・主権などの神聖性を表徴し、国家間の儀礼上重要な意味をもつ。自国・外国の国旗に対する侮辱行為を処罰する刑法の規定が設けられているのが通例だが、日本では自国の国旗に対する侮辱行為の処罰規定はない。このような意味での国旗は、近代国家の成立のなかで国際慣例として形成されてきたが、個々の国旗の制定の由来、デザインのもつ意味などは国の事情により異なる。日本の場合幕末の外国船の来航に対応して、1854年(安政元)7月に島津斉彬なりあきらの意見で、日本総船印として「白地日ノ丸幟」が定められてから日の丸(日章旗)が国旗の機能をはたすようになった。1999年(平成11)国旗・国歌法の成立により法制化された。

こっきょうがっさく【国共合作】2回にわたる中国国民党と中国共産党の提携関係。■第1次(1924.1～27.7)。孫文がコミンテルンの意見をうけいれ、中国共産党員が個人的に国民党に入党することで実現した。1924年1月の国民党第1回大会は、連ソ・容共・農工扶助の政策を定め、国民革命をすすめた。27年蔣介石の反共クーデタをへて、武漢政府内の共産党員は排除されて第1次合作は終了。
■第2次(1937.9～45.8)。1936年12月の西安事件により、内戦停止・一致抗日の主張を確認。翌年7月に日中戦争が勃発すると国共両党は急速に接近し、中共軍が八路軍に改編され、周恩来・朱徳ら中共代表が国防最高会議に参加する形で合作が実現した。日本降伏後、中国の支配権をめぐる対立から国共内戦がおこり、合作は崩壊した。

こっけいぼん【滑稽本】近世小説の一様式。中本型の対話体の文章主体で、滑稽な内容をもつもの。1802年(享和2)刊行の十返舎一九の「浮世道中膝栗毛」(のち「東海道中膝栗毛」と改題)は好評で、22年(文政5)まで続編が書き継がれた。この作品の成功は同様の様式による多くの追随作を生み、ジャンルとして定着。他の代表的作者に「浮世風呂」の式亭三馬、「八笑人」の滝亭鯉丈りじょうなどがいる。広義には、滑稽を旨とする近世後半期の散文作品、また見立て絵本をも包括し、宝暦・明和期頃流行した談義本も前期滑稽本として加えることもある。

こっけん【国検】平安中期～室町前期に行われた国衙こくがによる1国の検注けんちゅう。10世紀、国司に検田権が委譲されるにともない、官物賦課の基準となる公田の状況把握のために始められたが、院政期になると荘園・公領の別なく賦課する一律平均役の徴収と荘園整理のために行われるようになった。国司の交替時に行われるのが原則で、初任検注とよばれた。鎌倉時代になると幕府・守護が国衙を指揮して行うようになり、検注の結果は大田文おおたぶみに記されて、中世的な所領単位が確定した。室町時代にもいくつかの国では定例化したかたちで残っていたが、これは検注用途の徴収を目的とした形式的なものと化していた。

こっけんろん【国権論】国家権力の強化と伸長、国威の確立と拡張を主張する政治理論。主として明治国家確立期に説かれた思想として、民権論に対抗する理論として、また征韓論に始まる一連の対朝鮮侵略論や軍備拡張論と連動して主張された。とくに明治10年代後半に民権運

動が衰退すると，日本の開化・欧米化の認識とともに，対外的国権拡張の意識が増長し，大日本帝国憲法の発布や日清戦争を契機に，国権主義的ナショナリズムが台頭した。思想的には，皇室中心・君権至上主義的なものから，民族・文化の優秀性を説く国粋主義的なもの，国体の特異性を強調する日本主義的なものなど多様である。いずれも，天皇制国家の専制的国民支配と対外侵略を肯定し，鼓舞する役割をはたした。

こつじき　[乞食]　托鉢 はっ・行乞 ぎょう・分衛 ぶん とも。少欲知足を旨とする出家者集団がみずからの生命・身体のたすけとするために，一定の規律・行儀にしたがって在家から食物を乞うこと。十二頭陀行 ずだぎょうのうちの一つ。「僧尼令」などに規定があるが，規律は守られず，ついには物乞いのみする者を乞食 こつじきと称するようになった。

ごつちみかどてんのう　[後土御門天皇]　1442.5.25～1500.9.28　在位1464.7.19～1500.9.28
後花園天皇の第1皇子。名は成仁 ふさひと。母は嘉楽門院信子。1457年(長禄元)親王宣下。64年(寛正5)践祚 せんそ。即位まもなく応仁・文明の乱がおこり，京都は焦土と化した。皇室御料地も各地で武士の侵略をうけ，朝儀も衰微した。1500年(明応9)黒戸御所で没したが，葬礼費用が調わず，遺骸は43日も御所におかれたという。泉涌寺に葬られた。

こどう　[古道]　国学者が日本の古代文献を通して明らかにしようとした道。儒教の仁義礼智信などの道徳的規範に対する反発から生まれた。典型的な主張は，賀茂真淵の「国意考」にある「天地のまにまに丸く平らか」な道，本居宣長の「直毘霊 なおびのみたま」にみえる「天照大御神の受たまひたもちたまひ，伝へ賜ふ道」などである。

ごとうしょうざぶろう　[後藤庄三郎]　江戸時代，代々幕府金座 きんざの頭人，御金改役を勤めた後藤家当主の世襲名。本姓は橋本氏。初代庄三郎光次は大判座の後藤徳乗の弟子で，のち養子となって江戸に下り金座の主宰を命じられた。同時に銀座の設立にも尽くし，幕府御用達町人の上座を占めるようになった。11代光包 みつかねは金包方に不正があり，1810年(文化7)伊豆三宅島に流罪，庄三郎家は絶えた。跡役には初代庄三郎の養子の子孫で銀座年寄の後藤三右衛門孝之がついた。

ごとうしょうじろう　[後藤象二郎]　1838.3.19～97.8.4　幕末～明治期の高知藩士・政治家。藩主山内豊信 とよしげを補佐し，1867年(慶応3)坂本竜馬の意見に賛同して大政奉還運動に挺身，実現させた。明治政府に参与兼外国官事務掛として出仕，以後工部大輔・左院議長・参議を務

めたが，明治6年の政変で下野，板垣退助らと民撰議院設立建白書に署名した。一時元老院副議長に就任したが退官，事業にかかわったが失敗。81年(明治14)自由党の創立に参画，翌年板垣を誘ってヨーロッパに渡り，帰国後87年伯爵。藩閥政府攻撃の大同団結運動を提唱して指導したが，政府の誘いに応じて89年黒田内閣の逓信相として入閣し運動を離脱した。以後農商相・朝鮮顧問などを歴任。

ごとうしんぺい　[後藤新平]　1857.6.4～1929.4.13　明治・大正期の政治家。陸奥国胆沢郡生れ。医学を学び愛知県病院長などをへて1883年(明治16)内務省に入り衛生行政に尽力，98年から台湾民政局長(のち長官)として植民地行政に卓越した手腕を発揮した。1906年初代南満州鉄道総裁，08年第2次桂内閣逓信相を務める。16年(大正5)寺内内閣の内相，18年外相に転じてシベリア出兵を推進した。第1次大戦後の欧米を見聞し，社会改革推進の大調査機関設立を提案した。20年東京市長に迎えられ都市計画などにとりくむ一方，23年には極東駐在ソ連代表ヨッフェを日本に招致して会談するなど，日ソ国交調整に尽力した。関東大震災時には内相として東京復興計画立案の中心となり，23年末，第2次山本内閣の総辞職とともに下野し，以後政治の舞台には立たなかった。

こどうたいい　[古道大意]　平田篤胤 あつたねの講説を門人が筆録したもの。2巻。1811年(文化8)筆記，24年(文政7)刊。古学の大要，神代の概要，大和心などからなる。説の多くは本居宣長の「直毘霊 なおびのみたま」の影響をうけているが，天地創造論には服部中庸「三大考」の説もとりいれ，のちの「霊能真柱 たまのみはしら」との関連も認められる。全編を貫く独特の講釈調からは，本居派とは異なった平田派固有の庶民性がよみとれる。「新修平田篤胤全集」所収。

ごとうとくじょう　[後藤徳乗]　1550～1631.10.13　織豊期～江戸初期の装剣金工。後藤家の5代目。京都生れ。1582年(天正10)父の4代光乗とともに豊臣秀吉らから判金改め・分銅改を引きうけ，同家の財務管理の一部を担当，天正大判の製作にも従事している。装剣金工としての作品は三所物 みところものがおもで，赤銅・金の地金に竜・獅子など伝統的な文様を高彫で表したものが多く，格調が高い。

ごとうゆうじょう　[後藤祐乗]　1440～1512
装剣金工の後藤家の始祖。美濃国生れ。足利義政の側近として仕えたが，のちに辞して装剣金工に転じたと伝えられる。義政の御用を勤め，近江国坂本に領地300町を与えられた。作品は小柄 こづか・笄 こうがい・目貫 めぬきの三所物 みところものがおもで，金や良質の赤銅の地金に竜・獅子などの文様を高彫で表したものが多い。祐乗の彫刻は刀

装束という一定の規格のなかで、細緻な文様をほどこし装飾効果をあげるもので、以後17代にわたる後藤家のみならず、江戸時代の金工にも大きな影響を及ぼした。代表作に前田家伝来の黒漆小さ刀の金獅子牡丹文金具がある。

ことがき [事書] (1)文書の本文の前に、文書の内容を「何々の事」というかたちで簡潔に要約した部分。下文や下知状・訴陳状・上申文書などでみられる。下知状では冒頭に、下文では冒頭の「下す 某」の次にくる。これに対して本文を事実書という。(2)「一、何々事」のように箇条書きにする形式、また、その文書。

ごどころ [碁所] 江戸時代寺社奉行の管轄下におかれた碁打4家を統轄する役目。17世紀につくられ、当初は本因坊家の当主が就任し、その後は本因坊・井上・安井・林の4家の当主のうち最強者が名人になり、碁所の司になった。年1回江戸城で対局する御城碁に参画。名人を基準に全国の強豪の段位を定め免状の発行権をもち、囲碁の普及に大きく役立った。明治維新とともに消滅。

ことばがき [詞書] 題詞・詞とも。和歌の前におかれ、詠作事情や歌題などを散文で記したもの。和歌はそれ自体で完結した内容をもつべきだが、詠歌の場所や雰囲気を補うことで、より深い理解・鑑賞をする性格をもつ。歌集の種類や性質によって、長短、繁簡の違いなど多様性がある。

ごとばじょうこうぞう [後鳥羽上皇像] 鎌倉前期の肖像画。「吾妻鏡」によれば、1221年(承久3)後鳥羽上皇が隠岐島に流される際、落飾前の姿を似絵の名手藤原信実に描かせたことが記されており、信実の作品であることはほぼ確実とみられる。細線を引き重ねた顔貌表現が特徴。紙本着色。縦40.3cm、横30.6cm。水無瀬神宮蔵。国宝。

ごとばてんのう [後鳥羽天皇] 1180.7.14~1239.2.22 在位1183.8.20~98.1.11 高倉天皇の第4皇子。名は尊成。母は藤原信隆の女七条院殖子。1183年(寿永2)平氏が安徳天皇とともに都落ちしたため、神器のないまま践祚。当初は祖父の後白河法皇が院政を行っていたが、92年(建久3)法皇の没後は九条兼家、96年以後は失脚する源通親が実権を握った。98年土御門天皇に譲位して院政を始め、1202年(建仁2)通親の没後は独裁化した。西面の武士や和歌所を設置して文武両道の振興をはかった。また多数の院領荘園を基礎とする財力によって水無瀬・鳥羽・宇治などに離宮を造営し、熊野に28度も参詣して権威を示した。鎌倉幕府に対しては外戚坊門信清の女を源実朝の妻とするなど公武の融和に努めたが、実朝暗殺後は皇子を将軍として迎えたいとする幕府の要望を拒んで倒幕に傾き、21年(承久3)挙兵したが完敗(承久の乱)して出家。隠岐島に配流となり、同地で没した。歌人としても優れ、「新古今集」を勅撰し、配流後もみずから追加・削除を行った。

ことひらぐう [金刀比羅宮] 琴平社・金毘羅大権現とも。香川県琴平町に鎮座。旧国幣中社。祭神は大物主神。創建は不詳だが、金毘羅は鰐魚の神格化で海神信仰に起源をもつと考えられる。平安後期に社殿修造や祭儀が行われたと伝えるが、元亀4年(1573)の棟札が確実な初見史料。近世になっておおいに信仰を集め、全国の参詣者が集まる四国最大の行楽地となって「こんぴら道」が成立した。1966年(昭和41)金刀比羅本教をおこす。例祭は10月9~11日。特殊神事に潮川神事がある。表書院・奥書院の建造物のほか、「なよ竹物語絵巻」など多くの重文を所蔵。

ことほぞんほう [古都保存法] 正称は「古都における歴史的風土の保存に関する特別措置法」。古都として歴史的・文化的価値の高い京都・奈良・鎌倉の3市を乱開発から守るため、1966年(昭和41)に制定。明日香村など数市町村が政令により追加指定された。同法の特別保存区域に指定されると、開発には知事の許可が必要。

こどもぐみ [子供組] 村の特定の年中行事や祭事に関連して形成される子供の年齢集団。7~14歳くらいまでの男子で構成される例が多い。若者組とは異なり、恒常的な組織をもたず、村内の小地域ごとに構成される。ドンド焼きなどの行事を主催する際、青年層の指導をうけるだけでなく、行事のなかで一時的な小屋生活を経験して、組のなかの最年長者を頭とする統制的な仕組みがあるため、社会生活を模倣し、一人前の村人となるための教育的な機能ももつ。

ことりづかい [部領使] 古代において人や物資の輸送を統率する責任者。奈良時代の正税帳や計会帳には、采女・耽羅島人・俘囚・流人・役夫・防人などさまざまな人の移送や、御贄・御馬・銅鑰・経典・鷹など進上物の部領使がみえる。主として進上する国の国司や郡雑任、あるいは移送に責任をもつ中央官司の官人が部領使にあてられるほか、路次諸国の国司・軍毅が部領使として隣国へ逓送する場合もある。平安時代にはおもに相撲使のことをさしていう。

ごないしょ [御内書] 室町幕府で将軍から直接出された直状の形式をとる文書。本文の最後が「○○也」で終わり、宛名が「某とのへ」となる形式と、「○○也、状件の如し」

ごならてんのう［後奈良天皇］ 1496.12.23～1557.9.5　在位1526.4.29～57.9.5　後柏原天皇の第2皇子。名は知仁。母は豊楽門院藤子。1512年(永正9)親王宣下。26年(大永6)践祚したが、即位礼は費用が調わず、10年後の36年(天文5)大内義隆らの献金により行われた。しかし大嘗会は行うことができず、45年伊勢神宮に大嘗会未遂を詫びている。

ごなんちょう［後南朝］ 1392年(明徳3・元中9)に行われた南北朝合体後の南朝皇統の子孫や遺臣による皇位回復行動をさす。皇位回復行動は、北朝・南朝が交互に皇位につくという合体条件の不履行を理由として、おもに天皇や将軍の代替りに、反幕府勢力に支援されつつおこされた。足利義満死後の1410年(応永17)、後亀山上皇が吉野に出奔。称光天皇践祚後の14年、北畠満雅は後亀山上皇に応じて伊勢で挙兵、足利義持・称光天皇死後の28年(正長元)には小倉宮を奉じて再挙兵したが、いずれも制圧された。足利義勝死後の43年(嘉吉3)日野有光らが皇居に乱入し神器を奪取した禁闕の変が最後。以後、後南朝はしだいに勢いを失い、表舞台から消える。

こにしゆきなが［小西行長］ 1558～1600.10.1　織豊期の武将。立佐の次男。弥九郎。日向守・摂津守。洗礼名アゴスチノ。和泉国堺生れ。豊臣秀吉に仕え、1581年(天正9)に播磨国室津を支配し、船奉行として各地に働き、85年には小豆島など2万俵を与えられた。四国・九州攻めに従い、88年肥後国宇土14万石を領した。女婿宗義智とともに対朝鮮交渉を命じられ、文禄の役では平壌まで進攻し、明との講和を画策した。交渉の末、秀吉の降表を偽作し秀吉の日本国王冊封という結果を得たが、96年(慶長元)大坂での講和が決裂したため、翌年慶長の役に出陣。関ケ原の戦では西軍として戦い、京で斬首。高山右近につぐ教会の保護者であった。

ごにじょうてんのう［後二条天皇］ 1285.2.2～1308.8.25　在位1301.1.21～08.8.25　後宇多天皇の第1皇子。名は邦治。母は堀川具守の女西華門院基子。後醍醐天皇の異母兄。1298年(永仁6)持明院統の後伏見天皇の皇太子となり、1301年(正安3)即位。父後宇多上皇が院政をとった。皇太子には持明院統の皇子(花園天皇)が立った。皇子邦良親王は後宇多上皇によって大覚寺統の正嫡として後醍醐天皇の皇太子に立てられたが、皇位につかずに没した。

こにしりゅうさ［小西立佐］ 1533?～1592?　隆佐・立左とも。豊臣秀吉の代官。如清・行長の父。幼名弥九郎。天正末年頃から和泉守を称す。洗礼名ジョウチン。和泉国堺の豪商。京都でキリシタンとなり、フロイスの使者として織田信長を訪問。1580年(天正8)頃から秀吉に仕え、河内・和泉両国の蔵入代官、ướng政所備中、秀吉代理として肥前国長崎で南蛮船生糸を優先的に買い付けるなど財政面で活躍。文禄の役の際に名護屋で発病したため堺に帰り、京都で没した。

ごにんぐみ［五人組］ 江戸時代、町・村において年貢納入・治安維持などの連帯責任を負った単位。5戸前後で構成されたが、組合せ方は近隣5戸ずつの場合が多い。五人組以前に十人組がおかれていた地域もある。五人組が全国的規模で制度化されたのは1633年(寛永10)頃。キリシタン・牢人取締りの強化、農民の土地緊縛が目的で、支配の最末端単位として重要な役割をはたした。村掟にそむいた者には、五人組外しという処罰が行われることもあった。

ごにんぐみちょう［五人組帳］ 江戸時代、五人組の組合員の名前を記した帳簿。五人組成立当初は一紙文書のこともあるが、しだいに帳面仕立てが多くなっていく。正規の五人組帳は五人組帳前書とよばれる法令部分と、その遵守を誓約した五人組組合員の連印部分からなる。五人組帳は前書に示された法を村の構成員が五人組ごとに「請ける」という形をとるが、法自体が慣習法・道徳律から幕府禁令までさまざまな内容を含むが、その行為は年頭の行事として形式化していく。

このえけ［近衛家］ 藤原北家の嫡流。五摂家の一つ。平安末期藤原忠通の嫡男基実を祖とする。基実と嫡男基通はともに平清盛の女婿で、その後権によリ摂関・氏長者となるが、源平内乱期に基実の弟の基房・兼実らとしばしば交替し、藤原嫡流は基通・兼実(九条家)の2流にわかれた。近衛家の呼称は基通の住居近衛殿にちなむ。基通の孫兼経の代に弟兼平(鷹司家)から、九条家から分立した二条・一条両家とともに五摂家となる。江戸初期に後陽成天皇の皇子信尋(母は信尹の妹前子)が17代信尹の養子となり、以後皇家とたびたび姻戚関係を結んだ。維新後、篤麿のとき公爵。嫡男文麿は昭和期に3次にわたり内閣を組織した。伝家の資料は財団法人陽明文庫蔵。→巻末系図

このえさんげんそく［近衛三原則］ 第3次近衛声明とも。1938年(昭和13)12月22日に近衛文麿首相が発表した日中戦争解決の3条件。日本

陸軍の支援で汪兆銘が重慶政府から離脱しハノイに到着した直後に発表され，内容は「善隣友好」「共同防共」「経済提携」を目標に，「同憂具眼の士」(汪をさす)と東亜新秩序建設に邁進するとしている。11月末の御前会議で決定した「日支新関係調整方針」に示された，国民政府に代わる新政権樹立という構想にそったもの。

このえしだん　[近衛師団]　天皇の護衛のために設置された近衛兵が，1891年(明治24)近衛司令部条例改正で改組されておかれた師団。戦時には他の師団と同じく戦場に出た。長く1個師団であったが，太平洋戦争の激化で1943年(昭和18)2個師団に，翌年3個師団に編制された。

このえじょうそうぶん　[近衛上奏文]　1945年(昭和20)2月太平洋戦争の戦局悪化に際し，近衛文麿が上奏のため記した文書。近衛は一連の重臣・首相経験者による上奏の機会を利用して，戦争続行が日本の共産化を招くこと，また「国体護持」のために早期戦争終結を強く進言し，陸海軍の首脳部を批判した。

このえせいめい　[近衛声明]　第1次近衛内閣において，近衛文麿首相が日中戦争に対してだした3度の声明。狭義には3度目の声明をさす。第1次近衛声明(1938年1月16日発表)は「国民政府を対手とせず」声明ともよばれ，日中戦争の解決にあたり，蒋介石政権を交渉相手とせず，新政権の出現を期待するというもの。第2次近衛声明(同年11月3日)は東亜新秩序声明ともよばれ，日中戦争の目的は「東亜新秩序建設」にあるとした。第3次近衛声明(同年12月22日)は「日支国交調整方針に関する声明」，いわゆる「近衛三原則」といわれるもので，重慶を脱出した汪兆銘の親日政権樹立を支援するため，日中交渉の条件を提示した。

このえてんのう　[近衛天皇]　1139.5.18～55.7.23　在位1141.12.7～55.7.23　鳥羽天皇の皇子。名は体仁。母は藤原長実の女美福門院得子。生後3カ月で立太子し，1141年(永治元)崇徳天皇の譲位をうけて践祚した。父の鳥羽から嫡流となる望みを託されたが，皇子女のないままに17歳で死去した。

このえひでまろ　[近衛秀麿]　1898.10.18～1973.6.2　大正・昭和期の指揮者・作曲家。近衛篤麿の子，文麿の異母弟。東京都出身。東大中退後1923年(大正12)渡欧，25年帰国後，山田耕筰らと日本交響楽協会創立をへて，26年(昭和元)新交響楽団(現，NHK交響楽団)を主宰。36年再渡欧，10年間にわたり国際的に指揮活動を行った。帰国後も多くの楽団を指揮，52年近衛管弦楽団を組織するなど戦後日本の交響楽団促進に大きな足跡をしるした。主要作品「越天楽」(オーケストラ編曲)，童謡「ちんちん千鳥」。

このえふ　[近衛府]　765年(天平神護元)授刀衛府を改編して成立した令外官。807年(大同2)左近衛府・中衛府をそれぞれ左近衛府・右近衛府に改称。構成は大将・中将・少将・将監・将曹などで，近衛舎人400人(のち600人)を統轄した。創設当初は天皇の親衛隊として，禁中の警衛などの軍事・警察的活動を主として行った。9世紀末～10世紀初めの儀礼体系の転換により軍事・警察的な任務は消失し，宮廷儀礼で馬芸・楽舞などを披露する儀礼演出機関として重要な役割を担った。

このえふみまろ　[近衛文麿]　1891.10.12～1945.12.16　昭和前期の政治家。東京都出身。公爵近衛篤麿の長男。京大卒。1916年(大正5)から貴族院議員，19年のパリ講和会議に随員として参加。31年(昭和6)貴族院副議長，33年同議長となり，首相候補と目されるようになった。37年(昭和12)6月，第1次近衛内閣を組織。翌月盧溝橋事件が勃発して始まった日中戦争は，和平交渉に失敗して泥沼化した。40年に第2次近衛内閣を組織して新体制運動を展開，「革新」政策を実施した。対外的には日独伊三国同盟を締結して「南進」政策をとった。41年7月，対ソ調整に反対する松岡洋右外相を放逐するため総辞職し第3次近衛内閣を組閣。しかし南部仏印進駐により日米交渉を破局に陥れ，外交と開戦の二者択一を迫られて10月に総辞職。敗戦後，戦犯指定をうけ，自決。

このえふみまろないかく　[近衛文麿内閣]　近衛文麿を首班とする内閣。■第1次(1937.6.4～39.1.5)。国内の「相克摩擦の緩和」を掲げてスタートしたが，1937年(昭和12)7月7日の日中戦争勃発により，対中政策と経済の戦時体制への再編が中心課題となった。国家総動員法を成立させ，3次にわたる近衛声明をだしたが，防共協定強化問題に関する閣内不統一により退陣。

■第2次(1940.7.22～41.7.18)。1940年(昭和15)組閣直後に「基本国策要綱」を閣議決定して国内の新体制運動にのりだし，10月大政翼賛会が発足したが，新体制運動は中途半端に終わった。また大本営政府連絡会議が決定した「世界情勢の推移に伴ふ時局処理要綱」にもとづき9月に日独伊三国同盟を締結し，松岡外相の主導下に翌年4月に日ソ中立条約を締結したが，日米交渉をめぐる閣内不統一から退陣。

■第3次(1941.7.18～10.18)。松岡外相のみをはずして成立。1941年(昭和16)9月「帝国国策遂行要領」を決定，なお妥協を望んだが，日米交渉をめぐる閣内不統一を解消できず，10月退陣。

このえへい　[近衛兵]　天皇の護衛兵で御親兵を

改称したもの。1872年(明治5)3月, 陸軍大輔山県有朋ながの意見により御親兵掛が廃止されて近衛局が設けられ, 同時に近衛条例が制定された。薩長土3藩の精鋭からなっていたために政治的自負心も強く, 近衛都督に就任した山県を悩ませた。徴兵制以降は成績優秀とされる通常の現役兵に代替されていった。

ごはなぞのてんのう [後花園天皇] 1419.6.18～70.12.27 在位1428.7.28～64.7.19 名は彦仁ひこひと。父は伏見宮貞成さだふさ親王(後崇光ごすこう院), 母は敷政門院幸子さちこ。1428年(正長元)称光天皇が皇子のないまま没したため, 皇位が南朝系に移るのを恐れた幕府に擁され, 後小松上皇の猶子ゆうしとなり, 親王宣下も立太子の儀もないまま践祚さ。64年(寛正5)譲位。67年(応仁元)出家。法名円満智。皇子後土御門ごつちみかど天皇に贈った教訓状「後花園院御消息」がある。

こばやかわし [小早川氏] 中世の安芸国の豪族。桓武平氏。土肥実平さねひらの子遠平とおひらが相模国早川荘(現, 神奈川県足柄下郡)を領して小早川氏を称した。さらに安芸国沼田ぬた荘(現, 広島県三原市・本郷町)地頭となり, 孫茂平しげひらのとき沼田荘に移住。のち都宇つう・竹原両荘(現, 広島県竹原市)を得, 沼田・竹原の2家に分立。南北朝期～室町中期には瀬戸内海地方に勢力をふるい, 奉公衆としても活躍。戦国期には毛利元就もとなりの三男隆景が養子となって沼田・竹原両家をあわせ, 毛利氏勢力の一翼をになう。1602年(慶長7)隆景の養子秀秋に嗣子なく断絶。「小早川家文書」が伝わる。→巻末系図

こばやかわたかかげ [小早川隆景] 1533～97.6.12 戦国期～織豊期の武将。毛利元就もとなりの子。毛利氏の部将として活躍し, のち豊臣秀吉に協力した。1550年(天文19)安芸国小早川氏を継承したが, 以後も父元就・兄隆元に協力して毛利氏の運営に参画。71年(元亀2)元就の死後は, 次兄吉川元春とともに若年の甥毛利輝元を補佐。その間おもに山陽・瀬戸内海方面の経略を担当。76年(天正4)以後織田信長軍と戦い, ついで天正後期には秀吉の全国統一事業に協力, さらに朝鮮出兵にも参加。この間秀吉に重用され, 独立の大名として85年伊予国を与えられ, 87年筑前国に転じた。95年(文禄4)養嗣子秀秋に家督を譲って毛利領国に帰り, 備後国三原に隠退。

こばやかわひであき [小早川秀秋] 1582～1602.10.18 織豊期の武将。木下家定の五男。幼少時に叔父豊臣秀吉の養子となり, 丹波国亀山城主10万石。豊臣秀頼の誕生後, 小早川隆景の養子となり, 筑前一国と筑後の一部を相続。慶長の役での軽率な行動を理由に1598年(慶長3)越前国北庄きたのしょうへ減封。翌年備前に復領。関ケ原の戦で西軍から東軍へ寝返り, 東軍を勝利に導く。戦後, 備前国岡山城主50万石。嗣子なく断絶。

こばやしいっさ [小林一茶] ⇨一茶いっさ

こばやしこけい [小林古径] 1883.2.11～1957.4.3 明治～昭和期の日本画家。新潟県出身。本名茂。1899年(明治32)梶田半古はんこに師事。日本絵画協会・巽たつみ画会・紅児会に出品し, 1914年(大正3)再興日本美術院の同人となる。安田靫彦・前田青邨せいそんらと院展三羽烏と称された。22年渡欧し, 大英博物館で青邨と「女史箴じょしん図巻」を模写。35年(昭和10)帝国美術院会員, 44年帝室技芸員, 東京美術学校教授に就任。50年文化勲章受章。作品「清姫」「髪」。

こばやしたきじ [小林多喜二] 1903.10.13～33.2.20 昭和前期の小説家。秋田県出身。小樽高商卒業後, 同地の銀行に勤める。労働運動・共産主義運動にかかわり, その経験を作品化するなかで, プロレタリア文学の有力な新人として注目される。以降「蟹工船」をはじめ, 政治と創作主体との内面的統一をめざした作家活動を続けた。1931年(昭和6)共産党に入党, 組織活動に献身するが, 33年特別高等警察の拷問により虐殺された。

こばやしひでお [小林秀雄] 1902.4.11～83.3.1 昭和期の評論家。東京都出身。東大卒。1929年(昭和4)「様々なる意匠」で「改造」の懸賞論文の2席となり, 続く評論活動で近代批評の確立者として認められた。33年「文学界」創刊に参加。第2次大戦前の「ドストエフスキイの生活」, 戦中に書かれた「無常といふ事」「モオツアルト」, 戦後の「近代絵画」「考へるヒント」「本居宣長」など, たんなる文芸批評にとどまらない幅の広い活動で大きな足跡を残した。

こばん [小判] 江戸時代の計数金貨。一分金とともに幕府幣制の標準貨を構成した。1600年(慶長5)から金座で独占的に鋳造された。慶長小判から万延小判まで順次改鋳され10種が発行されたが, いずれも1枚1両の額面をもち, 表にたがね目を施して「壱両」「光次(花押)」と扇面枠桐紋の極印ごくいん, 裏には花押をかたどった極印のほか, 改鋳年次を表す極印もある。光次は金座後藤家の初代。慶長小判の重量は4.76匁(約18g)で重量単位の1両よりやや重かったが, 宝永小判や元文小判以降軽量化され, 両は完全に金貨の貨幣単位となった。慶長小判以前に徳川氏には武蔵墨書小判があり, 慶長期には甲斐の松木小判, 加賀の梅鉢小判などの領国貨幣が知られる。

ごばんたいへいき [碁盤太平記] 人形浄瑠璃。時代物。1段。近松門左衛門作。1710年(宝永7)頃大坂竹本座初演。赤穂浪士の討入りに取

材した作品で,「太平記」巻21を題材とした「兼好法師物見車」の跡追いとして構想された。1710年は浅野家再興が認められた年で,歌舞伎・浄瑠璃ともに赤穂浪士事件の脚色,上演がみられた。忠臣蔵物のもとはこの頃かたまり,本作が後に「太平記」の世界にあてはめて脚色するきっかけとなった。

こびき [木挽] 伐採した材木を角材や板に製材する職人。杣人が,江戸初期には伐材を行う先山と製材を行う木挽に分化した。斧で割って板にする方法からマエビッキとよぶ大鋸(たて挽)の普及で,作業能率があがった。近代に機械鋸による製材が行われるようになって衰微した。木挽歌は,木挽の作業に歌われた労作歌。

こびゃくしょう [小百姓] 経営規模の小さい百姓のこと。(1)中世の荘園村落で名主の小作やわずかな自作をする百姓。隷属性の強い下人・所従とは異なり,中世後期村落の寄合に参加しているように,身分的には独立した存在。(2)近世の小高持ちの百姓。平百姓,脇百姓,小前などともいう。小作のみの水呑百姓や名子・被官などの隷属層とは明確に区別された。

ごひんえどまわしれい [五品江戸廻し令] 1860年(万延元)閏3月,雑穀・水油・蠟・呉服・生糸の5品を産地からいったん江戸に回送し,その後に横浜へ送ることを命じた幕府法令。前年の横浜開港後,貿易は急速に拡大し輸出品の多くが直接横浜へ出荷され,江戸市中への消費物資の入荷は激減,物価騰貴を招いた。輸出品の激増は需給関係の大幅な不均衡をうみ,従来の江戸問屋を中心とする流通機構を破綻させた。法令の目的は江戸の物価安定と流通機構の再編にあった。生糸を除く4品に関しては相当の効果をあげたが,最大の輸出品である生糸は横浜売込商・地方荷主・諸外国の反対で,幕府の貿易統制は後退を余儀なくされた。

ごふかくさてんのう [後深草天皇] 1243.6.10～1304.7.16 在位1246.1.29～59.11.26 嵯峨天皇の第3皇子。名は久仁。母は西園寺実氏の女大宮院姞子。1246年(寛元4)即位し,父後嵯峨上皇の院政を行った。59年(正元元)父の命で弟亀山天皇に譲位。後嵯峨上皇の没後,亀山天皇の子孫が正嫡とされ,74年(文永11)宇多天皇が即位。これを不満とした後深草上皇の意をくんだ関東申次西園寺実兼が幕府へ働きかけ,皇子熙仁親王(伏見天皇)を皇太子に立てた。87年(弘安10)伏見天皇が即位し,後深草上皇は持明院に入って院政を行った。このため,その皇統を持明院統という。90年(正応3)出家し政務から退いた。

ごぶぎょう [五奉行] 豊臣政権末期の職制。前田玄以・浅野長政・増田長盛・石田三成・長束正家の5人をいう。「太閤記」に五奉行とあるが,浅野長政宛の豊臣秀吉の遺言状では年寄とよばれており,豊臣家の老職と考えてよい。彼らは秀吉子飼いの信任厚い家臣として豊臣政権の中枢にあったが,秀吉死後は五大老との合議が義務づけられた。1599年(慶長4)閏3月三成の失脚で徳川家康の指揮下に入り,同年10月の長政の甲斐謹慎により解体した。

ごふく [呉服] 和服用織物の総称。江戸時代には,布・綿織物などの太物に対し,絹織物をさした。おもに武士階層を顧客にしたので,呉服店は特権的な大商人にかぎられ,京坂の商人が江戸に集中した。三井越後屋などに代表される呉服店は,各地の絹織物生産地に買継商人や買宿をおき,呉服の買占めにあたらせた。江戸中期以降になると,農民・町民の間にも呉服の需要が広がった。

ごふしみてんのう [後伏見天皇] 1288.3.3～1336.4.6 在位1298.7.22～1301.1.21 伏見天皇の第1皇子。名は胤仁。母は藤原経氏の女経子。養母は永福門院。在位中は父伏見上皇が院政を行った。弟花園天皇の在位中に父が出家し,1313年(正和2)院政を始めたが,18年(文保2)後醍醐天皇の即位で院政停止。31年(元弘元)後醍醐天皇の挙兵失敗で,皇子光厳天皇が即位し再び院政をとった。33年鎌倉幕府倒壊ののち出家,法名理覚。

こふん [古墳] 一般的には土を高く盛りあげて造った古代の墓をいう。とくに日本では3世紀後半以降,7世紀代に至る時代に造られた高塚を古墳という。古墳の墳丘の形態には,前方後円墳・前方後方墳・円墳・方墳・双方中円墳・上円下方墳・八角墳などがあり,盛行する年代や規模もさまざまである。墳丘は,自然地形を削りだし,その上に盛土する方法と,すべてを盛土で築く方法がある。斜面には葺石をほどこす場合もある。墳丘の周囲に濠をめぐらすものも多い。さらに各種の埴輪を外表に立て並べるものもある。埋葬主体には竪穴系と横穴系がある。前者には竪穴式石室,粘土槨,木炭槨,木棺・石棺の直葬などがあり,埋葬は原則として1回限り。後者には横穴式石室があり,追葬が可能。なお埋葬主体は1古墳に一つとは限らない。死者を納める棺には各種の木棺・石棺のほか,陶棺・埴輪棺・夾紵棺などがある。副葬品は各種のものが棺の内外に納められたが,古い時期のものほど宝器的様相が強い。古墳は当時の支配関係・社会関係を反映した政治的記念物であり。墳形・規模・副葬品などにその関係が顕著に現れていると考えられ,当時の歴史を明らかにするうえで貴重な資料を提供する。最近の研究では,弥生時代にも墳丘をもった各種の墓が存在することが明ら

かになり，古墳との区別が問題になっている。

こぶんじがくは [古文辞学派] 蘐園派ともいう。江戸中期に盛んになった儒学派。荻生徂徠のもと唐音学習・詩文革新・経典解釈・政治参画など各方面で活動。安藤東野・山県周南のほか詩文に服部南郭・平野金華。経学に太宰春台・宇佐美灊水ら。校勘に荻生北渓・山井崑崙きんろんら。政事に三浦竹渓ら。大名にも支持者がいた。のちの折衷学，国学や文人に与えた影響も大きい。

ごぶんしょう [御文章] ⇨御文おふみ

こべつあんどほう [個別安堵法] 所領個別安堵法・旧領回復令とも。後醍醐天皇が1333年(元弘3)6月15日に発布した宣旨せん。元弘の乱で奪われた所領を旧主に返還し，以後の土地所有権の変更は，すべて天皇の裁断によらねばならないという趣旨の法令。綸旨りん万能という建武政権における天皇の意志の絶対性を示す法令として有名。

ごほ [五保] 古代に住民支配のために設けられた連帯責任組織。五戸を一つの単位として組織し，統轄者として保長ほうをおいた。唐制に由来。戸令には，犯罪の防止，浮浪・逃亡の監視，さらに逃亡の場合には五保が捜索し，租税を代納することが定められた。実例としては702年(大宝2)御野み国戸籍の例が早く，その後衰退したが，1004年(寛弘元)の讃岐国戸籍にもかたちをかえながら記載がある。

ごほういっき [護法一揆] 明治初年におきた真宗勢力を中心とする宗教一揆。一揆の主要勢力は真宗大谷派の僧侶や教徒で，廃仏への反発としての一向宗擁護や僧侶の生活の安定，キリスト教反対などの護法的要求がなされた。一方で県役人の新政策への反感や農民の新政府への不満，地券の破棄などの反政府的色彩をもつ農民的要求もされ，農民一揆との結合がみられた。そのため純粋な意味での宗教一揆とはみなされないが，一般に護法一揆とよばれる。1871年(明治4)の三河菊間藩一揆(愛知県三河大浜騒動)を典型として，72年の新潟県分水騒動，73年の福井県3郡(大野・今立・坂井)一揆が代表例。

ごほうじょうし [後北条氏] ⇨北条氏ほうじ

ごぼうのけいじ [五榜の掲示] 1868年(明治元)3月15日に明治新政府が出した高札こうに
よる5種の禁令。維新直後の対民衆政策を示すもので，第1札は五倫の道の奨励，鰥寡か・孤独・廃疾の者への憐憫，殺人・放火・窃盗の禁止，第2札は徒党・強訴ごう・逃散ちょうの禁止，第3札はキリシタン邪宗門の禁制で，これらは定書として永年掲示された，第4札の外国人への加害の禁止，第5札の士民の本国脱走禁止と建書提出許可は，覚書で臨機の事項や布令の公示とされた。内容的には江戸幕府の対民衆政策を踏襲したものにすぎず，なかでも第3札は条約改正問題とからんで明治初期の外交問題に発展した。その後，第5札は71年10月に，残る4札も一般に熟知されているという理由で，73年2月に撤去された。

こぼとけのせき [小仏関] 江戸幕府が設置した関所の一つ(現，東京都八王子市)。甲州道中小仏峠には中世に関所があったが，1580年(天正8)山麓の駒木野に移り八王子城主北条氏照が支配した。徳川家康は関東入国後，ただちにこの地に関所を配備した。江戸時代には甲州方面との往来を監視するため，代官支配のもとに関守4人前後と下番役がおかれた。

こぼりえんしゅう [小堀遠州] 1579〜1647.2.6 江戸初期の大名茶人。父は小堀新介正次。近江国生れ。名は政一。号は宗甫・孤篷庵ほう。1593年(文禄2)豊臣秀吉に仕えて京都に移り，この頃古田織部おりに茶を学ぶ。のち江戸幕府の伏見奉行に任じられるが，これより先，作事奉行として，後陽成天皇の御所，駿府城修築の功により，従五位下遠江守に任じられる。1624年(寛永元)頃から茶人としての活躍が始まり，31年，3代将軍徳川家光の茶道指南として認められた。茶風は武家茶道に公家的な古典美を兼ね備えた「きれいさび」といわれ，近世茶道は遠州によって大成されたという。遠州作の茶室は大徳寺孤篷庵・竜光院密庵みっ席・金地院こんん八窓席など。

ごほりかわてんのう [後堀河天皇] 1212.2.18〜34.8.6 在位1221.7.9〜32.10.4 後高倉院の王子。名は茂仁ゆた。母は藤原基家の女北白河院陳子。承久の乱ののち鎌倉幕府は仲恭天皇を廃し，十楽院仁慶僧正の弟子となっていた茂仁を天皇，父を上皇とした。即位当初は父の院政であったが，父の死後，1223年(貞応2)から親政となる。32年九条道家の女竴子との間に生まれた四条天皇に譲位し院政を行った。

こまえ [小前] 小前百姓・小百姓とも。江戸時代，村役人以外の一般の本百姓。年貢や村入用の割賦をめぐる村役人の不正を追及し，公正な村政の運営を要求して村方騒動をおこす主体となる。18世紀以降，小前百姓のなかから百姓代を選び，村役人の一員に加える村も多くみられるようになった。他方，本百姓のうち大高持を大前というのに対して，持高の少ない百姓を小前とよぶ場合もあり，地主・小作関係で小作人をいう場合もある。

こまき・ながくてのたたかい [小牧・長久手の戦] 1584年(天正12)尾張国小牧・長久手を中心にくり広げられた豊臣秀吉と徳川家康・織田信雄の連合軍の合戦。賤ケ岳たけの戦ののち秀吉と信雄の対立が顕在化し，信雄は家康と同

盟を結んで対抗して3月に戦闘状態となる。秀吉軍は犬山城を奪取。家康は小牧山に布陣して外交戦略を展開、根来衆・雑賀衆や四国の長宗我部元親、越中の佐々成政らを動かし秀吉軍を牽制。膠着打破を意図する秀吉軍は、三河国岡崎攻めを敢行するが、4月9日、長久手で敗北。11月12日に信雄が講和を結び、つづいて家康も撤退。この結果、秀吉の統一政権樹立には家康との同盟が必須になった。

こまくらべぎょうこうえまき [駒競行幸絵巻]
鎌倉後期の絵巻物。「栄花物語」には、関白藤原頼通が後一条天皇らを迎えて、1024年(万寿元)に高陽院で競馬の盛儀を開いたことがのるが、そのありさまを描いた作品。現在2種類の断簡が数点残る。そのうち静嘉堂文庫蔵(縦31.5cm、横155.2cm)と久保惣記念美術館蔵(縦34.2cm、横383cm)の断簡は、高階隆兼の画風につながる華麗な色彩が特徴で、当時の活発な古典復興の産物と考えられる。紙本着色。重文。

ごまだん [護摩壇]
護摩火壇・火壇・光明壇・火曼荼羅図とも。護摩を行うための壇。本来は土壇で、護摩が終わると壊されたが、日本では堂内に木製方形の壇を常設する。壇中央に鉄・石・瓦製などの護摩炉をおき、四隅には四橛をたてて5色の壇線をめぐらし、正面に鳥居をたてる。壇上四面には火舎・六器・花瓶・飯食・餅・菓の四面器を、正面には鈴や杵を、壇前面には礼盤と左右に脇机をおく。壇上の荘厳は東密・台密の各派によって異なる。

こまつたてわき [小松帯刀] 1835.10.14〜70.7.20
幕末・維新期の政治家。薩摩国喜入の領主肝付兼善の子。同国吉利領主小松清猷の養子。島津久光の側近として藩政に進出し、大久保利通ら下級武士を登用して藩政改革を推進。1862年(文久2)久光の東上を補佐し家老となる。元治年間以降は鹿児島藩を代表して国事に奔走し、岩倉具視らと図り藩を討幕に導いた。68年(明治元)参与兼外国事務掛、兼総裁局顧問、また玄蕃頭となり外国官知事を兼ねた。

ごみずのおてんのう [後水尾天皇] 1596.6.4〜1680.8.19 在位1611.3.27〜29.11.8
後陽成天皇の第3皇子。名は政仁。母は近衛前久女の女中和門院前子。幼名三宮。1600年(慶長5)12月親王宣下。20年(元和6)6月将軍徳川秀忠の女和子(東福門院)を女御とした。その後紫衣事件など幕府の朝廷干渉への反発もあり、29年(寛永6)11月にわかに譲位。51年(慶安4)5月落飾して法名を円浄と称した。禅宗に傾倒し、一糸文守ら禅僧に深く帰依した。和歌や書などの学芸にもすぐれ、古今伝授の継承や、修学院離宮の造営など、宮廷文化繁栄の中心的役割をはたした。

コミンテルン 共産主義インターナショナルCommunist International の略称(Comintern)。第3インターナショナルとも。ソ連1国が社会主義国であった時代に各国共産党を拘束した国際的組織。1919年3月創立、43年6月10日解散。本部モスクワ。国際共産主義運動の発展に努めたが、ソ連共産党の指導権が強く、また各国共産党を支部とする組織原則をとったため、ソ連の利益の優先、ソ連の対外政策への支持の強要などがしばしば各国共産党とその運動を混乱させた。第1次大戦直後にはヨーロッパ革命に期待したがはたされず、その後は中国革命への支援など長期的戦略が重視された。1922年に日本共産党をコミンテルン日本支部に指定。30年代にはファシズムの台頭という情勢のなかで、方針を転換して人民戦線戦術を採用し、各国の政治や革命運動に大きな影響を与えた。

コミンフォルム 共産党・労働者党情報局Communist Information Bureauの略称(Cominform)。ソ連と欧州諸国の共産党・労働者党の連絡組織。第2次大戦後の東西対立で、マーシャル・プランに対抗して1947年9月にソ連、フランス、イタリア、ブルガリア、ルーマニア、ハンガリー、ポーランド、チェコ・スロバキア、ユーゴスラビアの9カ国の共産党が組織。48年チトーの率いるユーゴスラビア共産党が、ソ連本位の経済計画に公然と反抗して除名された。49年東ドイツが加盟。緊張緩和と56年2月のソ連共産党第20回大会(スターリン批判・平和共存政策)に対応し、各国共産党の自主性を尊重して同年4月解散。

ごむらかみてんのう [後村上天皇] 1328〜68.3.11 在位1339.8.15〜68.3.11
後醍醐天皇の皇子。名は憲良、のち義良。母は新待賢門院廉子。1333年(元弘3)北畠親房・顕家父子に奉じられ陸奥国へ下向。34年(建武元)親王宣下。翌35年と37年(建武4・延元2)の2度、足利尊氏追討のため東上。39年(暦応2・延元4)皇太子となり同年践祚。48年(貞和4・正平3)高師直の吉野攻略により賀名生に遷幸。51年(観応2・正平6)尊氏の降伏をうけ正平統一を実現するが、翌年足利軍に京都を奪回され再び賀名生へ遷幸。その後河内国金剛寺、同観心寺、摂津国住吉神社と行在所を移し、住吉で没した。

こむらじゅたろう [小村寿太郎] 1855.9.16〜1911.11.26
明治期の外交官。日向国生れ。東大卒。はじめ司法省に出仕したが、1884年(明治17)外務省に転じ翻訳局長となる。日清戦争後駐朝公使として閔妃殺害事件の善後策を

講じ,96年小村・ウェーバー協定を結ぶ。外務次官,駐米・駐露公使をへて,1901年駐清公使として北清事変の善後処理にあたる。第1次桂内閣の外相として日英同盟を締結し,小村外交を推進。日露戦争講和会議全権として日露講和条約を締結,また在満ロシア権益の継承,朝鮮保護権掌握,第2次日英同盟を実現させた。第2次桂内閣でも外相となり,日韓併合・条約改正を遂行した。侯爵。

こむろしのぶ [小室信夫] 1839.9.30～98.6.5
明治期の政治家・実業家。丹後国生れ。尊攘運動に参加ののち,明治新政府に出仕。徳島藩大参事などをへて,1872年(明治5)イギリスで立憲制度を視察,翌年帰国。左院3等議官に就任したが征韓論争で下野。74年1月の板垣退助らの民撰議院設立建白に参加。のち実業界に転じ,共同運輸・日本郵船の設立に尽力した。民権家小室信介は女婿。

こめいち [米市] 米の集散が行われる市場。古くは室町時代に起源がみられるが,米遣い経済といわれる江戸時代に著しく発展した。とくに江戸・大坂をはじめ,京都・大津・名古屋・金沢・酒田・広島・松坂・兵庫など米の集散地に多い。はじめは現物の米が扱われたが,やがて米相場所が開設され投機取引市場化し,とくに大坂では淀屋の米市といわれる市場が現れ,米切手が流通した。大坂は「天下の台所」といわれるように,大量の米が入津したため,元禄頃から市場には多くの米商人が集まって米取引を行っていた。江戸でも米市がみられたが,大坂のようには市場が統制されなかった。

こめかいしょ [米会所] 江戸時代の米穀取引所またはその事務所。石高制での幕藩領主の財政収入の大半は年貢米で,これを換金する市場は不可欠であったから米市や米会所が成立した。大坂では元禄頃に堂島で帳合米商(ちょうあいまいあきない)などの取引が行われた。はじめ幕府はこの取引を禁止していたが,低迷が続く米価引上げのため1730年(享保15)堂島の帳合米商を公許し,その会所運営を米仲買から選ばれた米方年行司に総括させた。江戸の米会所では,米延売切手売相場会所など米価引上げのために江戸の米商人がたびたび設置したもの,諸藩が払米(はらいまい)のため各自で設置したものがあった。そのほか名古屋・金沢などの城下町,赤間関(せきのせき)(下関)などの港町にも米会所が設置されていた。

こめきって [米切手] 払米(はらいまい)切手とも。江戸時代,大坂の蔵屋敷が蔵米の買主に発行した保管証書。切手の所持者が米を蔵出しした際に回収される。米仲買人が米を入札・落札すると,まず敷銀を,さらに期限内に代銀を指定の掛屋に納入して代銀領収書をうけとる。これを蔵屋敷に持参し,引替えに米切手が発給された。藩によって異なるが,ほぼ米10石に米切手1枚が一般的。転売可能で流通証券として取引された。在庫米以上に発行された米切手は空米切手といい,正米しょう(しょうまい)の裏付けのある正米切手と区別した。諸藩は財政窮乏をきりぬけるため空米切手を発行したが,米価や米切手の流通に支障をきたすので,1761年(宝暦11)売買を禁止,田沼期には闕所(けっしょ)処分に対する除外など流通の保護・統制がはかられた。

こめそうどう [米騒動] 1918年(大正7)の騒動は,米不足とシベリア出兵にともなう投機で米価が急騰,青森・岩手・秋田・沖縄の各県を除く全国的騒動となった。富山県魚津町での騒動をきっかけに,米の移出阻止と廉売要求の行動が富山湾沿岸一帯に広がった。新聞で報道されるや,8月の京都・名古屋を皮切りに全国主要都市で一斉に騒動が展開。とくに関西以西では都市雑業層・労働者・被差別部落民が決起し,要求がいれられないと打ちこわしなどが行われた。軍隊が出動し,9月中旬までに死者約30人,検挙者は2万人を上回ったが,以降の労働農民運動を高揚させた。

こめば [米場] 中世の米市場。室町時代に京都三条・七条に設けられたものが有名。鎌倉の米町,奈良南市・中市,伊勢国山田八日市などにも成立していたと考えられる。京都三条・七条には上座・下座の米場座があり,管理・運営は米場沙汰人が行った。米場座に属する商人は地方米の取引を独占し,座外の商人が洛中の米小売商人と直接取引することは厳禁された。史料上では1546年(天文15)まで存在が確認できる。

こもの [小者] 小人(こびと)とも。中世～近世の武家の下級奉公人・雑兵。もともと年少者の意だが,一般には下級の武家奉公人をさす。武家において,戦時・平時の口番,使者,荷送など多様な力役を勤めた。若党や中間(ちゅうげん)などと併称される身分だが,地位は中間より低い。小者も統括者として小人頭がおかれ,近世では小人頭のもとに小人組が編成された。近世の商家などに奉公する下男や丁稚(でっち)なども小者といった。

こものなり [小物成] 小年貢とも。江戸時代の年貢のうち,本年貢すなわち本途物成以外の雑税の総称。おもに山林・原野・川海の利用および収穫物に対して賦課され,年額一定額が上納された。山年貢・野年貢・萱野銭(かやのせん)・池魚役・漆年貢などは広くみられた小物成だが,種類・名称は地域的特色を反映して多種多様である。はじめは米納・金納とともに現物納もみられたが,やがて金納が一般化した。小物成は,広義には浮役や高掛物(たかがかりもの)を含むが,狭義には,おもに冥加・運上をさす浮役や村高に応じて賦課される高掛物は含まない。ただし,初期

には浮役と小物成が同義に用いられた場合もある。

ごもももぞのてんのう [後桃園天皇] 1758.7.2～79.10.29 在位1770.11.24～79.10.29 桃園天皇の第1皇子。名は英仁^{ひでひと}。母は一条兼香の女具^{とも}太后富子（恭礼門院）。1759年（宝暦9）儲君に定められ親王宣下。62年父崩御のとき幼少のため、伯母智子^{とし}内親王（後桜町天皇）が践祚。68年（明和5）立太子、70年践祚。79年（安永8）死去の際皇男子がなく、閑院宮典仁^{すけひと}親王の第6王子、師仁^{もろひと}親王（光格天皇）を養子とした。日記「後桃園院宸記」。

こもんじょ [古文書] ⇨文書^{もんじょ}

ごようえし [御用絵師] 江戸時代に幕府や諸藩に仕えた絵師。幕府には御目見以上の格式をもち、月に6度江戸城本丸大奥の御絵部屋に出仕する狩野4家の奥絵師と、御家人格で出仕義務のない12家の表絵師がおかれた。これらの絵師は御用絵師と総称され、将軍および幕府に必要な絵画を描いた。諸藩にも同様の絵師がおかれた。江戸時代の朝廷س所絵師、室町幕府の絵師も御用絵師とよぶことがある。

ごようきん [御用金] 江戸時代、幕府・諸藩が財政上の目的で、なかば強制的に町人や農民から取り立てた借入金。利子つきで償還を約束した点が献金・上納金と異なる。幕府は1761年（宝暦11）以来、米穀買上げ、江戸城修復、海防、長州戦争の戦費などの名目で十数回にわたって行った。上方町人に110万両を課した1843年（天保14）の例では、返済の条件は20年賦、縁延べ・借換えなどの措置はあったが、幕府倒壊まで償還の原則は貫かれている。明治政府も当初は財政確保のために御用金を命じたが、69年（明治2）廃止、国債に引き継いだ。

ごようしょうにん [御用商人] 御用達^{たつ}・御用聞・出入商人なども。おもに近世において武家領主の御用を勤め、さまざまな特権をうけた商人。領主の軍需品や日用必需品、奢侈品を調達するほか、領主財政の管理にもあたった。旗本・御家人の俸禄米の委託販売を行った札差、幕府・藩の金銀出納や蔵屋敷で蔵物の管理にあたった掛屋・蔵元などが代表的。苗字・帯刀の許可、扶持^{ふち}米・屋敷地の給与や、種々の営業上の特権などをうけたが、幕府・藩が窮乏した際にはしばしば御用金が賦課された。封建領主に寄生する前期的な商業資本で、多くは明治維新後に没落した。

ごようぜいてんのう [後陽成天皇] 1571.12.15～1617.8.26 在位1586.11.7～1611.3.27 正親町^{おおぎまち}天皇の皇子誠仁^{さねひと}親王の第1王子。名ははじめ和仁^{かずひと}、のち周仁^{かたひと}。母は勧修寺晴右^{はるすけ}の女新上東門院晴子。幼称若宮。父の急死により皇嗣となる。豊臣秀吉の政権下で即位し、1588年（天正16）4月聚楽第^{じゅらくてい}に行幸。秀吉没後はしばしば譲位の意向を示し、徳川家康の朝廷干渉を容易にした。木製活字を作らせ、和漢の古典数種を刊行（慶長勅版）。

ごようたし [御用達] ⇨御用商人^{しょうにん}

こよみ [暦] 暦には時を計り記録する技術、つまり暦法^{れきほう}という意味と、一定の暦法にもとづいて作成された毎年の暦書、すなわち頒暦^{はんれき}という意味がある。日本には古来、自然の四季の移り変りを基とした自然暦があり、それが農事暦の軸となっていた。「魏志倭人伝」の裴松之^{はいしょうし}の注に「その俗正歳四時を知らず、但し春耕秋収を記して、年紀となす」とあるのが、その状態を示すものと思われる。のち中国で発達した太陰太陽暦の影響をうけるようになり、早くも元嘉暦^{げんかれき}を行用した百済を通じて、日本もこれを採用した。「日本書紀」欽明14年条に、百済に対し暦博士の派遣や暦本の送付を求めた記事がある。602年（推古10）百済の僧観勒^{かんろく}が暦本などをもって来日し、陽胡史^{やごのふひと}の祖玉陳^{たまふる}に暦法を学ばせた。この頃から、朝廷による組織的な編暦と頒暦が行われるようになったと考えられる。このあと日本で行用された暦法は表のとおりである。令の規定によると、暦は毎年中務省陰陽^{おんよう}寮に属する暦博士によって作成され、11月1日の御暦奏^{ごりゃくのそう}の儀をへて頒布された。これは具注暦^{ぐちゅうれき}で貴族・官人の間に用いられ、行間やとくに間明きのものを作って、日記を書きこむ風習があった。平安中期以降、貴族の女性が仮名暦を使用しはじめ、しだいに広い範囲で用いられるようになった。鎌倉時代には版暦^{はんれき}の製作が試みられ、室町時代になると書写の暦にかわって仮名版暦が暦の主流を占めるようになった。この頃から、各地で版暦が発行されはじめた。版暦は紙数を節約するために、文字を細長く書く版暦独自の書体を使って記された。江戸時代に入って、貞享^{じょうきょう}改暦以後は、幕府天文方により全国均一の内容のものに統制された。明治

●•：暦：日本の暦法

暦法	使用年	撰者
元嘉暦	不明～ 697	何承天
儀鳳暦	698～ 763	李淳風
大衍暦	764～ 857	一行
五紀暦*	858～ 861	郭献之
宣明暦	862～1684	徐昂
貞享暦	1685～1754	渋川春海
宝暦暦	1755～1797	土御門泰邦
寛政暦	1798～1843	高橋至時
天保暦	1844～1872	渋川景佑
太陽暦	1873～	

*五紀暦は大衍暦と併用

こらいふうていしょう [古来風体抄] 鎌倉時代の歌学書。2巻。藤原俊成（釈阿）著。1197年（建久8）の初撰本と、その4年後の再撰本がある。式子（しょくし）内親王の求めに応じて執筆された。和歌の本質論、和歌史論、「万葉集」歌191首の抄出、勅撰集所収歌395首（再撰本398首）の抄出などからなる。和歌の表現の変遷と変わることのない本質を追究した重要な著作。「日本思想大系」「日本歌学大系」所収。

こりょう [戸令] 大宝・養老令の編目の一つ。養老令では第8編で全45条。戸およびこれをもとにした行政組織の編成と把握、礼の基礎である家の秩序に関する婚姻や良賤などについて規定する。戸令が浄御原（きよみはら）令にあったことは確実だが、近江令については令そのものの存否を含めて議論がある。中国の戸令は学令・選挙（貢士）令の前におかれ、官人の出身法の前提であるのに対し、日本では戸令の後に田令・賦役令が続き、戸令は民政の一環と考えられた。

ごりょうえ [御霊会] 御霊信仰にもとづき、疫病流行などの際に政治的に非業の死をとげた者などの霊を祭る祭礼。863年（貞観5）5月に国家の手により神泉苑で早良（さわら）親王ら6人を祭り、金光明（こんこうみょう）経・般若心経を講じ、楽を奏し、弓を射、これを民衆にも開放したのを文献上の初見とする。しかしそれ以前から民衆が主体となって疫神を御霊のたたりとして祭り、仏・相撲（すまい）などでその霊を慰め、疫病の蔓延を防ごうとしていたことが知られる。同年の御霊会は、社会不安を押さえるためにこれをとりこもうとした意味をもつ。その後も疫病流行とともに各地で行われたが、なかでも祇園（ぎおん）社・北野社のものが盛大であった。

ごりょうかく [五稜郭] 亀田御役所土塁とも。北海道函館市にある城跡。五つの角をもつ星形をした在来の西洋式堡塁。蘭学者武田斐三郎（あやさぶろう）成章の設計。1857年（安政4）幕府の箱館奉行所として着工し、7年を要して完成。完成後まもなく榎本武揚が籠城し、箱館戦争がおきたため、城内の建物は被害をうけ、71年（明治4）廃城。発掘調査により幕末の品々が出土し、箱館戦争時の改修の跡も確認された。国特別史跡。

ごりょうしょ [御料所] ⇨ 料所（りょうしょ）

ごりょうしんこう [御霊信仰] 疫病をもたらすとされた御霊を恐れ、これを祭り祟りをまぬかれようとする信仰。奈良時代からみられるが、平安時代以降盛んになり、疫病の流行に際して、これを政治的事件により失脚して非業の死を遂げた特定の人物（御霊）の報復ととらえ、祭られるようになった。もともと民間で行われたもので、特定の人格に帰せられるものではなかったが、863年（貞観5）早良（さわら）親王ら6人を神泉苑で祭ったのを初見として、国家の祭としての信仰が行われるようになった。なかでも藤原氏により大宰府に左遷された菅原道真（みちざね）に対する信仰は広く行われた。

ごりんとう [五輪塔] 密教によって創始された塔婆（とうば）の一形態。石製が一般的だが、木製・土製もある。塔形は胎蔵界大日如来が一切衆生を救済する三昧耶形（さまやぎょう）という。下から地輪（方）・水輪（球）・火輪（三角）・風輪（半球）・空輪（宝珠）が積みあげられ、一切の物質を構成する五大を表すとされる。平安中期から造立されたらしい。鎌倉前期には盛んに造られたことが「餓鬼草紙（がきぞうし）」などからうかがえるが、鎌倉後期～室町時代に最も流行した。14世紀頃のものとされる多数の五輪塔が鎌倉極楽寺の「やぐら」（墳墓の一形式）から出土し、下に骨壺をおき墓標としたものもあった。元来、五輪塔は追善の供養塔で、墓標として一般化するのは室町時代以降である。

ごれいぜいてんのう [後冷泉天皇] 1025.8.3～68.4.19 在位1045.1.16～68.4.19 後朱雀（ごすざく）天皇の第1皇子。名は親仁（ちかひと）。母は藤原道長の女嬉子（きし）。1036年（長元9）父後朱雀の即位によって親王になり、翌年皇太子に立った。45年（寛徳2）父の譲位をうけて践祚し、44歳で死去するまで在位した。皇子女がなく、皇位は弟の後三条天皇に継承された。

コレジヨ イエズス会士養成のためのキリシタンの神学校。1580年（天正8）豊後国府内（現，大分市）にイエズス会巡察師バリニャーノによって創設した。日本人司祭養成を目的とするキリシタンの教育組織として、セミナリヨ、ノビシヤド、コレジヨの3課程が整備された。最終課程のコレジヨは1551年（天文20）のザビエル布教以来、大友宗麟の保護のもとでキリシタンの中心地となっていた府内が選ばれた。87年豊臣秀吉によるバテレン追放令のため、平戸、千々石（ちぢわ）、有家（ありえ）、加津佐（かづさ）を転々とし、91年天草に移ったが、97年（慶長2）閉鎖。倫理神学・日本文学・ラテン文学が講義され、キリシタン版の出版など文化的に多大な影響を与えた。

これはるのあざまろ [伊治呰麻呂] ⇨ 伊治呰麻呂（いじのあざまろ）

これむねのなおもと [惟宗直本] 直基とも。生没年不詳。平安前期の明法（みょうぼう）家。直宗（なおむね）は兄。検非違使（けびいし）在任中に「検非違使私記」を著すなど明法学者として活躍。907年（延喜7）には明法博士となり、奉じた勘文（かんもん）の一

ころひ

部は「法曹類林」「源語秘訣」に引用される。私邸で律令を講じることが宣旨で許され,「令集解りょうのぎげ」「律集解」を残す。

ころびキリシタン [転びキリシタン] 江戸時代,キリシタンを棄教した者。キリシタンを俵責めした際,転んで助けを求めることから,棄教を転ぶというようになった。棄教の証拠として,寺請・俗請の形で請人手形や南蛮誓詞を提出させたり,絵踏が実施された。棄教したのち再び信仰に復帰することを立帰り・立上がりといい,島原の乱に蜂起したキリシタンはこれにあたる。表面上棄教したままキリシタンとして潜伏した者も少なくなかった。

ゴロブニン Vasilii Mikhailovich Golovnin 1776.4.8~1831.6.29 ロシアの海軍士官。海軍士官学校卒業後,イギリス留学。帰国後,ディアナ号艦長として世界周航航海を命じられ,1811年(文化8)択捉えとろふ島・国後くなしり島を測量中に,松前奉行所の役人に士官ら7人とともに捕らえられ,松前・箱館で2年3カ月余の監禁生活をする。1806・07年のロシアの海軍士官による樺太・択捉襲撃事件(文化露寇事件)への報復であった。ディアナ号副艦長リコルドは救出のため,翌年高田屋嘉兵衛と水主4人を捕らえてカムチャツカに連行し,嘉兵衛の沈着な判断に助けられて,13年軟禁より釈放が実現した。この経験を綴った「日本幽囚記」(1816)がある。

ごろべえしんでん [五郎兵衛新田] 江戸初期に信濃国佐久郡内に開発された新田(現,長野県浅科あさしな村)。はじめ矢島原新田・八幡原新田などとよばれた。1626年(寛永3)市川五郎兵衛真親さねちかが小諸藩の許可を得て用水路の開削に着手。31年頃に途中数カ所の掘貫を含む延長20km余の用水路である五郎兵衛用水が完成。この用水をもとに開発された。最初の検地は33年だが,開発はその後も続き,江戸中期までに田畑あわせて約73町歩が開発された。五郎兵衛が没した65年(寛文5)頃から五郎兵衛新田とよばれるようになった。

ころもがわのさく [衣川柵] 古代末期,東北地方にあった軍事的拠点の一つ。10世紀以来,陸奥奥六郡の主となった安倍氏の最大拠点。北上川支流の衣川に接し,奥六郡では最も南端の陸奥国胆沢いさわ郡に位置した。現在の岩手県平泉町または胆沢郡衣川村に比定されている。「吾妻鏡」文治5年(1189)条には,安倍氏の一族郎党が結集した往時の隆盛をうかがわせる記述がある。

こわいい [強飯] 「おこわ・こわめし」とも。米を蒸したもの。水で煮る固粥・汁粥,すなわちのちのメシ・カユと対比されるが,むしろ古代では米を食するふつうの方法だった。現在では粳米うるちをメシとし,糯米もちを蒸して強飯とする。赤飯は祝事の象徴だが,現在も宮座みやざの中などでは白い強飯が作られ,古代の食の伝統が神饌しんせんとして残る。

ごんかん [権官] 権任の官。正官に対して仮に任じた官の意であるが,8世紀末に停廃された員外官の系譜をもひき,任じた事情によって栄誉官・補佐官・左遷官など異なった性格をおびた。

ごんげん [権現] 神の尊号で,仏菩薩ぶつぼさつが衆生しゅじょうを救うために人や神の姿に変えて世に現れることを意味し,応現おうげん・示現じげん・化現けげん・権化ごんげともいう。仏教伝来以降,仏菩薩がかりに日本の神になって現れるとする本地垂迹ほんじすいじゃく説が広まり,多くの神々にこの尊号が与えられた。熊野権現・白山権現・蔵王権現など修験者によって開かれた山に祭られる神々には,この尊号がつけられた。人につけられた例として徳川家康の東照大権現がある。

ごんげんづくり [権現造] ⇨神社建築じんじゃけんちく

こんごうかいまんだら [金剛界曼荼羅] ⇨両界曼荼羅りょうかいまんだら

こんこうきょう [金光教] 金光大神だいじん(赤沢文治・川手文治郎)を開祖とする新興宗教。神道十三派の一つ。1855年(安政2)喉の病にかかった赤沢文治が神に無礼を詫びると治癒したため,神に感謝したところ「お試し」「行」の命令をうけ,これを契機に神と人の仲立ちをする「取次」を行ったことから始まった。金神こんじんを天地の祖神として信仰し,人と神との助け合いを説く。備中を中心に布教し,各地に拠点として出社を設け,明治初年には山口や大阪にまで発展。一方,文治は1867年(慶応3)白川家に入門し,68年(明治元)金光大神の神号を与えられた。以後も教義の整備・布教に努め,1900年に金光教として独立。本部は岡山県金光町。

こんごうじ [金剛寺] 大阪府河内長野市天野町にある真言宗の寺。行基の創建。1165年(永万元)阿観あかんが霊夢により再興を後白河法皇に奏上し,80年(治承4)源貞弘の土地寄進により経済基盤が安定する。また八条院暲子しょうし内親王の祈願所となり,のち大覚寺統と縁を結ぶことになる。鎌倉末期,当寺の禅恵と弘真が後醍醐天皇・護良親王・楠木氏の尊信と保護をうけ,南朝と深く結びつき,後村上・長慶天皇の行宮あんぐうともなる。鎌倉時代の金堂,桃山時代の御影堂はともに重文。

こんごうしょ [金剛杵] 密教の法具。古代インドの武器に由来し,煩悩を打ち砕く菩提心を象徴する。密教の修法のときに金剛盤の上におき壇上に配する。執金剛神しゅこんごうしんや蔵王権現などの諸尊の持物ともなった。多くは鍍金をほどこした鋳銅製で,中央に把手,両端にきっさき(鈷)があり,鈷の数や形によって,独鈷とっこ

杵・三鈷杵・五鈷杵などにわける。宝珠杵・塔杵を加えて五種杵という。

金剛鈴
金剛杵
金剛盤
●‥金剛杵

こんごうぶじ [金剛峰寺] 和歌山県高野町にある高野山真言宗の総本山。816年(弘仁7)空海くうかいが嵯峨天皇からこの地を賜って真言の道場を建立。835年(承和2)真言宗年分度者ねんぶんどしゃ3人が勅許され、当地で課試得度されることとなり、金剛峰寺は定額寺じょうがくじに列せられた。同年空海はここで死去。のち高野山中心主義により東寺や神護寺との間に確執が生じたが、921年(延喜21)東寺長者の観賢かんげんが金剛峰寺座主を兼務し、東寺末となる。空海入定にゅうじょう信仰の隆盛にともなって高野参詣が貴族の間で流行し、荘園の寄進や納経・納経紗が盛んに行われた。たびたび火災にあったが徐々に復興し、1040年(長久元)には明算めいさんが中院を再興した。大伝法院だいでんぽういん院と密厳みつごん院を建立した覚鑁かくばんは、1134年(長承3)大伝法院・金剛峰寺の座主となり、東寺からの独立をめざしたが、金剛峰寺僧に襲撃され根来ねごろ山に移った。中世以降皇族・貴族ばかりでなく武士の信仰も集め、広大な寺領を保有したが、室町後期以降の社会の混乱のなかで荘園を失った。山内では行人ぎょうにん(興山寺)と学侶がくりょ(青巌寺)の対立がしだいに激化し、江戸時代にまで及んだ。現存の多宝塔・不動堂は鎌倉建築で国宝、また平安時代の国宝「阿弥陀聖衆来迎図しょうじゅうらいごうず」、同阿弥陀三尊像をはじめ多くの寺宝を所蔵する。

阿弥陀聖衆来迎図 あみだしょうじゅうらいごうず 平安後期の代表的な来迎図。阿弥陀如来を中心に観音・勢至せいし菩薩など15体の聖衆を描く中央幅を挟んで、左右幅に13体の聖衆、とくに左幅には自然を加え小阿弥陀三尊を表している。「観無量寿経」下品上生段により、小阿弥陀三尊が遣わした化仏聖衆を描いたものとみる説がある。旧裏書によれば、もと比叡山安楽谷にあり、織田信長の焼打により高野山に移ったという。中央幅は縦210.4cm、横210.5cm。左右幅は縦211.0cm、横106.0cm。有志八幡講十八箇院蔵。国宝。

こんごうみょうさいしょうおうきょう [金光明最勝王経] 曇無讖どんむしん訳の「金光明経」、隋の宝貴訳の「合部金光明経」、唐の義浄ぎじょう訳の「金光明最勝王経」の3訳が現存する。この経を広宣読誦する国王があれば、その国土や人民を四天王などが擁護することを説き、「仁王経」「法華経」とともに護国の経典として重んじられた。御斎会ごさいえ・最勝会などの国家的法会で講説され、国分寺建立の詔に一部が引用された。国分寺が金光明四天王護国之寺と称されたのもこの経による。

こんごうりゅう [金剛流] 能のシテ方の一流儀。大猿楽四座の一つ。坂戸座の流れをくむ。流祖は未詳。座名は「申楽さるがく談儀」にみえる観阿弥と同代の座の棟梁、金剛権守ごんのかみに由来するか。鼻金剛の異名をもつ戦国期の兵衛尉氏正うひょうえのじょううじまさを中興の祖とする。氏正から4代目の金剛弥一没後の一時期には、金剛座に属していた北七大夫が金剛大夫を継ぐが、七大夫はのち独立し、後世の喜多流の礎をなす。江戸時代には流儀の謡本の版行はなく、1882年(明治15)刊行の山岸本が流儀謡本の最初となる。明治初年に出た氏成は東京麻布飯倉の舞台を中心に能の復興に力を尽くしたが、氏成の孫、右京氏慧うきょううじさとの没後は後継者がなく、東京金剛は断絶。その後、弟子家でもと野村姓を称し、禎之助以来金剛姓を許されていた京都金剛の金剛巌が家元を継ぐ。

こんじゃくものがたりしゅう [今昔物語集] 平安後期の説話集。31巻(欠巻3巻)。編者未詳。書名は各話の冒頭「今(ハ)昔」による。1130〜40年(大治5〜保延6)頃の成立か。文献に依拠した1000余話を収める大作だが、成立後は広く流布せず、本格的検討は芥川竜之介に始まる。源隆国みなもとのたかくに「宇治大納言物語」(散逸)との関連が注目されるが不明で、編者には白河上皇や南都の大寺院周辺の僧俗が想定されるが確定できない。編集目的も未詳だが、編者の関心は広く百科全書的であり、天竺てんじく(インド)・震旦しんたん(中国)・本朝を仏法と王法の論理を軸に展望する。表記は宣命書せんみょうがきで、文中には意識的な欠字が頻出する。現存諸本の祖本は鈴鹿三七氏蔵の鎌倉中期写本。「日本古典文学大系」所収。

こんしゅんじけん [琿春事件] 間島かんとう事件とも。1920年(大正9)10月に豆満江とまんこう支流の琿春河に接する朝鮮と中国東北部(満州)の隣接地帯でおきた紛争。朝鮮併合後、日本は朝鮮人の満州入植を推進したため中国の農民や地主の権利が脅かされ、紛争が絶えなかった。こうしたなかで琿春日本領事館が襲撃される事件がおき、原内閣は同月14日、居留民保護のため2個師団出兵を強行。翌年1月に撤兵したが、抗日運動は激化した。

こんだごびょうやまこふん [誉田御廟山古墳] 大阪府羽曳野市誉田にある古墳中期前半

の前方後円墳。応神陵古墳とされ、古市古墳群中にある。羽曳野丘陵の北東方、石川左岸の下位段丘に立地。墳長425m、後円部径250m、前方部幅300mあり、前方部を北北西にむける。3段築成で葺石と埴輪をもち、くびれ部の両側に造出を設ける。周濠をもつが、前方部の北東隅のみ二重にめぐる。周濠を含めた古墳の総長は700mにも及び、大山古墳（仁徳陵古墳）につぐ日本第2位の規模。前方部の西側からくびれ部にかけて大きく崩壊する。これは誉田断層とよぶ活断層のためである。埋葬主体は不明だが、後円部に堅穴式石室や長持形石棺が露呈していたと伝える。墳丘や周濠から各種埴輪のほか、魚形土製品・蓋形木製品を出土。墳丘の周囲には陪塚と考えられる中小古墳がある。西側には野中アリ山古墳と東山古墳が、北側には丸山古墳、北東側には珠金塚古墳・楯塚古墳・鞍塚古墳、東側には二ツ塚古墳・馬塚古墳・栗塚古墳がある。1848年（嘉永元）に丸山古墳から出土したとされる金銅製鞍金具は国宝。

こんだこふんぐん［誉田古墳群］⇒古市古墳群

こんちいんすうでん［金地院崇伝］⇒以心崇伝

コンツェルン 独占資本の一形態。カルテル・トラストが同一部門・同一製品市場の独占であるのに対して、通常は異なった産業部門にわたる、資本そのものの独占と理解される。組織的には持株会社を頂点としたピラミッド的構成をとり、傘下企業は独立した法人格をもちながら持株会社の下で一定の経済的統一性をもつ。結合は本社の株式保有とそれにもとづく人事権の保有を基礎とし、融資・人的結合によって補完される。構成企業が産業連関を基に編成される場合を産業型コンツェルン、高収益分野への余剰資金の投資の結果、非関連部門にわたって編成された場合を金融型コンツェルンと区別することが多く、第2次大戦前の日本窒素・昭和電工などが前者の典型例で、三井・住友・三菱財閥が後者の例となる。

こんでい［健児］792年（延暦11）軍国兵士制廃止にともない設置された地方兵制。それ以前にも720～730年代、760年代の対新羅臨戦態勢期に特定諸国におかれた。軍団兵士制は、7世紀の東アジアの国際的緊張のもとで築かれた大規模軍制であったが、8世紀末の唐・新羅の国内混乱から国際緊張がゆるむとともに、対蝦夷戦争と新都造営事業のために廃止され、従来、訓練上番中の軍団兵士が担当した国府・兵庫・鈴鹿の警備のため、郡司子弟を中心に健児が採用された。健児制は少数兵制で、軍事力として過大評価するのは誤りである。平安中期以降、国衙機構の「所」の一つ健児所となる。

こんでん［墾田］「はりた」とも。未開発地や荒廃地の開墾によってえた田。治田とも書くが、墾田が大規模開発予定地をも含む（墾田地）のに対し、平安時代以降、治田は実際の耕作地をさすことが多い。律令法では、国司在任中の空閑地開発以外には墾田についての規定がないので、8世紀半ば以降の田図・田籍には墾田収授制の適用をうけない、私財田のことを強調する用法もある。

こんでんえいねんしざいほう［墾田永年私財法］743年（天平15）5月27日に発布された、墾田の永久私有を認めた勅。三世一身の法による墾田収公の廃止、身分位階による墾田所有額の制限、国司在任中の開墾田の任期終了後の収公、開墾申請手続とその有効期限あるいは注意事項などを定めた。日本の律令制では墾田についての規定がなかったので、中国の均田制にならって、未墾地をも既墾地同様、国家によって掌握しようと意図したもの。765年（天平神護元）にいったん廃止されたが、772年（宝亀3）にはこの頃再び開墾が許可された。この頃開墾制限額は撤廃されたらしく、以後長く墾田の田主権を主張する際の法的根拠としての役割をはたした。

こんでんちけいしょうえん［墾田地系荘園］墾田永年私財法をうけ、未墾地を占定し、その開墾・耕営をなしとげて成立した荘園一般をさす。荘園の概念・祖型がここで成立し、以後の本流になったという立場から、古典荘園ともよばれる。土地の占有が先行し、墾田の労働力は周辺の班田農民や浮浪人の賃租・寄作に依存していて、のちの本格的荘園（寄進型荘園）のように土地と住民を一元的に支配できてはいない。みずから開発した自墾地系荘園と、既墾地の買得・相博・譲与・寄進などでえた既墾地系荘園とにわけて考える場合もある。なお初期荘園と似た概念であるが、荘園制時代全般を通じて使用されるので、それよりも広い概念である。

こんどういさみ［近藤勇］1834～68.4.25 幕末期の幕臣・新撰組隊長。諱は昌宜。武蔵国多摩郡の農家に生まれ、江戸の天然理心流近藤周助の養子となり、道場をつぐ。1863年（文久3）の将軍徳川家茂上洛に際し、警衛のための浪士隊に参加して上京するがそのまま京に残留、京都守護職の配下で新撰組を組織し、のち隊長。67年（慶応3）6月、見廻組頭取として幕臣となる。68年3月、甲陽鎮撫隊を組織して新政府軍と戦い（勝沼戦争）、ついで下総国流山戦争に参加したが、捕らわれ処刑された。

こんどうじゅうぞう［近藤重蔵］1771～1829.6.16 近世後期の幕臣・北方探検家。諱は守重、号は正斎。江戸駒込に御先手組与力の子と

して生まれる。1798年(寛政10)松前蝦夷御用取扱を命じられ、同年最上徳内らとともに択捉（えとろふ）島に渡り、7月28日「大日本恵登呂府」の標柱を建てる。東蝦夷地上知とともに択捉掛となり、1800年択捉に渡り、同島の開島に尽力。03年(享和3)小普請方となるが、07年(文化4)再び蝦夷地出張を命じられ利尻島を探検した。08年(文政9)長男富蔵の殺傷事件により改易。著書「外蕃通書」「辺要分界図考」。

こんどうひさく [混同秘策]
「宇内（うだい）混同秘策」とも。経世論・政治思想書。2巻。佐藤信淵（のぶひろ）著。1823年(文政6)成立。「皇国は万国の根本」であるとの平田篤胤の国学思想にもとづき、「世界を混同し万国を統一」する第一歩としての大陸侵略計画と、それにむけての国家組織を構想。江戸を中心に日本を14省にわけ、中央には教化・政治の中枢である「大学校」、その下に産業や軍事を統轄する「三台」「六府」の国家機関をおくという、中央集権的な国家像を描いた。「日本思想大系」「日本経済大典」所収。

こんどうぶつ [金銅仏]
銅造で鍍金を施した仏像。蠟型鋳造・合わせ型鋳造などがある。小型の像は小金銅仏という。7～8世紀は金銅仏の全盛期であり、法隆寺金堂釈迦三尊像や薬師寺金堂薬師三尊像のような大作のみならず、中国南北朝・隋唐時代や朝鮮三国時代の仏像様式を多面的に受容した小金銅仏の遺例も多い。旺盛な造像意欲と技術の高度化は8世紀半ばの東大寺廬舎那仏（るしゃな）像で頂点に達するが、それ以降の造像はおもに乾漆像や塑像（そぞう）で、平安時代以降は木彫像となり、金銅仏は衰退。平安後期には、念持仏や経塚への納入など特殊な用途とかかわる像が、また鎌倉時代には善光寺式三尊像が多く造られたが、時代が降るに従い工法の合理化や量産化が進む一方で、造形的には希薄なものとなっていった。

こんどうまがら [近藤真柄]
1903.1.30～83.3.18 大正・昭和期の社会運動家。東京都出身。堺利彦の長女。1歳で生母と死別、父の入獄などの辛酸を嘗うた。1921年(大正10)赤瀾会（せきらんかい）結成に参加、翌年共産党に入党、27年(昭和2)奥むめおらと婦人政治運動促進会を組織、婦人戦線の統一をめざす。婦人参政権運動にも参加、第2次大戦後は日本婦人有権者同盟に入り、70～72年会長。夫は憲二。

コンドル Josiah Conder
1852.9.28～1920.6.21 イギリス人建築家。英語読みはコンダー。工部大学校造家学教師として1877年(明治10)1月来日。辰野金吾・片山東熊（とうくま）らを育て、日本近代建築の父と称される。上野博物館・鹿鳴館などを設計。解雇後も日本に留まり、邸宅を中心に数多くの作品を遺す。東京のニコライ堂・岩崎邸・島津邸・古河邸、桑名の諸戸邸などが現存。河鍋暁斎（きょうさい）や日本の庭園・衣装に関する著作があり、日本文化の紹介者としても名高い。

こんぱるぜんちく [金春禅竹]
1405～70? 室町中期の能役者・作作者。大和猿楽四座の本格の円満井（えんまい）座の棟梁で金春大夫。実名貫氏（つらうじ）・氏信。法名賢脇禅竹。竹翁（ちくおう）・賢翁・式部大夫・竹田大夫とも称する。金春権守の孫。父は弥三郎。世阿弥の女婿。没年は1468～71年(応仁2～文明3)中頃に。大和を中心に各地で活動し、晩年は音阿弥に匹敵する実力者となった。禅竹は世阿弥に師事し、主要伝書はすべて所持または一見したらしく、世阿弥理論を総合して独自の論も加え、「歌舞髄脳記」「五音三曲集」「六輪一露之記」「至道要抄」「明宿集（めいしゅくしゅう）」などを著した。能では「芭蕉（ばしょう）」「定家」「小塩」「玉鬘（たまかずら）」「楊貴妃」などが彼の作と推定され、世阿弥の歌舞能を継承しつつ、哀愁美にみちた独自の世界を築いた。

こんぱるりゅう [金春流]
(1)能のシテ方の一流儀。大和猿楽四座の一つ、円満井（えんまい）座の流れをくむ。秦河勝（はたのかわかつ）を遠祖と伝えるが、南北朝期以前は不明。座名は観阿弥と同代の座の棟梁、金春権守（ごんのかみ）に由来するか。権守の孫で世阿弥の女婿の金春禅竹（ぜんちく）は「定家（ていか）」「杜若（かきつばた）」などの作能や能楽論もよくし、独自の領域を開拓。禅竹の子宗筠（そういん）は、一条兼良（かねよし）や一休宗純との交流が知られる。その子禅鳳（ぜんぽう）は足利義政・同義尚らの後援を得、15世紀初頭は観世座に比肩する活況を呈した。以後も氏照・喜勝（よしかつ）・安照（やすてる）（禅曲）と歴代名手が輩出し、豊臣秀吉・徳川家康の後援を得て隆盛は他座をしのいだ。分家に八左衛門家（名古屋藩）、竹田権兵衛家（金沢藩）、大蔵庄左衛門家（仙台藩）があったが幕末に断絶。(2)能の太鼓方の一流儀。禅竹の伯父三郎豊氏が流祖。惣右衛門流ともいう。江戸時代は金春座付。

こんぴら [金毘羅]
サンスクリットのクンビーラの音訳。宮毘羅（くびら）とも書き、金毘羅王・蛟竜王（こうりゅうおう）と訳される。薬師如来の神力をもち衆生を守護する十二神将の一つ。また般若（はんにゃ）守護十六善神の随一ともされる。香川県琴平町の象頭山（ぞうずさん）の金刀比羅宮（ことひらぐう）に勧請され、海上の安全を守る海神として祭られた。もともとの祭神である大物主（おおものぬし）神はその垂迹（すいじゃく）として金毘羅大権現と称され、多くの信仰を集めて金毘羅参詣も盛んに行われた。

こんみんとう [困民党]
1883～84年(明治16～17)の全国的な不況のなか、関東・中部・東海・東北南部の各地方を中心に結成された負債農民の集団。各地で借金党・貧民党・困民党な

どとよばれた。大蔵卿松方正義のきびしいデフレーション政策によって全国的に物価低落や土地価格の下落がおき、高利貸から借金していた農民に打撃を与えた。農民は借金の据置・年賦返済・利子引下げ・質地請戻しを要求して立ちあがったが、官憲の弾圧により運動はしだいに終息した。著名な困民党として武相困民党・秩父困民党があるが、後者は従来自由民権運動とのかかわりでとらえられてきた。最近の研究では、近世の土地慣行に焦点をあて、民権運動とは別の自律性をもった民衆運動と考えられている。

こんや [紺屋] ⇒紺屋（こうや）

さ

ざ [座] 中世、商人・職人・芸能民らが結成した同業者組織。平安後期に出現し、中世を通じて存在した。起源は荘園公領制成立期に供御人（くごにん）・神人（じにん）・寄人（よりうど）などの称号を獲得して朝廷や寺社の保護下に入った職能民の組織にあるとみられる。1092年(寛治6)頃山門青蓮院を本所とする山城の八瀬（やせ）座が初見。座には兄部（このこうべ）・座頭などとよばれる指導者が存在し、入座に制限を設けるなど対外的にはきびしい閉鎖性を示したが、構成員相互の関係は概して平等であった。貴族や寺社を本所とし、一定の奉仕や貢納の代償として課税の免除や営業独占権を認められたが、戦国期に入ると特定の本所をもたない、近世の仲間に似た自立的なものも出現した。独占権をもつ座の存在は価格の高騰や流通の停滞を招いたため、豊臣政権によって多くが撤廃された。京都の三条釜座など江戸時代まで続いたものもある。

さいえき [歳役] 正役（せいやく）とも。律令制での労役負担の一つ。養老令では、中央での造宮や造寺のため正丁（せいてい）が年に10日間食料自弁で労役に従事し、次丁は正丁の半分、中男（ちゅうなん）および京畿内では免除され、実役につかないときは庸（よう）として布で納めると規定する。さらに留役として、租・調を減免するかわりに30日間使役を延長することができ、本人のかわりに同郡の人を雇ったり、家人を遣わして代役をさせることもできるとする。しかし大宝令では歳役はすべて庸で納める規定で、実役の徴発はなく、造営などは雇役により行われた。養老令では唐制にならって形式的に歳役を規定するが、実際には庸で納められた。浄御原令において兵役や雑徭（ぞうよう）と並んで実役の役（えだち）が成立するが、大化前代のエダチ(役)の系統を引いたもので実役奉仕のみで代役制は存在しなかったらしい。なお706年(慶雲3)庸の半減にともない役夫の不足を補うために定められた百姓身役制は、かつてのエダチの制を部分的に継承したものと推測される。

さいおう [斎王]「いつきのみこ」とも。斎宮とも。神に奉仕する未婚の皇女で、伊勢神宮に奉仕する伊勢の斎王があり、嵯峨天皇の代に至って賀茂社に奉仕する賀茂の斎王(斎院)もおかれるようになった。ともに天皇の代替りごとに交替するとされていたが、賀茂社の場合、実例は必ずしもそうではない。伊勢神宮は14世紀前半に、賀茂社は13世紀前半に中絶した。

さいおん [蔡温] 1682.9.25～1761.12.29

首里王府の三司官で近世琉球を代表する政治家。具志頭親方。渡来閩人三十六姓の一つ蔡氏の出。父は蔡鐸。1708年進貢の存留通事として福州に渡り、2年間滞在、地理学を学ぶ。帰国後、世子尚敬の侍講となり、13年尚敬即位後は国師となる。19年の冊封使渡来の際、その持渡品の買上げで活躍、28年三司官に任じられた。日本・中国の間にある小国琉球の舵取り役として、儒教理念にもとづく国家運営をめざし、国民の教化、社会改革、一連の杣山政策、羽地以来の大川改修などの治水事業と幅広く活躍。「中山世譜」の改訂をはじめ、著作「独物語」「養治片言」「自叙伝」など多数。

さいおんじきんつね [西園寺公経] 1171～1244.8.29

鎌倉前期の公卿。父は藤原実宗。母は持明院基家の女。源頼朝一条能保の女全子と結婚して幕府と親密になり、源実朝の暗殺後は、外孫三寅(藤原頼経)を将軍後継者とした。承久の乱に際しては、事前に情報を幕府にもたらして勝利に貢献。乱後は幕府との強い結びつきを背景に、1222年(貞応元)太政大臣、翌年従一位に昇進し、女婿九条道家とともに公家政権を掌握した。道家の外孫四条天皇が急逝し後嵯峨天皇が即位すると、42年(仁治3)孫女姞子(大宮院)を中宮に立て、久仁親王(後深草天皇)の外戚となった。琵琶・和歌に秀で、文化人としても活躍。

さいおんじきんもち [西園寺公望] 1849.10.23～1940.11.24

明治～昭和前期の政治家。号は陶庵。京都生れ。公卿清華家の西園寺公純の次男に生まれ西園寺家の養子となる。徳大寺実則は兄。戊辰戦争で山陰道鎮撫総督を務め、維新後1871～80年(明治4～13)フランスに留学。「東洋自由新聞」社長をへて伊藤博文の憲法調査団に随行。第2次伊藤内閣の文相・外相、第3次伊藤内閣の文相を歴任、枢密院議長をへて1903年立憲政友会総裁に就任。伊藤系の後継者格となり、06年首相。桂太郎ら山県系と協調して、桂園時代を築く。08年桂に政権を譲ったが、11～12年(大正元)再度首相を務めた。大正政変の際に連動問題で政友会総裁を辞任、19年ベルサイユ会議全権委員となる。1912年元老優遇をうけ、24年以降唯一の元老として第1次近衛内閣まで首班候補選定に主導的役割をはたした。政党政治の擁護者、協調外交論者として知られる。公爵。

さいおんじきんもちないかく [西園寺公望内閣]

立憲政友会総裁西園寺公望を首班とする明治後期～大正期の内閣。■第1次(1906.1.7～08.7.14)。桂内閣からの政権授受により、政友会を与党に同党と藩閥・官僚閥の連合政権として成立。戦時増税の延長、国債の整理、鉄道国有、満鉄創立や「帝国国防方針」にもとづく軍備拡張、第3次日韓協約、第1次日露協約など一連の日露戦後の内外の課題を処理した。1908年(明治41)の第10回総選挙後に退陣したが、財政の逼迫が原因かといわれる。
■第2次(1911.8.30～12.12.21)。桂太郎首相の「情意投合」により、立憲政友会と藩閥・官僚閥の連合政権として成立したが、第1次より政友会主導色が増した。歳出の抑制、第3次日露協約や明治・大正の代替りにかかわる諸問題を処理したが、小選挙区法案は両院協議会で不成立に終わり、辛亥革命への対応も後手に回った。2個師団増設をめぐり陸軍と対立、上原勇作陸相の帷幄上奏・単独辞職にあい、後任が得られず総辞職。

さいかいどう [西海道]

(1)古代の七道の一つ。暗和の九州地方にあたり、筑前・筑後・豊前・豊後・肥前・肥後・大隅・薩摩・日向の各国と壱岐・対馬・多禰の各島(国に準ずる)が所属する行政区分。筑前国におかれた大宰府が、朝廷からの出先機関でこれら9国3島を統轄した。(2)これらの諸国・諸島を結ぶ交通路も西海道と称し、大宰府を中心に陸路が官道として、また諸島との間の海路が整備された。駅路としては、畿内から大宰府に至る途上の区間が大路のほかは特別の扱いで、「延喜式」では総計97駅に605頭の駅馬をおくと規定であった。732年(天平4)に西海道節度使、746年に山陽・西海両道鎮撫使、761～764年(天平宝字5～8)に西海道節度使を設置した。

さいかしゅう [雑賀衆]

戦国期、紀伊国鷺森御坊によった本願寺門徒の集団。在地の国人層と農民からなるが、紀ノ川河口で水運に従事する者も多かった。根来衆と結んで鉄砲の技術にたけ、石山合戦では本願寺の中心兵力として織田信長軍に抗戦。しかし後勢力に降伏する勢力などがでて結束は徐々に崩れ、1585年(天正13)豊臣秀吉の紀州攻めをうけ壊滅した。

ざいかぶ [在株]

在方株とも。江戸時代の農村地帯における株仲間。商農分離を原則とする幕藩体制のもとで、商工業者の株仲間は都市だけに限定されていたが、18世紀の後半から19世紀にかけて農村地帯の商工業の発達が顕著になると、当初は抑制政策をとっていた幕藩領主もそれを公認するようになり、株仲間に編成して掌握したり、都市の株仲間の組下において統制した。1770年(明和7)の摂河泉在々絞油屋株や79年(安永8)の摂河在方種屋合薬屋株などの例がある。また姫路藩の1836年(天保7)の長束木綿問屋仲間のように、城下町の問屋仲間に対抗して、在方から願い出て独自の株札を交付される場合もあった。

ざいかぼう [在華紡]
中国に展開された日本資本による紡績業。1902年(明治35)より三井物産・日本綿花・内外綿などが中国での紡績経営に乗りだし、第1次大戦後、対中輸出の減少に対処するため、東洋紡績・鐘淵紡績・大日本紡績などの各社も中国に進出。巨額の事業投資と大商社との連携で、中国の民族資本紡績に対し優位にたった。在華紡は上海・青島(チンタオ)・天津に多く、5・30事件のような反日運動の舞台ともなった。敗戦後、設備などを中国側に接収された。

さいきゅうき [西宮記]
平安中期の儀式書。源高明(たかあきら)撰。私撰の儀式書としては現存最古。10巻本・11巻本・15巻本・16巻本などがあったとされ、現存する写本の巻数も一定しない。これは撰者が稿を改めたことと、後人により補訂が加えられたためと考えられる。本文のほかに、勘物(かんもつ)・頭書・傍書・裏書が豊富で、「三代御記」「貞信公記」「九暦」「吏部王記」など多数の史料の逸文を引用。内容は、1〜12月の朝廷における恒例の儀式・行事と、臨時の儀式・行事にわかれる。古写本は尊経閣文庫蔵巻子本、宮内庁書陵部蔵壬生本、東山御文庫本などがある。「新訂増補故実叢書」「改定史籍集覧」所収。

さいぎょう [西行]
1118〜90.2.16 平安末期の歌人。俗名佐藤義清(のりきよ)(憲清とも)。康清の子。母は源清経の女。武門の家に生まれ、鳥羽院の北面の武士として仕え、和歌・蹴鞠(けまり)などに活躍した。1140年(保延6)23歳で出家。その後、仏道と和歌に励み、高野山や伊勢国に住する一方で、奥州・四国なども旅した。「詞花集」に1首、「千載集」に18首入集したが、死後成立した「新古今集」には最多の94首が選ばれ、歌人としての名声が高まった。家集「山家(さんか)集」「西行上人集」「聞書(ききがき)集」「残集」、「山家心中(えんちゅう)集」「御裳濯河歌合(みもすそがわ)」「宮河歌合」は自撰の秀歌集。旅する歌僧として伝説化され、その和歌とともに後代の文学に大きな影響を与えた。

さいぎょうものがたりえまき [西行物語絵巻]
西行の生涯を描いた絵巻。西行は23歳のときに突如出家し、以後諸国を巡り、詠歌と修行の生涯を送った。その一生に取材した絵巻は後世多くつくられたが、3系統の作品がある。うち13世紀後半の制作になる2巻の絵巻(徳川美術館と万野美術館に分蔵)が最も古く優れる。ほかに、江戸時代の俵屋宗達(そうたつ)による模写本がよく知られる。

さいきょじょう [裁許状]
中世の判決状のこと。鎌倉幕府では訴陳(そちん)・対決をへ、まず引付で判決原案の引付勘録が作成され、これが評定で認められると判決文が清written され、執権・連署の花押(かおう)、引付頭人などの裏封(うらふう)をもって勝訴者に手渡された。下知状の様式をとり、両者の主張を要約した長文のものが多い。鎌倉幕府の関東裁許状と並び、六波羅(ろくはら)南北両探題署判の六波羅裁許状、鎮西(ちんぜい)探題署判の鎮西裁許状も発給された。室町時代には奉行人奉書(ぶぎょう)も発給された。

さいぐう [斎宮]
「いつきのみや」とも。古代〜中世に天照大神の御杖代(みつえしろ)として伊勢神宮に奉仕した未婚の内親王・女王。本来の職名は斎王(さいおう)で、斎宮はその居所としたが、転じて斎王自身を指す語ともなった。伝承上の起源は垂仁朝の倭姫命(やまとひめのみこと)だが、制度が整備されたのは天武朝の大伯(おおく)皇女からで、天皇の代替りや父母の喪によって交替することとされた。卜定(ぼくじょう)されると宮中の初斎院(しょさいいん)し、つづいて嵯峨野の野宮(ののみや)で約2年間潔斎し、その後監送使や斎宮寮官人・女官らを従えて伊勢に群行した。平758 大気の斎王宮(斎宮)にいて、斎宮忌詞(いみことば)を用いるなど仏事や不浄をさけて潔斎に努め、伊勢神宮の三節祭(6月・12月の月次(つきなみ)祭と9月の神嘗(かんなめ)祭)には神宮に赴いて太玉串(ふとたまぐし)を奉じた。後醍醐天皇の祥子内親王で中絶した。

ざいけ [在家]
(1)出家に対して、世俗の人。(2)中世、住人、家屋、付属する畠地、宅地を一括した在家役の収取単位。10世紀後半から供御人(くごにん)・神人(じにん)などの非農業民を在家として編成することが始まり、12世紀初頭には国衙(こくが)による公郷在家支配が開始された。その後、荘園で百姓在家編成が進んだ畿内では、公事(くじ)賦課の対象としての在家は副次的な役割をはたすにとどまったが、東国や九州では室町時代にいたるまで在家支配が基本であり、在地領主が売買・譲渡の対象とした在家も存在した。また町場や港津などの都市的な場においても在家支配が導入されている。

さいけいこくじょうかん [最恵国条款]
条約締結国の一方が、相手国に対して、第三国に与えている最も恩恵的な待遇と同等の待遇を与えること(最恵国待遇)を認める条項。締結国が双務的に規定する場合は問題にならないが、国力や国際的地位の差によって片務的に規定されることがあり、不平等が生じる。日本では、最初の近代的条約である日米和親条約(1854締結)でアメリカに対して片務的最恵国条款を許したのをはじめとして、幕末〜明治初期に欧米諸国と結んだ諸条約に片務的最恵国条款が規定された。これは不平等条約の根幹の一つをなし、明治政府の条約改正の重要な課題となった。

さいけんせん [歳遣船]
歳船とも。室町〜江戸時代、朝鮮へ派遣した日本船(送使船)のうち年間の派遣船数が定められたもの。送使船には、

朝鮮から過海料や留浦料が支給され，貿易が許されたためその数が増加。応接経費の増大により，朝鮮は通交者ごとに歳遣船定約を結び，年間の派遣船数を限定した。1424年(応永31)九州探題渋川義俊が毎年2隻ずつの派遣を朝鮮に提案したのが始まりで，最初の記録は40年(永享12)小早川持平ちひらが毎年1隻の派遣を認められたもの。43年(嘉吉3)の癸亥きがい約条で対馬島主宗氏は50隻とされた。また宗氏の一族は7隻・4隻・3隻など，他の諸氏は1隻または1～2隻などに定められた。70年代にはすべての歳遣船定約者は受図書人じゅずしょになる。三浦さんぽの乱後，宗氏の歳遣船は1512年(永正9)の壬申じんしん約条と47年(天文16)の丁未ていび約条で25隻，57年(弘治3)の丁巳ていし約条で30隻に決定。文禄・慶長の役後，1609年(慶長14)の己酉きゆう約条で宗氏の歳遣船は20隻に制限された。

さいこう [西光] ⇨藤原師光もろみつ

ざいごうぐんじんかい [在郷軍人会] ⇨帝国在郷軍人会ていこくざいごうぐんじんかい

さいこうさいばんしょ [最高裁判所] 1947年(昭和22)5月3日に発足した現行司法制度の最高機関。司法行政権・違憲立法審査権・行政裁判上告管轄権を保持する点で，第2次大戦前の裁判所構成法下の大審院とくらべて格段に強力な権限をもつが，違憲立法審査権適用には消極性が，事務総局による司法行政の運営には硬直性がめだつ。長官は内閣の指名にもとづき天皇が任命し，最高裁判所判事は認証官であり，事後の国民審査が衆議院議員選挙と同時期に行われる。15人の判事の出身は裁判官・検察官および行政官(学識経験者を含む)・弁護士にほぼ三分されている。

ざいごうしょうにん [在郷商人] 近世の農村社会(在郷)において商業行為にたずさわった百姓身分の地位・状態。広義には，農間渡世としてさまざまな商業を行う者を総称し，豪農層から零細な振売ぶりまで階層も多様である。狭義には，農村に暮らしながら問屋的機能を担い，農村で生産される商品の集荷を行い，一方で，都市や遠方から生活・生産の消費物資や金肥などを仕入販売した商人をいう。農民に商品作物の生産のために資金前貸しを行ったり，質屋を兼ねる者もいた。彼らの多くは村役人であり，近世後期における豪農の商人的側面を示す。

さいこうせんそうしどうかいぎ [最高戦争指導会議] 第2次大戦末期に設置された戦争指導機関。それまでの大本営政府連絡会議が国務と統帥の協調や陸海軍の協調を欠いていたとして，小磯内閣は首相が強力に戦争指導に関与できる機関を要求し，敗色濃厚になった1944年(昭和19)8月に設置された。官制上のものではなかったが，実質的には終戦時まで国家の最高意思決定機関となった。首相・外相・陸相・海相・参謀総長・軍令部総長で構成，44年の独ソ和平斡旋・対重慶和平工作や翌年のポツダム宣言受諾を決定した。45年8月22日廃止。

さいごうたかもり [西郷隆盛] 1827.12.7～77.9.24 幕末期の鹿児島藩士，明治期の政治家。初名吉之助，号南洲。藩主島津斉彬なりあきの庭方役となる。斉彬死後特時勢に絶望して自殺を図ったがはたせず，奄美に配流。赦免後，京都での志士との接触が島津久光に疑われ流罪。64年(元治元)召還。第1次長州戦争の戦後処理にあたった頃から倒幕に転じ，66年(慶応2)の薩長連合密約から密勅降下，王政復古クーデタに活躍。戊辰ぼしん戦争では江戸無血開城をはたした。帰郷後71年(明治4)出仕して参議に就任，廃藩置県にたずさわった。岩倉遣外使節団の出発後，留守政府の責任者となったが，73年朝鮮派遣をめぐる征韓論争，明治6年の政変で下野した。77年西南戦争をおこしたが敗れ，鹿児島城山で自決。陸軍大将。

ざいごうちょう [在郷町] 郷町・町場・町分・在町・町村・町屋などとも。江戸時代の在方に存在した商工業集落。行政上は三都や城下町などの町方(都市)に対し，在方(農村)の一形態として扱われることが多かったが，町方に準じる扱いをうける場合もある。小大名・家老・代官などの陣屋を中心とする町(陣屋元村)，宿場・港湾など交通の要衝，特産物の生産・集積地，定期市のたつ流通の中心地(市場町)など，いくつかの類型がある。規模は戸数200～300から1000，人口1000から5000～6000程度のものが多い。中世以来の系譜をもつものもあったが，多くは農村の商品経済の発達にともない，元禄・享保頃に全国的に形成された。

さいごうつぐみち [西郷従道] 1843.5.4～1902.7.18 正しくは「じゅうどう」。幕末期の鹿児島藩士，明治期の軍人・政治家。隆盛の実弟。寺田屋騒動・薩英戦争・禁門の変に参加，戊辰ぼしん戦争に出征。維新後に兵部少輔・陸軍大輔を歴任，台湾蕃地事務都督として台湾出兵を指揮した。1878年(明治11)参議となり，以後，文部・農商務・陸軍の各卿を兼務。84年参議兼海軍卿となって海軍育成に力をいれ，翌年第1次伊藤内閣の海相，第1次山県内閣では内相。92年品川弥二郎と国民協会を結成したが，翌年第2次伊藤内閣の海相となる以退会。94年陸軍中将から海軍大将に昇進，98年元帥。第2次山県内閣では内相。侯爵。明治20年代以降の元老の1人。

さいこうまんきち [西光万吉] 1895.4.17～1970.3.20 大正・昭和期の部落解放運動家。奈良県の浄土真宗本願寺派の西光寺出身。本名清

原一隆。部落差別のため中学中退，画家を志すが挫折。阪本清一郎らと部落改善運動にとりくむが，佐野学の影響で融和運動と決別，1922年(大正11)全国水平社結成。水平社宣言を起草した。27年(昭和2)共産党に入党，翌年労農党から立候補，次点。3・15事件で検挙され転向，33年仮釈放。大日本国家社会党に属す。第2次大戦後，戦争責任から自殺を図るが未遂。社会党に属し，恒久平和を説き続けた。

さいごくさんじゅうさんしょかんのん [西国三十三所観音] 西国三十三所とも。観音が衆生救済のために33体の化身となって現れるという思想から，観音菩薩を本尊とする33カ所の巡礼札所として定められた寺院。和歌山県熊野那智の青岸渡寺を起点として，大阪・奈良・京都・兵庫・滋賀・岐阜の2府5県にまたがる。起源については，花山法皇が霊場を整備したとする伝承が一般に流布しているが，平安末期に修験者の行尊や，慈円を兄にもつ修験者覚忠による開創とされる。鎌倉時代までは僧侶がおもに巡礼したが，南北朝期以後しだいに俗人の巡礼がふえ，西国三十三所とよばれた。関東には坂東三十三所観音・秩父三十四所観音など早くから西国巡礼をまねた観音霊場が設けられた。

さいごくじゅんれい [西国巡礼] ⇨西国三十三所観音

さいごくりっしへん [西国立志編] 中村正直の訳書。1870〜71年(明治3〜4)刊。13編11冊。S．スマイルズの「自助論」(1859刊)の全訳。底本は幕府のイギリス留学生矢締された中村が，帰国時にイギリスの友人から贈られた1867年改訂版。小伝記を集成して「天ハ自ラ助クルモノヲ助ク」という市民社会の道徳を説いた本書は，明治初期の青少年に多大な影響力をもち，「西洋事情」後の必読の書となったが，しばしば立身出世の文脈で読まれた。漢語への重訳がある。

ざいさんぜい [財産税] 一般には各人の所有財産全体に課される一般財産税をさし，日本では1946年(昭和21)に実施されたものをさす。第2次大戦前にも22年(大正11)の臨時財政経済調査会の税制整理案，36年の馬場鍈一蔵相の税制改革案などに一般財産税創設案がみられるが実現しなかった。戦後は46年11月公布の財産税法により財政再建・戦時利得吸収・インフレ抑制を目的として実施された。同年3月3日午前零時現在に財産を有する者を納税義務者として個人の財産全体を課税対象とし，最高税率90％の高率累進税率で1回限り賦課する臨時税として施行され，51年までに約470億円を徴収した。

さいしいせき [祭祀遺跡] 祭祀に関する行為が行われた遺跡，または祭祀に関する遺物が出土した遺跡。縄文時代の環状列石，弥生時代の銅鐸・銅矛などの埋納地も祭祀遺跡と考える説もある。祭祀の形態としては埋納遺跡・供献遺跡があり，神が鎮座・降臨するとされる磐座・磐境・神奈備・神木などの崇拝物のある場所や，山上・峠・湧水地・河川・湖沼・境界・離島などが選ばれた。国家から民間までさまざまな祭祀が行われ，四角四境祭・地鎮祭が一般的に知られる。祭祀には土師器・須恵器や土製・石製・木製・金属製の模造品や小型品が用いられた。山形県羽黒山，栃木県日光男体山，富士山頂，長野県神坂峠，奈良県大神山，岡山県大飛島，福岡県沖ノ島などが著名。

さいじゃりん [摧邪輪] 明恵高弁が1212年(建暦2)に著した念仏批判の書。明恵は法然の人格を尊敬していたが，その没後に刊行された「選択本願念仏集」を読み，邪見に満ちていると激しい批判を展開した。内容は，菩提心を失する過失，聖道門をもって群賊にたとえる過失の2項目からなる。のち「摧邪輪荘厳記」を著して「摧邪輪」を補った。「日本思想大系」所収。

さいしょ [税所] 済所とも。国衙機構の所の一つ。国内の正税・官物の収納や京への貢進，および部内からの結解などをもとにその数量監査にあたり，職務の重要性から国衙の他の所よりも重視された。在庁のうちでも有力な者が統轄し，判官代・録事代など所属する雑色人の数も多数にのぼった。税所の職を世襲する有力在庁のなかには，常陸国や大隅国の税所氏のように氏の名称として名乗る者もみられた。

さいしょう [宰相] 参議の唐名。唐朝初期の律令制では，門下・中書両省の長官(侍中・中書令)と尚書省の左右僕射らが宰相として国政を審議し，のちには他の高官も個別に朝政に参議する資格を与えられ国政にあずかった。日本の大・中納言の職掌に参議があるのはこれをうけついだもので，日本の参議制には唐の兼官宰相制の影響がある。ただし日本で宰相といえば通常参議のみをさす。

さいじょうやそ [西条八十] 1892.1.15〜1970.8.12 大正・昭和期の詩人。東京都出身。早大卒。在学中三木露風の「未来」に参加，1912年(大正元)日夏耿之介らと高踏的詩誌「聖盃」(のち「仮面」と改題)創刊。鈴木三重吉の要請により「赤い鳥」に多くの童謡を発表。19年詩集「砂金」出版，繊細で瀟洒な象徴的詩風が注目された。24年渡仏，帰国後早大仏文科教授。また多数の流行歌謡を作る。詩集「見知らぬ愛人」，訳詩集「白孔雀」，ほかに「アルチュール・ランボー研究」。

さいせいかい [済生会] 貧困患者に対する救療事業を行う恩賜財団。大逆事件により幸徳秋水らを極刑に処した直後の1911年(明治44)2月1日，明治天皇は施薬救療の勅語とともに150万円を下賜した。政府はこれを基に財閥の募金などを加えて同年5月公益法人済生会を設立した。第2次大戦後の52年(昭和27)社会福祉事業法による社会福祉法人となり，各地に医療機関や社会福祉施設を設け，各種の社会福祉事業を行っている。

さいせきじん [細石刃] シベリアから環太平洋地域北部に分布する極小の石刃で，細石器の代表例。日本では旧石器時代末期に出現し，以後長く使用され，長崎県の泉福寺洞窟や福井洞窟遺跡では縄文草創期の土器とともに発見された。細石刃は地域によって，湧別技法や西海技法などの特殊な剝離法で作られる。

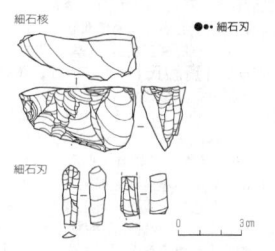

細石核　　　　　　　　　●●・細石刃

細石刃

0　　　　3cm

さいせっき [細石器] ヨーロッパ中石器時代のマイクロリスmicrolithの訳語。長さがほぼ3cm以下の極小の石器。木や骨製の柄の側縁に刻んだ溝に複数の細石器を装着して刃部とした組合せ道具を作るのが特徴。狩猟用の尖頭器や切截・削剝用の加工具として用いる。約1万年前の晩氷期から後氷期にかけて世界のほとんどの地域に分布した普遍性の高い石器。ヨーロッパ・北アフリカ・西アジアから南アジアには小型の石刃や剝片に細部調整を加えた幾何学形細石器が分布し，シベリアから環太平洋地域北部には石刃を著しく小型にした細石刃細石器が分布し，細石器文化の2大潮流となる。

さいそうぼ [再葬墓] 洗骨を行ったのち再び改葬する墓。世界中の各時代にみられるが，日本では中部・関東地方から東北地方南部の弥生初期に特徴的な墓制をさす。1次葬後の骨を壺に入れて土壙に納める。ふつう複数の壺が一つの土壙に納められる。副葬品はほとんどないが，まれに管玉などの装身具が発見される。縄文晩期にはじまる墓制といわれ，弥生中期中頃に消滅する。

さいだいじ [西大寺] ❶高野寺とも。奈良市西大寺芝町にある真言律宗の総本山。南都七大寺の一つ。勝宝山と号す。764年(天平宝字8)恵美押勝の乱に孝謙上皇が戦勝を祈願して四天王像の造立を発願。乱後，四王院(堂)が建立され，やがて平城右京一条三・四坊に31町を占める東大寺に匹敵する規模に拡大されて，西大寺と名づけられた。平安時代になると火災などでしだいに衰退，興福寺支配下におかれた。叡尊が1235年(嘉禎元)に入寺して伽藍を再建し，戒律の道場とした。叡尊は光明真言会を始めるなど，当寺を拠点に南都仏教の復興を図った。1502年(文亀2)兵火で諸堂を焼失，江戸時代に再建された。重文の銅造四天王像や木造叡尊像など中世の文化財を多数有する。境内は国史跡。
❷岡山市西大寺にある高野山真言宗の寺。金陵山と号す。寺伝では，奈良時代に周防国の玖珂郷から訪れた藤原皆足媛が千手観音を小堂に安置したのが始まりという。当寺は奈良西大寺末寺の額安寺の荘園金岡東荘のなかにあり，寺号は奈良西大寺にちなむと考えられる。鎌倉末期には金堂・常行堂・僧房以下の伽藍をもったが，たびたびの火災で炎上。戦国期には宇喜多氏の援助で再建された。現在の伽藍は江戸末期の再建。旧正月14日夜(現在は2月第3土曜)に行われる修正会結願の行事会陽は，西大寺の裸祭として有名である。

さいたまけん [埼玉県] 関東地方の中西部に位置する内陸県。旧武蔵北部と下総国の一部を県域とする。幕末には川越・忍・岩槻の3藩，諸藩飛地・幕領・旗本領・寺社領などが錯綜し，複雑な領有関係となっていた。1868年(明治元)旧幕領・旗本領が武蔵・下総の各知県事，岩鼻県・韮山県の管轄地となった。翌年武蔵知県事の管轄地は大宮(浦和県と改称)・品川・小菅の3県に分割，下総知県事は葛飾県となる。71年廃藩置県で諸藩はそのまま県となり，11月荒川以東の埼玉県(埼玉郡，足立・葛飾両郡の一部)，同じ以西の入間県(入間郡以下13郡と多摩郡の一部)に統合された。73年入間県は群馬県と合併して熊谷県となった。75年千葉県葛飾郡の一部を編入し，足立郡の一部を東京府へ移管。76年熊谷県の廃県により旧入間県域が編入され，現県域が定まった。県庁所在地はさいたま市。

さいちょう [最澄] 767〜822.6.4 伝教大師・叡山大師とも。平安前期の天台宗開祖。近江国滋賀郡古市郷の三津首百枝の子。近江国分寺行表のもとで出家，東大寺で受戒，比叡山で修行。この間に天台教学に傾倒し，802年(延暦21)南都学匠に同教学を講じて入唐還学生に選ばれ，804年入唐。天台山で道邃・行満に天台法門と菩薩戒を，倏

然として禅を、越州で順暁阿闍梨に金剛界密教をうけて翌年帰朝。桓武天皇の命で高雄山寺で灌頂を行う。806年(大同元)南都諸宗に準じて天台宗の年分度者創設を請い、勅許を得た。ついで空海から密教を受学したが、宗教観の相違などで816年(弘仁7)決別。この頃から天台宗年分度者離散の事態をうけて教団の基盤確立に奔走した。南都教学と対決姿勢を強めるとともに、筑紫・関東で教化を行った。会津の法相宗徳一との三一権実諍論を展開した。818年、旧来の小乗戒棄捨を宣言。さらに「山家学生式」を奏進して天台宗独自の大乗戒壇や行業の勅許を求めたが、南都の反対をうけ、比叡山中道院に没した7日後に勅許された。著述は叡山学院編「伝教大師全集」「日本思想大系」所収。

ざいちょう [在庁] 平安中期以降、国衙の実務を行った現地の役人。国司四等官や史生とよは本来中央からの派遣官であり、国衙の実務はその下で働く国内の有力豪族層出身の書生しょうや雑色人になった。平安中期にはこうした国衙運営にたずさわる在地有力者が在庁と称して国衙機構の所を分掌する体制がで き、惣大判官代・大判官代・判官代・録事代といった職名を名乗った。また寺院組織でも長官不在中の実務担当者に在庁の称がみられる。

ざいちょうかんじん [在庁官人] 平安中期〜鎌倉時代に、国衙行政の実務にあたった現地の役人の総称。9世紀に受領国司の権限が拡大されて以降、諸国では受領の下で各種の所からなる国衙機構が在庁官人によって分掌される体制が組織されて、受領は任国不在の際には目代を派遣して統轄させた。在庁官人は地位を世襲してみずからの在地支配を強め、なかには税所など所の名称を名乗る氏も現れた。12世紀前半の文書では、本来中央派遣官であった国司四等官の系列とみられる「官人」と、四等官や史生の下で実務にあたった雑色人・書生の系譜を引く「在庁」とが区別された例もあり、一体のものとして扱われるのは平安末からか。鎌倉時代には守護との結びつきを強め、幕府による諸国支配にも貢献した。

ざいちょうみょう [在庁名] 在庁官人が領有した名。平安後期以降、国衙行政の実務が在庁官人によって担われるようになると、その職掌とそれに付属する名は世襲化され、税所名や公文名などの在庁名が成立した。多くは国府の周辺に集中して公領(国衙領)の中核となり、在地領主制の展開上、重要な意義をもった。鎌倉中期以降には、多くは守護領となった。

ざいちりょうしゅ [在地領主] 中世、農村や漁村に在住して所領を経営した領主。11世紀以後、開発領主として私領を形成し、これを中央の貴族や寺社に寄進して荘園とし、みずからは預所や下司として現地で土地・人民を支配した。また武装して武士団を形成し、鎌倉幕府が成立すると、多くは御家人となって地頭に任じられた。室町時代には国人とよばれる階層に相当し、戦国大名に成長するものもあった。

さいとうさねもり [斎藤実盛] ?〜1183.5.21 平安末期の武士。実直の子。長井斎藤別当と称する。代々越前国在庁としたが、実盛のとき武蔵国長井(現、埼玉県妻沼町)を本拠とする。源義朝の郎従として保元・平治の乱に参加。その後平氏に仕え、1180年(治承4)源頼朝挙兵にあたり、富士川の戦に参加。83年(寿永2)加賀国篠原(現、石川県加賀市)で源義仲軍と戦い、このとき白髪を黒く染めて奮戦し、討死をとげたという。「源平盛衰記」は享年73歳とする。

さいとうし [斎藤氏] 中世の武士。藤原利仁の子叙用が斎宮頭に任じられ、斎藤氏を称したのに始まるという。中世、子孫は北陸地方中心に諸国で繁栄し、越前国を本拠とした疋田斎藤氏からは鎌倉・室町両幕府の奉行人を輩出。同じく越前国を根拠とした河合斎藤氏は、室町時代に美濃国守護土岐氏の守護代となり、妙椿や妙純らが活躍したが、その後家宰長井氏が実力をのばし、さらに長井氏に仕官していた西村新左衛門尉の子が国を奪って斎藤利政(道三)と称した。しかし、その孫竜興が織田信長に美濃国を追われた。

さいとうたかお [斎藤隆夫] 1870.8.18〜1949.10.7 大正・昭和期の政党政治家。兵庫県出身。東京専門学校卒。弁護士から衆議院議員となり、13回当選。1936年(昭和11)2・26事件後の第69議会で軍の政治介入を批判(粛軍演説)。40年の第75議会で陸軍による汪兆銘政権を中心とした日中戦争収拾策を論難し、議会から除名されたが(反軍演説問題)、42年の翼賛選挙で非推薦ながら当選。第2次大戦後は日本進歩党の結成に参加。第1次吉田・片山両内閣で国務相となった。

さいとうたつおき [斎藤竜興] 1548〜73.8.14 戦国期の武将。義竜の子。美濃国稲葉山城(現、岐阜市)城主。1561年(永禄4)家督となったが、織田信長の美濃進攻に直面。氏家卜全など美濃三人衆の離反もあり、67年美濃放棄を余儀なくされた。一向一揆・三好三人衆・浅井氏などをへて朝倉義景を頼ったが、73年(天正元)信長が義景を攻めた際、越前国刀禰と坂(現、福井県敦賀市)で敗死。道三以来の斎藤氏は滅亡。

さいとうどうさん [斎藤道三] 1494/1504〜15

56.4.20 戦国期の武将。美濃国稲葉山城(現,岐阜市)城主。実名利政。初名長井規秀。山城の商人から身をおこして一代で美濃国主になったといわれるが,父とみられる西村新左衛門尉は,大永年間すでに美濃で活動している。1533年(天文2)はじめて史料上に現れ,35年頃に土岐頼芸を守護に擁立,実権を握ったとみられる。38年以後斎藤氏を称す。朝倉・織田両氏など美濃内外の諸勢力と争ったが,48年織田信長を女婿とし,同盟を結んだ。52年頃,頼芸を近江に追放し,名実ともに美濃国主となった。54年嫡子義竜に家督を譲るが,これは引退を強要された結果とみられる。のち義竜と武力衝突になり,56年(弘治2)長良川合戦で敗死。

さいとうまこと [斎藤実] 1858.10.27～1936.2.26 明治～昭和前期の海軍軍人・政治家。陸奥国胆沢郡生れ。1879年(明治12)海軍兵学校卒。初代アメリカ公使館付武官や艦隊・海軍参謀部勤務のあと,98年に大佐で敵島艦長のとき海軍次官に抜擢された。日露戦争終了まで7年間(一時期海軍総務長官と改称)にわたり山本権兵衛海相を補佐。1906年山本のあとを継ぎ,5代の内閣で海相を歴任。12年(大正元)大将に昇進。シーメンス事件で14年辞職。19～27年(大正8～昭和2)・29～31年の2期にわたり朝鮮総督。5・15事件のあと32年5月～34年7月挙国一致内閣の首相となる。35年内大臣に就任したが,翌年2・26事件で反乱軍に殺害された。

さいとうまことないかく [斎藤実内閣] 5・15事件後,海軍長老の斎藤実が官僚,軍人,政友・民政両党から閣僚を組織した挙国一致内閣(1932.5.26～34.7.8)。軍部の政党批判が強い状況で,現状維持を期待された。政府は五相会議によって重要政策の決定を行った。内田康哉外相は「焦土外交」を唱え,満州国の承認,日満議定書の調印,国際連盟脱退を行ったが,のちに広田弘毅外相は「和協外交」を唱え,「防共」を通じて国際関係の修復を試みた。高橋是清蔵相は管理通貨制度の下で積極財政を展開し,昭和恐慌からの脱却に成果をあげた。しかし帝人事件によって大蔵省高官が逮捕されたため,内閣は責任をとって総辞職した。

さいとうもきち [斎藤茂吉] 1882.5.14～1953.2.25 大正・昭和期の医師・歌人。別号童馬山房主人。山形県出身。1896年(明治29)上京,医師斎藤紀一家に寄寓(のち婿養子となる)。東大卒,ひき続き精神病学を専攻。1906年伊藤左千夫に師事し「馬酔木」に参加。08年創刊の「アララギ」編集に尽力。13年(大正2)歌集「赤光」刊行,強烈な人間感情を古朴な万葉語で表現した。欧州留学後東京の青山脳病院を経営,そのかたわら旺盛な歌作や独自の写生論を展開。ほかに歌集「あらたま」。51年(昭和

26)文化勲章受章。

さいとばるこふんぐん [西都原古墳群] 宮崎県西都市西都原の台地上にある古墳前～後期の大古墳群。311基からなる。1912～17年(大正元～6)に宮崎県が主催し,東大・京大・宮内省・帝室博物館が30基を発掘。日本の近代的な古墳研究の第一歩として学史的にも重要な古墳群。前方後円墳32基,方墳1基,円墳278基のほか,地下式横穴墓10基,横穴墓12基がある。古墳の大部分は台地縁辺に並ぶが,台地内部に相接して古墳中期の男狭穂塚と女狭穂塚がある(ともに陵墓参考地)。男狭穂塚は円丘部径132m,全長148mの造出しつき円墳。女狭穂塚は墳長176mの前方後円墳で,九州最大の規模。直径37mの鬼の窟古墳は外堤と二重の周堀をめぐらす円墳で,唯一の横穴式石室をもつ。国特別史跡。

さいなんじけん [済南事件] 1928年(昭和3)中国山東省で北伐途上の国民革命軍と日本軍が軍事衝突して日本軍が済南を占領した事件。北伐の進展にともない,28年4月,田中義一内閣は居留民保護のため済南と膠済線沿線に派兵した(第2次山東出兵)。国民革命軍が日本軍の撤収を要求したこともあり,5月3日,小衝突をきっかけに両軍の交戦が始まった。日本側は,関係者の処罰や中国軍の武装解除要求が入れられないとわかるが,内地から1個師団を増派し,8日総攻撃を開始,11日までに済南中心部を占領(第3次山東出兵),中国側の死傷者は5000人に達した。翌年3月28日の外交交渉による解決で5月に日本軍は全面撤退した。

ざいにちちょうせんじん・かんこくじん [在日朝鮮人・韓国人] 1910年(明治43)以降の日本の朝鮮半島支配の歴史のなかで,土地喪失,日本の工業地帯の好況,戦時下の強制連行など,さまざまな理由で来日し,第2次大戦後の混乱で帰国できなかったり,自己の意志で帰国しなかった朝鮮人・韓国人およびその子孫。大戦終結時点の在日朝鮮人は約230万人であったが,その大部分はGHQの方針に従って早期に帰国し,47年(昭和22)の外国人登録時には約64万人に減少した。それ以前の戦前・戦中期には帝国臣民として参政権をもっていたが,戦後は参政権はなくなり,外国人としての登録を義務づけられた。法務省は52年に在日朝鮮人・韓国人の日本国籍喪失を宣言し,その結果戦時補償に関する一連の援護立法は適用されず,公務員の国籍条項による就職上の差別も続いた。近年,法規上は公務員の国籍条項などは順次はずされ,社会保障に関しても国民健康保険・国民年金・児童手当等が適用されて一定の改善がみられるものの,実態としての差別はなお残っている。

さいは

ざいばつ [財閥] 明治中期以降、出身地を同じくする資本家が協力して株式投資をし会社を支配する場合、甲州財閥などがそのグループを財閥とよび、明治末～昭和前期には三井・三菱など個々の富豪の経営体を財閥とよぶようになった。これらはジャーナリズム用語で、第2次大戦後の学術用語では(1)同族が封鎖的に所有する、(2)多角的事業経営体で、(3)各事業がそれぞれの産業で寡占的な地位を占めるもの、と定義するのが一般的である。経営史学では(3)を含めない見解も有力。(1)～(3)を厳格に適用すると三井・三菱・住友のみとなるが、安田・古河など多角化が不十分なもの、新興財閥の日産など封鎖的でないものを含めることもある。第2次大戦後の財閥解体によって解散した。

ざいばつかいたい [財閥解体] 第2次大戦後アメリカ政府の指令で実施された日本の非軍国主義化、民主化措置の一つ。日本政府はGHQの指導のもと、1945年(昭和20)11月会社解散制限令を公布し、財閥・大企業の資産凍結を図る一方、46年8月解体の実施機関である持株会社整理委員会を発足させた。結局は財閥本社83社を持株会社に指定し、委員会の管理下にその所有有価証券を売却処分し、財閥本社の解散と財閥家族による企業支配力の排除を徹底的に行った。また過度経済力集中排除法による大企業の分割・再編にも着手したが、これは占領政策の転換から不徹底のうちに終了。51年7月政府は財閥解体の完了を宣言した。

さいばら [催馬楽] 日本古来の宮廷歌謡。地方の風俗歌が雅楽化したもの。名称の由来には諸説がある。859年(貞観元)10月の広井女王の薨伝に「特に催馬楽歌を善くし」たとあるのが初見。7世紀末～9世紀初頭に都に伝えられた風俗歌は、9世紀前半には宮廷の催馬楽歌として整備されていたであろう。以後、醍醐朝までの時期に雅楽の楽曲の影響をうけ、楽器も横笛・篳篥・笙・琵琶・箏といった雅楽器を伴奏として奏されるようになれる。平安中・後期には隆盛し、宇多天皇の皇子敦実親王を流祖とする源家と、源博雅を流祖とする藤家などによって伝承された。のちしだいに衰退し、室町時代には廃絶したが、江戸初期以降また復興した。

さいばんしようしょう [裁判至要抄] 後鳥羽上皇のもとで、明法家坂上明基が1207年(承元元)に撰進した公家法の法制書。33カ条からなり、荒地の開発・出挙・売買・相続など、財産関係の項目を多くたてる。事書・律令格式の条文・撰者の案文からなり、逸文を多く含む。祖父明兼撰の「法曹至要抄」を踏襲しながら、悔返権については「御成敗式目」に近く、時流にあわせた法解釈も行われている。鎌倉中期の陽明文庫本が善本。「群書類従」所収。

サイパンとうのたたかい [サイパン島の戦] 太平洋戦争中の1944年(昭和19)、米軍の強襲上陸に始まる日米のサイパン島の争奪戦。アメリカは日本本土への爆撃基地を入手するため、6月15日空襲と艦砲射撃のあと同島南部の西海岸に海兵2個師団を基幹とする兵力を上陸させた。マリアナ沖海戦で制空海権を失った日本は、陸海軍4万余の兵力で水際陣地を作り守備したが、陣地が損害をうけたため夜間の逆襲に転じ、これが早期に戦力を消耗させた。18日に飛行場を、24日には島中央の最高峰を奪われ、7月7日に玉砕戦法を敢行した。1万人近い在留邦人も戦死や自決、最北端のマッピ岬から投身するなど、悲惨をきわめた。東条内閣は同島の陥落を契機に退陣した。

さいふ [割符] 「わっぷ・わりふ」とも。切符・切手とも。中世の為替手形。形式は不定だが、送金額や受取人・支払人(替銭屋)の名などが記され、これを受取人が指定の替銭屋に提示すると、一覧払いの場合はただちに換金され、期限払いの場合は替銭屋が裏付を行い、そこで指定日に支払われた。裏付を拒否された割符は違割符といい、その場合は受取人から送金依頼人に返送されて、割符を振り出した替銭屋に補償を請求する。

さいほうじていえん [西芳寺庭園] 上段に枯山水、下段に黄金池を中心として四島八橋をもつ池泉回遊式庭園で構成。苔におおわれ、西芳寺は苔寺の名で知られる。往時は現在の10倍近い面積をもち、夢窓疎石が経営された名園の名をはせた。国史跡・特別名勝。池畔の桃山期の茶室湘南亭は重文。

ざいむしょう [財務省] ⇒大蔵省

さいめいてんのう [斉明天皇] ⇒皇極天皇

さいめんのぶし [西面の武士] 院西面・西面とも。院御所の西面につめていたので、こうよばれた。後鳥羽院政下におかれた上皇の直属軍。院司の一つ。四位・五位の官人を含む北面と異なり、鎌倉御家人を中心とする武士からなる。院警固のほか、盗賊の追捕、南都北嶺の強訴に際しても出動した。承久の乱では上皇方の軍事力の中核をなしたが、幕府軍に破られ、乱後は廃された。

さいもつぽじょうやく [済物浦条約] 壬午事変に関する日本・朝鮮両国間の善後約定。善後処理の交渉が長びいて花房義質公使が仁川に引揚げたとき、交渉を拒否していた大院君が清国軍により天津に拉致されていたため、1882年(明治15)8月30日に李裕元らと調印。(1)襲撃犯人の逮捕・処罰、(2)日本側遭難者遺

族・負傷者の見舞金5万円, (3)損害賠償50万円, (4)公使館守備兵の駐留, (5)謝罪使の派日, などを約定。同日, 日朝修好条規の続約も結び, 日本の権益を拡張した。

さいらんいげん [采覧異言] 世界地理の書。5巻。新井白石著。1713年(正徳3)成立。1708年(宝永5)屋久島に潜入したイタリア人宣教師シドッティの訊問時に得た知識をもとに, 江戸参府のオランダ人からの聴取や, 中国の地理書などを参照してまとめた。7代将軍徳川家継の海外事情の理解に供することを目的とした。巻1はヨーロッパ, 巻2はリビヤ(アフリカ), 巻3はアジア, 巻4は南アメリカ, 巻5は北アメリカを扱い, 内容の大概は「西洋紀聞」中巻と重なる。鎖国下の日本の海外知識受容の基本書。1802年(享和2)山村才助が増補した(「訂正増訳采覧異言」)。「岩波文庫」「新井白石全集」所収。

さいん [左院] 明治初期の立法諮問機関。1871年(明治4)7月, 廃藩置県後の中央政治機構改革により正院・右院とともに設置。集議院の公議機関としての機能を引き継ぎ, 官選の議員(議官)をおいて立法について合議した。当初, 正院の命をうけて国会開設や議員選挙の具体案を答申したが実現しなかった。73年6月集議院の廃止により建白受理機能も吸収し, 憲法(国憲)・民法の編纂の職掌が加わった。75年4月廃止となり, 元老院が設立された。

さえきうじ [佐伯氏] 古代氏族の一つ。名の語源は「塞ぎる」で防守の意とする説が有力。佐伯部の祖は, 景行朝に播磨・讃岐・伊予・安芸・阿波各国に移された服属蝦夷と伝えられる。瀬戸内諸地域におかれた佐伯部を国造級地方豪族の佐伯直が管理・統率して上番し, さらに中央でそれらを佐伯連が管掌しておもに軍事的任務についたと考えられる。連姓の佐伯氏は大伴室屋の子孫で大伴氏とともに宮門を護衛したとされ, 同族意識が強い。宮城十二門の一つに佐伯門がある。684年(天武13)に宿禰姓を賜った。軍事力をもって活躍した人物が多いが, 9世紀以降衰えた。直姓佐伯氏は景行天皇の子の稲背入彦命の後裔とされ, 地方豪族が主であり, 9世紀以降宿禰姓を賜った者もある。厳島神社祠官の佐伯氏はこの系統か。ほかに造・首姓がある。

ざおうごんげんしんこう [蔵王権現信仰] 蔵王信仰とも。日本独自の仏, 蔵王権現に対する信仰。蔵王権現は金剛蔵王権現とも称し, 修験道の開祖とされる役小角が金峯山で修行中に感得した尊像という。忿怒相, 一面三眼二臂・青黒色の体軀で, 左手は剣印を結んで腰につけ, 右手に鈷杵をもって左足で磐石を踏む, 明王形をした修験道独自の像容である。蔵王権現が金峯山信仰と結びつくのは平安初期で, 後期になると蔵王権現信仰は大和大峰山の修験者たちによって全国各地に広められた。蔵王権現は修験者の守護神とされ, 修験道寺院では伽藍内に蔵王堂を設けて, 主尊として安置する例が多い。

さかい [堺] 大阪府の中央西南部に位置し, 大阪湾に臨む。摂津・河内・和泉3国の国境に位置するところから堺の名があてられた。大山古墳など多数の古墳が存在する。堺浦は内海航路の拠点で, 南北朝期には双方の争奪戦が展開され, 応仁・文明の乱後も海外貿易・商工業都市として繁栄。町人自治のもとに茶の湯をはじめとする町衆文化が創造されたが, 江戸時代には幕領となった。さらに, 鎖国や大坂の発展で港湾機能は低下した。1889年(明治22)市制施行。重化学工業都市となっている。

さかいだかきえもん [酒井田柿右衛門] 肥前国有田の伊万里焼の代表的陶工の家系。とくに初世が色絵の創始者として有名。先祖は筑後国上妻郡出身といわれ, 初世の父円西は元和年間に有田に移住し, 製陶を行ったと伝える。初世柿右衛門は喜三右衛門と称し, 1647年(正保4)以前, 伊万里の商人東島徳左衛門の援助をうけて, 白磁胎に色絵付する技法を中国人に学んで成功。しかし歴代の作風は明確でなく, いわゆる柿右衛門様式とよばれる色絵磁器は, 柿右衛門1人の作ではなく, 伊万里焼の陶工たちの技の結晶であることが, 近年の考古学調査で明らかとなった。

さかいただきよ [酒井忠清] 1624〜81.5.19 江戸前期の老中・大老。上野国前橋藩主。忠行の嫡男。忠世の孫。雅楽頭。1637年(寛永14)家督を継ぎ10万石を領した。翌年奏者を勤め, 41年従四位下に叙任。51年(慶安4)少将, 雅楽頭に改めた。53年(承応2)筆頭老中, 66年(寛文6)奉書加判を免じられ大老。4代将軍徳川家綱のもと, 老中阿部忠秋の引退後は独裁的な権力をふるい, 屋敷が大手門下馬札の前にあったことから, 下馬将軍と称されるほどであった。80年(延宝8)徳川綱吉の将軍就任後, 失脚。

さかいとしひこ [堺利彦] 1870.11.25〜1933.1.23 明治〜昭和前期の社会主義者。福岡県出身。号は枯川。日本社会主義運動の草分け的存在。「万朝報」記者となるが, 日露戦争への反戦を唱え退社。幸徳秋水らと1903年(明治36)に平民社を結成し, 「平民新聞」を発刊, 社会主義思想の普及に努めた。大逆事件後は売文社を結成, 「へちまの花」「新社会」を発刊し, 社会主義運動を続けた。22年(大正11)日本共産党の創立にも参加。

さかいばん [堺版]
南北朝期～織豊期に和泉国堺で出版された刊本の総称。古くは1364年(貞治3・正平19)道祐居士が中国魏の何晏撰「論語集解」10巻を刊行し「正平版論語」とよばれた。1528年(享禄元)には阿佐井野宗瑞が「医書大全」を刊行、日本最初の医書出版となった。また阿佐井野家は、明経博士家の清原宣賢の跋文を付して、33年(天文2)に無ьの「論語」(天文版論語)を刊行。堺南荘在住の普門院宗仲論師も1528年「韻鏡」を出版し、その後「大日本国帝系紀年古今一覧之図」の一枚摺を刊行。さらに、堺南荘石屋町の経師屋石部了冊は、74年(天正2)「四体千文書法」を復刻、90年「節用集」を刊行。

さかいぶぎょう [堺奉行]
江戸幕府の職名。遠国奉行の一つ。初期には堺政所と称した。堺の町政を行い、大坂町奉行とともに和泉一国の政務をとり、堺港に入る船舶・荷物も点検した。定員1人。開幕以前からおかれ、1696年(元禄9)に一時大坂町奉行の兼職となったが、1702年再設置。38年(元文3)に制定された役高は1000石、役料1500俵。老中支配、芙蓉間席で、従五位下。付属する与力ははじめ6騎のち10騎、同心ははじめ40人のち50人。

さかいほういつ [酒井抱一]
1761.7.1～1828.11.29 18世紀末から江戸で活躍した画家。姫路藩主酒井忠以の弟で、名は忠因なる。1797年(寛政9)出家し、文詮暉真と称する。号は抱一・屠竜(杜竜)・庭柏子・鶯邨・雨華庵など。青年期に狩野派や浮世絵を学び、寛政後期から尾形光琳に私淑、江戸における新しい琳派様式である抱一派を確立した。文人と広く交流があり、俳諧や狂歌でも活躍。代表作「夏秋草図屏風」「四季花鳥図巻」「十二カ月花鳥図」。

さかいまがら [堺真柄]
⇨近藤真柄

さがけん [佐賀県]
九州の北西部に位置する県。旧肥前国の北東部を県域とする。1871年(明治4)廃藩置県により厳原・唐津・佐賀・小城・蓮池・鹿島の6県が成立。同年9月厳原県と佐賀県が合併して伊万里県となり、11月他の4県も伊万里県に合併。72年旧佐賀藩領のうち諫早・神代・伊古・西郷・深堀地方が長崎県に編入された。同年伊万里県は佐賀県と改称し、旧厳原県のうち対馬を長崎県に移管された。76年佐賀県は三潴県に併合された。まもなく三潴県が廃止となり旧佐賀県全域が長崎県の管轄下におかれたが、83年肥前10郡を分離して佐賀県が再置された。県庁所在地は佐賀市。

さかしたもんがいのへん [坂下門外の変]
1862年(文久2)1月15日、尊攘派志士が老中安藤信正を襲撃した事件。信正は井伊直弼の死後、幕閣の中心となり、水戸藩に対して高圧的な態度をとった。また公武合体策として和宮降嫁を実現し志士を激昂させた。宇都宮藩の儒者大橋訥庵は攘夷決行の義兵計画を企て、水戸藩志士の助力を求めた。61年11月下旬、水戸藩志士の信正襲撃策に一致し、62年1月15日の決行を定めた。大橋は3日前に別の嫌疑で捕らえられたが、水戸浪士と宇都宮侗の計6人は登城する安藤を坂下門外で襲撃し、全員討死した。遅参した水戸浪士川辺左次右衛門は萩藩に「斬奸趣意書」を届けて自刃。負傷した安藤を老中を罷免され、公武合体運動は退潮し、朝廷の権威が増大した。

さかたとうじゅうろう [坂田藤十郎]
1647～1709.11.1 歌舞伎俳優。元禄期の京坂を代表する名優。俳名冬貞。写実芸にすぐれ、上方の和事芸を確立。1678年(延宝6)に演じた「夕霧名残の正月」の藤屋伊左衛門で評判をとり、生涯の当り芸とした。近松門左衛門と提携した93年(元禄6)頃から約10年間が最盛期。劇作も手がけ、座本も勤めた。以後3世まで続き、2世は初世の弟分でその芸を模倣。通称伏見藤十郎。3世は元文～安永期の人。実事から世話実に進んだ。

さがてんのう [嵯峨天皇]
786.9.7～842.7.15 在位809.4.1～823.4.16 桓武天皇の皇子。名は賀美能(神野)。母は藤原良継の女乙牟漏。平城天皇の同母弟。806年(大同元)平城の皇太弟に立ち、3年後に譲位をうけて践祚し、かわって平城の皇子高岳親王が皇太子に立てられた。しかし、翌810年(弘仁元)嵯峨は武力をもって平城の動きを封じ(薬子の変)、異母弟大伴親王(淳和天皇)が皇太弟に立てられた。その後30年間表面上は平穏にすぎ弘仁文化が栄えたが、水面下で皇位継承問題が深刻化し、嵯峨上皇の死の直後には承和の変が勃発した。藤原冬嗣・同良房を重用し、この家系との婚姻を進めた。詩文に優れ、書も三筆に数えられる。

さかとざ [坂戸座]
大和猿楽の一つ。坂戸は奈良県平群らく町近辺。法隆寺西円堂の猿楽として鎌倉時代から同寺の六月会に参勤する一方、円満井座・結崎座・外山座とともに興福寺薪猿楽・春日若宮祭・多武峰八講猿楽にも参勤。長い間金剛座の古名とされていたが、「翁」を演じる組織の翁座としての坂戸座から能芸を主とする能座の金剛座が派生した。金剛座の名は南北朝期～室町初期に座の棟梁となった金剛権守に由来するか。

さかのうえのたむらまろ [坂上田村麻呂]
758～811.5.23 平安時代初め、蝦夷征討に活躍した武将・公卿。苅田麻呂の子。大宿禰

姓。791年(延暦10)征夷副使となり，大使大伴弟麻呂の指揮下で戦果をあげ，795年従四位下。翌年に陸奥出羽按察使兼陸奥守·鎮守将軍を兼帯。797年征夷大将軍となり，801年蝦夷征討を実施，功により従三位。翌年，陸奥国胆沢城造営使として下向すると，蝦夷の族長阿弖流為らが降伏。彼らを伴い上京，助命を嘆願したが聞きいれられなかった。804年，征夷大将軍に再任。翌年には坂上氏初の参議となる。のち正三位大納言。811年(弘仁2)粟田別業で没した。贈従二位。清水寺を創建したと伝える。

さがのらん [佐賀の乱] 1874年(明治7)2月に佐賀県でおきた士族の反乱。73年10月の政府分裂後，佐賀県では不平士族が征韓党や憂国党を結成し，不穏な情勢にあった。政府の武力介入が計画されるなか，参議を辞し帰郷して征韓党の首領の江藤新平は，憂国党の首領に推された元秋田県権令の島義勇と手を結び，2月15日両党は蜂起して県庁を襲撃した。反乱軍は約1万2000人で，緒戦では優位に立ったが，期待した他県の不平士族の呼応はなく，参議大久保利通の指揮下の鎮台兵によって3月1日鎮圧された。江藤は逃れて鹿児島や高知に潜入し，西郷隆盛や林有造に決起を促したが拒否され，28日高知県甲浦で逮捕された。島も逃亡後逮捕され，江藤と島は梟首に，ほか11人が斬首となった。

さがはん [佐賀藩] 肥前藩とも。肥前国佐賀(現，佐賀市)を城地とする外様大藩。1584年(天正12)領主の竜造寺隆信が島津·有馬両氏連合軍との戦いで敗死し，重臣鍋島直茂に実権が移動。関ケ原の戦で西軍に属したが，徳川家康の命による筑後国柳河の立花宗茂攻めの功により旧領が安堵され，直茂の子勝茂が竜造寺氏の家督を継ぐかたちで鍋島佐賀藩が成立，以後11代にわたる。藩領は肥前国10郡のうち35万7000石余。藩成立の事情から竜造寺系家臣の勢力が強く，1611年(慶長16)と21年(元和7)の2度にわたり家臣から三部上地(知行地の30%召上)を行い，これをもとに小城·蓮池·鹿島の3支藩や白石鍋島家などの一門を創設した。長崎警備を福岡藩と隔年で勤めたが，財政負担も多大で，新田開発を行う一方，家中御蔵走米·米筈(藩札)発行·大坂からの借銀をくり返す。フェートン号事件では長崎警備の不備がつかれ，藩主斉直が逼塞を命じられた。しかしその子直正は借銀の7割5分献金，均田法による小作貧農層分解阻止，陶器·蠟·石炭の専売や外国輸出などで藩財政を強化。洋式軍事工業を導入して諸藩中屈指の軍事力を保持し，維新後の明治政府のなかで地位を高めた。詰席は大広間。藩校弘道館。廃藩後は佐賀県となる。

さがみのくに [相模国] 東海道の国。現在の神奈川県西部。「延喜式」の等級は上国。「和名抄」では足上·足下·余綾·大住·愛甲·高座·鎌倉·御浦の8郡からなる。国府は高座郡(現，海老名市)，足下郡(現，小田原市)，大住郡(現，伊勢原市など)など諸説があるが，鎌倉初期には余綾郡(現，大磯町)に移転したらしい。国分寺は高座郡(現，海老名市)と，足下郡(現，小田原市)の千代廃寺に比定する2説がある。一宮は寒川神社(現，寒川町)。「和名抄」所載田数は1万1236町余。「延喜式」では調庸は各種の綿·布帛で，中男作物として紙·紅花·茜·䱝·堅魚など。駿河国との境の足柄坂は交通の要所で，坂東の地名の由来ともなった。平安後期には大庭·梶原·三浦氏らが勃興した。源頼朝は挙兵後幕府を開き，鎌倉はその中心地として栄えた。三浦氏が守護をつとめたが，同氏滅亡後守護はおかれなかった。室町中期には鎌倉公方がおかれ，関東を管轄した。戦国期には後北条氏が小田原に本拠を構えたが，豊臣秀吉に滅ぼされた。江戸時代は小田原藩領以外はすべて寺領と旗本領。1868年(明治元)横浜に神奈川県がおかれ，71年神奈川県と足柄県が成立。76年足柄県は神奈川県に合併。

さかもぎ [逆茂木] 敵の襲撃に備えて，鹿の角のようになった茨の枝などを逆立てて地に差したり，垣に結ったりした防御具。「さかもがり」の略という。臨時築城の際の要素の一つで，治承·寿永の内乱期頃から現れ，中世を通じて使用された。施設としては単純なものであり，自軍の攻撃の際には容易にとり除くことができ，また一時的ではあるが，敵の進行を遮断することもでき，自軍に攻撃の余裕をつくった。

さかもと [坂本] 滋賀県大津市北部の地名。比叡山の東麓で，延暦寺の門前町。山麓の日吉大社や日吉馬場の両側に穴太積の石垣に囲まれた里坊が並ぶ。中に名園をもつ滋賀院門跡がある。「吾妻鏡」によると，1211年(建暦元)坂本の2000余の建物が焼失したとあり，往古の繁栄がしのばれる。室町時代は酒屋·土倉·問丸の活動で知られ，1379年(康暦元·天授5)の馬借一揆は坂本でおこった。

さかもとたろう [坂本太郎] 1901.10.7～87.2.16 昭和期の日本史学者。静岡県出身。東大卒。東京大学文学部教授として多くの人材を育成，また同史料編纂所長として事業の発展に貢献し，その後も国学院大学教授などを勤めた。「日本書紀」など日本古代の諸文献の史料としての性格を明らかにし，律令制度など古代史の諸問題について考究し，厳密な史料批判のうえにたつ古代史研究の基礎を確立した。1982年

(昭和57)文化勲章受章。著書「大化改新の研究」「日本古代史の基礎的研究」。「坂本太郎著作集」全12巻。

さかもとりょうま [坂本竜馬] 1835.11.15?～67.11.15 幕末期の志士。土佐国高知藩の郷士。1853年(嘉永6)から江戸の千葉道場で剣道を修める。61年(文久元)武市瑞山の土佐勤王党に参加したが、62年脱藩。江戸に出て、幕臣で蘭学者の勝海舟の門に入り、強い思想的影響をうける。のち勝の主宰する神戸海軍操練所の設立に参画。西郷隆盛・木戸孝允・横井小楠らと親交を結び、66年(慶応2)1月薩長連合の盟約を成立させ、幕府の長州再征を失敗させた。この間、鹿児島藩の援助を得て長崎に亀山社中を作って海運業をおこした。67年藩公認で海援隊(もと亀山社中)を指揮し、高知藩主山内豊信を動かして大政奉還を実現した。同時に「船中八策」を構想し、新政実現に努力中、11月15日京都の近江屋で暗殺された。

さかや [酒屋] 酒造業者および酒を販売する者。酒屋は鎌倉・室町時代を通じて増加し、北野神社に属する座衆が酒麹の製造・販売の特権をもち、米の集散地である京都は酒造業の中心であった。地方の「田舎酒」として坂本・奈良・摂津西宮などで酒造が盛んとなった。酒造業は多額の資本を要するため高利貸を兼ねるのが多く、室町幕府はこれに酒屋役・麹役とよぶ多額の営業税を課し、幕府の主要財源とした。江戸時代に入ると伊丹・池田・灘などで大規模酒造業が出現、彼らもまた高利貸を兼ねることが多かった。幕府はこれら酒造業者を酒株によって課税・統制した。明治期に入り政府は酒造税を大幅に上げたが、これに対して全国酒造業者は1882年(明治15)酒屋会議を開いて抗議した。

さかやき [月代] 「つきしろ」とも。月額とも。男性の前額部から頭頂部にかけての髪を剃ったもの。起源は諸説あり、中世の貴族が冠や烏帽子をかぶるとき、額の髪がみえないように半月形にしたことから名づけられたとも、戦の際に逆気をぬき、兜のむれを防いだことからともいわれる。中世末からは露頂の風俗となり、毛抜や剃刀等を用いて日常的に行われるようになると、月代剃りを職業とする髪結も登場した。江戸時代には庶民にも定着して成人のしるしとなり、1871年(明治4)の断髪令まで続いた。

さかややく [酒屋役] 室町幕府が財政を支えるためおもに京都・奈良の本酒屋である醸造酒屋に課した税。1322年(元亨2)後醍醐天皇が従来の酒屋への各所からの課役を、造酒正のもと徴収を一本化しようとした。その後、室町幕府は93年(明治4)の「洛中辺土散在土倉並酒屋役条々」で、造酒正の酒麹役以外の寺社などの本所の特権を否定し、酒屋役が確立。酒壺別に課され、毎月幕府に納入された。別に臨時に課されることもあったが、他の課役は免除されている。徴収は納銭方一衆が行った。

さがらし [相良氏] 中世の武家、近世大名家。藤原南家乙麻呂流。周頼が遠江国相良(現、静岡県相良町)に住んで相良氏を称したのに始まる。鎌倉初期、頼景は御家人となり肥後国多良木(現、熊本県多良木町)に下向。子の長頼は同国人吉荘(現、熊本県人吉市付近)地頭となり、以後、多良木系を上相良、人吉系を下相良とよんだ。南北朝期には下相良の頼広・定頼・前頼の3代が南朝に仕え、肥前国守護となる。のち下相良の庶家永富氏の長続が惣領となってから勢力を拡大、球磨・八代・葦北の3郡を領する戦国大名に成長。関ケ原の戦に徳川方となり、旧領を安堵され、代々人吉藩主2万2000石。維新後、子爵。「相良家文書」を伝える。→巻末系図

さがらしはっと [相良氏法度] 肥後国人吉に拠った戦国大名相良氏の法度。為続・晴広2代の法度を収める「為続長毎両代之御法式」と、晴広を加えた3代の法度を収める「御法度条々」の2種の写本が残る。前者は晴広による再確認をへたもの。領国を構成する八代・球磨・葦北の3郡には、国人の自生的な結合組織である郡中惣があった。相良氏の法は、郡中惣の自律的な掟制定を基盤としていたとする見方があり、本来は球磨郡を対象とした郡中惣掟あるいは一揆契状に近い性格のものを母体に、相良氏の承認をへて法度となったものらしい。この見方によれば、一揆契状から分国法への発展過程の中間形態として位置づけられる。「日本思想大系」所収。

さがらそうぞう [相楽総三] 1839～68.3.3 幕末期の尊攘派志士。下総国布相馬郡出身の郷士の子。本名小島四郎左衛門将満。江戸生れ。国学と兵学を修め、1861年(文久元)志士となり関東を中心に活動。天狗党の筑波山挙兵に参加、のち鹿児島藩江戸藩邸に浪士隊を結成し、江戸とその周辺地の擾乱にあたる。68年(明治元)1月赤報隊を結成し、自分が建白して採用された年貢半減令を布告して東山道を進むが、東山道総督府に偽官軍として捕らえられ斬首。

さかん [主典] 律令官制で諸司の四等官のうちの第4等官。官司により、史・録・属・令史・疏・志・典・目と書きわけ、郡司の主帳、家司の書吏もこれにあたる。職掌は授受した公文書の記録、文書の起草、公務遅失の検出、公文書の申読など。原則として、すべての官司に長官とともにおかれ、大・少の二つにわけられることも多い。

さきさかいつろう [向坂逸郎] 1897.2.6～1985.1.22 大正・昭和期の経済学者。福岡県出身。東大卒。ドイツ留学後の1925年(大正14)九州帝国大学助教授、翌年教授。28年(昭和3)3・15事件の余波で大学を追われ、評論活動に入る。日本資本主義論争では労農派の論客として健筆をふるう。37年人民戦線事件に連坐。第2次大戦後九大に復職し、『資本論』の翻訳を完成。社会主義協会の生みの親の1人。著書「日本資本主義の諸問題」。

さきたてなみこふんぐん [佐紀盾列古墳群] 奈良盆地北辺の奈良市佐紀町・歌姫町・法華寺町の丘陵地帯に分布する古墳前・中期の古墳群。東西2.5km、南北1.5kmの範囲に14基の前方後円墳と多数の中小古墳からなるが、大きく二つの群にわかれる。西群は五社神古墳・陵山古墳・石塚山古墳・瓢箪山古墳などを中心に、4世紀後半代～5世紀前半代に築造。東群のヒシャゲ古墳・コナベ古墳・ウワナベ古墳・市庭古墳などは5世紀前半代～後半頃に築造され、古墳の築造が西群から東群に移動したことがわかる。陵山古墳を除いて、内容の明らかな大型前方後円墳はないが、大和政権の墓域の変遷を考えるうえで重要な古墳群。

さきたまこふんぐん [埼玉古墳群] 埼玉県行田市にある8基の前方後円墳と1基の大型円墳および小円墳群からなる古墳前・中後期の古墳群。1938年(昭和13)には9基の大型古墳が国史跡に指定。66年には「さきたま風土記の丘」の整備が着手され、68年の稲荷山古墳の発掘以降、順次調査を実施、整備された。国宝の金錯銘鉄剣を出土した稲荷山古墳、直径約100mの日本最大の円墳である丸墓山古墳、県内最大の前方後円墳の二子山古墳、全国で2例しか確認されていない馬冑を出土した将軍山古墳などを含む。全国的にも著名な古墳群。

さぎちょう [左義長] 小正月の火祭の一つで、平安時代にすでに15日は18日に陰陽師が関与する宮廷行事としての記録がある。類似の行事はドンド・トンド・サイトウなど地方によって呼び方が異なり、九州では7日のオニビがこれにあたる。いずれも注連縄や松飾などの正月飾や達磨・書初めなどを子供たちが集めて、道祖神の近くや神社の境内などで焼く。円錐形に積みあげて点火するが、その芯に3本の竹や木をくんで三脚状にしたのが左義長の語源ともいわれる。子供たちが集まって仮小屋として食事をともにしてから火をつけるところもあり、鳥追やカマクラなどとの関連がうかがえる。火にあたるとその年を健康に過ごせるとか、火で焼いた餅を食べると風邪をひかないなどという。

さきもり [防人] 古代に対外防衛のため、西海の辺境に配備された兵。白村江の敗戦後、664年に対馬・壱岐・筑紫においたのが、初期の整備とみられる。律令制が成立すると軍防令に防人制が規定され、軍団兵士が3年間遣わされるものとされた。出身地は全国均等ではなく、東国が多かった。737年(天平9)に筑紫の防人を停止したことがあるが、このとき約2000人が東国に帰郷している。その後、東国からの防人の復活もみられたが、大宰府の東国人派遣の要望に反して、政府は西海道出身者を配備する政策を進めた。795年(延暦14)壱岐・対馬以外の防人は廃止され、804年には壱岐の防人も廃止。以後、部分的復活もあったが、やがて消滅した。

さきもりうた [防人歌] 防人の作った歌。「防人歌」という標題は『万葉集』巻14にのみ現れるが、巻20にも755年(天平勝宝7)2月、難波に集結した諸国の防人の歌84首を中心とする93首を載せる。天平勝宝7年の歌群は、防人を検閲するために難波にきていた兵部少輔大伴家持が防人部領使を通じて入手したもので、防人の出身国ごとにまとめられ、1首ごとに防人の出身郡・地位・名前が記される。一見勇ましく慎ましい表現の底には、自己の意思に反して徴発され、それまでともに暮らしてきた肉親や故郷との離別をしいられた防人の悲傷と痛恨がこめられている。

さく [柵] (1)「き」とも。城柵とも。7世紀以降律令政府が東北の蝦夷を治めるために築いた行政施設。柵や築地で囲まれ、櫓を要所に備えるなど一定の防御機能をもつ。新潟県渟足柵・宮城県多賀城・岩手県胆沢城など21の柵が知られる。(2)11世紀後半に安倍氏・清原氏など東北地方の豪族が築いた城郭。発掘された秋田県横手市の大鳥井柵は、幅6mの堀と高さ1.3mの土塁を巡らした本格的な城郭であった。

さくげんしゅうりょう [策彦周良] 1501.4.2～79.6.30 戦国期の禅僧。諱は周良、字は策彦。謙斎とも称する。井上宗信の子。1518年(永正15)天竜寺で得度。大内義隆の要請で37年(天文6)と47年の2度、入明進貢船団の副使・正使の任につき入明。その後、天竜寺妙智院に住み、同寺の護持につとめた。2度の入明の旅を克明に記録した『策彦入明記』がある。また五山文学僧として活躍し、詩文を残す。

さくこ [柵戸]「きのへ・きへ」とも。古代、東北地方や南九州地方にたてられた城柵に付属した民。東北地方の蝦夷に対した城柵の柵戸が著名。政府は城柵をたて、柵戸を諸国から移配し、城柵の周りに住まわせて開拓させ、しだいにその地域に律令制支配をうちたてていった。はじめ一般民戸を戸単位に移配したが、や

がて人単位となり，8世紀中頃以降，浮浪人や罪人が送りこまれるようになった。

さくしき [作職] 作人職・百姓職とも。中世，田地の直接耕作者がもっていた職。おもに畿内でみられる。耕作権，一定の収益取得権，さらに寄進・売買の自由をも含んだ土地所有権で，同時に年貢負担の義務を負った。中世初期から作手(さくて)として職の体系外に存在した一定の権利が，領主支配の対象として把握されたもの。従来，作職は名田(みょうでん)の分解によって名主職(みょうしゅしき)の下に重層的職として分化したといわれてきた。しかし近年では，名主職は徴税責任者として荘園領主が任命する職務で分化はありえず，名体制の解体で表面化した事実上の年貢納入者の権利を表現したものと理解されている。

さくつけせいげんれい [作付制限令] ⇨田畑勝手作の禁令(でんぱたかってつくりのきんれい)

さくにん [作人] 平安中期～中世の田畠の請作者。10世紀以降の公田や荘園の経営は，毎年請作者を募って行われた。請作者である田堵(たと)は作人とも称された。その権利をのちには作職(さくしき)といい，売買の対象となった。

さくほう [冊封] 「さっぽう」とも。前近代，中国の皇帝が周辺諸国の君長に対し冊書(さくしょ)・称号を授け，国王に封じること。冊封によって生じる関係を冊封関係といい，中国と諸国とは宗主国と藩属国という君臣関係にたつ。宗属関係の具体的表現が朝貢で，藩属国の使節は中国皇帝に対して，土産の物を献上して君臣の礼をつくし，皇帝は回賜(かいし)として多くの返礼物を与え，大国の威徳を示した。中国には，自身を礼・法を体現した文化地域すなわち中華とし，周辺地域は文化を知らない夷狄(いてき)とみる華夷(かい)思想が古来からあり，中華の威徳を周辺諸国に及ぼすのが冊封関係であると考えられていた。諸国の王は，自身の地位の正統性を中国から認められることで，自国内の王権の強化・安定をはかろうとして冊封に応じた。

さくほうし [冊封使] 「さっぽうし」とも。中国王朝が朝貢国の君主に王号などの授与のため派遣する使者。冊封は中国内の任命方法が周辺諸国へと適用され，中国中心の華夷秩序を形成した。冊封体制下の朝鮮，琉球，安南(ベトナム)，日本などへ冊封使が派遣され，新王に詔・勅や冠服などを頒賜した。琉球へは明代に武寧(ぶねい)にはじまる正使の時中以降11人，清代には張学礼などの計8人が派遣された。

さくましょうざん [佐久間象山] 1811.2.28～64.7.11 「ぞうざん」とも。幕末期の思想家・兵学者。信濃国松代藩の下級武士の子。妻は勝海舟の妹。名は啓(ひらき)，象山は号。16歳から漢学の修業を始め，佐藤一斎に師事。1839年(天保10)江戸に私塾象山書院を開く。老中海防掛の松代藩主真田幸貫(ゆきつら)の命により蘭学・砲術を学んだ。40年アヘン戦争で中国がイギリスに敗れたことに強い衝撃をうけ，その原因を思想や学問のあり方の問題として捉えることによって，中国の轍をふまないことを課題とし，西洋諸国に関する認識を転換することに力を尽くした。54年(安政元)吉田松陰の密航事件に連坐して松代に蟄居。赦免後，幕命により上京，一橋(徳川)慶喜(よしのぶ)に時務を建策したが，64年(元治元)7月，京都で尊攘派に暗殺された。著書「省諐(せいけん)録」。「増訂象山全集」全5巻。

さくらいじょうじ [桜井錠二] 1858.8.18～1939.1.28 明治～昭和前期の化学者。加賀国生れ。イギリスに留学後，1882年(明治15)東京大学教授。溶液の沸点上昇測定法を改良。理論化学を歴史的に教授し，化学教育に尽くす。98年帝国学士院会員，のち院長。理化学研究所・日本学術振興会の設立に努力し，日本の学術体制整備に努めた。第2次大戦前に渡英して日英関係の改善をはかったが成功しなかった。貴族院議員。

さくらかい [桜会] 昭和初期の陸軍革新派将校の結社。1930年(昭和5)9月に参謀本部ロシア班長橋本欣五郎中佐が設立。橋本はトルコ駐在武官のときに，ケマル・アタテュルクの軍事的独裁によるイスラム国教の廃止などの国内改革をみて帰国。当時の日本は大不況下で，農村の窮乏，多数の失業者，政党政治の無為腐敗に国民の不満は高まり，ロンドン海軍軍縮会議調印における文官優位，統帥権の危機を感じた橋本は，現状を打開する国家改造を目的として会を設立。会員は中佐以下の陸軍省・参謀本部に勤務する将校を主とした。会員数は100人前後。綱領で国家改造のためには武力の行使も辞せずと，「軍人勅諭」で禁じられた軍人の政治関与を公然と主張し蒙問題解決を同時進行させ，3月事件・満州事変・10月事件に関与した。10月事件で橋本ら13人が形式的処罰をうけて自然消滅した。

さくらそうごろう [佐倉惣五郎] 生没年不詳。江戸時代の義民。下総国佐倉藩領公津(こうづ)村の名主として，藩主堀田氏の苛政を東叡山社参途中の将軍へ直訴，苛政は撤廃されたが磔刑に処された。死後妻子への処刑を不満として怨霊となり，堀田氏にとりついて改易の要因をつくったとされるが，一揆の事実は確認できない。1750年代以降顕彰活動が活発化し，「地蔵堂通夜物語」などの物語が作られた。1851年(嘉永4)江戸で上演された「東山桜荘子」が評判になり，幕末～明治期にはさまざまな外題で上演され，以後この物語が流布するとともに，義民の代表とみられるようになった。

さくらだもんがいのへん [桜田門外の変] 18

60年(万延元)3月3日,水戸・鹿児島両藩の浪士が大老井伊直弼を暗殺した事件。井伊の勅許を得ない条約調印と将軍継嗣問題の処理に激怒した孝明天皇は水戸藩に戊午の密勅を下したが,井伊は安政の大獄を断行し,反対派の一掃を企てた。1858〜59年(安政5〜6)反井伊の鹿児島・水戸両藩の志士の提携がほぼ成立した。60年3月3日早朝,愛宕山に集合した浪士18人が桜田門外で襲撃,大老の首級をあげた。浪士側の多くは討死・自刃,逃亡後捕らえられ死罪・追放となり,2人が存命。暗殺は井伊の恣意的な政治と尊王攘夷派弾圧に対する憤りの結果だったが,大老の死は幕府権威を失墜させ,幕政情を転換させる契機となった。

さくらだもんじけん [桜田門事件] 1932年(昭和7)1月8日におきた天皇暗殺未遂事件。朝鮮人李奉昌は天皇暗殺を計画,陸軍観兵式から戻る天皇の行列を警視庁前で待ちうけて手投弾を投じたが,宮内大臣の馬車付近に落下,負傷者はなかった。宮内大臣の馬車を天皇のものと誤認した結果であった。李は直ちに捕らえられ,9月30日死刑の判決をへて10月10日処刑された。犬養内閣は即日総辞職を決めたが,天皇の優諚で全員留任。

さくらまちてんのう [桜町天皇] 1720.1.1〜50.4.23 在位1735.3.21〜47.5.2 中御門天皇の第1皇子。名は昭仁。母は近衛家熙の女贈皇太后尚子(新中和門院)。1720年(享保5)儲君に定められ親王宣下。28年立太子,35年父の譲位で践祚。47年(延享4)皇太子遐仁親王(桃園天皇)に譲位。光華徳川吉宗による諸朝儀の再興を喜び,官位制度の規範に意を注ぐ。歌道を嗜み,44年(延享元)烏丸光栄から古今伝授をうけた。

ざぐりせいし [座繰製糸] 生糸生産の技術形態の一つ。繰糸工が繰糸と同時に糸枠を回転させる点が器械製糸と異なるが,回転をベルト(奥州座繰)や歯車(上州座繰)で加速させる点が在来の手挽と異なる。数人以上の座繰マニュファクチュアもあったが,家内工業として行われるのが普通だった。幕末開港以後,各地に座繰技術が普及し,器械製糸が普及してからも両者の生産力格差が大きくないことから,明治末期まで生産量は増加し続けた。

さこく [鎖国] 江戸幕府の孤立的な対外関係のあり方。幕府は1633年(寛永10)に始まるいわゆる鎖国令により,日本船の海外渡航の禁止,海外在住の日本人の帰国の禁止,貿易地の制限,ポルトガル人の追放を命じ,長崎でオランダ船・中国船との貿易のみを行う体制を築いた。この政策のおもな目的は,当時全国に広がっていたキリスト教の禁止と宣教師などの国内潜入防止にあり,39年以後は九州を中心とする沿海防備体制が形成された。ただし朝鮮とは府中(対馬)藩を介して国交を結んでおり,琉球も鹿児島藩の支配下にあったから,文字どおり国を閉ざしたわけではない。この点に注目して「海禁」という概念も用いられている。はじめ幕府には鎖国したとの認識はなかったが,19世紀初頭にロシアの貿易要求を拒絶した頃から鎖国が祖法であるという観念が成立し,幕府すら拘束する最重要の体制概念となった。1853年(嘉永6)アメリカ使節ペリーが来航し,その開国要求に屈して鎖国は終わった。

さこくれい [鎖国令] 1633〜36年(寛永10〜13)に毎年出された幕府の長崎奉行宛の下知状と,39年のポルトガル人追放令の総称。前者は33年徳川家光が親政にあたって長崎奉行竹中重義を罷免したため,新任の長崎奉行に長崎での政務の大綱を示したもの。キリスト教徒の捜索・逮捕が命じられたほか,33・34年には奉書船以外の日本船の海外渡航禁止,海外在住の日本人の帰国制限など,35年には日本人の海外渡航の全面禁止,海外在住の日本人の帰国禁止,貿易地の長崎・平戸への限定など,36年にはポルトガル人との混血児の国外追放が規定された。39年のものは島原の乱をきっかけに旧教国であるポルトガル人の追放を命じた法令で,同時に国内の諸大名には沿岸の防備が命じられた。これらの諸政策は,海外からの宣教師潜入や日本人が海外でキリスト教徒になるのを防ぐことを主眼にしていたが,あわせて貿易統制の諸政策の総決算でもあり,日本人の海外渡航が禁止されて海外から孤立するなど,江戸時代の政治・外交体制に大きな影響を与えた。

さこくろん [鎖国論] 江戸後期,蘭学者志筑忠雄が訳述した政論書。上下2巻。1801年(享和元)成稿。長崎出島商館医師ケンペルの「日本誌」付録第6章を翻訳・補説したもので,鎖国という語の初見とされる。同書のなかで,ケンペルは,現状のもとでは幕府の政策を是としており,志筑も鎖国是論位に立っている。幕末まで写本で流布し,多くの論者に読まれたが,50年(嘉永3)黒沢翁満慊斎の「異人恐怖伝」の書名で刊行された。「日本文庫」所収。

ざこば [雑喉場] 本来は,領主に上納する高級魚を中心に扱う魚市場に対し,もっぱら一般むけの雑魚の取引を行う魚市場をさす。大坂では,1618年(元和4)にそれまで天満町・靭町にあった魚市場が上魚屋町に移転し,幕府へ高級魚を納めて市内唯一の魚市場の特権をえた。しかし淀川沿いから離れ市中に入ったため,魚の傷みやすい春・夏は川下の鷺島で出張取引を始め,近隣の野田・福島村の漁師も雑魚や川魚を持参したのが雑喉場の始まり。のちすべての生魚取引が鷺島で行われるようになり,魚市

場と雑喉場が同домен座になった。

さごろもものがたり [狭衣物語] 平安中・後期の物語。4巻。作者は六条斎院禖子内親王の女房宣旨(源頼国の女)とする説が有力。1040〜80年代の成立らしい。「源氏物語」の薫的な男主人公と数々の女君との恋物語。「源氏物語」などの先行作品に準拠しつつ緻密に物語を構成し、引歌など技巧を駆使した絢爛たる文章で、中世には「源氏」「狭衣」と並称された。「日本古典文学大系」「新潮日本古典集成」所収。

ささきそういち [佐々木惣一] 1878.3.28〜1965.8.4 明治〜昭和期の憲法学者。鳥取県出身。京大卒。京都帝国大学助教授をへて1913年(大正2)に教授となるが、33年(昭和8)滝川事件に抗議して辞職。客観的論理主義に徹した憲法学の体系を示して東の美濃部達吉と並び称された。第2次大戦後は近衛文麿のもとで憲法改正案を起草したが未公表となり、さらに憲法審議に参加、新憲法案に反対した。52年文化勲章受章。著書「日本憲法要論」「日本国憲法論」。

ささきたかうじ [佐々木高氏] 1306〜73.8.25 京極高氏とも。南北朝期の武将。宗氏の子。四郎。佐渡大夫判官。外祖父宗綱をついで京極家の家督を継承。1326年(嘉暦元)北条高時の出家に従って剃髪、道誉(正しくは導誉)と称す。32年(元弘2)後醍醐天皇の隠岐配流の警固を勤めた。翌年足利氏に従って六波羅探題を滅ぼし、建武新政では雑訴決断所奉行人。中先代の乱(1335)で尊氏が関東へ下向すると先鋒を勤め、室町開幕後は評定衆、引付頭人・政所執事、および若狭・近江・出雲・上総・摂津・飛驒各国守護を歴任。40年(暦応3・興国元)妙法院焼打事件で上総へ配流の際、出京のいでたちは山門・朝廷を表嘲しるものであり、婆娑羅大名の典型とされる。配流は履行されず、まもなくゆるされて出仕。観応の擾乱ではおおむね尊氏・義詮に属した。

ささら [簓] 簓とよばれる楽器を用いて説経を語り勧進する雑芸能者。簓説経は中世後期から現れるが、近世には伊勢・美濃・尾張・駿河諸国などをはじめ、東海・畿内・中国地方などに簓の集落がみられ、関東丸山神社(現、大津市)が巻物を下付して彼らを組織した。しかし、それぞれの地域社会においては牢番・番人・晒者などの役を課され、卑賤視された。

さしだしけんち [指出検地] 戦国期〜近世初頭に行われた検地方法の一つ。領主が直接奉行を派遣して土地面積、その収量などを調査する丈量検地ではなく、家臣や寺社・村落などに土地の面積・収量・作人などの明細を報告させる検地方式。各耕地を一筆ごとに記載したものから、面積や収納高の合計だけのものまである。基準も不統一で、細部までの正確な把握は困難であった。戦国大名の検地はほとんどこの方法で、太閤検地も指出方式によるものが少なくない。

ざす [座主] 大寺の寺務を統轄する僧職。824年(天長元)(822年とも)義真が延暦寺の天台座主とよばれたのが初見だが、公的には854年(斉衡元)円仁が勅によって延暦寺座主に任じられたのが初例。以後超昇寺・貞観寺・嘉祥寺・金剛峰寺・醍醐寺・大伝法院などにおかれた。本来は学徳の抜きんでた上首の意味であり、就任者の資格要件には広汎で優れた学徳が要求されていたが、その後しだいに権門出身者が独占するようになった。

ざぜん [坐禅] 仏教の修行方法の一つで、坐って禅定を行うこと。禅定は心静かに瞑想にふけり、真理を観察する修行方法で、三学の一つである定ならびに六波羅蜜の第5に配される。精神統一の一方法として仏教成立以前からインドで行われていたが、釈迦が坐禅により成道して以来、仏教にとりいれられた。禅宗の修行方法として重視され盛んとなった。坐り方も、両足をくみあわせる結跏趺坐や片足をもう片方の足にのせる半跏趺坐に限られるようになった。また坐っているときだけでなく、日常生活すべてが禅であるというように、趣旨が拡大された。日本では、臨済宗が坐禅よりも公案を解くことを重視するのに対し、曹洞宗ではひたすら坐禅に徹する只管打坐を強調する。

さた [沙汰] 執務すること、取り扱うこと。とくに訴訟・裁判・判決をさしていう。中世後期の式目注釈書はしばしば沙汰を「イサコヲユル(砂を選る)」ことと説明している。砂中から砂金を選び出すことで、理と非を弁別する意であるという。訴訟・裁判をさす沙汰は多くの複合語の語素となり、所務沙汰・検断沙汰・雑務沙汰など裁判類型をさす語として使用された。また尋沙汰・明沙汰など個々の手続きをさす語としても使用された。ほかに『日葡辞書』が沙汰を、話・うわさ・取ండ沙とていているのをはじめ、政務を執ること、所職を知行すること、年貢を徴収または納付すること、弁済・弁償すること、議論し決定することなど、多様な意味に用いられた。

さだいじん [左大臣] ■太政官の長官の一つ。定員1人。国政の全般を指揮し、弾正台の糾正に誤りがあれば糾弾することを職掌とした。唐の尚書省の左僕射を模した官とされ、左府とも称する。上席の太政大臣が職掌をもたない則闕の官だったため、事実上の首席であった。官位相当は親王二品もしくは諸王・諸臣正従二位で右大臣と同じであるが、右

大臣より上席に位置する。藤原仲麻呂政権下の一時期に大傅と改称したが、仲麻呂の失脚した764年(天平宝字8)に旧に復した。
❷1869年(明治2)7月、職員令により設置された太政官制下の最高官。天皇輔佐・大政総理・官業総判を掌した。島津久光・有栖川宮熾仁親王が任じられ、85年廃止。

さたけよしのぶ [佐竹義宣] 1570~1633.1.25 織豊期~江戸初期の大名。父は義重。右京大夫。左中将。1590年(天正18)豊臣秀吉の小田原攻めに参陣、以後豊臣権力を背景に常陸一国の平定に成功し、94年(文禄3)下野・常陸両国で54万5000石余を領する。関ケ原の戦後の1602年(慶長7)常陸国を没収され、出羽国秋田20万5000石余に減封された。以後、秋田藩政の基礎確立に尽力。

さたけよしまさ [佐竹義和] 1775.1.1~1815.7.8 江戸後期の大名。出羽国秋田藩主。父は義敦。1785年(天明5)遺領相続。藩政は家老の疋田柳塘・松塘らに任せ、書画や鷹狩に没頭し、「阿山比川温之記」「遠山divi」「東の記」などを著す。在世中、産物方・開発方・銅山方・絹方などが設置されて各種産業やそれらの基礎となる学問が奨励された。

さたにん [沙汰人] 中世で「沙汰」とは政治・軍事上の処置・命令や判決などの執行にあたったり、年貢諸役などを取り立て荘務を遂行するなど、かなり広義に使用された語で、沙汰人とは沙汰を実際に執行する者の総称。追捕の役人・奉行人など裁判担当者、中世寺院の役僧や集会の世話人、あるいは役所の職名など多様である。最も多くみられるのは荘園の沙汰人で、在荘して年貢・公事の収納にあたったり、領主からの命令を現地で執行する下級荘官、またはこれに準ずる者をさす。後者には中世以降有力農民が多くついたことから、沙汰人は刀禰・乙名などとともに、村落の自治的組織の代表者という側面をもった。

さたみれんしょ [沙汰未練書] 鎌倉幕府に関する訴訟手続や法律用語を平明に解説し、文例も載せた訴訟制度の手引書。鎌倉・六波羅の沙汰(主として訴訟関係の実務)に慣れない人々を対象に、幕府の訴訟制度を包括的に解説した唯一のもの。1278年(弘安元)の北条時宗跋文があるが後世の仮託で、実際の成立年代は、将軍久明親王・得宗北条貞時の時代に原形が成立、高時政権の1319~22年(元応元~元亨2)の間に現在の形式が成立したとされる。伝本には、二階堂氏伝来本、それから分かれた伊勢氏伝来本、公家沙汰・訴訟文例の部分を大幅に抄録した略本の3種がある。「中世法制史料集」所収。

さだめぶみ [定文] 公卿の議定(陣定・御前定・殿上定など)の結果を記した文書。「西宮記」などの儀式書によれば、勅問をうけた上卿が議定の席で下位の者から意見をのべさせた結果を、大弁を兼ねる参議に命じて記録させた。議定の結果は、陣定の場合は定文を蔵人頭に付して奏聞するが、御前定・殿上定では定文を作らない場合もあり、重事のときには定文に参列者の意見を付記することもあった。のちには院殿上定や公卿家内部での取決め、幕府内での決定事項も定文とよんだ。

さつえいせんそう [薩英戦争] 1863年(文久3)イギリス艦隊の鹿児島砲撃事件。生麦事件の賠償交渉の不調によりおきた。同年6月27日クーパー提督率いるイギリス艦隊7隻が代理公使ニールらを乗せ鹿児島に遠征し、鹿児島藩に犯人の逮捕処罰・2万5000ポンドの賠償金を要求したが、交渉は不調に終わる。イギリス側は強硬手段を行使し、7月2日・3日の交戦で鹿児島城下を焼き全砲台を大破した。イギリス側も旗艦艦長や副長が即死、60余人が死傷の損害を被った。鹿児島藩は9月28日から3回にわたり、横浜のイギリス公使館でニールと講和談判を行い、10月5日和議が成立。以後薩英関係は親密度を増し、鹿児島藩は軍備などの近代化をすすめた。

さっき [削器] 剝片の縁辺に細部調整を施し、刃部を形成した石器。骨や木材の加工具、動物解体用の切断・削り具である。ふつう素材の長辺を刃部とするサイド・スクレイパーをさすが、尖頭状削器や内湾した刃部(ノッチ)をもつ抉入状削器、ノッチが連続する鋸歯状削器などの種類がある。

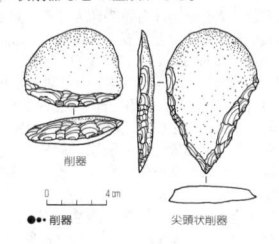

削器

●•削器　　尖頭状削器

ざっこ [雑戸] 律令制下、特定官司に所属する軍事関係を主とする技術者集団。大化前代の職業部民のうち、その技術の重要性から解放されずに再編成されたもので、課役が減免された。百済手部・百済戸・雑工戸・鍛戸・雑戸・飼戸・鞍戸などがあり、大宝令の官員令別記によればその総数は1603戸。雑戸籍に登録され、特殊な姓を付されるなど一般公民と区別され、賤視されることもあった。8世紀

ざっこく [雑穀] 米麦以外の粟・黍・稗・蕎麦・豆類・胡麻などの作物。五穀以外の穀物一般を意味する場合もある。歴史的に貢租の対象とされ，農民の自給食料あるいは救荒作物として栽培された。栽培はおもに畑地や焼畑で行われた。とくに山間地では重要な作物で，時代をさかのぼるにつれその比重も高まるが，明治30年代以降は急速に作付面積が減少した。

ざっしゅう [雑集] ⇨聖武天皇宸翰雑集しょうむてんかんざっしゅう

ざっしょう [雑掌] 雑務担当の下級役職名。奈良時代に諸国の書生しょうなどの在地出身の下級役人が，四度使しどに随行して京での勘会かんに加わった職として知られ，平安時代には諸国の貢進物とその事務手続を扱う国雑掌の存在がみられる。一方，平安末期からは荘園制の展開にともない荘雑掌が知られ，年貢や公事くの収納(所務雑掌)や訴訟手続(沙汰雑掌)を行った。のちには守護大名の他の事務取扱者をはじめ，武家や公家の雑務を行う職名としても広くみられる。

ざっそけつだんしょ [雑訴決断所] 建武政権に設けられた，所領に関する訴訟を審議し決定を下す機関。所領紛争の訴訟，年貢未納，京都安堵などを扱った。1333年(元弘3)9月頃，訴訟の増大に対応して発足。後醍醐天皇の綸旨りんじ万能主義の修正である反面，天皇の親政を支える重要な柱となった。当初は地域を分掌する4番制で，公卿から実務的な下級貴族，鎌倉幕府の官僚，奉行人までの約70人の構成。1年後に8番制，100人余に拡大され，さまざまな勢力をとりこむ一方，各番の頭人は多く恩賞方の頭人を兼任するなど実務性を高めた。裁許などの決定・命令は，おもに膝下ひっかの形式で伝えられ，120通余が伝わる。決断所に関する規定は「建武記」に数例みえる。35年(建武2)の足利尊氏の離反とともに，活動は衰退。決断所は鎌倉幕府の引付の機能を継承し，構成員から室町幕府の奉行人となる例があるなど，両幕府の訴訟機関の接点でもあった。

さっちょうれんごう [薩長連合] 第2次長州戦争にあたって結ばれた鹿児島(薩摩)藩と萩(長州)藩の同盟。1865年(慶応元)幕府の長州再征の表明に対し鹿児島藩は諸侯会議による萩藩処分を主張し，萩藩へ接近。萩藩内では尊攘派が挙兵して藩の主導権を得，武備恭順を決め抗戦の方針をとったが，単独での抗戦は困難であった。そうしたなかで，坂本竜馬と中岡慎太郎の斡旋によって萩藩は鹿児島藩と亀山社中から武器を購入するとともに，66年1月21日，京都の鹿児島藩邸で木戸孝允たかよしと西郷隆盛らが会談，坂本らの介助により薩長連合が締結された。内容は鹿児島藩の萩藩復権への援護で攻守同盟といえる。この成立により幕府の再征は失敗，以降の政治過程は討幕派主導となった。

さっと [察度] 1321～96? 琉球の察度王統の始祖で初代中山ちゅうざん王。伝説では母は天女で父は奥間大親おおやとされる。牧港まきみなとへ来航する日本船との交易で鉄を入手し領民へ農具を与え，貧窮民を救うなど人望が厚く，推されて王位についたという。1372年建国まもない明国の招諭をうけて弟の泰期たいきを派遣し，明の朝貢国となる。山南国・山北国も同様に明国と朝貢関係を結ぶが，中山国の朝貢貿易が他の2国を圧倒した。琉球在の華僑を中山王権にとりこみ，明の国子監へ官生(留学生)を派遣するなど中国の文物を積極的に導入し，中国・朝鮮・東南アジアの漢字文化圏諸国や日本との中継貿易を活発に行った。

さつどめいやく [薩土盟約] 1867年(慶応3)に結ばれた薩摩国鹿児島藩と土佐国高知藩の協約。幕府は第2次長州戦争開戦や兵庫開港問題で強引な政策をとったため，諸藩の反発を招いた。とくに雄藩は旧来とは異なる結集方法を模索し始めた。その先駆けが66年の薩長連合で，その後，鹿児島藩・高知藩・福井藩・宇和島藩による協商がめざされた。高知藩の後藤象二郎は坂本竜馬の「船中八策」をもとに大政奉還・公議政体を構想し，67年6月竜馬とともに京都に上り，鹿児島藩の小松帯刀たてわき・西郷隆盛・大久保利通と会談，盟約を結んだ。内容は幕政返上の実現のための協力をはかるものであった。以後，高知藩の大政奉還路線が定着。

さつなんがくは [薩南学派] 戦国期～江戸初期，薩摩を中心に島津氏のもとで栄えた儒学の一派。1478年(文明10)禅僧桂庵玄樹けいあんげんじゅが薩摩に招かれたのに始まる。古注が通用していた当時，朱子の新注を採用して四書五経を講じ，新注による「大学章句」を刊行。「桂庵和尚家法和訓」では訓点を改良するなど，島津家中の学問を促した。江戸初期の文之玄昌ぶんしげんしょうは，訓点をさらに改良するとともに学派を発展させた。門弟の如竹はその訓点を施した「四書集註」などを江戸で刊行。訓点は広く知られるようになり，朱子学の興隆に寄与した。江戸中期以降，薩摩には他の派も導入されたため，独自性を失う。

ざっぱい [雑俳] 本来の俳諧から派生した遊戯性の強い俳諧の総称。付句稽古から始まった前句付は1692年(元禄5)頃急速に広まって独立性を強め，翌年には冠付(笠付)を派生，さらに前句付から一字冠など，冠付から小倉付・段々付・物は付・場付などさまざまな変種が生まれた。付句性をもたない折句・中入・もじり・廻

文・地口などの形式もある。のちには前句付から付句が独立した大坂の無題、江戸の川柳といった形式も生まれた。興行の形態は、点者の出題を会所とよばれる専門の業者が仲介し、題・点料・賞品・日限などの必要事項を記した引札を配布して句を募り、さらに高点句を集めた会所本の出版も行った。賞品めあての弊害も生じたが、大衆文芸として浸透し、江戸時代を通じて広く流行した。

さっぽろのうがっこう [札幌農学校] 明治期の高等農業教育機関。1876年(明治9)開校。北海道開拓使が72年東京に開設した開拓使仮学校がその起源。札幌市の街区整備にともない移転して札幌学校と改称し、翌年開校。北海道開拓の指導者育成をめざし、大農方式の農学教育を中心に動植物学・化学・土木学など総合的な科学教育を行った。マサチューセッツ農科大学から来日した初代教頭クラークは著名。卒業生には内村鑑三・新渡戸稲造・宮部金吾らがいる。1907年東北帝国大学農科大学、18年(大正7)北海道帝国大学農科大学となり、47年(昭和22)北海道大学と改称。

さっぽろバンド [札幌バンド] 1877年(明治10)札幌農学校教頭クラークの感化により、「イエスを信ずる者の契約」に署名した札幌農学校第1・2期生らのキリスト者集団。彼らの半数は78年メソジスト教会宣教師M.C.ハリスから受洗、81年教派と関係をもたない札幌基督教会を設立(のち札幌独立教会と改称)、1期生の大島正健らが牧師となった。彼らの大部分は平信徒として各方面で活躍した。

さつまのくに [薩摩国] 西海道の国。現在の鹿児島県西半部。隼人による反乱鎮定で702年(大宝2)建国されたと考えられる。『延喜式』の等級は中。『和名抄』によれば出水・高城・薩摩・甑島・日置・伊作・阿多・河辺・給黎・頴娃・揖宿・谿山・鹿児島の13郡からなる。前2郡は肥後などからの移民が居住し、後11郡は隼人が居住する。国府・国分寺は高城郡(現,川内市)におかれた。一宮は枚聞神社(現,開聞町)。『和名抄』所載田数は4800余町。『延喜式』では調庸は綿・布など、中男作物に紙がある。班田制の導入は遅く800年(延暦19)。平安末期までに多数の郡・院・郷が成立。12世紀半ばには阿多忠景が勢威をふるった。鎌倉初期には全田地の7割強が島津荘に寄郡されている。短期間を除き中世を通じて島津氏が守護職を相伝。しかし一族間の内紛が絶えず、各地の豪族も強力で、16世紀半ばにようやく島津氏の支配が確立した。近世も島津氏の鹿児島藩として推移。1871年(明治4)の廃藩置県により鹿児島県となる。

さつまはん [薩摩藩] ⇨鹿児島藩

さつまはんていやきうちじけん [薩摩藩邸焼打事件] 1867年(慶応3)12月25日、江戸の鹿児島藩邸と佐土原藩邸が幕府の命により攻撃された事件。同年10月頃から、鹿児島藩の西郷隆盛が江戸と関東攪乱を計画、浪士を同藩邸に集め、下野国出流山(現,栃木市)での挙兵を皮切りに江戸市中の攪乱を開始した。これは大政奉還後の政局に対する討幕派の政治的挑発であり、幕府は鶴岡藩兵を中心とする武力によって両藩邸を攻撃した。この事件が鳥羽・伏見の戦の発端となった。

さつまやき [薩摩焼] 鹿児島県産の陶磁器の総称。文禄・慶長の役の際、島津義弘が招致した朝鮮の陶工が、1598年(慶長3)に鹿児島各地に土着した。義弘が陶工金海(星山仲次)らを用いて現在の始良町に開いた藩窯の系統の窯を竪野系といった。朴平意らが住した東市来町美山には苗代川系の窯が始まり、下べ芳仲らは加治木町に竜門司窯系をおこし、1663年(寛文3)に小野元立坊らは横川町山ケ野に元立院窯を開くなど、4系統の窯が成立した。江戸前期の遺品は大半が竪野系の茶陶で、数は僅少だが茶人が多くを占める。18世紀には白釉・黒釉のほか、象嵌・鉄絵・三彩が焼かれ、19世紀には京焼の色絵を学び、薩摩金襴手となって結晶し、明治期には輸出の花形となった。

ざつむざた [雑務沙汰] 鎌倉幕府の訴訟の区分の一つ。所務沙汰・検断沙汰と区別され、売買や利銭・出挙・負物・借物などの債権債務に関する訴訟や、奴婢・雑人の帰属をめぐる訴訟など。13世紀後半以降、鎌倉市中の雑務沙汰は政所で、鎌倉以外の国々では問注所で扱う制度が整った。西国では六波羅の引付および九州諸国の守護が扱った。室町幕府ではこれらの訴訟はもっぱら政所で扱われ、政所沙汰とよばれた。

さつもんしきどき [擦文式土器] 擦文文化で制作使用された土器。続縄文文化の終り頃、おむむね北大式Ⅱ式土器の頃に、東北地方の古墳・古代の文化が北海道地域にうけいれられ、土師器の製作技術が伝わってきた土器。土器の器体上半部に平行・斜行・綾杉の沈線をくみあわせた文様が施される。時期によりやや形態が異なるが、一般的に、大きく蓋受け状に外に反る口縁部からしだいに底部にむかってすぼむ甕形土器と高坏形土器が伴う。擦文土器のある時期に、細い粘土紐の貼付文をもつオホーツク式土器が並行していたので、両者が融合しトビニタイ式土器群が作られた。いくつかの編年表が発表されているが、まだ確定していない。

さつもんぶんか [擦文文化] 続縄文文化を継承し, 東北北部から北海道に分布する紀元7世紀頃から13～14世紀までの600～700年間続いた文化。アイヌ文化へ続くといわれるが詳細は不明。この文化で作られた土器が擦文式土器で, 土師器はじ・須恵器すえを伴うことがある。住居は方形・隅丸方形の堅穴たてあなで, 4本の柱と中央に炉, 壁の1辺にカマドを設ける例が多い。擦文文化は, 鉄製の刀・刀子とうす・鎌やじ・斧・鎌・鍬先などをもち, コメ・オオムギ・アワなどの穀物とソバ・アズキ・ウリ科などの植物を栽培し, 川をさかのぼるサケ・マス漁とあわせた農耕社会を維持した。墓には北海道式古墳とよぶ塚墳があり, 副葬品は東北北部の終末期古墳と類似のものが出土することもあるが, 多くの場合は不明。

サトウ Ernest Mason Satow 1843.6.30～1929.8.26 イギリスの外交官。日本研究の開拓者。1861年日本勤務の通訳生としてイギリス外務省に入省。62年(文久2)8月横浜に到着, 通訳官をへて日本語書記官に昇進。倒幕勢力から情報を入手し駐日公使パークスの対日外交を助けた。66年「ジャパン・タイムズ」に「英国策論」を発表。83年(明治16)離日, 95年7月駐日公使として3度目の来日, 日英同盟の推進に尽力。1900年駐清公使に転任。著書「一外交官の見た明治維新」。

さどう [茶道] 茶の湯または数寄道すきどうのこと。茶頭さどう・茶匠さしょうとの混同を避けるために「ちゃどう」と読まれる。茶道の用語が使われるのは江戸中期以降。千利休の書簡のなかに茶の正しい姿を追求することを真道といい精神の重要性を強調するが, 茶道の用語は使っていない。茶道の性格は多義にわたるが, 茶室で亭主と相客が茶道具を用いて飲茶し, 主客の精神的融和をはかることが根本。とくに精神性の理想郷を創造しようとして, 宗教, なかでも禅宗の影響を多分にうける結果となった。この間に建築・造園・陶芸・書跡・工芸・料理などに広範な茶道独特の芸術性が追求された。歴史的には鎌倉時代以前は茶は薬用として用いられたが, 南北朝期には闘茶とうちゃが流行。室町時代になって茶の湯の遊芸化が強まり, 村田珠光・武野紹鷗によって侘茶わびちゃが創始され, 利休によって大成された。江戸時代には大名の遊芸として定着する一方, 三千家さんせんけによって庶民にも大いに浸透した。明治維新前後は影をひそめたが, 明治20年代に新興の政財界人によって名物茶器の鑑賞と収集が流行し, 一気に復活。昭和期には家元制の復活で急速に普及し今日に至る。

ざとう [座頭] 本来は一座の首席者という意味。一般には中世から盲人琵琶法師が組織した当道座における4官(検校けんぎょう・別当・勾当こうとう・座頭)のうちの最下位の呼称。近世になると当道座は幕府の統制下に入り, さまざまな保護を与えられた。針・按摩の治療行為や芸能興行に関する営業特権のほか, 4官には座頭金ざとうきんという高利貸営業が許可された。当道座では座頭の地位を含め, 買官による昇進慣行が行われた。1871年(明治4)諸特権とともに廃止。

さとういっさい [佐藤一斎] 1772.10.20～1859.9.24 江戸後期の儒学者。父は美濃国岩村藩家老の佐藤信由のぶよし。初名は信のちに坦たん, 字は大道, 通称捨蔵, 号は一斎のほかに愛日楼・老吾軒。19歳で出仕。藩主松平乗蘊のりもりの子でのち林家を継ぐ林述斎と親交を結ぶ。20歳で致仕して学問に専念, 22歳で林家に入門, 述斎に師事し34歳で塾長。70歳で昌平黌儒官。陽明学に傾きながら寛政異学の禁後の林家塾長の立場から朱子学を掲げたため, 陽朱陰王との誹そりもうけた。門下から佐久間象山しょうざん・渡辺崋山かざんを輩出。主著「言志四録」。

さとうえいさくないかく [佐藤栄作内閣] 自民党の佐藤栄作を首班とする内閣。病気退陣の池田の後をうけて成立。以後3次にわたり7年8カ月, 2797日間の長期政権であった。■第1次(1964.11.9～67.2.17)。日韓交渉の仕上げとして日韓基本条約に調印。首相として第2次大戦後初の沖縄訪問を実現。沖縄問題への関心を印象づけた。1966年(昭和41)末解散, 翌年1月総選挙を実施。

■第2次(1967.2.17～70.1.14)。内政では, 社会開発理念を背景とした公害対策基本法を制定。外交では, 沖縄返還交渉で実績をあげた。1969年(昭和44)末解散・総選挙。

■第3次(1970.1.14～72.7.7)。1971年(昭和46)沖縄返還協定に調印したが, 日米貿易摩擦の嚆矢としての繊維交渉, 核拡散防止条約調印, 円切上げ, 中国の国連代表権など, 時代の転換を示す諸問題に次々と直面した。

さとうしょうちゅう [佐藤尚中] 1827.4.8～82.7.23 幕末～明治初期の蘭方医, 東京順天堂の創始者。名は正式には「たかなか」とよむ。下総国小見川藩医山口氏の子。舜海と称し, 号は笠翁。江戸で寺門静軒に書史を, 安藤文沢に医術を学び, 1853年(嘉永6)に佐藤泰然の養子となり, 翌年佐倉藩医, 59年(安政6)2代佐倉順天堂主。60年(万延元)藩命により長崎に留学, オランダ人医師ポンペについて外科を中心に学んだ。62年(文久2)佐倉に帰り, 済衆精舎を開き医学教育と治療にあたるとともに, 佐倉藩の医制を洋医方に改革。69年(明治2)大学東校に出仕し大学大博士・大典医・大典長と累進。72年退官。翌年東京下谷練塀町に順天堂を開設し, 75年湯島お茶の水に移転, 順天堂

医院とする。

さとうたいぜん [佐藤泰然] 1804～72.4.10 幕末・維新期の蘭方医，佐倉順天堂の創始者。名は信圭，号は紅園。武蔵国川崎生れ。1830年(天保元)医術を志し，蘭方医の足立長雋に，さらに高野長英に学んだ。長崎に遊学し蘭医ニーマンの指導をうける。38年江戸に帰り，両国薬研堀に開業。43年下総国佐倉藩主堀田正睦に招かれ，佐倉に日本初の私立病院とされる順天堂を開き，医学教育と治療にあたった。59年(安政6)引退。62年(文久2)横浜に移り，アメリカ人医師ヘボンらと交遊した。

さとう・ニクソンきょうどうせいめい [佐藤・ニクソン共同声明] 一般に1969年(昭和44)佐藤栄作首相とニクソン米大統領の首脳会談発表された共同声明をさす。重要な点は(1)沖縄返還の時期と条件について「72年，核抜き，本土並み」方式が合意され，(2)韓国及び台湾の安全と日本の安全との密接な関連を明言した，「韓国条項」と「台湾条項」が盛りこまれていることである。

さとうのぶひろ [佐藤信淵] 1769～1850.1.6 江戸後期の経世思想家。字は元海，通称は百祐，号は椿園・万松斎など。佐藤家は信濃なので5代にわたり家学を継承したとするが，疑問もだされている。出羽国雄勝郡生れ。年少時より父に従い奥羽・関東を歴遊し，のち江戸で宇田川支随に蘭学を，木村泰蔵に天文・測量術などを学び，さらに諸国を遊して地理や物産の知識を身につけた。47歳のとき，のちの自らの思想を体系化するうえで決定的な役割をはたすことになる平田篤胤に師事。重商主義的な殖産興業策を示すとともに，強力な中央集権制と対外侵略の衝動をもった絶対主義的な統一国家を構想した。「混同秘策」「農政本論」「経済要録」「鎔造化育論」など著書多数。

さとうはるお [佐藤春夫] 1892.4.9～1964.5.6 大正・昭和期の詩人・小説家。和歌山県出身。慶応義塾中退。与謝野鉄幹・生田長江いずおを師として文学活動を始める。「西班牙犬の家」に続いて，1919年(大正8)に発表された「田園の憂鬱」で作家としての地位を築く。60年(昭和35)文化勲章受章。代表作「殉情詩集」「都会の憂鬱」「晶子曼陀羅」，評論随筆集「退屈読本」，訳詩集「車塵集」。

さとおさ [里長] ⇨里長

さどきんぎんざん [佐渡金銀山] 新潟県佐渡郡にあった金銀鉱山の総称。中心は相川鉱山(相川町)。西三川(真野町)では平安末期から砂金を産し，16世紀にはかなり盛大であった。文禄年間(1592～96)鶴子銀山(佐和田町)が開坑，1601年(慶長6)隣接する相川鉱山が開坑し

て，17世紀前半の産銀は推定で1万6000～2万4000貫目ほど。当時世界屈指の銀山で，金もも少産出した。当初から荷分法が採用され，排水・測量などとともに近世の先進的な鉱山だったが，産銀はしだいに衰退した。1869年(明治2)官営となり，洋式技術の採用により事業が拡張した。96年三菱に払い下げられ，昭和前期には日本の主要な金銀山だった。1989年(平成元)閉山。

さとだいり [里内裏] 平安宮外に設けられた仮皇居。大内裏に対する称。960年(天徳4)以後，内裏焼亡のため，天皇が一時的に大内裏外の後院もしくは後院に相当する臣下の私第に滞在することがあった。一条朝に，後院以外の里第に遷御する例が生じ，里内裏が成立したと考えられる。内裏と里内裏が併用されるようになり，鳥羽朝から天皇は，日常は里内裏に居住し，儀式・祭祀のときには内裏に赴くようになった。そして内裏と同様の構造の里内裏が朝議により造営され，他の里第に対しては本所的な皇居となっていった。源頼朝が修造した閑院が著名である。一方，内裏は1227年(安貞元)の焼亡以後廃絶。南北朝の内乱をへて，里内裏だった土御門東洞院内裏が北朝の皇居として定着し，現在の京都御所に継承された。

さどのくに [佐渡国] 北陸道の国。現在は新潟県にある日本海上の島。「延喜式」の等級は中国。当初は雑太郡のみであったが，721年(養老5)同郡から賀茂・羽茂の2郡がわかれて3郡となった。743年(天平15)越後国に合併，752年(天平勝宝4)再び独立。国府・国分寺は雑太郡(現，真野町)におかれた。「和名抄」所載田数は3960町余。「延喜式」の調庸は布で，中男作物に布・鰒かがある。流刑の地として知られ，722年(養老5)穂積老はがおうが配流されたのを初見とし，順徳上皇・日蓮・世阿弥らが流された。鎌倉時代の守護は大仏氏，室町時代には足利・斯波氏らであったが，実質的には守護代本間氏が支配した。1589年(天正17)上杉景勝が領有，1600年(慶長5)徳川氏直轄地に編入され本藩領となり，幕末に至る。平安後期から砂金の産地として知られ，戦国期以降，相川鉱山など金・銀山が開発された。1868年(明治元)佐渡県，71年相川県となり，76年新潟県に合併。

さどぶぎょう [佐渡奉行] 江戸幕府の職名。遠国奉行の一つ。佐渡国の警衛・行政・裁判を行い，金山について司った。近世初頭からおかれ，その後，勘定奉行が兼任した時期などをへて，1712年(正徳2)2人役となり，1年交代で相川の陣屋に勤務した。ただし1843年(天保14)～46年(弘化3)3月と62年(文久2)以降は1人役。1738年(元文3)に制定された役高は1000

石、役料1500俵。老中支配、芙蓉間席で、従五位下。配下に支配組頭・広間役・与力・同心・水主かこなどが属した。

さとみし [里見氏] 中世の武家。清和源氏。新田義重の子義俊が上野国里見(現、群馬県榛名町)を本拠に里見氏を称したのが始まる。義俊の子義成は鎌倉御家人として活躍。室町中期、その子孫義実が安房国を平定して館山を本拠とし、戦国期、義尭たか・義弘は領国を上総から下総に拡大するが、後北条氏と争った。義弘の甥義康のとき、豊臣秀吉から安房一国の領有を承認されるが、子忠義は大久保忠隣ちか事件に連坐して改易し滅亡。→巻末系図

さとみとん [里見弴] 1888.7.14〜1983.1.21 大正・昭和期の小説家。本名山内英夫。神奈川県出身。有島武郎たけ・生馬いく兄弟の実弟。学習院をへて東大中退。1910年(明治43)創刊の「白樺」に参加。苦渋にみちた告白小説「君と私と」「善心悪心」を書く。人道主義的傾向が強くなった「白樺」を離れ、19年(大正8)文芸誌「人間」創刊。24年刊の「多情仏心」では独自のまごころ哲学を展開。泉鏡花の流れを継ぐ巧みな心理・会話描写や語り口の妙味が特色。59年(昭和34)文化勲章受章。

さなだまさゆき [真田昌幸] 1547〜1611.6.4 織豊期の武将。父は幸隆。安房守。信濃国生れ。はじめ武田信玄・同勝頼に仕えたが、武田氏滅亡後徳川家康に属する。1583年(天正11)信濃国上田城を築いて住んだ。85年、家康から上野国沼田城を北条氏直に与えるよう命ぜられたが拒否し、以後豊臣秀吉に属した。1600年(慶長5)の関ヶ原の戦では西軍に属し、上田城に籠城して徳川秀忠軍の進軍を大いに苦しめた。戦後、長男信之の助命嘆願により紀伊国高野山九度山に蟄居ちょして死。

さなだゆきむら [真田幸村] 1567〜1615.5.7 織豊期〜江戸初期の武将。父は昌幸。名は信繁のぶしげ。1585年(天正13)父に従い豊臣秀吉に仕え。90年秀吉の小田原攻めに戦功をあげ、92年(文禄元)朝鮮出兵では、肥前名護屋まで出陣。1600年(慶長5)関ヶ原の戦では、父とともに信濃国上田城に籠城、中山道を進軍する徳川秀忠軍を迎え撃ち、大いに戦功をあげた。戦後、東軍に属した兄信之の助命嘆願により紀伊国高野山九度山に蟄居ちょしたが、14年大坂冬の陣がおきると豊臣秀頼に応じ、大坂城南天王寺口外堀の外に真田丸とよばれる出城を築き奮戦。翌年の夏の陣にも参陣し、一時は徳川方の本陣下で迫るが討死。

サヌカイト ⇨讃岐石さぬき

さぬきいし [讃岐石] 讃岐岩・サヌカイト(sanukite)とも。ガラス質の古銅輝石安山岩。瀬戸内火山岩区を中心に九州北部まで広く産出。

大阪・奈良両府県境の二上山にじょう、香川県五色台・金山かな、広島県冠かむり高原、佐賀県鬼鼻山などの原産地付近には多くの石器製作跡がある。旧石器〜弥生時代に、サヌカイトの産出地域では打製石器の主材料であった。

さぬきのくに [讃岐国・狭貴国] とも。南海道の国。現在の香川県。「延喜式」の等級は上国。「和名抄」では大内おお・寒川・三木・山田・香川・阿野あや・鵜足うた・那珂・多度・三野・刈田たの11郡からなる。国府は阿野郡(現、坂出市)、国分寺・国分尼寺も阿野郡(現、国分寺町)におかれた。一宮は田村神社(現、高松市)。古くから開発が進み、「和名抄」所載田数も1万8647町余と多い。一方旱害に苦しみ、多くの溜池を造成した。「延喜式」では調は絹・塩・雑唐、庸は米・韓櫃からびなど。中男作物に黄蘗きはだなどがある。古代には讃岐氏などの明法みょうぼ家、空海・円珍らの高僧を輩出。鎌倉時代の守護は宝治合戦以後、北条氏が独占。室町時代の守護は細川氏。近世は高松藩・丸亀藩が成立、島嶼部は幕領とされた。産物として砂糖・塩・綿が讃岐三白として知られた。1871年(明治4)の廃藩置県により高松県・丸亀県が成立、以後いくたびかの合併・分離ののち、88年香川県が成立。

さのつねたみ [佐野常民] 1822.12.28〜1902.12.7 幕末期の佐賀藩士、明治期の藩閥政治家。蒸気船の建造など佐賀藩の西欧技術導入に貢献した。維新後、兵部省をへて工部省で累進し、元老院議官・大蔵卿・元老院副議長をへて1888年(明治21)枢密顧問官となる。第1次松方内閣末期に農商務相を務めたのち枢密顧問官に復した。西南戦争中に博愛社(のち日本赤十字社)をおこす。竜池会(のち日本美術協会)による美術工芸の奨励でも知られた。伯爵。

さのまさこと [佐野政言] 1757〜84.4.3 江戸中期の幕臣。父は政豊。善左衛門。1784年(天明4)3月24日、江戸城中で若年寄田沼意知おきに切りつけ、深手をおわせて死亡させたため、切腹した。動機は家来筋の田沼家が佐野家の系図・旗を奪ったことや、依怙贔屓、賄賂にかかわる怨恨というが、門閥譜代らによる政治的暗殺との風評もあった。折からの江戸廻米による米価安定と田沼政権への嫌悪から、世直し大明神と世に騒がれた。

さのまなぶ [佐野学] 1892.2.22〜1953.3.9 大正・昭和期の共産党指導者。大分県出身。東大卒。満鉄嘱託から早稲田大学講師。共産党結成に参加、1923年(大正12)第1次共産党事件ではソ連に逃れ、党再建の「上海テーゼ」作成に参加、帰国後「無産者新聞」創刊、主筆。27年テーゼで委員長。28年(昭和3)コミンテルン第6回大会に出席、29年上海で逮捕された。3・

15事件, 4・16事件の統一公判を指導, 33年鍋山貞親との転向声明は深刻な影響を与えた。第2次大戦後, 労農前衛党を結成, 早稲田大学教授に復帰。

ザビエル Francisco de Xavier 1506.4.7～52.12.3 日本にキリスト教を伝えた宣教師。ピレネー山脈西南部ナバラ王国(現, スペイン)の王族の子として生まれる。9歳のときナバラ王国は滅亡。1534年イグナティウス・デ・ロヨラらとともにパリでイエズス会創立につながる誓願をたてた。39年ポルトガル国王ジョアン3世の請をうけて, 41年インドに向けてリスボンを出発。47年マラッカで薩摩国生れのヤジロウに出会い日本開教を志す。49年(天文18)7月22日ヤジロウらとともに鹿児島に上陸。50年12月上京。荒廃した京都をみて天皇による布教許可を断念, 山口の大内義隆に謁し, 大友宗麟の招きで豊後国へ赴く。51年インドに帰り, 52年広東付近の上川島で熱病により没。

サミット 先進国首脳会議。1975年(昭和50)から毎年1回定期的に開催される主要先進国首脳の国際経済協調の会議。当初は第1次石油危機(73年)への対処をめぐる仏・独などの欧州諸国中心の会議であったが, 日本(三木武夫首相)も第1回から仏・独・米・英・伊とともに参加。第2回からカナダ, 第3回からEC委員会代表がオブザーバーで参加し, 冷戦後の91年以降ロシアも加わる。80年代前半は「新冷戦」を背景に政治問題が討議されたが, 最近では資源・環境問題などの地球的規模の課題にも関心が払われるようになった。

さむらい [侍] 士とも。武士のこと。貴人の身辺に武装して伺候する意の「さぶらう」の名詞形からうまれた語で, 平安時代, 天皇や上級貴族の身辺警固にあたった武者の称として用いられ, やがて武士一般をさすようになった。鎌倉時代以降, 法制上は官位をもつことが侍の基本条件とされ, そのことで無位無官の凡下[ぼんげ]との格差が設けられ, 侍身分にあることを侍品[さむらいぼん]とよぶようになった。時代がくだると, 武士階級の比較的上層身分をさす語として用いられた。

さむらいどころ [侍所] ■本来は, 平安時代の摂関家などの邸宅での侍の詰所で, やがて家人である侍の組織の称となった。内裏の殿上に相当する場。摂関家では, 11世紀に政所と並ぶ主要家政機関となり, 主従関係の維持, 従者の統制の機能をもった。寝殿の外側の廊(侍廊)におかれ, 職員には, 別当・侍・所司などがあった。

■鎌倉・室町両幕府において家人の統制および検察・断罪(検断)を職務とする機関。鎌倉幕府では1180年(治承4)和田義盛を長官である別当に任じたことに始まる。次官である所司[しょし]の初代は梶原景時。政所・問注所とともに幕府の3大重要機関だったが, 御家人を統率するこの機関が3機関中最も早く創設された。1213年(建暦元)和田義盛を滅ぼした執権北条義時はみずから侍別当を兼ね, 以後執権の兼職となった。所司にも北条氏得宗家[とくそうけ]の被官が任じられ, 鎌倉中期以降は得宗被官の最上位にある得宗家家令長崎氏がほぼ世襲した。侍所は守護を通じて全国の御家人を統率するとともに, 鎌倉府内の検断も担った。所司の職権は絶大で, 鎌倉末期に長崎氏は主家得宗をもしのぐ権勢をふるった。室町幕府では別当はおかれず, 長官は所司または頭人[とうにん]とよばれ, 初期には所司が山城国守護を兼ねて洛中の下地遵行[したじじゅんぎょう]権を行使。のちに洛中の検断がおもな任務となった。所司には細川・畠山・今川・一色など足利一門, 山名・京極・六角・土岐など有力守護, 三浦・高・佐竹など将軍近臣が任じられたが, 応永期以降, 山名・赤松・一色・京極の4家交替といい, 四職[ししき]といわれた。

ざやく [座役] 中世の諸座が本所からうける商業上の特権の保護に対し, 勤める夫役[ぶやく]や納める現物または代銭(座銭)。大和国の諸座は興福寺の寄人[よりうど]や春日社の神人[じにん]となり, 販売の独占権や課役免除など, うけた保護に対し役を負担した。室町時代には, 座役の徴収者はしだいに門跡・学侶らから衆徒[しゅと]・国民[こくみん]まで重層的になり, 衆徒・国民の被官化が進むと寺家などの手から離れていった。座役は現実的な支配権の力関係に影響された。のちしだいに現物から代銭(座銭)・代物納にかわっていく。

さやじ [佐屋路] 東海道の熱田(宮)と桑名を結ぶ海上の七里渡[しちりのわたり]を迂回する東海道の付属街道。1634年(寛永11)公許され, のち道中奉行の管轄。沿道には熱田から万場[まんば]・岩塚・神守[かもり]・佐屋があり, この間の距離は約6里。佐屋からは木曾川を船で桑名と結ぶ。1宿の立人馬は50人・50疋。参勤交代の大名の多くはこの街道を利用したので, 幕府の東海道への書状の大部分は「佐屋路典」といった。

さらし [晒] 江戸時代に行われた見懲らしのための刑罰の一種。江戸日本橋などの場所で衆人に晒し, 傍に罪状を記した捨札[すてふだ]を立てた。付加刑としての性格が強く, 晒の後に磔[はりつけ](主殺・親殺などの場合)や非人手下[てか](心中の場合)の刑に処せられた。

さらしなにっき [更級日記] 平安時代の日記文学。菅原孝標[たかすえ]女の作。1059年(康平2)以降成立。中流貴族女性による家的, 物語につづけてきた女の自伝。作者は13歳のとき父の任国上総国から上京した。その旅路の記録と以後約40年間の京都生活を, 晩年夫の死後に回想したも

の。歌が102首あり,歌集的な部分もある。光源氏のような男性との恋愛の夢も,宮仕えで出世するという願いもかなわず,平凡な結婚生活と経済的な安定を得た人生を後悔しつつ回想する。作者の人生が平凡であるがゆえに時代をこえて読者の共感をよぶ。定家自筆本(御物本)が唯一の証本。「日本古典文学全集」「新日本古典文学大系」所収。

さるがく [猿楽]「さるごう」とも。申楽とも。古代・中世の芸能。散楽が源流。奈良時代以前に中国から伝来した散楽は,曲芸・幻術・歌舞・滑稽技を含むものであり,宮廷では相撲節や神楽の余興などして衛府官人によって行われた。これらは舞楽,あるいは即興的な滑稽技として発展した。平安中期には散楽・散更とも称された。また民間で成長した雑芸や滑稽技を専業とする芸能者が田楽・傀儡などとともに「新猿楽」とされ(「新猿楽記」),国風化した猿楽が誕生したことがうかがえる。このような内容的に雑多なものを含んだ猿楽は,以後さまざまな芸能の影響をうけ,猿楽能と猿楽狂言として成長した。

さるがくだんぎ [申楽談儀]正しくは「世子六十以後申楽談儀」。能の伝書。世阿弥晩年の芸談を1430年(永享2)11月,子の元能が出家するに際し整理した書。唯一の完本だった堀家本(焼失)は末尾に「別本聞書」7条程度のつき,通常はそれも含めて「申楽談儀」という。本体は,序説と本論31条,結崎座式規,補遺からなる。猿楽・田楽史,役者の芸風や逸話,能面・装束,勧進能や式三番の故実,作能法や作者,音曲や演技に関する具体論など多彩な内容で,当時の能楽の実態を知る根本史料であり,具体的な芸論の記述も多い。元能自身の見聞も加わり,厳密には世阿弥伝書ではないが,能楽伝書としての価値は高い。「岩波文庫」「日本思想大系」所収。

さるがくよざ [猿楽四座] ⇨ 大和四座

さるまわし [猿回し]猿曳・猿飼・猿舞・猿太夫・マシ使いとも。日吉山王の神使い,馬の厄病除けなど,猿に対する信仰を背景

として,新春をことほぐ祝福芸・祈禱芸の一つ。中世初頭すでに大衆に受容されていたことは「石山寺縁起」「融通念仏縁起」からも知られる。のち大道芸・門付芸ともなった。近世には各地に猿回しの集団があったが,江戸では穢多頭弾左衛門の支配に属し,猿飼とよばれていた。江戸の猿飼たちは近世後期以降は見世物興行にも進出。明治期以後は衰退したが,最近では山口県周防の猿回しや,日光で保存集団が結成された。

さるみの [猿蓑]俳諧撰集。6巻。去来・凡兆編。其角序,丈草跋。1691年(元禄4)刊。「俳諧七部集」の第5集。巻1〜4は諸家の四季発句382句,巻5に歌仙4巻の連句,巻6に俳文「幻住庵記」と震軒の後文,発句「几右日記」を収録する。「おくのほそ道」行脚後の新風を具現した集として,「ひさご」(1690)についで成立。俳諧の古今集とよばれ高い評価をうけている。「新日本古典文学大系」所収。

さわだしょうじろう [沢田正二郎] 1892.5.27〜1929.3.4 大正・昭和前期の俳優。滋賀県出身。早大在学中に文芸協会に入り,その後芸術座に参加。1917年(大正6)新しい国民劇の創造をめざして新国劇を設立。当初は興行的に失敗したが,23年頃から人気が高まり地位を確立した。剣劇を中心とする大衆演劇の新しい分野をひらいた功績は大きい。当り役は,国定忠治・月形半平太・沓掛時次郎・机竜之助など。

さわのぶよし [沢宣嘉] 1835.12.23〜73.9.27 幕末・維新期の公家。姉小路公遂の三男。1852年(嘉永5)沢為量の養子となる。尊攘派として活躍。63年(文久3)国事寄人。8月18日の政変で失脚,周防国三田尻に下り,官位剝奪。平野国臣らと但馬国生野代官所を襲撃して,64年(元治元)長門国萩藩領に逃亡。67年(慶応3)王政復古で復権。参与・九州鎮撫総督・外国事務総督・長崎府知事を歴任。69年(明治2)従三位外務卿,賞典禄800石。73年駐露公使を拝命したが病死。

さわやなぎまさたろう [沢柳政太郎] 1865.4.23〜1927.12.24 明治・大正期の教育家。信濃国生れ。東大卒。文部書記官・文部省普通学務局長・文部次官などを歴任。1911年(明治44)東北帝国大学初代総長,13年(大正2)京都帝国大学総長となり,7教官の辞職を要求して教授会と衝突。抗争事件に発展し,翌年引責辞職。その後は帝国教育会会長として活躍する。17年に成城小学校を創設して大正新教育の実践に力を注ぎ,教育改造運動を支えた。「沢柳政太郎全集」全10巻(付)刊。

さわらしんのう [早良親王] 750〜785.10.- 光仁天皇の皇子。母は和乙継の女高野新笠。桓武天皇の同母弟。768年(神護景雲

2)11歳で出家し，東大寺に住み，父の即位後は親王禅師とよばれたらしい。781年(天応元)兄が即位すると皇太子に立てられたが，785年(延暦4)藤原種継暗殺事件にかかわったとして廃太子された。淡路に流される途中で死去し，淡路に葬られた。桓武天皇はその怨霊を恐れ，800年，崇道天皇の尊号を贈った。

さん [讃] 『宋書』倭国伝に記される倭の五王の1人。5世紀前半頃の王。珍の兄。421年，中国南朝の宋に遣使し，高祖武帝から除授(任官)をうけた。このとき与えられた爵号は記されていないが，以後の4人の王の例から安東将軍と推測される。応神天皇の名の誉田のホムを漢訳したとする説が有力だが，履中天皇や仁徳天皇の名の1音をとったとする説もある。

さん・いちうんどう [3・1運動] 万歳事件とも。1919年(大正8)3月1日を期して展開された朝鮮民族の独立運動。第1次大戦中のロシア革命や民族自決主義の影響をうけた朝鮮の知識人・学生などが中心となり，3月1日天道教・キリスト教・仏教の宗教3派の代表33人による独立宣言をソウルで発表した。これを契機に，前国王高宗の葬儀に集まった民衆が合流して独立万歳を叫ぶ大示威運動となり，朝鮮全土に拡大した。これに対し日本は武力鎮圧を強行し，死者7500人，負傷者4万5000人，検束者4万6000人の犠牲者を出して運動は終わった。国外では上海に大韓民国臨時政府がつくられ，間島地域を中心に独立軍抗争も活発化した。

さん・いちごじけん [3・15事件] 第2次共産党事件とも。1928年(昭和3)3月15日の日本共産党に対する大弾圧事件。26年(大正15)12月に再建された共産党は，翌年の27年テーゼ以後公然活動に着手，第1回普選に労働農民党から候補者を立てた。政府は治安維持法にもとづき，1568人を検挙したが，当時共産党の党員数は409人であった。事件後の4月，労働農民党・日本労働組合評議会・全日本無産青年同盟の3団体を解散させ，左翼運動の根絶を図った。徳田球一らは敗戦まで拘禁されたが，市川正一らが党を再建，翌年4・16事件の弾圧が行われる。事件後，京都帝国大学教授河上肇らへの辞職強要，特別高等警察の全国への設置，治安維持法の緊急勅令による死刑追加の法改正などが実施された。

さんいんどう [山陰道] (1)古代の七道の一つ。現在の近畿地方から中国地方の日本海側にそった地域で，丹波・丹後・但馬・因幡・伯耆・出雲・石見・隠岐の諸国が所属する行政区分。(2)これらの諸国を結ぶ交通路も山陰道と称し，「背面の道」ともよばれた。畿内から各国府を順に結ぶ陸路を基本に官道が整備され，出雲から隠岐へは海路で結ばれた。駅路としては小路で，各駅に5頭の駅馬がおかれる原則であり，『延喜式』では総計37駅に230頭の駅馬をおく規定であった。地方官として731年(天平3)に山陰道鎮撫使，732～734年に山陰道節度使，746年に北陸・山陰両道鎮撫使を設置した。

さんか [三貨] 金・銀・銭の3種類の貨幣。銭は古くから流通したが，金銀の貨幣的使用は，戦国期に金銀山の開発とともに一般化した。江戸幕府はまず金銀貨を発行して三貨の交換比率を公定し，中世銭(寛永通宝)を大量発行した。通貨の基本は計数貨幣の金貨，秤量貨幣の銀貨で，銭はおもに小払いに使われた。江戸後期には南鐐二朱銀など，金貨の単位をもつ銀貨も鋳造された。

さんかいだん [三戒壇] 律令国家が正式の授戒の場として設立した3カ所の戒壇のこと。鑑真の来朝後東大寺に戒壇院が設けられ，ついで下野の薬師寺と筑紫の観世音寺にも戒壇院がおかれて三戒壇と総称された。

さんがく [散楽] 大陸から伝えられた雑芸。俳優歌舞的・曲芸軽業的・幻術的要素からなる。令制では高麗楽のなかに散楽師がみえ，散楽戸も存在した。861年(貞観3)の東大寺大仏開眼供養会には薬師寺が散楽を担当しており，寺院での教習もうかがわれる。宮廷での散楽は舞楽化し，平安中期にはしだいに滑稽な物真似や雑芸が中心となる。これらは散更・猿楽などとも称された。宮廷での散楽は村上天皇によって禁じられたが，民間では専業の猿楽者が現れた。

さんがく [算額] 江戸時代から明治・大正期にかけて寺社に掲げられた数学の絵馬。『算法勿憚改』によれば，算額奉掲の習慣は1660年代にはすでに定着していた。その頃，世間の数学者に挑戦する算額，その解答を書いた算額，解答に誤りがあるとして訂正を示した算額などが掲げられた。数学書の出版が困難だった時代の研究発表の一方法でもあった。算額に書かれた問題と解答を書き集めて数学の研究に利用する者も現れた。これに目をつけた藤田貞資は1789年(寛政元)おもに弟子の掲げた算額の問題を集めて「神壁算法」を出版，以後，算額集を出版する者が続いた。算額奉掲は塾の発展や家内安全，各自の研究祈願などさまざまな目的をもつ。算額によっても和算は発展した。

さんがくしんこう [山岳信仰] 山に対する信仰の総称で，特定の山を崇拝して種々の儀礼を行うこともいう。日本の山岳信仰の根底には，山容や火山の爆発からうける神秘性や畏敬畏怖の念，農耕に不可欠な水の供給源の聖地としての観念，死霊や祖霊のすむ他界としての観念などがみられる。山そのものを神体としたり，山

の神と田の神が交代する信仰や山人伝承，死霊が山にとどまり祖霊化する信仰などは，こうした観念にもとづく。のちに仏教と接することでより複雑化した。山中他界の信仰と仏教の死者供養とが結びつき山岳寺院に死体の一部を納める信仰が奈良時代にうまれ，平安中期以降山岳修行により呪術的な力を獲得して宗教活動をする山伏（修験者）が出現して，日本の山岳信仰を特徴づけた。修験者の指導によって講が組織され，本来仰ぎみる信仰対象であった山岳は，しだいに参詣登拝の対象となる。霊山・名山の多くは江戸時代に庶民の登拝対象になった。明治期以降うまれた多数の教派神道は，こうした山岳を拠点としている。

さんかくぶちしんじゅうきょう [三角縁神獣鏡] 縁の断面形が三角形をなす神獣鏡。前期古墳から大量に出土。面の径は21cm前後の大型品が多い。主文には神像と獣形を放射状あるいは重層的に配し，これに車馬・傘松形・香炉などが加わる場合もある。神像と獣形の数によって二神二獣鏡・三神三獣鏡・四神四獣鏡などに区別される。「景初三年」(239)「正始元年」(240)など魏の年号をもつものがあり，「魏志倭人伝」にいう卑弥呼が魏からもらった鏡100面がこれにあたるとする説がある。しかしこれまでに中国ではこの類の鏡の発見例はない。一方，これを魏鏡ではなく日本に渡来した呉の工人によって製作された鏡とする説もある。また京都府椿井大塚山古墳を中心として，同笵鏡が各地に多く分布することから，古墳時代の大和政権の支配構造を把握する理論も展開されている。1997年（平成9）には奈良県黒塚古墳から三角縁神獣鏡33面と画文帯神獣鏡1面が出土した。

さんかしゅう [山家集] 西行の家集。3巻。六家集の一つ。原型が高野在住末期に自撰され，西行没後は後人の手で増補か。上巻は四季，中巻は恋・雑，下巻は雑と恋百十首・讃岐旅行歌・伊勢詠・十題百首などを収める。諸本は，陽明文庫本(1552首)，松屋本（板本書入れ。1252首，独自歌69首），六家集板本(1569首)などの諸系統がある。花月をはじめとした自然や庵居・行旅の生活・風物を詠じつつ，表現の自在さに支えられて実感を表出するところに独自の境地がある。この集を中心に西行の和歌は新古今時代から評価され，近代に至るまで大きな影響を与えた。他の家集に「西行上人集」「聞書集」「聞書残集」「山家心中集」「別本山家集」がある。「岩波文庫」「西行全集」所収。

さんがつじけん [3月事件] 1931年（昭和6）3月の未然に終わった陸軍のクーデタ事件。決行日を20日としていたが同月18日に中止。小磯国昭軍務局長・建川美次参謀本部第2部長・二宮治重参謀次長・杉山元陸軍次官ら陸軍の首脳が，宇垣一成（陸相）内閣を樹立して国家改造を断行しようとした。実行部隊は橋本欣五郎中佐を中心とした桜会の急進派将校と，大川周明らの右翼，麻生久（社会大衆党書記長）ら無産政党が動員する約1万人の同志・浪人・民衆。日比谷一帯に騒乱をおこし，軍首脳が開会中の帝国議会に入って若槻内閣を総辞職させ，宇垣に組閣の大命を降下させる段どりだった。第1師団の動員も計画。しかし資金提供者の徳川義親侯爵が大川を説得し，宇垣も変心したため中止された。事件は処罰者もなく秘密裏に処理されたが，その後事件に反対した永田鉄山軍事課長が執筆した「クーデター計画書」を荒木貞夫大将が入手，37年初頭に宇垣内閣を成立させた。

さんかん [三韓] 古代，朝鮮半島南部の3種の韓族の総称。「魏志」韓伝によれば，韓族は馬韓50余国，辰韓12国，弁韓12国にわかれていた。4世紀に入って，馬韓では伯済を中心に百済が，辰韓では斯盧を主体に新羅が成立したが，弁韓は小国分立のままであった。なお「日本書紀」は高句麗・百済・新羅3国を三韓とするが，これは朝鮮諸国に対する観念的な優位を示すための造語で，三韓に固有の意味はない。

さんかんれい・ししき [三管領・四職] 室町幕府の大名の家格。管領に任じられる3家と侍所頭人（所司）に任じられる4家の総称。三管領は三職ともいう。管領は2代将軍足利義詮以来，細川・斯波・畠山氏が交互に任じられ，3代将軍足利義満のとき畠山氏が加わり，以後3氏の嫡家から任命された。侍所の長官である所司は，南北朝期には有力守護がしばしば交代で任じられて家格が一定しなかったが，応永初年以後は京極・赤松・土岐・一色・山名の5氏から任じられ，永享末年以降土岐氏のなくなり，残り4氏の嫡家に限定された。三管領は特別視されたが，四職は相伴衆として他氏と同様な待遇をうけた。

さんぎ [参議] ❶古代の太政官において，大臣や大・中納言とともに天皇の諮問や国政事項を審議した令外官。唐名は宰相。702年（大宝2）に5人の官人を朝政に参議させたのが初見で，731年（天平9）に封80戸が支給される制度として確立した。平安初期の平城朝に一時廃され観察使となるが，810年（弘仁元）の復活時にその定員8人を継承したため，以後八座とも称した。三位以上の者や要職の歴任者を任命の資格とし，三位以上で参議でない者を非参議といった。

❷近代の太政官制において朝政に参議する官。1869年（明治2）7月の職員令では従三位，定員

3人，廃藩置県後の太政官職制改定で正院内に設置され，大臣・納言を補佐して大政に参与。73年の改正で三職に位置づけられ，天皇輔弼の任にあたった大臣に対し，参議は内閣の議官として庶政にあたった。参議に就任したのは，おおむね大久保利通・木戸孝允ら・西郷隆盛ら雄藩出身者で，国策決定に実質的影響力をもった。73年の明治6年の政変後，参議・省卿兼任制が敷かれた。一時両者は分離したが，81年の明治14年の政変後に再び兼任となり，85年内閣制度創設により廃止された。

さんぎ［算木］ 朱は正の数，黒は負の数を表す長さ4～5cmほどのマッチの軸のような四角柱の棒。中国で始まり，日本に輸入された。中国では15世紀頃使われなくなった。算盤さの原形で，加減乗除，開平，開立の計算ができる。記数法は一・百・万の位を縦式，十・千の位を横式で表すが，日本で用いられた算盤さ上では縦式のみを使う。最上欄に位取り，縦に数係数を並べて表し，数係数の一元高次方程式のホーナーの方法で解く。易占の算木は大面に中央に切り込みがあり，その2面が陰，他の2面が陽を表すため3本で8通りの卦(八卦)を示すことができる。

さんぎいん［参議院］ 衆議院とともに国会を構成する一院で，日本国憲法により作られた。旧憲法下の貴族院と異なり国民の選挙で選ばれるが解散はなく，予算・条約締結・内閣総理大臣指名については衆議院の議決が優先する。議員定数は比例代表(旧全国区)100人，選挙区選出(旧地方区)152人の252人(当初は250人)。任期は6年で3年ごとに半数改選。衆議院の「数の政治」に対する「理の政治」が期待され，当初は文化人や官僚の長老が独自性を発揮したが，しだいに政党化し，また大組織の利益代表化した。1983年(昭和58)の第13回選挙から全国区に代わり比例代表制が導入された。89年(平成元)の選挙で野党が多数を占め，国会運営も変容を迫られた。

さんきょうかいどう［三教会同］ 内務次官床次ら竹二郎の斡旋した神道・仏教・キリスト教の3宗教各宗派の代表者71人と政府関係者の会合。1912年(明治45)2月25日に華族会館で開かれた。翌日には3宗教の代表が集まり，国民道徳の振興，国民精神の陶冶のための政治・教育・宗教の3者の協調を決議。政府はキリスト教を神道・仏教と同等に扱い，国民教化における宗教の役割に期待した。

さんぎょうかくめい［産業革命］ 機械の発明と応用を起点に，大衆消費財生産部門の機械制工場生産化が中軸となって，資本・賃労働関係が全経済の基軸をなすに至る過程。まずイギリスで綿紡績業を中軸に1760～1830年代に産業革命が進展し，欧米諸国もこれに対抗して産業革命を推し進めた。日本では，幕藩体制下での小商品生産の一定の成熟，開港後の貿易にともなう商品経済の再編，政府による原始的蓄積政策の推進を前提に，1886年(明治19)以降の企業勃興により開始された。輸入紡績機による1万錘規模の綿紡績会社が続出し，輸入綿花を用い，低賃金の若年女子を昼夜2交替制でフルに利用することで，手紡糸やインド綿糸を駆逐し，97年には中国を中心とする綿糸輸出が輸入を上回った。1900年の日清戦後第2次恐慌は，綿紡績業の拡大がひきおこし，大部分の産業部門に波及した最初の本格的資本主義恐慌であった。ただし先進資本主義国の外圧のなかで進展したため，各産業部門間の関連は分断的であり，諸部門の生産形態は重層的であった。なお，生産手段・消費資料の両生産部門の「2部門定置」という観点から，産業革命の終期を日露戦後の07年頃におく説も有力である。

さんぎょうぎしょ［三経義疏］ ⇨勝鬘経義疏・法華義疏・維摩経義疏

さんぎょうくみあい［産業組合］ 小農民の協同組合。小農民が自治村落を単位として形成し，主として流通・信用の面で商人資本・金貸資本を排除して，商品経済にみずからを適応させようとする組織。1900年(明治33)産業組合法成立以前から，報徳社などの勤倹貯蓄組合や生糸や茶の販売組合や肥料の共同購入組合が351組合も自生的に形成されていた。初期には在村地主の寄与が大きく，多くはまず信用組合として組織された。06年の第1次法改正で信用事業と他事業との兼営が認められ，兼営組合が増加した。10年の組合数は7308。20年代には資金面から産業組合の育成がはかられ，33年(昭和8)からの産業組合拡充計画のなかで販売・購買事業も強化されるとともに，全員加入の半行政団体の性格を強めた。43年に農業会に統合され，第2次大戦後に農業協同組合へ編成替えされた。

さんぎょうしほん［産業資本］ 生産過程を通じて剰余価値＝利潤を生みだす機能をもつ資本。生産過程に無関心で，たんに価格差を利用して利潤を取得する商人資本と対比される。その生産形態には，単純協業による小資本家的生産，多数の労働者を道具を用いて分業にもとづき協業させる工場制手工業生産，多数の労働者を機械体系に従属させて分業にもとづき協業させる機械制大工業生産があり，形態の発展にともなって資本の労働支配は深化する。

さんぎょうほうこくかい［産業報国会］ ⇨大日本産業報国会

ざんぎり［散切り］ ジャンギリとも。明治初期

男子の一種の洋髪。幕末・維新期、海外留学生や洋式練兵の兵卒から始まった。1871年(明治4)8月政府が散髪脱刀令を出し、73年に明治天皇が頭髪を切ったことにより、散切頭は文明開化の象徴として流行した。81年頃の東京では8割が散切り髪になったという。

ざんぎりもの [散切物] 歌舞伎戯曲のうち、散切頭に象徴される明治維新以後の新風俗に取材したもの。1872年(明治5)京都で中村正直訳「西国立志編」が脚色されたことに影響をうけ、翌年河竹黙阿弥は「東京日日_{にちにち}新聞」を書き、以後20余編の散切物を残す。同時に97年頃までに関西でも散切物が流行した。当世の風俗を写すのが現代劇である世話物の使命であったが、これらは旧来の歌舞伎の手法をでず、結局歌舞伎の古典化を招くこととなった。

さんきんこうたい [参勤交代] 参観交代とも。江戸時代、大名が一定期間江戸に出仕することを参勤といい、交代とは領地に就くことをいう。参勤の起源は鎌倉時代までさかのぼり、室町時代には守護大名の京都在住が強制されていた。織豊政権下でも参勤がみられ、豊臣秀吉が参勤交代の原形をつくった。1600年(慶長5)の関ケ原の戦後、外様大名の江戸参勤が増加し、徳川家康の将軍宣下後はその傾向が強まった。家康は参勤する大名に屋敷地を与えて妻子の江戸居住を奨励する一方、鷹狩と称して参勤する大名を出迎える配慮を示した。09年には参勤・江戸越年をもとめるなど、しだいに参勤を定着させ、15年(元和元)武家諸法度に参勤作法之事を定めた。35年(寛永12)大名の4月参勤を制度化し、42年には譜代大名へも参勤を義務づけた。8代将軍吉宗のとき財政窮乏により在府期間を一時半減したものの、1862年(文久2)の改革まで継続された。参勤交代による大名の財政的負担は大きく、大名統制策の根幹としての意義があった。一方交通の整備や宿場の繁栄、文化の地方伝播も促進した。

さんげがくしょうしき [山家学生式] 天台宗僧養成の課程を定めて勅許を請うたもの。1巻。最澄_{さいちょう}著。818年(弘仁9)5月奏上の「天台法華宗年分学生式(六条式)」、同年8月奏上の「勧奨天台宗年分学生式(八条式)」、翌年3月奏上の「天台法華宗年分度者回小向大式(四条式)」の3首からなる。「六条式」は天台宗僧を大乗菩薩僧として養成するための天台宗独自の大乗戒受戒、比叡籠山、毎日の行業、課程修了後の任用などの法式を提示し、「八条式」はその細則。「四条式」は問題を受戒にしぼって大乗戒受戒という独自の法式を重ねて論じ、その論拠を提示したもの。本式の提唱は南都の猛反対にあい、最澄は改めて「顕戒論_{けんかいろん}」を奏上し、勅許を求めたが生前は許されず、822年、最澄没後の7日目に認可された。「日本思想大系」所収。

さんげん [三関] 伊勢国鈴鹿関、美濃国不破_{ふわ}関、越前国愛発_{あらち}関の総称。その設置は天智朝と考えられる。東方からの侵入に備えるよりも、中央での反乱が東国に波及するのを防ぐことが主たる機能であり、反乱、天皇の譲位・死亡などに際しては、関を閉じ警固にあたる固関_{こげん}が行われた。三関は789年(延暦8)に廃止されたが、以後も固関は存続した。810年(弘仁元)からは愛発関にかわって近江関が入り、ふつうこれは近江国逢坂関をさすと考えられるが、「二中歴」などは同国勢多関を三関の一つとする。

さんこう [三后] 三宮_{さんぐう}とも。太皇太后・皇太后・皇后の総称。令制では太皇太后は天子(天皇)の祖母で后位にあった女性、皇太后は天子の母で后位にあった女性、皇后は天子の嫡妻。平安時代以降は、実質的な天皇との血縁・配偶関係がなくても代替りに后位を変更する例が開かれた。三后の付属職司は令制では中宮職であるが、実際には太皇太后宮職・皇太后宮職・皇后宮職が設置された場合もある。

さんごう [三綱] 各寺院におかれ、寺院運営・寺僧監督などにあたった僧職の総称。僧尼令以前の段階では、のちの僧綱_{そうごう}に該当する僧官などを三綱と称した場合もあったが、律令の施行とともに上座_{じょうざ}・寺主_{じしゅ}・都維那_{ついな}の3職が三綱として規定されたと考えられる。それぞれの職掌区分は明確でないが、共同して寺院資財の管理や堂舎の造営、僧尼の教導などにたずさわった。寺僧から選出され、僧綱・玄蕃_{げんば}寮・治部_{じぶ}省をへて太政官に申請、任命された。

さんごうしいき [三教指帰] 戯曲風の体裁をとった儒・道・仏の3教の優劣比較論。3巻。空海_{くうかい}著。797年(延暦16)成立。空海の出家宣言の書といわれる。序でみずからの出家と本書執筆の動機をのべ、本文では儒・道・仏の3教を代表する亀毛先生・虚亡隠士・仮名乞児におのおのの教えを語らせ、仏教の最勝を宣揚する。空海の青年時代の事績と思想が知られる。別本「聾瞽_{ろうこ}指帰」2巻(伝空海真筆)が金剛峰寺に伝存。「日本古典文学大系」所収。

さんこうせいさく [三光政策] 三光作戦とも。日中戦争での日本軍の過酷なふるまいに対する中国側の呼称。三光とは、殺しつくす、焼きつくす、略奪しつくすの意味。とくに、華北地方の中国共産軍の百団大戦とよばれる大攻勢に対抗するため、共産軍に協力していると思われる農村・抗日根拠地を日本軍が急襲して徹底的に掃討したことからこのように呼ばれたとみられる。

さんごくいじ[三国遺事] 高麗僧の一然が編纂した朝鮮古代史に関する外史。完成は1280年代と推定され、全5巻、9部門からなる。前半の王暦・紀異では朝鮮古代史全般の遺聞・伝説、後半では僧伝、寺院・仏塔の建立縁起など仏教関係記事を収め、「三国史記」を補う箇所が多い。巻頭の「古朝鮮」は檀君朝鮮の最古の史料であり、ここに朝鮮史の始まりをおいた点は注目される。現存最古の刊本は「三国史記」と並んで刊行された1512年のものであるが、一然以後の割注が混入しており史料批判を要する。

さんごくかんしょう[三国干渉] 1895年(明治28)4月23日、日清戦争後の下関条約に対する露・独・仏の干渉。下関条約に規定された日本の遼東半島領有が「朝鮮の独立を有名無実に為す」ことを理由に、3国は同半島の放棄を勧告。これは清国の分割をめざす武力を背景とした干渉であった。伊藤博文首相は勧告拒絶を不可能と考え列国会議の開催を考慮したが、陸奥宗光外相は新干渉を招くとして反対し、日本は5月5日に干渉受諾、遼東半島放棄を通告した。この結果、11月8日には遼東還付に関する条約(遼東半島還付条約)が結ばれ、日本は代償として庫平銀3000万両(約4500万円)を得た。以後臥薪嘗胆が報復の標語となった。

さんごくきょうしょう[三国協商] 第1次大戦前の露仏・英仏・英露間に締結された帝国主義的権益の相互保障協定を基調にした協力体制。ドイツの急激な軍事的膨張と三国同盟に刺激され、1891年8月27日に露仏協商、1904年4月8日に英仏協商が成立。英露は長らく対立していたが、日露戦争敗北の結果ロシアがイギリスに接近し、07年8月31日に英露協商が成立した。勢力圏確定の性質のこい協力体制からしだいに軍事同盟の様相を強め、12年の仏仏海軍協定、英仏海軍協定、14年の英露海軍協定などで結実。17年、革命によるロシアの脱落で解体した。

さんごくし[三国志] 魏・呉・蜀3国(220～280)の興亡を扱う中国の正史。魏書30巻、蜀書15巻、呉書20巻。それぞれ通称魏志・蜀志・呉志。陳寿(233～297)撰。蜀書・呉書は伝のみ。魏書は伝以外に帝紀があり、魏を正統視する。官修の王沈「魏書」、韋昭「呉書」、私撰の魚豢「魏略」を参照した。これらは散逸。「後漢書」成書よりも古い。東夷伝倭人条(「魏志倭人伝」)に、邪馬台国ほかの諸国や倭の女王卑弥呼のことが記述されている。中華書局刊。

さんごくしき[三国史記] 高麗の宰相金富軾が仁宗の命をうけて、1145年に新羅・高句麗・百済の歴史を紀伝体で編纂した現存最古の朝鮮の正史。50巻。高麗の初期には高句麗を中心とする「旧三国史」とよぶ正史があったが、政治的立場から金富軾は新羅史中心に改編したとされる。固有の史料のほか、中国史書から朝鮮関係記事を多く借用しており、慎重な史料批判が必要。現存最古の刊本は1512年版だが、一部分ながら高麗末期の刊本も伝存。

さんごくじだい[三国時代] 中国史の時期区分。220年、曹丕が後漢から帝位を譲られて魏を建国してから、280年魏をついだ晋(西晋)が呉を滅ぼして中国を統一するまでをさす。この間長期にわたって華北の魏、江南の呉、四川の蜀の3国が鼎立して抗争したことによる命名。

さんごくつうらんずせつ[三国通覧図説] 地理書。林子平著。1785年(天明5)成立。翌年桂川甫周の序をつけて刊行。朝鮮・琉球・蝦夷地の3国および無人島(小笠原諸島)の地図、さらに日本とそれらの地域との里程を示す図の計5図を載せ、各地域の地理や風俗について軍事的観点から説明を加えた。朝鮮の部ではハングルを紹介しているのが注目されるが、詳細に論じられているのは蝦夷地で、ロシアの蝦夷地侵略の危険性を指摘し、蝦夷人への教化を進め、蝦夷地の開発によりロシアの侵略に対抗しうると主張。92年(寛政4)子平が幕政批判を理由に処罰されたとき、絶版になる。ヨーロッパにも伝えられ、1832年にパリで出版された。「林子平全集」所収。

さんごくどうめい[三国同盟] 第1次大戦前に結ばれたドイツ、オーストリア、イタリア間の軍事同盟。これに刺激されるかたちで三国協商が形成されていった。1882年5月20日の成立から数度の更新により1915年まで存続。普仏戦争後のドイツはフランスを孤立させるために当初ロシアに接近したが長続きせず、北アフリカ権益でフランスと対立するイタリアに接近し、仏露を仮想敵として同盟国間の権益を保障しあった。しかし、仏伊関係の好転とともに同盟は形骸化し、大戦勃発後の15年5月3日、イタリアが同盟廃棄を通告したために消滅した。

ざんざい[斬罪] 死刑の一種。古代、律の五罪のうちの死罪に絞・斬の二つがある。斬は斬首を意味し、「身・首異処」するため絞よりも重いとされる。7世紀前期の日本の刑罰の実情を伝える「隋書」倭国伝には死との明記し、絞と斬の区別の有無は不明である。「日本書紀」では7世紀中期から死罪の場合に絞と斬を区別している。鎌倉時代になると斬罪が死刑の基本となって、絞罪は行われなくなった。「御成敗式目」では謀叛・殺害人・夜討・強盗・山賊・海賊・放火を大犯・重科として斬罪に定めている。のちに追加法で人勾引(誘拐)・人

売が加えられ、室町中期には窃盗が強盗とともに大犯として斬罪を科せられるようになった。江戸時代には士身分の者の盗賊・殺人などの重罪に対して科せられ、庶人に対する死刑は死罪ないし下手人であった。斬首にあたり目隠しがされず、死体が刀剣の様斬の用に供されない。見懲しのため小塚原などの刑場で公開された。

さんさいいち [三斎市] 平安末～江戸時代に都市・農村で特定の日に月3回開かれた定期市。史料上は三度市とよばれ、三斎市という用法はみられない。室町前期に全国的に広がるが、平安末期からみられる。市日が各地域の中心的な親市の市日を基準に決定されるなど、地域ごとに各市の競合を避けるために市日が調整されていた。しだいに姿を消し、室町後期～戦国期になると月6回開かれる六斎市が一般化し、戦国大名は新宿開設の際、六斎市を開くことが多かった。

さんざんじだい [三山時代] 14～15世紀初め、沖縄本島に成立した中山・南山・北山の三つの政権による時代。琉球史上の時代区分。12～14世紀に各地の勢力が城を築いて争うなか、14世紀前半に今帰仁に城を構え北部一帯を勢力下におく北山、浦添城を拠点に中部一帯を支配する中山、糸満の島尻大里城を拠点とした南山が成立したと考えられている。中山が1372年に中国に入貢したのに引き続き、80年南山、83年北山も入貢を開始。国内での対立とは異なり、対中国貿易では協力提携したともみられる。1406年佐敷の尚巴志が中山を掌握、16年北山、29年南山を攻略し、三山を統一したとされるが、その過程をめぐり異説もある。

さんしかん [三司官] 首里王府の役職。人臣の最高職。位階は正一～従一品で称号は親方。冠は紫地浮織冠。禄高は知行を含め400石。近世以前の平仮名表記では、16世紀の碑文などに「みばんの大やくもい」「世あすたべ」とあり、その漢字表記が三司官または法司官である。摂政とともに評定所の上の会議を構成。国政の運営全般について審議し、国王の裁可を仰いで決定した。3人体制で、それぞれ給地方、所帯方、用意方を分掌し、変則交代制の三番出仕により勤務した。任職者の出自は一部を除き王家の分家である向統、さらに毛・翁・馬姓など名門の家系にほぼ限定されていた。国王册封の謝恩使派遣で正使、江戸上りの際の副使を勤めたほか、王世子、王妃殿の大親などに任職した。

さんじせいげんうんどう [産児制限運動] 産児調節運動とも。妊娠予防・受胎調節や人工妊娠中絶により出産を制限しようという運動。1922年(大正11)マーガレット・サンガーの来日を機に産児調節への関心が高まり、安部磯雄・馬島僴・石本(加藤)シヅエらが産児調節同盟会を結成した。24年基礎体温による荻野学説が発表され、25年には山本宣治が「産児調節評論」(のち「性と社会」)を発行。32年(昭和7)に太田典礼が太田リングを開発し、34年石本シヅエが産児制限相談所を開設。その立場は社会改良、女性解放、医学・医療的観点からとさまざまだったが、いずれも国家の人口増加政策からは危険視され、満州事変後は弾圧をうけた。第2次大戦後の48年(昭和23)に優生保護法が制定され、一定条件での中絶が認められた。すでに47年には日本産児調節連盟が、53年には日本家族計画連盟が結成され、全国的に普及した。

ざんしつ [残疾] 律令制下、疾病などによる身体の障害を程度によって3区分したうち、最も軽度の者。戸令には、1日盲、両耳聾、手の2指もしくは足の3指を欠く、手足の親指を欠く、禿瘡・無髪などが残疾の例としてあげられている。正丁に相当する年齢の残疾は、老丁とともに次丁とされ、課役負担の軽減措置がとられた。

さんじゅうさんげんどう [三十三間堂] ⇨蓮華王院本堂

さんじゅうさんしょかんのん [三十三所観音] ⇨西国三十三所観音 ⇨秩父三十四所観音 ⇨坂東三十三所観音

さんじゅうろくせいいみん [三十六姓移民] ⇨閩人三十六姓

さんじゅうろくにんしゅう [三十六人集] 三十六歌仙の家集を集めたもので、6400首をこえる私家集の大集成。院政初期に成立。平安中期以前のおもな歌人を網羅しており、和歌史上きわめて重要。伝本は3系統にわかれるが、欠けた家集を他の系統によって補うなど複雑にいりくんでいる。そのなかで西本願寺本(国宝)は1112年(天永3)の白河法皇六十賀に制作されたものといわれ、美術品としての価値もあいまってとくに貴重。「私家集大成」所収。

さんじゅうろっかせん [三十六歌仙] 藤原公任の「三十六人撰」に選ばれた歌人。柿本人麻呂・紀貫之・凡河内躬恒・伊勢・大伴家持・山部赤人・在原業平・僧正遍昭・素性法師・紀友則・猿丸大夫・小野小町・藤原兼輔・同朝忠・同敦忠・同高光・源公忠・壬生忠岑・斎宮女御(徽子女王)・大中臣頼基・藤原敏行・源重之・同宗于・藤原清正・源順・藤原興風・清原元輔・坂上是則・藤原元真・小大君・藤原仲文・

ぶ・大中臣能宣・壬生忠見・平兼盛・中務の36人。「三十六人撰」は、公任と具平親王の間で行われた人麻呂と貫之の優劣論争が契機となって選ばれたといわれる。公任の歌人に対する評価がよく現れている。その後、これにならった各種の三十六歌仙がうまれた。

さんしゅのじんぎ [三種の神器]「古事記」「日本書紀」に伝える、皇位の象徴としての鏡・剣・玉。八咫鏡・天叢雲剣（草薙剣）・八尺瓊勾玉の三種。鏡・剣・玉は弥生時代以来宝器として尊重され、司祭者的な王権の象徴でもあった。記紀や「古語拾遺」などの所伝では、天孫降臨に際し皇祖天照大神から瓊瓊杵尊に授けられ、うち鏡・剣は崇神朝に大和の笠縫邑に、垂仁朝に伊勢神宮に移され、うち剣は景行朝に日本武尊に授けられ、尾張の熱田神宮に安置されることになったという。宮廷においては持統朝以後、神祇令の規定で鏡と剣とが皇位の象徴たる神璽とされたが、平安時代には玉がこれに加わり、神璽と称された。

さんじょ [散所] 中世後期、京などに散在する非人や声聞師、癩者などの集団、またはその集住地。もともとは本所に対していい、本来ではない場所を意味した。荘園領主（本所）に対し、その所領や別荘などをいい、権門勢家の正職員に対する各地の増員者を散所雑色ら、散所召次など、散所寄人などと称した。中世後期になると、多数の商工業者が営業特権を求めて寄人や神人となり新加神人などと称されたため、散所の呼称は廃された。かわりに非人などの賤民集団をさす語になり、その集団の長を散所長者といった。京都の葬送や癩者支配を独占する清水坂非人を本所非人としたため、京中に散在する非人集団は散所非人とよばれた。

さんじょうさねとみ [三条実美] 1837.2.7～91.2.18 幕末～明治前期の尊攘派公卿・政治家。内大臣三条実万の四男。1862年（文久2）国事御用掛となり、攘夷決行を求める別勅使として江戸に下る。翌年、孝明天皇の石清水行幸（攘夷祈願）を実現させるなど尊王攘夷運動に従事したが、8月18日の政変で長州に逃れた（七卿落ち）。王政復古後に帰京し、議定・大納言・右大臣などをへて71年（明治4）太政大臣となったが、征韓論争では指導力を発揮できず急病となる。明治10年代に入ると地位はしだいに形式的なものとなり、内閣制度の開設にともない内大臣に転じた。その後も華族のまとめ役として活動したが、89年、黒田清隆首相の退陣後は内大臣のまま2カ月間首相を兼務、大隈条約改正交渉の中止作業にあたる。

さんしょうだゆう [さんせう太夫]「山椒太夫」「山荘太夫」とも。説経節の一つ。岩城判官正氏は無実の罪で筑紫に流され、その妻と子の安寿と厨子王は、赦免を乞いに京をめざす。その途中、越後で人買いにだまされ、丹後由良の長者山椒太夫に売られ酷使される。姉弟は脱出をはかるが露見、弟だけがのがれ、姉は死ぬ。厨子王はお守りの金焼地蔵の霊験で危機を脱し、摂津国天王寺の童子をへて、梅津院の養子になる。帝に謁見できた厨子王は事情をあかし、父の所領を回復。丹後国も賜り、太夫らに復讐する。その後、盲目となっていた母を捜しだし、金焼地蔵でなでると開眼したので、丹後に地蔵を本尊として寺を建立。森鷗外「山椒太夫」で著名になった。

さんじょうてんのう [三条天皇] 976.1.3～10 17.5.9 在位1011.6.13～16.1.29 冷泉天皇の第2皇子。名は居貞。母は藤原兼家の女超子。986年（寛和2）花山天皇の出家事件により、一条天皇のもとで皇太子に立つ。1011年（寛弘8）践祚して、在位中は皇位継承問題と眼病に悩んだ。藤原道長に退位を迫られ、抗争ののち、長子敦明の立太子を条件に後一条天皇（一条皇子）に譲位したが、敦明の即位を見届けることなく死去した。天皇の死後、敦明は皇太子を辞退することになる。

さんじょうにしけ [三条西家] 西三条家とも。藤原氏閑院流の正親町三条家庶流。大臣家。南北朝期、正親町三条実継の次男公時に始まる。家名は公時の邸宅が三条北、西朱雀にあったことによる。正親町三条公豊の次男公保が2代実清のあとを継いで内大臣となり、大臣家の家格を得た。その子実隆は、一条兼良のあとをついて中世和歌の発達を推進し、公家文化の地方普及に功績があった。その学問は子公条、孫実枝に継承された。江戸時代の家禄は502石余。実枝の孫実条は江戸初期の武家伝奏を27年間勤め、右大臣となる。幕末の季知は七卿落ちの1人。維新後、公允のとき伯爵。

さんじょうにしさねたか [三条西実隆] 1455.4.25～1537.10.3 戦国期の公卿・文化人。公保の次男。1506年（永正3）内大臣。1516年に出家・逍遥院として尭空・逍遥院として尭空。後土御門・後柏原天皇などから厚く信頼され、多くの公卿が経済的な困難から地方に下った時代に、禁中のため京都にとどまって奔走。和漢の学の最高峰として衆望を集めた。和学の面では宗祇から古今伝授や「伊勢物語」「源氏物語」の講義をうけ、のちに宗祇の「新撰菟玖波集」編纂に協力。「源氏物語細流抄」、私家集「雪玉集」、歌日記「再昌草」のほか、有職故実を平易に説いた「多々良問答」を著す。また多くの古典を書写・校合し保存に努めた。日記「実隆公記」は同時代の貴重な記録。

さんじょうぶっしょ [三条仏所]
平安後期以降に活躍した，名前に「円」の字をとる円派仏師のこと。12～13世紀の明円^{えん}が三条京極に住房を構えていたこと，鎌倉末以降に，三条法印朝円らのように僧綱位の上に三条を冠する仏師が現れることなどから，後世円派仏師のことを三条仏師とよぶようになったと思われる。ただし平安後期の長円の工房は五条高倉にあり，鎌倉末以降には鎌倉地方で活躍した者もいる。

さんしょく [三職]
王政復古の結果成立した新政府の要職の総裁・議定^{じょう}・参与の総称。1867年(慶応3)12月9日，王政復古の大号令により幕府および摂政・関白などが廃止となり，天皇のもとに三職が設けられ，国政の中枢となった。総裁には有栖川宮熾仁^{たるひと}親王，議定には皇族・公卿・諸侯(雄藩藩主)，参与には公家および鹿児島・高知・福井などの雄藩(のち萩藩も加わる)の藩士各3人が任じられた。68年(明治元)閏4月，政体書発布により廃止。

さんしん [三線]
沖縄・奄美などで伝承される弦楽器。「さむしる」とも発音し，近来は「しゃみせん」ともいう。俗称の蛇皮線^{じゃびせん}は本土側のよび方で，現地では用いない。組踊や琉歌の伴奏楽器として用いる。14世紀末頃に伝来した中国の三弦を改良して作られたとされ，胴にはニシキヘビの皮を張り，右手人差指にはめた義爪，奄美では竹ヒゴで演奏する。永禄年間に本土に伝わり，改良されて三味線となった。

さんしんぽう [三新法]
1878年(明治11)7月，統一的な地方制度として公布された郡区町村編制法・府県会規則・地方税規則の総称。自由民権運動の高揚，農民の騒擾といった地方社会の混乱を踏まえ，大久保利通^{としみち}の上申書をもとに，地方官会議や元老院会議の審議をへて公布された。地方の伝統や実情にあわせて，町村の自治体化，府県会の設置，地方税の整理による財源の確保などを盛り込んだ。

さんすいじんけいりんもんどう [三酔人経綸問答]
明治期の政治・外交の思想書。中江兆民^{ちょうみん}著。1887年(明治20)5月集成社から刊。3人の象徴的な人物の酒席での問答の形式をとり。軍備撤廃や完全普通選挙の思想を説く洋学紳士，海外への軍事的進出を説く豪傑君，平和外交・国民軍創設・立憲制度の漸進的進展という現実的方法を考える南海先生の議論を通じて，日本の進路を模索しようとした。『明治文化全集』『明治文学全集』『岩波文庫』所収。

さんすいちょうかん [山水長巻]
室町後期の画僧雪舟の代表作の一つ。1486年(文明18)作。長大な画面に山水の四季の変化と人々の生活を描く。いわゆる四季山水図巻だが，この作品に限って古くから山水長巻とよばれる。作風は基本的に中国宋代の画家夏珪^{かけい}にならうが，随所に雪舟独自の筆致と空間構成もみられる。類例の少ない室町水墨画山水図巻のなかでも，とくに重要な作品。紙本墨画淡彩。縦40.0cm，横1568.0cm。毛利博物館蔵。国宝。

さんぜいっしんのほう [三世一身の法]
723年(養老7)4月17日に発布された，開墾奨励のための法令。それ以前の律令法では，墾田についての規定や開墾者の権利があいまいであったため，国郡司はしばしば墾田を収公し，既墾地拡大の障害となっていた。そこで既存の溝池を利用して開墾した場合には本人死亡まで，新たに溝池を開発して開墾した場合には3世(子から曾孫とする説が有力)までの私的占有を認めた。これによって田租を確保するとともに，一定期間後の公地化を図った。しかし20年ほど経過して最初の「一身」の収公期限の前後になると，墾田の荒廃がめだつようになったため，743年(天平15)墾田永年私財法がだされた。

さんせき [三蹟]
平安中期，能書として尊重された小野道風^{みち}・藤原佐理^{すけまさ}・藤原行成^{なり}の3人。唐風文化が隆盛であった平安初期の三筆^{ひつ}の書が中国書法を基盤としたのに対し，三蹟の書は，国風文化がおこるなかで王羲之^{おうぎし}の書法を消化して和様の書を完成させた。三蹟の名は，それぞれの筆跡を野蹟^{やせき}・佐蹟^{させき}・権蹟^{ごんせき}(権大納言行成)とよぶことからの命名。三蹟の呼称を明記した最初の文献は，貝原益軒の『和漢名数』(1689刊)といわれる。

さんぞう [三蔵]
「みつのくら」とも。『古語拾遺』にみえる，斎蔵^{いみくら}・内蔵^{うちくら}・大蔵^{おおくら}という大和朝廷の伝承上の三つの庫蔵。神物と官物が未分化な神武朝に斎蔵が，三韓からの貢納物が増加した履中朝に内蔵が，秦氏の調の納入を機に諸国からの貢納物が増加した雄略朝に大蔵が，それぞれたてられたとされる。これは6世紀頃に実際に神祇関係の物品を管理した斎(忌)部^{いんべ}氏や，令制内蔵寮・大蔵省の前身の内蔵・大蔵で物品を管理していた渡来系氏族が述作した伝承にもとづくものであろう。

さんだいきゃくしき [三代格式]
平安前期に編纂・施行された弘仁・貞観・延喜の三格式の総称。格は『類聚三代格』によりその過半が知られる。弘仁・貞観の両式はほとんど散逸して伝わらないが，『延喜式』はほぼ完存。

さんだいじけんけんぱくうんどう [三大事件建白運動]
1887年(明治20)の自由民権派を中心とする反政府運動。第1次伊藤内閣の井上馨^{かおる}外相の条約改正案は領事裁判制度の撤廃とひきかえに，外国人裁判官の任用や外国人への内地開放(内地雑居)を認めることになっていたため，政府部内からも反対の声があがった。同年7月に条約改正交渉は中止されたが，反藩閥

勢力の結集を図り大同団結運動を進めていた民権派は、これを機会に地租軽減、言論・集会の自由、外交失策の挽回の3項目を要求にかかげ、高知県はじめ各地の有志が続々と上京し、建白書を提出して政府に迫った。同年11〜12月、運動はいっそう活発となったが、政府は12月25日に保安条例を公布し、運動を強静化させた。

さんたんこうえき [山丹交易] 近世、日本で山丹(山旦・山靼)人とよばれた黒竜江下流域の住民と樺太アイヌ間の交易、および蝦夷地幕領下の1809年(文化6)に始まった樺太南端白主ﾉｯｶでにおける山丹人との官営交易をいう。清国は黒竜江下流域に官人を派遣しており、山丹人や樺太の住民と朝貢・下賜が行われた。交易所も開設され、満州人からえた珍しい玉類や古官服・絹織物などが樺太を経由して日本にもたらされた。09年の官営化の際、幕府は樺太アイヌの山丹人に対する負債を弁済した。

さんていりつりょう [刪定律令]「さくていりつりょう」とも。769年(神護景雲3)右大臣吉備真備ﾏｷﾋﾞと大和長岡が編纂した法律。律令条文の矛盾や不適切な表現をただした24条からなる。791年(延暦10)詔により施行されたが、812年(弘仁3)廃止された。「令集解ｼﾞｮｳｹﾞ」の跋や穴記に「刪定令」「刪定」とあるものは、「刪定律令」もしくは「刪定令格ｷﾞｬｸ」の逸文と考えられる。

さんでん [散田] 8〜9世紀頃の史料に表れる散田は、口分田・乗田ｼﾞｮｳ以外の私有地などのこと。10〜11世紀には田堵ﾄﾞから毎年請作者を募り、荘田を割りあてることをさすようになる。この時期には散田請作が荘園経営の基本であった。中世に入ると名田にくみこまれない新開田や名主の没落などで解体した名田などをよんだ。このような散田は均等名ﾐｮｳに化する際に使われたり、下作人らが請作する領主直属地とすることもあった。中世後期にはこうした散田作人の一部は成長し、新名主になった。近世には無主地や荒廃地をいう。

さんてんだいごだいさんき [参天台五台山記] 1072年(延久4)に入宋した京都大雲寺の僧成尋ﾋﾞｮｳの日記。3月15日肥前国松浦郡壁島を発ったのち、天台山・開封・五台山などを巡礼し、翌年6月12日開宝勅版一切経などの経典、仏像、宋の神宗ｿｳの文書を弟子に託し日本へ送よすが成尋は宋に残り、1081年開封開宝寺で没した。宋代の政治・経済・社会・文化の詳細な観察を含み、とくに水陸交通、各地の物価に関する記録や収録されている公私文書類は貴重。「熙寧ｷﾈｲ日記」「入唐求法巡礼行記」「往生要集」など日本僧の著作を献上したり、宋では失われた経典を宋僧に貸与するなど日本文化の紹介に努めたことも注目される。「改定史籍集覧」「大日本仏教全書」所収。

さんと [三都] 近世都市のうち、他と比較して隔絶した人口規模をもつ、江戸・京都・大坂の三つの巨大都市をさす。江戸は幕府所在地として、幕臣・全国大名などの武家屋敷地の集中を基礎としており、同大朝廷の所在地であるとともに、手工業都市として全国の大名の武具・奢侈品購入の場でもあった。大坂は全国大名の年貢米・特産品の換金市場であった。

さんどう [算道] 古代〜中世における大学寮数学科や算術一般、および算術を扱う人。算道という言葉自体は平安時代から現れる。大学寮数学科としての算道には算博士・算得業生ﾄｸｺﾞｳ・算生ｻﾝｼｮｳなどが属し、また大宰府にも算師・算生がおかれた。日本の律令国家では国家運営のために必要な水準の計算能力をもった者が少なかったためか、唐にくらべて算博士らの地位は高かった。大学寮では唐にならって「九章算術」「綴術ﾃﾂｼﾞｭﾂ」などの高度な数学書も教えられ、また暦算とのかかわりも深く、暦道に干渉することもあった。古代〜中世の算術としての算道は呪術と同一視され、数字を神秘視する点では中世ヨーロッパ・中国と同じである。

さんとうきょうでん [山東京伝] 1761.8.15〜1816.9.7 江戸後期の戯作者。本姓は岩瀬醒ｻﾒﾙ。江戸生れ。18歳のとき北尾政演ﾏｻの名で黄表紙の画工をつとめて以降、「御存商売物ｺﾞｿﾞﾝﾉｼｮｳﾊﾞｲﾓﾉ」「江戸生艶気樺焼ｴﾄﾞｳﾏﾚｳﾜｷﾉｶﾊﾞﾔｷ」などを自作して評判をとる。遊女を妻にするほど遊里に精通し、1784〜91年(天明4〜寛政3)の7年間に「通言総籬ﾂｳｹﾞﾝｿｳﾏｶﾞｷ」ほか16種の洒落本を発表するが、「錦の裏」などの洒落本3部作で筆禍をうけて断念。紙製煙草入店を開業するかたわら、「忠臣水滸伝」を執筆して前期読本の高踏性を克服。「桜姫全伝曙草紙ｱｹﾎﾞﾉｿﾞｳｼ」や「昔話稲妻表紙ｲﾅﾂﾞﾏ」などで読本の第一人者となるが、曲亭馬琴との競争に敗れた後は、合巻「松梅竹取談ﾄﾘﾓﾉｶﾞﾀﾘ」や考証随筆「近世奇跡考」「骨董集」に才能をみせた。

さんとうしゅっぺい [山東出兵] 昭和初期に中国での北伐の進展下、田中義一内閣が居留民保護を名目として行った山東半島への3度の派兵。(1)1927年(昭和2)5月の北伐開始とともに、6月1日第10師団約2000人を青島に派遣。北伐の中断後、9月に撤兵。(2)28年北伐の再開とともに国民革命軍が山東省に入ると、4月19日済南・膠済ｺｳｻｲ線沿線に第6師団・支那駐屯軍約5000人を派遣。5月3日の小衝突をきっかけに交戦状態に入り、中国側に約5000人の死傷者をだした(済南事件)。(3)事件の拡大をみた内閣は第3師団を動員し、同月11日済南城を占領。革命軍への干渉戦争の性格が強まり、外交

交渉の結果29年5月に撤兵を完了した。

さんどひきゃく [三度飛脚] 近世の大坂・京都・駿府と江戸を結ぶ飛脚。はじめ大坂城・二条城に詰める城番衆と江戸との書状輸送は、宿人馬を利用して番士の家僕が行ったが、1664年（寛文4）には町飛脚が請け負い、宿駅人馬を利用して、月3度の飛脚を出すことになった。以後、三度飛脚は町飛脚をさす。江戸の三度飛脚は1782年（天明2）に仲間が許され、定飛脚と称するようになったが、大坂では三度飛脚の名称を通した。

さんとみ [三富] ⇨ 江戸の三富

さんないまるやまいせき [三内丸山遺跡] 青森市の西部丘陵上にある複合遺跡。縄文時代と平安時代の集落跡、中世の城館跡などが検出された。とくに縄文時代では、前期中葉～中期中葉の竪穴住居跡約500軒、大型住居跡約20棟、巨大な木柱を使用した大型の掘立柱建物跡、廃棄物を集中的に捨てていたブロック3カ所、成人用の土壙墓群、子供用と考えられる埋設土器、粘土採掘壙など、集落の具体的なようすを解明しうる遺構が検出された。国史跡。

さんに [散位] 「さんい」とも。律令制下、位階だけをもち官職についていない者のこと。職事官や雑任の退職した者が中心だが、位子などの労を重ねて叙位される者、献物などの臨時の叙位による者もある。散位寮がその名帳・朝集にあたり、内外・文武の別がある。五位以上は散位寮に長上し、六位以下の在京者は散位寮、京外は国府に分番して考課をうけるが、繁雑な官司に臨時配属されることもある。のちに定員が定められ、定員外の者は統労銭を納めて考課をうけた。

さんにんきちさくるわのはつがい [三人吉三廓初買] 歌舞伎狂言。河竹黙阿弥作。1860年（万延元）1月江戸市村座初演。「八百屋お七」の世界を使って和尚吉三・お嬢吉三・お坊吉三という3人の盗賊が義兄弟となる筋に、梅暮里谷峨の洒落本の情話をないまぜにした作。庚申丸の短刀と100両の金をめぐって、因縁の糸につながれた人間関係が解き明かされる仕組みで、そこに土左衛門伝吉一家の暗い運命の悲劇が浮かびあがる。黙阿弥の代表作。

さんのうしんこう [山王信仰] 大津日枝本に鎮座する日吉大社を中心とする神祇信仰。最澄が中国天台山国清寺の山王祠にならって比叡山の地主神・守護神として祭ったのがおこりという。山王権現とか日吉権現とよばれ、比叡山の山岳信仰と重層している。平安時代には比叡山の僧たちが神輿や託宣を奉じて強訴を行った。摂社・末社として多くの神が勧請され、山王七社、山王二十一社と総称された。鎌倉時代の「山王霊験記」は山王神の由来を説く絵巻物

として有名。中世には山王一実神道（いちじつしんとう）という神道も派生した。

さんのうしんとう [山王神道] 山王一実神道・天台神道・日吉神道とも。天台教学にもとづいて神仏習合を説いた神道。山の字が竪3本・横1本、王の字が竪1本・横3本であることから、これと釈迦の「三諦即一」の教えを表すとしてこの名がつけられた。三諦を神祇が統一し、地主神により天台教義との習合がはたされると説いて、日吉大社がその中核とされ、さらに山王二十一社が設定された。近世には行丸が記した「日吉社神道秘密記」を神道の基本においた。天海はこの教えが幕府鎮護に結びつくと主張、東叡山寛永寺や日枝神社を建立し、山王神道の儀により徳川家康の遺骸を改葬するなど、幕府からの加護をうけた。

さんのうれいげんき [山王霊験記] 「山門僧伝」とも。日吉山王の霊験談を集めた絵巻。現存の遺品には、1288年（正応元）の奥書をもつ静岡県沼津市の日枝神社の1巻（縦37.6cm、横664.5cm、重文）と、これと系統を異にする室町時代の制作になる4巻本（久保惣記念美術館・頴川美術館・生源寺に分蔵）がある。また詞書だけ伝わる「日吉山王利生記」は文永年間の、同じく「山王絵詞」（妙法院蔵）は1314年（正和3）の成立と推定される。紙本着色。

さんぱつだつとうれい [散髪脱刀令] 断髪・脱刀を自由とした1871年（明治4）8月9日の太政官布告。丁髷を落とす断髪の風習はすでに幕末期に留学生や洋式調練をうけた諸藩兵の間に始まり、一般にもしだいに広まったが、この布告ののちは急速に普及し、文明開化の象徴とみられた。脱刀に関しては69年5月に外国官権判事の森有礼が公議所に建議したが、全員一致で否決された。この布告後も脱刀は容易には進まず、76年の廃刀令によって強行された。

さんぴつ [三筆] 平安初期、能書として尊重された空海・嵯峨天皇・橘逸勢の3人。唐文化の追随・模倣の当時にあって、空海・逸勢らが唐から将来した顔真卿などの書の影響をうけ、高度な書道文化が築かれた。嵯峨天皇はこれを庇護・推進し、みずからも空海に書を学んだ。三筆の呼称を明記した最初の文献は、貝原益軒の「和漢名数」（1689刊）である。

サン・フェリペごうじけん [サン・フェリペ号事件] 1596年（慶長元）スペイン船サン・フェリペ号が土佐国に漂着した事件。同船は同年7月フィリピンのルソンからノビスパン（メキシコ）へ向かったが、途中、暴風雨のため長宗我部氏領の土佐国浦戸に入港。事件は豊臣秀吉に報じられ、同船の積荷と乗組員の財産は

すべて没収。乗組員のなかに、スペイン人はまずキリスト教の布教によって住民を教化し、のちに軍隊を派遣してその土地を植民地化すると吹聴した者がいたという。このため秀吉は疑念をいだき、二十六聖人の殉教の発端となった。同船は翌年マニラに戻り、没収品返還・殉教宣教師遺体引渡しの交渉を行った。

さんぶぎょう [三奉行] 江戸幕府の寺社奉行・(江戸)町奉行・勘定奉行の総称。評定所一座を構成する一方、重要な案件について老中の諮問をうけた。その際の評議を三奉行評議と称した。1721年(享保6)以降、勘定奉行は勝手方と公事方にわけられたが、勝手方は評定所一座には加わらなかった。

さんぶつかいしょ [産物会所] ⇨国産会所

さんぶつじ [三仏寺] 鳥取県三朝町にある天台宗の寺。706年(慶雲3)役小角が神窟を開いて建物を投げ入れて創建し(投入堂)、9世紀半ばに円仁が釈迦・阿弥陀・大日如来の3尊を安置して再興したと伝える。平安末期には3000の坊をもち、多くの僧を擁したという。江戸初期まで大山寺の支配下にあり、古くからの霊場として信仰を集めた。

投入堂 三徳山中腹の北むきの急斜面の崖にある岩窟内にたつ。平安後期の建築で、背面柱を除く柱を下に長く伸ばし懸造りとする。正面1間、背面2間、側面1間の母屋に、正面と西側面に吹き放しの庇縁を設けた形で、東側面に方1間の小規模な愛染堂が付属。西側面の庇屋根は高さをかえ、外観に変化をもたせる工夫がされている。母屋内部に壇を設け、壇の上下に蔵王権現像を安置。庇縁からの高さ3.8m。国宝。

サンフランシスコがくどうかくりじけん [サンフランシスコ学童隔離事件] 1906年、サンフランシスコ市務局が市内の公立小学校に在籍する日本人・韓国人児童を東洋人学校に転学・隔離するとの決議が発端。同年の大地震による校舎不足が理由であったが、背景には同地域での日本人移民労働者に対する排斥感情の激化にある。日本政府の抗議もあり、翌年、隔離措置が取り消されて一応決着したが、日米間の外交問題に発展。08年の日米紳士協約締結により労働者のアメリカ向け移民は禁止される。

サンフランシスコこうわかいぎ [サンフランシスコ講和会議] 米国サンフランシスコにおいて1951年(昭和26)9月4日~8日に開催された国際会議。第2次大戦の敗戦国日本と連合国との間の平和条約(講和条約)を締結する目的で、英米両国が招請。日本代表は吉田茂首相。インド・ビルマは参加を拒否、参加52カ国のうちソ連・ポーランド・チェコスロバキアは署名を拒否、中華人民共和国・中華民国は会議に招請されなかった。

サンフランシスコこうわじょうやく [サンフランシスコ講和条約] 対日平和条約とも。1951年(昭和26)9月8日、サンフランシスコで連合国48カ国と日本の間で署名、翌年4月28日発効。平和・領域・安全・請求権など前文と7章27条からなる。とくに千島列島に対する主権の放棄(第2条)、沖縄・小笠原の地位決定(第3条)など領土規定が論議をよんだ。中国・ソ連との戦争終結、朝鮮半島の分断国家との関係、東南アジア諸国との賠償なが残された問題が多かったが、以後の日米関係の基礎となった。日米安全保障条約とともに国会に提出され、平和条約については衆議院は賛成多数(307票)で可決。社会党左派や共産党など47の反対票のほか、棄権86票があった。この条約作成にはダレス米国国務省顧問が大きな役をはたした。

さんへいいっき [三閉伊一揆] 1847・53年(弘化4・嘉永6)陸奥国盛岡藩領の三閉伊地方(野田・宮古・大槌通)に発生した百姓一揆。天保期以降に強められた流通課役や御用金徴収などに反対したもの。弘化の一揆は小本の弥五兵衛を頭取に、1万人余で重臣南部弥六郎の知行地遠野堺へ強訴。藩は要求をおおむね認め一揆は解散したが、約束は履行されず嘉永一揆が再発。田野畑村の太助や栗林村の命助らを頭取とする1万5000人余の一揆は、前藩主の復帰か閉伊郡の仙台藩領ないし幕領化を要求して仙台藩領唐丹村へ逃散した。この要求は実現しなかったが、そのほかの約50条の要求を認めさせ、処罰なしの証文をとり、一揆側の勝利に終わった。

さんべつかいぎ [産別会議] 全日本産業別労働組合会議の略称。1946年(昭和21)8月に結成された左派系労働組合のナショナル・センター。47年の2・1ストを準備する主力となり、労働組合運動の指導権を握った。だが2・1スト計画が頓挫した頃から、内部に批判派(民同派)が発生。49年の行財政整理、企業再建整備など政府と経営者からの圧力や、50年のレッドパージで職場の活動家が排除されて勢力は大きく後退し、58年に解散した。

さんべつしょうのらん [三別抄の乱] 高麗の武将が元の支配に反抗しておこした反乱。別抄とは高麗で特別編成された部隊をいい、左夜別抄・右夜別抄・神義別抄の3隊を三別抄とよんだ。1270年、モンゴル軍の侵入に応戦した高麗の武将裴仲孫らは、江華島を難を逃れていた元宗がモンゴルに降伏して開城に還都するのに反対して、三別抄軍を率いて済州島などで抵抗を続けたが、73年鎮圧された。

さんぽ [三浦] 李氏朝鮮の前期に日本船の来航

を許可した三つの港。慶尚道南岸の薺浦(乃而浦)・富山浦(釜山)・塩浦の3港。15世紀初頭、興利船(こうりせん)の入港地を薺浦・富山浦の2港に限定、1423年(応永30)には使送船の出入りも2港に制限された。対馬からの浦所の増設要求に対して、26年に塩浦を開港。各浦に倭館が設置され、対馬島民を中心とする恒居倭人が居住し、対馬からの代官による徴税・検察が行われた。密貿易の舞台にもなり、港湾都市として発達した。『海東諸国紀』は74年(文明6)当時の各浦の地図を収めている。1510年(永正7)の三浦の乱後、12年の壬申約条により薺浦1港のみ、ついで富山浦を開港したが、47年(天文16)以降は富山浦のみとなる。

さんぼういん [三宝院] 京都市伏見区にある醍醐寺の子院で、五門跡の一つ。修験道当山派の本山。1115年(永久3)勝覚(しょうがく)の開創。はじめ灌頂(かんじょう)院といい、のち改めた。後鳥羽上皇・足利尊氏ら有力者の帰依を得て興隆。足利義満の猶子となった25世の満済(まんさい)以降は院主が醍醐寺座主を務めた。応仁・文明の乱で一時衰えたが、豊臣秀吉の庇護を得た義演により復興される。このとき建立された唐門・表書院は国宝。国宝の「訶梨帝母(かりていも)(鬼子母神)像」などを所蔵。秀吉の醍醐の花見を設営した庭園は国史跡・特別名勝。

表書院(おもてしょいん) 三宝院の住宅建築群の中心建築。1598年(慶長3)建立。南側の庭園に面し、東を上として西へ15畳・18畳・27畳の3室が1列に並び、下の西端には泉殿が突き出る。南には広縁がつく。上の室の床・棚・襖には草木や山水の図が描かれる(重文)。同年3月の豊臣秀吉の醍醐の花見に際し、清滝宮本殿の脇に設けた楽屋を移建したと推定される。国宝。

さんぼうほんぶ [参謀本部] 陸軍の軍令を管掌した機関。1878年(明治11)12月5日に陸軍省外局であった参謀局を廃止して設置。78年7月、6年余のドイツ留学から帰った桂太郎が同年10月8日、陸軍参謀局拡張の議を太政官に上申し、軍令機関の独立が認められた。これにより参謀本部長、のち参謀総長の地位は天皇直算となった。参謀総長の任用資格は陸軍大・中将。軍令の法的根拠は大日本帝国憲法第11条の統帥大権におかれ、これを補佐・管掌することとされた。軍令については、議会の予算審議権や国務大臣の輔弼(ほひつ)が及ばないものとされたため(統帥権の独立)、国防計画・作戦計画や戦時の兵力量決定などが国政から遊離する事態がおこった。1945年(昭和20)10月15日廃止。

ざんぼうりつ [讒謗律] 言論を規制した明治初期の法令。1875年(明治8)6月28日公布。全8カ条。人を讒毀(ざんき)(名誉毀損)・誹謗(ひぼう)(事実をあげず公然と悪名を広める)する著作・文書・画などを発売した者を処罰するもので、天皇・皇族・官吏・一般人を讒謗した者に対する刑罰(最高刑は禁獄3年)がそれぞれ定められた。小野梓(あずさ)らの名誉保護立法の建白がとりいれられて制定されたといわれるが、同時に制定された新聞紙条例とともに自由民権派や不平士族の政府攻撃の言論を取り締まる法令となった。82年1月1日の刑法施行により廃止。

さんぼうりょうちがえはんたいいっき [三方領知替反対一揆] 1840～41年(天保11～12)出羽国鶴岡藩の領民が、幕府の三方領知替に反対した一揆。幕府は酒田・新潟両港の不取締りを理由に鶴岡藩酒井氏を越後国長岡へ、長岡藩牧野氏を武蔵国川越へ、川越藩松平氏を鶴岡へ転封しようとした。本間家などの大地主から小前百姓までをふくめた一揆は、たびたび幕府へ越訴するとともに会津・仙台・米沢・秋田などの諸藩へも出訴した。その結果、幕藩領主内部にも転封反対の気運が高まり、幕府は政策を撤回せざるをえず、威信は大きく失墜した。鶴岡藩主の仁政を慕う行動として評価されてきたが、新領主による増徴へのおそれと、転封費用の負担転嫁に反対する意識が百姓らを一揆へかりたてたといえる。

さんぽのらん [三浦の乱] 庚午(こうご)の変とも。1510年(永正7)朝鮮の三浦(薺浦・富山浦(ふざんぼ)・塩浦(えんぼ))で日本人のおこした争乱。15世紀末、朝鮮側の公貿易制限に対する密貿易が増加し、三浦は無法に近い状態になった。朝鮮国王中宗は、三浦を管轄する官人を刷新し、貿易の諸規定を厳守させるが、官人は三浦の恒居倭人(こうきょわじん)の実情を無視した施策をとって不満を増大させた。10年4月4日、薺浦・富山浦の恒居倭人は、対馬島主宗盛順の代官宗盛親の指揮する対馬からの援軍をえて蜂起。熊川(ゆうせん)・巨済(きょさい)島(ともに現、慶尚南道)などを攻撃して朝鮮に和平を求めるが、4月19日敗れ、6月末に安骨浦(あんこつほ)(現、慶尚南道)で朝鮮軍に大敗。この乱により、朝鮮・対馬関係は断絶し、12年の壬申約条の成立で再開する。

さんもんさんとう [三問三答] 中世の裁判手続で、裁判所を介して原告(訴人(そにん))と被告(論人(ろんにん))の書面による応酬が3回まで行われる場合があり(本解状―初陳状・初答状、二問状―二答状、三問状―三答状)、これを三問三答といった。その後あるいは途中に訴人と論人は裁判所に出頭して口頭弁論(対決)を行い、判決にいたる。

さんもんは [山門派] 天台宗の2大流派の一つ。三井寺(園城(おんじょう)寺)の寺門に対し、山門とよばれた比叡山延暦寺の門流。延暦寺で慈覚大師(円仁)門徒と智証大師(円珍)門徒の対立が激化した993年(正暦4)、1000余人の円珍門徒

は離山して三井寺に拠った。ここに山門派・寺門派は分裂し, 以後両派は激しい主導権争いをくり返した。

さんゆうていえんちょう [三遊亭円朝] 落語家。幕末～大正期に2代を数える。初代(1839～1900)は江戸生れ, 本名出淵(いずぶち)次郎吉。2代三遊亭円生の門人で小円太。一時廃業後, 1855年(安政2)円朝と改め復帰し, 真打となる。芝居噺(ばなし)で人気を博し,「真景累ケ淵(かさねがふち)」や「怪談牡丹灯籠」などを創作。二葉亭四迷の言文一致の創作活動にも影響を与えた。2代(1860～1924)は江戸生れ, 本名沢木勘次郎。はじめ三遊亭円右(うきょう)を名のり, 1924年(大正13)2代円朝を襲名したが直後に没。

さんよ [参与] 明治初年の高位の官職。1867年(慶応3)12月9日に王政復古の大号令で設置された三職の一つ。倒幕派の公家, 雄藩の諸侯・藩士から任命された。初期の七科八局の制では, 事務を参議し各課を分務するものとされ, 一部は各科の事務掛や各局の輔・判事を兼任した。翌年閏4月21日の政体書公布により, 議政官上局に属して諸事を議した。69年(明治2)7月の官制改革で廃止され, 職務は参議に引き継がれた。

さんようてつどう [山陽鉄道] 1888年(明治21)1月, 神戸―赤間関(のち馬関・下関)間の鉄道営業を目的に設立された鉄道会社。明治の5大私鉄の一つに数えられる。資本金は1300万円, 初代社長は中上川(なかみがわ)彦次郎。政府から1マイルにつき2000円の特別補助金の交付をうけ, 1901年5月に神戸―馬関間が全通。瀬戸内海の海運と対抗して合理的経営をめざし, 食堂車・寝台車の導入などサービスの向上につとめた。06年に国有化。

さんようどう [山陽道] (1)古代の七道の一つ。現在の近畿地方から中国地方の瀬戸内海側にそった地域で, 播磨・美作・備前・備中・備後・安芸・周防・長門の各国が所属する行政区分。(2)これらの諸国を結ぶ交通路も山陽道と称し,「影面(かげとも)の道」ともよばれた。畿内から各国府を順に結ぶ陸路を基本に官道が整備され, ことに唐や新羅(しらぎ)からの外交使節の入京路にあたるため, 瓦葺・白壁の駅館が建てられた。駅路としては大路で, 各駅に20頭の駅馬がおかれる原則であり,「延喜式」では支路を含めて総計56駅に954頭の駅馬をおく規定であった。地方官として731年(天平3)に山陽道鎮撫使(ちんぶし), 746年に山陽・西海両道鎮撫使を設置した。

さんりょうし [山陵志] 歴代天皇陵の所在を考証した書。2巻。蒲生君平(がもうくんぺい)著。1808年(文化5)刊。君平が生涯の事業とした「九志」(神祇・山陵・姓族・職官・服章・礼儀・民・刑・兵の各志)の一つで, 山陵・職官のみ完成。山陵尊崇の念が説かれ, 陵墓の形態の変遷と歴代山陵の所在の実証的考証を行う。山陵調査と陵墓確定への運動の先駆をなす。脱稿は1801年(享和元)頃。「日本庶民生活史料集成」「史料天皇陵」所収。

さんろんしゅう [三論宗] 南都六宗の一つ。竜樹(りゅうじゅ)の「中論」「十二門論」と提婆(だいば)の「百論」の3部の論書を所依の典拠とする。般若皆空・諸行無常といった空の思想を宗義の根本にすえる。三論は鳩摩羅什(くまらじゅう)によって漢訳され, 嘉祥大師吉蔵によって一宗として大成された。竜樹を開祖, 吉蔵を宗祖とする。日本には高麗僧恵灌(えかん)により伝えられ, 元興(がんごう)寺で学ばれた。福亮(ふくりょう)・智蔵(ちぞう)がこれを相伝し, 智蔵の弟子に智光・礼光(らいこう)・道慈(どうじ)がでた。智光・礼光は元興寺で(元興寺流), 道慈は大安寺で(大安寺流)それぞれ三論教学を講じた。元興寺流からは聖宝(しょうぼう)がでて東大寺に東南院を創建して三論の拠点とし, 平安末期に永観・珍海らが, 大安寺流からは善議・勤操(ごんぞう)らが輩出した。

し

し [司]
大宝・養老令制の官司のうち、職・寮につぐ最も下の格付けの官司。八省の被管に内礼司・諸陵司・造兵司・織部司・内膳司などがあり、その他にも隼人司などがある。四等官のうち次官が存在せず、長官は正、判官は佑、主典は令史と称されるが、判官のない司もある。これらの官員の官位相当の高さにより、4等級に分類できる。

し [史]
(1)左右弁官の下で書記官を勤めた令制官。左右それぞれ大史2人(正六位上)・少史2人(正七位上)。行政の実務にたずさわったことから、平安中期以後、実務官として外記ととともに重要性を増し、左大史が五位に任じられて大夫史と称し、小槻氏が世襲して官務と称するようになった。(2)神祇官の主典の称。大史・少史各1人。

し [死]
死罪・死刑とも。律の五罪のうち最も重いもの。絞・斬の2等があり、絞は軽く斬は重い。死罪の執行は、毎年秋分から次の立春までの間に、都の官市で行われることになっていた。ただし、五位以上または皇親が悪逆以外の罪で死罪となった場合は、その家で自殺することが許された。その執行例をみると、奈良時代から死罪を1等減じて流罪としたことがみえ、818年(弘仁9)には盗犯の死罪を禁止するなど、刑を軽減する傾向がみえはじめる。810年、薬子の変で藤原仲成を死罪に処したのを最後に、1156年(保元元)の保元の乱に至るまで347年間にわたり死罪の執行は行われていない。その間、死罪の判決がでた場合も、別勅により1等減じて流罪とすることが慣例とされていた。

じいんはっと [寺院法度]
江戸幕府が寺院や僧侶の統制のために発した法令の総称。徳川家康の権力確立期にあたる1601～16年(慶長6～元和2)に、本寺権限の強化、教学研究の奨励と僧侶教育の徹底、中世以来保持していた特権の剥奪などの目的で、浄土真宗・日蓮宗・時宗を除く大寺院や各宗本山に頻繁に発令された。4代将軍家綱の65年(寛文5)7月発布の諸宗寺院法度は、本末制など教団秩序の維持を基調とし全宗派に共通したものの最初。87年(貞享4)10月発布の諸寺院条目は、宗門改などの檀家制度の徹底とその弊害の除去を目的とし、1722年(享保7)の諸宗条目は僧侶の生活倫理を規制したものであった。

しうんじがたしんでん [紫雲寺潟新田]
江戸中期、越後国蒲原郡にあった潟湖の紫雲寺潟を干拓して造られた新田の総称。現在の新潟県紫雲寺町・中条町・加治川村にあたる。信濃国米子村で硫黄採掘業をしていた竹前小八郎が、その没後は兄権兵衛が中心となって開発。1727年(享保12)幕府から開発を許可され、32年にほぼ干拓された。総面積約1700町歩、42の新田ができ、このうち竹前家には500町歩が与えられた。

じえいたい [自衛隊]
内閣総理大臣を最高指揮監督者とする現代日本の軍事組織。MSA協定での日米の合意を背景に、1954年(昭和29)6月9日、防衛庁設置法・自衛隊法(防衛二法)が公布されて発足。「直接侵略及び間接侵略」からの防衛を任務とし、保安隊・(海上)警備隊の改編と航空自衛隊の新設により陸・海・空3部隊が組織され、関連諸機関も整備された。冷戦期の自衛隊は日米安保体制下において「専守防衛」方針をとりつつ在日米軍を補完するという明確な性格を付与され、政治的には、戦争を忌避する国民感情を背景に、その存在と憲法9条との関係が重大な争点となっていた。90年代初頭には自衛隊の海外派遣が新しい争点として浮上。湾岸戦争終結後の91年(平成3)4月ペルシア湾に掃海艇が派遣され、92年6月にはPKO協力法が成立して、カンボジアなどへの部隊派遣が実施された。2000年現在で総隊員数約24万。対潜水艦戦・要塞戦闘などの能力はきわめて高い水準に達している。

しえいでんりょうしゅ [私営田領主]
平安時代、墾田を経営した大規模領主。9世紀以降、在地で営田と私出挙によって富を蓄積した富豪層のことで、領主制の発展段階を位置づける歴史的概念としても用いる。私営田は、領主がすべての費用を準備し、農民を雇用して全収穫を獲得する直営方式で、平安後期に大半が衰退し、作人層が領主から分離した請作経営への転化が一般化した。

しえじけん [紫衣事件]
江戸前期、幕府の宗教統制に抵抗した京都の禅僧が配流された事件。1613年(慶長18)の勅許紫衣法度以来、幕府は宗教統制を本格化したが、朝廷がなお幕府に許可なく紫衣着用の勅許を続行したため、27年(寛永4)紫衣勅許の取消しを含む5カ条の制禁を発布。大徳・妙心両寺で強硬な反対がおこり、翌年沢庵宗彭らが京都所司代に抗議書を提出。その後幕府が妥協策をとって大勢は収まったが、沢庵らは承服せず、29年抗議のため江戸へ下向。幕府は妙心寺の東源慧等・単伝士印、大徳寺の沢庵・玉室宗珀を陸奥・出羽の両所へ配流した。この事件は後水尾天皇の譲位に多大の影響を与えた。なお41年幕府は紫衣勅許の制限を緩和した。

ジーエッチキュー [GHQ] ⇨ 連合国軍最高司令官総司令部

じえん [慈円] 1155.4.15～1225.9.25 平安末～鎌倉前期の天台宗の僧。諡は慈鎮。父は藤原忠通、母は藤原仲光の女。実兄に基房・兼実を兄にもち、とくに兼実の庇護をうけた。幼時に延暦寺青蓮院に入り、1167年(仁安2)天台座主明雲について受戒。以後順調に寺内で昇進し、92年(建久3)には38歳で天台座主に任じられた。慈円の天台座主就任は計4度に及び、勧学講などの法会や伽藍の整備に大きく貢献した。兼実の死後はその家流(九条家)の発展に尽力。兼実の孫道家の後見人をつとめ、その子頼経の鎌倉下向にあつい期待をよせた。政治的には公武の協調を理想とし、後鳥羽上皇の討幕の企てを批判するため著したとされる「愚管抄」は、中世の歴史思想を考える場合に不可欠の書。歌人としても有名で、家集「拾玉集」を残すほか、「新古今集」には西行についで多くの歌が選ばれた。

ジェーンズ Leroy Lansing Janes 1838.3.27～1909.3.27 御雇アメリカ人教師。陸軍士官学校で学び、退役後の1871年(明治4)フルベッキの仲介で熊本洋学校の教師として来日、全学科を1人で担当した。76年彼の教えでキリスト教に入信した青年たちが熊本バンドを結成。熊本洋学校廃校後は大阪英語学校教師をへていったん帰国、93年に再来日して第三高等中学校などの英語教師を務めた。カリフォルニア州で死去。

しがきよし [志賀潔] 1870.12.18～1957.1.25 明治～昭和期の細菌学者。宮城県出身。東大卒。伝染病研究所に入り、北里柴三郎から細菌学を学んだ。1897年(明治30)27歳の若さで赤痢菌を発見して世界的な名声を得た。1901年フランクフルトの実験治療研究所のエールリッヒに師事し、04年に「トリパノゾーマ病の化学療法」を発表した。最初の化学療法剤として知られている。29年(昭和4)京城帝国大学総長に就任。44年文化勲章受章。

じかくだいし [慈覚大師] ⇨ 円仁

しかけぶんこ [志懸文庫] 江戸後期の洒落本。1冊。山東京伝作・画。1791年(寛政3)刊。仕懸とは江戸深川仲町の遊女の着物のこと。題名はそれを入れる箱を意味し、深川風俗を描いたの意。京伝が深川を描いた唯一の洒落本で、描写は細緻をつくす。執筆の年に出版取締令が出たため、袋に「教訓読本」と記すなどの配慮をしたが、「娼妓絹籭」「錦之裏」とともに絶版となり、京伝も版元蔦屋重三郎も処罰された。「新日本古典文学大系」所収。

しがけん [滋賀県] 近畿地方の北東部に位置する内陸県で、中央に琵琶湖を擁する。旧近江国を県域とする。1868年(明治元)大津裁判所が大津県と改称され、旧幕領・旗本領を管轄、71年6月大溝藩を合併した。70年には羽前国山形藩が転じて朝日山藩となる。71年廃藩置県後の11月大津・膳所・水口・西大路の4県が大津県、山上・彦根・宮川・朝日山の4県が長浜県に統合された。72年大津県は滋賀県と改称、長浜県は犬上県と改称したのち滋賀県に統合された。76年敦賀県の廃止により若狭3郡・越前1郡を編入したが、81年福井県に移管した。県庁所在地は大津市。

しかこくじょうやく [四カ国条約] 1921～22年(大正10～11)のワシントン会議で締結された太平洋に関する日・英・米・仏間の条約(21年12月調印)。正式には「太平洋方面に於ける島嶼たる属地及び島嶼たる領地に関する四国条約」といい、期限は10年。内容的には、太平洋における島々に対する4国相互の権利の尊重を約し、締約国の一つがこれを侵した場合には、ほかの3国が制裁を協議することが規定され、緩やかな安全保障条約となっている。また日英同盟の破棄が明記されている。条約のねらいは太平洋の現状維持であり、ワシントン会議の主目標であった海軍の軍備制限を補完する意味をもった。

しがしげたか [志賀重昂] 1863.11.15～1927.4.6 明治・大正期の思想家・評論家・地理学者。三河国岡崎藩士の家に生まれる。札幌農学校卒。軍艦に便乗してオセアニア各地を巡り、1887年(明治20)「南洋時事」を出版。翌年三宅雪嶺らと政教社を創立、雑誌「日本人」の主筆として「国粋保存旨義」(国粋主義)を唱え、政府の欧化政策や藩閥政治を批判。初期議会では対外硬派として活動。96年進歩党結成に参画し、第2次松方内閣のとき農商務省山林局長、98年第1次大隈内閣のとき外務省勅任参事官。憲政本党をへて1900年立憲政友会に加入、衆議院議員当選2回。この間、日本各地を旅行し「日本風景論」(1894刊)を刊行して名声を博した。明治末期に政界を退き、世界各地を周遊して数多くの紀行文・評論を発表した。

じかた [地方] 江戸時代、町方に対して村方・田舎をいう語。室町時代には京都の諸屋敷地、およびその訴訟を担当する職名だったが、江戸時代には村方・田舎の意となり、さらに土地制度・租税制度など農政一般をもさすようになった。大名から家臣に土地が授給される知行形態を地方知行、農民支配を担当する役人を地方役人、農民支配にたけた役人を地方巧者、村方で作成された公用文書などをいう。また「地方凡例録」「地方落穂集」「民間省要」など農政一般について記された地方書が江戸中期以降多く著されるようになった。地方が

農政一般をさす語として広く使われるようになった18世紀以降と思われる。

じかたさんやく [地方三役] ⇨村役人

じかたちぎょう [地方知行] 江戸時代の知行形態の一つ。将軍や大名から旗本・家臣などに対し土地で給付された。地方とは耕作農民付の土地の意。地方知行をあてがわれたのは藩では上・中級の家臣で、彼らは給人とよばれた。その知行地を知行所という。地方知行は、江戸初期には比較的多くの藩でみられ、給人は年貢徴収権をはじめ実質的に農民を支配する権限をもつことが多かった。しかし江戸中期以降になると、諸藩は領民と土地の集中的支配を進め、地方知行から物成知行や蔵米知行へ移行させたり、または給人の知行権を大幅に制限して地方知行を擬制化していく。一方、外様の大藩では、幕末期まで地方知行を残したところが多い。

じかたなおし [地方直し] 江戸時代、幕府や諸藩で蔵米知行の旗本や家臣を地方知行に改めること。またすでに地方知行をあてがわれている旗本や家臣の知行地の割替をすること。幕府では1633年(寛永10)と97年(元禄10)の2度、大規模な地方直しを行った。これは一定の基準にもとづいて、幕府の直臣である旗本に地方知行を支給し、同時に地方知行割替を断行したもので、その結果、旗本は封建的官僚集団として再編・整備された。

じかたはんれいろく [地方凡例録] 江戸後期の地方書。寛政年間に上野国高崎藩郡奉行を勤めた大久保敬忠。1791年(寛政3)藩主の命により、94年8月6日までに11巻分を書きあげ献本したが、病気のため当初予定の16巻のうち3分の1が未完のまま、11月26日に跋文を書いて提出し完了とした。現在わかるかぎりで本書には筆写流布本・東条本・大倉本の3系統があり、内容・構成ともに同一ではない。「日本経済叢書」「日本経済大典」では大倉本、大石慎三郎校訂「地方凡例録」(近藤出版社刊)では東条本を採用。地方実務の手引書として最も完備されたもので、明治初年の地租改正など実務上で活用された。

しがっこう [私学校] 西郷隆盛らが1874年(明治7)6月に鹿児島に創設した私塾。73年10月の征韓論による政府分裂後、西郷に従って帰郷した士族の暴発を懸念して設立された。篠原国幹と村田新八がそれぞれ主宰する銃隊学校と砲隊学校からなり、市内や県内各郡に分校をおいた。県令大山綱良の協力により、運営には旧藩から県庁に引き継がれた資金をあて、県政も私学校党がほぼ独占して反政府勢力の最大拠点となった。77年西郷をかついで西南戦争をおこしたが、敗北して解体した。

しがなおや [志賀直哉] 1883.2.20～1971.10.21 明治～昭和期の小説家。宮城県出身。学習院をへて東大中退。幼少時に実父母から引き離され、祖父母に溺愛されて育った。1910年(明治43)学習院時代の友人武者小路実篤らや里見弴や有島武郎たけおらと「白樺」を創刊。「網走まで」「剃刀」「彼と六つ上の女」「濁った頭」「祖母の為に」「クローディアスの日記」「范の犯罪」などを発表する。14年(大正3)「児を盗む話」発表後、人生観の動揺からしばらく筆を断つが、やがて調和的な心境に落ち着き、17年「城の崎にて」で文壇に復帰。ついで長年の父との不和を解消し、「和解」を書いた。21年に唯一の長編小説「暗夜行路」の連載を開始。小説の神様とよばれたが、後半生は実質創作活動から退いた。49年(昭和24)文化勲章受章。

しがらきのみや [紫香楽宮] 信楽宮・甲賀宮とも。近江国にあった聖武天皇の宮。742年(天平14)聖武天皇は離宮を造営し、以後しばしば行幸し、翌年には当地で大仏の造営を発願する。744年11月には難波から元正太上天皇を迎えて実質的な遷都となるが、大仏造営に対する反発から盗賊・放火が頻発し、745年5月には平城京へもどる。宮跡は現在の滋賀県信楽町宮町付近に比定される。

しかり [叱] 江戸幕府の刑罰の一つ。白洲によび出し、その罪を叱責するもの。急度叱ときっと叱の2種があり、叱はその程度が軽く、幕府法上でも最も軽微な刑罰。「公事方御定書」には田畑永代売買の証人になったが、変死者を発見しても役所に届出ない者、盗賊を捕え盗品を取り返したうえ、盗賊を内証で逃してやった者など具体的に規定されている。また、このほか各種の犯罪に対してその罪状が軽い者にもいい渡された。当時の判決から多くの適用例がみられ、名誉刑的な意義も含め、刑罰体系に占める位置は大きかった。

じがり [地借] 近世において、屋敷地を地主から借用し、建物は自費で建てて居住する者。都市域の場合、京都・大坂ではまれで、江戸に多くみられる。家屋敷もあわせて借用する店借とともに、百姓や町の正式な構成員である家持とは区別されたが、経済的階層としては一般的に店借よりも上だった。土地を借用する際には保証人を必要とし、また金銭貸借や訴訟などのときなどに家持の統制をうけた。屋敷地年貢や諸役は負担せず、地主に地代を支払う立場にあった。

しかわかしゅう [詞花和歌集] 第6番目の勅撰集。藤原顕輔撰。崇徳すとく上皇の下命。1151年(仁平元)頃の成立。「金葉集」と同じく10巻で、歌数は409首と勅撰集では最も少ない。曾禰好忠そねのよし・和泉式部・大江匡房まさ・源俊

頼よりらが多く入集。「後拾遺集」期の歌を重視している。古来,玉石混交と評される。藤原教長のりが「拾遺古今」(散逸),同え経(仮超)「後葉和歌集」に「詞花集」を批判した撰集。「新日本古典文学大系」所収。

しかんがっこうじけん [士官学校事件] ⇨11月事件

しかんたざ [只管打坐] 祇管打坐とも。「只管」とは,ひたすらにの意。坐禅になんの意義も条件も求めず,公案なども使わず,ただひたすら坐禅を実践すること。全身心をあげて坐りぬくこと以外に仏法の体現はないという道元禅の特質を端的に表した語。道元は黙照禅の伝統をうけ,天童如浄の「参禅は坐禅なり」の意をうけて只管打坐を重視した。

じかんのうちもんだい [辞官納地問題] ⇨降官納地問題

しき [史記] 中国正史の筆頭に位置する史書。当初名は「太史公書」,三国時代以後現名となる。前漢の司馬遷しばせん撰。伝説以来の帝王を扱う本紀12巻,表(年表など)10巻,制度を扱う書8巻,諸侯を扱う世家30巻,個人を扱う列伝70巻計130巻からなり,これら相異なる性格の記述をまとめて総合史とする。この形式を紀伝体と称し,「漢書」以下の正史や周辺諸国の史書に継承された。「資治通鑑」などの編年体に対する。日本には推古朝にすでに紹介され,平安中期以降は「漢書」よりも重宝された。中華書局刊。

しき [式] 律令時代の法典。律・令りょう・格きゃくの施行細則。ただし延暦・貞観交替式のように格と区別しがたい場合もある。律令は細則を式にゆだねるたてまえであったが,日本では律令と同時に体系的な式の編纂を行うことをせず,必要に応じて施行細則がさまざまな「例」としてまとめられたり,「別式」(石川年足撰)が編まれたりした。平安初期以降,これらを編集・整理して政務執行の便をはかる必要がでてきたため,820年(弘仁11)に「弘仁式」,871年(貞観13)に「貞観式」,927年(延長5)には両者を集成した「延喜式」50巻が編集された。「弘仁式」の一部と「延喜式」が現存する。このほか,延暦・貞観・延喜の交替式,左右検非違使式,蔵人くろうど式,内裏式など数多くの式が編纂された。

しき [職] ❶大宝・養老令制の官司の等級の一つ。八省の被管官司には職・寮・司などがあるが,このなかで最も格が高い。四等官の名称は順に大夫・亮・進・属で,これらの官員の官位相当の高さから二つの等級にわかれる。中務なかつかさ省被管の中宮職のみが1級高く,以下に宮内省被管の大膳職や,京を管轄する左右京職,難波宮および津国を管轄する摂津職せっつしきがあった。令外官りょうげの造宮職・修理しゅり職もこれに準じる。

❷平安中期～中世の社会で,私的な財産と化した官職・職務。職の系譜上の起源は令制官司の職にあるが,10世紀以降,ある種の職務や支配体制上の地位は,それにともなう収益・得分とともに相伝・譲与されるものに変質し,「職」の名を付してよぶようになった。まず郡司の地位が郡大領職・少領職・郡司職などと表示され,ついで私的な財産として相伝・譲与されるようになった。このような公権・官職の私財化が郡司から始まるのは,もともと郡司が世襲されることの多い特異な官職であったことによろう。荘園公領制の展開とともに,荘園では本家職・領家職・預所あずかりどころ職・下司げし職などが,公領では郷司ごうじ職・保司ほうじ職などがうまれ,一つの荘園あるいは公領は,いくつかの職が上下に重なりあって支配・領有された。在京貴族や寺社が諸国に広く分布した本家職や領家職などの職を知行しえたのは,朝廷や国衙の力によるところが大きく,その意味で職の秩序は,国家の支配体系としての性格をなお残していた。

しきけ [式家] 藤原四家の一つ。不比等ふひとの三男宇合うまかいの別称。宇合が式部卿であったことにちなみ,その子孫は式家を称する。反乱をおこした広嗣ひろつぐ,光仁・桓武両天皇擁立に功績のあった百川もち,長岡京遷都の推進者で暗殺された種継たねつぐ,平城上皇の復位をはかり自殺した薬子くすこらが輩出した。→巻末系図

しぎけんぽう [私擬憲法] 明治前期に民間でつくられた憲法の私案の総称。政府関係者が個人的に作成したものも含む。1873年(明治6)頃から政府関係者によってつくられはじめ,79年以降には各地の民権派有志による立憲政治の学習会が開かれ,私擬憲法が盛んにつくられた。現在50編近く発見されているが,81年のものが最も多い。いずれも立憲君主制を定め,国民の権利・自由を認めている。イギリス流議会主義をとるもの(交詢社こうじゅんしゃ憲法案),三権分立のもとで国民の権利・自由を大幅に認めたもの(植木枝盛えもりの日本国国憲按,立志社の日本憲法見込案),ドイツ流君権主義を定めたもの(山田顕義あきよしの憲法草案)などがある。

じきさん [直参] 本来は主君の直接的な支配に属する家臣すなわち直臣をさす。江戸時代にはもっぱら徳川将軍家に直属する旗本をさす。禄高からみれば小身者が圧倒的に多いが,将軍の直臣で幕府の重職に就任すれば大名と同等かそれ以上の格式・権限をもつため,武家社会内での地位はきわめて高かった。

しぎさんえんぎえまき [信貴山縁起絵巻] 10世紀初頭,大和国信貴山にこもって修行した命

蓮忍上人にまつわる三つの説話を表した絵巻。3巻。制作時期は従来12世紀後半とされてきたが、近年、様式的見地から同前半に上げる説が提唱された。上巻は「山崎長者の巻」または「飛倉の巻」、中巻は「延喜加持の巻」、下巻は「尼公の巻」とよばれる。「古本説話集」「宇治拾遺物語」に類話があり、「今昔物語集」にも関連説話がみられる。構成力と表現力に優れた平安絵巻の代表作で、遠景から近景まで自在に変化する視点と、躍動的で表情豊かな人物の描写に特徴がある。縦31.7cm、横各879.5cm、1290.8cm、1424.1cm。朝護孫子寺蔵。国宝。

じきそ [直訴] 将軍・老中・領主などに所定の手続きをふまずに訴えること。越訴の行為態様の一種。1721年(享保6)に設けられた目安箱は合法的直訴。通説では直訴には厳罰が科せられたとするが、処罰は訴訟の理非によるとの立場が有力。一般的には非合法な訴えとみるべきだが、管轄役所の不取次により直訴した場合などは訴状が受理された。

しきだいのう [色代納] 古代～中世、庸調や米年貢などの租税を指定以外の品目で貢納すること。中世では米のかわりに雑穀、綿・絹布、塩、油などで代納。銭で色代納された場合は色代銭といった。指定納入品目の不足や、代納品との交換比率による利潤取得の目的などのため行われた。

しきていさんば [式亭三馬] 1776～1822.閏1.6 江戸後期の戯作者。本名は菊地泰輔。父は江戸の版木師。9歳で書肆に奉公。15歳で黄表紙「天道浮世出星操」「人間一心覗替繰のぞきからくり」を発表したが、「侠太平記向鉢巻」で筆禍をうけた。売薬店を経営する一方で、洒落本「辰巳婦言」「船頭深話」も手がけるが、合巻や滑稽本にあり、「雷太郎強悪物語」は合巻の嚆矢となった。また八文字屋本風の滑稽本「酩酊気質」は生酔いを写して新境地を開き、庶民の社交場での会話を活写した「浮世風呂」「浮世床」など、筆禍の時代を生きる戯作者の一つの方向性を提示した。そこには江戸弁を表記するための工夫もあり、国語学的にも貴重とされる。

しきでん [職田] 大宝令に規定された、特定の官職に在任するものに対して支給される田。養老田令では職分田と改称されたが、実際には職田という名称が使用されていた。議政官である大納言以上に特権として与えられるほか、在外諸司の職田、郡司職田などもあった。のちに下級官人の給与を補完するために大学寮・陰陽寮・典薬寮の博士や坊令・按察使・郡毅・牧監などにも支給された。

しきないしゃ [式内社] 式社とも。「延喜式」神名帳に登載されている神社。3132座、神社の数にして2861座ある。神祇官の祭る官幣社と国司の祭る国幣社に分類され、さらに大社と小社にわけられ、社格に応じてあずかる祭、幣帛などの数量や品目に差異がある。明治神社制度の社格制定の史的基準となった。官幣大社は西海道以外の諸道にあり、304座を数える。官幣小社433座は畿内に限られ、国幣社は大社・小社とも畿内にはない。国幣小社は2207座あり、式内社の3分の2以上を占める。大社のうち名神祭にあずかる社(名神大社)は306座で、うち官幣社は127座。

しきねんせんぐう [式年遷宮] 正遷宮とも。一定の年数で神社の社殿を造替し、御神体を奉遷すること。下鴨社・春日大社では21年目、伊勢神宮・住吉大社・香取神宮・鹿島神宮では20年目に行われる。伊勢神宮では、正殿や神宝・調度品が造り替えられるが、正殿床下に埋められる心御柱は柱を保護する覆屋とともに残される。遷宮のための祭典は、遷御の8年前に行われる山口祭・木本祭に始まり、御杣始祭・御裳代木本曳祭・御桙代祭・御船代祭、7年前には御木曳初式や木造始祭などが行われる。造営が進むにしたがって、正宮にかかわる祭典のほか、荒祭宮・多賀宮の遷御のための祭典など多くの祭典が催される。

しきふ [職封] 律令制下の給与の一つで、参議以上の官職の者に支給された食封。禄令では、太政大臣3000戸、左右大臣各2000戸、大納言800戸とし、病気・致仕のため離任した場合、現職時の半額を支給するとある。このほか705年(慶雲2)中納言に200戸「延喜式」では400戸、参議に80戸「延喜式」による。起源は不明。一時参議が廃された際はかわりの観察使に200戸、771年(宝亀2)内臣(忠臣、のちの内大臣)に1000戸が支給された。

じきふ [食封] 「へひと」とも。封とも。律令制下の給与制度。皇族や貴族層に、封戸をあてて調・庸の全額、租の半分(739年以降は全給)、仕丁を給付した。大化の改新後に設けられたとされ、天武朝の改革をへて大宝令で整備された。禄令で定める品封・位封・職封・中宮湯沐・功封・寺封・別勅封のほか、神封も存在した。その後、内臣(内大臣)・中納言・参議の職封や、東宮湯沐、無品親王の食封が新設され、また天長以後にも食封が支給された。封物量は封戸ごとに一定せず、のちに定額化が図られた。

しきぶしょう [式部省] 「のりのつかさ」とも。大宝・養老令制の官司。八省の一つ。大学・散位の2寮を被管にし、内外の文官の人事をつかさどる。官人の勤務評定、これにもとづく叙位・任官などに関する事務、季禄・位禄など

の給与の支給の事務,官人の特別の功績の判定とその行賞としての功封・功田などの支給にあたったほか,朝廷での諸行事・儀式の進行・統制,大学における官人の養成にもかかわった。大宝令制前の法官が前身官司とみられる。長官である卿には,平安初期から親王を任じるのが例となった。

しきぶんでん [職分田] 養老田令に規定された,特定の官職に在任する者に支給される田。大宝田令では職田という。太政大臣の40町,左右大臣の30町,大納言の20町は,議政官への特別手当といえる。民部省が管轄し,中田以上が選ばれて,畿内にその半分以上が設定された。場所は田図・田籍に登録され,一定していたようである。そのほか在外諸司や郡司にも支給された。

じきまきほう [直播法] 稲作で種籾（たねもみ）を直接に水田へ播種する栽培法。日本では苗代で苗を育ててから本田に移植する田植法が一般的だが,中国大陸から日本列島に稲作が伝来した時点では,両者が同時にもたらされたと考えられる。直播法はおもに川や水田近い排水困難な湿地帯で採用された。近年まで関東南部の湖沼付近の水田や谷津田（やつだ）で行われ,スジマキあるいは摘田（つみた）といった。

しきもくついか [式目追加]「御成敗式目」制定(1232)以後に,鎌倉・室町両幕府で立法された法令。式目制定時からすでに追加・補充が予定されており,式目を本条・本法・本式目とよび,それ以後立法された法令を追加という。幕府奉行人の手になる諸種の追加の集成書が伝わ

じきょくきょうきゅうひ [時局匡救費] 1932年(昭和7)の第63臨時議会の決議にもとづく大規模な公共事業費。昭和恐慌による農村の疲弊に対処するため,高橋財政下で同年から実施された。国費負担分として約5億5629万円,地方費負担分として預金部地方資金の融通をうけて3億858万円が投入され,道路・港湾の改良,治水,耕地の拡張・改良などの諸事業が実施された。その際,地方団体や各種組合が動員された。34年に軍事費増大のあおりで予算規模が縮小され,同年で打ち切られた。

じげ [地下] 朝廷官人の身分呼称の一つ。殿上人に対し,清涼殿への昇殿を許されない階層の官人の総称。位階が六位以下の者および五位で昇殿資格のない者(地下の諸大夫)や,その資格を剥奪された者。ただし蔵人（くろうど）は例外で,六位でも昇殿できた。中世に公家の家格が確定し地下の家柄が固定すると,その家格の者が昇進して公卿となっても昇殿できなかった。これを地下の上達部（かんだちめ）とよぶ。近世,地下の官人は外記方・官方・蔵人方に分属し,それ

ぞれ上首の押小路・壬生・平田の3家に統轄された。朝廷の官人以外の者を地下,地下人ということもあり,中世には名主・百姓などの一般庶民階層の総称となった。地下人の居住地,京都などに対する地方や在地も地下といった。

じげうけ [地下請] 百姓請とも。荘園の年貢・公事（くじ）を村落の名主・百姓らが共同で請け負う制度。南北朝期以降,一定の年貢を契約して領主から荘園の所務を委任された請所（うけしょ）が一般化する。守護請も多くなるが,守護勢力による荘園侵略を招くおそれがあったため,一方では,村落の自治組織に年貢徴収を頼むこともあった。この時代の畿内やその周辺地域では村落の惣（そう）結合が進み,荘園領主から支配を任されるほど成長していた。守護勢力を排除したい荘園領主と,自立を強めたい村落の意向が結びついた場合に地下請が行われた。地下請の展開は荘園制の崩壊をおし進め,惣村を発展させる契機ともなった。

じげおきて [地下掟] ⇨惣掟（そうおきて）

じげけんだん [地下検断] ⇨自検断（じけんだん）

しげのやすつぐ [重野安繹] 1827.10.6〜1910.12.6 明治期の歴史学者。鹿児島藩の郷士出身。号は成斎。藩校造士館助教ののち文部省に入り,修史館1等編修官・同編修副長官。「大日本編年史」の編纂にあたり史料にもとづく実証主義史学を説く。臨時編年史編纂掛委員長兼帝国大学文科大学教授,史学会初代会長,貴族院勅選議員などを務めた。晩年は史学界の長老として重きをなす。漢詩人としても名高い。著書「赤穂義士実話」「国史眼」(共著),「重野博士史学論文集」。

しげみつまもる [重光葵] 1887.7.29〜1957.1.26 大正・昭和期の外交官・政治家。大分県出身。東大卒。外務省に入り,パリ講和会議随員などをへて,1930年(昭和5)中国在勤中に日中関税協定を締結して対中国宥和に努めたが,満州事変となり挫折。32年上海事変の収拾にあたるなかで爆弾を投げられ片脚を失う。33年から36年まで外務次官として日中提携政策を推進。以後,駐ソ・駐英・駐華大使をへて43年4月に東条内閣の外相となり,小磯内閣では外相兼大東亜相に就任。東久邇宮内閣でも外相を務め降伏文書に調印。極東国際軍事裁判で禁錮7年の刑をうける。52年改進党総裁・衆議院議員となり,54年日本民主党副総裁として鳩山内閣に入閣,副総理・外相として日ソ国交回復に努めた。

じげれんが [地下連歌] 公家社会の堂上（どうじょう）連歌に対し,一般人の間で行われた連歌。鎌倉時代に堂上で行う形式の連歌が成立すると,やがて庶民の間にも流行し,道生（どうしょう）・寂忍（じゃくにん）・無生（むしょう）らが寺社の花の咲いた木の下に大

しけん

衆を集めて連歌会を公開するようになった。これを花の下^{した}連歌の連歌という。その後、南北朝期にかけ、善阿^{ぜんな}・救済^{ぐさい}の指導により堂上連歌をまきこむほどの活況をみせ、二条良基と救済の協力で連歌式目の制定や準勅撰集としての『菟玖波集^{つくばしゅう}』の編纂が行われるほどであった。室町時代を通じ、下地連歌は競技性と賭博性をもつ庶民の娯楽であり続けた。作風には、和歌的優美さを重視する堂上連歌にはない力強さがある。

じけんだん [自検断] 地下^{じげ}検断とも。中世後期、荘園村落・惣村がみずからの定めた掟に背く者に対しムラ自身の実力で制裁を加える行為。対象はムラ内部の規律違反者や近隣村落との紛争の実力による解決など。年齢階梯制をとる西日本の村落では、村落指導部である乙名^{おとな}に対する若衆^{わかしゅ}が村の武力となり実施する。鎌倉後期〜戦国期に盛んで、荘園領主の検断権は検断得分の没収物の取得権に縮小した。近世村落では村八分などの非実力的な方法で抑圧される。

しごう [謚号] 「おくりな」のこと。死後その事績を顕彰する意味をこめて天皇などに贈られた尊号で、国風謚号と漢風謚号がある。国風謚号は、安閑〜聖武と光仁〜平城、淳和・仁明の各天皇に贈られて以後絶える。このうち継体天皇以前は後世の創作か実名であろう。また三后でも、藤原宮子・高野新笠^{にいがさ}・藤原乙牟漏^{おとむろ}に贈られた。漢風謚号は神武〜桓武の歴代(神功皇后を含む)と仁明・文徳・光孝の各天皇に贈られて以後はほとんど絶え、それとほぼ同時に嵯峨天皇から院号でよばれるようになる。ただし、この間の聖武・孝謙・称徳は生前の尊号で(転用)、弘文・淳仁は明治の追諡である。またそれ以降にも特例として安徳と仲恭および光格・仁孝・孝明の各天皇に贈られている。さらに高官の臣下、僧侶に対しても、藤原良房・最澄を初例として謚号が贈られた。

しこくぜめ [四国攻め] 1585年(天正13)豊臣秀吉が長宗我部元親^{もとちか}を討って四国を支配下に組みこんだ戦い。長宗我部元親は75年、土佐統一ののち阿波・伊予・讃岐3国に進出、85年春に四国平定をほぼ完了した。しかし賤ケ岳^{しずがたけ}・小牧と2度にわたり敵対された秀吉は、長宗我部氏征討を決意。秀吉の提示した国分けに元親が従わず挙兵した。元親は土佐一国の領有を認められ、阿波は蜂須賀家政、讃岐は千石秀久・十河存保^{そごうまさやす}、伊予は小早川隆景に与えられた。

じごくぞうし [地獄草紙] 前世の罪科によって地獄におちた人々のうける責苦のさまを、経典にもとづいて表した絵巻。12世紀後半の制作。わかりやすい和文の詞書^{ことばがき}と短い絵で構成され、平安末期の世情不安におののく人々に地獄の恐怖を教え、欣求^{ごんぐ}浄土の思いを喚起させた。「餓鬼草紙」「病^{やまい}草紙」などとともに六道絵^{ろくどうえ}と称される。「正法念処経」による東京国立博物館本と、「起世経」による奈良国立博物館本のほか、断簡数点がある。表現はリアルでおぞましく、地獄の暗闇と猛火の赤色の対比が鮮烈だが、奈良博本の獄卒の表情には諧謔味もみられる。東博本は縦26.1cm、横243.4cm。奈良博本は縦26.5cm、横453.9cm。ともに国宝。

しこくはちじゅうはっかしょ [四国八十八カ所] 四国にある弘法大師空海の旧跡・霊場。88カ寺の巡拝を四国巡り・四国遍路^{へんろ}・遍路といい、弘法大師によって開創されたと信じられている。遍路は平安時代の僧侶の廻国修行に始まる。室町時代以降に四国88カ所の寺院が一定し、江戸初期から俗人の遍路が盛んに行われた。徳島県鳴門市の霊山^{りょうぜん}寺を1番とし、香川県長尾町の大窪^{おおくぼ}寺までの88の札所と十数カ所の番外札所がある。ほぼ海岸沿いに四国を一巡して設定され、全行程1400km。札打ちの順によって阿波を発心^{ほっしん}の道場、土佐を修行の道場、伊予を菩提の道場、讃岐を涅槃^{ねはん}の道場とよぶ。四国にならった八十八カ所霊場が各地にある。

しこくれんごうかんたいしものせきほうげきじけん [四国連合艦隊下関砲撃事件] 下関戦争・馬関^{ばかん}戦争とも。1864年(元治元)8月英・仏・蘭・米四国連合艦隊が萩藩砲台を攻撃した事件。前年5月10日の攘夷期日に萩藩が下関海峡通航の外国艦船を砲撃し、その後下関海峡を封鎖したことに端を発する。64年オールコックが奔走し17隻の艦隊が下関に遠征、8月5日から攻撃を開始、3日間で砲台を破壊占拠した。7月の禁門の変に敗れていた萩藩は列国の圧倒的軍事力に屈服、講和条約が成立。9月22日幕府との間で賠償金300万ドルに関する協約が調印された。下関海峡封鎖解除・瀬戸内海通行再開問題も解決し、こののち萩藩は開国論に転じ討幕へむかう。賠償金は74年(明治7)完済。

しこたんとう [色丹島] 北海道東部の根室半島の納沙布^{のさっぷ}岬東方約60kmにある島。北方に国後^{くなしり}島、西方に歯舞^{はぼまい}諸島を望む。地名はアイヌ語シ・コタン(大きい村)による。面積250km²。最高峰は斜古丹^{しゃこたん}山の413m。全体は標高200〜300mの丘陵地で、海食崖が発達するが、斜古丹湾、穴澗^{あなま}湾などの良好な入江

- **しこな [醜名]** 四股名とも。相撲力士の名乗。相撲力士が本名以外の名乗で相撲を勤めた史料上の所見は、中世末期諸国を巡業した相撲人_{びと}の、稲妻・辻風などの名乗にまでさかのぼる。近世の勧進相撲興行では、醜名として自然現象や郷土の山・川の名などを名のる慣例が定着し、それが現代の大相撲興行にまで継承されている。

- **じこんちけいしょうえん [自墾地系荘園]** 平安初期まで広くみられる、寺社等の荘園領主がみずから墾田地を占定して開発を行い、耕営を維持した荘園。一般に墾田地系荘園の一類型として理解される。地域的には、畿内からやや離れた中間地帯や辺境に多い。現地では国司一郡司という律令制地方支配機構に依存した労働力編成がとられたことから、9世紀になると急速に衰退にむかった。それに対して畿内および周辺では、既墾地の集積による墾田地系荘園(既墾地系荘園)が主流で、平安中期まで存続するものが多かった。

- **しざい [死罪]** 江戸時代に行われた斬首による死刑の一種で、庶民に対して執行された。これに対して士身分に対する死刑は斬罪であった。主として主人の親類、地主、目上の親族などに対する傷害の罪に対して科せられた。斬首にあたり目隠しがなされ、死体は刀剣の様斬_{ためし}ぎりの用に供された。

- **じさくのうそうせつとくべつそちほう [自作農創設特別措置法]** 第2次農地改革の基本法制。1946年(昭和21)10月公布、12月施行。(1)不在地主の全小作地および在村地主の1町歩(北海道は4町歩)をこえる小作地の買収、(2)平均3町歩(北海道12町歩)をこえた耕作業務の適性でない自作地の買収、(3)開墾適地の買収、(4)農地委員会の決定により宅地・建物・採草地も買収対象となりうる、(5)田は賃貸価格の40倍、畑は48倍の範囲内による低額な買収価格の設定、(6)自作農として農業に精進する見込みのある者への農地の売渡し、などを規定。これにより小作地の83%が解放された。52年(昭和27)10月の農地法施行にともない廃止された。

- **じざむらい [地侍]** 地下侍・地士とも。中世、土着した下級武士。荘園制下の地主であるとともに、大名などと主従関係をもち侍身分を獲得した者。村落の指導者であるとともに戦国大名の軍事力の基盤をなした。豊臣政権の兵農分離政策で、近世村落の郷士となった者も少なくなかった。

- **じし [地子]** 近代以前に土地から収取された年貢をいう。(1)古代では公田の賃借料をさし、平安時代の荘園公領体制においては、田堵_{たと}が請作_{うけさく}の代償として納める義務を負った。(2)平安末~鎌倉時代の名田体制下で、名田から収取される年貢・公事_{くじ}以外の収取物を地子と総称したが、畠地子・屋地子など田以外の土地である畠・屋敷地からの収取物をさす場合もあった。平安末期以降、土地に対する権利の重層化・細分化が進展するにつれ、領主との間に多様な中間得分が発生した。名主が集積したこれらの得分は加地子とよばれ、本来の領主の得分を本地子・定地子とよぶようになる。(3)中世末以降、都市域において宅地(町屋敷)に賦課される年貢(敷地年貢)を屋地子、地子とよぶようになり、近世ではほぼこの用法に限定された。

- **ししがたにのぼうぎ [鹿ケ谷の謀議]** 1177年(治承元)5月、後白河上皇の近臣が平氏討伐を図った事件。藤原成親_{なりちか}・成経父子、平康頼・西光_{さいこう}(藤原師光_{もろみつ})・俊寛_{しゅんかん}など上皇の近臣が、京都東山鹿ケ谷の俊寛の山荘で反平氏の謀議を行い、これが多田行綱の密告によって発覚。平清盛は関係者を検挙し、西光は死罪、成親は備前国に配流後殺害され、成経・康頼・俊寛は鬼界ケ島へ流され、上皇近臣の勢力は壊滅的な打撃をうけた。上皇本人の責任は不問にふされたものの、この事件を契機に上皇と平氏の対立は一挙に深まり、79年11月、清盛はクーデタをおこし上皇を鳥羽殿に幽閉した。

- **ししかりもんようきん [獅子狩文様錦]** ⇨法隆寺四騎獅子狩文錦_{しかりもんにしき}

- **ししき [四職]** ⇨三管領・四職_{かんかんれいししき}

- **じじしんぽう [時事新報]** 1882年(明治15)3月1日に中上川_{なかみがわ}彦次郎の慶応義塾出版社から創刊された日刊紙。実質的に主宰したのは福沢諭吉。「独立不羈_{ふき}」を唱え、言論報道の独立、経営的独立をめざした。福沢の死後は石河幹明_{みきあき}が主筆となり、保守的な言論報道で商工業者の読者が多かった。1905年、大阪に進出して「大阪時事新報」を発刊したが、経営的には失敗であった。関東大震災後、「朝日」「毎日」の販売攻勢に押されて小山完吾・武藤山治らが経営再建にあたったが、36年(昭和11)12月25日「東京日日新聞」に吸収合併された。1917年(大正6)頃の部数約8万5000部。第2次大戦後の46年4月1日、旧時事新報関係者によって復刊されたが永続せず、55年産業経済新聞社に合併。

- **しじつがん [資治通鑑]** 中国の編年体の代表的歴史書。294巻。北宋の司馬光_{しばこう}ら撰。1084年完成。戦国初年の前403年から五代末の959年に至る通史。名分論にもとづき南朝を正統とし、外国との関係も重視。撰者と学者が協力して記事を選定した内容には定評があり、考証の

過程を記した「資治通鑑考異」は逸文の引用も豊富で,本書の価値を高める。また南宋の袁枢による本書中の事件ごとに顛末をまとめた「通鑑記事本末」がある。中華書局標点本がある。

ししまい [獅子舞] 獅子の被り物をかぶって行う芸能の総称。悪霊払いの芸能だが,麒麟・猪・鹿の被り物をつけるところも多い。正月,盆,春秋の例祭などに舞われる。日本の民俗芸能の約7割は獅子舞であるともいう。大別して,一つの獅子頭を1人がかぶって舞う1人立ち,2人以上が入って2人立ちの2系統がある。1人立ちの獅子は神奈川県を境に東日本に,2人立ちの獅子は全国的に分布する。2人立ちは伎楽の系統をひくものといわれる。

●● 獅子舞

じしゃてんそう [寺社伝奏] 諸々の寺社からの訴訟をはじめとする申し立てを天皇・上皇に伝える公家の役職。伝奏は平安末期から朝廷におかれ,天皇・上皇のそばに仕え奏聞・伝宣を行った。鎌倉中期の後嵯峨院政期に制度的に確立され,事項別に分化した。南都・山門などの諸寺社伝奏もこの一つ。室町時代には他の伝奏同様,朝廷より幕府で活動することが多くなり,諸寺社からの訴えを将軍にとりついだ。

じしゃぶぎょう [寺社奉行] 江戸幕府の職名。1635年(寛永12)初設。奏者番が兼業。大名格で,寺社・町・勘定の3奉行の最上位。定員4人(3~5人),うち1人が月番奉行となる。62年(寛文2)老中所管から将軍直属になった。職掌は全国の寺社と寺社領の管理および宗教統制,関八州外の私領の訴訟など。また寺社領の領民,神官・僧尼や,楽人・検校・連歌師・陰陽師・碁将棋者など諸職の者を統轄した。自邸を役宅とし,下僚には家臣(寺社役・平留役・取次,大・小検使など)を用いたが,幕府から吟味物調役が出向。大坂城代,京都所司代をへて老中になる昇進コースがあった。

じしゃほんじょりょう [寺社本所領] 南北朝期以後,武家領に対して寺社領および本所領(公家領)の荘園や公領をさす。とくに幕府法の用語として用いられた。守護や地頭による荘園侵略が激しくなると,幕府はしばしばこれを制止する法令を出し,寺社本所領を保護した。ことに他者の所績が存在しない寺社一円領公殿下渡領は手厚く保護され,1368年(応安元・正平23)の半済令でも適用が除外された。

じしゅ [時衆] 僧俗の衆のことで,比丘・比丘尼の出家2衆と,優婆塞・優婆夷の在家2衆をいう。また昼夜6回念仏を勤行する六時念仏衆の略でもある。中国浄土教の大成者善導が使用したことにちなみ,一遍は念仏をともにする同行の者を時衆とよんだ。以後,教団の名称となり,近世に時宗と公称された。

じしゅう [時宗] 遊行宗とも。鎌倉時代の僧一遍を開祖とする浄土教の一門流。1昼夜を六時にわけ不断念仏などを勤修する僧俗をもいう。不断念仏衆としての六時衆を略した時衆が,教団としては時宗と称された。時宗の表記は15世紀中葉以降に現れ,教団名として定着したのは江戸時代以降。一遍およびその跡をついだ遊行上人らは日本全国を遊行し,「南無阿弥陀仏,決定往生六十万人」と刷られた算をくばり,踊念仏を修して人々に念仏を勧めた。遊行上人・藤沢上人を頂点とする遊行派,京都の四条道場金蓮寺を拠点とした四条派,京都の六条道場歓喜光寺を拠点とした六条派など多くの流派にわかれ,中世社会に隆盛した。清浄光寺(現,神奈川県藤沢市)を総本山とし,所属寺院410余。

じじゅう [侍従] 天皇の側につねに近侍する官職。令制によると,中務省に所属し定員8人。うち3人は少納言を兼任。官位相当は従五位下。「常侍規諌,拾遺補闕」を職掌とした。平安初期には,侍従は天皇の側近という意味に広く使用されるようになり,正規の侍従のほかに,次侍従・擬侍従・出居侍従などの職名が現れる。平安中期には摂関家など高級貴族の子弟が任じられることが多くなり,中世の公家社会でも公達が任じられるとある。一方,藤原行成が侍従大納言と称されたように,参議以上になったあとも侍従を兼任する例が散見する。江戸時代にはは武家でも高家などが任じられた。明治期以降,宮内省侍従職にその名が継承された。

じしゅうかん [時習館] 肥後国熊本藩の藩校。2年前に開設した学寮を1754年(宝暦4)拡張し,城内二の丸に設立。秋山玉山が初代教授で,朱子学・古学併立であったが,しだいに朱子学に統一。藩士の子弟のみでなく庶民の希望者の入学も許した。経費は学科新地として新田を開き,藩費でまかなった。学科は漢学・習字・習礼・算法・音楽・故実・諸武芸。維新期には保守派のいわゆる学校党の本拠となった。

ししょう [史生] 律令制下の諸官司で書記にあ

たる下級官人。四等官の下にあって，公文書を浄書・書写し，また文案に主典以上の署名をとり，公務の遅怠・過失などを指摘することを職掌とする。雑任の一つで，式部省から判補される。養老令では，太政官・八省・在外諸司など特定の官司のみに定員が規定されるが，文書行政の進展にともない増員され，寮・職・司などの諸司にも広くおかれるようになった。

じしょうじ〖慈照寺〗 銀閣寺とも。京都市左京区にある臨済宗相国寺派の寺。1490年(延徳2)2月，室町幕府8代将軍の足利義政の菩提を弔うため，如意ケ岳北西麓の山荘東山殿を寺に改めて創建。境内にある観音殿(銀閣)にちなみ銀閣寺という。足利義満の北山殿(鹿苑寺)とともに室町文化を代表する寺院。義政が，天台宗浄土寺の旧跡に山荘造営を開始したのは1482年(文明14)。戦国末期には前関白近衛前久の別荘にもなったが，前久の死後は相国寺の末寺として再興。重層宝形造柿葺き屋根2層の銀閣，方形単層持仏堂造檜皮葺の東求堂(ともに国宝)，国特別史跡の庭園がある。

銀閣 将軍足利義政が東山に設けた山荘東山殿の観音殿。銀閣は金閣に対する俗称。1489年(延徳元)建立。2層からなり，長方形平面をもち，正面8.2m，奥行7.0m。初層の心空殿は住宅風，上層の潮音閣は方3間の禅宗様の仏堂風の意匠をとる。国宝。

東求堂 将軍足利義政が東山に設けた山荘東山殿の持仏堂。1486年(文明18)建立。池に面する建築で，大きさは3間半四方。左右奥は方2間の仏間，右奥は義政の書斎で，同仁斎とよばれる。書斎の北側に設けられた付書院と違棚は現存最古の遺構。国宝。

じしょうじていえん〖慈照寺庭園〗 西芳寺庭園を模して上下2段。下段は錦鏡池を中心とする浄土庭園風の池泉回遊式。将軍足利義政の創建当初は禅寺風の閑寂な庭であったが，寛永年間の修復時に整備され，銀沙灘と白砂を盛った向月台が構築された。境内は国史跡・特別名勝。

じしょう・じゅえいのらん〖治承・寿永の乱〗 ⇨治承・寿永の乱

ししょうせつ〖私小説〗 「わたくししょうせつ」とも。主人公兼語り手が作者自身で，語られる内容は作者の実体験の再現であると，作者・読者双方に了解されているような小説形式。1920年(大正9)頃このタイプの一人称小説が文壇で「私は小説」などとよばれたことに由来する。日本近代の文学形式中，長い間純文学の主流とみなされる一方，克服されるべき形式として議論の対象となってきた。代表的作品として志賀直哉「城の崎にて」，葛西善蔵「子をつれて」など。

しじょうてんのう〖四条天皇〗 1231.2.12～42.1.9 在位1232.10.4～42.1.9 後堀河天皇の第1皇子。名は秀仁。母は九条道家の女藻璧門院竴子。1231年(寛喜3)皇太子となり，翌年後堀河天皇の譲位により即位。外祖父の道家や道家の岳父西園寺公経らが政治の実権を握った。42年(仁治3)天皇の没後，道家は順徳上皇の皇子を皇嗣に推したが幕府に拒絶され，幕府の推す後嵯峨天皇の即位まで，皇位は11日間空白となった。

しじょうなわてのたたかい〖四条畷の戦〗 1348年(貞和4・正平3)1月5日，河内国四条畷で高師直軍が楠木正行軍を撃破した戦。1347年11月26日の瓜生野の戦で敗北した足利方は，12月に吉野攻略のため，大軍を動員した。翌1月，師直率いる6万騎が四条畷と周辺の飯盛・生駒山に，高師泰率いる2万騎が堺に進出。南朝方はこれを迎え撃ち，四条隆資の率いる2万騎が飯盛山の足利方を足止めし，正行の率いる3000騎が師直軍本陣と衝突したが，正行一族は敗死。師直軍は大和に進攻して吉野行宮を焼いた。後村上天皇は賀名生に脱出したが，南朝に壊滅的打撃を与えた。また師直の威勢が高まり，足利直義との対立を激化させた。

しじょうは〖四条派〗 円山応挙に学んだ呉春を始祖とする江戸時代の画派。広義には円山派と同系だが，画体・画派の性格が異なるので独立させて四条派とよぶ。名の由来は呉春および松村景文・岡本豊彦ら多くの門弟が，京都四条近くに住んだことに由来する。応挙の写生画の客観的描写に文人画の洒脱味を加えた画風で，大衆に支持された。呉春以後も画派の隆盛は続き，豊彦門下の塩川文麟・幸野楳嶺・竹内栖鳳らは，明治期の京都画壇で大いに活躍した。

しじん〖四神〗 四禽・四獣とも。中国の戦国時代に成立した天の四方を守る霊神で，「礼記」にみえる。東方は青竜，西方は白虎，南方は朱雀，北方は玄武という。また春夏秋冬の四季に配する場合もある。「続日本紀」和銅元年(708)2月15日条によると，平城京遷都は「四禽図(陰陽図緯)に叶い，三山鎮護の地を選んで都にすべき」としており，平安京造営時にも東に流水，西に大道，南に窪地，北に丘陵をもつ四神相応の地相が求められた。

しじん〖資人〗 「とねり」とも。古代，貴族に対して位階・官職に応じて支給される従者。本主に近侍して雑務に従った。令制では，一位100人から従五位20人までの位階に応じた位分資人と，太政大臣300人から中納言30人までの官職に応じた職分資人にわかれる。軍事的に重

要な国の者を資人にとることや, 内八位以上の子を位分資人にとることは禁じられた。庶人は競って官人への道を求め, 課役を忌避するため王臣に仕えて資人になろうとつとめた。

じしんけんきゅうしょ [地震研究所] 1925年(大正14)に設立された世界唯一の地震研究機関。地震の予知・被害防止の研究を目的に, 1891年(明治24)震災予防調査会が設立されたが, なお活動成果が不十分なため, 関東大震災を契機に1924年東京帝国大学に地震学科がおかれ, 翌年地震研究所が同大学付属機関として設置された。世界の地震学研究の中心的存在であり, 日本各地に地震・地殻変動・地磁気・津波・火山などの観測所, および地震予知観測情報センターをもつ。

ししんでん [紫宸殿]「ししいでん」とも。古くは紫震殿とも。平安宮内裏十七殿の一つ。内裏の正殿。内裏内郭のほぼ中央, 仁寿殿の南に位置するため, 南殿・前殿ともよばれる。母屋は南を正面とし, 東西9間, 南北3間, 四面に庇がつく。母屋中央の やや北寄りに御帳台をおく。紫宸殿や南庭での行事には天皇が出御した。南庇中央の額の間から南庭へ木階(南階)が下り, 左右に左近の桜・右近の橘が植えてある。現在の京都御所の紫宸殿は1855年(安政2)造営され, 平安時代の様式を伝えるという。ここでは, 天皇・皇太子の元服や立后のほか, 旬政・告朔などの政事, 季御読経・仁王会などの仏事が行われた。さらに9世紀後半以降, 大極殿や豊楽殿で行われていた元日朝賀・諸節会・即位儀など国家的行事も移され定着した。

ししんのうけ [四親王家] 江戸時代の世襲親王家。北朝崇光天皇の皇子栄仁親王を祖とする伏見宮家に加え, 1590年(天正18)八条宮(京極宮, のち桂宮家), 1625年(寛永2)高松宮(のち有栖川宮)家が創立。さらに1710年(宝永7)直仁親王を祖とする親王家創立が決定され, 18年(享保3)宮号を閑院宮と定めた。

じしんばん [自身番] 近世, 村々自身番と町方が設けて維持した共同体の集会・治安維持制度, あるいはその施設。公用・雑務の処理, 火の用心, 橋の上・河岸端の警備などにあたった。とくに都市域に広範にみられる。木戸番とは異なり, 本来は百姓や町人自身が勤めた。江戸の中心部では町に居住している家持が少なかったため, 家持町人の代わりに, 町屋敷の管理者である家守が勤めた。江戸全体で自身番屋(自身番が詰める番屋)は1850年(嘉永3)には994カ所存在した。その役割は, 火の用心, 橋の上・河岸端の治安維持などであった。

しすいこ [私出挙] 律令制下, 民間で行われた私稲の貸借。令の規定では私稲の出挙も認めており, 利息は10割を限度としていたが, 711年(和銅4)5割以下とした。さらに737年(天平9)稲穀の私出挙自体を禁止し, 違反者には違勅罪を科し, 稲は没官, 国・郡司は解任することが定められた。公出挙の円滑な運営を図るための施策であろう。これ以後, 私出挙は一貫して禁止されたが, 実際にはほとんど守られなかった。また銭貨私出挙についても, 797年(延暦16)に利息は5割を限度とすることとされた。

しずおかけん [静岡県] 中部地方の南東部に位置する県。旧遠江・駿河・伊豆3国を県域とする。1868年(明治元)徳川宗家が移封され, 駿河・遠江・東三河に駿府藩, 遠江の一部に堀江藩がおかれた。伊豆は韮山県の管轄となる。翌年駿府藩は静岡藩と改称。71年廃藩置県後の11月静岡県と堀江県が分合して遠江は浜松県, 駿河は静岡県となり, 東三河は額田県に, 韮山県は足柄県に編入された。76年静岡県は足柄県のうち伊豆を編入, さらに浜松県を合併。78年伊豆七島を東京府に移管し, 現県域が確定した。県庁所在地は静岡市。

しずおかじけん [静岡事件] 1886年(明治19)に発覚した静岡県の旧自由党員を中心とした政府大官暗殺計画事件。急進派自由民権運動家による一連の政府転覆計画事件の最後をなす。政府打倒の武装蜂起計画を立て, 軍資金獲得のため静岡県内各地で強盗などを働いたが, やがて大臣暗殺に計画を変更, 86年7月, 箱根離宮落成式の際に実行しようとしたが, 準備中に一斉検挙された。捕縛者は100人余に及び, うち中心となった25人が有期徒刑に処せられた。

しずがたけのたたかい [賤ケ岳の戦] 1583年(天正11)4月, 近江国賤ケ岳付近での羽柴(豊臣)秀吉と柴田勝家の合戦。3月に両軍は北近江で対陣したが, 岐阜で挙兵した織田信孝を討つため, 4月16日, 秀吉は大垣城に入った。その間隙をついて勝家が羽柴軍を襲い, 秀吉は急ぎ賤ケ岳に戻り柴田軍を撃破。その折の秀吉の馬廻衆は賤ケ岳の七本槍の勇敵は有名。勝家は越前国北庄に戻るが, 24日総攻撃をうけ, 夫人の小谷の方らとともに自刃。秀吉は織田信長の後継者の地位を確立した。

しずたにがっこう [閑谷学校] 備前国岡山藩の郷学。はじめ期岡学校, 明治期以後閑谷精舎・閑谷黌ともいった。1670年(寛文10)和気郡木村里村閑谷(現, 岡山県備前市)に設立。藩主池田光政が設置した寮内123カ所の手習所の維持の困難さをみて, 学校奉行津田永忠に命じて永世継続の方法を定め, 社倉米制度・学校領・下作人制度を定め, 1701年(元禄14)完成。庶民子弟の教育を主とし, 寄宿および通学。初級から中等程度の漢学(朱子学)・習

字・算術を教授。江戸時代の学校建築の代表的遺構で，国特別史跡。芳烈祠・聖廟・講堂・小斎しょう・飲室等の建造物や石塀が保存されている。1870年(明治3)藩学校となり，のち廃校。

しせい・せいど [氏姓制度] 日本古代の族制的な身分制度。中央や地方の豪族に，その国家機構における役割や社会的な地位に応じて，朝廷から氏うじと姓かばねとを与え，豪族はこれを世襲した(氏と姓とを含めて姓せいと称することもある)。ウジは大和政権を構成する諸豪族がそれぞれ他と区別するために帯びた称呼で，大伴とも・中臣なかとみなど朝廷の職務を名に負う伴造とものみやつこ氏族においてまず成立し，ついで葛城・巨勢こせなど地名を負うウジが出現したと考えられる。ウジの基盤は血縁的な同族集団であるが，大和政権のもとでは，それは政治的な身分秩序としての性格をもつものであった。他方，カバネはそれぞれの氏の職務・家柄などを示す称で，5世紀後半以降まず臣おみ・連むらじ・君(公)などのカバネが成立し，ついで渡来氏族の品部しなべの伴造としての造みやつこや，国造くにのみやつこのカバネとしての直あたえなどが出現したと思われる。その後大和政権の発展にともなってウジ・カバネの賜与の範囲は拡大し，7世紀初めには臣・連・伴造・国造・百八十部ももあまりやそのとよばれる身分体系が形成された。さらに7世紀後半には中央集権的な国家機構が形成されて，670年(天智9)の庚午年籍こうごねんじゃくなど全国的な戸籍の作製が進み，一般の人民にも部べ姓を主とする氏姓が付与され，姓は天皇・皇親(親王・諸王)・奴婢ぬひ以外のすべての人民を含む，国家的な身分制度となった。他方豪族層の氏姓の再編も進み，天智朝には氏上うじのかみや大氏・小氏の制が定められ，684年(天武13)には真人まひと・朝臣あそん・宿禰すくねのカバネが新設されて，皇親を中心とする新たな氏姓秩序の形成がはかられた(八色の姓やくさのかばね)。律令制のもとで氏姓は位階の制と対応し，国家秩序を保持する役割をになったが，9世紀に入ると，貴族社会内部の変化や呪術的な思想の消滅によって，氏姓の規範的な役割は失われ，氏姓は国家的な身分制度としての意味を失っていった。

しせい・ちょうそんせい [市制・町村制] 明治～昭和前期，大日本帝国憲法下の地方自治制度の基本法。1888年(明治21)公布，翌年以降順次施行された。内相山県有朋やまがたとモッセを中心に調査・研究を進め，プロイセンの地方自治制度と日本の旧制度の融合をめざした。元老院の審議をへて，憲法発布をまたずに公布。従来の区のうち人口2万5000人以上を市としたが，東京・大阪・京都は特別地域として，市制実施は98年まで延期された。参政権は地租もしくは直接国税年2円以上の納税者のみに付与された。全般的には市町村に対する内相・府県知事らの監督権限が大きかった。明治末～大正期に自治権・公民権の漸次拡充がみられたが，第2次大戦で再び縮小された。戦後の1947年(昭和22)の地方自治法施行により廃止。

しせき [史跡] 広義には遺跡をさす。狭義には文化財保護法により，日本の歴史の理解に欠くことができず，かつ学術的な価値が高い遺跡として文部大臣が指定したものをいい，史跡と特別史跡がある。集落・古墳・官衙・寺社・教育施設・産業・交通・土木・旧宅など多岐にわたるが，それらの具体的な分類は，1951年(昭和26)に文化財保護委員会が告示した「特別史跡名勝天然記念物及び史跡名勝天然記念物指定基準」による。2000年(平成12)11月現在で，国指定史跡1450件(うち特別史跡58件。数字は名勝と天然記念物との重複指定を含む)。

しせきしゅうらん [史籍集覧] 江戸時代までの日本の史籍の叢書。和装本，364部，467冊，総目解題1冊。旧岡崎藩の儒者近藤瓶城いじょう編，1881～85年(明治14～18)刊。改訂版の「改定史籍集覧」は464部，32冊，総目解題及書目索引1冊，洋装本。1900～03年刊。「群書類従」に収録されていない史籍の刊行を企画。改訂版の前には続史籍集覧は洋装本10冊，1893～98年刊。「新訂増補史籍集覧」は第2次大戦後の刊行で，瓶城・圭造父子の扱わなかった書物を加えて改編したもの。

しせきぼ [支石墓] 縄文晩期～弥生中期の九州北部の墓制の一つ。東アジアの支石墓(ドルメン)は中国東北地方南部や朝鮮半島に分布するが，日本には朝鮮半島南部に発達した碁盤ごばん形の支石墓が縄文晩期の九州西北部に伝えられた。小さな数個の支石の上に上石(標石)を乗せるが，支石をもたないものもある。その下部に箱式石棺・土壙どこう・甕棺かめかんなどの埋葬施設が設けられる。初期の支石墓は10基前後から数十基が群集するが，後には甕棺墓群の特定の墓に採用されるようになる。副葬品はあまりなく，朝鮮半島系の磨製石鏃せきぞくなどのほか，まれに貝輪がある。日本の稲作受容期に流入した一連の文化要素の一つ。

●・・支石墓

しせつじゅんぎょう [使節遵行] 鎌倉後期～室町時代，検断・所務にかかわる幕府裁定を使節を派遣して遵行すなわち強制執行する手続。検断関係の使節遵行は13世紀後半からみえ，係

争地周辺の有力御家人2人からなる両使または守護の被官が遵行使となった。室町幕府も両使と守護使による遵行手続を継承し，1346年(貞和2・正平元)に使節遵行を大犯三カ条に加えて守護の職権とした。軍事・検断を基本とする守護の職権が拡大し，所務沙汰にも関与するようになる。両使遵行は1350年代に減少し，守護によるものが一般化し，守護法廷の機能が強化された。守護使の任務は幕府課役や守護独自の課役の徴収にも拡大し，これに対応して奉公衆や在力荘園領主に守護使不入の特権が与えられた。

しぜんしゅぎ [自然主義] 19世紀後半のフランスを中心におこった文芸思潮。写実主義の延長線上にあって理想を排して現実をありのままに描こうとする立場。自然科学の影響をうけ，人間は遺伝と環境によって決定される存在であるとの観点から創作を行った。ゾラ，フローベール，モーパッサンなどが有名。日本では日露戦争後の近代文学の確立期において最も影響力をもった。島崎藤村の「破戒」，田山花袋の「蒲団」の出現や，島村抱月・長谷川天渓らの評論によって自然主義時代の到来が告げられたが，文芸思潮としてはその後急速に分化衰退し，私小説化・心境小説化の方向をたどった。上記以外に国木田独歩・徳田秋声・岩野泡鳴・正宗白鳥・近松秋江らがいる。

しぜんしんえいどう [自然真営道] 江戸中期の自然哲学・医学および社会批判の書。安藤昌益著。刊本と稿本の2種がある。刊本は3巻，1753年(宝暦3)京都で公刊。稿本は昌益の自筆本ともみられ，101巻。ただし関東大震災のため現存するのは15巻のみ。両者の関係は，自然哲学や医学理論を展開した刊本が昌益の比較的早い時期の思想として出版されたのちに社会批判を含む稿本が作られたと考えられる。自然界の法則性と万人が直接生産者である理想社会像が描き出され，支配階級は「不耕食食の徒」としてきびしく批判されている。封建的な身分制度を人為によるものとして批判した書物としても独自の位置を占める。「日本古典文学大系」所収。

じぞうしんこう [地蔵信仰] 地蔵菩薩への帰依を中心とする信仰。地蔵は釈迦入滅ののち，弥勒の出現までの間，衆生を救うとされ，日本では平安時代に末法思想・浄土信仰とともに広がりをみせた。地獄からの救済を約束することから庶民層にも熱烈に支持され，とくに子供の守護としてしばしば童身で現れるとされる。また冥界と二の世とに交通できるとされることから塞の神との習合も顕著にみられる。現在もさまざまな利益や由来，供物などにもとづく愛称を冠して各地に祭られる。青森県の恐山をはじめとする霊場や京都の地蔵盆など，地蔵信仰を基盤にうまれて維持されている行事や習俗はきわめて多い。

しぞく [士族] 明治維新後，旧武士階級に与えられた身分呼称。1869年(明治2)6月公卿・諸侯を華族，一門以下平士以上の藩士を士族とし，同年12月には旧幕臣も含めてすべての士分を士族または卒とし，従来の石高に応じて家禄が給されることになった。72年に卒が廃止され，国民は華族・士族・平民の3身分となったが，士族・平民間の法的な身分上の差異はなくなり，さらに秩禄処分・廃刀令などで旧来の特権も廃止され，多くの士族が没落し士族反乱などもおこった。その後身分としての士族は形骸化し，1947年(昭和22)の戸籍法の全面改正により士族の呼称は消滅したが，士族的な精神はさまざまな意味で近代日本国家の形成に重要な役割をはたした。

しぞく [氏族] ⇨クラン

しぞくじゅさん [士族授産] 明治前期の士族救済政策。秩禄処分で士族に交付された金禄公債は少額であったうえにインフレのなかで目減りし，士族の困窮は士族反乱・自由民権運動対策としても放置できなくなった。大久保利通内務卿の「一般殖産及華士族授産ノ儀ニ付伺」を契機に，政府は1879年(明治12)以降，起業基金・勧業資本金・勧業委託金の相当部分を士族の産業従事に投じた。その交付総額は18万余戸に対して456万余円にのぼった。しかし成果のあがったのは，蚕糸業・雑工業・開墾の一部にとどまり，「士族の商法」といわれたように大部分の事業は失敗に終わり，貸与金のほとんどは90年に棄捐された。

しぞくせいど [氏族制度] 父系もしくは母系的に親子関係の連鎖を通して特定の祖先につながることを認知した親族集団を氏族といい，この氏族を基盤にした社会制度を氏族制度という。祖先との系譜関係を明確に認知した親族集団であるリニッジで構成されている場合がある。クランの訳語であるが，日本古代の氏族・氏制度とは相違する。日本古代の氏は，5～6世紀に大和朝廷に政治的に組織された首長層の体制であり，始祖からの一系系譜にもとづく組織で，父系に傾斜しているが母系も混入しており，父系的単系出自集団ではなく，成員も流動的で族外婚規制もともなわない。したがってクランやリニッジなどの氏族制度ではない。

しぞくはんらん [士族反乱] 不平士族による明治初期の武力反乱。明治初年，新政府の欧化政策や中央集権化に反対する士族はしばしば政府転覆未遂事件や高官暗殺事件などをおこした。廃藩置県をへて1873年(明治6)の政府分裂

後は、士族特権解消政策や征韓延期などを不満とする士族が元高官を擁して大規模な反乱をおこし、74年の佐賀、76年の神風連・秋月・萩の各乱をへて、77年の西南戦争にいたった。反乱はすべて鎮圧され、翌年の大久保利通暗殺(紀尾井坂の変)を最後に、反政府運動は自由民権運動に移行した。

じだいくぶん [時代区分] 歴史を認識し、叙述するためには、なんらかの方式で時間の経過を区別し、統一性・完結性のある時代に区分しなければならない。日本史についてもさまざまな立場から時代区分の試みがなされている。最も普及しているのは政権の所在地による奈良・平安・鎌倉・南北朝・室町・戦国・安土桃山・江戸などの諸時代に区分する方法であり、さらに西欧の歴史学者による世界史の古代・中世・近代(近世)への3区分法の日本への適用と、その修正としての古代・中世・近世・近代の4分法もひろく用いられている。また美術史の分野での飛鳥・白鳳、あるいは藤原などの各時代、文学史の分野での上古・中古・近古・近世などの時代区分も行われている。

じだいとう [事大党] 李朝末期の朝鮮宮廷内の保守派。1882年の壬午事変後、日本支持下の金玉均・朴泳孝らの独立党に対抗して、清国の勢力に従属する閔氏一派の閔台鎬・閔泳翊らを中心に結成し、政権を獲得した。84年の甲申事変をへて、清国の朝鮮支配の強化によって政権を維持した。日清戦争にともない独立党が台頭して勢力は衰え、95年10月の閔妃殺害事件を契機に崩壊していった。

じだいもの [時代物] 人形浄瑠璃・歌舞伎戯曲の一区分。狭義にはこれに王代物・御家物を加えて、世話物と対立する戯曲をさす。本来的叙事詩的性格をもつ浄瑠璃では、世話物以外はすべて時代物といえる。一方当代を描く歌舞伎には時代の概念は希薄で、過去の歴史に仮託して当世を描く傾向が強く、とくに江戸では時代物と世話物との綯交ぜが行われた。時代物という概念は流動的で、明治の活歴物もその一つといえる。

したじ [下地] 荘園公領における貢納物の源泉としての土地。荘園形成当初、所当・年貢・所務・上分・得分などに対していった。これは当時雑役免や半不輸・浮免などにみられるように、貢納物の取得と下地の知行が必ずしも一致していなかったことによる。荘園支配の一円化により領域型荘園が形成されると、荘園領主は下地知行を強化していった。しかし鎌倉中期から地頭など在地領主との確執により下地中分なども行われ、荘園領主の下地支配は揺れた。鎌倉末期以降、領主勧農の衰退と在地勧農の形成で地下人らの下地掌握が進むと、荘園領主の下地支配はしだいに限定されていく。

したじちゅうぶん [下地中分] 鎌倉～南北朝期に荘園領主と地頭の間でかわされた所領相論の解決方法の一つ。地頭の荘園年貢抑留の問題は、地頭職が設置された当初からあったが、承久の乱後、新補地頭がおかれると、西日本を中心に問題はいっそう拡大した。山野利用の進展も、両者間に多くの紛争を生むようになった。そうした問題の解決方法の一つが下地中分で、土地を地頭方と領家(荘園領主)方に分割する。分割方法には、土地の中央に境界線を引いて二つにわける場合と、田1枚ずつを二つにわける坪付の二通りがあったが、いずれも1対1とはかぎらなかった。田だけでなく、山野や百姓なども中分の対象となった。鎌倉幕府は、下地中分による地頭と荘園領主の相論解決を政策的に進めたため、中分には当事者同士の示談によって成立し、これを幕府に承認してもらう和与中分と、幕府が命じて中分する場合があった。中分にあたってはしばしば絵図が作成され、鎌倉後期には多くの荘園絵図がうまれた。南北朝期にも、1368年(応安元・正平23)の半済令を実施する際、下地が中分された。この場合、二分された下地は本所方・半済方とよばれることが多い。

しだん [師団] 陸軍の常備兵団としての最大単位の部隊で、独立して作戦しうる戦略単位。1888年(明治21)5月に、それまでの各軍管を担当する鎮台を改編したもの。歩兵旅団2(歩兵連隊各2)、騎兵連隊1、砲兵連隊1、工兵大隊1、輜重兵大隊1、師団司令部などから構成される。1937年(昭和12)の師団急増にともない、旅団2を歩兵師団司令部3、歩兵連隊3に改めた。平時には人員約1万人、戦時には約2万5000人の規模。宇垣軍縮から日中戦争まで師団数は17だったが、戦争開始から2年間で倍増され、第2次大戦の敗戦前には189個師団になっていた。

しち [質] 貸借契約などの契約の保証物件。古代の令の規定では、返済が滞ると質物を売却し、代価から元利分だけを債権者がとる売却質が原則だった。しかし、平安時代に質物の所有権自体を移す帰属質が派生し、以後主流となり、中世の質には入質・見質(現質)の区別が生じた。前者は、契約と同時に質地・質物の占有が債権者に移転する質(現在の質)で、後者は、債務不履行の場合はじめて所有権が債権者に移転する質(抵当)であった。このような質入れ・質取りの対象は、不動産だけでなく人間にもおよんだ。見質としての人質のほか年貢を滞納した百姓の妻子を地頭が差し押さえて身代

のをとする人質、戦国大名の同盟の保証物としての人質など、広範囲の質が設定された。近世には、動産質庶民金融(質屋)がさらに発展したほか、妻子を債権者の下で働かせて債務を返済する質奉公などが現れた。不動産の質入れも盛んに行われ、これが田畑永代売買の禁令の抜け道になるとして禁圧した江戸幕府も、名主の加判など一定の要件を備えた質入れは認めざるをえなかった。

しちかん [七官] 明治初年に政体書のもとで設けられた七つの政府官庁の総称。1868年(明治元)閏4月、政体書によりすべての権力を太政官に集め、立法をつかさどる議政官、行法(行政)をつかさどる行政官、司法をつかさどる刑法官をおき、行政官のもとに神祇・会計・軍務・外国の4官を設けた。議政官以下を七官と総称。翌年4月、民部官がおかれ八官となった。

しちきょ [七去] 七出(しちしゅつ)とも。令制で夫側からの離婚を認める七つの事由。中国の礼制にもとづく。養老戸令の七出条に、無子、淫泆(いんいつ)、舅姑につかえず、おしゃべり、盗み、嫉妬、悪疾の「七出の状」のいずれかがあった場合は、夫が一方的に離婚(棄妻)できるとする。大宝令では悪疾を除く外に、妻に三不去(さんふきょ)の事由があれば離婚できない。「万葉集」の大伴家持の歌にも「七出例」への言及があるが、当時の家族婚姻形態を考えると、古代におけるこの規定の実効性は疑わしい。

しちきょうおち [七卿落ち] 1863年(文久3)の8月18日の政変により、朝廷内の尊攘派公卿が追放された事件。朝廷内を主導した尊攘派の中心である萩藩に同調する急進派公卿を公武合体派が御所から退去させた。三条実美(さねとみ)・三条西季知(すえとも)・東久世通禧(みちとみ)・壬生基修(もとおさ)・四条隆謌(たかうた)・錦小路頼徳(よりのり)・沢宣嘉(のぶよし)の七卿は尊攘派の拠点長州へ落ち、朝廷内尊攘派は一掃された。

しちしとう [七支刀] 奈良県天理市布留(ふる)町の石上(いそのかみ)神宮蔵の特異な形の有銘鉄剣。長さ74.9cmの鉄剣で、身の左右に3本ずつ枝が出ており、身の表裏に金象嵌(ぞうがん)で61文字の銘文がある。初期の日朝関係史の重要な史料であるが、釈読・解釈についてはいまだ定説がない。表の銘文は、冒頭に「泰和4年」(中国東晋の太和4年=369年)と年紀をおき、作刀についてのべ、吉祥句を連ねるという構成で、中国風の刀剣銘の定型と一致する。裏は、百済(くだら)王の太子奇生(きせい)が倭王のためにこの刀を作ったと解され、七支刀自体の由来を示す内容となっている。「日本書紀」神功皇后52年9月丙子条にみえる百済から献上された「七枝刀(ななつさやのたち)」が、この七支刀にあたると考えられている。国宝。

じちしょう [自治省] 国と地方公共団体の連絡調整および地方制度の企画・管理を行う中央官庁。1960年(昭和35)7月に自治庁と国家消防本部を統合して発足。内部部局に大臣官房と行政・財政・税務の3局、外局に消防庁がある。地方自治法、地方税法など地方行財政制度の企画・立案や地方交付税の算定、地方債の発行などを通じて地方行財政に対する影響力が大きい。2001年(平成13)1月、中央省庁再編により郵政省・総務庁と統合して総務省となる。

しちじょうぶっしょ [七条仏所] 慶派のこと。京都の七条に仏所を構えていたことに由来する。ただし、運慶が東寺大仏師職を得て、京都で活動するようになった当初から七条に仏所がおかれていたかは不明で、七条仏師の肩書が史料に現れるようになるのは室町時代以降のことである。七条仏所は明治初期まで存在する。

じちたいけいさつ [自治体警察] 広義には国の警察組織に対して地方自治体の警察を意味するが、旧警察法(1947制定)にもとづいて設置された、市および人口5000人以上の町村の警察をさすことが多い。総定員は9万5000人で全国1605単位(東京都特別区の警視庁を含む)で設置され、それ以外の地域は国家地方警察が分担。市町村公安委員会の管理下におかれたが、市町村の財政負担を理由として1951年(昭和26)6月以後は住民投票で廃止できたためその数は減少。54年の新警察法の施行とともに全廃され、都道府県警察に一元化された。

しちだいじ [七大寺] 南都七大寺・南都七堂・奈良七大寺とも。平城京およびその周辺にあって南都の教学・仏事を担った七つの大寺の総称。呼称の初見は「続日本紀」天平勝宝8年(756)5月丁巳条。当初の構成は藤原京から移建した大安寺・薬師寺・元興寺に興福寺・東大寺を加えた五大寺以外は不明。のち西大寺と法隆寺を加えるのを通例とするが、唐招提寺(とうしょうだいじ)・弘福寺・新薬師寺を加えたり、興福寺・薬師寺・法隆寺・西大寺・大安寺・法華寺・清水寺をあてるる説もふくむ。

しちどう [七道] 律令制下の地方区分。東海道・東山道・北陸道・山陰道・山陽道・南海道・西海道があり、畿外諸国はいずれかに所属した。685年(天武14)畿外への使者派遣の単位としてみられ、その後国家運営のための制度として固定化し、朝廷から畿外への遣使や文書による命令下達などの単位として利用された。それぞれの地域を貫く交通路をも意味する。地理的条件に即した区分であったため、律令制の衰退後も地域名称として残った道名もある。

しなながれきんしれい [質流地禁止令] 江戸中期の土地法令。1722年(享保7)4月6日発令。当時質入れされていた田畑の質流れを禁止

する法令。元禄期以来認められてきた質流れによる耕地の移動を禁止し、すでに買入れされた耕地も、元金を返済すれば請戻しができ、17年以後のものならば流地となっていても請け戻すことができるというもの。この結果、混乱が生じ、22年には越後国頸城(くびき)郡下の幕領の村々で、翌年には出羽国村山郡の幕領長瀞(ながとろ)村で質地の無償請戻しを求め、質地騒動とよばれる一揆がおこった。こうした状況のなか、幕府は23年8月、金融が逼迫し、農民が迷惑することが多いとして撤回した。

しちはくしいけんしょ [七博士意見書] 1903年(明治36)6月10日付の7人の博士(東京帝国大学教授小野塚喜平次・金井延・高橋作衛・寺尾亨(とおる)・戸水寛人(とみひと)・富井政章(まさあき)、学習院教授中村進午)の対露強硬外交を主張した建議書。七博士は旧国民同盟会系の対露強硬意見に呼応して、桂太郎首相・小村寿太郎外相らに建議書を提出。「東京日日新聞」は6月24日にこれを発表し、全国各紙がこれをとりあげた。彼らは桂内閣の外交を軟弱外交と非難し、主戦論を唱えて新聞・雑誌や遊説などによって世論を喚起し、衝撃を与えた。戸水は05年日露講和条約反対の論文を発表したために休職処分となり、東京帝大教授たちの抗議で復職した(戸水事件)。

しちぶつみきん [七分積金] 寛政の改革において設定された、江戸の備荒貯穀制度である町会所の運営資金を調達するシステム。天明の打ちこわしを経験した幕府は、各種値下げ・窮民救済などを目的として、地主層が負担する町入用(ちょうにゅうよう)の節減や社倉金制度の設立を検討。1791年(寛政3)12月、江戸全体の町入用の年間節減高(3万7000両余)の70%(7分)を積金、20%を地主取受金、10%を町入用予備金とする法を制定した。積金は翌年から実施され、町会所が管理・運用を行った。積金は非常備えの囲籾(かこいもみ)購入資金、日常および非常時の窮民救済資金、場末などの困窮地主・下層御家人らへの低利貸付資金として運用された。1872年(明治5)最終的に制度が廃止され、囲籾や積金は東京府へ移管した。

しちや [質屋] 物件を担保としその占有権を得て金銭を貸すことを業とする金融機関。南北朝期から土倉(どそう)のうちに質屋といわれる者が現れたが、小口金融業者として庶民の間で一般化したのは近世である。幕府や領主は、質屋を通して紛失物調査と盗犯防止を行うため、早くから質屋株を設定して仲間を結成させ、加知などを徴収した。1852年(嘉永5)江戸で2075人、大坂で1328人と、三都ではとくに多かったが、農村部でも55年(安政2)の武蔵国の例では1村平均2軒の質屋があった。質屋の利息や流質の期限は、貸金の多寡や地域・時代により異なるが、年2割・1年期限が多い。近代でも質屋の営業は隆盛で、公営の公益質屋も設立された。

しちゅうせん [私鋳銭] 民間で鋳造した銭。古代には、和同開珎(わどうかいちん)など官鋳の制銭を模した私鋳銭がしばしば不法に造られ、犯人に対する厳罰が定められた。中世に入って宋銭など中国の制銭を中心に貨幣流通が発達すると、国内での銭の私鋳はさらに盛んになり、また中国で造られた私鋳銭も流入した。この時代の私鋳銭には、宋銭・明銭模造の精巧なものから打平(うちひら)のようなただの金属板までさまざまな種類があり、それぞれが異なった通用価値をおびて流通し、撰銭(えりぜに)の原因となった。現存の私鋳銭のなかで生産地が明らかなものとして、大隅国加治木(かじき)で造られた加治木銭が有名だが、このほかにも銭貨の私鋳は各地で行われ、鎌倉などで遺跡から出土している。

しちょう [仕丁]「つかえのよほろ」とも。律令制の労役の一つ。令制では、50戸(里(り))ごとに成年男子2人が中央官司の雑役にあたらせた。実役に従事する立丁(りつてい)と、立丁の食事などの世話をする廝丁(しちょう)の2人1組。少数だが女性を徴発する女丁(仕女)もあった。大宝令には期間の規定はなかったが、のち3年交替と定められて養老令にも規定された。仕丁の生活費は郷土の負担で、718年(養老2)に仕丁を出した房戸の雑徭(ぞうよう)を免じて資養にあてることとし、平安時代には副丁の制ができた。なお8世紀中葉以降、立丁と廝丁は区別なく実役に従事するようになった。改新の詔(みことのり)に、30戸から2人を出させていたのを50戸ごとに2人と改め、50戸から仕丁の資養にあてるため庸布・庸米を徴することがみえる。仕丁制は大化前代に起源をもち、ベートナムの戸の構造を継承する日本独自の制度であると考えられる。

しちょうそんかい [市町村会] 明治期以降に設立された地方自治体の議会で、市会・町会・村会とよばれた。1878年(明治11)の三新法、88年の市制・町村制をへて発展。議員の選挙・被選挙権は満25歳以上の男子住民で、地租または直接国税年2円以上の納付者のみに付与された。等級選挙制が採用され、議員は任期6年で3年ごとに半数改選とされたが、明治末期には4年任期制で全員改選となる。1926年(昭和元)普通選挙制となり、第2次大戦後の47年の地方自治法施行で市町村議会の権限は拡大した。

じちん [慈鎮] ⇒慈円(じえん)

しづきただお [志筑忠雄] 1760~1806.7.8/9
江戸中期の天文学者・蘭学者。本姓中野。名は盈長・忠次郎、のち忠雄。号は柳圃。字は季飛・季竜。長崎生れ。1776年(安永5)義父のオランダ通詞(つうじ)志筑孫次郎の跡を継いで稽古通

詞となるが、翌年、病身を理由に辞職。中野姓に復し、蘭書の翻訳・研究に励む。主著「暦象新書」では、ニュートン、ケプラーの諸法則や地動説を紹介し、弾力・重力・求心力・遠心力・加速などの術語の訳出を行うほか、独自の展開をもみせている。オランダ語学・文法研究では「助字考」「和蘭詞品考」を著す。またケンペルの「日本誌」から「鎖国論」を抄訳するなど、思想家としても高く評価される。

じつぎょうがっこう【実業学校】 実業に従事する者のための第2次大戦前の教育機関。初等程度の実業補習学校、中等程度の実業学校、専門学校程度の実業専門学校に区分できるが、通常は1899年(明治32)の実業学校令によって法的に整備された中等程度の実業学校をさす。徒弟学校を含む工業学校・農業学校・商業学校・商船学校・実業補習学校などがおかれたが、1943年(昭和18)中等学校令制定にともない実業学校令は廃止され、中学校・高等女学校とともに中等学校として一括して位置づけられた。戦後は大部分が新制高等学校の職業学科や職業高等学校に移行した。

じつぎょうせんもんがっこう【実業専門学校】 中学校卒業を入学資格とする3年制の第2次大戦前の高等教育機関。1903年(明治36)の実業学校令による専門学校の創設にともない、実業学校令も「実業学校ニシテ高等ノ教育ヲ為スモノヲ実業専門学校トス」と改正された。高等農林・高等工業・高等商業のほか、商船・水産・蚕糸などの学校があった。43年(昭和18)専門学校令改正で専門学校と実業専門学校の区別は廃止され、専門学校に統一された。

じつぎょうどうしかい【実業同志会】 大正末～昭和初期の政党。鐘淵紡績社長武藤山治により1923年(大正12)4月に結成。関西を中心とする商工業者の支持を集めた。会長は武藤。政友会とともに田中義一内閣の与党となってからは、地租・営業収益税の地方委譲や救護法の制定などを支持した。29年(昭和4)国民同志会と改称、32年解散。

じつぎょうほしゅうがっこう【実業補習学校】 明治中期、勤労青少年に小学校教育の補習と簡易な実業教育を施すことを目的として設立された学校。1893年(明治26)の実業補習学校規定にもとづく。修業年限3年以内で、日曜・夜間・季節を限った教育も認めたことから急速に普及。大正中期以降は職業教育に加え公民教育も重視された。青年訓練所との関係が問題となり、1935年(昭和10)青年訓練所と統合して青年学校となった。

じっきんしょう【十訓抄】 「じっくんしょう」とも。鎌倉中期の説話集。3巻。作者は妙覚寺本奥書の六波羅二﨟左衛門入道説(湯浅宗業とも)や「正徹物語」の菅原為長説があるが不詳。成立は1252年(建長4)頃。世間賢愚のふるまいを例に年少者に処世教訓を提示する。全巻で10の教訓が掲げられ、各編は教訓解説の小序とその詳しい説明からなる。教訓説示の事例には、説話のほか経書経典の章句や和歌漢詩文などもひかれ、編著者の豊かな知識とともに中世初頭の知の様相がわかる。「古今著聞集」「東斎随筆」などにとりいれられ、1693年(元禄6)の版行以来、近世にも広く流布した。諸本は4系統あり、原本に近いとされる片仮名本が「古典文庫」所収。

しっけん【執権】 鎌倉幕府の職名。初代政所別当の大江広元が執権とよばれたが、ふつう1203年(建仁3)政所別当となった北条時政が執権の初代とされる。13年(建保元)侍所別当の和田義盛が滅亡すると、執権北条義時は侍所別当を兼ね、以後執権は政所・侍所の両別当を兼務する役職となった。25年(嘉禄元)の連署は、複数執権制の創設といえる。執権・連署は幕府の最重要職であり、嫡宗である得宗家をはじめとする北条氏の有力諸家によって独占された。だが56年(康元元)得宗北条時頼が一門赤橋家の北条長時に執権を譲って以来、執政の実権はしだいに得宗に移り、執権の地位は相対的に低下した。

しっけんせいじ【執権政治】 鎌倉幕府で、執権が主導権を握っていた政治体制。幕府の政治体制は、将軍独裁・執権政治・得宗専制の3段階でとらえるのが通説で、その第2段階にあたる。幕府最初期には、物事の決定権はあくまで将軍(および北条政子)にある将軍独裁であった。しかし、執権北条泰時は、1225年(嘉禄元)政子の死後、評定衆を設置、執権主催の評定の場を、幕府の意思決定機関とする。これが執権政治の開始であり、将軍は評定の決定を追認するだけとなった。評定は執権・連署と評定衆による合議機関で、彼らは「御成敗式目」を作成、連帯責任のもとに「理非を決断する」ことを誓約している。しかし安堵や新恩給与の権限は、いぜん将軍のもとにあった。その後勢力を増した北条氏得宗家は、84年(弘安7)新御式目を制定し、将軍親裁の事項であった安堵をも、事実上、執権貞時の手中に収めた。ここにいたり、執権政治は得宗専制に移行したとみなされる。しかし、一方ではそれ以前の得宗時頼・時宗の時代には、評定以外に得宗私邸での「寄合」の役割も大きくなっており、すでに得宗専制への移行が始まっていたとする見解も有力。

じつごきょう【実語教】 往来物の一つ。平安後期に起源をもち、近世まで使われた道徳教科書。作者不詳。5字1句、96句で構成。内容は児童にむけた学問のすすめ。智と財を対比さ

しっぽ

せ，智を財をこえる無限の価値として強調し，その智を得るため学問に励むべきことをさとす。平安後期以後の貴族・寺社での道徳教育の実態を知る好史料であり，中世から近世に及ぶ同書の膨大な注釈書は，その道徳観の社会的拡大と歴史的発展をたどる好素材である。

じっさつ [十刹] 五山制度における寺格の一つ。五山について諸山（甲刹こうせつ）の上に位置する。鎌倉時代に南宋の五山にならって設けられたものが最初。はじめ全国から10の禅院を選んだが，足利義満の時代にいたり16カ寺が制定され，定数の意味を失って寺格化した。1386年（至徳3・元中3）五山制度の完成にともない京都十刹・関東十刹が決定。のちしだいに数が増加し，中世末には60カ寺以上の寺院が十刹に指定されていた。

しつじ [執事] ■院庁いんのちょうあるいは摂関家の家政を担当する職。院庁の場合，院別当のなかの上級貴族がその任についた。院政を支える重職。のちに大臣が任じられることから，大別当ともよばれた。摂関家の場合，家司けいしのなかの1人が任じられ，執行しつぎょう家司ともよばれた。
■鎌倉・室町幕府の職名。(1)鎌倉幕府の政所まんどころの別当に次ぐ地位で，おおむね二階堂氏が世襲。(2)室町幕府の政所では執事がその長官で，はじめ二階堂・佐々木・粟飯原あいはらの諸氏が就任したが，将軍足利義満のとき以来，伊勢氏が世襲。(3)問注所もんちゅうじょの長官で，鎌倉幕府の初めに三善康信が就任して以来，子孫の町野・太田両氏が相承して室町幕府に及んだ。(4)室町初期における将軍補佐の職。当初は足利氏の家宰かさいであった高師直こうのもろなおが就任したが，師直の没後は足利一門が任じられた。将軍の親裁権拡大にともない，職権が強化されて幕政全般を統轄する職となり，しだいに管領かんれいという呼称が一般化した。(5)鎌倉幕府にも当初鎌倉公方くぼうを補佐する職として関東執事がおかれ，高・上杉・畠山の諸氏が就任した。

しっちこさく [質地小作] 近世に最も広範にみられた小作形態。質取人が質地をみずから耕作せずに小作に出した場合，これを質地小作という。質取人がそのまま質地の耕作を続ける直じき小作と，質取人以外の者が耕作を行う別小作があった。

しっちそうどう [質地騒動] 1722年（享保7）に幕府が公布した質流地禁止令をきっかけにおきた騒動。同年，越後国頸城くびき郡幕領では百姓が質地取戻しを地主に要求（越後質地騒動・頸城質地騒動）し，翌年出羽国村山郡幕領長瀞ながとろ村では，この法令を利用して百姓が質地証文などを奪いとる事件（長瀞質地騒動）がおきた。頸城地方では流地となった田地の耕作や地主に質地返還を要求する事件が各地で発生。幕府評定所に地主・質入人双方が出訴したが，質入人側の敗訴となった。長瀞代では，380人余が「一身（味）神水」し，金主46人から320通の証文類を奪うなどした。23年8月，幕府は法令を撤回したが，24年春，磐城地方で騒動が再燃したため，当地方33万石余を高田藩など5藩に預けた。長瀞質地騒動では磔2人・獄門4人・死罪2人・遠島9人など，越後質地騒動では磔7人・獄門11人・死罪12人などのきびしい処分が下された。法令の撤回は質地小作化をいっそう進行させた。

しつでん [湿田] 排水が悪いために稲の作付期間以外にも湛水状態となる田地。田地はその水分状態によって乾田・半湿田・湿田にわけられる。湿田は年中湿気が多いために牛馬や農業機械の導入が難しく，二毛作も不可能である。弥生後期頃から西日本で湿田から乾田への開発が始まり，水稲農業の進展がみられたと考えられる。日本農業の発展にとって湿田の乾田化は大きな課題であり，そのための排水整備・耕地整理・土地改良が行われている。

じつにょ [実如] 1458.8.10〜1525.2.2 室町中期〜戦国期の浄土真宗の僧。諱は光兼。蓮如の第8子。本願寺9世。長兄順如の死後法嗣となり，1489年（延徳元）本願寺9世となった。北陸門徒へ一揆禁止など3カ条の戒めを発布したり，本願寺一族を一門衆（嫡男）と一家けち衆（次男以下）にわける一門一家制を設置したり，蓮如の文書から80通を選んで「御文おふみ」として流布させるなど，父蓮如のときに膨張した本願寺教団の整備と護持に努めた。

じっぺんしゃいっく [十返舎一九] 1765〜1831.8.7 江戸後期の戯作者。本名は重田貞一。駿河国府中生れ。近松余七の名で大坂で浄瑠璃修業ののち，江戸の蔦屋つたやの食客となる。「心学時計草とけいぐさ」などの黄表紙を自作・画で発表以後，毎年10種以上の黄表紙を出した。「化物太平記」が発禁となる事件もあったが，洒落本・滑稽本・合巻・人情本・読本・噺本・往来物と多くの分野で活躍。とくに滑稽本「東海道中膝栗毛ひざくりげ」が好評で，東海道編以後21年にわたって書き継がれた。合巻「金草鞋かねのわらじ」「滑稽旅加羅寿からす」や読本「通俗巫山夢ふざんのゆめ」も滑稽本的要素が強く，式亭三馬や曲亭馬琴などとの違いをみせる。「清談峰初花みねのはつはな」は人情本の先駆とされる。

しっぽうやき [七宝焼] 銅・金・銀・陶磁器を母胎として，金属酸化物を主色剤に使った色ガラスを盛りつけて焼きあげ，文様を表す加飾法。その色彩が仏典のいう七つの宝物に似るという意味で七宝という。日本では飛鳥時代のものが出土し，正倉院にも収蔵されるがあまり発

展せず，桃山時代になって再び流行し，江戸時代には平田道仁らがでて，家具調度や建築用材，刀剣の装飾に工夫をこらした。幕末期に梶常吉が中国やオランダに学んで隆盛させた。

じてい[次丁] 律令制下，正規の課役負担者(丁)である正丁に次ぐもの。正丁の約半分の課役を負担する男子をいい，戸令の規定では老丁および残疾を次丁に区分する(残疾は徭役は免除)。正丁の年齢範囲である21〜60歳の前後に，それより負担の軽い次丁・少丁を設定する点は，中国南朝の制度との関連が想定される。

してきゆいぶつろん[史的唯物論] 唯物史観とも。マルクス主義の社会・歴史理論。マルクス自身はこの言葉を使っていないが，通常，「経済学批判」序文がその「公式」とされる。社会構成体を，土台(下部構造)とそれに規定された上部構造とで構成されたものととらえ，土台における生産力と生産関係との矛盾の弁証法的展開によって，社会構成体が段階的に移行する過程として人類史をとらえる。1920年代から第2次大戦後にかけて，日本の社会運動のみならず，学問・文化に大きな影響力をもった。

しではらがいこう[幣原外交] 若槻・浜口両民政党内閣時代(1924年6月〜27年4月，29年7月〜31年12月)の外相幣原喜重郎が展開した外交。その間の「田中外交」としばしば対比される。国際協調と経済中心主義がその特色とされるが，最も際立っていたのは対中国外交であった。北伐が満州に迫っても出兵を拒否して内政不干渉主義を貫徹した態度，さらに満蒙の特殊権益視の頑固なまでの否認は，「田中外交」と対照的であり，「幣原軟弱外交」として世論の批判を浴びる原因ともなった。満州事変への対応に苦慮した第2次若槻内閣時代末期には，ついに満蒙新政権樹立(満蒙分離)を容認するにいたり，その意義を失って退陣した。

しではらきじゅうろう[幣原喜重郎] 1872.8.11〜1951.3.10 大正・昭和期の外交官・政治家。大阪府出身。東大卒。1919年(大正8)駐米大使に任じられ，ワシントン会議の全権をつとめた。ワシントン・ロンドン両海軍軍縮条約締結にあたり，ワシントン体制下の国際協調に努力。2回にわたる民政党内閣期に外相となり，対中政策では経済進出に重点をおいた，いわゆる幣原外交を展開したが，戦時色が強まるとともに第一線から退いた。占領開始後に再登場して組閣，民主化政策とくに新憲法草案の作成をめぐってGHQとの交渉にあたった。新憲法(日本国憲法)第9条の戦争放棄規定は幣原の思想に一起源があるという説もある。49〜51年衆議院議長。

しではらきじゅうろうないかく[幣原喜重郎内閣] 幣原喜重郎を首班とする内閣(1945.10.9〜46.5.22)。東久邇内閣の総辞職をうけて成立。1945年(昭和20)10月11日のマッカーサーからの要求である，憲法の自由主義化と「五大改革」などの占領初期の民主化政策に対応することを主要課題とした。46年1月の天皇の人間宣言発表，公職追放指令への対応，同年2月の金融緊急措置令・食糧緊急措置令，3月の憲法改正草案要綱の発表などが大きな仕事であった。4月10日戦後最初の総選挙を実施。内閣の居座りをはかったが失敗し，4月22日総辞職。後継の吉田内閣発足まで1カ月の政治的空白期が続いた。

しでん[賜田] 律令制下，天皇が個別の勅で任意に特定個人に与えた田。功田も個別の勅で与えられたので賜田の一種であり，実際には賜田と表記することもある。輸租田。奈良時代には学芸・戦争・外交上の功績を理由とし，10〜20町程度の規模のものが多かったが，平安時代になると100町以上の大規模な荒廃田を皇族に賜う例が多くなり，勅旨田と同じ意味をもつようになった。「延喜式」には輸地子田のなかに未授賜田があり，賜田用地は固定されていたようである。

じでん[寺田] 律令制で班田収授の対象外とされた寺院の永代所有地。寺院の建築が盛んになってから，その経費や維持費を補うために設置された。律令制以前の成立。713年(和銅6)に改正された諸寺の「田記」には，寺田の所在・田積が記されている。不輸租田で租は寺に入る。古い寺田は賃租だったらしいが，新しいものは賃租により経営された。のち寺領と混同されるが，律令制当初から存在していたものと，官省符荘として認定されていたものが正式な寺田である。

してんのう[四天王] 四王天とも。須弥山の中腹にある欲界第6天の四王天の主で，東方守護の持国天，南方守護の増長天，西方守護の広目天，北方守護の多聞天(毘沙門天)の四つ。八部衆を率い，須弥山頂忉利天上の帝釈天に仕え仏法を守護する。寺院の須弥壇上の四隅に配置されるときには，忿怒形で邪鬼を足下にするかたちに造られる。法隆寺金堂・東大寺戒壇院のものが有名。四天王寺が聖徳太子の誓願で建立されたとの伝承はよく知られる。

してんのうじ[四天王寺] 荒陵寺・難波(大)寺・堀江寺・天王寺とも。大阪市天王寺区にある和宗総本山。荒陵山と号する。「日本書紀」では用明2年，蘇我馬子による物部氏討伐に従軍した厩戸皇子(聖徳太子)が四天王像を刻み，造寺を誓って戦勝を祈願し，593年(推古元)に難波の荒陵に当寺を建立した

と伝える。623年には新羅ぎから贈られた舎利ゅや金塔などを納めた。この頃いわゆる四天王寺式伽藍配置が整えられた。平安時代には太子信仰の隆盛で貴族や庶民の信仰を集めた。また浄土信仰の隆盛にともなって，浄土の入口と観念されるようになり，西門から夕日を拝む行為が流行し，海に入水する者もあった。河内・摂津両国に多くの寺領をもち，たびたび被災したが復興された。当寺には敬田院・施薬院・悲田院・療病院の4院が存在し，仏教的実践としての社会福祉事業の拠点とされ，忍性にょうも別当として入寺した。1576年(天正4)にも石山合戦の兵火をこうむったが，のち豊臣秀頼により復興された。

じとう [地頭] 平安末期から鎌倉時代末までを中心に，荘園や公領の現地を支配した職。地頭とは現地の意味で，転じて現地を領有する者とか，現地の有力者の称呼となった。平氏政権は，各地の荘園公領に平氏の家人となった武士たちを地頭職として送りこんだ。鎌倉幕府はこれを一般的な制度として広く全国化した。1185年(文治元)源頼朝は後白河上皇に迫って全国の荘園・公領に地頭を任命する権利を認めさせ，以後，機会をとらえては御家人を地頭に任命した。新たな地頭の任務は年貢の徴収・納入と土地の管理および治安維持であり，給与はとくに一定の規準はなく，先例にしたがった。これによって下司げなどの職にあった荘官の多くは新たに幕府の任免権に服する地頭職に任じられる形式で，将軍配下の従者に組織され在地領主としての生活を保障された。当初の地頭の任命される範囲は，頼朝か幕府に対する謀反人の旧領に限られたが，幕府勢力の拡大とともに全国にひろがった。とくに1221年(承久3)の承久の乱後，後鳥羽上皇方の貴族や武士の所領3000余カ所を没収，御家人を新たにこの地頭に任命した意義は大きい。このとき先例がないか少ない所領については新補率法を定め，地頭の給与の規準を示した。以後，鎌倉時代を通じて荘園の領主や国司などの勢力と対立しつつ，地頭の現地支配が進められ，御家人を新たにこの地頭に任命した意義は大きい。南北朝の争乱のなかで，地頭という職の意味はうすれていくが，中世を通じて地頭の役割は大きい。江戸時代にも，旗本や大名の家臣の通称・俗称として地頭の語が用いられる。

じとううけ [地頭請] 鎌倉中期以後，豊凶にかかわらず毎年一定額の年貢を荘園領主に納入する条件で，荘園の管理が地頭に一任された制度。請けられた荘園を請地という。鎌倉中期になると，地頭の年貢抑留がひどくなり，荘園領主と地頭の相論が多発。地頭請は，こうした地頭の動きを一定限度でくいとめるために，荘園領主側から提起された。反面，これによって領主の荘園現地に対する実態把握の努力は放棄され，地頭の下地じた支配が強化されるきっかけにもなった。

しとうかんせい [四等官制] 律令制下の官司は，令外官りょうげも含めて，原則的に長官・次官・判官・主典で構成された。唐のように裁判・通判・分判・書記という重層的な分掌体制ではなく，また四等官以外に勾検官こうけんがおかれることもなかった。四等官それぞれには全官司に共通した一般的職掌があって，職員令冒頭の神祇官に代表して記されている。それによれば，長官と次官は官事の惣判，判官は官内の糾料や文案の審査など，主典は記録や公文の読申にあたった。また官人が公罪を犯した場合は連坐制が適用され，所属官司の四等官は等差をつけて罪に問われた。官名は各官司ごとに異なり，音読もされるが，太政官をのぞきともにカミ・スケ・ジョウ・サカンと訓じる。

じとうきゅうでん [地頭給田] 中世の荘園で，地頭に対し与えられる田地。年貢・公事くともに免除された。広さは個々の事情により異なるが，1223年(貞応2)制定の新補率法では，総田畠面積の11分の1が地頭給田とされた。地頭雑免・加徴米徴収権とともに地頭得分の基本をなす。

じどうけんしょう [児童憲章] 1951年(昭和26)5月5日，内閣総理大臣が招集した児童憲章制定会議により制定された。児童は「人として尊ばれ」「社会の一員として重んぜられ」「よい環境のなかで育てられる」とした前文と本文12カ条からなる。法的効力をもつものではなく「児童の権利をあらわす」「国民の申し合わせであり，約束ごと」と説明される。国際連盟による1924年(大正13)の「児童の権利に関するジュネーブ宣言」など，国際的な児童権利章典類の形成という流れのなかで成立した。

じとうしき [地頭職] 荘園や郷・保など一定の領域に対し，土地管理・徴税・治安維持の権利・義務を行使し，同時にしかるべき収入を保障された地位。のち，この地位に伴う権利・得分も意味するようになった。平氏政権時代に先例があるが，鎌倉幕府は朝廷公認のもと，御家人を全国各所の地頭職に任命。彼らは荘園領主側諸職と競合・対立しつつ，荘園制的秩序を変質させていく。

しどうしょうぐん [四道将軍] 崇神じ朝に四道に派遣された伝説上の将軍。「日本書紀」によると崇神10年，大彦おほ命を北陸，武渟川別なかはけ命を東海，吉備津彦命を西道，丹波道主だにはの命を丹波に，それぞれ遣わしたという。「古事記」では，大毗古ひこ命を高志(越)道，建沼河別命を東方十二道，日子坐ひこいます王を旦

波だに派遣したという三道将軍となっている。なお稲荷山古墳出土鉄剣銘の「意冨比垝」を大彦命と関連づける説がある。

しどうせん [祠堂銭] 死者の供養や祠堂修復などの名目で寺に寄進された銭で，寺院金融の資金として利用された。その蓄積・貸付は禅宗寺院に始まり，室町時代に2文子（月利2％）という低利率（当時の標準は4～6文子）を背景に急成長し，また幕府から徳政免除の特権を獲得したことで，諸宗の寺院金融も多く祠堂銭と称した。江戸時代にも，とくに中期以降，幕府の保護のもとに名目金などの一種としての祠堂金の貸付が盛んに行われた。

じとうてんのう [持統天皇] 645~702.12.22 在位690.1.1~697.8.1 鸕野讚良皇女・高天原広野姫天皇と称する。天智天皇の皇女。母は蘇我倉山田石川麻呂の女遠智娘。大海人皇子（天武天皇）と結婚し，壬申の乱では行動をともにし，天武即位と同時に皇后となった。686年（朱鳥元）天武死後，即位せずに政治を行う称制に入り，実子で皇太子の草壁皇子への謀反を理由に大津皇子を自害させた。草壁が没するとみずから即位し，天武の方針をうけつぎ，飛鳥浄御原令を施行し，庚寅年籍を作って律令にもとづく政治を進めた。藤原京への遷都後，697年（文武元）草壁の子軽皇子（文武天皇）を皇太子に定め，同年譲位してみずからは太上天皇となり，天皇とともに律令制の基盤を作った。

じとうみょう [地頭名] 鎌倉時代以後の荘園や国衙領で，地頭が名主として保有した名。本所に対して年貢は負担するが，公事・雑役は免除され，地頭雑免ともよぶ。名内の田地は家族・下人による直接経営や，小百姓の請作によって耕作された。本領安堵の地頭の場合，地頭名は開発領主の領主名の系譜をひくが普通だが，新恩給与の地頭の場合は一般の百姓名を寄せ集めて形成することも行われた。

しとくせい [私徳政] 中世に，徳政と号して蜂起した土一揆が，売買物や質物を力ずくで取り戻し，徳政を実現すること。幕府や朝廷などの公権力が徳政令にもとづき実施する徳政に対していう。室町時代に頻発する土一揆は，村落の結合を軸に地域的な勢力結集を行い，実力で私徳政を実現する一方，幕府に徳政令を出すよう要求した。私徳政を行う主体は土一揆であり，それぞれの地域で徳政の実施を宣言した。1428年（正長元）大和国柳生の徳政碑文や41年（嘉吉元）の近江国奥島・北津田両荘の徳政高札などは，在地での私徳政の実施の宣言とされる。私徳政が広く行われた背景には，中世に特有の土地と本主は一体のものとする観念があった。

しどそう [私度僧] 正式の手続きをへた官の認許をえることなく，僧としての生活を送る者のこと。律令制下では僧尼は租税免除や刑罰軽減などの特権をもったため，出家を希望する者が続出したが，政府はきびしい得度の規定を設けることで僧尼を管理した。僧尼令のなかにも私度を厳禁する条項が盛りこまれた。しかし重い税負担に苦しむ農民のなかには，許可なく出家して僧尼となる者が跡を絶たず，律令制下の身分秩序を混乱させる要因の一つとなった。

シドッティ Giovanni Battista Sidotti 1668~1714.10.21 シドッチとも。イタリアのシチリア島生れの宣教師。鎖国下の日本布教を志し，1708年（宝永5）和服帯刀姿で屋久島に単独上陸。ただちに捕らえられ長崎で取調べをうけた。翌年江戸で新井白石に4回直接訊問され，小石川のキリシタン屋敷に幽閉される。14年（正徳4）雑役の長助・はる夫婦に授洗したため，地下牢に移され衰弱のため没した。白石はシドッティの人格・学識を評価し，「天主教大意」「西洋紀聞」「采覧異言」の記録を残し，鎖国下のキリスト教理解，洋学勃興の道を開いた。

しとみ [蔀] 蔀戸とも。建具の一つで，薄い板の両面に格子を組んだ戸。長押から釣って水平にはねあげて開く。「し」は風雨，「とみ」は止の意という。風雨や日光をさえぎる意味であろう。はじめは一つの柱間に1枚の蔀を入れたが，重くて開閉に難儀するため上下2枚にわけ，上半分だけをあげて釣る半蔀とした。

じないまち [寺内町]「じないちょう」とも。戦国期，畿内・北陸・東海地域で真宗寺院を中核に周囲を堀や土石塁で囲って自治的に営まれたアジールの性格をもつ都市的集落。1471年（文明3）蓮如が開いた越前国吉崎御坊を先駆として，79年町衆が居住する8町を包括した山城国の山科本願寺が最初。次の大坂の石山本願寺は，寺内にはじめ6，のちには10の町があり，惣町が自治的に運営した。ほかに摂津国富田，河内国久宝寺，大和国今井，河内国富田林，和泉国貝塚，尾張国富田，美濃国円徳寺，伊勢国顕証寺などがある。この時期真宗と対立した法華宗の場合も，摂津国尼崎の本興寺・長遠寺が寺内町を形成した。織豊政権の成立とともに解体した。

しながわガラスせいぞうじょ [品川硝子製造所] 明治政府の殖産興業政策により設立された官営ガラス工場。1876年（明治9）丹羽正庸が創設した日本最初の洋式ガラス工場である興業社を工部省が買収し，イギリス人技師の指導によりガラス製造の模範工場とした。77年に製造を開始，同年の官制改正のため品川工作分局と改

称されたが，83年に品川硝子製造所に戻る。85年に西村勝三らに払い下げられた。現在の品川白煉瓦の前身。

しながわしゅく［品川宿］ 東海道の宿駅(現，東京都品川区)。中世以来品川湊を中心に繁栄。1601年(慶長6)東海道初宿に指定。そのため諸大名をはじめとする公用通行も多く，負担も多大であった。宿場は北品川宿・北品川歩行か新宿，南品川宿・南品川猟師町に分かれる。1843年(天保14)の町並19町40間余，人口6890人，家数1561軒，うち本陣1・脇本陣2・旅籠屋93，定人馬100人100疋，うち定囲5人5疋・臨時御用囲25人15疋。遊所としても有名で，1764年(明和元)飯盛女めしもりが500人まで認められたが，規定は守られなかったようで，旅籠屋の主人らが検挙されたこともある。

しながわやじろう［品川弥二郎］ 1843.閏9.29～1900.2.26 幕末期の萩藩士，明治期の藩閥政治家。松下村塾に学び尊王攘夷運動に従事，第2次長州戦争では御楯隊参謀として軍功をあげ，薩長連合締結にも連絡役を務した。維新後，内務少輔・農商務大輔・ドイツ公使などを歴任。1891年(明治24)第1次松方内閣の内相，翌年第2回総選挙の選挙干渉責任問題で辞任。同年夏に国民協会を結成したが，第2次伊藤内閣と対立して不振に終わった。子爵。

しなじへん［支那事変］ ➪日中戦争にっちゅうせんそう

しなののくに［信濃国］ 東山道の国。古くは科野国と記す。現在の長野県。「延喜式」の等級は上国。「和名抄」では伊那・諏方ほ・筑摩つま・安曇あず・更級さら・水内みの・高井・埴科しな・小県ちいさ・佐久の10郡からなる。721～731年(養老5～天平3)諏方国が分置された。国府ははじめ小県郡(現，上田市)，のち9世紀に筑摩郡(現，松本市)に移ったとみられる。国分寺・国分尼寺は小県郡におかれた。一宮は諏訪大社(現，茅野市・諏訪市・下諏訪町)。「和名抄」所載田数は3万908町余。「延喜式」の調庸は布，中男作物として紙・紅花のほか，鮭・猪・雉の加工品があり，薬品類または胡桃・棗・梨子・大黄・石碌黄ろくおうなどの貢進が定められていた。良馬の産地として御牧みまきが設定され，朝廷に貢馬をする駒牽こまひきの儀式が平安中期を中心に盛行した。また信濃布が特産として珍重された。鎌倉時代には北条氏の勢力が強く及び，南北朝期以降は守護小笠原氏や村上氏などの国人こくじん層が勢力を競ったが，一国規模の大名は現れず，戦国期には甲斐武田氏の領国となった。近世には11藩(のち10藩)があり，幕領・旗本領もあった。1869年(明治2)旧幕領と旧藩預地をあわせて伊那県とし，70年伊那県から中野県が分立。71年中野県は長野県と改称。また筑摩ちくま県ができた。76年筑摩県の一部と長野県が合併して長野県となる。

しなののぜんじゆきなが［信濃前司行長］ 生没年不詳。「徒然草つれづれ」に「平家物語」の作者として記された人物。後鳥羽上皇時代の楽府がふ論議で面目を失い，「五徳の冠者」とあだ名された遁世。のちその才を惜しんだ慈円じえんに扶持され，東国出身の琵琶法師生仏しょうぶつを介して武士に武家弓馬の業をただしながら「平家物語」を作り，生仏に語らせたという。出自も不詳だが，慈円の兄九条兼実の家司で「玉葉」などにみえる下野守藤原行長とされる。行長は「平家物語」の「行隆之沙汰」に描かれる藤原(中山)行隆の子で中山中納言顕時の孫，母は美福門院越前。元久詩歌合作者。ただし信濃守となった確証はない。「尊卑分脈」「醍醐雑抄」は従弟の葉室宗時作者説をとる。これによると，行長作者説は「平家物語」成立と中山家との関係を示すとも考えられる。

しなはけんぐん［支那派遣軍］ 在中国の全陸軍部隊を束ねた総軍(陸軍最大の部隊組織)。太平洋戦争開戦時の総軍は支那派遣軍と南方軍だけであった。日中戦争の拡大により中国戦線に投入される陸軍部隊が急増。これらを統率しかつ対中政略・戦略を統轄するため，1939年(昭和14)9月南京に支那派遣軍総司令部が設置された(初代総司令官西尾寿造大将)。内蒙古から広東地区に至るまでの在中国陸軍部隊を指揮・統率し，また和平工作や傀儡かいらい政権への支援も行った。

しなべ［品部］ 「ともべ」とも。朝廷により組織された特殊な部。大化前代の品部は，「日本書紀」垂仁39年条の伝承にある楯部たてぬい・神弓削部かんゆげ・玉作部たまつくりなどの10種の品部が著名。当時はさまざまの職業部が，伴造とものみやつこに管掌されて朝廷に物資と労働力を提供し，伴造の経済的基盤となったらしい。最近では名代なしろの部も品部の一種とする説がある。律令時代には大化前代の品部の一部が残存し，たとえば図書ずし寮の紙戸50戸，造兵司の楯縫かぬい36戸，漆部司ぬりべの漆部15戸のように，伝統的品部司に配備されたものとするのが有力な学説である。彼らは所属官司に上番して特殊な労役に服し，調・庸・雑徭ぞうようの全部または一部を免除された。

しなべ・ざっこせい［品部・雑戸制］ 律令制下，特殊技能・労働力を国家が確保するための制度。部民制の系譜を引き，手工業などの特殊技能者や朝廷内の特定の役務に必要な労働者を品部・雑戸などの身分に固定し，特定の官司に所属させ，課役を減免するかわりに一定の奉仕を義務づけた。品部は技能などの面で特殊性が薄く，身分的にも一般公民と大差なかったが，雑戸はおもに軍事関係の特殊技能者だったため雑

じにん [神人]「じんにん」とも。神社に雑役を奉仕する下級の神職。本来，神社に属する社司をさしたが，平安時代以降，荘園体制の確立にともない，国衙や他の荘園領主の支配を忌避し，よりゆるやかな課役負担を求めて，多くの農民が神人となる動きがみられた。神人は社頭警備を職掌としたため武装兵力化し，しばしば神社の行う強訴(ごうそ)の主体となった。また彼らの多くは商業活動を行うようになり，神社の威を背景に座を構成した。

じぬしせい [地主制] 土地を貸して小作料収入を得る地主と，土地を借りて農業経営を行う小作人とで成り立つ経済制度。17世紀には名主(みょうしゅ)の系譜をひき，旧下人(げにん)や傍系血族者などの従属農民に小作させる名田(みょうでん)地主が多かったが，従属農民の自立化と商品経済の進展により，18世紀には質地金融で土地を集積した質地地主が主流になった。ただし領主の規制や請戻しの慣行によって制約されていた。維新後，地主制は地租改正による土地所有権法認と松方デフレの影響などで本格的に展開し，1892年(明治25)の小作地率は40.2%に達する。地主は生産米の半分にも及ぶ小作料を収得し，小作料だけで生活しうる寄生地主も増加した。しかしこうした矛盾は第1次大戦後に小作争議を本格化させ，第2次大戦時期の自作農創設事業と二重米価制により地主制は動揺，戦後の農地改革で一定保有地以外の小作地が解放され，基本的に解体された。

じぬしてづくり [地主手作] 近世の農村において，地主が年季奉公人を使って耕作する農業経営形態のこと。それまで労働力の主体であった譜代下人が自立した結果，本百姓のうち上層農民の経営形態として近世前期に確立した。質地地主として小作経営をあわせて行っていることが多い。地主手作経営を特徴づける年季奉公人は，譜代下人の自立により成立した単婚小家族経営からうまれた。年季奉公人の給銀，肥料・農具代などの高騰により地主手作の経営規模は縮小し，やがて土地を小作に出して高率の小作料をとる寄生地主が発生する。

しぬひ [私奴婢] ⇨五色の賤(ごしきのせん)

しねんごう [私年号] 朝廷が正式に定めた年号以外の実際に用いられた年号。平安末期の保寿(ほうじゅ)(1167年頃)が狭義の私年号の最初とされる。中世前期には和勝(わしょう)(1190年頃)や建教(けんきょう)(1225年頃)などが用いられたが，使用された階層や範囲はごく限られていた。戦国期の東国では，民間層でかなり広範囲に使われた私年号が存在する。延徳(えんとく)(1462年頃)，福徳(ふくとく)(1491年頃)，弥勒(みろく)(1507年頃)，命禄(めいろく)(1542年頃)などがおもなものである。資料的には板碑(いたび)が最も多く，そのほか過去帳・年代記・仏像銘・鰐口(わにぐち)銘・巡礼札など宗教的性格のものに多くみられるのが特徴である。広範囲に使われた背景には，民衆の天災・飢饉・戦乱からの救済願望があったと推測される。私年号の発祥地・考案者や伝達ルートについては未詳。江戸・明治時代にも若干ながら私年号が用いられることがあった。なお広義には，朝廷が正式に定めた年号以外のすべての年号をさし，異年号・偽年号・逸年号をも含む。

しのやき [志野焼] 桃山時代の美濃焼で作られた白釉陶。志野焼という窯場はない。美濃焼は天正年間，中国景徳鎮(けいとくちん)窯の白磁を手本に長石を使って白釉陶を創案。これに着目して茶人が茶道具を作らせた。文献では「松屋会記」天正14年(1586)条に「セト白茶碗」とあるのが初出。考古学的にもこの時期をさかのぼらない。当初は瀬戸焼と称し，志野の文字は江戸中期になって付与され，近衛家熙(いえひろ)の「槐記(かいき)」にはじめて認められる。その作風により無地志野・絵志野・鼠(ねずみ)志野，赤志野・紅(べに)志野・練込み志野・志野織部(おりべ)などに分類される。江戸初期に絶え，江戸後期に瀬戸焼が復興した。

しのりだて [志苔館] 志濃里館・志海苔館とも。北海道函館市にあった道南十二館の一つで，中世後期の和人の館。コシャマインの乱の舞台となった。土塁で方形に囲まれた単郭の縄張で，西側に2本の堀切を配し，虎口(こぐち)を設ける。眼下に港をもち，アイヌとの中継貿易が指摘されている。付近で大甕3基，37万枚余の北宋銭を主とする銭が発見された。国史跡。

しはいもんじょ [紙背文書] 裏文書とも。現在残る古い文書や記録の，表にみえる部分ではなく，紙の裏面に書かれた文書。古い時代には紙は貴重品だったため，1度文書として使ったものも捨てることなく裏を利用した。現在紙背文書となっているものが最初に書かれたもので，後で再利用されたものである。たとえば古代の戸籍などを含む正倉院文書は，廃棄処分された戸籍などの裏を写経所などで利用した，その文書の紙背文書というかたちで残った。

しばこうかん [司馬江漢] 1747～1818.10.21 江戸中・後期の洋風画家。江戸生れ。本姓安藤氏。明和・安永年間を中心に狩野派・南蘋(なんぴん)派・浮世絵派などの多様な画法を習得した後，写実的な表現への指向を明確にする。1783年(天明3)日本最初の腐食銅版画(エッチング)の制作に成功。寛政年間以降，油彩画の制作が盛んになり，西洋画の模写をへて，油彩画の技法

による日本風景画を完成した。天文学・地理学など西洋の学問への強い関心を示したが、晩年の言動には老荘思想の影響が色濃く、絵画制作にも東洋への回帰が認められる。代表作「三囲景図（みめぐりのけい）」「相州鎌倉七里浜図」、著書「西洋画談」「和蘭天説」「西遊（さいゆう）日記」「春波楼（しゅんぱろう）筆記」。

しば [斯波氏] 室町幕府の管領家。清和源氏。足利泰氏の子家氏（いえうじ）が陸奥国斯波（柴波（しわ））郡を領したのに由来。家氏の曾孫高経（たかつね）までは足利氏を称した。高経は足利尊氏に従って新田義貞との戦いに活躍し、一時足利義詮（よしあきら）の幕政をたすけた。高経の子義将（よしまさ）以来嫡流は室町幕府の管領家となり、越前・尾張・遠江を領国とした。16世紀半ば義敏・義廉（よしかど）の家督争いがおこり、応仁・文明の乱の一因となる。これ以降衰え、領国も朝倉・織田・今川氏に奪われた。なお高経の弟家兼は奥州探題となり、子孫から大崎氏・最上（もがみ）氏が出た。→巻末系図

しばかついえ [柴田勝家] ?～1583.4.24 織豊期の武将。織田信長の老臣で、近江・北陸侵攻に戦功をあげ、1575年（天正3）北庄（きたのしょう）城主となる。越前国支配を許され、府中三人衆の前田利家・佐々成政・不破光治が目付として入封し、金森長近も共同支配に加わった。領内では検地や農民から武器を没収するなど、一向一揆に対する諸政策を断行し、80年には加賀一向一揆を事実上平定。さらに信長の北陸侵攻の中核として越後の上杉景勝に対した。82年本能寺の変後、信長の後継者争いで、豊臣秀吉との対立を深めた。翌年賤ケ岳（しずがたけ）の戦で秀吉に敗れ、北庄城で夫人小谷（おだに）の方（信長の妹）とともに自刃。

しばたかつね [斯波高経] 1305～67.7.13 南北朝期の武将。宗氏の子。母は長井時秀の女。孫三郎。尾張守・修理大夫。法名玉堂・道朝。元弘の乱以来足利尊氏に属し、建武政権・室町幕府の越前国守護となる。1338年（暦応元・延元3）同国藤島で新田義貞を討ち、のち若狭国守護も兼任。観応の擾乱では足利直義（ただよし）方に属すが、やがて尊氏に帰順。その後足利直冬方に転じ、まもなく尊氏に帰参。尊氏死後、佐々木高氏（京極導誉（どうよ））と結んで執事細川清氏を失脚させ、62年（貞治元・正平17）四男義将（よしまさ）を執事とし、自分は按司として管領とされる。その後対立した導誉与党の勢力を削減しながら斯波氏の基盤を強化、その領国は越前・若狭・越中・山城4カ国に及ぶ。66年、導誉らの反撃で失脚、帰国して越前国杣山（そまやま）城にこもり、翌年病没。

しばたっと [司馬達等] 鞍部（案部）村主（すぐり）司馬達等・鞍師首（くらつくりのおびと）達等とも。生没年不詳。6世紀頃の渡来人。鞍作多須奈（たすな）の父。鞍作鳥の祖父。公伝以前から仏教を信奉したとされ、公伝後も蘇我氏のもとで仏像の将来や法会の開催など、仏教の移入に深くかかわった。

しばのりつざん [柴野栗山] 1736～1807.12.1 江戸後期の朱子学派の儒者。名は邦彦、字は彦輔。讃岐国生れ。高松藩儒の後藤芝山（しざん）に学んだのち、江戸の昌平黌（しょうへいこう）で修学。1767年（明和4）阿波国徳島藩に儒官として仕える。88年（天明8）松平定信に招かれ幕府に登用され、岡田寒泉とともに聖堂改革、寛政異学の禁など幕府の学政の中枢を担った。寛政の三博士の1人。著書「栗山文集」「栗山堂詩集」「資治概言」。

しばよしかど [斯波義廉] 1446/47～? 戦国期の武将。渋川義鏡（よしかね）の子。治部大輔・左兵衛佐。夭折した斯波義敏（よしとし）の後嗣義敏（よしとし）が重臣甲斐常治らと争って出奔したため、朝倉孝景らに擁され、1461年（寛正2）将軍足利義政の命で家督を継承。越前・尾張・遠江3国守護となる。66年（文正元）義敏が家督を認められたが、翌年1月山名宗全を頼って再び家督に復帰し、管領となる。応仁・文明の乱では西軍に属して管領を罷免されたが、西軍内では足利義視（よしみ）のもとで管領を勤めた。71年（文明3）孝景が東軍に降ると最大の支持基盤を失い、75年には織田敏広を頼って尾張へ下る。以後の動静は不明。

しばよしとし [斯波義敏] 1435?～1508.11.16 戦国期の武将。斯波庶流大野持種（もちたね）の子。左兵衛佐・左兵衛督。従三位。法名道海。1452年（享徳元）斯波義健（よしたけ）の夭折後、重臣甲斐常治・朝倉孝景らに擁されて武衛家（斯波惣領）の家督を継承、越前・尾張・遠江3国守護となる。その後、常治らと対立。59年（長禄3）古河公方（くぼう）足利成氏追討を命じられしが、関東に下らず常治を越前国敦賀城に攻めて敗北。家督は嫡子松王丸（義良（よしなが）、のち義寛）、ついで義廉（よしかど）が継いだ。義敏は周防に出奔し、66年（文正元）伊勢貞親を頼って上洛、足利義政に許されたが貞親の失脚で越前にのがれた。応仁・文明の乱では東軍に属し、越前で孝景と戦う。71年（文明3）孝景の東軍帰参後は越前の実権を喪失、のち帰京。

しばよしゆき [斯波義将] 1350～1410.5.7 「よしまさ」とも。南北朝期～室町中期の武将。高経の四男。治部大輔・左衛門佐・右衛門督。勘解由小路（かでのこうじ）殿と称される。法名道将。1362年（貞治元）父の名代で幕府執事となり、越中国守護を兼任。66年、父と越前へ退去したが、翌年ゆるされて上洛、越中国守護に復帰。79年（康暦元・天授5）管領細川頼之を排

し,かわって管領に就任。まもなく畠山基国と越中・越前の守護職を交換した。明徳の乱後管領を辞任したが,のち再任。その後も嫡子義教・嫡孫義持ちを後見して将軍足利義持を補佐し,3代義満への太上法皇号追贈を辞退させた。1409年(応永16)にも外交上の理由から2か月間管領を務める。紀年病没。

しはらいゆうよれい [支払猶予令] モラトリアムとも。信用不安の突発に際し,政府が預金などの債務支払を一定期間猶予させる命令。世界的にはアメリカで1933年3月の金融恐慌に際し,F.ローズベルト大統領が4日間の銀行休業を命令した例が有名。日本では23年(大正12)9月1日に発生した関東大震災に伴い,山本内閣が震災当日から30日間の支払猶予を緊急勅令として発令。つづいて27年(昭和2)3月の金融恐慌の勃発による銀行取付の波及に対し,田中義一内閣が4月22日に3週間の支払猶予令を発動し,全国の銀行も同日から2日間休業した。

しばりょうたろう [司馬遼太郎] 1923.8.7〜96.2.12 昭和・平成期の小説家。大阪府出身。本名は福田定一。大阪外語大学卒。仮卒業で学徒出陣し,戦車隊の小隊長として中国東北(満州)へ赴いた。第2次大戦後,産経新聞などの記者として15年間勤務,1959年(昭和34)「梟ふくろうの城」で直木賞を受賞し,翌年退職,文筆に専念する。「竜馬がゆく」「国盗り物語」で菊池寛賞を受賞。戦国期・明治期などを舞台にした独自の「司馬史観」による多くの長編小説,「街道をゆく」などの紀行エッセイや,アジアに眼をすえた文明批判などの対談・随筆も多い。芸術院会員。文化勲章受章。

しはんがっこう [師範学校] 第2次大戦前の教員養成機関の総称。狭義には初等教育学校の教員を養成する学校の呼称。1872年(明治5)の学制公布により,東京に師範学校がおかれ,翌年以降大阪・仙台・名古屋など大学区に官立師範学校,東京に女子師範学校が設置された。各府県でも小学講習所・教科伝習所を設置し,師範学校と呼称。86年の師範学校令により,小学校教員養成の尋常師範学校は各府県に1校ずつ,師範・中等学校教員養成の高等師範学校は東京に1校のみとされた。学費の公費支給,一定期間の教職従事義務があった。寄宿舎制による人間教育,画一的教育内容,兵式体操の導入など,師範教育の基礎が築かれた。97年の師範教育令で尋常師範学校は師範学校と改称,府県に複数の設置が認められ,以後師範学校・高等師範学校が増設された。第2次大戦後の1947年(昭和22)学校教育法の施行により国立大学に改編された。

しひ [泗沘] ⇨扶余

しび [鴟尾] 大棟の両端にとりつけた装飾。日本最古のものは飛鳥寺出土のもの。本来は大棟の単調さを補うために両端をそり返らせていたが,やがて別造りのものを棟の両端におくようになり,その形から鴟尾・沓形くつがたとよんだ。石製や瓦製のものがある。中世以降になると鯱しゃちが現れ,鴟尾にかわった。

しふよちょうざ [四府駕輿丁座] 中世,朝廷の四府(左右の近衛府・兵衛府)に属した駕輿丁の連帯組織。本来駕輿丁は天皇の行幸にあたって鳳輦ほうれんをかつぐ雑色ぞうしきである。しかし室町時代には商工業者となる者や,商工業者が課役免除の特権を利用するため駕輿丁の身分を獲得する者が現れ,広範な特権をうける座を結成。この時期は四府ではなく,外記げき中原家や官務壬生みぶ家に所属していた。駕輿丁座の座人は米・鋤鍬・古ები・呉服・絹などについて専売権をもち,馬・銅・材木・竹などについては営業権と課役免除権をえており,京都上京の商権を掌握していた。しかし豊臣秀吉の座廃撤政策によって専売権は否定された。

しぶかわし [渋川氏] 中世の武家。清和源氏。足利泰氏の子兼氏(義顕)が上野国渋川荘(現,群馬県渋川市)を領して渋川氏を称したのに始まる。兼氏は御家人として鎌倉幕府に仕えた。曾孫義季よしすえは宗家足利氏に従って活躍し,中先代なかせんだいの乱で戦死。その女幸子は将軍足利義詮よしあきら夫人として隠然たる勢力をもった。義行・満頼以下,代々九州探題に任命されたが,めだった治績はなく,1534年(天文3)義長のとき大内氏に攻められ滅亡。子孫は近世になって鍋島・大村両氏に仕えた。⇨巻末系図

しぶかわはるみ [渋川春海] 1639.閏11.〜1715.10.6 名は「しゅんかい」とも。江戸前期の天文暦学者。幕府碁師安井算哲の子。幼名は六蔵,のち助左衛門。京都生れ。姓はのちに保井,1702年(元禄15)渋川と改めた。14歳で父の跡を継いで碁所ごどころを勤め,2代算哲と称した。1684年(貞享元)宣明暦改暦を建議,新暦(貞享暦)が採用され,翌年から施行された。初代の幕府天文方に任じられ代々世襲となる。著書に「日本長暦」「天文瓊統けいとう」などがあり,天球儀・渾天儀こんてんぎ・星図の製作も行った。

しぶさわえいいち [渋沢栄一] 1840.2.13〜1931.11.11 明治・大正期の実業家。武蔵国の豪農の家に生まれ,幕臣をへて明治政府に出仕。パリで学んだ知識をいかし,新貨条例・国立銀行条例など諸制度改革を行う。日本にはじめて合本組織(株式会社)を導入。民間経済界に入ったのちは道徳経済合一説を唱え,第一国立銀行・王子製紙・大阪紡績・東京瓦斯など500社の設立や商業会議所・銀行集会所などの経済界の組織作りに関与し,実業界の指導的役割をは

たした。また社会・文化・教育の幅広い分野で社会公共事業に尽力した。国際関係では民間経済外交を積極的に展開し、日・米・中3国が協調できる枠組み作りに奔走した。日米関係委員会・日華実業協会・太平洋問題調査会などの中心的存在であった。

じぶしょう[治部省] 大宝・養老令制の官司。八省の一つ。姓氏・継嗣・婚姻など、身分の認定に関する事務を行い、所属する品部(しなべ)の大少部(おおともの)を指揮して姓氏についての訴訟の審理にあたった。君主の徳に応じて出現するとされた祥瑞も管理した。雅楽寮・玄蕃(げんば)寮・諸陵(しょりょう)司・喪儀(そうぎ)司などを被管にもち、これらを指揮して、喪葬儀礼や外交上の事務、仏教寺院・僧尼の管理統制にもあたった。前身官司は理官で、天武朝に儀式の進行・統制を行い、大学における官人の養成にもかかわった。

しぶぞめいっき[渋染一揆] 1856年(安政3)岡山藩の差別規制強化に反対して穢多身分の者がおこした一揆。藩が前年に出した倹約令29カ条のうち、穢多身分を対象とした部分で、衣服を無役の渋染・藍染とするとした規制に反対する一揆だったので、この名がある。主張は、自分たちは高(田畑)を所持し、年貢も納める農民で百姓と差別されては困るという論理であった。1月に竹田村紋次郎や国守村惣吉が中心となり、領内53カ村をとりまとめて嘆願に及んだが、3カ月後に差し戻された。このため強訴(ごうそ)参加の廻状が回され、6月13日、吉井川の八日市(ようかいち)河原に約1500人が結集した。一揆勢は3日2夜の交渉の末、筆頭家老伊木若狭に嘆願書を届けることができ、闘いの結果、新たな身分規制を事実上撤回させることに成功した。

じぶつどう[持仏堂] 平生身近に安置して朝夕礼拝するための念持仏のための小堂。本堂と別に子院などで僧侶のみが礼拝する持仏堂を、とくに内持仏堂とよぶこともある。奈良時代には念持仏は厨子に安置され、橘夫人厨子などが現存。平安時代以降、持仏堂が盛んに造られた。足利義政の持仏堂である慈照寺東求堂(とうぐどう)が代表例。近世になると茶室を兼ねた持仏堂を造ることも広まった。

しへいせいり[紙幣整理] 明治前期に兌換制度を確立するため、不換紙幣を整理した政策。大隈財政期に西南戦争と殖産興業のため不換紙幣を増発した結果、銀貨に対する紙幣価格が下落し、経済危機を招いた。そのため1880年(明治13)頃から兌換制への移行が問題となり、81年に松方正義が大蔵卿に就任してから紙幣整理が本格化した。松方は財政剰余金を利用して、海外荷為替で兌換制度に必要な正貨を蓄積する一方、政府紙幣を直接回収し通貨収縮を図った。83年には国立銀行が日本銀行に資金を預けて公債を購入し、その利子で回収する国立銀行紙幣合同償却を開始した。松方デフレを招いたものの、85年に日本銀行から銀兌換券発行、86年に政府紙幣との銀兌換を開始、銀本位制が成立した。

シベリアしゅっぺい[シベリア出兵] 革命直後のロシアに対する干渉戦争。はじめに日本軍などの共同軍事干渉を唱えたのは英仏で、1918年(大正7)1月、日英が居留民保護の目的でウラジオストクへ軍艦を派遣した。その後アメリカがチェコ軍救済に限定した日米共同派兵をもちかけた結果、8月12日に日本軍が、19日に米軍がウラジオストクに上陸を開始。アメリカが日米同数の7000人派兵を主張したのに対し、日本は3カ月間に7万3000余人も派兵したため協調は困難となり、アメリカが1月9日打切りを通告。日本は居留民保護、革命の波及防止に目的を変更して駐留を継続したが、北樺太以外からは22年10月撤退、25年の日ソ基本条約調印後に北樺太からも撤退した。

シベリアよくりゅう[シベリア抑留] 第2次大戦の敗戦により満州・北朝鮮・樺太・千島列島の日本軍人・満蒙開拓団農民・満州国関係職員などがソ連に抑留されて各地で強制労働に従事したこと。ソ連軍による武装解除後、シベリアを中心とする各地の収容所に送られ、鉄道建設、炭鉱、道路工事、農作業などの労働をさせられた。待遇は苛酷なもので、抑留者約57万～70万人のうち約1割が死亡したと推定される。抑留者は1946年11月に成立した「引揚げに関する米ソ暫定協定」に従って、12月にナホトカから引揚げを開始、50年1月末までにほぼ帰国を完了した。現在までに旧ソ連から引き渡された抑留中死亡者名簿登載者は4万5千人。

しほうしょう[司法省] 近代において司法行政事務を担当した政府の中央官庁。1871年(明治4)7月、刑部省・弾正台を廃止して太政官の1省として設置。裁判権を管掌。長官は司法卿(初代江藤新平)。75年大審院の設置により裁判権を移譲し、司法行政機関としての裁判所の監督、検察の統轄にあたった。85年内閣制度の確立により内閣の1省となった。初代司法大臣は山田顕義。翌年司法省官制を公布、省内に大臣官房および総務・民事・刑事・会計の各局がおかれた。その後監獄業務を内務省から移管し、監獄局を設置。昭和期に入り少年犯・思想犯保護業務を管轄。敗戦後の1947年(昭和22)日本国憲法施行とともに全面的機構改革が進み、48年廃省となり法務庁が新設された。

しぼくさんそう[四木三草] 近世に商品生産の発展した工芸作物を代表するもので、四木は茶・桑・漆・楮(こうぞ)、三草は麻・紅花・藍。米麦などの穀物とは異なって付加価値が高く、植

付けから収穫にいたる栽培過程と，製品に仕上げるまでの加工過程をもつのが特徴。幕府は田畑勝手作の禁令で四木三草の作付を制限したが，中期以降は各地の特産物として栽培された。

シーボルト Philipp Franz Jonkheer Balthasar von Siebold　1796.2.17～1866.10.18　ドイツ人医師・博物学者。ビュルツブルク出身。1823年(文政6)オランダ商館付医師として長崎に着任。日本の歴史・地理・言語・動植物などを研究。翌年，鳴滝塾を開き，診療のかたわら岡研介・高良斎・二宮敬作・高野長英ら数十人の門人に医学・博物学を教授し，蘭学発展に大いに貢献した。26年商館長に従い江戸に参府，桂川甫賢・大槻玄沢・高橋景保らと交流。28年の帰国の際，「大日本沿海輿地全図」などの禁制品を持ち帰ろうとしたことが発覚し，翌年国外追放(シーボルト事件)。59年(安政6)オランダ商事会社顧問として再来日。江戸幕府の外交にも参与し，62年(文久2)帰国。ヘルヘンで没した。著書「日本」「日本植物誌」「日本動物誌」。

シーボルトじけん [シーボルト事件]　1828年(文政11)シーボルトによる禁制品の国外持ち出しが発覚して関係者が処罰された事件。幕府天文方・書物奉行の高橋景保は，1826年江戸に参府したオランダ商館医のドイツ人学者シーボルトと会い，以後交際を続けるなかで，伊能忠敬の「大日本沿海輿地全図」や蝦夷地図類を贈り，かわりにクルーゼンシテルン航海記・外国地図・地理書などを入手した。28年シーボルト帰国の直前に発覚，景保は29年獄死(のち死罪判決)し，シーボルトは所持資料没収のうえ29年国外退去，再渡航禁止となった。当時この事件は間宮林蔵の密告によるものと信じられ，洋学者たちに衝撃を与えた。

しほんしゅぎ [資本主義]　労働力までもが商品化された経済体制。生産手段を所有する資本家が，利潤獲得を目的に賃労働者を雇用して商品生産を営む関係が基軸をなす。農民層が商人資本による商品経済の浸透によって分解し，土地をはじめとする生産手段と，生産手段から分離された無産者とが蓄積される。土地私有権の確立と身分的拘束からの自由によって生産手段と無産者の蓄積が促進される過程(原始的蓄積)が，資本主義の歴史的前提となる。資本・賃労働関係は，工場制手工業を端緒とし，機械制大工業が普及する産業革命をへて，全経済の基軸をなすに至る。日本では1880年代半ば以降の産業革命によって資本主義が定着し，第2次大戦後の高度成長をへて世界有数の資本主義国となった。

しまいそうしつ [島井宗室]　1539?～1615.8.24　織豊期～江戸初期の博多商人・茶人。名は茂勝・徳太夫，剃髪して虚白軒宗室と号す。1580年(天正8)8月和泉堺町の津田宗及らの茶会に出席し，83年頃千利休の仲介で豊臣秀吉に会った。87年6月秀吉の博多復興に尽力，屋敷を与えられ，町役を免除された。89年と92年(文禄元)に朝鮮に渡り，宗義智・小西行長に協力して秀吉の朝鮮出兵の回避に努めたが，はたせなかった。

しまきあかひこ [島木赤彦]　1876.12.17～1926.3.27　明治・大正期の歌人。長野県出身。本名久保田俊彦。長野師範卒。1895年(明治28)頃から新聞「日本」に投稿。1903年太田水穂らと「比牟呂」を創刊。09年伊藤左千夫らの「アララギ」と合併。左千夫の死後「アララギ」の中心的存在となる。13年(大正2)中村憲吉との合同歌集「馬鈴薯の花」を出版。のち短歌制作を「鍛錬道」と位置づけた。歌集「切火」「太虚集」「柿蔭集」，歌論集「歌道小見」。

しまきけんさく [島木健作]　1903.9.7～45.8.17　昭和前期の小説家。本名朝倉菊雄。北海道出身。苦学して東北大選科に入学するが，社会主義に興味をもち，仙台で最初の労働組合を組織する。のちに学業を捨てて香川で農民運動に参加。1928年(昭和3)の3・15事件で検挙され転向。その後小説を書きはじめ，「癩」「生活の探求」など，戦時の暗い世相のなかで知識階級の良心を守る仕事を続けた。

しまざきとうそん [島崎藤村]　1872.2.17～1943.8.22　明治～昭和前期の詩人・小説家。本名春樹。長野県出身。明治学院卒。1893年(明治26)北村透谷らと「文学界」を創刊。浪漫主義文学運動のなかにあって青春の彷徨を体験し，処女詩集「若菜集」など4詩集を刊行，浪漫詩人としての地位を確立。長野県小諸での教師生活をへて1905年に上京。自然主義文学の記念碑的作品「破戒」によって小説家として認められ，以後「春」「家」などの自伝的小説を発表した。その間，姪との過失およびその妊娠という事態に直面する。5年間のフランス生活のののち帰国して「新生」にその経緯を書き(「新生」事件)，さらにこの人生の危機をのりこえて創作活動を続け，29年(昭和4)には大作「夜明け前」を刊行した。

しまじもくらい [島地黙雷]　1838.2.15～1911.2.3　幕末～明治期の宗教家。幼名謙致。浄土真宗本願寺派の僧侶。周防国の僧侶の子。養家を出奔して肥後・安芸両国で学び，帰藩後は大洲鉄然らの宗風改革運動に加わる。明治初期に上京し，宗門改革に参加。廃仏毀釈に抵抗し，寺院寮や教部省の開設運動に奔走。渡欧後に信教の自由を訴え，真宗の大教院分離運動

を推進,政府の国民教化政策を瓦解させた。のち各地での布教活動に邁進。

しまだぐみ[島田組] 江戸時代～明治初年の豪商。島田八郎左衛門(宗全)が山城国綴喜郡内里村から京都に出て呉服商を創業した。ついで江戸・大坂にも開店,両替店も営み,1752年(宝暦2)金銀御為替御用達に加入した。明治維新の際には金穀出納所御用達となり,会計基立金調達に尽力,太政官札発行に従事し,商法会所・通商会社・為替会社・開墾会社などに加わった。その9県の為替方に任じられ官金を扱ったが,1874年(明治7)の官金に対する抵当増額の達に対応できず,12月閉店した。

しまづいえひさ[島津家久] 1576.11.7～1638.2.23 江戸初期の大名。鹿児島藩初代藩主・島津家18代当主。日向国生れ。島津義弘の三男。初名又八郎忠恒。少将・中納言に叙任。陸奥守・薩摩守・大隅守を称する。1599年(慶長4)3月伊集院忠棟を破り,その子忠真の庄内の乱を鎮圧した。1609年3000人余の軍勢を送って琉球を侵略,徳川家康から琉球を与えられた。翌年8月琉球国王尚寧を駿府(現,静岡市)・江戸に伴っている。

しまづし[島津氏] 中世～近世南九州の大名家。本姓惟宗氏。始祖忠久は近衛家の家司出身で,源頼朝の御家人となり,島津荘惣地頭職に任じられた。のち薩摩・大隅・日向3国の守護。3代久経のとき,元寇に備え九州に下る。鎌倉幕府滅亡の際,少弐・大友両氏らと鎮西探題を討った。南北朝内乱期は武家方に属し,室町時代は内紛が続いたが,戦国期に貴久が出てこれを鎮め,薩摩・大隅を統一して戦国大名となる。子義久は北九州に進出したが,1587年(天正15)豊臣秀吉に敗れ,弟義弘が家督として本領3国を安堵される。義弘は文禄・慶長の役に軍功をたてたが,関ケ原の戦では西軍に属し,敗戦後蟄居。子家久が鹿児島藩72万9000石余の初代藩主となる。分家も多い。維新後,宗家は公爵。「島津家文書」→本巻文書

しまづしげひで[島津重豪] 1745.11.7～1833.1.15 江戸後期の大名。薩摩国鹿児島藩主。父は重年。1755年(宝暦5)遺領相続。一橋宗尹の女保姫と結婚。三女茂姫は将軍徳川家斉の御台所。87年(天明7)隠居して長男斉宣に家督を譲るが,孫の斉興の代まで後見として藩政に影響を及ぼした。蘭癖と称されるほど蘭学に傾倒し,長崎オランダ商館や江戸の長崎屋にティチング,ドゥーフ,シーボルトを訪ね親交をむすび,オランダの物を収集。造士館・演武館・医学院・薬園・明時館(天文館)などの文化施設を設立,その他「南山俗語考」「島津国史」「成形図説」「鳥名便覧」「質問本草」を編纂刊行して,鹿児島藩文化の発展に貢献。次男の中津藩主奥平昌高や十二男福岡藩主黒田長溥,曾孫の斉彬なりあきらに大きな影響を与えた。

しまづたかひさ[島津貴久] 1514.5.5～71.6.23 戦国期の薩摩国の武将。幼名虎寿丸。又三郎。三郎左衛門尉・修理大夫・陸奥守。法名伯囿はくゆう。島津氏庶流相州家忠良の嫡子。本宗家島津勝久の養子となり,1527年(大永7)4月,守護職を継承。しかし島津実久・勝久をはじめこれを承認しない勢力の圧力で守護職を奪われる。その後の抗争をへて,35年(天文4)に勝久を追放。39年の紫原合戦で実久を破り,天文末年頃には薩隅日3カ国の諸領主から,その地位を認められた。

しまづただひさ[島津忠久] ?～1227.6.18 鎌倉前期の武将。従五位下・豊後守。島津氏の祖。惟宗氏。源頼朝の子で惟宗広言の養子とする説もあるが,近衛家の家司惟宗氏の出身とする説が有力。頼朝に仕え,1186年(文治2)薩摩国島津荘地頭となる。97年(建久8)薩摩・大隅両国の守護となり,日向国守護も兼ねるが,1203年(建仁3)比企ひき氏の乱に連坐し所職を没収される。のち薩摩国については回復し,21年(承久3)には越前国守護に任じられた。

しまづただよし[島津忠義] 1840.4.21～97.12.26 幕末期の大名。薩摩国鹿児島藩主。父は久光。はじめ茂久。1858年(安政5)伯父斉彬の急死により祖父斉興を後見として相続。同年安政の大獄の余波で動揺する藩内を鎮めるため,直筆の諭書を「精忠士面々」に下す。斉興死後,久光が国父として実質的に藩政をみた。67年(慶応3)王政復古の大号令後,議定となり,69年(明治2)萩・高知・佐賀3藩とともに版籍奉還を奏請。藩知事となる。のち公爵,貴族院議員も務めた。

しまづなりあきら[島津斉彬] 1809.9.28～58.7.16 幕末期の大名。薩摩国鹿児島藩主。父は斉興。曾祖父重豪しげひでの影響で蘭学に造詣が深く,世子時代から徳川斉昭・同慶勝・松平慶永・阿部正弘・伊達宗城なりむら諸大名と政治・国際情報を交換し,琉球問題の処理を幕府から委任されるほど評価が高かった。またペリー来航予告情報を長崎でいち早く入手させ,藩としての対策も立てた。1851年(嘉永4)家督相続。藩政を刷新し,殖産興業を推進。城内に精錬所,磯御殿に反射炉や溶鉱炉などをもった近代的工場集成館を設置。写真研究,洋式艦船の建造,日の丸の日本国総船印制定を建言。将軍継嗣問題では一橋慶喜よしのぶを推したが実現せず,58年(安政5)急死。

しまづのしょう[島津荘] 日向・大隅・薩摩3国にまたがる摂関家領大荘園。荘域は宮崎県

中・南部から鹿児島県の大半にあたる。「建久図田帳」によると、3国で一円領は3405町、半不輸領の寄郡ぎぐん は4831町、あわせて8000町余という国内最大の荘園。半不輸で在国領主と国司に両属する寄郡の占める割合が高いのが特徴。1026年(万寿3)大宰大監平季基が、日向南部の荒野を開発して関白藤原頼通に寄進したのが起源という。12世紀前期以降、飛躍的に拡大した。鎌倉前期以後、本家摂関家(近衛家)、領家興福寺一乗院の体制が成立。1186年(文治2)には、島津氏初代というわれる惟宗これむね(島津)忠久が地頭職に任じられた。

しまづひさみつ [島津久光] 1817.10.24〜87.12.6 幕末期の薩摩国鹿児島藩主忠義の実父。父は斉彬。1858年(安政5)兄齊彬の遺命で子忠徳が相続し、のち国父として藩政の実権を掌握。大久保利通を信任し、藩内の動揺を収めた。斉彬の遺志を継いで、公武合体周旋のため62年(文久2)率兵して入京し、寺田屋騒動では藩内過激派を弾圧。勅使大原重徳しげとみを擁して上京し、幕政改革を実行させた。帰途生麦事件が発生し、薩英戦争をひきおこした。63年の8月18日の政変後は京都で国事周旋に尽力するが、徳川慶喜よしのぶと意見があわず帰国、後事を西郷隆盛に託した。71年(明治4)の廃藩置県を不本意として鹿児島にとどまる。74年左大臣。76年帰国・隠退し、西南戦争では中立を守った。

しまづよしひさ [島津義久] 1533.2.9〜1611.1.21 織豊期〜江戸初期の武将。島津家16代当主。薩摩国生れ。島津貴久の嫡男。初名又三郎忠良、のち義長。修理大夫。1578年(天正6)薩摩・大隅・日向3カ国を平定し、ひき続き九州統一を進めたが、87年5月8日、豊臣秀吉に降伏。89年9月琉球国王尚寧しょうねいの使僧天竜寺桃庵を京都に派遣。92年(文禄元)1月19日、秀吉から琉球を軍役負担の与力としてつけられた。

しまづよしひろ [島津義弘] 1535.7.23〜1619.7.21 織豊期〜江戸初期の武将。島津家17代当主。薩摩国生れ。島津貴久の次男。幼名又四郎、初名忠平。兵庫頭。惟新斎と号す。1585年(天正13)兄義久の守護代となり九州統一を進めたが、87年4月豊臣秀吉に降伏。92〜98年(文禄元〜慶長3)朝鮮に出陣し、勇名をはせた。1600年の関ケ原の戦で西軍に加わったが、改易を免れた。

しまねけん [島根県] 中国地方の北西部に位置する県。旧出雲・石見・隠岐3国を県域とする。1869年(明治2)大森県が設置され、石見国の旧浜田藩領、石見銀山領を中心とする大森代官領および隠岐県を管轄、70年浜田県と改称、71年津和野藩を編入した。71年廃藩置県により出雲には松江・広瀬・母里もり の3県がおかれ、同年11月これら3県と浜田県から移管された隠岐を合併して島根県となった。76年浜田県さらに鳥取県を合併したが、81年鳥取県が再置され、現県域が確定した。県庁所在地は松江市。

しまのくに [志摩国] 国名・志摩国とも。東海道の国。現在の三重県南部の志摩半島および周辺の島。「延喜式」の等級は下国。「和名抄」では答志とう・英虞ぐの2郡からなる。国府と国分寺は英虞郡(現,阿児町)におかれた。一宮は伊雑宮いぞうぐう(現,磯部町)で、伊勢神宮内宮の別宮でもあり、国内には神戸かんべも多く、神宮祭祀にも重要な役割を占める。「古事記」に「島之速贄しまのはやにえ」とみえ、島の多いこの地から、急ぎの便で魚介類が朝廷に届けられたと推定される。2郡で1国とされたのも御食国みけつくにとしての伝統のためで、「延喜式」では調・庸・中男作物として多様な海産物があげられる。平野部が少なく田数もわずかなため、国衙財政も特異な運用となった。国守は膳臣かしわでのおみとの関係から、内膳正ないぜんのかみの高橋氏が世襲。中世には御厨が多くたてられ、鎌倉時代末には金沢氏が守護となり、室町時代には志摩・伊勢両国の守護を兼任。守護所は泊浦とまりうら(現,鳥羽市)にあり、ここを本拠に戦国期には九鬼氏が台頭した。近世には鳥羽藩の支配下にあったが、以後藩主の交替は頻繁で、一時幕領となった。1871年(明治4)の廃藩置県で度会わたらい県となり、76年三重県となる。

しまばらのらん [島原の乱] 江戸初期、肥前国島原と肥後国天草の領民による大規模なキリシタン農民の一揆。島原は松倉氏、天草は肥前国唐津藩寺沢氏の領地で、ともに年貢などの収奪強化が進められ、農民からの減免要求と、領主側による弾圧が続いていた。さらにキリシタンの多かったこの地域の特殊条件が結びつき、反抗と弾圧の関係が宗教的色彩を帯びていた。1637年(寛永14)10月25日頃、島原半島南部の有馬地方の代官殺害事件を発端に農民が蜂起。一揆は天草にも広がり、両地域は一時幕権力不在の状態になった。幕府はただちに上使として板倉重昌を派遣、九州諸藩にも出兵を命じたが、益田時貞を大将に原城にこもる一揆勢の反撃にあい、38年元旦の総攻撃で重昌は戦死した。11月4日に着陣した老中松平信綱は兵糧攻に変更、一揆勢の消耗を待ち、2月28・29両日の総攻撃で落城させ、内通者以外の一揆勢3万人近くを殺害した。その後の幕府の禁教政策・鎖国政策に大きな影響を与える。

しまむらほうげつ [島村抱月] 1871.1.10〜1918.11.5 明治・大正期の評論家・新劇指導者。本名滝太郎。旧姓佐々山。島根県出身。東京専門学校卒。「早稲田文学」の記者となって評論活

動をする傍ら浪漫的小説を発表。英・独留学後早稲田大学教授。新たに隆盛してきた自然主義文学に理論的根拠を与え、批評面での先鞭になったが、自然主義衰退後はもっぱら文芸協会で新劇指導にあたり、内紛後は松井須磨子らと芸術座を結成(1913)して活躍した。著書「新美辞学」「近代文芸之研究」。

じまわり [地廻り] 江戸時代の江戸周辺地域やその市場圏(江戸地廻り経済圏)の名称。本来は都市などの周辺を巡回する意味。上方から江戸に供給される下り物に対し、江戸周辺地域で産出されるものを地廻物といい、地廻酒・地廻米・地廻塩などとよばれた。地廻物を扱う問屋も成立し、地廻米穀問屋や地廻塩問屋などが有名。遠隔地間を交易する船に対し、近在の物資を輸送する船は地廻船とよんだ。また、地方に縄張りをもつやくざ・ならず者も地廻りとよばれた。

しみずけ [清水家] 徳川家の分家。御三卿の一つ。1758年(宝暦8)9代将軍徳川家重の次男重好が江戸城清水門内に屋敷を与えられ、翌年から居住したのに始まり、田安家・一橋家と同様の待遇を得た。公卿に叙され、宮内卿・式部卿を称する。賄料領知10万石を領するが、家老などの主要役職は幕臣から付人が派遣され老中支配であった。95年(寛政7)重好の没後、無嗣のため領地・諸士は召上げ、清水勤番支配となる。98年11代将軍家斉の五男敦之助が2代を相続したが翌年没し、その後も頻繁に当主を欠いた。1866年(慶応2)6代目を継いだ水戸家徳川斉昭の子昭武は68年(明治元)水戸家を継いだので、70年兄慶篤の子篤守が継承し、家禄2500石を与えられた。71年清水に改姓。84年伯爵家となり、87年徳川姓に復した。
→巻末系図

しみずトンネル [清水トンネル] 上越線土樽―土合間の全長9702mの鉄道トンネル。1922年(大正11)8月から導坑掘削が開始され、31年(昭和6)3月に完成。この開通によって同年9月上越線が全通し、長野経由で11時間6分であった上野―新潟間の所要時間は7時間10分に短縮された。62年に北陸トンネルが開通するまで日本最長の鉄道トンネル。67年には湯檜曾―土樽間に全長1万3500mの新清水トンネル、82年には全長2万2221mの上越新幹線大清水トンネルが開通した。

じみょういんとう [持明院統] 鎌倉～南北朝期に分裂した皇統のうち、後深草天皇の皇統。持明院を院御所とした。1272年(文永9)後嵯峨上皇が皇統を継ぐのをめぐって亀山天皇の皇統である大覚寺統と対立。1317年(文保元)には幕府の仲介によって文保の和談がなされ、両統迭立の

原則によることが求められた。しかし以後も両統の対立は続き、南北朝内乱期には京都に北朝をたて、吉野に拠る南朝(大覚寺統)と対立。92年(明徳3・元中9)の南北朝合一の際には、再び両統迭立の原則によることとなったが、実際は持明院統のみが皇位を継承した。

しみんかくめい [市民革命] ⇨ ブルジョア革命

しめかす [〆粕] 釜で十分に煮た魚を締胴匝に入れて圧搾し、残った搾粕を乾燥して作った魚粕。菜種・荏胡麻・綿実油の搾粕もある。江戸～明治期に畿内の綿作をはじめ、菜種・柑橘・藍作などの施肥に利用された。代表的なのは鰯〆粕と鰊〆粕。鰯粕の産地は房総九十九里浜、大分佐伯、伊予が有名で、大坂干鰯市場では1724年(享保9)130万俵をピークに減少、それを補うため鰊粕が登場する。鰊〆粕の生産は寛政期に本格化し、茶・桑・藍・田畑作に用いられた。

シーメンスじけん [シーメンス事件] 1914年(大正3)に発覚した、艦船購入をめぐる日本海軍の汚職事件。14年1月の外電でドイツのシーメンス会社が発注者の日本海軍将校にリベートを贈ったことが明らかになり、これを衆議院予算委員会で立憲同志会の島田三郎が追及。海軍や第1次山本内閣への批判で世論は沸騰し、議事堂が群衆に包囲される事態となった。取調べが進むと事件はさらに広がり、3月にはイギリスのビッカース商会日本代理店の三井物産の重役が、軍艦建造受注のために日本海軍高官に贈賄した疑いで検挙され、翌日貴族院は海軍予算の大削減を可決。予算案は同月23日不成立となり、翌24日山本内閣は総辞職した。

しもうさのくに [下総国] 東海道の国。現在の千葉県北部、茨城県・東京都の一部。「延喜式」の等級は大国。「和名抄」では葛飾・印幡・千葉・匝瑳・(匝瑳)・相馬・猿島・結城・豊田・海上・香取・埴生の11郡からなる。国府・国分寺は葛飾郡(現、市川市)におかれ、一宮は香取神宮(現、佐原市)。「和名抄」所載郷数は2万6432町余。「延喜式」では調庸は布で、中男作物として麻・紙・紅花など。古くは総国とよばれ、大化の改新ののち上総国・下総国に分割されたらしい。平安時代に桓武平氏が勃興し、平将門の乱、平忠常の乱により荒廃。相馬御厨は平良文の子孫に伝領され、千葉氏の所領となった。鎌倉時代には千葉氏が勢力をのばして守護となり、室町中期には鎌倉公方の足利成氏が古河に移って古河公方となった。戦国期には後北条氏が里見氏を国府台で破るなど、しだいに勢力をのばした。江戸時代には譜代小藩がおかれ、幕領・旗本領もあった。1871年(明治4)の

廃藩置県の後,木更津県・新治県・印旛県が成立。73年木更津県と印旛県が合併して千葉県となり,75年新治県の一部が千葉県に合併。

じもく [除目] 除書とも。官職への補任者を決める政務。本来は旧官をのぞき新官に任じる目録の意で,具体的には任官簿(召名)のことであったが,転じて任官選考の議をさすようになった。春の県召除目,秋の司召除目(京官除目)のほか,臨時除目や女官除目などがあり,それぞれ政務形態を異にしていた。選叙令によれば官人の選考には徳行・才用・労効が基準となったが,9～10世紀に年労・年給・成功などによる補任が制度化され,中世に続く複雑な除目議の次第と作法が整えられていった。一方この頃から貴族官人層の昇進コースが形成され,官職による得分の格差も大きくなったため,どのような官職につくかが重要な問題となり,県召除目はとくに人々の注目を集めるようになった。

しもこうべちょうりゅう [下河辺長流] 1627～86.6.3 「しもかわべながる」とも。江戸前期の歌人・和学者。享年は3説あるが,自撰の「長壑和歌述宝集」所載記事に従って60歳説をとった。姓は小崎氏。母方の姓を名のる。名は共平。通称彦六。別号長竜・吟叟居。大和国立田(一説に宇多)生れ。木下長嘯子について私叙し,西山宗因に連歌を学ぶ。三条西家に青侍として仕え,「万葉集」の書写,研究につとめた。のち水戸光圀から「万葉集」の注釈を依頼されたが,病のため進まず,契沖に引き継がれた(「万葉代匠記」)。1670年(寛文10)に編刊した「林葉累塵集」は,最初の地下歌人の撰集。著書「万葉集名寄」。

しもごえ [下肥] 人間の糞尿を肥料としたもの。中世には,山城国・河内国などで蔬菜栽培に使用されたようである。近世以降も都市近郊の蔬菜栽培で盛んに使用された。

しもせかやく [下瀬火薬] おもに炸薬として使用された化成火薬。石炭酸から合成されるピクリン酸火薬で,フランスで1886年に発明され,軍が組成を秘密にして使用していたものを,海軍技手下瀬雅允がピクリン酸と看破し,生産方法を確立した。93年(明治26)海軍が採用を決定,98年から陸軍板橋火薬製造所で工業生産を始めたが,当時独立の火薬製造所をもたなかった海軍も,99年に下瀬火薬製造所を設けて量産した。日露戦争時に威力を発揮した。

しもだじょうやく [下田条約] ➡日露通好条約

❶日米約定とも。1857年6月17日(安政4年5月26日)下田でアメリカ総領事ハリスと下田奉行井上清直が結んだ条約。通商条約の締結をめざしていたハリスが,幕府の抵抗にあったため,日米和親条約の拡充によってアメリカの権利拡大をはかったもの。外務的領事裁判権が規定されたほか,長崎の開港,下田・箱館におけるアメリカ人の居住権,副領事の箱館駐在と,日米両国貨幣の同種同量交換,総領事の旅行権などが認められた。翌年の日米修好通商条約締結にともない廃業。

しもだぶぎょう [下田奉行] 江戸幕府の職名。遠国奉行の一つ。伊豆国下田で江戸に入る船舶と積荷を検査する役人。1616年(元和2)設置されといわれ,はじめ今村氏が代々勤めた。96年(元禄9)2人役だったが,1702年に再び1人役。20年(享保5)番所が相模国浦賀に移転し,奉行も移動,浦賀奉行となった。海防が急務となった1842年(天保13)再置され,2年後いったん廃されたが,54年(安政元)復活。役高1000石。役料1000俵。老中支配。芙蓉間席。60年(万延元)廃止。

しもつきそうどう [霜月騒動] 弘安合戦・奥州禅門合戦とも。1285年(弘安8)11月17日,得宗北条貞時によって,幕府の有力者安達泰盛一族が滅ぼされた事件。同日正午頃,鎌倉松谷の別邸から塔ノ辻の屋形へむかった泰盛を得宗側の武士が攻撃。合戦の余波で将軍の御所が炎上するなどしたが,午後4時頃に戦闘は終わった。泰盛とその子宗景の安達氏一族,二階堂氏・武藤氏・甲斐源氏ら御家人,安達氏の守護国である上野・武蔵の御家人など500人余が死亡したとされる。事件は地方にも波及し,九州では岩門合戦がおこった。「保暦記」は,宗景が源氏に改姓したのを,内管領平頼綱が,将軍の座をねらうものと讒言したのが原因とする。事件の性格については,泰盛の弘安徳政が御家人保護政策をとったこと,泰盛方の死者に有力御家人が多いことなどから,御家人勢力と北条氏直属の御内人勢力との対立の結果で,この事件によって御内人勢力の覇権が確立し,執権政治から得宗専制への移行が画されたとする説や,反泰盛方の御家人勢力の存在から,御家人内部の2勢力間の対立とする説などがある。

しもつけのくに [下野国] 東山道の国。現在の栃木県。「延喜式」の等級は上国。「和名抄」では足利・梁田・安蘇・都賀・寒川・河内・芳賀・塩屋・那須の9郡からなる。国府は都賀郡(現,栃木市)。国分寺・国分尼寺も同郡(現,国分寺町)におかれた。一宮は宇都宮市の二荒山神社。「和名抄」所載田数は3万155町余。「延喜式」では調庸は帛・紬・絁・布など,中男作物は薬師寺(現,南河内町)には戒壇が設置され,東国の僧尼の授戒を担当した。平安末期に藤原秀郷直系の小山氏などの武士団が勃興,小山氏は鎌倉時

代を通じて守護であったが、南北朝末期に鎌倉公方と対立し、勢力が低下。戦国末期には中世以来の武士団はほとんど没落した。近世には国内11藩領、他国18藩領、幕領、旗本領、日光領などに細分された。1869年(明治2)藩領、旗本領、日光神領は日光県とされ、71年の廃藩置県の後、宇都宮県・栃木県が成立。73年宇都宮県を栃木県に合併。

しものせきじょうやく [下関条約] ⇨日清講和条約

しものせきせんそう [下関戦争] ⇨四国連合艦隊下関砲撃事件

しもむらかんざん [下村観山] 1873.4.10〜1930.5.10 明治・大正期の日本画家。和歌山県出身。紀州徳川家に仕えた能楽師の家に生まれる。上京して狩野芳崖・橋本雅邦に師事、早熟ぶりを示す。東京美術学校卒業後助教授となる。1898年(明治31)日本美術院創立に参加。1903年渡欧してイギリス水彩画などを学ぶ。14年(大正3)日本美術院を再興し、横山大観とともに中心的存在となった。古典研究に優れる。帝室技芸員。代表作「木の間の秋」。

しもやしき [下屋敷] 江戸の大名屋敷のうち、郊外に近い場所におかれた別邸。江戸以外の城下町でも、藩主や上級藩士が城館や本邸のほかに設ける例がある。江戸の場合、藩主の遊興・保養のための庭園、上屋敷などに必要物資を補給するための菜園や竹林などが造られたほか、海岸・河岸沿いの下屋敷は荷揚げ場としても用いられた。

しもやまじけん [下山事件] 1949年(昭和24)7月6日、国鉄総裁下山定則の轢断死体が東京都足立区綾瀬の常磐線線路上で発見された事件。下山は5日に自宅から専用車で三越本店に入り、そのまま行方不明となっていた。政府は5日が国鉄の第1次人員整理案発表予定日であったため、「他殺と推定」との見解を公表、ストを続けてきた労働組合側を抑圧しようとした。警視庁は自殺説をとったが、古畑種基ら東京大学医学部教授は「死後轢断」つまり他殺説を主張。のちに作家松本清張は米軍による謀殺説を展開し、論争がマスコミをにぎわせた。三鷹・松川両事件とともに占領軍統治下における謀略事件の一つとする説が有力だが、真相はなお不明である。

じもんは [寺門派] 天台宗の2大流派の一つ。比叡山延暦寺を山門とよぶのに対し、寺門三井寺(園城寺)を総本山とする門流を寺門派といった。慈覚大師(円仁)門徒と智証大師(円珍)門徒は比叡山で共存していたが、やがて対立が激化。993年(正暦4)房舎を焼打された100余人の円珍門徒は、離山して三井寺に拠った。これにより天台宗は山門と寺門に分裂、以後武力を用いた主導権争いがくり返された。

しゃ [赦] 主権者が、恩恵として罪人にかけられた刑罰を赦ること。確実な最古の例は、孝徳天皇が650年(白雉元)に行ったもの。古代以来、赦は祥瑞・災害・皇族生没などの吉凶事に際して天皇の名において出された。律令には赦の種類の規定はないが、吉凶の大きさに応じて赦される罪の範囲を区別し、常赦・非常赦・大赦が使いわけられ、のちには常赦・非常赦も天下一律に下すことを重視して大赦とよぶようになった。他方、一地方だけに通用されるものは曲赦とよぶ。中世以降は公家の恩赦とともに幕府の赦が登場し、犯罪の重さに応じて加刑後に赦に浴しうる年限を区別する制がうまれ、戦国大名から江戸幕府・諸大名にうけつがれた。明治期以降、赦は再び天皇大権に属し、第2次大戦後は政府が発するものとなっている。

シャウプかんこく [シャウプ勧告] アメリカのコロンビア大学教授シャウプを団長とする7人の税制使節団が、第2次大戦後の日本の税制について根本的改正方針を勧告したもの。1949年(昭和24)の第1次勧告は負担の公平と納税価値の保全を目的とした。国税では所得税中心の税制と青色申告導入など税務行政の改善や、法人擬制説にもとづく個人所得税と法人税の統合的課税、固定資産の再評価による資本価値の保全などを、地方税では市町村中心主義にもとづく住民税や固定資産税の賦与に加えて、地方の財政力格差を埋める平衡交付金制度創設などを勧告。これらは50年度の税制改正でほぼ実現されたが、総合所得課税の不徹底や平衡交付金の地方交付税への切替えなどにより、ほぼその役目を終えた。50年9月にも第2次勧告が発表された。

しゃおんし [謝恩使] 琉球国王が徳川将軍に襲封の恩を感謝する使者。1634年(寛永11)尚豊王の謝恩使の名目で年頭使として派遣された金武王子朝貞が将軍家光に謁見したのに始まる。44年(正保元)には国頭王子正則らが派遣され、江戸で家光に謁見した後、日光霊廟にも参拝。これは琉球が江戸幕府の東照宮祭祀という国家的儀礼に組み込まれたことを意味する。以後1850年(嘉永3)の尚泰王にいたるまで、10回実施された。名称は文書の上では恩謝使・継目御礼の使者とも表記する。慶賀使派遣とともに、将軍の権威を高めると同時に島津氏の琉球支配を補強することを目的とした。琉球の王位継承者の決定権は島津氏が握り、謝恩使の拝謁をへて幕府が王位継承を最終的に承認するという政治構造である。

しゃかいしゅぎ [社会主義] 生産手段の公有化を目標とする思想および運動をいい、1848年のマルクス、エンゲルスの「共

しゃか

産党宣言」以後おおいに発展した。日本では1898年(明治31)社会主義研究会、ついで社会主義協会が結成された。1901年に社会民主党が誕生し、平和的社会主義の実現をめざすが即日禁止。03年議会主義にのっとった社会民主主義を基調とする平民社が創立され、日露戦争に際しては反戦論を展開した。06年日本社会党が結成されたが翌年結社禁止。10年の大逆事件以後、社会主義の取締りは強化された。ロシア革命の影響をうけて20年(大正9)日本社会主義同盟が、また22年コミンテルン日本支部として日本共産党が結成された。28年(昭和3)の普通選挙を機に共産党は大弾圧をうけ、以降転向もあいついだ。32年に結成をみた社会大衆党は、生産手段の公有化をめざしたが、その推進主体を軍部に見出したためにしだいに批判勢力としての性格を失い近衛新体制運動の推進母体となった。第2次大戦後、日本共産党が再建され、日本社会党も結成をみた。55年体制が続くなかで、社会党の存在は憲法改正を阻止する勢力として一定の支持を得るが、高度経済成長下の利益配分政治の横行、大衆社会状況の進展によって支持層を大幅に減らした。91年のソ連の崩壊や、自民党と新党さきがけを連立与党とした社会党村山内閣の治政ぶりも社会主義あるいは社会主義政党の混迷を加速した。

しゃかいしゅぎきょうかい [社会主義協会]
明治期に設立された日本最初の社会主義者組織。社会主義研究会を発展させ、社会主義を実践的に研究し、日本に応用することを目的とした。1900年(明治33)1月の社会主義研究会例会で社会主義協会と改称、安部磯雄を会長に、木下尚江・西川光二郎らも加入。普選期成同盟会・労働組合期成会と交流し、社会民主党を結成したが、結党を禁止されたため、社会主義協会を強化。演説会などをくり返し、平民社とともに社会主義の啓蒙と宣伝に努めた。日露戦争開始後の04年11月結社禁止。

しゃかいしゅぎけんきゅうかい [社会主義研究会]
社会主義の原理と日本への応用の可否を研究することを目的とした日本最初の社会主義研究会。会長の村井知至をはじめ安部磯雄・岸本能武太・片山潜ら会員の多くはユニテリアン派のキリスト教社会主義者で、1898年(明治31)10月18日に第1回研究会を開催。月1回東京三田の惟一館で研究会を開き、1900年の第11回例会で社会主義協会に改組。

しゃかいしんかろん [社会進化論]
生物学における進化の考え方を社会に適用し、社会がより高度なものに進化することを説いた学説。ダーウィンの進化論に触発され、1860年代からイギリスの社会学者スペンサーらによって唱えられた。70年代末頃から加藤弘之・外山正一らにより日本に紹介され、加藤の「人権新説」(1882刊)にみられるように天賦人権論に対抗する思想として利用され、弱肉強食・優勝劣敗の考え方が国家主義・帝国主義の思想と結びついた。

しゃかいせいさくがっかい [社会政策学会]
ドイツ社会政策学会をモデルとして設立された政策提言的指向の強い学会。1896年(明治29)金井延・桑田熊蔵・高野岩三郎らを中心に結成。1907年から公開全国大会を開催。労働問題だけでなく、小農・中小企業・関税など当時の日本経済の直面する問題をとりあげ、社会的影響力は大きかった。国家主義的な右派と自由主義的な左派から構成され、しばしば激しい論争がなされた。第1次大戦後、マルクス主義の影響が増大するなかでしだいに影響力を失い、24年(大正13)第18回大会を最後に自然消滅した。

しゃかいたいしゅうとう [社会大衆党]
1932年(昭和7)7月全国労農大衆党と社会民衆党が合同して結成された単一無産政党。委員長安部磯雄、書記長麻生久。主導権を握った旧全国労農大衆党の麻生・田所輝明、旧社会民衆党の亀井貫一郎らは陸軍の一部や革新官僚勢力と接近して方針転換を進めた。当初は不振だったが、36・37年の総選挙で躍進し、最大時37の議席をもった。日中戦争が始まると戦争遂行に協力。第1次近衛文麿内閣に対してはその党のようにふるまって国家総動員法を支持、38年の近衛新党運動には麻生・亀井らが中核として参加した。40年反軍演説を行った斎藤隆夫除名問題を契機に一部が分裂、主流派は同年近衛新体制運動に参画し、7月解党した。

しゃかいみんしゅうとう [社会民衆党]
大正末～昭和初期の無産政党。労働農民党の左傾化に反対し、日本労働総同盟を中心とする右派が脱党して1926年(大正15)12月5日に結成。委員長安部磯雄、書記長片山哲。合法的手段による資本主義の改革をめざし、第2次大戦前最大の労働組合である総同盟を基盤に、28年(昭和3)の総選挙で4人当選。満州事変を契機に赤松克麿書記長らの国家社会主義派が台頭したが、赤松派の脱党後、32年7月に全国労農大衆党と合同、社会大衆党を結成した。

しゃかいみんしゅとう [社会民主党] ●日本初の社会主義政党。社会主義協会の中心メンバーであった安部磯雄・片山潜・幸徳秋水・西川光二郎・木下尚江・河上清が1901年(明治34)5月に結社届を提出。人類平等、軍備全廃、階級制度廃止、土地・資本の公有などの「理想綱領」8ヵ条と、貴族院廃止、普通選挙実施、治安警察法廃止、労働組合法制定と団結権保障などの「行動綱領」28ヵ条を掲げた。基本的な行動方針としては暴力的手段を排除し、普通選

挙の実現を通じて議会に代表を送りこみ，合法的に目標の達成をはかろうとした。そこに明治期の社会主義の特質がよく表れている。結党の2日後に結社禁止を命じられた。

■昭和戦後期の政党。党首平野力三の公職追放で党勢が振わなかった社会革新党が，平野の追放解除をきっかけに，1951年(昭和26)2月に結成。委員長平野，書記長佐竹晴記。第2次大戦前からの農民組織を基盤に衆議院に4人を擁したのみで，52年7月に農民協同党の一部と合同し，協同党を結成。

■1996年(平成8)1月，日本社会党が党名・党則を変更して成立した政党。同年9月，委員長は村山富市から土井たか子に交代。

しゃかいみんしゅれんごう[社会民主連合]
日本社会党内の左派への反発から離党した江田三郎が結成した社会市民連合を前身として，1978年(昭和53)3月に結成された政党。略称，社民連。発足時の代表は田英夫。社会民主主義を唱えるが党勢は不振。社会・民社両党の合同を軸とした政界再編成の触媒役となることをめざした。93年(平成5)7党1会派による細川護煕内閣に参加するが，翌年5月22日解党。

しゃかく[社格] 神社の格式・等級。古くは天社・国社の区別があり，律令体制下では天祇官のもとで，神名帳に登録されて祈年祭に奉幣をあずかる神社が官社とされ，官幣社と国幣社に区別された。律令体制の崩壊にともなって実質を失った官社制にかわり，平安後期には伊勢神宮と畿内有力社からなる二十二社制が定められた。各国では国司によって一宮以下二宮・三宮の順位がつけられ，国衙の近くに総社がおかれた。のち明治政府のもとで新たに官国幣社制が定められ，神祇官の管轄下に官幣大社・中社・小社，国幣大社・中社・小社，別格官幣社，地方官の管轄下に府県社・郷社・村社・無格社などがあった。1946年(昭和21)廃止。

しゃかさんぞん[釈迦三尊] 釈迦如来を中尊

●●釈迦三尊

とし，左に文殊菩薩，右に普賢菩薩を配する例が最も多いが，梵天・帝釈天，あるいは薬王菩薩と薬上菩薩を脇侍とする場合もある。現存する造形では，法隆寺金堂の釈迦三尊像が最古。聖徳太子とその母および妃の冥福のため，623年(推古31)膳氏によって造立されたもので，鞍作鳥の作とされる。

ジャガタラぶみ[ジャガタラ文] 江戸初期，鎖国令により国外へ追放された混血児らが，インドネシアのジャガタラ(バタビア，現，ジャカルタ)から日本へ書き送った手紙。1636年(寛永13)ポルトガル人との混血児とその母がマカオに追放されたのに続き，39年にはオランダ人らとの混血児と家族がバタビアに追放された。彼らは唐船などに手紙や品々を託して故国の親族と音信を行った。西川如見が「長崎夜話草」のなかで混血のジャガタラお春の手紙をジャガタラ文としてとりあげたことから有名になった。この文は如見の創作とされるが，お春が長崎の叔父らにあてた手紙の写しが現存する。

ジャカルタ インドネシアのジャワ島西部の港市。オランダはヤカトラ，日本ではジャガタラとよんだが，1619年オランダ東インド会社の支配下に入り，バタビアと改称，アジア貿易の基地となった。39年日蘭混血児が日本からこの地に追放され，鎖国時代にはここからオランダ船が長崎に来航した。19世紀以降はオランダ領東インドの政庁がおかれて近代都市に発展。太平洋戦争中，1942年(昭和17)から日本軍が占領。軍政下に入り，市名をジャカルタの旧称に復した。現在，インドネシア共和国の首都。

しゃきょう[写経] 仏典を書写する行為，また書写されたもの。書写した仏典を保有し修行・読誦・講究などのために用いる実用面と，写経そのものが功徳である信仰面の2面がある。日本では，673年(天武2)川原寺で一切経を書写したのが文献上の初見。奈良時代には，官設のほか東大寺などの主要寺院に写経所がおかれ，写経生により大がかりな写経が盛んに行われた。平安時代以降も信仰としての写経は継続された。

シャクシャイン ?～1669.10.23 シャクシャインの戦の中心人物。シベチャリ(現，北海道静内町)の副首長(脇乙名)。1653年(承応2)首長(乙名)のカモクタインがハエ(現，北海道目別町)のオニビシに殺されたあと首長になる。68年(寛文8)オニビシを殺害。69年6月，松前藩に援助を求めたオニビシ側のウタフの死(松前藩による毒殺と噂された)を契機にアイヌの一斉蜂起をよびかけ，蝦夷地内の交易船や鷹待などの和人を襲撃。10月松前藩の和議の計略にかかり酒宴の席で殺された。

文殊菩薩　釈迦如来　普賢菩薩

シャクシャインのたたかい［シャクシャインの戦］
1669年(寛文9)シャクシャインの蜂起に呼応したアイヌが蝦夷地内の交易船や鷹待・金掘を襲撃した, 松前藩に対するアイヌの近世期最大の蜂起。273人(または355人)の和人が殺害されたといわれる。背景には商場知行制の展開による不等価交換や自由交易の制限への不満があった。幕府は松前藩主の一族で旗本の松前泰広を下向させ,「蝦夷征伐」の指揮をとらせた。また弘前藩に出兵を命じ, 杉山八兵衛以下700人余が渡海。松前藩は幕藩権力を後ろ楯として蜂起勢に圧力をかけ, 和睦とみせかけてシャクシャインらを謀殺。この戦の鎮圧により, 松前藩のアイヌに対する支配がいちだんと強化された。

しゃくじょう［錫杖］
(1)杖の上部にある金属性の輪形に, 6ないし12個の小環をつけた法具。僧がもつ十八物の一つで, 遊行僧が携帯した。これを鳴らす音によって障害や煩悩を払い, 智慧を得ることができるとされる。地蔵像には錫杖をもつものが多い。(2)仏教歌謡である声明の曲名。宗派によって音曲は異なるが, 華厳・天台・真言各宗に伝わる。天台宗では, 四箇法要に用いるのを三条錫杖, 葬儀に用いるのを九条錫杖という。

しゃくちょうくう［釈迢空］ ⇨折口信夫

しゃくにほんぎ［釈日本紀］
卜部兼方が著した「日本書紀」の注釈書。本文28巻・目録1巻。卜部家の家説と平安初期以来の博士家の諸説を集めたもの。平野流卜部氏は「日本紀の家」として知られ, 平安時代以来「日本書紀」の講筵を行ってきた。開題・注音・乱脱・帝皇系図・述義・秘訓・和歌の7部門からなる。注釈には, 30種の風土記をはじめ, 逸書の引用文を多く含む。父卜部兼文が1274年(文永11)・75年(建治元), 前関白一条実経以下の質疑に答えたときの資料を根底に, 兼方が他の資料とあわせて分類整理, 作成したと考えられている。写本には, 1301年(正安3)に点校奥書がある。「新訂増補国史大系」所収。

しゃくはち［尺八］
管楽器。竹製。語源は7世紀半ばに唐で用いられた一尺八寸管の縦笛に由来。現在は竹製でリードのない縦笛に尺八名をあてるが, 日本に伝来した尺八の類には, 奈良時代の古代尺八, 中世末期の一節切, 16世紀後半に薩摩武士の間で流行したという天吹, 江戸時代初期に普化宗の虚無僧が修行のために演奏した普化尺八, 大正・昭和期に洋楽的発想のもとに考案された7孔と9孔の多孔尺八などがある。現在一般に尺八といえば普化尺八をさし, 琴古流, 都山流の両尺八がこの系統をひく。普化尺八は前面4孔背面1孔で, 両手中指は楽器を支えるために使い, 両手人差し指と薬指, 左手親指で穴を開閉し演奏する。自由リズムの独奏曲を本曲, 箏や三味線と三曲で演奏される拍節的な曲を外曲とよぶ。

しゃけ［社家］
社家衆・社司家とも。特定の神社に世襲的に奉仕する神職の家筋。はじめは神社の祭祀に奉仕する専門職はなく, 氏族の氏上が氏神の祭祀に奉仕した。その後, 祭祀や社務に専従する者が生じ, 職業化し, 世襲されるようになって社家が発生した。著名な社家として, 伊勢神宮の祭主藤波家・大宮司河辺家, 出雲大社の千家・北島の両家, 上賀茂社の岡本・松下氏, 下鴨社の泉І・梨木氏などがある。名社・古社以外の一般の神社にも社家があった。神職の世襲制は1871年(明治4)太政官布告により廃止されたが, 実際は旧社家で存続するものも多かった。社家のうち名家14家が84年の華族令公布の際, 華族に列した。

しゃこうきどぐう［遮光器土偶］
縄文晩期の亀ケ岡文化に伴う土偶。遮光器とはイヌイットなどの極北民族が用いる雪眼鏡で, 目の表現がこれに似ることから命名。亀ケ岡様式の文様で装飾された大型中空土偶と, 中型・小型の中実土偶がある。東北北部を中心に分布するほか, 周辺地域の関東などでも模倣された。

しゃしゃく［車借］
中世～近世に車を手段とした運送業者。11世紀半ばに成立した「新猿楽記」にみえるのが早い例。東大寺では, 1104年(長治元)美作国からの米・塩の輸送に山城国木津の車借26人を動員し車力料を支払っており, 当時寺家から相対的に独立した立場で営業活動を行っていた車借が, 木津付近に集住していたことがわかる。ほかに京都近郊の鳥羽・白河の車借が有名だが, その活動は道路の整備された畿内・鎌倉周辺にほぼ限られた。荷物運送のほかに商業活動もした。近世では, 下鳥羽と伏見に問屋のもとに組織された大規模な車借集団が存在したが, その労働力である車力の主体は近郊の農民の兼業であった。

しゃせいが［写生画］ 実物や実景を直接写した絵。日本では、物に即して形を写す写生行為そのものは、画家の意識の有無にかかわらず古くからあったが、とくに重要視されるようになるのは江戸時代の円山応挙まるやまおうきょからで、花鳥図を中心に多くの写生帖が残る。それらは写生風の絵画を描くための下地であったが、それ自体がすぐれた芸術作品である。幕末期には多くの画家が、従来の真景図しんけいずとも異なる写生画を描くに至る。

しゃせきしゅう［沙石集］ 「させきしゅう」とも。鎌倉中期の説話集。10巻。無住むじゅう著。1279年(弘安2)起筆、83年脱稿、のち数次の改訂を重ね、広本・略本を残す。流布本巻4によれば、最後の改訂は1308年(延慶元)5月。説話による仏教的啓蒙を意図すると序文にある。ただし、前5巻は話題のあとに教理的解説がつき、巻単位の論理展開もあるが、後の5巻は話題解説が少なく、いわゆる説話集のかたちをとる。巻1の本地垂迹ほんじすいじゃく説、巻5の狂言綺語観・和歌阿陀羅尼観のほか、中世東国中部地方の庶民の生態を伝える話題、俗語を交えた巧みな語り口も注目される。抜書に「金撰集せんしゅう」「金玉集」「見聞聚玖抄」があり、「醒睡笑せいすいしょう」などにもとりいれられている。「日本古典文学大系」所収。

しゃそう［社倉］ 江戸時代、飢饉対策または困窮者への貸与を目的として、穀物を供出させてたくわえた貯蔵倉、およびその運用制度。古代からある義倉・常平倉とともに三倉といわれた。山崎闇斎の「朱子社倉法」によって関心が高まり、諸氏により必要性が主張された。貯穀の方法は、農民の供出が基本だが、領主の下賜米金なども充用された。会津藩で1655年(明暦元)に実施されたのが最初とされ、岡山藩・広島藩・姫路藩・松代藩など各地でたてられた。高島藩の常盤ときわ倉、徳島藩の陰徳倉、江戸の町会所など、他の名称の備荒貯蓄倉も同様の性格とみなされる。

しゃっかんほう［尺貫法］ 日本独自の計量単位系。また計量方法など計量にかかわる古来の習慣しきたりをいっていることがある。尺は長さの単位で、十進法で毛・厘・分・寸・尺・丈と進み、6尺が1間、60間が1町、36町が1里。貫は重さの単位で、毛・厘・分・匁と進み、1貫は1000匁、1斤は160匁。明治政府は1875年(明治8)尺枡秤三器取締規則・度量衡取締条例・度量衡検査規則を公布した。これにより度量衡の製作・売り捌きには官許が必要となり、従来所持の度量衡器も検査をうけることになった。このとき、享保年間の又四郎尺を折衷した折衷尺を曲尺かねじゃくとし、曲尺1尺2寸5分を鯨尺くじらじゃくの1尺と定め、曲尺・鯨尺以外の名称を禁じた。斗量は従来どおり曲尺6万4823立方分を1升とし、重量も従来どおりとしたが、岩倉使節団が持ち帰ったフランスの原器を用いて、1匁を3.756721gと規定した。尺貫法は91年、メートル法に対応する度量衡法によって確定したが、経済の国際化などにともない1951年(昭和26)に計量法が制定され、58年末までに一部の例外を除いて廃止された。

しゃっきんとう［借金党］ ⇨困民党こんみんとう

じゃはなのぼる［謝花昇］ 1865.9.28〜1908.10.29 明治期の沖縄の社会運動家。東風平こちんだ村生れ。1882年(明治15)県費留学生に選抜されて上京し、91年帝国大学農科大学を卒業。帰県後、沖縄出身の最初の高等官(県技師)となり、奈良原繁県政のもとで開墾事務主任を担当。耕地と林野のバランスを重視して知事の開墾至上主義を批判し、土地整理事業の一環としての杣山そまやま処分問題でも、農民の利益を擁護する立場から民地民木を主張して知事と対立。板垣退助らの政党内閣に知事更迭を要請したが実現せず、県庁内で孤立し98年辞任。以後同志とともに「沖縄時論」を発行し、独裁的県政批判と参政権獲得運動を展開したが、知事一派の弾圧で挫折、心身を病み不遇のうちに病没。

じゃびせん［蛇皮線］ ⇨三線さんしん

しゃみせん［三味線］ 日本の弦楽器。地歌じうたでは三弦さんげんともいう。祖型は中国の三絃とされ、14世紀末に琉球に伝わって三線さんしんとなり、のち本土に渡来。琉球からの渡来地・年代には諸説あり、通説では永禄年間、堺港に伝えられた。最初に琵琶法師が手にし、蛇皮を猫皮ないし犬皮に変え、撥で奏するように研究・改良した。17世紀初め頃、三味線伴奏の最古典の芸術的歌謡「三味線組歌」が作られた。種目により楽器の大きさなどが異なる。

シャム ⇨タイ

シャモ ⇨和人わじん

しゃれぼん［洒落本］ 蒟蒻本こんにゃくぼんとも。近世小説の一様式。江戸中・後期を代表する戯作の一つ。小本こほんまたは中本1冊を基本的な形態とする。遊里を取材対象とするのが典型だが、世相一般に及ぶものもある。1770年(明和7)刊行の田舎老人多田爺ただのじい作「遊子方言」によって、基本的な様式が確立した。通り者と息子株という2人の登場人物による滑稽を軸に、江戸吉原での遊興のさまを会話体、小書きによる衣装などの簡明な説明で叙述する。さまざまな趣向による多くの追随作をうみ、安永〜寛政期初めに全盛をきわめた。91年(寛政3)の山東京伝の筆禍によって一時流れがとだえたが、その後に叢生する洒落本は実情を重んじ、人情本への素地をつくった。

じゃんけん［石拳］ 三すくみ拳の一種。石(じ

ゃく）か中国の両拳（リャンチェン）のなまりか，戯れる＝じゃれるの接頭詞がついたものか，手を打つ時の掛け声か，名称の由来は不明。握った拳の石と開いた掌が紙で２本の指をだして鋏を示し，互いに勝ち負けがあるので三すくみになる。江戸末期の随筆「巷街贅説（こうがいぜいせつ）」にみえ，酒席の遊びが児童の遊びとなり現在まで伝えられ，ささいな事柄の判定に大人も使うことがある。

シャンハイじへん [上海事変] ■第１次。満州事変勃発後の中国で日本人僧侶の傷害事件をきっかけに日本海軍陸戦隊と中国第19路軍が衝突した事件。1932年（昭和７）１月18日，排日運動の根拠地上海で僧侶が襲撃された。襲撃は関東軍が満州事変から列国の目をそらすためにしくんだといわれる。日本側は上海市長に抗日団体の解散を要求，中国側は全要求を承認したが両軍間に戦闘が始まり，日本側の予想に反し中国軍は強力で，日本軍は辛勝。イギリスの仲介で５月５日に停戦協定に調印。■第２次。日中戦争初期の上海での戦闘。1937年（昭和12）８月９日，海軍陸戦隊大山勇夫中尉の射殺事件をきっかけに，日本が２個師団を出して激戦を展開した。政府は北支方面に限定されていた戦線を中支まで拡大することを決定し，日中戦争が全面化した。

シャンハイていせんきょうてい [上海停戦協定] 1932年（昭和７）５月５日，第１次上海事変を収拾した日中間の停戦協定。同年１月末に上海で始まった日中両軍の衝突事件は日本軍が苦戦の末，２月末に中国軍を撤退させた。列国権益の集中する上海での戦闘に，混乱を恐れた英・米・仏などが停戦を斡旋，３月24日に停戦会談が実現した。交渉は難航し，中国は国際連盟19人委員会に付託，同委員会案を連盟総会が可決して急速に妥結にむかった。

しゅ [銖] 朱とも。近世の貨幣の単位。１両の16分の１，１分の４分の１に相当。

しゅいん [朱印] 文書に朱色の印肉を使って押した印。古代の官印はすべて朱印であったが，戦国大名もさかんに朱印を使用した。駿河国の今川義元の「如律令」を円で囲んだ印，相模国の北条氏の「禄寿応穏」を方形で囲み上部に虎をつけた印，甲斐国の武田氏の竜を円で囲んだ印，織田信長の「天下布武」を楕円で囲んだ印などが知られる。

しゅいんじょう [朱印状] 朱印を押してある印判状。戦国大名や江戸幕府将軍によって用いられた。黒印状と併用した場合には，朱印状のほうが丁寧とされた。文書形式としては，直状（じきじょう），奉書以上，書状があったが，署判があってあれば朱印状とよぶ。印判状は同一の内容の文書を多量に出す場合に便利なので，ひろく用いられた。近世にも将軍から大名への書状，寺社への所領の給付などに多用された。

しゅいんせん [朱印船] 近世初期，海外渡航許可の朱印状を携えて南方貿易に従事した商船。徳川家康は南方諸国に，朱印状（異国渡海朱印状）を携帯する商船に対する保護・便宜を要請し，活発な海外貿易を推進した。豊臣秀吉も南方渡航船に朱印状を交付したとする記録もあるが現存しない。朱印船は小は70～80トン，大は700トンで，中国式のジャンクを基本に，西欧のガレオン船と日本の伝統的技術を加えた日本前屈とよばれる折衷形式の船体構造。当時社寺に奉納された朱印船の絵馬数点が現存しており，その船型・構造・帆装を知ることができる。

しゅいんせんぼうえき [朱印船貿易] 江戸初期，海外渡航許可の朱印状をうけた朱印船による南方貿易。渡航船は1604～35年（慶長９～寛永12）の間に少なくとも350隻余にのぼり，渡航先はルソン，コーチ，トンキン，シャム，カンボジア，高砂（たかさご）（台湾）など広範囲にわたる。派遣者は島津・松浦・細川など主として西国大名，角倉（すみのくら）・茶屋・末吉・末次などの京都・大坂・堺・長崎の商人，そのほかウィリアム・アダムズや中国人李旦など在留外国人であったが，幕府の禁教および貿易統制の強化とともに，後年には幕府との関係の深い特権商人に限定されていく。輸出品は金・銅・樟脳・漆器など，輸入品は生糸・絹織物をはじめ鹿皮・蘇木・砂糖など中国や南方産物資である。1631年幕府は奉書船の制を設けて朱印船の管理と統制を強化し，35年の海外渡航の全面禁止に至り，朱印船貿易は終焉した。

しゅういおうじょうでん [拾遺往生伝]「日本拾遺往生伝」とも。平安時代，三善為康（みよしのためやす）が著した往生伝。３巻。本来１巻だったが中・下巻が順次編集された。大江匡房（まさふさ）「続本朝往生伝」の後をうけ，95人の伝記を収める。「本朝法華験記」にもとづく記事が多い。往生者の没年の最下限は1111年（天永２）で，「続本朝往生伝」の成立（1101年頃か）以後，この頃までに編集されたか，院政（いんせい）の奥書をもつ真福寺蔵本は重文。「日本思想大系」所収。

じゅういちがつじけん [11月事件] 士官学校事件とも。1934年（昭和９）11月20日，皇道派の青年将校がクーデタを計画しているとして逮捕された事件。村中孝次大尉（陸大学生），磯部浅一（あさいち）１等主計（野砲兵第１連隊付），片岡太郎中尉（陸士予科区隊長）が５・15事件の規模のクーデタを計画しているとして憲兵隊に逮捕され，軍法会議の取調べをうけた。ほかに陸軍士官学校の生徒５人，第１師団の尉官級将校数人も逮捕。軍法会議は翌35年３月27日，証拠不十分として不起訴とした。事件は陸士本科中隊長

辻政信大尉の捏造などであり、皇道派の弾圧と陸士を監督した真崎甚三郎教育総監の責任問題を付をひきおこすことになる。相沢事件の直接のきっかけとなり、真崎教育総監罷免問題から2・26事件へとつながっていった。村中・磯部は辻と片倉衷少佐を誣告罪で軍法会議に訴え、同年7月11日付で「粛軍に関する意見書」を陸軍の幹部などに配布した。これにより2人は免官となる。相沢事件の直接のきっかけとなり、真崎教育総監罷免問題から2・26事件へとつながっていった。

じゅういちめんかんのん [十一面観音] 六観音(千手・馬頭・十一面・聖・如意輪・准提)または七観音(六観音と不空羂索とのこと)の一つ。六道のうち修羅道の救済にあたるとされ、頭上に11面がある。前3面は慈悲の相、左3面は瞋怒の相、右3面は白牙上出相といい浄行者を讃嘆して仏道を勧進する相、後の1面は大笑相、頭頂の1面は仏面で大乗修行者に対し仏道をきわめさせる相とされる。奈良聖林寺・滋賀渡岸寺・京都観音寺などの彫像が知られる。

しゅういわかしゅう [拾遺和歌集] 第3番目の勅撰集。花山法皇の撰か。周辺の歌人たちの関与も考えられる。1006年(寛弘3)前後の成立。「拾遺抄」を増補してなったとみるのが通説。1350首ほどを収め、四季・賀・別・物名・雑上下・神楽歌・恋1~5・雑春・雑秋・雑哀・雑賀・哀傷の20巻。収録の多い順に紀貫之・柿本人麻呂・大中臣能宣・清原元輔で、なかでも人麻呂の評価が高い。晴の歌・恋歌が多いことも特徴。「新日本古典文学大系」所収。

じゆういんどかりせいふ [自由インド仮政府] インド国民会議派の急進的指導者C.ボースを首班とする政府。日本の支援により1943年(昭和18)10月シンガポールで発足。東南アジアの在外インド人の支持をうけ、インド独立をめざして日本に協力した。ボースは首相・外相・国防相、インド国民軍の最高司令官を兼ね、大東亜会議に陪聴者として出席。44年のインパール作戦では約2万人のインド国民軍が日本軍を支援し英領インドに進出したが、日本の敗戦にともないボース政権は崩壊した。

しゅうおんらい [周恩来] Zhou Enlai 1898.3.5~1976.1.8 中国の近代政治家。江蘇省出身。1917年(大正6)来日し、早大などで学ぶ。帰国後、5・4運動に参加。20年渡仏。22年中国共産党に入党し、中共フランス支部を組織し、24年帰国。27年上海で武装蜂起を指導したが、蔣介石の上海クーデタにより江西に逃亡。長征に参加後、西安事件では中共代表として折衝にあたり、蔣介石より第2次国共合作の同意を獲得。日中戦争中は武漢・重慶にあって国共合作に尽力。中華人民共和国成立後は国務院総理兼外交部長などの要職を歴任。54年のジュネーブ会談、周・ネルー会談、翌年のアジア・アフリカ会議で活躍。日米との国交回復にも尽力した。

しゅうがいしょう [拾芥抄] 正しくは「拾芥略要抄」。歳時・文学・官位・国郡・名所など99部門に分類した百科全書。3巻。編者は洞院実熈ともに洞院公賢ともいう。原形は鎌倉中~末期に成立。貴族の教養書として珍重され、多くの増補・書継ぎがある。ほかに有職書として「口遊」「二中歴」が有名だが、「延喜式」以後の公家制度や信仰・習俗などを知る基本史料。「故実叢書」所収。

しゅうかいじょうれい [集会条例] 明治前期の政治集会と政治結社を規制した法令。1880年(明治13)4月5日公布。全16条。内容は、政治集会・政治結社の警察署への届出および認可制、警察官の集会解散権、警視総監・地方長官の結社解散権、軍人・警察官・教員・生徒の集会・結社への参加禁止、屋外政治集会の禁止、他社との連結通信の禁止など。自由民権派による国会開設運動の全国的な抑圧をするための条例。82年6月3日の改正で全19条となり、支社の設置の禁止、内務卿の結社・集会禁止権などきびしい規制が追加された。90年7月、集会及政社法の公布により廃止。

じゆうがくえん [自由学園] 1921年(大正10)東京府下高田町雑司ケ谷(現、豊島区西池袋)に羽仁もと子・羽仁吉一が創設した高等女学校令によらない女子教育機関。生徒数26人、初等部・中等部・高等部で発足し、のちに男子部・幼児生活団を加えた。34年(昭和9)東久留米村(現、東久留米市)に移転。教育理念はキリスト教にもとづき「実生活」を重視した。校名の「自由」は、「基督とともにあるという自由、人間最高の賜物であり尊厳である自由」にもとづく。

じゅうがつじけん [10月事件] 錦旗革命とも。1931年(昭和6)10月の陸軍参謀本部の将校を中心としたクーデタ未遂事件。「クーデターにより政権を奪取して独裁制を布き政治変革を行う」ことを目的に、橋本欣五郎中佐ら参謀本部勤務の幕僚、隊付の青年将校と大川周明・井上日召・橘孝三郎の一党が参画した。橋本は関東軍とも連絡し、軍務局長・次官ら軍上層部の黙認もえていた。在京師団からの一部兵力の動員、陸軍戸山学校生の尉官たちの抜刀隊、航空機(13機)の参加も予定され、若槻首相・閣僚の斬殺、警視庁の占拠などの後、荒木貞夫教育総監部本部長を首班として目的を達成するとしていた。しかし10月16日の夜、荒木は橋本・長勇少佐ら中心人物を検挙、計画は未完に終わった。以来軍内では幕僚と青年将校が、民間では大川と西田税・北一輝が相互不信となり

対立する。橋本ら13人は軽い処罰をうけたが，このなかから太平洋戦争時の軍司令官や師団長が，青年将校から2・26事件の参加者が出ている。

しゅうぎいん [衆議院] 大日本帝国憲法下では貴族院とともに帝国議会を，日本国憲法下では参議院とともに国会を構成する公選の立法機関。1889年(明治22)2月11日に公布された大日本帝国憲法・議院法・衆議院議員選挙法によって，制度的枠組みを与えられた。成立当初は直接国税15円以上を納入する25歳以上の男子による選挙によって議員が選ばれ，議員定数は300。その後，選挙権・定数ともに拡大され，1925年(大正14)男子の普通選挙権，45年(昭和20)男女平等の選挙権が実現した。衆議院は貴族院と対等とされたが，憲法65条の規定により予算先議権があり，政党勢力の拠点として初期議会から政治的比重をしだいに高め，政党政治の制度的根拠となった。昭和期に入ると政党に対する民心の離反，軍部の台頭などにより衆議院の立場は弱まった。47年5月3日，日本国憲法の施行とともに衆議院と参議院で構成される国会は国権の最高機関となり，内閣総理大臣の指名，条約の承認などの権限が加わったが，衆議院は参議院に対して優越した権限をもち，議会制民主主義の拠点としての政治的機能を確立した。

しゅうぎいん [集議院] 明治初年の諮問機関。1869年(明治2)7月8日，公議所の改組により成立。議員はおおむね従来の公議人が就任したが，議案の提出権は太政官以外に認められず，立法府としての権限は著しく縮小した。おもな諮問には贋金流通対策・蝦夷地開拓などがあったが，建議の多くは無視され，言路閉鎖との批判をあびた。70年3月には一橋・田安ら10家藩の議員が盟約辞職する事件がおこるなど，しだいに政府との対立姿勢を強め，同年9月事実上の閉院となり，73年上院へ吸収された。

しゅうぎいんぎいんせんきょほう [衆議院議員選挙法] 大日本帝国憲法のもとで衆議院議員の選挙について規定した法律。1889年(明治22)2月11日に憲法とともに公布。被選挙権は直接国税(地租と所得税)15円以上を納める満25歳以上の男子(被選挙権者は同30歳以上)で，約45万人，内地人口の1.1％強。議員定員は300で，小選挙区を原則とし，記名掛札投票方式。90年に最初の総選挙実施。1900年の改正で，選挙権は納税額10円以上に引き下げ，被選挙権の納税資格は撤廃，大選挙区制(都市は独立選挙区)，無記名投票となった。19年(大正8)原内閣のとき，選挙権は納税額3円以上に引き下げられ，有権者は約307万人に拡大，再び小選挙区制となる。この頃から普通選挙要求の運動が高まり，25年加藤高明内閣のとき，男子の普通選挙(選挙権における納税資格の撤廃)が実現し，有権者は1240万人をこえた。第2次大戦後の45年(昭和20)に大幅に改正され，婦人参政権が認められ，選挙権・被選挙権の年齢が各5歳引き下げられた。50年5月1日，公職選挙法の施行により廃止。

じゆうきょういくうんどう [自由教育運動] 大正後期～昭和初期の自由主義的な教育をめざす運動。第1次大戦中から戦後にかけてデモクラシーの風潮を反映して，生徒の自主性を尊重し個性と創造性をのばす教育が民間を中心に活発になった。沢柳政太郎の成城小学校(1917)，羽仁もと子の自由学園(1921)などの創設がそのあらわれである。1930年代に国家的な教育統制が強化され，しだいに衰退した。

しゅうきょうだんたいほう [宗教団体法] 宗教団体の国家統制を意図した法律。国家総動員法公布後の1939年(昭和14)4月8日公布，翌年4月1日施行。文部省の教団認可の基準は教会数50以上，信徒数5000人以上。これにより仏教は28宗派に整理され，キリスト教では日本天主公教会・日本基督教団が成立。45年12月28日宗教法人令の公布・施行により廃止。

しゅうきょうほうじんほう [宗教法人法] 1951年(昭和26)4月3日公布。日本国憲法の施行による信教の自由・政教分離の確立にともなに制定された。宗教団体が礼拝施設などの財産を所有・維持・運用し，その目的達成のための業務・事業を運営するのに，法人格を与えるもの。この法の公布により宗教法人令は廃止。

じゅうぐんいあんふ [従軍慰安婦] 昭和期の戦地で日本軍将兵の性的慰安をさせられた女性。軍慰安所は1932年(昭和7)上海事変時に存在していたが，南京大虐殺直後の37年末から軍の政策として本格化した。占領地女性への強姦防止，性病蔓延による戦力低下防止を目的とし，若き性病の心配のない植民地下の朝鮮人女性が大量に連行され，占領地では現地女性も駆り出された。91年(平成3)に元慰安婦の証言や補償請求裁判が行われ，92年に軍の全面関与を示す公文書が発見されて日本政府は公式に謝罪したが，補償は解決済としたため，国際的な論議をよんでいる。

じゆうげきじょう [自由劇場] 明治・大正期の劇団。2世市川左団次と小山内薫が1909年(明治42)に創立し，同年11月に有楽座で第1回試演を行った。技芸員は左団次一座の歌舞伎俳優で，欧米の近代劇運動の例にならい会員制をとり，当時の文壇・画壇・劇壇の人々が参集した。演目はイプセン，ストリンドベリ，ハウプトマン，ウェーデキント，チェーホフ，メーテルリンクなどの当時画期的だった翻訳劇の上演を中心に，吉井勇・長田秀雄・秋田雨

雀ちゃらら若手作家の戯曲も上演するなど多彩だった。大正期にも公演を重ねたが，19年(大正8)を最後に自然消滅した。近代劇・翻訳劇の上演の定着をはじめ，演劇のみならず日本の近代芸術史に残した影響と意義は大きい。

じゅうごぎんこう [十五銀行] 1877年(明治10)5月，岩倉具視らの主唱により華族の資産保全を目的として設立された第十五国立銀行。金禄公債で出資された当初資本金は1782万円に上り，全国立銀行資本金の47%を占めた。西南戦争時には政府に多額の貸付けをし，日本鉄道会社創立の際には積極的に株式を購入。国立銀行としての営業満期にともない，97年に普通銀行へ転換し十五銀行と称した。なお宮内省本金庫の取扱などもあって華族銀行の別称を得た。第1次大戦時に急成長し，1920年(大正9)には浪速・神戸川崎・丁酉の3行を合併した。しかし金融恐慌時に取付けにあい休業，再開後不良資産を整理したが，44年(昭和19)に帝国銀行に合併された。

じゅうごねんせんそう [十五年戦争] 1931年(昭和6)9月18日の柳条湖事件から45年8月15日の太平洋戦争終結までを一連の戦争とみなす呼称。56年，思想家鶴見俊輔によってとなえられた。極東国際軍事裁判も満州事変・日中戦争・太平洋戦争を一連のものととらえ，満州事変の中国侵略を問題とした。

しゅうさい [秀才] 律令制下の最高の任官試験。「大事之要略」を問う方略策という論文を2題課し，その文章と内容によって上上・上中・上下・不següent／不通に評定した。上上・上中第合格者は正六位上・下に叙されて出仕を許され，上下・中上第合格者は式部留省となり，考満叙位ののちに出仕が認められた。802年(延暦21)には上下・中上第にそれぞれ大初位上・下に叙されるようになった。平安時代に入ると，文章得業生と秀才試の関係が密接になるとともに，文章得業生が秀才と別称されるようになり，試験の名称としては「方略(之)試」「方略之策」が用いられた。

じゅうし [自由詩] 五七調などの定型律によらずに作られた近現代詩。1882年(明治15)の『新体詩抄』以来提起され続けた。意識的に実践されたのは，言文一致や自然主義の散文，およびその思想と呼応するかたちで，1907年9月に発表された川路柳虹の「塵塚」からとされる。文語からの離脱，伝統的詩意識からの解放を図ることにより，新しい詩の領域が切り開かれ，現代詩に至っている。高村光太郎「道程」，萩原朔太郎「月に吠える」などはその初期の成果。

しゅうじかん [集治監] フランス刑法にならった重罪犯(無期懲役・国事犯など)の集禁監獄。1879年(明治12)4月東京と宮城県に新設置(宮城集治監は西南戦争の賊徒を収容した)。翌年北海道樺戸に(のち樺戸集治監を本監として空知・釧路・網走・十勝に分監を設置)，83年福岡県三池にそれぞれ設置した。1908年公布の監獄法により廃止された。

しゅうしてがた [宗旨手形] ⇨寺請証文

しゅうしにんべつちょう [宗旨人別帳] ⇨宗門人別改帳

じゅうしん [重臣] 昭和戦前期，元老の後継首班奏薦決定に関与した首相経験者・枢密院議長。一般には内大臣・宮内大臣や宮中勢力をも包含した意味で使っていた。5・15事件後，西園寺公望が斎藤実を奏薦する際に首相経験者などに意見を聴取したことに端を発し，重臣の範囲が問題とされた。政府部内では「内閣総理大臣タル前官ノ礼遇ヲ賜リタル者及枢密院議長」を重臣とするとの見解が，1933年(昭和8)に成立していた。

しゅうしんか [修身科] 第2次大戦敗戦以前の初等・中等教育における教科。道徳教育をになし，日本人の精神形成に重大な影響を与えた。1872年(明治5)の学制での位置づけは低かったが，80年の改正教育令で改めて筆頭教科となった。90年の教育勅語発布後は忠孝や忠君愛国による臣民形成の趣旨に則ることとされた。1904年から修身教科書は国定となり，敗戦までに5回の改訂をへた。45年(昭和20)12月占領軍の指令により修身の授業は停止された。

じゆうしんぶん [自由新聞] 明治期の自由党機関紙。■第1次。1882年(明治15)6月25日創刊。社長板垣退助の洋行をめぐる内紛で，馬場辰猪・末広鉄腸らが退社し編集陣が交替。自由党の解散前後から勢力を失い，85年2月廃刊。

■第2次。立憲自由党の結成とともに，板垣退助を中心に1890年(明治23)10月20日創刊。しかし板垣派と国民自由党派が抗争し分裂。翌年4月22日から板垣派は「自由」を機関紙として創刊，このため翌月廃刊に追いこまれた。

■第3次。「自由」が1893年(明治26)7月1日改題したもので，自由新聞社発行と改め自由党直営の機関紙となった。95年党から離れ，97年1月「明治新聞」と改題，同年12月「文武日報」と改め，まもなく廃刊。

しゅうじんろうどう [囚人労働] 明治期に鉱山や土木工事に囚人を使用したこと。明治初年に始まり，1881年(明治14)樺戸(北海道)，82年空知(同前)，83年三池(福岡県)に各集治監を設置，多くの囚人を北海道開拓や幌内炭鉱・三池炭鉱で使用した。しかし過酷な労

働条件への批判も高まり、日清戦争後急速に衰退し、1919年(大正8)樺戸の廃監、31年(昭和6)三池囚人労働の全廃で終わる。

しゅうせいかん [集成館] 鹿児島藩の兵器製造を中心とした工場。島津斉彬が1852年(嘉永5)創業、57年(安政4)命名。1200余人の職工を擁して、反射炉による鋳造、水車動力による砲身の切削加工、地雷・刀剣などの兵器製造のほか、ガラス・陶器・紙・工具など幅広い生産を展開した。58年斉彬が没すると事業は縮小されて兵器製造に専念。62年(文久2)には鋳銭事業にも着手した。

しゅうせんこうさく [終戦工作] 1944年(昭和19)から翌年8月の敗戦にかけて、太平洋戦争終結のため日本が行った外交工作。対ソ平和工作(中立関係のソ連を仲介者とした対連合国工作)は、鈴木貫太郎内閣期に近衛文麿を特使としてソ連に派遣する動きが具体化したが、ソ連側の拒否によって失敗。重慶和平工作(対蔣介石政権工作)は、小磯内閣期に中国側交渉仲介者の繆斌が来日した(繆斌工作)が、繆の信憑性をめぐっての閣内対立がおき、工作は中止。対連合国工作としてスウェーデンを舞台としたバッゲ工作、スイスを舞台にしたダレス工作、バチカンを舞台にした工作なども行われたが、いずれも成功しなかった。

しゅうせんのしょうしょ [終戦の詔書] 1945年(昭和20)8月14日午後11時に鈴木貫太郎内閣のもとで発布された、ポツダム宣言受諾による太平洋戦争の終戦決意をのべた文書。14日朝に開催された御前会議によるポツダム宣言受諾決定をうけて、ただちに詔書案が閣議にはかられて全閣僚の副署によって決定され、同時に詔書は連合国に通報された。天皇が詔書を朗読したレコードが15日正午、玉音放送としてラジオから流された。

しゅうせんれんらくじむきょく [終戦連絡事務局] 第2次大戦直後に占領軍と日本政府との連絡業務にあたった外務省の外局。占領軍の要求により1945年(昭和20)8月26日設置。中央事務局のほか進駐地に地方事務局がおかれた。時代が下るにつれて関係省庁がそれぞれ占領軍と連絡をとるようになり、重要度は低下した。48年2月1日総理庁外局の連絡調整事務局、49年6月1日外務省連絡局と変遷し、講和条約発効の52年4月最終的に業務は廃止された。

しゅうそ [愁訴] 嘆き訴えること。訴訟。中世の訴状などで、「愁申す…事」という文言で始まる愁訴の訴状を愁状という。

じゆうだいがくうんどう [自由大学運動] 大正期〜昭和初年の民衆大学運動。1921年(大正10)長野県上田で土田杏村を指導者に発足した信濃自由大学(のち上田自由大学と改称)を拠点に、松本・伊那、新潟県・群馬県などに広がった。講師陣には土田の母校である京大出身の少壮学者が多数参加し、哲学・文学・政治・法律などに関する高度な内容が連続講座としてくまれた。運動が広がり、24年には自由大学協会(機関誌『自由大学雑誌』)が結成されたが、昭和初年の恐慌で終焉を迎えた。

じゅうついほう [重追放] 江戸幕府の追放刑の一種。「公事方御定書」によれば、その立入禁止区域の御構場所は、武蔵・相模・上野・下野・安房・上総・下総・常陸・山城・摂津・和泉・大和・肥前・東海道筋・木曾路筋・甲斐・駿河および犯罪者の居住国と犯罪を犯した国とされた。また闕所が付加され、田畑・家屋敷・家財が没収された。

じゆうとう [自由党] ■明治期の政党。1881年(明治14)成立。全国的に活況を呈していた民権派結社を結集する中央政党結成の気運をうけ、板垣退助を総理、中島信行を副総理として結党。立憲改進党とともに自由民権運動の中心として活動したが、国会開設まで10年という長期間の運動を指導していくことの困難さや、板垣・後藤象二郎洋行問題に端を発した内紛、改進党との軋轢、弾圧強化、資金難などで行き詰まり、84年10月解党。やがて大同団結運動で民権派再結集の気運が盛り上がり、大同倶楽部・再興自由党・愛国公党の旧自由党3派に九州同志会が合同し、90年9月、立憲自由党を結成(翌年自由党と改称)。改進党とともに民党連合を形成し、初期議会で藩閥政府と激突したが、第4議会頃から第2次伊藤内閣に接近し、日清戦後の96年4月には板垣退助が内相として入閣。98年6月、地租増徴などをめぐり藩閥が政権維持の展望を失ったのをうけて進歩党と合同、憲政党を組織した。
■昭和戦後期の政党。1950年(昭和25)3月、民主自由党と民主党連立派の合同によって成立。総裁吉田茂。成立時は第3次吉田内閣期で、以後第5次吉田内閣まで政権を担当。この間サンフランシスコ講和条約の締結、日米安保体制の確立、資本主義経済の再建、警察予備隊の新設など、戦後日本の進路を決定づける諸政策を遂行した。55年11月、日本民主党からの保守合同のよびかけや財界の要請に応じて解党、自由民主党の結成に参加した。

じゅうどう [柔道] 徒手の格闘法。日本古来の力競べや相撲として育ってきたものが、武士の戦場で必要とする組討の術に発達し、江戸時代には柔術・柔と呼ばれて、無手または短い武器で防御・攻撃する武芸として修練され、多くの達人を出した。おもな流派には、竹内流・関口流・渋川流・起倒流・小栗流・楊心流・天神真楊流などがある。明治

期となり，嘉納治五郎が天神真楊流の福田八之助に入門し，この流儀の得意とする固め技・当身技あてみを学び，ついで飯久保恒年つねとしについて起倒流の投げ技の長所をとりいれ，1882年(明治15)講道館を開いて普及に努めた。明治末年からは中学校で学校教育にとりいれられ広まっていった。第2次大戦後の占領下，柔道が軍国主義と結びついたとの理由で学校教育では禁止されたが，いち早くスポーツとしての国際性が認められ，男子柔道は1964年(昭和39)の東京オリンピックから正式種目となり，80年には女子柔道の世界選手権大会が開かれた。

じゆうとし [自由都市] おもにヨーロッパの中世都市のうち，国王・宗教領主・世俗領主などから自立して種々の自由や特権を獲得した都市。ドイツの場合，13～14世紀を中心にバーゼル，ケルン，マインツなどが事例にされ，イタリア，フランス，イギリスにもみられる。日本でも比較史的観点から15世紀に同様の自治的都市共同体が成立したとして，和泉国堺・筑前国博多・摂津国平野・山城国大山崎・近江国堅田かた・伊勢国大湊がその例とされる。

じゅうにしんしょう [十二神将] 薬師如来を信仰し，「薬師経」を保持する行者を守護する12の神将。宮毘羅くびら・伐折羅ばさら・迷企羅めきら・安底羅あんてら・頞儞羅あんにら・珊底羅さんてら・因陀羅いんだら・波夷羅はいら・摩虎羅まこら・真達羅しんだら・招杜羅しょうとら・毘羯羅びから の各大将。中世以降はそれぞれに本地仏と十二支があてられ，広く信仰された。現存の造形としては，京都広隆寺や奈良新薬師寺の十二神将，奈良興福寺の板彫十二神将などが有名。

じゅうにひとえ [十二単] 女房装束の通俗名称。本来十二単とは，表着うわぎと肌着の間に着用して寒暖を調節するために用いた袿きぬを数領重ね，肌着である単ひとえを着けただけの袿姿をいい，袿を12領重ねたときの名称である。したがって宮中出仕の女房装束の唐衣・裳も・袿・袴・単などを着用した姿とは異なる。「源平盛衰記」に建礼門院の姿を「藤重の十二単」としていることから，女房装束を十二単とよぶことが一般的となった。

じゅうにるいかっせんえまき [十二類合戦絵巻] 十二支の動物の歌合で，判者になろうとした狸が十二支獣と合戦し，惨敗，出家するまでを描く。3巻12段よりなる絵巻。1451～52年(宝徳3～享徳元)頃の作。上巻の詞書ことばがきは後崇光ごすこう院筆。「看聞御記かんもんぎょき」や「綱光公記」にみえる「畜類歌合 十二神絵」などの記録から，この種の絵巻が15世紀前半期にはあったことがわかる。各動物のせりふや衣裳の柄，持物には，その動物ならではの性格を反映する描写がなされている。紙本着色。縦31cm，横10

61～1310cm。京都堂本家蔵。重文。

じゅうにんりょうがえ [十人両替] 近世の大坂で本両替屋仲間行司のうちから選任され，御用を勤めた者。1662年(寛文2)天王寺屋五兵衛・小橋屋浄徳・鍵屋かぎや六兵衛の3人に輸出用小判買上を命じたのを端緒とし，1670年大坂町奉行石丸定次らが金融の統制をはかるため，資産・徳望ある10人を十人両替として登用したことから正式に発足した。その後も本両替仲間行司のうちから幕府が選任したが，実際には10人の定員に満たないことが多い。帯刀や索袋御免などの特権があるが，煩雑な職務のため忌避されたからである。職務は，本両替仲間の紛争仲裁などの統轄，公金取扱い，金銀相場の報告など奉行所との連絡，新旧貨幣引替え，金銀相場・米価の調節，御用金上納関連の業務などであった。

しゅうのうし [収納使] 平安中期以降，受領ずりょう国司によって在地へ派遣された国使。税物の徴収・収納にあたった。目代もくだいや惣大判官代などの肩書をもつ国衙こくが官人で，受領腹心の者が任じられ，在地に入部して非法を行い，問題をおこしたことも多い。郡・郷を単位として派遣され，国衙官人の書生と郡司を率いて，郡・郷収納所を構成し徴税を行った。受領による国衙機構再編成の重要な一環といえる。

じゆうのことわり [自由之理] 明治前期のJ.S.ミルの「自由論」の翻訳書。中村正直まさなお訳。1872年(明治5)刊。5巻6冊。70年に訳出を始め，72年3月に完成。人間の個性の尊重を主張し，思想と言論の自由を力説した内容は，自由民権運動にも大きな影響をあたえた。しかしミルのいう自由が社会的自由であったのに，政治的自由として訳出するなどの問題点もあった。「西国立志編」とならぶ中村の啓蒙的訳業の代表作。「明治文化全集」所収。

しゅうばのとう [驍馬の党] 9世紀末～10世紀初めに坂東方面の東海・東山両道に出没した強盗集団。驍馬とは雇馬の意で，駄馬を徴発することを意味する。驍馬の党は駄馬を奪って運輸業者として荷物の運搬にあたるとともに，強盗事件をおこしていたという。政府は碓氷・坂本両関を固め，取締りをきびしくして鎮圧をめざしたが，賊は追及を免れ，10年余にわたり東国の治安を乱した。10世紀前半におこった平将門の乱の先蹤せんしょうをなす事件と評価されることがある。

しゅうぶん [周文] 生没年不詳。室町中期の禅僧画家。道号は天章。俗姓は藤倉氏。相国寺の都管つかん(都寺つうす)の職にあり寺院の財政を担当すると同時に，画家として足利将軍の御用を勤めた。1423年(応永30)朝鮮派遣使節に加わり，同地で山水画を描いた。30年(永享2)には大和

国片岡の達磨寺の達磨像に彩色を行い，40年には雲居ぷん寺の仏像の像容の参考とするため東大寺に赴くなど，広い範囲の事績が知られ，54年(享徳3)頃まで生存したと推定される。15世紀の第2四半期の絵画界の中心的な存在だが，周文自身が描いたと確証のある作品はなく，画風の実態は不明。伝承作品は数多く「江天遠意図」「水色巒光図だいしょく」「竹斎読書図」などが知られる。没後の将軍家の御用は小栗宗湛にひきつがれ，雪舟しょうやや墨溪に師と仰がれた。

じゅうべんじゅうぎず【十便十宜図】 池大雅いけのたいが・蕪村ぶそんの連作になる日本の南画画冊中の名品。十便十宜詩は中国の明末・清初の文人李笠翁の別荘伊園での生活がいかに便宜であるかをうたったもので，大雅が日常生活の便利さ10種を，蕪村が自然のすばらしさ10種を描く。蕪村の図に1771年(明和8)の年紀があり，この頃尾張国鳴海の酒造家，下郷学海の求めに応じて制作された。紙本淡彩，各縦17cm，横17cm。国宝。

じゅうみんけんうんどう【自由民権運動】 1874年(明治7)の民撰議院設立建白書から十数年間，国会の開設など近代的国民国家の構築をめざして進められた政治運動。かつてこれを明治専制政府打倒をめざすブルジョア民主主義運動とみなす理解が有力であったが，現在では立憲政治の実現という政府と共通の目標に向かって，政府と競合しつつ，これを民権派の主導権のもとで推進しようとした運動という理解も有力である。国約憲法の制定，国会の開設，地方自治の確立，地租軽減，条約改正などを要求した。はじめは運動の担い手は，おおむね政府に不満をもつ士族層で目標も明確ではなかったが，やがて開明派士族層，弁護士・ジャーナリスト・教員など地方知識人層，地方豪農・豪商層が主体になっていく。80年春には諸結社・有志が合流して国会期成同盟が結成され，目標の重点を国会開設におき，組織的かつ全国的な運動を進めようとした。同年秋の第2回大会では，各地で憲法案の起草を行うことなどを決めるとともに，万一に備え遭変者扶助法を定めた。こうした民権派の動きに対し，75年の立憲政体樹立の詔，79年の府県会の開設など，みずからの主導権で立憲政治実現の準備を進めてきた政府は，民権派のとりこみと同時に80年集会条例を制定して圧迫を強化。折しも生じた開拓使官有物払下げ問題への批判とあいまって，運動はいっそう燃え広がったため，81年10月12日政府は，払下げに反対し国会の早期開設とイギリス流政党政治の実現を説く参議大隈重信を罷免する一方で，明治23年の国会開設を約束する勅諭をだした(明治14年の政変)。この間，国会期成同盟に結集した土佐派を中心とする人々は同年10月末，日本最初の全国政党である自由党を，都市知識人層は翌年大隈を総理に立憲改進党を結党した。その後，政府のきびしい取締りや巧妙な政党離間策，デフレ政策による運動支持層の窮乏化による運動資金の枯渇や階層分化などにより，民権派内部が分裂・抗争し，さらに福島・喜多方事件，群馬事件，加波山事件，秩父事件などの激化事件が続発。84年10月自由党は解党し，改進党は同年12月大隈ら首脳部が脱党し，組織的運動は衰退した。憲法発布を前に民権派は，地租軽減，言論集会の自由，外交の刷新を求める三大事件建白運動や大同団結運動を展開。その結果，90年帝国議会開設にあたって，民権派の流れをくむ民党が衆議院の多数を占めた。

じゅうみんけんろん【自由民権論】 明治期の自由民権運動の理論。天賦人権論を基礎とする，政治的・社会的自由の獲得を中心としたブルジョア民主主義論。1874年(明治7)の民撰議院設立建白と論争を契機に形成されたが，当初は国家を支える自主的精神論の性格が強かった。79年の植木枝盛うえきえもりの「民権自由論」あたりから市民的自由の確立の方向に発展し，その実現のための国会開設・憲法制定・地方自治などの具体的要求もうまれた。民権論の到達点は，新聞の論説や著作物，全国の民権結社の趣意書や私擬憲法案に示されており，なかでも植木枝盛の抵抗権・革命権の主張，「憲法草稿評林」の皇帝リコールの主張，中江兆民ちょうみんの小国主義の主張は，そのすぐれた達成点である。運動が後退し，国会・憲法が実現されていくなかで，自由民権論も衰えた。

じゅうみんしゅとう【自由民主党】 1955年(昭和30)11月15日，自由党と日本民主党の合同により結成された保守政党。55年体制のもとで一貫して政権党の地位にあった。党の基本路線として安保体制維持と経済成長優先策をとった。70年代初めには，公害問題の深刻化に二つのニクソン・ショックが重なったこともあり支持率が低下したが，補助金政策と派閥指導者の交代で乗り切った。80年代には，行財政改革を進めたことと，経済の活況に支えられたことによって長期政権を維持できた。衆議院の多数を支配してきた巨大政党であるので党内には多数の派閥があり，ハト派とタカ派，官僚派と党人派などの抗争がつきなかったが，反面派閥実力者による党首交代によって長期的な一党支配が可能となった。国際化にともなう外国からの圧力，70年代半ば以来次々と暴露される田中金脈問題・ロッキード事件・佐川事件などの構造汚職に対する批判が高まるなかで，93年(平成5)分裂し，はじめて野党となった。94年村山内閣で与党に復帰し，96年には自民党を主軸とした橋

しゅもんあらため [宗門改] 江戸幕府がキリシタン禁制の徹底化を進めるため実施した民衆統制策。当初は転びキリシタンが転宗した証明として寺請が実施されたが，1637～38年(寛永14～15)には島原の乱が，17世紀中頃には肥前・豊後・美濃・尾張で潜伏キリシタンの露顕事件(崩れ)が発生したのを直接的な契機として，幕府の宗門改役の指導のもとで全人民を対象とする宗門改が制度化された。原則として毎年2月か3月に宗門人別改帳が作成され，特定の檀那寺所属を義務づけられた。明治維新後，1871年(明治4)寺請制にかわって神社による氏子調べに変更されたが成功せず，73年キリシタン禁制の高札撤廃で停止された。

しゅもんあらためちょう [宗門改帳] ⇨宗門人別改帳 しゅうもんにんべつあらためちょう

しゅもんあらためやく [宗門改役] 江戸幕府の職名。幕領のキリシタン取締りのほか，諸藩のキリシタン取締りも指導した。1640年(寛永17)大目付井上政重が事実上その任にあたり，57年(明暦3)正式に設置された。64年(寛文4)には諸藩にも設置が命じられた。1658年(万治元)井上にかわり大目付北条氏長が任命され，62年作事奉行保田宗雪も任命されて，1792年(寛政4)に廃止されるまで，大目付・作事奉行各1人が兼任した。

しゅもんにんべつあらためちょう [宗門人別改帳] 宗旨人別帳・宗門改帳・家別帳・宗門帳とも。江戸時代，領主が村・町ごとに各家の人別に宗門改を行い作成した帳簿。1613年(慶長18)のキリスト教禁止令以降，キリシタン摘発のため宗門改が実施された。当初の宗門改帳の多くはキリシタンではないことを証明した寺請証文を編集したもの。一方，各領主は江戸初期から領民支配の必要性により戸口調査を行い，人別帳を作成した。1671年(寛文11)幕府はこの人別帳をもとに宗門改をすることを命じ，これを機に全国的に原則として毎年作成されるようになった。それにともない寺檀制度も確立。この帳簿は戸籍台帳として機能し，1871年(明治4)の戸籍法の制定により近代戸籍へと引き継がれた。

しゅうゆうかん [修猷館] 筑前国福岡藩の藩校。1784年(天明4)城下大名町に東学問所修猷館(館長竹田定良)，唐人町に西学問所甘棠館(館長亀井南冥)が開設され，漢学・和学を教授。東は朱子学，西は徂徠 そらい 学を講じ，入学は自由選択とした。98年(寛政10)甘棠館が焼失し，学生を修猷館に収容した。同年武芸場を併設。1870年(明治3)洋学を科目に加えた。71年廃校。

じゅうようさんぎょうとうせいほう [重要産業統制法] 昭和恐慌下の競争激化を背景に商工省臨時産業合理局の主導で制定された産業組織立法。正式名称は「重要産業ノ統制ニ関スル法律」。1931年(昭和6)4月公布。加盟者およびアウトサイダーに対し協定への服従を命じる助成規定と，関連産業・消費者に不利益を及ぼす協定の変更・取消しを命じる公益規定からなる。立案時には恐慌対策の面が強かったが，景気回復とともに公益規制の重要性が増した。実際に発動した例は34年のセメント業のみだったが，同法を背景とした行政指導によってカルテルの設立・維持を助成する一方，その価格協定を適正な方向に誘導した。36年5月，トラストを適用対象に追加するなど内容を強化して施行期間を5年延長したが，第2次大戦時の経済統制の進展によりその役目を終えた。

じゅうようぶんかざい [重要文化財] 有形文化財のうち，歴史上または芸術・学術上に価値が高いものとして国が指定した文化財。略称は重文 じゅうぶん 。1950年(昭和25)の文化財保護法により，それ以前の古社寺保存法・国宝保存法で国宝に指定されたもの，および毎年新たに指定されたものからなる。建造物と美術工芸品からなり，とくに価値の高いものは国宝に指定。文部科学大臣が指定し，文化庁が所管。

じゅえいにねんじゅうがつせんじ [寿永2年10月宣旨] 1183年(寿永2)10月，朝廷が，源頼朝の勢力下にあった東海・東山両道の荘園公領回復を命じるとともに，これに従わない者に対する処置を頼朝にゆだねた宣旨。原文は伝わらないが，「百練抄」寿永2年10月14日条，「玉葉」同年間10月22日条の記事により内容を知ることができる。この宣旨については，朝廷が頼朝に「東国行政権」(国衙 こくが 在庁指揮権)を与えたもので，東国政権としての鎌倉幕府成立の時期を画するものと積極的に評価する説と，荘園公領の返還，あるいは東国独立国家からの後退と消極的に評価する説がある。

じゅかい [受戒] 仏教の規律である戒法をうけること。授ける側からは授戒となる。戒法は大乗と小乗でも違い，出家と在家でも違うので一様ではない。大乗仏教で在家・出家の別なく戒をうけることを通受といい，小乗仏教で在家・出家別々にうけることを別受という。大乗仏教では，菩薩戒を授ける戒師がいないときはみずから誓って戒をうけることが許される。これを自誓受といい，他に従ってうけることを従他受という。そのほか，うけた戒法の量により一分受・多分受・全分受の区別あある。

じゅがく [儒学] 孔子を開祖とし孟子や荀子 じゅんし によって形成された，儒家とよばれる思想流派の思想を，教説とその典拠とされる古典の研究を重視する立場からみたよび方。教えとして

信条実践する立場からは儒教という。中国では，前漢の武帝のときに儒学が国教とされて以来，老荘・陰陽五行説・仏教などの諸思想を摂取しつつ儒教古典の新しい解釈をうみだし，さまざまな儒学説を形成するとともに，清末まで2000年余にわたって中国の王朝支配の体制教学として君臨した。儒教は紀元前後以来，朝鮮半島を通じて日本に伝来し，日本の伝統文化の形成と活性化に大きな役割をはたしたが，学問としての儒学が体系的に摂取されたのは江戸時代である。戦国末～近世初期に明末の朱子学文献が大量に流入し，藤原惺窩ᵝᵉᶦᵏᵃや林羅山ᵘ˙ᶻᵃⁿ・山崎闇斎ᵃⁿˢᵃᶦらが仏教から儒学に転換したのをはじめ，近世社会の特質によって修正をうけつつ，朱子学派・陽明学派・古学派・折衷学派などさまざまな儒学説をうんだ。政治体制とのかかわりが弱かった分，民間の儒者による儒学説の多様な展開を現出し，幕末～近代初期には，その普遍的側面が西洋の近代思想を受容する思想的媒介ともなった。

しゅがくいんりきゅう [修学院離宮] 現在の京都市左京区，比叡山南西麓の修学院の地に後水尾ᴳᵒᵐᶦᶻᵘⁿᵒ上皇が造営した山荘。1655年(明暦元)着工し，63年(寛文3)までに上ᵏᵃᵐᶦの御茶屋・下ˢʰᶦᵐᵒの御茶屋とよばれる二つの庭園が完成。上の御茶屋には自然の谷川をせきとめて造った大池(浴竜池)の周辺に止々ˢʰᶦˢʰᶦ・隣雲亭・窮邃亭ᵏʸᵘᵘˢᵘᶦの三つの茶屋が設けられ，下の御茶屋には御座所となる寿月観ᵃⁿや蔵六庵などの御殿が配置された。70年頃には上皇の皇女朱宮ᵃᵏᵉⁿᵒᵐᶦʸᵃ(のち林丘寺門跡)の御所が設けられ，1824年(文政7)幕府の援助で大規模な改修工事が行われた。明治期以降宮内省の所管となり，隣地の林丘寺境内の一部が移管されて中ᵑᵃᵏᵃの御茶屋となった。

じゅかじんぶつず [樹下人物図] 樹木の傍らに人物をそえて描く図様。樹木と人物のとりあわせの起源として，樹に手をからめて立つインドの女神ヤクシーや，西アジアの生命の樹と女神アナヒターなどが指摘されているが，風俗画の図様として発達したのは中国の唐代と考えられ，「章懐太子墓」の壁画は好例。唐代文化の伝播により周辺の中央アジア・日本にも多くの作例がある。なお正倉院の「鳥毛立女屏風ᵗᵒʳᵢᵍᵉʳʸᵘᵘʲᵒⁿᵒᵇʸᵒᵘᵇᵘ」のように女性の場合は「樹下美人図」と称する。

じゅきょう [儒教] 孔子を開祖とし，孟子や荀子ʲᵘⁿˢʰᶦらによって形成された思想・教説。父子の親，君臣の義，夫婦の別，長幼の序，朋友の信の五つの社会関係における道徳＝五倫と，仁・義・礼・智・信の五常を基本的な道徳とし，家族道徳から国家道徳までを含むが，その中心となるのは，修己と治人で，それを修めることを君子の道徳的義務とする。儒教は，中国では前漢の武帝のときに国教化されて以来，皇帝を中心とする王朝支配を正当化するイデオロギーとして君臨したため，近代社会形成期には封建教学として批判された。しかしその教えは，中国のみならず東アジア諸地域に大きな影響を与え，現在もこれらの地域の人々の日常的な生活意識や道徳意識に深く根をおろしている。

しゅく [宿] 宿泊する建物。また人馬継立てと休泊機能をもつ集落。戦国期，伝馬を継ぎ立てる集落が休泊施設をもち宿駅制度が成立して，江戸幕府に継承された。戦国大名の後北条・今川・武田3氏は，領国内に伝馬ᵗᵉᵐᵃ制をしき，宿立により馬を無賃・有賃で使役する宿継体制を整備，他人の継立ても可能にさせた。天下統一をはたした豊臣秀吉は，1594年(文禄3)京都─清須間に宿駅を設け，人馬継立てを命じた。徳川家康は各大名領で成立した宿駅に新規宿立分を加え，公儀の宿駅制を整備した。関ケ原の戦後，1601年(慶長6)東海道に伝馬制をしき，宿の指定とともに伝馬数がきめられ，朱印状による無賃人馬の継立てを命じた。宿には本陣・脇本陣・旅籠屋がおかれ，駄賃稼ぎが許された。公用人馬の継立てとともに商荷物の宿継も行われ，陸上の運輸・通信を公儀のもとに統制する連絡網が，直接・間接的支配のもとに宿を連結し，全国に張りめぐらされた。

しゅくぐん [粛軍] 1936年(昭和11)3月から翌年9月にかけて，陸軍によってなされた2・26事件後の処置。陸軍は青年将校や事件当時の陸軍上層部を処罰し，隊付将校や在郷軍人会への統制を強化する法の整備，人事権を大臣に集中するための法改正も行った。しかしこれが統制派による皇道派一掃の色合いを帯びてくると，近衛首相はこれを警戒し，反乱幇助ᵇᵒᵘʲᵒの罪で起訴されていた真崎甚三郎を無罪にすることでバランスをとろうとした。

しゅくさいじつ [祝祭日] 古くは宮中祭祀の五節会ᵉ，武家社会の五節供ᵏᵘなどが重んじられた。明治政府は1873年(明治6)10月「年中祭日祝日等ノ休暇日」を布告し，広く国民が祝うべき国家の祝日および皇室の大祭日を，1月3日元始祭，1月5日新年宴会，1月30日孝明天皇祭，2月11日紀元節，4月3日神武天皇祭，9月17日神嘗ⁿᵃᵃᵐᵉ祭(79年に10月17日に変更)，11月3日天長節，11月23日新嘗ⁿᵃᵃᵐᵉ祭と定めた。以後78年に春季・秋季皇霊祭(春分・秋分)，79年に四方拝(1月1日)が加えられ，のち天皇の代替りにより天長節・先帝祭は変更され，1927年(昭和2)には明治節(11月3日)が定められた。これらは48年7月に廃止され，か

わって「国民の祝日」(現在までに14)が制定された。

しゅくばまち [宿場町] 宿駅に指定された在町(在郷町)、宿駅在町。戦国大名や近世の幕府・藩は城下町・港町の中心部か、市場、町場の町などを宿駅に設定したが、宿役を賦課された在町・市場町で、とくに人馬継立てや旅行者の宿泊業に経済が依存する度合いの高い場合、宿場町とよぶ。一部には神奈川宿などのように、年貢賦課対象の村が複数で一宿を構成する場合もある。街道集落の形態をとることが多いが、地域の経済的中心地となっている場合は、裏町や街区をなした町並みを形成することがある。五街道の宿場町は町端に石垣・土居などによる見付(みつけ)が設定され、問屋場・本陣が町中心に設けられた。江戸中期以降、伝馬の利用増大による宿財政悪化のため、宿の窮迫を訴える宿や、間(あい)の宿に休泊の旅人をとられることを訴える宿が多くなったが、文化・文政期の宿場町は増大した旅行者の休泊により繁栄した。

しゅくやくにん [宿役人] 近世の宿駅の交通関係を扱う役人。宿役人の長は問屋場をあずかる問屋だが、その下に問屋を補佐する年寄がおり、下役人の帳付・馬指・人足指は、人馬継立てその他の宿駅関係実務を行う。宿駅の町村には地方・町方関係の役人がいるが、宿駅関係は別に宿役人が設けられた。問屋・年寄に、地方役人の名主を加え宿三役とよぶこともあるが、宿役人と地方役人は重複することが多い。近世前期の東海道では、宿駅業務に地方役人もかかわったが、交通増加に対応して、1665年(寛文5)問屋給米が毎年下付され、問屋の増加などにより地方役人と宿役人の分離も進められ、問屋の宿役人化がはかられた。

しゅげいしゅちいん [綜芸種智院] 三教院とも。天長年間(824〜834)初めに、空海が藤原三守(みもり)の平安京左京九条の邸宅を譲りうけて創立した学校。828年に空海が作った「綜芸種智院式并序」「性霊集(しょうりょうしゅう)」によれば、(1)内典(仏典)を僧、外典(げてん)(世俗書)を俗人に教授させ、僧が外典、俗人が内典を学ぶことも奨励し、(2)俗人の学生(がくしょう)に対して身分差別をせず、(3)教員・学生ともに給食が与えられた。とくに(2)が注目された。同院における教育の実態や学生の実際の身分・階層、大学寮との関係などはほとんど不明。財源としては荘園を有していた。845年(承和12)東寺伝法会の財源とするために施設は売却されてその歴史を閉じ、かわって東寺領丹波国大山荘が成立した。

しゅげんどう [修験道] 日本古来の山岳信仰が道教・儒教・密教などの影響をうけ、平安末期頃に実践的な宗教体系を作りあげたもの。山岳修行による超自然的霊力の獲得と、呪術宗教的活動を行う山伏(やまぶし)に対する信仰も含む。7〜8世紀頃の役小角(えんのおづぬ)を開祖とする。鎌倉・室町時代に、熊野三山を拠点とする熊野山伏と吉野金峰山(きんぷせん)を中心とする山岳寺院に集う廻国修験者の2大集団が形成され、前者は聖護院を総本山とする本山派に、後者はまず興福寺などの援助により当山派を形成し、のち醍醐寺三宝院の管轄下に入った。出羽三山、九州彦山、四国石鎚山など地方でも独自の修験集団を形成した。江戸幕府は全国の修験者を天台系の本山派か真言系の当山派に所属させ、廻国を禁止したため、町や村に定着し加持祈禱などの呪術的活動をもっぱらにした。1872年(明治5)の修験道廃止令により、諸派は天台宗や真言宗に帰属させられた。第2次大戦後、本山修験宗、真言宗醍醐派、金峰山修験本宗など修験教団はあいついで独立をはたした。

しゅご [守護] 鎌倉・室町両幕府の職制で、国ごとにおかれた軍事・行政官。12世紀末の源平争乱期・鎌倉幕府草創期、源頼朝は状況に応じて有力御家人を国ごとの軍事指揮官に指名。彼らは守護人・総追捕使(そうついぶし)ともよばれた。1185年(文治元)末、この地位は朝廷に公認され、やがて全国的・統一的な守護制度となった。「御成敗式目」は守護の職掌について、大番役の御家人の指揮・監督と謀反人・殺害人などの追捕と規定。国衙(こくが)行政への関与と土地・住民の支配を禁じている。しかし現実には、国衙在庁を指揮して大田文(おおたぶみ)を作らせたり、一国平均役の賦課・徴収を行った。鎌倉末期には守護職の多くを北条氏一門が占めるようになる。建武政権・室町幕府にも、その職制は継承された。南北朝期には守護の交代が続くが、15世紀になると畿内の細川・畠山両氏、東国の上杉氏、防長の大内氏、九州の島津氏のように、守護の家と管国がほぼ固定化。同時に守護は一国の行政権を手中に収め、国内の武士を被官化し、領国支配を確立していく。彼らを守護大名とよび、多くは幕府の衰退と運命をともにするが、領国支配をより強化して戦国大名となる者もいた。

しゅごうけ [守護請] 室町時代、荘園・国衙(こくが)領の年貢を守護が一定額で請け負う制度。南北朝期以降、荘園の請所(うけしょ)化が広まり、一方では地下請(じげうけ)などもみられたが、国人(こくじん)・土豪の非法や農民の抵抗が強い場合などには、守護や守護代に荘園・国衙領の所務を任せることも行われた。一定の年貢確保が目的だったが、これにより荘園領主はたんなる得分権者になり、請地は事実上の守護領となる。現実には契約どおりに年貢が納入されないことが多く、守護請は荘園制を崩壊させ、守護の領国形成の契

機となった。

しゅごだい [守護代] 中世に守護の代官として任国で政務をつかさどった武士。鎌倉時代から存在するが、活躍がめだつのは室町時代。室町時代の守護は、多くが京都や鎌倉に駐留し、任国の政務は守護代が行ったが、守護とともに在京する守護代もいた。守護の一族や外様の武士が任命されることもあったが、守護の重臣がこの職につくことが多く、世襲化して勢力を伸ばした。畠山氏の下にいた遊佐氏、斯波氏の家臣の甲斐氏、上杉氏の守護代の越後国長尾氏などが著名。守護の命をうけて下地遵行などに関与し、国内の紛争解決の実質的な主導者であった。越後国長尾氏のように守護家を凌駕して戦国大名になった家もある。

しゅごだいみょう [守護大名] 室町幕府下の守護を、鎌倉時代のそれと区別するために設定された学術用語。前代に比べ、その職権が著しく拡大したのが特徴で、苅田狼藉などの制止、幕府の判決を施行する使節遵行などの職務のほか、任国全域に課役を賦課することのできる段銭徴収権をも掌握し、領域支配への志向を著しく強めた。さらに、軍事指揮官として任国の武士を動員するなかで、半済あるいは敵方から没収した所領の処分権などの権益を用いて、武士たちを被官として組織化したが、幕政に参加するため在京することが多いこともあって、領域支配も主従制の構築も不十分にとどまった。応仁の乱以降の動乱期に戦国大名に発展した者も少なくないが、守護代や国人の台頭で没落する者が多かった。

しゅごたんせん [守護段銭] 一国平均役としての公田段銭ではなく、室町時代、守護が分国内に私に賦課した段銭。公田段銭の守護請を利用して、守護が段銭徴収に対する権限を強めた15世紀中頃から一般化する。要脚段銭・公用段銭などと称され、やはり公田面積を賦課基準としていた。徴収した守護段銭は分国内の領主層に給付され、守護との被官関係形成の手段ともされた。中世末期には、このような私段銭が領主諸階層に広くとりいれられた。

しゅごりょうごくせい [守護領国制] 室町時代の守護の領国支配体制を中央集権的な荘園体制に代わる地域的封建制と考え、戦国大名領国・近世大名知行制へと続く地方分権的な封建国家の第一段階と位置づける概念。封建国家の起点を南北朝期と考える石母田正・松本新八郎の理論を背景に1950年(昭和25)前後に佐藤進一・永原慶二らが体系化。室町幕府は守護大名の連合政権と位置づけられた。その後南北朝封建革命説が批判され、60年代初頭に黒川直則らが守護領国は荘園公領制を維持するもので、国人層の支配も未成熟と指摘。国人領主の荘園に対する独自の支配権が確立にむかったと強調した。この批判をうけて、永原は国人領主を基礎とする大名領国制概念を提示。一方では60年代後半以降、守護の領国支配とはなにかが問われ、守護支配の実態分析が進む。また戦国大名の貫高制の研究から、貫高制の起源として守護職権、とくに段銭賦課権の意義が明らかにされた。

じゅさんぐう [准三宮] 准三后・准后とも。皇族・摂関・僧侶などに、三宮(太皇太后・皇太后・皇后)に準じて年官・年爵・封戸などの経済的待遇を与えること、またこれを与えられた者。勅書によって与えられた。871年(貞観13)の藤原良房の例に始まり、皇族のほか摂関、天皇の外戚的例が多いが、室町時代には足利義満・同義政のように、将軍にも与えられた。ただし経済的な権能はしだいに実体を伴わなくなり、名目的なものとなった。

しゅじ [種子] 唯識説では「しゅうじ」とよむが、密教では種子字(種字)の意味で「しゅじ」とよみ、諸尊を1字で表した梵字をさす。梵字の一つ一つには哲学的意味があるため、それに仏・菩薩を象徴させた。種子を通して諸尊を観じることを種子観、種子を輪形につないで順・逆を観じることを種子輪観、種子で描いた曼荼羅を種子曼荼羅という。

しゅしがく [朱子学] 宋学・宋儒学・新儒学とも。11世紀頃南宋の朱子によって体系化され、中国をはじめ東アジアに大きな影響を与えた儒学の一大哲学体系。朱子は、北宋の周濂溪・張横渠・程明道・程伊川らの儒学説を集大成し、孔子以来の儒教を再解釈して、宇宙・社会・人性を首尾一貫した論理で捉えようとした。その思想は、万物の存在を理と気によって説明し、人間は本来に絶対善なる本然の性を具有しており、居敬・窮理という為学修養により気質の性の混濁を除去すれば、誰もが聖人になれるとした。これは、貴族制社会を解体し新しい中央集権的政権を形成しようとした宋王朝と当時の知識階級にうけいれられ、儒学の理想主義を政治のうえで実現する可能性を切り開いた。朱子学は元・明代以降、清代末にいたるまで儒教の正統的解釈として君臨した。日本には鎌倉時代に準備によってもたらされたが、戦国末期の思想的革新と近世の学問興隆を背景に修正をうけつつも、近世を通じて知識人の世界観の基礎をなした。

しゅじつ [手実] 律令制下、ある個人が、手ずから実情を記して申告する文書。ふつうは、戸令造計帳条に規定のある手実、すなわち戸主がみずからの戸口について、姓名・年齢などの現状を書いたもの(計帳手実)をさすことが多い。写経生が仕事の出来高を報告したものも経師手

しゅしゅんすい [朱舜水] 1600.10.12～82.4.17

江戸初期に日本に亡命した中国明末の遺臣・儒学者。名は之瑜，字は魯璵・楚璵，舜水は号。余姚（浙江省）生れ。経世済民の志を抱き，一族の期待をうけながらも明末の混乱した官界に違和を感じて度重なる明朝からの仕官要請に応じず，明末の遺臣鄭成功らの南京攻略に従軍して敗北し，明室復興をあきらめて1659年(万治2)長崎に亡命した。このとき柳河藩の安東省庵の援助をうけた。65年(寛文5)水戸藩の小宅処斎の推挙で同藩の賓客となり，藩主徳川光圀の厚遇をうけ，前期水戸学の形成に影響を与えた。「大日本史」編纂に大きな功績を残した安積澹泊はその弟子，朱舜水の学問を実理・実学と評言している。

しゅせい [主政]

律令制下の郡司の判官。大宝令の定員は大郡3人，上郡2人，中郡1人(下・小郡はない)。739年(天平11)5月に減員され，大・上郡にのみ各1人となったが，757年(天平宝字元)の養老律令施行後，まもなく令規に復したらしい。選叙令では「強く幹く聡敏にして，書計に工なる者」をとれとあって，郡内の事務を担当した。長官・次官である郡領(大・少領)とは地位も出自も格段に異なる。

しゅぜんじ [修禅寺]

静岡県修善寺町にある曹洞宗の寺。肖盧山と号す。もとは福知山と称した。俗にお弘法さんという。寺伝では空海の創建というが，空海の弟子杲隣あるいは2世が開創とする説もある。1194年(建久5)に源頼朝の弟範頼が，1203年(建仁3)には2代将軍源頼家がここに幽閉され，のち謀殺された。46年(寛元4)蘭渓道隆が来住して臨済宗の寺とし，修善寺から修禅寺と改名。室町初期に幕府が安国寺・利生塔を諸国に設置したが，伊豆国利生塔がここに設置された。戦国初期に北条早雲が隆渓繁紹を住持に迎え，曹洞宗に改め現在に至る。境内には頼家の墓がある。

しゅぞうぜい [酒造税]

酒造業者に賦課した国税，間接税。江戸時代の冥加金を継承した明治政府は法規の整備を進め，1880年(明治13)酒造税則，96年酒造税法を制定した。課税が容易だったため，地租・所得税と並ぶ主要な財源となった。1940年(昭和15)に麦酒税および関連税目を統合して酒税に改編し，現在に至る。

シュタイン Lorenz von Stein 1815.11.15～90.9.23

ドイツの公法・経済・行政学者。キール大学で学び，パリに留学。1855年ウィーン大学教授となり，政治学・経済学を講義。君主権の強い立憲制の立場をとった。82年(明治15)憲法調査に訪れた伊藤博文に，日本の国体を尊重した憲法の制定を助言。伊藤の憲法起草に大きな影響を与えた。以後，渡欧した山県有朋・黒田清隆ら政府首脳にも助言を行った。

しゅちょう [主帳]

律令制下の郡司の主典。大宝令の定員は大郡3人，上郡2人，中・下・小郡各1人。739年(天平11)5月に大郡2人，上～小郡各1人に減員されたが，757年(天平字元)の養老律令施行後，まもなく令規に復したらしい。選叙令では「強く幹く聡敏にして，書計に工なる者」をとれとあって，主政らとともに郡内の事務を担当。各国の軍団にも事務の担当者として主帳1人がおかれた。

しゅつじょうごご [出定後語]

富永仲基が著した思想書。2巻。1745年(延享2)出版。書名は，釈迦が禅定から出た後に説法したという意味で，みずからを仏に擬している。仏教経典すべてが釈迦の説ではなく，のちに釈迦弟子につけて付加・補整(加上)されたものだというのが主張の中心。大乗非仏説論と仏教の近代的研究の先駆とされる。本書刊行後，排仏論・護法論の論議が活発化した。「日本思想大系」所収。

しゅっせかげきよ [出世景清]

人形浄瑠璃。時代物。5段。近松門左衛門作。1685年(貞享2)頃二の替り大坂竹本座初演という。前年，京から大坂に下った宇治加賀掾に対抗した竹本義太夫が，はじめて近松に執筆を依頼した作品。内容は平家の落人景清の源頼朝への復讐を軸に，彼をめぐる2人の女性の生き方をからませたもの。謡曲「大仏供養」，舞曲「景清」などによるが，登場人物の描写にすぐれ，内容も変化にとみ，後世の作品に大きな影響を与えた。初演の年は，東大寺大仏修復の大勧進の開始や，源平合戦の武将たちの五百年忌にあたるのでこの題材が選ばれた。本作を当流浄瑠璃(義太夫節)の最初とし，これより前の作品を古浄瑠璃とよぶ慣習に対し，近年疑義がだされている。

しゅっぱんじょうれい [出版条例]

出版物の取締りを目的とする法規。1869年(明治2)5月行政官達として布告され，出版の事前許可制・納本義務・版権保護・出版禁止事項などを定めたもの。72年1月の改正で全14条を定めたが，基本的内容はかわらなかった。自由民権運動が始まると75年9月に28カ条・罰則8カ条に改正され，内務省の管轄となったうえ，きびしい罰則が設けられた。83年の罰則強化をへて，87年12月に34カ条の条例が制定され，治安妨害・風俗壊乱の文書・図画に対する内務大臣による発

売止など取締り規定が細かくなった。この改訂に際し、版権は本条例から分離され、新たに版権条例が制定されることになった。

しゅっぱんほう [出版法] 出版条例を引き継いで、1893年(明治26)4月に公布された出版取締り法規。民党側の議員立法によって成立した。納本期限が発行の10日前から3日前になるなど取締りが緩和された部分もあるが、内務大臣の発売・頒布禁止権限が残されるなど、基本的性格はかわらない。1934年(昭和9)5月の改正で、犯罪を「煽動」した場合と、「皇室ノ尊厳ヲ冒瀆スル」場合が取締り規定に追加されて一段ときびしいものとなった。このときレコードも出版法が適用されることとなった。第2次大戦後の45年10月4日にGHQの発した「政治的市民的及宗教的自由に関する制限の撤廃に関する覚書」で事実上失効し、49年5月に廃止。

しゅてんどうじ [酒呑童子] 室町物語の武家物。作者不詳。南北朝期には成立。「御伽草子」の一種。丹波国大江山に住む酒呑童子により、洛中洛外の美女がつぎつぎと誘拐される。酒呑童子討伐の勅命をうけた源頼光は、藤原保昌・渡辺綱・坂田金時・碓井貞光・卜部季武とともに山伏に変装して大江山へむかう。頼光一行は、八幡・住吉・熊野の神々から授かった毒酒を童子らに飲ませて討ち、美女たちを救出、都へ凱旋する。室町～江戸時代に広く流布した。童子の住みかの差異により、大江山系と伊吹山系の諸本にわかれる。童子の前身を語る「伊吹童子」もある。「日本古典文学大系」「日本古典文学全集」所収。

しゅと [衆徒] 「しゅうと」とも。衆僧・大衆ともいう。一山一寺の僧侶の総称。とくに平安時代以降、南都北嶺の諸大寺に住した多くの僧侶をいい、僧兵をもさすようになった。寺院社会は別途に上層執行部のほか、教学の学習・法会の運営を行う学侶、堂塔を管理し雑務をになう堂衆の2階層からなるが、衆徒は学侶を意味する場合と堂衆が主体となる場合があった。鎌倉中期以降の興福寺では、学侶や堂衆とは別組織の武士的な下級僧侶集団を意味し、衆徒・国民と併称され、寺住(寺中)衆徒と田舎衆徒があった。浄土真宗では住職の子弟などで得度した者をいう。

しゅとうじょ [種痘所] 江戸神田お玉ケ池に開設された牛痘接種所。1858年(安政5)江戸の蘭学者83人が官許をえて設立。はじめお玉ケ池の川路聖謨拝領地にあったが、火災のため御徒町の伊東玄朴宅隣接地に移り種痘を続行した。60年(万延元)幕府直轄。初代頭取は大槻俊斎。61年(文久元)西洋医学所、63年医学所となった。

ジュネーブかいぐんぐんしゅくかいぎ [ジュネーブ海軍軍縮会議] ワシントン海軍軍縮条約で制限外となった補助艦の建艦競争が激化するなかで、クーリッジ米大統領の提唱により、1927年(昭和2)6月20日から8月4日までジュネーブで開催された軍縮会議。日本の首席全権委員は斎藤實なる。仏・伊は参加せず、米・英・日3国の会議となった。交渉過程では巡洋艦をめぐる米・英の激しい対立が表面化し、日米間にも日本の補助艦対米比率7割をめぐる対立が存在した。日本は金融恐慌にともなう財政難にも影響されて米・英間の調停に努めたが、結局会議は失敗に終わった。

じゅふくじ [寿福寺] 神奈川県鎌倉市扇ガ谷にある臨済宗建長寺派の寺。正式には亀谷山寿福金剛禅寺。開山は千光国師明庵栄西で、北条政子が1200年(正治2)閏2月に開創。鎌倉五山の第3位。もと源義朝邸跡で、1180年(治承4)にはじめて鎌倉入りした源頼朝は、ここに幕府を構えようとしたが、すでに義朝の菩提を弔う堂があったことなどから断念。木造地蔵菩薩立像、「喫茶養生記」の古写本(ともに重文)などがある。

しゅふのとも [主婦之友] 1917年(大正6)3月に石川武美が創刊した月刊婦人雑誌。家事の実用記事、小説・実話・身上相談などをもりこみ、中流家庭の主婦の教養・娯楽雑誌として、41年(昭和16)には180万部を発行して日本一の婦人雑誌となる。大正・昭和前期には近代的な家庭生活への改善、第2次大戦時には銃後の生活の合理化、戦後は民主的家庭づくりと、常に時流をとりいれた誌面構成で支持を得て今日に至る。

じゅぼくしょう [入木抄] 「筆法口伝」「入木道手習書」とも。書道指導書。尊円入道親王著。1352年(文和元・正平7)15日光厳上皇に奏呈。入木とは、日本での書道の異称で、王羲之が書くと墨が木板に3分しみこんだ故実による。「入木口伝抄」をもとに、書道心得とその稽古方法、手本の可否、用紙や筆・墨の選定など20項目にわたり詳細に解説、日本書道史の変遷なども簡略にのべる。「群書類従」所収。

じゅぼくどう [入木道] 王羲之の書した木板のところへ、3分余も墨がしみ込んでいた(入木)という羲之の筆力を物語る中国の故事にちなみ、日本では書道を意味する。平安期の藤原伊行の「夜鶴庭訓抄」には「入木とは手かく事を申す」とある。

じゅらくてい [聚楽第] 「じゅらくだい」とも。聚楽城とも。関白となった豊臣秀吉が現在の京都市上京区、平安京大内裏の故地である内野に築いた城郭風の大邸宅。1586年(天正14)から翌年にかけて造営された。天守閣を構える本丸の

周囲に南二の丸・北の丸・西丸の各曲輪くるわが付属し、豪壮華麗な殿舎が建ち並んだほか、内郭を囲む全長約1000間の堀の外側には諸大名の屋敷が配置されていたと伝えられる。88年には後陽成ごようぜい天皇の行幸が盛大に行われて秀吉の権勢を天下に誇示した。関白となった豊臣秀次が、95年(文禄4)に自害せられるとただちに破却され、建物は大半が伏見城、一部が寺院などに移築された。

しゅり [首里] 琉球・沖縄の都市名。15世紀初頭に尚巴志はしの手で首里城が整備され、やがて琉球王国の王都となった。16世紀初期に尚真王が各地の按司あじ(豪族)を首里に集居させたため、城下町としての発展が加速された。首里城を中心に官衙や寺院、家臣の屋敷が並ぶ王国随一の都市であった。首里親国は美称。1879年(明治12)の琉球処分、沖縄県設置により首里城が明け渡され、県庁が那覇におかれたことにより、長く続いた行政上の拠点的性格を喪失。首里市として存続したが、1954年(昭和29)那覇市に合併。45年の沖縄戦で米軍の激しい攻撃をうけ文化遺産の大半を失ったが、92年(平成4)焼失した首里城が復元された。

しゅりおうふ [首里王府] 琉球王府・中山王府とも。琉球王国の行政機関。王を頂点に摂政せっしょう、三司官さんかん(3人制)、表十五人(各役所の長官・次官クラス)などの首脳部があり、首里城に本部があった。各案件は表十五人で審議し、摂政・三司官が決裁、王に上奏して裁可を仰ぐ手続きであった。地方行政は各地の間切番所まぎりばんが、宮古・八重山の蔵元くらもとが直接担当し、必要事項について王府が指示した。鹿児島藩支配下の近世では那覇に在番奉行が駐在し、鹿児島には琉球側の出先機関の琉球仮屋(のちに琉球館)がおかれるなど相互調整機能を維持した。1879年(明治12)の琉球処分・沖縄県設置により王府は崩壊し、その権能は県庁に引き継がれた。

しゅん [旬] 旬政・旬儀しゅんぎとも。平安時代以降、朝廷で行われた儀式。毎月1・11・16・21日に、天皇が紫宸殿しんでんにでて諸司奏や官奏などの政務をみ、ついで臣下に御膳や酒をふるまい、禄を賜った諸臣が拝舞の後に退出して終わる。9世紀前半にとくに盛んに行われたが、10世紀以降は4・10月の朔日にのみ行われるのが通例となり、これを二孟旬にもうじゅんといった。また天皇が出御せず、臣下が宜陽殿ぎようで宴のみを賜った平宴へいえんといった。

しゅんおくみょうは [春屋妙葩] 1311.12.22～88.8.12 鎌倉末～南北朝期の臨済宗の代表的な禅僧。諱は妙葩、字は春屋。諡号が智覚普明国師。甲斐国の平氏の出身。夢窓疎石むそうそせきの甥。1325年(正中2)夢窓に従って得度。夢窓や鎌倉浄智寺の竺仙梵僊じくせんぼんせんらを師として修行。35年(建武2)以降京都に移るが、69年(応安2・正平24)から約10年間、丹後国雲門寺に隠棲。79年(康暦元・天授5)南禅寺の住持となり、また天下僧録として全国の禅寺・禅僧を統轄した。

しゅんかん [俊寛] 生没年不詳。平安後期の真言宗僧、後白河法皇の近臣。仁和にん寺寛雅かんがの子。出家後少僧都しょうに昇り、父の跡をついで法勝ほっしょう寺座主しゅとなる。1174年(承安4)八条院の仁和寺蓮華心院供養に上座を勤め、その賞によって子俊玄しゅんげんが法橋に任じられる。77年(治承元)鹿ケ谷ししがたに山荘での平氏追討謀議が発覚し、藤原成経なりつね・平康頼やすよりとともに薩摩国鬼界ケ島に流罪となり、同地で没した。

じゅんかん [閏刑] 官人・僧尼などの特定身分の者に対し、主刑である笞ち・杖じょう・徒ず・流る・死に代わって科する刑罰の総称。閏刑には付加刑的なものと換刑的なものがあり、官人に対しては、付加刑として除名・免官・免所居官めんしょが、換刑として官当・贖しょくが名例律に定めてある。僧侶に対しては、換刑として苦使・外配げはい(畿外の寺に配する)・還俗げんぞくが僧尼令に規定されていた。その他平安～室町時代には解官・除籍が、江戸時代には逼塞ひっそく・閉門などがある。

しゅんけいぬり [春慶塗] 漆塗の手法の一つ。着色した木地に透漆すきうるしを塗って木目の美しさを表すのが特色。南北朝期に和泉国堺の漆工春慶が考案したといわれる。木地を染める顔料に梔子くちなしや雌黄しおうを用いた黄春慶と、弁柄べんがらなどを用いた紅春慶とに大別される。江戸時代以降全国各地に広まり、飛驒・能代のしろ・木曾・粟野(茨城県)・日光・吉野などで春慶塗が行われている。

じゅんさつし [巡察使] 律令制下、諸国司の監察のために地方に派遣された使者。唐の制度を模倣したもの。律令の規定では太政官に属するが、必要に際して臨時に任命され、七道の各道ごとに派遣された。685年(天武14)を初見とし、8世紀には頻繁に派遣されたが、795年(延暦14)にいったん停止された。その後、勘解由使かげゆ・観察使の設置と廃止を挟んで、824年(天長元)に再び派遣されたが、同年の勘解由使再置後は派遣されなかった。

じゅんさつし [巡察師] ⇨ビジタドール

じゅんし [殉死] 主君などの死に際し、その家臣や妻子らが死者の後を追って自殺すること。多くは切腹をして追腹おいばらとよぶので。鎌倉時代以降、敗北に際して家臣たちが集団自殺することが行われた。しかし日本の殉死の特徴は、病気などで死んだ主君の後を追って自殺する風習が流行することである。その初見は「明徳記」

にみえる三島外記入道の事例だが、江戸初期にはそれが美風とされ流行し、1657年(明暦3)に死んだ鍋島勝茂には26人もの殉死者があった。主君の小姓のほか比較的下層の者が、強制によるよりもむしろ進んで死んでいることが多い。これを重くみた幕府は、63年(寛文3)厳命をもって殉死を禁止し、その風習はほぼ絶えた。

- **しゅんじょう [俊芿]** 1166.8.10～1227.閏3.8 鎌倉前期の僧。京都泉涌寺の開山。号は我禅房・不可棄。肥後国生れ。18歳で剃髪し、翌1184年(元暦元)大宰府観世音寺で具足戒をうけた。戒律の重要性を痛感して99年(正治元)入宋。径山の蒙庵元総に禅を、四明山の如庵了宏に律学を、北峰宗印に天台教学を学び、12年後帰国して北京律を興こした。俊芿は帰依した宇都宮信房内に仙遊寺を寄進され、寺号を泉涌寺と改めて再興の勧進を始めた(このときの勧進帳は国宝)。後鳥羽上皇をはじめ天皇・女院・貴族・武家にも多くの帰依者を得て喜捨を集め、堂舎も整備されて御願寺となり、律・天台・禅・浄土の4宗兼学の道場として栄えた。

- **しゅんしょくうめごよみ [春色梅児誉美]** 江戸後期の人情本。4編。為永春水作、柳川重信画。1・2編は1832年(天保3)刊、3・4編は33年刊。29年(文政12)の大火で書肆青林堂を失った春水が、助作者なしで書いたもので、読本・合巻ふうの趣向を用いて伝奇性を確保し、洒落本・滑稽本の写実的描写により恋の意気地と駆引を描き、人情本の分野を確立した。実在の男芸者などを登場させたり、この時代の男女の逢瀬の会話を完璧に再現したため、春水が読者と想定した婦女子のみならず青年たちの大歓迎を得て、主人公の丹次郎の名は光源氏や在原業平と並んで色男の代名詞として明治期まで使われた。「日本古典文学大系」所収。

- **しゅんせい [旬政]** ⇨ 旬

- **しゅんとう [春闘]** 1955年(昭和30)以降、春季に賃上げをめざして各労働組合が行う共同行動。同年、総評傘下など八つの単産が春季賃上げ共闘会議を結成して開始、57年からは春闘共闘委員会を設置して推進した。総評と対立する全労会議(のちの同盟)系の組合にも、春季賃上げ闘争を組むものが広がった。さらに64年、公労協のストライキ計画が池田勇人首相と太田薫総評議長の会談で収拾され、公労協賃金の民間準拠が原則となったことから、春闘は日本的な賃金決定方式として定着した。73年のオイルショック以降、総評は弱者救済を掲げて「国民春闘」を提唱、この間67年からはIMF・JC(現、金属労協)が春闘相場形成を主導した。89年(平成元)の連合発足後は、春季総合生活改善闘争を唱え、春闘を継承している。

- **じゅんとくてんのう [順徳天皇]** 1197.9.10～1242.9.12 在位1210.11.25～21.4.20 後鳥羽天皇の第3皇子。名は守成。母は藤原範季の女修明門院重子。1199年(正治元)親王、翌年土御門天皇の皇太弟となり、1210年(承元4)父後鳥羽上皇の意志で即位。21年(承久3)倒幕の意志を固めた父を助けるため仲恭天皇に譲位。承久の乱に敗れて佐渡に配流され、同所で没した。佐渡院ともいう。故実書「禁秘抄」、歌学書「八雲御抄」を著した。

- **じゅんなてんのう [淳和天皇]** 786～840.5.8 在位823.4.16～833.2.28 桓武天皇の皇子。名は大伴。母は藤原百川の女旅子。810年(弘仁元)薬子の変で高岳親王(平城天皇の子)が皇太子を廃されたあとをうけて、嵯峨天皇の皇太弟に立つ。践祚に際し、嵯峨天皇の皇子(仁明天皇)を皇太子に立て、のちにこれに譲位した。贈皇后高志内親王(異母妹)・皇后正子内親王(嵯峨の女)との間に恒世・恒貞が生まれ、皇位継承は有望であったが、承和の変(842年)によってその望みは絶たれる。詩文に秀で、漢詩文集「経国集」を撰進させ、また「令義解」を完成した。

- **じゅんにんてんのう [淳仁天皇]** 733～765.10.23 在位758.8.1～764.10.9 天武天皇の孫で、舎人親王の第7子。母は当麻山背の女。名は大炊王。姻戚関係を通じて藤原仲麻呂の庇護をうけ、757年(天平宝字元)皇太子道祖王が廃された後、仲麻呂に推されて立太子し、翌年孝謙天皇の譲位をうけて即位。しかし762年には孝謙太上天皇との間に不和が生じて権力を奪われ、764年、恵美押勝(仲麻呂)の乱の直後に皇位を廃されて淡路に移された。このため淡路公、淡路廃帝とも称される。翌年逃亡に失敗して同地で没した。

- **じゅんぼ [准母]** 天皇の生母ではないが、天皇の母に準じる公的地位を認められた女性。初見は1087年(応徳4)に堀河天皇の准母に姉の媞子内親王(郁芳門院)がなったのに始まる。今帝の父帝嫡妻、もしくは父帝でない先代嫡妻の場合や、未婚内親王の優遇のために天皇の姉・姑がなった例がある。多くは皇后号・女院号が与

- **しゅんようかい [春陽会]** 大正期に設立された美術団体。1922年(大正11)日本美術院洋画部を退会した小杉放庵・森田恒友・山本鼎らによって結成された。翌年第1回展を開催。梅原竜三郎・岸田劉生らも会員や客員として参加。29年(昭和4)春陽会洋画研究所が開設されたが、37年閉鎖。51～61年には舞台美術部が設けられていた。現在は絵画部・版画部の2部

じゅんようかん [巡洋艦] 速力・航続力・耐波性にすぐれ、洋上捜索・船舶護衛に適し、戦艦と駆逐艦の中間に位置する艦種。1930年(昭和5)のロンドン海軍条約によると、戦艦・空母以外で排水量が1850トンをこえるか、備砲130㎜をこえる水上艦船をいう。備砲が155㎜をこえるものは1等巡洋艦(重巡・甲巡)に、以下のものは2等巡洋艦(軽巡・乙巡)に区別する。排水量が1万トンをこえ、備砲が200㎜をこえると戦艦に類別される。

じゅんれい [巡礼] 順礼とも。宗教上の目的から聖地・霊場あるいは本尊を一定の巡路で参詣すること、またはその人。巡礼の語は平安初期に入唐して密教を学んできた円仁(えんにん)の日記「入唐求法巡礼行記(にっとうぐほうじゅんれいこうき)」を創始の一つとし、名山や霊塔あるいは一山内を巡礼し、その結果えられる護持力が一般に認められたことで、しだいに僧侶の間で盛んとなった。熊野や吉野金峯山などの霊地での頭陀(ずだ)の行脚が古いかたちであった。平安末期の南都七大寺巡礼などは整ったかたちの巡礼としては最古の例。笈(おい)を背負い、錫杖(しゃくじょう)をもった白衣の遊行姿は早くからのかたちで、のちしだいに整えられた。観音の霊場巡りとしては西国巡礼が早く、中世以降各地に同様の巡礼地があらわれた。近世以降は浄土真宗の二十四輩譜など各宗派内部の巡礼も盛んとなる。

●●巡礼

じょあん [如庵] 愛知県犬山市の有楽苑(うらくえん)にある2畳半台目(だいめ)の茶室。もとは織田有楽斎(長益(ながます))が1618年(元和4)建仁寺に再興した正伝院の書院に付属したもの。1908年(明治41)三井家に売却され、70年(昭和45)名古屋鉄道の所有となり現地に移築。別名筋違の席ともいわれ、床脇から茶道口にかけて斜めに壁を立て、前に鱗板を敷きこんでいるのが特色。有楽窓をあけ、腰張りに古暦が使われているので暦張りの席ともよぶ。国宝。

じょい [叙位] 位階を与えること。律令制下では、官人は原則として毎年の勤務評価を所定の年数で総合して位階を与えられ、はじめて官途につく者は無位の官人として勤務し、所定の年数をへて位階を叙された。また秀才以下の試験の合格による叙位や蔭位(おんい)による叙位もあり、条件が重なった場合は多少加算された。叙位の方式には、位階によって勅授・奏授・判授の別があった。

しょいんづくり [書院造] 室町後期~安土桃山時代に成立した武家住宅の形式。対面儀礼を行う建物で、書院(広間・対面所ともいう)を中心に構成されるのでこの名がある。出入口となる玄関・遠侍(とおざむらい)、常の居所となる御座の間などが付属する。古代の寝殿造から発展したが、構造的には角柱を用い、機能に応じた小室をいくつもつくるため、寝殿造と異なる。また対面のときの主人の座を荘厳化するために主室を上段の間とし、その背後、左右に床・棚・付書院・帳台構を設けるのも意匠上の大きな特色。主室の構成を簡略にしたのが座敷とよばれる部屋で、近世の社会秩序を表現する空間として、その後民家などにもとりいれられていく。最も古い例は足利義政の書院同仁斎(どうじんさい)とされ、二条城二の丸御殿、西本願寺書院などの大規模なものもある。

しょいんばん [書院番] 江戸幕府の五番方の一つ。小姓組と合わせ両番と称された。慶長期から設けられ、はじめ江戸城本丸御殿の白書院の前、紅葉之間に勤番したことから、この呼称となった。組数は1632年(寛永9)8組、翌年10組、その後も世嗣つきの書院番(西丸書院番)がおかれるなど、増減があった。各組は、4000石高の番頭1人、その下に1000石高の組頭1人を含む番士50人(300俵高)、これに与力10騎と同心20人が付属した。戦時には将軍の旗本を守備、平時には江戸城本丸御殿虎之間に勤番した。付属の与力・同心は玄関前の中雀門と上埋門の警備にあたった。39年以降、1組が1年交代で駿府城に在番。このほか将軍の外出に従ったり、使者として遠国へ出張することもあった。

しょう [省] 大宝・養老令制官司の等級の一つ。8省ある。太政官の指揮をうけ、職(しき)・寮・司などを管轄。四等官の定員は卿1人、大少輔各1人、大丞1人(式部・刑部省は2人)・少丞2人・大録1人・少録3人(刑部・大蔵・宮内省は2人)からなり、これらの相当位は中務(なかつかさ)省が1級高く、式部・治部・民部・兵部・刑部・大蔵・宮内の7省がこれにつぐ格付けになっている。令外官(りょうげのかん)の造宮省・内竪(ないじゅ)省もこれに準じる。

しょう [荘] 「そう」とも。庄とも。本来は本宅に対して村里におかれた別荘の意。律令制以前には田荘(たどころ)があったが、これは倉庫などを含む宅とそれに付属した農地を示した。古代には、貴族の別宅や寺院の別荘のほか、東大寺などの官寺が集積した墾田も荘とよばれた。10世

紀以降の公田官物などを免除された田, 院政期に成立する領域型荘園も荘とよばれたが, その社会構成上の性格は異なる。

しょう [笙] 鳳笙ほうしょうとも。雅楽の管楽器。もともとは東・東南アジアの楽器で, 奈良時代に唐から伝わる。正倉院に当時のものが3管残り, 現在の楽器もそれとほとんど同じで, 17本の竹管をもち, うち15本にアコーディオンと同様のフリーリード(簧した)があり, 管にある小孔をふさぐと発音する。吹いても吸っても同音がでる。現在の雅楽ではおもに唐楽に用い, 通常は11種の定型和音(合竹あいたけ)を間断なく奏する。楽器の構造上, 演奏の際は炭火で暖めておく必要がある。

じょう [判官] 「はんがん・ほうがん」とも。律令官制で諸司の四等官のうちの第3等官。官司により祐・丞・進・允・佑・忠・尉・監・判と書きわけ, 郡司の主政, 家司の従もこれにあたる。職掌は, 官司内の取締り, 公文書の文案の審査, 公務違失の管理, 宿直の差配など。

じょう [杖] 杖罪・杖刑とも。律の五罪の一つ。笞じょうについで軽いもの。笞と同じく, 節を削った杖で体を打つ刑罰。杖60から杖100まで5等がある。杖罪に用いる杖は, 笞杖よりもひとまわり太く, 長さ3尺5寸(約105cm), 手もとの直径4分(約12mm), 先の直径3分(約9mm)で, これで臀部を打つことになっていた。

じょういろん [攘夷論] 攘夷は夷狄いてきを攘はらう, 斥けるの意味で, 元来は中国の儒教において, 礼の有無を基準とする華夷観念にもとづき自国を中華, 周辺の諸民族を夷狄として賤しめ, 中華への服従と感化を正当化する差別意識。日本の古代では, 都を遠く離れた地域に住む熊襲くまそや隼人はやと・蝦夷えみしなどを夷狄としたが, 近世以降は西洋諸国を夷狄とした。幕末期に, 西洋諸国が強大な軍事力を背景にして日本に開国と貿易を迫ったことから, 国家的・民族的危機意識にもとづく攘夷論が高揚し, 外国公使館の焼打や外国人の殺傷事件がおこった。幕府が西洋諸国の圧力に屈すると, 攘夷論はやがて討幕論と結びつき, 幕府崩壊の一因となった。

じょうえいしきもく [貞永式目] ⇨御成敗式目ごせいばいしきもく

しょうえん [尚円] 1415～76.7.29 琉球王国の第二尚氏王統の開祖(在位1470～76)。即位前は金丸かなまるると称する。伊是名いぜな島の百姓出身で, 各地を放浪するうちに王家の要人に見いだされ重用された。海外貿易の長官まで出世したが, 時の尚徳しょうとくと意見があわず隠退生活を送る。1469年首里城でクーデタが発生, 第一尚氏王朝勢力が駆逐され, クーデタ勢に推されて即位し新しい王朝を開いた。

しょうえん [荘園] 古代～中世に荘とよばれた領地のこと。史料上は「庄」の字が用いられた。古代では, 743年(天平15)の墾田永年私財法にもとづいて東大寺などの中央官寺が集積した墾田をいい, 10世紀以降の公田官物などを免除された田, 院政期に成立する領域型荘園も荘とよばれていた。荘園の成立契機ından, 古代の墾田ないしはその系譜をひく荘園を墾田地系荘園といい, 寄進を契機とする荘園を寄進地系荘園とよんで区別する。これに対して土地制度論の立場からは, 古代の墾田を初期荘園, 10世紀以降の官物などを免除された田を免田系荘園, 領域型荘園を寄進型荘園(寄進地系荘園)とするなどの区別もなされている。また歴史教育の立場からは, それぞれ初期荘園, 免田・寄人よりうど型荘園, 領域型荘園と区別する見方もある。

じょうえんかほうふん [上円下方墳] 2段築成の古墳で, 平面形が上段は円形, 下段は方形のもの。類例は少なく, 奈良県石のカラト古墳, 静岡県清水柳しみずやなぎ北1号墳, 埼玉県宮塚古墳などが知られる。7～8世紀の造営と考えられ, 1辺20m前後の小型のものが多い。埋葬主体は横穴式石室・石棺式石室などで, 清水柳北1号墳では火葬骨を納めたと考えられる石櫃いしびつが発見された。

しょうえんこうりょうせい [荘園公領制] 荘園と公領(国衙こくが領)という, 日本中世の二つの土地制度を総合的にとらえた概念。職しきの体系, 年貢・公事くじの収取といった土地人民支配の両者の共通性に注目する。荘園・公領とも大田文おおたぶみにより田数を確定され, 国家的賦課の対象となっている点を重視し, 中世の土地制度をたんなる私的所有体系ではなく, 国家的性格をもったものとしてとらえようとする点に特色がある。

しょうえんせいり [荘園整理] 荘園の停止や制限を行う施策。9世紀後半をすぎると荘園の設立が社会問題となり, 10世紀初頭以降, 政府が主体になって, 新立荘園の停止を目的とした官符や新制あるいは起請として, 全国を対象にしたいわゆる荘園整理令(全国令)がいくどかだされた。このうち902年(延喜2), 1045年(寛徳2), 69年(延久元), 1156年(保元元)ないし57年のものなどが, その後の荘園整理においても整理対象をきめるうえでの目安とされた。このほかに, 国司が国内支配を行うに際しての権威づけに, 諸国申請裁事や「国司初任例状官符」によって一国のみを対象としたものも知られるが, 全国令にもとづくもの以外は, どの程度まで実施されたか疑わしい。

しょうえんりょうしゅ [荘園領主] 荘園を領有した権門勢家のこと。荘園の現地での領有者を在地領主というのに対して用いる。古代以来

の荘の領有者をいう場合もある。所領の寄進を契機とした平安後期以降の荘園制では、本家・領家・荘官という重層的な職<ruby>の体系が成立。荘園領主は本家職や領家職をもつ領主で、その権限は国衙<rt>が</rt>公権を分有したものである。

しょうか [唱歌] 教育的歌詞による学校教材の歌。元来、唱歌は日本音楽の用語で、英語のsongの訳語には唱歌<rt>しょうか</rt>があてられた。教材としての唱歌は1881〜84年(明治14〜17)音楽取調掛作成の「小学唱歌集」(全3編)が最初。この曲集は外国の旋律に日本語の歌詞をつけるという方法で編集され、「蝶々」「蛍の光」「庭の千草」などの名曲をうんだ。その後音楽教育の普及にともない多くの唱歌集が出版されたが、なかでも「明治唱歌」(全6集)や「幼年唱歌」「少年唱歌」が広く流布した。1903年文部省は教科書を国定とし、唱歌教科書の作成を東京音楽学校に依嘱、14年(大正3)すべて日本人の作詞・作曲による文部省「尋常小学唱歌」(全6巻)が完成。

しょうかいせき [蔣介石] Jiang Jieshi 1887.10.31〜1975.4.5 中国近代の軍人・政治家。浙江省出身。1907年(明治40)来日、翌年振武軍事学校に入学。留学中に中国革命同盟会に入会。辛亥<rt>しんがい</rt>革命に際して帰国したが、第2革命失敗後再来日。23年ソ連を軍事視察。帰国して黄埔<rt>こうほ</rt>軍官学校初代校長に就任。孫文の死後、北伐を継続。27年上海クーデタを断行し、南京国民政府を組織。28年8月国民政府主席。満州事変後は安内攘外論を唱え、共産党の討伐を優先し対日宥和的政策を取り続けたが、西安事件を契機に共産党との一致抗日を迫られ、日中戦争勃発後は南京から武漢・重慶へと遷都しつつ抗戦を継続。日本敗戦後の国共内戦に敗れ、49年末台湾へ逃れ、大陸反攻を図るがはたせなかった。

じょうかく [定覚] 生没年不詳。鎌倉前期の仏師。康慶<rt>こうけい</rt>の次男で運慶<rt>うんけい</rt>の弟とされるが確かではない。東大寺南大門金剛力士像吽形<rt>うんぎょう</rt>像の胎内に残された経の奥書に、湛慶<rt>たんけい</rt>とともに大仏師と記されており、この像をはじめ大仏殿四天王像・脇侍<rt>きょうじ</rt>像などの制作に加わった。その功により法橋<rt>ほっきょう</rt>に叙せられた。

じょうかく [城郭] 堀や土塁・石垣などにより、外敵の攻撃を防いだ施設。日本では弥生時代の環濠<rt>かんごう</rt>集落にさかのぼり、古墳時代には長方形の堀と柵<rt>さく</rt>・土塁を巡らした豪族居館が出現。律令制の確立とともに在地の有力者による築城はいったん途切れるが、7〜8世紀には朝鮮半島との政治的緊張のなかで西日本に神籠石<rt>こうごいし</rt>や朝鮮式山城が築かれた。同じ頃東北では蝦夷支配のために柵が造られたが、秋田から道南の地域にかけては、10〜11世紀に柵や村ごとの環濠集落が濃密に築かれた。平安中期以降、各地の武士的土豪により築かれ始めた館<rt>たち</rt>には、13世紀頃から堀と土塁を巡らしたものが現れ、南北期期には本格的な山城や館と城の機能をあわせもった館城<rt>たてじろ</rt>が一般化した。室町時代には守護の拠点として巨大な館が成立し、天文年間には城下と一体化し居住機能を備えた山城が出現。永禄〜天正期に地域性豊かな城館が重層的な社会構成に対応して築かれたが、織豊政権による天下統一とともに地域性が失われ、近世城郭は画一的な織豊系城郭として完成した。

しょうがくいん [奨学院] 王氏の氏院<rt>うじのいん</rt>。平城天皇の孫在原行平<rt>ありわらのゆきひら</rt>が王氏の学生<rt>がくしょう</rt>のために881年(元慶5)に創立。888年(仁和4)に勧学院に準じた「学館」として上表し、認可され大学別曹となったのは行平没後の900年(昌泰3)であり、963年(応和3)には年挙<rt>ねんきょ</rt>が認められた。所在は平安京左京3条1坊4町で、勧学院の西隣。大学寮の南にあったため南曹ともよばれた。源・平・大江・清原・中原などの王氏の学生は、奨学院に寄宿し、大学に登校して授業をうけたり、各種の任官試験をうけたり、年挙によって官界に入っていった。職員には公卿別当・弁別当・六位別当(有宦別当・無官別当)などがあり、王氏一門からも寄付された荘園・封戸などを財源として運用した。別曹としての実質は12世紀初めには失われたが、その形式は存続し、とくに公卿別当は淳和奨学両院別当という名誉職として、中世〜近世を通じて存続した。

じょうがくじ [定額寺] 律令国家により官寺に準じる存在として認められた寺院。定額という語の意味については、寺院の定数とみる説、国家から寺院に施される経済保証の定額とみる説、国家から寺号が定められ額を付与する寺院とみる説などがあり、定説はない。皇族や貴族・豪族のたてた寺院を律令国家が公認し保護を加え、同時に統制したものと考えられる。定額寺制は平安中期以降、律令国家の衰退にともなってしだいに衰微した。

しょうがくしょうかしゅう [小学唱歌集] 文部省音楽取調掛編纂の日本で最初の小学校の唱歌集。1882〜84年(明治15〜17)に発行。ヨーロッパの音楽を取り入れつつ文語体で花鳥風月をうたう和洋折衷の方針で作られ、短音階は陰鬱だとしてファとシを欠いたヨナ抜きの長音階が中心となった。「君が代」などの教訓的な唱歌を盛り込み、「蝶々」「蛍の光」「仰げば尊し」など、長く歌いつがれた唱歌を生んだ。

しょうがくどくほん [小学読本] 明治初年の学制期に文部省が刊行した日本初の小学校国語読方教科書。1873年(明治6)に2種刊行。(1)文

部省が師範学校に編集させた田中義廉ぁと編「小学読本」4巻。大半がアメリカのウィルソン読本の翻訳で、内容・挿絵とも異国的である。(2)文部省内編集の榊原芳野・那珂通高なか・稲垣千穎ちか編「小学読本」5巻。日本在来の教材観に依拠し、漢字単語、事物の種類・故事、和漢洋の説話で構成。両者とも翻刻により全国に普及。82年頃以降、児童の発達に即した多数の「小学読本」が民間からも出版された。

しょうかそんじゅく [松下村塾] 1842年(天保13)長門国萩城下松本村(現、山口県萩市)に開設された漢学私塾。はじめは吉田松陰しょうの叔父玉木文之進の、ついで久保五郎左衛門の家塾に。54年(安政元)海外渡航未遂事件で投獄された吉田松陰が、出獄後に56年から主宰者となり、翌年塾舎を建て、58年藩公認。対象は庶民・下級士族だが、松陰をしたって入門者が増えた。アメリカとの条約調印問題発生頃から松陰および門下は過激な政治行動に傾き、藩当局は松陰を再投獄し塾をきびしく監視、一時廃絶状態となった。69年(明治2)玉木文之進が再び経営指導したが、76年文之進の自殺により閉鎖。80年杉民治が再開し、92年頃まで存続。1900年建物の改修が行われた。

しょうがっこう [小学校] 1872年(明治5)の学制公布により、全国的に設立された国民全階層の子供を対象とした初等教育機関。学制公布以前にも京都の番組小学校など、部分的には存在した。86年の小学校令以降、尋常小学校・高等小学校各4年制の2段階に区分され、ほかに小学簡易科(3年以内)も規定。1900年の小学校令改正により尋常小学校が義務教育とされた。07年には義務教育の尋常小学校が6年制となり、高等小学校は2年制が原則となった。41年(昭和16)の国民学校令により、尋常・高等の両課程は国民学校初等科・高等科と改称。第2次大戦後の47年、学校教育法施行により国民学校初等科は小学校と改称され、高等科は廃止されて新制中学校の母体となった。

じょうかまち [城下町] 中世～近世の最も代表的な都市類型。領主の城館を中心として、家臣団の屋敷、足軽町、寺社、町人地(町屋)などで構成される。起源は、中世の在地領主の館に求められ、南北朝期以降、守護所しゅごや国人領主の城館を核とする城館町を先駆的な例とみることもできる。戦国大名の城下町はより規模は大きいが、都市領域は分散的で、家臣団の本拠は依然として在地にあり城下町にはなかった。都市的諸要素を集積した城下町建設は、織田信長の安土あづち城下(山下さん)と京都二条邸に始まり、豊臣秀吉の大坂城によって、その基本的構造が完成された。それは巨大な平城を中核とし、兵農分離をへた直属家臣団や商工業者が集中し、中世末の在地社会が築きあげた宗教施設・技術・経済・文化などの諸要素が集積された。近世前期には、江戸・大坂・京都の三都を頂点に、陣屋町など大小さまざまの城下町が建設され、支配・流通・文化の中枢として近世社会の骨格を形成した。

しょうかん [荘官] 荘の経営にあたる役人の総称。荘の領有者によって任命された。古代の墾田(初期荘園)では、田使かし(田令)・荘目代もく・荘領などとよばれ、平安初～中期の荘園では、荘長ちょう・荘預しょうの・荘別当・荘検校けん・荘司しなどの語が用いられた。平安後期以降の中世荘園では、預所あずかり・下司げし・公文くもん・田所たどころなどの荘官名が一般化するが、名称は時期や場所により多様であった。荘官は、預所を除いてほとんどが在地領主や在地の有力者であった。荘官職は、彼らが在地領主制を展開する基盤であり、地頭も荘官職の一つであった。荘官には職務給として給名きゅうや給免田が与えられた。

じょうがんきゃく [貞観格] 古代の法令集で、「弘仁格」「延喜格」と並ぶ三代格の一つ。藤原良相まさ・藤原氏宗うじらにより編纂が進められ、869年(貞観11)撰進・施行。「弘仁格」以降の820年(弘仁11)から868年に至る期間の勅旨・官符などから現行法として有効なものを官司別に編集。10巻に臨時格2巻を付加。「弘仁格」の有効性を前提として機能する法令集である。散逸したが、「類聚三代格」などにより大略が知られる。

じょうがんしき [貞観式] 律令法の施行細則集で、「弘仁式」「延喜式」と並ぶ三代格式の一つ。20巻。藤原氏宗・南淵年名みなぶちのらにより871年(貞観13)撰進され、同年施行。先行する「弘仁式」の訂正・増補の部分のみからなり、「弘仁式」と併用することを前提に編纂されているが、このわずらわしさが「延喜式」編纂の動機の一つとなった。現在は逸文としてみられるのみで、「本朝法家文書目録」にその編目が伝えられる。

しょうかんみょう [荘官名] 下司名げし・公文名くもんなど荘官が名主として保有した名の総称。本所に対して年貢は負担するが、公事く・雑役ぞうは荘官得分として免除されるのが普通で、給名ともよばれる。鎌倉幕府が成立して荘官が地頭職に任じられると、そのまま地頭名となった。平家滅亡や承久の乱ののち幕府に没収され、新たに移住してきた地頭の地頭名になったり、荘官が没落して百姓名に分割された例も多い。

しょうぎ [将棋] 81升目の盤上に双方20枚ずつの駒で争い、相手の王将をとりあう盤上遊戯。

中国から10世紀中頃に伝来したとされる。13世紀初には駒数升目が少ない将棋と多い大将棋があった。14世紀に中間の中将棋が考案され,中世の公家・武家・僧侶などに流行。将棋が現在の型になるのは16世紀後半で,なかば職業化した棋指しがいた。江戸幕府は将棋3家(大橋宗桂の本家・分家と伊藤宗看家)に家禄を支給して世襲,将棋が各階層にも普及する契機になった。明治維新で将棋3家も困窮したが,一般の愛好者の会が組織され新聞社が棋士を支援。のちに全職業棋士による日本将棋連盟が組織された。1935年(昭和10)実力による名人就位制度が発足。新聞社主催の棋戦も多く,現在は最も大衆的な盤上遊戯になっている。

しょうぎたい [彰義隊] 戊辰戦争時の上野戦争で新政府軍と戦った旧幕臣隊。1868年(明治元)2月23日,徳川慶喜側近の渋沢喜作らを頭取,天野八郎を副頭取として,慶喜の護衛と江戸市中の警備を名目に結成され,旧幕臣を中心に牢人も加わり隊員は3000人にのぼった。4月の江戸開城後はしばしば政府軍と衝突,慶喜の水戸退去後も上野寛永寺にたてこもって抵抗したが,5月15日大村益次郎の率いる新政府軍の一斉攻撃をうけて壊滅,一部は榎本武揚の旧幕艦隊に加わった。

じょうきゅうのらん [承久の乱] 1221年(承久3)5・6月,後鳥羽上皇とその近臣が,鎌倉幕府打倒に挙兵した事件。院の直轄軍である西面の武士を新たに設置するなど朝廷の政治力の回復をはかっていた上皇は,3代将軍源実朝の後継として皇族下向を求める幕府の要請を保留,逆に摂津国長江・倉橋両荘の地頭職改補を要求したが,幕府の拒絶にあって交渉は決裂した。幕府との対立を深めた上皇は,5月14日,14カ国の軍兵を召集,翌15日には北条義時追討の宣旨・院宣を発し,京都守護伊賀光季を攻撃,親幕府派の西園寺公経を幽閉。5月19日,報をうけた幕府は,北条政子の説得と大江広元の建策により,ただちに京都攻撃の軍を発し,6月5・6日,朝廷側主力軍を破り,15日に京都を占領。上皇はすぐに義時追討の官旨・院宣をとりけし,乱の首謀者は近臣であるとした。幕府は,後鳥羽上皇,その子土御門上皇・順徳両上皇,六条・冷泉両宮を配流,後鳥羽上皇の兄行助入道親王を後高倉院,その子茂仁(後堀河天皇)を皇位につけ,後高倉院の院政とするなど朝廷改革を行う一方,乱の加担者を処罰し,所領を没収,恩賞として東国の御家人に与え,西国支配を強化した。また幕府軍の総指揮官として上洛した北条泰時・同時房は,六波羅探題として京都にとどまり,戦後処理と朝廷の監視,京周辺の警固などにあたった。この乱によって幕府の朝廷に対する優位が確立した。

しょうぎょうかいぎしょ [商業会議所] 明治・大正期,商工業者によって地域別に組織された経済団体。1890年(明治23)商業会議所条例の公布により,以前からの商法会議所・商工会を引き継ぐかたちで各地に設立され,1900年には60を数えた。会員は選挙により選ばれ,有権者は一定額の所得税(02年からは営業税)を納める商工業者からなる。各地域の商工業者の利益を代表して政府に数多くの建議をするなど,圧力団体としての性格をもっていたが,一方で政府や他の商業会議所の要請による地域の経済調査,内外の情報伝達なども行った。27年(昭和2)の商工会議所法により商工会議所に改組された。

しょうぎょうしほん [商業資本] 資本主義において,産業資本の流通過程を代行する資本。商業資本自体としては価値を生産しないが,産業資本の流通期間を短縮し,流通上の費用を節約する点に利潤獲得の根拠をもつ。資本主義以前にも商業を営む資本は存在するが,地域間の価格差など,むしろ商品経済の未成熟がその利潤の前提となっていた。後者のような資本を,特定の生産様式に対応しない無性格なものとする立場からは商人資本とよび,古い生産様式に寄生するものとする立場からは前期的資本とよぶ。

じょうきょうれき [貞享暦] 渋川春海によって作られた日本最初の暦法。1685年(貞享2)から1754年(宝暦4)まで70年間用いられた。春海はみずからの観測をもとにし,理想的暦法とされていた授時暦を範にとり,中国と日本との間の経度差(里差)を考慮して,京都を基準とする新暦法を編纂した。これを「大和暦」と名づけ,1684年に朝廷に献上して採用を願いでた。朝廷は大統暦による改暦を決定していたが,同年10月29日にこれを改めて大和暦を採用し,「貞享暦」の名を賜った。春海は新設の幕府天文方に任命され,以後頒暦の天文学的部分は天文方が,暦注は暦家の幸徳井家が担当することとなり,それまでまちまちであった地方暦の統一が実現した。

じょうきょく [上局] 明治初年の立法諮問機関。1868年(明治元)閏4月,政体書の発布により立法をつかさどる議政官が設置され,上局と下局にわけられた。上局には議定・参与らがおかれ,議定のうち2人が輔相(行政官の長官)を兼任。上局は政体の創立,法制の制定,機務の決定,条約の締結,宣戦・講和などを審議した。立法をつかさどるものとされたが,実際には行政官と上局は一体化した。69年5月の議政官廃止後,改めて上局・下局が設けられ,同月,高級官吏らを集めて上局の会議が開かれ

たが, 以後開会されることはなかった。

じょうぐうしょうとくほうおうていせつ[上宮聖徳法王帝説]「法王帝説」とも。厩戸皇子(聖徳太子)の伝記。1巻。著者不詳。成立は平安中期。内容は(1)聖徳太子を中心とする系譜, (2)太子の事績, (3)金石文, (4)太子の事績記事の追補, (5)欽明天皇から推古天皇に至る天皇の在位・崩年・陵墓から構成される。知恩院本には裏書がある。各部分は成立時期を異にし, (3)が最後に成立したとされる。法隆寺系の太子伝で,「日本書紀」とは異なる所伝も多く, 太子研究の基本史料。「続群書類従」「寧楽遺文」所収。

しょうぐんけいしもんだい[将軍継嗣問題]江戸幕府13代将軍徳川家定の継嗣をめぐる政争。ペリー来航を契機とする対外的危機感の高まりのなかで将軍の強い指導力が期待されたが, 病弱な家定には子がなく, 焦眉の課題となった。名古屋藩主徳川慶勝・福井藩主松平慶永ら・鹿児島藩主島津斉彬らや開明派の幕臣らは雄藩連合構想の実現をも期待して, 前水戸藩主徳川斉昭の子で一橋家当主慶喜よしのぶに期待をかけた(一橋派)。一方, 家定のいとこにあたる和歌山藩主徳川慶福よしとみ(家茂いえもち)を推す南紀派は譜代大名・幕閣・大奥を中心に結集し, 血統を主張した。1858年(安政5)4月, 家定は一橋派の老中堀田正睦まさよしの上申をうけたが, 慣例に従って井伊直弼なおすけを大老とし, 6月条約調印と慶福継嗣を決定した。井伊は違勅条約に調印, 継嗣反対派を安政の大獄で断罪し, 10月徳川家茂の将軍宣下で決着した。

しょうぐんけまんどころくだしぶみ[将軍家政所下文]鎌倉幕府の将軍が発する下文様式の文書で,「将軍家政所下」の書出文言をもち, 将軍の署判がなく, 政所の職員が奥に署判を加えるもの。源頼朝は征夷大将軍就任期間に限って用い, 頼朝以後の将軍も征夷大将軍就任時に用いた。職の補任, 所領給与・安堵, 訴訟判決など恒久的効力の期待される事項に広く用いられたが, 下知状げちじょうができて以後は知行充行ぎょうに限られた。

しょうぐんこうけんしょく[将軍後見職]幕末期の江戸幕府の臨時職。従来から将軍の病弱・幼少の際にみられた。1858年(安政5)8月幕府は14代将軍家茂いえもちの若年と将軍継嗣問題の経緯から, 一橋派を排除する目的で田安慶頼を後見に任命。62年(文久2)5月薩摩により, 雄藩の公武合体運動が高まり, 鹿児島藩の建議を入れた朝廷の勅により, 同年7月6日役職として新設し徳川慶喜よしのぶを任命。この処理は慶喜の政治的活動を保障するものとなった。参予会議の解散後, 64年(元治元)3月25日慶喜が禁裏守衛総督・摂海防禦指揮に転じて本職は廃された。

しょうけい[上卿]太政官の行う政務・行事を, 弁・史を指揮して執行する公卿くぎょう。太政官の関与する恒例・臨時の行事には準備・進行する行事所がおかれ, その首を行事上卿といった。行事の大小で上卿となる公卿のクラスは決まっていた。通常中納言以上であるが, 国忌こきなど恒例の神事・仏事の一部は参議も勤めた。外記政げきせい・陣定じんのさだめなどの日常政務では, その日参入した公卿の上席の者が上卿(日上ひのかみ)となった。なお公卿とまったく同義のこともある。

じょうけい[定慶]生没年不詳。平安末~鎌倉前期の仏師。運慶・快慶とほぼ同時期に活躍。作風は徹底した写実性と中国宋代美術の受容を基調とする。代表作は, 1196年(建久7)の興福寺東金堂維摩まゆい像。

じょうけい[貞慶]1155.5.21~1213.2.3 鎌倉前期の法相ほっそう宗の僧。京都生れ。号は解脱房げだつぼう。笠置かさぎ寺上人とよばれた。藤原通憲(信西しんぜい)の孫で同貞憲の子。興福寺に入り叔父覚憲について法相・律などを学ぶ。1205年(寿永元)維摩会竪義ゆいまえりゅうぎを遂げ, 御斎会ごさいえ・季御読経きのみどきょうなどの大会に奉仕し, 学僧として将来を嘱望されたが, 名聞をきらい93年(建久4)かねて弥勒信仰を媒介として信仰を寄せていた笠置寺に隠遁した。以後般若台や十三重塔を建立して寺観を整える一方, 竜華会を創始し弥勒講式を作るなど弥勒信仰を深めていったが, 1208年(承元2)海住山寺に移住し観音信仰にも関心を示した。1205年(元久2)興福寺奏状を起草し, 法然ほうねんの専修せんじゅ念仏を批判した。法相・律・弥勒関係や「愚迷発心集」など著書多数。

しょうごいん[聖護院]京都市左京区にある本山修験宗の総本山。寺伝によれば, 役小角えんのおづのによって洛北岩倉に開かれ, 円珍の相続で天台宗寺門派となるというが, 1090年(寛治4)園城寺の増誉ぞうよが白河上皇から初代熊野三山検校けんぎょうに任じられ, 法務を営むために白川院(聖護院)の創建を許されたことにはじまる。後白河天皇皇子の静恵じょうえ法親王が入寺して門跡寺院となり, 三山検校を兼ねた。室町時代には将軍家との関係も深く, 門跡道興の活躍により天台系修験教団の本山派が形成され, 本山となった。江戸時代は修験道本山派法脈としての同派の諸国山伏を統轄し, 寺領1403石があった。1872年(明治5)の修験道禁止令により天台宗寺門派に編入され, 1946年(昭和21)修験宗として独立。

じょうこう[上皇]太上天皇の略称。奈良時代に用例はなく, 嵯峨太上天皇が太上皇と称されたのをへて, 平安中期から諸史料にみえはじめ

る。出家すると法皇という。

じょうごう［成功］ 平安後期に盛んになった一種の売官制度。国家財政の不足を補うため、朝廷の行事や寺社の修造など、本来は政府が行うべき事業について個人の負担を求め、事業の功をなさせるかわりに、その負担にみあう位階(おもに五位)・官職を与える。富裕な受領がこの制度を利用して任期を更新したり(重任)、任期を延長したり(延任)、あるいはより実入りのよい国の受領に転任したりすることも多く、院政期にはほとんど常態化した。

しょうこうかいぎしょ［商工会議所］ 商工業者により地域別に組織された経済団体。1927年(昭和2)の商工会議所法により、前身である商業会議所の組織を引き継いだ。法人・個人企業の代表者が議員の選挙権・被選挙権をもつほか、地域の重要産業からも議員が選出される。商工業に関する通報、仲介・斡旋、調停・仲裁、証明・鑑定、統計調査などのほか、建議・答申も行う。全商工会議所の加盟組織として日本商工会議所がある。第2次大戦中は日本経済会議によって府県単位の商工経済会に改組されたが、戦後同法の廃止で任意団体として復活し、50年の商工会議所法、53年の新商工会議所法をへて特殊法人となる。

しょうこうかん［彰考館］ 常陸国水戸藩2代藩主徳川光圀によって始められた「大日本史」編纂局。1657年(明暦3)江戸駒込の別邸内に編纂局が開かれ、72年(寛文12)に小石川の本邸に移り、彰考館と称した。のち水戸に移されるなどしたが、光圀死去後は江戸と水戸の両方にわかれた。1830年(天保元)には江戸を縮小、水戸を中心とする。明治維新以後も「大日本史」編纂を続け、1906年(明治39)の完成後に閉館。

しょうごうじとう［荘郷地頭］ 鎌倉時代、荘園や郷・保などを単位に存在した地頭。1国を単位とする国地頭と区別する意味で称され、ふつう地頭といえば荘郷地頭をさす。国地頭は、国内の荘郷地頭に対して進退を含めた支配権をもっていたとする見解もあるが、近年、国地頭の存在そのものを否定する考えでいる。

しょうこうしょう［商工省］ 1925年(大正14)4月に農商務省の分割により成立した産業政策担当官庁。当初は工務・商務・鉱山の3局からなる。のち貿易局・保険局を追加、また外局として30年(昭和5)に臨時産業合理局、37年に燃料局を設置。30年代前半の基本的業務は民間企業の指導・監督にあったが、日中戦争後に重点が経済計画の実施に移ったため、39年6月、全面的に機構改革され、鉱産・鉄鋼・化学・機械・繊維の物資別原局を基本に、総合部局として総務局・物価局をおく体制をとった。43年11月、軍需省の設置によりいったん廃止。敗戦直後に復活し、第2次大戦後の復興と改革政策の実施にあたった。ドッジ・ライン施行後に改組され、通商産業省となった。

しょうこうてんのう［称光天皇］ 1401.3.29～28.7.20 在位1412.8.29～28.7.20 後小松天皇の第1皇子。名は躬仁、のち実仁。母は日野資国の女光範門院資子。1412年(応永19)践祚。即位に対し、後亀山天皇の孫小倉宮や旧南朝の遺臣たちは、南北朝合一の条件の一つである両統迭立の原則にたがうとして各地で挙兵。28年(正長元)幕府により鎮圧された。同年皇子のないまま土御門皇居の黒戸御所で死去。

しょうこくじ［相国寺］ 京都市上京区にある臨済宗相国寺派大本山。正式には万年山相国承天寺。1382年(永徳2・弘和2)将軍足利義満が、春屋妙葩を開山として、室町幕府の東側に創建を開始した。春屋は開山の名誉を師の故夢窓疎石に譲り、2世となった。塔頭には鹿苑院・薩涼軒などがある。禅宗寺院を統轄し人事をつかさどる僧録は鹿苑院の住持が兼任し、鹿苑僧録とよばれた。当院の歴代住持の日記「鹿苑日録」は有名。薩涼軒は足利義教のときに鹿苑院内に設けられる。軒主の公用日記「薩涼軒日録」も重要。重文の本堂(法堂)、国宝の無学祖元墨跡、重文の「十六羅漢像」「鳴鶴図」「山水図」などがある。

しょうこんしゃ［招魂社］ 幕末・維新期の国事殉難者とその後の戦没者を祭った神社。護国神社の旧称。維新のために殉難した死者を慰霊する目的で1864～67年(元治元～慶応3)に設けられた招魂墳墓・招魂場に由来する。68年(明治元)に太政官布告で国事のために死んだ藩士や一般人と戊辰戦争の死者の霊を祭る祠が京都東山につくられ、この頃から諸藩にも招魂場が設けられるようになった。69年に東京九段に招魂社をつくり、鳥羽・伏見の戦から箱館戦争の戦死者を加えて社領を1万石とし、72年に本殿が竣工した。79年に東京招魂社は靖国神社と改称して別格官幣社に列した。地方の招魂社は1939年(昭和14)にそれぞれ地名を冠して護国神社と改称した。

しょうさく［正作］ 荘園内の荘官や地頭の直営田。12世紀初めには荘園領主の直営地をさし、用作・佃ともよばれた。下人・所従など家内奴隷を使役して行われた。経営は多くが下人・所従など家内奴隷を使役して行われた。「庭訓往来」や1238年(嘉禎4)10月19日の六波羅下知状によると、小百姓に食料を与えて使役する雇作も行われていた。

しょうさく［城柵］ ⇨柵

しょうし［尚氏］ 琉球王家の姓。2系統があり、一つは1406年中山を奪い29年に三山統一を

はたした尚思紹・巴志は父子の系統で、第一尚氏。もう一つは1469年に第一尚氏7代目徳にかわって王位についた金丸(のちの尚円)を祖とする王統で、第二尚氏。1879年(明治12)の廃藩置県まで19代400余年続いた。尚の姓は思紹が明朝から賜ったと王府の正史は記すが、「明実録」などには記述がない。子の尚巴志は当初から尚巴志と記されており、尚は姓ではなく名の一部で、元来中国むけに宛字したと推測される。以後王は尚姓を用い、第二尚氏の祖も王統の連続をよそおって尚姓を踏襲した。なお王子までは尚姓、孫の代(按司)からは欠画して向の字を用いた。→巻末系図

しょうじ [荘司] 平安中期の荘官の一つ。10世紀以降の荘官には、荘司以外に荘預・荘別当・荘検校・専当などがあったが、荘預や荘判当をあわせて荘司とよぶ場合もある。この時期の荘司は、荘田の請作者を荘子として組織化し、荘務権の拡大をはかった。

しょうじ [障子] 屋内の間と間の隔てに立てて人目を防ぐもの。もとは板戸・襖・明障子・衝立・屏風などの建具の総称であり、現在は明障子をもっぱらさす。「日本後紀」弘仁3年(812)2月3日条に「障子四十六枚西寺に施入す」とある。京都御所紫宸殿の母屋の中央にある玉座の背後に、柱と柱の間に1枚はめこみになって左右に開閉できるようにした賢聖障子は、木枠の中に絹張りの厚紙をとりつけ絵画を施したもので、襖の最古の形式という。宇多天皇の頃にはめた記録がある。台の上に棒をさしこめるようになっているのが衝立障子で、明障子はその一種。明障子は屋内の機能が分化するにつれて、遣戸とともに平安後期からしだいに使われた。

じょうし [上巳]「じょうみ」とも。旧暦3月の最初の巳の日。中国では古くから水辺で禊ぎや祓を行い曲水の宴を設けた。魏の時代に上巳は3月3日に定着。日本でもこの風俗が伝来し、雑令で3月3日を節日とし、奈良時代から内裏で曲水の宴が催された。平安時代に貴族の邸でも曲水の宴が行われ、3月3日の祓も盛んに行い、祓の具として人形に罪や災厄を託して河川に流した。後世の流し雛はこの遺習という。

しょうしかい [尚歯会] 江戸後期、紀伊国和歌山藩儒遠藤勝助が主催した会。天保の飢饉対策研究を行い、「救荒便覧」「二物考」などの成果をあげた。その後はしだいに新しい知識・情報交換の場となった。1838年(天保9)10月に例会が催された際、幕府評定所留役芳賀市三郎が、近く再来航するはずの「英船」モリソン号に対する打払令適用という幕府の方針を漏らしたため、出席していた渡辺崋山が「慎機論」を、高野長英が「戊戌夢物語」をそれぞれ著し、これに反対した。この著作により崋山は国元蟄居、長英は永牢に処されたが、遠藤は逮捕されなかったため、現在、同会を洋学研究団体・政治的結社とは考えない説が有力になりつつある。なお尚歯会は本来、老人(歯)を尊敬(尚)し高齢を祝う会のことで、845年唐の白楽天らが、日本では877年(元慶元)に南淵年名のとしなが催した。

しょうししょう [尚思紹] ?～1421 琉球王国の第一尚氏王統初代の王(在位1406～21)。同時代史料ではたんに思紹と記されて、近世に編纂された正史「中山世鑑」で尚思紹と記される。神号は君志真物。伝説では父は伊平屋島出身の佐銘川大主とされる。1406年息子の尚巴志とともに中山王武寧を倒し、第一尚氏王朝の開祖となる。明国へは武寧の世子として偽装し、中山国での王朝交替を秘匿した。16年山北王攀安知を打倒するが、統一国家樹立半ばで死んだ。

じょうじつしゅう [成実宗] 訶梨跋摩の「成実論」を所依とする宗派。南都六宗の一つに数えられているが、万象が空であり無であることを悟ることにより解脱でき、涅槃に入ることができるとの教義は、三論宗の教義と近似しているため、平安時代以降は三論宗に付属するものとして扱われた。806年(大同元)諸宗の年分度者を定めた際、三論宗3人のうち2人は「三論」を読誦し、1人は「成実論」を読誦するとされ、「成実論」は三論宗学徒の兼学すべきものだったことがわかる。

じょうしゅ [城主] 江戸時代、大名の家格を領地の規模によって分類した場合のまとまりの一つ。国主・無城に対応する語。城持大名ともいう。居城をもつが、国持・国持格ではない大名。また居城がなくても同一の待遇をうける大名を城主格(城持大名格)という。

じょうしゅうきぬいっき [上州絹一揆] 1781年(天明元)江戸幕府が上野・武蔵両国10カ所に絹糸貫目改会所を設置し、織物や糸の取引のたびに彼城を徴収しようとする政策に反対した一揆。参加村落は西上州一帯に広がり、支配領域をこえて結集した広域闘争の一つ。会所撤廃を訴願する一方、上野国小幡・吉井・藤藩・新町・倉賀野などで同会所設置を画策した豪商農宅を打ちこわし、高崎城下へ押し出した。それに対し高崎藩は鎮圧のために発砲、即死者を出した。その後も打ちこわしは散発的に展開するが、幕府が改会所設置を取り消したことで終息した。

しょうじゅらいごうず [聖衆来迎図] 浄土教信者の臨終時に極楽浄土から阿弥陀如来が迎接のため飛来するという来迎図は、平安時代

に浄土教信仰の流行とともに盛んに制作された。往生者には9段階(九品)の来迎相があるとされ、このうち上品の者には阿弥陀三尊ほか聖衆が来迎するという。日本の遺例として最古の平等院鳳凰堂壁画では、上品のみでなく下品でも阿弥陀三尊のほかに奏楽する諸菩薩を表している。聖衆に地蔵・竜樹など比丘形を加えることもあり、鎌倉時代以降時代が下るにつれて「二十五菩薩和讃」(伝源信作)により聖衆の数を25体とするようになった。

しょうしょ [詔書] 律令制下、天皇の命令を下達する公文書。唐の制書式を継受して公式令に勅旨とともに定められたが、詔書は臨時の大事に用いられる。宣命体で記され、本来群臣に口頭で宣したと考えられるが、漢文体のものもある。養老令によれば発令の手続きは、天皇の命をうけて内記が本文を起草、天皇が日を書き入れる。これを中務省にとどめて案とし、写しに中務卿以下が署名、内印を捺して太政官に伝え、大臣以下が署名し、大納言が最後に「可」の字を書き加える。天皇は最後に「可」の字を書き加える。内官の写しに施行を命じる太政官符を添え、外官には詔書の内容を引用した太政官符を作成して伝達する。天皇の意志が詔書のかたちで施行されるには多くの国家機関が介在した。

しょうじょうこうじ [清浄光寺] 神奈川県藤沢市西富にある時宗の総本山。藤沢山無量光院と号する。藤沢道場と称し、俗称は遊行寺。4世将上人呑海と当麻無量光寺に止住していた他阿真教とが跡職をめぐって対立し、寺をでた呑海が兄俣野景平の援助をうけて1325年(正中2)相模国藤沢の地に創建。以後遊行上人を退くと藤沢上人となり、時宗遊行派を統轄した。室町時代には足利将軍家や鎌倉公方家の庇護を受け繁栄したが、1513年(永正10)の兵火により全焼し、各地を転々とした。1607年(慶長12)に徳川家康の知遇を得た32世遊行上人普光が再興した。罹災のたびに門前町・宿場町藤沢の中心として復興された。1872年(明治5)総本山となる。80年の大火と関東大震災で倒壊したが、徐々に山容を整え現在に至る。「一遍上人絵詞伝」以下の寺宝・美術品を所蔵。

しょうじょうぶっきょう [小乗仏教] サンスクリットのヒーナヤーナの訳語。小さな乗り物の意で大乗仏教の側からの貶称。釈尊入滅後100年の頃、教団は上座部と大衆部にわかれ、両派はさらに分裂を続けて、紀元前1世紀までに20ほどの分派が生じ部派仏教が成立した。阿含経、四分律・五分律などの律典、倶舎論・婆沙論などの論書を経論とし、自己の解脱を求めることを特色と

した。小乗の信奉者は声聞・縁覚などとよばれたが、自利・利他ともに掲げる大乗菩薩道の立場からは宗教的に劣位にあるものとみなされた。タイ、ミャンマー、スリランカなどの東南アジアに広まった。日本には鑑真が四分律にもとづく戒律を伝えた。

しょうしん [尚真] 1465〜1526.12.11 琉球王国の第二尚氏王統3代目の王(在位1477〜1526)。在位50年は歴代国王中最も長い。王朝の開祖尚円の長男で、12歳で王位につく。中国(明朝)との貿易を活発にし、その財力で王国の基盤を固めた。王を頂点とする組織体制を強化し、地方役人制度も刷新した。各地で隠然たる勢力を保持する按司(豪族)層を首里に強制移住させ、神女組織を編成して宗教を統制するなど斬新な施策を推進。首里城の増築、王家の菩提寺である円覚寺や王家墓(玉陵)の創建など幾多の造営事業も手がけた。治世中は王国最も充実した時期で、琉球の黄金時代と評される。

じょうじん [成尋] 1011〜81.10.6 善慧大師とも。平安中期の天台宗僧。父は陸奥守藤原実方の子貞叙。母は源俊賢の女で歌集「成尋阿闍梨母集」がある。はじめ岩倉大雲寺の文慶に師事、ついで悟円・行円・明尊などから台密を受法。1041年(長久2)大雲寺別当。延暦寺阿闍梨となり、藤原頼通よりの護持僧を勤めた。72年(延久4)渡宋し、天台山・五台山を巡礼。神宗に謁し、祈雨法を修して善慧大師の号を賜った。また経典など六百数十巻を集めて日本に送ったが、みずからは神宗の慰留をうけて残留、汴京開宝寺に没した。著書「参天台五台山記」「観心論註」「法華経註」。

しょうじんりょうり [精進料理] 植物性の食材だけで調理した料理。野菜や果物のほかに豆腐や油揚・納豆などがよく用いられる。黄檗宗の普茶料理もその一つ。「枕草子」に「さうじもの」とみえる。仏教の殺生戒の影響で修行中の物忌の食事とされていたが、中世以降、内容も多彩になり、正規の料理として内容が整えられた。民間では法事に際してよく作られる。

じょうすけごう [定助郷] 江戸時代、宿人馬の不足を補充するため宿の近郊農村に指定された助郷。1694年(元禄7)東海道などの助郷役は定助郷と大助郷に区分された。定助郷は1里前後の範囲の村に課されることが多い。宿の常備人馬(100人・100疋)が継立て機能に支障をきたしたり不足する場合、大助郷の順でこれを補い、定助郷は常時出役の対象とされた。1725年(享保10)主要街道では定助郷と大助郷の区分がなくなり、定助郷にほぼ一本化された。定助

郷の範囲も成立当初より拡大され，宿から3里以上遠方の村も機能をはたすことになった。

しょうせい [称制] 天皇の没後に，皇太子または皇后が即位しないままで政務をとること。中国の制度に由来。記録のうえで確実なものは，斉明天皇没後の中大兄皇子(天智天皇)と，天武天皇没後の鸕野皇后(持統天皇)の2例がある。ただし『日本書紀』では，いずれも称制期間を天皇の在位期間に通算している。

しょうぜい [正税] 律令制下，諸国の郡衙の正倉に蓄えられた最も代表的な官稲。734年(天平6)の官稲混合により，大税と郡稲その他の雑稲を一本化して成立。田租相当量を蓄積し，賑給など特殊な用途以外は原則として使用せず不動穀とする稲穀と，公出挙によって運営し利稲を地方行政の経費や中央への進上物の調達経費にあてる穎稲の2種類からなる。収支状況は毎年正税帳を作成し，税帳使により中央に報告された。745年(天平17)正税出挙の国別定数を定め(論定穎稲)，さらにそのうち約半分を余剰穎稲として別枠で出挙し，正税運営の円滑化を図った。以後，小規模の雑稲を別置することはあっても，大枠は「延喜式」まで変化がなかった。

しょうせいこん [招婿婚] 結婚後，新郎が新婦の両親の家かその近くに住む場合を，人類学では母方居住婚・妻方居住婚という。これを高群逸枝は「招婿婚」と概念規定し，南北朝期以前の婚姻方式で，以後の嫁娶婚に歴史発展するとした。しかし平安貴族層の婚姻形態でも，生涯にわたる妻方居住ではなく，父系が成立していたことなどから，母系制に対応した人類学概念の招婿婚とは相違する。したがって現在では，平安時代は妻方居住をへた新処居住婚と当初からの新処居住婚の併存で，中世以降，夫方居住婚に移行するとされ，招婿婚の使用が否定されている。ただ平安貴族の場合，同一屋敷内での夫方両親との同居は一般的ではないため，この時期を嫁娶婚と規定することは疑問である。

しょうぜいちょう [正税帳] 税帳・大税帳とも。律令制下の公文で，諸国の正税の出納状況や現在量を記録した帳簿で，毎年正税帳使に付して2月末(大宰府管内は5月末)までに税帳枝文などとともに中央に提出され，民部省・主税寮での監査(税帳勘会)をうけた。勘会で不備や未納・欠負が明らかとなった場合には，損益帳が作成されて主税寮に留められ，正税帳自体は正税返却帳をそえて国司に返却された。正倉院文書には天平年間の多くの正税帳の断簡が残り，「延喜式」には正税帳の書式が規定された。税帳勘会は8世紀末から9世紀にかけて重視されていたが，やがて形骸化し，正税帳も実質的機能を失って吉書としての性格を帯びるようになった。

しょうせつしんずい [小説神髄] 近代最初の本格的な小説論。坪内雄蔵(逍遥)著。1885～86年(明治18～19)松月堂刊。当時の小説の盛行をふまえながら，それらは「馬琴種彦の糟粕ならずは一九春水の贋物」だとし，その理由を「意を勧懲に発するをば小説稗史の主脳とこゝろえ」ているせいだとする。小説を婦女童幼の玩弄物とみなす誤りから救うために，美術全体のなかに位置づけなおし，さらにロマンスからノベルへの変遷を演劇との関連においておさえ，「小説の主脳は人情なり世態風俗これに次ぐ」という宣言を掲げたことで有名。人間の内面を模写(写実)することによって「人情をば灼然として見しむる」小説を，文学の究極的な形態とする価値転換をはかった。

しょうせんきょくせい [小選挙区制] 原則として1選挙区から1名の議員を選出する制度。一般的に大政党に有利とされる。1889年(明治22)に公布された衆議院議員選挙法は2～3郡を1選挙区とする小選挙区制を採用したが，狭い区域の少ない有権者を奪いあうため選挙戦が過熱するなど最初から批判があり，1900年の選挙法改正により大選挙区制に移行した。第2次西園寺内閣の原敬内相は小選挙区制案を第28議会に提出したが，貴族院は否決。19年(大正8)原内閣は小選挙区制復帰を骨子とする選挙法改正を断行した。25年の普通選挙法成立とともに，中選挙区制に改められた。第2次大戦後も小選挙区制が続いたが，94年(平成6)衆議院議員選挙に小選挙区比例代表並立制が導入された。

しょうそう [正倉] 律令制下，主として各国の正税を収納し，国司の管理下にあった倉。本来は大税を収納する倉の称であったが，734年(天平6)の官稲混合によって地方官稲が正税として一本化されると，正税収納の倉の称となった。正倉は郡ごとにおかれ，発掘調査でも倉の発見は郡衙遺構と判断する重要な指標となっている(郡内に分置する例もある)。正倉には，収納物により不動穀倉(不動倉)・動用穀倉(動用倉・動倉)・穎稲倉・粟倉・糒倉・義倉・塩倉など，壁面の構造により甲倉(校倉)・板倉・土倉・丸木倉などの種類がある。高床とするのが一般的で，床下を穎稲などの収納場所として利用する倉下もある。なお寺院の主要な倉も正倉とよび，東大寺の正倉院はその一例。

しょうそういん [正倉院] 奈良・平安時代の中央・地方の官衙や大寺院には重要物品を納める倉庫(正倉・正蔵)が設置され，その正倉が幾棟か集まった一郭を正倉院と称した。現在では東

大寺正倉院内の正倉1棟のみが残り, 固有名詞として用いられるようになった。この正倉は檜造りで, 寄棟本瓦葺の高床式建築で, 南北に長く, 1棟を3区分してそれぞれ北倉・中倉・南倉とよぶ。北倉と南倉は三角材を井桁状に組んだ校倉造で, 中倉は厚板をはめた板倉造とする。築造の記録はないが, 759年（天平宝字3）以前には存在していた。756年（天平勝宝8）に光明皇太后が聖武太上天皇の遺品などを東大寺盧舎那仏に献納し, これが正倉に収蔵されて以来, 勅封の倉として管理された。その後1200年余にわたり正倉院は東大寺によって管理されたが, 1875年（明治8）以降国に移管された。現在宝物は正倉から空調設備の整ったコンクリート造の新宝庫に移されている。間口33m, 奥行9.4m, 総高14m, 床下高2.7m。

鳥毛立女屛風 とりげりつじょのびょうぶ　「国家珍宝帳」記載の奈良後期の画屛風。唐風の美女を樹下美人図の図様に従って立ち姿と座り姿の3扇ずつで表す。現在はデッサンのみの衣服の部分から日本産のヤマドリの羽毛の断片や切り整えた跡が発見され,「鳥毛」の名のとおり当初は鳥の羽毛を貼付していたらしい。第5扇の下貼に天平勝宝4年（752）の反古紙が使われており, 制作時期の上限となる。屛風は縦135.7～136.5cm, 横56.0～56.5cm。

漆胡瓶 しっこへい　正倉院に伝わる漆塗の胡瓶（ペルシア風水瓶）。器体は細長い薄板にした木材を輪積みあるいは巻き上げて作る巻胎。施文を文様に切り抜いた銀の薄板を器体に貼り, 漆を文様とを含め全面に塗り, 乾固後に文様上の漆を除去する銀平脱による。唐代盛行の器形および製作技法を用いた正倉院の代表的宝物。「東大寺献物帳」所載品。高さ41.3cm。

螺鈿紫檀五絃琵琶 らでんしたんのごげんびわ　正倉院に伝わる5絃の琵琶。五絃琵琶はインドに起源をもつとされ, 中国西域の壁画などに描かれているが, 遺品としては正倉院のものが唯一。捍撥（撥受け）は瑇瑁地に螺鈿で西域の風俗の人物がラクダに乗り奏楽する図を表し, 槽（背面）は紫檀材で, 螺鈿により大宝相華文・鳥・雲などを表す。意匠や材料など国際性に富むことから, 唐からもたらされたと考えられる。「東大寺献物帳」所載品で, 正倉院の代表的宝物。長さ108.1cm。

しょうそういんもんじょ [正倉院文書] 東大寺の正倉院に伝来した8世紀の天平～宝亀年間を中心とする写経所の事務帳簿群。宮内庁正倉院事務所管理。現在は正集45巻, 続修50巻, 続修別集50巻, 続修後集43巻, 塵芥文書39巻3冊, 続々修440巻2冊に整理されている。大部分は反古として政府から払い下げられた公文の紙背を再利用したもので, その公文には戸籍・計帳・正税帳などがある。『大日本古文書』25冊に翻刻され, 関係するものとして『正倉院文書目録』,『正倉院古文書影印集成』正集・続修,『正倉院文書拾遺』がある。

しょうぞうりつぶん [正蔵率分] 朝廷が行う重要な行事経費を確保するため, 諸国に調庸・中男作物・交易雑物などの10分の1を正蔵率分所に別納させる制度。952年（天暦6）に始まり, 10世紀末期または11世紀初頭に納入額が調庸などの10分の2に引き上げられた。正蔵率分の納入は太政官の監督下にあり, 受領抜は定ずりふんげでも納入が審査されたため, 10～11世紀には納入状況は良好であった。率分切下文しきりげぶみで随時徴収することも行われた。

しょうたい [尚泰] 1843.7.8～1901.8.19　第二尚氏王統の第19代で琉球王国最後の王（在位1848～79）。侯爵。父は尚育しょう。1848年6歳で即位したが, 冊封は大幅に遅れ, 66年ようやく行われた。当時琉球には異国船が頻繁に渡来し, 異国人が逗留するなど国事多端, 財政的にも窮乏していた。72年（明治5）明治政府は琉球の処分方針にもとづき, 尚泰を琉球藩王とし華族に列した。75年から一連の処分が断行され, 79年廃藩置県。尚泰は命じられて上京, 84年帰郷が許された。没後王陵の玉陵に葬られたが, 葬儀は王府時代同様に挙行された。

じょうだいとくしゅかなづかい [上代特殊仮名遣い] 上代の文献の万葉仮名にみられる13の音に関する文字の使いわけ。橋本進吉はこの2種類の表記を甲類・乙類と命名。エ・キ・ケ・コ・ソ・ト・ノ・ヒ・ヘ・ミ・メ・ヨ・ロ（「古事記」ではモにも）に使いわけがある。たとえば「秋・息…」には「君」と同じ万葉仮名（岐・企・吉…）が使われるが,「木・霧…」には「月」と同じ万葉仮名（紀・奇…）が使われ, これらの漢字のグループが混同されることはない。この区別は, イ・エ・オ段の音節に現れることから母音の差によると考えられ, 上代の母音が8母音とする説もあった。最近は母音の差によるのはオ段のみであり, イ段の差については子音の差であるという服部四郎・松本克己らの説もある。ただしエはア行の「エ」とヤ行の「ヱ」の差で, 母音の差ではない。万葉仮名は中国の韻書を調査することによって, 当時の音（音価）を推定することができる。

しょうだんちよう [樵談治要] 一条兼良が室町幕府9代将軍足利義尚の求めに応じ, 1480年（文明12）7月に奉じた政道書。本書述作のきっかけは『文明一統記』と同様, 義尚が政治の要諦や心構えを学識の深い兼良に尋ねたことに答えられた。諸国の守護には廉直な人物を選任すること, 訴訟を扱う奉行人や側近者を選

択すること，足軽の停止，簾中(れんちゅう)政治など8カ条からなる。当時の政治・社会の実情や貴族の世相観がうかがえる。「群書類従」所収。

じょうちじ　[浄智寺]　神奈川県鎌倉市山ノ内にある臨済宗円覚寺派の寺。金峰山と号す。鎌倉五山の第4位。1281年(弘安4)に夭逝した北条宗政の菩提を弔うために妻と子師時が創建。実際の開山は南洲宏海(なんしゅうこうかい)であるが，師の大休正念(だいきゅうしょうねん)・兀庵普寧(ごったんふねい)の2人に開山の名誉を譲ったために3人の名が連なる。鎌倉時代の木造地蔵菩薩座像(重文)，室町時代の木造三世仏座像，南北朝期の木造大休正念像・木造南洲宏海像などがある。

しょうちゅうのへん　[正中の変]　元亨(げんこう)の変とも。1324年(正中元)9月，後醍醐天皇の鎌倉幕府打倒計画が事前に露見し失敗した事件。日野資朝(すけとも)・同俊基(としもと)らと倒幕の計画を練り，山伏に身をやつした俊基を遣わして各地の情勢を調べさせていた天皇は，1324年，無礼講と称する会合を開き，僧游雅(ゆうが)・玄基・足助重成・多治見国長らと謀議を重ね計画を固めた。その内容は，9月23日北野祭で例年おこる喧嘩に乗じて六波羅探題北条範貞を殺し，山門・南都の衆徒に命じて宇治・勢多を固めるというのであった。しかし計画は六波羅探題の知るところとなり，9月19日土岐頼兼・多治見国長は六波羅軍に敗れ，資朝・俊基も捕らえられた。その後，鎌倉で取調べをうけた資朝は佐渡に流されたが，俊基はゆるされて帰京し，天皇も万里小路(までのこうじ)宣房を鎌倉に遣わして陳弁につとめ，処分を免れた。

しょうちょう　[荘長]　平安前期の荘官の一つ。墾田経営の中核に位置し，私出挙(しすいこ)と営田(墾田)によって私富を蓄積した新たな階層である富豪層が任命された。

じょうちょう　[定朝]　?～1057.8.1　平安時代の仏師。1020年(寛仁4)無量寿院の造仏を皮切りに，師もしくは父である康尚(こうしょう)の仕事をうけつぐかたちで藤原道長に重用され，その造営になる法成寺(ほうじょうじ)の金堂・薬師堂などの大規模な造仏を手がけた。次の頼通時代にも天皇を含めた道長一族の関係する造像を独占的に行い，48年(永承3)供養の興福寺復興造像にもたずさわる。この間，当時の仏師としては異例の僧綱(そうごう)位(法橋(ほっきょう)ついで法眼(ほうげん))を獲得して社会的地位を高め，また数十人の小仏師を擁する工房を統率していたと思われる。晩年の作の平等院阿弥陀如来像にうかがえるように，古典の学習を基盤として王朝貴族の嗜好にあった典雅な仏像の姿を造りだし，以後定朝様として強い拘束力をもった。

しょうちょうのつちいっき　[正長の土一揆]　1428年(正長元)近江国，京都で徳政実施を求めた武士・民衆が武装蜂起し，畿内近国に内乱状況を呈した事件。この年は将軍が足利義持から足利義教に，天皇が称光天皇から後花園天皇にかわった年で，また疫病がはやり，全国的に飢饉の年でもあり，代替りなど時代の変り目をきっかけになされる徳政の始まりを当時の人々も予感させた。近江で徳政の沙汰があったことをきっかけに9月，京都醍醐で土民が蜂起。借用証文を奪取し，質物を奪い返してみずから徳政を実施する私徳政を行い，11月には京都市中で土一揆が私徳政を行い，さらに奈良でも土一揆が蜂起した。この動きは伊賀・伊勢・大和・紀伊・和泉・河内・播磨の各国へも波及，さらに翌年播磨・大和宇多郡・丹波・伊勢・出雲の各地で土一揆が蜂起した。このとき近江では山門(延暦寺)領を含む一国平均の徳政が行われ，大和でも地域ごとの徳政が行われた。

しょうちょく　[詔勅]　⇨詔書(しょうしょ)　⇨勅書(ちょくしょ)

じょうちれい　[上知令]　⇨上知令(あげちれい)

しょうてい　[少丁]　少は律令制の年齢区分の一つ。大宝令の規定では，男女17～20歳の者をさす。このうち男は，課役負担者を示す「丁」の語をつけて少丁とよばれ，おおむね正丁(せいてい)の4分の1，次丁の半分を負担した。籍帳の記載では少女を次女とする例もある。養老令では唐制にならって中(中男・中女)と改められた。

しょうでん　[昇殿]　主junctに殿の起居する殿舎上に伺候し，身辺の諸務(宿直・陪膳など)の奉仕を許されること。内裏・院・女院・中宮・東宮などで行われたが，狭義には清涼殿南庇の殿上の間で天皇に侍する内裏殿上の昇殿のみをさす。歴史的にも810年(弘仁元)にさかのぼる内裏の昇殿が最も古いものであろう。なお男官の昇殿制が整うにつれ，本来的に側近奉仕を行っていた女官についても，台盤所(だいばんどころ)での伺候が昇殿と把握されるようになったらしい。

じょうでん　[乗田]　班田収授制において，口分田・位田・職田(しきでん)などを班給したあまりの田。自然災害によって口分田が失われたときには乗田により補うこととされていた。しかし乗田は収穫(田晶)の5分の1を地子として収取する賃租経営が行われ，その地子は太政官の雑用にあてるため京進が義務づけられていたから，実際にはあらかじめ太政官の必要数を乗田と称して確保していた可能性が高い。律令の田制において公田の主体であった。

しょうでんぎごくじけん　[昭電疑獄事件]　昭和電工への復興金融金庫融資をめぐる芦田均内閣期の贈収賄容疑事件。1948年(昭和23)6月，昭和電工社長日野原節三が，23億円余の巨額の復金融資の一部を不正に使用したとして国会の追及をうけ，そのもみ消しのために贈賄工作を行ったとの容疑で逮捕された。収賄側として

も，元農林次官重政誠之，前蔵相・経済安定本部長官栗栖赳夫，さらに10月前副総理の西尾末広も逮捕されたため，内閣は総辞職。芦田も12月に逮捕され，計64人が起訴された。裁判の結果，日野原・栗栖が有罪，他は無罪となった。事件は民主自由党による芦田内閣打倒の政治的陰謀で，GHQ部内の抗争も関係していた。

しょうてんろく [賞典禄] 明治初年に戊辰戦争・王政復古の功労者に支給した禄米。1869年(明治2)から世襲の永世禄，1代限りの終身禄，3年間の年限禄が，現米で合計90万石支給された。藩主がうけた賞典禄を，さらに藩士に分割支給した分与禄もあった。廃藩置県後も給与したが，財政負担軽減のため，73年に家禄とともに奉還の対象となり，75年に家禄と合算して家禄税を賦課。同年に石代相場で換算し現金支給(金禄)としたうえで，76年に金禄公債の発行により廃止された。

じょうとうもんいん [上東門院] 988〜1074.10.3　一条天皇の中宮。名は彰子。父は藤原道長。母は源雅信の女倫子。999年(長保元)女御となり，翌年，中宮定子(藤原道隆の女)が皇后となり，彰子が新たに中宮とされた。1008年(寛弘5)敦成親王(後一条天皇)を，翌年敦良親王(後朱雀天皇)を生んだ。12年(長和元)に皇太后，18年(寛仁2)に太皇太后となり，26年(万寿3)院号をうけた。

じょうとうもんてい [上東門第] ⇨土御門殿

じょうどきょう [浄土教] 薬師如来の東方瑠璃光浄土や弥勒菩薩の兜率天，観音菩薩の補陀落山など，仏・菩薩の住む浄土に往生し悟りを得ることを勧める教義を意味する。仏と浄土は阿弥陀如来と西方極楽浄土をさす。日本への伝来は古いが，平安時代に天台浄土教のなかから円仁・源信らが現れて教学と実践の基礎を築き，やがて鎌倉時代の法然・親鸞・一遍らが新宗派を形成する源流となった。

じょうどきょうびじゅつ [浄土教美術] 浄土教の信仰にともなって制作された浄土教美術。種々の仏菩薩とその浄土への往生が希求されたが，平安時代以降，浄土教はふつう阿弥陀如来とその極楽浄土への往生を願う信仰をした。阿弥陀如来をはじめとする造像，極楽浄土への賛仰から阿弥陀堂建築・浄土庭園・浄土変相，極楽往生への欣求から九品来迎図などの来迎美術，また現世を穢土とみて輪廻からの解脱を勧める六道絵・十界図・二河白道図などの造形が行われた。唐代浄土教の影響をうけて奈良時代から浄土図などが描かれたが，浄土教美術は平安中期以降盛んになり，平安後期に最も活況を呈した。鎌倉時代

はより一般に流布したが，造形的には類型化した作品を多作したにとどまった。

しょうとくきんぎん [正徳金銀] 1714年(正徳4)，元禄・宝永と続いた悪貨政策を慶長幣制に戻すため，江戸幕府が新たに鋳造・発行した金銀。金貨については，それまで最も多く流通していた乾字金が，慶長金に近い品位をもちながら，1両あたりの量目が半分程度だったので，品位は乾字金と同じ84.29%，量目は慶長金と同じく小判は4.76匁とした。これをのちの享保小判と区別して武蔵小判という。大判の改鋳はこの時はなかった。銀貨は，それまで最も多く通用していた四つ宝銀の品位がわずか20%だったのを，慶長銀とまったく同じ80%に戻した。江戸時代唯一の良貨復古政策であるが，通貨不足のため，旧貨との割合遣いを余儀なくされた。

しょうとくたいし [聖徳太子] 574〜622.2.22　用明天皇の皇子。母は皇后穴穂部間人皇女。厩戸皇子が実名と考えられるが，住んでいた宮や仏教にちなんで，上宮厩戸豊聡耳皇子・上宮法皇など多くの異称をもつ。「日本書紀」は593年，推古天皇の即位と同時に立太子し，摂政となったとするが，実際に政治に関与するのは602年(推古10)頃からの約10年間と考えられる。この間，冠位十二階・憲法十七条の制定，遣隋使の派遣，国史編修などにかかわった。皇太子とすることには疑問があり，推古のもとで蘇我馬子と共同執政を行っていたとする考えもある。仏教の造詣が深く，手厚く保護し，みずから四天王寺の造立を企てた。「三経義疏」は太子の著作とされる。平安時代以降は仏教保護者としての太子自身が信仰の対象とされ，多くの太子像が造られた。蘇我馬子の女刀自古郎女との間に山背大兄王らをもうけた。

しょうとくたいしぞう [聖徳太子像] 聖徳太子像として最も著名なものは法隆寺伝来の御物本(奈良時代)だが，本来太子像として描かれたものかどうかが定かでない。平安後期には太子信仰の高揚にともない，童子形で香炉をとる像(いわゆる孝養像)や成人姿で持笏する像(いわゆる摂政像)などの形式が成立し，また鎌倉時代にはいり太子2歳時のいわゆる南無仏太子像が現れた。これらの形式の太子像は以後，とくに真言律宗や浄土真宗を中心に数多く造られた。

しょうとくてんのう [称徳天皇] ⇨孝謙天皇

しょうとくながさきしんれい [正徳長崎新例] 正徳新例・長崎新令・海舶互市新例とも。1715年(正徳5)幕府が出した長崎貿易に関する法

令。新井白石はくせきと長崎奉行大岡清相きよすけが中心となり立案・遂行した。銀・銅の産出能力にみあった輸出額と貿易船数を設定し、中国船・オランダ船にこの数値を確実に守らせ、その結果生じた積戻りの不満を代物替しろがえ(物々交換)で緩和した。また一方で長崎町民に対して貿易出来高にかかわらず配分銀や飯米を保証する体制を整備した。統制の難しい中国船には、貿易制限順守を約東した船に通事名の信牌しんを与えた。貿易総額制限と長崎市中安定の両立に一定の効果をあげ、以後、長崎貿易は基本的にこの手法にそって行われた。

しょうとくのち[正徳の治] 江戸中期、6代将軍徳川家宣・7代同家継の頃(宝永～正徳期)の幕府政治。側用人間部詮房まなべ・儒者新井白石はくせきが主導した。主要な政策は、武家諸法度の改訂、朝幕関係の改善、藩領貨幣の刷新、通貨制度の立て直し、貿易制度の改革(正徳長崎新例)、朝鮮使節に対する待遇の簡素化と称号問題の処理など。正徳長崎新例のように、その後の対外貿易のあり方を規定する政策がみられる反面、通貨政策のように儒学的理想主義を重視するあまり現実の状況に対応しきれず、むしろ混乱を招いたものもあった。かつては最も文治的な政治が具現した時代として「正徳の治」と称されたが、近年ではあまり使われなくなっている。

じょうどじ[浄土寺] 兵庫県小野市浄谷町にある真言宗の寺。極楽山と号す。東大寺領であった播磨国大部おおべ荘内の破壊状態の古寺を重源ちょうげんが1ヵ所に集めて薬師堂とともに造り直し、新たに浄土堂などを加えて一寺とした。この時期は1192～94年(建久3～5)頃とされる。以後浄土信仰の霊地として隆盛した。

浄土堂 じょうどどう 1194年(建久5)頃の建立。宝形ほうぎょう造であるが、柱間は20尺の等間で大規模な方3間堂。堂内中央に快慶作の阿弥陀三尊像(国宝)を安置する。太い柱と三重に架けられた梁に、挿肘木さしひじきを用いた組物など、大仏様特有の大胆かつ奇抜な構造技法が特徴。国宝。

じょうどじ[浄土寺] 広島県尾道市東久保町にある真言宗浄土寺派の本山。聖徳太子の建立といい、鎌倉末期には高野山領備後国太田荘の預所淵信が別当だったが、1298年(永仁6)奈良西大寺叡尊の弟子定証が荒廃していた当寺の再興を発願、西に寄進されて西大寺末となる。1325年(正中2)焼失するが復興。南北朝期には後醍醐天皇の勅願寺となり、足利尊氏も当寺に備後国の利生塔をおいた。

多宝塔 たほうとう 1329年(元徳元)建立。現存する多宝塔では最大級。内部は柱を後ろにずらすなど新しい傾向を示す。細部には大仏様・禅宗様の影響がみられる。国宝。

本堂 ほんどう 中世の中規模本堂。1327年(嘉暦2)建立。正面5間、奥行5間。表側の2間を礼堂、奥を内陣とする。和様を原則とし、細部に大仏様の木鼻きばな・二斗にとなどを用いる。国宝。

じょうどしゅう[浄土宗] 法然ほうねんを開祖とし、阿弥陀如来の称名じゅみょう念仏による極楽往生を説く宗派。法然は「選択せんちゃく本願念仏集」を著し、他力易行いぎょうの専修せんじゅ念仏を勧めたが、その専修性は1207年(承元元)の流罪や法然没後の27年(安貞元)の法然廟破壊などの法難を招いた。のちに多くの分派を生じ、知恩院に拠った源智・隆寛の多念義、幸西の一念義、長西の諸行本願義(九品くほん寺義)、証空の西山せいざん義、弁長の鎮西義などにわかれたが、全体的には鎌倉・室町時代に急速に教蓮を広げ、京都を中心として関東や東北から九州に及んだ。とくに鎮西義は良忠のとき関東に進出し、その門下に白旗派・藤田派・名越派の関東三派、および一条派・三条派・木幡派の京都三派を生じ、大いにふるった。

じょうどしんしゅう[浄土真宗] ⇨真宗しんしゅう

じょうどていえん[浄土庭園] 平安時代、仏教の浄土思想をもとに極楽浄土の雰囲気を具現するために造られた仏堂に伴う池庭。形態は仏堂の種類・形式・配置によりさまざま。意匠的には当時の貴族の住宅様式だった寝殿造庭園と同一といえる。はじめは浄土形式庭園とか浄土式庭園といったが、昭和10年代後半に浄土庭園として定着。文献では慶滋保胤よししげのの「池亭記」(982成立)が初見。ついで藤原道長の法成寺、白河天皇の法勝寺があり、平安中期の遺構には平等院、平安末期には法金剛院・浄瑠璃じょうる寺・円成寺・毛越もうつ寺・観自在王院跡・無量光院跡・白水しらみず阿弥陀堂がある。浄土庭園は鎌倉時代にも受け継がれ、禅宗文化の影響による新しい庭園の出現まで続く。

しょうなごん[少納言] 律令制の太政官職員。従五位下相当で令制の定員は3人。808年(大同3)に1人増員。令制では大納言のもとに属すが、朝政に重事を奏宣する大納言とは異なり、尋常の小事のみを奏宣(公式令便奏式)し、あわせて駅鈴・伝符・内印の授受、太政官印の捺印の監督を行う。天皇に近侍するため中務省品官の侍従を兼任し、その定員にも数えられた。前身は天武朝の納言で、飛鳥浄御原きよみはら令の施行で大納言・中納言・少納言にわけられたが、機能の違いはなく、大宝令施行で中納言が廃止されるとともに、朝政参議の機能が大納言に統合され、少納言は天皇に近侍し奏宣を行うのみとなった。平安初期以降、奏宣の機能の実質は蔵人くろうどに移るが、儀式などでの重要性は長く残った。

しょうにさだつね [少弐貞経] 1272/73〜1336.2.29 鎌倉末〜南北朝初期の武将。盛経の子。法名は妙恵。1296年(永仁4)8月以前から大宰少弐。1333年(元弘3)3月菊池武時が鎮西探題赤橋英時を襲うと、これにくみせず武時を敗死させた。しかし反幕府勢力の優勢を知り、同年6月英時を討滅。この功により筑前・筑後両国の守護に任じられるが、その後、建武政権に背いた足利尊氏に内応。36年(建武3・延元元)菊池武敏らに攻められ筑前国内山城で自刃。

しょうにし [少弐氏] 中世の九州北部の豪族。秀郷流藤原氏。武藤資頼は源頼朝に従い、筑前・豊前・肥前・対馬諸国の守護および大宰少弐に任じ、子の資能以下が世襲して少弐氏を称した。祖父と子の経資は元寇に際して活躍。経資の孫貞経は大友氏らと鎮西探題を滅ぼし、足利氏に従う。子頼尚も北九州軍の中心。室町時代、九州探題渋川氏を支援する大内氏に大宰府を追われ、対馬の宗氏を頼る。九宗氏とも不和となって肥前に逃れ、1559年(永禄2)時尚のとき竜造寺氏に滅ぼされた。→巻末系図

しょうにょ [証如] 1516.11.20〜54.8.13 戦国期の浄土真宗の僧。蓮如の曾孫。諱は光教。関白九条尚経の猶子。1525年(大永5)祖父実如の跡をつぎ、10歳で本願寺10世となった。加賀の一向一揆の内紛調停を通じて加賀を本願寺領国とした。32年(天文元)山科本願寺が焼かれ、大坂(石山本願寺)に移った。その後、畿内・越前などの領主と友好関係を結び、本願寺の体制固めと地位の向上に努めた。

しょうによりひさ [少弐頼尚] 1294〜1371.12.24 鎌倉後期〜南北朝期の武将。筑前・豊前・肥後・対馬各国守護。大宰少弐・筑後守。父は貞経。足利尊氏に敗れた父の後を継ぎ、九州にのがれた尊氏をたすけ、1336年(建武3・延元元)多々良浜の戦で菊池武敏の軍を破る。「建武式目」の制定にも参画するが、尊氏の設置した九州探題一色範氏と対立。以後、尊氏との不和な実子直冬を奉じるに、直冬が九州を去ってからは、南朝方の懐良親王・菊池武光と結び、一色範氏を破る。その後、再び幕府方となったが、59年(延文4・正平14)筑後国大保原の戦で菊池武光に大敗続、勢力は衰退。61年(康安元・正平16)には本拠大宰府を占領され、豊後にのがれた。

しょうにん [上人] 仏・菩薩や徳行に秀でた聖者、高徳の僧侶に対する敬称。中世以降はとくに適した僧侶に対する呼称となり、時宗では阿号、浄土宗では誉号、浄土真宗では如字、日蓮宗では日字につけられて使用されたほか、禅僧・律僧にもみられる。聖・聖人と混用されるが、15世紀初頭前後からは上人号として勅許され、一種の僧位に転じた。

しょうにん [証人] 江戸時代、諸大名が幕府に差しだした人質。幕府は、諸大名を統制する目的から妻子の江戸居住を義務づけたが、江戸前期には大名重臣の子弟をも人質として差しださせ、江戸の大名藩邸内の屋敷において監督した。後者は狭義の証人(家中証人制)であり、1665年(寛文5)廃止された。

じょうにん [成忍] 生没年不詳。鎌倉前期の画僧。号は恵日坊。高山寺明恵の弟子で、画技にすぐれ、13世紀前半に明恵周辺の絵画制作に大きな役割を果たしたと想定される。成忍制作が立証できる現存作品はないが、明恵の縄床樹上座禅の姿を写した「明恵上人像」は成忍筆の可能性が高いという。また画風上、それと共通点の多い「華厳縁起」の制作にも、彼が深く関与していた可能性が指摘される。

しょうにんがしら [商人頭] 商人司・商人おやかたとも。戦国期に一般の諸商人を統率した有力商人。領国内または城下町などの諸商人および領国外からの行商人の取締りや裁判、商業税の徴収、市の開催・興行、座や仲間の支配などを行った。駿河の商人頭友野氏、会津の商人司築田氏、尾張・美濃の商人司伊藤氏が有名。

しょうねい [尚寧] 1564〜1620.9.19 琉球王国の第二尚氏王朝の7代目の王(在位1589〜1620)。神号は日賀末按司添。3代尚真王の玄孫にあたり、母は6代尚永王の妹。即位前は浦添王子と称した。豊臣秀吉から朝鮮出兵の兵糧米などを強要されるが、豊臣政権とは距離をおき、朝鮮出兵の情報を明国へ通報し警戒を促すなど冊封体制下に琉球を位置づけ、1606年琉球国王に冊封された。鹿児島藩への服属要求を拒否しつづけたが、09年(慶長14)同藩の攻略をうけた。捕虜となり駿府の徳川家康、江戸の徳川秀忠に謁見させられ、2年後に帰国を許された。尚寧らの不在中鹿児島藩は検地を行い、11年奄美地域を除く沖縄諸島・先島(宮古・八重山諸島)約8万9000石を中山王領とする知行目録を与えた。以後琉球は鹿児島藩の領分(従属国)となる。

しょうばいおうらい [商売往来] 江戸時代の実業系の往来物。1694年(元禄7)初刊。その後、版を重ね広く普及した。大坂の書家兼作家堀流水軒の作。内容は帳簿・貨幣をはじめ、商品として扱われる品物全般にわたる。「名頭と江戸方角と村の名と商売往来これでたくさん」といわれたように、寺子屋へ通う子供の基本的な教育内容となっていった。またその後発行された農業系や手工業系の往来物のモデルともなった。『日本教科書大系』所収。

しょうはく [肖柏] 1443〜1527.4.4 室町中期

〜戦国期の歌人・連歌師。中院家の出身。号は夢庵・牡丹花・弄花軒など。早くに出家して正宗竜統に禅を学び，30歳の頃から宗祇に師事。後土御門天皇の内裏連歌にも参加。応仁・文明の乱の頃には摂津国池田に住み，たびたび京都にも出たが，1518年(永正15)和泉国堺に移り，同地で没した。「水無瀬三吟」「湯山三吟」などの連歌作品のほか，「連歌新式追加并新式今案等」「六家抄」の編著や，自撰歌集・連歌句集「春夢草」が残る。古典研究にもすぐれ，宗祇からうけた古今伝授を堺の門人に伝えたことは，のちに堺伝授とよばれた。

しょうはし [尚巴志] 1372〜1439.4.20 琉球王国の第一尚氏王統2代目の王で統一王朝の樹立者(在位1422〜39)。神号は勢治高真物。若くして沖縄島南部に位置する佐敷城の按司となる。通説では山南国の内紛に乗じて1402年島添大里按司汪応祖を倒して地歩を堅め，06年中山王武寧を倒し，父思紹を中山王にたて，16年山北王攀安知を，29年山南王他魯毎を倒したという。29年を統一国家の樹立年とするが，22年とする説もある。25年明国の冊封使柴山により中山王に冊封され，27年首里城の近辺を開削し明の京都の池水にならった竜潭池を築くなど，王府の整備をはかった。華僑の頭目の懐機を王相(国相)に任命し，華僑集団と緊密な関係を保ち，朝鮮・中国・東南アジアとの交易を活発化

じょうばん [定番] 江戸幕府直轄の駿府・大坂・二条の各城に任期中駐在し，警備などにあたる役職。任命された大名・上級旗本が家臣と付属の与力・同心を引率して勤務した。駿府定番は旗本の任で，役高1000石，役料700俵を支給。大坂定番は1万〜2万石の小大名から任じられ，定員2人。役料3000俵。老中支配。二条城では二条門番頭の別称ともされたが，1862年(文久2)大番組の二条在番廃止により定番設置。役料3000俵。格式は大坂定番の上で老中支配。

じょうばんたんでん [常磐炭田] 福島県と茨城県にまたがる炭田。主として福島側は亜瀝青炭，茨城側は半瀝炭。常磐炭は炭質でやや劣るが，首都圏に近く，工業用・家庭用炭として広く利用された。1851年(嘉永4)にはじめて採掘。本格的な開発は83年(明治16)磐城炭礦創立に始まり，97年の常磐線開通によって発展。有力企業は常磐炭礦(磐城炭礦・入山採炭の合併)，古河好間，大日本炭鉱など。1977年(昭52)5月常磐炭鉱西部炭鉱が閉山し終掘。

じょうひきゃく [定飛脚] 仲間が幕府に公認された江戸の飛脚業者。中世末にはすでに存在が確認でき，定期的に運送をはたす飛脚のこともいうが，一般には江戸の三度飛脚の仲間をさす。江戸の三度飛脚は1782年(天明2)に仲間を幕府から認められ，定飛脚の名称を許され，京大坂定飛脚問屋ともよばれた。江戸と大坂・京都を結んで，大坂坂の番衆の書状通送を請け負い，宿駅の人馬を御定賃銭で使用し，書状・荷物の輸送にあたった。

じょうひけし [定火消] 江戸の防火にあたる江戸幕府の職制。役料300人扶持。若年寄支配に属し，寄合が任じられた。明暦大火の翌1658年(万治元)の創設当初は4人，1704年(宝永元)以降は10人。火消屋敷と与力6人，同心30人を与えられ，また実際の消火にあたる臥煙を雇い1隊を形成した。火消屋敷は冬の季節風にそなえて江戸城の北西部におかれた。当初は市中を対象としたが，のち町火消の成長によって出動範囲が郭内に限定された。

じょうふ [定府] 江戸時代，大名およびその家臣などが参勤交代をせずに江戸に定住すること。老中など幕府の要職についた大名は，在職期間中は参勤をせずに江戸に留まっていた。要職にある大名以外でも，一部の大名分家の支藩，御三家のうち水戸家は常に定府であった。大名の家臣のうち藩政や他藩との交渉にあたる者などは，藩主の帰国時も国元に帰らず，常に江戸の藩邸にあることが多かった。

しょうふう [蕉風] 正風とも。芭蕉とその弟子およびその流れをくむ俳諧流派。談林末期の延宝・天和年間(1673〜84)の漢詩文調の俳諧の流行は，衆目を引く新奇さをねらったものだったが，芭蕉は漢詩文のもつ詩的効果に注目した。江戸深川に隠棲したのちは，発句に緊張した詩情を求め，和歌・漢詩の伝統を踏まえながら卑近な素材を生き生きと蘇らせることに成功した。また，さび・しおり・細み・軽みなどの理念を追求，連句では余情を重んじたにおい・うつり・ひびきなどの理念を求め，句作法を完成した。芭蕉没後は分裂したが，俳諧を文学的に確立した功績は大きい。

しょうふくじ [正福寺] 東京都東村山市野口町にある臨済宗建長寺派の寺。北条時宗を開基とし，開山は無象静照。さらにその師の石渓心月を請じて勧請開山とする。1278年(弘安元)の創建という。

地蔵堂 禅宗様建築で3間裳階つきの中規模仏殿の代表例。1407年(応永14)建立。規模・形式・細部技法が円覚寺舎利殿とほぼ同一で，禅宗様建築の遺品。国宝。

じょうぶん [上分] 中世，神仏に上納した貢進物。また年貢のこと。平安初期から史料に「地利上分」「供祭上分」などとみえ，本来は，神仏への貢進物をした。平安後期以後，

荘園制が形成されるなかで、諸寺社は所領からの収取物を上分と称することにより、みずからの年貢収取権を宗教的に権威づけた。そのため上分はしだいに年貢そのもののことと考えられるようになり、鎌倉後期頃からは、寺社に納めるものにかぎらず、年貢一般をさすようになった。この場合、しばしば土地を意味する下地の対語として用いられた。日吉神人のように、神仏への上分を元手に利殖行為を行う者もあった。

しょうへいが [障屛画] 障壁画と屛風絵を一つにした呼称。衝立絵・杉戸絵も含む。杉戸絵以外はすべて紙に描いて貼りつけたものである。室内装飾と間仕切りを兼ねているのが特色で、固定された壁面の壁貼付絵、開閉が自由でとりはずすこともできる建具としての襖絵や杉戸絵、より簡単に移動できる調度としての屛風絵・衝立絵に3分類できる。寝殿造の完成した平安時代以来、近代に至るまで連綿と制作されつづけ、日本独自の発展をとげた。

しょうへいがっこう [昌平学校] ⇒ 大学校

しょうへいざかがくもんじょ [昌平坂学問所] 昌平黌とも。江戸幕府直轄の学校。前身は1630・32年(寛永7・9)に設置された林羅山の江戸忍岡邸の学寮・聖廟。91年(元禄4)湯島(現、東京都文京区)に先聖殿(湯島聖堂)を建設し移転。幕府は寛政の改革時に柴野栗山・岡田寒泉らを聖堂付儒者に任じて人材を補強し、施設も拡充、藩士・郷士・牢人の入門を許した。林述斎の家督相続後は学規・職制を定め、学問吟味・素読吟味を行うこととした。1797年(寛政9)林家の家塾を切り離して幕府の正規の学問所となる。1800年「聖堂御改正教育仕方」を定め、仰高門日講・書生寮も設置。鹿児島藩の赤崎海門や広島藩の頼春水らの臨時手伝いもあった。55年(安政2)学制改革があり、刑法学・外国事取調が加わる。多くの編纂事業が行われ、教科書も作られた。維新後は新政府に接収され、70年(明治3)廃止。

じょうへいそう [常平倉] ■奈良時代、帰路にある運脚の困窮を救済したり、京中の穀物価格を調節するために設けられた官倉。唐の制度にならい、759年(天平宝字3)に恵美押勝によって創設された。常平は穀価を常に平準にするという意味。諸国公廨稲を財源として京の左右平準署が管理した。平準署は771年(宝亀2)に廃止されるが、9～10世紀には常平所や倉庫院が米価調節の任務を請け負った。 ■江戸時代、米価の調節を目的に設置された米倉。義倉・社倉とともに三倉の一つ。米が豊富で安価なときに貯蔵し、不足・高騰の際に安く売り払った。また飢饉・災害の備荒貯蓄ともなった。貝原益軒・太宰春台らにより有益性が主張された。会津・水戸・高知・鹿児島諸藩などで設置されたものが著名である。

じょうへい・てんぎょうのらん [承平・天慶の乱] 939年(天慶2)12月、東西ほぼ同時に発生した平将門の乱、藤原純友の乱の総称。承平年間(931～938)の坂東の騒乱は平氏一族の紛争であり、承平の海賊蜂起に対して純友は鎮圧側にいたと考えられるので、厳密には天慶の乱というべきか。藤原秀郷・平貞盛・源経基ら両乱鎮圧の勲功者は破格の官職・位階を与えられ、武士が政治的に進出する出発点となった。

しょうへきが [障壁画] 建築に付属する障子絵(襖絵など)と壁貼付絵を一つにした呼称。天井画や杉戸絵も含まれる。杉戸絵以外はみな紙に描いた貼付絵である。古代以来、寝殿造や書院造の発展とともに、大画面の建築装飾画として優れた展開をみせたが、安土桃山時代にその黄金時代を迎えた。安土城をはじめとする城郭建築には、城主の権威を象徴すべき豪壮華麗な障壁画、特に金碧障壁画が必要不可欠であったこと、やがてその様式がこの時代に多く建立された大規模な寺院建築に適用されたことによる。視覚的要素の豊かな花鳥画が喜ばれる一方、中世的要素の強い山水画は副次的画題に後退し、狩野派をはじめ、長谷川派・海北派・雲谷派など諸画派に天才的画家が多く出現して覇を競いあった。江戸時代に入り新たにおこった琳派・南画・円山四条派・奇想派などの画家も、それぞれ個性的障壁画を制作、その伝統は現代にまで生きている。

しょうほう [商法] 企業および企業活動に関する法規。日本では1893年(明治26)会社法・手形法・破産法としてその一部が施行されたのが最初(旧商法)で、株式会社の設立には免許主義が採用された。しかし99年ドイツ法にならって大きく改正され、準則主義をとる現行商法が制定された。1911年に一部改正、38年(昭和13)には株式会社法を中心に大改正された。第2次大戦後はアメリカ法の影響をうけて50年に大改正され、取締役会・代表取締役制度がとりいれられるなど、所有と経営の分離が法的に保障された。81年には株主総会の活性化をはかるための改正が行われ、90年(平成2)には最低資本金制度が導入された。

しょうほうかいぎしょ [商法会議所] ⇒ 商業会議所

しょうぼうげんぞう [正法眼蔵] 道元の法語集、曹洞宗の根本経典。87巻、また95巻とも。成立事情を異にし、巻数の異なる4系統の伝本がある。95巻本は永平寺35世槐安全

が1690年(元禄3)頃に編集。1231年(寛喜3)の「弁道話」から53年(建長5)の「八大人覚」まで23年間の説示を収録。道元には南宋の大慧宗杲ないその公案集「正法眼蔵」をうけ、35年(嘉禎元)に撰述した漢文体の「真字正法眼蔵」(「三百則」とも)の公案集がある。これを基に展開したのが和文体の仮名法語「正法眼蔵」。永平寺50世玄透中興により1795年(寛政7)開版、1816年(文化13)刊本が本山版「正法眼蔵」として流布した。「岩波文庫」「日本思想大系」所収。

しょうぼうげんぞうずいもんき [正法眼蔵随聞記] 道元が宋から帰朝後の初開道場である京都深草の興聖寺で、嘉禎年間に門下に語った修行の用心覚悟を、高弟孤雲懐奘が聞き書きしたもの。6巻。懐奘の没後に編集された。大安寺本ほかの古写本系と1651年(慶安4)刊本以下の流布本系があり、巻序・字句に異同がある。「岩波文庫」「日本古典文学大系」所収。

じょうぼうせい [条坊制] 日本古代の都城における碁盤目状の土地区画、または行政区画。都城中央を南北に走る朱雀大路の東を左京、西を右京と称し、左右京職が管轄。大路で区切られた基本区画が坊で、東西の配列が条。藤原京は12条8坊、平城京は9条8坊の基本形に東側の外京を加える。平安京でも9条8坊の基本に平安初期に北辺を加えて南北1753丈(約5.2km)、東西1508丈(約4.5km)の京城が完成した。各坊は16の町(平城京では坪)に均等区画され、さらに東西4行、南北8門の四行八門制により32戸主に細分化されて宅地の基準となった。碁盤目状の区画は中国の都城と関係が深いが、坊の集合を条とするのは日本独自。こうした条坊は倭京や大津京では確認されていない。

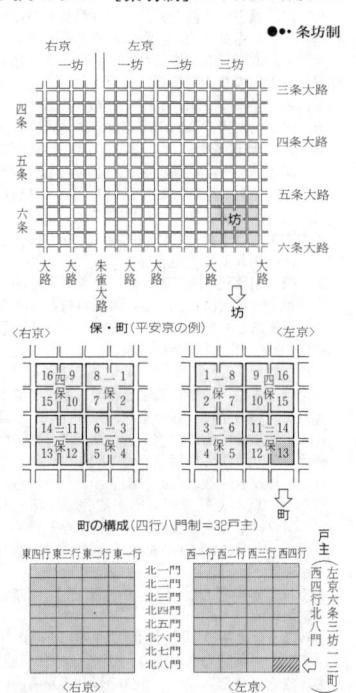

しょうまい [春米]「つきしね」とも。稲穀を春いて籾殻をとりのぞいた米。精白の程度により白米・黒米の別がある。またとくに律令制下、諸国から春米を京進する年料春米の制度をさす。田令には租の一部を春いて(脱穀・籾摺・精白)郡中に送る規定があるが、天平期の正税帳や平城宮跡・長岡京跡出土の春米貢進木簡の実例では、正税穎稲等をあてている。近国や海路輸送の可能な縁海国から京進された春米は、大炊寮に収められて諸司の常食に供された。貢進単位は5斗が一般的。

しょうまんぎょうぎしょ [勝鬘経義疏] 求那跋陀羅訳「勝鬘経」の注釈書。日本最古の経疏。三経義疏の一つ。聖徳太子撰。611年(推古19)成立。はじめに経題を簡潔にのべ、ついで経文を序説・正説・流通説の3段にわけて注釈する。法友・憂婆塞・涅槃・般若・維摩などの経典、梁の法雲の説、敦煌発見の「維摩経義疏本義」などを引用。606年(598年とも)推古天皇に行った同経講説の原稿をまとめたものともいわれる。「大正新修大蔵経」「日本思想大系」所収。

しょうみょう [声明] 仏教行事で僧侶によって唱えられる声楽。本来は古代インドの学問である五明の一つで言語に関するサンスクリット語のサウダビジャの音写という。日本では梵唄や唄匿とも称され、広義には法会で唱えられる声楽全般をさす。狭義には四箇法要の各曲や各種の讃など外来の詞章と音楽形式を有するかそれに準じた和製曲をさし、それらを本声明という。本声明以外は雑声明に分類するが、祭文・表白・講式・論議・教化などの日本語による伝達を目的にした曲に多い。また宗派によって唱法に真言声明・天台声明・浄土声明などの別を生じた。和讃や御詠歌など、僧侶という専門家ではなく、広く信徒などによって唱えられるものもある。声明は平曲・謡曲・浄瑠璃・長唄など日本の伝統音楽の

発生に影響を及ぼし，その母体といえる。

しょうみょうじ [称名寺] 横浜市金沢区にある真言律宗の寺。1260年(文応元)頃北条実時が，母の菩提を弔うため六浦荘内にたてた念仏の寺で，67年(文永4)に妙性房審海を開山に迎えて律寺に改めた。2世剣阿・3世湛睿は朝比奈切通しを通じて鎌倉とつながれ，和賀江津と並ぶ鎌倉の外港で，称名寺は六浦津を管理し，関銭を徴収していたようである。和賀江津に関して極楽寺が同じ power にあったことから，忍性を擁したのを中心とする律僧は北条氏と結んで鎌倉の海上貿易を押えていたといえる。境内には金沢文庫があり，1323年(元亨3)の「結界絵図」や紙背文書を中心とする金沢文庫古文書，石造の五輪塔などの多くの文化財がある。苑池を中心とした境内は国史跡。

じょうみょうじ [浄妙寺] 神奈川県鎌倉市浄明寺にある臨済宗建長寺派の寺院。稲荷山と号す。鎌倉五山の第5位。1188年(文治4)足利義兼が創建。開山は退耕行勇という。はじめは極楽寺と称したが，13世紀後半に月輪子然が住持となり名を改めた。中興開基は足利貞氏。寺の東側に関東公方の屋敷があった。14世紀頃の木造釈迦如来座像，鎌倉末期の木造退耕行勇座像(重文)，足利尊氏自画自賛の「地蔵菩薩像」などがある。

しょうみん [荘民] 平安後期以降の領域型荘園に居住する百姓。公領に属する公民に対する荘園の住民のこと。10世紀以降の荘田の請作者が組織化されて荘子とよばれたのに対して，領域型荘園の成立にともない，特定の荘園に居住するようになった百姓をいう。

じょうみん [常民] 民俗学の基礎的概念の一つ。日常の生活文化の担い手とされ，民間伝承を多く保持する人々を表す。柳田国男は，ごくふつうの生活を送る農民を想定したが，具体的には，江戸時代の農村にあって田畑を4～5段歩所有する本百姓であり，いわゆる中農クラスの農民とされる。彼らの存在は当時の日本人の約7割くらいを占めていたので，彼らの担う日常生活文化の総体を常民性として包括した。文化としての性格は，類型的かつ没個性的であり，創造的かつ個性的な先進性には欠如しているが，伝統的であり秩序を安定させる力をもつ。英語の common people の訳語として用い，日本国民の全体にわたる日常性を示す基層文化としてとらえる立場もある。

しょうむてんのう [聖武天皇] 701～756.5.2 在位724.2.4～749.7.2 首皇子・天璽国押開豊桜彦天皇と称する。また勝宝感神聖武皇帝と諡号する。文武天皇の皇子。母は藤原不比等の女宮子。714年(和銅7)14歳で皇太子となり，724年(神亀元)伯母の元正天皇の譲りをうけて即位。不比等の女光明皇后との間に阿倍内親王(孝謙天皇)・基王(某王とも)を，また夫人県犬養広刀自との間に安積親王・井上内親王・不破内親王らをもうけた。727年生後まもない基王を皇太子としたが翌年夭折，738年(天平10)阿倍を皇太子に立てた。740年大宰府で藤原広嗣の乱がおこると，平城京をでて，以後恭仁，難波，紫香楽と都を遷し，746年平城京に戻った。この間，741年に国分寺造立の詔を発し，743年には墾田永年私財法を制定，また大仏造立の詔を発した。とくに東大寺の大仏造立は生涯の大事業となった。749年(天平勝宝元)に譲位，法名を勝満と称し，754年には鑑真から菩薩戒をうけた。没後その遺品は光明皇后により東大寺などに献納され，正倉院宝物の中核をなす。

しょうむてんのうしんかんざっしゅう [聖武天皇宸翰雑集]「雑集」とも。正倉院に伝わる六朝から唐にかけての仏教に関する詩文145首を記した書巻。756年(天平勝宝8)の「東大寺献物帳」に「雑集一巻，白麻紙，紫檀軸，紫羅縹，綺帯，右，平城宮御宇 後太上天皇(聖武天皇)御書」と記載されるものにあたり，奥書に「天平三年九月八日写了」とあることから，聖武天皇31歳の宸筆とされる。白麻紙47枚を貼り継ぎ，繊細な筆致で書かれる。本紙縦27.8cm，横2135cm。

しょうめんこんごう [青面金剛] 金剛青面菩薩の化身とも，「陀羅尼集経」の五帝薬叉の一つ青帝薬叉神ともされる。9万の眷属を率い，人の精気・血肉を食べ鬼病を流行させる悪神だったが，大元帥明王に降伏されて善神となった。青面赤眼の忿怒相で，二・四・六臂に武器などをもち，身体に大蛇がまとわり逆髪に髑髏をのせるかたちに造る。日本では道教と結びつき，三猿神とともに庚申待の本尊とされることが多い。

青面金剛

じょうめんほう [定免法] 江戸時代の徴租法の一つ。過去数年間の年貢の平均高を算出し，その高を3カ年，5カ年，10カ年などの一定期間，作物の豊凶にかかわりなく年貢として徴収する。ただし大凶作の年には，願いによりとくに検見を行い減免されることもあった。毎年の作物の出来高を調べ，その年の年貢率をきめる検見取法に対する方法。江戸前期からすでにみられたが，享保の改革の際，年貢増徴政策の一つとして採用，1722年(享保7)以降しだいに全国各地に施行された。代官や手代の専行・不正を防止する一方，年季切れの際に免率を引きあげることによって年貢徴収量を増大させようとする意図ももっていた。

しょうもんき [将門記] 「まさかどき」とも。平将門等の乱の推移を内容とする軍記物の嚆矢。作者未詳。成立時については乱が終息した940年(天慶3)直後とみる説と，かなりのちに作られたとみる説とにわかれる。将門が一族の内部争いから国衙支配に対抗する闘争を行い，ついには朝廷にはむかい，最後は平貞盛と藤原秀郷等の軍勢に滅ぼされるまでを克明に描写している。東国で乱を目撃していたと思われる人物により作成された実録と太政官で作られた官符などの公的資料とを駆使しており，平将門の乱に関する最も重要な史料となっている。伝本に真福寺本と楊守敬本とがあるが，いずれも巻首を欠く。ほかに略本が伝えられている。「群書類従」「東洋文庫」所収。

じょうもんじだいじん [縄文時代人] 日本列島に縄文文化の遺跡を残した人々。貝塚や洞窟遺跡で発見される人骨の研究によって，成人男性の平均身長が160cmたらず，脳頭蓋が大きく，眉間等と鼻骨が隆起し，顔は低く幅が広く，眼窩等が長方形で，歯のかみあわせは鉗子等型，前腕と下腿等が相対的に長く，脛骨等の骨幹が扁平であるなど，現代日本人とはかなり異なる形態をもっていたことが知られる。中国の柳江等人や沖縄の港川等人のような旧石器時代人との類似が強い。弥生時代以降，大陸からの渡来人とその文化の影響をうけて大きく変化したが，北日本では縄文時代人の形質が長く持続してアイヌ民族に受け継がれたと考えられている。

じょうもんどき [縄文土器] 縄文文化に伴う土器の総称。E.S.モースが大森貝塚出土の土器に対して用いた cord marked pottery の語が名称の由来。cord mark ははじめ索紋等と訳されたが，白井光太郎が「縄紋」の訳語をあてた。技術的には轆轤等・回転台による成形技術や窯等による焼成技術をもたない段階の素焼きの土器。文様装飾に富み，縄文を多用する点に造型的な特質がある。人物や動物を表現する文様や大型の把手等・波状口縁なども大きな特質。造型と文様は変化に富み，縄文時代を通じて日本列島各地に地域性の強い70以上の様式が継起して盛衰をくり返した。この様式は，現代の焼物の伊万里等・唐津等・備前等などの流派と同じく，伝統的な固有の製作流儀と共通する気風をそなえた土器群をさす。早期の押型文系土器，前・中期の円筒型土器，晩期の亀ヶ岡式土器などは，代表的な様式として著名。存続年代はきわめて長く，約1万年にわたる変遷をたどり，現在では草創期・早期・前期・中期・後期・晩期の6期区分を設けている。早期～晩期の5期は，1937年(昭和12)に山内清男等が提唱したもので，押型文系土器や貝殻沈線文系土器に代表される尖底等土器の一群を早期，諸磯等式や円筒下層式を前期，勝坂式や加曾利等E式などの厚手派を中期，堀之内式や加曾利B式などの薄手派を後期，亀ヶ岡式とその並行型式を晩期に，それぞれ編入したものである。草創期は，縄文土器の起源にかかわるさらに古い土器群の発見にともない，早期に先行する新たな大別として追補された。形式(器種)には深鉢・鉢・台付鉢・浅鉢・皿・壺・注口等土器・有孔鍔付等土器・釣手等土器・香炉形土器・異形台付土器・器台形土器などがあるが，縄文時代を通じて最も基本的な形式は煮炊き用の深鉢で，草創・早期にはこれが唯一の形式であった。形式分化は前期に始まり，中期以降顕著となる。とくに後・晩期には浅鉢・注口土器・壺が増加するとともに，精製・粗製の区別も生じた。

じょうもんのうこうろん [縄文農耕論] 縄文時代の基本的な生業は採集・狩猟であるが，中期の中部地方では打製石斧・石皿・磨石等などの植物質食料の採集・調理用具が発達し，蒸器としての機能が考えられる深鉢が多用されることなどから，原始的な焼畑耕耕が行われていたという縄文農耕論が提唱された。一方，晩期の九州でも水稲以前の雑穀類の焼畑農耕が行われていたとする説が提唱された。植物学・民族学の分野からは，ヒマラヤ山麓から中国西南部をへて，西南日本に至る照葉等樹林帯に共通の文化要素が指摘され，この照葉樹林文化の発展段階としてプレ農耕段階・焼畑農耕段階・水田稲作農耕段階が設定され，日本の農耕文化の起源と発展の問題に一石を投じた。縄文時代の遺跡からはエゴマ・ヒョウタン・リョクトウ・シソ・ソバ・オオアサなどの栽培植物が検出されるので，前期以降になんらかの形で植物栽培が，またクリ・クルミなどの有用植物はある程度の管理が行われたなど，原初的な農耕の存在が考えられる。

しょうや [庄屋] 江戸時代の村役人。西日本で

は庄屋、東日本では名主(なぬし)とよぶことが多い。一村の長で、年貢取立て、戸籍事務、諸願書類の作成、領主との折衝など村政全般を取り扱った。江戸初期から領主の農民支配の担い手としておかれ、就任に際しては領主の認可が必要であった。職務に対しては、年貢諸役を免除されたり、庄屋給が与えられた。村内で社会的・経済的に優位な者が就任し、世襲が多いが、村民の交代制(年番など)や選挙制(入札)をとる村もあった。

じょうやくかいせい [条約改正] 幕末以来の不平等条約を対等なものに改めるための明治政府の対外交渉。1871年(明治4)条約改正掛を任命。岩倉遣外使節の目的も西洋諸国の条約改正の意向打診にあった。寺島宗則外務卿の税権回復の交渉はアメリカに他国が同調しなかった。井上馨(かおる)外務卿(外相)は法権・税権の一部回復をめざし条約改正会議を開催。日本の法権に服する外国人への内地開放を宣言、内地雑居論議をよぶ。鹿鳴館(ろくめいかん)時代とよばれる欧化政策や外国人判・検事任用、外国による法典の承認などに反対が高まり辞任。大隈重信外相は国別交渉、条約励行主義をとり、メキシコと対等条約、米・独・露の3カ国と新条約に調印したが遭難し失脚。青木周蔵外相は外国人法官廃止など大隈の方針を修正して交渉にのぞんだが、大津事件で辞職。榎本武揚外相は調査委員会を設けたが交渉には至らなかった。陸奥宗光外相は対等条約案で、日英通商航海条約の調印に成功し、99年に実施され領事裁判制度・外国人居留地を廃止。小村寿太郎外相は1911年税権の完全回復を達成した。

じょうやくかいせいかいぎ [条約改正会議] 井上馨(かおる)外相による列国との条約改正交渉の本会議。東京の外務省で1886年(明治19)5月1日から87年7月18日まで計27回開催。井上案にかわって英独両公使提出の英独案とよばれる裁判管轄条約案を基礎とし、87年4月22日議了。税権については税率の若干の引上げ、法権については、(1)西洋に範をとった法典を編纂・英訳し、外国の承認を得て実施、(2)谷裁判所に外国人裁判官を任用、(3)批准2年後、日本の法権に服する外国人に内地を開放し、居住と動産・不動産の所有を認める、などの内容。政府内外から批判が高まり、井上外相は7月29日に会議の無期延期を列国に通告、9月17日に辞職し

しょうやくしょう [請益生] 往路と同じ遣唐使とともに帰国させる短期留学の者。すでに日本で学者としての実績と地位をもつ者に、特定の研究目的をはたさせるために派遣された。ひとならば還学(げんがく)僧・請益僧とよぶ。「養老軍令」の編纂にあたった大和長岡、帰国後に「問答六

巻」を献上した明法家秦大麻呂、暦の刀岐雄貞、陰陽の春苑玉成(はるそののたまなり)、医の菅原梶成(かじなり)らが見える式によれば絁(あしぎぬ)5疋・綿40屯・布16端が支給される。

じょうやくちょっきょもんだい [条約勅許問題] 幕末期、安政五カ国条約の調印・勅許をめぐる紛議。1858年(安政5)孝明天皇は条約を認めず、大老井伊直弼(なおすけ)は仮条約のまま調印。天皇は無断調印に激怒し、朝幕関係が悪化した。この問題は攘夷か開国か、尊王か佐幕かの争点ともなり、外国人殺傷事件も続発。列強は条約勅許を得なければ攘夷運動根絶は不可能と考え、64年(元治元)四国連合艦隊が下関砲撃を行い、勝利をおさめると、65年(慶応元)兵庫沖に来航して条約勅許、兵庫の先期開港と関税率軽減(改税約書)を要求した。朝議は紛糾したが、徳川慶喜(よしのぶ)らが説得につとめ、10月5日条約勅許の勅命が出された。これによって仮条約は合法化され、天皇が元首であることが明示される結果となった。

しょうやじたて [庄屋仕立] 江戸幕府の政治制度の特徴を、幕臣小宮山昌世(まさよ)が比喩的に表現した言葉。農村の庄屋仕立と同じように、幕府の制度が簡明であることのたとえによく用いられる。さらに幕府の組織が、実は農村の自治制度との間に多くの共通性をもっていることも含意しており、同時代の人間の洞察の一例として、幕府制度の成立過程・特徴を考えるうえでのヒントになる。

しょうゆうき [小右記]「おうき」とも。「小野宮右大臣記」「野府記(やふき)」「続水心記」「小記」とも。藤原実資(さねすけ)の日記。現存するのは982~1032年(天元5~長元5、一部欠)だが、「小記目録」や逸文などから、977~1040年(貞元2~長久元)に及ぶことが確認される。小野宮流藤原氏に生まれ、養父実頼の邸宅・所領・日記を伝領した実資は、儀式・政務に精通し、権勢を握る九条流の道長らに屈しなかった。筆まめな性格とその政治的地位を反映し、日記は量・質ともに優れている。「大日本古記録」「増補史料大成」所収。

しょうようじゅりんぶんかろん [照葉樹林文化論] ⇨縄文農耕論(じょうもんのうこうろん)

じょうりせい [条里制] 土地を1辺1町(約109m)の方格(坪)に区画した地割の集合体として管理する制度。6町四方を最大の単位として、そのなかで1の坪から36の坪まで、千鳥式ないし平行式で番号をふった。坪の内部の区切り方には長地型と半折(はおり)型がある。1の坪から6の坪までの1辺を基準として、直交する方向を条(または里)、平行する方向を里とする。条・里にも1から順に数字をふったが、1の坪から6の坪へ進む方向に条の数が増え、坪付の数が増

●・・条里制

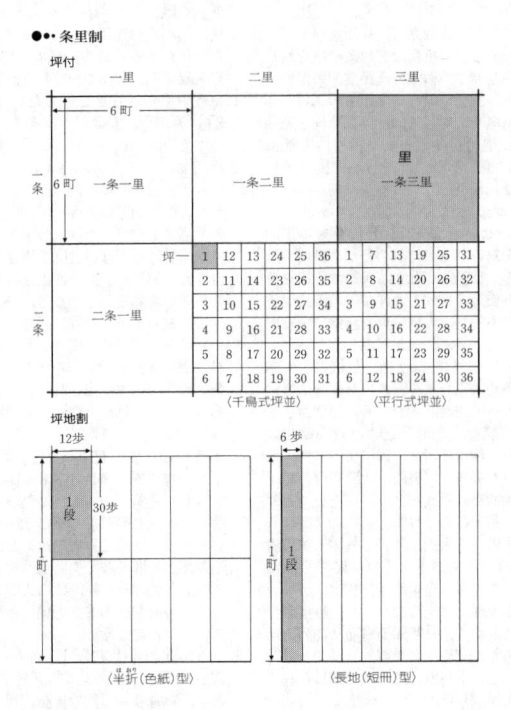

坪付

（図：一里・二里・三里／一条・二条の区分、6町×6町、一条一里・一条二里・一条三里（里）、二条一里。坪の番号は千鳥式坪並と平行式坪並で示される）

〈千鳥式坪並〉　〈平行式坪並〉

坪地割

〈半折(色紙)型〉　12歩×30歩＝1段、1町
〈長地(短冊)型〉　6歩、1段、1町

えていく方向に里の数が増えていく。その結果「某国某郡某条某里某の坪」と坪の地点の表記が可能となった。某条某里には「何々里」のように固有名詞が付されることが多い。条里制の起源、班田制とのかかわり、現在表層に残っている条里型地割と条里制の関係などについては議論がある。

しょうりょう [少領] 律令制下の郡司の次官。大・上・中・下郡に各1人。3里以下からなる小郡には大・少領の区別なく郡領のみがおかれた。選叙令に「性識清廉にして、時務に堪える者」をとり、複数の候補者があって才用が同じならば先に国造をとれと規定され、少領となった者には外従八位下の位を与えるとある。

しょうりょうかへい [秤量貨幣] 重量を計ることによってその価値を決めて使用した貨幣。戦国期までの金銀は、砂金・延金・丁銀など形状や品位もさまざまな秤量貨幣だったが、織豊期になると金貨は一定の品位・重量・形状をもつ小判などが造られはじめ、計数貨幣として定着していった。銀貨には一定の品位を保証した極印銀が出たが、依然秤量を不可欠とした。江戸幕府発行の銀貨や、江戸前期の領国貨幣の多くも同種の秤量貨幣であった。計量を必要とした銀貨は、両替商などによる包封のまま通用する場合が多かった。秤量銀貨の使用は1868年(明治元)銀目廃止まで続いたが、1765年(明和2)発行の明和五匁銀は、匁を単位としながらも12枚で金1両と交換する初の計数銀貨であった。

しょうりょうしゅう [性霊集] 空海の漢詩文集。10巻。弟子の真済編。正式には「遍照発揮性霊集」といい、「遍照」は空海の灌頂号の略称。空海の存命中の827～835年(天長4～承和2)の間に成立。早くから巻8・9・10が散逸したため、済暹が1079年(承暦3)に逸文を収集して「続遍照発揮性霊集補闕鈔」3巻を編み、もとの巻数としたが、そのなかには空海の作でないものも混在する。詩・碑文・上表・啓・書簡・願文などの作品が収録され、綜芸種智院創設にあたり起

草した「綜芸種智院式并序」も本書に収める。醍醐寺本・高野山大学本・尊経閣文庫本など多くの古写本がある。「日本古典文学大系」所収。

しょうりょうながし [精霊流し] 盆行事の一つで，精霊送りのこと。盆に迎えた先祖・死者の霊を送るために供物とともに川や海に流す。7月15日夕方か16日早朝，あるいは1カ月遅れの盆に行われる。ムギガラ・オガラなどで精霊舟を作るか，精霊棚の供え物のナス・ウリに箸を立てて馬様にこしらえて蘘荷にくるみ，供物とともに流す。共同で大きな舟を作り，西方丸・極楽丸などと名づけて西方浄土へ送る気持を表す土地もある。灯籠流しは精霊流しの変化したもの。

しょうりんじ [聖林寺] 奈良県桜井市下にある真言宗の寺。霊園山遍照院と号す。寺伝によれば，藤原鎌足の子定慧の結んだ庵に始まる。江戸中期に文春諦玄が石造延命地蔵を本尊とし，現寺号に改めたという。

十一面観音像 大神神社の神宮寺の大御輪寺が明治初年の神仏分離により廃絶し，同寺から移された。憂いをたたえた表情，下半身の長い雄大な体軀をもつ像容が熟達した捻塑技法により表され，奈良時代の木心乾漆像を代表する遺品。像高209.0cm。国宝。

しょうりんず [松林図] 桃山時代の画家長谷川等伯が描いた水墨画の屛風。牧谿・玉澗など中国の宋元水墨画に学び，湿潤な松林の情景をみずみずしく描き出して水墨画の和様化を達成した傑作。16世紀末，等伯50歳代半ばの制作と推定される。六曲一双。各隻縦155.7cm，横346.9cm。東京国立博物館蔵。国宝。

しょうるいあわれみのれい [生類憐みの令] 江戸前期，5代将軍徳川綱吉のときに発令された生類保護に関する幕府法令で，1685年(貞享2)頃からしだいに具体化される。憐みの対象は牛馬・犬・鳥類をはじめあらゆる生類に及んだ。鷹狩・狩猟にも制限が加えられたが，とりわけ犬に関しては細部にわたる規制とともに，野犬収容のための大規模な犬小屋が江戸近郊の四谷・中野・喜多見などに設置された。違反者に対する取締りときびしい処罰が民衆の悪評と反感を招き，これらの諸法令は捨子禁止などごく一部を除き，1709年(宝永6)綱吉の死とともに撤廃された。生類憐みの令は綱吉の個人的な恣意として位置づけられてきたが，幕府権力のあり方とその政策的意図からの再評価も試みられている。

じょうるり [浄瑠璃] 三味線を伴奏楽器とする語り物の一部門。奥州下向途次の牛若丸と，三河国矢矧(矢作)の長者の娘浄瑠璃姫との恋物語を描いた「浄瑠璃物語」に由来する名称。当初，琵琶や扇拍子で語られ，その起源は15世紀にさかのぼる。16世紀後半に渡来した三味線と結びつきかけ，操りとも提携して，人形浄瑠璃を形成した。承応・明暦期に始まる金平浄瑠璃の人気が創作時代の幕開けを告げ，ついで貞享年間，作者に近松門左衛門をえた竹本義太夫が諸流の長所をとりこんで義太夫節を創始し，人形操りの語りとして絶大な人気をえて，今日の文楽に及ぶ。一方，歌舞伎に舞踊的場面が重用されはじめた元禄期頃からは，江戸の外記節・永閑節・半太夫節，京都の一中節などが歌舞伎界に進出。なかでも一中節からおこった豊後節は，江戸の劇場音曲の中心となり，その系統から常磐津節・富本節・清元節・新内節・薗八節などがあいついでうまれ，劇場と遊里で盛んに行われた。

じょうるりじ [浄瑠璃寺] 京都府加茂町にある真言律宗の寺。小田原山と号す。本堂に安置する9体の阿弥陀仏にちなみ，九品寺・九体寺ともいう。開創は未詳。11世紀半ば頃から伽藍の整備が進められ，現在の本堂は1107年(嘉承2)建立という。78年(治承2)には洛中から三重塔が移建された。興福寺のもとで栄えたが，のち衰退。本堂と三重塔は国宝，三重塔内の十六羅漢図は重文。

本堂 1157年(保元2)移築。桁行9間の母屋もの周囲に1間通りの庇を設けた横長の仏堂。平安時代に造られた九体阿弥陀堂の唯一の現存遺構。高さ8.0m。国宝。

阿弥陀如来像 本堂に安置される九体阿弥陀像。来迎印を結ぶ丈六像を中心に，半丈六の定印像を4体ずつ左右に配する。中尊は寄木造，脇仏は割矧造と寄木造のものがあり，漆箔仕上げで，作風は典型的な定朝様を示す。藤原時代に流行した九体阿弥陀像の唯一の遺品だが，制作年代については，「浄瑠璃寺流記事」によって1047年(永承2)と1107年(嘉承2)の2説がある。中尊像とほかの8体の間に年代差を認める説もある。高さは中224.0cm，脇仏139.0～145.0cm。国宝。

じょうるりものがたり [浄瑠璃物語] 「十二段草子」とも。浄瑠璃・室町物語の武家物。16段・15段・12段。作者不詳。1475年(文明7)以前に成立か。三河国矢矧の長者は鳳来寺に願をかけて浄瑠璃御前を授かる。牛若丸は奥州に下る途中，矢作で御前を見初め，一夜の契りを交わす。奥州へ旅立った牛若丸は蒲原で病に倒れ，御前が若宮八幡のお告げにより駆けつけ，神々へ祈ると牛若丸は蘇生する。牛若丸は正体を明かし，奥州へとむかう。「天狗の内裏」「御曹子島渡り」「皆鶴」などと同様，源義経にまつわる判官物の一つ。座頭によって語られた。「日本古典集成」所収。

しょう

しょうれんいん [青蓮院] 粟田御所とも。京都市東山区にある天台宗の寺。妙法院・三千院と並ぶ天台三門跡。のちに曼殊院・毘沙門堂を加えた五門跡の一つ。最澄が東塔に開創した青蓮坊に由来する。のち比叡山下の洛中・洛東に移され、白川坊・吉水坊などと称した。平安後期の覚快法親王のとき門跡寺院となり、皇子・皇族・摂関子弟が歴代門主になった。17世尊円入道親王は書に優れ、その流派は青蓮院流(御家流)とよばれる。不動明王や青蓮院文書を所蔵。

不動明王二童子像 ふどうみょうおうにどうじぞう 青不動とも。日本の不動画像を代表する平安時代の仏画。「不動十九観」にもとづき、左目をすがめ、左右の牙を上下にだす不動明王と矜羯羅(こんがら)・制吒迦(せいたか)の2童子を表している。玄朝筆不動像の系統を引く図様を示すとみられ、制作は11世紀と推定される。縦203.3cm、横149cm。国宝。

しょうれんいんりゅう [青蓮院流] ⇨御家流(おいえりゅう)

じょうろう [上﨟] 上位に着座すべき官位の高い人。﨟とは年功の意。とくに高位の公卿を上﨟公卿といい、滝の武士のうちで一・二・三﨟を上﨟とよぶ。また年功を積れた高僧をも意味する。

じょうろく [定六] 近世、町飛脚の早便の別称。また三度飛脚をさすこともある。町飛脚の三度飛脚は月3度、大坂・京都と江戸の間を結んだが、普通便の並飛脚は8～9日間を期限とし、昼間のみ往来した。普通便に対して特別に急行便として早飛脚を設け、昼夜をとわず差し立てて、大坂・江戸間の配送を5～6日を限りとしたでこの名がある。

しょういしん [昭和維新] 昭和前期の国家主義運動グループらの掲げた理念・スローガン。明治末期には時代の閉塞感を打破する理念として第二維新の語が、大正期には大正維新の語が用いられていたが、昭和期には天皇を中心とする一君万民の政治体制を実現する急進的な変革を意味することが多くなった。中国ナショナリズムに直面した外交への危機意識、政党政治の腐敗への反発、世界恐慌下の農村窮乏などを背景に、元老・重臣・政党指導者・財閥などを、天皇と国民の間を妨げる障害物として、その打倒をめざした。2・26事件にいたる青年将校の運動をはじめ、国家改造運動のなかで多用されたが、2・26事件後はあまり用いられなくなった。

しょうわいないかく [松隈内閣] ⇨松方正義内閣(まつかたまさよしないかく)

しょうわきょうこう [昭和恐慌] 1930年(昭和5)に勃発した第2次大戦前の日本で最大の深刻な恐慌。世界恐慌の一環としての性格をもつが、国際的に最も遅れた金本位制への復帰と前後して恐慌が発生したこと、物価・企業利潤・労賃は大幅に下落したが生産数量の縮小は軽微であったこと、深刻な農業恐慌を併発したこと、早期に景気回復に転じたことなどの特徴があった。恐慌は、1929年夏からの綿製品・重化学工業品の価格下落、30年5月の生糸価格暴落、同年10月の米価暴落の3段階をたどった。この過程でカルテルがほとんどの産業にいきわたって産業合理化が進められ、連盟融資などの救済政策も展開された。31年末の金本位離脱とその後の高橋財政によって、この恐慌からの脱出が実現された。

しょうわけんきゅうかい [昭和研究会] 昭和前期の民間政策研究機関。1933年(昭和8)10月後藤隆之助が友人の近衛文麿を将来の首相候補と考え、近衛のための私的な政策研究会を発足させ、12月に昭和研究会と名のった。36年11月機構が整備・組織化され、学者・官僚・ジャーナリストなど多数が参加し、政策研究案が作成・発表された。反ファシズム、革新と新体制を標榜したが、40年11月会首脳の大多数が大政翼賛会に参加して解散。

しょうわでんこうぎごくじけん [昭和電工疑獄事件] ⇨昭電疑獄事件(しょうでんぎごくじけん)

しょうわてんのう [昭和天皇] 1901.4.29～89.1.7 在位1926.12.25～89.1.7 大正天皇の第1皇子。母は貞明(ていめい)皇后。名は裕仁(ひろひと)、幼称は迪宮(みちのみや)。1912年(大正元)皇太子となり、21年大正天皇の病状悪化により摂政に就任。24年には久邇宮邦彦(くにのみやくによし)王の長女良子(ながこ)と結婚し、26年(昭和元)12月大正天皇の崩御により皇位を継承する。張作霖爆殺事件で田中義一首相を叱責したことが内閣総辞職をもたらし、2・26事件では反乱軍に激烈に鎮圧を命じた。戦争の拡大を憂慮し、対米戦争にも消極的だったが、これを防ぐことができず開戦に至る。45年8月御前会議で戦争継続の主張を退けて終戦を決断。46年神格化を否定して人間宣言を行い、47年に日本国憲法で国民統合の象徴とされた。生物学者としても著名。89年1月崩御。昭和天皇と追号された。御陵は武蔵野陵。

じょうわのへん [承和の変] 平安初期におきた政治的事件。842年(承和9)7月、阿保(あぼ)親王から太皇太后橘嘉智子(たちばなのかちこ)への密告により、皇太子恒貞(つねさだ)親王の側近である伴健岑(とものこわみね)と橘逸勢(たちばなのはやなり)らが逮捕された。直前に嵯峨上皇が没した混乱に乗じ、2人が皇太子を奉じて東国に赴き、反乱を企てているというのが逮捕の理由であった。恒貞親王は皇太子を廃され、首謀者として健岑は隠岐に、逸勢が伊豆に配流(途中遠江で死亡)されるなど多数が処罰された。8月には藤原良房(ふじわらのよしふさ)の甥で仁明天皇の子道康(みちやす)親王(文徳天皇)が皇太子となった。健

岑・逸勢らは冤罪の可能性がきわめて高く、上級官人層内部の対立を利用して権力の確立を図った藤原良房の陰謀と推定される。

じょがくざっし［女学雑誌］ 日本初の本格的な女性雑誌。1885年(明治18)創刊。最初の1年は近藤賢三、翌年から巌本善治が編集。欧化主義の時代風潮を背景に、女性の志向上、女子教育・女権・結婚や家庭を中心テーマにして欧米の理論や現実・運動なども紹介。巌本は岸田俊子・若松賤子ら女性たちに論文発表の機会を与えるとともに、みずから男女同権や女学、公娼廃止について論じた。1904年2月日露戦争直前の時代的変化のなかで第526号で廃刊。

しょきぎかい［初期議会］ 通常1890年(明治23)の第1議会から日清戦争勃発直前の第6議会までの初期の帝国議会。富国強兵路線を推進する藩閥政府と民力休養・経費節減を唱える民党とが衆議院で激しく対立し、第4議会頃から民党の主力である衆議院の第一党自由党が第2次伊藤内閣に接近し、日清戦後の本格的な提携政治への端緒を開いた。この時期に対する評価は、昭和30年代までは自由民権運動の変質・腐敗過程とする見解が多かったが、近代では日本型政党政治の原型形成、あるいは立憲政治運用の慣行の定着した時期という理解が一般的となっている。

しょきしょうえん［初期荘園］ 荘園領主が土地と荘民とを一元的に支配する本格的荘園(寄進地系荘園)に対して、土地の支配のみが先行して独自の荘民をもたず、耕作労働力を班田農民の賃租に依存している段階の荘園をいう。史料的に豊富な東大寺領の北陸の荘園が著名。そこでは国司一郡司という律令制地方支配機構を利用して班田農民の労働力を確保し、公定収穫高の5分の1を収取する賃租が行われ、郡司には中間搾取的得分が認められていた。郡司の権力がそれほど強くない場合には荘園領主らが直接経営を行うが、初期荘園の多くは在地の郡司の権威に依存していたので、有力民の台頭による郡司の弱体化にともない、維持が困難となって衰退した。

しょく［蜀］ 魏・呉とともに中国の三国時代の王朝の一つ(221～263)。漢の正統と称して漢・蜀漢ともよぶ。前漢の景帝の後裔という劉備は、後漢末の黄巾の乱の平定に功をあげ、蜀(現、四川省)に勢力を築く。関羽・諸葛亮(孔明)らを得て、呉の孫権と結び、華北の曹操を赤壁に破り、中国を三分。曹操の子曹丕が後漢の禅譲をうけ魏の王朝を開くと、劉備は成都で帝位につき、章武の年号をたて、蜀を開いた。その死後、国勢は振るわず、魏軍に降る。

しょくぎょうしょうかいじょ［職業紹介所］ 1921年(大正10)制定の職業紹介法にもとづけられた公的職業紹介機関。紹介は無料で、事務経費はおもに市町村が負担。法制定前にも若干の同種の機関があったが、民営の紹介機関の弊害の除去と第1次大戦後の大量失業が法制定の動機とされた。38年(昭和13)の改正で「労務ノ適正ナル配置ヲ図ル」ため国営とされ、戦時の労務統制実施のための機関へと変質した。

しょくぎょうふじん［職業婦人］ 大正・昭和期、工場労働や農業労働に従事する労働婦人・農村婦人に対して、事務労働や専門職に従事する女性をいう呼称。明治期から女性教員やタイピストは存在したが、第1次大戦後に女性事務員や店員などのホワイトカラー層が増加し、美容師・バス車掌・アナウンサーなどの職種もつぎつぎに登場。就職・退職の自由、私生活の保障などの近代的雇用形態が一応守られていたため、働くことが女性の自立につながることを示した。

しょくげんしょう［職原抄］ 「職源」「官位抄」とも。有職故実書。2巻。北畠親房著。1340年(暦応3・興国元)成立。日本の官職制度について、官衙の別、由来、職員、官位、唐名などを詳細にのべる。任官のための家格や慣例の解説にも多くをさく。『神皇正統記』成立の翌年に、官職制度全体に注釈を加えたことは、親房の政治理念提示の一環と考えられる。奥書には執筆意図として「抄出之本意、初心に示す為なり」とあり、13歳で即位した後村上天皇に献じるのがおもな理由だったため、有力武士がこぞって任官を要望する時勢に対し、正しい慣例の権威を示す必要に迫られた事情も考えられる。『群書類従』所収。

しょくさんこうぎょうせいさく［殖産興業政策］ 明治前期の近代産業育成政策。(1)1870年(明治3)設置の工部省は、御雇外国人指導のもとに鉄道を建設し、鉱山・炭鉱を官営にしたが、民間資本育成という観点は薄かった。(2)73年設置の内務省は、輸入防遏・輸出促進をめざし、富岡製糸場・愛知紡績所などの官営模範工場を開設して、民間の農産加工業の発達を図った。(3)財政難を契機に80年農商務省が発足し、共進会の開催など、重点は間接助成に転じた。投資回収を目的とした工場払下概則(1880制定)が84年に廃止されて以降、深川セメント製造所・長崎造船所・阿仁銅山など多くの工場・鉱山が継承能力のある者に廉価で払い下げられ、多くはそれぞれの分野での有力企業に成長していった。

しょくにほんぎ［続日本紀］ 六国史の一つ。『日本書紀』に続く第2番目の勅撰の正史。40巻。編纂過程はかなり複雑で、前半20巻は菅

野真道ら，後半20巻は藤原継縄らが編纂し，最終的には797年(延暦16)に完成，奏上された。前半は文武天皇が即位する697年8月から，孝謙天皇が譲位する758年(天平宝字2)7月まで，後半は淳仁天皇が即位する同年8月から桓武天皇の791年(延暦10)12月までを記す。前半と後半は成立の経緯を異にするので，記述内容の詳密さや体裁にかなり差異がある。「日本書紀」に比べて潤色が少なく，奈良時代についての根本史料として重視されている。また引用されている宣命も，国語学的に貴重である。「新訂増補国史大系」所収。

しょくにほんこうき [続日本後紀] 六国史の一つで，「日本後紀」に続く4番目の勅撰の正史。20巻。869年(貞観11)藤原良房・春澄善縄らにより完成奏上された。淳和天皇の833年(天長10)から仁明天皇の850年(嘉祥3)までを漢文編年体で記す。承和の変がおこり，皇太子恒貞親王が退けられ，道康親王(文徳天皇)が立太子するなど，藤原北家が摂政家として権力を獲得していく過程が記されている。先行の3正史と比べて，本書の記事は広範かつ詳細であるが，伝来の過程で脱漏や錯簡が生じている。「新訂増補国史大系」所収。

しょくにん [職人] 中世中期に発生した言葉で，職能をもつ者のこと。手工業者をさすことが多い。手工業者については古代からみられるが，品部・雑戸のように官営工房に所属する隷属的なものであった。官営工房が衰え細工所が発生すると，これに所属する手工業者は平安末期に独立しはじめ職人が発生した。中世には建築業の番匠・壁塗をはじめ，金属加工業の鍛冶・鋳物師，木材加工業の檜物師，繊維・皮革の加工にたずさわる職人などがあった。陰陽師・仏師・絵師・傀儡師・医師・博打なども職人とよばれ，禅僧や荘官のことも職人といった。職人は同業者組織である座を結成し，貴族・社寺の保護をうけることがあった。戦国大名は職人を保護・統制し，城下町への集住化もはかった。近世に入ると都市に集中した職人は同業者組織である仲間を結成し，徒弟制のもとに独特の職人社会を結成。近世後期には問屋制手工業・工場制手工業の発達によって圧迫をうけ，近代には工場制機械工業の出現で没落した。

しょくにんうたあわせ [職人歌合] 歌合の一種。各種の職人に仮託して歌を詠み，それを歌合の形式に番えたもの。職人の風俗を描いた絵をともなうものが多い。1214年(建保2)の序文をもつ，月・恋2題の「東北院職人歌合」をはじめ，これにならつて催されたとする，月・恋2題12番の「鶴岡放生会職人歌合」，鍛冶から心太売まで142人の職人に仮託して，月・恋2題で衆議判の形式をとる「七十一番職人歌合」がある。各職業の特性を反映した狂歌風なものが多いが，和歌の風情を保つよう詠まれている。全体に歌合より職人の風俗生態を映すことに主眼があり，のちの狂歌合に影響を与えた。

しょくにんちょう [職人町] 近世城下町の町人地において，同種の職人が集住する町。おもなものに鍛冶町・大工町・紺屋町などがある。近世初期の城下町建設期に，領主は軍事的必要から，大工・鍛冶屋などの手工業者を城下町に集中させるため，手工業者集団の棟梁に町を下付して同職の職人町を形成させ，職人の国役を負担させた。17世紀後半以降，民間需要の手工業生産が広範に行われるようになると同職集住はくずれ，職人は町域に散在するようになった。

しょくにんづくしえ [職人尽絵] 手工業者や芸能者などの生態を描いた，13〜14世紀頃成立した絵画の一分野。初期には新奇な題材の歌合絵巻として制作された。現存作品では，花園天皇の所蔵だったとみられる「東北院職人歌合(5番本)」(1347年以前成立。東京国立博物館蔵，重文)が最も古い。絵は歌仙絵の形式にならって描かれる。この系統に高松宮家本，フーリア美術館本がある。以後，「東北院職人歌合(12番本)」「鶴岡放生会職人歌合」「三十二番職人歌合」「七十一番職人歌合」と職人の数を増し，職種の実態も詳しく描写されるようになった。流布本も多い。室町末期になると，「洛中洛外図屏風」中に職人の姿が描きこまれたり，色紙や屏風に独立画面として描かれたりするようになる。

しょくほうせいけん [織豊政権] 織田信長，ついで豊臣秀吉による全国的な武家政権。1573年(天正元)の室町幕府滅亡から1603年(慶長8)の江戸開府までの約30年間，中世からの大きな社会変革を推進した。信長の統治圏は北陸・東海から西中国にとどまったが，秀吉は四国・九州・関東・奥羽を平定して全国統一を完成した。両政権を一括して捉えうるか否かは議論がわかれる。織田政権は，一向一揆を徹底的に弾圧して集権的権力を確立し，楽市・楽座制や関所の撤廃などにより，広域的な流通支配をめざしたが，その本質については，結局戦国大名的なものから脱却できなかったとみる見解と，豊臣政権一政権へ脱却したとみる見解がある。豊臣政権は，天下統一を完成し，さらにその武力への自負から明の征服を企て，朝鮮出兵を行った。秀吉が全国的に行った太閤検地と刀狩により，耕作する農民は土地への権利を強めるとともにその地に緊縛され，武士は石高知行制により統一的な軍役を賦課されるとともに転封によって在地から切り離された。これら

の政策により、荘園制は最終的に解体し、兵農分離が確立されて、近世幕藩体制社会の基礎がつくられた。

しょくみんち [植民地] 本来、他民族の居住している土地を自国の領土に編入し、政治的・経済的・軍事的に直接支配した地域。第2次大戦敗戦前の日本のおもな植民地は台湾と朝鮮であり、正式な植民地ではないが日本に従属していた地域としては、関東州(遼東半島)を含む満州(中国東北部)など中国の一部、東南アジアの一部、南洋諸島がある。朝鮮と台湾には総督府がおかれ、唯一最高の権力機関として統治した。また満州など日本の従属地域では、日本の傀儡(かいらい)政権(たとえば満州国)が樹立されたり、軍政下におかれるなどの統治が行われた。日本の植民地統治政策の特徴は、「内地延長主義」ないし「同化主義」とよばれるものであった。

しょくりょうかんりせいど [食糧管理制度] 1942年(昭和17)制定の食糧管理法にもとづく食糧(はじめ米・麦・雑穀・芋)の管理制度。第2次大戦時の食糧不足に対処したもの。生産者は自家保有量以外を政府に公定価格で供出、政府は食糧営団などを通じて米穀通帳などにより公定価格で消費者に配給する。違反には刑事罰が適用され、闇取引も進行した。戦後には供出は食糧緊急措置令と食糧確保臨時措置法による強化・改変がなされ、49〜50年の食糧不足緩和以降、芋・雑穀は対象から除外、麦は間接統制となり、米も54年を最後に予約売渡し制へ移行した。55年の大豊作以後米価維持が主張となり、60年から生産者価格の決定が生産費・所得補償方式となる。60年代末から過剰米処理が問題化し、70年から減反政策開始。過剰下の価格維持は財政を圧迫し、生産者価格が抑制された。69年の自主流通米認可、72年の消費者米価自由化など制度が大きく変貌したため、81年food糧管理法が全面的に改正された(82年施行)。90年(平成2)産米からは自主流通米の入札制度が開始され、その流通割合は高まっている。93年産米の凶作と大量の米穀輸入、輸入自由化をめぐる内外の要請の高まりと政府の一部輸入容認は、制度の根幹を揺るがし、95年11月には新食糧法が施行された。

しょくりょうメーデー [食糧メーデー] 1946年(昭和21)5月19日、皇居前広場で開催された飯米獲得人民大会のことで、参加者は約25万人。食糧事情の悪化により各地で食糧獲得闘争が展開されていた。参加者は首相官邸と警視庁・検事局に決議文を届けるとともに、天皇宛に食糧の人民管理と民主人民政府樹立の要求書を提出した。翌20日、マッカーサー最高司令官は「秩序なき暴力行為は今後絶対に許容されない」との声明を発し、この声明に支えられるか

たちで22日に第1次吉田茂内閣が成立。また「朕(ちん)はタラフク食ってるぞ」などと書かれたプラカードが不敬罪に問われる事件もおきた。

じょこう [女工] 雇用されて工場で働く女子労働者。近代日本の工業化を担った紡績業・製糸業では、女工は労働力の中核で、重工業化が進展する昭和初年まで工場労働者の過半を占めた。女工の多くは農家の家計補助の役割を担うものとして供給され、労働条件は劣悪で、長時間労働・低賃金・劣悪な作業環境に苦しんだ。こうした状況は明治期を通じてほとんど変化がなかった。

じょこうあいし [女工哀史] 紡織女工に関する細井和喜蔵(わきぞう)の著書。1925年(大正14)刊。著者は鐘紡や東京モスリンの職工生活の経験をもち、友愛会の活動家としても活躍した。彼と妻の紡織工場での労働体験にもとづき、女工の立場から募集人や労務管理・労働条件の実態、女工の心理などを生々しく描いた名著で、女工労働の研究の基本資料。刊行直後に著者が死亡し、印税は女工の解放運動に役立てられた。「岩波文庫」所収。

しょこくさんせんおきて [諸国山川掟] たんに山川掟とも。1666年(寛文6)2月2日付で、4人の幕府老中からだされた3ヵ条の法令。乱開発が大災害をうむとの認識が広まるなかで、木の根の採取禁止や木苗の植付けを命じている。この法令については、幕府民政がそれまでの開発万能主義から、本田畑を中心とした園地的精農主義へ転換する接点に位置するという説や、全国令ではなく畿内を対象としたもので、大坂港の維持・整備も視野にいれた、淀川水系の治水にねらいがあるとする説などがある。

しょざん [諸山] ⇨甲利(こうり)

しょし [所司] 一般には官庁の役人の呼称。鎌倉幕府では侍所(さむらいどころ)・小侍所の副官の職名。初代侍所所司は源頼朝の側近の有力御家人梶原景時。北条氏が侍所別当を独占するようになると、北条氏得宗家の被官が所司に就任、鎌倉後期には得宗家の家令長崎氏がほぼ世襲した。小侍所も別当は北条氏が独占、所司はその被官が勤めた。室町幕府では侍所に別当はおかれず、長官が所司とも頭人ともよばれた。小侍所では別当・所司の呼称はなくなり、長官はたんに小侍所といわれた。寺院では上座(じょうざ)・寺主(じしゅ)・都維那(ついな)の三綱(さんごう)を所司と称した。

しょし [庶子] 嫡子・惣領に対して、それ以外の子をさす。貴族社会では本来庶妻の子をさしたが、平安末期には嫡子以外の子をさすようになった。中世武家社会では、家の継承者として父祖跡所領を惣領する嫡子(惣領)に対し、それ以外の男子をさした。分割相続制下では所領の一部を相続し、ある程度自立していたが、軍事

や父祖跡所領の公事などについて惣領の統轄をうけた。世代が下るとともに庶子家の独立性は高くなり，庶子家のなかにも2次的な惣領・庶子関係が形成される一方，庶子の分立を抑止しようとする動きもみられるようになった。南北朝期以降，庶子の相続権は一期分となることが多くなり，室町中期～戦国期には相続権を失って，惣領から扶持をうけて家臣団編成のなかに組み込まれる存在となった。

じょしえいがくじゅく[女子英学塾] 1900年(明治33)津田梅子が東京市麹町区の住宅に生徒10人で開校。英語教授と英語教員養成を目的とし，少人数で男子と同じ教育を施した。04年専門学校令で認可され，05年には英語科教員無試験検定が認可された。31年(昭和6)東京府下小平町に移転。33年津田英学塾と改称。43年理科を増設し津田塾専門学校，48年津田塾大学となる。

じょしていしんたい[女子挺身隊] 太平洋戦争後期に労働力不足を補うためにつくられた女子の勤労動員組織。1943年(昭和18)9月，次官会議で14歳以上の未婚女性による女子勤労挺身隊の自主的結成をよびかけ，翌年8月には女子挺身勤労令で罰則を設け動員を強化した。終戦時の隊員数は47万人。

しょしでん[諸司田] 令制中央諸官司が領有して雑費にあてた田地。757年(天平宝字元)が初見。879年(元慶3)畿内5カ国に元慶官田とよばれる4000町の官田が設置され，881年にここから1235町余が諸司に配分されたために，諸司田は著しく増大した。大和国の諸司田は，興福寺にその雑役分を，諸司に地子を納めていることから，諸司田は一般に地子田であったと考えられている。

しょしはっと[諸士法度] 江戸幕府が旗本・御家人に対して発した基本法令。3代将軍徳川家光のとき，大名に対し武家諸法度が発せられたのに対応して，1635年(寛永12)に公布。23カ条からなり，忠孝・軍役・兵具・居作・嫁娶・振舞・音信・喧嘩口論・火事・知行所務・知行境野山水論・百姓公事・跡目(末期養子を認めない)・徒党・従者の衣類など，内容は多岐にわたる。4代家綱の64年(寛文4)にも発布。条数はかわらなかったが，知行境野山水論の条項などを削除し，新規寺社建立の条項などを加え，50歳以下の末期養子を認めるなどの修正を施した。5代綱吉以降は発令されず，武家諸法度が大名以下幕府直参にとって基本法となった。

しょじゃくかん[書籍館] 1872年(明治5)文部省が設置した官立では日本最初の公開図書館。東京湯島の旧昌平坂学問所講堂を仮館として発足。蔵書は旧学問所本を中心に和学講談所本を合流し，さらに町田久成らの献本によった。これらはのち浅草文庫・千代田文庫をへて内閣文庫所蔵。公共図書館としては，東京書籍館・東京府書籍館などと変遷し，97年帝国図書館，第2次大戦後国立国会図書館となる。

しょしゃねぎかんぬしはっと[諸社禰宜神主法度] 神社法度とも。江戸幕府が神社・神官統制のため1665年(寛文5)7月，寺院法度とともに発布。5条からなり，神事祭礼の励行，叙位，装束，神領の売買禁止，社殿の維持などを規定するとともに，神社と伝奏公卿の関係や吉田家による諸社への支配権の追認も行われた。のち同様の法令が1782年(天明2)と91年(寛政3)にも出されている。

しょじゅう[所従] 中世の隷属民の身分呼称。下人と同様，世襲的に人身隷属支配をうけた。しばしば下人・所従と併称される。古代末期，主従関係における従者が，上層の郎従と下層の所従に区別されるようになった。所従は主人の支配下で使役され，雑役・力役や土地開発などを行った。財産同様に売買・譲与され，主人を訴える主従対論も禁じられた。贖罪などのため曳文をかいて身曳したり，債務の身代となるなどの契機で所従になったが，在地領主や上層百姓が強引に小百姓などを所従化することも多かった。

しょしゅうじいんはっと[諸宗寺院法度] ⇨寺院法度

じょしん[女真] 女直とも。10世紀後半から17世紀前半にかけて中国東北部からアムール川流域，沿海州にかけての地域に現れた集団。女真・女直は自称の一つJurchinの宛字ともいわれる。言語は残された文字資料(女真文字)の研究から満州・ツングース諸語の一つで，満州語の直接の祖先であることが知られている。12世紀には彼らが建てた金王朝が中国の北半分を支配し，17世紀から20世紀初めまで清王朝が中国全土を支配した。清朝の成立とともに，女真にかわってマンジュ(満州，あるいは満珠)という呼称が採用され，女真・女直の名は歴史から姿を消した。

じょせつ[如拙] 生没年不詳。南北朝期～室町中期の画僧。道号は大巧。絶海中津が「老子」の「大巧は拙なるが如し」にちなんで名づけた。伝記は不明の点が多く，正規の禅僧かどうかも疑わしい。夢窓疎石の碑銘建立に参与したこと，足利義持の命で「瓢鮎図」を描いたことなどが知られ，足利将軍家と密接な関係をもち，相国寺にいたことはほぼ確実。雪舟により祖と仰がれ，狩野派などによって日本の漢画の祖としての地位を与えられた。「瓢鮎図」「王羲之書扇図」は，将軍家所蔵の中国南宋の絵画の名品を参考にして

じょち［除地］「よけち」とも。江戸時代，領主から年貢・夫役を免除された寺社の境内・田畑・屋敷地。朱印地につぐもので，無年貢証文が発給されているか検地帳外書に除地と記されているもの。高の有無にかかわらない。高がある場合は除地高といい，検地帳に記載したうえで年貢・諸役は高内引{たかうちびき}として免除された。無年貢証文が発給されていない土地を，新規の検地で貢租を免除しようとするときは，除地でなく見捨地とされた。

しょっき［織機］機{はた}とも。織物を生産する道具・機械。弥生時代の原始的な弥生機（無機台機）に始まり，5世紀頃には居坐機{いざりばた}・高機{たかばた}・空引機{そらびきばた}が出現したという。空引機は綾錦などの紋織組織を作る鳥居形の空引装置を高機の上部にくみこんだもので，織り手と空引工で製織された。室町時代頃までには繻子{しゅす}織が伝わるなど，近世以前の技術は大部分が中国からもたらされた。明治期になると欧米からの技術導入が進められ，飛杼{とびひ}のバッタン機や紋織のジャカード機が普及した。一部では，片手で織れる豊田式木製人力織機や，足の操作だけの足踏織機が用いられた。明治後期から動力化が進み，大正末期には，豊田式自動織機が発明された。日本では，スルザー，エアージェットなどの革新的な無杼織機が用いられている。

しょっこうぎゆうかい［職工義友会］アメリカのサンフランシスコで労働者として生活し，同名の研究団体を組織していた城常太郎{じょうつねたろう}・沢田半之助・高野房太郎らが，帰国後の1897年(明治30)4月に結成した組織。高野の筆になる檄文{げきぶん}「職工諸君に寄す」を配布して，職能別組合の結成をよびかけた。のちに片山潜・佐久間貞一・島田三郎・村松介石らの協力をえた。同年7月労働組合期成会に改組。

しょっこうじじょう［職工事情］日本の産業革命期における工場労働者の実態調査報告書。全5巻。日清戦争後工場法論議がおこるなかで，政府が農商務省商工局内に臨時工場調査をおいて進めた全国各工業工場の調査のうち，工場労働事情の部分を1903年(明治36)に刊行。綿糸紡績，生糸・織物，鉄工・ガラス・セメント・マッチ・タバコ・印刷・製紙・組物・電球・マッチ軸木・ブラシ・花莚{はなむしろ}・麦稈真田{ばっかんさなだ}部門の職工の種類，労働時間，賃金などの雇用条件を記録。付録として女工の虐待事例をはじめ過酷な労働実態を赤裸々に報告し，第2次大戦前の官庁資料としては例外的な第一級の調査資料で，戦後になってようやく利用できるようになった。

じょでん［除田］荘園や国衙{こくが}領内の年貢・公事{くじ}が賦課されない田地で，検注{けんちゅう}で決定された。種目としては，寺社の法会・祭礼などの用途にあてられる仏神田，諸荘官や荘園運営にかかわる各種職人らの給田とされた人給田{にんきゅうでん}，領内の灌漑施設維持にあてられる井料田{いりょうでん}，回復のみこみがたちにくい損田・川成{かわなり}などがある。

しょとう［所当］中世の田畠に課せられるさまざまな年貢や公事{くじ}。本来は「相当する」「適当する」という意味の一般的な広い用法で，10～11世紀には所当官物{かんもつ}・所当年貢・所当地子・所当公事など内容を限定する語に冠して用いられ，国衙{が}・荘園領主などへの官物・年貢・地子・加地子なども含んだ。12世紀以降，所当が単独で用いられるようになり，しばしば所当・公事と並称されるようになるが，鎌倉時代にも国衙所当など官物の用例もあり，必ずしも年貢と同じではなかった。しかし，官物・地子などの意味で用いられることが少なくなり，しだいに田畠の租だけをさすようになる。

しょとくぜい［所得税］所得に対する国税で，直接税。1887年(明治20)に海軍費拡費の調達などの理由から，個人のみを対象に創設，世界的にも早い導入だった。99年から法人課税を開始，見返りに個人配当所得を免税としたが，1920年(大正9)に配当所得に対する課税を再開。同時に累進税率引上げなど社会政策的配慮にもとづく改正も行った。創設時は国税収入の1％未満だったが，第1次大戦後には第1位の租税となった。40年(昭和15)の税制改正で法人税が独立し，現在に至る。

しょぶつるいさん［庶物類纂］江戸中期の本草・名物学書。稲生若水{いのうじゃくすい}が加賀国金沢藩主前田綱紀の命で，1697年(元禄10)から1000巻の計画で編纂を始めるが，前編362巻までで病死。これを惜しんだ将軍徳川吉宗の命で若水の門人丹羽正伯{にわしょうはく}・内山覚仲{うちやまかくちゅう}らが増修事業を行い，1738年(元文3)後編638巻を完成，計1000巻とした。のち54巻を増補。動植物，鉱物など3590種を26属に分類し，中国の本草書・農書・地方志・随筆・文集の説を広く抄録し，その和名を考定する。全巻漢文で書かれ，幕府の文庫に収められたため，一般にはほとんど利用されなかったが，増修の過程で幕府により大規模な全国的産物調査が実施され，「諸国産物帳」が作られた意義は大きい。

しょむ［所務］本来は職務の意味だが，中世には荘園現地を管理することをいった。とくに年貢を収納することをいい，転じて年貢そのものをさすこともあった。

しょむざた［所務沙汰］鎌倉幕府の訴訟の一区分。検断沙汰・雑務沙汰と区別され，土地の

所有をめぐる訴訟。所領の押領や境界紛争、あるいは地頭職の継承をめぐる争いなど。13世紀後半からは、もっぱら家分人訴訟機関の引付において扱われた。問注所に提起された訴えは引付に回され、引付では担当奉行を定めて書面による審理および口頭弁論を行い、判決原案（引付勘録事書）を作成、評定の座に上程した。

じょめいてんのう [舒明天皇] 593〜641.10.9 在位629.1.4〜641.10.9 系譜上の第34代天皇。田村皇子・息長足日広額天皇と称する。父は押坂彦人大兄皇子、母はその異母妹の糠手姫皇女。敏達天皇の孫。姪の宝女王（皇極天皇）を皇后として中大兄皇子（天智天皇）・大海人皇子（天武天皇）らを、また蘇我馬子の女法提郎女との間に古人大兄皇子をもうけた。推古天皇の没後に皇位をめぐり、田村皇子を推す大臣の蘇我蝦夷と、山背大兄王（聖徳太子の子）を推す境部摩理勢が対立し、摩理勢は蝦夷らによって攻め殺され、田村皇子が即位した。630年（舒明2）には犬上御田鍬が第1回遣唐使として唐に渡り、翌年には唐使の高表仁が来日した。

じょりゅう [叙留] 官人の位階が昇叙されたのに、官職は元のままに留めておくこと。五位・六位相当の特定の重要官職にある者に、恩典として四位・五位を授けながら、官職はそのままにして実務能力を発揮させるための措置。「職原抄」に四位になった少納言・中少弁・近衛少将、五位になった検非違使尉・近衛将監などが叙留される例がみえる。五位になった大外記・左大史で叙留された者を大夫外記・大夫史とよんだ。

しょりょう [所領] 中世において私的所有に属した土地のこと。所領の重層性に対応して、所領にも上級所有者と下級所有者が存在する。用語としては平安前期より現れ、10世紀以後、開発領主の私的所有地をさすものとして広く用いられるようになった。所有者は、所領を家産として子孫に相続させることができるほか、売買・寄進など自由に処分できた。一方で、上級所有者に対しては年貢や公事を納める義務を負った。

しらいと [白糸] 輸入された中国産の上質生糸。養蚕・製糸業の発展が遅れた日本では、近世初頭まで、京都西陣で生産される高級絹織物の原料糸を白糸に依存してきた。江戸幕府は1604年（慶長9）糸割符制度を定め、白糸の輸入統制に着手し、85年（貞享2）以降、輸入制限をしたために輸入額は減退した。

しらいわいっき [白岩一揆] 1633年（寛永10）出羽国村山郡の旗本酒井忠重領白岩郷におきた百姓一揆。領主の年貢過徴・強制労働・恣意的支配や米・酒・蝋・綿・麻などの流通統制に反対し、たびたび巡見使へ訴訴をしたが取り上げられず、惣代38人が江戸へ出訴した。一揆の結果38年に酒井氏は領地を召し上げられた。同年「反逆同前」の一揆が再発するが山形藩に鎮圧された。訴状は白岩目安と称され多くの写本が流布し、惣代は後世義民として顕彰された。

しらかばは [白樺派] 1910年（明治43）4月から23年（大正12）8月まで、学習院出身者を中心に刊行された雑誌「白樺」によった文学者集団。武者小路実篤・志賀直哉・木下利玄ん・有島武郎・有島生馬・里見弴ん・郡虎彦・長与善郎・柳宗悦ら主要同人のほか、岸田劉生・高村光太郎・高田博厚などもその周辺を形成する。自然主義文学の反理想性に対し、個我の伸長を温和にうたいあげた作品で一時代を画し、武者小路の「新しき村」運動の基盤にもなるなど、人道主義の思潮として思想史的にも影響力をもった。「白樺」誌上でロダン、ゴッホ、セザンヌなど西欧近代絵画を複製で紹介し、美術界に与えた刺激も大きい。しかし社会に対する意識の広がりに欠ける面をもち、労働運動の勃興する時代に求心力を失っていった。

しらかわ [白河] 白川とも。京都の鴨川の東側一帯をさす。かつて京都の東北部から鴨川に合流していた白川流域の扇状地にあたる。本来は、現在の京都市左京区北白川あたりから左京区岡崎あたりまでをさしたようだが、平安末期に院の御所や六勝寺などがたてられて都市化が進み、鴨川の東側一帯が白河の語で代表されるようになった。その繁栄ぶりから、「京・白河」と京に並び称された。江戸時代の白川村は現在の北白川にあたる。

しらかわけ [白川家] 伯家・伯王家とも。花山源氏。平安末期の顕広王以降、神祇伯を世襲した一族。源氏姓だが、顕広王以来、神祇伯に補任された場合には王を名のった。鎌倉〜南北朝期に3流にわかれたが、のちに資英王流による相伝が確立。室町時代以降、吉田家の台頭で後退したが、江戸中期から伯家神道を提唱し、門人を増加させて復興を試みた。江戸時代の家格は半家。家禄は200石。維新後、資訓のとき子爵。

しらかわてんのう [白河天皇] 1053.6.19〜1129.7.7 在位1072.12.8〜86.11.26 後三条天皇の第1皇子。名は貞仁。母は藤原公成の女茂子（能信の養女）であり、摂関家の出ではない。1068年（治暦4）父院の即位にともない親王となり、72年（延久4）皇太子に立つ。父の譲位により践祚したが、皇太子には父の意志によって異母弟の実仁親王が立てられた。85年（応徳2）実仁が病死すると、翌年天皇

は皇子(堀河天皇)を皇太子に立て、即日これに譲位した。その後も異母弟輔仁^{すけひと}親王の存在を意識しつつ、自己の皇統を作ることに執心し、孫の鳥羽天皇から曾孫の崇徳^{すとく}天皇まで即位させ、一系継承のかたちを作りあげた。白河上皇の治世をもって院政の始まりとされるが、それは上皇の皇位継承に対する意志が一貫して強く発現したことにかかわりがある。信仰心が厚く、かずかずの逸話にも人間味を伝えるものが多い。

しらかわのせき [白河関] 白河剗とも。陸奥国におかれた関。東山道を扼^{やく}した念珠^{ねず}関・勿来^{なこそ}関とともに奥州三関の一つ。835年(承和2)12月の太政官符によると、設置からこのときまで400年余をへていると伝えるが、確実な設置時期は不明。1959年(昭和34)から比定地の一つである福島県白河市旗宿^{はたじゅく}の関ノ森地区で発掘調査が開始された。その結果、空堀・土塁や柵列によって区画されたなかに掘立柱建物群跡、工房とみられる竪穴住居跡が検出され、白河関として国史跡となる。

しらぎ [新羅] 斯盧^{しろ}・斯羅^{しら}とも。朝鮮古代の三国の一つ(前57？～後935)。赫居世^{かくきょせい}が金城6村の長に推載されて即位したのが起源という。王姓は金、都は滅亡まで金城(現, 慶州)。「三国志」魏書の韓伝にみえる斯盧国が、4世紀前半の高句麗^{こうくり}の南下と百済^{くだら}の形成という国際環境のなかで、辰韓12国を統合し王権を確立したものとみられる。当初は高句麗に従属したが、6世紀初めに自立し、氏族の身分制である骨品^{こっぴん}制を形成、律令・年号を定めて国家体制を確立した。7世紀半ば、金春秋(武烈王)と金庾信^{きんゆしん}らが唐と結び百済・高句麗を討って、676年朝鮮半島を統一。郡県制をしいて律令制的中央集権体制を固め、唐文化を受容した。9世紀前半以降全国に反乱があいつぎ、935年、敬順王が高麗の王建^{おうけん}に降って滅亡した。

しらぎし [新羅使] 古代、朝鮮半島にあった新羅国から日本に派遣された外交使節。初見は「日本書紀」神功皇后5年の汗礼斯伐^{かれしほつ}で、「日本書紀」には大化前代に姓名不詳の者をあわせて30例余がみえる。6～7世紀には金春秋^{きんしゅんじゅう}らの有力者も来朝した。唐帝国の勢力拡張に共同で対抗するために統一新羅国が日本に譲歩したらしく、頻繁な来朝があった。8世紀になると、日本は新羅を従属国とみようとしたため、新羅との間に緊張がうまれた。王子と称する金泰廉^{こんたいれん}の来朝(752年)や交易などもみられたが、しだいに疎遠となり、9世紀初めには公式使節の来日は途絶えた。

しらす [白洲] 近世の法廷、あるいは法廷で白砂(白砂利)を敷きつめた場所。近世の法廷は一般的に畳敷の上縁、板敷の下縁、白砂の3者から構成された。下方の白砂のには、罪人が筵^{むしろ}を敷いて座し、上段の上縁に奉行が着座し、その中間に取調べの与力などが座した。江戸の町奉行所では、この法廷全体を御白洲と称したが、大坂町奉行所では法廷のことを公事場^{くじば}・裁許場^{さいきょば}といい、白洲の語はむしろ白砂利を敷きつめた場所に限定されて用いられた。

しらせのぶ [白瀬矗] 1861.6.13～1946.9.4 明治期の探検家。出羽国由利郡生れ。陸軍教導団をへて輜重兵となるが、陸軍武官結婚条例を批判する投書事件により予備役編入、のち予備役少尉に進級。1893年(明治26)郡司成忠^{なりただ}の千島探検に参加, 占守^{シュム}島で3年余を過ごす。1910年開南丸で南極をめざし、12年1月28日南緯80度5分まで達して、付近を大和雪原^{やまとゆきはら}と命名した。

しらたきいせきぐん [白滝遺跡群] 北海道白滝村から遠軽^{えんがる}町の湧別^{ゆうべつ}川にそって、約13kmの範囲に分布する後期旧石器時代の遺跡群。石器を製作するための黒曜石の原産地を控え、生活に適した広大な台地をもつため、100カ所近くの旧石器遺跡がある。1955年(昭和30)頃から調査され、北海道の旧石器研究の基礎をつくった。石器には細石刃^{さいせきじん}・尖頭器^{せんとうき}・白滝型船底形石器などがあり、船底形石器の製作技法は湧別技法と名づけられた。13地点の遺跡は国史跡。

しらとりくらきち [白鳥庫吉] 1865.2.4～1942.3.30 明治～昭和前期の東洋史学者。上総国生れ。東大卒。学習院教授となり朝鮮史を講義した。以後満州・蒙古・西域へと研究の範囲を広げた。1904年(明治37)東京帝国大学教授を兼任し、11年より専任。14年(大正3)東宮御学問所御用掛となる。19年学士院会員、25年東京帝国大学を定年退官後は東洋文庫の育成にあたった。日本における東洋史学の創始者とされる。「白鳥庫吉全集」全10巻。

しらなみもの [白浪物] 白浪すなわち盗賊を題材とした歌舞伎戯曲あるいは講談の一つ。盗賊を白浪とよぶのは、後漢で黄巾^{こうきん}の賊の残党が西河の白波谷に立てこもって白波賊とよばれたことによる。もとは実録の一分野であったが、幕末以降の退廃的世相を反映して、講釈師乾坤坊良斎^{けんこんぼうりょうさい}や2世松林伯円^{はくえん}、あるいは歌舞伎作者河竹黙阿弥によって人口に膾炙^{かいしゃ}した。とくに黙阿弥は白浪作者とよばれ、4世市川小団次や5世尾上菊五郎のために白浪を主人公とした多くの作品を書いた。下層社会の風俗や残忍な場面を描いた写実性と、勧善懲悪的結末に特徴がある。

しらはたいっき [白旗一揆] 南北朝・室町時代に活躍した北武蔵・上野の国人^{こくじん}たちの一

揆。この時代武士たちは，互いに戦功の証人になりあう，「見つぎ見つがれる」関係を確保するために，族縁や地縁を手がかりに一揆を結成して戦場に赴く例が多かった。このような組織は，しだいに平時でも共同体としてのまとまりをもつに至る。白旗一揆もそのような一揆の一つで，白旗・白馬を統一の象徴に用いたことに由来する。1348年(貞和4・正平3)の四条畷なわての戦や52年(文和元・正平7)武蔵小手指原こてさしはらの戦での活躍は「太平記」にもみえる。室町時代には上州一揆・武州一揆に再編成され，武蔵国守護上杉氏の配下となった。

しらびょうし [白拍子] 平安末〜鎌倉時代に流行した即興的な歌舞，またそれを舞う専業者で，初期には男性もいたが，のち女性に限られた。語源は声明しょうみょうの拍子。水干や直垂ひたたれに鞘巻さやまき・烏帽子えぼしの男装で今様いまようを歌いながら舞う男舞。男装であることが武士の台頭する世相に合致し，源義経に愛された静御前らを輩出。真福寺本「和名抄」紙背文書の建長8年(1256)白拍子玉王讃文は，人身売買の身代を請け出す者の存在を示す史料として有名。

しらみずあみだどう [白水阿弥陀堂] ⇒願成寺阿弥陀堂がんじょうじあみだどう

しらんどう [芝蘭堂] 大槻玄沢おおつきげんたくが経営した蘭学塾。1786年(天明6)仙台藩医大槻玄沢が江戸京橋に住み，開塾。本材木町，三十間堀，水谷町，木挽町，采女原，築地と移転。89年(寛政元)入学盟規が作られ，門人名が記録された。「載書」には94人の署名・血判がある。蘭学入門書「蘭学階梯」の著作・普及とともに，全国から俊秀が集まり，95年1月1日から開催されたオランダ正月の賀宴とともに，江戸蘭学の中心的存在となり，全国的普及に大きな役割をはたした。

しりょう [私領] 10世紀以降の国衙こくがによる公領・公田支配のもとでの個人の領地。律令制下の私田とは異なり，地子じしや加地子などの得分権を私領主が確保した領地であり，免田からなる荘園も私領の一形態。国衙は原則として私領の存在を認めなかったが，荒廃公田の再開発などを契機に，郡や郷の支配権をえることによって，その私領は公領(国衙領)を構成するものに転化した。また私領が権門寺社などへ寄進された場合は国免荘こくめんのしょうや領域型荘園に転化した。鎌倉時代の御家人の本領も私領とよばれた。

しりょうかん [史料館] 主として近世史料に関する調査研究・整理・閲覧サービスを行っている施設で，国文学研究資料館の一研究部となっている。通称国立史料館。東京都品川区。1951年(昭和26)に設置された文部省史料館を前身とする。合計351件，約50万点といわれる所蔵史料のなかには，「信州松代真田家文書」「越後国佐藤家文書」など，武家・町方・村方の各文書群を含み，その後のマイクロフィルムによる収集分をあわせると，その分布は全国に及んでいる。近年，文書館学の研修にも力をいれている。

しりょうそうらん [史料綜覧] 史料編纂所の前身の史料編纂掛で刊行した年表の一種。17巻。887〜1639年(仁和3〜寛永16)を対象とする。同掛が「大日本史料」を作成する過程で，その綱文こうぶんと典拠を摘記して成立したもので，事件とそれに関連する史料名を年代順に列挙する。詳細な年表として，個々の事件の典拠を検索する際の手がかりとして有用である。

しりょうへんさんじょ [史料編纂所] 日本史にかかわる史料の研究と編纂・出版を目的として設置された東京大学の付属研究所。1869年(明治2)三条実美さねとみを総裁とする史料編輯国史校正局に始まり，昌平学校の国史編輯局，太政官正院歴史課，同修史局，同修史館などと変遷。88年に修史事業が帝国大学に移管されたのちも文科大学史誌編纂掛，同史料編纂掛，文学史料編纂所などと改組を重ね，1950年(昭和25)現在の組織となった。「大日本史料」「大日本古文書」「大日本古記録」「大日本近世史料」「大日本維新史料」「日本関係海外史料」などを刊行し，収集された膨大な史料の公開業務とともに研究の発展に寄与。

しろわり [城割] 城郭を破却すること。戦国末〜近世初頭，統一政権の確立をめざす織田信長や豊臣秀吉は，支配下に入った地域や服属した大名の領地内の城について，本城以外の支城を破却させた。これはそれまでの戦国大名や国人層の地域支配体制をいったん解体し，在地における自力救済の否定と，軍事体制面の統一権力確立のためであった。こうした動きの最終的な到達点として，1615年(元和元)閏6月に江戸幕府が西国の外様を中心とする大名に対して命じた一国一城令がある。幕府はその直後7月の武家諸法度で，居城以外に新たに支城を築くことを禁じへいる。

しわじょう [志波城] 陸奥国北部におかれた古代の城柵。盛岡市下太田方八丁ほうはっちょうにあり，雫石しずくいし川南岸の段丘上に位置する。803年(延暦22)坂上田村麻呂さかのうえのたむらまろが造志波城使として造営。外郭施設は南北930m，南北800m以上の築地，内郭は方約150mで，東北地方の古代城柵として最大級の規模をもつ。811年(弘仁2)しばしば水害にあうという理由で移転が申請され，徳丹城が築かれたのち史料から消える。国史跡。

しん [晋] 西晋とも。中国の魏ぎ・呉ご・蜀しょくの三国時代に続く統一王朝(265〜316)。都は洛

陽。魏の末，蜀を攻撃して台頭した司馬氏は，司馬炎に至って魏の元帝から禅譲をうけ王朝を開いた。268年泰始律令を制定し，占田・課田法により民政の安定を得，280年呉を平定して統一を達成した。東夷諸国をはじめ外夷の朝貢をよくうけ，266年には倭の女王も遣使朝貢した。しかし八王の乱(300〜306)で社会は混乱し，その隙に華北に五胡が侵入。311年匈奴が洛陽を陥し，懐帝を捕らえた。ついで愍帝も捕らえられ王朝は滅んだ。のち江南に東晋が再興された。

しん[秦] 中国最初の統一王朝(前221〜前207)。もと周とは異なる西方の民族らしいが，前8世紀には周王朝の混乱に乗じて陝西一帯に勢力をのばし，周の洛邑遷都を決定づけた。以後周王朝の諸侯となり，前324年に王を称し，前221年には全国を統一し皇帝を称した。その過程で東方6国に対抗し官僚制と法体系としての律を整備。これらは以後継承され発展して，唐代に日本にもたらされた。近年出土の秦律や漢律は，その継承発展の過程を明らかに示してくれる。始皇帝の命により徐福らが仙薬を求めた話は徐福東渡の伝説をうみ，日本にも熊野や佐賀などに伝承されている。

しん[清] 女真族が建てた中国最後の王朝(1616〜1912)。清太祖ヌルハチが東北地方の女真族を統一し，1616年ハンの位について後金国を建て，遼東に進出し藩陽を都とした。第2代太宗ホンタイジは内モンゴル(内蒙古)を征服して，36年皇帝位につき国号を清と改めた。44年第3代世祖順治帝が北京に攻め入り，首都として中国支配を宣言。康熙・雍正・乾隆の3代130余年間は最盛期で，乾隆帝の時代には中国東北地方・中国本土・台湾を直轄地，モンゴル・新疆・青海・チベットを藩部，朝鮮・ベトナム・ビルマ・タイなどを朝貢国とした。1840年のアヘン戦争を機に諸外国の圧力により門戸を開いた。1911年辛亥革命がおこり，翌年宣統帝溥儀は退位し亡。

しんいけい[沈惟敬] ?〜1597 「ちんいけい」とも。文禄の役後の中国明の講和使。浙江省嘉興出身。1592年(文禄元)8月明の兵部尚書石星にとりいられ，遊撃として朝鮮に赴き，小西行長と講和を画策。翌年5月謝用梓・徐一貫らと肥前国名護屋にきて和平交渉をした。94年2月明に豊臣秀吉の偽の関白降表を届け，96年(慶長元)9月冊封副使として秀吉に対面したが，秀吉の冊封に失敗。謝恩表を偽作して明帝を欺いたため，処刑された。

しんいせつ[讖緯説] 中国で発生した神秘思想。讖とは未来予言，緯とは横糸の意で，儒教経典の経を縦糸という意に解して経の背後にある真意を説明するものとされる。緯書は「論語」および七経について作られた。両者は本来別々に成立したものであったがやがて結合し，政治思想として漢代においおいに流行した。政治的権威の書である儒教経典に仮託し予言的性格が強いため，しばしばクーデタや革命の口実や推進力となったが，隋以降は激しい弾圧をうけて姿を消していった。日本の朝廷には推古期以前に讖緯説が入っていたと思われるが，平安時代以降も讖緯書は陰陽道などの典拠として重んじられた。とくに干支で甲子・辛酉の「革令」「革命」の年の改元に際しては，讖緯説が考慮された。

しんえん[新円] 1946年(昭和21)2月の金融緊急措置令にもとづき，3月3日以降通用させた新日本銀行券。旧券を金融機関に預け入れさせ封鎖預金とし，1人100円に限り新円に交換。以後毎月，生活資金は世帯主300円，家族100円，事業資金は500円を限度に新円で払いだした。新券が印刷されるまで旧券に証紙を貼って通用させた。

しんえんこうかん[新円交換] ⇨金融緊急措置令

しんおんきゅうよ[新恩給与] 中世武家社会で，主人が従者に新たに所領・所職を与えること。主人への奉公に対する主人からの御恩の最たるものとして，既得所領を承認する安堵と並ぶものである。新恩給与に際しては充文状(充行状)が作成され，その様式は主として鎌倉・室町将軍は下文，戦国大名は判物であった。新恩地は被給者が自由に処分できなかったが，子孫に譲与し，安堵をうけることができた。

じんかいしゅう[塵芥集] 1536年(天文5)4月，陸奥国の戦国大名伊達稙宗によって，領国支配体制の整備をはかる施策の一環として制定された分国法。条数は伝本により若干の違いがあるが，約170ヵ条にのぼり，現存する分国法のうち最大の法典である。前書き，本文，稙宗の署判，家臣起請文という体裁が「御成敗式目」とおおむね一致し，本文の内容・文言も条文と一致するものがあること，さらに家臣の起請文が式目付載の起請文をほぼそのまま和文化したものであることなどから，法典全体が式目をモデルに制定されたとみられる。ただし実質的な内容には，慣習法の採用なども多く，式目との継受関係は濃いとはいえない。「日本思想大系」所収。

しんかいたけたろう[新海竹太郎] 1868.2.5〜1927.3.12 明治・大正期の彫刻家。山形県出身。仏師の家に生まれる。後藤貞行・小倉惣次郎に学び，1900年(明治33)ドイツに渡り，ベルリンでヘルテルに師事，官学派の古典主義の彫塑を学ぶ。02年帰国し，太平洋画会彫刻部を

しんか

主宰。07年第1回文展で「ゆあみ」が好評を得る。17年(大正6)帝室技芸員、19年帝国美術院会員となった。晩年は東洋芸術に傾倒、「老子」などを制作した。

しんがく[心学] 一般には江戸時代の陽明学や禅などの影響を強くうけた、心の修養を中心とする学問をいう。また江戸中期の石田梅岩ばいがんを始祖とする思想と、その普及のための教化啓蒙運動も心学とよばれる。後者はほかと区別してとくに石門せきもん心学という。町人層の社会的伸張を背景に、農工商三民の社会的役割を高く評価し、その人間的平等を強調したことが特色。創始者の梅岩は武士の道徳的優位性を鋭く批判、庶民の人間としての尊厳を説いた。梅岩没後の心学は庶民層に広く普及するだけでなく、武士の間にも支持者をみいだしていったが、社会批判は希薄になり一部を除いて思想的深化はみられなかった。

しんがくどうわ[心学道話] ⇨道話どうわ

しんかじょうれい[新貨条例] 1871年(明治4)5月制定の貨幣制度に関する法律。幕末以来の貨幣制度は混乱し、統一的国家体制確立に新制度の制定が焦眉の急務であった。当時金銀いずれを本位貨とすべきかの論議があったが、世界の大勢にならい金本位制採用を決定。(1)新貨幣の呼称は円を起源とし、「十進一位ヲ以テ新貨幣ノ価格ト定」め、円・銭・厘の貨幣単位を定める。(2)金の量目4分(1.5g)を1円本位貨とし無制限通用、銀銅貨は補助貨とし通用を制限する。(3)新通貨と在来の通用貨幣の交換比率は1円を1両とする。(4)当分の間、貿易上の便宜から1円貿易銀貨を製造、開港場にて無制限通用とする。新貨条例は金本位制を定めるものの、実際上は金銀複本位制を規定するものであった。

しんかせいしき[新加制式] 阿波国に拠った三好氏のもとで制定されたとされる法。現在の説では、三好義賢よしかた(実休)の没後、おそらく永禄年間に、子の長治のもとで家宰を勤めた篠原はら長房(岫雲しゅううん)によって制定されたもので、現存本は22カ条からなる。第1条は神社・寺塔の崇敬保護をうたい、以下、主として相論の処理に関する規定、地頭の所領支配を律する規定が並ぶ。全体として「御成敗式目」の形式・内容を模做した性格が強い。「中世法制史の研究」

シンガポール マレー半島南端に位置し、シンガポール島などの島々からなる国家。または同名の港市。19世紀初頭以来、イギリスの東洋支配の拠点となる。第2次大戦中は日本軍が占領、昭和と改称して軍政下にあった。1942年には反日分子として華僑5000人以上が殺害される事件がおきた。63年8月イギリスから完全独立、翌月マレーシア連邦の一員となるが、65年8月分離独立した。全人口のうち華系約77%、マレー系約15%、インド系約6%という多民族・多言語状況に対し、英語を共通語とする民族統合政策を進めている。東南アジアの交通・戦略的要地を占め、経済的発展もめざましい。正式国名はシンガポール共和国。首都シンガポール市。

シンガポールかきょうぎゃくさつじけん[シンガポール華僑虐殺事件] 日本軍によりシンガポール攻略直後におこされた中国人虐殺事件。1942年(昭和17)第25軍司令官山下奉文ともゆきは、抗日ゲリラ対策と称して中国人男子のうち18歳から50歳の者に「検証」場に出頭することを命じた。同年2月21日から3月10日にかけ、抗日ゲリラと目された者を含む多くの中国人が殺害され、その数は戦後シンガポールでの軍事裁判の数字でも、少なくとも5000~6000人とみなされている。

しんかん[辰韓] 古代朝鮮の種族名。その居住地域。朝鮮半島南東部の慶尚道東辺部で、慶州を中心とする地域。馬韓・弁韓とともに三韓の一つ。「晋書」辰韓伝によれば、3世紀頃には12の小国にそれぞれ王がいたが、馬韓の支配をうけていたという。魏の時代には楽浪・帯方両郡の支配もうけたとみられるが、4世紀に小国の一つ斯盧しろ国が有力化し、他の諸国を統合して新羅しらぎが成立した。

しんかんかくは[新感覚派] 大正末期に登場した文芸思潮。1924年(大正13)創刊の雑誌「文芸時代」によった横光利一・川端康成やすなりらの作品傾向をいう。伝統社会が急激に変容するなか、都市的生活における人間と物質との新しい関係をふまえた文学表現を求め、無生物を主語とする文章など新たな文体と作品世界を創出した。プロレタリア文学の勃興を前に芸術派の文学者の結集という面ももつ。名称は千葉亀雄が横光の「頭ならびに腹」に寄せた評言による。

しんかんせん[新幹線] 主要都市を結ぶ旅客用高速鉄道路線。新幹線の計画の源流は、1910年代の広軌改築計画や第2次大戦の弾丸列車計画にさかのぼる。戦後、高度経済成長期には東海道本線の輸送力増強が緊急課題となり、1957年(昭和32)8月に日本国有鉄道幹線調査会を設置。翌年7月に東京一大阪間の国際標準軌間(1435mm)による新幹線の必要性と具体策が示され、64年10月に東海道新幹線(最大時速200km)が開通。2001年(平成13)現在、東海道・山陽・東北・上越などの7新幹線が営業中。

しんかんりょう[新官僚] 昭和戦前期に政党政治への不信から既成政党政治打破・社会改良を指向した官僚。広義には革新官僚も含む。新官僚は1932年(昭和7)の挙国一致内閣の誕生以来、各省の

中堅幹部として政治的に注目され，日中・太平洋両戦争期には次官・大臣となる例も少なくなかった。いっぽう軍部との一定の距離をとるなど革新官僚よりは穏健であった。後藤文夫・吉田茂（戦後の首相とは別人）・松本学（以上内務官僚），石黒忠篤（農林官僚），賀屋興宣・星野直樹（以上大蔵官僚），吉野信次（商工官僚），松井春生（資源局長官・内閣調査局長官などを歴任）らがいる。

しんき [宸記] 御記・御日記とも。天皇の日記。平安中期の宇多天皇以後，江戸末期の孝明天皇に至るまで37代が確認されるが，ほとんどが抄本や逸文・断簡で，原本がまとまって残っているのは「花園天皇宸記」などわずかである。内容は宮廷の儀式や学問・文芸関係が中心であるが，南北朝時代のものなどには皇位継承に関する政治的な記事もみえる。

じんぎかん [神祇官] ❶大宝・養老令制の官司。四等官は順に伯・大少副・大少祐・大少史で，このほか神部・卜部が所属。職掌として，神祇祭祀を執り行い，諸社の祝部・神戸を名籍により掌握し，卜部や御卜の亀卜によって吉凶を占った。太政官とともに二官と並び称されるが，太政官に対して上申文書である解を出していることからもわかるように，太政官の管轄下におかれた。八省に対しては平行の官司間で交わされる文書である移を出し，諸国に対してもこれを行った。「日本書紀」の天武紀にみえる神官が直接の前身と考えられるが，持統紀には神祇官と表記されるので，浄御原令制下で改称された可能性がある。

❷明治初年の祭祀・宣教をつかさどる政府の最高官庁。1868年（明治元）新政府ははじめ神祇事務科，ついで神祇事務局をおいて祭祀などをつかさどったが，祭政一致の理念から神祇官再興の声が高まり，同年4月，政体書の発布により太政官における行政の一官として神祇官を設置。69年7月の官制改革で太政官の外に神祇官を設け，太政官の上位にあるものとした。伯・大副以下，少副以下の職員をおき，祭祀・諸陵・宣教などを管掌。初代神祇伯は中山忠能。宣教使を統轄して復古的な大教宣布の活動を進めるなど，政府（太政官）の開化政策と対立。71年8月廃官となり，神祇省に格下げされた。

じんぎしょう [神祇省] 明治初年の祭祀・宣教をつかさどる政府の中央官庁。1871年（明治4）8月，神祇官を廃し太政官の一省に格下げして神祇省を設置。卿・大輔以下の職員をおき，また宣教使を所管して宣教長官らをおいた。宮中の祭祀や神道による国民教化を担当した。左院の建議により72年3月廃省となり，宮中祭祀と切り離して神道・仏教行政と国民教化を担当する教部省が設置された。

じんぎはく [神祇伯] 律令官司の一つで神祇官の長官。職員令によれば神祇（神社）祭祀，祝部・神戸などの名籍（名帳と戸籍）のほか，大嘗（新嘗）・鎮魂祭・御巫などの・卜兆（卜占）をつかさどる。官位相当は従四位下で八省の卿よりも低く，中宮大夫・春宮大夫と同じ。はじめ神祇氏族の中臣氏がおもに任じられたが，9世紀には天皇の姻戚・近臣者が多くなり，やがて王氏の補任が慣例となった。平安末期の花山天皇後裔の顕広王が補任以後は，その子孫（白川家）が明治維新まで世襲し，同家は伯家・伯王家とよばれた。

しんきろん [慎機論] 渡辺崋山著。1838年（天保9）未定稿。同年10月，近く再来航すると の風聞のあった「英船」モリソン号への打払令適用という幕府の方針に対し，蓄積した西洋事情研究をもとに，その迎撃の不可を論じた。崋山自身，内容の過激さから途中で反故にしたが，39年蛮社の獄発覚の際，幕吏に押収され，崋山はこれを証拠として蟄居に処せられた。「崋山全集」「日本思想大系」所収。

しんぎわおう [親魏倭王] 邪馬台国の女王卑弥呼が中国の魏の皇帝から与えられた称号。239年，卑弥呼の朝貢に対し下賜された金印に刻まれたのは，この称号であろう。称号授与は倭国が魏の冊封体制下に入ることを意味し，これにより卑弥呼は倭国での指導権の強化を図ったものと考えられる。

じんぐうこうごう [神功皇后] 記紀伝承上の人物。気長宿禰王（「古事記」では息長宿禰王）の女。名は気長足姫尊（「古事記」では息長帯比売）。仲哀天皇の皇后。熊襲征討のため筑紫に赴いた仲哀天皇が神託にそむいて没したのをうけ，神託を計った。翌年さらに神託によって新羅征討の軍をおこして服属させ，高句麗・百済も従ったと伝える。帰国後，皇后は九州で応神天皇を生んだが，それを知った仲哀天皇の子の忍熊王・麛坂王が乱を起こし，これを鎮圧した。その後，応神即位まで皇后のまま摂政。皇后の実在性については，「オキナガタラシヒメ」という名が7世紀初頭頃にふさわしい名であることなど疑問がある。朝鮮出兵の説話も，6世紀後半以後に現在のかたちにまとめられた可能性が強い。しかし朝鮮半島との関係についての「日本書紀」の記事には，百済からの七枝刀献上の話など，干支二運，すなわち120年く り下げると史実にあうもののあることも指摘されている。

じんぐうじ [神宮寺] 神願寺・神護寺・神供寺とも。神仏習合思想にもとづき神に法味を献じ

るために建立された寺。多くは神社の域内にたてられ,社僧が住んだ。7世紀末から史料に現れ,早い例としては越前国気比かの神宮寺,若狭国神願寺,伊勢国多度神宮寺などが知られる。のち宇佐八幡宮・石清水八幡宮・伊勢大神宮をはじめ各地の神社に併設された。神宮寺建立の背景には,はじめ仏法の力で神が業苦から救われるとの思想があったが,しだいに仏法によって神の威力を増すという思想も強まった。宗派的には天台宗・真言宗に属するものが多い。江戸末期まで続いたが,明治維新期の廃仏毀釈はいぶで多数の神宮寺が廃絶に追いこまれた。

しんげき [新劇] 日本演劇の一部門。明治期の歌舞伎(旧劇)に対して新しい表現様式をとる演劇一般を新劇と称した時期をへて,日露戦争後に新派劇の語が定着。さらに新しくヨーロッパの近代演劇を本格的に導入しておこった演劇を一般に新劇とよぶ。明治20年代から坪内逍遥しょうよう・森鷗外らのヨーロッパ演劇の紹介や論争があったが,1906～09年(明治39～42)に島村抱月ほうげつ・逍遥が文芸協会を設立し,09年に2世市川左団次と小山内薫おさないが自由劇場の第1回試演を行い,新劇運動は活気を呈した。大正期には松井須磨子のような人気女優も出現し,多くの劇団が誕生した。24年(大正13)小山内と土方与志ひじかたが中心となって築地小劇場を設立したが,プロレタリア演劇の流れや左翼運動の影響もあり,昭和期に入ると,多くの劇団が誕生・分裂をくりかえす。第2次大戦後は,主要劇団の活動も活発化したが,60年代以降アングラ演劇の台頭により新劇の地盤も動揺を続けている。

しんげんかほう [信玄家法] ⇨甲州法度之次第こうしゅうはっとのしだい

じんけんしれい [人権指令] 1945年(昭和20)10月4日,GHQが発した「政治的,公民的及宗教的自由に対する制限の撤廃に関する覚書」の俗称。GHQは人権確保のため,治安維持法・宗教団体法など15の法律の廃止または効力の停止,政治犯・思想犯の釈放,特高警察の解体とその幹部(内務大臣を含む)の罷免を日本政府に求めた。これに対し東久邇ひがしくに内閣は総辞職し,次の幣原しではら内閣が実行にあたった。

じんけんしんせつ [人権新説] 明治前期の国家主義的な政治理論書。加藤弘之ひろゆき著。1882年(明治15)10月刊。81年に自らの「真政大意」「国体新論」を絶版にしたあとをうけて,天賦人権説を妄想と批判した。人民の権利は国家が設けたものとみなし,権利の進歩は文明の度合に応じて漸進的であるべきだとして,急進的民権派を批判。民権派は強く反発し,馬場辰猪たつい・植木枝盛えもりらが反論した。「明治文化全集」「明治文学全集」所収。

しんげんづつみ [信玄堤] 戦国期,甲斐国の武田信玄が築いた堤防一族。現在の山梨県竜王町にある。甲府盆地は釜無川・笛吹川・荒川などの河川が合流し,古くから洪水の被害をうけた。信玄は家督を継ぐと,大規模な治水工事を行った。釜無川・御勅使みだい川の合流点は最も洪水がおこりやすいので,御勅使川の水工事を行い,釜無川東岸に堅固な堤防を築き堤防上に竹木を植えて防水林とした。堤防は一直線ではなく,雁行状に重複して配列する霞堤かすみづつみとばれるもので,急激な大出水にも決壊しない独特の工法であった。これにより近世初頭には多くの新田開発が行われた。

しんごう [賑給] 賑給しんごうとも。古代において,天皇即位・祥瑞出現などの国家の慶事・大事や疫病流行・飢饉に際して,正税または義倉穀をさいて,稲穀・布・綿・塩などを高齢者,夫や妻を失った者,貧窮者,病人,被災者らに支給する制度。支給の基準があいまいで,また被災者よりも高齢者に手厚いことから,実際の救済効果よりも,むしろこれらの行為によって天皇の徳を強調しようとする,儒教思想の影響下に実施されたものと考えられる。

じんこうき [塵劫記] 吉田光由みつよしの著した数学書。1627年(寛永4)刊。光由は京都の豪商角倉すみのくら氏の一族。初版以来,需要が多く増刷・増補がくり返された。31年の改訂では多色刷りの挿絵が入った。多色刷りの初見。41年版に難題12問を出題し,遺題継承が始まる。明治期まで愛読され,多くの出版物に大きな影響を与えた。度量衡,八算・見一けんいち(帰除法),租税,求積,利息,両替,測量など当時必要とされる計算がすべて含まれている。割算(八算・見一)の説明は詳しく図解され,さらに掛戻しのかたちで掛算も図解され,自習できるよう丁寧に説明されている。和算は本書から始まったといえる。「江戸初期和算選書」所収。

しんこうざいばつ [新興財閥] 満州事変後の重化学工業化進展の過程でうまれたコンツェルンのこと。松下電器グループや中島飛行機グループを含める場合もあるが,一般的には鮎川あゆかわ義介のつくった日産,野口遵したがふの日窒,森矗昶のぶてるの森,中野友礼とものりの日曹,大河内正敏の理研の5グループをさす。持株会社の株式が公開され,資金調達の中心は株式市場だったこと,重化学工業中心の企業集団で,傘下企業相互間に技術的関連をもっていたことなどの特徴があり,戦時下の国策に対応して,朝鮮・満州などに積極的に進出した。持株会社の株式が一族のみの所有で,傘下の金融機関に資金調達を依存する三井や三菱などの既成財閥とは著しく異なっていた。太平洋戦争の戦時体制下で再編され,戦後解体。

しんこ

しんこうせん [進貢船] 中国に冊封された諸国王が、中国に派遣した船。君臣の礼を示す朝貢貿易を目的とする。琉球が明に派遣した進貢船は毎年1貢を原則としたが、1474年以後は2年1貢に制限。琉球は馬・螺殻・刀・扇・象牙・蘇木などを輸出した。

しんこきんちょう [新古今調] 新古今的表現とも。万葉調・古今調と並んで和歌史に確立された3大表現様式の一つ。「新古今集」には「万葉集」以後当代の歌まで載せているが、新古今調は、「新古今集」成立時代の歌風をさす。日常の生な実情・実感を表出せず、また心を媒介として想像による詩情の世界を構築し、そのなかに自己の抒情を解放するような態度に特徴がある。本歌取・本説取などによる古典の美的世界の再構築を背景にして、複合・錯綜した情調美を醸しだし、幻想的・絵画的歌境をうむような創作方法だった。形式的には初句切れ・三句切れ・体言止めの多用が特徴で、複雑微妙な情調を象徴的に表現するのに効果がある。

しんこきんわかしゅう [新古今和歌集] 第8番目の勅撰和歌集。20巻。歌数約1980首。後鳥羽上皇は、1201年(建仁元)7月和歌所を設置し、11月源通具・藤原有家・同定家・同家隆・飛鳥井雅経・寂蓮に撰進を下命。寂蓮は翌年没したため撰者は5人。05年(元久2)3月竟宴が催されたが、すぐに切継ぎ(改訂)が行われ、16年(建保4)12月和歌所開闔の源家長が書写して終了。その後承久の乱に敗れて隠岐に配流された上皇は、さらに約400首を削除して隠岐本とよぶ。真名序・仮名序があり、春上下・夏・秋上下・冬・賀・哀傷・離別・羇旅・恋1～5・雑上中下・神祇・釈教の各巻。入集上位は、西行94首、慈円92首、九条良経79首、藤原俊成72首、式子内親王49首、定家46首、家隆43首、寂蓮35首、後鳥羽上皇33首など。総じて古典主義的枠組みのなかで、本歌取り・本説取りの技法を用いつつ優艶華麗な歌風を示す。本集を中心に新古今時代という和歌史の一頂点が形成された。「新日本古典文学大系」所収。

しんこくげき [新国劇] 大正・昭和期の劇団。1917年(大正6)沢田正二郎が、従来の演劇にない広い範囲の人々を対象とした新しい国民劇をつくりだそうという意図から組織。沢正とよばれた沢田の圧倒的力量と剣劇の魅力によって人気を高めた。29年(昭和4)沢田の死後は、辰巳柳太郎と島田正吾を中心に演目を広げ、上質な大衆劇をうみ、60年頃まで隆盛を誇ったが、以後人気を失い、87年創立70周年を機に解散した。

しんこくし [新国史]「続三代実録」とも。六国史の最後である「三代実録」に続いて編纂された官撰歴史書。「本朝書籍目録」によれば、40巻で大江朝綱もしくは藤原実頼の撰と伝える。「拾芥抄」は50巻という。逸文しか現存しないため詳細は不明だが、宇多・醍醐天皇の2代あるいは朱雀天皇を加えた3代の国史だったらしい。編纂のために撰国史所が設置された。

しんこくしそう [神国思想] 日本の国土とそこにあるものはすべて神々の生成したもので、神々に守られているという信仰ないし考え方。当初は神明の加護と神事の優先などを基層とするものであったが、しだいに神々の中心である天照大神の子孫である天皇が統治の国という神系統治を内容とするようになり、日本の政治的独自性と対外的優越性の根拠とされた。その意味で仏教や儒教などの普遍思想とは対立する側面をもつ。とくに対外的な緊張が高まった中世の元寇や近世の幕末・維新期、昭和のファシズム期にはしばしば強調され、国家統一のスローガンとなったが、敗戦とともにその思想的生命をいちおう終えた。

しんこくすいへいぼうこうじけん [清国水兵暴行事件] 長崎事件とも。1886年(明治19)清国水兵と日本巡査の衝突・死傷事件。丁汝昌率いる清国北洋艦隊4隻が長崎に入港、上陸水兵の飲酒暴行から8月13・15両日の乱闘となり、清国の士官1人・水兵4人、日本の巡査2人が死亡。両国委員により構成された長崎会審は難航のすえ解散したが、外国公使の斡旋もあり、東京で翌年2月8日、井上馨外相と徐承祖駐日清国公使が双方自国の法律で公平に処分、死傷者へ撫恤金給与を議定し解決した。

じんごじ [神護寺] 古くは高雄寺・高雄山寺とも。京都市右京区にある真言宗の寺。高雄山と号す。和気氏の氏寺。最澄や空海がここで法会を開いた。824年(天長元)河内国神願寺と合併して神護国祚真言寺と改称、勅願寺となった。一時衰えたが、後白河上皇や源頼朝の保護を得た文覚が復興。応仁・文明の乱で兵火にあうが江戸時代に再び整備された。薬師如来立像・五大虚空蔵菩薩像・空海筆「灌頂歴名」・梵鐘「三絶の鐘」はいずれも国宝。

薬師如来像 神護寺の前身で、和気清麻呂の建立した神願寺の本尊とみられる木彫像。同寺が創建されたとみられる782～793年(延暦元～12)の制作と推定。ヒノキ材はカヤ材の一木造で、表面を素地に近い状態で仕上げて檀像に擬した、代用材の檀像とみられる。険しい顔つき、肥満した身体の容姿が鋭く強い彫法で表される。重文の両脇侍像も補修が著しいがほぼ同時期の作。高さ170.6cm。国宝。

両界曼荼羅[りょうかいまんだら] 高雄[たかお]曼荼羅とも。空海が師恵果[けいか]から与えられた両界曼荼羅あるいはその第1転写本を、金銀泥だけで写したものとみられる。空海は829年(天長6)から神護寺の経営にあたっており、833年までに制作されたと考えられる。絵画的にもすぐれた最古の両界曼荼羅。金剛界は縦411.0cm、横366.5cm。胎蔵界は縦446.4cm、横406.3cm。国宝。

じんごじへん[壬午事変] 壬午軍乱・京城事変とも。朝鮮の開化・守旧両派の抗争から生じた変乱。近代化をめざす閔妃[びんひ]政権は軍事教官に堀本礼造陸軍工兵少尉(当時)を招き新式軍隊(別技軍)を訓練。旧式軍の兵卒は給米への不満からこれに反感を抱き、隠退中の大院君に扇動されて、1882年(明治15、壬午)7月23日、漢城(現、ソウル)民衆を含め暴動をおこした。閔謙鎬[びんけんこう]ら閔派の高官を暗殺し、昌徳宮に乱入、堀本中尉らを殺害し日本公使館を襲った。花房義質[はなぶさよしただ]公使は仁川に脱出、イギリス測量艦で長崎に急航した。日本政府は居留民保護の軍艦を釜山に送り、花房公使に護衛兵と軍艦をつけ朝鮮政府との談判にのぞませ、済物浦[さいもっぽ]条約が結ばれた。

しんごんしゅう[真言宗] 日本仏教の八宗の一つ。弘法大師空海を開祖とする。密宗・陀羅尼宗ともいい、また天台宗の台密に対して東密[とうみつ]ともよばれる。大日如来を教主とし、「大日経」「金剛頂経」(両部大経)を根本経典とする。入唐した空海が805年(延暦24)恵果[けいか]に師事して中国に伝来流布していた密教を学び、その正嫡となって帰国後に開宗した。823年(弘仁14)教王護国寺(東寺)を与えられ、高野山金剛峰寺とともに根本道場とした。空海没後、9世紀末に観賢が東寺を中心に体制を確立。10世紀には寛朝・仁海[にんがい]がでて広沢流・小野流の事相上の2大流派(野沢[やたく]二流)を形成したが、のち36流にわかれた。教相上では覚鑁[かくばん]を祖とする新義真言宗と古義真言宗にわかれた。

しんさいきょうこう[震災恐慌] 1923年(大正12)9月1日の関東大震災を契機に発生した恐慌。震災は60億円以上の被害をもたらし、工場・店舗・商品が焼失した。政府は支払猶予令・震災手形割引損失補償令・臨時物資供給令を公布して対策に努め、日本銀行も震災手形の割引などによる特別融通を展開した。しかし、震災手形の回収は遅々として進まず、1927年(昭和2)に勃発した金融恐慌の原因となった。

しんさいてがた[震災手形] 本来は1923年(大正)9月1日の関東大震災により決済不能に陥った手形のことだが、多くは震災手形割引損失補償令にもとづき、日本銀行が再割引に応じた総額約4億3000万円の手形をさす。このうち26年(昭和元)末には2億円余が焦げつき、半額は台湾銀行分で震災とは関係のない鈴木商店関係の不良手形が相当混入していた。この処理過程で台湾銀行の乱脈融資が暴露され、27年の金融恐慌の原因となった。

しんさいてがたわりびきそんしつほしょうれい[震災手形割引損失補償令] 関東大震災に伴う震災手形について日本銀行が救済融資を行う処理方法を定めた緊急勅令。1923年(大正12)9月に山本内閣が発令。内容は震災地を支払地・振出地とし、9月1日の震災以前に銀行が割り引いた手形を日銀が再割引して、企業には2年間支払いを猶予し、日銀がこうむる損失は1億円を限度に政府が補償するというもの。

しんさるがくき[新猿楽記] 往来物の一つ。1巻。11世紀半ばの藤原明衡[あきひら]の著とされてきたが、近年は11世紀末、白河院政期の一貴族の手になるとの説が有力。猿楽を見物する西京の右衛門尉[うえもんのじょう]一家に託して、当時の下級官人・職人・庶民らの多様な職業・職能について物尽し風に描く。官人・双六[すごろく]打・武者・馬借[ばしゃく]・工匠・陰陽師[おんみょうじ]・遊女・修験者・仏師・商人・舞人などについての具体的な記述は、当時の社会各層を理解するための格好の素材である。「日本思想大系」「東洋文庫」所収。

しんさんぎょうとし[新産業都市] 1962年(昭和37)に公布された新産業都市建設促進法にもとづいて指定された工業開発の地域拠点。地域格差の是正と雇用拡大を目的に構想され、高度経済成長下の地域開発のシンボルとして、64年から66年にかけて全国で合計15地区が指定をうけた。多くは製鉄や石油化学を主体とする臨海工業地帯をめざしたものの、工場誘致に失敗したり公害問題に悩まされた地域も少なくなかった。2001年(平成13)3月末廃止。

しんし[進止] 「しんじ」とも。前近代社会において、土地・人間・財産などを支配すること。進退[しんたい]もほぼ同義。古代には、理非・善悪を取り調べて裁定する沙汰[さた]や所務[しょむ]などを含む支配一般を示す語であった。中世ではより限定されて、所職・所領に対する支配権を意味した。具体的には所職・所領の任命・給与と改易・没収の権限を行使すること。ある土地の年貢などの貢納物に対する進止権と下地[したじ]に対する進止権をあわせもつことを一円進止という。近世ではさらに限定されて、土地や財産に対する私法的な処分権の行使を意味した。

しんじ[神璽] 皇位の象徴としての宝器で、神祇令によれば鏡・剣の2種。璽は中国では白玉でつくった皇帝の印で、日本では鏡・剣にあてた。また鏡・剣とは別に、印もしくは玉を神璽と称することがあり、平安時代以降は、

宝剣と神璽(伝国璽)とがつねに天皇の身辺におかれた。

しんしちょう［新思潮］ 明治末～昭和期の文芸雑誌。第1次から第19次まで発行。第1次は1907年(明治40)創刊。発行所は潮文閣。小山内薫の個人編集で、西洋の近代劇と最新の文芸動向の紹介を目的とした5、08年3月終刊。第2次は10年9月に新思潮社から創刊、翌11年3月廃刊。「刺青」などを発表した谷崎潤一郎に代表される。第3次(14年2月～9月)と第4次(16年2月～17年3月)の同人である山本有三・豊島与志雄・久米正雄・芥川竜之介・菊池寛・松岡讓らはとくに新思潮派とよばれ、当時の反自然主義思潮の一角を形成した。第2次以降は東大文科生を中心とする同人誌として断続的に発行され、79年(昭和54)5月終刊の第19次が最後となった。

じんじゃけんちく［神社建築］ 現在のところ古墳時代以前に神社建築と確認される遺構は発見されておらず、神社建築は仏教建築の導入後にその影響をうけて成立したと考えられている。7世紀頃に出雲大社と伊勢神宮が本殿を成立させたと推測されるのが最も早い。有力神社は奈良～平安初期に本殿を成立させるが、一般の神社が本殿を建てるのはさらに遅れたであろう。神社の信仰は複雑多岐にもかかわらず、仏寺とは明確に区別される神社とよばれる建築を成立させたことが注目される。神明造・大社造・住吉造・日吉造・八幡造・流造・春日造・権現造など今日に伝えられる本殿形式の大半は、古代に成立したと考えられている。従来社殿の成立については自然発生的な経緯を説明するさまざまな仮説が提示されているが、一握りの有力神社のそれぞれの成立の経緯とそれらの勧請の関係で説明できる部分も多い。

じんじゃしんとう［神社神道］ 広義には神社を信仰対象とするすべての神道をさすが、狭義では明治期以降の国家神道をさす。神仏分離により、非宗教の国家祭祀となった。天皇を現人神として信奉し、天皇の祖神を祭る伊勢神宮を中心に神社を体系化し、国民に神社参拝・伊勢遥拝などを義務づけるものであり、国民生活に大きな影響を与えたが、第2次大戦後禁止された。その後、神社本庁などの宗教団体として再出発した。

じんじゃほんちょう［神社本庁］ 第2次大戦後に設立された全国の神社を包括する宗教法人。1946年(昭和21)皇典講究所・大日本神祇会・神宮奉斎会の3団体が母胎となって設立。事務所は東京にある。神社本庁の地方組織として各都道府県に神社庁がおかれ、支部が末端神社と連携している。目的は伊勢神宮を本宗として神社神道を宣布し、これを奉戴する者の育成、伊勢神宮の奉戴と神札の頒布、神職の育成

しんしゅう［真宗］ 親鸞を宗祖とする仏教教団。浄土真宗の略。親鸞は法然の浄土宗を浄土真宗とよび、自己の宗教を法然の念仏を正統に継承する往生浄土の真実の教えとした。親鸞は

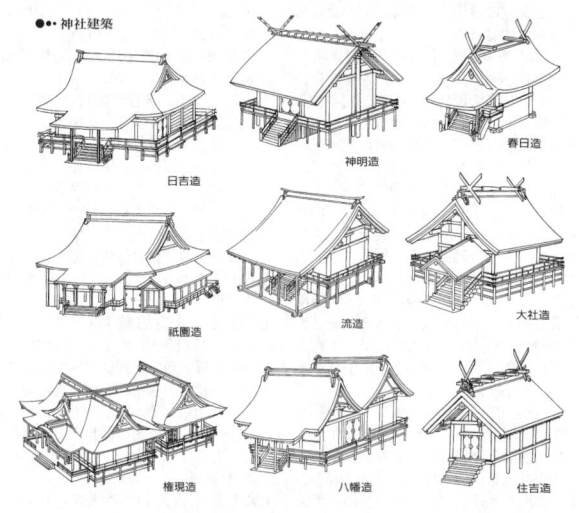

●・・神社建築

日吉造　神明造　春日造

祇園造　流造　大社造

権現造　八幡造　住吉造

一宗独立の意図はなかったが、しだいに教団として発展した。一般には一向宗・門徒宗、地方によっては本願寺徒・仏光寺門徒などとよばれた。江戸時代、親鸞が用いていた浄土真宗に宗名を統一する願いが大谷・本願寺両派から幕府に提出されたが、浄土宗側の反発もあり決着しなかった。その後1872年(明治5)大蔵省から真宗と称するよう通達がだされ、現在、真宗10派のうち本願寺派は浄土真宗、他派は真宗の名称を用いている。

しんじゅうきょう [神獣鏡] 半肉彫表現の神仙像や霊獣を主文とする鏡。中国の漢代後半~六朝初期に盛行。日本では古墳から出土する数が最も多い。神仙像には東王父・西王母・伯牙弾琴像・五帝・天皇・黄帝、獣には竜・虎などがある。図像構成や鏡像の違いによって対置式神獣鏡・環状乳神獣鏡・同向式神獣鏡・階段式神獣鏡・三角縁神獣鏡などに分類される。山梨県鳥居原古墳出土の赤烏元年(238)鏡、大阪府和泉黄金塚古墳や島根県神原神社古墳出土の景初3年(239)鏡、群馬県蟹沢古墳出土の正始元年(240)鏡など、中国の紀年銘をもつものも多い。

しんじゆうクラブ [新自由クラブ] 自由民主党からの離党グループにより結成された保守新党。1976年(昭和51)のロッキード事件発覚を契機に、自民党の河野洋平ら6議員が6月に結党。同年12月の総選挙で大都市の浮動票を集め、17人を当選させブームとなったが、以後は自民党と中道政党の間で動揺を続け、86年8月に解党して自民党に復帰。この間、83年以降自民党と連立して中曽根康弘内閣を支えた。

しんじゅうてんのあみじま [心中天の網島] 人形浄瑠璃。世話物。3段。近松門左衛門作。1720年(享保5)12月大阪竹本座初演。同年10月に網島大長寺であった心中事件を脚色した作品だが、実説は不詳。内容は曽根崎新地紀国屋の遊女小春と紙屋治兵衛が、治兵衛の兄や女房のさまざまの心遣いも空しく、心中に追いこまれていくというもの。小春と治兵衛の女房との女同士の義理の立てあい、あるいは妻子ある男の恋が、周囲の人々を苦難に巻きこむ様相が緊密に描かれ、近松の世話物中の傑作である。歌舞伎では翌年から上演され、以後浄瑠璃・歌舞伎ともに影響しあって「心中紙屋治兵衛」や「天網島時雨炬燵」などの改作物がうまれ上演されたが、近年は原作に近いものの上演が多い。

じんしゅてきさべつてっぱいもんだい [人種的差別撤廃問題] 第1次大戦のパリ講和会議で、日本代表が国際連盟規約へ人種的差別待遇の撤廃条項の挿入を試みた問題。アメリカなどでの日本人移民排斥運動やウィルソンの14カ条提案を背景に、国際連盟創設との関連で日本政府内にこの問題が浮上し、1919年(大正8)4月の連盟規約委員会に規約前文に挿入することを提案したが、英・仏などの反対で実現せず、代わりに山東省のドイツ利権の継承、南洋群島の委任統治の2要求を貫徹させた。

しんじゅわんこうげき [真珠湾攻撃] 太平洋戦争開戦初頭、日本の空母群がハワイのオアフ島の真珠湾に在泊するアメリカ太平洋艦隊主力を奇襲した作戦。山本五十六連合艦隊司令長官の発想により実行され、択捉島を出撃した空母6隻を基幹とする機動部隊が1941年(昭和16)12月7日午前7時55分(ハワイ時間、日本時間8日)空襲開始。在泊戦艦8隻全部を撃沈破、基地空軍に大打撃を与えた。事前にワシントンで最後通告する計画が手違いで遅れ、アメリカの「リメンバー・パールハーバー」の標語の一原因となる。

しんじょ [晋書] 西晋と東晋両王朝(265~419)を扱う中国の正史。130巻。唐の房玄齢らの撰、646年撰修開始、648年成立。「史記」以来の体裁により帝紀・志・列伝・載記よりなる。太宗李世民の命により、分裂国家のはざまにあった統一国家晋の興亡のあとを記述。すでに散逸した三家「晋書」の穴を埋め、当時存した晋史より内容を充実。四夷倭人伝に漢末の書人の乱や卑弥呼のことが記される。中華書局刊。

しんしょうじ [新勝寺] 千葉県成田市成田にある真言宗智山派の別格大本山。成田山と号す。通称は成田不動とも。寺伝によれば、940年(天慶3)に平将門の乱を鎮めるため、京都遍照寺の寛朝が神護寺護摩堂の本尊である不動明王像を奉じて下総に下向し、祈禱を行ったことに始まる。元禄年間に寺基を現在地に移転し、佐倉藩主や桂昌院の庇護を得て大いに栄えた。1703年(元禄16)から幕末まで通算11回を数えた江戸開帳や、歌舞伎役者市川団十郎が屋号を成田屋として「不動尊霊験記」を上演したことなどで成田不動信仰が広まり、江戸庶民の成田詣が盛んになった。本尊の木造不動明王像および二童子像は鎌倉後期の作で重文。

じんじょうしょうがっこう [尋常小学校] ⇨ 小学校

しんしろく [慎思録] 貝原益軒の学問論。6巻。1714年(正徳4)成立。哲学・経義・道徳・倫理・教育についての概説書。学問における慎思の重要性を説くなかで朱子学に対する見解をのべる。「大疑録」に至る過渡的な著作。付載の自己識語には自身の事業や学問についての晩年の感懐をのべる。「益軒全集」「日本倫理彙編」所収。

しんじん [新人] 現生人類とも。ホモ・サピエ

ンスのうち、旧人を除いた現代型の人類をさす。人類進化の最終段階にあたる。額が高く、眼窩がん上隆起が弱く、顔が垂直に近く、下顎骨の前下部に頤然が形成されているのが特徴。ヨーロッパのクロマニョン人、中国の周口店山頂洞人や柳江ジャン人、日本の三ケ日みっかび人や港川みなとがわ人など。ホモ・サピエンス・サピエンス、あるいは現代型ホモ・サピエンスともいう。約10万年前から3万5000年前にかけて旧人から進化し、石刃を用いた精巧な石器をはじめ、骨角器・装身具・洞窟壁画などを残した。人類はこの段階ではじめてアメリカ大陸やオーストラリア大陸に進出した。

しんじんかい [新人会] 東京帝国大学学生による学生運動団体。1918年(大正7)12月上旬、法科大学生の赤松克麿かつまろ・宮崎竜介・石渡春雄が吉野作造教授の後援で結成、卒業生の麻生久・佐野学・棚橋小虎、野坂参三(慶大)らも参加。翌年3月以降22年4月まで機関誌「デモクラシイ」「先駆」「同胞」「ナロオド」を刊行、以後労働運動の関係者を輩出。蠟山まさお政道・三輪寿壮じゅそう・河野密みつらら卒業生の学究派は22年4月「社会思想」を創刊した。22年の学生連合会結成(24年に学生社会科学連合会と改称)後は全国的運動の中核となり、3・15事件の際の大学側の解散命令後は地下に潜行、翌年日本共産青年同盟への発展的解消を宣言して解散した。

じんしんこせき [壬申戸籍] 1872年(明治5)に編成された最初の全国的統一戸籍。政府は71年4月4日の太政官布告をもって戸籍法を公布、緊急実施を要する三都府・各開港場を除いた一般の府藩県に、翌年2月1日から100日の間に戸籍編成を命じた。実際の完了は73年3月だが、72年の干支にちなみ壬申戸籍という。戸籍編成の単位として「四五丁若ハシクハ七八村ヲ組合」せて区を設定し、戸籍吏として各区に戸長・副戸長を置き、区内居住民を「臣民一般」として戸すなわち家ごとに把握・登録させた。この点、族屋別編成方式をとる以前の戸籍と異なる。しかし旧身分に関する差別的記載もみられ、1968年(昭和43)閲覧禁止措置がとられた。

じんしん・ていゆうのわらん [壬辰・丁酉の倭乱] ⇨慶長の役けいちょうのえき ⇨文禄の役ぶんろくのえき

しんしんとう [新進党] 1994年(平成6)12月10日党。新生党・公明党・日本新党・民社党などが解党し、衆参両議員214人が参加、政権党の自民党295人につぐ大政党が発足した。初代党首海部俊樹(自由改革連合)、副党首羽田孜つとむ(新生党)、幹事長小沢一郎(新生党)。「たゆまざる改革」「責任ある政治」を綱領に掲げ、自民党支配の打破、新選挙法による小選挙区制への対応などをめざすとした。95年小沢一郎が2代党首に就任。97年12月解党を決定し、翌年1月6党に分裂した。

じんしんのらん [壬申の乱] 672年(壬申の年)におきた皇位継承をめぐる内乱。白村江はくすきのえ敗戦後、近江遷都を断行して即位した天智天皇は、皇太弟大海人おおあま皇子・中臣鎌足なかとみのかまたりの補佐を得て中央集権国家体制の整備につとめるが、成人した大友皇子を後継者として意識し始める。しかし大友の母の出自は低く、当時の慣例として皇嗣となるには問題があった。671年(天智10)1月、天智は大友を太政大臣に任じて事実上の皇太子とし、大海人を新体制から疎外。病床についた天智は大海人に後事を託すが、身の危険を察知した大海人は倭姫ひめ皇后と大友に全権を付託ねることを進言し、かわりに自からの出家と吉野隠棲が許されると、妃の鸕野う皇女と少数の舎人とねりらとともに大津宮を脱出した。12月の天智没後、近江朝廷は候えかを設置して吉野の監視を強化した。翌年5月に天智陵造営の名目で徴発した人夫に武器を与え、吉野攻撃の準備を行っているとの情報がもたらされ、大海人は挙兵の決意をかためる。6月22日舎人の村国男依およりを募兵のため先発させ、24日大海人は吉野を脱出、翌朝積殖つむえ山口で高市たけ皇子と合流した。不破・鈴鹿両関の閉塞、尾張国司らの帰参、さらに大伴吹負ふけいが大和の豪族層を味方につけるなど、状況は大海人側に有利に展開した。近江側は攻勢にでるがしだいに圧倒され、7月23日に大津宮は陥落し、大友は自殺。勝利した大海人は翌年、飛鳥浄御原宮あすかきよみはらのみやで即位し、専制君主として律令国家の建設を推進した。

じんしんばいばい [人身売買] 人間を売買する行為。それを業とするのが人買ひとかい。下人げにん身分を除くと、一般的には律令法・武家法ともに建前として非合法である。鎌倉時代の寛喜の飢饉では一時的に黙認されたが、あくまで非常時の例外的措置である。しかし、実際には平安末期から勾引かどびによる人身売買が朝廷や幕府の禁止令にもかかわらず横行していた。この背景には「さんせう太夫」にみられるように、労働力供給に対する需要の存在があった。近世には労働市場の成立と幕府の永代売買禁止によって、中期以降に年季奉公の名のもとで人身売買が行われた。この契約には本銭返奉公契約・質物契約・居消いけし質奉公契約などがあった。居消質奉公契約の典型が芸者・遊女・飯盛女といった年切奉公で、身売と称された。近代になると、マリア・ルス号事件を契機に日本の公娼制度が問題となり、芸娼妓解放令が布告されたが実効がともなわなかった。人身売買の消滅は、第2次大戦後の日本国憲法施行による基

本的人権への意識の高まりと児童福祉法・売春防止法などの立法をまたねばならなかった。

じんしんやくじょう [壬申約条] 永正条約とも。1512年(永正9)李氏朝鮮と対馬島主(守護)宗盛順の間に結ばれた条約。10年の三浦の乱で対馬・朝鮮関係が断絶したため、宗氏は日本国王使弸中ぼうちゅうや大内氏の働きかけをえて、癸亥きがい約条を改訂した本約条を成立させた。内容は、(1)三浦開港を停止し、薺浦せいほ単独開港。日本人の居住は認めない、(2)宗氏の歳遣船は25隻に半減、(3)宗氏への歳賜米・豆は100石に半減、(4)宗氏の特送船は停止、(5)受職倭人じゅしょくわじん・受図書人じゅとしょにんは再審査し、数を減らすなど。宗氏は制限の緩和を再三要求するが、44年(天文13)の甲辰蛇梁こうしんじゃりょうの変による通交断絶まで維持される。変後、丁未ていび約条が成立。

しんすいきゅうよれい [薪水給与令] 1806年(文化3)と42年(天保13)に江戸幕府が出した異国船取扱令。ロシア使節レザノフの退去後、幕府は海辺に領地をもつ大名・旗本に対し、異国船来航に際し、穏便な対処、漂着船への薪水・食料支給を命じた。1825年(文政8)異国船打払令によりいったん廃止されたが、42年沿岸接近の異国船への穏便な対応、薪水・食料の支給を再度命じた。

しんせい [新制] 公家新制・新制官符・制符とも。公家法の一領域。10世紀半ば頃から制定されはじめ、14世紀半ば頃まで続いた特別立法の法令。天皇・上皇の意志にもとづき、公卿の議定をへて太政官符・官宣旨・宣旨・院宣などの形式で発布された。新制の新は正しきに革あらめるの意で、弊害の是正・改革や伝統的規定の順守を内容とした。単行法令も数十カ条に及ぶものもあった。荘園整理令(保元元年新制、1156年)、服飾過差禁令(建久2年新制、1191年)などがその典型例。

しんせいだい [新生代] 中生代終了以降から現在までの約6500万年間の地質時代。古い第三紀と新しい第四紀に二分される。動物では哺乳類・軟体類・鳥類・有孔虫類などが進化し、植物では被子植物が繁栄。日本列島は新生代の間にユーラシア大陸から離れて現在の姿になった。

しんせいたいい [真政大意] 明治前期の啓蒙的な政治理論書。上下2冊。加藤弘之ひろゆき著。1870年(明治3)7月刊。前著「立憲政体略」をうけ、政府は国民の権利を守るために作られたものであり、政府は国民の生命・権利・私有が保護される権利をもつと説くなど、天賦人権説による立憲政体のあり方を論じた。共産主義・社会主義などの新思想も紹介している。その内容は自由民権運動に大きな影響を与えた。81年に「国体新論」とともに自ら絶版にした。「明治文学全集」所収。

しんせいとう [新生党] 1993年(平成5)6月23日、自民党を離脱した議員で結成。自民党内で新保守主義を唱える「改革フォーラム21」(1992結成)が前身。党首は羽田孜つとむ、代表幹事小沢一郎ら44人。93年7月の総選挙で55人当選、自民党・社会党につぐ第3党に躍進した。細川・羽田両内閣の与党として主軸をなしたが、94年村山内閣の成立で野党となり、12月新進党に合流した。

しんせっきぶんか [新石器文化] 旧石器時代に続く石器時代の最後の段階の文化。J.ラボックが新石器時代を設定したときは、磨製石器を使用し、金以外の金属を知らない時代とした。しかし研究の進展とともに定義も変化し、土器の使用が加えられ、ヨーロッパでは食料生産が新石器文化の重要な要素とされている。しかしこれらの事象はすべて同時におこったのではなく、オリエントでは食料生産は早かったが、土器の出現はそれよりも遅い。逆に日本では、土器は早くから作られた。縄文文化は長期間にわたって狩猟・採集経済の段階にあり、ついに本格的な食料生産を行ったとは思われないが、文化階梯としては新石器文化に入れるべきであろう。

しんせん [神饌] 御食みけとも。神に供える酒食。古代以来、神の降臨を願い、もてなし、共食を行うという、祭の本質を担う性格をもっていた。祭の性格により神饌の種類も異なったが、基本的には稲・豆・野菜などの農産物、ほかに魚介類・鳥・海草・果実などの山野河海の収穫物、酒・塩などの生活に密着したものが供えられた。明治期以降、祭式の決定により画一化。

しんせんえん [神泉苑] 平安宮左京3条1坊の東半8町にあった庭園。泉・池水・林丘のほか、乾臨閣けんりんかくなどの建物があった。800年(延暦19)以降、天皇の臨席のもと7月7日の相撲ずもう、9月9日の菊花宴をはじめ、さまざまな宴が催され、船遊びも行われた。863年(貞観5)には御霊会ごりょうえが行われ、王朝以下京の住民も許されて参観した。この池に住む竜は降雨の力があるとされ、真言宗の請雨経法がたびたび行われた。中世以後荒廃し、現在は一部を残すのみ。

しんせんぐみ [新撰組] 幕末期、江戸幕府が牢人を集めて作った集団。1862年(文久2)幕府は清川八郎・山岡鉄太郎との協議により浪士隊を作り、同年2月に300人余を集め上京させた。壬生みぶ村屯所に分宿したが、尊攘の大義をめぐって分裂、分派の清川派は江戸へ引き揚げた。京都派は京都守護職配下となり、「誠忠」の旗

印のもとに禁門の警備と市中見廻りを行った。63年9月無謀な闘争をした局長芹沢鴨ざりざわかもを斬り，近藤勇，土方歳三ひじかたとしぞうが実権を掌握。64年(元治元)6月，池田屋事件で尊攘派を弾圧した。68年(明治元)鳥羽・伏見の戦で敗れ，海路江戸へ脱出。近藤らは甲陽鎮撫隊を結成し，甲州で官軍に敗北，4月下総国流山ながれやまで降伏した。

しんせんじきょう［新撰字鏡］ 平安前期の代表的な漢和古辞書。字形引辞書の体裁をとる。昌住しょうじゅう撰。892年(寛平4)に草案3巻がなり，昌泰年中(898～901)中国の辞書によって大幅な増補が行われ12巻本となった。漢字2万1300字を偏と旁つくりとによって分類し，発音・意味を注している。一部に万葉仮名による和訓も付される。「玉篇」「切韻」「楊氏漢語抄」「弁色立成」などの古辞書の逸文や異体字を多く含み，また当時の通用の字音を知りうる点でも貴重な史料。「群書類従」所収。

しんせんしそう［神仙思想］ 中国で発生し，とくに道教において重視された思想。養生摂生によって宇宙の根源(道)と一体となって不老長生を実現しようとするもので，医学・錬金術ともかかわりが深い。日本には道教というかたちでは入らなかったが，仏教または文学書などとともに伝わり，8～9世紀にはかなり流行した。ただし日本の場合は表面的な不老長生願望がほとんどで，道との一体化という側面はあまりみられない。

しんせんしょうじろく［新撰姓氏録］「姓氏録」とも。古代の氏の系譜書。全30巻・目録1巻だが，完本は伝わらず抄録本だけが現存。万多まんだ親王・藤原園人そのひとら撰。815年(弘仁6)成立。京畿内の1182氏を祖の別によって皇別・神別・諸蕃の3体に類別し，出自伝承を「出自」「同祖之後」「之後」の3例で書きわけ，氏名うじなの由来，枝分かれした別祖，改姓などが記される。761年(天平宝字5)の「氏族志」編纂(未完)から799年(延暦18)の本系帳提出という，氏族系譜整理の一連の動きをうけて作られた公式の系譜書。その背景には奈良時代以降の氏の変質，渡来系諸氏の日本化などにともなう旧来の氏族秩序の動揺，系譜伝承の混乱があろう。佐伯有清『新撰姓氏録の研究』所収。

しんせんつくばしゅう［新撰菟玖波集］ 準勅撰連歌撰集。20巻。明応4年(1495)6月20日の序および綸旨があるが，実際は9月15日完成。翌年には「新撰菟玖波集作者類」も成立。一条冬良ふゆらを上卿しょう(首座者)格，三条西実隆を奉行格とし，周防国守護大内政弘の後援をえ，宗祇らの種玉庵で兼載けんさい・肖柏しょうはく・宗長そうちょうらの助力をうけ編集作業が進められた。総句数2053句，そのうち発句は251句。構成は「菟玖波集」にならうが，俳諧と雑句をとっていない。作風は，宗祇の唱えるゆうげん・幽玄な作品が尊重された。室町時代の古写本が多数残るほか，古活字版をはじめ版本が数種ある。「続々群書類従」所収。

しんぜんぴにほんじん［真善美日本人］ 三宅雪嶺せつれいの著書。1891年(明治24)3月，政教社刊。政教社同人として雑誌「日本」に拠った著者が，そこに掲載した論考を「日本人の能力」と改題し，前後に「日本人の本質」「日本人の任務」を配して小冊としたもの。序の「日本人は有為の種族なり，八荒の為に偉大の任務を負へり」と，表紙・凡例の「護国と博愛と豈あにぞ撞着すること有らん」とが，明治中期ナショナリズムの良質な部分を示す。本来の書名は「日本人」。

しんそう［神葬］ 神葬祭とも。神道の方式による葬祭。日本では，神道独特の穢けがれが意識のほか，上流階級が早くから仏教僧侶による葬送を採用し，江戸幕府の宗門人別改しゅうもんにんべつあらためなどの制によって一般庶民も仏教による葬法を当然としてきた。一部の神道家は儒葬(儒教による葬式)から展開した神葬を幕府に請願したが，神職本人と嫡男しか認められなかった。明治維新になって宗門制度が廃止され，神仏分離令などによって神官が葬儀を主催できるようになり，1872年(明治5)大教院から「葬祭略式」が基準として示されて庶民の神葬も急速に広まったが，明治中期以降は衰退した。

しんぞう［神像］ 神の姿をした彫刻像や絵画などという。仏像などの影響をうけて成立した。「皇太神宮儀式帳」では，月読宮に祭られる月読つくよみ命は，馬に乗った男形で紫の御衣を着て金作の太刀をはくとあり，これは神像をさす天平期の古例と思われる。遺品では教王護国寺(東寺)で発見された八幡神・二女神像(国宝)が古く，9世紀前半にさかのぼるといわれている。平安後期～鎌倉時代に数多く作られ，遺品は多いが室町時代以降みるべきものは少ない。

じんそん［尋尊］ 1430.8.～1508.5.2 室町中期～戦国期の興福寺の僧。興福寺180世別当。大乗院第20代門跡。父は一条兼良，母は中御門宣俊の女。1440年(永享12)得度。維摩会研学竪義ゆいまえけんがくりゅうぎを遂げ，少僧都・大僧都をへて僧正に任じられ，56年(康正2)興福寺別当に就任。のち法務に任じられ，長谷寺・薬師寺の別当も兼ねた。応仁・文明の乱では父兼良の日記を兵火から守り，見聞したことを記して「大乗院寺社雑事ぞう記」(全258巻)中に198巻を収録。

しんたいし［新体詩］ 明治期に作られた文語定型詩の総称。1882年(明治15)の「新体詩抄」ではじめて用いられた語。西洋の「ポエトリー」

に範を求めて、旧来の漢詩や和歌・俳諧に対して、新しい詩を作ろうとした。その方法として、形式的には句と連の分かち書き、語法上では日常語の導入、内容的には「連続したる思想」の表出が提唱された。以後、「新体詩抄」の増補改訂版というべき「新体詩歌」諸版や、山田美妙編「新体詞選」などが刊行され、広く流布する一方、次々と入門作法書も発行された。はじめは既成の思想を七五調などの定型に盛っただけの詩編が多かったが、島崎藤村の「若菜集」に至り、内実をともなう詩的世界を獲得した。明治末期に「詩」の呼称が一般的になった。

しんたいせいうんどう [新体制運動] 1940年(昭和15)から翌年にかけて行われた新政治体制の創出をめざした運動。第2次大戦のヨーロッパ戦局がドイツ有利に展開していた情勢を背景として、40年6月24日枢密院議長を辞任した近衛文麿は新体制運動に乗りだすと声明した。8月15日の立憲民政党解党を最後に全政党が解散、第2次近衛内閣が各界有力者を集めて8月23日に設置した新体制準備会での議論をへて、10月12日大政翼賛会が結成された。新体制推進派は翼賛会をナチス的な政党とすることをもくろんだが、議会主流や精神右翼は憲法違反として批判し、結局翌年1月に政府は翼賛会の政治性を事実上否定する見解を示し、4月に翼賛会が改組されて運動は挫折した。

しんたついっき [信達一揆] 陸奥国信夫・伊達両郡の幕領に発生した百姓一揆。(1)1729年(享保14)大森陣屋代官岡田庄左大夫の定免法制を中心とした年貢増徴政策に反対し、代官所のほか福島・二本松城下へ強訴。幕府の享保改革の年貢増徴政策に対する抵抗として幕府に強い衝撃を与え、徒党禁令を強化する契機となった。(2)1749年(寛延2)桑折代代官神山三郎左衛門の検見による年貢増徴政策に反対し、陣屋へ強訴。神山の政策は勘定奉行神尾春央␣␣の指導によるもので、諸藩も幕府に準じた政策を展開したため、一揆は隣接諸藩にも波及し、三春・二本松・会津・守山の各藩領と幕代官所で発生した。(3)1866年(慶応2)蚕種・生糸の改印・冥加金␣␣徴収と物価騰貴を原因として発生、改印請負人・質屋・酒屋や村役人宅を打ちこわした世直し一揆。打ちこわしは180軒余にもおよぶ大規模なもので、武州一揆と並ぶ66年の世直し一揆の代表例。

しんちゅうざ [真鍮座] 江戸時代、真鍮の吹立(精錬)・販売を統制した機関。1780年(安永9)、鉄座とともに銀座加役として設置。従来自由であった真鍮の吹方を江戸・京・大坂の三都に限定し、吹方職人はすべて三都の銀座役所に設けられた真鍮座の差配をうけることとなった。製造された真鍮は品位に応じ真鍮座が独占的に価格を決定することから、公定口銭の取得を認められた仲買に販売し、細工人はこの仲買から真鍮を買い入れることとされた。さらに吹屋・仲買には座から株札を渡し株仲間を結成させた。真鍮座の設置は1768年(明和5)以来の銀座での真鍮4文銭鋳造に関係するとみられ、運上収入も期待されていたといわれるが、87年(天明7)には寛政の改革の一環として鉄座とともに廃止された。

しんちょうこうき [信長公記]「のぶながこうき」とも。現存諸本の多くは外題を「信長記」としているが、小瀬甫庵␣␣の「信長記」と区別するため「信長公記」と通称される。足利義昭を奉じて上洛してから本能寺で横死するまでの織田信長15年間の覇業を、1年1巻の体裁で記述した軍記。15巻本と上洛以前を描く首巻を添えた16巻本がある。信長と豊臣秀吉に仕えた太田牛一␣␣の著。1598年(慶長3)頃までに原形成立か。とりわけ15巻は史料的価値の高い実録であり、牛一によれば、日記のついでに書き記したものを基礎にして編述したという。「天道恐敷␣␣次第」として、歴史の推移に因果の道理が認められることを強調している。「角川文庫」「戦国史料叢書」所収。

しんていばんこくぜんず [新訂万国全図] 代表的な蘭学系世界図。アロースミスの海図や皇輿␣␣全覧図、伊能忠敬の実測や間宮林蔵・松田伝十郎の蝦夷・樺太探検成果などを総合し、1807年(文化4)高橋景保が幕命をうけて描き、亜欧堂田善␣␣が銅版印刷した。10年の序、16年頃刊。平射法による両半球図だが、日本を図中央に配置し、京都中心の半球図を副図に掲げるなど工夫に富む。

しんでん [神田] 田令に班田収授の対象外とされた神社の永代所有地。「古事記」「日本書紀」に御寄代␣␣とみえ、成立は大化以前にさかのぼる。不輸租田で租はそのまま神社に入る。「皇太神宮儀式帳」には雇用労働力による経営がみえるが、他に郡司による営者や賃租、神賤による直営、神戸の口分田を転用する場合などがあった。神田からの収入は貯蓄されて神税とよばれ、祭祀や神社の修造、神官の俸禄などにあてられた。

しんでん [寝殿] 寝殿造の中心に建つ建物。入母屋␣␣造・檜皮葺␣␣・丸柱の建物で、板敷、天井は組入天井・化粧屋根裏になる。外側の建具は妻戸を用いる四隅をのぞけば、すべて蔀␣␣戸で、日中は全部開け放たれるため、開放的な空間となる。内部では襖␣などの建具が用いられた。建物の四周は簀子␣␣の縁が回り、南正面には庭から昇降するための階段があり、東・西・北の三方には渡殿␣␣が建つ。寝

じんてんあいのうしょう [塵添壒嚢鈔] 戦国期の百科事典。20巻。編者不詳。1532年(天文元)成立。「壒嚢鈔」を基本とし「塵袋」の項目の一部を加えて成立。分類がはっきりせず、雑纂的に集成。近世には索引・目録が作られるなど、広く流布した。内容は「壒嚢鈔」「塵袋」に加えるところがほとんどないため、両書とあわせて参照する必要がある。「塵添壒嚢鈔・壒嚢鈔」として複製本が刊行。

しんでんかいはつ [新田開発] 新田畑の開発は農業の開始以来行われてきたが、一般には江戸時代における屋敷を含む新たな耕地の造成をさす。新田開発が盛んに行われたのは江戸前期で、この間に日本の耕地面積は2倍近くに増加した。中・後期には減少するが、下総国飯沼新田、武蔵国見沼新田、越後国紫雲寺潟などの新田、備前国興除新田などの大規模な新田開発があった。地域的には東国・東北・西南地方が多く、畿内とその周辺は少ない。新田は開発を主導した人や組織から、土豪開発新田・村請新田・百姓個人請新田・町人請負新田・百姓寄合新田・藩営新田・藩士知行新田・代官見立新田などにわけられる。開発には種々の特典が与えられた。新田地代金を徴収されることもあった。小規模な開発の場合は既存の村にくみいれられたが、大規模な場合は新たに村が立てられた。

しんでんけんち [新田検地] 江戸初期に実施された総検地後に開発された新田を対象とする検地。その新田に鍬下年季がある場合は、年季があけた翌年に実施された。小規模なときはすぐには実施されないこともある。検地により確定された石高は既存の村高(古高・本田高)に加算されたが、新田の規模が大きいときは新たに村が立てられた。幕府は1726年(享保11)8月に新田検地条目を定め、検地の仕方を示した。

しんてんそう [伸展葬] 伸葬とも。死者の両足を伸ばしたままの状態で葬る葬法。縄文中期に出現し、屈葬とともに普遍的にみられる。仰向けの状態の仰臥伸展葬、横向きの状態の横臥伸展葬、うつぶせの状態の俯臥伸展葬などの姿勢がある。

しんでんづくり [寝殿造] 平安時代の貴族住宅の形式。寝殿を中心に、その南庭をとり囲むように対・渡殿・中門廊がコの字形に建てられる。敷地の四周には築地の塀がめぐり、東・西・北の三方に門を開く。コの字形殿舎群は敷地の中央におかれ、中門・中門廊から出入りする。中心のコの字形殿舎群が主人および家族の居所、儀式の会場になるのに対して、外側塀との間には車宿・侍廊などの雑舎が建てられる。寝殿造は日本で完成された最初の都市住宅という側面ももっていたから、塀をめぐらした都市住宅の形式、中門廊を利用した出入口の形式などの伝統は、公家・武家を問わず広く継承された。

しんとう [神道] 日本固有の宗教・信仰。古代に神籬や磐座などの自然信仰に始まり、人などにいする信仰も加わって氏神信仰へと発展した。奈良時代頃には記紀神話の伝承のかたちをとり、神社の造営など体系的にも観念的にも整備されていったが、宗教としての教義はまだ整わず、習俗的色彩が強かった。宗教としての神道が体系化されたのは鎌倉時代の伊勢神道以降であり、神仏習合思想の影響をうけながら整備された習合神道であった。その後、室町時代の唯一神道をへて、江戸時代には従来から存在した神道説が発展。儒学の影響をうけた儒家神道もおこり、それらは国学などにも影響を与え、復古神道など尊王攘夷運動の思想的背景となる説も提唱された。明治期には復古神道の影響から国家神道が提唱され、神道が国教として位置づけられた。第2次大戦後、制度的には一宗教と規定されたが、地域儀礼などに国家神道の側面は残存している。

しんとうごぶしょ [神道五部書] 伊勢神道の根本教典とされる5書。いずれも鎌倉初~中期の成立と推定される。「天照坐伊勢二所皇太神宮御鎮座次第記」は、両宮の鎮座の次第と別宮や相殿神について記述する。「伊勢二所皇太神御鎮座伝記」は猿田彦神の託宣や神鏡の祭祀を記す。「豊受皇太神御鎮座本紀」は古代の神主飛鳥の撰に仮託されており、外宮の歴史や祭祀をのべる。「造伊勢二所太神宮宝基本紀」は両宮の殿舎の解説を加えている。「倭姫命世紀」は禰宜を五月麻呂に仮託して、大御神の遷幸や倭姫命の奉仕を記述する。度会(出口)延佳がこれらの5書を重んじて以来、高く評価された。

しんとうさきがけ [新党さきがけ] 1993年(平成5)6月21日に発足した保守リベラル派の政党。宮沢内閣不信任案可決をきっかけに、自民党から脱党した議員で結成。初代党首武村正義を中心とし、現憲法の尊重、軍事大国化への反対を掲げた。細川・村山・第1次橋本内閣で、連立しながら政権党の一つとなった。96年の民主党結成に所属議員の多くが参加し、分裂。

しんとうしれい [神道指令] ⇨国家神道廃止令

じんとうぜい [人頭税] 「にんとうぜい」とも。首里王府が近世期において宮古・八重山地方の住民に課した人頭割の税。住民の頭数に対する単純均等制ではなく、年齢と性別を重要な基準

にした賦課方式であった。1636年宮古・八重山の人口調査が行われ、翌年から従前の税制を改めて人頭税を実施した。その後59年までに4回の人口調査が行われ、村の等級と年齢区分に応じて定額人頭税が課された。以来、1903年(明治36)1月に廃止されるまで続いた。近世期における沖縄本島地方の地割制も人頭割的な租税の賦課方式であり、農民の負担も大きいが、人頭税地域、とりわけ宮古・八重山住民のほうがより過酷な負担を強いられた。

- **しんとみざ〔新富座〕** 明治・大正期の東京の劇場。江戸三座の守田座の後身。1872年(明治5)座元の12世守田勘弥が新富町に進出、75年に新富座と改称、78年には新装開場式を挙行した。演劇改良運動を推進し、構造や組織、また内容面でも西洋風の新様式をとりいれたが経営は苦しく、82・89・91年には猿若座・桐座・深野座の名義で興行、勘弥は表向き経営を離れた。59年に勘弥と絶縁、経営は転々とし、1909年松竹合名社が買収、23年(大正12)の関東大震災で焼失後、再建されなかった。

- **しんないぶし〔新内節〕** 豊後節系浄瑠璃の一つ。初世富士松薩摩掾さつまのじょうが始めた富士松節を受け継いだ弟子、鶴賀新内の語り口が人気を博し、新内節とよばれるようになった。18世紀後半のこととされる。作品には、義太夫節の詞章をとりいれた段物だんものと新内独自の題材による端物はもの がある。新内節らしい音楽の特徴は端物に現れ、絞りだすような喉をつめた発声法で、高音域の声を中心に多くのポルタメント(滑らかな音の移り)を駆使した口説きの切々とした語りは、豊後節の特徴をよく受け継いでいるといわれる。三味線は中棹なかざお 2挺、本調子と上調子じょうちょうしの編成。上調子は、棹に竹の細い棒(枷かせ)をとりつけて弦の長さを短くし、楽器の音域を変更している。門付かどつけのための新内流しでは、爪楊枝つまようじ(現在は象牙製)の小撥こばちを使い、細々とした音色で独特な哀調を弾きだしている。

- **しんにんかん〔親任官〕** 大日本帝国憲法下の最高級の官吏。1886年(明治19)の高等官官等俸給令に規定された勅任官のなかから天皇の親任によって叙任された。官記には内閣総理大臣が副署する。内閣総理大臣・各省大臣のほか、陸海軍大将・枢密院議長・大審院長・内大臣・特命全権大使・台湾総督などがある。第2次大戦後の新憲法下で廃止され、内閣の助言と承認にもとづく国事行為として天皇が認証する認証官になった。

- **しんのう〔新皇〕** 平将門まさかどが称した君主号。「将門記」によると、将門は939年(天慶2)12月、坂東諸国を軍事占領した段階で、武蔵権守興世おきよ王の進言により、桓武5世孫の血統と大陸での実力による王朝簒奪の事実を根拠に新皇に即位したという。反乱勢力の結束を強化し、将門が君主たることの認知を坂東諸国の在庁官人・郡司・田堵たとから獲得するうえで、即位儀礼の挙行は重要な意味をもったと思われる。

- **しんのう〔親王〕** 律令制以降、皇族の身分を表す称号。もともと大王の子や兄弟も、他の王族とともに「王おおきみ」または「王子おうじ」と称されていたが、天武期に至り、天皇の子と兄弟に限り「皇子みこ」と称するようになった。701年(大宝元)に制定された大宝継嗣令は、天皇の兄弟と皇子を「親王」と称することを規定し、官位令で親王独自の品位ほんいを制定した。奈良時代には令制どおり天皇の皇子・兄弟は自動的に親王とされたが、平安時代の嵯峨天皇以降、皇子の臣籍降下が頻繁になると、皇子は誕生後あらためて宣下をうけて親王となり、また2世王以下の皇親でも宣下をうければ親王となりうるようになった。

- **しんのうしょうぐん〔親王将軍〕** 宮将軍とも。鎌倉幕府将軍のうち、後嵯峨上皇の皇子の6代宗尊むねたか親王、その子で7代惟康これやす親王、後深草上皇の皇子の8代久明ひさあきら親王、その子で9代守邦もりくに親王の4代の皇族出身将軍をいう。1252年(建長4)幕府の要請をうけた後嵯峨上皇によって宗尊親王が鎌倉に下されてから、1333年(元弘3)の幕府滅亡まで続いた。

- **じんのうしょうとうき〔神皇正統記〕** 南北朝期に北畠親房ちかふさが著した歴史書。3巻。1339年(暦応2・延元4)南朝の退勢を立て直すために親房が寄寓した筑波山麓の小田城で完成し、43年(康永2・興国4)に修訂。神代から後醍醐天皇が没して後村上天皇即位までの歴代天皇の即位・改元・享年などを記し、皇位継承の経緯をのべる。とくに後醍醐天皇にかかわる部分に力がいれられており、南朝の正統性を独自の政道思想によって主張する。天皇の超越的性格を三種の神器の徳とあわせて説き、神国思想を強く打ちだしたことは、後世に大きな影響を与えた。「群書類従」「日本古典文学大系」所収。

- **しんのうにんごく〔親王任国〕** 親王が守に任じることが慣例となっていた上総・常陸・上野3カ国。826年(天長3)に始まり、はじめは一代限りとされたが、以後約150年間つづいた。3国の守はとくに太守といい、中務を除く七省の卿と同じ正四位下相当としている。有品親王が交代で太守に任命されるが赴任せず、太守としての俸料にあずかるとともに、公納物の一部を別途に収納して無品親王の費用にあてる定めとなった。

- **じんのざ〔陣座〕** 仗座じょうざ とも。内裏の近衛陣に設けられた公卿らの座。左近衛陣は紫宸殿

東北廊の南面、右近衛陣は校書殿東庇にあり、もっぱら前者の用がいられた。元来は近衛官人の詰所であるが、9世紀中頃より臨時に官政や饗宴に使われ、光孝朝の頃から頻繁に審議(定)が行われるようになり、公卿の政務の場として定着した。朝儀の控所から陣定・除目に至るまで多様な用途をもった。

じんのさだめ [陣定] 仗議(儀)・陣議(儀)とも。平安時代に公卿が陣座で行った国政会議。まずある議事について定め申せとの勅をうけた上卿が、外記に公卿の召集を命じる。式日に公卿が陣定に参会すると、蔵人所から問題の文書が提出され、上卿はこれを諸卿に回覧させる。参議までまわると筆記用に硯筥を召す。硯筥には弁官が先例を勘した継文があるほか、外記も別途に勘文を提出した。最末の参議から意見をのべていき、参議(執筆上臈)が筆記して、最後に定文を作成。上卿はこれを蔵人頭に付して奏聞した。最終決定は天皇または摂関の裁断を仰ぐが、たいていは定文どおりに裁可される。議事は国政の全般にわたり、重要な政務審議機関として院政期まで機能した。

しんぱ [新派] 新派劇とも。日本演劇の一部門。明治期には、演劇のみならず文学・美術の各分野で従来の表現形式を旧派とよび、新しい表現形式を求めるのを新派と称した。演劇では明治20年代の角藤定憲・川上音二郎らの壮士芝居が新演劇とよばれ、一方伊井蓉峰らが男女合同演劇で話題となった。その後、高田実・喜多村緑郎ら・河合武雄らも人気を集め、日清・日露両戦争をへて旧派(歌舞伎)に対する新派という呼称が定着し、明治末には小説の劇化によって最盛期を誇った。大正期に一時人気が衰えたが、昭和期に花柳章太郎の存在もあって盛り返し、水谷八重子の参加を得て、第2次大戦後も1960年代まで大きな位置を占めた。両優の没後も命脈を保ち、豊富な演目群は大きな財産といえる。

しんぱん [親藩] 江戸時代の大名の家格を、将軍との関係を中心に分類する場合のまとまりで、譜代・外様と併称される。徳川将軍家の男子で大名となった家およびその分家をさす。幕末まで継続した家にかぎると、家康の直系としては、九男・十男・十一男をそれぞれの祖とする御三家(尾張・紀伊・水戸の各徳川家)およびその分家(美濃国高須・伊予国西条・讃岐国高松・陸奥国守山ほかの各松平家)、次男秀康を祖として数家(越前国福井・美作国津山・出雲国松江・播磨国明石など)にわかれた越前家がある。また、2代将軍秀忠には会津松平家、8代吉宗には田安・一橋の各徳川家、9代家重には清水徳川家がある。田安・一橋・清水3家は御三卿とよばれた。

しんばんぐん [真番郡] ⇨楽浪郡

じんぷうれんのらん [神風連の乱] 敬神党の乱とも。1876年(明治9)10月に熊本の敬神党がおこした士族反乱。神風連の呼称は敬神党が元寇のときの神風の故事を強調したことによる。肥後勤王党保守派の流れをくむ彼らは、国学者林桜園の神道に心酔、国粋保存を主張して政府の欧化主義政策を激しく非難し、秋月や萩の不平士族とも気脈を通じていた。76年3月に廃刀令が発布されると、国体を損なうものとして10月24日に太田黒伴雄ら170人余が決起し、熊本鎮台司令官種田政明と熊本県令安岡良亮らを殺害して鎮台を一時占拠したが、翌日鎮圧されて党員の多くは戦死あるいは自刃した。秋月の乱・萩の乱など一連の士族反乱を誘発する事件となった。

しんふじんきょうかい [新婦人協会] 女性による社会改造をめざした初の市民的女性団体。1919年(大正8)11月に平塚らいてうが創立趣旨書を配って結成を発表。翌年3月平塚らいてう・市川房枝・奥むめおを発起人として発会。綱領には男女の機会均等、婦人・母・子供の権利の擁護などが掲げられた。機関誌「女性同盟」を発行。女性の政治参加を禁止した治安警察法第5条改正、花柳病男子の結婚制限法制定、女性参政権要求などの請願活動を中心に行い、22年女子の政談集会への参加や発起人になることを禁止した治法法第5条2項は改正された。政治法律夏期講習会や女性政談演説会を各地で開催するなど、女性参政権運動にはたした役割は大きい。協会幹部の思想的相違や財政難のため22年解散。

しんぶつしゅうごう [神仏習合] 仏教思想と神祇思想の融合のなかで提唱された宗教思想。本来は別な宗教である仏教と神道の一体化をはかったもので、奈良時代頃に出現した神宮寺にその起源をみることができる。越前国気比神宮寺や若狭国若狭彦神宮寺が代表例であり、平安時代にかけて全国的な広まりをみせた。平安時代になると、仏が仮に神の姿で現れて功徳を示すとする本地垂迹説が唱えられ、習合神道や仏教を中心にこの思想が展開され、祇園信仰や八幡信仰などの僧による神祇信仰も一般化した。これに対し、鎌倉時代以降は神道側から神を主とする本仏迹説や種々の神道説が提唱された。習合思想は近世まで継承されたが、明治初年の神仏分離政策で制度的には終焉をむかえた。

じんぶつはにわ [人物埴輪] ⇨埴輪

しんぶつぶんりれい [神仏分離令] 神社から仏教色を排除するため、明治政府が1868年(明治元)3月17日以降に出した一連の法令。成立

直後の明治政府は、復古神道の影響のもとに国学者や神道家を登用して神道国教化を推進した。同年3月13日の神祇官の再興布告後、従来の神仏習合を改める目的で次々と法令を出し、まず3月17日に神社の別当・社僧に還俗を命じた。28日のものにはとくに神仏判然令とよばれ、仏教語を神号とする神社に事由書の提出を命じ、仏像を神体としたり社前に仏具をおいたりすることを禁じた。閏4月19日には神職の者は神葬祭を行うよう通達を出している。これらの法令は幕末以来地域的に行われていた廃仏毀釈を激化させ、政府の廃仏否定後も各地で寺院の合併や廃止などの問題をひきおこした。

しんぶんしじょうれい [新聞紙条例] 1875年(明治8)制定の新聞・雑誌取締法。69年の新聞紙印行条例、73年の新聞紙発行条目を先行法令とし、自由民権派の反政府的言論活動に対処するため、75年6月28日讒謗律とともに公布された。政府変壊論・成法誹毀などを禁じ、違反者には禁獄刑を科したため、末広鉄腸をはじめ言論人の投獄があいついだ。同年7月には内務卿の行政処分権による発行禁止と停止の両条項も追加された。政党活動の高まりをうけて83年に全面改正され、取締りを一層強化し保証金制度も設けられた。その後規制は若干緩和され、87年の一部改正では従来の発行許可制が届出制になり、97年には行政権による発行禁止・停止両条項が廃止された。1909年廃止されて新聞紙法となった。

しんぶんしほう [新聞紙法] 1909年(明治42)5月に公布された新聞取締り法規。それまでの新聞紙条例と比べて裁判事項の報道制限は若干緩和されたが、1897年の新聞紙条例改正で廃止された内務大臣の行政権限による発売頒布禁止・差し押えが復活し、発行保証金が増額されるなど、かえって取締りは強化された。その後、議会などで新聞紙法改正の動きがあったが、第2次大戦の敗戦まで一度も改変されることなく、言論報道取締りの役割をはたした。敗戦後、GHQが1945年(昭和20)9月27日付で29日に発した「新聞及び言論の自由に対する追加措置に関する覚書」で事実上失効し、正式には49年5月に廃止された。

しんぺいたいじけん [神兵隊事件] 1933年(昭和8)7月におきた民間右翼を中心としたクーデタ未遂事件。刑法施行後唯一の内乱予備事件として審理されたが、41年3月の判決は殺人予備・放火予備罪で、刑は免除された。事件の首謀者は愛国勤労党の天野辰夫、予備役陸軍中佐の安田鉄之助ら、井上日召系の僧侶前田虎男。首相・閣僚・内大臣らを殺害し、民政党・政友会の本部を襲撃後、皇道政治を復活し昭和維新を断行するとしていた。首謀者は決起者を「神兵隊」とよび、大日本生産党、国学院大学生のほか神武会の大阪支部から7団体が参加。計画は3度変更され、計画実行前夜の7月11日に全員逮捕された。クーデタが成功したときは、臨時非常時内閣として東久邇宮を首班に閑院宮など皇族を閣僚とする皇族総出内閣を計画していた。

しんぺんさがみのくにふどきこう [新編相模国風土記稿] 江戸後期に幕府によって編纂された相模国一国の地誌。126巻。1824年(文政7)編纂作業着手、中断の時期をはさんで30年(天保元)再開、41年完成。「新編武蔵風土記稿」の後をうけて、地誌調所で編纂が行われた。1803年(享和3)から開始された幕府地誌編纂事業により作られた。「大日本地誌大系」所収。

しんぺんついか [新編追加] 鎌倉幕府の追加法を集成した法令集。全体を神社編・仏舎編・侍所編・政所編・雑務編の5編31目にわけ、収録する367カ条のうち335カ条が鎌倉幕府追加法。室町中期以降の成立。鎌倉幕府追加法を集めた諸本のうち「近衛家本追加」についで収録条文数が多く、条文校訂上の重要資料。奉行人が根拠となる過去の法令を参照して判決を定めるというスタイルの確立にともなって集成されたと推定され、編別および条文配列のあり方に、室町後期に発達する意見制度などとの関連が推測される。

しんぺんむさしふどきこう [新編武蔵風土記稿] 江戸後期に幕府によって編纂された武蔵国一国の地誌。265巻。1810年(文化7)編纂作業着手、28年(文政11)稿本完成、30年(天保元)献本完成。作業は江戸湯島昌平黌内にあった地誌調所で行われ、林述斎を総裁として、間宮士信・三島政行ら多数が編纂にたずさわった。1803年(享和3)から開始される幕府地誌編纂事業により作られた。「大日本地誌大系」所収。

しんぼくどうざ [神木動座] 寺社の強訴の際、神の依代となる神聖な樹木すなわち神木に神体の神璽を祭り、移輿ご・金堂などに移しおくこと。朝廷側では神慮を恐れて謹慎し、寺社の要求をいれることが多かった。動座によっても目的が達せられない場合には、神木を押し立てて上洛した。これを神木入洛といい、興福寺による春日社の神木動座が有名。神木入洛のはじめは1093年(寛治7)の強訴とされる。

しんぽじとう [新補地頭] 承久の乱(1221)後に任じられた地頭。乱後、鎌倉幕府は京方から3000余カ所の所領を没収し、そこに新たに地頭を任命した。ほとんどが西国に分布し、地頭の多くは東国の御家人であった。彼らの得分は、前任の地頭・下司のものを継承するのが原則だっ

たが，少ない場合や先例のない場合には新補率法によるのを，とくに新補率法地頭，あるいはたんに新補地頭とよぶこともあった。

- **しんぽとう [進歩党]** 明治中期の政党。1896年（明治29）3月，立憲改進党を軸に，立憲革新党・大手倶楽部など対外硬運動に参加した勢力が結集して成立。発足当時99人の衆議院議員が参加し，すでに第2次伊藤内閣と提携していた自由党と議席数で並んだ。同年9月に成立した第2次松方内閣と提携し，事実上の党首大隈重信（外相）と高橋健三（内閣書記官長）・神鞭知常（法制局長官）の3人が入閣し，のちには局長・知事ポストに多くの党員が就任した。提携により松方内閣は第10議会を無事乗り切り，新聞紙条例の一部緩和などが実施された。第11議会前に松方内閣が地租増徴の方針を決定したため提携は破綻し，98年6月には自由党と合同して憲政党を結成した。

- **しんぽりつほう [新補率法]** 承久の乱(1221)後に新たに任命された地頭の得分についての法定比率。総田畠面積の11分の1の給田畠と1段当り5升の加徴米を地頭の得分とするというもの。新地頭は前任の地頭・下司の得分を継承するのが原則だが，承久の乱後に地頭が任じられた西国の公領・荘園では，地頭得分の少ないところやるべき先例のないところが多く，混乱が生じた。そこで1223年（貞応2）幕府の要請による宣旨でこの比率が定められた。幕府はこれをうけて，山野河海の所出物の半分，犯罪人の没収物の3分の1を地頭得分とすることも定めた。得分をこの率法によるか，先例によるかは地頭の選択にゆだねられた。率法による地頭が新補率法地頭，狭義の新補地頭である。

- **しんぽんぶつじゃくせつ [神本仏迹説]** 神仏習合のなかで神が仏が垂迹という思想および理論。仏本神迹説（本地垂迹説）に対する説。平安時代からおこったが，鎌倉初期に理論化され，伊勢神道の「神道五部書」はその理論書として有名。また元寇を契機に神国思想が高揚し，「八幡愚童訓」や「神皇正統記」などによって主張された。さらに室町時代には吉田兼倶の唯一神道によって強化され，江戸時代の国学思想の隆盛や明治初期の神仏分離のもととなった。

- **しんまちずいとぼうせきしょ [新町屑糸紡績所]** 1877年（明治10）群馬県新町に開設された，わが国最初の絹糸紡績工場。佐々木長淳の欧州調査報告にもとづき，大久保利通の命により内務省が官営工場として設立。絹紡機2100錘で，男女織工200人，原料は屑繭・屑糸を使用。製品は丹後縮緬などの原料に用いられたが，経営は苦しかった。87年三越呉服店に払い下げられて三井紡績所と改称。1902年に同業各社の合併により創立された絹糸紡績会社の新町絹糸工場となり，11年鐘紡の経営に移った。75年（昭和50）に絹紡機の操業は中止された。

- **しんみまさおき [新見正興]** 1822～69.10.18 幕末期の幕臣。父は三浦義詞。新見家の養子。豊前守・伊勢守。1859年（安政6）外国奉行，神奈川奉行を兼ねる。同年日米修好通商条約の批准交換のため最初の遣米使節正使となり，60年（万延元）使節団を率いて渡米し，アメリカ大統領に会見。帰国後加増されたが重用されることはなく，62年（文久2）側衆へ転じ，一線から退いた。64年（元治元）免職。

- **じんみょうちょう [神名帳]** 一般的に律令制下，神祇官所管の神名の登載帳をさす。この存在を示す史料の早い例として，「続日本紀」慶雲3年(706) 2月26日条に19社の神名を「神祇官記ニ具ス」とあり，「古語拾遺」に天平年間に神帳が勘造されたとみえる。「延喜式」巻1に「祈年祭神三千一百卌二座（中略）並ニ神名帳ニ見ユ」とみえ，巻9「神名上」，巻10「神名下」の3132座の祭神と対応し詳細がわかる。この「延喜式」神名帳を神名帳と称することも多い。また一国内の国内神名帳や寺院の斎会用の神名帳もある。

- **じんみんせんせんじけん [人民戦線事件]** 1937～38年（昭和12～13）の社会民主主義者に対する治安維持法による弾圧事件。34年以降のヨーロッパでの人民戦線運動は，36年のスペイン，フランスの統一戦線政府成立で国際的注目をひいた。日本でも労働組合・無産政党統一運動が進展，とくに左派社会民主主義の全評・労農無産協議会（日本無産党）が熱心であったが，統一運動は右派系の反対で挫折した。両組織の関係者は日中戦争開始後戦争協力体制に転換を図ったが，12月には417人が検挙され，組織は解散を命ぜられた（第1次）。翌年2月大内兵衛ら労農派教授11人，佐々木更三ら24人も検挙された（第2次，教授グループ事件）。

- **しんみんのみち [臣民の道]**「東亜新秩序建設の歴史的使命」と国民道徳のあり方を説いた文部省教学局の著作。1941年（昭和16）7月に刊行され，高度国防国家のもとでの臣民としての心得と日常生活のあり方を詳細に説いた。1937年刊の「国体の本義」と並ぶ政府の正統的国体論。その内容は大東亜共栄圏建設という地理的広がりをもち，国民生活の隅々にまで及んでいた。

- **じんむけいき [神武景気]** 高度経済成長の始まりとなった1956～57年（昭和31～32）の本格的な好況。特需ブーム後の国際収支危機に直面したのち，日本経済は劇的に好況に転じた。スエズ危機を背景に国際的な物流が変わったこと，

重化学工業を中心とした設備投資の時代を迎えたことがその理由であった。経済白書は「もはや戦後ではない」と書いたが、57年国際収支の悪化で強い引締め政策がとられて、景気は急速に冷却した。

じんむてんのう [神武天皇] 記紀系譜上の第1代天皇。神日本磐余彦ほほあらひこ天皇・始馭天下出見はつくにしらす尊と称する。鸕鷀草葺不合うがやふきあえず尊の第4子。母は海神豊玉彦とよたまひこの女玉依姫たまよりひめ。甲寅年、45歳のとき東征を企て、日向国をたち、筑紫・吉備をへて4年後に河内国に入った。生駒山を越えて大和に入ろうとして長髄彦ながすねひこの抵抗にあったが、転じて熊野にむかい、天照大神あまてらすおおみかみの遣わした八咫烏やたがらすに導かれて奈良盆地南部に入り、在地勢力を従えてついに長髄彦を討って大和を征服した。媛蹈韛五十鈴媛ひめたたらいすずひめ命を正妃とし、辛酉年に橿原宮で即位し、始馭天下之天皇はつくにしらすすめらみことと呼ばれたという。この神武東征説話は、基本的には天孫降臨以後の建国神話の一部であると考えられるが、弥生文化の九州から畿内への伝播などとも関連して、その背景になんらかの歴史的事実の存在を考える意見もある。

しんめいづくり [神明造] ⇒神社建築じんじゃけんちく

じんや [陣屋] 江戸時代、城郭を構えない無城の小大名や旗本などの領地内の居館・役所。郡代・代官など地方を管轄する役人の役所をさすこともある。構造は軍事的要素がなく、役所としての機能のみのものから、堀を巡らし櫓やぐらをあげた城郭とかわらないものまで多様。小大名の陣屋には城とよばれるものもある。幕府代官の陣屋は飛騨国の高山陣屋や、但馬国の生野銀山管理の陣屋などがあった。

しんやくしじ [新薬師寺] 奈良市高畑町にある華厳宗の寺。「東大寺要録」によれば、747年(天平19)光明皇后が聖武天皇の病気平癒のため、9間の金堂をたて七仏薬師を安置したのが始まり。東大寺別院となり、香薬こうやく寺とも称したという。七堂伽藍をそなえ、十五大寺の一つに数えられたが、平安中期以降衰退して興福寺になった。鎌倉時代には地蔵堂などがたてられ、新薬師寺郷が成立。奈良時代の本堂(国宝)、平安初期の本尊薬師如来像(国宝)などがある。

十二神将像じゅうにしんしょうぞう 本堂の円形須弥壇上に本尊を囲んで外向きに安置される12体の神将立像。木組のうえに土で塑形する塑造そぞうとよばれる技法で造られる。因達羅いんだら像台座に「天平」云々の造像年代を示すと考えられる墨書銘がある。像高152.6～166.3cm。新補の1体を除き国宝。

薬師如来像やくしにょらいぞう 本尊で、本堂の円形須弥壇上に安置される。左手に薬壺やっこをもち裳懸宣字座もかけせんじざに座る姿で、光背の6体の薬師化仏とあわせて経典に説く七仏薬師を表す。榧かや材の一木造、素地仕上げ。大きな眼や彫りに像の力強さが表現される。8世紀末、同堂で行われた薬師壇法の本尊として造られたと推定される。像高190cm。国宝。

しんゆうかくめい [辛酉革命] 中国から伝えられた讖緯しんい説のうち、暦により帝王の政治が変わるとの思想にもとづき、辛酉年に天命が革あらたまる、帝王が変わるとする説。同様に甲子かっし年に政令が革まることを甲子革令かっしかくれいという。三善清行きよゆきは1320年を周期とし、辛酉年(661、斉明天皇7年)から1320年前を神武即位年(西暦の紀元前660年に相当)と考えた。この辛酉革命説により延喜改元(901)が行われ、のち近世末の元治元年(1864)の甲子改元まで、若干の例外を除き、辛酉年・甲子年に改元が行われた。辛酉年改元のために学者から革命勘文が提出された。

しんようくみあい [信用組合] 非営利の下級金融機関。明治20年代に内務省の品川弥二郎・平田東助がドイツから導入を試み、1900年(明治33)9月の産業組合法施行により、全国に広がる。17年(大正6)11月の同法一部改正で、農村産業組合とは別に市街地信用組合が創設された。43年(昭和18)4月に市街地信用組合法が施行され、中小企業金融機関として旧来の信用組合の範囲をこえた営業が保証された。同法は49年6月の中小企業等協同組合法公布・施行により廃止され、旧来の市街地信用組合は協同組合法による信用組合に改組された。51年6月に信用金庫法が公布・施行されると、大方の信用組合は信用金庫に転換した。現在の信用組合は地域・職域組合とも大部分が51年以後の設立である。

しんようわかしゅう [新葉和歌集] 後醍醐天皇の皇子宗良むねよし親王撰。1381年(永徳元・弘和元)10月13日長慶天皇により勅撰に擬せられ、同年12月3日奏覧。20巻。南朝を排した北朝の勅撰集への対抗心と、老いの慰め、després村上天皇追善、南朝の永久祈念などから撰集を企図。総歌数は約1420首。入集上位は、後村上天皇100首、宗良親王99首(読人知らずの歌の多くは自身詠)、長慶天皇・花山院家賢52首、同師賢49首、後醍醐天皇46首。南朝歌人は総じて二条派系でやや平淡な歌が多いが、困難な環境を反映する歌もみえる。

しんよどうざ [神輿動座] 寺社の強訴ごうその際、神体の御霊代を安置する神輿みこしをかつぎ出し、示威行動をすること。延暦寺による日吉社の神輿動座が有名。1095年(嘉保2)神輿を比叡山上の根本中堂に振りあげて関白藤原師通を呪詛したのが最初。延暦寺僧徒は以後しばしば

日吉神輿を奉じて入京し、強訴を行った。

しんらん [親鸞] 1173～1262.11.28 鎌倉中期の僧。浄土真宗の開祖。京都生れ。綽空・善信とも称し、愚禿と号する。諡号は見真大師。父は皇太后宮大進の日野有範。9歳で比叡山に出家して範宴と号し、常行三昧堂の堂僧を勤める。1201年(建仁元)京都の六角堂に参籠し、聖徳太子の示現によって法然に従い専修念仏に帰入。07年(承元元)2月、朝廷は法然以下の専修念仏を弾圧し、親鸞は越後に配流された(承元の法難)。11年(建暦元)の赦免後、14年(建保2)妻恵信尼を伴い東国に移住し、以後約20年間東国教化に努めた。この間に絶対他力・悪人正機の思想を深め、主著「教行信証」の初稿を完成させ、下野国高田の真仏・顕智、下総国横曾根の性信らの有力門弟が初期教団を形成。32年(貞永元)頃帰洛し、62年(弘長2)90歳で没するまで述作・推敲などの活動を続けた。著書は「愚禿鈔」「浄土和讃」「唯信鈔文意」などきわめて多く、唯円編の「歎異抄」や本願寺3世覚如の撰述した「親鸞伝絵」も重要史料。

しんらんしょうにんぞう [親鸞聖人像] 浄土真宗開祖親鸞の肖像画。「鏡御影」と「安城御影」(ともに西本願寺蔵)が著名。前者は似絵の名手藤原信実の子専阿弥陀仏の筆と伝え、写実性に富む。縦71.8cm、横32.9cm、国宝。後者は三河国安城の願照寺に伝来したもので、筆者は法眼朝円とされる。縦128.5cm、横40.6cm。

じんりきしゃ [人力車] 人を乗せて人力で牽引する車。1869年(明治2)に東京日本橋の和泉要助が、西洋の馬車をモデルに考案したといわれる。和泉らが営業を開始したのは70年3月。その後めざましく普及し、76年には東京府下で2万台をこえるにいたった。大正期以降市街電車や自動車が出現してくると、急速に衰えた。

しんりつこうりょう [新律綱領] 1870年(明治3)12月末に明治政府が「内外有司」にあてて頒布した刑法典。冒頭で律令の刑罰構成(笞・杖・徒・流・死)と金銭による贖罪への換算、官吏への特別刑適用要領などを一覧にして規定。そのうえで14の律が処罰すべき犯罪の態様を192の項目にわたって定めたが、「断罪無正条」「不応為」条項は、条文になくても非難に値する行為は処罰できると大幅な例外を認めていた。82年1月の刑法施行とともに廃止された。

しんろん [新論] 後期水戸学の代表的な国家論。著者は水戸藩士の会沢正志斎。1825年(文政8)成立。国体(上・中・下)・形勢・虜情・守禦・長計の7編。国体神学にもとづいて富国強兵論と民心統合策を体系的に記す。同年の幕府による異国船打払令の公布を、弛緩・動揺した幕藩体制を建て直す好機と考え、尊王攘夷思想による危機打解策を提示した。なかでも民衆の宗教意識を天皇を祭主とする国家的祭祀にとりこみ、民心を国家の側に牽引しようとするイデオロギーは、近代天皇制思想の原形をなすものである。「岩波文庫」「日本思想大系」所収。

しんわ [神話] 一般に、神々についての物語。ヨーロッパの神話研究を通じてもたらされた概念で、ふつう伝説・昔話との対比によって把握される。神話(myth)が原古の神聖な真実として社会や事物を基礎づけ説明するものであるのに対し、伝説(legend)はやはり真実と認識されるものであるが、世界が完成した後の歴史的な回想を語る。一方、昔話(tale)はもはや真実とは考えられないものである。昔話は場所・時間・人物を特定しないが、神話・伝説はそれらを特定する。この相違は話に対する信頼性の強弱に由来する。ただ、そうした区別は絶対的なものではなく、神話と伝説とに区別のない民族もあり、同一の話が神話・昔話の間で転用されることもある。

ず [徒] 徒罪・徒刑とも。律の五罪の一つ。流るより軽く杖より重い刑。所定の期間を労役に服させる刑罰で，現在の懲役刑にあたる。徒1年から徒3年までの5等がある。徒の執行は，畿外では国司がその地の労役にあて，畿内では囚獄司が京中の道路・橋梁の修繕，宮城四面の掃除，宮内の穢汚および厠溝などの労役にあてた。

ずい [隋] 中国の統一王朝の一つ(581～618)。北周の武人で外戚でもあった楊堅(文帝)が静帝の禅譲をうけ，大興城(長安)に王朝を開いた。589年南朝の陳を滅ぼして中国を統一。開皇律令を定め，均田法や選挙法を実施して中央集権体制を確立した。子の煬帝が完成させた，江南と華北を結ぶ大運河は，交通と経済の基幹となる。煬帝は盛んに外征を行い貢を促したが，612年からの高句麗遠征に失敗し，国内に農民反乱がおこった。煬帝殺害後，その孫恭帝が李淵(唐の高祖)に禅譲して王朝は滅んだ。倭王は600年と607年に文帝と煬帝のもとに遣隋使を派遣したが，その発言や国書は帝から「義理なし」などと叱責された。

すいかしんとう [垂加神道] 江戸初期に山崎闇斎により提唱された神道。垂加とは，伊勢の託宣にもみえる神の降臨と加護の意味で，闇斎の神号でもあった。闇斎は儒学を学んだのち，伊勢神道・唯一神道なども学び，独自の神儒習合の神道説を唱えた。その内容は，神仏習合思想を批判し，天(神)と人との一体性を強調して，朱子学の理念から心の本性を明確にするために「敬」の尊重を主張，社会体制・秩序の安定と維持を説くものであった。闇斎の神道説はその後の神道説や国学の発展に大きな影響を与え，正親町公通・土御門泰福らの門人による新たな神道説への発展・継承も

みられた。

すいかん [水干] 布を水で精練し乾燥させて張りをもたせた簡易な装束。仕立ては狩衣に似せた盤領，身1幅の布で，首上の留めを紐とし，前身と後身を短くして袴に着籠めて着用。縫い目の綻びを防ぐため，辻々の綴じ糸を太くし，結び余りを押し広めて菊綴と称し装飾を兼ねた。元来，庶民の装束だったが，武士の台頭とともに体裁が整えられ，材質も麻のほか，平絹・精好なども用いられ，公家も内々に着用した。

すいこ [出挙] 律令制下に広く行われた利息付き消費貸借。「出」は貸与，「挙」は回収の意。律令制成立以前から行われていた慣行を，中国にならって制度化したもの。稲・粟・酒・布・銭貨などのほか，財物全般が貸借の対象となった。国家が行う公的な出挙(公出挙)と，私人が行う私的な契約による出挙(私出挙)がある。1年契約とすること，利息は10割を限度とし(稲・粟の公出挙は5割)複利計算をしないことなどのほか，債務不履行の場合の利息の差押えや労働による債務返還(役身折酬)の規定もあった。狭義では稲の貸借をさすことが多く，雑税としての稲の出挙を公出挙，民間における稲の出挙を私出挙とよぶのが一般的である。なお利息なしの消費貸借を借貸という。

すいこてんのう [推古天皇] 554～628.3.7 在位592.12.8～628.3.7 記紀系譜上の第33代天皇。額田部皇女・豊御食炊屋姫天皇と称する。欽明天皇の皇女。母は蘇我稲目の女堅塩媛で，用明天皇の同母妹。異母兄の敏達天皇の皇后となり，竹田皇子らを生んだ。592年異母弟の崇峻天皇が蘇我馬子に殺された後をうけ，最初の女帝として即位。甥の聖徳太子や馬子を政治の中枢にすえ，中国の隋との国交を開くとともに，冠位十二階や憲法十七条を制定，それに対応する宮廷の制度・儀礼の整備につとめた。「天皇記」「国記」などの史書の編修も行われ，飛鳥寺(法興寺)・斑鳩寺(法隆寺)が造営されて，仏教を中心とする飛鳥文化がこの時期に開花した。また法隆寺の建設にも関与した。

ずいしょ [隋書] 隋朝の正史。唐の魏徴・長孫無忌撰。帝紀5巻・志30巻・列伝50巻の計85巻。はじめ魏徴を中心に，636年に帝紀と列伝からなる「隋書」が作られた。その後，于志寧・李淳風らが梁・陳・北斉・北周・隋の制度の沿革を縦覧した志を作り，656年に長孫無忌が「五代史志」として上進した。この両者をあわせたのがいまの「隋書」で，経籍志をはじめとする志は南北朝後期の史料としても貴重。中華書局標点本がある。

すいしょう [帥升] 1世紀末～2世紀初めの倭国の王。「後漢書」によれば、安帝の107年に生口160人を送り朝貢した。「翰苑」に引く「後漢書」は「倭面上国王師升」、北版「通典」には「倭面土国王師升」と記される。「倭面土」をヤマトとする説に対し、イトと読んで九州北部の一国の王とする考えもある。

すいじんろく [吹塵録] 江戸時代の経済関係に関する記録・文書・法令など593点を収載した史料集。32冊。勝海舟編。1887年(明治20)成立。江戸幕府勘定方に伝来した帳簿など、ほかにみられない史料を多く含む。蔵相松方正義の懇請で大蔵省に献呈され、同省から刊行。表題は中国古代の黄帝が吹塵の夢をみてよき宰相を得たという故事にちなみ、後世の役にたつことを期待して名づけられた。

すいそばくだん [水素爆弾] 核兵器の一種。水爆と略称。起爆には原子爆弾を用い、その高温によりジュウテリウムとトリチウムの原子核融合反応をひきおこし、膨大なエネルギーが放出される。その際深刻な放射能汚染をもたらし、水爆実験による後遺症は今なお問題となっている。日本では1954年(昭和29)の第5福竜丸事件を契機として原水爆禁止運動が盛り上がるとともに、世界的にも核実験禁止の世論が高まり、63年には部分的核実験停止条約(地下核実験を除く)が締結された。その後冷戦の終結をうけてアメリカやロシアは地下核実験を自粛しているが、中国・フランスは実験をくり返している。

すいばらがみ [杉原紙] ⇨杉原紙すぎはらがみ

すいへいしゃ [水平社] 第2次大戦前期の部落解放をめざす自主的・大衆的な運動団体。米騒動や労働運動の発展、民族自決・社会主義思想などの影響をうけて、1922年(大正11)3月全国水平社が結成された。創立大会では西光万吉さいこうまんきちの起草による水平社宣言を採択。初期は差別糾弾闘争を中心とし、全国的に支部が組織された。その後、階級闘争を重視して労働運動や農民運動との連帯を求める傾向が強まり、それに右派やアナーキストが反発して分裂状態となった。昭和前期、深刻な不況のもとで部落改善要求と身分闘争が重視され、反軍闘争などが広範に展開されるなかで左翼的傾向は弱まっていったが、戦時体制下でファシズムに転向する傾向も現れ、42年(昭和17)に消滅した。

すいぼくが [水墨画] 墨で描かれた絵画。とくに墨線による白描画(白画)に対し、墨の暈ぼしや滲にみ、筆の肥痩りそうをもつものをいう。墨の濃淡と筆法によって万象を表現する東洋画独特の絵画様式。中国盛唐期に山水画を中心に生まれ、北宋時代に基礎が確立され発展した。日本へは鎌倉中期に禅宗が中国から渡来し、その禅宗寺院の法具として入ってきた。そのため南北朝期は道釈人物画や頂相ちんそうが多く、可翁かおう・愚渓ぐけい・明兆みんちょうなどの画僧が現れた。室町時代に入ると五山系の画僧が活躍、山水画や花鳥画が盛んになった。相国寺の如拙じょせつ・周文しゅうぶん・雪舟、周文を継いで室町幕府の御用絵師となった宗湛そうたん、大徳寺の蛇足じゃそくなどが中国の様式を巧みに消化した。なかでも雪舟は力動的な筆致と確固たる構築性をもって自己の画風を築いた。戦国期になると地方にも広がり、常陸国の雪村など、雪舟の画風を継ぐ画家や武人画家が各地に現れた。狩野派は漢画とやまと絵を融合させた大画面様式を形成して、水墨画の一面を開いた。やまと絵系である琳派の画家も、水墨画の日本化に大きな役割をはたした。江戸中期以降、中国南宗画の影響をうけた池大雅たいが・蕪村ぶそん・浦上玉堂などの画業も、同様な観点からとらえることができる。

すみついん [枢密院] 枢府とも。大日本帝国憲法下の天皇の最高諮問機関。憲法草案審議のため1888年(明治21)4月30日設置。議長・副議長各1人および諮問官12人(のち増員)がおかれた。同年5月～89年2月に明治天皇親臨のもと憲法・同付属法令・皇室典範の草案を審議した。天皇の諮問に応じて重要国務を審議するものとされ、90年改正の枢密院官制により、諮詢しじゅん事項は皇室典範に関する事項、憲法やその付属法令の草案や疑義、戒厳の宣言や緊急勅令の発布、列国との条約の締結などで、のちに重要な官制や文官任用などに関する勅令も諮詢事項に加えられた。議長・副議長・顧問官のほか国務大臣も会議に出席し表決にかわった。議長は初代伊藤博文以下、藩閥政治家の有力者が任命されたが、1920年代後半以降、学者出身者の任命も増加した。施政に関与しないものと定められていたが、政党政治が行われるようになると、官僚派の牙城としてしばしば内閣と対立した。27年(昭和2)には金融恐慌のさなか台湾銀行救済の緊急勅令案を否決し、第1次若槻内閣(憲政会)を総辞職に追いこんだ。民意に反するものとして批判の対象となり、敗戦後の47年5月2日、日本国憲法の施行を前にして廃止された。

すみつこもんかん [枢密顧問官] 枢密院を構成する主要な官職。1888年(明治21)4月、枢密院設置とともに40歳以上の「元勲及練達ノ人」から任命。天皇の諮問に応じて重要国務を審議することを任務とした。当初12人で宮中保守派の有力者が多数を占めた。のち増員され、大正期以降は24人。古参の官僚出身政治家が多く任命され、政党内閣とはしばしば対立した。1947年(昭和22)5月、枢密院とともに廃止。

すえき [須恵器] 古墳～平安時代に製作された

須恵器

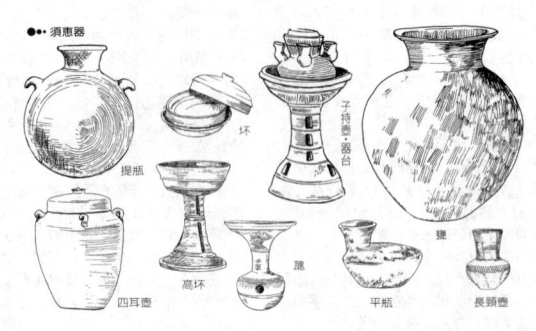

提瓶　坏　子持壺・器台

四耳壺　高坏　甕　平瓶　長頸壺

青灰色あるいは灰黒色を呈する硬質の土器。壺・甕・坏・高坏・器台・𤭯・瓶類など各種の器形がある。朝鮮半島の陶質土器に直接の源流をもち、5世紀初め頃朝鮮半島南部から製作技術者が渡来して生産が開始されたと考えられる。それまでの土器製作との大きな違いは、轆轤の使用と窯による焼成である。轆轤は規格化された製品の生産を可能にし、また大量生産にもつながった。焼成はそれまでの野焼きによる酸化焔焼成ではなく、山の斜面などに築かれた登窯を用いた還元焔焼成で行われた。須恵器の生産は専門の工人によったため生産地が限定される。大阪府の泉北丘陵にある陶邑窯跡群は須恵器生産が開始されたところで、その後日本最大の須恵器生産地として栄えた。初期の須恵器生産地は陶邑などごく限られていたが、6世紀以降、各地に窯が築かれた。当初は主として副葬用や祭祀用に作られたが、8世紀頃から日常雑器として一般に普及する。生産地が限定されており、また編年研究が進んでいることから、遺構の年代決定や、流通を通しての社会組織の解明に有効。

すえつぐへいぞう [末次平蔵]　?～1630.5.25　近世初期の豪商・朱印船貿易家・長崎代官。諱は政直。博多の豪商末次氏の一族。父の業をついで貿易に従事し、シャム・安南(ベトナム)・台湾などに朱印船を派遣し巨富を築いた。1619年(元和5)長崎代官村山等安らを失脚させ、代わって代官となり市政を掌握。貿易面でも絶大な権力をもった。23年以降オランダ人が台湾に進出すると、これを阻止するため、28年(寛永5)オランダの台湾長官ヌイツとの間に浜田弥兵衛事件を引きおこした。この事件は30年5月の本人の死とヌイツの身柄引渡しを契機に解決にむかった。死後、子の茂貞が跡をついで平蔵となり、茂貞の孫茂朝の代まで長崎代官として権勢をふるった。

すえつくりべ [陶作部]　陶部に同じ。

須恵器の生産に従事した品部。須恵器の源流は朝鮮半島南部の加耶地方にあり、5世紀には工人が渡来したらしい。「日本書紀」雄略朝の伝承に、百済から来た手末才伎の新漢陶部高貴の名がある。律令時代に陶作部の姓はなく、陶器を管掌する筥陶司にも雑戸・品部としてみえない。陶器生産の一般化によるか。

すえはるかた [陶晴賢]　1521～55.10.1　戦国期の武将。初名隆房。1539年(天文8)家督をつぐ。大内義隆が学問・芸能に熱中するのを不満とし、義隆側近の相良武任との対立をへて、しだいに義隆排除の計画をめぐらすようになった。51年周防国山口に義隆と交際相手の公家らを襲い、義隆は長門国深川(現、山口県長門市)の大寧寺にのがれたのち自殺。計画どおり大友義鎮(宗麟)の弟晴英(義長)を擁立、その1字をえて晴賢と改名、大内氏の実権を握った。しかし53年石見の吉見正頼の反抗をきっかけに、翌年毛利元就らが反抗。55年陶・毛利両軍は安芸国厳島(現、広島県宮島町)で激突、晴賢は敗死。

すえひろいずたろう [末弘厳太郎]　1888.11.30～1951.9.11　大正・昭和期の法学者。民法学・法社会学・労働法学の開拓者的存在。山口県出身。東大卒。東京帝国大学助教授をへて1921年(大正10)同教授となり、法学部に民法判例研究会を設立した。「物権法」は民法学史上画期的業績とされ、また労働法の理論的創始者でもある。第2次大戦後は労働中央委員会初代会長を務め、労働三法の立案にも参画した。著書「農村法律問題」「労働法研究」。

すえひろてっちょう [末広鉄腸]　1849.2.21～96.2.5　明治期の政治家・小説家。伊予国生れ。本名重恭。藩校明倫館に学び教授となるが、上京し一時大蔵省勤務後、1875年(明治8)春「東京曙新聞」編集長、同年8月新聞紙条例最初の受罰者となった。刑期終了後「朝野新

聞」に入り，同年12月再び筆禍にあう。以後成島柳北(なるしまりゅうほく)とともに同紙の両輪として活躍。88年4月まで在社。「雪中梅」などの政治小説も書き，明治20年代には衆議院議員となる。

すえむらかまあとぐん [陶邑窯跡群] 大阪府堺市・和泉市・岸和田市・大阪狭山市の泉北丘陵一帯の東泉15km，南北9kmに分布する日本最古の須恵器の大窯跡群。古墳中期から平安時代まで操業されたが，中心は古墳時代にある。陶器山(とうき)・高蔵寺(たかくら)・大野池・栂(とが)・光明池・谷山池・富蔵地区にわかれる。「日本書紀」崇神(すじん)7年条の「茅渟県陶邑(ちぬのあがたすえむら)」はこの地をさすという。登窯(のぼりがま)跡が500基以上知られるが，総数は1000基をこえると推定される。従来，最古の窯は5世紀中頃から後半とされてきたが，桂地区北の大庭寺(おおばでら)遺跡で2基の窯跡が発掘され，開窯期がさらにさかのぼることが明らかになった。窯の構造，生産体制，製品の供給などの研究を促進させ，とくに須恵器の編年研究は陶邑編年として全国的な編年の基軸となっている。

すえよしまござえもん [末吉孫左衛門] 1570〜1617.3.26 近世初期の豪商・銀座頭役・朱印船貿易家。諱は吉安(吉康)，法名は道円。勘兵衛の後継者で，摂津国平野の代官。徳川家康の庇護のもと銀座頭役として銀貨の鋳造を行い，大坂の陣の功績により河内国志紀・河内2郡の代官に任じられ，世襲した。朱印船貿易家としても活躍。幕府の要人本多忠勝・土井利勝・板倉重政や以心崇伝(いしんすうでん)らと親交をもち，有数の政商として初期の幕府の流通政策に重要な役割をはたした。経営活動の根幹は，廻船業を介しての交通手段の支配にあった。

すおう [素襖] 直垂(ひたたれ)の一種。菊綴(きくとじ)の部分と胸紐(むなひも)に韋(かわ)を用いることから韋緒の直垂といい，また裏をつけない簡素な直垂から布直垂・一重直垂とも称した。室町時代には一般諸士や犬追物(いぬおうもの)・笠懸(かさがけ)の束帯に用いた。上衣と袴は文様や材質を同様にしたてて上下(かみしも)といい，殿中用には長袴を用いた。江戸時代もこの風を継承して，諸臣の布衣(ほい)以下3000石以上，3000石以下御目見(おめみえ)以上の晴の儀式に着用した。

すおう [蘇芳] 蘇方・蘇枋とも。アジア南部に産するマメ科の小高木。薬効があり，幹材の煎汁は染料として用いた。媒染剤によって赤・紫・茶などに染められ，ことに江戸時代には紅染や茜染(あかね)のかわりに重用されるにいたる。変色・退色しやすい欠点をもつ。色名としては青みをおびた紅色をいい，公家の装束のうち，襲色目(かさねいろめ)では表は薄蘇芳，裏は濃蘇芳，織色では経糸(たていと)・緯糸(ぬきいと)とも紫あるいは赤みの二藍(ふたあい)のものとなっている。

すおうのくに [周防国] 山陽道の国。現在の山口県南東部。「延喜式」の等級は上国。「和名抄」では大島・玖珂(くが)・熊毛(くまげ)・都濃(つの)・佐波(さば)・吉敷(よしき)の6郡からなる。国府・国分寺は佐波郡(現，防府市)におかれた。一宮は玉祖(たまのおや)神社(現，防府市)。「和名抄」(名古屋市博本)所載田数は7654町余。「延喜式」には調として短席(たんせき)・綿・塩，庸として綿・米など。大宝令制前に周防総領が設置されるなど，早くから瀬戸内海沿岸の要地で，825年(天長2)長門国から鋳銭司(じゅせんし)が吉敷郡(現，山口市)に移された。源平争乱後の東大寺復興に際して，造営料として多くの用材を供出。平安時代の在庁官人多々良氏から出た大内氏が南北朝期に守護となり，山口に守護所をおいた。大内氏は貿易による経済力を背景に栄華を誇ったが，1551年(天文20)陶晴賢(すえはるかた)の謀反により滅亡し，安芸国の毛利元就(もうり)が周防に進出した。近世は毛利氏の萩藩領，その支藩の岩国藩・徳山藩も成立。1871年(明治4)の廃藩置県の後，山口県となる。

すがうら [菅浦] 古くは「すがのうら」とも。近江国伊香郡にあった浦で，近世の菅浦村になる地域。琵琶湖の北端に突き出た葛籠尾(つづらお)半島の一部で，現在の滋賀県西浅井町にあたる。平安末期から住人は朝廷の供御人(くごにん)として特権を認められていた。村の鎮守の須賀神社に残された「菅浦文書」により，中世には惣(そう)とよばれる自治的な村落が存在したことが知られる。鎌倉後期から大浦荘からの惣村の独立を求めて200年にわたる抗争が続けられた。

すがえますみ [菅江真澄] 1754〜1829.7.19 江戸後期の国学者・紀行家。本名は白井英二のち秀雄，1810年(文化7)に菅江真澄に改名。三河国生れ。本草学・和学などを修めた。1783年(天明3)遊歴に旅立ち，以後28年間東北各地を回って歩いたあと，秋田藩久保田城下にとどまり，藩主の意にこたえ出羽国の地誌編集に従事。領内の角館で没した。遊歴中の日記「真澄遊覧記」70冊は，挿絵とともに貴重な民俗資料。うち40冊は藩校明徳館に献納された。

すかしぼり [透彫] 金属板を切り透かして文様を表す技法。中世では文様の輪郭にそって小孔を連続してあけ、その間を切鏨（きりたがね）で切りとる方法が行われたが、近世以降は糸鋸が用いられるようになった。透かしの技法には、文様とする部分を残し地の部分を透かす地透（じすかし）と、地板に直接文様を透かす文様透（もんようすかし）の2種類がある。地透は古墳時代すでに眉庇付冑（まびさしつきかぶと）・鞍金具などに用いられた。一方文様透は香炉・釣灯籠（つりどうろう）の煙出しの孔など文様の小さいものが多い。

すがわらうじ [菅原氏] 平安時代の氏族。もとは土師宿禰（はじのすくね）で、781年（天応元）に根拠地の大和国添下郡菅原郷（現、奈良市菅原町付近）にちなみ菅原宿禰に改姓、のち朝臣を賜った。桓武天皇の侍読（じどく）として仕えた菅原古人（ふるひと）、「凌雲集」「文華秀麗集」「経国集」の編纂にかかわり、朝儀や服制の唐風化に努めた菅原清公（きよきみ）、「貞観格式」「文徳実録」などの編纂にかかわり、参議に昇任した菅原是善（これよし）、宇多天皇の信任を得て蔵人頭から右大臣に昇り、のち大宰権帥に左遷された菅原道真（みちざね）など、8世紀末以降の文人・学者を多く輩出した。大江氏と並ぶ学者の家として代々文章博士・大学頭などに任じられ、大江氏を江家（ごうけ）というのに対して菅家（かんけ）とよばれた。→巻末系図

すがわらでんじゅてならいかがみ [菅原伝授手習鑑] 人形浄瑠璃。時代物。5段。竹田出雲・並木千柳（宗輔（そうすけ））・三好松洛（しょうらく）・竹田小出雲合作。1746年（延享3）8月大坂竹本座初演。菅原道真の筑紫配流からその霊が天神として祭られるまでを骨子とし、菅原家につくす三つ子の兄弟の苦心と悲劇をからめる。近松門左衛門作「天神記」の影響をうけているが、2・3・4段にそれぞれ趣向をこらした親子の別れを描いたり、当時大坂で誕生した三つ子の話題をとりいれるなどの工夫がある。初演から翌年まで8カ月間好評続演、「義経千本桜」「仮名手本忠臣蔵」とともに3大名作と称される。初演の9月には京都中村喜世三郎座で歌舞伎にも移行、現在も文楽・歌舞伎で上演される。

すがわらのたかすえのむすめ [菅原孝標女] 1008～？ 平安時代の日記文学作者・歌人。「更級（さらしな）日記」の作者。父孝標は道真5世の嫡孫。母は藤原倫寧（ともやす）の女で、藤原道綱の母の異母妹。10歳から13歳まで父の任地上総国で育つ。姉や継母上総大輔の影響で物語に関心をもつ。上京後「源氏物語」を耽読し、光源氏のような貴公子との出会いを願う。32歳で祐子（ゆうし）内親王家に出仕。33歳で橘俊通（としみち）と結婚。子供は仲俊のほかにもいるらしい。51歳で夫と死別し、以後日記を書きはじめる。「浜松中納言物語」「夜の寝覚（ねざめ）」の作者とも伝えられる

（「更級日記」定家本勘物）。「新古今集」以下勅撰集に14首ほど入集。

すがわらのみちざね [菅原道真] 845～903.2.25 平安前期の公卿・文人。父は是善（これよし）、母は伴氏。正室は島田忠臣（ただおみ）の女宣来子。867年（貞観9）文章得業生（もんじょうとくごうしょう）、870年対策に及第し、877年（元慶元）文章博士となる。渤海使裴頲（はいてい）接伴のため加賀権守兼治部大輔に任じられ、894年（寛平6）には遣唐使中止を建言した。886年（仁和2）讃岐守として赴任、阿衡（あこう）の紛議以降、宇多天皇の知遇を得え、893年参議、899年（昌泰2）には右大臣に昇った。901年（延喜元）従二位となったが、藤原氏の讒言により突如大宰権帥（ごんのそち）に左遷されて、失意のうちに当地で没した。死後、怨霊として恐れられ、天神として祭られる。993年（正暦4）贈正一位・太政大臣。漢詩文集に「菅家文草」「菅家後集」など。「三代実録」の編纂事業に参加、宇多天皇の命で「類聚国史」を編述した。

すき [犂]「からすき・り」とも。田畑を耕す農具。正倉院の「子日手辛鋤（ねのひのてからすき）」や「新撰字鏡」「和名抄」「新猿楽記」などの記載から、平安時代から使われていたことがうかがえる。広く全国的に使われるようになったのは明治中期以降である。現存する犂には犂床の形状によって長床犂（ちょうしょうすき）・無床犂・短床犂の三つがあり、明治後期以降に短床犂の使用が広まった。牛馬にひかせて使うが、東海地方にはヒッカ・二人犂などといって人がひく犂もある。

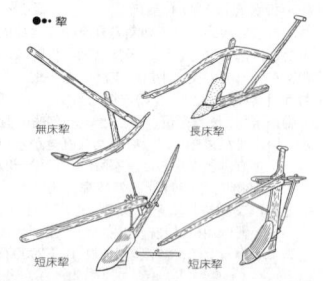

●●・犂

無床犂　長床犂

短床犂　短床犂

すき [数寄] 日本の美意識の一つ。時代によって変化がある。平安時代の「好き」は恋愛・芸道への傾向をいい、「数奇」と表現された。しかし「数奇」はもともと不幸を意味したことから、室町時代には「数寄」と書き、数々の茶道具の取合せをいうようになった。戦国末期の1564年（永禄7）の「分類草人木（そうじんぼく）」には「近代茶ノ湯ノ道ヲ数寄ト云ハ」とあり、このときには「茶の湯」が定着していたと考えられる。江戸中期には「茶道」の語が一般的となる。明治期に輩出した実業家茶人をとくに「数寄者」と

すぎうらじゅうごう [杉浦重剛] 1855.3.3～1924.2.13 明治・大正期の日本主義思想家・教育家。近江国生れ。1870年(明治3)膳所藩貢進生として大学南校入学。76年イギリス留学、80年に帰国後東京大学予備門長、文部省参事官兼専門学務局次長などを務めるが、おもに在野で多彩な言論・教育活動を展開。88年政教社の創設に加わり雑誌「日本人」を発刊。東京英語学校(のち日本中学校と改称)の設立、称好塾の経営にあたり、国学院学監・東亜同文書院長などとなる。著書「倫理御進講草案」。「杉浦重剛全集」全6巻。

すぎたげんぱく [杉田玄白] 1733.9.13～1817.4.17 江戸中期の蘭方医・蘭学者。若狭国小浜藩医。名は翼、号は鶴斎のち九幸。玄白は通称。塾名は天真楼。江戸生れ。漢学を宮瀬竜門、蘭方外科を西玄哲らに学ぶ。山脇東洋の解剖観察に刺激され、オランダ通詞にオランダ流外科について質問、蘭書の入手につとめた。1771年(明和8)小塚原刑場で屍体の解剖を観察、携帯したオランダ語解剖書「ターヘル・アナトミア」の内景図が実景と符合していることに驚嘆、同志と翻訳を決意。74年(安永3)「解体新書」5巻として公刊し、蘭方医書の本格的翻訳の先駆となった。会読・翻訳・公刊の苦心は晩年の回想録「蘭学事始」に詳しい。以後、診療と後進の育成に尽くした。多趣味で、「後見草」「野叟独語」など社会批判の書もある。

すぎはらがみ [杉原紙] 「すいばらがみ」とも。椙原紙・水原紙とも。播磨国杉原谷(現、兵庫県加美町)で生産された代表的な楮紙。1219年(承久元)にはすでに流布していた。室町時代には京都を中心に幅広く用いられ、贈答用として珍重された。杉原紙10枚に末広1本を添えた「十帖一本」は献上品の一つの様式として定着し、江戸時代にも用いられた。広く流布し、播磨国以外でも類似品が生産されるようになった。

すぎもとともじゅうろう [杉本茂十郎] 生没年不詳。江戸後期の商人、三橋会所の頭取。甲斐国八代郡夏目村に生まれ、定飛脚問屋大坂屋茂兵衛の養子となった。1808年(文化5)江戸で砂糖問屋と十組問屋の争論を調停して発言力をもつようになる。大川筋の3橋の修復のため三橋会所を設立、その頭取となり、菱垣廻船積仲間の結成などに尽力。しかしその権勢欲を仲間から嫌われ、三橋会所の経理不正や、買米の失敗から、19年(文政2)三橋会所は廃止、杉本は失脚した。

すきや [数寄屋] (1)茶室。主屋とは別棟の茶席・勝手・水屋を備えた建物。(2)数寄屋造・数寄屋風書院造とも。近世住宅で茶室建築の意匠と同じだが、丸太や面皮材を柱や長押などに、外からみえる部分にも用いる点、意匠性の高い棚や欄間を設ける点などが特色。ただし棚や欄間の意匠については、茶室建築からの影響だけでは説明できないので、武家の文化に対抗する近世公家文化の美意識が反映されていると考えられている。桂離宮をはじめとする別荘建築や料理茶屋などに用いられた形式。(3)障子に張る美濃紙。

すぎやまもとじろう [杉山元治郎] 1885.11.18～1964.10.11 大正・昭和期の農民運動家。大阪府出身。東北学院神学部別科卒。牧師になり、農村問題に開眼する。1921年(大正10)大阪で賀川豊彦と協議、翌年日本農民組合を結成、委員長となる。26年(昭和元)労働農民党初代委員長、以後の分裂・合同の歴史ではおおむね中道派に属す。32年以後、代議士当選連続4回。第2次大戦後再建日本農民組合顧問となり、一時公職追放されたが51年国会に復帰し、55年に衆議院副議長に選出された。

すく・おかもといせき [須玖・岡本遺跡] 福岡県春日市岡本にある弥生中期の墳墓。1899年(明治32)に熊野神社北西の大石の下で発見された合口甕棺から、草葉文鏡・星雲文鏡・連弧文鏡・重圏文鏡など30面以上の前漢鏡、銅剣・銅矛・銅戈など8本以上、ガラス勾玉や管玉が発見され、中期後半の奴国王墓の一つといわれる。また墓の北西からは墳丘墓とみられる版築状の盛土をもつ墓も確認された。周辺の春日丘陵一帯は弥生中・後期の集落・墓域が濃密に広がり、須玖・岡本遺跡群と総称され、「魏志倭人伝」中の奴国の中心地と考えられている。遺跡群内では剣・矛・戈か、鏃、石剣・鏡・小銅鐸など多種多量の青銅器鋳型、鉄器工房跡、ガラス勾玉鋳型などの生産関連遺構・遺物が多数みられ、これらの生産と流通を統轄した奴国諸王の存在が推定される。弥生時代の国の実態を考えるうえでも学史上でも重要な遺跡。一国史跡。

すくね [宿禰] 古代のカバネ。本来は有力豪族の名の下に付した尊称であったが、684年(天武13)の八色の姓で第3等のカバネとされた。同年宿禰姓を賜った大伴連・佐伯連など50氏は、天神・天孫の後裔と称する神別諸氏の有力な旧雄姓氏族である。奈良末期以降、こうした出自との関連は無視され、帰化人にも授けられた。平安中期以降は宿禰姓の氏のうち小槻氏を禰宜宿禰と称した。

すくようどう [宿曜道] 宿曜師が行った星占いや祈禱の術。平安初期に西方起源の「宿曜経」「七曜攘災決」「都利聿斯経」な

どの占星書が入唐僧によってもたらされたが，957年(天徳元)延暦寺僧日延らが中国の符天暦ふてんを持ち帰って惑星の位置を推算できるようになり，占いや星祭の作法が確立されて宿曜道とよばれた。平安中期に盛行し，朝廷でも造暦や星祭の際に用いられた。室町中期になると衰え，戦国期には廃絶したされる。

すぐり[村主] 古代のカバネ。古代朝鮮語で村長を表す「スグリ」からきたという説が有力。おもに帰化人のうち下級の氏に与えられた。「日本書紀」に雄略天皇が寵愛した身者として史部ふひとの身狭村主青がみえるのが最初。このほか敏達朝の鞍部村主司馬達等しばたつと，推古朝の天文遁甲を学んだ大伴村主高聡こうそう，天武朝の侍医桑原村主訶都かつなどがいる。「坂上系図」には仁徳朝に渡来したと伝える30の村主氏族がみえるが，いずれも漢氏の支配下におかれた伴造氏族である。

スクレイパー ⇨削器さっき

すけ[次官] 律令官制の四等官の第2等官。職掌は長官と同じで，神祇官の副，八省の輔，弾正台の弼，職，寮の助，大宰府の弐，国の介，五衛府の佐(大宝令の兵衛府は翼)，家令の扶など。官名には輔官をたすける意味の用字が用いられており，長官不在のときは押印も執行した。定員は官司によって2人・1人・なしの別があり，2人の場合は大少を冠した。

すけごう[助郷] 江戸時代，街道の宿駅で継ぎ立てるべき人馬が宿内でまかなえない場合に，これを補う周辺村々，またその負担のこと。主要街道では早くから事実上の助郷(相対助郷)がみられたが，参勤交代制の確立などにともなう交通量の増大で，1637年(寛永14)東海道などに助馬村が設定された。94～96年(元禄7～9)の助郷帳発給により，特定村を指定して伝馬役負担を強制する厳密な意味での助郷制(指定助郷)が確立した。各地の脇往還でも幕藩領主により同様の助郷が設定されていった。助郷の中心は恒常的にこれを勤める定じょう助郷だが，負担軽減のため大助郷・代だい助郷・加助郷・当分助郷などが周囲に設定された。伝馬役を百姓固有の役とする観念ともあいまって助郷の範囲は拡大する傾向にあり，近世後期には免除訴願や助郷間の抗争が頻発した。助郷の負担は大きかったが，宿駅並の特権獲得の論拠となったり，村内下層民には稼ぎの機会にもなった。1868年(明治元)新政府は海内一同の助郷を宣言し改革を進めたが，貫徹されず，72年伝馬役とともに廃止された。

すけひとしんのう[輔仁親王] 1073.1.19～1119.11.28 後三条天皇の第3皇子。母は源基平の女基子。三宮。同母兄の実仁さねひと親王が父後三条の意志によって皇太子に立てられたので，1085年(応徳2)に実仁が死去すると，同母弟の輔仁は有力な皇位継承候補者とみなされ，白河天皇に対立する立場におかれた。1113年(永久元)には護持僧仁寛にからむ陰謀事件にまきこまれ，閉門させられている。詩歌に秀で，風雅の士として名が高かった。

すこうてんのう[崇光天皇] 1334.4.22～98.1.13 在位1348.10.27～51.11.7 光厳こうごん天皇の第1皇子。名は益仁ますひと・興仁おきひと。母は陽禄門院秀子。1338年(暦応元・延元3)親王宣下，立太子。48年(貞和4・正平3)践祚さくす。51年(観応2・正平6)正平一統で廃され，太上天皇の尊号をうける。翌年南朝軍に拉致され，57年(延文2・正平12)帰京。92年(明徳3・元中9)落飾らくしょく，法名勝円心。98年(応永5)京都伏見殿で没した。

すごろく[双六] 木製の盤をはさんで，2人で対局する遊び。白と黒の駒を各15ずつ並べ，筒にいれた2個のさいころの目によって駒を進め，早く相手の陣地に並べたほうが勝ち。インドが発祥地とされる。正倉院には数面の双六盤があり，「日本書紀」持統3年(689)条に「禁断双六」の記載がある。江戸時代になると，この盤双六から派生した絵双六が広まった。絵双六は1枚の紙を線でいくつにも区画したなかにさまざまな絵が描かれ，さいころを振って目の数だけ駒を進め，「上がり」とよばれる最終区画へ早く進んだ者を勝ちとした。絵双六は，江戸初期に仏教の教えを広めるための浄土双六に始まるという。絵柄は旅物語風な道中双六をはじめさまざまに工夫された。明治期以降は雑誌の付録として人気があった。

すざく[朱雀] ⇨四神しじん

すざくおおじ[朱雀大路] 朱雀路・朱雀道とも。京の中心街路。朱雀門を北端に，羅城門を南端にし，京を東の左京と西の右京に二分する。初見は「続日本紀」和銅3年(710)1月条だが，難波京・藤原京にも存在した。宮城の正面に位置する重要な街路で，さまざまな儀式・仏事などが営まれ，維持・管理にはとくに注意が払われた。規模は「延喜式」に詳しいが，発掘調査によると藤原京で両側溝心々間距離は約24m，路面幅約18m，平城京で両側溝心々間距離は約73.4～74m，路面幅約67.3mである。

すざくてんのう[朱雀天皇] 923.7.24～952.8.15 在位930.9.22～946.4.20 醍醐天皇の第11皇子。名は寛明ゆたあきら。母は藤原基経の女穏子おんしで，保明親王・村上天皇と同母兄弟である。皇太子慶頼よしより王(保明の子)の死去により，925年(延長3)立太子。930年父の譲位により践祚する。女御の熙子きし女王(保明の女)に昌子しょうし内親王が生まれたほかには男子はなく，

村上天皇を皇太弟に立て、譲位した。

すざくもん [朱雀門] 「しゅじゃくもん」とも。平安宮の外郭門（宮城門）の一つ。南面中央の門。奈良時代からの呼称だが、大伴門とよばれたこともあったらしい。門は基壇上にたち、正面7間、奥行2間で中央5間が戸となる（藤原宮・平城宮では正面5間、奥行2間で中央3間が戸）。屋根は瓦葺、2階建て、入母屋造で、宮城門では最大規模の宮城正門である。そのため重層の御門ともよぶ。平安宮の朱雀門は「伴大納言絵巻」に詳しい。毎年6月・12月の晦日には、ここで親王以下百官が参集して大祓が行われた。平城宮朱雀門は近年復原された。

すさのおのみこと [素戔嗚尊] 素戔男尊とも。「古事記」では須佐之男命など。建速・神むなどを冠する場合もある。日本神話に登場する神名。スサはススブ・ススムと同根で、この神の荒れすさぶ本性を表す。「日本書紀」ではイザナキ・イザナミによって生みだされ、「古事記」では黄泉国から帰ったイザナキの禊の際にアマテラスらとともに誕生した。親により根国に追放されるが、途中暇乞いのため高天原に寄りアマテラスと誓約を行って潔白を証明する。その後、高天原で乱暴を働いて追放され、出雲に下って八岐大蛇を退治し、清地の地に鎮まった。「古事記」ではその後根国を訪れたオオナムチに試練を課し、女スセリヒメを与えてオオクニヌシとしめ、葦原中国の完成を導いた。強烈なエネルギーをもつ神で、元来は暴風雨神とも農耕神とも説かれるが、記紀それぞれの世界秩序に相容れぬ神格として描かれている点が重要である。「出雲国風土記」や「備後国風土記」逸文にも登場する。

すしゅんてんのう [崇峻天皇] 記紀系譜上の第32代天皇。6世紀後半に在位という。泊瀬部天皇と称する。欽明天皇の皇子。母は蘇我稲目の女小姉君という。異母兄の用明天皇の死後、同母兄の穴穂部皇子を天皇に推す物部守屋と蘇我馬子が対立、皇子は馬子側についた。穴穂部皇子と守屋が殺された後、用明2年即位し、倉梯宮（現、奈良県桜井市倉橋）を営んだ。しかしのち馬子と対立し、崇峻5年馬子の送った刺客の東漢直駒に暗殺され、即日埋葬された。

ずしょひろさと [調所広郷] 1776.2.5～1848.12.19 江戸後期の鹿児島藩家老。鹿児島藩士川崎基明の次男で、茶道坊主調所清悦家を継ぐ。笑悦、のちに笑左衛門と称する。側用人として島津重豪・同斉興の財務を担当し、1827年（文政10）には財政改革主任となり、翌年改革に着手。30年（天保元）10年間で50万両備蓄し、古借証文を回収せよとの命をうけ、三島（奄美大島・喜界島・徳之島）砂糖惣買入制を実施。藩債500万両の250年賦償還を断行し、44年（弘化元）50万両の備蓄を達成した。46年幕府から琉球交易の黙許をえ、唐物貿易を企てた。48年（嘉永元）密貿易の責を負い、服毒自殺。

ずしょりょう [図書寮] 大宝・養老令制の中務省被管の官司。儒教や仏教の経典を中心に、宮中の書籍を管理した。国内の記録を集積して国史の編纂にもかかわり、中国から書物のかたちで輸入した情報や、国内のさまざまな情報を国家的に管理する部局でもあった。仏像を保管し宮中での法会に供したほか、諸国からの進上や寮内の労働力を使って作らせた紙・筆・墨を管理し、これを諸司に分配したり、寮内で書籍を写したりした。

すじんてんのう [崇神天皇] 記紀系譜上の第10代天皇。御間城入彦五十瓊殖天皇と称する。開化天皇の第二子。母は物部氏の遠祖大綜麻杵の女伊香色謎命。御間城姫を皇后とし、垂仁天皇らをもうけたという。磯城瑞籬宮（現、奈良県桜井市金屋付近）にあり、宮中に祭っていた天照大神と倭大国魂神の二神の祭祀をわかち、新たに大物主神を三輪に祭るなど祭祀の整備を行ったとされる。また四道将軍を派遣し、朝鮮（任那から）からのはじめての朝貢もこの天皇のときのこととされるなど、大和政権の支配の基礎を固めた天皇として系譜上に位置づけられる。御肇国天皇とよぶことなどから、実在の確実な初代天皇とする意見がある。また三輪地域との伝承上の関係や同地域における巨大古墳の存在から三輪王朝の始祖とする説や、北方騎馬民族の王とする考えもあるが、実在を疑う説もある。山辺道勾岡上の陵に葬られたとされ、奈良県天理市柳本町の行灯山古墳がそれに指定されている。

すずかのせき [鈴鹿関] 古代、伊勢国に設置された関。三関の一つ。「日本書紀」の壬申の乱の記事に「鈴鹿関司」とあるのが史料的初見で、天智朝の設置と考えられる。「続日本紀」によると、内城・外城にわかれ、あるいは東城・西城の区分があったらしい。関跡は現在の三重県関町に比定されるが、未発掘である。三関は789年（延暦8）に廃止されるが、その後も固関の対象となった。

すずきうめたろう [鈴木梅太郎] 1874.4.7～1943.9.20 明治～昭和前期の化学者。静岡県出身。東大卒。ヨーロッパ留学。東京帝国大学教授。日本人の栄養問題を研究。脚気予防調査会に参加。理化学研究所主任研究員。国家的問題であった脚気研究では、バクテリア病因説が強いなかで、1910年（明治43）米糠から抽出した

オリザニン(ビタミンB_1)が脚気予防に有効なことを確認。米を用いない清酒の合成に成功。24年(大正13)日本農芸化学会初代会長。学士院賞・文化勲章をうけた。

すずきかんたろう〔鈴木貫太郎〕 1867.12.24～1948.4.17 明治～昭和期の海軍軍人・政治家。和泉国生れ。海軍兵学校卒。日清・日露の両戦争に従軍,諸艦の艦長や水雷学校長などを歴任。1914年(大正3)海軍次官としてシーメンス事件の処理にあたる。23年大将に昇進,翌年連合艦隊司令長官,25年軍令部長,29年(昭和4)侍従長・枢密顧問官となり,昭和天皇の側近として信任をえた。ロンドン海軍軍縮条約の調印に関し政府を支持したため,統帥権干犯の疑惑をもたれ,2・26事件で襲撃されかろうじて一命をとりとめる。44年枢密院議長,翌年4月には総理大臣に就任,戦争終結を最小限の混乱で実現した功績は大きい。8月15日総辞職,大戦後の12月再び枢密院議長となった。

すずきかんたろうないかく〔鈴木貫太郎内閣〕 小磯内閣のあとをうけて成立した挙国一致内閣(1945.4.7～8.17)。外交的にはソ連を仲介者とする対連合国和平工作を模索。一方,内政に関しては本土決戦を予期して,すでに決定していた国民義勇隊設置を促進,1945年(昭和20)6月には地方総監府の設置,戦時緊急措置法の制定を行った。しかし近衛文麿を特使とする対ソ和平工作がソ連の拒否で失敗に終わったあと,ポツダム宣言には「黙殺」を表明。8月に入りソ連の参戦や広島・長崎への原爆投下など急速に情勢が悪化したため,8月9日の御前会議における昭和天皇の「聖断」を契機にポツダム宣言を受諾,無条件降伏を行った。8月15日の降伏と同時に総辞職。

すずきしょうてん〔鈴木商店〕 明治・大正期の総合商社。1877年(明治10)頃大阪船場の砂糖商辰巳屋の神戸出張所を鈴木岩治郎が継承して鈴木商店とした。94年岩治郎が死去して妻よねが店主となり,番頭の金子直吉が経営を主導。1902年合名会社に改組。砂糖引取りを中心業務としていたが,台湾樟脳の販売権を獲得してからは台湾糖取引にも進んだ。明治末には神戸製鋼所など多くの製造企業を傘下においていた。第1次大戦期に取引を急拡大して総合商社化し,帝国人造絹糸などさらに多くの企業を傘下に加えた。23年(大正12)株式会社に改組。戦後恐慌で打撃をうけ,台湾銀行の融資によって支えられていたが,27年(昭和2)倒産した。鈴木商店の営業は翌年設立の日商(現,日商岩井)に引き継がれた。

すずきぜんこうないかく〔鈴木善幸内閣〕 自民党の鈴木善幸を首班とする内閣(1980.7.17～82.11.27)。1980年(昭和55)6月,衆参同日選挙で自民党大勝の後をうけて成立。党の統一・融和を優先,派閥領袖を閣内にいれ「和の政治」を提唱。外交面では,環太平洋協力や総合安全保障の構想を大平前首相からひきつぎ,経済援助政策を強化し成果をあげた。81年5月,首相の同盟関係への否定的発言から日米関係が一時緊張,伊東正義外相の辞任に発展した。内政面では,第2次臨時行政調査会の答申にもとづき行政改革大綱を発表し,赤字国債の整理をめざし財政再建にとりくんだ。82年11月の総裁選には出馬せず,同27日に辞任。

すずきだいせつ〔鈴木大拙〕 1870.10.18～1966.7.12 明治～昭和期の宗教学・仏教学者。本名貞太郎。金沢市出身。1895年(明治28)東大哲学科選科修了。円覚寺の釈宗演に師事,าの推薦で渡米。在米12年間に独学で仏教思想を研究。仏典の英訳や英文による「大乗仏教概論」「禅と日本文化」などの刊行で海外への禅および仏教思想の普及に功績を残した。万国宗教史学会東洋部副会長に就任。帰国後は東京帝国大学・大谷大学などで教鞭をとる一方,東方仏教徒協会・松ヶ岡文庫の設立など精力的に活躍する。東洋的知こそが,いきづまった西洋合理主義の世界を克服する望とうたう彼の文明批評は,世界の思想家たちに影響を及ぼした。1949年(昭和24)学士院会員,文化勲章受章。「鈴木大拙全集」全32巻。

すずきだきゅうきん〔薄田泣菫〕 1877.5.19～1945.10.9 明治・大正期の詩人・随筆家。岡山県出身。本名淳介。中学中退後故郷で,上京後も苦学する。キーツなどの英詩を愛読。ソネットなど詩形の試みを収める「暮笛(ぼてき)集」(1899刊)で世に認められた。浪漫的文語定型詩の珠玉の詩編を収める「白羊宮(はくようきゅう)」により,蒲原有明と詩壇の双璧をなした。1913年(大正2)から「大阪毎日新聞」に勤務し,学芸部長などを務め,連載随筆「茶話(ちゃばなし)」で好評を博した。

すずきはるのぶ〔鈴木春信〕 1725?～70.6.14/15 江戸中期の浮世絵師。本姓穂積,俗称次郎兵衛または次兵衛。西村重長あるいは西川祐信の門人と伝える。鳥居清満や上方浮世絵とくに西川祐信の作風を学んで繊細優美な美人画を描いた。おもな作画期は1760年(宝暦10)から没年までの10年間で,はじめの5年間は紅摺絵(べにずりえ)を描いた。65年(明和2)の絵暦交換会で誕生した多色摺木版画,錦絵の創製に中心的役割をはたした。以後5年間で700点をこえる錦絵を制作。古典和歌を同時代の風俗にみたてた見立絵にすぐれ,当時評判の町娘を描いた作品が流行を作りだした。叙情性豊かな作風で浮世絵界に大きな影響を及ぼした。

すずきぶんじ〔鈴木文治〕 1885.9.4～1946.3.12

大正・昭和期の労働運動指導者。宮城県出身。吉野作造の影響をうけ、東大在学中に本郷教会入会。1911年(明治44)統一基督教弘道会の社会部長となる。12年(大正元)友愛会を創設、日本労働総同盟に発展させ、30年(昭和5)まで会長。日本農民組合や社会民衆党の創設にも関与。1928年の第1回普選で当選(社会民衆党)、以後当選2回(社会大衆党)。40年斎藤隆夫代議士の除名に反対して社会大衆党を離党。第2次大戦後日本社会党からの立候補準備中に病死。

すずきぼくし [鈴木牧之] 1770.1.27～1842.5.15 江戸後期の俳人・著作家。通称儀三治、俳号秋月庵牧之。越後国魚沼郡塩沢生れ。家業は縮(ちぢみ)仲買商。諸方を遊歴して紀行を残し、しばしば江戸に出て山東京伝・曲亭馬琴・十返舎一九らと交遊した。主著「北越雪譜」(1837)は雪国の風俗・奇談を満載し、江戸時代の地誌筆中の名作とされる。著書はほかに「秋山記行」「東遊記行」「西遊記行」。

すずきみえきち [鈴木三重吉] 1882.9.29～1936.6.27 明治・大正期の小説家・童話作家。広島県出身。東大卒。神経衰弱のため東大休学中の1906年(明治39)に書いた「千鳥」が夏目漱石に絶賛され文壇にデビュー。写生文を得意とし、母性思慕をテーマとした小説を書く。代表作「山彦」「小鳥の巣」「桑の実」。その後童話作家に転じ、18年(大正7)に雑誌「赤い鳥」を創刊、童話・童謡・綴り方・詩・自由画などの児童文化運動の旗手として活躍。

すずきもさぶろう [鈴木茂三郎] 1893.2.7～1970.5.7 大正・昭和期の社会運動家・政治家。愛知県出身。早大専門部卒。新聞記者となり、渡米して在米日本人社会主義者団に参加。モスクワの極東民族大会に出席、一時共産党に入党した。以後「大衆」「労農」同人として左派社会民主主義の道を歩み、加藤勘十と日本無産党を結成したが、1937年(昭和12)の人民戦線事件で検挙された。第2次大戦後社会党結成に参加、中央委員。代議士当選連続9回。党の左右分裂時には左派社会党委員長となり、55年に左派優位で両派の統一を実現した。

すだはちまんじんじゃ [隅田八幡神社] 和歌山県橋本市隅田町に鎮座。旧県社。祭神は誉田別(ほんだわけ)命・足仲彦(たらしなかつひこ)命・息長足姫(おきながたらしひめ)命・丹生都比売(にうつひめ)神・瀬織津姫命。1072年(延久4)には確認でき、石清水八幡宮隅田荘の鎮守として勧請されたのが創祀と考えられる。のちに隅田荘の荘官を勤めた在地領主の隅田氏の氏神ともされ、隅田氏は俗別当職にもついた。神仏習合により、平安後期以降は別当寺として大高能寺がおかれた。中世後期には宮座が結成され、祭礼の奉仕は頭役を中心に行われた。例祭は10月15日。

人物画像鏡 [じんぶつがぞうきょう] 隅田八幡神社蔵の鏡。古墳の副葬品であったという。直径19.8cmで、中国で製作された尚方(しょうほう)作人物画像鏡を模して鋳造した仿製(ほうせい)鏡。銘文は鏡の外区に48文字が左まわりに陽鋳されている。読み方や解釈については説がわかれるが、癸未(きび)年8月、日十大王の年(世)、男弟王が意柴沙加(おしさか)宮にいますとき、斯麻(しま)が白い上等の銅200貫を用いてこの鏡を作った、という由来を記す。癸未年については443年説と503年説が有力で、443年説では、「意柴沙加宮」が允恭の皇后忍坂大中姫(おしさかのおおなかつひめ)の名と関連することを重視している。国宝。

スターリン Iosif Vissarionovich Stalin 1879.12.9～1953.3.5 ソ連共産党の指導者。グルジア出身。神学校在学中にロシア社会民主労働党に入党、1912年党中央委員、22年共産党と改称した後、初代書記長となる。24年のレーニンの死後、トロツキー、ジノビエフ、ブハーリンなどを追放して最高実力者となり、農業の集団化と集団化を推進。30年代からは大粛清を強行して独裁的地位を築いた。53年の死後、その個人崇拝や理論に対する批判がなされた。

ステゴドン 長鼻目ステゴドン科の象で、大型から小型のものまで各種が知られ、鮮新世から更新世にかけて東アジアおよびアフリカに分布。日本では東洋象・明石象などが知られ、前期更新世から中期更新世にかけて各地に広く生息していた。

ずでんちょう [図田帳] ⇒大田文(おおたぶみ)

ストきせいほう [スト規制法] 1952年(昭和27)秋の電産・炭労両争議を契機として、53年8月に制定された法律。正式名は「電気事業及び石炭鉱業における争議行為の方法の規制に関する法律」。当初は3年の時限立法であったが、56年に恒久立法化。停電スト・電源スト、炭鉱保安要員の職場放棄は、国民経済に重大な損害を与えるというのが立法の理由であったが、労働側はいわゆる労闘ストで猛反対した。

すとくてんのう [崇徳天皇] 1119.5.28～64.8.26 在位1123.1.28～41.12.7 讃岐院とも。鳥羽天皇の第1皇子。名は顕仁(あきひと)。母は藤原公実の女待賢門院璋子(しょうし)。後白河天皇の同母兄。1123年(保安4)5歳で立太子し、即日、父鳥羽の譲位により践祚したが、これは曾祖父白河法皇の意志によるものであった。41年(永治元)父により異母弟近衛天皇に譲位させられ、さらに近衛の死後も後白河・二条天皇父子が擁立されたため、みずからの皇子への皇位継承は望みを絶たれる。56年(保元元)父の死の直後に後白河方との合戦に及ぶが敗れ(保元の乱)、讃岐国に配流された。配所で死去したため怨霊として恐れられた。実の父を白河天皇とする説が

ストックホルム・アピール 1950年3月19日、平和擁護世界大会常任委員会がストックホルムで発表した「原子兵器の無条件禁止を要求する訴え」。原子兵器の絶対使用禁止、原子兵器の厳格な国際管理を求め、「最初に原子兵器を使用する政府は、人道に対する罪を犯すものであり、戦争犯罪者として取り扱われるべきである」としたうえ、アピール支持の署名運動を訴えた。朝鮮戦争前夜でもあり、世界で5億余の署名が集まった。

ストライクかんこく [ストライク勧告] ⇨ 賠償問題

ストーンサークル ⇨ 環状列石

すながわじけん [砂川事件] 1950年代後半に展開された最大の米軍基地反対闘争。安保条約と憲法9条問題を焦点とする裁判へと発展した。55年(昭和30)東京都砂川町(現、立川市)で米空軍立川基地拡張のため民有地の強制測量が開始されると、住民は強く反発。以後労働組合員・学生も参加した強力な反対運動が組織され、流血の事態も発生。57年激しい反対運動のなかで、基地内に立ち入った7人を検察が日米行政協定にともなう刑事特別法違反で起訴。59年東京地裁が米軍駐留を憲法違反として全員に無罪を言い渡すと(伊達判決)、検察は異例の飛躍上告を実行。最高裁は安保条約には高度の政治性があり、裁判所の審査になじまないとの判決を示し、原判決を破棄した。

スバル 明治末〜大正期の詩歌を中心とした文芸雑誌。1909年(明治42)1月創刊、13年(大正2)12月終刊。「明星」廃刊後、同誌に関係した石川啄木・平野万里・吉井勇らが中心となり、平出修が財政上の負担をして創刊した。主要な同人は木下杢太郎・北原白秋・高村光太郎ら。自然主義全盛の時代にあって、耽美(たんび)主義勃興の先駆となる。また森鷗外が指導的役割をはたしており、鷗外のこの時期の主要作品を掲載。

スペイン ヨーロッパ南西部に位置し、イベリア半島の過半を占める国。漢字表記は西班牙。古くはイスパニアと呼称。15世紀にスペイン王国が成立。16世紀には海外に植民地を広げ、隆盛期を迎えた。日本との関係は1584年(天正12)スペイン船の平戸入港に始まるが、貿易と布教の両面でポルトガルおよびイエズス会に対し劣勢。96年(慶長元)サン・フェリペ号事件が発生、スペイン系のフランシスコ会宣教師を含む二十六聖人が殉教した。徳川家康は、1609年(慶長14)日本に漂着した前フィリピン臨時総督ビベロ(ドン・ロドリゴ)を厚遇、日本・メキシコ間の通商交渉を行ったが、江戸幕府の禁教政策によって、24年(寛永元)両国関係は断絶した。この間天正遣欧使節、13年(慶長18)メキシコとの通商を求めた慶長遣欧使節の支倉常長がマドリードに赴いている。開国以後の関係再開は1868年(明治元)日西修好通商航海条約の締結による。1936〜39年のスペイン内戦では日本はフランコ政権を支持したが、45年(昭和20)第2次大戦終戦で国交を断絶、56年に国交を回復した。75年フランコ総統が死去、ブルボン家のファン・カルロス1世が即位。立憲君主制を軸に民主化を進めている。86年EC加入。92年オリンピックをバルセロナで開催。首都マドリード。

スペインないらん [スペイン内乱] フランコらスペイン軍部の右翼勢力による人民戦線政府に対する武装反乱(1936年7月〜39年3月)。当初の短期決戦の見通しが崩れ、長期的な内戦へと発展した。ナチス・ドイツやファシスト・イタリアが反乱派を、ソ連や国際的人民戦線勢力が政府側を支援したため、さらに国際的・イデオロギー的な性格をもつ内乱となったが、マドリード陥落により反乱派が勝利。その後フランコ政府は独・伊の圧力のもとで防共協定に加入した。

すまいのせち [相撲節] 平安朝廷の年中行事として催された相撲会(すまいえ)。各地から召集した相撲人(すまいびと)を左右近衛府に分属させ、対抗戦のかたちで行われた。式日は、はじめは7月7日、のち7月下旬となった。年の後半の開始にあたり豊凶を占い豊穣を祈る年占(としうら)神事と、地方から強者を集めて天皇に奉仕させる服属儀礼との両面をもったが、のちには娯楽の意味あいが強くなる。「日本書紀」は、野見宿禰(のみのすくね)と当麻蹶速(たいまのけはや)の力くらべを相撲節の起源説話として載せる。

すみともぎんこう [住友銀行] 住友財閥の機関銀行。1895年(明治28)11月に旧来の金融業を編成替えし、資本金100万円、個人経営の住友銀行として銀行業を開始。住友の信用を背景に五大銀行の一つとして、金融界に大きな勢力をもった。本店は大阪。住友財閥傘下の企業を取引対象とするとともに、第1次大戦期に国際金融に進出、関西を中心に九州・名古屋方面に営業範囲を広げた。1948年(昭和23)に大阪銀行と改称、52年に再び住友銀行の名称となる。第2次大戦後は豊富な資金力をもって住友系企業の復興・再結集にあたり指導的立場にたった。2001年(平成13)さくら銀行と合併し、三井住友銀行となる。

すみともけ [住友家] 江戸時代の大坂の豪商。銅精錬・銅鉱業・銅貿易を主業とし、中期以降金融業を兼ねる。住友財閥の前身。初代政友は越前国出身で、仏教の新宗派涅槃(ねはん)宗の高僧

となったが，法難のため還俗して京都で書籍・薬種業を営んだ。2代友以ᵛᵘは南蛮吹の開発者である蘇我理右衛門の実子で銅商泉屋住友家を興し，1623年(元和9)大坂に銅吹所を設け，大坂を銅精錬・銅貿易の中心地とするのに貢献した。3代友信以後吉左衛門を称し，銅山稼行に進出し，91年(元禄4)別子ᵇᵉᵗᵗ銅山を開き，閉山まで経営したのをはじめ，銅鉱業に寄与した。1811年(文化8)銅山御用達の名目と苗字の使用を許された。1746年(延享3)江戸で札差業，さらに両替業を開始したが，明治初年に別子銅山以外の事業を整理して再出発した。

すみともざいばつ [住友財閥] 住友家が支配した財閥。17世紀から経営していた別子銅山は幕末期には衰退したが，維新期に国による接収をまぬかれ，銅山の近代化に成功。日清戦争頃から伸銅・電線・肥料などの産銅関連産業や炭鉱・銀行・鋳鋼・倉庫などにも進出した。銀行・鋳鋼・電線以外の事業を直営していた個人営業の住友総本店は，1921年(大正10)住友合資会社に改組し，さらに直営事業を株式会社として独立させ，持株会社化してコンツェルン形態を整えた。以後も信託・生命保険にも進出したが商社は設立しなかった。37年(昭和12)住友合資は株式会社住友本社に改組されたが，財閥解体によって48年解散した。

すみのくらりょうい [角倉了以] 1554～1614.7.12 織豊期～江戸時代の京都の豪商・朱印船貿易家。幼名与七，諱は光好。了以は号。父は嵯峨の土倉ᵈᵒˢᵒの角倉家の一門で医家の吉田宗桂，妻は本家筋で従兄の栄可の女。土倉の経済力を背景に，海外貿易及び河川開発事業にたずさわった。朱印船貿易家としてはトンキンに船を派遣し，子の素庵ˢᵒᵃⁿ，孫の厳昭がこれを継承した。1606年(慶長11)嵯峨の大堰川，翌年富士川の疎通を実現させた。10年方広寺大仏建立のため鴨川に水道を開き，翌年には高瀬川の運河を開通させて淀川経由で京と大坂を直結させた。このように高度な技術と財力を基盤に，幕府初期の経済交通政策に多大の役割を演じた。

すみよしぐけい [住吉具慶] 1631～1705.4.3 江戸前期の画家。如慶の長男。名は広澄ʰⁱʳᵒᶻᵘᵐⁱ，通称内記。京都生れ。1674年(延宝2)法名を具慶とし，同年法橋ʰᵒᵏᵏʸᵒとなる。83年(天和3)江戸に招かれ幕府の御用絵師となる。2年後に奥絵師役を許され，91年(元禄4)には奥医師法眼となり，法眼ʰᵒᵍᵉⁿに叙せられた。如慶の画風をよく守り，江戸での住吉派隆盛の基礎を築いた。代表作「東照宮縁起絵巻」(如慶と合作)・「洛中洛外図巻」。

すみよしじょけい [住吉如慶] 1599～1670.6.2 江戸前期の画家。住吉派の祖。名は広通ʰⁱʳᵒᵐⁱᶜʰⁱ，通称内記。幼い頃堺で土佐光吉・光則父子に絵を学び，のち京都に移る。1625年(寛永2)天海僧正の推挙で「東照宮縁起絵巻」制作のため江戸に下ったという。54年(承応3)御所障壁画制作に参加。61年(寛文元)剃髪して如慶と号し法橋ʰᵒᵏᵏʸᵒとなる。翌年，後西ᵍᵒˢᵃⁱ天皇の勅により住吉姓を名のり，土佐派の伝統的な小画面細密画法を継承した。代表作「堀河殿夜討絵巻」。

すみよしたいしゃ [住吉大社] 大阪市住吉区住吉に鎮座。式内社・二十二社上社・摂津国一宮。旧官幣大社。祭神は住吉三神(底筒男ˢᵒᵏᵒᵗˢᵘᵗˢᵘᵒ命・中筒男命・表ᵘʷᵃ筒男命)。神功皇后が三韓出兵の帰途に和魂ⁿⁱᵍⁱᵐⁱᵗᵃᵐᵃを祭ったのを創祀とし，765年(天平神護元)に社殿が造営されたと伝える。古くから朝廷に信仰され，806年(大同元)従一位に叙された。海の神・航海の神であるとともに，畿内の堺の神として西からの災を払う性格も付与され，和歌の神としても信仰された。神主は古来から津守氏が継承。例祭は7月31日。住吉造の本殿は国宝，6月14日の御田植神事は国重要無形文化財。「住吉大社神代記」など重文の宝物を多数所蔵。

すみよしづくり [住吉造] ⇒神社建築ʲⁱⁿʲᵃᵏᵉⁿᶜʰⁱᵏᵘ

すみよしは [住吉派] 江戸時代の画派。1662年(寛文2)土佐光宣ᵐⁱᵗˢᵘⁿᵒᵇᵘ・同光則門人の土佐広通ʰⁱʳᵒᵐⁱᶜʰⁱ(住吉如慶ʲᵒᵏᵉⁱ)が，後西ᵍᵒˢᵃⁱ天皇の勅命で鎌倉中期の画家，摂津国住吉の慶忍ᵏᵉⁱⁿⁱⁿの家系を再興するため住吉姓を名のったことに始まる。如慶の長男広澄(住吉具慶ᵍᵘᵏᵉⁱ)のとき江戸に招かれ，幕末まで幕府に仕えた。京都の土佐派に対し，江戸にやまと絵を広める役割をはたした。18世紀後半には，その門人が板谷派および粟田口派をおこした。

すもう [相撲] 日本の国技と称される格闘競技。争う・あらがう意味の動詞「すまふ」の連用形「すまひ」が名詞化したもので，本来は格闘・力くらべそのものを意味したが，のち特定の様式の格闘競技をさして用いた。古来各地で行われていたさまざまな格闘が，平安時代に全国各地から相撲人ˢᵘᵐᵃⁱᵇⁱᵗᵒを徴発して行われた相撲節ˢᵘᵐᵃⁱⁿᵒˢᵉᶜʰⁱを通じ，同一性をもつ格闘競技として形成され，相撲節に付随した儀式的な要素とともに地方に普及したと考えられる。相撲節の廃絶後も，各地の寺社を中心に祭礼時の奉納や勧進ᵏᵃⁿʲⁱⁿなどの目的で，相撲が芸能の一種として行われ，遅くとも中世後期には各地に職業的な相撲人集団も発生した。これらの相撲興行は江戸中期頃までに，江戸・大坂・京都を中心に組織化されて幕府の公認を得，各地の相撲組織を傘下に収める。また吉田司家ᵗˢᵘᵏᵃˢᵃᵏᵉを頂点とした故実体系に組み入れられて，確固たる地位を築いた。現代の大相撲組織はその系譜に連なる。

すもうえ [相撲絵] 相撲を画題とした浮世絵。

力士の似顔や全身像，土俵入りや取組のようす，浮絵すがの相撲興行の図などに，数十名の力士を1枚に描いた玩具絵などがある。墨摺ずりでは鳥居派の作品があり，四股名しこを記し役者絵と同様に瓢箪足蚯蚓描みみずがきの特徴ある作風となっている。錦絵では，一筆斎文調・磯田湖竜斎・勝川春章・同春好・同春英・葛飾北斎（春朗）・喜多川歌麿・東洲斎写楽などの絵師が手がけ，釈迦嶽や小野川・谷風・雷電・柏戸・大童山・不知火しらぬいなどの人気力士の相撲絵が上梓された。

すりいし [磨石] こぶし大の自然石を利用し，全面に磨耗痕がみられる石器。やや扁平で石鹼のような形のものが多い。石皿とセットで木の実や根茎類などの植物質食料を粉砕したり，磨りつぶすのに用いた。

すりし [摺師] (1)衣服に型模様を刷りつける染色業者。模様を凸刻した型木の版を押捺して生地に染め草の汁をすりつけたが，近世には型紙を版に用いるようになった。(2)木版印刷の職人。色摺師・墨摺師・熨斗屋のしやなどの職種があった。

ずりょう [受領] 国司制度のうえで，前任者から任国の施設・財産などの管理責任をうけついだ国司官人。職務の引継ぎ手続きで前任者から新任者へ渡すことを分付ぶんぷといい，新任者が前任者からうけることを受領ということから派生した名称。赴任した国司四等官の最高者がなり，通常は守かみあるいは介すけをさす。平安前期から受領の権限が拡大されて受領以外の任用国司の地位が低下し，結果的に受領の実務の下で国衙こくが機構によって地方行政が運営されていく体制が確立した。任国内の支配は受領に大きくゆだねられ，郎党を動員するなどして徴税を強化し，摂関期には受領の中央政府に納入する税物が国家財政の重要な位置を占めた。また任期中に富の蓄積を行う者も多くなり，その財力が内廷や貴族の家政の運営にも利用された。

するがのくに [駿河国] 東海道の国。現在の静岡県東部。「延喜式」では上国。「和名抄」では志太し・益頭ましつ・有度うど・安倍・廬原いほはら・富士・駿河の7郡からなる。国府は安倍郡（現，静岡市）におかれた。国分寺の所在地には片山廃寺など諸説ある。一宮は浅間せんげん神社（現，富士宮市）。「和名抄」所載田数は9063町余。「延喜式」では調として綾・絁あしぎぬや堅魚かつをなど，庸として布・白木韓櫃からひつなど。平安時代には，東国との往来に東海道が盛んに利用されて負担をしいた。鎌倉時代には北条得宗家が守護をつとめ，幕府の重要な基盤となる。南北朝期以降，今川氏が守護となり，領国支配を固める。1560年（永禄3）今川義元が桶狭間おけはざまの戦で織田信長に敗れると，甲斐国の武田信玄と三河国の徳川家康が進出をはかり，武田氏滅亡後家康の支配権が確立した。家康の関東移封後，中村一氏かずうじが封じられたが，関ヶ原の戦後，再び徳川氏の支配に帰した。江戸時代は駿府城代がおかれ，小藩と幕領・旗本領がほとんどであった。1871年（明治4）廃藩置県により静岡県が成立。その後浜松県および足柄県の一部を合併。

すわたいしゃ [諏訪大社] 長野県諏訪市中洲に上社，諏訪湖を隔てた下諏訪町に下社が鎮座。式内社・信濃国一宮。旧官幣大社。祭神は建御名方たけみなかた神・八坂刀売やさかとめ神。下社は事代主ことしろぬし神も配祀。上社は本宮と前宮に，下社は春宮と秋宮にわかれる。「延喜式」に南方刀美神社とあり，867年（貞観9）建御名方神が従一位，八坂刀売神が正二位を叙されたと紀される。古来から軍神として武将の崇敬を集め，源頼朝はじめ足利義満や信濃国守護小笠原長秀らの寄進をうけた。武田信玄は1565年（永禄8）退転していた祭祀を再興。徳川家光以下歴代将軍は上社に1000石，下社に500石の朱印領を安堵した。鎌倉時代以降，御射山みさやま社に各地から武人が参集したため諸国に諏訪信仰が広まり，末社は全国に1万余社を数える。例大祭は上社4月15日，下社は8月1日。寅と申の年には式年造営御柱おんばしら大祭が行われる。

すわのくに [諏方国] 奈良時代の一時期に信濃国の南部を割いておかれた国。721年（養老5）6月に分置され，731年（天平3）3月信濃国に再併合された。美濃按察使あぜちの管轄にあり，中流さかみの国とされた。国の範囲は明らかでなく，諏訪・伊那2郡のほか，筑摩つかま郡・安曇あずみ郡を含めるなど説がわかれる。国府所在地も諏訪郡説・筑摩郡説がある。諏方国分置は，国の建置が頻繁に行われた全国的な動向の一環で，信濃国南部が国府から遠隔であったことや，諏訪地域が諏訪大社を中心とする文化的特殊地帯であったことが背景にあったとされる。

すんぷじょうだい [駿府城代] 江戸幕府の役職。幕府直轄城である駿府城警衛役の上官。1619年（元和5）徳川頼宣が紀伊国へ国替となった後，松平重勝が駿府城代となり，同城三の丸に居住したのが始まり。重勝は翌年死去し，子重忠が城代となった。22年（寛永2）重忠移封後しばらく大番頭が番を率いて勤番。34年（寛永11）徳川忠長が城主となったが，32年改易。再び番城となり，翌年城代が定置され，以後上級旗本の職となった。妻子を伴って赴任し，大手門内の城代屋敷に住み，5～8年に1度江戸に参府。役知2000石。美濃中支配。芙蓉間席。従五位下。与力10騎，同心50人が付属した。

すんぷまちぶぎょう [駿府町奉行] 江戸幕府

の職名。駿府の警衛，町方の行政・裁判を担当。初期には周辺幕領の民政にもたずさわった。大御所徳川家康が駿府に入って創置。徳川頼宣・同忠長の時代には廃止されたが，1632年(寛永9)3度目の幕府直轄化にともない2人をおき，1702年(元禄15)から1人役となった。妻子を伴って赴任し，5～6年に1度江戸に参府。役高1000石。役料500俵。老中支配。芙蓉間席。与力・同心・水主ᵃが付属した。

せ

ぜあみ [世阿弥] 1363?～1443.8.8? 室町時代の能役者・能作者。観阿弥の子で2代観世大夫。弟に四郎がいる。幼名藤若ふじ。通称三郎。実名元清もときよ，法名至翁善芳。世阿・世阿弥は擬法名世阿弥陀仏の略称。12歳の年に今熊野いまくまの能で将軍足利義満に称賛され，以後寵愛をうける。父没後は観世大夫として，当時隆盛をきわめた田楽や近江猿楽の犬王いぬおうと競い，1399年(応永6)京一条竹ケ鼻勧進猿楽で名声を博した。犬王の影響をうけ，物まね本位から歌舞中心へと芸風を転じ，将軍義持の批判に堪えた。1429年(永享元)音阿弥を贔屓ひいきした義教よしのりが将軍になったのちは冷遇され，30年に次子の元能が出家，32年には長子の元雅が客死し，34年には自身が佐渡に流された。著述は「風姿花伝」「花鏡」など能楽論書21種，確認できる能作は50曲近い。

せい [制] 古代において「続日本紀」以後の正史などにみえる単行法令の称。表記は唐の制書にもとづくと思われるが，詔または勅に準じる場合，勅を奉じて太政官からだされた場合，太政官からの奏が天皇に裁可されてだされた場合，太政官独自の裁断によってだされた場合など，多様な法令が含まれる。

せい [斉] 中国の南北朝時代の王朝の一つ(479～502)。北朝の北斉に対して南斉ともいう。蕭道成しょうどうせい(高帝)が宋の順帝の禅譲をうけ，王朝を開いた。しかし内política は振るわず内紛が続き，和帝が梁王の蕭衍しょうえんに禅譲して王朝は滅んだ。外交では479年にはじめて加羅から王の朝貢使をうけ，倭王の武を鎮東大将軍に叙し，百済くだらと倭を軸に北朝と高句麗に対抗した。

せい [済] 「宋書」倭国伝に記される倭の五王の1人。5世紀半ば頃の王で，興こうと武ぶの父。2番目の珍ちんとの続柄が記されていないことから，系譜のうえでつながらない可能性がある。名前からは積極的な根拠がないが，記紀系譜との比較からみて允恭天皇である可能性が強い。反正はんぜい天皇とする説もある。443年，中国南朝の宋に遣使して太祖文帝から安東将軍号を与えられた。

せいあんじけん [西安事件] 1936年12月12日，張学良ちょうがくりょうの東北軍と楊虎城ようこじょうの西北軍が蔣介石しょうかいせきを逮捕・監禁して，内戦停止と一致抗日を要求した事件。33年以降の華北分離工作は中国の反日運動を高揚させ，35年中国共産党は8・1宣言を採択，一致抗日をよびかけ

た。これに対し蒋介石は「安内攘外」の方針を堅持し、共産軍討伐戦を継続。先頭に立たされた東北軍は共産党の影響をうけ、対日抗戦の機運が高まった。これに同調した張学良・楊虎城は、共産軍討伐を監督するため西安に飛来した蒋介石を逮捕し、内戦停止・一致抗日を含む8項目の要求を提示。共産党代表周恩来の調停で事件は平和的に解決され、第2次国共合作の機運をもたらした。

せいいきものがたり [西域物語] 江戸後期の代表的西洋事情・経世論書。3巻。本多利明著。1798年(寛政10)成立。西域は西洋の意。西洋事情を肯定的に紹介、それと比較しつつ、みずから見聞した天明の飢饉に示される当時の社会状況への鋭い問題意識をふまえ、「万民増殖」のためには国産の振興にとどまらず、外国からの富の獲得が肝要だとする「自然治道」の経世論を展開。日本の停滞の原因を儒仏神に求め、天文・航海術など西洋の科学を導入すること、さらにキリスト教を積極的に評価し、西洋の政治形態を範とすることなどを説く。利明の経世論が、当時の鎖国下では注目すべき西洋認識に裏づけられていることをよく示す。「日本思想大系」「日本経済大典」所収。

せいいたいしょうぐん [征夷大将軍] ❶奈良末〜平安初期、東北の蝦夷を征討するために派遣された遠征軍の総指揮官の称。律令軍制では、戦時には天皇から節刀を賜り最高軍事指揮権を仮授された将軍または大将軍が、諸国から動員された軍団兵士制を基礎に戦時編成を行い、作戦行動をとった。東北蝦夷地帯への軍事進出や反乱鎮圧も基本的には律令軍制にもとづいて行われ、将軍は征夷将軍・征狄将軍・征東大将軍と称された。8世紀末に始まる蝦夷勢力との全面戦争でもはじめは征夷将軍だった。794年(延暦13)大伴弟麻呂が第3次征討軍の征夷大将軍とされたが、802年第4次征軍の征夷大将軍坂上田村麻呂が蝦夷勢力を平定し、全国の俘囚の統率を任としたことから、坂上田村麻呂が征夷大将軍の先例とみなされた。

❷鎌倉幕府以後、江戸幕府にいたる武家政権の首長の称号。源平争乱期、平氏を追って京都を占領した源義仲が任じられ、鎌倉幕府を開いた源頼朝が1192年(建久3)に任じられて以降、鎌倉(源氏3代・摂家将軍・皇族将軍)・室町(足利氏)・江戸(徳川氏)と、代々の幕府の首長は朝廷から将軍宣下によって征夷大将軍に任じられた。

せいいん [正院] 明治初年の政府の最高政策決定機関。1871年(明治4)7月、太政官に正院・左院・右院を設置。正院には太政大臣・納言(翌月廃止、左大臣・右大臣をおく)・参議な

どがおかれ、天皇が臨御して総判し、これを大臣が輔弼し参与して政治を統轄するとされた。73年太政官職制と正院事務章程の改正で権限を強化。諸制度・法律の起案と議決、賞罰、歳入・歳出、貨幣の製造、兵制の改正などを専掌事務と定めた。左院・右院の廃止に続いて、77年1月に正院の称も廃止。

せいがけ [清華家] 摂家につぐ公家の家格。近衛大将をへて大臣に昇るが、太政大臣まで昇進できた。平安末期から形成され、華族家・英雄家などと称し、鎌倉時代にほぼ固定した。その内訳は、閑院流の三条(転法輪)・徳大寺・西園寺・今出川、花山院流の花山院・大炊御門(以上藤原氏)、村上源氏の久我で、七清華といわれた。いずれも平安末〜鎌倉時代に天皇の外戚となったり、権臣をだした。江戸時代に、一条昭良(後陽成天皇の皇子)の子冬基に始まる醍醐家、八条宮智仁親王の子忠幸に始まる広幡家が加わり、九清華となる。いずれも1884年(明治17)に侯爵となるが、三条家のみは実美の功績により公爵となる。

せいかつつづりかたうんどう [生活綴方運動] 綴方教育の革新を通して教育全体の改革をめざした民間教育運動。芦田恵之助の随意選題綴方の提唱、鈴木三重吉の「赤い鳥」運動などをへて、1929年(昭和4)「綴方生活」が創刊され、翌年の宣言で小砂丘忠義らが生活綴方の立場を表明した。運動は全国に広がり、とくに東北地方では34年結成の北日本国語教育連盟を中心に北方性教育運動を展開した。第2次大戦中は弾圧のため衰えたが、戦後は50年頃から復興した。

せいかつほごほう [生活保護法] 憲法25条にもとづき、国が生活困窮者の最低生活を保障する制度。第2次大戦後、米軍の戦争の惨禍と敗戦にともなう膨大な困窮大衆が出現した1945年(昭和20)12月、政府はGHQの指導のもと、緊急援護の予算措置を開始するとともに、救済福祉計画をGHQに提出。46年GHQは国家責任、民間への責任転嫁禁止、無差別平等、必要・十分の公的扶助に関する4原則を掲げ、これをうけて第90帝国議会で9月生活保護法が成立した。これにともない戦前からの救貧諸立法は廃止された。49年社会保障制度審議会の「生活保護制度の改善強化に関する勧告」をうけて、翌年現行の生活保護法が成立した。すべての国民が国家の責任において、平等に健康で文化的な最低生活を維持できることをめざした。

せいかんいんのみや [静寛院宮] ⇨和宮

せいがんとじ [青岸渡寺] 和歌山県那智勝浦町にある天台宗の寺。那智山と号す。寺伝によれば、仁徳朝に裸行上人が那智滝壺から感

得した如意輪観音を祭ったことに始まり、如意輪堂と称し、熊野那智大社の神官寺さとされる。裸行上人の子孫潮崎氏、ついで米良ぐ氏が一山の衆徒・行人ぎょを支配した。天正年間に一山焼失したが、豊臣秀吉によって復興。江戸時代には巡礼者で賑わい、盛んに出開帳でかいちょうを行った。明治初年の神仏分離で一時廃寺となったが、やがて復興され、寺号を青岸渡寺とした。本堂の如意輪堂（豊臣氏による再建）、平安前期の銅像如来立像などは重文。西国三十三所観音の1番札所。

せいかんトンネル ［青函トンネル］

津軽海峡の海底部を通って、北海道と青森県を結ぶ53.9km（海底部23.3km）のトンネル。1953年（昭和28）8月の鉄道敷設法改正により、三厩みんまや（青森県東津軽郡）―福島（北海道松前郡）間が予定線に編入され、64年5月に調査坑の掘削を開始。工事実施区間は三厩―木古内きこない（北海道上磯郡）間160.4km、72年から本坑工事に着手し、85年3月に貫通、88年3月に開業した。新幹線と在来線列車の併用が可能となった。

せいかんろん ［征韓論］ ⇒明治6年の政変めいじろくねんのせいへん

せいきょうしゃ ［政教社］

1888年（明治21）4月3日に雑誌『日本人』を発刊して成立した思想結社・出版社。中心的同人に志賀重昂しげたか・三宅雪嶺せつれいら。政府の推進する欧化主義を批判し「国粋保存旨義」を唱えた。陸羯南くがかつなんの新聞『日本』と提携し、平民的欧化を主張する徳富蘇峰そほうの『国民之友』と対抗した。日清戦争後は三宅が主宰。1907年、新聞『日本』を継承して誌名を『日本及日本人』と改題。大正期には、他の総合雑誌に押されながらも保守的な固定読者があったが、関東大震災による大打撃と内紛で三宅が退社した。その後、雑誌は45年（昭和20）2月まで発行されたが振るわなかった。

せいきょうようろく ［聖教要録］

山鹿素行そこうの儒学理論書。3巻。1665年（寛文5）成立。序に「聖人杳はるかに遠く、徴言漸く隠れ、漢唐宋明の学者、世を誣しひ、俗を惑なぐ。（中略）周公孔子の道を崇じ、初めて聖学の綱領を挙ぐ」とあるように、儒教古典の朱子学的解釈を批判して、直接「周公孔子の道」を学ぶことを提唱している。上巻は、聖人・知至・聖学など8章。中巻は、道・理・徳など13章、下巻は性・心・意情など7章からなる。朱子学興隆の時代に朱子学を批判した本書の刊行によって、素行は播磨国赤穂へ配流された。「岩波文庫」所収。

せいこう ［生口］

古代において売買・献上・獲得の対象とされた生きている人間のこと。用例は中国正史に広くみられ、「後漢書倭伝」や「魏志倭人伝」には倭国から中国王朝へ献上されたことや、持衰じさい（呪術師）への報酬として与えられたことなどが記される。生口は一種の物品名で、奴婢のような身分呼称とは区別されるべきであろう。

せいさべつてっぱいじょうやく ［性差別撤廃条約］

国際連合が男女平等を国際的規模で達成していくために、1979年（昭和54）第34回国連総会で採択した条約。正称は「女子に対するあらゆる形態の差別の撤廃に関する条約」。性差別の定義から始まり、政治・教育・労働・保健・婚姻・家族関係などについて、法律・制度上だけではなく、文化・慣習上の差別の撤廃を提起した。日本は80年国連婦人の十年中間年世界会議において、政府首席代表高橋展子のぶこが署名。85年の条約批准のため、日本政府は国籍法の改正（84年）、男女雇用機会均等法の制定（85年）、家庭科の男女共修のため学習指導要領改訂の約束（84年）を行った。なお締結・批准後の改善状況を各国が国連に報告することを定めている。

せいさんぶつちだい ［生産物地代］ ⇒封建地代ほうけんちだい

せいしぎょう ［製糸業］

繭から生糸を生産する産業。近世には養蚕・製糸は農家の副業として行われたが、幕末開港により生糸輸出が開始され、製糸業は大きく発展する契機をつかんだ。以後製糸業は最も重要な外貨獲得産業として政策的保護をうけつつ発展した。近代製糸業の発展は富岡製糸場が先導したが、ついで長野県諏訪地方などの器械製糸家が在来の座繰製糸を抑えて台頭、さらに第1次大戦後は片倉・郡是ぐんぜなどの大企業が進出した。反面、アメリカ市場への依存度の大きい製糸業は、世界恐慌と第2次大戦によって大きな打撃をうけた。戦後は合成繊維の普及と後発国の生糸輸入圧力により衰退した。

せいじしょうせつ ［政治小説］

広義には小説の形式を借りて政治思想の宣伝・普及をめざす小説をさすが、近代文学史では、明治10年代半ばから20年代前半にかけておこった自由民権運動下に集中して現れた小説をさす。民権運動の勝利を寓意する1880年（明治13）に刊行された戸田欽堂の「（民権演義）情海波瀾」をその嚆矢として、矢野竜渓の「（斉武名士）経国美談」、宮崎夢柳りゅうの「（虚無党実伝記）鬼啾啾きしゅうしゅう」、東海散士の「佳人之奇遇」、末広鉄腸の「（政治小説）雪中梅」とその続編「花間鶯おう」などがその代表。作者の大半が実際の自由民権運動家で、その党派や執筆時期の政治情勢によってテーマに特色があるが、90年の国会開設以降は急激に衰退した。

せいじそうさいしょく ［政事総裁職］

幕末期

の江戸幕府の役職。桜田門外の変後、一橋派は活動を活発化し、鹿児島藩の公武合体運動と呼応した。1862年(文久2)4月、幕府は安政の大獄に関係した旧一橋派諸侯を許し、朝廷の要請をうけて5月7日松平慶永に幕政参与を命じ、7月9日政事総裁職に任じた。大老相当職だが、家門大名のためこの職を新設。慶永は将軍後見職となった徳川慶喜とともに文久の改革を行った。63年2月には上洛して公武合体運動を推進したが、尊攘運動の激化により辞表を提出して帰国、3月25日罷免。10月11日川越藩主松平直克が同職に任命されて64年(元治元)6月まで在職、以後廃職。

せいしゃ [政社] 政治的目的のために結成された団体・組織の呼称。おもに明治前・中期に用いられ、1880年(明治13)制定の集会条例に名称として定着したのである。90年制定の集会及政社法では、「何等ノ名義ヲ以テスルニ拘ラス政治ニ関スル事項ヲ目的トシテ団体ヲ組成スルモノ」と定義された。法律的には政党を含む概念で、より包括的な用語である。

せいしょう [政商] 明治前期に、資本主義形成の担い手となることで特権を与えられ、資本を蓄積した実業家。江戸時代以来の豪商三井はさまざまな貨幣取扱業を委託され、三井銀行(1876設立)は多額の官公預金の運用で收益を、三井物産(同年設立)は政府米・官営三池炭鉱石炭の輸出を担当した。高知藩事業とのかかわりで海運業に乗りだした岩崎弥太郎は、台湾出兵を機に政府の保護をうけ、郵便汽船三菱会社(1875設立)を組織し、外国汽船に対抗しつつ上海・沿岸航路を整備した。その他政商と目されるものに、安田善次郎・大倉喜八郎・藤田伝三郎・川崎正蔵・浅野総一郎らがある。政商の多くは明治中期以降、産業基盤をもつ財閥に成長していった。

せいじょうがくえん [成城学園] 東京都世田谷区にある私立総合学園。1917年(大正6)沢柳政太郎が、財団法人成城学校経営の成城中学校のなかに創設した私立成城小学校を起源とする。個性尊重の教育、科学的研究を基とする教育などをかかげ、新教育の総合実験学校となる。26年(昭和元)高等学校と第二中学校を、翌年高等女学校を創設。50年大学を開設。幼稚園から大学院までをおく。

せいしょうなごん [清少納言] 生没年不詳。平安時代の歌人・随筆家。「枕草子」「清少納言集」の作者。本名未詳。清少納言は女房名。966年(康保3)頃出生し、1017年(寛仁元)以降没した。父は清原元輔、母は未詳。曾祖父は深養父。974年(天延2)元輔の周防国赴任に同行し、4年を過ごす。981年(天元4)頃に橘則光と結婚、翌年則長を生むが、離別して993年(正暦4)一条天皇の中宮定子に出仕。定子の命により「枕草子」を執筆する。定子の死去(1000)後の動静は不明だが、藤原棟世と再婚して上東門院に仕えた小馬命婦を生んだらしい。晩年は京都近郊の月輪山荘に住む。「後拾遺集」以下の勅撰集に14首ほど入集。中古三十六歌仙の1人。

せいじようりゃく [政事要略] 平安時代の法制書。もと130巻あったらしいが、25巻が現存。明法博士の惟宗允亮の著。1008～10年(寛弘5～7)頃の編集と考えられている。内容は官吏の執務上の便に供するため、年中行事・公務要事・交替雑事・糾弾雑事・至要雑事・国郡雑事・臨時雑事などの編目にわけて、制度的事例を掲げる。律令格式など和漢の書を引用し、さらに自分の意見や先人の説などを記す。現存しない書物の逸文も多く貴重である。「国史大系」所収。

せいすいしょう [醒睡笑] 仮名草子。8巻。安楽庵策伝著。1623年(元和9)成立、28年(寛永5)京都所司代板倉重宗・同重郷父子に献呈された。1030余の短編笑話を42項に分類し収めた写本と、300余話に抄出した版本がある。純粋な笑話もあるが、和歌・狂歌などの風流蘊事にかかわるな実在人物の機知に富んだ話が多い。「岩波文庫」「噺本大系」所収。

せいせいしょうぐん [征西将軍] 西国の反乱平定のため天皇が節刀を与え派遣した将軍。720年(養老4)の征隼人持節大将軍大伴旅人などは征西将軍とよばれ、941年(天慶4)5月藤原純友の乱に際し藤原忠文が征西大将軍に任命した。しかし一般には南北朝期に、九州の宮方勢力の結集のために設置された征西府の長官として後醍醐天皇が派遣した懐良親王をいう。菊池氏ら南朝勢力に推戴され、一時期幕府勢を駆逐し、大宰府を拠点に九州を制圧した。

せいせつないかせんよう [西説内科撰要] 日本最初の西洋内科翻訳書。18巻。オランダのゴルテルの「簡明内科書」を宇田川玄随が翻訳し、1793～1810年(寛政5～文化7)に出版。7編55項目からなり、各病症別に定義・原因・鑑別・結果・療法がのべられている。玄随による多くの注釈がある。1822年(文政5)宇田川玄真、藤井方亭により「増補重訂内科撰要」が出版された。

せいたいしょ [政体書] 明治新政府の政治組織を定めた布告。1868年(明治元)閏4月21日公布。「令義解」「職原抄」「西洋事情」「聯邦志略」「万国公法」など古今東西の諸書を参考に、参与福岡孝弟と同副島種臣によって起草された。冒頭に五ヵ条の誓文を掲げてその趣旨にもとづくことを明示し、続いて政体

の綱領をあげて、太政官への権力集中、三権分立、人材の登用、各府藩県からの議士を議員とする議会の設置、官吏の4年任期と公選制などを規定した。さらに官職・官等の具体的規定を設け、太政官を7官にわけて、議政官を立法機関に、行政・神祇・会計・軍務・外国の5官を行政機関として行政官の統轄とし、刑法官を司法機関とし、地方制度を府藩県三治制とした。政体書にみられる三権分立と公選制の規定は必ずしも実効は上がらず、官吏公選制も1度行われたにすぎなかったが、維新直後の政治理念を示した意義は大きい。69年7月8日の官制改革で中央官制は二官六省制に変更され、神祇官・太政官を中心とする官制となった。

せいたいのえき[征台の役] ⇨台湾出兵

せいだん[政談] 8代将軍徳川吉宗の諮問に応じ荻生徂徠の示した幕政改革案。4巻。1726年(享保11)頃の成立。武士の城下町集中(旅宿の境界)、貨幣経済の浸透と物価上昇にともなう上下の困窮、商業発達による大量人口の江戸流入、伝統的人間関係の解体(面々構)、犯罪の多発、武家の風俗悪化と統治能力の低下などの状況に対し、和漢の古法、聖人の道を基準として改革を構想。巻1では旅券・戸籍・武士土着などの組合せによる人間の流動化の抑止を考案する。巻2では財政安定策として、身分に応じた差別的制度の制定や各地からの土産品の貢納制など、巻3では政府組織の合理化や大胆な人材登用策などを提言。徂徠のトータルな現実認識と深い古典的素養の結合を示す。「日本思想大系」所収。

せいだんえんぜつかい[政談演説会] 政治問題についての公開の演説会をいう。学術・教育などに関する公開の演説会は福沢諭吉ら慶応義塾および明六社の人々により、1874年(明治7)頃から始められたといわれるが、政談演説会が始まったのは77年頃とみられる。70年代末~80年代に自由民権運動の高まりのなか各地で開かれ、東京の明治会堂のような演説会用の会館も造られた。集会条例などによる規制をうけたが、90年の衆議院議員総選挙、帝国議会の開設をへていっそう盛んになった。

せいてい[正丁] 律令制下の正規の課役負担者である良民の成年男子。調・庸の貢納や力役・兵役など、課負担の主たる担い手として位置づけられる。丁はまた戸令の規定する年齢区分の一つで、21~60歳の男女を丁(正丁・丁女)という。籍帳に記載された実例では、丁男・正女という表現もある。正丁の年齢の範囲は、757年(天平宝字元)4月には22歳以上、翌年7月には59歳までと縮小された。これは農民の負担軽減を理由にしているが、藤原仲麻呂による民心掌握策とみられる。

せいとう[青鞜] 明治後期に創刊した日本最初の女性だけの文芸思想誌。1911年(明治44)9月創刊。平塚らいてう・保持研子・物集和子ら5人を発起人とし、与謝野晶子・長谷川時雨・田村俊子らを賛助員として結成された青鞜社の同人誌で、はじめは「女流文学の発達を計り、各自天賦の特性を発揮」することを目的とした。平塚らいてうの創刊の辞「元始、女性は太陽であった」、与謝野晶子の「山の動く日来る」で始まる巻頭詩、長沼(高村)智恵子による女性の全身像で飾られた表紙は、女性の覚醒と解放を象徴するものであった。創刊号は25銭で部数は1000部。反響は大きく、翌年神近市子・伊藤野枝・尾竹紅吉(富本一枝)が参加し、部数も約3倍となる。13年(大正2)に青鞜の女性たちの行動が「新しい女」として批判されたため、その目的を婦人問題の追求におく。以後誌上では堕胎・貞操・売娼・恋愛・結婚・母性について社会制度や既成道徳への挑戦も試みられ、発禁処分もうけた。15年1月から伊藤野枝が編集にあたるが、翌年2月に無期休刊となる。

せいどうき[青銅器] 青銅で造られた武器・道具・容器・装飾品などの総称。青銅は銅と錫を主成分とする合金で、多くはこれに鉛と微量の不純物を含む。日本の青銅器の最古の例は、山形県三崎山から発見された青銅刀子で、縄文後・晩期に位置づけられるが、より確実なのは、弥生前期初頭、朝鮮半島から流入したと考えられる福岡県今川遺跡出土の銅鏃・銅鑿である。日本出土の青銅器は朝鮮半島系・中国系・日本列島産に大別される。九州北部では弥生前期末に細形の銅剣・銅矛・銅戈や多鈕細文鏡、中期中頃には中細形の武器形青銅器および前漢鏡、後期後葉にはこれらに加え後漢鏡などが墓の副葬品として発見される例がある。また西日本では中細形以降の武器形青銅器が複数で埋納される例もある。一方、畿内では日本特有の青銅器である銅鐸が弥生前期末から出現し、広く西日本に分布。武器形青銅器が九州北部を中心に分布域を形成するのと対照をなす。近年各地で各種青銅器の鋳型の発見があいつぎ、日本の青銅器生産は弥生前期にまでさかのぼる可能性が強い。また九州からも銅鐸と銅鐸の鋳型があいついで発見された。日本の青銅器は小型から大型へと長大・扁平化し、その過程で実用利器から祭器・儀器へと変質し、それとともに副葬から埋納へと出土状況も変化する。これらの青銅器は弥生時代の終りとともに使用されなくなり、古墳時代の青銅器は鏡や筒形銅器・馬具・銅釧などが中心となる。

せいどうきじだい[青銅器時代] C.J.トムセンが提唱した三時期法による時代区分のうちの一時代。主要な道具や武器を、銅と錫の合金である青銅で作った。人類が青銅を使用し始めた時期は明確ではないが、西アジアでは前3000年紀前半頃、初期王朝時代には多数のさまざまな青銅器が使用された。中国では前3000年紀末ないし前2000年紀初の頃、竜山文化期のある段階(二里頭期後半ともいう)に使用され始めた。青銅器の生産と流通は、それにたずさわる専門的な職業集団が存在しなくてはなりたたない。それはまた文字の使用とともに、国家や王権の発生と成長にとって重要な要因となった。日本では、本格的な青銅器時代は存在しなかった。

せいどとりしらべきょく[制度取調局] 明治中期、立憲政治の導入を前にして諸制度の改革のために設けられた政府機関。ヨーロッパでの憲法調査から帰国した伊藤博文の提案により、1884年(明治17)3月宮中に設置。長官は伊藤(参議・宮内卿兼任)で、井上毅・伊東巳代治・金子堅太郎・尾崎三良らが参事院・太政官の官僚が御用掛を兼任。同年、法制局起草の原案を基礎にヨーロッパ風の貴族制度をとりいれて華族令の制定にあたった。85年9月、伊藤の意をうけて井上が「内閣職制改正私案」を作成するなど、太政官制の改革、内閣制度の確立にも参画した。85年12月、内閣制度の制定により廃止。

せいなんせんそう[西南戦争] 1877年(明治10)西郷隆盛ら鹿児島県士族による最大にして最後の士族反乱。73年の征韓論をめぐる政変で下野した西郷は鹿児島に私学校を設立し、彼のもとに結集した士族とともに反政府勢力として私学校党を形成した。西郷は各地の不平士族の決起要求には応じなかったが、77年政府による鹿児島からの武器弾薬の搬出や密偵事件を機に決起、2月15日約1万3000人の兵を率いて鹿児島を進発し、九州各地の不平士族もこれに加わった。西郷軍は2月下旬熊本城の鎮台を包囲する一方で、南下してきた政府軍と激戦をくり返したが、3月4日からの田原坂の戦で死闘の末に敗北、4月14日城の包囲を解いて撤退した。以後西郷軍は各地の戦闘に敗れ、8月17日に宮崎県長井村で全軍を解散し、精鋭数百人で鹿児島に戻って再挙をはかった。しかし政府軍は9月24日に西郷らがこもる城山を総攻撃、西郷以下約160人が戦死した。戦争は徴兵中心の政府軍の勝利に終わり、以後は自由民権運動が反政府運動の主体となっていった。

せいねんくんれんじょ[青年訓練所] 小学校卒業後の男子勤労青少年を対象とした社会教育機関。1926年(大正15)7月発足。約1万5000の訓練所が小学校などに併設され、約100万人の青少年が入所した。義務制ではないが、16～20歳の男子を対象とした。文部省の監督下にあったが、軍部の主導で実現した制度で、徴兵以前の青年に軍事訓練を施すことにねらいがあった。35年(昭和10)実業補習学校と統合されて青年学校になった。

せいのことば[制の詞] 制禁の詞・禁制詞とも。歌論用語。中世歌学で使用を制限・禁止した語句の総称。藤原為家の「詠歌一体」が、特定歌人が創出した個性的な秀句的表現を「主ある詞」として尊重し、後人が安易に模倣・濫用するのを戒めたことに始まる。為家没後、藤原俊成・定家・為家の御子左家3代の歌合判詞・百首歌の評語などから、詠作を禁じた語句の実例や根拠が集成され、それを総称するものへとかわった。

せいばい[成敗] 政務をとること、事柄を処置すること、裁決すること、処罰することなど、中世～近世にさまざまな意味で用いられた。漢語の原義は「勝敗(きめること)」で、中世における意味の中心は物事を分別し決定することにあった。鎌倉幕府ではしばしば所領を承認する安堵との対比で用いられ、一方の当事者の申立てにもとづく安堵に対し、成敗は対立する当事者の主張の間に立って断を下すことを意味した。

せいびょうぼ[青苗簿] その年の田の耕作状況を報告するため、国司が大帳使に付して中央政府に提出した帳簿。日本の律令田制では田租は耕作者が納入することになっており、帳簿には賃租関係も記されていたから、田租の収納や災害時の免税措置に活用された。717年(養老元)に統一的な書式が整ったが、9世紀になると衰退し、災害の年のみの提出となっていった。延喜主税式にその書式の詳細がある。

せいほ[薺浦]⇨三浦

せいみかいそう[舎密開宗] 江戸後期、宇田川榕庵訳の日本最初の本格的化学書。内編18巻・外編3巻。1837～47年(天保8～弘化4)刊。片仮名交り文。原書はイギリスのW.ヘンリー「化学入門 An Epitome of Chemistry」(第2版、1801)で、トロムスドルフの独訳をへたイペイの蘭訳本(1803)を基本として、18世紀末のラボアジエ化学の体系をまとめている。内編は序文の化学史から、元素・化学親和力などの総論、非金属・金属、有機物の植物成分など各論的記載に詳しい。外編は鉱泉分析法など。注・実験・考索など単なる訳をこえる内容で、明治期に至るまで大きな影響を与えた。酸素・硫化水素・炭酸瓦斯など多くの化学用語は現在まで及ぶ。田中実校注「舎密開宗」所収。

せいめいおう[聖明王] ?～554 聖王・明王と

も。百済くだの国王(在位523～554)。武寧王の子。名は明穠めい。「上宮聖徳法王帝説」によると、538年に仏像と経典を大和朝廷に送った(「日本書紀」は552年)。「日本書紀」の引用する「百済本記」では、日本との同盟関係のもとで任那なの復興に努力したとされる。554年みずから軍隊を率いて、高句麗と結んだ新羅しらを攻撃しようとしたが、新羅軍の伏兵にあって戦死した。

せいゆうほんとう [政友本党] 大正末～昭和初期の政党。1924年(大正13) 1 月に立憲政友会を脱党した床次たけ二郎らが結成。原敬の死後、内紛が続いていた政友会では、同年1月の清浦内閣成立に際して、憲政会・革新倶楽部と提携して清浦内閣に反対しようとする高橋是清総裁派と、内閣支持を主張する床次派との対立が激化。床次派は脱党して政友本党を組織、清浦内閣の与党として護憲三派に対抗した。第48議会解散時には149議席を占め第1党だったが、5月の総選挙で第2党に転落、加藤高明護憲三派内閣の野党になる。まもなく政友会との合同運動がおこり、鳩山一郎ら二十数人が政友会に復帰し勢力はさらに後退。27年(昭和2) 6月憲政会と合同して立憲民政党を組織した。

せいようきぶん [西洋紀聞] 西洋事情書。3巻。新井白石の識語によると1715年(正徳5)成立。白石の晩年とする説もある。1708年(宝永5)屋久島に潜入したイタリア人宣教師シドッティの訊問時に得た知識をもとに、江戸参府のオランダ人からの聴取内容を加味してまとめあげた。上巻はシドッティ渡来の事情と訊問から獄死に至る経緯を記す。中巻はシドッティが語った五大州の地理・歴史・風俗・物産および国内事情、下巻はキリスト教の教義と布教についてのシドッティの解説とそれへの白石の批判を記す。鎖国下の日本の海外知識受容の基本書。「岩波文庫」「新井白石全集」「日本思想大系」所収。

せいようじじょう [西洋事情] 福沢諭吉の著作。幕府の遣外使節に3度随行して実見した西欧の知識と原書の抄訳などにより、西洋諸国の諸制度を紹介。1866年(慶応2)初編3冊、68年(明治元)外編3冊、70年2編4冊を刊行。初編は政治にはじまる文物・制度の説明と、アメリカ・オランダ・イギリスの歴史・政治・陸海軍・財政について、外編ではチェンバーズ社の経済書で社会関係をのべ、2編ではブラックストンのイギリス法による人間の通義、ウェーランドの経済書で収税論を論じ、初編でもれたロシア・フランスにもふれている。偽版も含めると25万部売れたともいわれ、福沢の評価を高めた。

せいりゅう [青竜] ⇨四神しん

せいりょうき [清良記] 戦国期～江戸初期に伊予国の武将だった土居清良どいの生涯を扱った軍記物。30巻。巻7は他巻と内容を異にした農業技術書に相当し、「親民鑑月集」ともいわれ、日本最古の農書で中世農書とみなされてきた。一般に「清良記」といえば巻7をさす。清良の家臣松浦宗案による農業についての意見具申や、清良と宗案の問答をもとに、農業技術・経営・生活などを詳細に論じている。近年の書誌学的考察や書中の作物名・栽培技術の検討などから、巻7は戦国末期の成立ではなく、17世紀後半に編集された近世農書とも考えられている。「日本農書全集」所収。

せいりょうじ [清涼寺] 京都市右京区にある浄土宗の寺。通称嵯峨の釈迦堂。この地には平安前期に左大臣源融とおるの山荘を寺に改めた棲霞せい寺があり、平安中期には東大寺僧奝然ちょうが宋から請来した栴檀せんの釈迦如来像を、弟子の盛算が同寺の釈迦堂に安置。勅許を得て清涼寺と号した。釈迦像は三国伝来の霊像として信仰を集めた。室町中期には融通念仏の道場として賑わい、今も嵯峨大念仏狂言が行われる。

せいりょうでん [清涼殿]「せいろうでん・せいようでん」とも。清冷殿・西涼殿とも。平安宮内裏だい十七殿の一つ。紫宸しんの殿の西北にある。宇多朝以後、仁寿じじ殿にかわり天皇の常御殿となる。これらから内殿・本殿・御殿・路寝・中殿ともよばれる。東を正面とし、母屋も、四方の庇ひさ、東側の孫庇からなる。母屋南部の南北5間、東西2間と東庇を昼御座ひのおといい、天皇の日中の御座所であった。その北第2の間に御帳台みちょうが、前方の東庇に平敷の御座がおかれ、天皇はここで政務を開いた。叙位・除目じもは東庇に天皇、東孫庇に関白以下公卿が参集して行われた。南庇の殿上人の間には公卿・殿上人が伺候し、殿上定が行われた。西庇には御湯殿上おゆどの・御手水間おちょうず・朝餉間あさがれい・台盤所だいはん・鬼間おにの間があり、昼御座の北には夜御殿よるど、弘徽殿こきの上御局うえのつぼね などがある。このような清涼殿は、北・西部が天皇の私的生活の場であるのに対して、東・南部は政務、儀式や宴会といった公的な場としての性格が強い。

せいれいにひゃくいちごう [政令201号] 国家公務員・地方公共団体員の団体交渉権・争議権を否定したポツダム政令。芦田内閣がGHQの指令にもとづいて1948年(昭和23) 7 月31日公布、即日施行され、高揚していた労働運動は打撃をうけた。正式名称は「昭和23年7月22日付内閣総理大臣宛連合国最高司令官書簡に基づく臨時措置に関する政令」。52年10月25日に失効するが、48年11月制定の国家公務員法、50年12月の地方公務員法にひきつがれた。

せいわげんじ [清和源氏] 清和天皇から出た源氏。清和天皇の皇子貞純親王の子経基の系統が栄えた。ただし経基は陽成天皇の孫との説もある。経基の子満仲は摂津国多田荘(現,兵庫県川西市)に土着して清和源氏発展の基礎を作り,子頼光は摂関家と結んで勢力をのばし摂津源氏の祖となる。その弟頼親は大和国を本拠として大和源氏の祖,同じく弟の頼信は河内国石川荘を本拠とする河内源氏の祖となる。前九年の役・後三年の役では頼信の子頼義と孫義家が活躍し,武家の棟梁としての地位を獲得。院政期に保元の乱・平治の乱で敗北し,勢力が後退。しかし義朝の子頼朝は鎌倉幕府を創設,武家政権を樹立した。正統はその子実朝で滅ぶが,支流は諸国に広がった。武田・佐竹・新田・足利の各氏は清和源氏。→巻末系図

せいわてんのう [清和天皇] 850.3.25～880.12.4 在位858.8.27～876.11.29 水尾の帝とも。文徳天皇の第4皇子。名は惟仁。母は藤原良房の女明子。1歳で皇太子に立てられ,9歳で父の死により践祚した。史上はじめての幼帝で,藤原良房・同基経の政治を主導した。876年(貞観18)長子(陽成天皇)に譲位し,3年後に出家した。

せかい [世界] 1946年(昭和21) 1月創刊の岩波書店の月刊総合雑誌。戦争への反省に立って,岩波茂雄が安倍能成・吉野源三郎らと創刊。平和と民主主義を基調として,時局の問題を長期的・世界的視野からとらえる編集方針で,51年全面講和論,60年安保改定反対論を展開したほか,中日復交・ベトナム戦争・沖縄復帰・金大中事件など現代日本の主要な問題を特集。小説でも野上弥生子・安部公房・堀田善衛・伊藤整などの問題作が掲載された。

せかいきょうこう [世界恐慌] 1929年(昭和4)にアメリカで勃発して世界に波及した資本主義の歴史上,最大・最長の恐慌。日本・ドイツを除く主要国が恐慌前の水準に復帰するのに10年余を要した。恐慌の発端は,29年10月のニューヨーク株式取引所の株価暴落であった。アメリカでは株式恐慌後,産業恐慌・農業恐慌が激化し,南アメリカの農業恐慌はいっそう深刻化した。アメリカの恐慌はヨーロッパの信用不安を高め,オーストリアやドイツの金融恐慌をひきおこし,東欧諸国の危機を激化させた。世界市場は急激に縮小し,再建のための33年のロンドン国際経済会議が破綻したのち,各国はブロック化による景気回復の道を独自に追求することになり,戦争の時代が到来した。

せかいぎんこう [世界銀行] ⇨国際復興開発銀行こくさいふっこうかいはつぎんこう

せかいさいしゅうせんろん [世界最終戦論] 陸軍軍人石原莞爾の構想および著作。1940年(昭和15)立命館出版部刊。今後30年の間に人類の覇権をめぐる決戦(最終戦争)がおこり,極限的な殺戮戦ののち,世界は永久的な平和を迎えるという思想。石原は東洋文明を代表する日本と西洋文明を代表するアメリカとの決戦を想定していた。

せかいじんけんせんげん [世界人権宣言] 1948年12月10日,第3回国際連合総会において採択された宣言。前文および全30条からなる。46年にできた国連人権委員会が,国際社会で保護されるべき人権の具体的内容を明らかにする宣言の作成作業を進め,その結果として成立した。賛成48,反対0,棄権8(ソ連,白ロシア,ウクライナ,チェコ・スロバキア,ポーランド,ユーゴスラビア,サウジアラビア,南アフリカ)で採択された。法的拘束力を欠くものの,政治体制の相違に関係なく一般に受諾しうる「すべての人民とすべての国が達成すべき共通の基準」(前文)を定めている。

せかいぼうえききかん [世界貿易機関] 略称WTO(World Trade Organization)。世界貿易拡大をめざすGATTが発展的に解消し,1995年1月に81の国・地域が参加して発足。GATTに比し,サービス分野での国際的規範の確立,国際通商交渉の紛争処理手続きの統一化などとともに,発展途上国への先進国と同様の国際的ルールの適用などの点で機能が強化されている。

せがわじょうこう [瀬川如皐] 歌舞伎作者。江戸後期～昭期に5世を数えるが3世までが著名。初世(1739～94)は大阪の振付師市山七郎の子。俳優から作者に転じ,天明・寛政期の江戸で主として実弟3世瀬川菊之丞一座の作者を勤めた。2世(1757～1833)は初世河竹新七の門弟。1801年(享和元)如皐を継いで立作者となる。変化舞踊の作品に長けた。3世(1806～81)は幕末期の名作者。幼名六三郎。前名紋吉平,3世姥尉輔など。5世鶴屋南北の門弟。48年(嘉永元)立作者となり,50年如皐を襲名。4世市川小団次と提携して「与話情浮名横櫛よわなさけうきなのよこぐし」などの名作をうんだが,やがてライバルの河竹黙阿弥に押され,明治期以後は時流にはずれた。

せき [関] 通行人や物資などの移動を留めたり,検閲を行う施設。(1)古代には軍事・交通上の要衝に設置された。関市令にも規定される。関の通過には京職や諸国などから発給される過所が必要だった。鈴鹿・不破・愛発関が三関として重視され,三関を管轄する伊勢・美濃・越前3国は関国として特別にあつかわれた。平安時代には鈴鹿・不破・逢坂が三関とされた。三関は謀叛や天皇の死去などに際し急使が派遣され,三関を閉ざす固関こ

が行われた。そのほか相模国の足柄、上野国の碓氷、陸奥国への勿来・白河、出羽国への念珠、山陽道の須磨・長門などの関が知られる。(2)中世では、幕府・朝廷・大寺社などが関銭を徴収する目的で設けた。室町中期に伊勢街道の桑名・日永間15kmに60余の関所があって、人別1銭ずつ徴収したことが記録されている。このため戦国大名には関所を廃止する動きがあり、織田信長や豊臣秀吉はその政策を全国に及ぼそうとした。(3)近世では、江戸幕府が江戸防衛のために主として天険の地におき、関所といった。主要街道や裏道まで全国五十数カ所に配備。関所では「入鉄砲に出女」をきびしく検問し、それに付随して犯罪者・不審者なども取り締まった。諸藩が関所をおくことは禁止されていたが、口留番所と称して関所的な施設をおいた例は多い。

せきがはらのたたかい [関ケ原の戦] 1600年(慶長5)9月15日、美濃国関ケ原でおきた豊臣政権の主導権を争う戦。秀吉没後の豊臣政権は、五大老・五奉行による政務代行体制をとったが、しだいに五大老筆頭の徳川家康が政務を掌握した。同年5月、家康は上杉景勝の上洛要請拒否を理由に会津攻めを決定。家康の東征を機に、近江国佐和山城の石田三成が毛利輝元を総大将に家康打倒をめざし挙兵。石田方西軍は8月1日に伏見城を落し、11日大垣に入城、岐阜の織田秀信を陣営に組みいれた。下野国小山にいた家康は兵を返し、9月1日には江戸を出発。15日に両軍が関ケ原で激突した。一進一退の戦局は、小早川秀秋らの寝返りで東軍の勝利となった。ついで家康は佐和山城を落し、大坂城から毛利輝元を退去させた。10月1日、三成・小西行長・安国寺恵瓊らを六条河原で処刑。戦後、家康の意図にもとづく大名配置が実施され、その権力は圧倒的なものとなった。天下分け目の戦ともいわれる。

せきぐちたいほうせいさくば [関口大砲製作場] 江戸幕府の兵器工場、東京砲兵工廠の源流の一つ。1864年(元治元)小栗忠順らの提案で、従来江戸湯島で動力を用いず行っていた製造活動の近代化をめざし、現在の新宿区関口1丁目に設置。人力送風式のこしき炉でおもに青銅を溶解して大砲を鋳造し、水車動力の穿孔機や施条機で加工、また小銃も生産した。

せきしょ [関所] ⇨関所

せきしょてがた [関所手形] 通手形・関所証文・関所切手とも。関所の通行許可証。古代～中世には過書・過所ともいった。江戸時代、関所手形には女手形と鉄砲手形があり、関所通行に必要なものであった。男性が関所を通過するときは、制度的には往来手形だけで十分で、関所手形は必要なかったが、取調べの煩雑さをさけるためこれを携行する旅行者もいた。

せきじん [石刃] 長さが幅の倍以上ある縦長の剝片。しばしば両側縁が並行し、一面に稜線を有する。石刃石核から剝離され、側縁が鋭利な刃部をなす刃器として用いられるが、種々の剝片石器の素材となる。一般に後期旧石器時代・新人段階の指標とされる石器で、日本ではナイフ形石器の段階に出現する。縄文時代でも時期と地域によっては数多く存在する。

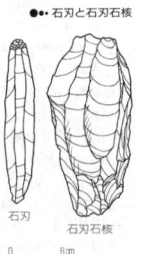

●●・石刃と石刃石核

石刃　石刃石核

0　6cm

せきすい [石錘] 縄文時代全般にわたって用いられた魚網用の石製の錘。扁平な礫の長軸の両端を打ち欠いただけの礫石錘、切目を入れた切目石錘、長軸方向または長短両方向に十字形に溝をもつ有溝石錘がある。礫石錘は旧石器～古墳時代にみられ、編物用の錘とする説もある。これとは別に駿河湾沿岸や諏訪湖周辺では、弥生時代に有頭の大型石錘があり、舟の碇いかりとする説もある。

せきせん [関銭] 中世、関所を通過する人馬や荷物に課して徴収した税。関賃とともに戦国期に多くみられ、室町中期以前にはほとんど使用例がない。鎌倉後期以降、各地の湊・宿・渡などの交通の要所で通行料の徴収がみられるようになり、関所料の呼称も勘過料・警固役・船賃といった徴収目的によるもの、升米・帆別銭など徴収方法によるものなど多様であった。しかし時代が下ると、交通路の一地点で通過物に対する徴税する行為がより普遍化する。徴収施設も一般に関所とされ、関所料の呼称も、一般的な関銭・関賃が使われるようになった。

せきそおうらい [尺素往来] 往来物の一つ。作者は一条兼良らと推定。室町中期成立。素眼の「新札往来」をうけ、これを増補した。上下2巻からなり、全編1通の消息で構成される。衣食住・教養・遊芸・仏事・神事・施政・裁判など68条に関する語彙を収める。中世の公家や武家の文化を知るうえで屈指の資料。最古写本は内閣文庫蔵の1522年(大永2)橋本公夏筆本。ほかに1668年(寛文8)京都石田治兵衛刊本などがある。「群書類従」「日本教科書大系」所収。

せきぞく [石鏃] 弓矢の鏃に用いられた石器。縄文時代全般にわたって北海道から九州まで各地に分布し、弥生時代にもみられる。無茎と有茎のものがあり、全体の形は三角形・菱

形・柳葉形などがあり、縄文早期の押型文土器文化と後・晩期には局部磨製のものもある。石材として黒曜石・頁岩・安山岩・サヌカイト・チャートなどが用いられた。

せきたかかず [関孝和] 1640?~1708.10.24
江戸前期の数学者。通称新助、号は自由亭。内山永明の次男。関五郎左衛門の養子。甲斐国甲府藩の徳川綱重とその子綱豊（6代将軍家宣）の家臣。甲府で勘定吟味役、江戸城で御納戸組頭を勤め、300俵を給される。独学で数学者になったという。1674年（延宝2）に沢口一之の「古今算法記」の遺題を解き、「発微算法」を出版。ホーナーの方法、極値、近似解、不定方程式、級数、円、補間法、補外法、円錐曲線論、天文・暦のほか多数の研究がある。和算は関孝和から始まるとする研究者が多い。

せきてん [釈奠] 儒教の祖である孔子とその弟子たちを祭る儀式。701年（大宝元）に始まり、大学と国学で毎年2月と8月の最初の丁の日に挙行することが大宝令で法文化された。吉備真備による整備や平安初期の唐礼の継受をへて、9世紀中葉には儀式が充実した。大学での釈奠の式次第は、「延喜式」によれば、廟堂院で孔子以下を祭る饋享と、都堂院での講論および宴座がり、紀伝道の文人賦詩、明経・明法・算道の論義があり、8月の釈奠には翌日の内裏での内論義が加わる。講論では、「孝経」「礼記」「毛詩」「尚書」「論語」「周易」「春秋左氏伝」が1回の釈奠で1書ずつ順番に論義され、七経輪転といった。朝廷の釈奠は中世以降衰微したが、近世になると、江戸幕府が本格的に行うようになった。1633年（寛永10）に林家の忍岡が聖堂で行われ、91年（元禄4）の湯島への聖堂移転を契機に大規模化した。藩学でも幕府にならって行ったが、明治維新に至って廃絶した。

せきふ [石斧] 石製の斧で、打製と磨製のものがある。旧石器～弥生時代にみられる。旧石器終末期～縄文草創期には局部磨製石斧が、縄文時代には短冊形・撥形・分銅形などの打製石斧と乳棒状石斧・定角式石斧・擦切り石斧などの磨製石斧が、弥生時代には太型蛤刃石斧・扁平片刃石斧・柱状抉入石斧の大陸系の磨製石斧が使用された。打製石斧は土掘具として、磨製石斧は木材の伐採や加工用の工具として用いた。柄の装着方法から柄と刃の向きが同一の斧と、柄と刃が直交している手斧の二つにわけられる。また前者を縦斧、後者を横斧とよぶこともある。

せきぼう [石棒] 棒状の石製品。一端または両端に膨らみのあるものとないものがあり、それぞれ単頭・両頭・無頭石棒にわけられる。断面は円形または楕円形。縄文前～晩期に中部地方を中心に北海道から九州まで分布。呪術・祭祀に関連した特殊な道具らしい。一部の石棒は小型・扁平化して石剣に分化すると考えられる。まれに男性性器を象徴したと思われるものもある。

せきほうたい [赤報隊] 1868年（明治元）1月の鳥羽・伏見の戦後、官軍編成に先立ち結成された草莽隊。3隊編成をとり各地の情勢探索と勤王誘引を任務とした。相楽総三を隊長とする1番隊は、旧幕領に対して年貢半減令を布告しつつ進軍し、途中維新政府の方針変更により引返しを命令されたが、官軍先鋒嚮導隊と名乗って東山道を進軍。同年3月3日信濃国下諏訪において偽官軍の名のもとに解隊させられた。

せきゆきき [石油危機] アラブ産油諸国による原油供給削減と値上げにより、世界経済がインフレと生産縮小にみまわれた事態。1973年（昭和48）10月の第4次中東戦争を契機に、産油諸国が原油価格を4倍に値上げしたため、石油多消費型の資本主義諸国はパニック状態となり、深刻な不況とインフレが同時進行し、74年日本経済は戦後初のマイナス成長を記録した。78年のイラン革命による打撃は第2次石油危機と称される。

せきゆゆしゅつこくきこう [石油輸出国機構] ⇒OPEC

せきらんかい [赤瀾会] 1921年（大正10）4月に結成された初の女性社会主義団体。設立世話人は九津見房子・堺（近藤）真柄・橋浦はる子・秋月静枝で、顧問に山川菊栄と伊藤野枝、会員は42人。夫や父親などが社会主義者である女性が多く、日本社会主義同盟の事実上の女性部隊といわれる。同年の第2回メーデーにむけて、ビラ「婦人に檄す」（起草は山川菊栄）を作成し、活発な街頭活動を行った。メーデーにも会員十数人が参加し、デモ行進中ほとんどが検束され注目された。同年6月には婦人問題講演会、7月には夏季講習会を開き、社会主義女性解放思想の普及に努めた。11月の軍隊赤化事件で堺真柄らが検挙・投獄されて活動が弱まり、23年解消して、第1回国際婦人デーを期して新たに結成された八日会に活動が引き継がれた。

せけんむねさんよう [世間胸算用] 浮世草子。5巻。井原西鶴作。1692年（元禄5）刊。20話の短編すべて、1年の収支決算日である大晦日の出来事という設定で描かれている。大晦日を必死でのりきらねばならない町人の経済生活の諸相が、絶妙な会話や俗語をいかした簡明な文体でいきいきと描写される。「日本永代蔵」に比

べて立身出世にむけての教訓性がうすれ，中・下層の町人たちの悲喜劇を突きはなした筆致で描いている。借金取りの撃退法を描く「門柱も皆かりの世」，長屋住まいの極貧層を活写した「長刀はむかしの鞘」など，高い評価を得た短編が多い。西鶴晩年の人間観・経済観がよく現れた傑作といえる。「日本古典文学大系」所収。

せこぶね [勢子船] 羽指はざし13人が乗りこんだ八挺櫓の，彩色を施した近世の捕鯨船。1780年代の捕鯨の絶頂期には，鯨組1組の船数は15艘。船首が尖り，船体が堅固で軽く，船足の速いのが特徴で，船体保存・船足促進・クジラ除けのため，桐油や鯨油を顔料に彩色を施した。造船の大半は摂津国兵庫の船匠淡路屋総右衛門・与兵衛の両人か，彼らの技術の伝来により行われたといわれる。

せじけんもんろく [世事見聞録] 近世の随筆。7巻。武陽隠士著。1816年(文化13)序。寛政の改革の前後の時期の諸階層について記したもの。武士，百姓，寺社人・医業，陰陽道・盲人・公事訴訟，町人・同中辺以下の者，遊里売女・歌舞伎芸居，えた非人・産物・山林・日本神国という事・非命に死せる者の事・土民君の事などの内容からなる。武士，宗門や上層町人に対して批判的な記述であるのが特徴。「日本庶民生活史料集成」所収。

せぞくせんじひしょう [世俗浅深秘抄] 有職故実書。2巻。後鳥羽上皇著。成立年は不詳だが，譲位後の建暦年間ないしそれ以後と考えられる。漢文で日記風に書かれ，宮中の儀式に関することが主。作法関係の記事もある。上巻は147カ条，下巻は138カ条。寛平・延喜・天暦・延久の御記ぎょきや貞観・延喜の2式，「貞信公記」「小野宮記」などの諸公家の日記・記録などを参照して記述され，巻末に菩提院入道関白松殿基房の説を付す。「群書類従」「列聖全集」所収。

せそんじりゅう [世尊寺流] 三蹟の1人藤原行成ゆきなりを祖とする一大書流。後世の数多くの書流の源流に位置する。流名は清和天皇の第6皇子貞純親王の御所を，行成が1001年(長保3)寺に改築して世尊寺と称したことにちなむ。17代行季ゆきすえに至るまで代々宮廷の書役を勤めた。行成の後，その孫伊房これふさをはじめ，定実・定信・伊行これゆき・行能ら能書家を輩出し，1世紀半にわたって隆盛を誇ったが，鎌倉時代以後は生彩を欠いた。行季の没後は嗣子を失って断絶した。ただし江戸時代の書流系譜を掲げる諸本では，8代行能を筆頭とする書流を世尊寺流とし，それ以前は上代風とみていたことがうかがえる。

せちえ [節会] 宮廷で節日などに天皇のもとに群臣を集めて行われた公式の行事。宴が設けられることが多い。令制では雑令に正月1日・7日・16日，3月3日，5月5日，7月7日，11月新嘗祭にいなめさいが節日として規定され，それぞれに特有の儀礼がもよおされ，歌舞が奏され，群臣に宴や禄を賜った。行事のなかには中国から輸入したもの，日本の民間で行われていた行事を宮廷でとりいれたもの，その両者が折衷されたものなどがあった。こうした節会において，その場を天皇と群臣が共有し，宴や禄などの給付が行われたことは，支配層としての一体性を維持・強化することに寄与した。

ぜっかいちゅうしん [絶海中津] 1336.11.13～1405.4.5 南北朝期～室町中期の禅僧。別号蕉堅道人。義堂周信とともに五山文学の双璧とされる。土佐国生れ。父は津野氏。1348年(貞和4・正平3)晩年の夢窓疎石そせきに参謁して法嗣となり，53年(文和2・正平8)建仁寺に移り竜山徳見とくけんの会下かえに入る。68年(応安元・正平23)入明，季潭宗泐きたんそうろくの会下に入り，78年(永和4・天授4)帰朝。天竜寺春屋妙葩しゅんおくみょうはのもとに身をよせ，甲斐国恵林寺に移るが，83年(永徳3・弘和3)足利義満の招きで鹿苑院主となる。84年(至徳元・元中元)義満と衝突して諸国を流遇し，のち和解，等持寺・相国寺などに住した。98年(応永5)相国寺を退き鹿苑院塔主となり，僧録ぞうろくを掌る。諡号は仏智広照国師・浄印翊聖国師。著書「蕉堅藁しょうけんこう」。

せっかくせっき [石核石器] 剝片を剝ぎとった残りの石核を素材とした石器で，打製石器のうちでも最も古い伝統をもつ。前期旧石器時代の礫器れっき(チョッパー，チョッピング・トゥール)はこの石器の原初的なものだが，剝離はくりを全面に及ぼした握斧あくふ(ハンド・アックス)は石核石器の典型。一般的に猿人・原人段階の特徴的な石器だが，日本の後期旧石器時代の敲打器こうだきなどもこれに該当する。

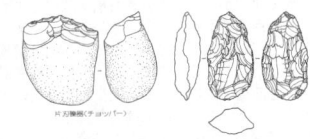

●・・石核石器　　　握斧(ハンド・アックス)

せっかん [石棺] 石で造った棺で，組合せ式と刳抜くりぬき式がある。日本では縄文時代に組合せ式のものがあり，弥生時代には九州北部を中心に組合せ式箱式石棺が多く用いられた。古墳時代に入ると，弥生時代以来の箱式石棺をはじめ，割竹形石棺・舟形石棺・長持形石棺・家形石棺などが造られた。家形石棺の身の前面または側面に横口をもつものを横口式石棺とよぶ。

せっかんけ [摂関家] 執柄家しっぺいけとも。摂

政・関白の職を独占して世襲した家柄。清和天皇の外祖父であった藤原良房が摂政に、つづいて養子基経が摂政・関白に任じられて以後、その子・孫・曾孫の世代で争いがあったものの、結局は道長が天皇4代の外祖父としての地位を確立し、その子頼通の頃に家格としての摂関家が確立したものと思われる。院政期の近衛・松殿・九条の3家鼎立をへて、鎌倉初期に近衛・鷹司 ^{たかつかさ}・九条・二条・一条の五摂家が成立した。

せっかんけまんどころくだしぶみ [摂関家政所下文] 殿下政所下文とも。摂関家の政所が属下に宛てて発給した下文様式の文書。1045年(寛徳2)5月18日の関白藤原頼通家のものが初見。摂関家や藤原氏に関する神社や荘園関係の手続きなどに際して、司司・荘園や在地の郡司・刀禰ら、在庁官人などに宛てて発給された。同時期の摂関家御教書 ^{みぎょうしょ} にくらべて、司司任命・訴訟判決や課役免除の特許状など、永続的効力をもった証文となりうる重要書類が多い。

せっかんせいじ [摂関政治] 平安中期に藤原氏が摂政・関白に任命され、その下で行われた政治形態。858年(天安2)に9歳の惟仁 ^{これひと} 親王が即位すると太政大臣藤原良房 ^{よしふさ} が万機の政を摂行することになり、866年(貞観8)応天門の変のあと成人となった清和天皇の下で摂政として朝政を領導し、良房没後その養子基経 ^{もとつね} が陽成・光孝・宇多各天皇の下で摂政・関白の任に就いた。醍醐朝では摂政・関白がおかれず、朱雀朝から村上朝の初期にかけて藤原忠平が摂政・関白に任じられたのち、村上天皇の親政が行われた。冷泉朝以降は摂政・関白の常置時代となり、11世紀前半の藤原道長が執政した時代に摂関政治の最盛期を迎えている。11世紀後半以降の上皇が実権を握る院政期にあっては、摂政・関白がおかれていても摂関政治とよばないのが通例である。良房・基経による摂関政治を10世紀以降のそれと区別して、前期摂関政治とよぶことがある。摂関政治は天皇の外戚であることを権力の根源とし、天皇大権を幼帝に代行するというかたちで国家権力の実を握るものとして存立し、10世紀以降には受領 ^{ずりょう} による負名 ^{ふみょう} 支配を基盤とするようになっている。

せっきじだい [石器時代] 人類の過去に、石器を使用した時代があったことは、すでにギリシア・ローマ時代に想定されていたが、1819年、デンマークのトムセンが国立博物館の資料を石器時代・青銅器時代・初期鉄器時代の三時期法によって分類し陳列したことから、考古学的な資料にもとづいた石器時代の設定が始まった。65年、J.ラボックが石器時代を旧石器時代と新石器時代にわけ、前者は打製石器を使用し絶滅動物と共存した時代、後者は磨製石器を使用し、金以外の金属を知らない時代とした。ヨーロッパではその後、両者の間には中石器時代を設定。日本では、明治20年代になって「石器時代人種論」の高揚とともに、縄文時代を石器時代とよんだが、正しくは新石器時代というべきであった。

せっきょうぶし [説経節] 説経浄瑠璃・説経とも。中世末～近世初期に盛行した語り物芸能、またその演者。神仏の人間時代の苦難の物語である、いわゆる本地譚形式で語られるが、そのなかに世俗の病気、恋情、肉親愛、嫉妬、物欲などの悲喜・美醜を素朴に描く。登場する人々も、領主階級から最下層民までさまざま。語りは、詞のくり返しと節によってリズムがとられる。「苅萱 ^{かるかや}」「しんとく丸」「さんせう太夫」「小栗判官 ^{はんがん}」などが代表化。

せっく [節供] 「せちく」とも。節句とも。**㊀** 節日などにおける天皇に対する供御 ^{くご}。節会 ^{せちえ} などの公的行事における饗饌 ^{きょうぜん} とは別に天皇に献上された食事。民間で行われていたものが宇多天皇の890年(寛平2)宮廷行事として整えられた。正月15日の七種粥 ^{ななくさがゆ}、3月3日の桃花餅、5月5日の五色粽 ^{ちまき}、7月7日の索麺 ^{さくめん}、10月初亥餅など。**㊁** 季節ごとの祝いの日。とくに人日 ^{じんじつ} (正月7日)・上巳 ^{じょうし} (3月3日)・端午 ^{たんご}・七夕 ^{たなばた}・重陽 ^{ちょうよう} (9月9日)を五節供と称した。

せっけ [摂家] 藤原北家のうち摂政・関白に就任する近衛・鷹司・九条・二条・一条など5家の総称。藤原兼家以降、とくに道長の全盛期以降の摂政・関白は藤原北家九条流に独占され、その家柄は摂関家・五摂家などともいわれた。12世紀初頭、藤原忠通の長子基実の近衛家とその弟兼実の九条家に分立し、両家によって摂関の地位が分かれた。13世紀半ば、九条道家の次男良実から二条家が、四男実経から一条家がわかれ、また近衛家から家実の四男兼平の鷹司家ができて、五摂家の分立が確定。以後摂政・関白は明治維新まで、五摂家が交代で就任する慣習が確立する。

せっけしょうぐん [摂家将軍] 鎌倉幕府将軍のうち、五摂家の一つである九条家から迎えられた4代経時・5代頼嗣 ^{よりつぐ} をいう。源実朝の死後、皇族将軍の東下を後鳥羽上皇に申しいれて拒否された幕府は、1219年(承久元)源頼朝と血縁にある九条道家の子三寅 ^{みとら} (元服して頼経)を迎え、26年(嘉禄2)将軍とした。44年(寛元2)には子の頼嗣を後継としたが、52年(建長4)宗尊 ^{むねたか} 親王を迎えると、頼嗣は廃された。

せっけん [石剣] 剣形の石製品。一端に柄頭 ^{つかがしら} 状の頭部をもち、断面は楕円形または凸レンズ状で、両刃となっている。縄文後・晩期に

東日本を中心に分布。石棒から分化したものと考え、広義の石棒ととらえる説もある。弥生時代の石剣はとくに磨製石剣とよび区別する。

せっしゅう [雪舟] 1420～1502/06　室町中期～戦国期の画僧。雪舟は道号、諱は等揚。備中国生れ。幼くして京都相国寺に入り、参禅のかたわら画を周文に学ぶ。1464年(寛正5)以前に山口に下り、大内氏の庇護のもとで作画。67年(応仁1)入明し浙派の画家李在らに学び、69年(文明元)帰国。76年以前は大分で活動。以後山口を拠点とし、美濃・丹後をはじめ諸国を訪ねて真景図を描くなど、晩年まで健筆をふるう。作風は宋元画に学んで幅広く、在来の室町水墨画にない構築的空間表現や激しい筆致などに特色がある。代表作に「山水長巻」「破墨山水図」「秋冬山水図」「天橋立図」。

せっしょう [摂政] 勅命をうけて天皇にかわって国政を執り行うことおよび執る者をいう。唐名から摂籙・博陸とも、殿下・一の人ともいう。「日本書紀」は神功皇后摂政紀を設けているが、伝説的要素が強く、勅命をうけたものでもない。推古朝の厩戸皇子、斉明朝の中大兄皇子、天武朝の草壁皇子の摂政は、令制以前の執政者たる皇嗣の姿を伝えるもので、皇族摂政という。これに対して、平安時代以後の藤原良房に始まる人臣摂政は、藤原氏がおもに幼少の天皇の外戚として国政を代行したもので、のちには天皇が幼少の間は摂政が、成人後は関白がおかれるのが通例となった。摂政・関白をあわせて摂関という。権限は、詔書・論奏の御画可の代策をはじめ、叙位・任官を行い奏を聴くなど、天皇とかわりなかった。なお、やや特殊な例として准摂政がおかれたことがある。摂関制は1867年(慶応3)の王政復古にともなに廃止されたが、「皇室典範」で新たに摂政が定められ、これにのっとって1921年(大正10)に皇太子裕仁親王(昭和天皇)が摂政となった。

せっそん [雪村] 生没年不詳。室町時代の画僧。法諱は周継、道号は雪村。鶴船・舟居斎と号す。常陸国生れ。佐竹氏の一族。生年については、1504年(永正元)と1492年(明応元)頃の2説がある。雪舟に私淑して画事に励み、動的で個性的な作品を多く残した。若年の頃は常陸太田の正宗寺に身を寄せたらしいが、その後は会津・小田原・鎌倉など、東北・関東の各地を遍歴。晩年は奥州三春に庵を結び隠棲。代表作は「松鷹図」「風濤図」「呂洞賓図」「自画像」など。

ぜったいしゅぎ [絶対主義] ヨーロッパの封建制から資本主義の過渡期に生じた政治体制。官僚と常備軍を手足として、王権神授説によって王権の絶対化を図りつつ、国民に対する直接的支配を強めた。財源確保のために重商主義政策をとるが、一方では貴族の特権やギルド制などの封建的特権の維持を図り、商工業ブルジョアの成長によって打倒されていった(市民革命)。明治国家体制を絶対主義とする議論が多かったが、近年では、この概念の適用を統治機構の特徴に限定して、国家体制の歴史的性格には及ぼさないとする説も出てきている。

せっちゅうがく [折衷学] 江戸中期に盛んになった儒学の学派。井上金峨が著書「経義折衷」ではじめて自覚的に提唱し、片山兼山がこれに続いた。ともに徂徠学を否定的媒介としており、徂徠学の方法的影響下に形成された。学派的対立を排して、朱子・王陽明・伊藤仁斎・荻生徂徠の諸注や漢・唐の古注の諸説を取捨選択し、経書の正しい解釈によって聖人の真意に達しようとするところに共通した方法がみられる。折衷学には二つの方向があった。一つは井上金峨門の吉田篁墩や太田錦城のように、経書の正しい解釈を求める考証学。もう一つは細井平洲や冢田大峯のように、直面する諸問題への有効性を基準に折衷し、実践的な経世学をめざす方向で、18世紀後半の多数派をなした。

せっちゅうばい [雪中梅] 末広鉄腸の政治小説。1886年(明治19)8月に上編、同年11月に下編を博文堂から刊行。正確には「(政治小説)雪中梅」で「花間鶯」はその続編。政治家志望の青年志士国野基は過激派に送った手紙がもとで投獄されたが、彼の政治主張に深い理解をもつ富永春は獄中の国野を物心両面から援助し、基の出獄後さまざまな妨害や誤解にもかかわらず2人はめでたく結ばれる。国会開設を想定した未来小説の代表で、穏健な自由主義的政治思想が寓意された人情小説。

せっちゅうようけんちく [折衷様建築] 中世の和様建築で、大仏様と禅宗様の細部技法をとりいれた新しい様式。とくに仏教建築でみられる。鎌倉中期から細部に木鼻・貫などの影響があらわれ、鎌倉末期になると大仏様・禅宗様のデザインを自由にとりいれて、華やかな内部装飾を造りあげた。南北朝期以降、さらに海老虹梁などをとりいれ華やかな造形となった。明王院本堂(1321年、広島県福山市)、鶴林寺本堂(1397年、兵庫県加古川市)、観心寺金堂(南北朝期、大阪府河内長野市)などがその代表例。

せつげんじ [摂津源氏] 摂津国多田荘(現、兵庫県川西市)を根拠とした清和源氏。満仲は多田荘に土着して多田源氏の祖となり、子頼光は摂津源氏の祖といわれた。多田荘は頼光の

孫頼綱の長男明国流が相伝し、多田氏を名のる。その弟仲政の子頼政は、以仁王を奉じて平家打倒の兵を挙げた。この流れは鎌倉前期まで大内守護を勤めた。のち三河に土着し、大河内氏を名のった一族もある。頼綱の弟国房流は美濃国に勢力をもち、孫光信が土岐氏の祖となる。

せっつしき [摂津職] 大宝・養老令制の官司。津国(摂津国)には難波宮があるため国司をおかず、在京官司に準じて摂津職をおいた。職掌は諸国司とほぼ同じで、国内の行政一般を行う。さらに難波津や市の管理も重要な職務であった。四等官の名称も在京諸職と同じく、大夫・亮・進・属となっていた。のちに長岡京への遷都、難波宮の廃止をうけて、793年(延暦12)職の名称を廃止し、摂津国となった。

せっつのくに [摂津国] 畿内の国。現在の大阪府北部と兵庫県東部。「延喜式」の等級は上国。「和名抄」では住吉・百済・東成・西成・島上・島下・豊島・能勢・河辺・武庫・兎原・八部・有馬の13郡からなる。国府は難波京内にあったらしいが、805年(延暦24)江頭に移り、844年(承和11)鴻臚館が転用された。国分寺は東成郡(現、大阪市東部)におかれた。一宮は住吉大社(現、大阪市住吉区)。「和名抄」所載田数は1万2525町余。「延喜式」では調は銭のほか、商・櫃・筍・坏など。古代には難波津・難波宮を中心に政治経済上の要地で、令制では摂津職がおかれ津国(摂津国)を管した。793年(延暦12)摂津職が廃され、国司の管下におかれた。西日本の物資流通路の要衝であるため、南北朝期以降、当地の支配権をめぐって混乱が続いた。16世紀に石山本願寺と寺内町が発達。のち豊臣秀吉が大坂城を建設した。江戸時代は幕領として大坂城代・大坂町奉行がおかれ、高槻藩などの藩領、旗本領、他国大名領、公家領、寺社領が入り組んでいる。明治初年の動きは複雑であったが、1871年(明治4)川辺・武庫・菟原・有馬4郡が兵庫県、残りの郡が大阪府に属した。

せっつめいしょずえ [摂津名所図会] 摂津国12郡の地誌。9巻。初刷本は1796年(寛政8)に巻7・8・9の4冊、98年に残りの8冊を刊行。秋里籬島著。挿絵は竹原信繁のほか、丹羽元国以下7人が参画。後刷本では、挿絵の一部を丹羽のものと入れ替えているが、図会の最大の特徴である写実的な挿絵から当時の景観が知られる。「日本名所風俗図会」所収。

せっとう [節刀] 律令制下、遣唐使や出征の将軍に授けられた、指揮官の権威を示す象徴としての刀。701年(大宝元)遣唐使粟田真人に授けたのが初例。節刀を授けられることは、天皇大権である死罪決定権を含む刑罰権を与えられることを意味したので、強大な指揮権の支えとなった。任を終えて帰京すれば返還した。律令制以前から出征の将軍にはなんらかの武器を授けていたとみられるが、中国で使者と将軍に授けられた節あるいは斧鉞の制をうけ、制度的に整えられて節刀となった。

せつどし [節度使] 奈良時代に2度にわたっておかれた軍政官。第1次は732～734年(天平4～6)の間、東海・東山道、山陰道、西海道の3節度使が任命され、東アジアの緊張状態のなか、新羅の日本進攻に備えて、対外防衛・軍事力整備の諸施策にあたった。第2次は761年(天平宝字5)に東海道(東山道の国も所管)、南海道(山陽道の国も所管)、西海道の3節度使が任命され、今度は新羅遠征を目的として、兵力の検定と訓練、兵器の製造にあたったが、数年のうちに順次停止された。いずれも実戦には至らなかったが、実戦の際にはそのまま指揮官となることが予定されていたと考えられる。

せっぷく [切腹] 割腹・屠腹・腹切とも。刀で自分の腹を切る自殺または死刑の方法。平安時代以後、勇気や真心を示す自殺の方法として武士の間で一般化し、室町時代には武士に対する刑罰としても行われるようになった。中世末までは刀を左の脇腹に突き立て右脇まで引く一文字、そこからいったん抜いた刀を縦に鳩尾から臍下まで切り下げる十文字などがあり、その式法も定まらなかったが、しだいに儀式化した。江戸時代には上級武士に対する死刑としても用いられた。500石以上の者は大名の屋敷内で、それ以下の者は牢内で、検使が見届けるなか execut された。ただしその方法は完全に儀式化し、実質的には介錯人による斬首の刑であった。刑罰としては1873年(明治6)廃止されたが、自殺としては軍人を中心にその後も行われた。

せつようしゅう [節用集] 室町～江戸時代に作られた代表的な国語辞書。語を最初の音で「いろは」にわけたうえ、語義で分類して配列する形態の辞書の総称で、個々の書名は一定せず、語彙数も多様。15世紀半ばに「色葉字類抄」などの体裁を参考として、「下学集」の語彙を中心に成立したと推測される。中世成立の古本節用集諸本でも、「い」の部頭の語により3系統にわけられ、語義分類の数や付録の内容も多様。16世紀末から刊行された。簡便で実用的なため、他の辞書を凌駕。17世紀末からは語数の追加などの増補が行われて、200近い種類の異なる辞書に「節用集」の名が冠せられ、明治初期まで広く用いられた。

せつわぶんがく [説話文学] 説話をその文学的資質について考慮する場合に用いる語。一つ一つの説話、あるいは説話集についても用いる

が，狭義には「今昔物語集」「宇治拾遺物語」などの説話集important で，そのなかの個々の説話をいう。説話は本来口承されたものだが，その伝達は厳密ではなく，伝承者が話を再構築するものであった。そうした伝承過程で，説話集のなかの説話には読み手を意識して話を整理し，表現を工夫しているものが多い。そこには文学性が認められるため，説話集に収められた説話をとくに説話文学ということがある。説話は記紀や日記・和歌集・歌論書などさまざまな作品に収められるが，広くすべての説話を説話文学という立場もある。

せどうか　[旋頭歌]　五七七五七七の音数律にもとづく歌体。「万葉集」に62首，「古事記」に2首，「日本書紀」に1首載せる。従来，3句からなる片歌ホメーカが二つ結合してできた歌体と考えられてきたが，短歌の第2句をくり返して歌という誦詠法を新しい歌体の創造に利用したとする説もある。「万葉集」中の過半は「人麻呂歌集」に収められたものだが，文字表記の分析によって，それらが新しい歌体への挑戦として試みられたものであることが指摘されている。

せとおおはし　[瀬戸大橋]　本州四国連絡橋(神戸―鳴門，児島―坂出，尾道―今治)のうち，児島―坂出ルートの通称。本州と四国を結ぶ連絡橋は，1940年(昭和15)内務省神戸出張所長の原口忠次郎が明石海峡の架橋計画を提案したが，戦争で中断。65年以降国鉄が調査を開始し，70年7月に本州四国連絡橋公団が設置され，88年4月に瀬戸大橋が開通。道路(37.3km)と鉄道(32.4km)との併用橋方式をとっている。

せとないかい　[瀬戸内海]　本州・四国・九州に囲まれた内海。古代から重要な水運・外交使節のルートとして，国内や東アジアの歴史の局面で重要な役割を担った。古代・中世にはおびただしい数の海民が活動，海賊・海賊衆と称された彼らは瀬戸内海の海上権を握り，年貢輸送など荘園経済の死活を制した。同時に政治的にも，藤原純友の乱や源平の争乱，南北朝内乱期の足利尊氏の東上などにみられるように，歴史の方面をしばしば左右した。近世に入ると，複雑な地形・航路を克服する沖乗り航路が開発され，九州・日本海側と大坂市場を結ぶ大動脈となり，全国市場の形成に寄与した。また塩の生産地として，経済的に重要な役割をはたした。

せとやき　[瀬戸焼]　愛知県瀬戸市産の陶磁器。瀬戸には平安時代に猿投セル窯があり，鎌倉時代に北条氏得宗領にくみこまれたとされる頃，施釉陶器窯として基礎が固められた。1223年(貞応2)道元について陶祖加藤景正が中国に入り陶業を学んだという伝説は，鎌倉時代に発展したことを反映する。輸入中国陶磁の白磁写しを行い，14世紀前半には青磁や黒褐釉陶を写した。室町時代には，茶入・茶壺に力作を残し，安土桃山～江戸初期まで唐物茶入の写しで声価を高めた。江戸中期は低迷したが，後期に加藤民吉が磁器の製法を肥前国伊万里で学び，再び日本を代表する窯場に成長して今日に至る。

ぜに　[銭]　鵞眼ガン・鳥目チョウ・青蚨セイ(青鳧)・青銅とも。貨幣の総称。一般に円形で中央に方孔をもつ金属貨幣。おもに銅製だが，金・銀・鉛・鉄・真鍮などの銭もある。銅銭の基本単位は文モンで，1000文を1貫文とし，また疋(10文)，連・繦(100文)，結ムスビ(1貫文など)の単位も用いた。古代に皇朝十二銭が鋳造・発行されたが，十分流通しなかった。中世に入ると，宋・元の渡来銭が流入し，その流通が始まり，室町時代には大量の明銭が輸入され，本格的な貨幣経済が始まった。渡来銭にもとづく貨幣経済の進展のなかで，私鋳銭や模造銭が現れ，流通貨幣を選別する撰銭ヨリが行われた。近世に入ると，江戸幕府は幣制の統一を進め，銭座ザを設置して寛永通宝を大量に発行し，銭貨の統一を完成した。

ぜにざ　[銭座]　江戸時代の銭貨鋳造機関。1636年(寛永13)に江戸・近江坂本で寛永通宝を鋳造して以来，各地に銭座が設けられ鋳銭が行われた。経営はいずれも有力町人による請負制で，幕府の許可で一定期間設置され，幕府へは運上が納められた。1765年(明和2)江戸亀戸の銭座を金座が兼ね(これを鋳銭定座ジョウザという)，68年には銀座がこれを兼ねて真鍮四文銭の鋳造が始まると，金銀座が兼ねる銭座以外の鋳銭は規制され，青森・仙台などの銭座もその支配をうけた。産銅の盛んな藩で，銭座を設けた例もある。一般に銭座の組織は，役務を担う鋳銭役所と鋳銭作業を行う鋳銭所からなり，後者は地金を製造する大吹所と，手本銭をもとに鋳銭を行う銭吹所にわかれていた。

ぜにやごへえ　[銭屋五兵衛]　1773.11.25～1852.11.21　江戸後期の海運業者。加賀国宮腰ミヤノコシ生れ。質屋を営んでいたが，1811年(文化8)質流れの船を入手し，北前船の経営にのりだした。金沢藩執政の奥村栄実サネと結びつくようになり，43年(天保14)御手船裁許を申しつけられている。藩船を差配し，藩米も一手に扱うなど商売は飛躍的に拡張した。持船は1000石積以上の大型船10艘ほどを含め20艘余りと思われる。陸奥国会津藩・同弘前藩などの御用商人も勤めた。晩年は河北潟カホク埋立事件により逮捕され，牢死した。

ぜにりょうがえ　[銭両替]　銭屋とも。近世に銭の売買・両替を業務とし，手数料を取得した両替屋。概して小資本で，金銀を取り扱う本両替に対しては脇両替とよばれた。地方の城下町な

どにも存在したが、とくに三都に多数存在した。大坂の銭両替は、嘉永年間の規定では、1161人を数え、純粋な銭両替からなる三郷銭屋仲間と、金銀売買・両替にも従事する南両替仲間に組織されていた。江戸の銭両替は、1718年(享保3)で584株あり、三組両替・番組両替・寺社方両替にわかれる。三組両替は神田組・三田組・世利り組からなり、金銀の両替も行い、優越的な地位にあった。番組両替と寺社方両替は、それぞれ町方・寺社地に居住する銭両替であった。

- **せびきけみ [畝引検見]** 根取けんみ検見・段取検見とも。江戸時代の検見の一種。不作のために収穫量が不足する場合、不足分を段別に換算することによって貢租量を決定する方法をいう。その方法は、上・中・下の等級別石盛こくもりから、五公五民の租率で1段当りの基準取米(根取米)を計算、さらに5合摺りの条件で1坪当りの秤量(当合あたりあい)を算出し、この当合と実際の坪刈による等級別の収穫有(有量)との比較を行い、不作の年は収穫量の不足額に応じて基準段別を減じ(畝引)、残りの段別に根取米を乗じて年貢高を決定する。関東ではこうした段取畝引検見が、また上方筋では厘取りんとり畝引検見が行われたが、両者は計算過程が異なるだけで大きな差はない。

- **セミナリヨ** キリシタンの教会学校。日本人聖職者養成のためイエズス会によって、1580年(天正8)有馬晴信の援助をうけ肥前国有馬に、織田信長の許可を得て近江国安土に設立された。日本文学・ラテン文学を教えたほか、音楽教育を重視した。キリシタン信徒の子弟ばかりでなく一般子弟もうけ入れ、全寮制のもとで信仰・道徳などの修養をめざした。卒業生のなかで聖職者志願の者は、ノビシヤド(修練院)、さらに上のコレジヨに進学した。82年本能寺の変により安土セミナリヨは高山右近の誘致で摂津国高槻に移り、87年豊臣秀吉のバテレン追放令の影響で有馬セミナリヨと合併。1614年(慶長19)江戸幕府による禁教令の影響で閉鎖された。

- **せやくいん [施薬院]** 「やくいん」とも。本来は寺院などに付属し、病人を治療・救済した施設。聖徳太子が四天王寺に設置したとも伝えられ、興福寺にもおかれていた。730年(天平2)仏教信仰に篤かった光明皇后は皇后宮職に施薬院を設け、皇后宮職の官人が知院事などとして管理し、皇后宮職の封戸と藤原不比等らの功封によってこれを運営した。「拾芥抄」によれば平安時代には五条唐橋の南、室町小路西にあって、独自の薬園を山城国乙訓おとくに郡に所有していた。東西悲田院とともに病人の治療のほか京内の死体処理などを行い、藤原氏の貧窮女性を救済する崇親院すうしんいんをも管理した。825年(天長2)従来の院預いんのあずかりを別当に改め、藤原氏1人・外記1人の2人を任じ、使・判官・主典・医師各1人をおいた。

- **ゼロせん [零戦]** 零式艦上戦闘機の略称。1940年(昭和15、皇紀2600)に制式化された日本海軍の戦闘機。日本を代表する名機として、零戦の名で親しまれた。最大速度518km、航続距離2200km。堀越二郎設計の軽い機体のうみだす高い空戦性能と長い航続距離をもち、太平洋戦争ではその能力を遺憾なく発揮して日本の航空技術力の評価を高めた。衝撃を受けたアメリカは捕獲した零戦を研究して、新型戦闘機を開発・投入したため、零戦の優位は崩れた。

- **せわもの [世話物]** 歌舞伎・浄瑠璃の戯曲の一区分。時代物に対して、町人社会に取材したもの。元禄期に上方の歌舞伎で流行し、この影響をうけて近松門左衛門らが文学的にすぐれた世話浄瑠璃をうみだしたが、享保の改革の心中物禁止で世話物は一時停滞。絢交ぜの興行形態をとる江戸の歌舞伎では世話物は育たなかったが、1794年(寛政6)「五大力恋緘ごだいりきこいのふうじめ」上演以来、1番目時代物、2番目世話物の興行形態が定着し、世話物は写実的表現による新時代を迎える。文化・文政期には4世鶴屋南北が絢交ぜを復活する一方、最下層の風俗を活写した生世話物きぜわものをうみ、幕末期の河竹黙阿弥がこれを様式化した。明治の散切物ざんぎりものは最後の世話物といえる。

- **せん [宣]** 古代において上級者が下級者に対して口頭で命令を下すこと、またその口頭命令。奈良時代には一般的な称であったが、平安時代になるとしだいに朝命の伝達に限定され、天皇の命令をうけて上卿しょうけいが宣した奉勅、上卿が独自に下した命令である上宣、一つの官司内で長官が部下に下したものなどがあった。これを受命者が書き記したものが宣旨せんじである。

- **せん [塼]** 磚・甎とも。粘土を型に入れて成形し、焼成した煉瓦のこと。中国では戦国時代に空心くうしん塼(中空の塼)が作られ、漢代以後、中実塼が使用されて現代に至る。墓室や城壁、建物の構築材として広く使用された。日本では飛鳥時代以後、主として寺院建築に使用し、宮殿や官衙かんが建築、まれに古墳にも使用した。長方形と方形のものがあり、文様で飾ったり、施釉せゆうのものもある。

- **せん [賤]** ⇨良賤りょうせん

- **ぜん [禅]** 仏教の修行の一つで、心身を統一し迷いを絶ち真理体得をめざす。瞑想・静慮じょうりょなどと訳される。菩薩の実践徳目である六波羅蜜ろくはらみつの第5に配される禅定ぜんじょうと同系統のもの。インドでは仏教成立以前からヨーガの実践の一つとして行われていたが、それは来世への昇天を目的に肉体を苦しめる行であった。釈

迦はそれから苦行的要素を除き，現世で内省的悟りを求めるための修行として仏教のなかにとりいれた。原始仏教・部派仏教の段階ではその解釈をめぐって煩瑣な議論が行われたが，大乗仏教では達磨の説にもとづき実践的利他行の面が重んじられた。中国では達磨の禅が継承・発展し，唐代に禅宗が成立，日本にもMath伝わる。

ぜんあみ [善阿弥] 生没年不詳。室町時代に多くの作庭に関係した河原者。将軍足利義政に近侍した同朋衆として，室町殿(花御所)，奈良興福寺大乗院・中院，内裏学問所などの作庭に従事した。また各種の水墨画に「善阿」印があることから，絵画の鑑定・収蔵あるいは模作にも関係した可能性もある。

せんあみだぶつ [専阿弥陀仏] 生没年不詳。鎌倉時代の画僧。西本願寺に伝来する「親鸞聖人像」(鏡御影)の画家として有名。この絵の紙背貼付の紙には，1310年(延慶3)親鸞の曾孫覚如による墨書の修理銘があり，この絵が，藤原信実の子，専阿弥陀仏の筆であると記す。この絵品はほかに伝わらないが，簡潔な描線を引き重ねて像主の面貌の特徴をとらえようとする筆致は，信実に代表される似絵の家系の画風に一致する。

せんがく [仙覚] 1203～？ 鎌倉時代の万葉学者。天台宗僧。常陸国生れ。少年期から「万葉集」に親しみ，鎌倉での数次にわたる校勘をへて寛元本(1247)や文永本(1266)などの校訂本を作成。その間，1246年(寛元4)に古点・次点時代の無点歌152首に訓点を施した新点を試み，5年(建長5)には新点抄に奏状をそえた「仙覚律師奏覧状」を後嵯峨上皇に献上。69年(文永6)には武蔵国で「万葉集註釈」(「仙覚抄」)を完成。本文面では新点の案出および多くの証本を用いたこと，注釈面ではインドの音声学(悉曇学)の知識を応用した用字法分析や音義学的語義分析，道理(論理)，文証(文献)による釈義を試みた点に意義がある。「続古今集」以下に入集。

ぜんがくれん [全学連] 全日本学生自治会総連合の略称。学生自治会が加盟する中央組織。教育復興運動を通じ，1948年(昭和23)9月公私立大など145校の参加により結成。初代委員長武井昭夫ら。学生運動の中心に位置したが，一方で共産党の指導が活動を混迷させることも多く，安保闘争時には執行部を共産主義者同盟(ブント)が掌握。この過程で全学連の分裂は不可避となり，以後共産党系・革マル派系などの党派別組織という色彩を強めた。

せんかてんのう [宣化天皇] 記紀系譜上の第28代天皇。6世紀前半の在位という。檜隈高田皇子・武小広国押盾天皇と称する。継体天皇の第二子。母は尾張連草香の女目子媛。同母兄の安閑天皇の後をうけて即位したとされるが，「日本書紀」の伝える異説に，534年，継体天皇・太子(安閑)・皇子(宣化)がともに死んだとあって，継体の死後，異母弟の欽明天皇と対立し，内乱もしくは2朝並立の事態の生じた可能性も指摘されている。

せんかん [戦艦] すぐれた攻撃力と防御力を備え，海戦のとき中核となる軍艦。近代海軍では備砲の口径が大きいことと装甲の厚いことが必要で，日本海軍では1896年(明治29)イギリスで進水した日露戦争に参加した富士・八島が最初の保有。ワシントン海軍軍縮条約で戦艦の条件は，排水量1.0～3.5万トン，備砲20～40cmとなり，日本保有は10隻。太平洋戦争中に日本は超戦艦大和・武蔵を建造したが，海戦主兵の座を航空母艦・航空機に譲る。

せんき [戦旗] 1928年(昭和3)5月創刊のプロレタリア文学雑誌。同年の日本共産党への弾圧(3・15事件)の直後に結成された全日本無産者芸術連盟(ナップ)の機関誌となる。小林多喜二「蟹工船」，徳永直ら「太陽のない街」などの小説のほか，宮本百合子・鹿地亘ら・壺井繁治らの詩や戯曲・評論が掲載され，プロレタリア芸術運動の中心になった。あいつぐ発禁処分の後，日本プロレタリア文化連盟(コップ)の結成で31年12月終刊。

ぜんきず [禅機図] 禅の悟りあるいは禅の修行によって得た心のはたらきを表した絵画。具体的には，禅僧の悟りを開くきっかけとなった体験を描いたものをいうが，広義には，著名な禅僧の行状や禅問答の場面を描いたものをさす場合もある。日本では鎌倉時代以降の禅林における絵画の題材として好まれ，主として中国宋元画にならった水墨画が多数制作された。

ぜんきょう [全協] 日本労働組合全国協議会の略称。評議会解散後，1928年(昭和3)12月に半非合法で再建された左翼労働組合の全国組織。弾圧下で武装蜂起方針など極左的偏向を示し，全協刷新同盟を生んだ。30年8月のプロフィンテルン(コミンテルンの指導下にある国際労働組合組織)大会で偏向が批判され，大衆活動に転換，東京地下鉄争議や反戦闘争を展開した。その後，天皇制打倒を綱領に掲げるなど再び極左的偏向を示し，34年末には消滅。機関紙は「労働新聞」。

せんきょうし [宣教使] 明治初年に神道による国民教化をめざした政府機関，およびその職名。1869年(明治2)7月，太政官のなかに設置され，長官・次官・判官・宣教使らの職員をおいた。同年10月に神祇官に移管。神道にもとづく国民教化をめざし，70年1月，大教宣布の詔

みことのり が発布され、全国各地で宣教使による国民教化の布教活動が展開された。71年神祇省の管轄となったが、政府の開化政策と対立し、72年3月、神祇省とともに廃止となり、教部省のもとで教導職に引き継がれた。

せんきょうし [宣教師] 異教地へのキリスト教布教活動に従事する伝道師。日本には、1549年(天文18)渡来したフランシスコ・ザビエルをはじめとする。広義には司祭・修道士のほか、こうした活動を補助する一般信徒も含める。

せんきょせいど [選挙制度] 選挙の法的枠組みを定めた規定。日本で全国均一に制度化されたのは、1878年(明治11)の府県会規則にもとづく府県会議員選挙が最初であるが、89年2月公布の衆議院議員選挙法により、国政における本格的な選挙制度が導入された。当初は直接選挙、単記記名投票、納税資格による制限選挙(90年の府県制・郡制では府県会議員は間接選挙、99年の改正で直接選挙)を採用。1900年の選挙法改正で単記無記名、従来の小選挙区制を人口3万以上の市を独立選挙区に、郡部を大選挙区制に改訂。1919年(大正8)小選挙区制を採用し、納税資格を引き下げ(10円→3円)、25年には男子の普通選挙が実現した。第2次大戦後の45年(昭和20)婦人参政権が認められた。47年には日本国憲法のもとで貴族院に代わる参議院議員と地方自治体の首長も公選制ともいう。

ぜんくねんのえき [前九年の役] 平安中期の1051〜62年(永承6〜康平5)奥羽でおきた安倍氏の乱反。安倍氏が俘囚長として自立的な支配を行っていた奥六郡から侵出して、国守と衝突したことが発端。陸奥守兼鎮守府将軍源頼義の着任後、安倍氏はいったん帰順したが、1056年(天喜4)から全面的な戦争状態となった。苦戦をしいられた頼義は出羽国仙北散の俘囚長清原氏の助けをえて、7年後ようやく鎮圧。前後12年に及ぶことから、十二年合戦ともいう。この戦乱の過程で、源頼義・義家父子と従軍した東国武士団の間の主従関係が強化され、武家の棟梁としての清和源氏の地位安定につながった。

せんげ [宣下] 天皇の命令をうけてそれを蔵人くろうど・上卿じょうけいなどが口頭によって下すこと。または天皇の命令をうけた上卿の宣。あるいは上卿が独自に下した宣をうけた者が書き記した文書である宣旨せんを命令の対象者に下すことをいう。

せんげんじんじゃ [浅間神社] 静岡県富士宮市宮町に鎮座。現在の正称は富士山本宮浅間大社。富士山頂上に奥宮がある。式内社・駿河国一宮。旧官幣大社。祭神は木花之佐久夜毘売このはなのさくやびめの命。富士信仰の中心で全国1300余に及ぶ浅間神社の総本宮。富士山を神体として仰いだことに発生し、806年(大同元)現在地に奉遷したと伝える。平安末期には山岳仏教と習合し富士浅間大菩薩ともよばれた。源頼朝・同実朝、北条義時、足利尊氏、武田信玄・同勝頼らの崇敬をうけ、江戸時代には徳川家康により社殿が再建され、神領約1100石に及んだ。例祭は11月4日。5月5日は流鏑馬やぶさめ祭。現社殿は1604年(慶長9)家康の建立で浅間造あさまづくり(重文)。

ぜんこうじ [善光寺] 長野市長野元善町にある寺。定額じょうがく山と号す。創建の時期・由来は伝説につつまれ不明であるが、7世紀後半には建立されていたと推測され、百済伝来の一光三尊の阿弥陀仏を安置した堂に始まるという。近世以来、この堂を天台宗の大勧進と浄土宗の大本願の2宗の僧侶が護持する。鎌倉時代には北条氏の保護をうけて全盛をきわめ、親鸞・一遍をはじめ名僧が参詣した。戦国期には、武田信玄と上杉謙信の川中島の戦によって荒廃し、弘治年間に本尊が甲府に移される事態も生じたが、1598年(慶長3)に戻った。秘仏の本尊のほか、国宝の本堂、重文の山門・経蔵・前立本尊などがある。

本堂ほんどう 江戸時代を代表する巨大な寺院建築。現存の本堂は、1707年(宝永4)の再建。正面7間、側面16間で裳階もこしがめぐる。屋根は棟がT字型の撞木しゅもく造。堂内は奥から阿弥陀三尊を安置する瑠璃壇るりだん、開基とされる善光夫妻と善佐の木像を納める三卿の間、内々陣、内陣、外陣げじんからなる。瑠璃壇・三卿の間の下には戒壇とよばれる巡回路がめぐる。国宝。

せんごきょうこう [戦後恐慌] 戦後反動恐慌とも。1920年(大正9)春に勃発した恐慌。第1次大戦後の恐慌は世界的現象であったが、日本で最も早く発生した。同年3月15日の東京・大阪両株式取引所での株価暴落に始まり、4月には増田ビルブローカー銀行が破綻、横浜の生糸輸出商茂木商店と第七十四銀行が破綻し、恐慌は全面化した。生糸・綿関係品・銅などの貿易関連商品価格の暴落、企業の倒産、銀行取付けが発生し、これらの事態に対し、政府は日本銀行・大蔵省預金部による大規模な救済融資を行った。こうした対策もあって、恐慌は約半年で沈静したが、のちの震災恐慌・金融恐慌などにおける日本銀行の救済機関化の引金となった。

せんごくじだい [戦国時代] ❶室町後期にあたり、応仁・文明の乱がおこった1467年(応仁元)から、室町幕府が織田信長により滅ぼされた1573年(天正元)までのほぼ1世紀をさすことが多い。京都にある幕府の勢力が衰え、各地に戦国大名が割拠し武力抗争をくり返したので、この呼称がある。

❷中国史の時期区分。紀元前403年の晋の滅亡

ぜんこくすいへいしゃ [全国水平社] ⇨水平社

ぜんこくたいしゅうとう [全国大衆党] 昭和初期の中間派無産政党。日本大衆党・全国民衆党、および旧労働農民党系の地方組織である無産政党戦線統一全国協議会の合同により、1930年(昭和5)7月結成。中央委員会議長麻生久、書記長三輪寿壮。浜口内閣に対し議会解散を要求、失業反対・農村窮乏打破などを掲げて活動。12月の大会で全無産政党の合同を提唱、31年7月に労農党および社会民衆党の分裂である三党合同実現同盟とともに全国労農大衆党を結成。

せんごくだいみょう [戦国大名] 戦国期に、数郡から1国ないし数カ国の規模で領域支配を展開した地方政権の称。応仁・文明の乱後、中央政権の求心力の低下にともなって、列島各地に出現。守護大名や守護代が成長したもの、国人あるいは一介の浪人など出自はさまざまだが、いずれも領国に一元的支配をしいたことを特徴とする。恒常的な戦時体制を背景に領内への支配力を強め、貫高 という算定基準をもとに領内の武士に軍役を課す貫高制、独自の法体系としての分国法など、種々の統治上の工夫を編みだし、藩を政治単位とする近世封建制への橋渡しをした。

ぜんこくちゅうとうがっこうゆうしょうやきゅうたいかい [全国中等学校優勝野球大会] 毎年夏に行われた旧制中学校の野球大会。明治後半からの学生野球の流行を背景に、朝日新聞社主催で1915年(大正4)に始まった。24年から同年完成の甲子園球場を使用。戦争激化のため42年(昭和17)夏の予選中に中止となり、第2次大戦後の46年夏から復活。学制改革にともない48年夏から全国高校野球選手権大会となる。

せんごくどおし [千石簁] 万石簁・万石とも。玄米の選別用具。斜めに立てかけた木枠に金網をとりつけ、この上に米を通すと成育の悪い米や割れた米は網の下に落ち、良い米だけが流れる仕掛けのもの。17世紀半ばに使われはじめ、兵庫県西宮市には天明元年(1781)の墨書をもったものが現存する。千石・万石という表現は、これ以前の選別具にくらべて能率がよいことからの命名。

ぜんこくのうみんくみあい [全国農民組合] 略称は全農。❶昭和初期の全国的農民組織。1928年(昭和3)5月27日に左派の日本農民組合と中間派の全日本農民組合が合同して結成された。委員長は杉山元治郎。「土地を農民へ」をスローガンとし、昭和恐慌期の農民運動を指導した。総本部と左派が対立し、31年8月に左派が全農全国会議派を結成したものの、34年頃から徐々に総本部派に復帰。日中戦争が勃発すると活動は困難となり38年2月6日に組織は解体し、一部は大日本農民組合に、一部は日本農民連盟の結成に参加した。

❷第2次大戦後の右派の全国的農民組織。1947年(昭和22)7月25日に日本農民組合から分裂して結成され、社会党右派と連携。会長は賀川豊彦。58年3月24日に日本農民組合全国連合会などと合同して全日本農民組合連合会を結成。

せんごくぶね [千石船] 弁財船の俗称。米が主要な積荷だったため、通常、日本の船は米の積載能力で大きさを表示する。本来の千石船は、船型にかかわらず米1000石を積む船を意味したが、18世紀中頃に弁財船が全国に普及したことに加え語呂がよかったため、積石数とは無関係に弁財船の俗称として定着したらしい。近世の海事関係の史料では、千石船を船型呼称として用いた例はみあたらない。

ぜんこくみんしゅうとう [全国民衆党] 昭和初期の中間派無産政党。1929年(昭和4)9月、日本労働総同盟の第3次分裂によって中間派が労働組合全国同盟を結成すると、社会民衆党でも全国同派が分離し、これに宮崎竜介らも加わって、30年1月に結成。中央執行委員は田万清臣・宮崎。中間派の日本大衆党に接近、2月の総選挙の不振から、無産政党合同に力を注ぎ、7月日本大衆党・無産政党戦線統一全国協議会とともに、全国大衆党を結成した。

ぜんこくろうのうたいしゅうとう [全国労農大衆党] 昭和初期の中間派無産政党。全国大衆党・労農党、社会民衆党の分裂である三党合同実現同盟の合同により、1931年(昭和6)7月結成。書記長麻生久。満州事変に対し労農派の主導で帝国主義戦争反対を唱えたが、党の反戦方針に反対して国家社会主義派の脱党者が続出し、32年の総選挙でも惨敗した。このため党幹部は反戦方針を変更し、社会民衆党と合同して7月に社会大衆党を結成、単一無産政党を実現した。

せんざいわかしゅう [千載和歌集] 第7番目の勅撰集。20巻。歌数約1290首。藤原俊成撰。

1183年(寿永2)後白河法皇の下命。序では87年(文治3)9月奏覧だが、実際は翌年4月。若干の補訂をへて同年8月頃までに完成。俊成の私撰集をもとにして編纂された。仮名序がある。おもな歌人は、源俊頼・俊成・藤原基俊・崇徳上皇・俊恵・和泉式部など。「古今集」をはじめとする古典への回帰を志向しつつ、新古今集」の成立に影響を与えた。撰者自筆本断簡の日野切が伝わる。

- **せんじ [宣旨]** 古代において上級者の口頭命令を下級者が承り、その内容を記したもの。奈良時代には多様な場面、多様なかたちで用いられたが、平安初期からしだいに文書様式が定まった。太政官では、勅命をうけて上卿が宣した奉勅と、上卿が独自に下した上宣との別があり、内容によって弁官が伝宣し史が行じたもの、外記が奉じたものなどがあった。これにもとづき史や外記が諸司に下したが、これを諸司官人が承って宣旨として書き記す場合や、史や外記が奉じた宣旨そのものが伝達される場合もあった。諸司では長官の命を部下が奉じて書き記した宣旨があった。形式は宣者と宣の内容、年月日を記し、日の下に「某奉」などと受命者の名を記す。このほか太政官から諸司・諸国や寺社に命令を伝達するための下文形式の文書(弁官下文)を官宣旨と称したが、これは太政官符や牒と異なり捺印が不要で迅速に発給でき、官符・牒と併用された。

- **せんじたいせい [戦時体制]** 戦争中あるいはすぐに開戦が確実視される場合に、国家の全活動の第1目標を戦争の遂行(戦勝または侵入者の排除)におく国家体制。具体的には戦時法令の発動、軍需動員の実施などが行われる。日本の場合、全面的に戦時体制をとったとみなされるのは日中戦争・太平洋戦争期である。その直前の広田内閣期は、急速な軍備拡張にともなう諸措置が実施されたため準戦時体制とよばれた。

- **せんじます [宣旨枡]** 後三条天皇により1072年(延久4)に制定されたという公定枡。それまでは平安初期から多様な枡が使用されていた。容積は方1尺6分、高3寸6分を1斗とする「色葉字類抄」の説など、いくつかの異説がある。畿内を中心にほぼ全国的に使用され、鎌倉時代を通じて権威を保っていた。室町時代には油を量るためにも使用された。その後も「せんじ」とよばれる枡が各地にみられるが、宣旨枡と直接の関係はない。

- **せんじもん [千字文]** 重複しない合計1000字からなる四言古詩。識字ならびに習字のテキスト。「梁書」によると、武帝が周興嗣に命じて王羲之の筆跡から字を選び、成文させたらしい。唐以降テキストとして普及していった。日本には東大寺献物帳に真草千字文の記載があり、その現物とされる真跡本も現存する。奈良時代の木簡にも書写の断簡がある。成立当時その臨書にかかわった能書家として智永の名が伝えられ、以後歴代書家の作品が種々の書体で残されている。

- **ぜんしゅう [禅宗]** 中国と日本の仏教の一派で、坐禅を宗とする人々の集り。今日、禅宗とよばれる宗派は、北魏末に中国にきたインド僧達磨を初祖とし、唐から宋代にかけて臨済・曹洞・潙仰・雲門・法眼の5家にわかれ、さらに臨済から黄竜・楊岐の2派がでた。宋代以後、五家七宗は臨済宗楊岐派と曹洞宗の2派だけとなった。鎌倉時代から江戸時代初めにかけて、それらすべての流派が日本に伝わり、いわゆる二十四流をかぞえ、今日では曹洞宗・臨済宗・黄檗宗の三つにわかれる。日本に本格的に禅を伝えたのは、1187年(文治3)に入宋した栄西である。道元は1223年(貞応2)に入宋して曹洞宗を伝えた。栄西は臨済宗の祖師、道元は曹洞宗の祖師とされる。

- **ぜんしゅうようけんちく [禅宗様建築]** 唐様建築とも。鎌倉前期、禅宗と同時に中国から導入された建築技術をもとにして国内で造りあげられた新しい建築様式。中国の本格的な建築様式が導入されたのは1253年(建長5)に創建された鎌倉建長寺が初めと思われる。以後京・鎌倉の禅宗五山に続々と中国風の大建築が建設された。禅宗様建築の遺構は鎌倉末期以後の中規模のものしか現存せず、初期の建築様式の詳細は不明。技術的に洗練されたのは南北朝末~室町初期で、鎌倉の円覚寺舎利殿はこの頃のもの。堂内を土間とすること、裳階を用いること、貫の使用、天秤形式の組物、海老虹梁など細部に特有の彫刻をほどこすなどが特徴。

- **せんじゅかんのん [千手観音]** 千手千眼観世音菩薩の略称。千眼千臂観世音菩薩ともいう。六観音(千手・馬頭・十一面・聖・如意輪・准胝)または七観音(六観音と不空羂索)の一つ。千手をもち各手に1眼がある。通例は42手に1眼と所定の器物をもち、頭上に11面・27面などをのせる像形をとる。いずれも観音の広大無辺の慈悲を象徴する。奈良唐招提寺金堂や京都蓮華王院(三十三間堂)の千手観音像が代表例。

- **せんじゅじ [専修寺]** ◐栃木県二宮町にある真宗高田派の寺。高田山と号す。同派では教団発祥の地として本寺とよび、本山の三重県津市の専修寺住持が兼任する。1225年(嘉禄元)夢告を得た親鸞が信濃善光寺の一光三尊仏を本尊として建立。親鸞の東国布教の拠点となり、2

世真仏ぶつ・3世顕智けんちの高田門徒は浄土真宗初期教団における最有力信徒集団だった。1464年(寛正5)10世真慧しんえは伊勢国一身田に道場を建立し、翌年寺基を移したといい、真慧を中興の祖とする。大永年間の兵火で衰退し、本山としての機能を一身田に移した。本尊の善光寺式阿弥陀三尊像は鎌倉時代の作。如来堂・御影堂は重文、寺域全体は国史跡。

◨津市一身田町にある真宗高田派の本山。高田山と号す。同派10世の真慧しんえが文明年間に建立した無量寿院(無量寿寺)に始まる。もともとの本山であった下野国高田の専修寺が大永年間の兵火で衰退し、1548年(天文17)に12世堯慧ぎょうえが入寺してからは同派の中心となり、専修寺とよばれるようになった。1634年(寛永11)に越前国畠中村の専修寺との正統争いに勝ち、本山の地位を確立。以降、下野専修寺を本寺と称し、住持は本山の住持が兼ねた。広大な境内には重文の御影堂・如来堂などが並び、寺内町の形跡をいまに伝える。国宝の「三帖和讃」「西方指南抄」、重文の「自筆消息」「唯信鈔」など多数の親鸞真蹟を所蔵。

せんじゅじは [専修寺派] ⇨ 高田派は

せんじゅせいじゅうしょ [千住製絨所] 殖産興業政策の一環として設立された官営毛織物工場。1876年(明治9)の大久保利通内務卿による設立建議をもとに、79年に開業。ベルギー・フランネルの生産と販売による輸入代替を目的とし、所長にはドイツでの実習経験をもつ井上省三を迎えた。外国人技師の高給など生産コストが割高のため成績は芳しくなかったが、技術者の養成などで官営工場の育成に貢献した。88年に陸軍省へ移管され、第2次大戦前まで軍用絨を供給した。

せんじゅねんぶつ [専修念仏] 極楽に往生するためにひたすら念仏を称えること。念仏の仏は阿弥陀仏で、念は観念の念ではなく口に無阿弥陀仏の六字の名号を称える口称くしょう念仏をいう。法然ほうねんは「選択せんちゃく本願念仏集」で口称念仏以外の行を雑行として退け浄土宗の基本理念としたが、内部に幸西こうさいの一念義と隆寛りゅうかんの多念義の対立を含み、諸行をも本願とする長西ちょうさいなども現れ、浄土宗の発展にともないその内実は複雑に展開した。

せんしょうはいしれい [賤称廃止令] ⇨ 解放令かいほうれい

せんじんくん [戦陣訓] 戦場で軍人の守るべき道徳、行動の準拠を示したもの。1941年(昭和16)1月8日陸軍大臣東条英機により部内に示達された。日中戦争の長期化のなかで現れてきた軍紀の退廃、占領地住民に対する非行への対策として制定された。教育総監部での起草(浦辺彰少佐)にあたっては、島崎藤村や土井晩翠らも参加。「生きて虜囚りょしゅうの辱はずかしめを受けず、死して罪禍の汚名を残すこと勿れ」の1条が太平洋戦争末期の数多くの悲劇的な玉砕をうむ一因となった。

せんしんこくしゅのうかいぎ [先進国首脳会議] ⇨ サミット

ぜんしんざ [前進座] 劇団。1931年(昭和6)河原崎長十郎・中村翫右衛門かんえもんらを中心に創立。歌舞伎界の封建的体質の打破に対し、共同企画・運営をはかった。映画界にも進出して地歩を固め、第2次大戦後は共産党への集団入党で話題となる。現在も中村梅之助を中心に、歌舞伎から現代劇まで幅広い活動が続いている。

せんしんどうさっき [洗心洞箚記] 大塩中斉(平八郎)の語録。2巻。1833年(天保4)刊。洗心洞は大塩が自邸に開いた学塾の名で「箚記」はノートの意味。大坂町奉行所与力を退いたのち、陽明学派をはじめ、先儒の言動や道徳的実践、書の語句についての解釈や自身の思索を書き抜き、上巻180条・下巻139条にまとめた。自己と世界を一体のものとして万事を一身にうけとめようとする独特の「帰太虚」説を展開する。「岩波文庫」「日本思想大系」所収。

せんすいかん [潜水艦] 水面下で行動可能な戦闘用艦艇。主兵器は近代では魚雷、現代ではミサイルで、偵察・監視・攻撃・機雷敷設・輸送などの任務に従う。日本海軍では規準排水量1000トン以上を伊号いごう、以下を呂号ろごう、さらに500トン未満を波号はごうと区別した。艦体に水圧に耐える内殻とその外側の外殻があり、中間のスペースには海水を注入・排水して潜没・浮上する。在来型潜水艦の水中航走に蓄電池電力を使用する欠点をなくしたのが、原子力潜水艦である。

せんせん [撰銭] ⇨ 撰銭えりぜに

せんそ [践祚] 皇位につくこと。神祇令は践祚にあたり、中臣なかとみ氏が天神の寿詞あまつよごとを奏上し、忌部いんべ氏が神璽しんじの鏡と剣を奉呈すると規定している。史料上、その儀式がはじめて具体的に確認されるのは持統天皇の践祚(即位)のときである。践祚は即位と同義で、奈良時代までは前天皇の死没にともなう践祚は通常、直後には行われなかったが、桓武天皇の没後ただちに剣璽が平城天皇に伝えられ、その後高御座たかみくらに登っての即位の儀が行われた。以後、践祚と即位が分離して、前天皇の没後ただちに行われる剣璽渡御けんじとぎょをともなう皇位継承を践祚とよぶようになった。しかし、その後も明治期以前には没時から践祚までに時日を要する例がみられる。

せんそうじ [浅草寺] 東京都台東区にある聖観音宗の総本山。金竜山と号す。坂東三十三所観

音の13重で，浅草観音の名で知られる。628年(推古36)檜前浜成・竹成兄弟が宮戸川(隅田川)から１寸８分の黄金の観音像を引きあげ，土師真中知の自宅に祭ったのが始まりという。942年(天慶５)平公雅が再建，11世紀半ばに疲円が再興した。源頼朝や足利尊氏らが寺領を寄進し，徳川家康の江戸入府後はその保護を得て隆盛した。火災のたびに幕府の援助で再建された。同寺を中心に浅草は江戸の盛り場として繁栄，５代将軍綱吉のとき寛永寺の支配下におかれた。1945年(昭和20)戦災で焼失。50年天台宗から独立し，63年本堂再建。伝法院は同寺の本坊。

せんそうはんざいにん [戦争犯罪人] 戦犯とも。戦争犯罪の行為者。狭義の戦争犯罪は戦時法の概念で，交戦法規または慣例の違反。しかし第２次大戦後のニュルンベルクおよび極東国際軍事裁判では，平和に対する罪(侵略戦争の計画・実行など)，人道に対する罪(一般人民に対する非人道的行為および政治的・人種的・宗教的理由にもとづく迫害)も加えた広義の戦争犯罪概念が採用され，その行為者も処罰の対象となった。平和に対する罪にかかわるＡ級戦犯を裁いた極東国際軍事裁判では，28人が起訴され，７人が絞首刑。アメリカの軍律委員会や連合国各国が東アジアで行った，狭義の戦争犯罪と人道に対する罪を問うＢ・Ｃ級戦犯の裁判では，937人が処刑された。

せんだいくじほんぎ [先代旧事本紀]「旧事本紀」「旧事紀」とも。神代から聖徳太子の死去までを記した史書。10巻。蘇我馬子らの撰とあるが本文は後世の偽作。撰者は不明だが，物部氏の事績を多く載せていることから物部氏との関係が注目されている。成立は延喜年間(901〜923)以前の平安初期と推定される。全巻を通じて「古事記」「日本書紀」からの引用が多く独自の記事は少ない。尾張・物部両氏の伝家によったとされる両氏の系譜を収める巻５「天孫本紀」と，後世の加筆部分を除く巻10「国造本紀」は貴重な史料。古代末～中世に神道関係で重視されてきたが，近世初頭に偽書説がうまれて評価が低くなった。「国史大系」所収。

ぜんたいしゅぎ [全体主義] ⇨ファシズム

せんだいはん [仙台藩] 陸奥国仙台(現，仙台市)を城地とする外様大藩。1591年(天正19)伊達政宗が出羽国米沢から入封して成立。以後15代にわたる。藩領は陸奥国21郡と常陸・近江両国で62万石余。領内では貫文制が実施され，1640年(寛永17)の総検地で，１貫文が10石に定められた。平士以上には地方知行が与えられ，要害・在所拝領・所拝領という大身の家臣には，陪臣集落を含む広大な所領が与えられた。71年(寛文11)４代綱村の後見人ら伊達一門の対立と，政策をめぐる御家騒動(伊達騒動)が発覚。宝暦期以降，とくに悪化した藩財政再建のため，1784年(天明４)鉄銭(仙台通宝)を鋳造するが失敗。専売制としては買米制がある。詰席は大広間。藩校養賢堂。支藩に一関藩。奥羽越列藩同盟の盟主だったため，1868年(明治元)末に所領を没収されるが，28万石で再興。廃藩後は仙台県となる。

せんだつ [先達]「せんだち」とも。学問や技芸などに通達して他者を導く先輩。案内者や指導者の意もあるが，とくに峰入りの動行する同行者や信者を霊山や寺社に導く修験者をさすことが多い。これには初穂料や案内料を受納する権限(職)を伴う。本山派修験道で峰入り５度以上を先達，９度以上を大先達と称するように，峰入りの回数や役割を意味する場合もある。

せんだら [旃陀羅] サンスクリットのチャンダーラの音訳。インド社会で四姓外の屠殺・漁猟・守獄などにたずさわった最下層の不可触民の名称。日本では下層者の一般に対する呼称として使用された。たとえば漁夫の家に生まれた日蓮は，旃陀羅の家の出自だと「佐渡御書」でのべている。

せんだんりん [栴檀林] ⇨檀林

せんちゃくほんがんねんぶつしゅう [選択本願念仏集]「せんじゃくほんがんねんぶつしゅう」とも。法然が，1198年(建久９)九条兼実の要請をうけて，弟子に口述筆記させたもの。浄土宗の根本経典。浄土の教えが末法の世で最も優れたものであると主張し，浄土宗の開宗を宣言した。「南無阿弥陀仏」と唱える口称念仏が阿弥陀仏の本願にかなった正行で，臨終に際し一声でも念仏すれば極楽往生できるとし，道綽・善導らの説や浄土三部経などを引用・解釈しつつ説く。草稿本は京都廬山寺にある。法然の死後に開版されたが，明恵高弁が「摧邪輪」を著して反論するなど反響が大きかった。

せんちゅうはっさく [船中八策] 坂本竜馬が立案した新国家体制論。1867年(慶応３)の兵庫開港勅許前後から雄藩間の提携論議が急速に活発になり，同年６月高知藩も後藤象二郎を竜馬とともに京都に遣わし，この議論に参加させた。長崎から京都にむかう船中で，竜馬の海援隊長岡謙吉に筆記させて後藤に示したといわれる。大政奉還を前提に，議会開設・官制刷新・外国交際・法典制定・海軍拡張・親兵設置・貨幣整備など８カ条を提唱したもの。後藤は雄藩連合に道を開くこの論に賛成し，京都でこれを藩論とすることに決め，西郷隆盛らと会談のうえ薩土盟約を結び，大政奉還の方針を高

知藩内外に明らかにした。

せんていどき [尖底土器] 底部が尖っている土器の総称。尖底部の形状は砲弾形・乳房状・天狗の鼻状などがある。縄文早期を中心に、一部の地域では前期や晩期にもみられる。縄文土器の主要な用途は煮炊きや貯蔵だから、地面を掘りくぼめて土器をおいたか、または五徳のようななんらかの台を用いて使用したものと考えられる。尖底土器から平底土器への変化は、その背景に定住性の高い生活様式への移行があったと考えられる。

せんとうき [尖頭器] 広義には刺突用の尖頭部をもった石器・骨角器・木器の総称。日本では旧石器時代の尖頭器文化以降の狩猟用尖頭石器をさし、投げ槍や突き槍の穂先とされる。木葉形を呈し、加工の度合いによって、両面加工・片面加工・周縁調整尖頭器の区別がある。縄文草創期には柳葉形尖頭器が多く出土し、これを折断して骨や木の柄側縁にはめこんで植刃とすることもある。

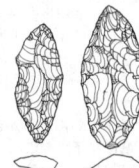

●● 尖頭器

せんとうごしょ [仙洞御所] 仙院とも。天皇が譲位後に居住する御所。奈良時代までは、天皇も太上天皇(上皇)も同じ平城宮内に住んでいたが、平安初期になると、平城上皇は平城宮を御所とした。ついで嵯峨天皇以降は、譲位の儀に際して平安宮を去り、別宮に移るのが例となった。後院をあてるのが例で、とくに嵯峨・平成・宇多・朱雀・冷泉上皇は累代の後院とされた朱雀院・冷然(冷泉)院を御所とした。院政期にはいると、白河・鳥羽・後白河上皇は京内の御所のほか、郊外に白河殿・鳥羽殿・法住寺殿といった、御堂が付属した広大な御所を造営した。南北朝期には仙洞御所焼失のため、臣下の邸宅を使用した。応仁の乱以降、一時仙洞御所設置が中断したが、江戸時代には復興し、京都御所の東南に営まれた例が多い。

せんどきぶんか [先土器文化] 1949年(昭和24)群馬県岩宿遺跡で関東ローム層から縄文土器以前の石器が発掘され、その後日本の各地から同様な石器が発掘され、縄文文化以前の文化の存在が確認された。当初は土器を伴わないことから無土器文化とよんだが、やがて先縄文文化あるいは先土器文化とよばれた。現在では旧石器文化とよぶ人のほうが多い。

せんとくつうほう [宣徳通宝] 中国明の銅銭。宣宗宣徳帝治下の1433年に初鋳。日本にも流入したが、国内での流通量は少ない。当初は精銭として通用したが、15世紀末以降、悪銭に転落。1569年(永禄12)織田信長が発した撰銭令では、悪銭のなかで最も良質の部類に位置づけられ、精銭の半分の価値を付与された。

ぜんにほんさんぎょうべつろうどうくみあいかいぎ [全日本産業別労働組合会議] ⇨産別会議

ぜんにほんむさんしゃげいじゅつれんめい [全日本無産者芸術連盟] ⇨ナップ

ぜんにほんろうどうくみあいかいぎ [全日本労働組合会議] ⇨全労会議

ぜんにほんろうどうそうどうめい [全日本労働総同盟] ⇨同盟

せんにゅうじ [泉涌寺] 京都市東山区にある真言宗の寺。1242年(仁治3)四条天皇が寺内に葬られてから皇室の菩提寺とされ、御寺とよばれる。開創は未詳。はじめ法輪寺、ついで仙遊寺と称し、鎌倉時代に俊芿が入寺して寺号を泉涌寺と改め、天台・律など諸宗兼学の道場とした。以後御願寺に加えられ、北京律の拠点として繁栄。応仁・文明の乱で衰えるがのち復興。仏殿・開山堂は重文、俊芿筆「泉涌寺勧縁疏」「附法状」は国宝。

せんにんばり [千人針] 日清・日露戦争に始まり、昭和期の戦中を通して出征兵士におくられた弾丸よけのお守り。白木綿の腹巻に1000人の女性が赤糸で1針ずつぬい、社寺の守札や5銭銅貨をぬいつけた。

ぜんのけんきゅう [善の研究] 西田幾多郎の哲学書。1911年(明治44)初版。四高における講義案を数編の雑誌論文として発表したものが中心。東洋的な「主客合一」を「純粋経験」としていっさいの基礎におき、独自の哲学体系を構築した。西洋哲学による東洋思想の解釈にいきづまっていた明治思想界に新鮮な地平を開拓し、同時に「人生の問題」を楽観性豊かに論じたことにより、教養層の古典となった。

せんのりきゅう [千利休] 1522〜91.2.28 織豊期の茶人。茶の湯の大成者。堺の人。法名は宗易。抛筌斎と号した。父は納屋衆田中与兵衛。能阿弥の茶を継ぐ北向道陳に茶道を学び、のちに道陳の紹介で武野紹鷗に師事した。禅宗にもあつく帰依し、大徳寺の大林宗套・古渓宗陳らに参禅。織田信長の茶頭として津田宗及・今井宗久とともに仕えた。信長没後は豊臣秀吉に側近として仕え、茶道界を指導したほか、政権人事に関する隠然たる勢力をもったという。1585年(天正13)9月、秀吉がそれまで前例のなかった禁中小御所で正親町天皇への献茶のさいにも、利休が後見を勤めた。その功により利休居士号が勅許され、「茶の湯天下一の宗匠」とたたえられた。しかし主君秀吉の反感をかい、91年2月、切腹を命じられた。茶道史上の功績は、草

庵の小座敷で完全に自然と一体化して簡素でおごらぬ美の創造を主張し、精神の深淵を追求しようとした侘茶の完成にある。

せんばいしほう [専売仕法] 江戸時代には幕府や諸藩が、明治期には政府が、特定商品の仕入れ、あるいは販売を独占して利益をはかった制度。金沢藩・仙台藩の塩専売仕法のように江戸初期からすでに実施されている。とくに中期以降、藩財政の困窮が表面化すると、諸藩は殖産興業政策を行うとともに、生産された特定商品の仕入れ・販売の独占をめざして、国産会所を設けて専売仕法を実施した。特定商品の仕入れには、藩自身がこれを行う直接的購買独占と、有力商人が行う間接的購買独占があり、販売には、仕入れた商品を領内に売る領内配給独占と、大坂などに送る領外販売独占がある。幕府も銅座・鉄座・真鍮座などを設けて特定商品の専売を実施した。明治政府は1898年(明治31)煙草専売を、ついで1905年塩専売を実施した。

せんばこき [千歯扱] 千把扱とも。稲や大麦の脱穀用具。台木に竹や鉄の歯が20本ほど並べてとりつけられ、歯の間に稲穂や麦穂をはさんで籾をしごきとる。元禄年間に考案されたが、はじめは竹歯の丈用だった。享保年間に鉄の歯の千歯扱が普及し、扱箸にくらべて脱穀の能率はるかにあがり、寡婦の仕事を奪う結果となったので後家倒しともいった。生産地としては、現在の大阪府堺市・鳥取県倉吉市・福井県美浜町早瀬・広島県尾道市・島根県木次町などが知られる。大正初期に足踏脱穀機が普及し、しだいに衰退した。

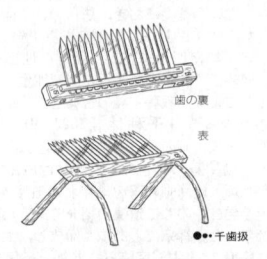

●=千歯扱

せんぱん [戦犯] ⇒戦争犯罪人

ぜんはんいっき [全藩一揆] 幕藩制国家の支配単位である藩的規模で百姓が参加する大規模な一揆。また局地的であっても利害が全藩的規模であるものも含める。闘争形態は、越訴・強訴・打ちこわしなどさまざまなかたちをとる。松永荘左衛門(長操)で有名な1640年(寛永17)若狭国小浜藩領の一揆や礒лево衛門で有名な81年(天和元)の上野国沼田藩領の一揆などは、藩の財政的窮乏による年貢の収奪強行に反対し、村役人層を中心としておきた全藩的越訴の例。1712年(正徳2)加賀国大聖寺藩領の一揆、38年(元文3)陸奥国磐城平藩領の一揆などは、小百姓を中心とした領内の惣百姓が参加する全藩的強訴の例。それまで無年貢であった諸役ぎなどに新税を課す藩の収奪強化政策に反対し、さらに藩と結びついた大庄屋・特権商人への打ちこわしをともなう強訴が各地で展開するようになる。

せんひめ [千姫] 1597.4.11〜1666.2.6 徳川秀忠の長女。母は浅井長政の女崇源院。1603年(慶長8)7月豊臣秀頼に嫁した。15年5月豊臣氏滅亡の際、大坂城を脱出。16年(元和2)伊勢国桑名藩主本多忠政の長子忠刻に再嫁し、化粧料10万石が与えられた。翌年姫路に移る。1男1女を生むが男子は夭折。26年(寛永3)忠刻没後落飾して天樹院と号し、江戸竹橋門内に住居した。弟徳川家光の厚遇をうけて勢力をもつ。また家光の要請でその次男綱重の養育にあたった。

ぜんぷくいんしゃかどう [善福院釈迦堂] 和歌山県下津町にある。善福院はもと栄西創建の広福禅寺の一院であった。釈迦堂は禅宗様建築の最も古い遺構の一つで、方3間裳階つきの中規模仏堂。1327年(嘉暦2)頃の建立。本格的な禅宗様建築だが、屋根を瓦葺で寄棟造とすることや、隅の火打虹梁などに鎌倉時代の古風な禅宗様の技法がうかがえる。国宝。

せんぷくキリシタン [潜伏キリシタン] 江戸時代、キリシタン禁制に対して表面的には仏教徒を装いつつ、密かにキリシタンを信仰し続けた人々。コンフラリア(信心会)などの組織のもと集団的に信仰を保持した。この地下組織と共同体との結合が潜伏を可能にしたとする説もあるが、たとえば天草のように同一村内にキリシタンと非キリシタンが混在していた場合もある。このようなキリシタンの潜伏が露顕した事件を「崩れ」といい、大村郡崩れ・豊後崩れ・濃尾崩れ・天草崩れ・浦上崩れが著名である。潜伏キリシタンのなかには、キリシタン禁制の高札撤去(1873)以降も教会に復帰しない人々がいるが、江戸時代の潜伏キリシタンと区別する意味で彼らを隠れキリシタンとよぶ。

せんぷくじどうくつ [泉福寺洞窟] 長崎県佐世保市瀬戸越町にある旧石器・縄文時代の洞窟遺跡。相浦川の浸食で形成された4カ所の洞窟からなる。1970年(昭和45)からの調査で12層の文化層が確認され、当時最古とされていた隆起線文土器の下層から豆粒文土器が発見されて注目された。最下層からはナイフ形石器が出土し、つづいて細石器だけの層があり、その上の第10層から細石器とともに豆粒文土器が検出された。ひきつづき、隆起線文土器→爪形文

土器→押引文土器が層をなして出土し, 縄文草創期の土器編年研究を前進させた。豆粒文土器層の炭素年代測定により, 約1万2000年前という数値を得た。国史跡。

ぜんぽうこうえんふん [前方後円墳] 円形の主丘に方形の墳丘を付した形の古墳。江戸時代に蒲生君平がぶによって命名された。古墳時代を特徴づける日本独特の墳形で, 近年朝鮮半島南西部でも発見されつつある。出現時期・起源について諸説ある。畿内を中心にほぼ全国的に分布。前期は前方部は後円部に比して細長く低いが, しだいに幅広く高くなり, 後期には後円部を凌駕する。基本的に後円部で埋葬が行われ, 前方部は副次的な役割をはたしていたと思われるが, 具体的なことは不明。各種の形態の古墳のなかでは最高位に位置づけられる墳形であり, 当時の氏姓制度などと結びつける考えもある。設計図にもとづいて造られたと考えられ, その築造企画や基準尺についても諸説がある。

ぜんぽうこうほうふん [前方後方墳] 方形の主丘に方形の墳丘を付した形の古墳。前方後円墳の円丘部を方丘にかえたもので, 名称も前方後円墳にならう。古墳時代初期からみられるが, 数は前方後円墳よりはるかに少ない。分布密度に濃淡があり, 畿内・那須・出雲などにとくに多い。古墳前・中期に多くみられるが, 出雲では後期にも造られた。また地域の最古の古墳が前方後方墳であるところも多い。最近, 前方後方墳周溝墓が発見され始め, 前方後方墳との関係が注目される。

せんみょう [宣命] 口頭で群臣に宣布された天皇の命令。またこれを宣命体で書き記した詔書。公式令くしきりょうでは天皇の命令を伝達する公文書の書式として詔書・勅旨を規定するが, 詔書式は本来宣命体の詔書を作成・発布するための規定であったと考えられる。実際は漢文詔書と併用されたが, 平安中期以降, 宣命体のものを宣命, 漢文のものを詔書と区別するようになった。宣命が用いられる場は外国使節の来日, 即位・改元・立后・立太子などの臨時の儀式のほか, 元日節会せちえをはじめとする節会などであった。また神社に対して, 祭儀などの際に勅使が宣する宣命もあった。

せんみょうたい [宣命体] 通常の大きさの文字と小書きされた文字を書き混ぜる記録形式。「続日本紀」のなかの宣命を書き記す際に顕著にみられるのでこの名がある。小書きされる文字は, 活用語尾や助詞・助動詞などの付属語に多く, 中心の概念を表す文字は通常の大きさに書かれるのがふつうであることから, 文法上の弁別意識がみられるとする考えもあるが, 漢文の記録形式との対比から区別がうまれたと考え

るのが妥当。読みあげることを目的とした祝詞のと・告文・諷式・和讃ざ・歌謡などにみられ, すべてを同じ大きさの文字で書き表したときの読みにくさを除くためにうまれた方式であろう。最古の文献は, 正倉院文書の天平勝宝9年(757)の宣命案とされる。のちの「今昔物語集」などにも用いている。

せんみょうれき [宣明暦] 中国唐の徐昂じょこうの編纂した暦法で, 唐では822年から892年まで71年間使用された。大衍暦だいえん以後の最もすぐれた暦法とされ, とくに日食・月食の予報に進歩がみられた。ただし1太陽年を365.2446日としたために, 800年間に2日の誤差を生じた。日本へは859年(貞観元)に渤海大使烏孝慎うこうしんがもたらした。861年陰陽頭暦博士大春日真野麻呂までが採用を申請, 翌862年から江戸初期の1684年(貞享元)まで, 823年間にわたって使用された。現存する具注暦ぐちゅうや仮名暦の大半はこの暦法によるものであり, 中世以来の各地の地方暦は宣明暦の立成(数表)によって作成された。

せんみん [賤民] ⇨良賤りょうせん

ぜんめんこうわろん [全面講和論] 第2次大戦後の講和を, 中ソを含む全連合国と締結すべきであると主張した議論。早期の講和達成のためには西側諸国のみとの講和もやむなしとする政府の単独(多数)講和論と対立した。政党では日本社会党・日本共産党・労農党が主張。1950年(昭和25)12月の雑誌「世界」に発表された平和問題談話会の「三たび平和について」はその代表的な主張。

せんめんこしゃきょう [扇面古写経] 「扇面法華経冊子」とも。12世紀半ば頃に制作されたと考えられる装飾経。紙扇を粘葉でちょう装の冊子に仕立てて, その表裏に経文を書く。内容は「法華経」8巻と「無量義経」および「観普賢経かんふげんぎょう」からなり, 本来は10帖からなる。現在は6帖分59枚が残る。表紙には和装の女房姿の十羅刹女じゅうら, また料紙下絵には貴族や庶民をテーマにした風俗画や, 花鳥や風景などが描かれ, 当時の世俗画を知るうえで貴重。下絵には, 和歌や経文の意が判じ絵としてこめられていると近年指摘され, 歌絵の伝統をみることができる。紙本着色。四天王寺蔵(上弦25.8cm, 下弦10.6cm, 辺25.8cm)や東京国立博物館蔵(上弦49.5cm, 下弦19cm, 辺25.3cm)など。国宝。

せんもんがっこう [専門学校] 第2次大戦前の大学・高等学校と並ぶ高等教育機関。1903年(明治36)の専門学校令によって「高等ノ学術技芸ヲ教授スル学校」と, それまでの多種多様な専門学校が制度として確立された。中等学校卒業程度を入学資格とする修業年限3～4年の専門教育を行う学校として, 官立のほか公・

私立の設置も認められた。程度の高い実業学校も実業専門学校として専門学校令の適用を受けた。医学・法律・経済・商科・文学のほか，工業・農業などの実業系，宗教系のものなどがあり，全体としては私立の比重が高く，学校数や生徒数で大学を上回った。私立専門学校の有力なものは，大正期後半以降大学に昇格したが，第2次大戦後は多くが新制大学に改組された。

せんりゅう [川柳] 雑俳の一種。柄井川柳が評点した前句付の略称。「川柳点」の前句付の題(前句)を省略し，付句を独立させたもの。俳諧の発句同様五七五の詩型をもつが，切字や季題などに束縛されず，自由な表現と内容の滑稽さ，風刺性，奇警さを特徴とする。川柳の前身である前句付の最盛期は宝暦～天明年間(1751～89)で，点者も川柳・露丸・机鳥ら二十数名に及び，「万句合」が盛んに刊行され，そのうちの川柳点の佳句が「誹風柳多留」「誹風柳多留拾遺」として出版され，川柳の規範となった。化政期以後は内容・句調とも低俗化し，幕末から明治初年に衰微期を迎えるが，明治30年代後半には民衆詩として復活・新生した。

せんりょうたいせい [占領体制] 1945年(昭和20)8月14日のポツダム宣言受諾から，52年4月28日のサンフランシスコ講和・日米安全保障両条約発効に至る期間の，GHQによる日本に対する間接統治体制。総司令部は形式上は，11カ国からなる極東委員会から基本方針をうけ，米・英・ソ・中の対日理事会を諮問機関としていたが，実際はアメリカの意思によって動いていた。ポツダム緊急勅令による授権的措置により，諸改革を迅速かつ能率的に進め，時にはアメリカ本国の方針と異なる方策もとられた。おおむね1947年5月3日の日本国憲法施行の頃までは非軍事化・民主化をめざし，それ以降は経済復興に重点がおかれた。

ぜんりんこくほうき [善隣国宝記] 中世前期までの中国・朝鮮との交渉の文書集，および年代記。3巻。瑞渓周鳳編。1466年(文正元)にいったん成立，70年(文明2)完成。明への文書の作成を幕府から求められ，先例を集めたことが編著の動機とされる。上巻は中・下巻の前史となる年代記で，出典を明記しており，「元亨釈書」からの引用が多い。中巻は1398年(応永5)以降の明・朝鮮との公式文書を，下巻は1433年(永享5)以降の贈答品の目録などを，一部に見解を加えて年代順に収める。収録範囲は後人の追加も含めて86年まで。中世前期の対外交渉史の基礎的な史料。版本で流布し，「続群書類従」所収。

せんれい [先例] 前例とも。以前からの慣例，しきたり。古代～中世には無条件で守られるべきものと認識され，先例を破ることは新儀とよばれて非難の対象となった。権利を保障する文書などでは，「先例に任せ」というかたちで用いられることが多い。鎌倉幕府の基本法である「御成敗式目」は，先例を重視して作成された。

ぜんろうかいぎ [全労会議] 全日本労働組合会議の略称。1954年(昭和29)4月に結成された右派労働組合の全国組織。総評の方針が政治闘争に傾斜していると批判して脱退した海員組合・全映演・全繊同盟の3単産と総同盟が結成し，50年代後半に総評と勢力を二分した。連絡協議会的な性格が強かったため，62年に同盟会議を作り，64年に同盟へと移行した。

そ [租] 田租$_{でん}$ とも。古訓はタチカラ。律令制下，田の面積に応じて課した税目。1段あたり2束2把(不成斤)。成斤では1束5把)で，当時の収穫量の3〜5%に相当。各地の収穫の時期に応じて，9月中旬〜11月までに諸国の郡衙におかれた正倉に納められた。全国的な施行は大宝令施行後である。基本的には令の規定どおり奈良時代を通じて穎稲$_{えい}$ の形状で納められ，租相当量の穎稲を糙$_{えい}$ して稲穀化し，大税$_{たいぜい}$ (734年の官稲混合で正税として一本化)として蓄積するのが原則。708年(和銅元)以降は満倉になったものから不動穀として使用を禁止した。起源については，神に年初の収穫を奉納する初穂$_{はつ}$ 儀礼が共同体の首長へ貢納する税となり，大和政権の「タチカラ」をへて，律令制の租にうけつがれたとみる考え方が有力。

そ [蘇] 乳製品の一種。平城宮跡出土木簡$_{かん}$ に近江国の「生蘇$_{なま}$ 三合」が確認されており，奈良時代には貴族を中心に摂取されていた。「延喜式」に記される製法によると，乳1斗を煮つめて蘇1升をえるとある。また諸国貢蘇番次が定められており，平安時代には46カ国から献上され，内蔵寮$_{りょう}$ が管掌した。大臣大饗$_{だいきょう}$ などの儀式にも用いられ，蘇甘栗使$_{そあまぐり}$ が派遣されて下賜されたが，中世には姿を消した。

そあ [祖阿] 生没年不詳。室町幕府第1回遣明船の正使。足利義満は博多商人の肥富$_{こいつみ}$ の意見をとりいれて，1401年(応永8)に日明貿易にふみきった。そのときの正使が祖阿で，副使は肥富。祖阿は明使天倫道彝$_{てんりん}$ らをともなって帰国し，日明関係を開く糸口となった。将軍に近侍して雑用をつとめる同朋衆$_{どうぼう}$ だったとみられる。以後の遣明船の正・副使は五山関係の僧から選ばれ，同朋衆が選ばれたのは異例のこと。

そう [宋] ❶劉宋$_{りゅう}$ とも。中国の南北朝時代の王朝の一つ(420〜479)。東晋の末，南燕と後秦を討って軍功をあげた武人の劉裕$_{りゅう}$ (武帝)が，恭帝から禅譲をうけ建康(現，南京)に王朝を開いた。華北からの流浪者を江南の戸籍につけ(土断法)，富国をはかって北魏と対抗したが敗れ，順帝が武臣の蕭道成$_{しょうどう}$ (斉の高帝)に禅譲して王朝は滅んだ。外交では倭の五王(讃・珍・済・興・武)に，使持節都督・倭・新羅・任那・加羅・秦韓・慕韓・六国諸軍事・安東大将軍倭王などの称号を贈り，百済$_{くだら}$ とともに東方政策の基軸とし，北魏と高句麗に対抗した。
❷中国の王朝。北宋(960〜1127)，南宋(1127〜1279)。趙匡胤$_{ちょうきょういん}$ が建国。南朝の宋に対し趙宋ともいう。唐末五代に武人政権が台頭したため，宋では皇帝直属の禁軍の強化，行政・監察・軍事の分掌化によって文官主導の政治体制がとられた。大土地所有容認の両税制下に新興地主が登場したが，科挙$_{きょ}$ の拡充で彼らの貴族化は阻止され，皇帝独裁制が確立。製陶業などの産業が発達し，大量にに作られた銅銭は海外でも流通，紙幣も登場した。農業や南海貿易の発展で江南の比重が増し，黄河と長江を結ぶ大運河ぞいに北宋の開封$_{ふう}$，南宋の臨安$_{あん}$ (杭州)両首都がおかれた。金の侵入で北宋が滅び南宋がたつと，江南の経済はいっそう発展した。日宋間に正式の国交はなかったが貿易は盛んで，奝然$_{ちょう}$・成尋$_{じょう}$ ら入宋僧も多かった。

そう [奏] 一般に天皇に対して官司または臣下個人が上申すること。口頭と文書による場合がある。律令制下では，文書による奏の書式について，公式令$_{くしきりょう}$ に論奏・奏事・便奏$_{びんそう}$ の三つの太政官からの奏のほか，奏弾・飛駅$_{ひえき}$ 上式を規定。論奏は国家の大事について太政官の議政官が発議して奏上する，奏事は原則として諸司の解$_{げ}$ にもとづいて論奏以外に奏すべきことを太政官から奏上する場合に，便奏は日常的小事について少納言から奏上する場合に用いられた。奏弾は弾正台が官人の非違を奏上するもので，飛駅上式は緊急の事件について諸国から上奏するものであった。このほか諸司から太政官を経由せずに天皇に上奏する直奏$_{じきそう}$ が広範に存在した。

そう [惣] 中世農民の自治的な共同組織。惣は「すべてのもの」「全体」を意味する語。一揆の時代といわれる中世社会では，多様な階層のそれぞれに連帯し一味同心する共同組織が形成され，惣を冠してよばれることが多かった。たとえば，惣寺・惣国・惣郷・惣荘・惣村・惣百姓など。農民の惣結合は，その共有財産の取得や処分の際に惣として署判を加えたり，惣分や惣中の衆議で掟を定めた。そのため惣といえば，惣百姓組織が第1にあげられる。惣百姓結合の強化と広がりが，惣村を単位とした土一揆をうむ基盤となった。

そうあみ [相阿弥] ?〜1525 足利義政・同義尚らに仕えた同朋$_{どうぼう}$ 衆。能阿弥の孫。芸阿弥の子。真相とも称し，鑑岳と号した。1485年(文明17)の芸阿弥の死とともに父の職掌をうけつぎ，同朋衆として室町幕府に仕え，将軍家所蔵の書画の管理鑑定をし，連歌師としても活躍。著書「君台観左右帳記$_{くんだいかん}$$_{そうちょうき}$」には中国

画家や座敷飾についての知識がまとめられている。画家としては大徳寺大仙院の襖絵「山水図屏風」が代表作で，牧谿らの山水画を基礎に独自の画風を作りあげている。単庵智伝・是庵らは相阿弥の弟子と伝える。

そういん [宗因] 1605~82.3.28 江戸前期の俳人・連歌師。加藤清正の家臣西山次郎左衛門の子。本名西山豊一。通称次郎作。俳号は一幽，宗因は連歌名。肥後国熊本生れ。15歳頃から肥後国八代城代加藤正方に仕えた。正方の影響で連歌を知り，京都に遊学。昌琢について本格的に連歌を学んだが，1632年(寛永9)主家の改易で牢人となる。47年(正保4)大坂天満宮連歌所の宗匠となり，全国に多くの門人をもつ。その一方俳諧活動も行い，延宝頃に談林俳諧の中心人物とされた。はじめ関西を中心に流行し，しだいに全国に波及，芭蕉の蕉風俳諧をうむ基盤を作ったが，晩年連歌に戻った。

そううんじどのにじゅういっかじょう [早雲寺殿二十一箇条] 戦国大名小田原北条(後北条)氏の祖である伊勢宗瑞(北条早雲)の作と伝えられる家訓。宗瑞の作とする伝承は「北条五代記」にみえ，同書の成立事情から少なくとも近世初期にさかのぼるが，事実の確証はない。内容からも宗瑞の作とする徴証はえられず，確かな成立年代も不詳。何種類かの伝本は，どれも「北条五代記」またはその原形となった「慶長見聞集」からわかれたものである可能性が大きい。21カ条からなり，敬神や早寝早起き，虚言の戒め，朋友を選ぶべきこと，火の用心などの日常生活上の心得，主君への奉公の心得などが大部分を占める。「日本思想大系」所収。

そうおきて [惣掟] 地下掟・村掟とも。中世農民の自治的な組織である惣によって定められた掟。惣の成員による衆議，つまり一味同心によって守るべき規則を定めた。鎌倉後期~江戸初期に，規文・置文・定文・地下掟・惣分置目・郷置目などとよばれる惣掟が作られた。内容は，惣結合への敵対行為の禁止，水利や山野利用に関する規制，惣の検断や防衛などである。違反者に対しては，惣として制裁を加えた。

そうが [早歌] 宴曲とも。中世歌謡の一つ。南北朝期~室町中期に盛行。七五調を基調とする歌詞を連ねた中・長編の歌謡。詞章の内容は道行歌・教訓歌・仏教歌・物尽し・四季を詠んだものが多い。明空らの編集した「宴曲集」など18集に173曲を収める。和讃や催馬楽に似た斉唱形式の声曲で，一定の拍律にのせてうたい進める楽曲形態や詞章にゴマ点を付す楽譜の形態などには，最初期の能の謡と共通点がみられる。武士・公家・僧侶など知識層の人々が，教養の一つとして宴席や寺院の延年，管弦楽などの場で演唱。しかし確固たる伝承組織や強力な享受者・庇護者を欠き，戦国期からは衰退した。

そうかがっかい [創価学会] 日蓮正宗系の新宗教。1930年(昭和5)牧口常三郎と戸田城聖が設立した初等教育の研究実践団体，創価教育学会に始まる。37年から，講の形式をとる日蓮正宗系の新宗教に発展。第2次大戦中は国家神道と相容れないとして弾圧をうけた。戦後創価学会の名称で再建，50年代の高度成長を背景に発展。戸田は王仏冥合の理想世界をめざす政教一致主義を掲げて，55年から政治に進出。その後没，池田大作が反共産主義を基調とする政界進出を本格化し，64年宗教政党の公明党に発展。70年政教分離を表明。91年(平成3)日蓮正宗と絶縁状態となる。

そうがく [宋学] ⇨朱子学

そうがっこうけい [創学校啓] 「創国学校啓」「荷田大人啓」とも。1728年(享保13)皇国学専門の学校を京地に設立するよう幕府に請願した上書等。荷田春満の著。草稿では幕府奥状納戸役大島運平にあてたが，実際には提出されなかった。大坂の漢学校懐徳堂の官許に刺激をうけたもの。98年(寛政10)荷田信郷らが文飾を加え，春満の歌集「春葉集」に合刻してはじめて刊行。幕末から近代にかけて平田篤胤の門流が再刊。日本の律令，正史を中核とする国史と，「万葉集」「日本書紀」を手本とする歌学の再興を柱とし，神道家流の牽強付会を排し，古語・古義・古道の学問的な考究を提唱する。「日本思想大系」所収。

そうがな [草仮名] 万葉仮名を草書体で書いた仮名文字。江戸時代以来平仮名をこうよんだ時代もあったが，現在は平仮名にまで簡略化されない前の時期の仮名をこうよぶ。実例は「秋萩帖」(伝小野道風筆)，「古今和歌集」(元永本。ともに東京国立博物館蔵)などにみられる。「宇津保物語」「源氏物語」などでは草仮名を「さう」，平仮名を「かな・かんな・女手」と区別する。平仮名などの仮名文字と同じ時代に書かれ，1字に対する字体数が多いため，美的な鑑賞の対象ともなった。

そうがまえ [総構] 惣構・総堀・惣堀・総郭とも。戦国期~近世で，城下町を囲い込んだ堀や土塁による防御施設。「町口大堀」とよばれた織田信長の清須城や後北条氏の小田原城の総構は名高い。東北地方の町郭または同様の施設。武家屋敷のみのものや町屋まで囲んだものなどいくつかに分類される。都市の特権の範囲を明らかにし，兵農分離を推し進めるのに役立った。戦いがなくなる

と，城下の空間的発展を妨げることにもなったので，関ヶ原の戦以降採用されなくなった。

そうかん［宗鑑］ ?～1539? 戦国期の連歌・俳諧作者。本名・出自などは諸説ある。もと足利家家臣。主君の死で出家し，摂津国尼崎または山城国薪村に隠棲，のち淀川河畔の山崎に庵を結び山崎宗鑑とよばれた。宗長(そうちょう)や荒木田守武(もりたけ)との交流が知られる。連歌作品の伝存はわずかだが，最初期の俳諧撰集『犬筑波集』を編集し，その卑俗奔放な句風は，江戸初期の談林俳諧に影響を与えた。

そうき［搔器］ 素材の長軸の端部に2次加工を施し，刃部を形成した石器。皮なめしなどの皮革加工に用いられた。後期旧石器時代から縄文時代まで使用された。石刃の先端を2次加工した先刃式搔器や，拇指(ぼし)状搔器，あるいは石核を素材とした石核搔器などがある。

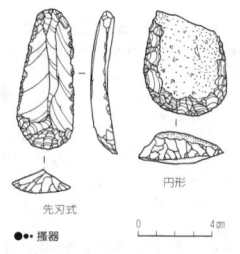

先刃式　円形
●・・搔器　0　　4cm

そうぎ［宗祇］ 1421～1502.7.30 室町中期～戦国期の連歌師。号は自然斎・見外斎・種玉庵。姓は飯尾(いいお)とも伝えるが確証はない。出生地には近江説・紀伊説がある。連歌は宗砌(そうぜい)に師事し，古典学を一条兼良に，和歌を飛鳥井雅親と東常縁(とうのつねより)に学んだ。応仁・文明の乱に際し関東に流れ住み，52歳のとき京に戻って種玉庵を結んだ。ここで『新撰菟玖波集(しんせんつくばしゅう)』を編集。68歳で北野連歌会所奉行となる。三条西実隆との親交を通じて宮中ともかかわり，越後国や周防国山口にたびたび赴いた。箱根湯本で客死。代表作『水無瀬(みなせ)三吟』『湯山(ゆやま)三吟』など連歌が数多く残り，自撰句集『老葉(わくらば)』，連歌論書『吾妻問答』ほかがある。古典研究にもすぐれた中世連歌の最高峰で，門人に宗長・肖柏・宗碩(そうせき)らがいる。

そうぎょうはちまんしん［僧形八幡神］ 剃髪僧衣の姿で表された八幡神。神でありながら僧形で表された背景には，神の仏への帰依といった，神を仏教にとりこもうとする思想があったと考えられる。古例には，9世紀後半に造像された京都薬王護国寺と奈良薬師寺の像がある。また京都神護寺には10世紀の原本を鎌倉時代に模写した画像が伝わるが，この像の型式は画像ばかりでなく，快慶作の東大寺僧形八幡神像などの彫像にも影響を与えている。

ぞうくじ［雑公事］ ⇨万雑公事(まんぞうくじ)

そうけ［宗家］ 共通の先祖をもつ子孫たちによる血縁集団において，始祖からの直系の家系をさす。出自の家系の根幹をなすことや始祖以来代々直系の先祖を祭ることなどから，他の分家に対して地位的権威をもつ。同族集団や沖縄の門中(むんちゅう)集団における総本家，また茶道・華道や舞踊など伝統芸能の家元を宗家とよぶこともある。

そうけんじ［摠見寺］ 滋賀県安土町にある臨済宗妙心寺派の寺。遠景山と号す。開山は織田信長の叔父織田信安の三男正仲剛可(しょうちゅうごうか)。天正年中(1573～92)に信長が安土山中に開創。フロイスは『日本史』によれば，「あたかも神的生命を有し，不滅の主であるかのように万人から礼拝されることを」希望して建立したという。三重塔・楼門・木造金剛二力士像などの重文がある。

そうごう［惣郷］ 室町時代，領主の異なる惣村(そうそん)が広範囲に連合したもの。京都近郊には小規模なうえに，領有関係が複雑に入り組んだ荘園が多かった。大規模な灌漑施設や林野の利用には荘園の枠をこえた共同が必要で，そのために成立した自治組織である。徳政のような政治的要求をすることもあった。

そうごう［僧綱］ 律令制下で僧尼の監督・教導にあたった僧官。僧正(そうじょう)・大僧都(だいそうず)・少僧都・律師(りっし)の四職で構成され，その下に佐官(さかん)がおかれた。僧綱の任命・職掌については僧尼令に規定がみえる。624年(推古32)百済僧の観勒(かんろく)を僧正，鞍部徳積(くらつくりのとくしゃく)を僧都に任じたとするのが史料上の初見だが，のちの僧綱と同じ性格のものか疑わしい。天武朝には律師がおかれ，律令制下で僧綱の制度が整備された。819年(弘仁10)定員を僧正・大少僧都各1人，律師4人，佐官の系譜を引く威儀師(いぎ)6人・従儀師(じゅぎ)8人と規定したが，厳守された形跡はない。以後大僧正や権僧正がおかれ，僧綱の員数も増えてその地位はしだいに栄誉的なものとなり，僧綱政の実務も法務や在庁などの地位にある特定の僧にゆだねられた。

そうごうぶにん［僧綱補任］ 僧綱を構成する僧の名称・職名・僧位や略歴などを年次ごとに記述した書。編者・成立年代は未詳。平安末書写の興福寺本(重文)は，現存する同名の書のなかで最も完備したもの。624年(推古32)に始まり，698年(文武2)からは毎年となり，1142年(康治元)までを記述。『大日本仏教全書』所収。なお本書を増補したのが平安末期の東大寺僧憬珍(けいちん)編『僧綱補任』であり，その残欠本が『七大寺年表』の書名で現存。

そうこ

そうこくいっき [惣国一揆] 戦国期に結ばれた国一揆の一形態。国人<ruby>領主<rt>りょうしゅ</rt></ruby>の結んだ国一揆と異なり，国人一揆を中核に，その支配地域の小領主を媒介にして，村落単位の一揆をも含んだ国一揆とされる。史料上の用語としては伊賀の惣国一揆が有名だが，山城の国一揆も当時惣国一揆と意識されていた。国一揆と惣国一揆と称されるものとの実体上の差異は，現在必ずしも明らかにされていない。

そうさい [総裁] 明治政府設立期の最高位の官職である三職の一つ。1867年(慶応3)12月9日，王政復古の大号令により摂政・関白に代えて設置され，有栖川宮熾仁<ruby>たるひと</rt></ruby>親王が就任，翌68年(明治元)1月9日には副総裁に三条実美<ruby>さね<rt>とみ</rt></ruby>と岩倉具視<ruby>ともみ</rt></ruby>が任命された。総裁は親王のなかから任じられ，庶政を統率してすべての事務を裁決するものとされ，2月3日の八局の制で総裁局がおかれると，その長官として副総裁・輔弼<ruby>ほひつ</rt></ruby>などを率いた。68年閏4月21日の政体書公布により廃止された。

そうさだしげ [宗貞茂] ?～1418.4.―　室町時代の対馬国守護。刑部少輔・讃岐守。法名昌栄(正永)。父は宗霊鑑。1398年(応永5)一族の支流で対馬の政権を握っていた仁位<ruby>にい</rt></ruby>中村宗氏を討って実権を掌握。一時は謀反により政権を奪われたが，これを克服し地位を固めた。主家少弐氏をたすけ，九州探題渋川満頼・大内氏と抗争。対馬国三根郡佐賀を居所とした。対外的には倭寇禁圧の実績で朝鮮から対日貿易の正式な窓口としての地位を認められ，死後も功績を称えられた。

そうさだもり [宗貞盛] ?～1452.6.22　室町中期の武将。対馬国守護。幼名都都熊丸。彦六。右馬・刑部少輔。1418年(応永25)父貞茂の死により若年で家督相続。翌年，倭寇撲滅を目的とする朝鮮側の対馬攻撃，応永の外寇をうけた。その後の外交交渉で26年，朝鮮への渡航者に対馬島主発行の許可証を保持させる文引<ruby>ぶんいん</rt></ruby>制度を提案して成立させ，対朝鮮交易の統制権を利用して島内支配を強化した。しかし，九州では大内軍に大敗し，同地での所領を失った。

そうし [宗氏] 秦氏の一流。鎌倉～江戸時代に対馬国に勢力をもった。江戸時代の系譜では平知盛を祖とするが，対馬の在庁官人惟宗<ruby>これむね</rt></ruby>氏が鎌倉時代に守護少弐<ruby>しょうに</rt></ruby>氏のもとで地頭代となり，島内に勢力を築いて13世紀後半以降宗氏を称した。のち対馬国守護。文明年間(1469～87)頃までは少弐氏に従いしばしば九州北部で戦った。15～16世紀，朝鮮政府の通交貿易統制に協力し，対朝貿易に独占的な地位を築いた。1587年(天正15)豊臣秀吉から対馬領有を安堵され，江戸時代には対馬国府中藩主。対馬一円および肥前国内での分領を知行(約3万石)し，元禄年間以降10万石以上の格式を称し，1817年(文化14)2万石加増。朝鮮貿易も独占した。維新後伯爵。

ぞうし [蔵志] 日本初の実証的解剖書。2巻。山脇東洋著。1759年(宝暦9)刊。東洋は1754年閏2月7日，京都六角獄舎の庁前で刑死体を解剖(観臓)。その解剖所見は紙数6枚の短文だが，日本最初の解剖記録で，本書の冒頭をかざる。浅沼佐盈<ruby>さえい</rt></ruby>の蔵志図4枚，解剖1カ月後に行われた慰霊祭の祭文も載せる。大腸・小腸の区別を見落とし，脾胃の位置が上が腸につらなり，脊椎が17個あるなど誤りも多いが，西洋解剖書の正確さと，物を先にして理を後にすることの重要性をのべている。「解体新書」が翻訳であるのに対し，本書は実地の観察である点に意義がある。刊行後，解剖反対論ないし無用論も高まったが，解剖は全国各地で行われるようになった。

そうしかいめい [創氏改名] 植民地支配の皇民化政策として，朝鮮人固有の姓を廃止して日本式の名前を名のらせた政策。1939年(昭和14)11月朝鮮民事令改正によって公布，翌年2月施行。同年8月までに新しい氏名の届け出をさせ，改名しない者には公的機関に採用しない，食糧の配給対象から除外するなどの圧力をかけたため，期限内に全戸数の80%が届け出た。「内鮮一体」を提唱する南次郎朝鮮総督の政策の一つ。

ぞうしかん [造士館] 薩摩国鹿児島藩の藩校。1773年(安永2)城内二の丸門前に開校。聖堂・講堂・学寮・文庫・演武場を設置し，翌年医学院，79年吉野村に薬園，天文研究の明時館を増設。学科は和学・漢学・習字・諸武芸。付随して嘉永・安政年間に集成館および艦船造船所，1860年(万延元)には中国語研究の達士館，64年(元治元)には軍事技術・英学の開成所を設置。70年(明治3)以後は和学・漢学・洋学をまとめて本学校とし，別に小学校を新設した。

ぞうしき [雑色] 雑色人とも。組織・支配系統のなかで下層に位置づけられた人々をさす。具体的内容は時代・用例により異なる。古代では(1)品部<ruby>しなべ</rt></ruby>・雑戸<ruby>ざっこ</rt></ruby>の総称，(2)官衙の下級職員，(3)王民家の下級家務従事者，(4)国家の造営事業に従事した工匠などの総称，といった用例がある。なお(3)の用例は中世以降にもみられる。中世ではこのほかに幕府で雑役を勤めた下級職員をさす場合もある。近世の京都では四座雑色<ruby>しきぞめ</rt></ruby>という町役人的存在がみられる。

そうじじ [総持寺] 横浜市鶴見区にある曹洞宗大本山。1321年(元亨1)瑩山紹瑾<ruby>けいざんじょうきん</rt></ruby>が能登国櫛比<ruby>くしひ</rt></ruby>村(現，石川県門前町)の僧定賢の帰依をうけて寺を譲られたに始まる。朝廷の勅願所，江戸幕府の祈願所として永平寺(現，

福井県永平寺町）とともに曹洞宗本山として興隆。1898年（明治31）火災で堂塔・伽藍を全焼し，再建にあたって1911年に石川県から現在地に移転した。絵画に「提婆達多像」「前田利家夫人像」「紹瑾和尚像」，工芸に刺繡獅子吼文大法被，書跡に瑩山紹瑾筆の「観音堂縁起」があり，いずれも重文。

そうししばい［壮士芝居］ 書生芝居とも。明治中期に壮士や書生が中心となって上演した演劇。自由党の壮士角藤 $すど$ 定憲が自由民権思想の普及を演劇の場を通して行うことを目的として始めた。川上音二郎も壮士芝居で活躍し，人気を得た。元来，素人芝居であるため粗雑であったが，形にとらわれない立回りや演説が大衆の心をつかんだ。結果として演劇改良の役割をもはたし，新しい演劇の形態をうむ契機となった。

そうじゃ［総社］ 惣社とも。多くの神社の祭神を1ヵ所に勧請して祭った神社の称。一般には一国の総社をいう。一国の総社は，国司の巡拝・奉幣の便宜のため一宮・二宮以下国内の諸神を集めて祭ったのに始まるといわれる。総社は国府の近くにおかれ，国司の着任儀礼や朔幣，国内神名帳の奉読などの国衙 $が$ 神事を行い，在庁官人・国人層結集の精神的支柱としての役割を担った。神領・神官の進退権は国衙在庁がもち，国衙在庁機構の一環を構成するとともに国鎮守とされた。初見は「時範記」康和元年(1099)2月15日条の因幡国の総社で，11世紀後半には総社制の実体が備わっていたと考えられる。ほかに一郡・一郷の総社や寺院内の総社，有力氏族邸内の総社などがある。

そうしゅこく［宗主国］ 国際関係において，従属国の政治・外交に特殊な権限をもち，同時に保護する国家。前近代の東アジアの国際関係では，中国が周辺諸国の長に称号を与える冊封 $ほう$ 関係が結ばれ，宗主国と藩属国という君臣関係が成立。中国には，周辺の夷狄 $てき$ である異民族に対し，みずからを文化的に優越した民族（中華）とみなす華夷 $い$ 思想があり，中国の皇帝が周辺の異民族を徳化し，礼と法の秩序を作ることを理想とした。宗属関係の具体的表現が朝貢である。

そうじょ［宋書］ 中国南朝の宋(420〜479)の興亡を扱う正史。100巻。沈約 $しんやく$ 撰。487年撰作開始，502年梁朝成立後定稿。ただし，439年以来の撰作事業を継承修訂。「史記」以来の体裁によるが本紀・志・列伝のみ。同じころ別撰の宋史書5種は散逸。夷蛮倭国伝には，倭の五王讃・珍・済・興・武の記述があり，各代の遣使と珍以下に対する倭王への叙任が記されている。中華書局刊。

そうしょう［惣荘］ 本来は荘園全体の意だが，のち自治村落のこともさした。中世の荘園は村落共同体と同一ではなく，その内部には水利や祭祀などで共同する単位村落がいくつか形成されていた。しかし1個の荘園として，同一の領主をいただいている以上，年貢減免や代官罷免などの要求は荘園内のすべての百姓がいったんとなって行う必要があった。この百姓の共同組織が惣荘とよばれた。また中世の国家的な土地所有体系は荘園公領制にもとづいていたため，村落間の堺相論 $さかいそうろん$ も公権力に出訴する場合はしばしば惣荘が主体となった。戦国期になると，本来の荘園領域とは関係なく，政治的・経済的な自治組織を形成した村落のことを惣荘とよんだ例もある。この場合，惣村 $そん$ と同義になる。

ぞうじょうじ［増上寺］ 東京都港区にある浄土宗の大本山。関東十八檀林の筆頭。もと武蔵国貝塚（現，千代田区平河町）にあり，真言宗光明寺と号したが，1393年（明徳4）聖聡が改宗し増上寺と名を改めた。徳川家康の入府後，12世存応に帰依した家康により，1598年（慶長3）現在地に移されて徳川家の菩提所となり，大伽藍が造営された。1608年には勅願所・常紫衣 $じょう$ の寺となる。のち関東僧録所として宗務を掌握し，その勢力は京都の総本山知恩院に並ぶほどだった。明治維新後は衰退し規模は縮小されたが，浄土宗の関東総本山として再生。数度の火災で徳川家の御霊屋 $たまや$ をはじめ多くの堂舎を失ったが，1605年建立の山門（重文）などが残る。

そうしょくきょう［装飾経］ 荘厳経 $しょうごん$ とも。仏教経典の表紙・見返し・本文料紙・本文・軸首・紐などに特別な装飾を施したもの。表紙には紺紙や金銀泥模様・金銀切箔などを散らし，見返しには金銀泥・絵具などで仏画・経意絵・米迎図などを描いたものがある。本文料紙には紫紙・紺紙に金銀泥・絵具などで蝶鳥の下絵を描き，界線を金・銀・朱・緑などでひき，界線中に宝塔・蓮台などを描いたものがある。本文は金・銀泥，金銀泥交書で書写したものがあり，軸首には紫檀や玉石・牙などを用い，金銀泥・漆塗・蒔絵・螺鈿 $でん$・透彫金具などを施している。平安後期から鎌倉前期にかけて最盛期を迎えた。「久能寺経」「平家納経」「扇面古写経」などがある。

そうしょくこふん［装飾古墳］ 浮彫・線刻・彩色などによる文様・絵画・彫刻をもつ古墳や横穴墓の総称。装飾の施される場所は，石棺，石室の壁面，石障，横穴墓の壁面や入口など。福岡県王塚古墳のように，壁面に絵画の描かれたものを壁画古墳とよぶ。福岡・佐賀・熊本・大分など九州北部に集中的にみられ，鳥取・神奈川・茨城・福島・宮城県などにもまとまっ

てみられる。古い段階では，直弧文・同心円・三角形・鋸手文などの幾何学的・抽象的文様が多いが，しだいに靫・盾・大刀・舟などの器物，人物，馬・鳥・魚など具象的な絵画となる。多くは5～6世紀に造られたが，7世紀に降るものもある。

そうずだいいせき [早水台遺跡] 大分県日出町にある旧石器・縄文早期の遺跡。別府湾を望む海岸段丘上にある。九州の縄文早期の早水台式土器の標式遺跡。押型文土器編年の基礎資料となった。下層からナイフ形石器などの後期旧石器の遺物のほか，石英脈岩や石英粗面岩製の握槌や石核とされるものが出土し，前期旧石器研究の端緒となった。

そうせん [宋銭] 宋代に官鋳された中国の貨幣。銅銭・鉄銭の両種があるが，中心は銅銭。1枚1文の小平銭のほか，折二・当三・当五・当十など2～10文の大銭も造られた。とくに前半の北宋のものは歴代王朝の銭貨のなかでも最も鋳造量が多く，最盛期には年間500万貫をこえた。1127年に領土の北を失った後の南宋では激減し，年間10万貫程度になった。宋銭は宋代ばかりでなく，つづく元・明のもとでも依然として重要な銭貨であり，日本にも平安中期から戦国期までの長期間，貿易によって大量に流入した。中国では中世を通じて流通貨幣の過半を占め，精銭の代表格であった。

ぞうせんぎごくじけん [造船疑獄事件] 第9次計画造船にからむ贈収賄容疑事件。1953年(昭和28)度計画造船に関して運輸省の行う船主選考，外航船舶建造融資利子補給及び損失補償法をめぐり，造船業界から政・官界へ贈賄がされた。54年1月東京地検が捜査を開始，造船工業会会長・副会長ら幹部多数を検挙。政界では自由党幹事長佐藤栄作が造船工業会・船主協会側から2500万円，同党政調会長池田勇人も飯野海運会社長から200万円を収賄したとして取調べをうけた。大汚職事件に発展するかとみられたが，法相犬養健の指揮権発動で逮捕を免れ，事件の大半は消された。

ぞうせんしょうれいほう [造船奨励法] 1896年(明治29)制定の国内造船業育成を目的とする法律。前年に三菱(長崎)造船所で国内初の1000総トンをこえる鋼製汽船が建造されるなど造船業発展の兆しに対応して，1000総トン以上の鉄製・鋼製国内建造船にトンあたり20円，機関1馬力あたり5円の補助を与える案が議会に出され，三菱以外の造船所の事情を勘案して700総トン以上に対象を拡大して成立。即座に船舶輸入を止めるまでの国内造船業の発展に貢献した。

ぞうぞく [相続] 財産や身分などを受け継ぐこと。財産を受け継ぐことは，たんに相続または財産相続で，身分や地位・家名などを継承する家督相続とはわけて考えられる。家督は鎌倉時代に武士団の一族一門の長を意味する言葉としてうまれ，家督の地位は一門の本家の嫡子が単独で継承した。この場合財産は嫡子以外の庶子にも分割相続されたが，室町時代以降になると，身分と財産を1人で受け継ぐ長子相続が一般化した。江戸時代，武士のおもな相続対象は俸禄であり，これを家督ともいい，長男が家督と家名などを単独で相続する制度が確立した。庶民では，家長の地位は単独相続されたが，財産は分割相続された。長子相続が基本であったが，末子相続・姉家督の習慣もあった。明治期には長男による家督相続が法制化されたが，第2次大戦後はその制度が廃され，男女平等の共同相続になった。

ぞうそん [惣村] 惣とも。中世農民の自治的な村落共同組織。鎌倉後期～中世末まで，畿内近国を中心に広く形成された。内部には，地侍・名主・小百姓・下人といった身分的階層差を包みこんでいるが，全体として惣百姓結合を形成する。乙名や沙汰人などを指導層として，成員全体が参加する寄合をもち，衆議によって掟が制定され，自検断が行われた。村落の鎮守神を宗教的紐帯として強く結びつき，一味同心して領主の非を訴えたり，年貢減免を求めての粘り強い交渉，年貢の地下請けの実現などもあった。経済的基盤として山や田地などの惣有地をもち，山野や用水の共同利用においても惣村のはたした役割は大きい。

そうちょう [宗長] 1448～1532.3.6　室町中期～戦国期の連歌師。初名宗歓，別号は柴屋軒。駿河国島田の刀鍛冶の子に生まれ，駿河国守護今川義忠に仕えたが，1476年(文明8)義忠が戦死したため上京，一休宗純に参禅，連歌を宗祇らに学ぶ。越後国や筑紫への旅に宗祇と同道し，「水無瀬三吟」「湯山三吟」などの作品に参加。叙景句よりも理のある句・述懐の句を得意とした。1504年(永正元)駿河国宇津山麓に柴屋軒を結び，以後今川家の政治的活動のために旅をくり返した。自撰句集に「壁草」「那智籠」「老耳」，連歌論書に「雨夜記」「連歌比況集」，紀行・記録に「宗長手記」「宗祇終焉記」などがある。

そうついぶくし [総追捕使] 「そうついぶくし」とも。惣追捕使とも。鎌倉幕府草創期，国あるいは荘園におかれた軍事指揮官。1184年(元暦元)平氏追討の宣旨をうけた源頼朝は，畿内近国に適宜，総追捕使を任命，播磨・美作両国の梶原景時，備前・備中・備後諸国の土肥実平，伊賀国の大内惟義などである。平氏滅亡後停止されることになったが，85年(文治)末，源義経・同行家の追討を名目に，あら

ためて設置を朝廷に認めさせた。行家・義経滅亡後は，もっぱら一国ごとに治安警察一般，国内御家人の統率にあたる者として，それまでも異称としてあった守護人・守護とよばれるようになり，鎌倉幕府の全国的・統一的な職制となっていく。

そうとうしゅう [曹洞宗] 中国禅家五家七宗の一派で，日本では禅家3派の一つ。中国の曹洞宗は，雲巌曇晟の弟子洞山良价と良价の弟子曹山本寂を派祖とする。宗名は，洞山と曹山から1字ずつをとって倒置したとする説と，曹渓慧能の曹と洞山の洞をとったとする説がある。洞山は高安県（現，江西省）に住んで禅を広め，曹山は江西省の荷玉山で禅を盛んにした。日本の曹洞宗は入宋して天童山の如浄の法をついた道元によって開かれた。道元は1243年（寛元元）に大仏寺（のち永平寺）を開いたが，3世徹通義介の弟子瑩山紹瑾によって曹洞禅は大いに広まった。

そうどうめい [総同盟] ❶日本労働総同盟の略称。第2次大戦前の代表的な労働組合全国中央組織。1912年（大正元）創立の友愛会が前身。19年大日本労働総同盟友愛会に改称，21年日本労働総同盟と改めた。20年代前半に政治的対立がおき，25年左派が評議会を結成（第1次分裂），26年（昭和元）中間派が組合同盟を結成（第2次分裂），さらに29年大阪連合会の内紛で第3次分裂がおこり，以後右派組合として純化した。満州事変後の32年に罷業最小化方針を決定，36年に全労と合同して全総（全日本労働総同盟）を設立。全総は37年に罷業絶滅宣言を発して，戦争協力を通じて組織維持をはかったが，産業報国運動への対応をめぐり分裂，残留派は名称を総同盟に戻した。新体制運動のなかで40年に解散。
❷日本労働組合総同盟の略称。第2次大戦終初期の右派労働組合のナショナル・センター。1946年（昭和21）8月，戦前の総同盟の活動家たちによって設立され，日本社会党を支持し，日本共産党系の産別会議と勢力を二分した。総評結成後の51年に解散大会を開いたが，右派は独自に組織を再建，全労会議・同盟会議をへて，64年の同盟結成で組織を解散した。

そうとしより [惣年寄] 近世都市の町方全体を統轄する惣町レベルの町役人の名称の一つ。大坂には三郷惣年寄がおかれ，これは江戸の町年寄に相当した。備前国岡山では総年寄とも書き，定員3人で城下62町を上組・中組・下組にわけて1人1組ずつ分担して町政を行った。彼らは藩の評定所で任命され，10人扶持を与えられた。土佐国高知では，有力町人から2人ないし3人が任命されて世襲で町方支配を担当し，5人扶持を与えられた。なお惣町レベルの町役人の名称としては，ほかに伊予国松山の大年寄などがある。松山の大年寄は元禄〜宝永期には4人で，月交代で惣町の会所に出勤して町政全般を担当した。

そうにりょう [僧尼令] 大宝・養老令の編目の一つ。養老令では第7編で全27条。僧尼の禁止すべき行為と，それを犯した場合の罰則や，僧綱任命の原則などを規定。唐令には存在せず，道教・仏教関係の規定である唐の道僧格から道教に関するものを除き，令の編目に盛りこんだものと考えられる。そのため他の令とは異なり，尼僧の違反行為に対して苦使・還俗など具体的な罰則を定め，律のような性格をもった。

そうにんかん [奏任官] 大日本帝国憲法下の高級官吏。勅任官の下位で，内閣総理大臣・各省大臣の天皇への奏請によって任用される高等官で3〜9等官。各省庁の課長以下の事務官・技師などがこれにあたる。1886年（明治19）の高等官官等俸給令に定められ，87年の文官試験試補及見習規則で高等試験による任用とされたが，帝国大学卒業生は試験を免除された。93年の文官任用令でこの優遇措置が廃止され，原則として高等文官試験の合格者に限られた。1946年（昭和21）廃止。

そうびゃくしょういっき [惣百姓一揆] 村請制村落には，庄屋（名主）・組頭・百姓代の村役人層と小前百姓・水呑百姓などが存在し，惣百姓は一般に村役人層と区別して用いられたが，惣百姓一揆という場合は，村役人層を含む全員が参加した一揆をさす。この形態の一揆が一般化するのは17世紀後半からである。惣百姓一揆は，徒党という多数の威力を背景に打ちこわしをともなう強訴へ，さらに全藩的規模での大規模な一揆や藩領をこえた広域闘争に展開するとされる。

そうひょう [総評] 1950年（昭和25）に設立された労働組合のナショナル・センター。日本共産党の影響力が強かった産別会議に対抗して，民同派と総同盟主流派が連合し，GHQの支持のもとで結成された。しかし51年に再軍備反対や全面講和など平和四原則を掲げ，「ニワトリからアヒル」に転化したといわれた。春闘を組織して反合理化闘争を進め，また日本社会党と強力なブロックを作り，平和運動などでも大きな役割をはたした。60年代に同盟が組織されて労働戦線が二分され，民間企業では後者が優位を占めたため，総評は主たる基盤を官公部門においた。87年に傘下の民間労組が同盟の労組などとともに連合を作り，89年（平成元）連合が官公部門を含む組織に改組されたのにともない解散した。

ぞうひょう［雑兵］ 白歯者（あおばもの）・青葉者とも。身分の低い兵卒・歩兵。雑兵の手にかかって討死するのは耐えられぬ、というように軽蔑をこめた表現で用いられることが多い。室町時代には大名などに従って戦闘に参加する雑兵の活動が目だち、戦国動乱でも大量の雑兵が戦闘に参加した。

そうふくじ［崇福寺］ 長崎市鍛冶屋町にある黄檗（おうばく）宗の寺。通称は福州寺・赤寺。聖寿山と号す。興福寺・福済寺とともに三福寺の一つ。中国の福州から来日した超然（ちょうねん）が1635年（寛永12）に創建し、日本黄檗宗の開祖隠元隆琦（いんげんりゅうき）が55年（明暦元）入寺した。ついで57年に法弟即非如一（そくひにょいち）が来日して伽藍を整備し、中興開山とされる。伽藍は中国風様式を特色とする黄檗寺院のなかでも代表的な建築で、大雄宝殿・第一峰門は国宝。

大雄宝殿（だいゆうほうでん） 1635年（寛永12）の建築。黄檗様建築の代表例。正面5間・奥行4間で2層だが、上層は81年（天和元）頃の増築。意匠と構造は中国明代の福建地方の建築様式で、中国から黄檗宗がもたらされたときに日本にもちこまれた。工匠は中国人と推定される。国宝。

そうぶじれい［惣無事令］ 豊臣平和令とも。豊臣政権の私戦禁止令。無事とは平和・和睦を意味する。豊臣秀吉は、1585年（天正13）関白就任とともに九州の戦国大名たちに戦争の即時停止を求め、領土紛争を裁定する態度を明らかにし、翌年には関東・奥羽の全域に同様の命令を発した。この命令に背いたとみなされた九州の島津氏や関東の後北条氏は、秀吉の武力によって「征伐」され、秀吉の領土分割に従うことになった。これは中世社会の慣習であった自力救済権を否定するもので、戦国大名に対する私戦禁止令や、村に対する喧嘩停止令、百姓・町人に対する刀狩令、海民に対する海賊停止令（ばはん禁止令）など、一連の政策の基調となっているとする説が有力である。

そうへい［僧兵］ 南都北嶺などの顕密寺社の武装した僧、またその集団。そうよばれる特定の人あるいは集団が中世に存在したわけではなく、各寺院の学衆や寺衆全体からなる大衆（だいしゅ）（衆徒（しゅと）など）が必要に応じて武装・決起したものを近世以降こうよんだ。大衆は10世紀半ば以後自治を強化し、院・房ごとに結集して武力を保持。寺院内部の検断事件や寺領荘園に対する国司の違法、住人の反抗などに際し、寺院大衆は一致武装して蜂起し敵対者を威嚇、朝廷に圧力をかけた。延暦寺の山法師や興福寺の奈良法師などの活動が知られ、平安後期～鎌倉時代の南都北嶺の強訴（ごうそ）は、公武権力の政策決定に大きな影響を及ぼした。

ぞうへいりょう［造幣寮］ 明治初年の政府の貨幣鋳造機関。幕末開国以来の通貨混乱を防止するため、明治政府は良貨鋳造と幣制確立を急いだ。1869年（明治2）4月貨幣司を廃して造幣局（大阪）を新設、さらに同年7月大蔵省所属の造幣寮となった。開業は71年閏2月。1円銀貨・銀銅補助貨鋳造のほか、硫酸・コークス・ガス製造なども行い、民間工業にも貢献した。建設には五代友厚、英人ウォーターズがあたり、英人商人グラバーが香港（ホンコン）から鋳造機械を輸入。77年1月再び造幣局と改称。大阪造幣寮の建物は鉄骨総赤煉瓦造の明治初期西洋建築として重文指定。

そうぼうきげん［草茅危言］ 江戸後期、大坂の懐徳堂の儒者中井竹山（ちくざん）の著。1789年（寛政元）老中松平定信の諮問に応じ、幕政改革案をまとめ呈上した。内容は王室のことに始まり、公家百官・国家制度・経済・治水・行政・民間風俗にわたる、きわめて具体的な改革案である。とくに参勤交代制や武士の俸給世襲制の廃止論など、武士階級への大胆な批判がみられ、また無鬼論にもとづく抑仏政策、あるべき皇室の姿への提言など、民間の儒者の視点から儒家的治政の理想を追求したものとして注目される。「日本経済大典」「日本経済叢書」所収。

そうみょう［草名］ 「そうな」とも。文書の差出人がみずからの名前を草書でくずして書いたもの。楷書で明確に読みとれるものは自署（じしょ）という。平安中期から自署をしだいに行書や草書でくずして書くようになり、草名がうまれた。記号化がさらにすすめば花押（かおう）となる。

そうみん［僧旻］ ⇨旻（みん）

そうむしょう［総務省］ ⇨郵政省（ゆうせいしょう） ⇨自治省（じちしょう）

そうもう［草莽］ 本義である草むら・藪の意から、仕官せず民間にある者をさすが、体制の危機に際して在野から出て危機打開の活動をすることが期待された。18世紀末から草莽に仮託した政治的建言がされるようになり、幕末期には尊王論と結びつき政治論としての草莽崛起（くっき）論を生み、志士の輩出につながった。政治的には横議（おうぎ）横行や天誅（てんちゅう）に奔走し尊王攘夷運動を高揚させたが、明治維新の政争に敗れた。のち天皇制への忠誠心の手本として国家から称揚された。

そうもん［相聞］ 雑歌（ぞうか）・挽歌（ばんか）とともに「万葉集」の3大部立の一つ。巻2・4・8～14の各巻にたてられている。漢籍の書簡類に多用される語で、元来は相手のようすを尋ねる、消息を通じ合うの意。転じて、私的な心のうちをのべる意となり、「万葉集」ではとくに男女間の私情を詠んだ恋の歌の意に用いるが、恋歌のほかに、親子・兄弟・姉妹・知友などの間の私情をのべ伝える歌も混在する。「古今集」以

下の勅撰和歌集の恋歌にほぼ相当するといえるが, 巻8・10では相聞の上位概念として四季をおいて, 春相聞・夏相聞・秋相聞・冬相聞に分類している。

ぞうやくめんけいしょうえん [雑役免系荘園]
国衙が公田に賦課した官物と雑役のうち, 雑役を免除された雑役免田によって構成された荘園(雑役免荘園)。また, 雑役免荘園がさらに官物も免除され, 一定の領域も占めるようになって荘園として完成されたものをさす場合もある。荘園発生の経路によって荘園を類型化する用語。大和国の興福寺領荘園をモデルにしてたてられた概念だが, 雑役免荘園を発展途上の未完成な荘園とみ, それはやがて一円領域型の完成された荘園に成長するという見方には疑問がだされている。

ぞうよう [雑徭] 律令制での労役負担の一つ。正丁は1年に60日以内(次丁30日, 中男15日), 国郡司により地方での雑役に徴発された。浄御原令で制度化されたらしいが, 古訓はクサグサノミユキで, 大化前代からの天皇行幸や使者への奉仕する, ミユキの系譜をひく朝廷のための労役という性格が強い。大宝令施行により国司の権限が拡大し, 地方行政に不可欠な労役として範囲が拡大するが, 徴発権は実質的に郡司にあった。どの範囲を雑徭としたかは諸説がある。国郡司が限度いっぱい使役するため, 757年(天平宝字元)一時期30日に半減し, 795年(延暦14)再び30日とされて定着し, 京戸のみは銭納で天平年間には正丁120文であった。平安時代になると国司が徴発権を強め, 国内の労役はすべて雑徭とされ, 中央への徭帳の報告制度も成立し, やがて受領による臨時雑役制へひきつがれた。雑徭は日本では唐と異なり課役に含まれ, 定額税的性格をもっていた。

そうよしとし [宗義智] 1568～1615.1.3 織豊期～江戸初期の武将。対馬島主のち対馬国府中藩主。将盛の子。初名昭景, 一時吉智とも。従四位下, 侍従, 対馬守。法号万松院。1579年(天正7)島主となる。87年豊臣秀吉の九州攻めの際, 前島主義調らと帰服したが, 翌年再び義智が島主。秀吉の朝鮮出兵を前に, 三たび朝鮮に渡り交渉にあたった。文禄の役には兵3000を率いて参戦, 小西行長と行動をともにし, 慶長の役には熊川・南海などで戦った。戦後は朝鮮との復交交渉に尽力し, 1607年(慶長12)国王使の来日, 09年己酉約条締結を実現。15年(元和元)対馬で没した。22年朝鮮政府は嫡男義成に図書(銅印)を与え, 万松院送使の派遣を認めた。

そうりょう [惣領] 中世の在地領主層・武家社会において, 「家」の継承者として財産の主要部分を相続した子を, それ以外の子(庶子)に対していった。長子がその地位につくことが多かったが, 器量が劣る場合など, 次子以下から選ばれることも少なくなかった。庶子に対して年貢・公事の配分権や軍事的な指揮権などをもった。世代が下るとともに2次的な惣領・庶子関係がうみだされ, 庶子の自立的な行動や惣領・庶子間の対立が顕在化したので, 14世紀頃から惣領の権限の強化が図られた。嫡子単独相続制の成立する室町時代には, 惣領が圧倒的な地位を占めて庶子を扶持し, 家臣団に組み込んでいった。

そうりょうじとう [惣領地頭] 鎌倉時代, 地頭職の一部を一族庶子に割り当てたあとも, それらを含め所領全体を統轄・支配した地頭。関東御家人は複数の地頭職をもつのがふつうだが, やがてその一部を一族庶子に分割相続させるようになった。この部分的相続者を一分地頭といい, 一分地頭を成立させたあとも, 所領の主要部分を継承し彼らを統率した惣領は, 惣領地頭とよばれた。御家人役を勤仕する際には, 惣領地頭が一分地頭に分担を割り当て, 惣領地頭が一括して勤仕した。しかし鎌倉後期には有力な一分地頭は独立性を強め, 惣領地頭との紛争が各地で発生する。惣領地頭も権限強化をはかり, 分割相続から単独相続へ移行していった。

そうりょうせい [惣領制] 中世武士団内の惣領・庶子関係を軸とした社会的関係。鎌倉幕府の御家人支配もこの制度のうえに成り立っていた。父祖によって決められた嫡子(惣領)が, 戦時の軍事的指揮, 父祖跡所領の公事配分, 日常的祭祀で自立的な庶子を統轄したが, 基本的には共和的・相互扶助的な関係であった。惣領の庶子に対する権限行使は, 父祖の強い親権によって付託されたものとみられる。世代が下るとともに庶子家のなかにも2次的な惣領・庶子関係が形成された鎌倉後期には, 統合と分立をめぐって惣領・庶子間の対立が顕著になった。庶子が独立傾向を強めると, 所領配分や惣領の統率権などを定めた置文類が作成され, 惣領制の再編が行われた。南北朝期になると, 惣領の庶子統率権が強化され, 相続のうえでも一期分化が一般化。やがて嫡子単独相続が行われるようになると, 庶子は惣領の扶持をうけて家臣化し, 惣領制は大きく変化した。

そうりょくせん [総力戦] 第1次世界大戦によりうまれた新しい戦争の形態または概念。戦闘員による戦闘のみが勝敗を決める要因ではなく, 国家全体の経済力・技術力・軍事力・政治力にいかに効果的に戦争指導にむすびつけるかが重視された。日本でも大正期から第1次大戦参戦国の戦時動員形態の研究が行われ, 1926年(昭和元)陸軍省の整備局動員課設置, 満州事変

後の広義国防国家の提唱, 38年の国家総動員法の制定などへと進んだ。

そうりん [叢林] 五山派・五山叢林とも。修行僧が集まって修錬をつむ場所, とくに禅宗の教団。南北朝期からは永平下曹洞と臨済宗大応派の林下りんかに対し, 五山制度によって幕府と結びついた禅林諸派を総称して叢林とよんだ。夢窓疎石と円爾えんの法流がその2大派閥。叢林を構成する五山・十刹じっ・諸山およびその末寺は室町幕府の庇護を得て大いに栄えたが, 戦国期にはかわって林下が台頭した。

ソウル 朝鮮半島中央西部, 漢江かん下流に位置する都市。ソウルとは朝鮮語で首都の意。李氏朝鮮以降たびたび戦乱で破壊されたが復興した。最初は1394年, 太祖李成桂りせいが高麗の漢陽府を首都として漢城府かんじょうと改称, 城壁都市が整備されたが, 豊臣秀吉の朝鮮侵入のとき多くの王宮を焼失した。1910年(明治43)韓国併合で朝鮮総督府の設置とともに京城けいじょうと改称。朝鮮軍司令部・朝鮮銀行やのち京城帝国大学も設立され, 日本の植民地支配の拠点となった。この時代に城壁の大部分が撤去され, 都市・交通などの開発も進められたが, 19年(大正8)独立を求める3・1運動の発火点ともなった。45年(昭和20)の解放後ソウルと改称。48年大韓民国の独立と同時にその首都・特別市となる。50年の朝鮮戦争では南北両軍の戦火で破壊されたが復興し, 88年には第24回オリンピック大会が開催された。

そうれんごう [総連合] 日本労働組合総連合の略称。反総同盟を旗印とする中間派組合の全国組織。1926年(大正15)1月, 関東の機械労働組合連合会と大阪鉄工組合を中心とする関西の日本労働組合連合とが合同して結成。満州事変後, 国家社会主義へ移行。日本主義組合と接近し, 35年(昭和10)7月に日本労働組合会議を脱退, 36年4月に愛国労働組合全国懇和会を誕生させた。38年11月日本勤労報公連盟と改称, 40年8月解散。

そうろく [僧録] 禅院の僧事を統轄する僧職。1379年(康暦元・天授5)春屋妙葩しゅんおくが任じられたのが最初で, 以後, 五山派寺院の統制機関として機能した。相国寺に鹿苑院ができて以降, その塔主が僧録を兼ねたので鹿苑僧録ともよばれた。同寺内の蔭涼軒の副僧録の補佐をうけて権勢をふるったが, 室町時代に形骸化し, 1615年(元和元)に廃止された。その後, 南禅寺金地院こんちの以心崇伝いしんが任じられ, 以後同院塔主が江戸末期まで勤めた。僧録, または僧録の役所を僧録司ともいった。

そうろん [相論] 古代～中世の紛争, 相争うこと, 訴訟などを意味する史料用語。とくに「堺相論」などと, 土地の権利をめぐっての紛争・訴訟を意味する語として多用された。

そえじまたねおみ [副島種臣] 1828.9.9～1905.1.31 幕末期の佐賀藩士, 明治期の政治家。実兄の国学者枝吉えだよし経種(神陽)の義祭同盟に参加, 尊王攘夷運動にたずさわる。大隈重信と大政奉還の斡旋を試み藩から謹慎処分をうける。維新後, 参与・参議・外務卿などを務め, 樺太国境問題, マリア・ルス号事件, 琉球帰属問題の処理などにあたり, 全権大使として日清修好条規批准書の交換を行った。1873年(明治6)参議兼外務卿となったが征韓論で下野, 翌年民撰議院設立を建白, 愛国公党の結成に加わる。88年枢密顧問官。翌年大隈の条約改正交渉を批判して天皇の戒論をうけた。枢密院副議長をへて92年第1次松方内閣の内相となるが, 白根専一次官と対立して辞任。詩文に優れ, 東邦協会会頭を務めた。伯爵。

そかい [租界] 中国に進出した列強が, 中国人との雑居にともなう不便をさけ, みずからの居住・貿易権を確保するために設置した一定の地域。アヘン戦争後の南京条約(1842)で広東・厦門アモイ・福州・寧波ニン・上海が開港されたのが端緒。とくに上海では1845年, 居住・貿易権の強化をはかるイギリスと上海の地方官憲の間で土地章程が結ばれ, イギリス人専用の居住地域ができた。このイギリス租界は, 63年にアメリカ租界を合併して共同租界となり, フランスも49年には上海にフランス専管租界をつくった。日本も日清戦争後, 天津・漢口に租界を開設。第1次大戦直前までに中国に租界をつくった国は8カ国, 租界総数は29カ所にのぼった。租界は時をへるにつれ「外国の領土」と化したが, 第2次大戦後, 中国はすべてを回収した。

そがうじ [蘇我氏] 古代の中央氏族。武内宿禰たけうちのすくねの子の蘇我石河宿禰を始祖とするという。本拠地は大和国高市郡曽我, 大和国葛上郡, 河内国石川郡の3説があるが, 第1説が妥当か。6世紀前半の宣化朝(実際は欽明朝か)に稲目いなめが大臣おおおみとなり, 欽明天皇に2人の女を妃として入れた。馬子うまこ・蝦夷えみし・入鹿いるかと続く本宗家は, 唯一の大臣家として王権と密着して勢威をふるった。645年(大化元)乙巳の変によって本宗家は壊滅したが, 傍系の倉山田石川麻呂の女が持統・元明両天皇の生母となって朝廷で重きをなした。684年(天武13)の八色の姓やくさのかばねでは連氏むらじ系の石川氏が朝臣姓を賜り, 実務官人として勢力を保った。→巻末系図

そがじゅうろう・ごろう [曾我十郎・五郎] 曾我十郎祐成すけなり(1172～93)・五郎時致ときむね(1174～93)の兄弟。鎌倉初期の武士。父河津祐泰が1176年(安元2)に一族の工藤祐経に暗殺されたのち, 母の再嫁先の相模国曾我荘(現, 神奈川

県小田原市)で養育され，継父の名字曽我を称し，成人後は北条時政の庇護下にあったらしい。93年(建久4)富士の巻狩の際，父の敵祐経を殺害。祐成は仁田忠常に討たれるが，時致はさらに源頼朝の宿所襲撃をはかり，捕らえられ死刑にされた。「曾我物語」はこの仇討事件を描く。

そがのあかえ [蘇我赤兄] 生没年不詳。7世紀後半の官人。馬子の孫。倉麻呂(雄当)の子。石川麻呂の弟。658年(斉明4)紀温湯の行幸の留守官であったとき有間皇子を謀反の罪におとしいれ，皇子を紀温湯に護送した。668年(天智7)女の常陸娘を天智天皇の妃とし，669年に筑紫率に，671年には左大臣に任じられた。壬申の乱に際して瀬田に吉野軍を防いだが敗れ，捕らえられて配流。大海人皇子にも女の大蕤娘を夫人に入れている。

そがのいしかわまろ [蘇我石川麻呂] ?~649.3.25 蘇我倉山田石川麻呂とも。7世紀の官人。馬子の孫。倉麻呂の子。644年(皇極3)女の遠智娘を中大兄皇子の妃に入れて接近し，645年(大化元)三韓進調の表文を読み，その間に蘇我入鹿が誅殺された。改新政府で右大臣に任じられたが，新冠位の制定に際しても古冠を着していた。649年，中大兄を害すると讒言にあい，石川麻呂は天皇の兵をうけ，山田寺で妻子多数と自害した。

そがのいなめ [蘇我稲目] ?~570.3.1 6世紀半ばの大臣。馬子の父。「公卿補任」は高麗の子とする。宣化元年，大臣に任じられたとされ(欽明朝か)，実在の確実な最初の大臣。女の堅塩媛と小姉君が欽明天皇の妃となり，用明・推古・崇峻の3天皇を生んだ。欽明朝には百済から仏教が公伝したが，稲目は物部尾輿・中臣鎌子らと対立して崇仏を推進した。欽明31年没した。

そがのいるか [蘇我入鹿] ?~645.6.12 林臣・宗我大郎・鞍作とも。7世紀中葉の官人。蝦夷の子。「家伝」上によると，僧旻の塾に学び，高い評価をうけた。「日本書紀」によると，皇極朝にはみずからが国政を執って威は父蝦夷に勝ったという。642年(皇極元)蝦夷の造った双墓のうち，一つを小陵と称してみずからの墓とし，643年，蝦夷は病により出仕せず，私的に紫冠を入鹿に授けて大臣の位に擬した。同年，上宮王家を滅亡させ，644年，蝦夷と入鹿は甘樫岡に家を並べてたて，蝦夷の家を上の宮門，入鹿の家を谷の宮門と称し，子を王子とよばせた。645年(大化元)三韓進調の日，中大兄皇子らによって大極殿で斬られ，死体は蝦夷のもとに届けられた。

そがのうまこ [蘇我馬子] ?~626.5.20 島大臣とも。6世紀後半~7世紀前半の大臣。稲目の子で，蝦夷の父。敏達元年，大臣に任じられ，以後用明・崇峻・推古朝と終生大臣を勤めた。飛鳥の大野丘の北に塔を建てるなど崇仏に努め，廃仏派の物部守屋との対立を激化させ，用明没後，穴穂部皇子と守屋を攻め滅ぼした。崇峻5年，東漢駒に崇峻天皇を殺させ，推古天皇を擁立し，厩戸皇子(聖徳太子)を皇太子とした。596年(推古4)法興寺を完成させ，620年太子とともに「天皇記」「国記」などの史書を撰録し，623年新羅に出兵した。624年，天皇に葛城県を請うたが許されなかった。626年，没して桃原墓に葬られた。

そがのえみし [蘇我蝦夷] ?~645.6.13 豊浦大臣とも。7世紀前半の大臣。馬子の子。610年(推古18)百済・任那からの使人の入朝を迎えた。馬子が没すると大臣に任じられた。推古天皇の没後，みずから大臣として嗣位を定めようとし，群臣に詔り，山背大兄王を推す叔父の境部摩理勢を殺して舒明を即位させた。蘇我氏にも大臣であったが，子の入鹿の威が蝦夷に勝ったという。642年(皇極元)祖廟を葛城高宮に建てて八佾舞をなし，双墓を今来に造ってみずからの墓を大陵と称した。翌年，病のため朝参せず，私的に紫冠を入鹿に授けて大臣に擬し，644年，甘樫岡に家を建てて上の宮門と称して武装した。645年(大化元)入鹿が殺されると自殺した。

そがものがたり [曾我物語] 軍記物語。10巻。仮名本系増補再編伝本は12巻。鎌倉開幕前後，領地相続に始まる私闘の間に父祐泰を討たれた曾我十郎・五郎兄弟の工藤祐経に対する仇討物語。作者・成立年不詳。14世紀後半~15世紀初め，「七十一番職人歌合」「自家集」「醍醐寺雑記」などにあるような鎮魂的な主題の曾我語りともいうべき語り物をもとに，幕府体制の形成過程で疎外された武士の姿も描きこみ，関東に縁のある唱導関係者が新たに作品化したものか。諸本は真名本・仮名本の二つに大別され，真名本系が古態を残す。仮名本系は現存真名本とは別系の本文からなり，増補再編をへて広がり，謡曲や近世演劇・小説・実録物に素材を提供し，「曾我物」をうんだ。「東洋文庫」「日本古典文学大系」所収。

そく [束] 穎稲をはかる単位。1束は10把に相当。1束を収穫する田の面積が1代とされ，1束の稲は1斤の重さに相当し，穀1斗(米5升)に換算されるなど，他の単位の基準ともなった。田租の徴収，田代稲稲の貸付などもし，束・把を単位として行われた(ただし田租は実際には穀で徴収)。中世~近世にも用いられたが，1束の量は不定となった。

そくい [即位] 皇嗣が皇位につくこと。またそのための儀式をさすこともある。本来は踐祚そと同義で、神祇令は中臣氏が天神の寿詞を奏し、忌部氏が神璽の鏡と剣を奉呈すると規定している。しかし、8世紀頃には踐祚と即位が分離しはじめ、桓武天皇の没時以来、剣璽渡御を内容とする踐祚の儀が行われたのち、同年もしくは翌年に新天皇が高御座に登っての即位の儀が行われるかたちが一般化し、それぞれ別の儀式を形成するようになった。以後このかたちが引き継がれたが、1947年(昭和22)制定の現皇室典範では、没後ただちに即位すべきことが規定され、踐祚の語は用いられていない。

ぞくじょうもんぶんか [続縄文文化] 続縄文土器を使用した文化をいう。弥生文化の編年研究がまだ不十分な昭和10年代、山内清男は北海道の縄文土器以後になお縄文の多い土器が使用されていたとして、これを続縄文式とよんだ。その土器は現在、恵山式・江別式などとよばれているものを含み、東北地方から北海道・千島・サハリンに分布し、前2～3世紀から後6～7世紀の頃のものと推定される。当初は複数の地域的なまとまりをもつが、やがて北大式となり、擦文土器にかわる。続縄文文化の遺物は石器のほかに鉄器もあり、「鉄器時代」の文化に属する。人々は竪穴住居に住み、土壙墓に葬られた。擦文文化とともに、古代史にいう蝦夷とよばれた人々の実態を究明するうえで重要な文化。

そくたい [束帯] 平安時代以来、有位の官人が用いた朝服。令制では大儀には礼服、通常の参内には朝服と規定するが、平安時代以降は即位式以外の行事は朝服となり、同時に和様化して束帯とよばれた。束帯とは衣服をととのえて上から石帯で腰を束ねるという意の服装全体の称で、冠・袍・下襲・衵・単・表袴・大口・石帯・靴・笏などで構成。文官は縫腋袍と垂纓の冠を用い、帯剣勅許された高位の官人以外は太刀を佩用しなかった。武官は闕腋袍と巻纓の冠を用い、太刀・弓矢を所持した。袍の色は身分を表す標識として重視されたため、束帯の袍は位袍ともよばれた。

●●束帯

文官　武官

そくはつ [束髪] (1)髪を束ねまとめた髪形の総称。頭上でまとめたり、下げた髪を束ねたものがある。(2)明治前期に始まった婦人の西洋風の髪形。1885年(明治18)欧化主義の時期に婦人束髪会が結成され、束髪式を新聞・雑誌で盛んに宣伝、また「洋式婦人束髪法」というパンフレットや髪形を描いた色刷版画もだされた。日本髪より短時間で結え、衛生的であるということから、夜会巻・二百三高地・アルプスなどと名がつけられ流行した。

そこくふっき [祖国復帰] ⇨沖縄県祖国復帰運動

ソーシアル・ダンピングもんだい [ソーシアル・ダンピング問題] 日本の異常に低劣な労働条件や低賃金によるダンピング輸出とそれをめぐる国際的紛争。昭和恐慌後、日本の輸出は急速に伸張したが、この輸出の拡大が、黄色人種による為替ダンピング、ソーシアル・ダンピングであると欧米諸国は批判し、日本商品の排斥運動をくり広げた。1934年(昭和9)4月にILOのモーレット次長が来日、実地調査のうえソーシアル・ダンピングはないという結論を下した。しかし排斥運動は収まらず、とくにインド市場をめぐってイギリス帝国との紛争が激化、イギリス本国、インド、オーストラリアなどでの差別的関税引上げが続いた。

そしゃくち [租借地] 条約によって一国が他国の領域の一部を借りる場合、その地域を租借地という。租貸国の主権や租借期限の存在のため領土の割譲ではないが、租借国が独占的・排他的管轄権をもつため、実際には割譲とほぼ同様の効果をもった。日清戦争後の中国での各国の租借地が典型。日本もロシアが1898年(明治31)に獲得した旅順・大連の25年間の租借権を、日露講和条約および北京条約(満州に関する日清条約)によって譲り受けた(対華二十一カ条の要求によって99年間の租借に改め、日本の敗戦により事実上消滅)。またドイツの租借地である膠州湾租借権をベルサイユ条約によって一時継承したが、この権利はワシントン会議により中国に還付された。

そしょう [訴訟] 古代以来、近代における西欧法の継受に至るまでは、人々が地域の権威者ないし国家に対して、他人との争いの解決を願いでたり、なんらかの施し物を嘆願することを意味した。西欧法の継受以後は、紛争などを解決するための手続きという意味の法律用語procedureの訳語として定着した。私人間の紛争解決手続きとしての民事訴訟、犯罪を認定し犯人に刑罰を科する手続きとしての刑事訴訟、私

人が公権力の行政の適法性などを争う手続きとしての行政訴訟などがある。

そじょう [訴状] 裁判機構に対して訴訟をおこした者が提出する上申文書。公式令(くしき)に定める上申文書の様式である解(げ)の系譜を引くもので、そのため充所(あてどころ)が書かれない場合が多い。用紙は原則として堅紙(たてがみ)を用いた。鎌倉幕府の訴訟制度では、訴状を受理した奉行人は、これに署判を加えて訴えられた相手方に下し、反論の上申文書(陳状ちんじょう)を提出させ、これを3回くり返した。1回目の訴状を本解状(ほんげじょう)、2回目・3回目の訴状をそれぞれ二問状・三問状とよんだ。

そせき [礎石] 建物の柱の台石。柱の沈下や腐朽を防止する効果をもつ。仏教建築の伝来とともに使用され、宮殿や官衙(かんが)の建築にも導入された。自然石を利用したもの、上面を加工して柱位置に円形や方形の柱座、壁下に地覆座(じふくざ)を造り出したものがある。基壇(きだん)上に据えつけるのが通例だが、塔心礎のように地下に埋設したものもある。

そせんすうはい [祖先崇拝] 家族・部族・民族の祖先を神として崇(あが)め祭り、その加護を祈ること。本来は死霊に対する畏怖と敬愛の感情からうまれた呪術(じゅじゅつ)的な色彩の濃い、自然発生的な信仰である。祖先とは死者一般をいうのではなく、社会的に正統とみられた子孫をもって、はじめて「祖先」として祭られる。日本の祖先崇拝は、弥生時代の稲作農業の開始と氏族制度が、その習俗成立のうえで重要な役割をはたした。中世以後、荘園や郷村での産土神(うぶすながみ)が、荘民や村民によって祖神と考えられたが、近世にはさらにその範囲が広げられ、すべての神社が祖先崇拝の結果の産物である、と意識されるようになった。こうした見解には孝を中心とする儒教倫理の影響が考えられる。一方、仏教の輪廻(りんね)の説が日本人の霊魂観と結びついたとされる追善供養は、個々の家の祖先崇拝的機能をもつようになった。

そぞう [塑造] 塑土(そど)による造像技法で、心木に藁縄などを巻いてひっかかりを作ったうえで、数層(だいたい2～3層)の塑土を粗いものから細かいものへと順に着せて造る。日本には乾漆造とともに7世紀半ば過ぎに輸入され、川原寺裏山出土の断片類や当麻寺(たいまでら)弥勒仏像(7世紀後半)にみられるような初唐様式による造像が行われた。法隆寺塔本塑像(711年)にはすでにきわめて練達した塑造技法がみられる。天平時代には官営造仏所により東大寺日光・月光(がっこう)菩薩像や戒壇院四天王像のような名品が造られる一方、この時代の仏教の地方普及にともなう貴族クラスの氏寺での造像も、多くが塑造だったとみられる。9世紀に入ると用いられなく

なったが、鎌倉時代に再び中国の影響により一部行われた。

そちん [訴陳] 中世の裁判関係の用語。訴は原告(訴人(そにん))の訴え、陳は被告(論人(ろんにん))の反論のこと。裁判所を介しての訴人・論人の応酬を「訴陳に番(つがう)」といい、その際彼らが提出する文書がそれぞれ訴状・陳状で、両者をあわせて訴陳状とよんだ。しかし、中世の裁判で「訴陳に番う」裁判が一般的であったわけではない。

そつ [卒] 明治維新後、旧下級武士に与えられた身分呼称。旧幕時代から中間(ちゅうげん)・足軽とは卒とよばれていたが、1869年(明治2)から71年までに藩士以下の者、旧御家人、足軽、中間、朝廷の使丁などが卒と規定された。72年1月卒は廃止され、世襲の卒は士族に、新規一代限りの卒は平民に編入された。

そっけつのかん [則闕の官] 大宝・養老令制の太政大臣のこと。養老職員令の太政官条に「其の人無くんば、則ち闕く」とあることにもとづく。太政大臣は分掌の職でなしく、天皇を補佐して国事全般を行うため、徳の高い者が現れるのを待ってはじめて任じるべきものとされており、適格者がいなければ欠員とすべきであるとしたのでこのように称された。

そでがき [袖書] 文書の右端(袖)に、文書作成者以外の者が、文を書き加えたもの。文書の本文に対する返答・説明・許可などが書きこまれる。とくに権威をもつ者が本文の内容に対して許可や保証を与えたものを、外題(げだい)とよぶ。

そではん [袖判] 文書の右端(袖)に文書の本来の差出人が判(花押かおう)を書き加えること、また、その判。文書の本文を家来などが代筆し、代筆者の姓名のみが書かれた場合、本来の差出人が確認のために花押を書き加える。その位置が袖の場合を袖判、奥上(おくがみ)(左端上)の場合は奥上判とよぶ。平安末期に国司の出す庁宣(ちょうせん)に、実際の責任者である知行国主が袖判を加えたのが早い例。鎌倉時代以降、武家文書に多く使われた。

ソニー 家電・音響機器企業。1946年(昭和21)井深大(いぶかまさる)・盛田昭夫らを中心に東京通信工業を設立。50年日本初のテープレコーダーを開発、55年トランジスタ・ラジオの商品化に成功、58年ソニーと改称、商標SONYと社名とを統一した。60年代以降テレビ・ビデオ・音響機器などに進出する一方、海外各地に現地法人・工場を設立して世界的企業に成長。89年(平成元)にはアメリカの映画会社コロンビアを買収。

そにん [訴人] 中世の裁判における原告。被告は論人(ろんにん)という。幕府の裁判では、訴人となりうるのは基本的には御家人、名主・百姓や荘官が訴人となるには、地頭や本所の挙状を必

要とした。訴人は訴状に証拠文書(具書)をそえて訴えを提起し，裁判の進行は当事者主義によったので，訴人としてなすべきことは多かった。

そねざきしんじゅう [曾根崎心中] 人形浄瑠璃。世話物。1段(3巻構成)。近松門左衛門作。1703年(元禄16)5月大坂竹本座初演。前月に曾根崎の森で実際にあった，遊女お初と手代徳兵衛の心中事件に取材した近松最初の世話物。登場人物の人間性や町人社会をいきいきと描き，これまでの世話物にない特色を得た。作劇に歌舞伎の様式をとりいれたり，人形遣いの名手辰松八郎兵衛が出遣いをするなどの工夫で人気を得，竹本座の経営不振を一挙に挽回。以後，浄瑠璃・歌舞伎に多くの改作物がうまれたが，原作の再演はなかった。近年その文学的価値が認められ，近松の代表作として映画・現代演劇にもとりあげられた。

その [薗] 家地・宅地に隣接した菜園の一般的名称。律令制下では園地と称した。平安後期に農民の確保は公畠として課税対象地化し，畠・園地の名称も使用されなくなるが，水田開発のおくれた九州では，中世においても蔬菜や五穀，桑・藍・茜などを栽培する地を中心に，住民や屋敷を含めた在家的，在地領主の支配単位をさす用語として薗が使用された。中世後期には門 {かど} という単位に昇格していった。

そばようにん [側用人] 江戸幕府の職名。1681年(天和元)に5代将軍徳川綱吉が館林藩主のときの家老だった牧野成貞を側勤から登用したのが起源とされる。将軍の命を老中に伝え，老中からの上申を将軍に伝達することを職分としたが，将軍の相談役でもあった。原則として大名を任じ，老中と同格の従四位下侍従に叙任される者も多く，老中に準じる待遇を与えられた。必ずしも常置された役職ではなく，数度の就任者がいた時期もあった。5代将軍綱吉から7代将軍家継のときの柳沢吉保や間部詮房 {まなべあきふさ} は，老中をこえるほどの強大な権威をもったが，正規の老中職にはつけなかった。1772年(安永元)田沼意次 {おきつぐ} のときはじめて正規の老中に昇進する道がひらけた。

そま [杣] 律令国家や貴族・寺社が，造営・修理用の材木を採る目的で所有する山林。山城・大和・伊賀・近江諸国など畿内とその周辺に集中的に設定された。東大寺領伊賀国板蠅杣・玉滝杣，宇治平等院領近江国子田上 {こたのかみ} 杣，法成寺領近江国三尾杣，寂楽寺領近江国朽木 {くつき} 杣などが著名。杣には杣司 {そまのつかさ} の下に杣工・禰餉が，集積地には木守がいた。彼らは伐採跡を焼畑とし，谷間を開墾したが，杣領有者はこうした開発耕地をも支配下におき荘園化していった。

そまく [杣工] 伐木を主たる生業とする杣の住人。山作の杣司 {そまのつかさ} の支配下にあった。古くは山を渡り歩く存在であったが，やがて固有の杣に定着するようになり，杣の荘園化の一つの要因となった。

そようちょう [租庸調] 田租と庸と調をさし，律令制の代表的税種の総称。この語は，唐制において正丁が負担する人頭税の総称である課役 {かやく} の内容であり，均田制に対応する税法として，租庸調法などと律令法の代名詞的意味を含めて用いられるが，日本ではあまり用いられていない。日本の課役は調庸と雑徭 {ぞうよう} をさし，田租は土地に賦課されるので質が異なる。また調と庸は「調庸」と一語でいうのが日本では一般的である。

ゾルゲじけん [ゾルゲ事件] ソ連防衛を最大の任務とする諜報活動を8年間展開したゾルゲらが，太平洋戦争直前に検挙された事件。1933年(昭和8)9月に来日したゾルゲ(当時はソ連赤軍の諜報機関に所属)は，ラムゼイ機関とよばれる諜報網を組織した。主要メンバーは近衛文麿側近の尾崎秀実 {ほつみ}，軍事宮城与徳 {よとく}，特派員ブーケリッチ，無線技師クラウゼンら。同機関は日本の政界や軍部，ドイツ大使館などに深く浸透して機密情報を収集し，分析を加えてソ連に通報した。重要情報には日独防共協定の全容，独ソ戦開始の予告，御前会議決定の推移などがある。伊藤律の供述を糸口に，41年10月前後に関係者35人が逮捕され，44年11月7日ゾルゲ・尾崎は国防保安法・治安維持法違反などにより死刑に処せられた。

ソれん・ちょうせんゆうこうきょうりょくそうごえんじょじょうやく [ソ連・朝鮮友好協力相互援助条約] 1961年7月，モスクワでソ連のフルシチョフと朝鮮民主主義人民共和国の金日成 {キムイルソン} 両国首相が調印。他国から武力攻撃をうけたときの軍事的援助などを約束しる約条。6条。有効期限10年。前年締結された日米相互協力及び安全保障条約に対抗して結ばれた。

そんえんにゅうどうしんのう [尊円入道親王] 1298.8.1～1356.9.23 伏見天皇の第6皇子。母は三善俊衡の女。名は尊彦。法名は尊円。天台座主・青蓮院門跡・四天王寺別当を歴任。世尊寺行尹・同行房 {ゆきふさ} に書法を学び，みずからも小野道風 {みち}・藤原行成 {ゆきなり} の上代様と，南宋の張即之 {ちょうそくし} の書風を加え，平明高雅な独自の書風を確立。尊円流(青蓮院流)は，江戸時代に御家流として一大書流をなした。その書道観を集大成して「入木抄 {じゅぼくしょう}」を著す。代表筆跡「大覚寺結衆僧名単」。

そんごうじけん [尊号事件] 尊号一件とも。江戸後期の朝幕間の事件。光格天皇は，実父の

閑院宮典仁親王が禁中並公家諸法度の規定により大臣の下に着座していることに憤り，後高倉院・後崇光院の先例をあげて太上天皇の尊号を宣下しようとした。1789年（寛政元）天皇の内意を伝えられた老中松平定信以下の幕閣は，皇位につかない私親への尊号宣下は名分を乱すものとして反対。91年幕閣は公卿から異例の群議をとりまとめ，再度幕府に承認を求めた。幕府は92年強権を発動して，天皇の意向を断念させ，翌年武家伝奏正親町公明，中山愛親を逼塞，議奏中山愛親らを閉門に処した。朝廷が関白・武家伝奏中心の従来の体制を逸脱し，広く公家衆に意見を徴する群議の形式で幕府に対峙した点に事件の意義がある。親王九十年忌の1884年（明治17）太上天皇の尊号と慶喜天皇の諡号が追贈された。

そんのうじょういうんどう〔尊王攘夷運動〕 幕末の開港前後から尊王・攘夷をかかげ，幕府の専制と開国政策を批判し行動した政治運動。1858年（安政5）の日米修好通商条約調印をめぐり，違勅に対する尊王論，条約締結に反対する攘夷論が結びつき，大老井伊直弼への反対運動のスローガンとなった。当初は反幕府ではなかったが，外圧の深化と和宮降嫁問題を契機として，63年（文久3）以降公武合体運動との対立のなかで反幕府の色彩を強めた。朝廷内にも尊攘勢力が伸張し，中下級士族や豪農商層・神官・国学者からも尊攘運動に入る者が多出した。一時期京都で尊攘派が主導権をにぎったが，8月18日の政変により公武合体派が巻き返し，尊攘派公卿は萩藩内に追われた。その後，63〜64年の薩英戦争，四国連合艦隊の下関砲撃事件，禁門の変で尊攘運動は質的転換をとげ，公武合体運動との対決・止揚のなかから討幕派が登場する。

そんのうじょういろん〔尊王攘夷論〕 天下の統治者である王室を尊崇し，異民族を打ち払うという国内の政治秩序と対外意識に関する政治思想。元来は中国の儒学に起源をもつ思想。日本では江戸後期以降，国内の政治秩序の動揺と対外的な危機意識が高進する過程で唱導され，幕末の政治思想として人々を政治行動へ駆り立てる役割をはたした。とくにその思想的形象化と社会的普及に影響を与えたのは，本居宣長らの国学と会沢正志斎や藤田東湖らに代表される水戸学である。当初は，既存の政治支配体制を再編強化するための政治であったが，1853年（嘉永6）のペリー来航以降，幕府が西洋諸国の開国強請に追随していくと，やがて攘夷を政治的統合の中心軸として押し上げ，また攘夷を実行しない幕府を倒すための政治的スローガンに変化していった。明治維新以後も忠君愛国として衣替えしつつ，昭和のファシズムが崩壊するまで生き続けた。

そんのうせきはろん〔尊王斥覇論〕 中国儒学における王者・王道を尊び，覇者・覇道を斥けるという理論。覇者である武家が700年近く政治権力を掌握した日本では，王・覇の区別が必ずしも明確ではなかったが，江戸後期，儒学思想の社会的浸透と幕府権力の弱体化にともなって尊王と斥覇とが結びつきを深め，幕末期の討幕論を随伴することになる。

そんのうろん〔尊王論〕 尊皇論とも。政治支配秩序の安定をはかるために天下の統治者である王を尊ぶべきであるとする考え方。日本では儒教思想が体系的に摂取された江戸時代に盛んになった。尊王論は，君臣上下の名分を厳正に保つことが封建的社会秩序を維持するうえで重要であるとの考えから，その頂点に位置する天皇を崇敬せよとの主張で，その意味では天皇を敬うことと本質的な矛盾はない。しかし近世後期〜幕末期に，幕府権力が弱体化するにともない，天皇が幕府にかわって国家統一のシンボル的存在として政治的に浮上し，ついには討幕論と結びついた。近代の天皇制国家では忠君愛国論に衣替えし，臣民道徳として人々の意識を規制した。

そんぴぶんみゃく〔尊卑分脈〕 藤原氏・橘氏・源氏・平氏その他の諸氏の系図集。10巻。南北朝後期，洞院公定編。のちの手も多く加わって，室町時代以降の系図も収録されたが，当初存在した帝皇系図や諸道系図は失われるなど，原形は不明な点が多い。原題は「新編纂図本朝尊卑分脈系譜雑類要集」。各巻ごとに，本文の前に目録や略系図などをおくのがもとの形態とされる。伝本による差異も大きいが，「新訂増補国史大系」に，林家訂正本を底本として諸本・諸記録で校訂・収録され，利用に便利。成立時期がおよそ明らかな点，網羅的に収録して注記などの情報が豊富な点で，系図集として最も史料的価値が高く，とくに藤原氏の部分が貴重。

そんぶん〔孫文〕 Sun Wen 1866.11.12〜1925.3.12 中国の清朝末期〜民国初期の革命家・政治家。中国国民党の創設者。字は徳明，号は逸仙・中山。広東省出身。ハワイの教会学校で学び，香港の西医書院を卒業。澳門などで医業を営む一方，革命活動を開始。1894年ハワイで興中会を組織。翌年広州での挙兵が失敗し，日本に亡命。宮崎滔天・犬養毅らの援助をうけ，1900年恵州で再度蜂起を試みたが大敗。05年（明治38）東京で中国革命同盟会を結成，三民主義を綱領とした。辛亥革命により中華民国臨時大総統に選ばれたが，南北妥協で袁世凱に政権を譲った。13年第2革命失敗後，再び日本に亡命，国民党の前身である

中華革命党を創立(19年中国国民党)。24年国民党を改組し,連ソ・容共・農工扶助の方針を打ちだした。

タイ インドシナ半島中央部に位置する国。13～14世紀以降,シャム族(タイ人)のスコータイ朝・アユタヤ朝が繁栄した。1939年伝統的国名シャムをタイに変更。漢字表記は泰,日本では暹羅ツャンの名で知られた。17世紀には多くの朱印船が渡航,王都アユタヤには日本町が成立。鹿皮・蘇木などが輸入された。1898年(明治31)修好通商航海条約を締結。明治期には安井てつが皇后女学校の創設に,政尾藤吉らは刑法典編纂に協力した。太平洋戦争開戦翌年の1月,日本に協力して英米に宣戦を布告したが,戦後その無効を宣言。懸案の特別円問題が処理されると日本資本が急激に進出したため,一時期反日気運の高まりを招いたが鎮静した。その後日本との経済的関係はいっそう深まりをみせている。正式国名はタイ王国。立憲君主制。首都バンコク。

たいあん[待庵] 京都府大山崎町の妙喜庵みょうきあんにある2畳隅炉の茶室。千利休唯一の遺構として知られ,もとは利休の山崎屋敷にあったともいわれるが,利休書状などにより,むしろ豊臣秀吉が1582年(天正10)から造営していた山崎城に,秀吉のたっての願いで利休が趣向をこらしたものと考えられ,1600年(慶長5)頃妙喜庵に再興されたのであろう。入隅から天井まで土壁を塗り回した室床むろどこの構成や荒壁,下地窓,丸太材や面皮柱めんかわばしらや,2畳という極小の空間性など,利休のわびに徹する茶の湯の場として完成されていた。国宝。

だいあんじ[大安寺] 南大寺とも。奈良市大安寺町にある高野山真言宗の寺。南都七大寺の一つ。天武朝以来の大官大寺を大安寺と改称,平城遷都にともない716年(霊亀2)から平城左京6条4坊の地に造営が開始された。天平年間に完成。造営には入唐留学を修した道慈どうじの知識がいかされ,大安寺式とよぶ伽藍配置をとった。東大寺造営以前は国家第一の大寺で,審祥しんじょう・菩提僊那ぼだいせんな・道璿どうせん・仏哲ぶってつらの渡来僧が当寺に住し,大安寺流と称される三論宗を中心に教学研究が振興した。829年(天長6)空海が別当となって以降は真言宗。光仁こうにん・桓武両天皇も保護を加えたが,平安時代になってたびたび火災にあい衰退。寺宝の楊柳ようりゅう観音立像をはじめとする木造観音立像5体と四天王立像は一木造いちぼくづくりで浮彫模様などに特色があり,奈良時代から平安時代への移行期の彫刻として大安寺様式とよばれる。いずれも重

だいいちぎんこう [第一銀行] 第一国立銀行が、1896年(明治29)の国立銀行営業満期とともに改組して普通銀行として発足。頭取は引き続き渋沢栄一(1916年まで)。1905年には韓国の銀行券独占発行の特権をえて事実上の中央銀行となる(09年には韓国銀行に譲渡)。第1次大戦までは預金量国内一を保ち、その後も三井・三菱・住友の財閥系銀行に伍して五大銀行の一つとして金融界をリードしたが、戦時経済下の軍需ブームのなかで地位を後退させた。43年(昭和18)金融統制強化のなかで三井銀行と合併し帝国銀行を設立したが、第2次大戦後の48年に再分離。64年朝日銀行を合併、71年には日本勧業銀行と合併して第一勧業銀行を設立し、国内最大、世界でも最大級の金融機関となり、その後の銀行合併の先駆となった。

だいいちこくりつぎんこう [第一国立銀行] 1873年(明治6)6月、国立銀行条例による最初の国立銀行4行の一つとして東京に設立された銀行。当初、単独で私立銀行設立を企図していた井上組に対し、大蔵大渋沢栄一が働きかけた結果、三井・小野両組の共同出資で創立。創立時の資本金244万円の大半は三井・小野両家が出資し、三井八郎右衛門と小野善助の両人が頭取に就任、渋沢が総監役となった。74年の小野組破綻後、漸次三井組も後退し、76年の三井銀行創業後はまったく渋沢の影響下におかれた。同行におけるA.A.シャンドの国立銀行員に対する銀行事務の実地指導は有名。国立銀行の営業満期にともない、96年に第一銀行に改組。

だいいちじせかいたいせん [第1次世界大戦] 帝国主義段階に達したヨーロッパの列強を中心に、ヨーロッパを主戦場として戦われた長期戦。サラエボ事件を契機として1914年7月28日のオーストリアの対セルビア宣戦布告に始まり、同盟国(独・オーストリア・トルコ・ブルガリア)と連合国(英・仏・露・日・伊・米)の間の戦争に発展。日本は日英同盟を理由に参戦し、ドイツの租借地青島ポリとドイツ領南洋群島を占領。中国には対華二十一カ条の要求を行った。アメリカと日本はこの戦争中の輸出貿易によって債権国に転じた。ドイツの敗北により18年11月11日終戦。

たいいんくん [大院君] Tae-won-gun 1820.12.21～98.2.22 李氏朝鮮の国王高宗の父。1863年高宗即位にあたり摂政となり、対内的には中央集権・王権強化策、対外的には鎖国政策を推し進めたが、閔氏戚族と対立し一時勢力を失った。82年(明治15)壬午ボン事変で擁立されたが、中国の保定に幽閉され、94年には日本の後援で摂政となり、翌年閔妃ボン殺害事件でも担がれたが、国王のロシア公使館への脱出で失脚。

たいいんたいようれき [太陰太陽暦] 太陰暦・陰暦・旧暦とも。月の朔望により暦月を定め、あわせて太陽の運行によって調整した暦法。古代ローマやユダヤ暦・中国暦などがこの暦法に属する。12朔望月を1年とするため、毎年実際の1年に比して11日余短い。このためさまざまな置閏流法により閏月をおいて両者のずれを調整。また二十四節気や七十二候によって、折々の実際の季節を示すよう工夫されている。

たいがいこうは [対外硬派] 条約改正問題で強硬論を唱えた国民協会・東洋自由党・政務調査会・同盟倶楽部・同志倶楽部・立憲改進党の連合で、硬六派ともいう。第2次伊藤内閣の第5議会で現行条約励行を政府に迫り、1894年(明治27)第6議会でも多数派を占めた。全国同志大懇親会などで気勢をあげ、のち対清韓強硬外交を主張。

だいがく [大学] ❶古代の中央における学問・教育のための機関。7世紀後半の天智期に始まるとされ、大宝・養老令の官制では式部省のもとに大学寮がおかれた。博士1人、助教(大宝令では助博士)2人・学生がら400人のほか、音博士・書博士・算生・書生などが所属し、学生は秀才・明経キン・進士ジンなどの課試をへて官吏に登用された。のち728年(神亀5)の学制改革によって文章ジャウ・明経・明法・算の4学科体制が成立し、730年(天平2)には衣食の給付をうける得業生ギの制度が新設された。平安初期には文章道(紀伝道トゥ)が重視され、勧学田がおかれ、学問料が給付されるなど教育の条件が整えられた。大学はその後も中・下級官人養成の機能を維持したが、博士家の形成にともなってその実質はしだいに失われ、大学寮は1177年(治承元)の京都の大火によって焼失し、以後は復興されなかった。

❷近代の学術研究と教育の最高学府。近代の大学は明治期以降、ヨーロッパの大学制度を移入して設立された。1877年(明治10)旧幕府の開成所がタイ・医学所などを母体に東京大学が設立された。86年には工部大学校など各省管轄の教育機関を統合して帝国大学となり、「国家ノ需要」に応じる学問と官僚・高等技術者養成の役割をはたした。帝国大学はのち京都・仙台・福岡などにも設置された。1918年(大正7)の大学令以降、官立単科大学、公立・私立大学も認められ、さらに植民地に京城・台北両帝国大学が設置されるなど、大学数・学生数も増加したが、第2次大戦前および戦中期を通じて帝国大学の特権的性格は変わらなかった。戦後は6・3制の最上段階として旧専門学校・高等学校などを

統合して新制大学に再編され，修業年限4年で一般教育・専門教育を施す機関となった。50年(昭和25)から2年または3年制の短期大学も発足した。戦後の大学進学率急増による大学の大衆化や序列化などに対応して，入試制度や大学の個性化などさまざまな問題もかかえている。ほかに文部省所管外の防衛大学校・防衛医科大学校・気象大学校・水産大学校など大学校がある。

だいがくこう [大学校] 明治初年の教育・行政機関。1868年(明治元)旧幕府の昌平坂(しょうへいざか)学問所が新政府が接収し，8月昌平学校を開校，翌年6月に大学校と改称して旧開成所・旧医学所を分局とし，12月に大学と改称した。学生の教育のほか，大学規則及び中小学校規則の策定など文教行政を所管したが，国学派と漢学派，ついで国漢学派と洋学派の対立から70年7月に閉鎖となった。

だいかくじとう [大覚寺統] 鎌倉～南北朝期に分裂した皇統のうち，亀山天皇の皇統。大覚寺を院御所とした。1272年(文永9)後嵯峨上皇が後継者を指名することなく没したので，皇位・所領をめぐって後深草上皇の皇統である持明院統と対立。1317年(文保元)幕府の仲介で文保の和談がなされ，両統迭立(てつりつ)の原則によることが求められた。しかし以後も対立は続き，南北朝内乱期には吉野にあって，京都に拠る北朝(持明院統)と対立。1392年(明徳3・元中9)の南北朝合一によって，再び両統迭立の原則によることとなったが守られず，皇位を得ることなく衰えた。

だいがくとうこう [大学東校] 医学校の後身。のちの東京大学医学部の前身。1869年(明治2)6月大学校の設立にともないその一部となり，同年12月に大学東校と改称。湯島の大学本校の東，下谷和泉橋通り(現，三井記念病院所在地)にあった。ドイツ人教師による医学専門教育が行われた。71年7月東校となり，第1大学区医学校をへて74年東京医学校となった。

だいがくなんこう [大学南校] 開成学校の後身。のちの東京大学法・理・文学部の前身。1869年(明治2)6月大学校の設立にともないその一部となり，同年12月に大学南校と改称。湯島の大学本校の南，神田錦町にあった。各藩から推挙された貢進生(こうしんせい)に主に外国人教師が，普通学・専門学，とくに語学の教育にあたった。71年7月に南校となり，のち第1大学区第1番中学をへて73年開成学校(のち東京開成学校)となる。

だいがくのかみ [大学頭] 江戸幕府の官名の一つ。律令制下の大学寮長官の名称にちなむ。1691年(元禄4)江戸湯島の聖堂が竣工した際に林家の当主林鳳岡(ほうこう)が任じられたのをはじめとし，代々の林家の当主に世襲的に与えられた。林羅山以来，幕府の儒者の任官形態は僧形・僧位に似て，大学頭の叙任は剃髪の中止とともに儒者の社会的地位向上の一環と意義づけられる。

だいがくのはかせ [大学博士] 博士・大博士とも。大学寮の教官。明経道(みょうぎょうどう)の筆頭教官であることから明経博士とも称した。定員は1人で，相当位階は正六位下。大学寮の学生(がくしょう)に経学(けいがく)を教授し，教授内容についての試験を行うこと(課試か)を職掌とした。平安中期以降は中原・清原両氏が世襲した。

だいがくふんそう [大学紛争] 1968～69年(昭和43～44)の佐藤内閣の時期に全国的に吹き荒れた大学生を中心とする闘争。東大・日大を先頭に全大学の約8割165校がバリケード封鎖を行った。学費値上げ，学生処分に関する管理体制，マスプロ教育などへの不満・反発が噴出したもので，背景にベトナム反戦運動・公害訴訟・沖縄返還問題などをめぐる反政府気運があった。それまでの学生運動のような党派を核としない，全共闘とよばれた新たな大衆的学生運動組織が闘争を牽引したことも特徴であった。各大学の紛争は警察力によりしだいに沈静化し，一般学生の運動離れも加わって急速に退潮，全国的な大学紛争状態は発生後1年をへずに実質的に解消した。

だいがくべっそう [大学別曹] 大学寮の敷地の外におかれた曹司(ぞうし)の意で，具体的には学生(がくしょう)の寄宿舎。大学直轄の直曹(じきそう)に対する名称。大学の学生は本来寮内に寄宿することになっていたが，平安前期になると有力貴族は，各氏出身の子弟の教育奨励のため寄宿舎を設けた。藤原氏の勧学院，橘氏の学館院，王氏の奨学院があいついで設立され，大学別曹として公認された。大学別曹は各氏長者(うじのちょうじゃ)の管理下にあったが，ここに寄宿する学生は大学に登分し，寮内に寄宿する学生とともに授業をうけ，同等の資格で任官のための受験が認められた。また年挙(ねんきょ)によって試験をへることなく出仕することもできた。

だいがくれい [大学令] 1918年(大正7)12月6日に臨時教育会議の答申にもとづいて公布された大学に関する基本制度を規定した勅令。大学の目的は国家に必要な学術の理論・応用を教授し，その蘊奥を深めるとともに人格の陶治，国家思想の涵養に留意することとした。従来官立総合大学である帝国大学に限られていた大学制度を改めて，公・私立大学を認め，複数の学部をおくことを原則としたが，1学部のみの単科大学の設置も認めた。また各学部に研究科をおき，総合して大学院とすることができることになった。大学の年限は3年，医学部は4年以上

と定め、在学年限2～3年の予科の設置も認められた。47年(昭和22)学校教育法の公布により廃止された。

だいがくわくもん [大学或問] 熊沢蕃山(ばんざん)の経世済民政策論。2巻。1686年(貞享3)8月～翌年8月にかけて完成。清の日本来寇を憂慮した蕃山が、緊急対策として幕府に提言したもので、参勤交代制の廃止と武士土着論、米本位経済体制の確立など21カ条からなる復古的対策で当時の経済社会体制を簡素化し、矛盾解決をはかろうとしている。この著述で蕃山は幕府により古河城内に禁錮された。「日本思想大系」所収。

だいがっく [大学区] ⇨学制(がくせい)

たいかにじゅういっかじょうのようきゅう [対華二十一カ条の要求] 第1次大戦中の1915年(大正4)1月、第2次大隈内閣が中国に強要した権益拡大の要求。加藤高明外相が袁世凱(えんせいがい)中国大総統に提出した要求は5号21カ条に及んだ。第1号は山東省のドイツ権益を日本の掌中に収めるための要求4項目、第2号は南満州・東部内モンゴル(内蒙古(ないもうこ))における排他的地位を確立するための要求で、旅順・大連の租借期限、満鉄経営権を99年延長など7項目、第3号は漢治萍公(かんやひょう)司に関する2項目、第4号は中国福建省の外国への不割譲に関する要求1項目、第5号は中国政府に軍事・警察・財政の日本人顧問をおくことなど7項目。交渉は15年2～4月に25回を数え、中国側は非公表の第5号を列国に公表するなど抵抗したが、列国の積極的支援は得られなかった。日本は第5号を撤回するなどの譲歩をしたうえで、最後通牒を発して袁に受諾させ、5月25日に二十一カ条条約が成立した。

たいかのかいしん [大化の改新] 7世紀半ばの一大政治改革。中国の隋唐的律令国家形成の過程で、645年(大化元)中大兄(なかのおおえ)皇子・中臣鎌足(なかとみのかまたり)が中心となって、蘇我氏本宗家の政権を倒壊させた乙巳(いっし)の変に続いて、おもに大化年間に行われた。改革の主体は、孝徳天皇・左大臣阿倍内麻呂・右大臣蘇我倉山田石川麻呂・内臣中臣鎌足らであったが、改革派の代表である中大兄皇子と国博士(くにのはかせ)となった僧旻(みん)・高向玄理(たかむこのくろまろ)の役割が重視されている。内容は、地方人民支配に関するものと中央政府内部のものとに大別される。前者は、旧来の部民制を廃して公民制を創出することで、全国を国・評(こおり)(大宝令の郡)に区画し、さらに「五十戸一里制」によって人民を編成する。その開始は、「日本書紀」大化元年(645)8月条の造籍・班田を目的とする東国国司の派遣記事により確認でき、これが東国のみでなく全国的なものであったことも確認できる。その基本方針の決定は、646年元日の改新の詔、同年3月の皇太子奏および同年8月の品部(しなべ)廃止の詔に示されている。その成果としての全国的評制の成立は「常陸国風土記」などの史料により、「五十戸一里制」は飛鳥京跡出土の「白髪部五十戸」木簡により確認される。次に中央の改革は、改新の詔において、部民制の廃止にともない諸豪族に食封(じきふ)・布帛の支給が示され、さらに中央官制構築のため、647年に13階、649年2月に19階の冠位が制定されている。これは推古朝の冠位十二階が対象としなかった大臣など上層部と、職業部の伴造(とものみやつこ)層(百八十部)を含む全官人を包摂したものである。これをうけて、649年2月に高向玄理と僧旻により「八省百官」がおかれたが、これは将作大匠・刑部尚書などの唐直輸入の官名が示すように、なんらかの中国的官制の成立を意味するものと考えられる。これらの官名がその後の改革に継承されていないことから、このような性急な改革は必ずしも実を結ばなかったとみられるが、ある程度の中央官制の整備は認められよう。652年(白雉3)に完成した難波長柄豊碕(なにわながらとよさき)宮(前期難波宮)は、規模・構造の両面でのちの藤原宮に匹敵するもので、大化の改新の政治改革のいちおうの終結を示すものといえる。

だいかん [代官] ❶中世に、代理人・代務者の意味で広く使われた言葉。たとえば源頼朝の命をうけて平家追討にむかった源範頼・同義経は鎌倉殿御代官と称される。一般には守護代・地頭代・預所代・公文(くもん)代・政所代のようによばれた。代官の代官は又代官という。「御成敗式目」14条によれば、地頭代が本所の年貢を抑留した場合、その罪は地頭正員(しょういん)にも及ぶとされた。従者の罪を主人にかけないのが中世法の原則なので、地頭代は正員の従者ではなく分身とみなされたと考えられる。荘園では、荘園領主から荘務を任された者を代官とよんだ。❷近世、幕府や諸藩で農村支配のためにおかれた役人。幕府では、はじめ60人程度の代官がそれぞれ5万～10万石の幕領を管轄して、年貢徴収、法令伝達、戸口把握、訴訟の受理と審理、軽犯罪の処断のほか、場所によっては鉱山・山林の管理をも行った。享保期以降は、勘定所官僚としての性格を強め、数年で任地がかわることが多く、役高150俵程度で旗本の役職としては下位に属した。手付・手代という下級役人が地方・公事方にわかれて行った。諸藩では、一般的には郡代・郡奉行などの下で、管轄地域の農政を行った。

だいかんだいじ [大官大寺] 大安寺の前身。「日本書紀」によれば、639年(舒明11)舒明天皇は百済(くだら)川畔(現、奈良県広陵町)に、百済大宮と百済大寺を建立した。この百済大寺は聖徳

たいか

太子の建立した熊凝精舎（くまごりしょうじゃ）の後身とも伝える。さらに天武天皇は673年（天武2）に百済大寺をうけついで高市（たけち）大寺（現，奈良県明日香村）を建立したが，この高市大寺が677年に大官大寺と改称。「大官」とは天皇をさし，天皇みずからが建立した国家の中心寺院であることを意味する。のち藤原京の四大寺の一つとなり，やがて大安寺と改称される。改称時期については，藤原京時代とする説や，平城遷都にともない平城京に移転した後とする説がある。

だいかんていこく［大韓帝国］ 李氏朝鮮（朝鮮王朝）が1897年10月から称した国号。日清戦争後，清国との宗属関係を解消し，諸外国と対等な独立国であることを示すため，国王（高宗）を皇帝，国号を大韓と改めた。韓国と略称。日露戦争以後，日本の干渉が激しく，1905年（明治38）11月の第2次日韓協約で外交権を奪われ，実質的に統監の支配下におかれた。10年8月韓国併合により消滅。

だいかんみたてしんでん［代官見立新田］ 江戸時代，幕府代官が新田開発可能地をみいだし，その主導で開発された新田。積極的に奨励されたのは享保期で，1722年（享保7）7月～23年11月に，新田を開発した代官に対し新田年貢の10分の1を1代かぎり支給されることが決定された。下総小金・佐倉両新田を開発した代官小宮山杢之進昌世（もんどのしょうひとし）に支給されたのがその一例。しかし，代官が見立てをしても，実際の開発は村請で行われることが多かったため，代官がどの程度新田開発に関与したら10分の1を支給するかの判定は難しかった。

だいかんみんこく［大韓民国］ 朝鮮半島南部に位置する共和国。第2次大戦後朝鮮半島は北緯38度線を境に米・ソが二分して占領。アメリカの軍政下の南半で1948年5月10日単独総選挙が実施され，李承晩（りしょうばん）を大統領とする大韓民国が成立した。しかし50年朝鮮戦争が勃発。60年3月大統領選挙の不正を契機に4月革命がおこると，李は亡命し，南北統一への気運が高まったが，61年5・16軍事クーデタがおこり，朴正熙（ぼくせいき）の軍事独裁政権が成立した。朴政権は65年日韓基本条約を締結して経済の建直しを図ったが，79年朴は暗殺され，80年再度の軍事クーデタにより全斗煥政権が樹立された。しかし87年民主化宣言を余儀なくされ，翌年の盧泰愚政権をへて，93年本格的な文民政権の金泳三政権が誕生。2000年6月，金大中政権下で分断後初めての南北首脳会談が実現した。首都ソウル。

たいぎめいぶんろん［大義名分論］ 主として君臣関係などの国家道徳を父子などの家族道徳よりも優先すべき価値とみる考え方。大義は「春秋左氏伝」隠公4年に，名分は「荘子」天下編にそれぞれ典拠をもつ。中国には物事の名と実とを一致させることが政治の要諦であるとの考え方があり，孔子は「正名」すなわち「名を正す」こと，それぞれの地位・立場にある者がその地位にふさわしい責任をはたすことが政治秩序の安定を維持するうえで重要であるとし，朱子学は孟子の君臣思想を踏襲して王朝の交替を天子の失徳によって説明した。日本では，政治権力の有無にかかわらず天皇の位は不変であるとの考え方が強く，孔子の「正名」は「名分を正す」こと，すなわち天皇との君臣関係を絶対不変のものとみなしし，臣下がその義務と責任をはたしているかどうかが重視され，臣民の天皇に対する忠誠が守るべき道徳として要求された。崎門（きもん）学派や水戸学などによって思想的に形象化され，幕末・維新期から近代の日本で猛威をふるった。

たいぎゃくざい［大逆罪］ 1880年（明治13）公布の旧刑法に規定された皇室に対する罪の一つ。天皇・三后・皇太子に対し「危害ヲ加ヘ又ハ加ヘントシタル者」は死刑にすると規定されていた。1907年に公布された刑法にも踏襲され，大逆事件・虎の門事件は著名な適用例である。47年（昭和22）に成立した，刑法の一部を改正する法律により削除された。

たいぎゃくじけん［大逆事件］ 幸徳事件とも。明治天皇暗殺を計画した嫌疑で，多数の社会主義者・無政府主義者が逮捕・処刑された事件。赤旗事件以後社会運動の弾圧が強化されるなかで，1910年（明治43）5月，まず宮下太吉ら4人を爆発物取締罰則違反で検挙し，つづいて全国各地で事件に無関係な者も含めて数百人を検挙。うち26人が刑法の大逆罪にあたるとして起訴された。大審院は1審のみの非公開公判で幸徳秋水ら24人を死刑（坂本清馬ら12人は特赦により無期に減刑），新田融（とおる）ら2人を有期刑とした。幸徳らは11年1月24・25日に処刑。以後，社会運動は「冬の時代」を迎えた。判決後50年目の61年（昭和36），唯一の生存者坂本らは再審を請求したが，最高裁で棄却された。

たいきょうせんぷ［大教宣布］ 大教宣布の詔（みことのり）に始まる明治初期の神道国教化政策。大教とは従来の俗にいわれる神道とは一線を画する意味でつけられた名称で，国教としての神道をいった。1870年（明治3）1月3日の大教宣布の詔によれば，祭政一致と「惟神（かんながら）之大道」を宣揚し，各府藩県で任命される宣教使による天下への布教を具体的内容としていた。政府はこれらを実行するために神祇官・神祇省を設立し，宣教使を任命したが，布教能力の弱さや仏教勢力の抵抗などによって，結局神道勢力中心とした国教化政策は失敗。72年に神祇省を廃止，教部省を設置して教導職をおき，仏教勢力

を含んだ国民教化政策へと変わった。77年教部省、84年教導職の廃止により終わった。

だいく・しょうくせい[大区・小区制] 明治初年の地方統治機構。1871年(明治4)の廃藩置県後、戸籍事務を管掌する区が新設され、翌年町村の権限が区に移管された。府県のもとに数大区、大区のもとに数小区をおき、大区は数町村を包摂する小区を複数統轄し、官選の区長が任命された。区長は府知事・県令の指示をうけ、戸籍・徴兵・教育・徴税などを管掌した。小区には官選の戸長が任命された。しかし、長い伝統をもつ町村や自治慣行を無視した官治的な制度であったため、農民騒擾の原因ともなり、78年郡区町村編制法の制定で廃止された。

たいくん[大君] 江戸幕府が将軍を対外的に表現するときに用いた呼称。本来は中国で天子を意味する言葉だが、1636年(寛永13)朝鮮との外交関係で、将軍を示すものとしてはじめて用いられた。新井白石によって、朝鮮では王子の嫡子の称であることなどが問題とされ、一度は「日本国王」に改められたが、8代将軍徳川吉宗のときに再び「日本国大君」に戻された。幕末期に欧米諸国に対して外交関係を結んだ際も、この呼称が用いられた。

たいくんのみやこ[大君の都] イギリスの外交官オールコックの著書(The Capital of the Tycoon)。2巻。1863年刊。1859年(安政6)5月初代イギリス総領事兼外交代表として江戸へ着任し、62年(文久2)2月賜暇で帰国するまでの滞日3年間の記録。イギリスの貿易拡大政策を推進したオールコックは、外交交渉や内外の諸事件を詳細に記述、幕府機構や社会組織など封建制度を分析し、明治維新への国内的変革の萌芽を洞察した。「岩波文庫」所収。

だいけいちょう[大計帳] 大帳・大帳目録とも。諸国の戸口や課口・不課口の合計数などをまとめた統計文書。国司や京職が計帳歴名をもとに作成した(歴名を含める見解もある)。大宝令では手実や歴名と区別して国帳と称した。大帳使によって8月末以前に弁官に提出された。717年(養老元)に大計帳式が諸国に下されて、これが「延喜式」の大帳の書式にうけつがれた。正倉院文書の「阿波国計帳」や12世紀頃の「摂津国計帳」が残り、秋田城跡出土の漆紙文書にもみられる。

だいご[醍醐] 乳製品の一種。仏典によると乳から酪ができ、酪から蘇ができ、蘇から醍醐ができるという過程をへる。しかしこれは、「醍醐」が究極の悟りであり最上のものであるという比喩として語られたもの。「沙石集」や「平家物語」にも五味として「乳・酪・生蘇・熟蘇・醍醐」がみえるが、あくまで仏教の教説のたとえであり、日本では実在の食品とは考えにくい。

たいこう[太閤] 大閤とも。摂政・太政大臣の敬称。古記録などによれば、前摂政や現任の関白のほか、関白の職を子に譲った者(豊臣秀吉は養子秀次に関白を譲ったことによる)、関白を辞してのちの内覧の宣旨をうけた者など、現任の関白についても太閤と称した事例がある。左大臣・右大臣を左太閤・右太閤と称する場合もあった。

だいこうかいじだい[大航海時代] 15～17世紀、ヨーロッパ諸国民のアフリカ、アジア、アメリカ大陸への探検航海や征服・侵略活動が展開された時代。「大航海時代叢書」でいいださ れたこの呼称には、「地理的発見の時代」などといわれた従来の西欧中心史観を止揚克服し、相対的価値観にたって東西の諸文化を比較研究しようという意図がこめられている。

たいこうき[太閤記] 広義には豊臣秀吉の一代記の汎称。何種類もの著作がある。秀吉の命によって村本由己が著した「天正記」以外は秀吉没後の著作で、初期のものに太田牛一の「太閤軍記」(うち1巻が「大かうさまくんきのうち」とされる)、川角(かわすみ)三郎右衛門の「川角太閤記」、さらに由己や牛一の著作などを参酌してなった小瀬甫庵の「太閤記」などがある。とくに甫庵の「太閤記」は有名で、狭義には「太閤記」といえば甫庵のものをさすが、史実との関係については問題が多い。その後も武内確斎作・岡田玉山画「絵本太閤記」、栗原柳庵編「真書太閤記」など潤色された作品が巷間に流布し、後世の演劇・小説・講談の素材となった。

たいこうけんち[太閤検地] 天正の石直しとも。豊臣秀吉が全国に行った検地。1582年(天正10)明智光秀を破った直後に行われた山城検地に始まるが、織田信長の奉行として行った1580年の播磨検地が、事実上の太閤検地の始まりとみなされる。秀吉は征服地を拡大するごとに原則として検地を行い、91年には国ごとに御前帳を提出させ、全国の土地が石高で一元的に表示されることとなった。以後も大名領内に奉行を派遣して重ねて検地を行った。秀吉の検地にあたる態度は征服地にとくにきびしく、反抗する者は一郷であっても「撫で切り」にすると強調している。検地の施行原則は、6尺3寸四方を1歩(ぶ)、300歩を1段とし、田畑を上・中・下・下々にわけ、上田1段を1石5斗というように石盛り、枡も京桝に統一した。石高は米の予想生産量であるが、屋敷や山林なども石高に算定され、商品生産や流通上の収益なども算定された。検地帳には耕地一筆ごとに1人の耕作者名が記載されたから、その者(名請人)の耕作権が保証され(一地一作人の原則)、長(おとな)百姓

が小百姓から作合をとることは禁止された(作合否定の原則)ので，小農の自立が促進された。太閤検地によって，残存していた荘園制は終止符をうたれ，兵農分離が確立し，石高制による近世封建社会の基礎が築かれた。

だいこくじょうぜ [大黒常是] 江戸時代，銀座で銀吹極・銀改役を歴代勤めた家の当主の名。堺で極印銀を製造していた湯浅作兵衛は，徳川家康に大黒の姓を与えられ，1601年(慶長6)に開設された伏見銀座の銀吹極・銀改役として丁銀を鋳造した。これを最初として，その子孫が江戸・京都の銀座の常是役所で銀貨を鋳造して刻印を行い，包所で改めて封封をし(常是包)幕府に納めた。しかし利は薄く，江戸の代其家は8代目で借金を理由として家business をとりあげられ，京都大黒家が江戸銀座の職務を兼任した。

だいごくでん [大極殿] 太極殿・前殿・大殿とも。宮城内に造られた中核的殿舎。日常の朝政のほか，天皇の即位，大警察司い，元日朝賀などの重要な儀式にも用いられ，そのたびに天皇が着座した。発掘例では桁行9間，梁行5間の構造のものが多く，12世紀の「年中行事絵巻」御斎会巻には，高い基壇の上に建つ当時の姿が描かれる。朝堂院にあって宮城のほぼ中央に位置し，宮城内で最大の建築物であった。名称は唐の長安城の太極殿に由来し，日本では律令制度が整備される藤原宮の時代にはじめて成立したとみられている。以後歴代王朝の象徴的存在となったが，1177年(治承元)の火災以降再興しなかった。

だいこくやこうだゆう [大黒屋光太夫] 1751～1828.4.15 近世後期の船頭・漂流民。伊勢国安芸郡白子生れ。1782年(天明2)12月白子浦を出帆して江戸に向かった神昌丸が，遠州灘で暴風雨にあい漂流，翌年アリューシャン列島のアムチトカ島に漂着。4年間在島したのちカムチャツカに移り，89年(寛政元)イルクーツクに到着。キリル・ラクスマンの知遇をえ，91年にペテルブルクを訪れ女帝エカチェリーナ2世に拝謁，帰国を許される。92年キリルの子アダム・ラクスマンの根室来航に伴われ，小市・磯吉とともに送還された。小市は根室で死亡したが，光太夫・磯吉の2人は江戸審町薬園地に軟禁された。桂川甫周らが光太夫から聴取した「北槎聞略」は貴重なロシア情報となった。

だいごじ [醍醐寺] 京都市伏見区にある真言宗醍醐派の総本山。深雪山と号する。874年(貞観16)聖宝が笠取山上(上醍醐)に堂宇をたてたことに始まる。907年(延喜7)醍醐天皇の御願寺となった。山麓(下醍醐)に伽藍の建設が進められ，952年(天暦6)五重塔(国宝)が完成。平安後期には東密小野流の拠点となり，白河上皇らの帰依をうけて大寺院に発展した。三宝院・理性院など多数の子院が建立される一方，当山派修験の道場としても勢力を拡大した。しかし応仁・文明の乱の兵火をうけて衰退。豊臣秀吉の庇護を得た義演により復興された。醍醐の本尊薬師如来三尊像をはじめ多数の寺宝を蔵し，「絵因果経」「文殊渡海図」はいずれも国宝。

五重塔 山麓伽藍(下醍醐)にあり，南面する金堂の前方東側にたつ大規模な塔。951年(天暦5)完成，翌年に供養。初重内部の全面に金剛界・胎蔵界の諸尊などの仏画や文様が極彩色で描かれ，平安中期の密教の塔内荘厳がわかる。相輪が塔身に比べて長く大きい点も特徴。高さ38.2m。国宝。

だいごてんのう [醍醐天皇] 885.1.18～930.9.29　在位897.7.3～930.9.22　宇多天皇の第1皇子。名は維城，のち敦仁。母は藤原高藤の女胤子。893年(寛平5)皇太子となり，897年13歳で元服したその日に，父の譲位をうけて践祚した。このとき父から与えられたのが「寛平御遺誡」である。はじめ父により妃に為子内親王を配されたが，為子の死後，父との対立がうまれたらしい。901年(延喜元)菅原道真の失脚後，藤原穏子(基経の女)を入内させ，穏子の生んだ子に皇位を継承させた。その治世は「延喜の治」と称され，村上天皇の「天暦の治」とともに聖代とみなされた。日記「醍醐天皇宸記」。

だいごのはなみ [醍醐の花見] 1598年(慶長3)3月15日，晩年の豊臣秀吉が京都醍醐寺三宝院で催した花見の宴。秀吉は同年8月に没したため，最後の歓楽として有名。秀吉みずから下検分をくり返し，五重塔その他の修理を命じたため，花見準備は三宝院の再興事業ともなった。当日は子の秀頼のほか北政所・淀殿ら妻妾を連れ，山中に設けた八つの御茶屋を巡る趣向であった。

だいごふくりゅうまるじけん [第5福竜丸事件] 1954年(昭和29)3月1日，南太平洋ビキニ環礁において，静岡県焼津港所属のマグロ漁船第5福竜丸が被災した事件。同船はアメリカの水爆実験による放射性降下物(「死の灰」)を浴び，乗組員1人が死亡した。日本国内の原水爆禁止の世論が高まったこともあり，アメリカは同年4月9日事態を鎮静化するため遺憾の意を表明，翌年慰謝料を支払った。

たいさく [対策] 令制の任官試験で課される問題の「策」に，貢人・挙人が「対える」こと。論理的には秀才・明経・進士し・明法・算・書のすべての試験に用いることができるが，実際には方略策・時務策を課す秀才・進士の2試に限定して使われた。平安

時代に入って文章得業生しょうとくぎょうしょう・文章生の受験が事実上秀才試に一本化されて以後は、秀才の策試に対する対策となる。策問(問題文)と対策(答案)の文章の実例は、「経国集」「都氏文集とししゅう」「菅家文草かんけぶんそう」「本朝文粋もんずい」「本朝続文粋」「朝野群載」「桂林遺方抄」などにみることができる。

だいさんインターナショナル [第3インターナショナル] ⇒コミンテルン

だいさんき [第三紀] 新生代の大半を占める6500万～170万年前の時代。2300万年前を境に古第三紀と新第三紀に細分される。地球全体が温暖であった中生代に対して第三紀以降は南極大陸での氷床の形成が特徴的。日本列島はこの時代を通じてユーラシア大陸から分離した。

たいしこう [太子講] (1)聖徳太子の忌日に行われる法会。法隆寺では、毎年または別当任中一度、あるいは50年ごとの2月22日(現在は3月22日)の太子講を聖霊会しょうりょうえという。(2)聖徳太子を信仰する信者の団体。鎌倉・室町時代に多くでき、講の集会で読まれる聖徳太子講式が盛んに作られた。鎌倉時代には太子の尊像が造られ、2歳像・孝養太子像が作成された。江戸時代には、木工・木挽が正・5・9月の太子忌日に夜を徹して宴会に興じる太子講が始まった。

たいじそうのたたかい [台児荘の戦] 1938年(昭和13)3月23日から4月7日にかけて山東省台児荘付近でおこった日中両軍の戦闘。津浦線を南下した第10師団瀬谷支隊は中国軍の精鋭第2集団軍、湯恩伯とうおんぱく指揮の第20軍団と激戦になったが、中国軍が優勢で支隊は部隊を後退させた。中国軍のこの勝利は抗日意識を高めた。

たいしゃ [大赦] ❷⇒赦しゃ
❶一定の罪を指定して、有罪判決の効力・公訴権を消滅させる強力な恩赦の形態。天皇大喪たいそう・憲法発布のような国家の節目とみなされる事態に際して行われる。大日本帝国憲法下では天皇大権により、日本国憲法下では内閣が政令で範囲を指定して天皇が認証する。1989年(平成元)の昭和天皇大喪恩赦の際には、軽犯罪法・食糧管理法・外国人登録法など17の法律の違反者に対し大赦が行われ、約2万8600人が対象となった。

たいしゃづくり [大社造] ⇒神社建築じんじゃけんちく

だいしゅ [大衆] 衆徒・衆徒どうとも。一山一寺の僧侶の総称。とくに平安時代以降、南都北嶺の諸大寺に所属する僧侶集団をさし、法体ほったいの武力集団、僧兵も意味した。大衆僉議せんぎとよばれる集団討議をへて、大挙して発向し強訴ごうそに及んだ。強訴に際し延暦寺は日吉ひえ社神輿を、興福寺は春日社神木を押したてた。

たいしゅうぶんがく [大衆文学] 1923年(大正12)の関東大震災の1～2年後に成立したマス・メディアが、広範な読者層の獲得をめざして採用した大量消費のための商品文学。当初は物語性にとんだ時代小説をさしたが、のちには恋愛小説や探偵小説など現代風俗を描いた通俗小説も含む概念となった。第2次大戦後は中間小説や推理小説、SFの隆盛などによって純文学との境界が曖昧になりつつある。作家に中里介山・直木三十五・吉川英治・大仏おさらぎ次郎らがいる。

だいじょういんじしゃぞうじき [大乗院寺社雑事記] 興福寺大乗院門跡尋尊じんそんの日記。尋尊は一条兼良の子。収録期間は1450～1508年(宝徳2～永正5)の応仁・文明の乱をはさむ約60年間に及ぶ。寺内の行事・人事および組織、寺領荘園の経営、大乱前後の大和・河内の情勢、京都の幕府や貴族層の動向をはじめ、政治・社会・経済・文芸など諸方面にわたる豊富な内容をもつ。自筆原本は内閣文庫蔵。日記は書状類などの裏に記され、本文と密接に関連する同時代の多くの古文書群が紙背に残される。歴代の門跡である尋尊・政覚・経尋3代の各日記を総称していう場合もある。「増補続史料大成」所収。

だいじょういんにっきもくろく [大乗院日記目録] 戦国期の興福寺大乗院門跡尋尊じんそんが、大乗院に伝わる歴代の日記・記録類と、みずからの日記や記録類をもとに抄出編纂した年代記。4巻。1065～1504年(治暦元～永正元)の記事を収める。大乗院を中心とする興福寺・春日社の動向を記すが、大和だけでなく中央の政情や世相についても詳しい。記事はおおむね簡略だが、他の史料にみられない記事がある。尋尊の日記「大乗院寺社雑事記」と重なる年次の記事と比較すると必ずしも内容が一致せず、日記には記されていない重要記事もみられる。「大乗院寺社雑事記」所収。

だいじょうかいだん [大乗戒壇] 大乗戒を授与する壇場。765年、中国の大興善寺に設けられた戒壇の名にちなみ方等ほうどう戒壇ともいう。とくに最澄が設置をめざした戒壇(円頓えんどん戒壇とも)のことをいう。奈良時代、出家するためには天下の三戒壇とよばれる奈良東大寺、筑紫観世音寺、下野薬師寺のいずれかの戒壇で受戒しなければならなかった。そこでの戒は小乗戒で、菩薩戒授受のための戒壇はなかった。最澄はその不備をつき、天台宗の僧侶は大乗戒である梵網戒をうけるべきとして比叡山に独立の戒壇を設置する勅許を朝廷に求めた。822年(弘仁13)最澄死後7日目にこれが認められ、以後比叡山僧侶の身分決定の場として機能した。

だいじょうかん [太政官]「だじょうかん」と

も，律令官制における最高官庁。天皇のもとで，神祇官や八省などの諸司や国司などすべての官庁を統轄。内部構成は，(1)左右大臣・大納言などからなる天皇の諮問，国政の審議部門，(2)少納言・外記ゲキなどからなる(1)の秘書部門，(3)左右の弁・史などからなり，諸司・諸国の事務を受理して(1)に伝達，また天皇や(1)の決定を施行する事務処理・執行部門，の三つに大別される。(1)には8世紀初頭に令外リョウゲの制として中納言2人，参議若干名(のち8人に定数化)が追加され，平安時代には内大臣も加わって，全体で公卿と総称された。(2)は少納言局とよぶが，平安時代に少納言の職が蔵人クロウドに奪われるとともに外記の機能が拡大すると外記局の称もうまれ，筆頭の外記は局務ともよばれた。(3)はいわゆる弁官局で，太政官符や下文クダシブミ・宣旨などの作成にもかかるが，平安時代以降はとくに史の事務的機能が重視され，筆頭の史は官務と称した。

だいじょうかんぷ [太政官符] 官符とも。公式令クシキリョウにおける，太政官から神祇官・八省・弾正台・大宰府・諸国などに発給される下達文書。弁官が作成にあたり，書式は一般の符と同じ。在京諸司に下す場合には外印(太政官印)を，外国に下す場合には内印(天皇御璽ギョジ)を捺すことになっていたが，のちに内印のみとなって，内印・外印を区別した。詔書・勅旨や天皇の裁可をうけた論奏などの施行，太政官の決定事項の施行，弁官の事務上の命令の施行など広範に用いられたが，平安時代半ばに，より簡便に発給できる官宣旨カンセンジなどにかえられることが多くなった。

たいしょうごと [大正琴] 大正初期，名古屋の月琴奏者の森田伍郎(芸名川口仁三郎)が創案した弦楽器。二弦琴にピアノの鍵盤装置を応用した構造。長さ約60cm，幅約12～15cm。タイプライター状のキーを左指でおさえ，右手にもった爪で撥弦する。のちに3～9弦のものも作られ，現在に広く普及するのは五弦。インドをはじめアジア各地に輸出された。

だいじょうさい [大嘗祭] 天皇の即位後，はじめて新穀を天照アマテラス大神や天神・地祇に供える儀式。即位が7月以前ならばその年の，8月以降であれば翌年の11月に行われる。あらかじめ新穀を供出する悠紀ユキ国・主基スキ国を卜定し，悠紀国は近江国，主基国は丹波または備中の場合が多い。8月に悠紀国・主基国に抜穂使ヌキホシが派遣され，斎郡ユキの大蔵チカラを行い，斎田ユキの側に稲실殿イナミドノをたてて抜穂祭を行う。9月に収穫された稲が京に運ばれる。天皇は10月に賀茂川へ行幸して大嘗宮御禊ゴケイを行い，精進潔斎に入る。11月上旬に大嘗宮が造営され，卯の日を迎える。悠紀の神事では，天皇は廻立カイリュウ殿で沐浴して悠紀殿に入る。この際に国風クニブリや隼人の歌舞などが行われる。中心となるのは，神饌シンセンを悠紀殿に運んで神に供えるとともに天皇も食べる神饌親供シンクの儀。つづいて同様の儀が主基殿でもある。2日目の辰の日から3日間は豊楽ブラク殿において節会セチエが催され，4日目元の日に行われるのが豊明トヨノアカリ節会である。11月晦日の大祓をもって，すべての儀式が終了する。大嘗祭は中絶していた時期もあるが，江戸中期の桜町天皇の代に復興し，現在に至る。

たいしょうせいへん [大正政変] 1913年(大正2)2月に憲政擁護運動により第3次桂内閣が総辞職した政変。1912年12月に成立した桂内閣は，民衆運動や言論界の集中攻撃をうけ，国民党・政友会も加わって，憲政擁護運動が高揚した。桂は13年1月新党計画を発表し，国民党の過半数は参加したが，政友会の切り崩しには失敗。当初憲政擁護運動に警戒感を抱いていた原敬タカシから政友会幹部も，桂との妥協が不可能になると憲政擁護大会に弁士を派遣した。解散・総選挙が困難になる桂は2度にわたり議会を停会し，天皇に西園寺への優詔ユウショウを要請して事態の乗り切りをはかるが，薩派・海軍も政友会と接近して反対にまわったため，桂内閣は2月11日に総辞職，山本内閣が成立。

だいじょうだいじん [太政大臣] 「だじょうだいじん」とも。律令制での太政官の最高の官。天智朝期に，左右大臣・御史大夫とともに，大友皇子が任じられたのが初例。前代の皇太子の執政者的性格がみられ，平城朝で高市タケチ皇子も任じられた。大宝令では唐の三師・三公にならい，天皇の訓導の官で，適任者がいなければ欠員でよいという則闕ソッケツの官とされる一方で，太政官の首席大臣として詔書・論奏や勅授位記に署名すると規定された。定員1人，一品・正従一位相当。当初は贈官なので任官はなく，特殊な例として，藤原仲麻呂の大師ダイシと道鏡の太政大臣禅師ゼンシがある。任官の初例は文徳朝の藤原良房で，光孝朝の藤原基経に至って，あらためて太政大臣の首班として国政を統括する地位と定められた。摂関政治の成立当初は，とくに関白の地位は太政大臣の職掌と密接にかかわるものであったが，10世紀以後，摂政・関白は太政大臣から離れた独自の地位となり，太政大臣は名誉職的な存在となった。

だいじょうだいじんぜんじ [太政大臣禅師] 765年(天平神護元)に道鏡のためにおかれた職で，翌年に道鏡が法王に任じられると，自動的に廃絶した。称徳天皇は，太政大臣は大臣の適任者がいれば任じるものであり，道鏡の大臣禅師としての行動は人の賞賛するところであるから，太政大臣位を授けると詔して，太政大臣禅

師としたもの。詔からして，その職能は太政大師に準じたものと思われる。

たいしょうデモクラシー [大正デモクラシー] 日露戦争後から大正末年まで，政治・社会・文化の各方面でみられた自由主義的・民主主義的傾向。政治的には桂園時代から原敬政友会内閣をへて，第2次護憲運動後の護憲三派内閣成立に至る政党内閣制確立過程として現れ，他方において，日露戦争講和反対運動から第1次護憲運動をへて，第1次大戦後の改革運動として現れた。この大正デモクラシー運動では，知識人や地方政治によって普通選挙が要求されたが，この運動はその後，労働組合・農民組合の指導者および社会主義者による無産政党運動として展開し，大正末年の合法無産政党成立に至った。

たいしょうてんのう [大正天皇] 1879.8.31～1926.12.25 在位1912.7.30～26.12.25 明治天皇の第3皇子。生母は権典侍柳原愛子。名は嘉仁，幼称は明宮。1889年(明治22)皇太子となる。1900年公爵九条道孝の四女節子(貞明皇后)と結婚。12年(大正元)7月明治天皇崩御により皇位につく。15年即位式。幼時から病弱で即位後も健康がすぐれず，21年皇太子裕仁親王を摂政に任命。26年12月死去，27年諡号を大正天皇と定めて大喪が行われた。御陵は多摩陵。

だいじょうてんのう [太上天皇]「だじょうてんのう」とも。譲位した天皇をいう。上皇・太上皇と略し，院ともよばれ，その御所は仙洞・仙院と称された。初例は持統太上天皇。中国の太上皇・太上皇帝にならって大宝令で制定されたものと考えられ，譲位と同時に，この称号と天皇在位中とかわらない権能を保証された。嵯峨太上天皇以後，公的地位を離れたが，白河太上天皇が院政をおこなうに至り，治天の君として君臨した。なお親王から太上天皇になった例は，後高倉院・後崇光院・陽光院(誠仁親王)・慶光天皇(閑院宮典仁親王)である。

だいじょうぶっきょう [大乗仏教] サンスクリットのマハーヤーナの訳語。インドで西暦紀元前後におこり自利・利他の菩薩道を標榜した流派が，自力的な解脱を重視する部派仏教を小乗と貶称し，自派を大乗と称したことに由来する。中国・朝鮮・日本に伝来したのはこの系統である。インドでは竜樹に始まる中観派，世親によって大成された唯識派や密教があり，中国では天台・真言・禅・華厳・浄土その他の宗派が競いおこり，日本でもこの影響をうけて奈良時代に三論・法相・成実・倶舎・華厳・律などが，平安時代以降は天台・真言・浄土・禅・法華などがおこった。即身成仏や他力救済を説く密教経典や法華経・華厳経など，多数の大乗経論がある。

だいじょうほうおう [太上法皇]「だじょうほうおう」とも。太上天皇が出家したのちの通称，略して法皇。宇多太上天皇が出家に際して太上天皇号を辞退し太上法皇と称したのが初例。正式な地位には法皇で，太上法皇とはあくまでも通称だが，太上天皇号の辞退後も太上法皇を称している場合もあり，一方でこれを批判する記述もある。なお，後高倉院・後崇光院は院号宣下時にすでに出家していたが，これも法皇とされた。

たいしょうほうたいび [大詔奉戴日] 第2次大戦中の記念日。太平洋戦争開始とともに，国民の士気高揚のため1942年(昭和17)に設けた。従来の興亜奉公日(毎月1日)にかえ，毎月8日を「挙国戦争完遂ノ源泉」として大詔奉戴日とした。開戦の詔書奉読式，神社・寺院での必勝祈願，各戸の国旗掲揚などの行事が行われた。

たいしょくかん [大織冠] 647年(大化3)の冠位制で十三階の最高位の冠位。649年と664年(天智3)の改訂にも同じく最高位とされ，685年(天武14)正位を最高位とするまで続いた。ただし669年中臣(藤原)鎌足が死の直前に与えられたのが唯一の例で，鎌足個人をさす語ともなった。

たいじん [大人]「魏志倭人伝」にみえる支配者階層を表すと思われる語。同書には大人と下戸という二つの階層を表す語がみえ，大人は被支配者階層である下戸よりも妻の数が多いなどの違いがある。下戸が道で大人にあうとあとずさりして道をあけ，大人にものをいうときには，腹ばいになったりひざまずいたりして敬意を表したという。

だいじん [大臣] ●和訓はオトド・オオイドノ・オオイマウチギミ。唐名は丞相・相国・槐門。大宝令で太政大臣・左右大臣が，のちに内大臣がおかれた。なお大化前代には同じ用字でオオオミと訓じる職があった。孝徳朝の左右大臣や斉明・天智朝の大臣蘇我連子をオオオミとみるか令制の大臣につながる官とみなすかについては議論がある。671年(天智10)太政大臣・左右大臣と御史大夫が任じられて，令制太政官の原形が成立し，以後この制は明治期まで続いた。

❷近代の国政にあたる最高の官職。1869年(明治2)太政官に左大臣・右大臣，71年に太政大臣を設置。この3大臣が天皇を補佐して諸般の政務にあたった。85年太政官制の廃止と近代的内閣制度の樹立により3大臣は廃官。かわって内閣総理大臣(首相)および宮内・外務・内務・大蔵・陸軍・海軍・司法・文部・農商務・通信の各省大臣を設置。宮内を除く各大臣(国務大

臣)が総理大臣を首班に内閣をつくり、最高行政機関を構成した。またこのとき天皇の常侍輔弼にあたる内大臣を設置。89年発布の大日本帝国憲法で国務各大臣の天皇への輔弼責任、法律・勅令・詔勅への副署が定められた。1947年(昭和22)日本国憲法の施行により国務大臣の国会への責任を明確にした。

だいしんいん【大審院】 明治～昭和前期の最上級の裁判所。1875年(明治8)4月14日の立憲政体樹立の詔勅により設置され、官制上の順位は開拓使より高く諸省より低かった。90年に施行された裁判所構成法は改めて大審院を最高裁判所と規定し、7人構成の民事・刑事両部と判例変更のための連合部を設け、管轄を通常事件の上告、皇室に対する罪と内乱罪(一審が終審)と定めた。大審院長は勅任判事が親補されたが、司法行政権や下級裁判所に対する監督権はなかった。1913年(大正2)の改変、14年の裁判所構成法改正により各部の7人構成が5人に減じられ、大審院長は親任官に格上げされたが、国務大臣より宮中席次は低かった。47年(昭和22)の最高裁判所発足により廃止された。

だいじんけ【大臣家】 摂家・清華家につぐ公家の家格。中世では、大臣に昇る家柄を清華とも大臣家とも称したらしいが、のちに近衛大将をへる家を清華家、その他を大臣家と区別するようになった。近世では村上源氏の中院、閑院流藤原氏の正親町三条(のちの嵯峨)・三条西の3家を大臣家または三大臣家といった。明治の華族制度では伯爵となった。

たいせいかい【大成会】 初期議会期の衆議院院内会派。1890年(明治23)8月成立。民党形成の潮流から離脱した旧民権派、当初からの反民権派、現役官僚など70余人の議員からなる。第1議会では官制に立ち入らない範囲での漸進的な予算削減を策した。第1議会後、会の再編強化問題をめぐり内部対立が発生し、政社への改編を主張するグループが党内に協同倶楽部を結成したが、対立は収拾されず、第2議会解散とともに消滅した。

たいせいさんてんこう【大勢三転考】 神武天皇から江戸幕府成立に至る時期をあつかった歴史書。伊達千広著。1848年(嘉永元)成立。対象時期を3時代に区分し、それぞれの時代の政治・社会制度の特色を「骨」「職」「名」の語で代表させる。神武天皇が国造・県主を設け世襲的な氏姓を根幹として国を支配した「骨の代」は、推古天皇の冠位十二階と十七条憲法の制定によって官職をもって政治支配する「職の代」に移行し、源頼朝の守護・地頭設置にともない各地の大名・小名が在地で支配する「名の代」に移行したとする。歴史変革の趨勢を「時の勢」の概念によって原理化した点に近代の史論史学への先駆としての意義がある。明治初期に子の陸奥宗光らにより刊行され世に知られた。「日本経済大典」「日本思想大系」所収。

たいせいほうかん【大政奉還】 1867年(慶応3)10月14日、征夷大将軍徳川慶喜が申し出た朝廷への政権移譲。幕末には外圧に挙国一致で対処するため、天皇の下に雄藩の連合政権を組織しようという公議政体論が有力になった。しかし幕府は雄藩の政権参加を拒みつづけ、67年5月には有力4侯の反対をおして兵庫開港と長州処分の2懸案に決着をつけた。鹿児島藩倒幕派はこれを機に平和的交渉による公議の実現を断念し、萩藩と結んで武力倒幕を計画。これに対し高知藩は、鹿児島藩と公議政体の樹立について提携するか、慶喜にはみずから政権の返上を申し出るよう勧めた。朝幕二元体制の限界を感じていた慶喜は、政権を一本化し大名の統治権もいずれ吸収しようと考えてこれに応じた。朝廷は15日この申し出を認め、新政体を定めるため大諸侯の会議を招集した。この政策転換は名古屋・福井・高知の諸藩の支持をえたが、従来深く慶喜と提携していた会津・桑名両藩は強い不満を抱き、薩長倒幕派も大諸侯会議より先にクーデタを断行する方針をとった。

たいせいようけんしょう【大西洋憲章】 1941年8月14日にアメリカ大統領ローズベルトとイギリス首相チャーチルが発した、第2次大戦の戦争目的と戦後の世界秩序構想に関する共同宣言。領土不拡大、国境不変更、民族自決、通商の自由、国際経済協力、欠乏と恐怖からの自由、公海自由、一般的安全保障体制の確立の8項目からなるが、通商の自由についてはイギリスが抵抗し、妥協が図られた。

たいせいよくさんかい【大政翼賛会】 日中戦争・太平洋戦争期に政府主導で全国におかれた国民組織。新体制運動のなかで、第2次近衛内閣が新体制準備会の審議と9月27日の閣議決定にもとづいて、1940年(昭和15)10月12日に組織した。「大政翼賛の臣道実践」をスローガンとした。総裁は近衛文麿。機構は中央本部事務局、中央協力会議のもとに各自治体レベルの支部および協力会議が設置された。翼賛会の性格をめぐっては発足当初から議論があり、翼賛会が政治性をもつことは憲法違反のおそれがあるとされたため、41年2月には政治運動の中心としての性格を否定し、公事結社と称した。また地方支部の人事をめぐって内務省と翼賛会の間に対立がおき、41年4月には改組と職員の大幅入替えが行われ、内務官僚主導の精神運動組織、上意下達の機関となり、傘下にさまざまな団体をかかえ、町内会・隣組などが下部組織に

たいせきじ [大石寺] 静岡県富士宮市上条にある日蓮正宗の総本山。大日蓮華山と号す。日蓮没後、身延の廟所を守った日興は、檀越南部(波木井)実長および日向と対立して離山。1290年(正応3)南条時光の支援を得て大石ケ原に大石寺を建立した。以後、日目・日道と継承され、同じく日興の開創である重須(北山)本門寺とともに、日興門流の中心となった。その後しだいに伽藍を整え、今川氏などの戦国大名の保護をうけた。江戸時代には将軍徳川家宣の室天英院の援助で諸堂が建立され、18世紀はじめには日寛がでて興門教学を大成。明治期に独立して日蓮正宗の総本山となり、第2次大戦後は創価学会の本山として著しく発展した。多数の日蓮の真蹟遺文を所蔵。

だいせんいん [大仙院] 京都市北区にある臨済宗大徳寺の塔頭の一つ。開山は古岳宗亘で、1509年(永正6)六角政頼が創建。大徳寺北派の本庵。国宝の本堂は永正10年(1513)の棟札があり、禅院の方丈建築的これは古型という。書院は重文。本堂の東にある枯山水の庭園は国史跡・特別名勝。「大灯国師墨蹟」(国宝)や「四季耕作図」「花鳥図」「瀟湘八景図」(ともに重文)などがある。

だいせんきょくせい [大選挙区制] 1選挙区から複数の議員を選出する制度。第2次山県内閣による1900年(明治33)の衆議院議員選挙法改正で採用。人口3万人以上の市を独立選挙区、その他の郡部は1府県1選挙区とした。第7〜13回(1902〜17)の総選挙がこの制度で施行された。第2次大戦後初の46年(昭和21)の第22回総選挙も、内容は異なるが大選挙区制で行われた。

たいせんけいき [大戦景気] 第1次大戦中とその後の好景気。大戦勃発後の1915年(大正4)半ばから輸出は急増し、日本経済は空前の好況となった。1914〜18年の5年間の貿易黒字は14億円、海運収入などサービス・移転などの貿易外黒字は13億円、計27億円に達し、日本は債務国から債権国に転じた。この好況のなかで産業構造の重化学工業化が始まり、綿紡績・生糸とともに、海運・造船・鉄鋼・電機・化学などの新産業が急成長した。

たいせんけんぞうのきん [大船建造の禁] 1635年(寛永12)6月の武家諸法度に規定された500石積以上の船の禁止令。1609年(慶長14)9月に西国大名の水軍力抑止のため行われた大船の没収以来、西国では500石積以上の船が禁止されたが、大船建造の禁はこれを全国に及ぼしたもの。禁令の対象は領内のすべての在来形の軍船・商船で、水軍に無用の航洋船は除かれた。商人の不便が幕府に聞こえ、38年5月商船に対する禁制は撤廃。以後、軍船不要の平和な時代が長く続いて禁令は死文化した。また、さまざまな解釈を許す条文だったため、対外的な危機の時代を迎え海防論が活発化する幕末期には、鎖国維持を目的として航洋船とりわけ洋式船を禁じる法とされた。ペリー来航3カ月後の1853年(嘉永6)9月解禁。なお鎖国のための2本以上の檣(帆柱)と竜骨の禁止説は、幕末〜明治期に行われた俗説が学説化したもの。

だいせんこふん [大仙古墳] 大阪府堺市大仙町の大阪湾を望む中位段丘にある古墳中期の大型前方後円墳。仁徳陵古墳とされ、大仙陵古墳ともいう。百舌鳥古墳群の盟主墳。墳長486m、後円部径249m、前方部幅305mあり、前方部を南西にむける。後円部の径に対して大きい前方部が特徴。後円部4段、前方部3段の築成で、葺石と埴輪をもち、くびれ部の両側に造出しを設ける。周濠は三重だが、三重目は前方部の南西隅にL字形に遺存していたものを、1899〜1902年(明治32〜35)に全周されたもので、築造当初の状態かどうか不明。周濠を含めた総長は約900mにも達し、日本一の規模をもつ。埋葬主体は2基知られる。1基は後円部にあり、長さ3.2mの長持形石棺があるようである。別に1872年に堺県令が発掘した前方部にも長持形石棺を納めた竪穴式石室があり、棺外の東側に鍍金された甲冑とガラス製の壺と皿、大刀金具、北東側には鉄刀20が納められていた。副葬品はすべて埋め戻されたと伝えるが、ボストン美術館に本墳出土の銅鏡1と大刀の環頭部1個が所蔵される。墳丘の周辺に約15基の陪塚を従えた巨大古墳。

だいせんじ [大山寺] 鳥取県大山町にある天台宗の寺。役小角の創建とも、出雲国の金蓮上人の開山ともいう。平安初期に慈覚大師円仁が入寺したと伝えられ、平安時代に南光院・西明院・中門院の3院からなる天台宗寺院として確立。多くの僧をかかえ、ときには上洛強訴するなど強大な勢力をもった。地蔵菩薩を本地とする智明権現を祭る修験の山としても知られた。1875年(明治8)の神仏分離で廃されたが、のち復興。

だいせんのう [代銭納] 中世の荘園などで、年貢・公事を現物のかわりに銭で納入すること。定められた品目にかえて別の物を納入する色代納(雑納)の銭納もいう。貨幣経済の進展で荘園領主は商品として入手できるため、現物納入の必要性がなくなったり、定期市などの発展により、現地での換算を望む荘官・在地領主や荘民などの要求をみたすものとして銭納化が成立し、鎌倉時代にしだいに進行した。

たいそうかいまんだら［胎蔵界曼荼羅］⇨両界曼荼羅

だいぞうきょう［大蔵経］一切経とも。仏教の聖典を網羅的に集成したもの。中国で成立した呼称で、漢訳された経・律・論に中国人僧の若干の著作を加えたものをいったが、のち諸国語のものもなした。中国では三蔵の漢訳の進行にしたがい仏典目録が作成され、唐代の「開元釈教録」によっていちおう完成した。宋代になると蜀版大蔵経として出版も開始され、以後朝鮮では高麗大蔵経、日本では寛永寺版・黄檗版が刊行された。

だいだいり［大内裏］12世紀以降現れる用語で、内裏をさす。中世から宮城の意味で使われるようになった。内部のプランは、天皇の日常居所である内裏、国家的な儀式の場である朝堂院（大極殿が正殿）、饗宴の場である豊楽院、諸官司から構成されている。内裏・大極殿・朝堂院という宮城の中枢部は前期難波宮から存在したが、長岡宮以降、内裏と朝堂院は分離した。これは天皇の日常政務の場と国家的儀式の場の分化という変化にともなう変更であった。平安宮のプランは当初から基本的に変化はなかった。10世紀以降、日常的に使用されるのは、内裏を中心とした部分だけとなり、院政期に天皇が里内裏に移り、儀式・祭祀のときだけ内裏に遷御するようになると荒廃し、1227年（安貞元）の焼失により廃絶した。

だいちょうし［大帳使］計帳使とも。四度使の一つ。諸国でまとめられた大帳（大計帳）を毎年8月末（「延喜式」では陸奥・出羽両国と大宰府管内は9月末）以前に太政官に提出するため、国司官人の使者が持参して上京した。これが大帳使で、大帳とその枝文を京進して主計寮で勘会が行われた。勘会がすめば返抄をうけることで帰国が許される。9世紀には大帳使の持参する公文が朝集使に付されるなど簡略化が行われたこともあった。

だいとうあかいぎ［大東亜会議］1943年（昭和18）11月5～6日、東条内閣が東京で開催したアジア諸地域の首脳会議。太平洋戦争遂行のため、日本は「大東亜共栄圏」内の戦争協力体制を強化する必要に迫られた。そこでアジアの団結を対外的に誇示するとともに、独立の許可、一部地域の割譲を掲げて、各国代表首脳の協力をとりつけようとした。東条英機首相のほか、中華民国行政院長汪兆銘、タイ首相名代ワン・ワイタヤコーン、満州国国務総理張景恵、フィリピン共和国大統領J.P.ラウレル、ビルマ国首相バモーの各国代表が出席し、自由インド仮政府首班チャンドラ・ボースが陪席。会議終了後、大東亜共同宣言が発表された。

だいとうあきょうえいけん［大東亜共栄圏］日本のアジア支配を正当化するためのスローガン。はじめて公的に使われたのは、武力南進決定直後の1940年（昭和15）8月1日の松岡洋右外相談話である。重要資源供給地であり日本経済と不可分とされた満州・中国・東南アジアを包括的に示す概念であった。そして日本の南進が欧米帝国主義国の植民地政策とは異なることをアピールするために、「八紘一宇」「共存共栄」の名のもとに日本によるアジア解放の夢を掲げた。しかし実際には、占領地域で欧米帝国主義以上の収奪が行われ、日本の敗戦とともに消滅した。

だいとうあきょうどうせんげん［大東亜共同宣言］1943年（昭和18）11月6日大東亜会議終了時に発表された日本・中華民国・タイ・満州国・フィリピン・ビルマの共同宣言。互恵的経済発展・人種差別撤廃などがうたわれていた。アジア諸国から戦争協力を引きだすために、アジア解放の理想を唱えたもの。

だいとうあしょう［大東亜省］太平洋戦争下に「大東亜」地域の政務の執行にあたった中央官庁。1942年（昭和17）11月1日設置。大東亜建設のため同地域の政務を一元的に統轄する機関の設立を、企画院・陸海軍両省・興亜院が提起し、東条英機首相が設置決定を強行した。外務省は権限削減となることから反発し、東郷茂徳外相は辞任した。この設置により拓務省・興亜院・対満事務局が廃止統合され、外務省の一部も吸収された。敗戦で45年8月26日廃止。

だいとうあせんそう［大東亜戦争］⇨太平洋戦争

だいどうだんけつうんどう［大同団結運動］帝国議会開設を前に反政府諸派の結集による議会の多数党形成をめざした運動。1886年（明治19）10月の自由民権派の全国有志大懇親会で、星亨・末広重恭（鉄腸）らが大同団結をよびかけることに始まる。後藤象二郎が首班に擁立され、旧自由党系と立憲改進党系の提携が策されたが、立憲改進党系は消極的だった。87年三大事件建白運動と結びついたが、同年12月、保安条例により多数の有志が東京外に追放された。88年には後藤の東北・北陸遊説などにより運動は全国的に拡大した。89年憲法発布の大赦で出獄した民権家が加わったが、後藤の入閣で運動は混乱し、同年5月、政社派（大同倶楽部）と非政社派（大同協和会のち自由党）に分裂。90年愛国公党の結成で三派鼎立となったが、三派合同の動きも進み、同年7月の第1回衆議院議員総選挙をへて、九州同志会を加えた四派合同が実現し、9月立憲自由党を結成。11月の帝国議会開設を前に衆議院の第一党となった。

だいどうるいじゅうほう［大同類聚方］平安

初期，安倍真直らが撰した医方書。100巻。早くに散逸し，流布本は偽書とされる。平城天皇の勅命をうけて，808年（大同3）衛門佐安倍真直・侍医出雲広貞らが日本古来の医薬方を集大成した。「日本医学叢書」所収。

だいとくじ［大徳寺］ 京都市北区にある臨済宗大徳寺派の大本山。竜宝山と号す。宗峰妙超が帰依して，雲林院の故地に堂を建立したのが始まりという。宗峰は，花園・後醍醐両天皇の帰依をうけ，のち大灯国師の号を贈られ寺も勅願寺となる。鎌倉末～南北朝初期に隆盛したが，足利尊氏が宗峰派に対立する夢窓疎石派を後援したため冷遇され，五山制度のもとでは十刹の9位。1431年（永享3）には十刹の地位を放棄し，林下といわれる在野の禅寺となった。それ以後，独特の禅風を開き，戦国期には戦国大名だけでなく村田珠光ら多くの茶人が参禅した。重文の「大灯国師像」ほか多くの文化財がある。寛永期作庭の方丈庭園は国史跡・特別名勝。

唐門 桃山時代を代表する門の一つ。聚楽第といわれるが伏見城からの移建との説があるが，創建年とともに詳細は不明。1間1戸の四脚門。頭貫以上には麒麟，滝に鯉などの彫刻を多用する。装飾的な金具も多い。もとは彫刻に極彩色が施されていたが，現在はほとんどはげ落ちている。国宝。

だいなごん［大納言］ 律令制の太政官職員。正三位相当で令制の定員は4人。令の規定では，朝廷の政策を合議するとともに，天皇に近侍して政務の奏上や勅命の宣下にあたり，天皇への諫言も行うとされ，そのモデルは唐の中書令・門下侍中などとみられる。太政官の実質上の次官として，大臣にかわり政務を決裁することもあった。淵源は天智朝の御史大夫で，以後天武朝の納言，飛鳥浄御原令の大納言と変遷し，大宝令で朝政に参議しない少納言との間に明確な区別が設定された。705年（慶雲2）の中納言設置にともない定員が2人となり，758年（天平宝字2）には御史大夫と改称されたが，764年大納言に復した。

だいにじせかいたいせん［第2次世界大戦］ ベルサイユ・ワシントン体制下の秩序を，英・米・仏だけを利するものだと批判する日・独・伊3国が，それぞれ局地的に領土の拡張をはかり，武力で勢力均衡を破ったことに起因する世界戦争。1939年9月1日のドイツのポーランドへの電撃的侵攻に始まった。41年（昭和16）12月8日の太平洋戦争勃発とともに，枢軸国（日・独・伊など）と連合国（英・米・ソ・中・仏など）間の戦いは大西洋・ヨーロッパ大陸・地中海・アフリカ・中国・東南アジア・太平洋上に拡大した。はじめは総動員体制を早期に整えていた枢軸側が有利だったが，42年半ばから，生産力で絶対的優位をしめる連合国が反攻に転じた。43年9月3日イタリアの，45年5月8日ドイツの，同年9月2日日本のそれぞれの無条件降伏文書への調印で終結した。全参戦国の軍人の犠牲は戦死1490万人，戦傷2522万人，非戦闘員の死亡は3857万人と推計されている。

だいにちにょらい［大日如来］ サンスクリットのマハーバイローチャナ（摩訶毘盧遮那）の訳。光明遍照の意であることから，大日という。真言密教の本尊。あらゆる仏・菩薩の本地で，理智の法身であり，真理そのもの。一般に菩薩形をとるが，「金剛頂経」による金剛界曼荼羅と「大日経」にもとづく胎蔵界曼荼羅では形像は異なる。前者は金剛界五仏の中尊として白色で智拳印を結び，周囲に四仏を配する。後者は胎蔵界九尊の中尊として，黄金色で法界定印を結び赤色の蓮華に座し，周囲に8葉の蓮弁上の4仏4菩薩を配する。奈良円成寺・高野山金剛峰寺などの大日如来像が有名。日本の種々の塔は，それ自体が大日如来の象徴と考えられている。

●●● 大日如来

たいにちりじかい［対日理事会］ 1945年（昭和20）12月に開かれた英・米・ソによるモスクワ外相会談の決定にもとづき，翌年2月極東委員会（本部ワシントン）と同時に東京に設置された。当初は米国による対日占領を連合国が監視する機能を期待されたが，米国政府がこれに反対した結果，連合国軍最高司令官に対する指揮命令権をもたない諮問・勧告機関となった。構成国は英・米・中・ソの4カ国，議長は米国代表で，初代はW. F. マーカット，その後G. アチソン，W. J. シーボルトが務めた。農地改革など初期占領政策に関し，英連邦代表のM. ボール（オーストラリア）を中心として政策形成に対する影響力を発揮した。

だいにほんいしんしりょう［大日本維新史料］ 維新史料編纂会が「大日本史料」と同じ体裁で編集した維新の編年史料。孝明天皇践祚の1846年（弘化3）から廃藩置県の71年（明治4）までを8編にわけて出版する計画だったが，1943年（昭和18）までに第1～3編の一部にあたる，ビッドルの来航，ペリーの2度目の来航，日米修好通商条約の締結直前などの19冊が刊行されたのち，中断した。維新史料編纂会の史料などを移管した東京大学史料編纂所には全期間を

だいにほんえんかいよちぜんず [大日本沿海輿地全図] 日本最初の実測による全国海岸線の地図。伊能図と略称。伊能忠敬らの指揮した測量隊の測地結果を使用し、京都を子午線の零度とした梯形図法で描いたもので、1821年(文政4)伊能忠敬の孫忠晦らの手で大図(縮尺3万6000分の1、214枚)、中図(21万6000分の1、8枚)、小図(43万2000分の1、3枚)の3種に仕上げられ、「大日本沿海実測録」を添えて幕府に献上された。64年(元治元)頃、開成所で小図に琉球・小笠原諸島などを加え、別に樺太図を併せ、4枚セットで「官板実測日本地図」を刊行、パリ万博に出品した。幕府軍艦の航海用にも使用されたらしいが、広く流布せず、明治維新後の70年(明治3)大学南校で修正再刊後、新政府の国土基本図として20世紀まで重用された。

だいにほんきょうかい [大日本協会] 日清戦争直前の対外硬派政治団体。「真正なる対等条約の締結、内地雑居尚早」を標榜。1893年(明治26)10月1日発会。東洋自由党・国民協会・政務調査会・同盟倶楽部の所属代議士らが中心。第5議会では立憲改進党・同志倶楽部とともに対外硬派6派連合を形成し、条約改正交渉を進める政府を追及した。同年12月29日政府は解散命令を出した。

だいにほんきんせいしりょう [大日本近世史料] 近世の基本史料で、他との関連度の高い史料を精選し、系列的に編纂した叢書。正式呼称は「だいにっぽん―」。東京大学史料編纂所編。1953年(昭和28)から刊行を開始し、出版されたものは2001年(平成13)3月現在、次のとおり。上田藩村明細帳(3冊)、肥後藩人畜改帳(5冊)、唐通事会所日録(7冊)、小倉藩人畜改帳(5冊)、諸問屋再興調(5冊)、市中取締類集(既刊24冊)、柳営補任(8冊)、幕府書物方日記(18冊)、諸宗末寺帳(2冊)、細川家史料(既刊17冊)、編脩地誌備用典籍解題(6冊)、近藤重蔵蝦夷地関係史料(4冊)、広橋兼胤公武御用日記(既刊4冊)など。

だいにほんげんろんほうこくかい [大日本言論報国会] 1942年(昭和17)12月23日に発足した戦争遂行のための言論団体。会長に徳富蘇峰が就任、津久井竜雄・大熊信行らを中心に日本の世界観の確立と国内思想戦の遂行を期し、内閣情報局と密接な関係をもちながら、国粋思想の宣伝にあたった。敗戦にともない45年8月27日解散。

だいにほんこきろく [大日本古記録] 東京大学史料編纂所が編纂刊行している史料集。各時代・各階層の主要な日記を、原本もしくは最良の写本を底本に用い、厳密な校訂を加え注や標出を付して翻刻する。各記録には伝来・諸本などについてのべた解題、記主の年譜・略系、索引などを付す。1952年(昭和27)刊行開始、続刊中。おもな収載書目は、「貞信公記」「九暦」「小右記」「御堂関白記」「後二条師通記」「中右記」「殿暦」「猪隈関白記」「岡屋関白記」「民経記」「実躬卿記」「後愚昧記」「建内記」「臥雲日件録抜尤」「蔗軒日録」「二水記」「上井覚兼日記」「言経卿記」「梅津政景日記」「新井白石日記」「江木鰐水日記」など。

だいにほんこくぼうふじんかい [大日本国防婦人会] 軍部の指導による女性の戦争動員のための全国的組織。1932年(昭和7)3月成立の大阪国防婦人会を同年10月改称して全国組織となる。34年総本部を設立。軍の編成に対応させて、師管本部・地方本部・支部・分会(町村・工場)・班を設けた。会員は34年123万人、41年1000万人弱。42年2月、愛国婦人会・大日本連合婦人会とともに大日本婦人会に統合された。

だいにほんこもんじょ [大日本古文書] 東京大学史料編纂所が編修・刊行している古文書集。編年文書・家分け文書・幕末外国関係文書の3種がある。編年文書は1901年(明治34)から40年(昭和15)の間に正倉院文書を中心とする奈良時代の古文書集25冊が刊行されている。1904年に「高野山文書」から刊行された家分け文書は、古代・中世を中心とした古文書を所蔵者別に収載したもので、「大日本古文書」の中心をなす。1853年(嘉永6)6月以降の外交関係文書を編年順に編纂した幕末外国関係文書は、1910年に第1巻が刊行されている。

だいにほんさんぎょうほうこくかい [大日本産業報国会] 戦時体制下の1940年(昭和15)11月に設立された官製の労働組織。1930年代半ばから、戦時体制への労働者の動員と労働組合の弱体化をはかる産業報国(産報)運動が、協調会や官僚・労働団体の一部によって進められ、38年の産業報国連盟をへて、近衛新体制のもとで大日本産業報国会の設立に至った。組織は中央本部のもと、道府県組織―支部産報(警察署ごと)―単位産報(事業場ごと)と網の目のように構成され、生産増強のための精神運動が重視された。労働組合はすべて解散し、大日本産報へ合流した。同年中に商業報国会と海運報国団、41年に国鉄奉公会と通信報国団が設立され、すべての労働者が報国会のもとに組織された。敗戦後の45年9月にGHQの指令で解散。

だいにほんし [大日本史] 水戸藩主徳川光圀および水戸徳川家の編纂による漢文体の歴史

書。神武天皇から後小松天皇に至る歴史を中国の正史の体裁である紀伝体で叙述。本紀73巻・列伝170巻・志126巻・表28巻・目録5巻の402巻。光圀は司馬遷の「史記」を読んで編纂を思い立ち、1657年(明暦3)史局をおいて編纂を開始。1906年(明治39)完成。広範な史料収集と綿密な史料批判・史実の考証を行い、従来は歴代天皇に加えられていた神功皇后を后妃伝に移し、大友皇子の即位を認めて天皇大友紀を立て、後醍醐天皇の吉野朝廷を正統とする点が三大特筆とされる。その編纂を通して形成された尊王論は、江戸後期以降の政治状況を背景に尊王攘夷思想をうみ、幕末期の政治思想や近代日本の天皇制国家の思想に大きな影響を与えた。なお寛政期におきた編纂方針をめぐる対立は、のちの水戸藩における党争の遠因となった。

だいにほんしりょう [大日本史料] 東京大学史料編纂所によって継続刊行中の大部の日本史の史料集。古代の六国史を引き継いで国の正史を編もうとの国家的要請にもとづき、明治初年から史料編纂所の前身である修史局などの組織によって、史料収集・稿本作成などの準備が進められ、1901年(明治34)から刊行を開始。現存する膨大な文献史料を事件ごとにまとめて年代順に並べ、各条の冒頭には事件の要点をのべた綱文を配するという工夫がされているため、ある事件の典拠史料を即座に一覧できるという大きな利点がある。また綿密な調査と精緻な校訂に裏付けられており、基本史料集としての信頼度が高い。ただ、道半ばの事業であり網羅されている時期が少ないのが難点。現在、887年(仁和3)から1651年(慶安4)までが12の編にわかれ、計300冊余が刊行されている。

だいにほんせいしょうねんだん [大日本青少年団] 第2次大戦期の青少年団体の統一組織。1941年(昭和16)1月、大日本青年団・大日本連合女子青年団・大日本少年団連盟・帝国少年団協会を統合して成立。小学校3年以上の少年少女と中学校以上の学校に通学しない25歳までの男女勤労青少年を団員とし、食糧増産・軍人援護・国防訓練など戦争協力に動員された。45年6月解散、団員は大日本学徒隊に吸収された。

だいにほんていこくけんぽう [大日本帝国憲法] 明治中期〜昭和前期の日本国家の基本となった憲法。通称は明治憲法。ヨーロッパで憲法調査にあたった伊藤博文を中心に、おもにプロイセンやドイツ諸邦の憲法を範に起草。枢密院の審議をへて1889年(明治22)2月11日に欽定憲法として発布され、90年11月29日に帝国議会の開会とともに施行された。全76条。この憲法によれば、天皇は国の元首として統治権を総攬し、法律の裁可、議会の召集、衆議院の解散、陸海軍の統帥・編制、宣戦・講和、条約の締結、文武官の任免、緊急勅令の発布など広範な大権を有し(第4〜16条)、憲法の条規により統治権を行使することとされた(第4条)。国務大臣は天皇を輔弼し責任を負うとしているが、国民・議会への責任は明文化されていない。国民は公務その他の官途の就任の権利、法律によらない逮捕の否認、言論・出版・集会・結社・信教の自由や所有権の不可侵などを制約つきながら認められた。帝国議会は衆議院・貴族院の二院制で立法や予算議定などの権限をもった。大日本帝国憲法の発布により天皇を中心とする国家体制が確立されるとともに、国民の国政に参与する途も開かれ、日本はアジアにおける唯一の立憲国家となった。この憲法には君権主義と立憲主義の原理が併存し、解釈の幅は大きく、大正期には立憲主義的理解が深まったが、1930年代後半以降、軍部の台頭で立憲主義的要素は骨抜きとなった。第2次大戦の敗戦により実質的機能は失われ、47年(昭和22)5月3日、日本国憲法にかわった。

だいにほんのうかい [大日本農会] 1881年(明治14)4月5日に結成された日本最初の永続的農業団体。同年3月第2回内国勧業博覧会の開催を機に内務省勧農局が3府37県の老農103人を東京に招集し、はじめて全国農談会を開いたが、彼らの力を政府側に結集しようとして、東洋農会と東京談農会を母体に広く会員を募集して、農商務省農務局の外郭団体としてつくったもの。初代幹事長は品川弥二郎。「大日本農会報告」の発行など、上からの農政浸透のための活動を行ったが、下からの農政要求の活動は禁忌された。95年全国農事会の分離後は主として農業技術の研究・指導と農業教育を行う団体となり、東京農学校(のち東京農業大学)の経営などにあたった。

だいにほんふじんかい [大日本婦人会] 太平洋戦争中に戦争動員体制の確立のため、政府と軍部の主導で結成された女性団体。20歳未満の未婚者を除く女性全体を組織化。1942年(昭和17)愛国婦人会・大日本国防婦人会・大日本連合婦人会の3団体を統合して結成された。会長は山内禎子で会員約2000万人。機関誌「日本婦人」を刊行。出征兵士の送遣、竹槍・防空訓練などを行った。45年国民義勇戦闘隊に改編。

だいにほんぼうせきれんごうかい [大日本紡績連合会] ⇒紡績連合会

だいにほんゆうべんかいこうだんしゃ [大日本雄弁会講談社] ⇒講談社

だいにほんよくさんそうねんだん [大日本翼賛壮年団] 大政翼賛会の外郭団体。略称翼壮。大政翼賛会が政治力を後退させたのに対

し，軍部などの働きかけで1942年(昭和17)1月発足，翼賛運動の実践部隊となった。団員数は130万人に達した。選挙などを通じて政治的発言力を強め，既存の政治勢力を攻撃し，地方官庁などと対立することもあった。45年国民義勇隊の結成にともなって解消。

だいにほんろうどうどうめいゆうあいかい [大日本労働総同盟友愛会] ⇨総同盟友愛会

たいのや [対屋] 中世・近世の公家住宅や武家住宅で，その家に仕える女房の居所などに利用された奥むきの建物。細長い建物で，中に小さな居住単位が並ぶ。寝殿造の対(たい)を誤って対屋とよぶことがある。

だいば [台場] 一般には大砲を架設する陣地。砲台。とくに幕末期に海防のため各地に設けられたものを訳す。1806〜07年(文化3〜4)のロシアによる北方侵略に対し，江戸幕府は打払いを命じる一方，10年には会津・白河両藩に江戸湾防備のための台場建設をはじめて行わせた。25年(文政8)2月には異国船打払令が出され，各地で海防のための台場建設が進んだ。規模や形態はさまざまだが，幕末には全国に1000カ所の台場があったという。現存遺構としては品川台場や西宮の砲台が有名。後者は摂海防備のために設けられ，66年(慶応2)に完成。直径17m，高さ12mの石造円形砲台で，大砲は2門ある。

だいはちぐるま [大八車] 江戸時代以降，おもに江戸や関東の城下町で使用された荷車の一種。大坂では大八車は使用されず，べか車が用いられた。車名の由来は諸説あるが，車台の長さ8尺にもとづくとするのが最も合理的。1657年(明暦3)の江戸の大火のあとの諸普請に際し，牛車大工が考案したとされ，当初は牛も引いたが，やがて人のみが引くようになった。江戸後期には城下町以外にも普及した。

だいひょうおっそがたいっき [代表越訴型一揆] 村役人が村々の百姓の利益を代表して，藩主・老中・奉行所などに駕籠訴・駆込訴などを行ったとされる一揆。17〜18世紀初めに大きく展開した。佐倉惣五郎・磔茂左衛門などの越訴が代表的事例。しかし，この形態の一揆の多くは史料が残されておらず，後世に作られた義民物語を根拠に成立した概念であること，また幕府・諸藩の越訴に対する処罰規定に照らして，越訴者への処罰が厳格すぎるなど疑念も多く，代表越訴型一揆という概念をたてえないのではないかという意見もある。

たいふ [大夫] 大化前代のマエツキミの系譜を引く令制の五位以上の官人。マエツキミは大臣(おおおみ)・大連(おおむらじ)の下位にあって国政に参画する地位もしくはそのような官人層を意味したか

ら，三位以上の公卿に対して四位・五位を大夫と称する場合もあった。さらに公式令によれば，場所により三位以上または四位以上に限って用いられることもあった。のちには四位・五位とくに五位の称として固定し，六位官に任じられている官人が五位に叙された場合，大夫外記(げき)・大夫史(し)などの叙位と同時期にその官を去った場合には，式部大夫・蔵人(くろうど)大夫などと称した。のちには，神主・禰宜(ねぎ)などの神職，能楽などの座長・主役，また上位の遊女まで大夫(太夫(たゆう))と称するようになった。

だいぶつかいげんくよう [大仏開眼供養] 752年(天平勝宝4)4月9日，東大寺で行われた盧舎那仏像(るしゃなぶつぞう)の開眼のための法要。良弁(ろうべん)僧正の先導で聖武太上天皇・孝謙天皇以下，文武の官人が参列し，元旦の儀式のように行われたという。開眼導師はインドの婆羅門(ばらもん)僧の菩提僊那(ぼだいせんな)が勤め，参列者は開眼筆に結ばれた藍染の開眼縷(かいげんる)を握り，開眼に加わった。日本・唐・高句麗・ベトナムなどの舞曲が行われ，仏教伝来後最大の盛儀とされた。この法要に使われた種々の法具・衣類・楽器などが正倉院宝物の一部として伝わる。

だいぶつぞうりゅうのみことのり [大仏造立の詔] 743年(天平15)10月15日，聖武天皇によって紫香楽(しがらき)宮で発せられた詔書。仏の恩恵を天下に浴させるため，盧舎那仏(るしゃなぶつ)の造立を思いたったとして，みずから知識(ちしき)の先頭に立ち，広く諸人にこの事業に加わるよう促した。律令国家の守護のため，『華厳経』に説く盧舎那仏を中心とする仏教世界の創出をめざしたものと考えられる。大仏造立は，はじめ紫香楽宮付近の甲賀寺で開始され，のち平城宮への還都にともなって東大寺で再開された。

だいぶつようけんちく [大仏様建築] 天竺(てんじく)様とも。鎌倉初期，東大寺再建にあたり重源(ちょうげん)が採用した建築様式。巨大な東大寺大仏殿を構造上安全かつ経済的に造りあげるために用いられた。福建省など中国南方の様式を多くとりいれる。特徴は，平安時代に発達した野屋根を排したこと，貫(ぬき)を用いて柱をつなぎ強固な構造を造りあげたこと，組物に挿肘木(さしひじき)を用いたことなど。重源死後はそれを継承する工匠集団が解体したために消滅したが，巨大建築を造る必要が生じると復活した。重源在世中の代表作には東大寺南大門(1199年)，浄土寺浄土堂(1192年)などが，後世には東福寺三門(1425年)，方広寺大仏殿(1589年，のち焼失)，元禄再興の東大寺大仏殿(1709年)などがある。

たいへいき [太平記] 南北朝期の最大の軍記。40巻。何段階かの書き継ぎ・改訂の末，1370年代の成立とされる。内容から3部にわかれる。

巻1～11は後醍醐天皇の倒幕計画から鎌倉幕府の滅亡まで、巻12～21は建武新政の開始から挫折、後醍醐の死まで、巻23以降は観応の憂乱と守護間の抗争を描き、足利義詮ヨシアキラの死、細川頼之の上洛で終わる。さまざまな人間を活写し、叙事だけでなく中国の故事を引用しつつ評論を加える。南北朝期のほぼ唯一の軍記で、批判は必要だが史料としても重要。巻22を欠く系統の写本が古態を伝える。中世末には広く読まれ、謡曲・御伽草子・浄瑠璃などの題材となった。

たいへいきよみ［太平記読］「太平記」を講釈する人とその芸能。「太平記」ははじめ物語僧によって語られるだけだったが、近世初頭に、これを講釈して政道や兵法を論じることが武家方から要請された。これに応じて講釈されたものが「太平記評判秘伝理尽鈔」などにまとめられ、さらにこれを台本として、全国を講釈して歩く者が現れた。貞享・元禄年間頃には、職業的講釈師が登場し、のちの講談師につながった。

たいへいづか［大瓶束］寺社建築の架構カコウや妻飾に用いる、断面がほぼ円形の束。虹梁コウリョウ上にまたがって立ち、下端には結綿ユイワタとよぶ絵様エヨウがつく。元来は禅宗様のもの。

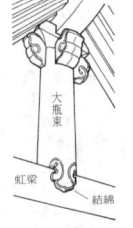

●● 大瓶束

たいへいてんごく［太平天国］中国清代後期の民衆的政権。太平天国はその国号。広東省の読書人洪秀全コウシュウゼンは、科挙失敗後キリスト教の影響をうけ、1847年には神の啓示をうけたと確信し、拝上帝会を組織。50年同会は太平天国を号し、51年広西省で挙兵した。太平軍は勢力を拡大しながら北上して武漢を攻略、揚子江（長江）ぞいに東行して53年3月南京を陥落、首都天京とした。しかし56年頃から内部抗争が激しくなり、曾国藩ソウコクハンの湘ショウ軍や李鴻章リコウショウの淮ワイ軍などが60年頃までに天京以西の地盤を奪取し、北京条約成立後、欧米列強も太平天国に対し中立から敵対に転じた。こうした連合軍の攻撃のなか64年6月洪が病死し、7月には天京が陥落して太平天国は壊滅したが、十数年にわたる戦はその後の中国で革命運動の先駆として意識された。

たいへいようせんそう［太平洋戦争］日本が日中戦争を行いながら武力南進策をとったことに起因する、米・英・中・ソ・英連邦諸国など連合国との戦争。当時の日本での呼称は大東亜戦争。日本は、中国の抗戦意思を挫折させるため、1940年(昭和15)援蔣ルート遮断を目的に仏印進駐を実行。さらに、フランスの降伏に代表されるドイツ勝利の報で南方植民地へ侵攻を始めた。同年9月27日の日独伊三国同盟締結はアメリカとの対立を深め、アメリカは、41年7月25日の在米日本資産凍結、8月1日の石油の全面禁輸によって南進阻止をはかった。41年12月8日、宣戦布告の手交前になされた真珠湾攻撃によって戦争勃発。日本とアメリカは、反対の陣営に立って第2次大戦にも参入することになった。緒戦は日本が優勢で42年半ばには支配領域が最大になったが、ミッドウェー海戦での敗北後、補給線が続かず制空権・制海権維持のための地上基地の不足によって連合国軍の反攻にあった。米海軍は中部太平洋から島づたいに北上し、米陸軍はニューギニア・フィリピンから進攻した。この間、日本は汪兆銘オウチョウメイ政権や、連合国の植民地だった地域を大東亜共栄圏とよんだが、実態は日本への資源供給地としての位置づけにすぎなかった。輸送船団の崩壊、本土空襲、国民の戦意低下、原爆投下、ソ連参戦がポツダム宣言受諾を決意させた。45年9月2日降伏文書調印。

たいほうぐん［帯方郡］後漢末の3世紀初頭に、遼東太守で自立した公孫コウソン氏が、朝鮮半島の楽浪郡を支配し、その屯有県以南をわけて設置した郡。郡城は現在の黄海道から京畿道北部で、郡治は黄海道鳳山郡沙里院駅の東南の俗称唐土トウド城とされる。近くの古墳から「帯方太守張撫夷」銘の塼センが出土。ソウル付近に比定する説もある。楽浪郡とともに周辺諸民族を支配し、魏の時代には邪馬台国の女王卑弥呼ヒミコも朝貢した。313年に楽浪郡が高句麗に滅ぼされると、つづいて韓・濊ワイ族に滅ぼされた。

たいほうりつりょう［大宝律令］日本において律と令がはじめて一緒に編纂された法典。律6巻(12編か)・令11巻(28編)。文武天皇の命をうけ、刑部オサカベ親王・藤原不比等フヒトらが撰上。令は701年(大宝元)、律は翌年施行。浄御原ジョウ令や浄御原令制下の律の運用のあり方を踏襲した部分が少なくなく、とりわけ選任令・考仕令といった編目名称など形式的な面でその傾向が顕著である。従来は養老律令との差違はほとんどないとされてきたが、養老令の家令職員令や宮衛令にあたる編目が独立しておらず、編目順も異なるなど、最近は両律令の違いが強調され、浄御原令から養老律令への過渡的な法典であることが明らかにされてきた。757年(天平宝字元)の養老律令の施行後は、古ибл・古令として明法家ミョウボウカなどに参照されたが、平安時代中期までに散逸したらしい。

だいほんえい［大本営］対外戦争遂行のために陸海軍首脳などが天皇の幕僚として参加した最

高統帥機関,またはその会議。過去3回設置された。(1)1894年(明治27)6月5日,日清戦争の宣戦布告前に設置され,幕僚長は陸軍の参謀総長。文官である伊藤博文首相も大本営御前会議に出席した。96年4月1日解散。(2)1904年日露戦争の宣戦布告の翌日の2月11日に設置され,陸軍は参謀総長,海軍は海軍軍令部長の2人がともに幕僚長となった。御前会議には首相・外相などが参加。翌年12月20日解散。(3)37年(昭和12)日中戦争中の11月20日に設置され,幕僚長は陸軍が参謀総長,海軍が海軍軍令部長。文官の参加はなく,大本営政府連絡会議が開かれた。45年9月13日廃止。

だいほんえいせいふれんらくかいぎ[大本営政府連絡会議] 昭和期,陸海軍の統帥部と政府の間に定期的に開催され,国家の最高意思を決定した会議。1937年(昭和12)11月20日宮中に設置された大本営は陸海軍間の協議機関であったため,政府と協議するための連絡機関として閣議申合せによって成立。日中戦争期から太平洋戦争期の実質的な国策決定の場となった。連絡会議での決定後,とくに重要な案件については御前会議が開かれた。44年8月に最高戦争指導会議に改組。

だいぼんさんかじょう[大犯三箇条] 鎌倉時代の守護の基本的な職権。大番催促,謀反人・殺害人の追捕をいう。この語は鎌倉後期から使われるようになったが,実際には将軍源頼朝の末期から頼家の初期に定まったとされている。1199年(正治元)小山朝政を播磨国守護に任じた『吾妻鏡』の記事は,大番勤仕と謀反人・殺害人の沙汰を命じ,国務への介入を戒めた。「御成敗式目」は,守護の職掌に大番催促・謀反人・殺害人事を定め,夜討・強盗・山賊・海賊を加えた。その後,放火人・刈田狼藉が加わったが,基本的な内容に変化はなかった。室町幕府は「建武式目」で守護の大犯三箇条遵守をうたったが,大番役は無実化,守護が行う検断の重要項目は上の用語となっていた。15世紀前半には,放火・殺人・盗人をさしたが,戦国末期までこの3犯は死刑に処する重大犯罪の代表とされた。

たいまでら[当麻寺] 奈良県当麻町にある高野山真言宗・浄土宗の寺。二上山禅林寺とも号す。用明天皇皇子の麻呂子親王が建立した寺院を,天武朝にこの地に移したと伝えるが,当地の豪族当麻氏の氏寺で,奈良時代の創建と考えられる。奈良・平安時代に伽藍が整えられた。1180年(治承4)兵火で一部焼失したが再建された。

当麻曼荼羅(たいままんだら) 当麻寺に伝わる綴織の阿弥陀浄土変相図。中将姫が蓮糸で織ったという伝説をもつ。『観無量寿経』による観経変相図の代表作。唐の浄土教家善導の「観経四帖疏」に準拠するという。阿弥陀三尊を中心とする極楽浄土図の左右下縁に「観経」序文と十六想観を表す。下縁の九品来迎図の中の図様は不明であるが,後世の模本では阿弥陀を立像あるいは座像で表す二様がある。銘文帯に天平宝字7年(763)の年紀があったとの「建久御巡礼記」の記事から奈良時代作とみる説,綴織技術の高さや表現様式から唐での作とする説がある。縦395cm,横397cm。国宝。なお,鎌倉時代以後信仰を集め,同寸あるいは4分の1,16分の1などの大きさの模本が数多く制作された。

たいみつ[台密] 天台宗に伝えられた密教。空海を開祖とする真言宗の密教を東密とよぶのに対する。天台の教法をもたらした最澄は,同時に胎蔵・金剛両部の純密および雑密を日本に伝えた。のち東密の隆盛に対抗して円仁・円珍も密教を伝え,安然のとき天台独自の密教が体系化された。一方で大日・釈迦一体説,法華経と密教の融合を教理上の特色とする。やがて諸派にわかれ,中世には台密十三流と総称された。

だいみょう[大名] 古代においては大規模な名田をもつ者をさしたが,中世になりしだいに有力な武家の領主をさすようになった。幕府から現地の守護に任じられた者は守護大名とよばれ,戦国期には実力で地方の最有力武家領主となった戦国大名もうまれた。たんに大名というときは江戸時代の大名をさし,幕府将軍から直接に領地を与えられた者で1万石以上の者である。総数は約260~270。規模によって国持・国持並・城持・城持並・無城の区別があり,また将軍との親疎により,親藩(御三家・家門)・譜代・外様などの区別もあった。これらの区別にもとづき,官位・江戸城内での詰席,その他さまざまな格式が定められた。江戸時代の大名の統治組織および領地は藩ともよばれ,かなりの程度自立性をもっていたが,一方で将軍に対する参勤交代や軍役の負担が義務づけられ,また除封・転封などにより,その知行権は一定の制限をうけた。ただし幕府と大名の関係は,国持と譜代小藩などの場合ではかなり異なる。

だいみょうがし[大名貸] 江戸時代,大名領主に金銀を貸し付けること。領内外の広範な農工商が行い,とくに京都,ついで大坂・江戸といった大都市では,これを専業とする鴻池・屋などの商人も現れた。17世紀後期以降,典型的に展開した大坂は,大名の江戸での貨幣支出の膨張に対し,掛屋・蔵元に任命した大坂町人に月ごとの仕送りをさせ,年貢米の廻送・売却で決済するいわゆる当用貸が中心であり,これに臨時貸付けが加わった。しかし年貢

米の廻送はしばしば滞り,とくに享保年間以降は米価下落・幕府の抑商政策の影響で大名貸は不利となり,不良債権が増大した。この多くは維新政府の藩債処分により切り捨てられ,多くの商人が打撃をうけた。

だいみょうぎょうれつ[大名行列] 大名が公式に外出するときの行列。参勤交代はその代表的なもの。近世初頭までの大名の行列は臨戦的行軍であったが,やがて政治的安定に伴って本来の意義が薄れて形式化し,様相も質実剛健から華美なものへと変化していった。形式はおおむね道具役,鉄砲や弓,挟箱はさみ・養箱・合羽籠・台笠・立傘・先箱・槍持・供頭,乗物と近習,駕籠異かご・草履取・押の者・医師と続く。供廻ともまわや諸道具は大名の格式によって差があり,金沢藩では2500人余を数えたこともあったが,通常100~300人程度が多かった。

だいみょうたと[大名田堵] 大名とも。平安中期,荘園・公領で多くの土地を請作して大規模経営を行う田堵のこと。1町以下の小名田堵に対する語で,数町にわたる請作者をさしている。11世紀半ば成立の「新猿楽記」には,出羽権介田中豊益とよますという人物が登場し,耕農を業として地味をはかり,自力で灌漑施設を整備する一方で,農具を調え,田夫・農人を使役して農業経営を積極的に行い,富を集積する理想の大名田堵として描かれている。

だいみょうひきゃく[大名飛脚] 江戸時代,大名が設けた飛脚。近世の藩は城下と江戸・京都・大坂その他の主要地との連絡のために,足軽・仲間・小者を飛脚として使用し,郵便物を輸送させた。代表的なものに名古屋藩・和歌山藩の七里飛脚や金沢藩の三度飛脚などがある。七里飛脚は国元と江戸を結ぶために7里ごとにおいた飛脚だが,大名飛脚は一般的には継飛脚形式ではなく,交代せずに直接目的地まで運送した。藩財政の悪化から町飛脚に輸送をゆだねたり,七里飛脚をまねて,一定距離間隔の宿駅本陣・問屋へ書状輸送を任せたりした藩もある。

だいみょうひけし[大名火消] 江戸幕府が大名に課した火消役。江戸には所々ところ火消・方角火消・近所火消と臨時の増火消があり,石高に応じて出動人員が設定された。当初は火災の度に老中奉書で出動を命じたが,1643年(寛永20)恒常的な組織となり,18世紀初頭には所々火消・方角火消として整備された。さらに1717年(享保2)と23年には江戸城や幕府施設と別に,各自の屋敷付近の防火を行う近所火消が旗本も含めて設定された。なお京都には禁裏火消と京都火の番がある。

だいみょうやしき[大名屋敷] 近世の江戸における大名の邸宅。藩庁の所在地でもあり,江戸藩邸ともいう。本来的には参勤交代と大名妻子江戸居住の強制によって制度化された,幕府に対する一種の証人屋敷である。各大名は複数の屋敷をもつのが普通で,上屋敷・中屋敷・下屋敷・蔵屋敷などの区別があった。上屋敷は藩主の居宅,中屋敷は上屋敷が被災した場合の予備屋,下屋敷は荷揚げ場や倉庫の敷地,遊興のための広大な庭園などとして用いられた。これらの屋敷には藩主やその家族のほかに多数の藩士が住んだ。居住する藩士には江戸に常住する定府(常府)の者と,藩主の参勤に随行して1~2年で帰国する者があり,総数は多い藩で5000人にも及んだ。

だいみょうりょうごくせい[大名領国制] 南北朝期~戦国期の守護大名・戦国大名の支配体制を一括し,国人こくじん領主制を基礎とする領域支配体制と規定する概念。守護領国制論に対する批判をうけ,1967年(昭和42)に永原慶二が提起。南北朝期を本家職ほんけしきを頂点とする職の秩序が崩壊し,地頭・荘官のような職による支配とは異なる国人領主の地域的封建制が成立する変革期とみる。国人領主個々が実現した地域的封建制は,国人一揆の結成と克服ののち戦国大名領国に吸収され,太閤検地による在地領主制の否定のうえに成立する幕藩体制に展開すると考えた。守護領国と大名領国の構造的連続性を説く点は守護領国制論に近いが,地域的封建制の歴史的起点を守護領国制ではなく国人領主制におく点が異なる。

だいみょうるすい[大名留守居] 江戸藩邸に常勤して幕府や他藩などとの連絡や交渉にあたることをおもな職務とした,いわば藩の外交官。藩により聞番・御城使・公儀人など異称がある。とくに江戸城の繁雑な儀式・典礼などに精通して,季節ごとの付届け・挨拶回り・江戸城での作法の問合せなどをするとともに,主君が在府中に外出する場合はその秘書として随行した。また他藩の動向の探索などを行って情報を収集した。豊かな学識経験と幅広い器量のある人物が選ばれ,大藩では中級家臣以上,中小藩では江戸家老クラスの上級家臣が就任した。制度的には17世紀中頃にすべての藩で成立し,各藩の留守居の寄合である留守居組合も同時期にあいついで結成された。

たいめんてつどう[泰緬鉄道] ビルマ(現,ミャンマー)のタムビザヤとタイのノンプラドック間を結んだ全長約415kmの単線鉄道。ビルマへの陸上補給線を欲した南方軍と大本営は,1942年(昭和17)6月建設を決定,翌年10月17日完成した。軍事作戦のため苛酷な状況下で俘虜を使用した戦争法規違反の例として有名。英・蘭の捕虜5~6万人中1万6000人が死亡,現地人労働者にも多大の犠牲をだした。

だいもく　[題目]　一般には経典の標題をさすが、日蓮は「法華経」の経題である「妙法蓮華経」に、帰依信順を意味する「南無」を冠して「南無妙法蓮華経」を五字七字の題目と称した。この題目を唱えることを唱題という。日蓮宗では、題目の実践を通して仏教の易行化・庶民化をはかった。浄土宗・浄土真宗の称名念仏に相当する。

だいもん　[大紋]　布直垂（のしたたれ）とも。家紋を大きく染めだした直垂の一種。大紋直垂の略。武家の標識として好んで用いられた。室町時代の殿中用には、直垂の菊綴（きくとじ）の位置に文様を大きく染めだし、袖括（そでぐくり）は露のみを例とした。袴も腰緒を白く、裾を長くしたてた。江戸時代にもこの風が継承され、直垂より下級の五位の諸大夫の儀服となり、色目も将軍が着用した紫・緋のほかは、好みにまかせて用いられた。

●●大紋

たいやてつざん　[大冶鉄山]　中国湖北省大冶県にある鉄山。清末期から官営で鉄鉱山の開発が始められていたが、1908年(明治41)漢冶萍（かんやひょう）公司に合併。日本は同公司に対する借款を通じて鉄鉱石の確保をはかったため、大冶は八幡製鉄所の重要な鉄鉱石輸入先となった。日中戦争が始まると、38年(昭和13)同地方が日本軍の占領下におかれ、日本製鉄大冶鉱業所となったが、敗戦とともに中国側に引き渡された。

たいよう　[太陽]　明治〜昭和期の総合雑誌。1895年(明治28)創刊、1928年(昭和3)終刊。発行所は博文館。博文館主大橋佐平が外遊し、欧米に肩を並べる大雑誌の発行を企図、長男の新太郎や坪谷善四郎が中心となって発刊された。明治・大正期を代表する総合雑誌で、内容は多岐多様、豊富な情報量をほこり、執筆陣には当時のトップレベルの学者・文学者・ジャーナリスト・政界人が顔をそろえた。

たいようれき　[太陽暦]　太陽の運行、じつは地球の公転をもとに組み立てられた暦法。1太陽年(回帰年)は約365.2422日なので、1暦年を365日とし、4年に1度閏日を設けて調整する。ユリウス・カエサルの制定したユリウス暦を改良したグレゴリオ暦が代表的太陽暦で、広く世界的に用いられる。日本では1873年(明治6)から採用されている。

だいよんき　[第四紀]　「だいしき」とも。新生代第三紀に続く最新の地質時代。約170万年前から現在までの時代。約1万年前を境にして古い更新世と新しい完新世にわけられる。氷河と人類の時代ともよばれる。大規模な気候変動が生じ、氷期には北半球の中緯度地方まで氷河がくり返し拡大し、間氷期には消滅した。このため海水面の低下上昇は100m以上に及んだ。人類はマンモスなど大型動物を狩猟しつつ進化し、更新世末期には新人が出現した。

たいらのあつもり　[平敦盛]　1169〜84.2.7　平安末期の武将。平清盛の異母弟の経盛の末子。従五位下の位階をもつが官職につかなかったため、無官大夫と称された。1184年(元暦元)一の谷の戦で敗れた平家方は海上へ逃れたが、敦盛は逃げ遅れて源氏方の熊谷直実（なおざね）に討たれた。16歳での悲劇的な死が後世の人々の同情を誘い、「平家物語」や謡曲「敦盛」などに語り伝えられた。横笛の名手ともいう。

たいらのきよもり　[平清盛]　1118〜81.閏2.4　平安末期の武将。忠盛の嫡子。実父を白河上皇とする説もある。母は祇園女御の妹といわれる。六波羅殿・六波羅入道・平相国・平禅門ともいわれる。1129年(大治4)従五位下・左兵衛佐、46年(久安2)に安芸守。56年(保元元)保元の乱では後白河天皇方として一族を率いて活躍し、その功により播磨守となる。59年(平治元)平治の乱で源義朝を破り、確固とした地位を獲得。乱後、平氏一門の官位は急速に上昇した。60年(永暦元)武士としてはじめて参議となり、67年(仁安2)には従一位太政大臣。翌年出家し摂津国福原(現、神戸市兵庫区)に引退したが、平氏政権の中核として権力を掌握し続けた。72年(承安2)には女徳子を高倉天皇の中宮とするなど、摂関家をはじめ朝廷内の有力貴族との婚姻政策を進めた。77年(治承元)反平氏勢力による鹿ケ谷（ししがたに）の陰謀が発覚、79年に後白河上皇を幽閉し院政を停止した。翌年、外孫の安徳天皇を即位させて独裁政権を樹立したが、同年以仁王（もちひとおう）が挙兵したことに衝撃をうけ、福原遷都を強行。以仁王の令旨をえた源頼朝ら反平氏勢力が挙兵するなか病死。日宋貿易に注目し、摂津国大輪田泊（おおわだのとまり）(現、神戸港の古名)を修築した。

たいらのくにか　[平国香]　?〜935.2.-　平安中期の武将。本名は良望（よしもち）。高望の子。常陸国を本拠とし、常陸大掾（だいじょう）・鎮守府将軍に任じられた桓武平氏の中心的人物。平氏の祖とされる。一族間の争いにより兄弟の良兼に加勢し、935年(承平5)甥の平将門（まさかど）と戦ったが、常陸国石田館(現、茨城県明野町)で敗死。この報

を聞いた子の貞盛は将門に敵対，平将門の乱の発端となる。

たいらのこれもり [平維盛] 1158?～84.3.28?
平安末期の武将。重盛の長男。通称は桜梅少将・小松少将。平氏の嫡流として若年より重要な役割をはたす。1167年(仁安2)従五位上。80年(治承4)富士川の戦で総大将となったが，戦わずして敗走，清盛の怒りをかう。翌年，尾張国墨俣川の戦で源行家軍を破り，その功などにより従三位。83年(寿永2)越中国礪波山の戦(倶利伽羅峠の戦)で源義仲軍に惨敗，都落ちに従ったが，翌年一門から離れた。「平家物語」は出家したあと，那智で入水したとする。

たいらのさだもり [平貞盛] 生没年不詳。平安中期の武将。平氏繁栄の基礎を築く。伊勢平氏の祖。国香の子。常平太・平将軍と称する。在京中の935年(承平5)父が平将門に殺害されたことを知り，常陸に帰国。叔父良兼らとともに従弟の将門と戦って失敗したが，940年(天慶3)藤原秀郷と結んで将門を滅ぼした。この功により従五位上となり，右馬助に任じられた。鎮守府将軍・陸奥守を歴任，従四位下を極位とした。「今昔物語集」などに逸話が残る。

たいらのしげひら [平重衡] 1157～85.6.23
平安末期の武将。清盛の五男。母は平時子。本三位中将と称する。1162年(応保2)従五位下。のち昇進し正三位左近衛権中将となる。80年(治承4)以仁王の乱を鎮圧。同年末には南都を焼討した。平家の主力として活躍したが，84年(寿永3)2月，一の谷の戦に敗れ捕虜となって鎌倉に送られた。85年(文治元)興福寺・東大寺の衆徒の要求で奈良に送られる途中，処刑された。

たいらのしげもり [平重盛] 1138～79.7.29
平安末期の武将。清盛の嫡男。母は高階基章の女。宗盛・知盛らは異母弟。小松内府(小松内大臣)・灯籠大臣と称する。1151年(仁平元)従五位下。保元・平治の乱に活躍して伊予守に任じられた。以後順調に昇進し，67年(仁安2)権大納言。同年，賊徒追討の宣旨をうけて以来，平氏軍政の中心的役割をはたした。77年(治承元)正二位内大臣。「平家物語」には，仏教に深く帰依し，文武にすぐれた温和な人物として描かれる。

たいらのしげもりぞう [平重盛像] 鎌倉あるいは南北朝期の肖像画。神護寺には平重盛像のほかに源頼朝像と藤原光能像とされる画像が伝来し，3像はもと同寺仙洞院に安置されていたと推定されるが，これらを足利尊氏・同直義・同義詮の画像にあてる説もある。束帯姿つけ類型的であるが，顔貌は柔らかな細線で入念に描写されている。絹本着色。縦139.4cm，横111.8cm。神護寺蔵。国宝。

たいらのたかもち [平高望] 生没年不詳。平安前期の官人。父は桓武天皇皇子葛原親王の子高見王。高望流桓武平氏の祖。子に国香・良持・良兼・良文らがいる。889年(寛平元)頃平朝臣となり，上総介として下向し東国にそのまま土着したという。子孫は関東各地に広がり，坂東八平氏と称された。中央に進出して武士の棟梁となる者もあり，平清盛もこの系統からでた。

たいらのただつねのらん [平忠常の乱] 11世紀前半，前上総介平忠常が房総でおこした反乱。忠常は上総・下総両国で勢力を張り公事を勤めず受領の命に従わなかったが，1028年(長元元)安房守惟忠を攻め殺した事件を契機に反乱へと発展した。政府は坂東諸国に追討官符を下し検非違使平直方を追討使として派遣したが，忠常の徹底抗戦の構えに事態は膠着化した。30年，政府が直方を更迭し，忠常を家人とする甲斐守源頼信を追討使に抜擢すると，31年4月，忠常は頼信に降伏し，京都への護送途中，美濃国で病死した。乱は，当時一般的な反受領闘争を基調としながらも坂東平氏内の主導権争いという性格ももち，その平定は東国での源氏発展の足がかりとなった。

たいらのただまさ [平忠正] ?～1156.7.28 忠貞とも。平安後期の武将。正盛の子。忠盛の弟。通称平右馬助。伊勢国鈴鹿・河曲両郡に所領をもった。頼仁親王(崇徳天皇)に仕え右馬助・従五位下になったが，1133年(長承2)鳥羽上皇のとがめをうけた。その後，藤原頼長に従い，56年(保元元)保元の乱には崇徳・頼長方の中心人物となるが敗北。伊勢にのがれたが，甥の平清盛に捕らえられ，子とともに処刑された。

たいらのただもり [平忠盛] 1096～1153.1.15
平安後期の武将。正盛の嫡子。清盛の父。白河上皇に近侍し，院に昇殿。1108年(天仁元)左衛門少尉，検非違使，ついで伯耆守などの受領を歴任。29年(大治4)山陽・南海両道の海賊追捕に活躍。白河上皇没後は，鳥羽上皇の近臣となり，院別当として35年(保延元)には再び海賊追捕にあたる。この間，各地の受領などを歴任し，正四位上刑部卿。のち院領肥前国神埼荘の預所として日宋貿易に関与。私家集「平忠盛集」。

たいらのときこ [平時子] 1126～85.3.24 平清盛の妻。父は平時信。母は藤原家範の女(孫とも)。時忠は同母弟。六波羅二位・八条二位・二位尼・二品尼と称す。美福門院女房。平清盛の妻となり，宗盛・知盛・重衡およ

び高倉天皇の中宮となった徳子を産んだ。1180年(治承4)准后，翌年には従二位に叙され，平家一門のなかで影響力をもった。83年(寿永2)平家の都落ちに従い，85年(文治元)壇ノ浦で安徳天皇を抱いて入水。

たいらのときただ [平時忠] 1127~89.2.24 平安末期の公卿。父は時信。兄弟に親宗$\underset{ちかむね}{親宗}$，平清盛の室時子，建春門院滋子$\underset{しげこ}{滋子}$らがいる。子に時実$\underset{ときざね}{時実}$，女婿に源義経がいる。1167年(仁安2)参議となり，正二位権大納言まで進む。清盛に協力し，61年(応保元)憲仁$\underset{のりひと}{憲仁}$親王(高倉天皇)の立太子をはかったかどで，また69年(嘉応元)には藤原成親$\underset{なりちか}{成親}$に連坐して2度出雲へ配流。のち壇ノ浦の戦で捕らえられ，配所能登で没した。

たいらのとくこ [平徳子] ⇨建礼門院$\underset{けんれいもんいん}{建礼門院}$

たいらののりもり [平教盛] 1128~85.3.24 平安末期の武将。忠盛の三男。母は待賢門院女房で藤原家隆の女。清盛の異母弟。門脇中納言と称する。1148年(久安4)蔵人，従五位下。国司などを歴任し，後白河上皇の院司となる。61年(応保元)憲仁$\underset{のりひと}{憲仁}$親王擁立の陰謀に加担した罪で解任，翌年許された。68年(仁安3)高倉天皇(憲仁親王)の即位とともに蔵人頭・参議，のち従二位中納言。平家一族では文官的役割をはたした。83年(寿永2)平家都落ちに従い，85年(文治元)壇ノ浦で入水。

たいらのひろつね [平広常] ?~1183.12.- 平安末期の武将。常澄の子。上総介$\underset{かずさのすけ}{上総介}$広常・介八郎と称する。上総介を世襲し，上総国を中心とした大武士団を統率。保元・平治の乱では源義朝に従い，その後平家に属した。1180年(治承4)源頼朝の挙兵に際していったんは拒否したが，2万騎の兵を率いて参陣したという。富士川の戦後，上洛を主張する頼朝を諫め，常陸国の佐竹氏を討つことを主張し，その中心的役割をはたした。のち謀反の疑いをかけられ，頼朝に殺された。

たいらのまさかど [平将門] ?~940.2.- 平安中期の武将。良将$\underset{よしまさ}{良将}$(良持とも)の子。母は犬養春枝$\underset{はるえだ}{春枝}$の女とされる。相馬小次郎と称する。下総国猿島郡・豊田郡などを本拠とする。上洛して藤原忠平に仕える。931年(承平元)女事により伯父良兼と争った。935年，源護$\underset{まもる}{護}$と平良樹$\underset{よしき}{良樹}$との争いで護の子らを討ち，伯父平国香$\underset{くにか}{国香}$・良兼ら同族と対立し，国香を殺害。翌年朝廷に召喚されて禁獄。大赦により帰国したが，その後同族間争いは激化した。939年(天慶2)武蔵国権守興世王$\underset{おきよおう}{興世王}$・介$\underset{すけ}{介}$源経基と足立郡司武蔵武芝$\underset{たけしば}{武芝}$との争いを調停しようとしたが失敗。常陸国の紛争にも介入，同国府や関東諸国に出兵した。新皇と称し，弟などを国司に任命して関東の独立化をはかったが，国香の子貞盛や藤原秀郷らに討たれた。その経過は「将門記$\underset{しょうもんき}{将門記}$」に詳しい。

たいらのまさかどのらん [平将門の乱] 天慶$\underset{てんぎょう}{天慶}$の乱とも。931年(承平元)以来の坂東での反乱事件。平氏一族間の紛争，武蔵国司の内部対立，常陸の国司と住人藤原玄明$\underset{はるあき}{玄明}$らとの収納をめぐる対立が，複合的に絡まりあって発生した。939年(天慶2)12月，前国守源護$\underset{まもる}{護}$を支援して常陸国守の藤原維幾$\underset{これちか}{維幾}$を破り常陸国衙を占領，坂東諸国を次々に占領したため政府は反乱と断定した。将門は新皇と称し，兄弟らを坂東諸国司に補任し，坂東武士の多くを従えたが，940年2月，藤原秀郷$\underset{ひでさと}{秀郷}$・平貞盛ら反将門勢力に敗れた。

たいらのまさもり [平正盛] 生没年不詳。平安後期の武将。正衡$\underset{まさひら}{正衡}$の子。忠盛の父。1097年(承徳元)伊賀国の所領を媞子$\underset{ていし}{媞子}$内親王(白河上皇の女)の菩提所六条院に寄進。これをきっかけに白河上皇に接近し，院北面の武士として近臣となり，伊勢平氏台頭の基礎を築いた。1108年(天仁元)源義親を討ち但馬守となる。海賊追捕に活躍し，僧徒の強訴を阻止して武名をあげた。この間各地の国司を歴任。従四位下右馬権頭を極位極官とする。

たいらのむねもり [平宗盛] 1147~85.6.21 平安末期の武将。清盛の三男。母は平時子。屋島内府と称する。1157年(保元2)従五位下。59年(平治元)平治の乱の功により遠江守。その後も順調に昇進，従一位内大臣。異母兄重盛の死後，清盛の嫡子となり，清盛の死のち一門を統率した。83年(寿永2)西走して屋島まで勢力を回復したが，一の谷・屋島の戦で敗北。85年(文治元)壇ノ浦で捕らえられ，鎌倉に護送されて源頼朝と対面した。京都に送られる途中，近江国篠原(現，滋賀県野洲市)で斬殺された。

たいらのよりつな [平頼綱] ?~1293.4.22 鎌倉後期の武将。北条氏得宗家の被官。盛綱の子。盛時の子とする説もある。北条時宗・同貞時時代の内管領$\underset{うちかんれい}{内管領}$・侍所所司を兼ねる。時宗の死後，得宗家被官の頭首として，また新得宗貞時の乳母$\underset{めのと}{乳母}$の夫としてその補佐にあたるが，貞時の外祖父で御家人勢力の代表者安達泰盛と幕政の主導権をめぐり対立。1285年(弘安8)霜月騒動で泰盛を滅ぼす。以後幕府の実権を握るが，93年(永仁元)その専横を嫌う貞時に滅ぼされた(平禅門の乱)。法名果円。

だいり [内裏] 大内$\underset{おおうち}{大内}$とも。宮城内での天皇の御在所。平安宮では建礼門を正門とし，紫宸$\underset{ししん}{紫宸}$殿を正殿とする一郭。平城宮までは天皇は毎日大極$\underset{だいごく}{大極}$殿に出御して政務をみるのが原則だったが，平安時代以降，日常はのちの紫宸殿にあたる内裏正殿で政務をとるようになった。これは長岡宮・平安宮で内裏と朝堂院(正殿は大

極殿)が分離した配置になることと対応している。平安宮では，天皇が政務後私的生活を送るのは，当初は仁寿ヴ殿であったが，10世紀以降，清涼ヴ゙殿が天皇の日常政務の場兼私的生活の場となり，紫宸殿は儀式の場へと移行した。平安中期には，平安宮内で日常的に利用されるのは内裏を中心とした部分だけとなっていった。鳥羽院以降，天皇は日常は里内裏に住み，儀式・祭祀のときのみ内裏に遷御するようになり，内裏は荒廃していった。

だいりしき [内裏式] 平安前期に編纂された日本最初の勅撰の儀式書。3巻。821年(弘仁12)右大臣藤原冬嗣らによって撰上された。833年(天長10)右大臣清原夏野らによって補訂が行われ，その後も割注など加筆された部分がある。上・中・下巻からなり，年中・臨時の行事を含むが，もとは現在より行事数が多かったと推定される。「新訂増補故実叢書」「神道大系」「群書類従」所収。

だいりょう [大領] 律令制下の郡司の長官。大・上・中・下郡に各1人。3里以下からなる小郡には大・少領の区別なく郡領のみがおかれた。選叙令に「性識清廉にして，時務に堪える者」をとり，複数の候補者があって才用が同じならば先に国造¿゙゙゙゙をとれと規定され，大領となった者には外従八位上の位を与えるとある。

たいろう [大老] 江戸幕府の最高職。3代将軍徳川家光時代の1638年(寛永15)に土井利勝・酒井忠勝両人が任じられたのに始まり，その後，幕末期までに7人が任命され，うち4人は井伊家からでた。家光時代の井伊直孝には入には含まれないが，実質的にのちの大老と同様の働きをしており，大老の起源とも考えられる。常置ではなく，定員1人。老中のうえに位置し，少将あるいは中将に任じられ，江戸城内では総下座の礼をうけた。4代将軍家綱時代の酒井忠清，5代将軍綱吉時代の堀田正俊，幕末期の井伊直弼ヴ゙などは実質的に幕政を主導したとみられるが，ほかは日常的な幕政運営には関与せず，重要な政策決定だけに関与した。綱吉時代の柳沢吉保ヴ゙は少将に任じられて老中上座，大老格の待遇をうけたが，役職は側用人であった。

たいろどうしかい [対露同志会] 対露強硬論を唱えた国家主義団体。1903年(明治36)4月8日〔ロシアの満州撤兵第2期限〕，対外硬派がふたたび対露外硬論を唱えて動きだした。この月の対外同志大会，7月25日の対外硬派連合委員会，そして8月9日の対外硬同志大会へと運動は拡大。対露同志会は8月9日の対外硬同志大会で採用された名称。運動の中心は帝国党・中正倶楽部・議員集会所・同志倶楽部・玄洋社・朝鮮協会グループなど。リーダーは近衛篤麿ヴ゙・神鞭知常ヴ゙゙゙・佐々友房・鈴木重遠・頭山満ヴ゙゙゙などを督励，地方演説会などで日露開戦世論を高めた。05年10月17日解散。

たいわん [台湾] タイワン。中国福建省の対岸に位置する島。台湾本島・澎湖ヴ゙諸島などからなる。台湾国民政府統治下の国で，中華民国の別称でもある。漢民族が97％，少数民族の高砂ヴ゙(高山ヴ゙)族がおり，江戸時代の日本では高砂国とよんだ。1624年からオランダ人が全島の経略を進めたが，61年鄭成功ヴ゙゙゙がこれを駆逐，鄭氏が3代22年間支配したが，83年清に降った。清ははじめ福建省に所属させ，1885年に独立の一省とした。日清戦争後，95年(明治28)の下関条約で日本に割譲され，98年児玉源太郎台湾総督下，後藤新平が民政長官となり民政へ移管。米・砂糖・樟脳ヴ゙・塩などの食料や工業原料の増産につとめた。1945年(昭和20)日本の敗戦で中国に返還されたが，49年末，中国共産党との戦いに敗れた蔣介石が国民政府軍200万とともに本拠を移した。そのため先移住の本省人と復帰後移住の外省人，台湾独立派と大陸との和平統一派の対立など困難な問題をかかえている。首都台北ヴ゙。

たいわんぎんこう [台湾銀行] 台湾の産業開発と華南・南洋との貿易金融を目的として，1897年(明治30)の台湾銀行法，99年の台湾銀行補助法にもとづいて設立された紙幣発行権をもつ植民地銀行。当初，台湾の錯綜した通貨の統一，台湾事業公債の引受けなどにあたったが，日露戦争後，島内事業資金の供給，貿易金融などの業務が中心となった。鈴木商店系の不良貸しのため，1927年(昭和2)の金融恐慌で破綻し，3分の1に減資した。日中戦争時は中国国内に，太平洋戦争開戦後は南方各地に多数の店舗を増設して，占領地金融工作に従事。45年の敗戦で閉鎖機関に指定された。

たいわんぐん [台湾軍] 台湾(澎湖列島を含む)守備に任じた陸軍部隊。1919年(大正8)8月19日天皇直隷の台湾軍司令部が設けられ，在台湾の全陸軍部隊を指揮下においた。初代司令官は明石元二郎陸軍大将。それまでは台湾総督が台湾に駐留する全陸海軍部隊を統率していた。日中戦争では華中・華南に部隊を派遣し，太平洋戦争では南方作戦の兵站基地の役割をはたした。44年(昭和19)第10方面軍に改められ，敵軍の上陸に備えるなかで終戦を迎えて解体された。

たいわんこうにちみんぞくうんどう [台湾抗日民族運動] 日本の植民地支配に対する台湾住民の抵抗運動。第1次大戦を境に前期と後期にわかれる。(1)前期は，台湾割譲に反対する民軍

- **たいわんしゅっぺい [台湾出兵]** 征台の役とも。明治国家最初の海外派兵。当時は蕃地処分と称した。台湾での琉球島民殺害について清国から生蕃の地は化外との言質を得て，1874年(明治7)2月問罪出兵を閣議決定。英・米などが自国人船舶参加拒絶という中立政策をとったため中止を決めるが，蕃地事務都督西郷従道以下，兵員3658人は長崎を進発，5月台湾南部の社寮に上陸・進攻，牡丹社などの蕃社をすべて平定した。清国は強く抗議，北京での談判も難航したが，駐清イギリス公使の斡旋で和議が成立。清は征台を保民義挙と認め償金50万両を支払う。12月台湾撤兵。宣戦発令順序を用意した日清開戦の危機は回避された。日本側の戦死12人，病死561人。翌年から琉球処分の施策が進められた。

- **たいわんそうとくふ [台湾総督府]** 日清戦争後，日本が台湾統治のため設置した行政府。1895年(明治28)台北に設置。最高行政官は台湾総督で，陸海軍大将・中将から任命。初代樺山資紀以分り敗戦時の安藤利吉まで19人が就任した。行政・司法・立法・軍事にわたる権限を掌握していた。1919年(大正8)の官制改革で武官総督制が廃止され，文官総督が就任する場合には別に台湾軍司令官が任命されることになった。21年以降新たに台湾議会を設置する請願が帝国議会にだされ，また抗日運動もおこったが，弾圧され抑えられた。

- **たいわんみんしゅこく [台湾民主国]** 1895年(明治28)下関条約調印後，列強の干渉をよびこみ台湾割譲を阻止するためまうまれた一時的政権。台湾巡撫唐景崧・邱逢甲らは，5月23日「民主国」樹立を宣言，唐が総統に就任した。しかし三国干渉の結果に満足した列強は動かず，李鴻章は6月2日樺山資紀と台湾総督との間に台湾授受手続きを終了させ，台湾自立による割譲阻止策は失敗，唐らは大陸に逃走した。その後各地で民軍が激しく抵抗したが，日本軍により同年11月平定された。

- **たおかれいうん [田岡嶺雲]** 1870.11.21～1912.9.7 明治期の評論家・中国文学者。本名佐代治。高知県出身。東大卒。早くから自由民権運動に接する。小柳司気太らと東洋文化の再生を訴え，雑誌「東亜説林」を創刊。投書雑誌「青年文」主筆として樋口一葉・泉鏡花をいち早く評価。文学が社会の腐敗や下層民の現実に及ぶことを求めた。のち関心は政治や社会に移り，アジア・女性の解放や天皇制打倒を訴え，中国革命家と交わった。著書「嶺雲揺曳」「明治叛臣伝」「数奇伝」「和訳漢文叢書」。

- **たかうけち [高請地]** 検地によって等級をつけられ，石盛で高を決定されて検地帳に登録された土地。村高に入れることを高請，あるいは高に結ぶという。本途物成の対象地。山野・海浜も野高・山高・海高と称し高請地とすることがあった。高請地には本田と新田があり，1643年(寛永20)の田畑永代売買の禁により売買を禁じられた。

- **たかおかしんのう [高岳親王]** 799?～865? 高丘親王・真如・遍明和尚・入唐三御子・皇子禅師とも。平安前期の真言宗僧。平城天皇の第3皇子。809年(大同4)嵯峨天皇の即位とともに皇太子となったが，翌年薬子の変で廃された。822年(弘仁13)頃出家し真忍と称したが，のち真如と改めた。道詮に三論教学を，空海に密教を学ぶ。855年(斉衡2)から7年間修理東大寺大仏司検校を勤めた。864年(貞観6)宗叡・円行らと僧俗六十数人と入唐し，長安の法全から密教を受法して遍明と名のった。865年求法のため広州から海路インドにむかったが，羅越国(マレー半島南端の国)で没した。享年67歳と伝える。

- **たかおかんぷうずびょうぶ [高雄観楓図屏風]** 洛西・高雄周辺における庶民の紅葉狩遊楽のさまを活写した16世紀後半の風俗図屏風。現存する野外遊楽図屏風としては最古。印から筆者は狩野秀頼とわかるが，狩野元信の次男秀頼とされ，孫の真笑秀頼とみるかで意見がわかれている。紙本着色。縦149cm，横363cm。国宝。東京国立博物館保管。

- **たかがかりもの [高掛物]** 江戸時代，村高に応じて高割で賦課された付加税。幕領では，蔵前入用・伝馬宿入用・六尺給米の高掛三役が代表的。私領では，夫米・夫金・夫役をはじめさまざまな高掛物が賦課された。国役や助郷役・普請役なども，高割で賦課されている。一方，村内における村用の割掛などにも多く高割が用いられた。

- **たかがみね [鷹峰]** 鷹ケ峰とも。京都市北区，大文字山の北部に位置。地名は天峰・鷲峰・鷹峰の三峰に由来するという(「雍州府志」)が，呼称としては「三代実録」に記す高岑が史料上の初見。丹波と京を結ぶ街道(長坂越)が通る当地を，1615年(元和元)に本阿弥光悦

が徳川家康から拝領して，法華信仰で結ばれた豪商と芸術家が居住する光悦町を開いた。しかし，81年(天和元)幕府に収公されて消滅し，近郊農村に変貌した。

たかがり [鷹狩] 放鷹ほう・鷹野のとも。飼養した鷹を用いて鳥獣を捕らえる狩猟の一形態。使用する猛禽類を総称して鷹といい，実際にはオオタカ・ツミ・クマワシ・ハヤブサなどが用いられる。起源は明らかではないが，5世紀頃には広く普及し天皇の大権と結びついた。以後，為政者の特権として位置づけられ，武家社会のもとでも盛んに行われた。とくに近世には盛んで，幕府や藩では制度化され，鷹場を設置して遊楽の一つとして重視した。

たかぎていじ [高木貞治] 1875.4.21～1960.2.28 明治～昭和期の数学者。岐阜県出身。東大卒。ドイツに留学し，ヒルベルトのもとで整数論・類体論を研究。この時期に有名な「クロネッカーの青春の夢」とよばれる問題を解決した。留学中に東京帝国大学助教授となり，学位取得後教授となる。類体論の研究では世界最高のレベルにあり，高木類体論を発表して注目された。文化勲章受章。著書「解析概論」「代数的整数論」。

たがくのうぜいぎいん [多額納税議員] 貴族院議員の構成要素の一つ。各府県を一選挙区とし，各選挙区の直接国税の多額納税者上位15人で1人を互選。被選挙資格は満30歳以上の男子で，任期7年。1890年(明治23)の第1回互選時で45人。1918年(大正7)北海道・沖縄が加わる。25年，道府県の定員は人口に応じ1～2人と定めて総数66人に増加し，選挙人も議員1人当り100人に拡大した。貴族院議員の1割強を占めたが，独自の会派活動はほとんどみられなかった。

たかくらてんのう [高倉天皇] 1161.9.3～81.1.14 在位1168.2.19～80.2.21 後白河天皇の第7皇子。名は憲仁のり。母は平時信の女建春門院滋子じ。父の意志により，1166年(仁安元)皇太子に立ち，2年後，六条天皇の譲位をうけて践祚せんした。78年(治承2)平徳子(清盛の女)が生んだ長子(安徳天皇)を皇太子にした。79年，平清盛が後白河法皇を幽閉する事件により，翌80年譲位し，みずから院政を担った。

たかさきたつのすけ [高碕達之助] 1885.2.7～1964.2.24 昭和期の実業家・政治家。大阪府出身。農商務省水産講習所卒。東洋製缶を創立。1941年(昭和16)満州重工業副総裁となり，のち総裁。第2次大戦の敗戦時には在満日本人の引揚げに努め，中国の産業復興にも協力。52年電源開発株式会社初代総裁として久々間ダム建設にあたり，鳩山内閣では経済審議庁(のち経済企画庁)長官を務めた。この間に衆議院議員となり，第2次岸内閣でも通産相に就任。日ソ漁業交渉などの政府代表としても活躍し，62年には廖承志りょうとの間で「日中総合貿易に関する覚書」に調印，LT貿易が開始された。

たかさごぞく [高砂族] 台湾の先住民族の呼称の一つ。種族により言語・習俗・生活様式が異なる。台湾総督府は彼らをタイヤル，ブヌン，ツオウ，サイセット，パイワン，アミ，ヤミの7種族に分類し，蕃人・蕃族あるいは生蕃せいばん・熟蕃と蔑称したが，のち高砂族と改めた。第2次大戦後には高山こうざん族・山地同胞とも呼称されたが，いずれも他称。

たかさぶりゅうたつ [高三隆達] ⇨隆達りゅうたつ

たかしなたかかね [高階隆兼] 生没年不詳。鎌倉後期のやまと絵の絵師。1309年(延慶2)制作の「春日権現験記」に付属する目録には，「絵 右近大夫将監高階隆兼 絵所預」と記され，その官職・身分が知られる。花園天皇の命で絵画制作にたずさわったという記録も残る。前代までのやまと絵を集大成し，美しい色彩と細緻な描法を特色とする。同様な画風の作品に「玄奘げんじょう三蔵絵」「駒競行幸こまくらべぎょうこう絵巻」「矢田地蔵縁起絵巻」があり，その画風が流行したことをうかがわせる。

たかしましゅうはん [高島秋帆] 1798～1866.1.14 幕末期の砲術家。父は茂紀。諱は茂敦。通称四郎太夫。長崎町年寄・出島台場受持として荻野流砲術を修め，のち西洋砲術を学び，高島流を創始。1840年(天保11)アヘン戦争の情報が伝わると，上書を幕府へ提出し，洋式砲術の採用を説いた。幕命により，翌年武蔵国徳丸ヶ原とくまるで洋式銃陣演練を披露し，洋式砲が採用された。流儀は幕臣の下曾根金三郎・江川太郎左衛門英竜などに伝授され，高島流興隆と洋式砲普及の基となった。しかし秋帆自身は鳥居耀蔵ようらに嫌疑をかけられて翌年逮捕され，46年(弘化3)武蔵国岡部藩に預けられた。53年(嘉永6)ペリー来航を迎えると江川の尽力で赦免され，55年(安政2)講武所教授方頭取，57年講武所砲術師範役に任じられた。

たかしまたんこう [高島炭鉱] 日本最初の洋式炭鉱。高島は長崎港外の小島。伝承では宝永年間(1704～11)に石炭を発見。1868年(明治元)佐賀藩・グラバー商会の合弁企業が成立，69年蒸気機械を導入して石炭採掘を開始した。74年鉱業本国人実業の立場から官営化，後藤象二郎への払下げをへて，81年三菱が買収，優良炭産出で発展。第2次大戦後はおもにコークス用として利用され，1986年(昭和61)11月閉山。三菱買収後の累計出炭は3984万トン，最大は1965年の1270万トン。

たかしまたんこうじけん [高島炭鉱事件] 納屋制度のもとで1888年(明治21)に明るみにでた

鉱夫虐待事件。高島炭鉱は1881年から三菱の経営に移り，鉱夫管理は納屋制度であった。鉱夫虐待の状況は87年末~88年の新聞・雑誌記事によって広く知られ，とくに雑誌「日本人」(88年6月)掲載の松岡好一の潜入ルポが反響をよんだ。世論の高まりをうけて，88年8月清浦奎吾警保局長が現地を視察，納屋制度の改良を勧告した。三菱は納屋制度の改革に着手し，97年争議発生を機に納屋制度を廃止した。

たがじょう [多賀城] 多賀柵とも。陸奥国におかれた古代の城柵。宮城県多賀城市市川・浮島にあり，仙台平野の北端に位置する。外郭は築地・材木塀で区画され，最大が東辺の1050m，最小が西辺の660mの不整方形を呈し，東・西・南に八脚門をもつ。内郭中央に南北116m，東西103mの政庁があり，正殿・脇殿などの建物や広場がある。内郭で官衙・工房・住居・道路，外郭の周辺で多賀城付属の多賀城廃寺(現，多賀城市高崎)や国司の館・道路・町などの遺構群が検出された。737年(天平9)に「多賀柵」とみえるのが史料上の初見だが，724年(神亀元)までには造営され，10世紀半ばまで存続。陸奥国府・鎮守府(のちに胆沢城に移転)がおかれるなど，古代東北の政治・軍事の拠点となった。国特別史跡。

たかすぎしんさく [高杉晋作] 1839.8.20~67.4.14 幕末期の志士。萩藩士。名は春風，字は暢夫など。号は東行など。変名谷梅之助・谷潜蔵。吉田松陰に学び久坂玄瑞と並び称される。1862年(文久2)幕艦で上海に渡る。帰国後久坂らと品川御殿山のイギリス公使館を焼きすてし，また藩論の航海遠略策を批判した。63年萩藩の下関における攘夷決行に対する米仏艦の反撃に際し，奇兵隊を組織。翌64年(元治元)の四国連合艦隊下関砲撃事件では，藩の正使として講和に応じた。幕府の征長軍組織化にともなって藩の保守派が実権を握ると一時脱落し，同年末から翌65年(慶応元)にかけて諸隊を率いて下関で挙兵，保守派を倒す。慶応軍制改革に参与し，66年の第2次長州戦争では小倉口参謀として活躍。67年下関で病死。

たかせぶね [高瀬船] 平安時代~明治期の代表的な川船。近世以前については，小型のわりに深い船体の船という以外に詳細は不明。近世以後の高瀬船は河川の状況に応じて船型・構造はさまざまで，一般に京都の高瀬船のように吃水の浅い，細長い箱型構造の小船が主流を占めた。川船として最大級の利根川の高瀬船は，1枚棚だが船体を肋材で補強し，船首寄りに世事の間という乗組員の居住区を設けるなど，大きさを反映した独特の構造・艤装であった。

たかだじけん [高田事件] 1883年(明治16)3月，新潟県頸城自由党の主要党員八木原繁祉・赤井景韶ら37人が，内乱陰謀の容疑で一斉に逮捕された事件。検挙は頸城自由党弾圧を目的としたもので，官憲密偵であった同党党員長谷川三郎の自供にもとづく検察・警察による捏造であった。きびしい取調べにもかかわらず内乱陰謀の根拠はなにもなく，全員釈放された。ただし，赤井・井上平三郎・風間安太郎の3人は，政府高官の暗殺を目的とする秘密結社天誅党の天誅党旨意書を起草したとして高等法院に送られ，赤井1人が予審有罪，公判の結果，内乱陰謀予備罪で重禁錮9年の判決をうけた。のち赤井は脱獄，殺人を犯し，再逮捕後死刑となる。

たかだは [高田派] 真宗十派の一つで，専修寺(津市)を本山とする一派。親鸞が下野国高田に布教所として開いた如来堂を起源とする専修寺(栃木県二宮町)を拠点に高田門徒が形成された。親鸞の弟子真仏・顕智により基礎が固められ，親鸞遺弟中最有力の門徒となった。本願寺勢力が伸長するなか，本願寺との対立が生まる。10世真慧は本願寺に対抗するため専修寺を伊勢国一身田に移し，その優位性を説き，一向一揆に際しては反本願寺側にまわった。真慧没後，専修寺の住持職をめぐる争いで教団が二分し，本願寺に後れをとった。1877年(明治10)別立し，81年に高田派と公称した。

たかだやかへえ [高田屋嘉兵衛] 1769.1.1~1827.4.5 近世後期の廻船業者・場所請負人。淡路国津名郡都志本村生れ。1795年(寛政7)辰悦丸を建造し，翌年から松前箱館から箱館一上方間の物資輸送を開始。98年箱館に支店を開設。翌年幕府の東蝦夷地仮上知にともない，官船宜温丸で択捉に渡り航路を開く。1801年(享和元)蝦夷地御用定雇船頭。06年(文化3)蝦夷地産物売捌方，10年択捉場所請負人になるなど，幕府の蝦夷地政策に深くくいこみ豪商となる。12年国後島沖合でロシア人リコルドに拿捕され，カムチャツカに連行された。翌年国後に送還され，ゴロブニン事件の平和的解決に尽力した。

たかつかさけ [鷹司家] 藤原氏北家嫡流の近衛家の支流。五摂家の一つ。鎌倉前・中期の近衛家実の四男兼平を家祖とする。家名は兼平の邸宅が鷹司殿であったことによる。1252年(建長4)兼平は兄近衛兼経の譲りをうけて摂政に補され，子孫も他の摂家と並んで交互に摂政に任じられた。家領は，兼平が近衛家から分与された荘園が根幹。戦国期に忠冬没後中絶したが，織豊期に二条晴良の三男信房が再興。江戸時代の家録は1000石，のち1500石。幕末の政通は33年余り関白を勤め，維新後，煕通のとき公

たかつき【坏･高杯】 高坏とも。坏の下に脚台がつく供献用の器。弥生時代には土器・木器で作られ，古墳時代以降は土師器はじ・須恵器・灰釉かゆう陶器などによるものが現れる。土師器の高坏には蓋がなく，丹塗りをした製品がある。須恵器には基本的に蓋がつき，初期には坏部に波状文や把手とつがつくものもあり，脚台部には，一般に長方形や三角形の透し穴装飾がつく。古墳から発見される例が多い。奈良時代以降には装飾は少なくなり，坏部の径は広く，脚台部は低くなる傾向がある。

たかのいわさぶろう【高野岩三郎】 1871.9.2～1949.4.5 大正・昭和期の社会統計学者・社会運動家。長崎県出身。房太郎の弟。東大卒。ヨーロッパに留学後，東京帝国大学教授。日本の統計学の創始者で，日本初の組織的な家計調査・社会調査を実施。労働組合問題・無産政党問題にも関与。大原社会問題研究所初代所長。第2次大戦後，日本共和国憲法私案要綱を発表。NHK会長も務める。

たかのすじょう【鷹巣帖】「鷹手本」とも。尊円えん入道親王の自作自詠による秀句と和歌を，漢字・仮名で書いた手本。その書は，漢字は楷書・行書・草書の3体で書かれ，字形は整斉で用筆は温雅である。仮名の字形もよく整い，線質も温雅で散書さんしょする。1349年(貞和5・正平4)親王52歳のときの書。縦31cm，長さ約4.88m。西本願寺蔵。重文。

たかのちょうえい【高野長英】 1804.5.5～50.10.30 江戸後期の蘭学者・医者。陸奥国水沢生れ。仙台藩水沢領主留守氏の侍医高野玄斎の養子。1820年(文政3)江戸で杉田伯元・吉田長淑ちょうしゅくに蘭学を学ぶ。25年長崎に赴きシーボルトに師事。28年シーボルト事件勃発後，姿を隠し，30年(天保元)江戸麹町で開業。32年日本初の生理学書「医原枢要いげんすうよう」を著す。この年渡辺崋山を知り，以後華山主宰の西洋事情研究会主要メンバーとなり，「二物考」「戊戌ぼじゅつ夢物語」を著す。39年蛮社の獄に連坐，永牢となるが，44年(弘化元)脱獄，宇和島・鹿児島などをひそかに訪れ，「三兵答古知幾さんぺいたくちき」などの蘭書翻訳を行った。50年(嘉永3)江戸青山百人町で幕吏に襲われ自殺。

たかのふさたろう【高野房太郎】 1868.11.24～1904.3.12 明治期の労働組合運動の先駆者。長崎県出身。岩三郎の兄。1886年(明治19)渡米。各地で多種の労働に従事し，労働問題に関心をもつ。91年には城常太郎じょうらと職工義友会を組織，アメリカ労働総同盟と接触して日本オルグに任命された。帰国翌年の97年片山潜らと労働組合期成会を創立，日本初の近代的労働組合鉄工組合を組織。消費組合運動結成にも

尽力。中国青島チンタオで客死した。

たかはしうじぶみ【高橋氏文】 高橋氏の氏文。789年(延暦8)成立か。高橋氏は膳かしわ氏の後裔で，朝廷での奉膳を職掌としたが，同職の安曇あず氏とたびたび争い，789年に両氏が家記を奏上した。そのときの家記が高橋氏文と考えられる。「本朝月令ガつりょう」に高橋氏文として引かれる延暦11年太政官符は安曇氏との争いに決着を下したもので，氏文に添えられて伝えられたものか。完本は現存せず，「本朝月令」「政事要略」「年中行事秘抄」などに逸文を載せる。内容は，奉膳の由来として磐鹿六獦いわかむつかり命の事蹟を伝えるもの。伴信友が逸文を集成し「高橋氏文考註」(「神道大系」所収)を著している。

たかはしかげやす【高橋景保】 1785～1829.2.16 江戸後期の天文学者。高橋至時よしときの長男。大坂生れ。1804年(文化元)父の跡を継ぎ天文方になる。10年「新訂万国全図」を製作。他方，伊能忠敬だたの実測をもとに「大日本輿地全図」を作成した。11年蛮書和解御用ばんしょわけごようの主管となり「厚生新編」の訳業を始める。14年書物奉行兼天文方筆頭。28年(文政11)シーボルトに御禁制の日本地図を渡していたことが発覚し，同年入獄，翌年獄死。

たかはしこれきよ【高橋是清】 1854.閏7.27～1936.2.26 明治～昭和戦前期の政治家・財政家。江戸生れ。幕府御用絵師川村庄右衛門の子で，仙台藩士高橋是忠の養子。農商務省官吏などをへて，1889年(明治22)銀鉱開発のためペルーに渡るが失敗。92年に総裁川田小一郎の招きで日本銀行に入行。99年2月日本銀行副総裁になり，金本位制確立や日露戦争の戦費調達のための外債募集で活躍し，1911年総裁に就任。05年貴族院議員。13年(大正2)第1次山本内閣の蔵相に就任後，立憲政友会に入党。原内閣の蔵相をへて，21年には首相兼蔵相，政友会総裁となる。護憲三派内閣の農商務相を務め，田中義一内閣では蔵相として金融恐慌対策に従事した。31年(昭和6)12月の犬養内閣の蔵相就任後，金輸出再禁止に始まる高橋財政を展開したが，36年に公債漸減による財政引締めの方針をとって軍部と対立，2・26事件で殺害された。

たかはしこれきよないかく【高橋是清内閣】 原敬の暗殺後，原内閣の蔵相高橋是清が首相となり，原内閣の全閣僚が留任した政友会内閣(1921.11.13～22.6.12)。高橋はワシントン体制に適応するための軍備縮小，また戦後恐慌に対処するため，原内閣の積極財政を緊縮財政に転換しようとした。しかし政政策転換の企図は政友会内の高橋支持の総裁派と，それに反対する反総裁派との対立をひきおこした。高橋は反総裁派の中橋徳五郎文相と元田肇はじ鉄道相

たかはしざいせい [高橋財政] 1931年(昭和6)12月以降、犬養・斎藤・岡田各内閣で蔵相を務めた高橋是清が担当した財政運営。浜口内閣の金解禁政策が深刻な不況と多額の金流出をもたらしたのに対し、高橋は金輸出を再禁止して金流出のデフレ効果を断ち、為替下落はしばらく放置して輸出増大に結びつけ、33年春に外国為替管理法による為替統制を開始した。また時局匡救費と軍事費を柱とする膨張予算の財源調達策としては、日本銀行引受け方式による多額の赤字公債発行と預金部資金融通で景気回復を待った。高橋は34年11月岡田内閣の藤井真信蔵相の退任で再び蔵相になると、財政健全化のために公債漸減方針を掲げて軍部と対立し、2・26事件で殺害された。以後、財政運営は戦時財政へと進んだ。

たかはしゆいち [高橋由一] 1828.2.5～94.7.6 幕末～明治期の洋画家。江戸の佐野藩邸に生まれる。はじめ狩野洞庭・川上冬崖に学ぶ。1862年(文久2)蕃書調所画学局に入り、川上冬崖について洋画の指導をうけ、65年(慶応元)「画学局の言」を書く。ワーグマンにも学んだ。73年(明治6)私塾天絵楼を設立、後進の指導にあたる。「花魁」「鮭」など一貫して対象に肉薄する迫真的写実作品を描き、後期にはフォンタネージの指導をうけ、風景画も多い。

たかはしよしとき [高橋至時] 1764.11.30～1804.1.5 江戸後期の天文学者。字は子春、号は東岡・梅杯、通称作左衛門。大坂定番同心の長男。高橋景保の父。1778年(安永7)父の跡を継ぐ。算学を松岡能一に学び、87年(天明7)麻田剛立に入門し、間重富とともに天文学を学ぶ。97年(寛政9)寛政暦を完成する。伊能忠敬を指導して日本全国測量事業を始めた。フランス人ラランド著の天文書を調査し、「ラランデ暦書管見」を残す。

たかばた [高機] 手織機の一種。居坐機から発達したもので、機の丈が高く織り手が腰板に腰かけて織ることからこの名がある。主として絹織物の製織に用いられ、近世中期以降は綿織物などにも使用され、全国各地に普及した。なお、近世日本で最大かつ最先進の機業地である京都西陣では、高機からさらに発達した空引機を高機とよび、高機のことは平機または二枚機とよんでいた。

たかばたけもとゆき [高畠素之] 1886.1.4～1928.12.23 大正期の社会思想家。群馬県出身。前橋中学在学中に受洗し、同志社神学校に進んだが、社会主義思想に関心をもち中退。前橋で社会主義新聞「東北評論」を創刊、筆禍事件で入獄。1911年(明治44)売文社に入り「新社会」創刊に参加、ロシア革命の実態を紹介したが、19年(大正8)堺利彦らと決別して老社会に参加、国家社会主義運動を開始し、23年上杉慎吉と経綸学盟を結成。この間独力で「資本論」全3巻を翻訳、刊行した(20～24年)。以後さらに国家社会主義的傾向を強め、大化会顧問となり、赤尾敏の建国会を支援、多くの評論を発表した。

たかはまきょし [高浜虚子] 1874.2.20/22～1959.4.8 明治～昭和期の俳人・小説家。旧姓池内。本名清。松山市出身。河東碧梧桐とともに正岡子規下の双璧。1898年(明治31)「ホトトギス」を松山から東京に移し、発行の中心となる。写生をいかした文章表現の開拓にも尽力。夏目漱石の「吾輩は猫である」を「ホトトギス」に連載。みずからも小説を執筆。子規没後に独自の道を歩みはじめた碧梧桐の新傾向俳句に対しては守旧派を宣言。客観写生と花鳥諷詠を説き、俳壇に君臨するとともに多くの俊才を育成した。句集「五百句」、短編小説集「鶏頭」。

たかひら・ルートきょうてい [高平・ルート協定] 1908年(明治41)11月30日、高平小五郎駐米大使とアメリカ国務長官ルートとの間で交換された公文。日米間の緊張を緩和し、日本の在満権益を確保し、さらに日米間の緊張を利用しようとする中国・ドイツの策動を封じることが目的とされた。太平洋方面の現状維持、中国の領土保全と中国の商工業上の機会均等などが規定された。表現があいまいで解釈に疑義を生じた。

たかまきえ [高蒔絵] 炭粉や砥粉どの漆を混ぜたもので文様の部分を盛りあげ、その上に金銀などの粉を蒔きつけて磨く方法。これにより蒔絵の大きな特色である立体的な表現が可能となった。鎌倉中期頃に開発されたとみられ、初期の作例に三島大社の梅蒔絵手箱(国宝)がある。

たかまつじょう [高松城] 岡山市にあった中世～近世の平城。天正年間(1573～92)石川氏が築城。1582年清水宗治が城主の時、豊臣秀吉に攻められ籠城。秀吉は足守川をせき止める堤防と多数の陣城を築き水攻めにした。毛利氏も後詰の兵を送り対峙したが、宗治の切腹で開城。その後花房正成が城主となり、元和年間(1615～24)まで陣屋が設けられた。低湿な地形を利用した五つの郭からなる。水堀の一部や郭が残り、中心部は公園化が進む。主郭には改葬された宗治の首塚がある。周辺には水攻めの堤防や両軍の陣城群の跡をみることができるが、陣城群は未整備。国史跡。

たかまつづかこふん [高松塚古墳] 奈良県明日香村上平田にある古墳終末期の円墳。石室に

四神、星宿などと人物像の彩色壁画が描かれていたことが知られる。奈良盆地南部の丘陵上に築かれ、直径18m、高さ5mある。1972年(昭和47)の調査で凝灰岩の切石をくみあわせた石棺式石室が発見された。石室は長さ2.7m、幅1m余、高さ1.2mの内法をもち、墳丘は版築している。壁画は内壁に漆喰を塗った上に描かれ、東壁に青竜と日輪、西壁に白虎と月輪、奥壁に玄武があり、南壁の朱雀は欠落している。東西両壁の手前に4人の男性、後方に5人の女性が配し、天井から側壁にかけて金箔の点を朱線で結んで星宿を表す。漆塗木棺・棺金具・金銅八花形透彫飾金具・海獣葡萄鏡・銀装飾大刀・玉類が出土した。壁画の表現技法は中国・朝鮮半島の壁画古墳と関係が深い。7世紀末～8世紀初頭の築造とみられる。国特別史跡、遺物は国宝。

たかみせんせきぞう[鷹見泉石像] 渡辺崋山が描いた下総国古河藩家老鷹見泉石(1785～1858)の肖像画。1837年(天保8)完成。崋山の代表作。泉石はオランダ通詞・天文方・蘭学者・帰還漂流人などと広く親交を結んでおり、崋山とは蘭学を介して交流があった。正装した泉石の斜めむきの半身を、顔貌は陰影を用いた洋風的表現で、着衣は描線を主とする伝統的な描法で描く。絹本着色、縦115cm、横57cm。東京国立博物館蔵。国宝。

たかみねじょうきち[高峰譲吉] 1854.11.3～1922.7.22 明治・大正期の化学者。越中国生れ。工部大学校卒。イギリス留学。農商務省で伝統的産物の化学的生産を研究。東京人造肥料会社を設立しリン酸肥料を開発。トウモロコシの醸造法を開発し、アメリカに招かれた。1894年(明治27)に麹菌からタカジアスターゼの抽出に成功。1900年牛の副腎からアドレナリンを分離。アメリカに高峰研究所を創設。帰国して理化学研究所の設立に尽力。学士院賞受賞。

たかむこのげんり[高向玄理] ?～654 「くろまろ」とも。黒麻呂とも。7世紀前半の官人・学者。608年(推古16)遣隋使小野妹子に従って入隋、留学。640年(舒明12)南淵請安らとともに帰国。645年(大化元)僧旻とともに国博士に任じられ、大化の改新政治に参画。646年新羅に派遣され、人質を貢上させ、任那の調をやめた。時に位は小徳。翌年、新羅の上臣金春秋を伴って帰国。654年(白雉5)遣唐押使として新羅経由で入唐。時に姓は史、冠位は大錦上(一説に大花下)。皇帝高宗に拝謁したが、同年唐で客死。

たかむらこううん[高村光雲] 1852.2.18～1934.10.10 明治～昭和前期の彫刻家。旧姓は中島、幼名は光蔵。江戸生れ。仏師高村東雲に師事し、東雲の姉の養子となる。明治維新後衰退していた伝統の木彫をよみがえらせ、内外の博覧会で受賞。1889年(明治22)東京美術学校雇・帝室技芸員、1919年(大正8)帝国美術院会員となり、彫刻界の重鎮、近代木彫の祖として活躍した。代表作「老猿」「楠公像」「西郷隆盛像」、著書「光雲懐古談」。

たかむらこうたろう[高村光太郎] 1883.3.13～1956.4.2 大正・昭和期の彫刻家・詩人。東京都出身。父光雲は著名な木彫家。東京美術学校彫刻科卒。1900年(明治33)新詩社に入り「明星」に短歌を発表。06年渡米、パリに移り09年帰国。旧体制との衝突、デカダンスをへて長沼智恵子に救済される内面の変革は、14年(大正3)刊の詩集「道程」に結実した。ほかに「智恵子抄」、第2次大戦中の戦争協力の態度を処断した「典型」、翻訳「ロダンの言葉」。彫刻「手」「裸婦像」。

たかむれいつえ[高群逸枝] 1894.1.18～1964.6.7 大正・昭和期の女性史学者・詩人。熊本県出身。はじめ詩人として名をあげ、新女性主義を唱えて評論家として活躍。1930年(昭和5)から女性史研究に没頭し、「母系制の研究」「招婿婚の研究」など古代日本社会における母系制や婿取婚について次々に業績を発表して女性史学の確立に貢献した。著書「女性の歴史」「日本婚姻史」、自伝「火の国の女の日記」。

たかもちびゃくしょう[高持百姓] 検地帳に登録された田・畑・屋敷地の所持を公的に認められた百姓。所持する土地にかかる高掛りの年貢や諸役を負担した。史料上は実際に土地を分与されている次・三男などを含む場合もあるが、通常は一軒前の本百姓と同義に用いる。役賦課の基準が家から石高に移る17世紀後半以降に一般化する。無高の水呑百姓に対する用語・概念。

たかやすじょう[高安城] 奈良県平群町と大阪府八尾市の境の高安山に築かれた古代の朝鮮式山城。白村江の敗戦後、外寇に備えて667年(天智6)設置。穀物や塩が倉庫に蓄えられていた。壬申の乱に際して近江方によって焼かれたが、のちに天武・持統・元明天皇の行幸があった。701年(大宝元)廃城となるが、難波から飛鳥地方への通信施設として烽は残された。平城遷都後の712年(和銅5)烽も廃止された。

たかやまうこん[高山右近] 1552～1615.2.5 織豊期の武将。図書の長男。名は友祥・長房、通称は右近・右近允。利休七哲の1人で南坊または白の号があり、キリシタン大名として著名。洗礼名ジュスト。1573年(天正元)摂津国高槻城主となり、78年荒木村重の乱で織田信長にそむいたが、オルガンティーノの勧告で降り、高槻4万石を安堵。信長の死後は豊臣秀吉に仕

え，85年播磨国明石城主6万石。87年6月のバテレン追放令で改易。その後小西行長や前田利家・同利長らの保護をうけ，小田原攻めや関ケ原の戦に参陣。1614年(慶長19)禁教令によりマニラへ追放。翌年同地で病没。

たかやまちょぎゅう【高山樗牛】 1871.1.10～1902.12.24 明治期の評論家。本名斎藤林次郎。山形県出身。東大卒。在学中に「滝口入道」が「読売新聞」の懸賞2等に当選。二高教授をへて博文館に入社し「太陽」の編集を担当。日本主義を唱えて旺盛な評論活動を開始したが，結核が悪化するとともにしだいに国家主義から個人主義にかわった。「美的生活を論ず」で浪漫的本能満足主義を提唱，これをめぐる論争が生じた。晩年はニーチェに傾倒して，個人主義から天才主義に傾いた。

たかやまひこくろう【高山彦九郎】 1747～93.6.27 江戸中・後期の尊王家。上野国新田郡の郷士正教の子。名は正之。「太平記」を読み，自分の先祖が新田義貞の家臣であったことに感激，志をたてて上京。垂加流の尊王思想を学ぶ。のち南朝の遺跡をたずね，郷里の天明一揆にも参加。公卿・学者との交遊を重ね，三十カ国を歴遊した。幕府の嫌忌・圧迫をうけて筑後国久留米で自刃した。林子平・蒲生君平がもともに寛政の三奇人とされる。多くの日記・紀行文を残す。

たかゆかたてもの【高床建物】 掘立柱建物のうち，とくに地表から高い位置に床を張った建物をいう。弥生土器や銅鐸に絵画に描かれた高床倉庫を典型とするが，弥生時代には物見櫓ものみやぐらや楼観ろうかん風建物の存在も推測される。古墳時代には高床住居が家形埴輪のなかに認められ，和歌山県鳴滝なるたき遺跡のように，総柱形式の大規模な高床倉庫が出現。古代には，出雲大社や伊勢神宮本殿などの神殿建築，正倉院宝庫に代表される倉庫建築，平城宮や難波宮の楼閣ろうかく建築へと分化して発展する。

たからづかかげきだん【宝塚歌劇団】 レビューやミュージカルを女性のみで上演する歌劇団。阪急電鉄の小林一三いちぞうが，1913年(大正2)兵庫県宝塚町(現，宝塚市)に少女の唱歌隊を結成したのが始まり。19年には宝塚音楽歌劇学校を設立して生徒を養成。昭和期に岸田辰弥作「モンパリ」，白井鉄造作「パリゼット」などレビューの傑作をうみ，葦原あしはら邦子・天津乙女あまつおとめ・小夜こよ福子ら多くのスターを輩出。少女たちの憧れを集める甘美な演劇様式をつくりあげ，少女歌劇ともよばれて現在も人気を継続している。

たからべたけし【財部彪】 1867.4.7～1949.1.13 明治～昭和期の海軍軍人。日向国生れ。1889年(明治22)海軍兵学校卒，のち海軍大学校卒。海軍の重鎮山本権兵衛の女婿となる。日露戦争では大本営海軍部参謀。斎藤実海相のもとで次官に起用されたが，シーメンス事件で辞職。舞鶴鎮守府司令長官などを歴任し，1919年(大正8)大将。加藤友三郎・第2次山本・加藤高明・第1次若槻・浜口の各内閣で海相となる。30年(昭和5)ロンドン海軍条約に全権として調印，条約反対の強硬派(艦隊派)から攻撃された。

だかんぎんこうけん【兌換銀行券】 金または銀など正貨と定められている貨幣と，請求次第いつでも交換できる銀行券。日本の場合，為替会社の兌換券発行が失敗に終わったあと，1872年(明治5)の国立銀行条例にもとづく国立銀行券が金兌換準備で発行されたが，76年の同条例改正で兌換は停止された。紙幣整理をへた84年に兌換銀行券条例が公布され，日本銀行から銀兌換の日本銀行券が発行された。97年10月の貨幣法施行により日本銀行券は金兌換が義務づけられた。1931年(昭和6)12月に日本は金本位制を離脱し日本銀行券の兌換を停止，さらに42年日本銀行法の施行により日本銀行券は金兌換の義務から解放され，兌換銀行券は姿を消した。

だかんせいど【兌換制度】 近代貨幣制度において発行紙幣を金銀の正貨と交換，つまり兌換に応じることをの制度。日本の場合，政府紙幣は1886年(明治19)から銀兌換となり，85年から銀兌換の日本銀行券を発行。97年貨幣法により金兌換となったが，1942年(昭和17)施行の日本銀行法によって管理通貨制度が採用され，日本銀行券は兌換の義務を免じられた。

たきがわじけん【滝川事件】 1933年(昭和8)の滝川幸辰ゆきとき京大教授処分事件。前年末の中央大学での講演を貴族院議員菊池武夫が赤化思想として議会で攻撃，鳩山一郎文相も著書「刑法読本」を客観主義刑法理論と非難，同教授の辞職または休職を要求した。小西重直しげなお京大総長および法学部教授会は処分を拒否したが，文官高等分限委員会が休職を決定，法学部教官は全員辞表を提出，総長は辞任。後任の松井元興総長は滝川ら6教授の辞表を提出し，新解決案を協議，結局7教授・5助教授などが辞職した。このとき他学部の教授会は静観，他大学の教授会も動かなかった。法学部学生はじめ京大学生・東大学生も反対運動を展開したが，夏休みとともに沈静化した。

たきかわまさじろう【滝川政次郎】 1897.5.26～1992.1.29 大正・昭和期の法制史学者。大阪府出身。東大卒。九州帝国大学教授在職中，いわゆる九大事件で職を退き，以後中央大学教授・満州国建国大学教授となる。第2次大戦後，極東国際軍事裁判で島田繁太郎元海相の弁護人を務めた。1949年(昭和24)国学院大学教授就任。日本社会経済学会の創立にたずさわった

のをはじめ、法制史学会・地方史研究所の創立など学会活動は多彩。日唐律令制度の基礎的研究のほか、社会経済史・神道史など多方面に業績を残した。著書「律令の研究」「法制史論叢」。

たきぐち[滝口] 滝口武者とも。平安中期以降の天皇近侍の武力。内裏清涼殿の東庭北方、御溝水(みかわみず)の流れ落ちる所を滝口といい、そこに詰めた武者である。その詰所を滝口陣という。宇多天皇のときにおかれたのが始まりで、定員は10人。のち20人となったが、白河天皇のときには30人だったこともある。射芸に秀でた者が選ばれ、蔵人所(くろうどどころ)に属して禁中の警備をはじめ、天皇乗船の供奉、京中の捜索などにもあたった。任官の順序により一﨟・二﨟・三﨟の3人を上﨟(じょうろう)といい、四﨟を事行(ことおこない)という。

たきざわばきん[滝沢馬琴] ⇨曲亭馬琴(きょくていばきん)

たきれんたろう[滝廉太郎] 1879.8.24〜1903.6.29 明治前期の作曲家。東京都出身。少年期を父の任地大分県竹田で送る。1894年(明治27)東京音楽学校へ入学。のち研究科へ進み、ピアノ授業の嘱託となる。1900年同校編集の「中学唱歌」に「荒城の月」「豊太閤」「箱根八里」を発表。文部省からドイツ留学の命をうけて翌01年ライプチヒ王立音楽院に留学したが、2カ月足らずで病に倒れ、02年7月帰国、翌年没。作品はほかに有名な「花」を含む連歌「四季」、ピアノ曲「メヌエット」「憾(うらみ)」など。

たくあんそうほう[沢庵宗彭] 1573.12.1〜1645.12.11 江戸前期の臨済宗の禅僧。諱は秀喜のち宗彭、字は沢庵。但馬国の秋庭氏の出身。1586年(天正14)但馬国境(きょう)寺内にある勝福寺の希先先について得度。京都大徳寺の春屋宗園(しょうえん)に師事して宗彭と諱を改める。諸傍に学び、1609年(慶長14)大徳寺の住持となる。宗境寺ほか諸寺の復興につとめる。29年(寛永6)には、紫衣(しえ)事件の中心人物の1人として出羽上山(かみのやま)に配流される。32年ゆるされて江戸に帰る。徳川頼房・柳生宗矩(むねのり)らの帰依をうけ、江戸品川東海寺ほかの開山となる。著書「不動智神妙録」「臨済録抄」。

たくせん[託宣] 神託・予託とも。神霊が人にのり移ったり夢の中に出現して、意志を表したり予言を告げること。歴史的には九州の宇佐八幡宮に起因する八幡神が、託宣を利用して地方神から全国的に祭祀される神へと発展した例が知られる。東大寺大仏の鋳造に際しての託宣や、道鏡(どうきょう)が皇位を奪おうとした事件に際し、和気清麻呂(わけのきよまろ)が宇佐八幡宮の神託をもってその野心を退けたなどが有名。鎌倉末期には八幡神の託宣や神異をまとめた「八幡宇佐宮御託宣集」が編纂された。新興宗教の天理教や金光(こんこう)教なども、神が教祖を通じて託宣を発することが契機となって創始された。現在でも民間宗教や島根県の大元神楽(おおもとかぐら)などの民俗芸能には、行者などが神がかりして託宣を行うシャーマニズムの形態がみられる。

たくち[宅地] 家地也とも。田令・戸令などに規定された古代の居住用地。唐令とは異なり班給規定はないが、国郡司に券文をたてて申請すれば売買でき、相続の対象ともなり、質入れも可能で、寺院への施入を禁じるなど、私有権の強い土地であった。規模はさまざまであるが、藤原京への遷都に際して官人百姓の上戸に1町、中戸に半町、下戸に4分の1町が支給されている。

たぐちうきち[田口卯吉] 1855.4.29〜1905.4.13 明治期の経済学者・歴史家。幕府徒(かち)の子として江戸に生まれる。名は鉉(げん)、鼎軒(ていけん)と号する。卯吉は通称。維新後大蔵省翻訳局で経済学を学ぶ。1877年(明治10)から「日本開化小史」を刊行。79年「東京経済雑誌」を刊行、自由主義経済の立場から自由貿易を主張し、犬養毅(いぬかいつよし)の主宰する「東海経済新報」の保護貿易主義と論争した。また「群書類従」「国史大系」などを刊行し、歴史学にも貢献した。実業界でも両毛鉄道の経営、東京株式取引所などに関係。東京府会議員・東京市会議員をへて94年衆議院議員に当選、終生その職にあり、反藩閥・中立の立場を貫いた。

たくむしょう[拓務省] 昭和初期に外地の諸機関を監督した中央官庁。田中義一内閣下の1929年(昭和4)6月10日外地行政一元化のために設置され、従前の内閣拓殖局は廃止された。拓務大臣は朝鮮総督府・台湾総督府・関東庁・樺太庁・南洋庁の事務を統理し、満鉄の事務を監督し、渉外事務を除く拓殖事務を管掌した。統理とは指揮ではなく弱い監督程度の内容。34年12月対満事務局設置により満州関係事務が削減され、42年11月大東亜省設置で廃止された。

たけうちせいほう[竹内栖鳳] 1864.11.22〜1942.8.23 明治〜昭和期の日本画家。京都の料亭に生まれる。本名は恒吉。土田英林・幸野楳嶺(こうのばいれい)に師事し、20歳で京都府画学校に出仕する。1900年(明治33)ヨーロッパを巡遊、コローやターナーらに啓発され翌年帰国。鋭い筆致と写実的画風に高い技量を示す。画塾竹杖(ちくじょう)会や京都市立絵画専門学校で後進の指導にあたり、上村松園(しょうえん)・西村五雲ら多くの逸材を育てた。文展審査員・帝室技芸員・帝国美術院会員・芸術院会員。第1回文化勲章受章。京都画壇を代表する作家として「西の栖鳳、東の大観」といわれた。代表作「斑猫(はんびょう)」。

たけうちりぞう[竹内理三] 1907.12.20〜97.3.2 昭和・平成期の日本史学者。愛知県出身。

東大卒。東京大学史料編纂所勤務をへて九州大学教授となり，その後，史料編纂所に復帰し同教授・同所長。1968年(昭和43)早稲田大学教授。史学会理事長・文化財保護審議会第1専門調査会会長なども務めた。古代の寺院経済・寺領荘園研究の基礎を築いたほか，「寧楽_{ならく}遺文」「平安遺文」「鎌倉遺文」など古代・中世の基本史料の編纂・刊行にも尽力した。著書『奈良朝時代に於ける寺院経済の研究』『律令制と貴族政権』。日本学士院会員。96年(平成8)文化勲章受章。

たけこしよさぶろう ［竹越与三郎］ 1865.10.4～1950.1.12

明治～昭和期の新聞記者・政治家。号は三叉_{さん}。武蔵国本庄の清野家に生まれ，親戚の竹越家を継ぐ。同人社・慶応義塾で学んだのち，洗礼をうけて群馬県前橋で廃娼運動に参加。1890年(明治23)「国民新聞」に入社。またイギリス的自由主義の影響をうけた歴史書『新日本史』を発表。95年国民新聞社を退社，翌年刊行した『二千五百年史』はベストセラーとなった。1902年政友会から代議士に当選。のちに貴族院議員・枢密顧問官。

たけざきすえなが ［竹崎季長］ 1246～？

鎌倉後期の武士。肥後国の住人。菊池氏一族とする説が有力。本領の益城郡竹崎(現，熊本県松橋町)を失っていた季長は，1274年(文永11)文永の役の際に先駆けの功をあげ，翌年鎌倉に赴き，御恩奉行安達泰盛に直訴して益城郡海東郷(現，熊本県小川町)の地頭職を得た。81年(弘安4)弘安の役でも博多湾防衛戦や肥前国鷹島海戦で活躍。93年(永仁元)制定の置文によれば，郷社を利用した海東郷支配を展開した。安達泰盛や，地頭職拝領を託宣した肥後国二宮の甲佐大明神の恩に報いるため，『蒙古襲来絵詞』を作成。

たけしたのぼるないかく ［竹下登内閣］

自民党の竹下登を首班とする内閣(1987.11.6～89.6.3)。中曽根前首相により自民党後継総裁に指名された竹下が組閣。大平内閣以来の懸案であった税制改革について，一般消費税の導入を多くの反対を押し切って実施。外交面では，アメリカがスーパー301条をもりこんだ新通商法を可決するなど日米経済摩擦が激化するなかで，建設，牛肉・オレンジ，その他の分野での市場開放や次期支援戦闘機の機種選定問題などの難問にとりくむ，対米摩擦の緩和に努めた。党内最大の派閥を擁し，調整力をもつ竹下に率いられ，実行力を期待されたが，リクルート事件をめぐる疑惑，金権政治の体質を問われ比較的短命で退陣した。

たけだいずも ［竹田出雲］

大坂竹本座の座本・浄瑠璃作者。江戸中・後期に3世を数える。初世(？～1747)は初世竹田近江_{おう}の子。

俳号千前軒_{せんぜんけん}疑疑_{ぎぎ}。1705年(宝永8)竹本座の座本となり，太夫竹本義太夫，作者近松門左衛門との協力体制を確立，竹本座の経営基盤を固める一方，近松のもとで浄瑠璃作者としての修業を積む。23年(享保8)の「大塔宮曦鎧_{とうのみやあさひのよろい}」が松田和吉(文耕堂)との合作で第一作，翌年の「諸葛孔明鼎軍談_{しょかつこうめい}_{かなえぐんだん}」が単独作の第一作。46年(延享3)の「菅原伝授手習鑑_{てならい}_{かがみ}」が最終作。2世(1691～1756)は初世出雲の子。本名清定。通称親方出雲。はじめ竹田小出雲と名のり，1747年(延享4)初世出雲の死去で2世を襲名。興行師としても作者としても手腕を発揮，並木宗輔_{そう}・三好松洛_{しょう}_{らく}とともに竹本座全盛期の諸作に名を連ねる。

たけだかつより ［武田勝頼］ 1546～82.3.11

戦国期～織豊期の武将。武田信玄の子。1565年(永禄8)兄義信の失脚により嗣子となる。73年(天正元)信玄が死に，76年正式に家督となった。この間遠江・三河に進攻したが，75年織田信長・徳川家康軍に大敗し(長篠の戦)，以後しだいに守勢となった。78年後北条氏とも敵対関係になり，東西に大敵を抱えた。81年本拠を甲府から新府(現，山梨県韮崎市)に移したが，82年木曾義昌・穴山梅雪らがあいついで信長・家康に通じ，これに呼応して織田・徳川軍は諸方面から甲斐・信濃に進攻。小山田信茂の離反もあって，甲斐国田野(現，同県大和村)の天目山_{てんもくざん}の戦で追いつめられ自殺。

たけだこううんさい ［武田耕雲斎］ 1804～65.2.4

幕末期の水戸藩の執政。水戸藩士跡部正続_{まさつぐ}の長男。のち本姓武田に復す。名は正生_{まさり}，通称彦九郎・修理。致仕後耕雲斎と号した。藩主に徳川斉昭_{なりあき}を擁立以来，改革派の重臣として活動。斉昭の謹慎・復職に応じて致仕・昇進したが，1856年(安政3)執政となる。62年(文久2)に一橋慶喜_{よしのぶ}の上洛に随従。64年(元治元)1月伊賀守。藤田小四郎ら天狗党の筑波山挙兵により5月に執政を罷免された。市川三左衛門ら門閥派政権に対抗して10月に筑波勢と合流，天狗党を再編してその首領となり，京都に向けて西上の途についた。途中諸藩兵や大雪・寒気と戦う難行に力つき，金沢藩に降伏し，65年(慶応元)2月4日，敦賀_{つる}で斬刑に処せられた。

たけだし ［武田氏］

平安末～戦国期の甲斐国の武家。清和源氏の支流，甲斐源氏。源義光の子武田冠者義清_{よしきよ}が，常陸国武田郷(現，茨城県ひたちなか市)から甲斐国に配流され，武田氏を称したのに始まる。以後多くの庶流をうみ，甲斐国内および安芸・若狭両国などに一族を配置。嫡流は義清の孫信義が継承，鎌倉時代には御家人となり，甲斐国守護に任じられた。その子信光は源頼朝の信任を得て安芸国守護も

兼任,勢力を拡大した。南北朝期,はじめ北条氏に従って下聕をうけたが,のち足利尊氏につき戦功をあげ,甲斐・安芸両国の守護を保った。戦国期の信玄のとき全盛期を迎える。その死後,勝頼のときに織田信長により滅ぼされた。→巻末系図

たけだしんげん [武田信玄] 1521～73.4.12
戦国期の武将。実名晴信はる。甲斐・信濃を中心に勢力圏を築いた。1541年(天文10)父信虎を追放して家督をつぐ。42年諏訪頼重を滅ぼし,53年村上義清を追い,55年(弘治元)木曾義昌を従えて信濃を制圧。前後に越後の上杉謙信としばしば交戦(川中島の戦),1554年には駿河国今川氏・相模国後北条氏と同盟を結んだ(善徳寺の会盟)。65年(永禄8)長子義信がそむいたが,四子勝頼を嫡子にたて,67年信を切腹させた。68年同盟を破って駿河に進攻,今川氏真ざを没落させ,後北条氏と戦った。後北条氏とは71年(元亀2)同盟を復活。その後遠江・三河に進攻,72年徳川家康・織田信長軍を破るが(三方原の戦),まもなく死没。内政面では村落掌握を進め,御家人衆・軍役衆を設定。さらに信玄堤で有名な治水事業,甲州金で知られる金山開発を行い,富国強兵に努めた。1547年には「甲州法度之次第」を制定。

たけだのぶとら [武田信虎] 1494～1574.3.5
戦国期の甲斐国の武将。武田信玄の父。戦国大名武田氏の基礎を築いた。1507年(永正4)家督となる。小山田・大井両氏などを破り,天文初年までに甲斐を統一。この間19年には本拠を石和いざから甲府に移した。外交面では相模・駿河・信濃などへ進攻したが,37年(天文6)今川義元,40年諏訪頼重をそれぞれ女婿とし,同盟を結んだ。しだいに独断専行が多くなり,家臣団の支持を失う。嫡子信玄より次子信繁を愛したこともあって,41年信玄により駿河に追放され,63年(永禄6)まで今川氏に保護されるが,以後諸国を流浪したのち,信濃国高遠たかで死没。

たけだのぶよし [武田信義] 1128.8.15～86.3.9
平安末～鎌倉初期の武将。甲斐国巨摩郡武田に住む。甲斐源氏源清光の子。1180年(治承4)以仁王もちの令旨りようじに応じて挙兵。富士川の戦では夜襲をしかけ平家軍を敗走させた。合戦後,源頼朝から駿河国守護に任じられる。しかし甲斐源氏勢力の抑圧をはかる頼朝に,84年(元暦元)嫡子一条忠頼を殺され,みずからも頼朝の勘気をこうむり,失意のうちに死んだ。

たけちずいざん [武市瑞山] 1829.9.27～65.閏5.11 幕末期の志士。土佐国高知藩郷士。幼名半平太。諱は小楯。剣道にすぐれた江戸桃井道場の塾頭を勤める。萩・鹿児島両藩の尊攘派と連合を画策した。土佐に帰って下士・郷士・村役人を主体にした土佐勤王党を結成し,首領となる。吉田東洋を中心とする公武合体派と対立し,藩政改革を企図,1862年(文久2)東洋を暗殺して藩政を掌握した。63年8月には藩論が再び公武合体論に傾いて捕らえられ,65年(慶応元)切腹を命じられて自刃。

たけとりものがたり [竹取物語] 平安初期の物語。作者・成立年未詳。漢籍・仏書に通じた男性知識人の作で,9世紀後半～10世紀前半の成立。有名なかぐや姫の物語。「万葉集」「今昔物語集」の竹取伝説を基盤とする。天人女房譚を基本にした小さ子譚・求婚難題譚などの説話的類型がみられる。5人の求婚者の失敗には上流貴族に対する痛烈な社会批判がこめられる。かぐや姫が帝の求婚をも拒否するのは地上の価値の否定であり,永遠の世界を憧憬する作者の思想がうかがえよう。「源氏物語」に「物語の出で来はじめの祖おや」と称賛されたように,のちの物語文学への影響は多大。「日本古典文学大系」「日本古典文学全集」所収。

たけなかしげはる [竹中重治] 1544～79.6.13
織豊期の武将。通称半兵衛。豊臣秀吉の軍師として有名。美濃国出身で1564年(永禄7)斎藤竜興たつの稲葉山城(現,岐阜市)を一時占拠,67年織田信長の美濃進出以後これに仕えた。70年(元亀元)はじめて秀吉に属し,74年(天正5)以後は中国経略に従事,播磨国三木城包囲の陣中で病死。78年信長が黒田孝高たか(官兵衛)の離反を疑い,その子の殺害を命じたとき,これをひそかにかくまった逸話がある。

たけなかはんべえ [竹中半兵衛] ⇨竹中重治

たけのうちしきぶ [竹内式部] 1712～67.12.5
江戸中期の神道家・尊王家。名は敬持ひろ,号は羞斎しゅう,式部は通称。越後国生れ。医師竹内宗詮の子。1728年(享保13)頃上京,徳大寺家に仕え,崎門えも学派の松岡仲良りょう・玉木正英まさに師事し,儒学・神学を修める。若い公家衆に大義名分を重んずる垂加か神道の思想を教授したことから宝暦事件の中心人物として京都を追放され,のち山県大弐だいらの明和事件に連坐して八丈島に流罪の途中,病没。著書「奉公心得書」。

たけのしたのたたかい [竹ノ下の戦] 1335年(建武2)12月11日,駿河国の箱根竹ノ下(現,静岡県小山町)で足利軍が新田軍を破った戦闘。足利尊氏は中先代なかせの乱平定後,鎌倉にとどまって後醍醐天皇に背いた。尊氏追討の命をうけた新田義貞は,尊良親王を奉じて東海道を下り,35年12月5日,駿河国の手越河原しがと(現,静岡市)で足利直義軍を破り,伊豆国府に入った。これに対し,足利軍は足柄道の要衝竹ノ下に尊氏,箱根峠に直義が布陣し,防

戦態勢を整えた。新田軍は竹ノ下方面に尊良親王と脇屋義助、箱根方面には義貞がむかい交戦となったが、大友貞載・塩冶高貞らの寝返りで、竹ノ下方面で敗北。新田軍は総崩れとなり、京都に敗走。尊氏はこれを追撃して翌1月に入洛した。

たけのじょうおう［武野紹鷗］ 1502～55.閏10.29 戦国期の茶人、堺の豪商。堺流茶の湯の開祖。名は仲材。通称新五郎。武野氏は若狭国の守護武田氏の後裔で、父信久は諸国を流浪したのち堺に住み、姓を武野として、武具作製の皮革業を営んで財をなしたという。紹鷗は、歌道・連歌に堪能で、24歳で三条西実隆に和歌を学び、村田珠光門下の藤田宗理や十四屋宗伍などに茶の湯を学んだという。実隆の「詠歌大概」（藤原定家）の序の講義をきいて茶道の極意を悟ったという。彼は和歌の心を茶の心に生かし、唐様趣味を和様に転化するなどの工夫を行った。晩年京都四条に草庵大黒庵を設け茶事に専念した。2畳・3畳の小間の茶室、竹の茶入や茶杓などを創案し、これまでの茶の湯の姿を大きく変化させた。弟子に嗣子の宗瓦、女婿の今井宗久をはじめ、津田宗及・千利休・松永久秀など多数。

たけはしじけん［竹橋事件］ 1878年（明治11）8月23日の夜、東京竹橋にある近衛砲兵大隊の兵士が中心となっておこした日本軍はじめての反乱事件。徴兵令で駆り出された農村出身の次・三男の兵士が、西南戦争後の論功行賞などの不公平な処遇をめぐって不満をつのらせ、天皇に直訴しようとして行動をおこしたとみられているが、最近ではその行動の背景に自由民権思想の影響があったという説もある。隊内の制止者を殺害し、営内に火を放ち、山砲をひいて赤坂の仮御所に向かおうとした。近衛歩兵連隊や東京鎮台砲兵大隊からも同調者があったが、合体する前に鎮圧された。55人が死刑、準流刑以下徒刑など302人という一大事件となった。

たけはらこふん［竹原古墳］ 福岡県若宮町の丘陵縁端にある古墳後期の装飾古墳。径17m、高さ約5mの円墳。墳丘東半が墳法神社の社地となって変形しているが、全長約30mの前方後円墳の可能性もある。複室の横穴式石室で、全長約6.7m。前室奥壁にうがたれた通路入口をはさんで、右に朱雀、左に玄武が描かれる。後室奥壁の石柵下の巨石には左右に大きな翳を1本ずつ、その間に馬のような形の竜、馬を引く武人、舟、波頭状のもの、連続三角文などを配する。すべて黒と赤の2色である。日本の壁画古墳中でもとくにすぐれる。副葬品は武器（金銅圭頭大刀・鏃等）、装身具（玉類・耳環）、馬具（鏡板・杏葉・雲珠）・鏡片など。国史跡。

たけひさゆめじ［竹久夢二］ 1884.9.16～1934.9.1 明治・大正期の画家・詩人。岡山県出身。本名茂次郎。1905年（明治38）早稲田実業学校本科卒。09年最初の画集「夢二画集春の巻」で一躍有名になる。14年（大正3）東京・呉服橋に自作を扱う絵草紙店「港屋」を開く。31～33年（昭和6～8）欧米旅行。大正デモクラシーの時代に詩人としても活躍し、「宵待草」など多くの抒情詩を作る。作品「黒船屋」「切支丹波天連渡来之図」。

たけべかたひろ［建部賢弘］ 1664.6.～1739.7.20 江戸中期の数学者。徳川氏の右筆直昆の三男。通称彦次郎、号は不休。兄の賢雄・賢明とともに関孝和に弟子入りした。1683年（天和3）若くして「研幾算法」を出版し、以後関の著書の解説書「発微算法演段諺解」、中国の数学書の解説書「算学啓蒙諺解大成」を刊行。また関や賢明とともに数学の集大成「大成算経」を著す。6～8代の将軍に仕え、徳川吉宗の信頼が厚く、天文・暦の顧問として活躍。「日本総図」の責任者。

たけもとぎだゆう［竹本義太夫］ 1651～1714.9.10 義太夫節の創始者。通称五郎兵衛。大坂天王寺生れ。井上播磨掾の芸に傾倒してその門弟清水理兵衛に入門、のち京都に出て宇治加賀掾一座に出演。宇治座の興行師竹屋庄兵衛と提携し、名も清水理（利）太夫と改め京都で旗揚げするが失敗。さらに名を竹本義太夫と改めて1684年（貞享元）大坂道頓堀に竹本座の櫓をあげ、「世継曾我」を語って大当たりをとる。翌年には京都からでた宇治加賀掾との競演にも勝利を収め、作者近松門左衛門との密接な協力関係をえて、義太夫節の地位を固めた。98年（元禄11）1月以前に筑後掾藤原博教を受領。恵まれた素質を生かし、語り物の本質を踏まえながらも劇的要素に富む義太夫節の様式を確立した。

たけもとざ［竹本座］ 1684～1767年（貞享元～明和4）の間、大坂道頓堀で人形浄瑠璃を興行した劇場。語り手の竹本義太夫、三味線弾きの竹沢権右衛門らが創立。人形浄瑠璃史上最も著名な劇場であり、義太夫節もここから誕生した。初期には、作者の近松門左衛門、人形遣いの辰松八郎兵衛、座本の初世竹田出雲らが興行を支えた。義太夫が筑後掾を受領したのちで筑後芝居となり、道頓堀東側の劇場に対して西の芝居ともよばれた。竹本座の人形浄瑠璃の演劇的特徴を西風という。

だざいおさむ［太宰治］ 1909.6.19～48.6.13 昭和期の小説家。本名津島修治。青森県出身。生家は津軽地方屈指の素封家、父は貴族院議員。東大中退。処女短編集「晩年」が好評を博し文壇に登場。麻薬中毒、4回の自殺未遂など

だざいしゅんだい [太宰春台] 1680.9.14～1747.5.30 江戸中期の儒学者。通称弥右衛門，名は純，字は徳夫，春台は号。信濃国飯田生れ。江戸で中野搗謙に入門。2度出仕したが致仕し，牢人生活を送る。一時京坂間を転々とし，伊藤仁斎にも面会した。1711年(正徳元)荻生徂徠に入門。護園諸子のなかで最も経学・経世論にすぐれ，古の外面化の徹底，人間性の否定面の強調など師説を擁護しながら独自の説を出した。「論語古訓」「論語古訓外伝」は徂徠の批判を含み，朝鮮の丁若鏞にも影響。「経済録」は藩政改革に示唆を与えた。海保青陵・西周筈など後世思想家に与えた影響も大きい。プライドが高く，はっきりした性格で煙たがられたが，人情に厚い一面もあった。著書はほかに「聖学問答」「六経略説」「紫芝園稿」「独語」。弟子に松崎観海・湯浅常山ら。

だざいのごんのそち [大宰権帥] 大宰府の長官である帥の権官。中央顕官の左遷先の場合と，名誉職としての帥に対する実質的長官である場合がある。前者の例では菅原道真と源高明が代表的。後者は親王の帥が出現する9世紀半ばからみられるが，まもなく大弐が実質的な長官となり，両者は同時には任命されなくなる。さらに公卿の兼官でもあったためしだいに現地に赴任しなくなり，12世紀前半からは完全に遥任となった。

だざいふ [大宰府] 律令制下，筑前国におかれた地方特別官。外交使節との交渉や接待，中央への連絡など独自の機能をもち，国防面では防人の指揮や軍事施設・兵器の維持などの任にあたる。府の財源には西海道諸国の調庸物などがあてられ，管下の西海道諸国に対しては，中央政府にかわり民政・財政面で強い監督権限をもった。職員は長官の帥以下，大弐に・少弐，大監・少監，大典・少典の四等官のほか，主神・大少判事・大少工・博士・陰陽師・医師・算師・防人正佑・主船などの多くの品官がある。四等官の官位相当は外官としては異例に高く，地方官というより中央の出先機関としての性格が濃厚である。こうした性格は大化前代の那津官家や筑紫大宰までさかのぼるが，663年(天智2)の白村江敗戦を機に現在の太宰府市の地に移され，浄御原令制で基礎が確立したらしい。9世紀以降は外交以外に貿易活動も活発化する一方，帥は親王の名誉職となって遥任化し，権帥・大弐が事実上の長官となるが，12世紀以降はこれも遥任となり，府の実務は府官とよばれた在庁官人からなる監・典に掌握された。13世紀には鎮西奉行との一体化が進み，元寇後に鎮西探題がおかれるに及んで完全に形骸化した。

たしだかのせい [足高の制] 1723年(享保8)江戸幕府の享保の改革の一環として制定された俸禄制度。幕府の各役職ごとに一定の基準高(役高)を定め，その役職に就任した者の家禄が基準高に達しない場合に，在職期間中に限って不足分を支給した。たとえば800石の旗本が基準高3000石の町奉行に就任した場合は，在職期間中幕府から足高として2200石が支給された。これにより小禄の者も役職相応の俸禄をうけることになり，職務にともなう諸経費に苦しむことなく任務を行うことが可能になった。他方，幕府財政からみても，世襲の家禄を増加する方法とは異なり，支出の抑制になった。

たじまのくに [但馬国] 山陰道の国。現在の兵庫県北部。「延喜式」の等級は上国。「和名抄」では朝来・養父・出石・気多・城崎・美含・二方・七美の8郡からなる。日本海に面することから，渡来伝説や異国船漂着の例が多い。国府は804年(延暦23)気多郡高田郷(現，日高町)へ移された記事がある。それ以前も気多郡と推定されるが，一宮の出石神社(現，出石町)がある出石郡との説もある。国分寺・国分尼寺は気多郡(現，日高町)。「和名抄」所載田数は7555町余。「延喜式」では調は羅・綾・絹，庸は韓櫃・絹で，中男作物は黄蘗・搗栗子・煮塩年魚・鮑皮など。承久の乱以後は常陸房昌明が守護になり，子孫の太田氏が継承。守護所は本拠の出石郡におかれたとされる。南北朝期以降は山名氏の領国。江戸時代は出石藩と豊岡藩，生野銀山を中心とする幕領，旗本領がおかれた。1871年(明治4)豊岡県となり，76年兵庫県に編入された。

だじょうかん [太政官] ❶ ➡ 太政官
❷ 明治前期の政府の最高行政機構。1868年(明治元)閏4月，政体書の発布により設置。すべての権力を太政官に集め，それを立法・行法(行政)・司法の三権にわけ，行法官・刑法官をおいた。何回か官制改革が行われ，二官六省の制(1869年)，三院八省の制(1871年)などがとられたが，73年5月，太政官職制の改正で機構が整備された。太政官では太政大臣・左大臣・右大臣のいわゆる三大臣と参議の協議により重要政策を決定したが，とくに参議には藩閥政治家の実力者が就任し内閣の議官として大きな発言力をもった。その下に外務・大蔵・陸軍・海軍・文部・工部・司法・宮内・内務の各省(のち農商務省も)がおかれ行政事務を分掌した。85年12月，近代的な内閣制度の制定により

廃止。

だじょうかんさつ [太政官札] 金札とも。明治政府が最初に発行した紙幣。当面する緊急の費用支弁のため、参与兼会計事務係三岡八郎(のちの由利公正)の建議により、1868年(明治元)閏4月に太政官札の発行を布告し翌月実施。商法司を通じて各方面に貸し付けられたが、当初政府の信用が頻々と現れたため流通はきわめて困難だった。そこで政府は69年5月28日付で通用期限を従来の13カ年から5カ年に短縮、新貨幣鋳造のうえただちに兌換に応ずることを布告。太政官札は紙質脆弱で損傷が激しく、偽造・変造が頻々と現れたので、政府は72年2月から79年11月の間に新紙幣を発行、交換を図った。

だじょうかんぷ [太政官符] ⇒太政官符

だじょうだいじん [太政大臣] ❶⇒太政大臣
❷明治前期の太政官制において天皇を補佐する最高の官職。1871年(明治4)7月、太政官職制の制定により設置。職務は天皇を輔弼し万機を統理するものと定められた。三条実美が太政大臣に就任したが、現実には藩閥政治家の実力者が参議となって実権を握った。85年12月、太政官制にかわる内閣制度の確立により廃止。

だせいせっき [打製石器] 打ち欠き・剝離などによって製作された石器。人類が石器を作りだした数百万年前から使用され、当初は石や鹿角による直接打法や両極打法によって作られていたが、後期旧石器時代には間接打法や押圧剝離技法によって剝片石器や石刃石器が作られた。縄文時代には尖頭器や石鏃・打製石斧などが使用された。弥生時代でも打製石器として、石鏃・石槍・石小刀・打製石包丁などがある。

たたき [敲] 江戸幕府による刑罰の一種。1720年(享保5)に始まったとの記録がある。庶民の男子のみで、女子には科せられなかった。牢屋の門前で罪人を裸にして、肩から尻にかけて叩いて苦痛を与えるもの。軽敲は50回、重敲は100回、重敲の場合は入墨が付加されることが多い。箒尻という太い棒で打ち、刑役は罪人の背骨を避け、気絶しないように打つこととされた。

ただげんじ [多田源氏] ⇒摂津源氏

たたみ [畳] 藁などで固めて作った床どに、藺草などで編んだ表をおおった敷物。幾重にも重ねることができることが語源とされ、筵・莫蓙・褥などの敷物の総称でもあった。『古事記』神代巻に、「海驢の皮の畳八重を敷き、また絁畳八重をその上に敷き、その上に坐せ」とある。『延喜式』掃部寮には畳の名称・製作・寸法や身分に応じた畳縁につき詳しい規定がある。平安時代、寝殿造の庇には人の座る部分に厚畳が敷かれていたが、一般には縁どりの薄縁・薄畳を用いた。室町時代以降、厚い床を入れた畳を板の間に常時敷きつめるようになった。近世中期頃、一般民家の座敷の一部に敷き、ハレの日以外は積み重ねにしていた。

たたら [鑪] 高殿鑪・野鑪とも。近世に発達し大正期まで操業した砂鉄を原料とする製鉄炉。また炉を中心とした作業場のこと。一時的な野たたらに対して永代鑪ともいう。鑪による木炭と砂鉄を用いる製鉄を行なう製鉄といい、日本独特の技術とされる。所有者(経営者)を鉄師といい、操業者の集団をたたら師という。近世の鉄の9割以上が中国地方の生産で、うち銑といわれる鋳鉄が9割以上、鋼が1割以下だった。融点の低い赤目砂鉄を原料とする一代(1工程)4昼夜でなされる銑は、鍋や釜など鋳物の材料となり、また大鍛冶屋で加工して釘などの錬鉄となった。鋼は真砂砂鉄を原料として一代3昼夜で生産された鉧を大鍛冶場で破砕して選別後製品となった。最上の玉鋼は日本刀の材料となり、その他も加工して刃物となった。

たたらはまのかっせん [多々良浜の合戦] 1336年(建武3・延元元)3月、筑前国博多の多々良浜(現、福岡市東箱崎付近)で足利軍が菊池軍を破った戦闘。北畠顕家率いる奥州軍に京都を追われた足利尊氏は、同年2月29日、少弐・大友・島津など諸豪族に迎えられて九州に上陸。一方、九州宮方を指揮する菊池武敏は大宰府に侵攻し、少弐貞経の拠る有智山城を陥落させ、さらに博多に進んだ。3月2日、多々良浜で足利軍と菊池軍が会戦。兵力では菊池軍が有利だったと伝えられるが、松浦党の内応、日和見戦力の脱落などにより菊池軍は大敗。武敏は本拠の肥後菊池に逃亡し、阿蘇惟直・秋月種道らは戦死した。尊氏は急速に勢力を盛り返し、4月3日には京都をめざして東上した。

たち [館] (1)「たて・やかた」とも。古代では政庁や公的な官舎をさした。平安中期以降各地に勢力をもった武士の日常拠点。(2)「たて」とも。屋形とも。鎌倉時代以降の武士の居館。虎口には櫓門を備え、堀や柵・築地で守られたが、13世紀以降堀と土塁を巡らしたものへ発達。室町時代には守護の拠点として1辺200mにも及ぶものが広く出現。戦国期には大名から村落領主まで重層的に形成され、それぞれ内部の空間構成に違いがあった。(3)「たて」とも。東北地方の中世城館の一般的名称。いくつもの郭が集合し、一つの拠点的な城郭を造るのが特色。→図次頁

たちうり [立売] 中世～近世に特定の店舗をも

たず路上でする商売，またその商人。徴収は不明な点が多い。宇治六斎市では立売に対して座売の半額(5銭)の市場課役を徴収した。1369年(応安2・正平24)室町幕府は京都四条町での立売を禁止しているので，この地域で立売が盛んに行われたことがわかる。

たちかわぶんこ[立川文庫] 正しくは「たつかわ」。書き下ろした講談による叢書。大衆文学の先駆をなし，1911～24年(明治44～大正13)大阪の立川文明堂から約200点が刊行された。発行者は立川熊次郎。2代玉田玉秀斎と妻山田敬，その長男阿鉄等らの集団製作。はじめ読者層は関西を中心とした少年店員たちで，のち関東に普及。「猿飛佐助」(1914)は抜群の人気をよんだ。

たちばなあけみ[橘曙覧] 1812.5.～68.8.28 江戸後期の歌人。父は越前国福井の紙商五郎右衛門。姓は正玄。橘諸兄の39世の子孫にあたることから橘と改姓。初名茂時・尚事，通称は五三郎。号は志濃夫廼舎・黄金舎・藜屋・閑松館・忍屋など。田中大秀に師事して和歌・国学を学び，国粋思想を信奉した。中島広足・大田垣蓮月らとの交流が知られる。法号白雲嶺上埋剣居士。家集「志濃夫廼舎歌集」。

たちばなうじ[橘氏] 橘諸兄を始祖とする氏。四姓(源平藤橘)の一つ。736年(天平8)に三野王の子の葛城王(橘諸兄)と佐為王が，母の県犬養三千代が元明天皇から賜った「橘氏の殊名」を伝えるため，臣籍に降下して始まった氏で，実質的始祖は三千代ともいえる。諸兄は左大臣・正一位にまで至り，750年(天平勝宝2)には朝臣に改姓。諸兄の死後は子の奈良麻呂が藤原仲麻呂への反乱を企てたが，失敗して勢力を失う。奈良麻呂の孫の嘉智子が嵯峨天皇の皇后となり仁明天皇を生むに及んで平安前期には再び隆盛を迎え，氏院学館院の創設，氏社梅宮社の創祀もなされた。嘉智子の死後はしだいに衰え，10世紀後半には氏の公卿が絶えて，氏爵推挙は藤原氏の是定にゆだねられることとなった。→巻末系図

たちばなこうざぶろう[橘孝三郎] 1893.3.18～1974.3.30 昭和期の国家主義者。茨城県出身。一高在学中にトルストイの作品などの影響を強くうけ，中退後農林生活に入る。農本主義による農村青年の啓蒙教化をめざし，権藤成卿らの協力をえて1931年(昭和6)愛郷塾を創設。井上日召や海軍青年将校らと交流し，暴力による国家革新を肯定するにいたり，32年の5・15事件には愛郷塾生に決死隊を組織させ変電所を襲撃させた。無期懲役となるが，40年恩赦で仮出所。第2次大戦後も愛郷塾で活動を続けた。

たちばなのおおいらつめ[橘大郎女] 韋那部橘王・多至波奈大女郎とも。生没年不詳。位奈部橘王のこと。敏達天皇の孫，尾治王の子。聖徳太子に嫁し，白髪部王・乎島女王を生む。中宮寺にある「天寿国曼荼羅繡帳」は，太子の死後天寿国に逝ったその姿をしのんで橘王が製作させたもの。

たちばなのかちこ[橘嘉智子] 786～850.5.4 檀林皇后とも。嵯峨天皇の皇后。父は橘清友。仁明天皇や淳和天皇の皇后正子内親王の母。神野親王(嵯峨天皇)の妃となり，809年(大同4)夫人，815年(弘仁6)皇后，823年皇太后，833年(天長10)太皇太后となる。檀林寺を建立し，橘氏氏神の梅宮社を移祀し，橘氏子弟の学舎として学館院を設立した。「法華寺十一面観音像」のモデルとされる。

たちばなのならまろのへん[橘奈良麻呂の変] 奈良中期のクーデタ未遂事件。745年(天平17)頃からひそかに皇嗣問題の主導権掌握を画策していた橘奈良麻呂は，757年(天平宝字元)1月に父の諸兄が没し，4月に素行不良で廃された道祖王にかわって藤原仲麻呂庇護下の大炊王(淳仁天皇)が立太子すると，大伴・佐伯・多治比氏らと仲麻呂打

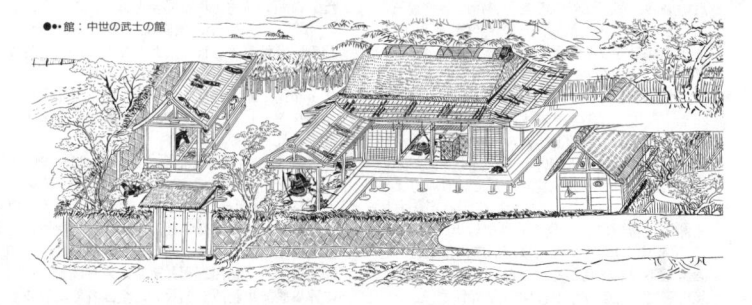

●●：中世の武士の館

倒をはかる。6月，光明皇太后は不穏の動静を憂慮して軽挙を戒めるが，事態は急を告げた。逮捕された小野東人らの自白によると，7月2日にまず田村第を急襲して仲麻呂を殺害し，大炊王を退け，ついで皇太后宮の鈴印を奪い，孝謙天皇を廃して黄文王ら4王のなかから天皇をたてる計画であった。この事件に関係して，橘・大伴・佐伯・多治比氏などの多くの人々が罪におち，仲麻呂は中央政界から反対勢力を一掃し，名実ともに専制体制を確立した。

たちばなのなりすえ [橘成季] 生没年不詳。「古今著聞集」の編者者。橘則光の玄孫清則の子。光季の養子。九条道家の近習。競馬をよくし，詩文や管弦図画を好み，藤原孝時から琵琶の伝授をたえたが，のちに破門された。1254年(建長6)成立の「古今著聞集」では序文で「散木士」，跋文で「朝散大夫」と自称。「文梅段」によれば，没年は72年(文永9)以前。

たちばなのはやなり [橘逸勢] ?～842.8.13
平安前期の官人。三筆の1人。入居の子。804年(延暦23)遣唐使に随行して空海・最澄らと入唐し，806年(大同元)帰朝。842年(承和9)承和の変の首謀者の1人として伊豆国に配流されるが，護送途中，遠江国板築駅で病死。850年(嘉祥3)正五位下を贈られ，都に改葬することを許された。853年(仁寿3)従四位下を追贈。御霊社の八祭神の1柱として祭られる。

たちばなのひろみ [橘広相] 837～890.5.16
平安初期の学者・公卿。父は峰範な。はじめ博覧なと称する。869年(貞観11)東宮学士，884年(元慶8)文章博士・参議。陽成・光孝・宇多の3天皇の侍読を勤めた。宇多天皇の即位にあたって起草した藤原基経を関白に任じる際の勅答が，887年(仁和3)阿衡の紛議の原因となり，翌年責任を追及された。死後に中納言従三位を追贈された。著書の「朝官当唐官略抄」「橘氏文集」は逸文のみ伝わる。

たちばなのもろえ [橘諸兄] 684～757.1.6 奈良中期の公卿。三野王の長男。母は県犬養三千代がが。初名葛城王。736年(天平8)に橘宿禰の賜姓を請い，許されて諸兄と改名。710年(和銅3)従五位下に叙され，馬寮監・左大弁などを歴任し，731年(天平3)参議。737年藤原四子の没後，大納言・右大臣に昇って太政官の首班となり，吉備真備・玄昉がを政治顧問に迎える。藤原広嗣の乱で政情不安におちいると，恭仁遷都・大仏建立などで切りぬけようと図る。743年に従一位左大臣に至るが，藤原仲麻呂の台頭により政治的地位は低下。755年(天平勝宝7)聖武太上天皇が病床に伏したとき酒席で不穏な言動があったとして密告にあい，辞任して失意のうちに没する。

たちばなふにんねんじぶつずし [橘夫人念持仏厨子] 法隆寺に伝わる木製の厨子。光明皇后の母橘大夫人県犬養三千代がの念持仏を安置した厨子との伝承がある。4脚の基台に宣字形の須弥座なをすえ，その上に天蓋つきの箱形龕をおき，中に金銅製阿弥陀三尊像が安置される。龕の黒漆塗りの扉板には金泥で諸尊像が描かれ，須弥座の腰板には白色下地の上に顔料で供養図・僧座像・往生菩薩像などが描かれる。総高268.9cm。国宝。

だつあろん [脱亜論] 福沢諭吉の評論。1885年(明治18)3月16日の「時事新報」社説として発表。西洋文明の急激な東漸に対応して日本が「脱亜」を主義として摂取したことをのべ，今後，日本は隣国の中国・朝鮮の開国化を待ってアジアをおこす余裕はなく，西洋文明とともにすべきことを説いたもの。朝鮮の改革派の挫折に触発されて執筆したといわれる。なお欧化主義的な近代化推進の主張や近隣諸国への勢力拡張の主張を一般的に脱亜論とする見方もある。

たつかい [田令] 大化前代，中央から派遣されて各地の屯倉なを管理・監督した者の称。「日本書紀」欽明17年7月条・同30年4月条に，備前の児島・白猪屯倉なにかかわる田令(注に「陀豆歌毗」と読むとある)とその副もがみえ，屯倉の田部の丁籍作成に関与していたことがうかがえる。なお「続日本紀」にみえる701年(大宝元)4月に廃止された「田領」は，大宝令施行の時点まで各地に残っていた屯倉に派遣された田令の後身であるという見解が有力である。

たっし [達] 江戸時代，幕府や藩からの通達・命令を告げ知らせること。また通知された法度類。触が広範囲に触れ出される法令なのに対して，特定の部局・関係者にかぎって出されるものをいう。しかし幕府が編集した「御触書集成」は触と達の区別をせず収録している。達を記した文書を達書といい，関係者に回達された。口頭で通達される場合も多く，口達といったが，実際は口頭伝達ののち，相手に書付が渡されることが多かった。明治政府は，法令や通達を発布主体と対象によって布告・布達・達にわけ，省庁・官吏に対する訓令の類をさした。1886年(明治19)公文式が制定されて消滅。

たつのきんご [辰野金吾] 1854.8.22～1919.3.25 明治建築界の帝王的存在。肥前国唐津生れ。1879年(明治12)第1期生として工部大学校を卒業。イギリス留学後，工部大学校教授・帝国大学工科大学教授・同工科大学長を歴任。1903年退官し，葛西万司と東京に，片岡安と大阪に建築設計事務所を開設し，全国各地に数多く

の建築作品を遺す。代表作は日本銀行本店(1896年竣工),東京駅本屋(1914年竣工)など。

たつまつはちろべえ[辰松八郎兵衛] ?～1734.5.9 江戸前期の人形浄瑠璃の人形遣い。元禄期から大坂竹本座で活躍。女方人形の名手で1703年(元禄16)の「曾根崎心中」初演ではお初をつかう。07年(宝永4)の再興豊竹座では豊竹越前少掾とともに座本に名を並べるが,竹本義太夫没後,15年(正徳5)の「国性爺合戦こくせんやかっせん」を機に竹本座に戻る。19年(享保4)江戸に下り,翌年葺屋町に辰松座を創始。

たつみりゅうたろう[辰巳柳太郎] 1905.4.20～89.7.29 昭和期の俳優。兵庫県出身。本名新倉吉一。1927年(昭和2)新国劇に入団。29年の沢田正二郎死後,島田正吾とともに新国劇のスターとして活躍。「王将」「国定忠治」「宮本武蔵」などが代表的舞台。映画やテレビでも独特の演技で定評があった。

たて[館] ⇨館もち

たてあなしきせきしつ[竪穴式石室] 古墳の埋葬施設の一つ。木棺や石棺を保護するため,安置した棺の周囲に石を積んで四壁を造り,天井石てんじょうを横架するが,天井は石ではなく木材の場合もある。日本では古墳の墳丘部平坦面にうがたれた土壙どこう内に営まれる。おもに前・中期の古墳にみられ,後期には横穴式石室にとってかわられるが,一部では後期にも使用される。前期古墳では,竪穴式石室の構築自体が埋葬行為そのものであって,横穴式石室のように埋葬に先行して造られたものではない。しかし中期になると竪穴式石室を先に営造し,のちに棺を埋葬するものも現れる。構造上,原則として単独葬である。

たてあなじゅうきょあと[竪穴住居跡] 地面を掘り下げて,そこを床として柱を建て,周囲に屋根を葺きおろした住居の遺構。日本では縄文草創期に出現し,以後平安・鎌倉時代まで存在する。内部には壁にそって溝をめぐらしたり,炉や竈かまどなどの火処,貯蔵穴,間仕切用の溝,出入口などの施設があり,時代や地域によってさまざまな形のものがみられる。

だてし[伊達氏] 中世以来の武家で,近世大名家。常陸国伊佐い荘中村(現,茨城県下館市)の常陸入道念西(伊佐朝宗ともむね)が,1189年(文治5)奥州合戦の戦功により陸奥国伊達郡(現,福島県)を与えられて入部し,伊達氏を称した。南北朝期には南朝方につき,室町時代には幕府方と結び鎌倉公方と対抗。1522年(大永2)稙宗たねむねの代にはじめて陸奥国守護となる。晴宗の代に出羽国米沢に本拠を移す。政宗は89年(天正17)蘆名氏を滅ぼし会津黒川(現,福島県会津若松市)に入った。翌年小田原に参陣するが,会津などを没収される。91年玉造郡岩出山(現,

宮城県岩出山町),1603年(慶長8)仙台に入る。62万石を領した。明治維新後,宗基のとき伯爵。政宗の子秀宗は伊予国宇和島藩10万石を領知。宗徳のとき伯爵,のち侯爵。→巻末系図

だてそうどう[伊達騒動] 寛文事件とも。江戸前期,陸奥国仙台藩伊達家の御家騒動。1660年(万治3)幕府は藩主伊達綱宗に不行跡を理由に隠居を命じ,2歳の亀千代(綱村)が家督を相続,後見として一門の伊達兵部宗勝むねかつと田村右京宗良むねよしが仙台62万石からそれぞれ3万石を分封された。その後,兵部は奉行原田甲斐宗輔らと藩政を主導し,藩権力の強化・集中をはかり,反対派の伊達安芸宗重むねしげや譜代門閥層と対立。所領争論を機に71年(寛文11)安芸は兵部らの非違を幕府に提訴した。大老酒井忠清邸での対決で原田甲斐は伊達安芸を斬殺,みずからもその場で殺され,敗訴となった伊達兵部は改易,綱村は領知62万石を安堵された。三大御家騒動の一つとして脚色され,1713年(正徳3)江戸市村座の「泰平女今川」に始まり,85年(天明5)江戸結城座での人形浄瑠璃「伽羅先代萩めいぼくせんだいはぎ」が定本となる。

だてたねむね[伊達稙宗] 1488～1565.6.19 戦国期の陸奥国の武将。1522年(大永2)陸奥国守護となる。35年(天文4)以後棟別制度の整備,分国法「塵芥集じんかいしゅう」の制定,段銭制度の整備をあいついで実施。戦国大名伊達氏の基礎を築いたが,その支配体制の強化が領国内部の反発を招き,42～48年の子晴宗との抗争(伊達氏洞うつろの乱)を引きおこした。抗争に敗れたのちは伊具いぐ郡丸森城(現,宮城県丸森町)に隠退。

だてちひろ[伊達千広] 1802.5.25～77.5.18 幕末期の歌人・国学者。名は千広・宗広,通称藤二郎。自得と号す。和歌山藩士。本姓宇佐見。叔父伊達盛明の養子。陸奥宗光の父。大番頭格となり勘定奉行・寺社奉行を兼ねるが失脚,幽閉される。脱藩後,公武合体運動に尽力。本居大平もとおりおおひらに入門し歌作と国学の研究を行い,代表的歌集「枯野集」を残した。日本史の通史「大勢三転考」で独自の時代区分論を展開した。

たてつきいせき[楯築遺跡] 岡山県倉敷市矢部にある弥生後期後半の大型墳丘墓。岡山平野西部の,足守川とその肥沃な氾濫原を見おろす丘陵尾根上に立地。1976～89年(昭和51～平成元)岡山大学が調査。墳丘は直径約40m,高さ約5mの円丘部を挟んで,両側に長さ20m前後,高さ約2mの突出部をもつ双方中円形を呈する。墳丘斜面には二重にめぐる列石があり,円丘上の広い平坦面には5個の立石がめぐる。この地下に排水暗渠あんきょをもつ9m×6m,深さ2.1mの大墓壙があり,内法長さ約2mの組

合せ式木棺を納めた木槨を納める。棺内には約33kgもの水銀朱が敷かれ、玉類・鉄剣が出土。木槨上には土器・土製品など葬送祭具とともに廃棄した円礫堆があり、ここから墳丘上の祠に古くから祭られている御神体の「亀石」と同様の、破砕された弧帯石も出土。特殊器台は初期性に近い立坂式に属する古い型式のものである。集団墓から隔絶した首長墓としての古墳出現前の墓制研究に重要。国史跡。

たてまい [立米] ⇒建物米

だてまさむね [伊達政宗] 1567.8.3～1636.5.24
織豊期～江戸前期の武将・大名。初代仙台藩主。出羽国米沢城(現、山形県米沢市)城主伊達輝宗の長男。藤次郎。美作守、越前守、陸奥守、参議、権中納言。1585年(天正13)輝宗を二本松城主畠山義継のために失ったあと、翌年畠山氏を滅亡させ、89年には会津の蘆名氏を滅ぼし、東北南部に勢力を誇った。90年小田原攻めに参陣し豊臣秀吉に臣従したが、会津・岩瀬・安積の各郡を没収される。葛西・大崎一揆の鎮圧後、91年米沢から陸奥国玉造郡岩出山に移った。関ケ原の戦では徳川方につき、上杉景勝を攻めた。1603年(慶長8)仙台城に移って城下町を建設し、仙台藩62万石の基礎を築いた。支倉常長をローマ教皇のもとに遣欧使節として派遣したことでも知られる。

だてむねなり [伊達宗城] 1818.8.1～92.12.20
幕末期の大名。伊予国宇和島藩主。父は旗本山口直勝。号は南洲、諡して藍山公。1829年(文政12)7代藩主宗紀の養子となり、44年(弘化元)家督相続。遠江守。徳川斉昭・徳川慶勝・松平春嶽(慶永)・島津斉彬・黒田長溥・阿部正弘らと親交をもち、政治・国際情報や意見を交換。また高野長英をかくまい蘭書翻訳を行わせ、村田蔵六(大村益次郎)を招いて蘭学を講じさせ、台場築造・軍艦建造を行った。幕府内情を把握する立場から、一橋慶喜を将軍に推したが、安政の大獄で隠居を命じられた。文久期以降公武合体を唱え、上京して朝議参与、四侯会議の一員として国事を周旋。67年(慶応3)王政復古で議定に就任、以後、外国事務総督・民部卿兼大蔵卿などを歴任。

たてものまい [建物米] 建(立)米とも。江戸時代、大坂堂島米市場の帳合米(帳合米)取引で売買の標準米となった銘柄。諸藩の蔵米から米方年行司や米仲買らの入札によって選定された。年3期のうち、1期春物と3期冬物はおもに筑前・肥後・防長・広島の蔵米のいわゆる四蔵から、2期夏物は原則として加賀米が選ばれた。建物米となった蔵米は他国米よりも価格が上昇する傾向にあり、藩にとってもさまざまな名声や利益を得ることになった。そのため各藩は自藩の蔵米が選定されるよう努めた。

たと [田堵] 「たとう・でんと」とも。田刀・田頭とも。平安時代の公領や荘園の請作者をさす語。本来は現地を意味する田頭の意というが、請作地に堵(垣)を結うことに語源を求める説もある。田堵は「諸方兼作」といって複数の領主と契約を行う存在で、春先に請文を提出して地子経営(請作)した。また納税責任を名々に負っていたのでしばしば負名とよばれた。私財を蓄えて力田の輩と称されるような富裕な農民が、荘園・公領の開発・経営を請け負う専門農業経営者として9世紀半ばに登場し、その請作規模に応じて大名または小名とよぶこともある。請作の継続から田堵の土地占有権が強化され、これが領主の万雑公事・夫役の増徴強化策とあいまって、田堵は11世紀以後耕作地が固定される名主となっていく。

たどころ [田所] 田文所とも。古代～中世に田地を管理した部署・役職の名称。平安時代に在庁の分掌する国衙機構の所の一つとして諸国の検田などを担当し、国内の田地を掌握するための関係文書の作成と管理を行った。平安末期からは荘園でも現地管理を行う荘官の名称としてみられるようになる。

たどころ [田荘] 大和政権の屯倉に対して、豪族の農業経営の拠点。646年(大化2)の改新の詔によって、名代・子代とや屯倉とともに諸豪族の部曲・田荘が廃止されている。『日本書紀』崇峻即位前紀には、物部守屋が渋河家・難波宅などいくつかの拠点をもっていたことが知られ、その討滅後に守屋の奴婢の半分と宅をわけて四天王寺の奴婢・田荘としたとあり、田荘の存在と奴婢など配下の使役による経営がわかる。改新の詔以降にも、692年(持統6)飛鳥皇女の田荘への行幸の例や、律令制下でも『万葉集』に大伴坂上郎女が滞在したとみえる跡見田荘・竹田荘などの例があり、皇族の宮や諸豪族の私有地の経営の拠点として存続したか。農業経営の拠点であり、田地と屋・倉からなっていたらしい。

たなかかくえいないかく [田中角栄内閣] 自民党の田中角栄を首班とする内閣。■第1次(1972.7.7～12.22)。佐藤長期政権の後、福田赳夫と自民党総裁の座を争い、大平正芳・三木武夫の支持を得て田中が組閣。「決断と実行」というイメージが国民の期待感に合致し、高い支持率を示した。日中国交回復を電撃的に実現する一方、内政面では「日本列島改造論」を唱えて意欲的な姿勢をとった。しかしインフレを招き、1972年(昭和47)12月の総選挙で自民党は議席を大幅に減少させた。
■第2次(1972.12.22～74.12.9)。1973年(昭和

たなかぎいち［田中義一］ 1864.6.22～1929.9.29

明治～昭和前期の政治家・陸軍軍人。長門国生れ。萩藩士の子。代用教員などをへて陸軍士官学校・陸軍大学校を卒業。日清・日露戦争に出征。山県有朋・寺内正毅らの庇護のもとで累進、軍務局長・参謀次長などをへて1918年（大正7）原内閣の陸相。21年陸軍大将。山県らの死後、陸軍長州閥の後継者となり、第2次山本内閣でも陸相。25年立憲政友会総裁に迎えられたが、のちに陸相在任中の機密費流用による総裁就任工作が取沙汰された。27年（昭和2）内閣を組織し外相を兼務、森恪らと政務次官ら山東出兵・東方会議開催などで対中国積極政策を展開した。枢密院などの反対を押し切って不戦条約を調印・批准したが、張作霖爆死事件の処理をめぐり昭和天皇の叱責をうけて辞任。男爵。

たなかぎいちないかく［田中義一内閣］

第1次若槻礼次郎憲政会内閣の総辞職後に成立した政友会内閣(1927.4.20～29.7.2)。田中が外相兼任。組閣後ただちに支払猶予令によって金融恐慌を収拾した。産業立国・地方分権を掲げて第1回普通選挙に臨んだが、過半数を制することができなかった。選挙後には共産主義取締りを強化し、緊急勅令によっては治安維持法を改正、2度にわたる共産党検挙を実施。また3次にわたる山東出兵によって、中国の国民革命が華北・満州に及ぶのを阻止し、東方会議を開催して対中国積極政策の方針を示した。張作霖爆死事件の処理に関する天皇の叱責によって総辞職した。

たなかきゅうぐ［田中丘隅］ ？～1729.12.22

江戸中期の代官・農政家。諱は喜古。みずから休愚・丘悪右衛門と称し、冠帯老人・武陽散民などとも号した。武蔵国多摩郡平沢村（現、東京都あきる野市）の農家に生まれ、同国川崎宿の本陣田中兵庫の養子となり、跡を継ぎ名主も兼任。農政や治水に通じ、1721年（享保6）自身の体験や見聞をもとに「民間省要」を著し、師の成島道筑を介して幕府に献上した。29年7月支配勘定並に登用され、武蔵国多摩・埼玉2郡で3万石を支配したが、同年病死。

たなかしょうすけ［田中勝介］ 生没年不詳

近世初期の京都商人。キリシタン、洗礼名はフランシスコ・デ・ベラスコ。上総国岩和田で遭難した前フィリピン臨時総督ドン・ロドリゴが1610年（慶長15）に帰国する際、同行してメキシコに渡った。翌年メキシコ副王の答礼使ビスカイノの乗船サン・フランシスコ号に便乗し、他の22人の日本人とともに帰国した。彼らの渡航は徳川家康のメキシコ貿易計画推進の一環とみられるが、メキシコではあまり歓迎されなかった。

たなかしょうぞう［田中正造］ 1841.11.3～1913.9.4

明治中・後期の政治家。足尾鉱毒反対運動の指導者。下野国生れ。1868年（明治元）主宰である六角家の公用人として入仕。71年江刺県（現、岩手県）花輪分局勤務中同僚暗殺の嫌疑で投獄され、74年無罪釈放。79年「栃木新聞」を創刊。80年県会議員となり、国会開設運動のため中節社を組織。86年県会議長。第1回選挙で衆議院議員に選出され（立憲改進党）、91年第2議会で初めて足尾鉱毒問題について政府を追及。以後終生鉱毒反対運動のため奔走。1901年議員を辞職し天皇に直訴、04年以降谷中村に住み農民とともに闘う。近年正造の人権思想・治水論・自然観は高く評価されている。

たなかだてあいきつ［田中館愛橘］ 1856.9.18～1952.5.21

明治～昭和期の物理学者。陸奥国二戸郡生れ。東大卒。ヨーロッパに留学し、帰国後帝国大学教授。1891年（明治24）の濃尾地震の研究中に根尾谷の大断層を発見。震災予防調査会の設立に努力し、全国の地磁気測定を行う。緯度観測所設立に尽力、測地学委員会委員として緯度変化の観測を進めた。万国度量衡会議常置委員。一方日本式ローマ字の普及に努めた。文化勲章受章。

たながり［店借］

借家人とも。近世において、家屋敷の一部を借用して居住する者で、とくに都市に多い。家持と違い、公役・町役の負担は基本的になく、町政に参加する資格もなく、金銭貸借や訴訟の際など家持から種々の統制をうけた。来住時には身元保証人を要した。道に面した家を借りている表店借と面しない所の裏店借の階層があり、裏店には零細住民が多く居住し、流動性が高かった。

たなばた［七夕］

「しちせき」とも。7月7日の夜に行われる年中行事の星祭。この夜、牽牛と織女が年に1度天の川を渡って会うという古代中国の伝説と、女性が手工の上達を祈る乞巧奠とが結びついたもの。日本に伝来して奈良時代の貴族間に受容され、「万葉集」にも詠まれた。語源は織女星の異名の翻訳説と、機を織る女の棚機津女が水辺の機屋にこもって神の服を織り、神を迎え祭る夕来の信仰によるとする説がある。この日は盂蘭盆会や来の農耕儀礼である眠流しとも重なり、農村にも定着した。

たなべはじめ［田辺元］ 1885.2.3～1962.4.29

大正・昭和期の哲学者。東京都出身。東大卒。1913年（大正2）東北帝国大学理学部講師、19年京都帝国大学文学部助教授。22年渡欧し、主としてフッサールに学び24年帰国。27年（昭和2）

京都帝国大学文学部教授。日本における科学哲学の先駆者。日中戦争直前に西田哲学批判として構想された「種の論理」は、戦争遂行に哲学的基礎を与えることになったが、敗戦の前年「懺悔道」の境地を得、戦後は研究と思索に専念した。学士院会員。文化勲章受章。

たにざきじゅんいちろう [谷崎潤一郎] 1886.7.24～1965.7.30 明治～昭和期の小説家。東京都出身。日本橋の商家に生まれるが、父が家業に失敗して苦学した。東京帝国大学在学中の1910年(明治43)第2次「新思潮」を創刊して「刺青」などを発表、永井荷風に激賞された。完成された文体とマゾヒズムを中心とする大胆な官能性、自然主義に反旗をひるがえす豊かな物語性などにより、文壇に衝撃を与えた。関東大震災を機に関西に移住し、「痴人の愛」が前期の総決算となる。その後西洋崇拝を脱し、日本の伝統や関西の風土の再発見から「春琴抄」「細雪」や「陰翳礼讃」などを発表。「源氏物語」も口語訳した。晩年は「鍵」「瘋癲老人日記」などで老人の性を描いた。49年(昭和24)文化勲章受章。

たにじちゅう [谷時中] 1598/99～1649.12.30 江戸前期の儒学者。父は浄土真宗の僧侶。名は素有、時中は字で、はじめ慈冲と称し、還俗後に時中と改めた。土佐国生れ。南村梅軒に朱子学を学んだ雪蹊寺の僧天質から儒学を学び、海南朱子学の実質的な派祖となる。幼少から俊秀で、権威に屈しない謹厳で豪気な性格をもち、生涯民間にあって学を講じた。野中兼山・小倉三省ら、山崎闇斎などの門人を輩出し、子の一斎も父の跡を継いで大儒となった。著書「素有文集」「素有語録」。

たにじんざん [谷秦山] 1663.3.11～1718.6.30 江戸前期の神道家・暦家。本姓は大神。幼名は小三次、名は重遠、丹三郎・桜井清八とも称し、秦山は号。土佐国長岡郡宮ノ八幡宮の神職の家に生まれる。1679年(延宝7)江戸に出て浅見絅斎・山崎闇斎に学び、渋川春海から天文・暦道を、ほかに伊勢神道や有職故実なども学んだ。1706年(宝永3)藩命により「土佐国式社考」を著す。翌年、佐川支藩事件により蟄居に処されたが、その後も「神代巻塩土伝」「秦山集」などを著した。

たにたてき [谷干城] 1837.2.12～1911.5.13 幕末～明治期の高知藩士・軍人・政治家。土佐国生れ。戊辰戦争で軍功をあげ、藩少参事として藩政改革に尽力。維新後、1871年(明治4)陸軍大佐・兵部権大丞。台湾出征後、熊本鎮台司令長官となり西南戦争に遭遇、熊本城を堅守した。中将に昇進し、陸軍士官学校校長・学習院長を歴任。84年子爵。85年伊藤内閣の農商務相。閣内の国権派として伊藤内閣の欧化政策を批判し、条約改正問題で辞任。以後、貴族院議員として地租増徴に反対するなど独自な政治運動を展開した。

たにぶんちょう [谷文晁] 1763.9.9～1840.12.14 江戸後期の南画家。父は田安家家臣で詩人の谷麓谷。名・字・号ともに文晁。別号に写山楼などを。江戸生れ。画ははじめ狩野派の加藤文麗らに学び、北山寒巌・渡辺南岳らの影響をうける。古画の模写や写生を基礎に南宗画・北宗画・洋風画などを加えた独自の折衷的画風をうみ、関東の南画様式を確立。田安家に仕官、さらに松平定信に認められ近習となる。「集古十種」の編纂に従事するなどして社会的地位をえ、江戸画壇に君臨して多くの弟子をもった。寛政文晁とよばれる時期の作品は滋潤な墨色と清新な画風で評価が高い。作品「隅田川鴻台真景図巻」「木村蒹葭堂像」「公余探勝図巻」「松島暁景図」。

たぬまおきつぐ [田沼意次] 1719～88.7.24 江戸中期の側用人・老中。父は御家人の意行。1734年(享保19)将軍世子徳川家重の小姓となり、家重の将軍就任に従って本丸小姓組番頭・御側を勤め、58年(宝暦8)以降、評定所に出座し幕政を主導。この年万石以上となり、遠江国相良藩主。67年(明和4)側用人、69年老中格、72年(明和9)老中となる。株仲間に冥加金を課して商品流通に課税。鎖国政策をゆるめて銅・俵物を輸出し、金銀を逆輸入して、それを財源に金銀通貨の一本化を企図した。また蝦夷地開発計画、大規模な新田開発工事などの斬新な経済政策を推進したが、86年(天明6)将軍家治の死の直後老中罷免。翌年所領を没収され謹慎。

たぬまおきとも [田沼意知] 1749～84.4.3 江戸中期の幕臣。父は意次。1781年(天明元)奏者番、83年若年寄。オランダ人からの評価は高く能吏だったが、84年新番佐野善左衛門政言に江戸城本丸御殿中の間で刺され、それがもとで死去。佐野から請託を受けて金をとりながら約束をはたさなかったために恨みを買ったという。当時田沢父子を恨む者の間で佐野は「世直し大明神」とされた。この事件が契機となり父意次の勢力は衰退した。

たぬまじだい [田沼時代] 江戸中期、田沼意次が権勢をふるい、政治に大きな影響をおよぼした時代。意次が10代将軍徳川家治の側用人についた1767年(明和4)、もしくは老中に就任した72年(安永元)頃から、失脚して幕閣を追放される86年(天明6)までをさす。田沼政権の重商主義的政策の影響を強くうけたユニークな時代。同時期を「宝暦・天明期」とする区分もある。

たねがしま [種子島] 古くは多禰島・多襧島と

も。鹿児島県大隅諸島の一つ。面積445km²。奈良時代には多禰嶋(国)の一部,平安初期に大隅国に編入。鎌倉時代には島津荘大隅方惣地頭名越氏の代官肥後氏が入り,北条氏滅亡後,島主化して種子島氏を称する。戦国期には島津方に属し,近世種子島氏の私領。北流する黒潮のコース上に位置し,古来海上交通の要衝で,外国船の漂着も多かった。1543年(天文12)門倉岬に漂来したポルトガル人により鉄砲と火薬の製法が伝来した。

たねがしまときたか [種子島時尭] 1528.2.10～79.10.2 戦国期の大隅国種子島領主。父は恵時,母は島津忠興の女。犬楠丸・直時。弾正忠・左近将監。法名時遊。漂着船から日本ではじめての鉄砲を入手したことで有名。1542年(天文11)父と対立するが,島津貴久の調停により和睦。60年(永禄3)子時次に家督を譲るが,62年その死により家督に復した。島津貴久・同義久の2代にわたって仕える。後室は島津貴久の姉だが,のち別離。女は島津義久の後室。

たねのしま [多禰嶋] 多袮(襧)島とも。西海道の一島。現在の種子島・屋久島の一帯。677年(天武6)朝貢してきた多禰島人が饗されたという『日本書紀』の記事が初見。この頃の多禰島・多禰国は南島の総称的意味をもつ。702年(大宝2)多袮島で「反乱」がおこり,時の文武朝は種子島・屋久島地方を国に準じる「島」という行政区画に編成。多袮島は,わずかに鹿島貢する程度で財政的には貧弱であったが,南九州の隼人への対策,入唐航路の維持,南島人朝貢の中継のため,大宰府や管内諸国の財政的支援を存続した。9世紀に入ると,同島の存在意義が薄れ,大宰府公営田制の導入により支援財源の公田地子が減少したため,824年(天長元)4郡を熊毛郡・馭謨郡の2郡に減らしたうえで,大隅国に編入された。

たねまくひと [種蒔く人] 1921年(大正10)2月,アンリ・バルビュスの反戦運動やコミンテルンの影響をうけた小牧近江らが秋田県土崎(現,秋田市)で創刊したプロレタリア文学雑誌。同年10月から東京で再刊。『行動と批判』を標榜し,インターナショナリズムにたつくプロレタリア共同戦線を志向。小牧のほか金子洋文・今野賢三・柳瀬正夢らを同人とし,有島武郎・江口渙・秋田雨雀・藤森成吉らが執筆。関東大震災によって23年8月号で終刊。

たのむらちくでん [田能村竹田] 1777.6.10～1835.8.29 江戸後期の南画家。名は孝憲,字は君彝。号は竹田・老画師など多数。豊後国岡藩藩医の家に生まれ,藩校由学館で学び同館の儒員から頭取にまで進んだ。この間,「豊後国志」の編纂に従事したり,地元の画家に画を学び,谷文晁の通信教授もうけた。1811・12年(文化8・9)におきた藩内の農民一揆に際しては,改革を要望する建言書を2度提出するが用いられず,翌年辞表を提出。以後郷里と京坂の間を往来しながら,頼山陽ら文人との交流をもち詩画に心酔する生活に入る。繊細で清雅な作品「亦復一楽帖」「船窓小戯冊」や,「山中人饒舌」「竹田荘師友画録」ほかの著作がある。

たのもし [頼母子] 頼子・憑子・憑支とも。中世に始まる金融方式。参加者は一つの講を結成し,毎回の会合で懸銭を出しあって,抽選または入札等で参加者の1人に配当する。講の会合は定期的に開かれ,参加者全員に配当が行き渡るといちおう終了するが,講組織が永続化して講有田などの財産をもつ傾向もみられる。本来は村落などの相互扶助の目的で発達したもので,寺社の修造費用の調達にも利用されたが,やがて営利事業として行う事例が増加する。西日本では頼母子や合力銭の語を用いることが多いが,無尽との間に明確な地域的区分はできない。近代以降は,無尽の呼称が支配的になる。

たばこ [煙草] ナス科の1年草。原産地は南アメリカのボリビアとアルゼンチンの国境地域。「新大陸発見」とともに16世紀初頭,スペイン人によって西ヨーロッパに伝えられた。はじめは鑑賞用として栽培されたが,喫煙の風習の広がりによって作付が拡大した。葉はニコチンを大量に含み,乾燥して発酵させ,刻んで喫煙の料とした。日本へはスペイン人によって近世初頭に種子がもたらされ,短期間のうちに各地に栽培が普及した。幕府は再三喫煙と作付を禁止したが,やがて嗜好品を代表する商品作物となった。元禄期には栽培法の改良がすすみ,薩摩国分・丹波国大野などの名産地が形成された。近代では煙草専売制が実施された。

たばこせんばいせいど [煙草専売制度] 政府が煙草製造・販売を独占する制度。1875年(明治8)制定の煙草税の脱税が多かったため,98年から葉煙草流通のみを対象とする葉煙草専売を実施したが,密売が横行。日露戦争の財源調達のため,1904年に製造を含めた専売を実施した。第2次大戦後の49年(昭和24)に日本専売公社に専売事業を移管した。84年には専売を廃止して輸入を自由化し,翌年公社を改組して日本たばこ産業となるが,現在も製造を独占している。

たべ [田部] 大化前代の部民。屯倉の田地を耕作した。鍬丁も田部の一種であろう。『日本書紀』安閑元年12月条に,大河内直味張が春秋に鍬丁500丁ずつの献上を約束し,この時から三島の竹村屯倉の田部

たへる

には、大河内氏のもとにある河内県の部曲をあてたとある。欽明紀17年10月条には「処々の韓人を以て大身狭屯倉の田部にす。高麗人を小身狭屯倉の田部にす」とある。田部には地方豪族の私有民や渡来人をあてたことがわかる。とくに吉備に分置された白猪屯倉では田部の丁籍が作られ、敏達朝には田部の名籍が作成されて律令制下の戸籍・計帳の源流となった。律令時代には田部姓の人々や田部郷が諸国に分布し、田部勝・直・臣・連など姓をもつ者も多い。

ターヘル・アナトミア クルムス著「解剖学表」1732年第3版をライデンの外科医ディクテンが蘭訳した解剖学書「Ontleedkundige Tafelen」。1734年アムステルダム刊。本文28表、各表に図1葉を付す。「解体新書」は、本書の各部の名称についての簡潔な解説である本文のみを訳出したもの。

たま [玉] 身体装飾に用いる垂飾のうち孔をあけたものをいう。形態から勾玉・管玉・切子玉・棗玉・臼玉・丸玉・蜜柑玉・山梔玉・算盤玉・平玉・小玉とよばれ、ガラスの地に別の色のガラスをはめこんだ蜻蛉玉を含め、総称して玉類という。材質は硬玉・碧玉・メノウ・水晶・蛇紋岩・琥珀・ガラスなどがあり、古墳後期に現れる中空に作った空玉は金・銀・金銅製である。日本最古の玉は、北海道の旧石器後期の遺跡から出土した石製小玉である。縄文時代には硬玉製大珠が流行し、弥生時代には管玉が盛行するとともに、ガラス製の玉も作られ始めた。さまざまな種類・材質がそろうのは古墳時代で、古墳の副葬品としてしばしば出土。その後は飛鳥寺の塔心礎から出土した勾玉・丸玉・空玉・蜻蛉玉のように、寺院の鎮壇具や舎利荘厳具としても一部で使用された。

たまかつま [玉勝間] 本居宣長著の随筆。宣長本人は「たまがつま」と読む。14巻・目録1冊。1793年(寛政5)起筆、95年から1812年(文化9)刊。各巻に「初若菜」など植物にちなむ名がつけられ、計1005条収載。文章は平明な擬古文で、内容は学問論・古道論・折々の随想から、聞書・注釈・語義・地名などの考察まで広範多彩。断片的随筆だが、宣長の卓越した見識と、学問・人生・文学に対する考えを知ることができる。「本居宣長全集」「日本思想大系」所収。

たまがわじょうすい [玉川上水] 江戸の上水道。多摩郡羽村で多摩川から取水し、四谷大木戸まで開渠で通水。途中、武蔵野や江戸南部の村々の農業・生活用水や、青山・三田・千川上水を分水した。四谷大木戸からは、石樋に

よって四谷見付にいたり江戸城内に導水されたが、寛文年間に町々への分水が許され、四谷見付から木樋によって赤坂をへて京橋以南の江戸町中へ配水された。工事は、多摩郡の庄右衛門・清右衛門の2人が6000両で請け負い、1653年(承応2)着手。翌年、惣奉行松平信綱の家臣安松金右衛門により完成した。庄右衛門・清右衛門は完成後に経営を世襲したが、1739年(元文4)以後は幕府の直営。1901年(明治34)市内給水を廃止。

たまつくりべ [玉作部] 「たますりべ」とも。勾玉・管玉などを研磨製作した品部らしい。中央の玉祖連がしめたらしい。「日本書紀」神代に玉作部の遠祖豊玉、神代下に玉作の上祖玉屋命のことが記され、玉作と神事の関係の深さを示す。垂仁39年条にも石上神宮と関係する10種の品部のなかに玉作部がある。律令時代には玉作・玉作部姓の人々や玉作(造)郷が散見し、「延喜式」によると、臨時祭に出雲国の進上する御冨岐玉60連は意宇郡の神戸の玉作氏が造り備えた。

たまのおぐし [玉の小櫛] ⇨源氏物語玉の小櫛

たまむしのずし [玉虫厨子] 法隆寺に伝わる檜製黒漆塗りの厨子。装飾の透彫金具の下に玉虫の翅鞘が貼られていることからこの呼称がある。4脚の基台に請花と反花をもつ腰高の須弥座、上層に最下層入母屋造鐙葺の宮殿の部をおく。宮殿部と須弥座の側面には朱漆と密陀絵の技法によって菩薩像・神仙像・仏教説話などをいわゆる異時同図法で細かく描く。柱・長押・框・框などには唐草文を透彫した金銅製金具を貼り、宮殿内部の側面には金銅製の押出千体仏座像を貼りめぐらせる。制作年代には諸説あるが、7世紀後半との説が有力。747年(天平19)の「法隆寺伽藍縁起并流記資財帳」に記載される「宮殿像弐具」のうちの一具に相当するという説がある。総高226.2cm。国宝。

だみえ [濃絵] 金碧濃彩画のこと。おもに近世障壁画において用いられる。彩色することを古語で「彩たむ」というが、その「彩む絵」が濁音化して「濃絵」になった。「信長公記」では狩野永徳の「三国名所図」を濃絵といい、別の箇所でその図が金碧濃彩画であったことを記している。

ためながしゅんすい [為永春水] 1790〜1843.12.22 江戸後期の戯作者。本名は鷦鷯貞高。江戸の町人出身で書肆青林堂を営む一方、寄席や演劇界に出入り。2世南仙笑楚満人の名で滝亭鯉丈と「明烏後正夢」(1819)を発表。合巻「総角結紫総糸」、読本「阿古義物語」、滑稽本「玉藻

筒たまく」などもあるが，主力は人情本にあり，春水の名で出した「春色梅児誉美」(1832)が好評で，人情本の元祖として人気を博す。門人たちと為永連を組織して合作方式を確立。数多くの注文をこなして人情本の第一人者となるが，天保の改革で筆禍をうけ，翌年病没。ほかに「春告鳥」「春色辰巳園」「花名所懐中暦」

たやすけ［田安家］ 徳川家の分家。一橋家・清水家とともに御三卿の一つ。1731年(享保16)将軍徳川吉宗の次男宗武が江戸城田安門内に居住したのに始まる。当主は成人後に公卿に叙され，2代治察のみ大蔵卿を称し，他は代々右衛門督を称した。賄料領知10万石を領したが，家老などの主要役職は幕府から付人が派遣され老中支配であった。治察の没後，無嗣の状態が14年間続き，87年(天明7)に一橋治済の五男斉匡が3代を継ぎ，権大納言従一位に昇進した。1868年(明治元)藩屏に列して独立した家となり，70年家禄3148石を与えられた。84年伯爵家となる。→巻末系図

たやすむねたけ［田安宗武］ 1715.11.27〜71.6.4 御三卿田安家の初代当主。国学者・歌人。将軍徳川吉宗の次男。松平定信の父。1729年(享保14)元服し従三位左近衛権中将。31年田安門内の屋敷に移る。46年(延享3)采邑10万石を与えられ，のち権中納言となった。荷田在満・賀茂真淵に国学・和歌を学び，「国歌八論」論争を展開して近世歌壇に大きな影響を与えた。「古事記」などの古典注釈書や，「楽曲考」「服飾管見」などの故実書もある。

たやまかたい［田山花袋］ 1871.12.13〜1930.5.13 明治・大正期の小説家。本名録弥。群馬県出身。感傷的な恋愛小説や詩・紀行文を書いていたが，「露骨なる描写」などで自然主義を主張。女弟子に対する愛欲を暴露した「蒲団」により自然主義文学運動の先頭に立った。以後「生」「妻」「縁」の自伝小説のほか「一兵卒」「田舎教師」などを発表。技法論として平面描写を唱えた。晩年は時代にとり残され，「時は過ぎゆく」「百夜」などには宗教的な諦念が色濃く認められる。

だらに［陀羅尼］ サンスクリットのダーラニーの音訳。総持と漢訳する。仏教で用いる呪文の一種で，本来はみずからの修行のためのものだが，他者のための加持祈禱の際にもよく用いる。本来は視・聴・嗅・味・触の五感を整え，精神統一して法を心にとどめて忘れないこと，すぐれた記憶力という意味をもつ。同じ呪文の真言や明呪にくらべて比較的長く，「ノウマクサマンダボダナウ」に始まり，諸々の仏神を連ねて祈願をし，「ソワカ」で結ぶ形式をとることが多い。

たらのしょう［太良荘］ 若狭国遠敷郡にあった東寺領荘園。荘域は福井県小浜市竹仕。国衙領の太良保として平安末期に成立。1216年(建保4)までには歓喜寿院(七条院の建立)を本家とする太良荘となる。21年(承久3)官宣旨で歓喜寿院領として公認。承久の乱後に国衙領となるが，のち荘号を回復し，領家職の一部は仁和寺御室道深に譲られた。40年(仁治元)には道深が東寺に寄進，本家歓喜寿院の東寺領太良荘が成立した。東寺は現地に預所代定宴を派遣し荘園経営に着手，地頭代の罷免を勝ちとった。建武新政期に後醍醐天皇が地頭職を東寺に寄進，領家職とあわせて東寺の一円支配が実現した。14世紀末から守護が支配する半済方と寺家支配の領家方にわかれた。応仁の乱後，東寺の支配は有名無実化した。

たりきほんがん［他力本願］ 阿弥陀仏の本願に頼って衆生が往生をとげること。一般的には成仏や往生のために自力ではなく仏・菩薩の救済に頼ることを他力という。とくに浄土真宗では阿弥陀仏の第十八願の念仏往生の誓願を本願といい，それを信じ願うことを他力本願という。

たるかいせん［樽廻船］ 主として酒荷を上方から江戸に輸送した廻船集団。はじめ酒荷は十組問屋傘下の菱垣廻船の廻船の積荷だったが，酒荷の特質などから荷主の摂津国灘の酒家中(酒造家)はしだいに菱垣廻船に不満を募らせ，1730年(享保15)十組を脱退して独自に酒荷専用の廻船を仕立てるようになった。これが樽廻船である。その後酒荷の上荷として菱垣廻船積荷を洩積みするようになったため，低迷する菱垣廻船との間に紛争がたえず，明和年間には積荷協定を結んだが，その後も樽廻船の優勢はゆるがなかった。しかし天保期以後は，積荷の菱垣廻船化が進み，中核である酒家中から不満が出るなどの問題を抱え，新興の尾州廻船などに押されて，その勢力に衰えがみられた。

たるやとうざえもん［樽屋藤左衛門］ 江戸町年寄樽屋の世襲名。初代三四郎はもと水野弥吉康忠という武士で，徳川家康に従い各地を転戦。一時牢人して町方に居住。家康の関東入国の際再び召され，以降奈良屋・喜多村とともに15代にわたり江戸町年寄を世襲。本町2丁目の拝領屋敷に役宅をおいて市政の一端を担った。また，江戸枡座の長として東33カ国の枡改めを行った。2代目以降ほぼ藤左衛門(後見は与左衛門)名を世襲。1790年(寛政2)12代与左衛門のとき，樽の苗字を名のることを許された。地割役樽屋三右衛門家は一族。

ダレス John Foster Dulles 1888.2.25〜1959.5.24 アメリカの法律家・政治家。ワシントン生れ。プリンストン大学，ジョージ・ワシ

ントン大学法科大学院卒。1911年ニューヨークで弁護士となる。パリ講和会議賠償委員会委員を務めた。第2次大戦中は共和党の対外政策立案に関わり超党派外交を推進、サンフランシスコ会議代表として国連創設に尽力。50年からたびたび来日、国務省顧問として対日講和交渉をまとめた。53年アイゼンハワー政権の国務長官に就任、巻き返し政策を展開する。

たれやなぎいせき[垂柳遺跡] 田舎館遺跡とも。青森県田舎館村にある弥生中期の水田遺跡。自然堤防上と沖積低地にある。古くから多くの土器と炭化米が発見され、1958年(昭和33)に伊東信雄が発掘して、最北の稲作を実証するとともに、田舎館式土器を設定。さらに82・83年の調査で、小区画の水田跡が約4000㎡に656枚、水路や畔・水口、水田面に残された多数の足跡が見つかり、東北での初期稲作の実態が解明された。国史跡。

たわらもの[俵物] 「ひょうもつ」とも。江戸時代、長崎貿易の輸出海産物。とくに煎海鼠・干鮑・鱶鰭の3品をいう。俵詰めで輸送したことによる呼称といわれる。唐船の俵物輸出は17世紀末頃から増加し、長崎会所は1744年(延享元)長崎町人8人に俵物一手請方を命じ、諸浦々からの集荷を独占させた。しかし俵物の唐船からの売価固定化と仕入値の高騰で、しだいに請方商人の資金がゆきづまり集荷は減少。85年(天明5)以降は会所が全国から直接仕入れることとなり、長崎・大坂・箱館に俵物役所を設けて独占的に集荷した。幕末開港後は自由貿易を求める欧米の圧力で、1865年(慶応元)長崎会所の俵物の独占集荷体制は廃止された。

たわらやそうたつ[俵屋宗達] 生没年不詳。17世紀前半に京都で活躍した画家。琳派の創始者。号は伊年・対青軒・儔伴など。「俵屋」という名の絵屋を営み、扇面・色紙・短冊をはじめ、襖絵や屛風などの需要にも応じた。本阿弥光悦の書の下絵として描いた金銀泥絵や水墨画で名をあげ、1630年(寛永7)にはすでに法橋の位にあった。後水尾院上皇の依頼をうけるなど、朝廷や公家にも広く知られた。作風は古代・中世のやまと絵に学びながら、対象を明快な色や形で大きくとらえたものが多い。代表作「松図襖」「四季草花下絵和歌巻」「風神雷神図屛風」(国宝)。

たん[段] 反とも。面積の単位。中国では北魏以降、段が土地一区画という意味で用いられており、日本では令制で町の10分の1を示す単位として採用している。養老田令では1段は360歩(1歩は高麗尺5尺平方)で、令制以前の地積単位である代との関係は1段=50代。中世以降も地積単位として用いられ、太閤検地では300歩(1歩は6尺3寸平方)が1段となり、江戸時代以降も300歩(1歩は6尺平方)を示す単位として存続した。

たんいつかわせレート[単一為替レート] 外国為替相場が唯一のレートにおかれること。占領期GHQの管理下に再開された貿易は、商品ごとに異なった複数為替レートをもち混乱状態にあったが、国際経済への正常な復帰をめざすドッジ・ラインにより、1949年(昭和24)4月25日1ドル=360円の単一為替レートと定められた。52年8月日本のIMF加盟にともない固定レートとして登録された。

たんか[短歌] 和歌の歌体の一つ。長歌に対する語。形式は五七五七七音の5句体、三十一音になるところから、みそひと文字ともいう。5句からすれて、五七五の3句を上の句、七七の2句を下の句とよび、第1・3・5句をそれぞれ初句・腰句・結句などともいう。名称の初見は『万葉集』で、長歌に反歌のともなうことを「短歌を并せたり」と記すのは、反歌が短歌の形式によることを示す。短歌形式の成立については、旋頭歌の第3句が落ちたとする説、五七五七の4句体歌の末尾に1句が加わったとする説、長歌の終りの5句が反復されて、独立した反歌から派生したとする説などがある。平安時代以後、長歌・旋頭歌などほかの歌体が衰えるのにともない、和歌といえば短歌をさすようになった。短詩型としての固有の形態は、感動を凝縮して表現するのに適し、各時代の情感や感覚を反映する融通性をも備え、今日にいたるまで長く文学史の主要なジャンルを占めている。

だんかせいど[檀家制度] 寺檀制度とも。葬祭供養などを独占的・永続的に行う檀那寺と檀家との結合関係をもとに、江戸幕府が採用した民衆・宗教統制の制度。家康は島原の乱が終結する1638年(寛永15)前後から、キリシタンや日蓮宗不受不施派の信徒でないことを寺院に保証させる寺請を開始。71年(寛文11)宗門人別改帳の作成を制度化し、檀那寺と檀家との関係を固定して、原則として寺替え・宗旨替えは認めなかった。87年(貞享4)キリシタン縁者の監視を檀那寺の義務とする一方、檀家には檀那寺への参詣などを義務づけた。1700年(元禄13)頃には徳川家康に仮託された「宗門檀那請合之掟」が作成され、檀家の檀那寺に対する義務を明文化し、忌日の法要のほか、伽藍修復費や本山納金などの経済的負担も強いられた。明治維新後は寺請制度が廃止され強制力を失ったが、風習として根強く残り、現在も日本人の宗教観に影響している。

タンクーきょうてい[塘沽協定] 北支停戦協定とも。1933年(昭和8)5月末日、河北省塘沽

で締結された日中停戦協定。満州事変で東北三省を占領した関東軍は33年3月に熱河省を占領、4月中旬には長城線を越えてさらに南下を企てた。これをみた北平政務整理委員会の黄郛は密かに停戦交渉を進め、軍事委員会分会の熊斌中将と岡村寧次少将関東軍参謀副長との間で日本の要求どおりの停戦協定に調印。内容は、(1)中国陸軍は延慶・通州・蘆台を結ぶ線より西および以南に撤退する、(2)日本軍は長城線に復帰する、(3)両軍間は非武装化する、(4)撤兵地域の治安維持は中国警察が担当するなどであり、満州国の国境が最終的に確定した。

たんけい [湛慶] 1173～1256　鎌倉中期の仏師。運慶の長男。運慶の統率のもとで東大寺・興福寺の復興造像にたずさわり、1213年(建保元)には法勝寺九重塔の造仏で、運慶の推挙により法印に叙せられた。運慶の没後は、後継者として活躍し一門を統率。49年(建長元)に焼けた蓮華王院(三十三間堂)千体千手観音像の再興に際しては修理大仏師となり、54年に中尊千手観音座像を完成させた。56年(康元元)に東大寺講堂本尊千手観音像の造立中に没した。高知市雪蹊寺の毘沙門天三尊像は法印時代の作。高山寺の善妙神・白光神像・狛犬も彼の作とみられる。運慶の様式を継承してはいるが、力強さよりは穏やかさを基調とし、親しみやすい作風。

たんご [端午] 本来、月の初めの午の日のまたは5日の意。漢代以来5月5日をさし、よもぎで作った人形を飾り、菖蒲酒を飲み、薬草を摘むなど邪気を払う行事が行われた。これが日本にも継承され、古くから薬狩などの行事があり、令制でも節日とされた。宮廷ではこの日、天皇に邪気を払う菖蒲が献上され、群臣は菖蒲縵をつけて参上し、宴を張り騎射が行われた。江戸時代以降は鯉幟や甲冑を飾るなど、男児の成長を祈る行事が行われた。

たんこう [短甲] 古墳時代の鎧の一種。上半身を保護するための防御用武具で、前胴と後胴が一連で作られ、左右の前胴を押し広げて着用する胴一連(胴札式)、右前胴から後胴と蝶番でつながり開閉する2枚胴式(右胴開閉式)、左右の前胴が後胴と蝶番でつながり開閉する3枚胴式(左右開閉式)の別がある。4世紀後半に竪矧板革綴式が現れ、5世紀になると三角板鋲留式や横矧板鋲留式が出現する。実物以外にも5～6世紀の埴輪や石人に短甲を表現したものがみられる。金属製の出現以前にも存在し、弥生

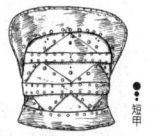

短甲

期に木製短甲が、古墳前期には革製漆塗やツヅラフジを編んだ短甲がみられる。

たんごちりめん [丹後縮緬] 京都府丹後地方で生産された縮緬。1720年(享保5)峰山地方に、22年加悦谷地方に、いずれも京都西陣から製法が伝えられたという。製品の大部分は、飛脚とよばれる運搬業者を介して京都の問屋に出荷された。丹後機業は京都問屋と西陣の支配をうけつつ、宮津・峰山両藩の保護もあり、めざましく発展した。明治期以降も零細規模ながら存続した。

たんごのくに [丹後国] 山陰道の国。現在の京都府北部。713年(和銅6)丹波国から加佐・与謝・丹波・竹野・熊野の5郡を割き成立。「延喜式」の等級は中国。「和名抄」に国府所在地は加佐郡と記されるが、旧与謝郡(現、宮津市)に府中の地名や国分寺跡があり、時期による移転説もある。一宮は籠神社(現、宮津市)。「和名抄」所載田数は4756町余。「延喜式」では調は綾・絹・帛、庸は米・韓櫃など、中男作物として椎子・鳥賊など。明徳の乱後、山名氏にかわり一色氏が守護となる。応仁・文明の乱で一時守護職を奪われるが復帰、分国支配を行った。織田信長による制圧後、細川氏が宮津城へ入る。江戸時代には京極高知らが支配し、のち宮津・田辺・峰山の3藩が分立、ほかに但馬出石17藩領や久美浜代官所領が存在した。1871年(明治4)廃藩置県により宮津県・舞鶴県・峰山県が成立。まもなく豊岡県に統合され、76年京都府に編入された。

たんざんじんじゃ [談山神社] 大織冠社・多武峰社の社とも。奈良県桜井市多武峰に鎮座。旧別格官幣社。祭神は藤原鎌足公。鎌足の子定慧が摂津国阿威山から多武峰に遺体を移し、十三重塔を造立して葬ったのが起源と伝える。当初は多武峰寺(妙楽寺)と称し、701年(大宝元)鎌足の木像を祭った。926年(延長4)には惣社の談山権現が建立されたという。変事は鎌足木像が破裂し、多武峰が鳴動するといわれた。1869年(明治2)神仏分離により談山神社と改称。例祭は11月21日。1532年(天文元)再建の十三重塔や寛文年間再建の本殿などは重文。

だんじょうだい [弾正台] ■「ただすつかさ」とも。律令制下の官司の一つ。違法行為を糾弾する特別検察機関。養老職員令の規定によれば尹・弼・忠・疏の四等官と巡察弾正10人、および史生・使部・直丁から構成される。職務は内外を巡察して非違を糾弾することだが、京内の摘発が中心で、諸国は訴訟があった際に受理して推問するだけであった。律令法上は、各行政官司が検察・裁判権を有し、弾正台はそれらが看過したものを糾弾する役割であった。規定上

は民間の習俗の粛正も職掌とされていたが、実情は不明。二官八省から独立しており、その糾弾は奏弾式の書式で直接天皇に奏上することとなっていた。

■1869年(明治2)5月22日に刑法官監察司にかわって設置された機関。名称は律令制下の弾正台からとられた。行政監察と刑事司法の機能を有し、刑部省の死刑断案について干渉する権限をもち、横井小楠しょう・大村益次郎の暗殺については犯人の処刑に反対するなど、守旧派の姿勢を示した。このため刑部省をはじめとする関係官庁との衝突も多く、権限をしだいに削減され71年の司法省設置により廃止された。

だんじょこようきかいきんとうほう [男女雇用機会均等法]
雇用や昇進の各段階における女性差別をなくすために作られた法律。1985年(昭和60)公布。「雇用の分野における男女の均等な機会及び待遇の確保等に関する法律」が正式名。労働基準法の特別法であり、旧来の判例法理や労働基準法による救済法理の限界を解決するため、国際婦人年(1975年)などの国際情勢のなかで、勤労婦人福祉法(1972年制定)の改正というかたちで制定された。当初の法律名のなかに「女子労働者の福祉に関する」という文言があったが、97年(平成9)改正時に削除。制定後も、職場における男女平等強化の動きや均等法の問題点や限界が指摘されるなかで、97年6月、採用や昇進などの差別を禁止する改正がなされた(施行は99年4月)。法文言上、ジェンダー的視点から「女子」「婦人」が「女性」に、「男子」が「男性」に改められた。その他、事業主による自主的なポジティブ・アクションへの国の援助や事業主のセクハラ防止義務などが新たに規定された。

だんじょのほう [男女の法]
大化の改新後の645年(大化元)8月5日に出された法令。所生子の帰属について定めたもので、良民男女間の子は父に、良男・婢の間の子は母に、良女・奴の間の子は父に、二つの家の奴婢間の子は母に配する規定であった。「日本書紀」によれば改新後の初の立法であり、訴訟の基準をあらかじめ示す意味があったとみられる。

たんせん [段銭]
中世後期、荘園・公領をとわず一国平均に田地1段別に賦課された公事くじ。院政期に成立した一国平均役は、鎌倉時代までは米を徴収する段米が一般的であった。賦課対象は大田文ぶみ記載の公田であった。即位・大嘗会・内裏造営などの朝廷行事、伊勢神宮造営などの寺社行事、15世紀半ば頃からは将軍拝賀などの室町幕府行事の費用にあてられた。段銭の催促・免除権が鎌倉幕府から幕府にうつるは暦年間頃とされ、以後応永年間を通じて段銭奉行の設置など段銭徴収制度が整い、幕府に納銭された。15世紀半ば以降、徴収を担ってきた守護による段銭の守護請がみられるようになり、守護の私段銭の賦課とともに、幕府による公田段銭賦課体制は弱体化する。

たんだい [探題]
鎌倉・室町両幕府の職名。政務を裁決する重職に対する呼称。鎌倉幕府では西国を統治した六波羅探題、鎮西を統治した鎮西探題があったほか、長門・周防両国守護を長門探題ともいい、執権・連署も両探題職とよぶことがあった。室町幕府では奥州探題・羽州探題、前代の鎮西探題の後継である九州探題などがおかれ、幕府が遠隔地に設置した出先機関としての長官の呼称としても用いられた。

だんたいとうきせいれい [団体等規正令]
1949年(昭和24)4月4日に公布・施行された、占領下のポツダム政令の一つ。勅令「政党、協会其ノ他ノ団体ノ結成ノ禁止等ニ関スル件」を改正したもの。アメリカの政策転換、総選挙での共産党の勢力拡大対策として、右翼団体・国家主義的団体のみならず、共産主義の団体や個人も取締りの対象とした。団体設立の際は構成員の氏名と各構成員の政治・思想的経歴を届け出ること、機関誌を提出することを義務づけた。50年8月本令にもとづき全国労働組合連絡協議会(全労連)が解散命令をうけた。また届出資料が同年7月以降のレッド・パージの資料になったといわれる。52年破壊活動防止法に継承された。

だんたくま [団琢磨]
1858.8.1〜1932.3.5 明治〜昭和前期の実業家。筑前国生れ。旧姓は神屋。団家の養子となる。マサチューセッツ工科大学、東大助教授などをへて1884年(明治17)工部省入省、三池鉱山局に勤務した。88年三池炭鉱の三井への払下げとともに、三池炭鉱事務長に就任。デービー・ポンプの据付けにより勝立かった坑の湧水問題を解決し、94年三井鉱山専務理事に就任して同社を指導した。1909年三井合名参事、14年(大正3)理事長に就任して三井財閥の指導者となり、多くの会社の役員を兼任した。財界活動も盛んで、日本工業俱楽部理事長、日本経済連盟会会長として多くの建議を行った。男爵。32年(昭和7)血盟団員菱沼五郎に暗殺された。

たんどくそうぞく [単独相続]
家の財産を一子が独占的に相続すること。鎌倉時代の武家の慣行では庶子は分割相続されていたが、室町時代以降、嫡子単独相続の慣習が一般化した。江戸時代には、武士のおもな相続対象は主君から与えられる俸禄で、嫡子による単独相続が原則であった。百姓・町人の場合も、長男による単独相続が一般的であったが、家産を他子にも分割して相続する例もあった。

だんな [檀那]
サンスクリットのダーナの音訳

で，施し・布施を意味する。施主の意から転じて，寺院や僧侶に寄進する後援者を意味する檀越だんおつ・檀家と同義に用いられるようになった。寄進をうける寺を檀那寺という。保護者や恩恵を与える者の意から，夫や主人に対する敬称に転じ旦那とも書いた。

たんなトンネル [丹那トンネル] 東海道本線熱海－函南かんなみの丹那盆地の下を通る全長7841mの長大トンネル。第2次大戦以前には清水トンネル(9702m)に次ぐ規模であった。1918年(大正7)に着工されたが，多量の湧水，温泉余土，断層，北伊豆大地震などに悩まされ，67人の犠牲者を出しながら，34年(昭和9)12月使用開始。国府津こうづ－沼津間の所要時間はほぼ2分の1に短縮され，牽引力も3倍に向上した。

たんにしょう [歎異鈔] 親鸞の法語と，その教説に反する異義への批判を弟子の唯円ゆいえんが編纂したもの。巻頭序・本文18章・末尾の総結からなる。本文前半の10章は親鸞がみずからの信仰体験をのべた法語で，悪人正機説，父母のための念仏せず，弟子１人ももたずなどの親鸞の有名な言説がみえる。後半の8章は唯円が異義(学解往生・賢善精進・念仏滅罪・即身成仏など)を批判したもの。蓮如がみだりに披見することを禁じたので流布しなかったが，近代には親鸞の代表的著述として注目され，注釈や解説書も多い。蓮如書写本のほか，1701年(元禄14)刊本などがある。「岩波文庫」「日本古典文学大系」所収。

だんのうらのたたかい [壇ノ浦の戦] 1185年(文治元)3月，長門国赤間関壇ノ浦(現，山口県下関市)で源氏と平氏の間で行われた戦。屋島の戦の敗北以後，平氏は長門国彦島に拠った。一方，源義経は伊予の河野氏，熊野別当湛増らの水軍を加え，瀬戸内海の制海権をおさえつつ西進，源範頼の軍と合流し，壇ノ浦奥津おきにいたった。24日，源平両軍は壇ノ浦海上で開戦，激しい戦闘ののち源氏の勝利に決した。平氏は知盛以下一門の多くが戦死・入水し，安徳天皇も二位の尼(平清盛の妻)に抱かれ，三種の神器の宝刀とともに入水した。平宗盛らは捕らえられ，京都に送られた。この一戦によって平氏は滅亡。

たんばのくに [丹波国] 旦波国とも。山陰道の国。現在の京都府中部・兵庫県北東部。「延喜式」の等級は上国。713年(和銅6)丹後国を分立し，「和名抄」では桑田・船井・天田あま・何鹿いかるが・多紀・氷上ひかみの6郡からなる。国府は桑田郡(現，亀岡市)にあり，平安時代末に船井郡(現，八木町)に移転したとされる。国分寺・国分尼寺は桑田郡(現，亀岡市)におかれた。一宮は出雲大神宮(現，亀岡市)。「和名抄」所載田数は1万666町余。「延喜式」では調は羅・綾・絹・綿，庸は韓櫃からびつ・米，中男作物は黄蘗きはだ・栗子くりなど。初期の守護職は不明。承久の乱後，北条時房が補任される。明徳の乱後は山名氏にかわり細川氏が領国支配。江戸時代は譜代の亀山・福知山・篠山ささやま，外様の柏原かいばら・山家やまが・園部・綾部の7藩が分立した。1871年(明治4)何度・船井・桑田郡は京都府となり，天田・氷上・多紀の3郡は豊岡県管轄となる。76年豊岡県が廃止され，天田郡は京都府，氷上・多紀2郡は兵庫県に編入。

たんびは [耽美派] 明治末～大正期に勢力をもった文芸思潮。自然主義文学の現実志向に対し，美に最高の価値をおく。文体の華麗さや虚構性・感覚重視などが特徴。ボードレール，ワイルドなどの西欧世紀末思潮を背景に，官能性の偏愛やデカダンスへの傾斜をみせる。森鷗外・上田敏を理論的支柱とし，「三田文学」による永井荷風や，パンの会の木下杢太郎・北原白秋などが広範なジャンルにわたって活躍した。谷崎潤一郎も代表作家。

だんぷさんこふん [断夫山古墳] 名古屋市熱田区の台地上にある，東海地方最大の古墳後期の前方後円墳。周囲の古墳とともに熱田古墳群中に含まれる。墳長151m。前方部が著しく発達した形態をもち，後円部径80m・高さ13mに対し，前方部幅116m・高さ16m。墳丘は三段築成とされ，かつては葺石ふきいしが露出していた。西側くびれ部に造出しをもつ。須恵質と土師はじ質の円筒埴輪を出土，前者は千種区東山古窯産とされる。埋葬主体は不明。築造年代は6世紀初頭。

だんまい [段米] 平安後期以降の荘園公領制下で，官物かんもつ・年貢などとは別に臨時に段別に課された税米。造内裏役・大嘗会役だいじょうえやくなどの臨時雑役一国平均役は，力役そのものの徴発以外は段米のかたちで賦課される。本来これらは朝廷に賦課権があったが，室町幕府はこれを獲得して支配を強化した。このほか検田使や収納使の入部の際に勧料や供給料として徴収される段米もあり，これらは使の得分であったが，のち荘園領主の収益の一部になった。いずれも室町時代には銭納が一般化し，段銭と称した。

だんりん [檀林] 梅檀林せんだんりんの略。仏教諸宗派の学問所や僧侶の養成機関。鎌倉時代の禅宗寺院に由来するが，とくに江戸時代以降の各派のものをさす。なかでも浄土宗鎮西派の関東十八檀林は，徳川家康の命により増上寺を統轄寺院と定められて大いにふるった。曹洞宗の江戸吉祥寺内にあった栴檀林も卍山まんざん道白などの俊秀を輩出し，日蓮宗は下総に飯高壇林，京都に松ケ崎壇林ができて盛んになった。浄土真宗の学林，天台宗の学寮なども知られる。

だんりんはいかい [談林俳諧] 檀林とも。貞

門から蕉風への過渡期の延宝期を中心とする約10年間に俳壇の主流となった流派。宗因を総帥として大坂におこり、急速に京・江戸に広がって流行した。元来、談林は仏教の学問所の意で、江戸の田代松意一派の結社の自称だったが、のち広く宗因風の俳諧全体をさす。当時は宗因流・西翁流・梅翁流とよばれた。素材・手法ともに固定化していた貞門流を打破、守武流を標榜。素材の面では謡曲・漢詩文をとりいれ、手法では伝統的定型を破る破調や、井原西鶴らの矢数俳諧にみられる速吟、理念では惟中の寓言論などに特徴がある。新奇さをねらった自由奔放な俳諧で、まもなく放縦乱雑に陥り俳諧史的生命を終えた。

ち

ち【笞】 笞罪・笞刑とも。律の五罪のうち最も軽いもの。節を削った杖で体を打つ刑罰。笞10から笞50までの五等がある。笞罪に用いる杖（笞杖）は長さ3尺5寸（約105cm）、手もとの直径3分（約9mm）、先の直径2分（約6mm）で、これで臀部を打つことになっていた。

ちあんいじほう【治安維持法】 1925年（大正14）4月に公布された、無政府主義者や共産主義者の活動に対する安寧秩序維持のための特別刑罰法規。司法省の発案に内務省が手を加えて立法化された。国体の変革または私有財産制度の否認という点を適用の要件とする。国体とは万世一系の天皇が君臨し統治権を総攬することであり、統治権を行使する方法・形式とは区別されると考えられており、また私有財産制度を是認したうえで土地や企業などを国有化することや、実現の観念をともなわない学術上の私有財産制度否定の考え方は同法に違反しないと解釈されていた。26年（昭和元）の京都学連事件がはじめての適用例。28年3・15事件後緊急勅令形式で改正された結果、国体の変革に重点がおかれ、これに対する最高刑を死刑とした。また、結社加入を問題とするだけでなく「為ニスル行為」をも問題とし、犯罪の構成要件を拡大した。さらに41年再度改正され、保護観察・予防拘禁の制度が規定された。第2次大戦後の45年10月勅令により廃止。

ちあんけいさつほう【治安警察法】 第2次大戦前において集会・結社や社会運動・労働運動を取り締まった法律。日清戦争後の労働運動の高まりに対処するため、1900年（明治33）2月、第2次山県内閣の第14議会で成立、集会及政社法の廃止に代わって翌年3月公布・施行された。全33条。政治結社・集会の届出義務、現役軍人・警官・僧侶・神官・教員・女子・未成年者の政治結社加入禁止、女子・未成年者の政談集会への参加禁止、警官の集会解散権と内務大臣の結社禁止権、争議行為の煽動等禁止などを定めている。01年社会民主党が結党早々治安警察法により禁止された。女子の政治活動や労働争議への参加の抑圧に反対運動が高まり、22年（大正11）女子の政談集会禁止条項が、26年には争議煽動禁止条項が削除された。治安維持法とともに社会・労働運動の取締りに威力を発揮したが、第2次大戦後の45年（昭和20）11月、GHQの指示にもとづき廃止された。

ちおんいん【知恩院】 京都市東山区にある浄土

宗総本山。華頂山大谷寺知恩教院と号する。法然房源空が30年あまり住んだ吉水房と、配流ののち帰京して入滅した大谷禅房の地にあたる。法然没後、門弟たちは遺骸を葬る廟堂をたて知恩講を行ったが、1227年(安貞元)比叡山の衆徒によって破壊された。34年(文暦元)源智が再興、現在の寺号を与えられた。室町時代には知恩寺と争い、1575年(天正3)正親町天皇の綸旨によって浄土宗の本寺となった。のち徳川家康が徳川家の香華寺と定め、一大伽藍を建立、宮門跡が迎えられて隆盛した。明治維新後、宮門跡は廃止されて寺領を失ったが復興された。多くの寺宝がある。

阿弥陀二十五菩薩来迎図 「早来迎」の名で知られる鎌倉末期の仏画。往生者のもとに阿弥陀如来と25体の聖衆が来迎するさまを大和絵風の景色のなかに表す。斜め構図、雲の描き方などにより来迎の速さを強調している。絹本着色。縦145.1cm、横154.5cm。国宝。

ちか [地価] 土地の価格。商品経済の進展によって土地売買が広範化し、地価が成立した。それが一般化するのは江戸時代中期以降である。明治初年の地租改正では、これまでの貢租にかわって地租が課税されることになり、地価がその課税基準とされた。地価は土地収益の多寡によって決定されるが、その算出方法は検査例第1則によれば、田地1反歩の収穫高に米価を乗じて粗収益を算出、そこから種肥代(収穫の15%)、地租(地価の3%)、村入費(地価の1%)を控除した純収益を、一定の利子率(多くは6%程度)で資本還元するのである。この公定地価は地租賦課の基準であり、現実の土地売買価格と一致するわけではなかった。

ちがいだな [違棚] 上下2段の棚板を、左右食違いにつった棚。2枚の棚板の間に海老束をいれ、上段棚板の端に筆返しをつける。書院造の床の間や書院の脇に室内装飾装置の一つとして設けられるもので、上部に天袋、下部に地袋などを備えるものが多い。本来の機能は、茶の湯棚や文具棚などとしてさまざまな道具・工芸品を並べ飾ることにあったが、桃山時代以降そうした機能はしだいに失われ、室内装飾の装置となる。江戸時代の大工書に多種多様な棚の意匠が集められているのはその結果である。

ちがいほうけん [治外法権] 国際法上一定の外国人が、現にいる国の統治権、とくに裁判管轄権や行政権の行使からまぬがれうる特権。1858年(安政5)の日米修好通商条約をはじめとする安政条約において、外国側の領事裁判権、開港場・開市場での居留貿易権、居留地設定、さらに各港細則の領事・奉行間の協議決定などが規定された。関税自主権の喪失とともに不平等条約の中軸をなした。明治政府は居留地および外国人を日本の法権下におくため、近代的法典の整備を図る一方、条約改正を外交の重要課題とした。94年(明治27)イギリスをはじめとする各国と新条約を結び、99年に発効、治外法権は撤廃された。

ちかまつはんじ [近松半二] 1725～83.2.4 江戸中・後期の浄瑠璃作者。本名穂積成章。近松門左衛門とも親交があった大坂の儒学者穂積以貫の次男。2世竹田出雲に師事して竹本座の座付作者となり、1751年(宝暦元)「役行者大峰桜」の初段の執筆が最初。以後絶筆の「伊賀越道中双六」まで57編の作品を残す。対位法的な場面構成、歌舞伎的な技法の導入などに特色がある。

ちかまつもんざえもん [近松門左衛門] 1653～1724.11.22 江戸前・中期の浄瑠璃・歌舞伎の作者。本名杉森信盛。号は巣林子。越前国吉江藩士の次男に生まれたが、父が牢人となり京都に移住。士分を捨てる決意をし、宇治加賀掾のもとで浄瑠璃作者の修業を始める。1683年(天和3)の加賀掾正本「世継曾我」が、確実作の最初といわれる。貞享年間には2歳年上の竹本義太夫との提携を始め、作者としての地位を築いた。93年(元禄6)から約10年間、坂田藤十郎と提携して歌舞伎作者として活躍。1703年、最初の世話浄瑠璃「曾根崎心中」の大当りを機に浄瑠璃作者に復帰、竹本座専属作者として活躍する。作品数は浄瑠璃が90余編(うち世話物が24)、歌舞伎が約30編。ヒューマニズムにもとづく人間ドラマに特色があり、「作者の氏神」として後世に多大な影響を与えた。

ちぎ [千木] 氷木とも。神社本殿の棟の上に突き出した、または取りつけた装飾材で、交差した二つの斜材でつくる。古墳時代の家形埴輪や家屋文鏡にもみられる。神明造の場合は破風が屋根の上につきでてそのまま千木となるが、多くの神社では、棟の上に交差材をおいた置千木になっている。

ちぎょう [知行] 中世～近世、土地を支配し、そこから収益をあげることをさす語。古代では仕事や職務を執行する意味だったが、古代末期に荘園制が成立し、職務とそれにともなう特権や収益を一体視する「職」の秩序が一般化すると、「職」の知行が所領を支配し、収益をあげる意味で多用され、中世の土地支配・土地所有を表現する語として重要視されるようになった。中世の知行の法学的説明としては、占有とみる説や、ゲルマン法のゲベーレと同じく権利と占有の未分離状態の表現とする説など、諸説対立する。中世では現実に知行していることを

当知行，知行を失った状態を不知行とよび，「御成敗式目」8条で，20年以上当知行を続けた者を保護する法も定められた。鎌倉後期以後，荘園制の崩壊にともなって「職」の知行から土地自体の知行へとむかう傾向が強くなり，守護や戦国大名は家臣に土地自体を知行としてあてがうようになった。近世では，将軍から領地を与えられた大名は，これを「領知」するといい，大名から知行地や蔵米を与えられる家臣は，これを「知行」するとよんだ。

ちぎょうあてがいじょう[知行充行状] 主君が家臣に対して所領を与える際に作られる文書。室町時代の守護発給文書としてとくに多く作られ，守護が自署した判物を用いる場合と，下文の様式をとる場合がある。戦国大名は家臣団維持の中核として多量に発給したが，大名によって様式は大きく異なる。江戸時代には，将軍から10万石以上の大名へは判物，それ以下の大名へは朱印状（領知朱印状）で発給された。なお諸藩では判物で発給するのが一般的である。

ちぎょうこく[知行国] 国守となることがはばかられる公卿や高位身分の者に国の知行権（支配権）を与え，収入を得させることを目的とした制度。律令国司制度の変形であるとともに，一種の封禄制度とみることができる。平安中期頃に始まり，院政期に急速な進展をみせ，平氏政権下や鎌倉時代になると平氏一族や将軍に多数の知行国があてられた。知行国を賜与された者は知行国主とよばれ，子弟や側近を国守に申任し，守247や私的に派遣した目代を介して知行権を行使し，収益をあげた。知行国の早い例には，1021年（治安元）に大納言藤原実資による伯耆国がある。知行国は寺に与えられることもあり，室町時代にまで及んだ。

ちぎょうこくしゅ[知行国主] 知行国を与えられた者。子弟や側近を国守として知行権を行使することにより，国内の収納物のうちから公納物を差し引いた分を私益とした。知行国主の権限は受領の場合と同じであり，1人で複数の知行国をもつことも珍しくなく，鎌倉将軍源頼朝は9カ国を知行した。

ちぎょうしょ[知行所] 江戸時代，幕府や大名が地方に知行権をあてがった土地。幕府が大名に与えた土地を領知，御家人に与えた土地を給知とよんだのに対し，幕府が旗本に与えた土地や各藩が地方知行取に与えた土地を当時は知行所といった。ただし，厳密には区別されず，武士の所領を総称して知行所とよぶこともある。

ちぎょうせいど[知行制度] 中世の知行は，正当な由緒ありとの主張にもとづく所職の事実的支配，とする説が有力である。当初，知行制度は，実際に行使されている事実支配を制度化するシステムとして出発した。しかし鎌倉後期以降，実力による知行侵奪を排除し当知行を法的に保護する施策がとられたことによって，知行は権利の問題と密接にかかわることになり，室町幕府や戦国大名のもとで知行制度は所領領有の権利にかかわるシステムに変貌した。近世における知行は石高で表示され，大名には領地（領知），旗本には領地（知行地）または蔵米等を与えた。とくに大名への領地の給付は，将軍の国土領有権の分有であるとみなす説が有力である。

ちぎょうとり[知行取] 給人とも。江戸時代，領主から地方知行があてがわれる者。蔵米取や切米取に対し，領主から一定の土地を給与され，そこから徴収する年貢米などを俸禄とした幕府の旗本や諸藩の上・中級家臣をいう。多くの藩では江戸中期以降減少し，外様の大藩では多く幕末期まで存在した。

ちくごがわのたたかい[筑後川の戦] 1359年（延文4・正平14）8月，筑後国御原郡大保原（現，福岡県小郡市）で征西将軍懐良親王を奉じた肥後の菊池武光ら南朝方と少弐頼尚らの北朝方が衝突した戦い。懐良親王は観応の擾乱による北九州北朝勢力の分裂を利用して勢力を拡張し，55年（文和4・正平10）に頼尚が南朝に帰順した機会に大宰府に進攻し，九州探題一色範氏を追った。しかし59年春に頼尚が幕府方に転じたため，菊池武光を招き本拠地の筑後国府中の高良山（現，久留米市）から北上，大宰府から南下した頼尚と戦った。頼尚は敗退したが，懐良親王も重傷を負い，武光は追撃を断念して肥後に帰還。少弐氏はこれ以後勢力を回復できず，九州の南朝勢力は最盛期を迎える。

ちくごのくに[筑後国] 西海道の国。7世紀末に筑紫国が前後にわかれて成立。現在の福岡県南部。「延喜式」の等級は上国。「和名抄」では御原・山本・御井・竹野・生葉・上妻・下妻・三潴・山門・三毛の10郡からなる。国府は御井郡内を三遷（いずれも現，久留米市），国分寺・国分尼寺も同郡（現，久留米市）におかれた。一宮は高良大社（現，久留米市）。「和名抄」所載田数は1万2800余町。「延喜式」では調庸は綿・絹・布など，中男作物は油や海産物。筑紫国造磐井の墓とされる岩戸山古墳や石人山古墳，日岡・珍敷塚などの装飾古墳，高良山神籠石などの遺跡がある。平安時代末には東寺・太宰府天満宮安楽寺などの荘園が乱立。鎌倉～南北朝期には大友・武藤・北条・今川の各氏などが守

護となり,室町時代にはおおむね大友氏の支配をうけた。江戸時代には久留米・柳川・三池の3藩にわかれる。1871年(明治4)の廃藩置県の後,三瀦県となり,76年福岡県に合併された。

ちぐさただあき [千種忠顕] ?～1336.6.7 鎌倉末～南北朝初期の公家・武将。村上源氏六条有忠の子。学問を好まず武芸や博打にふけったため父から勘当されたという。後醍醐天皇の近臣として討幕計画に加わり,1331年(元弘元)隠岐に流された天皇に従った。33年天皇とともに隠岐を脱出,山陰の兵を率いて赤松則村・足利尊氏らと六波羅探題を攻略。建武政権では参議に昇進,丹波守を兼ね,雑訴決断所の寄人に列した。その栄達ぶりから三木一草の1人に数えられる。36年(建武3・延元元)出家。同年尊氏が九州から上洛すると,後醍醐天皇に従って比叡山にのがれたが,まもなく西坂本で足利直義軍と戦い戦死。

ちくせんじょいほう [蓄銭叙位法] 奈良前期の銭貨普及政策。711年(和銅4)10月発布(12月に庶人・白丁を対象とする追加法制定)。一定額の銭貨を蓄積した者で,その銭貨を政府に納入するのと引換えに位階を与えるもので,売位政策の一種である。『続日本紀』同年11月条に,蓄銭人にはじめて位階を与えたとあるのが実施に関する唯一の史料で,どの程度実施されたかは不明。

ちくぜんのくに [筑前国] 西海道の国。7世紀末に筑紫国が前後にわかれて成立。現在の福岡県主要部。『延喜式』の等級は上国。『和名抄』では怡土・志摩・早良・那珂・席田・糟屋・宗像・遠賀・鞍手・嘉麻・穂浪・夜須・下座・上座・御笠の15郡からなる。国府と国分寺・国分尼寺は御笠郡(現,太宰府市)におかれた。一宮は住吉神社(現,福岡市博多区)。『和名抄』所載田数は1万8500余町。『延喜式』では調庸は布帛や海産物のほか席・甕・塩など,中男作物は薦や海産物。大陸からの文物輸入の門戸にあたるため,弥生時代の板付遺跡,古墳時代の島原祭祀遺跡,那津官家の跡とされる比恵遺跡や,大宰府史跡,鴻臚館跡,膨大な輸入陶磁器を出土した博多遺跡群など重要遺跡が多い。『魏志倭人伝』の奴国・伊都国などの故地でもある。奈良時代には大宰府府官が国務兼帯することもあったが,平安時代以降は分離した。鎌倉時代以降は少弐(武藤)氏が守護になることが多かったが,一時今川了俊,戦国には大内氏が守護になり,大友,ついで小早川氏の支配下となる。1871年(明治4)廃藩置県により福岡県となる。

ちくほうたんでん [筑豊炭田] 福岡県遠賀が・鞍手・嘉穂・田川各郡にわたる日本最大の炭田。遠賀川流域に位置し,南北40km,東西24km。開発は江戸前期の貞享年間(1684～88)といわれ,明治前期に小炭鉱が乱立した。1900年(明治33)頃には三井・三菱・古河・住友などの中央資本と,貝島,安川・松本,麻生などの地場有力資本とが支配的地位を確立,国内出炭の過半を占めた。60年代のエネルギー革命で閉山があいつぎ,深刻な産炭地問題をひきおこした。最後の閉山は77年(昭和52)2月の貝島炭鉱。

ちけん [地券] 地租改正事業で交付され,土地所有権の保証と地租負担義務を表示する証券。地租改正施行前年の1872年(明治5)に発行された壬申地券は,交付作業に諸々の障害が生じたため中途で打ち切られ,地租改正の実施にともなってあらためて別の地券(改正地券)が交付された。地券の記載事項は,所有者名・所在地・地目・段別・地価・地租。この地券制度によって,近代国家における権利と義務との関係が,土地所有権保証と地租納税義務というかたちで確定された。89年の土地台帳制への移行にともない地券は廃止された。

ちこうごういつせつ [知行合一説] 物事の道理や是非の判断ならびにその実践に関する陽明学の一方法。朱子学では,経書に記された聖人の教えを知った後にこれを実行に移すという知先行後説をとるが,陽明学は知と行とを二つにわけるべきではなく,知は行を通してのみ真の知となり,行によって作り出されるものとして知と行との合一を説いた。これは朱子学の経書を重んずる主知主義的態度に対して,陽明学の内面の判断力とそれにもとづく実践的態度の重視を表している。

ちざいほう [治罪法] 明治中期の刑事手続法。1880年(明治13)7月17日公布,82年1月1日施行で,時代的には断獄則例と旧刑事訴訟法の中間に位置する。起草はボアソナードにゆだねられたが,制定段階で陪審制度導入案は削除された。総則,刑事裁判所の構成及び権限,犯罪の捜査,起訴及び予審・公判,裁判の職務・裁判執行,復権及び特赦の6編,480条からなる。治罪法の実施は司法制度の整備を前提としていたが,法律家・裁判所設備の不足に直面し,「便法」とよばれる太政官布告により刑事控訴の停止など一部の規定の実施が凍結された。日本初の近代的な刑事手続の法典である。90年刑事訴訟法の施行により廃止。

ちじ [知事] 主事・執事・悦衆とも。諸僧の雑事や寺院の庶務を行う役職の僧。寺務をとる者の意。禅宗寺院では知事制度が発達し六知事のかたちで整備され,おもに衆僧の修行面を担当する六頭首とともに住持を補佐した。六

知事とは, 都寺すう(事務統轄)・監寺かん(都寺につぐ統轄者)・副寺ふう(会計・財政)・維那いな(衆僧の世話)・典座てん(衆僧の食事係)・直歳しっすい(営繕耕作など)の六つをさす。

ちじ [知事] 各府県の行政長官の官職名。地方長官の呼称は1886年(明治19)までに3回変わる。68年から始まった府藩県の三治制時代では, 直轄地の府県に知府事と知県事をおいた。69年版籍奉還ののち, 旧藩主を知藩事に任命, 廃藩置県後の府県では府は知事(または権知事), 県は令ごん(または権令)を長官とした。86年の地方官官制の制定にともなって, 県令を廃止し府県ともに長官の呼称は知事とした。第2次大戦後の地方自治法でも, 都道府県の長官を知事に統一した。戦前の知事は内務省の任命制度であったが, 戦後は公選制度がとられるようになった。

ちしままれっとう [千島列島] 北海道とカムチャッカ半島の間の弧状列島で, オホーツク海と太平洋を画する。大小23の島および岩礁などからなる。列島の南部と北部にはアイヌの人々が居住し, ラッコやオットセイを捕獲してロシアや蝦夷地えぞちと交易し, 豊かな海産物を得て生活していた。18世紀初頭からロシアが南下し, 天明年間(1781～89)には幕府調査隊が得撫ウルップ島に赴くなど, 日露両国の接触がみられた。1855年2月(安政元年12月)日露通好条約により択捉えとろ島と得撫島の間に国境を定め, 75年(明治8)樺太・千島交換条約により全域が日本領となった。これにともない84年占守シュムシュ島から北千島アイヌ97人を色丹しこたん島に移住させた。第2次大戦後はロシア(旧ソ連)の施政下にある。

ちしゃくいん [智積院] 京都市東山区にある真言宗智山派の総本山。五百仏頂山と号す。院号は根来寺ねごろじが学問所に由来。1585年(天正13)根来寺が豊臣秀吉の攻撃で焼失した後, 徳川家康の庇護を得て豊国社の一部を与えられた玄宥げんゆうが現在地に再興。江戸時代には学問研究の中心として多数の学徒を集めた。国宝の安土桃山時代の障壁画や張即之ちょうそくし筆「金剛経」をはじめ, 多数の寺宝を所蔵。庭園は国名勝。

障壁画しょうへきが もと祥雲寺の障壁画群。祥雲寺は豊臣秀吉が長男鶴松の菩提寺として創建したもので, 障壁画は長谷川等伯とうはくとその一門が描き, 1593年(文禄2)には完成。豊臣氏滅亡後に祥雲寺の堂宇は智積院に与えられた。金地に濃彩で巨木に四季の草花を配した「桜図」「楓図」などは, 桃山時代の典型的な金碧障壁画様式を示す。

ちしょう・じゅえいのらん [治承・寿永の乱] 源平合戦・治承の乱とも。1180～85年(治承4～文治元)源氏と平氏の対立というかたちをとって展開した全国的内乱。56年(保元元)の保元の乱から89年(文治5)の奥州藤原氏の滅亡までをいうこともある。70年代後半に入ると, 平氏の専権に対し, 従来平氏を支持した貴族層を含めた反平氏運動が後白河上皇を中心として高まりをみせた。これに対し, 79年(治承3)11月, 平清盛は上皇を幽閉し, 平氏の独裁体制を確立したが, かえって寺院勢力など, より広範な層の反発を招き, 翌年4月, 源頼政が上皇の第3子以仁王もちひとおうを擁して挙兵, 興福寺・園城寺もこれに呼応した。この挙兵はただちに鎮圧されたが, 諸国の源氏に対して発せられた平氏追討を命じる以仁王の令旨りょうじをきっかけとして, 内乱は全国に拡大。8月17日, 伊豆に配流されていた源頼朝は, 北条時政らと挙兵し, 伊豆国目代山木兼隆を討ったが, つづく石橋山の戦で敗北し, 三浦氏の援助によって安房にのがれた。ここで上総・下総・安房の武士団の協力を得て再起した頼朝は, さらに在地の武士団を糾合, 10月6日には源氏ゆかりの地である鎌倉に入って本拠した。同月20日, 富士川の戦で平氏の追討軍を退けた後は関東における支配の強化を進めた。81年(養和元)閏2月の平清盛の死, 3月の墨俣川すのまたがわの戦以後は, 飢饉のためもあって戦乱の小康状態が続いたが, 信濃で挙兵して北陸道に勢力を広めていた源義仲は, 倶利伽羅くりから峠の戦で平氏軍を破り, 83年(寿永2)7月, 入京。平氏は安徳天皇を奉じて西走した。義仲は上皇と対立し, 頼朝に寿永2年十月宣旨が与えられると, 11月クーデタを敢行した。これに対し, 頼朝は弟の義経・範頼による義仲追討軍を発し, 84年(元暦元)正月, 宇治川の戦で義仲を滅ぼした。さらに平氏追討の宣旨を得た頼朝は, 京都回復をめざして福原に進出していた平氏軍を2月7日, 一の谷の戦で破り, 翌85年(文治元)で, 屋島にのがれた平氏軍を奇襲した屋島の戦によって瀬戸内海の制海権を奪取。3月には彦島に拠る平氏軍を, 伊予・熊野の水軍を擁した義経が攻撃して, 壇ノ浦の戦でついに平氏一門を滅ぼし, 内乱は一応の終結を迎えた。

ちしょうだいし [智証大師] ⇨円珍えんちん
ちしん [智真] ⇨一遍いっぺん
ちそ [地租] 土地を課税対象とする税の総称。狭義には明治初年の地租改正によって定められた金納固定税。税額は地価の3％とされた。地価は土地収益にもとづいて算出されるので, 地租は近代的な収益税としての性格を有する。農民の地租負担は旧貢租とほぼ同水準であったが, 1877年(明治10)に2.5％に減じられると, 15～20％程度の減租となった。地租は新政府にとって重要な財源であり, 70年代後半には租税

収入の70～80％を占め，日清戦争後には50％を切り，昭和初期には10％を切る。1931年(昭和6)地租条例にかわり地租法が制定され，課税基準が賃貸価格に変更された。47年府県税に移管，50年固定資産税にかわった。

ちそかいせい　[地租改正]　明治政府が実施した土地・租税制度の改革。従来の農民的土地占有権を所有権として公認し，土地所有者に地券を交付するとともに，公定地価の3％を地租として課税。1873年(明治6)7月旧賃租水準の維持，土地所有権の公認，地租金納制，地租負担の公平などの近代的な租税理念をもりこんだ関係法令が公布され，実地調査が開始された。地押丈量(土地測量)，等級・収穫量調査，地価算定などが実施され，耕地・宅地は79年，山林・原野を含め81年に終了。農民的土地所有が，地主的土地所有という資本主義社会の基礎となる一元的・排他的な土地所有権が公認され，税負担の公平と租税金納制が実現した。これにより，日本における近代的な土地制度と租税制度の根幹が体制的に確立した。

ちそかいせいじょうれい　[地租改正条例]　1873年(明治6)7月に公布された地租改正関係法令の一つ。太政官布告第272号の別紙として全7条からなる。272号は新税制として地租3％の地租賦課を明言し，条例では豊凶による地租の増減は実施しないこと，田畑は耕地，家作地は宅地と呼称すること，物品税収入が200万円以上になれば地租を徐々に減額し，最終的には地価の1％にまで引き下げることなどが明記された。翌74年には第8条が追加され，5年間の地価据置き規定が加わった。その後2～3の追加・削除が施されたが，84年に地租条例を制定，地租改正条例は廃止された。

ちそかいせいはんたいいっき　[地租改正反対一揆]　1873年(明治6)以降実施された地租改正作業に対して，一揆の形態をもって抵抗した反対運動。ピークは76年で，茨城・三重・和歌山などの各県で一揆が発生した。いずれも多数の農民が参加し，政府に地租改正事業遂行への大きな危機感を抱かせ，翌年1月の減租詔書を引き出した。これらの一揆は，76年の米価下落にともなう代金納の困難をきっかけとして発生しており，地位等級決定や地価算定に対する反対が主因ではなく，しばしば戸長・戸長への攻撃を含む新政反対一揆としての側面もいっていた。他方，石川県(現，福井県)越前7郡，愛知県春日井郡などでは一揆形態をとらない地租改正事業そのものへの反対運動が展開された。

ちちぶさんじゅうよんしょかんのん　[秩父三十四所観音]　埼玉県西部の秩父地方の山間にある観音霊場。西国三十三所観音にならって室町時代に秩父巡礼が成立したといわれ，現在の32番札所法性寺には，1488年(長享2)の札所番付が伝存し，1番秩父巡礼，2番坂東巡礼，3番西国巡礼とある。この札所番付には秩父の人が巡拝しやすいように現在の秩父神社の秩父妙見宮を囲むように33番までの順序が記される。16世紀初め頃に札所1カ所が加えられて日本百観音が成立。30番札所法雲寺にある1536年(天文5)の納札に「奥州葛西住赤萩伊豆守平清定」「西国坂東秩父百カ所順礼只一人」とみえる。西国・坂東・秩父の各三十三所に一所を加えた百観音詣の流行について，巡礼順序も江戸方面の巡礼者に便利なように改められた。

ちちぶじけん　[秩父事件]　1884年(明治17)11月に埼玉県秩父地方でおきた中農自由党員・貧窮農民(困民)による本格的かつ組織的な武装蜂起事件。養蚕・生糸生産を主産業とする秩父地方は松方デフレの影響を最も強くうけた地域で，借金農民の負債返済方法の緩和運動は84年に入ると質的にも量的にも拡大した。当初は債権者や郡役所への請願という合法的な運動が続けられたが，いずれも拒否され，10月になると蜂起への準備が進められた。決行予定日は11月1日であったが，10月31日一部農民が決起，警官隊と衝突し，事実上戦闘が開始された。困民軍は一時全秩父を支配下におくほどの勢いを示したが，警察の態勢の確立，軍隊・憲兵の出動，困民軍指導部の動揺と混乱などにより，月半ばには壊滅した。負債の年賦返済・諸雑税廃止といった生活次元の要求を基底にしつつ，村・県・内務省への要求を掲げたこと，きびしい軍律のもとに行動したことなどに特色がある。なお，この事件の理解・評価については，自由民権運動の一環とする見方と，伝統的な負債弁済をめぐる農民騒動の性格を重視する見方とが対立している。

ちちわミゲル　[千々石ミゲル]　1569/70～?　天正遣欧使節の正使の1人。肥前国千々石生れ。1580年(天正8)受洗。82年遣欧使節が企画されたとき，有馬晴信の従兄弟で大村純忠の甥という関係から有馬・大村両氏の名代に選ばれた。ポルトガル，スペイン，ローマなどに赴き，使節としての使命をはたす。帰国後の91年イエズス会に入会したが，のち棄教して大村・有馬両氏に仕えた。しかしいずれからも追放され，晩年は不遇だったらしい。

ちっきょ　[蟄居]　中世～近世の武士や公家に科せられた刑罰。謹慎のため自宅にこもること。通常は領主などから命じられて謹慎をさしたが，みずから自宅で謹慎して刑の宣告を待つ場合や不平不満がつのり進んで自宅に閉じこもることも称した。中世では，他の刑が付加される場合が多く，近世では，蟄居・蟄居隠居

(押隠居)・永蟄居などの種類があった。江戸後期に林子平や渡辺崋山らが蟄居に、徳川斉昭が永蟄居に処せられた事例が有名。1870年(明治3)の新律綱領の頒布により行われなくなった。

ちつろくこうさい [秩禄公債] 明治初年に家禄・賞典禄奉還者に交付した国債。1874年(明治7)制定の家禄引換公債証書発行条例にもとづく。年利8％、償還期限9年。73年に家禄税とともに家禄奉還制度が実施され、奉還希望者に対し授産資金として永世禄は6年分、終身禄は4年分、年限禄は年限に応じ1.5～4年分の禄高を石代相場で換算し、約半分を秩禄公債で支給した。74年から公債発行を開始したが、75年に奉還制度廃止のため、翌年発行を停止。3年間に約14万人に対して額面1656万円の公債を交付し、84年までに償還を終了。

ちつろくしょぶん [秩禄処分] 明治初年、江戸時代の俸禄を引き継いだ家禄や維新の勲功者に与えた賞典禄を廃止した政策。廃藩置県後も明治政府は華族・士族などに家禄・賞典禄を支給していたが、歳出の3分の1を占めていたために廃止が問題となった。外国公債を利用した家禄廃止案は挫折したが、1873年(明治6)に漸進的措置として家禄奉還とともに家禄税を導入し、禄高を20％削減した。しかし米価上昇などで実質的な財政負担は変わらなかったため、75年に過去3年間の石代相場で換算した現金支給(金禄)に改めたうえで、76年に金禄公債を発行して最終的に廃止する方針を決定。地租改正とともに封建的領有権が解体され、近代的土地所有権が確立した。

ちてんのきみ [治天の君] 治天下の君とも。朝廷政務の実質的指導者の地位にある天皇家の人の称。院政が成立し、天皇の地位と朝廷の実質的指導者の地位が分離する政治形態が常態化すると、その指導者をとくに治天の君と称するようになった。院政のもとでは、原則として本院(ほんいん)が治天の君であり、天皇親政下では天皇本人が治天の君の地位にあった。

ちどうかん [致道館] 出羽国鶴岡藩の藩校。1804年(文化元)城下御持筒(おもち)町に聖廟などを建設、徂徠(そらい)学派の白井重行を祭酒(さいしゅ)として開校、藩士に儒学・軍学の聴講を命じた。12年三の丸に移し句読所などを増設、職制を定め初等から高等教育までの教科(和学・漢学・兵学・諸武芸)を設けた。

ちどりしきつぼなみ [千鳥式坪並] 条里制において、6町四方の方格(里)に1から36までの番号をつける際、一筆書のように連続して行う方式。6町ごとに平行して番号を付すことを平行式坪並という。

ちのわ [茅の輪] 菅貫(すがぬき)とも。災厄や疫病除けに用いる祓(はらえ)の具の一つ。夏越の祓と
もいう6月の祓に使用する茅(ちがや)や菅(すげ)を束ねて輪にしたもの。「備後国風土記」逸文の蘇民将来説話に起源がのべられ、茅の輪を腰につける人は災厄をまぬかれるとある。中世には宮中や神社で大きな輪を作り、これをくぐれば除病・延命を得るといい、暑気を無事にこす行事の呪具として定着。現在でも全国各地でみられる。

ちばけん [千葉県] 関東地方の南東部に位置する県。旧安房・上総両国と下総国の大部分を県域とする。1868年(明治元)安房・上総では駿河・遠江・三河から移された7藩を加えて15藩、70年下総では下野国高徳藩が移され曾我野藩となり9藩がおかれた。また68年旧幕領を管轄する安房上総知県事・下総知県事がおかれたが、翌年それぞれ宮谷(みやざく)県・葛飾(かつしか)県と改称。71年廃藩置県後の11月安房・上総の諸県は木更津(きさらづ)県、下総の諸県は印旛(いんば)県に統合され、下総東部の3県は新治(にいはり)県に属した。73年木更津県と印旛県が合併して千葉県となり、県庁を千葉におい た。75年新治県の廃県にともない利根川以南の下総3郡を編入、他方、旧印旛県管下の利根川以北を茨城県に、葛飾郡の一部を埼玉県に移管し、現県域が確定した。

ちばし [千葉氏] 古代末～中世の下総国の豪族。桓武平氏良文流。所領千葉荘(現、千葉市周辺)の名を苗字とした。良文の子孫常胤(つねたね)は下総権介に任じられ、以後代々千葉介を称した。常胤は、鎌倉幕府創設に尽力し、その功により下総国守護に任じられ、陸奥・薩摩・肥前など諸国に所領を得た。子孫は九州をはじめ各地に分散。嫡流は、南北朝期には足利方につき、下総国守護職を保ったが、1454年(享徳3)享徳の乱で一族が分裂抗争し衰微。戦国期には、里見(さとみ)氏の圧迫に苦しめられ、のち後北条氏に従った。1590年(天正18)豊臣秀吉の小田原攻めにより所領を没収され、宗家は断絶。一族には肥前千葉氏のほか、相馬・武石(たけいし)・大須賀(おおすが)・国分(こくぶん)・東(とう)など諸氏がある。→巻末系図

ちばしゅうさく [千葉周作] 1794～1855.12.13 江戸後期の剣客、北辰一刀流の創始者。諱は成政(なりまさ)。陸奥国栗原郡花山村の北辰夢想流を唱える家に生まれ、旗本喜多村氏に仕えた。剣術を小野派一刀流の浅利義信に学び、その後独立して北辰一刀流を創始。江戸日本橋品川町に道場玄武館を開き、のち神田お玉が池に移った。天保年間に水戸弘道館に出張教授した縁で水戸藩士に登用され、1841年(天保12)には高100石、馬廻役に取り立てられ、中奥まで進んだ。

ちばたくさぶろう [千葉卓三郎] 1852.6.17～83.11.12 明治期の自由民権家。「五日市憲法草案」の起草者。仙台藩の下級士族の家に生ま

れ、戊辰戦争に参戦。のち離郷して医学・儒学・洋算・キリスト教などを学ぶ。神奈川県五日市町(現、東京都あきる野市)で小学校教師をしながら民権運動に参加し、指導的役割をはたす。

ちばつねたね[千葉常胤] 1118.5.24～1201.3.24 平安末～鎌倉初期の武将。桓武平氏良文流の千葉常胤の子。下総国千葉荘に住み、千葉介・下総権介と称する。1135年(保延元)同国相馬御厨を相続、その支配をめぐり国守藤原親通や源義朝・平常澄と対立。その後、義朝に従い保元の乱にも参加するが、義朝の死後、佐竹氏に相馬御厨を奪われる。80年(治承4)石橋山の敗戦後、房総にのがれた源頼朝を迎え、国内の敵対勢力を制圧し、鎌倉入府を進言した。同年頼朝の佐竹討伐により相馬御厨の支配を回復。84年(元暦元)源範頼に従って平家追討のため西海に下り、89年(文治5)東海道大将軍として奥州合戦に出陣。のち下総国守護。頼朝に厚く信頼された幕府創業以来の功臣。

ちはやじょう[千早城] 千剣破城・茅葉屋城・金剛山城とも。大阪府千早赤阪村にあった楠木正成が詰の城とした南北朝期の山城。下赤坂城落城後、1332年(元弘2)の正成の再挙兵のときに築造された。上赤坂城の落城後は正成の本拠となり、幕府軍の攻撃に最後まで落城しなかった。「太平記」には、正成が千早城を舞台とし、奇策で幕府軍を悩ませたようすが記される。南北朝期にも楠木氏が拠ったが、92年(明徳3・元中9)正勝が畠山基国に攻められて落城し廃城。金剛山から延びる標高673mの尾根に位置する。南北朝期の城らしく、郭の削平は不十分なところが多い。二の丸跡に千早神社が祭られる。国史跡。

ちはんじ[知藩事] 明治初期の地方長官の職名。1869年(明治2)6月17日の版籍奉還後、明治政府は旧封地の藩主を知藩事に任命し、従来どおり藩内の行政や藩兵の管理を行わせた。しかし政府任命の行政官となったことにともなって、同月25日の改革によって家禄が封地実収石高の10分の1と定められ、重職の進退には奏請が必要とされた。廃藩置県とともに廃止され、旧藩主らは東京貫属を命じられた。藩名を冠するときは藩知事とよぶ。

ちほうかいりょううんどう[地方改良運動] 日露戦争後の経済不況期に内務省が進めた地方財政と生活習俗の改良促進政策。1908年(明治41)戊申詔書の発布以後、郡市町村に対し部落共有林野の統合による町村基本財産の造成、由緒不明の神社・祠殿の整理、部落祭礼と休日慣行の整理、町村農会による農事改良の活発化、町村ごとの実行計画としての町村是の策定などを奨励した。そのなかで報徳社運動が賞揚された。また青年会を町村単位に再編し、町村長・小学校長の指導下に活動させること、産業組合が勤倹貯蓄に役立つことが期待された。

ちほうかんかいぎ[地方官会議] 明治前期に行われた府県行政長官による会議。1873年(明治6)大蔵省開催の地方官会合を含め全部で4回開かれた。当時の民撰議院論に対応し、太政官が立法議会として毎年1回開くことを74年に布達した。開設は翌75年大阪会議の決定をうけたもので、第1回は同年6月20日から地方民会問題などを審議した。2・3回目は78年4月、80年2月に開かれ、三新法について論議した。

ちほうじちほう[地方自治法] 日本国憲法が保障した地方自治実現のため1947年(昭和22)に制定された地方自治の基本法。旧憲法で国の地方行政機関であった府県を自治体化するため、従来の都道府県制、市制・町村制などと地方官制を統合して制定され、地方公共団体の組織と運営、国と地方公共団体の関係の基本を規定する。制定直後から頻繁に改正されたが、50年までは地方自治強化の方向がみられたが、講和後は自治行政の簡素化・能率化の見地からの改正に重点がおかれた。その後も地域開発や広域行政への対応や住民の要求に対処するための法改正も行われている。

ちほうぜい[地方税] 地方公共団体が賦課する租税の総称。明治初年の租税は江戸時代の制度・慣習を継承して、地方経費は雑税(府県経費のみ)と民費(府県・大小区・町村)で調達された。1875年(明治8)に雑税を府県税に改めて国税との境界を明確にし、78年の三新法には、府県税・民費を府県経費負担の地方税と区町村経費負担の協議費に改編。88年の市制・町村制、90年の府県制施行により、地方税を府県税、協議費を市町村税とし、国税などに付加して徴収される付加税を中心とする第2次大戦前の制度が確立された。40年(昭和15)には地域間の格差を是正するため地方分与税(地方交付税の前身)を導入。第2次大戦後はシャウプ勧告により地方財政を強化するため、50年に付加税中心から独立税体系に転換した。

ちほうぜいきそく[地方税規則] 明治前期に三新法の一つとして制定された地方財政法。1878年(明治11)7月公布。府県税および民費が地方税とされた。地方税の種類としては、地租5分の1以内の国税地租付加税、営業税・雑種税・戸数割が法定され、警察費・府県立学校費・府県会議費など12項目が支弁費目に計上された。会計年度は7月から翌年6月までとし、府知事および県令が編成して提出する予算について府県会が議決した。このような組織的な地方財政制度の形成は地方財政の秩序回復に役立

ったが，府県財政の偏重と委任事務の増加といった日本の地方自治制度の基本的矛盾も生みだした。1926年(昭和元)廃止。

ちほうみんかい [地方民会] 民会とも。明治初期の開明的地方議会。法令による規定がなされる以前の府県会・大小区会・町村会の総称。1872年(明治5)頃から民情把握のため区戸長会が開かれ始め，73年以降各地で県会・区会・町村会が公選議員によって構成された。75年の第1回地方官会議では区戸長会の設置が議決されたが，その後民権運動の高揚を背景に公選民会設置の動きがみられ，78年府県会規則・郡区町村編制法の制定により，府県会・町村会にとってかわられた。

ちもりのしょう [道守荘] 越前国足羽(あすわ)郡にあった東大寺領初期荘園。荘域は福井市西部の足羽川・日野川間一帯とされる。749年(天平勝宝元)に東大寺使らが占定した野地(北半部)と，数年後に生江東人(いくえのあずまひと)が寄進した墾田100町(南半部)からなる。総計380町程度で，越前国の東大寺領荘園では最大。西南部に荘所がおかれ，譜第(ふだい)郡司である生江氏一族が経営に関与した。藤原仲麻呂政権下では仲麻呂と東大寺の対立や船王や国司の一族，農民などによる寺田蚕食・用水妨害が生じて経営は難航した。道鏡政権下では寺領が回復され一円化も進んだが，10世紀末までには荒廃。766年(天平神護2)の絵図が現存。

ちゃ [茶] 嵯峨天皇の代に朝廷で栽培して製茶をした記録があるが，そのときの製法は中国伝来の団茶(だんちゃ)であったらしい。鎌倉時代，栄西(えいさい)が宋で流行していた抹茶をもたらし，禅寺を中心に薬用や覚醒用として普及した。これをもとに茶の湯が発展し，千利休によって大成されるが，これとは別に，自家製のいわゆる番茶が庶民の飲物として，茶樹が自生する地方で広く利用された。九州では結納のことを茶入れといい，番茶を嫁方に贈る習慣がある。茶粥などのように主食に準じる食物のベースとして茶を利用する地方も多い。茶を喫することが団欒(だんらん)やもてなしの象徴としたり，たんなる飲料としてだけでなく，食全般や社会生活のなかで大きな位置を占めている。

ちゃかい [茶会] 飲茶を楽しむ会。古くは寺院の献茶儀式の集りから始まった。のち茶事(ちゃじ)とか茶の湯興行・茶寄合いなどといわれた。南北朝・室町時代の茶会はもっぱら闘茶(とうちゃ)会をさす。「二水記」の享禄3年(1530)11月条の「午後向 正親町第 有 茶会」の記事が初見。茶道成立後はその種類も多くなり，昼・夜・暁・朝・飯後(はんご)・不時(ふじ)・跡見(あとみ)・独客の各茶会がある。また季節によって大福・風炉(ふろ)・名残・口切りの茶会にわけられる。いずれも主客の一座建立(いちざこんりゅう)と一期一会(いちごいちえ)の観念が重視される。

ちゃくし [嫡子] 家あるいは家督を継ぐ者。言葉としては律令にすでにみられ，原則として正妻の長男を意味した。唐令を基にした律令では規定上嫡子が優遇されていたが，当時の社会では事実上この規定は機能していなかった。鎌倉時代には，武士団の一族一門を統率する地位を家督といい，この家督を受け継ぐ者を嫡子といった。嫡子は，嫡出の長男とはかぎらず，嫡出・庶出を問わず能力によって決められることもあった。室町時代以降は，長男単独による家督相続が一般的となり，江戸時代の武家の間ではそれが制度化した。そのため原則として嫡出の長男が家督を相続することになり，これを嫡子とよんだ。

ちゃくとうじょう [着到状] 中世，地頭・御家人が変事が発生した際，催促をうけあるいは自発的に馳せ参じたときに提出する文書。何の件で馳せ参じたのかを記して奉行所に提出するものと，「着到」から書きはじめて馳せ参じた者の氏名を書き連ね「着到如件」と結ぶものの2種類がある。提出したから着到帳に記載してもらい，勤務を終えた後は「承了」「一見了」などの証判をもらって返してもらう。室町後期には「着到」と記して軍忠を書き連ねる着到軍忠状にとってかわられ，15世紀前半に，姿を消する。

ちゃくも [着裳] 裳着(もぎ)とも，中国風に初笄(しょけい)とも。公家の女子が成人したのを祝ってはじめて裳を着する儀式。通過儀礼の一つで，男子の元服に相当。12～14歳頃に行うのがふつうで，これによって結婚の資格を得たとみなされた。儀式は吉日を選んで夜間に行われる例であった。腰結(こしゆい)・結髻(けっけい)・理髪などの役があって，髪上げをして，裳を着せ，腰ひもを結ぶ。平安時代の着裳の儀式には屏風絵などが調進され，和歌が詠まれた。

チャシ 北海道から千島・サハリンの各地にアイヌの人々がチャシとよぶところがある。それは川や湖・海などに面して突きでた，見通しのよい台地上などにあることが多く，溝や土塁で囲まれている。アイヌ同士の争いや倭人との争いの伝承をもったり，英雄の居館または祭祀の場であったりする。発掘調査によって，近世の陶磁器・漆器・鉄器などが発見されることが多い。チャシの成立や初現年代はまだ今後の研究課題であり，個々のチャシがアイヌ民族史のなかでどのような位置を占めていたかも明らかにされねばならない。

ちゃどう [茶道] ⇨茶道(さどう)

ちゃのゆ [茶の湯] 喫茶を中心とした室内芸能。仏前への献茶儀式に由来し，その起源は仏教伝来と同じ頃と考えられるが，文献の上では

空海の「奉献表」(814)にある「茶湯」が古い。室町中期の茶の湯の成立期から使われだし、千利休の時代になると一般に茶の湯の語が普及。江戸時代には「茶の湯」も「茶道」もほぼ同じ意味で使用。その後は精神的修行の一貫としての意識が強くなり、「茶道」の語でほぼ統一された。茶の湯については、禅宗の影響を強くうけていることから精神修養の一貫としてみるもの、主客一体となって芸術舞台をつくるにも似た室内芸術という見方、「寄合性」の強い日本文化の純粋な表現とするなど多様な見解がある。

ちゃや [茶屋] 16世紀に出現した通行人に湯茶を売る休憩所を起源とし、以後多様に分化、発展した飲食・貸席業の総称。飲食系は掛(かけ)茶屋・水茶屋から料理茶屋などへ発展し、貸席系では待合(まち)茶屋・出合(であい)茶屋・泊り茶屋などが現れた。特殊な形態には遊廓内の編笠茶屋・引手(ひき)茶屋、さらに芝居茶屋・相撲茶屋・墓屋などがある。明治期以後は欧米の同種営業形態の影響をうけ、コーヒー店・食堂などへ変貌。なお茶屋遊びというときは、関西の遊廓で中以下の妓と遊ぶ天神茶屋や私娼街の色茶屋をさす。

ちゃやしろうじろう [茶屋四郎次郎] 1542～96.閏7.27 近世初頭の豪商茶屋家の初代当主。名は清延(きよのぶ)。京都の呉服商茶屋四郎左衛門明延の子。若年から徳川家康の側近として戦陣に従い、軍需物資の調達や上方筋からの情報伝達にもあたった。豊臣秀吉政権下では、家康のために諜報活動をしたり、豊臣氏との調停をはかるなどしている。家康の朝廷工作にかかわり、関東への領地替では江戸町割を担当し、江州代官も勤めた。以後、茶屋本家当主は代々四郎次郎を襲名している。

ちゃよりあい [茶寄合] 農村での飲茶を中心とした集りを語源とする。中世以後、茶の本非を判別して勝負を競う闘茶(とうちゃ)の集りをいうようになった。1336年(建武3・延元元)の建武式目に「或ハ茶寄合ト号シ(中略)、莫太ノ賭ニ及ブ」とあり、「太平記」に「衆ヲ結ビテ茶ノ会ヲ始メ、日々ニ寄合」とあるので、社会の混乱と贅沢の象徴として批判の対象であったことが知られる。

ちゅうおうきょういくしんぎかい [中央教育審議会] 1952年(昭和27)6月、文部省に設置された教育に関する総合諮問機関。通称中教審。文部大臣の諮問に応じて、教育・学術・文化に関する重要施策について調査審議し、またこれらについて文部大臣に建議した。委員は内閣の承認をへて文部大臣が任命し、定数20人以内。「教科書制度の改善方策について」「教員の政治的中立性維持に関する答申」など全部で27の答申を行ったが、大部分が法制化され、また教育行政に反映されるなど、実質的に日本の教育政策制定の中枢的存在であった。84年内閣直属の臨時教育審議会の成立以降その存在意義を失い、休眠状態に陥っていた。90年(平成2)から第14期が活動再開、二つの答申を出した後、再度休眠状態に入った。

ちゅうおうこうろん [中央公論] 明治期～現代の総合雑誌。1887年(明治20)浄土真宗本願寺派の学生の修養団体反省会の機関誌「反省会雑誌」として京都で創刊。92年「反省雑誌」と改題、99年発行所を東京に移し、「中央公論」と改題、宗門から独立した総合雑誌としての性格を強めた。1903年末滝田樗陰(ちょいん)が編集にたずさわって文芸欄を充実させると、急速に発行部数を伸ばし、文壇の登竜門としての権威をもった。論壇においても指導的な立場にあり、大正期には吉野作造らを起用し大正デモクラシー論議の中心舞台となった。昭和に入り横浜事件などの言論弾圧をうけ、44年(昭和19)中央公論社に対する解散命令により廃刊。46年1月に復刊し現在にいたる。

ちゅうかじんみんきょうわこく [中華人民共和国] 抗日戦争・内戦をへて1949年10月1日に成立した国家。3直轄市・22省・5自治区がある。97年の香港返還、99年のマカオ返還により、アヘン戦争以来の半植民地的地位を完全に脱した。内政の機構は全国人民代表大会(立法)・国務院(行政)・人民法院(司法)となっているが、中国共産党の政治指導下にある。実質的な権力者は1976年までは毛沢東、78年までは華国鋒(かこくほう)、それ以降は鄧小平(とうしょうへい)。日本は第2次大戦後国交回復の相手国として中華民国(台湾)を選択したため、72年9月の日中国交正常化まで国交はなかった。

ちゅうがっく [中学区] ⇒学制(がくせい)

ちゅうがっこう [中学校] 第2次大戦前の旧制中学校と、戦後の1947年(昭和22)に発足した新制中学校があり、両者は性格・機能ともに大きく異なる。(1)旧制中学校は高等普通教育を目的とした男子中等教育機関。1886年(明治19)の中学校令により、2年制の官立の高等中学校(94年に高等学校と改称)と、府県立の5年制尋常中学校(99年に中学校と改称)の2段階にわかれ、99年の中学校令改正により、中学校は「男子ニ須要ナル高等普通教育」を目的とする5年制の学校となった。1943年(昭和18)には高等女学校・実業学校と制度上統一され、修業年限は4年となり、そのほとんどが48年発足の新制高校に改編された。(2)新制中学校は学校教育法により中等普通教育を目的とする3年制の義務教育機関で、47年4月発足。その前身の多くは国民学校高等科や青年学校であり、旧制中学校と

の連続性は少ない。

ちゅうがっこうれい [中学校令] 明治中期～昭和前期の尋常中学校・高等中学校の基本を定めた勅令。1886年(明治19)4月10日公布。94年6月の高等学校令の公布で高等中学校が高等学校になり、尋常中学校の規定だけが残された。99年の改正により尋常中学校は中学校と改称、「男子ニ須要ナル高等普通教育」を目的とした。同時に高等女学校令・実業学校令が公布され、従来中学校の一種とされた高等女学校が分離、実業教育コースも中学校令の適用から外された。1943年(昭和18)中等学校令公布により廃止された。

ちゅうかみんこく [中華民国] 辛亥革命後の1912年から49年まで中国大陸に存在した国名。民国の歴史は、北洋軍閥支配時代と国民党時代に区分できる。北伐軍は国共合作などにより、28年末までにほぼ全国を統一。主席・陸海空軍総司令に就任した蔣介石は31年5月に国民党による一党独裁制を定めた。数度の危機にみまわれたが、蔣の国民政府は道路建設、ドイツ人軍事顧問による軍の近代化、幣制改革・関税改革・紡績業育成に成功した。しかしこの蓄積は日中戦争によって壊滅的な打撃をうけた。第2次大戦後、中国共産党は蔣政権との内戦に勝利、49年中華民国を倒壊させた。蔣らは台湾に拠り、ひき続き中華民国を称した。

ちゅうがんえんげつ [中巌円月] 1300.1.6～75.1.8 鎌倉後期～南北朝期の禅僧。別号は東海一漚子など。俗姓土屋氏。鎌倉生れ。16歳で曹洞宗宏智派の東明慧日の会下に入り、1325年(正中2)渡元。東陽徳輝に参禅し、32年(元弘2)帰国。翌年、「原民」「原僧」を著して後醍醐天皇に経綸を進言。39年(暦応2・延元4)上野国利根荘吉祥寺建立に際し臨済宗大慧派の東陽徳輝の法を嗣ぐことを表明、以後宏智派の迫害を受けた。42年(康永元・興国3)再び渡元を企てたがはたせなかった。諡号は仏種慧済禅師。漢詩文集「東海一漚集」、自記年譜「中巌和尚自歴譜」。

ちゅうきょうてんのう [仲恭天皇] 1218.10.10～34.5.20 在位1221.4.20～7.9 順徳天皇の皇子。名は懐成。母は九条良経の女東一条院立子。1221年(承久3)父順徳天皇が後鳥羽上皇の倒幕計画に協力するため譲位し、4歳で践祚。同年の承久の乱後、即位礼も大嘗祭も行われないまま鎌倉幕府によって退位させられたので、半帝・九条廃帝と称された。退位後は伯父道家、母立子のもとですごした。1870年(明治3)仲恭天皇と追謚された。

ちゅうぐう [中宮] 皇后の居所の意。大宝令では闕字の扱いをうけ、さらに太皇太后・皇太后や太皇太妃・太皇太夫人・皇太妃・皇太夫人までも含むキサキ、およびその居所の総称となった。また桓武天皇の生母で皇太夫人となった高野新笠が中宮職を付置され中宮と称されてから、中宮職を付置された皇太夫人のなかには中宮と称された例もある。その後、一条天皇のときに二后並立制が成立すると、皇后宮職を付置された皇后を皇后と称し、中宮職を付置した皇后を中宮と称するのが例となった。なお「続日本紀」には殿舎域としての中宮がみられるが、宮内の位置にもとづく場合と中宮の居所にもとづく場合が考えられ、前者の考えによって中央区画の大極殿域に比定する説がある。

ちゅうぐうじ [中宮寺] 鵤尼寺・法興尼寺とも。奈良県斑鳩町にある聖徳宗の尼寺。聖徳太子の母穴穂部間人皇后の宮跡に太子が建立したと伝える。はじめ現在地の東方にあり、四天王寺式伽藍配置だった。1274年(文永11)当寺に住した興福寺の尼信如が法隆寺綱封倉から天寿国曼荼羅繡帳を発見し、その修理を行うなど復興を図った。以後たびたび火災にあい、16世紀の天文年間に法隆寺東院の山内子院であった現在地に移り、やがて宮家の皇女が住持を勤めた。

半跏思惟像 寺伝では如意輪観音像と伝えるが、この期の半跏思惟像は弥勒菩薩である可能性がある。材は8世紀半ば以前の木彫像の通例である樟を用いるが、特異な木寄せがみられる。現在表面は黒漆であるが、本来は彩色像。造像年代は7世紀後半と考えられる。像高87.0cm。国宝。

ちゅうぐうしき [中宮職] 令制の中務省所管の官司。中宮の伝達命令などの庶務のほかに家政も処理した。職員令では大夫(従四位下相当)1人・亮1人・大進1人・少進2人・大属1人・少属2人と、舎人400人・使部30人・直丁3人。令制では皇后・皇太后・太皇太后の付属職司とされるが、8～9世紀は実質的には皇太夫人に設置された。10世紀に令制に復したが、999年(長保元)以降は皇后と併立された中宮に設置した。

ちゅうげん [中間] 平安時代以降、公家・武家・寺家などに仕えた従者。侍(殿原)と小者の中間に位置し主人の弓・箭・剣などをもって供した。江戸時代には仲間とも書き、武家奉公人の一種別で、足軽の下で小者の上。戦時には兵糧・武器の運搬、平時には主人の供廻や諸役所の雑務に従事。農村や城下町から年季の奉公人として雇用される場合が多く、江戸では人宿などから供給された。中間頭のもと数組に編成され、藩邸内では中間部屋などの大部屋で集団生活した。また幕府の中間は役高15俵1人扶持、譜代席で540～560人ほどおり、大・中・小の3組に編成されていた。

ちゅうこうどき [注口土器] 注ぎ口のついた土器で、縄文中期末葉～晩期に東日本を中心に分布。壺形・土瓶形・瓢箪形・浅鉢形などの形がある。またこれとは別に、新潟県室谷洞窟からは草創期の、熊本県瀬田裏遺跡からは早期の押型文土器の注口土器が出土し、前期にもその類例が知られる。典型的な注口土器が普遍的にみられるようになるのは後期中葉からである。

●・・注口土器

ちゅうごくかくめいどうめいかい [中国革命同盟会] 正式には中国同盟会。中国の革命派の政党結社。興中会・華興会・光復会の三派連立で、1905年(明治38) 8月20日に東京で結成。孫文が総理に就任し、執行・評議・司法の3部を設けた。「駆除韃虜、恢復中華、創立民国、平均地権」を基本綱領に定め、機関誌『民報』を発刊し、三民主義を喧伝した。国内外の支部を54に拡大、多数の武装蜂起を指導した。11年辛亥革命を成功に導き、12年8月国民党に改組。

ちゅうごくきょうさんとう [中国共産党] 中国の政党。1921年7月に上海で結成。24年1月、党員が個人的に国民党に加入する方式で第1次国共合作を実現。27年蔣介石の反共クーデタによる合作分裂後、南昌暴動・秋収蜂起などの武装蜂起に失敗、農村根拠地建設の方向に転じた。35年1月の遵義会議以降、毛沢東が党の指導権を掌握。日中戦争期には一致抗日の第2次国共合作を推進。延安整風運動をへて、45年第7回代表大会において、毛沢東思想が指導的地位を確立した。第2次大戦後、土地革命を展開し、国民党政府を台湾に駆逐し、49年中華人民共和国を設立。その後三反五反運動・反右派闘争・文化大革命などの政治運動を展開、78年以降経済建設に政策の中心を移している。

ちゅうごくこくみんとう [中国国民党] 1919年に成立した中国の政党。前身は中国革命同盟会・国民党およびそれを改組した中華革命党。5・4運動後、孫文は中華革命党を中国国民党と改称。1923年以降コミンテルンの意見をいれて、24年1月、第1回全国代表大会で連ソ・容共・農工扶助の政策を確立した。27年の反共クーデタをへて第1回国共合作は崩壊。その後、蔣介石は「攘外安内」の方針のもとで共産党弾圧を続行したが、西安事件以後は一致抗日の政策に転じ、第2次国共合作が実現した。共産党との対決に失敗したのち台湾に逃避、蔣介石の独裁支配を75年まで維持した。88年台湾出身の李登輝が総統に就任し、自由化政策に転じた。96年3月初の台湾総統直接選挙に李登輝が率いる国民党が圧勝し、新しい台湾の将来を模索しはじめた。

ちゅうごくざんりゅうにほんじんこじ [中国残留日本人孤児] 第2次大戦終了直後の中国東北部で、肉親と離別し中国人に養育された大戦終了当時12歳までの日本人をいう。1972年(昭和47)に日中国交が正常化されて、厚生省は75年から孤児の公開調査、81年からは孤児を日本に招く方式での身元調査を開始した。82年厚相の私的諮問機関として中国残留孤児問題懇談会が発足。調査は87年3月の第15次第2班(吉林省・遼寧省)来日まで続けられた。同年11月第1回補充調査で肉親探しが再開され、96年(平成8)までに延べ2024人が来日したが、身元判明率はしだいに減少した。

ちゅうごくじ [中国路] 山陽路・西国街道とも。東海道に続き、瀬戸内海に沿う街道。古くは官道として位置づけられ、九州大宰府と都を結ぶ山陽道と称して重要視されたが、江戸時代には幕府道中奉行の管轄からはずれ、脇往還の一つとなったため、起・終点は明確でない。京都または大坂から下関、もしくは豊前国大里り・小倉までと諸説がある。参勤交代の西国大名や長崎奉行などが通行。下関・尾道・兵庫などは並行する瀬戸内海路の結節点でもあった。

ちゅうごくじんきょうせいれんこう [中国人強制連行] 太平洋戦争中に日本国内の労働力不足を補うため、日本へ中国人を強制的に連行したこと。政府は1942年(昭和17)11月の閣議決定で強制連行を試験的に開始。44年2月28日の次官会議で「華人労務者内地移入ノ促進ニ関スル件」が決定されると、同年3月の「昭和十九年度国家動員計画需要数」に3万人の中国人労働者を計上し、本格的に連行を開始。終戦までに約3万9000人が連行されたとみられる。中国人労働者は形式上雇用契約を結んで日本に送り込まれたが、その大半は日本軍の捕虜や日本占領地域内で強制的に集められた。日本での労働条件も過酷で多数の死傷者を出し、45年6月30日には秋田県花岡鉱山で花岡事件が発生した。

ちゅうごくぜめ [中国攻め] 中国地方における織田信長と毛利輝元との戦。1576年(天正4)6月、石山本願寺を支援する毛利水軍と織田水軍が摂津国木津川河口で衝突したのが直接的対決の始まり。その後、77年10月羽柴(豊臣)秀吉が播磨国へ入り、翌月にはほぼ一国を平定。しかし78年に三木城の別所長治、摂津国在岡の荒木村重らの裏切りがあいつぎ、織田方は劣勢となる。79年、秀吉の工作によって備前の宇喜多氏が織田方に転じ形勢逆転。三木城・在岡

城が落ち,秀吉は因幡へ進出,81年10月鳥取城を落として同国を平定,82年5月から備中高松城を水攻めにする。翌月,本能寺の変を知った秀吉は,毛利氏と講和を結び戦は終結した。

ちゅうごく・ちょうせんゆうこうきょうりょくそうごえんじょじょうやく [中国・朝鮮友好協力相互援助条約] 1961年7月,中国の周恩来と朝鮮民主主義人民共和国の金日成両首相が調印。締約国の一方が他国から攻撃をうけた場合,軍事力を含むいっさいの援助を約束し,友好協力と安全の共同保障を強化することをうたっている。前年締結の日米相互協力及び安全保障条約に対抗して結ばれた。前文と本文7条。廃止に双方が合意するまで有効。

ちゅうごくどうめいかい [中国同盟会] ⇨ 中国革命同盟会

ちゅうざんおう [中山王] 琉球国王の称号。14世紀後半に中国(明朝)に朝貢を開始した頃の琉球には,山北(北山)国,中山国,山南(南山)国が存在した。明国はそれぞれから朝貢をうけたり,琉球国中山王,同山北王,同山南王と呼称した。15世紀前半頃に中山国が山北,山南を併合して統一国家を樹立したが,その後も琉球国中山王が継続として使用されたため,琉球国王の対外的呼称として一般化した。

ちゅうざんせいかん [中山世鑑] 1650年羽地朝秀(向象賢)によって著された琉球王朝の最初の正史。全5巻。和文が大方は中国年号を用いる。「世鑑」は「殷鑑遠からず」の語からとっており,後世の君臣の鑑となることを期しての文語。琉球の開闢から尚清王代(1527～55)までを扱うが,尚清王の前代の尚真王代の記載がまったくない。開闢神話や第一尚氏王統初代の舜天王を源為朝の子とした点など,のちの史書に大きな影響を与えた。後に漢文体で全面改訂したのが「中山世譜」である。「琉球史料叢書」所収。

ちゅうざんせいふ [中山世譜] 首里王府の正史。蔡鐸と蔡温の版本の2種あるが,通常蔡温本をさす。蔡鐸本は久米村総役の蔡鐸が編集,1701年完成。正巻5,付巻1,薩摩関係の付巻1の全7巻,羽地朝秀が著した「中山世鑑」の漢訳・修訂を目的とし,「歴代宝案」などから新たな記録をとりいれている。蔡温本は汪楫の「中山沿革志」など新資料の利用により蔡鐸の「中山世譜」を改修して25年編集。体裁は蔡鐸本を引き継ぎ,中山王世系を正巻,薩摩関係を付巻とする。蔡鐸本に比べ記録は大幅に増加し,編集にあたって蔡温の合理性が随所に発揮されているが,中国資料にあわせて旧来の正史の伝承を改変するなどの問題点もある。廃藩時の1876年(明治9)まで書き継がれた沖縄研究の第一級資料。「琉球史料叢書」所収。

ちゅうせきせい [沖積世] ⇨ 完新世

ちゅうせっきぶんか [中石器文化] ヨーロッパの旧石器文化と新石器文化をつなぐものとして設定された文化。地質学的には完新世に属し,台形や半月形・三角形をした細石器が多く用いられた。北ヨーロッパのマグレモージアン文化では,磨製石斧が使用され,弓矢が発達し,丸木舟も造られた。犬の飼育も始まった。フランスのアジリアン文化では彩礫が特徴的である。スカンジナビアのエルテベーレ文化では貝塚が形成され,土器の使用も始まった。ヨーロッパ以外の地域では中石器文化の用語はあまり使用されないが,縄文文化の初期に中石器文化と共通する要素がある。

ちゅうせんきょくせい [中選挙区制] 1府県をいくつかの選挙区に区分し,1区当り3～5人の議員を選出する制度。1925年(大正14)の普通選挙法成立の際,当時の加藤高明内閣の与党である護憲三派(憲政会・立憲政友会・革新倶楽部)のいずれの政党からも当選者を出せるように採用されたという。46年(昭和21)の第22回総選挙(大選挙区制)を唯一の例外として94年(平成6)まで存続し,自民党の派閥を定着させる温床といわれた。

ちゅうソろんそう [中ソ論争] 中国共産党とソ連共産党のイデオロギー的対立。論争の契機は1956年2月,ソ連共産党第20回大会でのスターリン批判。フルシチョフが秘密報告のなかで平和革命への移行とアメリカとの平和共存をも主張したのに対し,中国はこれを修正主義ときびしく攻撃,アメリカ帝国主義反対のキャンペーンを展開した。60年4月イデオロギー的論争が表面化すると,7月ソ連はいっさいの対中経済援助を停止,63年の中ソ会談を最後に,両党の関係は完全に断絶した。68年8月ソ連のチェコ侵攻後,中国はソ連を社会帝国主義と定義し,69年3月珍宝島での国境紛争に発展した。その後の中ソ対立のなかで,日本は「覇権」問題をめぐって重要な役割を演じている。

ちゅうそんじ [中尊寺] 岩手県平泉町にある天台宗東北総本山。関山と号する。1105年(長治2)藤原清衡がたてた最初院多宝寺に始まり,26年(大治元)から中尊寺と称した。願文には,前九年の役・後三年の役の戦地を仏土とし,戦死した官軍・夷虜(えびす)の霊を浄土に導くためとある。以後2代基衡・3代秀衡により堂宇が整えられ,「吾妻鏡」には寺塔40余宇,禅坊300余宇,壇「四壁内皆金色」と記された。藤原氏滅亡後も,幕府により寺領を安堵されたが,南北朝期に火災で金色堂(国宝)と経蔵の1階(重文)以外は焼失。「紺紙金銀交

書一切経・経蔵堂螺鈿八角須弥壇などの国宝をはじめ、奥州藤原文化の美術工芸品多数を所蔵し、現在寺宝は讃衡蔵に納める。境内は国特別史跡。

金色堂 藤原清衡を檀主として1124年(天治元)に建立された阿弥陀堂。方1間の母屋の四面に1間通りの庇を設ける。鎌倉時代に覆屋が造られた。側回りは内外ともに漆塗の上に金箔を押し、内陣は各部を螺鈿・蒔絵・飾金具で華やかに装飾。中央と後方左右に三つの須弥壇を造り、それぞれに阿弥陀三尊像などの諸仏を祭る。中央須弥壇の内部に清衡を葬る。後方左右の須弥壇はのちに造られたもので、内部に藤原基衡・同秀衡を葬る。高さ8.0m。国宝。

一字金輪像 人肌の大日とも。横木を8材積みあげる構造、背面を造らない表現は珍しい。像高76.0cm。重文。

ちゅうちょうじじつ [中朝事実] 江戸前期の歴史書。2巻。山鹿素行著。1669年(寛文9)成立。中朝とは、中国が自国を中華・中国というのに対して素行が日本のことをさしていった語。日本こそ中華であり中国であるとの観点から、日本は「皇統連綿」「武徳」に秀でた国であるとして、日本書紀を典拠とし、日本が大唐や朝鮮より優秀であることを論述している。江戸初期の中国崇拝から反発的ナショナリズムの成立を思想的に形象化した作品の一つとして意義をもつ。「山鹿素行全集」所収。

ちゅうなごん [中納言] 律令制の太政官において、大納言につぐ地位の令外官。天武朝の納言が飛鳥浄御原令で大・中・小にわけられ、大宝令でいったん廃止されたが、705年(慶雲2)の勅により大納言の定員を4人から2人に減じるとともに、大納言と同様に政務の奏上、勅命の宣下、朝政への参議を職掌とする定員3人、正四位上相当の令外官として再置された。761年(天平宝字5)には従三位相当となる。平安時代以降では権官がほぼ常置され、その人数はしだいに増加した。

ちゅうなん [中男] 中は律令制の年齢区分の一つ。養老令の規定で、男女17〜20歳の者を中と称した。中男(大宝令では少丁)は、課役などの諸負担に際しては、おおむね正丁男の4分の1人分を課されたが、当初から庸が免除されたほか、中男の調も717年(養老元)に廃止され、中男作物も貢上に代わった。757年(天平宝字元)4月の、中男の年齢を18〜21歳に引き上げる優遇措置は、藤原仲麻呂による民心掌握策とみられる。

ちゅうぶんせん [抽分銭] 室町時代、貿易船に対する課税。収益の何割かを経営者である幕府・有力大名・寺社に納入する輸入収益税。中国元代初期に実施の例がある。遣明船については、帰航後に輸入した全貿易額の10分の1を徴収。物資は日本の相場に換算。和泉国堺商人が関与するようになると、抽分銭相当額を出航前に先納する請負制度が始まり、堺商人の経営独占化を促したが、大内氏の経営船では請負制は行われなかった。

ちゅうま [中馬] 江戸時代、信州地方で物資輸送の主力をになった馬方。農間を利用した自分の荷物の運搬に始まったが、のち駄賃稼ぎで専業化するものもあった。宿継ぎを義務づけられた伝馬と違って、付通し運送をするため、廉価で荷傷みも少なかったが、素通りされる宿場との間にしばしば紛争をおこした。1673年(延宝元)の幕府裁許で伊那街道の活動が公認され、1764年(明和元)の裁許では、中山道や糸魚川街道・北国街道など信濃全域に広がり、中部山岳地帯と太平洋側・日本海側を結びつける活発な活動を展開した。

ちょう [町] 中世後期に成立し、近世において都市社会の基礎単位となった共同体。一般に通りをはさんだ両側の家々で両側町を形成し、木戸・番屋・町会所などの町有施設を備えていた。町はたんなる地域単位ではなく、町人すなわち町屋敷所有者の身分団体である町中によって運営され、独自の町掟と町入用(会計)をもっていた。このため借屋人は町内の居住者ではあっても町中への参加資格はなく、基本的に町運営から排除されていた。また非町人身分である武士や賤民は原則的に町に居住することは認められていなかった。近代に入ると町中は身分制とともに解体し、町はたんに地域単位となった。

ちょう [牒] 公式令に定める文書様式。養老公式令では内外の主典以上の官人が諸司に上申する文書の形式。書出文言は「牒」、書止文言は「謹牒」で、年月日の下に官人が「官位姓名牒」と署した(三位以上は名を略す)。大宝公式令での存在は不明。実例はほとんど残らず、772年(宝亀3)8月11日の出雲国員外掾大宅朝臣船人牒(「薬師院文書」)などのまれな例でも、「謹牒上」の書出・書止文言であるなど、公式令の書式とは異同がある。実際の官人個人の上申文書としては、奈良時代以来、解の形式の文書が多く用いられた。別に僧綱・三綱が俗官と相互に文書伝達を行うとき、「移」を「牒」の文字におきかえて移の書式を用いた移式準用の牒もあった。

ちょう [調] 律令制での租税負担の一つ。和訓はツキ・ミツキであり、本来ニエ(贄)とならぶ朝廷への貢納物であった。改新の詔には田之調・戸別之調の徴収が規定され

ているが，丁男対象の税となるのは浄御原令からと推定される。大宝令では正調として絹・絁・糸・綿・布など繊維製品の正丁1人ごとの納税額を規定し，次丁は正丁の半額，少丁は4分の1を課した。正調にかわる調雑物として鉱産物や海産物を多く規定していて，地方での共同生産にもとづく貢納というツキの性格を色濃く残す。正丁にはほかに調副物として少額のさまざまな品目の付加税的負担があったが，717年(養老元)に調副物と中男の調は廃止されて中男作物の制を始める。貨幣発行後は京・畿内を中心に銭納となり，錦や綾など高級織物を国衙工房で織らせて徴収することも始まるが，基本的に地方からの特産物貢納という令制の性格は「延喜式」まで変わらなかった。摂関期以降も受領と中央政府の間では形式上は調庸制が維持されたが，受領の民衆からの徴収は，課丁ではなく名に課される官物に吸収されていった。

ちょうあいまいあきない [帳合米商] 大坂堂島で享保期頃から行われた米の取引方法。現米の移動をともなわない空米取引。一定期間に建物米の売りと買いを行って帳面に記しておき期間終了時に決済して差額を授受する。帳合米の価格は正米価格と連動して変化するため，正米切手の買いと帳合米の売り，あるいはその逆の組合せを同時に行うことによって，米問屋は米価の大幅な変動による危険負担を回避することができた。

ちょうか [長歌] 和歌の歌体の一つ。短歌に対する語。五七句をくり返し，五七七句で終止する形式で，ふつう7句以上からなるが句数に制限はない。多くの場合短歌形式の反歌をともなうが，初期万葉のものには短・長句の音数や終止形式が十分整わず，反歌をもたないものもある。長歌形式の完成は柿本人麻呂の功績によるところが大きい。人麻呂の長歌は長大で，枕詞・序詞・対句などを駆使し，漢詩文の影響を構想や表現に生かしており，それまでの長歌を飛躍的に発展させた。人麻呂を頂点としてその後，笠金村・山部赤人・山上憶良・高橋虫麻呂らに特色ある作品がみられるが，しだいに衰え，文学的価値は低下した。

ちょうが [朝賀] 朝拝とも。元日に天皇が王公百官の拝賀をうける儀式。式場の設営・式次第などは即位礼と同じで，延喜式制では大儀。朝7時頃に天皇・皇后が小安殿に入り，皇太子以下群臣が朝堂院に参入，異位重行に並ぶ。天皇は冕服を着て大極殿の高御座に出御。皇太子の拝賀，奏賀・奏瑞の儀があり，天皇はそれぞれに侍従・奏賀者を通じて返詔を宣制する。これをうけて王公百官は再拝・舞踏し，武官は旗を振って万歳を唱える。終わって天皇・皇后は入御し，宴会(節会)を行う豊楽院に遷御する。朝賀は(1)皇太子の拝賀，(2)群臣を代表する奏賀者の奏賀，万歳斉唱・再拝などにより構成されるが，これは(1)と(2)を別儀とする唐礼をあわせたためか。11世紀以後は廃絶し，もっぱら小朝拝が行われた。

ちょうがくりょう [張学良] Zhang Xueliang 1901.6.3～2001.10.15 中国の軍人・政治家。張作霖の長男。遼寧省出身。父が爆殺されたのち蒋介石に接近，1928年国民政府傘下に加入。満州事変勃発後，33年下野し外遊。34年の帰国後共産軍討伐のため転戦するが，一致抗日の必要を認めて36年蒋介石を軟禁(西安事件)，第2次国共合作の端緒を開く。事件後逮捕され，日中戦争中は貴州に，戦後も台湾で軟禁生活が続いたが，90年に名誉回復された。

ちょうき [彫器] 彫刻刀形石器とも。剝片の一端あるいは両端に打撃を加えて樋状剝離面を作りだし，その剝離面の先端や側縁を用いて骨角器や木器に溝を彫ったり，削ったりする道具。後期旧石器時代に特徴的な石器だが，縄文時代にも使用された。ナイフ形石器や細石器に伴い，地域的・時間的に多様な型式をとることが知られている。

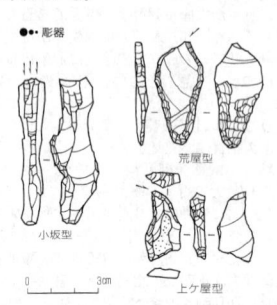

●●・彫器

荒屋型

小坂型

上ケ屋型

ちょうきゅうじほんどう [長弓寺本堂] 奈良県生駒市にある中世の中規模本堂。1279年(弘安2)の建立。正面5間・奥行6間。表側3間を礼堂，その奥を内陣とする。礼堂に奥行3間の大虹梁を架けるなど，構造材を積極的にみせる。木鼻・扉などの細部には大仏様の影響が強い。国宝。

ちょうぎん [丁銀] 室町末～江戸時代の秤量銀貨の一種。はじめ極印銀の一種だったが，1601年(慶長6)から銀座で大黒常是の銀が独占的に鋳造された。形状はなまこ形で，重量は30～50匁，当初切遣いも行われたようだが，やがて豆板銀を掛目の調整にして包封のまま使用するのが一般化した。表には「常是」

「寶」や大黒天像などの極印が打刻されたが、宝永改鋳時の4種の銀貨には「常是」の極印はない。慶長銀から安政銀にいたるまでたびたび改鋳され、改鋳年次を表す極印も打たれた。江戸後期、南鐐（なんりょう）二朱銀など金貨の単位をもつ計数銀貨が主流になると、秤量銀貨の相対的地位は低下し、1868年(明治元)に貨幣としての使用が停止された。

ちょうぐみ [町組] 町（ちょう）が数町から数十町集まって形成される組のこと。中世末～近世の都市における自治・支配の単位の一つ。この時期の都市では町が自治・支配の基礎単位であったが、町は単独で存在していたわけではなく、複数の町が集まって町組、さらに複数の町組が集まって惣町（そうちょう）を形成するという重層構造になっていた。京都では天文年間にはその存在が確認され、明初年の町組改正まで存続した。

ちょうけいてんのう [長慶天皇] 1343～94.8.1 在位1368.3.11～83.10)以後　後村上天皇の皇子。名は寛成（ゆたなり）。母は嘉喜門院勝子。1368年(応安元・正平23)頃に践祚（せんそ）。足利方との徹底抗戦を主張したがかなわず、83年(永徳3・弘和3)和平派の推す弟後亀山天皇に譲位。南北朝合一後も帰京しなかった。著書『仙源抄（せんげんしょう）』。江戸時代以来、即位説・非即位説があったが、在位が確認され、1926年(昭和元)皇統に加えられた。

ちょうげん [重源] 1121～1206.6.5?　平安末～鎌倉前期の僧。俊乗房と号し南無阿弥陀仏とも称す。東大寺再建の大勧進。京都生れ。父は紀季重。醍醐寺で密教を学び、四国や大峰・葛城・熊野などで修行した。1167年(仁安2)入宋し、翌年帰朝した。前後3回渡海したと伝える。80年(治承4)焼失した東大寺の再建事業の勧進職に任じられ、85年(文治元)に大仏開眼供養、95年(建久6)大仏殿落慶供養、1203年(建仁3)には総供養を遂げて完成させた。この間造営料を求めて周防国阿弥陀寺、播磨国浄土寺、伊賀国新大仏寺などを経営し、造像や建築に運慶・快慶に代表される南都仏師や陳和卿（ちんなけい）らの宋人技術者を登用した。一代の行跡は自著『南無阿弥陀仏作善（さぜん）集』に詳しい。

ちょうげんしょうにんぞう [重源上人像] 治承の兵火に焼けた東大寺復興造営の大勧進、俊乗房重源の肖像彫刻。1206年(建永元)の上人没後まもない頃に供養のために造立されたとみられる。徹底した写実性と上人の内面にまで迫る優れた造形を示し、慶派の一流仏師によって造られたと推定される。高さ82.5cm。東大寺蔵。国宝。

ちょうこうどう [長講堂] 京都市下京区にある浄土宗西山派の寺。後白河上皇の御所六条殿(六条西洞院殿)内の持仏堂に始まる。『法華経』を長日不断に講読することから法華長講弥陀三昧堂といい、略して長講堂とよばれた。創建は六条殿の完成の1184年(元暦元)頃とみられる。後白河上皇は死に際して長講堂とその所領を子の宣陽門院(覲子（きんし）内親王)に譲り、のち持明院統に伝えられた。長講堂は数度の火災で所在地もかわり、天正年間(1573～92)現在地へ移った。

ちょうこうどうりょう [長講堂領] 後白河上皇が六条西洞院の仙洞御所に営んだ持仏堂長講堂に付属された膨大な皇室領荘園群。鎌倉後期には持明院統に伝わり、その経済的基盤となった。1192年(建久3)3月、上皇から皇女宣陽門院に譲与され、承久の乱後いったん幕府に没収されたがまもなく返還。その後、宣陽門院の養女(近衛家実の女)で後堀河天皇の中宮となった鷹司院をへて後深草天皇に譲られ、以後、大覚寺統の干渉をうけつつも、持明院統の歴代天皇に伝わり南北朝期をむかえた。室町時代でも皇室の重要な経済的基盤だったが、1413年(応永20)の目録では大半を守護に押領（おうりょう）されている。

ちょうこうぼうえき [朝貢貿易] 進貢（しんこう）貿易とも。前近代のアジアにみられる貿易形態。朝貢とは藩属国が宗主国に対して使節を派遣し、土産の物を献じて君臣の礼を表明する政治的儀礼のこと。藩属国の使節による進貢物に対し、宗主国は返礼として回賜（かい）物を給付した。朝貢には回賜がともなうため、これを一種の貿易とみなして朝貢貿易とよぶ。宗主国はみずからの徳を示すため、進貢物をはるかにこえる回賜物を与えるのが通例で、藩属国は莫大な利益をえた。中国の歴代王朝は、朝鮮・日本など周辺諸国との間に冊封（さくほう）関係を結び、それらの国の王から中国皇帝に対する朝貢がしばしば行われた。明の太祖洪武（こうぶ）帝は、周辺諸国の主権者を国王に封じ、その国王の名義で派遣する使節だけに貿易を許可し、それ以外を密貿易として禁じた。狭義には、進貢・回賜をさして朝貢貿易とよぶが、多くは商人である使節の随伴者の付着貨物を中国政府が買いあげることも含めていう。

ちょうこほうじけん [張鼓峰事件] 日中戦争中、ソ満国境で発生した日ソ両軍の衝突事件。付近の国境線について日ソの主張は長年対立していたが、1938年(昭和13)7月11日、ソ連が国境守備隊の増強に着手すると、日本の第19師団はソ連軍の抗戦意思偵察を意図して、29日大本営の武力行使停止命令に従わずに攻撃を開始、31日張鼓峰を占領した。日本軍はソ連軍の反攻で苦戦したが、双方が迅速な外交交渉による解決をはかり、8月10日に停戦協定成立、11日に撤退した。

ちょうさくりん [張作霖] Zhang Zuolin 1875〜1928.6.4 中国の民国初期の奉天派軍閥。字は雨亭。遼寧省出身。日清戦争に従軍したのち馬賊に身を投じた時期もある。辛亥革命時は奉天国民保安会軍事部副部長。袁世凱(えんせいがい)が大総統に就任後、張は奉天27師長に昇進、袁の死後奉天督軍兼省長に就任。1918年三省巡閲使となり、奉天軍閥を形成。親日的態度を示す一方、日本の対華二十一カ条の要求に反対の立場も鮮明にした。22年第1次奉直戦争に敗れ関外に退いたが、24年の第2次奉直戦争後、北京政権を掌握。日本は張の中央進出に反対したが、張は中華民国陸軍大元帥を自称。28年北伐軍に敗れた張は関外へ引き揚げる途中、奉天郊外の皇姑屯(こうことん)で関東軍に爆殺された。

ちょうさくりんばくしじけん [張作霖爆死事件] 張作霖爆殺事件とも。関東軍が張作霖を通じた東三省(満州)間接支配を放棄し、その地域の武力制圧を企図しておこした列車爆破事件。国民革命軍による北伐が東三省にせまったため、関東軍は張を下野させて東三省に新政権を樹立し、国民政府からの独立を構想していた。しかし、関東軍高級参謀河本大作大佐は、南満州鉄道線と京奉線の立体交差地点で北京から退去する張の列車爆破を計画。1928年(昭和3)6月4日午前5時23分、奉天(現、瀋陽)郊外で列車は爆破され、張は瀕死の重傷を負って2日後に死亡した。国内では翌年「満州某重大事件」として問題となり、首謀者の処罰問題をめぐり田中義一首相は天皇から譴責され、辞表を出した。

ちょうさん [逃散] 中世では荘園住民が、荘園領主への抵抗を目的に耕作を放棄し、家屋敷・田畠を捨て荘園外へ逃亡すること。南北朝期の荘家の一揆では、住民が一揆を結成して行う集団的な逃散が抵抗手段としてしばしば用いられ、荘園領主側も、逃散に至る手続きの合法性の有無を問題とすることはあっても、逃散自体を不法行為とはみなさなかった。逃亡先がアジールである山林が多かったため、「山林に交わる」「山野に交わる」とも表現された。近世の逃散は、隣接領域へ赴くことが多く、逃散先の領民となることを標榜して行われ、女性や子供も行動をともにし、農具なども携帯した。強訴(ごうそ)と並ぶ代表的な百姓一揆の闘争形態で、幕府は頭取死罪などの重罪を科した。

ちょうし [徴士] 明治初年の官吏の職名。1868年(明治元)1月、三職七科の制の制定に際して貢士とともに設置。諸藩士や都鄙の有才の者から公議により選び、参与職に任じ下の議事所の議事官となることとされた。翌月、三職八局の制の制定により下の議事所の議事官は貢士が専任し、徴士は参与職および各局判事に任じられ

た。69年6月廃止。

ちょうしきもく [町式目] 町法・町定・町掟・丁中定・町内式目とも。中世末〜近世の都市の個々の町において制定された諸規約。内容は、特定の職業の排除や町屋敷の集蓄を禁じる規定のほか、町儀・町礼、町寄合などの町運営関係、町役の負担方法などが多様。火災の場合の対処や文書管理などの規定がもりこまれる例もある。成文化された町式目は京都で中世末からみられるが、三都や全国の城下町では17世紀以降広範にみられる。成文化されなかったところも多い。

ちょうしそうぞく [長子相続] 通例、長男が相続人として親の財産や家督などを相続・継承する相続形態。律令制では長子相続を建前にしていたが、庶子にも財産の一部分割があり、長子優先相続であった。中世武士団の惣領制では庶子分割相続制だったが、しだいに惣領の単独相続制に移行。しかし惣領は長子とは限らなかった。近世武家社会では長子単独相続が制度化された。近代に入り、明治政府は、長子相続による家父長的直系家族の形態をとる「家」制度の確立をめざし、1898年(明治31)の民法典の制定で法制化した。

ちょうしゅ [町衆] 中世末期の都市で成立した地縁的共同体である町(ちょう)の正規の構成員のこと。「まちしゅう」と読まれることが多いが、正しくは「ちょうしゅ」。近世の身分呼称である町人の原義にあたる。京都では応仁・文明の乱後に町が成立するが、町衆の用語もこの時期以降の史料に頻出するようになる。町の正規の構成員は町屋敷を所有することが条件とされたので、町衆の本質は、町屋敷を所有しさまざまな商業を営む商人資本といえる。

ちょうしゅうし [朝集使] 四度使(よどのつかい)の一つ。毎年国司の目(さかん)以上の官人から選ばれ、遠方の国の場合には駅馬の乗用が許されていた。国内の官人の勤務評定について考文などの公文(くもん)(朝集帳という)を進上し、その監査に際して答弁を行ったほか、計会帳の対勘や貢人の貢上などを任務とし、それらの補佐のために朝集雑掌が従った。賦役令にみえる諸国貢献物(大宝令では朝集使貢献物)の献上が実際に行われた形跡はない。朝集使は考文の進上される11月1日以前から翌年4月頃まで在京したようで、その間の上京した官人が帰国しなくなり、考課に関する手続きも形骸化して、制度としては衰退した。

ちょうじゅうじんぶつぎが [鳥獣人物戯画] 京都高山寺に蔵される4巻の白描絵巻。詞書(ことばがき)なし。鳥羽僧正覚猷(かくゆう)筆の伝承があるが、本来筆者も制作年代も異なる絵巻の残欠を、15

70年(元亀元)頃ほぼ現在のかたちにまとめたもの。甲巻は、蛙と兎の相撲や猿猴正の法会など、擬人化された動物を風刺をきかせて描いたもので、12世紀半ば制作。乙巻は、甲巻と同じ頃の制作とみられるが、物語性はなく、牛・馬などの身近な動物のほか獅子・象・麒麟などが描かれ、絵手本的な性格をもつ。丙巻は、12世紀後半期の人物戯画と13世紀初頭の動物戯画からなる。丁巻は、13世紀前半期頃の人物戯画で、筆を粗く略した軽妙な描写。縦30.6〜31.3cm、横1107.1〜1215.9cm。断簡が東京国立博物館ほか諸家に分蔵。国宝。

ちょうしゅうせんそう [長州戦争] 幕長戦争とも。幕末期、萩藩への制裁とそれをめぐる政争。■第1次。1864年(元治元)7月、萩藩は禁門の変で敗北、朝廷は長州征討を発令した。幕府は西国21藩に出兵を命じ、11月18日総攻撃、15万の幕府軍が萩藩を囲んだ。しかし萩藩内では佐幕派が勝利し恭順の意を示したため、総攻撃は中止、以降長州処分の問題が政権構想とからんで政治問題となった。

■第2次。萩藩では第1次撤兵直後、クーデタで討幕派が主導権を握った。1865年(慶応元)4月幕府は萩藩に容易ならざる企てがあるとして再征を布達したが、萩藩は武備恭順を藩是とし、幕府の藩主召命を拒絶した。9月2日幕府は征長の勅許を得、66年1月には長州藩を攻撃を決定、32藩に動員を命じたが、同時期に薩長連合が成立していた。萩藩は幕府の処分案を受諾せず、6月7日幕府は攻撃を開始。しかし武州一揆や打ちこわしが激発、戦況も幕府側に不利であった。こうしたなかで7月将軍徳川家茂が没し、名代となった徳川慶喜ぁ℃は休戦、9月19日撤兵を命じた。結果として幕府の威信の低下を露呈、長州処分問題が課題として残された。

ちょうしゅうはん [長州藩] ⇨萩藩はぎ

ちょうしゅうはんがいこくせんほうげきじけん [長州藩外国船砲撃事件] 幕末期に萩藩が下関で米商船・仏艦・蘭艦を砲撃した事件。尊王攘夷派の活動が最高潮に達した1863年(文久3)初め、上洛中の将軍徳川家茂いょ℃は孝明天皇から攘夷期日の確定を迫られ、4月20日、ついに5月10日と奏聞した。この決定は諸藩に通達され、当日、萩藩は下関に仮停泊中のアメリカ商船を突然砲撃、続いて23日フランス艦を、26日オランダ艦を砲撃した。このため米・仏両国は翌月下関に報復攻撃を行った。以後、萩藩は下関海峡を封鎖した。

ちょうしゅうはんてんぽういっき [長州藩天保一揆] ⇨防長一揆ぼうちょう

ちょうせん [朝鮮] チョソン。遼東から朝鮮半島北部には古朝鮮(檀君だん・箕子き・衛氏えい)があり、漢の武帝の楽浪郡がおかれ、のち高句麗こうの支配下に入った。半島南部には韓族があり、三韓から百済だ・新羅しが成立。この時期に朝鮮から日本に多数の渡来人があった。高句麗との三国時代をへて7世紀後半に新羅が半島を統一、さらに10世紀に高麗こうが建国した。英語の Korea は高麗に由来する。朝鮮を国名とするのは14世紀末の李氏朝鮮からで、最も長期の王朝として栄えた。室町時代に日朝貿易が行われたが、豊臣秀吉の侵略で断絶。江戸幕府の国交回復後は朝鮮通信使が往来して平和的な国交が続いた。明治維新後、日本は利益線と目した朝鮮で日清・日露戦争を戦った。1897年国号を大韓帝国と改めたが、日露戦争後は日本が保護国化し、1910年(明治43)併合、第2次大戦終結まで植民地支配下にあった。日本の敗戦により、45年米・ソ両軍が38度線を境に分割占領したが、48年南半部に大韓民国、北半部に朝鮮民主主義人民共和国が成立、南北分断が続いている。

ちょうせんかいしゃれい [朝鮮会社令] 1910年(明治43)12月に公布、翌年1月から施行された植民地朝鮮における法令。会社設立、および朝鮮以外で設立された会社の本・支店設置について朝鮮総督府の許可が義務づけられ、朝鮮人による会社設立を抑制するものであった。日本国内からの反発もあり、14年(大正3)・18年と2度の改正で許可制限が緩和され、20年4月に文化政治への統治政策の転換により廃止された。

ちょうせんきゅうせんかいだん [朝鮮休戦会談] 朝鮮戦争終結のために1951年7月10日から開城で開かれた会談。国連軍・共産軍双方が出席して開かれたが、軍事境界線の設定と捕虜交換原則をめぐって紛糾し、その間会談場所は板門店はもんてんに移された。53年3月のスターリンの死によって会談の雰囲気が変化し、53年7月27日、休戦協定が国連軍と北朝鮮軍・中国軍の間で調印された。韓国の李承晩大統領は協定内容に納得せず、調印していない。

ちょうせんきょういくれい [朝鮮教育令] 1911年(明治44)8月公布され、数次の改正をへた植民地朝鮮の法令。教育勅語にもとづき「忠良なる国民を育成することを本義」とし、朝鮮人の日本「臣民化」を意図した。22年(大正11)、内地延長主義にもとづき新「朝鮮教育令」が公布された。文化政治への統治政策の転換に伴い、教育機会の増大をめざすものであった。後には「皇民化」教育の基本法令となった。

ちょうせんぎんこう [朝鮮銀行] 日本統治下の朝鮮に1911年(明治44)に設立された植民地中央銀行。朝鮮の開国直後の1878年、第一銀行は釜山プザに進出し、以後朝鮮における最有力な日系金融機関としての地歩を固めていった。朝

鮮が日本の「保護国」とされた1905年，第一銀行朝鮮支店は中央銀行の地位を付与され，09年に韓国銀行に改編，韓国併合後に朝鮮銀行と改称した。銀行券発行，総督府財政との連携，朝鮮内金融機関の統合・調整などの中央銀行業務に加えて，普通銀行業務を兼営し，日本の中国侵略政策に密着して営業基盤を満州から華北へと拡張していった。第2次大戦後閉鎖されたが，韓国では50年設立の韓国銀行が継承。

ちょうせんぐん [朝鮮軍] 朝鮮に常駐した日本の陸軍部隊。1904年(明治37)3月11日に編成された韓国駐剳（ちゅうさつ）軍を起源とする。駐剳軍が日露戦争の作戦後方の治安維持を目的としていたのに比べ，18年(大正7)5月朝鮮軍となる頃には，2個師団を有する天皇直属の常備軍としての性格に転じた。朝鮮支配のための軍隊であるとともに，満州・華北への作戦にも対応しうる軍隊であり，第2次大戦中には太平洋地域でも戦った。45年(昭和20)2月朝鮮に第17方面軍が編成されたことにより，名称は消滅した。

ちょうせんさんまいぞうしょくけいかく [朝鮮産米増殖計画] 朝鮮総督府の米増産政策。植民地を含めた米穀自給を目的的に，輸入外米にかわって対日移出増をねらった計画。第1次計画は1910年代の耕種法改良を前提に，土地改良事業を軸に20年(大正9)開始，3・1独立運動後の文化政策の一環でもあった。第2次計画は低利資金に裏づけられた大規模な計画で，26年(昭和元)開始。移出量の激増により国内に移入制限を求める世論も強く，34年中断。

ちょうせんしきさんじょう [朝鮮式山城] 天智朝以後，朝鮮の山城築造技術の影響をうけて，西日本各地に造られた山城をさす。代表的なものは福岡県大野城，福岡・佐賀両県にまたがる基肄（きい）城，長崎県金田（かなた）城，熊本県鞠智（きくち）城，香川県城山（きやま）遺跡，大阪・奈良両県にまたがる高安（たかやす）城など。築造には，朝鮮半島からの渡来人が参画しており，山城の立地，縄張り，城壁の構築法，水門の構造，城門施設などは各山城の間で一様ではない。その多くは文献の記載と一致するが，城山遺跡のように文献に記載されていないものもある。また早くに廃城になったもの，後世にまで長く使用されたものなどもある。長門城などのように所在不明の山城もある。

ちょうぜんしゅぎ [超然主義] 政治運営の公正を期すため，政府は特定の政党を特別扱い(与党化・優遇・敵視)せずに，全政党と等距離を保つべきであるとする政治スタイル。立憲政治の開始前後から大正期にかけて，おもに藩閥・官僚閥が主張した考え方で，1889年(明治22)の黒田清隆・伊藤博文の超然主義演説からきている。全政党の政権からの排除をさすことが多

いが，藩閥指導者は黒田の功臣登用や寺内正毅（まさたけ）の臨時外交調査委員会委員の人選にみるように，全政党の政権参加・関与もこの一類型と考えており，有産有識者を基盤とする穏健政党との提携を許容する者もあった。

ちょうせんじんぎゃくさつじけん [朝鮮人虐殺事件] 関東大震災時の朝鮮人に対する虐殺事件。1923年(大正12)9月1日に関東大震災が発生するや，直ちに朝鮮人による暴行・放火などのデマが東京・横浜に流布され，政府は戒厳令を公布。軍隊・警察を動員し，在郷軍人会・青年団に自警団を作らせて関東全域の朝鮮人の検問を実施，虐殺した。その数は数千人といわれる。他に数百人の中国人の虐殺も行われたが，政府はこれらの事件の隠蔽を図った。朝鮮人・中国人蔑視感などにより，世論の批判も亀戸・甘粕事件に比べて弱かった。

ちょうせんじんきょうせいれんこう [朝鮮人強制連行] 日中戦争中の日本各地の労働力不足を補うため，朝鮮から労働者を強制的に動員・補充しようとした政策。「朝鮮人労務者内地移住に関する件」により，炭鉱や土木・建築などの業者に朝鮮人の集団連行が許可され，1939年(昭和14)9月頃から始まった。42年3月からは朝鮮総督府の外郭団体である朝鮮労務協会がうけもつ官斡旋に移行し，44年9月からは国民徴用令を適用した。連行者の総数は80万とも120万ともいわれ，九州から樺太に至る広い範囲に送られたが，民族差別や過酷な労働により多くの犠牲者を出した。

ちょうせんせんそう [朝鮮戦争] 1950年6月から53年7月にかけて朝鮮半島を舞台に，国連軍と北朝鮮・中国軍との間で戦われた戦争。日本の第2次大戦敗戦後，アメリカに占領された北緯38度線以南の地域には48年8月に大韓民国(韓国)が成立，ソ連に占領された38度線以北の地域には48年9月に朝鮮民主主義人民共和国(北朝鮮)が成立していた。北朝鮮は全半島の武力統一をはかって50年6月25日開戦。6月28日韓国の首都ソウル陥落。アメリカは国連軍を組織して同年9月15日仁川上陸，9月26日ソウル奪回に成功した。アメリカが38度線突破を企図して10月19日北朝鮮の首都平壌を陥落させると，中国人民義勇軍が参戦して国連軍を再び押しもどした。膠着状態の戦局になお積極方針で臨もうとしていた国連軍司令官マッカーサーは51年4月トルーマン大統領に解任され，代わって就任したリッジウェイのもとで53年7月休戦協定が調印された。戦争発生以来米軍による朝鮮戦争特需，警察予備隊創設，レッドパージなど日本国内の政局にも重要な影響を与えた。

ちょうせんせんそうとくじゅ [朝鮮戦争特需] 朝鮮戦線の国連軍将兵に補給する物資や役務サ

ーピスの日本業者からの買付けをいう。特需は特殊需要の略。第8軍司令部や在日米軍調達部から発注されドルで対価が支払われた。特需は約7割が物資(戦地要務物資や復興資材)で,約3割がサービス(修理・輸送など)であった。1950年(昭和25)6月から53年7月までの朝鮮戦争の約3年間で9,8億ドルを数え,日本の経済復興に大きく寄与した。

ちょうせんそうとくふ [朝鮮総督府] 韓国統監府を起源とし,1910年(明治43)から第2次大戦終了の45年(昭和20)まで存続した日本の植民地朝鮮統治機関。1910年10月施行の朝鮮総督府官制により京城(現,ソウル)に設置。総督には陸・海軍大将が任命され天皇に直属,諸般の政務を統轄し法律にかわる総督府令を出す権限などをもった。初代寺内正毅だけ。政務総監が総督を補佐し,その下に官房と総務・内務・度支な・農商工・司法の各部がおかれた。憲兵と警察を合体した憲兵警察制度をとり,地方は13道にわけられ,その下に府・郡・面の行政組織がおかれた。初期10年間は武断統治が行われたが,19年(大正8)の3・1運動により統治政策を転換,文化政治とよばれる同化政策を推進。総督任用範囲の拡大(武官でなくとも可),憲兵警察制度の廃止などもあったが,文官が総督となったことはなく,支配は巧妙に強化された。1930年代には兵站基地化政策がとられ,総動員体制の構築と人的・物的資源の収奪が強行された。

ちょうせんつうしんし [朝鮮通信使] 通信使・朝鮮信使・朝鮮来聘使・韓使とも。15〜19世紀,朝鮮国王が日本の武家政権主宰者に対して派遣した使節。狭義にはそのうち来日目的や使節の称号などで一定の条件を満たす使節。15世紀,朝鮮王朝は日本情勢探索と倭寇禁止要請のため通信使派遣を計画し,世宗期(1419〜50)の3回は実際に足利将軍に会見した。1590年(天正18)の通信使は,豊臣秀吉の朝貢使要求を対馬の宗氏が通信使派遣にすりかえて交渉した結果実現した。江戸時代は,1607〜1811年(慶長12〜文化8)に合計12回朝鮮国王の使節が来日した。初期の3回は答礼と捕虜帰国のための派遣で,厳密には通信使ではないが,1655年(明暦元)以降は徳川将軍の代替りごとの派遣が定例となった。使節の人員は300〜500人にのぼり,朝鮮・日本側とも多大の経費と労力をかけて準備と接待にあたった。日本各地には通信使に縁のある書籍・芸能・絵画などが残されており,使節が両国文化交流のうえで大きな役割をはたしたことを示している。しかし19世紀には両国は疎遠になり,1811年対馬での聘礼が最後になった。

ちょうせんどくりつうんどう [朝鮮独立運動] 朝鮮を外国支配から解放し自主・独立の実現をめざす運動。19世紀後半から始まるが,1894年の甲午農民戦争,日清戦争後の独立協会運動,義兵運動,日露戦争後の愛国啓蒙運動などが先駆的。1910年の日韓併合後では,19年の3・1運動が画期的なものであった。その後亡命朝鮮人が上海の大韓民国臨時政府で運動を継続したが,武力闘争の色彩が強まる一方で,左右の対立が激化。26年に新幹会の統一戦線運動もみられたが,治安維持法の施行で弾圧はきびしさを増した。その後さまざまな運動が内外で展開され,日本の第2次大戦敗戦で解放を迎える。

ちょうせんとちちょうさじぎょう [朝鮮土地調査事業] 朝鮮総督府が植民地統治体制確立の目的で実施した土地所有権・土地価格の調査・確定,地形・地貌の調査・測量などの事業。1910年(明治43)の韓国併合直前から開始され,12年(大正元)の土地調査令公布によって本格的実施となり,18年に終了。土地所有権調査では,土地所有者による申告主義,地主の意向を反映undefinedさせる手続きなどのため,農民の土地占有権が否定され,地主的土地所有が強化されるとともに国有地が増大した。課税対象地の把握が進んだため地税収入が増加し,総督府財政の基礎が固められた。全国的な測量作業による地図作成も,統治の基盤づくりの意味をもった。

ちょうせんにちにちき [朝鮮日々記] 慶長の役に,豊後国臼杵の太田一吉なの従軍医僧として渡海した安養寺の僧慶念なの日記。1597年(慶長2)6月24日〜翌年2月2日の記事。釜山上陸から蔚山籠城などにみる日本軍の放火・殺戮・人身売買など悲惨なようすを和歌を交えて記述。朝鮮侵略に動員された日本人が侵略を批判した貴重な史料。「改定史籍集覧」所収。

ちょうせんにんじん [朝鮮人参] 薬用人参・高麗人参・御種人参などとも。ウコギ科の多年草。古くから根が強壮剤として珍重されたが,近世前期までは中国からの高価な輸入品にたより,銀の海外流出のおもな原因となっていた。幕府は享保改革期に栽培を計画し,清国商人を通して対馬国府中藩と長崎のルートから種を入手,佐渡と日光の官営薬園で試植を行った。諸藩でも殖産興業策として栽培を奨励した。

ちょうせんみんしゅしゅぎじんみんきょうわこく [朝鮮民主主義人民共和国] 朝鮮半島北部に位置する社会主義国家。朝鮮の38度線以北は日本降伏後ソ連の占領下におかれ,ソ連から帰国した金日成なりらが中心となって臨時人民委員会が組織された。1946年以後農地改革・産業国有化を実行し,48年南朝鮮の大韓民国の樹

立に対抗して人民共和国の成立を宣言した。朝鮮戦争で徹底的に破壊されたが、自力更生路線を推進し、58～59年には土地共有化を完成した。60年代の終りからチュチェ(主体)思想を唱導して社会主義憲法を制定。89年の東欧での社会主義国家の消滅、また金日成の死後も金正日を中心に独自の社会主義路線を保持している。首都ピョンヤン(平壌)。

ちょうそ [重祚] 退位した天皇が再び即位すること。皇極天皇が645年(大化元)大化の改新で退位し、弟孝徳天皇の没後655年に再び即位した斉明天皇と、孝謙上皇が不和であった淳仁天皇を764年(天平宝字8)藤原仲麻呂の乱の際に廃して、みずから即位した称徳天皇の2例がある。いずれも女帝で、斉明天皇は実子の皇太子中大兄皇子の存在にもかかわらず即位し、また称徳天皇には僧道鏡との関係があり、両者とも特殊な政治的事情があったと考えられる。

ちょうそかべし [長宗我部氏] 長曾我部とも。中世土佐国の豪族・戦国大名。秦河勝の子孫とも、蘇我氏の部民の出ともいう。鎌倉初期、能俊が長岡郡宗部郷(現、高知県南国市)に住み、子孫が地名から長宗我部氏を称したという。南北朝期には北朝方として活躍。のち土佐国守護細川氏の麾下に入り、吸江庵(現、高知市)の寺奉行となって勢力を伸ばした。永正年間(1504～21)本山氏・大平氏らに攻められ、一時断絶。その後、幡多郡中村(現、中村市)の一条家に養育された国親が勢力を回復、ついでその子元親が土佐国を統一した。1585年(天正13)四国を制覇したが、同年豊臣秀吉に敗れて土佐一国の領有を承認されたものの、その子盛親が関ヶ原の戦で西軍について敗れ、所領を没収された。さらに大坂の陣で豊臣方に従って敗れ滅亡。→巻末系図

ちょうそかべもとちか [長宗我部元親] 1538～99.5.19 織豊期の武将。土佐国岡豊城主国親の長男。土佐を統一し、1585年(天正13)春伊予国の河野通直を破り四国平定をほぼ終えるが、同年豊臣秀吉の四国攻めで降伏し、土佐一国を与えられ、当浦戸城主。86年九州攻めに参陣し、豊後国戸次川の戦で島津軍に敗れ、長男信親は戦死。小田原攻め、文禄・慶長の役に参陣。96年(慶長元)サン・フェリペ号事件の処理にあたった。子の元親・盛親父子が中心となり制定したものに法度「長宗我部元親百箇条」を制定。

ちょうそかべもとちかひゃっかじょう [長宗我部元親百箇条] 「長宗我部氏掟書」とも。土佐国の戦国大名長宗我部氏が制定した法度。元親・盛親父子が中心となり制定したもので、伝本には大別して文禄5年(1596)11月15日付と慶長2年(1597)3月24日付のものがあり、1597年6月の朝鮮出陣を念頭に制定されたと考えられている。諸法神事祭礼に関する規定をはじめ、身分・訴訟・財産・貢租・相続など、内容はひろく領国支配の諸領域にわたる。豊臣政権を公儀とよんで推戴している点に、他の多くの戦国大名の自律的な分国法とは異なる、豊臣政権の下位に位置する法度という特色がみられる。「中世法制史料集」所収。

ちょうそんせい [町村制] ⇨市制・町村制 しちょうそんせい

ちょうだい [町代] 近世都市の町や組合町が雇用する事務員もしくは個別町の役人の名称。都市によって意味が異なり、江戸では名主、大坂では町年寄を補佐する雇用者で、各町におかれた。京都では組合町が雇用する事務の代行者で、町奉行所による支配機構の一環をなした。出羽国秋田藩の城下町久保田では個別町の役人の名称で、京都の町年寄にあたる。

ちょうたんぽせい [町段歩制] 土地面積の単位に関する制度。701年(大宝元)の大宝令により制定。雑令で高麗尺5尺を1歩と定め、その平方を面積1歩とし、面積で長さ30歩、広さ12歩を1段、10段を1町とした。令制以前の代との関係は1代=7.2歩である。713年(和銅6)の格で6尺を1歩としたが、この尺は唐大尺で高麗尺の6分の5の長さだったので、地積自体に変化はなく、これ以降も各種の補助単位とともに町段歩制は続いた。太閤検地では1歩を6尺3寸平方、30歩を1畝、10畝を1段、10段を1町とし、江戸幕府でも6尺1寸四方を1歩としてこれを継承したが、明治期以降は1歩(坪)を6尺平方とし、第2次大戦後のメートル法採用まで公式の地積単位として存続した。

ちょうづけ [帳付] 書役とも。近世宿駅の下役人。宿駅の問屋・年寄の指図に従い、宿継ぎ関係の帳簿付けなどの実務にあたった。宿内の小商人・小農民から選ばれて、給金をもらって勤めた。紀行「磯山千鳥」に、武士や助郷農民などさまざまな人に対するため、すれからしが多いと記されているように、たんに文字が書け、算盤もできるだけでは勤まらない職であった。なお検地その他で帳簿をつける係の役人なども帳付とよぶことがある。

ちょうてい [朝廷] 古く中国で臣下が天子に謁見し、天子が政治を決裁する場所をいう。日本史では天皇と貴族からなる中央政権をさす。廷は群臣が朝参し天子に謁見するための広い庭を意味する字で、庭に通じる。したがって本来、朝廷は朝庭と同義だが、7世紀から律令時代にかけての史料中にみえる「朝庭」の語は、具体的には宮の朝堂に面した庭そのものをさすことが多く、朝廷とは若干語義が異なる。

ちょうでんす [兆殿司] ⇨ 明兆(みんちょう)

ちょうどういん [朝堂院] 宮城(大内裏(だいだいり))にあって政務・儀式などが行われた宮内の中心的施設。朝堂の字句はすでに7世紀の文献に散見するが、朝堂院の語がみえるのは長岡京の時代であり、平安時代には八省院(はっしょういん)と称された。天皇の出御した大極殿(だいごくでん)、官人の朝座が設けられた朝堂、官人が列立する朝668、その他の朝集堂などから構成される。このうち朝堂は12堂ないし8堂からなり、親王、太政官と八省をはじめとした主要な官司の官人が着床する朝座があって、律令国家の政務の中心である朝政が行われた。奈良時代には弁官殿・式部殿のように官司名が冠せられたが、818年(弘仁9)に中国風の呼称に改められた。

ちょうどしより [町年寄] 近世都市の個々の町におかれた役人。「まちどしより」と読む場合は、町方全体を統轄する惣年寄をいう。京都では、個々の町ごとに町年寄1人ずつがおり、町の事務を行うとともに町を代表した。世襲ではなく、任期は3年から数カ月と短く、町の本来の構成員である家持町人が交代で勤めた。交代の際には町奉行所と組合町の町代に届け出、就任披露の儀礼行為も行われた。大坂の個別町の役人も町年寄といった。

ちょうない [帳内]「とねり」とも。古代、親王・内親王に与えられた従者。本主に近侍して雑物に従った。令制では、一品160人、二品140人、三品120人、四品100人と品階に応じた支給人数を定め、内親王の場合半減とした。六位以下の子や庶人からとることとされたが、軍事的に重要なība人の採用は禁じられた。

ちょうないかい [町内会] 近隣住民の親睦や慶弔のための互助的組織。明治期に設立された衛生組合に起源をもつ。国民精神総動員運動など日中戦争の戦時体制が強化されるなか、末端の組織として内務省により東京では1938年(昭和13)に行政の補助機関として組織化された。全国的には40年に整備され、戦時中の行政の末端を担った。

ちょうにん [町人] 百姓と並び近世における最も代表的な身分呼称。中世後期の都市で成立した町(ちょう)は、さまざまな営業を営む商人や手工業者によって形成された地縁的共同体であるが、町の正規の構成員は、町屋敷を所有するとともに町人足役とよばれるさまざまな役負担を担った。これらの条件を満たす者が本来の意味での町人であり、その家族や借屋人などは町人とはいえない。しかし商人資本の発展や町の構造変容にともなって町人の意味はしだいに拡散し、のちには広く都市に居住し営業を展開する商工業者一般のこともいうようになった。

ちょうにん [重任] 成功(じょうごう)の一種。財物進納や造営の功によって、任期満了後に同じ官職に再任されること。とくに受領(ずりょう)の場合に多い。受領巡任(旧吏巡)のように公文(くもん)勘済が問題にされることはなく、この点で旧来の受領制統制策と大きく矛盾した。院政期には、重任やこれと質を同じくする遷任・相博(そうばく)などの成功が多発するようになるが、これは新たに出現した院権力を背景とする国家財政の構造変化と関連する現象であった。

ちょうにんうけおいしんでん [町人請負新田] 江戸時代、町人が幕府や藩から新田開発を請け負い、みずからの資金・技術・労働力で開発した新田。請け負う際、新田地代金を課されることが多い。町人はその新田の地主となり、入植農民や小作農民に小作させることが多かったが、新田地を売却する場合もあった。町人が新田地へ移住してみずから管理にあたったり、新田会所のような機関を設けて管理したりすることもあった。このように当初から地主的土地所有を前提としていた。正保期の若狭国大藪新田、慶安期の美濃国阿弥新田、明暦期の武蔵国吉田新田、元禄期の摂津国川口新田、宝永期の大和国川筋新田・尾張国神戸(かんべ)新田、享保期の越後国紫雲寺潟(しうんじがた)新田などが有名。

ちょうにんこうけんろく [町人考見録] 豪商三井家の3代高房(たかふさ)が、父高平(宗竺(そうちく))の見聞した京都の有力商人の盛衰を筆記・編纂したもの。3巻。1728年(享保13)成立。三井家の家法である「宗竺遺書」の趣旨を理解させるため、京都商人の没落事例などを具体的にのべ、大名貸や分限をこえたおごりなどを戒める。江戸前・中期の町人社会の概況とともに、上層町人の意識もうかがうことができる。「日本思想大系」「日本経済大典」所収。

ちょうにんぶくろ [町人嚢] 町人の心得を説いた教訓書。5巻・補遺2巻。西川如見(じょけん)著。1719年(享保4)刊。如見は江戸中期の天文・地理学者としても名高いが、鎖国下の唯一の貿易港、幕領長崎の有力町人。町人意識が明瞭に示され、身分秩序は肯定しながら「畢竟(ひっきょう)人間は根本の所に尊卑有べき理なし」とのべ、庶民の人間としての尊厳を強調する。広く流布し、のちの町人向け教訓書にも影響を及ぼした。「日本経済大典」「日本思想大系」所収。

ちょうにんもの [町人物] 浮世草子を内容で分類するときの一名称。町人の経済生活を描くもの。1688年(元禄元)刊の井原西鶴の「日本永代蔵」は町人階級の日常に目をむけた作品で、経済社会の実像とそこに生きる町人たちの命運を見事に描いている。この独創が好評を博し一様式として定着。92年刊の「世間胸算用」は、西鶴の生前刊行された最後の町人物で、傑作の誉れが高い。

ちょうねん [奝然] 938.1.24〜1016.3.16

法済大師とも。平安中期の東大寺僧。俗姓秦氏。京都生れ。東大寺の観理のもとに三論教学を、石山寺の元杲のちに真言密教を学ぶ。早くから入宋を志して983年(永観元)入宋。天台山巡礼ののち汴京をへて五台山まで巡拝。太宗から大師号および新印大蔵経などを賜り帰朝についく。途中、台州でインドの優塡王が造ったと伝える釈迦立像を模刻し、胎内に由来記などを納めて986年(寛和2)帰国し、翌年京都北野の蓮台寺に安置した。同年将来した釈迦像を安置するため、入宋前に伽藍を建立を誓った愛宕山の地に清凉寺の開創を請い、没後に実現した。また同年法橋、989年(永祚元)から3年間東大寺別当を勤めた。

ちょうのそわつもの [調副物]

律令税制の調に付随して正丁に課した副次的賦課。染料・油・漆・紙・雑器など三十数品目を規定し、正丁だけに賦課されたらしい。負担は正調の約30分の1だが、やがて中男作物制に吸収され廃止された。改新の詔に「調副物塩贄」とみえるのが史料上の初見だが、実態は不明。

ちょうのなぬし [町名主]

町之名主とも。近世都市において個別町を支配する町役人の名称の一つ。惣町役人のもとで町政全般の業務に従事するほか、町の意思を上申する役割も担った。代表的なのは江戸前期のものであるが、ここでは18世紀以降、数町を兼任する支配名主にとってかわられる。他に川越・甲府・岡山などにもみられる。ほぼ同様の機能をもつ町役人に京都・大坂の町年寄、金沢の肝煎、仙台の検断・肝煎、久保田(秋田藩)の町代などがあり、名称は地域により多様である。

ちょうふく [朝服]

令制下、有位者が朝廷で日常的に着用した衣服。五位以上が重要な儀式で用いた礼服、無位の官人や庶人が朝服で着た制服と並んで衣服令に規定され、位階に応じて頭巾・衣服・帯・笏などの材質や色が定められた。内親王・女王・内命婦などの女性や武官についても別に規定がある。純中国的な要素の強い礼服に対し、日本の朝服は、隋・唐で日常的に用いられた北方騎馬民族系の袴褶(胡服)に由来。平安時代の束帯は朝服から発達したもので、革帯を締めることからこの称がうまれた。

ちょうへいこくゆ [徴兵告諭]

1872年(明治5)11月28日に太政官から出された告諭。武士階級の旧来の特権を弾劾し、四民平等の理想を掲げ、国防を国民全体の共同義務であるとのたもの。急進的性格の文章であったため、士族の反発をまねき、また農民も労働力をとられることへの恐れから各地で血税一揆をおこした。政府は国民の反発をやわらげるため、告諭を平易にした「てうへいのさとし」を出さざるをえなかった。

ちょうへいせいど [徴兵制度]

国家は国民が防衛すべきであるとの考え方から兵役を国民の義務として負わせる制度。幕末期に萩藩の兵制改革にあたった大村益次郎によって始められ、普仏戦争後のヨーロッパの兵制にならって山県有朋らが実現した。1873年(明治6)1月10日発布の徴兵令は、79年(免役範囲を縮小)、83年(代人制全廃、免役を徴集猶予に変更)、89年(徴集猶予を大部分制限)と改正をかさね、1927年(昭和2)の兵役法で国民皆兵主義に近づいた。しかし軍当局は、良質な軍隊の維持には膨大な徴兵適齢者から身体検査・学識検査をへた優秀な兵を選抜すべきだと考え、太平洋戦争期を除いて比較的少数の人員に長期の服役を課したが、兵役をいやしいものとしたり、忌避したりする傾向は広く存在した。

ちょうへいめんえききてい [徴兵免役規定]

家族制度保持、租税負担者確保、専門的技術者養成などのために設けられた兵役免除の規定。1873年(明治6)1月10日布告の徴兵令第3章常備兵免役概則で、体格不良、陸海軍将校生徒、

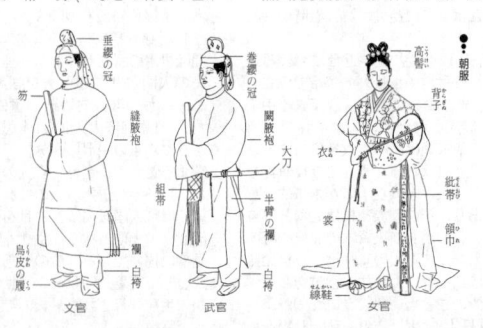

官吏, 官公立学校生徒, 戸主および相続者, 代人料270円を上納した者などの免役が規定された。83年の改正で免役制は廃止されてたんなる徴集猶予のかたちになり, 89年の大改正によって平時徴集猶予は廃止され, 形式上は国民皆兵の制度が整えられた。

ちょうへいれい [徴兵令] 国民の義務兵役制の大綱を示した太政官布告。1873年(明治6)1月10日公布。男子は満20歳で徴兵検査をうけ, 3年間の常備軍(現役)に服し, 除隊後も在郷軍人として戦時の動員召集をまつこととされた。布告は緒言・6章・付録からなり, そのうち常備兵免役規定は, 官吏および官公立学校生徒, 代人料上納者など広範な除外規定を有し, 国民皆兵主義が貫かれていたわけではなかった。のち79年, 83年, 89年, 95年, 1904年などの改正で徴兵年限の延長と免役条項の縮小が図られた。1927年(昭和2)兵役法と改称された。

ちょうへいれいはんたいいっき [徴兵令反対一揆] ⇨血税一揆

ちょうほう [町法] ⇨町式目

ちょうやくにん [町役人] 近世都市の個別町の役人。京都・大坂では町年寄, 久保田(秋田藩)では町代, 仙台では検断というように個々の都市によって名称は異なる。いずれも町の事務を行い町を代表するが, 都市や個別町によって世襲であったり, 短期の任期での交代制であったりする。京都・大坂の町年寄は1町に1人ずつで任期も長くて3年程度, 久保田の町代は同じく短期ながら1町に2人ずつだが, 仙台の検断は世襲である。この差異はそれぞれの町の成立事情をそれにもとづく自治的性格の差に由来すると考えられる。

ちょうやしんぶん [朝野新聞] 明治前期の政論新聞。1872年(明治5)11月に旧松江・明石両藩主の出資で東京で創刊された「公文通誌」が, 74年9月24日改題し日刊紙となった。局長成島柳北の雑録と編集長末広鉄腸の論説で人気を博し, 発行部数を伸ばした。政府批判は鋭く, 76年に柳北は4カ月, 鉄腸は8カ月の禁獄刑をうけ, 78年には日刊紙で最初の発行停止処分をうけた。自由民権期には立憲改進党派と自由党派の連係の妙で政党機関紙化せず乗り切ったが, 柳北の死後は社主乙部鼎の報道軽視路線のため凋落, 93年11月20日廃刊。最盛期の発行部数約1万部。

ちょうよう [重陽] 陽数(奇数)の極である九が重なる意で, 9月9日の節をいう。中国でこの日に行われていた, 高い山に登り菊酒を飲んで災難をのぞく民間行事にちなみ, 日本でも天武朝から宴がもよおされるようになり, 宮廷の行事として定着したと考えられるが, 大宝節日条には規定されなかった。嵯峨朝以降, 神泉苑にて詩賦の宴を開くことが広く行われるようになり, 淳和朝の831年(天長8)から紫宸殿の重陽節の儀式がととのい恒例となる。江戸時代には五節供の一つとして民間に広まった。

ちょうろく・かんしょうのききん [長禄・寛正の飢饉] 15世紀半ばに日本各地でおきた大規模な飢饉。1459~60年(長禄3~寛正元)の2年に及ぶ異常気象と蝗による発生などによって, 61年1月から食糧不足が顕著となり, 毎日数百人に及ぶ餓死者と, 没落して地方から上京して「非人乞食」とよばれた人々で京都は充満したという。時宗の勧進僧願阿弥が幕府の命をうけ, 六角堂前で2月末まで流民や病人の収容小屋を建てて施行を行ったが, その間にも餓死者は京都だけで8万2000人を上回ったといわれる。京中では屍臭がひどく, 死者の追善供養と死体処理のため四条・五条河原では施餓鬼会が幕府の命をうけた五山僧の手で行われた。

ちょうろくのつちいっき [長禄の土一揆] 長禄年間の土一揆蜂起事件の総称。1457年(長禄元)10月, 徳政を目的として土一揆が京都で蜂起, 土倉・寺院を襲い質物を奪うなど私徳政を行った。一揆勢は土倉の軍勢や幕府軍を撃破, 私徳政は放任された。11月には土一揆が奈良を攻撃, 大和の土一揆が呼応, 12月にかけて奈良住民との攻防戦があった。58年にも京郊西岡で土一揆の集会があり, 59年にも土一揆が東寺を占拠し徳政令を要求, 幕府軍に鎮圧された。

ちょくしでん [勅旨田] 皇室財政を支えるために, 天皇の勅旨で設置された田。不輸租田。8世紀からみられ, 国司が正税や公水を用いて雑徭・雇役労働力によって管理・運営した。とくに9世紀前半の天長・承和年間には大規模で全国的な空閑地・野地・荒廃田の勅旨田化がみられ, この時期の国家的開発事業の主体をなしたことも多かった。また各種の賜田や施入田に転化されていくことも多かった。しかし10世紀初頭には, 勅旨田設定による一般農民の耕作障害が問題となり, 開発費用の国庫負担も廃止された。その結果, その後は開墾事業的側面が薄くなり, 地子米を収取しての経営を主体とし, 地子米は穀倉院や内蔵寮の主要な財源となった。のちに荘園に転化したものも多い。

ちょくしょ [勅書] 古代において天皇の命令を伝達する文書の一つ。公式令には天皇の命令の下達文書として詔書と勅書を規定するが, 現存する文書の書式は勅旨式と異なっており, これらを一般に勅書と称することがある。また国史・古記録や故実書類にみえる「勅書」を検討すると, 勅旨式に淵源をもち, 天皇の発議にもとづき議政官の合議をへずに命令を下達する, 「勅」字で始まる文書をさすと考えられる。10世紀以降の勅書の用途は准三宮, 賜

随身，賜源姓，高僧に諡号を贈るための徽号の勅書，上表に対する勅答などに限られるようになった。

ちょくせんぎいん [勅選議員] 貴族院議員の構成要素の一つ。「国家ニ勲労アリ又ハ学識アル満三十歳以上ノ男子」から選ばれる。任期は終身。内閣の推薦にもとづいて任命された。内閣にとって貴族院の多数派工作に有利な存在であるため徐々に人数が増え，1904年（明治37）末当時で125人。翌年貴族院令が改正され，勅選議員の総数は125人をこえてはならないと規定された。第1次大隈内閣の出現，立憲政友会の結成と進出により，勅選議員は平田東助・大浦兼武らの指導する幸倶楽部に結集して政党に対抗する官僚閥の牙城となった。大正期になると政党・財界出身の勅選議員も増加し，政党に系列化される部分もでてきた。

ちょくせんわかしゅう [勅撰和歌集] 天皇または上皇の命により撰集された和歌集。「古今集」「後撰集」「拾遺集」「後拾遺集」「金葉集」「詞花集」「千載集」「新古今集」「新勅撰集」「続後撰集」「続古今集」「続拾遺集」「新後撰集」「玉葉集」「続千載集」「続後拾遺集」「風雅集」「新千載集」「新拾遺集」「新後拾遺集」「新続古今集」のいわゆる二十一代集をさす。「古今集」から「拾遺集」までを三代集、「新古今集」までを八代集、それ以下を十三代集という。和歌の世界で最も権威ある公的歌集で，和歌史は勅撰集を中心に展開したといっても過言ではない。「新続古今集」ののち，室町幕府の将軍足利義政や足利義尚が計画した勅撰和歌集はともに実現しなかった。「拾芥抄」に二十一代集全体の概要の説明がある。1647年（正保4）56冊に一括して刊行。

ちょくにんかん [勅任官] 大日本帝国憲法下の高級官吏。大臣・大使などの親任官を含む場合もあるが，ふつう天皇の勅令によって任用される高等官で一・二等官。各省庁の次官・局長級などがこれにあたる。1886年（明治19）の高等官官等俸給令で定められ，翌年の文官試験試補及見習規則，93年の文官任用令で試験任用から除外され，自由任用制が存続した。そのため政党人の自由任用が横行し，99年の文官任用令改正により特定の官以外は奏任官から登用する資格制限が設けられた。1946年（昭和21）廃止。

ちょくふう [勅封] 天皇の命によって封を加えること。またその封印。開封には勅許を必要とする。正倉院は勅封の倉として，現在もその形式に従って開閉を行っている。正倉院宝物の成立した奈良時代から勅使によって開閉され，室町時代以降には天皇の宸襟の御封を背け，今日に至る。最初に宝物を納めた756年（天平勝宝8）当初には正倉の北倉のみが勅封倉であった。ついで中倉が1116年（永久4）かそれ以前に勅封となっており，南倉は1875年（明治8）に正倉院が東大寺から国に移管されてから勅封となった。正倉院のほかに，現在勅封の制度が残るのは京都御所東山御文庫のみである。

ちょくりつえんじん [直立猿人] ピテカントロプス・エレクトゥス。オランダの解剖学者E．デュボワがジャワ島のトリニールで，1891～92年に最初に発見した原人化石につけた学名。脳頭蓋が低く，類人猿と人類との中間の形であったことと，大腿骨が現代人のようにまっすぐで，直立していたと考えられたところからの命名。現在ではヒト属の一種とみなされ，ホモ・エレクトゥスとよばれる。

ちよじょ [千代女] 1703～75.9.8 加賀千代とも。江戸中期の俳人。加賀国松任の表具屋福増屋の女。結婚について諸説あるが，不嫁説が有力。1753年（宝暦3）頃剃髪，素園と号す。19年（享保4）支考の来訪をはじめ，廬元坊・涼袋・白雄らが訪問。みずからは25～26年頃伊勢に赴き，乙由を訪問。支考・麦林一派の影響下にあったが，句は諸国諸派の俳人の撰集に入集する。句集は既白編「千代尼句集」（1763），「松の声」（1771）。

ちょぞうけつ [貯蔵穴] 食料などを保存するための土坑。縄文時代は住居の外に，直径・深さともに1m内外の土坑を掘り貯蔵穴とした。集落内の一定の場所に設けられ，内部からドングリ・クルミ・クリなどが発見される。弥生時代でも西日本では，住居の外に袋状土坑が掘られ，貯蔵穴として利用した。近畿地方から東日本の弥生・古墳時代には，住居の一隅に径・深さともに50cm程度の土坑を掘り貯蔵穴とした。

ちりましほ [知里真志保] 1909.2.24～61.6.9 昭和期のアイヌ出身の言語学者・民俗学者。北海道登別市出身。東大で言語学を学び，金田一京助に提出した卒業論文の「アイヌ語法概説」は岩波書店から出版された。樺太庁立豊原女学校教諭をへて，1958年（昭和33）北海道大学教授。文学博士。アイヌ語学を核にすえたアイヌ文化研究を確立。主著に「アイヌ語入門」「分類アイヌ語辞典」などがあり，これらは「知里真志保著作集」としてまとめられた。金成マツは母方の伯母，知里幸恵は姉。

ちん [珍] 「宋書」倭国伝に記される倭の五王の1人。5世紀前半頃の王。讃の弟で，讃の死後に王となる。「梁書」には彌と記される。438年，倭隋らを中国南朝の宋に派遣して安東大将軍を自称したが，太祖文帝は安東将軍号を与えた。反正天皇の名，瑞歯別の「ミツ」を漢訳したとする説が有力だが，仁徳天皇や履中天皇にあてる説もある。

ちん [陳] 中国の南北朝時代の南朝最後の王朝

(557〜589)。梁りょの太守であった陳覇先ちんはせん(武帝)が侯景の乱で勢力を強め，梁の敬帝から禅譲をうけて建国。都は建康(現，南京)。百済くだらのほか高句麗と新羅しらぎの朝貢を毎年うける。しかし北朝には劣勢が続き，ついに隋の楊堅けん(文帝)の攻撃をうけて滅んだ。

チンギス・ハン Chengjisi han 1167?〜1227.7.12 名はジンギスとも。モンゴル帝国の始祖(在位1206〜27)。漢字表記は成吉思汗。幼名はテムジン(鉄木真)。廟号は太祖。イエスガイ(也速該)の子。早くに父を失うが，タイチュートら対抗勢力を破ってモンゴルを統一し，1206年チンギス・ハンになる。中央アジアを征し，西夏(タングート)・金を攻撃。西アジアのホラズムを滅ぼし，ブハラ・南ロシアを含む大帝国を形成した。西夏再征の際，病死。

ちんぎんとうせいれい [賃金統制令] 第2次大戦時の賃金統制の根拠となった，国家総動員法にもとづく勅令。1939年(昭和14)3月，軍需企業の賃金抑制のため従業員50人以上の事業場を対象に公布。ヨーロッパ戦勃発後，軍需関係工業の初任給の1年間固定措置が臨時にとられたが，これが賃金の部門間不均衡をうんだため，40年に適用を鉱工業全部門に拡大し，同令も全面改訂された。これにより政府は賃金決定権を全面的に留保し，以降，地域別・男女別・職業別・業種別・年齢別・経験別の賃金の公定が進んだ。

ちんごこっか [鎮護国家] 仏教の教義にもとづいて国家を護ること。またそれを期待する思想。仏教思想を統治の手段として利用しようと図った律令国家は，この効果を得るために官寺を建立し，法会ほうを営んで「金光明最勝王経こんこうみょうさいしょうおうきょう」や「法華経ほけ」といった護国経典を読誦させた。具体的には五穀豊穣・疫病終息・敵国調伏ちょうふくなどの効果が期待されたが，同時に天皇の身体護持と，仏教の教義にもとづき天皇の存在を正当化しようとする意図が含まれ，鎮護護国は仏教による国土・国王の双方の擁護を意味するものであった。

ちんじゅ [鎮守] 特定の土地・建築物を守護するために祭られた神。ふつう氏神や産土神うぶすな・地主神や村に鎮座する神を意味するが，これは近世以降の傾向で，国・王城・城内・荘園・寺院の鎮護のために祭る神にもいう。国の一宮がその国の鎮守であり，王城鎮守には伊勢神宮以下21社があてられ，寺院鎮守では東大寺の八幡神，城内鎮守では江戸城の日吉ひえ山王(現，日枝神社)の例がある。神格の高い神を勧請することが多く，在来の土着の神の神威をはかり，地鎮祭を行ってから祭る。鎮主とも書く例があるのはこのためという説がある。土着

の神の多くはこれらの勧請神に吸収された。血縁的社会結合より地縁的社会結合が重視されると，地主神・産土神が鎮守となって氏神の勢力を抑えた。

ちんじゅふ [鎮守府] ❶奈良・平安時代に陸奥国におかれた軍事機構。蝦夷えみしと軍事的緊張をはらむ陸奥国では，720年(養老4)の征夷戦後に現地軍事力の整備が図られ，724年(神亀元)頃までには陸奥国に常駐して軍事指導を担当する鎮守将軍がおかれ，その下の機構が整備されて鎮守府となった。官員は鎮守将軍の下に判官(のち将監)げん，さらに軍監げん・主典さかん(のち将曹，さらに軍曹)がおり，しばしば副将軍もおかれた。陰陽師おんよう・医師・弩師どもおかれた。所在地ははじめは陸奥国府の地である多賀城であったが，802年(延暦21)に胆沢いさ城が築かれると国府と離れて移転した。 ❷明治〜昭和期に海岸と近海の防衛などを担当した海軍官庁。各軍港におかれ，所管海軍区の防御・警備・出師準備をつかさどり，司令長官は天皇に直属して部下の艦船部隊を統率した。1876年(明治9)東海鎮守府が横浜に仮設され，84年横須賀に移転して横須賀鎮守府となり，89年呉くれ・佐世保，1901年舞鶴の順に設置。日露戦争にともない旅順に一時期設置される。ワシントン海軍軍縮条約にともない，舞鶴は23〜39年(大正12〜昭和14)の間廃止。

ちんじゅふしょうぐん [鎮守府将軍] 奈良時代以降，陸奥国に常置された将軍。蝦夷えみしとの軍事的緊張に対処するものとして724年(神亀元)頃までに成立。はじめは鎮守府将軍とよばれた。当初は陸奥出羽按察使ぎょうまたは陸奥守の兼任だったが，平安前期に分離し，中期以降は名高い武士が任じられる名誉の職になった。

ちんじょう [陳状] 支状ごとも。中世の裁判関係の文書の一つ。被告が，訴状じょうの内容に対する自己の主張を記して裁判所に提出した文書。「何某謹陳申」「何某謹弁申」「何某支言上」などの書出しで「陳申如件」「弁申如件」「支言上如件」といった書止めをもつ。原告(訴人そ)と被告(論人ろん)は裁判所を介し2回，3回と文書による応酬を行うことがあり，それらは重訴状(二問状・三問状)および重陳状(二答状・三答状)とよばれた。

ちんぜいたんだい [鎮西探題] 元寇後，鎌倉幕府が筑前国博多に設置した九州地域の統治機関およびその長官の呼称。文永・弘安の役後も，予想される元軍の再来襲にそなえ，幕府は異国警固を恒常化する必要があった。そこで鎮西御家人の関東・六波羅への出訴を禁止し，かわって鎮西に最終裁断権をもつ強力な統治機関をおいた。1284年(弘安7)鎮西特殊合議制訴訟機関，2年後の鎮西談議所をへて，93年(永仁元)

以降に鎮西探題が設置された。設置の時期については93年説と96年説がある。管内の御家人に対する軍事的統率権と訴訟裁断権をもち、長官には歴代北条氏一門が任じられたが、1333年(元弘3)幕府とともに滅亡。

ちんぜいぶぎょう [鎮西奉行] 鎮西九国奉行とも。鎌倉幕府が設置した最初の鎮西統治機関およびその長官。初代は1185年(文治元)に任じられた天野遠景。直接の目的は逃亡中の源義経の捜索にあった。鎮西御家人を統轄するとともに、大宰府の実権も握った。遠景の解任後は、廃絶説、中原親能就任説、武藤資頼就任説、武藤・大友両氏就任説などがある。

ちんせつゆみはりづき [椿説弓張月] 江戸後期の読本。前・後・続編各6巻、拾遺・残編各5巻。曲亭馬琴作、葛飾北斎画。1807～11年(文化4～8)刊。椿説は珍説の意で、正史で不遇であった源為朝を活躍させ、史実の間隙をぬい、その不備を補う伝記という意味。馬琴史伝物読本の初作で、代表作。地理風俗については、「参考源平盛衰記」「伊豆海島風土記」「八丈筆記」などに、後半は「中山伝信録」「琉球談」などにより正確を期している。前半の構想は「狄青演義」、後半は「水滸後伝」などの中国白話小説によるが、奔放な空想力により独自の文学世界を構築している。「日本古典文学大系」所収。

ちんそ [賃租] 古代における田地経営法の一つ。1年を限った小作契約で、春に小作料を前払いする方式が賃、秋の収穫後に支払う方式が租で、租価のほうが高い。ふつう支払いには稲を用いるが、畿内周辺では銭貨やそれに準じる米・絁などで支払われた例もある。その額はさまざまであったが、公田賃租や初期荘園の賃租は公定収穫高の5分の1にほぼ一定しており、地子とよばれて区別された。畿内周辺では数年先の賃租契約を結ぶ例も知られるが、契約期間そのものは1年間で、それをすぎた場合には戸婚律により罰せられた。なお一般に「売」と表記される行為は賃租であり、「永売」の表記は売却であった。また園地には賃租の年限の制約はなかった。

ちんぞう [頂相]「ちんそう」とも。頂相の語は本来仏の頭頂部の相貌を意味するが、転じて禅僧の相貌、すなわち肖像画の通称として中国宋代に定着、のち日本でも用いられるようになった。禅宗では師資相承を旨とするので、師の頂相がきわめて尊重される。通常、師は法を伝えた証として自分の頂相に賛を書いて弟子に与え、弟子はこれを師の忌日などにかけて供養する。画像は法会用の椅子の曲彔に座した全身像が一般的だが、半身像や円相内に描かれた円相像、歩行中の姿を描いた経行像などもある。日本では鎌倉末期からとくに臨済宗で盛んに行われ、室町時代にかけて多数の優れた画像が制作された。

ちんだい [鎮台] 1871年(明治4)から88年まで、治安維持・外敵防御を任務としておかれた明治前期陸軍の司令部、最大編制単位。71年の廃藩置県で東京・大阪・鎮西(熊本)・東北(仙台)の4カ所におかれた。徴兵令公布にともない、陸軍大輔山県有朋の建議にもとづいて73年に全国を6軍管にわけ、東京・仙台・名古屋・大阪・広島・熊本の6鎮台をおいた。鎮台は軍管の司令部を意味し、その下の総計14の営所(師管)を統轄した。営所は平時には歩兵・騎兵・砲兵・工兵・輜重兵を有し、戦時には各軍管から軍(旅団規模)を、各師管から師(連隊規模)を編制することになっていた。88年5月12日、師団司令部条例によって師団編制に改組され鎮台組織は廃止された。

チンタオ [青島] 中国山東省東部の都市。膠州湾の南東端に位置し、上海・天津と並ぶ良港。1897年宣教師殺害事件(曹州教案)を口実にドイツが占領、翌年租借地とし、ドイツ東洋艦隊の根拠地となった。第1次大戦中に日本が占領したが、1922年(大正11)ワシントン会議の結果、中国に返還された。その後も多数の日本人が在留し、紡績業(在華紡)など近代工業に従事。第2次大戦後アメリカ海兵隊が進駐したが、49年国民政府の敗退とともに撤退した。現在は中国海軍基地がおかれ、工業・貿易都市として発展。

ちんなけい [陳和卿]「ちんわけい」とも。生没年不詳。平安末～鎌倉初期に活躍した中国宋の工人。鋳造や建築に造詣が深く、日本に新しい技術を伝えた。商用で来日し、1182年(寿永元)に帰国しようとしていたとき重源に請われ、80年(治承4)の兵火に損傷した東大寺大仏の復興事業に参加。とくに困難をきわめた大仏頭部の鋳造には中心的な存在として活躍。85年(文治元)の開眼供養後、大仏殿の再建にも従事した。しかし当初から日本の工人と不和を生じ、やがて重源とも別れた。1216年(建保4)に鎌倉に下り、将軍源実朝のため渡宋用の唐船を造るが失敗、その後の事績は不明。

つ

ついかほう [追加法]「御成敗式目」制定(1232)以後に立法された，鎌倉・室町両幕府の法令。鎌倉幕府の追加法が約750条(うち41条は式目以前の立法)，室町幕府の追加法が約560条知られる。具体的な訴訟にふれて立法されることが多く，同一内容の法令がくり返し立法される例がみられる。これは，幕府が過去の法令の収集・管理をしなかったこととも関係する。式目がすべての御家人に広く伝達されたのとは異なり，追加法は内容に応じて必要な機関・人物のみに通達された。しかし室町幕府では，徳政令・撰銭󠄀令など民衆も対象となる立法がなされるようになり，制札・高札による周知徹底がはかられた。

ついじ [築地] 築地塀・築垣とも。粘土を築いてつくった塀で，上に屋根を葺いたもの。古代の宮殿や寺院では，版築技法で粘土を下から突き固めて瓦葺にしたが，住宅では木を芯にしてその表面に粘土を塗り重ね，屋根も板葺が一般的。近世に瓦が大量に供給されると，住宅の築地も瓦葺になった。表面に漆喰を塗るようになるのも後のことで，中世までの住宅では門の両脇だけ漆喰を塗り，これを塀壁とよんだ。現存最古のものに，法隆寺西院大垣・同子院築垣がある。通常，壁面に堰板の木目が縞状に現れ，須柱(寄柱)を添えた例も多い。なお，御所や門跡寺院では築地表面に横筋をいれた筋塀を用いるが，その由緒は不明。

ついぶし [追捕使] 10世紀中葉以降，諸国におかれた凶党の追捕機関。令外官。押領使と同じく国司が国解で国内有力武士を推挙し，官符で任命される。武装蜂起(凶党)が発生すると，国司は太政官に報告して追捕使の任命をうけ，それにもとづいて追捕使は国内武士を動員し，凶党集団を追捕する。追捕使は畿内近国・山陽・南海道諸国，押領使は東国・山陰・西海道諸国を範囲とする傾向がある。鎌倉幕府守護制度は，押領使・追捕使の権限を継承したもの。

ついほう [追放] 追却・追出・擯出とも。ある集団から外部に放逐すること。非行者に対する制裁であるとともに，集団秩序回復のための措置でもあった。流罪との違いは，そこから追放するだけで配所を定めない点にある。中世では，主従関係にもとづく追却や，村落内部の秩序維持のための非行者追放など，追放刑に相当する処分が広く行われた。近世でも刑法のなかで重要な位置を占め，所払や軽・中・重追放などが定められた。

つう [通] 江戸時代，江戸を中心に行われた美的理念・生活態度を表す語。主として遊里で発生・展開した理念で，遊興の場の諸事情に明るく，人情の機微にさといこと，またその人。上方における粋と近似の関係にある。野暮の対語。前半期の戯作文芸のほとんどに通底する。本義から派生し，「芝居通」のように，ある特定の分野に通暁する意にも用いられた。

つうかぎれい [通過儀礼] 人の一生において通過する誕生・成年・結婚・死などの重要な折目に行われる儀礼。ドイツ生れのファン・ヘネップが，場所・状態・社会的地位・年齢などの変化にともなう儀礼を体系的に考察して名づけたrites de passage(仏)の訳語。人の誕生にともなう儀礼，七五三などの成育儀礼，成年式，結婚式，厄年，還暦・古稀・喜寿などの年祝などが相当する。人生の新たな段階へと達した折目を祝い，同時に，祝をすることによって社会的な承認をえるものともなっている。

つうげんそうまがき [通言総籬] 江戸中期の洒落本。1冊。山東京伝作・画。1787年(天明7)刊。総籬は大籬ともいい，江戸吉原の最高の格式の遊女屋のことで，最新の通言で総籬を描く，という意。京伝の当り作である黄表紙「江戸生艶気樺焼」(1785)の作中人物艶次郎・北里喜之介・わる井志庵などをそのまま登場させたり，松葉屋瀬川などモデルのある人物を登場させている。「新日本古典文学大系」所収。

つうこういちらん [通航一覧] 幕末期に幕府が編纂した対外関係史料集。正・続あわせて523巻。異国船来航への危機感から，林復斎らが1850年(嘉永3)編纂に着手，53年正編完成と推定。1566年(永禄9)安南国船の三河漂着から，1825年(文政8)異国船打払令までの各国との交渉史料を掲載し，付録として海防関係史料も収める。正編完成後すぐに続編の編纂も行われ，草稿完成は56年(安政3)と推定される。

つうじ [通事・通詞] 江戸時代，長崎の唐・オランダ貿易の通訳官。唐船との通訳は通事，オランダ船との通訳は通詞と称した。長崎奉行所の役人であり，通事(詞)会所に所属した。唐船・オランダ船の入港手続き，貿易業務の仲介のほか，唐船・オランダ船のもたらす風説書の翻訳などがおもな職務。職階は大通事(詞)・小通事(詞)・稽古通事(詞)の三つにわかれ，その下に内通事(詞)がいた。1695年(元禄8)には大通事(詞)の上に通事(詞)目付がおかれた。

つうしゅうじけん [通州事件]
盧溝橋事件直後に北平(北京)東郊の通州でおきた冀東防共自治政府保安隊による日本居留民殺害事件。日中戦争開始にともない、日本軍が通州にいた宋哲元の第29軍下の部隊と日本の影響下にあった自治政府の保安隊を撤収させようとしたため、1937年(昭和12)7月29日、中国側は約3000の兵力で日本人・朝鮮人約260人を殺害した。事件は外交交渉の場に移され、中国側の正式謝罪と慰藉金の支払いなどで解決。

つうしょうさんぎょうしょう [通商産業省]
貿易や商工行政などを担当する総合的な経済官庁。1949年(昭和24)5月25日施行の通商産業省設置法で設置。1881年(明治14)農商務省が設置され、1925年(大正14)農林省と分離されて商工省となり、43年軍需省に改組。第2次大戦終了後商工省が復活。49年のドッジ・ラインで経済自立化が緊急課題となり、輸出第一主義の行政機構に改組された結果、本省の設立をみた。商工省とその外局の貿易局とを統合し、「貿易・生産を一体とした一大貿易行政機構」となった。その後も52年、73年の組織変更をはじめ機動的に機構の再編・充実が図られ、資源エネルギー庁などが新たに設置されて1官房・7内局・3外局の体制となった。2001年(平成13)1月、中央省庁再編により経済産業省となる。

つうしんふ [通信符]
室町時代、朝鮮国王が大内氏と日本国王足利義政に贈った通交証。大内氏に対しては、1453年(享徳2)朝鮮国王端宗が銅印を与えた。縦5.4cm、横1.6cmで、印面は単郭、字面は篆字で「通信符」の文字を陽刻したものの右半分。重文。山口県毛利博物館蔵。足利義政に対しては、74年(文明6)朝鮮国王成宗が象牙符10枚を贈った。下面に「朝鮮通信」「成化十年甲午(中国の明の年号で1474年)」と篆刻してあったというが現存しない。

つきぎょうじ [月行事] ⇨月行事

つきじしょうげきじょう [築地小劇場]
大正・昭和前期の劇団・劇場。1924年(大正13)小山内薫と土方与志を中心に劇団が結成され、東京築地に同名の劇場が建設された。明治期以来集散していた新劇運動の拠点として、当時のヨーロッパの演劇運動の影響をうけた作品を数多く上演。小山内没後の29年(昭和4)に分裂した。劇場はその後も改築を重ね存続したが、45年の空襲で焼失。演劇史に残した功績は大きい。

つきなみえ [月次絵]
やまと絵の主題。9世紀後半に始まるやまと絵障屏画は、一つのセットを構成するにあたって、推奨する季節の風物や人事の情景を、12カ月の順に描きこんだ。このため四季絵・月次絵とよばれることが多く、両者の内容は基本的に同じと考えられる。また名所絵の性格をもつものでも、特定の季節のモチーフが描かれ、月次絵的性格をあわせもつことが多い。平安時代の作品は現存しないが、残された屏風歌によって、月次絵の主題や図柄を知ることができる。

つきなみのまつり [月次祭]
6月と12月に朝廷と伊勢神宮で行われた祭。朝廷では11日に全国の304座の神々に幣帛をささげ、国家安泰を祈念した。伊勢神宮では、9月に行われる神嘗祭とともに神宮三節祭として重要な神事とされ、当月晦日の度会川での大祓に始まり、15日の御饌神事の後、16日と翌朝に内宮で、1日早く外宮で由貴大御饌供けが行われる。奉幣や斎宮の参拝が行われるほか、25日までに別宮などでの神事がある。

つきばん [月番]
御用番とも。同一役職に複数の担当者が1カ月交代で勤務すること。江戸時代に一般的になり、とくに江戸幕府の老中以下の諸役人(町奉行・勘定奉行・寺社奉行ほか)に月番制がとられた。幕府老中以下の月番制は、1635年(寛永12)11月の職掌規定により整備される。老中の場合、国持大名の御用・訴訟などは、その月の当番の老中が受理・取次ぎを行うことになる。月番制は案件処理の能率化と合理化を目的としたものだが、重用な案件や単独で判断できないものについては、同役同士の内寄合や、評定所でほかの奉行と同席しての審議・処理にゆだねられるのを前提とした。1867年(慶応3)6月、幕府月番制は廃止。

つぎひきゃく [継飛脚]
江戸幕府が設けた公用書状の逓送制度。幕府は江戸と京都所司代や大坂城代、また長崎奉行などの遠国奉行との連絡のために、公用書状の運送を宿駅制度を利用して、宿継ぎで宿駅人足に運ばせた。時代を下るほどその利用は高まるが、東海道・美濃路は早く1633年(寛永10)には手当として継飛脚給米が各宿駅に下付され、他街道では佐屋路などにのみ下付された。継飛脚は御状箱をかつぐ人足とその交代人足が2人で勤め、昼夜を問わずが出され、1763年(宝暦13)には、江戸ー京都間は普通で5日ほど、急用時で68時間ほどかかった。

つきまち [月待]
決まった月齢の夜に講集団の成員が集まって飲食をし、月を拝んで夜を明かすこと。十七夜・十九夜・二十三夜などが多い。日待と並んで自然崇拝の最も一般的な形態。身体の潔斎や男女同衾の禁止など物忌としての性格も強かった。のちに月読尊や勢至菩薩など神道や仏教の浸透によって祭神や崇拝する仏が決められ、それを描いた掛軸などが飾られるようになった。

つきやま [築山]
庭園内に人工的に構築した山。築山の語は江戸時代の作庭書「築山庭造

伝」(北村援琴著, 1735成立)にみえるのが早い例。「作庭記」には「山をつき野すじををくことは」とあり, 築山のうち緩勾配の低いものを野筋といった。平安時代以降実例は多いが, とくに江戸時代の大名庭園では庭景の要素とされて重要視され, 眺望の場所としたり, 名山を写す(熊本水前寺成趣園は富士山を, 江戸小石川後楽園は廬山を写す)など趣向をこらしたものが造られた。

つくしのいわい [筑紫磐井] ？〜528.11. - 筑紫君石井とも。6世紀前期の筑紫国造。君姓。「日本書紀」によれば, 磐井は, 継体21年, 近江毛野の率いる新羅征討軍の任那派遣阻止を画策した新羅に懐柔され, 反乱をおこした。しかし翌年11月, 物部麁鹿火と戦い, 御井郡で敗死(磐井の乱)。子の葛子は贖罪として糟屋屯倉を献じたという。「筑後国風土記」逸文に磐井の墓の伝承があり, 岩戸山古墳に比定されている。

つくしのくに [筑紫国] 現在の福岡県のうち旧豊前国(周防灘沿岸)部分を除いた地域にあった国。「古事記」大八島生成の段に筑紫島の1国として豊・肥・熊曽3国と並べ記すほか,「日本書紀」継体紀に筑紫国造筑紫君磐井の記事を載せ, 安閑紀にも豊・肥両国とともに屯倉が設定されたとみえる。7世紀末に分割されて筑前・筑後の両国になる。なお地域名称としての筑紫はより広く, 豊・肥両国もしくはその後身にあたる豊前・豊後・肥前・肥後の4国を含む場合や, これに日向国を加える場合, さらには現在の九州全体をさす場合がある。

つくしみちのき [筑紫道記] 「筑紫紀行」とも。室町時代の紀行。宗祇著。1480年(文明12)大内政弘の招きで山口に滞在していた著者が, 筑紫大宰府を訪れたときの記。下関赤間神宮では平家滅亡の跡をしのび, 観世音寺・箱崎宮・志賀島・香椎宮・宗像社を訪ね, 各地で連歌の座をもつ名所探訪の旅であった。発句20句, 和歌20首を含む。「群書類従」「新日本古典文学大系」所収。

つくだ [佃] 農民の夫役労働にもとづく荘園領主や預所の直営田。早い例では, 9世紀後半の近江国愛智郡内で荘田の1〜2割程度の荘田がみられる。13世紀以降の名体制下では, 佃が名にほぼ均等に設定される場合もあった。水早損の少ない熟田が多く, 一般の田地とちがって領主から種子・農料が支給されるかわりに収穫の大半を徴収された。公事・臨時課役などが賦課されない一色田だが, 南北朝期以降には売買の対象にもなった。

つくばさんじけん [筑波山事件] ⇨天狗党の乱

つくばしゅう [菟玖波集] 準勅撰連歌撰集。20巻。二条良基が救済の協力をえて編纂。1357年(延文2・正平12)成立, 総句数は2190句。句数の多いのは救済・二品法親王尊胤のほか, 良基・導誉(佐々木高氏)・足利尊氏。書名は連歌道を「筑波の道」というところからきており, 連歌の地位を高めたことでは, 和歌の「古今和歌集」にも比せられる。鎌倉〜南北朝初期の連歌の状況を伝える史料として貴重。「日本古典文学大系」所収。

つくぶすまじんじゃ [都久夫須麻神社] 滋賀県びわ町の竹生島に鎮座。式内社。旧県社。祭神は浅井姫命・市杵島姫命・宇賀御霊。10世紀に作られた当社の縁起「竹生島縁起」によれば, 恵美押勝の乱平定に神験があったという。平安時代に神宮寺宝厳寺が成立し, 弁才天信仰が盛んになった。例祭は6月15日。

本殿 主屋は正面3間, 側面3間。1間の裳階が巡る。主屋と庇は柱筋が通らず, 年代差がある。1567年(永禄10)再建の本殿を1602年(慶長7)に造り替えたらしい。主屋は豊臣秀頼が豊国廟の一部を移築したと伝え, 裳階には旧本殿の庇が転用されたという。内部は畳敷で桟唐戸・板壁などに草花の彫刻がはめこまれ, 柱は黒漆塗。桃山様式の代表作の一つ。国宝。

つくもかいづか [津雲貝塚] 岡山県笠岡市西大島にある縄文時代の貝塚。1915〜20年(大正4〜9)に20回近く発掘され, 170体近くの人骨が発見された。土器は早期から晩期にわたり, 後・晩期が多い。後・晩期を主とする人骨は屈葬が大部分だが伸展葬もあり, 成人骨には抜歯がみられた。人骨に伴って鹿角製腕飾, アカガイ製腕輪, 鹿角製玦状耳飾, 鹿角製腰飾板などが出土した。国史跡。

つくりだし [造出し] 前方後円墳のくびれ部の片方あるいは両方に耳状に造りつけた方壇状の突出部。古墳中期に発達し, 祭壇とする見解が有力である。代表的な古墳に大阪府大山古墳(仁徳陵), 誉田御廟山古墳(応神陵)などがある。

つくりやまこふん [作山古墳] 「さくざん」とも。岡山県総社市三須にある古墳中期中葉の巨大な前方後円墳。岡山市の造山古墳から西約3kmにあり, 全国第9位の規模。独立丘陵を削って加工し, 墳長286m, 後円部径174m・高さ23m, 前方部幅174m・高さ22mの整美な三段築成の墳丘に整形。前方部前面には切削したままの自然山丘が残る。周濠はない。墳丘は造山古墳と同じ南北方向。北西側くびれ部裾に造出しを付設。葺石・埴輪をもつ。円筒埴輪はやや硬質の埴輪で, 造山古墳の埴輪と比較

つくり

すると後出的であり、1世紀後の首長墓であろう。国史跡。

つくりやまこふん [造山古墳]「ぞうざん」とも。岡山市新庄下にある古墳中期前半の巨大な前方後円墳。全国第4位の規模。台地端を切断し、墳長約360m、後円部径224m・高さ32.5m、前方部幅230m・高さ27mの均整のとれた三段築成であり、墳丘主軸は南西方向。両くびれ部裾に造出しを付設。葺石・埴輪をもつ。後円部頂部には盾・蓋・靫・家などの形象埴輪がある。前方部頂面には阿蘇溶結凝灰岩製の刳抜式石棺の身があるが、出土地は不明。前方部前面には近接して6基の古墳があり、帆立貝式の榊山古墳では鏡・馬形帯鉤・陶質土器が、墳長74mの千足号の後円部では古式の九州系横穴式石室から鏡・玉類などが出土。いずれも中期前半の築造で、造山古墳と同時期。国史跡。

つけしょいん [付書院] 床の間の脇、縁側に張りだしてつくられた書院造の室内意匠。棚板を縁側に張りだし、その先に4枚引きの書院障子を立てる。鎌倉時代の絵巻に描かれている出文机がその原形で、最初は読書などに使う机であった。室町時代には文房具・道具などを飾る場所となり、押板(床)・棚とともに御飾りの重要な装置となった。桃山時代になって床の間の脇、縁側に面する側の意匠として固定。縁側に張りださず、書院窓だけが床の間の脇につくられたものは、平書院という。

つじぜんのすけ [辻善之助] 1877.4.15～1955.10.13 明治～昭和期の歴史学者。兵庫県出身。東大卒。日本仏教史の研究に従事。1920年(大正9)史料編纂掛事務主任となり、同掛の大幅拡張を実現、『大日本史料』各編の一斉出版を開始した。のち東京帝国大学教授。29年(昭和4)史料編纂所初代所長。退官後は文化財専門審議会会長などを務めた。著書『日本仏教史』『日本文化史』。

つじばん [辻番] 辻番所とも。近世都市に治安維持体制の一環として設定された施設。道路上の番所とそこに詰める番人からなる。江戸では負担者によって、幕府による公儀辻番、町による町の辻番(自身番)、大名・旗本による武家方辻番の3種にわけられる。このうち武家方辻番は元文年間に936カ所あった。設置と維持は屋敷拝領者に対して課せられた役であり、幕府の目付が管轄した。武家方辻番の成立は寛永期で、一手持辻番と組合辻番の2種類があった。機能は、担当区域の不審者や喧嘩の当事者などの留置、担当区域の病人・酒酔人の保護、捨子の処置、死体・捨物の処理、事故処理、馬の保護など。

つしませんりょうじけん [対馬占領事件] ⇨ ロシア軍艦対馬占領事件

つしまのくに [対馬国] 西海道の一島。現在の長崎県上県郡・下県郡。「魏志倭人伝」には対馬国、「隋書倭国伝」には都斯麻と記され、「古事記」には大八島の一つとして津島とある。「延喜式」の等級は下国。所属の郡は古来から現在まで上県・下県の2郡。島府と島分寺は下県郡(現、厳原町)におかれ、一宮は海神神社(現、峰町)。「和名抄」所載田数は428町余。「延喜式」では調は銀とされるが、ほかにも鉛・錫・真珠・金漆が献上されたことが、平安中期の「対馬国貢銀記」にみえる。海峡を隔てて朝鮮半島とむかいあうため、古来外交・軍事上の要地であった。664年(天智3)以降、防人・烽がおかれ、666年には金田城(現、美津島町)が築かれた。刀伊の入寇、元寇の際には大きな被害をうけ、倭寇の拠点や、文禄・慶長の役の基地ともなった。古代には対馬国造氏が有力であったが、のち在庁官人出身の阿比留氏、鎌倉時代以降は宗氏の支配下におかれ、そのまま近世の府中藩(対馬藩)に至る。卜部多数が住み、日本の亀卜の発祥地という。1871年(明治4)の廃藩置県により厳原県、ついで伊万里県となり、翌年5月伊万里県は佐賀県と改称、同年8月長崎県に編成がえとなる。

つしまはん [対馬藩] ⇨府中藩

つだうめこ [津田梅子] 1864.12.3～1929.8.16 明治・大正期の教育家。津田塾大学創立者。明治政府がアメリカに派遣した最初の女子留学生。本名むめ。江戸牛込生れ。津田仙の次女。開拓使が募集した女子留学生として1871年(明治4)岩倉使節団に同行して渡米。ワシントン郊外のC.ランメン宅に滞在して通学、受洗する。82年帰国。日本語を忘れ、日本の生活への適応に苦労するが、やがて伊藤博文家の通訳兼家庭教師となる。85年から華族女学校で教鞭をとり、89年再渡米。ブリンマー大学の選科生となる。92年帰国し、華族女学校に戻り、98年には女子高等師範学校教授も兼任。帰国以来抱いていた日本女性の地位向上には高等教育が必要であるとの考えにもとづき、1900年女子英学塾(現、津田塾大学)を東京麹町に設立した。

つだそうきち [津田左右吉] 1873.10.3～1961.12.4 大正・昭和期の歴史学者。岐阜県出身。東京専門学校卒。富山県東本願寺別院付属教校をはじめ群馬県・千葉県で中学校教員を務め、1908年(明治41)満鉄東京支社満鮮地理歴史調査委員、18年(大正7)早稲田大学教授となり、40年(昭和15)の筆禍事件まで東洋哲学を講義。その研究は日本・中国の思想史と日本古代史を中心とし、徹底した史料批判にもとづく斬新な見解を次々と発表した。しかし太平洋戦争中に記

つちみ

紀批判による古代史研究は皇室の尊厳を冒瀆するものとして、40年には主著4冊が発禁処分をうけ、42年には出版法違反で有罪とされた。戦後は学士院会員に推され、文化功労者。文化勲章受章。『津田左右吉全集』全28巻・別巻5。

つだそうぎゅう[津田宗及] ?～1591.4.20 織豊期の堺の豪商・茶人。津田宗達の子。江月宗玩㋑㋵㋵㋻の父。屋号は天王寺屋。通称助五郎。父と同様に本願寺と関係が深かったが、1568年(永禄11)織田信長が堺に矢銭を課すと、信長と結ぶ道を選んだ。武野紹鷗㋒㋻㋴の弟子だった父から手ほどきをうけた茶の湯の技量と資力により、信長・豊臣秀吉に茶頭・政商として仕えた。今井宗久・千利休とともに三宗匠と称され、秀吉の北野大茶湯をつかさどった。武芸・蹴鞠㋞㋵の道にも堪能で、参禅もした文化人。

つだまみち[津田真道] 1829.6.25～1903.9.3 幕末～明治期の啓蒙家・官吏。美作国生れ。幼名喜久治。少年時代から国学・軍学を修め、江戸に出て箕作阮甫㋖㋴㋫・伊藤玄朴に洋学を学ぶ。蕃書調所に勤め、1862年(文久2)幕命により榎本武揚㋟㋕・西周㋑㋶㋒らとオランダに留学、法学を学ぶ。帰国後開成所教授に就任。68年(明治元)日本初の西洋法学書『泰西国法論』を翻訳・刊行。73年明六社に参加し、啓蒙的言論を展開。76年元老院議官、90年衆議院議員、のち貴族院議員。

つたやじゅうざぶろう[蔦屋重三郎] 1750.1.7～97.5.6 江戸中・後期の江戸の書肆。本姓丸山、喜多川氏をつぐ。号は耕書堂・薜蘿館㋕㋻、蔦唐丸㋟㋔㋕㋳㋽など。江戸生れ。吉原五十間道東側に住み、吉原細見の版元だったが、のち通油町南側中程へ転居した。浮世絵や江戸小説の出版が特色にないか、江戸で一、二を争う版本㋭㋻(江戸版の書物)問屋となった。戯作者や浮世絵師の庇護者で、東洲斎写楽の浮世絵もすべてこの版元から出ている。1791年(寛政3)幕府の風俗取締りにより家財半減の処分をうけた。

つだゆう[津太夫] 生没年不詳。近世後期の漂流民。陸奥国石巻の漁民。1793年(寛政5)米沢屋平之丞持船若宮丸が石巻から江戸に向かう途中時化にあい漂流、翌年アリューシャン列島アンドレイッカ島に漂着。ロシア人に救われイルクーツクに居住し、のちペテルブルクに行き皇帝アレクサンドル1世に謁見。ロシア使節レザノフに伴われ、1804年(文化元)長崎に来航し翌年幕府に引き渡された。仙台藩にひきとられ、大槻玄沢によって『環海異聞』が編まれた。

つち[土] 長塚節㋟㋕の長編小説。夏目漱石の依頼で1910年(明治43)6月13日から11月17日まで「東京朝日新聞」に連載。12年5月春陽堂刊。鬼怒川沿いの自然と習俗を背景に、貧しい小作人勘次の屈折を強いられた生き方が、妻の死、舅との確執、亡妻そっくりの娘おつぎへの異常な愛情や、家の火事などを通して克明に描かれる。写生文を基調とした透徹したリアリズムによる近代農民文学の傑作。

つちいっき[土一揆] 中世後期に民衆が集団的力を発揮するために結んだ一揆。中核は土民・地下人㋖㋸㋠とよばれる土着の侍身分以下の階層と考えられ、史料上の初見は1354年(文和3・正平9)。14世紀末から売券に徳政実施の主体として記され、また1443年(嘉吉3)に、若狭国で神物・仏物をも対象とする独特の徳政令を土一揆が制定したと史料にみられるように、この時代、土一揆を徳政実施の資格をもつ主体とする観念が民衆の間にあった。じじつ正長の土一揆(1428)や嘉吉の土一揆(1441)のように支配者の代替りを理由に、みずから徳政を実施し、幕府にも徳政令発布を求めて蜂起するのが特徴的行動である。このような行動は16世紀後期までみられた。土一揆の特徴は徳政のみにとどまらず、山城国伏見荘地下人の一揆も「土一揆所行㋛㋼㋓の間、誰を張本とも申し難し」と記され、一向一揆も土一揆とよばれる場合があり、地下人を主体にした一揆の総称として使用されている。

つちいばんすい[土井晩翠] ⇨土井晩翠㋛㋸㋓㋫㋕㋑㋵㋓

つちだばくせん[土田麦僊] 1887.2.9～1936.6.10 大正・昭和前期の日本画家。新潟県出身。本名金二。京都智積院に預けられるが画家を志し出奔。鈴木松年㋛㋴㋵㋓・竹内栖鳳㋘㋓㋓に師事し、麦僊の号をうける。京都市立絵画専門学校卒。黒猫会㋛㋣㋴㋸・仮面会㋕㋫㋳の結成など前衛的な活動を展開する。1918年(大正7)には反官展の立場で国画創作協会を結成、同会解散後帝展に復帰。34年(昭和9)帝国美術院会員。作品「大原女」「舞妓林泉」「罌粟㋗㋖」。

つちみかどてんのう[土御門天皇] 1195.11.1/12.2～1231.10.11 在位1198.1.11～1210.11.25 後鳥羽天皇の第1皇子。名は為仁㋟㋭㋭㋣。母は源通親の女承明門院在子。1198年(建久9)即位、1210年(承元4)父後鳥羽上皇の命で弟の順徳天皇に譲位。承久の乱には積極的に関与せず、後鳥羽・順徳両上皇は配流となったが、鎌倉幕府の追及はなかった。しかし同年みずから土佐に移り、のち阿波に移って同国で没した。土佐院・阿波院ともよばれた。

つちみかどどの[土御門殿] 京極殿・上東門第㋛㋓㋣㋓㋮㋓とも。平安中期の平安京の邸宅。土御門大路南、京極大路西(左京1条4坊15・16町)に位置した。藤原道長の邸宅。元来は正室源倫子㋼㋓の父左大臣源雅信の邸宅であった。道長の邸宅のうち最も中心的な存在で、後一条・後朱雀㋘㋈㋕㋗・後冷泉㋶㋓㋟㋓各天皇の里内裏㋟㋟㋓㋓

つついじゅんけい [筒井順慶] 1549～84.8.11 織豊期の武将。代々興福寺衆徒の家柄で,父順昭は大和の大勢力だったが,順慶2歳のとき病没。松永久秀の侵略をうけて流寓の少年期をおくった。のち織田信長に属し,1577年(天正5)久秀討伐に功をあげ,80年大和郡山城主となり宿願の大和一国を支配した。本能寺の変後,明智光秀の誘いに応じず郡山に籠城,豊臣秀吉から大和を安堵された。能楽・茶道に造詣が深く,井戸茶碗の「筒井筒」を所持していたのは有名。

つつみちゅうなごんものがたり [堤中納言物語] 平安後期の短編物語集。作者・編者未詳。「花桜折る少将」「このついで」「虫めづる姫君」「ほどほどの懸想」「逢坂越えぬ権中納言」「貝あはせ」「思はぬ方にとまりける少将」「はなだの女郎」「はいずみ」「よしなしごと」の10編。その内容・形式・成立年代は多様である。なお「逢坂越えぬ権中納言」は1055年(天喜3)5月の六条斎院禖子(ばいし)内親王物語合の記録に残る。「新潮日本古典集成」「新日本古典文学大系」所収。

つどめ [津留] 荷留とも。中世～近世に物資の移出入を制限・禁止した領主政策。津(港)で行われることが多いためこの名があり,対象物により米留・塩留などがあった。戦国大名はとくに軍事目的から物資の移出入に注意を払い,1568年(永禄11)今川・後北条両氏が手を組んで武田氏への塩の供給を遮断した措置は,戦略的な経済封鎖として有名。藩政確立期には,多くの藩が産物を特定して領外移出を禁じ,自給自足体制の維持をはかった。商品流通が全国的に展開した江戸中期以降は,とくに米価調節を目的とした政策が繰り返されたが,実施をめぐりしばしば領民とのトラブルが発生。津留の際,港や藩境の番所では,物資のほか船舶や人の往来も監視した。

つねさだしんのう [恒貞親王] 825～884.9.20 淳和天皇の第2皇子。母は正子内親王(嵯峨天皇の皇女)。異母兄恒世親王の死後,淳和の後継者とされる。833年(天長10)仁明(にんみょう)天皇の即位に際し立太子したが,嵯峨系と淳和系の対立により,842年(承和9)に皇太子を廃された(承和の変)。その後出家し,大覚寺の開祖となる。法名恒寂(ごうじゃく)。884年(元慶8)陽成(ようぜい)天皇退位問題の折,即位を請われたが拒絶したという。

つのくに [津国] ⇨摂津国(せっつのくに)

つばいおおつかやまこふん [椿井大塚山古墳] 京都府山城町にある古墳前期の前方後円墳。木津川にむかって突出した東方の丘陵の先端を利用して,撥(ばち)状に開いた前方部を西にむける。墳長は169m,後円部径104m,前方部の復原幅は約60m。墳丘を南北に通じ,1953年(昭和28)の土木工事に際して,高い後円部の中央から墳丘の長軸に直交して竪穴式石室が発見された。石室は内部の長さ6.9m,幅1.1m,高さ約3m。36面をこえる鏡と短甲・刀・剣・銅鏃・鉄鏃・刀子(とうす)と,斧・鎌の農工具など豊富な副葬品を出土。鏡には内行花文鏡(ないこうかもんきょう)・方格規矩四神鏡・画文帯神獣鏡のほか32面の三角縁神獣鏡が含まれ,これまで日本の古墳から発見された約330面の三角縁神獣鏡の1割にあたる。この鏡は中国の魏で作られたとする説に対して仿製鏡説もあるが,各地出土の同笵鏡(どうはんきょう)との比較から,配布の中心となった首長の古墳とみる説もでて注目された。その後の調査で初期土師器(はじき)なども墳頂部から発見され,墳丘の形状が最古の古墳とみられる箸墓(はしはか)古墳の外形とよく似ることとあわせ,初期大和政権の有力者の墳墓として大きな問題を提起した。

つはん [津藩] 安濃津(あのつ)藩・藤堂藩とも。伊勢国津(現,津市)を城地とする外様大藩。1595年(文禄4)から2代続いた富田氏ののち,1608年(慶長13)藤堂高虎が伊予国今治から,伊賀一国および伊勢国安濃・一志両郡など22万石余で入封し,以後12代にわたる。藩領は2度の加増および分知などで地域・石高ともにたびたび変化したが,97年(元禄10)からは伊勢国安濃郡など7郡内および伊賀一国などで27万石余となった。初代高虎は平高(ひらたか)を設けて定免法を実施するなど,津藩政の基礎を造り,10代高兌(たかさわ)は藩校有造館・崇広堂(そうこうどう)を設けるなど,藩中興の明主とされた。支藩に久居(ひさい)藩。詰席は大広間。廃藩後は津県となる。

つぼ [坪] 1町(60歩(ぶ)=和銅大尺360尺=約109m)四方の正方形。条里制での基本単位。越前国では坊と称する。36坪(6町四方)で1里となった。800年(延暦19)の山城国紀伊郡司解案が用語上の初見だが,荘園絵図などによれば実態としては奈良時代にさかのぼる。また条坊制では,1坊を16にわけた40丈四方の正方形を坪ないし町と称した。その用語上の初見は,747年(天平19)の「大安寺伽藍縁起并流記資財帳」である。なお近世以降にはもっぱら屋敷地などの面積の単位として用いられるようになり,1891年(明治24)の度量衡法で6尺四方(約3.3㎡)と定められた。

つぼいくめぞう [坪井九馬三] 1858.12.-～1936.1.21 明治・大正期の西洋史家。摂津国生れ。1881年(明治14)東大政治理財科,85年同大

応用化学科卒。87年ヨーロッパ留学,91年帰国ののち文学博士,帝国大学文科大学教授。1923年(大正12)の退官まで西洋史を講じ,ヨーロッパ実証史学の移植に努めた。著書「史学研究法」,「最近政治外交史」全4巻。

つぼいさかえ [壺井栄] 1899.8.5～1967.6.23 昭和期の小説家。香川県出身。高等小学校卒業後,役場などで働きながら文学に親しむ。1925年(大正14)上京,詩人壺井繁治と結婚。夫の交友を通じプロレタリア作家佐多稲子・宮本百合子と知り合う。35年(昭和10)以降貧しい庶民の暮らしを描く小説を次々に発表。42年「十五夜の月」以後は童話も執筆。第2次大戦後の47年反戦の思いをこめた「二十四の瞳」を発表し好評を得る。作品「柿の木のある家」「母のない子と子のない母と」。

つぼうちしょうよう [坪内逍遥] 1859.5.22～1935.2.28 明治～昭和前期の小説家・評論家・劇作家。本名勇蔵,のち雄蔵。別号春の屋おぼろ。美濃国生れ。東大卒。東京専門学校講師となり,翻訳「自由太刀余波鋭鋒」を刊行。勧善懲悪を旨とする功利主義的文学観を否定,写実主義を唱え,1885年(明治18)から翌年にかけて評論「小説神髄」と小説「当世書生気質」を発表し,文壇の中心的存在となる。二葉亭四迷の批判にあい,演劇革新に方向転換。91年「早稲田文学」を創刊,史劇「桐一葉」「牧の方」を発表する。演劇改良の方策として新楽劇を提唱,「新曲浦島」を創作した。1906年島村抱月の文芸協会に参加,戯曲作品に「役えの行者」など。「シェイクスピア全集」の全訳もある。

つぼがり [坪刈] 一歩刈・坪刈・様ため・内試とも。江戸時代,耕地面積の最小単位である1坪(歩)分の農作物を刈りとって,その年の収穫量を予測すること。畑作でも実施されたが,とくに田地に対する検見取法において重要な作業となっていた。検見の際には上中下の等級別に田地1坪分の稲を刈り,その収穫を検査するとともに,これを基準として全収穫量を算出し,年貢の額を決定した。幕領では代官の手代による小検見と代官自身による大検見の双方で行われた。村方で行う内見の際にも行われることがある。また定免の年季中であっても,破免検見が認められれば実施された。

つぼかんぼ [壺棺墓] 壺を棺に用いた墓。縄文・弥生・古墳の各時代にみられる土器棺の一種。鉢などをかぶせて蓋をする例もある。方形周溝墓の溝に埋置されたり,共同墓地のなかに単独で葬られたりする。おもに幼児を埋葬したと考えられるが,再葬した成人骨を納めることもある。副葬品はみられない。

つぼきりのつるぎ [壺切剣] 皇太子相伝の剣。「西宮記」に醍醐天皇が皇太子のときに父宇多天皇から賜ったとある。本来は藤原氏の剣で基経の剣とするなど諸説があるが,藤原氏出身の皇太子の地位を安定させるために設けたと思われる。そのため敦明親王や後三条天皇の場合,藤原氏の圧力で献上されなかった。承久の乱後に所在不明となるが,亀山天皇の立太子の際に出現して今に伝わるという。

つぼつけ [坪付] 田畠の所在と面積を条里の坪によって帳簿に記載すること,またその帳簿の坪付帳という。810～812年(弘仁元～3)の間のものと考えられる太政官符案にみえるのが早い例。坪付帳形式の文書は天平年間にさかのぼる。荘園公領制下でも荘園・公領の田地の所在は条里の坪で示され,所有・耕地状況などを記す坪付帳も,さまざまな形式のものが作成された。

つまどい [妻問い] 妻問婚・妻処婚とも。婚姻形態の一つ。夫婦が同居せず,夫が寝所のある妻の家を訪れること。婚姻形式の変遷上,婚姻成立後の夫婦の寝所が嫁方の家におかれる婿入婚と足入婚の場合にみられる。古代から平安時代にかけて支配的にみられた。婿入婚・足入婚ともに嫁が婿の家に引き移ることで妻問いを終了するが,終生にわたり妻問いがつづいたものもある。

つめいん [爪印] 花押や印章のかわりに指先に印肉をつけて押すこと。江戸時代から,しだいに庶民の間で印が用いられるようになったが,女子は印判をもたない建前だったので爪印を用いた。遊女の請状などでいいなになる女子が爪印を押した例が多い。男でも印判の持合せのないときや,戸主でない者による証文で用いることがあり,若者仲間の議定などにみることができる。離縁状に爪印を押す習慣だった地方もある。1873年(明治6)7月5日に太政官布告で,同年10月1日以後の証書への使用を禁止された。

つめがたもんけいどき [爪形文系土器] 縄文草創期の土器様式の一つで,爪または篦状工具による刺突文を器面全体に連続的に施す点に特色がある。編年的には隆起線文系土器に後続する時期に位置づけられる。器形は尖底または丸底の深鉢形。九州および本州に分布するが,西日本と東日本では爪形文の施文形態に差違が認められる。東日本では,拇指と人差指で器面をつまむように施文した「ハ」の字形爪形文が特徴的だが,西日本ではこの方法はまれである。なお南西諸島には嘉手納町野国貝塚B地点をはじめヤブチ式・東原式の独特な爪形文土器が分布するが,それらは約6000年前の縄文前期に相当する様式である。

つめたいせんそう [冷たい戦争] 第2次大戦

後，かつての同盟国であったアメリカとソ連の2超大国が，相互の勢力圏やイデオロギーをめぐってきびしく対立した国際政治状況をさす。1962年のキューバ危機では核戦争の瀬戸際にまで立ち至った。70年代のデタントをへて，90年代初頭，ソ連・東欧ブロックの崩壊にともない終焉した。

つりどの [釣殿] 寝殿造で，南の池に臨んで建てられた遊興用の建物。詩会や歌合・雪見などの会場とした。平安中期の例では中門廊の南端に位置し，池をまたいで中島にまでのびるものもある。

つりょう [津料] 中世の関所料の呼称。1135年(保延元)伊賀国黒田荘内の夏見・矢川・中村の3津の沙汰人が，東大寺の修理木材に課したのが早い例。本来は津(港)の使用料だが，平安後期には河川の使用料を意味する用例もあり，津率分・升米・関米などと同義で，津で徴収される関所料の総称といえる。鎌倉幕府は当初津料徴収を禁じていたが，それを収取とする地頭の訴えにより1212年(建暦2)いったん徴収を認可し，81年(弘安4)以前には全面的に禁止した。

つるがおかはちまんぐう [鶴岡八幡宮] 鎌倉八幡宮とも。明治期の神仏分離まで鶴岡八幡宮新宮・若宮・鶴岡八幡宮寺とも。神奈川県鎌倉市雪ノ下に鎮座。旧国幣中社。祭神は応神天皇・比売神・神功皇后。1063年(康平6)源頼義が石清水八幡宮を由比郷に勧請し，1180年(治承4)源頼朝が現在地に遷座。以後源氏の氏神として，また都市鎌倉の中心として武士・庶民の崇敬を集めた。ここで将軍年初の参詣・流鏑馬・放生会など鎌倉幕府の儀式や行事が行われた。室町時代以降も鎌倉公方・後北条氏・徳川将軍家の保護をうけ，社領の寄進・安堵，社殿の修造がなされた。例祭は9月15日。籬菊螺鈿蒔絵硯箱・太刀(銘正恒・糸巻太刀拵)・襲袖5領など古神宝類は国宝。境内は国史跡。

つるやなんぼく [鶴屋南北] 歌舞伎俳優・作者。江戸時代に5世を数えるが，3世までは俳優，4・5世は作者。4世が著名。4世(1755～1829)は文化・文政期に活躍した江戸の大作者。通称大南北。3世の女婿。江戸日本橋生れ。初世桜田治助門下で，1777年(安永6)桜田兵蔵を名のって初出勤。その後，沢兵蔵・勝俵蔵と改名。1803年(享和3)立作者となり，11年(文化8)南北を襲名。作品数120編余。創意に満ちた仕掛物や怪奇趣味，エロ・グロ・ナンセンス，下層社会のリアルな風俗描写などが渾然一体となった独自の劇世界は，現代でも評価が高い。代表作「東海道四谷怪談」。第2次大戦前と大戦後に全集が刊行された。5世(1796～1852)は通称孫太郎南北。4世の女婿勝兵助の養子。

つれづれぐさ [徒然草] 鎌倉後期～南北朝期の随筆。2巻。吉田(卜部)兼好著。成立には1319年(元応元)の一部起筆を認める説や，30年(元徳2)頃とする説，50年(観応元・正平5)頃まで引き下げる説などがある。堀川家の家司をへて蔵人として朝廷に仕えた経歴もあって，有職故実に明るく尚古趣味が強い反面，金沢文庫蔵文書からは関東との深い関係が推定され，北条氏や関東武士の質実さ，誠実さへの共感もみられる。石田吉貞は，山林の隠者から市井の隠者への変わりめに立っていると評したが，無常観の底に人間への精力的な働きかけを読むことができる。「新日本古典文学大系」所収。

ツンベリ Carl Peter Thunberg 1743.11.11～1828.8.8 ツンベルグ，トゥーンベリとも。スウェーデン人医師・植物学者。イェンヒェーピング生れ。ウプサラ大学のリンネのもとで動植物学・医学を修め，1771年オランダ東インド会社の船医となり，喜望峰・バタビアをへて75年(安永4)来日。76年まで長崎商館医を勤めた。通詞らに医学・薬学・植物学を教え，江戸参府の際も多くの学者の訪問を受けた。多数の植物標本を持ち帰り，学名をつけて分類した。「日本紀行」のほか植物誌・植物図などの著述がある。

て

であいぼうえき［出会貿易］ 16世紀後半日本船が南方諸地域で行った明船との貿易。明は海禁政策を1567年に一部緩和し、沿岸商民の東南アジア方面への渡航貿易を許したが、倭寇などの根拠地と考えられた日本への渡航は厳禁した。そこで日本の船は明船も来航する台湾やインドシナ半島などに出かけ、明船から生糸・絹織物など中国産物資を買いつけた。当時これらの日本船を渡唐船とよんだ。

てあまりち［手余地］ 江戸時代、耕作する農民がおらず放棄された地。発生の原因は、凶作・飢饉、貢租の過重、商品経済の浸透などによる農民の離村や転業で、総じて農村人口の減少が主因。

てい［丁］「ちょう」とも。律令制の年齢区分の一つ。男女の21〜60歳の者を丁（正丁・丁女）と称する。籍帳に記載された例では、丁男・正女という表現もある。また丁には仕える者、課役負担者といった意味があり、数々の複合語で用いられている。

ていおうへんねんき［帝王編年記］「歴代編年集成」「帝王編年集成」とも。歴代の天皇紀を中心とする年代記の一種。神代から鎌倉末期の後伏見天皇までを収める。27巻。永祐撰と誤写本がある。南北朝期の成立。天皇ごとに、略歴や重要な事、インド・中国のできごとをあわせて編年に並べ、次に皇族をはじめ摂関以下・幕府・僧侶の要職の補任を記す。編纂の材料は六国史や「吾妻鏡」など。まれに典拠を掲げ、なかにはすでに亡失した書もあり、他にみられない記事も含む。類書のなかでも年代記の記事が詳しく、「一代要記」と並んで重要。写本は多いが、神宮文庫本が善本とされる。「新訂増補国史大系」所収。

ていき［帝紀］「古事記」編纂材料の一つ。同書序文は「先紀」「帝皇日継」とも記し、「旧辞」とともに編纂材料としたとのべる。また「日本書紀」天武10年(681) 3月条は、川島皇子や刑部皇子らに詔して「帝紀」および上古の諸事を記し定めさせたと記す。内容については、その名称と「古事記」の記事の分類から、系譜的記事など天皇の事績を編年で記したものであったとする見方が、津田左右吉以来の通説となっている。しかし「古事記」の系譜的記事は同書編者によって体系づけられたとみるのが妥当で、実際のところは明らかではない。成立年代もはっきりしないが、6世紀中頃と推測される。

ていきいち［定期市］ 日市・日切市とも。毎月決められた日に定期的に開かれる市。虹のでた場所にたてられる虹市のような不定期的なものや、年に1〜2度しか開かれない大市(年市)や祭礼市などは、ふつう含まない。古代には辰の日や酉の日などに開かれる干支市があったが、中世初頭には毎月3度開かれる三斎市が成立し、中世後期になると毎月6度開かれる六斎市が一般化した。定期市は市日にのみ商人が来集して商売を行うもので、中世には取引や価格形成の場として流通経済に大きな役割をはたした。近世中期以降は常設店舗の発達におされて衰退し、一部が大市や祭礼市として残った。

ていきんおうらい［庭訓往来］ 往来物の一つ。2巻。南北朝期の成立。撰者不明。月ごとの往復消息文12組24通と1通の消息からなる。各消息の間に要語の語彙集をはさみ、文例と語彙の知識の両方を与える工夫がなされる。1386年(至徳3・元中3)の出雲神門誄蔵本、1451年(宝徳3)の天理図書館蔵本、73年(文明5)に没した興福寺経覚筆の謙堂文庫蔵本などがあり、相当普及したことがうかがえるが、近世の刊本も多く、往来物として最も普及した。「日本教科書大系」「東洋文庫」所収。

ていぎんじけん［帝銀事件］ 第2次大戦後の混乱期に発生した毒物による強盗殺人事件。1948年(昭和23)1月26日夕刻、東京都豊島区の帝国銀行椎名町支店に中年の男が現れ、集団赤痢が発生したと偽って行員ら16人に青酸カリの溶液を飲ませ(12人死亡)、この間に現金・小切手を奪って逃走した。その手際などから旧日本陸軍細菌部隊関係者の犯行との見方も生まれ、捜査は難航したが、同年夏、警視庁はテンペラ画家平沢貞通を逮捕。旧刑事訴訟法下での裁判は決定的物証を欠いたまま55年の最終審も有罪を認定、死刑判決が確定した。捜査・裁判には当初から疑問が出され、平沢救援活動も活発化したが、再三の再審請求などはすべて却下された。平沢は無罪を主張したまま95歳で獄中死。

ていこくぎかい［帝国議会］ 1890年(明治23) 11月29日に開かれ、1947年(昭和22) 5月3日に日本国憲法の施行にともない廃止された立法機関。大日本帝国憲法・議院法・衆議院議員選挙法・貴族院令などにより制度的枠組みを規定されていた。衆議院・貴族院の2院からなり、衆議院が予算先議権をもつほかは、両院は対等とされた。会期3カ月、必要により勅命で延長された。帝国憲法の規定では、立法権は天皇大権の一部だったが(5条)、同時に法律はすべて帝国議会の協賛を要することが明文化されており(37条)、予算も同様であった。「大権ニ基ケル

既定ノ歳出」は政府の同意なく削減・廃除できないという規定(67条)や，予算不成立の場合の前年度予算執行規定(71条)などの制限が付されていたとはいえ，帝国議会は明治憲法体制のなかで無視できない権限をもっていた。それが政党の政権参入，政党内閣実現の基礎的要因であった。

ていこくげきじょう [帝国劇場] 東京の劇場。通称帝劇。1911年(明治44)斬新な西洋風劇場として麹町区(現，千代田区)丸の内に開場。江戸時代以来の旧制度を廃止して，政財界の著名人を役員や後ろ楯に迎えた。大正期には та帝国の名所として人気を得たが，23年(大正12)の関東大震災で焼失，再建後はあまり振るわなかった。現在では東宝系の商業演劇を上演。また新派の川上音二郎・貞奴ゖぁ゙ が開いた帝国女優養成所を継承し，09年(明治42)から付属の技芸学校を設けて女優を養成した点でも注目される。

ていこくけんぽうぎかい [帝国憲法義解] 大日本帝国憲法の逐条解説書。伊藤博文の名で1889年(明治22)6月に国家学会から刊行。88年の枢密院での憲法・皇室典範の井上毅ぎ゙の説明書を第一稿とし，憲法部分に伊藤が校閲・批評を書き入れ，伊東巳代治ょぢ・穂積陳重のぶ・富井政章まざらの審査会で検討・修正して完成。半官的注釈書の性格をもった。『日本書紀』『古事記』『続日本紀』などの古典やヨーロッパの法理論を援用して解説。伊東により英訳もされた。『岩波文庫』所収。

ていこくこくさくすいこうようりょう [帝国国策遂行要領] 1941年(昭和16)，(1)9月6日と(2)11月5日の御前会議で決定された二つの対外方針。(1)は第3次近衛内閣のとき，10月下旬を目途に対米戦争の準備を完了すること，同時に日米交渉も継続することとした。別紙で米国は日中戦争に干渉・妨害しないこと，日独伊三国同盟の参戦義務に対する解釈と行動は自主的に行うなどの対米譲歩案を付記。(2)は，その後に成立した東条内閣が，(1)を白紙還元する立場から再検討した。対米開戦の時期を12月初頭とし，日米交渉が12月1日午前零時までに成功すれば，武力発動中止と決められた。別紙で全般的な緩和修正案(甲案)と局地的な暫定協定案(乙案)を用意して日米交渉にあたったが，結局ハル・ノートをうけて12月1日開戦の最終決定が下された。

ていこくこくさくようこう [帝国国策要綱] 1941年(昭和16)7月2日の御前会議で決定された対外方針。正しくは「情勢の推移に伴う帝国国策要綱」。6月22日の独ソ戦の開始は，会議の日独伊三国同盟路線に再考を促したが，会議の結果，(1)当面は独ソ戦に対して武力行使を行わないこと，(2)米国の参戦は極力避けるが参戦

の場合の武力行使の時期・方法は自主的に定めることを決めた。実際は，北進と南進につき政府内で優先順位を決めかねたまま両論を併記した観がある。

ていこくこくぼうほうしん [帝国国防方針] 日露戦争後に制定された国防対策の基本方針。陸海軍の統一的戦略方針のもと仮想敵国が決定され，これにより所要兵力と用兵綱領(作戦計画の大綱)を策定。1907年(明治40)4月制定。「国防ハ攻勢ヲ以テ本領」とし，仮想敵国は陸軍他を露・米・仏・独の順とした。所要兵力は陸軍戦時50個師団，海軍戦艦8隻・装甲巡洋艦8隻。策定は陸海軍の協議により行われ，第1次西園寺内閣は追認するにすぎなかった。以降，国際情勢の変化をうけて仮想敵国の変更などの改定を，18年(大正7)，23年，36年(昭和11)に実施。制定・改定時には，ロシア(ソ連)を主敵とし「陸主海従」の方針をとる陸軍と，これに反発し，アメリカを主敵とする海軍が激しく対立した。

ていこくざいごうぐんじんかい [帝国在郷軍人会] 退役軍人の全国組織。在郷軍人会と通称。1910年(明治43)11月創設。戦時の動員に即応できる在郷軍人の軍事教育をおもな目的とし，当初は陸軍のみの組織であったが，14年(大正3)陸海軍共通組織となった。陸軍省に本部，府県に支部，市や郡に連合分会，町村や工場に分会がおかれ，師団司令部や連隊区司令部が指導，昭和期には約300万人の会員を有した。45年(昭和20)敗戦により解散。

ていこくしゅぎ [帝国主義] レーニンは「帝国主義」(1917)において，ホブソン「帝国主義」(1902)の寄生性の概念とヒルファディング「金融資本論」(1910)の組織的独占の概念を継承しつつ，帝国主義とは資本主義の最高の発展段階にほかならないとした。産業独占の展開，金融寡頭制の形成，過剰資本の輸出，国際的独占組織による世界の経済的分割，諸列強による世界の再分割闘争という五つの指標で特徴づけた。これに対して近年には，自由貿易帝国主義論や社会帝国主義論などが提起されている。日本における帝国主義の形成については，過剰資本形成という条件を欠きつつも，日清戦後の東アジアをめぐる帝国主義体制形成に，義和団出兵により日本が積極的に加わったことを指標とする見解が有力である。

ていこくだいがく [帝国大学] 帝国大学令による官立の総合大学。大学制度の呼称であると同時に，1877年(明治10)創設の東京大学が86年に帝国大学に改組され，97年に東京帝国大学と改称されるまでの呼称。86年から1918年(大正7)に大学令が制定されるまでは，帝国大学だけが大学であった。東京・京都・東北・九州・

北海道・大阪・名古屋・台北・京城の9校が設置された。

ていこくとしょかん [帝国図書館] 1897年(明治30)に設置された当時日本唯一の国立図書館。前身は72年に設置された書籍館(しょじゃくかん)で、その後変遷をへて帝国図書館に至った。1947年(昭和22)に国立図書館と改称、翌年の国立国会図書館設置にともない同館へ統合され、49年支部上野図書館となる。統合時点での蔵書は約107万冊を数えたが、その後一般書3万冊のほか、国内の博士論文約27万人分を収蔵する。

ていこくのうかい [帝国農会] 農会の全国的中央機関。全国農事会はみずからを系統農会の中央会として位置づけていたが、1907年(明治40)11月の第15回総会で呼称を帝国農会と改め、10年帝国農会の法制化が実現した。農業保護と地主の利益擁護を目標にして、しばしば商業会議所に対抗した。法制上農政運動を禁じられていたため、農政研究会や中央農政倶楽部を通じ政治的要求を政府・議会などに働きかけた。経済activities事業としては青果物などの販売購買幹旋事業で成果をあげた。23年(大正12)1月新農会法が施行され、はじめて農会は市町村を通じて会費の強制徴収を行えるようになった。第2次大戦中の43年(昭和18)3月農業団体法の成立により、同年9月帝国農会は中央農業会に統合された。

ていこくびじゅついん [帝国美術院] 大正・昭和初期の美術の諮問機関。1919年(大正8)帝国美術院規程によって設置された。文部大臣の管轄のもと、美術に関する諮問・建議を行い、官設の美術展覧会である帝国美術院展覧会(帝展)を主催した。院長1人、会員15人で組織され、はじめ日本画・洋画・彫刻の3部だったが、27年(昭和2)美術工芸部門が加えられた。会員数も30年段階で30人まで増加。37年の改組によって帝国芸術院となった。

ていこくびじゅついんてんらんかい [帝国美術院展覧会] 大正・昭和初期の官設美術展。帝展と略称。1919年(大正8)帝国美術院の創設とともに、前年まで文部省が主催した文部省美術展覧会(文展)を引き継ぎ、帝国美術院が主催して開催した。19～34年(昭和9)に15回開催され、27年の第8回展から美術工芸部門が新設された。日本美術院の不参加などから在野団体の統合はならなかったが、その意図は35年の松田源治文相による帝国美術院改組として実現する。

ていこくホテル [帝国ホテル] 東京都千代田区内幸町にあるホテル。1890年(明治23)国賓の宿泊に対応するため建築竣工、木骨煉瓦造3階建、60室。渋沢栄一・大倉喜八郎らの発起により有限責任会社として設立。1923年(大正12)F.L.ライトの設計による新屋を完成。関東大震災にも耐えたが、67年(昭和42)取り壊され、正面ロビーなどは愛知県の明治村に移築・保存。

ていじょうざっき [貞丈雑記] 江戸中期の有職故実書。16巻。伊勢貞丈(さだたけ)著。1763年(宝暦13)から没年までの約20年間に、貞丈が筆録した有職故実各種に関する雑記の集成。1843年(天保14)貞友の代に、岡田光大(みつひろ)と千賀春城(はるき)も加わって整理、36部に部類編集して刊行。部類の下に2350の項目を立てる。官職・装束・飲食・調度・武具などの部類が詳しい。貞丈の代表的著作であるとともに、有職故実書の代表的存在。「故実叢書」「東洋文庫」所収。

ていしりゅう [鄭芝竜] 1604～61 中国明末の武将。鄭成功の父。福建省安南県生れ。通称一官。幼少時にマカオに渡り、その後日本に居住。平戸の田川氏の女と結婚し、2子をもうける。1628年福建巡撫の招撫をうけ海防遊撃、30年都督に任じられた。南シナ海の海上権を握るとともに、44年の明滅亡後は南京の福王、福州の唐王に従い、清朝に抵抗して明の復興をはかる。46年清に降伏したが、子の成功の順撫に失敗し処刑された。

ていじんじけん [帝人事件] 番町会事件とも。斎藤実内閣を倒した疑獄事件。1933年(昭和8)台湾銀行は同行保有の帝国人造絹糸(金融恐慌で倒産した鈴木商店の系列)の株式10万株を売却したが、翌年1月「時事新報」は実業家グループ番町会関係者が要路工作によって不当に安く帝人株を購入した、とのキャンペーンを展開。検察は4月帝人監査役河合良成、同社取締役永野護、旭石油社長長崎英造、そして帝人社長高木復亨(前台銀理事)、台銀頭取島田茂らを、5月には黒田英雄次官以下銀行局長ら5人の大蔵官僚を検挙した。斎藤首相は閣僚への波及必至とみて7月3日に総辞職(7月に三土忠造鉄道相、9月に中島久万吉前商工相を収容)。37年にだされた判決で全員無罪となり、検察の過酷な取調べに対しては司法ファッショという批判がだされた。

ていしんしょう [逓信省] 1885年(明治18)12月内閣制度発足にともない創設された中央官庁。当初は郵便・電信事業と海運業を統轄した。その後郵便貯金・電話交換事業を開始、鉄道行政を所管に加えた。1908年鉄道は新設の鉄道院に移管されたが、24年(大正13)航空事業、25年ラジオ放送の監督を行う。43年(昭和18)総力戦体制の強化を図るために海陸運輸を統合して鉄道と合併、運輸通信省となった。郵政・電気通信事業は外局として新設された通信院が管掌。その後通信院が改称した通信院が46年に通信省に昇格(第2次通信省)、国際電気通信などを解

体吸収した。しかし占領軍の意向に従って，49年6月郵政省と電気通信省（52年廃止）に分割された。

ていせいこう　[鄭成功]　1624.7.14?～62.5.8　中国明の遺臣で武将。父は鄭芝竜、母は日本人田川氏。肥前国平戸生れ。幼名福松、唐名森。字は明儼という。日本では国姓爺として知られる。7歳のとき明に渡り南京に学ぶ。明の滅亡後は唐王に仕え，国姓（明皇帝の姓）である朱を賜り成功と改名。父芝竜の降清後も南シナ海貿易・日本貿易の実権を握り，復明運動の軍資金としたほか，日本にも数回請援の使者を送った。南京攻略に失敗ののち，1661年オランダ人を駆逐して台湾に拠ったが翌年病死。

ていてん　[帝展]　⇨帝国美術院展覧会

ていとく　[貞徳]　1571～1653.11.15　江戸前期の俳人・歌人・歌学者。父は永種。姓は松永。名は勝熊。別号は長頭丸・逍遊など。京都生れ。紹巴から連歌を，九条稙通・細川幽斎に和歌・歌学を学ぶ。俳諧は連歌・和歌への入門階梯にあると考え，俗語・漢語などの俳言を用いるべきだと主張。俳風は言語遊戯の域を脱しないが，貞門俳諧の祖として一大流派をなし，多くの逸材を輩出。式目書の「俳諧御傘」，指導書の「油糟」「淀川」のほか，「前車集」「貞徳文集」「戴恩記」の編著がある。

ていとふっこういん　[帝都復興院]　関東大震災後の復興計画にあたった内閣の外局。1923年（大正12）9月27日，組閣中に大震災に直面した第2次山本内閣が設置。総裁は後藤新平内相。復興案は街路整備を中心に計画されたが，閣議・帝復興審議会・議会で大幅に削減され，復旧中心となった。山本内閣の辞職で，翌年2月内務省外局の復興局に縮小されたが，事業の進展により30年（昭和5）4月復興事務局に改組。32年3月廃止。

ていもんはいかい　[貞門俳諧]　貞徳を中心とする俳流派，また同時代の俳諧を包括した呼称。寛永初年～寛文頃までの約半世紀がおもな活動期といが，その伝統は天保頃まで及ぶ。貞徳は連歌の従属物にすぎなかった俳諧を，文芸の一様式として独立させた。また俳諧を俳言で作る連歌と定義し，連歌の式目を平易にした俳諧の式目を整えて全国的に普及させた。詠句は縁語や掛詞を多用，故事や古典にもとづく言語遊戯を特徴とし，文学を庶民の身近なものとした。しかし知的な言語遊戯は類型化しやすく，談林俳諧の台頭を許した。

でかいちょう　[出開帳]　寺社が秘蔵している仏像・霊宝などを一定期間，境内から他所に出張して公開すること。寺社でなされる居開帳の対。近世以降盛んになり，とくに信濃善光寺の阿弥陀如来，成田山新勝寺の不動明王などの江戸出開帳は，庶民の行楽として隆盛をきわめた。

でかせぎ　[出稼ぎ]　生活の本拠地を一時的に離れ，他地域に一定期間とどまり主として賃稼ぎに従事する労働形態。専業的出稼ぎと季節的副業的出稼ぎがある。前者には薬売りや呉服・海産物の行商人のほか，江戸初期に関東に出漁した上方漁民や日本海沿岸に進出した山陰のソリコなどの漁民があり，生活は漂泊の形をとった。後者には，独特の技術をもった杜氏・屋根葺・木挽などの職人や，田植・代掻・稲刈・茶摘などの農仕事や都市の米揚きなどに出た農民がある。近代産業の成長にともなって第2次産業中心の出稼ぎに移行し，労働内容が単純化するにつれ旧来の出稼ぎ慣行は減少した。

てがた　[手形]　江戸時代には広範な契約証書をさした。とくに貨幣制度の不備を補い，商業・金融取引の円滑な決済を行うため使用された諸手形は，大坂で創出され広く流通した。種類は預手形・振手形・振差紙・素人手形・為替手形などがある。預手形は両替商が預金者にあてて発行した預金証書で，持参者に対し支払われた。振手形は逆に預金者が両替商にあてて振り出したもので，この受取人は名あての両替商と取引のある両替商に持参すれば支払いをうけることができた。振差紙は両替商相互の，為替手形は隔地間の貸借決済のための手形である。両替商の手をて，商人間で節季勘定の代金決済のために流通したのが素人手形で，雑喉場手形・唐物商手形などがある。

てがたこうかんじょ　[手形交換所]　手形・小切手などの支払手段を相互に交換・決済する機関。おおむね限られた地域内の銀行が共同して組織する。日本では1879年（明治12）の大阪手形交換所の設立をはじめとし，87年には東京手形交換所が開設された。明治期には数カ所にとどまったが，第1次大戦後全国各地に開設された。手形交換所の運営は銀行集会所があたり，規律を乱した場合には交換参加の除名など，信用秩序の維持・発展の中心として現在に至る。

てがぬま　[手賀沼]　千葉県北西部の東西に長い沼。利根川水系の旧支谷が堰き止められてできた。面積4km²，最深3.8m，沼面標高3m。1727年（享保12）江戸幕府が干拓工事に着手し，中央に堤を設けて下部を干拓したが，38年（元文3）堤の決壊で新田は水没した。このほか2度干拓が試みられたが，いずれも洪水で失敗。1946年（昭和21）農林省により干拓工事が開始され，68年に約500ヘクタールの水田がうまれた。近年は沼の汚染が進んでいる。

てきじゅく [適塾] ⇨ 適々斎塾

てきてきさいじゅく [適々斎塾] 適々塾・適塾とも。緒方洪庵が1838年(天保9)に開いた蘭学塾。塾名は洪庵の号による。はじめ大坂瓦町にあり, 門人の増加により43年過書町(現, 大阪市中央区北浜3丁目)に移転。ここで蘭書会読や医学・軍事科学などの勉学が行われ, 洪庵が62年(文久2)江戸に移るまでに全国から612人(「姓名録」署名者。うち1人は再入塾)が入塾した。塾生は塾頭の総括のもと成績で等級にわけられ, 蘭日辞書「ドゥーフハルマ」を奪いあうなど昇級競争は激しかった。これらの塾生活は福沢諭吉「福翁自伝」や長与専斎「松香私志」に詳しい。福沢・長与のほか, 大村益次郎・佐野常民・橋本左内ら近代日本の建設者を輩出した。現存の建物は重文。

でぐちなお [出口なお] 1836.12.16~1918.11.6 明治・大正期の宗教家。大本教の教祖。丹波国生れ。出口家の養子となり, 政五郎を婿に迎えた。出口家は明治維新期に没落し, なおは生活の辛酸をなめ, 金光教に入信。1892年(明治25)最初の神がかりを体験。のち神の言葉を書き付けるようになり, 大本教の教義「お筆先」となった。布教の合法化のために金光教の綾部布教所に同居するが, 金光教としだいに対立して独立。大本教は娘婿子の出口王仁三郎に至って教勢を拡大するが, なおの時期は地方教団的なものにとどまっていた。

でぐみ [出組] 一手先組とも。寺社建築などに用いる組物の一形式。大斗の上に枠肘木・肘木を組み, 外へでた木上に巻斗と・肘木・3個の巻斗を順次積みあげて丸桁を支持するもので, 丸桁が柱通りより一外にある。奈良時代の東大寺法華堂以来使われたが, 鎌倉時代以降は軒支輪をいれるのが一般的。

でさく [出作] 「しゅっさく・でづくり」とも。特定の所領の住人が他領の田畠を耕作すること。平安後期から多くみられる。中世では, 荘民が近くの公領や他荘に出作する事例が一般的だが, 荘園公領制の形成期には出作地や出作民の帰属をめぐって相論が生じることが多く, 東大寺領伊賀国黒田荘のように, 数百町にも及ぶ公領への出作地が荘領に組み込まれることもあった。近世では他村の土地を耕作することをいう。入作の対語。

でじま [出島] 江戸時代, オランダ人が居住した長崎の人工築島。当初はポルトガル人の隔離を目的として, 1636年(寛永13)25人の豪商の出資により築造, ポルトガル人を収容した。39年ポルトガル人が追放されたため, 41年平戸のオランダ商館が移された。内部にはカピタン部屋・通詞部屋・乙名部屋・紅毛人部屋のほか土蔵・菜園・家畜小屋などがあった。出島のオランダ人は自由な外出を禁止され, 日本人の出入りも町年寄・通詞のほかは出島乙名・組頭, 金場役, 筆者, 料理人, コンプラ仲間(食料・諸色売込人)などの出島役人や遊女に限られた。

てじまとあん [手島堵庵] 1718.5.13~86.2.9 江戸中期の心学者。名は信, 通称は近江屋源右衛門, のち嘉左衛門, 堵庵は号。京都の商家に生まれ, 18歳で石田梅岩に入門。44歳で家業を長男に譲り, 以後心学の普及に専念。心学運動の趣旨と規則を定めた「会友大旨」を制定し, 運動の中心である明倫舎ほか3舎を設立するなど, 運動の組織化と統制に努めた。その教説は梅岩の思想の社会批判の面を弱めて, 保守的な自己修養を中心とするものであった。著書「知心弁疑」。

てだい [手代] ❶江戸時代の地方の役職。郡代・代官の下にあって, 年貢徴収のほか一般民政事務にあたった。幕府代官所の手代は, 地域に通じ筆算に明るい有力農民が任命され, 人員は1代官所に20~30人程度であった。なお, これらの手代とは別に浅草御蔵衆・畳奉行など幕府の諸役人のもとにも属僚としての手代がいる。
❷江戸時代, 商家奉公人の一種。丁稚(子供)から奉公を始め, 元服して17~18歳で手代となり, 販売・接客・仕入など店表の諸種の職務につき, 一人前の店員として扱われた。手代になると給金を支給されるほか, 報償金などの手当てももつけた。大店の場合, 複雑な職階制をもつため, さまざまな職務を経験しながら平手代から役職付に年功序列で昇進する。通常住込みだが, 長年勤功を積んだ手代上層のなかには, 宿持ちとなり通勤する者もいた。

てっき [鉄器] 鉄で作った道具の総称。縄文時代終末~弥生時代初期に日本に出現。福岡県曲り田遺跡から出土した鉄片が最も古く, 弥生初期のものには斧・刀子・鉇などがある。弥生後期から西日本では鉄器の出土量が増加し, 古墳時代になると各種の鉄器が現れ, 古墳に農工具・武器が大量に副葬された。古墳時代の鉄器には, 農具(鋤・鍬・鎌・穂摘具・手鎌), 工具(斧・手斧・鑿・鋸・鉇・錐・刀子・釘・鎹), 裁縫具(針), 漁具(釣針・ヤス), 武器(刀・剣・戈・槍・矛・鏃), 武具(甲冑・馬甲), 鍛冶具(鉗・鉆床・鎚), 素材としての鉄鋌などがあり, その多くが後の時代にひきつがれている。

てっきじだい [鉄器時代] C.J.トムセンが提唱した三時期法による時代区分の一つで, 主要な道具や武器を鉄で作った時代をいう。鉄器

は鉄鉱石あるいは砂鉄を木炭とともに溶鉱炉で熱して生じた銑鉄（せん）を原料とし、銑鉄を溶かして鋳型に流しこんで作った鋳鉄（ちゅう）と、銑鉄を加熱して鍛造した鍛鉄とにわかれる。西アジアでは前2000年紀中頃のヒッタイト時代に実用化され、ヒッタイトの国力の源泉となった。中国では春秋時代の末頃以来、鉄で作った武器が使用され、戦国時代には農具や工具ともに鋳鉄で作られるようになった。日本では弥生時代の初期から鉄器が使われているが、銑鉄を生産し始めた時期は明白ではなく、弥生時代説と古墳時代説がある。

てっけつきんのうたい [鉄血勤皇隊] 太平洋戦争末期の沖縄で、1944年（昭和19）12月第32軍司令部の指示により、師範学校・中等学校の男子生徒から組織された学徒隊。翌年4月の米軍上陸に際して、陸軍二等兵として通信隊などに配属されたが、総数1780人中890人が戦死するという多大の犠牲をだした。

てつげんどうこう [鉄眼道光] 1630.1.1～82.3.20 江戸前期の黄檗（おうばく）宗の僧。諡号は宝蔵国師。肥後国生れ。はじめ浄土真宗を学び、1655年（明暦元）隠元隆琦（いんげんりゅうき）に参じて禅宗に帰し、木庵性瑫（もくあんしょうとう）の法をつぐ。「大蔵経」刊行を発願し、全国を行脚して資財を集め、69年（寛文9）明の万暦版をもとに刊行を開始、81年（天和元）完成した。これを黄檗版大蔵経・鉄眼版という。畿内飢民の救済にも活躍した。女性にむけて説いた「鉄眼禅師仮名法語」などの著述がある。

てっこうくみあい [鉄工組合] 労働組合期成会の支援のもとに結成された日本最初の近代的労働組合。1897年（明治30）12月1日、東京砲兵工廠（こうしょう）を中心に東京周辺で13支部1180人の鉄工を組織して発足。職業別組合主義を指導理念とし、1900年には関東から東北・北海道にまで組織を拡大し、42支部5400人余の組合員を擁した。会費滞納の増大による共済活動の行詰りと弾圧などにより、01年には衰退した。

てつざ [鉄座] 江戸時代、幕府が設けた鉄の専売所。1780年（安永9）8月、銀座の加役として真鍮（しんちゅう）座とともに大坂に設置。諸国から産出する鉄や鋼（はがね）はすべて大坂問屋を経由して鉄座に独占的に買い取られ、その鉄を仲買の商人が独占的に販売し、鉄問屋・仲買商人は口銭（こうせん）を上納することとなった。鉄座の設置は田沼政治の一環として位置づけられ、鉄市場を独占的に支配することで幕府は大きな利益をあげたが、鉄商人・鍛冶職人らの反発が強く、田沼政治の終焉にともない、87年（天明7）9月に廃止。

てつせいのうこうぐ [鉄製農工具] 農地の開墾や田畑の掘りおこしに用いる鍬（くわ）・鋤（すき）の刃先、収穫や雑草取りに用いる鎌・穂摘具が農具であり、木を伐採する斧、柄穴や溝をあけたりする鑿（のみ）、木器を整形する鉇（やりがんな）・刀子（とうす）が工具。弥生時代に出現し、古墳時代には新たに錐（きり）・鋸（のこ）が加わる。古墳中期になると古墳に大量副葬されるようになり、大阪府野中アリ山古墳の北施設では鎌201、鍬・鋤49、斧134、刀子151、鉇14、錐1、鑿90、鋸7が出土。またその頃鎌が直刃から曲刃へ、鍬や鋤が方形板からU字形へと変化し、農具の一つの画期と考えられる。住居跡からも鍬・鋤・鎌・刀子などが出土し、その所有のあり方から当時の社会構造を探ろうとする研究も行われている。

てっせん [鉄銭] 銑銭（せんせん）とも。鉄で鋳造された銭貨。日本で鋳造された銭貨は古代以来銅銭が主流であり、鉄銭がはじめて鋳造・発行されたのは、輸出確保のため代用銭が必要となった江戸中期の1739年（元文4）である。以降、寛永通宝一文銭は鉄銭が主流となり、地方銭でも仙台通宝・箱館通宝などの鉄銭が発行された。1860年（万延元）にははじめて精鉄の四文銭も出された。当時のおもな鉄製品が鍋だったことから鍋銭ともいった。

てつぞく [鉄鏃] 鉄製の鏃（やじり）。身（み）と茎（なかご）からなり、その間に茎より幅広い部分がある場合はそこを箆被（のかつぎ）とよぶ。身には茎にむかってハ字形に開いたものもあり、そこを逆刮（かえり）とか腸抉（わたくり）とよぶ。弥生時代に現れ、古墳前期には銅鏃に似た形態の鉄鏃と平根（ひらね）式がみられ、中期は平根式から尖根（とがりね）式への移行期であり、後期は尖根式が盛行するが平根式もみられる。この時期に現れた鉄鏃の種類が、奈良時代にひきつがれていくことが正倉院宝物によってわかる。

てつだいぶしん [手伝普請] ⇒御手伝普請（おてつだいぶしん）

でっち [丁稚] 子供とも。江戸時代、商家に年季奉公する奉公人のうち最下位に位置する。一般に商家の奉公人は、子飼いの場合、親類・縁者の子弟などを中心に、10歳前後から店で住込み奉公を始めるが、はじめは丁稚として家内の雑役や走り使いなどに使役された。読み書き・算盤など商人に必要な基礎知識の習得も行われたが、通常は無給で、仕着（しきせ）と小遣い銭が支給される程度であった。ふつうは17～18歳で手代となる。

てつどういん [鉄道院] 鉄道国有化後の1908年（明治41）12月、逓信省鉄道局と帝国鉄道庁を廃して新たに設置された鉄道主務官庁。監督行政と現業の運営を一体化するとともに、権限強化をはかり内閣直属とした。地方機関として東部・中部・西部・九州・北海道の管理局をおく。ただし軌道については内務省との共管。初

代総裁に後藤新平が就任。第1次大戦期以降，組織・業務が著しく拡大，20年(大正9)5月鉄道省に昇格した。

てつどうこくゆうほう [鉄道国有法] 1906年(明治39)3月公布。「一般運送ノ用ニ供スル鉄道ハ総テ国ノ所有トス」とされた。国有化の動きは，企業勃興に終りを告げる1890年恐慌や日清戦争後の1897～98年恐慌，1901年恐慌を背景として高揚がみられたが，いずれも恐慌の克服手段としての性格が強く実現しなかった。その後，資本主義の発展は鉄道輸送の統一を強く要請し，軍事上の必要性を加味して日露戦争後になって実現した。07年10月までに主要17私鉄が国有化され，鉄道業における国鉄のシェアは，営業距離で90.9%，旅客輸送で83.8%，貨物輸送で91.4%，従業員数で88.4%に達し，陸上交通機関としての独占的な地位を獲得。87年(昭和62)の分割・民営化で廃止。

てつどうしょう [鉄道省] 1920～43年(大正9～昭和18)の国有鉄道の主務官庁。第1次大戦後の経済発展により客貨輸送量が激増。従来の鉄道院(1908設置)では，膨張する国鉄業務に十分対応できなくなったため，20年5月鉄道院官制を廃止し鉄道省官制を公布。鉄道大臣が国有鉄道と付帯業務を管理し，地方鉄道・軌道，南満州鉄道の鉄道と航路に関する業務を監督することになった。その後，何度かの組織の改変をへて，第2次大戦時の43年11月，海陸一貫輸送の強化要請のもと通信省とともに廃止され，運輸通信省が成立した。

てつどうばしゃ [鉄道馬車] ⇨馬車鉄道ばしゃてつどう

てつどうふせつほう [鉄道敷設法] 鉄道建設の基本方針を定めた法律。1892年(明治25)6月公布。91年7月に井上勝まさる鉄道庁長官が提示した「鉄道政略ニ関スル議」の延長線上に位置し，軍事的・経済的観点から早急に建設を要する鉄道を第1期予定線として定めた。私設鉄道の設立も認めてはいたが，鉄道建設における政府の強い主導権を確立し，統一的な計画・運営を可能にした。1922年(大正11)7月改正鉄道敷設法が施行され，廃止された。

てつぼう [鉄砲] 火薬の力で鉄の筒から弾丸を発射させる武器の総称。火器・銃ともいい，筒の太いものを大砲という。日本が鉄砲に接触した最初は13世紀末の元寇の際の元軍使用のものだが，これは火薬を爆発させて音響効果を狙ったもので，のちの鉄砲とは異なる。その後，通説では1543年(天文12)ポルトガル人により種子島たねがしまに火縄銃ひなわじゅうが伝えられ，以後，種子島とよばれて戦国大名間に普及した。近世の鎖国体制のなかで，鉄砲の大量利用例は少なくなり，鉄砲の機能・技術は停滞した。むしろ外面的装飾をこらす装飾砲が造られ，鉄砲技術は流派の秘伝となり，鉄砲使用は農山村の在村銃が多くなった。開国後，火縄銃から大量に輸入された洋式銃にかわった。

てっぽうかじ [鉄砲鍛冶] 戦国期～江戸時代の鉄砲製造業者。種子島たねがしまに渡来した西洋式火縄銃を八板金兵衛が模作したのが始まりとされる。以後，急速に製造技術が伝播して和泉国堺・近江国国友村などが著名な鉄砲生産地となった。しかし，鎖国で新技術移入がとだえ，江戸時代には銃の所持や使用が制限されて，日本製銃砲の機能は発展しなかった。技術は秘伝で，鉄板を巻いて筒を造る銃身製作をおもに行い，付属品は台師・金具師が分担した。

てっぽうき [鉄炮記] 1543年(天文12)に鉄砲が伝来した事情を記した記録。1巻。1606年(慶長11)文之玄昌ぶんしげんしょうが種子島たねがしま久時に委嘱されて撰述。種子島に来航したポルトガル人から鉄砲を入手した島主種子島時尭ときたかが家臣に火薬の製法を学ばせ，鉄砲を模造させて国産化に成功，これにより鉄砲が日本各地に普及したとし，時尭の功績をたたえる。難点もあるが，鉄砲伝来に関する信憑性の高い史料とされる。「南浦なんぽ文集」(「新薩藩叢書」)所収。

でめ [出目] (1)江戸時代，金銀銭貨を改鋳して以前よりも流通量が増加した場合の改鋳益金。幕府の財政窮乏を救済する手段として，出目を目的にしばしば改鋳が行われた。この際，新貨の品位を旧貨よりも低下させて流通量を増加させたため，経済活動に少なからず影響を与えた。(2)江戸時代，余剰・余分の意味で用いた。出目高だか・出目米・出目石などの用例が史料にみられる。

てらうけしょうもん [寺請証文] 寺手形・宗旨手形・寺請状・寺請文・寺請往来とも。江戸時代，寺請制度にもとづき，寺院が檀徒に対しキリシタンではなく自分の檀家であることを証明した文書。檀家の人々の旅行や転居の際に発行され，身分証明書としての性格をもった。とくに戸籍の移動時に新しい檀那寺宛に発行された寺請証文は寺送状などとよばれる。

てらうちまさたけ [寺内正毅] 1852.閏2.5～1919.11.3 明治・大正期の政治家／陸軍軍人。長門国生れ。整武隊に入り第2次長州戦争の防衛戦と戊辰ぼしん戦争に従軍，維新後陸軍に入る。西南戦争に出征，フランスに留学後，日清戦争では運輸通信をつかさどった。1902～11年(明治35～44)第1次桂・第1次西園寺・第2次桂の3内閣で陸相を務め，陸軍省の機能強化と軍事参議院の設置にあたる。06年大将，10年初代朝鮮総督，16年(大正5)元帥。桂太郎没後は山県有朋やまがたありともの後継者と目され，16年内閣を組織。はじめ与党なしの超然内閣で発足したが，臨時外交調査委員会を設けて各党の支持取

付けに努めた。ロシア革命に際してシベリア出兵を行ったが, 米騒動がおこり, すでに健康を害していたため辞任した。伯爵。

てらうちまさたけないかく [寺内正毅内閣]
陸軍大将寺内正毅を首班とする大正期の内閣(1916.10.9～18.9.29)。第2次大隈内閣の総辞職をうけて成立。是是非非主義をかかげる立憲政友会の実質的支持をうけ, 第1党の憲政会を野党としたが, 1917年(大正6)の総選挙で政友会は第1党になる。段祺瑞政府に借款を与え(西原借款), 援助政策をとって日本の勢力拡大をはかった。国論統一を標榜し, 同年6月原敬や野党国民党の犬養毅を含む臨時外交調査委員会を組織した。ロシア革命後, アメリカの提議に応じて18年8月にシベリア出兵を開始したが, 大戦景気による物価騰貴にも拍車がかけられ, 同月各地に米騒動が勃発。寺内と元老山県有朋との確執もあり総辞職した。

てらこや [寺子屋]
寺小屋・手習所・筆道稽古所とも。近世から近代初期の民衆教育機関。内容は主として習字で, ほかに読書・算術を教えるところもあった。まず「いろは」から始め, その後男女の別や子供の出身にあわせ往来文(物)に進んだ。入学年齢・時期・在学期間などは近代以降の学校と異なり自由で, 地域の民衆の生活実態に適合した制度だったが, そのことが教育内容の合理化や高度化を阻んでいた面もある。教師はふつう手習師匠とか, たんに師匠といわれ, 地域紛争や家庭問題の仲裁役・相談役としても尊敬された。寺子屋は民衆の現実的必要性や勉学への意欲を背景にして近世後期以降盛んになり, 幕末・維新期には全国津々浦々に普及した。

てらしまむねのり [寺島宗則]
1832.5.23～93.6.7 幕末～明治前期の外交官。伯爵。鹿児島藩の郷士の家に生まれる。一時, 伯父松木家の養子となり弘庵(安)と名のった。蘭方医学を学び, 島津斉彬の侍医, 蕃書調所の教官を勤めた。幕府の遣欧使節に随行。薩英戦争で五代友厚とともにイギリス艦に捕らえられ和議に尽力。1865年(慶応元)鹿児島藩留学生を率いて渡英。明治政府に出仕し, 外務大輔・駐英公使などをへて, 73年(明治6)参議兼外務卿となり, 樺太・千島交換条約や日親修好条規の調印, アメリカとの条約改正交渉の推進など, 明治初期の外交の中心人物として活躍。79年文部卿に転じ, 元老院議長・駐米公使・宮中顧問官・枢密顧問官・同議議長などを歴任。憲法草案審議にもあたった。

てらだとらひこ [寺田寅彦]
1878.11.28～1935.12.31 明治～昭和前期の物理学者・随筆家。筆名は吉村冬彦・藪柑子など。東京都出身。東大卒。実験物理の研究を進め, 「尺八の音響学的研究」で理学博士。ドイツ留学中は地球物理学を専攻。1913年(大正2)結晶によるX線回折の実験で世界的に知られる。物理学の方法論や認識論にも興味をもった。東京帝国大学教授。27年(昭和2)地震研究所専任。気象学・地震学の研究を進めながら, 日本的なテーマも研究した。「西洋の学者の眼ばかり通して自然を見ているのでは, 日本の物理はいつまで発達しない」といい, ガラスの割れ目, 墨流し, 金米糖の生成など物理学における偶然・統計的現象を研究した。科学随筆家としても知られる。学士院恩賜賞受賞。「寺田寅彦全集」全24巻。

てらだやそうどう [寺田屋騒動]
1862年(文久2)4月鹿児島藩尊攘派が京都伏見の寺田屋で鎮圧された事件。同年3月鹿児島藩主島津忠義の父久光は公武合体実現のため藩兵1000を率い上洛。尊攘派も攘夷討幕の好機とみて京に集結した。久光は自重を求めたが, 有馬新七を中心とする同藩尊攘派30余人は従わず, 挙兵の機会をうかがい, 船宿寺田屋に集結。久光は4月23日ităら鎮撫使者8名を寺田屋に派遣, 有馬らの行動を止めようとしたがはたせず, 同藩士どうしの斬り合いとなった。激派は数人が討死あるいは刑死し, 同藩の尊攘運動は消滅した。この事件は尊攘派の憤激をかい, 以降, 尊攘運動は公武合体運動と激しく対立する。

てらまち [寺町]
近世の城下町で, 寺院が集中的に配置された街区。城郭・武家地・町人地とともに城下町の主要な要素であり, 軍事的な意味や宿泊施設としての役割も担った。

テレビ
TVとも。テレビジョンの略称。画像を電波で送って再生する装置。欧米各国に従って日本でも1939年(昭和14)に実験放送が公開されたが, 第2次大戦で中断, 本放送は53年に開始された。番組のカラー化が進む60年代には, ニュース, 生活情報, あるいはスポーツや娯楽番組により, マス・メディアの王座についた。その後は76年CATV(ケーブルテレビ), 87年衛星放送, 2000年(平成12)BSデジタル放送がそれぞれ始まり, テレビは多チャンネル, 双方向化の時代に入った。

でわさんざん [出羽三山]
山形県のほぼ中央部に位置し, 最高峰の月山(標高1984m)と羽黒山・湯殿山の3山の総称。三山はもと熊野三山に擬して, 羽黒山・月山・葉山であったが, 戦国期に葉山が湯殿山にかわったとされる。三山登山は平安時代から始まったが, 一般民衆が道者(行者)として三山参りをしたのは室町時代以後で, 江戸時代に全盛をみた。登り口は7口あり, それぞれの口に寺があって, 道者の宿泊・祈禱・先達などを務めた。

でわのくに [出羽国]「いではのくに」とも。
東北地方日本海側の国。現在の秋田県・山形県。708年(和銅元)越後国北部におかれた出羽郡を中心に、712年9月建国、翌月陸奥国最上がみ・置賜だま2郡が編入された。北部領域は律令国家支配の進展にともない北上拡大した。北陸道から派生したが、東山道に所属。「延喜式」の等級は上国。「和名抄」では最上・村山・置賜おいた・雄勝・平鹿ひら・山本・飽海あく・河辺かわ・田川・出羽いで・秋田あきの11郡からなる。「和名抄」所載田数は2万6109町余。「延喜式」では調錫として布・米・穀を定める。国府は当初の庄内平野から733年(天平5)高清水岡(現、秋田市)に移り、のち現在の城輪柵さくの跡(現、山形県酒田市)に転じた。一宮は大物忌神社(現、山形県遊佐町)。平安後期に清原氏が台頭、前三年の役後は奥州藤原氏の勢力下となり、その滅亡後鎌倉幕府が強力に支配した。室町中期から北部で安藤氏が成長して秋田氏となり、南部では伊達氏や最上氏が力をのばしたが、豊臣政権や江戸幕府により所領没収や国替が行われた。幕末まで秋田・鶴岡・米沢藩など10余藩があった。1868年(明治元)羽前国・羽後国に二分された。

でわのさく [出羽柵] 出羽国南部におかれた古代の城柵。708年(和銅元)出羽郡が建郡されて越後国に属したが、翌年に陸奥・越後両国を対象に蝦夷えぞ征討が行われた。その折に諸国の兵船を出羽柵に運送させたとみえるのが初見。712年出羽郡を核として出羽国が成立。国府は出羽柵におかれたと考えられる。山形県鶴岡市などに比定地があるが不詳。733年(天平5)秋田村高清水岡たかしみず(現、秋田市)に移転した。

てんいちぼうじけん [天一坊事件] 1728年(享保13)江戸で改行という修験者が源氏坊天一と名のり、8代将軍徳川吉宗の落胤と偽って牢人を集め、町人らから金品をだまし取った事件。改行は捕らえられ翌年処刑された。幕末にこの事件を題材にした物語が「大岡政談」に付会され、講談や歌舞伎などで取りあげられ広く流布

てんが [殿下]「でんか」とも。三后・皇太子もしくは摂政・関白に対する敬称。儀制令皇后条では、皇后・皇太子は太皇太后・皇太后に対して殿下と称し、庶民に至るまでの臣下は三后・皇太子に対して殿下と称することとを規定されており、また公式令闕字条で闕字の対象となっていた。平安時代になって摂関制が定着すると、最高権力者たる摂政・関白を殿下とよんだ。「皇室典範」では、天皇・三后以外の皇族に対する敬称とする。

てんかい [天海] 1536?~1643.10.2 織豊期~江戸初期の天台宗の僧。南光坊・智楽院と号す。勅諡号は慈眼大師。陸奥国大沼郡生れ。出家して随風と称し、比叡山・園城おんじょう寺・興福寺などで修学。1589年(天正17)駿府で徳川家康に謁して帰依をうけ、武蔵国川越の喜多院、日光山に住した。家康の死後、2代将軍秀忠を補佐して家康の遺骸を久能山から日光山に改葬。1625年(寛永2)秀忠の命で江戸上野忍ケ岡に東叡山寛永寺を建立し、開山となった。3代将軍家光の信任を得て勢力をふるい、崇伝すうでんとともに政務に参画した。37年、木彫活字版の「大蔵経」刊行を企て寛永寺に経局を設置、12年をへて「天海版大蔵経」を完成させた。39年には「東照宮縁起」を作製。

でんがく [田楽] 稲作に関する諸芸能の総称。狭義には職業芸能者である田楽法師が演じた田楽踊を中心とする芸能をさし、広義には田植をはやす楽、予祝の田遊び、風流ふりゅう田楽を含む。田植をはやす楽は「栄花物語」にみられ、祭礼での専業者による田楽も平安末期成立の「日本紀略」に記される。田楽踊では編木びんら・締太鼓・銅拍子・笛などの楽器を用い、散楽さんがく系の高足こうあし・刀玉とうだまの曲芸も交じえた。1096年(永長元)京洛に爆発的に流行した永長の大田楽は、都人が田植や田楽法師をまね、飾りたてて練り歩いたもので、風流田楽とされる。鎌倉中期以降は田楽法師のワキ芸であった物真似の芸が発達して、田楽の能として一忠いっちゅうなどの名人が輩出した。現在も民俗芸能としてさまざまな田楽が伝承されている。

てんがくかん [典学館] 江戸後期の庶民教育のための学館。1791年(寛政3)代官早川正紀まさとしが美作国久世村(現、岡山県真庭市)に創設した教諭所がその前身。95年典学館と改称。赤子間引の禁止や農事への精励などを説いた「久世条教」をもとに、地元民を教化した。1817年(文化14)久世村が津山藩領に復したのちも存続。22年(文政5)備中国砦部あぞ(現、岡山県北房町)へ移転。

でんかのわたりりょう [殿下渡領] 摂政・関白を兼ねる藤原氏長者の地位に付属する所領として、代々の長者が伝領・管領した所領群。摂関家渡領、たんに渡領ともいう。氏の共有財産として、氏長者の主宰する氏行事の用途を負担した。渡領という言葉は平安中期に初見し、元来は氏長家の執事・年預ねんが知行した大和国佐保庄ほう・山城国宇治田原、越前国方上庄、御厩別当が知行した河内国楠葉くすは牧の4所領をさした。鎌倉時代には、これに加えて勧学院や法成寺などの氏院・氏寺領も渡領に数えられた。

でんぎょうだいし [伝教大師] ⇨最澄さいちょう

てんぐぞうし [天狗草紙] 鎌倉時代の宗教界を天狗にたとえて風刺した絵巻物。もと7巻。

興福寺の詞書中に1296年(永仁4)成立と記載される。仏教歌論書「野守鏡」との関連が指摘される。延暦寺巻(東京国立博物館蔵)，園城寺巻(宮本家蔵)，東寺・醍醐寺・高野山巻(東京国立博物館蔵)，浄土宗・山伏・時宗・禅宗巻(個人蔵)，諸天狗成仏巻(根津美術館蔵)，ほか東大寺巻と興福寺巻の模本(東京国立博物館蔵)が残る。異本に「魔仏一如絵」。いずれも重文。

てんぐとうのらん [天狗党の乱] 筑波山事件とも。幕末期に水戸藩尊攘激派の天狗党がおこした争乱。天狗とは水戸藩主徳川斉昭の藩政改革に結集した改革派をさすが，安政期以後，改革派の系譜をひく尊攘派天狗党と反対派の諸生党とが激しく抗争した。1864年(元治元)3月，天狗党の藤田小四郎らは攘夷を唱えて筑波山に挙兵したが，諸生党との泥沼化した藩内抗争に陥り敗北。その結果，武田耕雲斎を総大将として京都をめざし大挙して水戸藩領を出た。800人をこえる一行は中山道をへて越前国に入ったが，金沢藩に降伏し，敦賀に監禁された。翌65年(慶応元)幕命により352人の斬罪ほか大量の処刑が行われた。

てんこう [転向] 一般的にはある思想信条から別の思想信条に転換することだが，歴史的には佐野学・鍋山貞親の転向声明後の権力の強制による社会主義思想の放棄，国家社会主義・日本主義などへの転換をいう。共産党の最高幹部であった両者が1933年(昭和8)6月8日，「共同被告同志に告ぐる書」を発表，コミンテルンの国際主義を排斥，天皇をいただいた一国社会主義をめざし，反戦闘争と植民地解放政策に反対した。声明は影響力甚大で，未決・既決の党員の3割以上が追随した。初めは実践運動からの後退だけで転向を認められたが，後にはマルクス主義の放棄も要求され，当局の転向政策が完成，非転向者を数えるほどになった。

てんこうかいぶつ [天工開物] 中国の代表的産業技術書。3編18巻。江西省新県の学者宋応星著。明末の1637年刊。中国在来の技術を穀類・衣服・染色・調製・製塩・製糖・製陶・鋳造・舟車・鍛造・焙焼・製油・製紙・製錬・兵器・朱墨・醸造・珠玉の18部門にわけて記載。当時の重要産業を網羅し，その生産過程も詳しくのべる。知識人層を対象にした啓蒙書で，実証的精神につらぬかれ，方術書や本草書の記述を批判。各部門の製造風景や過程を多数の図で解説しており，江戸時代の日本で多くの人々に愛読され，1771年(明和8)には木村蒹葭堂本をもとに和刻本が出版された。

てんこうぶんがく [転向文学] 昭和初期に社会主義思想を捨て，天皇制を軸とする国粋思想に屈服するに至ったプロレタリア文学者が，みずからの思想的変節の過程を描いた文学。佐野学・鍋山貞親の転向(1933)以降，崩壊の道筋をたどった共産主義運動に並行しておこった。転向の内実には状況と主体性との関係にさまざまな位相があるが，村山知義「白夜」，中野重治「村の家」，島木健作「生活の探求」などが第2次大戦前の代表作。「近代文学」派など戦後文学にもその残響がみられる。

てんじゃ [点者] 和歌・連歌・俳諧などで作品を評価し合点を付ける人。稽古のために師に点をつけてもらうこともあるが，主として点取俳諧などの勝負のため，合点をする職業の者をいう。

てんしゅかく [天守閣] 天主閣とも。城郭の中心部の大きな櫓。1576年(天正4)普請を始めた織田信長の安土城天主は，信長の居所として建てられ，内部は金碧な障壁画で飾られた。天下統一のあり方を象徴的に示そうとしたのであった。その後内部の居住機能はなくなり，姫路城のようにいくつもの大・小天閣を連立させるなど軍事的な機能が強化された。江戸時代になると軍事的な必然性も薄れ，価値を失った。建築的には犬山城のような大屋根に望楼をのせた望楼型から，名古屋城のような層塔型へ展開した。

てんしゅきょう [天主教] キリシタンの呼称の一つ。中国・朝鮮などではマテオ・リッチの「天主実義」(1601または03刊)から一般化したとされるが，日本ではそれより早く16世紀末から用いられた。教会側は天主では誤解を招く危険が大きいとして使用したがらなかったが，幕末布教では教会をみずから天主堂と称し，明治期以降天主教が定着した。

てんじゅこくまんだらしゅうちょう [天寿国曼荼羅繍帳] 奈良中宮寺に伝わる日本最古の刺繍製品。622年(推古30)に聖徳太子を追慕して妃の橘大郎女が作らせたもので，もとは2張あったが，今は残片と鎌倉時代の補作を台裂に貼り，額装した1張が残る。「上宮聖徳法王帝説」は残片中の亀の背の銘文について記しており，それによると太子が死後に往生した天寿国の有様を妻として太子をしのぶために勅許を得て，椋部秦久麻を監督とし，東漢末賢・高麗加西溢・漢奴加己利の3人の画師に下絵を描かせ，多くの采女たちに刺繍させたとされる。縦88.8cm，横82.7cm。国宝。

てんじょう [殿上] 侍所とも。公卿・殿上人・蔵人など側近の詰所。平安中期以降は，おもに内裏の清涼殿の南庇にある殿上の間をさす。平安初期の史料に，豊楽殿・紫宸殿・武徳殿・仁寿殿などの殿上がみえるが，天皇の出御する殿舎の殿上に伺候すること

に意味があった。平安中期以降,内裏の影響をうけて院・女院・東宮にも殿上が設けられ,中宮・親王家・摂関家などの侍所にも殿上と同じ機能がある。

てんしょうおおばん[天正大判] 豊臣氏が彫金師後藤徳乗じょうとその一族に命じて製作させた大判金。鋳造時期と形状によって,1588年(天正16)初鋳の古大判,92年(文禄元)初鋳の長なが大判,1608年(慶長13)初鋳の後鋳大判(大仏大判)に区別され,それぞれ墨書や桐紋・花押の極印ごくにも違いがみられる。いずれも重量44匁1分(165g),品位70〜74%の良質な金貨。

てんしょうけんおうしせつ[天正遣欧使節] 1582年(天正10)イエズス会によって企画・実現された,キリシタン大名派遣の少年遣欧使節。大友宗麟・有馬晴信・大村純忠の名代として,伊東マンショ・千々石ちぢわミゲル・中浦ジュリアン・原マルチノら4少年をヨーロッパに派遣した。目的は彼らにキリスト教社会を見聞させることによって帰国後の布教活動の効果を期待したことと,彼らをヨーロッパの人々にみせることによってヨーロッパ社会の日本への布教熱を喚起することにあった。ローマ市民権を得るなど歓待されたが,日本では87年(天正15)バテレン追放令が発布されたため,インド副王使節の名目でバリニャーノに率いられて90年帰国した。

でんじょうじまきおおどう[伝乗寺真木大堂] 大分県豊後高田市真中にあった天台宗の寺。馬城山と号す。718年(養老2)仁聞にんもん菩薩の開基という。1168年(仁安3)の史料にみえる。現在は廃寺で,阿弥陀如来座像などを納めた1967年(昭和42)再建の収蔵庫を真木大堂とよぶ。

てんしょうつうほう[天正通宝] 1587年(天正15)に豊臣秀吉の命によって鋳造された軍功賞賜用の銭。金銭・銀銭の2種があり,銀銭には銭文せんに大小2体の区別がある。この銭の発行によって,日本の年号を銭文に用いることが再開された。この頃同じく軍功賞賜用に鋳造された銭に,永楽通宝金銭・銀銭がある。

てんしょうのこくなおし[天正の石直し] ⇒太閤検地たいこうけんち

てんじょうびと[殿上人] 雲客うんかくとも。四・五位のなかから選ばれ,清涼殿南庇の殿上の間に伺候することが許された天皇の側近。皇族の予備軍。日給簡にっきゅうのかんに姓名が記され,天皇の代替りごとに選び直された。宮中で行われる儀式・行事に参列するほか,通常は蔵人頭くろうどのとうの指揮下,陪膳や宿直とのいに交替であったった。このような制度に整備されたのは10世紀以降のことであるが,殿上人自体は蔵人家の設置と前後しておかれ,正史には近衛という名称でみえる。

てんしんぐん[天津軍] 北清事変に際して,公使館・居留民保護のために天津に駐留した日本陸軍部隊。1901年(明治34)9月の北京議定書第9条にもとづいて,日本のほか英・露・独・仏・オーストリア・伊・米も交通の要衝への駐屯権を得た。清国駐屯軍・支那駐屯軍ともよばれた。36年(昭和11)5月,それまで1000人程度だった兵力を5700人に増強。翌年日中戦争が始まると,北支部方面軍司令部と支那駐屯混成旅団に改編された。

てんしんじょうやく[天津条約] ❶アロー戦争の講和条約として,1858年に清国と露・英・仏・米4カ国との間に結ばれた条約。清側が批准に抵抗したため英仏2国は北京を攻撃し,60年北京条約を結ばせた。

❷1885年(明治18)甲申事変後の日清間の朝鮮問題をめぐる協約。事変に干渉した清国との問題解決のため,パークス駐清英国公使の仲介をへて,天津で伊藤博文・李鴻章両全権が7回の会談ののち4月18日,協約3カ条に調印。この協約で両国軍の4カ月以内の朝鮮撤退,軍事教官を朝鮮に派遣せず,外国人教官の選備せんびを勧告,将来,朝鮮に変乱・重大事件がおきて派兵する場合は事前に通知し合い,平定後は即時撤兵することを定めた。また付属文書で事変の際の清国兵による日本人殺害問題解決のため,確証があれば中国軍法により処分するとした。

てんせいきょう[伝世鏡] 製作された後,いく世代かにわたって伝えられた鏡をいう。とくに古墳から発見された鏡に,新しい時代(魏晋代)に製作された鏡と一緒に古い時代(漢代)に製作された鏡が存在している場合,それを伝世鏡とよんで重視し,その意味を議論する考え方がある。隅田すだ八幡神社の人物画像鏡や正倉院宝物の鏡なども伝世鏡の一種であるが,古墳発見の伝世鏡とはまったく異なった意味のものである。

でんせんびょうけんきゅうしょ[伝染病研究所] 伝染病の原因・予防・治療方法を研究する研究所。1892年(明治25)東京市芝公園の福沢諭吉私有地に設けられた大日本私立衛生会付属伝染病研究所に始まる。のちに同会は研究所を政府に寄付して内務大臣所管となった。1914年(大正3)文部省所管に移り,翌々年東京帝国大学付属伝染病研究所となり,67年(昭和42)医学の基礎的研究を加えて東京大学医科学研究所と改称された。伝染病研究施設は,ほかに北里研究所や大阪大学微生物研究所がある。

てんそう[伝奏] 平安末〜江戸時代に朝廷におかれた役職。院政・親政を行う上皇・天皇に近侍し,奏聞・宣宣を職務とした。平安末の後白河院政期に成立し,鎌倉中期の後嵯峨院政期に

制度が確立。以後，事項別に分化。朝廷と幕府間の交渉は鎌倉時代は関東申次，室町時代は武家執奏の勤めであったが，やがて伝奏が直接幕府と接触するようになり，一時期足利将軍の意をうけて奉書を発給することもあった。のちに武家伝奏と称され，江戸時代にも幕府の承認をえて任命された。

てんだいざす［天台座主］ 天台宗比叡山延暦寺の住職で同宗を統轄する最高の役職。854年(斉衡3)4代円仁^{にん}がはじめて勅により任じられたが，さかのぼって同寺2代の義真^{しん}を初世，円澄^{ちょう}を2世に数え円仁を3世とする。のちには梶井(三千院)・青蓮院・妙法院の三門跡から選出され勅により任じられたが，1871年(明治4)に廃止され，84年私称を許され現在に至る。歴代の天台座主の略歴を記したものに「天台座主記」がある。

てんだいしゅう［天台宗］ 中国隋代の僧天台大師智顗^{ぎ}により開かれた宗派。「法華経」を根本聖典とし，五時八教・一念三千などの教理をたて，一心三観の実践を説く。805年(延暦24)最澄によって日本に伝来。翌年には年分度者2名^{にん}を与えられ，国家公認の宗となる。また比叡山での大乗戒壇^{だいじょうかいだん}独立をめざして南都と論争し，最澄の死後に実現した。10世紀末に山門派(延暦寺)と寺門派(園城^{おんじょう}寺)に分裂した。以後，両者とも貴族との結びつきを強めながら権門化し，中世にはその権勢を背景に政治史上でも大きな役割をはたした。鎌倉新仏教や中世文化の母体としても重要である。比叡山は織田信長の焼打により焦土と化すが，江戸幕府や諸大名の後援をうけて復興した。

てんちてんのう［天智天皇］ 626～671.12.3
在位668.1.3～671.12.3 「てんじ」とも。系譜上の第38代天皇。葛城皇子・天命開別^{あめみことひらかすわけ}天皇とする。舒明天皇の長子。母は宝皇女(皇極天皇)。異母兄の古人大兄^{ふるひとのおおえ}皇子に対し，中大兄^{なかのおおえ}皇子と通称される。中臣鎌足^{なかとみのかまたり}とともに蘇我蝦夷^{えみし}・入鹿^{いるか}父子の政権打倒を図り，645年(大化元)これに成功した。事件後に即位した孝徳天皇のもとで大化の改新の諸政策を推進したが，653年(白雉4)天皇と対立し，皇極太上天皇・皇后間人^{はし}皇女らと難波から飛鳥に戻った。孝徳の死後，斉明天皇が重祚^{ちょうそ}すると皇太子として活躍。661年(斉明7)百済救援軍を率いた天皇が筑紫朝倉宮で没すると，皇太子のままで天皇としての政務を行った(称制)。663年(天智2)，白村江^{はくすきのえ}で唐・新羅の連合軍に大敗すると，西日本の防御体制を強化した。また氏族政策(甲子の宣^{せん})，冠位制の改定を行い，667年近江大津に遷都し，翌年即位した。670年に庚午年籍^{こうごねんじゃく}を作って人民支配の基礎を固めた。近江令を制定したとも伝えられる。没後翌年の672年には，その子大友皇子と，天智の弟である大海人^{おおあま}皇子(天武天皇)の間に壬申の乱がおこった。

てんちゅうぐみのらん［天誅組の乱］ 幕末期に大和国で尊攘派が挙兵した事件。1863年(文久3)8月13日の攘夷成功祈願のための孝明天皇の大和行幸決定を機に，土佐国の吉村寅太郎，備前国の藤本鉄石，三河国の松本奎堂^{けいどう}らの激派を中心に，元侍従中山忠光を擁して大和挙兵を計画した。一行は8月14日に京都を出発，大坂・河内をへて17日に大和五条代官所を襲撃し代官鈴木源内ら5人を殺害，翌日近隣の幕領地を朝廷領とし当年分の年貢半減を布告した。しかし8月18日の政変で状況は変化，めざした高取^{たかとり}城攻略に失敗し，追討諸藩の攻撃をうけ，頼みとした十津川郷士の離反もあって総崩れとなり，9月24日に吉野山中で壊滅した。

てんちょうせつ［天長節］ 天皇誕生日の旧称。1868年(明治元)8月制定。天皇代替りとともに変更され，明治は9月22日(改暦後は11月3日)，大正は8月31日(夏休み中なので10月31日を代日)，昭和は4月29日であった。四方拝^{しほうはい}(元日)・紀元節・明治節とあわせて四大節とされ，官民あげて盛大な式典が催された。1948年(昭和23)7月制定の「国民の祝日」により，天皇誕生日となって存続している。

てんとうき・りゅうとうきぞう［天灯鬼・竜灯鬼像］ 興福寺西金堂の旧像。寺の記録によると，竜灯鬼の像内には1215年(建保3)の康弁作と記す書付があるという。非現実的な主題を写実的に表現した造形は見事で，運慶の三男と伝える康弁の技量の確かさを物語る。高さは天灯鬼78.2cm，竜灯鬼77.8cm。興福寺蔵。国宝。

てんのう［天皇］ 日本の古代以降の君主の称号。天皇の固有名(諡号^{しごう}など)，代数，在位時期，陵，世系は，1870年(明治3)に追尊された弘文天皇などを含めて，「皇統譜」により定められている。天皇の語(和訓はスメラミコト)は中国の道教思想などから採用したもので，7世紀前期あるいは7世紀末に大王^{おおきみ}にかわる称号として使用されるようになり，天皇の先祖とされる大王らにも天皇号が付与された。「古事記」「日本書紀」によれば天皇の始祖は紀元前7世紀の神武天皇とされるが，中国史料や金石文で存在が確認されるのは5世紀の大王である。天皇の地位がどのような経過で確立されたかについては，邪馬台^{やまたい}国の所在や前方後円墳の成立をめぐる問題ともからんで未解明の点が多い。ともあれ天皇が宗教的権威を背景に官人任免権，外交権，軍事指揮権を行使する国家統治の体制が律令制度として7～8世紀を

通じて確立された。天皇の権力は外戚たる摂関や退位した院がかわって行使することがあったが、統治の主体としての天皇の地位は維持されていった。12世紀末に鎌倉幕府がうまれ、以後、江戸幕府に至るまで武家支配がつづくと、外交権・軍事権は天皇の手を離れ、文官・武官の形式的任免権と改元の決定、暦の頒布など、限られた権限を行使する権威的地位となった。皇位の継承をめぐって幕府の関与を招き両天皇の併立する時期もあった。19世紀に開国問題で国論がわかれると、天皇は幕府に反発する勢力に擁されて王政復古の名で近代国家を形成する中心となり、大日本帝国憲法で立憲君主制の頂点に位置づけられた。第2次大戦後、日本国憲法で天皇は日本国と国民統合の象徴と定められた。昭和天皇は皇統譜で124代とされているが、実在の疑われる天皇や両天皇併立時代を考えると、天皇の代数は不明というしかない。
→巻末系図

てんのうき [天皇記]
推古朝に編纂されたといわれる書。『日本書紀』推古28年(620)条に、聖徳太子と蘇我馬子とが「天皇記及国記臣連伴造国造百八十部并公民等本記」を録したとある。乙巳の変(645年)で蘇我蝦夷が討たれるときにこれを焼いたという。内容は不明だが、「帝紀」と同性格のものとする見方もある。

てんのうきかんせつもんだい [天皇機関説問題]
昭和前期に美濃部達吉の天皇機関説が排撃されたことに始まる政治問題。大日本帝国憲法発布当時から天皇の地位については論争があり、大正期になると、国家の統治権は法人である国家にあり、天皇はその最高機関とする一木喜徳郎・美濃部らの説と、統治権は神聖不可侵の天皇にあり、それは無制限であるとする穂積八束・上杉慎吉の学説が対立していた。1935年(昭和10)2月18日、貴族院本会議で菊池武夫男爵(予備役陸軍中将)が「その機関説は国体に対する緩慢なる謀反(中略)美濃部は学匪が」と弾劾し、岡田啓介首相は「学説の問題は学者に委ねるほか仕方がない」と答弁した。これを機に在郷軍人・国家主義者・右翼が広範で強力な機関説排撃撲滅運動を展開。美濃部の弁明から著書の発禁、真崎甚三郎教育総監の機関説反対の訓示、政府の国体明徴に関する声明などがあり、同年10月15日の「我国の統治権の主体は天皇にあり」とする政府の第2次国体明徴声明で運動は終息した。

てんのうじや [天王寺屋]
戦国期〜織豊期の堺の豪商。堺材木町に居住し、姓を津田という。1527年(大永7)に没した宗柏とその子宗達の2代で、堺を代表する会合衆となった。中国貿易商として知られる宗柏をはじめとし、貿易を業として豊後国方面と関係深く、宗達の

弟道叱はしばしば豊後に下って大友宗麟に重用されている。宗達は本願寺や阿波三好氏とも結んだ。茶をたしなむ者が多く、名物道具を収集し、茶会で各界各層と交わった。48年(天文17)から宗達以下3代が書き継いだ茶会記『天王寺屋会記』がある。宗達の子で織田信長・豊臣秀吉の茶頭となった宗及のときに最も栄えた。その子宗凡の死後は家業が衰え、弟の大徳寺56世江月宗玩に会記や諸道具が伝えられた。

てんのうせい [天皇制]
天皇を中心とする日本の国家体制の呼称。1920〜30年代、おもにマルクス主義者により変革・打倒の対象として盛んに用いられるようになったが、第2次大戦後は、きわめて多義的な概念となっている。古代において宗教的権威を背景に天皇を中心とした律令制国家体制が形成されたが、武家政治の時代、とりわけ江戸時代を通じて天皇の実質的政治権力は失われた。明治維新を契機にその伝統的権威を背景として、天皇を中心とする近代国民国家の建設が進められた。1889年(明治22)発布の大日本帝国憲法では天皇を統治権の総攬者と定め、統治権が憲法の条規により行使されるべきことを規定。君主主義原理と立憲主義原理を併存させた天皇制国家体制が確立した。1930年代は権力機構の一環である軍部の政治的肥大化が進んだが、45年(昭和20)の敗戦により天皇制権力機構はおおむね解体された。47年施行の日本国憲法では天皇の国政への権能は否定され、日本国および日本国民統合の「象徴」と位置づけられ、国民主権のもとでの象徴天皇制が形成された。

てんのうにんげんせんげん [天皇人間宣言]
天皇の神格否定を目的として1946年(昭和21)1月1日にだされた詔書。正式には「新日本建設に関する詔書」。GHQの指示で幣原喜重郎首相が起草し、「天皇ヲ以テ現御神トシ、且日本国民ヲ以テ他ノ民族ニ優越セル民族」だとする考えを否定する一方で、五カ条の誓文の精神による民主化を掲げた。間接統治のために有用な天皇制の存続をめざすGHQにとって是非とも必要な措置だった。

でんぱたえいたいばいばいきんしれい [田畑永代売買禁止令]
1643年(寛永20)江戸幕府によって出された田畑の売買を禁止する法令。単独の法令ではなく、士民生活度と郷村仕置法度とよばれる法令に含まれる1カ条の総称。幕領を対象としたものとみられ、水戸・和歌山・金沢・広島・盛岡などの諸藩では売買が認められていた。江戸時代を通じて質流れなどの形式で、事実上の土地売買は行われ、違反者への罰則規程も1744年(延享元)緩和された。1872年(明治5)廃止。

でんばたかってづくりのきんれい [田畑勝手作の禁令]
江戸時代、五穀以外の商品作物を田畑で栽培することを禁止する法令。1642年(寛永19)の煙草の栽培禁止が早い事例。貢租の確保等をはかるためであったが、実際には商品作物の栽培は広く行われ有名無実化していった。江戸時代を通じてたびたび出されたが、1871年(明治4)廃止。

てんぴょうぶんか [天平文化]
8世紀の奈良時代、律令国家が確立した時期の文化を表す文化史の時代区分。白鳳文化と弘仁・貞観文化の間に位置する。東アジア世界の安定のもとで、盛唐の文物・仏教・思想、新羅や渤海や南海・西域の文物が、遣唐使らによってもたらされ、平城京を中心として天皇・貴族・僧侶による国際的で貴族的な文化が発展した。法隆寺東院・唐招提寺・東大寺法華堂などの建築、東大寺・唐招提寺・興福寺などの仏像、正倉院宝物の絵画・染織・工芸品、「万葉集」「懐風藻」などの文学、「古事記」「日本書紀」などの史書が残る。また平城宮・官衙・寺院・集落などの発掘により、建築・手工業や日常生活・民衆文化などの様相が知られる。

てんぷじんけんろん [天賦人権論]
明治期の自由民権論の基礎となる基本的人権の主張。人間の自由権は国家から付与されるものではなく、天から与えられた人間固有の権利であるとするもので、natural rightの日本的理解。1867年(慶応3)の福沢諭吉の「西洋事情」、75年(明治8)の加藤弘之の「国体新論」などの啓蒙書で紹介され、身分制秩序の否定の役割をはたしたが、当初は国家を支える自主的精神論の側面が強かった。自由民権運動が始まると思想的基礎理論となり、植木枝盛の徹底した民主主義思想である抵抗権・革命権などを生む役割をはたして、民権論の深化・発展に貢献した。82年には加藤弘之が「人権新説」を著し、天賦人権論を否定したため、矢野文雄・馬場辰猪・植木枝盛ら民権思想家が反論の書を刊行している。

てんぶんほっけのらん [天文法華の乱]
1536年(天文5)山門(延暦寺)衆徒と六角氏を中心とする軍勢が京都町衆の法華宗徒を攻撃し、京都から追放した事件。法華宗は15世紀後期から京都住民のなかで勢力をのばし、32年には細川・六角・木沢派氏らの軍勢とともに一向一揆と戦って山科本願寺を焼打し、京都市中で自検断を行うなど一大勢力となった。36年3月の比叡山僧侶と一法華宗徒との宗論をきっかけに山門と対立、山門は法華攻撃を決議し、幕府・朝廷に訴え、園城寺・興福寺・東寺・高野山・根来寺など諸国寺院、また越前国朝倉氏らに合力を求めた。7月に山門・六角氏・園城寺らの軍勢が出動、法華宗側は大敗し、法華宗二十一本山は滅亡、宗徒は京都を追放され、42年には還住を許された。

てんぽう [転封]
移封・所替・国替とも。江戸時代、幕府による大名領地の配置替え。恩賞的な加増転封、懲罰的な減封転封、行政的なものなどいくつかの理由で行われた。最も頻繁に行われたのは徳川将軍家初期3代の家康・秀忠・家光の時期であり、結果的に徳川一門や譜代大名が全国に配置される原動力となった。中・後期には転封発令の件数が減少し、譜代大名の幕閣就任にともなう行政的なものにかぎられるようになった。1840年(天保11)の3譜代大名の三方所替とは、一度発令されながら強い反対で撤回。このように幕末には幕府の転封実施も行われなくなり、幕府権力の全国統治権の後退を象徴するものとなった。

てんぽうきんぎん [天保金銀]
1837〜43年(天保8〜14)の間に江戸幕府により鋳造・発行された、文政金銀に代わる金銀。金貨のうち小判・一分判は品位はほぼ不変だが、量目は1両3.5匁から3匁とやや小型になった。新種金貨として五両判が出たが、1両あたりの純金量が小判の9割しかなく、あまり普及しなかった。銀貨は丁銀・豆板銀(小玉銀)が文政銀の品位36％から26％に下落した。新種銀貨として、金貨の補助的貨幣となる一分銀が大量発行された。量目は通用停止となった文政南鐐二朱銀よりやや大きいにすぎず、品位は同じだったので、幕府はその改鋳益金だけで一分銀鋳造量の4割ほどを得た。享保期に続き若干の大判の吹増しもあった。

てんぽうつうほう [天保通宝]
百文銭・当百銭・天保銭とも。1835〜69年(天保6〜明治2)に金座直営の鋳銭定座が鋳造した大型の銅貨。楕円形で方孔があり、量目5.5匁、銅純分率78％。100文通用とされた。一文銭鋳造の採算割れ打開と、幕府の改鋳益金をねらって発行された。藩札代わりの銭貨としての目的もあり、仙台・高知・鹿児島藩などでは大量の贋造天保通宝が作られた。

てんぽうのかいかく [天保の改革]
江戸後期、天保年間に行われた幕政・藩政の改革。天保飢饉を直接の契機として、領主財政の逼迫、農村の荒廃、百姓一揆の激発のほか、外国船の来航などが領主政の根底をゆるがす内憂外患にせまられ、為政者は体制維持のために政策転換を余儀なくされた。萩・鹿児島・高知藩などの西南雄藩では、領内の産業統制、財政再建、人材登用などの改革に成功し、幕末の政争に活躍できる体制を整えた。幕府では、大御所徳川家斉が死去した1841年(天保12)から、老中水野忠邦の主導により財政・経済の建直しと幕府

の権威回復をめざして始められた。物価値下げを目的とした問屋・株仲間解散令、大坂町人への御用金の賦課、幕領農村の刷新を図った御料所改革、年貢増収と流通本確保をねらった印旛沼の干拓などをあいついで実施した。43年、江戸・大坂周辺の私領地を幕領に編入する上知令を発したが、関係大名の反対によって失敗。水野は失脚、改革は中途で頓挫した。

てんぽうのききん [天保の飢饉] 1833~36年（天保4~7）の全国的大飢饉。33年は天候不順で冷害・洪水・大風雨が続発、全国的に作柄は3~7分にとどまり、米価が騰貴。34、35年も不作にみまわれ、36年も全国的な凶作となり、翌年にかけて大飢饉となった。農村では農民が困窮・離散し、奥羽を中心に多くの餓死者がでた。江戸では物価が騰貴するなか、農村からの流入者や行倒れがやまず、各地で一揆・打ちこわしが続発した。幕府は米銭の賑給 しんごう、御救小屋の設置、酒造の制限、小売値の引下げ、囲米 かこいまい の売却、廻米・隠米の禁止などの施策をとったが、不十分に終わった。大塩平八郎の乱に代表される各地の騒乱とともに、幕藩体制の基礎をゆるがす要因となった。

てんぽうれき [天保暦] 渋川景佑 かげすけ らの編纂した暦法で、正しくは「天保壬寅元暦」という。1844年（天保15=弘化元）から72年（明治5）まで29年間用いられた日本最後の太陰太陽暦。景佑らは西洋天文学書に訳した「新巧暦書」や「西暦新篇」を用いて、この暦法を完成。太陰太陽暦としては最も精密なものだが、二十四節気の決定に定気法を用いたために、かえって置閏 ちじゅん 法が複雑になったり、暦面に不定時法を採用したために計算が繁雑になった。太陽暦採用後は旧暦とよばれる。

てんま [伝馬] 古代から宿駅間で公用旅行者の貨客輸送をする馬。広義には人足を含む。(1)律令制下、郡ごとに設置された伝使などが乗用する馬。各郡5定常備され、不足分は民間から徴発された。伝馬子などの労働力も郡内から雑徭 ぞうよう を用いて徴発された。伝馬のルートは郡と郡を結び、駅路とは別系統で、大化前代の国造などの交通をもとに編成されたとされる。平安初期に駅伝制は再編成され、「延喜式」では伝馬は駅路の通る郡のみの設置となった。(2)室町時代、守護大名が百姓に伝馬を課していたことが知られる。それをうけて戦国大名は宿駅伝馬制を創設し、無賃・有賃で使役できる伝馬の数をきめた。後北条氏は平時で1日に3定、武田氏の無賃伝馬は4定である。豊臣政権は伝馬50定を京都一清須間の宿駅に課していた。(3)江戸初期の1601年（慶長6）徳川家康は東海道各宿駅に伝馬定書を出し、朱印状による伝馬使役を各宿36定に統一し、積荷の量もきめた。この数が御定馬といわれ、寛永年間100定に引きあげられた。朱印または証文（老中・所司代発行）による公儀の伝馬は無賃人馬とよばれ、大名など領主の駄賃支払い（のち御定賃銭という名で一定）による使役の駄賃伝馬とは区別された。幕府は伝馬維持のため助成金を与えたが、困難をきわめた。

てんまあおものいちば [天満青物市場] 近世大坂の野菜・果実卸売市場。常設の市場で、1653年（承応2）天満の天神橋上手から竜田町の大川（旧淀川本流）沿いに公認され、水運の便にも恵まれて独占的青物供給市場となった。その後、成長する近郊農民による青物立売 たちうり の動きに対し、特権を守るため1772年（安永元）問屋株40と仲買株150の免許をうけたが、青物立売は絶えなかった。83年（天明3）近在16カ村の青物立売人を天満市場に同居させた後も、市場外の立売に対し、たびたび立売差止を出願している。天保期の株仲間解散令や1872年（明治5）の株仲間禁令によって取引は混乱したが、青物取引の中心地の地位を保ち、1931年（昭和6）の大阪中央卸売市場の成立後はその配給所となった。

てんましゅくにゅうよう [伝馬宿入用] 御伝馬宿入用・御伝馬宿入用米とも。江戸時代の付加税で、高掛三役 たかがかり の一つ。五街道の問屋・本陣に対する給米をはじめ、宿駅の維持費用にあてるため、幕領と御三卿領の村々に賦課された。1707年（宝永4）高100石につき米6升ずつとされたが、のち金納化された。1871年（明治4）廃止。

てんまそうどう [伝馬騒動] 天狗騒動とも。1764年（明和元）閏12月～翌年1月に、武蔵国中山道沿いの村々に発生した百姓一揆。幕府は宿駅の困窮を増助郷 ましすけごう を設置して解消しようとしたが、前年朝鮮通信使渡来にともなう国役金を賦課された村々は、たび重なる負担の増加に反対して蜂起。児玉郡十余村の一揆は、本庄・深谷・熊谷の各宿を襲い江戸をめざした。鎮撫を命じられた関東郡代伊奈半左衛門は、家臣を上尾宿へ派遣して政策の全面撤回を通達し、のち一揆は増助郷政策に加担した者や不参加村の村役人などに打ちこわしを行った。参加人数20万ともいわれる近世最大規模の一揆。参加村落が幕領・旗本領・諸藩領にまたがる広域強訴の最初の事例。

てんまちょう [伝馬町] 近世城下町において伝馬役を負担する町。町人地の中心にあって、最も格式が高いものとされた。江戸では日本橋付近に大伝馬町・南伝馬町・小伝馬町の3町があり、前二者は江戸から五街道への伝馬人足の継立を行い、小伝馬町は江戸府内の公用交通・通信に従事した。これらの役の代償として、他

てんま

の宿駅と同様に、継飛脚給米の下付、江戸近在百姓馬の助役、拝借金などの助成策がとられた。一般に伝馬町には特定商品の専売権が付与されることが多く、江戸の大伝馬町1丁目には木綿問屋が軒を連ねた。

てんまぼうせきストライキ〔天満紡績ストライキ〕 紡績業で最初とされる大阪の天満紡績の争議。1889年(明治22)9月30日、賃上げ、賞与の支給、待遇の公平を要求した女工300余人が就業放棄。主唱者の解雇、会社による切崩し、憲兵の干渉にもかかわらず、争議は10月6日まで続き、賃上げ、特別賞与の支給、職工主任からの謝罪書の獲得といった当初の要求がかなり実現された。94年1月にも、監督者の不公平な職工取扱いに対し騒擾・ストライキがおこった。

てんまやく〔伝馬役〕 中世後期~近世の百姓・町人の国役。国家や領主が、物資輸送や人の移動のために賦課した人馬役のこと。付通しで目的地まで運送するものと、宿送りで宿駅ごとに交代するものとがある。江戸幕府は宿駅に、朱印状による朱印伝馬と老中らの証文による証文伝馬を賦課し、無償の伝馬役を課した。さらに大規模な通行時には国役として伝馬役を郡・国単位に徴発もした。寛永期以降には、幕府規定の賃銭による宿駅人馬使用も、大名などが特権的に使用できる駄賃伝馬役というべきものになった。宿駅の伝馬役を補充する、周辺村々の助郷役も伝馬役の一種。

てんむてんのう〔天武天皇〕 631?~686.9.9 在位673.2.27~686.9.9 大海人皇子・天渟中原瀛真人天皇と称する。舒明天皇の次男、母は宝皇女(皇極天皇)。天智天皇の同母弟とされ、671年(天智10)天智が重病となり、後事を託そうとしたのを固辞し、出家して吉野に移った。天智の死後、翌年吉野をでて美濃に至り、ここを拠点として兵を集め、天智の子大友皇子を擁する近江朝廷軍を破り、これを破った(壬申の乱)。乱後、飛鳥浄御原宮で即位し、強大な皇権を背景に、中央集権的な国家の建設を進めた。とくに八色の姓や新冠位制、位階昇進制度の制定により、豪族層の官人としての組織化をめざした。681年(天武10)には律令の編纂を命じ、皇后の鸕野讃良皇女(持統天皇)との間に生まれた草壁皇子を皇太子に立てた。また藤原京の建設を開始したと考えられるほか、複都制を志して都城建設の候補地を全国に求め、難波にも宮殿を造営した。

てんめいのききん〔天明の飢饉〕 天明年間(1781~89)に連続して発生した大飢饉。天候不順・浅間山噴火・洪水などが原因で、奥州を中心に被害は全国に及んだ。とくに1782~83年の奥羽地方の被害は甚だしく、草根木皮や牛馬・犬猫の肉、はては人肉まで食べる惨状で、餓死者は弘前藩で8万人(13万または20万人とも)、盛岡藩で4万人とも伝えられた。幕府や諸藩は施米や御救小屋の設立、米の買占め禁止などの方策を講じたが、効果は不十分に終わった。また米価が急騰し、一揆や打ちこわしが都市を中心に各地でおこり、老中田沼意次の失脚を早めた。

てんもくざんのたたかい〔天目山の戦〕 1582年(天正10)3月11日、甲斐国天目山麓の田野(現、山梨県大和村)で武田氏が織田信長の軍勢に滅ぼされた戦。信長の甲州攻めをうけた武田勝頼は、3月3日に韮崎の新府城を捨て、重臣の小山田信茂の進言で大月の岩殿城にのがれようとしたが、途中で信茂の謀反を知る。さらに滝川一益の軍勢に囲まれ、天目山麓で一族・主従とともに自決した。

てんもんかた〔天文方〕 江戸幕府の役職。1684年(貞享元)貞享改暦の功により渋川春海が天文方に任じられたのが最初。1744年(延享元)から常置。はじめ寺社奉行に属したが46年以後若年寄支配。天文観測・編暦・改暦・測量・地誌編纂が主務。1811年(文化8)高橋景保の建議により蛮書和解御用がおかれ、洋書の翻訳が行われるようになり、56年(安政3)の蕃書調所設立まで続いた。職禄は100俵5人扶持。世襲制であったが、専門職なので、有能な弟子を養子にすることが多かった。改暦などのときには配下や民間からとりたてられることもあった。幕末までに渋川・猪飼・西川・山路・吉田・奥村・高橋・足立の8家が天文方に任じられた。

てんもんはかせ〔天文博士〕 律令制の陰陽寮に属し、天文を読みとること、天文の読みとり方を天文生に教えることを職務とする教官。正七位下相当。天文道では天文道の極官。定員1人、のち権博士1人がおかれた。中国では隋・唐初に天文博士がおかれている。天文博士は天文異変を見つけると、異変とその解釈を書き記して密封し、天皇に奏上したが、これを天文密奏という。院政期以降は安倍氏が独占した。

てんやくりょう〔典薬寮〕「くすりのつかさ」とも。令制の宮内省所管の官司。官人の医療と医師の養成とをつかさどる。唐の太常寺に被管の太医署にならったもの。頭・助・允・大属・少属各1人の四等官のほか、医療技術者である医・針・按摩・呪禁の各師、医学教育者である医・針・按摩・呪禁の各博士とその学生である生、薬園を管理する薬園師・薬園生が配され、品部として薬戸・乳戸が付属。896年(寛平8)内薬司を併合し、侍医

女医博士・薬生をも擁した。

てんりきょう[天理教] 中山みきを開祖とする新興宗教。神道十三派の一つ。みきは1838年(天保9)神がかり状態となり、3日3晩続いて「月日(神)のやしろ」となったのを契機に、53年(嘉永6)頃から布教を開始。64年(元治元)布教の中核として「つとめ場所」が建設された。74年(明治7)から官憲の弾圧をうけ、布教への干渉やみきの留置などが行われたが、1908年独立一派として公認された。人間は平等で助け合いにより創造がはたされるとし、みき執筆の「おふでさき」が教典的性格をもち、「てをどり」などわかりやすいかたちで布教を行う。天理市に本部をおき、現在はアメリカ・ブラジル・韓国などにも教会がある。

てんりゅうじ[天竜寺] 京都市右京区にある臨済宗天竜寺派大本山。正式には霊亀山天竜資聖禅寺。開山は夢窓疎石。足利尊氏・直義ただ兄弟が後醍醐天皇の菩提を弔うために建立。1339年(暦応2・延元4)に建立が許可され、43年(康永2・興国4)仏殿・山門・法堂などが完成した。寺地は嵯峨天皇の皇后橘嘉智子が承和年間(834〜848)に営んだ檀林寺の跡地で、のち後嵯峨法皇が亀山殿を造営し、後醍醐天皇が相続していた。1386年(至徳3・元中3)には五山の第一位となった中世禅宗寺院の代表的な寺。大方丈前の庭園は夢窓疎石の作庭と伝えられ、国史跡・特別名勝。「夢窓疎石像」「観世音菩薩像」(ともに重文)ほか多くの文化財がある。

てんりゅうじぶね[天竜寺船] 南北朝期に京都天竜寺の造営費をえるため、中国の元に派遣した室町幕府公許の貿易船。1342年(康永元・興国3)派遣。後醍醐天皇が没すると、足利尊氏は夢窓疎石の提案に従い、天皇の冥福を祈るために天竜寺造営を決めた。その造営費獲得の一環として元への貿易船派遣を企て、夢窓疎石の推挙をえて足利直義が、41年(暦応4・興国2)12月、有商商人至本しほんを綱司つなしに命じた。至本は、帰国の日に現銭5000貫文を天竜寺造営費として納める請文を提出して出発。幕府は船の警固の責任を負担し、海賊などから貿易船を保護した。

てんりょう[天領] 江戸幕府の直轄地(幕領)の俗称。近世においては、幕府の直轄地は御料ごりょう・御蔵入などといわれ、天領とはよばれなかった。1868年(明治元)旧幕府直轄地が、そのまま明治維新政府によって接収、府・県として維新政府が直轄体制を引き継いだ。しかし当時、一般には大名である藩領に対して朝廷の直轄地、すなわち天朝の領地と認識され、天朝領あるいは天領とよばれた。その後この呼称を旧幕府領時代までさかのぼらせ、天領とよぶことが定着した。

でんりょう[田令] 大宝令・養老令の編目。田積の単位、田租、田種ごとの支給基準や手続き、園宅地、用益法、在外諸司田・官田などと、国家による耕地の班給・管理法を定めた法典。唐令とは異なり、戸令と賦役令の間におかれているのは編纂者が民政に重点をおいたためとされる。また唐令の均田きんでん制のうち、口分田くぶんでんという屯田制的要素しか継受していなかったため、墾田の増加に対応できず、のち墾田永年私財法で限田制的要素を採用することとなった。

でんりょくこっかかんり[電力国家管理] 1938年(昭和13)に成立した電力管理法などにより、39年以降、電気事業が国家の管理下におかれたことをさす。第2次大戦中の経済統制の一環として、電力業界や経済界の強い反対にもかかわらず強行された。主要な発送変電設備を電気事業者から新設の日本発送電に強制出資させた39年の第1次電力国家管理と、41年施行の配電統制令にもとづく全国の配電事業を新設の9配電会社に統合した42年の第2次電力国家管理とからなる。第2次電力国家管理により存在基盤を失った既存の電気事業者の大半は解散に追い込まれた。国家管理は戦後再び民営化した電気事業再編成によって51年に廃止された。

とい [問] ⇨問丸$\frac{}{とい}$

どい [土居] 古代の国府や中世の館・屋敷の周囲を囲んでいた土塁。また転じて中世の武士の館。この場合は「土居の内」などとよばれることもある。武士の屋敷地のみでなく、周辺の直営地などを含んで使われる場合もある。地名としても各地に残るが、比較的西日本に多い。東日本に多い「堀ノ内」も同じものとみられる。

どいがはまいせき [土井ケ浜遺跡] 山口県豊北町の響灘$\frac{ひびき}{なだ}$に面した海岸砂丘上にある。弥生前期末を中心とする墓地遺跡。埋葬施設は箱式石棺を主に、四隅に石を配するものや、四周を石囲いにしたものなどがある。副葬品には弥生土器・勾玉・管玉・貝輪・指輪などがある。200体をこえる保存の良好な人骨の出土は、弥生人の形質人類学的研究を促進し、弥生人が縄文人に比して高身長・長頭であったという特徴が明らかとなった。性別・年齢・埋葬頭位・抜歯などからみた墓域構成の検討は、弥生社会の構造理解に欠かせない。国史跡。

ドイツ ヨーロッパ中央部に位置する国。漢字表記は独逸・独乙。1871年プロイセンを中心としたドイツ帝国が成立。それ以前の日本との関係では、オランダ商館医師として来日したケンペル(1690年来日)やシーボルト(1823年来日)が有名。明治新政府はプロイセン・ドイツを近代国家建設のモデルとして憲法や陸軍軍制を制定。地方自治制度のモッセや憲法・商法のレースラーらが御雇外国人として活躍。哲学・文学・医学・音楽・政治学などドイツ文化の及ぼした影響は大きい。外交的には日清戦争中のドイツ皇帝ウィルヘルム2世の黄禍$\frac{こう}{か}$論や、日清戦争後の三国干渉などで対立、第1次大戦では日本はドイツに宣戦した。敗戦後ドイツにはワイマール共和国が誕生。昭和期に入ると、ナチスのヒトラーが政権を握り、1936年11日独防共協定、40年日独伊三国同盟を締結。枢軸国として第2次大戦を戦い、ともに敗戦国となった。戦後ドイツは西ドイツ(ドイツ連邦共和国)と東ドイツ(ドイツ民主共和国)とに分断されたが、西ドイツは同じ敗戦国の日本と同様めざましい経済発展をとげた。89年ベルリンの壁が崩され、90年統一ドイツが成立した。正式国名はドイツ連邦共和国。首都ベルリン。

どいとしかつ [土井利勝] 1573～1644.7.10 江戸前期の老中・大老。大炊頭$\frac{おおい}{のかみ}$。1579年(天正7)から徳川秀忠に近侍し、以後秀忠第一の出頭人として、とくに元和・寛永期前半には幕閣の中枢で絶大な権勢をふるった。1638年(寛永15)小事に関する出仕を免除されるが、その後も重要政務のたびに徳川家光から諮問をうけた。この間26年に従四位下侍従に叙任。所領も数度の加増をうけて、33年には下総国古河で16万石余を領した。

どいとしつら [土井利位] 1789～1848.7.2 江戸後期の老中。下総国古河藩主。父は分家の三河国刈谷藩主土井利徳$\frac{}{とし}$。宗家の古河藩主土井利厚の養子となり、1822年(文政5)遺領相続。翌年奏者番。23年寺社奉行兼帯。34年(天保5)大坂城代。37年大塩平八郎の乱を鎮定、京都所司代に昇進。翌年老中となり、41年に開始された水野忠邦の天保の改革に協力。43年の上知令で反水野派となり水野を失脚させ、老中首座。翌年辞任。家老鷹見泉石$\frac{せん}{せき}$とともに雪の結晶の観察を続け、オランダ通詞の協力を得て「雪華$\frac{せっ}{か}$図説」正・続を著した。

といのにゅうこう [刀伊の入寇] 1019年(寛仁3)刀伊の賊が50隻余りの船団で、対馬・壱岐・北九州に襲来した事件。大宰権帥$\frac{だざいの}{ごんのそち}$藤原隆家の指揮のもと、地元の武士団の奮戦で撃退したが、死者365人、拉致された者1289人という被害がでた。拉致された者のうち300人余りは高麗$\frac{こう}{らい}$で保護され、帰国を許されている。事件の顚末は藤原資金の日記「小右記」などに詳しい。刀伊は朝鮮語の異民族を意味するDoeの音訳といわれるが、当時沿海州地方に住むツングース系民族の女真$\frac{じょ}{しん}$が朝鮮半島の東海岸を荒らし、南下して北九州地方にまで侵寇したものである。

どいばんすい [土井晩翠] 1871.10.23～1952.10.19 明治～昭和期の詩人・英文学者。仙台市出身。本名土井$\frac{つち}{い}$林吉。1934年(昭和9)以降「どい」と称した。幼時から史書・漢籍などに親しむ。東大卒。大学在学中から詩作。1899年(明治32)第1詩集「天地有情$\frac{ゆう}{じょう}$」を刊行。漢語脈の叙事詩風の詩編により、和語脈の島崎藤村と併称される存在となる。「荒城の月」の作詞者。二高教授。1950年文化勲章受章。詩集「東海遊子吟」「天馬の道に」「アジアに叫ぶ」

といまる [問丸] 中世、港湾や都市に居住して、荘園年貢や商品の輸送・保管・卸売・為替業などに従事した総合的な流通業者。たんに問ともいうが、語源は未詳。平安末期に水上交通の労力奉仕者として淀川流域などに発生し、鎌倉時代に入ると特定の荘園領主と結びつき、年貢米輸送を担当する荘官としての問職が登場した。鎌倉末期以降は年貢米の輸送だけでなく、その徴収や委託販売にたずさわる者も現れた。商品流通の発達にともない年貢以外の商品も扱

う総合的な運送業者に成長。中世後期になると塩・魚・紙・材木など商品ごとに専門化し，流通・卸売を独占した。一部はのちの問屋に発展した。

といや [問屋] ■近世宿駅の宿役人の長。問屋場で年寄の補佐のもと，帳付・馬指などを指揮して宿駅業務を遂行する。名主などの地方役人・町役人を兼務することが多い。

■「とんや」とも。江戸時代に発達した商品流通機構において，倉庫業を兼帯して生産者・荷主と仲買・小売商人の売買・取引を仲介する商人。自己資金で取引せず，荷主から預かった商品を保管し，販売を委託され口銭を受け取る荷受問屋や，自己資金で商品を購入し問屋や小売商人に卸売りを行う仕入問屋，また海上輸送を請け負う廻船問屋などがある。国利問屋・諸色問屋などの荷受問屋や廻船問屋の方が，中世の問丸に通じる問屋本来のあり方だが，しだいに特定の商品を扱う専業の仕入問屋が多くなり，生産地や買付けを担当する仲買に資金を前貸しするなどして，商品流通の中枢を担った。近代以降は店舗を持つ卸売り商人を一般に問屋とよぶようになった。

といやせいかないこうぎょう [問屋制家内工業] 江戸~明治期に小生産者の営む家内工業が，前貸制度を通して特定問屋に隷属させられた形態。自己の住宅内で自己の道具を用いて家族労働を中心に特定商品の生産に従事する形態が，商品経済の発展に巻き込まれた結果，特定有力問屋の支配下に隷属し，原料・道具などの前貸をうけて製品を生産し，問屋に納めて加工賃をうけとるという形態に転化した。この形態は賃挽・出機として製糸業や織物業の分野などで早くからみられ，明治期に入って近代工業が発展したのちも，その周辺部に多く残されて現在に至る。

といやば [問屋場] 近世，宿駅の伝馬継立を行う施設。人馬会所・馬借会所という所もある。維新期には名称が伝馬所と改められた。問屋場は一つの宿駅に1~2カ所程度。複数ある場合は，期日を定めて交代で開設するが，大規模通行の場合，一間屋場の宿では臨時の問屋場を増設することもあった。岡崎宿などのように，人足と馬の継立を別の問屋場で行う宿もある。問屋場には問屋・年寄の宿役人に，帳付・馬指・人足指の下役人が詰めて，人馬継立と宿駅業務にあたった。中期以降には助郷惣代も詰める所があった。五街道の品川など，一部の重要な宿駅には，継立の不正取締りのために，貫目改所が付設されていた。

とう [党] 平安後期~中世に存在した武士の連合体。(1)平安後期に発生した武士団は，惣領を中心に一族が血縁的に結合し，同族意識のもとに集団を形成した。東国では一般に武蔵七党といわれる横山党・猪俣党・野与党・村山党・西党・児玉党・丹党（丹治党）・私市党・紀党・清党・秩父党・綴党，下野国の紀党・清党。西国では摂津国の渡辺党，紀伊国の湯浅党・隅田党などがその典型とされる。(2)鎌倉後期~南北朝期に惣領が統制力を失い，庶子がしだいに独立して惣領制の崩壊が進むと，血縁的関係よりも地縁的関係によって結ばれた集団が形成された。こうした地域的に結ばれた中小武士の共和的連合体が一揆で，党ともいわれた。共和的党の典型としては，肥前国の松浦党が有名。

とう [唐] 中国，隋末の混乱のなか李淵（高祖）が恭帝の禅譲をうけて開いた王朝（618~907）。都は長安。子の李世民（太宗）は名臣を得て，貞観の治の繁栄を迎える。律令格式を制定し，均田制・府兵制を整備して強大な中央集権体制を築いた。また突厥・吐谷渾・百済・高句麗を破り，羈縻政策および冊封体制によって外夷を治め，世界帝国としての国際関係を築いた。690~705年の間，則天武后が政権を奪うが，8世紀初めには玄宗のもとで開元の治の安定をみた。しかし755年からの安禄山の乱で都は荒廃。さらに875年の黄巣の乱で王朝は大きく衰退，地方では節度使の割拠が進み，哀帝が黄巣の部下朱全忠（五代・後梁の太祖）に禅譲して王朝は滅ぼした。

とう [塔] ⇒塔婆

とうあしんちつじょ [東亜新秩序] 公的には1938年（昭和13）11月の近衛内閣によるいわゆる「東亜新秩序」声明を端緒とし，以後，日本の外交政策の中心的なスローガンとなる。日・満・華の互恵平等の結合関係の設定と，経済的・政治的協力によって東アジアに新しい国際秩序を築くことが日中戦争の目標であるとしたが，その内実は中国に対する政治的・経済的支配を糊塗するための論理という側面が濃厚であった。

とうあどうぶんしょいん [東亜同文書院] 東亜同文会が中国に設立した学校。「支那保全」を目的とする東亜同文会が1900年（明治33）に開設した南京同文書院を前身とし，上海移転をへて01年に開校。はじめは修業年限3年で政治・商務の2科で構成され，おもに日本政府の補助金と各府県からの留学生派遣費で維持された。21年（大正10）に専門学校として認可され，39年（昭和14）に大学に昇格。日本の敗戦後，資産の一部が愛知大学に継承された。

とうか [踏歌] 阿良礼走とも。雑令節日条に正月16日の節会として規定された，男女が足を踏みならして歌い舞う儀式。唐の民間行

事である観林会が日本に導入され、693年(持統7)を初見として定着し、のちに内教坊が主催した。祭が夜間に行われたため風紀上問題とされ、一時は民間の祭が禁止になった。平安中期には14日に男踏歌、16日に女踏歌が行われたが、男踏歌はのち廃絶した。

どうか [銅戈] 青銅製武器の一種。大きな関(まち)と短い茎(なか)をもった短剣形の身を長い柄に対して直角にとりつけたもので、敵兵の首や頭に打ちこんで引きずり倒す武器。中国ではすでに殷(いん)代にみられるが、日本には朝鮮半島で発達した細形銅戈が弥生前期後半期、九州北部へもたらされたと考えられる。ほどなく日本でも製作が開始されるが、しだいに非実用的な祭器へと変化した。身の形状を主体に細形・中細形・中広形・広形に分類され、この順で大型化・扁平化の傾向をたどる。九州北部を中心に西日本一帯に分布するが、九州北部で製作されたと考えられるものには樋(ひ)に綾杉文が、大阪湾周辺では複合鋸歯(きょし)文が施される。とくに後者を大阪湾型銅戈とよぶ。

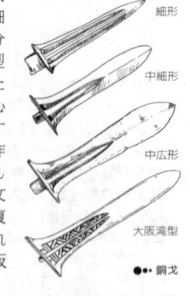

細形
中細形
中広形
大阪湾型
●● 銅戈

とうかいさんし [東海散士] 1852.12.2～1922.9.25 明治・大正期の政治家・小説家。本名柴(しば)四朗。安房国生れ。少年時に会津藩士として戊辰戦争を経験。アメリカに留学し、ペンシルバニア大学およびパシフィック・ビジネス・カレッジを卒業。1885年(明治18)帰国。同年持論の「国権伸長」論を基調とするナショナリズム文学「佳人之奇遇」初編を発表して好評を得、以後97年まで8編を刊行。政治家としては92年以降福島県選出の衆議院議員(憲政本党)として活躍。農商務次官・外務省参政官などを務めた。

とうかいどう [東海道] (1)古代の七道の一つ。伊勢湾沿岸から現在の中部・関東両地方の太平洋岸にそった地域で、伊賀・伊勢・志摩・尾張・三河・遠江・駿河・伊豆・甲斐・相模・武蔵(771年に東山道から移管)・安房・上総・下総・常陸の各国が所属する行政区分であった。地方官として732～734年(天平4～6)に東海東山二道節度使、746年に東海道鎮撫使、761～764年(天平宝字5～8)に東海道節度使を設置した。(2)これらの諸国を結ぶ交通路も東海道と称し、「海の道」ともよばれた。畿内から各国府を順に結ぶ陸路を基本に官道が整備され、当初は相模国から上総国へは海路で渡った。駅路としては中路で各駅に10頭の駅馬がおかれる原則であり、「延喜式」では総計55駅に465頭の駅馬をおく規定であった。源頼朝による東国政権がうまれると、1194年(建久5)には大宿8人、小宿2人の人夫がおかれ、最も重要な街道となった。1601年(慶長6)徳川家康は改めて宿を設定して伝馬の常備を命じた。五街道の一つ。宿駅は品川から大津まで、江戸-京都間の126里余に53宿あり、東海道五十三次(継)といわれた。また大津からわかれて伏見・淀・枚方(ひらかた)・守口の4宿をへて大坂に至る京街道も含めた137里余という見方もある。道中の箱根・新居には関所が設置され、大井・天竜両川や桑名七里渡など要所が多いが、参勤交代の大名や参府の公家の通行など交通量は非常に多く、文化の伝播にも重要な役割をはたした。脇道は浜松から御油(ごゆ)を結ぶ姫街道、熱田(宮)から桑名を結ぶ佐屋路(さやじ)、中山道垂井(たるい)に至る美濃路など。

とうかいどうごじゅうさんつぎ [東海道五十三次] 歌川広重が東海道を画題として描いた風景画の錦絵揃い物。1834年(天保5)に完結した保永堂版の横大判錦絵「東海道五十三次」は、その構図や彫摺の妙味でとくに著名。日本橋から京を上がりとする全55枚のセットで売り出された。十返舎一九(じっぺんしゃいっく)の「東海道中膝栗毛」(1802～22刊)や当時の旅ブームなどを背景にこのシリーズの企画はあたり、広重はその後30種以上の東海道ものを描いた。葛飾北斎や歌川豊国・豊芳らも東海道を画題に描いており、浮世絵風景画の一ジャンルが確立された。

とうかいどうちゅうひざくりげ [東海道中膝栗毛] 江戸後期の滑稽本。「東海道中膝栗毛」は発端と8編、「続膝栗毛」は12編。十返舎一九(じっぺんしゃいっく)作。挿絵は19、口絵などは歌川豊国らの画。1802～22年(享和2～文政5)刊。駿府生まれの栃面屋弥次郎兵衛と元旅役者の喜多八が、江戸から大坂まで旅をする間の道中記。2人は奇行・愚行を繰り返し、滑稽な失敗を次から次へと行い、その間に旅行者や街道筋の人々のようすが狂歌をまじえて描かれる。「続膝栗毛」は金毘羅参詣、宮島参詣、中山道、善光寺参詣、草津温泉の道中を描く。刊行中から人気沸騰し、本作の模倣作も多数書かれた。「日本古典文学大系」所収。

とうかいどうめいしょずえ [東海道名所図会] 東海道沿いの名地を扱った地誌。6巻。秋里籬島(りとう)著。挿絵は竹原春泉斎ら30人。1797年(寛政9)刊。名所旧跡・宿場の説明、歴史・伝説・古歌の紹介、土地の産物などにふれながら東海道の案内をする。記述範囲は京都から江戸日本橋までで、「伊勢参宮名所図会」「木曾路名所図会」など街道を扱った図会の一つ。

東海道を扱った地誌では浅井了意の「東海道名所記」以来の著作。「日本名所風俗図会」所収。

とうかいどうよつやかいだん [東海道四谷怪談] 歌舞伎狂言。4世鶴屋南北作。1825年(文政8)7月江戸中村座初演。四谷左門の姉娘お岩と民谷伊右衛門、妹娘お袖と直助の二組の夫婦の破滅を描く。毒薬を飲まされて相好が変わったお岩の髪梳(かみすき)の場面や、戸板の表裏にお岩と小平の死骸が釘付けにされ隠亡堀に流れついて口をきく場面は有名。「忠臣蔵」の世界にお岩の怨霊(おんりょう)話や直助権兵衛の実説などをとりいれた生世話(きぜわ)物の代表。

とうがくとうのらん [東学党の乱] ⇒甲午農民戦争(こうごのうみんせんそう)

とうがずいよう [桃華蘂葉] 有職(ゆうそく)故実書。一条兼良(かねら)著。1480年(文明12)4月成立。死去の前年、一条家当主の心得を子冬良に書き与えたもの。束帯色目・直衣(のうし)事に始まる一条家伝来の作法を、歴代の記録類を用いて詳説。書状の書式や家伝の文書目録、一条家管領の寺院・家領などの由緒や現状が書かれている。国史・法律や神礼拝の法まで説かれ、当時の高級貴族の生活がわかる。「群書類従」所収。

とうがんえあん [東巌慧安] 1225〜77.11.3 鎌倉中期の臨済宗宗覚派の禅僧。諡号(しごう)は宏覚禅師。播磨国生れ。書写山で天台教学を修め、入宋を志し1257年(正嘉元)博多に至ったが、悟空敬念にあい心服して臨済に改宗。62年(弘長2)鎌倉建長寺で兀庵普寧(ごったんふねい)に参禅、帰国する兀庵を鳥羽に見送り、法衣と頂相(ちんぞう)・語録を授かる。68年(文永5)京都に正宗(しょうじゅう)寺を開創。元寇に際し祈祷を行う。晩年、天台僧徒のうらみをかったため鎌倉に下って安達泰盛の帰依を得、和賀江(わがえ)に聖海(しょうかい)寺を開いた。

とうかんきこう [東関紀行] 1242年(仁治3)京都東山に住む作者が、京都と鎌倉間を往還した紀行。対句表現を多用した流麗な文体で、「平家物語」や芭蕉への影響も指摘される。「海道記」とともに江戸時代には鴨長明作と信じられたが不詳。琵琶湖の南岸に沿って一部東山道を経由し、尾張国に入る新ルートをとる。鎌倉滞在中の記述には大仏建立など貴重なものもある。和歌55首を含む。「群書類従」「新日本古典文学大系」所収。

どうがんじ [渡岸寺] 滋賀県高月町にあった寺。天平年間(729〜749)建立され、平安初期に最澄が再興。中世以降衰微し、1900年(明治33)近くの向源(こうげん)寺の飛他仏堂とされた。本尊の十一面観音像は平安前期の作で国宝。

とうかんふ [統監府] 1905年(明治38)から10年までの日本の韓国支配機関。05年の第2次日韓協約により韓国の外交権を剝奪し、統監府および理事庁がおかれた。統監は天皇に直属し韓国において日本を代表、韓国の外交を統轄・監督し、統監府令を発する権限、韓国駐劄(ちゅうさつ)軍の指揮権などを有した。統監府には総務・警務・外務の3部がおかれ、初代統監には伊藤博文が就任。07年7月第3次日韓協約で立法・行政・人事はすべて統監の承認を必要とするなど、日本は韓国内政の実権を掌握、統監府官制も改正され副統監を参与官を新設、機構も改編された。09年統監は曾禰荒助に、翌年寺内正毅(まさたけ)にかわった。

とうきほう [登記法] 土地売買や質入・書入(かきいれ)の広範な展開によって、諸権利の保護およびその変更を公示する公証制度の充実が必要となり、1886年(明治19)に公布された法律。地租改正以来の地券制度、地所質入書入規則(1873)、土地売買譲渡規則(1880)の不備が目立ちはじめたため、1881年から内務省・司法省による登記法の調査が行われ、86年に公布。登記事項は売買譲渡・質入書入・執行上の抵当(差押など)であり、用益物権(小作権・地上権)は除外されている。

とうきゅうせんきょ [等級選挙] 選挙人を納税額の多少などによりいくつかの等級にわけ、各級ごとに一定数の議員を選出する制度。1888年(明治21)制定の市制・町村制で導入され、市3級、町村は2級にわけられた。納税額の高い順に序列をつけて納税総額が等しくなるように各級の選挙人を区分するため、1選挙人は他より少ない人数で同数の議員を選出でき、1票の価値は不均等となる。1921年(大正10)に町村の等級を廃止し、市は2級に変更。26年(昭和元)には市についても廃止。

どうきょう [道教] 中国におこった宗教。中国古代のアニミズムにもとづく自然宗教を母体とし、教理的には道家思想が強いが、その中心は神仙思想であり長寿を目的とする。7世紀以降老子を教祖と説くようになるが、実際の開祖は不明。儒教・仏教、陰陽・五行・墨子(ぼく)・易などの諸思想や、医術・巫(ふ)術の要素が認められ、また長寿などの現世利益の成就と関連して呪術宗教としての性格も強い。道士の支える成立道教と民衆道教(道教的民間信仰)に大別されるが、前者のみに特定して道教の名称が使われる場合もある。道士は妻帯を禁止されて道観(どうかん)(道教の寺)で生活をともにし、古来、天師道・上清派・新天師道・全真教・浄明忠孝道などの宗派を形成。日本・朝鮮半島・東南アジアの一部にも伝播している。

どうきょう [道鏡] ?〜772.4.7 奈良時代の僧。河内国若江郡弓削(ゆげ)郷の人。俗姓弓削氏。義淵(ぎえん)に師事し法相を学び、梵文にも通じた。禅行を認められて内道場に入り、禅師となる。

762年(天平宝字6)孝謙上皇の看病に功があったとして寵を得,翌年少僧都,764年大臣禅師,765年太政大臣禅師となる。同年から西大寺造営に着手し,僧尼身分を証明する度牒にもっぱら道鏡印を用いた。翌年隅寺(海竜王寺)からの舎利出現を機に法王となり,身分は天皇に準じた。769年(神護景雲3)法王宮職印を使用し,宇佐八幡の神託を利用して皇位をうかがったが,和気清麻呂らに阻止された。翌年称徳天皇の没後,造下野薬師寺別当に左遷され,同地で没した。

- **どうきょう [銅鏡]** 青銅で鋳造された鏡をいう。形状は板状で円形が一般的だが,方形・八稜形,有柄のものなどもある。鏡面は研磨されて容姿を映し,鏡背には中央に鈕をこしらえ,それを中心にさまざまな文様を配する。文様は時代によって異なり,それにもとづいて鏡式の分類がなされる。中国では殷墟出土のものが最も古く,以後,しだいに盛んに製作された。日本では弥生時代に朝鮮や中国から舶載されたが,弥生後期には国内でも製作され始め,古墳時代にひきつがれる。

- **とうきょういがっこう [東京医学校]** 東京大学医学部の前身。1868年(明治元)江戸幕府の医学所が新政府に継承されて医学校となり,大学東校,東校,第1大学区医学校へと改編・改称,74年東京医学校と改称された。予科2年・本科5年で医学と薬学の課程があり,ドイツ医学を中心とした。本科とは別に速成課程としての通学生教場もあった。77年に東京開成学校と合併して東京大学医学部に改編された。

- **とうきょうオリンピックたいかい [東京オリンピック大会]** ⇒オリンピック東京大会

- **とうきょうおんがくがっこう [東京音楽学校]** 東京芸術大学音楽学部の前身。1879年(明治12)文部省が音楽に関する調査・研究・教育機関として東京府本郷区に設置した音楽取調掛が前身。85年上野公園内に移り,87年に東京音楽学校となった。初代校長は伊沢修二。93年から高等師範学校付属音楽学校となったが,99年に独立。1903年に専門学校となり,49年(昭和24)東京芸術大学音楽学部となった。

- **とうきょうがいこくごがっこう [東京外国語学校]** 東京外国語大学の前身。1873年(明治6)開成学校の語学課程と外務省の外国語学所を合併して創立。85年に東京商業学校と合併して消滅した。97年に高等商業学校に外国語学部が付置され,99年に改めて東京外国語学校と称し神田錦町に移った。1903年に専門学校となり,49年(昭和24)東京外国語大学となる。

- **とうきょうけいざいざっし [東京経済雑誌]** 明治・大正期の日本最初の本格的な経済雑誌。1879年(明治12)1月,田口卯吉を主幹として創刊。経済雑誌社刊。当初は月刊で,まもなく半月刊,旬刊となり,81年から週刊。自由貿易主義者の田口は,欧米の自由主義経済学の紹介・普及につとめるとともに,明治・大正期の日本経済の動向を記録し独自の政策提言を行った。田口の死後は,乗竹孝太郎・塩島仁吉が主幹,1923年(大正12)9月1日,第2138号で廃刊。

- **とうきょうこうとうこうぎょうがっこう [東京高等工業学校]** 1881年(明治14)東京職工学校として実地の工業技術教育を行うために設立された。はじめ化学工芸・機械工芸の2科と予科で構成された。86年帝国大学の付属となるが翌年独立,染工・陶器玻璃工・製品・機械の4科に改組。90年東京工業学校と改称し,職工長・工業教員の養成を目的とした。1901年東京高等工業学校と改称。29年(昭和4)東京工業大学の設立にともない付属工業専門部となり,31年廃止。

- **とうきょうこうとうしょうぎょうがっこう [東京高等商業学校]** 1875年(明治8)設立の商法講習所を起源とする。84年農商務省の所轄となり東京商業学校と改称。翌年文部省へ移管,東京外国語学校および同校付属高等商業学校と合併して東京商業学校となる。87年高等商業学校と改称,さらに1902年東京高等商業学校に改称し,本科・予科をおいた。20年(大正9)東京商科大学設立により付属商学専門部に改組。49年(昭和24)一橋大学となる。

- **とうきょうこくりつはくぶつかん [東京国立博物館]** 文化庁所管の国立博物館。東京都台東区上野公園内にある。東京帝室博物館が1947年(昭和22)5月国立博物館となり,52年から現名称となった。日本の美術工芸品を展示する本館,考古学資料とアイヌ資料を展示する表慶館(重文),法隆寺献納物を保存公開する法隆寺宝物館,東洋地域の文化財を展示する東洋館,文献・写真資料を収集保管する資料館や平成館がある。

- **とうきょうさいばん [東京裁判]** ⇒極東国際軍事裁判

- **とうきょうし [東京市]** 1889年(明治22)5月1日から1943年(昭和18)6月30日まで旧東京府管下におかれた市。当初の市域は府内15区で,特例により市長の職を府知事が兼務する変則的な自治体として発足した。1898年10月1日には特例廃止により普通の市制が適用されて市役所を開庁。1932年10月,隣接地域の82町村を市域に編入して新たに20区をおき,35区となる。36年10月北多摩郡の2村を世田谷区に編入し,市域は現在の23区の範囲になった。

- **とうきょうししこう [東京市史稿]** 東京市お

および東京都刊行の編年体史料集。市制特例廃止により東京市が自治体として歩み始めた1901年(明治34)東京市史編纂事業が始まる。07年、市史編纂方針が確定。都市発達の大勢を把握するため維新前から記述し、全体を15編、第1編の総記を通史、第2編以下の各記を部分史とし、各記から編纂に着手した。11年に皇城編第1が刊行され、第2次大戦中を除き、現在も継続している。2000年(平成12)度までの刊行状況は次のとおり。皇城編5巻付御墓地編1巻、港湾編5巻、遊園編7巻、変災編5巻、上水編4巻、宗教編3巻、橋梁編2巻、救済編4巻、市街編87巻、産業編44巻の10編167巻。

とうきょうしでんそうぎ [東京市電争議] 1911年(明治44)末から翌年に、旧会社の解散慰労金の分配への不満からおこった東京市電の争議。11年8月に東京市が東京鉄道を買収し、東京電気局が開庁したが、旧重役や上級職員と現業員との慰労金の格差から、12月31日に約6000人がストライキに入り、全線で電車が止まった。旧重役への分配金の一部を現業員へ再配分することで、1月2日に終結。争議の背後には社会主義者の働きかけがあり、争議後、片山潜ら社会主義者3人と労働者60余人が逮捕された。東京市電では、19年(大正8)に日本交通労働組合が組織され、20年にも人格承認などを要求するストライキがおこった。

とうきょうしばうらでんき [東京芝浦電気] 総合電気機械企業。1939年(昭和14)芝浦製作所と東京電気の合併によって成立。1875年(明治8)田中久重じが東京に設立した田中工場が、93年三井銀行に継承されて芝浦製作所が、同所は三井工業部、三井鉱山をへて1904年株式会社芝浦製作所として独立した。09年ゼネラル・エレクトリック社と提携、代表的重電機企業に成長。東京電気との合併で総合電機メーカーとなり、太平洋戦争期に急拡大を続けた。戦後、激しい労働争議に直面したが、49年石坂泰三が社長に就任して経営再建を進め、高度成長期以降は家電・エレクトロニクス部門にも進出。84年東芝に社名変更。

とうきょうしはんがっこう [東京師範学校] 日本で最初の官立師範学校として、1872年(明治5)設立。翌年付属小学校を設置し、官立師範学校増設により東京師範学校と改称。75年中学師範学科を創設。86年高等師範学校となり、1902年の広島高等師範学校設置にともない東京高等師範学校と改称。

とうきょうじょししはんがっこう [東京女子師範学校] 日本で最初の官立女子師範学校として、1874年(明治7)設立。85年東京師範学校に合併され、翌年東京師範学校女子部となる。90年女子部が分離・独立し女子高等師範学校となる。文科・理科・技芸科(のち家事科)で構成。1908年奈良女子高等師範学校設立にともない東京女子高等師範学校と改称。

とうきょうせんと [東京遷都] 明治維新後に新政府の拠点を京都から東京に移したこと。幕末以来の遷都論が、1868年(明治元)1月の大久保利通らによる大阪遷都建白の頃から現実的課題となり、4月の江戸開城後は江戸を政治的中心とする論が一般的となった。7月17日東幸の詔を発して江戸を東京と改称、10月13日天皇は東京に到着、その後いったん京都に還幸して翌年3月再び東幸した。その際太政官も東京に移され、公式の声明なしに事実上の遷都となった。

とうきょうせんもんがっこう [東京専門学校] 早稲田大学の前身。1882年(明治15)大隈重信・小野梓ぎず・高田早苗らによって東京府南豊島郡戸塚村に創立。政治経済・法律・理学・英語学の4科で発足した。86年には私立法律学校特別監督条規の適用をうけた。1902年に早稲田大学と改称、04年に専門学校となり、20年(大正9)大学令により大学となった。

とうきょうだいがく [東京大学] (1)1877年(明治10)に創立された文部省管轄の国立大学。東京開成学校・東京医学校を併合、法・理・文と医の4学部で構成。81年の機構改革で、総理1人のもとに4学部と大学予備門を統轄する体制が確立した。86年帝国大学令により帝国大学と改称。(2)東京都文京区にある国立大学。1949年(昭和24)東京大学(旧制)・同大学付属医学専門部・第一高等学校・東京高等学校を統合して新制大学として発足。法・医・工・文・理・農・経済・教養・教育・薬の10学部と数理科学・総合文化を含む12の大学院研究科、12の付置研究所などから構成される。前期課程は文科・理科それぞれ三つに類別され、後期課程へは進学振分けが行われる。

とうきょうだいくうしゅう [東京大空襲] 1945年(昭和20)3月10日午前0時8分から午前2時37分にかけてアメリカの戦略爆撃機B29によってなされた東京への無差別爆撃。空襲は44年11月頃から始まっていたが、はじめは軍需工場・施設を目標とする高高度精密爆撃だった。45年になると国民の戦意を失わせることを目的として、市街地に対し超低空で焼夷弾爆撃を加えるようになった。3月10日もB29約300機が東京湾上を最低空で江東地区に飛来した。墨田・江東・台東の3区の死亡率は広島・長崎に近く、前後の空襲を含めると東京全域の死者は8万3000人から11万5000人と推定される。

とうきょうてんもんだい [東京天文台] 1888年(明治21)帝国大学の学生用観象台と海軍・内務省の観象台が統合されて、帝国大学付属として

東京麻布飯倉に設立。天文台という語が採用された。初代台長は寺尾寿[ひさし]。1924年(大正13)三鷹に移転。88年(昭和63)緯度観測所などが併合し, 文部省へも移管。暦書の編纂, 経緯度観測, 日本標準時の決定を行う。付属設備として乗鞍コロナ観測所・岡山天体物理観測所・堂平観測所・野辺山太陽電波観測所などがある。

とうきょうと [東京都] 東京を区域とする地方自治体。東京の地方制度は1889年(明治22) 5月の市制・町村制施行以来, 市長をおかず府知事がその職務を行うとする東京・大阪・京都の市制特例もかねて議論が多く, 首長の官選・公選をめぐる政府・貴族院と衆議院・東京市が対立していた。戦時体制への移行にともない, 首都東京の行政一元化・効率化が要請され, 1943年(昭和18) 7月1日に東京府・東京市を廃止し, 東京都制が施行された。都下の市町村に対しては他府県と同様の権能をもち, 特別区については市としての権能をもっている。当初は太平洋戦争突入による戦時体制強化のため発足したこともあり, きわめて官治的色彩の強い都制であった。しかし敗戦の46年9月, 地方制度の民主化の一環として東京都制の画期的な改正が行われ, それまで任命制だった都長官と区長を公選制とし, 区の課税権と起債権が認められた。47年4月に統一地方選挙が実施され, 公選の都長官が誕生。翌5月3日新しい地方自治法の施行によって, 官治色の強かった東京都制は戦後の民主化のなかで廃止され, 東京都は他の道府県・市町村と同じように普通地方公共団体として発足し, 従来の都長官は都知事と改称された。同時に区は特別地方公共団体として法人格が与えられ, 原則としてその区は市と同様の自治権をもつ特別区として発足することになった。戦前の区は35区あったが, 47年自治権の基盤確立のため適正な面積を基準に特別区の編成替えが行われ23区がおかれた。また町村合併による市制も昭和30~40年代に施行された結果, 95年(平成7)末現在で島嶼部を含め23区27市5町8村からなる。都内の人口は62年に1000万人をこえ, その後, 停滞から減少へと転じているが, 首都として政治・経済・文化の面で過度の集中がつづき, その対応が東京都の行政にも求められている。

とうきょうにちにちしんぶん [東京日日新聞] 1872年(明治5) 2月11日に条野伝平・西田伝助・落合芳幾[よしいく]によって創刊された新聞。74年福地源一郎(桜痴[おうち])が主筆として入社, のちに社長に就任して国会開設漸進を主張し, 政府の御用新聞と目された。この頃が最盛期で発行部数は82年頃約7000部であったが, 自由民権運動が衰退すると社勢も衰え, 87年には福地の手を離れた。91年伊東巳代治の所有に移り, 朝比奈知泉[ちせん]が主筆となった。1904年に加藤高明に売却されたが経営は苦しく, 08年加藤は実質的に手を引き, 11年大阪毎日新聞社に売却され, 題字はそのままだが同社の経営となった。43年(昭和18) 1月1日, 東京・大阪の題字を「毎日新聞」に統一して紙名は消えた。

とうきょうのうりんがっこう [東京農林学校] 東京大学農学部の前身。1886年(明治19)駒場農学校と東京山林学校を合併して農商務省の直轄学校として創設。専門課程は農・林・獣医学部から構成。90年に文部省に移管され, 帝国大学農科大学となった。

とうきょうびじゅつがっこう [東京美術学校] 東京芸術大学美術学部の前身。1885年(明治18)文部省が官立美術学校設立の準備のため設置した図画取調掛が前身。E.フェノロサと岡倉天心を美術取調委員に任命して欧米諸国の美術教育視察を委嘱し, その成果をもとに, 87年に東京美術学校が上野公園内に創設された。当初, 国粋復興の機運のなかで邦画に重点をおいたが, 96年以降西洋画・塑造・図案科なども設置。1903年に専門学校となり, 49年(昭和24)東京芸術大学美術学部となった。

とうきょうふ [東京府] 東京都の前身。1868年(明治元) 7月から1943年(昭和18) 6月まで存続。開設当初の府域は旧町奉行の支配地内だったが, 1872年5月には現行23区の範囲に拡大。その後, 78年2月に伊豆七島, 80年10月に小笠原諸島, 93年4月に西多摩・南多摩・北多摩3郡が編入され, ほぼ境域が確定。府庁舎は当初, 幸橋御門内の旧大和郡山藩邸におかれたが, 94年7月新庁舎が完成し, 麹町区有楽町2丁目に移転。

とうきょうほうがっこう [東京法学校] 法政大学の前身。1881年(明治14) G.ボアソナードや司法省法学校卒業者などによって東京府神田区に創立。80年創立の東京法学社を前身とし, フランス法学の教授を中心とした。89年に東京仏学校と合併して和仏法律学校, 1903年に専門学校となり和仏法律学校法政大学と改称。20年(大正9)に法政大学と改称し, 大学令による大学となった。

とうきょうほうへいこうしょう [東京砲兵工廠] 明治前期に設立された陸軍所要の兵器を製造・修理する官営製造所。小銃・機関銃・弾丸を中心に製造し, 村田銃・三八式歩兵銃・三八式機関銃の創製・量産で知られる。前身は江戸幕府の関口大砲製作場で, 1870年(明治3) 2月兵部省造兵司の管理下に入り, 翌年6月小石川(東京都文京区)の旧水戸藩邸に工場を移した。79年10月制定の砲兵工廠条例によって東京砲兵工廠とよばれる。1923年(大正12)の陸軍造兵廠設置にともない, 火工廠・名古屋工廠を分

離して東京工廠となる。陸軍省管轄。

とうきょうろくだいがくやきゅうれんめい [東京六大学野球連盟] 大学野球のリーグ組織の一つ。1914年(大正3)早稲田・慶応義塾・明治の各大学による変則三大学リーグが結成されていたが、その後順次法政・立教・東京帝国大学(現、東大)が参加、25年に成立した。春秋2回のリーグ戦を行い、現在に至る。

とうぐう [東宮]「みこのみや」とも。春宮とも。皇太子、もしくは皇太子の居所をさす。皇太子を東宮と称するのは、中国で東方を季節の春にあて、万物の生命が復活をとげ生長する方角として位置づけ、宮の東方を皇太子の居所としたことによる。令の制度では、皇太子をさす場合は東宮(東宮学士・東宮舎人 とねりなど)、皇太子に関する事務をとる官司については春宮坊 とうぐうぼうと称し、用字を区別した。

とうぐうぼう [春宮坊]「みこのみやのつかさ」とも。皇太子の宮の家政機関の中心組織。坊は唐制の左右春坊による。令制では、舎人 とねり・主膳・主蔵の3監 げん・主殿 とのも・主漿 しゅしょう・主工・主兵・主馬 しゅめの6署を管轄。その後の統廃合により「延喜式」では主膳監・主殿署のみ統轄。職員構成は令制では大夫(従四位下)1人・亮 すけ 1人・大進1人・少進2人・大属1人・少属2人・使部 しぶ 30人・直丁 じきちょう 3人。平安時代に坊掌2人・史生4人が追加され、また蔵人 くろうど・非蔵人・雑色 ぞうしき・出納・女蔵人・宣旨などがおかれた。

とうぐどう [東求堂] ⇨慈照寺東求堂 とうきゅうどう

とうけいじ [東慶寺] 神奈川県鎌倉市山ノ内にある臨済宗円覚寺派の寺。松岡山と号す。1902年(明治35)まで尼寺であった。開山は北条時宗の妻の覚山志道尼 しどうに、開基は子の貞時。1285年(弘安8)開創。鎌倉尼五山の第2位。離縁を望む女性が駆けこめば離婚を認められる縁切寺(駆込寺)として有名。室町時代の木造釈迦如来座像、太平寺伝来の土紋をもつ鎌倉時代の木造聖観音菩薩立像(重文)などがある。

とうけん [刀剣] 広義では武器として用いられた刃物全般をさし、槍や薙刀 なぎなたも含む場合が

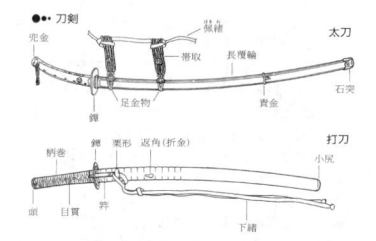

●•• 刀剣

兜金　縁頭　長覆輪　太刀
　　帯取　石突
鐔　足金物　責金

柄巻　鎺　栗形(折金)　返角　打刀
頭　目貫　笄　　　　　小尻
　　　　　　　　下緒

ある。一般には片刃の太刀 たち・刀・脇差・短刀および両刃の剣を総称する。太刀は佩き、刀は差すとの区別はあるが、普通は2尺以上をいい、脇差は1～2尺未満、短刀は1尺以下をいう。剣は寸法にかかわらず左右対象の両刃造である。

どうけん [銅剣] 青銅製武器の一種。身と柄が一つの鋳型から製作されたと考えられる有柄式、柄は別に作られ、身の端部に柄を装着する茎 なかをもつ有茎式と茎のない無茎式に大別される。中国東北地方の遼寧 りょうねい 式銅剣が朝鮮半島で細形銅剣に変化し、弥生前期後半頃に九州北部へもたらされたと考えられる。ほどなく日本でも製作が開始されるが、身の形状が細形・中細形・中広形・平形の順で大型化・扁平化の傾向をたどり、非実用的な祭器へと変化した。九州北部では中広形までが多く、後期にはほとんど姿を消すが、瀬戸内・大阪湾岸では薄い板状で刺突状の突起を誇張した平形銅剣が後期にも存在する。祭器化した銅剣は悪霊や悪神を倒し、とくに平形銅剣は瀬戸内海の航行の安全を祈ったものという説もある。

●•• 銅剣

細形
中細形
中広形
平形

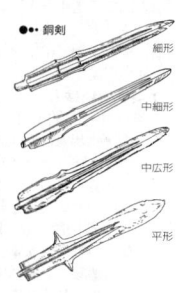

どうげん [道元] 1200.1.2～53.8.28　鎌倉中期の僧で日本曹洞宗の開祖。法諱は希玄 きげん。号は仏法房。京都生れ。父は内大臣源通親、母は摂政太政大臣藤原基房の女伊子。幼少のとき父母に死別し、13歳で比叡山で出家、天台教学を学んだ。人は本来、仏であるのに修行しなければならないという疑問を解くため山を下り、栄西の弟子明全 みょうぜんに参じた。1223年(貞応2)明全とともに入宋、5年間の滞在中に天童山の如浄に参じ得法した。帰国後「普勧坐禅儀」を著し、坐禅の方法などを説いた。一時建仁寺に身を寄せたが深草に移り、33年(天福元)興聖寺を開き、主著「正法眼蔵 しょうぼうげんぞう」の著述を開始し、禅の宣揚に努めた。その間比叡山・東福寺などの圧迫があったため、43年(寛元元)門弟波多野義重の招きで越前に移り永平寺を開いた。出家主義にもとづくきびしい修行のもとに教団を形成した。晩年は弟子懐奘 えじょうに寺を譲り、京都で没した。

とうごうしげのり [東郷茂徳] 1882.12.10～1950.7.23　昭和期の外務官僚。鹿児島県出身。1912年(大正元)外交官・領事官試験に合格。33年(昭和8)外務省欧米局局長。34年外務省欧亜局

局長。37年ドイツ駐在特命全権大使。38年駐ソ大使。松岡洋右外相の命により40年に帰朝。41年日米交渉の継続を条件に東条内閣の外相兼חנ相として入閣。42年9月、大東亜省設置に反対して東条首相と対立し、単独辞職。同月勅選貴族院議員。45年鈴木貫太郎内閣の外相兼大東亜相に就任。ソ連を仲介とした終戦工作にあたる。8月9日のソ連の対日参戦とアメリカの長崎への原爆投下により、国体護持を条件にポツダム宣言の受諾を主張。第2次大戦後A級戦犯として禁錮20年の判決をうけ、米陸軍病院で死亡。

とうごうのしょう [東郷荘] 伯耆国河村郡にあった荘園。荘域は鳥取県東郷町・羽合町付近。平安末〜鎌倉前期に河村東郷が立荘され、松尾社領として成立。1258年(正嘉2)に松尾社と地頭の間で下地中分が行われたが、このとき作成された絵図は中分絵図の典型として有名。室町中期には守護山名氏の請地となり、松尾社の支配は衰退した。

とうごうへいはちろう [東郷平八郎] 1847.12.22〜1934.5.30　明治〜昭和前期の海軍軍人。鹿児島藩士出身。薩英戦争と戊辰戦争海戦に参加後、1871〜78年(明治4〜11)イギリスに留学。日清戦争のとき大佐で浪速艦長として出征。豊島沖で清国兵を輸送中のイギリス商船高陞号を国際公法にもとづいて撃沈し、有名となる。戦後、海軍大学校校長と佐世保鎮守府・常備艦隊・舞鶴鎮守府の各司令長官を歴任し、1903年12月連合艦隊司令長官となる。04年大将。日露戦争中の全海軍作戦を指揮し、ロシアの旅順艦隊には黄海海戦で勝ち、バルチック艦隊には日本海海戦で完勝した。提督としてネルソンと並び称される。戦後、海軍軍令部長となり元帥。大正期に東宮御学問所総裁、死去時に侯爵に昇叙され国葬。

とうごく [東国] (1)奈良時代には、①鈴鹿・不破・愛発の三関より東の地域をさす場合、②足柄・碓氷の二関より東の地域をさす場合、③あるいはその中間の遠江・信濃両国より東の諸国をさす場合があった。(2)鎌倉時代には幕府の直轄支配地域であった遠江・信濃・越後より東の諸国を東国とよぶ場合が多かった。(3)室町時代には鎌倉府(関東府)の管轄地域である「関東」10カ国(現在の関東地方8カ国に甲斐・伊豆両国を加えたもの)と同義で使用される例が多くなり、「東国」の用例は少なくなった。

とうごくこくし [東国国司] 「日本書紀」大化元年(645)8月・同2年3月の詔にみえる地方官。東方八道に派遣されたとあり、それぞれ長官1人、次官2人、主典複数人で構成され、次官以上には良家の大夫が任命された。任務は戸口・田畝の調査、地方の実態の報告、武器の収公などで、評制施行の前提となるものだった。東国国司に関する史料は信憑性が高いとされるが、令制国司とは直接つながらず、7世紀後半の史料にみえる総領・大宰との関係もまた未詳である。

どうざ [銅座] 江戸時代、荒銅の集荷・精錬・取引を統制するために大坂に設置された役所。一時長崎におかれた鋳銅所も銅座とよばれた。幕府は長崎貿易における金銀の国外流出を防ぐため、銅による定額の取引とは別に、銅による取引を奨励し、それに要する輸出銅を確保するため統制を実施し、銅座を設けた。設置は1701〜12年(元禄14〜正徳2)、38〜46年(元文3〜延享3)、66〜1868年(明和3〜明治元)の3時期にわけられ、第1期には銀座が兼ねて行った。全国各地で採掘される荒銅を大坂の問屋を通して買い上げ、銅吹屋仲間に精錬させ、輸出用の棹銅として長崎に送った。しかし銅の買上げ値段が安いこともあり、買上げの中止や仕入れの改善をたびたび余儀なくされた。

とうざいゆうき [東西遊記] ⇨東遊記・西遊記

とうさんしょう [東三省] 中国東北部の山海関以東の地に対する清代〜中華民国時代初めの呼称。清は発祥の地満州に盛京(奉天)・吉林・黒竜江の三将軍をおいて統治し、東三省とよんだ。名称は中華民国成立後も残り、軍閥政権時代には張作霖が東三省の独立を宣言した。日本の傀儡政権満州国は、東三省を中心に内蒙古自治区の一部を加えたもの。

とうさんどう [東山道] (1)古代の七道の一つ。現在の近畿地方から中部・関東地方の山地沿いをへて東北地方に連なる地域で、近江・美濃・飛驒・信濃・上野・武蔵(771年東海道へ編入)・下野・陸奥・出羽の各国が所属する行政区分。(2)これらの諸国を結ぶ交通路も東山道と称し、「山の道」ともよばれ、畿内から各国府を順に結ぶ陸路が官道として整備された。駅路としては中路で各駅に10頭の駅馬がおかれる原則であり、「延喜式」では総計86駅に841頭の駅馬をおく規定であった。地方官として732〜734年(天平4〜6)に東海東山二道節度使、746年に東山道鎮撫使を設置した。

とうざんは [当山派] 醍醐寺三宝院を本寺とした真言系修験の宗派の一つ。醍醐寺の聖宝を開祖とし、天台系の聖護院を本寺とする本山派に対する。大峰入峰を再興したと伝える聖宝を慕って、鎌倉末期に真言系の修験者たちが当山方大峰正大先達衆を結束したといわれる。室町末期の本山派との争いを背景に、醍醐寺三宝院に庇護を求め接近。1613年(慶長18)徳川家康により三宝院が法頭と認められ、当山

とうじ [東寺] ⇨ 教王護国寺きょうおうごこくじ

とうじ [湯治] 病気やけがの治療、疲労回復などを目的として温泉を利用すること。慢性の病気をもつ者が滞在するほか、田植後や農閑期の農民が慰労のため団体ででかけることも多い。病気治療が目的の場合、症状に効能があるとされる温泉を選び、米・味噌などの食糧を持参し湯治場で自炊した。定期的な湯治としては丑うし湯治がある。土用の最初の丑の日から次の丑の日までの湯治で、とくに丑の日の丑の刻に入浴するのが最も効能があるとされる。温泉の多くは信仰と不可分の関係にあり、行者らが行う湯垢離ゆごり場から発達したものもある。温泉へでかけられぬ者へ湯の花を土産とする習慣もある。

どうじ [道慈] ?~744.10.2 奈良時代の僧。大和国添下そえのしも郡の人。俗姓額田ぬかた氏。702年(大宝2)入唐、西明寺に住して三論に精通し、仁王般若経を講ずる高僧100人のうちに選ばれた。718年(養老2)帰朝し、日本三論宗の第三伝とされる。719年食封じきふ50戸を賜り、のち律師となり、736年(天平8)扶翼童子6人を賜った。翌年大安寺大般若経転読会を創始し、大極殿最勝王経講説の講師を勤めた。大安寺の平城京移建や「日本書紀」編纂にも関与し、「愚志」1巻を著して当時の仏教界を批判した。70余歳で没した。

とうじいん [等持院] 京都市北区にある臨済宗天竜寺派の寺。万年山と号す。開山は夢窓疎石むそうそせきで、開基は足利尊氏。もと真言宗で仁和寺の子院だったが、暦応年間(1338~42)夢窓によって中興され、禅寺となる。歴代足利将軍の葬送はすべてここで行われ、足利家の菩提寺として崇敬された。尊氏・義詮よしあきら・義満ほかの木像、「等持寺絵図」(重文)などがある。

とうじかでん [藤氏家伝] 藤原氏の代表的人物の伝記。奈良・平安時代に作られた家伝の代表例。鎌足かまたり伝(大織冠伝)・武智麻呂むちまろ伝を「家伝」上下として「群書類従」に収める。上巻末に「貞志・史がいあり……貞にもあり」とあり、貞恵伝は「続々群書類従」に収める。ほかに百川伝なども作られたらしい。鎌足伝・貞恵伝の撰者は藤原仲麻呂で、父祖顕彰の意図が著しい。武智麿伝の撰者は僧延慶えんけい。いずれも貴重な自由史料を含む。成立は760年(天平宝字4)頃か。「藤氏家伝 注釈と研究」に三伝の影印所収。

とうじき [当色] 位色いしきとも。古来、朝廷で位階などの身分に応じて着用が定められた服色の色。平安以降は材質や文様も含む。衣服令では天皇の白、皇太子の黄丹おうに、その他18色を規定し、みずからの位階に対応する当色以下の使用のみを許すとしている。こうした広義の当色とは別に、狭義には特定の儀式礼典に際し、役割に応じて着用する服の色を当色という。

どうじきょう [童子教] 鎌倉時代以降広く用いられた道徳教科書。撰者・成立ともに不詳。仏教的信仰とともに、日常生活の行儀作法・格言などを5字1句で記し、330句からなる。1377年(永和3・天授3)書写本が現存する最古のもの。近世に単独または「実語教」と合刻され流布した。「童子教抄」など中世に数種の注釈書がある。「続群書類従」「日本教科書大系」所収。

どうししゃだいがく [同志社大学] 京都市にある私立大学。1875年(明治8)新島襄じょうが山本覚馬、アメリカ人宣教師J.D.デービスの協力をえて創立したキリスト教主義の同志社英学校が前身。1904年同志社専門学校を設立、神学校の設置も認可された。12年(大正元)両校を合併して同志社大学と改称、20年大学令による大学となる。48年(昭和23)新制大学に移行。

とうじひゃくごうもんじょ [東寺百合文書] ⇨ 東寺文書

どうじま [堂島] 大阪市北区・福島区の堂島川北岸、御堂筋みどう以西一帯の地区名。名称の由来については、古くは堂島川と曾根崎川にはさまれた島であったため胴島といった、また川を革と読みかえて革にはさまれた鼓つづみの筒にたとえて筒島とよんだのが転訛したなど諸説ある。1697年(元禄10)に対岸の中之島から米市場が移転し、天満あおもの青物市場・雑喉場ざこば魚市場とともに、大阪の3大市場とよばれた。1730年(享保15)には米相場会所が設けられて、全国米取引の中心となり商業地域として発展。諸藩の蔵屋敷が中之島について数多くおかれたが、近代に入り各種企業の本社・支社や新聞社などが集中して、都心部ビジネス地区へと発展した。

どうじまこめいちば [堂島米市場] 江戸時代、大坂堂島で米の大量取引・延取引などを行った米穀市場。もと淀屋の門前の米市が1697年(元禄10)堂島新地に移され、1730年(享保15)に帳合米商ちょうあいまいが公認されて、翌31年には米仲買株が許された。正米商・帳合米商を中心に大量の米の取引が行われたため、当地には米仲買・両替屋・蔵屋敷が多く集まった。当地の米相場が全国の米相場を平準化する役割をはたし、政治にも大きな影響を与えた。堂島は天満の青物市、雑喉場ざこばの魚市とともに3大市場といわれる。1869年(明治2)空米取引が禁止され、71年に正米商の堂島米会所(76年に堂島米商会所)として再興された。

どうじもん [童子問] 伊藤仁斎じんさいが晩年に著した仁斎学の集大成。3巻。1693年(元禄6)の

識語。仁斎死後の1707年(宝永4)子の東涯らが編集・刊行。門人の質疑に答え、孔孟の正伝を明かす体裁をとる。「論語」の最上性、「論語」「孟子」の一貫性、道の卑近さや仁愛の強調、道徳と議論の逆比例関係、道徳論と治道の別、礼楽制度の相対主義的把握、王道論、学問方法論、宋明諸儒や歴代史書の批評、経書論などからなる。欧陽修「易童子問」などの体裁から影響をうけている。「岩波文庫」所収。

とうじもんじょ[東寺文書] 京都市南区の教王護国寺(東寺)に伝来した平安初期~江戸初期の文書の総称。東寺蔵のもののほか、京都府立総合資料館蔵の「東寺百合文書」、京大文学部博物館蔵の「教王護国寺文書」などからなる。約3万通。これは火災の被害を免れたためだけでなく、御影堂聖人や年預などによる組織的な収集・保管や、金沢藩主前田綱紀による100の桐箱の寄進と、文書を書写して「東寺百合文書」を作成したことなどに負うところが大きい。仏事・法会や、廿一口供僧などの寺院組織、寺領荘園の支配に関するものなど。影写本は東京大学史料編纂所蔵、「大日本古文書」「教王護国寺文書」所収。

どうしゅ[堂衆] 比叡山・高野山・南都の諸大寺における僧侶階級の一つ。比叡山では中方、高野山では行人とよぶ。寺院に所属する僧侶は大衆とよばれ、その組織は学解・修行に専念する学生・学侶と、彼らに従ったり堂塔・僧房の管理・運営や雑用・力役などに従事する堂衆などで構成される。こうした構成は、平安後期における寺内の身分呼称として成立した。堂衆は僧兵の有力構成員で、学生とも対立した。

とうしゅうさいしゃらく[東洲斎写楽] 生没年不詳。寛政期の浮世絵師。伝歴は不明。1794年(寛政6)5月から翌95年1月にかけての約10カ月間(閏月を含む)に140余点の錦絵を制作。版元はすべて蔦屋重三郎。内容は江戸三座の役者絵と、当時人気をよんだ子供の相撲取大童山を描いた相撲絵に限定され、作風から94年の夏狂言に取材した第1期、秋狂言に取材した第2期、顔見世狂言に取材した第3期、翌年1月の新春狂言に取材した第4期にわけられる。第1期は黒雲母摺の役者大首絵で統一されており、第2期は全身図で統一されている。第1期が最もすぐれ、しだいに画格の低下がみられる。

とうじゅしょいん[藤樹書院] 中江藤樹の塾。近江国高島郡小川村(現、滋賀県安曇川町)に開塾。1634年(寛永11)伊予国大洲藩を脱藩した藤樹は故郷に帰り、道徳実践の学を講じた。自宅の庭に藤の木があったので、人々は藤樹書院と称した。39年「藤樹規」「学舎座右銘」を作って諸生に示し、近隣および大洲・岡山などからの入門者が多かった。当初は朱子学の影響をぬけ切れなかったが、儒教を宗教的な側面でとらえ、孝経に傾斜し、良知を強調した。

とうしょう[堂上] 昇殿を許された公卿・殿上人の総称。昇殿を許されない地下に対する称。院政期以降、昇殿を許される資格が固定化し、堂上家が成立した。堂上家には、摂家、天皇の外戚になる機会が多かったため太政大臣に至る官途を開いた清華、上流貴族の庶流で頭中将をへて昇進する官途を形成した羽林、文筆などの実務能力から頭弁をへて昇進する官途を確立した名家などの家格があった。

どうしょう[道昭] 629~700.3.10 道照とも。7世紀の僧。河内国丹比郡の人。俗姓船連。飛鳥寺で得度。653年(白雉4)入唐し、玄奘に師事して法相宗を学び、慧満から禅を学ぶ。661年(斉明7)帰朝。翌年元興寺に禅院を建立して将来した経論を収め、法相・禅を広めて日本法相宗の第一伝とされる。諸国をめぐって社会事業を進め、宇治橋架設にも関与した。薬師寺繍仏開眼の講師となり、698年(文武2)大僧都。遺命により大和国栗原で日本初の火葬に付されたという。

どうじょう[道場] 元来は仏道修行の区域・場所をいうが、浄土真宗では寺院にはいらない念仏のための集まりの場所という意味で用いる。親鸞の曾孫覚如の「改邪鈔」に、道場は「行者集会のため」のもので、一つの「道場に米集せんたくひ遠近ことな」とあり、広い範囲の人々が道場をめぐり互いに結束していくなか、集会の便のために各所に派出道場が構えられた。それらには、ある寺院の下に属する下道場、俗人が主催する毛坊主道場、住居の一部をあてた家道場などがあった。

とうしょうぐう[東照宮] ⇒日光東照宮

とうしょうじ[東勝寺] 神奈川県鎌倉市小町にあった臨済宗の寺。青竜山と号す。開基は北条泰時、開山は退耕行勇。1333年(元弘3)5月の鎌倉幕府滅亡の際、北条高時以下の一族が籠って自害したことで有名。1227年(安貞元)から16世紀末まで存続。1386年(至徳3・元中3)に関東十刹の第3位となる。1323年(元亨3)の北条貞時十三年忌法要にはこの寺の僧53人が参列し、人数では参加した諸寺のなかで10番目であった。

どうじょうじ[道成寺] 和歌山県川辺町にある天台宗の寺。天音山千手院と号す。大宝年間に文武天皇の勅願寺として義淵が創建。はじめ法相宗の寺院、のち真言宗、さらに天台宗に改宗。江戸時代に紀伊徳川家の保護をうけて栄えた。安珍・清姫の伝説で有名。土佐光重の

絵、後小松院の詞と伝えられる「道成寺縁起」をはじめ、本堂・仁王門・千手観音立像・十一面観音立像・四天王立像はいずれも重文。

とうしょうだいじ [唐招提寺] 奈良市五条町にある律宗総本山。南都十五大寺の一つ。鑑真が朝廷より賜った平城右京5条2坊の新田部親王旧宅地に759年(天平宝字3)寺院を建立し、唐律招提寺と名づけた。しだいに伽藍が整えられ、776年(宝亀7)と812年(弘仁3)には封50戸が施入された。その後荒廃したが、鎌倉時代に貞慶らによって復興が図られ、1244年(寛元2)には覚盛が入寺して中興し、近世にも徳川綱吉の母桂昌院らの庇護をうけた。

講堂 天平宝字年間(757~765)に平城宮朝集殿を移築し改造した建物。1275年(建治元)大規模に改造された。内部に鎌倉時代の論議台2基をおく。高さ11.2m。国宝。

金堂 宝亀年間(770~780)の建築とする説が有力。正面は正面5間、側面2間の母屋の四方に1間の庇をめぐらしたかたちで正面1間通りを吹放しとする。中央の3間に仏壇を設け、内部に極彩色で仏画や文様を描く。現在は独立してたつが、創建時は左右に廻廊が接続していた。1693年(元禄6)から翌年の修理で、屋根の勾配を強めて棟高を高めている。奈良時代の金堂の唯一の現存遺構として貴重である。高さ15.7m。国宝。

とうじょうひでき [東条英機] 1884.12.30~1948.12.23 昭和期の軍人・政治家。東京都出身。陸軍士官学校(17期)・陸軍大学校卒。満州事変以来から統制派の有力メンバーとして頭角を現し、関東憲兵隊司令官・同参謀長・陸軍次官などを歴任。第2・3次近衛内閣では陸相を務め、中国からの撤兵反対論を唱え、対米交渉で妥協を排した。1941年(昭和16)10月大命により現役陸相のまま組閣、対米英開戦の決定を下した。国内の戦時動員体制を強化し、参謀総長も併任したが、44年7月サイパン島陥落を機に総辞職。敗戦後、戦争犯罪人として極東国際軍事裁判でA級戦犯として起訴され、有罪の判決をうけ刑死。

とうじょうひできないかく [東条英機内閣] 東条英機を首班とする内閣(1941.10.18~44.7.22)。東条は現役陸軍大将のまま就任し、陸相(はじめ内相、のち軍需相も)を兼任。日米交渉による最後の関係打開の機を逸し、1941年(昭和16)12月8日太平洋戦争を開始した。緒戦の好調を背景に42年4月総選挙(翼賛選挙)を行い、国内の戦時体制の強化を図るつつ、占領地を拡大し、同年11月大東亜省を設置、43年10月大東亜会議も開催した。しかし42年6月のミッドウェー海戦の敗北を契機に戦局が悪化したため、43年航空戦力増強をめざした軍需省設置などの措置を講じた。44年2月には参謀総長をも兼任するが、重臣をも含んだ反東条工作もあり、サイパン島陥落を機に同年7月18日総辞職した。

とうしん [東晋] 中国の南北朝時代の王朝の一つ(317~419)。晋(西晋)が滅ぶと、王族の司馬睿(元帝)は有力者に推戴され、建業(現、南京)に王朝を復興した。華北から多くの人が流入した。383年には淝水の戦で前秦の南下を防ぎ、以後王朝は江南の開発につとめ、王羲之・顧愷之らの書画や陶淵明らの詩に代表される貴族文化が栄えた。しかし王権は弱く豪勢家をおさえきれず、農民反乱の混乱のなかで恭帝は、軍功のある武人の劉裕(宋の武帝)に禅譲して東晋は滅ぶた。なお413年、倭王讃は高句麗と並んで東晋に方物を献上したという。

どうしん [同心] 江戸幕府の下級職名。もとは一味同心など同意・協力する人を意味したが、戦国期には武士組織の頭に所属する下級武士の身分呼称となった。江戸時代には諸奉行・各種の番頭・所司代以下に付属し、多くの場合与力の配下で庶務あるいは警衛にあたった。定員は年代や職制の改廃によりしたが、漸増して幕末期には総数6786人であった。最多数は八王子千人同心の1000人、町奉行所の同心は280人ほど。与力の職務分掌ごとに2人ぐらい配属されたが、定廻・臨時廻・隠密廻の三廻など、同心だけの職務もある。身分は一代抱席(実質は世襲)。俸給は30俵2人扶持が標準で、役格(年寄以下11格)により若干の差がある。岡引(目明し)は同心の私的な部下。

どうじんさい [同仁斎] 京都市左京区の慈照寺(銀閣寺)の東求堂(1486年造立)にある4畳半の書院。東求堂内の北東隅に位置する。付書院と違棚を構え、足利義政の書院(書斎)として設けられたもので、「聖人一視而同仁」によって名づけられた。『御飾記』には、ここに囲炉裏が切られ、炉辺に茶具足の室礼をしたと記されていることから、4畳半茶室の濫觴とされてきた。囲炉裏の茶は、書院という日常的な生活空間において展開していたもので、のちに侘茶に大成された炉の茶も、こうした褻の茶に系譜するものと考えられよう。国宝。

とうしんてつどう [東清鉄道] 1898~1903年にロシアが満州に敷設した全長約2500kmの鉄道。極東進出をねらったロシアは、シベリア鉄道をウラジオストクに最短距離で結ぶため、清国から満州における鉄道敷設利権を獲得し、満州里一綏芬河間を東西に結ぶ本線、ハルビン一旅順間の南満州支線を完成。日露戦争

後、南満州支線の長春以南は日本に譲渡され、新設の南満州鉄道会社の経営となった。残った本線などは東支鉄道・中東鉄道・北満鉄道などとよばれ、ロシア(のちソ連)が管理したが、ロシア革命、列強のシベリア出兵、中国民族主義の台頭、満州事変などで経営がしばしば不安定となり、中ソ共同経営をへて、1935年(昭和10)に満州国に譲渡された。

とうじんぼうえき [唐人貿易] 江戸時代、中国本土や東南アジア各地から長崎に来航した中国船との貿易。唐船の来航は室町末期には西日本各地にみられたが、1635年(寛永12)幕府により長崎1港に限られた。当初は清朝の遷界令により日本への渡航が禁止されたため、明の遺臣鄭氏や福建沿岸・台湾の密貿易船によって行われていたが、84年(貞享元)展海令が出されたことから、江蘇・浙江2省を中心とする中国本土からの唐船の来航が急増。このため幕府は85年の定高(さだめだか)制をはじめとして唐船の取引高や来航船数を制限した。中国側は清朝の弁商政策にもとづき官商(有位官の特定1家)や額商(特定の民商12家)などの銅の集荷商人を中心として来航し、生糸・絹織物・薬種・砂糖などをもたらした。

とうじんやしき [唐人屋敷] 江戸時代、長崎に来航した唐人を隔離収容した施設。1689年(元禄2)幕府はキリスト教の禁止と密貿易の防止を目的として郊外の薬園に屋敷地をつくり、長崎市中に宿泊していた唐船の乗組員・客商を収容した。面積は竣工当時は6900坪余であったという。その後しだいに拡張され、宝暦期には9373坪あった。大門・二の門により外部と隔てられ、内部には住宅・風呂屋・関帝堂・観音堂・土神堂などがあった。また大門と二の門との間には輸出入品取引のための札場や在留中国人の出店のほか、通事部屋・乙名(おとな)部屋・辻番所・探(さぐり)番所などがおかれ、役人が交代で詰めていた。唐人は許可なくしては外出を許されず、日本人も役人以外は許可された商人と遊女だけが出入りできた。

とうす [刀子] 子は小さいの意味で小刀のこと。様式は切刃状の刃身に棟方に曲がった柄がつき、鞘には下げ紐をつける環がある。正倉院伝来の奈良時代のものは実用である以上、「犀角鞘御刀子」「紅牙撥鏤把、鞘金銀作」などと装身具として用いられた。大小あるが、「延喜式」には5寸以上の大型刀子の携帯を衛府の官人以外は禁じている。

とうすいけん [統帥権] 国軍に対する命令権。1878年(明治11)12月5日の参謀本部設置によってその独立が保障され、大日本帝国憲法第11条で天皇の大権とされたが、内容については、軍と政府、あるいは憲法学者で解釈に差があった。軍側は、軍隊の動員・出動命令・指揮運用・教育訓練・編制、軍紀維持に関する権利はすべて包含されるとし、政府は、軍隊の編制・維持は国務大臣の輔弼(ほひつ)事項であると解釈して対立した。浜口内閣のロンドン海軍軍縮条約問題で両者の見解が噴出した。軍側は統帥権独立の典拠として、憲法第11条と帷幄(いあく)上奏制をあげていた。

とうすいけんかんぱんもんだい [統帥権干犯問題] 1930年(昭和5)ロンドン海軍条約締結の過程において展開された統帥権の解釈をめぐる論争。浜口内閣は対英米実質7割の兵力量をもって条約締結を決意、4月1日政府回訓案を閣議決定したが、第58議会で野党の立憲政友会は、海軍軍令部長の反対を退けての回訓案決定は統帥権を犯すものと、と政府を攻撃した。兵力量決定の主体が海軍省にあるか、国防計画策定の権限をもつ海軍軍令部にあるかをめぐり、野党は条約反対派と連携しつつ政府を追及し倒閣を目論んだ。政府は兵力量の決定は海軍の権限とする立場を貫き、元老・重臣や海軍長老の支持を背景に10月2日条約批准にこぎつけたが、その後、海軍軍令部の権限拡大に道を開く結果となった。

とうせいえでん [東征絵伝] 失明の不幸をのりこえて来日した唐僧鑑真(がんじん)の伝記絵巻。5巻。絵は六郎兵衛蓮行(ながゆき)筆で、鎌倉在住の人物とみられ、画風には水墨画の影響が色濃い。施入銘と識語から、1298年(永仁6)鎌倉極楽寺の開山忍性(にんしょう)が唐招提寺に施入したことがわかる。詞書(ことばがき)は奈良時代末の「唐大和上東征伝」「鑑真伝」などにもとづいて和文化し、関東圏在住の4人が寄合書をしている。縦37.5cm、横1481.7～1986.4cm。唐招提寺蔵。重文。

とうせいかい [統制会] 経済新体制確立要綱にそって各産業別に組織された統制組織。1941年(昭和16)8月公布の重要産業団体令を法的根拠とする。従来の多元的な統制団体のもつ欠陥を解決するため、関連企業の強制加盟により産業別に組織され、指導者原理が導入された。統制会会長の権限は、生産・販売・価格などの指令権から加盟企業役員の任免権に及び、その任免権を主務大臣が掌握することにより、政府・統制会・企業というピラミッド型の一元的な組織の創出が追求された。ほぼ全産業にわたる22の統制会が組織された。

とうせいしょせいかたぎ [当世書生気質] 明治期の小説。春の屋おぼろ(坪内逍遥)著。1885～86年(明治18～19)晩青堂刊。逍遥が「小説神髄」で提唱した小説理論の実践を試みたもの。戊辰(ぼしん)戦争の際に生じた数奇な運命を縦糸に、私立学校の書生たちの生態を横糸に、小町

田粲闍さんと芸者田の次のの恋愛、田の次と守山友芳の兄妹再会の物語を主筋とする。人情本・滑稽本・読本などの江戸戯作の遺産を受け継ぎながら、それを克服しようとしたところに生硬な点がみられるが、勧善懲悪主義を排し、写実主義を唱導した先駆的作品。

とうせいだいそうとく［東征大総督］ 戊辰戦争の際に設けられた討幕軍最高指揮官。徳川慶喜の江戸敗走にともない、1868年（明治元）2月3日に親征の詔が出され、同月9日、有栖川宮熾仁しん親王が任命された。東海道・東山道・北陸道・山陰道・奥羽の先鋒総督兼鎮撫使を統轄するとされたが、実質的には参与西郷隆盛が指揮した。戦争終結後の11月2日に廃止。

とうせいは［統制派］ 昭和前期の陸軍の派閥の一つ。一夕ゆう会系の陸大卒のエリート軍人が形成。永田鉄山・東条英機・武藤章・池田純久ら10人が中心で、大半が外国駐在の経験者。次におこる戦争は軍事・経済・科学・全国民を陸軍主導の下に一元的に統制する国家総力戦であるとし、そうした国家体制実現は、陸相以内閣の政策を動かし、同時に新官僚や財界とも提携して合法的に達成するとした。この達成には皇道派の青年将校の非合法運動は軍の統制を乱す障害であるとして、皇道派と対立した。1934年（昭和9）10月陸軍省新聞班発行の「国防の本義と其強化の提唱」は統制派の思想・方策の宣言書。35年8月の相沢事件で打撃をうけたが、翌36年の2・26事件後の粛軍人事で皇道派を一掃した。

とうぜんじじけん［東禅寺事件］ 1861年（文久元）と62年の2度にわたる江戸高輪東禅寺のイギリス仮公使館襲撃事件。(1)61年5月28日、水戸藩尊攘派有賀半弥らがイギリス公使オールコックの国内旅行に怒り、仮公使館を襲撃。書記官L.オリファントと長崎領事G.モリソンが負傷した。オールコックは62年2月16日賠償金1万ドルと公館建設を獲得、事件は落着した。(2)62年5月29日、警備中の松本藩士伊藤軍兵衛が代理公使ニールらの滞在する仮公使館を襲撃。イギリス水兵や大垣・岸和田・松本3藩士ら約500人が警備するなか、水兵2人を殺害し逃走、自刃。賠償金1万ポンド（約4万ドル）は63年の生麦事件賠償金支払の際に支払われた。

とうだいじ［東大寺］ 金光明みょう四天王護国之寺・総国分寺・大華厳寺とも。奈良市雑司町にある華厳宗総本山。南都七大寺の一つ。前身は、聖武天皇の皇子基王もとい のためにたてられたと伝える金鐘こんしゅ寺。744年（天平16）近江の紫香楽しがらき宮で着手された大仏造立は、翌年の平城還都にともない、金鐘寺の寺地で継続されることとなり、あわせて東大寺の造営が推進された。752年（天平勝宝4）大仏開眼供養が盛大に修され、当寺の創建に尽力した良弁ろうべんが別当に補任された。以後も造営は造東大寺司により継続された。754年には鑑真がんが当寺で聖武上皇や孝謙天皇らに授戒し、翌年には戒壇院かいだんが設置された。756年、聖武上皇が没すると、光明こうみょう皇太后が遺品を当寺に施入、その一部が正倉院に伝存する。東大寺は、皇室のあつい庇護をうけ、多数の田地などが入さ施され、また越前・越中などに多くの荘園をもった。寺内では華厳のみならず三論・法相ほっそうなど南都六宗と称された教学が兼学されたが、平安時代になると真言宗が加わり、真言院や東南院などが寺内に設けられた。1180年（治承4）平重衡しげひら の焼打をうけたが、重源ちょうげんが復興にあたった。また1567年（永禄10）にも兵火で大仏殿などが焼失したが、江戸前期に再建され、現在に至る。

三月堂さんがつ 法華堂とも。正堂と礼堂からなり、大仏殿東方にたつ。正堂は天平年間（729～749）の建築。礼堂の建築年代には1199年（正治元）と1264年（文永元）の両説がある。高さ12.0m。国宝。

大仏殿だいぶつでん 752年（天平勝宝4）に創建されたが、1180年（治承4）平家の南都焼打で炎上し、重源ちょうげんが95年（建久6）に再建。1567年（永禄10）再び焼かれ、1705年に完成。江戸時代の再建では東西2間ずつ縮小し、正面5間、奥行5間で1間の裳階もこし をめぐらす。鎌倉時代の再建時に採用された大仏様を継承する。国宝。

南大門なんだいもん 大仏様を代表する巨大な門。奈良時代創建の南大門は1180年（治承4）に焼失し、99年（正治元）に再建。創建時の規模を踏襲し、大仏様を採用。柱は上層の屋根まで伸び、途中で腰屋根を設けて二重にみせる。柱と柱の間に貫ぬきを縦横に通し緊結させる。国宝。

戒壇院四天王像かいだんいんしてんのうぞう 戒壇院の壇上四隅にそれぞれ安置される塑像そぞう。江戸時代に他堂から移されたもので、本来の安置場所は不明。いずれも唐風の甲をまとった姿で、怒りを内に秘めた静かな像容が手慣れた塑形技法により表され、格調の高い作風は天平彫塑を代表する。像高160.6～165.0cm。国宝。

三月堂執金剛神像さんがつどうしゅこんごうしんぞう 三月堂本尊背面の厨子ずし 内に北面して安置される秘仏で、甲がちをまとい、金剛杵こんごうしょをもつ右手を振りあげて怒号を発する塑造そぞうの神将像。奈良時代以来、説話集類にしばしば登場する名高い霊像。教義的には本尊不空羂索ふくうけんさく観音の変化身としての性格があり、制作年代も本尊像と前後する頃とみられる。表情やポーズに激しい怒りを表しながらも節度と品位があり、天平彫塑の古典的名作の一つ。像高174.0cm。国宝。

三月堂日光・月光菩薩像（さんがつどうにっこう・がっこうぼさつぞう）
三月堂本尊不空羂索観音像の左右に脇侍として安置される一対の塑像であるが、当初から本尊と一具であったかどうか明らかでない。日光・月光という呼称も近世以降のもので、像容からは天部または緊縛くとしてなどの像として造られたとみられる。ともに髻を結い、合掌するよく似た姿ながら、表現や着衣の形式に微妙な違いがある。調和のとれた作風に天平古典彫塑の一到達点を示す。像高は日光206.0cm、月光207.0cm。国宝。

三月堂不空羂索観音像（さんがつどうふくうけんさくかんのんぞう）
三月堂の本尊で、銀製の化仏をつけた豪華な宝冠をいただき、上半身に鹿皮をまとう三目八臂の立像。東大寺の前身の金鐘寺あるいは金光明寺の遺品で、およそ天平年間（729～749）後半の制作とみられる。脱活乾漆造で、端正かつ一種呪術的な力に満ちた像容が、盛唐様式をうけた天平工人の熟達した技術によって表現される。光背・台座にもすぐれた工芸技術がうかがえる。像高361.0cm。国宝。

南大門金剛力士像（なんだいもんこんごうりきしぞう）
重源の指導のもとに復興造営された東大寺南大門の二王にお。運慶・快慶・定覚・湛慶の慶派一門が、1203年（建仁3）にわずか70日足らずで造立。鎌倉初期の活力に満ちた造仏界を象徴する巨像といえる。高さ阿形836.3cm、吽形842.3cm。国宝。

盧舎那仏像（るしゃなぶつぞう）
いわゆる奈良の大仏。743年（天平15）大仏造立の詔により、近江国紫香楽で着手されたが、平城遷都にともない現在地に場所を移して工事が始められ、747年鋳造開始、749年（天平勝宝元）完了、752年に開眼供養が行われた。1180年（治承4）平重衡による焼打、1567年（永禄10）松永久秀の兵火により甚大な損傷をうけた。現在の頭部は1690年（元禄3）に造られたもの。両足部・袖など像の下半分には、なお創建当初の雄大な造形をしのぶことができる。台座も過半が当初のもの。像高14.85m。国宝。

大仏蓮弁毛彫（だいぶつれんべんけぼり）
大仏の台座仰蓮の各蓮弁には、上段の釈迦説法図、中段の縦25段の天界、下段の須弥山世界を内包する7蓮弁の3段からなる蓮華蔵世界図が線刻されている。大仏建立の思想を知るうえで、また天平絵画の遺品として貴重である。

とうだいじもんじょ［東大寺文書］
奈良市の東大寺に伝わる奈良～江戸時代の文書の総称。重文の「東大寺成巻文書」「東大寺未成巻文書」のほか、「東大寺宝庫文書」「薬師院文書」「尊勝院文書」「東南院文書」や寺外に流出した個人蔵文書などからなる。寺領荘園の支配に関するものが多く、とくに伊賀国黒田荘関係の文書は重要。ほかに寺院組織や仏事・法会・行事、堂舎の造営・勧進に関するものなどがある。「栄西自筆唐墨筆献上状」1幅など、単独で重文に指定されているものも多い。影写本は内閣文庫・東京大学史料編纂所・京都大学文学部蔵。「大日本古文書」所収。

とうだいしゃ［灯台社］
1926年（昭和元）アメリカから帰国した明石順三が、神田繁太郎の協力により、ワッチタワー（エホバの証人）の日本支部として結成、大阪で伝道を開始。その後、東京荻窪に本拠をおく。三位一体説を否定し、神の絶対性を説いた。アメリカ本部出版の図書の翻訳を配布、28年刊「黄金時代」（「なぐさめ」）を創刊。33年治安維持法の国体変革の罪に問われ第1次検挙、39年兵役拒否で第2次検挙をうけて消滅した。

とうだいじようろく［東大寺要録］
院政期に成立した東大寺の寺誌。編者不明。1106年（嘉承元）成立。はじめは本願章・縁起章など10巻10章であったが、34年（長承3）東大寺僧観察により増補された。編纂の動機は平安後期に至り東大寺が衰退したため、その復興を願い、東大寺に関する諸史料を集め、同寺の歴史およびその正当性を主張することにあった。奈良・平安時代の他にみられない史料を多く引用しているため、東大寺の歴史だけでなく古代史の重要な史料。東大寺および醍醐寺が古写本を所蔵（ともに重文）。刊本は筒井英俊校訂本など。

とうだいわじょうとうせいでん［唐大和上東征伝］
「東征伝」とも。唐僧鑑真の伝記。1巻。淡海三船撰。鑑真の従僧思託の「大和上伝」（3巻、逸書）をもとにして779年（宝亀10）成立。唐での鑑真の経歴や名声、伝戒師の招請をうけ、5回も渡航に失敗し、みずから盲目となりながら12年後にようやく来日きた経緯、聖武太上天皇以下への授戒と唐招提寺建立など、没するまでを記し、最後に追悼詩を添える。鑑真に関する最も基本的な史料であり、遣唐使、仏教制度史、さらには唐代南方地域の風俗などを知るための好史料で、初期の長編漢文伝として文学史的にも価値が高い。「寧楽遺文」「群書類従」所収。

どうたく［銅鐸］
弥生時代に盛行した日本特有の青銅製の鐸。農耕祭祀山にもちいられたとみる。20cm前後のものから135cmの大型品まである。吊り下げるための半環状の鈕と断面杏仁形の身からなり、その内面端部近くには突帯がめぐる。鐸身の側面に、鰭とよぶ扁平な装飾部をもつ。内部に舌を下げ、これが身にふれて音を発する鳴り物で、朝鮮式小銅鐸が祖型とされる。身を飾る主文様の違いによって横帯文銅鐸・袈裟襷文銅鐸・流水文銅

鐸などとよぶが，菱環鈕(りょうかんちゅう)式・外縁付鈕式・扁平鈕式・突線鈕式という鈕の構造変化に主眼をおいた型式分類が一般に用いられ，この順で銅鐸は大型化をたどる。その過程で鳴り物としての機能は変質し，徐々に祭器的・儀器的色彩を強める。これまでに約500個体が知られ，近畿地方を中心に西は島根・広島・香川・高知，東は福井・岐阜・長野・静岡まで分布する。また佐賀県吉野ヶ里遺跡で横帯文銅鐸が発見され，九州でも一時期銅鐸の祭祀があったことが明らかになった。集落から離れた山の中腹や谷間の傾斜地などから発見されることが多いが，集落からの発見例も増加している。銅鐸埋納(まいのう)の意義には宝器隠匿(いんとく)説・祭器埋納説・地中保管説・境界埋納説などがあるが，まだ定説をみない。製作開始時期も弥生前期末とする説と中期以降とする説がある。

とうだつちほうきこう [東韃地方紀行] 間宮林蔵述による樺太（サハリン）・黒竜江の地誌。3巻・付録1巻。村上貞助編。1811年（文化8）成立。「東韃」は東韃粗(そだつ)すなわち中国東北部の意。08年北蝦夷（樺太）調査のため樺太に渡った林蔵が，調査終了後，翌年にかけ単身で行った第2次調査の記録。ニブヒ（ギリヤーク）の首長コーニに従って海峡を渡り，樺太が島であることを確認した。ついで黒竜江下流の清国のデレンに滞在し，山丹貿易といわれる清国と少数民族の毛皮の交易を目撃。翌年村上貞助の助力を得て「東韃紀行」と「北蝦夷地図」を作り，これを改編した決定版が「東韃地方紀行」と「北夷分界余話」（「銅柱余録」とも）である。付録で渾同江（アムール川）の源流やシャンタン（ニブヒ）について考証する。「日本庶民生活史料集成」所収。

とうちぎょう [当知行] 中世の所領・所職支配の概念で不知行の対概念。権利の有無によらず，職を現実に知行している状態，またはそのための行為。中世では，競争相手がなく20年間当知行を実現すれば，正当な所有権が生じるという年紀法とよばれる慣習法があった。中世ам集団の自力救済権に由来するという見解が近年では有力。鎌倉後期以後，公験(くげん)を重視する文書主義や，知行の由緒を重視する徳政の社会思潮が台頭するにともない，徐々に制限されるようになった。

とうちゃ [闘茶] 茶の味を飲みわけて勝負する中世の遊戯。鎌倉末期には各地で茶の栽培が行われるようになり，品質に差が生じた。日本の茶の栽培は栂尾(とがのお)に始まったという説が信じられ，その茶が品質においても最高とされた。栂尾の茶を本茶とし，他地域のものを非茶として，初期には本非を飲みあてる遊戯が行われ，のちには3種ないし4種以上の異同をあてるものに発展した。莫大な賭物や贅を尽くした飲食をともない盛行したが，佐々木導誉(どうよ)などの発生によってすたれた。今日でも茶かぶき（茶歌舞伎・茶香服）の形で伝統が残る。

どうちゅうぶぎょう [道中奉行] 江戸幕府の職名。五街道とその付属街道宿駅の伝馬・旅宿・飛脚などの取締りや，道標・橋梁以下道中に関するすべてのことを管掌した。初設は1632年（寛永9）の記事があるが，一般的には59年（万治2）大目付の兼任をはじめとする。98年（元禄11）以降大目付・勘定奉行兼任の2人職となった。老中支配。役料は1723年（享保8）以後3000石，1805年（文化2）からは金250両支給。下僚に道中方があり，勘定組頭のうち伺方・帳面方組頭の一方が兼任し，支配勘定4人がこれに付属した。職掌は伝馬宿入用金などの下付米金，宿助郷の貸付，助郷割替，五街道の並木・一里塚の管理，道橋普請などであった。

とうつうじ [唐通事] 江戸時代，長崎の唐船貿易の通訳官。1604年（慶長9）住宅唐人の馮六が任じられたことに始まる。通訳・貿易業務の仲介，唐船風説書の翻訳をおもな職務としたが，1715年（正徳5）からは唐船に対する信牌(しんぱい)の発給も行った。唐通事のなかには東南アジア各地からの唐船との通訳官もおり，1708年（宝永5）には本来の唐通事28人のほかにシャム通事3人・トンキン通事1人・モール通事1人がいた。また1672年（寛文12）からは大通事4人・小通事5人に加え，稽古通事の三職階となり，95年（元禄8）唐通事目付2人，99年風説定役・稽古通事見習各1人がおかれた。

とうつねより [東常縁] 1405/07～1484 室町時代の歌人。父は下野守益之。法名は素伝。東野州(とうやしゅう)とも称される。正徹(しょうてつ)にも歌を学ぶが，1450年（宝徳2）正式に二条派の尭孝(ぎょうこう)の門弟となる。55年（康正元）幕命により関東を転戦。応仁の乱では所領美濃国郡上(ぐじょう)を斎藤妙椿(みょうちん)に奪われたが，これをなげいた常縁の歌により返還がかなった。71年（文明3）宗祇(そうぎ)に「古今集」の講釈を行った。後年「拾遺愚草」の注釈を宗祇に送っている。とくに古今伝授の祖として注目されるが，当時の歌壇の指導者であったわけではない。二条派歌学の正説を伝えた歌学者としての功績が大きい。家集「常縁集」，歌学書「東野州聞書」。

とうていかん [藤貞幹] 1732.6.23～97.8.19 江戸中・後期の考証学者。本姓は藤原で，藤井とするのは誤伝。名は貞幹(ていかん)，字は子冬，号は無仏斎など。京都仏光寺久遠院に生まれ得度したが，18歳で還俗。有職故実を高橋宗直，儒学を後藤芝山(しざん)・柴野栗山(りつざん)に学ぶなど和漢の学に通じ，清朝考証学の刺激もあって，日本古代史・古典・金石文

などの研究に多くの成果を残した。寛政の内裏復旧にも協力。稿本類は大東急記念文庫・静嘉堂文庫などに所蔵。著書「衝口発」「好古日録」「逸号年表」。

とうどう [当道] 中世では芸能者がみずからの芸能を「当道」と称したが、平曲の隆盛とともに盲人琵琶法師の座をさすようになった。久我家が本所となり新座を独立しようとして失敗した1534年(天文3)の座中天文事件などをへて、自律的支配秩序が形成される。近世には、徳川家康が式目を承認し、寛永式目制定により惣検校を頂点とする職十老の自治的支配権が認められた。1692年(元禄5)の新式目では、惣検校の幕府任命制、京都の職検校に対する江戸惣検校の優位などが定められた。近世の当道座は、検校・別当・勾当・座頭の官位制度、師弟制度、諸国支配制度によって維持され、座員は三弦・箏などの音曲、鍼灸・按摩などの治療施術、公的に保護された官金の利付き貸付(金融業)などに携わった。

とうどうしんでん [統道真伝] 安藤昌益の社会理論書。4巻。1752年(宝暦2)頃成立。糺聖失・糺仏失・人倫巻・禽獣巻・万国巻からなる。「自然真営道」とともに、万人が直接生産者である社会を理想とし、封建社会における支配階級など「不耕食の徒」としてきびしく批判しており、昌益の思想の全体像を知ることのできる唯一の書。自然・法・男女をそれぞれヒトリスル・コシラヘ・ヒトとよませるなど独創性に富む社会理論が展開されている。「岩波文庫」。

とうどうたかとら [藤堂高虎] 1556〜1630.10.5 織豊期〜江戸初期の武将・大名。伊勢国津藩主。はじめ浅井長政に属し、のち豊臣秀長・同秀吉に仕えた。関ケ原の戦では東軍に属し、その戦功により伊予国今治20万石に封じられた。1606年(慶長11)和泉守に叙任。08年津に転封し、伊賀・伊勢両国を領有。大坂夏の陣で、真田幸村のため危機に陥った徳川家康を救った功で、17年(元和3)には32万3950石を領した。幕府の信任が厚く、評定の席にもたびたび列した。

とうなんアジアしょこくれんごう [東南アジア諸国連合] ⇨ASEAN

とうにん [頭人] 中世の組織・機関の筆頭構成員。とくに武家政権で用いられた語。鎌倉幕府の引付頭人・侍所頭人などが代表例。室町時代になると、組織・機関の長から特定の家格を示す語へとしだいに転化した。ことに中期以降は、鎌倉幕府以来の中枢官僚として評定衆の地位を世襲した波多野・町野・二階堂・摂津の各家をいい、神宮頭人・地方頭人・問注所執事などの職を独占した。

とうば [塔婆] 梵語のストゥーパ(stūpa)に由来する塔の総称。一般にはソトバというが、卒塔婆・率塔婆・卒都婆とも書く。塔婆はその省略形。浮図・浮屠ともよぶ。本来は仏舎利を埋蔵する施設の意だが、供養・祈願・報恩の施設も塔婆と総称した。材質から木製・石製、まれに金属製のものに分類され、形から、層塔・宝塔・多宝塔・宝篋印塔・五輪塔・板碑・笠塔婆・無縫塔(卵塔)・石幢およびこれらの変形に分類できる。建立の目的から、埋葬地に建立される墓塔、詣墓のような埋葬地ではない場所に建立される供養塔、年忌供養のときに建立される石塔あるいは板塔婆、また祈願や報恩のために建立された塔などに分類できる。

とうばくのみっちょく [討幕の密勅] 1867年(慶応3)10月13日と14日、それぞれ鹿児島藩と萩藩の藩主父子にあてて下された徳川慶喜討伐命令。同時に会津・桑名の両藩主の討伐も命じられた。勅諚としては書式が整わず、長く公表もされなかった。このため現在では岩倉具視らと薩長藩士数人が、倒幕派の廷臣の中山忠能・正親町三条実愛・中御門経之および薩長両藩の決意を固めるために作為した偽勅と解されている。

どうはんが [銅版画] 銅版による版画。普通は凹版。版面を直接刻む方法と、硝酸などの腐食液を用いて製版する技法がある。日本には桃山時代にイエズス会によって西洋の銅版画がもちこまれていたが、技術が確立するのは18世紀後半である。司馬江漢は、西洋の書物による知識をもとに銅版画の技術を修得。1783年(天明3)日本ではじめての腐食銅版画(エッチング)を作った。江漢の銅版画は、眼鏡絵用の江戸風景を中心としたもので、美しい手彩色が施されている。その後、亜欧堂田善や安田雷洲らが登場した。江戸時代の銅版画の多くは、その細密な描写をいかして挿図や地図など、実用的な用途に供されることが多かった。

どうはんきょう [同笵鏡] 狭義には、一つの鋳型で鋳造された複数の同一型式の鏡をいう。広義には、一つの原型からおこした複数の鋳型で鋳造された同型鏡をも含む。広義の同笵鏡は舶載鏡・倣製鏡のいずれをも数多くふくむ。とくに最も著名なものは三角縁神獣鏡で、京都府椿井大塚山古墳から発見された32面には23種、28面の同笵鏡があり、畿内をはじめ全国各地の30基以上の前期古墳と同笵鏡を分有することは周知の事実である。

とうふくじ [東福寺] 京都市東山区にある臨済宗東福寺派の本山。恵日山と号す。開山は聖一国師円爾弁円、開基は九条道家。1236年

(嘉禎2)4月に前関白道家が寺院建立を発願し、43年(寛元元)に円爾を第1世に招いた。55年(建長7)完成供養が行われた。寺名は東大寺と興福寺から一字ずつとり、規模は東大寺を、教業は興福寺を手本としたという。本尊の釈迦如来は高さが15mあり、新大仏と称された。建立後たびたび罹災したが、そのつど再建され現在に至る。「無準師範像」・宋版「太平御覧」・宋刊本「義楚六帖」ほかの国宝、「釈迦三尊」ほかの重文などが伝わる。禅堂・鐘楼なども重文。

とうふくもんいん [東福門院] 1607.10.4～1678.6.15 後水尾天皇の中宮。名は和子。2代将軍徳川秀忠の女。母は浅井長政の女崇源院。1620年(元和6)6月女御として入内。2皇子5皇女を生んだが、うち2皇子1皇女は夭折。24年(寛永元)11月中宮。29年11月後水尾天皇が興子内親王(明正天皇)に譲位したのにともない、院号宣下をうけた。その後3代の天皇の養母にもなり、皇族への物心両面にわたる援助に心を砕いた。

どうぶつはにわ [動物埴輪] ⇒埴輪

とうぼう [逃亡] ⇒浮浪・逃亡

とうほうかい [東方会] 昭和前期の政党。中野正剛の主宰する思想団体を1936年(昭和11)政治団体に改組したもので、衆議院には最大時12議席をもった。はじめ立憲民政党以来の中野系代議士を中心とし、38年頃から労働・農民運動指導者を吸収、全体主義的国民運動を標榜した。39年社会大衆党との合同を試みて失敗、国民運動に積極的に参加したが、40年に大政翼賛会を離脱。その後東方同志会と改称し、43年には東条英機内閣打倒運動を展開。中野の検挙・自殺後、一斉検挙で壊滅した。

とうほうかいぎ [東方会議] (1)1921年(大正10)5月16～25日に原敬内閣が開催した極東・東アジアの国際問題に関する会議。原首相の対中国「不干渉」方針のもとでシベリア撤兵問題・山東権益還付問題が協議された。(2)1927年(昭和2)6月27日～7月7日に田中義一内閣が開催した対中国政策に関する会議。蒋介石の北伐への対応と満蒙特殊権益の確保とを目的とし、田中兼任外相の訓示として「対支政策綱領」が示された。しかし統一的な方針をまとめるには至らなかった。一方中国側は、のちにこの会議の決定にもとづくものと称して「田中上奏文」を公表し、日本の侵略的意図を対外的にアピールした。

とうほうけんぶんろく [東方見聞録] ベネチアの商人マルコ・ポーロが口述した旅行記。1298年、ルスティケロの筆録によって成立。マルコが1271年に故郷を出発し、95年に帰着するまでに見聞した中世東洋の世界が記述される。日本のことが「ジパング」の名で紹介され、元寇についての記述もある。イスラム教徒の独占する東西貿易に対して、キリスト教徒がはじめて進出した時点の記録で、客観的な叙述から中世アジア研究の貴重な史料。ジェノバとの戦で捕虜となり、獄中で口述筆録された。「東洋文庫」所収。

どうぼうしゅう [同朋衆] 室町将軍に仕え、雑事や諸芸能にたずさわった僧体の者。阿弥号をもつ。戦陣に従った時宗の徒(時衆)の系譜を引くとされるが、同朋衆は時衆とは限らない。取次や使者などの将軍身辺の雑務から、将軍家所蔵の財物の鑑定・管理・出納、絵の製作や座敷飾などの特殊技能まで職掌は多様。将軍足利義政の頃活躍がめだち、能阿弥・芸阿弥・相阿弥らが著名。同名の相承、同名異人の場合があり、注意が必要。

とうほうそうぎ [東宝争議] 占領下の1948年(昭和23)4～10月、東宝映画会社で発生した労働争議。会社側は同社から赤字と赤旗を追放するとして組合員の大量解雇にのりだし、撮影所閉鎖を実施、組合側は同所にたてこもって抵抗した。8月にアメリカ騎兵師団と戦車、武装警官が東京都世田谷区の砧撮影所に出動して弾圧を加え、「来なかったのは軍艦だけ」といわれた。10月に組合側の惨敗で争議は収束した。

とうほくいんしょくにんうたあわせ [東北院職人歌合] 職人歌合の一種。序文に「建保第二(1214年)の秋のころ東北院の念仏に」とあることから、この名でよばれる。1巻。14世紀前半の制作。職人歌合は種々の職人をくみあわせた架空の歌合で、鎌倉後期から流行した。本絵巻はその現存最古の作品とされ、左方に医師、右方に陰陽師など各5人ずつを配し、経師と玄を判者として月と恋の2題を詠む設定。左右1組の詠者の絵姿と和歌に判詞を加えたものを1番として、これを5番くりかえし、巻末に判者の絵姿や歌1首をそえる。絵は歌仙絵風で、実在感のある個性的な面貌が特徴。ほかに12番本の模本が伝わる。縦29.0cm、横588.1cm。東京国立博物館蔵。重文。

どうほこ [銅矛] 槍に似た刺突用の青銅製武器。柄を挿入する装着部は袋状をなす。基部には半環状の耳がある。中国では殷代にみられるが、日本では弥生前期後半頃に朝鮮

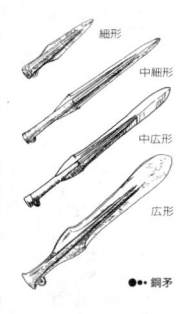

半島からもたらされ，ほどなく九州北部を中心に日本で生産が開始された。形態から細形・中細形・中広形・広形に型式分類され，同時に編年的位置づけがなされる。この順に従い，長大・扁平化をたどり，実用利器からしだいに祭器化した。中細形の段階までは甕棺墓などから副葬品として発見されるが，それ以後は墓以外の場所からの出土例が多い。

とうまこく［投馬国］ 「つまこく」とも。「魏志倭人伝」に記される邪馬台国連合の一国。邪馬台国の直前に記される。倭人伝によれば邪馬台国につぐ大きさをもつ国で，官を弥弥，副官を弥弥那利といった。所在地には諸説があり，九州説では薩摩，筑後の上妻・下妻・三潴(福岡県)などが，畿内大和説では備後の鞆津(岡山県)や但馬などがあげられ，定説がない。

とうみつ［東密］ 空海によって開かれた真言密教のこと。天台密教の台密に対する語で，鎌倉末期の「元亨釈書」が初見。入唐して恵果から伝法灌頂をうけた空海が，帰国後の823年(弘仁14)教王護国寺(東寺)を与えられ根本道場としたことから東密とよばれた。平安時代に事相面から広沢流・小野流の２大潮流にわかれ，鎌倉時代は野沢三六流に分派。13世紀末には古義派と新義派にわかれた。

どうめい［同盟］ 全日本労働総同盟の略称。1964年(昭和39)全労会議・総同盟・全官公が合同して設立した右派労働組合のナショナル・センター。戦前・戦後の総同盟を継承し，反共・反全体主義を主張し，総評と一線を画した。政治的には民社党を支持した。民間企業をおもな基盤とし，生産性向上運動や労使協調制の普及に努めた。87年11月，全日本民間労働組合連合会(連合)結成にあわせて解散した。解散時に220万人を擁していた。

とうやまみつる［頭山満］ 1855.4.12～1944.10.5 明治～昭和前期のナショナリスト。旧姓筒井。福岡藩士の家に生まれ，母方の頭山家を継ぐ。士族反権結社の矯志社などをへて，1879年(明治12)箱田六輔・平岡浩太郎らと福岡で向陽社を結成し，民権運動に活躍。81年玄洋社と改称し，国権論・アジア主義を唱道した。日本の膨張政策支援や孫文などのアジアの政治家の援助を行い，在野の右翼の巨頭として，政界に隠然たる影響力を発揮した。

とうゆうき・さいゆうき［東遊記・西遊記］ 橘南谿著の紀行。あわせて「東西遊記」という。10巻。1795～98年(寛政７～10)刊。82～86年(天明２～６)に，京都の医者南谿が医学修業のために諸国を巡歴し，旅中に見聞した奇談・奇事・名勝・旧跡・人物などについて記したもの。平明達意な文章と内容の新奇さによって多くの読者を得，後編・続編も刊行された。「新日本古典文学大系」(西遊記のみ)・「東洋文庫」所収。

とうようきせん［東洋汽船］ 1896年(明治29)浅野総一郎が設立した海運会社。98年サンフランシスコ航路を開設，翌年逓信省の特定助成航路に指定された。日露戦後には，南米航路も開設し，定期船企業としての地歩を固めた。第１次大戦期には，アメリカのパシフィック・メイル社からサンフランシスコ航路を買収。しかし大戦後はアメリカ船との競争が激化し，資金的にも行き詰まったため，1926年(昭和元)に航路権などを日本郵船に売却して，海外定期航路から撤退。60年日本油槽船会社に合併された。

とうようけいざいしんぽう［東洋経済新報］ 1895年(明治28)11月，東洋経済新報社から創刊された経済雑誌。自由主義の原理と実証的方法を編集方針とする。主幹は町田忠治から天野為之，植松孝昭，三浦銕太郎，石橋湛山と受け継がれる。内外の経済情報を提供するとともに，徹底した自由主義の論陣を張り，経済・政治・社会などの領域にわたって独自の論を展開，時には日本の対外膨張政策を鋭く批判。当初は旬刊誌であったが，1919年(大正８)10月４日発行の864号から週刊となる。60年(昭和35)12月24日発行の2977号から「週刊東洋経済」と改称し，今日にいたる。

とうようだいにほんこくこっけんあん［東洋大日本国国憲案］ ⇨ 日本国国憲案

とうようモスリンそうぎ［東洋モスリン争議］ 1930年(昭和５)昭和恐慌下での人員整理に反対して東洋モスリン亀戸工場でおこった争議。２月15日，会社側が190人の解雇を発表，従業員を組織していた組合同盟との紛争がおこる。９月24日，再び大量人員整理が発表され，26日，全労働本紡織労組の指導で約2500人がストライキ。付近の工場の争議とも交流した激しい争議になり，10月24日には警官隊と市街戦を決行したが，11月21日，争議団の敗北で終息。

どうり［道理］ 日本中世，とくに武士社会の規範意識を律した中核的な観念。ひとことでいえば正しさであり，「道理にかなう」ことがみずからの主張の正しさを根拠づけ，対社会的な説得力をもたせる方便として機能した。具体的な内容をともなった規範ではなく，個々の主張を道理に結びつける実体的な基準があったわけではないが，なにが道理にかなうかについてはある程度の社会的な了解があったことも事実である。そうした了解の存在が，実体法規範の欠如した中世，ことに中世前期の武士社会では社会的な合意形成の基盤として，また萌芽的な法形成の基盤として機能した。

とうりゅうもんどき［豆粒文土器］ 長崎県佐

世保市の泉福寺洞穴いわや遺跡で発見された縄文草創期の土器。長さ1cm、幅0.5cmほどの粘土粒を口縁部直下や胴部の表面に点々と貼りつけた豆粒文が特徴。口径約13cm、高さ約24cmで、胴部に最大径をもつ丸底の深鉢形土器。この土器は、同遺跡第2洞から検出されたもので、出土した土器群のなかで最も下層に包含されていた。最古の縄文土器と考えられていた隆起線文系土器が7層~9層に包含されていたのに対して、豆粒文を貼付した土器は主として10層に包含されていたことから、隆起線文系土器よりもさらに古い最古の土器として報告され、縄文土器の起源論に重要な新知見をもたらした。

とうりょう［棟梁］ 集団の中心・指導的人物。統領・頭領なども同意。もとの意味は建物の棟むねと梁はり、家屋全体や屋根を支える重要部分のこと。武家集団・寺社の衆徒や郡・郷住人を束ねる者、ことに近世には大工・左官などの職能集団の統率者をさすことが多くなった。(1)武家の棟梁。武士の長者とよばれた源義家などが代表例。清和源氏・桓武平氏などの棟梁が武家武士を統率した。(2)職人の棟梁とされる大工棟梁は、15世紀以降の棟札などにみられる。近世に入ると大工・木挽こび・左官・鍛冶など職人の専業化が進み、それぞれを束ねる棟梁が存在したが、ことに建築全体を統轄する大工が重要視され、江戸幕府の作事奉行には大工頭・大棟梁・大工棟梁などが職制にくまれ、大棟梁は諸職の棟梁を統率した。

とうろぐん［東路軍］ ⇨弘安の役こうあんのえき

どうわ［道話］ 石門心学普及の主要な形態で、講師が聴衆に語りかける講席、またその内容。石田梅岩ばいがんにとっても講席は心学普及の重要な場だったが、梅岩以降も中沢道二どうや柴田鳩翁など話術に巧みな人々を生みだし、心学の普及に大きな役割をはたした。この語が心学の文献に現れるのは手島堵庵とあんの「会友大旨」(1773)からで、世間に広く通用するようになったのは、1794年（寛政6）の道二の「道話聞書」刊行以降であろう。

どうわたいさくじぎょうとくべつそちほう［同和対策事業特別措置法］ 1965年（昭和40）に出された同和対策審議会の答申にそって69年に制定された法律。略称同対法。同和地区住民の「社会的地位の向上を不当にはばむ諸要因を解消」するために、同和地区の生活・福祉・産業・職業・教育環境の抜本的改善をめざした。10年間の時限法。のち3年延長され82年に廃止。国・地方あわせて約5兆円の同和対策事業費が支出されて同和地区の環境は改善されたが、被差別部落問題の根本的解決には至っていない。

どうわたいさくしんぎかい［同和対策審議会］ 1960年（昭和35）に設置された総理府の付属機関。略称同対審。55年に部落解放全国委員会が部落解放同盟と改称すると、部落解放運動は一層の盛り上がりをみせ、58年に取り組み始めた部落解放国策樹立要求運動に応えて設置された。61年に行われた「同和地区に関する社会的及び経済的諸問題を解決するための基本的方策」に関する諮問に対し、65年に答申。被差別部落問題の解決を国の責務とし、同和行政の必要および特別措置法の制定を提言した。

とおさぶらい［遠侍］ 武家住宅で、武士の出入口や詰所として利用された建物。寝殿造の中門廊や中門が公家専用の出入口であったため、別にこの建物がつくられた。

とおとうみのくに［遠江国］ 東海道の国。現在の静岡県西部。国名は現在の浜名湖を遠淡海とおつあうみとよんだことに由来。「延喜式」の等級は上国。「和名抄」では浜名はま・敷智ふち・引佐いなさ・麁玉あらたま・長上ながのかみ・長下ながのしも・豊田・磐田いわた・山香やまか・周智ちえ・山名・佐野・城飼きこう・蓁原はいばらの14郡からなる。国府・国分寺・国分尼寺は磐田郡（現，磐田市）におかれた。一宮は小国神社（現，森町）。「和名抄」所載田数は1万3611町余。「延喜式」では調に種々の綾や布帛、庸に韓櫃からひつと糸があげられた。平安時代には多くの荘園や御厨みくりやが存在し、鎌倉時代は大仏おさらぎ氏が守護となり守護所は見附（現，磐田市）におかれた。南北朝期には今川氏が守護をつとめ、15世紀に斯波しば氏、その後再び今川氏となる。戦国後期に桶狭間おけはざまの戦で今川氏が敗れたのち、徳川家が三河から浜松に移った。江戸時代には浜松・掛川・相良・横須賀などの藩領、幕領、旗本領があった。1871年（明治4）の廃藩置県ののち浜松県となり、76年静岡県に合併。

とがしし［富樫氏］ 中世加賀国の豪族。鎮守府将軍藤原利仁とし始祖とする斎藤氏の支族。本拠は石川郡富樫郷（現，金沢市）。在庁官人として成長し、富樫介を称した。承久の乱後、加賀大の武家に発展。南北朝初期、高家のとき加賀国守護となり、幕府方の武将として活躍。15世紀中頃、教家のりが将軍足利義教の勘気にふれ、家督を泰高やすたかに替えられたことから家督争いが生じ、教家・泰高両派に分裂。それぞれ半国守護となったが、以後も対立抗争が絶えなかった。教家の孫政親まさちかは、一時期一国を統一したが、1488年（長享2）一向一揆に攻められ滅亡。泰高が名目上あとを継いだが、1574年（天正2）泰高の孫泰俊とこも一向一揆に討たれ滅亡。➡巻末系図

とがしまさちか［富樫政親］ 1455~88.6.9 室町時代の武将。加賀半国守護。嘉吉の内紛ののち加賀北半の守護職は政親の父成春が、同南半

の守護職は成春の叔父泰高がえた。前者は一時赤松氏に奪われていたが、政親はこれを回復して泰高と対立、応仁・文明の乱では東軍、泰高は西軍に属した。1474年(文明6)には弟幸千代と争いこれを破った。75年一向一揆と交戦。87年(長享元)将軍足利義尚に従って近江に出陣したが、留守中に一揆の活動が熾烈となり、帰国して高尾^{たかお}城(現、金沢市)に拠った。翌年6月同城を攻め落とされ自殺。

とがりいしいせき [尖石遺跡] 長野県茅野市豊平の八ケ岳西麓にある縄文中期の集落遺跡。遺跡のある台地の南斜面に三角錐形の通称「尖石」が直立し、遺跡名はこの石にちなんだもの。北方には中期の与助尾根遺跡が隣接する。1940~42年(昭和15~17)宮坂英弌が全面的な発掘調査を実施し、堅穴住居跡33軒などを検出。この発掘は、縄文集落の全体の構造の解明を企図した最初の学術調査として、学史上画期的な意義をもつ。なお宮坂の調査以前にも周辺に堅穴住居にともなう石囲い炉が合計53基発見され、その分布から遺跡の規模は東西300m、南北200mほどの範囲に及ぶものと推定される。国史跡。

とがんじ [渡岸寺] ⇒渡岸寺^{どうがんじ}

トーキー 音声のある映画をいう。発声映画ともいうが、現在はすべて発声映画なのでこの言葉はあまり使用されない。フィルムに音声を録音して再生させる映画。トーキー映画の第1作は1927年のアメリカ映画「ジャズ・シンガー」。日本では31年(昭和6)の松竹映画「マダムと女房」。

ときし [土岐氏] 中世美濃国の豪族。清和源氏頼光^{より}流。美濃源氏。一説には源頼光の子孫光衡^{みつひら}が、土岐郷(現、岐阜県瑞浪^{みずなみ}市・土岐市)に住み、土岐氏を称したのに始まるという。南北朝期、光衡の孫頼貞は足利尊氏に仕えて活躍し、美濃国守護となる。一族は桔梗一揆^{ききょう}と称し、団結して足利方に加わり活躍。子頼遠^{よりとお}・孫頼康も足利氏と深い関係を結び勢力を伸ばしたが、その後内紛が続き、勢力が衰えた。室町中期には、庶流20余家も幕府奉公衆に列し、一族の結束が崩れた。天文年間頼芸^{よりなり}が斎藤道三に追われ、主流は没落。その子頼重・頼次^{よりつぐ}の子孫が江戸時代に旗本となる。一族の庶流は多く、多治見^{たじみ}・明智・饗庭^{あえば}・浅野・池尻・池田・蜂谷・原など100余家を数える。

ときしのらん [土岐氏の乱] 1388~90年(嘉慶2・元中5~明徳元・元中7)に行われた土岐氏の内紛、および室町幕府による土岐康行の追討。87年康行は叔父頼康から美濃・尾張・伊勢3カ国の守護職を継承したが、尾張についてはまもなく弟満貞にかえられた。尾張国守護代土岐詮直^{あきなお}は満貞の入国に抵抗し、88年5月、尾張国黒田(現、愛知県木曾川町)で交戦、康行も詮直を援助した。これが幕府への反抗とみなされ、将軍足利義満は康行追討の兵を発した。康行は抵抗したが、90年閏3月、美濃国小島城(現、岐阜県春日村)の陥落により没落。当時土岐氏は有力大名で、将軍は守護をかえることで同氏を挑発し、一撃を加えることで将軍権力の優越を確保しようとしたものとみられる。

ときつぐきょうき [言継卿記] 戦国期の公卿山科言継の日記。1527~76年(大永7~天正4)の日次記^{ひなみき}(途中欠失)。朝廷への御服の調進、衣紋道^{えもんどう}・有職故実・医薬・音楽・文芸や、畿内の政治情勢・織田信長・京都町家などの記事がみられる。自筆原本は76年のみ菊亭家蔵で京都大学が保管、残りは東京大学史料編纂所蔵。「史料纂集」所収。

ときやすゆき [土岐康行] ?~1404.10.6 南北朝期の武将。美濃・尾張・伊勢各国守護。1387年(嘉慶元・元中4)叔父頼康から美濃国ほかの守護職を継承。尾張についてはまもなく弟満貞にかえられたころから、88年尾張国守護代土岐詮直^{あきなお}と満貞が交戦、康行も詮直を援助した。これが幕府への反抗とみなされて追討をうけ、90年(明徳元・元中7)没落(土岐氏の乱)。翌年明徳の乱で戦功をあげ、伊勢国守護職を回復。

ときよりとお [土岐頼遠] ?~1342.12.1 南北朝期の武将。美濃国守護。足利尊氏に従い、室町幕府草創期の竹ノ下の戦・多々良浜の合戦・青野ケ原の戦などに参加。1339年(暦応2・延元4)美濃国守護となった。42年(康永元・興国3)9月、京都市中で光厳^{こうごん}上皇の牛車^{ぎっしゃ}に矢を放つ事件をおこして無断で美濃に帰国。11月上京して赦免を請うがいれられず、12月処刑された。当時既存の秩序を軽んじる婆娑羅^{ばさら}の風潮があったが、頼遠は典型的な婆娑羅大名。

ときわごぜん [常盤御前] 生没年不詳。平安末期の女性。九条院(藤原呈子)の雑仕女。源義朝の妾となり、今若(阿野全成^{ぜんじょう})・乙若(義円、愛智円成)・牛若(源義経)を生む。平治の乱で義朝が敗北したあと、母と3児の助命を請い六波羅に出頭。その後平清盛の妾となり、廊の御方(藤原兼雅の妻)を生んだ。のち大蔵卿藤原長成の妻となり、能成を生む。「平家物語」「義経記」に登場し、後世の幸若舞や古浄瑠璃の題材とされた。

ときわづぶし [常磐津節] 豊後節系浄瑠璃の一つ。常磐津節と書いた こともある。江戸中期の幕府による豊後節の弾圧後、弟子の常磐津文字太夫が1747年(延享4)に語り始めた。歌舞伎音楽の一つで、中棹^{ちゅうざお}三味線を使い、三味

線2人,浄瑠璃3人の2挺3枚を原則とする。演奏家には常磐津・岸沢の2姓がある。浄瑠璃の発声は自然で,言葉の自然な抑揚を重視し,清元節にくらべ語りの性格が強い。1曲のなかでのテンポはほぼ一定しているが,曲の終結部分で急激にテンポを早くする傾向がある。旋律法には義太夫節の影響も多い。代表作に「将門」「関の扉」「戻驚」「蜘蛛の糸」があり,市井の風俗を描いた「乗合船」「屋敷娘」「年増」,義太夫狂言をとりいれた「梅川」「お三輪」や,大作「三世相錦繡文章」もよく知られる。

とくいつ [徳一] 760?～835? 徳溢・得一とも。平安前期の法相宗僧。藤原仲麻呂の子と伝える。はじめ東大寺で修円らに学んだとされ,20歳頃東国へ移る。815年(弘仁6)空海から真言密教典籍の書写・布教を依頼されるが,これに対して真言密教への疑義「真言宗未決文」を送る。また天台教学に対して「仏性抄」を皮切りに批判を加え,817年頃から最澄との間に三一権実諍論を展開した。この間,会津恵日寺や筑波山中禅寺など東国に多くの寺を開いたと伝える。

どぐう [土偶] 縄文時代に製作された人間をかたどる土製品の総称。縄文人の信仰・呪術・祭祀と深くかかわる呪物で,縄文文化特有の遺物だが,具体的な用途は解明されていない。早期前半の関東地方に発生した最古の土偶は,三角形または糸巻形の粘土板に乳房をつけた小型の抽象形土偶である。全体に早・前期の土偶は抽象的で,数量も少ない。中期以降には有脚立像形の写実的な土偶が発達するとともに,製作量が増加。土偶には大型・小型,抽象・写実,立像・蹲踞像などの種類があり,約70の型式に分類されるが,多くは東日本の中～晩期に発達した。後期の筒形土偶・ハート形土偶・山形土偶・みみずく土偶,晩期の遮光器土偶・有髯土偶などには,独特な造型で著名。

●●・土偶

ハート形土偶

とくがわいえさだ [徳川家定] 1824.4.8～58.7.6 江戸幕府13代将軍(在職1853.11.23～58.8.8)。父は12代家慶の四男。徳川本寿院,生母政之助。はじめ家祥(いえさち)。法号温恭院。1825年(文政8)世子。41年(天保12)西丸入り。鷹司政通の養女有姫,ついで一条実良の女寿明姫を妻に迎えたが,ともに早世。53年(嘉永6)将軍職を継いで家定と改めた。同年6月3日ペリーが浦賀に来航し,世情が動揺した時期であった。老中阿部正弘は,雄藩大名との協調路線から鹿児島藩主島津斉彬の養女篤姫を近衛忠煕の養女として幕府の御台所に迎えた。家定は病弱で,世子の誕生が期待できなかったため,将軍継嗣が重大な政治問題となり,58年(安政5)大老井伊直弼が和歌山藩主慶福(家茂)を継嗣と決定,直後に没した。

とくがわいえさと [徳川家達] 1863.7.11～1940.6.5 明治～昭和前期の政治家。徳川(田安)慶頼の三男。幼名亀之助。徳川慶喜の養嗣子。1868年(明治元)静岡70万石をつぎ,版籍奉還後は静岡藩知事。77年イギリス留学,84年公爵,1903年以降貴族院議長5回。第1次山本内閣の辞職で後継首班に推されたが固辞。ワシントン会議では全権委員を務め,日本赤十字社社長,済生会・協調会の会長など多彩な活躍をした。

とくがわいえしげ [徳川家重] 1711.12.21～61.6.12 江戸幕府9代将軍(在職1745.11.2～60.5.13)。8代吉宗の長男。母は側室深徳院。弟に御三卿田安家の始祖宗武,一橋家の始祖宗尹がいる。幼名長福丸。法号惇信院。1724年(享保9)世子。45年(延享2)将軍職を継いだ。生来病弱で若い頃から酒色にふけり,健康を損ない言語機能に障害もあった。小姓の大岡忠光のみがその意を解し,側用人にまで出世した。ただ家重は「将棋考格」の著作もなしたほどの将棋上手だったという。在世中は享保の改革の延長で表面上,幕府財政は安定していたが,全国各地で百姓一揆が頻発。60年(宝暦10)長男家治に将軍職を譲り,翌年没した。

とくがわいえつぐ [徳川家継] 1709.7.3～16.4.30 江戸幕府7代将軍(在職1713.4.2～16.4.30)。6代将軍家宣の四男。母は側室月光院(お喜世の方)。幼名鍋松丸。法号有章院。5歳で将軍職を継ぎ,幼少のため側用人間部詮房が実権を握る。新井白石の献策により,1714年(正徳4)正徳金銀の鋳造,15年正徳長崎新例による長崎貿易の制限など,前代の政治を継続した。霊元上皇の皇女八十宮と婚約したが,治世3年で没した。

とくがわいえつな [徳川家綱] 1641.8.3～80.5.8 江戸幕府4代将軍(在職1651.8.18～80.5.8)。3代将軍家光の長男。母は側室宝樹院(お楽の方)。幼名竹千代。法号厳有院。11歳で将軍職を継ぐが,就任当初,由比正雪らの慶安事件が生じた。前代の遺老酒井忠勝・松平信綱・阿部忠秋や叔父の保科正之が補佐。殉死の禁止,末期養子の禁緩和,証人(人質)制廃止などの牢人対策,寛文印知,度量衡の統一,全国的商品流通政策などの諸制度の整備,キリシタン統制のため宗門改の全国制度化など,大老・老中の合議制の下で幕藩制の安定化が進められた。保科正之らが引退してからは,大老酒

とくがわいえなり [徳川家斉] 1773.10.5〜1841.閏1.7　江戸幕府11代将軍(在職1787.4.15〜1837.4.2)。父は御三卿の一橋治済。母は側室慈徳院。幼名豊千代。法号文恭院。10代将軍家治は、田安家の定信を世子に望んだが、定信は田沼意次によって白河松平家へ養子にださ れ、1781年(天明元)家斉が世子となる。86年家治の死去により将軍職を継ぐ。翌年白河藩主松平定信が老中首座に就任。寛政の改革が始まる。定信の失脚後、老中首座松平信明が改革路線を一応引き続けしたが、1818年(文政元)家斉側近の水野忠成が老中首座になると、田沼時代末期のような賄賂・情実の政治が行われた。側室通算40人、子女55人をもうけ豪華な生活を送り、37年(天保8)隠居したが大御所として実権を握った。死後(発喪は閏正月30日)、天保の改革が始まる。

とくがわいえのぶ [徳川家宣] 1662.4.25〜1712.10.14　江戸幕府6代将軍(在職1709.5.1〜12.10.14)。甲斐国甲府藩主の徳川綱重の長男。母は側室長昌院(お保良の方)。幼名虎松。通称左近。諱ははじめ綱豊。法号文昭院。1678年(延宝6)綱重の死後、甲府徳川家25万石を襲封、翌年近衛基熙の女熙子と結婚。1704年(宝永元)叔父の将軍綱吉の養子となり家宣と改称、このとき家臣は幕臣に編入された。09年綱吉が没し、将軍職を継ぐ。前代の遺臣柳沢吉保や荻原重秀を退け、甲府時代からの侍講新井白石や側用人間部詮房を登用して文治政治を展開、閑院宮家の設立、朝鮮通信使の待遇改善、財政改革などを行い正徳の治と称されるが、治世わずか3年余で没した。

とくがわいえはる [徳川家治] 1737.5.22〜86.8.25　江戸幕府10代将軍(在職1760.9.2〜86.9.8)。9代家重の長男。母は側室お幸の方。幼名竹千代。法号浚明院。祖父吉宗の薫陶をうける。1760年(宝暦10)将軍職を継ぎ、父家重の遺言で田沼意次を重用。田沼によって情報を統制され政治的活動が制限されたため、画業に専念するが、傑作には「政事之暇」の落款を押したという。生前に実子を失い、田沼の意見で一橋家から治済の長男家斉を迎えた。86年(天明6)8月初めから水腫で療養中だったが、16日田沼の推薦した町医者の調合薬を服用したところ25日に急死したといわれる。家治の死は反田沼派によって田沼失脚に利用され、田沼は26日辞職を願い、27日老中を罷免。発喪は9月8日。この後10カ月の権力闘争をへて87年6月、松平定信が老中に就任。

とくがわいえみつ [徳川家光] 1604.7.17〜51.4.20　江戸幕府3代将軍(在職1623.7.27〜51.4.20)。2代将軍秀忠の次男(兄長丸は早世)。母は正室崇源院(お江与の方)。幼名竹千代。法号大猷院。乳母春日局に養育される。1620年(元和6)元服、23年将軍職を継ぐ。32年(寛永9)秀忠の死後に将軍政治の本格化、評定所寄合の定例化や老中月番制など江戸幕府の諸制度を整備した。朝幕関係では34年30万の大部隊による上洛で朝廷を威圧し、幕藩関係では諸国巡見使の派遣、参勤交代の制度化、改易・転封による大名統制策をとる。キリシタン禁圧と島原の乱の鎮圧、沿海防備体制の構築を推進する一方で、琉球国王・オランダ商館長の江戸参府、朝鮮通信使来聘を3回実現するなど、幕府の権威を高めた。

とくがわいえもち [徳川家茂] 1846.閏5.24〜66.7.20　江戸幕府14代将軍(在職1858.12.1〜66.8.20)。父は和歌山藩主の斉順。母は側室実成院。幼名菊千代。法号昭徳院。斉順の遺領を相続した斉彊の養子となり、1849年(嘉永2)4歳で藩主。元服して慶福と改名。時の13代将軍家定は病弱で、世子誕生の期待が薄かったため将軍継嗣問題が発生し、慶福を推す門閥譜代の南紀派と、一橋慶喜を擁する一橋派の対立が激化。58年(安政5)4月、南紀派の井伊直弼が大老に就任、6月慶福が継嗣と決定。7月家定が没し、同年末将軍職を継ぐ。公武合体のため孝明天皇の異母妹和宮と婚姻。63年(文久3)・64年(元治元)の2度上洛し、公武の融和に尽力。66年(慶応2)第2次長州戦争では進発し、大坂城に入ったが幕府軍の敗報の中で病死。8月20日発喪。

とくがわいえやす [徳川家康] 1542.12.26〜1616.4.17　江戸幕府初代将軍(在職1603.2.12〜05.4.16)。三河国岡崎城主松平広忠の長男。母は同刈谷城主水野忠政の女(於大の方)。岡崎生れ。幼名竹千代、通称次郎三郎、諱は元信・元康・家康と改称。法号安国院。6歳から織田信秀、8歳から19歳まで今川義元の人質。1555年(弘治元)元服、60年(永禄3)桶狭間の戦で義元の敗死後に自立、61年織田信長と結んで三河平定。66年徳川に改姓、70年(元亀元)居城を浜松とし、姉川の戦で信長を助け、75年(天正3)長篠の戦で武田氏を破る。駿府に本拠を移して駿河・遠江・甲斐・信濃・三河の5カ国経営にあたったが、90年北条氏の滅亡後は関八州へ転封となった。豊臣秀吉の死後はいわゆる五大老の筆頭となり、1600年(慶長5)9月関ケ原の戦で石田三成を破り、天下統一をなす。03年征夷大将軍に任命され、従一位右大臣、源氏長者となり、江戸幕府を開いた。05年将軍職を子の秀忠に譲った後も、駿府で大御所政治をとった。15年(元和元)大坂の陣で豊臣氏を滅ぼし元和偃武を実現。16年3月太政大臣に任官、4月駿府城で病死。遺言で久能山に葬られたが、17

とくがわいえよし [徳川家慶] 1793.5.14～1853.6.22　江戸幕府12代将軍(在職1837.9.2～53.7.22)。父は11代家斉。母は側室香琳院。幼名敏次郎。法号慎徳院。1837年(天保8)将軍職を継いだが、父家斉が大御所として実権を握っていた。41年家斉の死後、信任する水野忠邦に倹約令と風紀取締りを基調とした天保の改革を断行させる。しかし43年上知令問題の紛糾のため水野を罷免。土井利位を老中首座に任じたが、土井も1年足らずで辞任。その後阿部正弘を老中に抜擢し混乱した幕政を立てなおさせた。家慶は「そうせい様」と陰口され、江戸庶民は顔を鋳型でいろいろに変える女性の図柄で風刺した。53年(嘉永6)6月3日のペリー来航直後に病死。

とくがわかずこ [徳川和子] ⇨東福門院

とくがわきんれいこう [徳川禁令考] 江戸幕府の法制史料集。102巻。司法省編。1878～84年(明治11～17)に前聚・後聚合計35冊が出版され、94年から翌年にかけて、あらためて前聚62巻6帙、後聚40巻4帙が刊行された。1929年(昭和4)から『司法資料』として頒布され、31年以降吉川弘文館から出版。59年には別巻を追加して、司法省蔵版法制史学会編・石井良助校訂『徳川禁令考』(創文社)を刊行。前聚は法制禁令で、史料は幕府引継書を中心とする。調査では「教令類纂」が指針となった。後聚は刑律条例を収録し、「科条類典」を基底においた編纂である。別巻には「享保度法律類寄」「寛政刑典」などを追録。若干の偽書の混入が指摘されるが、編集の価値は高い。

とくがわし [徳川氏] 江戸時代の将軍家。はじめ松平氏と称し、三河国松平郷に本拠をもつ。信重のときに世良田親氏(徳阿弥、上野国世良田荘、新田氏の後裔と称す)を養子としたのに始まるという。戦国期に7代清康が一時世良田氏を称し、9代家康の代に徳川氏に改称。6代信忠より繁栄、8代広忠は一族の反乱と織田氏の進出に悩み今川氏に属した。広忠の子家康は1560年(永禄3)今川氏滅亡後織田氏と結び、三河国を平定。織田信長没後は豊臣政権に協力し、90年(天正18)後北条氏の滅亡後関八州に転封となった。豊臣秀吉没後、1600年(慶長5)関ケ原の戦で勝利し、03年将軍宣下をうけ江戸幕府を開いた。徳川姓は本家並びに御三家(名古屋・和歌山・水戸)・御三卿(田安・一橋・清水)の嫡流にかぎり、他の庶流・支族は松平姓を称した。15代将軍慶喜のときは大政奉還となり、1868年(明治元)家達(田安亀之助)が宗家を継ぎ静岡70万石を領し、廃藩置県後は華族に列する。84年に公爵。旧御三家は侯爵。→巻末系図

とくがわじっき [徳川実紀] 江戸幕府編纂の史書の通称。編纂当時は『御実紀』とよばれた。徳川家康から10代家治までの徳川将軍家の事蹟を編年体にまとめ、各将軍ごとに逸事を記した付録をつける。総計517冊。林述斎が監修し、成島司直が編集主任として執筆した。1809年(文化6)起稿、43年(天保14)に正本が完成した。幕府日記をはじめ当時収集しうるかぎりの史料が広く求められ、初期に関する部分を除けば一次史料にもとづくことをめざしている。記事内容は将軍の起居を中心に賞罰・儀式・人事など江戸城内での出来事に関したものが多い。11代将軍以降の分について続編編纂も始められたが、完成にはいたらなかった。

とくがわつなよし [徳川綱吉] 1646.1.8～1709.1.10　江戸幕府5代将軍(在職1680.8.23～1709.1.10)。3代将軍家光の四男。母は側室桂昌院(お玉の方)。幼名徳松。法号常憲院。1661年(寛文元)上野国館林藩主となるが、80年(延宝5)5月4代将軍家綱の後継となり、同年将軍職を継ぐ。前半は大老堀田正俊の補佐で文治政治を推進、賞罰厳明策をとり、儒学を好んで、90年(元禄3)江戸忍岡の聖堂を湯島に移し、翌年林信篤を大学頭に任じて朱子学を官学とした。正俊の死後は側用人牧野成貞や柳沢吉保を寵用、生類憐みの令をとったため犬公方とよばれ、勘定奉行荻原重秀による貨幣改鋳などで治政は乱れたが、元禄文化が栄えた。

とくがわなりあき [徳川斉昭] 1800.3.11～60.8.15　幕末期の大名。常陸国水戸藩主。父は7代治紀。号は景山。諡は烈公。1829年(文政12)兄斉脩の養子となり遺領を相続。改革派の藤田東湖・戸田蓬軒らを登用し、全領の検地、弘道館・郷校の設置、梵鐘没収と大砲鋳造、軍事調練など天保の藩政改革を行った。極端な排仏など政策の過激さにより44年(弘化元)幕府から謹慎・隠居を命じられたが、老中阿部正弘や宇和島藩主伊達宗城らと書簡を交し、ペリー来航後は幕府海防参与となり、大船建造や軍制改革に参画。将軍徳川家定の継嗣問題では七男一橋慶喜を推したが、大老井伊直弼により和歌山藩主徳川慶福(家茂)が継嗣に内定、条約調印の決定に反し、58年(安政5)6月24日名古屋藩主徳川慶勝らと不時登城して井伊を詰問した。翌月謹慎を命じられ、翌年安政の大獄に連坐して国元永蟄居となる。

とくがわひでただ [徳川秀忠] 1579.4.7～1632.1.24　江戸幕府2代将軍(在職1605.4.16～23.7.27)。初代将軍家康の三男。母は側室宝台

院(お愛の方)。遠江国浜松生れ。幼名長松(長麿とも)，のちに竹千代。豊臣秀吉の1字を与えられて秀忠。法号台徳院。1605年(慶長10)将軍職を継ぐ。14年従一位右大臣に昇進。15年(元和元)豊臣秀頼を大坂城に滅ぼした後，武家諸法度，禁中并公家諸法度などの法令を発布し，幕藩体制の確立に努めたが，その政策は駿府の大御所家康の影響下にあった。16年家康の死後は直接政務をみた。23年将軍職を家光に譲って大御所となり，江戸城西丸に住した。26年(寛永3)上洛して，従一位太政大臣に昇進。

とくがわみつくに [徳川光圀] 1628.6.10～1700.12.6
江戸前期の大名。常陸国水戸藩主。初代藩主徳川頼房の三男。1633年(寛永10)のちに讃岐国高松藩主となる兄頼重をこえて継嗣に定まり，61年(寛文元)2代藩主となる。90年(元禄3)家督を頼重の子綱条に譲った後，同国久慈郡新宿村に西山荘を建て隠居。この間幕府に先駆けて殉死を禁止し，藩士の規律，士風の高揚をはかる一方，藩内の寺院整理を行い，隠居後も八幡神社の整理と一村一社制の確立に努めるなど藩政に強い影響力をもった。藩主就任前の57年(明暦3)江戸駒込の中屋敷に史局(のちの彰考館)をおき，「大日本史」の編纂に着手。名君のほまれ高く，のちに「水戸黄門漫遊記」が創作された。

とくがわむねちか [徳川宗睦] 1733.9.20～99.12.20
江戸中期の大名。尾張国名古屋藩主。父は宗勝。1761年(宝暦11)遺領相続。藩政・軍制改革に着手。山村良由・人見幾郎・樋口好古ら地方巧者たちなどを登用。領内10区にそれぞれ「所付代官」を設置して，役人の不正を防止し，藩刑法を整備。新田開発を奨励。折衷学派の細井平洲を招聘して藩校明倫堂総裁とし，また「群書治要」を刊行。藩士の生活安定のため家禄の全額相続を保証したことから幕末の中級藩士活躍の素地を作った。

とくがわよしかつ [徳川慶勝] 1824.3.15～83.8.1
幕末期の大名。尾張国名古屋藩主。父は支藩高須藩主松平義建。初名慶恕。1849年(嘉永2)名古屋藩を相続して藩政改革に着手。徳川斉昭や島津斉彬らと親交し，西洋事情を研究。58年(安政5)斉昭・慶喜父子と不時登城事件をおこし，戸山邸で隠居・謹慎。60年(万延元)ゆるされ，64年(元治元)征長総督となり，萩藩に寛大な処分を行う。68年(明治元)藩論を朝廷方に統一，近隣諸藩を勤王に誘引。明治期は旧臣授産のため北海道八雲でも開拓を援助。また写真術を研究し，弟松平容保や，名古屋城・戸山邸・広島城下などを撮影，貴重な写真を残した。

とくがわよしなお [徳川義直] 1600.11.28～50.5.7
江戸初期の大名。御三家の一つ尾張徳川家の祖。徳川家康の九男。母は側室相応院(お亀の方)。1603年(慶長8)甲斐国府中25万石をへて，07年尾張国清洲に入封，10年名古屋城に移り，19年(元和5)には尾張・美濃国などで計61万9000石余を領した。26年(寛永3)従二位権大納言に叙任。成瀬正成・竹腰正信ら付家老の補佐を得，法令や職制の整備，家臣団への知行割などと初期名古屋藩の藩政を推進。儒教を奨励し，城内に聖堂を営んだ。

とくがわよしのぶ [徳川慶喜] 1837.9.29～1913.11.22
江戸幕府15代将軍(在職1866.12.5～67.12.12)。父は水戸藩主の斉昭。母は貞芳院。幼名七郎麿。はじめ昭致。1847年(弘化4)御三卿一橋家を相続。53年(嘉永6)将軍に就任した13代家定は病弱で，将軍継嗣が重大な政治問題に発展。慶喜を擁する一橋派と和歌山藩主徳川慶福を推す南紀派との対立が激化。また日米修好通商条約の勅許問題も絡んで複雑な政治状況を呈した。58年(安政5)南紀派の井伊直弼が大老に就任，無勅許の条約調印を断行し，慶福を14代将軍家茂とした。慶喜は斉昭らと条約調印に異を唱え直弼を譴責したが，逆に隠居・謹慎を命じられた。62年(文久2)一橋家再相続。将軍後見職。上洛し幕権の伸長に尽力。66年(慶応2)家茂が第2次長州戦争の陣中で没したため，15代将軍となる。新しい政治状況の醸成のため翌年大政奉還を行うが，王政復古の大号令，鳥羽・伏見の戦により政治的・軍事的に敗北し，朝廷に対して恭順した。68年(明治元)静岡に移住し30年間閑居。1902年に公爵，08年には勲一等旭日大綬章をうけた。

とくがわよしむね [徳川吉宗] 1684.10.21～1751.6.20
江戸幕府8代将軍(在職1716.8.13～45.9.25)。父は和歌山藩主の光貞。母は側室浄円院。幼名源六・新之助。はじめ頼方。法号有徳院。1697年(元禄10)越前国丹生う郡に3万石を与えられたが，1705年(宝永2)和歌山藩主となり，将軍綱吉の一字をもらって吉宗と改めた。質素倹約・財政安定などの藩政改革を推進，16年(享保元)将軍家継の死後，老中らに推されて将軍職に就任。徳川政治の理念をめざす享保の改革を行い，在職30年に及んだ。表面上は門閥譜代層を尊重したが，実際は紀州時代の御用役有馬氏倫・同加納久通を新設の側御用取次に抜擢，政事・人事の重要政策を相談した。役人間の調整役である小納戸頭取や情報収集にあたる御庭番を新設，庶民にも情報提供を求め目安箱を設置。45年(延享2)将軍職を長男家重に譲り，西丸に移って大御所として家重政治を支えた。

とくがわよりのぶ [徳川頼宣] 1602.3.7～71.1.10
江戸前期の大名。御三家の一つ紀伊徳川家

の祖。徳川家康の十男。母は側室養珠院（お万の方）。1603年（慶長8）2歳で常陸国水戸20万石に入封。09年駿河国府中50万石をへて、19年（元和5）紀伊国和歌山55万5000石に転封。安藤直次・水野重央ら付家老の補佐をうけ、21年に和歌山城の大改修をはじめ職制の整備、諸法令の発布、家臣団の編成など、難治といわれた和歌山藩の藩政の確立に努めた。26年（寛永3）従二位権大納言に叙任。

とくがわよりふさ　［徳川頼房］ 1603.8.10〜61.7.29　江戸前期の大名。御三家の一つ水戸徳川家の祖。徳川家康の十一男。母は側室養珠院（お万の方）。1605年（慶長10）3歳で常陸国下妻10万石に封じられ、09年に同国水戸25万石の藩主となり、22年（元和8）3万石を加増されて28万石を領した。入国は19年で、この間付家老の中山信吉らが藩政を行った。入国後は水戸城下町の建設、領内総検地の実施、鉱山開発など藩政の整備に努めた。26年（寛永3）従三位権中納言に叙任。

とくがわれいてんろく　［徳川礼典録］ 江戸幕府の儀礼・制度に関する史料を集大成した。和本39冊・付図2帙。1878年（明治11）岩倉具視が発案、明治天皇の内令をへて、松平慶永・伊達宗城・池田茂政の協力と旧幕臣数人の助力によって編纂。81年完成。起案段階では制令を中心とした江戸幕府の沿革史を想定していたらしい。「幕府年中行事」12巻のほか、幕府の諸儀式・職制にかかわるものも収録。1942年（昭和17）上中下3冊・付図1帙に編集して刊行。

とくごうしょう　［得業生］「とくぎょうせい」とも。大学寮などにおかれ、より高度な学問・技術の習得を期待された上級コースの給費生。730年（天平2）大学寮に明経得業生4人、文章生・明法・算得業生各2人、陰陽寮に陰陽得業生3人、天文・暦得業生各2人、典薬寮に医得業生3人がおかれたのに始まる。医得業生は814年（弘仁5）4人に増員。808年（大同3）設置の紀伝博士のもとにも紀伝得業生がおかれたが、834年（承和元）に廃された。大宰府にも845年以前に得業生4人がおかれた。

とくしつ　［篤疾］ 律令制下、疾病などによる身体の障害を程度によって3区分したうち、最も重度の者。戸令には、悪疾（ハンセン病）、癲狂、四肢のうち2本が不具、両目盲などが篤疾の例としてあげられている。不課口として課役が全免されたほか、身辺の世話をするための侍丁1人が給された。

とくしびよう　［読史備要］ 日本史史料研究のための各種索引・系図などをまとめた書。東京帝国大学史料編纂所（現、東京大学史料編纂所）が編纂し、1933年（昭和8）出版。第1類として年表のほか歴朝・女院・大名・官職制などの一覧類、第2類として皇室系譜・諸氏系図・日本仏教宗派系図などの各種系図・系譜類、第3類として公卿・寛政重修諸家譜・官職唐名などの索引類があり、合計46の部門が3類に大別される。方位および時刻対照表などの付録を付す。

とくしまけん　［徳島県］ 四国の東部に位置する県。旧阿波国を県域とする。1871年（明治4）廃藩置県により徳島藩が徳島県となり、阿波・淡路両国を管轄した。11月名東県と改称し、73年香川県を併合したが、75年香川県再置により分離した。76年名東県の廃止によって阿波は高知県に、淡路は兵庫県に編入された。80年高知県から阿波を分離して徳島県が再置され、現在に至る。県庁所在地は徳島市。

とくしまはん　［徳島藩］ 渭津藩・阿波藩とも。阿波国徳島（現、徳島市）を城地とする外様大藩。1585年（天正13）豊臣秀吉の四国平定後、秀吉により蜂須賀家政が17万5700石を与えられ、播磨国竜野から入封。関ケ原の戦後、徳川氏が家政の嫡子至鎮に本領安堵、さらに大坂の陣の戦功に対し淡路国が加増され、以後14代にわたる。1633年（寛永10）家老益田豊後が分離立藩を企てて海部騒動がおきるが、幕府裁許により落着。藩領は阿波・淡路2国内に25万7000石、78年（延宝6）新田5万石を分与し富田藩が成立したが、1725年（享保10）富田藩主正員（宗員）が徳島藩世子となり廃藩、旧領に復した。特産品の吉野川流域の藍、鳴門地方の撫養・塩田の塩などは藩政前期から専売とされた。1842年（天保13）前年の煙草作人の今治藩領逃散に続き、阿波5郡に及ぶ徳島藩最大の上郡一揆がおきた。詰席は大広間、天保期は大廊下。藩校は寺島学問所（1790設立）など。廃藩後は徳島県となる。

とくじゅ　［特需］ ⇨朝鮮戦争特需

とくしゅきだいがたどき　［特殊器台形土器］ 壺などをのせる器台形土器が特殊化した、高さ1mほどの円筒形土器。弥生後期後半に大型化し、弧帯文などの特殊な文様や赤彩を施す。吉備地方の弥生後期の器台形土器に祖型をもつと考えられ、おもに埋葬関連の遺構から発見される。器台形埴輪をへて円筒埴輪へと変化する。特殊壺形土器とセットになる。

●●特殊器台形土器

とくしゅぎんこう　［特殊銀行］ 第2次大戦前の銀行制度で、長期信用業務などの特殊な政策目的を担った銀行。松方正義らによって構想され、おもに明治30年代に実現した。貿易金

融の横浜正金銀行のほか、農工業金融の日本勧業・府県農工、工業金融の日本興業、植民地金融の台湾・朝鮮などの各銀行である。特殊銀行に対しては債券発行による長期資金の調達が許されたほか、政府資金供給の機関とされるなど厚い保護が加えられたが、営業の過程でその実態が設立目的と乖離_{かいり}する場合も多かった。第2次大戦後これらの特殊銀行はGHQによって解体された。

とくしゅせんこうてい [特殊潜航艇] 日本海軍が太平洋戦争で使用した魚雷発射管2門をもつ2人乗り小型潜水艇。もとは洋上の艦隊決戦で水上の母艦から投下されて発進、敵艦隊を襲撃しようとした秘密兵器。開戦が近づくと搭乗員たちは潜水艦に搭載して敵港湾を奇襲するよう主張し、真珠湾攻撃に5隻が使用された。その後1942年(昭和17)5月にシドニーで3隻、ディエゴスワレスで2隻、43年10～12月にガダルカナル島ルンガ泊地で8隻が使用された。

とくしゅつぼがたどき [特殊壺形土器] 吉備地方の弥生後期後半の墳墓の、限られた埋葬関連遺構から発見される特殊化した大型の壺形土器。吉備地方の弥生後期の長頸壺に祖型が求められ、張りの強い胴に細長い首がつき、口は大きく開く。胴には突帯を数条めぐらし、赤彩や鋸歯文_{きょし}を施す例もある。高さは60cmほど。特殊壺形埴輪や朝顔形埴輪のもとになると考えられる。特殊器台形土器とセットになる。

●●特殊壺形土器

とくしよろん [読史余論] 和文・編年体の歴史書。3巻。新井白石著。1712年(正徳2)成立。白石が6代将軍徳川家宣に行った日本史の講義の副産物で、文徳天皇の時代から徳川氏の創業期までを扱う。儒教の有徳者君主思想と応報思想にもとづき、公家の時代の歴史変革を「九変」、武家の時代の変化を「五変」と段階論的にとらえ、武家政治・徳川氏興隆成立の必然性と正統性を明らかにする。北畠親房「神皇正統記」や林鵞峰「日本王代一覧」など、先行する歴史書に負うところも多く、また頼山陽「日本外史」など後世の歴史書への影響も大きい。「岩波文庫」「新井白石全集」「日本思想大系」所収。

とくせい [徳政] 一般的には仁徳のある政治、善政を意味するが、債務破棄・売却地の取り戻しをもさす。本来の姿が正しく、世の秩序が時代とともに崩れていくのだという前近代的な特徴的な観念にもとづけば、本来あるべき姿への回帰、秩序の復活に相当する。古代社会には、売却・譲渡したものを取り戻すことができる商返_{あきない}の慣行にみられ、債務の破棄などが行われた。これが荘園整理令をへて、中世には、公家においては寺社領の、幕府においては御家人領の復活となって現れ、とくに弘安年間には公武一同の徳政として現れた。その眼目には、雑訴の興行すなわち裁判制度の拡充も含まれたが、これも本来あるべき姿を確定するための手段であったといえる。

とくせいいっき [徳政一揆] 室町時代に徳政を要求して蜂起した土一揆。実態がわかる京都の場合、近郊で結成された土一揆は、市中の酒屋・土倉など金融業者を襲撃、借用証文を破棄し、質物を強奪して貸借関係を破棄する私徳政を行うのがふつうだった。みずからの貸借関係のみならず他者のそれをも破棄した結果、一揆に参加していない公家・僧侶などにも質物が返還される場合もあった。さらに幕府に徳政令の発布を要求し、幕府はしばしば押しきられた。応仁の乱前夜から、大名の将兵が陣立_{じんだて}と称して酒屋・土倉に押しいり、質物を強奪することも頻繁となる。高利貸資本が農村に浸透し、債務の増大によって土地を剥奪された農民らの土地返還要求が、この一揆の背後にあったといわれる。

とくせいれい [徳政令] 売却地の売主への返還、債権債務契約の破棄などを規定した朝廷・幕府・大名などの法令。751年(天平勝宝3)に749年以前の債務契約の破棄を宣言した例があるが、1297年(永仁5)鎌倉幕府発令の、買入・売却した御家人所領の回復を図った永仁の徳政令が最も有名。その発令は御家人以外の広範な人々にも旧領回復の行動をひきおこした。以後鎌倉末～南北朝期にも何度か発令され、室町時代には徳政を求める土一揆の頻発により幕府の手で頻繁に発令された。分一銭_{ぶいちせん}の納入を条件とする分一徳政令も発せられた。現代人には経済界を混乱させるかにみえるこの法令は、中世人独特の所有観念においては抵抗なくうけいれられたとされる。

どくせんきんしほう [独占禁止法] トラスト結成やいっさいのカルテル行為を禁じた「私的独占の禁止及び公正取引の確保に関する法律」。占領期間中の1947年(昭和22)4月14日公布。財閥解体直後、GHQの指示により制定された。国際カルテルへの加入、競争会社の役員の兼務、持株会社を禁止。しかし、49年と53年の改正で、不況カルテルや合理化カルテルは適用除外となり、競争会社の株式保有禁止や保有限度の緩和など、実質的に骨抜きとなった。73年秋の石油危機下で大企業の不当な取引制限が暴露され、77年5月に企業分割措置、違法カルテル課徴金、株式保有制限強化などで強化・改正さ

れた。97年(平成9)経済構造の変化にともない持株会社は原則的に解禁となった。

どくせんしほん [独占資本] 生産と資本を集積・集中することによって市場支配力をもつに至った大資本。ドイツやアメリカでは，1870年代から20世紀初めにかけ，重工業を舞台に独占資本の展開をみたが，日本ではこれと異なり，綿紡績業が先頭となった。有力紡績会社は日清戦後恐慌を契機に多くの会社を合併・買収して大規模化することで商社との関係を有利化し，不況時の国内向け生産の抑制と輸出ダンピングという大日本紡績連合会のカルテル活動を主導し，1918年(大正7)には鐘淵・東洋・大日本の3社が綿糸生産の51%を占めるに至った。なお，独占資本は本来重工業において形成されるものだとの観点から，日本における形成期を第1次大戦以後に求める説も有力である。

とくそう [得宗] 徳宗とも。鎌倉幕府の執権北条氏の嫡家。「梅松論」に「家督を徳崇(宗)と号す」とあり，時政・義時・泰時・時氏・経時・時頼・時宗・貞時・高時の9代をさす。北条義時の法名徳崇に由来するといわれる。実際に得宗を称したのは時宗の頃からで，それ以前の代々の家督も得宗とよぶようになった。義時の頃から家政機関が整えられ，政治力と経済力で他の一門を圧倒するようになり，得宗家の基盤が作られた。時頼が執権を一門の名越に譲ったのちも政務を執ったのは，彼が得宗の地位にあったことによる。この頃から評定衆の会議より，寄合（よりあい）といわれた得宗亭内での内談が重視され，専制化が図られた。

とくそうせんせいじ [得宗専制政治] 鎌倉幕府政治史の時期区分で，第1段階の将軍(鎌倉殿)独裁政治，第2段階の執権政治に続く，第3段階にあたる。政治体制としては，幕府政治の最高権力が執権という幕府の公職から離れて，北条氏の家督である得宗個人に集中された体制で，政治理念は公権力による規制・鎮圧の重視である。具体的内容としては，(1)北条氏内部における得宗の血縁的支配の貫徹，(2)幕府中央の要職である評定衆（ひょうじょうしゅう）・引付衆，地方の要職である六波羅（ろくはら）・鎮西（ちんぜい）両探題および諸国守護への北条氏一門の独占的任用，(3)侍所など幕府機関への，得宗被官である御内人（みうちびと）の任用，(4)評定制度の形骸化と，それにかわる得宗の私的な会合である寄合（よりあい）の地位確立があげられる。成立時期は，霜月騒動後とする説，北条時頼の執政期とする説，北条時宗の死後とする説などがある。

とくそうひかん [得宗被官] ⇨御内人（みうちびと）

とくそうりょう [得宗領] 御内御領（みうちごりょう）とも。北条氏の家督得宗の所領。元来，北条氏は伊豆の小豪族にすぎなかったが，承久の乱の際の敵方所領や，比企・和田・三浦など討滅した有力御家人の所領を併合することで，その所領を拡大。鎌倉後期には，300カ所にのぼる得宗領があったことが確認されている。地域的には東北と九州が最も多く，関東がこれにつぐ。その内容の大半は地頭職であり，小地頭などの代官をおいて現地支配にあたった。代官にははじめ御家人，鎌倉中期以後は得宗家の被官が任じられた。得宗家が諸国の守護を兼任するにともない，守護領のなかにも得宗領となったものが多い。

どくソせんそう [独ソ戦争] 1941年6月22日，ドイツが独ソ不可侵条約を破ってソ連に侵攻したことにより開始された戦争。第2次大戦の帰趨を決した。ドイツ軍は首都モスクワに迫ったが，冬将軍の到来とソ連軍の反撃にあい短期決戦に失敗。翌年ドイツは南方攻勢に重点をおいたが，スターリングラードの戦で惨敗した。続く43年7月からのクルスクの戦以後，ソ連軍は総反攻に転じ，45年5月7日のドイツの無条件降伏により終結した。

どくソふかしんじょうやく [独ソ不可侵条約] 第2次大戦直前に独ソ両国が相互の侵略禁止などを定めた条約。1939年8月23日，モスクワでドイツ外相リッペントロップとソ連外務人民委員モロトフが調印。付属の秘密議定書には東ヨーロッパでの独ソ両国の勢力圏画定が含まれ，侵略的性格をもっていた。条約は日・独・伊3国間で進行していた防共協定強化交渉に対する背信であり，平沼内閣は退陣に追い込まれた。41年独ソ戦争開始により消滅。

とくだきゅういち [徳田球一] 1894.9.12～1953.10.14　大正・昭和期の日本共産党の指導者。沖縄県出身。日本大学卒。1922年(大正11)7月の日本共産党結成に参加。28年(昭和3)2月26日治安維持法適用容疑で逮捕され，45年10月10日まで入獄。釈放後は書記長として共産党再建に尽力し，46年2月の総選挙に初当選。50年マッカーサー指令により共産党幹部が公職追放になると地下に潜り，同年9月中国に亡命。53年北京で死去。

とくだしゅうせい [徳田秋声] 1871.12.23～1943.11.18　明治～昭和前期の小説家。本名末雄。金沢市出身。四高中退後，上京して尾崎紅葉に入門し「藪かうじ」を発表。紅葉門四天王の1人に数えられた。紅葉死後，自然主義文学の隆盛のなかでみずからの文学を確立し，「新世帯」「足迹（あしあと）」「黴（かび）」「あらくれ」などで自己と庶民の日常生活を淡々と描きあげた。以後私小説の極北とよばれる「仮装人物」などを発表，最晩年の「縮図」は軍部の思想統制により未完に終わったが，自然主義文学の最後の達成とされる。

- **とくちんのほ [得珍保]** 近江国蒲生郡(現,滋賀県八日市市南部)にあった延暦寺東塔院領荘園。立保の時期は不明。鎌倉中期には史料にみえる。保内の今堀郷の日吉神社に残された惣村掟などの文書によって,村人たちの活動が知られる。保内は上四郷・下四郷にわかれ,農業活動を軸に山野や用水の共同管理を行い,各郷の宮座を中心に惣結合を発達させた。日吉神社の神人と称し商業活動を積極的に行った。商業座を結成し,他地域の商人と商圏の争いをしつつ伊勢から美濃・尾張・若狭,近江から京都へと活動圏を拡大。彼らは保内ború商人とよばれ,守護六角氏とも密接に結びついて力を伸ばした。統一政権の成立過程で各郷の結合は解体され,13カ村の近世村へと姿を変えた。

- **とくど [得度]** 仏門に入り,僧尼としての資格を得ること。優婆塞・優婆夷が沙弥・沙弥尼となる過程をいう。古代律令制下では,得度権は教団ではなく国家が掌握し,国家の発給する度牒(度縁)を公験として正規の僧尼であることが認められ,免課役などの特権を得た。古代の得度には,年に各国10人の僧尼を度す年分度や,不定期に必要に応じて許可する臨時度などの得度があったが,一方官許を得ずに勝手に仏門に入ることを私度(自度)と称し,国家の禁圧するところとなった。

- **とくとみそほう [徳富蘇峰]** 1863.1.25~1957.11.2 明治~昭和期の言論人。本名猪一郎。父一敬は横井小楠の高弟,徳富蘆花は弟。肥後国生れ。熊本洋学校をへて同志社に学ぶ。熊本で大江義塾を経営後,1887年(明治20)民友社を創立して雑誌「国民之友」,90年「国民新聞」を創刊,平民主義を唱えて言論人としての地位を確立。日清戦争後は国家主義的論調の時局論を展開,政治的には桂太郎と密接な関係をもった。1929年(昭和4)国民新聞社を退社するが,言論活動は生涯継続した。修史事業をライフワークとし,「近世日本国民史」100巻を完成。他に200冊近い著作がある。第2次大戦中には大日本文学報国会・大日本言論報国会の会長に就任,戦後はA級戦犯容疑者となった。

- **とくとみろか [徳冨蘆花]** 1868.10.25~1927.9.18 明治・大正期の小説家。本名徳富健次郎。熊本県出身。同志社中退後,上京して兄蘇峰の経営する民友社に入り,「不如帰」によってベストセラー作家となる。以後「自然と人生」や自伝的長編小説「思出の記」「黒潮」などで地位を確立した。社会的関心も強く,大逆事件に際して政府の処置を批判する講演(「謀叛論」)を行うなど独自のヒューマニズムを実践したり,聖地巡礼とトルストイ訪問なども行った。妻との共著に自伝小説「富士」がある。

- **とくながすなお [徳永直]** 1899.1.20~1958.2.15 昭和期の小説家。熊本県出身。貧しい家庭のため小学校を中退,印刷工見習いとなる。のち労働運動に近づき山川均をたよって上京,博文館印刷所(のち共同印刷)で植字工となるが,1926年(昭和元)共同印刷争議に参加して解雇される。29年「太陽のない街」を「戦旗」に連載,ナップ派のプロレタリア文学の有力な新人として高く評価された。以降盛んな作家活動を続け,第2次大戦後も「妻よ眠れ」などの作品がある。

- **とくぶん [得分]** 律令制では法的に相続権の認められている親族の相続財産をさしたが,中世では荘園領主・荘官・私領主・地頭・地主など重層的に存在した土地所有者の収益をいう。社会的に認められた得分権が法的に認定されると職(権利)として定着し,さかんに売買・相続・寄進の対象となった。中世初期の私領主得分や鎌倉後期以降の地得分(加地子)の移動は,それぞれ荘園や惣村の形成に大きな影響を与えた。

- **とくべつこうげきたい [特別攻撃隊]** 爆弾を装備したまま敵艦艇に体当り攻撃を敢行して生還を期せず,という太平洋戦争末期に日本軍が採用した戦法。1944年(昭和19)10月のレイテ沖海戦に際して,連合艦隊司令長官大西瀧治郎海軍中将が発案,神風特別攻撃隊と命名し,敷島隊がはじめて米空母への突入に成功。その後特攻は陸軍航空隊にも採用され,人間魚雷回天,人間爆弾桜花,特攻艇震洋などの特攻兵器も投入された。

- **とくべつこうとうけいさつ [特別高等警察]** 社会主義運動取締りを主目的とする警察機構。略称は特高。大逆事件後の1911年(明治44)8月警視庁に設けられた特別高等課に始まる。順次,大阪・北海道・神奈川・愛知などに拡大し,1928年(昭和3)の3・15事件後に全国化した。33年に始まる共産主義者の大量転向後,自由主義者や宗教家・在留外国人などにも治安維持法違反などの容疑による取締りを強化。同機構が収集した広い分野にわたる情報の一部は,内務省警保局で特高月報などに編集・掲載され,内部閲覧に供された。おもに高等文官試験合格後の若い内務省官吏が特別高等課などに配属された。第2次大戦後の45年10月GHQ覚書で解体が指示され,警察首脳部と特高関係の警察官は休職となり,機構は解体された。

- **とくみどいや [十組問屋]** 江戸における問屋仲間の連合体。菱垣廻船での下り物を扱う問屋が海難などに共同して対処するため1694年(元禄7)に結成。当初10組からなり,各組の行事と全体の大行事で運営。のち酒店組が樽

廻船積を開始して離脱。また河岸組が始めた仮船積には従来の仮傘下以外の問屋仲間も参加し、旧来の古方に対する仮船方として展開した。1809年(文化6)の菱垣廻船の再興と三橋会所設立、13年の幕府への異加入上納・株札交付をへて特権的地位を強めるが、41年(天保12)株仲間解散令により解散、海運に関する機能は九店仲間に引き継がれた。51年(嘉永4)の問屋仲間再興以降も特権的流通独占は復活できず、明治維新にいたり解消した。

とくむきかん [特務機関] 大陸諸地域で諜報・謀略活動などに従事した陸軍の情報機関。シベリア出兵の際に、統帥範囲外の対外活動を任務とする組織がハルビン・ウラジオストクなどに設置され、特務機関の称が用いられた。以後、奉天特務機関など中国東北部各地の機関が対ソ・対中工作を展開し、日中戦争期には北京・上海・南京・漢口などで組織を拡充、太平洋戦争期には東南アジアを含む地域へと活動範囲が拡大された。溥儀の脱出工作(天津事件)、徳王配下の内蒙古軍支援工作(綏遠事件)などは関与例がある。

どくりつとう [独立党] 開化党・日本党とも。李朝末期の朝鮮内の青年革新派。1882年の壬午事変後、日本との接触のなかで、進歩的な思想の影響をうけた朴泳孝・金玉均・徐光範らが中心人物。日本の支持をうけ、清国に依存する閔氏一派の保守的な事大党と対立。84年の甲申事変に際し、一時閔氏一派から政権を奪ったが失敗し、朴・金らは日本に亡命。日清戦争に乗じて政治改革運動を展開したがこれも失敗。

とけい [徒刑] 新律綱領(1870)・旧刑法(1880)に定められた刑罰。新律綱領では「各府藩県其徒場ニ入レ地方ノ便宜ニ従ヒ、強弱ノカヲ量り各業ヲ与ヘ得ル役使ス」とし、刑期は1年から最高3年。その後改定律例(1873)で笞・杖・徒・流の4種の刑は懲役と改められた。旧刑法にも無期・有期2種類の徒刑が定められたが、現行刑法で懲役に一本化された。

どこうぼ [土壙墓] 地中に墓穴を掘り、死者を埋葬した遺構で、縄文時代以降もっとも普遍的にみられる。形状は円形・楕円形・長方形などが主で、死者を葬ることができる程度の大きさと深さがある。内部に人骨が残らなくても、副葬品の存在や埋め戻された土の状態などから、墓であることが確認できる。

とこのま [床の間] 日本建築の建物で、書画の掛軸や生花・置物などを飾る場所。室町時代の書院造にともなった押板が原型といわれ、香炉・花瓶・燭台などの三具足をおいた場所。上層農民・町人の住居に床の間が設置されるようになるのは江戸時代からで、一般庶民の住居にまでとりいれられるようになるのは明治期以降である。座敷の上座に設けられ、間口は1間がふつうで、奥行は3尺ないしはその約半分、床板は畳の面より床框の分だけ高くなっている。江戸時代の上層農民・町人の床の間は、違棚と対になって設置され、書院を併設する場合も多い。軸物や花を飾るなど、住居にあっては芸術空間であり、正月に年神を祭るなど神聖な空間でもある。

ところばらい [所払] 江戸幕府の追放刑の一つ。当初は追払と称したが、1721年(享保6)に改称。追放刑のなかでは最も軽いもので、居住する町村から追放し、そこへの立ち入りを禁止した。京都の洛中払、堺の堺払が相当する。適用範囲も広く、「公事方御定書」にも、多くの犯罪があげられている。原則として、付加刑としての闕所ではないが、利欲にかかわる犯罪の場合は田畑・家屋敷が、年貢未進の場合は家財も闕所とされた。

とさかじゅん [戸坂潤] 1900.9.27~45.8.9 昭和前期の哲学者。東京都出身。京大卒。1929年(昭和4)大谷大学教授、31年法政大学講師となり、34年から著述生活に入る。32年に結成した唯物論研究会を拠点として理論的にファシズム批判を展開し、機関誌「唯物論研究」を世に送り、「日本イデオロギー論」「思想と風俗」などを著した。37年に執筆禁止、翌年治安維持法違反で検挙され、第2次大戦の敗戦直前に獄死した。

とさにっき [土佐日記] 平安中期の日記文学。紀貫之作。土佐守の任期を終えて、934年(承平4)12月21日国府を出発し、翌年2月16日に帰京するまでを記す旅の日記で、貫之に従う女性に仮託し仮名文で記す。成立は935年頃。貫之は自己の内面を表現するために、当時は女性のものであった仮名文を選び、官人の立場を離れて自由に記すことが可能になった。とはいえ漢文的な表現が多く、内容も男性的。虚構の部分も多い。日本最初の日記文学として価値が高いが、成立年代が明らかで写本が貫之自筆本にたいへん近いという点で、国語学の資料としても貴重。「日本古典文学全集」「新潮日本古典集成」所収。

とさのくに [土佐国] 土左国・都佐国とも。南海道の国。現在の高知県。「延喜式」の等級は中国。「和名抄」は安芸・香美・長岡・土佐・吾川・高岡・幡多の7郡からなる。国府・国分寺は長岡郡(現、南国市)におかれた。一宮は土佐神社(現、高知市)。「和名抄」所載田数は6451町余。「延喜式」では貢進贄として押年魚・煮塩年魚、調庸として絹・堅魚・米など、中男作物・交易雑物として亀甲など。724年(神亀元)遠流国に定められ、古

代・中世を通じて土御門上皇をはじめ多くの貴人が配流された。南海道諸国のうちで京から最も遠く交通も不便なため、いくたびか官道が新設・変更された。鎌倉初期以降、長岡郡を本拠に地頭として成長した長宗我部氏は、応仁・文明の乱以後国内を統一し、戦国大名となった。関ヶ原の戦のののち山内一豊が封じられて高知藩となり、以後幕末まで続く。1871年(明治4)の廃藩置県により高知県となる。

とさは [土佐派]
室町初期以来、やまと絵の伝統を継承した画派。系譜は14世紀半ばの藤原行光にさかのぼるとされるが、15世紀初め、行広が土佐の家名を称した。その後多くの画人を輩出し、1469年(文明元)光信が宮廷絵所預になって画壇での主導的立場を確立した。家系はその後光茂、光元と続くが、1569年(永禄12)光元の戦死によって土佐家の絵所預の地位は失われ、弟子の光吉が和泉国堺で画系の維持に努めた。江戸時代になり、光吉の子光則が家再興のため子の光起とともに京都に戻り、光則没後の1654年(承応3)に光起が絵所預の地位に復して土佐家を再興し、幕末までその命脈を保った。

とさはん [土佐藩]
⇨高知藩

とざま [外様]
鎌倉時代、北条氏得宗家に仕えた御内人に対し、それ以外の「将軍家奉公地頭御家人等」を外様と称した。室町時代には武家故実が形成され、大名に家格がつけられるようになり、国持外様衆・外様衆などの呼称が行われ、おおむね将軍に近侍しない者をいった。江戸時代には、関ヶ原の戦以後徳川氏に従った大名を外様大名とした。

とざまだいみょう [外様大名]
江戸時代の大名の家格を将軍との関係を中心として分類する場合のまとまりの一つ。関ヶ原の戦以降徳川氏に服属した大名をさし、それ以前から徳川氏に属していた譜代大名と区別される。多くは戦国期以前からの旧族大名や織田・豊臣両政権のときにとりたてられた者であり、関ヶ原以前は徳川氏と同格の有力大名であった。幕府は彼らの統制に最も注意を払い、多く関東や京都から離れた遠隔地に配置、初期には人質もとった。原則的に幕府の役職に就くことはなかった。

とさみつおき [土佐光起]
1617.10.23～91.9.25
江戸前期の画家。土佐光則の子。法名常昭。堺に生まれ、のち京都に移る。1654年(承応3)従五位下左近衛将監に任じられ、宮廷絵所預となり土佐家を復興。同年、御所障壁画制作に参加。81年(天和元)に法橋、85年(貞享2)に法眼となる。土佐派の伝統を重んじつつ、宋・元の院体画風の花鳥画や狩野派の画法も学び、時代に即応した画風を創造した。代表作「粟穂鶉図屏風」。晩年の著作「本朝画法大伝」。

とさみつのぶ [土佐光信]
生没年不詳。室町中期～戦国期の絵師。8代将軍足利義政の御書によると、1469年(文明元)絵所預に補任された。96年(明応5)には刑部大輔に任じる旨の口宣案がだされている。「槻峰寺建立修行縁起絵巻」「北野天神縁起」(1503)、「清水寺縁起絵巻」(1517)などの作品が現存。これらの絵巻の画面は、みずみずしい色彩と、のびのびとした筆遣いを特色とする。京中を描いた屏風や仏画・肖像画なども手がけた。

とさみなと [十三湊]
青森県北西部の市浦村十三にあった中世～近世の湊。戦国期の「廻船式目」に、全国七湊の一つとあり、上方船・夷船が群集したという。これは十三湖北岸の福島城に拠った安藤氏の繁栄の時期と一致する。福島城のある相内地区、現在の水戸口近くの十三地区に多くの寺社跡がある。1995年(平成7)からの発掘調査で、領主館・家臣団・町屋敷地区や港湾施設の存在も明らかになりつつある。近世には弘前藩の四浦の一つとして、町奉行以下がおかれた。延宝年間以降は、岩木川水運と鰺ヶ沢港を小舟で結ぶ十三小廻し体制ができあがった。

としごいのまつり [祈年祭]
⇨祈年祭

としょ [図書]
李氏朝鮮が日本人通交者に対し、通交の証拠として与えた印。朝鮮では私印を意味する。銅製。字面には受給者の実名を刻する。図書を支給された者を受図書人といい、使者にもたせる書契に押して、自己の遺使の証とした。図書の授給は請願にもとづいて行われ、所有者が死ぬと相続者が還納、自己の名義で改めて支給された。16世紀には名義人を離れて対馬に保管され、宗氏や対馬島民により運営された。

とじょうせい [都城制]
日本古代に採用された首都の基本構造。天皇の住いや官衙を中心とする宮城と、条坊が施行されて官人をはじめ民衆の居住区となった京とで構成された。ふつうこの両者をそなえたものを都城という。記紀や金石文によれば、日本では5世紀にはすでに「宮」が存在したと推定されるが、条坊を伴う京の出現は7世紀後半である。改新の詔にうかがわれる難波宮や天武期の倭京に日本の都城制の完成をみる見解もあるが、持統朝の藤原京ではじめて成立し、平城京で本格的に展開したとするのが通説である。この形式は中国の都城の制にもとづいたもので、とくに隋・唐の長安城や北魏の洛陽城の影響が考えられるが、城郭が発達しなかったことや宅地が一律に班給されたことなど、日本独自の性格が示されている。都城の成立とともに中国に匹敵する儀式空間が創

としより [年寄] ❶老檀とも。江戸幕府初期の職制。戦国大名では老名おとなや年寄が大名を補佐する最高の職制であり、豊臣政権でもいわゆる五奉行は年寄ともよばれた。江戸幕府になると本多正純らの徳川家康側近の出頭人が年寄とよばれ、諸大名との取次にあたった。家康死後、職制が整備され、奉書に連署する者が年寄として政務の最高機関となり、寛永10年代前半(1633〜38)に老中とよばれるようになった。❷江戸時代の村役人・町役人・宿役人などの称。村役人としての年寄は各村1〜3名程度おかれ、村政全般について庄屋・名主の補佐をした。おもに西日本で用いられ、組頭・横目・脇百姓と呼称した地域もある。また江戸・大坂・京都や各地の城下町・宿場町でも町や宿の運営にたずさわる者を年寄とよんだ。

としょりょう [図書寮] ⇨図書寮ずしょりょう

どい [土居] 土製の漁網錘の総称。縄文時代の土錘は、土器の破片を加工して切込みを設けた土器片錘とうきへんすいと、糸をかけるために表面に一字形または十字形に溝を設けた有溝ゆうこう土錘に大別したもの。前者は中・後期の関東地方で発達したもので、土錘の原初形態を示す。後者はおもに後・晩期の東北・関東地方で発達した。弥生時代には管状土錘が出現し、古代から歴史時代を通じて主流となる。

どそう [土倉] 倉・蔵本とも。鎌倉末〜室町時代の金融業者。名称は質物を納める土蔵どぞうをもつことによる。分布は全国に及び、京都では14世紀初めに330軒をこえた。京都の土倉は延暦寺の山僧など僧侶が主流を占め、酒屋を営む者も多かった。室町幕府は1393年(明徳4)土倉の支配に乗り出し、年額6000貫の酒屋土倉役を課し、幕府財政の財源とした。幕府はまた流質期限や質物盗難の際の賠償責任、5〜6文子しもん(月利5〜6％)の法定利率などさまざまな営業規定を定め、土倉の統制・保護に努めた。15世紀中頃以降、徳政令・徳政一揆によってしばしば大きな被害をうけ、土倉役の納入も落ちこんだ。

どそう [土葬] 遺体を土中に埋める葬法。火葬が普及する以前には最も広く行われた。遺体を直接土に埋葬するほか、土壙どこうを設けたり、甕棺かめかん・木棺・石棺などの棺や石組の中に納めて埋葬した。縄文時代以来、土葬の例は数多くみられ、古墳時代には大小の墳丘をもって竪穴式石室や横穴式石室に副葬品とともに木棺・石棺に遺体を納めて埋葬した。遺体の姿勢によって屈葬くっそう・伸展しんてん葬・蹲葬そんそうなどがある。平安時代以降は、釈迦入滅時の姿をまねて北枕、西向きの体位がみられるようになる。農山村では、近年まで土葬を行っていた地域もあるが、衛生上の問題や墓域拡大の困難などの事情から、条例によって禁じられ火葬に転じた例も多い。

どぞうづくり [土蔵造] 外回りを土の大壁でおおった伝統的な防火建築。軸部(柱・梁はり・桁けたなど)は塗家ぬりや造と同じく木造であるが、壁は一段と厚く、屋根裏・軒裏・格子こうしを土で塗り、開口部も火災時には土戸で密閉できるように造る。粗壁を保護する石灰を使った漆喰しっくい仕上げをした白壁や、平瓦を用いた海鼠なまこ壁などの工夫もされている。中世の京都の高利貸業者の土倉どそうは質物保管の土蔵をもつことが前提で、絵巻物にも描かれる。近世は享保期以降火災の多い都市で奨励され、店舗・上質の座敷にも土蔵造が現れた。明治期にも銀行・官庁などで擬洋風建築として利用され、埼玉県川越市・福島県喜多方市などで町並みとして残されている。

どそうやく [土倉役] 倉役とも。室町幕府による京都の土倉への課役。鎌倉時代後半から京都で金融業を営む土倉は大きな経済力をもち、多くは比叡山延暦寺や祇園社の被官などで、課役が課されていた。朝廷は臨時に賦課を試みていたが、室町幕府は1393年(明徳4)幕府への酒屋土倉役の負担を条件に、土倉への諸権門の権利を否定し支配下に入れた。土倉役の徴収はのちに納銭方となる有力土倉が行い、請け負っていった。15世紀中頃の土倉役は、月に200貫文前後と推定される。

どだい [斗代] 中世、田畠1段当りの年貢徴収高をいう。平安後期の田の斗代は1段につき3斗が標準だったが、鎌倉時代にはさらに高くなる傾向にあった。斗代定めは領主の勧農の重要な要素であり、百姓の愁訴の一要因となった。近世には石盛こくもりと同義で用いられた。村方では取勾とりきめを斗代とよぶ場合も多かった。

どだい [土代] 下書とも。文書の正文しょうを作成する際、浄書する前にあらかじめ書かれる草稿のこと。用いる料紙は、正文や案文あんもんに比較して粗末。案文との区別は、土代が単なる下書・草案なのに対し、案文は正文成立後に作成され、正文の控としてなんらかの効力をもつ。土代であるかどうかの判断は、辞句の訂正や見消みせけちなどによる。正文が失われて、土代のみが伝わることもある。小野道風書「屛風土代」などがある。

とだもすい [戸田茂睡] 1629.5.19〜1706.4.14 江戸前期の和学者。通称は茂右衛門、号は遺佚軒・不求橋・梨本などなど。徳川忠長の付人渡辺忠の子として駿府城内に生まれる。下野国黒羽に過ごしたのち、江戸に出て戸田氏の養子

となる。三河国岡崎藩本多家への仕官をへて，浅草や本郷に隠棲，風雅を事とした。著書は，最初の江戸地誌「紫の一本(ひともと)」，堂上歌学の因習を攻撃した「梨本集」のほか，「御当代記」「梨本書」「百人一首雑談」「鳥の跡」

とちぎけん [栃木県] 関東地方の北部に位置する内陸県。旧下野国を県域とする。1868年(明治元)旧幕領を管轄する真岡(もうか)県がおかれたが，翌年設置された日光県に合併，70年同県は喜連川(きつれがわ)藩などを併せた。71年廃藩置県後の11月，日光・壬生(みぶ)・吹上・佐野・足利の5県と上野国の館林(たてばやし)県は栃木県に，宇都宮・烏山・黒羽・大田原・茂木(もてぎ)の5県は宇都宮県に統合された。73年栃木県は宇都宮県を合併，76年旧上野国の3郡を群馬県に移管し現県域が確定した。県庁は当初は栃木におかれたが，84年宇都宮に移転。

ドチリナ・キリシタン キリシタン教理の入門書「Doctrina Christão」。1549年(天文18)のザビエルによる伝来以来，教理書邦訳の試行錯誤のなかでキリシタン版として出版された。91年(天正19)加津佐(かづさ)刊の国字本，92年(文禄元)天草刊のローマ字本，1600年(慶長5)長崎刊の国字本とローマ字本の改訂版が出ている。師弟の問答形式で基本的なキリシタン教義がわかりやすく説かれている。「日本思想大系」所収。

とつかわごうし [十津川郷士] 大和国吉野郡十津川郷の郷士。大津代官の指揮下，大坂冬の陣に呼応した北山一揆を鎮圧する功をたて，郷民代表に扶持が与えられたのがその起源という。1863年(文久3)中川宮朝彦親王に願いでて禁裏守護にあたる一方，郷民を率いて天誅組(てんちゅうぐみ)に加わったが，命によって離反。禁裏守衛は続け，67年(慶応3)12月には高野山の醍醐忠敬(ただゆき)の陣営に加わり，その後戊辰・北越戦争を転戦。この功により71年(明治4)全郷民が士族となる。

とっきょせいど [特許制度] 発明奨励のため，発明者の独占的製造・使用・販売権を保証する制度。1871年(明治4)の専売略規則が最初の試みだが，翌年停止され，85年の専売特許条例制定以後定着。原案を作成した高橋是清(これきよ)が農商務省工務局専売特許所所長となり，87年に独立の官制をもった特許局に拡充して審査官をおく体制を整備した。99年には条約改正の前提として万国工業所有権保護同盟条約に加盟，条例にかえて特許法を制定。

ドッジ・ライン GHQ財政顧問として来日したデトロイト銀行頭取J.ドッジが策定・実行した日本経済安定化計画。1948年(昭和23)12月アメリカ政府は経済安定九原則を日本政府に提示，翌年2月ドッジを特命公使として派遣し具体化を図った。(1)インフレ収束のための総予算の真の均衡の実現，(2)1ドル＝360円の単一為替レートの設定，(3)対日見返援助資金の設定，(4)復興金融金庫の新規貸出停止などからなり，徹底した緊縮予算と単一為替レート設定によって，日本経済の自立化の基礎を確立し世界経済への復帰を図るものであった。この結果，インフレは急速に収まり，ドッジの狙いは成功したが，49年にはデフレ不況が深刻化した。

とっとりけん [鳥取県] 中国地方の北東部に位置する県。旧因幡・伯耆2国を県域として成立。1871年(明治4)廃藩置県により鳥取藩領の因幡・伯耆両国と播磨国の旧福本藩領を管轄する鳥取県がおかれた。同年播磨国分を姫路県に分離し，島根県から隠岐国を編入。76年鳥取県は廃止され，島根県に合併された。81年因幡・伯耆からなる鳥取県が再置され現在に至る。県庁所在地は鳥取市。

とっとりはん [鳥取藩] 因幡国鳥取(現，鳥取市)を城地とする外様大藩。因幡・伯耆両国を領有。1600年(慶長5)関ケ原の戦後，池田輝政の弟長吉が6万石で入封。17年(元和3)長幸(ながよし)のときに備中国松山に転封となり，かわって播磨国姫路から池田光政が32万石で入る。32年(寛永9)従兄弟の備前国岡山藩の池田光仲との間で領地替えとなり，以後12代にわたって光仲系が領した。外様ではあるが，光仲が徳川家康の外曾孫にあたるため，家門に準じる扱いをうけ，代々松平を称した。元禄年間頃までにほぼ藩政の基礎ができ，内分支藩2家を設置(鳥取新田藩，のちの鹿野(しかの)・若桜(わかさ)両藩)。また要衝の米子・倉吉などには重臣を配して支配させた。1739年(元文4)全藩規模の一揆(因伯一揆)がおこる。特産物は鉄や紙(因州和紙)，木綿など。詰席は大広間。藩校尚徳館。廃藩後は鳥取県となる。

とていせいど [徒弟制度] 江戸時代，職人などの手工業者のなかで親方・職人・弟子の関係を秩序づける階層的な身分制度。通常は10歳前後から弟子として親方の家に住み込み，無給で家事や仕事の雑用に使役されながら，職人の技術を習得していく。一定年限の修業を積んで一人前の職人になると，親方から仕事道具などを分与され独立するが，親方への御礼奉公をはじめ，技術上の守秘義務や得意先の制限など種々の制約のもと，親方への従属関係は継続する。職人仲間の正規の構成員は親方層で，人員も限られているため，これらの職人は独立しても，下職として親方の下請けをしたり他の親方のもとで職人として雇用されるのが一般的であった。

どどいつぼうせんか [都々逸坊扇歌] 1804～52.10.29 江戸末期の音曲師。常陸国生れ。江

戸へ出て船遊亭扇橋（せんきょう）に入門。美音で当意即妙，謎解き歌や俗曲「とっちりとん」で人気を得た。天保の改革で寄席の鳴物や音曲が禁じられたが，相変わらず三味線いりの謎解きを演じていたことが1846年（弘化3）の市中風聞書で知られる。晩年は江戸を去って放浪のうちに没した。名跡は現在まで7代を数える。

ととうせん [渡唐銭] 中国から輸入した銭貨。中世日本で流通。日宋貿易により，12世紀から北宋銭を中心に唐代の開元通宝などの中国銭が輸入され，13世紀には国内に広く流通した。南宋・元との貿易でも，北宋銭などが輸入された。日明貿易では，永楽通宝などの明銭が輸入される一方，北宋銭も大量に流通した。のち明銭などを模造した私鋳銭（しちゅうせん）が作られ，撰銭（えりぜに）が行われた。東国では16世紀中頃から永楽通宝が基準とされ，江戸幕府が1608年（慶長13）に永楽通宝の流通を停止するまで流通した。

とどうふけんけいさつ [都道府県警察] 現行警察法（1954制定）によって作られた警察制度。旧警察法（1947公布）で国家地方警察と自治体警察にわかれていた分権的警察制度をより集権的に改めたもの。各都道府県に都道府県公安委員会と都道府県警察がおかれたが，警察の中央機関である国家公安委員会が警察幹部の人事権をもち，警察庁が都道府県警察を指揮監督するようになった。

とどうふけんせい [都道府県制] 近代以降の地方制度。1871年（明治4）の廃藩置県により3府302県が成立，88年までに3府43県に統合された。78年の府県会規則の制定によって，府県はそれまでの行政区画から民意に配慮した自治体化の道を踏み出し，90年には府県制の成立をみた。しかし依然として府県知事は官選で，府県会も内務大臣や知事の強力な統制・監督下におかれ，府県会の選挙権も大地主らに制限され，99年には複選制であった。北海道制は86年に開始されたが，自治体化は遅れた。大正末期以降選挙権の拡大がみられたが，第2次大戦の戦時体制下には東京都制の施行をはじめ自治性は後退した。戦後の1947年（昭和22）に地方自治法が公布され，再び民主化が進展した。

となみやまのたたかい [礪波山の戦] ⇨倶利伽羅峠の戦（くりからとうげのたたかい）

となりぐみ [隣組] 第2次大戦中，選挙粛正運動・国民精神総動員運動の末端組織として編成された住民組織。1940年（昭和15）に部落会・町内会・隣保班・市町村常会整備要綱により全国的に組織された。農村では部落会，都市では町内会のもとにおかれ，上意下達の役割を担った。戦争の長期化とともに，配給や防空活動，国債の割当，貯蓄の奨励を行い，常会を開き，連日回覧板をまわすとともに，相互監視の役目もはたした。47年にポツダム政令により廃止。

とねがわずし [利根川図志] 江戸末期の利根川流域の地誌。6巻。医師の赤松義知（宗丘（そうきゅう））著。赤松は下総国相馬郡布川村に生まれ，江戸で学んだ。1854年（安政元）頃に執筆を始め，57年頃の完成といわれる。利根川中・下流域の寺社・名所旧跡・物産・民俗・自然などに関する豊富な内容で，玉蘭斉貞秀・山形素真らによる多くの挿絵を載せる。「岩波文庫」所収。

とねり [舎人] 古代，中央の天皇・皇族・貴族に近侍して護衛や雑務にあたった従者。語源を「とのはべり」「とのいり」とする説がある。令制以前，舎人と記し，地方豪族からでて中央の皇族などに近侍した。壬申の乱では大海人（おおあま）皇子の舎人が活躍した。673年（天武2）大舎人（おおとねり）の制ができ，大舎人として天皇に仕えたのちに官司に任じられるという官僚制的に編成された。大宝令以降では，トネリは藤子孫（とうしそん）・位子（いし）など官人子弟からでて天皇に仕える内舎人（うどねり）（令制で90人）をはじめ，大舎人（左右各800人）・東宮舎人（600人）・中宮舎人（400人）や，官人子弟・郡司子弟からなる武的トネリの兵衛（左右各400人），そして親王らに与えられる帳内（ちょうない），貴族に与えられる資人（しじん）（位分（いぶん）資人・職分（しきぶん）資人）などに分化し，下級官人として位置づけられた。

とねりしんのう [舎人親王] 676〜735.11.14 天武天皇の皇子。母は天智天皇の女新田部（にいたべ）皇女。誕生順では6番目と考えられるが，「続日本紀」は第3皇子とする。子の淳仁（じゅんにん）天皇が即位した後，759年（天平宝字3）崇道尽敬（すどうじんきょう）皇帝と追尊された。8世紀前半，元正朝から聖武朝にかけて新田部親王とともに政界に重きをなし，720年（養老4）藤原不比等（ふひと）の死後，知太政官事に任じられた。また「日本書紀」編纂の任の中心ともなった。729年（天平元）の長屋（ながや）王の変では新田部親王とともに王の尋問にあたったが，735年，一品で没した。

とねりべ [舎人部] 大化前代の部。朝廷に上番して大王（おおきみ）の近習・護衛の任にあたった舎人を資養するために6世紀代に設置された部もので，国造（くにのみやつこ）制を前提としていた。この場合の舎人はおもに東国の国造の子弟であり，舎人をだした国造配下の人民の一部が舎人部とされ，彼らが貢納したものが国造を介して舎人の生活の資として提供された仕組みになっている。なお舎人部はたとえば檜隈（ひのくま）舎人部が檜隈宮にちなむものであるように，その設定時の大王の宮号を冠した。

とのい [宿直] 番を決めて官司や内裏に伺候すること。夜間を宿直と言い，夜のみをさして宿直とよぶことも多い。大宝令に内外諸司の宿直制が規定され，弁官が名簿によって

これを把握した。一方、内裏では衛府官人や舎人らの宿衛が古くから行われていたが、8世紀後半に創始された次侍従﨟﨟の制、9世紀初期にうまれた殿上の制などは、番こそ作らないものの宿侍者を大幅に拡大し、新たな官人統制の手段となった。

とのもりょう [主殿寮]「とのもんりょう・しゅでんりょう」とも。令制の宮内省所管の官司。職員令では頭（従五位下相当）・助・允・大属・少属各1人と殿部﨟﨟40人・使部﨟20人・直丁﨟﨟2人・駆使丁﨟﨟80人。輿・雨具などの管理や御湯舎の湯の調達、殿舎の庭の清掃、灯燭・松柴・炭燎﨟﨟などをつかさどった。伴部の殿部は日置・子部・車持﨟ち・笠取・鴨の負名氏﨟﨟から採用。9世紀末以降に形成された主殿寮領は、鎌倉初期以降は主殿頭を世襲した壬生官務﨟﨟家の相伝となった。

とばそうじょう [鳥羽僧正] ⇒覚猷﨟﨟

とばてんのう [鳥羽天皇] 1103.1.16〜56.7.2 在位1107.7.19〜23.1.28 堀河天皇の第1皇子。名は宗仁﨟﨟。母は藤原実季の女苡子﨟﨟。祖父白河上皇の待望の皇嗣として誕生し、1歳で皇太子に立てられた。5歳で父の死去により践祚。1117年（永久5）白河に養育された藤原璋子﨟﨟（待賢門院、公実の女）が入内し、19年（元永2）長子（崇徳﨟﨟天皇）の誕生をみた。この頃から白河と天皇との確執が生じたらしい。20年（保安元）の関白藤原忠実﨟﨟勅勘事件ののち、23年に天皇は白河の意志によって崇徳に譲位させられた。しかし、白河の死後、鳥羽上皇はその忠実を政界に復帰させ、皇位継承についても藤原得子（美福門院、長実の女）の所生子（近衛天皇）を後継者に決め、41年（永治元）崇徳からこれに譲位させた。さらに55年（久寿2）近衛が病死すると、皇位に後白河天皇をあて、崇徳をあくまでも排除した。翌年、上皇は死去し、同時に保元の乱がおきることになる。

とば・ふしみのたたかい [鳥羽・伏見の戦] 戊辰﨟戦争の発端となった戦。1867年（慶応3）12月の小御所会議で薩摩（鹿児島）藩などの討幕派が公議政体派を抑え、前将軍徳川慶喜﨟﨟に辞官・納地が命じられたが、慶喜はこれを拒んで大坂城に退き、公議政体派も巻返しをはかったため、薩摩藩は関東各地で挑発行動を展開した。翌年元旦慶喜は討薩の表を掲げ、翌日会津・桑名両藩兵を含む約1万5000人の幕府軍が進軍を開始、3日夜京都南郊の鳥羽・伏見で薩摩・長州両軍約4000人と衝突した。装備でまさる薩摩軍は幕府軍を圧倒し、翌日には朝廷から錦旗をさげた官軍が成立、淀・津両藩の寝返りもあって、6日幕府軍は敗走した。この戦で新政府における討幕派の主導権が確立し、7日には慶喜追討令が出て東征が開始された。

どばん [土版] 縄文晩期に特有の呪物﨟﨟で、長径10〜17cm程度の長方形または楕円形の板状の土製品。表裏に渦巻文・三叉文﨟﨟・連弧文・I字文などの特有な文様をもつほか、人面や乳房の表現を伴う例もある。同種の石製品を岩版という。土版は関東・東北地方に分布するが、岩版は東北地方北部に集中する。

●●●土版

とびざ [外山座] 大和猿楽の一つ。奈良県桜井市外山に本拠を構えていた座。本来は結崎﨟﨟座と同様に多武峰﨟﨟妙楽寺所属の猿楽だったが、早くから円満井﨟﨟座・結崎座・坂戸﨟ど座とともに興福寺薪猿楽・春日若宮祭にも参勤。長い間宝生﨟﨟座の古名とされていたが、「翁」を演じる組織の翁座としての外山座から能楽を主とする能楽の宝生座が派生した。宝生座という名は俗には流祖とされる観阿弥の長兄の芸名宝生に由来する。

とびち [飛地] 本拠である城付﨟﨟などの知行地に対して、遠隔地に分散して存在する知行地。江戸時代の大名、その家臣、旗本などの知行地において、全体がまとまって存在するいわゆる一円知行地の例は、一部の外様大名以外には少なく、ほとんどの場合は遠隔地の飛地知行地を含んだ。とりわけ譜代大名は本拠地に対して飛地の占める比率が高く、たとえば延岡藩内藤氏の場合、城料7万石に対して、城付とは別の日向国臼杵郡内に2万4000石余、同国宮崎郡内に2万4000石余、豊後国大分・国東﨟﨟・速見郡内に2万石余が分散していた。なお洪水などで本村と地続きでなくなった土地や、新田開発で本村と離れた場所に高請された土地も飛地といった。

どひはら・しんとくじゅんきょうてい [土肥原・秦徳純協定] 1935年（昭和10）6月27日の奉天特務機関長土肥原賢二少将と秦徳純察哈爾﨟省主席代理との会談。日本の特務機関員が張北で宋哲元軍に監禁された事件をきっかけに、関東軍は察哈爾省の親日化を画策、関東軍司令官の命をうけた土肥原が宋哲元軍の省外への撤退と謝罪、責任者の処罰、排日機関の解散などを要求した。秦はこれを受諾。梅津・何応欽﨟ん協定とともに華北分離をいっそう進めた。

とひもんどう [都鄙問答] 心学書。4巻。石田梅岩﨟﨟著。1739年（元文4）成立。田舎からでてきた者が京都の梅岩に分け隔てなく質疑応答する体裁をとり、16段からなる。朱子学的理解をふまえて人間存在の基軸である「性」を洞察し、それにもとづく日常の具体的な実践を「形に由

る心」によって説明する。その主張は現実の身分秩序自体を否定するものではないが、士農工商の相違を社会的役割の相違に限定し、四民の人間的平等を強調した。とくに当時根強く存在した賤商観や抑商論に反対し、商人の人間としての尊厳を擁護し、商業活動や利潤追求の正当性を強く訴えた点で、石門心学史・近世思想史において重要な位置を占める。「日本古典文学大系」「石田梅岩全集」所収。

とぶひ [烽] ⇨烽^{ほう}

とみおかせいしじょう [富岡製糸場] 1872年（明治5）10月群馬県富岡に開設された官営のフランス式器械製糸場。フランス人生糸検査技師ブリュナの指導のもとに、フランス式輸入器械300台と蒸気機関を据え付け、士族の子女などを集めて操業を開始した。優良な生糸を生産したが経営は赤字がちで、93年に三井に払い下げられたが、明治前期における各地の器械製糸場普及に大きな役割をはたした。1902年に原合名会社、38年（昭和13）に片倉製糸の経営となり、87年操業を停止。

とみおかてっさい [富岡鉄斎] 1836.12.19～1924.12.31　明治・大正期の南画家。京都生れ。石門心学・国学・漢学・陽明学など幅広く学問を修め、大田垣蓮月の感化もうけた。小田海僊^{かいせん}・浮田一蕙^{いっけい}らを訪ねて絵画制作を始め、明・清画に接して文人画を描く。幕末には勤王派として奔走。維新後は立命館の教員、神社の宮司などをへて、1881年（明治14）隠棲。以後文人生活をし、南画壇の中心的存在となった。京都市立美術工芸学校の修身担当教員、帝室技芸員、帝国美術院会員。

とみくじ [富籤] 賭博の一種。主催者が発売した券札を、後日に抽籤して当籤金を支払うもの。頼母子^{たのもし}（または無尽^{むじん}）の手法を利用し、1回限りで解散する取退^{とりのけ}無尽が原形となって、中世末に始まった。記号・番号による抽籤方式のほか、詞章による入札方式などの変形もある。賞金は売上額の一部を還元し、札元は損失をうけない。近世には富突^{とみつき}といい、寺社救済の御免富^{ごめんとみ}のほか各地で富籤を開催し、19世紀初期に盛行した。現在は宝くじ・競馬・競輪などが刑法の適用除外となっている。

とみずひろんど [戸水寛人] 1861.6.25～1935.1.20　明治・大正期の法学者。法学博士。加賀国生れ。東大卒。英・独・仏に留学し、法学・政治学を学ぶ。1894年（明治27）帰国し、帝国大学法科大学教授。ローマ法・民法学を担当。1903年貴族院議員, 当選5回。

とみつき [富突] ⇨富籤^{とみくじ}

とみながなかもと [富永仲基] 1715～46.8.28　江戸中期の町人学者。父は懐徳堂創設にかかった大坂の有力商人富永芳春。字は子仲、号は謙斎。幼少から三宅石庵に学ぶが、15～16歳頃に儒教を歴史的に批判した「説蔽^{せつへい}」を著し破門されたという。その後大乗仏教説の歴史的批判書である「出定後語^{しゅつじょうごご}」を著し、儒・仏・神の三教批判の上にたち、人のあたりまえに立脚する誠の道を提唱した「翁の文^{おきなのふみ}」を刊行。すべての教説・言語を歴史的に相対化する仲基の視点を支えるのは、加上の法則、三物五類の説とよばれる学問的方法論で、それが近代になって高く評価され、仲基の発見と顕彰の原動力となった。

ドミニコかい [ドミニコ会] スペイン人司祭ドミンゴにより1216年設立されたカトリック修道会。日本では1602年（慶長7）薩摩での活動を皮切りに、肥前・京都・大坂へ宣教を拡大した。その後江戸幕府によるキリシタン禁制政策が本格化したが、会士7人が日本に残留し、弾圧下のキリシタン組織として各所でロザリオの組を組織指導した。多くの殉教者を出しながらも37年（寛永14）まで活動が続いた。1904年（明治37）布教再開。

とみもとぶし [富本節] 富本豊前掾^{ぜんのじょう}が創始した浄瑠璃。常磐津^{ときわず}節・清元節とともに豊後節の系統に属し、豊後三流といわれる。豊後節禁圧後、江戸に残った門弟の宮古路文字太夫は1747年（延享4）常磐津と改姓し、常磐津節をおこした。文字太夫の弟弟子の小文字太夫も兄弟子と行動をともにしたが、翌年富本と改姓し独立、翌々年には受領して富本豊前掾となった。初世の実子は美声といわれ、2世豊前掾となり富本節の全盛期を作りあげたが、その期間は短かった。2世の在世中に清元節が富本節から独立し、新興の清元節におされて衰運をたどった。曲風も豊後系浄瑠璃のなかでは硬派の常磐津と、粋で軽妙な清元の中間的なものといわれる。

どみん [土民] 中世の土着の住民の総称。一般にはその土地の百姓をさすことが多いが、中央貴族の日記などの用例では、地方の在地領主・国人などまで含めている。

とめやま [留山] 江戸時代、領主が優良材の確保、財政赤字補填などを目的に農民による利用を排除し、面的に取りこみ、支配下においた直轄林。名古屋藩・高知藩・和歌山藩などで用いられた呼称で、御林^{おはやし}と称した幕府などでも用いられることがあった。山奉行などの役職がおかれ、地元の村方からも御林守が取りたてられた。優良林の枯渇化が進む寛文～享保期に多

く設定された。御林・立山・直山などということもある。なお山境や山利用に関する争論がおきた際、裁決までその利用が停止されるが、これも留山という。

どめん [土面] 縄文後・晩期にみられる土製の仮面。実際に顔にかぶるために目と口に穿孔した大型の仮面と、穿孔のないものがある。前者には鼻の大きく曲がった「鼻曲り土面」が特徴的。晩期には後者が多く、なかには直径10cm未満の小型品がある。縄文後期の東北地方には、仮面の部品と考えられる口・耳・鼻の土製品もある。

とも [伴] 各種の職務を奉じて大和政権に奉仕した官人。伴緒・伴造・部とも深い関連をもち、実態は一定しないが、朝廷の官人を総称して「臣連伴造国造百八十部」と記すことがあり、この「百八十部」に該当するか。殿部・水部・掃部・蔵部・史部などの宮内官的職務や、錦部・鍛冶部など宮廷工房の生産につく例があり、律令制下において各官司の伴部として残った者も多い。

ともうじ [伴氏] ⇨大伴氏

ともながしんいちろう [朝永振一郎] 1906.3.31～79.7.8 昭和期の物理学者。東京都出身。京大卒。湯川秀樹の中間子論について共同研究を行う。ドイツ留学後、東京文理科大学教授・東京教育大学学長。第2次大戦後くりこみ理論を発表し、プリンストン高等研究所に入る。1965年(昭和40)ノーベル物理学賞受賞。日本学術会議原子核特別委員会委員長。パグウォッシュ会議や科学者京都会議に参加。原水爆禁止や原子力平和利用のために活躍。学士院賞・文化勲章・朝日文化賞をうける。著書「量子力学」。

とものお [伴緒] 伴男とも。大和政権において伴や部を率いた官人。伴は官人で、これに従属する部を率い、伴緒は伴を統率することが多く、伴造に近い。「古事記」には天孫降臨に随従した「五伴緒」を記し、それぞれ中臣連・忌部首・猿女君・鏡作連・玉祖連の祖であるという。「万葉集」巻20の大伴家持の歌には「名に負う伴緒」とみえ、朝廷の職務を世襲的に分掌する負名氏としての自負がうかがわれる。

とものこわみね [伴健岑] 生没年不詳。9世紀半ばの官人。皇太子恒貞親王の春宮坊帯刀舎人であったが、842年(承和9)嵯峨上皇の重病に際し謀反を企てたとされ、上皇没後、橘逸勢とともに捕えられた(承和の変)。恒貞親王は皇太子を廃され、道康親王(文徳天皇、母は藤原冬嗣の女順子)がたてられた。健岑は隠岐国へ配流。865年(貞観7)恩赦により罪を免じられたとして入京したが、勅により出雲へ遷配となる。

とものみやつこ [伴造] 大和政権において伴や部を領有・管理し、朝廷の職務を分掌した官人。「臣連伴造国造百八十部」と称され、臣・連につづく地位を占めた。大伴連・物部連・中臣連など連は上級の伴造ともいうべきものであるが、一般に伴造というと、これ以下の身分である忌部首・玉作造・秦造・漢直などをさす。忌部首は紀伊・阿波などの諸国の忌部を統轄し、朝廷に必要な物資をださせた。「日本書紀」欽明元年8月条に、秦人の7053戸を戸籍につけ、秦大津父らを秦伴造としたとあり、伴造の勢威をうかがうことができる。律令制下に各官司では伴部—品部・雑戸の関係がみられ、伴部を伴造とも称したのは、大和政権の伴造の名残であろう。

とものよえもん [友野与右衛門] 生没年不詳。江戸前期の新田開発者。箱根用水の開削者。江戸浅草生れ。駿河国東部の水不足解消などのため芦ノ湖の水を黄瀬川に加水する用水路を計画。1666年(寛文6)4月小田原藩・沼津代官へ申請を出願、7月末から開削にかかり深良村名主大庭源之丞らの協力もあり70年通水し、約4000石の新田が開発された。与右衛門は同時期に武蔵国吉田新田(現,横浜市中区)開発にも工事人として参加。

とものよしお [伴善男] 811～868 9世紀半ばの公卿。大伴国道の子。伴中庸の父。830年(天長7)校書殿に伺候。以後、仁明天皇に用いられた。大内記・蔵人・式部大丞などをへて847年(承和14)蔵人頭・右中弁。848年(嘉祥元)参議。時に従四位下。右衛門督・検非違使別当・中宮大夫などを歴任。855年(斉衡2)藤原良房らと「続日本後紀」の編纂に従事。859年(貞観元)正三位。864年大納言。貞観初めからも左大臣源信らと対立し、866年応天門が焼失すると源信の放火と告発。しかし大宅鷹取が善男・中庸父子の陰謀を密告し、善男は伊豆国へ、中庸は隠岐国へ配流となり、莫大な田宅・資財が没収された(応天門の変)。2年後赦免となる。

ともべ [伴部] [とものみやつこ・ばんぶ・はんぶ]とも。律令制下、諸官司の下級技術官人の総称。雑任の一つ。式部判補で任用され、番上で勤務して考課をうけ、課役を免除された。内蔵寮の蔵部・百済手部などのように部の字を付して称される。多くは品部・雑戸を伴い、種々の現業部門の作業にあたった。特定の氏族から任用される者が多

く，その氏を負名氏 $_{ふのし}$ という。また品部・雑戸から徴用されることもあった。大化前代の伴造 $_{とものみやっこ}$ のうち，上級者が四等官や才伎人 $_{さいぎのひと}$ などに，下級者が伴部に編成されたと考えられているが，品部との区別が明らかでないものや，令制で新しく編成されたものもある。

とやまけん [富山県] 本州中央部の日本海側に位置する県。旧越中国を県域とする。1871年(明治4)廃藩置県により富山藩領は富山県，金沢藩領は金沢県となった。同年11月新川 $_{にいかわ}$・婦負 $_{ねい}$・礪波 $_{となみ}$ 3郡は新川県，射水 $_{いみず}$ 郡は能登の七尾 $_{ななお}$ 県に属した。72年七尾県の廃止にともない，射水郡を合併して越中国全域が新川県となったが，76年石川県に併合された。83年越中国全域を分離して富山県が再置され，現在に至る。県庁所在地は富山市。

とやまばいやくしょうにん [富山売薬商人] 定置販売方式によって全国の家庭をめぐる，越中国富山を中心にした薬の行商人。富山売薬商人の他国行商は，元禄頃に始まり現代まで続いている。江戸時代は富山藩の統制・保護下にあり，明和頃には株仲間を結成していた。1853年(嘉永6)の売薬商人は2258人で，得意先別に21組にわかれていた。顧客ごとに口座を記した懸場帳 $_{かけば}$ をもち，顧客の家では前年の配置薬のうち服用分を補充して代金をうけとり，残薬は新品に差し替えて取引を継続した。

とやままさかず [外山正一] 1848.9.27～1900.3.8 明治期の教育者・社会学者・詩人。江戸生れ。号は $_{ひ}$ 山 $_{さん}$。蕃書調所 $_{ばんしょしらべしょ}$ で英学を学び，1866年(慶応2)幕命でイギリスに渡る。のち外務省勤務でアメリカに渡るが，外務省を辞してミシガン大学に留学，化学・哲学を学ぶ。76年(明治9)開成学校教授，93年帝国大学ではじめて社会学を担当。97年東京帝国大学総長，翌年文相。『新体詩抄』刊行，進化論の紹介，漢字廃止とローマ字化の提唱など多方面で活躍した。

とよ [台与] ⇨壹与 $_{いよ}$

とようけだいじんぐう [豊受大神宮] ⇨伊勢神宮 $_{いせじんぐう}$

とよくにじんじゃ [豊国神社] 京都市東山区茶屋町に鎮座。旧別格官幣社。祭神は豊臣秀吉。1868年(明治元)明治新政府は豊臣氏滅亡以後衰退した豊国廟を再建することとし，75年社地を現在地に決定，80年に遷座した。例祭は9月18日。南禅寺金地院より移築した唐門は伏見城の遺構で，国宝。摂社の貞照社は1925年(大正14)の創建で，北政所吉子命(高台院)を祭る。

とよださきち [豊田佐吉] 1867.2.14～1930.10.30 明治～昭和前期の発明家・実業家。遠江国生れ。小学校卒業後，家業の大工を継ぐ。1885年(明治18)専売特許条例公布に刺激され発明を志し，97年日本初の動力織機を完成。これに注目した三井物産は99年井桁 $_{だ}$ 商会を設立し製造・販売を盛んに行ったが，佐吉は数年で同商会を離れた。1906年三井物産は豊田式織機会社を設立し，佐吉の発明の工業化を行ったものの，佐吉は10年に辞任。佐吉は晩年まで力織機の発明に力を注ぎ，多数の特許を取得したが，その実用化を主目的に複数の紡織工場を所有，21年(大正10)に中国の上海に豊田紡織廠も創立した。26年(昭和元)豊田自動織機製作所を創立。

トヨタじどうしゃ [トヨタ自動車] 日本最大の自動車メーカー。豊田自動織機製作所で自動車製造の研究開発を開始した豊田喜一郎は，1933年(昭和8)に自動車部を設置，35年乗用車，ついでトラックの試作に成功，37年製作所から自動車部門を分離独立させてトヨタ自動車工業を創立した。第2次大戦中は軍用トラックや軍用機などの製造を行ったが，戦後民需への転換を進め，55年純国産車トヨペットクラウンを発売し，72年には年間生産200万台を突破，世界有数の自動車メーカーに成長した。50年4月以来分離独立していた販売部門のトヨタ自動車販売を，82年7月に吸収合併し，トヨタ自動車と改称。

とよとみし [豊臣氏] 織豊期の武家。豊臣秀吉に始まり，2代で絶えた。秀吉ははじめ木下氏，のち羽柴氏を名のる。姓は信長の後継という立場から平姓だったが，1585年(天正13)7月近衛前久 $_{さきひさ}$ の猶子となり藤原に改姓して関白に就任。さらに新姓の創出を申請し，「天地長久万民快楽」の意をこめて豊臣に改姓した。勅許は太政大臣就任を機に行われたようである。以後，豊臣姓は弟秀長や甥の秀次のほか宇喜多秀家など有力諸将にも与えられ，同氏により大名掌握・統制をはかった。秀吉没後，子の秀頼があとをつぐも，関ケ原の戦・江戸開府などをへて，豊臣氏は公儀権力から転落，1615年(元和元)大坂夏の陣で徳川氏に滅ぼされた。→巻末系図

とよとみひでつぐ [豊臣秀次] 1568～95.7.15 織豊期の武将。父は豊臣秀吉の近習三好吉房，母は秀吉の姉瑞竜院日秀。三好康長の養子となる。1584年(天正12)小牧・長久手の戦で有力武将を失うなどの失態から叱責をうけ，翌年の紀州・四国攻めの功により，近江などで43万石を与えられる。90年の小田原攻め従軍後は，織田信雄改易後の尾張・北伊勢を領し清須 $_{きょす}$ 城に入る。91年秀吉の子鶴松が夭折したため，関白職を譲られ聚楽第に住した。朝鮮出兵時には，それに専心する秀吉にかわり，人掃令の発令など国内統治にあたった。しかし93年(文禄

2）秀頼が生まれて秀吉と不和になり，謀反を疑われ高野山に追放のうえ切腹。妻子・側室も京都三条河原で処刑された。

とよとみひでよし　[豊臣秀吉]　1537.2.6～98.8.18　織豊期の天下を統一した武将。尾張国愛智郡中村生れ。百姓弥右衛門の子。母はなか（天瑞院）。尾張を出，松下之綱に仕えた後，織田信長に仕える。はじめ木下藤吉郎。信長入京後は京都の民政にあたり，1573年（天正元）北近江の長浜城主となる。この頃から羽柴姓を用い，77年10月からは中国攻めに従事。82年6月本能寺の変に接し毛利輝元と急ぎ和睦して，山崎の戦で明智光秀を倒す。83年4月，柴田勝家を賤ケ岳の戦で破って信長の後継者の地位を固め，大坂城を本拠とした。84年，小牧・長久手の戦をへて徳川家康を臣従させ，85年関白，翌年太政大臣となり，豊臣姓を受けた。四国・九州に続き，90年，関東・奥羽を服属させ，全国統一を完成。92年（文禄元）からは「征明」を意図して朝鮮に出兵（文禄・慶長の役）したが，朝鮮水軍の抵抗などに苦戦するうちに，98年（慶長3）8月死去。秀吉は，ほぼ全国に行った太閤検地と刀狩によって兵農分離を完成させ，近世社会の基礎を築いた。また九州攻めの後，バテレン追放令を出しキリスト教の布教を禁じたが，ポルトガルとの貿易は継続したので徹底しなかった。

とよとみひでより　[豊臣秀頼]　1593.8.3～1615.5.8　織豊期の武将。秀吉の子。側室浅井氏（茶々の淀殿）を母として大坂城内で誕生，拾と名づけられた。1594年（文禄3）伏見城に移る。翌年，養嗣子秀次を処分した秀吉は，有力大名に秀頼への忠誠を誓約させた。秀吉の死後，遺言により大坂城へ移る。1600年（慶長5）関ケ原の戦後は実質上，摂津・河内・和泉65万石余の大名となるが，公儀権力としての側面も保持，官位も徳川氏との均衡を保ちながら累進。この間徳川秀忠の女千姫と結婚，11年に二条城で徳川家康と会見した。14年，方広寺鐘銘事件をきっかけに大坂冬の陣が勃発，翌年の夏の陣で大坂城が陥落。母淀殿とともに自害し，豊臣氏は滅んだ。

とよのあかりのせちえ　[豊明節会]　新嘗祭の翌日の辰日，または大嘗祭3日後の午日に，天皇臨席のもとで行われる公的な宴会をいう。新嘗祭では，祭に献上された白酒・黒酒などを用いる直会の要素もあった。節会では，国栖の奏，御贄献上（大嘗祭は久多米などの歌舞奏上が加わる），さらに大歌・五節舞・立楽（同じく大和舞）が奏され，賜禄・叙位が行われた。称徳朝では西宮前殿でもよおされ，平安京では豊楽院，のち紫宸殿で行われた。

とらいじん　[渡来人]　⇨帰化人

とらいせん　[渡来銭]　平安時代中頃から中世にかけて中国から大量にもたらされた銭貨。江戸時代になるまで日本の貨幣経済を担った。宋・明銭が多く，全国各地の遺跡から出土する。大量の銭が甕などに入れられて埋められていることも多く，北海道函館市志苔館遺跡では3個の大甕に37万枚余におよぶ銭が収められていた。備蓄されたもの，地鎮などの祭祀的な意味をもつなどの説がある。

トラウトマンわへいこうさく　[トラウトマン和平工作]　日中戦争の初期，日本が駐華ドイツ大使トラウトマンを仲介者とした対華和平工作。1937年（昭和12）10月，広田弘毅外相がドイツの和平斡旋を打診し，親日路線に傾いていたドイツ外務省も乗り気となり，11月初旬には日本の和平条件が提示された。しかし日本の条件がその後加重されたため，中国側の態度も硬化し，38年1月には暗礁に乗り上げ挫折した。

トラスト　同一の産業部門に属する企業が，(1)営業の受託，(2)持株会社の設立，(3)合併，を通じて単一の意思決定主体のもとに結合した組織形態。基本的目的は市場の独占，価格の規制にあると理解される。参加企業が法的独立性を失っている点で，カルテルより強度の独占形態。日本では主として(3)の方法があげられる。東京人造肥料を中心とする大日本人造肥料の設立（1908～10），上位企業の合併による東洋紡の設立（1914）が先駆的事例だが，市場規制力は低位にとどまった。1930年代の官営八幡製鉄所と民間系企業の合併による日本製紙の設立，王子製紙による富士製紙の合併，大日本麦酒による日本麦酒鉱泉の吸収・合併が市場規制力を強化した点で，日本のトラストの典型的事例とされる。

とらづかこふん　[虎塚古墳]　茨城県ひたちなか市中根にある古墳後期の装飾古墳。墳長56.5m，後円部径32.5mの前方後円墳で周濠をもつ。埋葬主体は後円部の横穴式石室で，奥壁と両側壁に白土と赤色顔料で壁画が鮮やかに描かれる。連続三角文・環状文・蕨手文・円文・弧線などの抽象文，大刀・槍・矛・靫・鞆・盾・鐙・靭などの武器・武具・馬具が配される。副葬品は少なく大刀・刀子・鏃・毛抜き状鉄製品など。7世紀前半の築造とされる。国史跡。

とらのもんじけん　[虎の門事件]　1923年（大正12）12月27日の虎の門での摂政裕仁（昭和天皇）暗殺未遂事件。山口県選出の代議士難波作之進の四男大助は早稲田高等学院に入学したが中退。この時期社会主義思想に開眼し，テロリズムに共感。病気で帰郷中に関東大震災後の諸事件で反天皇思想を固め，摂政暗殺を決意。父の杖銃を持ち出して上京。議会開院式に

向かう摂政の車を虎の門で待ちうけ，10時40分頃狙撃したが失敗。直ちに逮捕され，翌年11月13日死刑の判決をうけ，15日処刑された。この事件で山本権兵衛ごんべえ内閣は総辞職。父は代議士を辞職し，蟄居ちっきょ閉門中死去した。

とりい[鳥居] 神社で神域・境内などの神聖な区域を示す建造物。社頭・参道などにたてられることが多い。起源については日本固有説，中国・インド起源説など諸説ある。古くは門の一種とされた。鳥居の呼称が記録にみえるのは10世紀で，「鳥の居る所」が語源とされる。2本の柱の上部をほぼ水平に2本の横木が走るのが基本的な形態であり，神明鳥居をはじめ多くの種類に分類される。材質も木・石・金属など多様。

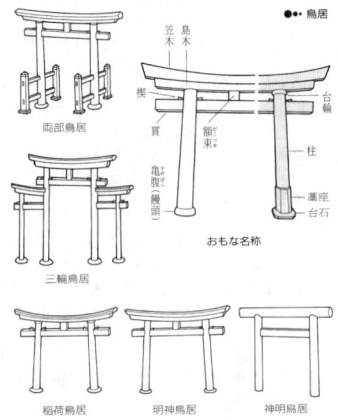

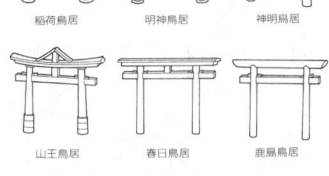

●●鳥居

両部鳥居

笠木
島木
楔
貫
亀腹（饅頭）
台輪
柱
藁座
台石

おもな名称

三輪鳥居

稲荷鳥居　明神鳥居　神明鳥居

山王鳥居　春日鳥居　鹿島鳥居

とりいきよなが[鳥居清長] 1752～1815.5.21 江戸中期の浮世絵師。本姓関口，俗称市兵衛。鳥居家3代清満の門人で，明和末年から清満や鈴木春信の画風にならった錦絵を制作。安永期には礒田いそだ湖竜斎の影響をうけたが，天明期には，すらりとした長身に健康的な色香をただよわせた独自の美人画風を確立した。大判錦絵を横につなげた2枚続・3枚続の画面に江戸の風景を得意とした。また役者絵に浄瑠璃の太夫を描いた出語り図でがたを考案した。師清満の役後に鳥居家を継いでからは家業の芝居看板絵・番付絵に専念した。

とりいきよのぶ[鳥居清信] 1664～1729.7.28 江戸前期の浮世絵師。俗称庄兵衛。大坂生れ。1687年(貞享4)女方役者の父清元とともに江戸に下り，歌舞伎界と結びついて絵看板を描き始めたと伝えられる。97年(元禄10)頃から版本草子・入人狂言本などの挿絵，また「瓢箪足蚯蚓描びょうたんあしみみずがき」の描法で役者絵の一枚絵を描き，役者絵界での地位を確立して，現代まで続く鳥居家の初代となる。

とりいすねえもん[鳥居強右衛門] ?～1575.5.- 戦国期の武将。一説に実名勝商かつあき。三河国長篠城主奥平信昌の家臣。1575年(天正3)長篠城が武田勝頼軍に包囲された際，援軍要請の密使として城を脱出。岡崎城に赴き徳川家康・織田信長から即時出陣の返事をもらい，帰城途中で武田軍に捕らえられた。武田軍は強右衛門を城近くに連行，援軍は来ないといわせようとした。彼は偽って承諾し，城中にむかって「援軍が到着する」と叫んだため，磔はりつけにされた。

とりいようぞう[鳥居耀蔵] 1796.11.24～1873.10.3 江戸後期の幕臣。父は大学頭林述斎。鳥居家の養子。名は忠耀ただてる。甲斐守。目付時代に江川太郎左衛門英竜とともに江戸湾海防巡見を行うが，改革case江川と対立，洋学者への反感から蛮社の獄ばんしゃのごくを引き起こした。1841年(天保12)南町奉行となり，老中水野忠邦の改革政治の実行者として市中取締に辣腕をふるい，妖怪(耀甲斐)と恐れられた。44年(弘化元)開国勧告のオランダ国書を巡る評議で老中阿部正弘と対立，在任中の不正が発覚して免職改易された。

とりいりゅうぞう[鳥居竜蔵] 1870.4.4～1953.1.14 明治～昭和前期の人類学・民族学・考古学者。徳島県出身。東京帝国大学人類学教室で坪井正五郎に師事。当初は坪井を助けて国内各地を調査したが，1895年(明治28)の中国遼東半島の調査を皮切りに，千島・台湾・中国南部・同東北部・朝鮮・モンゴル・シベリアなどの考古学的・人類学的調査に従事。日本人として空前絶後の行動で，調査結果は先駆的業績として評価された。この間，東京帝国大学から上智大学，さらに中国燕京えんきょう大学に転じた。著書「有史以前の日本」「考古学上より見たる遼之文化」。

とりおい[鳥追] 稲などをついばむ鳥を追うまねごとをする小正月の予祝行事。おもに関東・東北地方や長野県に分布する。子供たちが田の中に小屋を建て，注連飾しめかざなどで屋根を葺いたあとそこにこもる。正月15日の夜に小屋に火をつけ，「たいと(大唐)の鳥が渡らぬ先に」などと鳥追歌を唱える。これは左義長さぎちょうな

とりか

どの火祭とも関係する型だが、夜に大人も子供と一緒に鳥追歌を唱えて地区を回る山形県西田川郡の例や、カマクラの雪室を拠点に各戸を回る秋田県の例、七草の行事と習合した山陰地方の例がある。

とりか [取箇] 江戸時代、田畑からの収穫物のうちの幕府や領主の取分。年貢・物成・成箇などと同義語。五公五民、免いくつ何分何厘というように、生産物全体のうちの領主の取分を示すのがもともとの意味だったと考えられる。本来は現物の米で納められる年貢をさしたようだが、一般には石代納などの貨幣納にるものも含めた、広い意味で使用される。

とりつけ [取付] 信用不安の発生時に預金者が預金引出しのために金融機関に殺到すること。連鎖的に波及し金融恐慌をひきおこす。日本では1927年（昭和2）3～4月のものを最大として頻発したが、銀行法の制定により中小銀行の集中・合併が進みほぼ例を絶った。第2次大戦後は、政策的に業界全体として保護していくとする護送船団方式や預金保険機構などの防止対策が確立した。

とりのこがみ [鳥の子紙] 雁皮を原料にした光沢のある強靱な和紙。やや薄茶色をし、鶏卵の殻の色に似るところからこの名がある。室町時代には越前産のものが都への土産として珍重されたと記される。紙質は優れているが原料の雁皮が栽培できないため、江戸時代には写経や上紙、領主発給の文書などに用いられ、大衆に広く用いられることはなかった。

とりはまかいづか [鳥浜貝塚] 福井県三方町にある縄文時代の低湿地性貝塚。縄文草創～前期の遺物を出土。三方湖に注ぐ鰣川と高瀬川の合流点付近に位置し、海抜下に遺物包含層が形成されるため、漆器・木器などの有機質の遺物や、食料残滓である動植物の遺存体が当時のままに保存され、縄文時代の道具と製作技術や食生活の復原に役立つ膨大な資料が出土して、縄文時代のタイムカプセルともよばれるものには漆器・木器、漆塗櫛・飾り弓・丸木弓・丸木舟・櫂・石斧柄・編物・縄など、また糞石も検出された。ヒョウタンの果皮と種子が出土し、縄文時代の栽培植物として注目された。国史跡。

とりぶっし [止利仏師] ⇨鞍作鳥

とりべの [鳥辺野] 鳥部野・鳥戸野とも。京都市東山区の地区名。現在は清水寺南西から大谷本廟（西大谷）一帯をおもにさす。平安京成立以来の葬地で、9世紀からしばしば記録にみえる。中世になると化野とともに京都を代表する葬墓地になった。のち大谷本廟の移転や豊国廟の造営のため、現在の地域に範囲が狭められている。

どりょうこう [度量衡] 度は長さ、量は容量、衡は重量の意。またそれぞれを計量する物指さし・枡・秤などの計量器、計量手段や計量方法などをさすこともある。人間の社会生活で最も原初的な計量の手段は身体の一部を基準とする方法で、手・腕・足・腰まわりや毛髪などが用いられ、これらの一部は後世の基準単位となった。「古事記」「日本書紀」によれば、長さに束・寸・咫、容量に舛（積）、重量に両など日本固有の計量単位がみられる。中国から計量単位が輸入され、さらに古代律令制が整備されるに至って、中国を模倣した日本の計量制度が成立。その後、各種の計量器の形状が大きく変化することはなかったが、単位体系は日本の実情に応じて独自の発展をとげた。中世には荘園制の発達にともなって、度量衡の制度も地域によって異なるが、近世になると権力によって統一が図られた。江戸幕府は枡座・秤座・分銅役所（分銅座）を設置して、計量器の製作・販売・検定を行わせた。明治政府は、従来の制度を尺貫法として確定する一方、西洋型の計量器を導入し、当時の国際的な計量単位系であるメートル法条約に加入。現在ではさらに統一的な単位系である国際単位系（SI）が採用されている。⇨巻末表

どるい [土塁] 土居とも。土を盛りあげ土手状にした防御施設。城郭などの周囲に築き城壁とした。断面は三角形ないし台形となる。土をたたきしめた敲土居と芝を張った芝土居があり、土を薄い層状につき固めて積み重ねたものを版築土塁とよぶ。弥生時代の環濠集落や古代山城から用いられ、中世城郭では一般的になり、平城で先行して使用され、山城に出現するのは戦国期に入ってから。近世には石垣の例が多くなる。

ドルかいじけん [ドル買事件] 1930年（昭和5）1月の金解禁から31年12月の金輸出再禁止までの期間に行われた内外の銀行・会社・個人によるドルの思惑的買付け。金解禁が世界恐慌と重なったため、解禁直後から内外の銀行による円の兌換請求と正貨の海外現送が行われた。政府は金本位制維持のため、30年7月から顧客の請求に応じて無制限にドルを売り、為替相場の維持を図る「為替統制売り」を横浜正金銀行に命じた。しかし、31年9月にイギリスが金本位を離脱すると、日本も金本位離脱必至という思惑が生じてドル買いは激化し、統制売りは失敗に終わった。31年12月の金輸出再禁止以後円相場は急落し、ドル買い側は巨額の為替差益を得た。

ドルショック ニクソン・ショックとも。1971年（昭和46）8月15日ニクソン米大統領が発表した金交換の停止、輸入課徴金賦課などのドル

防衛政策が日本経済に与えた一大衝撃。新政策は円の対ドルを替レートの切上げを迫り、1ドル=360円で採算を立ててきた日本産業には大打撃が予想され、ドル売り・円買いの投機が激発して、為替市場は大混乱におちいった。同年末スミソニアン体制で1ドル=308円に切り上げられた。

トルーマン Harry Shippe Truman 1884.5.8〜1972.12.26 アメリカ第33代大統領(民主党、在職1945〜53)。1945年4月ローズベルト大統領の急逝により副大統領から大統領に昇格。ポツダム会談・原爆投下承認など第2次大戦の早期終結をめざし、戦後は共産主義勢力への対抗を宣言したトルーマン・ドクトリンを発表。マーシャル・プランなどが具体化され、対日占領政策も転換した。朝鮮戦争への米軍出動を勃発直後に決定したが、51年にマッカーサーを解任。

ドルメン ⇨巨石記念物きょせきねんぶつ

トルレス ⇨トレス

トレス Cosme de Torres 1510〜70.9.3 スペインのバレンシア生れのイエズス会宣教師。1549年(天文18)ザビエルとともに鹿児島に上陸。51年ザビエル離日後、その後任者となる。豊後の大友宗麟の保護をうけた。63年(永禄6)大村純忠に授洗。鹿児島・山口・豊後などで布教し、20年近く日本布教の責任者を勤めた。ザビエルの布教方針を継承して日本への適応主義を実践し、3万人に授洗したという。70年(元亀元)カブラルにその職責を譲り、肥後国天草に志岐で没。

とろいせき[登呂遺跡] 静岡市登呂に広がる弥生後期の農業集落遺跡。遺跡のある静岡平野の西側一帯は安倍川の扇状地が形成され、先端部の各所に発達した微高地に面する低地は湧水帯をなす。登呂遺跡はこの地形的特徴を利用して、微高地上を居住域、低地を水田とした遺跡。第2次大戦中の1943年(昭和18)軍需工場建設にともなう工事でおびただしい数の矢板や杭列が発見され、大量の遺物が出土。この年の緊急調査で弥生後期の集落および水田遺跡であることが判明。戦時下で十分な調査はできず、本格的調査は戦後にもちこされた。47年、登呂遺跡調査会が組織され、考古学・民俗学・社会学・地理学・建築学・動植物学・古代史・農学など各分野の研究者によって学際的な総合調査が行われた。学史的にも重要な遺跡。これまで6回にわたる調査では、遺跡北西に弥生後期の住居跡12軒、倉庫跡2棟が検出され、南東部に水田跡が広がっていることが明らかになった。住居は楕円形平地式で、周囲に幅2mほどの周堤をめぐらし、この内側に土留め柵、外側に杭が打ちこまれていた。住居内からは炉跡と4本の柱穴が確認され、柱穴内に礎板をおく。倉庫跡は1間×1間の高床式の建物で、鼠返しや梯子を検出。第1次調査では、集落の南西部から森林跡が発見され、そこに高床式倉庫があったとされるが、これが集落と同時期のものかは不明。水田遺構は畦畔けいはん・水路によって区画され、約49面以上とされ、水田面積は最大2396m²、最小375m²で、この時期の全国の水田例とくらべ、かけはなれて広い。水路跡では堰せきや樋などの施設が確認され、当時の灌漑技術の高さを示す。遺物は土器・木器・石器・金属器・骨角器・織物・玉類など膨大な量にのぼるが、とくに木製品は鉢・高坏たかつき・盤・椀などの容器類、杵・匙さじ・腰掛・下駄・発火具・機織具などの日用品、弓・木刀・木剣など武器または祭祀用具、平鍬・馬鍬・鋤・臼・杵・田下駄・田舟など農耕具、柱・板・鼠返しなど建築材など種類が豊富で、弥生時代の生活を復原するに十分な内容をもつ。出土土器は登呂式土器と命名され、弥生後期前葉の標式とされる。国特別史跡。

とわずがたり[とはずがたり] 鎌倉後期の女流日記文学。5巻。作者の後深草院二条は源通親の曾孫で、源(久我)雅忠の女。4歳で後深草院の御前所に迎えられ、やがて上皇をはじめ西園寺実兼・性助法親王・鷹司兼平、さらには亀山上皇などと次々に関係をもち、少なくとも4人の子供を生む(巻1〜3)。30歳をすぎて出家し、鎌倉・善光寺・奈良・厳島から、四国・中国地方へと修行の旅を続けた(巻4・5)。これは9歳のときにみた「西行が修行の記」に深く影響された結果という。「源氏物語」などの影響が強く、細部のすべてを事実とみるのはためらわれる。「増鏡」に材料として利用される。「完訳日本の古典」「新日本古典文学大系」所収。

トンキン[東京] ベトナム北部をさす地域呼称。14世紀末以降、タインホアの西部に対し、ハノイが東都・東京とよばれたが、17世紀に黎れい朝が分裂すると南部の阮げん氏領をコーチシナ、北部の鄭てい氏(黎朝)領をトンキン(東京の中国読みであろう)とする呼称が広まった。当時のトンキンは朱印船・中国船・オランダ船などを介し、大量の生糸・絹織物を日本に輸出したため、江戸時代の長崎には東京通事もおかれていた。

とんこうせっくつ[敦煌石窟] 中国甘粛省敦煌市に残る仏教石窟寺院で、千仏洞・西千仏洞・楡林洞・水峡口窟をあわせた総称。千仏洞の莫高窟が最大規模で、約490の石窟が残る。現在確認できる最古のものは、北涼時代の5世紀初めといわれ、文書記録に残る4世紀中頃の窟は未確認。明代の16世紀中頃に造営が終

わる。敦煌は河西走廊西端に位置するシルクロードの出入口で、東西文化交流の中継地として栄えた。

どんちょう [曇徴] 生没年不詳。7世紀の高句麗からの渡来僧。610年(推古18)高句麗王から貢上されて法定^{ほうじょう}とともに来朝。五経に詳しく、よく彩色(絵具)・紙墨を作り、また碾磑^{みずうす}(水力を利用した臼)も造ったという。「聖徳太子伝暦」によると、聖徳太子は曇徴を斑鳩宮^{いかるがのみや}に招き、ついで法隆寺に止住させたという。

とんでんへい [屯田兵] 北辺防備と開拓をかねて北海道で実施された土着兵制度。1873年(明治6)12月開拓次官黒田清隆の建白により決定。75年8月最初の屯田兵村が札幌郊外の琴似^{こと}に設置され、宮城・青森・酒田各県および北海道の士族、198戸965人が入植した。90年応募資格を士族から平民に拡大した。1900年募集中止、04年9月屯田兵条例が廃止されるまで、25年間に入植した屯田兵村は37カ村、兵数7337戸、開墾実績2万382町歩であった。

トンド ⇨左義長^{さぎちょう}

な

ないい [内位] 内階とも。律令位階制で、外位^{げい}に対する一般の位階のこと。正一位から少初位下まで30階。外位が外従八位下のように外の字を付すのに対し、内位は従八位下のように原則として内の字をつけない。一般の京官と国司などの職事官^{しきじ}と雑任^{ぞうにん}がこれに相当。本来内位から外位に転ずることはなかったが、728年(神亀5)外五位と内五位との格差を設けてから、六位から五位に昇る場合に外五位をへて内五位に転ずる例も多くなった。

ないいん [内印] 律令制下の印。印面は3寸四方で「天皇御璽^{ぎょ}」を印文とし、律令に規定された印の最大のもの。公式令に五位以上の位記と諸国に下す文書に捺すように定められていたが、諸国に下す小事に捺印を守らない事例がでてきたため、720年(養老4)一部の小事については外印(太政官印)ですませることとした。「延喜式」には詔書の頒下など内印を捺すべき大事の類例があげられている。内印を捺すには弁官を通して手続きが行われるが、これを請印^{しょういん}といった。

ないかく [内閣] 近代における国家の最高行政機関。1873年(明治6)の太政官職制で国政の中枢となる参議の合議体を内閣と呼称。85年12月、行政府の強化・能率化をめざして太政官制を廃止し内閣制度を確立した。外務・内務・大蔵・陸軍・海軍・司法・文部・農商務・通信の諸省の長官である各国務大臣とそれを統轄する内閣総理大臣により内閣を構成。初代の伊藤内閣の成立と同時に、内閣職権で総理大臣の統制権を規定した。89年の大日本帝国憲法では各大臣の天皇への輔弼^{ほひつ}責任が明文化されたが、議会への責任は不明確であった。同年内閣官制が制定され、法律案・予算決算案・条約案など重要案件はかならず閣議をへることが定められた。議会開設当初は藩閥政治家が「超然内閣」を組織し、98年の憲政党の大隈内閣が最初の政党内閣である。第1次大戦後、1920年代には政党内閣が「憲政の常道」となったが、32年(昭和7)以後政党内閣は没落し、軍部が影響力を強めた。第2次大戦後の47年5月、日本国憲法と内閣法の施行の結果、国家の最高行政機関としての内閣の地位が明確になり、議院内閣制が採用され、国会に対する内閣の連帯責任制も明らかにされた。以後、政党内閣が続いている。

ないかくじょうほうきょく [内閣情報局] 正称は情報局。第2次大戦期に情報宣伝活動を所

掌とした内閣の外局。1940年(昭和15)12月6日設置。総裁は親任官で国務大臣が兼ねることもあった。各庁の情報に関する連絡機関であった内閣情報部(36年7月1日設置の内閣情報委員会が37年9月25日昇格)を改組した機関だが、任務は大きく異なり、情報収集・宣伝のほか言論報道の指導・検閲・取締りを行った。しかし軍事関係は大本営報道部などの所管であった。両者は45年4～6月にようやく情報局に統合された。敗戦後GHQの覚書により取締り機能が停止させ、45年12月31日廃止。

ないかくそうりだいじん [内閣総理大臣] 内閣の首班として国家の行政を担当する最高の官職。略称は総理・首相。1885年(明治18)内閣制度の確立の際、各大臣を統轄する官職として設置。初代総理は伊藤博文。同年制定の内閣職権ではその権限は「大政ノ方向ヲ指示シ行政各部ヲ統督」するものとされたが、89年の内閣官制では若干弱められた。大日本帝国憲法では総理大臣の任免は天皇の大権であったが、実際には元老あるいは重臣の推薦により任命されるのがふつうであった。総理大臣の権限は統帥権には及ばず、軍部を十分に掌握できなかった。1947年(昭和22)日本国憲法の施行により、総理大臣は国会議員から国会により指名され、内閣の首長として大臣の任免権をもつなど権限が強化された。

ないかくぶんこ [内閣文庫] 国立公文書館内の一課となっている国書・漢籍の専門図書館である。同時に国立国会図書館の支部図書館でもある。蔵書数約53万冊。1884年(明治17)に設置された太政官文庫を直接の淵源とする。江戸幕府の紅葉山文庫・昌平坂学問所の蔵書を基幹とし、さらに和学講談所・医学館の蔵書を加えたほか、明治維新以後に太政官において収集した洋書などの図書・記録類を含む。伝来する幕府の記録には「日記」「国絵図」「郷帳」「正保城絵図」「諸州古文書」などがあり、明治期以降の収集古文書には「大乗院文書」「東大寺文書」「朽木家古文書」のほか、編纂記録として「府県史料」などもある。

ないかん [内官] ⇒京官きょう

ないかんれい [内管領]「うちかんれい・うちのかんれい」とも。鎌倉後期、北条氏得宗家の執事。得宗家の家臣を御内人みうちというが、「御内の管領」の略であろう。得宗(北条氏惣領)の地位が強化されるにつれ、その家政機関得宗公文所くもんじょの整備も進み、長官(家令・執事)の権威も増大した。さらに得宗専制体制が確立する13世紀後半、御内人勢力の頂点に立つ執事平頼綱は、新たに内管領と称され、その権勢は霜月騒動をへて極盛期を迎えた。だがこれを危惧した得宗貞時は頼綱を殺害(平禅門へいぜんもんの乱)。一時、北条氏一族の宗方が「内の執権」となったが、その後は御内人長崎高綱・高資たかすけ父子が本職を世襲、得宗高時をしのぐ専権をふるった。

ないくう [内宮] ⇒伊勢神宮いせじんぐう

ないこうかもんきょう [内行花文鏡] 内区の主文が連弧文で構成された鏡。その様が花弁が内向きに連なった状態に似ることから名づけられた。中国では連弧文鏡に含まれ、後漢代に盛行した。弧の数は8弧が主体だが仿製ぼうせいのものは4～11弧もある。鈕座ちゅうざには四葉しようざ座・蝙蝠こうもり形座・九曜きゅうよう座などがあり、四葉間に「長宜子孫」などの銘をいれたものも多い。また四葉座の鏡には、連弧文帯の外周に雲雷文帯がめぐるものもある。朝鮮半島では楽浪らくろう古墳、日本では弥生時代の遺跡からも発見されるが、前・中期古墳からの出土例が多い。

ないこくかんぎょうはくらんかい [内国勧業博覧会] 殖産興業の目的で внутренний the 内務省が主催。明治期に5回開催。第1回はウィーン万国博覧会をモデルとして1877年(明治10)開催。審査・授賞の対象となる一般出品のほか、官営工場の最新式機械なども出品され、来観者45万余人を数えた。81年に第2回、90年に第3回が開催され、第4回は前3回の会場の東京上野を離れて95年京都、第5回は1903年大阪。この間出品点数と縦覧者は増加し続け、第5回には530万余人が訪れた。新製品や質の高い品を展示して参観者を啓発し、また審査・奨励する形式は共進会などのモデルとなり、その機能は各種の連合共進会や単発の博覧会に引き継がれた。

ないさい [内済] 通常、江戸時代に第三者が調停・仲介して紛争当事者を和解させること。その第三者の行為を「扱う」という。内済は、提訴前はもちろん、提訴後裁判途中でも行うことができた。おもに出入筋で行われたが、吟味筋でも喧嘩・口論、傷害、不義など私的性格の強い事件は、加害者・被害者双方が内済して争いをやめ、吟味下げ(吟味打切り)を願うこともあった。内済が私的な紛争解決の基本とされた背景には、社会秩序における調和の尊重、司法や裁判制度の不備・未発達、法の厳格な適用による解決より個別具体的な解決のほうが望ましいとする社会通念、喧嘩は理非五分五分という観念などがあった。

ないしどころ [内侍所] 平安時代の内裏で、典侍ないし・掌侍しょうじ以下の内侍司の女官が詰めた所。温明うんめい殿にあった。同殿の南半部分には天照大神の御霊代である神鏡を安置する賢所かしこどころがあり、神鏡の守護が内侍所の女官の重要な職務であった。このことから、のち神鏡その

ものを内侍所あるいは賢所と称するようにもなった。

ないじほ[乃而浦] ⇒三浦さん

ないしんのう[内親王] 律令制下で天皇の姉妹および皇女に対して与えられた呼称。4世までの皇孫は皇親とされて種々優遇されたが、内親王には一品から四品までの位階が与えられ、品位に応じて家政機関や、身辺の雑事にあたる帳内などがおかれ、女王との待遇に著しい格差があった。内親王は妃となる資格をもち、また奈良時代には皇位継承の有資格者として即位する場合もあった。

ないだいじん[内大臣] ❶古代の官名。令外官。天智朝で死去直前の内臣中臣鎌足に恩典として藤原姓と大織冠・大臣位を授け、藤原内大臣と通称した。光仁朝では、藤原良継が内臣から、藤原魚名が内臣から忠臣をへて内大臣に任じられたが、これらは第四の大臣または員外の大臣(数外大臣かずのおとど)として太政官内に位置した。のち醍醐天皇の外祖父藤原高藤が任官して以来この性格が定着し、急速な昇進をする摂関家子弟や宿老の大納言などが任じられた。左右大臣が不参の場合、政務・儀式を代行した。

❷内府とも。近代の宮中にあって天皇の常侍輔弼にあたる官職。1885年(明治18)12月、内閣制度の確立に際して宮中に設置。初代内大臣は三条実美さね。国務について輔弼にあたる国務大臣と異なり、御璽・国璽の尚蔵、常侍輔弼、宮中顧問官の総括(のち宮内大臣の管轄となる)などを職掌とした。1908年内大臣府官制施行により詔書・勅書・内廷の文書などの事務が加えられた。はじめは名誉職的官職であったが、1930〜40年代には政権交代に際して重臣会議を主宰するなど、天皇の側近として後継首相の推薦に政治的影響力をもった。敗戦後の45年(昭和20)11月に木戸幸一を最後に廃官。

ないだんしゅう[内談衆] 16世紀中期以降の室町幕府で、重要政務・訴訟の決裁について合議により将軍を補佐する有力奉公衆。訴訟担当奉行の判決原案や右筆方による意見状を将軍へ取り次ぎ、将軍と合議して裁決方針を決定し、奉行人に指令した。成立は細川高国政権の崩壊により将軍足利義晴が近江に避難した1530年代とされ、幕府滅亡まで継続したとの見方もある。その構成や位置から、将軍の奏者である申次を媒介として訴訟指揮を行う制度から発達したと考えられる。

ないちざっきょもんだい[内地雑居問題] 外国人に日本国内での居住や旅行・営業の自由を与え、内地を開放するかどうかの問題。条約改正の方針は1879年(明治12)以降、税権よりも法権の回復が優先され、その過程で、居留地の撤廃により、外国人が日本人と雑居することへの強い危惧が生じた。一方、87年前後には、内地雑居は日本人にも利益があるとする賛成論も台頭。国内で激しい論議が闘わされた。94年、条約改正交渉の進展により日英通商航海条約が調印されると論争は鎮静化し、99年7月からは改正条約実施により外国人の内地雑居が開始された。

ないとうこなん[内藤湖南] 1866.8.17〜1934.6.26 明治〜昭和前期の東洋史学者。本名虎次郎。陸奥国鹿角郡生れ。秋田師範学校卒。1887年(明治20)上京後、新聞記者として活躍し、中国問題の権威として認められた。1907年京都帝国大学に迎えられ、のち教授となり19年間東洋史講座を担当。その独創的見解への評価は高い。根本史料の発見収集にも努め、日本史に対する貢献も多大。能書家としても知られる。「内藤湖南全集」全14巻。

ないとうしんじゅく[内藤新宿] 甲州道中の宿駅(現、東京都新宿区)。内藤の地名は内藤清成の屋敷地があったことによる。1698年(元禄11)宿駅開設。1718年(享保3)10月廃止。72年(安永元)再興。1821年(文政4)貫目改所設置。43年(天保14)8町9町10間余、人口2377人、家数698軒、うち本陣1・旅籠屋24、定人馬25人25疋、うち囲人馬6人3疋。

ないとうしんじゅくしけんじょう[内藤新宿試験場] 明治初期の官営農事試験地。1872年(明治5)東京府新宿の旧内藤氏邸跡地9万5000坪を買収して開設、以後数回拡張して79年には19万余坪となった。また島津氏邸跡地にのち三田育種場となる付属試験地を設けた。当初は内外農作物・果樹の種子などの配布、各種試験、模範事業を行うことを目的としたが、のちに試験場組織となり、内務省勧業局農業試験場と改称、79年宮内省に移され植物御苑となった。現在の新宿御苑。

ないとうとらじろう[内藤虎次郎] ⇒内藤湖南

ナイフがたせっき[ナイフ形石器] 剝片や石刃の鋭利な側縁の一部を刃部として生かしながら、先端・側縁・基部などに調整剝離を加えて先を尖らせた石器。ナイフに似た形態から名づけられた。単独あるいは複数を柄に装着し、槍やヤスとして使用されたと想定されるが、ナイフのような使い方をされたものもあろう。後期旧石器時代の代表的な石器だが、日本ではこの石器が使用された時期の文化をナイフ形石器文化とよぶ。細かな製作方法の違いによって、茂呂型・国府型・杉久保型・東山型などの諸型式に分類される。切出し形石器・台形石器や剝片尖頭器なども技術的にはナイフ形

石器に含まれる。後者は大陸にもみられ、それとの関連が指摘される。

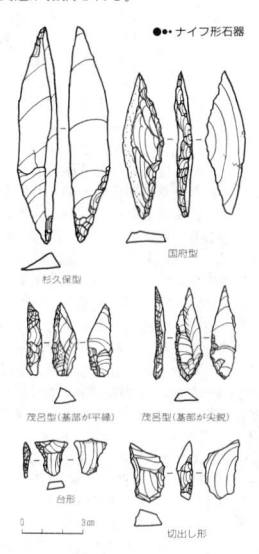

●・ナイフ形石器

国府型
杉久保型
茂呂型（基部が平縁）
茂呂型（基部が尖鋭）
台形
切出し形

ないむしょう [内務省] 第2次大戦前、内政を管轄した中央官庁。明治6年の政変直後の1873年(明治6)11月、太政官の一省として設置。初代内務卿は大久保利通。大蔵・司法・工部省などから省務の一部を移管し、勧業・警保・戸籍・駅逓・土木・地理の6案と測量司をおいて分掌した。とくに殖産興業政策を推進し、国内の警察事務を統轄。81年農商務省の設置により殖産興業の部門を分離。85年内閣制度の確立により内閣の一省となり、大臣官房および総務(のち庶務)・県治(のち地方)・警保・土木・衛生・地理・社寺(のち宗教)・会計(のち庶務)の各局が設けられた。国内の地方行政・警察行政・選挙事務などを管轄して大きな権限をもち、1920年代には社会政策にも力を注いだ。38年(昭和13)衛生・社会局の事務を新設の厚生省に移管。第2次大戦下には戦時体制形成の中核となったが、敗戦後は占領軍の圧力により47年12月に廃止された。

ないらん [内覧] 奏聞・宣下に先だって政務関係文書に目を通し天皇を補佐する、関白に準じる職掌・地位。または目を通す行為自体をさす。897年(寛平9)宇多天皇が醍醐天皇への譲位に際し、藤原時平と菅原道真に奏請・宣行を行わせたのに始まり、1867年(慶応3)12月の摂関・内覧廃止まで続いた。はじめ関白となるべき者に大臣経験がない場合や、関白が病気のため執政不可能なときなどに任じられたが、平安末期の関白・内覧併置以降、摂関と並ぶ地位となった。

なうけにん [名請人] 中世以降、土地台帳に登録された者のこと。名請の権利は、用益権・耕作権あるいは土地所持権であり、各時代にそれぞれの権利が名請人にあるとされた。江戸時代には、太閤検地以降の検地によって、単一の権利が名請人に保障されるようになった。分付記載のような例はあるものの、一地一作人の原則により、名請人が耕作者であり、年貢・諸役の負担者であった。明治期には地租改正により、名請人の権利は所有権となった。

ナウマン Edmund Naumann 1854.9.11～1927.2.1 ドイツの地質学者。ザクセン生れ。ミュンヘン大学卒。1875年(明治8)御雇外国人として来日し、東京大学で地質学を教授。彼の提案で地質調査所が設置された。日本列島をフォッサマグナが東北日本と西南日本とに分断したと考えた。

ナウマンぞう [ナウマン象] アオモリ象とも。長鼻目に属する大型哺乳動物。後期更新世に沖縄から北海道にかけて生息していた。化石は保存条件のよい水成堆積物中などからでることが多く、全国の100地点以上から発見される。環境変化および人類とのかかわりのなかで、更新世末期から完新世初頭にかけて絶滅した。これは大型哺乳動物の世界的な大絶滅とほぼ一致する。

なおきさんじゅうご [直木三十五] 1891.2.12～1934.2.24 大正・昭和前期の小説家。大阪市出身。本名植村宗一。早大中退後、雑誌編集・映画製作のかたわら文壇ゴシップや世相批判を発表、やがて創作に進み、鹿児島藩お由羅騒動に材をとった1931年(昭和6)の「南国太平記」で大衆作家としての地位を確立。32年には期限付のファシスト宣言を発表するなど、時代への機敏な反応や奇行でも知られた。没後直木賞が設定された。

なおびのみたま [直毘霊] 本居宣長の国学書。第2稿の題名は「道云事之論」。数度の推敲をへて1771年(明和8)成稿、90年(寛政2)刊行の「古事記伝」初帙の首巻に収められ流布した。「古事記」研究の方法論というべき書で、同時に宣長の古道観をもっともよく示している。日本の上代には「たゞ物にゆく道」があっただけで、それを儒教の道徳観に支配された外来の道と区別するため、便宜上「神道」と名づけたという。また、世の禍福善悪はすべて神の所為で、人為の埓外とするところなどが特色。元来、太宰春台の「弁道書」における神道批判に対する反論を動機とするともいわれるが、そ

なかい

の漢意批判の舌鋒は，さらに市川匡麿などの「末賀能比連麻о」をはじめ，漢学家の批判を招いた。「岩波文庫」「本居宣長全集」所収。

ながいかふう [永井荷風] 1879.12.3～1959.4.30
明治～昭和期の小説家・随筆家。本名壮吉。別号断腸亭主人・金阜山人など。東京都出身。1902年(明治35)ゾラの影響下に「地獄の花」を刊行。その後外遊し，「あめりか物語」「すみだ川」「冷笑」などで耽美派の中心となり，10年には慶応義塾教授に就任し，「三田文学」を主宰。重なる発禁や大逆事件に代表される時代状況のため，江戸戯作者の姿勢をとり，享楽の巷に潜んで「腕くらべ」「おかめ笹」「つゆのあとさき」「濹東綺譚」を書いた。日記に「断腸亭日乗」。52年(昭和27)文化勲章受章。

なかいしゅうあん [中井甃庵] 1693.9.29～1758.6.17
江戸中期の儒者。名は誠之，字は叔貴，通称忠蔵。播磨国竜野生れ。14歳で大坂に出，五井持軒・三宅石庵に学ぶ。有力5商人(五同志)とともに大坂町人の学問所懐徳堂の創立につくした。1726年(享保11)幕府から官許の認可をえたのは，甃庵の粘り強い交渉によるところが大きい。懐徳堂の初代預り人となり，三宅石庵の没後は学主を兼ねた。竹山・履軒りけんは子。著「五孝子伝」「喪紋私譜」。

なかいちくざん [中井竹山] 1730.5.15～1804.2.5
江戸後期の儒者。父は中井甃庵しゅうあん。名は積善，字は子慶，通称善太。大坂生れ。大坂の懐徳堂第4代学主として学校経営に力を注ぎ，弟履軒りけんとともに懐徳堂の黄金期を形成。詩文に優れ，混沌社同人らとも広く交流した。また松平定信の諮問に答えて，幕政の改革案をのべた「草茅危言そうぼうきげん」を献上するなど，たんなる町人学校にとどまらぬ官許学問所としての公的な使命を追求した。師の五井蘭洲ごいらんしゅうの遺稿「非物篇」を刊行し，自身も徂徠学批判の書「非徴」を著した。

ながいなおゆき [永井尚志] 1816.11.～91.7.1
名は「なおむね」とも。幕末期の幕臣。父は三河国奥殿藩主松平乗尹のりただ。永井家の養子。長崎目付から1855年(安政2)長崎海軍伝習所総督となり，軍艦操練所監督・外国奉行・軍艦奉行を歴任したが井伊直弼政権で左遷。64年(元治元)大目付となり，京都政局で活躍。翌年萩藩側との交渉にあたる。67年(慶応3)若年寄格となり，大政奉還の上表文を起草。鳥羽・伏見の戦後江戸へ脱出，榎本武揚らと行動をともにした。降伏後，開拓使用掛・左院少議官・元老院権大書記官などを勤め，76年(明治9)隠居。

なかいまさきよ [中井正清] 1565～1619.1.21
織豊期～江戸初期の大工。初代京都大工頭。父は正吉。通称藤右衛門。大和国生れ。関ケ原の戦以降，徳川家康に仕えて五畿内近江6カ国の大工・大鋸おが支配となり，1606年(慶長11)従五位下大和守。09年1000石に加増。伏見城・江戸城・駿府城，江戸の町割，内裏，増上寺・方広寺・相国寺，久能山廟・日光廟など慶長から元和年間にかけての幕府の重要な建築工事にかかわった。

ながうた [長唄]
江戸長唄とも。三味線音楽の種目名。歌舞伎音楽の代表的種目で，18世紀以降江戸で歌舞伎舞踊の伴奏音楽として発達したが，のちには劇場を離れて演奏のみ鑑賞されるようにもなり，そのための長唄お座敷長唄。「吾妻八景」「秋色種あきいろぐさ」などもうまれた。また歌舞伎芝居の演出上の効果音楽である抒情的小曲(唄のみ)「黒髪」「五大力」などもある。他種目の曲節や手法をもとりいれ，多様な曲調をもつが，一般に派手で，賑やか，拍子本位といえる。演奏形式は雛段の上段に唄方うたかたと三味線方が，下段に囃子はやし方が並ぶのが一般的である。舞踊はなく長唄と三味線だけの演奏(素唄すうた)もある。三味線は細棹を用いる。

なかうらジュリアン [中浦ジュリアン] 1569/70～1633.9.19
天正遣欧使節の副使の1人。肥前国中浦城主小佐々甚五郎純吉の子。肥前国中浦生れ。有馬セミナリヨに学ぶ。巡察師バリニャーノにより遣欧使節の副使に選ばれ，1582年(天正10)日本を出発。帰国後の91年天草でイエズス会に入会，1608年(慶長13)司祭に叙階。14年の宣教師追放に際して日本に残留したが，32年(寛永9)小倉で捕らえられ，翌年長崎で穴吊しの刑により殉教。

なかえちょうみん [中江兆民] 1847.11.1/27～1901.12.13
明治期の自由民権思想家。高知藩の下級武士の家に生まれる。篤助・篤介と称し，のち兆民の号を使う。藩校文武館をへて，長崎・江戸でフランス学を学ぶ。1871年(明治4)岩倉遣外使節とともにフランスに留学し，法学・哲学などを学ぶ。74年帰国し，東京に仏学塾を設け，多くの学者・民権家を育成。翌年東京外国語学校長をへて，元老院少書記官となるが，77年辞職。以後81年「東洋自由新聞」主筆，82年「自由新聞」社説掛としての言論活動や，ルソー「民約訳解」翻訳刊行により，自由民権運動に人民主権の理論を提供した。90年衆議院議員となるが，翌年土佐派議員の裏切りに憤慨して辞職。著書「三酔人経綸問答」「一年有半」。

なかえとうじゅ [中江藤樹] 1608.3.7～48.8.25
江戸前期の儒学者。日本陽明学の祖。父は吉次。名は原，字は惟命これなが，通称は与右衛門，号は黙軒もっけん。自宅の藤の木にちなみ藤樹先生とよばれた。近江国高島郡小川村生れ。9歳で

祖父に引き取られ，伯耆国米子，伊予国大洲ずと移り，祖父の死後大洲藩に出仕。京都から来た禅僧の「論語」講義聴講をきっかけに，「四書大全」で朱子学を独学。27歳で近江に残る母への孝養を理由に脱藩，帰郷して学問に専念した。塾（藤樹書院）を開いて，道徳の形式よりも精神の自由であることと，時・処・位の具体的場面に適した行動をとることを説いた。37歳のとき王陽明の全書を得てその思想に傾倒。近江聖人として崇敬され，熊沢蕃山ばんざん・淵岡山おかさんらの門人を出した。著書「翁問答」。

ながおかきょう [長岡京] 784年(延暦3)に桓武天皇によって造営された都城。794年の平安遷都まで，約10年にわたって存続した。山背(城)国乙訓おとくに郡，現在の京都府向日むこう市・長岡京市・大山崎町にまたがり，桂川右岸に立地。宮城や9条8坊(北辺を含む)で構成される京城が復原されて，その規模は基本的に平安京に一致する。中央北端の宮城はとくに発掘が進んでおり，その結果，内裏だいは当初朝堂院北方に位置しており，のち東北方に移動して平安宮と同じ配置になったこと，平安宮と同じく大極殿院でんが存在したこと，朝堂は難波宮と同じく8堂で建物自体の構造も共通することなどが判明した。藤原・平城・難波の各宮から移送・再利用された瓦も多数出土している。存続期間は短いが，平城宮・後期難波宮から平安宮への過渡期にあるようすを端的に示している。宮跡の一部は国史跡。

ながおかげとら [長尾景虎] ⇨上杉謙信うえすぎけんしん

なかおかしんたろう [中岡慎太郎] 1838.4.~67.11.17　幕末期の志士。土佐国の大庄屋の長男。20歳の頃高知に，さらに江戸に遊学。藩命により水戸・松代を歴遊し，1861年(文久元)藩主山内豊信とよしに随伴して帰国し，土佐勤王党に加入した。62年上洛し尊攘運動を展開。京都の尊攘運動弾圧時には脱藩して三条実美ら尊攘派公卿に従って長州に入り，長州の尊攘派を指導する。坂本竜馬の海援隊に対し，京都で陸援隊を組織する。政局の推移のなかで，薩長連合の必要を痛感し，竜馬とともに実現させた。武力倒幕をめざしたが，67年(慶応3)竜馬とともに京都近江屋で見廻組に襲われ，死亡。

ながおかせんと [長岡遷都] 784年(延暦3)桓武天皇によって実施された平城京から長岡京への遷都。すでに782年4月，平城宮の造宮省を廃止した時点で，新京造営の構想があったとも考えられる。桓武天皇は784年5月に中納言藤原小黒麻呂おぐろまろらを遣わして山背(城)国乙訓おとくにの地を視察させ，6月には藤原種継たねつぐを造長岡宮使に任命，同時に新京に宅を有する有力官人に正税を下賜し，移住を奨励した。同年12月には天皇が遷御したが，こうした動きに反対する勢力も強く，785年には種継が暗殺され，皇太弟早良さわら親王の廃太子にまで発展した。長岡遷都には，平城京を拠点とする反桓武勢力一掃のねらいがあったとみられるが，また同時期に難波京を廃していることから，平城京と難波京を統合した新たな性格の都城の出現をも意味した。

ながおかはんたろう [長岡半太郎] 1865.6.28~1950.12.11　明治～昭和期の物理学者。肥前国大村生れ。東大卒。ドイツに留学。帝国大学教授。磁在じゃや岩石弾性率の実験的研究を進めた。1903年(明治36)土星形原子模型を提唱し，ラザフォード・ボーアの太陽系原子模型の先駆をなす。理化学研究所物理部長兼任。31年(昭和6)大阪帝国大学初代学長。日本の実験物理・数理物理・地球物理の研究の開拓者。学術行政面で活躍した。学士院院長。文化勲章受章。貴族院議員。

ながおし [長尾氏] 中世の武家・戦国大名。桓武平氏良兼ましかね流。坂東八平氏の一つ。鎌倉権五郎景政かげまさの孫景明を祖とする。本拠は相模国鎌倉郡長尾郷(現，横浜市)。鎌倉時代，景茂の頃には御家人となったが，1247年(宝治元)宝治合戦の際，三浦氏に従って滅亡。一族の景忠かげただが，南北朝期，関東管領上杉憲顕に従い，発展の基礎を築いた。室町時代には，代々山内上杉氏の重臣として，越後・上野・武蔵・伊豆4カ国の守護代となり勢力を伸ばした。景忠以後，越後・鎌倉・足利・上野白井・上野総社などの系統にわかれ，戦国期，越後長尾氏が主家上杉氏をしのいで実権を握り，のち景虎かげとら(上杉謙信)の代に越後国を統一。1561年(永禄4)山内上杉憲政のりまさから上杉の姓を譲られ，関東管領となった。→巻末系図

なかがい [仲買] 商品流通機構において荷主・問屋と小売商，または生産者と問屋の間を仲介した商人。室町時代には牙儈すあいとよばれた。江戸時代の市場機構の整備にともない，小売商の注文を受けて問屋から商品を仕入れたり，問屋の依頼を受けて生産者の間を回って商品を買い集める商人を称するようになった。その業態は商品の種類によってさまざまであり，通常は問屋に比べて営業規模が小さく，その支配下におかれる場合が多かったが，特定の商品を専門に扱い，自己資本で仕入れを行うことから仕入問屋に成長する業種もあり，問屋仲間に対抗して仲買仲間が形成された。近代以降は問屋との区別が明確でなくなり，卸商・卸仲買商・卸問屋とよばれるようになった。

なかがわじゅんあん [中川淳庵] 1739~86.6.7　江戸中期の蘭方医・蘭学者。若狭国小浜藩医で本草家。薬品会に出品，平賀源内の「物類品隲

などを校閲。1764年(明和元)源内とともに火浣布を完成。71年長崎屋で「ターヘル・アナトミア」を入手し杉田玄白に仲介、前野良沢・玄白らと小塚原で観臓、会読を開始。73年(安永2)の「解体約図」、74年の「解体新書」出版に名を連ねた。オランダ商館長ティチングやツンベリと学術交換し、ヨーロッパにも名が知られた。訳書「和蘭局方」(未完)、「和蘭薬譜」「五液精要」。

ながくぼせきすい [長久保赤水] 1717.11.6～1801.7.23 江戸中・後期の地理学者。名は守道、のち玄珠、字は子玉、通称源五兵衛、赤水は号。常陸国多賀郡赤浜村の農家の生れ。儒医鈴木玄淳、藩儒岡名越南渓に師事。奥羽地方を旅したり、近村漁民の漂流者引取りに長崎へ使して見聞を広めた。「日本輿地路程全図」や「大清広輿図」などの地図を․る。1777年(安永6)水戸藩主の侍講に抜擢され出府。91年(寛政3)致仕、以後「大日本史」地理志の編修に加わった。

ながさき [長崎] 長崎県南西部、長崎半島の基部に位置する。県庁所在地。1571年(元亀2)ポルトガル人宣教師と大村純忠が長崎港を貿易港とし、港に続く岬上に都市を建設。80年(天正8)には長崎をイエズス会領とし、長崎は貿易とキリスト教の都市となった。近世の鎖国時代には幕領として長崎奉行がおかれ、オランダ・中国に開かれた貿易港として発展。1868年(明治元)長崎府、69年長崎県として一時政府の直轄領とされたが、78年長崎区となり、89年市制施行。江戸幕府が造った長崎製鉄所(のちの長崎造船所)は87年三菱に譲渡され、同市は重工業都市として発展した。1945年(昭和20)8月9日、原子爆弾が投下されたが、戦後廃墟の中から復興した。

ながさきうんじょう [長崎運上] 江戸幕府が長崎貿易に課した雑税。貿易利益の吸い上げは、市法貨物商法期(1672～84年)にオランダ貿易で生じた出島間金あげの収公、1695年(元禄8)以降の銅代物替貿易による運上があるが、本格的には99年に始まる長崎会所による運上である。幕府は会所の貿易利益のうち、長崎地下配分など11万両余を除いた残りすべての運上を命じた。しかし正徳長崎新例(1715)後は、貿易縮減にともなって1723年(享保8)5万両の定額に改め、33年3万5000両に減額、さらに42年(寛保2)には運上を免除した。62年(宝暦12)運上が再開されて、その後はいろいろな名目の運上金が追加され、幕府の財源にくりこまれた。

ながさきかいぐんでんしゅうじょ [長崎海軍伝習所] 江戸幕府が長崎に設けた海軍の教練機関。幕臣だけでなく、諸国から人材を集めて洋式の海軍術を学ばせた。1855年(安政2)11月、永井尚志を所長として長崎奉行所に開設、オランダ海軍大尉ペルス・ライケンをはじめ22名の教官を招いて開講した。学科は航海術・運用術のほか造船学・砲術・測量学・数学などで、オランダから寄贈された観光丸(スンビン号)が実地訓練に使用された。57年3月には、勝義邦(海舟)・小野友五郎・榎本武揚などの修業生をだす(第1次伝習)。第2次の伝習はオランダ海軍士官のカッテンダイケを中心に行われたが、59年4月、中途で閉鎖した。

ながさきかいしょ [長崎会所] 近世、幕府が貿易統制のために長崎に設立した機関。調役・日付・吟味役・請払役・目利などがおかれた。創設は1697年(元禄10)と98年の2説あるが、事実上98年から活動。唐・オランダ貿易の会計事務を管掌、貿易利銀のうち地下配分・銅買金を除く残りを幕府への運上金とした。取引方法は1715年(正徳5)会所役人が輸入品の評価購入を行い、国内商人に販売する値組商法を確立。輸出品である銅と俵物の確保に努め、50年(寛延3)御用銅会所、85年(天明5)長崎俵物会所を設置し、集荷体制を強化した。貿易収支は銅・俵物の輸出品の損失を、輸入品の購入価格と落札価格との差益額で補塡するものであった。

ながさきけいえい [長崎警衛] 近世、長崎警備のための軍役。1639年(寛永16)のポルトガル船来航禁止後、41年福岡藩にポルトガル船の長崎来航に備えて警備出動が命じられた。翌年には佐賀藩に動員が命じられ、以後両藩により隔年交代となった。このほか大村藩・福江藩などにも海上警備や市中警備が義務づけられた。福岡・佐賀両藩の警備は西泊・戸町の両番所に陣屋を築いて行われ、毎年4月に交代し9月までの貿易期には約1000人が在勤した。1808年(文化5)のフェートン号事件を契機として警備が強化された。火器や弾薬は幕府の貸与であったが、警備の出費は諸藩にとり大きな負担であった。

ながさきけん [長崎県] 九州の北西端に位置する県。旧肥前国の南西部と壱岐・対馬両国を県域とする。1868年(明治元)旧藩領を管轄する長崎裁判所がおかれ、まもなく長崎府と改称、ついで天草県を合併し、翌年長崎県となった。同年中藩は城と改称。71年廃藩置県により島原・平戸・福江・大村・厳原の5県が成立し、同年11月厳原県は佐賀県と合併して伊万里県に、他の各県は長崎県に統合され、同時に天草郡を八代県に移管した。72年伊万里県から旧厳原県および肥前国高来郡・彼杵郡の一部が編入された。76年三潴県が廃止され旧佐賀県域を併合したが、83年佐賀

県が再置され、現在に至る。県庁所在地は長崎市。

ながさきしんれい［長崎新例］　⇨正徳長崎新例しょうとくながさきしんれい

ながさきぞうせんじょ［長崎造船所］　1855年(安政2)江戸幕府が鎔鉄所の設置を決定し、明治政府・三菱に受け継がれた造船所。オランダからの海軍伝習に際して、艦船の造修とその技術伝習のために設営。57年起工、60年(万延元)上棟式を行い、長崎製鉄所が成立した。海軍伝習は59年に終了しており、海軍伝習技教育には間に合わなかったが、オランダ人の技師・職工が指導にあたり、多くの日本人職工に洋式技術が伝授された。明治政府は最初長崎県、71年(明治4)から工部省の事業として経営を続け、長崎造船所と改称。79年に当時としては国内最大のドックを開設した。84年三菱に貸し渡され、87年払い下げられ、以後国内最大の民間造船所として造船業の発達をリードした。現在は三菱重工長崎造船所。

ながさきだいかん［長崎代官］　近世、長崎支配の役職名。1588年(天正16)豊臣秀吉により鍋島直茂が直轄領長崎の代官に任命された。直茂の後任の寺沢広高は長崎奉行となり、代官には長崎町人の村山等安、ついで末次平蔵政直が任命された。1676年(延宝4)末次平蔵茂朝が密貿易によって処罰され、途絶した。1739年(元文4)町年寄高木作右衛門が任命されて復活、以後5代にわたって世襲した。職務は、長崎の外町および長崎・浦上両村の支配を行うとともに、彼杵その・高来たかく両郡などの幕領村の年貢米を管理し、奉行所の経費や御用物の資金を調達することであった。

ながさきたかすけ［長崎高資］　?～1333.5.22
鎌倉後期の武士。北条氏得宗家の被官。高綱の子。1317年(文保元)頃、父高綱から内管領ないかんれいの地位を継いで幕政の実権を握る。22年(元亨2)頃、奥州安藤氏の内紛に際し、当事者双方から賄賂をとって紛争の激化を招き、幕府の権威を低下させた。26年(嘉暦元)出家した執権北条高時の後任に金沢かねさわ貞顕をすえるが、高時の弟泰家らの反対にあい貞顕はまもなく辞職。31年(元弘元)高資の専横を憎む得宗高時はその殺害をはかるが、計画が露見するとみずからの関与を否定し処分を免れた。高資に対しては得宗らも無力だった。33年新田義貞に鎌倉を攻略され、北条氏一門や一族とともに東勝寺で自害。

ながさきたかつな［長崎高綱］　?～1333.5.22
鎌倉後期の武士。北条氏得宗家の被官。光綱の子。法名は円喜。「内ノ執権」と称された北条宗方が1305年(嘉元3)に討たれたのち、内管領ないかんれいの地位につく。11年(応長元)北条貞時から安達時顕とともに後事を託され、凡庸な執権高時を補佐して幕政の実権を握った。17年(文保元)頃、内管領を嫡子高資に譲って出家するが、その後も幕政に大きな影響力をもった。33年(元弘3)幕府滅亡に際し、鎌倉東勝寺で自害。

ながさきぶぎょう［長崎奉行］　豊臣秀吉、ついで江戸幕府の直轄地長崎の地方長官。長崎はポルトガル人の来航地で海外貿易が行われていたことから、貿易を担当し、ポルトガル人を監視する役職として重視された。江戸初期には徳川家康の側近などが任命されて貿易品の購入にあたったが、3代家光の時期には旗本2人が任命され、長崎の市政や貿易を担当するほか、西国のキリスト教徒の探索や、異国船警備に関して九州大名の指揮にあたる任務が加わった。以後は貿易統制の諸政策を監督し、密貿易の取締りにもあたった。遠国奉行の一つで、老中に属し、定員2人。役高は1000石で、席次は町奉行につぎ、諸大夫に任じられた。前期は目付出身者が多く、しだいに勘定所出身者が増加した。

ながさきぼうえき［長崎貿易］　中世末～近世の長崎における海外貿易。1571年(元亀2)当時はポルトガル船との貿易。江戸時代に入ると1635年(寛永12)唐船の来航が長崎に限られ、39年のポルトガル人の追放後、41年出島にオランダ商館が移転し、以後幕末期に至るまで唐・オランダ貿易が行われた。この間、04年(慶長9)の糸割符制度をはじめとして、72年(寛文12)の市法貨物商法、85年(貞享2)の定高さだめ貿易法、98年(元禄11)の長崎会所の創設をへてしだいに幕府による統制が強まり、幕府の財政と深く結びつくようになった。また1715年(正徳5)には正徳長崎新例によって貿易高・船数が制限され、その後もたびたび削減が行われた。

ながさきやわそう［長崎夜話草］　江戸前・中期の長崎や異国に関する記事を記した書。5巻。西川正休まさやすが父如見じょけんの語った話を筆記しまとめた。1720年(享保5)刊。巻1～3が長崎ゆかりの故事や異国船往来の事情、鎖国禁教に関する記事、巻4は長崎の孝子・義夫・烈女などの記事、巻5は付録として眼鏡細工や硝子などの長崎土産を紹介する。とくにジャガタラ文などを紹介し、鎖国禁教体制の形成過程のエピソードが載る記事には、当時の長崎の状況を知るうえで貴重なものも少なくない。「岩波文庫」「長崎叢書」所収。

ながさきようじょうしょ［長崎養生所］　日本初の洋式の近代病院。海軍伝習派遣教官として来日したポンペが、コレラの大流行を契機に江戸幕府に対しヨーロッパ式の病院の設立を申請。1861年(文久元)8月に開院した。病棟2棟のほか隔離患者室・手術室・運動室(リハビリ

テーション用)・料理室などを備える。ポンペは翌年の帰国までにここで930人を診察した。65年(慶応元)に精得館と改称。

なかざとかいざん[中里介山] 1885.4.4~1944.4.28 明治~昭和前期の小説家。本名弥之助。神奈川県西多摩郡(現,東京都)出身。山口孤剣らと交わり「平民新聞」に寄稿,反戦詩人としても知られる。1905年(明治38)火鞭会を結成。反戦の姿勢は42年(昭和17)の日本文学報国会加入拒否まで貫かれた。1913年(大正2)に起稿した「大菩薩峠」は大衆文学の先駆として広く読まれ,大乗思想の理解にもとづいた実践作でもあった。

なかざわどうに[中沢道二] 1725.8.15~1803.6.11 江戸中・後期の心学者。名は義道,通称は亀屋久兵衛,道二は号。京都の機織の家に生まれ家業を継いだが,40歳をすぎて布施松翁の勧めで手島堵庵に入門,心学を修めた。のち堵庵の命により関東に下り,江戸に参前舎を設立。心学の普及に努め,庶民層にとどまらず松平定信ら大名にも信奉者を得,人足寄場のの教諭方にもなった。京都の上河淇水らの活動ともあいまって,石門心学の全盛期を築いた。

ながしののかっせんずびょうぶ[長篠合戦図屏風] 織田信長・徳川家康の連合軍が,武田勝頼の率いる騎馬隊を三河の設楽原で破った,1575年(天正3)5月の長篠の戦のさまを描いた屏風。現存する数点の遺品は,いずれも江戸時代に入ってから制作されたもので,合戦直後に作られた原図の転写本と推定される。長篠・長久手両合戦を六曲屏風一双に描きわけた徳川黎明会蔵本はとくに有名。

ながしののたたかい[長篠の戦] 1575年(天正3)5月21日,三河国設楽原で織田信長・徳川家康の連合軍が武田勝頼軍を破った戦。73年,信玄の死により武田氏の上洛作戦が中止されると,家康は北三河の奪還をめざして長篠城を攻略。翌年に勝頼が美濃・三河方面に進出して反撃し,高天神城を落とした。75年家康は長篠城に奥平信昌をいれたが,勝頼が同城を包囲したため,家康は信長に救援を依頼し,設楽原での両軍の対決となった。武田軍の騎馬戦法に対し,連合軍は鉄砲隊で応戦して勝利する。この戦で東海地域での織田・徳川両氏の優位が確定,織田軍の北陸・中国地方への展開が可能となった。

ながしまいっき[長島一揆] 戦国末期,伊勢国長島(現,三重県長島町)を拠点に本願寺門徒勢力が織田信長に敵対して行った武装闘争。1570年(元亀元)9月,本願寺顕如は諸国の門徒に信長に対する武装蜂起を指令。木曾・長良・揖斐3河川の河口に浮かぶ長島は海上交通・漁労などに従事する海民の拠点であり,その相当数は本願寺門徒だった。また長島は牢人や逃亡者が敵方の武士や当局の追及をのがれて集まるアジールでもあった。これら門徒の海民や牢人らが顕如の檄に呼応し,長島願証寺の指揮下に蜂起。11月に小木江城の織田信興を滅ぼし,その数度にわたる信長の攻撃にも頑強に抵抗した。74年(天正2)大軍を動員した信長の皆殺し作戦によって壊滅。

なかじまとしこ[中島俊子] ⇨岸田俊子

なかじまひこうき[中島飛行機] 中島知久平が設立した民間最初の航空機製作会社。海軍を退役した中島は1917年(大正6)中島飛行機研究所を創設,28年(昭和3)九一式陸軍戦闘機を完成,31年株式会社に改組。戦時経済の進展とともに急成長し,45年の段階では102工場,就業者25万人を数えた。第2次大戦後の46年8月,富士産業と改称していた同社は持株会社に指定されて12社に分割され,そのうちの5社が53年合併して富士重工業となった。

なかじょうし[中条氏] 中世越後国の豪族。桓武平氏三浦和田氏の分流。和田合戦で,一族中1人幕府方についた高井重茂の子時茂(法名円日)は,所領越後国奥山荘(現,新潟県中条町・黒川村)地頭職を中条・南条・北条に三分。中条を譲られた孫茂連が中条氏の始祖となり,代々この地を本拠とした。鎌倉末期には北条氏被官となり,弘安の乱では幕府軍に参加したが,のち足利方についた。室町時代には,一族の黒川氏と対立抗争をくり返しながら,阿賀野川以北の有力国人領主に成長。戦国期には上杉氏の家臣となり,1598年(慶長3)上杉氏の転封により会津に移る。「中条文書」を伝える。

なかせんだいのらん[中先代の乱] 1335年(建武2)北条高時の子時行が,北条氏の再興をはかって挙兵した事件。名称は北条氏の先代,足利尊氏の後代に対していう。信濃の諏訪氏のもとにいた時行は,6月西園寺公宗らの建武政権打倒計画が破綻すると,7月挙兵,南下し,加勢をえて月末には鎌倉にいた足利直義を破り鎌倉を占拠した。直義は監禁中の護良親王を殺害したのち三河まで退去した。在京中の足利尊氏は,東下の許可と征夷大将軍・総追捕使への任命を望んだが,後醍醐天皇は拒否,しかし尊氏は進発し,直義と合流して遠江をはじめ各地で勝利,8月半ばには鎌倉を奪回した。のち尊氏は後醍醐の上洛命令を拒否,建武政権と決別する。

なかせんどう[中山道] 木曾路・岐蘇(岨)路とも。俗に中仙道ともいう。近代の五街道の一つで道中奉行支配に属した。江戸と京都を結ぶ東海道の裏街道的役割をはたし,宿駅は板橋か

ら武蔵・上野・信濃・美濃・近江の各国をへて守山まで67宿。守山から先は草津で東海道に合流し、京都まで69宿ともいう。道中の碓氷・福島には関所が設置されていた。鴻巣からは行田道、倉賀野からは例幣使道、追分からは北国街道、塩尻からは伊那街道、洗馬からは善光寺道、大井からは岩村街道、垂井からは美濃路、関ヶ原からは伊勢路・北国街道、鳥居本からは朝鮮人街道がわかれる。東海道について交通量が多く、おもな通行には大名30家余、日光例幣使、茶壺道中、和宮などの姫君の東下などがあった。

なかそねやすひろないかく [中曾根康弘内閣] 自民党の中曾根康弘を首班とする内閣。3次約5年間続いた。■第1次(1982.11.27～83.12.27)。1983年(昭和58)1月、韓国を訪問し、懸案となっていた40億ドルの対韓経済協力問題を解決、その直後に渡米するなど機敏な外交を展開した。

■第2次(1983.12.27～86.7.22)。新自由クラブと連立をくみ、1983年(昭和58)12月成立。戦後政治の総決算を唱え、防衛費の対GNP比1%枠の撤廃、中期防衛力整備計画の策定などを行い、臨時行政調査会の最終答申にもとづき電電・専売など公社の民営化を実施した。

■第3次(1986.7.22～87.11.6)。1986年(昭和61)7月、衆参同日選挙で大勝し、余勢をかって売上税(消費税)法案を提出したが、廃案となる。しかし国鉄の分割・民営化は行われた。

なかだかおる [中田薫] 1877.3.1～1967.11.21 明治～昭和期の日本法制史家。鹿児島県出身。東大卒。1902年(明治35)東京帝国大学助教授、11年教授。初期に荘園の研究や「知行論」などで、日本の中世法がドイツ中世の制度と類似することを明らかにし、後年の村や入会の研究でもドイツとの比較を重ねて独自の性質を解明した。主要論文は『法制史論集』全4巻に収載。『徳川時代の文学に見えたる私法』も古典的価値をもつ。

ながたてつざん [永田鉄山] 1884.1.14～1935.8.12 大正～昭和前期の軍人。陸軍中将。長野県出身。陸軍士官学校(16期)・陸軍大学校卒。ヨーロッパ駐在中、小畑敏四郎・岡村寧次らと陸軍の改革を決意し(バーデン・バーデンの密約)、帰国後一夕会などの中心となる。1926年(昭和元)陸軍省動員課長となり、以後同軍事課長・参謀本部第2部長などを歴任。34年3月に陸軍省軍務局長に就任し、以後は統制派の中心とみられた。翌年8月皇道派の相沢三郎中佐に軍務局長室で刺殺された。

なかつかさしょう [中務省] 大宝・養老令制の官司。八省の一つ。天皇への近侍、勅命の起草および外部への伝達、臣下の上表の天皇への伝達、国史の編纂の監修、天皇に仕える女官の統轄などがおもな職掌。品官には侍従・内舎人・内記・監物・主鈴・典鑰などがあり、天皇の側近としての職務を担った。中宮職・図書寮・内蔵寮・縫殿寮・陰陽寮、画工司・内薬司・内礼司など多くの諸司を被管にもつ。大宝令以前に前身官司として中官があったとする説もあるが、浄御原令制にはなかった可能性が高く、品官や被管官司も独立して存在した。大宝・養老令制では官員の官位相当が高く、他の7省より上格だったが、実質的な職務は少なく、名誉職的であった。

ながつかたかし [長塚節] 1879.4.3～1915.2.8 明治期の歌人・小説家。茨城県出身。茨城県尋常中学を病気中退後、治療のため上京。正岡子規に入門。子規没後、伊藤左千夫らと1903年(明治36)『馬酔木』を創刊し、ついで「アララギ」同人となる。写生の歌を主張して、子規の理論の発展をはかるが、しだいに短歌から写生文・小説に関心が移り、10年に大作「土」に結実する。翌年喉頭結核の診断をうけ、短歌創作にもどる。そのときの連作「鍼の如く」は有名。

なかつぎぼうえき [中継貿易] 貿易形態の一つ。自国の商品を他国Aにそのまま輸出するのではなく、別の他国Bからの輸入品の輸出を主とする。A国とB国の貿易の中継により利益をえた。琉球王国の中継貿易が著名で、王国発展の基礎になった。東南アジア諸国から胡椒・蘇木・象牙などを輸入し、それを明・朝鮮・日本への輸出品としたり、日本から輸入した刀剣・武具・扇子を明に献上するなどした。

なかて [中稲] ⇨早稲・中稲・晩稲

ながとけいごばん [長門警固番] 鎌倉幕府が、長門国防備のために編成した異国警固番役。1275年(建治元)5月12日、守護二階堂行忠から長門国警固にあたる御家人不足の報告をうけた幕府は、長門に周防・安芸を加え3カ国の御家人で守護させるように命じた。その後、同月20日には備後を加えて4カ国とし、翌年8月には、山陽道・南海道諸国にも地域を拡大、御家人だけでなく本所一円地の住人にも催促の対象を広げた。

ながとたんだい [長門探題] 鎌倉末期に長門・周防両国の守護を兼務した北条時直に対する「忽那文書」「太平記」などの表現。探題の呼称は、時直の権限が他国守護より強かったためと推測される。長門国は元寇に対する防衛のうえで九州につぐ重要地域であったためであろう。

ながとのくに [長門国] 山陽道の国。現在の山口県北西部。『延喜式』の等級は中国。『和名

抄」では厚狭郡・豊浦郡・美禰郡・大津・阿武郡・見島の6郡からなる。国府・国分寺は豊浦郡(現,下関市)におかれた。一宮は住吉神社(現,下関市)。「和名抄」(名古屋市博本)所載田数は4769町余。「延喜式」には調庸として綿・䱩䱊などを定める。関門海峡付近を古く穴門かなと称し,穴門国造や天智朝の穴門国司の存在が伝えられる。長登ながの銅山などで銅鉱を産出し,奈良時代に鋳銭司じゅせんしがおかれた。長門国司は818年(弘仁9)鋳銭使に変更されたが,825年(天長2)鋳銭司は周防国へ移り,国司制に復した。鎌倉初期には佐々木氏,後期には北条氏一門が守護職をつとめた。南北朝期に周防国で台頭した大内氏がやがて長門国の守護も兼ね,陶晴賢すえはるの謀反で大内氏が滅ぶと,安芸国の毛利元就もとなりが長門国をも支配下に組みいれた。関ケ原の戦で西軍についた毛利氏は,戦後周防国と長門国のみを領することとなり,萩を城下とした。1864年(元治元)藩庁を山口に移す。71年(明治4)の廃藩置県の後,山口県となる。

なかとみうじ [中臣氏] 天児屋あめのこやねの命を祖とする有力氏族。古来朝廷の祭祀をつかさどった。欽明朝に鎌子が崇仏に反対。敏達でだ・用明朝にも勝海かつみが物部氏とともに崇仏に反対し,蘇我氏に討たれた。「大中臣本系帳」は欽明朝の黒田に始まり,その子常磐ときがが中臣連姓を賜ったとし,このため中臣氏の嫡流は勝海で途絶え,常磐鹿島の中臣氏が後を継いだとする説もある。中臣氏は7世紀までに間人はしひと・習宜すぎ・志紀しき・中臣・伊勢・鹿島など多くの支流に分裂。常磐の曾孫鎌足は大化の改新で活躍し,669年(天智8)藤原姓を賜った。684年(天武13)に連から朝臣に改姓したが,698年(文武2)藤原朝臣は鎌足の子の不比等ふひとの直系に限定され,他は中臣に復した(姓は朝臣)。769年(神護景雲3)には中臣清麻呂が大中臣を賜った。→巻末系図

なかとみのかまたり [中臣鎌足] ⇒藤原鎌足ふじわらのかまたり

なかのおおえのみこ [中大兄皇子] ⇒天智天皇てんちてんのう

ながのけん [長野県] 中部地方の中央高地にある内陸県。旧信濃国を県域として成立。1868年(明治元)旧幕領・旗本領を併せて伊那県がおかれ,翌年三河県を合併したが,同年三河地方が額田ぬかた県に編入された。70年伊那県から中野県が分離し,71年長野県と改称。同年廃藩置県をへて11月長野・松代まつしろ・須坂・飯山・岩村田・小諸こもろ・上田の7県は長野県に,伊那・松本・飯田・高遠たかとお・高島5県と高山県(飛騨)は筑摩ちくま県に統合された。76年筑摩県の廃止にともない飛騨国を岐阜県に移管,信濃国分を長野県に編入して現県域が定まった。県庁所在地は長野市。

なかのせいごう [中野正剛] 1886.2.12~1943.10.27 大正・昭和前期の政治家。福岡県出身。早大卒。1920年(大正9)から衆議院議員。31年(昭和6)満州事変勃発後,安達謙蔵内相の協力内閣運動に加わり,民政党を脱党。32年国民同盟(党首安達謙蔵)を結成したが,36年国家主義的な東方会を結成しみずから総裁となる。太平洋戦争の戦局が悪化すると,東条内閣の倒閣を画策したため,43年10月21日憲兵隊に捕らわれ,釈放後割腹自殺した。

なかのよしお [中野好夫] 1903.8.2~85.2.20 昭和期の英文学者・評論家。松山市出身。東大卒。中学の英語教師などをへて,1935年(昭和10)東京帝国大学助教授,48年同教授となり,53年辞職。その後は著作活動に専念し,一時雑誌「平和」編集長を務めた。また憲法擁護・反安保・原水爆禁止・ベトナム戦争反対・沖縄返還などの平和運動に関与し,そのための時事評論を展開した。沖縄問題では沖縄資料センターを設立。この間シェークスピア関連の翻訳や著作を行う一方,評伝「蘆花徳富健次郎」で大仏次郎賞を受賞。「中野好夫集」全11巻。訳業に未完となったがギボンの「ローマ帝国衰亡史」。

なかはままんじろう [中浜万次郎] 1827/28~98.11.12 ジョン万次郎とも。近世後期の漂流民・英学者。土佐国幡多郡中ノ浜生れ。1841年(天保12)漁に出たところ仲間とともに暴風にあい漂流。アメリカ捕鯨船ジョン・ハウランド号に救助され,アメリカに渡り学校教育をうけた。捕鯨船や鉱山で働いたのち,50年(嘉永3)アメリカ船に乗り帰国の途につき,翌年琉球に上陸。長崎で尋問をうけ高知藩に引き渡された。高知藩で教授館に勤めたのち,53年幕府の普請役格に登用され,江川太郎左衛門の手付となり翻訳に従事。57年(安政4)軍艦操練所の教授方となり,明治維新後は開成学校で教えた。著書「英米対話捷径」。

なかはらうじ [中原氏] 安寧あんねい天皇の皇子磯城津彦しきつひこ命の後裔と伝えられる氏族。本姓は十市宿禰とおちのすくね。971年(天禄2)中原宿禰に,974年(天延2)朝臣に改められた。明経道みょうぎょうどうの家として明経博士・助教に任じられる者が多く,平安中期の有象ありかた以来,嫡流は清原氏とともに外記局を主宰する職(局務)を世襲し,室町時代以降,押小路家おしこうじを称する。有象の子致時むねときの庶流からは明法道の中原氏が出た。致時の孫範政のりまさが1097年(承徳元)明法博士に就任して以後,子の範光・明兼(法家坂上氏出身)と三流にわかれて世襲。また蔵人所くろうど出納を勤めた中原氏は有象の5代の孫元むねもとの養子祐安すけやすの子職能もとよしに始まり,

平田家を称した。

なかはらちかよし [中原親能] 1143～1208.12.18 鎌倉幕府草創期の官僚。中原広季の子で大江広元の兄弟。一説には藤原光能の子ともいう。のちに藤原姓に改める。斎院次官などを勤め、中納言源雅頼の家人。相模国で養育されて流人の源頼朝と知り合い、挙兵を聞いて鎌倉に下り政務に参じたという。頼朝の側近として活躍し、公文所寄人(くもんじょよりうど)などや公事奉行人として実務にたずさわる。平氏追討の際、各地を転戦、またたびたび上洛し公家との折衝にあたった。各地に多数の所領をもち、とくに九州の所領は猶子(ゆうし)大友能直に譲られて大友氏発展の基盤となる。妻が頼朝の女三幡の乳母であったことから、三幡死去の際出家して掃部頭(かもんのかみ)入道寂忍と称した。

なかはらのりかた [中原章賢] 生没年不詳。鎌倉末～南北朝期の明法(みょうぼう)家。章継の子。出家して是円房道昭と称す。建武新政府の雑訴決断所(ざっそけつだんしょ)に登用されたが、その瓦解後は足利尊氏に従った。公家法にも武家法にも通暁し、『御成敗式目』に注釈を加えた『是円抄』を著したが、現在散逸。1336年(建武3・延元元)尊氏の諮問に答えるかたちで弟の真恵とともに「建武式目」を提出。なお是円房道昭の俗名を二階堂道昭、法名とあわせて二階堂を円とする説があるが、誤りである。

なかみかどてんのう [中御門天皇] 1701.12.17～37.4.11 在位1709.6.21～35.3.21 東山天皇の第5皇子。名は慶仁(やすひと)。母は櫛笥(くしげ)隆賀の女新崇賢門院賀子。1707年(宝永4)儲君に定まり親王宣下。08年立太子、翌年父の譲位により践祚。35年(享保20)皇太子昭仁親王(桜町天皇)に譲位。書道・和歌を修め、26年祖父霊元法皇から入木道(じゅぼくどう)伝授をうける。著書『公事部類』。

なかみがわひこじろう [中上川彦次郎] 1854.8.13～1901.10.7 明治期の実業家。豊前国生れ。福沢諭吉の甥。1874年(明治7)からイギリスに留学、井上馨(かおる)の知遇をえて帰国後工部省・外務省に勤務したが、明治14年の政変で辞職、慶応義塾出版社社長となり『時事新報』を発行した。88年山陽鉄道社長となったが、91年井上馨の推薦で経営危機に陥っていた三井銀行に入社、学卒の人材を採用するなど同行の立直しに従事。鐘淵紡績・王子製紙・芝浦製作所など三井の工業部門の拡充にも力を注いだ。

なかみちよ [那珂通世] 1851.1.6～1908.3.2 明治期の東洋史学者。陸奥国岩手郡生れ。旧姓藤村。幼名荘次郎。14歳で盛岡藩学校教授江幡通高(えばたみちたか)の養子となり、のち養父の復姓のときに改名。慶応義塾卒。1878年(明治11)千葉師範学校校長兼千葉中学校総理、のち一高・東京高等師範教授などを歴任。日本における東洋史の創設者であり、漢文で書かれた『支那通史』は近代的中国通史としては世界最初のものである。晩年は元史研究に専心し、蒙古文『元朝秘史』から翻訳した『成吉思汗実録』を1907年に刊行した。

ながみつ [長光] 刀工の名。同名が多数いるが、備前長船(おさふね)派の長光が著名。光忠の子で、左衛門尉・左近将監。年紀は文永期頃からある。御物1、大般若長光など太刀5・薙刀1が国宝。重文は28。嘉元期から銘振りが変わって以後を2代というが、左近将監を冠したものを初代の晩年作とみるか2代作とみるかは判断がむずかしい。『往昔抄』では初代長光は仏門にはいって順慶と号したとするが、順慶の作風は長光より古風という。

なかむらきちえもん [中村吉右衛門] 1886.3.24～1954.9.5 初世。歌舞伎俳優。東京都出身。3世中村歌六の長男。本名波野辰次郎。俳名秀山。屋号は播磨屋。子供歌舞伎で頭角を現し、明治末～大正期には6世尾上菊五郎と市村座で激しく人気を競った。以来、第2次大戦後まで東京劇壇の中心的存在として活躍。時代物の英雄役が本領だが、世話物の軽妙な役にも傑作が多い。芸術院会員。文化勲章をうける。

なかむらざ [中村座] 江戸の歌舞伎劇場。1725年(享保10)の書上(かきあげ)によると、1624年(寛永元)に猿若勘三郎が猿若座を創設して興行を始めたとするが、年代に疑問がある。51年(慶安4)には一座を率いて江戸城へ参入。52年(承応元)頃の若衆歌舞伎禁止後も存続し、江戸歌舞伎の筆頭の座と目され、堺町で興行を続けた。3世(2世とも)勘三郎のとき姓を猿若から中村に改め、座名は中村座と猿若座を併用した。1793年(寛政5)秋から97年の秋まで休座し、都(みやこ)座が代わって興行。1842年(天保13)猿若町1丁目へも移転。75年(明治8)3世市村仲蔵へ興行権が委譲され、さらに都座・猿若座・中村座・鳥越座と名称をかえ、93年に焼失して廃座となった。

なかむらたいじけん [中村大尉事件] 参謀本部員中村震太郎が中国東北部(満州)を軍事調査旅行中に張学良(ちょうがくりょう)指揮下の屯墾(とんこん)軍第3団長に射殺された事件。1931年(昭和6)6月27日、日本人の立入り禁止区域の洮南(とうなん)と索倫の間でおこったもので、関東軍はこれを武力行使の口実にしようとした。政府と軍中央はこの動きをおさえ8月17日からの日中間の外交交渉にこぎつけたが、交渉が進展しないうちに関東軍は柳条湖(りゅうじょうこ)事件をおこした。世論が満州事変支持に動く一つの素地となったのである。

なかむらまさなお [中村正直] 1832.5.26～91.6.7 幕末～明治期の教育家。幕臣の子として

江戸に生まれる。敬輔、号は敬宇。昌平黌に学んで幕府儒員となる。蘭学・英学を学し、幕府遣英留学生の監督として渡英。維新後は静岡に移り、「西国立志編」「自由之理」を訳出して刊行。1872年(明治5)上京して大蔵省に出仕。翌年同人社を開塾し、また女子教育・盲唖教育にも尽力。明六社創立員・東京大学教授・元老院議官などとして活動した。東京学士会院会員。

ながもちがたせっかん [長持形石棺] 古墳中期に盛んだった組合せ式石棺。長持に似る形から成る。竪穴式石室に納める場合と土壙内に直接納める場合がある。身の短辺上部および蓋の横断面は弧状を呈し、蓋石、身の長側石、底石に縄掛突起をもつ。畿内の中期大型古墳で多くみられ、他地域でも首長層の古墳に用いている。畿内のものは兵庫県高砂市周辺に産する流紋岩質凝灰岩(竜山石)が使用される。

●●・長持形石棺

ながや [長屋] 1棟を壁で仕切って数世帯で住みわける長方形の家。棟の線と直角にいくつかの住戸に仕切ったものを棟割長屋という。中世・近世の下級武士の家や町屋に多くみられた。一般に塀・垣はなく間取りも画一的で、きわめて単純な造りである。建材も安価なものを用いた。井戸・便所などを共用し、住人の間に密接な空気をうんだ。下級武士の長屋は城の近くにあり、事あれば即座に用に応じた。のちには賃貸住宅としても使われた。

ながやおう [長屋王] ?〜729.2.12 天武天皇の孫で、高市皇子の子。母は天智天皇の子で元明天皇の姉御名部皇女か。文武天皇の同母妹吉備内親王を正妻とし、親王に準じる高い待遇をうけた。元明天皇の信頼あつく、720年(養老4)の藤原不比等の死後は政権の中核となり、右大臣ついで左大臣に任じられ、良田百万町の開墾計画(722)、三世一身の法の制定(723)などの諸政策を実施した。しかし724年(神亀元)の聖武天皇の即位後は、藤原武智麻呂ら不比等4子の勢力が強まり、729年(天平元)謀反の罪で妻子とともに自殺に追いやられた(長屋王の変)。漢詩文をよくし、自邸でしばしば詩宴を催したほか、仏教の信仰もあつかった。王の邸宅跡からは多くの木簡が出土している。

ながやおうのへん [長屋王の変] 奈良前期の藤原氏による政敵排斥事件。藤原不比等の没後、長屋王が太政官の首班になるが、729年(天平元)2月中臣東人らが王の謀反を密告し、藤原宇合らが王の宅を包囲した。舎人親王らの審問ののち王は自殺し、正室吉備内親王とその子も自殺した。変の背景には、その直前に聖武天皇の夫人藤原安宿媛(光明子)所生の皇太子が夭折し、もう1人の夫人県犬養広刀自が安積親王を出産したことがある。藤原氏は安積の即位阻止のため安宿媛の立后をはかり、その障害になる王を排除したと考えられる。皇女を母にもつ長屋王の血統から、大化前代の皇位継承原則に照らすと、宮子所生の聖武天皇に劣らず長屋王の即位がありえたことも要因であろう。

なかやましんぺい [中山晋平] 1887.3.22〜1952.12.30 大正・昭和期の作曲家。長野県出身。1905年(明治38)上京、島村抱月の書生をしながら東京音楽学校を卒業。14年(大正3)芸術座公演「復活」の劇中歌「カチューシャの唄」を手始めに、「さすらいの唄」「船頭小唄」「東京行進曲」「東京音頭」など、民謡の音階とリズムを生かした大衆歌謡を作曲し、晋平節として広く愛唱された。「あの町この町」「証城寺の狸囃子」ほか童謡も数多く残す。

なかやまただちか [中山忠親] 1131〜95.3.12 平安末〜鎌倉初期の公卿。羽林家である中山家の祖。藤原忠宗の三男。母は藤原家保の女。中山内大臣と称する。1140年(保延6)従五位下。蔵人頭・参議・権中納言などをへて91年(建久2)内大臣。有職故実に通じ、朝儀に明るく重んじられた。85年(文治元)源頼朝の推挙で議奏公卿となる。日記「山槐記」は治承・寿永の乱前後の重要史料。著書「貴嶺問答」。

なかやまただみつ [中山忠光] 1845.4.13〜64.11.15 幕末期の公家。中山忠能の七男。母は肥前国平戸藩主松浦静山の女愛子。長兄忠愛の養子。1858年(安政5)侍従、63年(文久3)国事寄人より。尊攘派志士と交わり、大和行幸を企図。天誅組首領として大和国五条代官所を襲撃。幕府軍に敗れ長門国萩藩領に潜伏。64年(元治元)藩内佐幕派に暗殺される。70年(明治3)贈正四位。萩藩側は、領内の住吉神社内の中山社(現、中山神社)に祭祀した。

なかやまただやす [中山忠能] 1809.11.11〜88.6.12 幕末・維新期の公家。明治天皇の外祖父。忠頼の次男、母は正親町実同の女綱子。1847年(弘化4)権大納言、58年(安政5)議奏。61年(文久2)和宮降嫁の際、御用掛として江戸に赴く。翌年中差控の後、国事御用掛。長門国萩藩尊攘派を支援し、64年(元治元)禁門の変後、参朝停止。67年(慶応3)明治天皇践祚で赦免、鹿児島・萩両藩に討幕の密勅

を下す。王政復古で議定。68年(明治元)輔弼はつ,従一位准大臣。69年神祇伯,賞典禄1500石。84年侯爵。

なかやまみき [中山みき] 1798.4.18～1887.2.18 天理教の教祖。父は大和国山辺郡三昧田村の庄屋前川半七正信。前川家は代々浄土教の檀家であったことからみき自身信仰を厚くした。1810年(文化7)中山善兵衛と結婚。38年(天保9)10月23日,長男秀司の足痛の治療のために修験者の加持祈になっていたところ突然神がかり状態になり,3日3晩続いて「月日(神)のやしろ」となったことから宗教者の道を選択し,53年(嘉永6)以降,活動を本格化させた。教義として「おふでさき」「みかぐらうた」「おさしづ」などを定め,歌や手振りを交えて布教を行った。74年(明治7)以降,官憲の弾圧をうけたびたび留置されたが,屈することなく布教活動に努めた。

ながよせんさい [長与専斎] 1838.8.28～1902.9.8 幕末～明治期の医政家。肥前国大村生れ。17歳で大阪の緒方洪庵の適塾に入門し,のち長崎に赴き病院精得館に入り,蘭医ポンペの教えをうけた。1871年(明治4)の欧米派遣使節団に加わり,先進国の医学教育と衛生制度を視察。帰国後,文部省医務局長・東京医学校長などを歴任。78年内務省衛生局長となり,コレラ予防法案,日本薬局方編纂,検疫,上下水道の改良など,衛生行政・医事薬務に尽くした。

なご [名子] 「みょうし」とも。中世～近世の隷属農民の身分呼称。中世,名主のもとで家内労働を担い,名田の一部を耕作し,自身が売買の対象にされた。中世末期,名田経営の解体にともなって経営の自立化が進んだが,近世にも多くの名子が残存した。近世では,中世から同様に隷属状態におかれていた被官百姓と併称され,名子・被官とよばれた。世襲的な借家・小作関係にもとづく強い隷属性が特徴で,村内での地位は水呑百姓以下であった。作子ぷ・門屋・譜代・内者・下人など地方により多様な呼称がある。近世を通して名子抜けして自立した者も少なくないが,一部には近代以降,第2次大戦後の農地改革まで存在した。

なごえみつとき [名越光時] 生没年不詳。鎌倉中期の武将。北条氏の一族。越後守。朝時の長男。1246年(寛元4)御家人の間で前将軍藤原頼経を擁立し北条時頼を倒す陰謀が計画され,その首謀者となる。しかし事前に時頼の知るところとなり,捕えられ伊豆国江馬に流刑となった(宮や騒動)。のち許されて鎌倉に戻った。

なこく [奴国] 「魏志倭人伝」にみえる倭の一国。伊都ど国の東南100里の地にあり,官を兕馬觚しといい,副官は邪馬台国やから派遣された卑奴母離ひなといった。「後漢書」には,倭の奴国が57年遣使朝貢し,後漢の光武帝から印綬を与えられたとある。博多湾頭の福岡市志賀島から出土した金印は,そのとき与えられた印であろう。「日本書紀」にみえる那津なのはその遺跡。福岡市付近に存在した国で,福岡市の須玖く岡本遺跡は奴国に関連した遺跡とみられる。

なこそのせき [勿来関] 陸奥国にあった関。念珠ずり関・白河関とともに奥州三関の一つ。古くは菊多刻きくたのといわれ,やがて勿来関とよばれるようになったとされているが,両者の関係は厳密には明らかでない。勿来関は歌枕として著名であり,「吹く風をなこその関と思へども道もせにちる山ざくらかな」(源義家,「千載集」)などの歌がある。現在の福島県いわき市勿来町に関跡といわれる場所があるが,学問的に検証されたものではない。

なごや [名護屋] 佐賀県北西部鎮西町の地名。東松浦まっ半島にあり,名護屋浦が湾入。中世には名護屋氏が領有し,1591年(天正19)から豊臣秀吉が朝鮮出兵の兵站基地として築城。当時のようすを伝えるものに,伝狩野光信筆の「肥前名護屋城図屏風」がある。古来の朝鮮半島との交流がうかがわれ,1993年(平成5)開館の県立名護屋城博物館は朝鮮半島の国々と日本との間の歴史的変遷・交流を,両国の協力によって明らかにする,日本で唯一の博物館である。

なごやげんい [名古屋玄医] 1628.3.21～96.4.18 江戸前期の京都の古方派の医師。字は閲甫,号は丹水子・宜春庵。京都生れ。中国明末の1646年に上梓された喩嘉言ゆかの著「尚論篇」を読み,治病の原点を後漢の張仲景著とされる経験的処方を主とした「傷寒論」におくことを悟り,はじめて古医方を唱導した。儒学における伊藤仁斎らの古学派とともに古医方発達の端緒をひらいた。著書「難経註疏ちゆ」「金匱きん要略註解」「医方問余」。墓所は京都市上京区の浄福寺。

なごやじけん [名古屋事件] 1884年(明治17)名古屋の急進派自由党員ら政府転覆未遂事件。軍資金を徴収しつつ名古屋鎮台の兵を説いて立ち,監獄を破って囚人を義軍に参加させ,各地の自由党党員に蜂起を促す,という計画であったが,紙幣贋造,蜂起資金調達を名目とした役場・富豪からの金品略奪,巡査殺害などに止まった。12月愛知県知多郡長草村役場(現,大府市)で強盗事件をおこした関係者が検挙され,殺人罪などで死刑3人を含む重刑に処せられた。

なごやじょう [名古屋城] 名古屋市中区にあった近世の平城。大永年間(1521～28)今川氏により築かれた那古野城が始まり。1534年(天文3)織田信長が城主となる。発掘でこの時期の

堀に囲まれた館群が発見された。現在の城は1609年(慶長14)から徳川家康の命で、多数の助役大名によって普請が進められた。幕末まで尾張徳川家62万石の本拠。天守閣は5層6階で、南に2層3階の小天守閣を連立。本丸をはじめとする虎口￥には馬出しや内枡形￥を備え、完成した近世城郭の姿を示す。大小天守閣と本丸御殿は明治期以降も残されたが、1945年(昭和20)の空襲で焼失。59年に天守閣を再建。本丸南西隅櫓￥・本丸御殿障壁画ほかが重文、二の丸庭園が名勝。国特別史跡。

なごやはん [名古屋藩] 尾張藩とも。尾張国名古屋(現、名古屋市)を城地とする大藩。御三家の筆頭。1607年(慶長12)清洲藩主である徳川家康の四男松平忠吉が没し、代わって九男徳川義直が清洲に封じられ、10年名古屋に城地を移して成立。以後16代にわたる。所領高は度の加増で表高61万9500石余となり、地域は尾張一国のほかに美濃・三河など4国内に及んだ。信濃国木曾地方も無高の藩領で、豊富な木材資源が藩財政を助けた。支藩は高須藩。末家に付家老成瀬氏の犬山、竹腰￥氏の今尾が分離して立藩した。初代義直は1645年(正保2)に高概￥や藩士知行所の総割替を実施し、2代光友も世禄制廃止などの諸改革を実施した。7代宗春の行った積極的な政策が財政を悪化させ、後代、財政再建などの藩政改革をもたらした。9代宗睦￥のとき、代官の管地駐在制など地方￥に対する改革を行い、藩校明倫堂を創設するなど儒学を利用した精神面の統治もはかった。幕末期には藩内で佐幕派と勤王派の政争がうまれたが、青松葉事件によって佐幕派は一掃され、藩論は討幕勤王に統一された。詰席は大廊下。廃藩後は名古屋県となる。

なしろ・こしろ [名代・子代] 大化前代の部の一種。名代は御名代の部ともいうべきもので、大王￥の宮号を部名とし、宮の経営に必要な舎人￥・靫負￥・膳夫￥などの伴￥を地方の在地首長から徴発し、その伴の貢納物を貢納させるための組織。雄略天皇の泊瀬￥朝倉宮に仕えた長谷部￥、安閑天皇の勾￥が金橋宮に仕えた勾部などがある。子代は子代の民ともいわれ、王族の名を部名とし、王族の子女の養育のために設定された組織。壬生部￥に相当するものと思われる。垂仁天皇の皇子伊登志別￥王の名にちなむ伊登志部、景行天皇の皇子日本武尊￥の名にちなむ武部￥(建部)などがある。名代・子代と連称されたのは同一の性格とみなされたためと思われるが、両者の関係は不明な点が多い。

なすこくぞうひ [那須国造碑] 栃木県湯津上￥村に現存する古代石碑。上侍塚￥・下侍塚￥両古墳などが分布する古代那須地方の中心部に立地。上に笠石が乗る碑身の前面を平滑に磨き、152字の銘文を1行19字詰めで8行に陰刻している。銘文は「永昌元年」(則天武后の元号)すなわち持統朝の689年に那須国造の那須直韋提￥が評督￥に任じられ、「庚子年」すなわち700年(文武4)に没したことをしのんで意斯麻呂￥らが建碑した旨を記す前半3行と、韋提を顕彰する漢文体の後半5行からなり、墓碑の性格をもつ。7世紀の評制の存在を示す金石文。中国六朝￥風の書風と漢文で知られ、日本三古碑の一つとされる。笠石神社の神体。国宝。

なすのよいち [那須与一] 余一とも。生没年不詳。鎌倉前期の武士。下野国那須郡の住人。父は藤姓資隆。実名は宗隆(宗高)。「平家物語」によると、1185年(文治元)屋島の戦に源義経指揮下で参戦し、平氏方の船に掲げられた扇の的を一矢で射落とし、両軍の喝采を浴びたという。このほかには確かな史料上の所見もなく、実像は不明。幸若舞曲・浄瑠璃・能「八島」など後世の芸能にとりいれられ広く親しまれた。

なだざけ [灘酒] 近世以降、灘目￥地方で発展した都市向けの良質な酒。伊丹・池田などの都市酒造業を凌駕して急速に発展した灘酒造家の多くは、在方商人として出発し、多様な商業活動の後に成長して専業化。灘五郷(今津・西宮・魚崎・御影・西の各郷)の経営規模は、天保年間には1000石以上138軒、5000石以上7軒、1万石以上3軒を数え、化政期には江戸下り酒の7割を灘酒で占めた。灘酒造業は精米工程において、従来の足踏精米から六甲山系からの急流を利用した水車精米へいち早く転換することによって労働力を節減し、量産化に成功した。仕込工程はおもに丹波地方出身の杜氏￥を中心とする出稼ぎ集団によって形成されていた。

なたぼり [鉈彫] 鑿痕彫￥とも。本来は江戸時代の円空￥仏などにみられる鉈による割面をいかした木彫りをいう。現在は木彫像の表面を仕上げる前の荒彫￥ないし小造￥の段階で止め、意図的に丸鑿￥の痕を残してしあげる表現法をいう。未完成像とみる説もあるが、鑿目の効果を意図した一様式とする説が有力。北陸地方に9～10世紀の古例がみられ、11～12世紀には関東・東北地方にこの様式を典型的に示す作例が多く残る(神奈川県宝城坊薬師三尊像、同県弘明寺十一面観音像、岩手県天台寺聖観音像など)。畿内の造像文化に対する東国の美意識の表れとみる意見もある。鎌倉時代以降はしだいに形骸化し消滅。

なち [那智] 和歌山県那智勝浦町の北東部にある那智山周辺の地名。那智滝があり、古くからの霊場。平安末期に熊野本宮・新宮とともに、

那智山は熊野三山と総称されて多くの参詣者を集めた。現在は熊野那智大社とよばれる。室町時代には霊場のようすを描いた「熊野那智参詣曼荼羅」も作成された。

ナチス 国民(国家)社会主義ドイツ労働者党ないしその党員の略称。1919年に結成され、翌年ヒトラーの指導下で25カ条の党綱領を採択。強烈な国粋主義にもとづく反ユダヤ主義政策や反ベルサイユ条約政策、また利子奴隷制の廃止、大百貨店の社会化など擬似社会主義的な主張を掲げた。23年ミュンヘンで一揆をおこすが失敗。その後は議会を通じた権力獲得をめざす路線に転換し、33年にヒトラー内閣を成立させた。ヒトラー独裁の確立とともに党の権力は形骸化する。

なつかまさいえ[**長束正家**] ?～1600.9.30 織豊期の武将。豊臣氏五奉行の1人。1585年(天正13)から豊臣秀吉に仕えた。財政能力にすぐれ、小田原攻めの兵糧奉行をはじめ、文禄・慶長の役でも兵糧の確保・輸送に手腕を発揮、近江・越前両国の検地奉行も勤めた。95年(文禄4)近江国水口城主となり、のち従四位下侍従に叙任され12万石。98年(慶長3)頃五奉行の1人となり、関ケ原の戦で西軍に属し戦死。

なつしまかいづか[**夏島貝塚**] 神奈川県横須賀市夏島町にある縄文時代の貝塚。1950・55年(昭和25・30)に杉原荘介らが調査。東西17m、南北14mで、貝層の厚さは1.5m。早期の各型式の土器群が層位的に出土し、撚糸文より文系土器の編年研究を前進させた。最下貝層から発見された撚糸文と縄文とを示す尖底土器は夏島式土器と命名。局部磨製石斧や石皿・石鏃や骨鏃・釣針などの骨角器がある。カキ・ハイガイなどの貝類、各種の魚骨は活発な漁労活動を示し、獣骨や犬の骨は狩猟活動の一端を示す。日本ではじめて炭素年代測定が行われ、9450±400B.P.という値がでて論議となった。国史跡。

ナップ 全日本無産者芸術連盟の略称。NAPF。1928年(昭和3)3月に結成されたプロレタリア芸術運動団体。機関誌「戦旗」。分裂していた前衛芸術家同盟・日本プロレタリア芸術連盟・労農芸術家連盟の3団体のうち、共産党支持の前二者が合同。同年末に改組して全日本無産者芸術団体協議会(略称ナップ)とした。蔵原惟人・中野重治・小林多喜二・徳永直・佐多稲子・宮本百合子らによって空前の発展をみせた。31年コップ(日本プロレタリア文化連盟)に改組。

なつめそうせき[**夏目漱石**] 1867.1.5～1916.12.9 明治・大正期の小説家。本名金之助。江戸生れ。東大卒。幼時塩原家に入るが、養父母の不和から生家に戻る。大学の同級に正岡子規がいた。1895年(明治28)松山中学に赴任。翌年五高教授に転任。1900年文部省留学生としてロンドンに留学、英文学研究にたずさわる。03年一高教授兼東京帝国大学文科大学講師。05年「吾輩は猫である」と「倫敦塔」などの短編を発表、文壇に登場。「坊つちゃん」「草枕」などで余裕派とよばれた。07年東京朝日新聞に入社、文芸欄で活躍する。「三四郎」「それから」「門」の中期三部作を発表。大病をへて「こゝろ」「道草」「明暗」などで苦悩する近代知識人の内面を描いた。

ななさんいちぶたい[**731部隊**] 関東軍防疫給水部とも。細菌兵器の研究・開発・実戦利用のため日本陸軍が設置した部隊。731部隊のほかにも華北に1855部隊、華中に1644部隊があり、このような活動は石井四郎軍医中将によって指導されていた。捕虜や抗日運動家を人体実験の犠牲者としたことで有名。

なにわづ[**難波津**] 難波御津・難波三津の浦とも。古代、摂津国にあった港津。比定地は現在の大阪市中央区法円坂付近とする説、同区高麗橋付近とする説の二つが有力。瀬戸内海に臨み、外国使節の迎接、遣隋使・遣唐使の発船などが行われ、また海上交通による国内物資の集散地ともなるなど、古代国家の外港として発展。律令制下、この地が摂津職によって統治されたのもその重要性のゆえである。のち土砂の堆積が進み港津としての機能が低下し、785年(延暦4)の神崎川(三国川)開削によって淀川と瀬戸内海が短距離で結ばれると、その繁栄は河尻泊・江口・神崎へと移った。

なにわのながらのとよさきのみや[**難波長柄豊碕宮**] 「日本書紀」にみえる孝徳天皇の宮。645年(大化元)の難波遷都により造営を開始し、将作大匠の倭漢直荒田井比羅夫が造営を担当して652年(白雉3)に完成する。宮殿は言葉に表せないほど立派であったという。孝徳天皇の死後も存続するが、686年(朱鳥元)1月、火災により焼失する。大阪市中央区法円坂で発掘された前期難波宮に比定する説もある。

なにわのみや[**難波宮**] 孝徳天皇による難波遷都以来、奈良時代末の難波大宮廃絶までの約150年間、難波地域に維持された宮殿群の総称。大阪市中心部の上町台地上に遺構がある。難波は津として西国および中国・朝鮮との海上交通の接点として機能し、古くは応神天皇の難波大隅宮、仁徳天皇の難波高津宮、欽明天皇の難波祝津宮などが営まれ、倉庫群や大郡・小郡などの迎賓施設も存在した。孝徳天皇の難波長柄豊碕宮は、645年(大化元)の難波遷都により造営を開始し、将作大匠の倭漢直荒田井比羅夫が造営を担当して652年(白雉3)に完成する。686年(朱

鳥元)火災により焼失するが、以後も持統・文武・元正・聖武の各天皇による行幸がみられる。726年(神亀3)聖武天皇は藤原宇合を知造難波宮事に任じ宮を再建させ、宅地班給を行った。744年(天平16)には一時皇都とされたこともあるが、793年(延暦12)には難波大宮は停止された。

なにわぶし [浪花節] 浪曲・ちょんがれ節とも。近代の大衆芸能の一つ。関西ではうかれ節ともいわれた。1人で演じ、語りの部分と三味線による節の底音で詠う部分からなる。起源は江戸時代にさかのぼるが、明治期になって関西地方で大流行したため浪花節とよばれるようになり、他の地方でも流行した。物語の内容は勧善懲悪が主である。著名な浪曲師に明治期の京山小円、大正・昭和期の初代広沢虎造らがいる。

なぬし [名主] 江戸時代の村役人。東日本では名主、西日本では庄屋とよぶことが多い。名主は1村の長で、年貢取立て、戸籍事務、諸書類の作成・奥印、他村・領主との折衝など村政全般を取り扱った。村内で社会的・経済的に優位な者が就任し、世襲が一般的だが、交代制や選挙制をとる村もある。就任に際して領主の認可が必要だが、ふつう村で決めた者がそのまま認められた。名主の職務に対して、年貢諸役を免除されたり、名主給が与えられた。用水普請、貧農への救済活動、教育・文化の普及など村の利益に努めた者もいるが、不正のため村方騒動によって糾弾・罷免される者もいた。

なばたけいせき [菜畑遺跡] 佐賀県唐津市菜畑にある縄文・弥生時代の複合遺跡。最古級の水田跡として著名。唐津平野の西端、海岸砂丘の後背湿地へのびる低丘陵下にあり、1980・81年(昭和55・56)に発掘。丘陵裾部から低地にかけて住居跡と墳墓、小貝塚を検出。谷部の下層は縄文前・中期の包含層で、上部から縄文晩期後半(山ノ寺式期)、晩期末(夜臼式期)、弥生前期初頭、前期後半、中期の遺物包含層と矢板列や畦い畔で区画された水田跡を検出。山ノ寺式期の層からは水田跡、日本型の炭化米やアワ・アズキの畑作物、農具など各種の木製品、石包丁や片刃石斧・有茎石鏃などの磨製石器も出土。朝鮮半島南部から伝えられた初期水稲農耕文化を主体的に受容した縄文人の様相がわかる。現在は公園化され、保存されている。国史跡。

なべしまなおまさ [鍋島直正] 1814.12.7〜71.1.18 幕末期の大名。肥前国佐賀藩主。父は斉直。号閑叟。1830年(天保元)家督相続。質素倹約を旨とした藩財政の緊縮策を推進。37年から農村支配機構の改革、小作料の10年間猶予による本百姓体制の再編、臘・石炭などの特産物奨励などを行った。伊王島・神島に洋式砲台を設置、また洋式大砲鋳造のため大銃製造方を設け国産初の反射炉を建設。西洋理化学研究所である精錬方をおく。また佐野常民ら藩士を長崎海軍伝習所に派遣、西洋船舶を輸入し強大な海軍力を育成した。さらに種痘を世子直大に施し西洋医学の摂取に努めた。61年(文久元)隠居したが藩政を主導し、戊辰戦争では育成した軍事力が官軍の勝利をもたらし、明治政府のなかでの佐賀藩の地位を高めた。

なべやまさだちか [鍋山貞親] 1901.9.1〜79.8.18 昭和期の社会運動家。福岡県出身。小学校卒。職工となり、労働運動に開眼、友愛会から荒畑寒村のL・L会(労働運動研究会)に加入。結党まもない共産党に入党、評議会中央委員となり、日本栗野の争議を指導した。27年テーゼ作成に参加、党中央委員として活躍中、4・16事件で逮捕。無期懲役の判決をうけたが、佐野学と転向声明を発表、内外に多大の影響を与え、1940年(昭和15)恩赦で出獄。妻と中国に渡り、敗戦を迎える。戦後世界民主研究所を設立、反共運動を推進。

なまむぎじけん [生麦事件] 1862年9月14日(文久2年8月21日)、上海在住のイギリス商人C.L.リチャードソンら4人が横浜の生麦村で島津久光の行列に遭遇、鹿児島藩士に殺傷された事件。久光は勅使大原重徳を擁して江戸へ東下、幕政改革の朝命を伝え京都へ帰る途中であった。リチャードソンは即死し、イギリス代理公使ニールは幕府に謝罪と賠償金を要求した。攘夷運動の高揚のなか交渉は難航したが、63年(文久3)5月幕府は賠償金11万ポンド(うち1万ポンドは第2次東禅寺事件の賠償金)を支払った。6月にはクーパー提督率いる艦隊が鹿児島に来航、犯人の死刑と賠償金を要求して鹿児島藩と直接交渉を行ったが薩英戦争をひきおこす。9月横浜で談判が行われ和議が成立。鹿児島藩は賠償金2万5000ポンドを幕府から借用して支払い、事件は落着した。

なみきごへい [並木五瓶] 1747〜1808.2.2 歌舞伎作者。大坂生れ。初世並木正三(一説に並木十輔)門下。前名五八(吾八)・五兵衛ほか。号並木舍、浅草堂。安永期から大坂で名声をあげ、1794年(寛政6)上京、江戸で活躍。大坂時代は「金門五三桐」など伝奇的で壮大な構想の時代物に傑作が多く、江戸に下ってからは「五大力恋緘」など、旧作を江戸むきに書きなおした世話物の名作を残した。緻密な構成や人物の首尾一貫した性格描写など、合理的・写実的な作風で知られる。五瓶は4世まであって2世(1768〜1819)は初世の門人篠田金治が晩年に襲名。3世(1790〜1855)は2世の門人で「勧進帳」の作者として著名。4

なみきしょうざ [並木正三] 1730～73.2.17
名は「しょうぞう」とも。歌舞伎作者。宝暦期を中心に活躍した上方の名作者。大坂道頓堀の芝居茶屋の子。浄瑠璃作者並木宗輔の門下となるが、師の没後歌舞伎に転向。人形浄瑠璃に学んだ雄大な構想、舞踊な筋立てや独特の趣向にとんだせりふで歌舞伎の戯曲性を高め、セリ・回り舞台・がんどう返しなど舞台機構を改良・創案。代表作「三十石艠始(さんじゅっこくぶねのはじまり)」。正三の名は明治期の3世まで伝えられる。

なみきそうすけ [並木宗輔] 1695～1751.9.7
宗助とも。江戸中期の浄瑠璃作者。青年期を備後国三原の禅寺ですごす。還俗後大坂豊竹座に入り、1726年(享保11)「北条時頼記」が第1作(合作)。享保期後半～元文期の豊竹座の立作者として活躍。42年(寛保2)末から歌舞伎作者に転じるが、3年後に浄瑠璃作者に復帰、並木千柳(せんりゅう)と名を改め竹本座に入る。竹田出雲・三好松洛(しょうらく)とともに浄瑠璃全盛期の諸作に名を連ねる。51年(宝暦元)並木宗輔の名で再び豊竹座に戻るが、「一谷嫩軍記(いちのたにふたばぐんき)」を3段目まで書いたところで没し、絶筆となる。

なやしゅう [納屋衆] 中世後期～近世初期の港湾都市で活躍した貸倉庫業者。運輸・貿易・金融などをかねて総合的に経営する豪商へ発展した者もあり、都市の有力者として自治組織を指導した。和泉国堺の納屋貸十人衆が有名で、巨富を築いた総合倉庫業者を中心に豪商が連合し、定期的に会合をもち、堺の都市運営を支配したが、織田信長の弾圧をうけ自治体制は崩壊した。

なやすけざえもん [納屋助左衛門] 呂宋(ルソン)助左衛門とも。生没年不詳。織豊期の堺の貿易家。納屋氏は堺の上層市民、納屋衆の出身。「太閤記」などによると、1593年(文禄2)にルソンへ渡航して同地の珍宝をもたらし、豊臣秀吉に献上した。このとき舶載した真壺(まつぼ)(呂宋壺)は茶道の珍器としてもてはやされ、巨利を博したという。その後、秀吉の忌諱にふれ失脚したが、1607年(慶長12)カンボジアに渡航し、同地の国王の信任を得たという。

なやせいど [納屋制度] ⇨飯場制度(はんばせいど)

なやもの [納屋物] 江戸時代、生産者から直接に納屋の手で流通した商品。蔵屋敷を通じて商品化される蔵物に対する語。とくに米穀を納屋米という。ほかにも油・塩・木材・紙・肥料など多くの商品があった。江戸中期までは蔵物取引が盛んだったが、しだいに納屋物取引がふえる。そのため、宝暦～天明頃に大坂商人らが再三にわたり納屋物会所や問屋株設定を出願し、1835年(天保6)に納屋物雑穀問屋が認められた。納屋物のなかには問屋・仲買・小売という区別なく流通するものもあり、この販売経路は不定で、仲買を介することもあった。

なよせちょう [名寄帳] 近世の村の土地台帳。年貢納入者別に田畑持高・面積・分米などを書きあげ集計した帳簿。検地帳をもとに作成され、年貢や村入用を農民に小割する際の基礎台帳となった。

なら [奈良] 奈良県北端に位置する。県庁所在地。地名は、「日本書紀」崇神紀の「草木をふみならす」によるとの説や、朝鮮語説などがある。710年(和銅3)から74年間、平城京として栄えたのち衰退するが、旧外京の地には東大寺・興福寺などの門前町が形成され、中世以降、商業・工業(墨筆など)・芸能が発達する。江戸時代は奈良奉行をおいて幕府直轄。明治期以降、奈良公園や平城宮跡の整備が進み、多くの文化財の存在とともに、一大観光地となった。1898年(明治31)市制施行。元興寺極楽坊以南の地域で「ならまち」づくりも行われ、西部に大住宅地域が発展。

ならえほん [奈良絵本] 室町末～江戸前期にかけて作られた挿絵入りの冊子本。写本。読者層の広がりとともに絵巻物から順次移行したと考えられ、大型本・半紙本・横本などさまざまな形がある。内容は室町物語が中心。挿絵は奈良絵(明治以降の呼称。奈良との関係は江戸期)とよばれ、単純化した構図のうえに、朱・緑・青など鮮やかな色調で彩色し、金泥・金銀箔をはる。奈良絵本の制作には、京都の扇屋が関与し、やがて絵草子屋の出現によって大量に出回るようになる。

ならけん [奈良県] 近畿地方の中央部に位置する内陸県。旧大和国を県域として成立。1868年(明治元)大和鎮台が設置され、旧幕領・寺社朱印地を管轄、まもなく大和鎮撫総督府、奈良県、奈良府と改称したが、翌年奈良県に復した。70年奈良県のうち宇智・吉野2郡と河内・紀伊両国の一部を管轄する五条県がおかれた。71年廃藩置県をへて11月奈良・郡山(こおりやま)・小泉・柳生・田原本(たわらもと)・高取・柳本・芝村・櫛羅(くじら)・五条の10県は統合され、大和一国を管轄する奈良県が成立した。76年県界に合併され、81年堺県は大阪府に合併されたが、87年大阪府から大和地方を分離して奈良県が再置され、現在に至る。県庁所在地は奈良市。

ならこくりつはくぶつかん [奈良国立博物館] 文化庁所管の国立博物館。奈良市登大路町にある。奈良を中心とする仏教美術を収集・保管、多くの社寺などの文化財も寄託されている。1889年(明治22)古文化財の宝庫である奈良の文化財保護を主目的に帝国奈良博物館として設立、95年開館。1900年東京・京都の帝国博物館とともに改称され奈良帝室博物館となる。47

年(昭和22)国立博物館奈良分館となり、52年8月奈良国立博物館として独立。本館・新館・仏教美術資料研究センターからなり、片山東熊(とうくま)設計の本館とセンターは重文指定。毎年秋には正倉院展を開催。

ならじだい [奈良時代] 平城京に都がおかれた時期を中心とする8世紀をさす。701～702年(大宝元～2)の大宝律令施行を画期とし、794年(延暦13)の長岡京から平安京への遷都を古代国家の転換期とみることによる。7世紀末～8世紀初めには南九州の隼人(はやと)、南島(南西諸島)、北方の蝦夷(えみし)の征服により日本の国土領域の基本部分が成立した。日本の国号が唐に認められ、律令法による国家制度も確立した。史書として「古事記」「日本書紀」が編纂され、「万葉集」「懐風藻」などの文学作品も作られた。国際的な天平文化が栄え、日本文化や貴族社会の基礎が形成された。天皇制が確立する一方で、藤原氏が勢力を伸ばし、政変・内乱があいついだ。また公民の浮浪逃亡が増大して公民支配が動揺し、墾田永年私財法などにより私的大土地所有の展開が促進され、8世紀半ばから律令制支配は変質していった。

ならぶぎょう [奈良奉行] 南都奉行とも。江戸幕府の職名。遠国奉行の一つで、山田奉行と同格。職掌は奈良町の民政、寺社の管理および春日大社などの神事の監督、大和一国の政務を京都町奉行と分担して行った。1613年(慶長18)初設(異説がある)。当初は中坊家の世襲。定員1人(一時2人)。老中支配で、京都所司代の指揮をうけた。芙蓉間詰。1787年(天明7)の武鑑では役高1000石、役料1700俵。従五位下。属僚に与力6騎、同心30人。

ならぶっきょう [奈良仏教] 8世紀、平城京の時代に栄えた仏教とその文化をいう。当時の仏教は、律令国家の管理下で興隆が図られ、鎮護国家を目的とした国家仏教であった。大規模な伽藍をもつ官寺が建立され、護国法要が営まれた。僧尼は国家の管理下で得度受戒し、僧尼令により彼らの行動が規制された。とくに為政者の仏教信仰が盛りあがりをみせたのは聖武天皇の天平年間(729～749)で、都に盧舎那(るしゃな)大仏と東大寺が造営され、各国に国分寺・国分尼寺が建立された。官寺は南都六宗を中心とする仏教教学の研究が盛んで、僧尼は官人的な存在として国家への奉仕が義務づけられた。仏教信仰の隆盛は僧の政治的進出を導き、法王道鏡(どうきょう)のような政僧も現れたが、やがて桓武天皇により改革が試みられることとなった。

ならぶっし [奈良仏師] 平安後期に奈良の地で活動し、興福寺大仏師などを名のった仏師の一派。系譜的には頼助(らいじょ)―康助―康朝―成朝(せいちょう)で、成朝と同時期に傍流である康慶(こうけい)を含めることもある。この派の作風の解明は十分ではないが、鎌倉時代に活躍した運慶は康慶の弟子であり、鎌倉時代彫刻の先鞭ともいえる長岳寺阿弥陀三尊像もこの派の仏師の作品である可能性がある。広く奈良の地で活動した仏師をいう場合は南都仏師という。

ならやいちえもん [奈良屋市右衛門] 江戸町年寄奈良屋の世襲名。初代市右衛門は大和国の豪族大館氏の一族で奈良に居住したが、三河時代から徳川家康に仕えたと伝える。本能寺の変の際、家康の伊賀越の供をした小笠原小太郎が改名したとの説もある。家康の関東入国以来、樽屋・喜多村とともに12代にわたり江戸町年寄を世襲。本町1丁目の拝領屋敷に役宅をおいて市政の一翼を担った。1834年(天保5)10代市右衛門のとき、先祖にちなむ館の苗字を名のることを許された。

ならやもざえもん [奈良屋茂左衛門] 1655?～1714.6.13 江戸中期の江戸の材木商人。通称奈良茂(なら も)。諱は勝豊、安永とも号す。寛永年間以来代々深川霊岸島に居住。茂左衛門勝豊は4代目にあたる。伝承によれば、勝豊は裏店住いの車力ないし小揚人足の子で、材木問屋奉公ののち独立、日光東照宮の修復用材調達請負を契機に巨利を得、一代で急成長したという。勝豊は貸金と不動産所得を柱とした家産維持を子孫に遺命したが、5代目茂左衛門広璘と弟安左衛門勝珉は遊興で膨大な遺産の多くを使いはたし、以降同家の経営は衰退した。紀文(きぶん)(紀伊国屋文左衛門)・奈良茂と併称される英雄的豪商としての伝承は、4代目の出世譚と5代目兄弟の行状をあわせて形成されたと考えられる。

なりきん [成金] 投機的・冒険的経営によっていっきょに巨富を得た者をさす。日露戦争後に使われ始め、その後第1次大戦期の軍需景気、朝鮮戦争時の特需景気の頃までジャーナリズムで使用された。大戦景気の頃に最も人口に膾炙した。半年60割という史上最高の配当を行った船成金の内田信也、株成金の野村徳七、鉱山(ヤマ)成金の久原(くはら)房之助らが有名。

なりたふどう [成田不動] ⇒新勝寺(しんしょうじ)

なりよししんのう [成良親王] 1326～44.1.6? 「なりなが」とも。後醍醐天皇の皇子。母はかの新待賢門院廉子。1333年(元弘3)足利直義(ただよし)に奉じられ鎌倉へ下向。34年(建武元)四品(しほん)・上野太守に叙任。35年中先代(なかせんだい)の乱で鎌倉を脱出し帰京後、征夷大将軍に任じられた。36年(建武3・延元元)足利尊氏により光明天皇の皇太子にたてられたが、後醍醐天皇が吉野へ移り南北朝分裂となったため廃された。

なるせじんぞう [成瀬仁蔵] 1858.6.23～1919.

3.4 明治・大正期の女子高等教育推進者。周防国生れ。山口県教員養成所卒。1877年(明治10)大阪で受洗。翌年同地に梅花女学校を設立，校長となる。89年新潟に女学校を設立。翌年アメリカに渡り，アンドーバー神学校・クラーク大学に留学。94年帰国，再び梅花高等女学校長となる。女子高等教育機関の必要性を提唱。1901年日本女子大学校を設立。女性の知性向上のために尽力した。

なるたきじゅく [鳴滝塾] シーボルトの診療所兼私塾。1823年(文政6)オランダ商館付医師として来日したシーボルトは，はじめ長崎出島の外科室で診療にあたったが，名声が広がり，通詞の楢林塾・吉雄塾を借りて診療と医学教育を行うようになった。翌年長崎奉行の許可を得て，長崎郊外の鳴滝(現，長崎市鳴滝)に2町歩余の土地と家屋を購入，診療所兼私塾を設けた。木造2階建のほか厨房・書庫・石倉などがあり，庭園にはシーボルトが日本各地で採集した薬草類が移植・栽培された。彼は出島から通って診療と臨床講義を行い，自然科学を教授した。ここで学んだ俊才は美馬順三・二宮敬作・高良斎・高野長英・戸塚静海ら50余人に及び，多くは次代の科学文化発展の担い手となった。遺跡は国史跡。

なわながとし [名和長年] ?〜1336.6.30 鎌倉末〜南北朝期の伯耆国の武士。海運業で蓄財した有徳人。建武政権下の伯耆守。はじめ長高，長田又太郎と称する。1333年(元弘3)元弘の乱で後醍醐天皇の隠岐脱出の手引をし，伯耆国船上山に迎えて挙兵。以後，一族をあげて官方の主将として戦う。建武政権の成立後は，記録所・武者所・恩賞方・雑訴決断所などで活躍し，後醍醐天皇の寵臣「三木一草」(伯耆守の「き」に由来)の1人として勢威をふるった。36年(建武3・延元元)6月，足利尊氏の新政権に背いて京都を制圧すると，新田義貞とともに比叡山から攻め込んだが，三条猪熊で敗れて戦死。

なんが [南画] ⇨文人画

なんかいどう [南海道] (1)古代の七道の一つ。現在の近畿地方南西部から四国地方にかけての地域で，紀伊・淡路・阿波・讃岐・伊予・土佐の各国が所属する行政区分。(2)これらの諸国を結ぶ交通路も南海道と称した。畿内から各国府を順に結ぶ陸路を基本に官道が整備され，紀伊国から淡路国，淡路国から阿波国へは海路で連絡した。駅路としては小路で各駅に5頭の駅馬がおかれる原則であり，「延喜式」では総計22駅に110頭の駅馬をおく規定であった。地方官として731年(天平3)に南海道鎮撫使，746年にも南海道鎮撫使，761〜763年(天平宝字5〜7)に南海道節度使を設置した。

なんかいぼうえき [南海貿易] 琉球や日本と東南アジア諸国との貿易。琉球は14〜16世紀の王国成立後，タイ，スマトラ，ジャワ，安南(ベトナム北部)などの諸国に往来し，琉球産の硫黄，中国産の高級絹繻子・陶磁器，日本産の刀剣・扇子などを輸出し，胡椒・蘇木・象牙などを輸入。輸入品は明・朝鮮・日本への輸出品となった。琉球の久米村や東南アジア諸国に居住する華僑が，貿易の主要な役割を担った。日本には，15世紀に東南アジアからの南蛮船が若狭国小浜や薩摩国に来着したことがある。17世紀に朱印船が，タイのアユタヤ，安南の東京，ルソン(フィリピン)のマニラに渡航して貿易し，日本町が形成されることもあった。

なんがくは [南学派] ⇨海南学派

なんきは [南紀派] 江戸幕府13代将軍徳川家定の継嗣をめぐり，紀伊国和歌山藩の徳川慶福(家茂)を推し，一橋慶喜を推す一橋派と対立した党派。慶福は1849年(嘉永2)4歳で藩主となったが，付家老水野忠央は慶福を将軍継嗣とするため種々画策した。一方，井伊直弼なども水戸藩への反発から一橋慶喜を退けるため慶福を推した。さらに関白九条尚忠や大奥をも同派とし，58年(安政5)6月大老井伊は一橋派に傾いた堀田正睦を罷免。6月25日慶福を将軍継嗣と公表し，7月には一橋派の諸侯を処分した。

なんきょくかんそく [南極観測] 昭和期の南極国際共同観測。国際地球観測年(1957〜58)の事業として，文部省に南極地域観測統合推進本部を設置。1957年(昭和32)から昭和基地・みずほ基地を開設し，地球物理・超高層物理・極地気象・雪氷・地震・測地・地理・地形・地質・地球化学・海洋・生理生態・寒冷生物および極地設営工学の分野を担当。定常的観測は関係省庁の機関，研究観測は国立極地研究所が大学研究機関の協力で実施。観測船は宗谷・ふじ・しらせ。

ナンキンぎゃくさつじけん [南京虐殺事件] 南京事件とも。日中戦争における国民政府の首都南京攻略作戦で，日本軍がおこした暴行虐殺事件。柳川平助中将の第10軍と松井石根大将の上海派遣軍が，1937年(昭和12)12月13日に南京を占領。両部隊の先陣争い，上海戦からの連戦による部隊の士気低下，中国側の予測より早期の退却，戦争法規の無知などが原因で，大規模な捕虜虐殺・放火・略奪・強姦などが行われた。当時から列国の宗教団体などを通じて世界中に報じられ，日本政府首脳部も情報を得ていたが，その規模の大きさと赤裸々な実態については極東国際軍事裁判ではじめて明らかにされ衝撃をよんだ。被害者の実数は数万〜四十

ナンキンじょうやく[南京条約] アヘン戦争の講和条約。1842年8月29日調印。イギリス側代表は全権ポティンジャー、清側代表は欽差大臣耆英。内容は、香港の割譲や賠償金2100万ドルの支払いのほか、5港(広州・厦門アモイ・福州・寧波ニンポー・上海)開港、従来の公行コウハンによる貿易独占廃止、5港への領事館設置、関税協定など資本主義的貿易体制の整備を骨子とし、戦争の原因であるアヘン問題にはふれていない。翌年6月の五港通商章程で領事裁判権、同10月の虎門寨コモンサイ追加条約で片務的最恵国待遇が規定された。44年にはアメリカやフランスも同様の条約を結んだ。

なんけ[南家] 藤原四家の一つ。不比等フヒトの長男武智麻呂ムチマロの別称。平城宮の南に武智麻呂の邸宅が所在したことにちなみ、子孫も南家を称する。反乱をおこして敗死した仲麻呂(恵美押勝)、「続日本紀」編纂にあたった継縄ツグタダらを輩出。伊予親王事件などで衰えるが、伊東氏・土肥氏らの坂東武士団は武智麻呂の三男乙麻呂の後裔。→巻末系図

なんざん[南山] 14~15世紀に沖縄本島南部に成立した王権。中国の史書は山南と記す。起源は伝承に彩られるが、14世紀後半に島尻大里城オオザトグスク(現,沖縄県糸満市)を拠点に島尻一帯を支配。中山に続き、1380年承察度ショウサットが明の冊封をうけ琉球国山南王となり、以後盛んに進貢貿易を展開。他毎毎タモタモ王のとき中山王尚巴志ショウに攻められ1429年滅亡。

なんしゅうが[南宗画] ⇒文人画ブンジン

なんしんろん[南進論] 太平洋の南洋諸島を勢力範囲に収めようとする、海軍主導の近代日本の海洋国家論・軍事戦略。日露戦後の太平洋における日米海軍問題に端を発し、当初は貿易関係の強化をめざす平和的進出論が多かった。ワシントン体制下では顕在化せず、1930年(昭和5)のロンドン海軍軍縮会議を契機とする艦隊派の勢力拡大、36年の国策の基準、ワシントン・ロンドン海軍軍縮条約の失効などにより、南方の戦略物資の獲得、作戦基地の確保という観点から再び浮上した。日米関係の悪化、太平洋戦争勃発の過程では大東亜共栄圏構想をうみだす一因となった。

なんぜんじ[南禅寺] 京都市左京区にある臨済宗南禅寺派の大本山。瑞竜山と号す。正式には太平興国南禅禅寺。開山は無関普門ムカンフモン。亀山天皇が1264年(文永元)に母大宮院オオミヤインの御所として離宮禅林寺殿を造営したが、91年(正応4)禅寺に改め、竜安山禅林寺としたのが始まり。14世紀初めには南禅寺が正式の寺名となる。1334年(建武元)に五山の第1位となり、86年(至徳3・元中3)には五山の上に位置づけ

られた。1467年(応仁元)兵火で全山焼失し、のちに再建されたが、明治期の神仏分離によって大打撃をうけた。方丈は国宝、三門・勅使門は重文。「禅林禅寺起願事」(国宝)、南禅寺一切経・木造聖観音像(ともに重文)などがある。

なんそう[南宋] ⇒宋ソウ㊁

なんそうさとみはっけんでん[南総里見八犬伝] 江戸後期の読本。9輯。曲亭馬琴キョクテイバキン作、柳川重信らの画。1814~42年(文化11~天保13)刊。「忠義水滸伝」をめざし、敵討物・巷談物・伝説物などのすべての要素を取り入れた構想雄大な史伝体小説。思想自体は仏教・儒教・武士道などにもとづく保守的な倫理観であるが、因果応報による勧善懲悪主義に貫かれた理想主義文学。馬琴は本作の第9輯中牌付言で、稗史ハイシ七法則という小説技法・小説理念を公表した。明治期になって坪内逍遥が「小説神髄」で稗史七法則を批判したが、批判の対象たりうる文学理念はこれ以外になかった。「岩波文庫」所収。

なんたいへいき[難太平記] 室町初期までの、足利氏一門今川氏の歴史を記した覚書。1402年(応永9)今川貞世サダヨ(了俊)晩年の著。父範国から聞いた足利尊氏の行動を記す部分には「太平記」を補訂する意図もあるため、後世この書名でよばれた。後半には、応永の乱での了俊の立場が詳しくのべられる。足利家時の置文などの伝承や、他書にない史実が記され、歌人でもある了俊の思想を知る点でも重要。「群書類従」所収。

なんちょう[南朝] 吉野朝とも。南北朝期の二つの朝廷のうち、奈良県吉野地方を中心に存立した大覚寺統の朝廷。1336年(建武3・延元元)後醍醐天皇が吉野にのがれて光明天皇への譲位を否定し、公卿が追随したのに始まる。51年(観応2・正平6)北朝を廃して京都を奪回するが、まもなく退去。のちにも奪回に失敗し、しだいに勢力を失って92年(明徳3・元中9)後亀山天皇から北朝の後小松天皇に神器が渡され、北朝に吸収されるかたちで合一した。この皇統の子孫である後南朝は、皇位回復を試みて失敗。天皇は後醍醐・後村上・長慶・後亀山の4代。年号は延元・興国・正平・建徳・文中・天授・弘和・元中。制度などを伝える史料は少なく、実態は不明な点が多い。

なんとしちだいじ[南都七大寺] ⇒七大寺シチダイジ

なんとほくれい[南都北嶺] 南都北京・南北とも。奈良の諸宗諸寺と延暦寺の総称。とくに興福寺と延暦寺をさす。最澄以来、南都は平安京の南にある奈良の仏教勢力、北嶺は平安京の北の比叡山にある延暦寺をさしたが、10世紀後半からこのうち興福寺と延暦寺が強大な僧兵

を擁して強訴(ごうそ)や闘争をくり返したため、とくに両寺をさす語ともなった。

なんとやきうち [南都焼打] 1180年(治承4)平氏政権が行った奈良の寺院勢力討伐事件。源平の争乱のなかで、反平氏勢力として蜂起した南都の寺院勢力に対し、平重衡(しげひら)を大将とする討伐軍は、12月28日夜、奈良市中に火を放ち攻略した。これにより、東大寺大仏殿をはじめ東大寺・興福寺の堂舎や僧房はことごとく焼失した。

なんとろくしゅう [南都六宗] 三論・成実(じょうじつ)・法相(ほっそう)・倶舎(くしゃ)・華厳(けごん)・律の6宗。奈良時代の僧尼が研鑽(けんさん)した六つの仏教教学体系の専攻者集団。宗はもと衆と表記し、平安時代以降の特定の教団を意味するものでなく、一つの教義体系を研鑽する僧尼の集団を意味し、一つの寺院に複数の宗が存在した。東大寺では天平年間(729〜749)すでにこの6宗が並存し、僧のなかには複数の宗を兼学する者もいた。806年(大同元)最澄(さいちょう)の上表によりこの6宗に天台宗を加えて、各宗の年分度者(ねんぶんどしゃ)の数が規定された。

なんばだいすけ [難波大助] 1899.11.7〜1924.11.15 大正期のテロリスト。山口県出身。父作之進は衆議院議員。早稲田高等学院中退。テロリズムに共感、関東大震災の虐殺事件で反天皇思想を一層固め、摂政(昭和天皇)暗殺を計画、1923年(大正12)12月27日、帝国議会開院式に向かう摂政を虎の門下で狙撃したが失敗。ただちに逮捕され、翌年死刑判決を受け処刑された。

なんばらしげる [南原繁] 1889.9.5〜1974.5.19 大正・昭和期の政治学者。香川県出身。東大卒。一時内務省に勤務したが、1921年(大正10)東京帝国大学助教授、ヨーロッパ留学後の25年に同教授となり、政治学史を担当。第2次大戦後は45〜51年(昭和20〜26)東京大学総長、同時に貴族院議員として憲法審議に加わり、教育刷新委員会で教育改革にも指導的役割をはたす。講和問題に際しては全面講和を唱えて吉田首相と対立した。著書『フィヒテの政治哲学』。『南原繁著作集』全10巻。

なんばんじ [南蛮寺] キリシタン寺とも。狭義には、イエズス会によって1576年(天正4)京都四条坊門姥柳(うばやなぎ)町に建立されたキリシタンの教会堂をさすが、広義にはキリシタン教会堂の俗称。1551年(天文20)大内義隆がザビエルに与えた大道寺を最初とし、キリシタン興隆とともに各地に造られた。ほとんどが古寺を利用したものや和風建築であった。京都南蛮寺は豊臣秀吉のバテレン追放令にともない88年に破却され、各地の教会堂も17世紀初め、幕府の弾圧が激しくなるとともに破却された。

なんばんじん [南蛮人] もともとは古代中国の中華思想にもとづく南方の異民族の呼称。日本の古代〜中世でも同様の意味から、東南アジアやインドからの渡来人をさした。16〜17世紀には来航したポルトガル・スペイン両国民をさした。これらヨーロッパ人がマカオ、ルソンなど東南アジアを経由して渡来することに由来する。ついで来航したイギリス・オランダ両国民に対しては、紅毛(こうもう)人の呼称を用いて区別した。

なんばんせん [南蛮船] 16世紀中頃から南方経由で日本に来航したポルトガル・スペイン船の総称。主としてポルトガル船・スペイン船をさし、黒船ともいった。1543年(天文12)ポルトガル人の種子島漂着を契機に、薩摩国・豊後国・平戸・長崎などに来航し、貿易とともにキリスト教の布教活動を行った。ポルトガル船はインドのゴアからマカオ、スペイン船はマニラを中継地とし、季節風を利用して渡来した。船型に変遷がみられ、1639年(寛永16)の来航禁止に至るまでの期間、初期は大型のカラック、中期はガレオン、末期は小型化したガレウタに大別される。南蛮屏風には当時の南蛮船が特徴的に描かれている。

なんばんびょうぶ [南蛮屏風] 16世紀後半〜17世紀初期に来航した南蛮人の風俗を描いた屏風絵。現在六十数点の遺品が知られる。図様構成は、左隻に南蛮船の入港と荷揚げ・交易の風景、右隻に教会堂に向かうカピタンの一行と出迎えの宣教師を描く作例が多い。このほか上記の情景を右隻にひとまとめにし、左隻に異国における南蛮人の生活や南蛮船の出帆風景などを描くものもある。南蛮屏風の成立に関して、従来は画家が長崎で南蛮船の入港を実見して描いたと解説されてきたが、近年、室町時代の唐船・唐人行列図からの影響が指摘されている。狩野内膳をはじめ桃山時代の狩野派の画家も多く手がけている。

なんばんぶんか [南蛮文化] 16〜17世紀にポルトガル、スペインなど南欧カトリック教国民との交流により、日本に伝来した異国風文化。宗教・思想・言語から、天文・地理・医療・機械など自然科学や技術、美術工芸などの芸術、服飾・飲食・行事などの風俗習慣に及ぶ。ポルトガルとイエズス会が大きな役割をはたし、カトリックの典礼や儀式とともに日本社会に浸る した。ただし、これらの文物は江戸幕府の禁教政策のため、ごく少数の秘匿された宗教画や手工芸品、キリシタン版の典籍などが伝存するにすぎない。このほか貿易や日常的交流により受容された世俗文化として、銃砲などの技術や服装・料理・外来語などの生活文化に多くの要素が認められる。このなかには伝来の過程でアラ

なんばんぼうえき [南蛮貿易] 中世末～近世初期のポルトガル・スペインとの貿易。実質的には日中間の仲継貿易。ポルトガル船の来航は1550年代に始まったが、57年(弘治3)のマカオ占領、71年(元亀2)の長崎開港によりマカオと長崎間の貿易となった。ポルトガル貿易はゴアのインド総督により任命されたカピタン・モールが指揮し、マカオからはポルトガル商人の組織であるアルマサンの中国産生糸をおもに輸入し、日本の銀を輸出した。71年フィリピンにマニラを建設したスペインも、80年代には中国本土から来航する中国商人から買いつけた生糸を島津氏領内などにもたらすようになった。スペイン貿易は1624年(寛永元)、ポルトガル貿易は39年、幕府の禁令によりそれぞれ断絶。

なんぶし [南部氏] 中世の陸奥国北部の豪族・近世大名家。清和源氏加賀美遠光の子光行を祖とし、甲斐国巨摩郡南部郷(現、山梨県南部町)に住して南部氏を称した。1189年(文治5)陸奥国糠部郡の郡地頭職を補任されたといわれるが疑問。南北朝期には北畠顕家の国代として師行が糠部に入り、その後八戸根城(現、青森県八戸市)を拠点に所領を拡大。室町中期～戦国期に三戸南部氏が勢力を伸張させ、南部信直が1590年(天正18)豊臣秀吉から南部内7郡の所領を安堵された。近世には盛岡を城下として10万石を領知し、1808年(文化5)20万石に高直しされた。明治維新後、利恭のとき伯爵。また支族の八戸・七戸両家の南部氏はともに子爵。→巻末系図

なんぶふついんしんちゅう [南部仏印進駐] ⇨仏印進駐

なんぽうぶっきょう [南方仏教] 南伝仏教とも。仏教用語としてのパーリ語を共有することから、パーリ仏教ともいう。北伝仏教に対する。アショーカ王(阿育王)以後、スリランカ、ミャンマー、タイ、ラオスなどの諸地域に流布した。上座部系の伝統を継承して戒律を厳守するが、大乗仏教の多仏や多菩薩を認めず、小乗仏教の特質を維持している。しかしカンボジア、ベトナム、マレーシア、シンガポール、インドネシアなどには大乗仏教も伝わっており、これらを含めてよぶこともある。

なんぼくちょうじだい [南北朝時代] ❶日本史の時期区分。1336(建武3・延元元)～92年(明徳3・元中9)。京都の持明院統の朝廷(北朝)に対して、吉野(のち賀名生・金剛寺など)に大覚寺統の朝廷(南朝)があった時代。両朝の争いは貴族や武士だけでなく広範な民衆をまきこみ、この時代に社会は大きく変動した。❷中国史の時期区分。晋(西晋)滅亡後に混乱していた華北の北魏による統一(439)から、隋による全国再統一(589)まで。

なんぼくちょうせいじゅんろん [南北朝正閏論] 南北朝時代の南朝と北朝のどちらが正統かという議論。両朝は自己の正統性を主張したが、南朝側の北畠親房が著した「神皇正統記」や「太平記」の影響は強く、南朝が消滅して皇統が北朝に一本化された後も影響力をもった。江戸時代には、儒教思想にもとづく南朝正統論が強くなった。水戸藩の「大日本史」や新井白石の「読史余論」などは南朝を正統とする。幕末には南朝正統論は武家政権を否定する議論となり、幕府を脅かした。維新後、学界では南北朝並立説が主流だったが、1911年(明治44)以後政府は歴史教育に介入し、45年(昭和20)の敗戦まで南朝を正統とした。

なんぼくちょうないらん [南北朝内乱] 14世紀の30年代から約60年間続いた全国的な内乱。字義通りにとれば、朝廷が吉野の南朝と京都の北朝とに分立していた時期であるが、一般には1331年(元弘元)に始まる元弘の乱から、鎌倉幕府の滅亡、建武新政権の成立・崩壊と楠木正成・名和長年らの戦死をへて両朝分裂に至る時期をも含める。これを内乱の前史とすれば、字義通りの内乱は3期にわかれる。〔第1期〕36年(建武3・延元元)足利尊氏が京都に光明天皇を擁立、後醍醐天皇が吉野へ潜伏した両朝分立の時点から、四条畷の戦で楠木正行が敗死し、吉野の行宮が幕府軍の襲撃をうけた48年(貞和4・正平3)まで。南朝方が組織的軍事力を擁し、独力で北朝・足利氏に対抗できた時期である。この間、1338年(暦応元・延元3)には北畠顕家が和泉国石津に、新田義貞が越前国藤島にそれぞれ戦死し、尊氏が征夷大将軍に就任。翌39年には後醍醐天皇が吉野で没し、43年(康永2・興国4)には北畠親房の拠った常陸の関・大宝両城が陥落して、南朝方の組織的軍事力はほぼ壊滅。〔第2期〕幕府内の権力闘争が表面化して観応の擾乱が勃発、足利直義の養子直冬や南朝方の征西将軍懐良親王が勢力をもって、対立関係が複雑にからみあった時期で、2代将軍義詮の没した67年(貞治6・正平22)頃まで。幕府の内紛に乗じた南朝方が4度京都奪還に成功し、三種の神器を奪取するなどしたが、京都奪還はいずれも長続きせず、やがて旧直義党や直冬党も幕府に帰参して、再び南朝方は低調となった。〔第3期〕3代将軍義満の治世。幕府権力が確立し、南朝方の抵抗も散発的なものに終始した。90年(明徳元)の美濃国土岐氏の乱、翌年の明徳の乱をへて将軍権力を著しく強化した義満は、92年閏10月、南北両朝の合一を実現。ここに約60年にわたる内乱は終結。しか

し，講和にあたって決められた，両朝合一は譲位の形式，以後の皇位は北朝持明院統と南朝大覚寺統との両統交代，諸国国衙領は大覚寺統の管領，という3条件は履行されず，以後数十年にわたって後南朝꿈의の散発的な蜂起が続いた。この内乱は，室町幕府・守護体制の成立，天皇の政治的実権の喪失，荘園公領制の崩壊による貴族・寺社の没落をもたらしたほか，社会・経済・文化の広い面にわたって日本史上の大きな画期となった。

なんぼくちょうのがったい [南北朝の合体]
1392年(明徳3・元中9)閏10月，南朝が北朝に吸収されるかたちで行われた南北両朝廷の合体。足利義満と南朝との合体条件は，(1)南朝後亀山天皇が北朝後小松天皇に譲位し，神器を渡す。(2)皇位は両統交互とする。(3)国衙領は南朝皇統のものとする，などとされたが，後亀山天皇の上洛後，神器だけが渡されて他は履行されず，後小松が天皇として存続し，皇位は北朝皇統に受け継がれた。義満は敵対勢力が南朝を名目上のよりどころとする可能性を奪い，北朝天皇の正統性を獲得。南朝には反攻する勢力もなく，このあと数度，後南朝とよばれる南朝皇統の子孫によって皇位回復が試みられるのみであった。

なんようぐんとう [南洋群島] 太平洋西部の赤道以北，マリアナ，マーシャル，カロリンの3諸島からなる。スペイン，ドイツの統治をへて，第1次大戦後のベルサイユ条約で日本の国際連盟委任統治領となり，南洋委任統治領とよばれた。南洋庁の下でサイパン，ヤルート，ポナペ，トラック，ヤップ，パラオの6行政地区にわけられた。統治の特色は経済開発にあり，労働力の80～85%まで日本移民に依存。1944年(昭和19)には総人口約12万8000人中，日本人は約7万8000人。原住民人口をこす日本人移民により島社会の近代化や文化変容が急激に進んだ。おもな経済活動は，製糖の南洋興発，商取引の南洋貿易，島民徴用の官営燐꿈鉱所による。日本は国際連盟脱退後も統治を継続し，海軍戦略基地として利用。太平洋戦争中は激戦地となった島が少なくない。戦後はアメリカに国際連合の信託統治権が委譲されたが，現在は北マリアナ連邦・マーシャル諸島共和国・ミクロネシア連邦・パラオ共和国として独立している。

なんようちょう [南洋庁] 第1次大戦後日本の委任統治領となった旧ドイツ領の南洋群島統治のため，1922年(大正11)発足した行政機関。パラオ諸島のコロール島に本庁を設置。所属官署として6行政区に支庁がおかれた。小学校・公学校(島民)・実業学校・法院・病院・採鉱所・産業試験所・観測所・郵便局などが設置された。職員はほとんどが日本人。経済開発に力を入れ，32年(昭和7)日本政府から財政的に独立。監督権は内閣総理大臣から29年拓務省，42年大東亜省に移り，敗戦で消滅した。

なんりょうにしゅぎん [南鐐二朱銀] 1772年(安永元)から鋳造・発行された上質の二朱銀。南鐐は上質銀を意味し，品位は98%前後。一般に72年発行の二朱銀をさすが，二朱銀は文政期・安政期に改鋳され，とくに文政二朱銀は品位は不変だったので，文政二朱銀までを含める場合も多い。初鋳時の通用銀品位が46%だったのに対し，上銀であることを強調し，南鐐が付加されたらしい。金貨本位制度を意図する幕府が金代わり通用の銀貨としてはじめて発行したもので，当初は額面相当の含有素材価値の低さから流通が滞ったが，小額貨幣の便利さからこの種の計数銀貨は流通貨幣の主流となった。

にいがたけん [新潟県] 本州の中央部，日本海側に位置する県。旧越後・佐渡両国を県域として成立。1868年(明治元)越後の旧幕領には越後府・柏崎^(かしわざき)県がおかれ管轄した。一国が幕領の佐渡は佐渡県となった。越後府はその後新潟府，新潟県，水原^(すいばら)県，新潟県と改称。71年の廃藩置県をへて，11月新潟・新発田^(しばた)・村上・村松・三日市・峰岡・黒川の7県は新潟県，柏崎・与板・椎谷^(しいや)・高田・清崎の5県は柏崎県に統合された。佐渡県は相川県と改称。新潟県は73年柏崎県を，76年相川県を合併，さらに86年福島県から東蒲原^(ひがしかんばら)郡を編入して現県域が定まった。県庁所在地は新潟市。

にいがたみなまたびょう [新潟水俣病] ⇨阿賀野川水銀中毒事件^(あがのがわすいぎんちゅうどくじけん)

にいざわせんづかこふんぐん [新沢千塚古墳群] 奈良県橿原市南部の北越智から川西にかけての丘陵上に分布する古墳前～後期の群集墳。東西・南北とも2 kmの範囲にわたり，約600基の古墳がある。このうち500号墳は前期の粘土槨で，双枝をもつ特異な鏡を出土。109号墳には画文帯神獣鏡，垂飾付耳飾，各種の武具・刀剣があった。126号墳は長さ3.1mの割竹形木棺から竜文透彫の金製方形板と，金製垂飾付耳飾，金線をコイル状にした髪飾，各種の玉類，金・銀の腕輪，金・銀の指輪などの装身具のほか，ガラスの碗と皿を出土。皿は濃紺色で鳥・樹木・馬・人物などを金彩で描き，地中海方面からの将来品とみられる。青銅の熨斗^(ひ)^(のし)とあわせて大陸の多数の文物をもつ被葬者として注目される。国史跡。

にいじまじょう [新島襄] 1843.1.14～90.1.23 同志社の創立者。幼名七五三太^(しめ)，諱は敬幹。安中^(あんなか)藩士。江戸幕府の軍艦操練所に学び，1864年(元治元)箱館から密航してアメリカで勉強。ボストンの教会で按手礼^(あんしゅれい)をうけ，アメリカン・ボードの宣教師としての任命書をうけて74年(明治7)帰国。アメリカでの名ジョセフを襄と改名。翌年京都府顧問の山本覚馬，アメリカン・ボード宣教師J.D.デービスの協力により，同志社英学校を創立し，女学校・同志社病院・京都看病婦学校を開き，仙台に分校として東華学校を設立。88年「同志社大学設立の旨意」を発表して設立運動を始めたが，90年病死。

に・いちスト [2・1スト] 1947年(昭和22)2月1日を予定日として計画され，GHQによって中止させられたゼネラル・ストライキ。民間企業に比べて賃上げの遅れていた官公庁労働者は，46年11月に全官公庁労働組合共同闘争委員会を結成し，12月政府に要求を提出。47年年頭に吉田茂首相が彼らを「不逞の輩」とよんだことから，内閣打倒の声が強まった。民間労組も支援し，1月15日に600万人を擁する全国労働組合共同闘争委員会が結成され，ゼネストが計画された。1月31日にマッカーサー最高司令官が中止命令を出したためストライキは不発に終わったが，運動の高まりを背景に4月の総選挙で社会党が勝ち，片山哲内閣が誕生した。一方で労働運動内に大きな影響力をもっていた日本共産党の指導方針に対して批判が出，民同派が台頭した。

にいなめさい [新嘗祭] 「にいあえのまつり・しんじょうさい」とも。稲の収穫を祝う神事。11月下卯の日とその翌日に行われていたが，現在では11月23日。朝廷のほか，伊勢神宮や出雲大社など各地の神社で行われ，その年に収穫された新穀(初穂)を神に献じる。朝廷では，初卯の日に大社304座に班幣^(はんぺい)し，天皇が神嘉殿で斎酒・御饌^(みけ)を神と共にした。伊勢神宮では，勅使の派遣による奉幣の儀に先立って大御饌祭が，つづいて別宮をはじめ諸社でも神事が催される。出雲大社では，新嘗祭後に古伝新嘗祭という独特の神事が行われる。

にいのあま [二位尼] ⇨平時子^(たいらの)^(ときこ)

にいみのしょう [新見荘] 備中国阿賀^(あが)郡・哲多郡にあった荘園。荘域は岡山県新見市および阿哲郡神郷町の一部，中心は大中臣氏。平安末期に領家職が小槻氏に，本家職が建春門院の祈願寺最勝光院に寄進された。鎌倉末期には，後醍醐天皇によって最勝光院ともども東寺に寄進された。室町時代には守護被官の代官請が続いたが，1461年(寛正2)名主たちの要求によって東寺の直務^(じきむ)支配となった。応仁の乱中，名主らが守護方の軍勢の入部を阻んだことは，一揆史上有名。また鎌倉中期に下地中分^(したじちゅうぶん)が行われ，詳細な検注帳が作成された。この帳簿をもとに中世の村落景観の復原が試みられていることでも注目される。

にうけどいや [荷受問屋] 江戸時代，自己資金で取引せず，仲介的な役割をはたした問屋。倉庫業を兼ねて生産者や荷主から商品を預かり，仲買・小売商人への販売を仲介したり，注文主の依頼に応じて生産地からの購入を代行し，売り手・買い手から手数料としての口銭を受け取ることを業務とした。江戸の諸色^(しょしき)問屋や大坂の問屋仲間などさまざまな種類の商品を扱うのが一般的だが，木綿問屋・唐薬問屋のように特定の商品のみを扱う専業問屋もあった。

にしあ

にえ［贄］ 神にささげる食べ物。とくに古代では天皇に対する食料品一般の貢納がさし，稲穀の初物貢納もさすが，魚介・海藻・鳥獣など山海の産物が中心。藤原宮跡・平城宮跡から大贄・御贄などと記した貢進物付札木簡が出土し，律令制下に天皇への贄貢納が行われたことが明らかになる。共同体の神や首長に対する初物貢納が起源で，大化前代にも大王に対する服属を示して行われたと推測され，改新の詔にも贄貢納の規定がある。ツキ(調)と贄は元来未分化だったが，律令制で人身賦課の調雑物を調制にとりこまれ，分離した贄は国郡や地域を主体とする貢納の性格をもち，雑菓や交易などで調達したらしい。「延喜式」によれば，こうした服属儀礼的な年料の系統のほかに，畿内近国や御厨からの旬料・節料の系統がある。供御として贄戸などの集団から貢納され，奈良時代に三河国篠島・析島・日間島の海部が交代で毎月贄を貢上した例も知られている。10～11世紀に内廷経済の再編が進み，御厨の荘園化，贄人の供御人化がおこり，中世的な形態に移行している。

にかいどうぜえん［二階堂是円］ ⇨中原章賢

にかかい［二科会］ 1914年(大正3)結成された美術団体。同年に文展第2部(洋画)を第1部(日本画)と同じように新旧の2科にわける運動がおこったが，実現しなかったため在野の美術団体として結成した。石井柏亭・梅原竜三郎・有島生馬・坂本繁二郎らをはじめ，新傾向の作家が数多く参加し，洋画界の代表的な団体となる。会員の出入りが多く，分離独立して結成された美術団体に，30年(昭和5)の独立美術協会，36年の一水会，38年の九室会，45年の行動美術協会，47年の第二紀会(53年，二紀会と改称)，55年の一陽会などがある。19年に彫刻部，45年に工芸部・理論部，51年に漫画部・商業美術部，53年に写真部が新設されたが，現在は絵画部・彫刻部・商業美術部・写真部の4部からなり，毎年秋に公募展を開催している。

にかんはっしょう［二官八省］ 大宝・養老令制の主要な官司の総称。神祇官・太政官の二官と，中務・式部・治部・民部・兵部・刑部・大蔵・宮内の八省をさす。八省については「日本書紀」では649年(大化5)や690年(持統4)にその語句がみえるが，これらには潤色があり，浄御原令制以前では六官が存在していた可能性が高い。

ニクソン・ショック ⇨ドルショック

にこうじけん［尼港事件］ ニコラエフスク事件とも。革命直後のロシアへの干渉戦争であったシベリア出兵中，黒竜江(アムール川)河口の要衝ニコラエフスク(尼港)に駐屯する日本守備隊と居留民がパルチザン軍と衝突した事件。1920年(大正9)2月5日，トリャピツィンの指揮する約4000人のパルチザン部隊が日本守備隊を降伏させた。日本側は3月12日深夜，パルチザン司令部を奇襲して反攻を試みたが失敗，居留民と将兵130余人は投獄された。参謀本部は旭川第7師団から救援部隊を送ったが，パルチザン軍は5月25日に捕虜を殺害して撤退。日本側はこの事件を利用して北樺太の保障占領を行った。

にこしだんぞうせつもんだい［2個師団増設問題］ 日露戦争後，19個師団を整備した陸軍は，さらに25個師団への拡充を計画し，とくに日韓併合後の朝鮮駐在の2個師団増設を主張した。そのための予算要求が，第2次桂内閣に続いて第2次西園寺内閣にも拒否されると，上原勇作陸相は辞職し，内閣は後継陸相をえられず総辞職した。これが憲政擁護運動の一つの原因となったが，その背景には不況のなかで大蔵省が財政緊縮を図り，それに対して陸軍・海軍・内務各省の要求が錯綜するという状況があった。その後，第2次大隈重信内閣が第1次大戦による好況を背景に師団増設を実現した。

ニコライ Nikolai 1836.8.2～1912.2.4 ロシア正教会最初の来日宣教師。俗名はカサトキン Ioan Dimitrovich Kasatkin。1861年(文久元)箱館領事館つき司祭として来日。7年間日本の国語・歴史・文学・宗教などを研究し，宣教に着手。日本正教ミッションを開設し，72年(明治5)禁制の高札撤去を前に東京神田駿河台に本拠を移し，伝教学校・正教神学校を開き，日本ハリストス教会の基礎を築いた。91年東京復活大聖堂(ニコライ堂)を建立。1906年大主教に昇る。聖書・聖典の日本語版出版に努め，「正教新報」などの定期刊行物を出版。

ニコライどう［ニコライ堂］ 正式名称は日本ハリストス正教会復活大聖堂(東京復活大聖堂)。通称は日本におけるギリシア正教の最初の宣教師である大主教ニコライにちなむ。東京都千代田区神田駿河台。コンドルの設計により1884年(明治17)起工，91年3月8日開堂。ビザンチン風のドームと高塔により市民に親しまれたが，1923年(大正12)関東大震災のときドームなどを焼失。岡田信一郎の設計で復興され現在の姿となった。重文。

にしあまね［西周］ 1829.2.3～97.1.31 幕末～明治期の学者。石見国津和野藩医の家に生まれる。大坂・江戸遊学後の1854年(安政元)脱藩して洋学に専念。57年蕃書調所に出仕。62年(文久2)幕府留学生としてオランダに向かい，翌年から65年(慶応元)までフィセリングに師事。68年(明治元)「万国公法」を訳出し刊行。70年

育英舎を開塾して「百学連環」を講義。明六社創立員となり74年に「百一新論」などを刊行。78年参謀本部に出仕して近代軍制、軍人精神確立に参画。東京学士会院会長・元老院議官などを歴任。

にしえぞち　[西蝦夷地]　⇨蝦夷地えぞち

にしおすえひろ　[西尾末広]　1891.3.28〜1981.10.3　大正・昭和期の政治家。香川県出身。高等小学校卒業後、職工となり友愛会に入会、以後右派系の労働運動家となる。総同盟内紛では左派除名を推進、社会民衆党結党に活躍。第1回普選以降当選15回。国家総動員法案審議中に「スターリンの如くあれ」と発言し、議員除名、補欠選で復帰。翼賛選挙に非推薦で当選。第2次大戦後日本社会党を結成、書記長。片山内閣の官房長官、芦田内閣の副総理となるが昭電疑獄事件で辞職。右派社会党に属し、1960年(昭和35)民主社会党結成、委員長となる。

にしかわじょけん　[西川如見]　1648〜1724.8.10　江戸前・中期の天文・地理学者、町人思想家。名は忠英、如見は号、求林斎とも号す。長崎生れ。儒学を木下順庵門下の南部草寿らに、南蛮系の天文・暦学を林吉左衛門らに学ぶ。1719年(享保4)将軍徳川吉宗に招かれ江戸に赴き、下問をうけた。著書も多く、「天文義論」「両儀集説」「増補華夷通商考」「日本水土考」など天文・暦学・地理学関係のものは、鎖国下における合理的認識の先駆に位置づけられる。一方、「町人嚢」「百姓嚢」など町人や百姓の心得を平易に説いた著書は、元禄期の庶民の社会意識を示している。

にしかわみつじろう　[西川光二郎]　1876.4.29〜1940.10.22　明治期の初期社会主義者。兵庫県出身。札幌農学校時代に新渡戸いなぞう稲造や社会主義に接して上京。東京専門学校を卒業後、毎日新聞社で社会労働問題に取り組む。片山潜とともに「労働世界」の発行、社会民主党の結成、平民社の活動などに従事。片山と並ぶ議会政策派で「社会新聞」にも関係したが、東京市電値上反対事件で入獄中に運動を離脱し、大逆事件後は精神修養家に転じた。

にしきえ　[錦絵]　数色から十数色までを重ねた多色摺浮世絵版画。錦のように美麗な色合いが名の由来。1765年(明和2)江戸の趣味人の間で絵暦とよばれる私製版画の制作が流行。鈴木春信を中心としたグループのなかで、多色摺の技術が飛躍的に進歩して錦絵が完成した。当時は吾妻錦絵あづまにしきえともよばれた。浮世絵版画の到達した最終的な段階であり、以後、浮世絵版画の中心的な技法として明治初期まで及んだ。

にしごりべ　[錦織部]　錦部とも。大化前代に渡来した錦を織る品部しなべ。「日本書紀」雄略7年の伝承に、百済くだらの献上した手末才伎たなすえのて

ひとのなかに新漢いまきの錦部にしこり定安那錦じょうあんなきんの名がみえる。錦部の工人集団は畿内とその周辺に定住し、錦織首おびや錦織造みやつこに管掌されたらしい。律令時代には錦部を姓とする人々が畿内諸国に多数実在し、錦部郷も河内国を中心に分布。令制の織部司に属する品部として「令集解」にみえる錦綾織110戸は錦部の後身とされる。

にしじんおり　[西陣織]　応仁の乱の後、京都の西陣跡に皇室や室町幕府の庇護下に発展を始めた、絹を主体とする着尺・帯地用の高級織物。江戸時代、西陣は中国から輸入される原料(白糸)の確保など幕府の保護を得て、全国の絹織物生産の拠点となった。1730年(享保15)の大火「西陣焼け」を機に丹後・長浜・桐生などの織物産地へ技術が流出し、それらの田舎絹との競争に悩まされるようになったが、19世紀初めまで発展した。天保年間(1830〜44)における飢饉や株仲間の解散、幕末期における生糸輸出の激増を背景とする原料の入手難などにより明治初期には衰退した。その後、京都府の助成に支えられ伝統産業として復興し、今日まで続いている。

にしだきたろう　[西田幾多郎]　1870.5.19〜1945.6.7　明治〜昭和前期の哲学者。号は寸心。石川県出身。東大卒。帰郷して教職につき、1899年(明治32)四高教授。1907年「哲学雑誌」に「実在に就いて」を掲載して学界に知られた。09年学習院教授、翌年京都帝国大学助教授。11年に「善の研究」を刊行。13年(大正2)同大教授となる。大学ではブッセ、ケーベルらに学んだが、グリーンの自我実現説に関心を抱き、金沢時代の10年間は参禅によって思索を深めた。中央を離れての生活が「善の研究」の中核をなす純粋経験へと結晶し、以後はもっぱらその論理的純化に努めた。西田哲学とよばれるその思想体系は東洋的といわれるが、意図的ではない点から独創的とされる。学士院会員。40年(昭和15)文化勲章受章。

にしだてつがく　[西田哲学]　西田幾多郎の構築した哲学体系。西田は生涯を通して処女作「善の研究」によって提出した純粋経験の論理化に努めたが、その背景にあった人生苦、金沢での参禅体験、何よりも哲学自体の東洋的色彩などが独自の魅力を構成し、それによって周囲に多数の人材を集めた。田辺元はじめは西田哲学との対決を通して田辺哲学を生み出した。青年期の三木清や戸坂潤にも大きな影響を与えた。

にしだてんこう　[西田天香]　1872.2.10〜1968.2.29　修養団体一灯園の創始者。本名市太郎。滋賀県出身。生家は真宗大谷派の檀家。1892年(明治25)に二宮尊徳「報徳記」の影響をうけて北海道開拓事業に参加するが挫折。1905年故郷

での修行をもとに，他家の便所掃除を行うことで自己を生存競争の最下位に位置付ける六万行願という奉仕活動を始める。06年天香に共鳴する婦人たちの集団を一灯会と命名。13年(大正2)京都で一灯園献堂式。自著「懺悔の生活」の出版活動・演劇活動・教育活動を行う。47年(昭和22)に国民総懺悔を唱え，参議院に全国区で当選した。

にしだなおじろう［西田直二郎］ 1886.12.23～1964.12.26　大正・昭和期の日本文化史学者。大阪府出身。京大卒。のち母校の教授となる。「王朝時代の庶民階級」で文学博士。この間英・独に留学，社会心理学・民俗学の方法・成果などもとりいれて日本文化史の研究に業績をあげた。国民精神文化研究所所員を兼任し，日本精神史を説いた。第2次大戦後，一時教職追放。著書「日本文化史序説」「日本文化史論考」。

にしだみつぎ［西田税］ 1901.10.3～37.8.19　昭和前期の国家主義者。鳥取県出身。陸軍士官学校卒。士官学校時代から国家主義的傾向を強め，予備役編入後，北一輝(いっき)の「国家改造案原理大綱」の理念を実現するため，行地(ぎょうち)社などを活動拠点に青年将校を組織。1927年(昭和2)には天剣党事件をおこした。軍隊を通じての国家改造をめざし，31年の10月事件などに関与。36年の2・26事件では民間側の主謀者の1人とされて北とともに死刑となった。

にしなよしお［仁科芳雄］ 1890.12.6～1951.1.10　昭和期の物理学者。岡山県出身。東大卒。理化学研究所に入る。ヨーロッパに留学。原子核の研究に早くから参加し，クライン・仁科の式を作った。1931年(昭和6)から理化学研究所仁科研究室を主宰。アンダーソンとほぼ同時期に宇宙線のなかでμ中間子を発見。37年と44年にサイクロトロンを完成。第2次大戦後科学研究所を設立し，ペニシリンの国産化を進めた。46年文化勲章受章。

にしはらしゃっかん［西原借款］ 1917～18年(大正6～7)に寺内内閣が北京政府(段祺瑞(だんきずい)政権)と契約した一連の借款。段政権の強化によって中国の統一と安定を実現させ，日本の勢力を扶植するという援段政策の柱であった。借款の立案と実施は寺内のブレーンであった民間財界人西原亀三が担当した。資金は日本興業銀行・朝鮮銀行・台湾銀行などから調達し，17年1月の交通銀行借款500万円を手始めに，同第2次借款・吉会鉄道借款・満蒙4鉄道借款など8件，総額1億4500万円にのぼった。しかし段政権は安定した基盤を築きえず，18年10月に瓦解して効果はあがらず，次の原内閣は対支不干渉政策を採用し，借款政策は放棄された。

にしまわりかいうん［西廻海運］ 日本海側の出羽国酒田を起点に北陸沖・山陰沖をへて下関から瀬戸内海に入り，大坂から紀伊半島を迂回して江戸にいたる航路による海運。近世，日本海側の諸藩は下関をへて直接大坂に廻米を輸送するルートを開拓しつつあったが，1671年(寛文11)幕府は河村瑞賢に命じてこれを整備させた。瑞賢は瀬戸内の塩飽(しわく)廻船や日比・伝法・脇浜の廻船を雇い，寄港地として佐渡国小木，能登国福良，但馬国柴山，石見国温泉津(ゆのつ)，長門国下関，摂津国大坂，紀伊国大島，伊勢国方座，志摩国安乗，伊豆国下田を指定。酒田を含め手代を派遣して廻船の援助と監視にあたらせた。これにより従来の敦賀―琵琶湖―水運―大津―京―大坂という輸送ルートにかわる大坂と北陸・蝦夷地を結ぶ西廻海運が確立し，「天下の台所」大坂を支える役割をはたした。

にしむらいさく［西村伊作］ 1884.9.6～1963.2.11　明治～昭和期の教育家。和歌山県出身。広島市の私立明道中学卒。平民社運動に参加。1921年(大正10)娘の教育のため東京駿河台に文化学院を創設。与謝野晶子(あきこ)ら文化人を招き，文部省令にしばられない自由な教育を実践する。23年には息子のために男女共学とした。教育方針が当局の忌諱にふれ，43年(昭和18)不敬罪で起訴，同校も一時強制閉鎖された。

にしむらしげき［西村茂樹］ 1828.3.13～1902.8.18　幕末期の下総国佐倉藩士，明治期の道徳教育家。号は泊翁。江戸生れ。儒学・洋学を学び藩政に加わった。明治維新後，新政府の文部省に出仕。明六社結成に中心的役割をはたす。1876年(明治9)東京修身学社を設立し，84年日本講道会と改めて会長に就任。87年「日本道徳論」を刊行し，会名を日本弘道会と改めた。晩年講演旅行によって儒教主義・皇室中心主義の道徳思想を鼓吹した。華族女学校校長なども務めた。東京学士会院会員。

にしやまそういん［西山宗因］ ⇨宗因(そういん)

にじゅういちだいしゅう［二十一代集］ ⇨勅撰和歌集(ちょくせんわかしゅう)

にじゅういっかじょうのようきゅう［二十一カ条の要求］ ⇨対華二十一カ条の要求(たいかにじゅういっかじょうのようきゅう)

にじゅうさんやまち［二十三夜待］ 旧暦の月の23日の夜に月を拝む講行事。二十三夜講，略して三夜講ともいい月待(つきまち)の代表的なもの。勢至菩薩(せいしぼさつ)・月読(つくよみ)尊・月天(がってん)などを描いた掛軸を飾って礼拝する。この夜の月は三つになって出るとの伝承もある。正・3・5・9・11月に行われることが多いが，とくに11月(霜月)の祭は，その年の収穫を感謝する新嘗祭(にいなめさい)とも関連があるとされる。

にじゅうしくみどいや［二十四組問屋］ 近世，大坂における問屋仲間の連合体。江戸向け

商品を買い継ぎ、菱垣^{ひがき}廻船でこれを積み送る問屋商人によるものした。注文主である江戸問屋の十組^{とくみ}問屋結成に対応して1694年(元禄7)10組で結成(大坂表十組問屋)。18世紀以降の拡大により安永年間には24組の構成が確立した。当初は内仲間だったが、1784年(天明4)二十四組江戸積問屋仲間として347株が公認された。1841年(天保12)の株仲間解散令により解散したが、これに代わり海損処理を行うものとして46年(弘化3)に九店^{など}仲間が設定された。51年(嘉永4)の株仲間再興時に復活、明治初期まで廻漕社・東京積合社などとして存続した。

にじゅうにしゃ [二十二社] 11世紀中頃から祈年穀・祈雨・止雨などの奉幣対象として、朝廷から崇敬をうけた神社。伊勢・石清水・賀茂上下・松尾・平野・稲荷・春日(以上、上七社という)、大原野・大神^{おおみわ}・石上^{いそのかみ}・大和・広瀬・竜田・住吉(以上、中七社という)、日吉・梅宮・吉田・広田・祇園・北野・丹生・貴布禰^{きふね}(以上、下八社という)をさす。十六社奉幣の対象社が拡大されて二十二社奉幣は、室町中期まで存続し、当時最高の社格であった。「二十二社註式」によれば十六社は上七社・中七社と丹生・貴布禰で、991年(正暦2)に吉田・広田・北野が、994年に梅宮が、995年(長徳元)に祇園が、997年に日吉が加わり二十二社となった。

にじゅうろくせいじんじゅんきょう [二十六聖人殉教] 1597年2月5日(慶長元年12月19日)長崎西坂の刑場で26人のキリシタンが殉教した事件。豊臣秀吉は87年(天正15)バテレン追放令を発布したが、貿易の利からキリシタンの取締りを徹底しなかったため、多くのイエズス会宣教師がとどまり、93年(文禄2)フランシスコ会宣教師バウティスタらも布教を開始した。イエズス会が秀吉の意向をうかがってひそかに布教活動を行ったのに対し、フランシスコ会は公然と布教活動を行ったうえ、96年(慶長元)サン・フェリペ号事件で秀吉の感情を刺激したため、バウティスタはじめ京・大坂の宣教師・信者ら26人が捕らえられ、死刑に処せられた。1862年(文久2)ローマ法王によって聖人の列に加えられた。

にじょうがわらのらくしょ [二条河原落書] 建武の新政を批判・風刺した落書。後醍醐天皇による建武政権発足後の1334年(建武元)または翌35年の8月に、後醍醐の政庁の二条富小路殿にほど近い二条河原に掲げられたとされている。作者は新政に不満をもつ公家または僧侶か。八五調と七五調を基調とした物尽し^{ものづくし}形式で88句からなり、新政の矛盾と混乱した世情を一つ一つ指摘して鮮やかに批判し、新政の崩壊をも予見。落書史上の傑作と評される。建武政権

の諸法令や職員の交名^{きょうみょう}などを収集編纂した「建武記」(「建武年間記」とも)に収められたものが唯一で、ほかに伝本はない。「群書類従」「日本思想大系」所収。

にじょうけ [二条家] ❶藤原氏北家嫡流の九条家支流。五摂家の一つ。鎌倉中期の九条道家の次男良実^{よしざね}に始まる。家名は良実が京極第による。道家は承久の乱後、朝廷を統轄して九条家の全盛期を築いたが、かねて良実とは仲が悪く、1246年(寛元4)の名越^{なごえ}光時の乱(宮騒動)、翌年の宝治合戦に関連して失脚したのは、良実の誣告^{ふこく}によるものとみて義絶した。道家没後、良実は関白に再任。以後他の摂家と並んで代々摂関に任じられた。鎌倉末期、道平は後醍醐天皇に仕えたが、子の良基^{よしもと}は北朝の重鎮。江戸時代の家禄は1708石余。康道以降、将軍の偏諱^{へんき}をうけた。維新後、基弘のとき公爵。→巻末系図 ❷藤原氏御子左^{みこひだり}家の嫡流。歌道の家。鎌倉中期の藤原為家の子為氏に始まる。その子為世から二条と号し冷泉^{れいぜい}・京極家と対立。中世後期に断絶。

にじょうじょう [二条城] 京都市にある近世の平城。織田信長が現在の上京区に築いた城と、徳川家康が現在の中京区に築いた城とある。信長の二条城は1569年(永禄12)足利義昭の居館として築城。73年(天正元)の室町幕府滅亡とともに廃城。家康の二条城は1601年(慶長6)畿内の大名に命じて築城された。このときの規模は現在の東半部。11年にはここで家康と豊臣秀頼の最初の対面があった。24年(寛永元)徳川家光より天下普請で拡張され、現在の規模となる。26年後水尾^{ごみずのお}天皇の行幸があった。1867年(慶応3)徳川慶喜による大政奉還の舞台となる。寛永以降の城は、本丸・二の丸からなる輪郭式の縄張である。天守は5層(各層の独立式だが、本丸全体が巨大化した連立式とも評価できる。1750年(寛延3)落雷により天守を焼失。現在、二の丸御殿が残り、国宝。全域が国史跡。

にじょうじょうだい [二条城代] 江戸幕府初期の役職。将軍上洛時の居所である京都二条城の城代。1625年(寛永2)渡辺(山城守)茂が任じられて、大番士30人を支配。同心もつけられた。渡辺は35年に江戸に帰り、代わって大番2組が在番し、以後後代はおかれなかった。99年(元禄12)に二条城番の山岡景元の辞職で城代が廃止されたとの説があるが、城番は門番の頭で、身分も職掌も異なる別の職である。

にじょうてんのう [二条天皇] 1143.6.17~65.7.28 在位1158.8.11~65.6.25 後白河天皇の第1皇子。名は守仁^{もりひと}。母は藤原経実の女懿子^{とくし}。藤原得子(美福門院、鳥羽上皇皇后)に養育され、出家を予定されていたが、近衛天皇が

死去したため,鳥羽法皇によってにわかに皇位継承者とされた。1155年(久寿2)後白河の皇太子に立ち,58年(保元3)譲位をうけて践祚す。後白河上皇の院政を認めずみずから政治にあたったが,23歳の若さで死去した。

にじょうよしもと [二条良基] 1320〜88.6.13 南北朝期の公卿・歌人・連歌師。諡は後普光園院ごふこういん。道平の子,母は西園寺公顕の女。はじめ後醍醐天皇に仕えたが,南北朝期には北朝の5代の天皇に仕えて太政大臣にいたり,4度摂政・関白となった。足利将軍家とも親近した。連歌にうちこみ,救済きゅうぜいと協力して準勅撰集「菟玖波集つくば」を編纂し,自句を87句入集したほか,連歌論書は「連理秘抄」「撃蒙抄」「筑波問答」「九州問答」など,古典学では「万葉詞」の著作のほか,「光源氏一部připoj連歌寄合」の成立にかかわった。和歌は二条派の二条為定と頓阿とんあに師事。勅撰集に入集し,「近来風体抄」の著もある。連歌の門弟に梵灯庵ぼんとうあんと今川貞世(了俊)がいる。

にし・ローゼンきょうてい [西・ローゼン協定] 1898年(明治31)4月25日,東京で西徳二郎外相とローゼン駐ロシア公使が調印した韓国に関する日露協定。韓国の独立と内政不干渉,韓国への顧問などの任命につき事前に協議することなどを相互に約し,またロシアは韓国における日本の商工業の発展などを承認することなどを規定した。これにより日本はロシアの旅順・大連租借を認めるかわりに,韓国に進出する足場を得た。

にせえ [似絵] 鎌倉〜南北朝時代頃に流行したやまと絵系の肖像画の一種。像主の顔に似せて描くのを重視する写生画・記録画の類で,理想化された礼拝用肖像画とは区別される。像主は天皇や貴族が多く,画家も中級貴族の家系であった。12世紀後半に始まる藤原隆信の家系に,隆信の子が似絵の大成者とされる藤原信実で,「後鳥羽天皇像」は代表作。ほかに,信実の曾孫を信とその子豪信ごうしんの「天皇大臣摂関影」,豪信の「花園天皇像」などの作品が名高い。1293年(永仁元)頃の「蒙古襲来絵詞」に「馬具足似絵」の書き入れ文字があること,14世紀初期に牛馬似絵を得意とする法眼任likhaifenという画家がいたことなどから,この頃似絵の語が広く用いられたらしい。

にせむらさきいなかげんじ [偐紫田舎源氏] 柳亭種彦作,歌川国貞画の合巻ごうかん。38編,各編4巻。1829〜42年(文政12〜天保13)江戸鶴屋喜右衛門刊。39・40編は草稿で伝えられる。「源氏物語」に取材し,その草双紙的翻案かとはいえなかった作品。大好評をもって世に迎えられたが,天保の改革に際し,華美な装丁が風俗取締りの対象となり,42年,絶版の処分をうける。大奥の生活をうがったものであるため処分の対象となったと巷間では噂された。続編として刊行された「其由縁鄙廼俤そのゆかりひなのおもかげ」など,多数の追随作をうむ。「岩波文庫」所収。

にちいんへいわじょうやく [日印平和条約] 1952年(昭和27)6月9日署名,8月27日発効した日本とインドとの平和条約。インドは米軍の継続駐留,沖縄などの信託統治付託などに反対し,51年のサンフランシスコ講和会議への参加を拒否。しかし会議直後から戦争状態終結の意思を表明し,52年4月28日に戦争状態終了を両国で確認した。在印日本財産の返還や対日請求権放棄など経済・通商関係を中心に規定している。

にちえいつうしょうこうかいじょうやく [日英通商航海条約] 陸奥条約とも。日本が条約改正交渉で最初に法権を回復したイギリスとの条約。1894年(明治27)7月16日,ロンドンで駐英公使青木周蔵とイギリス外相キンバレーが調印。陸奥宗光外相は議会内外の対外硬派による現行条約励行論を抑え,日清戦争開戦直前,新条約締結に成功した。8月批准,99年7月施行。全22条,正文は英文。おもな内容は(1)日本の内地を開放するかわりに領事裁判権を撤廃,(2)税権の一部回復,(3)外国人居留地の廃止。97年までにアメリカなどの諸国も同様の条約に調印。関税自主権の完全回復は,小村寿太郎外相による1911年調印の日米通商航海条約が最初。

にちえいどうめい [日英同盟] 1902年(明治35)から23年(大正12)まで継続した日英間の同盟協約。原文の英文には協約名はないが,日本では官報の用法により日英同盟協約という。□第1回の同盟協約は1902年(明治35)1月30日調印。義和団の乱後のロシアの満洲占領継続に対抗し,また中országには勢力範囲として確保するために,イギリスは清国における利権保護と日本の軍事力利用とのために結ばれた。日英両国の清韓における利益擁護の相互援助,締約国の一方が他国と交戦の時は他方は厳正中立,2国以上と交戦の時は参戦するものとした。期間5年。

□第2回は1905年(明治38)8月12日調印。日本の韓国保護権の確認と軍事同盟化,および適用範囲のインドへの拡大を決めた。期間は10年。

□第3回は1911年(明治44)7月13日調印。アメリカに対して適用しないものとした。期間は10年。ワシントン会議で調印の四カ国条約の発効にともない,23年(大正12)8月17日廃棄。

にちえいやくじょう [日英約定] 日英和親条約とも。日本が日米和親条約についてイギリスと結んだ和親条約。1854年10月14日(安政元年8月23日)東インド・中国艦隊司令長官スター

リングと長崎で調印。船舶修理や食料・必需品の補給のため長崎・箱館を開くこと、難船には他の諸港への入港を許すこと、片務的最恵国待遇などを規定。外交上の全権をもたない使節と調印した点で異例であった。

にちえいしんじょうやく [日英和親条約]
⇨日英約定にちえいやくじょう

にちおう [日奧] 1565.6.8～1630.3.10 織豊期～江戸前期の日蓮宗の僧。不受不施ふじゅふせ派の中心的人物。字を教英、安国院・仏性院と号す。京都町衆の呉服商の子として生まれる。1574年(天正2)京都妙覚寺の日典にてん師事。95年(文禄4)豊臣秀吉主催の方広寺大仏殿の供養会の出仕をめぐり、日重にちじゅうらの受不施派と対立。自説を主張して丹波国小泉に隠棲した。99年(慶長4)徳川家康による供養会に出席せず、対馬に配流。在島13年、1623年(元和9)不受不施を公許される。著書「宗義制法論」。

にちげんぼうえき [日元貿易] 鎌倉～南北朝期の日本と中国の元との貿易。元寇のため、日元間に外交関係は成立しなかったが、民間レベルでは活発に貿易船が往来し、元に留学する禅僧や、元から来日する禅僧も多く乗船した。元は泉州・広州・慶元(現、寧波ニンポー)などに市舶司しはくしを設けて貿易を管理し、貿易船は慶元と博多を往来した。13世紀末に元の貿易統制がきびしくなり、公貿易のみ許され、市舶司発行の渡航証明書である公憑こうひょうの持参が義務づけられた。14世紀に幕府や朝廷公認の寺社造営料唐船りょうとうせんもそうの一つ。元への輸出品は金・日本刀・扇子・螺鈿らでん・蒔絵まきえ・硫黄いおう・銅など。元からの輸入品は銅銭・香料・薬品・書籍・茶・陶磁器など。

にちぞう [日像] 1269～1342.11.13 鎌倉後期の日蓮宗の僧。京都妙顕寺の開祖。肥後房・肥後阿闍梨あじゃりと号す。四条門流派祖。出自は下総国の平賀氏。日朗に師事、のち日蓮の弟子となり経一丸の名を得て、本尊を授けられる。1293年(永仁元)日蓮の遺命により京都布教を決行。上洛後、京都の有力町衆を信徒としたが、比叡山などの圧力をうける。その間、1321年(元亨元)妙顕寺を今小路に開創。以後、後醍醐天皇の京都還幸を祈り、北朝光厳こうごん上皇の祈禱も行い、公式の信仰を集めた。

にちどくいさんごくどうめい [日独伊三国同盟] 1940年(昭和15)9月27日、3国間に締結された軍事同盟。39年8月の独ソ不可侵条約締結による防共協定強化交渉の挫折後、日独関係は冷却したが、ドイツの対仏戦の勝利をみた日本の親独派は再びドイツへの接近を図った。ドイツ側はシュターマー特使を派遣、オット駐日大使を交えて松岡洋右まつおかようすけ外相と軍事同盟締結問題を交渉、ベルリンで条約が調印された。「欧州戦争マタハ日支紛争ニ参入シオラザル一国」に加盟国が攻撃された場合の軍事援助義務を定めることで(条約第3条)、アメリカの参戦抑止を企図したが、アメリカの態度は硬化し、三国同盟は戦争拡大への一因となった。

にちどくいぼうきょうきょうてい [日独伊防共協定] 日独伊3国の間で1937年(昭和12)11月に締結された協定。日本およびイタリアは日独防共協定とは別個の2国間協定の調印を希望したが、ドイツの強い要望で、日独防共協定にイタリアが原署名国としての資格で加盟するという形態をとった。イタリアの加盟により防共協定には反英協定としての性格が加わった。

にちどくぼうきょうきょうてい [日独防共協定] コミンテルンの活動に対抗すると称して1936年(昭和11)11月に締結された日独協定。日本側では陸軍(とくにドイツ駐在日本陸軍武官大島浩)、ドイツ側では総統ヒトラーの外交顧問リッベントロップらが積極的に推進。日本外務省は広田三原則中の「防共外交」の立場から「薄墨色」程度の日独提携を支持した。当初の対ソ軍事協定案はドイツ国防軍首脳や外務省の反対で実現せず、結局コミンテルンの活動に対するイデオロギー協定および情報交換協定、秘密協定としてソ連を対象とする政治協定を付加するというゆるやかな結合形態となった。この協定の趣旨にそうかたちで、37年5月にソ連を対象とする諜報活動協定および情報交換協定が調印された。

にちふつしゅうこうつうしょうじょうやく [日仏修好通商条約] 安政五カ国条約の一つ。1858年10月9日(安政5年9月3日)フランス使節グロと江戸で調印。フランスと結んだ最初の近代的条約。日英修好通商条約に準拠し、おもな内容はほぼ同じ。開市開港地での自由貿易を主眼とし、片務的な領事裁判権・最恵国条款・協定税率を規定した不平等条約。

にちべいあんぜんほしょうじょうやく [日米安全保障条約] 1951年(昭和26)9月8日、サンフランシスコ講和条約と同時に調印、翌年4月28日発効。略して安保条約。前文と5条からなり、有効期間は定めない。第1条で、米軍が極東平和・安全を維持するため日本本土の基地を使用することを認めた。これは、在米軍の地位を具体的に定めた日米行政協定の内容とあわせて、占領期からの継続の色あいが濃かった。また、前文で日本の自衛力増強を期待しているが、自衛力漸増とともにより対等な内容の条約に改正すべきだという要求が強まり、60年1月19日、日米相互協力及び安全保障条約が署名された。

にちべいぎょうせいきょうてい [日米行政協

定］日米安全保障条約(旧安保条約)の第3条にもとづき アメリカ軍隊が日本及びその付近に配備される際の条件を規定した日米政府間協定。1952年(昭和27)2月東京で調印。おもな内容は米軍使用の施設・区域の無償提供、輸入品の免税、物資・役務の調達、刑事裁判権、年額1億5500万ドル相当の円貨防衛分担金など。協定実施の日米合同委員会を設置する。刑事裁判権に関しては米軍人・軍属家族が犯した犯罪についてはアメリカ側が専属的裁判管轄権をもったが、53年に改正が行われ、公務外の犯罪に対しては日本が裁判権をもつことになった。60年の新安保条約と日米地位協定の発効にともなって失効。

にちべいこうしょう［日米交渉］ 太平洋戦争勃発前の約1年間、日米両国が戦争回避の目的で行った外交交渉。1941年(昭和16)4月野村吉三郎駐米大使とハル国務長官との交渉が始まり、日独伊三国同盟、日本軍の中国および仏印駐兵、日米通商問題などが中心議題となった。双方の主張はかけ離れ交渉は難航した。7月日本が南部仏印に進駐すると、アメリカは在米日本資産の凍結と石油の対日輸出全面禁止に踏み切った。東条内閣は対米交渉要領甲乙両案を決定、11月来栖三郎を特使として派遣したが、アメリカが提示したいわゆるハル・ノートを最後通牒とうけとった日本は、御前会議で開戦の最終決定を行う。12月8日太平洋戦争に突入、日米交渉は失敗に終わった。

にちべいこうぞうきょうぎ［日米構造協議］ 日米間の大幅な貿易収支不均衡は、日本の経済構造に起因するという認識から、1989年(平成元)日米首脳の宇野・ブッシュ会談で決まった政府間協議。日本側の改善事項としては、(1)公共投資の増額、(2)流通システムの改善、(3)独禁法強化などの系列取引の監視、(4)排他的取引慣行の是正などが、アメリカ側の改善事項としては、(1)長期的展望に立った企業経営、(2)個人貯蓄水準の向上などが提案され、相互理解を深める場となった。

にちべいしゅうこうつうしょうじょうやく［日米修好通商条約］ 1858年7月29日(安政5年6月19日)日本が江戸湾小柴沖の米艦上で米国総領事ハリスと締結した条約。幕府が自由貿易を認めて本格的な開国にふみきった最初の条約。外交代表の首都駐在と領事の開港場駐在、箱館・神奈川・長崎・新潟・兵庫の開港、江戸・大坂の開市、自由貿易、アヘン輸入禁止、内外貨幣の同種同量の通用、アメリカ人の宗教の自由などを規定した。日本側の事裁判権、関税自主権の否定につながる協定税率を認め、和親条約の片務的最恵国条款を引き継いだ不平等条約。付属として貿易章程を定める。幕府は

ひきつづき同様の条約を蘭・露・英・仏とも結び、これらは一括して安政五カ国条約とよばれる。

にちべいそうごきょうりょくおよびあんぜんほしょうじょうやく［日米相互協力及び安全保障条約］ 1951年(昭和26)調印された日米安全保障条約(旧安保条約)を改定したもの。60年1月19日に調印、6月23日に発効。前文と本文10カ条。新安保条約で改訂された点は、(1)国連憲章との関係の明確化、(2)日本の施政下にある領域に限っての共同防衛の義務の明示、(3)協議(事前協議を含む)制度の新設、(4)条約期間の設定(10年)、(5)経済協力の明確化、(6)内乱条項・同意条項の削除、(7)沖縄・小笠原と条約との関係明記など。旧条約の一方的・駐兵的性格が改められ、より相互的・全般的な内容となった。しかし日本国内では、(1)新条約は大幅な軍備増強の義務を負ったのではないか、(2)在日米軍の海外出動に対して事前協議で制約を加えることができるか、(3)「極東の平和と安全」の「極東」とは具体的にどこの地域をさすか、(4)日本が戦争に巻きこまれる危険が増大したのではないか、という疑問が提起された。また岸信介首相の政治姿勢への反発とあいまって、社会党を中心とするさまざまな反対勢力による60年安保反対運動がおこり、岸内閣は退陣した。同条約は70年に自動延長され、現在に至る40年以上の安保体制下で、日本の自衛隊は着実に増強される一方、在日アメリカ軍とその基地は著しく縮小された。

にちべいそうごぼうえいえんじょきょうてい［日米相互防衛援助協定］ ⇨MSA協定エムエスエーきょうてい

にちべいちいきょうてい［日米地位協定］ 1960年(昭和35)の日米安全保障条約(旧安保条約)改定とともに、日米行政協定が改定されたもの。正式名称は「日本国とアメリカ合衆国との間の相互協力及び安全保障条約第6条に基づく施設及び区域並びに日本国における合衆国軍隊の地位に関する協定」。新安保条約による米軍への基地提供を具体的に規定するとともに、刑事特別法など諸々の特別法と一体となって、在日米軍の軍人・軍属・家族の行動範囲を明記している。

にちべいつうしょうこうかいじょうやく［日米通商航海条約］ 1894年(明治27)と1911年に日米間に締結された二つの通商条約。(1)前者は陸奥宗光外相時代、幕末に結ばれた不平等条約である日米修好通商条約を改正し、治外法権を撤廃した条約。アメリカは最恵国待遇をえた。(2)後者は日露戦争後日本の国際的地位が向上したことを背景に、小村寿太郎外相時代に関税自主権を回復し、日米間の不平等条約を完全に廃

棄したもの。日本人移民については，07年に日米紳士協約が結ばれたため11年の条約では移民条項は削除された。小村による改正条約締結によって，日本は他の諸外国との不平等条約改正を行うことができた。39年(昭和14) 7月26日にアメリカが廃棄通告を行い，6カ月後に失効した。

にちべいつうしょうこうかいじょうやくはいきつうこく [日米通商航海条約廃棄通告] 1939年(昭和14) 7月26日，中国での日本の軍事行動の拡大に対して，アメリカ政府が対日経済制裁をとる際に法的障害となる日米通商航海条約を廃棄する旨を日本に通告したこと。その後野村・グルー会談で新条約締結の試みがあったが実現せず，40年1月26日失効した。原油・鉄鋼などの重要物資をアメリカから輸入していた日本に大きな打撃を与えた。

にちべいわしんじょうやく [日米和親条約] 神奈川条約とも。1854年3月31日(安政元年3月3日)江戸幕府がアメリカ使節ペリーと横浜で締結した条約。長年の鎖国制度が破られた最初の近代的条約。下田・箱館への寄港，両港の一定区域内での自由な遊歩，薪炭・食料など必要品の供給，遭難船員の救助，領事の下田駐在などを規定して，外国人に対する従来の待遇を完全に転換した。しかし物品の取引にはなお石の役人の仲介が必要であり，公の通商は日米修好通商条約(1858締結)をまたなければならなかった。また片務的最恵国条款が規定されており，通商条約に継承された。

にちまんぎていしょ [日満議定書] 1932年(昭和7) 9月15日，日本の満州国承認に際して両国関係の基本原則を規定した取決め。第1条で満州国による日本の既得権益の尊重，第2条では満州国の共同防衛と日本軍の駐屯を規定。執政溥儀と本庄繁関東軍司令官の往復書簡と三つの秘密文書が付属している。溥儀書簡は満州国は国防と治安維持の日本への委託，主要鉄道・港湾などの管理の日本への委託，中央・地方の日本人官吏任免は関東軍司令官の同意をえることなどを申し入れたもの。三つの秘密協定の中心は鉄道などの管理委託協定である。日露戦争以来の満州問題の形式的解決を意味したが，実質は日本による満州国の主要機能の掌握であった。

にちまんしけいざいブロック [日満支経済ブロック] 日中戦争期に，日本，満州，華北・華中の占領地を統括して形成された排他的・閉鎖的経済体制。1932年(昭和7)は満州国を建国，幣制の統一・資本輸出・産業開発を推進して，日満経済ブロックの形成を試みた。37年7月の日中戦争勃発後，日本軍は華北・華中の主要都市を占領，38年末に東亜新秩序建設声明を発して，経済ブロック構想を日満支へと拡大させた。北支那開発・中支那振興の国策会社設立と興亜院設置によって，占領地支配を強化し，ブロック経済の振興を図ったが，軍需物資のブロック外からの輸入の必要性，そのための外貨の必要性からブロックむけ輸出を制限せざるをえず，ブロック経済は確立できなかった。

にちみんぼうえき [日明貿易] 14〜17世紀の日本と中国の明との貿易。日本国王(懐良親王・足利将軍)の名義で派遣された遣明船(勘合船)による貿易と，倭寇などによる密貿易がある。遣明船は，1401〜1547年(応永8〜天文16)に19回派遣され，1404年以降の17回は勘合の所持を義務づけられた。貿易形態は，日本国王・遣明使の朝貢品と明皇帝の回賜品との交換のかたちで行われる進貢(朝貢)貿易と，遣明船の乗員による公貿易・私貿易の3種類がある。進貢貿易は，馬・刀剣・硫黄・硯・扇子・屏風などを献上し，羅・紗などの高級絹織物，白金や巨額の銅銭などが回賜された。公貿易では，遣明船の付搭貨物(国王付搭品)を明政府と貿易し，刀剣・硫黄・銅・蘇木・蒔絵漆器などを銅銭・絹・布などと交換。刀剣は大量に輸出された。私貿易は，遣明船乗員の私的な貿易を中国商人らと取引した。寧波の牙行との貿易，北京の貿易場の会同館での貿易，北京から寧波への帰路の沿道で行われる貿易の3種類がある。輸出品は公貿易と同じ。輸入品は生糸・絹織物が主流で，ついで綿布・薬種・砂糖・陶磁器・書籍・書画・銅器・漆器など。遣明船途絶後，中国からの渡航船や倭寇との密貿易で，中国の物資が多く日本に運ばれた。日本からは銀が大量に輸出された。

にちらんしゅうこうつうしょうじょうやく [日蘭修好通商条約] 安政五カ国条約の一つ。1858年8月18日(安政5年7月10日)オランダ理事官クルティウスと江戸で締結。日本とオランダの最初の本格的通商条約。日米修好通商条約に準拠し，開市開港場での自由貿易を主average とするおもな内容はほぼ同じ。しかし開港場として新潟をあげずに西海岸の一港とするほか，オランダ人の日本語学習など特殊な規定がある。

にちらんぼうえき [日蘭貿易] ⇨オランダ貿易

にちらんわしんじょうやく [日蘭和親条約] 1856年1月30日(安政2年12月23日)日本が長崎でオランダ理事官クルティウスと締結した条約。通商関係はあったが正式の国交のなかったオランダとはじめて結んだ条約。オランダ人の出島からの自由な出入りを認め，会所貿易の規則を緩和，港の開放について最恵国待遇を認めた。また本条約で日本ははじめて外国に片務的

領事裁判権を与えた。

にちれん [日蓮] 1222～82.10.13 鎌倉時代に法華宗(日蓮宗)を開いた僧。字は蓮長。安房国小湊の海縁村落の「海人の子」として誕生。12歳で故郷の天台寺院清澄寺にのぼり, 16歳のとき,「日本第一の智者」になるべく出家して是聖房蓮長と名のる。以後, 鎌倉・比叡山・南都・高野山などに修学した結果, 仏法の真髄は「法華経」にあると悟って, 1253年(建長5)法華宗を開示。念仏は無間地獄, 禅は天魔の所為, 律は国賊, 真言宗は亡国とした「四箇格言」に示されるように, 徹底した他宗批判を行った。「法華経」の採用を求め, 60年(文応元)幕府へ「立正安国論」を上呈。元寇を目前にしたその予言的言明により一定の信者を得たが, 幕府からはつねに弾圧され, 波瀾のなかに身をおいた。71年(文永8)の佐渡流罪と, その後の身延山を通して仏使としての自覚を強める一方, 現世と来世を超越した「法華経」の世界を思索した。「法華経の行者日蓮」の残した思想と行動は, 本弟子6人(六老)に継承された。大正期に立正大師の諡号が贈られた。著書「開目鈔」「観心本尊鈔」。

にちれんしゅう [日蓮宗] 法華宗とも。鎌倉仏教の日蓮の開いた仏教宗派。日蓮は郷里の安房国清澄山で「南無妙法蓮華経」の題目を唱え, 仏法の真髄は「法華経」にあると説き, 他宗批判を強めた。「立正安国論」を幕府に上呈したがかえりみられず弾圧された。この不屈の国政批判意識は門弟にも継承され, とくに地方武士・都市商人・職人らに多くの信徒を得た。南北朝・室町時代に京都方面に積極的に進出し, 町衆の精神的母胎ともなる。1536年(天文5)比叡山衆徒による焼打, 79年(天正7)織田信長の主催する安土宗論などにより一時退潮。江戸時代には不受不施派のように反体制の立場をとる一派もあったが, おおむね体制化した。近代には立正佼成会や創価学会などの新宗教を輩出する一方, 国柱会など国家主義化する側面もあわせもった。

にちろきょうやく [日露協約] 1907年(明治40)から17年(大正6)まで継続した日本とロシアとの協約。■第1回は1907年(明治40)7月30日調印。アメリカの満洲進出への警戒, 日本の韓国保護確保, ロシアのヨーロッパ政略のための極東での平和維持などのために結ばれた。日露両国の満洲南北における勢力範囲の画定, 日本の韓国に対する自由行動, ロシアの外蒙古に対する特殊権益を相互に承認した。

■第2回は1910年(明治43)7月4日調印。アメリカの満洲鉄道中立化案阻止のため, 満州の現状維持と各自の鉄道権益確保の協力を決めた。

■第3回は1912年(明治45)7月8日調印。辛亥革命にともなう外蒙古独立要求などの事態に対応し, 内蒙古における利益地域を両国で東西に画定した。

四第4回は1916年(大正5)7月3日調印。日露同盟ともいう。敵意ある第三国の中国支配の防止, 戦争の際の援助と単独不講和を決めた。翌年ロシア革命によって破棄。

にちろぎょぎょうきょうやく [日露漁業協約] 日露講和条約11条にもとづき, 1907年(明治40)調印された条約。オホーツク海・ベーリング海などのロシア沿海の漁区の競売, 税金, 労働者の雇用について日露は同等の取扱いをうけることを定める。漁業技術の高い日本にとって有利にはたらき, サケ・マス漁業の開発が進んだ。有効期間12年, ロシア革命の渦中に期限を迎えた。

にちろこうわじょうやく [日露講和条約] 1905年(明治38)9月5日に調印された日露戦争の講和条約。アメリカのポーツマスで調印されたことからポーツマス条約ともいう。奉天の会戦以来日本軍にはこれ以上の大作戦を行う国力がなく, 4月に講和条約大綱を閣議決定し, 日本海海戦の勝利を機に, 6月T.ローズベルト米大統領に講和斡旋を依頼した。8月10日から講和会議が開催され, 日本は小村寿太郎外相, ロシアはウィッテが全権。樺太割譲と償金問題で難航したが, 日本は償金と北樺太を放棄し妥協が成立した。内容は韓国における日本の政治・軍事・経済上の優越権および保護権の承認, 日露両軍の撤退期限, 遼東半島南部の租借権と長春以南の東清鉄道の清国の同意を得ての日本への譲渡, 南樺太の割譲, 沿海州における日本人漁業権の承認など。調印の日, 無償金講和に対し講和反対国民大会が東京の日比谷で開かれ, 焼打事件が勃発, 全国に波及した。

にちろしゅうこうつうしょうじょうやく [日露修好通商条約] 安政五カ国条約の一つ。1858年8月19日(安政5年7月11日)ロシア使節プチャーチンと江戸で調印。日米修好通商条約に準拠し, 内容はほぼ同じ。しかし日露通好条約(1855調印)で規定された双務的領事裁判権が継続され, 最恵国条款が双務的条項に改訂されている点が, 他の4カ国との条約と大きく異なる。

にちろせんそう [日露戦争] 1904～05年(明治37～38)に韓国および満州の支配をめぐって戦われた日本とロシアの戦争。日清戦争後, 韓国ではロシアの進出により日本の勢力は後退し, 満州でもロシアは1896年以降東清鉄道敷設, 旅順・大連租借など急速に進出した。99年義和団の乱がおこるやロシアは満州占領を継続し, 日本はこれに対抗して1902年日英同盟を結んで立場を強化し, 対露交渉にのぞんだが決裂した。

04年2月，日本軍は仁川に上陸，仁川・旅順港のロシア艦隊を奇襲攻撃，2月10日宣戦布告した。第1軍は韓国を北進し鴨緑江の戦いに勝ち，遼東半島に上陸した第2軍も南山で苦戦したが，第3軍に旅順攻略を委ね第4軍とともに北上した。第1・2・4軍は遼陽の会戦に勝利したが，黒溝台の戦などで苦戦を続けた。旅順攻撃も総攻撃の繰り返しで犠牲は多大であったが，ようやく05年1月に占領し，日本軍は全力で奉天においてロシア軍主力に決戦を挑み占領。しかし兵力・弾薬を消耗し尽くし，日本はアメリカの仲介による講和に期待した。5月ロシアのバルチック艦隊が日本海海戦で日本艦隊に敗北するや，T. ローズベルト米大統領が講和に乗りだし，9月5日ポーツマスで講和条約が調印された。これにより日本は韓国を保護国化し，南満州を勢力範囲とした。日本の動員兵力は約108万人，戦費20億余円，うち12億円は内外債であった。

にちろつうこうじょうやく [日露通好条約]
日露和親条約・下田条約とも。日本が米・英に続いてロシアと結んだ和親条約。1855年2月7日(安政元年12月21日)ロシア使節プチャーチンと下田で調印。日米和親条約と大きな違いはなく片務的最恵国条款も同様にあるが，双務的な領事裁判権を規定した点に特徴がある。また択捉島とウルップ島の間を国境とし，樺太は国境をわけず従来どおりと規定した。

にちろわしんじょうやく [日露和親条約] ⇨ 日露通好条約

にっかきほんじょうやく [日華基本条約] 1940年(昭和15)11月30日，日本と汪兆銘政権との間で調印された「日本国中華民国間基本関係に関する条約」の略称。同条約によって日本は，汪政権に重慶政府と対立する中国中央政府の外観を与えるとともに，実質的には軍事占領の全面的達成をめざした。一方汪政権側は，日本に対する独立性の確保と国内の支持獲得を求めた。したがって交渉の過程では，全9カ条のうち3カ条の駐兵条項をめぐって難航したが，汪側の要望の治外法権撤廃を第7条に盛りこむことで妥結した。結局，日本側の当初の予定どおりの条約となり，中央政府としての汪政権の実質は失われた。同時に日本は，重慶政府との関係を困難なものとし，日中戦争の平和解決の可能性は遠のいた。

にっかじへん [日華事変] ⇨ 日中戦争

にっかはいせき [日貨排斥] おもに第2次大戦前の中国および東南アジアの華僑を中心とした日本製品に対する不買・不売・不使用運動。1908年(明治41)の辰丸事件を皮切りに，日本の政治・経済・軍事圧力に抵抗する手段，自国諸産業の保護・育成の手段の一つとしてくり返し展開された。日本側に正当な既得権益やその発展・存立を脅かすものとの認識をもたせることとなり，満州事変・日中戦争開始の一因ともなった。

にっかへいわじょうやく [日華平和条約] 1952年(昭和27)4月28日調印，同年8月5日発効した日本と中華民国国民政府との講和条約。サンフランシスコ講和会議に中国代表は招待されなかったが，1951年12月の吉田書簡で日本は国民政府との講和と希望を表明，条約締結に至る。日華間の戦争状態の終結，台湾・澎湖島などに対する領土権の放棄，日本財産の放棄と台湾の賠償請求権の放棄などを規定。条約の適用範囲は国民政府の支配下にある地域に限定されたが，日本と中華人民共和国との関係に問題を残した。72年の日中国交正常化の際，大平正芳外相が失効を宣言した。

にっかわへいこうさく [日華和平工作] 日中戦争のほぼ全期間を通じて行われた日中間の和平工作。盧溝橋事件直後，日本政府は元外交官の船津辰一郎を介して，大幅な譲歩を含む和平条件を提示しようとしたが，第2次上海事変の勃発によって挫折した。ついで第三国とくにドイツの和平仲介(トラウトマン和平工作)に期待がよせられたが，南京陥落後和平条件が加重され，打ち切られた。局面打開の機会は宇垣・孔祥熙工作にゆだねられた。工作の失敗後，交渉は正式な外交ルートを外れ，汪兆銘工作によって汪政権が成立して，桐工作・銭永銘工作などすべて挫折した。以後の和平工作は，戦争末期の終戦工作として繆斌工作が行われたにすぎなかった。

にっかんかいだん [日韓会談] 1951年(昭和26)の予備会談に始まり，65年の日韓基本条約の締結に至る日韓国交正常化のための交渉。1952年2月の第1次会談から基本関係，在日韓国人の法的地位，財産請求権，船舶，漁業などの議論を開始したが交渉は難航し，53年の久保田貫一郎代表の発言で中断。58年からの第4次会談も李承晩政権の崩壊で中断。61年5月の朴正熙政権成立後に第6次会談を再開。同年11月の東京での池田首相・朴会談で早期妥結に意見一致をみ，62年10月の大平外相・金鍾泌会談で有償3億ドル・無償2億ドルの経済協力を行うことで急速に妥結に向かい，64～65年の第7次会談で日韓基本条約の妥結をみた。

にっかんぎていしょ [日韓議定書] 1904年(明治37)2月23日，日露開戦直後に日韓間に結ばれた全文6条の文書。日本が武力制圧下で政治的・軍事的支配の第一歩を実現しようとしたもの。これによって日本は韓国を対露戦争に引き込み，韓国の内政への干渉権を掌握し(施政改善に関し日本の指導下におき)，日本軍の駐留

- **にっかんきほんじょうやく [日韓基本条約]** 1965年(昭和40)6月22日、第1次佐藤栄作内閣のもとで締結された「日本国と大韓民国との間の基本関係に関する条約」。前文と本文7条からなり、(1)外交関係の再開、(2)韓国併合条約の無効確認、(3)韓国政府を朝鮮にある唯一の合法政府とする、(4)国連憲章の遵守、(5)通商関係の再開などを規定していた。このほかのおもな争点であった漁業権問題、対日賠償請求権・経済協力問題などについても同時に別途協定が結ばれた。

- **にっかんきょうやく [日韓協約]** 1904~07年(明治37~40)に日本が韓国支配を強固にするために結んだ協約。■第1次。1904年(明治37)8月22日調印。韓国の財政と外交を監督する日本政府推薦の顧問をおくことと、外交交渉における日本との事前協議とを韓国政府に義務づけた。日韓議定書をうけて日本軍の制圧下に結ばれた。

  ■第2次。日露講和条約締結後の1905年(明治38)11月17日調印。日本が韓国の外交権を掌握し、日本政府代表者を統監として漢城(現、ソウル)におき、韓国の外交を監督することを定めた。日本はこの年保護権確立を閣議決定し、特派大使伊藤博文(のち初代統監)を派遣、韓国に強要して結ばせた。韓国の外交権は剥奪され日本の保護国となったため、日韓保護条約・乙巳保護条約ともいう。

  ■第3次。1907年(明治40)7月24日調印。ハーグ密使事件で高宗を退位させたことを機会に締結。韓国政府は施政改善について統監の指導を、立法・行政および高等官吏任免には統監の同意をうけ、また日本人を韓国官吏に任命するとした。秘密覚書・施行細目が定められ、韓国軍も解散されるなど、韓国の内政全般にわたる指導権を日本が得た。この時併合は成らなかったが、朝鮮植民地化の決定的一歩となった。

- **にっかんぎょぎょうきょうてい [日韓漁業協定]** 1965年(昭和40)に締結・発効した日韓両国の漁業に関する協定。日韓基本条約の締結にともなって成立。両国間では200カイリ水域が設定されず、相互に12カイリ内の漁業専管水域を設けること、韓国の専管水域の外側に日韓漁業共同規制水域を設け、域内での出漁隻数・漁船規模・漁獲量・操業規制を漁業種別に定めることなどを内容とした。協定締結時の韓国漁業はおもに沿岸域で操業したが、近年では日本周辺水域まで進出し、沿岸・沖合漁業との漁場競合が生じ、日韓漁業自主規制措置が講じられている。

- **にっきょうそ [日教組]** 日本教職員組合の略称。1947年(昭和22)6月に結成された都道府県単位の教職員組合の全国連合体。第2次大戦後、分立して設立されていた教職員の労働組合の合同と2・1スト準備中に協力の気運が高まり、組織よって発足。51年に「教え子を再び戦場に送るな」のスローガンを掲げ、50年代のいわゆる逆コースのもとで、54年の教育二法反対闘争、56年の任命制教育委員会反対闘争、57・58年の勤務評定反対闘争など、政府の文教政策と対立する姿勢を強めた。一貫して総評内部の有力組合としての位置を占めたが、総評解散後、連合への加盟により分裂し、左派は91年全教(全日本教職員組合)を設立した。

- **にっこうとうしょうぐう [日光東照宮]** 栃木県日光市山内に鎮座。旧別格官幣社。祭神は徳川家康。豊臣秀吉・源頼朝を合祀。当地日光山は古くから山岳霊山として知られ、1613年(慶長18)天海が貫主となり中興。一方、徳川家康は16年(元和2)に没し、駿河久能山に葬られ(神号は東照大権現)、翌年当地に改葬された。45年(正保2)東照社から東照宮に改称。社殿は徳川秀忠が1616~17年に造営、家光が34年(寛永11)から15カ月の大改造を行い、現在の姿がほぼ完成した。55年(明暦元)には後水尾天皇の皇子守澄入道親王を初代とする輪王寺宮がおかれた。2万5000石に及んだ神領と日光山一帯の行政は、1700年(元禄13)以降日光奉行が支配した。江戸時代を通じ幕府の厚い保護をうけ、たびたび将軍も社参、年年朝廷からの例幣使を迎えた。1871年(明治4)日光東照宮から二荒山神社と満願寺(のち輪王寺)が分離独立。例祭は5月17日・10月17日。10月に行われる神輿渡御や百物揃千人行列は、家康を日光に改葬する際の渡御を再演したもの。

- **にっこうどうちゅう [日光道中]** 日光街道とも。近世の五街道の一つで、名称は1616年(元和2)の日光東照宮造営以降に生じた。江戸と日光とを結び、道中奉行の支配に属した。宿駅は千住・草加・越ケ谷・粕壁・杉戸・幸手・栗橋・中田・古河・野木・間々田・小山・新田・小金井・石橋・雀宮・宇都宮・(上中下)徳次郎・大沢・今市・鉢石の21宿。壬生通および水戸路・佐倉街道を付属とする。千住と宇都宮間は奥州道中を兼ね、途中に利根川の房川渡中田関(栗橋関)がある。東北・北関東の大名の参勤交代路、日光参詣の通路として武家や公用通行が多かった。小山からは結城道・壬生通、石橋からは真岡道、宇都宮からは奥州道中、今市からは会津西街道・壬生通が分岐する。

- **にっこうぶぎょう [日光奉行]** 江戸幕府の職名。遠国奉行の一つ。日光山の警衛と東照宮の

祭祀,日光町の行政・裁判をとり行い,上野・下野両国の公事訴訟も扱った。1700年(元禄13)新置。それまでは3代将軍徳川家光の近臣梶定良が,数十年日光御宮番を勤めていた。定員は2人。はじめは半年交代,のち1年交代で日光に勤務した。34年(享保19)に制定された役高は2000石。役料500俵。老中支配。芙蓉間席。従五位下。配下に支配組頭・吟味役・御殿番などが属した。

にっこうぼさつ [日光菩薩] 薬師如来の脇侍で,如来の左に配され右の月光菩薩に対する。名称は,太陽の光があらゆる闇を照らすように,輪廻の闇を照らして衆生を救済する徳をもつとされることに由来。多くは京都醍醐寺薬師堂の日光像のように蓮の上に日光をのせ蓮華の茎をもつが,薬師寺金堂や法隆寺講堂の日光像のように持物のない例もある。胎蔵界曼荼羅では地蔵院の一尊とされ,左手に幢をもち,右手は手のひらを上むきにする。

にっこうれいへいし [日光例幣使] 江戸時代,京都の朝廷から日光の東照宮に対して毎年派遣された奉幣使。奉幣使は朝廷から尊崇する神社などに幣帛を捧げて代拝するための使者。伊勢例幣使が有名だが,天皇の祖廟ではなく武家政権の権力者がするものという意味で,日光例幣使は特異であった。朝廷から東照宮に徳川家康忌日の4月17日に遣されたのは,1617年(元和3)がはじめだが,46年(正保3)持明院基定が臨時奉幣使として派遣され,翌年伊勢例幣使の再興に先立つて,毎年4月の家康の忌日の奉幣勅使が定められた。参議の公卿が任命され,中山道経由で東下し,上野国倉賀野宿から例幣使道をへて東照宮に到達,家康忌日前日に幣帛を奉納し,宣命を読みあげた。

にっさんコンツェルン [日産コンツェルン] 鮎川義介が創立した最大の新興財閥。1928年(昭和3)久原房之助から経営破綻した久原財閥の再建を任された鮎川は,満州事変以降の軍需景気を背景に広範に出現した大衆株主に着目し,子会社の株式を売却してプレミアムを入手,その資金で新規事業分野への進出や既存会社の買収を行い,日本鉱業・日立製作所などの旧久原財閥系企業を中心に日産コンツェルンを形成した。その規模は37年上期末現在で77社,払込資本金総額4.7億円余に達し,住友より巨大なコンツェルンとなった。同年鮎川はコンツェルンの親会社日本産業を満州重工業開発会社に改組,満州へ移転した。その結果日産はコンツェルンとしてのまとまりを失い,解体に向かった。

にっしん [日親] 1407~88.9.17 室町時代の日蓮宗の僧。上総国生れ。はじめ中山門流に属したが,その厳格な折伏主義のため破門される。1437年(永享9)上洛して本法寺を建立。「立正治国論」を著し,命令に背いて将軍足利義教に改宗をせまる諫暁を再度行おうとしたため逮捕され,「なべかむり日親」の名の由来となるきびしい拷問をうけた。義教の死でゆるされる。弾圧中に破壊された本法寺を再建。その肖像はのち庶民の攘災招福の信仰対象となる。

にっしんかん [日新館] 陸奥国会津藩の藩校。従来の学問所稽古堂を発展・廃止して,1788年(天明8)から追手前大町通りに建設,99年(寛政11)に命名。規模・内容の整備されたのは享和・文化期で,経費は年5000石で運営。武術,朱子学を主流とする漢学のほか,和学・神道・算法・習字・図礼・天文・医学・洋学の学科が設けられ,藩士子弟は入学が義務づけられた。中央に聖堂,その門の東西に東・西両塾を配置して内容別に教授し,他に講釈所・文庫・武芸稽古所を設置。教科書の刊行も行われた。

にっしんこうわじょうやく [日清講和条約] 1895年(明治28)4月17日に調印された日清戦争の講和条約。下関で調印されたことから下関条約ともいう。清国は95年3月李鴻章を全権に任命し,下関で講和交渉が開始された。3月24日の交渉の帰途,李鴻章が日本人に狙撃され負傷したため,日本側は列国の干渉をおそれてまず休戦条約を調印。4月10日日本側は当初案から大幅に譲歩した最終案を提出し,4月17日に日本側全権伊藤博文,陸奥宗光と清国側全権李鴻章・李経方との間で調印された(5月8日批准書交換,13日公布)。内容は,朝鮮の独立の承認,遼東半島・台湾・澎湖列島の割譲,賠償金庫平銀2億両(約3億円)の支払い,通商航海条約の締結と最恵国条款の確立,沙市・重慶・蘇州・杭州の新規開市と,開市・開港場における製造業従事,条約施行の担保として威海衛の一時占領の承認など。この条約により日本は植民地を獲得したが,三国干渉を招き遼東半島を清国に返還した。

にっしんしゅうこうじょうき [日清修好条規] 日本と清国が正式国交を定めた通商航海条約。正式には大日本国大清国修好条規。日本が修交を求め,柳原前光らの予備交渉をへて,1871年(明治4)7月29日天津で伊達宗城が全権が李鴻章と結ぶ。条規18款,通商章程33款と海関税則。相互に外使節領事の駐在,領事裁判権を認めた対等条約。第2条は欧米各国に攻守同盟の疑惑を生じさせた。日本は欧米列強なみの最恵国待遇と内地通商権を得られなかったので修正を交渉したが拒まれ,73年4月副島種臣が天津で批准書を交換。朝鮮の宗主国清と対等な条約を結んだことで,日本は朝鮮に対し優位に立った。以後も改訂を希望,琉球

問題では分島改約案のかたちをとるが成立をみず、日清戦争時まで存続。

にっしんしんじし [日新真事誌] 1872年(明治5)3月17日、イギリス人ブラックが東京で創刊した邦字新聞。特許をえて、太政官左院の議事や建白書を掲載した。74年1月には、板垣退助らの民撰議院設立建白書をいち早く掲載。その後政府はブラックを左院に雇用して経営から手をひかせ、さらに新聞紙条例改正により外国人の邦字新聞発行を禁止するなど、言論統制にのりだした。同紙の経営は荒木政樹により続けられたが、75年12月5日、265号で廃刊。

にっしんせんそう [日清戦争] 1894～95年(明治27～28)に主として朝鮮の支配をめぐって戦われた日本と清国との戦争。日本は早くから朝鮮への進出を意図したが、壬午じんご・甲申こうしん両事変で清国の朝鮮での勢力が拡大すると、対清戦争準備および朝鮮に対する保護の準備を進めた。94年に朝鮮で甲午こうご農民戦争がおこり清国軍が鎮圧のため出兵するや、日本軍も出兵。日本は欧米各国の動向を見守りつつ、日清両国による朝鮮の内政改革を提案し、清国の拒否にあうと単独改革を主張し、清国との戦機を求めた。7月16日日英通商航海条約を調印するや、日本軍はただちに王宮を占領し、豊島沖で清国軍艦を攻撃し、8月1日に宣戦布告した。装備・訓練にすぐれた日本軍は、指揮・装備の不統一な清国軍を圧倒。制海権の争奪をめぐる黄海海戦で勝利し、朝鮮半島の成歓・平壌の戦に勝ち鴨緑江おうりょっこうを渡り、遼東半島に進出した。95年2月威海衛を攻めて北洋艦隊を全滅させ、3月には遼東半島を完全に制圧した。また朝鮮では再蜂起した農民軍を鎮圧し、甲午改革によって朝鮮の保護を推進した。ここに欧米各国も講和の斡旋に動き、とくにアメリカの仲介で3月下旬から講和会議を下関で開いた。4月17日に日清講和条約が結ばれたが、直後に三国干渉のために遼東半島をやむなく放棄。また朝鮮の従属化をめざした甲午改革も、三国干渉直後のロシアの朝鮮進出により挫折した。日本の動員兵力約24万人、戦費2億余円。

にっしんつうしょうこうかいじょうやく [日清通商航海条約] 日清戦争後の1896年(明治29)7月21日に調印された条約。日清講和条約第6条の規定にもとづき締結された(10月発効)。日本は領事裁判権・協定関税・最恵国待遇など日本に有利な不平等条項を獲得し、中国市場進出の足場を得た。1928年(昭和3)中国国民政府は廃棄を通告したが改定条約交渉には応じ、30年5月16日日華関税協定が結ばれた。

にっそうコンツェルン [日曹コンツェルン] 昭和前期に成立した日本曹達を中核とする新興財閥。中野友礼とものりが1920年(大正9)に新潟県二本木工場を有する日本曹達の創業に参加したことに端を発する。26年(昭和元)に日本電炉工業を吸収し、苛性ソーダと冶金という電気消費型産業を形成。満州事変以後、人絹・製鋼所・発電所など相互に技術的関連性の高い事業部門への多角化や原料資源会社などの垂直的統合が進展。中野が社長に就任した翌年の37年には日本曹達の資本金は8000万円に増加し、42の子会社を擁する一大コンツェルンを形成。しかし急速な多角化の進展によって戦時経済期に資金不足が生じ、40年に中野は社長を辞任、日本興業銀行の整理をうけて、コンツェルンは事実上解体した。

にっそうぼうえき [日宋貿易] 中国の宋朝(北宋・南宋)と日本との貿易。遣唐使の廃止後、国家レベルでの交渉が絶え、律令にもとづく日本人の渡航禁止と10世紀初めに定められた来航制限のもとで、宋の商船が福建や浙江(とくに明州の寧波ニンポー)から大宰府に来着し、鴻臚館こうろかんで日本との貿易を行った。宋商が来航すると、朝廷は唐物使を派遣して優先的に貿易を行い、残りを民間の交易にゆだねたが、大宰府官人や荘園を通じての私貿易も展開した。南宋期になると日本商人の渡航も盛んになり、平氏による大宰府の掌握や大輪田泊おおわだのとまりの修築などの積極策によって貿易が活発化した。鎌倉時代には北条氏が統制を試みたが、民間貿易はますます盛んになった。おもな輸出品は砂金・水銀・硫黄・真珠や扇・刀剣などの美術工芸品で、輸入品は陶磁器・漢籍・経典や綾錦などの高級衣料、文具・絵画のほか、南海産の沈香・麝香じゃこうなどの香料や薬品、蘇芳すおうをはじめとする染料などであった。とくに12世紀以降には大量の宋銭が輸入され、日本の貨幣経済の進展を促した。

にっソきほんじょうやく [日ソ基本条約] ロシア革命後のソ連と日本の国交正常化を律する基本原則を定めた条約。1925年(大正14)1月20日北京で調印。1922年の長春会議の決裂後、ソ連は極東共和国を併合し、翌年から国交回復交渉は日ソ直接交渉の形となり、川上俊彦としひことヨッフェ、芳沢謙吉とカラハンの予備交渉などをへて、24年5月からの芳沢・カラハン正式交渉によって実現した。外交・領事関係の確立、日露講和条約の存続、漁業条約の維持と改訂、相互の内政不干渉、ソ連側天然資源利権の日本への供与などが主内容。二つの議定書では日本軍の北樺太撤退期限、北樺太石油利権に関する規定などを約定した。

にっソきょうどうせんげん [日ソ共同宣言] 1956年(昭和31)10月19日調印の国交回復に関する「日本国とソビエト社会主義共和国連邦との共同宣言」。全9条。戦争状態の終結、日本の

国連加盟支持、通商貿易関係の再開、日ソ漁業条約の発効などが定められ、さらに平和条約締結後、歯舞(はぼまい)・色丹(しこたん)の2島の日本への引渡しが合意された。サンフランシスコ講和条約に調印しなかったソ連との国交正常化交渉が、北方領土問題の介在にもかかわらず共同宣言にまでこぎつけたのは、米ソの「平和共存」時代を背景に、ソ連の「平和攻勢」外交と、軽武装・対米協調の吉田(茂)路線に対抗し自主外交路線をとる鳩山内閣の対ソ外交との間に一致点を見出せたからである。鳩山一郎首相が訪ソ、モスクワで調印した。

にっソぎょぎょうじょうやく [日ソ漁業条約]
漁業問題に関する日ソ両国間の条約。1928年(昭和3)に締結されたが、それまでには日露漁業協約以来の漁業権益の拡大をもくろむ日本と、帝政期の条約を破棄し社会主義経済体制の建設をめざすソ連との対立激化もあった。有効期間8年を過ぎた36年以後、1年ごとに条約延長の暫定協定を結び、44年には効力5年の条約に調印したが、日本の敗戦によって無効となった。第2次大戦後のサケ・マス漁業は52年から始まったが、56年ブルガーニン・ラインの設定通告後、新たな日ソ漁業条約が締結され、同年末の日ソ国交正常化により発効した。対象魚種はサケ・マス・ニシン・カニ(ツブを除く)。200カイリ元年である77年の日ソ漁業暫定協定成立まで、同条約にもとづき日ソ漁業交渉が行われた。

にっソちゅうりつじょうやく [日ソ中立条約]
1941年(昭和16)4月13日、日本・ソ連間に調印された中立条約。松岡洋右(ようすけ)外相は、日独伊三国同盟にソ連を加える構想をもってこの年3~4月に訪欧した。交渉はソ連側の消極姿勢の前に難航したが、最終段階でスターリン首相が介入し、中立条約締結にこぎつけた。内容は第1条で平和友好関係の維持、領土の保全・不可侵、第2条で両国の一方が第三国の軍事行動の対象となった場合、他方が中立を守ること、など。有効期限は5年(満了期限は46年4月)とされたが、ソ連側が45年4月に不延長を通告し、同年8月8日の対日宣戦布告によって失効した。

にったし [新田氏]
中世上野国の豪族。清和源氏。源義家の孫義重が、上野国新田荘(現、群馬県新田郡・太田市一帯)を開発して、新田氏を称したのに始まる。治承の内乱の際、源頼朝に従い、以後御家人となった。一族は、新田郡を中心に各地に広がり繁栄。庶家には、山名・里見・岩松・徳川・世良田(せらだ)・額戸(ぬかど)などがある。鎌倉後期、嫡流の義貞は後醍醐天皇に味方し、鎌倉を攻略して北条氏を滅ぼした。建武政権下では足利尊氏と対立、一族とともに南朝方につき、各地で戦ったが、1338年(暦応元・延元3)越前国で敗れ滅亡。庶流の岩松氏は、足利氏に従ったため存続し、新田荘を継承した。明治以降、新田姓に復し男爵。→巻末系図

にったのしょう [新田荘]
12世紀後半、上野国新田郡(現、群馬県新田郡・太田市一帯)に成立した郡規模の荘園。本家は鳥羽上皇の御願寺である金剛心院、領家は藤原忠雅。地主である新田義重の寄進した私領を中核に、大田文にのる公田数のみで約300町の大荘園。のちに関東十刹となる長楽寺の在所世良田郷(現、尾島町)は、北条氏の庇護をえて得宗被官勢力の支配拠点になった。

にったよしおき [新田義興]
1331~58.10.10
南北朝期の武将。新田義貞の子。南朝方として関東で活動。1352年(文和元・正平7)後醍醐天皇の皇子宗良親王を擁し、異母弟義宗らとともに上野で挙兵。鎌倉に進撃して一時これを占領。ついで武蔵各地で足利尊氏の兵と戦ったが敗れ(武蔵野合戦)、越後に退いた。のち再び関東で活動したが、58年(延文3・正平13)関東執事畠山国清の謀略にかかり、多摩川の矢口渡(現、東京都大田区か)で殺害された。

にったよしさだ [新田義貞]
?~1338.閏7.2
南北朝期の武将。新田朝氏の子。1333年(元弘3)本国上野で挙兵して鎌倉にむかい、途中分倍河原(ぶばいがわら)合戦などで幕府軍を撃破、まもなく鎌倉を攻略して鎌倉幕府を滅亡させた。ついで建武政権に従い、35年(建武2)鎌倉で反乱した足利尊氏の討伐にむかったが、竹ノ下の戦で敗れた。京都に攻め上った尊氏をいったん撃退したが、36年(建武3・延元元)5月湊川の戦で敗れ、京都を奪われた。10月後醍醐天皇の皇子恒良(つねよし)親王を擁して越前国にむかい、同国で活動した。金崎(かねがさき)城(現、福井県敦賀市)に拠ったが、翌年室町幕府軍に包囲され落城。38年藤島城(現、福井市)付近の戦闘で負傷し、のち自殺。

にっちつコンツェルン [日窒コンツェルン]
昭和前期に成立した日本窒素肥料を中核とする新興財閥。野口遵(したがう)が1908年(明治41)に設立した日本窒素肥料を中心に、自家発電を基礎とする電気化学、合成硫安の生産に端を発するアンモニアの多角的応用により、相互に関連のある事業部門を独立させて発展した。当初、南九州に拠点をおいたが、電源を求めて朝鮮に進出し、一大コンツェルンを形成。なかでも朝鮮窒素肥料、旭ベンベルグ絹糸(現、旭化成工業)、長津江水電が知られる。1930年(昭和5)を境にコンツェルン形態を形成する一方、日本窒素肥料は持株会社化し、41年には日窒本社の払込資本金は2億5000万円、子会社は3億6000万円余となった。第2次大戦後の財閥解体によ

り解散。

にっちゅうきょうどうせいめい〔日中共同声明〕 1972年(昭和47)9月29日、日本・中華人民共和国間に調印された戦争状態の終結と国交正常化を宣言した声明。ニクソン訪中に代表される米中接近のなかで、田中角栄首相が訪中、周恩来首相とともに発表。前文と9項目からなる。これによって日本側が中華人民共和国を唯一の合法政府と認める一方で、中国側は対日賠償請求を放棄することになった。

にっちゅうこっこうかいふく〔日中国交回復〕 1972年(昭和47)9月29日の日中共同声明にともなう日本と中華人民共和国との国交正常化。朝鮮戦争勃発、米ソの冷戦を背景に日本は、中国を除外したサンフランシスコ講和条約に調印、翌年台湾政府との間で日華平和条約を締結した。以後、冷戦の進むなかで日本と北京政府との関係は冷却化した。しかし71年7月の米大統領の訪中発表(ニクソン・ショック)を契機として、日本でも従来経済・文化交流を推進してきた自民党親中国派や野党勢力が台頭。日中国交回復を掲げた田中角栄首相が就任し、その2カ月後、日中共同声明が発表された。

にっちゅうせんそう〔日中戦争〕 1937年(昭和12)7月7日の盧溝橋事件に端を発し、45年まで8年間続いた日本と中国の全面戦争。関東軍にはかねてから満州(中国東北部)に隣接した中国北部を親日独立政権支配下にくみこむ意図があった。長城以南進出の地歩を築いた塘沽タン協定、北支自治工作につながる梅津・何応欽ホォィィン協定などはその現れである。国民政府が失地満州の回復と華北の中央化をはかると、関東軍・天津軍は冀東キン防共自治委員会を設置し、軍事力を背景に権益保持をはかった。こうしたなかで、天津軍豊台ホウ分遣隊と宋哲元率いる第29軍の一部とが盧溝橋で衝突した。7月11日、日本政府は事件不拡大・局地解決の方針を決定し、満州・朝鮮・内地から派兵できる態勢を整えた。この決定は政府内の不拡大論と拡大論の対立を反映したものであった。同日、政府は事件を北支事変と呼称する旨を発表し、7月27日には内地3個師団の動員実施を決定して、ここに日中両軍の衝突は全面戦争へと発展した。戦線の上海への拡大に応じて、9月2日支那事変と改称。中国は中ソ不可侵条約を締結、中国共産党軍の八路軍編入などで全面抗戦の態勢を整え、日本も、内閣参議制・企画院・大本営などの諸機構を整備した。しかし、12月12日のパネー号・レディバード号両事件は英米の疑惑をまねき、翌日の南京入城の際の南京虐殺事件では強い国際的非難を浴びた。首都陥落後も国民政府の抗戦姿勢は衰えず、ドイツを介したトラウトマン和平工作も失敗したため、日本は38年1月16日「国民政府を対手とせず」と声明し、以降は占領諸地域に傀儡カィッ政権を樹立する方針に転換した。38年中には南北作戦連結のための徐州作戦、国民政府の拠点攻略のための武漢作戦、補給路遮断のための広東作戦などが展開されたが、39年からは持久態勢に移行。日独伊三国同盟と南進は太平洋戦争に至る重大な要因であるが、日米交渉での最大の争点は中国からの撤兵問題であった。撤兵に同意しない軍部の反対で交渉は決裂し、太平洋戦争に突入した。中国全土を戦禍にまきこんだ戦争は、45年8月15日のポツダム宣言受諾による日本の無条件降伏、9月2日の降伏文書署名によって終結した。支那事変の名称は戦後日華事変と改められたが、のち日中戦争の名称が定着してきた。

にっちゅうへいわゆうこうじょうやく〔日中平和友好条約〕 1978年(昭和53)8月12日、日本と中華人民共和国間に調印された条約。72年の日中共同声明にもとづく。福田内閣の園田直外相・黄華外交部長が北京で調印。前文と5条からなる。第1条は両国の恒久的平和友好関係の発展についての条項。第2条の覇権反対条項は双方でもめたもので、中国側はソ連を念頭において強く主張したが、日本側は中国の反ソ包囲網にまきこまれることを懸念、第4条で第三国条項を対置して第2条が特定国を意味するものではない、とすることで妥結した。第3条の経済・文化関係の発展、交流促進の規定も、その後着実に成果をあげていった。

にっちゅうみんかんぼうえききょうてい〔日中民間貿易協定〕 1952年(昭和27)6月、訪中した日本社会党議員高良ラッ とみなどと中国国際貿易促進委員会主席南漢宸との間で調印された協定。戦後の日中貿易は1950年に始まるが、朝鮮戦争の勃発でアメリカが対中姿勢を硬化、貿易は激減していた。この協定成立によって貿易は軌道にのり始めたが、58年の第4次協定に際し、岸内閣の親台湾姿勢や長崎国旗事件により貿易は決裂、日中貿易は再び中断した。

にっちょうしゅうこうじょうき〔日朝修好条規〕 江華カンッ 条約・日韓修好条規とも。朝鮮を開国させた条約。江華島事件の翌年、黒田清隆・井上馨カォッ 正副全権が江華府で日本案を基礎に談判し、1876年(明治9)2月27日(日付は26日)申榑ハン と調印。12款。第1条で「朝鮮国ハ自主ノ邦」として清国の宗主権を排し、(1)釜山ほか2港の開港、(2)使臣の駐京、(3)開港場に管理官設置、(4)朝鮮在留日本国民への領事裁判権などを規定。同年3月批准後、宮本小一ィチ 理事官を派遣、8月条規付録と貿易規則を結び、無関税の条件を得た。この不平等条約で日本は列国に先んじて朝鮮の開国に成功。のち

花房義質よヱヱ代理(弁理)公使により元山・仁川の開港交渉が進められた。

にっちょうぼうえき [日朝貿易] 14～19世紀の日本と李氏朝鮮との貿易。14世紀末、朝鮮は倭寇ゎこうの禁圧を日本に求めるかわりに、多様な階層の朝鮮貿易を許可した。そのため足利将軍・守護大名や商人等の使節、受職倭人じゅしょくわじんが渡航して貿易を行った。渡航者急増に対処して、朝鮮側は渡航船の寄港地を三浦さんぼに限定し、書契しょけいや図書としょの制・歳遣船定約などの通交者を制限した。その際、対馬の宗氏は文引ぶんいんの発行権をえて通交統制に重要な役割をはたし、三浦の乱後は朝鮮貿易権を独占した。輸出品は銅・硫黄いおう・漆器・屏風などのほか、胡椒こしょう・蘇木そぼくなど東南アジア産のもの。輸入品は米・豆・麻布・木綿や大蔵経・朝鮮本など。文禄・慶長の役で中断したが、徳川家康により国交が回復し、1609年(慶長14)宗義智は朝鮮と己酉きゆう約条を結び、以後の外交・貿易の諸実務を府中藩主宗氏が担った。貿易は釜山ぷさんの倭館で行われた。輸出品は銀・銅や胡椒、輸入品は朝鮮人参や中国産の生糸、牛皮・薬材など。同藩の主要な財源となったが、貿易は長期低落傾向をたどり、藩は財政窮乏に苦しんだ。幕末～明治初期は交流が途絶えがちになり、これを回復しようとした明治政府は拒絶され、征韓論が高まる。1875年(明治8)の江華島事件を機に翌年日朝修好条規を締結、朝鮮は釜山に加え、元山・仁川じんせんを開港。日本商人はイギリス製綿製品を採集・中継輸出する一方、安価で米・大豆を大量輸入したため、朝鮮国内は深刻な穀価上昇に悩まされた。

にっとうぐほうじゅんれいこうき [入唐求法巡礼行記] 最澄の遺志をうけ838年(承和5)に入唐した慈覚大師円仁えんにんの日記。揚州・山東半島・五台山・長安を巡歴した9年間の求法の旅の克明な記録で、唐代の社会・経済・仏教などに関して唐側史料に洩れた事実を豊富に含む。とくに地方官庁との交渉やその際給された文書類、仏教教団の組織・儀礼、武宗の会昌かいしょうの廃仏、唐に居留する新羅人の生態とその実力者張宝高ちょうほうこうに関する記録などは重要。遣唐使に関しても、使節内部の唯一の逸文ではない記録として貴重。「続々群書類従」「大日本仏教全書」所収。

にっぽじしょ [日葡辞書] 日本語をポルトガル語で説明した辞書。1603年(慶長8)本編、翌年補遺出版。日本イエズス会宣教師編。長崎学林刊。収載語彙数3万2293語。当時の口語を中心に広範な日本語を採集・収録している。宣教師の布教に必要な規範的な日本語運用力養成を重視して、方言・卑語・婦人語・幼児語などを理解しても使用してはならない語として注記されている。ABC配列で、日本語表記にあたってはポルトガル語式の綴字法によりつつ、正確な発音を写すための工夫がされている。室町時代語研究上不可欠な資料。

ニッポン [Nippon] シーボルトが著した日本とその近隣の研究紹介書。22冊本。分冊形式で1932年に第1分冊がオランダのライデンで出版され、以後58年頃まで配本された。製本の冊数は一定しない。シーボルトが1823～28年(文政6～11)の日本滞在中、オランダの国策にそって日本の博物学的・民族学的研究調査を行い、収集した多種多様の資料に、日本の門人・知人の報告資料などを加えて、帰国後まとめたもの。内容は日本の自然地理、民族と国家、26年の江戸参府旅行、歴史、考古学、宗教、農工業、貿易、近隣諸国と保護国、蝦夷・千島・樺太および黒竜江地方の情報、琉球など広範・多岐にわたる。西欧学者の日本研究書のなかでも不朽の名著とされ、「日本植物誌」「日本動物誌」とともに三部作をなしている。雄松堂書店から刊行。

にとべいなぞう [新渡戸稲造] 1862.8.8～1933.10.15 明治～昭和前期の教育家・思想家。陸奥国岩手郡生れ。札幌農学校在学中に受洗。東京大学選科生として美学・統計学などを学ぶが、1883年(明治16)アメリカ・ドイツへ留学、アメリカでクエーカー教徒となる。経済学・歴史学・文学・農政学などを学び、91年帰国。札幌農学校教授・京都帝国大学教授をへて、1906年一高校長に就任。人格主義教育で多大な影響を与えた。09年から東京帝国大学教授を兼務。11年最初の日米交換教授としてアメリカ各地の大学で講義する。18年(大正7)東京女子大学初代学長に就任。20年国際連盟事務次長、26年(昭和元)貴族院議員となる。33年日本代表として太平洋問題調査会の国際会議出席のためカナダ滞在中に客死した。84年以降発行の5000円札の図案は彼の肖像。

にどめ [荷留] 津留とも。物資の移出入を制限・禁止すること。室町時代、座商人は特定商品の専売権など諸特権をもち、座以外の商人がそれを脅かす場合、荷を没収する慣行があり、本所・幕府も認めていた。戦国期には大名は領国存立のため、米・塩などの生活必需物資、皮革・馬などの軍需物資の他領への移出を制限・禁止した。江戸時代になると、各藩は藩領の自給自足体制・藩専売制の維持のため、特定商品とくに米・塩の移出入を制限・禁止した。

になががわし [蜷川氏] 中世～近世の武家。宮道みやじ氏の出身という。祖大田親直ちかなおが源頼朝の挙兵に従い、勲功として越中国礪波となみ・新川にいかわ両郡を領し、新川郡蜷川村(現、富山市)に住んで蜷川を称したのに始まる。末裔の親行は

足利尊氏に仕え、妹が室町幕府の政所執事伊勢貞継の子貞信に嫁したことから、以後伊勢氏と姻戚関係を結んだ。親當から代々、室町幕府政所代を勤めた。幕府滅亡後、一時長宗我部元親氏を頼ったが、同氏が滅んだあとは徳川家康の旗本となった。「蜷川家文書」を伝える。

にながわちかまさ [蜷川親当] ?～1448.5.12
室町中期の武士・連歌師。親俊の子。新右衛門尉。法名智蘊。幕府の政所執事伊勢氏の被官。政所代を勤める。姉は主人伊勢貞国の妻。和歌を正徹に学び、連歌を梵灯庵に学び、のち宗祇が選んだ連歌七賢の1人とされ、「竹林抄」「新撰菟玖波集」に多数の作品が載る。ほか自選の「親当句集」がある。一休宗純に感化をうけ、近世の「一休咄」にも登場する。

ににぎのみこと [瓊瓊杵尊]
「古事記」では邇邇芸命。天津彦彦火瓊瓊杵尊・天津彦根火瓊瓊杵根尊などとも。天孫降臨神話で葦原中国に降臨する神。名の核となるホノニニギは稲穂の豊饒を意味する。降臨後にコノハナサクヤヒメを妻とし、ホノスソリ・ヒコホホデミらを生む。「日本書紀」では真床追衾にくるまれて降り、「古事記」では父アメノオシホミミにかわって誕生直後に降されたとあるように、ともに嬰児の姿で降ったと考えられるが、それは穀霊の新生を表すものであった。なお真床追衾の存在から大嘗祭の起源説話とする説もある。

に・にろくじけん [2・26事件]
1936年(昭和11)2月26日におきた陸軍部隊の反乱事件。第1師団の歩兵第1・第3連隊を主力とした将校・下士官・兵1485人が、岡田啓介首相(生存)、斎藤実内大臣(即死)、高橋是清蔵相(即死)、鈴木貫太郎侍従長(重傷)、渡辺錠太郎教育総監(即死)、牧野伸顕前内大臣(生存)を襲撃し、永田町・三宅坂一帯と日本の政治・軍事の中枢部を4日間占拠した。26日早朝、反乱軍将校が川島義之陸相に読みあげた「蹶起趣意書」「陸軍大臣要望事項」で首相以下の襲撃の理由、軍政への具体的要求がのべられた。陸軍最高首脳の将軍たちは26日午後に宮中で「大臣告示」を作成して反乱軍に伝えるとともに、27日東京に戒厳令を公布して反乱軍への説得を試みたが失敗、地方の諸隊を上京させて反乱軍を包囲した。29日午後に反乱軍は帰順し、特設軍法会議で裁かれた。同年7月5日に判決が下り、死刑17人、無期禁錮5人。下士官も15人が有期刑となり、民間人の北一輝・西田税らも死刑となったほか、民間の将校からも有期刑者がでた。元老・重臣・軍閥・官僚・政党は君側の奸臣だから誅滅し、国体擁護開顕による天皇親政の日本を現出するという反乱軍の願いや意図は無視され、敗退した。軍部は粛軍人事で皇道派を一掃し、反乱が示した軍の武力を無言の威嚇として、しだいに日本の政治権力を独占していった。

にのみやおうやわ [二宮翁夜話]
二宮尊徳の高弟福住正兄が著した尊徳の語録。1845年(弘化2)22歳で尊徳に入門、以後6年間随身し直接教えをうけた著者が、のちにそれをまとめたもの。50歳頃から起稿し、1884～87年(明治17～20)に15巻本として出版。斎藤高行著「二宮先生語録」が漢文体であるのに対し本書は平易な和文体で、尊徳の思想を広めるのに大きな役割をはたした。「二宮尊徳全集」所収。

にのみやそんとく [二宮尊徳] 1787.7.23～1856.10.20
江戸後期の農村復興の指導者。通称金次郎。公人としては尊徳を使用。誰である尊徳の正式の読みが「たかのり」。相模国足柄上郡栢山村生れ。少年期に父母を失い、災害で没落した家を独力で再興。この体験をもとに天地人三才の徳に報いることを説く報徳思想を形成、家・村を復興し興国安民を実現する仕法を体系化した。1822年(文政5)に小田原藩に登用され、42年(天保13)には普請役格の幕臣となる。関東と周辺の諸藩領・旗本領・幕領・日光神領の復興や個別の家・村の再建を依頼されて指導。下野国今市の仕法役所で没す。その思想・仕法は報徳社に受け継がれた。著作・仕法書類は「二宮尊徳全集」所収。

にほん [日本]
古くは倭と称し、ほかに大八洲・葦原中国・秋津島あまの称もあった。しかし大宝公式令に、外国使臣に「明神御宇日本天皇」の語を用いると定め、702年(大宝2)の遣唐使が中国で「日本使臣」と称し、「旧唐書」東夷伝に、倭国と日本国の両れを記しているように、8世紀初めには日本という国号が国際的に認知されていた。しかも「旧唐書」に、倭がその字を悪み、国が日の辺にあるをもって日本と改めたとあるのは、すでに隋への国書に「日出ずる処の天子」と記した思想と同じであるから、大宝令以前に「日本」と記した史料をすべて追記であるとは断定できない。国際的用語としての日本の号は、呉音でニッポン、また促音を伴わないニホンと音読されたが、国内ではヤマトとも訓読された。

にほん [日本]
国民主義を掲げた明治後期の代表的新聞。1889年(明治22)2月11日、帝国憲法発布の日を期して「東京電報」を改め、陸羯南が谷干城らの後援をえて日本新聞社から創刊。三宅雪嶺ら政教社の雑誌「日本人」とともにナショナリズムの立場から政府批判を展開。政論が中心で、三面記事も少なく小説もなかったが、正岡子規が創設した日本派俳壇の拠

点となった。陸が病気になり，1906年6月「時事新報」出身の伊藤欽亮に譲渡されたが，商業紙に転換する新方針に反対し，旧来の社員20余人が退社。14年（大正3）末廃刊。最盛期の発行部数は約2万2000部。

にほんえいたいぐら［日本永代蔵］ 浮世草子。6巻。井原西鶴作。1688年（元禄元）刊。出世・破産をくり返す町人社会の諸相を描いた30の短編で構成される。巻1～4と巻5・6の執筆時期は異なると考えられているが，どちらが先に書かれたかについては見解がわかれる。三井八郎右衛門をモデルにした「昔は掛算今は当座銀」のような成功譚や，廓（さと）に足を踏み入れたため破産した2代目町人を描いた「二代目に破る扇の風」のような没落譚など，町人の経済生活を幅広く素材にした傑作である。当時のベストセラーで，各話を地域ごとにまとめた異版も出版された。「日本古典文学大系」「定本西鶴全集」所収。

にほんえんせいき［日本遠征記］ アメリカのペリー艦隊の日本遠征記録。ペリー提督や乗組員の航海記・日記，公文書，各種の報告書などを，ペリー監修のもとにホークスが編集，アメリカ議会から1856～58年刊。遠征記本文・諸調査報告・天文学的観察記録・水路図からなる大部な報告書で，3巻本と4巻本がある。第1巻の本文は，日本についての序論に始まり，遠征の発端から終了までの全過程を編年的に詳述。日本開国をめぐる日米交渉史の基本史料であるとともに，周到な情報収集と実地視察にもとづいた日本論の名著。第1巻本文の翻訳に「ペルリ提督日本遠征記」（岩波文庫）がある。

にほんおうじょうごくらくき［日本往生極楽記］「日本往生伝」とも。平安時代，慶滋保胤（よししげのやすたね）が著した往生者の伝記。1冊。往生者の下限および「往生要集」の記事から，983年（永観元）以後，985年（寛和元）4月以前の成立と考えられているが，本書行基（ぎょうき）伝の注記によれば保胤の出家（986年）以前にいったん成立，兼明（かねあきら）親王の死後（987年）近い時期に保胤の手で増補された現在のかたちになったらしい。「続本朝往生伝」序には寛和年間の作とある。総計45人の伝は国史・別伝類のほかに，著者みずからの見聞によると思われるものが多く，同時代人の割合が大きい。「本朝法華験記」「続本朝往生伝」以下の往生伝，「今昔物語集」などに多大の影響を与えた。「日本思想大系」所収。

にほんおよびにほんじん［日本及日本人］ ⇨ 日本人（にほんじん）

にほんが［日本画］ 絹や和紙に顔料や染料で描く伝統的形式の絵画。明治期以降の西洋絵画に対する日本の伝統形式の絵画をさす。日本画という用語と概念は，明治20年代に洋画が盛んに描かれるようになったことにより，これに対応するかたちで成立した。以後第2次大戦で，地域的には京都画壇と東京画壇系，社会的には日本美術院を中心とする革新系の新派，日本美術協会を中心とする保守系の旧派，中道系を中心とする官展系という基本構図のうえで展開した。第2次大戦後は概念的・技法的・社会的にも多様化し，日本画の概念をめぐる拡散と収束をくり返している。

にほんかい［日本海］ 日本列島，アジア大陸およびサハリン（樺太）に囲まれた海。面積は約100万km²。古くは越の海・北海と称され，大和政権による北方経営は日本海沿いに進められた。高句麗・渤海（ぼっかい）の使節も北陸を中心とした日本海沿岸に到着。中世には博多・敦賀・津軽などを結ぶ海上航路が発達し，近世には西廻海運が確立し北前船などが盛んに航行した。日本海の名称は，マテオ・リッチ「坤輿（こんよ）万国全図」（1602刊）にすでにみえ，日本では明治期以降一般化した。

にほんかいかいせん［日本海海戦］ 1905年（明治38）5月27・28日の日露戦争での最大の海戦。前年10月バルト海のリバウ軍港を出発したロシアのバルチック艦隊（ロジェストウェンスキー司令長官）は，1万8000カイリを遠征して5月27日対馬海峡に達した。日本連合艦隊（東郷平八郎司令長官）はロシア艦隊の進路を対馬海峡と想定していたが的中，2日間の激しい砲撃戦の末ロシア艦隊に壊滅的な打撃を与えた。ロシア艦隊38隻のうちウラジオストクに入ったのは4隻だけであった。ロシア艦隊は長途の遠征に補給・士気の面で苦しめられ，日本艦隊は訓練豊富で優勢であった。この海戦での日本の圧倒的勝利が講和問題を具体化させた。

にほんかいかしょうし［日本開化小史］ 田口卯吉の著した日本史論。1877年（明治10）巻之一を刊行，82年の巻之六に至る。神道の起源から江戸幕府の崩壊までを扱う。バックルの文明史やスペンサーの社会進化論を参考として，史学の目的を倫理的批判から因果関係の認識に切り替え，事件より社会全体の傾向に着目して，政体のみならず文化・経済の相関的な開化・発展を説明し，以後の史学に影響を与えた。「岩波文庫」所収。

にほんがいこうぶんしょ［日本外交文書］ 外務省編纂・刊行の外交史料集。外交史料館所蔵の外務省記録などから主要文書を選定して収録し，おもに編年体で構成されている。幕末外交文書「通信全覧」の編纂を引き継いで，史料公開と外交知識の普及を目標に，1936年（昭和11）から「大日本外交文書」（戦後「日本外交文書」と改題）を公刊。第2次大戦中には中断を余儀なくされたが，公正な歴史事実の再現を期

し，現在，明治期・大正期の刊行を終え，昭和期の編纂・刊行が続けられている。

にほんがいし [日本外史] 歴史書。22巻。頼山陽(らいさんよう)著。1827年(文政10)成立。36年(天保7)刊。源・平2氏から徳川氏に至る武家の時代を代表的な家別に記し，政治の実権が武家に帰した経過と由来を，仁政安民思想と名分論的な観点に立って叙述。「史記」を範とした本書の歴史叙述や論賛における史論は広く流布。とくに幕末の尊王運動に影響を与えた。新井白石「読史余論」や中井竹山「逸史」など先行の歴史書に負うところが大きい。多くの版本や抄出本があり，「標注日本外史」など註釈書も多い。「岩波文庫」「頼山陽全書」「日本の名著」所収。

にほんかいぞうほうあんたいこう [日本改造法案大綱] 北一輝(きたいっき)により執筆された国家改造の理論書。1919年(大正8)「国家改造案原理大綱」として上海で執筆印刷されたが発禁処分となり，加筆訂正ののち23年改題して改造社から刊行。出版の年次などにより異同はあるが緒言・本論・結言からなり，国家改造のための天皇による戒厳令施行，憲法の停止，国家改造内閣の組織，貴族院の廃止，在郷軍人会の重用，私有財産の制限，大企業の国営化，労働省の設置などを内容とした。国家社会主義による日本の国家改造プログラムを体系的に展開し，民間右翼・青年将校の運動に大きな影響を与えた。

にほんがくしいん [日本学士院] 学術上の功績の大きい学者を優遇するための学界最高の栄誉機関。文部省所管の特別機関で学術奨励のための事業を行う。1879年(明治12)明治政府が欧米のアカデミーにならう機関として設立した東京学士会院に始まる。1906年組織規模を拡充して帝国学士院に改組。47年(昭和22)日本学士院と改称。49年新たに発足した日本学術会議に付置される栄誉機関となり，機能は制約された。56年同会議から分離独立し，国際学士院連合に加盟し，国際協力事業を遂行するとともに，各国アカデミーとの個別の学術交流を行っている。

にほんがくじゅつかいぎ [日本学術会議] 日本の科学者の内外に対する代表機関。総理府所管。1949年(昭和24)日本学術会議法により設立。これにより従来学界最高の審議機関であった日本学術士院は付置の栄誉機関となり，学術研究会議は廃止された。会員は全国の科学者により公選された各分野の科学者210人からなる。任期3年，専攻分野により7部に所属。総会・部会・委員会の活動を通じて学術上の重要事項について，政府への建議・勧告などを行う。対外的には国際学術連合に加盟し，国際会議などを主催し国の代表機関として活動する。56年日本学士院が分離独立，83年創立以来の会員公選制が改正されて推薦制となった。

にほんかんぎょうぎんこう [日本勧業銀行] 第2次大戦前の特殊銀行の一つ。1897年(明治30)6月，前年公布の日本勧業銀行法によって設立された。農工業の改良発展をはかることを目的とし，おもに不動産抵当による年賦・定期貸付を行い，割増金つき勧業債券の発行による資金調達が認められた。日露戦時の貯蓄債券の発行など，しばしば公的金融機関として国策・救済融資を実行した。しだいに設立目的から離れ，第2次大戦時に実質的に普通銀行化を完了。この間1921年(大正10)以降各府県農工銀行をすべて合併し地方支店とした。50年(昭和25)普通銀行に転換，71年第一銀行と合併して第一勧業銀行となる。

にほんきょうさんとう [日本共産党] 日本の共産主義政党。1922年(大正11)7月15日，コミンテルンの指示にもとづいて秘密裡に創立された。一時解党ののち，26年(昭和元)12月に再建。普通選挙の実施にともない，共産党の影響力拡大をおそれた政府は3・15事件，4・16事件で弾圧を加えた。32年にはコミンテルンの指導で天皇制廃止とブルジョア革命をめざすテーゼを作成。このテーゼは戦前期の明治維新史研究などに強い影響を与えた。33年の佐野学・鍋山貞親の転向声明以後大量の転向者をだし，35年までに中央指導部も壊滅した。第2次大戦後は合法政党として党組織を再建。占領期には労働組合運動を通じて国民との太いパイプをもっていたが，50年の分裂と武装闘争方針で支持を失った結果，55年極左方針を転換した。60年代末からの革新ムードのなかで党勢を拡張したが，現在までのところ72年の総選挙での39人(革新共同を含む)当選を上まわる勢力にはなっていない。

にほんきょうしょくいんくみあい [日本教職員組合] ⇨日教組(にっきょうそ)

にほんきょうどうとう [日本協同党] 第2次大戦後の政党。戦中の大日本政治会の一部，船田中・赤城宗徳らの護国同志会の政治家を中心に，1945年(昭和20)12月に結成。委員長山本実彦。戦前の産業組合関係者が多く参加し，綱領に協同組合主義をうたい，政策大綱では労資協調にもとづく生産体制の確立，資本独占とあらゆる封建的要素の打破をかかげた。翌年4月の総選挙ではふるわず，選挙後の同年5月，日本農本党・日向民主党と合同して協同民主党を結成した。

にほんキリストきょうかい [日本基督教会] ■1890年(明治23)から1941年(昭和16)の日本基督教団成立までの間存在した長老主義の教会で，日本のプロテスタントの3大教派の一つ。

横浜基督公会に起源し、1877年に成立した日本基督一致教会が、日本組合基督教会との合同を意図して挫折したのち、90年に日本基督教会と改称した。

❸旧日本基督教会の一部が日本基督教団から離脱して、1951年(昭和26)に39の教会で日本基督教会(新日基)を結成。

にほんキリストきょうふうだん [日本基督教団] 信徒20万人をこえるプロテスタントの有力教派。戦時体制強化のため、1939年(昭和14)公布の宗教団体法に促がされ、41年日本基督教会などプロテスタント教派30余が合流し、外国ミッションから離れ設立した合同教会。教団統理のもとに部制を採用。45年12月宗教法人令の公布による宗教団体法の廃止により、離脱する教派が生じた。

にほんキリストきょうふじんきょうふうかい [日本キリスト教婦人矯風会] 明治期に発足したキリスト教婦人団体。世界平和・純潔・酒害防止を3大目標として設立されたアメリカや世界のキリスト教婦人矯風会に触発され、1886年(明治19)東京婦人矯風会が設立され、93年に全国組織となり日本基督教婦人矯風会が成立(1986年現在名となる)。一夫一婦制の建白や海外醜業婦取締り、日本初の婦人保護施設である慈愛館の設立など、廃娼運動を主要な活動とした。大正期は婦人参政権運動の推進にも努め、第2次大戦後は売春防止法制定に尽力。近年は買春観光反対運動、じゃぱゆきさんの緊急一時保護施設HELPの設立などの活動も行っている。

にほんキリストこうかい [日本基督公会] 日本最初のプロテスタント教会。1872年3月10日(明治5年2月2日)横浜居留地で創立。のち東京日本基督公会が設立されて以後、横浜日本基督公会とよぶ。同年秋の第1回宣教師会議は、将来日本に建設される各個教会の名称と組織とを一つにしようという申合せをした。74年に四公会を基礎とした日本基督公会は、合同教会設立をめざして日本基督公会条例案を制定し、他の教派と交渉した。結局、77年10月、日本基督公会が関係のある長老・改革の2教派とともに小規模の日本基督一致教会を設立するにとどまり、一大合同教会の構想は消滅した。

にほんきりゃく [日本紀略] 「日本紀類」「編年記類」とも。神代から後一条天皇の時代の1036年(長元9)までを漢文編年体で記した歴史書。34巻。編者は不明。平安末期の成立。本書の前半部分は六国史を抄録したもので独自性はないが、「日本後紀」の散逸部分を補うことができる。後半部分は、公私の記録、日記などをもとに編集しており、まとまった史料に乏しい時代を扱っているので重要である。「国史大系」所収。

にほんぎんこう [日本銀行] 1882年(明治15)10月、日本銀行条例により設立・開業した中央銀行。大蔵卿松方正義は81年から紙幣整理を行って正貨兌換制にもとづく近代的貨幣制度を樹立するとともに、金融制度の整備をめざした。これは日本銀行を唯一の発券銀行とし、銀行の銀行として銀行制度の頂点に立って、商業金融の中枢とするという構想だった。しかし実際には90年恐慌時に産業金融に深くかかわったのを発端に市中金融に介在し、恐慌時には各種の救済を行い、戦時には国債の引受け・発行にかかわるなど、特有の役割をはたした。第2次大戦下の1942年(昭和17)に日本銀行法が制定され、管理通貨制度のもとでの財政金融政策運営の核として位置づけられ、戦後も経済の中心にいる。

にほんぎんこうけん [日本銀行券] 中央銀行である日本銀行が発行する銀行券。兌換銀行券条例にもとづき1885年(明治18)5月からまず銀兌換準備で発行され、97年10月の貨幣法施行により金兌換に移行したが、1931年(昭和6)12月の金本位制離脱により兌換停止となった。その後、戦費調達のため発行額が増大すると、41年4月に正貨準備発行と保証発行の区別が廃され、最高発行額制限制度が採用された。翌年3月には日本銀行法の制定と兌換銀行券条例廃止により、金兌換義務から完全に解かれた。以来不換銀行券として、最高発行額制限制度にもとづいて発行されている。

にほんげいじゅついん [日本芸術院] 第2次大戦後に設置された芸術家の優遇・栄誉機関。1919年(大正8)創設の帝国美術院の後身として、37年(昭和12)に設置された帝国芸術院が、47年に帝国芸術院官制の一部改正によって改称した。49年には日本芸術院令が制定され、芸術に関する重要事項の審議と文部大臣または文化庁長官への建議、芸術の発達に寄与する活動を行うとされる。48年の日展を主催し、49〜57年は日展運営会と共催した。現在、第1部美術(日本画・洋画・彫塑・工芸・書・建築)、第2部文芸(小説・戯曲・詩歌・評論・翻訳)、第3部音楽・演劇・舞踊(洋楽・邦楽・演劇・舞踊)からなり、院長1人、会員120人以内で構成される。

にほんげんしりょくけんきゅうしょ [日本原子力研究所] 1956年(昭和31)原子力基本法にもとづき、原子力開発の研究・実験と平和利用を促進するため創立された公社的研究所。前身は財団法人日本原子力研究所。本部は東京。茨城県東海・円珂・大洗、群馬県高崎、関西の5研究所と原子力船むつをつかさどるむつ事業所がある。57年に第1号炉が運転を開始。おもな事

業は安全性の研究，多目的高温ガス炉の開発，放射線利用，原子力船の開発など。

にほんけんぽうみこみあん [日本憲法見込案] 明治前期の私擬憲法。高知の自由民権派の立志社が1881年(明治14)に作成。植木枝盛の日本国国憲案と同系統のもの。思想・言論・出版・集会・結社・通信の自由や正当防衛の権利など広範な国民の権利と自由を認めている。国会は一院制で，法律・租税の議定や，宣戦・講和の権限の掌握など権限は大きい。国帝は行政長官で陸海軍の都督とされ，行政事務を親covers するが，「叛逆重罪ニ因テ其位ヲ失ス」と規定される。

にほんご [日本語] ウラル・アルタイ語系に属するとされ，日本列島でほぼ千数百年以上使われてきた言語。使用者数では世界第6位。しかし使用範囲は日本列島の中に限られる。祖語を共通にする言語は見いだされず，系統的には孤立する。膠着語である点は朝鮮，モンゴル，トルコ，南方諸地域の言語と共通する。音節が開音節で，原則的に子音1に母音1が結合する単純な構造をもつ。語は自立語(話し手の判断にかかわらず存在する内容を表す語)，付属語(話し手の判断内容を表す語)からなり，両者をくみあわせることで，なにがおこったかを絶対に必要な内容とし，必要に応じて，なにがそれをもたらしたかを加え，それを中心にしてさらに語を適宜補う形で表現がなりたつ。歴史的に他の言語との接触が少なく，事態を話し手の立場からとらえる特徴がある。

にほんこうき [日本後紀] 六国史の一つで，「続日本紀」に続く3番目の勅撰の正史。40巻。819年(弘仁10)嵯峨天皇の勅命によって編集を始めたが，天皇の死などで中絶し，840年(承和7)左大臣藤原緒嗣ら，右大臣源常ら7人により完成，撰進された。桓武天皇の792年(延暦11)から淳和天皇の833年(天長10)までを漢文編年体で記す。人物の伝記が多く，その人物の評価を長短あわせ記すことや，和歌を多く収載するなどの特徴をもつ。10巻のみ現存し，他は散逸。これを補うため，1692年(元禄5)鴨祐之が「類聚国史」「日本紀略」などによって編纂した「日本逸史」や，朝日新聞社版「六国史」所収の「日本後紀逸文」などがある。「国史大系」所収。

にほんこうきょうがくきょうかい [日本交響楽協会] 山田耕筰・近衛秀麿により結成された3管編成によるはじめての西欧的交響楽団。1924年(大正13)山田は日本交響楽協会管弦楽団を結成し，25年，新装なった東京の歌舞伎座をはじめ各地で日露交歓交響管弦楽演奏会を開いた。この成功によって同年，弟子の近衛と組んで日本交響楽協会(日響)を正式名称とし，開場まもない日本青年館を拠点に翌26年から予約演奏会を開始，18～19世紀の大曲演奏を魅了した。だが山田と近衛の対立から26年9月に解散，近衛は新交響楽団を発足させた。これはのちに日本交響楽団，NHK交響楽団と改称。

にほんこうぎょうぎんこう [日本興業銀行] 第2次大戦前は工業金融の特殊銀行，戦後は長期信用銀行の一つ。略称興銀。松方正義の銀行分業構想により，1900年(明治33)3月公布の日本興業銀行法にもとづいて02年3月に設立。当初は債券発行による長期産業資金供給と外資導入が使命。外資導入と西原借款などの対外投資には活躍したが，産業融資は停滞し，大正・昭和の不況期には救済融資機関となった。37年(昭和12)以降の日中戦争期には軍需金融の中心機関。第2次大戦後は占領軍による改組を免れて48年に新発足，50年に日本興業銀行法が廃止され普通銀行に転換した。さらに52年に長期信用銀行法にもとづく銀行に移行。

にほんこくげんざいしょもくろく [日本国見在書目録]「本朝見在書目録」とも。9世紀末までに中国から日本に持ち帰られ，当時現存していた漢籍(仏典を除く)の目録。1巻。藤原佐世の撰。1578部1万6997巻余(数え方で多少の相異あり)の書籍を，「隋書」経籍志の体裁にならって40家にわけ，書名と巻数，ときには著者名などを記す。現存の諸本のもとになっている旧金生寺蔵本にはまれに省略があるが，漢籍の日本への舶載状況をほぼ正確に知ることができる。また中国においても「隋書」と「新・旧唐書」のそれぞれの書籍目録の中間の時期に位置するなど，書誌学上貴重な文献。古典保存会刊の複製本がある。「続群書類従」にも収めるが，誤りが多い。

にほんこくけんぽう [日本国憲法] 1946年(昭和21)11月3日公布，翌年5月3日施行された現行憲法。形式上は，大日本帝国憲法第73条の改正手続きにもとづき，枢密院への諮詢，第70帝国議会での議決により成立した。大日本帝国憲法が民主的改革に障害であるとみたマッカーサーは，GHQの方針を牽制しうる極東委員会成立前に新憲法を制定しようと考えていた。46年1月幣原内閣の国務相松本烝治を委員長とする憲法問題調査委員会が草案を起草したが，国民主権・非軍事化の点で不十分としてGHQは拒絶，2月以後民政局ベースの起草が開始された。民間の憲法草案も発表され，憲法研究会の草案のみが国民主権を明示していたこともあり，総司令部に影響を与えたともいわれる。同年3月6日，政府はGHQ案にもとづく「憲法改正草案要綱」を発表，多少の修正をへて日本国憲法案を得た。日本国憲法は11

章103条からなり、国民主権、戦力不保持と交戦権の否認を含む徹底した平和主義、基本的人権の尊重、地方自治の保障などを内容とする。また議院内閣制をとり、司法権の独立も保障している。第9条の戦争放棄の条文と自衛隊との整合性をめぐる論議や、占領軍の押しつけ憲法であるamong改憲せよとの論議もあるが、おおむね戦後日本の社会に定着している。

- **にほんこくこっけんあん [日本国国憲案]** 東洋大日本国国憲案とも。明治前期の私擬憲法。1881年(明治14)8月に植木枝盛 $_{\lambda \lambda \lambda}$ が起草したもの。思想・信教・言論・出版・集会・結社などの広範な自由を認め、政府の圧政に対する抵抗権・革命権を明記。皇帝は行政権を統轄し、「兵馬ノ大権」や宣戦・講和、立法院解散などの大権をもつ。立法権は人民に属し、立法院は一院制で、租税を納める者の直接選挙。議院内閣制を否定し、行政府と立法府が対抗的に分立する。

- **にほんこっかしゃかいとう [日本国家社会党]** 昭和前期の国家社会主義政党。満州事変後の無産政党の方向転換の動きのなかで、社会民衆党を離脱した赤松克麿 $_{かつまろ}$ 派が、無産政党内部の国家社会主義派を糾合して1932年(昭和7)4月に結党。皇道政治、国家統制経済の実現、アジア諸民族解放などを主張し、直接行動による変革を宣伝。翌年7月党首赤松らが日本主義への転換を声明し、国民協会を結成して離脱。残留派は愛国政治同盟を組織した。

- **にほんこっけんあん [日本国憲按]** 明治前期、元老院で作成された憲法草案。1876年(明治9)9月に天皇から国憲起草の命をうけ、元老院は80年7月頃までに3次にわたり草案を作成。プロイセン、ベルギー、オランダ、イタリアの各憲法をとりいれている。皇帝は行政権を握り、官吏の任免、陸海軍の指揮、宣戦・講和・条約締結などの大権を有し、国会は元老院・代議士院の二院制で、国務大臣弾劾権など元老院の権限が大きい。内閣側の反対で採択されなかった。

- **にほんさんかいめいさんずえ [日本山海名産図会]** たんに「山海名産図会」とも。江戸時代期に作られた日本各地の産物集成。5巻。大坂の酒造業者で当時の知識人木村孔恭(兼葭堂 $_{けんかどう}$)編。絵は蔀 $_{しとみ}$ (法橋)関月。全国の海産物、山間地の物産のほか、酒造、伊万里焼や長崎・松前の物産にとくに項目を立てて扱っている。博物誌的な傾向をもつが、技術工程の記述にも配慮する。「日本名所風俗図会」所収。

- **にほんさんだいじつろく [日本三代実録]** 「三代実録」とも。六国史 $_{りっこくし}$ の一つで、「文徳実録」に続く6番目の勅撰の正史。50巻。858〜887年(天安2〜仁和3)の清和・陽成・光孝3天皇の時代を漢文編年体で記す。宇多天皇の命により源能有 $_{よしあり}$・藤原時平・菅原道真らが編纂に着手したが、数年にして中絶した。醍醐天皇の即位とともに時平・道真らによって編修事業が再開された。901年(延喜元)時平は陰謀により道真を大宰府へ追放し、直後に自分の名で本書を奏上した。年中行事や詔勅表奏の文章を詳しく掲載するほか、日付を干支だけでなく日数をも併記する。現存の写本には脱漏が多いので、これを補塡する努力が重ねられている。「国史大系」所収。

- **にほんし [日本史]** イエズス会宣教師フロイスが執筆した日本キリシタン教会史。1583年(天正11)イエズス会準管区長コエリョから執筆を命じられ、ザビエル来日の1549年(天文18)から94年(文禄3)頃までを記す。フロイスは97年(慶長2)長崎で死去する直前まで取り組んだ。原稿は冗長にすぎるとして巡察師バリニャーノに評価されず、マカオのイエズス会文書館に埋蔵され、1835年焼失。現在伝わるのはヨーロッパ各地に分散した写本で、1980年(昭和55)松田毅一らによって編年史の邦訳が実現した。教会に不都合なことは記されていないが、織豊政権下のキリシタンの動向や日本社会の様相が詳しくうかがえる。

- **にほんし [日本誌]** 1690〜92年(元禄3〜5)日本に滞在したドイツ人ケンペルの著書。通詞今村源右衛門の協力で、日本の自然・歴史・政治・宗教・貿易などについての本格的な日本研究書。ケンペルの死後、遺稿を買いとったスローン卿のもとショイヒツァーが英訳、1727年ロンドンで出版、フランス語とオランダ語に重訳された。その後日本語といわれるドイツ語稿本が発見され、ドームによってレムゴーで出版された。日本には早くから蘭訳本が輸入され、蘭学者志筑忠雄の「鎖国論」抄訳が有名。「参府紀行」部分の呉秀三訳「異国叢書」所収)、今井正訳がある。

- **にほんしほんしゅぎはったつしこうざ [日本資本主義発達史講座]** 1932年(昭和7)5月から翌年8月にかけて多数のマルクス主義理論家・歴史家を結集して刊行された全7巻の講座。岩波書店刊。野呂栄太郎の主導のもとに企画されたこの講座は、明治維新およびその後の日本資本主義発展の諸特質・矛盾を総体的に解明することをめざした。第1〜3回配本は順調だったが、第4回配本以降の多くが発禁ないし削除処分をうけ、改訂版の作成や、また執筆予定者の逮捕などにともなう変更を余儀なくされた。しかし、「講座」刊行の反響は大きく、その後の社会科学の発展に大きな影響を与えた。

- **にほんしほんしゅぎろんそう [日本資本主義論争]** 日本資本主義の性格規定をめぐって、

1927～37年(昭和2～12)までマルクス主義者の間で展開された論争。32年までの第1期には、おもに日本資本主義の現状規定や革命戦略をめぐる論争が行われた。この過程で，日本資本主義の歴史・現状についての総合的分析の必要性を痛感した野呂栄太郎は，マルクス主義理論家を結集して「日本資本主義発達史講座」を刊行した。これに対して雑誌「労農」に依拠する労農派が批判・反論を行い，第2期の論争が開始された。論争は，小作料・経済外強制・新地主・マニュファクチュア・明治維新などの評価をめぐって展開され，講座派が日本資本主義の半封建的性格を強調したのに対し，労農派は封建制は日本資本主義の発展過程のなかで解消しうるものとみなした。

にほんしゃかいしゅぎどうめい [日本社会主義同盟] 1920年(大正9)12月9日結成の社会主義者の統一組織。社会主義運動と労働運動の大同団結を主張した。機関誌は「社会主義」。堺利彦・山川均らのマルクス主義者，大杉栄らのアナーキスト，麻生久・近藤憲二らの左右の労働運動家，赤松克麿・和田巌らの学生運動家など30人が発起人となり発足。加盟者1000人をこえたが，綱領・規約がなく思想的にも雑多で統一運動も展開できず，翌年5月の第2回大会が解散させられ，解体した。

にほんしゃかいとう [日本社会党] ■明治末期の合法的社会主義政党。1906年(明治39)1月，西川光二郎らが日本平民党，堺利彦らが日本社会党の結党届を提出し，リベラルといわれた第1次西園寺内閣はこれを受理。翌月，両党が合同して日本社会党を結成した。正式党員は約200人。機関誌は半月刊「光」と復活した日刊「平民新聞」。普選運動，東京市電運賃値上げ反対運動，足尾銅山争議などを支援。党内に片山潜・田添鉄二らの議会政策論と幸徳秋水らの直接行動論との対立が発生し，07年2月の党大会で両派は激突。西園寺内閣は結社禁止を命令した。

■第2次大戦後の政党。1945年(昭和20)11月，戦前の無産政党の諸系列を大同団結して結成。連立ながら47年片山内閣，48年芦田内閣と続いて政権を担当した。51年にサンフランシスコ講和への対応をめぐって左右に分裂したが，55年10月に統一。以後，護憲を掲げて野党第1党の地位を保つが，60年には右派が離党して民社党を結成し，その後も左右両派は対立した。86年にマルクス主義を払拭した新綱領を採択し，89年(平成元)労働組合の統一組織「連合」の結成で総評との関係が断たれ，転機を迎えた。94年7月，委員長村山富市を首班として，自民党・新党さきがけと連立内閣を発足させた。96年1月，社会民主党と改称。

にほんじゆうとう [日本自由党] 第2次大戦後の政党。(1)鳩山一郎らの旧立憲政友会系政治家により1945年(昭和20)11月9日に結成。46年4月の衆議院選挙で140議席を獲得して第1党となる。翌5月総裁鳩山の公職追放をうけて，吉田茂が総裁となり，日本進歩党と連立して第1次吉田内閣を成立させた。48年3月民主党の分派と合同して民主自由党を結成した。(2)三木武吉ら自由党分党派のうち強硬派が，1953年12月9日に結成。翌年11月23日解党し，日本民主党の結成に加わった。

にほんしゅぎ [日本主義] 日清戦争後から明治30年代中頃までの間に流行した思想運動。その呼称は，1897年(明治30)高山樗牛・井上哲次郎・木村鷹太郎らの創設した大日本協会の機関誌「日本主義」と，樗牛が同年6月「太陽」に発表した論文「日本主義を賛す」に由来。海外進出を唱え，その指導理念として建国の精神を主張した。国家至上の見地から世界主義に反対し，宗教を批判しとくにキリスト教を攻撃した。

にほんしょき [日本書紀] 日本最初の官撰国史。全30巻，系図1巻(現存しない)。舎人親王らの撰で，720年(養老4)5月21日完成，奏上。編纂の開始は天武朝と推測される。「続日本紀」は「日本紀」と記すが，「日本書紀」が正式の書名であったと考えられる。巻1・2は神代巻で神話的物語。巻3以下には神武から持統までの天皇の代の歴史を中国正史の本紀と同様に編年体で記している。編纂に用いた材料は，「帝紀」「旧辞」のみでなく，朝鮮関係史料，諸氏の伝承，地方の伝承，寺院縁起など多様で，7世紀後半からは個人の日記も加わる。また神代を中心に「一書に曰く」として異なる伝承を並記している。文体は正格漢文であるが，中国の正史・古典・仏典による潤色が著しく，「芸文類聚」などの類書を参考にして文章を作っている。雄略・継体以後，朝鮮半島との交渉関係の記事が大きな比重を占め，7世紀初めの推古朝あたりから朝廷の記録をもととしているらしく，史料としての信憑性が増す。ただし大化の改新以降も天智紀までは潤色やおそらく壬申の乱による混乱があり，注意が必要で，ほぼ信頼できるのは天武紀・持統紀である。朝廷では最初の正史として重んじられ，10世紀まで7回の講書が行われた。「日本古典文学大系」「岩波文庫」所収。

にほんしょくぶつし [日本植物誌] ■ツンベリ著。1784年ドイツのライプチヒ刊。1冊。図版39。著者が日本滞在中に採集した植物を，はじめてリンネの分類法に従ってまとめた書。顕花植物374属735種，隠花植物27属33種のほか疑問種若干を記述。植物の和名・用途に関する記

載や, 地名として長崎・箱根・江戸・都などがみられる。ツンベリはほかに「日本植物図譜」を著し, 日本の植物相を西欧諸国に紹介した。
■シーボルト他共著, 日本植物に関する著作中最も代表的な書。2巻。1835～70年に分冊してオランダのライデンで出版。第1巻(1835～41刊)は観賞植物と有用植物についてで, とくにアジサイ属の記述は有名。ツッェアカリーニが分類し, シーボルトが100の植物図を掲げ解説。第2巻(1842～70刊)は2人の没後にミケルが完結させた。花木や常緑樹・針葉樹について記述し, 図を掲げる。草は少なく, 野菜や穀物の図はない。本書により日本の植物相が世界に紹介された。

にほんじん [日本人] 明治期～現代の総合雑誌。1888年(明治21)4月学術の応用を目的として政教社から創刊されたが, 志賀重昻らの国粋保存主義がしだいに論争となり, 政治評論誌の性格を強めた。保守派の政府批判の一つの中心となり, しばしば発行停止処分をうけたため, 1907年6月代替誌「亜細亜(アジ)」を創刊。両誌並行して発行された。95年には志賀が去り, 三宅雪嶺が中心となった。1907年1月新聞「日本」の社員を政教社に吸収し, 「日本及日本人」と改題。しだいに経営難となり, 中野正剛主幹の東方時論社との合併を進めようとした三宅が退社し, 24年(大正13)1月「月刊日本及日本人」として再出発。昭和期にはロンドン海軍軍縮条約反対運動で目立った活動をしたが, 45年(昭和20)2月廃刊。「日本及日本人」は50年9月に復刊し, 一時の中断をへて現在にいたる。

にほんじんいみんはいせきもんだい [日本人移民排斥問題] アメリカ政府が中国人移民排斥法を制定した(1882)のち, 日本人移民労働者が中国人に代わる安価な労働力として歓迎され, とくにカリフォルニア州に多数流入した。やがて経済上の競合を恐れた白人労働者から, 日本人移民排斥の声があがる。20世紀初頭, 排斥運動は組織的になり, 日露戦争での日本の勝利後は黄禍論も加わり, やがて連邦政府の対日移民政策に影響を及ぼすようになる。1908年(明治41)の日米紳士協約により日本政府は労働者移民の出国を禁止するが, カリフォルニア州の排斥の風潮は沈静せず, 州議会からの圧力をうけた連邦政府は, ついに1924年移民法を制定, これにより日本からの移民の入国は不可能となった。

にほんしんとう [日本新党] 1992年(平成4)5月22日に発足した保守新党。代表は細川護熙。既成政党の腐敗を批判, 政界再編の触媒的役割をめざし, 93年7月の衆議院選挙では新人35人を当選させ, 新生党・社会党などとくんで非自民連立の細川内閣を組閣。94年6月, 自民・社会・さきがけ3党の村山政権成立で野党となる。細川ブームも去り, 同年12月解党して新進党に合流した。

にほんしんぽとう [日本進歩党] 第2次大戦後の政党。旧立憲民政党系の町田忠治派および旧立憲政友会系の中島知久平派を母体に, 1945年(昭和20)11月に結成。総裁町田, 幹事長鶴見祐輔。綱領に議会中心の責任政治の確立, 国体の擁護などをかかげた。翌年1月同党所属の衆議院議員274人中, 町田・鶴見を含む260人が公職追放となって大打撃をうけ, 4月の総選挙では93人に後退。幣原喜重郎を総裁に, 自由党と社会党の中間路線をねらったが党内は安定せず, 日本自由党との保守合同も自由党側の反対で実現しなかった。47年の総選挙が迫ると, 危機感から3月に日本自由党の芦田派・国民協同党の一部とともに民主党を結成した。

にほんしんわ [日本神話] 一般に「古事記」「日本書紀」など日本の古典にみえる神々の物語。本来, 日本の原始・古代の社会においては神話は一元的なものではなく, さまざまなかたちで生きていたと考えられる。しかし, 現在目にすることができるのは, 記紀といった, 天皇の正統性を根拠づけるために, 天皇とそれをめぐる狭い範囲の人々の, 神世からのつながりを語るところで成立した神話が大部分である。これらは元来の神話が体系化・政治化されてまとめられたものというより, 記紀それぞれの固有の論理をもって成立したものであることを認識する必要がある。

にほんすもうきょうかい [日本相撲協会] 唯一の職業相撲団体。近代になると東京と大阪の職業相撲の興行組織として東京相撲協会・大阪相撲協会があり, 合併が懸案となっていた。1925年(大正14)摂政朴(のちの天皇賜杯)の制定を契機に, 両協会が合併して財団法人大日本相撲協会が設立され, 58年(昭和33)日本相撲協会に改称された。協会の運営の中心となる評議員は定数105人(ほかに一代年寄2人)の年寄に, 行司代表2人, 力士代表4人を加えて構成される。協会のおもな事業は年6回の本場所の開催である。

にほんせいこうしょ [日本製鋼所] 鉄鋼・機械・兵器生産メーカー。1907年(明治40)海軍のバックアップにより, 北海道炭礦汽船とイギリスのアームストロング・ウィットウォース社, ビッカーズ社の共同出資により, 室蘭に製造所をもつ資本金1000万円の株式会社として設立された。4000トン水圧鍛鍊機, 50トン酸性平炉という当時有数の設備をもち, イギリス2社の技術導入と海軍の技術指導もうけて, おもに海軍向けの兵器・鋳鍛鋼品を生産していた。第

1次大戦中は活況を呈し、19年(大正8)北海道製鉄を合併したが、その後社業は不振をきわめ再び分離。満州事変後、軍需の拡大とともに経営は活況を呈し膨脹発展したが、第2次大戦後は民需中心に転換した。

にほんせきじゅうじしゃ[日本赤十字社] 通称日赤。赤十字(ジュネーブ)条約にもとづく組織。日本は1886年(明治19)加盟。77年の西南戦争に際し、傷病兵の平等救護のため佐野常民らによって結成されていた博愛社はくあいしゃを、87年日本赤十字社と改称した。1901年成立の日本赤十字社条例にかわり、41年に定められた新条例により、陸・海軍の戦時衛生勤務を助けることを任務とし、陸・海軍大臣の監督下におかれ、軍事的性格のものとされた。第2次大戦後の47年(昭和22)にこの条例は廃止された。53年戦争犠牲者保護に関する新しいジュネーブ条約に加入することになり、前年の52年に日本赤十字社法が成立した。この第1条で「赤十字に関する諸条約及び赤十字国際会議において決議された諸原則の精神にのっとり、赤十字の理想とする人道的任務を達成すること」が目的とされた。

にほんソーダ[日本曹達] 大正期に創設された化学会社。日曹コンツェルンの中心企業。1920年(大正9)中野友礼とものりらが電解法の苛性ソーダ生産を目的に設立。工場は新潟県二本木。化学・冶金・人絹の分野に多角化したが、戦時経済期に経営が悪化、日本興業銀行によって再編成された。第2次大戦後、日本初の石油化学事業を計画したが挫折した。その後石油化学に参入する一方、ソーダ部門では86年(昭和61)にイオン交換膜法の生産を開始。

にほんたいいくきょうかい[日本体育協会] 日本のアマチュアスポーツ団体の連合組織。1911年(明治44)第5回オリンピック大会参加を契機に大日本体育協会として設立された。当初は陸上競技と水泳を主とする団体であったが、25年(大正14)各種競技団体の連合組織となる。42年(昭和17)大日本体育会となったが、第2次大戦後の46年再改組されて財団法人日本体育協会となった。協会内に日本オリンピック委員会・国民体育大会委員会が設置されている。

にほんだいぶんてん[日本大文典] イエズス会宣教師ロドリゲス・ツズが著した、ポルトガル語で書かれた日本語の文法書。1604〜08年(慶長9〜13)長崎学林刊。ラテン語文法に準拠して記述しているが、当時の標準的口語を中心に文語や方言・敬語法などにも言及している。多くの日本文献を引用、日本人の学説をもふまえて考察を深めている。外国人による日本語研究書として第一級の資料。土井忠生による訳本「日本大文典」がある。

にほんちっそひりょう[日本窒素肥料] 明治期に設立された代表的な肥料・化学会社。日窒コンツェルンの中心企業。野口遵したがうが1906年(明治39)に鹿児島県で曾木電気、翌年に日本カーバイド商会を設立し、08年石灰窒素生産を契機に両社が合併して誕生した。23年(大正12)には宮崎県延岡でカザレー法合成硫安の生産を開始。その後、電源を求めて朝鮮に進出し、赴戦江の開発や興南で肥料工場を建設。さらに発電所と電力利用の化学工業を推進し、有機化学にまで多角化した。第2次大戦後、朝鮮半島の事業基盤を失い、50年(昭和25)に新日本窒素肥料が日本窒素肥料の事業を引き継ぐ。65年にチッソと改称。水俣工場廃水中の有機水銀により水俣病を発生させた。

にほんていこくけんぽう[日本帝国憲法] ⇨五日市憲法草案

にほんてつどうがいしゃ[日本鉄道会社] 日本最初の鉄道会社。略称日鉄。1881年(明治14)11月岩倉具視ともみらを中心に華士族層の出資で設立。東京―青森間の路線建設を目的とし、年8%の利子補給、利益保証など政府の手厚い保護・助成をうけた。84年5月中山道鉄道の一部として上野―高崎間に鉄道を建設。翌85年3月には品川―新宿―赤羽間が開業、京浜間官設鉄道との連絡がはかられ、上毛地方の輸出生糸の輸送を担った。91年9月には上野―青森間が全通。その後も常磐線や日光線などの新線建設や両毛鉄道・水戸鉄道との合併を進め、1906年11月に国有化されるまで、日本最大の私鉄であった。

にほんてつどうきょうせいかい[日本鉄道矯正会] 日本鉄道機関方争議に勝利した機関手・機関助手が、争議の収束した1898年(明治31)4月5日に結成した労働組合。全員加入制を指向し、99年には1000人の会員を組織した。キリスト教の影響を強くうけ、会員の修養を重視する姿勢がその名称の由来とされている。1901年11月に天皇の乗った列車事故の責任を負わされて政府から解散命令を出された。

にほんどうぶつし[日本動物誌] ■江戸中期に来日したスウェーデンの植物学者ツンベリが、日本滞在時に調査した動物を記載した小冊子。前編7頁、後編5頁。1822〜23年にウプサラで出版。昆虫127種・哺乳類・鳥類・両生類・魚類・貝類の合計334種の学名目録。新種2種。日本産動物をまとめた最初のもの。「ツュンベリー研究資料」所収。
■江戸後期に日本に滞在したドイツ人医師シーボルトの日本研究三部作の一つで、日本産動物を記載した研究書。1833〜50年オランダで出版。哺乳動物・鳥類・爬虫類・魚類・甲殻類の5巻からなるが未完。テンミンクらとの共著

で，240に及ぶ新種が記載される。1976年(昭和51)復刻版が刊行された。

にほんのうみんくみあい [日本農民組合] 略称は日農。❶日本最初の全国的農民組織。1922年(大正11)4月9日に杉山元治郎を組合長として結成。頻発する小作争議を指導して組織の拡大をはたしたが，25年の普通選挙法成立を契機に無産政党結成問題がおこると，26年4月に右派が全日本農民組合同盟を結成して分裂し(第1次)，27年(昭和2)3月には中間派が全日本農民組合を結成して再分裂した(第2次)。28年5月27日に全日本農民組合と再び合同して全国農民組合を結成。
❷第2次大戦後の全国的単一農民組織。1946年(昭和21)2月に須永好を会長として結成。農地改革の進展に対応した農民運動を広範に展開したが，組織対立も激しく47年7月に右派が全国農民組合を結成して分裂。49年4月には共産党の組織活動をめぐって主体性派と統一派に分裂した。両派は57年9月に日本農民組合全国連合会を結成して統一を回復し，58年3月24日には全国農民組合などと合同して全日本農民組合連合会を結成。

にほんのかそうしゃかい [日本之下層社会] 明治中期に横山源之助が調査・記録した都市下層社会に関する古典的文献。1899年(明治32)刊，教文館発行。東京・阪神・桐生・足利・前橋・富山などの都市雑業層，労働者・小作農の労働と生活の実態を視察して，「毎日新聞」や雑誌にあいついで発表した実地調査報告を，東京の貧民状態，職人社会，手工業の現状，機械工場の労働者，小作人生活事情の5編に整理した。付ーに日本の社会運動として日清戦争前後の労働運動の高揚を掲載。「中央公論」の「貧民状態の研究」とあわせ産業革命期の都市と地方の下層社会に関する最も水準の高い内容をもち，農商務省刊行の「職工事情」と並ぶ資料。「岩波文庫」所収。

にほんばしうおいちば [日本橋魚市場] 近世以降の江戸日本橋の魚市場。天正期に摂津の漁民が移住して漁業に従事し，慶長頃に日本橋本小田原町に魚市場を開設したのが始まりという。以後魚問屋が集住し，本船町組・本小田原町組・本船町横店組・按針町組の四組による問屋を結成。幕府への納魚は本小田原町組が担当した。1674年(延宝2)本材木町に新設された魚市場は新場とよばれ，幕府への納魚も本小田原町との輪番となる。魚市場は幕府への大量安価な納魚に苦しみ，1792年(寛政4)の魚納屋役所設置後は，役人の強引な買付けに種々の手段で対抗した。明治以後も日本橋魚市場の魚類集散機能はかわらず，1923年(大正12)築地に開設された中央卸売市場に移転。

にほんハリストスせいきょうかい [日本ハリストス正教会] 1861年(文久元)箱館に来たロシア正教会の修道司祭ニコライによって形成された。ニコライは70年ロシアで日本伝道会社を設立し，禁制の高札撤去に先立って72年(明治5)東京神田駿河台に本部をおき布教を開始した。91年東京復活大聖堂(ニコライ堂)を建設。ニコライ没後は府主教T.セルギーが後継者。現在は日本ハリストス正教会聖自治教会として独立。

にほんばんこくはくらんかい [日本万国博覧会] 1970年(昭和45)3～9月に大阪府で開催された国内初の国際博覧会条約にもとづく万国博覧会で，アジア地域でも最初。吹田市内に330万m²の敷地を造成，76カ国が参加，政府館のほか30余の展示館が開設された。入場者は予想の5000万人を上回る6400万人(うち外国人170万人)にのぼり，これを契機に関西地区で地下鉄・高速道路をはじめとする社会資本の整備が進んだ。

にほんびじゅついん [日本美術院] 1898年(明治31)東京美術学校を辞職した岡倉天心を中心に，横山大観・菱田春草らが正員26人で結成された美術団体。はじめは彫刻・工芸の正員も含んでいたが，活動は日本画が中心。春秋2回展覧会を開催し，機関誌「日本美術」を刊行。1906年経営難のため茨城県北部の五浦に移転した。13年(大正2)の天心の死去を機に，翌年大観・下村観山が中心となり日本美術院を再興。洋画や彫刻の部も設けられたが，洋画部は20年，彫塑部は61年(昭和36)に解散したため，以後日本画のみとなった。日本画の最有力団体。

にほん・ビルマへいわじょうやく [日本・ビルマ平和条約] 1954年(昭和29)11月5日に調印された日本国とビルマ連邦との間の平和条約。ビルマ(現，ミャンマー)はおもに賠償問題に不満をもち，サンフランシスコ講和会議に参加しなかったが，この条約によって日本との戦争関係が正式に終結した。全10条。おもな内容は，役務・生産物による2億ドルの賠償と，5000万ドルの経済協力の10年間にわたる提供であり，経済関係を中心とした戦後の両国関係構築の基礎となった。

にほんぶんがくほうこくかい [日本文学報国会] 内閣情報局の指導によって組織された文学者の戦時動員組織。1942年(昭和17)5月に結成。会長は徳富蘇峰。小説・劇文学・評論随筆などの8部会に約3000人の文学者を組織化し，文学者による国策宣伝・戦争協力を推進した。機関紙「文学報国」を発行。敗戦後解散。

にほんへいみんとう [日本平民党] 明治末期の合法的社会主義政党。リベラルと目された第

1次西園寺内閣の成立を機に，1906年(明治39)1月，西川光二郎(ﾐﾂｼﾞﾛｳ)・樋口伝が結党届を提出し，受理された。普通選挙制度の実現を第一の目標として活動したが，日本社会党が結成されると合流した。

にほんほうそうきょうかい [日本放送協会]

略称NHK。社団法人として1926年(大正15)8月6日に設立された公共放送企業体。第2次大戦前の放送は無線電信法(1915公布)で政府の直接の統制下におかれた。24年に財団法人の放送局が東京・大阪・名古屋でそれぞれ放送を開始したが，政府は各局を解散させ，これらを統合して社団法人日本放送協会を設立。大正から昭和への時代のかわり目にあって放送は国民意識の動員のために利用され，28年(昭和3)の全国中継網の完成も昭和天皇即位式の放送のためだった。敗戦後，50年公布の放送法で特殊法人日本放送協会に改められ，旧法人の事業を引き継いだ。53年テレビ放送を開始，84年には衛星放送を開始した。

にほんまち [日本町]

17世紀初期，東南アジア各地の都市内部につくられた日本人居住区。日本人の東南アジアへの進出はすでに16世紀にみられるが，朱印船貿易により各地へ商人をはじめとする日本人の渡航・定住が促進された。この結果，朱印船の渡航地であるマニラのディラオ(フィリピン)，ツーラン(ベトナム)，プノンペン(カンボジア)，アユタヤ(タイ)などに日本町が成立した。日本町は貿易を中心として繁栄したが，武力をもって傭兵的役割をもはたし，なかには山田長政など現地の政権に重用される者も現れた。しかし1635年(寛永12)江戸幕府が日本人の海外渡航を禁止して以後衰退した。

にほんみんしゅとう [日本民主党]

第2次大戦後の政党。1954年(昭和29)11月，自由党内の鳩山派・岸派と日本自由党・改進党が合同し，保守勢力中の反吉田茂勢力を結集して成立。総裁鳩山一郎，幹事長岸信介。日本民主党結成によって第5次吉田内閣は総辞職し，かわって鳩山内閣が同年12月に成立した。鳩山内閣は自主外交を掲げて対ソ国交回復・自衛力増強・憲法改正に取り組んだ。翌年2月の総選挙で第1党(185議席)となるが，政権を安定させるにいたらなかった。他方，再軍備反対・護憲を旗印とする左右社会党の統一の動きをうけて，財界の強い要請を背景に保守合同が進められ，55年11月に自由党と合同，自由民主党が結成された。

にほんむさんとう [日本無産党]

昭和前期の左派無産政党。人民戦線結成を試みて1936年(昭和11)に労農無産協議会を結成した加藤勘十・鈴木茂三郎らが，社会大衆党との合同に失敗して37年3月に単独政党として結成。委員長加藤，書記長鈴木。4月の総選挙で加藤が当選。12月に幹部が検挙され(人民戦線事件)，解散を命じられた。

にほんメソジストきょうかい [日本メソヂスト教会]

日本基督教団成立以前のプロテスタント3大教派の一つ。1873年(明治6)アメリカ・メソジスト・エピスコバル(美以)教会の宣教師が来日，居留地を中心に伝道を開始。同年カナダ・メソジスト教会の宣教師が来日，東京・横浜のほか静岡・山梨・北陸地方に伝道。86年アメリカ・南メソジスト・エピスコバル(南美以)教会が来て関西方面に伝道。1907年3派が合同して日本メソヂスト教会を設立。41年(昭和16)日本基督教団に参加。

にほんもんとくてんのうじつろく [日本文徳天皇実録]

「文徳実録」とも。六国史(ﾘｸｺｸｼ)の一つで，「続日本後紀」に続く5番目の勅撰の正史。10巻。850年(嘉祥3)3月から858年(天安2)8月までの文徳天皇一代を漢文編年体で記す。871年(貞観13)に清和天皇の命により藤原基経(ﾓﾄﾂﾈ)らが編纂を開始したが，数年にして一時中止。878年(元慶2)陽成天皇の命で事業を再開し，翌年，基経らによって完成，奏上された。大江音人(ｵﾄﾝﾄﾞ)・都良香(ﾐﾔｺﾉﾖｼｶ)らが編纂に加わっている。政治や法制に関する記事が少ないのに比べ，人物の伝記記事が豊富である。「国史大系」所収。

にほんゆうしゅうき [日本幽囚記]

江戸後期のゴロブニンの日本幽閉中の手記。1816年刊。ディアナ号艦長ゴロブニンは11年(文化8)士官ら7人とともに松前奉行所の役人に捕らえられ，松前・箱館で2年3カ月余の監禁生活を送った。この間，村上貞助・間宮林蔵ら日本の知識人に会い，ロシア語やロシアについての知識を伝えるとともに，日本や日本人の知識も得た。本書はこれらの事情を克明に綴ったもの。広く欧米語に訳され，日本でも25年(文政8)オランダ語版からの訳本が「遭厄(ｿｳﾔｸ)日本紀事」として刊行された。

にほんゆうせんかいしゃ [日本郵船会社]

日本最大の海運企業。略称NYK。1885年(明治18)郵便汽船三菱会社と共同運輸が合併して成立。93年にボンベイ航路，96年に欧州・北米・豪州航路など海外航路を次々に開拓し，日本の対外経済発展を運輸面から支えた。多額の国庫補助をうけ，国策会社的色彩が強かったが，しだいに遠洋航路での地位を固め，日本の代表的国際企業に成長。1926年(大正15)2月には東洋汽船の太平洋航路を継承，旅客部門を強化して「客船の郵船」の名を確立した。第2次大戦では大半の船舶・船員を失ったが，51年(昭和26)に外航を再開，61年には旅客部門を廃止，タンカー・コンテナ部門に進出して多角化を進め

た。

にほんりょういき [日本霊異記]　「にほんれいいき」とも。正式には「日本国現報善悪霊異記」。古代の仏教説話集。3巻。薬師寺の僧景戒の撰述。787年(延暦6)には原撰があったと推定されるが、最終的には822年(弘仁13)以後まもなく完成した。雄略天皇から弘仁年間までの計116話をのせ、各巻に序を付す。中国の「冥報記」や「諸経要集」を参考にしながら、仏教の因果応報の教えを、景戒が採録した日本人の身近な例をもとに説いている。後世の「三宝絵詞」「今昔物語集」などに影響を与えた。「日本古典文学大系」所収。

にほんれっとう [日本列島]　太平洋の西縁にそって大小3700余の島が3500km以上も連なり、幅は広いところでも300kmにすぎない。地形は、面積比で山地60%、丘陵地11%と基本的に山地からなり、平野は30%にすぎない。千島列島・東北日本・伊豆小笠原諸島・西南日本－南西諸島はいずれも並走する海溝と対をなす。火山や地震の分布も同様である。このような島弧－海溝系は、プレートテクトニクスによれば一方のプレートが沈みこむところで、新生代第三紀の中頃以降、とくに第四紀の新しい地質時代につくられた。気候はその地理的位置から季節風の影響をうけ、冬は寒冷少雨(日本海側は多雪)、夏は高温多湿である。また梅雨・秋霖の2雨期、台風とそれらに関連する自然災害が特徴である。

にほんろうどうくみあいぜんこくきょうぎかい[日本労働組合全国協議会]　⇨全協

にほんろうどうくみあいそうどうめい [日本労働組合総同盟]　⇨総同盟㊀

にほんろうどうくみあいそうひょうぎかい [日本労働組合総評議会]　⇨総評㊁

にほんろうどうくみあいそうれんごう [日本労働組合総連合]　⇨総連合㊂

にほんろうどうそうどうめい [日本労働総同盟]　⇨総同盟㊀

にほんろうのうとう [日本労農党]　昭和初期の中間派無産政党。左派が主導権を握った労働農民党から右派が脱退して社会民衆党を結成した後、中間派の麻生久・三輪寿壮らが脱退して1926年(大正15)12月9日に結成。書記長三輪、のち麻生。対支非干渉運動、治安維持法改悪反対運動などを行う一方、無産政党合同を働きかけ、28年(昭和3)12月7党合同により日本大衆党を結成。日労系とよばれる人脈は以後も中間派無産政党の中心となり、第2次大戦後の日本社会党まで続いた。

にほんろうまんは [日本浪曼派]　1935年(昭和10)3月保田与重郎・亀井勝一郎らによって創刊された文芸雑誌。高踏的なロマン主義の立場からプロレタリア文学運動壊滅後の思想的混迷の打破、伝統芸術の復興をめざした。保田・亀井の評論、佐藤春夫や伊東静雄の詩、太宰治・檀一雄・緑川貢らの小説を掲載。ファシズムの台頭とともに民族主義的傾向を深め、武田麟太郎らの「人民文庫」と対立、38年8月に終刊した。

にもうさく [二毛作]　両毛作とも。1年に同一の耕地に2回異なる作物を作付すること。主作物の作付を表作、あとの作付を裏作という。裏作の拡大は土地利用率を高め土地生産性を上げることになり、耕起や施肥技術の改善を背景に進んだ。水田二毛作は平安中期頃に確認できるが、近世には夏季に水稲、冬季の裏作に大麦・小麦・菜種など。多様な作物を導入、広く普及した。

にゅうどうしんのう [入道親王]　平安時代の初めから親王が出家する例がみえはじめ、入道親王・法親王などと称したが、すでに出家した皇子が親王宣下をうけるようになると、出家後に親王宣下をうけた場合を法親王、親王が出家した場合を入道親王とよんで区別した。しかしこれも、時代をへるに従い曖昧になり、混同されて用いられるようになった。

にゅうない [入内]　律令制下、外位の五位から内位の五位に進むこと。728年(神亀5)内外五位の待遇差が設けられ、内六位から外五位をへて内五位に進む場合が生じた。

にょいん [女院]　「にょういん」とも。門院とも。院号を宣賜され太上天皇に準じる待遇をうけた女性の総称。10世紀末の一条天皇生母の皇太后藤原詮子(東三条院)から、19世紀半ばの孝明天皇生母の前権大納言藤原雅子(新待賢門院)までの107人。初期の詮子と彰子は出家時だが、以後は必ずしも関係なく、没時や没後の宣賜もあった。(1)天皇生母の三后(国母后宮)、(2)天皇生母でない、または非妻の三后(非国母后宮)、(3)天皇准母または后位でない准三宮の内親王など(非国母准后)、(4)天皇生母で后位にない准三宮の女御・典侍など(国母准后)に分類できる。院号は殿邸・御雇所のほか宮城内諸門に由来し、門号に限りがある場合は旧号に新・後を付した。

にょうご [女御]　令外の天皇のキサキの一つ。後宮職員令に規定されず、后・妃・夫人・嬪のもとに位置づけられ、更衣の上位とされた。初見は桓武天皇のときの紀乙魚と百済王教法であるが、その前の光仁天皇のときにも実質的には存在したとされる。位や定員の拘束がなかったため、多くの女御がたてられた場合があり、所生子は親王・内親王とされた。淳和朝以降に妃・夫人・嬪がおかれなくなると、女御の地位が上昇して摂関大臣

女が補されるようになり、中宮に昇進する者も出るようになった。このため位も初期は四〜五位が多かったが、三位へと上昇した。中世に一時廃絶したが復活し、明治期以後に廃止された。

にょうぼう [女房] 宮中に部屋を与えられた女官の総称。院宮や上級貴族の家に仕える女性も女房と称した。宮中女房は出身の身分や女官の役職で、大上臈（親王・摂関の女、尚蔵・尚侍）・上臈（大臣の女、二位・三位の典侍）・小上臈（公卿の女）・中臈（殿上人・諸大夫の女、掌侍・命婦の女）・下臈（侍・神官の女）の品格に分類され、服装や職務が区別された。出仕にあたっては本名ではなく、品格により大納言以下の官名による召名、陸奥や常陸などの国名、鶴・亀などの候名でよばれた。これは父や夫などの官名や任国に由来する場合が多い。院や摂関家の女房の場合は、京の路に由来する殿名・小路名でよばれる場合もあった。

にょうぼうしょうぞく [女房装束] 宮中における女房の衣服の総称。通常は単・袿・裳・唐衣・袴からなり、手に檜扇をもつ姿をいう。衣服令の女性の朝服を原型として、平安中期に成立。晴儀に際しては、袿と唐衣の間に裲襠の打衣と華麗な色目・文様にしたてた表着を加え、袴を生絹の張袴にかえて特別の具象と称した。袿は衣ともいい、その枚数によって寒暖を調節したが、枚数の増加が華美にながれ、しばしば過差の禁令がだされた。平安時代後半には5領が標準となり、五衣いつつぎぬといった。平安末期以降には垂髪の処理の仕方や装束の硬化にともなう着装順、着装具の変化があり、また再興様式などもあり時代に応じた注意が必要。

にょかん [女官] 「じょかん」とも。律令制による後宮十二司に出仕した女性の総称。男官に対する語。律令用語としては、「宮人」が男性の「官人」と区別して用いられた。平安時代には、「延喜式」では宮人のほか、十二司の尚・典・掌などに限定して女官とする用例と、女嬬などを含めて女官とする用例が混在している。なお平安時代に現れ、主水司女官・御匣殿女官・主殿女官・糸所女官などをはじめとする諸官司の末端雑務に従事した下級女官は、「にょうかん」とよばれて上記の女官とは区別された。

にろくしんぽう [二六新報] 1893年（明治26）10月26日、秋山定輔が東京で創刊した日刊紙。1年余で経営難のため休刊。1900年2月8日復刊後は社会問題に重点をおいた大衆紙に脱皮、三井財閥への攻撃、吉原遊女の自由廃業支援、労働者大懇親会の開催、日露講和条約反対などを展開、政府の弾圧をうけた。一時期「東京二六新報」「世界新聞」などと改題したが結局復題し、太平洋戦争中の新聞統合で40年（昭和15）9月廃刊。最盛期の発行部数約15万部。

にわのもの [庭者] 室町時代、庭の造作、樹木の剪定・石組などを専門とした人々。山水河原者せんずいかわらものとよばれる河原者が従事した。幕府の庭者は公方御庭者、内裏は禁裏御庭者とよばれ、ある程度所属が決まっていたとされる。15世紀半ばの善阿弥や虎（虎菊）が著名で、善阿弥は将軍足利義政に重用された。使者などとしても使われ、江戸幕府の御庭番（御庭之者）に引き継がれた。

にんぎょうじょうるり [人形浄瑠璃] 江戸時代に成立した人形劇。浄瑠璃の語り手、三味線弾き、人形遣いの3者が一体となって上演する形式で、操り浄瑠璃、操り芝居ともよばれた。室町末期に、夷舁えびすかきとよばれた人形回しと、当時流行の浄瑠璃という語り物と、最新の楽器による三味線の提携が成立して上方で発生したというが、その経緯は明らかではない。成立期には人形で猿楽能の演目を上演する能操りや、説経節という語り物による説経操りなどの類似する芸能も存在した。人形劇の内容を語る浄瑠璃は、竹本義太夫による当流（新）浄瑠璃の成立以前の古浄瑠璃と、それ以降の義太夫節に大別される。長編の語り物で、「仮名手本忠

女房装束

平安後期

江戸時代

臧」など多くの作品が歌舞伎化され、人形浄瑠璃自体も歌舞伎の表現手法をとりいれて発達した。人形操法は、近松門左衛門作品初演の頃には1人遣いで、18世紀前期から3人遣いが発達し現代に及んでいる。主要な劇団・劇場に、竹本座・豊竹座・文楽座などがあった。現在では文楽とよばれ、東京の国立劇場小劇場、大阪内の国立文楽劇場などで上演されている。

にんけんてんのう [仁賢天皇] 記紀系譜上の第24代天皇。億計天皇・意祁天皇と称し、また大脚・島郎ともいう。履中天皇の子の市辺押磐皇子の第二子。母は葛城蟻臣の女荑媛、顕宗天皇の同母兄。父が雄略天皇に殺されたことを聞いた兄弟は、はじめ丹波国余社郡（現、京都府与謝郡）に、次に播磨国赤石郡の縮見屯倉に隠れたが、子のない清寧天皇に捜しだされ、皇嗣として迎えられた。弟は、弟と皇位を譲りあい、弟を先に即位（顕宗天皇）させ、その死後皇位についたと伝える。

にんこうてんのう [仁孝天皇] 1800.2.21〜46.1.26 在位1817.3.22〜46.1.26 光格天皇の第6皇子。名は恵仁。生母は勧修寺経逸の女東京極院婧子。1807年（文化4）中宮欣子内親王（後桃園天皇皇女）の実子とされ儲君に定まり、親王宣下。09年立太子。17年父の譲位により践祚。即位後も父上皇が院政を執り、政務を執った。生前、堂上・地下子弟の学習所の設置を計画し、のち学習院として実現した。

にんしょう [忍性] 1217.7.16〜1303.7.12 鎌倉中・後期の真言律宗の僧。字は良観房。鎌倉極楽寺の開山。叡尊の弟子。大和国生れ。父は伴貞行。大和国額安寺で出家し東大寺で受戒したのち、1245年（寛元3）叡尊に別受戒をうけ比丘となった。年少より行基を思慕し、文殊を深く信仰して非人救済に尽くした。52年（建長4）関東に下向し、常陸国三村寺を活動の拠点とした。61年（弘長元）鎌倉に入り、北条氏の帰依を得て授戒活動を活発に行った。67年（文永4）招かれて極楽寺開山となった。その宗教活動は授戒とともに、療病院・癩宿などの救済施設を造り、道場・橋梁などの土木事業を行い、そのための津料・関銭徴収権を得るなど社会事業的な面があった。幕命で攘夷や雨乞い祈禱を行うなど、真言修法と戒律が兼修されていた。

にんじょうぼん [人情本] 近世小説の一様式。書型は中本。たんに中本・泣本などと称されていたが、この分野の代表的作者為永春水が自作に「人情本」の称を用いたところから、この名称が定着した。女性をおもな読者として想定した制作された恋愛小説であるところに、大きな特色がある。1819年（文政2）刊行の十返舎一九作「清談峰初花」と滝亭鯉丈作「明烏後正夢」の2作を嚆矢とする。32〜33年（天保3〜4）刊行の為永春水作「春色梅児誉美」の成功により完成したかたちをみるが、春水とその作品が天保の改革にともなう出版統制の処罰の対象となり、衰退していった。

にんじんざ [人参座] 江戸時代に設けられた薬用人参の専売機関。薬種のなかでも薬効が高く需要の多い人参は特別に扱われた。対馬国府中藩は独占的に輸入する朝鮮人参を江戸屋敷や大坂蔵屋敷で販売し、1673年（延宝元）一時的に江戸に人参座が開設された。長崎貿易の輸入品であった唐人参については、1735年（享保20）江戸の長崎屋源右衛門が唐人参座を許可され、1860年（万延元）まで存続した。また幕府は種を頒布して国産化を奨励し、生産が増加した和人参（お種人参）の販売促進のため1763年（宝暦13）江戸に人参座を設置し、明和・安永頃には下売人が任命された。87年（天明7）座を廃止して人参製法所をおき直接販売した。京都・大坂でもこの時期に人参売弘会所が設置された。

にんそくよせば [人足寄場] 寛政の改革で松平定信が主導して江戸石川島に設置した無宿の収容施設。1790年（寛政2）の設立時には具体的立案にあたった火付盗賊改の長谷川平蔵が管轄し、加役方人足寄場といった。92年に町奉行がおかれ、その支配下となった。無罪無宿のうち引受人がなく村返しできない者を収容し、多様な手業に従事させた。引受人がでてきたり、手業を身につけ溜銭（労働による貯蓄）が一定額に達し定着可能と判断された場合に出所させる仕法であった。教化のため心学の道話も行った。収容者は無罪無宿というが、実際は入墨・敲などの仕置ずみの者が大半で、収容者数は文政期頃までの百数十人から、天保期には500〜600人へと激増した。これは1820年（文政3）からはじまった追放刑者の収容のためより、天保期の無宿野非人の激増と全無宿を召し捕るという方針の結果で、幕府の無宿対策＝人返し政策を補完するものであった。

にんどうからくさもん [忍冬唐草文] ⇨唐草文

にんとくてんのう [仁徳天皇] 記紀系譜上の第16代天皇。5世紀前半頃の在位という。大鷦鷯天皇と称する。応神天皇の皇子。母は皇后仲姫。応神は、仁徳の異母弟菟道稚郎子皇子を皇太子としたが、応神の死後、太子は仁徳に皇位を譲ろうとした。仁徳が固辞したため天皇空位となったところ、異母兄の大山守皇子が皇位を狙い兵をあげた。これを鎮圧した後も仁徳は固辞したため、太子はみずから命を断って即位を促したという。難

波に高津宮(現,大阪市中央区法円坂町)を営み,葛城襲津彦の女磐之媛命を皇后として,履中・反正・允恭の3天皇をもうけた。人民の苦しみをみて3年の間課役徴収を停止するなど,仁政の王として賞賛されるが,応神の事績と重なることが多く,実在を疑う意見もある。葬られた百舌鳥耳原中陵は大阪府堺市大仙町の大山古墳にあてられているが,時期的にあわないとする見解がある。「宋書」倭国伝の倭王讃または珍に比定する説もある。

にんとくりょうこふん【仁徳陵古墳】 ⇨大山古墳

にんなじ【仁和寺】 京都市右京区にある真言宗御室派の総本山。御室・仁和寺門跡ともいう。大内山と号す。光孝天皇の御願寺として造営され,888年(仁和4)に金堂が完成,仁和寺と命名された。899年(昌泰2)宇多上皇は益信を戒師として出家をとげ,この寺に御室を設けて住んだ。御室は代々法親王によって継承され,高い格式を誇る門跡寺院へと発展。広大な寺域と多数の子院をもち大いに繁栄した。応仁・文明の乱の兵火で焼失したが,江戸初期に復興。皇居の建物を移建して金堂・御影堂とした。金堂は国宝。多くの仏像・典籍・文書を蔵し,阿弥陀三尊像・「孔雀明王像」・宝相華蒔絵宝珠箱・「三十帖冊子」「医心方」などはいずれも国宝。

にんのうぎょう【仁王経】 「仁王般若波羅蜜経」(姚秦の鳩摩羅什訳)・「仁王護国般若波羅蜜多経」(唐の不空訳)の略。法の滅び尽きるとき水火・賊盗・疾病・戦争などの災厄がおきるが,これを免れ国家を安穏にするためには般若波羅蜜を受持し講説しなければならないと説く。「法華経」や「金光明最勝王経」とともに護国の三部経の一つとされ,勅会である仁王会や仁王経法の典拠となった。

にんべつあらため【人別改】 戦国期〜江戸時代,領主が領民の把握と夫役徴発のために行った戸口調査。これにもとづいて人別(改)帳が作成された。戦国期,領国大名が成立する際に,各大名は領民の戸口調査を実施した。全国制覇をとげた豊臣秀吉も,1592年(文禄元)関白秀次の名で全国の大名に家数・人数の一斉調査を命じた。兵農分離の確立した江戸時代には,領内統治の必要からより進展し,幕府代官所や諸藩は村・町ごとに家数・人数・性別・年齢などを調査した。1671年(寛文11)以降は幕府の命により人別改と宗門改が結びつき,原則として毎年,全国的に実施されるようになる。これをもとに1726年(享保11)から全国的な人口調査も子・午年の6年ごとに行われた。

ニンポーのらん【寧波の乱】 寧波争貢事件とも。1523年(大永3)中国の明の寧波での日本人同士の争乱。室町中期以降,遣明船の主導権をめぐり,堺の商人と結ぶ細川氏と,博多・門司の商人と結ぶ大内氏が対立。大内義興の正使謙道宗設らは,前回の入明時に受領した正徳の新勘合を所持して,23年寧波に到着。一方,細川高国の正使鸞岡瑞佐と明人宋素卿は弘治の旧勘合を所持し,数日おくれて入明。宋素卿は不利を挽回するため,市舶司の官吏に賄賂を贈り,大内船より上位の待遇をえた。憤激した宗設らは市舶司の東庫から武器をもちだし,瑞佐を殺害。宋素卿を追い,寧波の沿道で放火狼藉を行った。宋素卿は乱後,明で獄死。事件後は,大内氏が遣明船の派遣を独占した。

にんみょうてんのう【仁明天皇】 810〜850.3.21 在位833.2.28〜850.3.21 深草帝とも。嵯峨天皇の第1皇子。名は正良。母は橘嘉智子。823年(弘仁14)淳和天皇の皇太子に立ち,833年(天長10)譲位をうけて践祚した。皇太子にははじめ恒貞親王(淳和天皇の皇子)を立てたが,842年(承和9)これを廃し(承和の変),長子(文徳天皇)の立太子を実現した。出家して2日後,在位のまま死去。

にんりょう【任料】 年官や成功によって官職に補任された者が,その代価として支払った財物。年官の場合は給主(推挙者)に贈られ,成功の場合は行事所・官司・寺社に納められた。年爵や栄爵での叙料に対応する。額は官職や時代によって大きな差があったが,年官では1023年(治安3)の大隅掾任料が絹30疋,成功では946年(天慶9)の左右馬属任料の銭400貫などが早い例。中世になると,荘官職をはじめとする所職や諸藩の役職への補任に際し,荘園領主などの任命権者に謝礼として任料が支払われた。

ぬ

ぬかたのおおきみ [額田王] 生没年不詳。7世紀後半の万葉歌人。鏡王の女。藤原鎌足の妻となった鏡姫王の妹とする説もあるが、系譜関係などは明らかでない。天武天皇との間に大友皇子の妃となる十市皇女を生んだ。「万葉集」に多くの歌を残す。伊予の熟田津での船出を待つ歌は、斉明天皇が百済救援軍を率いて筑紫に船出する情景を詠んだものとされる。また近江遷都後の668年(天智7)に蒲生野(現、滋賀県安土町一帯)で狩が行われた際、大海人皇子との間に交した贈答歌が広く知られている。同じ頃天智天皇を憂う歌もあり、王の存在が天智と大海人の不和をうみ、ひいては壬申の乱の原因になったとする説もあるが、疑わしい。

ぬけに [抜荷] 江戸時代、幕府の貿易規制下の密航貿易や藩専売制下の密売買など、正規の手続きによらない私的な取引およびその品物をいう。幕府の対外貿易における諸統制、すなわち輸出入禁制品、来航船の取引数や取引方法などの制限に対して、彼我商人の貿易欲求が抜荷を行わせた。1685年(貞享2)唐船の定高(年間取引額)を制限し、残り荷の積み戻しを命じて以降、密貿易が長崎とその近海で頻発した。そのため幕府は防止策として、89年(元禄2)唐人の市中雑居を禁じ唐人屋敷に収容して監視を厳重にし、また九州・中国・四国筋の諸大名に命じて海上での取締りを強化したが、幕末に至るまで後を絶たなかった。

ぬけまいり [抜参] 伊勢参りの形態の一つ。もとは一般の私幣が禁じられて参宮を許されなかった庶民がひそかに お参りすること。近世には経済的事情などで行動や旅行の自由を制限されていた人々が、その主人や村役人・親などの許しをえないまま、白衣を着て伊勢参りにでかけることをいった。「ぬけ」とは封建的な身分支配関係からの逸脱をも意味し、初期には抜参りは禁止・処罰の対象であった。しかし伊勢信仰が盛んになると、小僧の参宮を妨げた主人が神罰をうけたといった類の話が広く伝えられるようになり、抜参りをする者に対しても歓迎をして祝う習俗がみられた。抜参りは、お蔭参り同様に乞食参りで参宮することが多く、彼らには沿道の人々や富商から金品の施行が行われた。

ぬし [塗師] 下地・中塗・上塗など漆塗りの工程にたずさわる職人。漆の技術は高度な専門性が要求されるため、その利用が始まった初期の段階から漆塗りを専業とする人々がいたと考えられる。しかし、その存在が史料で確認できるのは、大宝令で漆部司が設けられ、太政官符などに「漆塗工」の記載がみられる奈良時代である。漆器の需要が広がった中世以降、分業化はさらに進み、仏具・調度・刀装・飲食器など、それぞれの分野に専門の塗師が登場した。

ぬたのしょう [沼田荘] 安芸国沼田郡にあった荘園。荘域は広島県三原市・本郷町付近。沼田氏によって開発されたとみられ、平安末期に蓮華王院に寄進された。沼田氏は平家とともに滅亡し、土肥実平が地頭に任じられ、その子孫の小早川氏が地頭職を継いだ。田数は鎌倉中期で460町。同氏は高山城を本拠とし、荘内諸郷に庶子家を一分地頭として配して繁栄。荘内には沼田の市があった。

ぬたりのさく [渟足柵] 越国におかれた古代の城柵。蝦夷支配のためにおかれた史料上最古の城柵で、647年(大化3)造営され柵戸がおかれた。658年(斉明4)の阿倍比羅夫の北征の折、渟足柵造大伴稲積が叙位されたのち史料にはみえなくなるが、八幡林遺跡(新潟県和島村)出土の木簡に「沼垂城」と墨書があり、8世紀まで存続したことが確認された。新潟市に比定地があるが、位置・遺構は不詳。

ぬひ [奴婢] 古代の隷属者身分の一種。奴は男性、婢は女性。「魏志倭人伝」によると3世紀にはすでに奴婢が存在し、犯罪者の妻子が奴婢とされていたらしい。の「隋書倭国伝」には盗人で賠償のできない者が奴とされたとみえる。律令制下では賤民身分とされ、官奴婢と私奴婢に大別された。律令法上では牛馬資財と同様に売買・相続の対象とされ、口分田も良民の3分の1、同身分間の婚姻を強制されるなど、さまざまな法的差別をうけた。官奴婢は8世紀半ば頃から順次解放され、私奴婢も8世紀後半から良賤通婚の盛行などを通じしだいに形骸化し、遅くとも10世紀初頭には消滅したと考えられる。鎌倉時代の幕府法にも奴婢の規定があるが、その実体は中世的な隷属者身分である下人・所従をさす。

ぬまづへいがっこう [沼津兵学校] 江戸幕府瓦解後、静岡に移封された徳川氏が1868年(明治元)12月に旧徳川家兵学校として設置。70年改称。洋学者や旧幕府が西洋から輸入した図書・機器類の多くはここに移され、西周を教授方取り、塚本明毅・赤松則良・田辺太一らを教授とした。廃藩置県にともない兵部省の所管となり、71年12月陸軍沼津出張兵学寮と改称。翌年5月陸軍兵学寮に吸収されて廃止。

ネアンデルタールじん［ネアンデルタール人］ 狭義には，ドイツのデュッセルドルフに近いネアンデル谷の洞窟で1856年に発見された旧人の化石をさす。発見当時はダーウィンの進化論の発表以前であったため，更新世人類としてなかなか認められなかった。しかしその後ヨーロッパや西アジアの各地で同類の化石人類が多数発見されるようになり，現在ではこの地域の旧人の総称としても用いる。

ねぎ［禰宜］ 神主の下，祝の上に位置する神職。神職全体の総称として用いることもある。伊勢神宮では宮司の下で神事を勤め，内宮は荒木田氏，外宮は度会氏を補任した。中世には神宮領の支配機構の一部として禰宜庁を構成，東国での御厨の支配を考えるうえで重要な存在である。正禰宜と権禰宜にわけられ，家格の固定化の傾向があった。正禰宜の定員はしだいに増え，14世紀には10人とされた。

ねごろ・さいかのいっき［根来・雑賀の一揆］ ⇨紀州攻め

ねごろじ［根来寺］ 和歌山県岩出町にある新義真言宗総本山。一乗山大伝法院と号す。1130年（大治5）覚鑁が高野山に大伝法院・密厳院を創建し，みずから大伝法院座主となったのに始まる。以後，金剛峰寺方との対立が表面化し，1288年（正応元）頼瑜のとき根来に移転して新義真言宗を分立。最盛期には坊舎2700余，寺領数十万石，僧兵多数を擁する畿内の一大軍事勢力でもあった。1585年（天正13）豊臣秀吉に攻められて焼亡，慶長年間（1596〜1615）浅野氏により再興。寺領260石。1515年（永正12）高野山の大塔を模して造られた多宝塔（国宝）は現存するものでは最大。現在は智山派・豊山派から独立した単立の寺院。

ねごろしゅう［根来衆］ 紀伊国の根来寺（大伝法院）の僧兵своего集団。大伝法院は1288年（正応元）金剛峰寺から分離したが，金剛峰寺との抗争をくり返すなかで武装化を進め，戦国期には紀伊北部・和泉南部の地侍層や土豪層との関係を深め，鉄砲を導入して強力な組織を形成した。1585年（天正13）雑賀衆とともに豊臣秀吉に抗して壊滅状態になったが，その後各地の大名に仕えた者は根来組とよばれた。

ねずがせき［念珠関］ 念誦の関・念種関とも。出羽国に設けられた関。勿来関・白河関とともに奥州三関の一つ。11世紀の成立とされる歌学書「能因歌枕」が初見で，「吾妻鏡」「保元物語」「義経記」などにも登場。関跡は現在の山形県温海町鼠ケ関に比定される。1968年（昭和43）の発掘により，11世紀の千鳥走行型柵列跡・土器製塩遺構・製鉄遺構などが発見され，関跡と推定された。

ねずみのそうし［鼠の草子］ 室町物語の異類物。1巻または5巻。作者不詳。室町後期には成立。四条堀河に住む古鼠の権頭ごんのかみは，清水観音に願をかけ，その甲斐あって，五条油小路の柳屋三郎右衛門の女を妻とする。京中の芸人が集まり，婚礼の宴がもよおされる。あるとき，以前から夫のようすに不審を抱いていた妻が障子の隙間をのぞいてみると，夫以下すべて鼠であった。妻は逃げだし，都人と結婚して笛吹の猫の坊を飼う。失意の権頭は出家してねん阿弥と名のり，高野山へ上る。「猿の草子」と同様，婚礼などの盛儀に焦点をあてた祝儀性あふれる物語。「古奈良絵本集」「室町時代物語大成」所収。

ねつざんりゅうじきほう［熱残留磁気法］ 住居跡の炉や窯跡の焼土が帯びている地磁気の偏角や伏角を測定し，遺構の年代を決定する方法。地磁気の方位はある程度の規則性をもって変動していること，いったん加熱された炉跡や窯跡の焼土はその時点での地磁気の方位を残留していることなどの性質を利用した方法。古代以後の測定に有用で，とくに窯跡の年代決定に使用される。

ねつルミネッセンスほう［熱ルミネッセンス法］ 土器を熱したとき，赤熱する以前の低い温度で，胎土中の鉱物が蛍光を発する。この蛍光の強さは古い土器ほど強いという原理を利用して，土器が製作された年代を測定する方法。放射性炭素年代測定法は土器以外の遺物によって行われ，編年の基礎になる土器そのものの年代を直接決定するわけではない。その意味でこの方法に期待されるところは大きい。

ねんかん［年官］ 年給のうち下級官職の推挙枠。9世紀半ばから発達し寛平年間に整備された。親王給・公卿給・女御給・尚侍給では諸国二分（目）と一分（史生）が与えられ，内給には諸国三分（介），院宮給には内官・諸国三分が加わる。被推挙者が任官すると給主（推挙者）に任料を納める慣例で，この任料収取が年官制の重要な目的であった。やがて官職の価値の下落とともに任官希望者が減り，二合・臨時給・内官振替・合爵などの方策がとられたが，鎌倉時代までに形骸化した。

ねんきうり［年季売］ 年紀売・年期売とも。中世，一定の契約期間の終了後に対象物件を売主に返却することを特約した売買。とくに東国や九州では一般的な売買形態である。その期間は数年から数十年と多様だが，代価は契約期間内

にその物件から得られる収入にみあった額となる。こうした売買形態の背景には、強固な本主権、すなわち開発者の土地に対する強い権利があったことが考えられる。

ねんきほう [年紀法] 年序法とも。一定の年数の経過が権利関係に一定の効果をもたらす、近代法の時効に似た中世武家法の法理。基準となる年数を年紀または年序という。代表的なものは、所領や所職 <small>しき</small> の不知行が20年にわたって知行回復の請求権が否定される知行年紀の制。年紀法は、ほぼ1世代の時間経過によって、以前の古い由緒の効力を否定する制で、本来は武家法の法理と考えられ、寺社・本所には適用されなかった。しかし過去の裁定の効力を保護する不易法との関係から、しだいに公家法にもとりいれられるようになった。中世後期には、所領所職・知行の由緒がおもに文書によって表現されたため、本来の年紀のほか、不知行の不動産物権文書の有効期間をも意味するようになった。

ねんきぼうこう [年季奉公] 年切 <small>ねんぎり</small> とも。一定の年限をきめて行う奉公。江戸時代の一般的な奉公形態で、年季も長年季からしだいに短年季へ移行する。長年季の奉公は未成年層中心で、家事や雑用に使役されたり、商家や職人のもとで技術の習得や商売の見習いを目的とする場合が多い。これに対し1年季などの短年季の奉公は、給金の取得自体を目的とする成人労働の性格が強く、武家奉公人や農家の奉公人などに多くみられた。

ねんきゅう [年給] 皇族・貴族らに認められた位階・官職の推挙枠。年料給分の略称。叙爵の推挙が年爵、下級官職への推挙が年官で、給主(推挙者)によって内給・院宮 <small>いんぐう</small> 給・親王給・公卿給・女御 <small>にょうご</small> 給などとよびわける。給主が叙爵・任料という収益をえることを目的とした、反律令制的な売位・売官制度と評価するのが一般的。9世紀中期から発達し、寛平年間に体系的に整序され、10世紀後期以降さまざまな策を補いながら、形式的には江戸時代まで存続した。

ねんぎょうじ [年行事] 年行司とも。中世〜近世の水平的共同体・共同組織において1年交代で勤める総代・代表者。早く仏教の教団では、組織運営にあたる月当番の月行 <small>がつぎょう</small> 事とともに、年当番を年行事とよぶ慣例があった。中世から村や町でも同様な組織運営がみられ、近世ではさらに多様な仲間や組合にもおかれた。

ねんぐ [年貢] 前近代社会において、領主が経済外的強制を背景にして土地に賦課し、農民から年々にわたって収奪した貢租。慣用的に使われ、必ずしも明確な歴史概念として使われていない。農民の負担という観点からは、起源は律令体制下の租・庸・調・雑徭の収取体系に求められる。荘園制下では農民負担は年貢・公事 <small>く</small>・夫役 <small>ぶやく</small> に大別されるが、その後、戦国大名が領国の一円支配を実現させ、荘園制を否定する検地を領内に施行し、土地を貨幣で評価する貫高制を樹立した。封建的土地所有を名実ともに完成させたのが太閤検地で、田畑屋敷地を米の生産量である石高で評価する石高制を創出した。これが江戸幕府に継承され、新たな近世の農民収奪体系が確立された。近世の貢租は年貢と諸役に大別される。年貢は検地帳に名請けされた田畑屋敷地に賦課された基本的な農民負担であり、諸役は小物成・高掛物・国役・夫役などである。

ねんぐはんげんれい [年貢半減令] 戊辰 <small>ぼしん</small> 戦争初期、新政府が年貢半減を布告した法令。1868年(明治元)1月12日赤報隊を組織した相楽総三 <small>さがらそうぞう</small> らは新政府に年貢の半減を建白、新政府は赤報隊をはじめ山陽・北陸のほか広範囲に旧幕府領の当年分と前年末納分に対して半減令を布告した。まもなく新政府は半減の不可能なことを悟って取り消したが、赤報隊は半減令実施を主張して東山道を進軍、民衆を集めたため、東山道総督府は赤報隊を偽官軍として相楽を捕らえ、3月3日処刑した。

ねんごう [年号] ⇨元号 <small>げんごう</small>

ねんしゃく [年爵] 年給のうち位階の推挙枠。『公卿補任』882年(元慶6)の藤原基経の条が初見。院宮 <small>いんぐう</small>(および准三后 <small>じゅさんごう</small>)に毎年叙爵1人を与えるのが本来の制であったが、のち女叙爵が加わり、さらに年爵による加階も盛んになった。給主(年給による加階のため叙料をえた。年爵は年官に比べて、総枠が狭く運用が単純で希望者も多かったため、後代まで長く続いた。院政期になると臨時内給が増加するが、実質的には成功 <small>じょうごう</small> と区別しにくいものとなった。

ねんじゅうぎょうじ [年中行事]「ねんちゅうぎょうじ」とも。毎年一定の時期に、特定の集団によって定まった様式でくり返し行われる儀式・行事。家・集落・村・地方・社会・国・民族のそれぞれでしきたりとして共通に行われ、一種の拘束性をもつ。日常の生活を区切って特別なことを慣習的に行う日で、日常的なものを意味するケ(褻)に対して、ふだんと異なるものの意のハレ(晴れ)にあたる。ハレの日に節供・節日の文字をあてるのは暦法伝来以後の7〜8世紀からで、五節供など「節」のつく公家社会の恒例行事の多くは中国伝来のものであった。節供にあたる在来の語はオリメ(折目)で、その日は月の満ち欠けによって選ばれ、農耕儀礼にもとづいた年中行事がとくに満月のモチ(望)の日に多く行われた。在来のものと外来のものと

ねんじゅうぎょうじえまき [年中行事絵巻]
宮廷や公家の行事、四季の遊楽を記録した絵巻。平安後期につくられた原本は散逸・焼失したが、土佐広通(住吉如慶)らの模写した白描模本16巻と諸系統の模本が田中家などに伝わり、原本の約3分の1の図様が知られる。原本の制作には常磐光長をはじめ多くの宮廷絵師が参加したという。「古今著聞集」には、後白河上皇が年中行事絵を作らせ蓮華王院の宝蔵に納めたことが記され、原本はこれにあたると推定される。

ねんだいそくていほう [年代測定法]
ある現象がおこった年代や地層の形成年代を測定するさまざまな方法の総称。これらの測定法は境界が明確ではないものの、一般に複数の現象の時間序列にもとづく相対年代測定法と、年代を数値化して示す絶対年代測定法とにわけられる。前者には土器の形式による方法、火山灰層位法などがあり、後者には放射性炭素年代測定法・年輪年代法・氷縞法など粘土法などがある。

ねんどかく [粘土槨]
古墳の墳丘上に長方形の土壙を掘り、棺床として粘土や木炭を敷き、割竹形木棺や組合せ式木棺をおいて、全体を粘土でおおって保護した埋葬施設。粘土槨床のなかで被覆粘土を伴わない場合も含まれる。階層の違いにより堅穴式石室のかわりに営まれたもので、古墳前・中期に盛んに造られ、地域によっては後期までみられる。

ねんぶつ [念仏]
仏を憶念することで仏道修行者が修すべき行法の一つ。念仏の仏を仏身とすれば観念・観仏となり、仏名とすれば称念となる。ゆえに念仏の対象となる仏身と念仏の仕方により歴史的には別々に展開するが、日本では浄土教の発展にともない阿弥陀仏を観念するか称念するかが問題になり、源信の「往生要集」では口称とともに観念を重んじ、やがて法然の浄土宗の立宗以降は「南無阿弥陀仏」の六字の名号を口称することが主流になった。

ねんぶつおうじょう [念仏往生]
阿弥陀仏を念ずることにより極楽浄土に往生すること。諸行と諸仏国土往生に対する。源信の「往生要集」では「往生の業は念仏を本とす」といい、口称とともに観念を重視したが、法然の「選択本願念仏集」では「唯称名念仏の一行を以て其本願とす」とされ、口称念仏のみによる往生が強調された。

ねんぶつおどり [念仏踊]
念仏や和讃を唱えつつ鉦・太鼓をたたいて踊躍すること。平安中期に空也が京都市中を躍り歩いた踊念仏が本来の姿で、時宗の一遍がこれを継承して広めた。田楽や白拍子舞との習合をへてすでに平安末期には風流化が進み、大衆娯楽としての基盤がうまれたという。先祖祭祀にともなう六斎念仏・盆踊、農耕儀礼と密接な関係をもつ豊年踊・雨乞踊・カンコ踊、遊行聖の勧進聖が行った放下踊・願人坊踊などがあり、さまざまな芸能と混合して近世以降の多様な民俗芸能の母体となる。

ねんぶつこう [念仏講]
念仏を行う信者の集会。時代や講を構成する主体により目的や実態が違う。10世紀末に始まる比叡山横川の首楞厳院二十五三昧会に起源をもつとされる。阿弥陀の念仏による往生や結衆の葬送に関するきまりをもち、これら根本結衆のほか外縁に結縁衆を含んでいた。やがて民間にも普及し、葬儀や祭祀にかかわる講として展開し、講員同士の相互扶助の性格もあわせもつようになった。

ねんぶんどしゃ [年分度者]
年料度者・年分学生・年分とも。年ごとの定額枠が定められた得度者。696年(持統10)の10人が初見。選考基準は734年(天平6)に法華経か最勝王経の諷誦、礼仏、浄行3年以上と定め、798年(延暦17)教学試験を加える。803年には法相・三論各宗5人という宗ごとの定額枠(宗分)となり、806年(大同元)には最澄の上表で南都六宗と天台宗について計12人、ついで835年(承和2)真言宗分を加えて全8宗がそろった。一方、824年(天長元)の高雄山寺の1人を初例として、海印寺・嘉祥寺など寺ごとの枠(寺分)を設置し、総定数は増加の一途をたどった。10世紀後半以降、得度者自体が国家管理から離れていくにつれ無実化した。

ねんよ [年預]
平安時代以降、多くの官司や院庁、寺院におかれた職名。官司では、長官により判官・主典から任じられた年預が、物料の賦課・徴収、文書の作成・保管、官司領の管理など実務全般の責任者となり、四等官制にかわり長官一年預による官司運営が一般化した。院庁・女院庁では年預別当・年預主典代が執事別当のもとで庶務を処理し、高野山・東大寺・東寺などの寺院年預は大衆集会開催、その記録・保管・執行、寺院内統制と外部折衝を任とした。

ねんりょうしょうまい [年料春米]
古代において、畿内をのぞく近国や沿海諸国から毎年一定量の春米を京進させる制度。田令には租の一部を春いて(脱穀・粃摺・精白)送る規定があるが、天平期の正税帳や平城宮跡・長岡京跡出土の春米貢進木簡の実例では、正税穎稲をあてるという。京進された春米は、主として大炊寮に収められ、諸司の常食に供された。延喜民部式では、伊勢国以下土佐国に及ぶ

ねんりんねんだいほう [年輪年代法] Tree ring dating または Dendrochronology の訳。樹木の年輪は1年に1本生ずるが、気候の変化に応じて成長の度合いが異なる。アメリカでは早くから、遺跡で発見される木材にこの原理が適用され、原住民文化の考古学研究に応用された。日本でも最近盛んに応用され、基準資料は弥生時代ぐらいまでさかのぼって作られている。

の

のう [能] 能楽とも。鎌倉末期頃にうまれ現在も演じられている劇形態の芸能。平安時代以来の即興的な滑稽芸である猿楽を母体にうまれた。江戸時代までは能を猿楽ともよんでいた。成立の過程は不明だが、猿楽本来の性格は狂言に継承されている。能は畿内の座を中心に演じられていたが、大和猿楽観世座の世阿弥が足利将軍の愛顧をうけてから、大和猿楽とくに観世座が能界の主動的存在となる。室町末期には丹波や近江の猿楽座は大和猿楽四座に吸収されて消滅し、江戸時代には大和四座(のち喜多流が加わり5座)が幕府お抱えとなる。上方をはじめ全国に幕府お抱えではない役者も数多くいて、庶民が能に接する機会はかなり多かった。能が新作されていたのは室町後期頃までで、およそ500番ほどが作られた。能の作者は役者自身で、能柄も多様だが、夢幻能という形式で佳作を多く作った世阿弥の業績が傑出している。

のうあみ [能阿弥] 1397～1471 足利義教・同義政に仕えた同朋衆。芸阿弥の父。相阿弥の祖父。真能とも称す。号は秀峰。将軍家所蔵の唐物の管理や座敷飾などを担当し、収蔵された中国絵画の目録「御物御画目録」をのこす。連歌師としても北野会所奉行となり、宗祇ら七賢の1人に数えられ、作品が「竹林抄」「新撰菟玖波集」に収録される。香の上手であり、画を描き、絵画の表装を行うなど、多彩な活動が知られる。牧谿の影響を強くうけ、1469年(文明元)73歳の作品「花鳥図屛風」が代表作。

のうかい [農会] 町村・郡・府県・全国の各段階をもつ系統的な農業団体。1894年(明治27)大日本農会は全国農事大会を開催し、系統農会の全国的・地方的結成を決議した。その結果、府県ごとの農会準則による農会が組織され始めた。99年の農会法・農会令は全国組織、会員強制加入、会費強制徴収権を認めず、かわりに国庫補助金年15万円以内の支出を規定した。1910年帝国農会の法制化が実現し、23年(大正12)新農会法が施行され、会費の強制徴収権が認められた。43年(昭和18)農会は産業組合とともに農業会に統合された。土地改良、生産技術の普及、青果物の販売斡旋、地主小作の協調などに努めた。

のうぎょうかい [農業会] 1943年(昭和18)9月11日施行の農業団体法により、農会・産業組合

などを統合して設立された農業団体。中央に中央農業会・全国農業経済会、地方に道府県農業会と市町村農業会が設立され、3段階の系統組織をとる。全国組織は45年7月に戦時農業団として統合され、第2次大戦後の同年9月に全国農業会と改称。47年12月15日施行の農業協同組合法の制定に伴う農業団体の整理等に関する法律により、48年8月15日までに事業を停止した。

のうぎょうきほんほう [農業基本法] 1961年(昭和36)に制定された、農業と他の産業の生産性や所得の格差の是正を目的として、農業の近代化・合理化をめざした農政の基本法。農業生産の選択的拡大や合理化、農業構造改善事業への着手、農産物価格の安定、農産物流通の合理化、農業資材の生産流通の合理化、近代的農業経営者の養成、福祉の向上などの8項目からなる。基本法農政のもとで、60〜67年に農業生産は約30%上昇し、1人当りの農業生産は年率7%の伸びを示したが、重工業を軸とする高度経済成長により、若年労働力の流出による兼業化と老齢化が進み、米の生産過剰と土地利用率の低下のなかで、基本法農政は破綻した。

のうぎょうきょうこう [農業恐慌] 一般恐慌にともなって生じるが、農業部門においてより深刻かつ長期に及ぶ恐慌。その理由としては、増産によって所得減少を補おうとする小農経営の対応、農業機器・化学肥料の供給での独占形成、発展途上地域開発にともなう安価な農産物輸入などが指摘される。昭和恐慌においては、アメリカ恐慌による株価暴落による養蚕業の不振、植民地米流入の本格化にともなう米価引下げ圧力の強化などにより、農業恐慌は深刻かつ長期に及んだ。

のうぎょうきょうどうくみあい [農業協同組合] 1947年(昭和22)12月15日施行の農業協同組合法により設立された協同組合。略称農協。第2次大戦前の産業組合、戦時の農業会の後身。販売・購買・信用・共済・指導などの事業を総合的に営む総合農協と、養蚕・畜産・酪農・養鶏・園芸の作目別の販売・購買・指導などを行う専門農協とがあり、一般に市町村・都道府県・全国の系統3段階制組織をとる。農協の活動期は、50年代後半までの再建整備期(51年の農林漁業協同組合再建整備法など)、60年代から70年代前半にかけての高度経済成長下の拡大期(61年の農協合併助成法)、70年代後半以降の経済低成長下の転換期(82年の系統農協経営刷新強化方策)の3期にわけられる。

のうぎょうぜんしょ [農業全書] 農学的体系性をもつ近世農書。11巻。宮崎安貞著。1697年(元禄10)刊。構成は、農事総論、五穀之類、菜之類、山野菜之類、三草之類、四木之類、菓木之類、諸木之類、生類養法、薬種類の10巻と、貝原楽軒(益軒の兄)が国政・藩政と農事のあり方を論じた農政論の付録1巻からなる。宮崎安貞は中国の「農政全書」を手本とし、諸国を巡歴して農業事情を見聞、筑前国周船寺でみずから農業に従事し、農業技術の改善と普及に尽力した。この成果を納めたもので、享保・天明・文化・安政・慶応・明治年間に再版され、全国各地に数多くの読者を獲得し、以後の農書や農政の展開に大きな影響を与えた。「日本思想大系」所収。

のうぐべんりろん [農具便利論] 近世後期の農学者大蔵永常の農具を論じた著作。上中下3巻。1822年(文政5)刊。上巻では農具と作物、地質にあわせて農具を選択する必要性や各地の鍬・鋤など、中巻では播種や管理用の農具など、下巻では灌漑器具・揚水機・船などを図解している。異版も多く、文政版・天保版・明治本が確認される。「日本農書全集」所収。

のうこうぎれい [農耕儀礼] 農業の生産工程の折目ごとに生産の無事・豊穣を祈願し、収穫を感謝するための祭祀儀礼。日本では稲作と畑作の場合があるが、主要な儀礼は稲作に関連する。「魏志倭人伝」の裴松之の注に「其の俗正歳四時を知らず、但し春耕秋収を記して、年紀となす」とあり、3世紀頃には、春に耕作して、秋に収穫する現実の農耕作業によって年数が計られ、それにもとづいて農耕儀礼がなり立っていたと考えられる。7世紀初めに百済経由で中国の暦法が伝来すると、農耕儀礼の折目の日は暦上の節日・節供の影響をうける。暦の採用以後、たとえば朔旦正月が重視されるのに対し、1月15日の小正月に多くの農耕儀礼が行われるのは、この日が現実の農耕作業上の1年の折目とする観念にもとづく。

のうこうぎんこう [農工銀行] 1896年(明治29)公布の農工銀行法にもとづいて設立された特殊銀行。98年1月設立の静岡農工銀行をはじめとして、1900年までに北海道を除く全国各府県に設立された。地方産業の興隆に資することを目的とし、おもに年賦償還方式による不動産抵当貸付、市町村その他公共団体への無担保年賦貸付、20人以上の農工業者への連帯責任による無担保貸付を行った。当初農工債券の発行による資金調達が進まず営業不振であったが、01年以降は日本勧業銀行の代理貸付制度で業績をのばした。しかし戦後恐慌で打撃をうけ、21年(大正10)9月以降勧農合併法により日本勧業銀行に合併された。

のうさんぎょそんけいざいこうせいうんどう [農山漁村経済更生運動] 1932年(昭和7)から実施された政府による農業恐慌対策。農村救済請願運動の高まりに対し、政府は9月に経

済生部を設置して経済更生運動に着手。隣保共助の精神の普及によって，村内の対立を緩和し，青年団・在郷軍人会・戸主会・消防団などの活躍が期待された。経済組織として産業組合への全戸加入をめざす産業組合拡充五カ年計画がスタート。産業組合の下部組織としての農事実行組合の設立も活発化し，農会の下部組織であった農家小組合にも法人格が与えられて産業組合への加入が可能となった。運動をになったのは「中堅人物」とよばれる村長・学校長・産業組合農会役員などであり，模範村的宣伝も行われた。

のうし [直衣] 尋常の衣の意で，日常用の表著をいう。直ただの衣。本来，天皇以下上級貴族の私服であるが，雑袍ざつほうの宣旨とよばれる勅許があれば参内服とすることもできた。束帯そくたいや衣冠の袍と同様にしたて，色は位色に制約されず使用できたため，位袍に対して雑袍とよばれた。しかし実際は，天皇や皇太子の色・位色・凶色などをのぞいたので使用できる色は限定された。夏は一重で紅と藍の2度染めの二藍ふたあい，冬は袷あわせで表が白，裏に二藍を用いるのが通例。袴には指貫さしぬきを用い，下着として衣を着用した。私邸では被り物に烏帽子えぼしを用いるが，参内の際にはかならず冠を着用する冠直衣である。天皇の着用にはかなり長めにしたて，指貫を用いず，衣と生袴きのはかまの上に直衣をつけ，裾広に前を広げて着用したので，御引直衣おひきのうしまたは御下直衣おさげのうしといった。

のうじしけんじょう [農事試験場] 農業技術の試験研究・調査・分析・鑑定・普及・指導・講習などを行う機関。1893年(明治26)4月，農商務省農務局は東京西ケ原の仮試験場農事部(91設置)を農事試験場本場とし，支場を全国6カ所においた。1923年(大正12)埼玉県鴻巣町に試験地が設けられ，米・麦その他の交配育種の全国的な組織化の中心になった。50年(昭和25)および61年の機構改革をへて，81年12月筑波農林研究団地に新設された農業研究センターに統合された。

のうしょ [農書] 一般に前近代社会において農業の技術的側面を中心に記述された農業技術書。日本では17世紀後半以降に成立した。近世農書は学者の農書と地域農書に大別できる。学者の農書ははじめから農業技術の改良や農業知識の普及を意図し，著者もしくは都市の出版業者が木版本として刊行・販売した文献で，広く民間に流布して多くの読者を獲得，その後の農政や農業技術の改善に深い影響を与えた。地域農書は学者の農書から一定の農学的・技術的影響をうけながらも，著者自身の農事体験をもとに，その地域の土着的・実践的な農業技術を記録したもので，著者が子孫繁栄のために残した家伝書という性格をもつ。

のうしょうむしょう [農商務省] 明治・大正期の農林・商工行政の中央官庁。1881年(明治14)4月7日設置。初代農商務卿は河野敏鎌こうのとしかが。85年内閣制度が創設され，谷干城たにたてきが初代農商相に就任。大臣官房のほか総務・農務・商務・工務・水産・山林・地質・鉱山・専売特許・会計の10局編成。96年には製鉄所が省内におかれた。商務・工務の2局はしばしば商工局に合併したり分離したりした。1910年第2次桂内閣は農商相のもとに生産調査会を設置。23年(大正12)5月には省内に小作制度調査会が設置された。帝国農会などは1916年以来，毎年農商務省から農林行政担当の部局を分離し，農林省の新設を要求していたが，25年3月31日農林・商工両省の分離が決定された。

のうじれき [農事暦] 農業を営むために必要な事項を記載した暦。東アジアの太陰太陽暦は基本的には農事暦である。まず季節を知らせるための二十四節気や七十二候，八十八夜や二百十日などの雑節などを記し，稲作を中心とした耕土・播種・施肥・収穫などの農作業や気象上注意すべき時期を注記する。また豊作を祈るための祭，干害・風水害・虫害などの予防のための行事，収穫を感謝する祭などを記す。太陽暦では毎年季節が一定しているので，二十四節気などの要素は必要はなくなった。それにかわり，統計や農耕・家畜の飼育などについての科学的な記事が掲載されている。

のうせいぜんしょ [農政全書] 中国明代の農書。60巻。治国治民の農政を最大の主題とする。著者の徐光啓じょこうけいはイエズス会のマテオ・リッチらと交流した明代を代表する自然科学者で，中国歴代の古文献を多めひもといてそれ以前の中国農書を集大成しようとした。内容は農本・田制・農事・水利・農器・樹芸・蚕桑・蚕桑広類・種植・牧養・製造・荒政などに及ぶ。いち早く日本に移入され，宮崎安貞の「農業全書」の手本にされるなど，日本の農書に深い影響を与えた。

のうせいほんろん [農政本論] 農業政策・財政制度に関する書。3編9巻。佐藤信淵のぶひろ

著。1829年(文政12)の序がある。鹿児島藩の重臣猪飼氏に献呈。当時伝統的だった農本主義にたち、農業に関する事柄を包括的に説明し、農政の心得をのべた。信淵は本書を家学の大成の一つとする。救民・富国策などに独特の見解がみられるが、「田園類説」など当時の類書によったところが少なくない。「日本経済大典」所収。

のうせんかた[納銭方] 納銭方一衆とも。室町幕府が酒屋・土倉などに課税した諸商売役銭の徴収にあたった組織。有力な酒屋・土倉から構成された。幕府は14世紀末に洛中と近郊の酒屋・土倉の把握に乗り出し、山門(延暦寺)など権門の酒屋・土倉に対する支配を排するかわりに、将軍家の諸生活費にあてるための課税対象とした。その徴収の実務を担当したのが酒屋・土倉の有力者で、のちに納銭方と称された。彼らは各自支配下にもつ数十軒程度の酒屋・土倉から役銭を徴収、幕府に納銭した。延暦寺山徒の定泉坊・定光坊など公方御倉を勤める土倉から選ばれた者と、沢村・中村・野洲井ら俗人の酒屋から任じられた者で構成された。15世紀後半以降は、役銭の収納請負機関化する。

のうちいいんかい[農地委員会] 1938年(昭和13)の農地調整法によって市町村と都道府県に設置された組織。設立当初は自作農創設、地主小作問題に関する調整をおもな事業としたが、委員は首長が任命し、地主層が中心であった。第2次大戦後に市町村農地委員会の委員は、地主・自作・小作の別による公選制がとられ、農地改革の推進主体となった。上位機関は中央農地委員会・都道府県農地委員会であり、51年に農業調整委員会と統合され、農業委員会となった。

のうちかいかく[農地改革] 第2次大戦後のGHQによる民主化政策のなかで行われた改革。GHQは、戦前期の天皇制の社会基盤として財閥と封建的な地主制があるとして、地主制の解体をめざし、1945年(昭和20)12月に「農地改革に関する覚書」を政府に提出して立案をもとめた。第1次農地改革法はGHQに認められず、翌年10月成立の第2次農地改革法(農地調整法改正、自作農創設特別措置法)によって具体化した。内容は、(1)不在地主の全小作地と、在村地主の保有限度(都府県平均1町歩・北海道4町歩)をこえる小作地、および都府県3町歩・北海道12町歩をこえる自作地・所有小作地が政府買収の対象となること、(2)小作料の金納化とその制限、(3)市町村農地委員会への小作側構成員の増加などである。市町村農地委員会は47年に農地買取計画を樹立して、以後同年3月~50年7月に、16回にわたり全国の小作地の88%弱、194万町歩の買収・売渡しを行った。これにより従来の支配階級であった地主は、山林を除いて多くの耕地を失った。

のうちちょうせいほう[農地調整法] 1938年(昭和13)互譲相助の精神で農地諸関係の調整を行うことを目的に制定された最初の戦時農地立法。農地の管理や自作農創設の強化、経済更生運動上必要な農地の処分についての条項などで構成される。農地の賃貸借契約は登記がなくても第三者に対抗できるとする、小作農の賃借権を強化する条項もあったが、地主の自作化のための土地取上げに優先するものでなかった。第2次大戦後に農地改革の一環として46年に改正され、52年の農地法の施行にともなって廃止された。

のうどせい[農奴制] 封建社会の農民の存在形態に関する概念。農奴とは領主の隷属下にあった農民で、領主に対して封建地代を納付し、農奴制は封建制の経済構造の本質的な構成要素となっている。広義の農奴は領主の強い人身的隷属下にあり、労働地代を納める農奴とその転化形態である隷農をも含み、経済的に自立していることから奴隷とは異なり、また身分的に非自由民であるところが賃金労働者とは違う。9世紀ヨーロッパの古典荘園制における農民の存在形態から抽出された概念だが、マルクスらによって封建的生産様式の下部構造をなす普遍的概念となった。日本では11世紀の武士団の形成過程が同時に農奴制の形成過程ととらえられてきたが、安良城盛昭はこれを批判し、太閤検地によって農奴たる単婚小家族農民が成立するとし、それ以前は家父長制的奴隷制が支配的な社会だとした。これは学界に多大な影響を与え、論争を引きおこすとともに多彩な時代区分論が登場した。おおむね中世史家は安良城説を否定し、近世史家は安良城説を承認したが、農奴制の成立を荘園制の成立に求める学説や、中世社会を国家的奴隷制とする論者もあって、いまだ確たる結論はない。

のうびじしん[濃尾地震] 1891年(明治24)10月28日午前6時38分頃、美濃・尾張両地方を中心におこった地震。震源地は岐阜県本巣郡根尾村付近。死者7273人、全壊・焼失家屋14万2000戸。内陸型としては日本最大級の地震で、マグニチュード約8.0と推定される。名古屋紡績の煉瓦造りの工場や長良川・木曾川の鉄橋などは壊滅的な被害をうけ、西欧流の建築・土木技術の弱点が暴露され、地震多発国日本における建築・土木技術の研究・開発が急がれた。また92年6月に文部省管下の震災予防調査会が設置される契機となった。

のうへい[農兵] 幕末~明治初年に組織された農民兵。弱体化した幕藩体制の軍事力の補始のため、武士を農村に土着させ事が起きたときに

農民を率いて戦わせようという武士土着論は、江戸前期の熊沢蕃山らによってしばしば説かれたが、実際の農兵組織は幕末期になって実現した。幕府は伊豆国韮山代官江川太郎左衛門英竜の1849年(嘉永2)の海防農兵建議は採用しなかったが、61年(文久元)の江川英敏による村方の治安維持に力点をおく農兵制建議をうけ、63年に農兵取立てにふみきった。この江川農兵をはじめ幕領の農民は、しだいに豪農層の治安維持の目的に使われ、66年(慶応2)の武州一揆などの鎮圧に威力を発揮した。農兵は諸藩でも藩の強力な指揮下で組織された。

のうほんしそう [農本思想] 立国の基礎を農業におくことを主張する思想。商品経済の発展にともなって封建社会が動揺しはじめた江戸中期以降、荻生徂徠・山片蟠桃・安藤昌益・二宮尊徳らが、領主的ないし農民的立場から農業・農民重視を唱えた。資本主義の発展にともなって農工格差が拡大しはじめると、前田正名や平田東助らの官僚は、国家の基盤としての自作農中堅・耕作地主層の動揺防止を主張し、横井時敬らの学者は、地主・小作関係安定のため小農保護を唱えた。昭和恐慌で農村の困窮が著しくなると、反都市・反中央集権・反資本主義を唱える橘孝三郎・権藤成卿らの超国家主義的農本思想が、一部の青年将校や農民をとらえ、国家「革新」運動がおこった。

のうめん [能面] 能楽に使用される仮面の総称。世阿弥が能楽を大成した室町初期には面の種類は限られていたが、能の普及と分化にともなって増え、桃山時代には約60種の面が知られ、現在では200種をこえる。系統や分類には定説がないが、大別すると、翁・尉・鬼神・怨霊・男・女の系統にわけられる。それぞれ型として洗練・完成された姿を示し、独特の形式美を創りだす。初期の作家として日光・弥勒・赤鶴など十作とも称された伝説的な名が知られる。桃山時代に入ってからは、越前出目家・大野出目家・近江井関家などの世襲作家が成立した。

のうりんしょう [農林省] 農林・畜産・水産業を主管する省庁。1925年(大正14)4月農商務省を廃止し農林省・商工省を新設。当初は大臣官房と農務・山林・水産・畜産の4局。27年(昭和2)蚕糸局、32年米穀部(34年米穀局、41年食糧管理局)・経済更生部(41年廃止)が加わり、昭和恐慌期の農業政策の積極化・多様化に応じた。36年新設の馬政局には陸軍も参加。戦時統制の本格化と事務調整のため、41年1月農商省の改組。官房、総務・農政・山林・水産・蚕糸・食品の6内局、食糧管理・馬政の2外局、臨時資材部の構成。43年11月商工省と統合し農商省となるが、45年8月再分離。49年農林省設置法による整理(官房・5内局・3外局)、72年新政策実施にともなう組織改革をへて、78年農林水産省と改称。

のうりんすいさんしょう [農林水産省] 1978年(昭和53)経済水域200カイリ問題を背景に、水産行政重視の立場から農林省を改称してできた官庁。食糧庁・水産庁・林野庁を外局とする。農林経済局が経済局と名称変更した以外は、農林省の組織をひきついでいる。2001年(平成13)の中央省庁改編で官房・4内局・3外局となる。

のがみやえこ [野上弥生子] 1885.5.6〜1985.3.30 大正・昭和期の小説家。本名ヤエ。大分県出身。明治女学校卒。夫の野上豊一郎を通じて夏目漱石を知り、漱石の推薦で処女作「縁」を「ホトトギス」に掲載、以後、精力的に作品を発表。3児の出産後は「母上様」ほか母親ものを、大正期には近代劇隆盛を背景に戯曲も執筆。プロレタリア文学運動にも強い関心を示し、長編小説「真知子」を書く。第2次大戦中も戦後も創作意欲は衰えず、「迷路」「秀吉と利休」「森」を執筆。1971年(昭和46)文化勲章受章。

のぎまれすけ [乃木希典] 1849.11.11〜1912.9.13 明治期の陸軍軍人。萩藩士の子。1865年(慶応元)報国隊に参加し幕府軍と戦う。69年(明治2)伏見御親兵営に入営、翌年脱藩騒動鎮圧のため帰藩。西南戦争では軍旗を失う。86〜88年川上操六とともにドイツ留学、帰国後軍紀確立を主張する報告書を提出。日清戦争では歩兵第1旅団長として旅順攻略。96年に台湾総督に就任。日露戦争では第3軍司令官として旅順攻撃を指揮、2子をはじめ多くの戦死者をだす。戦後学習院院長。明治天皇の大喪の日、妻静子とともに殉死。国民的英雄として多くの伝説をうみ、またその死は賛否両論をまきおこした。

のぐちしたがう [野口遵] 1873.7.26〜1944.1.15 明治〜昭和期の実業家。日窒コンツェルンの総帥。石川県出身。帝国大学電気工学科を卒業後、発電所建設・電気化学工業の事業に着手。1908年(明治41)に日本窒素肥料を創設、石灰窒素の生産を開始した。23年(大正12)には宮崎県延岡で合成ーのう安の製造を開始する一方、ビスコース法や銅アンモニア(ペンペル)法人絹を製造、多角化をはかる。電源を求めて朝鮮に進出、発電所と化学工業・冶金工業を興し、新興財閥の日窒コンツェルンをつくる。

のぐちひでよ [野口英世] 1876.11.9〜1928.5.21 明治・大正期の細菌学者。幼名清作。福島県猪苗代湖畔の小農家に生まれる。1897年(明治30)東京の済生学舎に入り、医術開業試験に

合格したのち、伝染病研究所助手補となった。1900年渡米、フレクスナーの助手になって蛇毒の研究に従事し、その業績によってカーネギー研究所から奨励金をうけた。その後、ロックフェラー医学研究所助手・准正員となり、11年梅毒病原体スピロヘータの純粋培養に成功。14年(大正3)同研究所正員となり、その翌年日本の帝国学士院から恩賜賞が授与された。19年エクアドルの黄熱病病原体発見を発表。28年(昭和3)黄熱病がアフリカに発生すると、その調査・研究に赴き同病に感染、ガーナのアクラで死去した。

のさかさんぞう[野坂参三] 1892.3.30～1993.11.14 昭和期の社会運動家・政治家。山口県出身。慶大在学中から労働運動に参加。1922年(大正11)日本共産党に入党。日中戦争中の40年ソ連から延安に入り、中国共産党とともに日本軍兵士の反戦運動を組織。戦後、共産党幹部、中央委員会議長を務めた。92年(平成4)戦前に同志をスパイ容疑でコミンテルンに告発したことが明るみに出て党を除名される。

のざらしきこう[野ざらし紀行]「甲子吟行」とも。芭蕉の初の俳諧紀行。1巻。諸本により異名がある。1685年(貞享2)4月以降に着手して3稿までが成り、87年秋頃までに芭蕉自筆自画が成立。その後、濁子による清書本が完成。芭蕉は84年8月、門人千里を伴って江戸を発ち、伊勢参宮、ついで大和地方から美濃国大垣をへて尾張国名古屋で五歌仙の興行(「冬の日」所収)、伊賀で越年後、奈良・京・大津などをまわり、再び名古屋をへて江戸に帰着した。約9カ月に及ぶ旅の成果をまとめる。本文は句集的な性格が強いが、絵画と一体となって独自の文学世界を構築している。「日本古典文学大系」所収。

のじりこ[野尻湖] 古くは信濃尻湖とも。長野県北端に位置する面積約4km²の火山堰止湖。湖中の琵琶(弁天)島には宇賀神社や上杉謙信幕下の武将の墓などがある。西岸の山中一帯は、大正年間に外国人が別荘地を開き、国際村とよばれるに至った。1948年(昭和23)湖底からナウマン象の化石が発見され、以来数次の発掘によって、氷河期の人々の生活が解明されつつある。出土品は野尻湖博物館に保存・展示されている。

のだしょうゆそうぎ[野田醤油争議] 第2次大戦前の日本最長の争議。千葉県野田醤油の総同盟関東醸造労働組合野田支部は、1921年(大正10)発足後、22・23・25年と争議を闘い成果をあげた。27年(昭和2)4月には会社に賃上げなどを要求。9月16日組合員1430人がストライキを決定。会社側の暴力団を使った攻撃、争議団員の解雇、スト破りに対して、児童盟休・醤油不買・天皇直訴まで行われた。28年4月、組合の惨敗で終了。

のちかがみ[後鑑] 江戸幕府が編纂した室町時代を扱った歴史書。本記347巻・付録20巻。1853年(嘉永6)成立。成島良譲編。1331年(元弘元)から1597年(慶長2)の歴代足利将軍の事績を中心に、室町幕府関連の史実を編年体で記す。日次にかけての綱文を立て、典拠となる旧記や古文書などを引用するという編纂方針がとられ、多くの未刊史料を含む。室町時代を研究する際の基本史料。「新訂増補国史大系」所収。

ノッサ・セニョーラ・ダ・グラッサごうじけん[ノッサ・セニョーラ・ダ・グラッサ号事件] マードレ・デ・デウス号事件とも。1609年(慶長14)12月15日、肥前国日野江城主の有馬晴信が徳川家康の了解をえて、長崎でポルトガル船を撃沈した事件。前年チャンパに渡航した晴信の朱印船が、帰路マカオで紛争をおこし、乗組員が官憲に殺されたのが原因。事件後、幕府はポルトガルと断交したが、11年9月通商再開を許可し、1604年に制定した糸割符制度をポルトガル側に遵守させた。この事件は12年に岡本大八事件をひきおこし、幕府のキリスト教禁止政策を強化した。

のとのくに[能登国] 北陸道の国。現在の石川県北部。「延喜式」の等級は中国。「和名抄」では羽咋・能登・鳳至・珠洲の4郡からなる。718年(養老2)越前国から分置。741年(天平13)越中国に併合、757年(天平宝字元)再び能登国として立国。国府・国分寺は能登郡(現、七尾市)におかれた。一宮は気多神社(現、羽咋市)。「和名抄」所載田数は8205町余。「延喜式」では調物として海贄・絹・白木韓櫃・綿などを定める。平安末期に平氏の知行国となり、鎌倉時代には守護として名越氏が知られる。室町時代には能登畠山氏が守護をつとめ戦国大名に成長した。江戸時代はほぼ金沢藩領、一部幕領。1871年(明治4)の廃藩置県により金沢藩領は金沢県、幕領は高山県となり、まもなく七尾県となったが、72年すべて石川県に編入。

のなかけんざん[野中兼山] 1615～63.12.15 江戸前期の高知藩家老・儒学者。父は良明。1631年(寛永8)奉行職となり、36年養父直継の死により家督を継ぎ6000石。谷時中について南学を修め、その封建教理を施政方針として、河川の改修、新田開発、郷士の採用、専売制の実施など藩政を推進。54年(承応3)の小倉勝介・三省父子の死後独裁化し、63年(寛文3)一門や重臣の弾劾により奉行職を解任され失脚、野中家は改易となった。

ののむらにんせい[野々村仁清] 生没年不詳。

京都御室焼の主宰者で，京焼色絵陶器の大成者。俗名清右衛門。丹波国野々村生れ。若くして瀬戸で修業し，京都御室仁和寺門前で製陶を行う。「隔蓂記」の慶安2年(1649)条に清右衛門の名が認められ，1657年(明暦3)仁和寺宮から「仁」と清右衛門の「清」をあわせた仁清の号を与えられた。量産型の茶碗を多く焼いたが，主力製品は一品製作の色絵磁器だった。同年には色絵法を完成し，洗練された優雅な作風は一世を風靡した。現在に伝わる17世紀の京焼の名作は，彼の作品に集約される。色絵藤花文茶壺(MOA美術館蔵。国宝)はその代表作。

ノビシヤド キリシタン修道会入会希望者が誓願をたてるまでの期間修養する修練院。日本人司祭養成を目的とするキリシタンの教育組織は，イエズス会巡察師バリニャーノによって進められた。ノビシヤドは，初等教育を施すセミナリヨと，神学校としてのコレジヨの中間に位置した教育機関。1580年(天正8)豊後国臼杵(現，大分県臼杵市)に設置されたが，86年豊後に侵入した島津氏により破却。その後は，各地を転じ，97年(慶長2)閉鎖された。

ノビスパン 近世日本におけるメキシコの呼称。漢字表記は濃毘斯般。イスパニア(スペイン)の植民地メキシコをヌエバ・エスパーニャ(新イスパニア)とよんだことによる。当時メキシコはイスパニアの中央アメリカ経略の中心地。マニラとの東洋貿易も盛んで，ガレオン船の日本沿岸漂着の事例も生じた。徳川家康はメキシコとの交易を望み，マニラにも使者を派遣，1610年(慶長15)には田中勝介らを前フィリピン臨時総督ビベロの船に便乗させてメキシコに派遣。また13年支倉常長一行もメキシコに滞在した。しかしいずれも通商交渉は進展せず，以後関係は冷却した。

のぶながこうき [信長公記] ⇨信長公記

のべばいばい [延売買] 即時決済を不要とする売買。狭義には期限を定めて売買契約を行い，期日にいたって商品・代金を授受する取引。広義には掛売買・手付売買・手形売買などを含めた先物取引の総称。江戸時代になると現金取引のみでなく先物取引が広く行われ，商人集団としての信用確保の過程で確立する。当初禁止していた幕府も，物価安定機能を期待して公認するようになり，米穀・綿糸・酒など多種の商品相場に定着した。

のぼりがま [登窯] 傾斜地の斜面にそって傾斜した窯体を作った窯。斜面をトンネル状に掘った地下式，斜面を溝状に掘りくぼめて天井部を「すさ」入り粘土で架構した半地下式，全窯体が地上にある地上式に大別される。地下式のものを窖窯(沈み窯)，半地下式のものを浮き窯ともよぶが，両者を窖窯とよぶこともある。還元焔焼成に適した窯で，須恵器や瓦などの焼成に用いられた。地下式登窯は5世紀代に朝鮮半島から伝来し，平安時代に至るまで存続。この間，須恵器工人と瓦工人との間に技術交流がなされ，瓦も須恵器用の登窯で焼かれるようになった。

のまひろし [野間宏] 1915.2.23～91.1.2 昭和期の小説家。神戸市出身。京大仏文科卒。戦後青年の再出発を訴えた処女作「暗い絵」が注目され，椎名麟三・武田泰淳・埴谷雄高・梅崎春生らとともに，第1次戦後派とよばれる。「近代文学」の同人となり，日本共産党に入党，「政治と文学」の問題を追究した。人間を生理・心理・社会の3面からとらえる全体小説をめざし，長編小説「青年の環」を書き進めた。

のむぎとうげ [野麦峠] 乗鞍岳南東，長野・岐阜県境の峠。標高1672m。江戸時代は，信州側の牛方と飛騨高山の歩荷がが，米・清酒・白木・曲物・ブリなどを運んだ。1871年(明治4)筑摩県がおかれると，松本と高山を結ぶ公用路となる。また諏訪地方で製糸業が発達すると飛騨の少女たちが製糸工女として通ったが，1911年に中央本線が全通すると峠はさびれた。現在，供養塔と「ああ野麦峠」の碑がある。冬期間車は通行止となる。野麦とは熊笹の意か。

のむらきちさぶろう [野村吉三郎] 1877.12.16～1964.5.8 明治後期～昭和前期の海軍軍人・外交官。和歌山県出身。海軍兵学校卒(26期)。墺・独・米に駐在，また軍令部次長・横須賀鎮守府司令長官などを歴任。1932年(昭和7)第1次上海事変に際して第3艦隊司令長官に就任，同年上海で爆弾テロにあい右眼を失う。37年予備役編入，学習院院長。阿部信行内閣では外相，40年から駐米大使となり日米交渉にあたるが，開戦を避けられなかった。戦後，参議院議員。

のむらもとに [野村望東尼] 1806.9.6～67.11.6 江戸後期の歌人・勤王家。福岡藩士浦野勝幸の三女。名はもと・もと子。号は招月・向陵。郡利貫と離婚後，福岡藩士野村貞貫の後妻となる。夫とともに大隈言道に師事して和歌を学び，大田垣蓮月・千種有文らと交わった。夫と死別後，出家して向陵院招月望東禅尼と称した。勤王の志士と深くかかわり，1865年(慶応元)筑前国姫島(現，福岡県志摩町)に流罪となるが，翌年救出。家集「向陵集」。

ノモンハンじけん [ノモンハン事件] 1939年(昭和14)5月におこった満州国とモンゴル人民共和国の国境地点における，日本軍とモンゴル・ソ連両軍との大規模な衝突事件。満・モ両

国の境界争いの絶えなかったハルハ川と支流ホルステン川の合流地点ノモンハンで、5月11・12日ハルハ川をこえたモンゴル軍と満州国軍が衝突した。関東軍は事件直前の4月25日、国境紛争には断固とした方針で臨むとの満ソ国境紛争処理要綱を下命。モンゴル軍を駆逐してモンゴルの空軍基地の爆撃を行ったが、ソ連軍の優勢な機械化部隊の前に敗退し、8月20日のソ連軍反攻により敗北。独ソ不可侵条約による国際情勢の急転をうけて、9月15日、モロトフ外相と東郷茂徳(しげのり)駐ソ大使の間で停戦協定が成立した。

のりあいばしゃ [乗合馬車] 数人の人を乗せて馬が牽引する車。幕末期に外国人の手による乗合馬車が、横浜と江戸の外国公使館の間や横浜一箱根間にみられた。日本人による乗合馬車営業は、1869年(明治2)2月横浜の川名幸左衛門らが出願し、同年5月に開業した成駒屋が最初。横浜一東京間で営業し、2頭立て6人乗り、料金は1人金3分であった。鉄道の発達とともに姿を消した。

のりと [祝詞] 神事・祭礼の際に神に対して唱える言葉。寿詞(よごと)・祓詞(はらえことば)も含めることが多い。「宣(の)る」に呪的なものにつける接尾語の「と」がついたのが語源と考えられる。「古事記」の出雲の国譲り神話からみえ、「延喜式」には朝廷の祭祀にかかわる27編が収録されており、天皇の健康や五穀豊穣を祈る、天下の穢(けが)れを祓う、祭礼に際して神社の神前で奏上される、など性格は多様である。作成年代も古くは7世紀後半と広範にわたる。文体は助詞・助動詞などを万葉仮名で小さく記す宣命体(せんみょうたい)で、料紙は奉書紙・杉原紙などの白の和紙が多く用いられたが、勅使参向の場合には伊勢は縹(はなだ)、賀茂は紅、その他は黄色を用いた。内容は、祭神の由緒や神徳に始まり、神饌(しんせん)・幣帛(へいはく)の奉納、そのあとに祈願を記した。

のりよししんのう [義良親王] ⇨後村上天皇(ごむらかみてんのう)

ノルマントンごうじけん [ノルマントン号事件] イギリス船沈没に関する領事裁判事件。1886年(明治19)10月24日、横浜から神戸へ向かうイギリス貨物船ノルマントン号が熊野灘で難破し翌日沈没。西洋人船員らはボートで脱出したが、日本人乗客25人は全員水死。11月5日、イギリス神戸領事の海難審判は船長ドレイクに無罪を判決。国民の激高に、政府は兵庫県知事内海忠勝に船長を殺人罪で告発させ、12月8日横浜領事の刑事裁判は船長を有罪、禁錮3カ月に処した(賠償はなし)。この事件に内外人の義捐(ぎえん)金が寄せられ、脚色上演の動きもあるなど、井上馨(かおる)外相の条約改正交渉中に領事裁判権撤廃の世論をよびおこした。

のれんわけ [暖簾分け] 暖簾下げとも。江戸時代、商家において長年勤功を積んだ奉公人に、主家が一定の資本や得意先などを分与して独立した店を出させ、同じ屋号や看板の使用を許すこと。その際、主家との同商売が禁止されたり、主家の営業の下請けを担うなど種々の制限や義務があった。将来の生活と仕事を保障するこの制度は、奉公人の主家への服属を確保し、商家の経営を維持するという点でも有効に機能した。

ノロ 祝女とも。沖縄の女性神役の一つ。地域祭祀の司祭者の最高位の者。ノロとは、「宣る」あるいは「祈る」という言葉に由来するものかとされる。ノロの歴史は3段階にわけて考えられる。第1は琉球国の中央集権制が確立する以前の段階に、各地域の按司(あじ)の姉妹がノロとして祭祀を司祭していた。第2は琉球王国時代で、それまでのノロが聞得大君(きこえおおぎみ)を頂点とする神職組織にくみこまれるようになった段階(尚真王時代に確立)。この当時のノロは首里王府から辞令と俸禄をうけ、「公儀ノロ」と称された。第3は明治期以降の王府崩壊後。王府のノロ制度は廃止され、各地のノロの祭祀世界はノロ継承者の不在などによって形骸化していった。

のろえいたろう [野呂栄太郎] 1900.4.30～34.2.19 大正・昭和前期の社会科学者。共産党の理論的指導者。北海道出身。慶大卒。学生時代から社会運動に関係し、1926年(昭和元)1月の京都学連事件に連坐し、29年の4・16事件で検挙。同年プロレタリア科学研究所設立に参画。この頃共産党に入党し、のち「日本資本主義発達史講座」全7巻の企画を主導した。32年末から地下活動に入り、翌年11月逮捕。拷問による病状悪化で死去。「野呂栄太郎全集」全2巻。

のろげんじょう [野呂元丈] 1693.12.20～1761.7.6 江戸中期の本草学者。名は実夫。元丈は字。伊勢国生れ。京都の山脇玄修(げんしゅう)に医学を、並河天民(てんみん)に古学を、稲生若水(じゃくすい)に本草学を学ぶ。1719年(享保4)幕府の採薬御用を命じられ、各地に採薬。40年(元文5)青木昆陽(こんよう)とともに将軍徳川吉宗からオランダ語学習の内旨をうけ、江戸参府ごとにオランダ通詞を介してオランダ本草について質疑した。「阿蘭陀禽獣虫魚図和解」「阿蘭陀本草和解」などを著し、蘭学興隆の基礎をなした。

ばいい [売位] 財物進納や造営請負の代価として位階を与えること。8世紀,知識物の献納に叙位をもってむくいた献物叙位がその嚆矢(こうし)といえるが,9世紀には院宮の年爵,10世紀後期には国司(こくし)による叙爵が始まり,売位の制は拡大した。とくに成功は院政期に入ると国家財政に必要不可欠なものとなり,臨時内給による叙位とも同質化した。売位によって与えられる位階は古くは叙爵(従五位下)を原則としたが,やがて加階にも及ぶようになった。

はいかい [俳諧] 誹諧とも。日本文芸の一ジャンル。古くは「古今集」に「誹諧歌」がみえるが,室町時代に「俳諧連歌」が盛んになり,宗鑑(そうかん)の俳諧撰集「犬筑波(いぬつくば)集」が成立。江戸時代にはいると連歌の従属的地位から独立した文芸となり,発句(ほっく)・連句をはじめ俳文・仮名詩・雑俳など俳諧文芸の総称となった。俳諧の展開は,江戸初期,貞徳(ていとく)の貞門俳諧に始まり,寛文~貞享頃に宗因(そういん)の談林俳諧が流行,その自由・卑俗が喜ばれたが,元禄頃の芭蕉(ばしょう)(蕉風)は自然と日常生活のなかに風雅の詩境をきずいた。江戸後期には都市・農村にひろまるいっぽう,点取俳諧・雑俳などで低俗化したが,安永~天明期に蕪村(ぶそん)らの蕉風復帰をめざす天明俳諧が一時期を画した。しかし以後はいっそうの平俗化をまぬかれず,明治期に正岡子規(しき)がこれを月並調と攻撃し,写生を主張する俳句革新運動を起こし,連句を排して発句を近代俳句としてよみがえらせた。その後,自由律俳句,新興俳句運動などをへて,俳句は大衆化し,ブームをよんでいる。

はいかいし [俳諧師] 俳諧の師匠。近世では連句形式をとった俳諧の連歌が盛んで,その連句の席で指導者の役割をはたした。また,作品のよしあしに応じた評価を下す点者としての活動や,懸賞で作品を募集し勝敗を競う興行行為も行った。江戸では点者の組合も結成された。

はいかいれんが [俳諧連歌] 和歌の表現を主とする雅(みやび)の連歌に対して,滑稽・卑俗あるいは機知的な連歌をいう。和歌の俳諧体にもとづく呼称。連歌について俳諧の語をはじめて用いたのは「菟玖波集(つくばしゅう)」巻19雑体の連歌の部。滑稽な連歌自体は平安時代からあり,後鳥羽上皇の周辺では,無心連歌・狂連歌の名で行われていた。宗祇(そうぎ)の時代には狂句と並行して俳諧の名称が一般化し,俳諧の百韻も伝わるが,多くは連歌会ののちの言捨(いいすて)(その場かぎ

りの即興句)であった。1499年(明応8)成立の「竹馬狂吟集」,1540年(天文9)成立の「守武(もりたけ)千句」の頃から文芸としての独立性を獲得しはじめ,江戸時代に貞門・談林・蕉風俳諧として開花する。

はいかいれんがしょう [誹諧連歌抄] ⇨犬筑波集(いぬつくばしゅう)

ばいかむじんぞう [梅花無尽蔵] 室町中期の禅僧万里集九(ばんりしゅうく)の漢詩文集。万里の庵の名を書名とする。7巻。成立年不詳。巻1~3は七言絶句を編年順に配列,巻4は頌・雑体・四言詩六言詩,巻5は頌・詩,巻6・7は雑文からなる。写本に国会図書館本などがある。異本に京大本「五山禅僧詩文集」がある。「続群書類従」「五山文学新集」所収。

ばいかん [売官] 財物進納や造営請負の代価として官職を与えること。8世紀の続労銭(しょうろうせん)をその源流とみることもできるが,本格的な売官は9世紀中期に始まる年官の制を嚆矢(こうし)とする。さらに10世紀後期には成功(じょうごう)による任官が始まり,院政期には国家財政の主要部分をになうまでになった。任じられる官職は,年官では外官二分以下が大部分であったのが徐々に上級官職や内官に及び,成功では院政期以降,受領(ずりょう)を中心としていたのが衛府の下級官などの内官にまで拡大した。

はいく [俳句] 五七五の17音からなる日本独特の短詩。季語・切字を特徴とするが,季語を排した無季俳句や,定型を破って散文的な表現法をとる自由律俳句の主張もみられる。俳句は「俳諧の句」の略で,江戸時代には発句と連句の両方をさしたが,一般的ではなかった。明治期に正岡子規が「発句は文学なり。連俳は文学に非ず」(「芭蕉雑談」)として,付句を切り離して独立した詩形であるとし,これが定着した。子規没後はその門の双璧といわれた河東碧梧桐(かわひがしへきごとう)・高浜虚子(きょし)が俳壇を二分して活動を継承。昭和期には新興俳句運動とよばれる新たな改革がおこった。第2次大戦後は俳壇も賑やかさをまし,俳句人口も広がって現在にいたる。

はいくかくしんうんどう [俳句革新運動] 1889年(明治22)頃から始まった文芸革新運動。感性よりも知識を重視し,陳腐な修辞を忌向する旧派俳諧に対し,92年には正岡子規が新聞「日本」に「獺祭書屋俳話(だっさいしょおくはいわ)」を連載して,旧派の作法指南書の俳句観を批判。洋画家中村不折(ふせつ)から写生の方法の示唆を得た子規は旧派を「月並(つきなみ)調」とよぶいっぽう,旧派に対する俳句の名称を定着させた。子規門下の河東碧梧桐(かわひがしへきごとう)らによって継承された。

ばいしゅんぼうしほう [売春防止法] 1946年(昭和21)のGHQ覚書「日本における公娼廃止

に関する件」にもとづき，1900年(明治33)以来の娼妓取締規則を廃止し，47年には「婦女に売淫させた者などの処罰に関する勅令」が出された。48年以来何度か立法・提案されたが，成立しなかった。売春禁止法制定促進委員会などの全国的運動もあって，56年設置された売春対策審議会からの答申をうけ，同年5月成立。

はいしょううんどう [廃娼運動] 広義には公娼・私娼を問わず売春廃止にとりくむ運動，狭義には公娼制度廃止運動をさす。1872年(明治5)芸娼妓解放令が公布されるが有名無実に終わり，公娼制度は存続した。82年群馬県議会で廃娼案が通過し，これが全国の廃娼運動の始まりとなった。植木枝盛ら・島田三郎らの天賦人権思想にもとづく主張，日本キリスト教婦人矯風会の遊廓反対運動，救世軍の山室軍平らの活躍に加え，1900年の娼妓営業契約を無効とした大審院判決以降，自由廃業が盛んになり，運動は勢いづく。11年には廓清会発会，26年(昭和元)には廓清会と婦人矯風会が合同して廃娼連盟を結成し，35年までに14の県議会で廃娼案を通過させた。第2次大戦後の46年公娼制度廃止の通達が出され，56年売春防止法が制定された。

ばいしょうきょうてい [賠償協定] 1951年(昭和26)9月締結のサンフランシスコ講和条約の賠償条項(14条)にもとづき交渉・締結された賠償支払協定。54〜59年間にビルマ，フィリピン，インドネシア，南ベトナムの4カ国と協定が成立。55〜76年の間に総額10億1208万ドルが支払われて，日本の戦後賠償はひとまず完了した。

ばいしょうもんだい [賠償問題] 第2次大戦後の日本の賠償支払問題。連合国の賠償政策は，当初日本の非軍事化を主眼に軍需工業の生産設備の接収・撤去による現物賠償方式を原則としていたため，1945年(昭和20)11月のポーレー報告はきびしい内容となっていた。しかし，その後アメリカの対日占領政策が転換し，47年来日のストライク調査団(ストライク勧告)，48年来日のドレーパー使節団(ジョンストン報告)の報告では大幅に緩和され，49年5月には中間賠償支払も中止され，11月ダレスの対日講和案ではついに無賠償方針へと落着した。フィリピンなど東南アジア諸国の強い賠償取立要求で，51年のサンフランシスコ講和条約では賠償条項が規定されて個別的支払協定が認められ，アジア4カ国との賠償協定が結ばれて，55〜76年の間に総額10億ドル余が支払われた。

ばいしょうろん [梅松論] 承久の乱から室町幕府成立を描く歴史物語。2巻。取材資料から作者は細川家関係者説が有力。成立は1349年(貞和5・正平4)頃で，下限は本書の影響をうけた「源威集」成立の嘉慶年間(1387〜89)。鏡物あるいは当代の談論文芸の趣向にならい，北野神宮寺毘沙門堂での念誦の暇に行われた通夜物語という設定で，足利尊氏による開幕の経過の問いに応じた「なにがしの法印」の語りを記録する体裁をとる。書名は「北野なれば将軍の栄華梅とともに開け，御子孫長久松と徳を等しくすべし」の前祝い，「飛梅老松年旧りて松風吹かば梅花薫ずるを問と答とに准ぞらえる意図による。伝本は古本・流布本にわかれ異同が大きい。古本は「国語国文」誌，流布本は「群書類従」所収。

ばいしんせいど [陪審制度] 一般市民が審判に参加する裁判制度。日本では1923年(大正12)制定の陪審法にもとづき，28年(昭和3)10月から43年3月までの約15年間存続した。陪審法の制定は政友会によって推進され，被告人の人権擁護とともに政界汚職事件摘発をめぐる司法部への牽制も目的とされていた。陪審法によれば，裁判官に評決忌避権があり，被告人の陪審辞退もなされたため，施行15年間に500件を下回る事件数にすぎなかった。

はいせいせい [裴世清] 生没年不詳。6世紀後半〜7世紀前半の隋・唐の官人。608年(推古16)4月，遣隋使小野妹子を送って筑紫に上陸。6月難波津に泊まり，8月大和海石榴市の衢に迎えられ，小墾田宮に召された。世清は信物を届け国書を読んだ。身分は「日本書紀」では鴻臚寺掌客，「隋書」では文林郎。「元興寺伽藍縁起」によれば，副使尚書祠部主事遍光高らが世清に従って来朝した。世清は唐朝にも仕え，江州刺史となった。

はいぞくしょうこう [配属将校] 軍事教練のため教育機関に配属された陸軍将校。1886年(明治19)以来中等学校での軍事教練は在郷軍人により行われていたが，1925年(大正14)宇垣軍縮により過剰となる将校の救済措置として陸軍現役将校学校配属令を定め，現役将校が中等学校以上の諸学校に配属されて学校教練を担当するようになった。44年(昭和19)陸軍軍事教官と改称。

ばいちょう [陪塚] 陪冢とも。大型古墳に隣接するように造られた小型古墳をいう。本来は，主人の墓のそばに造られた従者の墓という意味だが，実際にその関係を証明することは困難な場合が多い。主墳は前方後円墳，陪塚は円墳・方墳が多いが，主墳が大山古墳などの大型前方後円墳の場合は，前方後円墳や帆立貝式古墳もみられる。5世紀代に多く認められる。また，副葬品のみを納めた陪塚もある。

はいとうれい [廃刀令] 1876年(明治9)3月28日の帯刀禁止に関する太政官布告。陸軍卿山県有朋の建議によって出され，以後大礼服

およい軍人・警察官などの制服着用時以外の帯刀は禁じられた。1870年に庶民の帯刀禁止令が出され、翌年には散髪・脱刀が勝手次第とされたが、帯刀は士族身分の象徴として保守的な士族を中心に続けられた。73年国民皆兵をうたった徴兵令によって士族は職を失い、さらに帯刀禁止による精神的な支えをも失うこととなった。廃刀令は士族の誇りを傷つけるものとして、神風連の乱勃発の直接の引き金となった。

はいにちいみんほう [排日移民法] 正式にはアメリカ合衆国1924年移民法。1890年度国勢調査にもとづく国別の外国生れ人口の2％に相当する人数の移民を各国から受け入れることを骨子としていた。ただし「帰化不能外国人」は入国を禁ずるとする付帯条項がつけられ、1922年の最高裁判決によって帰化権を拒否された日本人は入国を禁じられたため、排日移民法とよばれる。これにより、1908年に締結された紳士協約は廃棄、その後の日米関係悪化の要因となったといわれる。同法は、1952年にマッカラン・ウォルター法によってこの付帯条項が廃棄されるまで、28年間施行された。

はいにちとちほう [排日土地法] ⇨カリフォルニア州排日土地法

はいはんちけん [廃藩置県] 藩体制を完全に解体した明治初期の政治改革。藩体制の解体と郡県制への移行の問題は、王土王民論の思想にもとづいてすでに江戸末期から論じられ、維新後の明治政府にとって最大で緊要の課題であった。1869年(明治2)年の版籍奉還、翌年9月の藩制改革を通して、政府は藩に対する統制を強化したが、財政悪化などのために自発的に廃藩を願い出る藩が出始め、69年12月の吉井・狭山両藩を皮切りに、71年6月までに14藩に及んだ。さらに税制や兵制の改革、政府内部の対立、不平士族や農民らの不穏な動きによる地方の動揺などの問題を解決するために、強力で集権的な政府を樹立する必要に迫られた。71年2月薩長土3藩からの献兵による御親兵を設置し、その武力を背景に7月14日詔を発し、261藩の廃藩置県を断行した。各県には政府任命の知事(のち県令)をおき、同時に官制改革を行って急速に中央集権化を進めたが、同時に政府の薩長土肥4藩による藩閥化も目立つようになった。廃藩により全国は3府302県となり、統廃合を重ねて同年末には3府72県となった。知藩事は廃藩置県と同時に廃止されて東京在住となり、旧領地との関係を断ち切られた。

はいふうやなぎだる [誹風柳多留] 「俳風柳樽」とも。江戸後期の川柳集。167編。呉陵軒可有ら編。1765〜1838年(明和2〜天保9)江戸の星運堂花屋久治郎刊(120編頃から奎文則刊)。雑俳集「武玉川」を範とし、前句付の刷物(万句合など)の題(前句)を省き、句意のわかりやすい付句を抜粋・集成した画期的なもの。本書初編の刊行以後前句付の付句は、独立した句として鑑賞されるようになった。初編から24編は初代柄井川柳の撰と考えてよく、佳句が多いとされる。以後の編は代々の川柳らの撰で、31編以後はさまざまな句会の句を集めたもので、編者も特定しにくいものが多い。「岩波文庫」所収。

はいぶつきしゃく [廃仏毀釈] 排仏毀釈とも。仏教を排斥しようとする政策や行動。江戸時代には儒学者や国学者による僧侶の堕落を指弾した排仏論があり、水戸・岡山両藩では儒教思想や財政危機を背景とした寺社整理が行われたが、一般には1868年(明治元)の神仏分離令を契機に行われたものをさす。神仏分離令は神仏習合の寺社から神と仏を峻別して、神道を国教化することが目的だったが、藩当局の政策的意思や神職・民衆などによって廃仏毀釈が徹底して行われた地域もあった。代表例として津和野・鹿児島・苗木・松本・富山の各藩や佐渡・隠岐など。廃仏毀釈には仏教側の反省を促し、近代的教団へ脱皮させた側面もあった。

はうた [端唄] 邦楽の種目名。江戸末期に命名された小編の民衆歌謡の総称で、浄瑠璃・長唄や民謡などに属さない三味線音楽。一般に三味線音楽は芝居や花街と深くかかわるが、端唄は庶民の生活を背景とし、時代をこえて訴える要素が強い。天保の改革による庶民の三味線演奏の禁制がゆるむにつれ、流行歌「はやり唄」がつぎつぎとうまれて大流行となり、端唄と名づけられた。1853年(嘉永6)には愛好者のグループから歌沢が誕生。しかし明治20年代になると急速に衰退し、大正期以降に爪彈の小唄がうまれた。端唄作者の大半は未詳だが、歌人中島棕陰の作詞とされる「京の四季」や、新宮藩江戸家老が作った「紀伊の国」など、文化人の作品が多いと推定される。1968年(昭和43)根岸登喜子が復興運動を始め、改めて世間の注目を集めている。代表曲「春雨」「夕ぐれ」「秋の夜」「わがもの」。

はかい [破戒] 島崎藤村の長編小説。1906年(明治39)3月、「緑蔭叢書」の第1編として自費出版。被差別部落出身の小学校教師瀬川丑松は、世に出るために「素性を隠せ」という父の戒めを守ってきたが、近代人の自由な生き方に目覚めるなかで、社会的偏見と闘う被差別部落出身の思想家猪子蓮太郎を知り、それに共感する。追いやくる迫害と屈辱のなかで、自己の矛盾に苦しみつつ、ついに生い立ちを周囲に告白して新しい人生をめざしていく。日露戦争前後の日本の社会矛盾を個人の内面葛藤との相

関においてとらえ描いた、近代小説成立期を画する作品の一つで、自然主義文学の初期の代表作。なお、出版後水平社から作者の部落問題理解に対する抗議があり、藤村もその後表現を一部改めている。

はかいかつどうぼうしほう[破壊活動防止法] 暴力的破壊活動を行った団体の取締りのため、1952年(昭和27)に制定された法律。破防法と略称。占領中の団体等規正令などを講和後も継承するために制定。言論・集会の自由など基本的人権を侵害するとの野党や世論の批判も強く、政府案の一部を修正して成立。内乱・外患などの暴力主義的破壊活動を行った団体の活動禁止や解散などを定めている。これら団体規制処分は法務省外局に新設された公安調査庁が調査、公安審査委員会が決定を行う。52年の共産党ビラ配布事件ではじめて起訴されたが無罪。64年5月の三無事件の判決ではじめて適用されて有罪判決が出された。

はがくれ[葉隠]「葉隠聞書」「鍋島論語」「肥前論語」とも。武士道の書。11巻。佐賀藩士山本常朝の隠棲後の談話を田代陣基が筆録して編纂した。1710年(宝永7)以降に成立。「武士道と云うは、死ぬ事と見付けたり」の一節で著名な本書は、元禄の太平に、かつて戦いに明け暮れた戦国期の主人と従者との人格的・情誼的な結合と、死を眼前にしつつ生きた戦闘者としての武士への郷愁にみちた想いを語った文芸作品。当時の武士の生きざまや死生観を伝える。「岩波文庫」「日本思想大系」所収。

はかせ[博士] 古代に学問・技術およびそれを後進に指導することによって朝廷に奉仕した官職。令制では陰陽寮に陰陽博士・暦博士・天文博士・漏刻博士、大学寮に博士(明経博士)・音博士・算博士、典薬寮に医博士・針博士・按摩博士・呪禁博士、大宰府寮に博士、国ごとの国学に国博士がおかれた。その後、令外官として大学寮に文章博士・紀伝博士・明法博士、典薬寮に女医博士、大宰府寮に音博士・明法博士が加わった。また任官試験を行う際に一時的に任命される試験官として、問頭博士・試博士・証博士があった。

はかた[博多] 福岡市を構成する7区の一つ。市のほぼ中央部に位置する。日本最古級の稲作遺跡があり、古代には大宰府の外港として外交上重要な機能をはたした。古代後期～中世に日中・日朝貿易の拠点として日本の対外交渉上重要な役割をはたし、自治都市としても有名。近世初頭に豊臣秀吉の直轄領となり、その後は黒田氏支配下で商業都市として栄えた。1889年(明治22)福岡市の一部となり、1972年(昭和47)博多区が成立。

ハガチーじけん[ハガチー事件] 1960年(昭和35)6月10日、日米安保条約改定のため来日予定だったアイゼンハワー米大統領の下準備のため来日したハガチー大統領秘書の車が、羽田空港近くで安保闘争の学生・労働者に包囲されて立ち往生した事件。ハガチーはアメリカ海兵隊のヘリコプターで数十分後に脱出、アメリカ大使館に逃れた。

はかま[袴] 下半身をおおう衣服の一種。裂地を巻きつける裳に対して、おもに襠があり両足を包む形式のものを総称する。袴は大化前代から使われていたが、奈良時代に整備され、平安時代に近代に及ぶ多様な袴の原型が確立した。大別すると上袴と下袴、出仕袴と仕事袴など。朝服の束帯の袴は表袴とよばれ、下に赤の大口袴を着用。直衣や衣冠には指貫の袴を使用した。狩衣には狩袴を、水干や直垂には水干袴・小袴などを用いた。女房の袴は赤の下袴を長大化した緋長袴があり、日常用は生絹でしたてた生袴があり、作事用には striped袴や張袴が用いられた。また天皇だけは日常生活の場で、御引直衣・袙などの下に緋長袴を着用した。

はがやいち[芳賀矢一] 1867.5.14～1927.2.6 明治・大正期の国文学者。越前国生れ。東大卒。1900年(明治33)ドイツに留学し文献学を学ぶ。02年帰国し、東京帝国大学教授。のち国学院大学学長。ドイツ文献学の方法から近世の国学を見直し、国文学の文献学的研究を確立した。国文学の方法論確立の先駆的役割をはたす。著書「国文学史十講」。

はかりざ[秤座] 秤役所とも。江戸時代、幕府によって江戸と京都に設置され、秤の製作・販売・修理・検定などを独占した役所。江戸・京両秤座が各地に設けた地方出張所も秤座ということがある。江戸秤座は幕府細工所の守随家、京秤座は神家が主宰した。秤座で製作する秤の掛目は、いずれも分銅役所後藤四郎兵衛家の製作する分銅を基準に東西同一とされたから、幕府は両秤座を通じて全国の衡制を統一したといえる。1653年(承応2)江戸秤座が東33カ国を、京秤座が西33カ国と壱岐・対馬2島を支配することとなり、両秤座による分掌体制が成立。さらに両秤座は全国に出張所を開設して、衡制を固めて固めていった。

ばかん[馬関] ⇨赤間関

ばかん[馬韓] 古代朝鮮の種族名。その居住地域。朝鮮半島南西部の京畿道南部と忠清道・全羅道のほぼ全域。辰韓・弁韓とともに三韓の一つ。「魏志」韓伝によれば、3世紀頃には50余の小国からなり、総戸数は10余万戸。各国に臣智・邑借という首長がいたが、月支国の辰王は三韓全体に君臨したという。魏の時代

は帯方郡に服したが、しだいに伯済国が有力となり、4世紀初めに帯方郡の一部を占拠し、さらに近隣諸国を統合して百済が成立した。

はぎのらん [萩の乱] 1876年(明治9)10月に山口県萩でおきた士族反乱。兵部大輔前原一誠は1870年長州(萩)藩の脱隊騒動の処分をめぐって木戸孝允と対立して辞職、帰藩後不平士族たちに仰がれる存在となった。74年には佐賀の乱に呼応しようとする動きを抑えたが、76年10月気脈を通じていた熊本の敬神党(神風連)と秋月士族の挙兵が伝わると、同月28日に前原ら萩の明倫館で同志百数十人とともに挙兵、官金を奪い檄を飛ばして周辺士族に決起を促した。県庁を襲撃しようとしたが、鎮台兵出動の報をうけて山陽道から船で脱出をはかって失敗、萩に戻り広島鎮台司令長官三浦梧楼が率いる鎮台兵と戦ったが敗走した。11月5日島根県宇竜港で捕らえられ、のち前原ら幹部8人が斬刑となった。

はぎはん [萩藩] 長州藩とも。長門国萩(現、山口県萩市)を城地とする外様大藩。周防・長門2カ国を領有。豊臣政権の五大老の1人として中国地方で約112万石を領した毛利輝元は、関ケ原の戦で西軍に加わり周防・長門2カ国に減封。同年家督を長男秀就に譲る。1604年(慶長9)本拠地として萩に築城。以後14代にわたる。表高は36万9411石だが、幕初の検地では53万9286石。2度の領内検地と直轄領の拡大、行政・支配組織の整備(宰判制の設置)、諸法令を集大成した「万治制法」の制定などにより、17世紀後半期までに藩政が確立。幕初における大幅な領地削減は慢性的な財政難をもたらしたが、宝暦年間に検地を実施して約4万石を打ち出し、さらに財源として撫育方を設置して藩政改革を実施。塩田や新田の開発、産業の育成などをはかった。1831年(天保2)専売制の強化に対して大規模な一揆(防長一揆)がおこり、これを機に村田清風らを登用して再び藩政改革に着手。幕末には尊王攘夷implementation主導し、鹿児島藩とともに明治維新の原動力となる。63年(文久3)山口へ拠点を移し、山口藩と改称。特産に紙・蠟・塩・菜種・藍などがあるが、早くから藩の統制下におかれたものも多かった。詰郷は大広間。藩校明倫館。松平姓を許されていた。支藩に長府・徳山・清末等3藩があり、幕末には岩国藩も加わる。廃藩後は山口県となる。

はぎやき [萩焼] 萩藩の陶窯とその製品。萩焼の呼称は現代に始まる。山口県の市内の松本焼と長門市深川の湯本の深川焼に大別される。文禄・慶長の役後に招致された李朝の陶工李勺光と李敬によって築窯された。文献では1638年(寛永15)の「毛吹草」に萩の産物としてあげるが、その創始の年代は不明。藩の御雇細工人に坂・三輪・佐伯(林と改姓)・山村の4家が認められる。坂家の坂窯の発掘により、大量の日常飲食器が焼かれたことが判明したが、有名な茶道具については、ほとんど確認されなかった。江戸時代の萩焼の名作については数も少なく、近年、その力作は福岡県の高取焼の作とされる。

はぎわらさくたろう [萩原朔太郎] 1886.11.1～1942.5.11 大正・昭和前期の詩人。群馬県出身。1913年(大正2)北原白秋主宰誌「朱欒」に詩を発表した際、同時に掲載された室生犀星の「小景異情」に感動して親交を結んだ。16年犀星と「感情」を創刊。翌年には処女詩集「月に吠える」で病める神経の世界を歌い、23年に憂鬱と倦怠のただよう「青猫」を発表して詩壇に確固とした地位を築いた。日本の口語自由詩の完成者として知られる。

はく [伯] ⇨神祇伯

ばぐ [馬具] 騎乗の鞍具や飼育具の総称。鞍具は、鞍橋を中心に、馬を御する衛と手綱、騎乗の足掛けとなる鐙、衛と鞍橋の固定と装飾を兼ねた鞦、鞍橋の下にあてる敷物である韉、鞍橋を固定する腹帯、馬を引行する差縄などからなる。ほかに鞍包がある。飼育具は、餌用の打飼袋・秣籠・飼馬桶、水用の馬柄杓があり、さらに汗拭・垢取の櫛・荒櫛・薬沓などがあり、出向の際には従者にもたせた。別に調教の具がある。

はくさいきょう [舶載鏡] 海外で製作されて日本に移入された鏡。弥生前期末に朝鮮半島製の多鈕細文鏡が移入されたのをはじめ、同中期には連弧文鏡・重圏文鏡などの前漢鏡が、後期には漢中期や後漢の方格規矩鏡・内行花文鏡などが、古墳時代には後漢の鏡や三角縁神獣鏡・画文帯神獣鏡などがもたらされた。日本では、首長層の権威を示す儀器あるいは共同体の祭器として珍重され、弥生後期以降それを模倣した倣製鏡が作られた。

はくさん [白山] 古くは「しらやま」とも。石川県石川郡と福井県大野市・勝山市、岐阜県大野郡・郡上郡にまたがる火山帯。最高峰の御前峰(標高2702m)・大汝峰(2684m)・剣ケ峰(2677m)の3峰(白山三峰)と、南方の別山(2399m)・三ノ峰(2128m)からなり、白山はその総称。石川県の手取川、福井県の九頭竜川、岐阜県の長良川の水源で、富士山・立山とともに日本三霊山の一つとして信仰されてきた。

はくししかん [白氏詩巻] 唐の白居易(字は楽天)の詩集「白氏文集」(巻65)のうち、8

編を書写したもの。染紙9枚を継いだ巻子本。1018年(寛仁2)藤原行成の筆とされる。その書は、1〜2cmの小字でありながら筆力に満ち、字形は端正で優麗典雅。行成の自筆本の傑作とされ、和様書の完成された姿をみせる。紙背の継目に伏見天皇の花押があり、天皇の愛蔵品であったことが知られる。東京国立博物館蔵。縦27.3cm、横336cm。国宝。

はくしもんじゅう [白氏文集] 唐の白居易(字は楽天)の作品集。漢籍。「白氏長慶集」「白氏後集」「白氏続後集」の計75巻(現存71巻)に3840の詩文を収める。自撰で845年に完成。日本には平安初期に伝来し、急速に広まった。とくに平安時代には熱狂的に受容され、平易流麗で情緒的な詩句は、漢詩文はもとより和歌や仮名文の世界にも多大の影響を与えた。しかし本質である諷諭の精神はあまり好まれず、室町時代以降しだいに評価は下がった。

パークス Harry Smith Parkes 1828.2.24〜85.3.22 イギリスの外交官。厦門領事・広東代理領事・上海領事をへて、1865年(慶応元)閏5月駐日公使として横浜に着任、幕末・維新期の列国の対日外交をリードした。攘夷政策から積極的な通商貿易に転換した鹿児島・萩両藩に接近し、幕府を熱心に支持した駐日フランス公使ロッシュと激しく対立。ついでイギリスの自由貿易主義政策を強硬に遂行し改税約書を締結した。戊辰戦争では局外中立の立場で江戸城無血開城に尽力し、68年(明治元)閏4月列国に先がけて明治新政府を承認。78年外務卿寺島宗則による条約改正交渉では、強圧的外交で反対論を主張。83年7月駐清国公使に転じ、85年北京で客死。

はくすきのえのたたかい [白村江の戦] ⇨ 白村江の戦

はくそうれい [薄葬令] 646年(大化2)大化の改新に際して定められたとされる新しい喪葬の制度。従来の古墳築造に比して著しく簡素化されたところから薄葬令とよばれる。王以上、上臣、下臣、大仁・小仁、大礼以下小智以上、庶民にわけて、それぞれ墓の大きさ、役夫の人数、築造日数、葬礼に用いる帷帳の種類を定める。また殉を禁止したほか、殉死や馬の殉葬、宝物の副葬、髪を切り股を刺して誄するなどの「旧俗」もことごとく禁じられた。その実効性と対象範囲については諸説ある。

はくそんこうのたたかい [白村江の戦] 「はくすきのえのたたかい」とも。663年、韓国南西部の白村江下流で唐・新羅軍と百済・日本軍との間で戦われた戦争。660年、唐・新羅は連合して百済を攻め滅ぼしたが、鬼室福信を中心とする百済復興軍は日本から王子豊璋をよびもどして王に擁立。豊璋はのちに福信を斬殺したが、百済の故地に留まる唐将劉仁願は窮地に立たされ、唐の高宗に増援軍を要請した。これをうけて高宗が派遣した劉仁軌を将軍とする水軍は、百済復興軍救援にむかった日本の水軍と白村江河口付近で船上戦を展開して壊滅させた。一方、白村江の岸上では天武王に率いられた新羅軍に百済・日本軍が敗れた。この結果、百済復興の動きは崩壊し、豊璋王は高句麗に逃走。この戦は、東北アジアにしたがった唐と、百済との歴年の友好関係をもとに百済を従属させたかたちで国際的地位を主張する日本の対戦であった。敗戦の結果、4世紀以来の日本と百済との連盟は消滅し、日本は朝鮮での足場を失うことになった。その後、日本国内では対外防備用の山城が多く築かれ、また律令国家への歩みが本格化した。

ばくだんさんゆうし [爆弾三勇士] 肉弾三勇士とも。上海事変で爆死した3人の工兵の軍国美談。久留米工兵第18大隊が上海郊外の廟行鎮を攻撃し、1932年(昭和7)2月22日、1等兵江下武二・北川丞・作江伊之助は鉄条網破壊のための爆薬筒を仕掛ける最中に爆死した。陸軍省は「覚悟の自爆」と発表。当時戦果をあげるのに苦労していた陸軍を中心に、ジャーナリズムも積極的に美談に仕立てあげた。

はくばかい [白馬会] 明治期の洋画の美術団体。1896年(明治29)2月、黒田清輝・久米桂一郎を中心に結成された。外光派の明るく自由な画風は青年画家らの支持を集め、明治美術会から太平洋画会にいたる洋画旧派に対して新派を形成した。96年から13回の展覧会を開催。1903年白馬会賞を設け、05年には機関誌「光風」を創刊した。11年に解散。

ばくはんたいせい [幕藩体制] 近世の政治支配体制もしくは社会構造をさす歴史学用語。おもに幕府と諸藩の重層的な権力で、農・工・商・賤民を支配する政治体制をいう。第2次大戦後の学界で広く使用されるようになり、とりわけ社会構造を重視する立場から、「生産物地代の上にうちたてられた純粋封建社会の政治体制」であるとされ、近世封建制の同義語として用いられた。1950年代の太閤検地論争、60年代の幕藩制構造論、70年代からの幕藩制国家論などのなかで、豊臣政権も含めた中央政権の政策基調の意義づけと国家論をめぐる論議がくり返されたが、それぞれの論争の到達点と次の論議への移行の必然性が十分には確認されないままであったため、この用語の含意も変化している。幕藩制国家論では、兵農分離制・石高制・鎖国制という近世に固有な3要素を中心に、近世国家の特質を解明する方向が示されている

が, 最近の研究状況には, 必ずしもこうした枠組にはこだわらない傾向もある。

ばくふ [幕府] 歴史的用例としては, 中国で出征中の将軍の陣営を意味したものが, 日本では近衛府の唐名から転じて近衛大将およびその居館, のちに武家政権の首長である征夷大将軍およびその居館, さらに武家政権そのものを意味するようになった。日本では, 鎌倉幕府・室町幕府・江戸幕府がある。歴史学上の用語としては, 抽象的に武家政権を意味し, 鎌倉幕府・室町幕府・江戸幕府を一貫して把握するものとされる。したがって政権の首長が征夷大将軍でない時期もその政権を「幕府」と称し, 最近では首長の征夷大将軍任命をもって「幕府」の成立とはしない考え方がある。

はくぶんかん [博文館] 1887年(明治20)に大橋佐平が東京本郷に創立した出版社。諸雑誌に掲載された論文を集めた雑誌「日本大家論集」が最初の出版で大ヒットしたが, 著作権上の問題もひきおこした。その後「日本之女学」「日本之商人」などのシリーズ, 写真満載の「日清戦争実記」, 総合雑誌「太陽」(1895創刊),「文芸倶楽部」「文章世界」などの雑誌をつぎつぎに創刊。廉価本双書の「帝国文庫」(正続100冊), グラフィックな週刊新聞「太平洋」も発行。博文館印刷所, 取次東京堂, 用紙店博進社をもつ。最盛期は明治末〜大正初期で以後は衰退した。現在は博文館新社に引き継がれている。

ハーグへいわかいぎ [ハーグ平和会議] 万国平和会議とも。1899年(明治32)と1907年, オランダのハーグで開催された国際会議。紛争の平和的解決と戦争法規の制定で成果をあげた。

はくへんせっき [剝片石器] 石核から剝離された剝片を素材とし, これに細かな調整加工を施して利器に仕上げた石器。剝片を利器として使用した例は前期旧石器時代にさかのぼるが, その普及は中期旧石器時代・旧人段階にある。薄く鋭い刃部をもち, 利器としての効率は高い。石刃は剝片石器の最も発達したもので, さまざまな手法による調整加工を加えて多様な形態の石器が作りだされた。搔器・削器・彫器・石錐などの加工具は世界的に存在するが, ナイフ形石器や尖頭器のような狩猟具は地域的に偏っている。日本列島では旧石器末期の尖頭器文化以降, 両面調整技術が大いに発達し, 縄文時代の石鏃をはじめとする新しい道具の製作・普及の基盤となった。

はくほうぶんか [白鳳文化] 7世紀後半を中心とする時期の文化。飛鳥文化と天平文化の間の時期を対象とする美術史の時代区分による。ただし法隆寺西伽藍における飛鳥様式の存在, 薬師寺の東塔・金堂薬師三尊像の成立年代の理解などにより白鳳文化の理解はかわる。7世紀後半には, 朝鮮諸国を媒介にうけついだ中国の六朝文化と朝鮮諸国の文化を基礎とした飛鳥文化のうえに, 7世紀前半から摂取を始めた隋・初唐の文化が展開した。この時期には, 律令法摂取の試みに規定されるような国家制度の整備が進められ, 法隆寺・川原寺・大官大寺などの寺院, 前期難波宮・飛鳥浄御原宮・藤原宮などの宮都が造営された。法隆寺西院伽藍の建築, 法隆寺の伝橘夫人念持仏・同厨子, 夢違観音像, 法隆寺金堂壁画, 高松塚古墳壁画などの美術工芸品が残る。「古事記」「日本書紀」の述作の開始,「懐風藻」に採録された漢詩, 柿本人麻呂らの和歌など文学作品もうみだされるようになった。

ハーグみっしじけん [ハーグ密使事件] 1907年6月, 韓国皇帝高宗がオランダのハーグで開かれていた第2回ハーグ平和会議に密使を送り, 日本の韓国侵略の無法を訴えた事件。韓国は1905年の第2次日韓協約で保護国とされたが, 高宗はこの条約の無効を各国に訴えるため, 李相卨・李儁・李瑋鍾の3人をハーグに送った。彼らは高宗の信任状を示し会議出席を希望したが, 韓国に外交権がないことや日本代表の阻止工作により失敗。李瑋鍾は記者クラブで「朝鮮の訴え」という講演で世論を喚起し, 李儁は憤激のあまり自殺した。統監伊藤博文はこの事件を機会として高宗を退位させ, 第3次日韓協約を結び, 韓国の内政全権を掌握した。

ばくりょう [幕領] 江戸幕府の直轄地。幕府領の略。俗に天領ともいい, 近世には御料・御蔵入とよばれた。関東・東海・畿内・北陸などを中心に全国に設定され, 幕府の財政基盤である年貢・諸役徴収のための殻倉地帯や, 全国支配の要地である鉱山・都市・港湾・森林地帯などが含まれていた。総高は1615年(元和元)頃には200万石ほどだったが, その後増加しつづけ, ピークの18世紀半ばには460万石をこえた。以後漸減するが幕末まで総高400万石以上を維持した。管理は約8割が幕府の勘定方より派遣した郡代・代官による直接支配で, 残りは大名などによる預所形式をとった。郡代・代官による支配は管轄範囲に対して役人数が少なく, 地域の村役人層の協力が不可欠で, 独自の軍事力がないために, 一揆などに対しては近隣大名の援助を求めた。1868年(明治元)明治新政府によって接収されたのち, 府・県として新政府にその直轄が引き継がれるが, 71年の廃藩置県実施で旧幕領との区別がなくなった。

はこざきぐう [筥崎宮]「延喜式」では八幡大菩薩宮崎宮。福岡市東区箱崎に鎮座。式内社・

筑前国一宮。旧官幣大社。祭神は応神天皇・神功皇后・玉依姫ほか命。921年(延喜21)託宣により少弐_{しょうに}藤原真材らが穂波郡大分_{だいぶ}八幡宮を分祀し、923年(延長元)造立と伝える。一時、大宰府の管理下におかれたが、1264年(文永元)石清水八幡宮別宮となった。例祭は9月15日。9月12～18日の放生会は「ほうじょうや」とよばれて賑わう。本殿・拝殿・楼門は重文。ほかに古文書などを所蔵。

はこしきせっかんぼ[箱式石棺墓] 板石を箱状にくみあわせて作られた棺をもつ墓。縄文晩期の支石墓_{しせきぼ}の埋葬施設として九州西北部に出現。弥生・古墳時代に普及。弥生時代の箱式石棺は九州北部・中国西部を中心に前期から出現し、その後近畿を除く西日本に広く分布。甕棺_{かめかん}など他の埋葬施設と群集して共同墓地を構成する。山口県土井ケ浜_{どいがはま}遺跡では狭長な一つの石棺に5人の人間が葬られたものがある。副葬品には玉類をはじめ、まれに青銅器などを含む。古墳時代には古墳の埋葬施設として採用された。ただし古墳時代のものを箱形石棺とよぶこともある。

はこだてせんそう[箱館戦争] 新政府軍と箱館の榎本武揚_{たけあき}政権による戊辰_{ぼしん}戦争最後の戦。1868年(明治元)8月19日、旧幕府の軍艦8隻を率いて品川沖を脱走した旧幕府海軍副総裁榎本は、途中で暴風雨のため4隻を失いながらも、10月25日箱館の五稜郭_{ごりょうかく}を占拠、12月15日榎本を総裁とする蝦夷島政府を樹立して、徳川一門からの蝦夷地の首長選任を新政府に嘆願したが、拒否される。翌年3月9日新政府軍は甲鉄艦を含む8隻の艦隊で品川沖を出帆して北上、箱館から南下してきた榎本軍と25日に宮古湾で海戦となり、これを破った。その後、青森で陸軍と合流した新政府軍は4月9日に蝦夷地に上陸、松前を攻略して5月11日箱館総攻撃を開始、18日榎本軍は降伏し、1年半に及んだ戊辰戦争は終結した。

はこだてぶぎょう[箱館奉行] 江戸幕府の遠国奉行の一つ。老中支配。幕府は1798年(寛政10)蝦夷地取締御用掛をおき、翌年東蝦夷地を仮上知_{じょうち}。1802年(享和2)2月東蝦夷地全域を永久上知して蝦夷地奉行を新設、同年5月箱館奉行と改称。ロシア南下への対応と蝦夷地収益を主務とした。07年(文化4)松前奉行と改称し、22年(文政5)廃止。54年(安政元)箱館開港決定により再置。奉行所を64年(元治元)五稜郭に移転。職務は蝦夷地警備と開拓。68年(明治元)4月箱館裁判所の設置により廃止。

はこねのせき[箱根関] 江戸時代、幕府が東海道に設置した最も重要な関所の一つ。現在の神奈川県箱根町にあった。中世までの箱根越は足柄_{あしがら}峠を迂回するのが一般的で、関所もその通路に設置されていた。江戸幕府は1618年(元和4)箱根路を整備して箱根宿を定め、東海道の正式の通路として、翌年改めて同地に恒常的な関所を設けた。小田原藩が所管し、番頭以下20人前後の関所役人がいた。おもに東海道を通る「入鉄砲に出女」を検閲したが、幕藩制社会が安定し、今切関_{いまぎれのせき}で鉄砲検閲が行われたため、中期以降は武器の検閲が形骸化した。しかし江戸時代を通じて、旅行者にとっては最もきびしい関所という認識が一般化していた。脇関に根府川・矢倉沢・仙石原・川村などの各関所がある。

はこねようすい[箱根用水] 箱根芦ノ湖から駿河国駿東郡へ引水するため開削された用水路。はじめ箱根掘貫とも称した。同郡深良_{ふから}村名主大庭源之丞を中心に、富士山麓の火山灰地質による旱害に悩んでいた地域の百姓が、江戸浅草の町人友野与右衛門らに資金の援助を求め計画した。箱根神社別当快長の協力によって、1666年(寛文6)江戸幕府の許可を得て工事を開始し、70年に完成。用水口は芦ノ湖字四ッ留に設けられ、深良村と芦ノ湖間の箱根外輪山を720間(約1300m、一説に738間)にわたって鉄鏨_{かなたがね}で岩盤を開削し掘り貫いたもので、甲州流の土木技術によった。友野らは元締として工事費を年貢米から回収し、その後、用水の共同管理は「井組二十九ケ村」に移管。

はざましげとみ[間重富] 1756.3.8～1816.3.24 江戸後期の天文暦学者。質商十一屋五郎兵衛の子。通称十一屋五郎兵衛、字は大業、号は長涯・耕雲。大坂生れ。1787年(天明7)麻田剛立_{ごうりゅう}に入門。苦労の末「暦象考成後編」を入手し、剛立・高橋至時_{よしとき}とともに研究した。95年(寛政7)幕命により至時とともに寛政改暦を行った。実測とともに天文振子時計や子午線観測装置などの観測器機を製作。著書「垂球精義」「天地二球用法記評説」「算法弧矢索隠」。

ばさら[婆娑羅] 鎌倉幕府の倒壊前後からみられる風潮で、珍奇で派手な品や行動をいう。「建武式目」第1条は、「倹約を行はるべき事」として近頃婆娑羅と号して不相応な贅沢が好まれ、綾羅錦繡や念入りに細工を施した銀剣、飾りたてた服飾など、目を驚かせないものはなく、さながら「物狂」というべきかとこれをきびしく禁じている。時代の転換点にあたり、華美な現世謳歌が噴出し、豪華奢侈が好まれた。幕府の禁制にもかかわらず時代の流行となり、佐々木高氏(導誉_{どうよ})のような婆娑羅大名まで出現し、また婆娑羅扇・婆娑羅の茶・婆娑羅絵などがもてはやされた。サンスクリットのバジラ(金剛)から転訛した語とされるが、その過程は未詳。

はじき[土師器] 古墳～平安時代に製作された

赤褐色の素焼き土器。弥生土器の系統を引くが、弥生土器との区別は明瞭にはつけがたく、議論が多い。名称は平安時代の「延喜式」の記載によったもので、古墳時代にもそうよんだかどうか確証がない。弥生土器には地域差が顕著だったが、初期の土師器には地域をこえた普遍性をもつ、有段口縁の壺・小型丸底土器(坩)・器台・高坏などの祭祀用のセットがみられる。古墳の出現とともに畿内で成立した祭祀形態が各地で受容された結果と考えられる。この斉一的なセットは5世紀代で解消。同時期に登場した須恵器が祭祀に用いられ、土師器は本来の日常容器としての性格を強めた。また須恵器を模倣した土師器も作られ、とくに坏が顕著。平安時代になると須恵器の製作技法が土師器にとりいれられた。轆轤が使用されるようになると、規格化された製品の大量生産が可能になり、朝廷や官衙・寺院などの大量の需要に応じられるようになった。平安末頃には土師器は終焉を迎え、かわらけにその命脈を保つことになる。

はじとみ [半蔀] ⇒蔀ヒト

はしはかこふん [箸墓古墳] 奈良県桜井市箸中にある古墳前期初頭の前方後円墳。大市墓ともよばれ、倭迹迹日百襲姫の墓との伝承がある。奈良盆地東南部に突出した低丘陵先端に営まれる。墳長276m、後円部径156m、前方部幅126m。前方部端が撥状に開く特徴をもち、前方部4段、後円部5段の築成で葺石がある。周濠の痕跡が前方部北側に一部認められる。未調査のため、内部構造や副葬品は不明。墳丘からは岡山県都月坂1号墳出土の都月型器台と共通する特殊器台形埴輪・特殊壺形埴輪・壺形埴輪片が採集され、大きな問題を投じた。隣接して古墳前期の大集落纒向遺跡があり、前方後円墳の祖型とも考えられている前方後円形の纒向石塚古墳などが点在する。多くの三角縁神獣鏡が出土した京都府の椿井大塚山古墳と墳丘外形の特徴が共通することも指摘される。初期の前方後円墳として規模・形状ともに注目され、背景にある初期大和政権の成立の問題にかかわる古墳である。

はしばひでよし [羽柴秀吉] ⇒豊臣秀吉

はじべ [土師部] 土部とも。古代の品部。土師連に統率され、埴輪やその他の土師器の製作と埋葬に従事。「日本書紀」垂仁32年条の説話に、土師連の祖が出雲の土部100人に人馬の埴輪を作らせて天皇に献じ、以後、天皇の喪葬をつかさどることになったとある。律令時代には土師部姓の人々が諸国に実在し、土師郷も広く分布した。土師氏の伝統は令制下では諸陵司の伴部である土師部に明瞭に継承されたので、部民である土師部の一部は皇陵を守る陵戸とされた可能性もある。

はしもとがほう [橋本雅邦] 1835.7.27～1908.1.13 幕末～明治期の日本画家。江戸木挽町の狩野家邸内で生まれる。父は川越藩絵師の橋本晴園養邦。10歳頃狩野雅信に師事。維新後、海軍兵学寮に出仕した。鑑画会に参加、同門だった狩野芳崖らとともに、狩野派に洋画風の表現をとりいれながら、新日本画の創作につとめた。1890年(明治23)東京美術学校教授に就任。98年岡倉天心らと日本美術院を創立、主幹となる。帝室技芸員。

はしもときんごろう [橋本欣五郎] 1890.2.19～1957.6.29 昭和期の軍人。陸軍大佐。岡山県出身。陸軍士官学校(23期)・陸軍大学校卒。トルコ公使館付武官などをへて、参謀本部ロシア班長となる。急進派将校による桜会を結成し、1931年(昭和6)の3月事件・10月事件の首謀者となる。2・26事件後予備役となり、大日本青年党を結成。日中戦争で召集され、レディバード号事件をおこす。40年大政翼賛会常任総務となり、42年の翼賛選挙で衆議院議員。第2次大戦後、A級戦犯として終身刑。

はしもとさない [橋本左内] 1834.3.11～59.10.7 幕末期の志士。福井藩医の長男。名は綱紀、通称左内、号は景岳。大坂の適々斎塾で医学を修得。藩命による江戸遊学中、西郷隆盛・藤田東湖らと交わる。福井藩藩政改革の中心として横井小楠を招き、開国貿易・殖産興業・軍備強化などをめざした改革を行った。将軍徳川家定の継嗣問題では、藩主松平慶永の意をうけ一橋慶喜擁立のため活動した。そのため安政の大獄で慶永が処罰されるとともに謹慎処分をうけ、1859年(安政6)江戸で斬首された。

はしもとしんきち [橋本進吉] 1882.12.24～1945.1.30 大正～昭和前期の国語学者。福井県出身。東大卒。1929年(昭和4)東京帝国大学教授。国語学の諸方面にわたり、綿密な実証的研究を展開。上代特殊仮名遣いの発見や、キリシタン資料にもとづく中世の音韻体系の解明など多くの成果をあげた。また外形面に注目する文法論は文部省の教科書に採用され、学校文法として広く受容された。著書「国語学概論」「文字及び仮名遣の研究」。

はしもとりゅうたろうないかく [橋本竜太郎内閣] 自由民主党総裁の橋本竜太郎を首班とする平成期の内閣。■第1次(1996.1.11～11.7)。村山富市内閣の後をうけて自民党・新党さきがけ・社会(のち社民)の連立内閣として発足。「改革創造」をうたって行政改革・景気対策に取り組み、住専問題の処理にあたった。1996年(平成8)10月、小選挙区比例代表並立制の

衆議院総選挙で自民党は議席増となった。

■第2次(1996.11.7~98.7.30)。衆議院総選挙での勝利により3年3カ月ぶりの自民党単独内閣として発足。行政改革を進め省庁再編を実現(2001年1月実施)したが、景気回復は進まず金融機関などの経営破綻が続出して経済は低迷。1998年(平成10)7月の参議院選挙で自民党は議席を大幅に減じ、内閣総辞職となった。

ばしゃく [馬借] 中世~近世、馬の背に荷物を乗せて運搬した運送業者。11世紀半ばの「新猿楽記」にみえるが、鎌倉時代以降に発達した。越前面敦賀、若狭国小浜、近江国大津・坂本、山城国淀・山崎・木津、大和国八木など水陸交通の接点や街道沿いの地を拠点とし、船で運ばれてきた物資を京都・奈良へ搬入した。各地の問屋の統制下にあったが、寺社のもとでの座的組織の形成、一定交通路の独占的使用や商人的側面もみられる。室町時代になると、広範囲な情報を得やすく、集団的組織力をもつため、しばしば土一揆の先鋒となった。近世では中世以来の活動の拠点で伝馬制下の運送業者を馬借にならって呼ぶ例がみられる。

ばしゃてつどう [馬車鉄道] 鉄道馬車とも。軌道上を走る馬車。法令上は軌道として扱われ、1890年(明治23)制定の軌道条例の適用をうけた。最初の馬車鉄道は、1882年6月日本橋~新橋間に開業した東京馬車鉄道。西欧では蒸気鉄道の実用化以前に最初の鉄道として現れたが、日本では蒸気鉄道の開業後、都市交通機関あるいは地域社会の貨客輸送手段として普及。福島・群馬・栃木・埼玉・山梨・静岡・福岡・佐賀などに集中している。明治末期には電車の敷設で衰退した。

ばしょう [芭蕉] 1644~94.10.12 江戸前期の俳人。本名は松尾忠右衛門宗房。伊賀国上野の地侍クラスの農人の子として生まれ、津藩の侍大将藤堂良精に仕えた。俳諧は10代半ば頃からたしなみ、北村季吟の指導をうけた。23歳のとき良精の子良忠の急死で辞し、1672年(寛文12)「貝おほひ」を編んだ。31歳頃、俳諧師としてたつために江戸に下り、翌年談林派の総帥宗因に才を認められ、同派の江戸宗匠として活躍。いままでの戯笑俳諧にあきたらず、84年(貞享元)頃、新たに蕉風俳諧を打ちたて、俳諧を和歌と対等の地位に引きあげた。旅を好み「野ざらし紀行」「おくのほそ道」などの紀行文を残したが、九州にむかう途中、大坂で客死。一代の作風は「俳諧七部集」にまとめられている。

ばしょうけおいせいど [場所請負制度] 江戸時代の蝦夷地経営の形態。商場知行制を採用していた松前藩は、享保・元文頃には運上金を上納させた。これを場所請負制という。18世紀はすぎには蝦夷地全体の商人の請け負うところとなり、漁業活動主体の経営に移り、アイヌを交易相手から雇いの労働者に転落させ、松前や東北地方からの出稼ぎ者を投入した。アイヌに対する酷使や虐待は1789年(寛政元)クナシリ・メナシのアイヌ蜂起をひきおこし、99年の幕府の東蝦夷地直轄の際、場所請負制を廃止し直捌制とした。1812年(文化9)復活が決まり、翌年から実施。以後幕末期まで存続し、69年(明治2)廃止。

はぜ [櫨] ウルシ科の落葉小高木のハゼノキのこと。その実から蠟をとって木蠟燭を作った。大蔵永常の「農家益」(1802~18)には櫨の栽培法と蠟をとる技術が詳述されている。櫨や漆の実をついて蒸し、液を絞りとったのが木蠟で、蠟燭は紙こよりや葦の茎に灯芯をからませた燭芯に、油をまぜた木蠟を塗って乾かし、これを数回くり返して適宜の太さにして作った。福島県会津地方の名産品の絵蠟燭が有名。

はせがわとうはく [長谷川等伯] 1539~1610.2.24 桃山時代の画家。長谷川派の祖。名あるいは号に又四郎・帯刀・信春など。能登国七尾生れ。実父は七尾城主畠山家家臣奥村文之丞と伝えられ、染色業を営む長谷川宗清の養子。20代半ばから能登で仏画などを制作、1571年(元亀2)頃上洛。本法寺に「日尭上人像」を描く。その後三玄院襖絵(円徳院・楽家蔵、重文)など大徳寺諸塔頭に作画し、91年(天正19)建立の祥雲寺障壁画(現、智積院蔵、国宝)では一門を率いて独自の金碧画様式を形成。一方、宋元画に学び「松林図屏風」(東京国立博物館蔵、国宝)で水墨画の和様化の極致を示した。晩年まで制作にはげみ、江戸で病没。「等伯画説」を著して貴重。

はせがわにょぜかん [長谷川如是閑] 1875.11.30~1969.11.11 明治~昭和期のジャーナリスト・思想家。本名は山本万次郎。東京都出身。東京法学院卒。新聞「日本」をへて、1908年(明治41)「大阪朝日新聞」に転じ、コラム・論説・小説などで大正デモクラシー運動を先導する。18年(大正7)の白虹事件で引責退社。翌年雑誌「我等」を創刊。第2次大戦中は日本文化を研究、戦後もリベラリストとして活躍した。

はせくらつねなが [支倉常長] 1571~1622.7.1 慶長遣欧使節の大使。父は山口常成。伯父支倉時正の養子。与市、のち六右衛門。1613年(慶長18)スペインとの通商を望む仙台藩主伊達政宗の命により、フランシスコ会宣教師ソテーロとともに陸奥国牡鹿郡月浦を出帆。メキシコをへてマドリードにいたり、スペイン国王フェリ

ペ3世に謁見し、政宗の書状を呈した。同地で受洗。通商交渉は成功しなかった。さらにローマで教皇パウロ5世に謁見して政宗の書状を呈し、ローマ市民権を与えられた。20年(元和6)仙台に帰着したが、すでに仙台藩内でもキリシタン禁制が実施されており、不遇のうちに没したらしい。

はせでら[長谷寺] 初瀬寺・泊瀬寺・豊山寺とも。奈良県桜井市初瀬町にある真言宗豊山派の総本山。西国三十三所観音第8番札所。豊山神楽院と号する。686年(朱鳥元)弘福寺の道men明が創建し(本長谷寺)、733年(天平5)徳道が堂舎をたてて十一面観音を安置した(後長谷寺)という。当初は行場としての性格をもつ山岳寺院で、東大寺の末寺であった。847年(承和14)定額寺となる。10世紀後半に興福寺末となり、1588年(天正16)根来寺の専誉が入寺してから新義真言宗の寺院となった。平安時代以来、観音信仰の隆盛にともない貴族から庶民まで多くの参詣者を集め、観音の霊験譚が多く語られた。

はたうじ[秦氏] 弓月君を祖と伝える有力渡来系氏族。姓は造で、西日本に広範に分布する秦人の伴造。本拠地は山背国葛野郡。天武朝の八色の姓で忌寸姓となる。『日本書紀』には応神14年、弓月君が120県の人夫を率いて百済から渡来し、雄略15年、諸国に分散している秦人を秦酒公に与えたとある。これらは東漢氏や西文氏に対抗して造作した伝承で、百済系というのも疑問にある。一般には、古くから西日本一帯に移住し機織や農耕に従事していた新羅系の人々が、欽明朝に王権に接近した山背の勢力を伴造として氏族的結合をとげたものとされている。以後、多くの貢納によって王権を支えたので、一族は朝廷の倉の管理との関係が深い。推古朝に、蜂岡寺(広隆寺)を建立した秦河勝がいる。

はたけやまくにきよ[畠山国清] ?~1362 南北朝期の武将。家国の子。次郎。左近将監・修理権大夫・阿波守。法名道誓。建武政権離反以来足利尊氏に属し、開幕後は和泉・紀伊両国の守護や引付頭人を勤める。観応の擾乱でははじめ足利直義に属すが、まもなく尊氏に帰順。1353年(文和2・正平8)関東執事となり、鎌倉公方足利基氏を補佐。59年(延文4・正平14)関東諸将を率いて畿内南朝軍の制圧にあたるが失敗。61年(康安元・正平16)執事を罷免されて没落。大和付近で没した。

はたけやまし[畠山氏] 室町幕府管領。清和源氏。足利氏一門。畠山重忠の死後、妻(北条時政の女)が足利義純に再嫁したため、義純が畠山氏の名跡を継承。南北朝期、畠山一族は本宗足利尊氏に従い、有力武将として活躍。基国の代には足利義満に重んじられ、以後子孫は代々幕府管領となり、将軍家を補佐。家督争いによる内紛が、応仁・文明の乱の一因となり、乱後は衰退。嫡流の子孫は徳川家康に仕え、江戸時代5000石の高家となった。→巻末系図

はたけやましげただ[畠山重忠] 1164~1205.6.22 鎌倉前期の武将。武蔵国の在庁筆頭である有力御家人。秩父平氏の一族で父は重能、母は三浦義明の女。1180年(治承4)石橋山の戦では源頼朝に敵対したが、その後帰服。源義仲や平氏の追討では源義経に従って戦功をあげた。奥州合戦でも活躍し所領をえた。伊勢国の所領沼田御厨の代官の濫妨によって罪を負ったがひとことの弁解もせず、剛毅にして誠実な人物として『吾妻鏡』に記される。秩父氏の家督として武蔵国の御家人を統制したが、武蔵国務を握る北条氏との対立を深めた。1205年(元久2)子の重保が、北条時政の後妻牧の方の女婿平賀朝雅と争って時政に討たれ、重忠も武蔵二俣川で北条義時軍と戦い死亡。

はたけやままさなが[畠山政長] 1442~93.閏4.25 室町中期~戦国期の武将。持国の弟持富の子。弥二郎。尾張守・左衛門督。1459年(長禄3)持国の子義就と家督を争っていた兄弥三郎の死後、かわって家臣に擁立された。翌年細川勝元などの後援で家督をつぎ、64年(寛正5)管領に就任。66年(文正元)義就が山名宗全を頼り入京すると、管領を罷免され、翌年上御霊社で義就に敗北。これを契機に応仁・文明の乱が勃発し、東軍方の政長は将軍足利義政から家督を認められる。乱後管領となるが、河内を義就に奪われ、山城の国一揆で山城を退却。このため義就の子基家の討伐を将軍足利義稙に要請し、93年(明応2)義稙とともに河内へ出陣するが、細川政元に同国正覚寺城を攻囲されて自害。

はたけやまもちくに[畠山持国] 1398~1455.3.26 室町中期の武将。満家の嫡子。尾張守・左衛門督。法名徳本。父の後で家督を相続し、河内・紀伊・越中3国の守護となる。1441年(永享13)将軍足利義教の勘当をうけて没落、弟持永が家督となる。同年義教の横死後、幕府へ復帰し持永を倒した。2度管領を勤め、細川勝元と対立しながら幕政を主導。弟持富を養嗣子としたが、40歳で妾腹に義就が生まれ、家督とした。しかし一部の家臣や勝元が、持富の子弥三郎を支援したため、家臣団の分裂・抗争を招いた。

はたけやまよしなり[畠山義就] 1437~90.12.12 室町中期~戦国期の武将。持国の子。初名義夏。伊予守・右衛門佐。持国はながく子がな

く,弟持富を養嗣子としていたが,40歳で妾腹に生まれた義статが1448年(文安5)家督とされた。のち持富の子弥三郎を駆逐したが,60年(寛正5)弥三郎の弟政長が細川勝元らの支援で家督を認められると,河内国嶽山城にこもって幕府に抵抗。66年(文正元)山名宗全を頼ってゆるぎれ入京。翌年政長を討とうとして勃発した応仁・文明の乱では西軍の主力として活躍。77年(明応9)乱の終息で河内へ撤退し,同国の主要部を確保。83年,南山城に侵攻したが,山城国一揆の要求で撤兵。その後も幕府からゆるされず,河内・大和両国主要部の実力支配を続けながら病没。

はたご [旅籠] 江戸時代,大名・貴人が宿泊した本陣・脇本陣に対し,一般庶民が宿泊する旅宿。はじめは食料を持参し,薪代など木賃を払う形態だったが,交通量が増大し庶民の旅行が多くなると,宿泊者に食事を出し,サービスをする旅館形式に変わった。宿場には大中小の旅籠があり,宿によっては100軒以上もあって賑わった。平旅籠と飯盛旅籠があり,平旅籠には行商人が多く止宿するため商人宿などとよばれた。飯盛旅籠には飯盛女がおかれた。飯盛女は原則として1軒に2人という条件だったが,宿繁盛を理由に,旅籠屋下女奉公人の名目で数多くおいた旅籠もあった。

はたさはちろう [秦佐八郎] 1873.3.23～1938.11.22 明治～昭和前期の細菌学・化学療法学者。島根県出身。三高医学部を卒業後,伝染病研究所に入って北里柴三郎の下で細菌学,とくにペストを研究。1907年(明治40)ドイツに留学,コッホ研究所から国立実験治療研究所に移り,エールリッヒの下で化学療法の研究に専念して,梅毒・マラリアに卓効のある606号(サルバルサン)を発見した。

はたつとむないかく [羽田孜内閣] 新生党党首の羽田孜を首班とする内閣(1994.4.28～6.30)。1994年(平成6)羽田孜が首相に指名され,組閣中に連立与党の社会党が離脱,公明党・日本新党・民社党などの少数与党で組閣した。改革と協調を掲げ,間接税率引上げなどに意欲をみせたが,6月,94年度予算などの成立後,自民党提出の不信任案をうけて総辞職した。

はたのかわかつ [秦河勝] 川勝とも。生没年不詳。6世紀後半～7世紀前半の官人。廐戸皇子(聖徳太子)の側近。587年物部守屋征討の際,軍衆として活躍。603年(推古11)太子所有の仏像を授かり,山城国葛野に蜂岡寺(広隆寺)を造立した(『日本書紀』)。ただし「広隆寺縁起」などは同寺建立を壬午歳(推古30年)とする。610年平群・任那使京の際,導者となった。644年(皇極3)常世神信仰が流行すると,首謀者の大生部多を討った。

バタビア ⇨ジャカルタ
バタビアしんぶん [バタビア新聞] ⇨官板バタビア新聞

はたもと [旗本] 将軍の直臣で1万石未満・御目見以上の者。寛政頃の総人数は約5200人ほど。このうち知行取が知行地は約4分程度で,知行高では500～3000石の者が6割を占め,知行地は関東・中部・近畿地方に多い。3000石以上の者は,知行地に陣屋をおき農民支配を行った。旗本は江戸在府で,幕府から下付された拝領屋敷に家族と用人以下の家臣とともに居住した。幕府の役方・番方の諸役について,その吏僚機構の主軸を構成。勘定奉行や町奉行などの重職に就任すると従五位下に叙されて大名と同等の格式となり,幕政の枢機に参画する。しかし非役の者も多く存在し,3000石および布衣以上は寄合組,それ以下は小普請組に編入された。

はたもとちぎょうしょ [旗本知行所] 江戸時代,幕府の直臣である旗本に与えられた知行地。旗本領。知行地の宛行は,徳川家康が関東に入部した1590年(天正18)に始まり,1633年(寛永10)と97年(元禄10)の2度の地方直しによりほぼ完成した。知行地は関東・東海・畿内に多く,数カ国分の多数カ村に分散したため,村に何人もの旗本知行地が設定されることになった。領民からの年貢の収納などの地方支配にあたるため,知行地には旗本の家臣が派遣された。

はたもとやっこ [旗本奴] 江戸前期,かぶき者のうち旗本・御家人などからなる者をさす。本来かぶき者の中心は武家奉公人などだったが,しだいに彼らを雇用する主人の側にもその風俗が拡大していった。旗本奴の大半は中下層の幕臣だが,加々爪直澄・坂部三十郎・水野成のように大名や上級旗本も含まれていた。鵜鶘組・吉屋組・白柄組・大小神祇組などの組を結成して,面子や意地を競い合うなど,幕府による旗本統制の強化に反発した。

バターンこうりゃくさくせん [バターン攻略作戦] 太平洋戦争開始後,日本軍のフィリピン作戦によりバターン半島・コレヒドール要塞まで退却した駐留米軍撃破作戦。米軍の兵力は9個師団を基幹とする約8万。1942年(昭和17)3月2日に作戦方針が内定し,南方軍第14軍(司令官本間雅晴中将)はバターン攻略に向かった。4月3日総攻撃開始,同月12日半島南部の掃討を完了,5月7日コレヒドール要塞を含む在比米軍は無条件降伏した。戦後のマニラ軍事裁判で,米軍捕虜を苛酷な条件下に移動させた「バターン死の行進」が罪に問われ,本間は死刑となった。

はち・いちせんげん [8・1宣言] 中国共産党のおもにソ連留学組が1935年8月1日に内戦停止・抗日民族統一戦線結成を訴えた宣言。コミンテルン第7回大会の反ファッショ人民戦線戦術に影響され、中国共産党・中国ソビエト政府の名でだされた。蔣介石(しょうかいせき)率いる国民党内では共産党討伐が第1で、抗日は第2であるとする「安内攘外(あんないじょうがい)」という考えが有力だった。しかし、国家存亡時にあっては抗日が第1だとの主張は、華北分離工作の進展していた時期に広く支持された。

バチェラー John Batchelor 1854.3.20~1944.4.2 イギリス国教会宣教会宣教師・神学博士・アイヌ語学者。1877年(明治10)来日し北海道に居住。60余年にわたってアイヌにキリスト教を伝道、また福祉に尽くし「アイヌの父」といわれた。「アイヌ語辞典」をはじめアイヌ民俗関係の著書40余冊を出版し、学界に大きな影響を与えた。第2次大戦のため帰国。

はちおうじせんにんどうしん [八王子千人同心] 武蔵国多摩郡八王子(現, 東京都八王子市)周辺に配置されていた江戸幕府の郷士集団。旗本である八王子千人頭に統率された。軍事組織だが、平時には農耕にも従事した。同心株の売買によって周辺の農民も編入された。元来は武蔵・甲斐国境の警備などを目的としたが、1652年(承応元)以降交代で日光勤番を命じられ、将軍の日光社参の供奉も勤めた。八王子千人頭一同心組頭一同心の組織をとった。

はちかずき [鉢かづき] 室町物語の公家物。昔話「姥皮(うばかわ)」説話をもとにした観音霊験譚。作者不詳。室町時代に成立。「御伽草子」の一編。河内国交野(かたの)の備中守実高は、長谷観音に願をかけ姫を授かる。姫が13歳のとき母は病にかかり、死の間際に姫に鉢をかぶせる。継母に憎まれ野に捨てられた姫は、中将家の湯殿の火焚きに雇われる。中将の4番目の子宰相は姫を見初め契りを結ぶが、宰相の母娘は2人をわかれさせようと嫁くらべを行う。2人が悲嘆にくれていると鉢が落ちて美しい容貌が現れ、衣装など並べてでてくる。姫は嫁くらべに勝ち、宰相は惣領となる。のち宰相と長谷観音に詣でた姫は、修行者となっていた父実高と再会する。「日本古典文学全集」所収。

はちがつじゅうはちにちのせいへん [8月18日の政変] 1863年(文久3)会津藩・鹿児島藩など公武合体派が、萩藩を中心とする尊攘派を京都から追放したクーデタ。文久期に入ると朝廷の権威が高まり、これをうけて尊攘派が朝議の実権をにぎり、急進派公家の動きも活発化した。朝廷は攘夷決行日を5月10日と決め、8月13日には攘夷親征の大和行幸が計画された。しかし孝明天皇は激派を好まず、8月18日公武合体派の会津・鹿児島・淀藩などは藩兵を動員し、中川宮や公武合体派の公卿、松平容保(かたもり)らが参内し、クーデタを成功させた。その結果、萩藩の宮廷警備が停止され、尊攘派公卿は追放された。政局は公武合体派雄藩諸侯の主導するところとなり、反面尊攘派が討幕運動へと転換する契機となった。

はちぎゃく [八虐] 国家や儒教倫理にそむくものとして、律で最も重い犯罪である八つの刑目。日本律の母法唐律では十悪とよんだが、大宝律以来、唐律の不睦・内乱を除いて、謀反(むへん)・謀大逆(ぼうだいぎゃく)・謀叛(むほん)・悪逆・不道・不孝(だいふこう)・不孝(ふきょう)・不義を八虐と名づけた(名例律八虐条)。このうち悪逆・不道・不孝など儒教の親族倫理にそむく犯罪は、日本にそれにみあう親族構造と倫理がないため、事実上空文に近かった。また平安末期までに社会通念として謀反・大逆・謀叛の区別もなくなり、反逆行為一般を「むほん」とよぶようになったため、八虐の語は、以後近世まで律令法以外の世界では「むほん」と同義語になった。

はちじょういん [八条院] 1137.4.8~1211.6.26 平安末~鎌倉前期の女院。名は暲子(しょうし)。鳥羽天皇の第3皇女。母は藤原長実の女で天皇の寵妃美福門院得子(とくし)。1138年(保延4)内親王、46年(久安2)には准三宮。57年(保元2)出家し、法名は金剛観。61年(応保元)二条天皇の准母として、内親王としてはじめて院号を宣下された。父母の寵愛をうけ、八条院領と称される膨大な所領を譲られた。以仁王(もちひとおう)を猶子(ゆうし)とし、またその子女を養育した。

はちじょういんりょう [八条院領] 鳥羽天皇の皇女八条院暲子(しょうし)の領有した皇室領荘園群。1141年(永治元)鳥羽上皇出家の際に譲与された12カ荘に始まる。60年(永暦元)母美福門院の死去に際し、その所領のうち後白河天皇・弘誓院領が与えられ、八条院が74年(承安4)に建立した蓮華心院領とあわせて八条院領が構成された。76年(安元2)時点で100カ荘を領有。1211年(建暦元)八条院が没すると、猶子の春華門院(後鳥羽天皇皇女)にうけつがれ、まもなく同女院が没したのち順徳天皇領となり、後鳥羽上皇が管領した。承久の乱で幕府に没収されたのち後高倉院に寄進され、このとき221カ荘を数えた。のち亀山上皇に伝えられ、大覚寺統の経済的基盤となった。

はちじょうのみやとしひとしんのう [八条宮智仁親王] 1579.1.8~1629.4.7 八条宮(桂宮)初代。正親町(おおぎまち)天皇の皇子誠仁(さねひと)親王の第6王子。母は勧修寺晴右(はるすけ)の女新上東門院晴子。幼称六宮・胡佐麿。豊臣秀吉の猶子になったが、1589年(天正17)秀吉の子鶴松の誕生により、同年12月八条宮家を創立した。91年1月親

王宣下。1600年(慶長5)細川幽斎から古今伝授をうけ、後水尾天皇に相伝。御所伝授のはじめとなった。家領の下桂村に山荘(現、桂離宮)を造営。

はちだいしゅう [八代集] 第8番目までの勅撰和歌集の総称。『古今集』『後撰集』『拾遺集』『後拾遺集』『金葉集』『詞花集』『千載集』『新古今集』。『新古今集』撰集後まもなくした呼称。『古今集』は905年(延喜5)に下命あるいは奏覧、『新古今集』は1205年(元久2)に一応完成。したがってその全体は王朝和歌の集大成に相当する。

はちはちかんたい [八八艦隊] 明治末～大正期に日本海軍が目標とした艦隊整備の基準。1907年(明治40)4月4日裁可の初度決定の「帝国国防方針」に付属する「国防所要兵力」中に、第一線艦隊として艦齢8年以内の戦艦8隻・装甲巡洋艦8隻を備えるとされたのが起源。大正期になると先進海軍国の装甲巡洋艦は巡洋戦艦に発展し、整備基準は戦艦8隻・巡洋戦艦8隻に転化。八八艦隊完成の予算が議会で承認されたのは20年(大正9)6月で、27年(昭和2)までに目標が達成される予定であったが、ワシントン海軍軍縮条約で日本の保有を戦艦6隻・巡洋戦艦4隻と決定、目標は予算成立のみで、長門・陸奥と空母に改造された加賀・赤城のみが竣工した。

はちぶしゅう [八部衆] 天竜八部とも。仏法を賛美し守護する守護神。天(デーバ)・竜(ナーガ)・夜叉(ヤクシャ)・阿修羅(アスラ)・迦楼羅(ガルダ)・緊那羅(キンナラ)・摩睺羅伽(マホラガ)・乾闥婆(ガンダルバ)をいう。現在の造形では奈良興福寺の八部衆(国宝)が天平期の乾漆像として有名。

はちもんじやぼん [八文字屋本] 京都の書肆八文字屋八左衛門の刊行書。とくにその浮世草子をさす。八文字屋は上方を代表する正本屋だったが、1701年(元禄14)に役者評判記のかたちをとった新機軸の小説「けいせい色三味線」が評判となり、類作を発刊した。井原西鶴以来の浮世草子に新風をまきおこした。自笑(八左衛門)作と称していたが、江島其磧や多田南嶺などを陰の作家に起用していた。小説としては、彼らが他の書店から刊行した作も含めて八文字屋本と総称することもある。

はちろぐん [八路軍] 正称は中国国民革命軍第八路軍。のち第十八集団軍と改称。日中戦争中、華北を中心に対日戦に活躍した共産党系軍隊。日中戦争勃発後の第2次国共合作により、紅軍主力約3万が第八路軍として国民政府の指揮下に入った。総司令朱徳らは3個師を統轄し、「独立自主の遊撃戦争」を展開。晋冀魯予・晋綏・山東などの根拠地(解放区)を建設し、生産自給と整風運動により日本軍の掃討作戦に対抗した。日本の敗戦後、人民解放軍に改編された。

はっきゃくもん [八脚門] 八足門とも。4本の親柱の前後にそれぞれ2本あわせて8本の控柱を立てた一重の門。ふつう親柱の中央柱間に扉がつき通路となる。宮殿(大内裏)や寺院の門として使われていた。

はっこういちう [八紘一宇] 太平洋戦争期に用いられた大東亜共栄圏建設の理念を示す用語。『日本書紀』神武天皇即位前紀の言葉から造語され、世界を一つの家となすという意味。1940年(昭和15)第2次近衛文麿内閣の基本国策要綱の「肇国の大精神」として登場して以後広く使用され、第2次大戦後の占領期には字句使用禁止措置がとられた。

はっこうださんそうなんじけん [八甲田山遭難事件] 1902年(明治35)1月、雪中行軍中の兵士多数が八甲田山麓で遭難した事件。青森の歩兵第5連隊第2大隊のうち१中隊が、積雪期の青森市から三本木平野に至る路を調査するため、同年1月23日早朝、八甲田山麓の田代まで20余kmの1泊行軍に出発した。午後から猛吹雪となり、一行は道に迷い行方不明となった。捜索隊も激しい風雪に妨げられて行動できず、29日にようやく遭難現場に到着し救援活動を始めたが、一行210人のうち大隊長山口鋠少佐以下199人が死亡するという大惨事となった。この事件をきっかけに陸軍の防寒防雪装備と訓練の強化が強く叫ばれた。

はっさく [八朔] 旧暦8月1日(朔日)のこと。八朔節供・田実の節供などといわれ、風祭や稲の実りを祈願する作頼み、稲の初穂を神に供える穂掛け祭が行われる。また日頃世話になっている人へ贈物をする。八朔の贈答儀礼は、中世には公家や武家の間でも下位の者が上位の者へする風習として盛んに行われた。江戸時代には、徳川家康が1590年(天正18)のこの日に江戸入城したことにちなみ、五節供の一つとしての公式の祝日とされた。江戸の遊里吉原でも、遊女は白無垢などの小袖を着て祝った。

ばっし [抜歯] 健常な永久歯を人為的に抜きとる習俗。汎世界的に先史時代から行われ、現代でも未開民族の間でみられる。日本では、縄文中期から始まり、晩期が最も盛んであった。抜歯の対象は、上顎・下顎ともに切歯・犬歯・第1小臼歯で、「口を開いたときに見える部位」に限られるという。一般に成人式と関連した習俗とされるが、性別・時代・地域によって抜歯する部位に差異があり、成人式以外にもさまざまな目的で実施されたらしい。

はっしゅうまわり [八州廻] ⇨関東取締出役

はつせのあさくらのみや [泊瀬朝倉宮] 記紀にみえる雄略天皇の宮。「古事記」では長谷朝倉宮。朝倉の地名が磯城上に含まれることから,埼玉県稲荷山古墳出土の鉄剣銘にみえる獲加多支鹵大王の斯鬼宮とも同所か。近年,奈良県桜井市脇本から5世紀後半の大型掘立柱建物群が発見され,宮跡に比定する説が有力となっている。

はっとりいせき [服部遺跡] 滋賀県守山市服部町にある縄文〜平安時代の大集落跡。琵琶湖に流れこむ野洲川下流にあり,中洲を中心に調査された。縄文晩期〜古墳前期の集落,弥生前期の水田や中期の碁盤目状に群集した約400基の方形周溝墓群,古墳中・後期の削平された古墳と考えられる27基の周溝状遺構が発見された。周溝状遺構からは琴が出土。

はっとりしそう [服部之総] 1901.9.24〜56.3.4 昭和期の歴史学者。島根県出身。東大卒。東洋大学講師をへて1927年(昭和2)産業労働調査所所員。28年「マルクス主義講座」に「明治維新史」を発表。31年プロレタリア科学研究所所員。同年「日本資本主義発達史講座」の執筆陣に加わり,間もなく「幕末＝厳マニュ時代説」を提唱して土屋喬雄らと論争を展開。38年花王石鹼宣伝部長。第2次大戦後は法政大学教授。「服部之総全集」全24巻。

はっとりなんかく [服部南郭] 1683.9.24〜1759.6.21 江戸中期の文人学者。通称小右衛門,名は元喬,字は子遷,南郭は号。京都の町人出身。はじめ歌人として柳沢吉保に仕え,のち致仕して講義などで生計を立てた。1710年(宝永7)頃荻生徂徠に入門。とくに古文辞による詩文創作の主張を継承。大名など交際範囲が広く,詩名も高かった。遺託をうけて「徂徠集」「論語徴」など師の遺著の刊行にあたった。経世面では老荘風の無為の説に立つ。文雅風流に生きる理念は,江戸後期に輩出する文人の先駆をなした。世襲身分制の近世社会で,文学にかけて悔いない自我意識を立てた意義は大きい。「疎713にして豪志あり」との徂徠評がある。著書「唐詩選国字解」「南郭文集」。

はつびさんぽう [発微算法] 関孝和の著した数学書。1674年(延宝2)刊。沢口一之の「古今算法記」(1671)には天元術が解説されているが,器具代数の天元術では,連立多元1次方程式か数係数の高次方程式しか解けない。そのため「古今算法記」にある遺題15問は天元術では解けず,関は自分が工夫した傍書法を駆使し,文字係数の高次高次方程式を処理する演段術を使ってこの遺題を解く,その解法を本書で示した。「関孝和全集」所収。

バテレン キリシタン司祭・神父の意。ポルトガル語のパードレが日本語化したもの。伴天連と記されることが多いが,排耶書のなかには天を破る魔術師の意で「破天連」とあてるものもある。厳密には叙階をうけた司祭のみをさすが,日本側史料ではキリシタン指導者一般をさした場合もあったらしい。キリシタン訴人褒賞制では訴人対象者の階級によって褒賞額に差があり,バテレン階級が最も高額になった。

バテレンついほうれい [バテレン追放令] 1587年(天正15)6月19日付で豊臣秀吉が発布した宣教師追放令。日本を神国とし,キリシタンを神社・仏閣を破壊する邪法と規定したうえで,宣教師の日本退去を命じたもの。イエズス会の布教活動に深刻な影響を及ぼしたが,その後も潜伏し活動を続けた宣教師も多い。貿易は許可するとしていたため,実際のキリシタン排除にはあまり効果がなかった。前日付で発布された「覚」とあわせて考えると,豊臣政権は宣教師・キリシタン武士によるキリシタンを媒介とした集団化に,一定の歯止めをかけようとしたと思われる。

はとやまいちろう [鳩山一郎] 1883.1.1〜1959.3.7 大正・昭和期の代表的な政党政治家。東京都出身。両親(和夫と春子)は明治期の政・官界および女子教育界で幅広く活躍した。東大卒。一時父の法律事務所で弁護士の仕事をし,東京市会議員から衆議院議員へと進み,立憲政友会で地歩を築く。田中義一内閣の書記官長,犬養毅・斎藤実両内閣の文相などを歴任,在任中に滝川事件がおきた。太平洋戦争中は大政翼賛会に批判的な立場を堅持した。戦後は日本自由党結成の中心となるが,GHQの公職追放によりしばらく政界の第一線から退く。1951年(昭和26)追放解除後は反吉田陣営の中心となり,54年から日本民主党・自民党の総裁として内閣を組織。日ソ交渉を手がけ,56年日ソ共同宣言に調印,国交を回復させた。同年退陣。

はとやまいちろうないかく [鳩山一郎内閣] 日本民主党・自民党の鳩山一郎を首班とする内閣。■第1次(1954.12.10〜55.3.19)。日本民主党を与党として成立。自衛権と憲法の関係について問題を提起し,憲法調査会を発足させた。組閣の翌1955年(昭和30)2月国会を解散,総選挙では単独過半数の獲得に失敗するが,自由党の支持を得て3月第2次内閣が成立。■第2次(1955.3.19〜11.22)。日ソ国交正常化などの外交政策をめぐり自由党は非協調的で,政局は不安定だった。1955年(昭和30)11月,保守合同が実現し自由民主党が成立した。■第3次(1955.11.22〜56.12.23)。多数党となった自民党を基盤として組閣。党内の派閥対立,首相と重光葵外相の意見の相違をかか

えながら日ソ交渉を進め，1956年(昭和31)10月，日ソ共同宣言に調印し国交を回復させた。小選挙区制の採用や憲法改正などは不成功に終わった。

はとりべ [服部] 織部とも。古代，機織に従事した品部。しかし具体的史料が乏しく，「日本書紀」雄略14年条の，渡来した漢織・呉織らが飛鳥衣縫部・伊勢衣縫の始祖になったという伝承などとの関係も不明。「新撰姓氏録」には摂津国神別の服部連らの始祖が允恭朝に織部司に任用され，諸国の織部を管掌したという伝承がある。律令時代には服部を姓とする人々や服部郷・服織郷が諸国に実在し，大蔵省織部司には品部の呉服部7戸がみえる。

パードレ ⇨バテレン

はなおかじけん [花岡事件] 1945年(昭和20)6月，秋田県花岡鉱山の鹿島組(現，鹿島建設)出張所でおきた中国人の大量殺害事件。花岡出張所には986人の中国人が強制連行されており，苛酷な労働条件のもとで死傷者が続出していた。彼らは6月30日に抵抗の行動をおこしたが失敗し，逃亡した者は警察・消防団員・在郷軍人らに捕らえられ，約100人が殺害された。89年(平成元)に事件の被害者と遺族が鹿島建設に対して謝罪と賠償を請求し，日本の戦争責任が改めて問われるきっかけとなった。

はなおかせいしゅう [華岡青洲] 1760.10.23～1835.10.2 江戸後期の外科医師。父は医家の直道。名は震，通称は随賢，青洲は号。紀伊国西野山村平山生れ。京都で吉益南涯・永富独嘯庵に漢方(内科一般)を，大和見立元悦に紅毛流外科を学ぶ。3年後，帰郷して父業を継ぐ。創意実験のすえ全身麻酔剤の通仙散を作り，1804年(文化元)10月13日全身麻酔下ではじめて乳癌摘出手術を行った。多くの門弟を指導し，近代外科学の基礎を作った。著書はないが，門人の記録した口授本は多い。墓所は和歌山県那賀町の華岡家墓地。

はなぞののてんのう [花園天皇] 1297.7.25～1348.11.11 在位1308.8.26～18.2.26 伏見天皇の皇子。母は洞院公守の女顕親門院季子。1301年(正安3)持明院統の分裂をさけるため，父の命で兄後伏見上皇の猶子となり，大覚寺統の後二条天皇の皇太子に立つ。08年(延慶2)即位。在位中の前半は父伏見上皇が，後半は兄後伏見上皇が院政をとった。18年(文保2)後二条の弟後醍醐天皇に譲位。35年(建武2)出家ののち萩原殿に住んだ。法名遍行。和漢の学問に通じ，日記「花園天皇宸記」には学芸に関する記述が多い。著書「誡太子書」「学道の御記」。

はなぞののてんのうしんき [花園天皇宸記] 13

10～32年(延慶3～元弘2)の花園天皇の日記。文保2年白馬節会記・応元2年御八講記・元徳元年看経結王元服記・元弘元年元弘記別記・元弘2年光厳天皇御契大嘗会記の別記が宸筆。伏見宮家に伝来，宮内庁書陵部で断簡を整理して35巻に成巻。歴代天皇の日記を代表する内容で，朝廷の儀式や両統迭立問題をはじめとした鎌倉後期の基本史料。「増補史料大成」所収。

はなのごしょ [花御所] 室町殿・花亭とも。足利義満が京都に建てた将軍邸。1379年(康暦元・天授5)頃完成。南は今出川通，北は上立売通，東は烏丸通，西(正面)は室町通。敷地は，もと室町季顕から足利義詮が買収，崇光上皇の御所としたが焼失し，その跡地と菊亭跡地をあわせた。「花」は，多種の名花を植えたためとされてきたが，上皇御所または季顕邸の通称に由来するらしい。義教・義政もここを居所とした。

はなばたけきょうじょう [花畠教場] 備前国岡山藩の藩校。1641年(寛永18)上道郡花畠に創設。花園会約を定め，文武を修めさせた。66年(寛文6)城内に移転し学館と称した。69年城内三の外曲輪に大規模の校舎を建て，すでに隠退していた熊沢蕃山を明石から招き開講。講堂・中室(聖廟)・食堂を中心に文学場・演武場などが整備され，学校領として学田2000石を付した。教科は漢学・習字・習礼・諸武芸で，維新後に規則も改められ，皇学・洋学が加えられた。

はなぶさいっちょう [英一蝶] 1652～1724.1.13 江戸中期の狩野派系の画家。伊勢国亀山城主の侍医の子。京都生れ。狩野安信の門人。はじめ多賀朝湖などと称す。俳諧をたしなみ遊廓吉原に通じた才人として江戸の都市風俗を自由闊達に描き，形式化した当時の狩野派の中では抜きん出ていたが，遊興の度がすぎ1698年(元禄11)三宅島に配流された。1709年(宝永6)赦されて江戸に戻り英一蝶と改名。晩年は古典的狩野派様式に回帰。英派の祖。

はなわほきいち [塙保己一] 1746.5.5～1821.9.12 江戸後期の国学者。父は武蔵国児玉郡保木野村の豪農荻野宇兵衛。通称は寅之助などをへて保己一，号は温故堂など。7歳で失明し，雨富須賀一に音曲・鍼医術を，萩原宗固・川島貴林・山岡浚明に歌文・神道・律令を学んだ。賀茂真淵にも短期間師事。1779年(安永8)に「群書類従」の編纂に着手し，41年後に全670冊の刊行を完了。この間，「大日本史」の校正にも参加，93年(寛政5)には和学講談所を設立。六国史以後の史料を集めた「史料」の編纂により，のちの「大日本史料」の先駆的業績も残した。その堅実な考証は

近代史学につながるものと評される。1821年（文政4）総検校。ほかに編纂書は「武家名目抄」「鶏林拾葉」。

はにごろう[羽仁五郎] 1901.3.29～83.6.8 昭和期の歴史家。群馬県出身。旧姓森。羽仁説子と結婚。東大卒。ドイツのハイデルベルク大学に学ぶ。野呂栄太郎らと「日本資本主義発達史講座」の刊行に参画。人民史観に立った論文を執筆。日本大学教授となったが治安維持法違反で検挙され辞任。第2次大戦後は参議院議員・日本学術会議議員。大学紛争で全共闘系学生を支援するなど、新左翼の革命論家として知られた。著書「明治維新史研究」「都市の論理」。

はにもとこ[羽仁もと子] 1873.9.8～1957.4.7 大正・昭和期のジャーナリスト・女子教育者。旧姓松岡。青森県出身。東京府立第一高等女学校在学中に受洗。のち明治女学校に学び、「女学雑誌」の編集に参加。報知新聞社で女性記者の先駆けとなり、退社後の1901年（明治34）羽仁吉一と結婚。03年夫婦で「家庭之友」（のち「婦人之友」）を創刊し、徹底した生活の合理化を主張した。21年（大正10）東京に自由学園を創設、キリスト教的自由主義による家族的な人格教育を実践した。説子は長女。

はにわ[埴輪] 古墳の外表に立てられた土製品の総称。円筒埴輪と形象埴輪に大別される。円筒埴輪には、単純な筒形のものと、口縁部が広がった朝顔形のものがある。形象埴輪は人物・動物・人工物などをかたどったもので、家形埴輪・器財埴輪・動物埴輪・人物埴輪にわかれる。形象埴輪はその種類によって出現の時期が異なり、人物埴輪は一番遅く出現した。「日本書紀」の記載にもとづいた、埴輪の起源を殉死の代用とする説は、実態とあわない。最初は墳頂部や墳丘斜面・裾などに立てられたが、後には造出し部、横穴式石室の入口付近、墳丘側面、外堤などにも並べられた。古墳の築造にともなって製作されたと考えられ、古墳の年代を考えるうえで重要であり、その編年は円筒埴輪を中心に研究が進められている。埴輪と同様に古墳の外表に立てられたものには、石人ぜんじん・石馬せきばのほかに、笠形木製品などの木製樹立物があったことが明らかになってきた。

ばば[馬場] 馬術の練習や競技を行う場所。古代には朝廷の武徳殿の前にあり、端午の節会には走馬はしりうまの儀式が行われた。近衛府・兵衛府にもあった。古代末～中世に武士の戦闘は騎馬と弓射を基本としたため、犬追物いぬおうもの・流鏑馬やぶさめ・笠懸かさがけなどのための馬場が各所に作られた。近世には城下町の城内・城外に作られた。江戸の馬場としては城内の吹上御庭、城下の神田・馬喰町・木挽町・高田などが有名。

ばばえいいち[馬場鍈一] 1879.10.5～1937.12.21 大正・昭和前期の官僚・財政家・政治家。東京都出身。馬場兼の養子で旧姓山本。東大卒。1903年（明治36）大蔵省に入省。韓国統監府書記官などをへて22年（大正11）に法制局長官。同年貴族院議員となる。27年（昭和2）日本勧業銀行総裁として金融恐慌の処理などに実績をあげた。のち広田内閣の蔵相に就任し、第2次大戦の戦時体制構築の一環として、所得税増税や本格的地方財政調整制度の導入を含む抜本的税制改革案を作成した。37年軍部の要請で第1次近衛内閣の内相に就任するが、在職中に病没した。

ばばたつい[馬場辰猪] 1850.5.15～88.11.1 明治前期の自由民権家。高知藩士出身。藩校文武館や慶応義塾に学び、1870年（明治3）藩命でイギリス留学。74年帰国、翌年から77年まで再度イギリス留学。帰国後、共存同衆で民権論を主張。81年国友会を結成し、自由党に参加して常議員。82年「自由新聞」主筆となるが、板垣

退助の洋行に反対し免職となる。83年自由党を脱党。86年渡米し日本紹介活動を行う。

ばはんきんしれい [ばはん禁止令] 豊臣秀吉の海賊禁止令。秀吉は統一政策の一環として1588年(天正16) 7 月 8 日、船頭・漁師など船を操る海民の調査を命じ、彼らに海賊＝八幡をを働かないよう誓紙をださせた。秀吉は1585年 7 月関白に就任、9 月 3 日唐入を表明したが、海賊禁止は1547年(天文16)の遣明船を最後に断絶した日明貿易(勘合)の復活が意図されていた。秀吉は91年 9 月日本沿岸で中国船に乱暴を働いた黒船(ポルトガル船)に、日本の法すなわちばはん禁止令の遵守を命じ、翌年 8 月黒船に非分を働いた長崎の下級役人を成敗、日本に来航する異国船の安全と商売の自由を保障した。この禁令により16世紀の倭寇の活動は沈静化する。

ばはんせん [ばはん船] 戦国期～江戸時代、海賊行為や密貿易を行う船。「ばはん」は、海賊行為一般をいい、語源は外来語とみる説が優勢。「ばはん」の用字は、八幡・八番・奪販・発販・番船・破帆などが日中の史料にみえる。香西成資の『南海通記』(1719)に、倭寇船が八幡宮の幟をたてたため、八幡船の称がうまれたとあることから、ばはん船は八幡船と書け、倭寇船の別称として広くは考えられてきた。しかし「ばはん」の用例をみると、倭寇にのみ特定することはできない。江戸中期以後は抜荷(密貿易)を「ばはん」とよぶ用法に変化した。

はふり [祝] 「はぶり・ほうり」とも。神職一般をいうが、神主・禰宜につぐ神事奉仕者を表すことが多い。罪や汚れを放る人の義の「はぶり」、斎い祭る義の「いはふり」、葬祭・埋葬の「はふる」などを語源とするともいう。古代においては、神憑りして託宣を告げる者や、祭主ではないが仲介的に神へ奉仕する者を意味する一方で、神職を示す場合もある。中世には男性を祝・祝人、女性を祝女・祝子と称し、とくに女性は巫女としての機能をもった。信濃の諏訪大社や伊予の大山祇神社には、大祝・小祝・権祝・擬祝などの別称があり、肥後の阿蘇神社では一祝から十祝まである。

バブルけいざい [バブル経済] 経済が実体以上にふくらんだ状態。平成景気の時期(1986年12月～91年 4 月)、1987年(昭和62) 2 月のルーブル合意以後の超低金利のもとで過剰資金が生じ、株・土地をはじめ絵画・ゴルフ会員権などの異常な騰貴がばせた。90年(平成 2) 2 月の株価暴落以降、金融引締めのなかでバブルは崩壊したが、その後遺症は今なお深刻である。

はぼく [破墨] 水墨画の用墨法の一つ。山や石などの立体感を墨の濃淡で表現する技法。盛唐前期に山水樹石画の用墨法として生まれた。唐の張彦遠の『歴代名画記』に王維の破墨山水という記述がみえ、以後時代とともに変化発展したが、具体的には淡墨の面を濃墨で破りながら、作品を完成に導いていく方法と結論づけられている。墨面を主とする潑墨と違い、輪郭線と墨面の併用に特色がある。しかし、日本では厳密には区別されず、雪舟筆『破墨山水図』の「破墨」は、ほとんど水墨と同義である。

はぼまいしょとう [歯舞諸島] 北海道東部の根室半島と色丹島の間50kmに点在する島々。根室半島と貝殻島灯台との間を珸瑶瑁水道、色丹島と多楽島との間を色丹水道で画する。水晶島・勇留島・秋勇留島、志発島・多楽島などの11島と岩礁からなり、平坦な台地状を呈する。地名は、根室半島東端部に位置する歯舞村の所管であったことによる。第 2 次大戦後はロシア(旧ソ連)の施政下にある。

はまおあらた [浜尾新] 1849.4.20～1925.9.25 明治期の教育行政家。但馬国生れ。1872年(明治 5)以降文部行政にたずさわる。74年開成学校校長心得、81年専門学務局長。外遊後農科大学の設立に尽力し、93年に帝国大学総長。この間元老院議員・貴族院議員などを歴任。96年高等教育会議議長をへて、同年文相。1905年戸水事件収拾のため再び東京帝国大学総長となる。11年枢密顧問官兼務(のち枢密院議長)、14年(大正 3)東宮御学問所副総裁に就任した。

はまきたじん [浜北人] 静岡県浜北市の浜北根堅遺跡で1960年(昭和35)から62年にかけて発見され、鈴木尚によって報告された更新世後期の新人段階の化石人類。身長の低い(約143cm)成人女性の断片的な頭蓋冠・頬骨・上腕骨・尺骨・腸骨が出土し、四肢骨には縄文時代人によく似た特徴が認められる。

はまぐちおさち [浜口雄幸] 1870.4.1～1931.8.26 明治末～昭和初期の官僚・政党政治家。高知県出身。旧姓水口。浜口家の養子となる。東大卒。大蔵省に入り、煙草専売局長官・逓信次官・大蔵次官などを歴任。その間、立憲同志会(のち憲政会)結成に参画。1915年(大正 4)以来衆議院議員当選 6 回。24～26年加藤高明・第 1 次若槻両内閣で蔵相。26年内相。27年(昭和 2)立憲民政党結成とともに総裁。29年内閣を組織し、協調外交と緊縮財政・産業合理化を進めた。しかし世界恐慌のなかでの金解禁が経済混乱を招き、またロンドン海軍条約調印が反対派から統帥権干犯などと非難され、30年11月、急進的な国家主義者に狙撃されて重傷を負った。翌年病状悪化により内閣総辞職した。

はまぐちおさちないかく [浜口雄幸内閣] 浜口雄幸を首班とする民政党内閣(1929.7.2～31.4.14)。井上準之助蔵相を中心に緊縮政策を実行して、金輸出解禁を実現した。第17回総選挙で勝利を収めたが、昭和恐慌のなかで緊縮政策を継続し、不況を深刻化させた。幣原喜重郎外相は対中国協調外交を進めたが、軍部・右翼から軟弱外交と批判された。また政府は軍部の反対を抑えてロンドン海軍条約に調印したが、これが統帥権干犯問題をひきおこし、浜口首相は右翼青年に狙撃されて重傷を負った。政府は幣原外相を臨時首相代理として第59議会に臨んだが、労働組合法などの重要法案は審議未了におわった。議会終了後、首相の病状悪化によって総辞職した。

はまぐりごもんのへん [蛤御門の変] ⇨禁門の変

はまだくにまつ [浜田国松] 1868.3.10～1939.9.6 明治～昭和前期の政治家。三重県出身。東京法学院(現,中央大学)卒。地方議会議員をへて、1904年(明治37)衆議院議員となる。立憲国民党・革新倶楽部などを経て、25年(大正14)以後立憲政友会に属し、政友会総務、衆議院副議長、田中義一内閣の司法政務次官、衆議院議長を務めた。37年(昭和12)腹切り問答事件をおこし、広田内閣退陣の原因をつくった。

はまだこうさく [浜田耕作] 1881.2.22～1938.7.25 大正・昭和期の考古学者。号は青陵。大阪府出身。東大卒。京都帝国大学講師となり考古学講座開設の目的でヨーロッパに留学、ロンドン大学でペトリー教授に師事。帰国後、大阪府国府遺跡を発掘。内外の遺物を収集して陳列館を充実し、大学の考古学講座のあるべき姿を示した。また「通論考古学」「考古学入門」などを著し、啓蒙的な活動にもあたった。京都帝国大学総長在任中死去。著書「東亜考古学研究」「百済観音」

はまだひこぞう [浜田彦蔵] 1837.8.21～97.12.12 幕末期の漂流者・新聞人。播磨国生れ。幼名は彦太郎。1850年(嘉永3)冬に難破し、アメリカ船に救われて滞米10年。在日本人として最初にカトリックの洗礼をうけてジョセフ・ヒコとなり、また市民権をえてアメリカ国籍を取得。59年(安政6)横浜開港時にアメリカ領事館通訳として帰国。64年(元治元)日本語新聞「新聞誌」を刊行。著書に「漂流記」、英文の「自伝」から。

はまだやひょうえ [浜田弥兵衛] 生没年不詳。近世初期の貿易家で、長崎代官末次平蔵の朱印船の船長。しばしばタイオワン(台南の外港安平)に渡航したが、同地の交易独占を意図するオランダ勢力に取引を妨害され、これと対立。1628年(寛永5)5月、オランダ商館と紛争(浜田弥兵衛事件)をひきおこし、幕府を巻きこんで5カ年にわたる日蘭貿易の中断をもたらした。島原の乱では子の新蔵とともに乱鎮圧に活躍した。

はやしほう [林鵞峰] 1618.5.29～80.5.5 江戸前期の儒学者。羅山の三男。名は又三郎・春勝・恕、字は子和・之道。春斎、鵞峰、向陽軒などと号す。又稱は私諡。那波活所の門人となった後、幕府に出仕。1657年(明暦3)林家を継ぎ幕政に参与。63年(寛文3)将軍徳川家光に五経を講じ弘文院学士号を得る。日本史に通じ、「本朝通鑑」「寛永諸家系図伝」などの幕府初期の編纂事業を主導し、近世の歴史学に強い影響を与えた。彼が整備した林家学塾の組織が、のちの昌平坂学問所の基礎となった。「鵞峰先生林学士文集」がある。

はやしへい [林子平] 1738.6.21～93.6.21 江戸中・後期の経世思想家。名は友直、号は六無斎。父は幕臣だったが牢人となり、兄の仙台藩への出仕を機に仙台に移った。江戸や長崎に遊学し、工藤平助や大槻玄沢らと交わり海外事情を学んだ。仙台藩に藩政改革に関する上書を3度提出する一方、1785年(天明5)「三国通覧図説」、翌年「海国兵談」を著し、日本周辺の状況と海防への世論の喚起をはかった。しかし、これらの書物は人心を惑わし政治を私議したとの理由で、92年(寛政4)仙台蟄居を命じられ、板木・製本とも没収、翌年不遇のうちに病没した。高山彦九郎・蒲生君平とともに寛政三奇人の1人。

はやしせんじゅうろう [林銑十郎] 1876.2.23～1943.2.4 大正・昭和前期の陸軍軍人、首相。石川県出身。陸軍士官学校・陸軍大学校卒。満州事変に際し、朝鮮軍司令官として参謀本部の制止を無視して満州に進攻し追認された。荒木貞夫・真崎甚三郎らと一夕会を基礎に皇道派を形成すると当初同調するが、荒木・真崎の派閥人事に反発し、1934年(昭和9)陸相に就任すると永田鉄山を軍務局長に起用、真崎教育総監を更迭して皇道派に打撃を与え、初期統制派の形成を庇護した。相沢事件で引責辞任、36年予備役編入。37年宇垣一成の組閣失敗後ついで内閣を組織、祭政一致を掲げ政党と絶縁。「食い逃げ解散」を敢行したが選挙で政党側が大勝、4カ月余で総辞職した。40年から内閣参議。

はやしせんじゅうろうないかく [林銑十郎内閣] 林銑十郎を首班とする内閣(1937.2.2～6.4)。広田内閣が陸軍と議会の対立を理由に総辞職したため、陸軍抑制をねらう元老西園寺公望は当初予備役陸軍大将の宇垣一成らを奏請したが、宇垣が組閣に失敗するも(宇垣内閣流産事件)、予備役陸軍大将の林に大命降下があり、1937年(昭和12)2月内閣が成立した。蔵相・興

銀総裁結城豊太郎は「軍財抱合」を唱えて馬場財政に一定の修正を加え、外相佐藤尚武 ^{ひさし} も中国との関係緩和を図った。しかし反政党的態度が顕著で、3月末に既成政党の崩壊をねらって抜打ち的に議会を解散した。選挙結果は政友会・民政党が圧勝して既成政党の勢力維持という結果になり、政党側の倒閣運動の激化もあり、5月31日総辞職した。

はやしふみこ [林芙美子] 1903.12.31～51.6.28 昭和期の小説家。本名フミコ。山口県出身。私生児として生まれ、幼少期から行商の旅で各地を渡り歩き貧窮のなかに育つ。上京して職を転々とし、アナーキストの詩人たちと知り合い影響をうけた。1929年(昭和4)詩集「蒼馬を見たり」を出版、翌年には自作の詩をいれた自伝的日記体小説「放浪記」が刊行されて大ベストセラーになった。その後「風琴と魚の町」「牡蠣 ^{かき} 」「稲妻」「晩菊」「浮雲」など数多くの作品を発表。

はやしほうこう [林鳳岡] 1644.12.14～1732.6.1 江戸中期の儒学者。大学頭。鵞峰 ^{がほう} の次男。名は又四郎・春常・信篤・鵞 ^{たかし} 、字は直民。鳳岡・整宇と号す。正献は私諡。1680年(延宝8)林家を継ぎ、徳川家綱以後5代の将軍のもとで幕府の文書行政に参与。朝鮮通信使の応接にもかかわる。「武徳大成記」などの編纂に従事し、林家の官学的傾向を強めた。1691年(元禄4)湯島聖堂の竣工にあわせて大学頭に任じられ、儒官の剃髪も終焉した。「鳳岡林先生全集」がある。

はやしらざん [林羅山] 1583.8.～1657.1.23 江戸初期の儒学者。名は忠・信勝、字は子信、通称は又三郎・道春。羅山・夕顔巷と号す。文敏は私諡。京都生れ。建仁寺で禅学を学び、1604年(慶長9)藤原惺窩 ^{せいか} に師事。惺窩のすすめで徳川家康に謁見して以後4代の将軍に仕え、幕府の文書行政に携わる。30年(寛永7)徳川家光から上野忍岡の地を寄進され、学寮を建設。林家の幕府学政への参与の道を開く。朱子学を基調とするが理気説などに朱子との差違がみられる。中国儒合一の理当心地の説を唱え、キリスト教批判も激烈。博学を本領とし、将軍や幕閣からの諮問への応答や、文書の起草・編纂などをおもな任とした。武家諸法度、「寛永諸家系図伝」、朝鮮使節への国書の起草はその代表。「羅山先生集」がある。

はやと [隼人] 古代の南九州の居住者に用いられた呼称。畿内近国に移住させられた人々も隼人とよばれた。呼称は天武朝以降に成立・使用されたらしく、隼人は「夷人雑類」とされて野蛮人視された。朝廷は衛門府(のち兵部省)管下に隼人司をおき、朝貢隼人・畿内隼人を統轄せ、その呪力や軍事力を利用した。大隅・薩摩両国への班田制導入と朝貢停止により、9世紀には南九州の居住者が隼人とよばれることはなくなり、畿内隼人が即位・大嘗祭などの朝廷儀式に参加した。

はやぶさ [隼] 日本陸軍の一式戦闘機。1941年(昭和16、皇紀2601)に制式化された。総生産数は5750機以上であり陸軍機としては最多。中島飛行機製作。型式は単発・単座の低翼単葉陸上機で、全幅11.4m、全長8.9m、最高時速495km。太平洋戦争において爆撃機の護衛にあたり、加藤建夫中佐の率いた「加藤隼戦闘隊」の活躍で有名。

はやまよしき [葉山嘉樹] 1894.3.12～1945.10.18 昭和前期の小説家。福岡県出身。早大予科中退。船員などの職を転々とする。労働運動に参加し、投獄中に作家生活に入り、1925年(大正14)「淫売婦」を発表。「文芸戦線」同人。翌年の「海に生くる人々」はプロレタリア文学初期の傑作として著名。のち長野県に移り、その風土や生活を反映した作品を執筆。43年(昭和18)満州開拓村へ渡るが、引揚げの車中で病没。

はやりがみ [流行神] 突発的に出現し、一時的に熱狂的な信仰を集めながらも急速に信仰を衰退・消滅させてしまう神仏。この種の神仏の共通点は、雑多な神仏であること、信仰が流動的であること、霊験が個別的・機能的であること、信仰圏が限定されていることなどである。また出現にも土中出現・空中飛翔・水上漂着などの型がある。流行神創出と流行の背後にはつねに巫女や行者のような民間の宗教者が関与するが、近世には寺社が現世利益志向的な霊験を故意に喧伝し、寺社経営の手段にした例もある。流行神の出現は社会変動の時期と呼応する例が多く、社会的緊張や社会不安からの救済を求める人々によって、霊験ある新しい神仏が救済者として祭りあげられ、期待に応じられないものは祭り捨てられた。

はらえ [祓] 「はらい」とも。罪・穢 ^{けがれ} などを身から除き、清める儀式。記紀神話にみられる伊奘諾 ^{いざなぎ} 尊が黄泉 ^{よみ} 国の穢を檍原 ^{あばはら} で祓ったものと、素戔嗚 ^{すさのお} 尊が悪業の代償として、千座置戸 ^{ちくらおきど} を科されたときに天児屋根 ^{あめのこやね} 命が祓詞を宣したのが起源と伝えられ、記紀神話成立段階には実際に行われていた。穢には罪と汚穢があるが、当時はその区別が判然としていなかったためともに祓によって清め、はじめは解除 ^{はらえ} の語も用いられた。大祓は、国家全体の穢を祓うために行われ、やがて6・12月晦日の年2回に固定され、大嘗 ^{だいじょう} 祭・新嘗祭・斎宮卜定 ^{ぼくじょう} など国の重要な祭事には必須のものとされた。しだいに私的な場でも行われるようになり、祓の儀も多様性を増し

はらけいにっき　[原敬日記]　明治・大正期の政治家原敬たかしの日記。1875年(明治8)の東京から盛岡に帰る「帰省日記」に始まり，天津てんしん領事時代の「天津日記」をへて，立憲政友会に参加して以降の政治家時代までのもの。とくに1921年(大正10)までの政治家時代の日記は，日々の言動，面談者との談話内容や会議の模様などが詳しく，当時の政治の第一級史料である。原本は82冊で盛岡の原敬記念館蔵。50～51年(昭和25～26)と65～67年の2回刊行された。

はらたかし　[原敬]　1856.2.9～1921.11.4　明治・大正期の政党政治家。盛岡藩士(家老職)の次男として盛岡に生まれたが，のち分家して平民となる。司法省法学校退学後，郵便報知新聞社をへて1882年(明治15)外務省に入省。陸奥宗光の知遇を得て農商務省・外務省の要職を歴任し，外務次官をへて駐朝鮮日本公使。98年官界を辞して大阪毎日新聞社社長となる。1900年立憲政友会結成に参加，同年幹事長，第4次伊藤内閣の逓信相になる。02年衆議院議員に当選し，以後連続8回当選。総裁西園寺公望きんもちを補佐し桂太郎との提携を推進，積極政策をかかげて政友会の勢力拡大を実現した。14年(大正3)友会総裁に就任。18年内閣を組織し平民宰相とよばれたが，多数による力の政治や利益誘導政治に対する批判も強く，東京駅で暗殺された。「原敬日記」82冊が現存。

はらたかしないかく　[原敬内閣]　立憲政友会総裁原敬を首班とする大正期の本格的政党内閣(1918.9.29～21.11.13)。陸・海・外相を除き政友会員を閣僚とした。原は衆議院に議席をもつ最初の総理大臣で平民宰相とよばれたが，山県有朋ありともなどとも協調関係を保持していた。外交的には国際協調路線をとって第1次大戦中の中国政策を修正し，1921年(大正10)にはワシントン会議への参加を決定。内政面では道路・鉄道の拡充などの積極政策を行い，高等教育機関の充実をはかった。19年には納税資格引下げ・小選挙区制導入を骨子とする選挙法改正を行い，衆議院で絶対多数を獲得したが，普通選挙実現に対しては消極的であった。3年余の長期政権だったが，21年11月原の暗殺により総辞職した。

はらマルチノ　[原マルチノ]　1568?～1629.10.23　天正遣欧使節副使の1人。1582年(天正10)長崎を出発しスペイン，ローマなどに赴く。ラテン語の才に恵まれ，帰途の87年インドのゴアでバリニャーノに対しラテン語で謝辞をのべる。帰国後の91年，天草でイエズス会に入会。在欧中に習得した洋式活字印刷の技術によって，キリシタン版の刊行に貢献した。1614年(慶長19)禁教令によりマカオに追放され，同地で没。

はり　[梁]　古くは「うつばり」とも。建物の柱の上方にあり，屋根を支える横木。柱と柱を結んで広い空間を造る梁，柱と柱をつなぐ梁などがある。前者ははじめ棟と直角の方向(梁行はりゆきまたは梁間)にだけ架け，のちに棟の方向(桁行はりゆき)にも架けた。みえるところに架ける化粧の虹梁こうりょうと天井で隠される野物のものの小屋梁，大梁と小梁，繋つなぎ梁などの別がある。

はりがみねだん　[張紙値段]　張紙直段とも。江戸時代，旗本・御家人に支給する切米100俵(35石)の値段(単位は両)。年3回の蔵米支給時期に，支給米金の割合と一緒に，江戸城内の中ノ口に張り出されたところからこうよぶ。市中の米相場を調査のうえ米価の調節などの意図をもって評定所が決定したので，幕府の公定米価のような性格をもつようになった。なお地方の幕領では年貢米の石代相場に使う場合もあった。

パリこうわかいぎ　[パリ講和会議]　第1次大戦の戦後処理のため1919年(大正8)1～6月にフランス外務省で開催された国際会議。英・仏・米の3国が中心で，ウィルソンの平和14カ条をもって戦後平和の確立を期すアメリカと，対独憎悪心の強いフランスとの妥協の産物として，会議の結果ベルサイユ条約が結ばれた。日本は南洋群島と山東半島の旧ドイツ権益の譲渡を要求し承認されたが，後者は中国の激しい反対で後に山東問題として紛糾する。

ハリス　Townsend Harris　1804.10.4～78.2.25　アメリカの外交官。ニューヨークの商人出身。中国・東南アジアで通商に従事したのち，1854年寧波ニンポー領事。ただしみずからは赴任しなかった。55年下田駐在の初代米国総領事に任命され，通商条約締結の全権を委任された。56年(安政3)シャム(タイ)で通商条約を締結したのち下田に来航，玉泉寺に総領事館を開いた。57年下田条約締結。同年，江戸に上り将軍徳川家定に大統領の親書を上呈。老中堀田正睦まさよしに通商の急務を説いて通商条約の交渉に入った。58年他国にさきがけて日米修好通商条約の調印に成功。59年初代駐日公使となり，江戸麻布善福寺に公使館を設けた。外国外交団中の最古参として幕府の信頼を得た。62年(文久2)帰国。

ハリストスせいきょうかい　[ハリストス正教会]　⇨日本ハリストス正教会にほんハリストスせいきょうかい

はりた　[墾田]　⇨墾田こんでん

はりつけ　[磔]　死刑の一種で，罪人の体を木に「張り付け」て殺害することに由来する名称。古代末期から武家の刑罰として史料にみえる。江戸幕府の刑制(「公事方御定書」)では，主人や親に対する殺害・傷害の罪に対する刑罰とされ，罪人の両手両足を1本の柱，2本の横木に

縛りつけ,槍で突いて絶命させる方式がとられた。

はりつけもざえもん[磔茂左衛門] ?~1682? 江戸前期の義民。杉木氏。上野国月夜野村の百姓。両国橋普請の材木山出し人足徴発,諸運上,伊賀枡という不正桝による収奪などの沼田藩主真田伊賀守信利の苛政を,1681年(天和元)幕府に越訴し磔にされたというが,事実は確認できない。直訴状の写は沼田領内各地に存在し,直訴者については異なる伝承がある。茂左衛門地蔵尊が現存し,明治期以降物語が作成され,代表越訴型一揆の典型とされるにいたった。

バリニャーノ Alexandro Valignano 1539.2.~1606.1.20 イタリア人イエズス会巡察師。1579年(天正7)肥前国口之津に上陸,翌年五畿内を巡察し,織田信長から歓待された。日本イエズス会第1回協議会を開き,布教方針に日本の習慣などへの適応主義を採用,日本人聖職者養成のための教育機関であるセミナリヨ,コレジョ,ノビシヤドの設立を指令した。通信制度を改革し,日本年報を作成させた。82年天正遣欧使節を伴い離日。90年インド副王使節として長崎に上陸。豊臣秀吉のパテレン追放令への対処を協議し,キリシタン版の出版にも着手。91年聚楽第(じゅらくてい)で秀吉に謁見。92年(文禄元)長崎での第1回日本イエズス会管区会議後に再離日。98年(慶長3)3度目の来日。1603年まで長崎を中心に滞在。マカオで病死。

パリばんこくさんぎょうはくらんかい[パリ万国産業博覧会] 1867年に開催されたパリでの2度目の万国博覧会。ナポレオン3世のもとで,51年および62年のロンドン万博をしのぐ規模で行われ,入場者数680万人。日本人が主体的に参加した最初の万博で,幕府・佐賀藩・鹿児島藩が出品したほか,江戸商人清水卯三郎が茶屋を設けて好評を博した。主会場は同心円状の配置で,同心円状に歩けば分野別に,放射状に歩けば国別に出品が見られ,日本の第2回内国勧業博覧会はこの形式を模倣した。

はりまのくに[播磨国] 山陽道の国。現在の兵庫県南西部。『延喜式』の等級は大国。『和名抄』では明石(あかし)・賀古・印南(いなみ)・飾磨(しかま)・揖保(いいぼ)・赤穂(あかほ)・佐用(さよ)・完栗(しさは)・神埼・多可・賀茂・美嚢(みなき)の12郡からなる。国府・国分寺は飾磨郡(現,姫路市)におかれた。一宮は伊和神社(現,一宮町)。『和名抄』所載田数は2万1414町余。『延喜式』では調として布帛や塩のほか壺・盤・椀などの雑器が定められた。「播磨国風土記」には多くの屯倉(みやけ)の存在や渡来人による開発伝承が記され,畿内に接し早くから開けていたことを物語る。平安時代以降多くの荘園がおかれ,12世紀後半には平氏の知行国となる。鎌倉末期には悪党(あくとう)の活躍が顕著となり,赤松氏が台頭して室町幕府の有力守護大名となる。近世の支配は複雑で,大名領,幕領,旗本領,寺社領が混在。1871年(明治4)の廃藩置県により成立した10県と飛地領は姫路県とされ,さらに飾磨県と改称。76年兵庫県に編入された。

はりまのくにのつちいっき[播磨国の土一揆] 正長の土一揆(1428)が播磨国に波及したことをきっかけに,播磨一国で土民が一揆を結び蜂起した事件。正長の土一揆は畿内近国を,徳政を求める土一揆の波に巻きこみ,1428年(正長元)冬,播磨にも波及した。この動きは12月までには収まったと推測される。翌年1月,再び土民たちは蜂起し播磨国内には侍の居住を許さない,との主張のもとに武士たちを攻撃し,国内の荘園代官ばかりか,守護方の軍勢を殺害したり追放したりした。このため守護赤松氏の軍勢は国内各地に転戦して一揆軍と戦い,2月頃鎮圧した。

はりまのくにふどき[播磨国風土記] 諸国風土記の一つ。成立は風土記撰進の官命がでた713年(和銅6)の直後とおもわれる。地名起源の説明では現存風土記中で最も詳しく,文体も和文調が強い。地名起源説話には天日槍(あめのひぼこ)命や品太(ほむだ)天皇(応神天皇)など記紀神話にみられる神や人物のほか,伊和大神(いわのおおかみ)など本書のみに登場する独自の神々も活躍。現存諸本は平安後期に書写した三条西家旧蔵本(天理図書館蔵,国宝)を祖本とするが,未整備の部分が多く,巻首と明石郡,賀古郡の一部が欠け,赤穂郡の記事もない(赤穂郡は風土記成立当時は未成立か)。『日本古典文学大系』所収。

ハリマンまんてつばいしゅうけいかく[ハリマン満鉄買収計画] アメリカの鉄道王E.H.ハリマンが,1905年(明治38)8月,日本に提案した南満州鉄道の買収計画。桂太郎・井上馨・渋沢栄一は日本の財政難を考慮しアメリカ資本との共同経営に賛同,桂・ハリマン協定が結ばれたが,日露戦争の成果に対するアメリカの介入を防止しようとする小村寿太郎の強硬な反対により,同協定は破棄され計画は実現しなかった。

パルチザン 郷土に密着した非正規軍。構成員は高度の政治性をもち,行動は迅速機敏。日本との関係では,シベリア出兵の際の尼港(にこう)事件の首謀者,間島(かんとう)地方における抗日組織,日中戦争期の華北地方における共産軍などが,パルチザンと称された。

バルチックかんたい[バルチック艦隊] ピョートル1世により創設されたロシア帝国最大の艦隊。日露戦争にあたって極東艦隊(太平洋第1艦隊)支援のため,バルチック艦隊のなかか

ら太平洋第2艦隊が編成され、1904年10月リバウ軍港を出発。日本軍により第1艦隊が撃破されたためマダガスカルで増援の第3艦隊を待ち、これと翌年5月に合流、38隻の大艦隊となった。ウラジオストクをめざしたが、日本海海戦で潰滅的な打撃をうけた。

はるのつじいせき［原ノ辻遺跡］ 長崎県壱岐島の石田町・芦辺町にある弥生時代の環濠集落。大正期から知られ、弥生中期後半～後期の竪穴住居跡・貝塚・遺物包含層・甕棺カメカン墓・石棺墓などが調査された。1991年(平成3)からの発掘で、丘の裾をめぐる南北850m、東西350mの三重の濠が確認され、前期末～後期の大規模な環濠集落であることが判明。朝鮮半島の無文土器や瓦質土器・漢式土器、戦国式銅剣、中国鏡・仿製鏡、有鉤銅釧ユウコウドウセン、30本以上の鏃ヤジリなどの青銅器類、斧・鎌・刀子トウスなどの鉄製品、ガラス玉類、石剣・石包丁などの石器、ヤス・銛モリ・鏃などの骨角器、卜骨、貨泉カセン、木製盾など多種多様な遺物がある。「魏志倭人伝」中の一支イキ国の中心地と考えられている。国史跡。

ハル・ノート 1941年(昭和16)11月26日、日米交渉最終段階にアメリカ国務長官ハルが示した対日回答。中国本土からの全面撤退、重慶政府以外の政府の否認、三国同盟の否認など、きびしい要求を含んでいた。日本の暫定協定案(乙案)への回答であったために日本側はこれを事実上の最後通牒とみた。米側にも「乙案」に近い暫定協定案があったが、アメリカの対日参戦を期待する蔣介石の強硬な反対論と、蔣の説得に応じて反対に転じたイギリスのチャーチル首相の働きかけによって、アメリカはハル・ノートを発した。

ハルマわげ［ハルマ和解］ 江戸後期、稲村三伯サンパクらによって編纂された最初の蘭仏辞典。13冊本と27冊本がある。1796年(寛政8)成稿、順次30部を刊行。題箋ダイセンに「F. HALMA, NEDERDUITS WOORDENBOEK」とあり、和書名はない。門人藤林普山の著作の跋文に三伯自身が「波留麻和解」という名称を記す。後年「ドゥーフハルマ」を「長崎ハルマ」とよんだのに対し、「江戸ハルマ」ともよんだ。フランソア・ハルマの「蘭仏辞典」(1729年第2版)が原典。見出し語は木活字で印刷、オランダ語の説明を訳した日本語は毛筆で縦書き。8万語といわれたが実数は6万余語。三伯が企画、もと通詞の石井恒右衛門を中心に宇田川玄随ゲンズイ・岡田甫説・宇田川玄真が協力した。

ハレ 晴とも。ハレは、晴あるいは公の意味を表現する。ケに対比される語であり、ハレとケに対しては、聖と俗、公と私の対語をあてはめて説明する立場がある。祭や年中行事、冠婚葬祭のような特別な行為をともない、ふだんの生活とは異なる状態をさす。まず晴れ着つまり「よそゆき」の着物を着る、餅や赤飯など特別の食物を食べる、注連縄をはったり、特別に装置した場所が選ばれるなど、衣食住の生活に「ふだん」との変化がみられる。ケの状態が永続せず衰えてケガレの状況になると、人間は「ふだん」のケを維持するような試みを企てる。行事の基底には並々ならぬエネルギーが働く。それがハレの文化の基本をなす。

はん［藩］ 江戸時代の大名領域およびその支配機構をいう。藩という言葉は本来古代中国封建制において、天子から諸国に封じられた王侯の領国を意味した。江戸時代これになぞらえて、儒者などを中心に徳川将軍家に服属していた大名家を藩とよぶようになった。ただし江戸期における公称ではなく、明治維新直後の1868年(明治元)新政府が府藩県三治制をしいたときに、旧幕領である府・県に対し旧大名領がはじめて藩とよばれた。71年の廃藩置県により消滅。

ハーン ⇨小泉八雲コイズミヤクモ

ばん［番］ 前近代における役務あるいは労働の編成方式の一つで、複数の集団や個人が交代で勤務すること。その集団・個人も番(人)とよぶ。律令制下、官人の勤務形態に長上チョウジョウに対する分番(番上)があり、軍団兵士らも番を組んで交代勤務した。荘園制のもとでは、摂関家の大番舎人トネリが著名だが、このほかにも荘園領主が雑公事ゾウクジ徴収のために名ミョウを単位として番を編成。鎌倉幕府の御家人役の中心は、警固番役すなわち京都大番役・鎌倉番役などであり、裁判制度でも引付方ヒキツケカタに番制度を採用し、建武政権・室町幕府にも継承された。江戸幕府では、大番・書院番・小姓組や江戸町奉行の勤務形態にみられるように、番制度は幕府職制の骨格として機能した。中世～近世の村と町の共同体における防災・警備組織においてもみられる。

はんか［反歌］ 長歌の後に添えられた1首または数首の歌。長歌の主題を反復してまとめるもの、長歌の内容を補足するもの、長歌の内容を新しく展開させるものなどがある。上代歌謡には存在せず「万葉集」に始まるが、「万葉集」中、旋頭歌セドウカ一例を除いてほかはすべて短歌形式に限られる。「万葉集」の長歌265首中220首は反歌をもち、45首は添えられていない。反歌様式の成立については諸説あるが、漢詩の反辞を擬したものとするのが穏当である。

はんが［版画］ 木版・石版・銅版などで刷った画の総称。凸版・凹版・孔版がある。同一図様のものを大量に、しかも容易に制作できるのが最大の特徴。日本では布教のための宗教版画

や，絵巻の下絵制作にも用いられた。日本最古の印刷物が法隆寺の百万塔におさめられた「陀羅尼経」であることに象徴されるように，日本の版画のほとんどは木版画であった。浮世絵版画は墨摺から出発し，精巧な多色摺の錦絵によってその頂点をきわめた。銅版画は江戸時代の後半，司馬江漢が日本ではじめて制作に成功した。版画は大量の複製制作の手段として用いられる以外に，それぞれの版画技法特有の効果をねらった芸術作品としても作られ，創作版画と総称される。

ばんか［挽歌］雑歌・相聞とともに「万葉集」の3大部立の一つ。巻2・3・7・9・13・14の各巻に挽歌の標題で219首の歌が配されるほか，部立を設けない巻5・15・16・17・19・20の各巻にも収録。広く人の死にかかわる歌で，葬送の歌をはじめ，死者追悼の詠，病中の作や辞世の歌，さらには行路死人や伝説上の人物の死を悼む歌なども含まれる。

はんがく［藩学］藩校・藩黌・藩学校とも。江戸時代，諸藩がその家中の子弟のために設けた学校。広義には，幕末期に多く設けられた洋学所など藩営のすべての教育機関をさすが，通常は儒学を中心とし，多くの藩では経書から学校名をつけた（時習館・明倫堂など）。19世紀を迎える前後から多く設立され，1641年（寛永18）創立の岡山藩花畠教場などは早い例。幕藩体制の動揺のもとで，藩士の人材養成・選抜の機関として設けられたことをうかがわせるが，当初は中士以上を入学資格とするところも多かった。教育内容は四書五経が中心で，試験に不合格となると家禄の一部を減じた藩もある。明治期以後の士族の教育熱は，藩学の有形・無形の影響ともいえる。

ばんかた［番方］江戸幕府の職制で，軍事部門を担当した役職。大番・書院番・小姓組番・新番・小十人組番からなる五番方をはじめ，徒組・鉄砲百人組・先手（弓・鉄砲）組・持（弓・筒）頭・旗奉行・鑓奉行などがこれにあたる。行政を担当した役職を役方というのに対する。一般に，平時には番方の重要度は低下し，役方に有能な人材が配されたといわれるが，人事上で両者に明確な区分があったわけではない。書院番・小姓組の両番から出発し，番方・役方種々の役職を歴任して勘定奉行・町奉行・大目付にいたる道筋は，旗本にとってのエリートコースであった。両者の関係は，幕府官僚機構全体のなかで有機的にとらえる必要があろう。

パンカダ ⇨ 糸割符

はんかんふ［藩翰譜］大名の系譜と伝記の集成。新井白石編。凡例目録1巻・正編10巻・付録2巻。1701年（元禄14）白石が甲府藩主徳川綱豊（6代将軍家宣）の命をうけ，翌年に進呈。1600～80年（慶長5～延宝8）における1万石以上の大名337氏の始ující・終訓および除名などの事績が，松平諸家・譜代・外様の順で記され，付録は廃絶諸家を収録。叙述は簡潔で実証的だが，考証の不備もみられ，白石自身も致仕後に修正を加えている。1789年（寛政元）幕府は本書の続修を企図し，1805年（文化2）瀬名貞雄・岡田寒泉によって編纂がなった。「新井白石全集」所収。

はんぐんえんぜつもんだい［反軍演説問題］1940年（昭和15）2月2日の衆議院本会議での演説内容をめぐって，立憲民政党の斎藤隆夫が3月7日に衆議院を除名された事件。斎藤は政府・軍部の日中戦争の処理方針を「聖戦の美名に隠れて，国民的犠牲を閑却」するものであると批判した。陸軍はこの演説を「聖戦を冒瀆するもの」として反発し，議会主流もこれに同調，斎藤の議員除名を多数で可決した。事件は新体制運動に至る政局流動化の契機となった。

はんこう［藩校］⇨藩学

ばんこくこうほう［万国公法］幕末～明治初期の中国と中国で使われた国際法の別称。1865年（慶応元）幕府の開成所が「万国公法」を翻訳し，この呼称は日本でも広く普及した。万国公法は当時，儒教でいう「天地の公道」に相当する自然法と理解され，弱小国の外交を支える国際的拘束力を期待された。なお国際法の語は，73年（明治6）の箕作麟祥による別書の翻訳書名から広まり，81年には東京大学の学科目の名称に採用された。

ばんこくこうほう［万国公法］幕末期の国際法解説の漢訳書。ヘンリー・ホイートンの「Elements of International Law」を1864年アメリカ人宣教師マーティンが「万国公法」と題して漢訳，日本でも翌65年（慶応元）開成所が翻刻。

ばんこくゆうびんれんごう［万国郵便連合］1874年に結成された郵便事業の国際組織。略称UPU。国際間の郵便事業を円滑に行う目的で74年に条約調印，75年に正式に発足した。日本は77年（明治10）に加盟。同連合は万国郵便大会議を定期的に開催，1969年（昭和44）には東京で第16回大会が開かれた。1947年国際連合の専門機関となったが，その歴史の古さと加盟国の多さは他の国際機関に例をみない。

ばんざいじけん［万歳事件］⇨3・1運動

はんさつ［藩札］江戸時代，諸藩で発行した紙幣。金札・銀札・米札などの種類があり，短冊形の厚手の和紙に印刷された形態が多い。現存するものでは1661年（寛文元）の福井藩の銀札が最初で，発行例は244藩に及ぶ。幕府は1707年（宝永4）に札遣いを禁止したが，30年（享保15）に解禁して，札発行の先例をもつ藩にか

ぎりこれを認め、のち米札についても同様の規制を加えた。領内の貨幣不足の緩和や、専売制実施と関連して発行されたが、藩財政の窮乏化のなかで乱発され、兌換原則が崩れて領内経済を混乱させることも多かった。廃藩のため1871年(明治4)に通用停止となり、79年までに新貨に交換された。

ばんしゃのごく [蛮社の獄] 1839年(天保10)江戸でおきた政治疑獄事件。目付鳥居耀蔵の告発によって渡辺崋山・高野長英・小関三英ら西洋事情研究者の仲間「蛮学社中」が弾圧された。幕府儒官林述斎の次男である鳥居は、幕臣が崋山らのもとに出入りすることに危機感を覚え、同年、江戸湾岸の巡見を終えた代官江川太郎左衛門英竜らが、崋山に復命書の別冊として西洋事情書の執筆を依頼したことを探知。同書の上呈を阻止するため、配下の小人目付小笠原貢蔵に探索を命じ、小笠原の報告に脚色を加え老中水野忠邦に上申。崋山・長英は逮捕され、審理中に押収された「慎機論」「西洋事情答書」によって崋山は国元蟄居、長英は「戊戌夢物語」著述により永牢に処された。三英は逮捕前に自殺した。

はんしゃろ [反射炉] 金属の溶解・精錬に用いる炉。幕末期に鉄製砲鋳造のために建設され、鉄鋼業近代化の端緒として象徴的意味をもつ。燃料と金属材料を別の区画に装入し反射熱によって金属を溶解する炉。ヨーロッパでは古くから用いられたが、18世紀イギリスで改良され鉄鋼増産の主役となった。1850年(嘉永3)佐賀藩でオランダ語の技術書を参考に建設され、67年(慶応3)までに約200門以上の青銅砲とほぼそれに近い鉄製砲が製造された。佐賀藩の2カ所をはじめ薩摩・韮山・水戸など計11カ所で建設され、うち4カ所は民間経営だった。これにより原料鉄の質や大量入手の重要性が認識され、高炉による銑鉄の生産が促進された。

ばんしょ [番所] 警備や見張役のため番人が詰める施設。江戸時代、口留番所をたんに番所ということもあった。また幕府が設置した関所の建物を番所とよび、関所のなかでも浦賀や下田・相模国浦賀や江戸中川のような海上・河川を取り締まる施設は番所と称した。江戸では武家地の警備のために辻番所がおかれ、江戸城警備のため諸門に御門番所があった。このほか江戸の町奉行所を番所ともいい、土佐国高知藩では宿間屋場を送番所と称した。

ばんしょう [番匠]「ばんじょう」とも。中世の木造建築技術者。もとは番上の木工に由来するらしい。中世初期には、ほとんどが修理職・木工寮といった大寺院、地方の国衙・国分寺に属した。やがて無所属の散在工もふえて受注競争が激化した結果、各寺社

ごとに大工職(工事の独占請負権)が成立した。16世紀には、いくつかの都市で十六人番匠などという有力番匠の独占的連合も結成された。「春日権現験記」などの絵巻が番匠の作業風景を活写している。

番匠

ばんじょう [番上] 令制下、常時勤務する長上に対して分番勤務する官人のことで、内舎人以外の舎人や史生・兵衛・伴部・使部などの雑任をいうが、品部・雑戸、蔭子・位子や庶民の諸司に出仕する者も含める。ただし、造東大寺司写経所で働いていた案主や写経生らのように、実際には常時勤務していた者が多かったと考えられ、結局のところ、長上と番上の区別は官人としての待遇の格差にすぎなかった。

ばんしょこう [蕃藷考]「蕃薯考」とも。江戸中期の農書。青木昆陽著。救荒食料としての甘藷(サツマイモ)の効用を説いた書で、大岡忠相の推挙を得て1733年(享保18)将軍徳川吉宗に呈上されたとされるが原本は不明。吉宗の命でこの書を簡略化し「薩摩芋功能書并作り様の伝」として35年刊行。種芋とともに諸国に配布し、甘藷栽培の普及に大きく貢献した。松岡恕庵の「蕃藷録」との重複部分を削除した同名異書「蕃藷考」も同年著した。

ばんしょしらべしょ [蕃書調所] 江戸幕府の洋学研究教育機関。主要業務は洋書翻訳・洋学教育・洋書翻訳書検閲。老中阿部正弘のもとで、1856年(安政3)2月に洋学所が蕃書調所と改称され、7月に古賀謹一郎を頭取として九段下に開業。翌年1月に開校式を行い、幕臣とその子弟に対する洋学教育を開始。はじめは毎日約100人の登校者がいた。58年5月には蘭語句読修了以上の者にかぎり陪臣にも入学を許可。教授方は開業当時の15人からしだいに増加し、59年には22人となった。58年井伊直弼が大老となり幕政の実権を握ると、蕃書調所は幕府内部で軽視されるようになり、59年小川町の狭い構舎へ移転された。しかし60年(万延元)に直弼が倒れると学科新設が相つぎ、名称も洋書調所、さらに開成所と改称され発展。

ばんしょわげごよう [蛮書和解御用] 蛮書和解御用とも。江戸幕府の役職名。蕃書調所の前

身。1811年(文化8)から蘭書翻訳のために天文方におかれた。異国船の到来の際には出張・出接し、嘉永・安政期以降は外交文書の調査・翻訳も行った。阿蘭陀〔オランダ〕書籍和解之御用、あるいは創設時に翻訳の対象となった百科辞書の書名を冠して蛮書ショメル和解之御用ともよばれた。

はんしん・あわじだいしんさい[阪神・淡路大震災] 兵庫県南部地震とも。1995年(平成7)1月17日午前5時46分頃発生。近畿地方を中心に、西日本・東日本の広い地域に及んだ。神戸・洲本で震度6(烈震)。震源は淡路島北部で深さ約20km、マグニチュード7.2の直下型地震。建物の損壊があいつぎ、神戸市内各地で火災も発生。JR新幹線・鉄道・高架橋が崩壊、道路が寸断され、電気・ガス・水道などのライフラインも麻痺状態となった。政府の対応、自衛隊などの初動の遅れなど危機管理体制のまずさが指摘される反面、官民・ボランティアの援助活動は活発に行われた。死者は6300人をこえ、政府は激甚災害地域に指定したが、折からの不況下で経済活動にも深刻な影響を与えた。

ばんすい[番水] 灌漑用水の分配方法の一つ。灌漑用水が不足する時期や恒常的に不足する地域では、灌漑地域を分割して、時間を区切ってブロックごとに順番に給水し循環させる方法をとった。鎌倉時代以降の惣郷組織形成以後、村落を単位とする番水体系が作られ、村内では身分階層や耕地の位置に応じた番水の順番が形成される。村落間では領主の統制をうけながら、井組・用悪水組合・普請組合などの管理・維持機構によって、番水の体系が慣行として形づくられた。

はんせい[藩制] 江戸時代の大名家による領域支配制度。江戸時代の大名家は幕府から1万石以上の領地を与えられた者をさすが、総数二百数十家の内訳は、1万石から100万石余まで大小さまざまである。また一円的で大規模な支配領域をもつ藩と、支配領域が散在したり小規模な藩では領域支配のあり方は大きく異なっていた。しかし一般的には、所領内の藩主の居城・居宅を中心とした領内支配制度が形成され、領民からの貢租をおもな財源に、参勤交代をはじめ幕府への軍役負担や、領内支配にあたる大名家臣団の維持がなされている点で共通していた。幕府同様に江戸時代を通じて藩政改革がくり返され、とくに領内外の市場経済の進展への対応を迫られた。大藩の場合には相対的に独立性が強く、独自の経済制度や法制をもったところもある。幕府倒壊直後も藩制による地域支配自体は続行され、最終的には1871年(明治4)の廃藩置県により消滅。

はんぜい[半済] 南北朝期に兵粮米〔ひょうろうまい〕の現地調達のため行われ、その後、室町幕府の土地政策の根幹となった制度。本来は年貢などを半分納入することをさしたが、やがて下地〔したじ〕の折半をともなうようになった。1352年(文和元・正平7)足利尊氏が寺社本所〔ほんじょ〕領の年貢半分を兵粮料所として守護に預けたことに始まり、その後、西国各地で守護による実質的半済が行われ恒常化する。68年(応安元・正平23)皇室・摂関・寺社一円領の半済を停止して大荘園領主を保護する一方で、その他諸国の本所領の半済を認めたため、守護領国制下での荘園の解体が進んだ。15世紀後半〜16世紀に、百姓の半済(年貢半納)要求や、山城国一揆による半済実施などが確認できる。

はんせいかいかく[藩政改革] 江戸時代、内外の危機に直面した諸藩が、その危機を克服するために行った政治刷新の動き。改革は前期・中期・後期、幕末期と江戸時代を通じて各藩で実施され、危機の内容も家臣団の分裂と対立、支配機構の弛緩と動揺、藩財政の窮乏や凶作などによる領民の疲弊、百姓一揆・打ちこわしの高揚などさまざまで、後期には外国船の来航による国際的危機の激化が加わる。危機を打開するための改革の主体や政策も時期によって異なる。前期の改革では会津藩の保科〔ほ〕正之、水戸藩の徳川光圀〔みつくに〕、金沢藩の前田綱紀〔つなのり〕、岡山藩の池田光政らの改革、中期では米沢藩の上杉治憲、熊本藩の細川重賢〔しげかた〕らのいわゆる名君の活躍がめだつ。天保期以降では萩・鹿児島・佐賀・高知などの西南雄藩における軍事力強化を含む改革の実施が注目される。

はんぜいてんのう[反正天皇] 記紀系譜上の第18代天皇。5世紀前半頃の在位という。多遅比瑞歯別〔たじひみずはわけ〕天皇と称する。父は仁徳天皇、母は皇后磐之媛〔いわのひめ〕。履中天皇の同母弟。河内の丹比〔たじひ〕に柴籬宮〔しばがきのみや〕を営んだ。「宋書」倭国伝にみえる倭王珍〔ちん〕は、名前の瑞が転訛したとする説がある。葬られた百舌鳥耳原北〔もずのみみはらの〕陵は、大阪府堺市の田出井山古墳にあてられているが、誉田山〔こんだやま〕古墳(応神陵)に求める説もある。

はんせきほうかん[版籍奉還] 幕藩体制解体の過程で実施された土地(版)・人民(籍)の朝廷(天皇)への返上政策。藩主が返還を願い出て、朝廷が聴許するというかたちがとられた。1868年(明治元)11月の姫路藩主の願いが最初。木戸孝允〔たかよし〕・大久保利通〔としみち〕らが推進役となり、翌年1月20日に薩長土肥の4藩主が連名で版籍奉還の上表文を朝廷に提出し、続いて他の藩主たちもこれにならった。上局会議や公議所の討議というかたちを整えたうえで6月17日から聴許、建白書未提出の14藩主には奉還を命じ、最終的には274の全藩主が奉還した。藩主はあら

ためて知藩事に任命され，地方長官として藩政を委任された。70年9月布告の藩制により藩の組織などを細部まで統一して各藩の藩政改革を促したが，71年7月に廃藩置県となった。

ばんだいなごんえまき [伴大納言絵巻] 平安後期の絵巻。866年（貞観8）3月におきた応天門の炎上をめぐる大納言伴善男の陰謀と失脚を描く。上中下巻にわかれているが，もとは1巻の長大な絵巻であった。柔らかく的確な描線で人物の姿態や表情を描くとともに，群衆の動きを巧みにとらえる。洗練された技法は宮廷の絵所様式を伝え，すぐれた構成力と群衆描写が「年中行事絵巻」（模本）と共通することから，常磐光長の作と推定される。中世より若狭国新八幡宮に伝わり，小浜藩主酒井家をへて，現在，出光美術館蔵。紙本着色。縦31.5cmで，横は839.5cm（上巻），858.7cm（中巻），931.7cm（下巻）。国宝。

はんち [半知] 江戸時代，領主から家臣に与えられた知行高の半分。ただし普通は財政難に陥った幕府や藩が家臣から半知を借り上げることをいう。家臣の俸禄を削減する財政救済策を上げ米・借上・借高・借知などといい，半知は削減率が50％の場合にあたる。江戸中期以降は頻繁に行われたので，家臣の負担を軽減するため期を限ったり，一定以上の知行高の者に対象を限定するなどの対策もとられたが，しだいに恒常化。

はんちく [版築] 一定の厚さに積んだ土をつき固め，それをくり返して土を盛りあげる方法。中国では竜山文化晩期の城壁を築くのに採用され，以後建物基壇の構築に用いられる。突棒もしくは杵とよばれる棒を使用し，人力で土を一層ごとにつき締める。これによって造られた基壇は，強固で均質な地耐力をもつため，瓦葺礎石建物など重量のある建物の不等沈下を防ぐ効果をもつ。

はんちじ [藩知事] ⇨知藩事

はんでんしゅうじゅのほう [班田収授の法] 律令制下における田地の班給制度。田令に規定され，6歳以上の男子1人に2段，同女子1人に1段120歩（家人・私奴婢にはそれぞれ3分の1）を支給し，終身用益（死後に収公）を認めるもの。唐の均田法にならったものだが，唐では良民成年男子のみを対象とするなど違いもある。正史での初見は646年（大化2）の改新の詔であるが，692年（持統6）の班田が実施の最初とみてよい。班田収授は6年ごとに行われる造籍と校田をもとに実施された。法のうえでは11月上旬から翌年5月末までに戸籍を，農繁期が終わる10月中に校田帳・班田授口帳を作成し，その翌年2月末までに班田を行う仕組みであったが，校田は1カ月では不可能で，実際には2年間で造籍，次の2年間で班田，あしかけ4年を費やした。班年には国司または班田使が死亡者の口分田を収め，新たに受田資格をえた男女に給田するが，実際には戸ごとにまとめて戸主に支給した。班田の結果は田図・田籍に記録され中央に報告された。しかし9世紀になると，墾田の増加による校田の困難化や偽籍の増大によって6年ごとの班田は不可能となり，一紀（12年）一班の制が行われたが，やがて廃絶した。

はんでんのうみん [班田農民] 律令制下の一般農民をさす，昭和期に創出された学術用語。班田収授の対象となって，口分田を班給されたことによる呼称。農民は一般に竪穴住居に住み，4～5軒で郷戸を形成し口分田・乗田・墾田などでの農業生産にあたった。日常的には房戸程度の単位での生活が可能だったが，田植や収穫時には郷戸をこえる規模の労働力を必要とした。調庸のほかに，雑徭・仕丁・兵士・出挙・義倉・運脚などの負担が大きく，生活はきびしかったが，8世紀後半から資力を蓄える者が現れ始め，富豪・田刀（田堵）とよばれるような有力農民に分化していった。

ハンド・アックス ⇨石核石器

ばんとう [番頭] ❶畿内周辺地域の荘園でしばしばみられる下級荘官の一つ。荘園の徴税機構で一般的なのは名だが，平安末期以後これを再編成して，月ごとの公事をさらに賦課しやすくすることがあった。これが番で，再編の行われた荘園を番頭制荘園という。番には既存の名をくみあわせる場合と，名を分割して再編する場合がある。また各番の面積が，均等になるようにくみあわされた場合と不均等な場合があったが，いずれも各番の徴税責任者として番頭がおかれた。番頭は有力な名から選ばれ，番頭給や番頭免が与えられた。室町時代になると村落指導者層として，惣村自治の主要な担い手となった。

❷江戸時代，商家奉公人のうち職制下で最上位に位置し，支配人とも称された。丁稚から手代をへて長年勤めあげてきた子飼いの奉公人で，手代以下を統轄して商売全般を差配するとともに，家政の大半も主人から任される場合が多い。大店では，別家を許されて宿持となり，主家に通勤して終身奉公するが，中小の商家では主人から資本や顧客を分与されて独立する場合もあった。

ばんどうさんじゅうさんしょかんのん [坂東三十三所観音] 関東地方の坂東8カ国にまたがる33カ所の観音霊場。平安末期には西国三十三所観音の巡礼が始まっていたが，東国からの西国巡礼が容易でないために，関東地方に同種

の巡拝所が設けられた。鎌倉時代の成立とされる。霊場をめぐる坂東巡礼の参詣者は、当初は武士が中心であったが、江戸時代に一般庶民の間でも盛行した。1番札所は相模国鎌倉の杉本寺で、33番札所は安房国那古寺。

ばんどうはちへいし [坂東八平氏] 平安後期以後、相模・武蔵・上総・下総一帯に勢力をふるった桓武平氏系の中世武士団の総称。八平氏は後世の呼称で、平良文流の相模中村・土肥・秩父(党)・千葉・上総、平良茂流の三浦、鎌倉党の大庭・梶原・長尾などの諸氏をさすが、数え方は一定しない。いずれも1国から数郡規模の大領主で、三浦介・上総介・留守所惣検校など国衙在庁職や郡司職を勤め、職権にもとづいて国内の中小武士団(党)を支配。源頼義以来、源氏棟梁に臣従する諸氏が多く、鎌倉幕府創設の原動力となった。有力関東御家人を輩出したが、北条氏とその同盟者安達・足利両氏に抑圧されてしだいに勢力を失い、14世紀半ば、平一揆の敗北により事実上滅亡した。

バンドンかいぎ [バンドン会議] ⇨アジア・アフリカ会議

ばんなじ [鑁阿寺] 栃木県足利市家富町にある真言宗大日派の総本山。金剛山仁王院法華坊と号す。1196年(建久7)足利義兼(法名鑁阿、同名の高野聖とは別人)が伊豆走湯山の理真上人観安を開山として建立した持仏堂に始まり、寺域は父義康の居館跡。義兼の子義氏が寺観を整えた。堀の外縁部に12の支院を配置し、門前町が形成された。南北朝期以降は将軍家・関東公方家とともに足利氏の氏寺として大いに栄えた。後北条氏の戦乱で一時荒廃したが、江戸時代には醍醐寺無量寿院の末寺として朱印地60石、徳川将軍家の保護をうけた。境内は足利氏宅跡として国史跡。『鑁阿寺文書』・本堂・鐘楼などは重文。

はんにゃしんぎょう [般若心経] 大乗経典の一つ。『摩訶般若波羅蜜多心経』の略。サンスクリット原典と数種の漢訳が現存するが、唐の元奘訳のものが有名。「色即是空、空即是色」という著名な文句に示されるように、般若経典の空の教えの真髄を説いたものとされる。大乗教の中心命題を簡潔に示すため古くから各宗で尊重され、多数の注釈書が作られた。僧俗を問わず、盛んに書写もなされている。法隆寺にはこの経文を記した貝葉経が伝わる。

はんにんかん [判任官] 大日本帝国憲法下の下級官吏。高等官の下位で1～4等にわかれ、各省大臣・府県知事などによって任用された。1886年(明治19)の判任官官等給令によって定められ、93年の文官任用令などで、原則として文官普通試験によるとの任用上の資格が規定されたが、官公立中学卒業者は試験を免除された。第2次大戦後の1946年(昭和21)廃止。

はんねん [班年] 造籍・校田をへて、班田収授が開始される年のこと。692年(持統6)から800年(延暦19)まで、およそ6～7年間隔で実施されたらしい。

ばんのぶとも [伴信友] 1773.2.25～1846.10.14 江戸後期の国学者。父は若狭国小浜藩士山岸惟智。通称鋭五郎、のち州五郎、号は特・事負。平田篤胤・香川景樹・橘守部と並ぶ天保四大人の1人。同藩士伴信当の養子となり江戸に転居。1801年(享和元)本居宣長没後の門人となって本居大平の指導をうけた。その学風は精緻・周到で慎重な点が特色。考証史学の面で頭角を現し、同門としてはじめ緊密な関係にあり、のちに断交した平田篤胤とは対照的であった。終生、史料の探索と諸書の校訂に従事し、300巻に及ぶ著書は諸方面にわたるが、とくに「日本書紀」後世改刪説や「長等の山風」における大友皇子即位説は有名。著書『比古婆衣』『神名帳考証』。

はんばせいど [飯場制度] 第2次大戦前の鉱山における鉱夫統轄制度。主として金属鉱山や北海道の炭鉱などで採用され、九州の炭鉱などの納屋制度も同質。その本質は労務供給に関する中間請負制度で、経営と鉱夫との関係は実質的に間接雇用であった。飯場頭が労働の指揮、鉱夫の募集、鉱夫生活の管理を所属経営者から請け負い、その報酬として鉱夫の賃金総額に応じた手数料を受け取り、鉱夫賃金を代受し、飯場の経営を行った。鉱夫の虐待、飯場頭の勢力争いなどの弊害をともなったためしだいに改善され、明治期後半から廃止する鉱山も出現。1920年代に労働運動の台頭、政府からの行政介入、坑内作業の機械化の進展、鉱夫管理体制の改革がみられ、有力鉱山では飯場制度が最終的に廃止された。

はんばつ [藩閥] 明治・大正期に行政官庁・枢密院・陸海軍・貴族院などで大きな力をもった、旧藩に由来する地縁的政治集団。狭義には長州・薩摩両藩出身の指導層をいう。土佐・肥前や公家・幕臣・御三家出身者を含めることもある。広義には他地域出身者を含めて中堅の一般官僚や指導者の個人派閥の構成員までを含む。はじめは薩長出身者の比率が高かったが、大久保利通・木戸孝允没後の再編や官僚の試験採用制度などでその割合は低下し、明治後期の政官界では長州閥を中心にしだいに官僚閥(山県閥・山県系)へと移行し、政党容認派は伊藤系にまとまっていった。陸軍では長州閥、海軍では薩摩閥が昭和初期まで残り、政官財界でも薩摩閥が小型化した薩派が昭和期まで残っていた。

ばんべつ [蕃別] 古代の氏の祖の別による類別。中国・朝鮮からの渡来系の氏。蕃別というのは後のいいかたで、古来の氏を大きく二つにわけた皇別と神別に対する諸々の渡来系氏の意が本来なので、諸蕃というのが正確。「新撰姓氏録」には、京畿内の諸蕃326氏を漢・百済・高麗・新羅・任那などにわけて記す。これは「新撰姓氏録」所載の氏の約3分の1にあたる。秦の始皇帝や後漢の霊帝の後と称する氏もあり、宿禰や忌寸のほか、史・村主・日佐などの雑多なカバネをもつ。

ばんやく [番役] 交代で貴人の屋敷や身辺を警護する役を勤めること、またその役。平安中期に内裏や摂関家の邸の警護にあたる大番の制が成立。鎌倉時代には京都大番役・鎌倉番役・異国警護番役などがあり、いずれも御家人の重要な任務とされた。朝廷にも天皇に近侍する禁裏小番役があり、公家が交代で勤めた。

ばんゆうえんぜつ [蛮勇演説] 第2議会で衆議院解散の一因となった樺山資紀海相の演説。1891年(明治24)12月22日、衆議院本会議の予算審議の際、軍艦建造費削除の動きに怒った樺山海相は「薩長政府トカ何政府トカ言ッテモ、今日国ノ此安寧ヲ保チ、四千万ノ生霊ニ関係セズ、安全ヲ保ッタト云フコトハ、誰ノ功デアル」と演説し、議場が混乱した。藩閥政府の本音をあえて口に出したというのでこの名がある。衆議院は同月25日に解散した。

ばんりしゅうく [万里集九] 1428.9.9〜? 室町中・後期の臨済宗の僧で、後期五山文学の代表的詩人。近江国生れ。相国寺の大圭宗价などに従って出家した。その後、常在光寺の一華建忠などから学芸面での指導をうけ、以後詩文の道に励んだ。応仁・文明の乱の際に還俗し漆桶万里と称した。1485年(文明17)太田道灌の招きで江戸に赴いた。生涯をとおして美濃・尾張・関東・越後など各地を遍歴した。詩文集「梅花無尽蔵」。

ひ

ひ [妃] 令制で天皇のキサキの一つ。後宮職員令には夫人・嬪と並んで2員の妃が規定される。相当位階は四品以上で内親王の官であり、諸臣諸任の官である夫人・嬪と並立していた。中国は同姓不婚の原則があったため、日本の妃に相当する地位はない。「日本書紀」の天智天皇のキサキの序列は、王族、有力中央豪族出自の女、中小豪族・地方豪族出自の女の順に並んでおり、ほぼ令制下の妃・夫人・嬪と対応している。この構造は日本固有のものであった。ただ、皇太子のキサキは天皇のキサキと異なり、藤原安宿媛(光明皇后)が皇太子妃となっている。平安時代に入ると令制のキサキの制はくずれ、嵯峨朝に夫人多治比高子を妃とした例をへて、妃の補任自体がみられなくなる。

ひえいざん [比叡山] 京都府と滋賀県大津市にまたがる山。標高848m。山上に天台宗総本山延暦寺、東麓に日吉大社がある。最澄が788年(延暦7)に延暦寺の前身の一乗止観院を建立。古くからの山岳信仰の流れをひく日吉神社(現、日吉大社)は、一山の地主神とされた。平安遷都後には王城鎮護の山とされる。延暦寺は、寺門(園城寺)の分派後は山門と称され、南都諸寺や南山(高野山)に対しては北嶺とも称された。日吉神社は山王神道の拠点となっていく。1571年(元亀2)の織田信長の延暦寺焼打は全山を壊滅させたが、豊臣秀吉や徳川家康が復興した。

ひえじんじゃ [日枝神社] 江戸山王権現・日吉山王権現とも。東京都千代田区永田町に鎮座。旧官幣大社。主神は大山咋神、相殿神に国常立神・伊耶那美神・足仲彦尊。南北朝期以前に江戸重長が武蔵国河越荘の新日吉山王宮から勧請したとも、また太田道灌が文明年間に武蔵国入間郡星野山より山王三所を移したともいう。近世、江戸城内から紅葉山・西貝塚をへて、1659年(万治2)現在地に移る。将軍もたびたび参詣するなど、幕府の直轄社として厚い崇敬をうけた。1868年(明治元)現社名に改称。例祭は6月15日の山王祭。

ひえたいしゃ [日吉大社] ⇨日吉大社

ひえだのあれ [稗田阿礼] 654?〜? 7〜8世紀の人。諸家に伝わる「帝紀」や「旧辞」を整理編修しようとした天武天皇が、舎人であった阿礼に命じ、それらを「誦習」させたという。時に28歳。阿礼が選ばれたのは、生ま

れつき聡明で，どんな文もみればすぐに音読し，1度聞けば2度と忘れなかったためであった。したがって編修そのものにたずさわったわけではなかったと考えられる。天武天皇が没したため作業は完了しなかったが，711年(和銅4)元明天皇が太安麻呂^{おおのやすまろ}に命じて阿礼の誦習の成果を撰録させ，翌年に「古事記」として完成した。稗田氏は天鈿女^{あめのうずめの}命を祖とする猿女^{さるめ}君氏の一族で，大和国添上郡稗田(現，奈良県大和郡山市稗田町)を本拠とした。阿礼を女性とする説があるが誤り。

ピーエルきょうだん [PL教団] 御木徳一^{みきとくはる}が創唱した新宗教の教団。正式名称はパーフェクト・リバティ教団。本部は大阪府富田林市。前身は徳光^{とっこう}教から分派して設立したひとのみち教団。御木は徳光教教祖金田^{かなだ}徳光没後の1925年(大正14)御嶽^{おんたけ}教徳光大教会を設立。28年(昭和3)には扶桑教に所属して人道徳光教会と改称，31年に扶桑教ひとのみち教団と改称。37年に不敬罪で起訴され，教団の解散を命令された。御木は裁判途中で死亡し，長男徳近^{とくちか}が継いだ。46年に名称をPL教団とし，「人生は芸術である」を根幹とする処世訓21カ条を教義とした。

ひがきかいせん [菱垣廻船] 江戸時代，大坂から江戸に下り荷を輸送した廻船集団。元和年間に和泉国堺商人によって運航された江戸への廻船が始まり。その後1694年(元禄7)に，商品独占の特権を与えられた江戸十組問屋仲間の支配下におかれた。十組は廻船建造・改修の資金援助，船具・積載量の立入検査，海難の調査と共同海損を行い，菱垣廻船の信用を高め，隆盛をもたらした。元禄年間には260艘を数えたというが，のち樽^{たる}廻船や，近世後期に輩出する新興廻船集団に押され低迷する。幕府はこれに危機感をもち，菱垣廻船一方積^{いっぽうづみ}や紀州廻船の強制編入などの措置をとったが，劣勢は挽回できなかった。名称は，十組専用船であることを誇示する垣立^{かきたつ}の菱格子^{ひしごうし}による。

ひかくさんげんそく [非核三原則] 核兵器を「持たず，作らず，持ち込ませず」という核兵器に関する基本原則。1967年(昭和42)12月佐藤栄作首相が初めて表明，さらに沖縄返還交渉の過程で明確化された。論点は日米安保条約と「持ち込ませず」原則との関係で，アメリカ核抑止力に依存しながら核兵器を持ちこませないことが可能かということであった。政府は米側から事前協議をもちかけられない以上，持ちこまれていないとの立場を堅持した。しかし日本側に確認の手だてがなく，長い間疑惑がもたれてきた。もっとも冷戦の終結に伴い米核戦略が転換し，軍艦搭載の戦術核の米本土への撤去によって，結果的に「持ち込ませず」原則も守ら れることになった。

ひがしインドがいしゃ [東インド会社] ⇨イギリス東インド会社^{イギリスひがしインドがいしゃ} ⇨オランダ東インド会社^{オランダひがしインドがいしゃ}

ひがしえぞち [東蝦夷地] ⇨蝦夷地^{えぞち}

ひがしくになるひこ [東久邇稔彦] 1887.12.3～1990.1.20 昭和期の元皇族・陸軍軍人。久邇宮朝彦親王の第九子。東久邇宮家を創立。妃は明治天皇の皇女聡子^{としこ}内親王。陸軍大学校卒，1923年(大正12)フランス陸軍大学卒。軍事参議官・陸軍大将。第2次大戦後の混乱を防ぐ目的で，とくに天皇に請われて45年(昭和20)8月内閣を組織。降伏文書の調印，軍の解体などの終戦処理を実施したが，占領軍当局の急激な民主化政策に追いつけず2カ月で総辞職。47年の皇室改革で皇籍を離れ，晩年は新興宗教の開祖となるなど奔放な生活ぶりで話題をまいた。

ひがしくにのみやなるひこおうないかく [東久邇宮稔彦王内閣] 東久邇稔彦を首班とし副総理格に近衛文麿を擁した戦後最初の内閣で，史上唯一の皇族内閣(1945.8.17～10.9)。皇族の権威を背景に軍の武装解除，連合軍の進駐，降伏文書の調印を進めることを課題とした。東久邇首相は国民全体の「総懺悔^{ざんげ}」が国の再建の第一歩であるとして早期選挙を決めるなど戦後の政治指導にも意欲を示したが，占領軍の戦犯容疑者追及が始まると閣僚間の対立がおこり，東久邇と近衛が個別に占領軍指導者と接触をはかり指導権争いを始めた。1945年(昭和20)10月4日にGHQから内務大臣の罷免，特別高等警察の廃止などを要求する指令が出され，翌5日終戦事務が一段落したことを名目に総辞職。

ひがしさんじょうどの [東三条殿] 東三条院とも。左京3条3坊1・2町にあった摂関家の邸宅。平安京の代表的邸宅。「拾芥抄」によれば，もと藤原良房^{よしふさ}の邸宅であったといい，道長以降は代々の氏長者^{うじのちょうじゃ}に属した。同邸の東にあった御倉町には，氏長者の象徴である朱器台盤^{しゅきだいばん}などが保管されていた。里内裏^{さとだいり}や重要な儀式にも用いられた。1166年(仁安元)京都大火の折に焼亡，以後再建されなかった。

ひがしほんがんじ [東本願寺] 京都市下京区にある真宗大谷派本山。本願寺派本願寺と区別するため東をつける。本願寺11世顕如^{けんにょ}の没後，長男教如と三男准如^{じゅんにょ}の後継争いがおこり，豊臣秀吉が准如を継職と任命(西本願寺派・本願寺)し，1602年(慶長7)徳川家康が教如に烏丸6条の地を寄進したのを機に本願寺は東西に分立。12世教如以後も，宣如のときに徳川家光から土地を与えられ，琢如・常如の代に御影^{みえい}堂改築や学寮創建を行い整備。その後

1788年(天明8)・1823年(文政6)・58年(安政5)・64年(元治元)と火災にあった。69年(明治2)北海道開拓の許可を得る。以後, 積極的に海外布教を展開。「教行信証」(国宝), 「一念多念文意」,「親鸞聖人伝絵」(重文)が伝わる。

ひがしまわりかいうん [東廻海運] 日本海の出羽国酒田から津軽海峡・三陸沖・鹿島灘・房総半島をへて江戸にいたる航路。近世初期に東北諸藩はそれぞれ太平洋を南下し江戸までの廻米航路を開拓しつつあったが, 1670年(寛文10)幕府は河村瑞賢に命じて奥州幕領米の廻送ルートを整備させた。瑞賢は, 堅牢とされた尾張・伊勢の廻船を雇い, これに幕府の幟をつけること, 房総半島を迂回して伊豆にむかい, そこから江戸に入る大廻りコースをとらせること, 常陸国平潟・那珂湊, 下総国銚子, 安房国小湊などに番所を設置して廻船の援助・監視にあたらせるなどの諸政策を実施。これにより奥州から江戸までの廻米航路が確立し, 奥州米の江戸輸送に大きな役割を はたした。

ひがしやまさくらそうし [東山桜荘子] 歌舞伎狂言。3世瀬川如皐作。1851年(嘉永4)8月江戸中村座初演。実録「佐倉義民伝」に題材をとり, 柳亭種彦の合巻「修紫田舎源氏」を絡ませた作。織越政始の苛政に苦しむ領民のため, 浅倉当吾は将軍に直訴する。捕らえられた当吾夫婦は拷問され, 当吾の怨霊が政知を苦しめる。当吾が妻子と別れる愁嘆場, 責め場, 怨霊の仕掛と見せ場を配し, 歌舞伎では異色の農民劇として成功を収めた。

ひがしやまてんのう [東山天皇] 1675.9.3〜1709.12.17 在位1687.3.21〜1709.6.21 霊元天皇の第4皇子。名は朝仁。母は松木宗条の女敷政門院宗子。幼称五宮。1682年(天和2)3月父霊元天皇の意思により儲君に決定。同年12月親王宣下, 翌年2月立太子。87年(貞享4)4月即位礼, 11月大嘗会が行われた。立太子礼および大嘗会はこのとき再興。天皇は上皇方の意向にしばしば悩まされたが, 徐々に主導権を得, 幕府との関係も安定した。

ひがしやまどの [東山殿] 15世紀末に京都の如意ケ嶽西麓に造営された将軍足利義政の山荘。義政の死後遺言によりその菩提を弔うための寺院に改められ, 慈照寺となった。1482年(文明14)義政の隠棲所として浄土寺寺域に造営を開始。83年に常御所が完成し, 義政が入居。85〜88年に西指庵・超然亭・浴室・持仏堂(東求堂)・会所・泉殿・庭・船ται・竜背橋などが順次完成。89年(延徳元)に観音殿(銀閣)上棟。義政は造営のために山城国に荘園をもつ領主に銭・人夫を要求したほか, 幕府からも守護に出銭を命じ, 諸国に賦課した段銭や, 遣明船の収益をも投入した。90年の義政の死後も建構は16世紀半ばまでほぼ存続したが, その後は多くが戦乱で喪失した。

ひがしやまぶんか [東山文化] 室町中期に形成された文化。足利義政が京都東山に営んだ山荘(現, 銀閣寺)をシンボルとするので, この呼称がある。生活に根ざした文化として簡素さを旨とし, 書院造の住宅, 侘茶の誕生, 立花の様式化など, 現在の伝統的日本文化の源流がはぐくまれた。雪舟による水墨画の大成, 禅宗の精神に基礎をおく枯山水の庭園の盛行などに特徴づけられる。室町前期の北山文化と対をなす。

ひがしやまぶんこ [東山文庫] 東山御文庫とも。後西天皇以来江戸時代に確立し, 1881年(明治14)に現在地の京都御所内に移築された朝廷の文庫。現在は宮内庁侍従職の所管で勅封である。内容は歴代天皇の宸翰をはじめ, 国史・国文学関係の写本・古文書など約6万点。蔵書の一部は明治期以降東京に移された。

ひかわじんじゃ [氷川神社] 氷川大明神とも。埼玉県さいたま市高鼻町に鎮座。式内社・武蔵国一宮。旧官幣大社。祭神は須佐之男命・稲田姫命・大己貴命。766年(天平神護2)神戸3戸があてられた。正四位上。中世以降, 源頼朝・後北条氏・徳川氏の崇敬をうけた。武蔵野台地各地に勧請され, 元荒川と多摩川の間の地域に同名社が200以上存在する。例祭は8月1日。12月10日の大湯祭は十日祭ともいい, 酉の市がたつ。

ひかん [被官] 有力者になんらかの保護をうけた従者・家人など。貴族から百姓までさまざまな階層にみられる。武士の場合, 封建的な主従関係によって保護された家人をさし, 鎌倉幕府の執権北条氏の家督(得宗)の家人である得宗被官(御内人)は著名。南北朝期以降, 守護の力が強くなると国内の国人が守護の被官となる例が広くみられるようになった。被官契約が結ばれる場合もある。大内氏など戦国大名のなかでは, 従者一般をさしず, 限定的に大名の陪臣をさすこともあった。百姓にも名子・被官と称される被官百姓がおり, 主人である地主的百姓に隷属し耕作に使役された。

ひがんえ [彼岸会] 略して彼岸とも。春秋の2季, 春分・秋分の日を中日として7日間にわたって行われる法会。春分・秋分は昼と夜との時間が等しく, 気候も寒暑の間にあって, 法会執行に適するため彼岸会と称する仏徳讃歎の法会を行ってきた。起源は不詳だが, 平安初期にはすでに行われていた。1873年(明治6)以前は暦本にしたがって行われたが, 以後は毎年3・9両月の中旬末から下旬初めにほぼ一定した。

ひきあげ [引揚げ] 第2次大戦での日本の敗戦

にともなう，海外在留の日本人の帰国をいう。戦争終結時，海外にいた軍人・軍属・一般邦人は約660万人。当初，軍人・軍属の復員は復員省，一般邦人の引揚げは内務省が担当し，1945年(昭和20)11月からは厚生省が引揚げに関する中央官庁となった。浦賀・舞鶴・呉など全国7カ所に地方引揚援護局が設置され，引揚者の受入れに従事。46年末までに500万人以上が引き揚げたが，中国東北地区ではソ連軍参戦などにともなう犠牲者が多かった。

ひきし[比企氏] 平安後期〜鎌倉前期の武蔵国の豪族。藤原秀郷流。比企郡よりおこった。平安末，比企掃部允の妻比企尼は源頼朝の乳母として大功があり，甥の能員も頼朝の側近，頼家の乳母の夫として活躍。さらに能員の若狭局(わかさのつぼね)が頼家に嫁して一幡を生んだため，頼家が将軍になると外戚として勢威をふるったが，その勢いを恐れた北条氏により1203年(建仁3)能員は謀殺され，一族は滅亡(比企の乱)。

ひきしのらん[比企能員の乱] 1203年(建仁3)9月，比企能員とその一族，将軍源頼家の子一幡が滅ぼされた事件。頼家専制のもとで重用された乳母比企能員とその一族は，他の御家人との対立を強め，同年8月，頼家が重病にかかると，関東28カ国地頭職・日本国総守護職は長子一幡に，関西38カ国地頭職は弟千幡(実朝)に譲られた。能員はこの処置に不満をもち，9月2日，頼家が回復すると北条時政追討を訴えた。これを知った時政は能員を自邸に誘って謀殺し，一幡邸に拠った比企一族を攻撃，一幡と比企一族は滅亡。7日，頼家は出家させられ，やがて伊豆国修禅寺に幽閉された。

ひきつけ[引付] 原義は引照する，参考とするの，意。転じて，のちの裁判の手控えを作成すること，また手控えそのものをいう。その手控えは(1)多く寺社などで作成された日々の出来事の記録，(2)作成した文書について発給した側で残しておく手控えに大別される。鎌倉・室町両幕府の訴訟審理機関としての分付の名称は，関係資料や記録を作成・管理し訴訟審理に用いることからきたと考えられる。鎌倉幕府では，裁判の迅速化を目的として1249年(建長元)に設置され，引付衆が3〜7の番にわかれて順次訴訟を担当，奉行人を指揮して相論の審理にあたり，結果を評定の場に上申した。室町幕府も当初この制をおいたが，応永初年(14世紀末)には廃絶した。

ひきつけしゅう[引付衆] 鎌倉・室町両幕府において，引付の各番に属し，引付頭人の指揮のもと相論の審理にあたった者。引付の設置当初は，右筆出身の実務官僚を中心に，有力家人らが任じられたが，しだいに北条氏一門が多数を占め，引付衆は評定衆への昇進の順路として位置づけられるようになった。室町幕府の引付衆は内談衆(ないだんしゅう)ともいわれ，政所寄人(よりうど)とあわせて右筆方奉行人と総称されたが，のち引付沙汰の中絶により名目だけの存在となる。

ひきつけとうにん[引付頭人] 鎌倉・室町両幕府の引付の各番を統轄した職。各番に配された引付衆のうちから選任され，引付衆・奉行人らを指揮して訴訟審理にあたった。鎌倉幕府ではその多くを北条氏一門が占め，北条氏の政権掌握の一翼を担った。室町幕府では足利氏一門はじめ有力大名が任じられ，摂津・伊勢・二階堂各氏らが権頭人として実務を担った。

ビキニすいばくじっけん[ビキニ水爆実験] 南太平洋マーシャル諸島のビキニ環礁で，アメリカが1954〜58年に行った3回の水爆実験。初回の54年3月1日の実験の際には，住民が被災するとともに，第5福竜丸事件がおきて，日本にも衝撃を与えた。このアメリカの水爆実験を契機として，それまでは冷戦の国際政治下で政治的に利用されてきた原水爆禁止運動が，イデオロギーの相違をこえて，世界的規模に拡大した。

ひきめかぎはな[引目鉤鼻] 平安時代以降のやまと絵系の物語絵などにみられる顔貌表現。主として貴族階級の人物を描く場合に使用。2本の弧線で額から頤(おとがい)にかけての輪郭をとり，太い眉，長く線状に引かれた目，鉤形の鼻，小さな赤い口で表す。12世紀前半の「源氏物語絵巻」の人物が典型。

ひきゃく[飛脚] 近代以前，通信・輸送を担う職業やその職務のこと。たんに書状・荷物を届けることもいう。律令制下では飛駅使とよばれる騎馬の使者による通信が行われ，鎌倉時代には早馬による飛脚が京都—鎌倉間を結んだ。近世は，領主の設ける飛脚以外に，民間の飛脚である町飛脚が発達した点に特徴がある。前者には幕府の書状逓送を担う継飛脚が設けられたほか，名古屋藩・和歌山藩などの七里飛脚や紀州藩の三度飛脚もあった。また幕吏の書状逓送のために三度飛脚が始まった。のちに町飛脚に委ねられ，大坂の三度飛脚，京都の順番飛脚，江戸の定飛脚が発展した。地方都市にも姫路の大坂九度飛脚などの町飛脚が現れた。相場の情報を配送する米飛脚や，江戸内の書状逓送を担う江戸町飛脚，大名などに道中人足を提供する人宿の江戸六組飛脚仲間などもあった。牛を使用して書状・荷物運送を行い，牛飛脚とよんだ所や，農民が書状配達を命じられ，百姓飛脚とよんだ所もある。

ひきゃくどいや[飛脚問屋] 近世の民間の飛脚業者。民間の書状や小荷物の輸送は近世にな

って盛んとなり、この輸送を担う専門の飛脚業者である町飛脚が活動した。そのなかで、飛脚人足を雇用して飛脚業を手広く営む者が寛文・延宝期以降、江戸・京都・大坂の三都を中心に活躍するようになった。1772年(安永元)大坂の京飛脚問屋仲間が、82年(天明2)江戸の定飛脚問屋が株仲間を公認されている。

ひきよしかず [比企能員] ?~1203.9.2 鎌倉前期の武将。武蔵国比企郡の豪族。上野・信濃両国の守護。藤四郎と称する。源頼朝の乳母比企尼の姉妹の子で、比企氏を継ぐ。将軍家との縁が深く、妻(渋河氏)や義妹ら(平賀義信の妻、河越重頼の妻)は源頼家の乳母、女の若狭局は頼家の妻となった。1189年(文治5)の奥州合戦では北陸道大将軍、翌年の大河兼任の乱では東山道大将軍、頼朝の死後は将軍頼家の外威として勢威をふるった。1203年(建仁3)頼家が危篤となると、若狭局の生んだ長子一幡の擁立をはかり、弟千幡(実朝)を推す北条氏と対立、同年9月に北条時政の名越亭で謀殺された。

ひぐちいちよう [樋口一葉] 1872.3.25~96.11.23 明治前期の小説家・歌人。本名奈津。なつ・夏子ともいう。東京都出身。父は株を買った御家人で、明治維新後は下級吏育。1886年(明治19)中島歌子の萩の舎塾に入門。88年長兄が病死し、相続戸主となる。翌年父も死去し一家を背負う。三宅花圃の「藪の鶯」に刺激をうけ、小説で生計をたてようとする。半井桃水に師事するが、師弟関係が醜聞化し桃水から離れた。92年に発表した「うもれ木」が「文学界」同人の目にとまり、交友が始まる。下谷竜泉寺町・本郷丸山町での生活を背景に「大つごもり」「にごりえ」「十三夜」「わかれ道」などを発表。「たけくらべ」は森鷗外・幸田露伴らん・斎藤緑雨りうの絶賛をうけ、文名は一気にあがったがまもなく病没。一連の日記が残る。

ピーケーオーきょうりょくほう [PKO協力法] 1992年(平成4)6月15日に成立した「国際連合平和維持活動等に対する協力に関する法律」。国連の要請にもとづいて自衛隊を海外派遣するための法律。この行為が日本国憲法の禁ずる「武力の行使」にあたるかどうか問題となるが、政府は五原則(当事者間の停戦合意、紛争当事者の派兵への同意、中立的立場の厳守、武器使用の限定、撤収の自由)が満たされている限り合憲であるとする。同年9月から翌年10月のカンボジアへの派遣が本法行使の嚆矢となった。

ひけし [火消] 江戸時代の各都市に設けられた消防組織。鳶の者による破壊消防が中心だった。江戸には武家の大名火消、幕府の定じょう火消、町方の町火消があり、享保期までに制度が完成した。大坂では1697年(元禄10)に市中を5地区(印)にわけ、30町内外を基準に21番組が設定された。各町は人足を指揮する印頭町しるしがしらと、全体の代表として業務を担う火消年番町を交替で選出、消火にあたった。京都では奉行所与力のもと、火元2町四方の町より4人ずつ出動した。甲府では1660年(万治3)に火消人足600人を設け、代官・町奉行を頭として編成、1744年(延享元)には鳶の者を人足としてくみこみ、三つの町組による組織に改変された。

ビゴー Georges Ferdinand Bigot 1860.4.7~1927.10.10 明治期のフランス人風刺漫画家。パリ生れ。5歳でその画才が人々を驚かす。パリの美術学校を中退、新聞や雑誌の画の仕事をうけるようになり日本美術に魅せられる。1882年(明治15)に来日、陸軍士官学校の画学教師を2年勤める。日本と日本人の生活を描きつつ、雑誌「トバエ」などを創刊、日本の新聞・雑誌にも時局風刺漫画を数多く発表した。治外法権が撤廃される直前の99年6月、離日した。

ひごいっき [肥後一揆] 肥後の国衆の検地反対一揆。1587年(天正15)6月九州攻め後の国割で、豊臣秀吉は肥後を佐々成政にあてがい、国衆52名に所領を安堵した。成政は秀吉の朱印状どおりには知行地を渡さず、3年間検地を禁じた秀吉の国衆対策を無視して検地を急いだため、8月在地領主としての基盤を解体される国衆らが、隈部・阿蘇両氏を棟梁に成政の非法と検地に反対する一揆をおこした。秀吉は中国・四国・九州の諸大名を動員して翌年5月一揆を鎮圧。続いて7月8日、刀狩令を全国的に発令し、兵農分離政策を進めており、この一揆は統一政権の成立に道をつける客観的役割をはたした。

ひこうき [飛行機] 1909年(明治42)以来軍事的観点から導入が進められ、10年12月、日野熊蔵大尉つづいて徳川好敏大尉が代々木練兵場で日本人として最初の飛行に成功。14年(大正3)海軍が追浜に横須賀海軍航空隊を、陸軍は所沢に航空大隊を開設。22年空母鳳翔竣工。民間では22年に定期航空路が開設、28年(昭和3)日本航空輸送が国策会社として設立された。この頃から自主設計による飛行機製作が進み、日中・太平洋戦争期に生産は急増したが、敗戦により生産・研究は禁止された。51年国内航空が、54年国際線が再開。

ひこうせん [飛行船] 気球は西南戦争時に試作され、1900年(明治33)に国産気球の浮揚に成功、日露戦争の旅順戦では偵察用に使用された。07年東京中野に気球隊設置。09年に臨時軍用気球研究会が設置され、飛行機とともに気球・飛行船の研究が開始されたが、英米独で実

ひしか

用化されたのに対し研究は本格化せず、30年代には世界的にも急発達した飛行機にとって代わられた。

ひごけにん [非御家人] 鎌倉時代、侍身分でありながら鎌倉幕府に臣従していない者。御家人ではないが、百姓や凡下(ぼんげ)とも区別された侍で、御家人となるか否かは本人の選択に任されていた。幕府は御家人の所領が非御家人に移らないようにしたので、しばしば所領相論で相手が御家人か非御家人かが争点となった。御家人を非御家人と称すると、悪口の罪科に問われた。元寇に際し、幕府は非御家人や凡下もその統制下にくみこんでいった。

ひこさかりゅう [彦坂流] 近世初頭、代官頭彦坂元正(もとまさ)が実施した独自の検地や年貢徴収の仕法をいう。伊奈忠次の伊奈流、大久保長安(ながやす)の石見流と並ぶ近世初期の地方(じかた)仕法の一つ。伊奈流・石見流に先行して年貢増徴策を実施しており、その徴租法は年貢率を一定とする伊奈流の定免的仕法に対し、豊凶差を反映した検見取(けみどり)制的仕法を特徴とした。また検地終了後に、地積・石盛(こくもり)・村高などを記載した検地目録を村方に発給していく。

ひこねじょう [彦根城] 金亀(きんき)城とも。滋賀県彦根市にあった近世の平山城。1600年(慶長5)井伊直政は関ケ原の戦の戦功で近江に封じられた。最初石田三成の旧城佐和山城に入ったが、03年琵琶湖に接した金亀山に築城を開始。幕府の命により7カ国12大名が普請に加わり、22年(元和8)完成。幕末まで井伊氏の居城。文禄・慶長の役で豊臣秀吉軍が築いた倭城(わじょう)に類似した構成で、山上と山麓の郭を石垣と竪堀(たてぼり)でつないだ。城下には湖水を引きこんだ総構(そうがまえ)を巡らした。本丸下の表御殿が復原され、彦根城博物館となる。天守閣ならびに櫓・多聞櫓(たもんやぐら)5棟、太鼓門ほかが重文、二の郭の玄宮楽々園が国名勝。国特別史跡。

ひこねはん [彦根藩] 近江国彦根(現、滋賀県彦根市)を城地とする譜代大藩。関ケ原の戦後、井伊直政が石田三成の居城であった佐和山18万石に入り、嫡子直勝(直継)のとき居城を彦根に移して成立。1615年(元和元)直勝は病弱を理由に上野国安中3万石に分与されて転出し、彦根藩15万石は弟直孝が継承。その後30万石となり、さらに幕府からの城米預り分を含めて格式35万石として扱われた。譜代の要として14人16代にわたり、大老就任者6人を出す。幕末の直弼(なおすけ)が桜田門外の変で横死したため、1862年(文久2)20万石に減封。特産物に浜系縮緬がある。18世紀のはじめ内分支藩(彦根新田藩)をおいたが、同年ほどで廃藩。1799年(寛政11)創設の藩校稽古館は、のち弘道館と改称。溜間詰の筆頭。廃藩後は彦根県となる。

ひこねびょうぶ [彦根屏風] 遊女・禿(かむろ)・若衆といった遊里にかかわる人々の生活模様を描いた近世の風俗屏風。彦根藩主井伊家に伝わったためこの名がある。15人の男女が、遊里の室内で遊芸を楽しんだり、最新流行のいでたちで往来を行くさまを金地の背景でつないで一つにまとめている。画中の三味線、双六(すごろく)、恋文、山水図屏風によって、琴棋(きんき)書画図の見立てともなっている。計算された構図や官能的で退廃的な雰囲気から、江戸初期の寛永年間前半の作とみなされる。筆者は不明。縦94.6cm、横274.8cm。国宝。井伊家史料保存会蔵。

ひごのくに [肥後国] 西海道の国。現在の熊本県。「延喜式」の等級は上国。「和名抄」では玉名・山鹿(やまが)・山本・菊池(くくち)・合志(かはし)・阿蘇・飽田(あき)・託麻(たくま)・益城(ましき)・宇土(うと)・八代・天草・葦北(あしきた)・球磨(くま)の14郡からなる。国府は益城郡、託麻郡、飽田郡と移動した。国分寺・国分尼寺は託麻国府跡(現、熊本市内)近くに跡がある。一宮は阿蘇神社(現、一の宮町)。「和名抄」所載田数は2万3500余町。「延喜式」では調庸は絹・布や海産物を主とする。ほぼ全域に装飾古墳がみられ、鉄刀の出土した江田船山古墳は著名。もとは火(肥)国(ひのくに)の一部であった。古代末以降多くの荘園が成立。南北朝期には菊池氏・阿蘇氏が南朝方の中心的存在となり、16世紀初頭まで菊池氏が守護。17世紀後期に南から島津氏、北から竜造寺氏が進出。近世は加藤清正が封じられ、のち熊本藩は細川氏にうけつがれ、一部は幕領と、鎌倉時代以来の相良(さがら)氏の人吉藩として推移。1871年(明治4)の廃藩置県により、熊本県と人吉県、のち熊本県と八代県となり、熊本県は白川県と改称。73年両県は合併して白川県、76年熊本県となる。

ひごはん [肥後藩] ⇒熊本藩(くまもとはん)

ひしお [醤] 塩蔵発酵食品として古代から作られており、米・麦・大豆などからの穀醤、鳥獣から作る肉醤、果実や海草から作る草醤があった。穀醤は味噌・醤油の原形であり、固形分から味噌が、液汁として醤油が作られるようになるのは室町時代以降とされる。東南アジアでは魚醤が調味料として広く用いられているが、日本では穀醤が主流。今でも麦と大豆を蒸し、麹とまぜて発酵させて作り、冬季のおかずとする。

ひじかたとしぞう [土方歳三] 1835～69.5.11 新撰組副長。武蔵国多摩郡の農家に生まれ、散薬の行商のかたわら剣術を学び、江戸の天然理心流近藤周助の門弟となる。1863年(文久3)の将軍徳川家茂(いえもち)上洛にともなって組織された浪士隊に参加、京都に残留し、新撰組の結成に加わった。同郷の隊長近藤勇のもとで副長を勤めた。67年(慶応3)幕臣となり、戊辰(ぼしん)戦争

では各地を転戦。69年(明治2)2月の箱館政権では陸軍奉行並に選ばれた。5月11日、五稜郭の戦闘で銃弾に倒れる。

ひじかたよし [土方与志] 1898.4.16～1959.6.4 大正・昭和期の演出家。東京都出身。本名久敬よしひさ。東大卒。明治期の元勲土方久元の孫で、1919年(大正8)ともだち座を結成し演劇研究を始める。渡欧して演劇研究後、24年築地小劇場設立に尽力。その後も、新築地劇団を組織し、社会主義リアリズム演劇を推進。プロレタリア演劇運動にかかわってモスクワで活動し、帰国後投獄された。第2次大戦後も後進の指導や演出にあたった。著書「なすの夜ばなし」。

ひしかわもろのぶ [菱川師宣] ?～1694.6.4 江戸前期の浮世絵師。江戸浮世絵の開祖とされる。安房国平群郡の縫箔ぬいはく師の家に生まれ、俗称吉兵衛。画派は不明だが、土佐派・長谷川派・岩佐又兵衛風・漢画などを自得し、みずから大和絵師・日本画師と称して独自の画風を確立した。版本では1671年(寛文11)刊の「私可多咄はなし」(無款)が早く、以後「吉原恋の道引」(1678)、「月次このあそび」(1680)、「浮世続絵尽」(1682)、「美人絵つくし」(1683)など多数に描く。また「見返り美人図」など、吉原・歌舞伎・江戸名所を描いた肉筆画の作品も多く残っている。こうした作品から菱川様の人気が高まり、一枚絵も描かれ、当時流行の絵画として浮世絵の名がつけられた。

ひしだしゅんそう [菱田春草] 1874.9.21～1911.9.16 明治期の日本画家。長野県出身。本名は三男治さぶ。幼にしてはじめ結城ゆう正明に師事。東京美術学校に入り、橋本雅邦がほうらの指導をうけ頭角をあらわす。1898年(明治31)日本美術院の創立に参加。横山大観らとともに朦朧もうろう体の画法を試みるなど日本画の革新に努力。大観と1903年インド、04年ヨーロッパへ巡遊。初期文展に「落葉」「黒き猫」などの名作を出品した。失明し37歳で死去。

ビジタドール カトリック教会の巡察師。管区内の布教状況や運営事業を視察し、指導・助言を与える役割をもった。16世紀末、イエズス会総会長の委託をうけて3度来日した巡察師バリニャーノが、宣教師の日本社会順応の方針を打ち出し、日本人司祭養成のための教育制度の整備や天正遣欧使節派遣などを実現し、日本におけるキリシタンの布教活動に大きな影響を与えた。

ひじゅん [批准] 全権委員が署名調印した条約を、締結国の元首その他国内法上定められた者が確認する手続き。批准により当該条約に拘束されることへの同意を最終的に表明するものである。批准は条約発効にあたっては必ずしも必要な手続きではなく、署名のみで効力を生じる簡略形式の条約締結方法もあり、1969年(昭和44)に結ばれた条約法に関するウィーン条約で、批准の必要の有無は条約交渉国の意思にゆだねられるとされた。

ひじょうとくべつぜい [非常特別税] 日露戦争の戦費調達のため、非常特別税法にもとづき徴収された国税。1904・05年(明治37・38)の2回にわけ、地租などの増徴、織物消費税などの新設で約1億2000万円の増収を計画。戦後は廃止の予定だったが、賠償金が得られないなかで、戦時公債の元利支払いなど戦後の経営費増加をまかなうため、税制整理を公約して継続。その後08年の増税、10年の税制整理、13年(大正2)の所得税減税にともなう各税法の改正・新設により廃止された。

ひじり [聖] 霊能をもつ民間の宗教者。「日知り」が語源という。奈良時代から仏教的色彩を濃く帯びるようになり、山林などに修行する行者ぎょうじゃ、民間に近接して活動する菩薩僧、半僧半俗の沙弥しゃみや優婆塞うばそくなどの称となった。平安時代になると念仏や法華経持経による往生行者も加え、市聖空也くうや・革聖行円ぎょうえん・多武峰とうのみねの聖増賀ぞうがなど多くの著名な聖が輩出し、「聖人」「上人」「仙」といった語も同義に用いられるようになった。また本来彼らの多くは単独行動だったが、この時代から京の大原や高野山などに集団で居住する「別所」を形成する者も現れた。鎌倉時代以降さらに行動範囲を広げて、念仏聖・遊行ゆぎょう聖・勧進聖・唱導聖・高野聖などの活動が展開された。

ビスカイノ Sebastián Vizcaíno 1551?～1615 スペイン人探検家。1609年(慶長14)メキシコへの帰国途上、上総沿岸に漂着した前フィリピン臨時総督ビベロ救助の答礼使節として、11年来日。奥州沿岸を調査し、地図を作成したり、金銀島探検などを試みたりしたため、行動を警戒されたこともあった。13年伊達政宗が派遣した慶長遣欧使節の船に便乗し、メキシコに帰国。著書「金銀島探検報告」。

ひぜんのくに [肥前国] 西海道の国。現在の佐賀県と、対馬・壱岐を除く長崎県。「延喜式」の等級は上国。「和名抄」では基肆き・養父やぶ・三根みね・神埼かんざき・佐嘉さか・小城おぎ・杵島きし・藤津・松浦まつら・彼杵そのぎ・高来たかくの11郡からなる。国府・国分寺・国分尼寺と一宮の河上神社は佐嘉郡(現、佐賀県大和町)におかれた。「和名抄」所載田数は1万3900余町。「延喜式」では調に海産物が多い。かつての火(肥)国ひのくにが前後にわかれた。福井洞穴や吉野ケ里などの遺跡に恵まれ、「魏志倭人伝」の末盧まつ国の故地でもある。中世には勅旨田に由来する神埼荘や河上神社領などの荘園が広がる。一方松浦党とうなどの水軍が発展し、倭寇の根拠地と

もなる。守護ははじめ少弐(しょうに)氏, のち鎮西探題・九州探題の兼任が長い。戦国期には竜造寺・松浦・有馬・大村氏らの群雄が割拠した。近世には佐賀・唐津・平戸・大村・久留米・福江の各藩が成立。長崎は幕領として唯一の外国に対する窓口となった。1871年(明治4)の廃藩置県の後, 伊万里県(翌年佐賀県と改称)・長崎県に統合された。のち多少の変遷をへて, 83年佐賀県と長崎県になる。

びぜんのくに [備前国] 山陽道の国。現在の岡山県南東部。「延喜式」の等級は上国。「和名抄」では和気(わけ)・磐梨(いわなし)・赤坂・邑久(おく)・上道(かみつみち)・御野(みの)・津高・児島の8郡からなる。国府は上道郡(現, 岡山市)と推定され, 国分寺は赤坂郡(現, 山陽町)におかれた。一宮は吉備津彦神社(現, 岡山市)。「和名抄」所載田数は1万3185町余。「延喜式」には調として絹・糸のほか種々の土器がある。吉備国を7世紀後半に前中後に3分割したうちの一つで, 713年(和銅6)北部が美作国として分立。刀の産地としても知られる。鎌倉時代には土肥実平(さねひら), つづいて佐々木氏・長井氏などが, 室町時代には赤松氏・山名氏が守護となり, 戦国末期に宇喜多氏の領国となる。関ケ原の戦後小早川秀秋が入国, その後池田氏が岡山藩主となる。1871年(明治4)の廃藩置県により岡山県となり, 数度の統合をへて76年旧美作国・備中国をあわせた現在の岡山県となる。

ひぜんのくにふどき [肥前国風土記] 諸国風土記の一つ。713年(和銅6)の風土記撰進の命で編纂された。715年(霊亀元)施行の郷里制に従って記述され, また軍事的記事が多いことから, 節度使(せつどし)設置の732年(天平4)頃の成立とする説もある。国名の起源を説明した後, 各郡の地名起源説話などが記されるが, 景行天皇や神功(じんぐう)皇后の巡幸と結びつけたものが多く, 「日本書紀」にもとづいて述作された部分も目立つ。体裁は「豊後国風土記」と同一で, 西海道諸国の風土記は大宰府で一括して作られた可能性が強い。現存諸本のなかでは鎌倉中期の書写である猪熊家所蔵本が最古のものだが, いずれも抄録本である。「日本古典文学大系」所収。

びぜんやき [備前焼] 岡山県備前市伊部(いんべ)で産する無釉の焼締系陶器。炻器(せっき)に属する。邑久郡一帯の須恵器窯が母体となって13世紀に開窯した。はじめ須恵器風の灰色の素地であったが, 15世紀に赤褐色の独特の焦げ肌, 黄色の細かい自然釉のかかった焼締系陶へと転換した。大壺・甕(かめ)・擂鉢(すりばち)を3大製品とし, 関東から琉球まで広く流通し, 代表的地方窯となった。桃山時代には茶陶(花入・水指など)を焼き, 名声が定まる。江戸初期には伊部手(いんべで)とよばれる薄手の茶陶を作って需要にこたえたが, 中期には装飾のための細工物へと転換。昭和期に入り桃山茶陶を再興して知名度を高め復活した。

ひせんろん [非戦論] 日露戦争時に唱えられた開戦反対論。厭戦論も含めれば, 幸徳秋水・堺利彦・片山潜・西川光二郎ら社会主義者, 内村鑑三・柏木義円らキリスト教徒, 歌人与謝野晶子らが代表的人物。幸徳・堺・内村らは新聞「万朝報」のちに「平民新聞」を拠点として非戦論を唱え, 与謝野晶子は「君死にたまふことなかれ」と題する歌をよんだ。しかし非戦論は少数, 主戦論は圧倒的に多数で, 日本の大半は主戦論に飲みこまれた。

ひだぐんだい [飛騨郡代] 江戸幕府の職名。飛騨国と周辺の幕領の地域を治めた。1692年(元禄5)飛騨国は幕府直轄地に編入され代官の支配が続いたが, 1777年(安永6)代官大原紹正(しょうせい)の検地で, 支配地の石高が増加したため郡代に昇格。高山(現, 岐阜県高山市)に陣屋をおき, 越前国本保(ほんぽ)(現, 福井県武生市)と美濃国下川辺(現, 岐阜県川辺町)に出張陣屋があった。支配地は, 山林・鉱山地域を含めて10万〜11万石程度。

びたせん [鐚銭] 鐚とも。中世〜近世に悪銭一般をさした呼称。本来は最下級の悪銭の意だが, 16世紀の中・末期に語義が広がった。中世には撰銭(えりぜに)の対象となり, 使用価値を低くして流通した。徳川氏はとくに劣悪な銭と永楽銭をのぞく通用銭をすべて鐚銭とした。17世紀中頃以降, これら鐚銭と同価値の貨幣として造られた寛永通宝が大量に流通すると, しだいに姿を消した。

ひたたれ [直垂] (1)寝具としての直垂は, 平安時代に使用された方領(ほうりょう)広袖の大袿(おおうちき)形式のもので, 錦などを用い夜具の上懸けにした。(2)衣服としての直垂は, 方領闕腋(けってき)形式の肩衣に袖をつけた平安時代の庶民の労働服であったが, 下級武士に使用され始めると, 水干(すいかん)代として常用された。鎌倉時代には幕府出仕の服となり, 室町時代には礼装に準じるようになった。上半身の衣は2幅(ふた)の身に1幅半の袖をつけ, 袖括(そでくくり)・菊綴(きくとじ)を加え, 前身を胸紐で結びあわせた。地質は布から絹へとかわり, 鎧(よろい)下装束として使用するようになると, 鎧直垂(よろいひたたれ)と称し,

直垂 — 折烏帽子, 幗子(えぼし), 直垂, 菊綴, 袖括の露

綾・錦・織物などを用いた華麗なものも生じた。袴は4幅裾短が本来であるが，6幅裾長で上衣と同地を用いた華麗なものとなり，上下を総称して直垂上下（ひたたれ）または上下ともいうようになった。室町時代には直垂の一種として略装の大紋や素襖（すおう）なども使用され，江戸時代には武家の儀礼服となった。

ひたちせいさくしょ [日立製作所] 総合電気機械企業。1910年(明治43)久原鉱業所日立鉱山工作課長の小平浪平（なみへい）が付設電気機械製作工場を新設，12年(大正元)同工場は久原鉱業株式会社日立製作所と称した。18年久原鉱業佃島製作所を合併して亀戸工場とし，20年久原鉱業から分離独立して株式会社日立製作所となる。翌年日本汽船笠戸造船所を買収して笠戸工場とし，鉄道車両本体に進出。昭和初期にはドイツから蒸気タービン技術を導入，火力発電部門にも進出。第2次大戦後は事業の一部分割を余儀なくされたが，電源開発ブームによって立ち直り，高度成長期以降は家電・エレクトロニクス部門の相次ぐ拡張によって急成長した。

ひたちのくに [常陸国] 東海道の国。現在の茨城県の大部分。「延喜式」の等級は大国。「和名抄」では新治（にいはり）・真壁・筑波（つくば）・河内・信太（しだ）・茨城・行方（なめ）・鹿島・那珂・久慈・多珂の11郡からなる。国府・国分寺・国分尼寺は茨城郡（現，石岡市）におかれた。一宮は鹿島神社（現，鹿嶋市）。「和名抄」所載田数は4万92町余。「延喜式」では調庸は布・帛・絁（あしぎぬ）など，中男作物として紅花・茜（あかね）や鰒（あわび）などを定める。「常陸国風土記」によると，もと新治・筑波・茨城・那賀・久慈・多珂の6国造が存し，孝徳朝に評（ひょう）となり，陸奥国石城（いわき）郡も当初は当国に含まれた。国名は往来が陸路のみの直通(ひたみち)であることに由来するという。826年(天長3)以降は親王任国。承平・天慶の乱では国府が平将門に襲撃された。鎌倉時代には小田氏・宍戸（しし）氏が守護をつとめ，常陸大掾氏が勢力をのばし，室町時代に守護佐竹氏の一国支配が確立。佐竹氏は関ケ原の戦後に出羽国秋田に移封され，徳川頼房を藩祖とする水戸藩がおかれ，小藩や幕領・旗本領にわかれる。1871年(明治4)の廃藩置県により藩は県となり，その後，南部を新治県，北部を茨城県に統合。75年新治県と茨城県，千葉県の一部が合併して茨城県となる。

ひたちのくにふどき [常陸国風土記] 諸国風土記の一つ。冒頭に「常陸国司解申古老相伝旧聞事」とあり，715年(霊亀元)の郷里制施行以前の状態を示すことから，713年(和銅6)の風土記撰進の官命の直後に上申されたものらしい。常陸国の沿革に始まり，各郡の地名起源説話や伝承が続くが，現存諸本では白壁(真壁)・河内両郡の記事を欠き，行方（なめ）郡以外は記事を省略した記述が存在する。駢麗体（べんれいたい）による華麗な文章が随所にみられ，現存風土記中で最も漢文調が強い。内容的には孝徳朝における総領による建郡(評)記事など，歴史史料としても重要な価値をもつ。「日本古典文学大系」所収。

びだつてんのう [敏達天皇] 記紀系譜上の第30代天皇。6世紀後半の在位という。渟中倉太珠敷（ぬなくらのふとたましき）天皇，また訳語田（おさだ）に宮を開いたことから訳語田天皇とも称する。欽明天皇の第二子。母は宣化天皇の皇女石姫（いしひめ）。はじめ息長真手（おきながのまて）王の女広姫（ひろひめ）を皇后とし，その死後は天皇の異母妹の豊御食炊屋姫（とよみけかしきやひめ）尊（推古天皇）を皇后とした。欽明の後をうけ，任那（みまな）復興に努力したがはたせなかった。皇后のための私部（きさいちべ）を設置するなど，宮廷制度を整備する一方，仏教を排斥したという。

ひだのくに [飛騨国] 東山道の国。現在の岐阜県北部。「延喜式」の等級は下国。「和名抄」では大野・益田（ました）・荒城（中世以降は吉城（よしき））の3郡からなる。国府は大野郡（現，高山市），一時荒城郡（現，国府町）におかれたとする説もある。国分寺・国分尼寺は大野郡（現，高山市）におかれ，一宮は水無（みなし）神社（現，宮村）。「和名抄」所載田数は6615町余。令制では調庸のかわりに里ごとに匠丁（しょうてい）10人を徴発した。8世紀初頭まで斐太(陀)と表記されたが，702年(大宝2)の神馬貢献を機に飛騨が公定されたと思われる。南北朝期以降，北部に姉小路氏，南部に京極氏が台頭。のち北部は江馬氏，南部は三木氏が勢力をはり，1582年(天正10)三木氏が一国支配。近世には幕領。1868年(明治元)新政府に収公され，71年の廃藩置県により筑摩県に併合されたが，76年分離し，岐阜県に合併。

ひちりき [篳篥] 笳管（かかん）とも。雅楽の主要旋律を演奏するダブルリードの管楽器。奈良初期に中国から伝来。古くは大篳篥があったが平安中期に絶えた。長さ18cmほどの竹に表7孔，裏2孔をあけ，樺（かば）をまきどころ。上端に芦製の芦舌（ろぜつ）をいれて強く吹く。指遣いをかえてなめらかに音を変化させる塩梅（あんばい）という技巧が特徴。

ひっそく [逼塞] 江戸時代，武士および僧侶などに対して科せられた謹慎刑。自宅や寺社の門を閉じて謹慎させた。昼間の出入りは禁止されていたが，夜間潜門から目につかぬように出入りすることは許されていた。罪の軽重により，30日・50日の別があった。閉門より軽く，遠慮より重いと位置づけられていた。

びっちゅうくわ [備中鍬] 刃を3本あるいは4本もった鍬の総称。おもに田の荒起しや甘藷の

掘りとりに使われ，マンノウ（万能）とか，刃の本数によって三本鍬・四本鍬ともよぶ。江戸後期に鍬を軽くすることを目的に板鍬が改良されたものだが，刃がわかれた鍬はすでに木製の股鍬が弥生時代に使われていた。

●●備中鍬

びっちゅうのくに [備中国] 山陽道の国。現在の岡山県西部。「延喜式」の等級は上国。「和名抄」では都宇・窪屋・浅口・小田・後月・下道・賀夜・英賀・哲多の9郡からなる。国府は賀夜郡(現，総社市)と推定され，国分寺・国分尼寺も賀夜郡におかれた。一宮は吉備津神社(現，岡山市)。「和名抄」所載田数は1万227町余。「延喜式」では調として絹や糸のほか，塩・鉄・鍬がある。古墳時代には畿内に匹敵する規模の古墳が造営され，吉備氏の根拠地であった。7世紀後半に吉備国を前中後に分割して成立。守護は鎌倉時代には土肥氏・北条得宗家，室町時代には細川氏。戦国期には宇喜多氏・尼子氏・毛利氏が覇を競った。江戸時代は幕領・大名領・旗本領など錯綜していた。1871年(明治4)の廃藩置県により深津県に統合され，72年小田県と改称，75年岡山県に合併。

ビッドル James Biddle 1783.2.18〜1848.10.1 アメリカの海軍軍人。1845年東インド艦隊司令長官となる。日本の開港や条約締結の意思を確認するため，45年(弘化3)軍艦2隻を率いて浦賀に来航。浦賀奉行と交渉したが，日本側の断固たる開国拒否にあって退去した。

ひでんいん [悲田院] 寺院などに付属して，孤児や病者・貧窮者を収容・救済した施設。仏教の福田説に基づき設置した。聖徳太子が四天王寺に設置したとも伝えられ，興福寺にもおかれていた。730年(天平2)光明皇后は皇后宮職に施薬院を設けたが，同じ頃悲田院にもおかれたらしい。これを継承して平安時代には，施薬院別院として東西悲田院があり，貧窮者を救済するとともに京内の死体埋葬などを行った。預僧・預・乳母などの職員がおり，運営には藤原氏の封戸があてられた。

びとうじしゅう [尾藤二洲] 1747.10.8〜1813.12.14 江戸後期の朱子学派の儒者。名は孝肇，字は志尹，通称良佐。伊予国川之江の廻船業者の子。大坂の片山北海に入門するが，頼春水・古賀精里らと正学を学び朱子学を選んだ。大坂に開塾したが，1791年(寛政3)幕府に登用され，聖堂学問所の儒者として寛政期の学政に参画した。寛政の三博士の1人。著書「素餐録」「正学指掌」「称謂私言」。

ひとえ [単] 単衣の略。裏地をつけない衣服の総称。とくに男女ともに用いた，装束の一番下に着用する広袖絹製の肌着をさす。赤染めのため赤単ともいい，布製の物を赤帷子とよんで区別することもある。季節を問わず用いるが，夏はとくに薄物を用いた。平安末期以降，肌着として小袖を使用するようになると，その上着となった。

ひとかい [人買] ⇨ 人身売買

ひとがえしのほう [人返の法] 江戸後期，都市に集中した農民を帰村させる政策。享保期前後から進む農民の都市集中は，農村の荒廃化や都市の治安悪化，飢饉時の貧民救済など深刻な問題をうんだ。これに対し幕府は寛政の改革期に旧里帰農令，天保の改革では1843年(天保14)人返しの法を出した。これは人々を強制的に帰村させるものではなく，都市の人別改を強化することにより江戸の人口増加を抑えることにあったが，成功を収めるには至らなかった。

ひとじち [人質] 政治的な同盟・協約を確実なものにするため，近親者などを相手方に送り，その生命を担保とすること。戦国期に広くみられた。江戸時代に幕府が諸大名の妻子を江戸藩邸にとどめ，忠勤義務をはたさせたのも人質の一つ。

ひとつばしけ [一橋家] 徳川家の分家。田安家・清水家とともに御三卿の一つ。1741年(寛保元)将軍徳川吉宗の四男宗尹が江戸城一橋門内に居住したのに始まる。公卿に叙任，代々刑部卿・民部卿・兵部卿を称した。賄料領知10万石を領したが，主要な役職は幕臣から派遣されて老中支配であった。将軍に11代家斉，15代慶喜を出した。1868年(明治元)藩屛に列して独立した家となり，70年家禄3805石を与えられた。84年伯爵家となる。→巻末系図

ひとつばしは [一橋派] 江戸幕府13代将軍徳川家定の継嗣をめぐり，和歌山藩主徳川慶福(のち家茂)を推した南紀派に対して，一橋慶喜を推した党派。福井藩主松平慶永が将軍継嗣論として糜を有し，1856年(安政3)徳島藩主蜂須賀斉裕，鹿児島藩主島津斉彬らの同意を得て幕閣へ働きかけた。雄藩の幕政参画，諸侯連合と攘夷の実行をめざそうとするものでもあった。しかし老中阿部正弘の死後，同派の反撃にあい挫折した。

ひとのみちきょうだん [ひとのみち教団] ⇨ PL教団

ひとばらいれい [人掃令] 1592年(文禄元)3月頃，関白豊臣秀次が全国の大名に命じた家数・人数の一斉調査。村ごとに家数・人数・性別・年齢を調査し，武家奉公人・町人・百姓の身分ごとにまとめて帳簿を作るよう命じ，秀次から奉行も派遣された。前年の御前帳や郡絵

図の提出命令につづく全国的な石高・人口調査の一環。他国他郷の者の存在を許さず、百姓の土地緊縛が強化された。目的は朝鮮出兵を進める豊臣政権が、全国的に陣夫として徴発しうる労働力を把握するところにあったと考えられるが、前年の御前帳の徴収や身分法令などとあわせて、国土と国民の掌握をめざす法令だとする説もある。

ヒトラー Adolf Hitler 1889.4.20〜1945.4.30 国民社会主義ドイツ労働者党党首。1933年1月にドイツ首相就任。翌年8月には大統領職を兼任、総統と称した。独特の人種イデオロギーと生存圏理論にもとづき外交・戦争政策を展開し、日本とも防共協定と日独伊防共協定により同盟関係を形成した。39年9月ポーランドに侵攻して第2次大戦の火蓋を切り、戦時中にはユダヤ系市民を強制収容所で大量虐殺する政策を推進した。45年4月末に自殺。

ひなわじゅう【火縄銃】 銃口から弾薬を装塡し、火縄に点火して弾丸を発射させる鉄砲。16世紀中葉に倭寇の交易ルートを通じて日本の西南地方に伝来した。「鉄炮記」は天文12年(1543)8月、種子島に漂着したポルトガル人がこれを伝えたと記す。日本に伝わったのは、ヨーロッパ系の火縄銃に東南アジアで改良を加えたマラッカ型の瞬発式点火機をもつもの。瞬発式は命中精度が高く、武士層に歓迎され、薩摩筒・国友筒(くにとも)・堺筒など独自の改良を施した和銃が発展した。

ビーにじゅうく【B29】 第2次大戦で使用されたアメリカの大型長距離爆撃機。ボーイングB29「スーパー・フォートレス」。1938年(昭和13)長距離爆撃機の研究が開始され、42年試作1号機が初飛行。初出撃は44年6月16日、中国の成都からの63機による八幡(現、北九州市)空襲。10月からは日本の各都市への爆撃をくり返し、甚大な被害を与え、広島・長崎への原爆投下にも使用された。最高高度9600m、最高時速576km、航続距離6598km、最大爆弾搭載量9トン。

ひにん【非人】 既存の共同体から疎外された乞食などをさす。中世の非人は非人宿をつくり、斃牛馬(へいぎゅうば)処理、刑吏、呪術・芸能など一連の穢(けがれ)に対する清めの職能を担った。彼らは中世後期に、斃牛馬処理、刑吏を担う河原者と呪術・芸能にかかわる声聞師(しょうもんじ)、宿(夙)(しゅく)、散所(さんじょ)などに大きく分化し、近世では穢多身分と諸賤民とになる。近世の非人は飢饉などで多くうみだされ、おのおの組織化されたが、穢多の支配をうける地域や独自の組織をもつ地域もあり、組織のあり方は多様であった。しかし、正月や五節供、吉凶時に勧進したり、門付(かどづけ)の雑芸能などを行う点や、番人、掃除、刑吏役などを勤めるという生活のあり方は共通していた。近世前期に非人組織が形成されて以降も、つねにうみだされ、彼らは新非人、野非人(のひにん)などとよばれた。野非人は人返しされるか、非人手下(てか)となるか、いずれかに「身分片付」をされることが原則だったが、近世中期以降、都市社会に定着することになる。

ひにんてか【非人手下】 一般庶民を非人身分にくみいれる江戸時代の刑罰。「公事方御定書」には、(1)姉・妹・伯母・姪との密通の男女、(2)心中の両者生存、生存者と心中の生き残った主人、(3)三笠付句拾(みかさづけくひろい)、取退無尽札売(とりのけむじんふだうり)、(4)離別の妻への疵付(きずつけ)、(5)15歳以下の無宿の小盗、が非人手下に処されると規定されている。このうち(1)(4)は遠国非人手下で、(2)の前者は3日晒(さらし)、(3)は家財没収、(4)は入墨が付加されている。江戸で執行の場合、非人手下は穢多頭弾左衛門の立会いで非人頭に、遠国非人手下は弾左衛門に引き渡された。

ひねののしょう【日根野荘】 和泉国日根郡にあった荘園。荘域は大阪府泉佐野市付近。1234年(文暦元)以後九条家領。熊取(くまとり)荘との境にある山地に作られた溜池がおもな用水源だったが、水利は悪く開発は進まなかった。鎌倉時代の2枚の絵図にも荒野が多く描かれている。樫井(かしい)川の川むかいより上流から取水する井川(湯川)の開削ののち開発が進展し、安定耕地や集落が形成されたらしい。1501年(文亀元)から4年にわたり、九条政基(まさもと)が在荘直務を行った。その折の日記「政基公旅引付」からは、惣結合のあり方、日根野氏ら在地領主や守護と村の関係などを知ることができる。

ひのあしへい【火野葦平】 1907.1.25〜60.1.24 昭和期の小説家。本名玉井勝則。福岡県出身。早大中退。労働運動に関心をもち、家業玉井組を継いで石炭沖仲仕として働くが、ゼネストの指導などで逮捕され転向。1937年(昭和12)応召、中国の杭州湾に敵前上陸する。同年「糞尿譚」で芥川賞を受賞。翌年の徐州作戦に軍報道班として従軍、それに取材した「麦と兵隊」はベストセラーとなる。戦後も旺盛な執筆活動を行った。

ひのきずびょうぶ【檜図屛風】 巨大な檜が画面を跋扈(ばっこ)する豪放な気分の金碧画(きんぺきが)。筆者は狩野永徳(えいとく)に、桂宮家(旧八条宮家)伝来で、もとは襖絵(ふすまえ)であったことが画面に残る引手金具の跡からわかるが、1590年(天正18)創建の八条宮初代智仁(としひと)親王御殿の障壁画であったとは即断できない。縦169.7cm、横460.5cm。国宝。東京国立博物館保管。

ひのきみのいて【肥君猪手】 650〜? 正倉院に残る702年(大宝2)筑前国島郡川辺里戸籍にみえる人物。戸籍によれば、当時は同郡の大領

ひのくに [肥国] 火国とも。現在の熊本・佐賀・長崎の3県にあたる地域にあった国。「古事記」大八島生成段に筑紫島の1国として筑紫・豊・熊曾(熊襲)3国と並べて記され,「日本書紀」「国造本紀」に火国造の記事があり,「日本書紀」安閑紀には豊・筑紫両国とともに屯倉を設定されたことがみえる。7世紀末に分割されて肥前・肥後の2国になった。

ひのすけとも [日野資朝] 1290～1332.6.2 鎌倉末期の公卿。権中納言。持明院統の近臣であった俊光の子。後醍醐天皇の近臣で,天皇の倒幕計画に参画しその中心となった。1324年(正中元)謀議が幕府に漏れて捕えられ,翌年佐渡に流された(正中の変)。31年(元弘元)再び後醍醐天皇の倒幕計画が露見し,翌年天皇が隠岐に流されると,幕府の命で配所で殺された(元弘の乱)。

ひのとしもと [日野俊基] ?～1332 鎌倉末期の公卿。種範の子。後醍醐天皇の近臣。1323年(元亨3)後醍醐に抜擢されて蔵人頭となり,後醍醐の倒幕計画に参画。24年(正中元)謀議が幕府に漏れて捕えられ鎌倉に送られたが,許された(正中の変)。31年(元弘元)再び後醍醐の倒幕計画に参加したが,露見。捕えられて鎌倉に送られ(元弘の乱),翌年殺された。

ひのとみこ [日野富子] 1440～96.5.20 室町幕府の8代将軍足利義政の室。9代将軍義尚の母。日野政光の女。1455年(康正元)義政の生母日野重子の意向で義政に嫁す。はじめ義政に男子がなく,64年(寛正5)弟義視を継嗣としたが,翌年富子が義尚を生み,両者をめぐる対立が応仁・文明の乱の一因となった。乱中,義視が西軍に出奔したため73年(文明5)義尚が将軍となる。以後数年間,兄勝元と執政にあたり,89年(延徳元)義尚死後,妹の子義材(義植)を継嗣に定めた。翌年義政の死後出家して妙善院慶山と称す。のち義材との関係は悪化,93年(明応2)細川政元の清晃(義澄)擁立を支持し,清晃を義政猶子分として継嗣に立てた。富子の行使した将軍家重事の決定権は,御台あるいは後家の尼たる地位に由来し,中世の女性として例外的なものではない。

ひのはしら [火の柱] 木下尚江の長編小説。1904年(明治37)1月1日から3月20日まで「毎日新聞」に連載。同年5月平民社刊。日露戦争をめぐる平民社の非戦運動を主題とする。主人公のキリスト教社会主義者篠田長二が,同志とともに反戦を主張し,弱者救済のために社会悪と闘う実践活動を進めるなかで,政商や国家権力に忌み嫌われ,ついに投獄されるまでの経緯が描かれる。社会主義小説の代表的作品とされる。

ひびややきうちじけん [日比谷焼打事件] 日露講和条約(ポーツマス条約)に反対する都市民衆の暴動事件。1905年(明治38)9月の約1カ月間,全国主要都市で展開した民衆運動のきっかけとなった事件。日露講和条約について多くの新聞は条約破棄,戦争継続を主張,国民にも不満が多かった。9月5日対露同志会など対外強硬派9団体は,東京日比谷公園で講和条約反対国民大会開催を計画。政府は禁止したが大会は強行され,終了後民衆は警官隊と衝突,警察署や派出所などを焼き打ちし,内相官邸や講和条約を支持した政府系新聞の国民新聞社を襲った。翌6日も暴動は続き,政府は戒厳令を東京市と周辺部に施行して軍隊を出動させた。死者17人,検束者2000人に及び,大正デモクラシーの都市民衆運動の起点となった。

ビベロ Don Rodrigo de Vivero y Velasco 1564～1636 メキシコ官吏。1608年スペインのフィリピン臨時総督。09年(慶長14)後任総督着任によりメキシコへ帰国途上,上総沿岸に漂着し,江戸幕府に救助された。メキシコとの貿易を模索していた徳川家康によって,同地へ派遣された貿易商田中勝介とともに10年帰国。日本滞在中の見聞をもとに「日本見聞録」を著した。

ひほんたまくしげ [秘本玉くしげ] 本居宣長が和歌山藩主徳川治貞に上呈した,古道論に立脚した政教論。「玉くしげ」別巻と同時に献上された。1787年(天明7)成稿。天明の飢饉を背景に,主君以下,家中にいたる武家の奢侈を戒め,分際を守るべきことをいい,武家の本分を重んじつつ,役用の少ない家中には農作を勧める。当時横行した強訴・一揆については,為政者の責任を問い,町人の富裕を犠牲にしてでも農民の困窮を救うべき仁政の実践を提訴する。「岩波文庫」「本居宣長全集」所収。

ひまち [日待] 特定の日の夜に近隣の人々が集まって神仏を拝み,こもり明かす行事。日の出を拝んで解散することからいわれるが,内容は月待と似る。庚申待や甲子待・巳待などが代表的。一定の期間をおいて碑塔をたてることも広く行われた。転じて人々が集団で行事をする日や,そのための村全体の休み日をさすことも多い。

ひみこ [卑弥呼]「ひめこ」とも。「魏志倭人伝」にみえる邪馬台国の女王。倭の諸国間に大乱がおこったとき,それを収拾するため諸国の王に共立されて女王となった。独身で鬼

道をよくしたことから，シャーマン的要素が指摘される。また男女が助けて国を治めたという記述から，男女で支配の権能をわけもつヒメ・ヒコ制の原形としても注目される。239年から4回中国の魏ぎに朝貢。最初の遣使で魏の皇帝から親魏倭王の称号と金印紫綬をうけた。南の狗奴なの国の王である卑弥弓呼ひこと対立，247年に戦闘状態に陥ったことを帯方郡に連絡して督励使をうけたが，この戦の最中に命を失ったらしい。墓は径100余歩と伝えられ，奈良県桜井市の箸墓はし古墳にあてる説もある。

ひめいい [姫飯] 米を釜で炊く現在の飯に相当する。姫には軟らかいという意味があり，甑こしを用い，蒸して作る強飯こかに対する呼称。もともとは米を煮て作る粥の一種であり，現在の粥に相当する汁粥に対して，平安時代の記録に高く盛って箸を立てたとある固粥が，姫飯に相当する。

ひめじじょう [姫路城] 白鷺はくろ城とも。兵庫県姫路市にある近世の平山城。1346年(貞和2・正平元)赤松貞範が築城したのが最初とされるが，良質の史料では確認できない。その後城主は小寺氏，黒田氏と続く。1580年(天正8)豊臣秀吉が入り，3層の天守を築いた。1600年(慶長5)関ケ原の戦の戦功で池田輝政が入って新しく普請を始め，現存の5層の連立式天守を築造。池田氏ののち本多忠政が城主となり西の丸を築造，現在の規模となった。姫山を本丸・二の丸とし，隣の鷺山を西丸，南側平野部を三の丸とする。城主の居館は本多氏のときから三の丸にあった。城下町は町屋すべてを外堀で囲む総構そうがである。天守部分は国宝，中郭以内は国特別史跡。

ひめじはん [姫路藩] 播磨国姫路(現，兵庫県姫路市)を城地とする家門・譜代大藩。1600年(慶長5)池田輝政が播磨一国52万石を領したが，17年(元和3)孫の光政のとき因幡国鳥取へ転封。かわって伊勢国桑名から譜代の本多忠政が15万石で入封。その後，姫路は西国の押えとしての重要性から幼主などを嫌い，松平(奥平)・松平(結城)・榊原・松平(結城)・本多・榊原・松平(結城)各氏と，再封や再々封を含め頻繁な譜代・家門間での藩主交代の舞台となった。1749年(寛延2)松平氏が上野国前橋に移り，入れ替りに酒井忠恭ただたかが入封。以後10代にわたる。この交代時に播磨にて及ぶ大規模な一揆がおこった(寛延の姫路藩一揆)。酒井氏は内分支藩姫路新田藩を立てたが，50年ほどで絶家。詰席は帝鑑間。藩校好古堂。廃藩後は姫路県となる。

ひめゆりぶたい [ひめゆり部隊] 太平洋戦争末期の沖縄で，1944年(昭和19)12月第32軍司令部の指示により，沖縄師範学校女子部・県立第一高等女学校の生徒で組織された看護隊。翌年4月の米軍上陸に際して，総数200人の生徒が沖縄陸軍病院に動員され，同年6月の沖縄戦争終結まで，天然の洞窟を利用した外科壕で負傷兵の看護にあたった。戦後，犠牲者の多かった摩文仁まぶに，戦没した職員・生徒210人を合祀した慰霊塔「ひめゆりの塔」が建立された。

ひゃくおうせつ [百王説] 平安末～鎌倉時代に広まった，「天皇は百代で尽きる」という歴史思想。「百王」の語は，中国では数多くの帝王を意味し，日本でも同様な捉え方があった。平安末期には貴族政治の斜陽化と末法思想が重なり，しだいに百という実数による考え方が主流となった。この百王観は，上流階層による「愚管抄」「玉葉」などの記録や，日蓮らの新仏教者の主張にもうかがえる。しかし末法思想の衰退と前後し，南北朝期を境に百王思想も形骸化した。

ひゃくさい [百済] ⇨百済くだ

ひゃくしょう [百姓] 古代では「ひゃくせい・はくせい」とも。古代中国では種々の姓をもつ人の総称，すなわち一君万民の万民を意味した。律令制下でも，皇族・奴婢をのぞく，班田農民・地方豪族・貴族を含む語として使用された。中世社会の一般人の法的身分は侍と凡下げにわかれていたが，しだいに百姓が凡下にかわって侍に対する身分呼称として用いられるようになった。荘園制下で，百姓の多くが農業に従事し，しだいに耕地との結びつきを強めていくと，土地を所持する百姓＝農民という社会観念が強くなった。しかし現実には，漁民・商人などの非農業民を，苗字をもたない身分に対して，苗字をもたない百姓身分の者として多く存在した。近世に入って，百姓のなかから商人・職人などが城下町などの都市に集住させられ町人身分として分化し，非農業の土地を検地帳に登録された百姓身分とされた。これによって，百姓＝農民という身分が体制化した。しかし近世においても，なお百姓身分のうちに，田畑をもち，漁民・職人など種々の職業を本業とする人々を含んでいた。

ひゃくしょういっき [百姓一揆] 幕藩体制下の百姓身分の者を中心として，幕府や領主の年貢の収奪強化などに抵抗しておこしたもの。近世初期から明治初年までに約3700件発生。幕府は徒党禁令を制定してその件を禁止し，頭取以下一般参加者までさびしい処罰を行ったが，一揆の発生を防止できなかった。闘争形態としては越訴おっ・逃散・門訴もん・強訴ごうなどがあり，強訴では打ちこわしをともなうことが多かった。規模や闘争形態・闘争主体などにより，士豪一揆・代表越訴型一揆・惣百姓一揆・全藩一揆・広域闘争・世直し一揆(騒動)などに分類さ

れる。

ひゃくしょううけ [百姓請] ⇨ 地下請

ひゃくしょうおうらい [百姓往来] 江戸中期以降刊行の往来物の一つ。1766年(明和3)江戸で出版。形態は「商売往来」にならう。内容的には1758年(宝暦8)の「田舎往来」を抜粋ないし要約したものといわれる。百姓に必要な用語・語彙や知識に焦点をしぼり、コンパクトにまとめてある点が特徴。頭書で世帯道具字尽、一代の守本尊など、当時の重要な知識・教訓を補っている。「農業往来」より後の出版だが、普及度は本書の方が高かった。「日本教科書大系」所収。

ひゃくしょうだい [百姓代] 百姓惣代・惣百姓代・老百姓とも。江戸時代の村役人。村民を代表して名主(庄屋)・組頭(年寄)の村政執行を監察することが職務で、1～3人ほどおかれた。既存の村役人の不正を防止しようとする村民の要求により、江戸中期から広く登場した。村の諸書類に名主などとともに村の代表として連印していることも多い。しかし村民の要求によって設けられたため、各村に必ずいたわけではない。就任に際しては領主の認可を必要とせず、無給が一般的であったことなどが既存の村役人とは異なる。

ひゃくしょうでんき [百姓伝記] 遠江・三河両国を舞台に成立した農業技術書。15巻。最も古いものに属する大部の著作で、延宝・天和年間(1673～84)に成立。著者不詳だが、3人以上の農民による共同著作と考えられる。内容は作物の栽培と肥培管理を中心にした農業技術だが、気象・暦・治水・農民生活まで幅広く扱う。四季の移り変りにも気を配り、大河川流域の水との闘いについても記述している。「日本経済大典」所収。

ひゃくしょうみょう [百姓名] 土名とも。荘園や国衙領で領主名・地頭名・荘官名などではない一般の百姓の名。領主名などに比べて小規模で、荘園領主に対しては年貢・公事ともに負担した。領主によって徴税、とくに公事の徴収の円滑化のため編成され、農業経営の単位とは必ずしも一致しない。畿内には1～2町の均等な大きさの百姓名からなる荘園があり、均等名荘園とよばれる。

ひゃくにんいっしゅ [百人一首] 歌人100人の各1首を選んで配列した秀歌撰。とくにその嚆矢の「小倉百人一首」をいう。同書が室町時代以降に歌学の聖典として重視され、また注をえて流布し、さらに近世以後、歌かるたとして一般に広まるのに従い、多くの類書が編まれた。足利義尚撰「新百人一首」をはじめ、「後撰百人一首」「武備百人一首」「武家百人一首」「女房百人一首」がある。和歌以外でも、形式を模倣して、狂歌や俳句・川柳・名所・姿絵などの百人一首がうまれた。

ひゃくまんちょうかいこんけいかく [百万町開墾計画] 722年(養老6)4月25日の太政官奏による、水旱異常に備えるための良田100万町の開墾計画。国郡司の監督のもとに、1人10日を限度として人夫を徴発し、用具は官物を貸与した。対象となる地域が全国なのか奥羽地方のみか、また地種に陸田が含まれるかなどについて定説はない。ただし地域については、その褒賞に勲位が多く与えられていることなどから奥羽地方とする説が有力。

ひゃくまんとう [百万塔] 764年(天平宝字8)の恵美押勝の乱後、称徳天皇の発願で造られた100万基の木製の三重小塔。770年(宝亀元)に完成し、十大寺に10万基ずつ安置した。轆轤挽きの塔身部と相輪部からなり、塔中には紙に印刷した4種の陀羅尼経1部を納置。底部などに工房名・工人名・製作日の墨書銘が記され、全体を白土で彩色している。多層の十万節塔・一万節塔とともに、法隆寺に4万5000余点が伝存。重文。

ひゃくれんしょう [百練抄] 編年体の歴史書。編者不詳。亀山天皇在位中の成立か。全17巻のうち巻1～3は散逸。現存部分は冷泉天皇の968年(安和元)から1259年(正元元)の亀山天皇の即位まで。貴族の日記をもとに編纂したと考えられるが、典拠を明記した記事は数少ない。12世紀後半部分は「吉記」を典拠とする。末尾部分は編者の日記を利用しているという。記事は朝廷の動向が中心で平安末期から詳しくなり、鎌倉時代の史料としては重要。神宮文庫が金沢貞顕書写の金沢文庫本の模写本を所蔵。江戸時代から「百錬抄」と書かれるが、本来は「百練抄」。「国史大系」所収。

ひゃっかんがわいせきぐん [百間川遺跡群] 岡山市街地の東、旭川の放水路である百間川の河川敷に散在する縄文時代～近世の遺跡の総称。弥生・古墳時代の集落跡や水田跡を中心に、奈良時代の倉庫群や中世集落跡など多様な内容をもつ。広範囲に広がる弥生時代の水田跡からは、前期後半～後期に耕地の拡大が図られていく過程が跡づけられる。

びゃっこ [白虎] ⇨ 四神

びゃっこたい [白虎隊] 戊辰戦争時に会津藩で16～17歳の少年によって編制された部隊。1868年(明治元)3月、会津藩では鳥羽・伏見での敗戦の経験から軍制の洋式化を断行、部隊を年齢別に編制して若年から白虎・朱雀・青竜・玄武の各隊とした。しかし会津戦争に出撃した白虎隊は8月23日の戸ノ口原の戦で新政府軍に敗北、生き残った20人は若松城の北東にある飯盛山に登り、新政府軍が城下に放った炎を

ひゅうがのくに [日向国]
西海道の国。現在の宮崎県。「延喜式」の等級は中国。「和名抄」では臼杵・児湯・那珂・宮崎・諸県の5郡からなる。国府・国分寺・国分尼寺は児湯郡(現、西都市)におかれた。一宮は都農の神社(現、都農町)。「和名抄」所載田数は4800余町。「延喜式」では調庸として綿・鰒など。「古事記」「日本書紀」に天孫降臨以下のいわゆる日向神話がみえる。8世紀初めに薩摩国・大隅国を分出。11世紀前期に現在の都城市付近に成立した島津荘は、その後薩摩国・大隅国に拡大し、鎌倉初期には日向国内約8000町の田地のうち5割弱が島津荘に寄郡となる。守護は鎌倉時代の大半は北条氏、南北朝期は大友氏・細川氏など。14世紀末に島津氏が守護となり、在地土豪の伊東氏・土持氏と激しく抗争した。江戸時代は、延岡・高鍋・佐土原・飫肥藩のほかは鹿児島藩領と幕領にわかれ、その領域もたびたび変化した。1871年(明治4)の廃藩置県の後、美々津県・都城県があり、73年宮崎県が成立。76年鹿児島県に合併。83年宮崎県が分離独立、そのとき諸県郡の一部は鹿児島県に所属した。

ヒュースケン Hendrik Conrad Joannes Heusken
1832.1.20〜60.12.6 駐日米国総領事館・公使館通訳。オランダ人。1853年アメリカに移住。55年駐日総領事に任命されたハリスの通訳となり、56年(安政3)ハリスとともに下田に来航。日米修好通商条約締結などでハリスを補佐して活躍した。イギリス使節やプロイセン使節の通商条約締結に際してもオランダ語通訳として協力。61年1月15日(万延元年12月5日)攘夷派の鹿児島藩士らに襲われ、翌未明死亡。

ひよう [日用]
日傭・日雇とも。日雇いの労務者。近世、江戸をはじめとする三都や城下町などの都市域に大量に存在した。多くは農村からの流入者で、店借層としてその日暮しの生活を送る者であった。江戸では、足軽・中間など武家奉公人の代替や火事のときの駆付人足として、あるいは鳶口・手子(梃子)の者などの土木人足や米春・背負・軽子・駕籠昇など、武家方・町方の多様な労働需要に応じて、日用頭などの請負人を通じて雇用された。

ひょう [表]
皇后・皇太子以下の臣下が天皇・太上天皇にたてまつる文書。書出しは男ならば「臣某言」、女ならば「妾某言」とし、書止めは「臣(妾)某誠惶誠恐頓首頓首死罪死罪謹言」とするが例。国家の慶事にあたっての賀表や官を致仕する際の辞表、天皇の恩意を辞退する抗表があるが、平安時代以降は辞表が中心となる。前近代の東アジア外交のうえで、朝貢国の国王が朝貢をうける国の皇帝へ提出した外交文書も表という。

ひょう [評]
「こおり」とも。大化以後、浄御原令制までの地方組織。大化の改新での地方制度改革により、各地に派遣された地方官の下に設置された。改新の詔では郡(実際は評)に大・中・小の3等級を設定。評は朝鮮半島の地方制度を参考にしたとみられ、長官の地位には国造などの在地首長を任じた。大宝令の施行によって郡と改称された。

ひょうえふ [兵衛府]
大宝・養老令に規定された衛府。左兵衛府・右兵衛府がある。養老令によれば、それぞれ督(大宝令では率)・佐(大宝令では翼)・大尉・少尉・大志・少志とりの四等官がおり、その下に兵衛400人が所属した。兵衛は郡司子弟などからとられ、令制五衛府のなかでは最も天皇の近辺を警衛したが、しだいにその地位は令外新設の中衛府・近衛府などに奪われた。758〜764年(天平宝字2〜8)の藤原仲麻呂による官号改称では左右の虎賁衛といった。他の衛府のように統廃合はうけず、後世まで存続した。

ひょうがじだい [氷河時代]
氷河の発達やそれに関連して生じる氷河地形・堆積物が広く分布する時期。先カンブリア時代、古生代石炭紀〜二畳紀、新生代第四紀(すなわち地質学的現在)に認められる。一般には、これらのうち第四紀更新世をさす。氷河時代は複数の氷期と間氷期のくり返しからなる。ヨーロッパアルプスや北ヨーロッパ・北アメリカでは氷河地形として残されているものだけでも4〜6サイクルが確認できる。氷河の消長は海水面高度に直接影響し、氷期には低下、間氷期には上昇して海岸線を移動させた。日本では植物は氷期には寒帯系要素が、間氷期には暖帯系要素が支配的になった。人類はマンモスやオオツノジカなど氷河時代の大型哺乳動物を狩猟し食用にしていた。

ひょうき [氷期]
氷河時代のなかで氷河や氷床が拡大して中緯度にまで達した寒冷な時期。第四紀更新世の氷期には、ヨーロッパでは北緯50度、北アメリカでは北緯40度付近まで氷床におおわれた。氷床の成長にともなって、海水面は現在より100m以上低下した。そのため日本海には寒暖暖流が流入しなくなり、宗谷海峡は陸橋となった。北海道にはツンドラ的な環境も出現し、永久凍土も形成され、北方からマンモスなどが移動してきた。

ひょうご [兵庫]
神戸市の地名。古代は摂津国八部郡に属した。行基が整備した摂播五泊の一つ大輪田泊。平安末期に平清盛が経ヶ島を築造し、鎌倉時代に重源が修復して日宋・日明貿易の拠点となった。中世は

西国物産の中継地で兵庫関がおかれ，応仁・文明の乱で軍事拠点となったため日明貿易は堺に移り荒廃した。近世は西廻海運の中継地として栄えたが，兵庫開港の際，居留地造成の余地がなかったため神戸港がこれにかわった。

ひょうごかいこうもんだい [兵庫開港問題]

日米修好通商条約締結がもたらした幕末期の対外問題。1858年(安政5)に決まった神奈川(横浜)・長崎・新潟・兵庫4港と江戸・大坂2都の開港・開市のうち，横浜・長崎以外は攘夷運動の激化で延期が問題となった。62年(文久2)ロンドン覚書で5年の延期が約されたが，65年(慶応元)には，兵庫沖で英・米・仏・蘭4国の代表と幕府間で条約勅許・兵庫開港問題の交渉が行われた。徳川慶喜よしのぶは事態収拾のために朝廷に奏聞。兵庫開港取り止めなど条件つきで条約勅許がだされ，かろうじて交渉決裂は避けられた。しかしロンドン覚書で定められた期日を目前にした67年3月，新将軍となった慶喜は外圧により兵庫開港を各国公使に約束，ついに5月勅許をえ，12月兵庫開港・大坂開市が実現された。

ひょうごきたせき [兵庫北関]

平安末期から兵庫津とよばれて栄えた兵庫の港におかれた関所。現在の神戸市兵庫区にある。1308年(延慶元)東大寺が関税の徴収権を獲得した。38年(暦応元・延元3)興福寺も徴収権を獲得したため，北に東大寺の関所，南に興福寺の関所が分立した。この北側の関をいう。室町時代の繁栄のようすが知られる史料に「兵庫北関入船納帳」がある。

ひょうごきたせきいりふねのうちょう [兵庫北関入船納帳]

東大寺が領した兵庫津北関の1445年(文安2)1月〜46年1月までの関税徴収の帳簿。日記風に入船を記録し，船籍地，積載品目および数量，関料とその納入日，船頭名，船主の問丸の順で記載。中世流通史・水運史の貴重な史料。原本の写真・翻刻は研究とあわせて，林屋辰三郎編「兵庫北関入船納帳」に収録。密接な関係をもつ史料に「兵庫北関船納帳」があり，「兵庫史学」に翻刻掲載。

ひょうごけん [兵庫県]

近畿地方の西部に位置する県。旧播磨・但馬・淡路3国の全域と摂津・丹波両国の一部を県域とする。1868年(明治元)旧播磨4郡・播磨9郡の旧幕領を管轄する兵庫裁判所が設置され，すぐに兵庫県と改称。その後摂津・播磨両国の公家・旗本・飛地大名領の編入や替地が行われ，管轄地は摂津9郡・播磨7郡・淡路津名2郡に散在した。71年廃藩置県後の10月の府県統合で兵庫県は尼崎県・三田さんだ県を合併して摂津5郡を管轄，播磨国は姫路県(1週間後に飾磨しかま県と改称)，但馬・丹後両国と丹波国多紀たき・氷上ひかみ・天田あまた郡は豊岡県に統合された。76年兵庫県，飾磨県，丹後と丹波天田郡を除く豊岡県，および名東なとう県のうち淡路が統合されて，ほぼ現県域が定まった。県庁所在地は神戸市。

ひょうごぞうせんじょ [兵庫造船所]

明治前期の官営造船所。1869年(明治2)に金沢藩が兵庫東出町に創設した造船・鉄工所である兵庫製鉄所を71年に工部省が引き継ぎ，73年に東川崎町でアメリカ系商社が建設していた造船所を買収してここに移転，合併した。御雇外国人の指導のもと，船舶の修理と木造船の造船にあたる一方，85年に鉄船製造設備を整備し，その建造に着手したが，86年に川崎正蔵に貸し渡し，翌年払い下げられ，のちの川崎重工業の基礎となる。

ひょうしきどき [標式土器]

土器はその属性である時間的・空間的位置を最も鋭敏に反映し，時期や地域によってさまざまに変化する。考古学では，そのような変化はそれぞれの土器が特定の型式あるいは様式に属しているかどうかと考え，その様式や型式を決定することが研究の基本となる。型式や様式を設定する際の基準となった土器が標式土器。

ひょうじょうざた [評定沙汰]

鎌倉幕府訴訟制の一つで，一般に引付方ひきつけかたで作成された判決原案を評定所において評議・決定すること。「沙汰未練書」によれば，関東では執権・連署，六波羅ろくはらでは南北両探題と，引付頭人全員がそろってはじめて開催される。くじで意見をいう順番を決めると，担当の奉行が判決原案(引付勘録)を読みあげる。順に意見をのべ，原案に問題がなければそれを判決とし，非であれば再び引付に差し戻す。こうして出た結論を原案の右端に書き付けて落居らっきょとなる。

ひょうじょうしゅう [評定衆]

鎌倉・室町両幕府の職員。鎌倉幕府では，執権北条泰時が，叔父の時房を連署としたのち，1225年(嘉禄元)11人を任命し，12月21日，評定始を行ったことに始まる。評定衆の行う評定は合議制にもとづいた幕府政治の最高議決機関で，これ以前の13人の宿老による合議体が理非断の最終決定権をもたなかったのと大きく異なる。人数はふつう十数人で，北条氏一門，三浦氏・安達氏らの有力御家人，三善氏・二階堂氏らの文筆職員が就任し，行政ぎょうせい設置後は引付頭人を兼任した。しかし得宗専制の進展にともなって，北条氏一門の評定衆が増加，有力御家人は減少した。さらに北条氏一門の者が若年で就任するようになると，合議体としての評定は形骸化し，得宗のもとでの寄合よりあいがこれにとってかわった。室町幕府にもおかれたが，形式的なものにとどまった。

ひょうじょうしょ [評定所]

江戸幕府の最高司

法機関。1635年(寛永12)制度的に確立。江戸城竜の口にあった。構成員の中心は寺社・町・勘定の三奉行の評定所一座で、各自が専決できない重大事件や、管轄のまたがる訴訟などを毎月3回の式日または立合に集会して、合議・裁判した。京都所司代・大坂城代・遠国奉行らは江戸出府中、事務見習いのため傍聴した。「評定所法式」(「評定所掛看板」「評定所張紙」)は江戸幕府の基本法とされた。

びょうどういん [平等院] 京都府宇治市宇治蓮華にある寺。現在は単立寺院。藤原道長の別業宇治殿を譲られた子の頼通が、1052年(永承7)に仏寺として平等院と称した。この年は入末法の第1年であり、阿弥陀如来の救済と極楽浄土への往生を願い、念仏や観想の実践の場としての阿弥陀堂が造営された。これが鳳凰堂で、翌年竣工した。鳳凰堂のほか塔・五大堂・不動堂・愛染堂などもあいついで建立されたが、反平家の合戦をおこした源三位頼政が当寺境内で自害するなど、源平合戦の一戦場にもなり、1336年(建武3・延元元)の楠木・畠山両氏の合戦では堂舎もいくつか焼失している。1950～56年(昭和25～31)に鳳凰堂の解体修理が行われた。鳳凰堂を中心にして周囲に池をめぐらせた庭園は国史跡・名勝。

鳳凰堂 ほうおうどう 1053年(天喜元)供養の阿弥陀堂。鳳凰堂は江戸時代以降の俗称。池にむかい東面する。中央の中堂と左右の翼廊でコの字形の平面を造り、中堂後方に尾廊がつく。中堂は裳階をつけて外観を二重に仕上げ、内部に阿弥陀像を安置する。翼廊は2階建てで、隅に楼閣を造る。平安後期に浄土信仰によって造られた阿弥陀堂建築の最も華麗な遺構として貴重。高さは中堂13.7m、翼廊6.8m。国宝。

鳳凰堂阿弥陀如来像 ほうおうどうあみだにょらいぞう 1053年(天喜元)供養の阿弥陀像は「定家朝臣記」により作者は定朝とされる。定印を結ぶ丈六像で、円形・方形の内外二重の天蓋の下、飛天光を負い、八重蓮華座上に座する。檜材の寄木造・漆箔仕上げ。均衡のとれた、円満でのびやかな相好がゆきとどいた彫技によって表現され、その像容や、華麗な宝相華文様を彫った荘厳具の形式、合理的な木寄法の技法などに藤原彫刻の完成した姿が示される。像高279.0cm。国宝。

鳳凰堂雲中供養菩薩像 ほうおうどううんちゅうくようぼさつぞう 鳳凰堂内の長押上に懸け並べられた52体の菩薩像(うち5体は比丘形)で、それぞれ飛雲上で自由な体勢をとりながら奏楽や歌舞などで本尊阿弥陀像を賛嘆するさまを表す。ほとんどが阿弥陀像と同時期の作で、定朝一門の手による。すべて檜材製・彩色仕上げ。変化に富んだ像容が浮彫的な手法をまじえ巧みに表現される。全高40.0～80.0cm。国宝。

ひょうねんず [瓢鮎図] 将軍足利義持の命で、「瓢箪で鮎魚を捕えるには？」という題に、如拙が画を描き、大岳周崇ら五山の禅僧31人が賛を寄せる。応永年間(1394～1428)の制作。当初は小型の衝立屏風の表裏に画と賛が書かれたが、のち詩画軸の形式に改装。異形の男が瓢箪を手に水中の鮎を捕らえようとする場面が滑稽に描かれ、詩も軽妙な頓知に富む。禅の問答にならえるため、義持周辺の文雅の集いのなかでの知的遊戯の産物。紙本墨画淡彩。退蔵院蔵。縦111.5cm、横75.8cm。国宝。

びょうぶ [屏風] 室内で、風や視線をさえぎるための仕切りとして使われる可動式調度の一つ。木製の枠に紙や絹を張り、それを何枚か蝶番でつなぎあわせ、折り畳めるようにしたもの。奈良時代以前に中国から伝えられた。屏風の表にはふつう絵を描いた。平安時代には四季の風俗や風物を描いた12帖1組の月次屏風や4帖1組の四季屏風がつくられた。室町初期には、左右1双で1組とする形式(六曲一双)が確立し、その後の屏風の主流となった。中世以降、輸出品としても珍重され、洛中洛外図屏風・南蛮屏風など絵画に用いられることも多い。

ひょうぶしょう [兵部省] ❶令制の官省。八省の一つ。全国の兵士の管理・動員、兵器や軍事施設の管理、武官の考課・選叙など、軍事関係の事務にたずさわった。軍事力の行使は衛府や将軍が担うもので、兵部省はそのための条件整備を行う官司。卿・大輔・少輔以下の職員がおり、管下には兵馬司・造兵司・鼓吹司・主船司・主鷹司などがあった。758～764年(天平宝字2～8)には藤原仲麻呂による官号改称で武部省といった。
❷明治初年、軍事事項を管轄した政府の中央官庁。1869年(明治2)7月の官制改革により軍務官を廃して兵部省を設置。卿(長官)・大輔(次官)以下の職員をおき、兵学寮・紀問司・造兵司・武庫司を設け、全国の鎮台を管下とし、陸海軍の軍令・軍政を統轄した。翌年省内に陸軍掛・海軍掛、のちの陸軍部・海軍部を設置。初代兵部卿は仁和寺宮嘉彰(小松宮彰仁)親王、大輔は大村益次郎。72年廃止され、陸軍省・海軍省となった。

びょうぶどだい [屏風土代] 大江朝綱の詩を屏風の色紙形に書くための下書。小野道風筆。928年(延長5)醍醐天皇の宮廷に新調された屏風の下書で、当時、少内記の道風は35歳。揮毫のための構想からか、随所に細字で書き入れした推敲の形跡がある。その書は

和様ではあるが、藤原佐理・藤原行成の書にみられる繊細さはなく重厚である。御物。縦22.4cm、横316.6cm。

ひょうろうまい [兵粮米] 戦乱時の軍兵の食糧。古代令制では軍粮は自弁とされたが、場合によっては国庫から補われた。源平の争乱の頃からその調達が問題となり、平清盛は源氏味方の際に諸国に兵粮米を課し、源義仲・源頼朝に継承され、1185年(文治元)の守護地頭設置の際、諸国の荘園・公領一律に段別5升の兵粮米の賦課が認められたが、数カ月で停止され、以後は臨時の課税となった。室町幕府は、1352年(文和元・正平7)半済令を発布し、近江など諸国寺社本所領所課の半分を兵粮とし、守護などの収取を許した。これ以後守護・国人らは荘園を侵食し、兵粮米の徴収が恒常化した。戦国大名は借入などの方法でも兵粮米の調達を行い、織豊政権では蔵奉行から兵粮奉行を独立させて運営した。

ひょうろうりょうしょ [兵粮料所] 南北朝期に室町幕府が兵粮米にあてるよう指定した土地。幕府が関与しなかった寺社や貴族の荘園を対象とした。1352年(文和元・正平7)幕府は近江・美濃・尾張3カ国に、本所年貢の半分を兵粮料所として軍勢に預ける半済を実施し、翌年、伊勢・伊賀・志摩・和泉・河内5カ国を加えた。はじめは1年の期限つきだったが、武家は半済を口実に、下地の折半をとる場合もあって兵粮料所が常態化し、実質的な武家領となった。

ひよけち [火除地] 近世都市に設けられた延焼防止のための防火帯。町方の火除地を広小路ともいう。江戸では明暦の大火の直後に、湯島馬場の内など5カ所に設けられたのをはじめとする。江戸は冬季の北西風による大火が頻発したため、火除地の多くが江戸城の北西部に設けられた。火災後に焼跡を火除地とすることが多かったため、当該の町は代地を与えられ、町ごと移転した。これを代地町という。

ひよしたいしゃ [日吉大社]「ひえ」とも。大津市坂本本町に鎮座。式内社。二十二社下社。旧官幣大社。祭神は大己貴神(西本宮)・大山咋神(東本宮)。東本宮の創祀は牛尾山に降臨した大山咋神を現在地に祭ったとき、西本宮の創祀は近江遷都に際して667年(天智6)に三輪明神を勧請したとき、と伝える。のちに延暦寺の守護神とされた。850年(嘉祥3)西本宮が従二位、東本宮が従五位下に叙された。982年(天元5)円融天皇から奉幣使が発遣され、1071年(延久3)には後三条天皇の行幸が行われた。1571年(元亀2)織田信長の焼打にあったが、その後再建された。例祭は4月14日。東本宮・西本宮ともに国宝。

ひらいずみ [平泉] 岩手県南部、北上川と衣川の合流点以北に位置する。古くから軍事上の要衝で、平安時代には衣川関がおかれ、衣川以北の胆沢郡など奥六郡とそれ以南の諸郡の境界にあたる。奥六郡を支配したのが安倍氏であったが、後三年の役後、藤原清衡が江刺郡豊田館から磐井郡平泉に移居して以来、約1世紀の間、奥州藤原氏の拠点として繁栄した。1189年(文治5)藤原氏滅亡後は奥州惣奉行葛西氏が支配した、近世に入って仙台藩領。1953年(昭和28)町制施行。中尊寺金色堂や毛越寺は著名。また最近の発掘調査によれば、柳の御所跡は中世都市の原型を示す貴重な遺跡であり、「吾妻鏡」にみえる平泉館で、秀衡時代の政庁跡と考えられる。

ひらいずみきよし [平泉澄] 1895.2.15～1984.2.18 大正・昭和期の国粋主義的歴史学者。福井県出身。東京帝国大学教授。当初、西欧の中世史研究の成果をとりいれすぐれた研究を行ったが、日本の対外膨張とともに熱狂的な皇国史観の指導者となり、大きな影響力をもった。敗戦後、大学を辞し、郷里にもどって白山神社宮司となった。著書「中世に於ける精神生活」「中世に於ける社寺と社会との関係」「建武中興の本義」。

ひらでいせき [平出遺跡] 長野県塩尻市宗賀にある縄文時代および古墳～平安時代の大規模な集落遺跡。1950・51年(昭和25・26)考古学に地学・建築学・民俗学など関連諸学を含めた総合調査が行われた。数多くの竪穴住居跡や掘立柱建物跡などの遺構を検出、県宝に指定された緑釉水瓶をはじめとする土器や陶器、鉄製品などが豊富に出土。藤島亥治郎の設計にもとづく復原住居は、古代竪穴住居のモデル。国史跡。

ひらがげんない [平賀源内] 1728～79.12.18 江戸中期の本草家・戯作者。名は国倫、字は士彝、号は鳩渓・風来山人・天竺浪人・福内鬼外。讃岐国高松藩の志度浦蔵番の子。1756年(宝暦6)江戸に出て田村藍水に入門し本草学を学ぶ。翌年から藍水らと江戸湯島に日本初の薬品会(物産会)を開催。数次にわたる出品物について解説した「物類品隲」を刊行した。蘭書によって火浣布・寒暖計・エレキテル(摩擦起電機)を製作。秩父で金鉄鉱山の開発を試みるが失敗し、山師といわれた。田沼意次にも認められたが幕府への仕官がかなわず、不遇で晩年は戯作者となり「風流志道軒伝」「放屁論」などを書き、江戸滑稽文学の先駆者となる。浄瑠璃作品「神霊矢口渡」などを残した。

ひらがしゅくがく [平賀粛学] 東京帝国大学経済学部の内部抗争解決のため、平賀譲総長が

両派の中心人物河合栄治郎と土方成美の両教授を休職処分にした事件。1938年(昭和13)12月総長に就任した平賀は、著書の発禁処分で文部省から処分を迫られていた河合の問題と、積年の経済学部教授会の派閥抗争を解決するため、河合の著書についての審査委員会と学部長会議の審議をうけ、翌年1月経済学部教授会にはかることなく、自己の責任において河合と土方の休職を文部大臣に具申した。これをうけた文官高等分限委員会により両教授の休職が発令されると、学部の自治慣行無視と思想処分的な決定に抗議した教授・助教授・助手ら多数が辞表を提出。一部教官の辞表撤回や補充人事などにより、経済学部は40年に正常に戻った。

ひらがともまさ [平賀朝雅] ?～1205.閏7.26 朝政とも。鎌倉前期の武将。武蔵守・右衛門権佐。父は義信、母は比企尼の女。源頼朝の猶子ゆう。比企能員よしの乱鎮圧に活躍し、1203年(建仁3)京都守護となり、04年(元久元)伊勢平氏の乱を鎮圧して伊勢・伊賀両国の守護となる。執権北条時政の後妻牧の方の女婿だったため、1205年7月に牧の方が朝雅を将軍に擁立しようとした計画が露見し、京都で討たれた(牧氏の変)。

ひらがな [平仮名] 万葉仮名の草体である草仮名を簡略化してできた仮名文字。平安初期に男性貴族や学僧の間で使われだし、後に漢字を書くことを避けた当時の女性の間でも使われるようになり、女手おんなとよばれた。発明者として空海の名前があげられた時期もあるが、現在は否定される。字体の源となる漢字が各音1字とはきまっておらず、同じ音を書き表すのに複数の字体が使われたが、現行の字体に統一決定されたのは、1900年(明治33)の小学校令施行規則である。

ひらくしでんちゅう [平櫛田中] 1872.6.30～1979.12.30 明治～昭和期の木彫家。岡山県出身。旧姓田中、名は倬太郎たくたろう。大阪で人形師中谷豊吉に木彫技術を学び、上京して高村光雲に師事し、兄弟子米原雲海から多くを学んだ。1907年(明治40)日本彫刻会を結成、岡倉天心に認められ、日本美術院再興記念展に出品し同人となった。院展には「転生」「五浦釣人」「鏡獅子」などを発表。東京芸術大学教授として長く教育にも尽力。帝室技芸員。文化勲章受章。

ひらじろ [平城] 城郭の地形による分類の一つ。平地に築かれた城。主郭を中心にいくつかの郭を配すなど、複郭で一定の規模をもったものをさし、小規模で単純な館はよばない。近世初頭に大規模な堀や石垣で城の防御を固めることが可能になると、領国経済の中心機能を城下で掌握するため平城が多く築かれた。名古屋城などが代表例。

ひらたあつたね [平田篤胤] 1776.8.24～1843.閏9.11 江戸後期の国学者。通称は大角・大壁だいかい、号は気吹之舎いぶきのや。出羽国秋田郡久保田生れ。秋田藩士・備中国松山藩士をへての致仕。江戸に出て独学で国学を学び、本居宣長没後の門人となる。1813年(文化10)著の「霊能真柱たまのみはしら」以後、死後の霊は大国主命の主宰する幽冥にいくとする死後安心論を展開して宗教化を強め、儒教・道教や洋学の知識を用いて古伝説の再編を行い、独自の立場をうちだした。神官・豪農を中心に553人になる門人がいたが、晩年は幕府から譴責をうけるなど不遇だった。幕末期の尊王攘夷運動に大きな影響を与え、近代では国家神道を支えるものとして宣揚された。著書「古道大意」「古史成文」「古史伝」「古史徴」。「新修平田篤胤全集」全22巻。

ひらつからいてう [平塚らいてう] 1886.2.10～1971.5.24 大正・昭和期の女性解放思想家・運動家。本名奥村明はる。東京都出身。日本女子大学卒。1911年(明治44)「青鞜せいとう」を創刊し、日本の女権таそうといわれる発刊の辞「元始、女性は太陽であった」を執筆。20年(大正9)には女性による社会改造をめざして市川房枝らと新婦人協会を設立。昭和初期にはアナーキズムに接近し、消費組合を設立して地域活動を行った。第2次大戦後は平和運動と女性運動に力を注ぐ。自伝「元始、女性は太陽であった」全4巻、「平塚らいてう著作集」全8巻。

ひらど [平戸] 長崎県北部に位置し、平戸島・度なか島からなる。古代から海上交通の要地で、遣唐使は庇良ひら島(平戸島)を寄港地として利用。中世には松浦まつら党の諸氏が勢力をふるい、16世紀の倭寇の拠点ともなった。1550年(天文19)ザビエルが布教を行い、近世の禁教令以後も多くの信者が潜伏キリシタンとなった。松浦氏平戸藩の城下町で、近世初期にはオランダ貿易の窓口。1955年(昭和30)6村を合併し市制施行。77年平戸大橋が開通し、対岸の田平町と陸上交通で結ばれた。

ひらぬまきいちろう [平沼騏一郎] 1867.9.28～1952.8.22 明治～昭和前期の司法官僚。昭和戦前期の重臣。美作国生れ。東大卒。司法省に入り、東京地方裁判所、東京控訴院などの判事をへて、1905年(明治38)大審院検事。09年司法省民刑局長兼大審院検事のとき、日糖事件を直接指揮して捜査。10年同じ検事局の布陣で大逆事件を摘発。11年以降、司法次官・大審院長・司法大臣を歴任。26年(昭和元)枢密院副議長。国本社を組織するなどの右翼的傾向が元老西園寺公望に忌避された。36年3月枢密院議長。39年1月組閣。しかし日独伊三国防共協定の強化交渉をめぐって閣内対立が激化し、8

月総辞職。第2次近衛内閣の内相・国務大臣。45年4月から12月まで枢密院議長。A級戦犯容疑で収監され、終身禁錮となる。

ひらぬまきいちろうないかく [平沼騏一郎内閣] 平沼騏一郎を首班とする内閣(1939.1.5～8.30)。閣僚人事は半数が第1次近衛内閣からの留任で、近衛前首相も無任所国務大臣として入閣したが、政策面では前内閣より穏健化した。内政に関しては各種の革新政策をとりさげて議会・経済界の支持をとりつけ、外交に関しては前内閣の汪兆銘工作に代表される「東亜新秩序」構想に対して、対英米協調路線や非公式ながら蔣介石政権重視をめざした。しかし日独伊三国防共協定の強化を主張する軍部と内閣の方針が食い違ったため、協定強化交渉をめぐって閣内対立が激化。独ソ不可侵条約の締結を機に「欧州情勢は複雑怪奇」という声明をだし、1939年(昭和14)8月28日総辞職。

ひらの [平野] 大阪府の大和川下流右岸、平野川中流左岸に位置する地域。古代に坂上田村麻呂の子広野麻呂の所領で、広野が転訛して平野になったという。中世には平野荘、近世初頭には平野郷と称したが、1702年(元禄15)以降平野郷町と改称。中世以来南蛮貿易に活躍した末吉氏ら7家が惣年寄として町政にあたった。17年(享保2)土橋友直らが郷学の含翠堂を創設、教育のほか社会事業も行った。1974年(昭和49)大阪市平野区となる。

ひらのくにおみ [平野国臣] 1828.3.29～64.7.20 幕末期の尊攘派志士。福岡藩士平野吉郎右衛門の次男。普請方などで江戸・長崎に勤務したが、ペリー来航後尊攘論者となり、1858年(安政5)脱藩上京。以後九州各地を遊説し尊攘派の結集にあたる。安政の大獄時から幕吏に追われる身が続き運動拠点を移す。63年(文久3)10月沢宣嘉を擁して但馬国に入り、生野代官所を襲撃して挙兵するが、敗れて捕らえられ、翌年(元治元)禁門の変に際し京都六角獄舎で斬殺された。

ひらふくひゃくすい [平福百穂] 1877.12.28～1933.10.30 大正・昭和前期の日本画家。秋田県出身。本名貞蔵。父は日本画家平福穂庵。川端玉章に学ぶ。東京美術学校卒。1900年(明治33)結城素明らと无声会を組織。文芸雑誌や新聞の挿絵で画名をあげた。16年(大正5)金鈴社を設立。南画の手法もとりいれた清新な画風で、文展を中心に活躍。帝国美術院会員・東京美術学校教授。歌集「寒竹」などアララギ派の歌人としても知られ、秋田蘭画の研究書「日本洋画曙光」を著した。

ひらやまじろ [平山城] 丘城とも。城郭の地形による分類の一つ。丘に築かれた城。軍学による定義では山と平地の両方にわたって築かれた城とするが、現在では山麓から城内最高所までの比高が20～100m程度のものを一般によぶ。滋賀県の彦根城などが代表例。

びるしゃなぶつ [毘盧遮那仏] サンスクリットのバイローチャナの音訳。盧舎那・遮那とも略称し、光があまねく照らすごとく全宇宙に遍満する仏身の意から光明遍照ともいう。「華厳経」や「梵網経」の教主。その仏身についての解釈は宗派によって異なり、華厳宗では毘盧遮那・盧舎那・釈迦を同一仏身とする。法相宗では自性・受用・変化の三身のうちの自性、天台宗では法身・報身・応身のうちの法身にあて、真言宗では大日如来としつつも三身に配する説もある。奈良東大寺金堂(大仏殿)の毘盧遮那仏は、聖武天皇が河内国知識寺の毘盧遮那仏を拝して感動し、造立されたと伝える。奈良唐招提寺金堂の毘盧遮那仏とともに国宝。

ビルマ インドシナ半島北西端に位置する東南アジアの国家。漢字表記は緬甸。ビルマ人が総人口の7割弱を占める多民族国家。11世紀頃パガン朝による統一国家がうまれ、以後タウングー朝、コンバウン朝など仏教王国が継起した。1824～85年、3度の対英戦争に敗れてイギリス植民地となったが、第2次大戦中は日本の占領下におかれた。第2次大戦後期、日本軍と英軍の戦場と化し、日本軍はインパール作戦で多くの犠牲者を出し、同時に抗日独立運動がおこった。日本敗戦後の1948年ビルマ連邦共和国として独立。日本とは54年(昭和29)日本・ビルマ平和条約、賠償協定に調印して国交が正常化した。政府はビルマ式社会主義を実施、現在は軍政下にある。89年ビルマ連邦社会主義共和国をミャンマー連邦、首都ラングーンをヤンゴンと改称した。

ビレラ Gaspar Vilela 1525～72 ポルトガル人イエズス会宣教師。1556年(弘治2)豊後国府内(大分)着。平戸・博多で布教。59年(永禄2)日本布教長トレスの命令により日本人イルマンのロレンソらとともに上京、京都開教にあたった。翌年将軍足利義輝に謁見し、布教許可の制札を得て京都布教を開始。結城忠正・清原枝賢・高山図書らに授洗。65年の義輝暗殺後、京都から追放され堺に退避。豊後国に移り、70年(元亀元)日本を去り、インドのゴアで没。

ひろこうじ [広小路] 近世都市における幅の広い道路空間。設置の目的が防火帯としての火除地であることが多かったが、仮設の店舗をおくことが許可されることにより、盛場が営まれる空間となった。小間物商・蜜柑問屋・年末の松飾商人などの床見世ばかりでなく、大道芸

や芝居・軽業・土弓などの小屋，あるいは楊弓場・水茶屋などが立ち並んだ。武家地と町人地の間に設定された名古屋の広小路，江戸では両国・江戸橋・上野・外神田・浅草・本郷などがある。

ひろさわさねおみ【広沢真臣】1833.12.29～71.1.9 幕末・維新期の萩藩士，新政府の指導者。長門国萩城下に生まれ，波多野家の養子となる。旧姓柏村。のち広沢と改姓。藩の要職を歴任し，尊王攘夷派に接近。禁門の変に敗れて幕府の追討をうけ，恭順派が藩政を握ると投獄された。倒幕派の勢力回復により出獄し，木戸孝允らとともに藩政を指導。1867年(慶応3)大久保利通らと倒幕を協議し，討幕の密勅をうけた。翌年新政府の参与，ついで民部大輔・参議に任じられた。69年(明治2)木戸・大久保・後藤象二郎らと版籍奉還の実現に尽力。71年東京の私邸で暗殺されたが，多くの容疑者が捕らえられたが，証拠に乏しく犯人は不明のままとなった。

ひろしまけん【広島県】中国地方の中央部に位置する県。旧安芸・備後両国を県域とする。1868年(明治元)当時，芸備両国には広島藩・福山藩・豊前中津藩飛地・幕領があったが，幕領は倉敷県に編入された。71年廃藩置県により藩は県となったが，同年11月中津・倉敷両県管轄の甲奴郡が広島県に合併し，他は福山県とともに深津県に属した。深津県は翌年小田県に改称，さらに75年岡山県に合併されたが，76年備後国6郡が広島県に移管され，現県域が確定した。県庁所在地は広島市。

ひろしまはん【広島藩】芸州藩とも。安芸国広島(現，広島市)を城地とする外様大藩。関ケ原の戦までは毛利氏の領地であったが，戦後，尾張国清洲から福島正則が入封。関ケ原の戦の功により，安芸・備後両国など49万8200石余を領した。1619年(元和5)正則は居城の無断修復を理由に除封され，かわって紀伊国和歌山から浅野長晟が入封。藩領は安芸一国および備後の西半国に及ぶ42万6500石余。以後12代にわたる。17世紀の半ば頃までに，本格的な領内検地の実施や行政機構の整備などを通して藩政の基礎をほぼ確立。のち農村支配機構の強化をはかるが，これに対して1718年(享保3)全藩規模の一揆が起こった。幕末，郡制機構の整備と軍備の強化，財政再建など改革を推進。特産物としては木綿・木材・紙・鉄・塩などがあり，早くから専売制度を実施。詰庫は大広間。藩校修道館(1866設立)。2代光晟のとき松平姓を許され，以後公式には松平を称した。支藩の三次藩は1720年に断絶，30年広島新田藩をおく。廃藩後は広島県となる。

ひろせたんそう【広瀬淡窓】1782.4.11～1856.11.1 江戸後期の儒学者。父は幕府代官所や諸藩の御用達商人博多屋三郎左衛門貞恒。名は簡・建，字は廉卿，別号は青渓・遠思楼主人など。豊後国日田生れ。筑前国の亀井南冥・昭陽父子の塾に入ったが，結核を患い退塾して独学。1805年(文化2)儒者としてたつことを決意し，家業を弟に譲り，やがて開塾。塾生が増加するにしたがい，家塾成宜園を新築。教育方針は学歴・年齢・家格を問わず万人に門戸を開いたため，塾生はのべ総数4600人におよび，高野長英・大村益次郎・羽倉簡堂らの俊才を輩出。思想は敬天を主とし，老子や易なども含む独自のものである。著書「約言」「迂言」

ひろたこうき【広田弘毅】1878.2.14～1948.12.23 大正・昭和前期の外交官・政治家。福岡県出身。東大卒。1906年(明治39)外交官試験に合格，同時に吉田茂がいた。若い頃には玄洋社と関係があった。27年(昭和2)駐オランダ公使，30年駐ソ連大使，斎藤・岡田両内閣の外相を歴任。36年外交官出身者として初の総理大臣となるが，軍部大臣現役武官制を復活させた。37年第1次近衛内閣で再度外相に就任。戦後，この間の天羽声明・広田三原則・帝国外交方針・国策の基準・近衛声明など一連の重要政策の策定に責任があった者として，極東国際軍事裁判でA級戦犯として起訴され，有罪の判決を下し絞首刑に処された。

ひろたこうきないかく【広田弘毅内閣】広田弘毅を首班とする内閣(1936.3.9～37.2.2)。2・26事件による岡田内閣総辞職の後をうけて1936年(昭和11)成立。閣僚人事はクーデタ再発防止の見地から陸軍の意向をくむものとなった。陸軍主導下に粛軍による人事を円滑に行う必要から軍部大臣に人事権を集中させるため，軍部大臣現役武官制を復活させた。内閣は組閣当初「庶政一新」を唱え，内政改革の意向を表明した。五相会議決定の「国策の基準」は，東京裁判で南進への最初の共同謀議とされ有名だが，南北両進を併記した妥協の産物とも読める。華北分離工作が進められ，また11月25日日独防共協定を締結した。馬場鍈一蔵相は大幅な軍事費拡大を容認する財政政策(馬場財政)をとり，経済的には準戦時体制などともいわれた。37年1月21日の衆議院で，立憲政友会の浜田国松が陸軍の政治関与を批判して寺内陸相と腹切り問答を行ったが，その対応に関する閣内不一致から1月23日総辞職した。

ひろつかずお【広津和郎】1891.12.5～1968.9.21 大正・昭和期の小説家・評論家。東京都出身。早大卒。広津柳浪の次男。早稲田大学在学中の1912年(大正元)同人誌「奇蹟」を創刊。はじめ文芸評論家として活躍し，17年性格破綻者を描いた「神経病時代」で小説家として

注目される。昭和初期には「風雨強かるべし」などで時流に迎合しない同伴者作家の姿勢を示し、忍耐強く現実を凝視し、みだりに悲観も楽観もしない散文精神を主張した。第2次大戦後の代表作に、松川裁判を批判した「松川裁判」がある。

びわ [琵琶] 雅楽や平曲などに使用した弦楽器。ふつう4弦・曲頸の琵琶をいうが、同種に5弦・直頸の五弦琵琶、4弦・直頸で丸胴の阮咸があり、いずれも7～8世紀に中国から伝来した。このうち4弦・曲頸の琵琶が管弦などに盛んに奏された。9世紀には別に、九州地方に四弦・曲頸の盲僧琵琶が伝えられ、中世以降、薩摩琵琶・筑前琵琶として成立する。中世には琵琶法師が現れ平曲が発展するが、これは雅楽琵琶の系統を引くとも、盲僧琵琶の祖型からうまれたともいわれ、定説はない。

ひわだぶき [檜皮葺] ヒノキの皮で屋根を葺くこと。幹からはいだ皮の厚さ・形を整え、1.5 cm前後の間隔で重ね、竹釘をうって葺きあげる。軒先の軒付部は別に積みあげたもので、葺地がここだけ積りあがる。「法隆寺伽藍縁起并流記資財帳」など奈良時代の寺院記録にみえ、また内裏・貴族住宅にも用いられた。

びわほうし [琵琶法師] 琵琶を弾きながら語り物などを語る僧形の盲目芸能者。琵琶を肩に担ぎ諸国を流浪した。平安中期にはすでに存在しており、後期の「今昔物語集」には源博雅が盲琵琶師の名手蝉丸から琵琶を伝授されたことが記され、琵琶法師が盲人に限定されてくることが知られる。中世になると琵琶を弾く法師は宗教的儀礼にたずさわる盲僧と、琵琶の伴奏で「平家物語」を語る放浪芸人としての平曲琵琶法師とにわかれるようになった。室町初期には平曲琵琶法師は当道という組織を作り、その統制のもとに全国で活動した。平曲以外に朗詠・狂言・軍談などの雑芸も行い、この流れは江戸時代の太平記読みへとつながる。一方、盲僧は「地神経」を語りながら、九州・四国地方で門付をした。

●●琵琶法師

ひん [嬪] 和訓はミメといい、御妻を意味する。キサキの一つ。嬪の字は「周礼」の九嬪に由来し、中国の唐制の影響がみられる。後宮職員令に妃・夫人・嬪の順で、定員は4人で五位以上とされた。実例は少なく、文武朝の紀竈門娘と石川刀子娘だけが知られるが、2人とものちに嬪の号を奪われた。

ひんきゅうもんどうか [貧窮問答歌] 山上憶良作の長歌およびその反歌。「万葉集」巻5所収。憶良晩年の731～733年(天平3～5)頃の成立か。粗末な廬、すなわち竪穴住居に住む貧しい農民の姿と、苛酷な徴税を行う里長のようすをうたったものとして知られる。筑前守として憶良が実際に見聞した農民の姿を描いたというよりは、遣唐使時代などに学んだ中国詩文の影響を強くうけて作られたものとする見方が有力である。

びんごのくに [備後国] 山陽道の国。現在の広島県東部。「延喜式」の等級は上国。「和名抄」では安那・深津・神石・奴可・三上・恵蘇・沼隈・品治・葦田・甲奴・御調・世羅・三谿・三次の14郡からなる。国府は「和名抄」に葦田郡(現、府中市)とあるが、当初は安那郡(現、神辺町)か。国分寺・国分尼寺は安那郡におかれた。一宮は吉備津神社(現、新市町)。「和名抄」所載田数は9301町余。「延喜式」の調庸として塩・鉄・鍬などを定める。7世紀後半に吉備国を前・中・後に3分割して成立。守護は鎌倉時代は土肥氏から長井氏、室町中期は山名氏であった。戦国期は尼子氏・大内氏が勢力をのばし、のち毛利氏の支配となる。江戸時代は広島藩・福山藩や豊前国中津藩領・幕領があった。1868年(明治元)幕領は倉敷県となり、71年の廃藩置県の後、旧福山藩領など東南6郡が深津県(のち小田県)となったほかは広島県に属し、その後の変遷をへて76年備後国はすべて広島県となる。

びんざさら [編木] 拍板とも。体鳴楽器。もと田楽踊の楽器。奈良時代に中国から伝来し、平安末期に各地で流行。奈良の春日大社の御祭、歌舞伎音楽、民俗芸能などで使われる。数十枚以上の木板を紐で横につなぎ、両端の取手をもち上に突きあげて音をだすので「ささらを突く」と表現される。歌舞伎の編木はカシ製で40枚。富山県の「こきりこ節」に使われる編木は108枚。

びんじんさんじゅうろくせい [閩人三十六姓] 三十六姓移民とも。14～15世紀に沖縄に渡来した中国人のこと。福建省(古名は閩)出身者が多いところからこういう。1372年明太祖の詔諭にこたえて琉球国中山王察度が入貢。以後北山・中山・南山の3王国とも頻繁に進貢したが、その際文書の収発事務、行政的対応、進貢船の操舵など、渡来中国人の役割は大きかったと考えられる。その渡来は「中山世譜」などに92年と記されるが、72年前後から渡来していたのは確実。三十六姓の表現も多数という程度の

- **びんそう [便奏]** 公式令(くしきりょう)に規定された，太政官から天皇へ上奏する文書様式の一つ。日常的な小事について少納言が奏上する。天皇の裁可は少納言によって「奉勅依奏」と記され，天皇の意志が奏と異なる場合は天皇独自の勅処分をうけた。口頭で奏上する場合もこの式に準じて行われ，皇太子監国(かんこく)の際もこの式を準用し，「奏・勅」の字を「啓・令」にかえて用いた。

- **びんひ [閔妃]** Min-bi 1851.9.25～95.10.8 李氏朝鮮第26代国王高宗の妃。1866年王妃となり，73年高宗の実父大院君(たいいんくん)を引退させ閔氏戚族による政権独占をもたらす。壬午(じんご)・甲申(こうしん)両事変の危機を脱してから，清国・ロシアの力を背景に権力を強化した。日清戦争・甲午改革で閔氏戚族は失脚したが，三国干渉後ロシアに接近し再び権力を握った。これを不満とした駐朝公使三浦梧楼(ごろう)らによって，95年10月王宮を襲われ殺害された。

- **びんひさつがいじけん [閔妃殺害事件]** 乙未(いつび)の変とも。1895年(明治28)10月8日，朝鮮国王高宗の妃，閔妃を日本人が殺害した事件。日清戦争後朝鮮では反日運動が高まり，駐朝公使三浦梧楼(ごろう)は閔妃を反日の元凶と考え，日本軍や大陸浪人らを指揮して王宮に乱入，閔妃を惨殺しその死体を凌辱(りょうじょく)し石油をかけて焼いた。日本は列国の強い非難をうけて公使以下を召還したが，広島での軍法会議などで関係者はいずれも無罪で免訴となった。

- **びんぼうものがたり [貧乏物語]** 河上肇(はじめ)の著書。1917年(大正6)3月弘文堂刊。「大阪朝日新聞」連載の単行本化で，当時のベストセラーの一つ。上編「如何に多数の人が貧乏して居る乎」，中編「何故に多数の人が貧乏して居る乎」，下編「如何にして貧乏を根治し得べき乎」の3編からなる。河上は貧乏根治論として社会改造より人心改造を優先させていたため，19年に河上自身の手で絶版としたが，その後のマルクス主義への接近の起点となった。

ふ

- **ふ [符]** 公式令(くしきりょう)に定める文書様式。所управ・被管の統属関係にある上級官司から下級官司へ命令を伝達する文書の形式。「某符某」の書出文言，「符到奉行」の書止文言，文書作成責任者である主典(さかん)と長官(かみ)の位署，年月日の順で記された。また直接の所管・被管関係にはない場合でも，太政官・八省・弾正台と諸国のような因事管隷関係の場合には符が発給された。平安時代には寺社の政所符(まんどころふ)のように，所管・被管関係にない一般的な命令下達文書として用いられたが，これはしだいに下文(くだしぶみ)形式のものにかわった。その後も形骸化した符の例は江戸時代まで続いた。

- **ぶ [分]** 江戸時代における金貨の貨幣単位。両の4分の1，朱の4倍。両と同様に重量単位からも転じた。慶長小判では1枚の重量を4匁7分6厘，一分金はその4分の1としたが，のち改鋳によって小判の重量が変化しても両と分の割合は変わらなかったので，重量単位としての意味を失い，貨幣単位として定着した。

- **ぶ [武]** 「宋書」倭国伝に記される倭の五王の1人。5世紀後半頃の王。済(せい)の子，また興(こう)の弟。興の死後に王となった。478年中国南朝に遣使して上表し，みずからの国土平定の事績をのべるとともに，高句麗の非道を訴え，それに対抗する決意を示した。宋の順帝はこれに対し，安東大将軍の号を与えた。宋の滅亡後も南朝の斉・梁に遣使し，鎮東大将軍(479年)，征東大将軍(502年)の号を与えられた。雄略天皇の名の幼称(ようしょう)の「タケル」を漢訳したとする説が有力。

- **ぶ [歩]** 土地の面積を表す単位。古代中国の周で使われていた単位。日本では古くは高麗尺(こまじゃく)5尺平方あるいは6尺平方を1歩とする方法があったが，713年(和銅6)の唐尺採用後は唐尺の6尺平方をもって1歩とし，360歩を1段(たん)とする面積単位が定着した。戦国期には6尺5寸平方を1歩としたこともあったが，太閤検地の際に6尺3寸平方を1歩とし，300歩を1段とする換算方式に統一された。江戸時代には6尺平方を1歩とするようになり，30歩＝1畝(せ)，10畝＝1段という町段歩畝(ちょうたんぶせ)制が確立した。歩は坪ともいわれ，1歩(坪)は約3.3m²に該当。

- **ぶあく [武悪]** 雑狂言。主人は従者の武悪の不奉公を怒り，太郎冠者にその成敗を命じる。太郎冠者は主人の太刀をもって武悪の家を訪ね

る。武悪は武芸にすぐれるため、主人に魚を進上するよう勧め、武悪が川で魚を捕っているときだまし討ちにしようとする。しかし情にほだされて逃がしてやり、主人には命をはたしたと偽って報告した。その後、主人一行が東山にいくと武悪が現れた。太郎冠者は場をとりつくろい、火葬場の鳥辺野になぞらえ、武悪に幽霊に化けてこいという。中入り後、武悪は主人に背いて苦しむ幽霊を装い、あの世で主人の父に会ったと偽り、言葉たくみに刀や扇を巻きあげ、主人を追い回す。前半の深刻さと後半の明るさが match利いた名作。

ファシズム イタリア語で団結を意味するファッシに由来し、ムッソリーニのファシスタ党が1922年に政権を掌握して以後、ベルサイユ・ワシントン体制とコミンテルンに対抗し、指導者原理や直接行動的な大衆運動を形態的特徴とする類似の思想・運動・体制が一般にファシズムとよばれた。日本では北一輝さだいや陸軍青年将校運動など国家改造を掲げた思想や運動、あるいは国家総動員体制の構築をめざす運動、もしくは大政翼賛会成立後の政府・社会体制などをさして用いられる場合が多いが、ファシズムの概念そのものの定義や体制成立の指標が論者によって異なり、近年では昭和戦前期の日本政治分析にファシズムの概念を用いることに否定的な立場も有力である。

ぶいちとくせいれい [分一徳政令] 債務額(債権額)の5分の1ないし10分の1にあたる分一銭の納入を条件に債務破棄を認める室町幕府の徳政令。享徳の土一揆の際には、徳政禁制発令後に、本物返др禁制を対象に分一徳政令が、さらに債務者が分一銭を納入しない場合、債権者側の分一銭納入を条件に債権を保障する分一徳政禁制が出された。以後債権者・債務者いずれのうち分一銭を納入した側の権利を認める方式が通常となる。

フィッショントラックほう [フィッショントラック法] 天然ウランが核分裂(フィッション)した際、ガラス質の鉱物に残した傷跡を数えて、試料の年代を測定する方法。考古学では土器や窯跡など加熱された試料の測定に利用される。また火山灰の年代測定にも利用する。炭素年代測定法では3～4万年までが限界だが、この方法はさらに古い時代まで測定できる利点がある。

フィリピン 南西太平洋と南シナ海の間にあるフィリピン諸島からなる国家。漢字表記は比律賓。16世紀後半からスペインの植民地となる。19世紀末にアギナルドらのフィリピン革命がおきたが、米西戦争の結果アメリカによる植民地支配が続いた。この間、日本とは16世紀末からキリスト教布教、南蛮・朱印船貿易などを通じた交渉がもたれ、マニラ近郊に日本町が栄えたが鎖国で断絶した。フィリピン革命時の武器援助計画(布引丸事件)などもあったが、関係を深めたのは20世紀からで、ベンゲット道路工事の契約移民やアバカ(マニラ麻)農園などが顕著な例である。太平洋戦争開戦の翌1942年(昭和17)1月、日本軍はマニラを占領、軍政を施行。バターン攻略作戦による捕虜虐待の「死の行進」も生じた。フクバラハップらの反日ゲリラ運動に苦しめられ、日本は43年10月ラウレル大統領のフィリピン共和国を樹立したが、アメリカのフィリピン奪回作戦で敗退。戦後、甚大な損害を与えた賠償として、56年日比賠償協定が調印され、同時に日比平和条約も発効したが、友好通商航海条約は73年まで批准されなかった。正式国名はフィリピン共和国。首都マニラ。

ふうしかでん [風姿花伝] 「花伝」とも。俗称「花伝書」は誤り。世阿弥の著した能の伝書。父観阿弥の遺訓をもとに、世阿弥が習道過程で発展させた考えを増補・整理した最初の世阿弥能楽論書。生涯の稽古を7段階に説く「第一年来稽古」、9類型の物まねを説く「第二物学ものまね」、問答9カ条の「第三問答」、猿楽起源説「第四神儀」、十体論や大衆尊重論「(第五)奥義」、能作論「第六花修」、世阿弥能楽論の「花」の理論「第七別紙口伝」の7編。成立過程は複雑で、1400年(応永7)に第三までが書かれ、順次第四、奥義が加えられた。第六は別書、第七は第三までの口伝で、別々に相伝を意図して書かれ、そのつど増補・改訂が加わった。第六と第七は自筆本が伝存。18年元次州相伝本が最終形態。「岩波文庫」「日本思想大系」所収。

ふうしんじょう [風信帖] 空海が最澄にあてた812～813(弘仁3～4)頃の手紙3通。1巻。もと5通あったが、1通は盗難、1通は関白豊臣秀次に進上されたという。書出しの「風信雲書」からこの名がある。その書は、伝統的王羲之おう の書法に顔真卿がんの書法を加味し、日本書道史上最も著名な名品。空海と最澄の親交を物語るものとして仏教史上にも意義深い。教王護国寺蔵。縦29.7cm、第1通横57.6cm、第2通横49.1cm、第3通横52.1cm。国宝。

ふうじんらいじんずびょうぶ [風神雷神図屏風] 千手観音の眷属である雨乞の風神と雷神を主題とする俵屋宗達の代表作。二曲一双の金箔地の左に風神、右に雷神を描く。2神の躍動的な色彩や線描、たらしこみによる軽やかな雲の表現は宗達芸術の頂点を示す。尾形光琳・酒井抱一ほう・鈴木其一らにもこれを模した作品があり、琳派の主要な画題の一つ。建仁寺蔵。各隻とも縦156.9cm、横169.7

cm。国宝。

ふうぞくが [風俗画] 風俗を主題とする絵画作品。それは16世紀に始まる。風俗描写自体は、古代以来、月次絵(つきなみえ)や名所絵・絵巻物などに多くみられたが、風俗描写が前面に押しだされてくるのは室町時代の後半頃で、独立した風俗画の誕生となる。桃山時代から江戸期の近世初期風俗画は襖絵(ふすまえ)や屏風絵を中心に展開。洛中洛外図をはじめとする各種の風俗画が、上方でおもに狩野(かのう)派を中心に制作されるが、しだいに関心の対象をしぼりこみ、個々の人物そのものへ関心もまたむかう。同時に、風俗画の担い手は民間の絵師たちへと移行していく。17世紀後半に至って風俗画の中心は江戸に転じ、浮世絵師によって継承・発展した。

ふうぞくがほう [風俗画報] 明治・大正期のグラフ雑誌。発行所の東陽堂は吾妻三郎が設立した印刷・出版業。1889年(明治22)2月創刊、1916年(大正5)3月が最終号。西洋のグラフィックやイラストレイテッド・マガジンの影響をうけ、画報を名のった最初の雑誌。江戸時代の風俗の考証、東京新風俗や地方風俗の紹介を主眼とし、博覧会・災害・祝典・戦争などの際には頻繁に特集号が出された。

ふえ [笛] 管楽器の総称。「和訓栞(わくんのしおり)」によれば吹枝(ふきえ)を語源とし、「日本書紀」や「古事記」に初見。広義には石笛(いわぶえ)や土笛、シングル・リードの笙(しょう)、ダブル・リードの篳篥(ひちりき)、リードのない尺八、歌舞伎のさまざまな擬音笛も含めて笛とよび、狭義には横笛を意味することが多い。日本の横笛には東遊(あずまあそび)や神楽(かぐら)歌などで使う6孔の神楽笛、雅楽の7孔の竜笛・高麗(こま)笛、能の7孔横笛(能管)、祭囃子(まつりばやし)の7孔や6孔の篠笛、沖縄音楽で使う7孔のファンソウがある。近世までに発展した横笛に共通する構造特性は、煤竹(すすたけ)を素材とし指孔の間に桜皮を細く裂いた紐を巻き、管内部に漆を塗り調律している点である。能管は、歌口(吹口)と第1孔の間に細い竹管を差しこみ音律に変化を与えている。

フェートンごうじけん [フェートン号事件] 1808年(文化5)長崎湾内にイギリス軍艦フェートン号が侵入した事件。当時オランダはイギリスと戦争状態にあるナポレオンの占領下で、フェートン号もバタビアから長崎に赴くオランダ船の攻撃を目的としていた。オランダ国旗を掲げて長崎に入港した同号は出迎えた商館員を捕らえ、港内にオランダ船がいないことを確認すると、日本船・中国船を焼き払うと脅迫して食料・薪水を要求した。同号は3日後に退去したが、長崎奉行松平康英(やすひで)は切腹、また当時の警備担当藩であった佐賀藩主鍋島斉正(なりまさ)も閉門100日間の処罰をうけた。この事件は異国船打払令発令の一要因となった。

フェノロサ Ernest Francisco Fenollosa 1853.2.18~1908.9.21 明治期に来日したアメリカ人哲学者・美術研究家。マサチューセッツ州生れ。ハーバード大学卒。1878年(明治11)東京大学に招かれて哲学・経済学・哲学を講義。東洋美術・日本美術に関心をもち、82年竜池会(りゅうちかい)での講演「美術真説」で日本美術を再評価すべきことを力説。84年岡倉天心らと鑑画会を結成し、狩野芳崖(ほうがい)・橋本雅邦(がほう)などの日本画家の指導・助成に尽力した。展覧会の企画・美術教育・古美術調査などのほか、東京美術学校の設立にもかかわった。90年帰国し、ボストン美術館主管として東洋美術の紹介に努めた。98~1900年再来日し、東京高等師範で英語を教えた。ロンドンで没。

フォッサマグナ 本州中央部を南北に横断する日本列島でもっとも顕著な地質構造帯。ラテン語でフォッサは「溝」、マグナは「大きい」の意で、1886年(明治19)ドイツの地質学者E.ナウマンが命名。西縁は糸魚川(いといがわ)-静岡構造線で限られる。東縁は富士山をはじめとする第四紀の火山におおわれてはっきりしないが、ほぼ関東山地の西縁にあたる。その形成はジュラ期の前半にまでさかのぼり、第三紀にかけて発達した。第四紀にも地殻変動は著しく、構造帯西側の北、南アルプスの急激な隆起をもたらした。八ケ岳付近で狭まって、北部と南部にわけられる。

フォンタネージ Antonio Fontanesi 1818.2.23~82.4.17 イタリアの画家。レッジョ・エミリア生れ。同地の美術学校に学ぶ。バルビゾン派の画家たちと交流し、各地を旅行、19世紀イタリア風景画の代表的作家と目された。トリノの王立アルベルティーナ美術学校教授。1876年(明治9)日本政府の招請により来日。開設された工部美術学校の画学教師となり、西洋の正則カリキュラムによって、小山正太郎・松岡寿(ひさし)・浅井忠らを指導した。病により2年後帰国、トリノで死去。

ふかいのじょうてん [不改常典]「かわるまじきつねののり」とも。即位宣命(せんみょう)にみえる法。天智天皇が定めたという。707年(慶雲4)元明天皇即位の詔に初見。皇位継承を正当づける法として、天智天皇に仮託されたものと考えられるが、内容については皇位継承にかかわる法だとする説、それ以外の法(たとえば近江令など)だとする説など、研究史上定まらない。

ふかがわセメントせいぞうじょ [深川セメント製造所] 明治前期の官営工場。1873年(明治6)末頃、大蔵省土木寮建築局が創設した摂綿篤(せめんと)製造所を起源とする。翌74年に内務省

土木寮，ついで工部省製作寮に移管され，深川製作寮出張所と改称。75年から本格的にセメント生産を開始し，77年に工部省に工作局が設置された際，深川工作分局と改称。2年目から耐火レンガの製造も開始した。収支が赤字のため，84年にセメント事業は浅野総一郎に，耐火レンガは西村勝三に払い下げられ，それぞれ浅野セメント（現，日本セメント），品川白煉瓦となった。

ふがくさんじゅうろっけい［富嶽三十六景］ 葛飾北斎が描いた富士山を画題とした浮世絵風景版画。横大判の揃い物の錦絵で，はじめ三十六歌仙の見立てで36図だったが，裏富士10図を加え，全46図で完結。版元は江戸の西村屋与八（永寿堂），刊行は1831年（天保2）頃。とくに「凱風快晴」（通称「赤富士」）「山下白雨」「神奈川沖浪裏」の3図は意表をつく見事な構図で広く知られ，フランスの印象派にも大きな影響を与えた。北斎はその後『富嶽百景』3冊を上梓した。

ぶかん［武鑑］ 江戸時代に民間の書肆が営利のために刊行した大名・幕府役人の名鑑。寛永末年頃に発刊された「紋尽」とそれに続く『江戸鑑』を経由して，1685年（貞享2）の『本朝武鑑』にはじめて武鑑の名前が冠された。1708年（宝永5）刊行の山口屋権兵衛版『一統武鑑』で体裁がほぼ整備された。4冊ものの武鑑は巻1に10万石以上（10万石格を含む）の大名，巻2に1万石以上10万石未満の大名，巻3に幕府の役人付，巻4に西丸の役人付と諸家隠居方。以後，改訂を加えながら，1869年（明治2）の出雲寺万次郎版『万世武鑑』まで継続刊行された。『大武鑑』『編年江戸武鑑』『徳川幕府大名旗本役職武鑑』所収。

ふかんでんでん［不堪佃田］ 荒廃田・荒田とも。律令制下，自然災害や耕作者の逃亡などで耕作不能となった田。毎年国司が太政官にその田積を申請して認可をうけたが，平安時代には申告面積が実態を大幅に上回るようになった。政府は防止策として各国内の輸租田の10分の1までを「例不堪」として公認し，これをこえるものは「過分不堪」として太政官に申請して裁定をきくこととした。しかし10世紀半ばには有名無実化する。

ふぎ［溥儀］Puyi 1906.2.7～67.10.17　清朝最後の皇帝，満州国皇帝。姓は愛新覚羅，醇親王載灃の長子。1908年光緒帝の没後3歳で即位（清朝12代皇帝宣統帝）。11年辛亥革命がおき翌年退位。24年馮玉祥の北京占領によりいっさいの特権を奪われ，日本公使館へ逃げ込み，のち天津に住む。31年（昭和6）満州事変が勃発すると，天津を脱出，翌年満州国の国家元首（執政）に擁立され，34年皇帝に即位。第2次大戦の敗戦後日本に亡命しようとしたが，45年8月19日瀋陽でソ連軍に逮捕され，翌年東京裁判に証人として出廷。50年身柄は中国に引き渡され，59年の特赦まで戦犯収容所に収容。67年北京で死去。

ふきいし［葺石］ 古墳の墳丘斜面に墳丘の崩落を防ぐために葺いた石。切土した地山あるいは盛土の上に砂利混りの土を敷き，その上に石を葺く。斜面下端に根石をおき，上方に界石を並べ，その空隙に川原石などを充塡する。終末期古墳にみられるような，平らな面を表にして表面が平らになるように敷いたものは貼石という。

ふじ［富貴寺］ 蕗寺・蕗浦阿弥陀寺とも。大分県豊後高田市蕗にある天台宗の寺。蓮花山と号す。六郷満山本山本寺の一つ。718年（養老2）仁聞が開創というが，12世紀中頃に宇佐大宮司宇佐公通が創建とする説もある。宇佐大宮司歴代の祈願所。国宝の大堂，大堂壁画・阿弥陀如来像（ともに重文）などがある。大堂の周辺には鎌倉～江戸時代の石造の仏像・塔婆が多数ある。

大堂　正面3間，側面4間の阿弥陀堂で，平安後期の建築。内部の方1間を母屋とし，来迎壁を設け須弥壇を造り，阿弥陀如来像を安置する。母屋柱は円柱，側柱は角柱で，組物を舟肘木とするが，内部には極彩色で仏画や文様を描く。屋根は宝形造で，本瓦葺とするのは珍しい。母屋を後方にとり，母屋の前を広い礼拝の空間とする点や母屋前面の柱筋と両側面の柱筋をずらす点に，中尊寺金色堂，鶴林寺太子堂といった12世紀前期の阿弥陀堂に比べて建築形式の発展がみられ，建築年代が降ると推定される。高さ8.7m。国宝。

ふきぬきやたい［吹抜屋台］ 屋根や天井を取り払って，高い視点からのぞきこんだように室内の情景を描く画面構成法。物語の絵画化が盛んとなった平安時代に工夫されたと推定される。この手法の最も古い例は，『聖徳太子伝絵』（1069年，法隆寺絵殿）の太子養育の儀式の場面にみられる。『源氏物語絵巻』のような，室内の出来事を描かなければならない王朝つくり物語の画面に広く用いられた。

ふきや［吹屋］ (1)床屋とも。近世鉱山における製錬所，また製錬業者。(2)大坂の銅精錬業者，またその精錬所（吹所）。銅はすべて大坂へ廻送されて南蛮吹技術をもつ銅吹屋仲間が精錬・鋳造して大半を長崎から輸出した。銅吹屋仲間の有力者は銅山を稼行し，銅座設置以前の輸出にたずさわり，幕末まで幕府の銅統制策を担った。銅精錬の際に生じるからみ（かす）や付着銅を集めて再精錬する業者を剝吹屋という。(3)金座・銀座の貨幣鋳造所。

ぶぎょう［奉行］「奉り行う」の意で，上位者の命をうけて公事や行事の実務にあたること。またその担当者も奉行あるいは奉行人という。鎌倉幕府では，はじめ実務にたずさわる人々を一律に奉行人とよんだが，のちには中・下級の事務官をさした。室町時代には，武家政治の故実を伝える奉行人の家が固定化して一つの政治勢力を形成した。江戸幕府では，老中や若年寄の支配下にある特定の役所の長官を奉行といった。

ふくいけん［福井県］中部地方の北西部に位置する県。旧越前・若狭両国を県域とする。1870年(明治3)旧幕領と福井藩預地に本保県がおかれた。71年廃藩置県をへて11月本保・福井・丸岡・大野・勝山の5県は福井県(12月足羽県と改称)，小浜・鯖江の2県は敦賀県に統合された。73年敦賀県は足羽県を合併し，越前・若狭両国を管轄下においたが，76年敦賀県は廃止となり，越前7郡は石川県に，越前敦賀郡と若狭3郡は滋賀県に編入された。81年両県から越前・若狭11郡を分離して福井県が再置され，現在に至る。県庁所在地は福井市。

ふくいけんいち［福井謙一］1918.10.4〜98.1.9 昭和期の化学者。奈良県出身。京大卒。京都大学教授・京都工芸繊維大学学長を歴任。芳香族炭化水素の反応が古典的な有機電子論では説明できないことに着目し，化学反応の起り方を電子の軌道を使って説明したフロンティア軌道理論で世界的に知られ，1981年(昭和56)ノーベル化学賞を受賞。学士院賞・文化勲章をうける。ヨーロッパとアメリカのアカデミー会員。

ふくいどうくついせき［福井洞窟遺跡］長崎県吉井町にある旧石器・縄文時代の洞窟遺跡。縄文草創期の爪形文土器や隆起線文土器に細石核・細石刃を伴って，九州での旧石器時代から縄文時代への移行期の様相が解明され注目された。1960年(昭和35)から3次にわたり発掘。1層からは縄文早期の押型文土器，2層からは爪形文土器と舟底形細石核・細石刃，3層からは細隆起線文土器と舟底形細石核・細石刃，4層からは細石核・細石刃・尖頭器，7層からは小石核・細石刃，9層からはサヌカイト製の剝片と石核，15層からは両面加工の石器・削器・剝片が出土。国史跡。

ふくいはん［福井藩］越前藩とも。越前国福井(福井市)を城地とする家門大藩。1601年(慶長6)徳川家康の次男結城(松平)秀康が68万石で入封。23年(元和9)2代忠直は豊後に配流となり，翌年嫡男光長は越後国高田へ移され，入れ替りに忠直の弟小平忠昌が50万石で入封し，居所名を北庄から福居(のち福井)に改称。以後15代にわたる。45年(正保2)2代光通は庶兄昌勝に松岡5万石，庶弟昌親に吉江2万5000石を分与したが，昌勝は3代藩主になったので，吉江領は本藩に戻された。86年(貞享3)4代綱昌が改易となり，昌親が吉品と名を改め25万石で福井藩を再興した(貞享の大法)。その後藩領は1721年(享保6)7代宗昌の襲封時に松岡藩領5万石をあわせて30万石となり，1818年(文政元)11代治好のとき2万石を加増され32万石。1661年(寛文元)諸藩にさきがけて藩札を発行。幕末，14代慶永は由利公正・橋本左内らを招聘して藩政改革に着手。大政奉還総裁職として幕政にも参与し，公武合体派の中心的役割をはたした。詰所は大広間。藩校は明道館。廃藩後は福井県となる。

ふくいん［復員］戦時動員された軍隊の平時への復帰を意味する軍事用語。とくに第2次大戦終結による国内外の軍隊の帰還をさす言葉として定着。敗戦後，政府はポツダム宣言「九，日本国軍隊ハ完全ニ武装ヲ解除セラレタル後各自ノ家庭ニ復帰シ」にもとづいて復員業務を開始。内地部隊の復員はほぼ円滑に完了したが，外地にいた約350万の軍人・軍属の復員は，一般居留民の引揚げとともに，当初船舶不足などの障害に直面した。1946年(昭和21)アメリカの輸送船が貸与されて業務が軌道にのり，南方地域・東南アジア・中国本土・台湾・朝鮮南部からの帰還は48年までにほぼ終了したが，ソ連軍管理下の中国東北部・朝鮮北部などからの帰還は困難をきわめ，シベリア抑留問題を生んだ。

ふくおかけん［福岡県］九州の北部に位置する県。旧筑前・筑後両国と豊前国の北部を県域とする。江戸末期，筑前には福岡藩・秋月藩，筑後には久留米藩・柳河藩，豊前には小倉藩(香春藩，豊津藩と改称)・小倉新田藩(千束藩)がおかれた。1868年(明治元)岩山下手渡藩と幕領は筑後に移され三池藩となった。71年廃藩置県により福岡・秋月・久留米・柳川・豊津・千束・三池の各県が成立。同年11月筑前は福岡県，筑後は三潴県，豊前は中津県とともに小倉県に統合された。76年福岡県は小倉県を，三潴県は佐賀県を併合したが，同年三潴県が廃止となり福岡県が筑後国域を編入，同時に豊前国下毛郡・宇佐両郡を大分県に移管して現県域が確定した。県庁所在地は福岡市。

ふくおかたかちか［福岡孝弟］1835.2.6〜1919.3.7 幕末〜明治期の高知藩士・政府高官。土佐国高知生れ。通称藤次。吉田東洋門下の能吏で重職を歴任し，大政奉還運動を後藤象二郎と連携して成功に導き，賞典禄500石。明治政府の参与となり，五カ条の誓文の起草に関与。文部大輔・司法大輔を歴任したが，明治6年の政変後辞職。間もなく左院1等議官，ついで元

老院議官，1881年(明治14)文部卿，同年参議に昇任，85年内閣制度施行まで在任した。この間参事院議長兼任。84年子爵。以後宮中顧問官・枢密顧問官。

ふくおかのいち [福岡市] 中世，備前国にあった市場。現在の岡山市一日市町・長船町。東西に山陽道が通り南北に吉井川が流れる水陸交通の要衝で，早くから市が開かれた。「一遍上人絵伝」には，この市で一遍一行が3人の武士と対峙する場面の周囲に，布・米・魚・備前壺などを売る掘立柱の店や吉井川をゆく小舟など，市のようすが詳細に描かれる。

ふくおかはん [福岡藩] 筑前国福岡(現，福岡市)を城地とする外様大藩。豊臣秀吉の九州平定後，小早川隆景・同秀秋をへて，1600年(慶長5)豊前国中津から黒田長政が入封して成立。以後12代にわたる。黒田氏は城地を小早川氏の名島から福崎に移し，福岡と改称。藩領は怡土郡の西部を除くほぼ筑前一国で50万2000石余。のち分知などにより，47万3000石余。32年(寛永9)家老栗山大膳が2代藩主忠之を訴えた黒田騒動がおこるが，幕府は黒田氏の所領を没収したうえ再安堵した。41年長崎警備の幕命をうけ，以後佐賀藩とともに1年交代で勤める。生蠟・石炭・鶏卵などは藩専売品。詰席は大広間。藩校修猷館・甘棠館。支藩に秋月・東蓮寺(直方)両藩があった。1864年(元治元)の禁門の変後，一時幕府と萩藩の斡旋に努めるが，結局佐幕の立場に徹した。70年(明治3)の太政官札贋札事件で，翌年黒田長知は藩知事を免職される。廃藩後は福岡県となる。

ふくざわゆきち [福沢諭吉] 1834.12.12～1901.2.3 幕末～明治期の啓蒙思想家・教育者。豊前国中津藩の大坂蔵屋敷生まれ，幼時に中津に帰る。長崎遊学，大坂の適々斎塾に学び，1858年(安政5)江戸築地鉄砲洲中津藩中屋敷内で蘭学塾を開く。60年幕府使節に随行し渡米。翌年から1年間ヨーロッパを歴訪。64年(元治元)幕臣・外国奉行翻訳方となる。66年(慶応2)「西洋事情」刊行。68年(慶応4＝明治元)塾を慶応義塾と改称，「学問のすゝめ」以降，啓蒙書をあいついで刊行，明六社でも活躍。74年から三田演説会を開き，都市の民権運動を主導。82年「時事新報」を創刊し，皇室論・女性論・アジア政略論を展開した。「福沢諭吉全集」全21巻・別巻1。

ふくしま・きたかたじけん [福島・喜多方事件] 福島事件とも。明治期の自由民権運動における最初の大弾圧事件。福島県令三島通庸に対する福島・会津の自由党と地域住民の反県令運動が激化するなかで，1882年(明治15)12月県会議長河野広中らが検挙された。福島は自由民権運動が早くからおこり，自由党の勢力が強かったことから，政府は自由党撲滅をめざして，三島を県令として赴任させた。三島は県会を軽視する一方で，会津地方に官治的な道路開削工事を強行。県会は5月に議案をすべて否決するとし，会津では住民が権利回復を求めて組織的な反対運動を展開。11月指導者の捕縛をうけた住民が蜂起すると，警察は自由党党員を内乱陰謀容疑で一斉に逮捕。内乱陰謀容疑は無罪とされたが，河野ら6人は政府転覆盟約をしたとされ国事犯として有期刑に処せられた。

ふくしまけん [福島県] 東北地方の南端に位置する県。旧陸奥国の南部，明治の分国後は岩代国の全域と磐城国の大部分を県域とする。1868年(明治元)戊辰戦争前には会津藩・二本松藩など11藩，飛地・幕領があった。同年9月の戊辰戦争敗北後，守山・三春・中村の3藩を除き，奥羽越列藩同盟に参加した各藩は新政府側の諸藩に預けられた。その後旧幕領とともに民政取締所(のち民政局と改称)の支配下におかれた。同年末から翌年にかけて会津・福島・磐城の3藩を除き旧藩は領地を削減されて復活した。69年若松・白河・福島の3県が新設されて民政局は廃止された。71年廃藩置県をへて11月磐城平・三春・棚倉・泉・中村・湯長谷の諸県は平県(のち磐前県と改称)，福島・二本松・白河の各県は二本松県(のち福島県)と改称，若松県の3県に統合・整理された。76年福島県は磐前・若松両県を合併し，同時に亘理・伊具・刈田の3郡を宮城県へ分離した。86年旧越後国東蒲原郡を新潟県へ分離して現在に至る。庁所在地は福島市。

ふくしままさのり [福島正則] 1561～1624.7.13 織豊期～江戸初期の武将・大名。幼名市松。尾張国生れ。幼少から豊臣秀吉に仕え各地を転戦。賤ケ岳七本槍の1人。1585年(天正13)伊予国今治城主。九州攻め，小田原攻め，文禄・慶長の役などに参戦。95年(文禄4)尾張国清須(洲)城主となり24万石余を領有。秀吉の死後，対立していた石田三成を失脚させ，関ケ原の戦で東軍の主力として活躍。戦後，安芸国広島城主となり49万8000石余を領有。大坂の陣では，江戸の留守居を勤めたが，1619年(元和5)広島城の修築を理由に除封。ただし越後・信濃に4万5000石が与えられ，正則は信濃国高井野村で蟄居した。翌年子忠勝が没し越後の所領は返上。信濃の所領も正則の死後没収された。

ふくそう [覆奏] 重ねて奏上すること。とくに，1度天皇に奏して認可(御画日)をへた詔書に，大臣以下の署名を加えて大納言が重ねて奏し，施行の許可(御画可)を請う詔書覆奏を

ふくそうひん [副葬品] 死者にそえて墓に埋めたものの総称。死者の属した時代や地域・社会・階級、あるいは死者の属する集団の文化的伝統などを敏感に反映する。「文字の無いところ、墓が歴史を物語る」というのはこの故である。縄文時代は装身具や呪術的なものがおもに副葬され、弥生時代には青銅式器や鏡など、死者の社会的地位を誇示するものがみられる。古墳前期には鏡・鉄製武器や石製品などが多数副葬され、死者が隔絶した地位にあったことを示す量多くなる。古墳後期には土器や馬具など日常用品が多くなる。

ふくだたけおないかく [福田赳夫内閣] 自民党の福田赳夫を首班とする内閣(1976.12.24～78.12.7)。佐藤長期政権後の自民党内は、派閥対立のため力強い指導力がうまれなかった。この内閣も例外ではなく、地味な首相の人柄のせいか、世論の内閣支持率も低かった。内政面では、石油危機後の不況対策や貿易摩擦の対応などに苦心したが、外交面では福田ドクトリンとよばれる東南アジア政策三原則を打ち出して、日中平和友好条約を締結した。また海洋二法(領海法と200カイリ漁業水域法)を制定し、新海洋法時代への適応にも苦心した。

ふくだとくぞう [福田徳三] 1874.12.2～1930.5.8 明治末～昭和前期の経済学者。東京都出身。東京高等商業卒。ドイツに留学、歴史学派左派の領袖ブレンターノのもとで研究。学位論文はヨーロッパ語圏初の本格的な日本研究文献として有名。帰国後、母校東京高等商業および慶応義塾で講義。経済学の定着に貢献する一方、社会政策学会の中心として政策提言を積極的にこころみ、第1次大戦末期には吉野作造とともに黎明会を組織。戦後、マルクス主義の影響が強まると批判的立場を明確にし、河上肇と再生産論をめぐる論争のほか幾度か論争した。またピグーの厚生経済学の導入に努めた。自由主義的基盤にたちながら、政府による社会・労働問題の解決を一貫して提唱したことから、福田家論の先駆者と評される。

ふくだひでこ [福田英子] 1865.10.5～1927.5.2 明治・大正期の社会運動家・女性解放論者。備前国生れ。旧姓景山。岸田俊子の岡山遊説に触発されて自由民権運動に参加。1885年(明治18)大井憲太郎らとともに大阪事件で収監された。夫福田友作と死別後の1904年「妾の半生涯」を刊行。女子の経済的自立のための実業学校の設立、男女同権民法の改正要求、足尾銅山鉱毒事件の救援、平民社の社会主義運動などの活動を展開。石川三四郎の協力で女性解放誌「世界婦人」の主幹も務めた。

ふくちげんいちろう [福地源一郎] 1841.3.23～1906.1.4 明治期のジャーナリスト。肥前国長崎生れ。号は桜痴など。漢・蘭・英を修め、1859年(安政6)幕府に出仕。翌年遣米使節、以後2度遣欧使節に随行。68年(明治元)「江湖新聞」を発行、新政府批判で逮捕されるが、木戸孝允らの尽力で放免とる。70年大蔵省出仕、翌年岩倉遣欧使節に随行。74年「東京日日新聞」に入り、82年立憲帝政党を組織、88年まで新聞を主宰。以後は寄稿のほか政治小説や歌舞伎脚本も執筆。歌舞伎座建設にたずさわり、9世市川団十郎とともに演劇改良(活劇)に尽力。代表作「幕府衰亡論」。

ふくとみそうし [福富草紙] 室町物語の庶民物。絵巻。2巻。作者不詳。京都妙心寺春浦院蔵絵巻(重文)の箱の表書きに「土佐伊予守隆成筆、後崇光院宸翰」とあり、貞成親王(1372～1456)以前の成立か。五条付近に住む貧しい高向秀武は道祖神に祈り、放屁ほうで祝言を唱える芸を身につける。中将に放屁の芸を披露した秀武は褒美をもらい長者になる。隣に住む福富も秀武に放屁の芸を習い、中将の前で放屁の芸をみせるが失敗し、さんざん打ちこらされる。人々に嘲笑されながら血まみれでもどる姿を、褒美の赤い小袖を着て人々に送られたものと勘違いした妻は、古着を焼いてしまう。やがて妻は夫の失敗を知り、秀武にかみつく。「福富長者物語」は本物語の影響下になる。「日本絵巻大成」所収。

ふくばびせい [福羽美静] 1831.7.17～1907.8.14 「よししず」とも。幕末～明治期の国学者。石見国生れ。通称は文三郎。木園・硯堂と号す。津和野藩校養老館に学び、22歳のとき京都に出て大国隆正に入門。のち江戸に行き平田鉄胤ただに学ぶ。1862年(文久2)上洛して尊王攘夷派として奔走。維新後、徴士・神祇事務局権判事となり、神道政策を推進した。明治天皇に「古事記」を進講。元老院議官・貴族院議員を歴任。

ふくはら [福原] 摂津国八部郡(現、神戸市兵庫区)の地名。すぐ南に隣接して古くから瀬戸内海交通の要衝、大輪田泊おおわだのとまりがあった。永暦・応保年間(1160～63)に平清盛が周辺の兵庫荘・輪田荘などとともに買得、1167年(仁安2)には清盛の別荘が築かれた。以後平家の日宋貿易・西国支配の拠点となった。80年(治承4)6月には清盛の主導で福原遷都が断行されたが、源頼朝の挙兵や叡山大衆の反乱などがあいつぎ、11月には再び京都に戻った。

フクバラハップ フク団とも。タガログ語で抗日人民軍 Hukbong bayan labansa Hapon の略。1942年(昭和17)3月にフィリピン中部ルソン島で共産党を中心として結成された抗日武装ゲリラ組織。最高司令官はルイス・タルク。

第2次大戦後は共産党の軍事組織として存続しフィリピン政府と対立，武装闘争を繰り広げた。50年には人民解放軍（HMB）と改称，このころ最盛期を迎えたが，国防相にマグサイサイが就任して以降の鎮圧作戦によりしだいに衰え，54年には共産党の内部対立からタルクが政府に投降した。

ぶけ［武家］ 武門とも。武士一般の称。平安中・後期の家産制の発達にともない，天皇および朝廷貴族集団が公家，宗教権門である寺社勢力が寺家・社家とよばれるようになると，それと並ぶ社会集団に成長していた武士勢力の総称として武家という言葉が用いられるようになった。鎌倉時代の史料上の語としての武家は，狭義には六波羅探題およびその機構をさす語として用いられることが多い。室町時代以降は将軍個人をさす言葉として用いられることもあった。

ふけいざい［不敬罪］ 1880年（明治13）公布の旧刑法に規定された皇室に対する罪の一つ。要件は「不敬ノ所為アル者」で，天皇・三后・皇太子・皇陵に対し同罪を犯した者は，(1)3月以上5年以下の重禁錮，(2)20円以上200円以下の罰金付加の罪をうけ，その他の皇族に対する不敬罪に問われた者は，(1)2月以上4年以下の重禁錮，(2)10円以上100円以下の罰金付加の範囲内で処罰されると規定されていた。1907年公布の刑法でも重禁錮が懲役と改められ，罰金付加の文言がとり除かれた。皇陵と同列に神宮が追加され，不敬罪は踏襲された。47年（昭和22）の刑法改正により削除された。

ぶけぎりものがたり［武家義理物語］ 浮世草子。6巻。井原西鶴作。1688年（元禄元）刊。おもに中国の説話を再構成し，武家社会の義理をテーマとした短編26話からなる。「男色大鑑」「武道伝来記」に続いて，武家社会における武士道の美を描こうとした作品で，衆道（男色）・結婚・敵討・克己・恥・堪忍など，多様な局面から義理をとらえるが，説話的興味にながれる章も多く，人物人物に比べて高い評価は得ていない。「定本西鶴全集」所収。

ぶけじき［武家事紀］ 歴史書。58巻。山鹿素行著。1673年（延宝元）成立。前・後・続・別の4部からなり，武家の歴史とそれに関連する儀礼や生活習慣・年中行事・雑事・故実に関する知識など，武家政治や武士の生活のために参考となる事柄を集大成した武家にとっての百科全書的な実用書。戦国末〜江戸初期が中心。日用に役立つ学問をめざした素行の実証的な研究成果の一つ。山鹿素行先生全集刊行会から出版。

ぶけしょはっと［武家諸法度］ 江戸幕府の対武家法規。将軍の代替りごとに発布。ただし7代徳川家継と15代慶喜を除く。大坂夏の陣終結後の1615年（元和元）7月，伏見城に諸大名を集め，はじめて公布。徳川家康の命で以心崇伝らが起草，漢文体で13カ条からなる。建武式目などの先行法規を参考に，武家，とりわけ大名の守るべき事柄を定めて19カ条とした。翌年，2代秀忠は諸大名の京都への参勤作法など2カ条を削除し，29年（寛永6）には乗輿の条項を修正。3代家光の35年に公布された法度は，字句や内容を大幅に改訂。江戸への参勤交代制などを定め，国主資格条項を削って19カ条とした。4代家綱の63年（寛文3）法度ではキリシタン禁止など2カ条を付加，5代綱吉の83年（天和3）法度では条文を15カ条に整理した。6代家宣の1710年（宝永7）法度は新井白石が起草，和文体で17カ条。17年（享保2）8代吉宗は天和の法度に戻し，以後代々これを継承した。

ぶけづくり［武家造］ 貴族住宅の形式である寝殿造に対して，中世の武家住宅の形式を武家造とよぶことがあった。かつて近世の武家住宅の形式である書院造の成立過程を説明するにあたって，武家には寝殿造とは別の住宅形式があるに違いないという思いこみから，武家造の概念がつくられた。その後の研究によって書院造も寝殿造から発展して形成されたことが明らかになり，中世の武家住宅も寝殿造の系譜を引くものであることがはっきりしてきた。今日では武家造という住宅形式の概念は認められていない。

ぶけてんそう［武家伝奏］ ▊伝奏とも。室町時代，幕府と朝廷の交渉を仲介した役職。はじめは武家執奏の役割であったが，足利義満期には武家伝奏に引き継がれた。伝奏には日野・広橋・万里小路・勧修寺・中山などの諸家が任じられ，1～3人が任にあたった。任命権は朝廷にあったが，実際には幕府・足利将軍の室町殿の意向によって任命され，公家の訴訟をとりついで決裁を仰いだり，室町殿の仰せを奉じた文書である伝奏奉書を発給するなど，室町殿による王朝支配の一翼を担った。しかし，この関係は嘉吉の乱を契機に変化した。

▊伝奏とも。江戸時代に幕府と朝廷との交渉にあたった役職。広橋兼勝・勧修寺光豊以後，廷臣2人が常置された。任命権は天皇にあったが，当初は幕府の奏請によって定められた。職掌は，幕府との交渉のほか，関白とともに朝議を取り仕切るというもので，きわめて重職とされた。補任に際し，京都所司代に血判の誓紙を提出した。

ぶけほう［武家法］ 武家によって制定された法，あるいは武家の政治を基礎づける法。中世法は一般に公家法・武家法・本所法に三分さ

れ,武家法は,源頼朝の時代に始まるとされる武士社会の慣習と,それらを法文化した「御成敗式目」とに起源をもち,鎌倉・室町両幕府によって運用された法と理解されている。しかし,武士社会の慣習的な規範と,幕府が法として示した規範の間にはしばしば大きなずれがあり,むしろ律令などに由来する公家法に準じた規範を成文化したものも少なくない。武家法は,武士社会の自律的な発展の産物ではなく,公家政権とのかかわりのなかで法としての表現を与えられた規範であると考えたほうがよい。

ぶけほうこうにん [武家奉公人] 近世,武士の従者である若党・足軽・中間・小者などの総称。このうち戦闘要員は若党・足軽で,ほかは武器・物資の運搬などに,また平時には家政上の雑役に使われた。これらの奉公人には,譜代のほか夫役として徴発された農民や金銭で雇用される者がいたが,奉公中は主人の支配権に服した。短期雇用の武家奉公人は,近世初期から江戸ではすでに多数存在したが,それが一般化した中・後期には,幕府・諸藩はその安定的確保のためさまざまな政策を展開した。

ふけんかい [府県会] 1878年(明治11)の府県会規則の制定により,各地に開設された地方議会。それまでの地方民会・区戸長会開設という民権主義的動向に政府が対応したもの。府県会の権能として地方税の徴収と支出に関する審議権が認められたが,地方長官に多大の監督権が付与されていた。当初議員は財産規定による直接選挙だったが,90年の府県制制定により,市会・郡会などの構成員による複選制選挙となる。99年複選制は廃止され,選挙権は直接国税3円以上の納付者に与えられた。1926年(大正15)6月の府県制改正により普通選挙となったが,自治権の拡大は第2次大戦の戦時体制の進展で後退し,権限は縮小した。戦後の47年(昭和22)地方自治法が公布され,都道府県議会として再び権限拡大の方向に歩みはじめた。

ふけんかいきそく [府県会規則] 明治前期,府県に公選の議会設置を定めた規則。三新法の一つ。1878年(明治11)7月公布。総則・選挙・議則・開閉の4章30条からなる。府県会はこの規則に従って地方税を徴収し,予算案を議定する。会期は30日以内とし,毎年3月に開催。府知事および県会は議案提出権を有していた。議員の選挙は,被選挙権を満25歳以上の男子で地租納税額10円以上の者,選挙権は満20歳以上の男子で地租納税額5円以上の者とされた。議員は各郡区から5人以下を選出し,任期4年で2年ごとに半数を改選した。しかし自由民権運動への対応から,知事の諮問機関である常置委員の設置など種々の統制が強められた。90年公布の府県制実施により廃止。

ふけんせい [府県制] 1890年(明治23)5月に郡制とともに成立した地方自治制度を定めた法律。府県会規則を基礎に,内閣・元老院・枢密院の議をへて難航の末に公布された。府県の法人性,府県会議員の間接選挙,被選挙権の拡大,執行機関としての参事会の設置,起債権の獲得などの規定に特色がある。全体として官治性が強く,自治性に乏しい。知事は官選であったが,府県会は大正末には普通選挙制となり,昭和初期には条例制定権を獲得した。第2次大戦後の1947年(昭和22)地方自治法の公布により廃止。

ぶげんちょう [分限帳]「ぶんげんちょう」とも。戦国大名などが作成した,家臣の軍役高など役高を記した帳簿。戦国~江戸初期に作られたものには,成田家分限帳のように家臣の姓と役高のみを書くものと,里見家分限帳のように家臣の所領も記すものがある。家臣団の状況を伝える史料だが,現存のものには後世の作も多い。江戸時代には幕府や諸藩で家臣の役職や役高を示した帳簿として同質のものが作られた。幕府では正徳期の御家人分限帳が著名。諸藩に多く残り,職制や家臣団の全貌を知ることができる。

ふこ [封戸]「ふご」とも。律令制において,食封支給の封主にわりあてた公戸。賦役令支給条に,封戸には課戸をあて,その全調庸と,田租の半分を封主に支給せよと規定する。残りの田租は官納とされたが,739年(天平11)全給となった。課戸ごとに戸口数が異なり,徴収される封物量が一定でないため,705年(慶雲2)1戸を4丁と定め,さらに747年には50戸のうち20戸は5丁と中男1人,30戸は6丁と中男1人とし,租は1戸40束として定額化が図られた。

ふごうそう [富豪層] 8世紀末~9世紀に律令国家の規制から外れて成長していった有力農民。史料にみえる「富豪浪人」に着目した戸田芳実によって提唱された歴史的概念。稲穀などの動産を大量に蓄えた富豪層が,それを営田と私出挙に投入して農民を支配下におき,国衙の納税請負人をもつとめて,名編成の基礎になるなど,王朝国家成立の基本的要因となった階層とされる。しかしこれには批判も多く,学界共通の理解にはいたっていない。

ぶこうねんぴょう [武江年表] 江戸の政治・社会・文化に関する総合年表。正編8巻・続編4巻。斎藤月岑著。正編は1849・50年(嘉永2・3)に江戸の須原屋伊八らによって刊行されたが,続編は未完。正編は1590~1848年(天正18~嘉永元),続編は翌49~73年(明治6)の記事を収載。江戸の地理沿革・風俗・事物起源などからなり,近世の江戸の風俗を知るうえ

- **ふざいじぬし [不在地主]** 所有農地の存在する地域(市町村等)に居住していない地主。小作人を管理するため差配人などをおく場合もあった。地主・小作人間の小作米授受以外の諸関係は、在村地主と比較して一般に希薄であった。1920年代の大規模小作争議の当事者は不在地主が多かった。第2次大戦後の農地改革では、不在地主の小作地の保有は認められず、全貸付地が強制買収の対象となった。

- **ぶざえもんいっき [武左衛門一揆]** 1793年(寛政5)伊予国吉田藩領におきた全藩強訴。吉田藩領の80ヵ村余の百姓らが、紙専売制の廃止などを求め、御用商人法華津屋を引き潰すための太綱を準備しつつ、本藩である宇和島藩領中間村の八幡河原へ強訴したもの。一揆勢が吉田藩との直接交渉を拒否したため、家老安藤継明は責任をとり一揆勢の目前で割腹自殺した。その後宇和島藩の仲介により、藩が要求を全面的に認めたため解散した。この一揆の頭取は上大野村の武左衛門とされる。彼は一揆を組織するために門付芸人となって領内を回ったと伝承され、日吉村に顕彰碑が建立されている。

- **ふさのくに [総国]** 「古語拾遺」によれば、房総3国は、良質の麻がとれたことにちなんでもと総国とよんだというが、信憑性の高い史料にはみられない。しかし毛野国が分割されて上毛野・下毛野国が成立したのと同じように、令制国の成立にともない、総国が上総国(安房国の領域を含む)・下総国に分割された可能性は高い。

- **ふざん [釜山]** プサン。韓国南東端にある都市。15世紀初め、李朝は日本からの寄航地を富山浦(釜山)・薺浦・塩浦の三浦に制限したが、1510年(永正7)三浦の乱後、富山浦のみとした。文禄の役(壬辰倭乱)では日本軍の上陸地点となり、江戸幕府による国交回復後、この地の倭館が唯一の外交・貿易の場となった。1876年(明治9)の日朝修好条規で開港、居留地がおかれて日朝貿易の拠点となった。日露戦争を機に関釜連絡船を開設、京城をへて南満州鉄道に直結する大動脈が成立した。朝鮮戦争中は大韓民国の臨時首都がおかれた。現在韓国第2の都市に発展、直轄市。

- **ふさんとくしちのほう [不三得七法]** 奈良・平安時代を通じて、国ごとに国内を通計して予定の田租の7割の収納をめざし、国司の責任とした制度。8世紀末〜9世紀初頭に一時人別あるいは戸別に免除率を定めるなどの変遷もあったが、田租の7割確保は一貫した目標であった。賦役令の水旱害には天災により5割以上の損で租を免除するなど減収に応じた免除規定があるが、実際には7割の定率収租法が行われており、日本の田租制の特色である。損毛3割以内を例損といい、3割をこえると異損として太政官の審査を必要とした。

- **ぶし [武士]** 武芸・戦闘を専業とする身分、あるいはその身分に属する人々の称。武士は平安中期に本格的に登場し、当初は天皇・貴族の私的警固や紛争解決、反乱・蜂起やその鎮圧などを任としていた。平氏政権をへて鎌倉幕府の成立により、軍事検察部門をになう国家公権をうんだ。室町幕府から戦国大名へと時代がくだるとともに、武士のになう公権力の領域は拡大し、江戸幕府の登場によって社会の全領域にまで及んだ。武士固有の人的紐帯は、主人の従者への軍事的庇護(御恩)と従者の主人への忠誠(奉公)という強固な主従制に支えられていたが、その内実は時代によって異なり、発生当初は離合集散が激しく、時代がくだるとともに強固な制度に発展した。しかし、武士の世界は実力本位であるから、主人の力が弱まれば主従関係が切れるのみならず、従者によって主人が倒される面をもっていた。古来、武士の発生については平安時代の地方行政の弛緩にともない、新興地方領主が自衛の必要から武装化したとする見解が通説であった。近年、武士の発生は、特殊軍事貴族・俘囚・狩猟民など殺生を業とする諸身分の複合体として登場し、平安末期以降に地方領主と合体して所領経営者の性格をも備えるようになるとみる考え方が有力である。

- **ふじいうもん [藤井右門]** 1720〜67.8.22 江戸中期の勤王家。父はもと播磨国赤穂藩士の藤井又左衛門。名は吉太郎のち直明。越中国生れ。16歳のとき郷里を出奔して上京し、諸大夫藤井大和守忠義の養子となり家を継ぐ。公卿と交際し軍家の事を教授。宝暦事件で竹内式部が捕らえられると京都を出奔して右門と名のり、江戸で山県大弐宅に寄宿。1766年(明和3)明和事件の際に大弐とともに捕らえられ、翌年兵書雑談の内容に不敬があったとして打首・獄門となった。

- **ふじおかさくたろう [藤岡作太郎]** 1870.7.19〜1910.2.3 明治期の国文学者。号は東圃・李花亭・枇杷園。石川県出身。東大卒。第三高等学校教授などをへて、1900年東京帝国大学助教授。国文学史の研究にすぐれた業績を残す。主著『国文学全史平安朝篇』。41歳で夭折したが、死後門下生たちにより『東圃遺稿』全4巻が編まれる。

- **ふじがわのたたかい [富士川の戦]** 1180年(治承4)10月20日、駿河国富士川をはさんで、平維盛を大将とする追討軍と源頼朝の間で行われた戦。9月29日に京都を出発した追討軍

は、富士川西岸に布陣、頼朝は賀島(現、静岡県富士市)に布陣した。しかし10月20日、情勢不利と判断した追討軍は、ほとんど戦わずに撤退。富士沼から飛び立った水鳥の羽音を頼朝軍の夜襲と誤解して、敗走したともいう。頼朝は追討軍を追ってただちに上洛しようとしたが、関東の平定が急務とする上総介広常・千葉常胤らの進言で軍を返した。この勝利以後、頼朝の関東における基盤が確立された。

- **ふじこう [富士講]** 富士山への参拝を目的とした信仰集団。富士山は原始信仰の段階から信仰の対象とされ、室町時代には登山によって祈願する登拝も行われ、長谷川角行により講も組織されたと伝える。江戸時代になると、御師どの富士登拝が一般化し、中期には村上光清派と食行身禄派にわかれて布教が行われたが、しだいに後者が優勢となった。身禄派は、飢饉などの社会不安が続くなかで現世利益を説き、救世や平等の考えを主張、尊王思想とも結びついて講を拡大した。このため幕府は富士登山の禁令をいくたびも出して統制。明治期以降、この思想は実行教・扶桑教などの新興宗教に継承された。

- **ふじさん [富士山]** 静岡・山梨両県にまたがるコニーデ型火山。標高3776mで日本の最高峰。かつては活発な火山活動があったが、1707年(宝永4)の大噴火以後は活動を停止している。古代以来信仰の対象で、「常陸国風土記」に福慈岳とあるのが初見。奈良時代以降噴火が激しくなると浅間神と関連して信仰され、神仏習合の浅間菩薩が成立、さらに木花開耶姫を浅間神社の祭神とするようになった。平安時代からは富士を霊場とする修験者の登山が始まり、室町時代には庶民に浸透して富士信仰が成立、近世には各地に講ができ、信仰登山が活発となった。登山口は大宮・須山・須走・吉田にある。なお「万葉集」以来富士山の秀麗な姿が歌われ、紀行文にも描かれた。絵画では葛飾北斎の「富嶽三十六景」が有名。明治維新以後各地のコニーデ型の山を○○富士と命名することが流行し、日本の象徴として意識されるようになった。

- **ふじしまたけじ [藤島武二]** 1867.9.18～1943.3.19 明治～昭和前期の洋画家。薩摩国生れ。はじめ川端玉章に日本画を、のち曾山幸彦・中丸精十郎・松岡寿・山本芳翠らに洋画を学ぶ。1896年(明治29)白馬会創立に参加。東京美術学校西洋画科助教授。雑誌「明星」の表紙や挿絵を担当し、白馬会に「天平の面影」など浪漫主義的作品を発表。1905年渡欧、パリでコルモンの、イタリアでデュランの指導をうけた。帝国美術院会員・帝室技芸員。第1回文化勲章受章。

- **ふじしまのたたかい [藤島の戦]** 1338年(暦応元・延元3)閏7月2日、新田義貞が越前国藤島城(現、福井市)攻撃中に越前国守護斯波高経軍と遭遇し敗死した戦。前年の3月、足利方の大軍投入で義貞の拠った越前国金崎城は陥落したが、北畠顕家の西上によって足利軍主力が東山道・畿内方面に移動したため、義貞はしだいに勢力を盛り返し、越前の府中(現、武生市)を占領。さらに38年閏7月、高経の拠る黒丸城(現、福井市)を攻撃しようとした。このとき足利方に呼応した平泉寺衆徒の籠城する藤島城攻撃に手勢を率いてむかう途中、救援に駆けつけた高経麾下の細川孝基の歩ператоры隊と灯明寺畷(現、福井市)付近で遭遇し、義貞は不慮の戦死をとげた。

- **ふじたこしろう [藤田小四郎]** 1842～65.2.4 幕末期の尊攘激派志士。水戸藩士藤田東湖の四男。父に水戸学を学び尊王攘夷の強い気概をもつ。1863年(文久3)藩主徳川慶篤に随従して上洛。広く志士と交わり、とくに萩藩の桂小五郎(木戸孝允)らと東西呼応した挙兵を画策。翌年(元治元)町奉行田丸稲之衛門らと筑波山で挙兵した。諸生党や幕府・諸藩兵に攻撃され各地で転戦するが敗れ、武田耕雲斎を首領として西上の途中金沢藩に降伏し、敦賀で斬刑に処せられた。

- **ふじたとうこ [藤田東湖]** 1806.3.16～55.10.2 江戸後期の常陸国水戸藩士。後期水戸学の創唱者藤田幽谷の次男。名は彪、字は斌卿、幼名武二郎のち虎之助、通称誠之進、東湖は号。1827年(文政10)家督を継ぎ進物番・彰考館編修となる。藩主の後継問題では徳川斉昭の擁立に尽力し、斉昭の藩主就任後は、腹心として藩政の改革を推進して郡奉行など諸役を歴任。44年(弘化元)斉昭が幕府から隠居謹慎を命じられると東湖も蟄居幽閉の処分をうけたが、53年(嘉永6)斉昭が幕政参与となるや側用人として藩政に復帰した。安政の大地震で圧死。主著「弘道館記述義」は水戸学の代表的著作。また幽閉中に執筆した「回天詩史」「常陸帯」「和文天祥正気歌」などは幕末の志士に愛読された。

- **ふじたゆうこく [藤田幽谷]** 1774.2.18～1826.12.1 江戸後期の儒学者。常陸国水戸藩士。後期水戸学の創始者。名は一正、字は子定、通称は熊之介・与介・次郎左衛門、幽谷は号。古着商の次男で、彰考館総裁立原翠軒に入門。1788年(天明8)彰考館に入り91年(寛政3)編修となり、「大日本史」編纂に従事。同年「正名論」を執筆。97年、藩政の現状を批判した「丁巳封事」を藩主に呈出して不敬の廉で謹慎処分となる。のち許され、1807年(文化4)彰考館総裁に就任、翌年郡奉行。藩政と対外情勢

に強い危機感をもち藩政の改革理論を藩祖「威・文二公の精神」に求め、人材養成に力を尽くした。他方「大日本史」編纂をめぐる翠軒との対立は、のちの党争の起因をなした。著書はほかに「勧農或問」。

ふじつう [富士通] コンピュータ・通信機器メーカー。1935年(昭和10)富士電気製造の電話機部門が分離独立、富士通信機製造として設立。第2次大戦前は通信省指定メーカーとしてその基礎を確立した。戦後は通信網の発展とともに成長、他方エレクトロニクス時代にも対応し、54年コンピュータの製品化に成功、56年日本最初の工作機械自動制御装置を完成した。67年富士通と改称。イギリスのICLを買収し、世界的コンピュータメーカーとなった。

ぶしどう [武士道] 近世以降の武士階級独特の倫理。新渡戸稲造の英文著作「武士道」に代表されるように、武士の道徳そのものをさす言葉として一般化するのは近代に入ってからである。近世ではまだ道徳論の段階であり、戦国期以来の武士の道徳を儒教の論理で裏づけようとする士道論と、その武的な余習を継承しようとする武士道論があった。前者の代表が山鹿素行の「山鹿語類」の「士道篇」であり、君臣ともにının倫理にもとづく振舞いを是とした。後者の代表が山本常朝の「葉隠」で、「武士道とは死ぬ事と見付たり」の言葉が象徴するように、主従関係を中心に善悪・正不正をこえた捨身を強調した。しかし、根底では通じるものがあった。

ふじのきこふん [藤ノ木古墳] 奈良県斑鳩町法隆寺にある古墳後期の円墳。金銅製服飾具と、きわめて精巧な馬具など豊富な副葬品を出土したことで著名。法隆寺の西方350mの丘陵にあり、墳丘は裾部分がわずかに削られているものの、現状で直径約48m、高さ約9mあり、円筒埴輪をめぐらしていた。墳丘の中央に南東にむかって開口する両袖式の横穴式石室があり、全長14m、玄室は長さ6m、幅2.7m、高さ4.3m、羨道は長さ8.3m、幅2m、高さ2.4mで、塊石を用いて閉塞していた。石室奥壁の近くに縄掛突起をもつ家形石棺があった。石棺は凝灰岩製で全面に赤色顔料を塗布。棺内には人骨2体があり、画文帯神獣鏡など鏡4や金銅製冠・筒形金銅製品・銅製大帯・金銅製飾履・剣菱形杏葉形銀製品などが、多数のガラス玉・空玉・耳輪と布帛を伴って副葬されていた。棺外出土の馬具は、鞍金具に亀甲繋文と竜・鳳凰・虎など各種動物文をパルメット文とともに配し、杏葉・鏡板などがあり、東アジアでも第一級の製品。国史跡。出品品は重文。

ふしみじょう [伏見城] 桃山城とも。京都市伏見区にあった織豊期の平山城。大坂城と並ぶ豊臣政権の拠点。1592年(文禄元)豊臣秀吉が伏見の指月に築城を開始。96年(慶長元)文禄の役の講和使節を迎える直前に地震で倒壊した。その後、北東の木幡山に再築。秀吉の死後は徳川家康が入り、関ケ原の戦では西軍に攻撃され落城。戦後家康により再建され、家康はここで将軍宣下をうけた。1623年(元和9)廃城。伏見は京と奈良を結ぶ大和街道が通り、宇治川・淀川を通じ大坂に連絡する交通の要衝である。秀吉の伏見築城と前後して、京の聚楽第や淀川の押さえである淀城の解体が行われており、これらの機能を伏見へ一元化する意図がうかがえる。

ふしみじょうだい [伏見城代] 江戸初期におかれた伏見城の城代。関ケ原の戦後、徳川家康は上方では伏見城で政務をみていたが、1607年(慶長12)居を駿府に定めるに及び、異父弟の松平定勝に城代を命じ、大番の在番2組をおいた。これは伏見三年番といわれる。伏見城は大御所・将軍上洛時の居所とされたが、19年(元和5)破却されることになり、城代・在番士ともに大坂城に移動した。

ふしみてんのう [伏見天皇] 1265.4.23〜1317.9.3 在位1287.10.21〜98.7.22 後深草天皇の第2皇子。名は熙仁。母は洞院実雄の女玄輝門院愔子。1275年(建治元)大覚寺統の宇多天皇の皇太子となり、87年(弘安10)践祚。後深草上皇の院政下で、90年(正応3)から親政、裁判制度の整備などに積極的にとりくんだ。京極為兼と和歌の師とし、歌壇の振興にも努めた。1313年(正和2)出家、法名素融。

ふしみのみや [伏見宮] 北朝の崇光天皇の第1皇子栄仁親王に始まる宮家。1352年(文和元・正平7)崇光天皇の退位をうけて弟の後光厳天皇が即位したが、のちに崇光上皇は、持明院統の正嫡である親王の即位を望んで室町幕府に働きかけた。上皇は期するをいまま死去、親王は出家を余儀なくされた。また父から伝領した長講堂領以下の持明院統の所領を朝廷に没収されたが、山城国伏見荘などの若干の所領を回復。その遺跡は、子の治仁王、ついで貞成王(後崇光院)が相続した。1428年(正長元)称光天皇に皇嗣がなく、貞成の子彦仁王が後小松天皇の猶子に迎えられて即位、後花園天皇となった。これによって宮家としての立場が安定し、代々親王宣下をうけ、1947年(昭和22)まで続いた。「伏見宮記録文書」を伝える。→巻末系図

ふしみぶぎょう [伏見奉行] 江戸幕府の職名。伏見町と町付き幕領の行政・裁判を担当。宇治・伏見・木津川筋の船舶を取り締まり、京都

町奉行とともに近江・丹波両国の民政にもたずさわった。京都大火の折などには禁裏警固の任についた。定員1人。幕初からおかれ,1696年(元禄9)一時京都町奉行の兼職となったが,98年再設置。多くの大名が任じられた。役料は3000俵。与力10騎,同心50人,牢番1人が付属した。

ふしゅう [俘囚] 8世紀以降に律令国家に服属した蝦夷に対する呼称。服属した蝦夷は公民と区別されて蝦夷・俘囚の二つの身分に編成され,種々の恩典を与えられるとともに軍役などを課された。俘囚は吉弥侯部(君子部)姓のものが多く,個人ないし親族単位で服属したものと推定される。一部は諸国に強制移住させられ,のちには公民となる者もいた。蝦夷の蝦夷爵に対し俘囚には外位が与えられたが,平安時代には蝦夷・俘囚の別は曖昧になった。

ぶしゅういっき [武州一揆] 1866年(慶応2)武蔵国一帯に発生した世直し一揆。開港以降の諸物価高騰,第2次長州戦争の兵糧米徴収などによって生じた米価高騰に苦しむ貧農・貧民らが,世直しを標榜して米価値下げ,施米・施金要求,質地・質物返還を求め,米屋・質屋・生糸仲買人(浜商人)らの富商・豪農を打ちこわした。打ちこわし軒数は500軒以上におよぶが,とくに横浜貿易にたずさわった浜商人は物価騰貴の元凶として徹底的に打ちこわされた。秩父郡の百姓らによる高麗郡飯能町打ちこわしを発端とする一揆は連鎖的に広がり,武蔵国15郡と上野国2郡を席巻したが,幕府・諸藩の軍隊や農兵隊らによって武力鎮圧された。同年に発生した陸奥国の信達一揆や江戸・大坂の打ちこわしなどとともに,幕藩領主に深刻な打撃を与えた。

ふじゅふせは [不受不施派] 日蓮宗の一派。不受は他宗の信者や未信者から供養・施物をうけないこと。不施は他宗の僧に布施供養をしないこと。日奥が1595年(文禄4)豊臣秀吉主催の千僧供養会を欠席し,99年(慶長4)徳川家康の面前でもその教義を貫きとおして,受不施派と対立したことに始まる。日奥は対馬に配流となり,以後も江戸幕府の弾圧をうけた。1876年(明治9)日正の要請で派名と宗意の公布が許された。

ふじわらうじ [藤原氏] 669年(天智8)大化の改新の功臣中臣鎌足が臨終に際して,藤原の姓を賜ったことに始まる新興氏族。古代以来,朝廷の上層部を占める。鎌足の生誕地名に由来するという。698年(文武2)鎌足の次男不比等の系統にのみ限定され,他は旧姓中臣氏に復する。不比等は右大臣に至り,その4子武智麻呂・房前・宇合・麻呂は,南・北・式・京4家に分立して聖武朝では議政官に列した。また女宮子は文武天皇の夫人となり聖武天皇を生み,光明子も聖武の皇后となって孝謙天皇をもうけるなど,天皇家と二重の婚姻関係を結んで勢力を扶植した。平安時代に入ると,京家は早くからふるわず,南家は平城朝の伊予親王事件,式家も薬子の変で衰微するが,北家では嵯峨天皇の信任を得て蔵人頭に登用された冬嗣が,女の順子を仁明天皇の女御にいれ,良房の女明子が文徳天皇の女御になって清和天皇をもうけるなど,天皇の外戚として嫡流の地位を保つ。以後摂関家として栄えるが,鎌倉時代には五摂家に分立した。鎌倉幕府の源氏が絶えると2代の摂家将軍をだした。→巻末系図

ふじわらきょう [藤原京] 持統天皇によって造営された初の本格的都城。現在の奈良県橿原市およびその周辺。「日本書紀」には690年(持統4)以来,同京の地鎮,官人への宅地班給など,新京造営にかかわる記事がみえる。694年に持統天皇が遷都し,ふつうこの時をもって藤原京の成立とし,以後710年(和銅3)まで存続した。「日本書紀」などには「新益京」とみえる。京域については,藤原宮の発掘成果をふまえた岸俊男説が基本。それによれば,規模は東西4里(1里約530m),南北6里,北辺が横大路,東辺西辺が中ツ道・下ツ道,南辺が上ツ道(山田道)によってくぎられ,左右京には各12条4坊の条坊制が施行されていた。文献では平城京のような数詞による坊条表示はみられないが,小治町・林坊のように,固有名詞を冠した坊名が知られている。京内では本薬師寺・大官大寺などの発掘調査も行われ,その占地が条坊地割と合致することから,同京の計画も薬師寺創建に先だつ天武朝末年には構想されていたと考えられる。近年の発掘では,藤原京内に条坊道路とみられる遺構や,推定された京域の外部にも直線道路の遺構が発見されており,それらを含んだ「大藤原京」とよばれる復原計画が提起されている。

ふじわらぎんじろう [藤原銀次郎] 1869.6.17~1960.3.17 明治~昭和前期の実業家・政治家。長野県出身。慶応義塾卒。松江日報・三井銀行・三井物産などをへて,1911年(明治44)から取締役・社長・会長として王子製紙の経営にたずさわる。経営不振だった同社を再建,33年(昭和8)には富士製紙・樺太工業を合併し,洋紙生産の80%以上を占める一大独占企業に育てた。40年に退社して米内内閣の商工相に就任,以後軍需相・行政査察使などを務めた。48年に公職追放となる。

ふじわらせいか [藤原惺窩] 1561~1619.9.12 織豊期~江戸初期の儒学者。日本近世朱子学の祖。冷泉為純の子。名は粛,字は斂夫。惺

ふしわ

- **ふじわらのあきひら [藤原明衡]** ?～1066.10.18 平安中期の儒者・文人。式家。字は善菜いあるいは安閑゛。儒家出身でないため対策に及第するのに年月を要したが, 後冷泉朝で文章゛博士・東宮学士・大学頭などを歴任し, 従四位下に至った。当代一流の学者で,「本朝文粋゛」「本朝秀句」を編み,「新猿楽記」「明衡゛往来」を著した。作品は「本朝続文粋」「本朝無題詩」に収めた。

- **ふじわらのあきらけいこ [藤原明子]** 828～900.5.23 文徳天皇の女御゛。染殿后゛と称された。父は藤原良房。皇太子道康親王(文徳天皇)の妃となり, 850年(嘉祥3)惟仁゛親王(清和天皇)を生んだ。858年(天安2)清和天皇即位にともなって皇太夫人となり, 864年(貞観6)の元服まで天皇と同居して後見した。同年皇太后, 882年(元慶6)太皇太后となる。物の怪がちであったという。

- **ふじわらのありとしもうしぶみ [藤原有年申文]**「讃岐国司解有年申文」とも。867年(貞観9)2月16日付の「讃岐国司解」に添えられた申文。当時, 讃岐国の那珂・多度両郡に居住していた因支首゛一族6家が, 伊予別公の子孫であることにちなみ和気公に改姓することを上申した文書に有年が添書したもの。草仮名゛で書かれているものの, 字形はさらに簡略化されている。東京国立博物館蔵。縦30cm, 横45.5cm。

- **ふじわらのいえたか [藤原家隆]** 1158～1237.4.9 名は「かりゅう」とも。壬生二品゛とも。鎌倉前・中期の歌人。父は光隆。母は藤原実兼の女。従二位宮内卿。和歌を藤原俊成に学ぶ。1186年(文治2)西行勧進の「二見浦百首」を詠み, 以後「六百番歌合」などに参加, 藤原定家らとともに歌壇に新風を吹きこんだ。「正治初度百首」に参加し, 後鳥羽院歌壇の有力歌人として活躍。「新古今集」の撰者の1人。つづく順徳院歌壇でも指導者的立場で活動した。承久の乱後は隠岐国の後鳥羽上皇と連絡を絶やさず,「遠島御歌合」には自詠を送っている。晩年まで旺盛な作歌活動をつづけた。家集「壬二集゛」は藤原基家編の他撰家集。「千載集」以下の勅撰集に入集。

- **ふじわらのうまかい [藤原宇合]** 694～737.8.5 馬養とも。奈良前期の公卿。不比等゛の第三子。母は蘇我連子゛の女娼子。式家の祖。716年(霊亀2)遣唐副使に任じられ従五位下を特授される。718年(養老2)帰朝。常陸守・式部卿を歴任し, 725年(神亀2)征夷の功で従三位・勲三等に叙され, 731年(天平3)参議となる。長屋王の変で王邸を包囲するなど武事で活躍したが, 737年天然痘により死去。「懐風藻」「万葉集」に詩版が収められ, 文にも秀でた。

- **ふじわらのかどのまろ [藤原葛野麻呂]** 755～818.11.10 奈良～平安前期の公卿。小黒麻呂゛の長子。785年(延暦4)従五位下。少納言・右大弁・大宰大弐などを歴任。801年遣唐大使に任じられ, 804年入唐。徳宗に謁見し翌年帰国。806年参議, 時に従三位。808年(大同3)中納言。翌年正三位。810年(弘仁元)薬子゛の変に際し平城゛上皇をいさめたがいれられず。「弘仁格式」の編纂に参加。

- **ふじわらのかねいえ [藤原兼家]** 929～990.7.2 法興゛院殿・東三条殿とも。平安中期の公卿。師輔の三男。948年(天暦2)従五位下。968年(安和元)兄兼通をこえて従三位。参議をへずに中納言・大納言と昇進し, 972年(天禄3)摂政伊尹゛の後継をめぐる兼通との争いに敗れ, 977年(貞元2)兼官の右近衛大将を削られ治部卿に左遷された。しかしまもなく兼通が没し, 翌年右大臣となる。986年(寛和2)花山天皇を退位させ, 女の詮子゛(円融天皇女御")・東三条院)が生んだ一条天皇を即位させて摂政となり, 右大臣を辞した。989年(永祚元)太政大臣。翌年(正暦元)関白となったが病没。兄兼通との不仲は有名で「大鏡」「栄花物語」に逸話がみえる。

- **ふじわらのかねみち [藤原兼通]** 925～977.11.8 堀川殿とも。平安中期の公卿。諡は忠義公。師輔の次男。943年(天慶6)従五位下。969年(安和2)参議, 972年(天禄3)権中納言となる。弟の大納言兼家に位階・官職をこされていたが, この年, 摂政伊尹゛の後継をめぐる兼家との争いに勝利し内大臣となる。関白就任もこの時とみる説がある。その後, 女の媓子゛を円融天皇の中宮とし, 974年(天延2)氏長者・太政大臣となる。977年(貞元2)病没の直前に関白・氏長者の地位を藤原頼忠に譲り, 兼家に対しては兼官の右近衛大将から治部卿に左遷して打撃を与えた。兼家との権力争いは有名で「大鏡」「栄花物語」に逸話がみえる。没後は遠江国に封じられ, 贈正一位。

- **ふじわらのかまたり [藤原鎌足]** 614～669.10.16 7世紀中頃の官人。大化の改新の功臣で藤

原氏の祖。小建冠中臣御食子けの子。母は大伴咋くの女智仙娘。はじめ中臣鎌子と称する。舒明朝の初め、神祇伯就任を辞退して摂津三島に隠棲。皇極朝になると軽かの皇子(孝徳天皇)、ついで中大兄なの皇子に接近し、専横をふるう蘇我氏打倒の謀議をめぐらす。645年(大化元)6月、三韓進調の儀式のときに不意をついて中大兄皇子とともに蘇我入鹿いの を斬り、ついで蝦夷え邸を包囲して滅ぼした。皇極天皇が退位すると、中大兄即位の時期尚早をとなえ孝徳の即位を促し、改新政府が発足した。鎌足は内臣うちにに任じられて皇太子中大兄の補佐を勤め、政策全般にわたって関与した。655年(斉明元)大繍冠を授けられる。663年白村江はくの戦で敗戦し、緊迫する東アジア情勢のもと、中央集権国家建設のため律令諸制度の整備を推進した。後世「近江令」を制定したとされるが、完成は疑問。臨終のとき大織冠たいしと藤原姓を賜る。阿武山ぶ古墳が墳墓とされる。大海人おおの皇子(天武天皇)の信用もあつく、女の氷上娘ひかみと・五百重娘いおえは夫人になり、壬申の乱で大海人は、鎌足がいればこのような事態にはならなかったと嘆いたという。

ふじわらのきよかわ[藤原清河] 唐名河清。
生没年不詳。8世紀後半の公卿。房前ふの四男。740年(天平12)従五位下。749年(天平勝宝元)参議。752年遣唐大使として入唐。明州・越州を経由して長安に入り、玄宗に謁見。翌年帰途につくが安南(現、ベトナム)に漂着。乗員の多くが現地で殺されたが、難をのがれて長安に戻り、秘書監として唐朝に仕えた。日本への帰国を粛宗が許さず、在唐のまま従三位に昇り死去。836年(承和3)従一位追贈。

ふじわらのきよひら[藤原清衡] 1056~1128.7.13/16
平安後期の武将。奥州藤原氏の祖。奥州藤原氏繁栄の基礎を築く。父は経清。母は安倍頼時の女。父が前九年の役で処刑されたあと、母が清原武貞に再嫁したため清原氏を名のる。1083年(永保3)異父弟家衡と結び、武貞の嫡男真衡いたと争った。真衡の死後は家衡と争い、源義家の支持をえて滅ぼした(後三年の役)。安倍・清原両氏の所領を支配し、藤原姓に復した。平泉を居館とし、中尊寺を建立。

ふじわらのきんとう[藤原公任] 966~1041.1.1
平安中期の公卿・歌人・文人。通称は四条大納言。関白頼忠の子。母は代明よの親王の女厳子女王。子に定頼ら。正二位大納言に至る。和歌・漢詩・管弦に通じた。私家集「拾遺抄」「金玉集」、秀歌撰「三十六人撰」、歌論書「新撰髄脳ずい」「和歌九品ほん」ほかに「和漢朗詠集」、有職故実書「北山ほう抄」がある。中古三十六歌仙の1人。「拾遺集」以下の勅撰集に約89首入集。家集「公任集」。

ふじわらのくすこ[藤原薬子] ?~810.9.12
平安初期の高級女官。種継の女。式家。藤原縄主なだに嫁して3男2女をもうける。長女が皇太子安殿やの親王(平城天皇)の妃となると、東宮宣旨せんにに登用される。桓武天皇に退けられる時期もあったが、平城天皇の即位後、典侍ないのの をへて尚侍なに位、位階も809年(大同4)には正三位に至る。平城の譲位後も上皇の側近として兄仲成なと権勢をふるったため嵯峨天皇方と対立。上皇の平城京遷都命令で全面対決となり、敗れて服毒自殺した。

ふじわらのけんし[藤原兼子] 1155~1229.8.16
鎌倉前期の女房。従二位。卿三位、のち卿二位と称す。藤原範兼の女。南家。叔父範季のむが後鳥羽上皇を養育したことから、上皇の後見というべき立場にあった。重要案件の取次役として上皇への影響力が大きく、人事権を掌握。貴族から多大の賄賂を得た。また養育した上皇の皇子頼仁親王を、源実朝の後継者とする約束を北条政子と交した。その権勢のありさまは「愚管抄」に、「京ニハ卿二位ヒシト世ヲ取タリ」とみえる。

ふじわらのこれちか[藤原伊周] 974~1010.1.28
儀同三司ぎとうとも。平安中期の貴族。父は関白道隆、妹は一条天皇の皇后定子。985年(寛和元)従五位下。990年(正暦元)父道隆が実権を握ると、若くして参議・権中納言・権大納言・正三位と累進し、994年には内大臣となり、中関白なのかん家の盛期を迎える。父の病で内覧宣旨をうけるが、没後叔父道長との権力争いに敗れ、996年(長徳2)には大宰権帥に左遷。翌年京に戻りのち准大臣・正二位となるが、発言力はなかった。

ふじわらのこれまさ[藤原伊尹] 924~972.11.1
「これただ」とも。一条摂政とも。平安中期の公卿。諡は謙徳公。師輔の長男。行成の祖父。941年(天慶4)従五位下。960年(天徳4)参議。970年(天禄元)右大臣に至る。同年実頼の後をうけて円融天皇の摂政となり、翌年正二位・太政大臣に昇る。没後に贈正一位、正一位に封じられる。和歌にすぐれ「一条摂政御集」がある。女の懐子が冷泉天皇女御にょうとなり花山天皇を生んだ。

ふじわらのさだいえ[藤原定家] 1162~1241.8.20
「ていか」とも。鎌倉前期・中期の歌人。父は俊成。母は美福門院加賀。京極中納言と称される。1233年(天福元)出家、法名明静。20歳頃父の教えに従って本格的な詠作を始め、九条良経らとともに新風和歌を開拓。「正治初度百首」では後鳥羽上皇から高く評価され、院歌壇の中心的歌人として活躍。「新古今集」撰者の1人。20年(承久2)後鳥羽上皇の怒りをうけ閉門し、そのまま承久の乱を迎えた。35年(嘉禎元)「新勅

撰集」を単独撰進。晩年は古典研究、書写校勘に努め、多くの功績を残す。自撰家集「拾遺愚草」、著書「近代秀歌」「詠歌大概」「顕注密勘」、日記「明月記」。

ふじわらのさねすけ [藤原実資] 957～1046.1.18 後小野宮とも。平安中期の公卿。父は斉敏。祖父実頼の養子となり、小野宮嫡流として豊富な財産と儀礼を継ぐ。969年(安和2)元服し、従五位下。円融・花山・一条天皇3代の蔵人頭を勤め、989年(永祚元)参議。のち右近衛大将を兼ねる。1021年(治安元)右大臣に至り、90歳の死去まで在任。この間37年(長暦元)従一位。政務に明るく、また藤原道長に批判的だった。日記「小右記」、儀式書「小野宮年中行事」。

ふじわらのさねより [藤原実頼] 900～970.5.18 小野宮殿とも。平安中期の公卿。諡は清慎公。九条流と並ぶ小野宮流の祖。忠平の長男。実資の養父。915年(延喜15)従五位下。931年(承平元)参議、947年(天暦元)左大臣、967年(康保4)冷泉朝の関白・太政大臣。翌々年(安和2)円融朝の摂政となったが、外戚でないため無力。没後に正一位を贈られ、尾張国に封じられる。日記「水心記」は散逸。家集「清慎公集」。

ふじわらのしょうし [藤原彰子] ⇒上東門院

ふじわらのすけまさ [藤原佐理] 944～998.7.- 名は「さり」とも。平安中期の貴族。能書家で三蹟の一。父敏敏は早世し、祖父実頼に後見された。961年(応和元)従五位下となり、右近衛権少将・蔵人・右中弁・参議などを歴任。984年(永観2)新内裏の額を書き従三位に昇った。円融・花山・一条各天皇の大嘗会の屏風色紙形を書く。990年(正暦元)兵部卿となったが、翌年辞し大宰大弐として赴任。992年正三位となるが、宇佐八幡宮の神人との乱闘事件から995年(長徳元)解任され京に召還された。のち許され、兵部卿に再任したが、まもなく没した。書に名高く、「栄花物語」に「手書きのすけまさ」とみえる。「詩懐紙」「離洛帖」などの書がある。

ふじわらのすみとものらん [藤原純友の乱] 10世紀におきた西海の反乱事件。承平海賊を平定した土着勲功者(備前の藤原文元ら、讃岐の藤原三辰ら)と国司との対立を背景とし、同じく勲功をあげたのち伊予に土着していた前伊予掾の藤原純友が、939年(天慶2)12月、備前介藤原子高に圧迫されていた文元の支援要請にこたえ、摂津須崎駅で子高を襲撃したことに始まる。純友は平将門の乱に浮き足立つ政府に海賊平定の恩賞を要求、従五位下に叙されたが、文元は備中で濫行を継続し、三辰は讃岐介藤原国風を追放した。将門が敗れると政府は攻勢に転じ、讃岐・伊予での攻防で純友勢を撃破。追いつめられた純友は大宰府を攻略して挽回を期したが、政府軍との決戦に敗れ、941年6月、伊予で伊予警固使橘遠保に討たれた。なお純友を承平海賊の首領とする通説は疑問。

ふじわらのたかいえ [藤原隆家] 979～1044.1.1 平安中期の貴族。父は関白道隆、兄は伊周、姉は一条天皇后定子。989年(永祚元)従五位下。990年(正暦元)父道隆が実権を握ると、若くして左少将・従三位・中納言と昇進。父の没後、叔父道長との権力争いに敗れ、出雲権守に左遷。998年帰京、のち中納言に再任した。大宰権帥を兼ねて赴任し正二位となり、在任中1019年(寛仁3)刀伊の入寇の撃退に活躍した。

ふじわらのたかのぶ [藤原隆信] 1142～1205.2.27 平安後期～鎌倉前期の公家。父は為経。定家は異父弟。絵画・和歌にすぐれ、後白河上皇に重用され近臣として仕えた。官歴は国司を歴任、正四位下右京権大夫に至る。画家として人物の面貌を描くことにすぐれ、技法は子の信実にひきつがれ、鎌倉時代に展開する似絵はこの家系の人々が多く関与した。1173年(承安3)建春門院発願の最勝光院御所の障子絵を、絵師常磐光長とともに担当し、とくに命じられて高野御幸以下3度の行幸に供奉した延臣の面貌を描いた。京都神護寺の「源頼朝像」「平重盛像」「藤原光能像」を隆信の作と伝える。勅撰集への入首も多く、家集「隆信朝臣集」が残る。

ふじわらのたかよし [藤原隆能] 生没年不詳。平安後期の宮廷絵師。1147年(久安3)藤原忠実七十の賀の蒔絵硯筥の絵様を、54年(久寿元)には鳥羽金剛心院の扉絵を描いた。四天王寺の鳥羽院御影は74年(承安4)時で「故隆能画」と記されており「吉記」、没年の下限が知られる。かつて「源氏物語絵巻」の作者とされていたが確証はない。

ふじわらのただざね [藤原忠実] 1078.12.-～1162.6.18 知足院・富家とも。平安後期の公卿。父は師通。1091年(寛治5)従三位。鳥羽天皇の摂政・関白となったが、1120年(保安元)女の泰子の入内をめぐり白河法皇の怒りにふれ、翌年長男忠通に摂関・氏長者を譲り宇治に蟄居。29年(大治4)法皇が没すると鳥羽院政下で復帰したが、今度は忠通と対立。次男頼長をたてたが、保元の乱後に知足院に閉居となる。日記「殿暦」や「富家語」が現存する。

ふじわらのただひら [藤原忠平] 880～949.8.14 小一条殿とも。10世紀前半の公卿。基経の四男。母は人康親王の女。同母兄に時

諡は貞信公。900年(昌泰3)参議となるが、辞退して叔父清経に譲る。908年(延喜8)還任、翌年時平の死にともない従三位権中納言・氏長者となり、以後昇進して914年右大臣。抜擢の背景には宇多法皇・穏子の影響が推測される。朱雀・村上両天皇のもとでは摂政・関白・太政大臣を勤めた。70歳で病没。贈正一位、封信濃国。温厚な性格だったと伝えられる。忠平の時代は律令制の最終段階であるとともに、摂関の制度的成立、儀式や故実の集成など、摂関政治体制の成立期でもあった。日記「貞信公記」。

ふじわらのただみち [藤原忠通] 1097.閏1.29～1164.2.19 法性寺殿とも。12世紀の公卿。忠実の長男。母は源顕房の女師子。頼長は異母弟(のち猶子)。1107年(嘉承2)元服、権中納言・権大納言・内大臣をへて、21年(保安2)白河上皇の不興を買った父にかわり関白となる。翌年左大臣従一位。のち崇徳・近衛両天皇の摂政・関白・太政大臣。白河上皇没後政界に復帰した忠実と対立を深め、50年(久安6)義絶され、氏長者職を頼長に奪われる。これに対し忠通は美福門院に接近して対抗。後白河天皇即位にともなう忠実・頼長の失脚で再び氏長者となり、58年(保元3)関白を嫡子基実に譲る。62年(応保2)出家、法名円観。忠通の時代、摂関家は父弟との争いにより院権力の介入を許し、弱体化していった。書の名手で法性寺流の祖。

ふじわらのたねつぐ [藤原種継] 737～785.9.24 種継とも。奈良後期の公卿。宇合の孫、清成の子。母は秦朝元の女。式家。766年(天平神護2)従五位下に叙され、近衛少将・左衛士督などをへて、782年(延暦元)参議。式部卿・近江按察使をへて、784年1月中納言に昇る。桓武天皇の信任あつく、6月に造長岡宮使になり造都に尽力した。遷都後の785年、桓武の留守中に大伴継人らに射殺される。正一位左大臣を贈られ、のち太政大臣を追贈される。

ふじわらのていし [藤原定子] 976～1000.12.16 一条天皇の中宮・皇后。父は藤原道隆。990年(正暦元)入内し、女御となる。同年、円融天皇の中宮遵子の下で、定子は中宮とされたが、これは皇后・中宮並立の初例。父や兄の伊周らの後見を失い、999年(長保元)第1皇子敦康親王を生んだが、道長の世にあって不遇であった。1000年定子を皇后に、彰子を中宮にしたのは1帝2后並立の初例。清少納言らを擁した文芸サロンを形成した。

ふじわらのときひら [藤原時平] 871～909.4.4 平安前期の貴族。本院大臣と称する。父は基経。弟に忠平、妹に温子・穏子、子に敦忠らがいる。886年(仁和2)元服の際、光孝天皇が加冠し正五位下の位記も天皇みずから筆をとった。蔵人頭をへて890年(寛平2)従三位、翌年参議。ついで中納言・大納言に昇り、廟堂の首班となる。宇多天皇の譲位後、蔵人所別当・正三位。宇多は醍醐天皇の長じるまで時平と寵臣菅原道真に政務をまかせた。899年(昌泰2)左大臣。901年(延喜元)には従二位となり、右大臣道真を左遷。翌年封2000戸を賜る。907年正二位。贈正一位太政大臣。「大鏡」は道真左遷のゆえに子孫栄かずと記す。

ふじわらのとしなり [藤原俊成] 1114～1204.11.30 「しゅんぜい」とも。平安末～鎌倉前期の歌人。御子左家藤原俊忠の子。母は藤原敦家の女。子に定家らがいる。父の死後、葉室顕頼の養子となり、53歳まで顕広をなのる。正三位に昇り、皇太后宮大夫となる。63歳で出家、法名釈阿。源俊頼や藤原基俊に学び、やがて歌壇の指導者の地位についた。業績は「千載集」の撰集、歌学書「古来風体抄」「俊成卿和字奏状」「万葉集時代考」「古今問答」、さらに「六百番歌合」ほか40などの歌合の判詞の執筆など多彩。和歌の道で対抗する六条(藤)家を圧倒、定家ら新古今時代の歌人たちを育てた。1203年(建仁3)には後鳥羽上皇から九十の賀を賜る。「詞花集」以下の勅撰集に約420首入集。家集「長秋詠藻」「俊成家集」。

ふじわらのとしひと [藤原利仁] 生没年不詳。平安中期の武将。民部卿藤原時長の子。母は越前の人秦豊国の女。越前国敦賀の豪族有仁の女婿となった。911年(延喜11)上野介となり、以後上総介・武蔵守など坂東諸国の国司を歴任。この間915年に下野で群盗を鎮圧した(「鞍馬蓋寺縁起」)。鎮守府将軍を勤めるなど平安時代の代表的な武人として伝説化され、多くの説話が残る。五位の男に芋粥を食べさせようと、京から敦賀の館へ連れ帰った話の「今昔物語集」は有名。

ふじわらのなかなり [藤原仲成] 764～810.9.11 平安前期の貴族。父は桓武天皇に重用された式家の種継。785年(延暦4)従五位下となり、地方官などを歴任。妹薬子が平城天皇の寵愛を得て、809年(大同4)従四位下で北陸道観察使(のち参議)右兵衛督となり威を振るい乱行があった。譲位の後、平城上皇が旧都平城京に戻り、嵯峨天皇と対立して薬子の変がおきると、嵯峨方に捕えられ、射殺された。

ふじわらのなかまろ [藤原仲麻呂] 706～764.9.18 奈良中期の公卿。武智麻呂の次男。母は安倍貞吉(一説に真虎)の女。南家。734年(天平6)従五位下に叙され、民部卿をへて

743年参議。叔母光明皇后の信任と大仏造立の推進で政治的地位を上昇させ,近江守・式部卿を歴任。749年(天平勝宝元)大納言,紫微中台の長官紫微令を兼ねて実権をにぎる。757年(天平宝字元)大師待遇で軍事権をもつ紫微内相に転じ,橘奈良麻呂の謀反を未然に防いで反対派を中央から一掃し,名実ともに太政官の首班となる。翌年,仲麻呂に擁立されて即位した淳仁天皇から恵美押勝（えみのおしかつ）の名を賜る。正一位大師(太政大臣)に至ったが,764年(天平宝字8)孝謙太上天皇の寵愛する僧道鏡の排除を謀り,計画がもれて機先を制され,近江国勝野鬼江で斬死した。

ふじわらのなかまろのらん [藤原仲麻呂の乱] ⇒恵美押勝の乱（えみのおしかつのらん）

ふじわらのなりちか [藤原成親] 1138～77.7.9 後白河上皇の近臣。鳥羽法皇の寵臣家成の三男。母は藤原経忠の女。「芙蓉の若殿上人」として後白河上皇に寵愛される。平治の乱で藤原信頼に連坐するが,平重盛との姻戚関係から死罪を免れる。1161年(応保元)に後白河上皇の皇子憲仁（のりひと）立太子事件に参画。66年(仁安元)参議正三位。のち権大納言正二位。所領をめぐる争いから延暦寺の訴えでたびたび解官・配流されるが,後白河上皇の保護により復任,しだいに平氏と対立。鹿ケ谷（ししがたに）の謀議にかかわり備前国に配流され,殺害された。

ふじわらののぶざね [藤原信実] 1176?～1265? 鎌倉前・中期頃の公家。父隆信と同じく絵画や和歌にすぐれ,位も正四位下左京権大夫に至る。大阪水無瀬神宮に伝わる「後鳥羽院像」が,信実の手になると考えられる。短い線を何本も慎重に引き重ねて,像主の面貌をとらえる技法が特色。大倉集古館「随身庭騎絵巻」,佐竹本「三十六歌仙絵巻」などの作品は,信実とその家系に連なる画家たちの共同制作と想定される。信実の家系は南北朝期頃まで続き,いわゆる似絵（にせえ）の家系として知られる。自撰歌集「藤原信実朝臣歌集」を残す。

ふじわらののぶより [藤原信頼] 1133～59.12.27 後白河上皇の近臣。鳥羽上皇の近臣忠隆の三男。母は藤原顕頼の女。同母妹は藤原基実（もとざね）の室。保元の乱後,後白河天皇の寵愛をうけ,1158年(保元3)参議,ついで権中納言右衛門督といっきょに昇進した。さらに右近衛大将を望んだが,藤原通憲（みちのり）(信西)に反対され,源義朝ら反信西派を糾合して平治の乱をおこした。信西を討ち一時政権を掌握したものの,平清盛の計略により結局敗北,京の六条河原で斬られた。

ふじわらののりみち [藤原教通] 996.6.7～1075.9.25 二条殿・大二条殿とも。11世紀の公卿。父は道長。母は源雅信の女倫子（りんし）。同母兄の頼通に続いて権中納言・権大納言・内大臣・右大臣を歴任,1058年(康平元)従一位,60年左大臣。頼通から64年氏長者（うじのちょうじゃ）を譲られ,68年(治暦4)関白となる。道長の遺志であったという。70年(延久2)太政大臣。頼通の嫡子師実（もろざね）ではなく自分の子信長に関白を譲ろうとするが,結局はたせず80歳で没。死後師実が関白になった。贈正一位。

ふじわらのひでさと [藤原秀郷] 生没年不詳。平安中期の武将。魚名流藤原氏という。小山氏・藤原姓足利氏などの祖。村雄の子。母は下野掾鹿島氏の女。俵(田原)藤太と称する。数代前から下野国に土着し,秀郷は下野国を本拠に勢力を広げた。916年(延喜16)一族とともに下野国司に訴えられ流罪。929年(延長7)にも同国から乱行を訴えられた。940年(天慶3)には平貞盛とともに平将門の乱を鎮圧し滅ぼした。その功により従四位下・下野守に任じられ,北関東に大勢力を築いた。

ふじわらのひでひら [藤原秀衡] 1122～87.10.29 平安末～鎌倉初期の武将。奥州藤原氏3代目の当主。基衡の子。母は安倍宗任の女。1170年(嘉応2)従五位下,鎮守府将軍となる。81年(養和元)従五位上・陸奥守。平泉を拠点として陸奥・出羽両国に強力な支配を展開した。源平争乱に際しては,双方から誘いをうけて動かなかった。源義経の保護者で,源頼朝の追討令が出たのちも義経をかくまったことが,平泉攻めの口実となった。無量光院を建立。

ふじわらのひろつぐ [藤原広嗣] ?～740.11.1 8世紀前半の官人。宇合（うまかい）の長男。式家。737年(天平9)従五位下。式部少輔・大養徳（やまと）守をへて738年12月大宰少弐に左遷。740年8月上表して時政の得失を指摘し,天地の災異をのべて玄昉（げんぼう）・吉備真備（まきび）の排除を要求。中央からの救援を待たずに翌月挙兵したが,大野東人（あずまひと）を大将軍とする1万7000騎の軍に鎮圧され,11月斬殺された。「万葉集」に1首を収める。

ふじわらのふささき [藤原房前] 681～737.4.17 奈良前期の公卿。不比等（ふひと）の次男。母は蘇我連子の女娼子。北家の祖。705年(慶雲2)従五位下に叙され,しばしば巡察使に任じて諸国の政情を視察。715年(霊亀元)従四位下に昇り,717年(養老元)参議への参議をへた。元明太上天皇の危篤に際し内臣（うちのおみ）として元正天皇の補弼にあたり,また授刀督・中衛大将として武力を掌握した。737年(天平9)天然痘により没し,正一位左大臣,さらに太政大臣を追贈されている。

ふじわらのふひと [藤原不比等] 659～720.8.3 奈良初期の公卿。鎌足（かまたり）の次男。母は車持国子（くるまもちのくにこ）の女与志古娘。本来名は史と記

し，養育された田辺史大隅の史姓に由来。689年(持統3)判事に任じられる。698年(文武2)藤原姓の独占的使用を認められ，鎌足の政治的遺産を継承。701年(大宝元)正三位に叙され，大納言に昇る。708年(和銅元)右大臣に至り，左大臣石上^{いその}麻呂の没後は太政官の首班となる。大宝律令制定を主導し，養老律令撰定も主宰。元明天皇即位，平城遷都の主唱者と目される。没後に太政大臣正一位を贈られ，淡海公と称せられた。東大寺献物帳に記す黒作懸大刀の由緒は，不比等と皇室草壁直系の密接な関係を示す。4男子は中央政府で活躍し，女には文武天皇の夫人宮子，聖武天皇皇后の安宿媛^{あすかひめ}(光明子)，長屋王の妻などがいる。

ふじわらのふゆつぐ [藤原冬嗣] 775~826.7.24 平安初期の公卿。父は内麻呂。母は女嬬^{じよ}百済永継。同母兄に真夏^{まなつ}がおり，桓武天皇の皇子良岑^{よしみね}安世は同母弟。号は閑院大臣。大判事・春宮亮・蔵人頭をへて811年(弘仁2)参議となる。嵯峨天皇に信任され，権中納言・中納言・大納言・右大臣と昇進，左近衛大将を兼任し，政界の中心として現実的独力政策の推進にあたった。825年(天長2)には左大臣となったが，翌年没した。正二位。のち贈正一位太政大臣。穏和な性格で文武を兼ね備え，よく人に慕われたという。「弘仁格式^{きやくしき}」「内裏式^{だいしき}」の編纂に従事した。藤原氏および北家興隆の基礎を築き，一族のために勧学院をたてたり施薬院を復興したりもした。文徳天皇の外祖父。

ふじわらのまろ [藤原麻呂] 695~737.7.13 名は万里とも。8世紀前半の公卿。不比等^{ふひと}の四男。母は五百重娘^{いおえのいらつめ}。京家の祖。717年(養老元)従五位下。721年左京大夫。729年(天平元)従三位。731年参議。時に兵部卿。天平8年8月2日付の平城京2条大路跡出土木簡の記載から，邸宅は左京2条2坊5坪にあったと推定される。737年天然痘にかかり没した。

ふじわらのみちたか [藤原道隆] 953~995.4.10 中関白^{なかのかんばく}とも。平安中期の貴族。兼家の長男。弟に道兼・道長，子に伊周^{これちか}・隆家・定子^{ていし}がいる。967年(康保4)従五位下，984年(永観2)従三位。986年(寛和2)一条朝となって父兼家が実権を握ると，権大納言・内大臣に累進し，990年(正暦元)父の病死をうけ関白・摂政となった。女の定子を入内させ，993年(正暦4)再び関白。翌年病を得，子伊周が内覧宣旨をうけるが，その関白就任のかなわないまま没した。

ふじわらのみちつなのはは [藤原道綱母] 936?~995? 平安中期の歌人・日記文学作者。「蜻蛉^{かげろう}日記」の作者。父は藤原倫寧^{ともやす}，母は主殿頭春道の女。本名は未詳。「尊卑分脈」には「本朝第一美人三人内也」とある。藤原兼家と結婚して道綱を生む。「蜻蛉日記」は結婚生活の苦悩を綴ったもの。歌の才は当時から評価され，他撰の家集「道綱母集」(「傅^ふ大納言殿母上集」)がある。「拾遺集」以下の勅撰集に約38首入集。中古三十六歌仙の1人。

ふじわらのみちなが [藤原道長] 966~1027.12.4 平安中期の貴族。兼家の子。兄に道隆・道兼，姉に詮子，子に頼通らがいる。980年(天元3)従五位下。986年(寛和2)一条朝になり父兼家が実権を握ると蔵人・左少将，翌年従三位。権中納言・権大納言と進み，995年(長徳元)兄道隆・道兼の死去により，甥伊周^{これちか}を退けて内覧・右大臣・氏長者となって実権を握る。翌年左大臣・正二位。女の中宮彰子^{しようし}は後一条・後朱雀を生み道長の外戚化に貢献。1011年(寛弘8)一条天皇が没になると，女の中宮妍子^{けんし}に親王が生まれず，天皇と確執が生じた。16年(長和5)後一条朝となり摂政になるが，翌年摂政を子頼通に譲って従一位太政大臣。18年(寛仁2)女の威子^{いし}を後一条中宮として一家3后を実現し，「この世をば我が世とぞ思ふ」と謳った。翌年出家し，法名行観(のち行覚)となる。この年准三宮。法成^{ほうじよう}寺を建立。御堂関白と称され，日記「御堂関白記」は自筆原本で伝わる。「大鏡」「栄花物語」は彼の栄華を描く。

ふじわらのみちのり [藤原通憲] ?~1159.12.13 平安末期の官人・学者。後白河天皇(上皇)の近臣。法名ははじめ円空，のち信西^{しんぜい}。父は実兼^{さねかね}。母は源有房の女。高階経敏の養子となったが，のち藤原に復した。藤原頼長と双璧をなす学者であったが，南家出身のため不遇で，官位は正五位下・少納言にとどまった。1144年(天養元)に出家したが，政界から引退はせず，妻の紀伊二位が後白河天皇の乳母であったため天皇即位後は重用された。56年(保元元)に保元の乱がおこると，源義朝の意見を容れて崇徳^{すとく}上皇方を破った。58年に後白河院政が開始されると，平清盛と結んで権勢を誇った。このため同じく院近臣の藤原信頼と対立し，59年(平治元)平治の乱で義朝と結んだ信頼に殺害された。「本朝世紀」「法曹類林」などを編纂。

ふじわらのむちまろ [藤原武智麻呂] 680~737.7.25 奈良前期の公卿。不比等^{ふひと}の長男。母は蘇我連子^{むらじこ}の女娼子。南家の祖。内舎人^{うどねり}として出身し，705年(慶雲2)従五位下に叙され，大学頭・近江守・式部卿などを歴任。721年(養老5)正三位に昇り中納言となる。皇太子傅^ふとして首^{おびと}皇子(聖武天皇)の教育にあたる。長屋王の変に際し，王を糾問。変後に大納言に昇り，右大臣に至る。737年(天平9)正一位左大臣となった直後に天然痘にかかり没

ふじわらのもとざね [藤原基実] 1143～66.7.26 六条殿・梅津殿・中殿とも。平安末期の公卿。忠通の嫡子。母は中納言源国信の女信子。1150年(久安6)8歳で元服。権中納言・権大納言をへて，57年(保元2)右大臣。翌年の二条天皇の践祚の日に父にかわって関白・氏長者になる。のち左大臣。64年(長寛2)平清盛の女盛子と結婚。65年(永万元)六条天皇の摂政となるが，翌年痢病により24歳で没。贈太政大臣正一位。遺領は大部盛子が相続した。近衛家の祖とされる。

ふじわらのもとつね [藤原基経] 836～891.1.13 9世紀後半の公卿。長良の三男，のち叔父良房の猶子。母は藤原総継の女乙春ら。諡は昭宣公。851年(仁寿元)元服，翌年蔵人となり，侍従・少納言・蔵人頭などをへて，864年(貞観6)参議。幼少から才気煥発で父はその才能を見抜き，文徳天皇に寵愛された。866年にはいっきょに従三位中納言に昇進した。大納言をへて872年8月正三位右大臣となり，まもなく没する良房にかわって，以後清和・陽成・光孝・宇多の4天皇20年間にわたる国政を領導した。この間，陽成天皇の幼少の間の摂政，宇多天皇の関白を勤め，太政大臣従一位まで昇進。関白の職掌をめぐって紛糾した阿衡の紛議事件が有名だが，元慶官田の設置や元慶の乱の収治，陽成天皇の廃位など政治的手腕も優れていた。学問・芸術にも造詣が深く，「文徳実録」編纂を行い，笙の名人でもあった。891年(寛平3)堀河院の邸宅で没。贈正一位，封越前国。

ふじわらのもとなが [藤原元命] 生没年不詳。平安中期の官人。経児の子。986年(寛和2)尾張守。988年(永延2)11月，定例の出挙以外に多額の正税を加徴して不当な息利を得たこと，法外に租穀を加徴して非法の官物を責めとったこと，また京から下向するたびに不善の輩をひきつれて濫行に及んだことなど，31カ条にわたる悪政を郡司・百姓らに訴えられた。翌年尾張守を解任されたが，その後も他国の国守に任じられ，従四位下まで昇叙した。

ふじわらのもとひら [藤原基衡] ?～1157? 平安後期の武将。清衡の子。母は平氏という。陸奥・出羽両国の押領使。父の死の直後，1129年(大治4)兄惟常と戦って勝利を収め，奥州藤原氏2代目主の地位を確立。平泉を本拠に奥羽両国を支配し，子の秀衡とともに奥州藤原氏の全盛期を築いた。摂関家に所領を寄進しその管理にあたったが，53年(仁平3)年貢増徴をめぐって藤原頼長と争った。毛越寺を建立。

ふじわらのももかわ [藤原百川] 732～779.7.9 奈良後期の公卿。宇合の八男。母は久米若女。式家。はじめ名を雄田麻呂(雄田万呂)と称し，771年(宝亀2)頃百川と改名。759年(天平宝字3)従五位下に叙され，左中弁・右兵衛督・河内大夫などを歴任。771年参議となり，中衛大将などを兼ね，位三位に至る。白壁王(光仁天皇)を擁立，皇太子他戸親王を廃して山部親王(桓武天皇)の立太子を実現するなど権謀術数にたけた。外孫淳和天皇の即位により太政大臣正一位を追贈された。

ふじわらのもろざね [藤原師実] 1042.2.～～1101.2.13 京極殿・後宇治殿とも。平安後期の公卿。関白頼通の三男。母は藤原祇子。1056年(天喜4)非参議から権中納言となり，内大臣・右大臣・左大臣を歴任。1075年(承保2)白河天皇の関白，86年(応徳3)堀河天皇の摂政となる。88年(寛治2)太政大臣，翌年辞任。90年関白。養女賢子(源顕房の女)は白河天皇中宮として堀河天皇を生んだ。日記「京極関白記」は逸文のみ。

ふじわらのもろすけ [藤原師輔] 908～960.5.4 平安中期の公卿。九条殿・坊城大臣とも。関白忠平の次男。母は源能有の女。931年(承平元)蔵人頭，935年参議，942年(天慶5)大納言。947年(天暦元)右大臣となる。955年正二位。女の安子は村上天皇の中宮となり，冷泉・円融両天皇を生んだ。子の伊尹・兼通・兼家は摂関につき，以後師輔の家系が摂関の地位を占めた。有職故実の九条流の祖。著書「九条年中行事」「九条殿遺誡」，日記「九暦」。

ふじわらのもろみつ [藤原師光] ?～1177 平安末期の官人。鳥羽上皇・後白河上皇の近臣。家成の養子。藤原通憲(信西)の乳母子といわれる。法名は西光。1159年(平治元)平治の乱で通憲が殺害されたが出家したが，政界にとどまり，後白河上皇の第一の近臣と称された。子の師高が日吉社の末社と争って配流となったとき，上皇に奏して天台座主の明雲を伊豆国へ配流。77年(治承元)鹿ケ谷で藤原成親・俊寛らと平氏打倒を謀議したことが発覚，朱雀大路で斬首された。

ふじわらのやすひら [藤原泰衡] 1155～89.9.3 奥州藤原氏4代当主。秀衡の四男。母は藤原基成の女。1187年(文治3)父の跡を継ぎ，陸奥・出羽両国の押領使となる。兄国衡・源義経とともに「三人一味」せよという父の遺言に反し，源頼朝の命に従い義経を討つ。その後，頼朝の大軍に攻められ，平泉を捨てて敗走。途中，肥内郡贄柵で家の河田次郎に殺された。首は源家の故実により眉間に八寸釘を打って柱にかけられ，のち中尊寺金色堂に納め

ふしわ

られた。

ふじわらのゆきなり [藤原行成] 972〜1027.12.4 「こうぜい」とも。平安中期の公卿。義孝の子。摂政伊尹（これまさ）の孫。母は源保光の女。祖父・父を幼時に亡くして昇進が遅れたが、995年（長徳元）蔵人頭（くろうどのとう）となってからは一条天皇・藤原道長の信任厚く昇進した。左中弁・右大弁をへて、1001年（長保3）参議、09年（寛弘6）権中納言、20年（寛仁4）権大納言。一条朝の四納言の1人に数えられる。能書家で三蹟（さんせき）と称され、世尊寺（せそんじ）流の祖。真跡として「白氏詩巻」「消息」などが伝わる。日記「権記（ごんき）」は、政務手続きや一条天皇・道長の交渉をよく伝える。

ふじわらのよしふさ [藤原良房] 804〜872.9.2 平安前期の公卿。藤原冬嗣の次男。母は藤原美都子（大庭（おおば）女王とも）。白河殿・染殿（そめどの）と称される。諡号は忠仁公。嵯峨天皇に才能を認められ、皇女源潔姫（きよひめ）と結婚。833年（天長10）仁明天皇の即位とともに蔵人頭（くろうどのとう）。834年（承和元）参議。翌年、従三位権中納言となる。842年承和の変で藤原愛発（ちかなり）にかわって大納言につき、妹順子が生んだ道康親王（文徳天皇）を皇太子に立てた。848年（嘉祥元）右大臣。850年文徳天皇が即位すると、女明子（あきらけいこ）の生んだ惟仁親王（清和天皇）を皇太子に立てる。857年（天安元）人臣としてははじめて生前に太政大臣となる。翌年清和の即位と同時に人臣最初の摂政になったともいうが、これは、866年（貞観8）の応天門の変に際して下された、「天下の政を摂行せよ」との勅に由来しており、清和即位時に後世と同じような摂政になったか否かは不明。死後は正一位を贈られ美濃国に封じられるなど、特別な待遇をうけた。後継者の基経は養子（兄長良（ながら）の三男）。

ふじわらのよりただ [藤原頼忠] 924〜989.6.26 三条太政大臣とも。平安中期の公卿。左大臣小野宮実頼の次男。母は左大臣藤原時平の女。子に公任（きんとう）・遵子（じゅんし）（円融天皇皇后）・諟子（ていし）（花山天皇女御）がある。諡号は廉義公。参議・中納言・権大納言をへて971年（天禄2）正三位右大臣。976年（貞元元）一上（いちのかみ）の宣旨をこうむる。翌年4月正二位左大臣、10月には藤原兼通が没し円融天皇の関白となる。978年（天元元）太政大臣。981年従一位。984年（永観2）に花山天皇が即位してからも関白にとどまるが、実権を藤原義懐（よしちか）に握られ公事には従わなかった。

ふじわらのよりつぐ [藤原頼嗣] 1239.11.21〜56.9.25 鎌倉幕府5代将軍（在職1244.4.28〜51.12）。父は4代将軍藤原親能（ちかよし）の子。1244年（寛元2）父にかわって将軍となる。幼少の将軍で、実権はほとんど北条氏に握

られていた。51年（建長3）幕府への謀反事件が発覚し、父頼経の関与が疑われたで将軍の地位を追われ、翌年京都に追放となる。

ふじわらのよりつね [藤原頼経] 1218.1.16〜56.8.11 鎌倉幕府4代将軍（在職1226.1.27〜44.4.28）。父は九条道家。母は西園寺公経（きんつね）の女。寅の年、寅の月、寅の刻に生まれたので、幼名は三寅（みとら）といった。3代将軍源実朝の横死後、幕府に将軍予定者として迎えられ、1219年（承久元）鎌倉へ赴いた。25年（嘉禄元）北条政子が死去したことから元服し、翌年正式に将軍となった。成長にしたがい将軍権力の伸長をはかるようになったため、44年（寛元2）執権北条経時に将軍職を子の頼嗣へ譲らされた。翌年出家。以後も大殿（おおとの）とよばれて一勢力を保ったが、46年幕府への謀反事件に関連したとして、執権北条時頼により京都に追放された。

ふじわらのよりなが [藤原頼長] 1120.5.〜56.7.14 宇治左大臣とも。平安後期の公卿。関白忠実の次男。母は藤原盛実の女。23歳年長の異母兄忠通の子となるが、もっぱら実父忠実の後援で昇進を重ね、忠通と対立した。権中納言・権大納言をへて、1136年（保延2）内大臣、49年（久安5）左大臣。50年には忠通にかわって氏長者となり、翌年内覧の宣旨をこうむる。政務に厳格で周囲からおそれられて「悪左府（あくさふ）」の異名をとり、55年（久寿2）の後白河天皇の即位を境に鳥羽法皇からも冷遇されて孤立。56年（保元元）の鳥羽死去を機に、崇徳（すとく）上皇とともに挙兵したが、敗死（保元の乱）。経書に通じ、合理的精神の持ち主として知られる。日記「台記（たいき）」。

ふじわらのよりみち [藤原頼通] 992.1.〜1074.2.2 宇治殿とも。平安中期の貴族。道長の長男。母は源倫子で教通・彰子らと同母。1003年（長保5）正五位下ながら、累進して06年（寛弘3）正三位。17年（寛仁元）内大臣となり、父に譲られ26歳で摂政となる。翌々年父の出家後に関白。21年（治安元）従一位左大臣。後一条・後朱雀・後冷泉朝に関白を勤め、荘園整理も行う。52年（永承7）宇治別業（なりどころ）を寺（平等院）とし、鳳凰堂を建立。60年（康平3）左大臣を辞すが翌年太政大臣。64年氏長者を弟教通に譲り、68年（治暦4）政界から引退して宇治に住んだ。

ふじわらぶんか [藤原文化] 10〜12世紀前半頃の宮廷を中心とする文化。当時は藤原氏が政治の実権をにぎって栄華をきわめ、宮廷文化もそれを反映したものであったため、この称がある。最近では、文化の内面的な特質を重んじて国風（こくふう）文化と称することが多く、藤原時代・藤原文化の称は、一般には造形美術や文芸の分野で用いられている。

ふじん [夫人]「ぶにん」とも。和訓はオオトジ。天皇の後宮職員令に内親王の官である妃と並んで3員の夫人が規定される。相当位階は三位以上で、五位以上の嬪の上位に位置し、所生子が即位すれば皇太夫人にされるべきものであった。文武天皇夫人の藤原宮子(のちに皇太夫人)を初例とし、光明皇后・藤原乙牟漏・橘嘉智子など夫人から立后した例も多い。平安時代になると令制のキサキの制はくずれ、嵯峨朝の藤原緒夏を最後に廃止した。

ふじんクラブ [婦人倶楽部] 1920年(大正9)10月に講談社から創刊された家庭婦人むけ総合雑誌。当初は「婦人くらぶ」と称し、良妻賢母主義の傾向で伸び悩んだが、家庭の実用本位の記事を中心に、菊池寛・久米正雄・吉屋信子らの通俗小説を掲載して大衆路線に転じ急成長した。「主婦之友」と人気を二分したが、88年(昭和63)3月廃刊。

ふじんこうろん [婦人公論] 1916年(大正5)1月に中央公論社から創刊された女性雑誌。女性の解放と自立を提唱し、従来の婦人雑誌に多い実用記事を排して、婦人・女学生・家族などをめぐる諸問題をとりあげ、おもに知識層女性の支持を得る。第2次大戦前では与謝野晶子と平塚らいてうの間の「母性保護論争」、「柳原白蓮恋愛事件」の特集、戦後では「女子学生亡国論」などの話題が有名。70年代には大衆娯楽化へ編集方針を転換し、現在に至る。

ふじんさんせいけんうんどう [婦人参政権運動] 女性の参政権利の獲得運動。狭義には女性みずからの選挙権獲得運動をいう。婦選運動とも略称。明治前期の自由民権運動期には植木枝盛が婦人参政権を主張、岸田俊子や福田英子が女権拡張運動を行ったが、女性は地方と国政の選挙から排除された。1890年(明治23)の集会及政社法、1900年の治安警察法により政治活動も禁止された。平民社の今井歌子らは治安警察法改正運動に着手、ついで新婦人協会が請願運動を進め、22年(大正11)結社権を除く女性の政治活動の自由を獲得した。24年には婦選獲得同盟が結成されて運動が本格化。30年(昭和5)婦人公民権法案が衆議院で可決されるが、翌年貴族院で否決。第2次大戦直後に市川房枝が婦選運動を再開、GHQの指示もあって46年の総選挙で婦人参政権がはじめて行使された。

ふじんさんせいけんかくとくきせいどうめいかい [婦人参政権獲得期成同盟会] ⇒婦選獲得同盟

ふしんやく [普請役] 戦国期〜江戸時代に、城普請や堤川除普請・道路建設などの土木工事における役負担をいう。戦国大名は築城工事や堤防・用水路・橋などの修築のために家臣や領民に賦課した。江戸時代になると、給人はそれぞれの主君から領地・知行を与えられ、百姓は土地を所持し耕作する権利を認められ、町人は町屋敷を所持し営業権を保障されていることによって生じる負担義務。石高(領地・知行高や土地所持高)や屋敷規模に応じて賦課された。織豊政権では国役として統一的に賦課されたが、江戸時代には大名に対して御手伝普請が賦課されることが多い。元来は現実の労働力(人足役)として徴されたが、のちには代金納されるようになった。

ふすま [衾] 被とも。掛蒲団の役目をする。なかに蒲の穂綿や絹わたなどをいれた布や革製の寝具。上流の人々は、床板の上に畳を敷き、上に衾をかけて寝た。材質によって麻衾・紙衾・むし衾などがあり、のちには敷衾・褥という寝具もでた。江戸時代になると木綿製で木綿わたをいれた蒲団にかわった。

ふすま [襖] 引違いの建具の一つ。木で骨を組んで、両側から紙または布を何重にも張ったもの。細い木の縁を回し、引手をつける。平安時代の住宅で、屋内の間仕切り装置として成立したもので、その後、間仕切り建具の最も一般的なものとして広く普及した。当初はたんに障子と称したが、明障子が発明され使われると、紛らわしさをさけるために襖障子・唐紙障子・襖とよぶようになった。表の紙や絹には唐紙など装飾的なものを使ったり、絵を描いたりした。

ふせや [布施屋] 古代、運脚や役民などの往還のために交通の要衝に設けられた宿泊施設。僧侶がかかわることが多く、行基の布施屋は大和・摂津・河内・和泉の4国に9カ所、最澄は東山道の神坂峠の両側に作ったという。東大寺も761年(天平宝字5)に大和国十市郡池上郷に作っている。835年(承和2)官соттに東海・東山両道をつなぐ墨俣渡の両岸に設置され、その費用に救急稲があてられたように、国家が設置し保護したものもあった。

ふせんうんどう [普選運動] 明治中期〜大正期の衆議院議員選挙での男子の普通選挙(普選)実現を求めた政治運動。1890年(明治23)の衆議院議員選挙法は、直接国税15円以上を納める25歳以上の男子に選挙権を与えるという制限選挙を定めた。民党側は選挙権の拡張を求め、92年東洋自由党が普選を唱えたがまもなく解党。90年代末には対外硬派・社会主義者などが普通選挙期成同盟会を結成。1902年普選案が衆議院に提出されたが否決された。その後、代議士の間に支持者を広め、11年には衆議院を通過したが貴族院で否決。一時、運動は下火となったが、第1次大戦直後には、世界的なデモクラシーの

風潮を背景に，知識人グループや労働組合を中心とする民衆運動として高まった。20年(大正9)野党の憲政会・立憲国民党が普選案を提出したが，原内閣と与党の立憲政友会が反対し，衆議院の解散で廃案となった。25年選挙権における納税資格の撤廃をもりこんだ選挙法改正案が護憲三派の加藤高明内閣によって提出され，両院で可決成立し，男子の普通選挙が実現した。

ふせんかくとくどうめい [婦選獲得同盟] 第2次大戦前の女性参政権運動の中心的団体。女性参政権運動の大同団結のために，1924年(大正13)12月に婦人参政権獲得期成同盟会が結成され，翌年婦選獲得同盟と改称。役員は久布白落実くぶしろ・市川房枝・金子しげり・河崎なつなど。会員は創立当初約200人，最盛期の30年(昭和5)頃には1700人で，各地に支部が発足し，同年第1回日本婦選大会を主催。27年から機関誌「婦選」を発行。戦争の激化で40年解散。

ふせんじょうやく [不戦条約] 1928年(昭和3)8月，パリで締結された「戦争放棄に関する条約」。当初の調印国は日本を含む15カ国(のち63カ国)。パリ不戦条約，さらに多数国間条約への発展に功績のあった米・仏の代表者名をもってケロッグ・ブリアン条約ともいう。交渉過程では自衛のための戦争を含むか否かが論議の的となったが，各国とも自衛権を否認しないとの見解のもとに調印した。日本では第1条の「人民の名に於て」の字句が右翼から問題とされ，枢密院でも承認が危うく，野党民政党は田中義一内閣の倒閣に利用しようとしたが，この字句は日本に適用されない旨の留保宣言を付すことで決着した。

ぶぜんのくに [豊前国] 西海道の国。現在の福岡県東部と大分県北部。「延喜式」の等級は上国。「和名抄」では田河・企救き・京都みや・仲津・築城き・上毛かみつみ・下毛しもつみ・宇佐の8郡からなる。国府は「和名抄」では京都郡(比定地に3説ある)とされるが，国分寺(現，福岡県豊津町)とともに仲津郡(現，豊津町)にあったとする説も有力。国府は宇佐神宮(現，大分県宇佐市)。「和名抄」所載田数は1万3200余町。「延喜式」では調庸は綿・絹・烏賊いか など。7世紀末に豊国とよのくにが前後にわかれて成立。瀬戸内海に面し，早くから畿内文化の影響をうける一方，渡来人の活動も目立つ。英彦ひこ山・求菩提くぼて山・御許おもと山などで修験道が展開，宇佐神宮・弥勒寺は広大な荘園をもった。守護は武藤(少弐しょうに)氏，のち北条氏一門，その後大内氏，さらに大友氏となる。江戸時代には小倉藩・中津藩が成立，幕領も多い。1871年(明治4)の廃藩置県の後，小倉県となり，76年福岡県に合併。同年宇佐郡・下毛郡は大分県に編入。

ふそうりゃっき [扶桑略記] 仏教に重点をおいた編年体の歴史書。30巻。延暦寺の皇円阿闍梨こうえんあじゃりの著。12世紀後半の成立か。現存するものは2～6巻，20～30巻の計16巻と神武天皇から平城天皇までの抄本のみ。神武天皇即位から堀河天皇の1094年(嘉保元)までの記す。史料としての信頼性はかならずしも高くないが，六国史りっこくしその他の史書，寺社の縁起，僧伝などの古書を出典にあげて豊富に引用する。とくに仏教関係記事には他にみられぬ貴重な史料が多い。「改定史籍集覧」「国史大系」所収。

ぶそん [蕪村] 1716～83.12.25 江戸中期の俳人。本姓谷口氏，のち与謝氏。摂津国東成郡毛馬村生れという。1738年(元文3)夜半亭巴人はじんの歳旦帖に宰鳥号で初入集。44年(延享元)宇都宮ではじめて歳旦帖を編む。51年(宝暦元)秋京都に住むが，画業のため丹後国宮津・与謝地方や讃岐国に転住。70年(明和7)には夜半亭2世を継承。翌年歳旦帖「明和辛卯春」を刊行。77年(安永6)「春風馬堤曲」「澱河歌でんがのうた」を収録する春興帖「夜半楽」や，亡母追善の「新花つみ」を編述。83年(天明3)暁台きょうたい主催の芭蕉百回忌追遠興行を後援，同年冬京都で没した。大雅との競作「十便十宜図じゅうべんじゅうぎず」をなすなど南画の大成者としても著名。句集「蕪村句集」「蕪村遺稿」。

ぶそんしちぶしゅう [蕪村七部集] 俳諧撰集。2冊。菊舎太兵衛きくしゃたへえ編。1809年(文化6)刊。几董きとう編「其雪影」「あけ鳥」「続一夜四歌仙」「もゝすもゝ」「続明烏」，蕪村編「一夜四歌仙(此ほとり)」「花鳥篇」，維駒編「五車反古ごしゃほうご」の8部を収録する。蕪村に直接関係のない「統一夜四歌仙」を含むうえ，「花鳥篇」と「一夜四歌仙」の合冊本を採録したため七部集を名のりながら全部で8部あるなど，編集方針には問題がある。「俳諧文庫」所収。

ふだい [譜代] 譜第とも。本来，家の族姓・系統を示し，代々家系を継ぐこと。そこから，一つの家系で代々なんらかの地位・職業・芸能などを世襲することを意味するようにし。平安時代から中世には，代々ある家に仕えること，あるいはその人，すなわち「重代奉公人」をも意味して，武士に限らない。江戸時代には，関ケ原の戦い以前から徳川氏に従った者や，大坂城落城以前に従った者の称として用いられて外様とざまと区別され，また，御目見おめみえ以下の御家人の格式の者で，徳川家康から4代の間に留守居・与力・同心などの職に就いた者の子孫の呼称ともなった。

ふだいげにん [譜代下人] 譜代・譜代奉公人とも。江戸時代，主家に世襲的に隷属する奉公人。譜代下人の子である生得の者のほか，身分

契約や人身売買などにより発生した。主家の屋敷内で生活する隷属性の強い者たち，家族を形成し主家から土地を分与される者まで含め，存在形態は多様であった。近世前期には本百姓の手作経営の労働力として一定の構成比を占めたが，年季奉公人が主流となるにつれ一部の地域を例外として消滅していく。

ふだいだいみょう[譜代大名] 江戸時代の大名の家格を将軍との関係を中心として分類する場合のまとまりの一つ。徳川氏の三河以来関ケ原の戦以前の家臣団のなかから，大名にとりたてられた者。徳川氏は外様大名との対抗上，譜代大名の創出と関東・畿内を中心とした全国要地への配置を進め，しだいに全大名数の過半を占めるようになった。ほとんどの場合，老中以下の幕府要職には譜代大名が任じられた。規模は35万石の井伊氏を最高として，大部分が5万石以下の小大名。幕府の役職就任などにともない，江戸後期まで転封が多く，また幕領や旗本領との入組みで分散知行の形態となり，外様大名にくらべて自領の一円的支配は困難であった。

ふださし[札差] 蔵宿ともいう。江戸時代，幕府の御米蔵がある浅草御蔵前あたりに店舗を構え，旗本・御家人の代理として蔵米(扶持米)を受け取り，それを売却して手数料をえた商人。のちには蔵米を担保として金融を行った。17世紀中頃から始められたようだが，1724年(享保9)7月に109人で株仲間をつくることが公許され，一時期を除いて3組が結成された。札差はわずかな札差料・払米手数料とより，旗本・御家人に対する金融で莫大な利益をえ，18世紀後半には蔵前風とよばれる通人の風俗も生んだ。しかし，たびたび発令された棄捐令や利子引下令などでしだいに利益が減少し，維新期に廃絶した。

ふだしょ[札所] 巡礼者が参詣してまわる霊場(寺院)。参詣した証に札を奉納する習俗から，この名がある。西国三十三観音・坂東三十三観音・秩父三十四観音，四国八十八ケ所の弘法大師の霊場などが代表的な札所。巡礼札は自身の氏名・住所・祈願内容などを書いた巡礼札を柱などに打ちつけた。

ふたばていしめい[二葉亭四迷] 1864.2.3/28~1909.5.10 明治期の小説家・翻訳家。本名長谷川辰之助。江戸生れ。東京外国語学校露語科の東京商業への再編を機に中退し，文学に接近。坪内逍遥の知遇を得て，1886年(明治19)ベリンスキーの文学理論に学んだ独自の写実理論「小説総論」を発表。ついで書かれた言文一致体の小説「浮雲」は，日本における最初のリアリズム小説で，ツルゲーネフ「猟人日記」の抄訳「あひびき」などとともにのちの文学者たちに多大の影響を与えた。しかし，二葉亭自身は文学をみずからの市場に対しお懐疑的で，「其面影」「平凡」の発表後，関心はもっぱら外交や実業にむかい，「朝日新聞」の特派員としてロシアに赴任，船での帰途肺結核のためベンガル湾上で客死した。

ふたらさんじんじゃ[二荒山神社] 栃木県日光市山内に鎮座。本社(新宮)のほか，中禅寺湖畔の中宮祠，男体山(二荒山)山頂の奥宮などからなる。旧国幣中社。式内社二荒山神社の比定については，宇都宮市の二荒山神社との間に論争がある。祭神は二荒山神。山岳信仰を起源とし，767年(神護景雲元)勝道が本社を山麓に創建，のち山上に奥院を建立という。神仏習合後，修験道の中心地となる。1613年(慶長18)天海が日光山貫主となり，17年(元和3)東照宮が遷座すると，当社も幕府の保護をうけ再興，社殿が修造された。1871年(明治4)神仏分離令により，二荒山神社・輪王寺・東照宮に分離。例祭は4月17日。社宝の太刀(銘備前長船倫光)と小太刀(銘来国俊)は国宝。建造物・「後撰集」などが重文。

ぶだんせいじ[武断政治] 武力・強権の発動によって政務を断行する政治体制。法令や教化を基礎に政治を行う文治政治に対比するもの。かつては17世紀中葉の江戸幕府の政治の転換を「武断」から「文治」への移行としてとらえ，享保期の政治を武断政治の復活とする考え方があったが，近年では「武断」「文治」という対比で幕府政治をとらえることは少なくなっている。

ふち[扶持] 本来は扶助の意味。転じて，戦国末～江戸時代に下級家臣に支給された給与。江戸時代には，主として蔵米取の一部の武士に本給として支給される米穀(扶持米)を扶持というようになった。扶持米の支給をうける武士を扶持(米)取・扶持人・扶持方という。蔵米取に付加給与として支給される米穀も，加扶持・役扶持・宛行扶持などとよばれた。これらの場合，扶持米の量の単位となったのは1人扶持で，1日あたり5合を基礎とする月俸1斗5升，年1石8斗に該当。2人扶持なら2倍の月俸3斗，年3石6斗となった。武士以外の身分の者に対する賞賞にも扶持が用いられた。

プチャーチン Evfimii Vasilievich Putyatin 1804.11.7～83.10.16 ロシアの海軍将校・政治家。1822年海軍兵学校を卒業。3年間の世界周航実習後，海軍士官として数々の武勲をたて，40年代以降はおもに外交官として活躍。52年通商開始と国境確定のため日本にむけ出航，53年(嘉永6)長崎に来航した。クリミア戦争勃発により優勢なイギリス艦隊と交戦状態にあった困

難な状況下で，55年2月(安政元年12月)下田で日露通好条約を締結した。アロー戦争処理のため中国に派遣され天津(てんしん)条約(1858)を結ぶが，その前後長崎に赴いて日露追加条約(1857)と日露修好通商条約(1858)を締結。帰国後海軍大将となり，文部大臣・国務顧問官を務めた。誠実な人柄や日本の国法を重んじる態度は幕府の役人にも好印象を残した。

ふちゅうはん [府中藩] 対馬(つしま)藩とも。対馬国府中(現，長崎県厳原(いずはら)町)を城地とする外様中藩。藩主は中世以来の島主宗氏で15代にわたる。豊臣秀吉の九州平定後，対馬国一円を安堵され，朝鮮国王の来日斡旋を依頼された。朝鮮との関係悪化を恐れた宗氏は戦争回避に努めたが，1592年(文禄元)の朝鮮出兵の際は，島主の義智(よしとし)にも出陣が命じられた。関ヶ原の戦では岳父小西行長との関係で西軍についたものの，戦後徳川家康から旧領を安堵され朝鮮国との国交修復に尽力した。その過程での国書偽造がのちに発覚し，家老柳川調興(しげおき)らが幕府から処分された(柳川一件)。藩領は対馬1国のほか肥前3郡・筑前1郡・下野2郡などのうち。朝鮮通信使の迎接をはじめ，朝鮮との外交・貿易関係の業務を独占的に担い，10万石以上格を与えられた。朝鮮人参を大坂・長崎・江戸で独占販売するなど，朝鮮との外交貿易の特権を利用し，経済的基盤を補完した。中期以降は貿易不振による財政難から幕府の援助をたびたび受けた。家臣団の一部が郷村に住む在郷給人制をとる。詰席は大広間。藩校は思文館・日新館など。1869年(明治2)府中を厳原と改称。廃藩後は厳原県となる。

ふついんしんちゅう [仏印進駐] 太平洋戦争前の日本軍によるフランス領インドシナへの進駐。北部進駐と南部進駐の2段階からなり，日本の南進政策の具体化として英米の強い反発を招いた。(1)北部進駐。第2次大戦でのフランスの対ドイツ降伏をうけて，日本は援蒋ルート閉鎖の監視と基地確保を狙って交渉を開始した。1940年(昭和15)8月30日，松岡洋右(まつおかようすけ)外相とアンリ大使の間で松岡・アンリ協定が東京で成立，日本軍はトンキン州の4飛行場を使用できるようになった。このことは，中国を裏面からおびやかすだけでなく，フィリピン，インドに対しても重大な脅威となった。アメリカは9月26日屑鉄の対日全面禁輸をもって応じた。(2)南部進駐。日米関係の悪化とともに，日本は南方作戦基地確保のためフランスのビシー政権との交渉に入り，41年7月29日，日仏議定書が調印された。アメリカは7月25日在米日本資産凍結令，8月1日に対日石油禁輸の経済制裁措置をとった。

ふつうせんきょ [普通選挙] 一般に，財産・納税額・教育程度などによって選挙権に制限を設けない選挙制度のこと。日本では1925年(大正14)衆議院議員選挙，翌年地方議会議員選挙について，ともに男子に限って普通選挙が認められた。さらに第2次大戦後の45年(昭和20)婦人参政権が認められ，男女普通選挙が実現した。日本国憲法では国会議員選挙について(第44条)，またすべての公選による公務員の選挙について(第15条第3項)，普通選挙を保障している。

ふつうせんきょほう [普通選挙法] 1925年(大正14)3月，第50議会で護憲三派内閣によって実現した男子の普通選挙による衆議院議員選挙法。選挙資格から納税要件を撤廃し，原則としてすべての満25歳以上の男子に選挙権を認めた。婦人や植民地の住民には選挙権は与えられず，また欠格条項によって生活困窮者その他が除外されるなど，完全な普通選挙ではなかった。しかしこれによって有権者は以前の4倍近くに拡大した。なお護憲三派の利害を調整するため，中選挙区制がとられた。

ふっかん [覆勘] 鎌倉幕府訴訟制度の一つで，再審手続をいう。「沙汰未練書」によれば，判決後に訴人あるいは論人が，原判決に誤謬があるとして引付頭人(ひきつけとうにん)に異議を申し立て，それが認められた場合に限り，下知状を下した日付で再審が開始される。なお再審が決定されなかった場合，さらに越訴(おっそ)することも可能であった。

ぶっきょうでんらい [仏教伝来] 仏教の日本伝来はおそらく6世紀以前，渡来人系氏族による信仰にさかのぼるであろうが，百済(くだら)の聖明王から欽明天皇への釈迦像や経論(きょうろん)の送遣といういわゆる公伝の時期に関しては，欽明13年壬申(じんしん)(552)とする『日本書紀』と，同7年戊午(ぼご)(538)とする「上宮聖徳法王帝説」「元興寺伽藍縁起并流記資財帳」との2説がある。しかし前者は「金光明最勝王経」にもとづく作文であるとか，釈迦入滅後1501年目の入末法(まっぽう)の第1年あるいは造寺堅固の第1年にあてたものとされ，後者もまた戊午革運説にもとづくものとされ，いずれも決定的な根拠を欠く。当初は聖徳太子や蘇我氏などの有力豪族によって積極的に受容されたが，彼ら崇仏派もそれと対立した物部氏らの排仏派も，その理解の仕方は本質的に異なるものではなかった。たとえば仏は蕃神(ばんしん)とよばれ，日本の神に対する異国の神と理解され，それゆえよく祭祀すればさまざまな災害を防ぎ治病や延命に効験があると信じられた。

ぶっきれい [服忌令] 死者があったときに，近親の度合いに応じて喪にこもる服忌や忌日の日数を定めたもの。江戸時代，5代将軍徳川綱吉

は武家の「服忌令」を制度化した。1684年(貞享元)に発布したあと、93年までに5度の追加補充があった。追加改定は8代将軍吉宗時代の1736年(元文元)9月に完了し、明治維新まで通用した。公家・武家で異なり、父母の死の場合、公家は1年の服喪、武家は50日の忌、13カ月の服となる。明治政府は1874年(明治7)、武家の制を採用して官史に適用した。厳密な意味での制度の施行はないが、服忌の観念はいまも広く社会に浸透している。

ふっけんしょうふかつじょうきょうてい [福建省不割譲協定] 1898年(明治31)4月、日清両国間に取り交わされた交換公文。日清戦争後の清国における列国の租借地獲得競争に直面した日本は、新領土台湾の安全を確保しつつ大陸への地歩を固めるため、清国に対し福建省内の各地の不割譲を求めた。これに対し清国も福建省内および沿岸一帯を、いずれの国にも譲与または貸与しないと回答し、福建省を日本の勢力範囲と認めたもの。

ふっこうきんゆうきんこ [復興金融金庫] 第2次大戦直後の復興資金供給のための政府金融機関。略称復金。1947年(昭和22)1月復興金融金庫法にもとづき開業。第1次吉田内閣が戦時補償打切りに伴い全額政府出資で設立。復金は復金債の日銀引受けで調達した資金を重点産業に供給した。この結果復金インフレをひきおこし、ドッジ・ラインにより49年3月に融資を停止され、52年1月に解散。同年開業の日本開発銀行が業務を継承した。

ふっこしんとう [復古神道] 近世後期に国学の影響をうけて整備された神道。国学の研究を通じて「日本書紀」などに記されている神話や古代の神観念が注目され、その精神への回帰を主張する考え・信仰が発展した。荷田春満かだのあずままろ・賀茂真淵と継承され、本居宣長にいたり大成された。宣長は天照あま大神を最高神と位置づけながら多神信仰を正当化し、神社に祭られている神への信仰を説き、万物を生成する産霊むすの重視を主張。これを継承した平田篤胤あつたねは、国体を重視して日本精神を強調し、尊王攘夷運動の思想的支柱を形成した。明治期以降もこの考えは継承され、神仏分離や国家神道などの神道関係の諸政策のイデオロギーとなった。

ぶっし [仏師] 仏像制作者の称。623年(推古31)の法隆寺金堂釈迦三尊像に「司馬鞍首止利くらつくりのとりの仏師」とみえる。奈良時代には官営工房に属し、官寺の造仏に従事するのが一般的で、平安時代には寺院に属したり、個人の注文に応じたりするようになった。しだいに仏師が僧籍に入るようになり、11世紀の定朝じょうちょう以降、有力仏師は僧綱に任じられ、その社会

的地位を確立した。寄木造の完成にともない分業が進んだ結果、造像を主宰する大仏師とそれを助ける小仏師に呼称が分化した。定朝の弟子は京仏師と奈良仏師とにわかれ、近世までこれらの系統は仏師の主流となった。室町時代には職人化した俗名仏師も現れた。

ぶっしとうせいれい [物資統制令] 輸出入品等臨時措置法にもとづく商工省令や生活必需物資統制令にかわり、太平洋戦争期の物資統制の基本法規となった勅令。第三国からの輸入が遮断され、対英米戦の現実性が高まった1941年(昭和16)夏、商工省特別室により準備され、開戦直後の12月16日、国家総動員法にもとづき公布された。統制物資の生産・修理・譲渡・引渡し・保管・処分・移動・使用・消費などについて、政府に広範な権限を付与した。これにより政府は新たに強制供出の根拠を得、また市町村長による統制事務の代行などが可能となった。

ぶっしょ [仏所] 仏像を製作する工房、あるいはそこに所属する仏師の組織をいうが、ふつう奈良時代に設置された官営の造仏所とは区別され、平安中期以降に成立した私営のものをいう。10〜11世紀に活躍した康尚こうしょうの事蹟にうかがうことができ、その頃に成立したものと思われるが、その背景には貴族たちの造仏の需要の増大がある。仏像の製作はふつう大仏師に複数の小仏師が従って行われ、仏所の構成もそれに近かったと考えられるが、仏所が成立した10世紀末頃は共同作業に適した寄木造よせぎづくりが発達した時期でもあり、両者はたがいに刺激しあいながら展開していったものと思われる。仏所には三条仏所・七条仏所・椿井つばい仏所などがあり、近世に至るまで存在した。

ぶっそくせき [仏足石] 仏の三十二相の一つ、足下千輻輪相そくげせんぷくりんそう(仏足文。足の裏に表れる輪宝などの文様)を石に刻иたもの。無仏像時代のインドに起源をもつ。日本では黄文本実きぶみのほんじつが唐から請来した図様にもとづく、753年(天平勝宝5)の薬師寺仏足石が現存最古の遺例。なお仏足文は彫刻や絵画にもしばしば表され(薬師寺金堂薬師如来像・法華寺阿弥陀如来画像など)、中世には生身信仰にもとづいて通常拝することのできない立像の足裏に表された例もある。

仏足文

●●・仏足石

ぶってつ [仏哲] 仏徹とも。生没年不詳。奈良時代の渡来僧。林邑りんゆう国(インドシナ半島南東部)の出身。天竺てんじく(インド)僧の菩提僊那ぼだいせんなに従って唐におもむき、入唐僧聞鏡らの招請に応じて736年(天平8)に菩提僊那や唐僧の道璿どうせんらと来日。大安寺に住して菩

薩・抜頭などの舞や林邑楽<ruby>りんゆう<rt></rt></ruby>楽を伝えた。752年(天平勝宝4)の東大寺大仏開眼供養会でも雅楽の師として舞を伝授。多くの密教経典を将来したという。著書『悉曇<ruby>しったん<rt></rt></ruby>章』。

- **ぶてい [武帝]** 前156～前87.2.14 前漢第7代の皇帝劉徹(在位前141～前87)。充実してきた国力を背景に、内政では封国への統制を強めて皇帝の中央集権体制を確立し、外政では前108年に衛氏朝鮮を滅ぼして楽浪<ruby>らくろう<rt></rt></ruby>等の4郡をおくなど、周辺諸国を平定して領土を拡大した。しかし連年の匈奴<ruby>きょうど<rt></rt></ruby>征討にともなう増税などで国内は疲弊した。

- **ふでじくいん [筆軸印]** 筆印とも。署名などに添えて筆の軸頭の部分に墨をつけて捺した円形の印影。鎌倉時代からあり、中世以降の庶民の間に広く行われた。花押<ruby>かおう<rt></rt></ruby>にかわるものと考えられ、通常は1人に1個であるが、数個並べて捺された例や、印影に加筆して花押のように形づくったものもある。

- **ふどうしんこう [不動信仰]** 大日如来の使者である不動明王に対する信仰。平安初期以降、密教の隆盛にともない、安産・鎮宅・息災・調伏<ruby>ちょうぶく<rt></rt></ruby>・除病・延命など不動明王を主尊とするさまざまな不動法が、貴族社会の現世利益の要求に応じて盛んに行われた。院政期には密教修法の多壇化のなかで、不動明王を中壇とする五壇法が一般的になった。台密寺門派と熊野信仰が結びついて不動明王は熊野修験の間にも浸透し、園城<ruby>おんじょう<rt></rt></ruby>寺の円珍は修験の祖とされた。

- **ぶどうでんらいき [武道伝来記]** 浮世草子。8巻。井原西鶴<ruby>さいかく<rt></rt></ruby>作。1687年(貞享4)刊。題目に「諸国敵討」とあるように、全国の敵討を素材にした短編32話からなる。事件をモデルにした話もあるが、ほとんどが創作と考えられる。「若宮盛は宮城野の萩」のように敵討成功を描く話もあるが、結末が悲劇に終わるものが多い。武家社会の矛盾を描き出した異色作である。「定本西鶴全集」所収。

- **ふどうみょうおう [不動明王]** 五大明王・八大明王の一つ。サンスクリットのアチャラナータの訳で、不動威怒明王・聖無動尊・不動尊などと称する。大日如来の使者の教令輪身<ruby>きょうりょうりんじん<rt></rt></ruby>として、種々の悪や煩悩を降伏<ruby>ごうぶく<rt></rt></ruby>させるために忿怒<ruby>ふんぬ<rt></rt></ruby>の相を表し、牙をむいて、背に火炎を負う。右手に降魔<ruby>ごうま<rt></rt></ruby>の剣を、左手に羂索<ruby>けんじゃく<rt></rt></ruby>をもつ一面二臂<ruby>ひ<rt></rt></ruby>像が多いが、四面四臂や四面六臂もある。眷属<ruby>けんぞく<rt></rt></ruby>として、矜羯羅<ruby>こんがら<rt></rt></ruby>童子や制吒迦<ruby>せいたか<rt></rt></ruby>童子などの八大金剛童子がある。密教修法の一つである不動法の主尊として、平安時代以降盛んに用いられ、多くの不動尊像が造られた。高野山南院の波切不動、園城<ruby>おんじょう<rt></rt></ruby>寺の黄不動、高野山明王院の赤不動、青蓮院<ruby>しょうれん<rt></rt></ruby>院の青不動などが有名。

●＝不動明王
制吒迦童子　矜羯羅童子

- **ふとがたはまぐりばせきふ [太型蛤刃石斧]** 大陸系磨製石斧の一種で、木材伐採用の斧。平面は長方形、断面は楕円形で、刃部の形は蛤に似た両刃。玄武岩・閃緑岩<ruby>せんりょくがん<rt></rt></ruby>などの硬質な火山岩を素材とする。東アジアの農耕社会に広く分布し、弥生時代初期に扁平片刃石斧や柱状片刃石斧などとともに朝鮮半島から伝わった。弥生後期には鉄斧の普及で消滅。

●＝太型蛤刃石斧

- **ふどき [風土記]** 奈良時代に国別に編纂された地誌。713年(和銅6)に、各国の郡郷名に好字をつけることを命じるとともに、国内の産物や地味、地名の由来や古老の伝える昔話などを報告するよう官命が下り、諸国ではこれをうけて解<ruby>げ<rt></rt></ruby>のかたちで上申した。これらの解文、あるいは各国に残されたその副本が、中国の地誌の名称の影響で風土記と称された。現在まとまったかたちで残るのは、常陸・出雲・播磨・肥前・豊後の5カ国の風土記で、このほか二十数カ国の風土記の逸文が諸書に引用される。内容はほぼ上記の官命に対応するが、「古事記」「日本書紀」とは異なる地方独自の神話・伝説なども含まれ、古代の地方社会を知るうえで貴重である。『日本古典文学大系』所収。

- **ふとまに [太占]** 卜占<ruby>ぼくせん<rt></rt></ruby>の一種。太は称辞。古代人は人事・自然現象ともに神意により発現すると考え、その神意をうかがうことを太占といった。牡鹿の肩胛を波波迦<ruby>ははか<rt></rt></ruby>の木皮を炭火にしたもので焼き、町形に現れる割れ目により占うのが通例である。肩煉しなくは亀卜<ruby>きぼく<rt></rt></ruby>の対で鹿卜<ruby>ろくぼく<rt></rt></ruby>ともいい、天児屋根命に奉仕させたと伝えられる。「日本書紀」に伊奘諾<ruby>いざなぎ<rt></rt></ruby>尊と伊奘冉<ruby>いざなみ<rt></rt></ruby>尊が蛭児<ruby>ひるこ<rt></rt></ruby>を生んだとき、太占を行ったとみえており、古い時代には盛んに行われたが、時代が降るにつれてすたれ、亀卜に代わっていった。

- **ふない [府内]** 室町中期～戦国期に豊後国大分

郡の大友氏の居城があった。現在の大分市上野町。鎌倉時代までは府中といわれ，古代以来の豊後国の行政の中心地。大友氏は元寇の頃にここに館を移したらしい。大友氏時代のようすを描いたと伝える「旧府内城下図」には，大友館やその築地東側に桜町・上市町・清忠寺町・今小路町・横町などがみえる。江戸時代の府内城下の形成に際し，大友氏以来の旧府内城下の町屋を移したという。

ふにゅう[不入] 荘園などの所領に対する公権力の介入を拒絶する権利。平安初～中期以来の荘園の多くは，公田官物あるいは雑役免を免除されたものにすぎなかったため，太政官からの官使や検田使・収納使など国衙からの国使の入部をうけたが，平安後期に立券荘号によって成立する領域型荘園のうち，寺社領など一部の荘園は領域内への使者の入部を拒否する権利を獲得した。これらの荘園は鎌倉時代以降，守護使などの警察権の不入をも獲得するものが多かった。

ぶにんじょう[補任状] 官職や役職に任命するときに出される文書。平安中期以降に荘園制が発達し，荘園や公領における官職とそれにともなう権益が一体化して職とよばれるようになり，さまざまな職を与えるため補任状が出された。国司からは郡司職などが，荘園領主からは下司職などその他の荘官職が，幕府からは地頭職などが補任された。文書の形式はさまざまで，初期鎌倉幕府の地頭職補任には，源頼朝の袖判下文が使用された。

ふはんけんさんちせい[府藩県三治制] 府・藩・県が併置された明治初年の地方制度。1868年(明治元)閏4月21日発布の政体書により制度化された。67年(慶応3)12月以降，明治政府は旧幕府領や諸藩からの没収地の直轄化あるいは諸藩への委任統治を行ったが，政体書によりこれを府・県として政府任命の知府事・知県事をおき，藩は従来どおり諸侯の統治に任せた。しかし政府は68年10月の藩治職制などを通じて藩に対する統制を強め，翌年6月の版籍奉還により全国を形式的に直轄化し，70年9月に藩制改革を布告して，藩の組織を府県のそれと同一化していった。71年7月の廃藩置県によって中央集権体制が成立し，三治制は廃された。

ふひと[史] 古代のカバネ。史人(フミヒト)の略という。大和政権の文筆をつかさどる職業касがカバネとなったとみられる。史姓を称する氏族は約70氏あるが，すべて渡来系。代表的なものは王辰爾の後裔の船史・白猪史・津史などであり，文直・文首など文筆にたずさわりながら史姓を称した氏族もある。757年(天平宝字元)藤原不比等の諱を避けて毗登とされ，770年(宝亀元)に史に復した。

ふひとべ[史部] (1)大和朝廷で代々書記にあたった氏族，またはその職。史部の多くは史姓をもつ渡来系氏族で，代表的なものが東西史部と称された東漢直と西文首であった。「日本書紀」雄略2年10月条に史部として身狭村主青と檜隈民使博徳がみえる。(2)史戸とも。大化前代の部。朝廷の文筆をつかさどる史の資養にあたった部。「日本書紀」雄略2年10月条に設置記事がみえる。大和・摂津・近江・備中・越前・陸奥などの諸国に存在。

ふびょうどうじょうやく[不平等条約] 2国間の条約で，法権・税権・最恵国待遇などについて片務的に相手国に有利な内容を認めた条約。19世紀に西洋列強のアジアへの勢力拡大にあたり，アジア諸国は西洋諸国に不平等条約を押しつけられた。アヘン戦争に敗れた清国とイギリスとの間の南京条約(1842)はその代表例。日米修好通商条約(1858)など幕末に日本が諸列強と結んだ条約も，協定関税・領事裁判権・最恵国待遇を片務的に認めたもので，日本に不利な不平等条約であった。その結果，条約改正による不平等条項の撤廃が明治政府の重要課題となった(完全な対等条約の実現は1911年)。なお1876年(明治9)朝鮮と結んだ日朝修好条規(江華条約)や，日露戦争後に中国と結んだ諸条約は，日本に有利な不平等条約であった。

フビライ Hubilie 1215.8.28～94.1.22 クビライとも。中国の元の初代皇帝(在位1260～94)。モンゴル帝国5代ハン(汗)にあたる。漢字表記は忽必烈。廟号は世祖。チンギス・ハンの末子トゥルイの三男。4代ハンのモンケ(憲宗)の弟。モンケを助け中国の征服に従い，大理(雲南)・チベットなどを征服。1259年モンケが没すると，翌年帝位につく。67年大都(現，北京)に遷都し，71年国号を大元とする。79年南宋を滅ぼし，中国の統一を完成。高麗を属国とし，日本や東南アジアを攻めて服属を要求。日本に対しては1268年(文永5)以降，再三使節を送り服属を要求するが拒絶され，74年の文永の役，81年(弘安4)の弘安の役で東征軍を派遣したが失敗。

ぶぶんてきかくじっけんていしじょうやく[部分的核実験停止条約] 宇宙空間を含む大気圏内外および水中における核兵器の実験的爆発その他の爆発を禁止した条約。1963年(昭和38)8月5日，米・英・ソの3国によって採択され，同年10月10日に発効。日本は同年8月14日に調印。締約国の核実験にともなう放射能汚染の防止には一定の効果があったが，地下核実験を禁止していないため，アメリカや旧ソ連などの核開発を停止させるものではなかった。

ふほんせん［富本銭］
7世紀後半に鋳造された銅銭で，和同開珎に先行する貨幣。直径2.4cm，平均重量4.5gの円形方孔銭で，上下に「富夲」の文字，左右に七曜文を配す。奈良県明日香村の飛鳥池遺跡で鋳造され，天武12年(683)の詔に登場する銅銭にあたる可能性が高い。大宝律令の私鋳銭の罰則規定があること，規格が初唐期の開元通宝に近似すること，「富夲」の2字が五銖銭の再発行の故事に由来することなどから，富本銭は実質的価値をもった貨幣と考えられる。

ふみえ［踏絵］
キリシタン検索のための絵踏みに使用された対象物。はじめ紙に描かれた聖画像や銅製のクルス・メダルなどが使用されたが，長崎奉行所ではそれらを板にはめ込んだ板踏絵10枚が使用された。17世紀中頃の大村郡崩れ・豊後崩れ・濃尾崩れなどキリシタン露顕を契機とするキリシタン弾圧にともない，1669年(寛文9)長崎奉行河野権右衛門は，長崎本古川町の仏具師萩原祐佐に命じて真鍮製の踏絵20枚を作製させた。以後九州では長崎奉行の強力な指導のもとで，奉行所管理の踏絵計30枚が九州諸藩に貸し出され，絵踏が制度化された。現在，この踏絵は1枚を除き東京国立博物館が所蔵する。

ふみょう［負名］
平安時代の公田請作人。受領に対して所当官物などの納税を請け負った田堵クラスの有力農民。その呼称は田地の名を自分自身に負うことによる。初見は988年(永延2)の尾張国郡司百姓等解文。当時の史料には「平民公田之負名」「出作負名」「出挙之負名」などとみえる。徴税単位(土地)としての名(角田)をさすこともある。律令制下では徴税は郡司と戸主の間でなされたが，郡司層の没落や律令制の変質によって郡司の部内支配が崩壊したため，受領は直接負名を掌握することによって徴税を実現する体制が出現した。のちに名主とよばれるようになるが，在地領主層の台頭とともに負名体制は崩壊していった。

ぶやく［夫役］
「ふやく・ぶえき」とも。賦役とも。中世～近世の人身的労役の総称。荘園公領制では，租の系譜をひく年貢に対し，調庸および雑徭の系譜をひく課役を公事とよび，その雑公事以外の，雑徭や歳役などの系譜をひく労役のことを夫役という。近世では人足役の別称として用いられた。中世の夫役には，荘園領主の在住する京に物品などを運び，雑用も勤めた京上夫，同じく公事物などを運んだ若菜夫・吉書夫などの運搬関係の労役があった。荘園領主のもとで使役されるものには，兵士役，宿直役，雑用一般に従事する仕丁などがあり，荘園現地では佃の耕作や柚役・炭焼夫・草刈夫などの労役があった。地頭からも京上夫などが課された。中世後期以降には，守護・国人や戦国大名，近世の大名・旗本などからも，軍陣で多様な雑用に従事する陣夫役や，軍夫，城郭の築造，河川・用水・道路の建設や修復などに駆り出された人夫役(人足役)など，多様な夫役が課された。夫役は人別に賦課されて労役奉仕させられるのが原則だが，中世においては労役忌避などで人別賦課が困難になると，田率や銭納でも課されるようになった。また近世では，人足数や石高を基準とする代銭納が広範にみられた。

ぶやくりょう［賦役令］
大宝・養老令の編目の一つ。養老令では第10編で全39条。(1)調・庸・義倉などの基本税目と経費配分についての規定，(2)課役の免除・復や特例についての規定，(3)丁匠の使役・雇役の規定，(4)その他，諸国貢献物・雑徭・仕丁・斐陀匠などの規定を収める。唐令の構成を踏襲しつつも，田租を田令に移し，調庸を課す差科制を実質的に継受せず，末尾に仕丁や斐陀匠など日本独自の規定を加える。唐の賦役令と内実は大きく異なり，庸制をはじめ大宝令との間にも異同がある。民衆支配や税制・財政運営にかかわり，律令国家が重視した編目である。

フュウザンかい［フュウザン会］
大正初期の洋画の美術団体。1912年(大正元)斎藤与里・岸田劉生・清宮彬の発起によって組織された。後期印象派やフォービズムの影響をうけた青年作家が集まり，雑誌「ヒュウザン」を刊行。13年第2回展をフユウザン会展として開催したが，同年斎藤と岸田の意見の相違から解散した。

ふゆそでん［不輸租田］
律令制下，田租の国衙への納入を免除された田。その田種には多少の変遷があるが，職(分)田・在外諸司職(分)田(国司公廨田)・神田・寺田・駅田・官田・戒本師田・放生田・勅旨田・射田・御巫田・采女田・健児田・学校田・諸衛射田・左右馬寮田・飼戸田・鵰急田・勘学田・典薬寮田・節婦田・職孝田・膂力婦女田・慎独田・船頭功徳田・造船瀨料田・官戸奴婢口分田などがあげられる。これらの田種の穫稲は，広い意味での国家の特定の用途に供せられる。不輸租田といっても，耕作者である農民から徴せられた田租が国衙の一般財政にくみこまれないという意味にすぎず，穫稲が国家的使途に直接利用される点で，結果的には輸租田とかわらない。

ふゆふにゅう［不輸不入］
不輸は国家への租税の一部またはすべてが免除される権利であり，不入は荘園に対する公権力の介入を拒絶する権利。不輸と不入は別個の特権であるが，平

安後期の有力寺社領荘園などが立券荘号にあたり両方の権利を獲得したため、この用語としても使用された。不輸は古代の不輸租田に由来し、10世紀以降の荘園では一般化する。当時の荘園には、公田官物の免除をうけたものと、雑役の免除をうけたものとがあったが、ともに租税の一部を免除される特権をもつのが特徴であった。不入の権は、それらの荘園が平安後期に領域型荘園として立券荘号されるに際して、有力寺社領を主対象に官使や国使の不入が認められたものであり、官物と雑役がともに免除される場合が多かった。

ふよ [扶余] 夫余・泗泚とも。百済の最後（3番目）の王都。現在、韓国忠清南道扶余邑。538年聖王は百済の再興を企てて狭隘な熊津からここに遷都し、国号を南扶余と改めた。錦江に面する扶蘇山に王城をおき、羅城が王都をかこみ、遠く山城が王都の防衛ラインを形成、内には官衙や定林寺などの寺院が配された。660年百済が滅び、663年倭軍と百済の復興軍も新羅・唐軍に白村江で敗れると、唐の熊津都督府がおかれた。

ふよげゆじょう [不与解由状] 官人の交替に際し、後任国司の監査の結果、前任国司に解由状を発給できない場合に作成される文書。官物や施設備品などの欠負未納、無実破損などの勘出項目とその理由、それに対する前任者と就任者の主張を記載し、共署する。初見は800年（延暦19）9月12日の官符であるが、上述の形式が整い、勘判の資料として機能する制度的な成立は807年（大同2）4月6日の官符によるとされる。

ぶらくかいほううんどう [部落解放運動] 部落差別撤廃をめざす自主的・大衆的な社会運動。1871年（明治4）の解放令以降、祭礼参加・分村独立運動などが各地でおこった。明治20年代には部落内部の階層分化により、部落有産者による部落改善運動が展開され、政府が進める部落改善政策とも呼応した。これに対し、部落民大衆は米騒動や社会運動の高揚をへて恩恵的な部落改善・融和政策を批判し、1922年（大正11）全国水平社を結成。差別糾弾闘争を展開する一方、無産政党との提携をはかった。第2次大戦後は部落解放全国委員会をへて部落解放同盟と改組し、行政闘争による生活実態の改善に取り組んだ。やがて現状認識や運動論、政党支持をめぐって内部対立がおこり、部落解放同盟と全国部落解放運動連合会とに分裂した。

ぶらくかいほうぜんこくいいんかい [部落解放全国委員会] 第2次大戦後最初の部落解放運動の全国組織。1946年（昭和21）2月、旧全国水平社の活動家がよびかけ、旧融和団体の幹部らも含めて結成された。民族統一戦線の一翼を担って誕生したが、戦後の混乱のなかで組織は拡大しなかった。51年京都市職員が市内の部落の実情を小説にして雑誌に発表したオール・ロマンス事件以後、差別行政反対闘争にとりくみ、運動が発展。55年8月部落解放同盟に改組。

ぶらくかいほうどうめい [部落解放同盟] 第2次大戦後の部落解放運動の全国組織。1955年（昭和30）8月部落解放全国委員会を改称して成立。勤務評定反対闘争などを支援するなかで大衆団体として組織を拡大。部落問題解決のための国家施策を要求し、69年時限立法として同和対策事業特別措置法の制定となった。内部に意見の対立がうまれ、反主流派は70年に部落解放同盟正常化連絡会議を結成（76年全国部落解放運動連合会に改組）。運動は分裂したまま今日に至っている。

ブラジル 南アメリカ東部を占める国。漢字表記は伯剌西爾。略称は伯国。1500年ポルトガル人カブラルが発見してから入植が始まり、ポルトガル領となる。1822年独立を宣言して立憲君主国となったが、89年革命で共和国となった。日本との関係は、95年（明治28）通商航海条約を結び、以後日本移民最大の移住先となる。1908年コーヒー農園契約移民781人がサンパウロ州に移住し、昭和初期には年間2万人をこえた。太平洋戦争で国交を断絶して宣戦布告、戦後は日系人の間で勝組・負組の対立などがおこった。51年（昭和26）サンフランシスコ講和条約で国交回復し、農業・技術移民も再開された。かつてはコーヒーとアマゾンの国のイメージであったが、現在はラテンアメリカ最大の工業国。日本の貿易・投資などもラテンアメリカ中1位。正式国名はブラジル連邦共和国。首都ブラジリア。

フランシスコかい [フランシスコ会] イタリアのアッシジのフランシスコにより1209年設立されたカトリック托鉢修道会。日本には1593年（文禄2）本会士バウティスタがルソン使節として渡来、京都に布教を開始したことに始まる。87年（天正15）にバテレン追放令が出されたなかで公然と布教活動を始めたため、96年（慶長元）サン・フェリペ号事件を契機に二十六聖人の殉教を引きおこした。また、それまでキリシタンの日本布教を独占していたイエズス会との間に紛争が続いた。1613年の伊達政宗による慶長遣欧使節派遣も、本会の画策であった。きびしい弾圧のなかで38年（寛永15）全滅。1907年（明治40）布教再開。

フランス ヨーロッパ西部に位置する国。漢字表記は仏蘭西。カペー朝以来王朝支配が続き、ブルボン朝では絶対王政の盛期を迎えたが、1789年のフランス革命後に第1共和政が成立し

た。フランスを訪れた最初の日本人は1615年(元和元)の支倉常長一行,最初の来日フランス人は36年(寛永13)に密入国したギヨーム・クールテ神父。1858年(安政5)ナポレオン3世(第2帝政)は全権公使グロを派遣して日仏修好通商条約を締結。64年(元治元)赴任の2代目公使レオン・ロッシュは江戸幕府を支援して横須賀製鉄所や横浜仏語伝習所を建設。67年(慶応3)フランス軍事顧問団が来日。同年パリ万国博覧会に徳川昭武が将軍名代として赴くが,その前後からジャポニスムがフランス芸術に大きな影響を与えた。明治期以降は岩倉遣欧使節団の訪問,自由民権論へのフランス啓蒙思想の影響,法律顧問ボアソナードの法典編纂,日清戦争後の三国干渉などの関係をもった。交流の中心はとくに文学・思想・教育・絵画・演劇など文化面にあり,日本に与えた影響は計り知れない。太平洋戦争直前には日本軍がフランス領インドシナへ進駐。第2次大戦で本国はドイツに占領されたが,戦後ド・ゴールの政府が成立,第4共和政が発足した。1951年サンフランシスコ講和条約に調印。58年から第5共和政。正式国名はフランス共和国。首都パリ。

プラントオパールほう [プラントオパール法] 土壌中に含まれた植物ケイ酸体(プラントオパール)を検出し,その植物を同定し,定量分析をして,当時の自然環境や生業を復元する方法。土器の胎土中にもプラントオパールがある。日本ではおもにイネ科植物のケイ酸体の検出に重点がおかれ,縄文後・晩期の遺跡からイネのプラントオパールが発見されるから,当時すでに稲作が存在したと主張されている。

ふりうり [振売] 中世~近世に天秤棒に商品をさげて売り歩いた商い,またその商人。商品を頭上にのせて売り歩く桂女・大原女などの女性商人も振売の一種。塩・魚・檜ものなど扱う商品の大半が店売のものと重複したため,しばしば店売商人との間に訴訟がおきた。振売商人の多くは農村居住者で,新座・里座などとよばれる独自の座を結成していた。近世には連雀棒手振などともよばれ,農村部に日用品を供給した。

ふりそでかじ [振袖火事] ⇨明暦の江戸大火 れきれきのえどたいか

ふりゅう [風流] みやびやか,風情あるものの意から,趣向をこらした作り物,練り物,仮装,囃子物,集団舞踊などをいう。平安末~江戸初期に流行し,豪奢さや熱狂的な踊の弊害ゆえにしばしば禁止された。室町初期の風流の実態は「看聞御記」に詳しく,作り物や囃子物であった。また1604年(慶長9)の大がかりな風流踊は「豊国祭礼図屏風」に描かれる。疫病神に発した祇園祭,やすらい花の風流,田楽の風流も流行し,寺院の延年えん,正月の松囃子,盆の念仏囃子にも風流があった。現在は能の「翁」に狂言風流が挿入されているほか,民俗芸能の大半は風流系統に属し,各地に念仏踊・盆踊・太鼓踊・羯鼓踊・獅子舞・小歌踊・綾舞などがある。

ふりゅうおどり [風流踊] 小歌などの流行歌謡にのせ集団で踊る踊り。15~16世紀に流行した。元来「風流」とよばれる固有の芸能はなく,風流の趣向をこらした諸芸能のうち囃子物はやしものが発展し,15世紀前半からしだいに念仏踊などと融合して原形ができたらしい。若い男性を主とした大勢の人間が,統一された衣装・テーマで着飾り,頭の飾り物や踊りの持ち物もそろえ,同じ振りで踊る。現在西日本各地に残る伝統的な盆踊のルーツともいえる。

ぶりょうし [部領使] ⇨部領使 ことりつかい

ふるいちこふんぐん [古市古墳群] 誉田ごんだ古墳群とも。大阪府藤井寺市・羽曳野市の東西5km,南北4kmに広がる古墳中期の大古墳群。羽曳野丘陵から北方の大阪平野にむかって樹枝状にのびた台地上に数列をなして分布する。前方後円墳28基,方墳25基,円墳26基など約100基からなる。誉田御廟山 ごびょうやま 古墳をはじめ,津堂城山つどうしろやま古墳・仲津山古墳・市ノ山古墳・岡ミサンザイ古墳など大王陵級の古墳が含まれ,河内王権説の有力な根拠とされる。前方後円墳には長持形石棺を埋葬主体とする例があり,中小の古墳中には甲冑・刀剣・鏃やじり・農工具など大量の鉄製品を埋納し,朝鮮半島・中国との交流を示す副葬品をもつものもある。古墳群の北半は5世紀前半頃まで,南半は6世紀前半頃まで営まれたとみられる。

ふるかわいちべえ [古河市兵衛] 1832.3.16~1903.4.5 明治期の実業家・鉱業家。京都岡崎の商人木村長右衛門の次男。小野組糸店の代古河太郎左衛門の養子になり古河市兵衛を名のる。小野組に勤め,生糸貿易でその才能をみせたが,小野組が破綻したため独立。渋沢栄一らの援助で鉱山経営にのりだし,1877年(明治10)足尾銅山を取得するよう積極的に洋式技術を導入し,日本最大の銅山に育てた。官営の院内・阿仁両鉱山の払下げをうけるなど鉱業を拡大し,銅山王とよばれた。しかし足尾銅山鉱毒事件をひきおこし,経営が難局を迎えるなかで没した。

ふるかわざいばつ [古河財閥] 古河市兵衛を創始者とする財閥。足尾銅山や石炭で資本を蓄積した古河は,第1次大戦期の好況に際して,東京古河銀行(のち古河銀行)を設立する一方,営業部門を古河商事,鉱業部門を古河鉱業としてそれぞれ独立し,持株会社古河合名を設立し,コンツェルン形態を整えた。しかし古河商

事に大豆取引で多額の欠損が生じたため，1921年(大正10)年に合併，31年(昭和6)には不振の古河銀行を閉鎖し，多角化は挫折した。一方で銅関連の古河電気工業・富士電機製造などが設立された。その後も改組を重ね，41年持株・産銅・石炭部門が統合されて古河鉱業となり，翌年株式を公開した。第2次大戦後の財閥解体により古河鉱業は持株会社に指定され，保有株式を持株会社整理委員会に譲渡して現業会社となる。

ブルジョアかくめい [ブルジョア革命] 市民革命とも。封建社会から市民社会・資本主義社会への移行の画期となる革命。イギリス革命(ピューリタン革命・名誉革命)とフランス革命に代表される。日本資本主義論争において，明治維新にその概念を適用できるか否かの論議がなされた。ブルジョア革命＝資本主義化とする労農派は，明治維新を不徹底なブルジョア革命としたのに対して，ブルジョア革命＝民主主義化とする講座派は，維新を絶対主義国家と半封建的資本主義の成立の画期だとし，第2次大戦敗戦までの間に「上からのブルジョア革命」があったか否かを問題とした。

ふるたおりべ [古田織部] 1544?～1615.6.11 織豊期の大名茶人。美濃国生れ。名は重然ば。千利休の高弟で七哲の1人。はじめ織田信長に仕え，のち豊臣秀吉に従って諸戦に活躍。1585年(天正13)従五位下織部正に叙任され，ついで山城国西岡に3万5000石の知行をえた。2代将軍徳川秀忠の茶道指南役としてはをせた。武家好みの豪放・華麗，斬新な感覚で多くの作品をうみ，茶道を大きく改革。茶室には猿面茶室・八窓庵・燕庵があり，茶器は沓形茶碗・餓鬼腰茶碗・織部形伊賀水指などがある。大坂夏の陣で，豊臣方への内通の嫌疑をかけられ切腹。

ふるひとのおおえのみこ [古人大兄皇子] ?～645.9?.- 古人大市皇子・吉野太子とも。舒明天皇の皇子。母は蘇我馬子の女法提郎女。645年(大化元)乙巳の変で蘇我蝦夷・入鹿父子が殺された後，皇極天皇の譲位をうけて皇位につくことを勧められたが固辞し，出家して吉野に隠退した。しかし同年，謀反を企てたとして中大兄皇子(天智天皇)に攻め殺された。

フルベッキ Guido Herman Fridolin Verbeck 1830.1.23～98.3.10 アメリカのオランダ改革派教会宣教師。英語読みはバーベック。オランダに生まれ，アメリカの神学校を卒業。1859年(安政6)長崎に来航，幕府の済美館・佐賀藩の致遠館で大隈重信らを教え，新政府の開成学校教頭に就任。75年(明治8)以降は伝道に従事し，聖書翻訳にもあたり，明治学院教授を務めた。東京で没。

ふれ [触] 江戸時代，幕藩領主が定めた法令・命令を広く知らせる行為，また公布された法度類。比較的広範囲に触れ出されるものを触，関係部局だけに通達するものを達といって区別したといわれるが，幕府の編集した「御触書集成」は触と達の別なく収録している。触書は触を書き付けたもの。幕府が全国に公布する触書は表右筆が必要な部数を作り，老中から大名留守居，大目付・目付らに渡され，そこから大名・旗本領へ，一方，町奉行・代官を通じては幕領町村へ伝達された。町奉行から管下の町に触れられた法令を町触，浦方のみを対象とした法令を浦触という。寺院へは寺社奉行から各宗派の触頭を通じて全国の寺院へ伝えられた。

ふれがしら [触頭] 触は為政者の法令などを世間に広く布告する意。町組が発達した室町時代の京都では，奉行などの命令を枝町に伝える親町の上京13組を触頭と称した。また江戸時代，寺社奉行のもとに属して幕命を各寺院に下達し，寺院の訴願を幕府に上申した仲介機関をいう。おもに江戸の有力寺院が任命され，曹洞宗・臨済宗では僧録，浄土真宗では輪番，浄土宗では役者などといった。地方には触頭の命を藩内寺院に伝達する小触頭がある。

プレス・コード 第2次大戦後のGHQによる新聞・出版検閲の基準の略称。正称は「日本ノ新聞準則ニ関スル覚書」。1945年(昭和20)9月19日付覚書。GHQはこの覚書を根拠に10月から検閲業務を開始。当初は連合国に不利な記述，超国家主義・軍国主義的記述の排除に適用されたが，翌年春頃からはアメリカの政策転換にともない共産主義排除にも適用された。48年10月に検閲は廃止。

ぶれつてんのう [武烈天皇] 記紀系譜上の第25代天皇。5世紀末頃の在位という。小泊瀬稚鷦鷯天皇と称する。仁賢天皇の皇子。母は雄略天皇の女春日大娘皇女。「日本書紀」所伝では仁賢死後，平群真鳥臣が武烈天皇の即位を阻まんと偽って宮を造り，また物部麁鹿火大連の女影媛がを娶ろうとしたところ，真鳥の息子鮪に嬖されたことを知り，大伴金村連に兵をおこさせ，この親子を討った。泊瀬列城に壇場を設けて即位し，この宮にしたという。春日娘子を皇后としたが子ができず，皇位継承者が皆無となった。妊婦の腹を裂いて胎児をみたり，人をいたずらに殺すなど，暴虐な性格の持ち主として描かれる。

ブレトン・ウッズたいせい [ブレトン・ウッズ体制] 1944年のブレトン・ウッズ協定にもとづく国際経済システム。固定相場制，自由貿易

維持を目的とし，IMF・国際復興開発銀行に具体化された。貿易は著しく拡大したが，60年代になると体制安定化の役割を担うアメリカの経済力が低下し，71年8月アメリカは基軸通貨ドルと金の交換を停止。同年末10カ国蔵相会議がドル切下げを決定，主要国は73年までに変動相場制に移行し，本体制は崩壊した。

ふろ［風呂］ 壁で囲まれた部屋を表すムロ（室）に由来する語という。日本の風呂は，古くは発汗を目的とする医療施設で寺院などに付設され，蒸気浴を主とする蒸風呂であった。これを石風呂・竈風呂などとよび，湯を使う風呂は湯屋とよばれた。湯屋は，別に沸かした湯を湯槽にいれて使うもので，膝くらいまでの湯をいれ蓋をかぶせて入る，半蒸半浴式の風呂もあった。江戸中期以降になって現在の据風呂の形式が普及した。農家の風呂は，残り湯を堆肥用に使うため，厩や便所の近くに作られた。各家庭に風呂が作られるようになるのは近年のことで，貰い風呂やモヤイ風呂などの習俗が広くみられた。端午の節供の菖蒲湯や冬至の柚湯の習俗は，現在も広く行われる。

フロイス Luis Frois 1532～97.5.24 ポルトガル人イエズス会宣教師。ポルトガルのリスボンに生まれ，1548年同地でイエズス会に入会。同年ゴアでザビエルと日本人ヤジロウに出会う。63年（永禄6）来日，肥前国横瀬浦に上陸し，度島，平戸・口之津をへて上京。65年正親町天皇の綸旨により京都から追放。68年織田信長が入京すると，翌年上京。信長と対面し，以後親交を重ねた。同年，朝山日乗を宗論で論破。その後，豊後国に転じ，81年（天正9）巡察師バリニャーノの通訳として上京，信長から歓迎をうけた。86年準管区長コエリョの通訳として大坂に赴き，豊臣秀吉に謁見。翌年バテレン追放令により平戸に赴き，西九州にとどまる。長崎で没。語学・文筆の才能に優れ，多くの通信文を残し，「日本史」「日欧風習対照覚書」「日本二十六聖人殉教記」を著。

ふろう・とうぼう［浮浪・逃亡］ 浮逃とも。律令制下の農民が，正当な理由なくして本貫地を離れ，他所にある状態。本貫・居住地の一致が律令の原則なので，浮浪はそれ自体不法な状態であるが，さらに課役を出さない場合は一段と重い逃亡の罪をもって論じられると規定されている。現実には，律令国家は浮浪・逃亡を一括して扱うことが多く，たびたび格を発して浮浪人の本貫送還を命じた。のちに現住地での編付方式や浮浪人帳による戸籍枠外での把握など，律令の原則から離れ，実情にあわせた政策に転じた。浮浪人も一つの身分となり，8世紀末頃には積極的に農業経営を展開する者も現れた。

ふろぐわ［風呂鍬］ 床部に木製のU字形の風呂があり，この先に鉄の刃をつけた鍬の総称。田畑の耕起や畑の作条などに使われたが，田の耕起はのちに備中鍬が多用されるようになる。刃の大小でうない鍬・さくり鍬の区別をしているところもある。木の刃に鉄の刃をつけた鍬は古墳時代に出現し，5世紀以降広く使われた。

●●…風呂鍬

ブロックけいざい［ブロック経済］ 1930年代に，主要資本主義国が植民地・半植民地・同盟国などを統括して形成した，排他的・閉鎖的経済体制。域外に対する高関税，2国間協定，通貨・商品割当などの手段がとられた。イギリスが32年のオタワ会議で採用した帝国内特恵関税制度（スターリング・ブロック）をその最初とする。ドイツも2国間清算協定，割当制度などによるバーター貿易を強化してマルク・ブロックを形成した。フランスはベルギー，スイスなどと金ブロックを，アメリカは南北アメリカでの貿易協定にもとづくゆるやかなドル・ブロックを，日本も円系通貨の使用を強制する円ブロックを形成していった。

プロレタリアえんげきうんどう［プロレタリア演劇運動］ 第1次大戦後，各国で盛んとなった社会主義の推進を目的とする演劇運動。ヨーロッパでの労働者主体の民衆劇場に始まり，日本でも1920年代からアナーキズムや表現主義の影響をうけた芸術家を含めて運動が多発した。大正・昭和初期に内部分裂や合体をくり返し，28年（昭和3）日本プロレタリア劇場同盟が結成されたが，34年当局の圧力で解散。第2次大戦後はかたちをかえ継承された。

プロレタリアぶんかうんどう［プロレタリア文化運動］ 日本の場合，芸術全般でなく文学運動を中心として展開。1921年（大正10）雑誌「種蒔く人」創刊以降の社会主義的・共産主義的たちばにたつ文学運動。25年文学・演劇・美術・音楽の4部門をもつ日本プロレタリア文芸連盟結成。28年（昭和3）全日本無産者芸術連盟（ナップ）結成。31年の満州事変後，全文化団体の統一をめざして日本プロレタリア文化連盟（コップ）を結成した。

プロレタリアぶんがく［プロレタリア文学］ 大正末期以降の，社会主義思想による文学運動および文学作品。芸術の階級性と歴史性を主張して，1921年（大正10）創刊の「種蒔く人」を先駆けに，革命党派の組織論・運動論に影響さ

れながら展開した。24年に「文芸戦線」を創刊した日本プロレタリア文芸連盟を源流に，分裂と統合をくり返し，28年(昭和3)に結成されて機関誌「戦旗」による全日本無産者芸術連盟(ナップ)派と，青野季吉・葉山嘉樹らの「文芸戦線」派の対立のうちに推移。蔵原惟人を理論的支柱とする小林多喜二・徳永直らナップ派が優勢を占めたが，弾圧と転向により，34年以降衰退した。

ふわのせき [不破関] 古代，美濃国に設けられた関。三関の一つ。「日本書紀」の壬申の乱の記事にみえるので天智朝の設置と考えられる。関跡は1974年(昭和49)から行われた5次にわたる発掘により，岐阜県関ケ原町松尾に所在することが確認された。規模は東西約460m・南北約432mにわたり，藤古川や土塁によって防備を固め，中央を東山道が通過していたと考えられる。三関は789年(延暦8)に廃止されたが，その後も固関の対象とされた。

ぶんいん [文引] 路引・吹嘘(吹挙)・行状とも。対馬島主宗氏が，李氏朝鮮への通交者に対して与えた渡航証明書。1426年(応永33)宗貞盛がその運用を朝鮮側に要請し，38年(永享10)貞盛と朝鮮の間の約条で制度的に確立。15世紀後半には，すべての通交者が文引をもつことを義務づけられた。朝鮮沿岸に出漁する対馬の漁船にも，船の大小・乗員数をしるす宗氏の文引が発給され，また孤草島釣魚禁約で制度化した。

ぶんえいのえき [文永の役] 1274年(文永11)のモンゴル(元)・高麗軍による日本侵攻。高麗を征服したモンゴル(71年から国号は大元)のフビライは，1268年(文永5)以降6回にわたり，モンゴル・高麗の使者を日本に派遣し服属を要求したが，鎌倉幕府はこれを拒絶。73年，元は南宋を攻め，さらに3年間抗戦した高麗江華島(現，京畿道)守護軍の三別抄を平定し，日本遠征の準備を開始。74年1月，元は高麗に900隻の造船命令を出し，突貫工事で造船を急がせた。都元帥忻都・右副元帥洪茶丘がモンゴル人・女真人および金の治下にあった漢人ら軍兵2万人を，金方慶が高麗の助征軍8000人を指揮して，総勢2万8000人の軍兵が10月3日，高麗の合浦を出発。10月5日対馬に上陸，地頭代宗資国らが戦死。14日壱岐を襲撃し，守護代平景隆らが戦死。20日博多湾西部の今津・百道原(現，福岡市)に上陸，激戦を展開。元側の兵器や集団戦法に日本軍は苦戦し，大宰府へ退却。元・高麗軍は博多湾上の船に撤退するが，夜半の暴風雨のため混乱。元の遠征が失敗した理由は，混成軍による指揮官間の確執，兵士の士気の低さ，劣悪な造船条件などがあげられる。役後，幕府は戦闘に参加した武士に恩賞を与え，元軍の再来に備えて異国警固番役の制を定めた。博多湾に石築地の防塁を築造し，異国征伐も計画。一方フビライは再度日本を侵攻し，弘安の役となる。

ぶんがくかい [文学界] 明治期の文芸雑誌。1893年(明治26)1月創刊。98年1月第58号で終刊。発行所は最初は巌本善治の女学雑誌社，第5号から文学界雑誌。編集・経営にあたったのは星野天知で，おもな執筆者は天知のほか星野夕影・平田禿木・北村透谷・島崎藤村・戸川秋骨・馬場孤蝶・上田敏らの同人，戸川残花・樋口一葉・三宅花圃など。その文学傾向によって3期にわけられ，透谷の評論，一葉の小説，藤村の詩がそれぞれの代表とされる。

ぶんかくんしょう [文化勲章] 学問・芸術などで文化の発達に顕著な功績をあげた人に与えられる勲章。1937年(昭和12)2月11日の勅令文化勲章令にもとづいて制定された。49年以降は毎年11月3日の文化の日に授与される。51年4月3日公布の文化功労者年金法に文化勲章受章者も含まれることになり，終身年金350万円が贈られる。

ぶんかざい [文化財] 人間のさまざまな生産活動の所産として伝えられた有形・無形の遺産。対象は遺産の概念規定や把握の仕方によってしだいに拡大しているが，現在の文化財保護法では，建造物・絵画・彫刻・典籍・歴史資料・考古資料などの有形文化財，演劇・音楽・工芸技術などの無形文化財，衣食住・生業・年中行事などにかかわる風俗習慣とその関連物や民俗芸能などの民俗文化財，遺跡・庭園・自然景観・動植物などの記念物(史跡・名勝・天然記念物)，伝統的建造物群に分類され，また土地に埋蔵されている文化財(埋蔵文化財)や，文化財の保存に必要な技術も保護の対象となる。

ぶんかざいほごほう [文化財保護法] 日本の文化財保護に関する基本法。法隆寺金堂の炎上事件を契機に，山本勇造(有三)ら参議院議員により発議され，1950年(昭和25)制定。従来の国宝保存法，重要美術品等ノ保存ニ関スル法律，史蹟名勝天然記念物保存法を統廃合するとともに，先行法では捉えきれなかった無形文化財・埋蔵文化財を保護対象に含み，法の内容を充実させた。現在は，有形文化財・無形文化財・民俗文化財・記念物(史跡・名勝・天然記念物)・伝統的建造物群・埋蔵文化財・文化財保存技術を保護の対象としている。ほかに歴史的建造物の文化財登録制度を新設。なお，施行にともない文化財保護委員会が設置され，この機能はのち文化庁にひきつがれた。

ぶんかしゅうれいしゅう [文華秀麗集] 平安

初期の勅撰第2漢詩集。3巻。818年(弘仁9)成立。藤原冬嗣らが菅原清公・仲雄王・滋野貞主らとともに撰進。書名は文を花にたとえたもの。巻上は遊覧・宴集・餞別・贈答、巻中は詠史・述懐・艶情・楽府・梵門・哀傷、巻下は雑詠の各部門に分類され、「文選」を参照した部門だて。「凌雲集」成立後4年間に多くの詩が作られたので、前集に漏れた詩と新しい詩を採録した。作者は嵯峨天皇をはじめ、皇太弟(淳和天皇)以下28人を数える。嵯峨天皇の作品が最も多いが、官人や渤海客・女流詩人の作品も収める。『日本古典文学大系』所収。

ぶんかせいじ [文化政治] 1919年(大正8)8月、朝鮮総督に就任した斎藤実の時代に始まる統治の特徴を日本側からみた呼称。この年、総督府官制改正で総督の就任用件から「陸海軍大将」制がはずされたこと(実際は文官からの任命はなかった)、三・一運動をうけて憲兵制度を廃止し警察制度にかえたことなどを背景としていた。

ぶんかだいかくめい [文化大革命] 全称はプロレタリア文化大革命。略称は文革。1965~76年の中国指導部の権力闘争を背景とした政治運動。劉少奇ら資本主義の道を歩む実権派に対する毛沢東による攻撃で始まり、66年以後紅衛兵が「破旧立新、造反有理」をスローガンに登場し、各地で武闘と奪権の大動乱に発展。67年軍の介入で、革命幹部・革命的大衆・人民解放軍による「三結合」の革命委員会が各地に樹立され、実権を掌握。68年10月、劉は共産党から除名され、翌年4月の九全大会以後運動はいちおう鎮静化した。71年の林彪事件をへて、毛の死後「四人組」が打倒され文革は終結した。現在中国では文革を「災難をもたらした10年」と見なしている。

ぶんかちょう [文化庁] 文化行政を所掌とする文部科学省の外局。1968年(昭和43)6月15日文部省は文化振興のため行政組織の一元化を図り、文化局と外局の文化財保護委員会を統合して文化庁を設置。文化の振興・文化財保護・宗教に関する行政事務を任務とする。各国立博物館、各国立美術館、国立国語研究所、東京・奈良文化財研究所、日本芸術院などの所管機関と、国語・著作権・宗教法人・文化財保護の各審議会がある。

ぶんかつそうぞく [分割相続] この場合の相続は、おもに財産相続を意味し、財産を庶子に分割して相続させること。鎌倉時代の武家の慣習では、所領の多くは一門の本家を継承する家督に相続させたが、他の庶子にも分割して相続させた。その割合は、被相続者の意思に任されていた。室町時代以降近世にかけて嫡子による単独相続が一般的になったが、武家だけでなく農民や町人の間にも、嫡子以外の庶子に財産を分与する習慣がみられた。明治民法では長男による家督相続が法制化されたが、第2次大戦後の新民法では両性平等の思想にもとづく分割相続が法制化された。

ぶんかろこうじけん [文化露寇事件] ロシア船による樺太・択捉乱妨事件。長崎来航のレザノフの交易要求が江戸幕府に拒絶された報復として、フヴォストフ海軍大尉らが1806年(文化3)9月樺太クシュンコタンを、翌年4月末に択捉島ナイボ、シャナを、さらに5月末に利尻島を襲撃した事件。運上屋・会所・番屋・商船などが破壊され、番人2人がロシアに連行された。幕府は弘前・盛岡両藩に守備兵の増員を、秋田・庄内・仙台・会津4藩に臨時出兵を命じ、07年から翌年にかけて警備にあたらせた。

ぶんかんちょうかいれい [文官懲戒令] 明治~昭和前期の文官の懲戒に関する勅令。政党勢力の官吏への影響力を弱めるため、1899年(明治32)第2次山県内閣が改正文官任用令・文官分限令とともに公布した。懲戒処分の事由・種類などを列記し、恣意的に文官が処分されることに歯止めをかけた。第2次大戦後の1948年(昭和23)廃止。

ぶんかんにんようれい [文官任用令] 1893年(明治26)10月に公布された一般文官任用資格に関する勅令。87年に文官試験試補及見習規則が制定され、官吏の試験任用が原則となっていたが、大日本帝国憲法の制定、第2次伊藤内閣の行政整備をうけて試験任用制度の整備をはかった。奏任官は高等文官試験、判任官は文官普通試験による任用とする原則を強化し、帝国大学卒業生の高等試験免除は廃止されたが、官公立中学校卒業生の普通試験免除は存続した。勅任官については自由任用を原則としたため、政党勢力の進出がみられた。そこで99年第2次山県内閣は文官任用令改正により特定の官職以外の勅任官については、奏任官からの登用を原則とする資格制限を設けたが、護憲運動を背景とする第1次山本内閣で特別枠的な改定がなされた。その後も藩閥政府と政党との綱引きがくり返された。第2次大戦後の1946年(昭和21)廃止。

ぶんかんぶんげんれい [文官分限令] 明治~昭和前期の文官の身分保障に関する勅令。政党勢力の官吏への影響力を弱めるため、1899年(明治32)3月第2次山県内閣が改正文官任用令・文官懲戒令とともに公布した。文官の免官・休職・転職にかかわる法手続きを規定。官吏は心身故障・過剰定員・依願の場合以外は免官となることはなく、刑事事件による告訴・告

発や懲戒審査，官庁事務上の都合などがの休職の事由とされた。官庁の都合による休職規定は，政党内閣や第2次大戦の戦時体制下で政治的に利用された。戦後の1948年(昭和23)廃止。

ぶんきゅうのかいかく [文久の改革] 幕末期の幕政改革。大老井伊直弼の暗殺後，幕府は外圧に対応するため大規模な海軍と洋式海軍の創設を計画した。1862年(文久2)夏，行政整理とともに実行を図ったが，公武合体を唱える鹿児島藩の島津久光と勅使大原重徳が到着すると重点は政治改革に移った。一橋慶喜や松平慶永ら旧一橋派大名が政権を握り，参勤交代制度の緩和や200余年ぶりの将軍上洛が決定されたが，軍制改革は将軍直轄の陸軍の一部が実現するにとどまった。

ふんきゅうぼ [墳丘墓] 弥生時代に発達した墳丘をもつ墓。方形周溝墓・前方後円形周溝墓・前方後方形周溝墓・方形台状墓・四隅突出墓などを含む墳墓の総称。立地・形態・規模・埋葬主体・副葬品・供献土器など，地域・時期ごとの多様な内容があり，地域色が濃厚。埋葬には土壙・木棺・甕棺，木槨状・竪穴式石室状の施設などが用いられる。副葬品は少ない。佐賀県吉野ケ里遺跡の弥生中期の墳丘墓は，甕棺墓群中にあって際立った存在であり，弥生後期の岡山県楯築遺跡に代表される墳丘墓は，前期古墳同様に集落から離れた丘陵上に位置する。墳丘墓の消長は弥生墓制が集団墓から個人墓を指向する過程で，より有力な首長層が台頭してきたことを示す。前方後円墳として定形化した前期古墳との較差はなお大きいが，その前史として重要な意味がある。

ぶんきょうひふろん [文鏡秘府論] 平安初期の詩文評論書。6巻。空海の編著。809～820年(大同4～弘仁11)の間に成立。漢詩文作成の参考にするため，中国の六朝・唐代の漢詩文法書を多くとりいれた。各巻に項目をわけ，原典の字句のまま引用するが，空海自身の文章は少ないとされる。本書に引用されたかたちでしか伝わらない「四声譜」「文筆式」「詩体」など，中国で早く散逸した書物を復原できる貴重な史料でもある。「弘法大師全集」所収。

ぶんけ [分家] 家成員が分離して新たな家族を創設した場合，本家からみて，そうした分出行為で成立した家や，その後も本家・分家関係が維持されている場合には，かつて分出した家も分家と称される。各地の分家の形態はきわめて多様である。西日本では分出後数代たつと，本家・分家関係がとくに意識されず，系譜関係が忘却されていく傾向にある。同族結合の強固な東北日本では，系譜関係が超世代的に意識され，分家に対する本家の地位が高く多様な役割も伴う。奉公人分家といった非血縁の家成員の分家も存在し，孫分家も含めた本家・分家のまとまりが同族団を形成して，家屋敷や田畑の家産分与の有無で，従属分家と独立分家を明確に区分したりする。

ぶんげいきょうかい [文芸協会] 明治・大正期に演劇の研究・公演・俳優養成などの活動を行った団体。1906年(明治39)島村抱月を中心に坪内逍遥らを発起人として設立。逍遥やシェークスピアの史劇から，歌劇・喜劇など多くの部門にわたって試演したが，約2年で活動を中止。ここまでを一般に前期文芸協会という。後期は09年に逍遥が自宅の一部を提供し，演劇研究所を設置した時期からをいう。以後俳優養成も行われ，11年第1回公演「ハムレット」を上演。第2回の「人形の家」で松井須磨子が主役を演じて人気女優となった。その間試演場も完成し，本公演も好評だったが，種々の内紛が重なり13年(大正2)第6回公演を最後に解散。近代演劇史に占める位置は大きい。

ぶんげいしゅんじゅう [文芸春秋] 1923年(大正12)1月に菊池寛が創刊した月刊雑誌。芥川竜之介・久米正雄・横光利一・川端康成・直木三十五らが小説や随筆を執筆，しだいに総合雑誌の体裁を整えた。45年(昭和20)3月休刊，46年6月復刊して現在に至る。35年創設の芥川賞・直木賞は現在最も権威ある文学賞。また佐野学と鍋山貞親の転向声明書，立花隆「田中角栄研究」など話題となった政治論も多い。

ぶんげいせんせん [文芸戦線] 1924年(大正13)6月「種蒔く人」を継承して小牧近江・青野季吉・金子洋文・山田清三郎らが創刊したプロレタリア文学雑誌。25年12月に結成された日本プロレタリア文芸連盟の機関誌的存在。32年(昭和7)7月の廃刊まで全95冊。ほかに葉山嘉樹・平林たい子・林房雄・千田是也・中野重治らが評論・小説を書いた。政治的には社会民主主義的立場をとり，ナップ派の「戦旗」と鋭く対立した。

ぶんこく [分国] ❶平安中期以降，律令制における国を知行の客体とする知行国制が行われた。上皇・女院・中宮・親王の院宮分国や摂関家などの知行国は御分国ともいう。
❷鎌倉幕府において，将軍家の知行国である関東御分国をさす。また鎌倉で訴訟・行政を決裁し，鎌倉番役を負担する遠江など15カ国を関東御分国とよぶこともある。
❸室町時代，守護大名・戦国大名の支配する国・領域をさす。

ぶんこくほう [分国法] 戦国家法とも。戦国大名が家臣団統制・領国支配のために制定した法。効力が支配領国に限定されることと，紛争などにおける各人・当事者の自力救済を全面否定するなど，領域内での強力な支配を特色とす

●·· 分国法

分国法	領国	制定年	制定者
大内氏掟書(大内家壁書)	周防など	1439〜1529	大内持世〜義隆
朝倉孝景条々(朝倉英林壁書)	越前	16世紀半ば	朝倉孝景
相良氏法度	肥後	1493	相良為続
		1518以前	相良長毎
		1555	相良晴広
今川仮名目録	駿河など	1526	今川氏親
今川仮名目録追加		1553	今川義元
塵芥集	陸奥	1536	伊達稙宗
甲州法度之次第(信玄家法)	甲斐	1547	武田晴信(信玄)
結城氏新法度	下総	1556	結城政勝
六角氏式目(義治式目)	近江	1567	六角義賢・義治
新加制式	阿波	1558〜1669頃	三好長治
長宗我部氏掟書 (長宗我部元親百箇条)	土佐	1596	長宗我部元親 長宗我部盛親

る。それまで非体系的に存在していた法・例・習などの諸規範を集成・取捨して、一元的な法体系に統合することをめざす。局所的・個別的な事情に優越する抽象度の高い一般性をもった法典として制定されることが多く、法の歴史の重要な画期をなす。起源としては、置文 なや一揆契状のように人的結合体を律する規範や、守護公権に由来する国法があげられるが、「御成敗式目」はじめ幕府法の強い影響がみられる場合が少なくない。

ぶんごのくに [豊後国] 西海道の国。現在の大分県南部。「延喜式」の等級は上国。「和名抄」では日高(日田)・球珠 ・直入 ・大野・海部 ・大分・速見 ・国埼(国東)の8郡からなる。国府・国分寺は大分郡(現,大分市)におかれた。一宮は柞原 八幡宮(現,大分市)。「和名抄」所載田数は7500余町。「延喜式」では調庸として綿・布のほか魚介類が多い。7世紀末にかつての豊国 が前後にわかれて成立。平安時代には天台宗系の六郷満山文化が栄え、富貴 寺、熊野磨崖仏などが残る。豊前国宇佐宮領荘園が広がった。鎌倉時代以降おおむね大友氏が守護となり、守護所を府中(府内とも。現,大分市)におき、広く九州北半に勢力をふるった。大友義鎮 (宗麟)はキリシタン大名として知られる。江戸時代は国内に7藩が成立。他国の藩領・幕領も多かった。1868年(明治元)幕領は日田県となる。71年の廃藩置県により豊後国は大分県となる。76年福岡県から宇佐郡・下毛郡を編入し現大分県が成立。

ぶんごのくにふどき [豊後国風土記] 諸国風土記の一つ。713年(和銅6)の風土記撰進により編纂された。715年(霊亀元)施行の郷里制に従って記述され、軍事的な記事が多いことから、節度使 が設置された732年(天平4)頃の成立とする説もある。国名の起源を説明した後、各郡の地名起源説話が記されるが、景行天皇や神功 皇后の巡幸と結びつけたものが多く、「日本書紀」にもとづいて述作された部分も目立つ。体裁は「肥前国風土記」と同一で、西海道諸国の風土記は大宰府で一括して作られた可能性が強い。現存諸本はいずれも抄録本である。「日本古典文学大系」所収。

ぶんしげんしょう [文之玄昌] 1555〜1620.9.30 織豊期〜江戸初期に文筆で活躍した臨済僧。号は南浦文之・懶雲 など。日向国生れ。幼時に仏門に入り、桂庵玄樹の孫弟子一翁玄心に学ぶ。章句訓詁に通じ、その文才が京都にも聞こえ、15歳で上洛し東福寺竜吟庵熈春 の門に入る。のち薩摩に帰り、領主島津義久・同義弘に請われて諸寺を歴住し、また明・琉球との外交文書作成にたずさわった。桂庵の訓点を改訂した「四書集注」は文之点として尊重され、著書「鉄炮記」は欧人の初来航を伝える貴重な記録。

ぶんしょうそうし [文正草子] 室町物語の庶民物。作者不詳。室町時代に成立。常陸国鹿島大明神の大宮司に仕える文太は、主人に追放されるが製塩業で長者となり、「文正つねをか」と名のる。文正夫婦は鹿島大明神に願をかけ2人の娘を授かる。姉妹は美しく成長するが、関八州の大名、大宮司の子、国司らの求愛をうけつけない。うわさをきいた関白の子二位の中将は、商人に身をやつし文正の館を訪れ、身分を明かして姉と契りを結ぶ。姉は中将とともに上京、妹は天皇の中宮となり、文正も宰相の位に上り一門は繁栄する。「大黒舞」などと同様、正月の祝儀の場で読まれた祝儀物の代表作。「日本古典文学全集」所収。

ぶんじんが [文人画] 文人が余技に描いた絵画。南宗画 (南画)とほぼ同じ概念。中国では士大夫がその中心であったが、日本では職業

画家であることが多いため、南画とよぶほうがふさわしいとする意見もある。18世紀初頭、祇園南海・柳沢淇園らが「芥子園画伝」や清明画などを手本として独習し、狩野派などの既成の画派とは異なる、技術よりも精神を尊ぶ新しい画風を紹介した。18世紀後半、池大雅・蕪村らは中国南宗画に日本の絵画様式を融合させて大成した。江戸後期に入り、浦上玉堂・青木木米・田能村竹田らがそれぞれ個性的な画風を展開した。一方、江戸では谷文晁・渡辺崋山らが南蘋派や西洋画を折衷した独特の画風を生みだした。幕末には形式化して「つくね芋山水」という蔑称が生まれたが、明治以降、富岡鉄斎が文人画の伝統を近代的な個性をもって発展させた。

ぶんせいきんぎん [文政金銀] 1818年（文政元）の真文二分金の新鋳に始まる、文政〜天保初年に江戸幕府により鋳造・発行された金銀貨。文政（草文）小判・一分金は80年余流通した元文（真文）小判・一分金と同量目、品位はわずかに落ちて56.41%、文政丁銀・豆板銀（小玉銀）の品位は36%となった。文政金銀の特徴は多くの小額金貨や計数銀貨が新鋳されたことにある。1両当りの価値が通用小判と同一な真文二分金は、28年に13%価値の低い草文二分金に改鋳され、通用小判の半分前後の価値しかない一朱金、文保二朱金も大量発行された。南鐐二朱銀も26%小型の文政二朱銀に改鋳され、さらに低価値の一朱銀も出回り、小額貨幣全盛の時代に入った。

ぶんちせいげんれい [分地制限令] 近世の幕府法・藩法のうち、農民の耕地分割相続を制限する法。発布しなかった藩もあった。幕府は1673年（延宝5）6月、1713年（正徳3）7月、22年（享保7）11月、59年（宝暦9）に発布している。1673年令では、名主は所持石高20石以上、その他の百姓は10石以上の場合にだけ分地畑の分割相続を許したが、1713年令では、分地の結果生じる複数経営のいずれにおいても、高10石・耕地1町以上の所持が必要とされた。分家による農家の耕地保有減少を防いで本百姓を維持し、武家奉公人も確保する意図で出された。

ぶんちせいじ [文治政治] 法制や行政組織の整備、人心の教化などを基礎として世を治め、社会秩序の安定をはかろうとする政治体制。江戸幕府の政治が、17世紀中葉から大名改易の緩和、牢人対策、法律・制度の整備など文治主義的な政治理念にもとづく諸政策がみられるところから、この時期に武断政治から文治政治への転換がなされたとされる。ただし「武断」「文治」という対比で幕府政治を理解することには疑問も出されている。

ぶんつけびゃくしょう [分付百姓] 検地帳の名請人の肩書に、誰分と分付主の名を付記された百姓。分付主との関係には、惣領と次・三男、御曾祖父と被官、主家と門屋などの従属農民、地主と小作人などさまざまな場合がある。分付関係にある土地の年貢・諸役は分付百姓が直納せず、分付主を通して上納する。分付百姓は一軒前の本百姓ではないため、村政への参加資格がなく入会地や用水の用益権などにも制約があった。

ぶんてん [文展] ⇨文部省美術展覧会

ぶんぽうのわだん [文保の和談] 1317年（文保元）から翌年にかけて、持明院統と大覚寺統の間でなされた皇位継承をめぐる協議。後嵯峨上皇の死後、皇位・所領をめぐって対立を続けていた両統に対し、幕府は京都に使者を派遣し、協議による解決を促した。幕府の妥協案は、(1)花園天皇の譲位、尊治親王（後醍醐天皇）の践祚、(2)在位年数を10年とし、両統交替とする、(3)皇太子は後二条天皇の子邦良親王とし、次の皇太子は後伏見上皇の子量仁親王とする、の3点だったが、両統の合意を得るにはいたらず、翌年2月、花園天皇の譲位、後醍醐天皇の践祚のみが実現し、後宇多法皇の院政となった。

ぶんまい [分米] 中世の荘園・公領において、定田毎に賦課される年貢米のこと、耕地面積に斗代をかけあわせて算出した。年貢が米以外の梶や絹などで納められる場合は、分梶・分絹と記される。近世では、個別田畑の石高を示すが総村高をいうことはなく、上・中・下の田の等級ごとの集計などに用いられる。

ぶんめいかいか [文明開化] 明治維新後使用された新語。英語のシビリゼーションの訳語で、1873〜75年（明治6〜8）を頂点として憲法制定頃までの文化・世相に表れた西洋化現象を示す語。学制・地租改正・徴兵制、新橋〜横浜間の鉄道、電信・郵便の開設、新聞の発行などである。文明開化の最初の用語は福沢諭吉の『西洋事情』外編（1868）とされる。明治政府は西洋風の新国家を建設すべく、多大の経費を投じ開化政策を強行し、国民生活に大きな影響を与えた。

ぶんめいろんのがいりゃく [文明論之概略] 福沢諭吉の著した啓蒙的文明論。6巻。1874年（明治7）から執筆し、75年8月刊。文明とは国民一般の智徳の進歩であるとし、日本を発達させるために、より進歩した西洋文明の精神を学ぶことを求めた。従来政治権力の干渉や儒教・仏教の徳治主義が文明を停滞させたと批判。日本の文明を西洋文明の程度にまで発展させ、文明を手段にして西洋近代国家と競合しうる「国の独立」を達成すべきことを主張した。

- **ふんやのやすひで [文屋康秀]** 生没年不詳。平安前期の歌人。六歌仙・中古三十六歌仙の1人。宗于の子。子に朝康。官人としては卑官に終始した。「古今集」仮名序では「詞はたくみにて、そのさま身におはず、いはば商人のよき衣を着たらんがごとし」と評される。「古今集」に5首,「後撰集」に1首入集するが,「古今集」の2首は子の朝康の作ともいう。小野小町と親密であったらしい。

- **ふんやのわたまろ [文室綿麻呂]** 765〜823.4.24 平安初期の東北経営に活躍した武将・公卿。文室浄三(智努王)の孫。三諸大原の子。はじめ三諸朝臣,809年(大同4)三山朝臣,さらに文室朝臣。810年(弘仁元)の薬子の変で平城上皇側について拘禁されたが,坂上田村麻呂の奏請で許され,参議となって上皇の東国入りを阻止。翌年征夷将軍となり陸奥国の征夷事業を完了させ,従三位に昇った。818年中納言となる。

- **ぶんらく [文楽]** ⇨人形浄瑠璃

- **ぶんらくざ [文楽座]** 大坂の人形浄瑠璃興行劇団名および劇場名。寛政期に初世植村文楽軒が創設。当初は文楽の芝居とよばれ,1872年(明治5)文楽座を名のる。1909年に興行権が松竹に移ったが,文楽座の名称は存続。その後諸座が統合されて文楽は人形浄瑠璃の代名詞となった。63年(昭和38)の文楽協会設立で座(劇団・劇場)名としては消滅した。

- **ぶんろくけんち [文禄検地]** 文禄年間(1592〜96)に実施された検地の総称。とくに統一的な検地条目に従って実施された豊臣秀吉の太閤検地をいう。なかでも摂津・河内・伊勢国や日向・薩摩・大隅国など九州での検地が著名で,1間=6尺3寸の基準を採用したのもこのときからである。このほか徳川家康や長宗我部・相馬・伊達・上杉各氏らもそれぞれの所領で検地を実施した。

- **ぶんろくのえき [文禄の役]** 1592年(文禄元)4月,豊臣秀吉が明征服をめざして朝鮮に侵略した戦争(第1次朝鮮侵略)。朝鮮側では壬辰の倭乱とよぶ。これより先,秀吉は東アジア征服構想をたて,対馬の宗氏を通じて朝鮮に服属と明への先導を命じた。交易上,朝鮮と密接な関係にあった宗氏は,秀吉の日本統一を祝賀する通信使派遣によってその命令をすりかえたが,秀吉はこれを征明嚮導の服属使節と思いこみ,16万の兵を朝鮮に送った。これを予期しなかった朝鮮側は防戦したものの敗北を重ね,同年5月漢城(現,ソウル)が陥落,朝鮮国王は義州に難を避け,明の救援を仰いだ。日本軍は小西行長が平壌,加藤清正が咸鏡道まで侵入するなど朝鮮全域の支配をめざし,朝鮮農民から兵糧の徴発をした。しかし朝鮮各地での義兵決起,朝鮮官軍の立ち直り,李舜臣の朝鮮水軍による日本軍の補給路遮断があり,明軍もいち早く朝鮮を救援した。ここに日本軍は武器・兵糧不足に陥り,攻守所を変えた。翌年1月7日李如松の率いる明軍は小西行長の拠る平壌を陥れ,漢城めざして南下したが,碧蹄館で小早川隆景らの日本軍の反撃にあい,戦意を喪失した。このあと日明間で講和の機運がもちあがり,朝鮮側の反対をおしきって講和交渉が進められた。

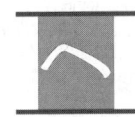

べ[部] 大化前代の支配組織。大和政権ないしそれに属する大王一族や中央豪族の必要とする労力・技能・生産力を徴収する仕組みで，(1)職業部，(2)名代・子代，(3)田部，(4)部曲などの種類があった。その始めは朝廷の必要とする特定の役務における固定的労働力や渡来系の技術による手工業品などを確保するためのもので，律令制下の品部・雑戸に継承されていく。(2)のうち名代は王宮の経営のために設定されたもので，王宮にちなんだ部名がつけられ，舎人・靫負・膳夫などの伴がが徴発され，部民はその資養物を貢納することになっていた。子代は大王家の子女の養育のために設定されたもので，王族にちなんだ部名がつけられ，壬生部などに相当するものと考えられる。(3)は朝廷の直轄地である屯倉の田の耕作の労力確保のため設定されたもの。(4)は中央豪族の経済基盤を維持するために設定されたもので，豪族の氏名を部名とした。

へいあんきゅう[平安宮] ⇨内裏

へいあんきょう[平安京] 794年(延暦13)10月，桓武天皇によって定められた日本の首都・都城。形式的には明治初年の東京遷都までの日本の首都。山城(山背)国葛野郡・愛宕郡にまたがり，現京都市の中心部を占める。「延喜式」によると，規模は東西1508丈(約4.5km)，南北1753丈(約5.2km)。長方形の京域を設定し，中央北端に大内裏を，中心に朱雀大路を設けるなどの構造は基本的に平城京など前代の都城を踏襲したが，平安京では宮城内の内裏と大極殿・朝堂院を明確に分離し，豊楽院を造営するなどの独自性もあった。左右京それぞれに半坊分の北辺を設けたのに対応して大内裏を方2町から半坊分拡大し，左・上西2門が宮城十二門に加わった。唐風文化摂取の気運が高まった嵯峨朝を中心とする9世紀初頭には，殿宮・門号を唐風に改め，京内各坊にも中国風の坊名が冠せられた。右京・左京を長安・洛陽と称するのもこの時期からである。しかし律令国家体制の崩壊とともに衰退し，10世紀後半にはとくに右京の荒廃と左京北部への住居の密集が顕著になり，居住域は京の範囲をこえて鴨川東岸に広がった。京の表玄関を飾した羅城門も980年(天元3)に倒壊し，以後再建されなかった。平安時代には天皇権力が弱体化し，一方で藤原氏という特定の氏族が台頭し，あるいは院政という特異な政治形態が出現したが，律令時代の畿内政権の権力構造が崩れていくなかで都城の存立基盤も崩壊した。

へいあんじだい[平安時代] 日本史上の時代区分。平安京(京都)が実質的な政治権力の所在地であった時代の意味で，8世紀末から12世紀末に至る約400年間をさす。その始めは一般には桓武天皇による平安遷都の年，794年(延暦13)とされるが，長岡遷都の784年，桓武即位の781年(天応元)とする主張もある。その終りについても，源頼朝が挙兵した1180年(治承4)の前年までとする主張や，平氏が滅亡した1185年(文治元)までとする主張などがある。

へいあんせんと[平安遷都] 794年(延暦13)10月に実施された長岡京から平安京への遷都。桓武天皇は，793年に山背国葛野郡宇太村の地を視察させ，9月には新京の宅地を官人に班給し，翌年7月には東西市を移すなど造営を急ぎ，10月28日に遷都の詔がだされた。長岡京がわずか10年あまりで廃棄された理由は，たび重なる洪水にみまわれるなど都市機能が十分でなかったことや，藤原種継暗殺事件に連坐し廃された早良親王の怨霊を桓武天皇が強く畏怖していたことが指摘されている。

へいあんぶっきょう[平安仏教] 9世紀初頭の天台・真言両宗の開宗から12世紀初頭の鎌倉新仏教成立前夜までの仏教。奈良末期の山林修行と俗化した南都仏教への批判とを土壌として形成され，天台・真言両新仏教が南都をも先導し，一方の担い手として民間の聖をしだいに多く輩出しつつ展開した。まず山林修行の系譜をひく実践的仏教として登場した新仏教は9世紀末までに態勢を確立し，将来した密教は護国行業で南都を凌駕するようになるが，一方で独自性の強調のゆえに宗派・寺院ごとに固まる排他性を仏教界にもちこんだ。10世紀以降は貴族仏教化が進み，数量功徳主義的な修法・念仏・仏事が流行し，宗派・寺院は門閥化・権門化した。この頃から末法思想が深刻化し，それにつれて民間の聖の活動が活発となった。11世紀後半からは既存宗派から離脱して時相応の行業をめざす者も現れ，鎌倉新仏教への道筋を用意することとなる。

へいえきほう[兵役法] 徴兵令を改正した法律で1927年(昭和2)4月1日公布。現役服役期間の1年短縮，貧困者の徴集延期，兵役免除範囲の拡大，師範学校卒業者の1年現役制を5～7カ月の短期現役兵制へ，幹部候補生制度の創設などがおもな改正点。宇垣軍縮期の諸情勢に対応して国民の負担軽減に配慮したもの。しかし中戦争の長期化でしばしば改正され，日米開戦後の43年には大学生の徴集延期制の中止(学徒出陣)や，徴兵年齢の引下げ(20歳を19歳)が行われた。

べいおうかいらんじっき [米欧回覧実記] 1871~73年(明治4~6)欧米諸国を視察した岩倉遣外使節団の見聞記録。正式には「特命全権大使米欧回覧実記」。5編100巻。随行した久米邦武が執筆・編纂。78年太政官より刊行、博聞社発売。使節団が訪問した米欧12カ国と復路に寄港したアフリカ・アジア各地の見聞が克明に記されている。明治初期の異文化接触の貴重な史料。「岩波文庫」所収。

へいか [陛下] 天皇の尊称。陛は宮殿のきざはしの意で、臣下の奏上を階段の下に侍する近臣がとりつぐことに由来し、奏の始皇帝が天子の尊称として用いたのをはじめとする。日本では養老儀制令の第1条に、臣下が上表する場合、天皇を「陛下」と尊称することが規定されている。なお同令第3条では皇后・皇太后・太皇太后の尊称は「殿下」とされているが、近代の皇室典範ではこれら三后にも「陛下」の称を用いることになった。

へいきょく [平曲] 平家琵琶・平語ともいう。古くはたんに「平家」といった。「平家物語」を琵琶の伴奏で語る芸能。かつては盲人によって伝承された。鎌倉初期の成立らしいが、作者については藤原行長・生仏合作説をはじめ諸説ある。14世紀に一方流・八坂流にわかれ、一方流の明石覚一によって詞章や曲節が整えられ、続く100年間に最盛期を迎える。応仁の乱を境に衰退するが、江戸幕府の保護をうけ、一方流がわかれた前田・波多野の2流を中心には当道らの表芸として伝承。当道外でも茶人や文人の間に愛好者をうみ、譜本も発達。1871年(明治4)当道が廃止され、急速に衰えた。平曲で用いられる琵琶を平家琵琶という。

へいけのうきょう [平家納経] 1164年(長寛2)9月、平清盛が一門の繁栄を祈願して安芸国宮島の厳島神社に奉納した経巻。「法華経」28品と「無量義経」「観普賢経」「阿弥陀経」「般若心経」4巻の合計32巻に願文1巻とからなり、完好のまま厳島神社に伝存。装飾は豪華優美のもの。表紙には華麗な絵画や文様が描かれ、題簽は銀台に金メッキで文字を鋳出し、見返しには極彩色のやまと絵が描かれるなど、いずれも当時の最高水準を示したもので、装飾経のなかで最も傑出する。写経は、平家一門の何人かに分担されたが、一部写経様生の手になるものもある。軸・表紙・経箱・唐櫃も一括して国宝。巻によって多少の差はあるが、縦約21.2cm。

へいびわ [平家琵琶] (1) 平曲に用いられる琵琶。形は雅楽の琵琶と同じだが、小型のものが多い。四弦五柱で膝の上に抱え、撥で奏する。平曲の語りの合間に間奏または合の手として奏され、語りと重ねて奏されることはほとんどない。(2) 平曲の別称。

へいけもっかんりょう [平家没官領] 平家追討により朝廷に没収された平家の所領。後白河上皇は、1183年(寿永2)都落ちした平家が本職・領家職をもつ所領500カ所余を没収。これらは、はじめ平家追討の恩賞として源義仲や源義経に与えられたが、彼らの没落後は、源頼朝に与えられた。頼朝はこれらの所領に、謀反人鎮圧を名目に地頭を設置。のち一部は、罪を許された平頼盛に返されたが、大半は将軍家を本家とする荘園、いわゆる関東御領となり、関東御分国とともに鎌倉幕府の財政的基盤となった。

へいけものがたり [平家物語] 中世開幕期の内乱を平家滅亡の歴史として描く軍記物語。12巻だが諸本により異同がある。原作者は信濃前司行長、協力者は生仏説が有力。諸本間の異同は、広まる過程での数次にわたる複数の作者の介在を思わせる。行長作者説を伝える「徒然草」は「後鳥羽院の御時」(1183~1221)成立説。東山文庫蔵「兵範記」紙背の僧観舜書簡(1240)、永観文庫蔵「普賢延命鈔」紙背の深曽書状(~1259)、「普通唱導集」(1302)上本二の芸能・琵琶法師の記事「勾当、平治保元平家之物語、何皆暗而無滞」からみて、13世紀中にほぼ形を整えたらしい。諸本は各種に分類されるが、平曲台本の語り本系(当道系)、著述による読み本系(非当道系)に大別できる。より古態をとどめる後者は、さらに「源平闘諍録」などの略本系と延慶本、「源平盛衰記」などの広本系にわかれる。広略両系の前後は定かでないが、諸本それぞれの成立圏をうかがわせる特徴がある。一方、語り本系は琵琶法師の座である当道座が個別の語りを集約したため、1371年(応安4・建徳2)成立の覚一本で完成し、以後は灌頂巻を保持する一方流とこれを立てない八坂流の2系統が行われた。語り本・読み本両系は、中・近世の諸文芸や能・幸若舞などの諸芸能に素材を提供。直接的な影響作用を介して間接的にもうけいれられたほか、地方遊行の琵琶法師を通じて各地の平家伝説をうんだ。

へいこうしきつぼなみ [平行式坪並] 条里制において、6町四方の方格(里)に1から36までの番号をつける際、1行ごとに平行して番号をつける方式。一筆書のように連続して行うのを千鳥式坪並という。なお越中国のように、1から36ではなく、1行1から6、ついで2行1から6というように平行式に番号をふる方式もあった。

べいこくはいきゅうとうせいほう [米穀配給統制法] 米の配給機構の規制法。1939年(昭和14)4月公布。半官半民の国策会社日本米穀

を設立して民間の米穀取引所を廃止し,政府による実物配給機構の整備,および移入台湾米管理を目的とした。米穀統制法施行による米穀取引所の取引減の救済策として構想されたが,戦時下の配給統制の機能を強めて成立。施行時には需給関係が激変したため機能せず,42年食糧管理法成立により廃止。

へいし [平氏] 平の姓をもつ氏族の総称。皇族賜姓の一つ。桓武天皇の皇子葛原(かずらわら)親王の子高棟(たかむね)王らに平朝臣(あそん)の姓が与えられたのを始めとする。以後,二世王(親王の子)以下に与えられる姓となり,桓武平氏・仁明平氏・文徳平氏・光孝平氏などがった。最も有力なのは桓武平氏で,高棟流は宮廷貴族となり,高望(たかもち)流は下総・常陸・武蔵など関東諸国に土着し,坂東平氏各流となった。千葉・三浦・上総・梶原・北条などの諸氏はその流れで,鎌倉幕府の中核を形成。坂東平氏の一部は,伊勢国に進出して伊勢平氏となり,平安後期には中央に進出。清盛のとき,一躍政治の実権を握り,初の武家政権を樹立したが,治承・寿永の内乱により倒され,一族の大半が滅ぼされた。→巻末系図

へいし [兵士]「ひょうじ」とも。律令制での軍団の兵員。原則的には正丁(せいてい)から徴発され,種々の武具や軍糧としての糒(ほしいい)・塩を納め,年間数十日の国内上番の任務についた。有事には出征し,一部は衛士(えじ)・防人(さきもり)に派遣された。庸(よう)と雑徭(ぞうよう)を免除されたが,負担が重く,役夫として駆使されることも多かったので,しだいに兵役忌避が増えて8世紀後半には弱体化した。唐・新羅との緊張もゆるんだことから,792年(延暦11)辺要諸国を除いて廃止され,残った諸国でもやがて制度は消滅した。

へいしせいけん [平氏政権] 六波羅(ろくはら)政権とも。平安末期,伊勢平氏の平清盛によって確立された政治権力。白河・鳥羽両院政に武的親衛隊として登用されて急速に武門としての力を伸ばした伊勢平氏は,保元・平治の両内乱を通じて源氏をおさえ,国政を動かす重要な勢力に成長した。1167年(仁安2)の後白河法皇による清盛の太政大臣就任により,平氏は事実上朝政のヘゲモニーを確立した。その権力は,従来の太政官機構に依拠しながら一族を顕官要職につけるとともに,知行国(ちぎょうこく)や膨大な荘園を支配し,武門の棟梁(とうりょう)として国家守護の任にない,それらのシステムに寄生しながら地方武士との間に固有の主従制を築こうとするところに特徴があり,最初の武家政権としての矛盾にみちた性格をよく示している。後白河院政とは長く協調関係にあったが,77年(治承元)鹿ケ谷(ししがたに)の謀議の発覚以後は溝を深め,79年のクーデタで院政を停止し,軍事独裁体制を樹立し

た。近年これを重視して,平氏政権の本格的開始をこのクーデタに求める見解が少なくない。クーデタにより一時平氏の支配は強化したが,かえって本来の矛盾が露呈し,武士・寺社勢力からの反発をかった。翌80年には源氏の挙兵を許し,やがて83年(寿永2)の木曾義仲の入京により都落ちを余儀なくされ,85年の壇ノ浦の戦によって,完全に源氏に追討されて消滅した。

へいじのらん [平治の乱] 平安末期の1159年(平治元)12月京都でおこった軍記物乱。56年(保元元)の保元の乱後,後白河上皇の近臣間では藤原通憲(信西(しんぜい))と藤原信頼の対立が深まっていた。58年二条天皇が即位すると,天皇親政をもくろむ藤原経宗・同惟方(これかた)が勢力をのばし,これに武士の平清盛・源義朝の対立が絡んだ。信西は畿内を中心に西国を基盤とする清盛と結び,その武力を背景に朝廷の実権を握った。これに対し信頼は天皇親政派や義朝と結び,清盛の熊野詣のすきをついて挙兵。信西を殺し上皇を幽閉して,一時京都を支配した。しかし清盛が帰京すると,親政派の寝返りにより天皇は清盛の六波羅邸に迎えられ,上皇も仁和寺に逃亡,戦は清盛方の勝利に終った。義朝は東国へ逃走中部下に討たれ,嫡子頼朝は捕えられ伊豆に配流。信頼は斬首された。その後,後白河上皇のもとで朝廷は安定したかにみえたが,清盛を頂点とする平氏一門が勢力をのばし,武士の時代に転換した。

へいじものがたり [平治物語]「平治記」とも。平治の乱の顛末を書いた軍記物語。3巻。「保元物語」と対になって残るものが多い。異本が多く,作者は諸本により異なる。原「平治物語」の成立は源家将軍の時代と推測されるが,「保元物語」の最古の写本が1223年(貞応2)であることから,なお流動的である。古い形態を残すテキストには鎌倉時代に成立した「平治物語絵巻」の諸本,陽明文庫本・学習院本(九条家旧蔵)がある。最も流布した金刀比羅本系の諸本は,年代記的な構成をとるものの,琵琶法師が語る語り物の性格が強く,史実を離れた内容の変更もある。

へいじものがたりえまき [平治物語絵巻] 1159年(平治元)の平治の乱を主題とする「平治物語」を表した絵巻。13世紀末頃の制作。「三条殿夜討の巻」(ボストン美術館蔵),「信西(しんぜい)の巻」(静嘉堂文庫蔵,重文),「六波羅行幸の巻」(東京国立博物館蔵,国宝),および「六波羅合戦の巻」の絵の断簡数点(諸家分蔵)が現存。戦火のもとの凄惨な情景をリアルに描いた「三条殿夜討の巻」は合戦絵巻の最高傑作とされる。縦約42cm,横各952.9,1012.8,699.5cm。

へいしゃく [兵士役]
荘園制下の夫役の一種。荘園領主は、兵士役として荘園の一般荘民を徴発して宿直警護や雑役、年貢の輸送などにあたらせた。後白河上皇の長講堂領では御倉兵士・門兵士・月充兵士・月充仕丁があり、摂関家の大番供人も兵士役にあたる。高野山領・東大寺領の荘園では年貢の輸送などにあたらせていた。

へいしゅつ [平出]
文書の本文で、敬意を表すべき言葉が出てきた場合、改行して必ず行の最上に書くようにすること。古代の律令には、天皇・太上天皇・皇后などの言葉に用いるよう規定している。しかし必ずしも厳密に適用されず、綸旨などの言葉にも使用されるようになった。綸旨によく使用される「天気」(天皇の意思の意)という言葉は、必ず平出となった。

へいじょうきゅう [平城宮]
「へいぜいきゅう」とも。奈良時代、710年(和銅3)から784年(延暦3)までの宮城。平城京の中央北端に位置し、約1km四方の方形の地に、東西270m、南北750mの張出し部分を東北方に付属させている。面積約124ヘクタール、天皇の住居である内裏、政治・儀式の場となった大極殿・朝堂院、一般の役所である曹司からなる。平安宮などと基本的構成は同じだが、宮内中央とその東に二つの大極殿・朝堂院とみられる遺構が存在するなど、その成立には複雑な経緯があったと思われる。国特別史跡。

へいじょうきょう [平城京]
「へいぜいきょう」とも。710年(和銅3)から784年(延暦3)まで現奈良市に存続した都城。元明天皇の708年2月には遷都の方針が明確に示され、709年12月に行幸し、翌年3月正式に遷都が宣せられた。以後8代の天皇の治世にわたって都となる。原型となった藤原京の存在も無視できないが、規模や存続期間の長さの点からは古代の本格的都城であった。規模は東西4.3km、南北4.8kmの長方形を基本とし、その東部に2条から5条まで計12坊分の外京が付属、西半の右京北端には半坊分の北辺坊が存在したと考えられる。面積はモデルとなった唐の長安城とくらべると3分の1程度でしかないが、藤原京の3倍にもなった。京に施行された条坊制の基本単位となった坊は、1800尺(約533m)四方とし、坊を囲む街路の中心間の距離は一定に保つ点で、平安京とは原理を異にする。坊はその内部が16の坪に分割され、さらに坪は平安京の四行八門制に共通する東西に細長い地割が施され、庶民の宅地の基本になったとみられる。平城京は官人をはじめ律令国家とかかわりの深い人々の宅地を設ける場であったが、国家としての威厳を示す儀式的な性格も備えていた。京中央を南北に走る朱雀大路は両側溝の中心間の幅で72m、その両側には築地の坊垣が続き、大路の南端には羅城門が構えられていた。こうした唐の長安をほうふつさせる景観は、日本の古代国家が大宝律令を制定し、強力な中央集権国家体制を築いたことと密接に関連していた。

へいじょうのたたかい [平壌の戦]
日清戦争中の陸戦。牙山で敗退した清国軍は、平壌で日本軍を阻むため1万数千人を集結させた。野津道貫の第5師団主力、大島混成旅団などが北進、元山支隊が西進、平壌を包囲し、1894年(明治27)9月15日未明攻撃を開始した。同夕清軍は夜陰にまぎれて敗走、翌日日本軍が平壌を占領した。清軍戦死2000人、捕虜600人、日本軍は戦死180人。17日の黄海海戦とともに開戦1カ月半で朝鮮半島での大勢を決した。

へいぜいきゅう [平城宮] ⇨平城宮

へいぜいきょう [平城京] ⇨平城京

へいぜいてんのう [平城天皇]
774.8.15～824.7.7 在位806.3.17～809.4.1 桓武天皇の第1皇子。名は安殿。母は藤原良継の女乙牟漏。嵯峨天皇・高志内親王と同母である。785年(延暦4)桓武の皇太子に立ち、806年(大同元)父の死去により即位した。弟の神野親王(嵯峨天皇)を皇太弟に立て、809年これに譲位したが、平城の子高岳親王が皇太子に立てられた。平城上皇は藤原仲成・薬子兄妹を重んじ、平城京遷都計画などをもって政権の掌握をはかり、810年(弘仁元)挙兵を企てたが失敗、出家した(薬子の変)。これにより高岳は皇太子を廃され、かわって大伴親王(淳和天皇)が皇太弟に立った。

へいちじゅうきょあと [平地住居跡]
地表面を床面として建てられ、竪穴住居のような掘りこみをもたない住居跡をいう。縄文時代以降、近世に至るまでみられる住居形式。弥生時代の静岡県登呂の遺跡のように、住居の周囲に土手状に堤をめぐらし、竪穴住居のようにみえるものもある。

へいちょうざんじけん [平頂山事件]
1932年(昭和7)9月16日に中国東北地方(満州)撫順の南部にある平頂山の1村でおこった関東軍による住民虐殺事件。前日の深夜に遼寧民衆自衛軍の一団が撫順炭鉱を襲撃、これに付近の炭鉱労働者が関与していたとして撫順守備隊の一部が住民を虐殺した。同年11月24日、国際連盟理事会で中国代表は、死者700余人、重傷者60～70人と報告している。

へいのうぶんり [兵農分離]
武士と百姓の身分・階級がはっきりとわかれること。中世から近世にかけて進行した実現過程や近世の制度をさすこともある。武士と百姓の身分自体は中世から存在したが、その区分はあいまいで、多くの武士は農業経営から遊離していなかった。豊

臣秀吉の太閤検地により，土地に対する百姓の耕作権が公認されたが，そのことは同時に百姓身分が確定されたことを示し，武士は土地を耕作者とともに知行として与えられ，支配階級としての身分を保障された。この百姓の持高と武士の知行高がレベルの違いをもって二重に存在することが，兵農分離の最大の特質である。さらに秀吉は刀狩を行って百姓の武力を奪い，武士が城下町に集住したことなどと相まって，社会的体制として固定化した。

へいはく [幣帛]「みてぐら」とも。幣とも。神に供えるものの総称。みてぐらの語源には異説もあるが，「御手座」，すなわち手にもつ神の依代の意味で，転じて神への供え物となり，律令用語として「幣帛」の字が用いられたると考えられる。一般的な品目は繊維製品が中心で，ほかに魚介・酒・米・海藻・野菜などの食品類，紙・玉・武器・器物などがある。祭祀の種類や神社の格によって，幣帛の品目・数量も異なっており，「延喜式」に詳しく定められている。

へいみん [平民] 古代律令制下では公民・百姓と同義で，中世には課役免除の職人身分と区別して，荘園・国衙領の百姓を平民とよんだ。近世にはあまり使用されなかった。明治維新後，華族・士族に対する一般人民の呼称として平民が採用され，戸籍にも表示された。穢多・非人身分は解放令で平民とされたが，差別的に新平民などとよばれた。平民には近代の平民主義に代表される自由や平等を表現する用例もある。

へいみんしゃ [平民社] 明治後期の初期社会主義の結社。日露戦争を前に対露強硬の世論が高まるなか，「万朝報」を退社した幸徳秋水・堺利彦は，非戦論を掲げて1903年(明治36)11月に週刊「平民新聞」を創刊。発行所が平民社で，平民文庫の出版や講演会・地方遊説など社会主義の啓蒙も行った。日露戦争後の弾圧などで，「平民新聞」の後継紙の「直言」の廃刊後05年10月に解散。日本社会党結成後の07年1月再興されたが，同年4月に解散。

へいみんしゅぎ [平民主義] 明治20年代に徳富蘇峰が行った主張。明治政府の表面的な欧化政策を批判し，実業に従事する民衆に基盤をおく近代化を唱えた。蘇峰は1887年(明治20)民友社を創立，「国民之友」，90年に「国民新聞」を発行し，その思想を展開した。

へいみんしんぶん [平民新聞] 1903年(明治36)11月15日に平民社から創刊された週刊紙。同年「万朝報」を去った幸徳秋水と堺利彦らが創刊。日露戦争に非戦論を唱え，社会主義の普及と国際的連帯に努めた。05年1月29日に第64号で廃刊。いったん解散した平民社が06年に再建されると，キリスト教系社会主義の「新紀元」と唯物主義的社会主義の「光」の2派が合同し，07年1月15日から日刊「平民新聞」を発行，日本社会党の機関紙的役割をはたした。たびたび筆禍をうけた末，同年4月13日発行禁止となり，翌日第74号で廃刊。発行部数は4000～1万部程度であったらしい。同じ題名の新聞に，大杉栄・荒畑寒村編集の月刊「平民新聞」などがある。

へいもん [閉門] 江戸時代，武士および僧侶に対して科せられた謹慎刑。中世では，みずから屋敷内にこもり謹慎することを意味したが，近世には刑罰となった。門を閉じ窓を塞がれ，謹慎させられたが，戸〆のように釘〆にする必要はなかった。遠慮・逼塞より軽く，蟄居より軽い。50日から100日の間，門の出入りを一切禁止された。

へいわもんだいだんわかい [平和問題談話会] 第2次大戦後の占領後期から安保条約改定期まで平和を主題に活動した学者グループの会。1949年(昭和24)3月設立。主要会員は安倍能成・大内兵衛・清水幾太郎・恒藤恭う・末川博ら。48年の社会科学者によるユネスコ声明に応じて，サンフランシスコ講和問題に際し，全面講和・中立不可侵条約加入を求める声明を雑誌「世界」にたびたび発表。総評などの活動方針にも影響を与えた。59年12月安保改定反対を声明し，以後活動を停止。

へきぎょくせいせきせいひん [碧玉製石製品] 古墳時代に，主として碧玉を用いて各種の器物を模して作った儀器的・宝器的製品。前期古墳の副葬品として特徴的な遺物。碧玉製腕飾類・合子・盤・坩・器台・鏃・玉杖・椅子などがある。このうち弥生以来の貝輪を模した腕飾類が最も数が多く，もとにした貝輪の違いにより鍬形石・車輪石・石釧の3種がある。新しくなると緑色凝灰岩製のものが多くなり，滑石製も現れる。滑石製模造品とは同じ種類もあるが，本来その性格を異にする。石川県片山津遺跡は碧玉製石製品の製作跡として著名。

へきざんにちろく [碧山日録] 室町中期の禅僧太極の日記。名称は太極が京都東福寺霊隠軒内に設けた書斎「碧山佳処」にちなむ。伝存年次は1459～63年(長禄3～寛正4)・65年・68年(応仁2)。原本は伝わらないが，古写本は尊経閣文庫蔵。五山禅僧の生活と応仁の乱勃発前後の政治・社会情勢を伝えるほか，太極が読んだ書籍の抜粋，絵画・墨跡の鑑賞記事，自作の詩文など，学芸関係の記事にも富む。「増補続史料大成」所収。

へきていかんのたたかい [碧蹄館の戦] 豊臣秀吉の文禄の役末期の1593年(文禄2)1月26

日、漢城（ソウル）の北方碧蹄館での日明間の戦闘。同年1月9日、平壌の戦に勝利した明軍の提督李如松<ruby>りじょしょう</ruby>は漢城めざして南下、漢城在陣の日本軍は漢城の外の碧蹄館（平壌への宿駅、南北に長い渓谷をなす）で迎撃する作戦をとった。小早川隆景・立花宗茂らの鉄砲隊が中心となって明軍を撃ち破り、これを契機に日明間に講和の機運がもちあがった。

ペキンぎていしょ ［北京議定書］ 1901年（明治34）9月7日に調印された北清事変最終議定書。独、オーストリア、ベルギー、スペイン、米、仏、英、伊、日、蘭、露の各国全権委員と清国全権委員（慶親王・李鴻章）との間に北京で調印。内容はドイツと日本への謝罪使の派遣、義和団首謀者の処罰、列国への償金4億5000万両の支払い、北京公使館区域に各国護衛兵の常置、現通商航海条約を通商上便利にするための改訂などである。日本はこれにより下関条約を改訂し、03年10月に追加日清通商航海条約に調印した。清国はこれにより完全に財政破綻し、経済的に列国に依存することとなった。

ペキンげんじん ［北京原人］ シナントロプス・ペキネンシスとも。中国語では北京猿人という。北京郊外周口店の石灰岩洞で、主として1921～37年に発見された原人化石。年代は約50万～25万年前。40体分をこえる骨や歯が出土したが、そのほとんどが太平洋戦争中に粉失した。幸いF.ワイデンライヒらによる詳細な記載と正確な石膏模型が残されている。戦後の発掘で若干の化石があらたに発見された。

べざいせん ［弁財船］ 弁才船とも。中世末期から瀬戸内海を中心に発達し、近世中期以降、国内海運の主役として活躍した商船。名称の由来は不明。今日では千石船ともよぶ。船体は二形船<ruby>ふたなり</ruby>などと同じ棚板構造で、水押<ruby>みよし</ruby>を船首とする船首が特徴。船首に小さな補助帆である弥帆<ruby>やほ</ruby>を随時あげ、船体中央に大きな四角帆の本帆を張る。近世初期には漕船兼用船だったが、遅くとも18世紀初期までに帆走専用船に転換され、北国船<ruby>ほっこくぶね</ruby>など他の有力な廻船を駆逐し、18世紀中頃には主力廻船の座についた。幕末期に洋式船が導入されると、洋式技術をとりいれて合<ruby>あい</ruby>の子船として使われ続けた。地方的な特徴をもつ弁財船も多く、造船史上では北前<ruby>きたまえ</ruby>型弁財船といわれる日本海の北前船が有名。

べちのう ［別納］ 「べつのう」とも。規定の徴税手続きや経路とは別に、徴税物を納入すること。10世紀以降の公領や荘園で、官物や雑役<ruby>ぞうやく</ruby>の一部ないし全部が、徴符や免符に従って他の領主に納入されることをいう。本来は年貢など収益を生みだす土地である下地<ruby>したじ</ruby>を特定せず徴税物が納入されたが、のちには下地が特定され、その下地自体も別納とよんだ。鎌倉時代には、名主<ruby>みょうしゅ</ruby>が年貢納入を地頭をへずに直接領主に納めることをもいった。

べつきしょうざえもん ［別木庄左衛門］ ?～1652.9.21 戸次<ruby>べつぎ</ruby>とも。江戸前期、牢人を主体とした謀反事件（承応<ruby>じょうおう</ruby>事件）の首謀者の1人。大量の牢人が存在し、幕政に対する不満が高まっていた1652年（承応元）、牢人や旗本家臣らを糾合し、2代将軍の御台所崇源院の法要に乗じて放火・騒動をおこすことを計画。密告により捕らえられ、磔になった。

べっけ ［別家］ 分家の別称でもあるが、術語としては、もっぱら商家同族団において、主人家族員の暖簾<ruby>のれん</ruby>分けを分家と称し、番頭を勤めあげた非血縁家成員の暖簾分けを別家と区別する。日本の分家慣行を考察する場合、親族的な系譜関係で結ばれておらず、暖簾という家の象徴と家産の分割によって成立する分家の一形態である別家（奉公人分家）を視野にいれることは、その特殊な性格を知るうえで重要視される。

べっしこうぎょうしょそうぎ ［別子鉱業所争議］ (1)住友別子鉱業所では1906年（明治39）の飯場制度改革後、賃金の低下、係員の威圧的な態度への鉱夫の反感が強まり、翌年5月、運搬夫が賃上げを要求、これに鉱夫が合流して、6月4日、全山に及ぶ暴動が発生。軍の出動により、7日に沈静化。(2)25年（大正14）12月11日、総同盟別子労働組合が、組合抑圧の中止、死傷者の手当改善などを要求してストライキ。翌年2月16日、知事が調停し解決。争議後組合は壊滅した。

べっしどうざん ［別子銅山］ 愛媛県東部にあった代表的銅山。1691年（元禄4）開坑から1973年（昭和48）閉山まで一貫して住友が稼行。幕領の別子山村で採掘にはいる。当初は同一鉱床を別の山師が新居浜側から西条藩領立川<ruby>たつかわ</ruby>銅山としても稼行していた。のち立川は上知され、1762年（宝暦12）住友の一手稼行となった。最初から輸出銅の多くを占め、55年から長崎御用銅72万斤を分担した。明治維新時に稼行の継続を政府に認めさせ、フランス人技師ラロックに近代化計画を作成させた。1899年（明治32）本拠を別子から新居浜に移す。新居浜・四阪島製錬所の煙害問題の解決のために硫酸を製造するなど、事業会社が派生して住友財閥を形成、現在も住友グループの特色をなしている。

べっとう ［別当］ ❶諸大寺で三綱<ruby>さんごう</ruby>を指揮して大衆統制・寺領管理・伽藍修造など寺院運営にあたった最高責任者。延暦年間の東大寺が最初。

❷律令官制に正官をもつ官人が、本来の職務とは別に特定官司の統綰・監督にあたるとき補任される職名。9世紀以降、官司・家政機関・寺

院(俗別当という)に設置。蔵人所別当には一上誌の大臣か，検非違使吟別当には衛門督が，諸官司・諸大寺の別当には公卿・弁・史が，蔵人所管の禁中所々では公卿・蔵人が配された。10世紀以降は，公卿・殿上人・蔵人・弁・史ら太政官(官方)・殿上(蔵人方)の構成員が別当として，諸司・所々・諸寺を統轄しながら政務・行事・法会を執行するしくみになった。

■上皇・女院の院司，親王家・三位以上の公卿家の家司の上首をいい，政所別当や侍所別当があった。

べっぷ [別符] 別府とも。別納の徴符や免符によって成立した中世的な収取形態の一つ。別納とほぼ同義。本来は別納の徴符や免符のことを意味した。のちには収取の形態あるいは収取単位としての土地をさした。史料には11世紀半ばから登場し，その実態は「別符の名誌」としての別名記と同じものである。すなわち，本名に対して新たに成立した収取単位を意味した。広く各地に成立して，のち地名化した。

べつみょう [別名]「べちみょう」とも。11世紀以後，国衙敷領内でみられる所領単位。郡を通じて国衙に年貢を納める通例のルートと異なり，特別の徴符によって国衙に直接納めたことからこの名がある。平安後期には，国衙の在庁官人たちがみずからの開発地や買得地を別名とすることが盛んに行われ，在地領主層の私領形成の運動の一段階に位置づけられる。九州では別符記とよばれることが多い。

ベトナム インドシナ半島東岸の国。漢字表記は越南。紀元前2世紀頃，北部で初期国家を形成するが中国(漢～唐)に征服され，安南とよばれた。10世紀に独立。中国の制度文物を摂取し，集権国家を形成して独立維持と南進に成功，19世紀に阮㐭朝がほぼ現在の領域を統合した。1804年から越南を国号とする。19世紀後半からフランスの植民地となり，第2次大戦期の日本の仏印進駐をへて，戦後のインドシナ戦争の結果南北に分離，アメリカの介入でベトナム戦争が勃発した。1976年の南北統一後もカンボジア問題で孤立・混乱したが，86年からドイモイ(刷新)政策が進展している。日本とは，鎖国前の朱印船貿易と日本町の建設，日露戦争後の日本留学運動(東遊☆運動)，ベトナム戦争特需とベトナム反戦運動など関係が深い。現在は日本が最大の援助国で貿易相手国。正式国名はベトナム社会主義共和国。首都ハノイ。

ベトナムせんそう [ベトナム戦争] 1961～75年ホー・チ・ミン率いるベトナム民主共和国(北ベトナム)と南ベトナムとの間で戦われた内戦に，アメリカが冷戦を背景に介入した戦争。アメリカは，54年のジュネーブ会議でうまれた南ベトナムを支持し，61年ケネディ大統領以も同国に多数の軍事顧問団を派遣。64年のトンキン湾事件を契機にジョンソン大統領が北爆・地上戦を開始，米軍の兵力は最高時で56万を数えた。68年1月の解放戦線によるテト攻勢で形勢は逆転し，73年1月，北ベトナム・ベトナム臨時革命政府とアメリカのニクソン大統領との間でパリ平和協定が成立して米軍は撤退した。75年4月の北ベトナムによるサイゴン(現，ホーチミン市)陥落で戦争は終結した。

ベトナムはんせんうんどう [ベトナム反戦運動] 1961年(昭和36)から73年まで続いたアメリカのベトナム侵攻に対する反対運動。世界的に広がったが，日本では北爆が開始された65年頃から高まり，左翼政党・労組などのほか，三派全学連による佐藤首相ベトナム訪問阻止の羽田事件，アメリカ原子力空母エンタープライズ佐世保寄港阻止闘争，米軍王子野戦病院反対闘争，新宿騒乱事件などの実力闘争，ベ平連(ベトナムに平和を！ 市民連合)などによる市民大衆運動が特色となった。

へひと [食封] ⇨ 食封誌

べへいれん [ベ平連] ⇨ ベトナム反戦運動惣

ヘボン James Curtis Hepburn 1815.3.13～1911.9.21 平文とも。アメリカの宣教師・医師。英語読みはヘブバーン。ペンシルバニア州出身。プリンストン大学・ペンシルバニア大学卒。1859年(安政6)来日し，横浜居留地に施療院を開くかたわら，日本語の研究や聖書の和訳などに力を注ぐ。67年(慶応3)日本初の和英辞書「和英語林集成」を出版，第3版からは羅馬ロマ字会提唱のローマ字表記法を採用し，以後ヘボン式表記法とよばれた。89年(明治22)明治学院総理に就任。92年帰米。

べみん [部民] ⇨ 部㐭

ペリー Matthew Calbraith Perry 1794.4.10～1858.3.4 アメリカの海軍軍人。米国初の蒸気軍艦を建造して「蒸気船海軍の父」とよばれる。1852年東インド艦隊司令長官となり，遣日特使として53年(嘉永6)6月，軍艦4隻を率いて浦賀に来航。蒸気艦の来航は鎖国体制に大きな衝撃を与えた。久里浜で修好通商を求めるフィルモア大統領親書を伝達し，再来を表明して退去。翌年1月，軍艦7隻を率いて再渡来，江戸湾深く航行して幕府に圧力をかけた。ペリーの要求により横浜応接所で開かれた日米会談では幕府の譲歩をかちとり，日米和親条約の締結に成功。帰途，那覇で琉球と修好条約を締結。帰国後「日本遠征記」を監修。

ベルギー 北西ヨーロッパに位置する国。漢字表記は白耳義。中世まではフランドル，オラン

ダとあわせてネーデルラントとよばれ，1830年オランダの支配から独立，永世中立を宣言した。日本との外交関係は1866年(慶応2)締結の日白修好通商航海条約に始まる。翌年江戸幕府の正式の使節として徳川昭武が訪朝。73年(明治6)には岩倉遣欧使節団が訪問し，ヨーロッパの模範国と高く評価。日本銀行の設立や帝国憲法の制定などに影響を与えている。関東大震災時には米・英につぐ援助金を送るなど親日的で，とくにベルギー王室と日本の皇室との交際は親密である。第1次・第2次大戦ではドイツに侵略されたが，戦後はNATOやECに加盟。両組織の本部をブリュッセルに設置している。正式国名はベルギー王国。立憲君主制。首都ブリュッセル。

ベルサイユじょうやく [ベルサイユ条約] ⇨
パリ講和会議 ばりこうわかいぎ

ベルサイユたいせい [ベルサイユ体制]
第1次大戦後のベルサイユ条約(1919年)を基礎として築かれたヨーロッパの国際秩序。ウィルソンが提議した14カ条平和原則が基礎となったが，列強のさまざまな思惑から十分に貫徹されなかった。たとえば民族自決原理は，東欧8カ国の民族国家を生んだが，ズデーテン問題など重大な国境問題を残し，無併合・無賠償の原則もフランスの激しい懲罰主義の前に瓦解した。これらの欠陥はヒトラーのつくところとなり，1930年代のベルサイユ体制崩壊につながった。

ベルツ Erwin Otto Eduard von Bälz
1849.1.13～1913.8.31 明治期のドイツ人御雇外国人医師。ビーティヒハイム生れ。チュービンゲン大学で基礎医学を学び，ライプチヒ大学で内科学教授ブンダーリヒにつき同大学を卒業。1876年(明治9)東京医学校(のちの東京大学医学部)の教師招聘に応じ，6月に来日。1902年まで26年間にわたっておもに内科学を教え，病理学や精神医学なども担当。その後3年間，宮内省御用掛(侍医)になり，05年6月帰国。この間，恙虫つつが病や脚気など多くの研究を発表。人々の身近な健康問題に注意をはらい，温泉・スポーツ・海水浴の効用を説いた。在日中に書いた日記『ベルツの日記』がある。

へん [版]
儀式などで官人のたつべき場所を示した指標。儀制令によると，7寸四方，厚さ5寸の板に，漆でそこにたつ官人の品位などを書く(『延喜式』によれば，元旦朝賀には8寸四方のものが使われる)。この版で定められた位次を版位という。朝廷に常置されたもの(尋常版位)と，儀式の事前に中務 なかつかさ 省または式部 しきぶ 省がおいていくものがあり，後者には宣命版位 せんみょう がある。唐制では皇帝以下の版が規定されるが，日本では天皇の版はなく，皇太子以下のみ規定される。

べんかん [弁官]
太政官のもとで庶務雑政を処理する令制官司。天武朝の大弁官が，天世の尚書都省にならって左右に分局して太政官の配下に入ったもので，太政官と八省・諸国との間の上申・下達はほぼすべて弁官を通じて処理された。原則として左弁官は八省のうち中務・式部・治部・民部を，右弁官は残りの4省を担当し，定員は左右それぞれ大中少弁各1人・大少史各2人。外記局とは別系統で，太政官の判官じょう・主典さかんとして機能した。平安時代にはその重要性はさらに増し，権弁1人を加えた七弁制が定着した。

べんかん [弁韓]
弁辰とも。古代朝鮮の種族名。その居住地域。三韓の一つ。朝鮮半島南東部の慶尚道西部，洛東江の流域。『魏志』弁辰伝によれば，3世紀に12の小国があり，辰韓12国とあわせた総戸数は4万～5万戸であった。諸国に首長がいたが，馬韓ばかんの辰王に服していた。鉄を産し，韓・濊わい・倭族が鉄を求めたり，楽浪・帯方2郡にも供給したという。のち加羅かや(加耶)とよばれたが，政治的に統一されなかった。

へんき [偏諱]
天皇や将軍・大名などの実名みょうの1字のこと。とくにその貴人を敬って，その字を用いることを忌み避けることが行われた。逆に功績ある臣下に主人の名の1字が与えられることは栄誉とされ，これを「偏諱を賜う」という。足利高氏たかうじが後醍醐天皇の名「尊治」の1字を賜って「尊氏」と称したのはその好例。

べんけい [弁慶] ?～1189.閏4?.-
平安後期の僧。源義経の郎従。武蔵坊と称する。『吾妻鏡』に名がみえるので実在の人物とみられるが，『平家物語』『義経記』などで虚構化されて伝えられ，実像は不詳。熊野別当が大納言の女を強奪して生まれた子で，鬼神のような怪力をもち，幼少から比叡山，四国霊場，播磨の書写山で修行した。寺を追われてのち京都に入って刀狩をしていたが，義経に清水観音境内(のち五条大橋として伝説化)で敗れて臣従。平氏追討・奥州逃避行に従い，各所で知略・怪力によって主君を助け，衣川ころもがわ合戦で殉死。以上は『義経記』による伝記だが，室町時代の謡曲・幸若舞こうわかまい・物語草子や，江戸時代の歌舞伎・浄瑠璃などでさまざまに脚色され流布した。

へんしょう [返抄]
古代～中世の受取書または領収書。本来は公式令 くしき に規定されたように，官司間の文書・物品・人物などの送納に際し受領側が発行するもの。8世紀後半から，四度公文 よどくもん に代表される諸国からの物品納入をともなう帳簿の監査の結果発行される領収書の意味が中心となる。官司間にかぎらず封物納

付に際しても発行された。9世紀以後の律令財政変質のもと，一部分納入を証する返納返効，日収や数年分をまとめた惣返抄などが出現した。10～11世紀には，調庸・封物納入の請負業者に発行される手形的要素もでてきて，売買の対象となる例もあった。

へんじょう [遍照] 816～890.1.19 遍昭とも。平安前期の歌人。六歌仙・三十六歌仙の1人。俗名は良岑宗貞_{よしみねのむねさだ}。安世_{やす}の子。子に素性_{せい}。従五位上蔵人頭であったが，仁明_{にんみょう}天皇の死去により出家。円仁_{えんにん}・円珍に師事し，885年(仁和元)僧正となる。元慶_{がんぎょう}寺を建立，花山_{かざん}僧正とよばれた。「古今集」仮名序は「歌のさまは得たれども，まことすくなし」と評する。「古今集」以下の勅撰集に約35首入集。家集「遍照集」。

べんどう [弁道] 荻生徂徠_{おぎゅうそらい}による徂徠学誕生を示す宣言書。1巻。1717年(享保2)成立。37年(元文2)刊。「蘐園_{けんえん}随筆」をみて接近してきた程朱学徒に対し，自己の新しい立場を示す必要から執筆。25条からなる。安民という政治的価値の強調，聖人による道すなわち礼楽_{れいがく}制度の制作説，三代聖人と孔子の連続観，孟子による道の不明確化，老子・程朱学・仁斎学など礼楽(物)を離れて原理を抽象的に説く立場への批判など，徂徠学の基本テーゼがみられる。「日本思想大系」所収。

へんどうそうばせい [変動相場制] 外国為替相場を市場の需給により自由に変動させる制度。第2次大戦後の各国の外国為替相場制度は，IMF体制のもとで，米ドルを基準に一定比率に固定(たとえば1ドル=360円)する固定相場制がとられてきたが，1971年(昭和46)8月15日のアメリカの金・ドル交換性停止(ドルショック)を契機に動揺し，73年2～3月から主要諸国がいっせいに固定相場制を放棄したため，世界は変動相場制の時代に入った。

へんねん [編年] 考古学の資料を，各地域・各型式ごとに，層序_{そうじょ}あるいは型式学に裏づけられた相対年代にしたがって分類・整理し，年代順に並べる作業をいう。通常は，時間的変遷を鋭敏に反映する土器が編年作業の基本として使用される。土器以外の資料は，土器編年にもとづいて考察され，そこではじめて地域文化の発展や変化が跡づけられ，他地域との文化交流などの研究が可能になる。

へんねんたい [編年体] 中国の歴史書の叙述形式の一つで，年月を追って記事を配列する。紀伝体・紀事本末体とあわせて史の三体といい，「春秋左氏伝」など古い時代の史書はこの形式。歴史の共時的な動きを追うには便利だが，大局的な把握は紀伝体に及ばず，紀伝体が現れるとあまり採用されなくなった。しかし宋代の「資治通鑑_{しじつがん}」は編年体の代表的な史書であり，日本の六国史_{りっこくし}もこれによっている。

ほ [保]「ほう」とも。■律令制下の行政組織。郷・里の下部の単位として人為的に編成された。5戸を1単位(五保とも)として長がおかれ,貢租・徴税や防犯の徹底,浮浪逃亡の防止のために保内で相互に援助や監視を行った。702年(大宝2)の御野国戸籍では保が5戸から構成されるが,それ以後の奈良時代の戸籍・計帳では保の実態は不明瞭である。■平安京の地割単位。1坊を4保,1保を4町として保を設定した。899年(昌泰2)には左右両京に結保帳(けつほちょう)を作成させるなど,平安初期には主として京内において重視された。■平安後期~中世に現れる国衙(こくが)領内の所領の単位。荘・郷・別名と併称された。開発領主の保の設定申請を国司が承認することによって成立した。多くの場合,開発領主は保司(ほうじ)または公文職(くもんしき)となって在地を支配した。

ボアソナード Gustave Emile Boissonade 1825.6.7~1910.6.27 フランスの法学者。パリ大学で法律学などを学び,グルノーブル大学・パリ大学の助教授を歴任。1873年(明治6)日本政府から招聘され,司法省法学校で自然法などを教授。治罪法・刑法案を起草したが,民法案は民法典論争がおき,不採用となった。和仏法律学校・明治法律学校でも教授し,在野法学教育の基礎作りにも尽力。22年間滞日して95年帰国。

ほあんじょうれい [保安条例] 明治中期における反政府活動の取締り法令。三大事件建白運動が高まり,自由民権派などの地方有志が続々上京して政府に迫ると,第1次伊藤内閣の山県有朋(やまがたありとも)内相はこれに対処するため,1887年(明治20)12月25日,勅令第67号をもって保安条例を発布,即日施行した。全7条。秘密の結社・集会の禁止,警官の屋外集会の禁止権,内乱陰謀・治安妨害の恐れある人物に対する皇居3里以内からの退去などを定めている。施行と同時に発動され,同月中に星亨(とおる)・片岡健吉・中江兆民(ちょうみん)・中島信行・尾崎行雄ら450余人が退去させられた。初期議会にはしばしば発動され,民党・吏党の壮士に退去命令が出された。民党側から再三廃止要求が出されたが,98年6月,第3次伊藤内閣のとき廃止された。

ほあんたい [保安隊] 警察予備隊の後身。1952年(昭和27)7月公布の保安庁法により8月保安庁が設置され,同年10月15日警察予備隊を保安隊と改称,定員を7万5000人から11万人に増強した。日本の平和・秩序の維持,人命・財産の保護を任務とするもの,独立回復・日米安全保障条約締結を背景に,治安維持を任務とする警察予備隊にくらべて国家防衛の側面が強まった。なお同年海上保安庁内に設置された海上警備隊も警備隊と改称,保安庁の管轄下に入った。

ほあんちょう [保安庁] 平和と秩序の維持,人命と財産の保護を任務とする保安隊と警備隊を管理運営した総理府の外局。1952年(昭和27)8月1日,日米安保条約で期待された防衛力漸増のために警察予備隊(保安隊となる)と海上警備隊(警備隊)を統合して設置。長官には国務大臣をあて,初代長官は吉田茂首相の兼任。54年7月防衛庁に改組。

ほい [布衣] ⇨狩衣(かりぎぬ)

ほう [袍] 公家装束の一種。束帯・衣冠・直衣(のうし)などの表着。束帯の袍には,文官の縫腋(ほうえき)袍と武官の闕腋(けってき)袍がある。縫腋袍は両腋を縫いふさぎ,足さばきのよいように襴(らん)とよばれる横裂(よこぎれ)の両腋に襞(ひだ)をいれた入襴の袍と,襴の襞を外に張り出して蟻先(ありさき)とした袍とがある。闕腋袍は両腋が開き馬上や動きの便を考慮したもの。束帯の略装が衣冠。色目(いろめ)は官位相当により黒・赤・縹(はなだ)にわけ位袍ともいう。位色以外の好みの物を雑袍(ざっぽう)・直衣と称し,参内には勅許を必要とした。

ほう [烽]「とぶひ」とも。煙火による緊急連絡手段,またそれを放つための施設。烽火(ほうか)・烽燧(ほうすい),のちには狼煙(のろし)ともいった。おもに軍事に用いる。弥生時から存在したが,律令では成文で規定された。40里(約21km)ごとに烽をおき,信号のあげ方,材料の製法,信号を誤った場合の措置などを規定し,烽長(ほうちょう)の管理下で烽子(ほうじ)を使役し運用にあたることになっていた。都の周辺や西海道,出雲・隠岐などの諸国でその存在が確かめられる。799年(延暦18)大宰府管内を除き廃止され,その後部分的に復活されたこともあるが,統一的な烽制はやがて衰えた。しかし緊急の通信手段として,軍事的用途を中心として後世まで広く用いられた。

ほう [坊] 都城における街路に囲まれた土地・行政区画。ふつう東西に連なる4坊が1条を構成,ときには条を坊と称する。「延喜式」では坊は16の町にわかれ,全体で180丈四方。中国では漢代以降の都城にみえ,日本でも藤原京の「林坊」の名が知られるので,遅くとも7世紀には導入されていた。なお「和名抄」の訓はマチで土地の区画を意味し,そのため条里の「坪」や坊内部の「町」にも坊の字があてられることがあった。

ほうえいきんぎん [宝永金銀] 江戸幕府が17

06〜12年(宝永3〜正徳2)に鋳造発行した金銀貨の総称。金貨は10年から鋳造され,「乾」の極印があった小判・一分金は乾字金とよばれ,また減量されて小形になったので小形金ともいう。銀貨には「宝」または「永」の極印があったが,この間大黒常是は鋳造に関与しなかったわけで,規模はそれほどにはない。06年の宝字銀,10年の永字銀・三ツ宝銀,11年の四ツ宝銀と改鋳がくり返され,そのたびに銀の含有率は低下した。永字銀以下の鋳造は,勘定奉行荻原重秀の独断によるという。元禄改鋳後の銀高基調を転換させるため銀貨の改鋳に重点がおかれたが,幕府は改鋳益金の獲得をめざし,勘定所役人と銀座の結託による私欲の追求もあったという。

ぼうえいちょう [防衛庁] 1954年(昭和29)7月1日陸海空自衛隊の発足とともに,防衛庁設置法により総理府の外局として設置された(前身は保安庁)。日本の平和と独立を守り,国の安全を保つという目的の下,自衛隊の管理・運営および運用を行う。国務大臣である防衛庁長官の下に内局・外局(防衛施設庁)がおかれ,政務・事務を担当。自衛隊に関し,長官の補佐機関として陸海空自衛隊の各幕僚監部,同各幕僚長・議長からなる統合幕僚会議がある。付属機関として防衛大学校・防衛医科大学校・防衛研究所などがある。

ほうえいのじしん [宝永の地震] 1707年(宝永4)10月4日の昼前,東海から四国にかけての広い地域を襲った地震。最大級地震の一つ。震源は太平洋沖で,規模はマグニチュード8.4と推測。房総半島から九州にいたる太平洋沿岸を津波が襲い,とくに土佐に大きな被害をもたらした。全体の被害は明らかではないが,倒壊家屋6万戸,流失家屋2万戸,半壊・破損家屋5万戸,死者2万人を下回らないと推定される。東海沖,南海沖の二つの巨大地震がほぼ同時におきたともいわれる。約50日後の11月23日に富士山の大噴火がおきたが,これとの直接のかかわりはないとされる。

ぼうえいりょくせいびけいかく [防衛力整備計画] 第2次大戦後の自衛隊の装備・経費についての5カ年を基準とする政府計画。鳩山内閣期から策定が進められ,1957年(昭和32)6月,岸内閣のもとで国防会議が第1次防衛力整備計画(一次防,58〜60年度間の3カ年計画)を決定。以後,61年の単年度計画をへて,二次防・三次防・四次防(62〜76年度間のそれぞれ5カ年計画)が連続的に策定・実施された。その後固定的計画のもつ硬直性が目標の達成を困難にするとして,77年度から「防衛計画の大綱」にもとづく単年度方式に移行。一時,中長期計画作成は防衛庁の部内作業となったが,85年に事業の継続性を保つ必要などから,翌年度以降を対象とする5カ年・政府計画方式の中期防衛力整備計画(中期防)が再び策定された。

ぼうえきぎん [貿易銀] 明治期に貿易決済用として鋳造され,のちに本位貨幣同様の通用を認められた銀貨。1871年(明治4)の新貨条例は,当時アジアの貿易決済貨幣として流通していたメキシコ・ドル銀貨と同等の1円銀貨円銀を鋳造し,開港場に限り無制限通用力を認めた。その後,世界的銀価格の低落にともない銀貨の流入,金貨の流出が激化したので,75年に政府はアメリカ貿易ドルと同じに通用する貿易銀を発行した。78年5月には銀価低落のなかでの金本位の維持が困難なことから,政府は貿易銀に無制限通用力を与え,本位貨同様に扱うこととした。貿易銀流出に対して同年11月その鋳造をやめ,円銀を復活した。98年4月1日限りで円銀は通用禁止とされた。

ほうおう [法王] 766年(天平神護2)に道鏡のために創設された地位。称徳天皇は,隅寺の毘沙門像からの水晶仏出現を道鏡大政大臣禅師としての政治指導による功績として,道鏡を法王とした。供御に準じる月料や法王宮職の付置,また769年(神護景雲3)に西宮前殿で大臣らから拝賀をうけたことから,皇太子に準じる扱いであった。770年(宝亀元)に称徳天皇が没し,道鏡が左遷されるとともに廃絶した。

ほうおう [法皇] 法王とも。上皇が出家した場合の称。太上法皇の略称で,禅定仙院(禅院)とも称した。899年(昌泰2)仁和寺で出家した宇多上皇が初例。院政を確立した白河・鳥羽・後白河の3上皇は,いずれも出家し法皇として権勢をふるった。以後,江戸時代の霊元上皇まで多くの上皇が法皇となった。

ほうおんこう [報恩講] 仏教寺院で宗祖・派祖の忌日に恩徳を謝するために行われた法会。とくに浄土真宗のものは有名。真宗では,京都の本願寺3世覚如が親鸞の恩徳を讃仰して「報恩講式」を作り始めた。南北朝期には親鸞の忌日の陰暦11月28日を結願とする1週間の法会が行われた。以後,真宗で最も盛大な年中行事として現在に至る。西本願寺では陽暦の1月9日から16日まで,東本願寺では陽暦の11月21日から28日まで法会を催す。いずれも8日7夜にわたるので御逮夜・お七夜・お七昼夜ともいい,全国から多数の門信徒が参詣。末寺でも最大の年中行事として本山と重ならないように勤仕する。

ほうか [放下]「ほうげ」とも。もとは禅宗で一切の煩悩を投げすてること,またその僧。室町〜江戸初期に流行した見世物的大道芸。中国渡来の散楽の技も継承する。演者の多くは禅僧きどりで放下僧と称し,ササラやコキリコ

を鳴らして歌舞・手品・曲芸を演じた。僧形で烏帽子を被り笹を背負うなどの異形の姿をし、正統仏教は彼らを偽装仏教者として罵倒した。江戸初期には、俗人が放下師として活動し歌舞伎とも交流したが、中期以降は衰退し門付芸人である辻放下として続いた。

●…放下

ほうか [法家] 明法家ともいう。律令学を世襲する法曹官人集団。狭義には明法博士・判事に任命される者をさす。当初は讃岐・惟宗氏などが有力であったが、家業が最終的に確立する11世紀後半以降は中原・坂上両氏の独占するところとなった。平安時代以降、太政官に直属して法的判断の求められるさまざまな機会に答申説明に従事した。

ほうかいじ [法界寺]「ほっかいじ」とも。京都市伏見区にある真言宗醍醐派の寺。東光山と号す。通称は日野薬師・乳薬師。開創は未詳。1051年(永承6)日野資業がこの地に隠棲してから、日野氏の保護のもとに伽藍が整備された。現存する国宝の阿弥陀堂もその頃の建立か。応仁と天正の兵火で諸堂を焼失したが、宗祖親鸞誕生の地として本願寺の支援をうけ、江戸時代に再興された。

阿弥陀堂 正面5間、側面5間で、宝形造の主屋の周囲に1間通りの吹き放しの裳階を設けた阿弥陀堂で、外観は二重にみえる。建築年代には諸説があるが、『民経記』にある1226年(嘉禄2)に造営中の「本堂」を当堂とする説が有力。主屋内部は方1間の母屋と周囲の庇からなり、母屋柱と庇の側柱筋をあわせない。母屋の後方に須弥壇を設け、阿弥陀如来像を安置する。母屋の柱・小壁などに極彩色で仏画・文様などを描く。高さ14.2m。国宝。

阿弥陀如来像 阿弥陀如来の本尊。定印を結ぶ丈六の阿弥陀像。鎌倉時代の堂建立以前の伝来は不詳だが、同寺で平安後期に造られた数体の丈六阿弥陀像のいずれかにあたるだろう。定朝様の阿弥陀像のうち最も出来映えの優れたものの一つ。高さ280.0cm。国宝。

ほうかくきくきょう [方格規矩鏡] 鈕の周囲に方格がめぐり、外側の各辺中央にT字形、その向かい側にL字形、方格の対角線の方向にV字形の図文と8個の乳をおき、その間に四神・瑞獣・神仙などを配した鏡。T・L字形を矩(定規)、V字形を規(コンパス)にみたてたことに由来。こうした図形は、博局(六博という ゲームの盤)や日時計にもみられ、十二支銘や四神図などとともに陰陽五行説にもとづき、天円地方にかたどられた宇宙観の表現とされる。中国前漢末に出現し、後漢・三国に盛行。日本では弥生時代の甕棺墓かんをはじめ、前期古墳からの出土例が多い。

ほうきのくに [伯耆国] 山陰道の国。現在の鳥取県西半部。『延喜式』の等級は上国。『和名抄』では河村・久米・八橋・汗入・会見・日野の6郡からなる。国府・国分寺・国分尼寺は久米郡(現, 倉吉市)におかれた。一宮は倭文神社(現, 東郷町)。『和名抄』所載田数は8161町余。『延喜式』では調は絹・帛・絁・鉄、庸は韓櫃・綿・絁、中男作物は紅花・椎子などを定める。鎌倉初期には日野川上流域の在地領主金持氏が守護に任じられ、中期以降北条氏にかわった。西部の在地領主名和氏らは、隠岐島から後醍醐天皇を船上山に迎え、建武の新政に参加した。戦国期には出雲国の尼子氏や安芸国の毛利元就を侵攻。江戸時代には、因幡国とともに鳥取藩池田氏の支配下におかれた。1871年(明治4)の廃藩置県により鳥取県となる。

ほうけいしゅうこうぼ [方形周溝墓] 弥生時代の墓制で、地域によっては古墳前期にもひきつがれる。弥生前期に畿内で出現し、のち全国に普及。1辺5m前後から20mほどの大きさで、幅約1〜2mの溝が方形にめぐる。検出例は少ないが、溝で囲まれた中に本来低い盛土があり、そこには以前は数基の埋葬主体がある。埋葬主体は土壙がふつうであるが、溝内に設けられることもあり、土器棺も併用される。副葬品は少なく、剣・玉類などが少量検出される。溝内からは供献用の底部穿孔土器が発見されることが多く、墓前での葬送儀礼に用いられたものとされる。墓は集落に隣接して単独あるいは群集して営まれており、集落内の特定集団の墓としての性格が強い。広い意味での墳丘墓で、円形周溝墓・前方後方型周溝墓などとの関連もある。近年朝鮮半島南部からも発見されている。

ほうけいだいじょうぼ [方形台状墓] 弥生時代〜古墳前期の墳墓で墳丘墓の一種。墳丘墓研究の初期に用いられた名称。丘陵から離れた丘陵尾根を削りだして方形・長方形に区画し、若干の盛土をする。葺石をめぐらすこともある。瀬戸内海沿岸地方を中心に分布。複数の土壙を埋葬施設とすることが多く、一般に副葬品は少ない。特殊器台形土器・特殊壺形土器などが供献されるものがある。

ほうけんせいど [封建制度] 日本史学では、およそ次の四つの意味で用いられる。(1)中国で

集権的な郡県制との対比で用いられる分権的国家体制，つまり諸侯を封じて国を建てる封建制（儒学的封建制概念）。(2)西欧中世のレーエン制をモデルとしての，主従関係を軸とした政治的・軍事的制度（法制史的封建制概念）。(3)史的唯物論の立場から人類社会の発展段階の一階梯として位置づけられ，農奴制的生産様式を下部構造として構成される社会制度（農奴制的封建制概念）。(4)フューダリズムの語で西欧中世の社会をモデルとしての，レーエン制や農奴制をもその要素として含む社会構造全体（社会史的封建制概念）。近世日本の知識人が当時の社会を封建制と考えたのは(1)の意味においてだが，近代歴史学が西欧中世と日本中世との構造的類似に注目する過程で，ことに分権的な政治体制である(1)と(2)の現象的な類似に着目して「封建」の語は拡大使用された。さらに第 2 次大戦後は，史的唯物論の立場にもとづく(3)の意味が「封建」概念の中核を占めるようになった。

ほうけんちだい [封建地代] 封建領主が生産諸条件を保有する農民から強制的にとりたてる余剰労働ないし余剰生産物。(1)労働地代。農民が領主直営地においてみずからの労働用具を用いて行う無償の賦役労働。(2)生産物地代。農民が生産した現物の一部を領主に支払う。(3)貨幣地代。農民が生産物の一部を販売して得た貨幣を領主に支払う。(1)～(3)の移行の前提には農民の自立性の強まりがあり，また移行にともなって，農民の手元に余剰の一部が蓄積される傾向が強まる。その意味で貨幣地代の一般的成立は，独立自営農民層の成立と資本制地代の発生を可能にする。

ほうげんのらん [保元の乱] 1156年(保元元)皇室および摂関家の内部対立がもとで京都におこった内乱。皇室では皇位継承をめぐり崇徳↖上皇と後白河天皇の兄弟が対立，摂関家でも藤原忠通・頼長兄弟が摂関職をめぐって争い，上皇とは頼長とその父忠実が結び，天皇と忠通が接近した。鳥羽上皇の死を契機に両陣営間の緊張が高まり，双方が武士をまきこんで武力衝突をおこした。崇徳・頼長側には平忠正・源為義，後白河・忠通側には平清盛・源義朝などがついた。戦闘は天皇側の夜襲による先制攻撃が功を奏して 1 日で終わり，上皇側の敗北となった。頼長は戦傷がもとで没し，上皇は讃岐に流された。忠正・為義らは，天皇の近臣藤原通憲の主張により，それぞれの甥清盛と子義朝の手で斬首。薬子↖の変以来300年以上絶えていた死罪が復活し，京都が戦場となったこともあわせ世に衝撃を与えた。貴族間の対立が武士の力によって解決し，武士の時代の到来を示すこととなった。

ほうげんものがたり [保元物語] 保元の乱の原因，経過，合戦後の動向を描く軍記物語。3巻。作者は「醍醐雑抄」の藤原時長説などいくつかあるが不詳。諸本は内容などの差異により，古態本から古活字版などの流布本までの 5系統に分類され，作品の流動的な展開を伝える。現存最古本で1318年(文保2)の書写奥書をもつ彰考館蔵本(中巻のみ，文保本とよばれる)に，1179年(治承 3)後白河上皇の鳥羽上皇幽閉がみえること，「普通唱導集」(1297序)が琵琶法師による語りの事実を記すこと，平清盛よりも源氏の義顕や為朝に具体的なイメージのかたよりがみられることなどから，12世紀末～13世紀前半の乱にかかわる文献記事や世間伝承に取材して原態を成立させたと思われる。「日本古典文学大系」所収。

ほうこ [房戸] 房戸とも。戸は律令制下の人民の基本的単位集団。戸令には50戸で 1 里を構成する規定があるが，717年(養老元)の郷里制施行によって，従来の里は郷と改称され，郷の下に 2～3の里(コザト)が新設された。これにともない従来の戸も 2～3の戸に分割され，従来の戸を郷戸ど，その下に新設された戸を房戸とよぶようになった。この時点の房戸は郷戸に比べて農民の実態家族に近く，課役の確実な収取が期待されたとみられる。やがて房戸と実態の乖離が進み，739～740年(天平11～12)の郷里制廃止とともに意味を失い，郷戸のなかに解消された。

ほうこう [奉公] 中世武家社会の封建的主従制のもとで，従者が主人に奉仕すること。鎌倉時代には，御家人が将軍に対して奉仕することのほか，得宗に御内人うちを(得宗被官)が奉仕することや，御家人にその被官が奉仕することも奉公であった。御家人の奉公には，戦時の従軍と大番役に代表される平時の警固などの軍事的負担と，関東御公事など経済的負担とがあった。御家人が奉公を怠った場合は，恩給地の没収などの処罰が科せられた。

ほうこうじ [方広寺] 京都市東山区にある天台宗の寺。大仏殿ともよぶ。1586年(天正14)豊臣秀吉が建立。奈良東大寺にならい 6 丈 3 尺の大仏を安置する。大仏殿の完成は1612年(慶長17)。大鐘の銘文「国家安康」「君臣豊楽」は徳川家康の疑いをうけ，大坂冬の陣の原因になったことで有名。鐘は鐘楼に現存，重文。

ほうこうじ [法興寺] ⇨飛鳥寺あすか

ほうこうじしょうめいじけん [方広寺鐘銘事件] 京都方広寺大仏殿に豊臣秀頼が奉納した鐘の銘に徳川家康が難くせをつけ，大坂の陣開戦の原因の一つとなった事件。大仏殿の再建は家康による豊臣氏の財力消耗策の一つだった。1614年(慶長19) 7 月家康は鐘銘の「国家安康」

「君臣豊楽」について難詰し，豊臣氏の国替，秀頼あるいは淀殿の江戸下向の三者択一を迫り，大坂冬の陣が勃発した。事件の本質が大仏建設という国家的事業を統轄する家康の権威を，豊臣氏が損なったことにあるともいわれる。

ほうこうしゅう [奉公衆] 番衆・番方・五箇番とも。室町幕府の御目見以上の直勤御家人。直轄軍。5番編成で，番頭の指揮下で御所警固や将軍の供奉，戦時の将軍の旗本や馬廻を勤めた。足利一門や守護大名家の庶流，足利家根本被官，有力国人領主など300人ほどで構成され，御料所などが預けおかれた。鎌倉幕府の御所内番衆の制を継承し，足利義満から義教にかけての時期に整備された。将軍家の直轄軍として守護大名を牽制し，東山文化の担い手でもあったが，明応の政変で事実上解体。古河公方も奉公衆を擁していた。

ほうこうにん [奉公人] 本来，武士の主従関係における従者をさすが，中世末～近世初頭では士分に取り立てられた武家奉公人をさす。江戸時代になると，主家の家業や家事に従事して労働を提供する者の総称となった。主人の身分や職業に応じて，若党・中間などの武家奉公人，農村奉公人，丁稚でっち・手代などの商家奉公人，職人の弟子・徒弟などの種別があり，身分契約の形態によって譜代奉公，質奉公，年季奉公や日用奉公などの区別がある。17世紀に幕府は人身売買の禁止や年季制限を令したが，農村ではいぜん譜代・質奉公や長年季の奉公が多くみられた。江戸中期以降，農業の発達や商品生産の展開などから短年季の奉公が一般的となる。武家奉公では初期から1季や半季の出替でがわり奉公人が都市域を中心に広範に存在していた。なお商家や職人の奉公人は，技術の習得や商売の見習いを主的とするため長年季の奉公が多い。

ほうこくれい [防穀令] 朝鮮開国後の不平等条約体制のもとで，朝鮮の地方官が米・大豆など穀類の日本への輸出を禁じた命令。1884年(明治17)から1901年までに27件を数えるが，1889年の黄海道・咸鏡道および90年の黄海道の防穀令は，日本側が賠償を請求し外交問題となり，清国の李鴻章りこうしょうに斡旋を依頼した結果，ようやく93年に日本側は賠償金11万円を得た。

ほうこしょとう [澎湖諸島] ポンフー諸島。台湾海峡中にある群島。台湾の西方50kmの海上に位置し，64の島々からなる。明代には泉州府晋江県に属したが海賊の拠点でもあった。1622年マカオ攻撃に失敗したオランダ人が馬公まこうに上陸し築城したが，明の官憲の阻止にあい，24年撤去。のち鄭成功ていせいこうが厦門あもいから移り，台湾を占領，その子の経が砲台をおいた。83年清が攻略し鄭氏を倒した。明代末・清代初めの頃には戦乱を避けて漳州・泉州の住民が多数移住した。19世紀から列強が戦略的要地として注目し，清仏戦争ではフランス艦隊が島を封鎖し，日清戦争では日本が占領した。主島にある馬公は良港で，日本統治下では海軍の要港だった。第2次大戦後中国に返還。

ほうし [保司] 「ほし」とも。中世，保を管理した者。国衙こくがに開発を申請し，立保の許可を得た者が任じられた。郡司などの在地領主層であることが多いが，便補保べんぽほの場合は在京の官人らが任じられることも多かった。保司になると官物かんもつ・雑公事ぞうくじを徴収し，雑公事は自分の得分とした。

ほうじがっせん [宝治合戦] 三浦氏の乱とも。1247年(宝治元)6月5日，安達一族と執権北条時頼によって，三浦泰村一族が滅ぼされた事件。前年(寛元4)の宮騒動以後，泰村は弟光村が前将軍藤原頼経と近かったため，反執権勢力の中心と目されていた。三浦氏の勢力に脅威を感じる安達景盛は，4月，三浦氏打倒の画策をめぐらして時頼に密訴し，鎌倉の緊張が高まった。時輩の勧めにより，6月5日，和平を約した泰村に対し，景家が子の義景，孫の泰盛らに泰村邸を襲撃させると，時頼もこれに応じて北条実時に幕府守備を，時定に泰村邸襲撃を命令，三浦一族は源頼朝の墓所法華堂にたてこもって全員自裁した。

ほうしゃせいたんそねんだいそくていほう [放射性炭素年代測定法] 遺跡から発見される動物の骨や貝殻，あるいは木材などに含まれる放射性炭素¹⁴Cの濃度によって，遺物・遺跡の年代を決定する方法。アメリカのリビーによって開発され，先史時代資料の絶対年代測定法を渇望していた世界各地で急速に利用され，考古学研究の進展に多大の貢献をした。日本でも例外ではないが，半減期の年数の問題，あるいは較正年代の問題などの問題点が指摘され，とくに縄文文化の開始時期の年代については諸説がある。

ほうしょ [奉書] 私文書の一様式で，差出人の身分が高い場合，差出人が直接書かず，側近が主人の意思を承って書く文書。差出人が直接書く私文書を直状じきじょうという。平安時代以降しだいに公的なものに変化した。天皇の意思を承って出した奉書は綸旨りん，上皇の場合は院宣いんぜん，親王の場合は令旨，三位以上の貴族の場合は御教書みぎょうしょとよばれた。当初は公家の間で使われたが，鎌倉時代以降，武士の間でも使われるようになり，将軍の御教書などが出された。

ほうじょう [方丈] 「維摩経ゆいま」の主人公である維摩居士の1丈四方の部屋。転じて，禅宗で寺の長老・住職のいる部屋をさす。中央部の

奥に仏間、左右に檀那之間・礼之間・書院之間などを配する。書院造に仏間をあわせた様式で、建物の前面に玄関をもつのが特色。玄関と幽玄な禅の悟りに入る関門の意味で、日本住宅の玄関の由来もここにある。京都東福寺竜吟庵は現存最古の遺構。

ほうじょううじつな [北条氏綱] 1487～1541.7.19 戦国期の武将。相模国小田原城(現、神奈川県小田原市)城主。北条早雲の子。戦国大名北条氏2代。1518年(永正15)家督となる。24年(大永4)江戸城、37年(天文6)河越城を奪い武蔵に進出して扇谷 $_{おうぎがやつ}$ 上杉氏を圧迫。同年駿河で今川義元と戦い(河東一乱)、翌38年小弓御所足利義明を破って房総勢の台頭を退けた(国府台 $_{こうのだい}$ の戦)。当初伊勢氏を称したが23年北条氏に改め、執権北条氏と同姓として相模・武蔵支配の正当性を主張。

ほうじょううじなお [北条氏直] 1562～91.11.4 織豊期の武将。氏政の子。相模国小田原城(現、神奈川県小田原市)城主。戦国大名後北条氏5代。1580年(天正8)家督をつぐ。82年本能寺の変ののち上野・信濃・甲斐の旧織田氏領国に進攻、徳川家康と衝突した。豊臣秀吉から臣従の礼を求められたが応じず、88年叔父氏規を派遣、その開戦決戦を予想し軍備増強に努めた。89年叔父氏邦が真田昌幸の上野国名胡桃 $_{なぐるみ}$ 城(現、群馬県月夜野町)を奪ったが、秀吉にとがめられ、90年の関東出兵(小田原攻め)を招いた。小田原城に籠って抵抗したが敗れ、降伏ののち高野山で謹慎。翌年許されたがまもなく大坂で死没。

ほうじょううじまさ [北条氏政] 1538～90.7.11 戦国期～織豊期の武将。相模国小田原城(現、神奈川県小田原市)城主。戦国大名後北条氏4代。武田信玄の女婿。永禄初年家督をつぐ。父氏康の後見をえて上杉謙信・里見義弘らと戦い、北関東にも勢力をのばした。1569年(永禄12)氏康の主導によって謙信と結び信玄と敵対したが、71年(元亀2)氏康が死ぬと、武田氏との同盟を回復。しかし78年(天正6)以後再び敵対、79・80年武田勝頼と駿河国黄瀬川(現、静岡県沼津市)で対陣。同年子氏直に家督を譲る。90年豊臣秀吉の関東出兵(小田原攻め)をうけ、小田原城に籠ったのち降伏、切腹した。

ほうじょううじやす [北条氏康] 1515～71.10.3 戦国期の武将。相模国小田原城(現、神奈川県小田原市)城主。戦国大名後北条氏3代。後北条氏は氏康の代に戦国大名として確立。1541年(天文10)家督をつぐ。46年河越城の戦の勝利などによって上杉氏を圧倒、関東における後北条氏の優位を不動にした。54年今川・武田両氏と三者同盟を結ぶ(善徳寺の会盟)。内政面では租税制度・貨幣制度・伝馬制度などを整備。永禄初年家督を子氏政に譲り後見となるが、同時に支城制度を固め、氏政の弟らを領国の各所に配置。61年(永禄4)上杉謙信に小田原城を攻められたが、武田信玄が南進に転じたため、69年には謙信と結んだ(越相同盟)。

ほうじょうえ [放生会] 捕らえた虫・魚・動物を祭礼の日などに解き放って自由にする法会。殺生や肉食を戒める慈悲の実践として、ふつう陰暦の8月15日に行われる。その趣旨や因縁は「梵網経」「金光明最勝王経」ほかの諸経典にみられる。とくに京都石清水 $_{いわしみず}$ 八幡宮、鎌倉鶴岡八幡宮のものが有名。石清水で隼人 $_{はやと}$ 征伐の滅罪のために始まったという。鶴岡のものは、石清水をまねて1187年(文治3)に始まり、石清水放生会にはない流鏑馬 $_{やぶさめ}$ 儀礼が特色。

ほうじょうき [方丈記] 平安・鎌倉時代の随筆。鴨長明 $_{かものちょうめい}$ 。1212年(建暦2)成立。父長継の跡をうけて下鴨社の禰宜 $_{ねぎ}$ になる道を閉ざされた憂いなどから、俗世の交わりをたち出家した長明が、京都の東南で、醍醐寺に近い日野山に構えた方丈の草庵にこもり、日々の感懐をつづった。「維摩経 $_{ゆいま}$ 」の維摩の居室の方丈にちなみ、慶滋保胤 $_{よししげのやすたね}$ の「池亭記」から構想をうける。安元の大火、治承の辻風、福原遷都、養和飢饉、元暦大地震の5大災厄の記事をのこし広本系と、含まない略本系に大別される。鎌倉初期の大福光寺本は長明自筆とも考えられていたが、現在では否定的。「新日本古典文学大系」所収。

ほうじょうさだとき [北条貞時] 1271～1311.10.26 鎌倉後期の幕府執権。父は時宗、母は安達泰盛の妹(女とする説もある)。1284年(弘安7)時宗の死により執権となる。北条氏の家督である得宗として被官の最有力者平頼綱 $_{よりつな}$ と、外戚で有力御家人の安達泰盛 $_{やすもり}$ に支えられ、得宗専制体制を確立した。97年(永仁5)徳政令を発した。1301年(正安3)執権を退き出家。その後も得宗として政務を主導した。

ほうじょうさねとき [北条実時] ⇨金沢実時 $_{かねざわさねとき}$

ほうじょうし [北条氏] ■鎌倉の北条氏。鎌倉幕府の執権を勤めた一族。桓武平氏の一流。時政 $_{ときまさ}$ の父時方が伊豆介となり、伊豆国田方郡北条(現、静岡県韮山 $_{にらやま}$ 町)に住んで北条氏を称したのに始まる。時政は、源頼朝の舅 $_{しゅうと}$ として鎌倉幕府創設に活躍して勢力をのばし、初代執権となる。以後、代々執権となり、他の有力御家人を倒して幕府の実権を掌握。嫡流得宗家は、一門を連署、六波羅・鎮西両探題、評定衆、諸国守護などに任じ、幕政を支配。名越 $_{なごえ}$・赤橋・金沢 $_{かねさわ}$・大仏 $_{おさらぎ}$ の諸氏を分出。1333年(元弘3)元弘の乱で敗れ滅亡。→巻末系図

❏**小田原の北条氏**。戦国大名。鎌倉幕府執権の北条氏と区別し後北条氏ともいう。始祖早雲(伊勢宗瑞ともいう)は、1476年(文明8)今川家の内紛に乗じて台頭。91年(延徳3)伊豆国を平定、ついで相模国を征服した。小田原城を本拠とし、2代氏綱から北条氏に改め、5代に及び関東に勢力をふるったが、1590年(天正18)豊臣秀吉の小田原攻めにより滅亡。ただし、氏綱の孫氏規^{うじのり}の子孫は江戸時代に河内国狭山藩主となり、維新後、子爵。→巻末系図

ほうじょうじ [法成寺] 京都市上京区にあった藤原道長創建の寺。1019年(寛仁3)に出家した道長が阿弥陀堂を建立し、無量寿院と名づけたのが始まり。22年(治安2)金堂・講堂の落慶供養に後一条天皇の行幸があった際、法成寺と名をの改めた。のちに道長の妻倫子も出家して西北院を寺内にたてた。のち薬師堂・三昧堂・釈迦堂や、女の太皇太后彰子^{しょうし}(上東門院)のための尼戒壇も造られた。道長は27年(万寿4)当寺阿弥陀堂で死去。その後も彰子や長男頼通らによって堂宇の造営が行われたが、58年(康平元)炎上、頼通によって再建された。摂関期には最大規模を誇ったが、鎌倉時代に衰退した。

ほうじょうしげとき [北条重時] 1198.6.6〜1261.11.3 鎌倉中期の武将。父は北条義時、母は比企朝宗の女。泰時の弟。極楽寺殿と称する。小侍所別当として将軍に近侍し、1230年(寛喜2)六波羅探題北方として上京。18年間、幕府の京都統治の安定に努める。宝治合戦ののち、兄時頼に招かれ関東にもどり、47年(宝治元)連署に就任。56年(康元元)出家し、のち鎌倉極楽寺に住んだ。「北条重時家訓」は鎌倉時代の武家の主従慣行や日常道徳を伝える。

ほうじょうそううん [北条早雲] 1432〜1519.8.15 戦国期の武将。戦国大名後北条氏の初代。北条氏を称するのは2代氏綱以後で、早雲は伊勢新九郎と称した。入道して早雲庵宗瑞^{そう}^{ずい}。京都の出身で、1469年(文明元)頃駿河に下向したという。76年以後今川氏の内訌に関係。87年(長享元)駿河国興国寺城(現、静岡県沼津市)城主となり、以後独自の勢力圏を築いた。93年(明応2)堀越公方足利政知の遺児茶々丸^{ちゃ}^{ちゃまる}を攻めて伊豆を、95年大森藤頼を追って相模国小田原を制圧。また扇谷^{おうぎがやつ}上杉氏を支援して武蔵・相模で山内上杉氏と戦った。1516年(永正13)三浦義同^{よしあつ}を滅ぼして相模全域を制圧。この間検地の実施や貫高の整備に着手したほか、家訓・家法「早雲寺殿二十一箇条」を制定したといわれる。

ほうじょうたかとき [北条高時] 1303〜33.5.22 鎌倉後期の幕府執権。父は貞時、母は安達泰宗の女。相模太郎と称する。1311年(応長元)貞時の死により鎌倉幕府最後の得宗の地位につく。16年(正和5)執権となる。「保暦間記^{ほうりゃく}^{かんき}」によると、幼少より病弱で頼りない存在だったが、外戚の安達時顕と被官の長崎高綱の補佐により政務は運営された。26年(嘉暦元)執権を退き出家。その後は田楽^{でんがく}にふけった。33年(元弘3)鎌倉幕府滅亡時に鎌倉の東勝寺で自刃。

ほうじょうつねとき [北条経時] 1224〜46.閏4.1 鎌倉中期の幕府執権。父は時氏、母は安達景盛の女(松下禅尼)。1242年(仁治3)祖父泰時が死去、父時氏が早世していたため執権となる。44年(寛元2)自立しはじめた4代将軍藤原頼経を廃して、その子の頼嗣^{よりつぐ}を将軍とした。46年病気により執権を弟時頼に譲り、出家ののち死去。

ほうじょうときふさ [北条時房] 1175〜1240.1.24 鎌倉前期の武将。幕府の初代連署。父は時政。義時の弟。はじめ時連と称する。たびたびの合戦で戦功をあげる一方、武蔵守として新田開発を推進。1221年(承久3)承久の乱で甥泰時をたすけ東海道軍として上洛。乱後は六波羅探題南方として京都の戦後処理に尽くした。24年(元仁元)義時の死後は泰時とともに鎌倉にもどり、翌年連署に就任。

ほうじょうときまさ [北条時政] 1138〜1215.1.6 平安後期〜鎌倉前期の武士。父は時方、母は伊豆掾伴為房の女。四郎と称する。北条氏は伊豆国田方郡北条を本拠とする豪族で国の在庁官人。時政は伊豆国に流された源頼朝の監司役を命じられた。女政子が頼朝と夫婦となったことから、1180年(治承4)頼朝を助けて挙兵、頼朝側に従って活躍。85年(文治元)上洛し、翌年まで朝廷との交渉や京都の警固などの任務にあたった。頼朝の死後は、2代将軍頼家にかわって訴訟を扱う13人の御家人の1人に数えられた。やがて頼家や頼家の外戚比企能員^{よしかず}と対立、1203年(建仁3)能員を討ち、頼家を廃して3代将軍実朝を擁立した。以後幕府政治の中心となり、初代の執権と称されるが、強圧的な姿勢が他の御家人の反発を招き、05年(元久2)子の政子と義時により出家のうえ、伊豆に隠遁させられた。

ほうじょうときむね [北条時宗] 1251.5.15〜84.4.4 鎌倉中期の幕府執権。父は時頼、母は北条重時の女。相模太郎と称する。1263年(弘長3)父時頼が死去し、翌年執権の北条長時が死去したため、とりあえず一門の長老北条政村が執権になり、時宗は連署となる。68年(文永5)元から国書が届き、対応を迫られるなか、執権に就任。72年には名越^{なごえ}教時ら北条一門の反時宗派を討ちとった。74年と81年(弘安4)の2回にわたり元軍の襲撃をうけ、防戦

の指揮にあたった。その後も警備体制の強化をはかった。82年鎌倉に円覚寺を建立し、中国からの渡来僧無学祖元を住持に招いた。

ほうじょうときゆき　[北条時行]　?～1353.5.20　南北朝期の武将。高時の次男。相模次郎。鎌倉幕府滅亡の際、北条氏得宗家の被官諏訪盛高の手により鎌倉をのがれ、信濃の諏訪頼重にかくまわれた。1335年(建武2)京都の西園寺公宗らとはかって挙兵(中先代なかせんだいの乱)、鎌倉を占領したが、追討に下った足利尊氏に敗れ20余日で鎌倉を奪還された。その後は南朝に属して尊氏に対抗したか、鎌倉竜口たつのくちで斬首。

ほうじょうときより　[北条時頼]　1227.5.14～63.11.22　鎌倉中期の幕府執権。父は時氏、母は安達景盛の女(松下禅尼)。五郎と称する。1246年(寛元4)兄経時より執権の地位を譲られる。同年名越光時、前将軍藤原頼経らの反対派を一掃。47年(宝治元)有力御家人の三浦氏を滅ぼした。この間、寄合よりあいという私的な会議を開き、重要事項を決定するなど、北条氏による専制を推し進めた。49年(建長元)土地関係の訴訟を審議する引付ひきつけを評定の下に設置。56年(康元元)執権を退き出家して最明寺入道と称したが、実権を握り続けた。諸国を回って弱者の救済を図ったとの伝説がある。

ほうじょうながとき　[北条長時]　1230.2.27～64.8.21　鎌倉中期の幕府執権。父は重時、母は平時親の女。陸奥四郎と称する。1247年(宝治元)六波羅探題北方となり、56年(康元元)鎌倉に戻って評定衆、さらに執権となったが、北条時宗が幼少の間の代官としての役割であった。64年(文永元)出家、執権を北条政村に譲った。

ほうじょうまさこ　[北条政子]　1157～1225.7.11　将軍源頼朝の妻。父は時政。二位尼・尼将軍とよばれた。伊豆流刑中の頼朝と結ばれ、1180年(治承4)10月鎌倉に入り、2男2女をもうけた。頼朝が急死した99年(正治元)に出家したが、父時政・弟義時らとともに幕政の主導権を保持。1203年(建仁3)将軍頼家を廃しその外戚比企氏を討ち、次男の実朝を擁立して鎌倉将軍後見役となった。05年(元久2)将軍廃立を企てた父時政を失脚させ、18年(建保6)にはみずから上洛して京都の実力者藤原兼子(卿二位)と会見。実朝の死後は、幼少の藤原頼経にかわる事実上の鎌倉殿として幕政に参画し、承久の乱では御家人の結束の大切さを説いて勝利に導いた。

ほうじょうまさむら　[北条政村]　1205.6.22～73.5.27　鎌倉中期の幕府執権。父は義時、母は伊賀朝光の女。陸奥四郎と称する。1224年(元仁元)義時の死後、母方の伊賀氏により次期執権に担ぎだされたが阻止され、兄泰時が執権についた。56年(康元元)連署となる。64年(文永元)北条時宗が幼少のため執権となるが、68年には時宗に執権を譲り、みずからは連署に戻って補佐した。

ほうじょうやすとき　[北条泰時]　1183～1242.6.15　鎌倉中期の幕府執権。父は義時、母は不詳。幼名は金剛。江馬太郎と称する。1218年(建保6)侍所別当に任じられる。21年(承久3)承久の乱がおこると、父義時の命により、叔父時房とともに幕府軍の大将として東海道を攻めのぼり、後鳥羽上皇方の軍を打ち破って京都に入った。そのまま京都にとどまり、初代の六波羅探題北方となる。24年(元仁元)義時の死により鎌倉へ帰り、執権の地位を継いだ。25年(嘉禄元)北条政子が死去すると、執権補佐として連署の地位を設け、政務決定機関である評定を設置した。これにより、幕府政治は執権が主導する体制が確立した。32年(貞永元)幕府の基本法である「御成敗式目」を制定。鎌倉市街の整備にも努めた。

ほうじょうよしとき　[北条義時]　1163～1224.6.13　鎌倉前期の幕府執権。父は時政、母は伊東入道の女。幼少の頃は江馬えま小四郎と称した。父時政とともに、源頼朝に挙兵以来つき従って活躍。頼朝の死後、有力御家人13人に加えられ、将軍頼家における訴訟の評定にあたった。1205年(元久2)時政と対立、姉の政子と協力して時政を引退に追いこんだ。時政にかわり政所別当となったのち、13年(建暦元)和田義盛を挑発してこれを討ち、義盛にかわって侍所別当の地位もえた。3代将軍実朝の横死後は、政子を助けて幕府を主導し、2代執権と称される。21年(承久3)の承久の乱の際には、御家人を指揮して後鳥羽上皇の軍を破った。乱後は後鳥羽上皇らを配流、京都に六波羅探題を設置した。突然の死については、毒殺との風聞もあった。

ほうしょうりゅう　[宝生流]　(1)能のシテ方の一流儀。大和猿楽四座の一つ、外山とび座の流れをくむ。流祖は観阿弥の兄宝生大夫とも子蓮阿弥ともいうが不詳。家伝にいう1世一閑いっかんは静高宝生の名で知られ、北条早雲に仕えて小田原で没した。観世道見の四男、5世重勝(小宝生)は後北条氏滅亡後、大和へ帰ったという。6世は鼻金剛の末子(孫太郎の弟)の勝吉(道喜)が継ぐ。代々観世家との縁が深く観世・宝生両家を上掛りといった。文禄年間以来、諸大名分担によって配当米の支給をうけた四座の一つだが、観世・金春こんばるの2大勢力に押されて振るわなかった。9世友春(将監)に到り、将軍徳川綱吉が宝生流を好んだため、綱吉に追随する諸大名にも流儀の勢力を拡大した。明治維新に際し、16世九郎知栄は能楽復興に尽力し、近代宝生流

の基を築いた。(2)能のワキ方の一流儀。下掛り宝生流で下宝生・脇宝生ともいう。流祖は春藤権七(ワキ春藤3世道覚の三男)。綱吉の命で宝生座付となり，2世新之丞の代に一流を樹立。謡の詞章は春藤流を多く残す。

ほうしょがみ[奉書紙] 奉書とも。楮を原料にした和紙の一種。越前国今立郡大滝郷(近世の五箇)で生産された，紙質がきめ細かでつややかな強い楮紙。奉書とはもともと御教書・下知状など上意を奉じて下す命令書のことで，幕府がこの紙を公文書(奉書)として用いたところからこの名がついた。越前奉書が有名だが，やがて技術が伝播し他国でも類似の楮紙が作られ，それらも奉書紙とよばれた。

ほうしょせん[奉書船] 江戸初期の海外渡航商船。江戸幕府は南方に渡航する朱印船に対して，1631年(寛永8)から従来の朱印状に加えて，老中が長崎奉行にあてた渡航許可の奉書を下すこととした。老中奉書を添えたのでこの名がある。朱印船貿易の管理統制の強化策の一つで，朱印船による宣教師の潜入や偽造朱印状による渡航防止を目的とした。派船は幕府と特殊な関係をもつ特権商人にかぎられるようになったが，35年の渡航禁止令で廃絶。

ほうしんのう[法親王] 「ほっしんのう」ともいう。当初は，出家した親王の一般的呼称の一つであったが，1099年(康和元)すでに仁和寺で出家をとげていた白河上皇第3皇子の覚行が親王宣下をうけて法親王と称して以後，親王が出家した入道親王に対して，出家後に親王宣下をうけた僧を法親王といい，区別するようになった。僧籍にある孫王が親王宣下をうけたような特殊な場合もある。しかしこの区別も，時代をへるにしたがい曖昧になった。

ぼうず[坊主] ●房主とも。原義は寺院における僧侶の居室である坊(房)の主のこと。平安末期から御坊などともよばれ，寺院における有力僧の尊称でもあった。室町時代以降，僧形の者も含め広く僧侶一般の呼称となり，しだいに僧侶の賤称となった。幼時に剃髪する習慣があったことから，男児の愛称としても用いられる。●江戸幕府の職制。武家に奉仕して茶の湯の世話をする坊主を茶坊主といい，江戸時代には，江戸城内において剃髪・法服で雑務に従事する職も坊主といった。同朋頭のもとに表座敷を管理する表坊主，将軍の身近で奉仕する奥坊主，御用部屋に勤務する御用部屋坊主，土圭の間に勤務する中奥坊主がおかれ，また数寄屋頭のもとに喫茶を扱う数寄屋坊主，寺社奉行のもとに紅葉山東照宮付の紅葉山坊主などがいた。

ぼうすいしゃ[紡錘車] 繊維に撚りをかけて糸に仕上げ，これを巻きとる道具。糸を巻きとる軸にはめられ，軸の回転を長く保つための弾み車の役割をはたす。材質は石・骨・木・鉄のほか，土器片や土製品もある。一般に扁平な円盤状のものだが，断面が台形をしたり，算盤玉形をしたものも多い。日本では縄文晩期にはじめて出現。奈良時代には鉄製の軸に鉄製の弾み車をつけた鉄製紡錘車が流行した。

ほうせいきょう[倣製鏡] 倣製鏡とも。舶載鏡を模倣して作った鏡。弥生後期に内行花文鏡を模した小型倣製鏡が作られ，古墳前期には三角縁神獣鏡を模した大型の倣製鏡が作られたのをはじめ，さまざまな鏡式の倣製鏡が作られた。舶載鏡にくらべて銅質・鋳上がりとも悪く，文様表現が不明確。かつては鏡式名の前に「変形」の2字をつけて，倣製鏡を舶載鏡から区別した。

ぼうせきぎょう[紡績業] 繊維から糸を紡ぐ産業で綿糸紡績業が代表的。開港後の安価な綿製品輸入により，手紡ぎ衰退と輸入機械による工場建設が始まり，政府の二千錘紡績奨励に続いて一万錘紡績が勃興し，1890年(明治23)に生産が輸入を上回った。最新のリング紡績機導入と若年女子の2交替制深夜業で中国などへの輸出を伸ばし，97年には輸入を上回った。20世紀に入ると大紡績への集中や兼営による綿布生産が進んだ。第1次大戦後には中国に進出し(在華紡)，深夜業禁止に対応して合理化を進めたが，通商摩擦激化で輸出の展望を失い，第2次大戦時には整理・転用の対象とされた。戦後には一時外貨獲得の花形となったが，後発国に追い上げられ，60年代末に綿糸は入超に転じた。

ぼうせきれんごうかい[紡績連合会] 綿紡績企業の連合組織。1882年(明治15)官営愛知紡績所長の提唱で，二千錘紡績所関係者により発足。一万錘紡績が勃興し88年大日本綿糸紡績同業連合会と改称した後，綿花輸入・綿糸輸出両関税免除運動，日本郵船とのインド綿運賃割引契約など，活動を積極化した。1902年大日本紡績連合会と改称した頃からカルテルとしての性格を強め，再三操業短縮を実施した。07年には万国紡績連合会に加盟。30年(昭和5)には綿糸商・綿糸商団体と盟外者取引禁止を申し合わせてアウトサイダーの加盟を促進し，日本綿布輸入規制をめぐる国際交渉には代表を顧問として派遣した。綿・スフ統制会発足に伴って42年解散。48年発足の日本紡績協会は後継組織。

ぼうちょういっき[防長一揆] 1831年(天保2)周防・長門両国の萩藩のほぼ全域と支藩徳山藩領に発生した全藩一揆。参加者数は6万人余に達した。米の出穂期に皮革を運ぶと不作となるという俗信から小鯖村で発生した皮革騒動が一揆の発端で，産物方による流通統制策などの収奪に苦しめられていた領民が領内各地で同時に蜂起した。要求は地域により異なるが，

年貢減免, 商品流通の自由化, 札銀相場の領内統一, 村役人の交替と公選などで, 産物方用達・郷士・村役人や皮革騒動との関係で被差別部落を打ちこわした。広域で展開した一揆のため藩は大幅な譲歩を余儀なくされ, 村役人の交替も進んだ。この衝撃は萩藩における天保改革実施の契機の一つとなった。

ほうてんかいせん [奉天会戦] 1905年(明治38) 3月の日露戦争中最大で最後の陸戦。旅順陥落後, 日本軍は内地の1個師団を除いて全軍を集中し, 奉天(現, 瀋陽)付近のロシア軍主力を包囲撃滅する作戦をたてた。日本は25万, ロシアは32万という兵力を投入, 3月1日から総攻撃が開始されたが, ロシア軍の数的優勢の前に容易に決着はつかず, 1週間の激戦の後ロシア軍が後退し, 3月10日に日本軍はようやく奉天を占領した。しかし日本軍は奉天北方の鉄嶺付近にまで進出したものの兵力・弾薬を消耗し尽くし, ロシア軍は増援軍を含め大兵力を集中して決戦に挑む構えであった。ここに日本はやむなく講和工作に期待することとなった。

ほうとう [宝塔] 日本での仏塔の一形式。古くは特定の形式ではなくたんなる塔の美称として用いられた。平面円形の塔身に方形の屋根をかけた一重塔をいう。工芸品や石造物に遺品が多い。現存する木造のものは埼玉県の慈光寺開山塔(1556)や東京の本門寺宝塔(1828)など数基。

ほうとうおきかいせん [豊島沖海戦] 1894年(明治27) 7月25日, 日清戦争の戦端を開いた海戦。日本連合艦隊の第1遊撃隊は京畿道西岸の豊島沖で清国軍艦済遠・広乙に遭遇, 砲火をまえて広乙を座礁・自滅させ, 済遠を敗走させた。またこの海戦中, 清国軍艦操江が清国兵を満載した高陞号を護送中であるのにも遭遇, 操江を降伏させ, 高陞号を撃沈した。この海戦で増援軍を失った清国軍は, 成歓の戦で敗北した。

ほうとくしほう [報徳仕法] 江戸後期, 二宮尊徳が創始した興国安民を実現するための事業様式。関東農村の荒廃という歴史的環境のなかで, 尊徳は家・村を復興し「興国安民」を実現する方案として考案した。1823年(文政6)に着手した旗本宇津氏知行の下野国桜町領(現, 栃木県二宮町・真岡市)の仕法の成功により, 天保期以降, 関東および周辺地域に広まった。各自の収入に応じて支出に限度を設ける分度と, 余剰を将来や他人のために譲る推譲を原理とする。尊徳自身は自ら領主の行財政を指導して仕法を実施したが, 幕末以降近代化の過程で農民みずからが結成した報徳社は遠江国を中心に全国的に結社されて, これが近代の報徳仕法の担い手となった。

ほうとくしゃ [報徳社] 二宮尊徳が創唱した報徳思想にもとづき, 江戸後期～近代に結成された結社。社員が余剰を推譲して基金を設け, 互助的金融および貧民救済・殖産興業・教育などの社会事業を行った。1843年(天保14)に常陸国下館藩士の間に結成された信友講と同年相模国小田原町民が結成した小田原仕法組合を嚆矢とする。その後遠江国報告真左ヱ門村(現, 静岡県掛川市)牛岡組報徳社が結成されるなど, 近代化の過程で遠江国を中心に全国的に報徳社が結成された。それぞれが尊徳の門弟ごとに派をなし, 各派が本社を設立して支社を統轄・指導していたが, 1924年(大正13)大同団結して大日本報徳社が成立。本社は静岡県掛川町(現, 掛川市)におかれ今日に及ぶ。

ほうねん [法然] 1133.4.7～1212.1.25　平安末～鎌倉初期に日本浄土宗を開創した僧侶。法然は房号で, 諱は源空。諡号は円光大師など。美作国生れ。父は稲岡荘の押領使漆間時国。母は秦氏。9歳で父を亡くし, 1147年(久安3)に延暦寺にのぼり, 皇円を師として出家し, 延暦寺戒壇で受戒。50年には西塔の黒谷に遁世して, 慈眼房叡空の弟子となり, 法然房源空と名のった。75年(安元元)43歳のとき, 善導著「観無量寿経疏」によって専修念仏に帰し, 浄土宗の開創をめざした。まもなく延暦寺をおりて, 東山吉水で自己の所信をひろめ, 隆寛・親鸞・九条兼実ほか多くの弟子・信者を獲得したが, 旧仏教勢力の迫害をうけた。1207年(承元元)2月には土佐国に流され(実際は讃岐), 同年12月にゆるされた。著書「選択本願念仏集」「一枚起請文」。

ほうねんしょうにんえでん [法然上人絵伝] 正しくは「法然上人行状絵図」。浄土宗の開祖, 法然の伝記絵巻。48巻。後伏見上皇の勅命により, 1307年(徳治2)に制作が開始されたと伝えるが, 増補・改変が加えられ, 最終的に完成したのは14世紀中頃と推定される。法然の伝記絵は, 1237年(嘉禎3)の「法然上人伝法絵」(現存せず)をはじめとし, 絵巻あるいは掛幅形式のものが数多く制作された。本絵巻は, 先行する諸作品を集大成し, 弟子や帰依者の往生伝をも含む最も大部な作品。絵は絵師十数名の合筆で, 画風研究の資料として重要。縦約33cm, 横829.7～1319.7cm。知恩院蔵。国宝。

ほうのつ [坊津] 鹿児島県薩摩半島南西端に位置する古代からの要港。南と西は東シナ海に面する。敏達天皇12年に百済僧日羅が建てたという竜厳寺の坊舎があったことにちなむ地名。天平年間(729～749)以後南島路による遣唐使船の寄港地になったことから, 入唐津として, 古来から日本三津の一つとされた。地名の初見は鎌倉時代。元寇以後は倭寇の根拠地

ほうはん [謀反] ⇨ 謀反むへん

ほうふん [方墳] 墳丘の平面形が方形をなす古墳。頂部は平坦で、大型のものは段築をなす。古墳前期からみられ、中期には陪塚ばいちょうにしばしば採用された。後期後半から春日向山古墳など天皇陵にも採用され、大型方墳も千葉県岩屋古墳など各地で認められる。出雲地方に多く分布することで知られる。同じ方形台状をなす弥生時代の墳丘墓や、古墳時代の方形周溝墓しゅうこうぼとの関係も問題である。

ほうへい [法幣] 1935年、中央・中国・交通の3銀行が発行した中国全国共通の銀行券(法定貨幣)。34年3月、アメリカの銀買い上げ政策で中国からの銀流出が急増し、10月国民政府は銀恐慌に対処するため銀本位制を停止。35年11月3日、イギリスの援助をうけて幣制改革案を公表。法幣を指定することによって、銀貨使用禁止と銀国有化を定めた。日本は華北分治工作・冀東密貿易などの手段で対抗したが、法幣政策は国民政府の財政基礎を固めた。

ほうべい [奉幣]「ほうへい」とも。神や山陵に幣帛はくを奉ること。諸社の祝部はふりが幣帛をうけとりにくい班幣とは区別され、幣帛使(奉幣使)が諸社・諸陵に遣わされる場合をいう。神に対する奉幣の場合、掌侍が神祇官に赴いて幣帛をつつみ、天皇が臨見してから幣帛使に付された。また奉幣には宣命せんみょうを付すことが多く、これも幣帛使に付される。幣帛使にはふつう五位以上の人があてられるが、神社によって特定の氏人に定まっている場合もある。

ほうむしょう [法務省] 法務行政を所掌とする中央官庁。1952年(昭和27)8月1日設置。47年5月3日の日本国憲法施行にともない、検察機能を除く裁判所を司法省から分離した。司法省の残存部分は法務行政を担ったが、翌年2月15日占領軍の指示のもと法制局と合併し、政府の最高法律顧問府である法務庁となった。49年6月1日法務府と改称。52年法制局を内閣に分離して法務省が設置された。内部部局として大臣官房・民事・刑事・矯正(刑の執行)・保護(更生保護)・訟務(国に関係する訴訟)・人権擁護・入国管理の各局、外局として司法試験管理委員会・公安審査委員会・公安調査庁がおかれた。機構上は検察庁もこれに属し、法務大臣は検事総長に対して指揮権を発動できる。

ほうりゃくかんき [保暦間記] 保元の乱から後醍醐天皇の死去までの歴史を、武家の興亡を中心に記した書。書名は保元~暦応年間の意。著者不詳。南北朝中期の成立とされる。漢字仮名交じり文で記述は簡潔、虚飾は少ない。とくに鎌倉後期の部分は、他に類書が伝わらないため貴重。流布とともに増補され、『源平盛衰記』で補う。小瀬甫庵による増補版がある。「群書類従」所収。

ほうりゃくじけん [宝暦事件] 江戸中期に尊王家竹内式部たけのうちしきぶらが処分された事件。1756年(宝暦6)京中洛外で、神道や崎門きもん学派の儒学を学んだ式部が公家衆に軍学武術を指南しているとの風聞がたち、同年12月京都町奉行の取調べをうけたが、このときは大きな問題にならなかった。しかし式部の学に傾倒した桃園天皇の近習豪が、天皇に垂加流による『日本書紀』神代巻の講釈を進講したため、危惧した関白ら摂家衆と近習衆との対立をうみ、ついに58年摂家衆が天皇を説得して徳大寺公城きみむらら、式部門人の公家衆を大量処分するとともに、式部を京都所司代に告発した。これにより式部は、59年5月重追放の処分をうけた。

ほうりゃくちすいじけん [宝暦治水事件] 江戸中期、幕命で木曾三川の治水工事を行った鹿児島藩で多数の犠牲者を出し、総奉行が引責自刃した事件。濃尾平野は木曾川・長良川・揖斐いび川をはじめ大小の河川が乱流する常習的な水害地帯であった。これらの河川を制御するため、幕府は1753年に鹿児島藩に御手伝普請を命じ、木曾・長良川と揖斐川が合流する油島に締切堤を設けたり、長良川と揖斐川を結ぶ大榑おおぐれ川に洗堰あらいぜきを設けるなどの三川分流工事をさせた。工事は翌々年に完成したが、鹿児島藩では多大の出費と多数の犠牲者を出したため、工事の総奉行で家老の平田靱負ゆきえが責任をとって自刃した。これを題材にした小説に杉本苑子『孤愁の岸』がある。

ほうりゃくれき [宝暦暦] 土御門泰邦・渋川光洪ひろらによって編纂された暦法で、1755年(宝暦5)から97年(寛政9)まで43年間用いられた。日本で作られた2番目の暦法。8代将軍徳川吉宗が西洋天文学をとりいれて、貞享暦じょうきょうれきにかわる斬新な暦法を作るよう命じたことに端を発し、西川正休を登用して改暦を行おうとしたが、正休ら幕府天文方に改暦の実力がなかったため、陰陽頭土御門泰邦の主導で改暦が進められた。貞享暦を若干修正した程度のもので、彼岸の日付をかえたり、古い暦注を復活させたりするだけで、あまり意味のない変更を加えている。その結果、日食の予報を誤り、71年(明和8)からは修正宝暦甲戌元暦が用いられた。

ほうりゅうじ [法隆寺] 斑鳩いかる(鵤・伊曽留我)寺・法隆学問寺とも。奈良県斑鳩町にある聖徳宗総本山。南都七大寺の一つ。塔・金堂を中心とする西院伽藍と、夢殿を中心とする東院

伽藍に区分される。用明天皇が病に際し発願した寺院の建立を推古天皇と聖徳太子がうけつぎ、607年(推古15)に完成させたと伝える。これに先立つ606年には播磨国の水田100町が施入された。670年(天智9)火災により全焼したと「日本書紀」にあるが、1939年(昭和14)の若草伽藍跡発掘により、創建時の伽藍の焼失が確認された。現在の西院伽藍は7世紀末～8世紀めめ頃に再建されたと考えられるが、建築は飛鳥時代の様式を伝えており、法隆寺式とよばれる伽藍配置をとる。739年(天平11)には太子の斑鳩宮跡に行信らが東院伽藍を建立した。平安期から太子信仰の隆盛にともなって発展し、太子の命日に聖霊会が修されるようになった。数多くの文化財を所蔵し、現在も寺宝の調査が進められている。

五重塔 ごじゅうのとう　7世紀末建立の日本最古の木造塔。建築様式は金堂と似るが、雲形組物に筋彫りがないことなどから、金堂より降ると推定されている。心礎を地中にすえ仏舎利を安置し、心柱をたてる。初重には裳階がつき、内部に須弥壇と須弥山を作り塑像を安置。須弥壇には早い時期の改造がある。高さ32.6m。国宝。

金堂 こんどう　二重の仏殿で初重に裳階をつける。世界最古の木造建築。670年(天智9)の罹災直後の建築とする説が有力だが異説もある。雲形組物、胴張(エンタシス)の強い柱など特徴ある細部をもつ。建築様式は中国の唐代以前や朝鮮三国時代のものと類似点があるが、同一の大陸では未発見。初重の裳階は建築後の早い時期の後補である。高さ16.1m。国宝。

夢殿 ゆめどの　東院伽藍の正堂。天平時代建築の本格的な八角円堂。高い基壇上にたち、内部を石敷きとし二重の仏壇を造る。1230年(寛喜2)の修理時に虹梁や組物などの架構や軒回りから小屋組に至る全面的な改造があり、軒の出が大きくなり、屋根の勾配が急になった。平面や軒の高さは創建時とかわらない。高さ12.9m。国宝。

若草伽藍 わかくさがらん　法隆寺境内にある飛鳥時代の寺院跡。1939年(昭和14)石田茂作らが発掘し、塔・金堂の遺構を確認した。塔と金堂が南北に配された四天王寺式伽藍配置の例が、法隆寺西院伽藍に先行して存在していたことが判明し、670年(天智9)に焼亡したと伝えられる斑鳩寺と考えられた。これによって法隆寺再建・非再建論争に終止符がうたれた。1978年度からの調査で、若草伽藍中枢部の北辺と西辺を画する柵の遺構が検出された。創建時の軒丸瓦は単弁九葉蓮華文を飾るもので、四天王寺と同范の単弁八葉蓮華文のものもある。軒平瓦には手彫の忍冬文が施されている。

百済観音像 くだらかんのんぞう　大宝蔵殿に安置。中世以前の伝来は未詳で百済観音の称も近代以降である。「観無量寿経」所説の化仏を表すという図像的特徴や、円筒状の体軀、著しく長身の頭体比例は中国隋代の彫刻に通じ、飛鳥後期の新様式波及のさまを示す好例。光背・同支柱・台座も当初の制を留める。木造(樟)彩色。像高210.9cm。国宝。

金堂釈迦三尊像 こんどうしゃかさんぞんぞう　須弥壇中央に安置される金堂本尊。光背裏面には、623年(推古31)に亡き聖徳太子らのために鞍作鳥に造らせた旨を記す刻銘がある。表現の原型は、竜門賓陽中洞本尊像など中国北魏時代の様式に求められるが、各部分のかたちは単純化され、全体的により装飾的な表現である。銅造鍍金。中尊像高86.4cm。国宝。

金堂薬師如来像 こんどうやくしにょらいぞう　座像。光背裏面に607年(推古15)完成の刻銘があるが、真偽は不明。銅造鍍金。像高63.8cm。国宝。

伝橘夫人念持仏阿弥陀三尊像 でんたちばなふじんねんじぶつあみださんぞんぞう　鎌倉時代の記録に橘三千代の念持仏とあるが根拠は不明。金網製の後屛・台座を伴った木製厨子入りの銅造鍍金像。白鳳時代の作。中尊像高33.3cm。国宝。

夢殿救世観音像 ゆめどのくせかんのんぞう　東院夢殿の本尊像。立像。761年(天平宝字5)の「法隆寺縁起并寺資財帳」の上宮王等身観世音菩薩木像にあたる。救世観音の名は聖徳太子信仰の高まりのなかでよばれるようになったもの。像は止利派の作風を本源とするが、頭が小さくすらりとした体軀は止利派の像にはみられない。7世紀半ば頃の造像で、日本で造像された木彫像では現存最古。樟の一材製で箔押仕上げ。像高178.8cm。国宝。

金堂壁画 こんどうへきが　白鳳時代～天平初年頃に描かれた仏教壁画。大壁4面に四仏浄土、小壁8面に諸菩薩、内陣小壁に飛天、外陣小壁に山中羅漢図が表されていた。飛天20面のほかは、1949年(昭和24)1月26日焼損。中国初唐期の仏画の影響をうけた作風をもつ。日本の仏教絵画中最初期の遺品で、最高峰に位置する傑作であった。縦は大壁・小壁とも約3.14m、横は大壁約2.65m、小壁約1.60m。飛天小壁は縦0.71m、横1.3m。

四騎獅子狩文錦 しきししかりもんにしき　法隆寺に伝わる長方形の錦の裂で、連珠円文に囲まれた主文を3窠かずつ5段に配する。主文は連珠円文内の中央に花樹をおき、有翼馬にまたがって振りむきざまに獅子を射る4人の騎士を左右相称にし、副文には忍冬文を配する。ササン朝ペルシアの狩猟文の影響をうけた中国唐代初期の製織とされる。現在、地色は薄茶だが、本

来は赤色であったと推測される。縦250cm, 横134.5cm。国宝。

ほうりゅうじがらんえんぎならびにるきしざいちょう [法隆寺伽藍縁起并流記資財帳]
「法隆寺資財帳」とも。法隆寺の開創経緯・財産などを記したもの。1巻。747年(天平19)成立。前年の僧綱の牒により、大安寺・元興寺などと同時に法隆寺の三綱が作成し、僧綱に進上したのち寺家に返却された。聖徳太子研究や奈良時代の同寺の規模・経済、とくに寺領の分布などを知るうえで至貴。近世後期の写本がある。『寧楽遺文』所収。

ほうりゅうじさいこん・ひさいこんろんそう [法隆寺再建・非再建論争]
『日本書紀』の670年(天智9)の法隆寺罹災記事をめぐり、現在の西院伽藍をその後の再建とする説と7世紀初の創建時の建築とする説にわかれ、1905年(明治38)以降、多分野の学者間で行われた論争。34年(昭和9)の若草伽藍跡発掘で再建と判明し決着をみたが、再建年代には現在も諸説がある。

ほうりんじ [法輪寺]
三井寺・御井寺・法琳寺とも。奈良県斑鳩町にある聖徳宗の寺。妙見山と号す。622年(推古30)聖徳太子の病気が治るよう祈願し、子の山背大兄王らが発願したとする説がある。法隆寺式伽藍配置をもっていたが、1645年(正保2)大風で金堂・講堂などが倒壊し、三重塔も1944年(昭和19)落雷で焼失した。寺宝の飛鳥時代の木造薬師如来坐像・木造虚空蔵菩薩立像や、平安前期の木造十一面観音立像は、重文。

ほうろくせい [俸禄制]
江戸時代、家臣が領主から蔵米(俸禄米)を給与された制度。蔵米知行と蔵米取をあわせた呼称で、地方知行に対する概念。蔵米知行は地方知行が擬制化したもので、知行村を名目的には残しながら蔵公定の年貢率で藩が収納した物成米を藩庫からうけとる。蔵米取には切米取・扶持取・給金取などの形態があった。本来両者は別個だが、物成渡しという点で共通するので、あわせて俸禄制とよぶ。

ぼきえことば [慕帰絵詞]
親鸞の曾孫覚如の伝記を記す絵巻。覚如が没した1351年(観応2・正平6)のうちに、門弟乗専の発意により制作された。全10巻だが、1巻と7巻は1482年(文明14)の補作。絵は藤原隆章と藤原隆昌、詞書は三条公忠・一条実材などが担当。補作2巻の絵は藤原久信、詞書は飛鳥井雅康かいすやす。建物の細部や襖・屏風などの画中画、調度品や器物などの描写が念入りで、歴史資料としても注目される。隆章・隆昌の絵には、高階隆兼の画風の継承がみられる。縦32cm, 横812～1644cm。西本願寺蔵。重文。

ぼくえいこう [朴泳孝] Pak Yong-hyo 1861.6.12～1939.9.20 李氏朝鮮末期の政治家。金玉均・洪英植らとともに開化派として、1884年の甲申事変を企てたが挫折し、日本に亡命した。94年帰国して甲午革命に参加し内部大臣となるが、独断専行で陰謀罪に問われ再び日本に亡命。1907年帰国して宮内大臣となるが、李完用内閣と対立し追放される。日韓併合により侯爵をうける。

ほくえつせっぷ [北越雪譜]
江戸後期、雪国越後に関する地誌・随筆。初編3巻・2編4巻。鈴木牧之著。1836～42年(天保7～13)刊。編集・刊行に山東京山が協力、挿絵も牧之の原画をもとに京山の子京水が描いた。越後国魚沼地方を中心に、雪国の自然と生活・民俗・伝説や産業などを随筆風に記述。雪の結晶や生物などの科学的な観察にもすぐれている。江戸の版元文渓堂以来版を重ね、気象・産業・民俗学などの資料的価値も高い。「岩波文庫」所収。

ほくえつせんそう [北越戦争]
戊辰戦争の際に越後国長岡周辺で展開された戦。1868年(明治元)5月2日、長岡藩は北陸道を進攻してきた新政府軍に進攻中止と会津藩謝罪の説得を願い出たが拒否され、4日奥羽列藩同盟に参加、越後諸藩とともに戦いに続いた。19日新政府軍は長岡城を攻略、長岡軍は会津藩などの援軍をうけたびたび城の奪還をはかったが失敗、戦線は膠着状態となった。7月24日長岡藩は奪還に成功したが、29日に再び奪われ、新政府軍は越後を支配下において会津方面に兵力を集結した。

ほくぎ [北魏]
元魏とも。中国の南北朝時代の王朝の一つ(386～534)。三国の魏に対して後魏とも、シラ・ムレン川流域を根拠地とする鮮卑系の拓跋族が華北に進出、拓跋珪(道武帝)は386年に登国の年号をたて、398年には大同に都をおき、国号を魏と定めた。439年華北を統一。均田制をしき、仏教を保護して内政を整えた。494年孝文帝は洛陽に遷都し、帝姓を元と改めるなど中国化を進めたが、武人の反発を招いて、東魏・西魏に分裂した。

ほくさぶんりゃく [北槎聞略]
ロシアに関する江戸時代最初の漂流記。11巻・付録1巻。桂川甫周著。1794年(寛政6)成立。82年(天明2)に漂流してロシア領のアリューシャン列島アムチトカ島に漂着し、92年に送還された伊勢国白子の廻船神昌丸の船頭大黒屋光太夫の経験を記録したもの。近世の漂流民として西欧社会に接触した最初の事例で、光太夫自身の知性と桂川の学識によって、近世の外国に関する一流の著作となった。本書の体裁は以後の編纂物漂流記の標準になる。ロシアの風俗・言語、豊富な図などからなる。幕府直轄の秘本として一

般には流布せず，亀井高孝の校訂(1937刊)によってはじめて普及した。「日本庶民生活史料集成」所収。

ほくざん [北山] 14〜15世紀に沖縄本島北部に成立した王権。居城は今帰仁（なきじん）城。中国の史書は山北と記す。中山，南山に続いて1383年怕尼芝（はにじ）が明太祖の冊封をうけ，琉球国山北王となった。中国への進貢貿易を展開したが，三山の中で進貢回数などは最下位であった。1416年攀安知（はんあんち）のとき，中山に攻め滅ぼされた。滅亡年については1420年頃とする説もある。

ほくざんしょう [北山抄] 平安中期の儀式書。藤原公任（きんとう）撰。10巻。巻8・9は婿の藤原教通のために編纂したといわれる。巻1・2は年中要抄上下，巻3・4は拾遺雑抄，巻5は践祚抄，巻6は備忘，巻7は都省雑事，巻8は大将儀，巻9は羽林要抄，巻10は吏途指南と題されている。裏書には後人の追記したものも多いが，貴重な内容を含む。巻10は公任自筆の草稿本が現存する。「新訂増補故実叢書」「神道大系」所収。

ほくしじへん [北支事変] ⇒日中戦争（にっちゅうせんそう）

ぼくしょどき [墨書土器] 土器に文字や記号を墨で書いたもの。古代においてとくに顕著であり，古代社会をみていくうえでその意義が大きい。多くの場合，1ないし2文字しか記されないので，その意味するところは容易には決めがたく，おそらく多様であろう。たんに土器の所有を示すものととらえるのでなく，祭祀や儀礼にともなって記されているという点も重視しなければならない。

ほくしんじへん [北清事変] 義和団事変とも。1900年，中国でおこった義和団の乱を列国連合軍が鎮圧した戦争。義和団が6月北京の列国公使館区域を包囲したため，日・英・米・仏・露・独・伊・オーストリアの8カ国連合軍が組織され，8月北京に入城して列国外交官・居留民を救出した。日本はイギリスの要請に応じ大軍を派遣，この機に乗じ厦門（アモイ）占領を図ったが失敗。01年9月北京議定書を結び，清国は賠償金支払いと列国の駐兵を承認。ロシアは鎮圧名目で満州占領を継続し，日露戦争の一原因となった。

ほくしんろん [北進論] 韓国，満州を勢力下におき，ロシア・ソ連を仮想敵国とする陸軍主導の近代日本の軍事戦略。最初に明文化されたのは1907年(明治40)の「帝国国防方針」で，仮想敵国の第1位にロシアをあげ，10年韓国併合も行われた。この間北進論と南進論が併存し，競合関係のうちに推移した。満州事変の進展と対ソ戦の戦略的拠点確保の考え方は，反ソ・反共の陸軍皇道派の台頭とともに，北進論を優位においたかにみえた。しかしノモンハン事件の敗北と太平洋戦争の開始によって，南進が選択され，南方戦線維持のためにも陸軍みずからが北進論を抑制，戦力も南方へ転用されていった。

ぼくぜい [卜筮] 占いのこと。本来，卜筮の語は，亀卜（きぼく）と筮占（ぜいせん）を意味する。古代，朝鮮半島から3種の占卜法が伝えられた。すなわち，亀甲を焼いてできた亀裂の形状で占う亀卜，筮竹をつかみ，その数が所偶を奇数かで判断する筮占，十二月将・十二神将・十二支などの文字を記したルーレット様の式盤を回転させて占う式占（しきせん）である。

ほくちょう [北朝] 南北朝期の二つの朝廷のうち，京都の持明院統の朝廷。1336年(建武3・延元元)九州から入京した足利尊氏が光厳（こうごん）上皇の弟を擁立して光明天皇とし，後醍醐天皇が吉野にのがれたのに始まる。51年(観応2・正平6)尊氏と南朝との和睦で途絶えたが，翌年，光厳上皇の子が後光厳天皇として即位し再建。両朝の合一後もこの皇統，朝廷が存続した。光厳上皇と，光明・崇光（すこう）・後光厳・後円融・後小松の5天皇。年号は建武・暦応・康永・貞和・観応・文和・延文・康安・貞治・応安・永和・康暦・永徳・至徳・嘉慶・康応・明徳。京都に位置але，制度などは従来のものを継承し，実態を記す公家の日記なども多く残る。

ほくばつ [北伐] 1921〜28年，広東の南方革命政権が実施した北方軍閥政権打倒をめざした軍事行動。とくに26年7月〜28年8月の蔣介石（しょうかいせき）を総司令官とした国民革命軍の出兵をさす。共産党も先遣隊を組織して積極的に参加。26年10月までに長沙と武漢を陥れ，翌年1月国民政府は武漢に移転したが，蔣介石が反共クーデタをおこし，南京に政府を樹立して武漢政府と対立。7月共産党員は武漢政府から排除され，9月国民政府は再統一された。中断した北伐は28年4月に再開，6月北京を陥し，年末，張学良（ちょうがくりょう）の易幟（えきし）で中国はいちおうの統一を達成した。この間，幣原（しではら）喜重郎外相は対中国内政不干渉の外交方針を堅持したが，田中義一内閣になると，居留民保護を理由に3度にわたる山東出兵を行った。

ほくぶふついんしんちゅう [北部仏印進駐] ⇒仏印進駐（ふついんしんちゅう）

ほくめんのぶし [北面の武士] 院司（いんし）の一つ。上皇の身辺警護を職掌として，上皇御所の北面の詰所に伺候した武士。古くからあった院武者所（いんむしゃどころ）と並ぶ上皇の警護の組織として，白河院政期以降おかれるようになった。武芸にすぐれた者が任じられる名誉ある地位と考えられ，上皇との主従制的結びつきを強めることにより，院政権の軍事的基盤の一つとなった。受領（ずりょう）・検非違使（けびいし）などに任じられる者，和

歌などの芸能にすぐれた者などを輩出し、朝廷社会で華々しい活躍をみせた。五位以上の者を上北面、六位以下の者を下北面とよんで区別した。後鳥羽院政期には、北面の武士とともに西面の武士がおかれたが、承久の乱以降、西面は廃絶、北面の地位も低下していった。

ほくようかんたい　[北洋艦隊]　中国清末の新式海軍の代表的艦隊。清国は新式海軍建設の必要を痛感していたが、1874年(明治7)の日本の台湾出兵は深刻な危機感をもたらし、翌年から新式海軍の建設が開始された。李鴻章りこうしょうによって88年に編成され、丁汝昌ていじょしょうが司令官、旅順に根拠地となり、91年には日本に来航して示威運動を行った。東洋一の主力艦定遠・鎮遠を擁し世界4位の規模であった。北洋艦隊以外に南洋・福建・広東の艦隊があり、85年に海軍衙門も設置された。しかし資金難から新式艦の補充ができず、日清戦争において黄海海戦では軍艦12隻中5隻を失うなど、日本海軍によって壊滅された。

ほくりくどう　[北陸道]　(1)古代の七道の一つ。現在の中部地方の日本海岸にそった地域で、若狭・越前・加賀・能登・越中・越後・佐渡の各国が所属する行政区分。(2)これらの諸国を結ぶ交通路も北陸道と称し、「くぬがの道」ともよばれた。畿内から近江国をへて各国府を順に結ぶ陸路を基本に官道が整備され、越後国から佐渡国へは海路で結ばれた。駅路としては小路で各駅に5頭の駅馬がおかれる原則で、「延喜式」では総計40駅に201頭の駅馬をおく規定であった。臨時の地方官として746年(天平18)に北陸山陰両道鎮撫使ちんぶしが設置された。

ほけきょう　[法華経]　初期大乗経典の一つ。漢訳に3種あるが、鳩摩羅什くまらじゅう訳の「妙法蓮華経」8巻28品が最も有名。「無量義経」「観普賢経」とともに法華三部経と称される。「法華経」の前半14品は迹門しゃくもんとよばれ方便の仏を説く一乗思想が、後半14品は本門とよばれ久遠実成くおんじつじょうという仏の永遠不滅が説き示される。中国の天台智顗ちぎはこの経にもとづいて天台宗を樹立、最澄はそれを日本にもたらして比叡山を本山とした。「法華経」は古来、日本で最も親しまれた経の一つで、その影響は仏教界をこえて平安時代～中世の文化全般に及んだ。日蓮は法華経の行者を自称して独自の法華信仰を構築し、近代の新宗教も、法華信仰の系譜に連なるものが多い。

ほごこく　[保護国]　条約にもとづきほかの国家との間に保護関係を形成し、対外関係の処理を委ねて保護される地位にある国家。日本は1905年(明治38)11月の第2次日韓協約によって韓国を保護国としたが、名目的な独立の維持と韓国への列国の干渉の排除がその目的であった。保護国化に際しては欧米各国の制度・前例を調査し、また桂・タフト協定、日英同盟、日露講和条約などにより列国の事前承認を得ることに努めた。

ぼごのみっちょく　[戊午の密勅]　幕末期、孝明天皇が常陸国水戸藩に与えた勅書。1858年(安政5)8月、無勅許で日米修好通商条約を締結した幕府に反発した天皇は、幕府牽制のため水戸藩に勅書を下した。ここで天皇は無断調印などを責め、一致協力して外夷にあたることを望み、諸藩への伝達を命じた。これに対して幕府は水戸藩に回達差止めを命じ、返納を要求した。反発した水戸藩士は大挙屯集をくり返し、返納の不当を難じたが、幕府は安政の大獄によって弾圧。59年末、天皇に返納の勅書を出させることに成功した。60年(万延元)水戸藩は返上を決めたが、桜田門外の変がおこり、尊攘論が優勢となったため、62年(文久2)末勅書を公表、奉承ということで決着した。

ほしいい　[干飯]　乾飯・糒とも。蒸した米を乾燥させた保存・携行食で、そのままか水や湯に漬けて食した。「かれいい」ともいい、糒や餉とも書くが、前者は貯蔵用、後者は携行食として用いるものとされる。大阪府藤井寺市の道明寺どうみょうじの干飯は、天満宮に供えた神饌しんせんから発達したもので、道明寺は干飯の代名詞となった。これを挽いて粉にしたものは道明寺粉といって和菓子の材料になる。

ほしか　[干鰯]　鰯いわ・鰊にしんなどを乾燥させて作った江戸時代の代表的購入肥料。魚油を搾ったあとの粕である〆粕しめかすとともに、近世農業の地力維持上不可欠であった。すぐれた有機的肥料の一つとして農民に購入され、綿・菜種などの商品作物の栽培には全国的に使用され、畿内では稲作にも用いた。産地は日本列島の大部分の海岸地帯の漁村に分布しており、大坂の干鰯問屋は産地によって西国物・関東物・北国物・松前物に区別し、全国にむけて出荷した。金肥として重要な地位を占めると、価格の高騰が直接に農業経営を圧迫することになり、幕末期には農民は干鰯にかえて北海道産の鰊粕を用いるようになった。

ほしとおる　[星亨]　1850.4.14～1901.6.21　明治期の政党政治家。江戸の職人の家に生まれる。維新後に横浜税関長を務め、のち渡英してイギリスの弁護士資格を取得。帰国で代言人となる。1882年(明治15)自由党入党。解党後、三大事件建白運動を推進。第2回総選挙に当選して衆議院議長となり、自由党を第2次伊藤内閣との協調に導いたが、党内外から反発をうけて第5議会で議員を除名された。98年、憲政党と第2次山県内閣との提携に成功し、日清戦後の懸案であった地租増徴を成功させる。1900

年，立憲政友会が発足すると憲政党を挙げて参加し，党内最大の実力者となる。第4次伊藤内閣の逓信相となるが東京市疑獄事件で辞任，半年後，伊庭想太郎に刺殺された。地方利益の誘導による党勢拡張という，日本型政党政治の原型をつくった人物とされる。

ほしなまさゆき [保科正之] 1611.5.7～72.12.18 江戸前期の大名。陸奥国会津藩主。徳川秀忠の四男。1617年(元和3)秀忠の密命で保科正光の養子となった。31年(寛永8)正光の遺領信濃国高遠3万石を領し，36年出羽国山形藩主となり，43年会津23万石に転じた。53年(承応2)正四位下中将。兄の徳川家光死没，その遺言により家綱をたすけ，幕閣の重鎮として活躍。寛文の武家諸法度発布に際しては，正之の意見により殉死の禁が口達されている。ほとんど江戸住いだったが，藩政においても国元の家老以下を指導し，社倉の採用や蠟・漆の生産奨励と専売制の実施など会津藩政の基礎確立に尽くした。

ぼしにゅうみんき [戊子入明記] 中世の日明外交の記録。1468年(応仁2，干支は戊子)に，天与清啓が正使として入明したときの史料が中心。1540年前後に入明した策彦周良が，諸記録から写しとったものとされる。遣明船の1号船の記録が主体で，搭載した貿易品・進物品，乗組員などのリスト，国書，警護の命令書，回向文などを雑多に収録。これ以前の入明の際の国書なども含み，入明の具体的史料として最も早い事例に属す。「蔭涼軒日録」なども参考となる。原本は京都天竜寺妙智院に伝わる。「壬申入明記」は類書。牧田諦亮「策彦入明記の研究」に翻刻。

ほしゅごうどう [保守合同] 1955年(昭和30)10月の社会党統一に続いて，翌11月15日に自由党と日本民主党が合同し，保守単一政党の自由民主党を結成したこと。52年の講和発効後，鳩山一郎・岸信介・重光葵・石橋湛山らの追放解除組が，占領期に基盤を固め終わった自由党の吉田茂長期政権に挑戦し始め，54年11月反吉田勢力が日本民主党を結成，鳩山内閣が誕生した。一方，社会党も安全保障条約問題をめぐって分裂・抗争したが，左右社会党が統一へむかい，それに対応して保守勢力の2系統(吉田系と反吉田系)の合同が図られたのである。保守合同後の政界は保守・革新に二分され，時代は55年体制に入っていく。

ぼじゅつゆめものがたり [戊戌夢物語] 高野長英著。1838年(天保9)成稿。同年10月，近く再来日するとの風聞のあった「英船」(実際は米船)モリソン号への打払令適用という幕府の方針に対し，夢のなかの集会で聞いた話として，問答体でその迎撃の不可を論じた。イギリスに関する具体的なデータに新鮮味があり，書写されて反響をよび「夢物語評」や「夢々物語」などが現れた。この書による蛮社の獄で長英は永牢に処された。「日本思想大系」所収。

ぼしんしょうしょ [戊申詔書] 第2次桂内閣の1908年(明治41，干支は戊申)10月13日に出された詔書。日露戦争後の国民精神教化のため，平田東助内相の提言による。列強との友好を説いて国民の対米感情が排日問題で悪化するとなど，日露戦争勝利で西欧に追いついたという気分には勤倹貯蓄・産業奨励を求めて引き締めた。第2次桂内閣は翌日の地方官会議でこの精神を徹底することを求め，地方改良運動が進められた。この詔書は23年(大正12)の国民精神作興に関する詔書や35年(昭和10)の国体明徴声明などの先例となり，学校教育でも教育勅語と並んで重視された。48年6月19日に国会で教育勅語とともに失効が確認された。

ぼしんせんそう [戊辰戦争] 1868年(明治元)1月の鳥羽・伏見の戦から69年5月の箱館戦争までの，新政府と反新政府諸藩・旧幕府勢力との戦争。67年(慶応3)12月9日に小御所会議で決定した前将軍徳川慶喜への辞官・納地命令や討幕派の挑発行動により，68年1月3日鳥羽・伏見の戦が勃発。これに勝利した討幕派は慶喜と会津藩へ追討令を発して，東海・東山・北陸の3道から江戸に進軍した。2月慶喜は謝罪，恭順の意を表して江戸城を退去，4月11日江戸城の無血開城となったが，旧幕府主戦派は抗戦を続け，新政府は5月15日の上野戦争で彰義隊を壊滅させてようやく関東方面を回復した。しかし8月旧幕府海軍副総裁榎本武揚は艦隊を率いて江戸を脱出，10月蝦夷地に上陸して箱館に蝦夷島政府を樹立した。新政府から会津藩追討令をうけていた東北諸藩は，会津藩への寛大な処分を求める周旋工作が失敗に終わって，5月に仙台・米沢両藩を中心に奥羽列藩同盟を結成した。これが奥羽越列藩同盟に発展して，新政府との間で東北・北越戦争が展開されたが，9月の会津戦争を最後に同盟側の敗北に終わった。68年1月に局外中立を表明していた列国も12月これを取り消し，翌年5月18日箱館戦争で榎本軍が降伏して終わった。

ほそいわきぞう [細井和喜蔵] 1897.5.9～1925.8.18 大正期の作家。京都府出身。養育者の祖母の死で小学校中退。織物工場などの職工となり，友愛会に加入。1920年(大正9)上京し，労働運動に参加。「種蒔く人」に小説を発表。自分と妻の体験記録「女工哀史」の出版で一躍著名となるが，直後に病死。印税は東京青山墓地の「解放運動無名戦士之墓」建立の基金となる。

ほそか

ほそかわかつもと [細川勝元] 1430～73.5.11
室町中期の武将。持之の嫡子。聡明丸・六郎。右京大夫。法名竜安寺宗宝仁栄。1442年(嘉吉2)父の死去で家督を継承，摂津・丹波・讃岐・土佐4カ国守護となる。若年のため叔父持賢の補佐をうけた。将軍足利義政のもとで管領を3度勤める。畠山持国と対抗するため，はじめ畠山持豊(宗全)と結んでその女婿となるが，赤松氏の再興，斯波・畠山両氏の家督争い，さらには将軍家継嗣問題をめぐって対立を深めた。67年(応仁元)1月，持豊が勝元の支援する管領畠山政長の失脚をはかったために両者は兵を京都に集結，応仁・文明の乱が勃発した。将軍義政を擁し，東軍の総大将として持豊率いる西軍と争ったが，勝敗が決まらないまま持豊没後まもなく病没。

ほそかわガラシャ [細川ガラシャ] 1563～1600.7.17
織豊期の女性キリシタン。明智光秀の女，細川忠興の室。名は玉子。1582年(天正10)本能寺の変後，丹後国味土野に幽閉されるが，84年豊臣秀吉に許されて大坂の細川邸に移る。忠興が高山右近の友人だったことからキリシタンの教えに関心をもつ。87年忠興が九州出陣中に大坂の教会を訪問。侍女の清原枝賢の女に教理を学ばせ，侍女は受洗してマリアと称した。同年マリアから受洗，洗礼名ガラシャ。1600年(慶長5)関ケ原の戦に際し，石田三成に細川邸を囲まれ，家老に自らを討たせた。

ほそかわし [細川氏] 室町幕府の管領，近世の大名家。清和源氏足利氏の支族。足利義季の孫義季が，三河国額田郡細川郷(現，愛知県岡崎市)に住み，細川氏を称したのに始まる。その子孫は足利尊氏の挙兵に従い，軍功をたてて勢力を伸ばした。7代頼之が3代将軍足利義満の後見となり管領として幕政を主導した。以後，嫡家(京兆家)は幕府管領家の一つとなり，摂津・丹波・讃岐・土佐諸国の守護を世襲。嫡家を中心に，阿波・備中・淡路・和泉の守護家など庶流数家が連合し，幕府内に有力な地位を占めた。応仁の乱後，嫡家・庶家ともに衰退，滅亡したが，和泉国守護の末裔藤孝(幽斎)・忠興(三斎)父子が織田・豊臣両氏に従い，一族を再興。のち徳川氏に属し，肥後国熊本城主となり，外様の有力大名として存続し明治期に至る。維新後，侯爵。庶流3家が子爵。『細川家史料』を伝える。→巻末系図

ほそかわしげかた [細川重賢] 1720.12.26～85.10.22
江戸中期の大名。肥後国熊本藩主。父は4代宣紀。越中守。1747年(延享4)兄宗孝が江戸城中で旗本板倉勝該から切りつけられ不慮の死を遂げたため同年遺領相続。48年(寛延元)初入国し改革の決意を表明。用人堀勝名を大奉行に抜擢し，行政機構改革，「刑法草書」編纂による刑法改正，司法と行政の分離，衣服令細則の制定，櫨方役所の設置による専売制の企画，検地による隠田摘発など，宝暦の改革を推進し一応の成功を収めた。また55年(宝暦5)藩校時習館開設，57年医学寮(再春館)，翌年薬園蕃滋園を開く。博物学に関心を示し「聚芳図」などを著した。上杉治憲・徳川治貞・佐竹義和とともに四名君といわれる。

ほそかわただおき [細川忠興] 1563.11.13～1645.12.2
織豊期～江戸初期の武将。藤孝の長男。若年から父とともに織田信長に従い，松永久秀討伐をはじめ戦功をたてた。本能寺の変に際しては室のガラシャ(明智光秀の女)を一時離縁して光秀の誘いをしりぞけ，豊臣秀吉から丹後一国を安堵された。文禄の役では2年半朝鮮に滞陣。秀吉没後は徳川家康に属し，関ケ原の戦功で豊前小倉39万石余に移封。1620年(元和6)病気により隠居し，剃髪して三斎宗立と号した。32年(寛永9)子忠利の国替えで肥後に移り，八代を居城とした。引退後もつねに藩政や軍事について忠利を指導し，幕府有力者との関係保持に努めた。茶道は千利休の高弟で三斎流をおこした。

ほそかわはるもと [細川晴元] 1514～63.3.1
戦国期の武将。澄元の子。聡明丸・六郎。右京大夫。法名一清。1527年(大永7)足利義維とともに三好元長に擁されて阿波から和泉国堺へ上陸。細川高国を追い，堺にいながら京都を支配した。元長の強大化を嫌い，一向一揆を動かして自刃させる。36年(天文5)天文法華の乱の鎮静後入京。しかし元長の子晴氏が背いたため，49年，将軍足利義輝と近江へ出奔。義輝と長慶の和睦後若狭に逃れ，61年(永禄4)長慶と和して摂津国普門寺に隠棲。

ほそかわふじたか [細川藤孝] 1534.4.22～1610.8.20
戦国期～織豊期の武将。幽斎玄旨と号す。父は三淵晴員。実父は将軍足利義晴とも。細川元常の養子。足利将軍家に仕え，義輝が暗殺されたのちは義昭の擁立に尽力した。1573年(天正元)義昭が京都を追放されると織田信長に属し，所領山城国長岡にちなみ長岡を姓とする。80年子の忠興とともに丹後を攻めとり，宮津に居城した。本能寺の変に際しては旧友明智光秀の誘いを拒み，剃髪して忠興に家督を譲った。豊臣秀吉に従い，関ケ原の戦では忠興とともに東軍に応じ，丹後国田辺城に2カ月籠城した。武芸をはじめ文学・有職故実・能楽などに精通し，歌道は三条西実枝から古今伝授をうけた。

ほそかわまさもと [細川政元] 1466～1507.6.23
戦国期の武将。勝元の子，母は山名持豊の養女。聡明丸・九郎。右京大夫。摂津・丹波・

讃岐・土佐4カ国守護。管領を4度つとめた。1493年(明応2)足利義材(義稙)を廃して義澄を将軍に擁立,畠山政長を討ち細川京兆家の畿内支配の確立をはかった(明応の政変)。はじめ細川澄之を養子としたが,1506年(永正3)阿波国守護家の澄元を家督に定めた。畿内の実権掌握をめぐって内紛と対立しており,家督を廃された澄之を擁した香西元長らに暗殺された。

ほそかわもりひろないかく [細川護熙内閣]
日本新党の細川護熙代表を首班とする連立内閣(1993.8.9～94.4.28)。非自民・非共産党の8党派による連立内閣の成立により,1955年(昭和30)以来の自民党一党支配の55年体制が終わった。政治改革を第1目標に掲げて小選挙区制・政治腐敗防止法などを成立させ,コメ市場の部分開放などを行ったが,佐川急便など首相個人の政治資金疑惑が生じて94年(平成6)4月総辞職した。

ほそかわよりゆき [細川頼之] 1329～92.3.2
南北朝期の武将。頼春の嫡子。弥九郎・右馬助。右馬頭・武蔵守。父の戦死後阿波国守護を継承,のち伊予国守護も兼任。1356年(延文元・正平11)以降中国管領として足利直冬党と戦い,62年(貞治元・正平17)南朝に降った細川清氏を讃岐で滅ぼした。これらの功で讃岐・土佐両国守護を兼任。67年将軍足利義詮の遺命で管領となり,幼少の将軍義満を補佐した。以後12年間在任して幕府の体制確立に努めたが,康暦の政変で失脚,四国へ下る。のち伊予国守護職の放棄を条件にゆるされ,90年(明徳元・元中7)備後国守護に任じられて山名時熙討討伐し,翌年上洛。管領の養嗣子頼元を後見し,明徳の乱を鎮定。この間一族の領国は8カ国に及び,幕府内の細川氏の地歩は確立した。

ぼだいせんな [菩提僊那] 704～760.2.25 婆羅門僧正とも。奈良時代に来朝したインド僧。在唐中に日本の入唐僧理鏡らの要請をうけて,道璿・仏哲らと736年(天平8)来朝,行基に迎えられて大安寺に入る。同年時服を賜り,742年秦大蔵卿の喜楽の得度(優婆塞)を願いた。751年(天平勝宝3)僧正に任命され,翌年には東大寺大仏の開眼師を勤めた。大安寺で没し,翌月,登美山の右僕射林に葬られたという。

ぼっかい [渤海] 高句麗の故地に靺鞨系の大祚栄が契丹人の反唐活動に乗じて,高句麗遺民と靺鞨人を統合してたてた国(698～926)。はじめ震国,713年大祚栄が唐から渤海郡王に封じられて渤海と称した。2代武芸は黒水靺鞨をめぐって唐と対立すると,727年高句麗の復興と称して日本に通好し,732年には唐の登州を急撃した。3代の大欽茂は唐に通貢を重ね,唐の制度を受容し,中央に3省・6部,地方に5京・15府・62州と県を組織する中央集権体制を築き,内政の安定と文化の隆盛を得た。10代の大仁秀は領土を拡大し,「海東の盛国」とたたえられる繁栄を迎えたが,その後内紛が続き,契丹族の耶律阿保機により王都上京龍泉府(現,中国黒竜江省寧安市渤海鎮)を陥され滅亡した。

ぼっかいし [渤海使] 渤海国が日本に派遣した外交使節。727年(神亀4)国王大武芸が大使高仁義以下を派遣してきたのに始まり,922年(延喜22)まで総計34回以上に及ぶ。初期には唐・新羅に共同で対抗しようとの軍事的目的があったが,唐渤関係の安定化にともない,8世紀後半以降はもっぱら北方産の獣皮と日本の繊維製品や金・水銀の交易が主目的となり,また日唐間の交通の仲介としても機能した。日本側は能登客院などを設けて朝貢使として遇する一方,824年(天長元)には12年1貢の年期制を定めて来貢を制限したこともあった。末期の大使裴頲・裴璆父子は,菅原道真らとの漢詩文の応酬で有名。

ほっかいどう [北海道] 日本最北部に位置する道。1868年(明治元)新政府は蝦夷地支配に着手したが,旧幕府軍の占領によって中断。69年箱館戦争終了後に開拓使をおき,松浦武四郎の名称案により,同年8月15日蝦夷地を北海道と改称し,渡島・後志・石狩・天塩・北見・胆振・日高・十勝・釧路・根室・千島の11カ国,86郡にわけた。行政は1869～82年を開拓使,82～86年を札幌・函館・根室の3県,86～1947年(昭和22)を北海道庁が執行した。1947年に行政官庁としての道庁が廃止され,地方自治体となった。開拓使初期に開拓促進をはかるため,諸藩,華・士族,寺院などが分領支配したが,長くは続かなかった。爾志・檜山・津軽・福島の4郡は館藩(旧松前藩)領であり,1871年廃藩置県により館県,のち弘前県,青森県の管轄となり,翌年開拓使へ移管。97年支庁制施行で19支庁を設定,1922年(大正11)までに14支庁となる。当初の行政域は北海道と樺太と択捉島まで,1875年樺太・千島交換条約によりウルップ島以北の千島列島も含む。しかし歯舞諸島・国後島以北は第2次大戦後ソ連(現,ロシア)の占領下にある。開拓使はアメリカ人ケプロンら御雇外国人の指導により開拓計画を進め,洋式の農業や食文化を移入した。幕末から懸案だった樺太問題は樺太・千島交換条約で落着したが,北方警備として全道37カ所に屯田兵を配置した。屯田兵は開拓の中核としても大きな役割をはたした。ロシア関係や開拓の進展のなかで問題とな

ったのはアイヌの人々の生活であり、解決の一つとして99年北海道旧土人保護法を制定し、良民化をはかった。今日へ問題を残した。当初漁業はニシン漁を主としたが、昭和中期に壊滅し、増養殖に転換した。明治からの石炭産業は長く経済を支えたが、戦後のエネルギー革命により激減した。農業の主流としての稲作は品種改良によりほぼ全道で生産可能となったが、昭和後期における生産調整により停滞している。道庁所在地は札幌市。

ほっかいどうきゅうどじんほごほう［北海道旧土人保護法］ 1899年（明治32）に制定された明治国家のアイヌへの同化主義政策を集大成した法律。アメリカ・インディアンの合衆国市民への同化を企図したドーズ法(1887)の強い影響をうけた同法は13条から構成され、アイヌへの土地給与（1戸につき1万5000坪＝5ヘクタール以内）、農耕の奨励、初等教育の普及（アイヌ小学校の特設、授業料の支給）などを重要な施策として位置づけていた。同法の根底には「優勝劣敗」と「一視同仁」の論理が貫かれ、前述の施策を通してアイヌを明治国家のなかに統合していくことを企図していた。5度の改正をへて存続し、北海道ウタリ協会は同法を廃止し、アイヌの権利をもりこんだ「アイヌ新法」の制定をめざす運動を展開した。1997年（平成9）5月、アイヌ文化振興法の成立にともない廃止された。

ほっかいどうちょう［北海道庁］ 明治中期〜昭和前期の北海道開拓政策推進の中核的行政官庁。1886年（明治19）設置。北海道は69年段階では11県86郡からなり、開拓使・諸藩・兵部省などによる分割統治がなされていた。75年の樺太・千島交換条約により千島を領す。82年開拓使の廃止後、函館・札幌・根室の3県分割をへて道庁に統一された。第2次大戦後の1947年（昭和22）地方自治法施行により道庁は廃止され、他の府県同様の地方自治体となった。

ほづがわ［保津川］ 京都府を流れる大堰川のうち、亀岡盆地から京都市嵐山にかけての流域をいう。急流奇景の保津峡で有名なほか、丹波地方から木材などを京都に運ぶルートとして古くから舟運が発達し、近世には角倉了以の河川改修によっていっそう繁栄した。

ほっきじ［法起寺］ 池後（尻）寺・岡本寺とも。奈良県斑鳩町にある聖徳宗の寺。岡本山と号す。三重塔露盤銘文によれば、聖徳太子の遺願により大和の田12町と近江の田30町を施入し、638年（舒明10）福亮が太子の岡本宮跡に金堂を建立し弥勒像を安置したという。685年（天武14）恵施が堂塔を整えた。法起寺式伽藍配置をもつ。飛鳥時代の銅造菩薩立像、平安時代の木造十一面観音立像はともに重文。

ほっく［発句］ 連歌俳諧用語。付合文芸における最初の1句。もともとは発句に始まり脇句・第3句と続けるものであったのが、室町頃から発句だけを独立させることがおこった。俳諧でもしだいに発句が独立し重要視されていく。明治期には正岡子規が発句を俳句として、1句独立の文芸として確立。発句は当初から一座の主賓が時節と場に対する挨拶の心をこめて詠んだため、季語と切字が必要条件として求められるようになり、俳句にも踏襲された。

ほっけ［北家］ 藤原四家の一つ。不比等の次男房前の別称。平城宮の北にその邸宅が所在したことにちなみ、子孫も北家と称した。嵯峨朝に内麻呂・冬嗣が活躍して嫡流となり、人臣初の摂政良房や初代関白基経らを輩出。一時中断した摂関を再開した忠平、その次男師輔の子孫が代々摂関を継承し、3人の女を中宮にした道長に至り全盛期を迎える。摂関家はのち近衛・鷹司・九条・二条・一条の五摂家にわかれ、明治維新まで続く。

ほっけいっき［法華一揆］ 1532〜36年（天文元〜5）京都で自治を行った京都町衆の法華宗徒による一揆。32年本願寺の率いる一向一揆勢は細川晴元と対立、晴元は法華衆徒を味方につけて一向一揆にあたらせた。法華衆徒は京都の一向宗寺院を襲撃して焼き払い、さらに六角定頼らの軍勢とともに山科本願寺を包囲、8月24日に焼き滅ぼした。勢力を得た法華衆徒は、晴元勢の一翼として一向一揆と戦う一方、京都町衆を結集して賦課・地子銭などの免除、自検断を行うなど自治を行った。35年本願寺は晴元勢と和睦、翌年山門（延暦寺）との対立をきっかけに京都法華宗二十一本山すべてが山門や大名の軍勢によって焼討され（天文法華の乱）、法華一揆は終息。

ほっけぎしょ［法華義疏］ 「上宮法華疏」とも。鳩摩羅什訳『妙法蓮華経』の注釈書。三経義疏の一つ。4巻。聖徳太子撰。614年（推古22）から翌年にかけての成立。はじめに経の大意をのべ、経題を釈し、ついで全27品（提婆品を欠く）を序説・正説・流通説にわけ、各品ごとに文釈を行う。釈意や分科など梁の之雲の「法華義記」に多く依拠し、「本義」「本疏」「本釈」として直接引用している箇所も80以上あるが、批判を加えて自説をのべる箇所も20以上みえる。また「一大乗」「一仏乗」といった「一」を強調した語法が多くみえ、一乗思想への傾倒がうかがわれる。この義疏は606年（598年とも）推古天皇に行った講経の原稿をまとめたものといわれる。太子親筆と伝えるものが御物として現存するが、一方で太子撰

を疑う説もある。「大正新修大蔵経」「大日本仏教全書」所収。

ほっけじ [法華寺] 奈良市法華寺町にある真言律宗の尼寺。正式には法華滅罪之寺と称し，門跡氷室(ひむろ)御所ともいう。聖武天皇の皇后光明子(こうみょうし)が父藤原不比等(ふひと)の邸宅を相続して皇后宮とし，さらに寺院に転じて宮寺と称した。これが大和の国分尼寺として法華寺とよばれ，総国分尼寺の立場におかれた。749年(天平勝宝元)墾田1000町などが施入され，堂宇が整備されたが，平安時代以降しだいに衰微。1245年(寛元3)西大寺の叡尊(えいそん)が諸堂を復興してその末寺となり，室町時代には興福寺末となったが，1567年(永禄10)兵火にかかり，1601年(慶長6)に淀殿と豊臣秀頼が再建した。本尊木造十一面観音立像，および鎌倉時代の阿弥陀三尊・童子絵像は国宝。

十一面観音像(じゅういちめんかんのんぞう) 立像。頭上の11面，両手首先，右手でつまむ天衣を除いて榧(かや)の一材から彫出する一木造の代表的な作品。両手の指や右足親指を反り返らせるなど，作者の神経が細部にまで行き届いた像である。9世紀前半の造像。像高100.0cm。国宝。

ほっけしゅう [法華宗] 広義には「法華経」をよりどころとする教団の総称。日蓮みずからは自説を法華宗とはよばず，「予が一門」と称したが，門弟らは法華宗と称し，1876年(明治9)日蓮が日蓮宗の公称許可を得るまで続いた。

ほっけまんだら [法華曼荼羅] 不空(ふくう)訳「成就妙法蓮華経王瑜伽観智儀軌」にもとづく修法である法華経法の本尊。密教の別尊曼荼羅の一つ。中央内院の八葉蓮華坐上に「法華経」宝塔品に説かれる宝塔が描かれ，塔内に釈迦・多宝の2仏を描き，八葉上とその周囲の第二院・第三院に菩薩・明王・諸天などが配される。慈覚大師円仁が唐から持ち帰ったと伝える。奈良唐招提寺，兵庫太山寺などに遺品が現存し，ともに重文。

ほっこくかいどう [北国街道] 近世の中山道と古代の北陸道をつなぐ街道。古代の北陸道は琵琶湖の湖西地方から湖北を抜け，越前国敦賀へ至る道筋であった。近世には中山道の近江国鳥居本宿から湖北を抜けて越前へ至る道筋，中山道の信濃国追分宿から越後国高田を抜けて新潟へ至る道筋，また中山道洗馬宿から松本・善光寺をへて，先の追分からの経路に合流する道筋がある。これらの道筋は北国路と称することもあり，北陸諸大名の参勤交代路として用いられた。

ほっしんのう [法親王] ⇨法親王(ほうしんのう)

ほっそうしゅう [法相宗] 唯識宗とも。南都六宗の一つ。「解深密(げじんみっ)経」を正所依(しょしょえ)とする「楞伽(りょうが)経」などの6経と「瑜伽師地(ゆがしじ)論」「摂大乗論」などの11論によって，諸相の性相(法相)を明らかにしようとする宗派。インドに弥勒・無著(むじゃく)・世親(せしん)がでて教理を大成し，中国では玄奘(げんじょう)がインドに渡り法相の秘奥をうけ，その弟子慈恩大師窺基(きき)が法相宗を確立した。日本には7～8世紀に4度の受容があり，第1伝の道昭と第2伝の智通・智達は元興(がんごう)寺に，第3伝の智鳳・智鸞・智雄と第4伝の玄昉(げんぼう)は興福寺に伝わり，それぞれ南寺伝，北寺伝と称した。南寺伝は元興寺の衰退にともない早くに衰えたが，興福寺からは，平安・鎌倉時代に蔵俊・覚憲・貞慶らの俊秀が輩出した。現在は興福寺・薬師寺を本山とする。

ほっそうしようしよう [法相至要抄]「ほうそうしようしょう」とも。公家法の簡明な参考書。3巻。撰者は明法家の坂上明兼(さかのうえのあきかね)，またはその孫の明基(あきもと)の両説がある。平安末期か鎌倉初期の成立。律令格式(きゃくしき)の引用とそれに対する案文をつける形式をとる。公家法の実際に行われたようすを知ることができるとともに，律の逸文や検非違使(けびいし)の庁例など他書にない法文を多く伝えている。「群書類従」所収。

ほったてばしらたてもの [掘立柱建物] 地面に柱穴を掘り，そこに柱を立てた建物の総称。古代には竪穴(たてあな)住居や礎石建物に対置される建築様式。内土間を基本とするが，床張りの建物や高床の倉庫なども多い。都城や官衙(かんが)では中心建物を礎石建物とし，それ以外の建物を掘立柱建物とすることが多い。すでに縄文時代に認められるが，以後の掘立柱建物との系譜関係は必ずしも解明されていない。

ほったまさとし [堀田正俊] 1634～84.8.28 江戸前期の老中・大老。父は正盛。1635年(寛永12)徳川家光の乳母春日局の養子となり，41年徳川家綱の小姓，60年(万治3)奏者番，70年(寛文10)若年寄，79年(延宝7)老中となり従四位下に叙任。徳川綱吉の将軍擁立につくし，綱吉の厚い信頼により財政専管を命じられる。81年(天和元)下総国古河藩主となって備中守から筑前守に改め，大老にのぼった。翌年加増され13万石。譜代大名の改易・減封や世襲的代官の大量処分など，綱吉の初政である天和の治を補佐したが，その武断的な政治は幕臣の反感をよび，84年(貞享元)8月，江戸城中で父正盛の従弟，若年寄稲葉正休により刺殺。

ほったまさもり [堀田正盛] 1608～51.4.20 江戸前期の老中。加賀守。父正吉は旗本，母は稲葉正成の女。春日局は義理の外祖母。1620年(元和6)から徳川家光に仕え，26年(寛永3)小姓組番頭。33年六人衆となり，同年には年寄並として幕政に参画。35年武蔵国川越藩主となり3万5000石を領した。38年老中退任，信濃国松

本10万石に転封となるが、以後も家光政権の中枢に参画。42年下総国佐倉11万石に転封。51年(慶安4)家光に殉死。

ほったまさよし［堀田正睦］ 1810.8.1～64.3.21 幕末期の老中。下総国佐倉藩主。父は正時。相模守・備中守。従兄正愛の養子となり1825年(文政8)遺領相続。29年奏者番就任以来、寺社奉行兼帯・大坂城代・西丸老中を勤め、41年(天保12)本丸老中となり天保の改革を支えたが、43年罷免。55年(安政2)阿部正弘の推挙により老中首座となり翌年外国御用取扱。58年アメリカ駐日総領事ハリスの出府・将軍謁見を実現。日米修好通商条約を審議し、勅許をえるために上京するが失敗。直後、井伊直弼が大老に就任し無勅許調印を行い、正睦は責任を転嫁され罷免。翌年隠居、62年(文久2)薨信。学問振興のため藩校成徳書院・演武場を設け、蘭学者佐藤泰然を招き日本初の私立病院順天堂を開かせた。これにより「西の長崎、東の佐倉」と称されるほど蘭学が興隆した。

ポツダムかいだん［ポツダム会談］ 1945年(昭和20) 7月17日～8月2日、ドイツのベルリン郊外ポツダムで開催された第2次大戦中最後の米・英・ソ3国の首脳会談。米大統領トルーマン、英首相チャーチル、途中からアトリー、ソ連首相スターリンが出席。ドイツ敗北後のヨーロッパの戦後処理問題のほか、対日戦終結方策がおもな議題となり、会談中の7月26日には、無条件降伏を要求するポツダム宣言が発せられた。

ポツダムきんきゅうちょくれい［ポツダム緊急勅令］ 1945年(昭和20) 9月20日公布、即日施行された勅令542号「ポツダム宣言ノ受諾ニ伴ヒ発スル命令ニ関スル件」の通称。緊急勅令の形式で出された。連合国軍最高司令官の要求する諸政策が立法事項である場合に、その手続を免除するために作られた一種の授権法。

ポツダムせんげん［ポツダム宣言］ 1945年(昭和20) 7月26日ポツダム会談開催中に、米・英・中3国が発した対日降伏勧告。米・英・ソ3国首脳が決定、中国の蔣介石総統の同意を得て米・英・中3国で発表され、ソ連は8月8日対日宣戦布告と同時に参加した。全13条。第6条以下の日本の降伏条件は、軍国主義の除去、保障占領、カイロ宣言の履行、日本の主権の本土4島への制限、軍隊の完全な武装解除、戦争犯罪人の処罰などであった。7月28日鈴木貫太郎内閣は、軍部の圧力により「黙殺」するとの声明を出したため、連合国側は拒否とうけとり、原爆が投下され、ソ連も参戦。その結果、8月14日の御前会議で日本は宣言の無条件受諾を決定した。

ほっぽうぶっきょう［北方仏教］ 北伝仏教とも。南伝仏教に対する。チベット・中国・朝鮮・日本などに伝わり、大乗仏教を基調とする。紀元前1世紀頃ガンダーラからパミール高原をこえ、紀元前後頃に中国西部に入ったとされる。中国での訳経は5世紀の鳩摩羅什や7世紀の玄奘によって盛んに行われ、大部の大乗経典が漢訳された。天台・浄土・法相宗・禅・密教などの諸宗派がこのなかから生まれ、朝鮮や日本の仏教の形成に大きな影響を与えた。

ほっぽうりょうどもんだい［北方領土問題］ 歯舞諸島・色丹・国後・択捉島の千島4島帰属をめぐる日本・ロシア連邦間の領土問題。日露通好条約にもとづいて4島の返還を主張する日本政府と、ヤルタ秘密協定を根拠に領有を正当化するロシア連邦政府とが対立している。またサンフランシスコ講和会議において日本が放棄した千島列島に北方4島が含まれるか否かについても見解がわかれている。1956年(昭和31)の日ソ共同宣言では平和条約締結後に歯舞・色丹の引渡しが同意されたが実現していない。

ポーツマスじょうやく［ポーツマス条約］ ⇨日露講和条約

ほづみのぶしげ［穂積陳重］ 1856.7.11～1926.4.7 明治・大正期の法学者。八束の兄。伊予国生れ。東京開成学校をへて英・独に留学。帰国後、1882年(明治15)東京大学教授となり、法理学を担当。93年梅謙次郎・富井政章と民法典起草委員となるなど、多くの法典編纂に功績を残し、比較法学・法史学・法哲学の分野も開拓した。90年貴族院勅選議員、1925年(大正14)枢密院議長。

ほづみやつか［穂積八束］ 1860.2.28～1912.10.5 明治期の憲法学者。陳重の弟。伊予国生れ。東大卒。ドイツ留学をへて、1889年(明治22)帝国大学教授となり、憲法講座を担当。民法論争に際し「民法出デテ忠孝亡ブ」を著し反対した。以後法典調査会査定委員・貴族院勅選議員・宮中顧問官などを歴任。学説が権力・概念的であったため、有賀長雄・美濃部達吉などの批判を浴びた。

ぼてふり［棒手振］ 商品をもち運び、その名を連呼しながら路上で売る行商人。振売のこと。「西鶴織留」にでてくる語。1609年(慶長14)以来、幕府は振売に手形(前札)を下付し、所持しない者の振売を禁じた。60年(万治3)には江戸市中の衣料品から食料品・嗜好品・日用品にいたる振売を改め、新たに振売札を下付している。

ホトトギス 俳句雑誌。1897年(明治30) 1月創刊。松山市のほととぎす発行所刊、正岡子規の友人柳原極堂が発行兼編集人。98年10月

から高浜虚子(きょし)が引き継ぎ東京で発行,俳句革新運動の中軸をなした。日本派の拠点となる一方で,子規の文章会(山会(やまかい))で評価された写生文が,俳句以外の作品も積極的に掲載した。子規没後,夏目漱石「吾輩は猫である」を連載したのをはじめ,伊藤左千夫「野菊の墓」など小説の掲載が増加した。大正期に入り,俳句重視の姿勢を鮮明にし,渡辺水巴(すいは)・飯田蛇笏(だこつ)・原石鼎(せきてい)・前田普羅(ふら)・長谷川かな女らを輩出。昭和期には4Sとよばれた水原秋桜子(しゅうおうし)・山口誓子・阿波野青畝(せいほ)・高野素十(すじゅう)や,日野草城(そうじょう)・松本たかし・中村草田男(くさたお)・中村汀女(ていじょ)・星野立子らが活躍。

ほととぎす [不如帰] 徳富蘆花(ろか)の長編小説。1898年(明治31)11月29日から翌年5月24日まで「国民新聞」に連載。1900年1月民友社刊。海軍少尉川島武男とその妻浪子は相愛の夫婦。浪子が結核にかかると,姑は武男の出征中に病気の感染を理由に浪子を離縁し,2人の仲が引き裂かれるという悲劇。元帥大山巌の長女とその夫がモデルとされる。結核に対する医学知識の低さと,家族制度下の女性の地位を問題視する家庭小説の代表作。

ほないしょうにん [保内商人] 中世,近江国蒲生郡延暦寺領得珍保(とくちんのほ)の商人集団。今堀郷の商人を中心に団結し,山門(延暦寺)の権威を背景に,商業活動を行う。伊勢越商人の中心的存在で,商圏は尾張国・美濃国・伊勢国・若狭国から京都に及んだ。おもに呉服・紙・塩相物を扱い,それぞれに座が結成されていた。付近の石塔・小幡・横関の商人との市場における専売権争い,枝村(えだむら)村との伊勢焼などの通行独占権争い,たびたび訴訟をおこした。

ポーハタンごう [ポーハタン号] アメリカの蒸気軍艦。1854年(安政元)ペリーが7隻の軍艦を率いて再度来はし日米和親条約を締結したときの艦隊の旗艦。58年には江戸湾小柴沖に来泊した同艦上で日米修好通商条約が調印され,60年(万延元)には,同条約の批准書交換のために派遣される遣米使節の迎船として来航し,使節を乗せて太平洋を横断。52年建造,2415トン。

ホフマン Theodor Eduard Hoffmann 生没年不詳。明治初期の御雇外国人。ドイツ人医師。ブレスラウとベルリン両大学で内科学を修めたのち,1871年(明治4)外科医ミュラーとともに来日。海軍軍医少尉。大学東校で内科・生理学を教授。73年,脚気と肺欠熱で死亡した男性をデーニッツとともに解剖した。日本の特志者以外の病理解剖第1号。75年帰国。

ホモ・サピエンス 18世紀の植物学者C.リンネが「自然の体系」のなかで二命名法による体系的な生物分類を行ったときに人類に与えた学名。知恵のあるヒトを意味する。現在では現生の全人類ばかりでなく,旧人以降の化石人類もすべてホモ属サピエンス種に属すると考えられている。旧人と新人とをわけるときは,前者を古型ホモ・サピエンス,後者を現代型ホモ・サピエンスとよぶことがある。また亜種のレベルで,ホモ・サピエンス・ネアンデルターレンシス,ホモ・サピエンス・サピエンスとよびわけることもある。

ほりかわがくは [堀川学派] 伊藤仁斎が創始し,子の東涯(とうがい)・梅宇(ばいう)・蘭嶼(らんしょ)ら兄弟により家学として継承された儒学派。名称は私塾古義堂のあった京都の地名による。17~18世紀に最盛期を迎えた。一門に並河天民・北村可昌・穂積い貫らがいる。程朱学を批判して大きな反響をよび,門人は全国各地から集まった。常陸国水戸藩の「大日本史」編纂関係者も多い。史料批判や礼楽(れいがく)制度の歴史的研究は,後世に大きな影響を与えた。京都上層町人や公家との関係が深い。

ほりかわてんのう [堀河天皇] 1079.7.9~1107.7.19 在位1086.11.26~1107.7.19 白河天皇の第2皇子(第1皇子は夭逝)。名は善仁(たるひと)。母は藤原師実の養女賢子(実父は源顕房)。皇太子実仁親王の死去から1年後の1086年(応徳3)立太子,その日に父白河から譲位をうけて践祚した。いわゆる院政の始まりとされる。他の皇位継承候補者(輔仁(すけひと)親王)に対抗し,長子(鳥羽天皇)の誕生をまって,これを皇太子に立てた。

ほりごえくぼう [堀越公方]「ほりこしくぼう」とも。室町中期~戦国期に伊豆国田方郡北条の堀越(現,静岡県韮山(にらやま)町)を居所とした,関東公方足利政知(まさとも)のこと。政知は8代将軍義政の弟で,京都天竜寺香厳院の院主となっていたが,鎌倉公方足利成氏が関東管領上杉憲忠を殺害して下総国古河(こが)に走ったため,義政の命で還俗,成氏に対抗して関東の主となるため,1458年(長禄2)に東下。しかし鎌倉には入れず,堀越を居所とした。政知に先行して京都から下った渋川義鏡(よしかね)や上杉教朝(のりとも)・政憲父子が補佐にあたった。しかし関東支配の任を負って送り込まれたものの,独自の基盤を築くことはできず,しだいに衰退し,91年(延徳3)死去。その跡を継いだ子の茶々丸は北条早雲に殺され,堀越公方は滅亡。

ほりたつお [堀辰雄] 1904.12.28~53.5.28 昭和期の小説家。東京都出身。東大卒。一高在学中に室生犀星・芥川竜之介の知遇をえる。東京帝国大学在学中に中野重治(しげはる)らと同人誌「驢馬(ろば)」を創刊。1930年(昭和5)ラディゲの影響をうけ,松村みね子母娘と芥川・堀の恋愛をモデルとした「聖家族」で文名が高まる。35年婚約者を結核で失い,リルケの影響をうけた

- **ほりのうち［堀ノ内］** 四角く堀や土塁を巡らした中世の武士の屋敷。これを核に周囲に館主の直営田があり、さらにその外側に館主が地頭として支配した地域が広がる。地域開発の拠点として館のまわりの堀は、田畑の用水の結節点としても機能した。長方形の政治拠点は、古墳時代の豪族居館や古代の国司の館などが古くから築かれた。中世前期には台地縁辺部や丘陵先端に立地し周囲の斜面に切岸ぎし（人工急斜面）を施して館としたものがあり、これらは堀を巡らず、防御性に乏しくみえるが、壁によって厳重に守られていた。

- **ほりのうちかいづか［堀ノ内貝塚］** 千葉県市川市堀之内の南と北の谷に囲まれた細長い台地にある、縄文後期初頭の堀之内式土器の標式遺跡。長径約200m、短径約130mで南東が開く馬蹄形貝塚。1954年（昭和29）日本人類学会70周年記念として調査され、貝塚の規模が測られ、貝層下から後期堀之内期の竪穴住居跡を検出した。63年のB地点の発掘で、後期堀之内式土器から晩期安行あんぎょうⅢ式土器の段階まで存在することが判明した。国史跡。

- **ポルトガル** イベリア半島南西部に位置する国。漢字表記は葡萄牙。日本との関係は1543年（天文12）ポルトガル人が種子島に漂着して鉄砲を伝え、6年後ザビエルが鹿児島でキリスト教を布教したことに始まる。50年代以降の南蛮貿易と布教を支配したのは、ポルトガル国王の保護下にあったイエズス会で、布教戦略との関係から82年（天正10）天正遣欧使節が派遣され、84年ポルトガルの首都リスボンに到着した。しかし1609年（慶長14）のノッサ・セニョーラ・ダ・グラッサ号事件、12年の江戸幕府の禁教令以降、両国関係は悪化し、39年（寛永16）の鎖国令で中断。再開は1860年（万延元）の日葡修好通商条約による。第2次大戦では中立を維持。日本の敗戦後1957年（昭和32）に国交が回復。74年に軍事独裁政権が倒され（ポルトガル革命）、民政に移行して植民地帝国を解体した。正式国名はポルトガル共和国。首都リスボン。

- **ほろう［歩廊］** ⇨廻廊

- **ほんあみこうえつ［本阿弥光悦］** 1558〜1637.2.3 寛永文化をになった中心文化人の1人。庵号は太虚庵。京都の上ומ町家本阿弥家に生まれる。芸術に多才を示し、書は近衛信伊のぶただ・松花堂昭乗しょうじょうと並んで寛永の三筆といわれ、のちに光悦流とよばれる。嵯峨本は彼の書を版下に、華麗な装幀がほどこされたもの。1615年（元和元）徳川家康から洛北鷹峰を与えられ、一族とともに茶屋四郎次郎・尾形宗柏・筆屋妙喜らと移り住み、光悦町をひらいて芸術の里とした。そこでは楽常慶の協力をえて作陶を行い、蒔絵の意匠にも参与し、光悦蒔絵とよばれる様式が成立した。代表作は白楽茶碗「不二山」「舟橋蒔絵硯箱」（ともに国宝）。

- **ほんいかへい［本位貨幣］** 価格の単位として貨幣制度の基礎をなす貨幣。歴史的には金・銀のいずれかが、価格の単位として貨幣の地位につくかの競争がくり返され、両者が並立する金銀複本位制がとられてきた。19世紀以来、漸次に金貨幣が先進各国の本位貨幣の地位に立ち、金本位制が採用されるに至った。日本では江戸時代、関東では金貨幣、関西では銀貨幣が価格の単位として慣習的に使用されていたが、明治政府は単一の通貨を本位とする貨幣制度の樹立をめざした。まず銀貨幣による取引慣行の廃止（銀目廃止）を実施、1871年（明治4）5月の新貨条例では金量目4分（1.5g）を1円とし、金貨幣を本位貨幣と定めた。しかし実際に金を本位貨幣とする貨幣制度は、97年10月の貨幣法施行以降である。

- **ほんいんぼうさんさ［本因坊算砂］** 1559〜1623.5.16 江戸初期の碁打で日蓮宗の僧。京都生れ。本因坊家の初世で、「言経卿記ときつねきょうき」文禄3年（1594）条の記事に徳川家康の上洛に際し宴席に接待要員として召し出されたとある。公家や武家との交際も多く寺社にも招かれ、職業的な碁打の先駆。1603年（慶長8）利玄坊りげんぼう・仙角せんかく・道碩どうせきらとともに禁裏で技を披露した。12年幕府から50石5人扶持を支給される。将棋にも堪能で、大橋宗桂そうけいと駿府城や伏見城で対局している。「言緒ときおう卿記」元和元年（1615）条に後陽成上皇御所にたびたび招かれ側近らと碁を打ったとみえる。

- **ぼんおどり［盆踊］** 盂蘭盆うらぼんを中心に催される踊の総称で、全国に分布。寺の境内、道の辻、広場などに櫓やぐらを組んでする輪踊わおどりの形式が多いが、徳島の阿波踊のように大通りで縦隊になり踊り歩く行列踊もある。大勢で踊りはやしたてて悪霊・厄神などを村besides の外へ追いやる神送りや、中世以後、おもに時宗の活躍で広く流行した念仏を唱えながら法悦のなかで踊躍ゆやくする念仏踊などが、村の宗教儀礼と結びつき、盆の精霊供養の拍物はやしとして行ったものが、発生の基盤とされる。のちに風流ふりゅう系の踊と習合しつつ、しだいに多彩で華麗な盆踊がうみだされていった。近世には七七七五調の口説節くどきぶしにあわせて踊るものが普及した。

- **ほんかどり［本歌取］** 有名な古歌の表現をとりいれて和歌を構成し、その古歌の世界を背景に表現・情趣の重層化や複雑化をはかる作歌技法。このような詠作法はすでに「古今集」にも

みられるが，技法として発達するのは院政期からで，藤原俊成が意識的に実践し，それを継承して藤原定家は，余情妖艶のための創作技法として理論化した。定家の本歌取は，三代集や「伊勢物語」「源氏物語」などの古典を媒介とした，想像による詩情の世界の構築に特色がある。

ほんがん [本貫] 「ほんかん」とも。律令制で戸籍に記載されている土地をいい，出身地・本籍地を意味する。貫は「スジ」「ミチ」を意味し，本来の所属を示す文字。律令下の農民は本貫と居住地は同じであることが原則で，律令政府は本貫を離れた浮浪人の本貫送還を図った。

ほんがんじ [本願寺] 本派本願寺・西本願寺とも。京都市下京区にある浄土真宗本願寺派の本山。竜谷山と号す。1591年(天正19)豊臣秀吉の土地寄進をうけた顕如が現在地に移転。顕如の没後，長男教如と三男准如の後継争いがおき，93年(文禄2)准如が正式に12世をつぐ。1602年(慶長7)徳川家康から寺地を寄進された教如は東本願寺をおこし，西に分立。17年(元和3)失火により御影堂・阿弥陀堂を焼失するが，36～1760年(寛永13～宝暦10)に再建。1881年(明治14)21世明如のとき，国会に先駆けて集会(宗会)を開設するなど組織を近代化。飛雲閣・書院・北能舞台・唐門，親鸞の「観無量寿経註」などの国宝や，御影堂・阿弥陀堂などの重文がある。
書院 1618年(元和4)の再建建築をもとに33年(寛永10)頃に移され，現在の建築となった。東面38.5m，南面29.5m。南側の対面所と北側の白書院からなる。対面所は間口9間・奥行11間半の広間で，奥を上段として押板床を設け，その右側を上々段とし違棚・帳台構・付書院がある。白書院は優れた意匠をもつ住宅で，法主の滞在に備えたのであろう。国宝。
飛雲閣 3層の楼閣。境内の東南隅に設けられた滴翠園の滄浪池に臨んで北面して建つ。蒸し風呂の浴室をもつ黄鶴台とは橋廊で結ばれている。間口幅に対して奥行幅が狭く，檜皮葺の屋根の形態も各層において異なり，変化に富んだ軽妙な姿は数奇屋造を代表する。聚楽第の遺構とも伝えられてきたが，移築の痕跡はなく，初層の招賢殿の上段・上々段の構成も本願寺型対面所形式であることなどから，1620～43年(元和6～寛永20)頃に，ここに造立されたものと考えられる。初層は舟入之間をはじめ，招賢殿・八景之間など。2層は上・下段をもった歌仙之間，3層が8畳に床を構えた望楼の摘星楼からなる。1795年(寛政7)舟入之間の東に，茶室憶昔席が建てられ，ここには南方産の蛇の目の木の床柱を立てる所と，それに向きあう付書院が構えられている。国宝。本願寺浴室(黄鶴台)は重文。

ほんがんじは [本願寺派] 真宗十派の一つで，西本願寺(京都市)を本山とする一派。本願寺は京都東山大谷の親鸞廟堂を，親鸞の曾孫覚如が寺院化したのに始まる。仏光寺の勢力に押され一時衰微するが，8世蓮如の時代に教勢が拡大した。寺内町を形成し一向一揆をおこすなど戦国大名と肩を並べるまでになり，山科，大坂石山，京都西七条へと移転した。11世顕如没後，子の教如が弟の准如に跡を譲るが，徳川家康から東六条の地を寄進され寺をたてた。以後，准如側を西本願寺(本願寺派)，教如側を東本願寺(大谷派)とよび勢力を二分，本願寺は分立した。明治期には島地黙雷らにより教団改革がはかられた。海外布教にも力をいれ，今日に至っている。

ほんくじ [本公事] 江戸時代，出入筋の手続きによって争われた私人相互の争いのうち，金公事を除くすべてのもの。または，その民事訴訟手続き。山論・水論・村境論などの論所，家格・席順など身分をめぐる争いや家督・相続をめぐる争い，質地・家質などの担保つき債権もしくは無利子債権を対象とした争いなど，内容は多岐にわたる。本公事の裁許結果は，人・物について，秩序の確認や新たな形成をともない，人々の生活に与える影響も大きかったので，金公事に比べて公権力の関与が強く，訴権の保護も厚かった。

ほんけ [本家] 分家に対し，それを分出した家をさす。東北地方の同族型村落の場合，本家は日常的な援助や冠婚葬祭の役割において，分家に対し圧倒的優位を示すだけでなく，単数また複数の本家を頂点に，分家・孫分家の同族の階層的秩序で，村落運営も独占的につかさどってきた。田畑山林・家屋敷も広く，旧家としての高い家格と家柄を保った。また，同族本来の系譜を重視した本家・分家関係のほか，頼み本家などと称し，転住者もこれらの分家となったが，これは親方・子方関係や地主・小作関係が複雑に合致していたことなどによる。これに対し西南日本や海村部の村落では，本家といっても，分家に対し卓越した地位を保っているわけではない。これは隠居分家制や選定相続・分牌祭祀といった親族構造の相違に起因する。

ほんけ [本家] 荘園領主のうち，領家の上位におかれた権門勢家。平安中期までの国免荘は，国司の代替りに際し荘号を否定される場合が少なくなかった。そのため平安後期には，国免荘の領家であった中流の貴族や官人は，競って上級権力者に国免荘を再寄進して権益の保護を求めた。その保護者が本家で，多くの場合

は院や摂関家であったので、院領荘園(天皇家領荘園)や摂関家領荘園が形成された。その結果、中世の荘園には、本家・領家・荘官という重層的な職の体系が成立した。荘務権の所在は、本家と領家のどちらかに限定されず、荘務権をもつほうが本所とよばれた。

ぼんげ【凡下】 中世、一般民衆を示す身分呼称の一つ。甲乙人などと同じ。もとは凡人・凡夫の意で、官位のない無位の白丁などをさした。侍が武士を意味するようになると、それ以下の者を凡下とよぶようになった。鎌倉幕府は侍以下の雑人を凡下と法的に規定して、諸種の身分規制を定めた。犯罪の取調べでは侍と異なり拷問がなされ、刑罰でも侍がおもに所領没収などの財産刑だったのに対し、凡下には火印や片鬢剃などの肉刑がなされた。

ほんさろく【本佐録】 江戸前期の教訓書。1巻。本多正信あるいは藤原惺窩の著とされるが不詳。天道を知る事、身を端正する事、諸侍の善悪を知る事、国持の心を知る事、家を継ぐべき子をえらび後見の人おとなやくの人をえらぶ事、百姓仕置の事、異国と日本との事、の7項目からなり、為政者の天の理法に沿った仁政の実現を説く。木下順庵・新井白石・室鳩巣らは本多正信作とする。藤原惺窩作とする根拠は「仮名性理」に類似の表現がみられるためだが、「仮名性理」は江戸初期に流布した「心学五倫書」をもとに作られ、惺窩に仮託された偽書。本書もそれら2書の系統から作られた偽書とみられるが、江戸初期の政治思想を知るうえで有益。「日本思想大系」「日本経済叢書」所収。

ほんざん【本山】 末寺をもつ寺院。他宗寺院の改宗と末寺化、末寺の創建などによって成立。真宗の本願寺、日蓮宗の京都二十一カ本寺などが有名。近世には、政治機構としての本末制度のもとで一宗一本山に限定。末寺住職の任免権や寺号免許など、本寺による末寺支配が幕府の支持のもとに制度として定着させられた。

ほんざんは【本山派】 熊野三山を拠点に京都の聖護院を本寺とする天台系修験宗派。真言系当山派と修験道界を二分した。1090年(寛治4)に白河上皇熊野御幸の先達を勤めた園城寺の増誉が聖護院を下賜され、同院は熊野三山検校を兼務した。15世紀後半、門跡道興のとき聖護院門跡が全国の熊野先達を統轄する教団が成立した。明治初期に天台宗寺門派に帰し、現在は本山修験宗を称する。なお本山派の山伏を本山衆という。

ぼんじ【梵字】 セム系文字がインド人によって整備されて、紀元前5世紀頃ブラーフミー文字として成立するが、さらにそれから発達したグプタ文字(4～5世紀)、悉曇文字(6世紀)、デーバーナーガリー文字(11世紀)などの北方梵字と、ドラビダ系文字やシンハラ文字などを含む南方梵字の総称。仏典を表記するのに使われた悉曇文字が、仏教とともに中国や日本に伝来され、密教とのかかわりあいで神秘化された文字とみなされるようになり、これを狭義の梵字とよぶようになった。今日も一般寺院で卒塔婆をや護符などに用いる。

ほんじすいじゃくせつ【本地垂迹説】 本体である仏・菩薩が衆生救済のため、仮に神の姿をとってこの世に現れるという教説。淵源は仏の仏身論で垂迹は神に限らないが、日本では仏教伝来当初から神仏関係が問題とされた結果、神を護法神と位置づけ、または仏によって救済されるべき存在とする段階をへて形成された。一般的思想としては「三代実録」貞観元年(859)8月28日条の恵亮及の表などが初見。平安中期からは八幡宮の本地は阿弥陀仏(釈迦仏とも)、伊勢神宮の本地は大日如来といった個別諸社について本地仏を特定するようになり、平野・春日・日吉・北野・熊野・祇園など主要神社であいついで本地の仏・菩薩が定められ、それらを祭る本地堂が建立された。中世に入るとこの関係を絵画化した神道曼荼羅も現れたが、一方で天台本覚思想の影響で神仏ともに本地とする説もあれ、鎌倉中期には神仏関係を逆転させた伊勢外宮神官度会氏の反本地垂迹説も登場した。

ほんじぶつ【本地仏】 この世にかり(権)に姿を現した神々の根本である仏・菩薩などのこと。神仏習合の進展のなかで、仏教側が日本の神々を位置づけた理論である本地垂迹思想にもとづく。日本の神々などは、仏・菩薩が衆生救済のため機根に応じて姿を変えて現れた化身(垂迹神)であるとされ、その際の仏・菩薩を本地仏という。

ほんじょ【本所】 荘園領主のうち、荘務権をもった領主。公領(国衙領)の領主をよぶ場合もある。しかしその定義については、本家と同一とする説や、公法上の権限主体とする説、上級の荘園諸職の保持者一般をさすとする説などもあり、一定していない。多くは、下級の荘園諸職をもつ荘官との地頭などとの対立関係のなかで、荘園領主としての本来的な権限をもった領主をいう。

ほんじょいちえんのち【本所一円の地】 本所進止の地とも。中世の荘園で、地頭がおらず、本所が土地や百姓を一元的に支配している地。はじめから地頭職がおかれなかったもののほか、鎌倉後期以後は、下地中分の結果、一方が本所一円の地となったものや、本所が地頭職を兼任したものもみられる。

ほんじょうしげる【本庄繁】 1876.5.10～1945.

11.20　大正〜昭和前期の軍人。陸軍大将。兵庫県出身。陸軍士官学校（9期）・陸軍大学校卒。参謀本部支那課勤務，北京・上海駐在，張作霖の軍事顧問などを歴任し，陸軍の中国通として知られる。1928年(昭和3)第10師団長，31年関東軍司令官となり，満州事変にも関与。33年侍従武官長となり，2・26事件後に予備役に編入。その後，傷兵保護院総裁・枢密顧問官を務め，第2次大戦後自決した。

ほんじょほう [本所法] 荘園領主の法。平安中期以降の律令法の公家法への変容にともない，荘園領主は，中央政府・国衙ガの介入や他の荘園領主の干渉を排して自己の荘園の秩序を守るため，独自の法規範をもつようになった。鎌倉幕府の登場以降も幕府法と異なる独自の法源として存続し，国衙法や在地法からは完全に独立していたものの，公家法や幕府法に規制されていた。やがて幕府法と守護領国法が大勢を占める室町時代以降は空洞化して消滅した。

ほんじょりょう [本所領] 中世，とくに室町幕府家で使用された用語で，公家領（天皇家領を含む）の荘園・国衙ガ領のこと。寺社領・武家領に対して使われ，寺社が本所であるものは含まない。このうち禁裏・仙洞セント御料所と摂関家の殿下渡領デンカトリョウは，法制上扱い保護をうけ，1368年(応安元・正平23)の半済ハンゼイ令でも適用除外になっている。

ほんじん [本陣] 大名宿とも。公家や幕府役人，大名даや貴人の宿泊所。起源は室町時代だが，実際に機能・役割を発揮するのは1635年(寛永12)参勤交代制の実施による。全国の大名が江戸と国元の往復に，行列を伴って宿駅の本陣に止宿するため発展した。大名の宿泊所としては，本陣に準じる役割をはたした脇本陣・仮本陣・相本陣などがある。本陣は町の有力者によって経営され，苗字帯刀を許された。原則として1宿1本陣だが，東海道小田原宿などは4軒あった。一般の旅籠ハタとは違い，門構え・玄関付きの大規模な構えで，宿の本通りに位置することが多い。

ほんせんがえし [本銭返] 中世の不動産売買約の一つで，売却時の代価の本銭・元金を買主に返済すれば，売り主が買い戻せることを認めた土地売買形態。代価が米穀などの場合は本物返ホンモツガエシという。買い戻せる時期については，年月を定め，期限が明ければ買い戻せる場合と，本銭を返済すればいつでも取り戻せる場合があった。中世の売買は，今日のように所有権が完全に移るのではなく，売り主の権利が大きかった。農民の土地売買の形態として近世にもうけつがれた。

ほんぞうがく [本草学] 古代中国に始まった動・植・鉱物など天産物の薬用を研究する学問。おもに草を対象としたので本草の名がうまれたという。最古の本草書は500年頃に陶弘景トウコウケイが編纂した「神農本草経」で，その後経験の蓄積と漢方医学の発達にともなって順次改訂され，唐の蘇敬ソケイらが「新修本草」，宋の唐慎微シンビが「経史証類備急本草」を編集。明末の李時珍が「本草綱目」を編纂して集大成される。日本には「新修本草」が奈良時代に，「経史証類備急本草」が平安末期に渡来し，和産物・和名と照合・同定する名物学がおこった。江戸時代になると「本草綱目」の移入・消化が行われ，博物学的色彩の濃い日本的な本草学が隆盛。その集大成の書として小野蘭山ランザンの「本草綱目啓蒙」などがうまれた。

ほんだぎけんこうぎょう [本田技研工業] 二輪車生産台数世界一，四輪車でも日本有数のメーカー。本田宗一郎によって1946年(昭和21)静岡県浜松市に本田技術研究所が創立され，48年本田技研工業に発展，日本のモーターバイクの65%を生産した。61年二輪車は世界10大レースで優勝，世界一の地位を不動のものにした。62年四輪自動車の生産に参入，翌年軽トラックを発売した。71年低公害化エンジンCVCCの開発を発表。四輪でも高い評価を獲得した。

ほんだこうたろう [本多光太郎] 1870.2.23〜1954.2.12　明治〜昭和期の冶金学者。愛知県出身。東大卒。ドイツに留学。東北帝国大学教授，のち総長。磁気分析法によって鉄鋼の本質的解明を進め，多くの人材を育成した。金属材料研究所を設置し，多くの研究を行い，強力磁石鋼のKS鋼や新KS鋼の発明で知られる。特殊鋼の研究を通じて，第1次大戦中は軍需部門からの要請に応じた。日本金属学会会長。ベッセマー賞・学士院賞・文化勲章をうけた。

ほんだそういちろう [本田宗一郎] 1906.11.17〜1991.8.5　昭和期の実業家。静岡県出身。第2次大戦前は自動車修理工場経営やピストンリング製造に従事，1946年(昭和21)静岡県浜松市に本田技術研究所を創立，モーターバイクの製作を開始した。48年本田技研工業を設立し，62年自動車生産に参入。73年社長を退任。89年(平成元)アメリカの自動車殿堂入りした。

ほんだとしあき [本多利明] 1743〜1820.12.22　江戸後期の経世思想家。通称三郎右衛門，北夷・魯鈍斎ロドンサイなどと号す。生地は越後国と推定される。18歳のとき江戸に出て和算や天文学などを学び，のち諸国を遊歴し物産や地理の実際的な知識を身につけ，航海術を修めた。ほとんど仕官することなく，江戸に塾を開き門弟に教えて一生を送った。天明の飢饉やロシアの南下を機とする北方問題などへの関心から，蘭学による西洋認識にもとづいてイギリスなどを範とする，新たな富国策の必要を強調し，国土

の開発とともに藩体制をこえた重商主義的な国営貿易を行うよう提言した。著書「経世秘策」「西域物語」。

ほんだまさずみ [本多正純] 1565〜1637.3.10 江戸初期の大名。正信の長男。徳川家康に仕え，側近として信任された。家康が将軍職を秀忠に譲り，1607年(慶長12)から駿府で幕政を統轄すると，最高実力者として政務を統括。とくに外交・貿易面での権限は絶大であった。同年下野国小山藩主3万3000石。14年大坂冬の陣の講和時，豊臣側をあざむいて城堀の内堀を埋めさせた。家康の死後，秀忠に仕え19年(元和5)下野国宇都宮藩主15万5000石。22年出羽国山形藩主上氏の改易で城受取りに出向した留守に改易され，出羽国横手へ配流された。

ほんだまさのぶ [本多正信] 1538〜1616.6.7 織豊期〜江戸初期の武将・大名。徳川家康に仕えたが，1563年(永禄6)三河一向一揆で一揆勢に加わり家康と交戦。その後家康に再び仕え，政務能力を高く評価された。90年(天正18)家康の関東入国に従い相模国玉縄以北(上野八幡とも)に1万石を与えられ，関東総奉行となる。以後，家康の側近として活躍。1603年(慶長8)家康が将軍になると秀忠付となり，大久保忠隣ただちかとともに秀忠政権を支え，2万2000石に加増。

ポンチえ [ポンチ絵] 明治前期の風刺漫画。幕末期に来日したイギリスの新聞記者C.ワーグマンは，幕末〜明治期に時事・世相を風刺した漫画の月刊誌「ジャパン・パンチ」を刊行した。この形式にならった風刺漫画がポンチ絵とよばれて流行し，近代漫画の始まりとなった。

ほんちょうこういんじょううんろく [本朝皇胤紹運録] 「皇胤紹運録」「紹運録」とも。皇族の系図。皇子女を多く収録し，注記も継ぐ，類書の代表。15世紀前半，後小松天皇の命により洞院満季ようえが作成，のち数度にわたって追補され，三条西実隆さねたかも書き継いだ。甘露寺親長の書写本など，最後の天皇を異にするさまざまな伝本がある。神代系図から始まるのみで「帝王系図」諸本と区別される。満季の父洞院公定きんさだの「尊卑分脈」との関連も指摘される。「群書類従」所収。

ほんちょうこうそうでん [本朝高僧伝] 仏教渡来以来の日本の高僧の行跡を書き記した一大伝記集成。76巻(目録1巻)。卍元師蛮まんげん著。中国の梁・唐・宋の3高僧伝にならい，虎関師錬こかんしれんの「元亨げんこう釈書」の欠を補う全日本仏教の僧伝の編纂を企図し，25年を費やして1702年(元禄15)に完成。10科に分類し，一向宗と日蓮宗を除く662人を収載し，07年(宝永4)開版した。「大日本仏教全書」所収。

ほんちょうじゅうにせん [本朝十二銭] ⇨皇朝十二銭こうちょうじゅうにせん

ほんちょうしょじゃくもくろく [本朝書籍目録] 「御室書籍目録」とも。日本で著された典籍を分類した総合的な図書目録。編者不詳。1277〜94年(建治3〜永仁2)の成立。収録書物数は493点で，神事・帝紀・公事・政要・氏族・地理・類聚・字類・詩家・雑抄・和歌・和漢・管絃・医書・陰陽・人々伝・官位・雑々・雑抄・仮名の20部門に分類される。ただし仏書・歌書は対象外で「土佐日記」「更級日記」なども採録されていない。分類に多少の混乱はあるが，日本最古の国書の総合目録として貴重。

ほんちょうせいき [本朝世紀] 鳥羽法皇の指示により藤原通憲みちのりが編んだ歴史書。最初は「六国史」のあとをうけて，宇多天皇から堀河天皇までの15代220年余の通史を作る計画であった。のち鳥羽・崇徳すとく・近衛の3代も含めることにし，18代の天皇朝の史書に変更された。しかし完成したのは宇多朝のみで，ほかは未定稿のままで終わったらしい。「史官記」「外記げき日記」などと称することがあり，数百巻にのぼる大部なものであったと思われるが，伝来しているものは935年(承平5)から1153年(仁平3)に至る間の残欠本にすぎない。宮内庁書陵部蔵の伏見宮本中に鎌倉時代の写本が伝わっており，諸伝写本の原本となっている。「群書類従」「新訂増補国史大系」所収。

ほんちょうつがん [本朝通鑑] 林羅山はやしらざんが幕府の命で編纂した編年体の日本史の通史。1670年(寛文10)成立。前編神代紀3巻・正編40巻(神武紀〜宇多紀)・続編230巻(醍醐紀〜後陽成紀)・提要30巻・付録5巻・凡例ならびに引用書目2巻からなる。鵞峰が編纂所である忍岡の国史館に門人を集め，父羅山らざんの「本朝編年録」の草稿に修正を加えつつ書き継いだもので，編年の書法を朱子「通鑑綱目」に，叙事の体を司馬光「資治通鑑」にならう。実証主義的な歴史叙述をめざした林家の史学の特徴を示すが，史料の博捜や史料批判に不備がある。「大日本史」「読史余論」などの歴史書に大きな影響を与えた。国書刊行会刊。

ほんちょうにじゅうしこう [本朝廿四孝] 人形浄瑠璃。時代物。5段。近松半二・三好松洛しょうらく・竹田因幡・竹田小出・竹田平七・竹本三郎兵衛合作。1766年(明和3)1月大坂竹本座初演。武田・上杉両家は不和だが，室町将軍足利義晴暗殺の犯人の探索が両家に命じられる。武田家奥家老板垣兵部はわが子と武田勝頼をいれかえていたのだが，それが発覚。山本勘助の名前の継承をめぐる慈悲蔵と横蔵の対立。上杉家の息女八重垣姫が許嫁いいなずけの勝頼を慕う一途な心。将軍暗殺の犯人が斎藤道三とわかることなどが複雑に展開。最後には北条・村上が山本勘助の

はからいで滅ぼされ,上杉・武田両家の不和も収まる。題名の由来は3段目,慈悲蔵が母のために雪中から筍ǎを掘ろうとする場面が,中国の「廿四孝」にちなむため。

ほんちょうもんずい [本朝文粋] 平安時代の漢詩文集。14巻。藤原明衡 ﾎﾞﾍ 編。康平年間(1058〜65)成立か。弘仁〜長元期の約200年間の詩文427編を収録。賦ǎ・雑詩・詔・勅書・意見封事・策問・論奏・表・奏状・書状・序・詞・文・讃・論・銘・記・伝・願文・諷誦文ﾌﾞﾋﾟなどの39部門に分類・配列。天皇以下68人の作者を数えるが,大江朝綱ﾄﾞﾞ・大江匡衡ﾋﾞﾗ・菅原文時・菅原道真・紀長谷雄ﾊﾋﾞらの作品が多く,なかでも慶滋保胤ﾖﾋｼﾗﾉの「池亭ﾃｰ記」,三善清行の意見十二箇条は名著。「本朝続文粋」「朝野群載」など後世の詩文集の範となり,往来物や中世紀行文への影響も大きい。鎌倉時代の古写本に,宮内庁書陵部本・金沢文庫本・大河内本・石山寺本・真福寺本・身延久遠ﾓﾉﾞﾎﾞﾝ寺本などがある。「新訂増補国史大系」

ほんどくうしゅう [本土空襲] 太平洋戦争末期の米軍による日本の軍事施設・都市への爆撃。とくに都市爆撃は国民の戦意を阻喪させるため執拗に行われた。初空襲は1942年(昭和17)4月18日の空母発進のB25によるもので,被害は軽微だったが軍部のうけた衝撃は大きく,中国の飛行場を米軍機の発着基地にさせないための諸作戦が展開された。44年末からの本格的な空襲はマリアナ基地からのB29によるもので,飛行機工場などを狙った高度精密爆撃であった。45年3月10日未明の東京大空襲は低空による焼夷弾爆撃で,死者推定10万人に及んだ。都市爆撃は愛知・大阪・兵庫でそれぞれ1万人以上,広島・長崎への原爆投下による被害も含めて全国で約65万人が死亡したとみられる。この数字は一般国民の戦争による被害の99.5%にあたる。

ほんとものなり [本途物成] 本途・物成・本途取米・本免・取箇ﾄﾞﾘ・本年貢とも。田畑・屋敷地に対して課税された本年貢。本租として江戸時代の貢租制度の中で最も基本的であるとともに,領主にとって最大の収入源であった。これに対し田畑以外の山林や河海における生産物に対する雑税を小物成とよんだ。本途物成は米納を原則としたが,畑方年貢では金銀で代納する貨幣納が進み,江戸中期以降は田方年貢も石代納化が進展する。商品作物の生産や商業の展開によって課税対象が拡大されるにつれ,本途物成への依存度は相対的に減少していった。

ほんねんぐ [本年貢] ⇨本途物成ﾎﾝﾄﾓﾉﾅﾘ

ほんのうじのへん [本能寺の変] 1582年(天正10) 6月2日,明智光秀が京都四条西洞院の本能寺に織田信長を襲い,自刃させた事件。備中国高松城を囲む豊臣秀吉の戦況報告にもとづいて,信長は毛利軍との全面対決を決意。みずからの出陣とともに,光秀にも出陣を要求した。光秀はただちに近江国坂本城に帰り,5月26日,坂本を出発して丹波国亀山城に入った。一方,信長は29日に安土をたち上洛,本能寺に宿した。6月1日夜,1万3000の軍勢を率いた光秀は亀山を出陣,老ノ坂で老臣に謀反の意向を告げ,2日明け方に本能寺を囲んだ。信長は森蘭丸らわずかな近臣とともに防戦したが自刃。妙覚寺にいた嫡子信忠も急を聞き,二条御所にこもって戦ったが,同じく自刃した。

ほんばしきえもん [翻波式衣文] 太紐状に立ちあがる大波と鎬 ｼﾉｷﾞ の立つ小波とを交互に配する衣文表現。その萌芽は,奈良時代の乾漆像(東大寺三月堂不空羂索ﾌｸｳｹﾝｼﾞｬｸ観音)にすでにみられる。平安前期の木彫の隆盛にともない独特の律動感と刀の切れ味の顕示とにより,素木像に生気を与える手法として重用された。代表例は法華寺十一面観音像・室生寺弥勒堂釈迦如来座像。10世紀以降はしだいに定形化し,11世紀中葉にはほぼ終息。

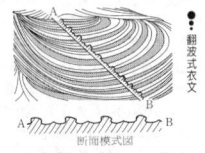

翻波式衣文
断面模式図

ほんびゃくしょう [本百姓] 江戸時代の村の正式な構成員である百姓身分の家,あるいは家長。領主に対しては年貢・諸役を負担し,村内では村役を担って村政の運営にかかわり,村や近隣の用水や入会地の用益権をもつ。無高百姓・水呑百姓に対する語。17世紀半ばまでの本百姓は検地帳に屋敷地を登録され,これにかかわる夫役を負担する役屋で,名寄帳に登録され年貢を直納した。これをとくに初期本百姓ともよぶ。夫役の必要性が薄れた17世紀半ば以降は,検地帳名請地を所持するか否かを基準にし,名請地を所持する高持百姓を本百姓というようになった。17世紀に分割相続により初期本百姓から多数の高持百姓が分立したが,零細な高持百姓の発生を防止するため,分地制限令とあいまって村でも自主的に百姓株を固定した。その結果,百姓株が排他的な性格をもつようになり,家格制が発生した。

ほんぽじとう [本補地頭] 承久の乱以前に任命された地頭。鎌倉時代,新補ｼﾝﾎﾟ地頭に対置して用いられた。また新補地頭のうち,新補率法適用の地頭のみを新補地頭とよぶ場合は,そ

れ以外の地頭をすべて本補地頭という。

ほんまつせいど [本末制度] 江戸幕府により定められた本山・末寺の制度。日蓮宗の京都二十一カ本寺のように中世から末寺をもつ本山はあったが、幕府は寺院法度によりこれを制度化。本山を各宗1カ寺に限定したうえ、本山―中本寺―小本寺―平院という重層的な関係を構築し、支配機構のなかにくみいれようとした。本山は中世以来もっていた政治的・経済的特権を否定される一方、末寺への命令権、住職の任免権、寺号免許権などを与えられ、末寺に対する中央集権支配が可能となった。本山はこれをてこに、近世を通じて末寺統制を強化。末寺に対してさまざまな名目の上納金を強要するとともに、本山での主要行事への出席などを義務づけていった。

ほんもつがえし [本物返] ⇨本銭返ほんせん

ほんもんじ [本門寺] 東京都大田区にある日蓮宗大本山。長栄山大国院と号す。1288年(正応元)日浄じょう・日持じが日蓮の七年忌にその座像を造立したことに始まる。大施主は日蓮終焉の地池上の池上氏。以後、池上氏をはじめ、武蔵国蒲田・上田、上総国狩野の有力武士団の庇護で発展。鎌倉比企谷ひきがやつ妙本寺とともに日朗門流の2大拠点で、貫首かんずは両寺を兼ねたため比企谷門流ともよばれる。近世初めには徳川家康とその側室養珠院の保護をうけた。受・不受論争では、日樹の頃は関東不受派の中核だったが、1630年(寛永7)受派の身延みのぶの久遠寺に敗れた結果、受派に転じた。日遠の入寺以後、久遠寺につぐ全国的教団となる。日蓮肖像・日蓮真蹟「兄弟抄」は、ともに重文。

ほんやく [本役] 中世〜近世の年貢・課役で、本来勤めるべき正規の部分。中世では、加地子かじなどの加徴税に対し、荘園領主などが収納する本来の年貢をいう。武士が主君に対して負った正規の課役を、半役・三分の一役などと区別して用いた。近世の本百姓や屋敷持の職人が勤める負担にも用いた。

ほんやくしょうせつ [翻訳小説] 外国の小説を日本語に翻訳したものを一般に翻訳小説というが、文学史では明治初年から10年代にかけて集中的に現れたヨーロッパの小説・戯曲の翻訳あるいは翻案されたものに限っていう。ジャンルは冒険科学小説から政治小説に至るまで多岐にわたっており、「花柳春話かりゅうしゅんわ」(リットン「アーネスト・マルトラバース」)、「八十日間世界一周」(ベルヌ)、「自由太刀余波鋭鋒じゆうのたちなごりのきれあじ」(シェークスピア「ジュリアス・シーザー」)などのほか膨大な数に及ぶ。

ほんりょう [本領] 中世の在地領主の根本私領のこと。先祖の開発地であり、その後累代相伝してきたという由緒から、その私有権利が裏付けられていた。御家人の場合には将軍から本領安堵をうけたが、幕府法でも軍功によって与えられた御恩地とは区別され、百姓に対する課役賦課などで大きな自由裁量権をもっていた。

ほんりょうあんど [本領安堵] 鎌倉・建武・室町の各政権樹立期に特徴的にみられる安堵の一形態。安堵者と被安堵者の間に主従関係が設定されるきっかけになった。内容は2種類あり、第1は武士の開発私領・相伝所領を本領として確認するもの。史料上には「本所に安堵すべし」「本宅に安堵せよ」などの表現もみられる。第2は、武士たちに失われた旧領を回復させるものだが、政権が安定期にむかうと制限される傾向にあった。

ほんりょうがえ [本両替] 近世に金銀の交換・売買を基本に、より高度の金融業務をも行って幕府の御用を勤めた両替屋。成立時期は、江戸が1657年(明暦3)以前、大坂が70年(寛文10)頃、京都が1718年(享保3)で、三井・鴻池など新興両替商の台頭とともに、新古金銀引替えや金銀相場書上げなど幕府への協力を契機として、仲間を組織した。最も発達した大坂では200〜300人前後いて、得意先商人から預金をうけ入れ、手形を振り出し、回収し、為替を取り組んで商業信用を供与し、商人・領主に貸付けを行うなど、主要な銀行業務をすでに行っている。京都・江戸では正貨の取引と公金取扱いが中心となり、京都は50〜180人、江戸は1〜40人と少ない。

ま

マイクロリス ⇨ 細石器

まいぞうぶんかざい [埋蔵文化財] 土中または水中など，人目に触れない場所に埋蔵された文化財をいう。遺構と遺物がある。遺物が発見されたときは遺失物法の適用をうける。また土木工事などで遺構が発見された場合には，遺跡発見届の提出が義務づけられている。考古学の研究対象である遺構・遺物は，一方で国民共有の財産でもあるから，学問的な発掘調査の場合も，土木工事などで埋蔵文化財包蔵地を発掘する場合も，文化財保護法によって届出の手続きを必要とする。

まいにちしんぶん [毎日新聞] 大阪実業界の有力者が自由民権派と対抗するために「大阪日報」を買収し，1888年(明治21)11月20日に「大阪毎日新聞」と改題して創刊した新聞。藤田組支配人本山彦一の経営手腕によって「大阪朝日新聞」を追い，大正初期には両紙の寡占体制が形成された。1911年には「東京日日新聞」を買収し，東京に進出した。18年(大正7)株式会社に改組。関東大震災後は「朝日」と提携して東京系新聞を圧倒し，関東でも2紙の寡占を成立させた。26年(昭和元)には東西あわせて200万部突破を宣伝。43年11月1日に社名を毎日新聞社と改め，東京・大阪の題号も「毎日新聞」に統一した。第2次大戦後は「朝日」「読売」と並ぶ3大紙の一角を占めてきたが，70年以降経営が悪化し，77年債務を旧社に残し，別に設立した新社が発行を引き継いだ。販売部数は約396万部(2000)。

まいらど [舞良戸] 引違いの板戸の形式。框(枠)の間に舞良子とよばれる細い桟を横向きに等間隔に配し，その間に綿板という薄い板をはめこんだもの。遣戸ともいう。平安時代の中頃に成立し，その後建物の内部と外部を隔てる建具として発展。舞良戸の内側に明障子をいれる建具の組合せは，中世住宅の内外を隔てる建具の形式としてよくみられる。

まえくづけ [前句付] 雑俳の中心をなす形式。五七五の題に七七，あるいは七七の題に五七五をつける。初心者のための連句の稽古として行われていたが，三都の宗匠の出題に対し地方俳人が広く投句するようになって大衆化し，やがて遊戯性の強い俳諧として分化した。元禄頃には点者と作者の仲介を行う会所ができ，高点句集の出版も行った。高点には褒賞も出されたので，付句1句の奇抜さにしのぎを削るようになり，のちに付句だけが独立して川柳がうまれた。

まえじまひそか [前島密] 1835.1.7～1919.4.27　明治・大正期の官僚・政治家・実業家。男爵。越後国生れ。旧姓上野。洋学を学び全国を周遊し，幕臣前島家を継ぐ。1869年(明治2)明治政府に仕え，イギリス留学をへて，71年駅逓頭となる。駅逓局長・駅逓総監を歴任し，近代的な郵便事業の確立に尽力。国字・国語の改良を説き，漢字廃止論を唱えた。明治14年の政変で官を辞し，翌年大隈重信を党首とする立憲改進党の結成に参加。民間にあって東京専門学校校長・関西鉄道社長を務めたが，88年官界に復帰して通信次官となり，電話事業の開設にあたった。晩年は貴族院議員。鉄道・海運事業にも貢献した。

まえだげんい [前田玄以] 1539～1602.5.7　織豊期の武将。号は半夢斎・民部卿法印・徳善院。織田信忠の家臣で，本能寺の変に際し，信忠の子三法師(秀信)とともに逃れた。その後京都奉行となり，豊臣秀吉に仕えた。1585年(天正13)丹波国亀山城主となり5万石。95年(文禄4)近江国八幡城主。豊臣政権の五奉行の1人として活躍。関ケ原の戦では西軍に属して大坂城に落ちのびたが，戦後本領を安堵された。

まえだし [前田氏] 近世の大名家。菅原姓を称したが，詳細は不明。戦国末期，尾張国愛知郡荒子村(現，名古屋市中川区)の土豪だった前田利昌の子利家が織田信長に仕え，軍功により1575年(天正3)越前国府中に3万3000石を与えられた。のち豊臣秀吉に臣従し，子利長が関ケ原の戦で徳川家康方につくなどして領地を拡大。江戸初期には加賀・能登・越中3ヵ国，総計119万石余を領有する大大名となった。その後，家督を継いだ弟の利常は次男利次に越中国富山藩10万石，三男利治に加賀国大聖寺藩7万石を分知。ほかに利家の五男利孝を祖とする上野国七日市藩がある。本家は加賀国金沢を城下とする102万石余の藩主家として，利家から数えて14代慶寧まで続いた。維新後，本家は侯爵，分家は伯爵・子爵。→巻末系図

まえだせいそん [前田青邨] 1885.1.27～1977.10.27　大正・昭和期の日本画家。岐阜県出身。本名廉造。1901年(明治34)梶田半古に入門し，紅児会に参加。14年(大正3)再興日本美術院同人となり，小林古径・安田靫彦とともに院展三羽烏として活躍。22年渡欧。37年(昭和12)帝国芸術院会員，51年東京芸術大学教授となる。55年文化勲章受章。法隆寺金堂壁画再現模写や高松塚古墳壁画模写に従事した。作品「洞窟の頼朝」「お水取」。

まえだつなのり [前田綱紀] 1643.11.16～17

24.5.9 江戸前期の大名。加賀国金沢藩主。光高の長男。1645年(正保2)3歳で家督相続し藩主となる。祖父利常，舅保科正之の後見をうける。61年(寛文元)金沢へはじめて入国。藩政では利常の改作仕法を引き継ぐとともに，十村もち制度の整備，切高仕法の導入などを行った。好学の大名として知られ，木下順庵・室鳩巣きゅう・稲生若水いのうじゃくすいら多くの学者を招くとともに，書物の収集，東寺・三条西家などの古文書の整理・補修を行った。

まえだとしいえ [前田利家] 1538～99.閏3.3

織豊期の武将。利昌の子。尾張国愛知郡荒子村の土豪の家に生まれる。はじめ織田信長に仕え，戦功により赤母衣あかほろ衆に加えられる。1575年(天正3)越前国を与えられた柴田勝家の目付役として同国府中に赴き，81年8月能登国を与えられ大名格となる。本能寺の変後は83年の賤ケ岳しずがたけの戦で豊臣秀吉方につき，加賀国北半を与えられ，85年には越中国にも領地をえた。秀吉との関係は尾張以来の親密なもので，秀吉の全国統一後は豊臣政権を支える最有力大名の地位にあった。98年(慶長3)8月の秀吉死後は，遺児秀頼の後見役として大坂城に入り，徳川家康と以後の体制作りに努めたが翌年病没。

まえだとしなが [前田利長] 1562.1.12～1614.5.20

織豊期～江戸初期の武将・大名。加賀国金沢藩主。藩祖前田利家の嫡男。はじめ父とともに織田信長に仕え，のち豊臣秀吉に臣従，加賀国松任，越中国守山，同国富山などを次々に居城とした。1598年(慶長3)利家の家督を継ぎ金沢城に移り，翌年利家の死去で，いわゆる五大老の1人となった。一時徳川家康と対立関係にあったが，母を人質とすることで収拾。翌年の関ケ原の戦では徳川方につき，戦後加賀・能登・越中3国を領した。

まえつきみ [大夫]

古代，有力豪族の政治的地位をさした称号。6～7世紀においては，臣おみ・連むらじ姓をもつ畿内の有力豪族に与えられ，天皇への奏上や参朝下達，重要政務の合議を行った。推古朝の冠位十二階で大小の徳冠を与えられた階層にほぼ相当。律令制の形成とともに，大夫層は五位以上の位階を与えられる貴族官人に拡大・再編され，以後，大夫は五位以上の位階をもつ官人の通称となった。

まえのりょうたく [前野良沢] 1723～1803.10.17

江戸中期の蘭学者・蘭方医。名は憙よみ，号は楽山また蘭化。古方医の伯父宮田全沢に感化をうけた。青木昆陽こんように師事しオランダ語を学び長崎に遊学，オランダ通詞中野柳圃に学び蘭書を購入して帰府。1771年(明和8)3月4日江戸千住小塚原で腑分ふわけを観察，「ターヘル・アナトミア」の正確さに驚嘆，翌日から築地鉄砲洲の中津藩邸内良沢の宿所で，杉田玄白げんぱく・中川淳庵らと会読を開始。オランダ語の教授と翻訳の主力となった。その成果が74年(安永3)に公刊された「解体新書」だが，良沢は自分の名の掲載を拒絶した。訳著に「蘭語筆筆」「字学小成」「和蘭訳文略」「和蘭訳筌」「和蘭点画例考補」など語学書をはじめ，世界地理・築城書がある。

まえばらいっせい [前原一誠] 1834.3.20～76.12.3

幕末期の萩藩士，明治初期の政治家・士族反乱指導者。旧姓佐世。松下村塾に学び，長崎遊学。1863年(文久3)萩藩右筆役となる。高杉晋作らと藩内戦を戦い，新藩庁を設立，戊辰ぼしん戦争に参加し，69年(明治2)参議・兵部大輔となる。新政府内での対立により，70年下野し帰郷。76年神風連の乱に呼応して萩の乱をおこしたが失敗し，処刑される。

まがいぶつ [磨崖仏]

天然の露頭に刻まれた石仏。日本では白鳳時代から遺例がみられ，奈良・平安時代には東北から九州地方に分布した。ことに11～12世紀の豊後地方では堆積岩質の大規模な作例が集中し，地方色をもつ造像文化の好例として注目される。滋賀県狛坂こまさか廃寺磨崖仏，大分県臼杵うすき石仏，栃木県大谷おおや石仏などが代表的なもの。

まがたま [勾玉]

弥生・古墳時代の装身具，祭祀具。祖型は縄文時代の牙や骨で作った垂飾とくに求められる。頭に小穴があき，紐を通して下げた装身具で，古墳からの出土状況や人物埴輪の装飾からみると，各種の玉とともに頸飾などに連ねていた。材質は硬玉・瑪瑙・碧玉へきぎょく・メノウのほかガラスがあり，九州北部では弥生時代のガラス勾玉を作った鋳型が出土した。ふつうの勾玉のほか，頭に3本の溝が刻まれた丁字頭ちょうじがしら勾玉・獣形勾玉・櫛形勾玉・子持勾玉などの種類がある。「古事記」では「勾璁まがたま」，「日本書紀」では「曲玉」とある。

まかべそうどう [真壁騒動] 1876年(明治9)

11月末～12月初めに茨城県真壁郡一帯におこった地租改正反対一揆。同年の米価下落に際して，田方正米納または中相場による石代納こくだいのう，畑方貢租の旧慣復帰，地租改正入費の官費負担，学校賦課金廃止などを要求して，村内の中・上層農に指導された農民が各所で集会を重ねた。宇都宮鎮台兵と鎮撫士族の投入で騒動は鎮圧され，27カ村の農民が逮捕された。

まがりや [曲屋]

民家建築の一様式で，居住部の土間前方に厩うまやをL字形に接続し1棟とした建物。屋根はつながっているが，本来別々の建物であった性格を残し，かつ最もよい位置にくることを配慮した。関東以北に多く，形式的には日本海岸の多雪地帯の中門ちゅうもん造に似る。ともに格式を表す形式でもある。18世紀後半に馬をもてるようになった盛岡藩領の農民

に，直屋すぢを曲屋に改造することがはやった相。

まき　[牧]　馬牛などを放牧して飼育するための土地と施設。日本には古墳中期以降，牧による馬の生産が導入された。律令制のもとでは主として軍事的目的から牧の制度が国家的に整備され，700年(文武4)全国に牛馬の牧の設定が命じられた。厩牧令ぐもくりようなどの規定では，兵馬司が全国の牧を中央で管轄し，各国の牧の経営・管理は国司の職掌とされた。牧ごとに牧長ぼくちよう・牧子ぼくしがおかれ，経営の実務に従事した。令制の牧は8世紀後期～9世紀に役割に応じて諸国牧(官牧)・御牧みまき(勅旨牧)・近都牧きんとぼくの3形態に分化した。「延喜式」にはこれら3種の牧が規定された。政府による牧経営は平安中期以後は形骸化し，その後は私牧しぼくが隆盛した。これらの牧は武士発生の重要な舞台になったとみられる。

まきいずみ　[真木和泉]　1813.3.7～64.7.21　幕末期の尊攘派志士。筑後国久留米水天宮祠官真木旋臣じつおみの長男。名は保臣やすおみ，通称和泉。藩校明善堂に学び，江戸・水戸に遊学し尊王攘夷を唱える。帰藩後藩政改革の建白をして執政有馬監物けんもつらの排斥をはかるが失敗。蟄居中に「大夢記」「義挙三策」などを著し，尊攘実践に理論的根拠を与えた。1862年(文久2)脱藩し，島津久光の挙兵上洛を機に討幕挙兵を意図するが，寺田屋騒動で捕えられた。翌年許されて上洛，尊攘派の中心人物として活動し，学習院にも出仕。8月18日の政変後七卿に従って西下し，その後は萩藩尊攘派とともに活動した。64年(元治元)来島又兵衛・久坂玄瑞げんずいらと上洛して禁門の変をおこし，敗れて同志16人とともに自刃。

まきえ　[蒔絵]　漆で文様を描き，乾かないうちに金銀などの金属粉や色粉を蒔きつけて文様を表す方法。平安時代以降，日本で独自の発展を示し，以後，現代まで漆芸装飾の主流を占める。技術的にはつぎの三つに大別できる。(1)漆で文様を描き，粉を蒔きつけてからいったん乾かし，さらに漆を塗って木炭などで研ぎ出す研出蒔絵。最古の例は正倉院宝物の金銀鈿荘唐大刀きんぎんでんそうのからたち。(2)粉を蒔きつけて，乾いてから文様の部分だけを磨く平ら蒔絵。蒔絵のなかでは比較的簡単な方法で，安土桃山時代に始まった高台寺蒔絵で活用された。(3)炭粉や砥粉に漆を混ぜて文様の部分を盛りあげ，その上に粉を蒔きつけて磨く方法。漆芸の分野で立体的な表現を可能にしたものとして注目される。初期の例は三島大社蔵の梅蒔絵手箱(国宝)など。

まきがり　[巻狩]　遊興と軍事訓練を兼ねる，鹿や猪などが生息する狩場を多人数で四方から取り囲み，囲いを縮めながら獲物を追いつめて射とめる大規模な狩猟。多くの勢子せこや追出犬が動員された。中世の武士の間では，鹿や猪などの獲物を争う狩競かりくらと称される競技があったが，巻狩もその一種。源頼朝が行った富士の巻狩が有名。

まきぐちつねさぶろう　[牧口常三郎]　1871.6.6～1944.11.18　昭和前期の宗教家・教育家。創価学会の創立者の1人で初代会長。旧姓渡辺。新潟県出身。北海道に移住。1901年(明治34)上京して「人生地理学」を出版するが，学者の道をあきらめ小学校の訓導となる。日蓮宗に入信，30年(昭和5)弟子の戸田城聖じようせいと初等教育の実践研究団体として創価教育学会を創立。43年の同学会弾圧で検挙され，巣鴨拘置所で病死。

まきしのへん　[牧氏の変]　平賀朝雅ともまさの乱とも。1205年(元久2)閏7月，鎌倉幕府の執権北条時政の後妻牧の方が時政と共謀，将軍源実朝を殺害し，女婿で頼朝の猶子ゆうしの平賀朝雅を将軍にしようとした事件。同年6月，時政夫妻は，朝廷の讒訴ざんそによって畠山重忠・重保父子を討伐し，ついで閏7月19日，実朝殺害と朝雅擁立をはかった。しかし事前にこれを知った北条政子・義時らが実朝を時政邸から義時邸に保護したため失敗。時政は出家し，伊豆国北条に隠遁，執権は義時にかわった。26日には，朝雅も義時の命による追討をうけて敗死した。

まきのとみたろう　[牧野富太郎]　1862.4.24～1957.1.18　明治～昭和期の植物学者。土佐国生れ。独学の学究として知られ，植物分類学の権威。19歳で上京し，東京帝国大学助手・講師を40余年間勤めた。1889年(明治22)日本人としてはヤマトグサに学名を与え，1000種の新種，新変種1500種を命名し，50余万点の標本を採集した。著書「牧野植物図鑑」。文化勲章・朝日文化賞をうけた。

まきののぶあき　[牧野伸顕]　1861.10.22～1949.1.25　明治～昭和期の政治家。伯爵。大久保利通としみちの次男。薩摩国鹿児島に生まれ，牧野家の養子となる。岩倉遣外使節団に同行してアメリカに留学。開成学校(のち東大)中退後，外務省出仕。黒田首相秘書官・文部次官・駐伊公使・駐オーストリア公使などをへて，1906～08年(明治39～41)第1次西園寺内閣の文相。のち枢密顧問官・農商務相・外相。19年(大正8)パリ講和会議全権委員。21年宮内相，25～35年(大正14～昭和10)内大臣。国際協調・立憲政治擁護の立場から摂政宮(のち昭和天皇)を補佐したが，急進派青年将校からは親英米派・自由主義者と目され，5・15事件，2・26事件で襲撃目標とされた。吉田茂は女婿。

まきむくいせき　[纒向遺跡]　奈良県桜井市にある古墳前期を中心とする大集落跡。奈良盆地

東南部を流れる初瀬川の上流三輪山の西麓にある。1971～75年(昭和46～50)の調査で2km四方に広がる集落跡であることが確認された。集落はおもに掘立柱建物で構成され、灌漑用水路であり運河としても機能したとされる幅5m、推定延長2.6kmの大溝、祭祀土坑などが発見された。遺跡内には纏向石塚古墳をはじめとする纏向古墳群や箸墓(はしはか)古墳がある。北東には前期古墳を中心とする柳本(やなぎもと)古墳群、大和(おおやまと)古墳群が隣接しており、古墳出現期の様相解明に欠かせない地域である。膨大な量の土器は纏向1式～4式に編年され、大和の前期土器の標式となっている。土器には山陽・山陰・北陸から東海・南関東に及ぶ広い地域からもたらされた多くの外来系土器が含まれる。集落の規模・内容から3～4世紀の中心的な集落と考えられている。

まくらのそうし [枕草子] 平安中期の随筆。清少納言作。1001年(長保3)頃成立。長短さまざまの300余の文章からなる。「…は」「…もの」の書出しで該当するものを列挙する類聚章段、作者が一条天皇の中宮定子に仕えたときに見聞したことを記録する日記的章段、そのどちらにも属さないエッセー風の随想章段、の三つに分類される。定子を賛美し、定子後宮の雰囲気と好尚を伝える。当時の貴族の生活習慣や服飾、形容詞・形容動詞の語感などを知る資料としても貴重。「徒然草」の先駆となった。伝本によって章段の順序や内容が大きく異なる。3巻本は「新潮日本古典集成」「新日本古典文学大系」など、能因(のういん)本は「日本古典文学全集」所収。

まさおかしき [正岡子規] 1867.9.17～1902.9.19 明治期の俳人・歌人。伊予国生れ。本名常規(つねのり)。号は獺祭書屋主人(だっさいしょおくしゅじん)・竹の里人(さとびと)など。松山の寺子屋に学び、藩儒に漢学を学ぶ。松山中学時代、自由民権思想に接し政治家を志す。1883年(明治16)上京して大学予備門に入学、夏目漱石を知る。志望を審美学に改め、short俳や俳句を始める。92年東大を退学し、日本新聞社入社。結核と闘いながら文筆にたずさわり、97年には松山から出た「ホトトギス」を支援。98年「歌よみに与ふる書」で短歌革新の狼煙(のろし)をあげ、根岸短歌会を設立。「ホトトギス」の編纂・刊行も引きうけて伝統詩革新の先頭に立つが、結核に倒れた。随筆「墨汁一滴」「仰臥漫録」「病牀六尺」、句集「寒山落木」、歌集「竹乃里歌」。

まさきじんざぶろう [真崎甚三郎] 1876.11.27～1956.8.31 大正・昭和期の軍人。陸軍大将。佐賀県出身。陸軍士官学校(9期)・陸軍大学校卒。教育総監部第2課長・陸軍省軍務局軍事課長・陸軍士官学校校長などをへて、1929年(昭和4)第1師団長となる。台湾軍司令官ののち、32年参謀次長となり、荒木貞夫とともに皇道派中心の人事を推進。34年教育総監となるが、翌年林銑十郎陸相により罷免された。これが沢事件、2・26事件の遠因となった。2・26事件後は予備役編入となり、反乱幇助容疑で軍法会議にかけられたが無罪。

まさむね [正宗] 生没年不詳。鎌倉末期の相模の刀工。五郎入道と称する。新藤五国光(しんとうごくにみつ)の門下。行光の子とも行光と同門ともいう。硬軟の鋼をみごとにあわせた変化の多い地金と、沸(にえ)の強い、湾(のた)れとよぶ大模様の刃文を特徴とし、後世のいわゆる相州伝を編みだした。豊臣秀吉以来もてはやされて近世以降の評価は高い。しかし、ほとんどが大磨上(おおすりあげ)無銘の極めであるため、近代に至り、秀吉あたりが仮託した刀工とする、いわゆる正宗抹殺説が主張された。ただ、「観智院本絵尽」などにもみえ、京極・不動・大黒・本荘など在銘確実なものもあるため、現在は抹殺説は下火である。正宗作の国宝・重文十数点のほとんどが名物として号をもち、評価の高い割には不明な部分の多い刀工である。

まさむねはくちょう [正宗白鳥] 1879.3.3～1962.10.28 明治～昭和期の自然主義の小説家・劇作家・文芸評論家。岡山県出身。東京専門学校卒。代表作「何処へ」「入江のほとり」「牛部屋の臭ひ」「毒婦のやうな女」「光秀と紹巴(じょうは)」「今年の秋」。文芸評論では「文壇人物評論」「自然主義盛衰史」が代表作。

ましたながもり [増田長盛] 1545～1615.5.27 織豊期～江戸初期の武将。豊臣氏の老臣(奉行)。出身は近江・尾張の2説がある。豊臣秀吉に仕え、1584年(天正12)小牧・長久手の戦功で2万石。この頃から奉行として活動、おもに検地など民政にあたった。文禄の役には渡海し、兵站(へいたん)補給などを担当。95年(文禄4)に大和郡山20万石、秀吉の晩年には年寄(五奉行)の1人に数えられる。関ヶ原の戦では西軍につき、戦後、領地を没収され、高野山のち武蔵国岩槻へ配流。大坂夏の陣で子の盛次が大坂方となったため死を命じられた。

ます [斗] 「と」とも。寺社建築などに用いる組物(くみもの)を構成する主要な材で、おもに肘木(ひじき)の上にのる。方形または長方形の平面で、下半部がくりとられて曲面になっており、ここを斗繰(ますぐり)という。使用位置や形によって大斗(だいと)・巻斗(まきと)・方斗(ほうと)・鬼斗(おにと)・延斗(のびと)・皿斗(さらと)・雲斗(くもと)などがある。高さの比率と斗繰曲線に時代の特徴があり、高さは平安後期が最も高く、以後しだいに低くなる。

ます [枡] 穀物や酒・油などの容積を計量する

器具。日本では一般には木製の箱型が多く、円筒形もある。枡が使用されたのはかなり古いと推測されるが、たんなる箱と枡を区別するのは困難。大宝令の制定により中国の制度が移入され、日本の枡制も整備されたが、荘園制の発達とともに荘枡とよばれるさまざまな規格の枡が出現した。商業の発展によりしだいに量制の統一が進み、江戸時代には幕府や諸藩によって枡座が設置され、枡の規格は新京枡でほぼ統一された。幕府の枡座では穀物計量用と液体計量用の枡が製作されたが、庶民の間では魚介用のけんち枡や野菜用の野菜枡、のちには繭升用の繭枡など多様な枡が使用された。明治期以降は円筒形も公認され、金属製・ガラス製も現れたが、現行計量法では検定対象から外されている。

ますかがみ [増鏡] 中世の歴史物語。作者は不詳だが、二条良基もととする説がある。1376年(永和2・天授2)以前の成立。1180年(治承4)の後鳥羽天皇の誕生から、1333年(元弘3)後醍醐天皇が隠岐から帰洛するまでの、天皇を中心とする優雅な貴族の歴史を編年体で描き、とくに後醍醐治世の時期に詳しい。嵯峨の清涼せいりょう寺で、筆者が80余歳の尼から聞いた昔物語を記すという体裁をとる。先行の日記・和歌集などを素材とし、文章をはじめ「源氏物語」の影響が強い。伝本は、17巻の古本系と、19または20巻の増補本系にわかれ、後者にも室町初期の古写本がある。「大鏡」などいわゆる四鏡しきょう最後の作品。

ますざ [枡座] 枡役所とも。江戸幕府が枡の製作・販売・検定を独占的に許可した役所。江戸と京都にあった。江戸の枡座の頭人は町年寄の樽屋藤左衛門で、徳川家康とともに江戸に移り、寛文年間までには枡職人を抱えて営業を始めたらしい。これより早く京都では、慶長年間に山村与助が徳川家康から枡御用を命じられ、1616年(元和2)に与助が大坂に移った後、出水三左衛門、さらに鈴木源太夫と継承し、34年(寛永11)以降、大工棟梁の福井作左衛門家が枡座を主宰。両桝座では、1斗桝のほかに7升・5升・1升・5合・2合5勺・1合の穀物計量用6種と、1升・5合・2合5勺・1合の液体計量用4種が製作・販売された。なお幕府以外にも、水戸藩や越後国高田藩のように独自に枡座をもった藩もあった。

ますだときさだ [益田時貞] 1623?~38.2.28 島原の乱の一揆側総大将。通称天草四郎。関ヶ原の戦後、肥後国宇土郡江部村に帰農していた小西行長の遺臣益田甚兵衛の子。姉婿の渡辺小左衛門らに「でいうすの再誕」とされ、象徴的存在として一揆を指導。はじめ天草富岡城を攻め、のち島原・天草の一揆勢を統合して肥前国有馬の原城に籠城。幕府軍の攻撃によく耐えたが、3万7000人のキリシタン民衆とともに討死した。

ますだのいけ [益田池] 大和国高市たけち郡に造られた灌漑用の池。奈良県橿原かしはら市池尻町近辺にあったとされ、堤の一部が残り、水を通した木製の樋管も発掘されている。完成時に空海が撰した「益田池碑銘并序」によると、822年(弘仁13)勅請を得て藤原三守みもり・紀米成なりらによって工事が開始され、825年(天長2)に完成した。「日本紀略」には823年に造池料として新銭を下賜して築造させたことがみえる。なお池碑は現存しないが、南妙法寺町の丘上にある益田の岩船いわふねは石碑の台石と伝えられる。

ませいせっき [磨製石器] 研磨によって整形された石器。新石器時代の指標の一つとされ、ヨーロッパや西アジアでは1万年前から使用。日本ではそれより古く後期旧石器時代から局部磨製石斧が使用されている。縄文時代には磨製石斧のほかに、石皿や石棒・石刀・御物ごもつ石器・独鈷どっこ石などの調理具や儀器に磨製石器が使用された。弥生時代には太型蛤刃はまぐりば石斧や石包丁など農耕に結びついた大陸系磨製石器や、武器としての磨製石剣・磨製石鏃などが使用された。

まち [町] 街・坊とも。都市、ないしは都市的な場のこと。町は「ちょう」とも読むが、その場合は商人や手工業者で家屋敷を所持する町人の地縁的共同体を意味する。「まち」は、宅地・家屋敷の集積からなる空間であり、道路・広場など都市領域をも含めて用いられる。公家・武家・寺家の住居も、「まち」を構成する要素として考えられる。しかし、中世後期以降、「まち」は「ちょう」の集合体である点に基本的な特質があった。このため、「ちょう」の集合として「まち」は町方とよばれ、公家地・武家地・寺社地とは異なる都市的な場として認識されていく。

まちぐみ [町組] ⇨町組ちょうぐみ
まちだい [町代] ⇨町代ちょうだい
まちひきゃく [町飛脚] 近世、書状や荷物を運送する民間の飛脚業。はじめは不定期だったが、需要増により定期的な営業となり、専業の商売として発展した。三度飛脚のように幕府役人の書状・小荷物の配送にもあたったり、藩の公用書状逓送を引きうけるものもあった。大坂の三度飛脚、江戸の定飛脚、京都の順番飛脚が代表的な町飛脚だが、商品経済の発達により各地を結ぶ通信・運送需要が増加したため、各地にうまれた。扱う物により、金銭を扱う金飛脚、商品の縮緬を扱う縮緬飛脚、米価情報を提供する米飛脚なども出現した。江戸内を対象として風鈴を下げて書状配送を行う「チリンチリ

まちひけし [町火消] 近世都市で町方が負担した消防組織。江戸では明暦の大火の翌1658年(万治元)に日本橋南地域で火消組合が成立、1718年(享保3)の町火消設置令と20年のいろは47組の設定によって、全域で恒常的な組織が確立。30年には47組を大組10組に編成、のち48組・大組8組となった。組には頭取・纏持（まといもち）・梯子持（はしごもち）・平（ひら）の職階がある。元来は駆付として各町の召使・店借層が人足を勤めたが、消火活動能力の問題から早期に日用によって代替され、専業の抱鳶（かかえとび）が誕生した。当初の消火対象は町方に限られたが、のち大名火消・定火消の範囲にも進出した。

まちぶぎょう [町奉行] 江戸幕府の職名。江戸の町奉行をさし、大坂・京都など他の主要直轄地の町奉行はその名を冠してよんだ。町奉行制の成立の時期については諸説があるが、1631年(寛永8)説が有力。職掌は江戸府内の町方に関する行政・司法・警察のすべてをつかさどった。寺社奉行・勘定奉行とともに三奉行の一つで、幕府の行政審議や司法の最高機関である評定所一座の構成員でもあった。定員2人(一時3人)。月番制で南北の奉行所で執務したが、非番の日は書類整理にあたった。老中支配で、芙蓉間（ふようのま）席。役高は、1723年(享保8)以降3000石で中級旗本の昇進の頂点とされた。大岡忠相（ただすけ）・遠山景元らが名奉行として知られる。下僚に与力・同心以下があり、町名主をも監督した。1868年(明治元)廃止。

まちぶれ [町触] 江戸時代に幕府・諸藩が町方に対して布達した法令。江戸では、老中から町奉行を通じて出される惣触（そうぶれ）と、町奉行の権限で発せられる狭義の町触の2種類があった。町への伝達方法は、町の代表者を奉行所へよびだす場合、町の月行事が町年寄役所で筆写する場合、また口頭で伝達したのち写をとる場合などがあった。この後、町役人によって町の構成員に伝えられ、町中連判の請書を提出する必要があった。毎年同内容の町触が町年寄の責任で発せられた(定式（じょうしき）町触)。京都では、個々の町や職人・商人の仲間組織の願をうけて発令される願触もあった。

まちや [町屋] 平安時代以降近世まで、都市の商人や職人の住居・店舗・仕事場などいう。古い時期の町屋は小規模で簡単な構造をもち、「洛中洛外図屏風」などの絵巻物には曾木板（そぎいた）で屋根を葺き、竹でおさえ石をおいた家が描かれる。近世の典型的な町屋は間口に対して奥行が深く、片側は大戸口から背面まで通り庭(土間)とし、これにそって1列ないし2列に部屋を配する。屋根は妻入（つまいり）よりも平入（ひらいり）が多く、平屋根を前後に並べた表屋も西日本の一部にみられる。店舗併用住宅のかたちをとるのが多く、表通りに面して店を構え、通りの両側に軒を連ねる町並みが都市空間の基本となる。現存する町屋の最古の例は、奈良県五條市の栗山家住宅(重文)で1607年(慶長12)の棟札（むなふだ）をもつ。

まちやっこ [町奴] 江戸前期、かぶき者のうち武家奉公人などの斡旋や日用の請負を業とする町方の口入れ・請負業者や牢人者など。町奴も旗本奴同様、唐犬（とうけん）組・笊籬（ざる）組などの組を結成し、意地の張り合いや縄張りをめぐって集団的抗争をおこした。町奴の代表としては唐犬権兵衛や放駒四郎兵衛のほか、1657年(明暦3)に旗本奴との抗争で殺害された幡随院（ばんずいいん）長兵衛が有名。幕府は民衆統制の強化をはかるため、彼らの行為を町触などできびしく取り締まった。

まついすまこ [松井須磨子] 1886.7.20～1919.1.5 明治・大正期の俳優。長野県出身。本名小林正子。1909年(明治42)坪内逍遙（しょうよう）主宰の文芸協会演劇研究所の第1期生として入所。「ハムレット」や「人形の家」に主演し評価を得る。島村抱月（ほうげつ）との恋愛事件により文芸協会を退会後、抱月と芸術座をおこし、「復活」「サロメ」「カルメン」などで有名となる。「復活」の劇中歌「カチューシャの唄」は一世を風靡（ふうび）したが、急死した抱月の後を追い、2カ月後に自殺をとげた。

まつうらしげのぶ [松浦鎮信] 1549～1614.5.26 戦国末～江戸初期の大名。肥前国平戸藩初代藩主。隆信の子。平戸生れ。1568年(永禄11)家督を相続。豊臣秀吉の九州攻めに従い旧領を安堵される。89年(天正17)2月27日、法印に叙され式部卿と称する。朝鮮出兵には小西行長の第1軍に属して重軍。1600年(慶長5)関ケ原の戦では東軍に属し、所領を安堵される。肥前国松浦・彼杵（そのぎ）両郡、壱岐国で6万3200石を領し、平戸城に住した。

まつうらせいざん [松浦静山] 1760.1.20～1841.6.29 江戸中・後期の大名。肥前国平戸藩9代藩主。父は8代誠信（さねのぶ）の子政（まさ）。名は清。別号雲洲。壱岐守。1775年(安永4)家督相続。同年初入国し「訓戒十条」を開示して財政再建を推進。殖産興業・新田開発を奨励。藩校維新館、彼岸に感忍斎文庫、平戸に楽歳堂文庫を創設。3万冊以上の和漢洋の書籍を収集。1806年(文化3)隠居。21年(文政4)随筆「甲子夜話（かっしやわ）」278巻を著す。

まつうらたけしろう [松浦武四郎] 1818.2.6～88.2.10 幕末期の北方探検家。伊勢国一志郡須川村の郷士出身。1845年(弘化2)はじめて蝦夷地に入り、49年(嘉永2)にかけて樺太・択

捉えと島まで巡歴。55年(安政2)蝦夷地御用掛となり，翌年から58年にかけて蝦夷地を踏査し，場所請負制下に苦しむアイヌの実情を明らかにする。69年(明治2)開拓使判官となり，北海道の名付親となったが，翌年辞任。「東西蝦夷山川地理取調日記」など著作多数。

まつえじょう [松江城] 松江市にあった中世～近世の平山城。1611年(慶長16)堀尾吉晴が月山富田城(富田と城)を廃して近世的な城を築いた。34年(寛永11)京極氏，38年松平氏が城主となり幕末に至る。典型的な織豊系城郭で，総石垣で固められ外枡形を具備する。出雲・隠岐両国24万石を領したが，2代で無嗣除封。本丸は天守周辺以外にすべて多聞櫓を巡らし厳重な構えであった。三の丸は後に政庁がおかれたが，本丸は馬出しとして機能した。天守閣は重文。国史跡。

まつえはん [松江藩] 出雲国松江(現，松江市)を城地とする外様のち家門大藩。関ケ原の戦後，1600年(慶長5)外様の堀尾忠氏が遠江国浜松から入封して立藩。はじめ富田を城地とし，のち松江に築城して名城を備えた。出雲・隠岐両国24万石を領したが，2代で無嗣除封。34年(寛永11)かわって外様の京極忠高が入るが，5年で断絶。38年家門の松平(越前)直政が信濃国松本から入封し，出雲一国を与えられた。18万6000石。直政は徳川家康の次男結城秀康の三男で，以後10代にわたる。7代治郷(不昧)は文化人として著名。詰席は大広間。藩校文明館(1758設立)は変遷をへてのち修道館。特産物の鉄・蠟などは早くから藩の専売。隠岐一国は幕領となったのちも長く松平氏に預けられた。1666年(寛文6)支藩に広瀬・母里りょう両藩をたて，18世紀初めには一時松江新田藩をおいた。廃藩後は松江県となる。

まつおかようすけ [松岡洋右] 1880.3.4～1946.6.27 大正・昭和前期の外交官・政治家。山口県出身。苦学してオレゴン州立大学を卒業し，外務省に入る。のち退官して南満州鉄道(満鉄)理事となり，1927年(昭和2)副総裁として田中義一内閣の積極外交を支える。田中内閣崩壊後，立憲政友会代議士として幣原外交を批判。32年国際連盟総会の首席全権となり，結果的に連盟脱退に導いた。35年満鉄総裁。40年には第2次近衛内閣の外相となり，大東亜共栄圏を提唱。日独伊三国同盟および日ソ中立条約を締結し，やがて日米開戦が必至となった際には対米強硬論を唱えたが，独ソ戦が勃発し，内閣総辞職のかたちで更迭された。第2次大戦後，極東軍事裁判でA級戦犯に指名されたが，判決前に病死。

まつおばしょう [松尾芭蕉] ⇨ 芭蕉はしょう

マッカーサー Douglas MacArthur 1880.1.26～1964.4.5 アメリカの陸軍元帥。日本占領の連合国軍最高司令官。アーカンソー州生れ。1903年陸軍士官学校を首席で卒業，30年史上最年少の50歳で参謀総長に就任。35年フィリピン軍事顧問。41年現役復帰し，新設の米極東軍司令官として第2次大戦の対日戦を指揮。45年(昭和20)8月連合国軍最高司令官に就任，日本占領政策を遂行，「青い目の大君」の異名をとる。朝鮮戦争の作戦指導のありかたをめぐりトルーマン大統領と対立，51年4月解任された。

まつかたざいせい [松方財政] 1881～92年(明治14～25)に松方正義が大蔵卿・蔵相として主導した財政・金融政策。兌換制度の成立を画期に前期と後期にわけられる。大隈財政末期に兌換制度への移行のため緊縮財政に転換していたが，大隈重信が通貨流通量維持に固執したのに対し，前期松方財政では緊縮財政で確保した剰余金で正貨を蓄積し，不換紙幣回収による通貨収縮を実行した。増税による軍拡や公債政策にしても，紙幣整理と両立する方法を採用した。その結果松方デフレを招いたが，85～86年に銀本位制を確立。後期は税収停滞を前提に緊縮財政を推持し，その範囲内で公債政策により軍拡・鉄道などの財政資金を調達した。金融政策では通貨収縮方針を放棄し，日本銀行が兌換券を増発して公債抵当を中心に国内民間金融を拡大，通貨安定を前提に始まった企業勃興への資金供給と民間金融市場における公債消化を可能にした。こうして松方財政は，貿易収支が安定するなかで外資に依存せずに日本の資本主義化の基盤を形成した。

まつかたまさよし [松方正義] 1835.2.25～1924.7.2 明治・大正期の政治家。鹿児島藩士の出身。公爵。明治維新後，日田県知事・大蔵大輔・内務卿をへて，明治14年の政変により参議兼大蔵卿に就任。1892年(明治25)まで大蔵卿・蔵相として松方財政を展開，日清戦争後も第2次伊藤・第2次松方・第2次山県内閣の蔵相として戦後経営を担当した。その間86年に銀本位制，97年に金本位制を確立するなど財政・金融制度を整備。2度政権を担当し，第1次内閣では激しい選挙干渉などで民党と対立し，第2次内閣では進歩党と提携，大隈重信を外相として入閣させ松隈しょう内閣とよばれた。以後も内大臣に就任するなど，元老として活躍。

まつかたまさよしないかく [松方正義内閣] 藩閥政治家松方正義を首班とする明治期の内閣。●第1次(1891.5.6～92.8.8)。子爵級実力者や非薩長実力者を中心に組閣，終始閣外元勲との関係や民党との対立に苦しんだ。第2議会で軍艦建造費など重要予算が削減されたため衆議院を解散した，第2回総選挙での選挙干渉で流血事件が発生，陸奥宗光農商務相・品川弥二郎内相の対立と辞任に発展した。第3議会での民党の責任追及はかわしたものの，白根専一

内務次官の解任を機に閣内不統一で退陣した。■第2次(1896.9.18~98.1.12)。進歩党首大隈重信を外相に迎え、薩摩閥・山県系官僚と進歩党の連合内閣として発足(松隈[しょう]内閣)。進歩党との政策協定にもとづき、新聞紙条例の改正や政党員の高級官僚への大量登用などを行ったが、体制固めを企てたため進歩党は離反、自由党との提携も失敗し、第11議会で衆議院を解散して退陣した。

まつかわじけん [松川事件] 下山・三鷹事件に続いておこった列車転覆事件。米軍謀略説も流布したが真相不明のまま時効成立。1949年(昭和24)8月17日午前3時9分、東北本線松川駅北方約1.8kmの地点で上り412列車が脱線・転覆して機関士ら3人が死亡。捜査は共産党関係者の介在を想定して進められ、国鉄・東芝両労働組合員の共同謀議による犯行とする元国鉄線路工手赤間勝美の自白を基礎に、計20人が逮捕・起訴された。公判では全被告が犯行を否認し、裁判は長期化。63年の無罪判決確定までの14年間に、一審・二審の有罪判決、最高裁の差し戻し判決、差し戻し審での無罪判決、最高裁の検察側上告棄却判決と、通算5度の裁判が行われた。小説家広津和郎[ひろつ]らが活発な裁判批判を展開。

まつきちょうそう [松木長操] 1625~52.5.16 若狭国遠敷[おにゅう]郡新道村の庄屋。名は荘左衛門。長操は法名。小浜藩の大豆年貢増徴に反対して、領内252カ村が数次にわたって訴願した一揆の頭取。投獄された他の惣代たちが屈伏するなか9年間も屈せず訴願を続けた。このため租率は旧に復したが、1652年(承応元)磔刑に処された。江戸後期以降人々によって顕彰されている。

まつごようし [末期養子] 急養子とも。江戸時代、武家が没時に願い出る養子。武家社会において養子は家督の相続に関わるため、少なくとも戦国期頃には、これを生前に養父本人から主君に届けるのが原則となっていた。江戸幕府も当初末期養子を禁止していたが、無嗣断絶による大名の改易が相つぎ、牢人が増加することもない、これを緩和する方針をとる。1651年(慶安4)の慶安事件直後には、17歳以上50歳未満の者にかぎり末期養子を許可した。この場合、養子願いが養父本人のものであることを確認するため、判元見届[はんもとみとどけ]の手続きが行われ、万石以上は大目付が、それ以下は頭・支配や目付などが臨終の養父のもとに赴いた。のち50歳未満の制限も緩和されていく。

まつじ [末寺] 本寺または本山に従属してその支配・統制下にある寺院。「今昔物語集」に延暦寺末寺などの語がみられることから、本寺・末寺の関係は古くから存在したといえる。江戸幕府は仏教統制政策から宗派ごとに法度[はっと]を定め、本山の住職の任免、法会[ほうえ]への出仕、上納金の賦課を通して、末寺を従属関係において秩序を保持することを制度的に確立した。

まつしたこうのすけ [松下幸之助] 1894.11.27~1989.4.27 松下電器産業の創立者。和歌山県出身。大阪で丁稚奉公、大阪電灯の見習工をへて、1918年(大正7)松下電気器具製作所を設立。アタッチメントプラグ・自転車用ランプなどの生産で事業を拡大。35年(昭和10)松下電器産業株式会社に改組し、社長に就任。独自の経営哲学・量産量販思想で知られ、「経営の神様」といわれた。またPHP研究所・松下政経塾の設立など社会活動にも力をいれた。

まつしたでんきさんぎょう [松下電器産業] 家電・エレクトロニクス企業。1918年(大正7)松下幸之助が大阪市に松下電気器具製作所を設立。個人企業として拡張を続け、29年(昭和4)松下電器製作所と改称。33年に独立採算の3事業部制を採用し、35年には松下電器産業株式会社に改組、同時に各事業部が社として分離独立させる。44年に分社を松下電器の直轄製造部門として統合する製造所制に移行。第2次大戦後の50年に事業部制を再建、52年にオランダのフィリップス社と技術・資本提携契約を締結、合弁子会社松下電子工業を設立。その後は家電・エレクトロニクス部門を中心に量産量販体制の整備を進め、ナショナルの商標を世界に広めた。

まつだいらかたのぶ [松平容頌] 1744.1.9~1805.7.29 江戸中期の大名。陸奥国会津藩主。父は4代容貞。肥後守。1750年(寛延3)7歳で遺領相続。叔父容章[かたあきら]が15年間政務を補佐した。質素倹約を旨とした藩財政の緊縮策を推進。82年(天明2)大凶作により農村が荒廃。家老田中玄宰に寛政の改革を断行させた。郷村支配強化、漆木・養蚕・薬用人参などの特産物を奨励し、漆器・酒造・製陶業を振興。また藩校日新館を開設。藩士子弟の入学を義務づけた。初代正之以来の名君と称された。

まつだいらかたもり [松平容保] 1835.12.29~93.12.5 幕末期の京都守護職。陸奥国会津藩主。父は名古屋藩の支藩高須藩主松平義建[よしたつ]。肥後守。1846年(弘化3)会津藩主松平容敬[かたたか]の養子となり、52年(嘉永5)遺領相続。62年(文久2)京都守護職に任じられ、上洛。8月18日の政変で攘夷派の公家衆を追放し、64年(元治元)禁門の変では上京の萩藩兵を攻撃。長州戦争でも軍を àっした。大政奉還後、鳥羽・伏見の戦いに敗れ会津に帰藩。戊辰[ぼしん]戦争での敗戦後、鳥取池田家に預けられる。

まつだいらさだのぶ [松平定信] 1758.12.27~

1829.5.13　江戸後期の老中首座。陸奥国白河藩主。父は御三卿の田安宗武。8代将軍徳川吉宗の孫。幼名賢丸。号は楽翁。10代将軍家治の世子に望まれたが，田沼意次らにより白河松平家（久松氏）に養子にだされた。1783年（天明3）家督相続。87年老中首座，翌年将軍補佐役に就任。吉宗の享保の改革を手本とした寛政の改革を行う。しかし尊号事件や大奥に対する引締め策が原因で，93年（寛政5）辞職。白河に戻ってからは，藩校立教館の充実や「白河風土記」の編纂，一般庶民の教育機関敷教舎の設置などの文教政策を進め，南湖の魚介養殖奨励など殖産興業も行った。1812年（文化9）隠居。自叙伝「宇下人言」など138部以上の著作を残した。

まつだいらし [松平氏]　三河国の武士で，江戸時代の旗本・大名家。宗家は家康のとき徳川と改姓して江戸幕府将軍家となった。出自・系譜は明らかでない。氏は本貫の松平郷からとったものだが，実在が確認できるのは3代信光以降で，15世紀後半に国内に所領を拡大し，一族を各地に分封した。それらの諸氏は家康の前の段階で，いわゆる十八松平とよばれる18家を数え，松平氏台頭の基となり，江戸時代に大名・旗本として繁栄した。家康の次男秀康の子孫である越前家，御次男の支流，家康の異父兄弟の系統の久松氏も松平を称する。ほかに譜代・外様大名で松平姓が与えられた者もいるが，維新後は各自もとの姓に復した。→巻末系図

まつだいらしゅんがく [松平春嶽]　⇨松平慶永

まつだいらただてる [松平忠輝]　1592.1.4～1683.7.3　江戸初期の大名。徳川家康の六男。1599年（慶長4）長沢松平家を継いで武蔵国深谷城主となり，のち下総国佐倉・信濃国川中島と城地を移し，1610年越後国福島藩主となり45万石を領する。この間，従四位下右近衛少将に叙任。14年には築城された越後国高田城に移ったが，大坂夏の陣に遅参したため家康の不興を買い，翌16年（元和2）改易となり伊勢国朝熊に配流。その後飛騨国高山・信濃国諏訪と配地を移された。

まつだいらただなお [松平忠直]　1595～1650.9.10　江戸初期の大名。越前国北庄藩主。結城秀康の長男。徳川家康の孫。1607年（慶長12）父の遺領68万石を継ぐ。大坂夏の陣では敵将真田幸村を討ちとるなど大功をあげ，従三位参議となり，17年（元和3）越前守に改めた。しかし恩賞を不満とし，とくに家康死後は参勤を怠るなど不遜な行動がめだち，23年改易となり豊後国萩原に配流。室は徳川秀忠の女勝姫。嫡男光長は翌年越後国高田に転封。北庄は弟忠昌が継いだ。

まつだいらのぶあきら [松平信明]　1760～18.8.29　江戸後期の老中。三河国吉田藩主。父は信礼。1770年（明和7）遺領相続。奏者番・側用人をへて88年（天明8）老中に就任。松平定信の寛政の改革を助けた。93年（寛政5）定信失脚後，老中首座となり，本多忠籌・牧野忠精・戸田氏教らとともに改革路線を引き継いだ。また「寛政重修諸家譜」の編纂を主宰した。

まつだいらのぶつな [松平信綱]　1596.10.30～1662.3.16　江戸前期の老中。武蔵国忍藩主，のち川越藩主。伊豆守。俗称知恵伊豆。父は大河内久綱。叔父松平正綱の養子となる。1604年（慶長9）徳川家光に近侍し，23年（元和9）小姓組番頭，32年（寛永9）年寄近。翌年六人衆として幕政に参画。3万石。34年従四位下に進み，翌年名実ともに年寄（老中）となった。37年の島原の乱鎮定の功により，39年川越6万石を与えられる。家光死後は徳川家綱を補佐し，幕閣の中心として活躍。

まつだいらのぶやす [松平信康]　1559.3.6～79.9.15　織豊期の武将。徳川家康の長男。1562年（永禄5）今川氏の人質として母築山殿とともに滞在していた遠江国浜松から三河国岡崎に戻る。67年織田信長の女徳姫と結婚。70年（元亀元）元服して岡崎城主となる。79年（天正7）徳姫から信長へ武田氏との通謀を訴える書状がだされ，信長の圧力をうけた家康により，岡崎城追放のうえ切腹となった。

まつだいらのりさと [松平乗邑]　1686.1.8～1746.4.16　江戸中期の老中。下総国佐倉藩主。父は肥前国唐津藩主乗春。和泉守・左近将監・侍従。1690年（元禄3）遺領相続。志摩国鳥羽・伊勢国亀山・山城国淀に転封。1723年（享保8）老中となり，佐倉藩主。37年（元文2）勝手掛。45年（延享2）1万石加増。8代将軍徳川吉宗の享保の改革を支え，農政・財政の責任者だったが，同年吉宗が引退する際，罷免。加増1万石も没収され，隠居・蟄居となった。

まつだいらひろただ [松平広忠]　1526～49.3.6　戦国期の武将。三河国岡崎城（現，愛知県岡崎市）城主。徳川家康の父。1535年（天文4）父清康の死後，清康の叔父信定に岡崎を追われた。37年今川義元の援助をえて岡崎を奪回，以後義元の指揮下にあって織田信秀との抗争を展開した。しかし安祥城の陥落，小豆坂の戦の敗北，一族の離反などが相つぎ，48年2度目の小豆坂の戦で勝ったものの，翌年信秀方の刺客に殺害された。

まつだいらやすひで [松平康英]　1768～1808.8.17　江戸後期の幕臣。父は前田清太。松平康疆の養子。目付・船手頭兼帯などをへて，

1807年(文化4)長崎奉行となり、ロシア船の警備対策を定めるなど、対外防備を固めた。翌年8月15日、当時オランダと敵対していた英艦フェートン号がオランダ国旗を掲げて長崎に侵入した際、オランダ人を捕縛したが、佐賀藩の警備不備により撃退できず、食料などの支給の要求を受け入れ、8月17日退去させた。その夜、責を負って切腹自殺。

まつだいらよしなが [松平慶永] 1828.9.2〜90.6.2 幕末期の大名。越前国福井藩主。父は田安斉匡<small>なり</small>。越前守。号は春嶽。福井藩主松平齊善<small>なりさ</small>の没後養子となり、1838年(天保9)遺領相続。徳川斉昭<small>なり</small>・島津斉彬<small>なりあきら</small>・伊達宗城<small>むねなり</small>らと海外・政治情報を頻繁に交換。将軍継嗣問題では一橋慶喜<small>よしのぶ</small>を推すが、58年(安政5)井伊直弼<small>なおすけ</small>の大老就任後、不時登城を理由に隠居・謹慎を命じられた。62年(文久2)政界復帰。同年政事総裁職に就任、将軍後見職一橋慶喜とともに中根雪江・横井小楠らを用いて幕政改革に着手。参勤交代の緩和を断行。公武合体を主張したが挫折。維新後は議定・内国事務総督・民部卿・大蔵卿などを歴任。70年(明治3)公職を退き著述に専念。

まつだでんじゅうろう [松田伝十郎] 1769〜? 近世後期の幕臣・北方探検家。越後国頸城郡鉢崎村の農民の子。のち幕府小人目付松田伝十郎の養子となる。1799年(寛政11)蝦夷地御用掛となり東蝦夷地に赴く。1803年(享和3)箱館奉行支配調役下役として択捉<small>えとろふ</small>島にいたり越年。08年(文化5)間宮林蔵とともに樺太見分の命をうけ、林蔵にさきだち樺太が島であることを確認した。のち山丹<small>さんたん</small>交易の改善、ゴロブニン一行の護送にかかわった。著書「北夷談」。

まつながせきご [松永尺五] 1592〜1657.6.2 江戸前期の儒学者。名は昌三、字は遐年、通称昌三郎。号は尺五。貞徳の子。京都生れ。藤原惺窩<small>せいか</small>に学ぶ。学問は該博で儒・仏・道の三教に通じ、詩文もよくした。西洞院二条南の春秋館、堀川二条南の講習堂、堺町御門前の尺五堂を創設し、経学・歴史・兵書などを講じた。門弟は5000人を超え、木下順庵・貝原益軒らの逸材を輩出した。著書は「尺五先生全集」「五経私考」「釈奠儀例」など多数。

まつながていとく [松永貞徳] ⇒貞徳<small>ていとく</small>

まつながひさひで [松永久秀] 1510〜77.10.10 戦国期の武将。大和国信貴山<small>しぎさん</small>城(現、奈良県平群町)・多聞山<small>たもんざん</small>城(現、奈良市)の城主。三好長慶<small>ながよし</small>の家臣となり、1559年(永禄2)以後大和を領国とし、多聞山城に拠った。64年長慶が死ぬと三好三人衆とともに実権を握り、翌年三好政権と対立する将軍足利義輝を暗殺。しかし三人衆と不和となり抗争を続けるうち、67年には東大寺大仏殿を焼失させた。68年織田信長が入京するとこれに従ったが、71年(元亀2)武田信玄に通じて離反。73年(天正元)降伏し、多聞山城から信貴山城に移った。77年再び反信長の兵をあげたが失敗、信貴山城で自殺。

まつのおたいしゃ [松尾大社]「まつお」とも。松尾神社とも。京都市西京区嵐山宮町に鎮座。式内社・二十二社上社。旧官幣大社。祭神は大山咋<small>おおやまくい</small>神・市杵島姫<small>いちきしま</small>命。701年(大宝元)の創建と伝えるが、背後の神体山には磐座<small>いわくら</small>があり、開発神・農業神としての原始信仰に由来するか。この地域を開発した秦氏が奉斎し、神職を世襲。平安遷都に際して西の鎮護神とされ、866年(貞観8)正一位に昇った。葛野<small>かどの</small>郡の郡神、桂川の神ともされ、近世以降は酒の神として信仰を集めた。例祭は4月2日(以前は4月上申の日)。1550年(天文19)再建の本殿と、日本最古といわれる平安初期の男女の神像3体が重文。

まつばらきゃっかん [松原客館] 越前国敦賀津(現、福井県敦賀市)付近に設けられた渤海使<small>ぼっかい</small>迎接所の施設。能登客院<small>のとかくいん</small>(現、石川県富来<small>とぎ</small>町付近か)とともに設けられたらしい。延喜雑式では気比<small>けひ</small>神宮司の管理に任されていたが、919年(延喜19)には松原駅館ともみえ、越前国司の管理不行届が責められており、北陸道の松原駅館に併設されていた可能性がある。遺構は未検出。

まっぽうしそう [末法思想] 釈迦の入滅後、仏教は釈迦在世時と同様に釈迦の教え(教)、正しい実践(行)、実践の結果としての悟り(証)の三つがそろった正法<small>しょうぼう</small>として、証を欠いた像法<small>ぞうぼう</small>の時代、行と証を欠いた末法の時代へと衰退していくという思想。三時の長さは典拠によりさまざまで、釈迦入滅年も2説あるが、釈迦入滅を前期949年、正・像各1000年として1052年(永承7)を入末法年とする説が広く信じられた。中国では僧団内の危機意識にすぎなかったが、日本では阿弥陀仏や弥勒菩薩の浄土信仰とあいまって社会的な広がりをもってさまざまに展開し、法然・親鸞・日蓮ら多くの僧侶が末法下の救済を模索して活発な宗教活動をくり広げた。

まつまえし [松前氏] 近世、北海道渡島<small>おしま</small>半島南端部を領した大名家。徳川家康の命により蠣崎慶広<small>かきざきよしひろ</small>が1599年(慶長4)松前氏に改姓。1604年家康黒印状で対アイヌ交易独占権を保証される。矩広<small>のりひろ</small>の代にシャクシャインの乱がおこる。無高の大名であったがほぼ1万石格で、幕末に3万石となる。1807〜21年(文化4〜文政4)は陸奥梁川<small>やながわ</small>に転封。藩主崇広<small>たかひろ</small>は64年(元治元)老中となる。明治維新後、修広<small>おさひろ</small>のとき子爵。→巻末系図

まつまえはん [松前藩] 福山藩とも。松前・蝦夷地を支配し、福山(現、北海道松前町)に陣屋をもつ外様小藩。檜山安東(安東)氏の代官蠣崎慶広(松前)慶広が、1593年(文禄2)豊臣秀吉に船役徴収権、また1604年(慶長9)徳川家康からアイヌ交易の独占権を認められて成立。石高制の枠外にある無高の藩。1719年(享保4)1万石格。ロシアの南下に対する幕府の蝦夷地直轄政策によって、99年(寛政11)東蝦夷地が、1807年(文化4)松前・蝦夷地一円が上知され、陸奥国梁川9000石に減転封された。21年(文政4)復領、54年(安政元)城主格。幕末の箱館開港により、55年わずかな城付地を残して再び上知され、陸奥国伊達・出羽国村山の2郡に代知3万石を与えられた。上級家臣に知行としてアイヌ交易権を分与する商場知行制をとった。アイヌ民族との矛盾は、1669年(寛文9)のシャクシャインの戦、1789年のクナシリ・メナシの蜂起など、大規模な民族蜂起を招いた。藩校は徽典館と明倫館(江戸藩邸)。詰所は柳間。版籍奉還により館と藩と改称。廃藩後は館県となる。

まつまえぶぎょう [松前奉行] 江戸後期、蝦夷地支配にあたった幕府の役職名。1807年(文化4)松前蝦夷地全域の上知にともない、箱館奉行を松前奉行と改称。ロシア南下への対応と蝦夷地収益を主務としたが、成果は十分に上がらなかった。21年(文政4)松前氏の復領により、翌年7月奉行が転出して廃止。

まつまえよしひろ [松前慶広] 1548.9.3～1616.10.12 織豊期～江戸初期の武将・大名。松前藩初代藩主。蠣崎季広の3男。志摩守のち伊豆守。1590年(天正18)上洛して豊臣秀吉に謁見。翌年九戸政実の乱に秀吉方として参戦。93年(文禄2)秀吉の朝鮮出兵につき肥前国名護屋に赴き、秀吉から船役徴収権を得る。これにより檜山安東氏から自立し、蝦夷島主となる。99年(慶長4)それまでの蠣崎姓を松前に改める。1604年徳川家康からアイヌ交易独占権を認められ、藩の基礎を固める。

まつむらげっけい [松村月渓] ⇨呉春

まつむらごしゅん [松村呉春] ⇨呉春

まつもとじいちろう [松本治一郎] 1887.6.18～1966.11.22 大正・昭和期の部落解放運動指導者。福岡県出身。中学中退後土建業を始め、部落解放運動を始め、1925年(大正14)全国水平社中央委員会議長。福岡連隊差別糾弾闘争などを指導、36年(昭和11)総選挙に社会大衆党から当選。第2次大戦後日本社会党に参加。部落解放委員長を歴任。47年参議院初代副議長として天皇拝謁拒否事件をおこす。吉田内閣の策動により一時公職追放。53年復帰後社会党左派のリーダー。

まつもとじょう [松本城] 長野県松本市の市街地の北西にあった城。起源は戦国期には当初は深志城といい、南北朝期には小笠原氏の支城であった。1550年(天文19)武田信玄が改修し、拠点としての重要性が増した。武田氏滅亡後は木曾義昌・小笠原貞種・同貞慶・同秀政が城主となるが、後の石川数正が大改修を実施し、現在に伝わる規模になった。本丸をコの字形に二の丸が囲み、その四周を三の丸が固め、要所に馬出が普請されていた。江戸時代は小笠原・松平(戸田)・松平(越前)・堀田・水野各氏が入城し、松平(戸田)氏で明治維新を迎えた。近年二の丸御殿跡が発掘された。国史跡、5層の天守は国宝。

まつもとじょうじ [松本烝治] 1877.10.14～1954.10.8 大正・昭和期の商法学者・政治家。東京都出身。東大卒。1903年(明治36)東京帝国大学助教授、商法を担当。欧州留学後の10年同教授となる。19年(大正8)同大学を辞し、満鉄副社長・内閣法制局長官・商工相(斎藤実内閣)などを歴任。第2次大戦敗戦幣原内閣の国務大臣として憲法改正案の起草を手がけたが、総司令部の拒否にあった。著書『私法論文集』。

まつもとせいちょう [松本清張] 1909.12.21～92.8.4 昭和期の小説家。福岡県出身。本名清張。版下工などをへて朝日新聞西部本社社員となる。1950年(昭和25)「週刊朝日」の懸賞小説に「西郷札」が入選。52年「或る「小倉日記」伝」で芥川賞受賞。56年から文筆専業となり、「点と線」などの推理小説のほか、「古代史疑」「昭和史発掘」など史実解明にとりくんだ作品もある。

まつやかいき [松屋会記] 「松屋日記」「松屋筆記」とも。安土桃山・江戸初期の茶会記。3巻。奈良の豪商漆屋の松屋源三郎久政・久好・久重の3代、約120年間に及ぶ茶会のようすを筆録。茶道の全盛期の記述で、とくに1587年(天正15)の北野大茶湯の記事、唐物中心から和風への変化、千利休の茶、各時代の茶人の活躍などが知られる貴重な史料。『茶道古典全書』所収。

まつやまはん [松山藩] 伊予国松山(現、松山市)を城地とする外様大藩のち家門門中藩。1595年(文禄4)加藤嘉明が淡路国志智から伊予国正木(のち松前)に6万石で入封。関ケ原の戦後、20万石に加増されて城地を勝山に移し、松山と改称して立藩。1627年(寛永4)嘉明が陸奥国会津に転封となり、出羽国上山から蒲生忠知が入ったが、34年無嗣断絶。35年に家門の松平(久松)定行が伊勢国桑名から入封、以後15代にわたる。藩領は伊予国10郡のうち15万石。初代定行は長崎異国船来航時の防衛責任者であった。4代定直は俳諧を好み、天明

〜文化期に松山俳壇は栗田樗堂により隆盛を迎えた。14代定昭は1867年(慶応3)老中に就任。詰座は溜間。藩校明教館。江戸中期に支藩松山新田藩があった。戊辰戦争後、朝敵として一時高知藩に軍事占領された。廃藩後は松山県となる。

までのこうじのぶふさ [万里小路宣房] 1258〜1348.10.18 鎌倉中期〜南北朝期の公卿。従一位大納言。資通の子。初名は通俊。後醍醐天皇の有力な近臣で、吉田定房・北畠親房とともに「後の三房」と称された。1324年(正中元)の正中の変の際、勅使として鎌倉に下向し事件を落着させた。建武政権下では、雑訴決断所の頭人となる。36年(建武3・延元元)出家。日記「万一記」さん。

まなせどうさん [曲直瀬道三] 1507.9.18〜94.1.4 戦国期〜織豊期の医師。堀部親真の子という。名は正慶または正盛、字は一渓・道三。雖知苦斎・翠竹院・亨徳院と号する。京都生れ。下野国の足利学校に学び、この地で田代三喜の門に入り、京都に帰って還俗し医を開業。将軍足利義輝の病を癒し、細川晴元・正親町天皇からも厚遇された。京都に日本初の医学校啓迪院を創設。三喜からうけた明の新しい李朱医学をさらに親試実験して医療の実際に用い、1574年(天正2)医書「啓迪集」を著した。

まなべあきかつ [間部詮勝] 1804.2.19〜84.11.28 幕末期の老中。越前国鯖江藩主。父は5代詮熙。下総守。1814年(文化11)遺領相続。26年(文政9)の奏者番就任以来、寺社奉行・大坂城代・京都所司代を勤め、40年(天保11)西丸老中。43年辞任。58年(安政5)井伊直弼の大老就任直後、老中就任。勝手掛兼外国掛。同年日米修好通商条約調印の事情説明のため上洛し、尊攘派を弾圧(安政の大獄)。62年(文久2)隠居・謹慎。維新直後、新政府から2カ月の謹慎を命じられた。

まなべあきふさ [間部詮房] 1666.5.16〜1720.7.16 江戸前・中期の側用人。大名。武蔵国忍に生まれ、1684年(貞享元)甲府藩主徳川綱豊(家宣)の桜田館に近習として出仕。小姓・用人を勤め、家宣が将軍綱吉の継嗣として江戸城西丸に入ると、奥番頭・側用人となり、1709年(宝永6)家宣の6代将軍就任により老中格。翌年上野国高崎5万石の藩主。家宣没後、幼少の家継を補佐し、新井白石を相談役として幕政を主導。吉宗の将軍就任後は引退し、17年(享保2)越後国村上に転封。その地で没した。

マニュファクチュア ⇨工場制手工業

マニラ フィリピンのルソン島南西部マニラ湾に臨む都市。16世紀後半からスペインのフィリピン植民地化の拠点となり、メキシコ・中国との交易で繁栄。17世紀初期にはディラオ、サンミゲルの二つの日本町も成立した。1898年米西戦争の結果アメリカの領有となり、市街はめざましい近代化をとげたが、第2次大戦中日本軍が占領、末期の大規模爆撃により壊滅的打撃をうけた。戦後は首都圏が拡大、自9の企業進出や観光客も多い。1975年ケソンなど4市13町をあわせてメトロ・マニラが誕生、初代知事にイメルダ・マルコス大統領夫人が就任した。フィリピン共和国の首都。

まびき [間引き] 生まれたばかりの子を窒息もしくは圧死させ、子供の数を人為的に調整すること。モドス、オッカエスともよび、異界からの授かりものである生児をそこへ再び返すといった心意が背景にあった。江戸時代には間引きの非人間性をさとす印刷物や絵馬が広く流布した。間引きの原因を貧困に求める従来の見解に対して、人口増加を未然におさえて一定の生活水準を維持するための予防的制限であったとする見解もある。

まひと [真人] 古代のカバネ。貴人(ウマヒト)の意とも、新羅の真骨にならったとも、道教の影響ともいわれる。684年(天武13)に八色の姓の最上等としておかれ、13氏に賜った。そのうち5氏は6世紀以降に大王家からわかれた準皇族氏族、8氏は越前・北近江の地方豪族である。それ以後は皇親が臣籍に降下する際に賜る例が増えたが、真人姓を与えられた皇親の没落とともにこのカバネも尊ばれなくなり、大陸がえりの姓の下位とみなされた。

まみやかいきょう [間宮海峡] タタール海峡・ネフリスク海峡とも。アジア大陸とサハリンの間の海峡。1808年(文化5)松田伝十郎・間宮林蔵の樺太の東西海岸線探検、翌年の間宮の海峡横断により、はじめて海峡の存在が確認された。間宮海峡の名はシーボルトがヨーロッパに伝えたものである。幅約6.6km、水深約20mと浅く、冬季は結氷して自動車の往来が可能となる。

まみやりんぞう [間宮林蔵] 1775〜1844.2.26 近世後期の北方探検家。常陸国筑波郡上平柳村の籠職人の子。名は倫宗。1799年(寛政11)蝦夷地にはじめて渡り、翌年蝦夷地御用雇となる。この年箱館で伊能忠敬に会い測量術を学ぶ。1807年(文化4)ロシア船の択捉侵攻事件により取り調べられたが咎めなく、御雇同心格となる。08年松田伝十郎とともに樺太に渡り、樺太が島であることを確認。翌年単身で海峡を大陸に渡り、黒竜江を遡り満州仮府所在地デレンに至る。「東韃地方紀行」に詳しい。22年(文政5)勘定奉行属普請役、24年房総御備場掛手付。シーボルト事件の

密告者といわれ人望を失い,その後幕府隠密として働いた。

まめいたぎん [豆板銀] 小玉銀 こだまぎん とも。上方では小粒 こつぶ とも。江戸時代の秤量 ひょうりょう 銀貨の一種。銀座において丁銀とともに同じ品位で鋳造された。形状は小型の粒状で,重量は不定ながら5匁前後のものが多く,包銀には掛目の調整のために封入された。丁銀同様「寳」や大黒天像などの極印 ごくいん が打たれたが,極印は総じて小型である。慶長銀から安政銀にいたるまでたびたび改鋳されたが,1772年(安永元)の南鐐 なんりょう 二朱銀発行以来,金貨の単位をもつ計数貨幣が銀貨の主流となり,秤量銀貨の相対的地位は低下した。1868年(明治元)に貨幣としての使用が停止された。

マリア・ルスごうじけん [マリア・ルス号事件] 明治初年,ペルー船の中国人虐待をめぐる事件。マカオから本国へむかうペルー船マリア・ルス号は,修理のため1872年(明治5)6月横浜に入港。同船の清国人苦力 クーリー 2人が脱走し英軍艦に投じたのが発端。ペルーは条約未締結なので副島種臣 そえじまたねおみ 外務卿の指揮で神奈川県庁に特別法廷(大江卓裁判長)を開廷,船長の罪は杖100にあたるが情状酌量で無罪と判決。苦力229人を清国側に引き渡した。ペルー公使は謝罪と賠償を求めたが,75年ロシア皇帝の仲裁裁判判決は日本の主張を認め,アメリカ人顧問の援助も得て初の国際裁判に勝利。この時ペルー側から日本国内の人身売買をつかれ,芸娼妓解放令が布告された。

マルクスしゅぎ [マルクス主義] ドイツのカール・マルクスが,ドイツ観念論哲学・イギリス古典派経済学・フランス社会主義思想を批判的に継承して主張した,資本主義を否定し共産主義を展望する学説・思想。日本には堺利彦の雑誌「社会主義研究」(1906創刊)などによって紹介された。ロシア革命の成功は,その正しさの証として知識人などにうけとめられ,1922年(大正11)には非合法に日本共産党が結成された。30年(昭和5)前後には,日本の現状把握と革命の意義を求めたが,同じくマルクス主義を唱える講座派と労農派が論争をくり広げ,学問・文化に大きな影響を与えた。第2次大戦の戦時体制強化にともなって窒息させられていった。戦後,言論の自由が保障されると,社会運動・学問・文化への影響は一時大きくなったが,社会主義諸国の現実が伝えられ,また資本主義が新たな発展を示すなかで影響力は低下し,その解釈も多様化してきている。

まるばしちゅうや [丸橋忠弥] ?〜1651.8.10 江戸初期の慶安事件の首謀者の1人。槍術の達人。江戸お茶の水に道場を開く。1651年(慶安4)由比正雪らと倒幕を計画したが,事前に密告者が出て捕縛された。忠弥,兄の加藤市郎右衛門,母,親戚を含めた30人余が品川で磔刑となった。浄瑠璃・歌舞伎などの題材とされ,初代市川左団次の当り役となった。

まるまるちんぶん [団団珍聞] 明治期の週刊滑稽風刺雑誌。正しくは「於東京絵入 えいり 団団珍聞」。1877年(明治10)3月創刊。最初の発行所は野村文夫の創設した団々社。日本における最初の本格的な滑稽風刺雑誌で,戯文 ぎぶん で説明をいれた狂画が特徴。明治10年代は改進党系として自由民権色が強かったが,しだいに政治色のない戯作 げさく 風の社会風刺が中心となっていった。97年には大岡育造を社主とする珍聞館に発行所が移った。1907年廃刊。

まるやまおうきょ [円山応挙] 1733.5.1〜95.7.17 江戸中期の画家。円山派の始祖。初名は岩次郎,通称は主水 もんど,字は仲均・仲選。号ははじめ一嘯 いっしょう・夏雲・仙嶺,1766年(明和3)に名を氏 うじ から応挙に改めて以後はこれを落款に用いた。丹波国穴太 あなお 村(現,京都府亀岡市)の農家に生まれる。京都で石田幽汀 ゆうてい に画を学び,西洋画の遠近法・陰影法をとりいれた眼鏡絵 めがねえ の制作に従事。近江国円満院の門主祐常の庇護 ひご のもと,写生を重視しながら元・明の院体画風の花鳥画,南蘋 なんぴん などをも学び,写実性と装飾性の調和した画風を確立した。多くの門人を擁し,彼らとともに描いた襖絵 ふすまえ が香川県金刀比羅 ことひら 宮,兵庫県大乗寺などに残る。代表作「雪松図屛風」「保津川図屛風」。

まるやまは [円山派] 江戸後期の京都の画派。円山応挙 おうきょ を始祖とし,その門人で四条派の祖となった呉春 ごしゅん の一派とあわせ円山四条派ともいう。平明な写実性と装飾性を融合した応挙の様式は,18世紀半ばの新興市民階層から朝廷・社寺にまで広くうけいれられ,その画風を学ぶ者も多く現れた。応挙没後の作風には形式化の傾向もみられるが,応挙の嗣子 しし 応瑞門下の中島来章 らいしょう,来章門下の川端玉章 ぎょくしょう・幸野楳嶺 ばいれい らは,明治期以降の日本画界で京都を中心に大きな勢力を占めた。

まるやままさお [丸山真男] 1914.3.22〜96.8.15 昭和・平成期の政治学・政治思想史学者。大阪市出身。ジャーナリスト丸山幹治の次男。東大卒。東京帝国大学法学部助手・助教授をへて,1950〜71年(昭和25〜46)東京大学教授。東洋政治思想史の講座を担当。荻生徂徠 おぎゅうそらい・福沢諭吉の学問と思想を中心に日本政治思想史研究に大きな業績をあげた。第2次大戦後,日本国主義者・超国家主義者の思想と行動の解明などの評論を次々に発表。自由主義・民主主義派の知識人として50〜60年代の論壇に大きな影響を及ぼす。大学紛争をへて退官。日本学士

院会員。大仏次郎賞・朝日賞受賞。著書「日本政治思想史研究」「現代政治の思想と行動」「日本の思想」。「丸山真男集」全16巻・別巻1。

マレー David Murray 1830.10.15～1905.3.6 モルレーとも。御雇アメリカ人教師。両親はスコットランド出身。ユニオン大学卒業後、1863年にラトガーズ大学教授に就任し、天文学・数学を担当した。駐米小弁務使森有礼らの日本の教育に関する質問書に答えたことなどを機縁に、73年(明治6)日本政府から文教行政の最高顧問として招かれ来日。74～78年に学監として文部大輔田中不二麿氏に助言し、東京大学の改革、東京女子師範および付属幼稚園の創設、博物館の設置などに尽力、79年の教育令の起草にも影響を及ぼした。1878年末に離日。帰国後はニュージャージー州の教育行政などに従事した。ニュージャージー州で死去。

マレーおきかいせん[マレー沖海戦] 太平洋戦争開戦初頭、日本の基地航空部隊がイギリス東洋艦隊主力の2艦艇を撃沈した海空戦。マレー半島への日本軍の上陸を知った東洋艦隊の戦艦プリンス・オブ・ウェールズとレパルスは、駆逐艦4隻に護衛されてシンガポールを出撃、日本の船団泊地攻撃を企図。インドシナ南部に展開していた日本海軍の中型陸上攻撃機88機は、1941年(昭和16)12月10日雷撃と爆撃により2戦艦を撃沈。戦艦に対する航空機優位を実証した。

マレーシア マレー半島南部とボルネオ島(カリマンタン島)北部にわたる国。19世紀に入りイギリスが植民地化をすすめた。日本人がゴム園経営者・労働者として移住したが、1941年12月太平洋戦争開戦時に日本軍が侵入、半島を南下して翌年2月シンガポールを占領、軍政をしいた。日本敗戦後、57年イギリス連邦加盟のマラヤ連邦として独立、63年マレーシア連邦を結成したが、65年に中国系が圧倒的に多いシンガポールが分離独立した。典型的な複合民族国家で、マレー系47%、中国系32%、インド系8%、その他という住民構成。マレー半島の西マレーシアとボルネオ島の東マレーシアからなる立憲君主制の連邦国家。首都クアラルンプール。

マレーしんこうさくせん[マレー進攻作戦] 太平洋戦争初頭にイギリスの東アジアでの根拠地を奪うため、日本軍がマレー半島中部に上陸し、半島を南下進攻して1942年(昭和17)2月15日、シンガポールを占領した作戦。1941年12月8日早朝、日本軍は真珠湾攻撃に先んじてタイ領のシンゴラ、パタニー、英領のコタバルに奇襲上陸。主力は半島西岸を、一部は東岸を南下、42年1月31日ジョホール水道に到達。渡河作戦のあと2月11日、シンガポール島のブキテマ高地を占領。給水を断たれた英軍は15日降伏した。

まんえんがんねんけんべいしせつ[万延元年遣米使節] 幕末期の最初の遣外使節で、日米修好通商条約の批准書交換のため1860年(万延元)渡米した。正使新見正興 ^{いきおき}、副使村垣範正、目付小栗忠順 ^{ただまさ}ら総員77人。そのうち14人は諸藩からの参加者。1月米軍艦ポーハタン号で出航、ハワイ、サンフランシスコをへてワシントン着。ブキャナン大統領との会見、批准書の交換のほか、各種施設を見学して海外事情を探索した。各地で大歓迎をうけ、帰路はニューヨークから喜望峰・香港を経由して9月帰着。使節団とは別に、航海実習のために幕艦咸臨丸(司令官木村芥舟 ^{かいしゅう}、艦長勝海舟)が随伴し、日本人として初の太平洋横断に成功した。

まんかんこうかんろん[満韓交換論] 日露戦争前に主張された対満州・朝鮮政策に関する構想の一つ。日清戦争後日本の朝鮮における立場は後退し、ロシアの進出が顕著となったため、ロシアの満州支配を認めるかわりに日本の朝鮮支配を認めさせるという日露協商の構想が提起され、これが当時満韓交換論とよばれた。西・ローゼン協定に反映されたが、加藤高明など日本に不利益として反対する者も多く、日英同盟が調印されるとともに姿を消した。

まんごくそうどう[万石騒動] 1711年(正徳元)安房国北条藩領27カ村におきた百姓一揆。北条藩領はおおむね1万石であったことから万石騒動という。新役人川井藤左衛門の不正な検見による年貢増徴に反対したもの。10月に大勢が北条役所に出訴するがらちがあかず、11月に600人余で江戸藩邸に門訴、さらに老中へ駕籠訴するにおよんだ。川井らは駕籠訴の事実を知ると、先に入牢させていた3人の名主を死罪に処した。この事実を百姓が追訴したため、幕府のとりあげるところとなり、百姓側が勝訴した。川井父子の死罪をはじめ諸役人が処罰され、藩主屋代忠位 ^{ただたか}は改易された。死罪の3人の墓は万石惣中によって建立され、千葉県館山市国分に現存する。

まんざい[万歳] 門付 ^{かどづけ}による祝福芸能の一つ。古代の予祝歌舞の歌垣 ^{うたがき}に結びついた、足で拍子をとって歌う中国伝来の踏歌 ^{とうか}からでたとされる。神の来臨にみたてて初春に各家を訪問し、家業の隆盛と家の長寿の祝言を唱えたり、滑稽な所作の曲舞 ^{くせまい}を舞う。中世には特定の村々に居住する陰陽師 ^{おんみょうじ}配下の声聞師 ^{しょうもじ}が、千秋 ^{せんず}万歳と称して禁裏や諸家を祝福に赴いた。今日に命脈を保っているものに、三河・尾張・越前・加賀・会津・秋田・伊予の万歳がある。近世には三河万歳が出身が同じ徳川家の保護をうけ、尾張万歳が大名家、

和万歳が御所や公家とそれぞれ親密な関係をもった。昭和初期に話芸中心の寄席芸である漫才が、伝統的な万歳の形態を部分的に継承して登場した。

まんざいきょうかしゅう [万載狂歌集] 江戸後期の狂歌集。17巻。四方赤良(大田南畝)・朱楽菅江(あけらかんこう)共編。1783年(天明3)江戸の須原屋伊八他刊。書名・体裁とも平安末期の勅撰集「千載集」のパロディで、当代の狂歌作者を中心に230人余の狂歌748首を、四季・恋・雑などに分類して収める。唐衣橘洲(からごろもきっしゅう)の「狂歌若葉集」に触発されてそれに対抗する形で編まれ、企画力や規模・体裁・内容で圧倒したばかりか、天明狂歌随一の撰集となった。「岩波文庫」所収。

まんしゅう [満州] 中国東北部を占める遼寧・吉林・黒竜江の東北3省をさす旧称。16世紀末、アルタイ系のツングース族からでたヌルハチがこの地域を統一してマンジュと称し、やがて漢字で満州の文字があてられ、欧米ではマンチュリアとよばれた。清朝は発祥の地としてこの地に将軍をおいて軍政を行わせたが、日露戦争後の1907年東三省として中国本部と同じ総督・巡撫制をとった。11年辛亥革命後、総督は都督と名称をかえたが、張作霖(ちょうさくりん)が東三省支配の実権を握った。28年張が爆殺されたのちは子の張学良(ちょうがくりょう)が蔣介石(しょうかいせき)の国民政府に服し、熱河省を含めた東北4省は東北政務委員会によって統治された。

まんしゅうこく [満州国] 満州事変後、満州(中国東北部)および内モンゴル地域に日本が建国した傀儡(かいらい)国家。関東軍は満州の諸地域占領後、軍閥や大地主を利用して、地方ごとに名目上の自治や独立を唱えさせた。建国が住民の自発的意思によるという体裁を整えるため、1932年(昭和7)2月16日、内モンゴル地域をのぞく満州を統一支配する過程で関東軍が作りあげた傀儡地方政権の代表を奉天に集め、18日独立を宣言。3月1日には建国宣言を行い、清朝の廃帝(宣統帝)溥儀(ふぎ)を執政とし、元号を大同、首都を新京(長春を改称)に定めた。34年3月帝政へ移行、満州帝国となり、元号を康徳と改めた。日本は32年9月満州国を正式承認し、日満議定書を締結、満州国の国防を担当するとともに既得権益を承認させ、秘密条項においても多くの権益を得た。国務総理・各部長(日本の大臣にあたる)には満州人を据えたものの、実権は駐満大使を兼ねた関東軍司令官の指導下にある日系官吏が握り、議会はおかれず満州国協和会を唯一の政治組織とした。日本は満州を総力戦準備に必要な軍需資源の供給地、兵器廠とするため重工業建設に努め、産業開発5カ年計画を実施し、37年日産コンツェルン系の満州重工業開発会社を設立した。太平洋戦争末期には戦力の南方への振替により対ソ戦の前線基地としての性格は低下し、45年8月8日のソ連参戦により戦線は崩壊。8月17日満州国は解体を宣言した。

まんしゅうこくきょうわかい [満州国協和会] ⇨協和会(きょうわかい)

まんしゅうじへん [満州事変] 1931年(昭和6)9月18日の柳条湖事件から33年5月の塘沽(タンクー)協定までの日本による中国東北部(奉天・吉林・黒竜江)・内蒙古東部への一連の武力侵攻。その結果32年3月1日、関東軍の影響下に満州国が建国された。関東軍は対ソ戦の基地確保と中国による権益回収への予防措置として、関東軍参謀石原莞爾(かんじ)らの主導で武力による満蒙領有計画を実行に移した。柳条湖事件勃発後、中国は国際連盟に提訴し、以後、日本の軍事行動を抑止しようとする国際連盟と、それに挑戦する関東軍が鋭く対立していく。若槻内閣は事変の不拡大方針をとったが、関東軍の軍事行動の積み重ねに、国際連盟やオブザーバー国アメリカは日本政府の軍部統御能力に不信をもった。とくに連盟は、満鉄付属地に対する自衛権行使とは弁明できないとして、張学良軍の根拠地錦州への爆撃(31年10月8日)と、32年1月3日占領)と、北満侵攻(31年11月19日チチハル占領)を重視した。32年1月7日、アメリカのスチムソンが非合法手段による満州の現状変更は認めないという不承認声明を発表した。調査団派遣を要求する日本の提案をうけてリットン調査団が事件現場と中国・日本を訪問し、同年9月30日に報告書を連盟に提出したが、報告書発表前の9月15日に日本は満州国を承認した。満鉄付属地への早期撤退と中国の満州に対する主権承認を内容とするリットン報告書は、33年2月24日の国際連盟総会で採択され、日本は3月27日に連盟脱退を通告。さらに熱河作戦をすすめて軍事支配領域を拡大、33年塘沽協定によって満州の中国本部からの分離が確定した。

まんしゅうじゅうこうぎょうかいはつがいしゃ [満州重工業開発会社] 満州国の経済開発の中枢に位置した国策的投資会社。満業と略称。関東軍の満州産業開発5カ年計画(1937~41)に応じて、日産コンツェルン本社(日本産業)は満州に移転、1937年(昭和12)12月に改組のうえ満州国法人の満州重工業開発会社として発足。当初資本金4億5000万円は、日産が半分、残りは満州国政府が引き受けた。本社は新京(長春を改称)。鉄鋼・石炭・軽金属・自動車・航空機など、軍需関連部門の傘下企業に重点的に投融資を行い、45年には傘下35社、投融資総額41億円に及んだが、第2次大戦後に閉鎖。

まんしゅうぼうじゅうだいじけん [満州某重

大事件】⇨張作霖爆死事件ちょうさくりん

まんじゅうやそうじ［饅頭屋宗二］1498～1581.7.11　戦国期～織豊期の和漢学者。姓は林で，「りん」とも「はやし」ともよんだ。名は逸。法名を桂室宗二居士という。南北朝期に来朝した林浄因りんじょういんの子孫で，浄因以来奈良に住み饅頭屋を家業としたことから通称でよばれる。牡丹花肖柏しょうはくに古今伝授をうけて奈良伝授の嚆矢となり，三条西実隆に学んで「源氏物語林逸抄」を，清原宣賢に学んで「毛詩抄」「春秋左氏伝抄」を著し，五山僧とも交わって「山谷詩抄」「江湖風月集抄」なども著した。「饅頭屋本節用集」の著者に擬せられるが確証はない。

まんじゅじ［万寿寺］京都市東山区にある臨済宗東福寺派の寺。東福寺北門内にある。開山は十地上人覚空（爾一）・東山湛照たんしょう（慈一宝覚）の2人。前身は，1097年（承徳元）に白河天皇皇女の郁芳門院媞子ていし内親王の遺宮を仏寺に改めた六条御堂。正嘉年間（1257～59）に覚空と湛照が円爾えんにに帰依して六条御堂を禅寺とした。1386年（至徳3・元中3）五山になる。天正年間（1573～92）に東福寺山内の三聖寺の地に移った。阿弥陀如来座像（重文）がある。

まんぞうくじ［万雑公事］古代～中世の課役の一種。荘園公領制では，租の系譜をひく年貢に対し，庸調ようちょうおよび雑徭の系譜をひく課役を公事とよぶが，そのうち夫役以外の課役を雑公事・万雑公事または万雑事といった。内容は山野河海や畠の特産物，餠・酒などの農産加工品，折敷おしきなどの手工業品に及ぶ。日（月）別・段別および名みょう別のかたちで収取し，公事地や公事家を指定することもあった。時代が下るにつれ，現物納からしだいに代銭納の公事銭が中心となる。

まんだのつつみ［茨田堤］「日本書紀」仁徳11年条に北河（現，淀川）の水害を防ぐために築かせたとある堤。河内国茨田郡の豪族茨田連衫子ころものこが造成に従事した。「古事記」には秦人を使役したとある。あわせて茨田屯倉みやけがおかれた。大阪府枚方市伊加賀から寝屋川市池田にかけて痕跡が残るとの説もある。「続日本紀」には，750年（天平勝宝2）・770年（宝亀元）・772年と，たびたび決壊・修復した記事がみえる。

まんだら［曼荼羅］曼陀羅とも。サンスクリットのマンダラの音訳。仏の悟りの境地を表現したもの。仏菩薩の集合する道場も意味することから，諸尊を一定の形式で整然と描いた集合図を曼荼羅という。表現形式から，大曼荼羅・三昧耶さんまや曼荼羅・法曼荼羅・羯磨かつま曼荼羅の四種曼荼羅にわける。内容からは，諸尊すべてを集めた都会とえ曼荼羅，特定の諸尊からなる部会ぶえ曼荼羅，1尊中心の別尊曼荼羅などの区分がある。

まんとくじ［満徳寺］群馬県尾島町にあった時宗の寺。徳川山と号する。鎌倉初期の御家人新田義季の女浄念尼を開山とする尼寺で，同family出身の女が歴代住職を務めたという。徳川将軍家ゆかりの寺院として家康は朱印地100石を寄進し，鎌倉東慶寺と並ぶ2大縁切寺として知られたが，1871年（明治4）廃絶。

まんどころ［政所］■平安中期に令制の家司けしの制度が変質し，親王四品以上，諸王・諸臣三位以上の家政機関として設けられた。四位以下の家政機関は公文所くもんじょという。有力寺社にも政所がおかれた。なかでも摂関家の政所は大規模で多くの下部機関をもち，これを統轄する別当のうちとくに1人を執事といい，長官の地位にあった。その指令は政所下文くだしぶみによって通達された。また荘園の現地支配機構も政所とよばれ，国衙にも設置された。

■鎌倉幕府では，1190年（建久元）源頼朝が右近衛大将に任官すると，それまでの公文所を改めて政所を創設。初代別当には大江広元が任命された。以後，政所は問注所・侍所と並ぶ重要政務機関となった。北条氏の独占する執権・連署は政所と侍所の別当を兼ねる役職である。次官の執事はおおむね二階堂氏が世襲した。室町幕府では財務機関としての性格を強め，長官の執事には多く二階堂氏，のち伊勢氏が任じられた。執事のもとには20人前後の寄人よりうどがおかれ，筆頭は執事代とよばれた。これとは別に執事の代官には政所代があり，伊勢氏の被官蜷川にながわ氏が世襲した。

まんのういけ［満濃池］香川県満濃町にある全国有数の農業用の溜池。金倉川の浸食によりできた谷をせき止めた池で，現在，堤防の長さ155m，面積約1.4㎢に及び，水田約3200ヘクタールを潤す。讃岐国那珂郡真野郷にあるため，もともとは真野池とよばれたが，万能池・満濃池などと記されるようになり，「まんのういけ」とよばれるようになった。満濃太郎の愛称をもつ。大宝年間（701～704）に築かれたらしいが，818年（弘仁9）に大きく決壊し，空海が再興したという。「今昔物語集」には海とみまごうほどの大きな池で，多くの田がその恩恵をうけており，人々の喜びは限りないとされた。しばしば決壊したが，修復され現在に至る。

まんぷくじ［万福寺］京都府宇治市五ケ庄にある黄檗おうばく宗の総本山。黄檗山と号する。中国福建省福州府の黄檗山万福寺を古黄檗とよぶのに対し，新黄檗と称する。将軍徳川家綱を開基，明の僧隠元隆琦いんげんを開山として1661年（寛文元）開創した。公武の厚い保護のもとに隆盛した。隠元以降13世まで中国僧を住持とした

が，22世以後は日本僧が住持となった。唐音で行う読経や明朝風の日常会話・食事作法・伽藍配置などが現在も残る。大雄宝殿をはじめ主要建築は重文。境内塔頭は最盛期には33院を数え，「黄檗版一切経」を刊行した鉄眼道光の宝蔵院などがある。

大雄宝殿（だいゆうほうでん） 1668年（寛文8）に建立された本堂。黄檗宗に特有の黄檗様建築の代表例。正面3間，奥行3間，一重裳階付き。内部は土間とし，表側の1間は吹放ちで舟底天井につくる。組物は詰組，海老虹梁など禅宗様と共通するが，柱を角とするなど，黄檗様の特徴をよく示す。重文。

まんぽうざんじけん［万宝山事件］1931年（昭和6）7月，中国東北地方の万宝山（長春の北方）でおこった中国農民と入植朝鮮人との衝突事件。同年4月以降，日本の支援でこの地方に入植した約200人の朝鮮人が用水路開発などをめぐって中国人農民と対立，数百人の中国人農民が用水路を破壊して日中両警察の発砲事件をひきおこした。この衝突事件で朝鮮人殺害という誤報が「朝鮮日報」などで流された結果，京城（現，ソウル）などの都市で大規模な排華暴動を誘発した。

まんもうかいたくせいしょうねんぎゆうぐん［満蒙開拓青少年義勇軍］昭和10年代に国策として満州に送られた若年農業移民の通称。1938年（昭和13）政府は満州国支配の安定化をねらい，農山村の次・三男を武装移民として送り出す制度を創設。加入資格は満14～19歳の青年だったが，彼らに与えられた土地の多くは現地農民からの強奪した土地であり，たびたび民族紛争をひきおこした。第2次大戦終結前後には同義勇軍から多数の戦死者がでた。

まんもうかいたくだん［満蒙開拓団］満州事変後，関東軍や拓務省，のちに内閣の政策により満州に送り出された農業移民集団。満州移民は民間農民教育者加藤完治らの働きかけに関東軍が応じた結果国策化され，1936年（昭和11）広田内閣のもと，20カ年100万戸移民計画が実施された。当初の主目的は満州の日本人口増加による治安の維持にあったが，太平洋戦争勃発後の42年に実施された第2期5カ年計画が，「北方拠点の強化」を目的の一つとするように，対ソ軍事的色彩が強まった。第14次まで合計27万人余が入植。45年8月9日のソ連の対日参戦後，関東軍が先に撤退したため，開拓団は多大な犠牲を出しながら退避，乳幼児を中国人に託さざるを得ない場合も多く，今日の中国残留孤児問題をひきおこした。

まんもうとくしゅけんえき［満蒙特殊権益］日露戦争の戦勝と対華二十一カ条の要求により条約上認められた，満州（中国東北部）・内蒙古（内モンゴル）における，鉄道・鉱山・商租権などを内容とする日本の権益。ほかに日本が北京政府や諸軍閥から獲得した諸特権を含む。蒋介石による中国の統一の進展にともない，この問題が日中両国の対立を深化させ，満蒙をめぐる危機感の増幅とあいまって満州事変の重大な一要因となった。

マンモス 更新世後期に，ユーラシア大陸北部および北アメリカ北部の寒冷地域に生息していた長鼻目ゾウ科の哺乳動物。現在は絶滅。最終氷期に北海道まで南下したことが知られるが，本州からは化石が発見されない。全身が長い剛毛におおわれ，太い牙，厚い皮下脂肪をもつなどの特徴があり，アジア象にくらべると小さい。シベリアやアラスカでは多数の冷凍マンモスが発見される。

まんようがな［万葉仮名］漢字を本来の字義に関係なく仮名文字のように用いたもの。平安時代以降の仮名文字の創案のもととなった。金石文・正倉院文書や，「古事記」「日本書紀」に仮名的に使用された漢字はすべてこれに入るが，「万葉集」に多様な使用例が認められ，古くから考察の対象となったため，その名をとってよぶ。漢字の音・訓を使った仮名的な使用で，正規な漢字のあて方以外に，動詞「あり」に蟻，助動詞「つる」に鶴，助詞「かも」に鴨をあてたり，「出」を「山上復有山」とするなどの言語遊戯的（戯書という）な使い方の例もある。使用された漢字の音をたどることで，仮名文字では判断できない当時の発音を知ることができるので，研究上の利点も多い。上代特殊仮名遣いの発見なども万葉仮名を通しての所産である。

まんようこう［万葉考］「万葉集考」とも。「万葉集」の注釈書。20巻・別記6巻・人麻呂集1巻。賀茂真淵著。巻1・2は1769年（明和6）刊。巻3・4は1825年（文政8）刊。巻5・6は35年（天保6）刊。独自の見解で巻序を改め，かなり重要な部分が主観的な判断によって規定される。万葉注釈史上大きく貢献し，多大な影響を与えた。「賀茂真淵全集」所収。

まんようしゅう［万葉集］現存最古の歌集。20巻。長歌264首，旋頭歌63首，仏足石歌体歌1首と短歌4208首，計4536首の歌と，漢詩4首，文章1編ほかを収める。全巻に統一的な編集原理はみられず，数次の段階的成立が推測される。当初50首ほどの小歌集を中心に増補し，雑歌・相聞・挽歌の分類を加えた現存巻1・2の原型が文武朝前後に成立。それにならって巻16までが天平末頃まで順次増補され，大伴家持の歌日記的歌巻が加えられて，宝亀年間か延暦初年に全巻がなったとみられる。最終的な編纂に家持がかかわったのは疑い

ないが、詳細はなお不明。表記法も巻によって異なるが、漢字のみによって記されているため、訓み方が早く忘れられ、951年(天暦5)「梨壺なの五人」による加点(古点)が始まる。その後順次加点され(次点)、鎌倉時代の仙覚によって全歌に訓が付された(新点)。全巻のそろった現存の写本はすべて仙覚の校訂をへたものである。雄略天皇や聖徳太子作とされる伝承歌を除けば、万葉の歴史は舒明朝に始まり、壬申の乱(672)までを第1期(初期万葉)とする。以後柿本人麻呂によって歌を記しながら作ることが始まり、形式・抒情とも大きく発達した第2期(平城遷都、710年まで)、山上憶良・大伴旅人・山部赤人らによって継承・発展された第3期(憶良の没した733年まで)、家持らによる繊細・技巧的の歌の多い第4期(最終期、759年まで)にわけるのがふつう。庶民の歌も多いが、基本的に、漢詩文に対抗しうる文芸として、古代貴族に享受された歌集とみるべきである。「日本古典文学大系」所収。

まんようしゅうこぎ [万葉集古義] 「万葉集」の注釈・研究書。31帙141冊。鹿持雅澄著。文化初年(1805頃)に起筆、1844年(弘化元)ほぼ完成、45年松木弘蔭校閲。総論のほか、人物・品物・修辞・地名・歌格・語彙などについての各論があり、近世における最も詳細な注釈。近代に至り、はじめて刊行され流布した。高知県立図書館蔵稿本の複製「万葉集古義」がある。

まんようしゅうちゅうしゃく [万葉集註釈] 「仙覚抄」とも。「万葉集」の本格的注釈として最初のもの。10巻。仙覚著。1269年(文永6)武蔵国で成立。防人歌などもとりあげている。「万葉」の意味を「よろづのことのは」ととらえ、その成立を聖武天皇の時代、撰者は橘諸兄・大伴家持とする。以下巻順に難解歌を抄出し「風土記」逸文なども引用して注釈を加える。「万葉集叢書」所収。

まんようだいしょうき [万葉代匠記] 「万葉集」の注釈書。精撰本20巻・惣釈6冊。契沖著。徳川光圀の依頼により下河辺長流が着手し、長流没後に契沖が完成させた。初稿本は1688年(元禄元)頃成立、精撰本は90年成立。注釈の方法はきわめて実証的で、万葉研究史上、仙覚の本文校訂と双璧をなすばかりでなく、古典研究史全体でも画期的な役割をはたした。「契沖全集」所収。

み

み [彌] 「宋書」倭伝に記される倭の五王のうち2番目の王。「宋書」倭国伝の珍にあたる。珍の異体字「珎(称)」の誤伝らしい。「宋書」が珍と次の済との続柄を記さないのに対し、「梁書」が彌の子を済とすることから、彌と珍を別人とする説もあるが、「梁書」はそれ以前の史書を再編集したもので、やはり「宋書」に従うべきであろう。

みいけたんこう [三池炭鉱] 福岡県大牟田市・熊本県荒尾市などにあった三井鉱山経営の日本最大の炭鉱。伝承では三池坑の発見は文明期(1469~87)。享保期(1716~36)に柳河藩、嘉永期(1848~54)に三池藩が開拡したが、両者の鉱区争いが生じ、1873年(明治6)官有となる。外国人技師ポッターらの指導で洋式炭鉱として発展、89年三井に払い下げられ、三井鉱山の経営で日本最大の炭鉱に成長した。当初は囚人労働を活用、第2次大戦中には大牟田石炭コンビナートが形成された。1951年(昭和26)海底採掘のため以島の初島を竣工。59~60年三井三池争議が発生、総資本と総労働の対決といわれたが、三池労組が分裂して組合側は敗北した。63年三川鉱爆発事故発生。73年三井石炭鉱業に経営を移管。最高出炭は70年度の657万トンである。97年(平成9)3月廃鉱。

みいでら [三井寺] ⇨園城寺

みうちびと [御内人] 中世、主として武家では代々奉仕する家臣を御内、もしくは御内人といった。鎌倉中・後期には、もっぱら幕府執権北条氏の家督(得宗)に仕える被官・家人をさした。得宗御内・得宗被官ともいい、一般の御家人は外様とよばれる。御内人は将軍からいえば陪臣だが、得宗の権力強化とともに勢力をのばし、鎌倉後期には幕府政治も左右した。得宗家の家政機関である公文所に出仕し、また全国各地の得宗領に派遣されて管理にあたった。その筆頭者は内管領とよばれる。執権が侍所別当を兼ねて以来、御内人はその実質的長官である所司となり、さらに幕府の実質的な最高意思決定会議である寄合にも参加した。霜月騒動(1285)で安達泰盛を滅ぼした平頼綱、幕府最末期に権勢をふるった長崎高資などが著名。

みうらあんじん [三浦按針] ⇨アダムズ

みうらごろう [三浦梧楼] 1846.11.15~1926.1.28 明治・大正期の陸軍軍人・政治家。萩藩士の子。号は観樹。奇兵隊に入り第2次長州戦争

で活躍。戊辰戦争に参加。西南戦争に第3旅団司令長官として出征。1881年(明治14)開拓使官有物払下げ反対を建白。陸軍部内では主流派と対立し，86年休職。学習院院長・貴族院議員をへて，95年朝鮮国駐在特命全権公使となり閔妃殺害に関与し，罷免・投獄されたが，裁判で無罪となる。1910年枢密顧問官に就任，政界の黒幕として24年(大正13)第2次護憲運動のとき，政友・憲政・革新の3党首会談を斡旋した。

みうらし [三浦氏] 中世相模国の豪族。桓武平氏良文流または良茂流。本拠は三浦郡。義明の代に相模大介となり，以後，嫡流は三浦介を称した。源頼朝挙兵の際に頼朝をたすけた功により，鎌倉幕府創設後，義明の子義澄が相模国守護に任じられ幕府宿老となった。その子義村は，北条氏に協調して勢力を強め，承久の乱後には北条氏と並ぶ権勢を誇った。1247年(宝治元)泰村の代に，北条時頼の策謀で滅亡。庶流の佐原氏のみ時頼方について三浦介をつぎ，かなりの勢力を保ったが，戦国期，新田の代に北条早雲に滅ぼされた。→巻末系図

みうらしのらん [三浦氏の乱] ⇨宝治合戦

みうらたまき [三浦環] 1884.2.22～1946.5.26 明治～昭和期のソプラノ歌手。東京都出身。旧姓柴田。日本オペラ創成期のプリマドンナ。1904年(明治37)東京音楽学校卒。在学中の1903年歌劇「オルフォイス」に出演。研究科修了後母校の助教授，10年帝劇歌劇部の教師となる。15年(大正4)から欧米各地で「蝶々夫人」を演じて好評を博し，イタリアで作曲者プッチーニの知遇を得た。35年(昭和10)イタリアのパレルモで2000回出演の記録をつくって帰国，以後後進の指導にあたった。

みうらばいえん [三浦梅園] 1723.8.2～89.3.14 江戸中期の哲学者。名は晋，字は安貞，梅園は号。豊後国国東生れ。長崎に2度，伊勢に1度旅行した以外，ほとんど故郷を離れることがなく，祖父の代からの医業を継ぐかたわら，研究と著作に精進した。根源的な思索ののち，気の哲学に到達し，儒教の自然哲学と洋才的な知識にもとづく体系的な自然哲学を提唱。彼によれば，天地万物は根元的な一気(元気)が現象したものであって，個々の存在は条理によってかたちづけられる。それらの関係を条理とよび，条理を認識する方法が反観合一である。この独特の自然哲学は，主著の「玄語」をはじめ「贅語」や「敢語」などの著作にまとめられている。

みうらひろゆき [三浦周行] 1871.6.4～1931.9.6 明治～昭和前期の日本史・日本法制史学者。島根県出身。1893年(明治26)帝国大学文科大学選科修了。史料編纂所員・編纂官として「大日本史料」編纂に従事。国学院大学・東京帝国大学をへて1909年京都帝国大学国史学講座教授。京大国史研究室の草創期に史料収集に努めた。研究の分野は広く，時代も古代から近代に及ぶ。主著「日本史の研究」正続，「法制史の研究」正続。

みうらめいすけ [三浦命助] 1820～64.2.10 1853年(嘉永6)に発生した盛岡藩三閉伊一揆で畠山太助とともに活動した最高頭取の1人。陸奥国上閉伊郡栗林村の百姓で本家は肝煎。54年(安政元)老名となり，同年に発生した村方騒動にまきこまれ出奔。仙台藩領の村で修験として活動したあと京都へ赴き，二条家家臣として名乗ることを許される。57年帰村する途中で幕に入り逮捕され，64年(元治元)牢死。入牢中留守家族のために書き綴った「獄中記」は，幕末期の民衆の思想状況を知る貴重な文献。

みうらやすむら [三浦泰村] ?～1247.6.5 鎌倉中期の武将。三浦介・若狭守・相模国守護。義村の嫡子。母は土肥遠平の女。通称駿河次郎。承久の乱では父とともに北条泰時率いる東海道軍に加わり上洛。1238年(暦仁元)評定衆となるが，46年(寛元3)名越光時の乱に弟光村が加担していたため北条時頼に排撃の口実を与える。翌年，時頼の挑発にのり鎌倉で戦って敗れ，法華堂で一族ともに自殺。

みうらよしずみ [三浦義澄] 1127～1200.1.23 平安後期～鎌倉前期の武将。三浦介・相模国守護。父は三浦大介義明。通称荒次郎。1180年(治承4)源頼朝の挙兵に応じて，父とともに衣笠城で旗あげするが，豪雨で到着が遅れ，頼朝は石橋山で敗れた。帰路，畠山氏に襲われ父を失うが，海路安房に渡って頼朝と合流。84年(元暦元)源範頼の平氏追討軍に加わり，壇ノ浦の戦で戦功をあげた。奥州合戦でも活躍し，頼朝の死後も宿老の1人として幕府を支えた。将軍源頼家の親裁をやめて13人の合議制がしかれたときもその一員となった。

みうり [身売] ⇨人身売買

みえけん [三重県] 近畿地方の東部に位置する県。旧伊勢・伊賀・志摩の3国と紀伊国の一部を県域として成立。1868年(明治元)山田奉行支配の旧幕領・伊勢神宮領を管轄する度会府がおかれ，翌年度会県と改称。71年廃藩置県により津・亀山・桑名・長島・菰野・神戸・久居・鳥羽の諸県が成立し，同年11月伊勢国安濃郡以北と伊賀国は安濃津県，同一志以南の久居・鳥羽・度会3県と志摩国および和歌山・新宮両県の一部は度会県に統合された。72年安濃津県は三重県と改称，76年に度会県を合併して現県域が定まった。県庁

所在地は津市。

みえけんちそかいせいはんたいいっき [三重県地租改正反対一揆] ⇨伊勢暴動

みえぼうせき [三重紡績] 東洋紡績の母体となった紡績会社。前身は四日市に設立された二千錘紡績の三重紡績所。1886年(明治19)渋沢栄一の助言で1万錘紡績に脱皮、93年には織布業にも進出、日露戦争後には尾張・伊勢地方紡績合同の中心となった。1914年(大正3)大阪紡績と合併して東洋紡績に改称。

みかえりびじんず [見返り美人図] 菱川師宣筆の肉筆浮世絵。元禄期の作。無背景の画面に美人を単独に描いた掛軸で、流行の髪形と衣装がよく見えるように後ろを振り向いたポーズで描かれている。帯は吉弥結び、衣装は元禄模様で、「菱川やうの吾妻俤」といわれた師宣の代表作。絹本着色。縦63.2cm、横31.0cm。東京国立博物館蔵。

みかたがはらのたたかい [三方原の戦] 1572年(元亀3)12月22日、遠江三方原台地(現、静岡県浜松市の西北)で、武田信玄が徳川家康を破った戦。72年10月、2万5000の軍勢で甲斐を出発した信玄は遠江に侵入、只来・二俣など徳川方の支城を落として浜松城に迫った。12月22日、徳川軍は、織田信長の援軍をあわせて1万1000の軍勢で三方原台地の信玄を攻撃するため城を出、三方原で両軍が激突。戦闘は武田軍の圧勝に終わったが、信玄は浜松城攻略を行わなかった。この戦は、家康が同盟軍の信長のため信玄を浜松城付近に釘づけにするため、あえて行ったものであった。

みかみさんじ [三上参次] 1865.9.28～1939.6.7 明治～昭和前期の日本史学者。播磨国生れ。東大卒。大学院で国史を研究し、1899年(明治32)東京帝国大学教授。国史科効法の功労者で、史料編纂掛の事務主任として編纂事業の基礎を築いた。退官後は臨時帝室編修官長として「明治天皇御紀」を完成。貴族院議員も勤めた。著書「白河楽翁と徳川時代」「江戸時代史」。

みかみやまそうどう [三上山騒動] 甲賀騒動とも。1842年(天保13)近江国甲賀・野洲・栗太3郡におきた百姓一揆。天保の改革の年貢増徴政策の一環として、荒地検分と隠田畑摘発を目的とした検地に反対した。甲賀郡に発生した一揆は約4万人の集団となり、三上村に出張していた幕府勘定方市野茂三郎のもとに押しよせ、「十万日日延」の証文を書かせ、検地を中止させた。頭取の土川平兵衛・田島治兵衛らは天保義民として顕彰されている。

みかわのいっこういっき [三河の一向一揆] 戦国期に三河国でおこった一向一揆。三河国西部矢作川流域(現、愛知県岡崎市内)は本願寺門徒の多い地域で、本願寺一族の土呂本宗寺、および佐々木上宮寺・野寺本証寺・針崎勝鬘寺の三河4カ寺を中心に勢力を強め、寺内は不入権を獲得した。1562年(永禄5)秋に徳川家康家臣が寺内に強制立入りしたことをきっかけに門徒らは4カ寺にたてこもり、63年家康方との戦闘になった。家康家臣にも門徒として一揆に加わった者がおり、門徒には家康家臣として一揆と戦った者もいるなど、武士たちの帰趨は複雑だったが、翌年家康方の勝利に終わった。4カ寺は追放されたが、83年(天正11)豊臣秀吉との対決を前にした家康は、4カ寺とも復帰を許した。

みかわのくに [三河国] 東海道の国。現在の愛知県南東部。「延喜式」の等級は上国。「和名抄」では碧海・賀茂・額田・幡豆・宝飯・設楽・八名・渥美の8郡からなる。国府・国分寺・国分尼寺は宝飯郡(現、豊川市)におかれて、一宮は砥鹿神社(現、一宮町)。「和名抄」所載田数は6820町余。「延喜式」には調として藁・糸などのほかに、魚介類を定める。鎌倉時代には足利氏が守護をつとめ、守護所が矢作(現、岡崎市)におかれて一族が土着し、鎌倉倒幕や室町幕府確立の基盤となった。室町時代には幕府の要職を占めた一色氏や細川氏が任じられた。戦国時代は松平氏が台頭したが、駿河国の今川義元の勢力拡大にともないその支配下に入り、桶狭間の戦ののち徳川家康が国内を平定、支配を確立した。戦国期に木綿栽培が普及し、近世を通じて特産品となる。江戸時代は譜代大名が配置され、ほかに幕領・旗本領・寺社領があった。1871年(明治4)の廃藩置県の後、額田県に統合され、72年愛知県に併合された。

みかわものがたり [三河物語] 徳川氏創業の物語。武士道の書。3巻。大久保彦左衛門忠教著。自筆稿本には1622年(元和8)とあるが、最終的には25～26年(寛永2～3)に成立。徳川家康の先祖である松平氏8代の事績、家康の前半生、武田・豊臣らとの抗争などを叙述、巻尾に譜代大久保一族の主家への忠勤と忠義の述懐、子孫への教訓が記される。戦国末期の武士の生き方と戦国大名としての徳川氏の歴史が描写される。使用されている言葉遣いは国語史の資料となる。「日本思想大系」所収。

みききよし [三木清] 1897.1.5～1945.9.26 昭和初期の哲学者。兵庫県生れ。京大卒。1922年(大正11)渡欧し、リッケルト、ハイデッガーに学び、パリでパスカルを研究して25年に帰国。27年(昭和2)法政大学教授となり、同時に唯物史観を論じて論壇に登場した。30年日本共産党への資金提供容疑で検挙され退職。以後は38年昭和研究会会員となるなど体制寄りの行動とマルクス主義の間で微妙な動きをみせながら、

39年「構想力の論理第一」を発表した。45年に再検挙され,敗戦直後に獄死。著書『唯物史観と現代の意識』『歴史哲学』

みきたけおないかく [三木武夫内閣] 自民党の三木武夫を首班とする内閣(1974.12.9～76.12.24)。田中角栄の退陣後,椎名悦三郎副総裁の裁定で,党内少数派閥の代表三木が組閣。政治の粛正,社会的公正の実現などを目標に掲げたが,党内諸派閥への根回しを嫌った三木の政治手法は周囲の反発を招いた。ロッキード事件の解明が党内抗争を激化させ,たびたびの「三木おろし」にあって,内政面では確たる成果をうかがわなかった。むしろ1975年(昭和50) 8月の訪米,フォード会談,同年11月の第1回先進国首脳会議(サミット)など,外交に意欲をもった。防衛計画大綱や防衛費をGNPの1％枠内とする方針の決定も注目される。76年11月の総選挙で自民党が過半数を割り,総辞職。

みきもとこうきち [御木本幸吉] 1858.1.25～1954.9.21 明治～昭和期の実業家。志摩国生れ。うどんの製造・販売業を営んでいた音吉の長男。青物商・穀物小売業のかたわら水産物に興味をもち,志摩郡神明浦で真珠貝の培養を試みた。1893年(明治26)英虞湾多徳島に真珠の養殖場を設けて,1905年真円真珠を完成,08年特許をとった。その後養殖場を和歌山・長崎・石川・沖縄各県に拡大,御木本真珠(ミキモトパール)は万国博覧会などで世界的な評価をうけ,ロンドン,ニューヨーク,パリなどに直販店を設けて広く海外に輸出され,世界市場の6割を占めるに至った。第2次大戦中は養殖を禁じられたが,50年(昭和25)事業を再開した。

みぎょうしょ [御教書]「みきょうじょ」とも。三位以上の位をもつ者およびそれに準ずる者の意思を,側近が承って出す奉書形式の文書。中国唐代に親王の命令を伝える文書を「教」といったことに由来するという。月日だけが書かれ,年号は書かれないのが最初の形式。その下には奉者(主人の意思を承った形式上の差出人)が署名する。本文の最後に「てへれば」(「と言へれば」の約),仰せに依り執達件の如し」「てへれば,御消息(御気色)此くの如し」「の由,仰せ下され候」などの言葉が書かれる。摂関家の御教書はとくに殿下御教書という。

みくだりはん [三行半] ⇨離縁状

みくにみなと [三国湊] 福井県北西部に位置する九頭竜川の河口港。中世には興福寺領坪江・河口両荘から荘園貢租が積み出され,また戦国期には唐船も入津した。近世にいる福井藩の外港として発展した。江戸後期から明治前期にかけて北前船主がでて栄えたが,明治後期の北陸本線開通以後は衰退した。1871年(明治4)に滝谷とともに坂井港と称し,89年三国町となる。

みくりや [御厨] 伊勢神宮や上賀茂・下鴨神社が神領として領有する中世荘園。本来は天皇家や摂関家・伊勢神宮などへの供御としての魚介類を貢納する建物や場所を意味した。古代には供御の魚介類の貢納は,贄戸に編成したが,平安時代には贄人およびその居住地が貢納の対象となった。さらに11世紀以降には,贄人は供御人として活動上の特権を保障され,贄の貢納はその代償的なものとなった。この過程で,贄人の生業場所である河海や居住地域周辺の耕地が囲いこまれ,領域型荘園としての御厨が成立した。伊勢神宮領の御厨は全国数百か所に分布した。

みこひだりけ [御子左家] 藤原氏。藤原道長の第6子長家の後裔。御子左の称は,長家が醍醐天皇の皇子兼明親王の御子左第を伝領したことによる。平安末～鎌倉前期に有名な歌人の俊成とその子定家が現れ,歌の家として確立。以後,この流れはながく歌壇に君臨した。定家の子為家は蹴鞠にもすぐれ,その流れは御子左流といわれた。鎌倉後期に為家の3人の子が家領をめぐって争い,嫡流の二条,庶流の京極・冷泉の3家にわかれた。二条・京極両家は南北朝期までに断絶し,現在冷泉家のみ残る。→巻末系図

みしはせ [粛慎] ⇨粛慎

みしまみちつね [三島通庸] 1835.6.1～88.10.23 明治前期の官僚・政治家。子爵。鹿児島藩士出身。尊王攘夷運動に活躍し,戊辰戦争に従軍。明治政府に入り,酒田・鶴岡・山形・福島・栃木の各県令を歴任。在任中,各地で道路の開発や庁舎・学校・病院・勧業試験場の建設などの産業振興・県計画を推進した。反面,強引なやり方で住民と対立。とくに福島県令時代の1882年(明治15)道路建設の夫役が強い反対にあい,自由党員を中心とする県会と衝突し,福島事件のきっかけとなった。ついで内務省土木局長をへて警視総監兼臨時建築局副総裁となる。87年12月保安条例による民権派の東京外退去の実施にあたった。

みしまゆきお [三島由紀夫] 1925.1.14～70.11.25 昭和期の小説家・劇作家。本名平岡公威。東京都出身。東大卒。学習院時代,16歳で「文芸文化」に「花ざかりの森」を発表する早熟さをみせる。1949年(昭和24)「仮面の告白」で新進作家としての地位を確立。「禁色」「潮騒」「金閣寺」「憂国」「サド侯爵夫人」「豊饒の海」など絢爛たる文体による緻密な構成の作品を多く発表した。68年楯の会を結成し,70年その会員4人とともに自衛隊市ケ谷駐

屯地に赴きクーデタ決起を促したが、失敗して割腹自殺。

みしん [未進] 未済（みさい）とも。領主への貢納物を期限までに納入しないこと。古代では租庸調などの未納をいった。中世、荘園公領における年貢・公事などの未進に対しては、未進分を記載した未進徴符がだされてきびしくとがめられた。未進がいく重なると名や耕地から追われた。近世でも、未進に対する領主の処分はきびしく、完済のために家屋などを売却させられたり、手鎖や入牢などの刑罰も科された。

みずかがみ [水鏡] 神武天皇から仁明天皇までの歴史を綴った歴史物語。四鏡の一つ。作者には、中山忠親・源雅頼をあてる説がある。鎌倉初期の成立か。『大鏡』にならった体裁をとり、厄年に大和の竜蓋寺に参り、長谷寺に参籠する老尼が、出会った若い修行者から葛城山中の仙人が語ったことを聞いたとしている。内容はほとんど『扶桑略記』からの抜粋で、信頼できない記事や誤りが多く、四鏡のなかでも水準は低い。伝本には、高田専修寺本系（流布本）と尊経閣本（異本）の2系列がある。古写本は多く、鎌倉時代の写本には専修寺本（鎌倉中期、重文）・真福寺本（巻下のみ、異本）がある。『新訂増補国史大系』『岩波文庫』所収。

みずき [水城] 白村江（はくすきのえ）の敗戦で国際情勢が緊迫するなか、664年（天智3）に築かれた大宰府防衛のための施設。福岡平野から筑紫平野につながる平野のくびれた部（四王寺山の西麓から牛頸丘陵の東端）に位置しており、全長1.2km、基底部幅80m、高さ13mの土塁を版築にして築造し、東・西の2カ所に門を設けた。大堤の北側（博多湾側）に幅60m、深さ4mの堀が掘られ、堀の水は御笠川の水流などから大型の木樋などを用いて導水したらしく、いずれも高度な土木技術が用いられている。国特別史跡。また筑前・筑後両国には現在の久留米市の上津土塁をはじめとして数カ所の堀を伴った土塁などが確認され、これらは小水城とよばれる。

みずちょう [水帳] ⇒検地帳（けんちちょう）

みずのただあきら [水野忠成] 1762.12.1～1834.2.28　江戸後期の老中。駿河国沼津藩主。父は旗本岡野知暁。旗本水野氏の養子をへて沼津藩主水野忠友の婿養子となる。出羽守。小姓時代から11代将軍徳川家斉（いえなり）の信任を得、寺社奉行・若年寄をへて、1812年（文化9）西丸側用人となる。17年本丸老中、18年（文政元）勝手掛となり財政を主管し、34年（天保5）没するまで幕政を主導。8度に及ぶ貨幣改鋳、治安対策の文政改革、異国船打払令、婚姻を利用した大名融和策などの施策を行った。賄賂政治との悪評もあった。

みずのただくに [水野忠邦] 1794.6.23～1851.

2.10　江戸後期の老中。肥前国唐津・遠江国浜松藩主。越前守。父は唐津藩主水野忠光。1812年（文化9）家督相続。倹約令を発し、二本松義廉を登用して財政改革を企画。奏者番・寺社奉行兼帯。浜松へ転封後、殖産興業・軍制改革を骨子とした藩政改革を断行。大坂城代・京都所司代をへて、28年（文政11）西丸老中、34年（天保5）本丸老中。のち1万石加増。39年老中首座。大御所家斉没後、41年から天保の改革を主導。鳥居耀蔵を町奉行に登用し強圧的な政治を行ったため反発をうけ、43年上知令撤回後、失脚時に江戸屋敷に投石する者が押し寄せた。44年（弘化元）老中再任。翌年辞職。鳥居らの不正が発覚し2万石減封、隠居・蟄居となる。

みずのみ [水呑] 土地を所持しない無高の百姓。高の有無によって百姓の階層を区分した17世紀後半以降一般化した呼称で、高持百姓に対する語。他人の田畑を小作したり、農間稼によって生計をたてた。高掛りの年貢・諸役や村役を負担しないため、村の正式な構成員とは認められなかった。転じて貧しい農民という意味にも用いられ、かつ貧しい百姓ともいった。

みずのれんたろう [水野錬太郎] 1868.1.10～1949.11.25　明治～昭和前期の官僚・政治家。秋田県出身。東大卒。内務省参事官・内相秘書官・神社局長・地方局長・内務次官などを歴任。1918年（大正7）寺内内閣の内相、翌年斎藤実（まこと）朝鮮総督のもとで政務総監を務め文化政策を推進。22～24年加藤友三郎・清浦両内閣の内相。26年（昭和元）立憲政友会に入り、27年田中義一内閣の文相となったが、翌年久原房之助の入閣に反対して辞任。貴族院における政友会議員の中心であった。

みずら [美豆良] 美都良・角髪・角子・鬟・髻とも。古代の男性の髪の結い方。髪を頭の中央から左右にわけ、両耳のあたりで輪状に束ねこんだもの。6～7世紀頃までは成年男子の髪形であったが、しだいに成人はこの髪形を結わなくなり、平安時代以降は主として少年の髪形となった。人物埴輪や絵画などにもみえるが、近年、茨城県新治村の武者塚1号墳から美豆良に結った髪の実物が出土した。

みせだな [見世棚] 戸外の立売（たちうり）に対して、屋内に座って商品を販売する設備。室町時代には、往来の人に見せて売るために軒端に棚を設け、その上に種々の商品を並べたので見世棚といい、のちに棚に店の字をあてた。『北条五代記』天正18年（1590）の項には「見世棚をかまへ唐土高麗の珍物京堺の絹布を売るもあり」とある。

みせまるやまこふん [見瀬丸山古墳] 奈良県橿原市の南東部にあり、後期古墳では全国で最大規模の前方後円墳。墳長約315m、後円部径

約160m，前方部の復原幅230m。丘陵斜面に営まれ，前方部は北西をむき，4段築成の墳丘で周濠をもつ。後円部に南に開口する石室があったが，陵墓参考地として閉ざされてきた。1991年（平成3）に内部が明らかとなり，花崗岩を用いた横穴式石室としても最大で，全長28.4mに達することが判明。このうち玄室は長さ8.3m，幅3.5～4.1m，高さ3.6～4m。羨道は長さ20.1m，幅1.4～2.3m，高さ1.4～2.5m。玄室内に2個の家形石棺があり，一つは奥壁にそい，他は東壁にそっておかれ，蓋から下は堆積土に埋まる。石棺の型式は奥壁側が新しくて7世紀初頭，手前側は6世紀末とみられる。所在地から『日本書紀』に記される欽明天皇（571没）と，妃の堅塩媛^{きたしひめ}の陵墓にあたる可能性が高い。国史跡。

みせもの [見世物] 料金をとって，芸能や珍奇な細工物などをみせる興行。軽業^{かるわざ}や手品・曲芸などの芸能をみせるもの，畸人^{きじん}や珍獣などをみせるもの，からくりや飴細工などの細工物をみせるものなどに大別できる。絵解きや説経など，仏説の布教の一環として寺社の境内などで行われたことが始まりと考えられるがしだいに娯楽的な性格を強めた。江戸時代には，江戸では両国や浅草，大坂では道頓堀などで盛んに催された。芸能のなかでも，卑俗なものとして軽視されてきたが，歌舞伎の外連^{けれん}などにも，軽業の影響がみられると指摘されている。また寄席芸の色物である皿回しや紙切りなどにも影響を与えている。

みそ [味噌] 大豆を原料とする発酵食品で，江戸時代になって醤油が普及する以前には，調味料のなかで最も重要であった。元来は醬^{ひしお}の一種で，室町時代以降にそのうちの固形分が味噌に，液汁分が醤油へと分化していった。かつては自家製造が盛んで，味噌玉として保存し長期間保存し，飢饉に対する備えとしても重要だった。その家独特の味わいがあったところから，自慢をすることを「手前味噌」という。また火事のときには蔵の目張りに味噌を使うことも行われた。焼いたときの香ばしい香りも好まれ，焼き味噌だけで副食とすることもある。

みそぎ [禊] 禊祓^{みそぎはらえ}とも。明浄を尊ぶ神道にあって，心身の罪や穢^{けがれ}をはらう方法で，清浄な海川におりて水で身をすすぎ清める行事。一般に祈って罪穢や災厄を取りのぞく神事を祓といい，禊はそのなかで最も主要な方法。記紀神話には，イザナキが黄泉国^{よみのくに}でふれた穢を洗い清めるために行ったのが始まりと語られる。古来，場所の選定や採物などの種類などについての作法があった。一方，祓は直接水には入らないものの，古代の七瀬^{ななせ}の祓の際に各地の川がその場所として選ばれ，形代^{かたしろ}に天皇の穢を移したあとに流す作法が行われたように，水はきわめて重視される。（水）垢離^{こり}というのも禊の簡略化された方法である。

みそぎきょう [禊教] 井上正鉄^{まさかね}を開祖とする新興宗教。神道十三派の一つ。井上は白川家に入門し，神道の布教を行ったが，1843年（天保14）新義真流として三宅島に配流され，弟子が布教を行った。そのため布教内容は統一されず，72年（明治5）吐菩加美^{とほかみ}講が結成されたが，翌年2派に分裂。1派は神道大成教と結び，1派は94年に坂田安治を初代管長として一派独立をはたしたものの，その後神道禊教や禊教真派に再びわかれた。

みぞぐちけんじ [溝口健二] 1898.5.16～1956.8.24 大正・昭和期の映画監督。東京都出身。はじめ絵画を学んだが1920年（大正9）日活に入社，22年「愛に甦へる日」で監督となる。第2次大戦前には「浪華悲歌^{なにわエレジー}」「祇園の姉妹」など，きびしい現実を生きる女性像をリアルに描いた名作がある。戦後は「西鶴一代女」「雨月物語」など，日本映画史に残る秀作をつくった。後者はベネチア国際映画祭で，銀獅子賞を受賞。国際的な評価を受ける映画監督の1人。

みたいくしゅじょう [三田育種場] 優良種苗の試作・配布を行った官営農場。1877年（明治10）開設。前身は74年に東京三田の旧島津邸に設けられた内務省の内藤新宿勧業寮出張所付属試験地。当初外国産の種子・苗木・農具の普及をめざしたが，農談会や種苗交換会も行われ，実業生をうけいれた。79年から既設の勧農局神戸暖地植物苗木仕立所を管轄。同年内藤新宿試験場の廃止で事業を引き継ぎ，場内に農具製作所を設置，西洋農具の製造販売および貸与を行った。80年には播州葡萄園を管轄。財政緊縮の影響から84年に経営を全面的に大日本会会に委託。さらに86年に地所を木村荘平に払い下げた。

みたかじけん [三鷹事件] 下山事件の10日後におきた無人電車暴走事件。1949年（昭和24）7月15日夜，中央線三鷹駅構内から7両編成の無人電車が暴走して民家に突入，死者6人をだす惨事が発生した。検察は国鉄労働組合が人員整理反対闘争の局面打開を狙った事件と断定し，非共産党員竹内景助と党員9人を起訴。裁判では竹内の単独犯行か共産党細胞の共同謀議かが一大争点となった。竹内供述の度重なる変転もあり公判は紛糾したが，一審では共同謀議を空中楼閣とし，竹内を無期懲役（二審で死刑判決），他を無罪と判決。55年最高裁は口頭弁論なしで検察・竹内両者の上告を棄却し，竹内死刑，他を無罪と確定した。無実を訴え始めていた竹内は再審請求中の67年に獄中死。

みだれがみ [みだれ髪] 与謝野晶子の短歌集。1901年(明治34)8月東京新詩社刊。399首。大半が「明星」掲載のもの。装丁・挿絵藤島武二。与謝野鉄幹との情熱的な恋愛の経緯をふまえた浪漫的な短歌を収める。恋愛を通じた個我の解放と官能的な「生」の賛歌が大胆な措辞によってうたわれ、国家主義的な閉塞状況へ向かう時代のなかで、青年たちに熱烈に迎えられた。石川啄木・萩原朔太郎らの習作に影響がみられる。

みちのおくのくに [道奥国] 陸奥国の旧称。国名は東山道の奥の意。史料上の初見は659年(斉明5)であるが、それより少し前の孝徳朝に建国されたと考えられ、建国時の領域は名取・宮城郡(現,宮城県)以南で、7世紀後半には置賜・最上郡地方(現,山形県)と大崎平野南部(志太)を加えたと推定される。当時は石城・菊多郡(現,福島県)は常陸国に属した。仙台市の郡山遺跡は建国時の国衙の可能性がある。676年(天武5)までに陸奥国と改称された。

みちのく [陸奥] ⇨陸奥国

みちのし [道師] 古代のカバネ。684年(天武13)に制定された八色の姓の第5等としておかれたもの。実際に賜姓が行われたのは第4等の忌寸までであって(第7等の連も含めてよいか)、道師姓を賜った例はない。薬師・画師など諸技芸にかかわった氏族に与えようとしたという説や、造姓の職業部民を率いる氏族に与えようとしたという説がある。

みついぎんこう [三井銀行] 1876年(明治9)三井組御用所を改組して設立された日本最初の私立銀行。はじめは従業員も出資したが、93年三井家全額出資の合名会社に、1909年株式会社に改組し、19年(大正8)株式を公開した。第2次大戦時の合同政策で43年(昭和18)第一銀行と合併して帝国銀行となる。48年第一銀行を分離、54年三井銀行の行名が復活した。90年(平成2)太陽神戸銀行と合併して太陽神戸三井銀行となり、92年さくら銀行と改称、2001年には住友銀行と合併して三井住友銀行となる。

みついけ [三井家] 江戸時代以来の豪商。三井高利を創業者とし、江戸時代は越後屋呉服店と両替店を営業の二つの柱とした。高利の祖父高安は武士だったが、その長男高俊が伊勢国松坂で質や酒・味噌の商売を始めた。高利は高俊の四男。長兄俊次の江戸呉服店で仕事を覚え、1673年(延宝元)に江戸本町1丁目に越後屋呉服店を開店した。長男高平・次男高富・三男高治らが共同で店をとりしきり、高利没後は各店を兄弟が共同で所有、惣領家は高平以後、代々八郎右衛門を通称とした。1710年(宝永7)に大元方を設立、店と同族の関係を断ち切り、同族の生活費を賄料として配分している。22年(享保7)の「宗竺遺書」で、高利の子供の男系6家と女系3家の9家を確定した。維新後は金融業を営業の中心とし、のちに大財閥を形成。→巻末系図

みついごうめいかいしゃ [三井合名会社] 三井財閥の本社。1909年(明治42)三井同族の共有財産を保有する法人として設立され、三井銀行・三井物産の全株式と王子製紙・芝浦製作所など傍系会社の株式や不動産を保有し、傘下会社を統轄した。出資者は三井11家に限定された。11年現業部門として残っていた鉱山部門を三井鉱山として独立させた。その後直系会社として三井信託・三井生命を設立したが、多角的拡大の投資は三井物産・三井鉱山が担った。日中戦争勃発後、傘下会社の資本金払込みの増加や相続税など諸納税に対応するため、40年(昭和15)三井物産に合併され、42年株式を公開した。44年商事部門を三井物産として再び独立させ、株式会社三井本社と改称した。46年9月財閥解体により解散。

みついざいばつ [三井財閥] 三井家が支配した財閥。近世最大級の両替商・呉服商であった三井家は、幕末・維新期の激動をのりこえて、1876年(明治9)三井銀行・三井物産を設立。また三池炭鉱を官業払下げで入手し事業の基礎を確立した。1909年三井銀行・三井物産を、11年には三井鉱山をそれぞれ株式会社に改組、本社機能は持株会社三井合名を設立して、コンツェルン形態を整えた。この組織形態は他の財閥にも大きな影響を与える。その後子会社として三井信託・三井生命を、孫会社として東洋レーヨン・小野田セメント・東洋高圧工業などを設立したが、製造部門の拡大は三井物産・三井鉱山の子会社が中心となった。三井の本組織は改組をへて44年(昭和19)三井本社となったが、財閥解体により46年解散した。

みついたかとし [三井高利] 1622～94.5.6 江戸前期の豪商。三井家経営の創始者。父は高俊、母は殊法。通称は八郎兵衛。法名は宗寿。伊勢国松坂生れ。江戸の長兄三郎左衛門俊次の店で働き、10余年後に松坂に戻って大名貸しや郷貸しを行った。10男5女をもうけ、長男高平・次男高富・三男高治らを俊次の店で働かせた。1673年(延宝元)俊次が没すると、高平・高富らに江戸で越後屋呉服店を開かせ、京都にも仕入店を開いた。江戸の呉服店を開くにあたり現銀掛値なしという新しい経営方針を示し、越後屋は江戸有数の呉服店になった。

みついはちろうえもん [三井八郎右衛門] ⇨三井家

みついぶっさん [三井物産] 三井財閥の中核事業の一つで、日本最初の総合商社。先収

会社と三井国産方を前身とし，1876年(明治9)無限責本の私盟会社として創設された。社長益田孝。92年三井家の直系事業となり，翌年合名会社に改組。当初の御用商売を脱して民間貿易を中心とするようになり，とくに日清戦争から日露戦争にかけて石炭・綿花・綿製品・生糸をはじめ多様な商品を取り扱い，多角的事業活動，海外支店網の形成を進め，総合商社として発展した。1909年株式会社に改組。その後も事業を拡大し，さまざまの分野に投資を行い多くの子会社を所有。第2次大戦後，GHQに解散を命じられたが，1959年(昭和34)再建され，合併方式による海外の資源開発や現地生産を積極化した。

- **みついみいけそうぎ [三井三池争議]** 1959年(昭和34)夏から翌60年秋にかけて福岡県三井三池炭鉱でおきた労働争議。三井三池労組は当時最強の労働組合といわれており，またエネルギー革命下の企業再建問題とあいまって，同争議は「総資本対総労働の対決」といわれた。59年8月，三井鉱山は人員整理を中心とする合理化案を提示，年末に職場活動家らの指名解雇を発表した。翌60年，会社はロック・アウトを実施，労組側は無期限全面ストで対抗し，第二組合も結成されるなどのなかで争議は長期化した。3月に組合員1人が刺殺されたことや，ありからの60年安保闘争の高まりのなかで，総評と炭労が争議指導の前面にたち，全国的な支援体制を作ったが，労働側が9月に解雇を容認する中労委斡旋を受諾して終結した。

- **みっかびじん [三ケ日人]** 静岡県三ケ日町の石灰岩採石場で，1959年(昭和34)に鈴木尚らによって発掘された更新世後期の新人化石。脳頭骨の破片5点と，右の腸骨と大腿骨各1点がナウマン象・トラ・オオカミなどの化石とともに出土。脳頭骨の側頭線の発達の状態や大腿骨骨幹の横断面の形は縄文時代人と共通する特徴を示すが，身長は成人男性でも150cm程度であったと推定されている。

- **みっきょう [密教]** 大乗仏教のなかの秘密の教えをいい，顕教に対する語。インドにおこり，7世紀後半にヒンズー教の影響のもとに「大日経」と「金剛頂経」が成立，理論と実践の体系が確立した。8世紀に中央アジアをへて中国に伝えられた。9世紀初めに空海が中国から日本にもたらし，真言宗を開宗(東密という)。天台宗を開いた最澄も密教を伝えた(台密という)。手に印相を結び，口に真言を唱え，心に仏を観じるという三密の行により宇宙の真相を知り，仏との一体化をはかり即身成仏をはたすと説く。

- **みっきょうびじゅつ [密教美術]** 密教経典あるいは密教的教説にもとづいて制作された絵画・彫刻・工芸などの美術をさす。代表的なものとしては両界曼荼羅をはじめとする曼荼羅，変化観音などの多面多臂像，不動明王などの明王像などがある。また修法効果を高めるために相承と修法儀式を重視することから，曼荼羅や尊像の表現上の諸約束が厳密に定められ，図像の制作・転写が行われた。奈良時代にすでに不空羂索観音など密教像は造られたが，空海が唐から本格的な密教(純粋密教すなわち純密とよび，空海以前の密教を雑部密教・雑密という)を請来してから，平安時代に密教美術は隆盛をみた。

- **みつくりげんぱち [箕作元八]** 1862.5.29〜1919.8.9 明治・大正期の西洋史家。江戸鍛冶橋の津山藩邸に生まれる。東大卒。1886年(明治19)動物学研究のためドイツに留学したが，強度の近視のため歴史学に転じた。92年帰国し，高等師範・一高の教授となる。独仏両国への再度の留学ののち1902年東京帝国大学教授となる。フランス革命史を中心に実証的研究を進め，揺籃期の日本西洋史学の進展に寄与した。著書「フランス大革命史」全2巻，「ナポレオン時代史」「西洋史講話」。

- **みつくりげんぽ [箕作阮甫]** 1799.9.7〜1863.6.17 江戸後期の蘭学者。名は虔儒，字は痒西，通称が阮甫，号は柴川・逢谷など。美作国津山藩医の家に生まれる。吉益東洞に文献に漢方を，宇田川玄真に蘭方を学ぶ。江戸で開業したが火災に遭い，以後翻訳に専念。1839年(天保10)幕府天文方蛮書和解御用に出仕の局に召還され，外交文書の翻訳にあたる。56年(安政3)蕃書調所教授に任命され，同所の基礎を固めた。「八紘通誌」「泰西名医彙講」など訳書多数。

- **みつくりりんしょう [箕作麟祥]** 1846.7.29〜97.11.29 明治期の洋学者・法学者・法学博士。地理学者箕作省吾の子。江戸生れ。家で蘭学・英学を学び，開成所などに出仕。のちフランス学も修める。明治維新後新政府に出仕し，1869年(明治2)翻訳御用掛，大学中博士。77年司法大書記官，翻訳課・民法編纂課課長，民法編纂委員，84年から商法などの編纂委員を務め，法典整備に貢献。明六社で啓蒙活動にも尽力。88年司法次官。90年和仏法律学校校長。

- **みつこし [三越]** 三井の越後屋呉服店を前身とする大資本の百貨店。幕末期以来不振だったので，明治期以後家政整理の必要からたびたび所有関係を変更，1904年(明治37)三井の直系事業から分離・独立し，デパートメント・ストアを標榜して資本金50万円の株式会社三越呉服店が設立された。創設の中心人物は専務取締役についていた日比翁助。三越の百貨店化は都市での有力呉服店の百貨店化の先駆となった。28年

(昭和3)店名から呉服店をとり，株式会社三越となった。

ミッション・スクール キリスト教団，とくに伝道教会(mission)が布教のため設立した学校。一般的には教会やその信者が信仰にもとづいて教育を行う学校をいう。幕末期，アメリカ人を中心とするプロテスタント宣教師によって布教のための私塾として設けられたのが始まり。明治10年代の欧化思潮の隆盛によって著しく増加し，女子教育や英語教育などに先駆的な役割をはたした。明治20年代以降，「教育と宗教の衝突」論争や1899年(明治32)の文部省訓令による教育と宗教の分離などによる干渉，第2次大戦中の苦難をへて戦後にいたる。

みつだえ[密陀絵] 古代の油絵の一種。顔料の媒剤として膠にゃや漆ではなく，油の乾燥性を高めるために密陀僧(一酸化鉛)を加えて加熱した植物油を用いる。膠を用いた絵画の上全体に油を塗って光沢を出した絵も密陀絵とよぶ。玉虫厨子は前者にあたるが，正倉院宝物中には両様ある。また漆絵と併用することもある。江戸末期につけられた呼称という。

みてらいちいせき[三ツ寺Ⅰ遺跡] 群馬県群馬町にある古墳時代の豪族居館跡。居館は全掘されていないが，約86m四方の方形で，所々に方形の張出し部があり，北隅には出入口を設ける。周囲には幅30～40mの濠をめぐらし，内側の斜面は石垣をなす。居館内は周縁を二～三重の柵列で囲い，内側も柵で南北に二分される。北側には鍛冶工房を含む竪穴住居跡群があり，南側には正殿と考えられる大型掘立柱建物跡，井戸，石敷の祭祀遺構が配される。木樋ひを架けた水道橋の導水施設があり，祭祀遺構に通じている。子持勾玉まがたまをはじめ200点をこえる石製模造品や，木製剣・刀などの儀器が出土。5世紀後半～6世紀初め頃の所産で，北西にある保渡田ほど古墳群はこの居館に住んだ豪族の墓という。豪族居館の実態をはじめて明らかにした。

ミッドウェーかいせん[ミッドウェー海戦] 太平洋戦争中，日本のミッドウェー攻略作戦にともないおこった海空戦。山本五十六いそろく連合艦隊司令長官が1942年(昭和17)6月ミッドウェーを攻略し，反撃のため出現が予期されるアメリカ空母群を撃滅しようとして，ほぼ全力をあげて出撃。暗号解読により日本の企図を知ったハワイのニミッツ大将は，空母3隻を急遽出撃させてミッドウェーの北東海面で待ち伏せした。日本の空母4隻は5日朝，第1次攻撃隊で同島を空爆し，第2次攻撃隊も同島に向けようとしたときはじめて敵空母を発見，これを攻撃しようと兵装転換中，急降下爆撃の奇襲をうけ，3隻が被弾炎上し，残る1隻も敵空母を攻撃後，同日中に被弾炎上して全滅。米海軍はこれで攻守をかえた。

みつのくら[三蔵] ⇨三蔵さんぞう

みつびしかいしゃ[三菱会社] 岩崎弥太郎がおこした明治前期の代表的な政商資本。中心部門の海運業では1874年(明治7)以後手厚い政府保護をうけ，パシフィック・メイル汽船，P&O汽船などの欧米海運会社との競争の末，日本沿岸航路から駆逐した。明治10年代に航路網を全国に拡大し，これを背景に，金融・倉庫・鉱業などに事業を拡大した。明治14年の政変後，共同運輸と海運競争を展開したが，85年に設立された日本郵船に海運業を譲って陸上部門に重点を移し，93年に鉱山・造船・銀行を主軸とする三菱合資会社となった。

みつびしぎんこう[三菱銀行] 三菱財閥の銀行。起源は1880年(明治13)に郵便汽船三菱会社が設立した三菱為換かわせ店である。93年に開業した三菱合資会社は，為換店および傘下の第百十九国立銀行の業務を引き継いで95年10月に三菱合資会社銀行部を開業。1919年(大正8)8月に三菱銀行が創立され，銀行部の業務を継承。以後三菱財閥の重工業化にともない大規模な産業金融を展開した。数次の合併をへて43年(昭和18)には第百銀行を合併，預金の大幅な増強に成功した。48年に千代田銀行と改称したが53年再び三菱銀行に復し，三菱系企業の戦後復興・結束強化の中心となる。96年(平成8)4月東京銀行と合併して東京三菱銀行となる。

みつびしごうしかいしゃ[三菱合資会社] 三菱財閥の本社。1893年(明治26)三菱会社が改組されて設立，鉱山・炭鉱・造船業などを営み，95年銀行業を加えた。出資者は岩崎弥之助・同久弥の2人。1908年独立採算制の事業部制を実施。17年(大正6)から直営事業を株式会社として独立させて持株会社となり，コンツェルン体制を構築した。37年(昭和12)傘下会社の資本金払込みに対応するため株式会社三菱社に改組され，40年株式を公開。43年三菱本社と改称。46年財閥解体により解散。

みつびしざいばつ[三菱財閥] 岩崎弥太郎を創始者とする財閥。海運業で蓄積した三菱は，炭鉱・産銅業へと多角化したが，1885年(明治18)弥太郎の死後，海運業を日本郵船として独立させ，直営部門から切り離した。2代目の弥之助は長崎造船所や丸の内陸軍用地の払下げをうけ，炭鉱・産銅業の拡充，銀行業への進出，三菱合資会社の設立などにより事業の基礎を築いた。第1次大戦中に三菱合資の直営事業が株式会社として独立し，コンツェルン体制を築き，大戦後には三菱電機・三菱信託・三菱石油などを設立して多角化を進めた。1937年(昭和12)三菱合資を株式会社三菱社に改組，40年株式を公

開して資金力を強化した。同社は43年三菱本社と改称したが、財閥解体により46年解散した。

みつびしじゅうこうぎょう [三菱重工業] 日本最大の総合重機械企業。1934年(昭和9)三菱造船が三菱重工業に社名を変更、同年三菱航空機を合併。太平洋戦争期には戦艦武蔵や戦闘機零戦 ぜんなどを生産して軍需生産の中核的存在となり、45年三菱工作機械を合併。戦後は過度経済力集中排除法の指定をうけ地域別に三分割され、50年に東日本重工業(52年三菱日本重工業に社名変更)・中日本重工業(同年新三菱重工業)・西日本重工業(同年三菱造船)の3社が設立されたが、64年3社の合併によって三菱重工業が再発足。70年に三菱自動車工業を分離、現在は防衛関連分野にも進出している。

みどうかんぱくき [御堂関白記] 『御堂御記』とも。藤原道長の日記。御堂殿とよばれた道長は関白に任官したことはないが、江戸時代以来この名称が流布した。998~1021年(長徳4~治安元)の記事が伝わる。道長の死後、摂関家の宝物として厳重に保管され、中世以降は近衛家に伝来。具注暦 ぐちゅうれきに記した14巻(半年1巻)の自筆原本と古写本12巻(1年1巻)が陽明文庫に現存。当時の政界の頂点にいた人物の日記が、多量に自筆原本で残されていることは、史料的にきわめて貴重であるが、書き方は自由奔放で誤字も多く難解である。『大日本古記録』所収。『御堂関白記全註釈』(未完)もある。

みとがく [水戸学] 天保学・水府の学とも。江戸時代、水戸藩で形成された学問流派の一つ。藩が独自の学問流派を形成した例は他にない。2代藩主徳川光圀 みつくにによる『大日本史』の編纂過程においてうまれ、3期にわかれる。第1期は1657年(明暦3)史局を江戸駒込に開設してから紀伝の一応の完成をみるまでで、中心は光圀と安積澹泊 たんぱく。第2期は1786年(天明6)立原翠軒 すいけんが彰考館総裁となり、紀伝の補訂が行われるなか藤田幽谷 ゆうこくや会沢正志斎 せいしさいらが対内外の政治社会状況の変化に応じ、藩政改革の指導理念や尊王攘夷思想を形象化する時期。第3期は9代藩主斉昭 なりあきのもとで、第2期に形象化された思想が藩政・幕政の改革理論として実践されていく時期で、中心は斉昭と藤田東湖 とうこ。狭義にはこの第3期のみを意味することもある。このように水戸学は、時期と担い手によって思想の性格を異にするが、その尊王論や国体論は幕末期の政治思想や近代日本の天皇制イデオロギーの思想的源流として大きな影響を与えた。

みとはん [水戸藩] 常陸国水戸(現、水戸市)を城地とする大藩。御三家の一つ。近世初頭は佐竹氏の所領。1602年(慶長7)の同氏転封後、徳川家康の五男信吉、十男頼将(頼宣)が相次いで入封したのち、09年十一男頼房が25万石で入封。以後11代にわたる。22年(元和8)3万石加増。1701年(元禄14)新田分を加えて35万石となる。藩領は常陸国7郡内と下野国那須郡内。名古屋藩・和歌山藩とともに幕政の諮問に応じた。定府制で、御手伝普請も免除された。2代藩主光圀 みつくには『大日本史』の編纂など文化政策に力を注ぎ、学問の振興に大きな役割をはたした。3代綱条 つなえだのとき財政難に対処するため、牢人松波勘十郎を登用して宝永の新法を実施したが、全藩一揆が発生して挫折。9代斉昭は、会沢正志斎 せいし・藤田東湖らを中心に藩内の天保改革を推進。海岸防備の充実・氏子制の導入・農村復興などの諸政策を実施した。幕末期には将軍継嗣問題や条約勅許問題に深く関与し、天狗党と諸生党の対立など深刻な藩内抗争が発生、桜田門外の変、天狗党の乱などをひきおこした。詰席は大廊下。藩校弘道館。支藩は額田 ぬかだ藩(守山藩・松川藩)・府中藩・宍戸 ししど藩。廃藩後は水戸県となる。

みなかたくまぐす [南方熊楠] 1867.4.15~1941.12.29 明治~昭和前期の植物学者・民俗学者。紀伊国生れ。生物学を研究しながら中南米各地を放浪。1892年(明治25)に天文学論文が認められて、大英博物館東洋調査部に勤務。十数カ国語に通じ、イギリスの専門雑誌に多数の論文を寄稿。1900年に帰国、和歌山県田辺町に定住し、菌類や民俗学の研究を続けた。粘菌の研究は世界的に評価された。06年の神社合祀令に反発して反対運動を続けた。『南方熊楠全集』全10巻・別巻2。

みなせさんぎん [水無瀬三吟] 宗祇 そうぎ・肖柏 しょうはく・宗長 そうちょうによる百韻連歌。1488年(長享2)1月22日の成立。発句は宗祇の「雪ながら山もとかすむ夕かな」で、『新古今集』所収の後鳥羽上皇の「見渡せば山もと霞む水無瀬川べは秋とになにおもひけむ」が本歌。後鳥羽上皇の水無瀬の廟に奉納されたのでこの名がある。脇句は肖柏で「行く水とほく梅にほふ里」、第3は宗長で「川かぜに一むら柳春みえて」。「湯山 ゆやま三吟」とともに、幽玄体を具現した宗祇直門の代表的作品として尊ばれた。日本古典会による柿衞文庫本の複製がある。『日本古典文学大系』所収。

みなとがわじん [港川人] 沖縄本島の具志頭村 ぐしかみそんにある港川石灰岩採石場で、1968年(昭和43)に大山盛保が発見した約1万8000年前の新人の化石。4個体分以上の骨格が出土し、鈴木尚 ひさしらによる詳細な研究結果が82年に出版された。Ⅰ号・Ⅱ号・Ⅳ号に頭骨があり、とくにⅠ号男性の頭骨は顔面までよく保存されている。鈴木らの研究によれば、身長は比較的低く(男性153cm、女性143cm)、眉間 みけんが大きくふ

くらみ、顔は低くて幅広い形をしており、日本列島の縄文時代人に類似するとともに、中国南部の化石新人である柳江人にも比較的近い形態を示すという。日本列島の代表的な化石人類である。

みなとがわのたたかい [湊川の戦] 1336年(建武3・延元元)5月25日、足利尊氏軍が新田義貞・楠木正成軍を撃破した戦闘。同年1月に畿内を追われ九州に逃れた尊氏は、4月には西国の大軍を集め、海路と陸路から東上。これを摂津国兵庫(現、神戸市)に迎え撃つため、義貞軍は和田岬に布陣。後醍醐天皇は正成に救援を命じ、正成軍は湊川に布陣した。足利別働軍の生田上陸で、退路の遮断を恐れた新田軍が東方に移動したため、孤立した楠木軍は足利軍主力に包囲され、正成・正季兄弟は一族と自害。義貞は京都に敗走し、後醍醐天皇を奉じて比叡山に逃れた。尊氏は光厳上皇を奉じて入京し、新帝光明天皇を擁立。室町幕府開設の画期となった。

みなとまち [港町] 主として港湾機能によって存立する都市。古代には各国におかれた国津や、大輪田泊などの津・泊があげられる。中世には地方荘園から中央への年貢・貢納物輸送のために港湾が設定され、尾道・敦賀・草戸・兵庫などの中世港町が発達した。また東アジア世界との関係で博多が、北方世界との結びつきにより津軽半島の十三湊が発展した。戦国期の堺・長崎・酒田では町衆による自治が展開した。近世になると、三都に結びつく各藩の城下町の外港都市として長国藩の新潟、弘前藩の青森など全国的に形成された。近代に幕末の開港場を始点として横浜をはじめとする国際貿易都市が発展した。さらに社会の産業化にともない沿岸工業都市、あるいは軍港都市も各地に出現した。

みなぶちのしょうあん [南淵請安] 名は「しょうあん」とも。清安とも。生没年不詳。遣隋学問僧。姓は漢人。南淵は大和国高市郡飛鳥川上流の地名(現、奈良県明日香村稲淵)で、5世紀後半以降に渡して渡来した東漢氏系氏族。608年(推古16)遣隋使小野妹子らに従って留学し、640年(舒明12)百済使・新羅使とともに帰国。中大兄皇子と中臣鎌足がともに儒教を学んだという南淵先生は請安のことを考えられる。大化の新政権には名がみえず、その直前に没したとも推測される。

みなまたびょう [水俣病] 新日本窒素肥料(現、チッソ)の熊本県水俣工場のアセトアルデヒド製造工程からたれ流されたメチル水銀で汚染された魚介類を食べた住民がかかったメチル水銀中毒症。中枢神経系が冒され、臓器や全身にも症状が現れる。1956年(昭和31)最初の患者が発見され、同年11月熊本大学医学部は工場排水が原因と報告したが、会社も国も否定し、68年9月ようやく国は公害病と認定。69年6月患者の一部はチッソに損害賠償を請求して熊本地裁に提訴、73年3月原告勝訴の判決が出された(1次訴訟)。1965年新潟県でも発生を確認。93年(平成5)10月現在の認定患者総数は2947人(うち新潟水俣病は690人)、生存者は1504人(うち新潟水俣病は402人)、申請総数1万3099人の18%にすぎず、認定の手続きや基準が争点となっていたが、95年10月政府与党案にそって政治決着、和解になった。

みなみまんしゅうてつどうがいしゃ [南満州鉄道会社] 日露戦争後から第2次大戦期まで日本の満州侵略を中心的に担った国策会社。満鉄と略称。日露戦争の勝利によって東清鉄道南満州支線の長春から旅順まで、撫順・煙台炭鉱などロシアの満州における利権の一部を獲得した日本は、その経営のため1906年(明治39)11月南満州鉄道会社を設立。日本政府は資本金の半額を出資し、各種の保護と育成を加えて満州経営を推進した。本社は当初東京におかれたが、まもなく大連に移転。事業分野は収益源の鉄道を中心に、炭鉱・製鉄所などの産業開発部門、鉄道付属地経営、調査研究部門などきわめて広範で、20年代後半から30年代前半にかけては直営事業を分離してコンツェルンを形成した。しかし満州事変をへて満州国が成立し、関東軍主導の産業開発が本格化すると、満鉄は鉄道経営に一元化された。第2次大戦後に閉鎖。

みなみむらばいけん [南村梅軒] 生没年不詳。戦国期の儒学者。南村は号で「なんそん」と読むという説もある。朱子の新注にもとづいて四書を講じ、儒禅一致の立場をとったことから五山の学風をうけたと考えられる。周防国の大内義隆に仕え、1548年(天文17)か翌年頃に土佐国に赴き51年まで吉良宣経に仕え、儒学と兵法を講じた。晩年は周防に戻り生涯を終えたらしいが、土佐での活躍がのちに谷時中や山崎闇斎などの南(海南)学派を輩出するもととなった。

みなもとのさねとも [源実朝] 1192.8.9〜1219.1.27 鎌倉幕府3代将軍(在職1203.9.7〜19.1.27)。父は初代将軍頼朝。母は北条政子。幼名千幡。1203年(建仁3)兄で2代将軍の頼家が幽閉されたあとをうけ、3代将軍となる。北条氏に擁立されて政治の実権はもてなかったとされるが、政所を中心として将軍権力の拡大に努めた。京都の文化に強い関心をもち、和歌や蹴鞠に親しんだ。和歌を通じて藤原定家とも親交があり、家集に『金槐和歌集』がある。16年(建保4)宋へ渡ることを思いたち、大船の建造を命じるが、翌年完成した船は浮かば

ず，失敗に終わる。19年(承久元)鎌倉鶴岡八幡宮での右大臣拝賀の儀式のとき，甥の公暁(こうぎょう)に暗殺された。

みなもとのしたごう [源順] 911〜983 平安中期の歌人・文人。三十六歌仙の1人。挙(こ)ぞの子。文章生(もんじょう)の出身。20代半ばで「和名類聚抄(るいじゅうしょう)」を著す。951年(天暦3)には梨壺(なしつぼ)の五人の1人に選ばれ，「万葉集」の訓読，「後撰集」の撰集にあたった。歌合(うたあわせ)や屏風歌でも活躍。和漢に通じた博学で，遊戯的な言語技巧にも優れた。不遇を嘆く作品が多い。「拾遺集」以下の勅撰集に約50首入集。家集「源順集」，「宇津保(うつぼ)物語」などの作者とする説があるが，確証はない。

みなもとのたかあきら [源高明] 914〜982.12.16 西宮大臣とも。平安中期の公卿。醍醐天皇第1皇子。母は更衣(こうい)で源唱(となう)の女周子。920年(延喜20)源朝臣を賜り臣籍降下。939年(天慶2)参議。時に正四位下。大蔵卿・右衛門督を歴任。946年従三位。翌年(天暦元)4月権中納言。948年中納言に転じ，左衛門督・検非違使(けびいし)別当を兼任。953年大納言。その後，中宮大夫・左近衛大将などを兼任。966年(康保3)右大臣。時に従二位。翌年10月正二位，12月左大臣。969年(安和2)安和の変により大宰権帥に左遷される。972年(天禄3)帰京し，封戸を賜った。「西宮記(さいきゅうき)」を編述。家集「西宮左大臣御集」。「源氏物語」の光君のモデルとする説がある。

みなもとのたかくに [源隆国] 1004〜77.7.9 宇治大納言とも。平安後期の公卿。源俊宗国。大納言俊賢(としかた)の次男。母は藤原忠尹の女。1014年(長和3)従五位下。侍従・伊予介・右近衛権中将・蔵人頭などを歴任し，34年(長元7)従三位・参議。43年(長久4)権中納言。61年(康平4)権中納言を辞し，子の俊明を加賀守に任任。67年(治暦3)権大納言。時に正二位。74年(承保元)権大納言を辞し，外孫藤原師兼を申任。「宇治大納言物語」(散逸)の作者とされる。

みなもとのためとも [源為朝] 1139〜70/77 平安末期の武将。為義の八男。母は摂津国江口の遊女。鎮西八郎と称する。13歳のとき父に鎮西へ追放される。武勇にすぐれ，九州各地で騒擾事件をおこし朝廷に訴えられたが，召喚命令に従わなかった。1154年(久寿元)父が解任されたことを知り上洛。保元の乱にまきこまれ，父とともに崇徳(すとく)上皇側で奮戦したが捕らえられた。すぐれた武芸のために死を免れ，伊豆大島に配流。配流後は大島や近隣の島々を襲撃したため，70年(嘉応2)工藤(狩野)茂光の追討をうけ自害したという。「尊卑分脈」は没年を77年(治承元)とする。後世，琉球にのがれ，舜天王(しゅんてんおう)の父になったという伝説がうまれた。

みなもとのためよし [源為義] 1096〜1156.7.30 平安後期の武将。義親の子。六条判官と称する。1108年(天仁元)父が平正盛に追討されたため，叔父義忠ついで祖父義家の養子となり，源氏の正嫡となる。翌年，義家の弟義綱追捕の功により左衛門尉に任じられた。その後，平氏とともに寺社の強訴の鎮静化などに活躍。43年(康治2)には藤原頼長に従い，46年(久安3)検非違使(けびいし)に任官。54年(久寿元)子の為朝の乱行の責めをうけて解任，家督を嫡子義朝に譲った。56年(保元元)保元の乱に際しては，子6人とともに崇徳(すとく)上皇・藤原頼長側に加わって敗北。延暦寺で出家し，義朝のもとに投降した。義朝は助命を嘆願したが，いれられず斬首された。

みなもとのちかゆき [源親行] 生没年不詳。鎌倉中・中期の歌人・源氏学者。法名覚阿。父は光行。1205年(元久2)左馬允に任じられ，以後式部大夫・河内守などを歴任。鎌倉に住み源実朝以下3代の和歌奉行を勤めた。「万葉集」「古今集」などの校合(きょうごう)を行う一方，父の業を継ぎ55年(建長7)「源氏物語」本文校訂を河内本として完成。父の稿本をもとに「水原抄」をまとめ，さらに河内家流秘説集の「原中最秘抄」(子の聖覚，孫の行阿が加筆)をなした。「新続古今集」以下に入集。

みなもとのつねもと [源経基] ？〜961.11.4 平安中期の武将。清和源氏の祖。清和天皇第6皇子貞純親王の子。母は源能有(よしあり)の女。六孫王(ろくそんおう)と称する。「尊卑分脈」は，生年を917年(延喜17)とするが疑問。東国介として赴任していた938年(天慶元)権守興世王(おきよおう)とともに足立郡司武蔵武芝と争う。平将門(まさかど)による調停が失敗に終わると，翌年上洛し将門の行為を反乱と報告。その功により従五位下，将門追討の征東副将軍となった。小野好古(よしふる)とともに藤原純友の乱の鎮圧にも活躍。941年警固使・大宰権少弐に任じられ，純友の残党と戦った。正四位上に昇進して内昇殿を許され，961年(応和元)源朝臣の姓を与えられ臣籍降下。

みなもとのとおる [源融] 822〜895.8.25 河原左大臣とも。平安初期の公卿。嵯峨天皇皇子。母は大原全子。仁明(にんみょう)天皇の養子となった。源朝臣を賜り臣籍降下。838年(承和5)元服し正四位下。856年(斉衡3)参議。時に従三位。864年(貞観6)中納言。870年大納言。872年左大臣。888年(仁和4)阿衡(あこう)の紛議を判じた。895年(寛平7)正一位追贈。「大鏡」に陽成天皇の譲位に際し，皇位を望んだとみえる。

みなもとののりより [源範頼] 生没年不詳。鎌倉前期の武将。義朝の六男。母は遠江国池田宿の遊女。通称蒲(かば)冠者。平治の乱で父が敗死したのち，九条兼実の家司(けいし)藤原範季の養子と

なり、扶持をうける。妻は安達盛長の女。異母兄源頼朝の挙兵に参加し、配下の将として源義広や平氏の追討に東奔西走し、頼朝の推挙で三河守となる。武蔵国吉見・相模国当麻などを領するが、1193年(建久4)曾我兄弟仇討事件で頼朝暗殺が誤り伝えられてか、鎌倉留守居役だった範頼の不用意な発言が問題となり、8月17日に伊豆国に流され、その直後に殺されたらしい。

みなもとのまこと [源信] 810～868.閏12.28
北畠大臣。9世紀半ばの公卿。嵯峨天皇皇子。母は広井宿禰氏。814年(弘仁5)源朝臣を賜わり臣籍降下。825年(天長2)従四位上。831年参議。大納言・東宮傅・右近衛大将などを歴任し、857年(天安元)左大臣。翌年正二位。貞観の初め頃から伴善男らと対立し、866年(貞観8)応天門放火の犯人と誣告され、結局善男が真犯人とされたが、以後出仕しなかった。869年正一位追贈。

みなもとのまさのぶ [源雅信] 920～993.7.29
一条左大臣とも。平安中期の公卿。宇多天皇皇子の敦実親王の三男。母は左大臣藤原時平の女。951年(天暦5)参議。時に従四位上。近江権守・治部卿・左兵衛督などを兼ね、970年(天禄元)1月権中納言、8月中納言、972年大納言。977年(貞元2)右大臣。982年左大臣。987年(永延元)従一位。993年(正暦4)病により出家し死去。正一位追贈。女の倫子は藤原道長に嫁し、頼通・教通・彰子らを生む。

みなもとのみつなか [源満仲] 912/913?～997
平安中期の武将。経基王の子。頼光の父。多田満仲・多田新発意とも称する。摂津国に創立した多田院を拠点としたことから、この流を多田源氏ともいう。伊予・武蔵など各国守や左馬権頭などを歴任。969年(安和2)藤原氏と結んで安和の変の陰謀を密告、その功で正五位下に叙された。これにより武者として対抗していた藤原千晴の排除に成功。その後も摂関家との結びつきを強化しながら、軍事貴族としての地位を確立。

みなもとのよしいえ [源義家] 1039～1106.7.-
平安後期の武将。頼義の長男。母は平直方の女。八幡太郎と称する。前九年の役に父に従い、その功により1063年(康平6)従五位下、出羽守に任じられた。83年(永保3)陸奥守・鎮守府将軍。後三年の役に介入し、清原(藤原)清衡を援助して鎮圧。朝廷は私闘とし行賞を認めなかったため、私財を将士に提供。これにより武家の棟梁としての名声はかえって高まり、東国武士団の主従結合は強化された。また荘園の寄進が相いついだため、朝廷は92年(寛治6)義家が立てた荘園を禁じる宣旨を発布。98年(承徳2)正四位下に叙され殿上昇殿を許された

が、晩年は嫡子義親が追討されるなど、朝廷内で苦しい立場におかれた。

みなもとのよしちか [源義親] ?～1108.1.6
平安後期の武将。義家の次男。母は源隆長の女。長兄義宗の早世で嫡男となる。左兵衛尉をへて対馬守として在任中、年貢横領などのため1101年(康和3)大宰府に訴えられ、翌年捕らえられて解任、隠岐国に配流。07年(嘉承2)出雲国に脱出、目代を殺害し官物を奪うなどの乱行のため、平正盛が追討使となり翌年討たれた。

みなもとのよしつね [源義経] 1159～89.閏4.30
鎌倉前期の武将。父は義朝、母は常盤御前。頼朝の異母弟。幼名は牛若、九郎御曹司と称する。のち義行・義顕と改名。妻は河越重頼の女。平治の乱後鞍馬寺に流され、のち奥州藤原秀衡の扶持をうける。1180年(治承4)頼朝が挙兵するやその軍に加わり、代官として兄頼朝とともに東国武士を率いて上洛、源義仲や平氏一門を追討した。地域住人に対する徹底した軍事動員と、当時の合戦の作法を度外視した戦法によって連戦連勝した。頼朝の許可なく任官したため頼朝と不和となり、平氏滅亡後、鎌倉に下向したが鎌倉入りを拒絶され、85年(文治元)10月、後白河上皇から頼朝追討の院宣をえた。九国地頭職として西国住人に挙兵をよびかけたが失敗。再び奥州藤原氏を頼ったが、秀衡の子泰衡に殺害された。

みなもとのよしとも [源義朝] 1123～60.1.3
平安後期の武将。為義の長男。母は藤原忠清の女。通称左馬頭。鎌倉を本拠に勢力を拡大、所領相論をおこしながら在地武士を組織化。上洛して1153年(仁平3)従五位下、下野守となり、翌年家督を継ぐ。56年(保元元)保元の乱では、平清盛らとともに後白河天皇側の主力をなした。義朝の主張した夜襲により天皇側は勝利を収め、その功により従五位上・左馬頭に任じられ、昇殿を許された。崇徳上皇側に加わった父や兄弟の助命嘆願は許されず、斬首した。後白河天皇の近臣藤原通憲(信西)や清盛と対立し、59年(平治元)藤原信頼と組んで平治の乱をおこしたが失敗。尾張国知多郡野間(現、愛知県美浜町)で長田忠致に殺された。

みなもとのよしなか [源義仲] 1154～84.1.20
平安後期の武将。父は義賢。母は遊女という。通称木曾冠者。1155年(久寿2)父義賢が武蔵の大蔵合戦で甥義平に敗れて戦死すると、信濃国の木曾谷で乳母の夫中原兼遠に養育された。80年(治承4)9月、以仁王の令旨に応じて信濃で挙兵し、翌年北陸道を制圧。83年(寿永2)嫡子義高を源頼朝の婿として鎌倉に送り、倶利伽羅峠の戦で平家の大軍を破って入京をはたした。勲功により伊予守に任官したが、武家によるはじめての洛中軍政で公家

の不満がつのり、以仁王の子北陸宮擁立を画策して朝廷と対立を深めた。11月院近臣の反乱を武力鎮圧してクーデタをおこしたが孤立し、翌年1月征夷大将軍となってみずから旭将軍と称したが、早々に源範頼・義経の大軍に攻められ、近江の粟津で敗死。

- **みなもとのよしひら [源義平]** 1141~60.1.19 平安後期の武将。義朝の長子。(鎌倉)悪源太と称する。義朝上洛後、東国経営にあたる。1155年(久寿2)叔父義賢(義仲の父)を武蔵国大蔵館で殺害。59年(平治元)平治の乱に上洛、奮戦したが敗れた。父の命で北国勢を集めるため北陸道に向かったが、越前国足羽郡(現、福井県足羽郡)で父の死を聞き再び上洛。平清盛暗殺の機会を狙ったがはたせず、捕らえられて斬首。

- **みなもとのよりいえ [源頼家]** 1182.8.12~1204.7.18 鎌倉幕府2代将軍(在職1202.7.23~03.9.7)。父は初代将軍頼朝。母は北条政子。幼名は万寿。1199年(正治元)頼朝の死後家督を継ぎ、1202年(建仁2)将軍となる。訴訟を扱う権限は有力御家人13人の合議に移され、実権をなかば失った将軍であった。側近の梶原景時は、1199年北条氏ほかの御家人集団により追放された。比企能員の女(若狭局)との間に男子一幡が生まれ、比企氏が外威となったため、これを警戒した北条時政により1203年比企氏と一幡は攻め滅ぼされた。頼家自身も伊豆国修禅寺に幽閉され、翌年死去。北条氏による暗殺という。

- **みなもとのよりとも [源頼朝]** 1147~99.1.13 鎌倉幕府初代将軍(在職1192.7.12~99.1.13)。父は源義朝。母は熱田大宮司藤原季範の女。1159年(平治元)の平治の乱で義朝が敗れたため、翌年平氏に捕らえられ、伊豆国に流罪となった。80年(治承4)以仁王の平氏討伐の令旨に応じるかたちで、反平氏の兵を挙げる。石橋山の合戦で敗れたものの、房総へ渡って勢力を回復、富士川の戦で勝利し、同年末までに鎌倉を本拠とする南関東軍事政権を確立した。83年(寿永2)同族の源義仲が平氏を追い落として京都に入ったが、頼朝は後白河上皇に接近し、義仲を出し抜いて東国の支配権を認めさせた。このため義仲と対立、84年(元暦元)には弟の源範頼・同義経を派遣して義仲を破った。85年(文治元)平氏を滅ぼす。その後義経と対立、上皇が一時義経に味方したため、その追捕を名目に上皇に迫って議奏公卿および守護・地頭の設置を実現させた。89年義経死後、奥州藤原氏を討ち、90年(建久元)上洛し、上皇に対面して和解。権大納言・右近衛大将に任命されたが、まもなく辞した。92年上皇の死後に征夷大将軍に任命された。

- **みなもとのよりともぞう [源頼朝像]** 鎌倉あるいは南北朝期の肖像画。「神護寺略記」によれば、1188年(文治4)に建立された神護寺仙洞院には、後白河上皇の画像を中心に平重盛・源頼朝・藤原光能・平業房の画像が安置されたといい、これらは藤原隆信によって描かれたとある。現在同寺に伝わる重盛・光能・頼朝像とされる3像はこれにあたると推定されるが、頼朝像を足利直義、重盛像・光能像を足利尊氏・同義詮の画像にあてる説もある。なかでも頼朝像は保存がよく、細密ですぐれた顔貌表現がみられる。絹本着色。縦139.4cm、横111.8cm。神護寺蔵。国宝。

- **みなもとのよりのぶ [源頼信]** 968~1048.9.1 平安中期の武将。河内源氏の祖。満仲の三男。母は藤原致忠(藤原元方とも)の女。従四位上。藤原氏とくに道長に接近し、上野介・上総介などの受領を歴任。甲斐守在任中に平忠常の乱がおき、平直方らが追討に失敗したあとの追討使となる。頼信の進攻で忠常は戦わずして降伏、この功により美濃守に任じられた。乱の鎮圧で名声が高まり、東国の源氏勢力拡大のきっかけとなった。

- **みなもとのよりまさ [源頼政]** 1104~80.5.26 平安末期の武将。仲政の長男。母は藤原友実の女。源三位頼政・源三位入道と称する。摂津源氏の流れをくみ、摂津国渡辺(現、大阪市中央区)を本拠とした。白河院判官代となり、1136年(保延2)従五位下、蔵人。55年(久寿2)兵庫頭。保元の乱には後白河天皇側に加わる。平治の乱でははじめ源義朝にくみしたが、離反して平清盛についた。清盛の厚い信頼もあり、66年(仁安元)正五位下に叙されたあと昇進を続け、78年(治承2)従三位。80年には以仁王を奉じて反平氏の兵を挙げたが失敗し、宇治平等院で敗死。弓の名手、歌人としても有名。「新古今集」に入集、私家集「源三位頼政集」。

- **みなもとのよりみつ [源頼光]** 948~1021.7.19 平安中期の武将。摂津源氏の祖。満仲の長男。母は源俊すぐの女。父同様摂関家に接近し、備前・但馬・美濃などの国司を歴任。莫大な財力で摂関家に奉仕し、1018年(寛仁2)藤原道長の土御門殿の新造に際しては、家具・調度いっさいを献上し世人を驚かせた。21年(治安元)摂津守に任じられ、同国に勢力をかためた。郎党の渡辺綱ら四天王を率いて大江山の酒呑童子を退治した逸話は有名。文武にすぐれた人物として「今昔物語集」にも登場する。

- **みなもとのよりよし [源頼義]** 988~1075.10.12 平安中・後期の武将。頼信の長男。母は修理命婦の女。1031年(長元4)父とともに平忠常の乱を鎮圧。東国の国司を歴任、在地武士の組織化を進めた。51年(永承6)陸奥守、53年

(天喜元)鎮守府将軍となり安倍氏と対立、前九年の役を起こす。清原武則の応援をえて平定し、東国における源氏の地位を確立。相模国由比郷(現、神奈川県鎌倉市)に石清水八幡宮を勧請し、鶴岡八幡宮の起源とした。平直方の女婿となり、鎌倉の屋敷を譲られた。

みなもとのりんし [源倫子] 964～1053.6.11 鷹司殿とも。平安中期の左大臣源雅信の女。母は藤原穆子ぼく。987年(永延元)藤原道長と結婚し、翌年彰子(一条天皇中宮、後一条・後朱雀両天皇の母、上東門院)を生む。姸子けん・威子・嬉子もそれぞれ三条・後一条・後朱雀の後宮に入る。男子に頼通・教通のりがいる。1008年(寛弘5)無官の女性としては異例の従一位に叙される。16年(長和5)人臣の妻としてははじめて、三后に準じて年官・年爵・封戸を与えられる。

みぬまだいようすい [見沼代用水] 江戸中期、武蔵国足立郡に開削された用水路。見沼溜井を用いてきた下流域の用水不足の解消と、見沼の干拓による新田開発を目的に開削。1725年(享保10)から翌年に、勘定吟味役格の井沢弥惣兵衛べえが現地の検分・測量を行い、27年着工。利根川右岸の埼玉郡下中条村(現、埼玉県行田市)に元圦もとを設け、延長3万7000余の流路を開削し、翌年、埼玉・足立両郡内14万9000石余を灌漑する用水路が完成した。

みねあいき [峰相記]「ぶしょうぎ・ほうそうき」とも。1348年(貞和4・正平3)10月、播磨国の峰相山鶏足けいそく寺を訪ねた僧侶と寺僧とで交わされた問答集の形式をとる。成立年代は、同年をあまり離れないか。日本の11宗派の教義、播磨国の地誌、元弘以降の世情など、鎌倉末期の畿内の社会情勢を伝える。1511年(永正8)の奥書をもつ兵庫県太子町の斑鳩いかるが寺蔵本が最古の写本。

みのがみ [美濃紙] 美濃国で産する和紙の総称。美濃は古代から和紙生産地として律令政府に位置づけられ、「延喜式」は毎年図書長上1人を美濃に派遣して、色紙を作らせたと記している。中世の京都では典具帖てんぐとよばれる薄い美濃紙を用いた。近世には通常の美濃紙より厚く大型の大直おおなお紙が、美濃紙を代表するものとして評価された。また典具帖や合羽かっぱに用いる森下紙なども知られた。武儀川・板取川流域などで広く生産された。

みののくに [美濃国] 東山道の国。現在の岐阜県南部。「延喜式」の等級は上国。「和名抄」では多芸たぎ・石津・安八はち・不破ふわ・軸懸あいか・大野・本巣・席田むしろだ・方県かた・厚見・各務かかみ・山県・武芸たぎ・郡上ぐじょう・賀茂・可児に・土岐き・恵奈えなの18郡からなる。国府は不破郡(現、垂井町)、国分寺も不破郡(現、大垣市)、国分尼寺も不破郡(現、垂井町)におかれた。一宮は南宮神社(現、垂井町)。「和名抄」所載田数は1万4823町余。「延喜式」では調として布帛のほか甕・壺など多くの焼物があり、中男作物として紙・漆なども。国名表記は7世紀には三野、大宝律令施行頃から御野、和銅初年から美濃とされた。令制三関の一つ不破関を管理する関国で、789年(延暦8)に三関が廃止されるまでは大国であったと推定される。平安後期には美濃源氏が勢力を張った。南北朝期以降、美濃源氏の土岐氏が守護となる。江戸時代は多くの藩が成立・消滅し、旗本領もほぼ70家あり、幕領も存在した。1868年(明治元)幕領は笠松県となる。71年の廃藩置県の後、岐阜県に統合された。

みのべたつきち [美濃部達吉] 1873.5.7～1948.5.23 明治～昭和期の憲法・行政法学者。美濃部亮吉りょうきちの父。兵庫県出身。東大卒。内務省をへて1899年(明治32)から独・英・仏に留学。1902年に帰国して東京帝国大学教授となり、行政法講座を担当。12年(大正元)天皇機関説に立つ「憲法講話」刊行。上杉慎吉と論争となるが、学界の支持をえた。20年から憲法第2講座兼担。32年(昭和7)貴族院勅選議員。34年定年退官。学説に軍部・ファッショ勢力の批判が強まり、35年の貴族院での菊池武夫の攻撃を契機に政治問題化。著書の発禁と不敬罪で告訴され、議員を辞職した(天皇機関説事件)。第2次大戦後、新憲法の調査・改正に参画。

みのべりょうきち [美濃部亮吉] 1904.2.5～84.12.24 昭和期の経済学者・政治家。東京都出身。美濃部達吉の長男。東大卒。大内兵衛に師事し、日本資本主義論争に労農派の一員として参加した。第2次大戦後は統計委員会事務局長などを務め、「日本経済図説」などの編著者や経済学の啓蒙活動で知られる。1967年(昭和42)東京都知事に当選、大阪・京都の両府知事とならび、全国革新自治体の象徴的存在として3期12年務めた。80年参議院議員。

みぶのただみね [壬生忠岑] 生没年不詳。平安前・中期の歌人。三十六歌仙の1人。安綱の子。子に忠見ただ。卑官に終始したが、歌人として「寛平后宮歌合きさいのみや」などの歌合や屏風歌で活躍した。「古今集」撰者の1人。「大井川行幸和歌」には紀貫之つらゆきとは別に序を書いた。「古今集」以下の勅撰集に80余入集。家集「忠岑集」。なお序文に945年(天慶8)の忠岑の著とある歌論書「和歌体十種」は、後人による偽書とする説が強い。

みぶべ [壬生部] 乳部ぶ・壬生・生部とも。6世紀中頃、皇子女の養育のため広く設置された部民とするのが定説。大化の改新時に中大兄なかのおおえ皇子が天皇に返還した「入部いり」も壬生

部のこととする説がある。「日本書紀」によれば壬生部は推古朝に設置された。先の敏達朝に后妃のためおかれた私部とともに、これらの皇室部民は個々の皇族名や宮号を冠しないといわれる。律令時代の親王の食封などへ発展した。8世紀には壬生・壬生部姓の人々が諸国に実在し、壬生郷も各地に分布した。

みぶんとうせいれい [身分統制令] 1591年(天正19)8月21日、全国に出された豊臣秀吉の朱印状。3カ条からなる法令で、侍・中間・小者などの武家奉公人が百姓・町人になること、百姓が耕作を放棄して商売や賃仕事に出ること、もとの主人から逃亡した奉公人を他の武士が召し抱えることを禁止している。従来、武士・百姓・町人の身分を固定化しようとしたものと評価されているが、秀吉の真意は朝鮮出兵をひかえて武家奉公人と年貢を確保することであった。法令中の侍は若党をさしており、武士一般ととるのは誤り。したがって、この朱印状を身分統制令とよぶのは適切ではない。

みまさかのくに [美作国] 山陽道の国。現在の岡山県北東部。「延喜式」の等級は上国。713年(和銅6)備前国から英多・勝田・苫田・久米・大庭・真島の6郡を割いて立国した。863年(貞観5)苫田郡を東西にわけて苫東・苫西とし、7郡となる。国府は苫東郡(現、津山市)、国分寺・国分尼寺は勝田郡(現、津山市)におかれた。一宮は中山神社(現、津山市)。「和名抄」所載田数は1万1021町余。「延喜式」では調に絹・帛・糸のほか鍬・鉄がある。播磨国から当国をへて山陰道の因幡国に至る道があり、日本海方面と結んだ。鎌倉時代には初期を除き北条氏が守護を独占した。室町時代には赤松氏・山名氏が守護となり、戦国期の争乱をへて宇喜多氏の領国となる。江戸時代は当初森氏の津山藩が一国支配したが、のち幕領、他国の藩領も多くなる。1871年(明治4)の廃藩置県ののち北条県となり、76年岡山県に合併された。

みまな [任那] 古代の朝鮮半島南部の国名。本来は金官加羅(金官国)をさすが、のち加羅(加耶)と同義となる。任那の名称は朝鮮の史料ではわずか3例で、好太王碑文に任那加羅、「三国史記」列伝に強首がもと任那加良人、真鏡大師塔碑銘に大師の祖は任那の王族とあるなかで、いずれも金官加羅のことと思われる。他方、日本の文献には多くの用例がある。「日本書紀」崇神65年条に、蘇那曷叱知を派遣した任那は新羅の南西とみえ金官国であるが、以後日本が加羅諸国と交流を深めるにつれ、加羅諸国全体の呼称として定着した。倭王武の上表文の任那・加羅も同義反復とされている。欽明2年条に任那日本府の語があり、官家

かんとも称されたため、この地を日本の植民地とする説もあるが、その事実はない。

みみづか [耳塚] 京都市東山区茶屋町(方広寺西側)にある塚(実は鼻塚)。慶長の役の際、豊臣秀吉は首級のかわりに鼻をそいで戦功の証にすることを命じた。諸大名に鼻切りを強制、その鼻を塩漬にして秀吉のもとへ送った。1597年(慶長2)9月、秀吉は僧西笑承兌を導師として「大明・朝鮮戦死の衆」の供養を行ったが、鼻切りは老幼男女の非戦闘員にまで及び、朝鮮民族の間では壬辰の悪夢として刻みこまれた。

みみなしやま [耳成山] ⇒大和三山

みやぎけん [宮城県] 東北地方の中部、太平洋側に位置する県。旧陸奥国の中央部、明治の分国後は陸前国の大部分と磐城の一部を県域とする。1868年(明治元)戊辰戦争の敗北により仙台藩は領地を削減され、没収地は土浦・宇都宮・高崎3藩の取締地および盛岡藩が移されて白石藩となった。69年各取締地は涌谷・栗原・桃生の3県、旧白石県が旧領に復すとあたとは白石県(同年角田県と改称)がおかれた。さらに栗原県が分割され、一部は涌谷県と合併して登米県となり、残りは胆沢県の管轄となった。桃生県は石巻県と改称したのち70年登米県に合併した。71年の廃藩置県で仙台藩は仙台県となり、11月角田・登米両県を合併、同時に登米県のうち本吉・登米・栗原・玉造の4郡を一関県(のち水沢県、磐井県)へ移管した。72年仙台県は宮城県と改称、76年磐井県の廃止にともない陸前国5郡を編入したが、気仙郡は岩手県に移管した。同年刈田・伊具・亘理・宇多の4郡を磐前県に移管したが、宇多郡を除く3郡が再編入されて現県域が確定した。県庁所在地は仙台市。

みやぎみちお [宮城道雄] 1894.4.7～1956.6.25 大正・昭和期の地歌・箏曲の演奏家・作曲家。兵庫県出身。旧姓菅。8歳のとき地元神戸の2世中島検校(初世絃教)に入門、その後2世中島絃教および熊本の三弦家長谷幸輝検校に学ぶ。1920年(大正9)本居長世と「新日本音楽大演奏会」を開催し、以来、新鮮な感覚と技巧的な作品を多数発表するとともに、十七弦・新胡弓・八十弦などを考案し、演奏にも成果をあげる。30年(昭和5)東京音楽学校講師。37年教授。東京盲学校の講師も務める。48年芸術院会員。56年列車から転落して死亡。「落葉の踊」「越天楽変奏曲」「春の海」など350曲をこえる作品を残す。名随筆家でもあった。

みやけ [屯倉] 大和政権の支配機構の一つ。6世紀以前に畿内に設定された屯倉を前期屯倉とし、527年磐井の乱後におかれた糟屋屯

倉を初見に，畿外に設定された屯倉を後期屯倉とする見方が有力。前期屯倉は大王によって開発された直轄領的性格をもち，律令制下の畿内官田につながる。この屯倉の成立時期を7世紀初めの推古朝とする見解もある。後期屯倉は国造(くにのみやつこ)の領域内に設定され，大和政権の勢力を浸透させていく機能をはたしたといわれ，吉備白猪(きびのしらい)屯倉での戸籍作成など，律令制的地方支配の前提をなしたとされる。ただし畿外の屯倉が土地の支配をともなったか否かには議論があり，屯倉は政治的な拠点支配であるという見方もある。また屯倉を地域的な支配とみるか否かで，律令制との関係も再検討が必要である。

みやけせきあん [三宅石庵] 1665.1.19～1730.7.16 江戸中期の儒者。通称新次郎，万年とも号す。京都生れ。弟の観瀾とともに浅見絅斎(けいさい)に師事。のち大坂で塾を開き，1713年(正徳3)安土町に多松堂を開設，有力商人を門弟に集めた。26年(享保11)五同志と呼ばれる商人らにより創設された学問所懐徳堂の初代学主に招かれた。学風は朱子学と陽明学をあわせた折衷的なもので，鵺(ぬえ)学問と評された。

みやけせつれい [三宅雪嶺] 1860.5.19～1945.11.26 明治～昭和前期の言論人。名は雄二郎。金沢藩儒医の家に生まれる。東大卒。若くして東大准助教授・文部省雇員として勤務したが，1888年(明治21)政府の欧化主義に反対して同志とともに政教社を創立し，「日本人」を創刊した。以後在野のジャーナリストとして社会問題から宇宙観にわたり幅広く論じた。妻竜子は歌人の三宅花圃(かほ)。著書「同時代史」6巻。

みやこしんぶん [都新聞] 前身は1884年(明治17)創刊の夕刊紙「今日(こんにち)新聞」で，88年11月16日「みやこ新聞」に改題，翌年2月1日「都新聞」となった。江戸趣味と黒岩涙香(るいこう)の探偵小説で売りだしたが，92年7月楠本正隆が社を買収後，主筆黒岩ら十数人が退社。以後は大谷誠男・遅塚麗水(れいすい)・伊原青々園(せいせいえん)らの活躍，花柳界記事・劇評・音評・投書欄の充実，中里介山「大菩薩峠」などの連載小説で東京下町の読者を獲得した。1919年(大正8)福田英助に経営が移り株式会社化，低迷していた部数を伸ばした。42年(昭和17)10月1日，新聞統合により「国民新聞」と合併し「東京新聞」となった。最盛期の発行部数約15万部。

みやこのよしか [都良香] 834～879.2.25 平安前期の文人。本名言道(ことみち)。宿禰(すくね)姓から朝臣姓を賜る。明経の及第後，少内記・掌渤海客使をへて従五位下，文章(もんじょう)博士兼大内記に至る。「文徳実録」の編纂にたずさわったが，完成直前に没した。家集「都氏(としの)文集」には詔勅や策問などの名文が多く残されている。また，対策が問者春澄善縄(はるずみのよしただ)の策問とともに「本朝文粋(もんずい)」にとられ，「本朝神仙伝」「十訓抄(じっくんしょう)」に逸話が収められている。

みやこめいしょずえ [都名所図会] 京都の地誌。6巻。1780年(安永9)刊。秋里籬島(りとう)著，竹原信繁画。巻1・2は内裏と洛中，巻3～6はそれぞれ洛外を東西南北にわけ，寺社の由緒・名所旧跡・伝説・風俗・年中行事を紹介している。本書は筆者と絵師の実地調査による252図の写実的な挿絵を織りこんでおり，従来の名所案内記とは異なる「図会」と称する地誌の形態を創出した。これ以後同様な地誌が続出し，後世に与えた影響は大きい。

みやざ [宮座] 村の氏神や鎮守神を祭り，神事祭礼を行う村人の祭祀組織。おもに西日本に広く分布。中世農民の自治的共同組織である惣が成長してくる鎌倉後期以降，座衆・講・結衆などといわれる村の祭祀組織も顕著となる。惣の自治的組織は，政治的・経済的運営と同時に，宗教的活動の担い手でもあった。宮座は，乙名(おとな)・中老・若衆と年齢階梯的に組織され，神事・祭礼を実行するときは，頭役(とうやく)を定める当番制をとった。頭役には多くの場合，乙名成分(せいぶん)をへた年寄衆があたった。近世の宮座は，家格化による特権的・階層的なものになった。

みやざきけん [宮崎県] 九州の南東部に位置する県。旧日向国の大部分を県域とする。1868年(明治元)旧幕領は富高県となり，まもなく日田(ひた)県に併合された。71年廃藩置県で高鍋・延岡(のべおか)・佐土原(さどわら)・飫肥(おび)の4県が成立，同年11月飫肥県は大隅国6郡とともに都城(みやこのじょう)県，他3県は美々津(みみつ)県に統合された。日田県は廃止になり旧富高県地域を美々津県へ，豊後地方を大分県へ編入した。72年都城県から大隅国2郡を鹿児島県へ移管，肥後国米良(めら)地方が日向国児湯(こゆ)郡へ編入され，美々津県管轄となった。73年都城・美々津両県は統合され宮崎県が成立，大隅国域を鹿児島県に分離して日向全域を県域とした。76年宮崎県は鹿児島県に併合されたが，83年諸県(もろかた)郡の南部を除く日向国からなる宮崎県が再置され現在に至る。県庁所在地は宮崎市。

みやざきやすさだ [宮崎安貞] 1623～97.7.23 江戸前期の農学者。通称は太太夫。安芸国広島藩士宮崎儀右衛門の次男。25歳のとき筑前国福岡藩に仕え200石を給せられるが，30歳を過ぎて致仕。同国女原(みょうばる)村(現，福岡市西区)に隠居し農事を業とする。山陽道をはじめ畿内・伊勢・紀伊など諸国を回り老農の説を聞きつぎする一方，貝原益軒らとも交わり中国の農書や本草書を研究。みずからも栽培技術の改良を試みた。中国の「農政全書」を参考に，40年の経験

と研究をもとに1696年(元禄9)「農業全書」10巻を著し、翌年出版。日本初の体系的農書として最高の評価をうける。大蔵永常・佐藤信淵らとともに江戸時代の三大農学者と称された。

みやざきゆうぜん [宮崎友禅] 生没年不詳。友禅斎とも。江戸前・中期に活躍した絵師。元禄頃、京都知恩院前に住み、扇絵を得意とする僧形の絵師として一世を風靡した。のち小袖模様の意匠を手がけ、この分野でも好評を博した。1692年(元禄5)「余情ひなかた」を刊行し、描絵小袖の領域でも注目を集めた。俗に友禅染の創始者とされるが、彼は意匠家としての役割をはたしたもので、近世初期から伝わる糸目糊(いとめのり)の技術を友禅染として大成したのは、京都五条辺の染工たちであったと考えられる。

みやざわきいちないかく [宮沢喜一内閣] 自民党の宮沢喜一を首班とする内閣(1991.11.5～93.8.9)。1991年(平成3)海部内閣のあとをうけて成立。自民党総裁選で2位の渡辺美智雄を副総理・外相、竹下派の羽田孜(つとむ)を蔵相にすえ実質派内閣といわれた。政治改革・国際貢献・生活大国を目標にする、国連PKO協力法、コメ市場開放などの懸案に対処。PKO法案は92年6月可決、9月自衛隊をカンボジアに派遣した。しかし国内では佐川急便事件で政治不信が高まり、政治改革とからんで、93年6月社会・公明・民社3党の不信任案が可決され、衆議院解散を決定。自民党は、離党した武村正義が新党さきがけ、羽田孜が新生党を結成して分裂。7月18日の総選挙で自民党は過半数を大きく割りこみ同内閣は退陣。翌月日本新党の細川連立内閣にかわった。

みやざわけんじ [宮沢賢治] 1896.8.27～1933.9.21 大正・昭和前期の詩人・児童文学者。岩手県出身。裕福な質屋の長男に生まれ、盛岡高等農林に学んだ。在学中から日蓮宗の熱烈な信者となり、真宗信者の父母にも改宗を迫ったが拒絶され、1921年(大正10)上京して自活。布教に従事し、童話の創作にも励んだが、妹トシの病気により帰郷。稗貫(ひえぬき)農学校教員となる。24年「春と修羅(しゅら)」「注文の多い料理店」を刊行したが反響はなかった。26年(昭和元)に農学校退職。羅須地人(らすちじん)協会を設立し、農民に献身する生活を送ったが、28年病に倒れた。「雨ニモマケズ」は病床で手帳に書いた晩年の理想像である。「銀河鉄道の夜」も死後未定稿のまま発見された。

みやしたたきち [宮下太吉] 1875.9.30～1911.1.24 明治期の初期社会主義者。山梨県出身。小学校卒業後機械工となり、各地の工場を移動中に「平民新聞」に接する。各種の社会主義書籍を読み、民衆の天皇崇拝の迷信打破を目的に天皇襲撃を企図。1909年(明治42)2月幸徳秋水・森近運平を訪ねて決意を告げ、新村(にいむら)忠雄・管野スガの協力も得て爆裂弾を試作。10年5月未遂のまま逮捕され、大逆事件の端緒となり、11年に処刑。

みやしょうぐん [宮将軍] ⇨親王将軍(しんのうしょうぐん)

みやすどころ [御息所] 「みやすみどころ・みやすんどころ」とも。もとは天皇の休息所、またその寝所に侍り、天皇の寵愛をうけた宮人をいう。皇子・皇女を生んだ女御(にょうご)・更衣(こうい)をいう場合が多い。のちには皇太子妃や親王妃を称するようになった。

みやつこ [造] 古代のカバネ。「御奴」あるいは「宮つ子」の意とされる。「造」の字は、新羅(しらぎ)の第17等官位である造位からきているとする説もある。造姓を称する氏族は多く、ほとんどが伴造(とものみやつこ)氏族であるが、出自は皇別・神別・諸蕃と一定しない。これらの氏族は、5世紀末葉～6世紀におかれた新しい型の品部(しなべ)を管掌する伴造であり、より古い型の品部を管掌する連(むらじ)姓氏族よりも概して地位は低かった。造姓氏族のうち有力なものは683年(天武12)以降連姓を賜ったが、684年に制定された八色の姓(やくさのかばね)に造姓はなく、このとき10氏が第4等の忌寸(いみき)姓を賜った。

みやもとつねいち [宮本常一] 1907.8.1～81.1.30 昭和期の民俗学者。山口県出身。大阪にて、小学校教員のかたわら民俗学の道に入る。1954年(昭和29)上京、渋沢敬三のアチック・ミューゼアム(日本常民文化研究所)に入り、全国各地への旅を続ける。柳田国男の民俗学とは一線を画し、非農業民を含めた常民文化の特質を追究した。とくに海からの視点をもち、離島振興に努めた。膨大な旅と、郷里で体験した生活記録を背景に、「忘れられた日本人」「家郷の訓(おしえ)」など数多くの著作をまとめた。

みやもとむさし [宮本武蔵] 1584～1645.5.19 江戸初期の剣術家。二天一流の祖。生国は美作・播磨国説などある。名字は「新免」も用いた。実像の詳細は不明だが、13～29歳に60度余の他流試合を行い、1度も負けなかったという。佐々木小次郎との巌流(がんりゅう)島の決闘後、剣理の追究に努め、1640年(寛永17)から熊本藩主細川忠利の客分となり、「五輪書」を書きあげた。書・画などにも才能を発揮した。江戸時代から歌舞伎「敵討巌流島」や浄瑠璃などにとりあげられ、吉川英治著「宮本武蔵」は青年剣豪の武蔵像を一般に定着させた。

みやもとゆりこ [宮本百合子] 1899.2.13～1951.1.21 大正・昭和期の小説家。建築家中条精一郎の長女。本名ユリ。日本女子大中退。在学中「貧しき人々の群(むれ)」(中条百合子名)で注目される。結婚に破れた顛末を

「伸子のぶ」に描く。ロシア文学者湯浅芳子の影響でマルクス主義に傾く。1931年(昭和6)共産党入党。翌年宮本顕治と再婚。第2次大戦中も非転向を貫き転向文学を批判。戦後は新日本文学会の中心メンバーとして活躍。「道標」発表後急逝。

ミャンマー ⇨ビルマ

みょうえ [明恵] 1173.1.8～1232.1.19　鎌倉前期の華厳宗の僧。明恵房高弁こうべん。栂尾とがのお上人。紀伊国生れ。父は平重国，母は湯浅宗重の女。幼くして両親を失い，高雄神護寺に文覚の弟子上覚じょうかくを師として出家。仁和寺や東大寺に真言密教や華厳を学び将来を嘱望されたが，俗縁を絶ち紀伊国有田郡白上しらかみや同国筏立いかだちに遁世した。釈尊への思慕の念が深く2度インドへの渡航を企てたが，春日明神の託宣により中止した。1206年(建永元)後鳥羽上皇から栂尾を下賜されて高山こうざん寺を開き，観行と学問につとめた。著書に「摧邪輪ざいじゃりん」「涅槃講式」「舎利講式」や，40年に及ぶ観行での夢想を記録した「夢記」などがあり，弟子の筆記になる「却廃忘記」など多数ある。和歌を多く残し「明恵上人和歌集」がある。

みょうえしょうにんぞう [明恵上人像]　華厳宗僧明恵房高弁こうべんの肖像画。松林の中の樹上に坐禅する情景を，のびやかな描線と墨色を主とした淡彩で描き表す。高潔な人柄と自然とけっこんした精神の境地まで表現しえた傑作。作者は明恵に近侍した恵日房成忍じょうにんと推測される。高山寺蔵。紙本着色。縦145.2cm，横58.5cm。国宝。

みょうがきん [冥加金]　江戸時代，商・工・漁猟などに賦課された雑税。本質的には領民が営業の許可や独占を領主へ願いでる際の献金で，年季を限って毎年不定額を上納するもの。これに対し運上うんじょうは，普通，税額が固定されており，もともと租税としての性格が強かった。しかし，冥加金もしだいに一定の税率にもとづき賦課されることが多くなり，その結果，冥加金と運上の違いが不鮮明になったため，両者はほとんど同様の営業税・許可税として認識されるようになった。冥加金は原則として金納だったが，永楽銭で税額を表示する場合には冥加永，米納の場合は冥加米などとよばれ，ときには現物納の場合もみられる。

みょうぎょうどう [明経道]　大学寮の四道の一つで，経学けいがくを教授した学科。大学博士1人，助教2人，直講ちょっこう2人の教授陣と，その下で学ぶ明経得業生とくごうしょう4人，明経生400人からなり，令制の明経の試験に対応したが，のち門徒生10人が加わる。明経試は，「礼記らいき」「春秋左氏伝さでん」(以上大経)，「毛詩」「周礼」「儀礼」(中経)，「周易」「尚書」(小経，798年に「春秋公羊くよう伝」「春秋穀梁こくりょう伝」がわかる)から選択した大・小各1経または中経2経と必修の「孝経」「論語」から出題され，上上・上中・上下・中上第をそれぞれ正八位下・従八位上・大初位だいそい下・少初位上(上下・中上第の叙階は802年に新設。それ以前は式部省)に叙して出仕を認めた。平安時代に成立した明経道でもこの点は同じだが，明経得業生が正規の受験資格者として位置づけられたことは重要。明経試合格者は明経道教官として，問者生試合格者は一般官人としてそれぞれ活躍した。以上の2試を受験できなかった者についても，年挙ねんきょなどによる任官の道が開かれていた。

みょうじ [苗字]　名字とも。代々継承される家の名で，氏姓ともいう。古くは氏うじとは別で，藤原氏の家名として近衛・一条などがあるように，同一の氏からわかれた，分節化した父系出自集団の称といえる。日本の姓氏名の表記には複雑な変遷があり，庶民は室町時代以降家名を失い，屋号があったにせよ名だけでよばれ，武家などは住地・荘園を家名とし，略式では家名と通称，公式には氏・姓・諱いみなを重ねて用いた。たとえばのちの戸籍名伊藤博文は，略称が伊藤俊輔，公的には越智宿禰おちのすくね博文と記した。1872年(明治5)の手申びしん戸籍で姓かばねは廃され，氏と家名は通称に解消される。この際苗字には，氏でも家名でも，また新たに案出した名でもよく，この登記された戸籍名が苗字とされた。

みょうじたいとう [苗字帯刀]　苗字を名のり帯刀することのできる資格。江戸時代，兵農分離により武士身分が百姓以下の諸身分を支配する体制のもとでは，苗字を名のり帯刀することは武士身分に固有の特権であった。しかし幕府や諸藩は，武士身分以外の被支配身分にも，特別の社会的功績があった者，多額の献金をした者，大庄屋・町年寄などの統治に関わる補助的業務を行う者には，この特権を恩典として与えた。この特権を得ることは，百姓や町民にとっては地域社会において武士身分に準じる権威の獲得を意味し，そのため幕藩権力が在地を統治するうえで効果的な方策でもあった。明治期には平民にも苗字を名のることが許可され，廃刀令により帯刀は禁止された。

みょうしゅ [名主]　中世，荘園公領制下の村落で中核的な地位を占めた百姓のこと。その前身は中世初期の村落を形成する主体となった根本住人。彼らが荘園領主から名の管領を認められて名主に転化した。名主になることによって百姓上層は，他の弱小な経営を営む小百姓などに対する優越を保持した。名主は名単位に賦課される年貢・公事の徴納責任者である点で，下級

荘官の側面をもつ。しかし、公事は共同体行事に淵源をもつ共同体成員の負担に由来することから、公事負担者である名主は村落の完全な成員権を有する一種の名誉ある身分の証でもあった。

みょうしゅしき [名主職] 中世、荘園や公領の名主が所有した所職。名全体の年貢・公事も納入の責任を負う代償として、荘園領主から補任を受け、中世村落で特権的地位を保証された荘園制的な最下級の職。名主の階層は地域によってさまざまだが、村落上層の百姓に限られるわけではなく、国御家人クラスの者が任じられる例も多かった。

みょうじょう [明星] 明治後期の文芸雑誌。1900年（明治33）4月創刊、08年11月通巻100号で終刊。5号までは新聞型で、以後雑誌型。発行所は新詩社。内容は詩歌を中心とし、創作・評論・翻訳なども掲載。おもな執筆者は主幹与謝野鉄幹のほか、与謝野晶子・落合直文・河合酔茗・薄田泣菫・蒲原有明らの同人のほか、上田敏・馬場孤蝶・石川啄木らも寄稿。芸術至上主義・唯美主義の色彩をもち、日本の浪漫主義を代表する雑誌として詩壇・歌壇に君臨したが、自然主義運動の勃興のなかで廃刊。21年（大正10）に創刊された第2次「明星」（与謝野鉄幹主宰、27年廃刊）、47年（昭和22）に創刊された第3次「明星」（与謝野光主宰、49年廃刊）がある。

みょうしんじ [妙心寺] 京都市右京区にある臨済宗妙心寺派の大本山。正法山と号す。開山は関山慧玄、開基は花園上皇。開創の時期については諸説あるが、1342年（康永元・興国3）をそれほど遡らない時期。応仁・文明の乱で焼失したが、大徳寺の末寺的存在として存続。永正年中（1504〜21）に独立し、細川氏・織田信長・武田信玄らの帰依をうけて発展。梵鐘・大灯国師墨跡印可状（ともに国宝）がある。

みょうちん [明珍] 甲冑師の一派。「明珍系図」によると、中興の祖宗介は近衛天皇から明珍の号を賜るとあるが、確証がない。実際の作品は室町末期からみられ、明珍信家による永正年紀の鉄錆地筋兜鉢がある。江戸時代になると江戸・弘前・仙台・金沢・広島・高知などに広く分布し、甲冑師では明珍派が最も栄えた。「毛吹草」に「明珍・鐙」とあるように、甲冑以外の鐔・鐙・自在置物・轡などさまざまな鉄の細工物を製作した。

みょうでん [名田] 荘園や国衙領で年貢・公事徴収単位としての名に編成された田地。国衙領の名が史料に出るのは1053年（天喜元）の大和国大田大丸名結解状が最初。荘園の一般的な名田の出現は早くても12世紀以降である。荘園の名田の規模は段数から2〜3町程度がふつうだが、辺境地域ではさらに大規模な場合もあった。名主以外に複数の百姓の作手田（所有田）が散在錯圃として編成されたが、中間地域の山間荘園などでは、しばしば丘陵の小谷ごとに比較的まとまって名田が設定されていることもあり、名共同体の存在を想定する見解もある。

みょうぶ [名簿] 名符・名付・二字とも。みずからの姓名・官職位階を記した札。古代、官職についた者が官衙に提出したのが早い例だが、時代がくだるにつれて、臣従儀礼の一環として提出される文書として用いられるようになった。すなわち貴族や有力武士の家人となった者が主人に提出したり、戦闘で敗北した者が降服の作法の一つとして勝者に提出するなどの用法があった。名簿を提出することで、人格を他者にゆだねることを表したと考えられる。

みょうぶ [命婦] 古代の身分ある女性の称。名称は中国に由来するが、日本では内命婦をキサキの称として使用しないなど、中国の制とは大きく異なる。後宮職員令では、女子が五位以上を帯する宮人を内命婦、夫が五位以上を帯する官人の妻を外命婦とする。いずれも朝参を許された。平安時代以降、命婦は五位クラスの中臈のみをさした。内侍の補足的な役割をする裳帳命婦・威儀命婦などもある。

みょうぼうどう [明法道] 古代の大学寮の四道の一つで、法律について教授した学科。明法博士2人の教授陣と、その下で学ぶ明法得業生2人、明法生20人からなり、令制の明法生に対応した。明法試は律から7問、令から3問出題され、全問正解の甲第と8〜9問正解の乙第が及第とされ、それぞれ大初位上、大初位下に叙せられて出仕を認められた。明法得業生が正規の受験資格者として位置づけられたことは重要である。及第者は、明法博士のほか、刑部省や検非違使などの法律の知識を必要とする官司で活躍した。また813年（弘仁4）以降は、6〜7問正解の者の国博士への任用が認められるようになった。明法試を受験できなかった者についても、年挙などによる任官の道が開かれていた。

みょうぼうはかせ [明法博士] 大学寮で明法道を教授する教官。大宝律令の制定直後に一般官人や大学寮の学生に律・令を教授する明法博士があったが、728年（神亀5）大学寮での正規の教官として律学博士が設置された。定員は2人で相当位階は正七位下。律学博士は唐の官名そのままだったが、同時におかれた明法生、および彼らの任官試験の名称の明法試から、明法博士の呼称が一般化したものであろ

う。799年(延暦18)には大宰府にもおかれ，825年(天長2)に相当位階が従七位下と定められた。

みょうれいりつ [名例律] 日本律の一編目。大宝律・養老律ともに存在。唐律を継承したもの。日本律全12編中の第1編で，律全体の総則的規定を定めた最重要の編。主刑としての五罪，減刑としての例減，換刑としての贖・官当，付加刑としての除免を定め，八虐・六議・併合罪・共犯・連坐などの重要原則を定めている。大宝名例律は全条散佚し逸文を伝えるのみ。養老名例律は前半を伝え，後半は散佚。

みよしうじ [三善氏] (1)百済国速古王の後裔とされる渡来系氏族。はじめ錦織(部)首(のち連に改姓)。延暦〜大同期頃，姉継ら錦部連の一部が三善宿禰の氏姓を賜る。その後，三善清行が延喜初年頃朝臣姓を賜ったらしい。平安中期以降，紀伝道の家を形成した。(2)一方，977年(貞元2)の左少史第宿禰時佐の申状(「類聚符宣抄」)では，錦織禰も(1)の錦織氏と同源だと主張し，主税助錦部禰茂明が三善朝臣を賜った。子孫は算道の家を形成した。(3)中世には鎌倉幕府の問注所執事となった康氏だが，系譜関係は不明。→巻末系図

みよしし [三好氏] 中世阿波国の豪族。清和源氏。甲斐源氏小笠原長清は，承久の乱の功で阿波国守護となり，三好郡に住んで子孫が土豪化，長隆の養子義長の頃から三好氏を称したという。南北朝期，はじめ南朝方で活躍したが，のち阿波国守護細川氏に仕えた。以後，細川氏のもとで勢力を伸ばしたが，戦国期長慶のとき，細川氏の勢力が衰えると，主家を退け幕府の実権を握った。その後，家臣松永久秀に実権を奪われ，のち織田信長に滅ぼされた。

みよしながよし [三好長慶] 1522〜64.7.4 戦国期の武将。元長の嫡男。初名利長，ついで範長。孫次郎。伊賀守・筑前守・修理大夫。1532年(天文元)父の討死により家督を継承。細川晴元の将だったが，48年離反。翌年，将軍足利義輝と晴元を近江に駆逐。52年義輝とわだし，再び近江に追った。同年摂津国越水城(現，兵庫県西宮市)から同国芥川城(現，大阪府高槻市)にうつる。58年(永禄元)再度義輝と和して京都に迎え，60年には配下の松永久秀が大和を制圧，畿内全域と丹波・淡路・讃岐・阿波各国を支配下におき，みずからは河内国飯盛山城(現，大阪府四條畷市)に入った。63年に嫡子義興が急死すると政務への意欲を失い，翌年久秀の讒言で弟安宅冬康を殺害後，まもなく病死。

みよしのきよゆき [三善清行] 847〜918.12.7「きよつら」とも。平安前期の学者・官人。幼名は文雄。字は三耀・居逸。善相公とも称した。氏吉の子。母は佐伯氏。873年(貞観15)文章生に教られ，翌年，巨勢文雄の推薦で文章得業生に選ばれた。881年(元慶5)方略試で不第とされたが，2年後に改判で丁第とされ官途につく。887年(仁和3)従五位下。その後，大内記・備中介・文章博士・大学頭などを歴任。この間「革命勘文」を奏上し，辛酉革命説にもとづき改元を求めて容れられ，901年(昌泰4)7月，延喜と改元された。905年「延喜格式」編纂員に任じられた。914年従四位上・式部大輔となり，醍醐天皇の諮問に答えて政治改革を説いた「意見十二箇条」を上奏。917年参議となる。

みよしのきよゆきいけんじゅうにかじょう [三善清行意見十二箇条] ⇒意見十二箇条

みよしのためやす [三善為康] 1049〜1139.8.4 平安後期の学者・官人。越中国射水郡の射水氏の出自だったが，平安京にのぼって算博士三善為長の弟子となり，三善朝臣と改氏姓。紀伝道からの省試をへての出身はせずに，少内記・算博士・尾張介・越後介・諸陵頭・越前権介を歴任し，正五位下に昇る。算博士として活躍したが，文人・浄土信仰者としての活動が有名で，「朝野群載」「掌中暦」「童蒙頌韻」「続千字文」「拾遺往生伝」「後拾遺往生伝」などを著し，自身も「本朝新修往生伝」に往生人として描かれた。

みよしのやすのぶ [三善康信] 1140〜1221.8.9 鎌倉幕府草創期の官僚。明法博士に太政官の史や中宮少属を勤める。母が源頼朝の乳母の妹であった関係から，伊豆配流中の頼朝に月3度京都の情報を送り，1180年(治承4)には源氏追討の動きをいち早く頼朝に知らせた。その後出家して入道善信と称し，84年(元暦元)頼朝の招きで鎌倉に下向し，政務についた。頼朝の訴訟機関問注所の実務を担い，91年(建久2)問注所初代執事となって，幕府の基礎固めに努める。源家将軍3代および北条執権体制下に宿老として幕政に重きをなしたが，承久の乱直後に問注所執事の職を子の康俊に譲り没した。

ミルン John Milne 1850.12.30〜1913.7.31 イギリスの地質学者。リバプール生れ。王立鉱山学校卒。1876年(明治9)御雇外国人として来日。工部大学校で地質学と鉱山学を教えた。鉱物や火山を研究し，80年の横浜地震を契機として外国人学者による日本地震学会を設立し，副会長となった。地震学の研究に進み，地震学の父といわれた。地震計の製作，地震観測網の整備，地震予知・震災対策などの研究を提唱。95年帰国。

みろくぼさつ [弥勒菩薩] サンスクリットの

マイトレーヤの音訳。現在,兜率天の内院にあって,釈迦入滅後56億7000万年後に竜華樹の下で悟りを開き,3度の説法(竜華三会)で釈迦の済度にもれた衆生を救済する菩薩。次の生で仏陀になるという意味から補処の菩薩,弥勒仏ともいわれる。密教では胎蔵界曼荼羅中に中台九尊の第1として大日如来の東北方に位置し,金剛界曼荼羅では賢劫十六尊の第1とされる。日本では阿弥陀如来と並び浄土信仰の基幹部分をなし,造像例に広隆寺や中宮寺の半跏思惟像,法隆寺五重塔の彫塑弥勒浄土,笠置寺や室生寺大野の磨崖仏,称名寺金堂壁画などがある。下生信仰にもとづき経典の埋納も盛んに行われた。

●弥勒菩薩

みわやま [三輪山] 美和山・御諸山・三諸山とも。奈良県桜井市にある山。標高467m。秀麗な円錐形の山容で,西麓に鎮座する大神神社の神体山。「延喜式」神名帳に大神大物主とあるように祭神は大物主神で,孝霊天皇の皇女倭迹迹日百襲姫命(「日本書紀」)あるいは活玉依毘売(「古事記」)を妻にしたといい,その子で三輪君の始祖の大田田根子が祭ったと伝える。大己貴神の幸魂・奇魂が大三輪神であるともいう。三輪山山麓一帯は三輪の山本とよばれる。

みん [明] 漢民族が建てた中国統一王朝(1368〜1644)。紅巾軍の一部将だった貧農出身の朱元璋が元を倒して建国,太祖洪武帝となる。皇帝権の強化をはかり,中書省を廃止して宰相をやめ,六部を皇帝直属とした。靖難の変により建文帝にかわって帝位についた成祖永楽帝は,南京から北京に遷都し,モンゴル高原の旧元勢力への親征,ベトナム遠征,鄭和の大艦隊による南海経略などを行った。中期以降,北辺ではオイラート部・タタール部など外敵が侵入し,江南では倭寇の活動が激しくなるなど北慮南倭に対策に苦しんだ。また中央では宦官が権力をふるい党争が続き,東北地方では女真族との交戦で財政が破綻した。各地で反乱もおこり,1644年李自成に北京を攻略されて滅亡した。

みん [旻] ?〜653.6.- 7世紀の僧。608年(推古16)9月,遣隋使小野妹子に従って高向玄理・南淵請安らと入隋し,632年(舒明4)8月帰朝。帰国後,蘇我入鹿・藤原鎌足らの際に「周易」を講じた。637年流星があった際に天狗の吠声であると主張し,さらに639年彗星出現により飢饉を予告するなど,祥瑞思想に詳しかった。大化の改新後,645年(大化元)高向玄理とともに国博士となり,十師の一員にも任じられた。649年高向玄理と八省・百官の制を起案し,翌年穴戸国司から白雉が献上されると,その祥瑞を説いて白雉改元となった。653年(白雉4)5月病気となり,孝徳天皇の見舞をうけ,翌月没した。

みんかい [民会] ⇒地方民会

みんかんせいよう [民間省要] 江戸中期の意見書。上中下3編で15巻77項目。武蔵国川崎宿名主の田中丘隅著。みずからの経験をもとに民政の事実・意見を記録,1721年(享保6)の自序がある。22年に将軍徳川吉宗に献じられ,その後才を認められて幕史に登用された。上編は年貢・小物成などの賦課や田地,用水川除等普請が百姓の重圧にならないよう地方役人の心得などをのべる。中編は宿駅・伝馬・道中時の災難など,下編は外国人・御用木・諸普請等についてなど,細かい点にまで論が及んでいる。当時の下級官吏の腐敗,地主の横暴,御用商人の悪弊などの指摘もみえ,近世中期の村落社会・経済・政治の状況を知る基本文献の一つ。「日本経済叢書」「日本経済大典」所収。

みんかんでんしょう [民間伝承] 民俗の母体となる概念であり,長い時間をかけて何世代にもわたり伝えられてきた知識や技術などの文化内容を表す。民俗学の基本資料で,常民や民俗文化と同様な性格をもつ。属性は類型的かつ没個性的であるが,日常生活文化を構成する主要素であり,説話や歌謡・儀礼などに含まれている。地域社会に根ざいの文化として存在し,日本文化の全体像をとらえるのに不可欠な要素。

みんげい [民芸] 民衆の作った工芸の意だが,日本では地方の無名工人の作る美術工芸の総称。民芸の概念は柳宗悦が1926年(大正15)1月に作成した「日本民芸美術館設立趣意書」に語られており,民衆の日常雑器,すなわち下手物の民衆工芸を民芸と規定した。その主張に陶工の河井寛次郎,浜田庄司,富本憲吉(富本はまもなく離脱),バーナード・リーチらが共鳴し参加したのち,染織では芹沢銈介,板画家の棟方志功らが加わった。民芸運動は明治・大正・昭和の芸術思潮を支えた技巧主義への反省と,魂の響きを求める運動の一つの具体例としており,そのはたした創造的役割は大きい。東京駒場の日本民芸館は運動の拠点となっている。

みんけんじゆうろん [民権自由論] 明治前期

の啓蒙的自由民権理論の書。植木枝盛著。1879年(明治12)4月刊。平易な口語体。はしがきで全国民に「自由の権」が命より重いことを伝え，本文で人民は堂々と国家のことにも心を用いること，国家・政府は人民の自由権利を守るもので，人民は天賦の自由権利を行使すべきこと，国家の基本は人民の繁栄にあり，人民の自主自由と憲法こそが国の独立を保つと説いた。「民権田舎歌」が付録。「岩波文庫」所収。

みんけんろん [民権論] 自由民権運動の支柱となった思想で，天賦人権論にもとづき，国民の政治的・市民的権利の確立を説く政治理論。福沢諭吉ら啓蒙思想家によって紹介され，1879年(明治12)植木枝盛の「民権自由論」や，新聞・雑誌，地域における学習・討論会などを通じて広く国民の間に浸透した。国会開設運動や革命権・抵抗権を盛りこんだ私擬憲法「日本国国憲案」の作成などは，民権論を具体的に実現するために行われた自由民権運動の一つである。83年には馬場辰猪の「天賦人権論」，植木の「天賦人権升」など代表的な民権論の著書も出版された。しかし，民権運動の挫折，国権論の台頭，国家による天皇制思想の注入などにより，近代日本において民権論は十分には発展をみなかった。

みんじそしょうほう [民事訴訟法] 民事法上の紛争を解決するための手続法。プロイセンの参事官だった御雇外国人テッヒョーが起草を担当し，1890年(明治23)公布。伝統的な日本の民事裁判実務である書面中心審理を排し，原告・被告による口頭弁論原則を採用した。しかし現実の民事裁判では口頭弁論が十分に機能せず，訴訟遅延の弊害がめだった。1926年(昭和元)に改正され，訴訟遅延の解決策として書面裁判にもどし，その調整が図られ，弁論準備手続きの新設による訴訟管理法が導入された。この改正により以前の民事訴訟法は旧民訴法とよばれる。

みんしゅしゃかいとう [民主社会党] 日本社会党内の左右両派の対立により，右派の指導者西尾末広らが脱党し，1960年(昭和35)1月に結成した政党。69年民社党と改称。87年の連合結成までは全日本労働総同盟が支持母体。94年(平成6)12月，新生党・公明党・日本新党などと新進党を結成し，衆参両院あわせて24人が参加。民社党の名は解消した。

みんしゅじゆうとう [民主自由党] 第2次大戦後の政党。1948年(昭和23)3月，民主党・社会党の連立による芦田均内閣が成立すると，日本自由党の吉田は公約に日本自由党幣原派との接近をはかった。同月日本自由党に民主クラブと無所属の一部が合流して結成。同年10月総裁吉田茂を首班とする第2次吉田内閣が発足。49年1月の総選挙では戦後はじめて衆議院の過半数を占める政党となり，第3次吉田内閣の基盤となった。吉田は保守勢力の大同団結をよびかけ，50年3月に民主党連立派と合同して自由党へと改組した。

みんしゅとう [民主党] ■第2次大戦後の政党。日本進歩党に日本自由党・国民協同党，無所属の一部が参加して1947年(昭和22)3月に結成。修正資本主義を標榜した。日本社会党・国民協同党と連立して片山哲・芦田均両内閣の与党となる。49年2月の第3次吉田茂内閣組閣の際，党内に連立派と野党派の対立が生じ，連立派は50年3月民主自由党と合同して自由党を，野党派は同年4月国民協同党と合同して国民民主党を結成した。

■政党再編が進むなかに，1996年(平成8)9月社会民主党・新党さきがけを中心にして結成(代表鳩山由紀夫・菅直人)。翌10月の総選挙で52議席を獲得。98年4月，旧新進党の大半が合流して新たに民主党を結成，同年7月の参議院選挙で勝利し，野党第1党となる。

みんせん [明銭] 明代に官鋳された中国の貨幣。いずれも銅銭だが，16世紀以降は鉛や錫の含有がふえる。明朝から朝貢国への頒賜物として，また貿易によって日本にも大量に流入し，国内通貨として流通した。大部分は永楽通宝で，ついで洪武通宝・宣徳通宝が多少みられ，その他はほとんどない。はじめは精銭として通用したが，15世紀末以降，明での価値下落の影響をうけて悪銭化する。永楽通宝だけは精銭に準ずる地位を確保し，とくに東国では超精銭となった。

みんせんぎいんせつりつけんぱく [民撰議院設立建白] 1874年(明治7)板垣退助らにより左院に提出された国会開設を求める建白。政府は72年頃から左院に国会開設の具体案を検討させていたが，内紛などから実現しなかった。そこで征韓論がいれられず下野した前参議板垣らが，74年1月17日に建白書を提出。内容は，政府の有司による専制政治が国家の危機を招いていると非難し，官民一体となって国を建て直すため，すみやかな民撰議院(国会)の設立を主張したもの。建白の署名者は板垣・後藤象二郎・江藤新平・副島種臣・古沢滋・岡本健三郎・小室信夫・由利公正の8人で，藩閥反主流の旧高知・佐賀藩出身者が中心した。建白書は翌18日の「日新真事誌」に掲載され，知識人たちの間で賛成・批判などさまざまな民撰議院論争が展開された。

みんぞくがく [民俗学] 伝承的な庶民の日常生活を対象にし，民俗文化の特質を究明することを目的とする学問。研究素材は民間に伝承されている資料が中心で，有形・無形を問わな

い。聞書き、文献記録、絵画・映像資料など、民間伝承を語る形態は豊富にあり、日本の民俗学は、それらの資料を数多く記録化してきた。19世紀後半に欧米で発達した学問で、英語のfolkloreやドイツ語のVolkskundeは、民間伝承を意味する語として使用される。日本では、ほぼ同時期に国学の一部として注目されていたが、のちに柳田国男の郷土研究に引き継がれ、一国民俗学を唱えてスタートした。歴史学や文化人類学（民族学）と重なる領域もかなり多い。

みんぞくじけつしゅぎ [民族自決主義] 第1次大戦中にアメリカ大統領ウィルソンによって唱えられた理念で、民族はその政治的地位を自由に決定できるというもの。また第2次大戦後、国際連合はその憲章第1条のなかで「人民の同権と自決の原則」を高く掲げている。二つの大戦を通じて、植民地国家の独立という意味での自決権は確立されたが、独立国家内部の体制に反対する他民族の自決権については学説も一致していない。

みんちょう [明兆] 1352〜1431.8.20　南北朝期〜室町中期の画僧。明兆は法諱、道号は吉山。破草鞵（はそうあい）と号す。長く殿司（とのものづかさ）の役にあったので兆殿司（ちょうでんす）と称される。淡路国生れ。幼くして同地の安国寺に入り僧となり、大道一以（だいどういちい）の法を嗣ぐ。その後師に従い東福寺に移る。生来画技を好み、東福寺ではله達として活躍、「五百羅漢図」(1386)、「大涅槃（ねはん）図」(1408)、「聖一国師像」「達磨（だるま）・蝦蟇（がま）・鉄拐（てっかい）図」など、多くの仏画や頂相（ちんぞう）を制作。宋元画を範としながらも、力強い運筆による雄渾な画風に特徴がある。なお詩画軸の名品「渓陰小築図」(1413)も明兆筆と推定され、画域は広い。弟子に赤脚子（しゃっきゃくし）・霊彩（れいさい）がいる。

みんとう [民党] 初期議会期の反藩閥政府的党派の呼称。「吏党」とともに中江兆民の命名によるという。通常は民権派の流れをくむ自由党と改進党の両者をさし、議会で共闘関係にあった両者を民党連合ともよんだ。自由党が第2次伊藤内閣に接近するとともに、呼称としての民党も用いられなくなった。

みんぶかん [民部官] 1869年（明治2）4月に設置された民政一般を担当する官庁。すでに68年閏4月に財政・内政担当の会計官が設置されていたが、民部官はそのうち内政職務を継承して府県事務・戸籍・駅逓・橋道・水利・開墾・物産・救貧などを担当した。同年7月民部省に改組。

みんぶしょう [民部省] ■大宝・養老令制の官司。八省の一つ。主計・主税寮を被管にもち、戸籍・計帳により諸国の人民を、田図・田籍により田地などの土地を把握し、これにもとづき国家財政を担った。主計寮は、計帳によ り把握された毎年の課口数にもとづき、諸国からの貢納物納入への立会いや調庸帳などの帳簿による監査を行い、主税寮とともに、正税帳や租帳などを通じて田租や正税などの諸国の財政を掌握した。諸国からの貢納物や帳簿の進上に問題がなければ返抄（受領証）を発行した。ほかにも諸国から庸として納入される米・塩を保管し、仕丁（しちょう）や衛士（えじ）の資養にあて、中央での労役を差配した。■明治初年の国内の民政を担当した中央行政官庁。1869年（明治2）4月に設置した民部官を、同年7月職員令の制定により民部省と改称。府県事務・戸籍・駅逓・橋道・水利・物産などを管轄。初代民部卿は松平慶永（よしなが）。8月大蔵省と合併。70年7月再び分離したが、71年7月廃省となり、所管の事務は大蔵省と工部省にひきつがれた。

みんぶしょうさつ [民部省札] 1869年（明治2）10月から70年10月の間に民部省通商司で製造・発行した小額面の政府紙幣。二分・一分・二朱・一朱の4種。当初は発行額と同量の太政官札を回収する予定であったが、廃藩置県のため財政上の不足がはなはだしく、いったん回収した分を再び発行。その後、新紙幣の発行とともに交換され、78年6月までで通用停止となった。

みんぽう [民法] 近代において財産・家族など国民の私的生活を律する法。1880年（明治13）元老院に民法編纂局を設置し、ボアソナードを中心としておもにフランス民法を参考に編纂を進め、90年財産編・相続編などを公布。93年の施行を予定したが、異論がでて民法典論争の結果、施行を延期。法典調査会によりドイツ民法を参考に修正が行われ、96〜98年いわゆる明治民法が公布され、98年に施行となった。総則・物権・債権・親族・相続の5編からなる。「家」の制度が重視され、戸主の家族統制の権限が強く、女性の地位は低い。1947年（昭和22）日本国憲法の施行とともに民法も大幅に改正され、48年施行。戸主・家督相続の廃止など「家」制度を解体し、相続や婚姻での個人の権利、女性の地位などの向上が図られた。

みんぽうてんろんそう [民法典論争] 明治中期の民法の制定過程で、その是非をめぐっておこった論争。政府はボアソナードを中心にフランス民法をモデルとした民法の起草を進め、1890年（明治23）財産編・相続編・人事編などを公布。93年1月1日からの施行が予定されていたが、公布前から帝国大学系のイギリス法学者の間に民法延期論がおこり、1891年にはドイツ法の権威穂積八束（やつか）が、「民法出デテ忠孝亡ブ」の論文で、日本の伝統的家族道徳が破壊されるとして民法の施行延期を唱えた。一方、梅謙次

郎帝国大学教授が民法施行論を主張。92年第3議会で施行延期が可決された。翌年第2次伊藤内閣のもとで法典調査会が設置され、新たにドイツ民法をとりいれた民法が起草され、議会での可決をへて、98年施行された。

みんぽんしゅぎ [民本主義] おもに明治末～大正期に用いられたデモクラシーの訳語。1916年(大正5)の吉野作造の論文「憲政の本義を説いて其有終の美を済なすの途を論ず」が最も大きな影響を与えた。吉野の民本主義は国民主権であるか否かは問わず、政策決定が一般民衆の意向にもとづき、その目標が民衆の利福にあることを意味した。民本主義が近代的立憲主義の精神的根底であるとし、選挙権の拡大、責任内閣制を唱え、衆議院を政治的中心勢力とすべきであるとする吉野の主張は言論界に歓迎され、社会主義者も含む民本主義論争がおこった。第1次大戦後になると知識人やジャーナリズムの関心は社会主義にむかい、民本主義は時代の中心思潮の位置から後退。吉野自身も後には民主主義の用語を用いている。

みんやくやくかい [民約訳解] ルソー「社会契約論」の一部を中江兆民ちょうみんが漢文訳した注解書。1882年(明治15)3月の「政理叢談」(のち「欧米政理叢談」)第2号から83年9月の第46号まで連載。1882年10月に一部を「民約訳解巻之一」として刊行。社会契約説と人民主権の理論を紹介、自由民権運動に大きな影響を与え、兆民は東洋のルソーの名声を確立した。「中江兆民全集」所収。

みんゆうしゃ [民友社] 1887年(明治20)1月に徳富蘇峰を中心に結成された思想結社・出版社。同年2月、雑誌「国民之友」を創刊して平民主義を唱えた。図書出版事業にも乗り出し、また「国民新聞」の国民新聞社、「家庭雑誌」の家庭雑誌社とともに新聞社・出版社グループを形成した。98年、蘇峰の帝国主義への転向で「国民之友」「家庭雑誌」の廃刊を余儀なくされ、民友社は図書出版と印刷に事業を縮小し、1945年(昭和20)の敗戦により事実上消滅。

む

むがくそげん [無学祖元] 1226～86.9.3 鎌倉中期に中国の南宋から来朝した臨済宗僧。道号は無学、法諱は祖元。はじめ子元と号す。追号は仏光円満常照国師。会稽かいけい生れ。7歳で家塾に入り習学、父の死により13歳で浄慈寺に赴き、剃髪受戒し祖元と名のる。1239年径山の無準ぶじゅん師範に参禅。その後、霊隠寺・育王山・大慈寺で参禅。69年台州真如寺に在住の折、元軍の侵入に遭遇し「臨剣頌」を作る。79年(弘安2)北条時宗の招請により来朝。建長寺・円覚寺の住持・開山となる。弟子に高峰顕日こうほうけんにち・規庵祖円きあんそえんなど。

むぎとへいたい [麦と兵隊] 火野葦平あしへいの中編小説。1938年(昭和13)「改造」8月号に発表。同年9月改造社より刊行。「徐州会戦従軍記」と副題にもあるとおり、日中戦争で苦戦した徐州作戦に軍の報道班員として従軍した筆者が、その見聞を実感をこめて描いたもので、華々しい世評をうけ、発行部数も120万部に達した。

むきょうかい [無教会] 内村鑑三によって創唱された福音的キリスト教の日本的志向を無教会主義といい、1901年(明治34)3月「無教会」第1号で明文化された。内村門下の塚本虎二は、内村の主張を論理的に徹底した。内村は「聖書之研究」を発行し教友と弟子を育てたが、その死とともに集会は解散、雑誌は廃刊。1992年(平成4)現在、無教会の集団である教友会は北米・中南米まで含めて約40を数える。

むけいぶんかざい [無形文化財] 能楽・文楽・歌舞伎・音楽などの芸能や、陶芸・染織・金工などの工芸技術、その他の無形の文化的所産のうち、歴史上および芸術上価値の高いもの。2000年(平成12)4月現在98件で、個人104人と団体24件が国の重要無形文化財に指定されている。

むこいりこん [婿入婚] 妻処さいしょ婚・招婿しょうせい婚とも。初婚式をもって婚姻が成立する婚姻形式。婚姻成立祝は婿と嫁の親や親族との対面を中心に嫁方で行い、以後ある期間夫婦の寝所が嫁方の家に所属し、婿は妻問いを行う。せまい婚域を条件とし、当人どうしの近づきによって結ばれる婚姻で、家の関与は小さくかつ嫁方の家に比重がおかれる。中世に嫁入婚の流行とともにしだいに衰微した。一定期間ののちに嫁が婿方の家へ引き移るが、期間は地域により差があり、その間の嫁や生まれた子供の経済的負担

は嫁方の家に属した。隠居制の行われた地方では、嫁の引移り時期は婿方の家の親が隠居する時期に深くかかわる場合が多かった。

むさし [武蔵] 日本海軍の超戦艦。大和の姉妹艦。従来の軍縮条約型の戦艦(備砲40cm)を圧倒する備砲46cm 9門の超戦艦で、1942年(昭和17) 8月5日三菱長崎造船所で竣工。43年から44年初頭にかけて連合艦隊旗艦となり、マリアナ沖海戦に参加したあと、44年10月24日レイテ沖海戦においてシブヤン海で米空母機の攻撃をうけ撃沈された。

むさしこくぶんじあと [武蔵国分寺跡] 東京都国分寺市西元町にある。東西8町、南北5町の寺地の中央北寄りに、ほぼ方4町の国分寺跡と、古代東山道をはさんだ南西隅に、方1.5町の国分尼寺跡がある。国分寺は、1辺1.5町の主要伽藍区画内に、金堂・講堂・東西僧房・鐘楼・経蔵をおく。廻廊を欠く特殊な伽藍配置をとるが、建物規模は諸国国分寺中で最大。南東200mに塔があり、主要伽藍のなかで最も先行したことがわかるなど、国分寺研究に不可欠の遺跡。方位を異にして造営された国分尼寺では、金堂・尼房・中門と掘立柱塀による区画施設が確認された。国史跡。

むさししちとう [武蔵七党] 平安後期、武蔵国内に成立した中小武士団の総称。七党は室町時代以後の美称で、鎌倉時代は「武蔵の党々」などとよばれ、七つに固定したものではない。猪俣(いのまた)・児玉・横山・丹(たん)・野与(のよ)・村山・私市(きさい)・西・綴(つづき)などの武士団があり、これらの党は郷地頭クラスの武士が1郡から数郡規模でゆるやかに結合し、勧農などの地域開発や祭祀、軍事行動をともにした。後世に作られた「武蔵七党系図」は、それぞれの党が同一始祖から分岐派生した同族集団であることを強調しているが、実際は多様な氏族が婚姻を介して地域的に結合したこと。14世紀以後、高(こう)氏・上杉氏らによる支配が浸透し、南北の武蔵白旗(しらはた)一揆に再編された。

むさしのくに [武蔵国] 東海道の国。現在の埼玉県・東京都と神奈川県東部、「延喜式」の等級は大国。「和名抄」では多磨・都筑(つづき)・久良(くらき)・橘樹(たちばな)・荏原(えばら)・豊島・足立・新座(にいくら)・入間(いるま)・高麗・比企(ひき)・横見・埼玉・大里・男衾(おぶすま)・幡羅(はら)・榛沢(はんざわ)・賀美・児玉・那珂・秩父の21郡からなる。国府・国分寺は多磨郡(現、東京都府中市、国分寺市)におかれた。一宮は氷川神社(現、埼玉県さいたま市)。「和名抄」所載田数は3万5574町余。「延喜式」では調庸を絁(あしぎぬ)・布・帛で、中男作物として麻・木綿・紅花・茜などを定める。713年(和銅6)武蔵の字をあてた。高麗氏などの渡来人により開発が進められ、古くは東山道に属したが、771年(宝亀2)東海道に編入された。勅旨牧をはじめとする牧が多く存在し、のちに武蔵七党とよばれる武士団が勃興した。鎌倉時代には北条氏が守護となり、室町時代には鎌倉公方、のち上杉氏が支配した。戦国期には後北条氏の所領となった。徳川家康は江戸に幕府を開いた。そのためほとんどが幕領と旗本領。1868年(明治元)7月江戸を東京と改称。71年の廃藩置県をへて東京府・埼玉県に統合、一部が神奈川県となる。

むさしのしんでん [武蔵野新田] 武蔵野に開発された新田の意味では江戸前期からのものだが、一般的には幕府の新田開発奨励政策をうけ、享保期に武蔵野に開発された畑作新田群をさす。その数は武蔵国多摩・入間(いるま)・新座(にいざ)・高麗4郡あわせて80余か所といわれる。ただし、これは入植農民が1人でもあった新田の数である。多くは村請で開発されたが、有志が協力して開発した百姓寄合新田もあった。幕府は家作料・農具料を支給するなど種々開発を援助した。

むさんかいきゅう [無産階級] プロレタリアートの訳語。明治期はブルジョアジーの「紳士閥」に対して「平民」と訳され、「労働者階級」ともいわれた。吉野作造が1919年(大正8)に「無産階級」の用語を使用後しだいに定着、社会主義政党も「無産政党」と称され、第2次大戦期まで通用した。戦後は「労働者階級」の用語が定着した。

むさんせいとう [無産政党] 第2次大戦前、無産階級の利益擁護を目的に結成された合法的な社会主義政党の総称。普通選挙実施を前にして、1926年(大正15)3月労農諸団体を組織基盤として労働農民党が結成されたが、労働・農民運動における左右対立激化の影響が政党組織にも及び、年末には右派の社会民衆党、左派の労働農民党、中間派の日本労農党の3政党に分立、以後離合集散をくり返した。32年(昭和7)7月に3系統の合同が実現して社会大衆党を結成し、36・37年の衆議院選挙で躍進した。40年7月近衛新体制運動に参加して自発的に解党。戦後、旧無産政党の活動家の多くは日本社会党の結成に参加した。

むしおくり [虫送り] おもに稲に虫害をおよぼす悪霊を地区から追い払うための共同の呪術的儀礼。稲がかなり生育した夏の害虫発生時に臨時的に行われることが多い。数匹の稲虫を藁苞(わらづと)にいれたり桟俵(さんだわら)にのせ、御幣をたて、松明(たいまつ)を先頭に鉦(かね)・太鼓を打ちながら地区内の田を回り、地区境でこれを焼くか川・海に流す。斎藤実盛の御霊(ごりょう)がイナゴと化して害をもたらすといって実盛人形を作り、これを担いで地区内をはやしつつ練り、地区外に送

むしゃじけん　[霧社事件]　日本の支配に対する台湾先住民族の武装蜂起事件。1930年(昭和5)10月27日未明、台湾台中州霧社の先住民部落11社のうち6社がモーナ・ルダオを指導者にして、警察駐在所や霧社公学校を襲い、日本人134人(ほかに日本人と誤認された漢族2人)を殺害、蜂起した。石塚英蔵総督は警官隊を動員する一方、台湾軍出動を要請、近代兵器を用いてこれを鎮圧。翌年4月25日能高郡警察課長は親日的な味方蕃を使嗾して、投降後収容中の保護蕃を襲撃させ、無防備の210人を殺害させた。これが第2霧社事件で、広義には霧社事件に含まれる。

むしゃどころ　[武者所]　平安中期以降、院などにおかれた、御所や上皇自身の警衛にあたった武者、およびその詰所。985年(寛和元)円融院に10人おかれたのが初見。天皇に近侍する滝口を中心にのち増員され、北面とともに院の武力を担った。建武政権にも権限を受けたトルストイ主義からも脱却の違いについての詳細不明だが、御所の警衛のほか洛中警衛にあたったと推測される。足利尊氏離反後の1336年(建武3・延元元)に65人が6番に編成された交名が残る。継続して、南朝にも設置された痕跡がある。

むしゃのこうじさねあつ　[武者小路実篤]　1885.5.12～1976.4.9　明治～昭和期の小説家・劇作家・詩人。東京都出身。子爵の家柄に生まれる。学習院をへて東大中退。メーテルリンクの影響などにより厳格なトルストイ主義から脱却。1910年(明治43)志賀直哉らと「白樺」創刊、大胆な自我肯定の文学を展開。18年(大正7)人道主義の立場から「新しき村」を宮崎県に創始。第2次大戦後も小説・詩・絵画と旺盛な創作活動を続けた。小説「お目出たき人」「友情」、戯曲「愛欲」。51年(昭和26)文化勲章受章。

むしゃのこうじせんけ　[武者小路千家]　江戸初期に成立した茶道三千家の一つ。千利休の孫宗旦の次男一翁宗守を開祖とする。他家に入っていた宗守が、表裏両千家に遅れて京都武者小路に官休庵を建て、千家に復したことに始まる。宗守は高松藩松平家茶頭にもなり、以後代々同家に出仕。5世一啜斎宗守の頃を最盛期とし、一時衰退したが9世愈好斎のときに再盛。現11世不徹斎宗守に継ぐ。

むじゅう　[無住]　1226.12.28～1312.10.10　鎌倉中・後期の僧侶。梶原氏、俗名不明。諱は道暁。号は一円房。諡号大円国師で、1546年(天文15)に勅諡。鎌倉生れ。18歳で常陸国法音寺で出家。以後関東・大和諸寺で諸宗を兼修。1262年(弘長2)尾張国長母寺(現、名古屋市東区)に入り、80歳で寺内桃尾軒に隠居した。和歌即陀羅尼論の提唱者、話芸の祖。事績は著作中の述懐記事や「無住国師行状」などの伝記、高僧伝が伝える。編著書「沙石集」「聖財集」「妻鏡」「雑談集」。

むしゅく　[無宿]　江戸時代に人別帳から除外された者。久離・勘当・欠落・追放刑など無宿になる経緯は多様である。そのため無宿・野非人といわれる乞食同様の者から、江戸後期に社会問題となった長脇差を帯した無宿者まで実態にも幅があった。無宿は、人返しされるべきものであったが、飢饉時などに無宿・野非人があふれたときには、臨時の無宿狩込みが行われた。また人返しできない無宿を収容する施設として、寛政の改革で人足寄場が設置された。

むじょう　[無城]　江戸時代、大名の家格を領地の規模によって分類した場合のまとまりの一つ。国主・城主に対応する呼称。領地の居館が城郭ではなく、陣屋構えであることから陣屋大名ともいう。1万～3万石未満の極小大名が多い。

むじん　[無尽]　中世～近代を通じて発達した講組織による相互金融。ほぼ同義に用いる頼母子や合力銭との相違はあまりはっきりしないが、起源が頼母子銭にあるならば、無尽はもともと営利的性格をおびていた可能性がある。中世後半に入って頼母子と混用されるようになり、講の会合の際の共同飲食がうむ仲間意識に支えられた、相互扶助的な庶民金融として普及する。その一方で営利的な無尽も発達し、近世には射倖性を高めたものも現れて、一部の藩では無尽を禁止した。近代には会社組織の営業無尽が盛んに行われ、大正初期の段階で数百の無尽会社が確認される。

むすめぐみ　[娘組]　娘仲間・女子若い衆とも。村落社会にみられる年齢集団の一つで、初潮を迎えたり、一定年齢に達した未婚女子の集団をさす。若者組のように一定の組織や加入儀礼などをもたず、気のあった仲間の社交機関のような存在で、娘宿を中心に活動した。宿に遊びにくる若者と語らって異性観を養い、将来の配偶者をみつけるなど、婚姻に関する一定の役割をもっていた点で、近代に作られた官製の処女会や女子青年団と性格を異にする。

むせいふしゅぎ　[無政府主義]　アナーキズムとも。政治的権力や宗教的権威を否定し、一挙に自由人の結合による理想社会の実現をめざす思想。18世紀末、産業革命とフランス革命で揺れるイギリスで、ゴッドウィンが政府のない社会を提唱、シュティルナーが体系化し、プルードンをへてバクーニンが組織化してマルクスと対立。クロポトキンの思想はアナルコ・サンデ

ィカリストに影響を与え,大杉栄を通して日本の社会運動にも大きな影響を及ぼした。

むそうそせき [夢窓疎石] 1275～1351.9.30 鎌倉後期～南北朝期の臨済宗の僧。道号は夢窓,法諱は疎石,国師号は心宗国師。別に木訥叟ぼくとつそうと称す。伊勢国生れ。1292年(正応5)天台宗の明真に師事するが,一字も説かずに死んだ明真をみて,ひそかに教外別伝の禅宗に傾く。翌年,京都建仁寺の無隠円範に参じ,法諱を疎石,道号を夢窓と自称。99年(正安元)来朝した一山一寧いっさんいちねいに師事した。1303年(嘉元元)高峰顕日こうほうけんにちに就学。25年(正中2)後醍醐天皇の命で南禅寺に,29年(元徳元)北条高時に請われて円覚寺に入寺。36年(建武3・延元元)には足利尊氏が弟子の礼をとった。春屋妙葩しゅんおくみょうはらの俊秀を養成して臨済宗の黄金期を築く。後醍醐天皇没後に建立された天竜寺の開山となる。その造園技術による京都西芳寺(苔寺)・天竜寺などの庭園も有名。著書『夢中問答集』。

むだか [無高] ⇨水呑みずのみ

むちゃく・せしんぞう [無著・世親像] 興福寺北円堂の中尊弥勒仏と一具をなす像で,1212年(建暦2)頃,運慶とその一門の仏師たちによって完成された。ともに悟りの境地にも似た奥深い精神性とゆるぎない彫刻性を示し,運慶晩年の円熟した作風がうかがえ,日本彫刻史上の名作の一つ。無著と世親は5世紀頃インドで活躍した兄弟の学僧で,法相ほっそうの教学を確立したことで知られる。高さは無著194.7cm,世親191.6cm。興福寺蔵。国宝。

むつしょうぐんふ [陸奥将軍府] 建武政権が設けた奥羽統治機関。鎌倉幕府滅亡後,東国に拠点を築きつつあった足利方を牽制し,東国武士を掌握するため,1333年(元弘3)10月,陸奥守北畠顕家は父親房とともに後醍醐天皇の皇子義良のりよし親王(のちの後村上天皇)を奉じて陸奥に下り,多賀国府を再興。その職制は,鎌倉幕府にならい評定・引付以下を設け,旧幕府の官僚層や奥羽の有力武士を参加させた小幕府ともよべるものであった。対抗措置として,足利方は鎌倉将軍府開設を後醍醐天皇に承認させた。

ムッソリーニ Benito Mussolini 1883.7.29～1945.4.28 イタリアの政治家。第1次大戦前はイタリア社会党に属し,党機関紙「前進」の編集を担当した。大戦に際し参戦論を展開,党を除名される。1919年「戦闘ファッシ」を結成しファシズム運動を開始。22年のローマ進軍の成功以来20年にわたって首相を務める。43年7月失脚し逮捕されドイツ軍に救出され,新たにイタリア社会共和国(サロ共和国)を樹立。45年4月パルチザンにより銃殺刑に処せられた。

むつのくに [陸奥国] 東山道の国。現在の福島・宮城・岩手・青森県と秋田県の一部。「延喜式」の等級は大国。「和名抄」では白河・磐瀬・会津・大沼・耶麻やま・安積あさか・安達・信夫しのぶ・菊多・磐城・標葉しねは・行方なめ・宇多(以上現,福島県),刈田かった・柴田・名取・伊具いぐ・亘理わたり・宮城・黒川・賀美かみ・色麻しかま・玉造・志太・栗原・新田・長岡・小田・遠田・登米とよま・牡鹿おしか・桃生ものう(以上現,宮城県),気仙けせん・磐井いわい・江刺えさし・胆沢いさわ(以上現,岩手県)の36郡からなる。8世紀初めに多賀城たがじょう(現,宮城県多賀城市)が造営され,ここに国府・鎮守府がおかれた。鎮守府はのち胆沢城(現,岩手県水沢市)に移転。国分寺・国分尼寺は宮城郡(現,仙台市)におかれた。一宮は塩竈しおがま神社(現,宮城県塩竈市)といわれる。「和名抄」所載田数は5万1440町余。「延喜式」では調庸は布・米など。古くは道奥みちのくの国といわれ,676年(天武5)に陸奥国とみえる。718年(養老2)に石城いわき国・石背いわせ国を分立したが,まもなく再併合した。移住政策は以後も蝦夷えみし征討と併行して多数の移民を導入し,国域を北へ拡大した。中世には現青森県域まで国域が広がり54郡といわれた。砂金・馬の産地として知られ,平安後期には奥州藤原氏が陸奥・出羽両国を支配した。鎌倉時代には陸奥守護知行国となり,伊沢(留守)氏・葛西氏をおいて支配した。戦国期には伊達だて・蘆名あしな・南部氏らが栄えた。江戸時代には北に外様,南に譜代大名がおかれ,要所に幕領があった。1868年(明治元)磐城・岩代いわしろ・陸前・陸中・陸奥の5国に分割された。分割後の陸奥国は現在の青森県域にあたり,当初は津軽・北・三戸さんのへの3郡が属した。1871年(明治4)7月の廃藩置県により弘前・黒石・斗南となみ・七戸・八戸・館の諸県が成立。同年9月5日,これらの諸県を弘前県に合併。同月18日には県庁を青森に移し,青森県と改称した。

むつむねみつ [陸奥宗光] 1844.7.7～97.8.24 幕末期の和歌山藩士,明治期の政治家。旧名伊達陽之助。幕末期に脱藩して坂本竜馬の知遇を得て海援隊に加わる。維新後,外務大丞・大蔵省租税頭・元老院議官などを歴任したが,西南戦争時に西郷軍に通謀した疑いで1878年(明治11)禁錮5年の刑をうけた。82年特赦されて欧米に渡り,88年駐米公使としてメキシコとの対等条約の締結に成功。90年第1次山県内閣の農商務相に起用され,第1次松方内閣にも残留,旧縁をいかして自由党・独立倶楽部に独自の影響力をもった。92年の選挙干渉問題で品川弥二郎内相と対立して辞任したが,第2次伊藤内閣の外相となり,治外法権の撤廃を内容とする条約改正を実現したほか,日清戦争の講和条約,

三国干渉などの処理や議会対策に大きな成果を残した。伯爵。

むつらのつ [六浦津] 現在の横浜市金沢区にあった鎌倉時代の港。鎌倉の東の境界外に位置する外港として重視され，北条氏が直轄領化した。一族の金沢氏がここに金沢文庫を造立。東京湾の海上交通の拠点として栄え，唐船・琉球船が来航したといわれる当時の繁栄ぶりは，港を見下ろす位置にある上行寺東遺跡からも垣間見ることができる。

むつわき [陸奥話記]「陸奥物語」「奥州合戦記」とも。11世紀の中頃に安倍頼時・貞任父子がおこした前九年の役の始終を記した軍記物。1巻。作者未詳。俘囚の長であった安倍頼時が1051年(永承6)に国守藤原登任に対し乱をおこしたことから始め，源頼義が出羽の豪族清原武則の助力を得て安倍氏を打ち破るまでの経緯を記している。和風の漢文体で実録風につづる。公文書なども引用しており，乱終結まもなくの頃，官府の文書をみることのできる者が撰述したらしい。本文にみえる戦場から1000里の外にあって書いたとする記述を信用するならば，在京の知識人が著したとみることができそうである。「群書類従」所収。

むとうさんじ [武藤山治] 1867.3.1～1934.3.10 明治・大正期の実業家。尾張国生れ。1884年(明治17)慶応義塾卒業後，アメリカに留学，87年帰国。93年中上川彦次郎による三井の改革時に招かれて三井銀行に入行。翌年鐘淵紡績の新鋭工場である兵庫工場支配人として迎えられ，同社の経営改革に尽力し，1921年(大正10)社長に就任。家族主義的労務管理の推進者として知られる。30年(昭和5)社長辞任後，帝人事件で政財界の腐敗を糾弾する論陣をはり，自邸近くで狙撃され死去。

むどきぶんか [無土器文化] ⇒ 先土器文化

むなかたたいしゃ [宗像大社]「延喜式」は宗像神社。福岡県大島村沖ノ島に沖津宮，同村大岸に中津宮，玄海町田島に辺津宮が鎮座。式内社。旧官幣大社。祭神は沖津宮が田心姫神，中津宮が湍津姫神，辺津宮が市杵島姫神で，宗像三神と称する。この地域の海人を支配した宗像氏の祖神を祭ったものとされるが，朝鮮半島との交通の要路にあたり，早くから大和王権の祭祀にくみこまれていたらしい。律令制下には宗像郡が神郡とされ，889年(寛平元)従一位。神主宗像氏はのち大宮司となり，中世には武士化し御家人として活動したが，戦国期末に宗家が絶え，近世に庶流の深田千秋家により復興された。例祭は沖津宮・中津宮が旧暦9月15日，辺津宮が10月1～3日。「海の正倉院」とよばれる沖ノ島の沖津宮祭祀遺跡出土品は国宝・重文。辺津宮の本殿・拝殿は重文。ほかに宗像神社文書などを所蔵。

むなふだ [棟札] 建物の建立や修理の際，上棟の年月日，工事関係者の氏名などを書いて残す板札。はじめは棟木の下面に直接書くか別の板に書いてうちつけたのが，のち小屋束などにうちつけたり箱に格納したりした。形や書かれた内容はさまざまで，一般に古くは幅が狭くて長く内容は簡単だったが，しだいに幅が広くなって下方がせばまったものもあり，建物の由緒や工事の内容なども細かく記すようになる。1122年(保安3)の中尊寺伝経蔵棟札が最古の遺品。

むにねんうちはらいれい [無二念打払令] ⇒ 異国船打払令

むねたかしんのう [宗尊親王] 1242.11.22～74.8.1 鎌倉幕府6代将軍(在職1252.4.1～66.7.4)。父は後嵯峨天皇，母は平棟子。中務卿になったため中書王ともよばれた。1252年(建長4)鎌倉へ下り，皇族としてはじめて将軍となる。66年(文永3)幕府への謀反の疑いありとして，京都へ追放された。72年出家，法名は行証。歌人として知られ，家集「瓊玉和歌集」「中書王御詠」。

むねべつせん [棟別銭]「むなべちせん」とも。鎌倉末期から家屋の棟を単位として課した銭。朝廷の費用や寺社・橋の修造料として臨時に課された。全国または特定の国・地域にかける場合があり，鎌倉時代には朝廷，室町時代には幕府の許可が必要であった。徴収は荘郷ごとに社寺の使が行ったり，守護が行ったが，棟別に把握した台帳は確認されておらず，実際の徴収は現地の家々を把握していた熊野修験の山伏や伊勢の御師などに依存したのではないかとの見方もある。守護は，しだいに段銭同様に諸名目で独自に賦課し恒常化していく。戦国大名は，検地により棟数を把握し，基本台帳を作成して諸課役とともに賦課した。はじめは棟別10文だったが，戦国大名のもとでは100文ほどになった。

むねよししんのう [宗良親王] 1311～85.8.10?「むねなが」とも。後醍醐天皇の皇子。母は二条為世の女為子。幼くして妙法院に入室，法名尊澄。1330年(元徳2)天台座主となる。翌年元弘の乱で挙兵したが失敗し，讃岐国へ流された。幕府滅亡後帰京し天台座主に復したが，足利尊氏が離反すると還俗し宗良と称した。38年(暦応元・延元3)北畠親房らとともに伊勢から海路東国下向を試みたが遭難。遠江・越後・信濃などを転々としたのち，52年(文和元・正平7)後村上天皇から征夷大将軍に任じられた。南朝君臣の詠歌を編集した「新葉和歌集」を撰進。家集「李花集」。

むねわりながや[棟割長屋] 1棟の家を壁で仕切り、数軒にした長屋。江戸などの近世都市では、通りに面した町屋の裏側に数棟ずつたてられていた、いわゆる裏長屋をいう。1軒の規模は間口9尺(約2.7m)、奥行2間(約3.6m)、面積3坪(約9.9㎡)程度で、間取は土間と畳敷の1部屋のみ。井戸と便所とごみためは共同で使用された。

むへん[謀反] 律で定められた最も重い国家反逆罪。八虐の一つ。天皇に直接危害を加えようとする犯罪。本人は斬刑のうえ除名、父子は没官となり官奴婢となれ、田宅・資財・家人は没官、近親者も縁坐となった。

むもんどき[無文土器] 一般に文様のない土器をいう。一部の縄文土器や弥生土器を無文土器とよんだこともあるが、現在では一般に朝鮮半島の青銅器時代の土器の総称として用いる。地域や時期によって違いがあり、コマ形土器・孔列文土器・松菊里(ソンキュンニ)型土器・粘土帯土器などにわけられる。器種には壺・甕(かめ)・高坏(たかつき)、赤色・黒色磨研土器などがある。日本でも生まれに九州北部を中心に出土する。

むらいりよう[村入用] 「むらにゅうよう」とも。江戸時代、村民が村を通じて賦課された年貢以外の負担。年貢納入・助郷役・国役・河川普請など領主支配にかかわる費用と、村内の道橋普請・紙筆墨・寄合・祭礼など村民の生産・生活にかかわる費用にあてられた。村民への賦課方法は石高に応じる高割(たかわり)が多いが、家割・人別割・段別割なども行われた。村役人が1年ごとに村入用帳を作成し、費用の支出については村民による監査が行われたが、支出内容をめぐって村方騒動がおこることも多かった。

むらうけ[村請] 村請制とも。近世における村による支配の請負制度。中世荘園にも地下請(じげうけ)とよばれる年貢請負制度はあったが、農民支配の制度として領主によって広く活用・整備されるのは近世に入ってからである。この制度の施行によって、年貢・諸役は個人や家ではなく村を単位に割りふられ、村の責任で全額納入された。領主の法令を徹底させ、運用することも村の責任であった。移住・転居や訴訟の際も村の証明が必要で、村民の行動は村という単位に束縛されることになった。村請制を維持するうえで支配の実務を担う村役人の役割は重要で、勤めぶりをめぐって村役人・村民間で村方騒動が頻繁におこった。

むらうけしんでん[村請新田] 村受新田とも。江戸時代、1村ないし複数の村の総意で新田開発を計画・出願し、許可を得て村の負担で開発した新田。ただし形式的には村請師のかたちをとっても、開発費用の負担などの問題からすべての村民が参加しない場合もある。幕府は開発された新田がその後も安定的に維持されるためには、収支を重視する町人や土地の事情にうとい他所からの来住者より、地元農民による開発が望ましいとしてこれを奨励したため、各地で開発された。

むらおきて[村掟] ⇨惣掟(そうおきて)
むらかたさんやく[村方三役] ⇨村役人(むらやくにん)
むらかたそうどう[村方騒動] 小前騒動・村方出入とも。近世の村落共同体で、村役人層の不正に対する一般百姓の追及運動。幕藩権力は兵農分離制の下で年貢村請制をとり、村役人に年貢徴収・納入の責任を負わせた。このため村役人層は支配の末端に位置づけられることになり、一般百姓とは本質的に対立する関係にたつことになった。村方騒動は、村役人の年貢の割付・徴収をめぐる過程での不正や村政執行上の不正に対する村憐(そんぎょう)のかたちをとったが、近世中期以降は、地主小作関係・高利貸借関係なども対立の原因となって、村方騒動をより複雑なものにした。騒動は幕府や藩への訴訟により表面化し、内容によっては示談で解決することが多かったが、ときには強訴(ごうそ)などの非合法形態をとることもあった。

むらかみげんじ[村上源氏] 賜姓源氏の一つ。村上天皇の孫に始まる二世源氏で、具平(ともひら)親王の子師房(もろふさ)が1018年(寛仁2)に賜姓。そのほか賜姓年月は不明であるが、具平以外両親王の子は僧・女子を除いてみな村上源氏に属した。師房とその子孫は大臣を歴任し、摂関の妻を輩出して摂関家を支えるとともに牽制する役割をはたした。師房の子顕房の女賢子が白河天皇の中宮となったのを契機に、院政期には顕房の直系子孫である久我(こが)家を頂点として、しばしば摂関家をこえる実権をもった。鎌倉初期には、反幕派の久我通親が親幕派の関白九条兼実を失脚させて権勢を振った。鎌倉中期以降、堀川・土御門(つちみかど)・中院(なかのいん)・六条・千種・北畠などの家にわかれ、藤原氏とともに中世以降の公家世界の枢要を維持した。→巻末系図

むらかみすいぐん[村上水軍] 中世後期に三島村上氏とよばれて、瀬戸内海の因島(いんのしま)・能島(のしま)・来島(くるしま)を拠点に活躍した海上の武装集団。海賊行為をする一方で、近隣荘園の所務や海上警固を担って勢力を伸ばした。河野氏の支配下で山名氏・大内氏ともつながり、対外貿易も行った。毛利氏配下の水軍として、石山本願寺への兵粮(ひょうろう)輸送を行うなど力を発揮するが、来島村上氏が豊臣秀吉の勢力下に入るに及んで、三島の村上氏は分裂。秀吉が1588年(天正16)に海賊禁止令を出すと、その組織は解体。

むらかみてんのう[村上天皇] 926.6.2～967.5.25 在位946.4.20～967.5.25 醍醐天皇の第14

皇子。名は成明。母は藤原基経の女穏子。保明親王・朱雀天皇は同母兄である。保明とその子寛頼が死去し、朱雀にも男子がなかったため、944年(天慶7)皇太子に立った。2年後、朱雀の譲位をうけて践祚。950年(天暦4)藤原安子(師輔の女)に男子(冷泉天皇)が生まれると、これを皇太子に立てた。関白藤原忠平・同師輔らに補佐されたが、その治世は「天暦の治」とよばれ、醍醐天皇の「延喜の治」とともに聖代とみなされた。日記「村上天皇宸記」、儀式書「清涼記」も村上の著作と伝えられる。

むらぎり [村切] 江戸時代の土地用語。検地によって村境を確定して村域を定めること。村切の語は1594年(文禄3)の太閤検地条目にあり、以後、江戸初期の検地を通じて進められた。村切による近世村落の形成は比較的順調に進められたといわれるが、場所によっては錯綜した複雑な関係を一掃できず、村境をめぐる紛争かひきおこされた地域もあった。なお中世以来の村落間の出入作の整理を村切ということもある。

むらさきしきぶ [紫式部] 生没年不詳。「源氏物語」「紫式部日記」の作者。生年は970年代、没年は1010年代と推測される。父は藤原為時、母は藤原為信の女。本名は未詳。女房名は藤式部とか。「源氏物語」の女主人公榮の上にちなんで、死後紫式部の呼称が生じたらしい。兄弟に惟規がいる。藤原宣孝の妻となり、大弐三位を生む。「後拾遺集」以下の勅撰集に60首ほど入集。中古三十六歌仙の1人。学者で漢詩人の父に育てられ漢詩文の素養を身につけた。夫の死後に書きはじめた物語が高い評価をうけて、藤原道長の女上東門院(一条天皇の中宮)彰子に出仕。宮仕えの苦労が「紫式部日記」に記される。「源氏物語」の執筆はその後も継続され、虚構でありながらすぐれた同時代史でもある。家集「紫式部集」。

むらさきしきぶにっき [紫式部日記] 平安時代の日記文学。紫式部作。1008年(寛弘5)の敦成親王誕生記録、09年と10年の正月行事記録、および書簡体による他者への批評と内面告白、三つの断簡からなる。「源氏物語」の作者の精神構造を知るうえで、また藤原道長などの人物像や行事・服飾の記録として貴重。「日本古典文学全集」「新潮日本古典集成」所収。注釈に「紫式部日記全注釈」がある。

むらさきしきぶにっきえまき [紫式部日記絵巻] 「紫式部日記」を絵画化した13世紀中頃の絵巻物。当初は日記のほぼ全文を絵画化したと推定されるが、現在は絵・詞ともに23段、4巻分が伝存。「源氏物語絵巻」に代表される濃彩作絵技法の物語絵の伝統をひくが、屋台の線の鋭的に交差する構図やすっきりとした色感、より自由な面貌描写などに鎌倉時代の新しい造形感覚がうかがわれる。紙本着色。縦約21cm。藤田美術館・五島美術館蔵のものは国宝。

むらじ [連] 古代のカバネ。群(ムレ)あるいは村(ムラ)の主(アルジ)の意というが、古代朝鮮語からきたという説もある。神別の系譜をもち、職業を氏の名とする諸氏が多い。部民を率いて大和政権に奉仕した伴造のうち有力なものに与えられ、物部氏や大伴氏は大連として政権を担った。連姓の成立を7世紀に求める説もあるが、部民制の成立との関連を想定し、5世紀後半と考えるべきであろう。683年(天武12)以降の氏姓制再編成に際して、旧造姓の氏族に連姓が与えられた。684年に制定された八色の姓では第7等におかれ、旧連姓氏族の一部が第2等の朝臣姓を、多くは第3等の宿禰姓を与えられた。

むらだか [村高] 江戸時代、1村ごとの生産性を米の生産高である石高で表したもの。太閤検地以来の諸検地を通して決定された村の高であり、年貢の諸賦課基準とされた。村高は元禄期(1688～1704)頃までの検地によってほぼ確定され、以後はほとんど変更されなかったため、後期になると現実との乖離がめだつようになった。村の規模を問題とする場合は、面積ではなく村高が基準とされるのが通例である。

むらたきよかぜ [村田清風] 1783.4.26～1855.5.26　「せいふう」とも。江戸後期の萩藩士。天保期の藩政改革の指導者。通称は亀之助・新左衛門・四郎左衛門。号は松菊。1838年(天保9)に表番頭・地江戸両仕組掛となり、防長一揆で破綻した藩財政再建に着手。越荷方拡充・専売制などで一定の成果をあげたが、家臣の借財駆逐を意図した37カ年賦皆済仕法への反発、幕府の諸国専売制の禁止で財政再建策がゆきづまり、44年(弘化元)辞任。55年(安政2)後継者の周布政之助に登用された直後に病死した。

むらたじゅう [村田銃] 明治中期に陸軍の村田経芳が設計した小銃。各種の輸入銃にかわって陸軍の制式銃にするため開発。最初に試製された13年式、改良のすえ全軍に装備された18年式、1889年(明治22)に採用された無煙火薬を用いる連発銃の3種がある。おもに東京砲兵工廠で生産され、13年式・18年式は口径11mmで射程1700m(騎兵銃は1200m)、連発銃は弾倉内に8発を納め、口径8mmで射程2000m。日清戦争時の主力小銃。

むらたじゅこう [村田珠光] 1423～1502.5.15 室町中期の茶人。茶の湯の開山といわれ、奈良流茶道を大成。その経歴は不詳だが、後世の史料によれば、父は村田杢市検校、幼名茂吉

といった。30歳の頃，京都大徳寺の一休宗純に参禅して，「仏法モ茶ノ湯ノ中ニアル」(「山上宗二記」)と悟り，茶禅一味の境地を会得。8代将軍足利義政に茶道指南として仕えた。能阿弥の規格化した華麗な茶事に対して，内省的で心の美や侘びの境地を強調。その精神は弟子に与えたという「珠光古市播磨法師宛一紙目録」に記される。要旨は，人はつねに奢らず，謙虚に茶道を学ぶべきで，自制の心で行動しなければならないと説く。

むらたぞうろく [村田蔵六] ⇨ 大村益次郎

むらたはるみ [村田春海] 1746～1811.2.13
江戸中・後期の国学者。本姓は平，通称は平四郎，字は士観，号は織錦斎・琴後翁。江戸の干鰯問屋に生まれ，幕府連歌師の坂昌周の養子となる。のち本家の家督が身代を傾け，隠居後は風雅を事とした。漢籍を服部白賁に，国典を賀茂真淵に学び，加藤千蔭とともに江戸派歌人の領袖として名を馳せ，松平定信の寵遇をうける。著書は歌文集「琴後集」「和学大概」「竺志ひ船物語」。真淵の「賀茂翁家集」を編纂した。

むらにゅうよう [村入用] ⇨ 村入用

むらはちぶ [村八分] 江戸時代を中心として共同体の秩序維持のために村によって行われた制裁行為。暴行・窃盗などの刑事犯や村落共同体の秩序を乱す者に対して，火事と葬儀以外の日常的交渉を断絶させること，すなわち残りの八分の村内の日常的な交際関係を絶つということにその名の由来があるとされる。さまざまな迫害行為を伴うこともあった。改悛があったときには詫びをいれさせ，謝り酒を出させるなどの手続きで解除された。近代国家成立後は減少したが，遺風として残された場合もある。村ハジキ・村ハブキ・村ハズシ・村ヲ除ク・惣トシテハズスなどの呼称がある。

むらやくにん [村役人] 江戸時代，郡代や代官の下で村政にたずさわった百姓の総称。地域によって呼称・構成員は異なるが，東日本では名主・組頭・百姓代，西日本では庄屋・年寄・百姓代で構成され，村方三役・地方三役とよばれる。村内で社会的・経済的に優位な者が就任した。領主支配の末端，すなわち村にいる役人という立場と百姓集団としての村の代表者という二つの立場から村政にたずさわった。その運営に不正・疑念があったときは村方騒動によって糾弾・罷免されることもあった。また中・後期には数村から数十カ村に及ぶ村連合(郡中・組合村)を形成して，その区域内の廻在者・奉公人賃銀・賃家検約・治安維持などについて自主的な取り決めを結んだり，領主に政策立案を積極的に要求する者もいた。

むらやまとみいちないかく [村山富市内閣]
社会党の村山富市を首班とする社会・自民・新党さきがけの3党連立内閣(1994.6.30～96.1.11)。与党第1党の自民党河野洋平総裁を副総理・外相，新党さきがけ代表武村正義を蔵相にすえ，自民党色が濃い。「人にやさしい政治」を掲げたが，日米安保条約や自衛隊合憲など自民党との妥協や，景気対策・日米経済協議・沖縄基地など内外の難問が山積するなかで96年(平成8)1月退陣。

むらやまりょうへい [村山竜平] 1850.4.3～1933.11.24 大正・昭和前期の新聞経営者。伊勢国生れ。士族の身分をすて，1872年(明治5)大阪で洋品雑貨店を開業する。79年「朝日新聞」創刊に名義上の持主として協力。81年経営不振の同紙を譲りうけ，上野理一と共同経営にあたる。88年東京の「めさまし新聞」を買収し「東京朝日新聞」を創刊。上野と交代で社長に就任。1918年(大正7)白虹事件で社長を引責辞任するが，翌年再び社長に就任した。

むろうさいせい [室生犀星] 1889.8.1～1962.3.26 大正・昭和期の詩人・小説家。本名照道。石川県出身。私生児に生まれ，寺の子として育つ。上京して貧窮・無頼生活のなかで詩作に励み，萩原朔太郎らと強い友情で結ばれた。1918年(大正7)直截な新しい表現の「愛の詩集」「抒情小曲集」を刊行。翌年に抒情詩的小説「幼年時代」「性に目覚める頃」などを発表。やがて市井鬼もので下層社会に生きる人々を描く。第2次大戦後の作に自伝的な「杏っ子」，前衛的な「蜜のあはれ」がある。

むろうじ [室生寺] 奈良県室生村にある寺。宀一山と号し，女人高野と俗称する。681年(天武10)役小角の創建と伝えるが，実際には，室生竜穴神社の神宮寺として8世紀後半に興福寺僧賢憬が創建し，その弟子修円によって整備されたと推定される。当寺は興福寺の別院であるとともに真言密教の道場でもあった。鎌倉時代には律僧も入寺したが，1694年(元禄7)護持院隆光が来住して修理し，まもなく新義真言宗豊山派となった。1963年(昭和38)に独立し，真言宗室生寺派大本山となる。五重塔・金堂・本堂などは国宝。
　五重塔 室生寺創立期の建築で，奈良末期もしくは平安初期の建築と推定される小規模な塔。初重平面に対して背が高く，各重の逓減率が小さいために全体に細長い比例をもつが，屋根の勾配をゆるくして均整をとっている。現在は檜皮葺だが，建築当初は流し板葺だったと推定される。相輪に水煙を用いず受花つきの宝瓶をのせ，八角天蓋を造るのは珍しい。1998年(平成10)台風による倒木で破損したが，2000年に修復された。高さ16.1m。国

宝。

金堂〔こんどう〕　正面5間,側面4間の正堂の正面に1間通りの懸造〔かけづくり〕の礼堂をつけた柿葺〔こけらぶき〕の仏堂。平安初期の建築と推定される。基壇上にある正堂部分に低い床板を張るのは,この時代が仏教建築の日本化の過渡期であることを示す。鎌倉時代および1672年(寛文12)に大規模な修理があった。屋根ははじめ入母屋造〔いりもやづくり〕で勾配もゆるかったが,寛文期の改造で寄棟造〔よせむねづくり〕となった。礼堂部も寛文期の改築。平安初期の山岳寺院の唯一の仏堂遺構として貴重。高さ8.6m。国宝。

金堂中尊像〔こんどうちゅうそんぞう〕　金堂に並ぶ5体の立像の中尊。釈迦如来像とされているが,古文献などから薬師如来像として造られたものとみられる。榧〔かや〕材の一木造,彩色仕上げ。衣文の連波式〔れんぱしき〕(衣文の小波が2条ずつあるもの)ともよぶ細かい彫法に特色があり,制作時期は9世紀後半から末頃と推定される。光背〔こうはい〕は板の表面に彩色で文様と化仏〔けぶつ〕を表したいわゆる板光背で,古さと出来映えの点で代表的な遺品である。像高234.8cm。国宝。

むろきゅうそう〔**室鳩巣**〕　1658.2.26～1734.8.14　江戸中期の儒学者。医師玄樸の子。名は直清,字は師礼・汝玉,通称新助。鳩巣・滄浪と号す。江戸生れ。1672年(寛文12)加賀国金沢藩主前田綱紀〔つなのり〕に仕え,落命により京都に遊学して木下順庵に師事。1711年(正徳元)同門の新井白石の推挙で幕府の儒官となり,朝鮮通信使の応対や「尚書」などの講釈を行った。また8代将軍徳川吉宗の信任を得て「六諭衍義〔りくゆえんぎ〕」の和訳を行い,世子徳川家重の侍講も勤めた。学問は朱子学を基調とし道義を重んじた。「赤穂義人録」の著述はその立場からのもの。「鳩巣先生文集」「兼山麗沢秘策」「献可録」などの著書があり,「駿台雑話」は達意の文章で知られ版を重ねた。

むろとたいふう〔**室戸台風**〕　1934年(昭和9)9月21日,関西地方を中心に被害をもたらした台風。このときの災害を関西地方大風水害ともいう。同月13日サイパン島西部で発生し,21日午前5時高知県室戸岬で911ヘクトパスカルという記録的な気圧を示した。瀬戸内海から京阪神・北陸,さらに東北を縦断。死者・行方不明者3066人,建物被害47万5634戸。

むろまちじだい〔**室町時代**〕　足利時代とも。時代区分の一つ。南北朝合一がなった1392年(明徳3・元中9)から,室町幕府が織田信長によって滅ぼされた1573年(天正元)までの2世紀弱をさすことが多い。1467年(応仁元)の応仁・文明の乱以降,幕府が衰微して各地に戦国大名が割拠した時期を,戦国時代として区別することもよく行われる。また鎌倉幕府が滅亡した1333年(元弘3)ないし建武政権が崩壊した36年(建武3・延元元)に始期をおき,南北朝期を含めることもある。足利氏が京都室町に幕府をおいた時期にあたるのでこの名がある。

むろまちどの〔**室町殿**〕　⇨花御所〔はなのごしょ〕

むろまちばくふ〔**室町幕府**〕　足利尊氏が1336年(建武3・延元元)に開設した武家政権。名目的には15代将軍義昭が織田信長に追放される1573年(天正元)まで続いた。名称は3代義満が本拠を構えた京都室町邸にちなむ。鎌倉幕府にならい諸機関が設置されたが,室町幕府では将軍補佐の重職として管領〔かんれい〕がおかれ,評定〔ひょうじょう〕・引付〔ひきつけ〕は初期に衰頽して将軍親裁の御前沙汰〔ごぜんさた〕にかわった。将軍は直轄軍の奉公衆と直轄領の御料所をもち,京都を支配して土倉〔どそう〕・酒屋に財源を求めたが,京都支配のうえで政所〔まんどころ〕・侍所〔さむらいどころ〕が重要な機関となった。地方には鎌倉府・九州探題,諸国に守護がおかれた。幕府は一門中心の守護配置策をとり,南北朝内乱の過程で強権を付与して幕府支配体制の根幹とした。義満は明徳・応永の両乱で強豪守護の勢力を削減,南北朝合一をはたして国内を統一し,朝延勢力を圧倒して公武統一政権を樹立。中国の明との国交を開き日本国王の称号を得た。しかし守護は任国を領国化して分権的傾向を強めた。将軍は守護統制のため守護の在京を義務づけ,幕府の諸要職に任じ幕政を担当させた。義満の死により有力守護の支持で義持〔よしもち〕が擁立されると,幕政は管領を中心に有力守護層の合議により運営された。6代義教〔よしのり〕は専制化を志向,将軍の親裁を強化するとともに守護大名抑圧策を断行したが,その反動で嘉吉の乱に倒れた。義教が行った守護家家督への介入は守護家の内紛をあおり,かえって幕府の諸国支配を困難とし,守護勢力間の均衡関係を崩して応仁・文明の乱勃発の原因となった。乱ののちは守護は在国化して,幕府に結集せず,将軍は守護に対する統制力を失った。将軍義尚〔よしひさ〕および義植〔よしたね〕は奉公衆を基盤として権威回復をはかるが,明応の政変で幕府の実権は細川氏に掌握された。以後,義澄〔よしずみ〕・義晴・義輝が細川氏などに擁立されたが,各地に割拠する戦国大名に全国支配をさえぎられ,義輝は松永久秀に殺された。義栄〔よしひで〕ののち,織田信長に擁立された15代義昭も,1573年(天正元)信長と不和となって京都を追われ,室町幕府は滅びた。

めあかし [目明し]

江戸時代，諸役人に付属して犯罪人の探索・捕縛にあたった末端の警吏。17世紀の江戸では，入牢中の者が同類を訴人して取り立てられることがあったが，不法行為が絶えなかったため，1712年(正徳2)に目明しの使用が禁じられた。以後享保期に繰り返し禁令がだされたが，岡引(おかひき)・手先と名称を変えながら，幕末まで目明し類似の者が広範に残った。こうした犯罪者の一部や通り者(とおりもの)などを目明しとする地域があった一方，岡山藩が穢多身分の者を目明しとしているように，賤民身分を末端の警吏として使役する地域もあった。

めい [銘]

金属や石に文字を刻すことから，心にきざんで忘れないことや文体をさす言葉として用いられる。とくに(1)仏像・刀剣・鏡などに記された製作者の名，(2)茶器などの器物の名，(3)古文書で同定のために記した文字の3者が注目される。刀剣に作者名を刻する習慣は直刀時代に始まる。作者銘は刀剣の佩表(はきおもて)や指表(さしおもて)の茎(なかご)に刻し(表銘)，年紀は反対側に刻する(裏銘)。

めいあん [明暗]

夏目漱石の最後の，また最長の長編小説。1916年(大正5)5月26日から188回にわたって東京・大阪の両「朝日新聞」に掲載されるが，作者の死によって中絶，未完。翌年に岩波書店から刊行。日常生活の抜き差しならない人間関係を，緻密に徹底した相対性のただ中に描きだす。

めいか [名家]

公家の家格の一つ。弁官・蔵人(くろうど)をへて，大納言に進む家柄。平安末～鎌倉時代に，日野流藤原氏，勧修寺(かじゅうじ)流藤原氏，高棟(たかむね)流平氏が，弁官・蔵人から立身する家柄を形成し，家格としての名家が成立。これら3流諸家は，朝務などの実務能力をもって平安中期以来摂関家に仕え，平安後期からは院にも仕えた。明治の華族制度では，伯爵ないし子爵となった。

めいげつき [明月記]

「照光記」とも。鎌倉前期の歌人藤原定家の日記。1180～1235年(治承4～嘉禎元)が現存するが，没年(1241)まで書かれたらしい。源平内乱期から承久の乱以後までの，政治や歌壇・社会状況，自身の心情などについて詳述した当時の基本史料。自筆本は冷泉(れいぜい)家(時雨亭文庫，54巻)・東京国立博物館など所蔵。「史料集成」「訓読明月記」所収。

めいごうおうらい [明衡往来]

「明衡消息」「雲州往来」「雲州消息」とも。往来物の一つ。古来作者は藤原明衡(あきひら)，成立時期は彼の晩年の11世紀後半とされてきたが，疑問視する説もある。貴族相互または貴族と僧侶の往復書簡集のかたちをとる。内容は，交遊・贈答・貸借・依頼・昇進・占卜(ぼく)・質義・神事・祭礼・仏事・地方官動静・作歌・作文など。当時の貴族と僧侶の日常生活や行事の世界を知る好個の素材。「群書類従」所収。

めいじいしん [明治維新]

19世紀の半ば，幕藩体制を打破し，西洋国際体系へ参加して近代国民国家を形成する契機となった政治社会の大変革。「維新」という文字は幕末に使われた「一新」という語を「詩経」中の雅語でおき換えたもの。期間については，起点を天保年間(1830～40年代)，ペリー来航と開国(1853・54)，終点を廃藩置県(1871)，西南戦争の終結(1877)，立憲政治の実現(明治憲法の制定と帝国議会の開設，1889・90)などにおく諸見解がある。明治維新の性格規定については，(1)絶対主義の形成，(2)ブルジョア革命，(3)民族(国民)革命などの諸説がある。とくに(3)は，欧米先進列強により加えられた外圧(西欧の衝撃)への反応という側面を強調した見方である。維新によって生じた構造的変化は，第1に中華帝国秩序の縁辺に孤立していた日本が西洋国際体系に参加し，開放体制に移行したこと，第2にそれまでの多元的な政体が王政復古と廃藩置県を通じて一元化され，さらに国民の公議参加への道が開かれたこと，第3に身分制が大幅に解体され，経済・社会の自由化が行われたこと，第4に古代以来の中華文明にかわって西洋文明が社会のモデルになったことなどであった。変革の規模はこのように19世紀の世界の諸革命のなかで最大の部類に属したが，それにともなう人命の犠牲は推定3万人程度と比較的少なかった。維新における対立・抗争が小分間の闘争とならなかったこと，強い対外危機意識が対立・抗争を抑制する機能をはたしたことなどが要因と考えられる。また旧体制解体の過程で威力をふるった「復古」象徴は，廃藩置県による王政復古の完成後は「開化」象徴にその位置を譲り，欧化にともなう文化的摩擦も最小限にとどまった。明治維新は西洋によるグローバルな国際社会の形成運動に対する，伝統と新来の西欧文明をともに動員した非西洋の組織的応答の一つの成功例といえよう。

めいじけんぽう [明治憲法]

⇨大日本帝国憲法(だいにほんていこくけんぽう)

めいじざ [明治座]

東京の劇場。前身は，幕末期に江戸西両国で富田3兄弟が興行した小芝居の出資者が，1873年(明治6)に久松町に開場した喜昇座。79年に改築して久松座としたが，経営難で83年に興行停止。85年に千歳座の名で開

場，90年に焼失。93年初世市川左団次が再建し，明治座と改称。初世の没後2世左団次が継いだが，1908年欧米から帰国後改革を試みて失敗，12年新派の伊井蓉峰らが買収，19年(大正8)松竹合名社の直営となる。関東大震災で焼失後，28年(昭和3)に日本橋浜町に移転。戦災でも焼失し，株式会社明治座として50年に開場。94年(平成6)建てかえられた。

めいじじゅうよねんのせいへん [明治14年の政変] 国会開設問題などをめぐって1881年(明治14)に政府内部におこった政変。1879～80年自由民権派の国会開設運動が高まるなかで，政府は国会開設の構想づくりに着手し，諸参議がつぎつぎに意見書を提出した。81年3月，大隈重信が早期国会開設(83年)とイギリス流政党政治の実現を左大臣有栖川宮熾仁親王に提出すると，伊藤博文らは漸進論の立場から反対し，右大臣岩倉具視はプロイセン流君権主義的憲法の制定を説く井上毅に起草の意見書を提出した。また同年7～8月，開拓使官有物払下げをめぐり，これを進める黒田清隆と反対する大隈が対立した。さらに財政政策の対立も加わって，保守派の大隈排撃の動きも高まり，政府内部の軋轢が深まった。結局，同年10月，御前会議をへて払下げの中止，大隈の諭旨免官が決定し，明治23年に国会を開く旨の詔書がだされた。この政変を契機に政府の主導によるプロイセン流立憲政治実現の動きが進められた。

めいじてんのう [明治天皇] 1852.9.22～1912.7.29 在位1867.1.9～1912.7.30 近代国家形成期の天皇。日本最初の立憲君主。名は睦仁。幼称は祐宮。孝明天皇の第2皇子。母は権大納言中山忠能の女慶子。京都の中山邸で生まれる。1860年(万延元)親王宣下。幕末の倒幕運動の高まりのなかで孝明天皇が急死し，67年(慶応3)1月践祚して皇位を継承。徳川慶喜の大政奉還後，同年12月，王政復古により新政府を樹立。68年9月，明治と改元。翌10月，京都から東京に移り江戸城(のち宮城)に入った。近代国家の建設が進むなかでヨーロッパ的君主としての教育をうけた。89年(明治22)欽定憲法として発布された大日本帝国憲法により，天皇は国の元首で統治権の総攬者と定められ，文武官の任免，陸海軍の統帥と編制，条約の締結，宣戦・講和など大きな権限を保持し，国務大臣の輔弼と帝国議会の協賛によりこれを行使した。94～95年の日清戦争には広島の大本営に起居し国務・統帥にあたった。1912年7月29日死去(宮内省の公式発表は7月30日)。9月13日大葬。

めいじにじゅうさんねんきょうこう [明治23年恐慌] 日本最初の資本主義的な恐慌。第1次企業勃興により鉄道・紡績などで多くの会社が誕生したが，1889年(明治22)夏以降，それらの会社の資本金払込の集中に加えて，米凶作にともなう米取引の繁忙により資金需要が急増したことから，金融が逼迫した。91年初めまで逼迫は続き，この間多くの新設会社が破綻した。

めいじびじゅつかい [明治美術会] 日本最初の洋画・西洋系彫刻の美術団体。1889年(明治22)浅井忠・小山正太郎・長沼守敬らによって結成され，毎年展覧会と例会を開催した。当時の国粋主義的気運に対抗し，主要な洋画家の大部分が参加したが，やがて黒田清輝ら若手作家と旧会員が対立。黒田らは96年白馬会を結成して離脱する。1901年に明治美術会は解散し，中堅会員を中心に02年に太平洋画会が結成された。

めいしょうてんのう [明正天皇] 1623.11.19～96.11.10 在位1629.11.8～43.10.3 後水尾天皇の第2皇女。名は興子。母は徳川秀忠の女東福門院和子。幼称女一宮。1629年(寛永6)10月内親王宣下。11月後水尾天皇の譲位により践祚。奈良時代の称徳天皇以来の女帝である。当時の後水尾天皇に皇子がいなかったためであるが，円滑を欠いていた朝幕関係の所産ともいえる。院政がしかれ，在位中の政務は父上皇が行った。

めいしょずえ [名所図会] 近世後期に盛んに刊行された地誌の一種。巡覧などの便のため，寺社・旧跡の由緒や歴史や街道・宿駅・名物の案内などに，実景を描写した多くの挿絵をそえたもの。1780年(安永9)に刊行され，巡覧・巡拝者の増加にともなう需要で爆発的な売行きをみせた「都名所図会」に始まる。以後これにならったものが多く刊行された。

めいじろくねんのせいへん [明治6年の政変] 1873年(明治6)いわゆる征韓論問題をめぐって政府が分裂した政変。明治維新後，政府は朝鮮に国交樹立を求めたが，鎖国政策をとる朝鮮は日本の態度を不満とし開国に応じなかった。そこで政府は，西郷隆盛を朝鮮に派遣して交渉にあたり，拒否されれば武力行使も辞さないとする強硬方針(征韓論)を打ちだした。しかし73年欧米視察から帰国した岩倉具視・大久保利通・木戸孝允らは，国内改革の優先を主張し強く反対した。結局同年10月，西郷の遣使は中止となり，西郷・板垣退助・後藤象二郎・江藤新平・副島種臣の5参議は辞任した。政変は国内政治における政府内部の対立を反映していた。政変後，政府は大久保利通を中心に政府を建て直し，国内改革を進めた。

めいとくかん [明徳館] 出羽国秋田藩の藩校。

1789年(寛政元)創設。村瀬栲亭・山本北山らを招き、城下東根小屋町に建設。93年に明道館と命名し祭酒に山本を任じ他の職制を整備。1811年(文化8)明徳館と改称し、聖廟・演武場・養寿局(医学館)・和学方・算法方・礼法方を設置。経費は学田から補助。廃藩まで折衷学派の藩儒が主流で、和学導入も早かった。

めいとくのらん [明徳の乱] 1391年(明徳2・元中8)末、山名満幸らが幕府に対しておこした反乱。山名氏は新田氏一族で足利尊氏に従い、一時足利直冬派に属したが、復帰後、中国地方、和泉・紀伊の計11カ国の守護となった。89年(康応元・元中6)惣領時義が没すると、その子時熙と氏之(幸)、同族の氏清・満幸の間に内紛がおこった。足利一門以外の有力守護の勢力削減をはかる将軍義満は、翌年、満幸らに時熙らを討たせ、時熙らの守護職を満幸らに与えたが、91年、義満は時熙らと結して満幸を追放。満幸は叔父氏清・義理らと挙兵、12月末、京都内野で幕府軍と激戦し氏清は戦死、満幸は逃亡ののち討たれた。紀伊にとどまった時熙も大内義弘に攻められて下国、出家した。乱後、時熙ら山名氏の守護職は中国地方の3カ国のみとなり、和泉・紀伊両国は大内氏となった。義満は土岐氏に続いて山名氏の勢力削減に成功し、大内氏対策へとむかう。乱の経過は《明徳記》に詳しい。

めいどのひきゃく [冥途の飛脚] 人形浄瑠璃。世話物。3段。近松門左衛門作。1711年(正徳元)初秋以前に大坂竹本座初演。飛脚宿亀屋の養子忠兵衛が遊女梅川を身請けするため公金を使いこむ事件を脚色。浮世草子・歌舞伎などに先行作があるが、実説の詳細は不明。改作物に《傾城三度笠》《けいせい恋飛脚》、また歌舞伎化した《恋飛脚大和往来》などがあるが、主人公の義理の愛情や義理にからまれての苦悩の描写は、本作には及ばない。

めいぶつ [名物] 茶道具などで、古くから由緒があり、尊重される品。厳密な定義・範囲はないが、著名な茶人らに愛好された品をさし、種々の名物目録が作られている。千利休以前から著名であったものを大名物といい、小堀遠州が選んだとされるものを中興名物といい、松平不昧(治郷)はその所蔵品を宝物・大名物・中興名物・名物並・上之部に格づけしている。品目により名物釜・名物裂などという。

めいろくざっし [明六雑誌] 明治初期の日本で最初の総合的啓蒙雑誌。明六社の機関誌。1874年(明治7)3月創刊。進歩的な人民の開化を導く政府の一定の役割を評価する姿勢をとっていたが、75年6月に新聞紙条例・讒謗律が出されて政府の言論弾圧の姿勢が顕著になり、同年11月福沢諭吉らの意見により廃刊。

めいりんかん [明倫館] 長門国萩藩の藩校。1719年(享保4)堀内村追廻に創設。小倉尚斎・山県周南が初代・2代と学頭を勤め、徂徠学を講じた。1849年(嘉永2)江向村に移転し、聖廟・講堂・演武場など文武の施設を整備。科目は経学・歴史・制度・兵学・博学・文学。山県太華が学頭となり朱子学を主張。医学教育は別に済生堂(のち好生堂)で行った。63年(文久3)山口講習堂も山口明倫館と改称し、両者併存したが、71年(明治4)に変則中学となり、のち山口・萩両中学校となった。国史跡。

めいりんしゃ [明倫舎] 京都の石門心学講舎の一つ。1782年(天明2)手島堵庵らが設立。石門心学運動の組織統制中心とされ、上河淇水・柴田鳩翁が舎主を継いだ。

めいりんどう [明倫堂] ❶加賀国金沢藩の藩校。1792年(寛政4)城下出羽町に設置。士庶共学。和・漢・医・算・習字・習礼・史・天文・暦・詩文・法・本草を教え、武芸は経武館で行った。学風は初代学頭新井白蛾以来朱子学。1822年(文政5)仙石町に移転。文系とは別に西洋砲術・洋学・蘭医・航海などを教授する壮猶館、西洋医学の研修と治療をする養生所が設けられたが、68年(明治元)以降の統合・廃止・移転をへて、71年にすべて仙石町に統合。

❷尾張国名古屋藩の藩校。初代藩主徳川義直が建てた学問所、1748年(寛延元)蟹江養斎が藩の許可を受けて開設した市下に続いて、明倫堂に続き、83年(天明3)城下片端長島町角に建設。細井平洲を督学として職制を定め、東隣に聖堂を創建。1811年(文化8)冢田大峯が督学となり折衷学的な傾向に変化。33年(天保4)教科は和・漢・算・筆・習礼・諸武芸。69年(明治2)学校と改称。

めいれきのえどたいか [明暦の江戸大火] 振袖火事とも。1657年(明暦3)の江戸の大火。数ある江戸の大火中でも最大級の火事。1月18日午後、本郷丸山本妙寺から出火、北西の強風にあおられ燃え広がった。19日には小石川新鷹匠町、麹町5丁目からも出火、20日朝に鎮火するまで、2昼夜にわたり、江戸市中の大部分を焼失。江戸城も天守閣が焼け落ちたのをはじめ本丸・二の丸・三の丸殿舎を焼いた。一説には、焼失した大名屋敷160軒、旗本屋敷770余軒、寺社350余カ所、町屋400町余で、死者は10万余とする。年号を万治と改める原因ともなった。出火原因については、本妙寺の施餓鬼のため焼いた振袖が空に舞い上がって本堂に燃え移り大火になったという伝説が広まった。

めいろくしゃ [明六社] 明治初期の開明的知識人の結社。1873年(明治6)7月アメリカから帰

国した森有礼を中心に設立。社長に森、社員は西村茂樹・津田真道・西周・中村正直・加藤弘之・箕作秋坪・福沢諭吉・杉亨二・箕作麟祥で、月2回の集会と機関誌「明六雑誌」を刊行。彼らは洋学の知識をもって明治新政府に出仕するとともに啓蒙活動をした。発足時の社員のうち民間人は福沢だけであった。「明六雑誌」は75年11月言論取締りの法に抵触することを警戒して終刊とした。主要社員は79年創立の東京学士会院(日本学士院の源流)の会員に推薦された。

めいわじけん [明和事件] 江戸中期に軍学者山県大弐らが処罰された事件。江戸で軍学の教授をしていた元甲府与力山県大弐の門人で上野国小幡藩家老吉田玄蕃が、同藩用人松原郡大夫との私怨により藩から処罰されると、大弐の門人桃井久馬・宮沢準曹らは、禍いが自分に及ぶことを怖れて、大弐に謀反の企てがあると老中に直訴するとともに町奉行所に出訴した。そのため幕府は、1766年(明和3)大弐と大弐方に寄宿していた藤井右門を捕縛し、8カ月にわたって取り調べ、その言動は幕府の忌諱にふれたとして大弐を死罪、右門を獄門という極刑に処した。また宝暦事件で重追放の処分となっていた竹内式部も連坐させ、八丈島へ遠島とした。

めいわのえどたいか [明和の江戸大火] 目黒行人坂のの火事とも。1772年(明和9・安永元)の江戸の大火。明暦、文化3年の両大火と並ぶ江戸の三大火事の一つ。2月29日正午過ぎ、目黒行人坂大円寺から出火、南西の強風にあおられ、麻布・芝から江戸城東域、さらに日本橋・神田・下谷・浅草・千住まで延焼、翌日の正午過ぎに鎮火した。一説によると、焼失した大名屋敷は169軒、旗本屋敷300余軒、寺院382カ所、町屋が934町。類焼地域は江戸の約3分の1におよぶ。また死者1万4700人、行方不明者4060人余に達したとされる。年号を安永と改める一因ともなった。出火原因は大円寺に盗みに入った願人坊主秀为の放火によるもので、浅草で火刑に処せられた。

めがねえ [眼鏡絵] 近世絵画の一様式で、凸レンズを通して見るために制作された絵、またその鑑賞法。原理はオランダや中国からもたらされ、鑑賞法には覗絵と覗きからくりの2種がある。西洋画の透視図法を用いて遠近感が強調された景観図が多く、円山応挙や司馬江漢らが描いている。浮絵の発生に影響をあたえた。

メキシコ 中央アメリカ北部に位置する国。漢字表記は墨西哥・墨斯哥など。古くからテオティワカン、サポテカ、マヤ、アステカなどの文明が栄えた。16世紀からの約300年にわたるスペインの植民地支配から1821年に独立。98年米西戦争で北部領土を失ったが、1910年のメキシコ革命後は近代化が進んだ。日本とは17世紀初頭にノビスパンとよばれて交流があったが、鎖国で中断。明治政府が1888年(明治21)最初の平等条約である日本・メキシコ修好通商条約を結んだ。19世紀末、榎本武揚らの日本人移民事業は失敗したが、20世紀初頭には約1万人が移民した。太平洋戦争で対日宣戦、戦後サンフランシスコ講和条約に調印。現在は経済・金融面で緊密な関係をもっている。メヒコと自称する。正式国名はメキシコ合衆国。首都メキシコシティ。

メキシコぎん [メキシコ銀] 墨西哥銀とも。16世紀前半以来メキシコで鋳造され、南・北アメリカ、東アジア一帯で貿易銀として19世紀まで使用された銀貨。平均量目27gあり、小型メダルほどの大きさがある。安政開港に際し、洋銀の中核として大量に流入し、これまで閉鎖体系にあった日本の貨幣制度を開放体系に導く役割をはたしたほか、一時本位貨幣の基準ともなった。

めぐろぎょうにんざかのかじ [目黒行人坂の火事] ⇨明和の江戸大火

めしな [召名] 除目とも・清書とも。除目の選考の結果を記した正式の任官symbol。議所または陣座において清書上卿が大川書きを読みあげ、任官者を勅任・奏任別紙・奏任にふりわけて、それぞれの召名を参議に作成させた。勅任召名は黄紙を用いる「勅」、奏任召名は白紙(紙屋紙)の「太政官奏」の様式をとり、奏覧をへて正式決定となった。なお任官決定者に口頭でその旨を伝達する儀をさすこともある。

めしぶみ [召文] 召符・召状とも。中世とくに鎌倉幕府関係の裁判で、訴人(原告)または論人(被告)に出頭を命ずる文書。御教書のかたちで出されるのが一般的で、この場合は召文御教書とよんだ。何月何日以前にどこそこに出頭せよといった内容が記される。

めつけ [目付] 江戸幕府の職名。おもに監察にあたる者をいった。1617年(元和3)頃設置。人数は、はじめ不定。1732年(享保17)10人(十人目付)、幕末期には30人に増員された。若年寄支配。老中や若年寄の耳目として、旗本・御家人の監察を任としたが、その他江戸城内の巡察、消防の監視、将軍の供奉、評定所出座、法令伝達、願書などの評議、勝手掛、日記掛、町方掛、幕末期には外国掛、海防掛など、職掌は多岐にわたった。藩により同様の制度を用いたところもある。老中の耳目となって諸大名を監察する職制として大目付がおかれた。

メッケル Klemens Wilhelm Jakob Meckel

1842.3.28～1906.7.5　ドイツの軍人。プロイセン陸軍大学校卒。日本陸軍のドイツ・モデル採用決定にともない，1884年(明治17)陸軍卿大山巌<small>いわお</small>が渡独してドイツ士官の招聘を要請，モルトケ参謀総長の推薦により翌年来日。参謀本部顧問・陸軍大学校教官として教育や建築，戦術指導を行い，創設期陸軍に多大な影響を与えた。88年契約満期により帰国。

メーデー　労働者の団結を固めるため毎年5月1日に行われる集会とデモ行進。1886年にアメリカで始まったが，日本では，1905年(明治38)に平民社がメーデー茶話会を開いたのが最初の催し。20年(大正9)5月2日，東京上野公園に約1万人を集めて第1回メーデーが行われ，以後毎年開催された。36年(昭和11)3月に禁止されて一時中断したが，46年に復活した。

メーデーじけん [メーデー事件]　皇居前広場事件とも。1952年(昭和27)5月1日の第23回メーデーにおけるデモ隊と警官隊の衝突事件。サンフランシスコ平和条約の発効3日後に開催されたメーデーは，皇居前広場の使用が許可されず，明治神宮外苑が会場となった。大会終了後に参加者は都内のデモ行進に移った。当時人民広場とよばれた皇居前広場の使用禁止措置に不満をもつデモ隊が，共産党の武装闘争路線にも影響されて同広場に突入。警官隊もピストル・催涙弾を多用して反撃し，死者2人・負傷者多数を出す激しい乱闘となった。事件の逮捕者は1232人。261人が起訴され，騒擾<small>そうじょう</small>罪適用が争点となった裁判は大規模かつ長期化し，一審は騒擾罪の一部成立と判決したが，72年の二審判決では騒擾罪を全面不成立と認定し，結審した。

メートルほう [メートル法]　メートル系統の長さの単位を基本に長さ・面積・体積を表示し，その体積の最大密度の水の重量を基準に重量を表示する度量衡の方式。1791年フランス科学アカデミーが，地球子午線の1象限<small>げんしょう</small>の1000万分の1を1mとする方式を決定，バルセロナ―ダンケルク間の三角測量により原器を作成。1875年のメートル条約締結を契機に世界的に普及。日本は85年(明治18)に加盟したが，度量衡法を制定して尺貫法をとるなど混用がつづいた。1951年(昭和26)計量法が制定され，66年以降メートル法にいちおう統一された。現在ではより統一性の高いSI(国際単位系)が採用されている。

めぬき [目貫]　刀剣の拵<small>こしらえ</small>の柄<small>つか</small>にとりつけられた装飾金具。もとは刀身が柄から抜けないようさしこむ目釘<small>めくぎ</small>の頭を飾るものだったが，独立して別の位置につけられるようになった。鎌倉時代に装飾性が加わり，室町時代以降とくに優れた作が多くなる。江戸時代には各種の色金を用い，さまざまな文様が表された。

めのと [乳母]　実母にかわって子供の養育にあたる女性。本来の役割は嬰児に授乳することだが，平安中期～鎌倉時代は養育に重点がおかれた。平安末期以降，乳母の夫も「めのと」(乳父)とよばれるようになり，被養育者の家政をとりしきる執事的存在として，また被養育者の後見人として重要な立場に位置づけられた。上皇・天皇の乳母・乳父や乳母子<small>めのとご</small>は，特別な待遇をうけ，破格の昇進をとげることが多かった。

めやす [目安]　文書の一分類。「目を安んずる」意からでた語とされる。本来，要点を箇条書にするなどして文書をわかりやすくすることを「目安に書く」といい，そのようなかたちをとる文書，とくに訴陳状<small>そちんじょう</small>などの申状の類を目安状とよんだ。さらに，箇条書でなくても，要点を記した訴陳状一般をさすようになり，やがて訴陳状，とくに訴状をさすようになった。

めやすばこ [目安箱]　評定所前箱・訴状箱とも。1721年(享保6)閏7月，8代将軍徳川吉宗が広く民意をきくため江戸城辰の口の幕府評定所門前の腰掛の上に設置された投書箱。享保の改革の一環。吉宗が和歌山藩主のとき，和歌山城門前に訴訟箱を設置したのが前例。防火のため瓦葺き屋根に関する意見を出した牢人伊賀蜂郎次の上書，貧しい病人のための療養所設立を求めた町医者小川笙船<small>しょうせん</small>の上書などが採用された。不採用になったものとしては，山下幸内<small>こうない</small>の上書が有名。

めん [免]　免合<small>めんあい</small>・免相とも。免は免除の免で，元来は収穫物のある程度を租税として徴収し，その残りを農民に許し与えるという意味をもっていたが，江戸時代には田畑からの収穫のうちの領主の取分，さらには全収穫に対する領主取分の割合すなわち年貢率を示す語となった。これは取<small>とり</small>とほぼ同義である。免いくつ，あるいは免いくつ何分何厘などのように用い，たとえば高100石の場合，免四つならば年貢高が40石，免四つ2分5厘ならば年貢高が42石5斗となる。免率は所領ごとに異なり，一般に近世初期に比較的高く，幕領では六公四民すなわち免六つ，六ツ取がふつうで，のち四公六民免四つ，四ツ取へと下がる傾向にあった。

めんでん [免田]　荘園や公領で官物<small>かんもつ</small>・公事<small>くじ</small>の全部または一部が免除された田。雑役免のように免除される対象で表現されるのと，井料免や白米免のように使途で表現されるものがある。荘園内部には，荘園経営に必要な井料免田などのほかに，その荘園の経営や荘園領主の需要とは直接関係しない他の権門や在地の寺社の免田があるのが普通。また，供御人<small>くごにん</small>や作手<small>さくて</small>(手工業者)などに対して国家的に給付され

た免田もあり，このような国家的免田は後三条親政期の延久年間に成立したとする説がある。

めんぱん [免判] 国司免判とも。国司による認可の証判。平安中期以降，国司が中央政府から自立して国内の行政権をにぎったことによって成立。国内に所領をもつ領主からの，所領の保証や官物・雑役等の免除，さらに荘園の立券などの申請に対して，国司は外題形式で認可の証判を与えた。この証判を与える行為，またその文書をいう。

も [裳] 裙・褶とも。女性の下半身にまとう衣服の一種。もとは腰の位置で前後に取り回して着用したが，平安時代からは形式化して背面だけのものとなり，裳の文字が一般化した。表着の後腰の部分から長く扇状に引くように着用する。地質は冬は綾，夏は羅や紗などを用いた。時代が下るにしたがい，幅は小さくなり深い襞を設けた。海浦や花鳥の文様を摺染めにし，腰には綾で窠に霰文様の浮文が多く用いられた。裳の着用の仕方や順序は時代により変化する。

もうがっこう [盲学校] 盲人や強度の弱視者に必要な知識・技能教育を行う学校。日本では1878年(明治11)に古河太四郎らによって始められた京都盲啞院が最初。1923年(大正12)の盲学校及聾啞学校令により，道府県の学校設置義務を定めた。第2次大戦後の48年(昭和23)に就学義務制となり，法的基盤が確立された。

もうこ [蒙古] ⇨モンゴル

もうこしゅうらいえことば [蒙古襲来絵詞] 「竹崎季長絵詞」とも。鎌倉後期の文永・弘安の2回にわたる蒙古軍との戦闘を描いた絵巻。戦闘に参加した肥後国の御家人竹崎五郎季長が，自分の武勲を中心に描かせたもの。巻末の文書で，この戦功によって恩賞をえたのは甲佐大明神の神恩によるものであり，その報恩と子孫への教訓のために絵巻を制作したとある。戦闘の詳しい状況や，武士たちの面貌の特色，さらに服飾など，細部まで描写しており，詞書のほか，画中にも人名・地名が記入され，記録的な性格を示す。制作時期は，奥書の1293年(永仁元)頃と推定される。紙本着色，2巻。上巻，縦39.3cm，横2324.3cm。下巻，縦39.7cm，横1985.6cm。宮内庁蔵。

もうしじょう [申状] 上申文書の一種で，上位の者に差し出す文書。言上状もほぼ同じ形式。ともに鎌倉時代以降多く使われるようになる。「某申す(言上す)○○の事」で始まり，「仍て申状(言上)件の如し」で終わるのがふつう。朝廷・幕府・領主などに訴えをおこすための申状を，とくに訴状とよび，被告が反論をのべるための申状を陳状とよんだ。

もうしつぎしゅう [申次衆] 室町幕府の将軍近侍の職名の一つ。将軍への対面や進物をはじめ諸事をとりつぐ役で，数名が結番して交代で殿中に出仕した。6代将軍足利義教の時期に整備され，おもに畠山・上野・一色・大館

もうじん [毛人]「えみし(蝦夷)」の表記の一つ。「山海経せんがい」など中国の用字に由来し、倭王武ぶの上表文にもみえるように、古くは東国の人々をさした。「えみし」の表記として平安時代まで用いられた。

もうたくとう [毛沢東] Mao Zedong 1893.12.26～1976.9.9 中国共産党指導者。湖南省湘潭県の中農の家に生まれる。省立第一中学をへて1918年同第一師範学校卒。21年中国共産党創立に参加し，湖南の共産党の中心的な存在となる。31年瑞金の中華ソビエト共和国臨時政府主席となり，35年長征途上で抗日民族統一戦線論を軸に共産党の実権を掌握。農民運動と教育に独自の理念をもっていた。45年から76年まで一貫して中国共産党中央委員会主席。49年10月中華人民共和国国家主席に就任し，59年まで在任した。66～69年，プロレタリア文化大革命を強行し国内の社会全般にわたって多大な影響を与えた。

もうつうじ [毛越寺]「もうつうじ」とも。岩手県平泉町にある天台宗の寺。医王山と号す。寺伝によると，850年(嘉祥3)円仁の開基，1108年(天仁元)藤原基衡もとひらが再建し，同秀衡ひでひらが規模を拡大。堂塔40宇余，禅房500余で，それら諸堂は寝殿造の様式で造られ，浄土式庭園をもち，中尊寺をしのぐ壮観であったという。金堂の円隆寺の額は関白藤原忠通の作で，雲慶作と伝えられる本尊の丈六薬師は，鳥羽法皇がその東下を惜しんだという。1226年(嘉禄2)と1573年(天正元)の2度の兵火で原形をまったく失い，現在は庭園にわずかの面影を残す。国特別史跡。

もうと [間人]「もうど」とも。中世荘園公領制下での名主の対極に位置する新参の下層民の身分呼称。荘園村落では一色田いっしきでんや名田の耕作などに従事し，宮座や寄合などにおいて差別待遇をうけた。寺社や武家の下部の一部も間人という。近世では，おもに西日本で本百姓から排除された下層身分として存在した。高たかをもたず，持分・家役などの負担に差があり，村落内の諸権利に制約を受けた。地域により間脇まわき・間男・亡人・間人百姓・間百姓などとよばれた。

もうりうじ [毛利氏] 鎌倉幕府御家人から安芸国の国人，戦国大名をへて，近世の外様大名家。祖は大江広元の四男季光すえみつ。大江氏一族は宝治合戦にまきこまれて滅じ，越後の季光の四男経光の系流のみが残る。南北朝期に安芸国吉田荘に本拠を移し，室町中期にはいると安芸の国人一揆を主導した。戦国期に，近隣の細川・山名・大内・尼子氏らにはさまれ，去就が定まらなかったが，元就もとなりにいたって領国は中国地方6カ国に及ぶ。関ケ原の戦で西軍盟主となり，戦後周防・長門2国の大名に減封された。城地を萩に定め，36万9000石余を領する。近世初期に，岩国吉川領を含む4支藩を創出。宗家は本国持として松平姓を許された。維新後，宗家は公爵，他は子爵。➡巻末系図

もうりたかちか [毛利敬親] 1819.2.10～71.3.28 幕末期の大名。長門国萩藩主。父は11代斉元。1837年(天保8)12代斉広の養子となり，家督相続。村田清風を登用して，天保改革を推進させたが，のち坪井九右衛門を登用。両派の交替のなかで藩政を運営。61年(文久元)長井雅楽うたの航海遠略策を採用。公武合体を推進するが，松下村塾出身者の発言が強まり尊王攘夷論に転換。63年山口に藩庁を移した。同年8月18日の政変，禁門の変，四国連合艦隊の下関砲撃，長州戦争などの難局を適切な人材の登用で切り抜け，明治維新に一定の役割をはたす。

もうりてるもと [毛利輝元] 1553.1.22～1625.4.27 戦国末～近世初期の武将。隆元の長男。安芸国郡山城生れ。1563年(永禄6)父の急死により家督相続，祖父元就もとなりに後見された。元就没後は叔父吉川きっかわ元春・小早川隆景の補佐で，東中国の経略につとめた。76年(天正4)には，前将軍足利義昭を奉じて織田氏と対抗，石山本願寺救援などに戦果をあげるが，82年備中高松城攻で交戦中の豊臣秀吉と和議。豊臣政権下で四国攻め・九州攻めの先鋒をつとめた。91年，秀吉から112万石の知行目録をうけ，朝鮮出兵に従う。97年(慶長2)豊臣家の五大老に列し，関ケ原の戦では西軍盟主とみなされ，戦後周防・長門2国に減封，隠居して家督を秀就ひでなりに譲る。1609年萩に築城して移り，以後も実質的に藩政をつかさどった。

もうりもとなり [毛利元就] 1497.3.14～1571.6.14 戦国期の武将。安芸国郡山城(現，広島県吉田町)城主。父は弘元。1523年(大永3)家督となり，25年以後大内氏に属した。50年(天文19)までに子元春・隆景をそれぞれ安芸吉川きっかわ氏・備後小早川氏の継嗣とするなど，両国における勢力の拡大につとめた。同年，不服従のめだつ家臣井上元兼らを討ち，主君としての勢威をみせつけた。51年陶晴賢すえはるかたが大内氏の実権を握ると，まもなくこれと敵対。55年厳島の戦で大勝し，晴賢を敗死させた。以後領国拡大を進め，大内義長を倒して周防・長門，さらに石見を掌握。62年(永禄5)からは尼子氏を攻め，66年これを滅ぼして出雲をも制圧。内政

面では、まとまった法典の制定などはみられなかったが、五人奉行制とよばれる官僚機構を整備。元春・隆景に嫡子隆元・嫡孫輝元を補佐させた「毛利両川体制」は有名。

もがみとくない [最上徳内] 1755～1836.9.5 近世後期の北方探検家。出羽国村山郡楯岡村の農民の子。名は常矩。江戸で本多利明に天文・地理・測量術・航海術などを学ぶ。1785年(天明5)利明の推薦で幕府蝦夷地調査隊に参加。同年国後島まで行き、翌年択捉島・ウルップ島に渡り、ロシア人の動向を調査。90年(寛政2)青島俊蔵一件に連坐し入牢したが、無罪となり普請役に抜擢される。91年ウルップ島、92年樺太クシュンナイまで至る。98年近藤重蔵らと択捉島に「大日本恵登呂府」の標柱を建てる。1807年(文化4)箱館奉行支配調役となる。著書「蝦夷草紙」「渡島筆記」。

もがみよしあき [最上義光] 1546～1614.1.18 戦国期～江戸初期の武将。出羽国山形城主。父義守と争うなどして1584年(天正12)までに山形盆地をほぼ制圧。他方庄内地方への進出を狙い、83年大宝寺義氏、87年同義гра を倒したが、88年の大敗により目的を達せなかった。1600年(慶長5)関ケ原の戦に連動した出羽合戦では上杉景勝軍の攻勢に直面したが、甥の伊達政宗軍の救援をえて危機を脱した。戦後の恩賞により現在の山形県のほぼ全域を領有した。

もがり [殯] 荒城とも。古代に行われた喪葬儀礼の一つ。人の死後、埋葬までの間、遺骸を小屋などに安置し、近親らが奉仕する。646年(大化2)の薄葬令以降、王以下庶民の殯は禁止された。天皇の殯は、6世紀以降、中国の殯礼の影響をうけて儀礼化したが、仏教の喪葬儀礼や火葬の普及のため、文武天皇を最後に行われなくなった。

もぎ [裳着] ⇨着裳

もくあんれいえん [黙庵霊淵] 生没年不詳。鎌倉後期～南北朝期の禅僧・画家。鎌倉末期に元に渡り、中国で了庵清欲・平石如砥・月江正印・楚石梵琦に参じ、1345年頃客死という。水墨の道釈人物画を描き、「四睡図」「布袋図」(月江正印賛)、「白衣観音図」(平石如砥賛)、「布袋図」(了庵清欲賛)が残る。中国で「牧谿の再来」とよばれたが、画風は元画の影響をうけ抽象的な曲線美を特徴とする。

もくじきおうご [木食応其] 1536～1608.10.1 興山上人とも。織豊期の真言宗の僧。字は深覚。近江国生れ。もと武士で38歳で高野山に遁世、宝性院政遍から受戒。入山の折、十穀を断つ木食の修行を発願した。1585年(天正13)豊臣秀吉の高野山攻めに際し、和平の議に臨む。のち秀吉は高野山に金堂・大塔を建立し、応其の

ために高野山の再興にあたった。応其も秀吉の方広寺造営に協力し、87年の島津氏との和睦の折衝にも努めた。晩年、近江国飯道寺に隠退。

もくせいのうこうぐ [木製農耕具] 一般的に弥生時代以降のものをさす。農耕具はすべてを1本の木で作るか、木と木をくみあわせるか、木と金属をくみあわせるかのいずれかである。大きな鍬・鋤・犂などの耕起具、えぶり・馬鍬などの整地具、播種具、収穫具、杵・臼などの精白具がある。弥生時代の開始期にすでに農耕具の基本構成はそろっているが、道具を作る道具が石器から金属器に移行する弥生後期以降は、木材の加工技術が飛躍的に進み、古墳時代になると金属の刃をつけた農耕具が普及し、耕地の拡大をもたらした。また牛馬など畜力の導入は、人力主体の農耕具を大きく変化させ、農業技術の革新となった。その後の機械の登場まで木製農耕具は日本の農耕具の基本であった。現在、木製農耕具の起源を縄文時代にさかのぼらせる意見もある。

もくだい [目代] 受領の遙任にともない、私的な代理者として国司が任国に派遣した者。受領国司の腹心として任国の行政をまかされ、国衙の留守所や在庁官人を指揮して国務を総括した。庁目代ともいい、受領の責務をはたすために公文に通じた者が理想とされた。別に国衙機構の種々の所にそれぞれ目代の職がおかれる場合もあり、所目代や一所目代とよばれて有力な在庁官人が任じられた。

もくはん [木版] 文字や絵を彫刻した版木によって印刷すること、またその印刷面。活字版に対し、銅版などとともに整版と総称する。彫刻は、版下を裏表にして版木にはりつけた上から行う。印刷は、料紙を版木の上にあててばれんで擦って摺刷する。それぞれ専門の職人を要した。

もこし [裳階] 裳層とも。禅宗建築では雨打ともいう。建物の軒下壁面に造られる庇様の外に柱を立てた部分。奈良時代に多く造られ、法隆寺金堂・薬師寺三重塔はその例。鎌倉時代になると一般の仏堂には裳階はなくなり、五山の禅宗建築に固定化した。裳階のある建物を雨打造という。

もしお [藻塩] 古代の製塩法。「万葉集」「風土記」「歌経標式」などの「藻塩焼く」「塩を焼く藻」「垂塩」などの表現から、海藻をかき集めて篝の上に積みあげ、海水を注ぎながら濃縮して塩分濃度をあげ、それを焼いて水に溶かし、上澄みをさらに土器や釜で煮詰めて製塩したものらしい。9世紀後半に塩浜が成立すると、海藻による濃縮は行われなくなっていった。

モース Edward Sylvester Morse 1838.6.18～1925.12.20 明治初期に来日したアメリカ人動物学者。メーン州ポートランド生れ。ハーバード大学卒。1877年(明治10)日本に多い腕足類を研究するため来日し，大森貝塚を発見・調査。翌年再来日し東京大学初代の生物学教師となる。大学の講義ばかりでなく，各地の講演会で進化論を紹介。79年帰国，セーラムのピーボディ博物館館長となる。82年再々来日。動物学の研究に多大な貢献をし，自筆の挿絵を多くつけた「日本その日その日」などにより日本文化を紹介した。

もずこふんぐん［百舌鳥古墳群］大阪府堺市の大阪湾に面した台地上にある古墳中期の大規模な古墳群。東西・南北4kmの範囲にわたり，もと100基以上の古墳が分布していたが，現存するのは約半数。全国最大の前方後円墳である大山(だいせん)古墳をはじめ，石津丘・ニサンザイ・御廟山(ごびょうやま)・田出井山・いたすけの諸古墳が大型前方後円墳に属する。海上から墳丘群を望見しうる位置にあることから，広く首長の権威を誇示する目的で築造されたと考えられている。古市(ふるいち)古墳群とも東西に接する位置にあり，古くは凡河内(おおしこうち)国として両者は同一地域に属していた。古墳群の付近に築造者たちの大集落として土師・陵南両遺跡などの存在も明らかにされた。

もちかぶがいしゃ［持株会社］他の会社の株式を保有し，それらの会社を支配することを目的とする会社。他会社支配を主要業務とする純粋持株会社と事業兼営持株会社がある。アメリカではスタンダード・オイルなど同一産業の独占を目的として設立されることが多かったが，第2次大戦前の日本では，三井・三菱などが，同族の出資する財閥本社を多くは純粋持株会社として，傘下に複数産業にわたる複数企業を擁するコンツェルンを形成した。これには税金対策の意味もあった。1930年代に成長した新興コンツェルンは，化学工業を中心とする事業兼営持株会社が多く，株式が公開されていた。第2次大戦後，財閥解体によって財閥本社は解散し，独占禁止法によって純粋持株会社の設立が禁止された(1997年解禁)。

もちかぶがいしゃせいりいいんかい［持株会社整理委員会］財閥解体の実施機関。1946年(昭和21)4月20日公布の勅令によって同年8月に設立。委員は委員長笹山忠夫ほか5人(のち8人)。財閥本社など持株会社の所有する有価証券(株式・社債)の管理・処分とその解散・清算業務の遂行がおもな任務。過度経済力集中排除法および財閥同族支配力排除法関係の業務も担当。51年7月解散。

もちひとおう［以仁王］1151～80.5.26 後白河天皇の第3皇子。母は藤原季成(すえなり)の女菝。三条宮・高倉宮と称する。幼くして天台座主最雲(さいうん)の弟子となり，1165年(永万元)に元服。八条院の猶子となるが，親王宣下をえられず不遇であった。皇位継承者と目されたが，79年(治承3)平清盛のクーデタにより父後白河上皇が幽閉され，翌年安徳天皇が即位，皇位の望みを絶たれた。同年源頼政の勧めに従い，最勝親王と自称し平氏追討の令旨(りょうじ)を発して挙兵を試みたが，準備の整わないうちに計画が露顕。このため園城寺に逃れ，さらに南都に逃走中，宇治川の戦で敗死。王の令旨は諸国の源氏に伝えられ，源頼朝・同義仲らの挙兵につながった。

もっかつじばん［木活字版］近世活字版とも。江戸～明治期，とくに木製活字による私家版的出版物をいう。木製活字による印刷は簡便で速いことから急速に普及し，17世紀前半の古活字版全盛の時代をもたらした。しかし出版業は，企業としての規模の拡大とともにその限界から版木による印刷に切り替えられたが，その後，木製活字は主として私家版に活用され，明治期にいたった。これをとくに区別してよぶ呼称。

もっかん［木簡］文字を記した木の札。墨書によるものが多い。古代に，木の材質を活かしながら紙の文書とともに情報伝達に広く用いた。内容は，文書(狭義の文書や記録・帳簿)，付札(物品付札・貢進物荷札)，習書などにわけられる。形態は短冊(たんざく)形を基本として，用途によって上下両端の左右に切り欠きを入れたり，下端を尖らせたものがあり，長さ20～30cm，幅3cm程度のものが多い。都城の藤原宮跡・平城宮跡や各地の地方官衙(かんが)遺跡などから，すでに十数万点が出土し，官衙の実務・生活の実態を示す第1次資料として重要な古代史料。中世以降のものも呪符・付札をはじめ各地の遺跡から出土し，木簡は固有の用途・機能をもったものとして長く使われた。

もっかんりょう［没官領］国家に対する反逆罪によって官に没収された所領。古代の律に規定する没官は，重罪の場合，本人および親族の人身を賤民とし，付加刑としてその田宅・私財が官に没収された。院政期以降，中世的な所領形成が進展するにともない，付加刑の対象は所領となり，これを没官領といった。平家没官領や承久の乱後の京方没官領はその典型で，朝廷によって勲功のあった者に与えられた。

もっけい［牧谿］生没年不詳。中国の南宋末期に活躍した禅僧・画家。法名は法常。没年は1270年代と推定。蜀(四川省)生れ。無準師範(ぶしゅんしばん)を師とし，西湖六通寺の開山と伝えられ，画は殷済川(いんせいせん)に学んだという記録がある。牧谿の粗放な用筆の水墨画は，鎌倉時代以来日本

で高く評価され、とくに長谷川等伯の水墨画に与えた影響は大きい。代表作「瀟湘八景図巻断簡」「観音猿鶴図」「蜆子和尚図」。

モッセ Albert Mosse 1846.10.1～1925.5.31 ドイツの法律家。ベルリン大学でグナイストに学び、裁判所判事となる。1879年(明治12)日本公使館顧問。82年憲法調査に訪れた伊藤博文にドイツ憲法学を講義。86年内閣・内務省顧問として招聘され、地方自治制度につき助言。市制・町村制の草案を起草。明治憲法起草にも助言を与えた。90年帰国。

もとおりのりなが【本居宣長】 1730.5.7～1801.9.29 江戸中・後期の国学者。旧姓は小津。通称は春庵・中衛、号は鈴屋など。伊勢国松坂の木綿屋に生まれるが、家業の不振と商家に不向きな性格のため、母親の勇断で医学修業に京都に遊学する。上京中、堀景山に漢学を学ぶかたわら、景山を通じて契沖の歌学にふれて開眼した。やがて賀茂真淵と出会い、「古事記」研究を託されるとともに正式に入門。文通により「万葉集」や「宣命」についての質疑を続けた。後半生は「古事記伝」の完成に精力を傾注し、1798年(寛政10)に終業した。著書はほかに「続紀歴朝詔解」「大祓詞後釈」「馭戎慨言」「宇比山踏」「俳叢小船」「源氏物語玉の小櫛」「詞玉緒」など。

もときしょうぞう【本木昌造】 1824.6.9～75.9.3 幕末～明治初期のオランダ通詞、日本の活版印刷業の創始者。本姓は北島。幼名は作之助、名は永久、号は梧窓・点林堂。長崎の乙名の家に生まれ、オランダ通詞本木昌左衛門の養子となり、昌造と称した。小通詞となり、プチャーチンやペリー来航の際に通訳を勤める。1860年(万延元)飽ノ浦の製鉄所御用掛となり、蒸気船艦長。明治期以後は新町活版所・築地活版製作所などを創設。活字の製造や体系化を行う。「長崎新聞」も発刊した。

もとだながざね【元田永孚】 1818.10.1～91.1.22 幕末～明治期の儒学者。熊本藩士の家に生まれる。藩校時習館に学び横井小楠と交わる。京都留守居・高瀬町奉行などを勤め、明治維新後は1871年(明治4)宮内省に出仕。侍講・宮中顧問官・枢密顧問官などとして明治天皇に近侍した。「幼学綱要」の編纂、「教育勅語」起草への参画などを通じて、儒教主義・国教主義の立場を貫いた。死に臨み特旨によって男爵を授けられた。

もとやくじ【本薬師寺】 奈良県橿原市城殿の町にある寺。680年(天武9)皇后鸕野讃良皇女(のち持統天皇)の病気平癒を祈願して天武天皇が薬師寺の建立を発願した。その後、697年(文武元)仏像の開眼供養を行い、翌年には建築がほぼ完成して僧侶を住まわせた。710年(和銅3)の平城遷都にともない718年(養老2)薬師寺も京内に移され、以後、旧地は本薬師寺と称された。平城京の薬師寺の伽藍が当寺の堂塔の移建か新築か問題とされている。現在は金堂や塔の礎石が残存する。国特別史跡。

ものあわせ【物合】 合物とも。人々が左右にわかれて競いあい勝ち負けを決める遊びの総称。範囲は広く、平安時代以降には鳥合の闘鶏、犬合の闘犬のほか、公家や僧侶の日記に草合・根合・花合・扇合・鶯合・虫合・絵合・歌合・薫物合などがみえ、多種多様な遊びとして各階層に好まれた。また貝合から百人一首になり、物合の発想は花札などかるた類に同じ種類をあわせる方法としてとりいれられた。

ものいみ【物忌】 (1)潔斎・斎忌とも。一定の期間、屋内に引きこもり、心身を清らかにして慎む行為。理念上、民間信仰や神道の物忌と、陰陽道の知識による物忌の2種類に大別できる。前者は、祭に際して神を迎える前に、神職や頭屋らによって行われるもので、家屋や籠屋に引きこもり、水垢離などをとったり別火の生活をする。後者は、陰陽道の神々が巡行する方角を回避するためになされたり、怪異の発生や悪夢の後に行われるもので、平安時代の公家の間できわめて盛んであった。この場合には、物忌当日は閉門をし、簾・冠・袖などに物忌札をつけて籠居することになっていた。(2)神事に仕える童女・童男の名称。

ものくさたろう【物くさ太郎】 室町物語の庶民物。作者不詳。室町時代に成立。「御伽草子」の1編。信濃国筑摩郡あたらしの郷のなまけ者物くさ太郎は、女房欲しさに夫役をひきうけ京に上る。清水寺の門前で美しい女房に出会った太郎は、謎powiedを解き、当意即妙な歌で女房の心をつかむ。太郎は高貴の出であることがわかり、国司となり女房とともに帰国、のち2人は神として現れる。「一寸法師」などと同様、実力本位の時代相がうかがわれる。「日本古典文学大系」「日本古典文学全集」所収。

ものなり【物成】 田畑・屋敷地に課された本年貢。用語自体は鎌倉時代から租税の意味で存在したが、江戸時代に入って一般化した。年貢・成箇・取箇ともいい、また雑税である小物成と区別し、本年貢としての基本の本途物成・本途・本途取米・本免などともよばれ、村高に年貢率(免)を乗じて決められた。米納が原則だったが、貨幣による代納も時代が下るにつれ多くなった。

もののあわれ 元来「あはれ」は感動詞として用いられ、中古以来和歌的な叙情を含んだ美の概念として用いられてきた。「土佐日記」に「楫取り、もののあはれも知らで」と使われて

いるのが最古の例。「毎月抄」に「やさしくものあはれに読む」のが和歌であると定義され、定家仮託歌論書では「物哀体」という歌体がたてられた。「徒然草」にも「物のあはれは秋こそ勝れ」とある。しかし、これがとりざたされるのは、近世になり本居宣長が「源氏物語」をもののあわれの文学としてとらえたことによる。宣長はもののあわれによって文学の本質をとらえようとした。近代になり和辻哲郎らが宣長の考え方を批判し、現在では各時代・各作品のなかのもののあわれをとらえなおす試みがなされている。

もののべ[物部] 古代、物部連に統率され軍事・警察・刑罰に従事した部民とするのが通説。「もののふ」と読んで武人一般をさすこともある。律令時代には諸国に多系の物部姓の人々がおり、物部郷(里)も20に及ぶ。6世紀に滅びた物部氏の部民がこれほど多かったかは疑問で、また部民であったとしても多くはふつうの農民で、中央の物部氏とそれに従う武人たちの経済的基盤になっていたとみるべきであろう。律令制下では刑部省の囚獄司に伴部である物部40人が所属して罪人の刑罰を担当し、そのもとに仕丁から選ばれた物部丁20人が武器を帯して獄を守った。衛門府にも内の物部30人がおり、東市・西市には各20人の物部が属して非違を禁察した。

もののべうじ[物部氏] 饒速日命を祖とする有力氏族。軍事・刑罰を担当する物部の伴造。姓ははじめ連。684年(天武13)朝臣に改姓し、まもなく石上に改氏。本拠地は河内国渋川郡付近。複姓の同族が多く、四十物部と称された。「日本書紀」では、垂仁朝に物部十千根大連がみえるが、実際には継体天皇を擁立した物部麁鹿火が大連に就任した最初か。ついで麁鹿火とは別系の尾輿が大連になり、大伴金村を失脚させて勢力を誇ったが、蘇我稲目と対立した。次の大連守屋も蘇我馬子と争い、587年(用明2)に滅ぼされた。その後、壬申の乱では物部朴井の連(朴井氏)雄君が活躍。天武朝に石上朝臣に改姓した麻呂は左大臣に至り、以後石上氏は8世紀～9世紀初めに多くの高官を輩出した。
→巻末系図

もののべのあらかひ[物部麁鹿火] 麁鹿火・荒甲とも。生没年不詳。5世紀末～6世紀前半の廷臣・武将。武烈・継体・安閑・宣化4朝の大連。麻佐良の子。継体天皇の擁立に加わった。継体6年、大伴金村が百済に任那4県の割譲を認めたが妻の諫言で辞退。同21年筑紫国造磐井が新羅と結んで反乱をおこすと、大将軍となってこれを討った。宣化元年、那津官家の

設置のため、勅をうけて新家屯倉の穀を運ばせた。

もののべのおこし[物部尾輿] 生没年不詳。6世紀半ばの廷臣。安閑・欽明朝の大連。荒山の子。守屋の父。安閑元年、廬城部枳莒喩の女が尾輿の首飾りを盗み、春日皇后に献上した事件が発覚。事件とのかかわりを恐れた尾輿は、配下の部民を献じた。欽明天皇即位に際し、大連に再任。欽明元年、大伴金村が任那4県を百済に割譲したことを非難し、金村を引退させた。同13年百済の聖明王から仏像・経論などが献じられたとき、中臣鎌子とともに排仏を主張し、蘇我稲目と対立した。

もののべのもりや[物部守屋] ?～587.7.- 6世紀の廷臣。敏達・用明朝の大連。尾輿の子。「日本書紀」によると、敏達元年4月「大連とすること故のごとし」とあるが、欽明紀には名がみえない。同14年3月、疫病流行の原因は蘇我馬子の崇仏にあると奏請し、同より塔・仏像・仏殿を焼いた。同年8月、敏達天皇の殯宮において誄を奏した際、守屋と馬子は互いにそしりあい、怨恨を残したという。用明元年5月には穴穂部皇子が守屋と結んで皇位をうかがい、敏達天皇の寵臣だった三輪逆を殺した。翌年4月用明天皇が没すると、5月守屋らの穴穂部皇子擁立計画が漏洩。6月には皇子が殺され、7月、馬子の勧めにより結成された諸皇子・群臣らの軍と対戦し、射殺された。

ものみやぐら[物見櫓] 城郭で城外を見張るための櫓。眺望のきく隅櫓が使用されることが多い。櫓は矢倉とも書かれるように、本来は倉庫の機能と見張り台の機能の二つがあった。このうち見張りの役割をはたす櫓。中世城郭では上の段を設けた物見台も多く使われた。近世城郭の天守は物見櫓の最大のもの。城門の脇にあって、軍勢の監視をする着到櫓はこの一種。

もみくし[問民苦使] 「もんみんくし」とも。奈良時代～平安初期に臨時におかれた地方監察官。令制の巡察使の一種。758年(天平宝字2)京畿内・東海東山・北陸・山陰・山陽・南海・西海の各道を担当する使が任命され、東海東山道使に判官1人・録事2人、その他の使に録事1人がおかれた。同年内に使の報告が2～3みられる。また延暦年間にも問民苦使に諸国を巡察させていたことがみえる。

もみじやまぶんこ[紅葉山文庫] 江戸幕府将軍家の文庫。江戸城内紅葉山に書物蔵があったため、明治期以降このようによばれた。同城本丸内にあった富士見亭文庫を前身とし、1639年(寛永16)に新築。蔵書は徳川家康の収集にかか

もものてんのう [桃園天皇] 1741.2.29～62.7.12　在位1747.5.2～62.7.12　桜町天皇の第1皇子。名は遐仁ᵗᵒᵒʰⁱᵗᵒ。生母は姉小路実武の女関白門院定子。1746年(延享3)儲君に定まり親王宣下。47年立太子、父の譲位により践祚。57年(宝暦7)垂加流神道説進講をめぐり、宝暦事件が発生。60年有栖川宮職仁ʸᵒʳⁱʰⁱᵗᵒ親王から古今伝授をうける。死去の際、儲君英仁親王(後桃園天皇)は幼く、幕府が皇姉智子ᵗᵒˢʰⁱᵏᵒ内親王(後桜町天皇)の即位を承認するまで喪が秘された。

ももやま [桃山] 京都市伏見区にある伏見山(木幡ᵏᵒʰᵃᵗᵃ山)の異称で、それが付近一帯の地名ともなった。1594年(文禄3)豊臣秀吉がここに伏見城を築いたが、1623年(元和9)とり壊され、その跡に桃の木が植えられたので桃山の名がうまれた。桃花見物の名所として知られたが、城跡が明治天皇の伏見桃山陵となり、桃樹もとり払われて御料地とされたため、昔の面影はない。

もやい [模合] 催合ᵐᵒʸᵃⁱとも。労働や利益配分、所有などの場での合同・共用・共有の関係を示す語。交換労働としての結ᵘⁱと異なり、交換を問題にしない無償の労役提供で、懇意の者の間に行われるほかにも、共同作業・村仕事(モヤイ仕事)がある。地引網などのモヤイ漁、狩猟でのモヤイ狩りなどでは、共同労働とともに漁獲物・獲物の平等分配が行われた。またモヤイ山(共有山)などの共用もみられる。

モラトリアム　⇨支払猶予令 ˢʰⁱʰᵃʳᵃⁱʸᵘʸᵒʳᵉⁱ

もりありのり [森有礼] 1847.7.13～89.2.12　明治前期の政治家。子爵。鹿児島藩士出身。1865年(慶応元)藩命でイギリスに留学、ついでアメリカに渡る。68年帰国。明治新政府に入り、急進的な改革意見を提出したが、保守派の反発で辞任。のち駐米公使・駐清公使・外務大輔・駐英公使などを歴任。その間、明六社の設立、『明六雑誌』の創刊に尽力し、初代社長として思想啓蒙活動にあたる。参議院議官・文部省御用掛をへて、85年(明治18)第1次伊藤内閣の文相。翌年、一連の学校令の制定を進め、知育中心の近代的学校教育制度の確立に努力。欧化主義者とみなされ、伊勢神宮参拝に際し不敬の行動があったとして保守派・国粋派の非難を浴び、憲法発布の日、神道家西野文太郎に襲撃され、翌日死去。

もりおうがい [森鷗外] 1862.1.19～1922.7.9　明治・大正期の小説家・軍医。本名林太郎。石見国生れ。1872年(明治5)上京して西周ᵃᵐᵃⁿᵉ家に寄寓。81年東大卒。陸軍に入る。84年からドイツに留学し、衛生学を学ぶ。90年清新な異国趣味と雅文体による「舞姫」などの浪漫的作品で文壇に登場。その後著作から遠ざかるが、1907年に軍医総監・医務局長となり地位が安定したことと、1909年の「スバル」創刊に刺激されて「ヰタ・セクスアリス」「青年」「雁」などの反自然主義的作品を発表。乃木希典ᵐᵃʳᵉˢᵘᵏᵉ殉死に衝撃をうけ、「興津弥五右衛門の遺書」「阿部一族」などの歴史小説に着手。退任を契機に「渋江抽斎」などの史伝に没頭した。その他評論活動、「即興詩人」などの翻訳活動、作歌活動など多岐にわたった活躍。

もりかわきょりく [森川許六]　⇨許六 ᵏʸᵒʳⁱᵏᵘ

もりコンツェルン [森コンツェルン] 昭和前期に成立した森矗昶ⁿᵒᵇᵘᵗᵉʳᵘを総帥とする新興財閥。味の素の鈴木三郎助が設立した東信電気の余剰電力を基礎に、1926年(昭和元)設立の日本沃度ʸᵒᵈᵒ(34年に日本電気工業と改称)と、28年設立の昭和肥料を中核として、塩素酸カリ・冶金・アルミニウム・合成硫安などの電力利用の事業を擁する一大コンツェルンとなる。39年日本電工と昭和肥料は合併して昭和電工が成立したが、40年に森が昭和電工の社長を辞任後、解体過程に入り、41年の森の死後は昭電グループへと変容した。

モリソンごうじけん [モリソン号事件] 1837年(天保8)、江戸湾に入ろうとしたアメリカ船を異国船打払令にもとづき、浦賀奉行が警備陣に砲撃させた事件。同船は鹿児島湾でも砲撃された。翌年オランダから同船が漂流民送還のため渡来したイギリス船(実際はアメリカ船)モリソン号であると伝えられ、それに続く中国大陸でのアヘン戦争の情報とあわせて幕府に危機感を与えた。事件後渡辺崋山は「慎機論 ˢʰⁱⁿᵏⁱ」、高野長英は「戊戌ᵇᵒⅿᵃᵈᵘ夢物語」を著して幕府の打払政策を批判し、39年蛮社の獄での蘭学者弾圧のきっかけをつくった。また42年の薪水給与令へ政策転換させる契機となった。

もりたかんや [守田勘弥] 江戸森(守)田座の座元、歌舞伎俳優。江戸時代前期から14世を数える。初世(?～1679?)は道化方初世坂東又九郎の子で、森田座の開祖森田太郎兵衛の養子となる。以後、初世の兄坂東又次郎の家系が名跡を相続。11世(1802～63)は4世坂東三津五郎で、3世坂東三津五郎の養子。1850年(嘉永3)森田勘弥を襲名、56年(安政3)江戸森田座を再興、58年森田を守田と改めた。生世話 ᵏⁱᶻᵉʷᵃの妙手。俳名佳朝・秀朝。12世(1846～97)は守田座の帳元中

村蔵左衛門<ruby>紋弥<rt>もんや</rt></ruby>の次男。本名寿作。守田家の養子となり1872年(明治5)都心の新富町に進出し、守田座を新富座と改称。劇場設備や上演脚本を改良し高位高官と交わるなど、歌舞伎の近代化、高尚化に努めた。13世(1885～1933)は12世の三男で本名守田好作。俳名は水色など。屋号は喜の字屋。二枚目役を得意とする一方、新作脚本や翻訳劇にも大きな足跡を残した。14世(1907～75)は13世の甥で養子となる。本名守田好之。青年歌舞伎で当り役を演じ人気を集めた。新派女優水谷八重子(初世)と結婚して、のち離婚。

もりたざ [守田座] 江戸の歌舞伎劇場。1725年(享保10)の書上<ruby>書<rt>がき</rt></ruby>によると、1660年(万治3)森田太郎兵衛が木挽<ruby>町<rt>ちょう</rt></ruby>に創設、のち経営に参画していた坂東又九郎の次男を養子として森田勘弥と改めたと伝える。「松平大和守日記」では1669年(寛文9)に勘弥座の記録が初出。元禄期以後森田勘弥名義で興行権を継承。1735年(享保20)以降たびたび休座し、河原崎座をかわって勤めた。1856年(安政3)4世坂東三津五郎(11世森田勘弥)が森田座を再興。58年7月に座名の「森」を改め守田座と称した。72年(明治5)12世守田勘弥が新富町へ移転、75年に新富座と改称、95年守田座と縁が切れた。

もりつとむ [森恪] 1882.12.28～1932.12.11 名は「かく」とも。大正・昭和前期の実業家・政治家。大阪府出身。中国に渡り、三井物産入社。革命派に接近して利権の獲得につとめ、1913年(大正2)中国興業設立。20年三井物産を退社し、政友会に所属して衆議院議員に当選。27年(昭和2)田中義一内閣の外務政務次官となり、山東出兵・東方会議を推進。以後政友会幹事長、犬養<ruby>毅<rt>つよし</rt></ruby>内閣書記官長を歴任。終始大陸政策の急先鋒であった。

もりとじけん [森戸事件] 大正期の学問・思想の自由弾圧事件。1920年(大正9)1月、東京帝国大学経済学部の「経済学研究」創刊号に掲載の、森戸辰男助教授の論文「クロポトキンの社会思想の研究」が新聞紙法の朝憲紊乱<ruby>罪<rt>ちょうけんびんらんざい</rt></ruby>容疑で、森戸と雑誌発行編集人の大内兵衛<ruby>ひょうえ<rt>ひょうえ</rt></ruby>が起訴された。右翼の森戸攻撃に弾圧を予想した文部省と大学は雑誌を回収、廃棄するとともに、森戸・大内を休職処分にし、森戸の留学資格も取り消し、事態の収拾をはかった。しかし起訴され、同年10月大審院の上告棄却で、森戸の禁錮3カ月・罰金70円が確定した。大学を追われた森戸は大原社会問題研究所に移った。大内は禁錮1カ月・罰金20円・執行猶予1年で失官した。

もりとたつお [森戸辰男] 1888.12.23～1984.5.28 大正・昭和期の社会政策学者。広島県出身。東大卒。1916年(大正5)東京帝国大学助教授。クロポトキンに関する論文が危険思想とみなされ、20年に休職処分となり、新聞紙法違反で起訴され禁錮3カ月の判決をうけた(森戸事件)。出獄後大原社会問題研究所所員。第2次大戦後、日本社会党に入党、衆議院議員に当選。片山・芦田両内閣の文相。50年(昭和25)広島大学学長。66年中央教育審議会会長として「期待される人間像」を発表。著書「クロポトキン」「平和革命の条件」。

もりのぶてる [森矗昶] 1884.10.21～1941.3.1 大正・昭和前期の実業家。千葉県出身。海草からヨードを精製する事業を開始し、1908年(明治41)に総房水産を設立。東信電気に移り、余剰電力をもとに26年(昭和元)に日本沃度<ruby>所<rt>じょ</rt></ruby>(34年に日本電気工業と改称)、28年に昭和肥料を設立、両社を核に重化学工業に展開、森コンツェルンを形成した。39年6月に両社が合併してできた昭和電工の初代社長となる。1924年(大正13)以来衆議院議員当選4回。

もりながしんのう [護良親王] 1308～35.7.23「もりなが」とも。後醍醐天皇の皇子。母は源親子といわれる。1323年(元亨3)頃延暦寺梶井門跡の大塔に入室し大塔宮<ruby>おおとう<rt>おおとう</rt></ruby>とよばれる。法名尊雲。27年(嘉暦2)天台座主となり討幕運動を開始。31年(元弘元)討幕運動発覚後、比叡山をのがれ、翌年還俗して護良と名のる。このち約1年間、討幕運動の中心として令旨<ruby>りょうじ<rt>りょうじ</rt></ruby>を発給。33年の討幕後は将軍宮を称し、足利尊氏と対立して信貴山に籠城。後醍醐天皇にさとされ帰京後、征夷大将軍・兵部卿となるが、なお尊氏と対立。尊氏や新待賢門院の讒言<ruby>ざん<rt>ざん</rt></ruby>にあって34年(建武元)拘禁され、鎌倉の足利直義<ruby>ただよし<rt>ただよし</rt></ruby>のもとへ送られる。35年中先代<ruby>なかせんだい<rt>なかせんだい</rt></ruby>の乱に際し、親王が北条氏の手に渡ることを恐れた直義により殺された。

モレル Edmund Morel 1841.11.7～71.11.5 明治初年の御雇外国人。鉄道建築師長。イギリス人。ロンドンのキングス・カレッジで土木工学を学び、ニュージーランド、オーストラリア、セイロン島などで鉄道建設に従事。1870年(明治3)3月に来日、明治政府に工部省の設立や技術教育の早期確立を提言した。植民地での鉄道建設の経験を生かし、3フィート6インチゲージ(狭軌)を採用し、国内産の木材を枕木に使用した。新橋―横浜間の鉄道建設の指揮をとり、明治初年の鉄道建設に大きな足跡を残した。

もん [文] 銭貨の貨幣単位。1000文を1貫文とする。10文を1疋ともいう。九六銭<ruby>ろく<rt>ろく</rt></ruby>のように100文未満の一定数を100文として通用させる省陌<ruby>はく<rt>はく</rt></ruby>という慣行も広く行われた。銭貨1枚1文が原則だったが、江戸時代にはそれ以上の額面で通用する銭貨も発行された。1871年

もんがく [文覚] 1139～1203.7.21　荒聖人とも。平安末～鎌倉初期の僧。俗名遠藤盛遠とおとう。もとは摂津渡辺党に属する武士。出家して神護寺再興を志し、1173年(承安3)後白河上皇に寄付を強訴ごうそして伊豆に配流された。同地で源頼朝と親交を結び、平家追討を促したと伝える。平家滅亡前後から源頼朝・後白河上皇の庇護をうけ、空海ゆかりの神護寺・東寺・西寺・高野大塔などを修復。頼朝没後は後鳥羽上皇に忌避され、佐渡ついで対馬に流罪となり、配流途上で客死。

もんこかいほう・きかいきんとう [門戸開放・機会均等]　アメリカの極東政策、とくに対中国政策の基本原則。1899年9月と1900年7月に国務長官 J. ヘイによって宣言されたこの原則は、中国における通商上の機会均等と領土的・行政的保全を内容としていた。日米間では、この原則が満州問題に関連し、太平洋戦争に至るまで主要な争点となった。

モンゴル　アジア北東部に位置し、ロシア連邦・中国と国境を接する。漢字表記は蒙古。13世紀にはユーラシア大陸を制覇し、モンゴル帝国を建設したが衰退、17世紀に清の統治下に入った。中国は辛亥しんがい革命を機に自治を承認したが、1917年のロシア革命、中国による自治権取消など混乱のすえ、24年ソ連の援助下にモンゴル人民共和国が成立、世界で2番目の社会主義国となる。日本の満州国建国、大陸侵略に危機感を強めたモンゴルはソ連と相互援助議定書を結び、39年にはソ連とともにノモンハンで日本軍を撃退した。45年8月ソ連の対日宣戦とともにモンゴルも対日宣戦を布告。中国はモンゴルの独立を認めなかったが、45年の人民投票の結果独立を認め、50年中国とソ連との間にモンゴル独立を承認する協定が締結された。72年日本との国交樹立。88年以降経済改革が始まり、92年新憲法を施行、社会主義から民主主義・市場経済へ移行している。現在の正式国名はモンゴル国。首都ウランバートル。

モンゴロイド　黄色人種・蒙古系人種とも。コーカソイド、ニグロイド、オーストラロイドと並ぶ四大人種の一つ。中間色で黄色みを帯びた皮膚、黒く太い直毛、蒙古ひだのある細い目、平坦な顔、うすいひげと体毛、胴の長さに比して相対的に短い四肢などを特徴とする。日本を含む東アジアを中心に、東南アジア・北アジアに広く分布。アメリカ大陸の原住民もモンゴロイドの分派と考えられる。

もんじゃく [門籍]　宮城諸門の出入りを許された官人の名簿。養老令制では宮門きゅうもんの門籍を衛門府えもんふが、閤門こうもんの門籍を左右兵衛府ひょうふが管理した。各官司で出入りを許可する官人の官位姓名を記して中務なかつかさ省に送り、それが各門の守衛担当の衛府に送られて各官人の出入りに便利な門の門籍に登録される。毎月1日と16日に更新された。近年平城京跡や藤原京跡から関連する木簡が出土したが、門籍の形状は不明。

もんじょ [文書]　広義では、文字によって人の意志を書き記したものであるが、これまで日本の近代史学ではある人(差出人)が、他の人(受取人)に意志を伝え、なんらかの効力を及ぼすことを目的として書き記されたもののみを文書とよぶとして、狭く限定的に解することが多かった。これは文献史料を(1)文書、(2)記録(日記)、(3)編纂・典籍と3区分する考え方である。しかし近年になって、文書の基本的性質を差出人と受取人を有する点に求めるべきではなく、むしろ他に働きかける、機能するという点を重視すべきだとの提唱もあり、従来の理解には再考が迫られている。なお時代をへだてて残った文書を古文書とよぶ。材質は紙に限定されず、木(木簡など)や布などでも要件をみたせば文書とみなされる。

もんじょうどう [文章道]　⇨紀伝道きでん

もんじょうはかせ [文章博士]　大学寮の教官。728年(神亀5)に正七位下相当の直講ちょっこう4人の1人として創設された。創設時の官名は文章学士だった可能性がある。漢文学・中国史を教授し、文章生もんじょうの指導にあたった。821年(弘仁12)相当位階が従五位下に引き上げられて大学寮教官中で最高位となり、この官をへて公卿に昇進する者が現れるようになった。834年(承和元)紀伝博士を廃止して文章博士の定員を2人とし、以後これが定制となる。

もんぜき [門跡]　一門の法脈を継承する寺院、またその主僧。平安後期以降は貴種の住む寺として寺格化し、その出身者が大寺の長を独占するようになる。仁和にんな寺、延暦寺の三門跡、興福寺の一乗院・大乗院などが有名。近世には皇子の住む宮門跡、摂家入室の摂家門跡、清華せいが家入室の清華家門跡などの区分が用いられた。門跡は宮廷社会の延長として文化や芸術・学問の担い手の役割をはたしたが、明治期に公的な門跡制度は廃止され、以後私称となった。

もんぜんまち [門前町]　寺社の門前に発達した都市的集落・町。古代以来、大寺社の周辺には神官や僧侶が集住し、参詣者が多数往来するため人口が集中したが、中世になると、房舎や屋敷、宿泊施設、商工業者の店舗などから構成される町が発達する。神社の場合、鳥居前町ともいい、神官らが集住する社家町(京都上賀茂神社など)や御師おし町(現、山梨県富士吉田市など)も含まれる。中世末に発達する本願寺境内

ないし門前の寺内町[じない]も広義の門前町だが、別に分類されることが多い。伊勢神宮の伊勢（宇治山田）市、多くの社寺を擁する複合的門前町としての京都・奈良・鎌倉市などがある。

もんちゅうじょ [問注所] 鎌倉・室町両幕府の機関。(1)鎌倉幕府では、訴訟当事者の審問と記録を行う場として設置された。当初は審問の記録を将軍に上申したが、3代将軍源実朝の頃には判決草案である問注所勘状[かんじょう]を作成するようになり、政所[まんどころ]と並ぶ鎌倉幕府の二大訴訟処理機関として機能した。1249年（建長元）引付の設置により御家人訴訟は移管されたが、東国の雑務沙汰が管轄となり幕府滅亡まで続く。所務賦[しょむくばり]などの訴訟受理機関も問注所内におかれた。(2)室町幕府では、しだいに訴訟処理や文書記録の保存管理がおもな機能となり、中期以降は訴訟処理機関としての機能を停止し、文書記録を保持する執事[とう]家の当主の呼称として用いられた。

もんと [門徒] 一門の徒、また師の教えをうける門弟。はじめは慈覚門徒・智証門徒のように師僧の流れをくむ寺院や僧侶をさした。のち浄土真宗が発展すると、その在家信徒と集団をさすようになる。下野の高田門徒、常陸の鹿島門徒、下総の横曽根[よこそね]門徒、越前の三門徒などがその例。真宗は俗称として門徒宗ともよばれ、その信徒をあざける「門徒物知らず」という言葉もうまれた。

もんとくてんのう [文徳天皇] 827.8.-~858.8.27 在位850.3.21~858.8.27 田邑[たむら]帝とも。仁明[にんみょう]天皇の第1皇子。名は道康[みちやす]。母は藤原冬嗣の女順子。842年（承和9）恒貞親王（淳和天皇の子）が皇太子を廃され（承和の変）、かわって立太子した。850年（嘉祥3）仁明の死去により践祚。同年誕生の第4皇子（清和天皇）を皇太子に立て、外戚の藤原良房との結びつきを強めた。のちに長子惟喬[これたか]親王の即位を希望したとも伝えられる。

もんぶかがくしょう [文部科学省] ⇨文部省[もんぶしょう]

もんぶしょう [文部省] 近代において教育行政を統轄する中央官庁。1871年（明治4）太政官の一省として設置。初代文部卿は大木喬任[たかとう]。学制の公布など西洋風の学校教育制度の導入にあたる。85年内閣制度の確立により内閣の一省となった。86年文部省官制が制定され、大臣官房および総務・学務（のち普通学務・専門学務の2局に分割）・編輯[へんしゅう]・会計の各局を設置。森有礼[ありのり]文部大臣のもとで、一連の学校令の制定など中央集権的な教育行政を推進。明治後期～昭和初期に図書・宗教・社会教育・思想などの諸局が新設・統廃合された。第2次大戦後、教育の地方分権化・自由化・民主化が進められて文部省の中央集権的教育統制は弱められ、教育・学術・文化への指導・助言を中心とする行政官庁に改編された。2001年（平成13）1月、中央省庁再編により科学技術庁と統合して文部科学省となる。

もんぶしょうびじゅつてんらんかい [文部省美術展覧会] 1907年（明治40）に開設された官設総合美術展。通称は文展。フランスのサロンにならい、文部省が主催。流派や美術団体の枠をこえた美術界の統合をめざし、日本画・洋画・彫刻の3部構成で始まった。審査をめぐって揺れ続け、19年（大正8）の帝国美術院設置以降、帝国美術院展覧会（帝展）となる。35年（昭和10）の松田源治文相による改組の紛糾をへて、37年から再び文部省主催の文部省美術展覧会となり、新文展と略称された。1927年美術工芸部門が新設されたため、新文展は4部構成で行われた。文展は1918年第12回、新文展は43年第6回まで開催。第2次大戦後、日本美術展覧会（日展）に引き継がれた。

もんぺ 股引[ももひき]や山袴[やまばかま]の一種。本来は、山袴のうちでも股下の裾にまで達する大きな三角形の襠[まち]をもつものを東北地方でモンペ・モンペイなどとよんでいたが、長着の上に着用できるところから、第2次大戦中に女子の標準服に制定され、全国各地に普及して山袴の代名詞のようになった。のちに胴回りと裾にゴムを通し股下に方形の襠をいれたズボンに近い改良形が現れ、短い上衣とくみあわせる着方とともに、女子の仕事着・日常着として定着。

もんむてんのう [文武天皇] 683~707.6.15 在位697.8.1~707.6.15 軽[かる]（珂瑠）皇子・天之真宗豊祖父[あめのまむねとよおおじ]天皇と称する。草壁皇子の子。母は天智天皇の皇女阿閇[あへ]皇女（元明天皇）。697年（文武元）15歳で皇太子となり、同年藤原宮で即位。701年（大宝元）大宝律令の制定により律令政治の基礎を固めた。707年（慶雲4）重病となり、母に譲位の意思を示して死去した。藤原不比等[ふひと]の女宮子を夫人とし、首[おびと]皇子（聖武天皇）をもうけた。

や

やえやまじしんつなみ [八重山地震津波] 明和の大津波とも。1771年(明和8)琉球八重山で発生した地震による津波。3月10日朝,マグニチュード7をこすと推定される地震の後,八重山・宮古の島々を3度にわたり大津波が襲った。低い珊瑚礁の島々は波に洗われ,八重山で9300人余,宮古で2500人余の住民が犠牲となる。八重山の被害は深刻で,その後長期にわたり疲弊現象が続いた。

やおやおしち [八百屋お七] 1666~83.3.29 江戸前期,江戸本郷の八百屋の女。1682年(天和2)12月の大火で檀那寺に避難した際,寺小姓と恋仲になり,翌年再会するために放火未遂をおこして鈴ケ森で火刑となった。火刑の3年後,井原西鶴の「好色五人女」にとりあげられて有名になり,その後,歌祭文・歌舞伎・浄瑠璃などにも登場した。

やかた [館] ⇨館ち

やきばた [焼畑] 山の斜面などの木や草を切り払って火をいれ,焼土となった地を整理して作物を作る畑作法。切替畑の一種。アラキ・カノ・サス・ナギハタ・キリハタ・ヤブ・コバなどとよばれて全国的だったが,近年ではほとんど行われない。しかし焼畑を基盤にする民俗も認められ,稲作伝来以前からの農法と推定される。山を焼くのは春か夏で,粟・ヒエ・ソバ・大豆・小豆など穀類や豆類を作付ける。大根・カブ・麦・里芋・甘藷を作るところもあり,初年目は粟,2年目は大豆というように,地方ごとに作物の順が決まっている。東北地方の北上山地では10年ほど作り続けるが,通常は5年程度で耕作をやめて山林に戻し植生の回復を待った。

やぎゅうのとくせいひ [柳生の徳政碑] 奈良市柳生町の柳生街道沿いの疱瘡地蔵とよばれる巨石に刻まれた碑文。地蔵像の右下に「正長元年ヨリサキ者カンニ四カンカウニヲメアルヘカラス」と記される。1428年(正長元)以前,神戸四箇の大柳生郷の・阪(坂)原・小柳生・邑地ではいっさい負債がないというもので,正長の土一揆で興福寺が徳政令を発布したことを示す。農民側の史料として貴重。

やぎゅうむねのり [柳生宗矩] 1571~1646.3.26 大和国柳生藩主。兵法家。但馬守。同国柳生荘に兵法家柳生宗厳の第8子として生まれる。1594年(文禄3)徳川氏に仕え,1600年(慶長5)関ケ原の戦に従軍。戦後柳生荘2000石を与えられた。江戸幕府2代将軍徳川秀忠・3代家光に新陰流を伝授し,「兵法家伝書」の著作がある。32年(寛永9)大目付に任じられ,36年には1万石の大名となった。のち加増され1万2500石。

やく [役] 中世~近世の人身的労役賦課および奉仕の総称。労役の内容から軍役・陣夫役・人足役・伝馬役,労役の担い手から大名役・侍役・百姓役・町人役・職人役,負担の枠組・単位から国役(一国平均役)・郡役・所役・村役・町役,負担の基準から軒役・高役などの用例があげられる。当該社会の主要な構成員は,所属する社会集団を介して役を負担しつつ,社会の中に身分として公的に位置づけられたが,役はこうした位置および それに付随する職務(役務)などをも同時に含意することになる。この用例としては,役人・役所・役割などがある。

やくいもん [薬医門] 親柱の後ろに2本の控柱を立て,切妻造の屋根をかけた門。女梁(肘木)と男梁(腕木)は親柱と控柱の両方にまたがるようにおかれ,男梁の上の板蟇股が支える棟木も親柱と控柱の間に位置する。四脚門よりは格下だが,棟門より格上とされる。

やくかた [役方] 江戸時代の幕府・藩の職制のうち,財政・司法・行政などの実務に従事する役職。幕府の場合,寺社・町・勘定の三奉行や遠国奉行,郡代・代官などが代表的なものである。初期の臨戦体制下では,警備系の番方が重視されたが,平和な時代になると役方の重要性が増し,積極的な人材登用がはかられた。

やくさのかばね [八色の姓] 684年(天武13)10月に制定されたカバネ。「諸氏の族姓を改めて,八色の姓を作りて,天下の万姓を混さす」という詔に始まり,真人・朝臣・宿禰・忌寸・道師・臣・連・稲置という8種のカバネが制定された。これらのうち,実際に賜ったのは真人・朝臣・宿禰・忌寸の4種(前年から賜っている連も八色の姓の一つか)であった。制度の目的は,大化前代以来の氏族制度を,氏族系譜上の天皇家との距離を基準にして,天皇中心のものに再編成して新たな身分秩序を形成することと,律令官人制を導入するにあたって,上級官人になりうる氏族層の範囲や,中央貴族と地方豪族の区分を確定することであった。

やくじ [薬師寺] 奈良市西ノ京町にある法相宗大本山。南都七大寺の一つ。680年(天武9)天武天皇が皇后の病気平癒を祈願して発願。持統・文武両天皇による造営をへて,698年(文武2)藤原京(現,橿原市城殿)にほぼ完成した。平城遷都にともない,718年(養老2)右京6条2坊の地に移された。これが現在の薬師寺で,

もとの薬師寺を本薬師寺とよぶ。722年僧綱所がおかれ、749年(天平勝宝元)に墾田1000町と布絁が施入された。830年(天長7)に始まる当寺最勝会は、興福寺維摩会・宮中御斎会とともに南都三大会(南京三会)と称された。薬師寺式とよばれる伽藍配置だったが、973年(天延元)の火災で金堂と東西の塔・東院・西院を残して焼失した。再建されたが以後たびたび罹災し、1528年(享禄元)には兵火で金堂・西塔などを失った。現在は金堂・西塔などが復原されている。

東塔 各重に裳階をつけるため、三重塔だが外観は六重にみえる。730年(天平2)の建築とする説と、本薬師寺の塔をこの年に移築したとする説があるが、前者が有力視されている。建築様式は、軒支輪をもたない三手先組物で、本薬師寺の旧形式をひきついだと推定される。平面規模も本薬師寺とほぼ同一。初重内部には古くは釈迦八相成道を安置しており、極彩色の文様が部分的に残る。高さ34.1m。

吉祥天像 奈良後期、正倉院鳥毛立女屏風と並ぶ天平美人像の代表的遺品。峨眉豊頰という盛唐期の美人像に似るが、左手に吉祥天の持物である宝珠をもつ。奈良時代に重んじられた「金光明経」「金光明最勝王経」中に説かれ、吉祥悔過会本尊として信仰された。本図はその本尊像とする説、最勝会本尊として釈迦を中心に描かれた仏画の一部が遺存したとする説とがある。縦53.3cm、横92.0cm。国宝。

金堂薬師三尊像 薬師寺の本尊像。白鳳時代造像の山田寺仏頭や当麻寺本尊像と比較すると写実的・立体的であることから、薬師寺が藤原京から平城京に移された後の天平時代の造像とする説や、平安時代の史料に本像が持統天皇の発願とあることから藤原京での造像とする説などがあり、造像年代を中心に議論がある。銅製鍍金。像高は中尊254.8cm、日光菩薩317.3cm、月光菩薩315.5cm。国宝。

東院堂聖観音像 養老年間の創建と伝える東院堂の本尊像。技法的には金堂薬師三尊像に近似するが、肉取りの起伏を抑え、左右相称性が強い作風は、金堂像よりも古い白鳳時代の特徴を示す。金堂像とともに造像年代などについて問題が残されている。銅製鍍金。像高188.5cm。国宝。

やくしにょらい【薬師如来】 医王仏とも。薬師瑠璃光如来の略称。東方瑠璃光浄土の主。所願成就・持戒清浄・病苦除去・転女得男・息災離苦などの12の誓願を発して、衆生を救おうとした仏。左手に薬壺または宝珠をもち、右手に施無畏印を結ぶ。

日光・月光両菩薩を脇侍とし十二神将を護法神とする。治病延命や不老長寿を願う対象として信仰された。奈良薬師寺は、天武天皇が皇后(持統天皇)の病気平癒を祈願して建立に着手したもの。現存の造形としては、京都日野の法界寺の薬師堂、高知県大豊町の豊楽寺薬師堂などの建造物、奈良薬師寺金堂の薬師三尊像、新薬師寺の本尊薬師如来と周囲の十二神将像、京都神護寺の薬師如来立像などが有名。

やくしゃえ【役者絵】 歌舞伎役者やその風俗を描いた浮世絵。狭義の芝居絵(歌舞伎絵)。役者の似顔絵、舞台や楽屋でのよすが、遊興・散策・寺社詣でなどの日常の姿が画題となった。人気役者が没した折に上梓された死絵にも含む。すでに寛文期の肉筆美人画に役者絵の先例をみることができるが、浮世絵版画成立後の元禄期に歌舞伎の隆盛にともなう役者絵が発達、役者絵を専門とする鳥居清信を祖とする鳥居派がおこり、美人画から独立した存在となった。錦絵時代には、勝川春章、歌川豊国・同国貞、東洲斎写楽など、役者の個性を描出する浮世絵師が輩出した。

やくや【役家】 役屋とも。近世、領主に対し百姓としての役負担を勤める家。太閤検地をはじめ、検地実施にあわせて役家調査が行われ、村役人・宗教者・下人などを除く、一軒前の百姓役負担者が確定された。はじめ陣夫や普請人足として徴用されたが、のち夫米・夫銭として代納化された場合が多い。1950年代の太閤検地論争のなか、役家体制論という役家を正式な本百姓とする説が唱えられ、役家の性格をめぐる論争がおこった。

やぐら 神奈川県鎌倉市とその周辺部に集中的に分布する、鎌倉時代～室町時代の墓。山腹に方形の横穴を掘り、玄室内に五輪塔・宝篋印塔などの石造物をおき、谷戸を同じくして群集する。被葬者は武士・僧侶・学者・芸術家などの上層階級の家族や一族・血縁者と考えられる。葬法はおもに火葬で、まれに土葬もあるが、石造塔の中かその下に、蔵骨器に入れるか直接埋葬して納める。宮城県・福島県・千葉県・石川県にもある。

やぐら【櫓】 矢倉とも。(1)古代に武器を納めた倉。(2)屋敷や城郭のまわりを高い場所から展望するために造った建築物。中世の絵巻には4本柱の上に板床を設け、板塀をめぐらした櫓がある。近世の城郭になると、瓦葺で土壁を塗りこめた1～4階建の櫓が城壁の隅などに造られ、倉や防御施設として利用された。防火や美観をまねた白漆喰塗籠造が多い。(3)四方を展望するため、あるいは四周からの注目を集めるために、材木をくみあわせて造った一段高い建築物。

やくりょう [役料] 江戸時代，幕府が特定の役職の者に支給した役俸の一つ。1665年(寛文5)にはじめて大番頭2000俵などと役料を定め，翌年には大目付・町奉行各1000俵ならびに旗奉行・作事奉行・勘定奉行各700俵などを制定した。82年(天和2)に一時廃止，92年(元禄5)復活。原則として年3回，米で支給された。しかし，しだいに幕府財政を圧迫したので，1723年(享保8)に足高の制が始まった。

やさかじんじゃ [八坂神社] 祇園社・祇園感神院とも。京都市東山区祇園町北側に鎮座。二十二社下社。旧官幣大社。祭神は素戔嗚尊。876年(貞観18)神託により牛頭天王が感神院に祭られ，のちに社殿が建立されたと伝える。仏教的性格も強く，祇園社の名もインドの祇園精舎に由来。興福寺の別院ともされ，のちには日吉社の末社として洛中の僧兵・神人らの拠点となった。疫神・疫気を鎮めるとされ，970年(天禄元)に行った祈禱が御霊会としての祇園祭の起源となった。例祭は旧暦6月14日，現在は7月17日・24日，本殿・鳥居・蛭子社社殿は重文。

やじまかじこ [矢島楫子] 1833.4.24~1925.6.16 明治・大正期の女子教育家・社会事業家。肥後国生れ。1872年(明治5)上京して教員伝習所に学ぶ。78年長老派教会の経営する新栄女学校の教論兼舎監，81年桜井女学校の校長代理，90年には両校を合併した女子学院長に就任。この間79年に受洗し，86年東京婦人矯風会の結成に参加。93年には日本基督教婦人矯風会の会頭となり，社会教育でも女性の地位向上に尽力した。

やしまのたたかい [屋島の戦] 1185年(文治元)2月19日，讃岐国屋島(現，高松市)で源義経と平氏の間で行われた戦。一の谷の戦の敗北後も，平氏は屋島にあって，瀬戸内海の制海権を保持していた。追討を命じられた義経は，2月18日未明，風雨をついて摂津の渡辺(現，大阪市)から阿波の勝浦に渡り，昼夜兼行で国境を越え，屋島を急襲。不意をつかれた平氏は敗北し，пред戸内海へのがれた。

ヤジロウ ?~1551? アンジロー・弥次郎とも。日本人最初のキリシタン。薩摩国生れ。貿易商だったらしいが，殺人の罪を犯し，ポルトガル商人アルバレスに助けられ出奔。1547年マラッカでザビエルに出会い，インドのゴアの聖パウロ学院で学ぶ。48年5月受洗してパウロ・デ・サンタ・フェと称す。49年(天文18)ザビエルとともに鹿児島に上陸し，通訳・案内役を勤め，教理書を翻訳。ザビエルはヤジロウと会って日本伝道を志したという。のちに再び出奔し，寧波で殺害されたと伝えられる。

やすいさんてつ [安井算哲] ⇒渋川春海

やすいそうたろう [安井曾太郎] 1888.5.17~1955.12.14 大正・昭和期の洋画家。京都市出身。1904年(明治37)聖護院洋画研究所に入り，浅井忠・鹿子木孟郎かのこぎたけしろうに師事。07年渡仏しアカデミー・ジュリアンでジャン・ポール・ローランスに学ぶ。二科会出品ののち，36年(昭和11)石井柏亭らと一水会創立。35年帝国美術院会員。44年帝室技芸員，東京美術学校教授となる。52年文化勲章受章。作品「金蓉」，著書「画家の眼」。

やすいそっけん [安井息軒] 1799.1.1~1876.9.23 幕末・維新期の儒学者。儒学者安井滄洲の子。名は衡，字は仲平，別号は半九陳人など。日向国宮崎郡生れ。大坂で篠崎小竹に，江戸で昌平黌に学ぶ。日向国飫肥藩藩校の設立に際し，助教となり総裁の父を助けた。江戸再遊後，1839年(天保10)江戸で三計塾を開く。ペリー来航に際し「海防私議」を著し，水戸藩主徳川斉昭に認められた。62年(文久2)昌平黌儒官となる。漢唐の註疏を学び，考証にもすぐれた。著書「論語集説」「管子纂詁」。

やすくにじんじゃ [靖国神社] 東京都千代田区九段坂上に鎮座。旧別格官幣社。祭神は明治維新前後の殉難者や戦役・事変などの国事殉難者240万柱。1869年(明治2)明治天皇の発議により招魂社が創建され，79年現在名となる。国家神道の時期には陸海軍所管の特殊な神社として位置づけられ，祭神の遺族が昇段参拝した。第2次大戦後，国家の管理を離れ単立の宗教法人となる。しかしその後も遺族会などから当社を国営化しようとする運動がおこり，また近年は閣僚の公式参拝が問題となっている。例祭は4月21~23日と10月17~19日の春秋2季。

やすだざいばつ [安田財閥] 安田善次郎を創始者とする金融財閥。両替業を営み官庁為替方を務めていたが，1880年(明治13)安田銀行を設立し，その後も他の銀行の設立に参加したり，破綻に瀕した銀行を救済したりして系列銀行とした。保険業・不動産業にも進出したが，製造業への進出は製麻業以外には成功しなかった。1912年(大正元)統轄組織として私盟組織を改組して合名会社保善社(のち安田保善社)を設立，コンツェルン形態をとった。23年安田系銀行は大合同して日本最大の安田銀行となり，浅野系事業会社との関係を密接にした。25年信託業に参入。第2次大戦期には製造企業を傘下に収めようと試みたが，十分な成果をあげなかった。財閥解体により46年(昭和21)安田保善社は解散した。

やすだぜんじろう [安田善次郎] 1838.10.9~1921.9.28 明治・大正期の実業家。安田財閥の祖。越中国生れ。江戸に出て両替商に奉公，1864年(元治元)他の商売も兼営する両替店安田

屋を開業，古貨幣・太政官札・公債などの取引，官公預金などで蓄財した。76年(明治9)第三銀行の設立に参加，80年安田商店をもとに安田銀行を開業した。第百三十銀行など多くの銀行の救済や設立にかかわり，系列銀行として銀行網を形成する一方，生命保険・損害保険業にも進出し安田財閥の基礎を築いた。1921年(大正10)大磯の別荘で国粋主義団体のメンバー朝日平吾に暗殺された。

やすだほぜんしゃ[安田保善社] 安田財閥の本社。1887年(明治20)安田銀行の資本金を管理するために，安田善次郎の個人財産をもとに安田同族全額出資の私盟組織保善社として設立。その後安田系企業の株式の保有を増加させ，持株会社としての性格を強めた。1912年(大正元)合名会社保善社に改組し，業務機構を整備した。25年安田同族社と改称。財閥解体によって46年(昭和21)解散。

やすだゆきひこ[安田靫彦] 1884.2.16～1978.4.29 大正・昭和期の日本画家。東京都出身。本名新三郎。小堀鞆音らに師事し，紫紅会(のち紅児会)を結成。東京美術学校中退。1914年(大正3)日本美術院再興に参加，同人となり院展三羽烏として活躍。34年(昭和9)帝室技芸員，翌年帝国美術院会員，44年東京美術学校教授。48年文化勲章受章。法隆寺金堂壁画模写，同寺現模写に従事。作品「風神雷神」「飛鳥の春の額田王」。

やすだよじゅうろう[保田与重郎] 1910.4.15～81.10.4 昭和期の評論家。奈良県出身。東大在学中「コギト」を創刊，1935年(昭和10)「日本浪曼派」を創刊し評論に携わる。ロマン的イロニーによる伝統美の発見は，36年の「日本の橋」などに達成をみる。近代批判・アジア主義の発言は，時局切迫のなかで政治性をおび，影響力をもつことなった。第2次大戦後は公職追放とされたが思想の一貫性を守り，伝統美のなかに生きた。

やすながたいせき[安永田遺跡] 佐賀県鳥栖市柚比町にある弥生時代の集落遺跡。1979年(昭和54)の確認調査により九州ではじめて銅鐸鋳型が出土。翌年度から鋳型出土地一帯で発掘が行われ，銅鐸鋳型は3軒の住居跡と土坑から合計5片が出土。鋳型はいずれも黒変し，ともに出土した土器から中期末頃のものと判明。製品は高さ20cm前後の外縁付鈕式で，複合鋸歯文や綾杉文による文様構成をもち，横帯文銅鐸との強い近縁関係を示す。遺跡からは銅鐸鋳造工房跡とみられる遺構のほか，鞴の羽口状土製品，中近形銅矛鋳型，銅矛鋳型未成品なども出土し，県東部の青銅器鋳造センターであったことが知られる。国史跡。

やせん[矢銭] 箭銭とも。戦国期，武将が町・郷村・寺社に賦課した軍用費。陣取をした際に臨時に賦課した。室町幕府の禁制には，1530年代半ば頃から兵糧米とともに矢銭をかけることを禁じている。郷村や寺社領の場合は棟別銭として，町の場合は地口銭として転化されたのであろう。織田信長は1568年(永禄11)に本願寺から5000貫文を徴出させ，和泉国堺にも2万貫文を課して拒否されたことは有名。

やそかい[耶蘇会] ⇨イエズス会

やそかいしにほんつうしん[耶蘇会士日本通信] ⇨イエズス会士日本通信

やそかいにほんねんぽう[耶蘇会日本年報] ⇨イエズス会日本年報

やちゅうじ[野中寺] 大阪府羽曳野市にある高野山真言宗の寺。青竜山徳連院と号し，俗に中の太子とよぶ。聖徳太子の創建といい，蘇我馬子了の建立とも伝えるが，当地を本拠とする船氏の氏寺とも考えられる。はじめ法隆寺式伽藍配置であったが，たびたび火災にあい，現在礎石が残存する。近世には戒律の道場として栄えた。旧伽藍跡は国史跡。金銅弥勒菩薩像・木造地蔵菩薩像は重文。

弥勒菩薩像 みろくぼさつぞう 台座下框部に，丙寅年に中宮天皇の病気平癒を誓願し弥勒像を造った旨の銘文がある。丙寅年は666年(天智5)に比定される。また「弥勒」の銘は飛鳥～白鳳時代の半跏思惟像の尊格を決める重要な根拠とされている。銅造鍍金。総高30.8cm。重文。

やつこ[奴] (1)古代の隷属者・従者・臣下などを意味する用語。たとえば君に対する臣を「やつこ」と訓じたり，国造が国の御奴，伴造が伴の御奴の意であることなどに示される。(2)律令制下の男性賤民を示す用語。官奴・私奴，場合によっては家人の男性なども奴とされる。(3)自称。自分をへりくだっていう場合に用い，「やつがれ」ともいう。(4)人をののしったり，おとしめたり，またふざけた呼びかけなどの際に用いる語。

やつはしけんぎょう[八橋検校] 1614～85.6.12 近世箏曲の開祖。江戸初年頃，大坂で城秀の名で三味線の名手として活躍。のち江戸にでて法水より筑紫箏を学び，それを改訂・増補し，陰音階の調弦を考案して組歌13曲を作り，「六段」「八段」「乱」など箏独奏の段物も作曲したという。法秀のあと山住勾当・上ály検校城談の名をへて八橋を名のる。寛文頃から京都に移住したと思われ，箏曲を盲人音楽家の専業として確立するとともに，一般への普及にも務めた。

やつはしまきえらでんすずりばこ[八橋蒔絵螺鈿硯箱] 尾形光琳がデザインした蒔絵の代表作。「伊勢物語」第9段，業平東下

りの三河国八橋の場面を,金の平蒔絵に鉛板・螺鈿を交えて描く。物語絵によくある説明的な要素はいっさいなく,主題の本質を鋭く追求する文様構成と,装飾材料と大胆な用法が目をひく。光琳蒔絵の特質がはっきりと示された名品。縦27.3cm,横19.7cm,高さ14.2cm。東京国立博物館蔵。国宝。

やどやのめしもり [宿屋飯盛] ⇨石川雅望

やないはらただお [矢内原忠雄] 1893.1.27～1961.12.25
大正・昭和期の経済学者。愛媛県出身。東大卒。1923年(大正12)東京帝国大学教授。植民政策を担当。内村鑑三の思想的影響を強くうけたキリスト教徒で,人権尊重の立場から日本の植民政策を批判しつづけた。37年(昭和12)「中央公論」に発表した論文「国家の理想」や講演での言動が反戦的思想として攻撃され辞職(矢内原事件)。第2次大戦中は個人雑誌「嘉信」で平和と信仰を説き,戦後東京大学に復帰。51年総長に就任した。「矢内原忠雄全集」全27巻。

やなかむら [谷中村]
栃木県の最南端にあった下都賀郡の村。1906年(明治39)7月足尾鉱毒事件の最終決着をもくろむ政府が,村会の反対決議を無視し,遊水池設置のためと称して,400年の歴史のある戸数450,人口2700の村を廃村措置にし,藤岡町に吸収合併,村民は強制的に移住させられた。村の跡は現在渡良瀬遊水池内に見ることができる。

やなぎさわよしやす [柳沢吉保] 1658～1714.11.2
江戸中期の大名,徳川綱吉の側近。初名房安・保明,通称主税・弥太郎。父安忠は館林藩主時代の徳川綱吉に仕え,吉保も小姓として近侍。綱吉の将軍就任にともない幕臣となる。1688年(元禄元)側用人となり,1万2000石余。数度の加増と異例の昇進で,老中上座となり,1701年松平姓と将軍の諱の一字を与えられ,吉保と改名。04年(宝永元)には甲府15万石余を与えられる。荻生徂徠・細井広沢ら学者を重用して元禄期の幕政を主導したが,吉保自身には専制的な側面は薄かったという。09年綱吉の死後,家督を吉里に譲って隠居,保山と号した。

やなぎたくにお [柳田国男] 1875.7.31～1962.8.8
日本民俗学の創始者。兵庫県出身。東大卒。青年期には新体詩人として活躍した。農商務省に入り,法制局参事官・貴族院書記官長・朝日新聞社論説顧問などを歴任。1909年(明治42)「後狩詞記」を著したのち,雑誌「郷土研究」の刊行,民間伝承の会の設立,民俗学研究所の開設,日本民俗学会の設立など民俗学研究の発展につくした。著作は人文科学の広範囲にわたる。朝日賞・文化勲章をうける。「定本柳田国男集」全31巻・別巻5,「柳田国男全集」全32巻。

やなぎむねよし [柳宗悦] 1889.3.21～1961.5.3
大正・昭和期の思想家,日本民芸運動の創始者。東京都出身。東大卒。1910年(明治43)「白樺」創刊の頃イギリス人陶芸家リーチと出会い,イギリスの詩人W.ブレークを研究。24年(大正13)朝鮮民族美術館をソウルに設立し,36年(昭和11)には日本民芸館を開設,館長となる。31年「工芸」,39年「民芸」などの月刊雑誌を創刊,民芸の美の普及に努めた。57年文化功労者,60年朝日文化賞受賞。「柳宗悦全集」全22巻。

やね [屋根]
古くは屋禰とも。雨露を防ぐための建物上部の覆い。基本形式に片流れ・切妻造・入母屋造・寄棟造・宝形造があり,葺材によって茅(草)葺・板葺・檜皮葺・瓦葺・銅葺などという。日本でははじめはもっぱら茅葺が,ついで板葺・檜皮葺が使われ,飛鳥時代に寺院建築とともに瓦葺がもたらされ,銅葺は近世になって用いられた。構造上はără古の始末に力が注がれ,屋根勾配を強くするために野屋根の構造が考案され,時代が下るほど急勾配の棟の高いものとなった。

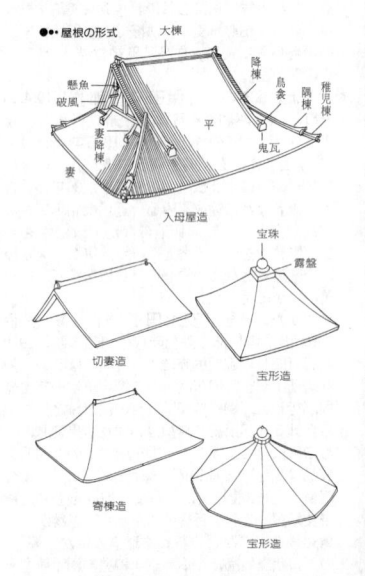

●•●屋根の形式

入母屋造

切妻造

寄棟造

宝珠

露盤

宝形造

宝形造

やのはるみち [矢野玄道] 1823.11.17～87.5.19
幕末～明治前期の国学者。伊予国大洲藩士矢野道正の子。通称茂太郎,号は子清・真弓など。

1847年(弘化4)に江戸で平田篤胤没後門人となった。幕末期には京都などで祭政一致体制にむけた建言活動を展開し，67年(慶応3)の「献芹詹語(けんせんご)」は維新後の復古思想や神祇官復興に影響を与えた。明治期には平田派の後継とされ，皇学所などで活動。「古史伝」続篇などを行ったが晩年は不遇であった。著書「皇典翼」「神典翼」。

やのりゅうけい [矢野竜渓] 1850.12.1～1931.6.18 明治期の政治家・文筆家。豊後国生れ。本名文雄。慶応義塾卒。1876年(明治9)「郵便報知新聞」副主筆となる。一時大蔵省書記官に任用され退社したが，明治14年の政変後に復帰，社長となる。改進党に参加し，83年政治小説「経国美談」を発表。国会開設後は宮内省式部官や駐清公使となる。1903年「社会主義全集」を公刊。明治末期から大阪毎日新聞社に関係した。

やはたせいてつじょ [八幡製鉄所] 北九州市にある製鉄所。日本を代表する最初の本格的な官営の近代的銑鋼一貫製鉄所。松方内閣は1891年(明治24)官営の製鋼所設立計画を第2議会に上程したが，民党の反対にあって否決された。日清戦争を契機に96年第9議会で農商務省所管製鉄所の設立が可決され，同年3月製鉄所官制が発布された。1901年操業を開始。原料の鉄鉱石は大蔵省預金部資金による借款契約により，中国の大冶(ﾀｲﾔ)鉱山からの安定的供給が可能となった。34年(昭和9)官営八幡製鉄所と民間鉄鋼企業が合同して半官半民の日本製鉄が成立し，そのさ八幡製鉄所は日本製鉄解体とともに八幡製鉄傘下の主力事業所となる。70年八幡製鉄と富士製鉄の合併で成立した新日本製鉄の一事業所となる。

やはたせいてつじょそうぎ [八幡製鉄所争議] 1920年(大正9)2月に官営八幡製鉄所でおこった争議。2月5日，日本労友会が賃金改善・時間短縮などの要求を提出し，2万人がストライキに突入。浅原健三ら幹部が検挙されて9日に収束。労友会・友愛会・日本坑夫協会の提携があり，24日ストライキが再発。25日会社はロック・アウトを実施し，3月2日労働側の敗北で収束。争議後かなりの要求が認められた。浅原の著書「鎔鉱炉の火は消えたり」で有名。

やぶいり [藪入り] 商家などの奉公人が正月と盆の16日前後に主人から暇をもらい，親元または請人のもとに帰ること。奉公人たちは主人から新調の衣類や小遣い銭などをもらって帰省し，先祖の墓参りなどを行うが，同時に奉公人にとっての休暇・休日も意味した。農村では奉公人だけでなく他家へ嫁いだ女性が里帰りする日でもあった。こうした風習は近世に一般化し近代まで続いた。

やぶさめ [流鏑馬] 笠懸(かさがけ)・犬追物(いぬおうもの)とともに武家の騎射(きしゃ)の三物(みつもの)の一つ。疏流(うずりゅう)とよぶ馬場は2町，両側に埒(らち)と呼ぶ柵を設け，走路から3尺5寸の位置に方形の板的を3ヵ所に立て，馬上から鏑矢(かぶらや)で順次射る目方で，矢継早(やつぎばや)の技を表した。公家の武官の騎射の伝統を継承したもので，1096年(永長元)の城南寺離宮での挙行が初見。鎌倉幕府の行事として，鶴岡八幡宮の放生会(ほうじょうえ)などで盛んに興行された。のち衰退したが，徳川吉宗により再興された。

やまいのそうし [病草紙] 平安後期の絵巻。病に苦しむ人々や，怪しげな治療をうける人々を赤裸々に描く。愛知県の関戸家に伝来した1巻を中心に現在21図が知られ，各地に分蔵される。絵は，作り絵風のものと線描主体のものがあり，複数の絵師が制作したとみられる。「地獄草紙」「餓鬼草紙」との形式上の類似から，人間界の苦悩を表した六道絵(ろくどうえ)の一種とみる説もある。紙本著色。縦26.0cm。国宝。

やまうちかずとよ [山内一豊] 1545/46～1605.9.20 名は「かつとよ」とも。戦国末～江戸初期の武将。土佐国高知藩初代藩主。父は尾張国黒田城主盛豊。尾張国生れ。岩倉織田氏をへて織田信長に仕える。金崎(かねがさき)での戦や姉川の戦などに功を立て，豊臣秀吉の家臣となって近江・播磨などに領地をえる。近江国長浜城主をへて，1590年(天正18)遠江国掛川で5万石を与えられ，豊臣秀次の与力。関ケ原の戦後は土佐一国を領する。長宗我部氏遺臣の浦戸一揆を鎮圧し，高知城下町を建設して領国経営に努力した。

やまうちとよしげ [山内豊信] 1827.10.9～72.6.21 幕末期の大名。土佐国高知藩主。父は分家南屋敷山内豊著(とよあき)。号は容堂(ようどう)。1848年(嘉永元)宗家を襲封。当初は門閥譜代層に実権を握られたが，ペリー来航後中央政界に台頭し，吉田東洋を登用，海防強化をめざして藩政改革を推進。将軍継嗣問題・条約勅許で井伊直弼(なおすけ)と対立，59年(安政6)隠居・謹慎。62年(文久2)復権し，幕府の文久の改革を支援。その間藩内では土佐勤王党の武市瑞山(たけちずいざん)一派が台頭するが，63年高知に戻りこれを弾圧。64年(元治元)参与会議に参加，意見対立に望みを失い高知に引きこもる。67年(慶応3)後藤象二郎の建議により将軍徳川慶喜(よしのぶ)に大政奉還を建白。徳川家の保全に努めたが王政復古により失敗。一方，高知藩兵は戊辰(ぼしん)戦争で新政府軍の主力として戦った。維新政府で議定・上局議長などを歴任。

やまおかてっしゅう [山岡鉄舟] 1836.6.10～88.7.19 幕末期の幕臣・剣術家，明治初期の侍

従。諱は高歩。飛騨郡代小野専右衛門高福の子。山岡静山の婿養子。千葉周作に入門し、幕府講武所で剣術世話役となし。1863年(文久3)幕府の浪士募集に際し取締役。68年(明治元)精鋭隊歩兵頭格、大目付を兼ねる。東征軍の東下に対し、駿府で西郷隆盛らと会見、勝海舟と協力して江戸無血開城を実現させた。維新後静岡県ほかで参事・県令を勤めたのち、72年天皇側近となり、82年宮内少輔を辞任。無刀流の創始者。

やまがそこう [山鹿素行] 1622.8.16～85.9.26 江戸前期の儒学者・兵学者。父は貞以。名は高祐また高興、字は子敬、通称は甚五左衛門、素行は号。陸奥国会津若松生れ。9歳で林羅山に入門、15歳で甲州流兵学の小幡景憲・北条氏長に入門し、文芸と兵学を学ぶ。さらに広田坦斎から和歌・歌学を、高野山按察院の光宥から神道を学んだ。1652年(承応元)播磨国赤穂藩に1000石で仕えたが60年(万治3)辞し、江戸で教育と学問に専念した。朱子学に疑問を抱き、直接「周公孔子の道」につくことを唱え、65年(寛文5)『聖教要録』を刊行し、保科正之らの忌諱にふれ旧主赤穂藩に配流。75年(延宝3)赦されて江戸浅草に居住。朱子学の内面主義を批判して日用有用の学を提唱したが、その学統は、儒学説よりも山鹿流兵学として継承されていった。代表作は『四書句読大全』『謫居童問』『中朝事実』『武家事紀』。

やまがたありとも [山県有朋] 1838.閏4.22～1922.2.1 幕末期の萩藩士、明治・大正期の政治家・陸軍軍人。幼名は辰之助・狂介など。松下村塾に学び尊王攘夷運動にたずさわる。奇兵隊軍監として藩内抗争、第2次長州戦争に活躍、戊辰戦争では参謀を務める。維新後陸軍で兵制改革に従事、陸軍卿・参議・参謀本部長を務め、佐賀の乱・西南戦争の征討参軍も務めた。1883年(明治16)参議兼内務卿に転じ町村制の確立に貢献、しだいに活動の中心を内務行政に移す。第1次伊藤・黒田両内閣の内相をへて、89年12月～91年5月首相として第1議会に臨み、第2次伊藤内閣の司法相などをへて、98年11月～1900年10月再度首相に就任。日清戦争後、第2次伊藤内閣と自由党との提携に対抗し、政党に批判的な政官界の諸勢力は山県のもとに結集、山県閥(系)とよばれ伊藤系と対峙した。日清戦争では第1軍司令官、日露戦争では参謀総長。伊藤博文の死後は元老の第一人者として首相選定の主導権を握り、政党勢力と緊張関係にあった。元帥・陸軍大将。公爵。

やまがたありともないかく [山県有朋内閣] 藩閥政治家山県有朋を首班とする明治期の内閣。■第1次(1889.12.24～91.5.6)。三条内閣の閣僚を引き継ぐかたちで発足、1890年(明治23)5月内閣改造を行い帝国議会開設に備えた。第1議会には藩閥超然内閣として臨み、予算削減問題・憲法解釈問題・商法延期問題などで民党と対決したが、立憲政治の将来や外国の評価への配慮から大幅に譲歩して解散を回避、閉会後に退陣した。
■第2次(1898.11.8～1900.10.19)。親山県系藩閥政治家を基礎に発足したが、憲政党(旧自由党派)との提携に成功、懸案の地租増徴を期限付きで実現させた。しかし1899年(明治32)に猟官防止のため文官任用令の改正と文官分限令の制定を敢行したため憲政党との関係が悪化、憲政党は伊藤博文の新党運動に接近して山県政権との提携を断った。伊藤は1900年9月立憲政友会を組織するが、すでに辞意を表していた山県は消極的な伊藤に政権をゆだねて辞任した。

やまがたけん [山形県] 東北地方の南西部に位置する県。旧出羽国の南部、明治の分国後は羽前国の全域と羽後国の一部を県域とする。戊辰戦争の敗北後、羽後の藩は領地を削減された。1869年(明治2)旧幕領と没収地を管轄する酒田県がおかれた。翌年酒田県に山形・長瀞両藩と飛地を併せて山形県が成立、71年廃藩置県後の8月天童県を合併。同年11月米沢県には置賜県と改称、酒田県は新庄・山形などの県を合併、大泉・松嶺両県は酒田県(のち鶴岡県と改称)になった。76年山形県は置賜・鶴岡両県を合併して現在に至る。県庁所在地は山形市。

やまがただいに [山県大弐] 1725～67.8.22 江戸中期の儒学者。名は昌貞、字は子恒、通称を軍治、のち大弐。甲斐国生れ。甲府与力のとき、弟が殺人逃亡をはかったため改易。江戸で若年寄大岡忠光に仕え、忠光の死後辞去し、江戸八丁堀に家塾を開いて、古文辞学の立場から儒学や兵学を講じた。上野国小幡藩家老吉田玄蕃ら多くの藩士を弟子としたが同藩の内紛に巻き込まれ、1766年(明和3)門弟に謀反の企てがあると密告されて捕えられ、翌年幕府を憚る議論をしたとの理由で処刑された。著書『柳子新論』。

やまがたばんとう [山片蟠桃] 1748～1821.2.28 江戸後期の町人学者。通称升屋小右衛門、字は子蘭。播磨国生れ。13歳で大坂の升屋別家をつぎ、のち升屋本家の番頭となる。仙台藩の財政立直しに手腕を発揮し名声を博した。学問を好み、懐徳堂の中井竹山・同履軒に師事し、諸葛孔明の異名をとる。また麻田剛立りゅうに天文学を学び、広く西洋近代科学の知識を吸収した。著書『夢の代』は広範な知の集大成で、その中の経済論は「大知弁」として松平定信に献上された。懐徳堂朱子学を知的枠

組みとする蟠桃は，その合理的認識を徹底させ，「鬼神はない」と断言する積極的無鬼論を展開し，また西洋新知識を受容する基盤を作った。

やまかわきくえ [山川菊栄] 1890.11.3～1980.11.2 大正・昭和期の社会主義女性解放思想の代表的理論家。東京都出身。女子英学塾卒。旧姓青山。夫は山川均。女性解放思想を日本に紹介した。1921年(大正10)堺(近藤)真柄らと赤瀾会を結成。25年に無産政党行動綱領に婦人の特殊要求を執筆したほか，日本労働組合評議会に婦人部設置の要求など，無産者運動のなかで女性の解放を実現する役割をはたした。第2次大戦後は労働省婦人少年局初代局長に就任。自伝「おんな二代の記」。

やまがわのうら [山川浦] 薩摩半島南東端に位置し，火口の東部が浸水してできた天然の良港。地名の初見は鎌倉時代で，年貢米の積出港であった。その後大隅守護所の外港となり，近世では鹿児島城下の外港として，とくに1609年(慶長14)島津氏の琉球出兵以後には，琉球・奄美からの楷船が入港し，津口番所がおかれ，出入港の船を取り締まった。明治期以後はカツオ漁業の基地として発展した。

やまかわひとし [山川均] 1880.12.20～1958.3.23 明治～昭和期の社会運動家。岡山県出身。同志社補習科中退。妻は菊栄。上京し，1900年(明治33)守田文治と「青年の福音」を創刊，皇太子の結婚を批判し，不敬罪で入獄。06年日本社会党に入党，幸徳秋水の直接行動論を支持，赤旗事件に連坐。19年(大正8)「社会主義研究」を創刊，ロシア革命を紹介，共産党結成に参加したが，第1次共産党事件後党を離れ，無産政党組織論を展開。27年(昭和2)「労農」を創刊，左派社会民主主義のイデオローグとして終始し，人民戦線事件で検挙された。第2次大戦後，人民民主戦線運動を提唱したが失敗。「前進」の創刊や社会主義協会の結成など，左派支援を続けた。

やまきいせき [山木遺跡] 静岡県韮山町山木・多田にある弥生後期～古墳前期の集落遺跡。狩野川中流域の低湿地に立地。遺構には竪穴住居跡，畦畔や堰を伴う水田跡・水路跡などがある。土器・木製品・石製品・鉄製品・炭化米などが出土し，とくに大量の木製品が有名。鋤・鍬・梯子・柄杓・風呂・柱などの建築材，鋤・鍬・田下駄・舟・えぶり・竪杵・臼などの農耕具，鉢・高坏・皿・杓子・匙などの容器類を含み，当時の生活を知るうえで重要。

やまぐちけん [山口県] 中国地方の西端に位置する県。周防・長門両国を県域とする。幕末には萩藩(山口藩)とその支藩である岩国・長府・

徳山・清末の4藩があった。長府藩は1869年(明治2)豊浦藩と改称。71年徳山藩は山口藩に合併された。同年廃藩置県により山口・岩国・豊浦・清末の4県が成立，同年11月これら4県は統合して山口県となり，現県域が確定した。県庁所在地は山口市。

やまざきあんさい [山崎闇斎] 1618.12.9～82.9.16 江戸前期の儒学者・神道家。名は嘉，字は敬義，号は闇斎・垂加。京都生れ。12歳の頃比叡山に，19歳のとき土佐国の吸江寺に寓した。南学の祖の谷時中に学び朱子学に開眼，京都に帰って還俗。仏教を排斥し朱子学一尊を唱導した「闢異」を著し，朱子学の立場を宣明した。その後10余年間，講席を開いて朱子学を教授するうち，笠間藩主井上正利，大洲藩主加藤泰義らの知遇をうけ，1665年(寛文5)会津藩主保科正之の賓師となる。正之との縁で，吉川惟足に学び神道に接近，垂加霊社を名のる。崎門学派の祖として多くの著名な門人を輩出し，また垂加神道を提唱した。著書「文会筆録」。

やまざきそうかん [山崎宗鑑] ⇒宗鑑

やまざきのたたかい [山崎の戦] 1582年(天正10)6月13日，山城国乙訓郡山崎付近(現，京都府大山崎町)で豊臣秀吉ら織田信長の旧臣連合軍が明智光秀の軍勢を破った戦。備中国高松城を包囲していた秀吉は，本能寺の変を知るとただちに毛利氏と和睦し，大軍を返して摂津国富田(現，大阪府高槻市付近)で勢力を結集。光秀は迎撃すべく勝竜寺城(現，京都府長岡京市)に入り天王山を占拠した。6月13日の夕刻から始まった合戦で光秀は大敗し，近江国坂本城に逃れる途中，土民の襲撃をうけ落命した。これによって秀吉は，織田旧臣のなかで勢威を高めた。

やまし [山師] 山仕・山主・山元とも。鉱山の経営者。探鉱・測量・採掘・排水などの技術・労働者を抱え，領主に対して採掘を請け負う。16世紀の石見銀山の銀山衆が起源。はじめて鉱山を見立てた山師を山先という。江戸初期の金銀山の大繁栄期には多数の山師が集まって次々と間歩を開坑し，運上は札役によって稼行者が決定された。佐渡の味方但馬は受領名をもち各地の鉱山の経営にたずさわった有力者だが，当時珍しい例ではない。小規模な金銀山や17世紀中期以降の銅山では，個人ときには共同で一山の経営全体を長期にわたって請け負い，採鉱・製錬・資材調達など全体を管理した。別子銅山の泉屋住友家はその代表例。

やまじあいざん [山路愛山] 1864.12.26～1917.3.15 明治期の史論家・評論家。本名弥吉。江戸生れ。東洋英和学校で学び，キリスト教に入信。「護教」の主筆をへて「国民之友」「国民

「新聞」記者。経世論的実学を基礎とする明快な史論を展開した。北村透谷との人生相渉論争は有名。その後「信濃毎日新聞」の主筆,「独立評論」「国民雑誌」の創刊など,ジャーナリストとして活躍。思想的には国家社会主義の立場をとる。著書は「頼襄を論ず」「明治文学史」「日本英傑伝」など50冊に及ぶ。

やましなときつぐ [山科言継] 1507.4.26～79.3.2 戦国期の公卿。父は言綱なな,母は内侍司に属した女嬬。1537年(天文6)従三位。衰微をきわめた朝廷経済のため奔走し,58年(永禄元)後奈良天皇即位の服喪期間終了儀式費用調達のため,伊勢国司北畠晴教のもとへ下ったほか,69年には徳川家康・織田信長に朝廷費用調達を依頼した。同年山家としてはじめて権大納言に任じられた。日記「言継卿記」は戦国期公家研究の重要史料。

やましなほんがんじ [山科本願寺] 京都本願寺・野村ересなとも。京都市山科区にあった本願寺8世蓮如が創建した寺。1465年(寛正6)延暦寺により親鸞廟が破壊されると,蓮如は各地を転々として布教,78年(文明10)山科の地に堂舎をたて,親鸞の画像を安置し,終生の布教の拠点とした。蓮如は同寺で死去。寺内町が発達し,一宗の本山として栄えたが,1532年(天文元)六角定頼や日蓮宗徒に襲撃されて壊滅。近世には東西両派の山科別院がたてられた。

やまじ [山城] 城郭の地形による分類の一つ。山に築かれた城で,ふつう山麓から城までの高低差が200m以上のものをよぶ。南北朝期には村落を支配する機能がなく,広域の合戦に対応した400mの高山に城が築かれた。室町時代になると山城であっても在地支配機能が不可欠であったため,より城下に近い山が選ばれた。戦国期の大名の拠点山城では,織田信長の岐阜城,毛利元就なの郡山はる城などのように,城内の主郭に大名自身が居住し,大名を頂点とした身分差が高さと距離によって空間的に表現された。

やましろのおおえのおう [山背大兄王] ？～643.11.- 山尻王・上宮王・尻大王とも。聖徳太子の長子。母は蘇我馬子なの女刀自古郎女ととに。有力な皇位継承候補者であったが,推古天皇は遺詔で田村皇子(舒明天皇)とともに自重を要請。天皇の死後,田村を推す蘇我蝦夷え みと王を推す境部摩理勢ままりせとがきびしく対立,摩理勢は攻め殺された。のち643年(皇極2)蘇我入鹿らの軍に斑鳩宮を襲われ,妻子とともに自害した。

やましろのくに [山城国] 山代国・山背国とも。畿内五国。「延喜式」の等級は上国。「和名抄」では乙訓くの・愛宕・紀伊・宇治・久世・綴喜・相楽さの8郡からなる。国府は相楽郡,葛野郡,乙訓郡の長岡京,同郡河陽宮と移った。国分寺・国分尼寺は相楽郡(現,加茂町)におかれた。一宮は賀茂別雷かもわけ神社(上賀茂神社。現,京都市北区),賀茂御祖かもみおや神社(下鴨神社。現,京都市左京区)。「和名抄」所載田数は8961町余。「延喜式」では調は銭のほか高席もし・狭席・折薦おりなど。740～744年(天平12～16)に恭仁京,784年(延暦3)長岡京が営まれ,794年平安京がおかれ,以後明治期まで政治・経済・文化の中心であった。鎌倉幕府は京都に六波羅探題をおき,足利氏は室町に幕府を開いた。豊臣秀吉は伏見城を築いた。江戸幕府は京都所司代を設置,淀藩もおかれた。1868年(明治元)京都裁判所は京都府と改称。71年淀藩も京都府に合併した。

やましろのくにいっき [山城の国一揆] 1485年(文明17)南山城でおきた国一揆。畠山義就・同政長は85年10月以来宇治川を挟み2カ月に及び対陣。戦闘に苦しんだ住民は12月,国人を中心に綴喜・相楽・久世の3郡で一揆を結成,両軍に退去させ,以後合議によって掟を定め,自検断を行い,半済はを徴収するなど一揆の手で行政を行った。細川政元被官の三十六人衆が中核となったこと,この地域に影響力をもっていた政元の助力があったことも成功の一因とみられる。新守護伊勢貞陸の入国をめぐって一揆内部で意見がわかれたが,93年(明応2)一揆が承認,内部の反対派は貞陸の代官古市氏に撃破され入国が実現した。のちに南山城は政元の配下に入るが,三十六人衆などの山城国人の連合は,その支配下でも存続したとみられる。

やまだあきよし [山田顕義] 1844.10.9～92.11.11 明治期の政治家。陸軍中将。伯爵。萩藩士出身。松下村塾しょうかに学び尊王攘夷運動に活躍。戊辰・西南両戦争に従軍。この間,岩倉遣外使節団に参加して欧米視察。長州閥の有力者として1879年(明治12)参議兼工部卿,のち内務卿・司法卿を歴任。85～92年第1次伊藤内閣から第1次松方内閣まで司法相を務め,司法制度の整備や民法・商法などの編纂に貢献。皇典講究所・日本法律学校(現,日本大学)・国学院の設立にも尽力。

やまたいこく [邪馬台国] 「魏志倭人伝」にみえる倭ゎの諸国中,最大の国。倭人伝によれば,その社会には大人た・下戸げの身分の別があり,また租賦の制や刑罰なども存在し,すでに初原的な国家形態をそなえていた。3世紀前半,倭の諸国間におこった大乱を収拾するため,諸国の王は邪馬台国の女王卑弥呼ひを共立して王とし,卑弥呼は諸国の盟主として30にのぼる諸国の連合を統轄した。卑弥呼は中国の

魏ぎに遣使し、親魏倭王の称号を与えられ、連合は女王国とよばれていたという。卑弥呼の晩年、邪馬台国は南の狗奴な国と対立し、戦闘をくり返したが、これは弥生時代後半から古墳時代前半にかけて、一定範囲内の村落が地域連合を結成し、やがて政治的に統合して一つの地域政権へと成長する過程を示すものであろう。なお邪馬台国の所在地をめぐっては長い論争があり、大きくわけて北九州説と畿内大和説が対立している。

やまたいこくろんそう [邪馬台国論争]「魏志倭人伝」に記載される邪馬台国をめぐる論争。邪馬台国に関する研究は江戸時代以前にさかのぼるが、明治末年の白鳥庫吉と内藤湖南の論争をきっかけに、大正・昭和期におもに所在地をめぐって北九州説と畿内大和説が激しく対立した。それぞれ倭人伝に記される行程記事と矛盾する点があり、それを克服するものとして、伊都と国以降の方位についてはこれを放射状に解する榎一雄の説がだされたりしている。第2次大戦後は考古学・国語学・民俗学などの関連分野からの考察も加わり、また問題点も位置論に限らず、邪馬台国の社会・政治・構造、卑弥呼ひの権力の性格など多方面にわたって論争が展開。最近では日本の古代国家の特質やその成立過程をめぐる論争の一環として、さらに活発な議論がなされている。

やまだこうさく [山田耕筰] 1886.6.9～1965.12.29 大正・昭和期の作曲家・指揮者。東京都出身。1908年(明治41)東京音楽学校卒。10年ベルリンに留学。14年(大正3)帰国後、近衛フィルハーモニー会に管弦楽部を創設、日本楽劇協会・日本交響楽協会の設立など、日本の洋楽揺籃期にオーケストラやオペラの普及に意欲的な活動を行う。第2次大戦後、戦時中の行動から、「音楽戦犯論争」渦中の人となった。51年(昭和26)山田耕筰音楽賞を設立。56年文化勲章受章。作品は、交響曲「かちどきと平和」、歌劇「夜明け」、歌曲「赤とんぼ」「からたちの花」「この道」。

やまだでら [山田寺] 浄土寺・華厳寺とも。奈良県桜井市山田にある飛鳥時代を代表する寺院跡。蘇我石川麻呂によって、641年(舒明13)に創建された。石川麻呂の自害後、一時建造が中断されたが、天智朝に再開、講堂の本尊が685年(天武14)に完成。1187年(文治3)講堂の本尊が興福寺に奪われ(頭部のみ興福寺に現存)、その後まもなく伽藍は荒廃したと考えられる。1976年(昭和51)からの調査で、南門・中門・塔・金堂・講堂などが判明。廻廊が金堂と講堂の間で閉じる四天王寺伽藍配置。82年に倒壊状態で発見された東面廻廊では、棟木と扠首さを除くすべての木材がそろい、法隆寺より古い木造建築がよみがえった。国史跡。

やまだでらぶっとう [山田寺仏頭] ⇨興福寺仏頭ぶっとう

やまだながまさ [山田長政] ?～1630 江戸初期、シャムの日本町の頭として活躍した人物。駿河国生れ。通称仁左衛門。1612年(慶長17)頃朱印船に便乗してシャムに渡り、20年(元和6)アユタヤ郊外の日本町の頭となる。日本人を率いて国王ソンタムに仕えて功をたて、最高の官位オヤ・セナビモクを賜った。シャムの外交貿易にも活躍し、21年幕府に書簡を送りシャム使節の来朝を斡旋、またオランダ東インド総督クーンと書簡をとりかわした。28年(寛永5)国王の死後、王位継承の内乱を収拾し名声を高めたが、王位をねらう王族のオヤ・カラホムに敬遠されてリゴール大守に封じられ、30年パタニとの対戦中に負傷し毒殺された。

やまだびみょう [山田美妙] 1868.7.8～1910.10.24 明治期の小説家・詩人・評論家。東京都出身。本名武太郎。大学予備門在学中に尾崎紅葉・丸岡九華らと硯友社を設立。1886年(明治19)「嘲戒小説天狗」で言文一致小説を試みるかたわら、九華との共著「新体詞選」を刊行するなど、新体詩創作にも力をいれた。87年新歴史小説「武蔵野」が好評を博す。詩論「日本韻文論」は詩の新律格の理論的追求の書として貴重。アクセントに着目した「日本大辞書」を編纂した。

やまだぶぎょう [山田奉行] 伊勢町奉行とも。江戸幕府の職名。遠国奉行の一つ。日光奉行と同格。職掌は伊勢神宮の警衛および造営・修繕時の監督、伊勢・志摩両国の幕領および山田神領の支配、鳥羽湊の防衛と船舶の点検などであった。1603年(慶長8)初設(異説がある)。定員1人(空席や2人のときもあった)。老中支配、芙蓉間ふ席。江戸中期に役高1000石、役料1500俵。従五位下。下僚に水主、同心75人。1868年(明治元)度会府ちの設置とともに廃止された。

やまだもりたろう [山田盛太郎] 1897.1.29～1980.12.27 昭和期の経済学者。愛知県出身。東大卒。1925年(大正14)東京帝国大学助教授。30年(昭和5)共産党シンパ事件で辞職。「日本資本主義発達史講座」刊行に参画し、34年の「日本資本主義分析」で講座派の指導的理論家と目される。36年コム・アカデミー事件で検挙され、起訴猶予後は東亜研究所で中国農業研究に従事。第2次大戦後東京大学に復職し、57年に退官後は専修大学・竜谷大学教授。「山田盛太郎著作集」全5巻・別巻1。

やまと [大和] 日本海軍の超戦艦。海軍軍縮条約の制限から離脱すると、日本海軍は従来の条約型戦艦を圧倒する超戦艦の建造を計画し、大

和を1941年(昭和16)12月18日呉海軍工廠で竣工させた。備砲46cm 9門、排水量6.8万トンで史上世界最大の戦艦。戦争中連合艦隊旗艦となり、マリアナ沖海戦・レイテ沖海戦にも参加したが、連合軍の沖縄本島来攻時、海上特攻艦隊旗艦として敵上陸点に突入しようとし、45年4月7日九州南方海上でアメリカ空母機に撃沈された。

やまとえ[やまと絵] 倭絵・大和絵・和絵とも。唐絵(からえ)と対をなす語として平安時代から用いたが、語義は時代とともに異なる。平安時代には日本の風俗や自然風景を描いた絵画、とくに四季絵・月次(つきなみ)絵・名所絵などをさした。屏風や障子に描かれたものには、しばしば屏風歌とよばれる和歌が記され、絵画とともに鑑賞の対象とされた。鎌倉後期頃からは、新たに舶載された水墨画やそれに類した唐絵に対し、平安時代以来の伝統的な絵画をさした。室町時代には流派の意識がうまれ、天皇や公家の注文により伝統的な絵画を制作する土佐派がおこり、唐絵の様式を統一した狩野派とともに日本画の二大流派となる。江戸時代には土佐派からわかれて住吉派も現れた。浮世絵の絵師たちも大和絵師を自称する。現代ではこうした歴史をふまえた伝統的・日本的絵画を大和絵とよぶことがある。

やまとぎょうこう[大和行幸] 幕末期、尊攘派が政権奪取を企図した攘夷親征の行幸計画。具体的には天皇が大和の神武陵・春日社に行幸し、親征の軍議を行い、伊勢神宮に参宮するというもの。1863年(文久3)真木和泉(いずみ)らは萩藩を動かして天皇の攘夷親征・王政維新を企て、討幕の機運をつくろうとした。その結果、8月13日大和行幸の詔が出され、同時に萩藩主らに上京が命じられた。諸藩へも行幸供奉(ぐぶ)、軍用金献納が命じられたが、8月18日の政変により中止。

やまとさるがく[大和猿楽] 大和国を拠点とし、興福寺などの寺社に神事祭礼奉仕の義務を負った猿楽の座。外山(とび)(宝生)・結崎(ゆうざき)(観世)・坂戸(さかど)(金剛)・円満井(えんまい)(金春)の四座が有名。観世座が京都に本格的に進出し、足利将軍の愛顧をうけたことから、武家社会に用いられるようになった。近世までには大和猿楽四座の勢力が他を圧倒し、豊臣秀吉が他の群小猿楽の座を四座に所属させ、猿楽配当米を与えて後援し、江戸幕府もそれを踏襲したので、他座は消滅した。

やまとさんざん[大和三山] 奈良盆地南部にある畝傍(うねび)山・耳成(みみなし)山・香具(かぐ)山の総称。三山に囲まれるように藤原京が位置した。「万葉集」巻1に「香具山は畝火雄々(おし)と耳梨と相あらそひき神代より斯(かく)にあるらし古昔(いにしえ)も然(しか)にあれこそうつせみも嬬(つま)をあらそふらしき」という中大兄(なかのおおえ)皇子(天武天皇)と額田王(ぬかたのおおきみ)を争ったことになぞらえたものともいわれる。

やまとせいけん[大和政権] 古代に大和(奈良県)地方に成立した政治権力。3世紀後半、弥生文化の一中心であった大和に成長した諸豪族が、皇室の祖である豪族のもとに結集して一つの政治権力を形成し、周辺の首長を服属させ、4～5世紀に日本列島に君臨する勢力に成長し、朝鮮南部にも勢力をのばした。その首班としての大王朝は、中国に遣使して日本や朝鮮南部に対する支配権の承認を求めた。地方首長に対する支配は、生産物(ミツキ)や労役(エダチ)を貢進させる間接的なもので、首長による民衆支配はそのまま容認された。5世紀後半の倭王武(わおうぶ)(雄略天皇)の時代を画期として、ベ(部)の集団を従えたトモ(伴)による朝廷職務の分掌の体制や、王族の経済的基盤としての名代(なしろ)の部の制度などが整えられた。6世紀に入ると大和政権の地方支配は進み、各地の首長は国造(くにのみやつこ)として支配身分にくみこまれ、地方支配の拠点としての屯倉(みやけ)が各地に設置された。中央でも、大臣(おおおみ)・大連(おおむらじ)・大夫(まえつきみ)の政務運営の体制や、渡来人の技術者をも含めた官司制的な分業体制である伴造(とものみやつこ)・品部(しなべ)制が成立した。しかし政権の発展は、政権を構成する諸豪族の相剋をうむこととなり、大王の地位にも動揺を生じた。7世紀初めの推古朝に始まる国制の改革は、東アジアの情勢が緊迫するなかで大和政権のその矛盾を克服し、中央集権国家としての体制を整えることをめざしたもので、やがて7世紀後半には律令制国家が成立した。大和政権の中心にあった大王(天皇)や畿内の諸豪族は、そのまま新しい国家の中核となり、その地位をいっそう確かなものとした。

やまとたけるのみこと[日本武尊]「古事記」では倭建命、本名は小碓(おうす)命。記紀伝承上の人物。景行天皇の皇子。母は吉備の播磨稲日大郎姫(はりまのいなびのおおいらつめ)。大碓(おおうす)尊は双子の兄。景行天皇に命じられて九州南部の熊襲(くまそ)を平定し、さらに東国に派遣されて蝦夷(えみし)を討ち、帰途病をえて伊勢に没した。その間に草薙剣(くさなぎのつるぎ)の霊力や弟橘媛(おとたちばなひめ)の入水、尊の死後その霊が白鳥と化するなどの話があり、とくに「古事記」には多くの説話がおりこまれる。大和政権による地方の平定を1人の勇者の物語として伝えたものと思われるが、「古事記」の説話が孤独な英雄として描き、人間性・文学性豊かなものであるのに対し、「日本書紀」は天皇の命をうけて征討の任にあたる国家の将軍とし

て描いており，両者にはかなりの相違が認められる。

やまとのあやうじ［東漢氏］ 倭漢氏とも。応神朝に来朝したと伝える阿知使主を祖とする，渡来系の有力豪族。『続日本紀』延暦4年(785)6月条の坂上苅田麻呂の上表では阿知使主を後漢霊帝の曾孫とするが，漢きは朝鮮の安邪国(現，慶尚南道咸安地方)に由来するとの説もある。『日本書紀』雄略16年10月条に漢部の伴造となり直姓を賜ったとみえる。大和国高市郡檜前付近を本拠に，多くの渡来系技術者や部民を統轄し，外交・軍事・財政・文筆などの分野で王権に奉仕した。すでに6世紀には文(書)・坂上・民・長など多くの氏に分裂しており，682年(天武11)5月に連，685年に忌寸に改姓したのちは東漢という総称はほとんど用いられなくなる。8世紀半ば以降は坂上氏が同族で最も優勢となった。

やまとのくに［大和国］ 倭国・大倭国とも。畿内の国。現在の奈良県。『延喜式』の等級は大国。『和名抄』では添上・添下・平群・平群・広瀬・葛上・葛下・忍海・宇智・吉野・宇陀・城上・城下・十市・山辺・高市の15郡からなる。国府は葛上郡，高市郡と移り，平安中期以降は平群郡(現，大和郡山市)，国分寺は東大寺(現，奈良市)，国分尼寺は法華寺(現，奈良市)におかれた。一宮は大神神社(現，桜井市)。『延喜式』の調は銭のほか，箕と鍋などの土器。ヤマト王権の所在地として古くから開け，694年(持統8)には藤原京，710年(和銅3)には平城京がおかれた。平安時代以降，奈良は南都とよばれ，南都七大寺や春日大社などの社寺の町として栄えた。鎌倉・室町時代は興福寺の勢力が強く，守護職を掌握した。戦国期には松永・筒井・越智氏らが割拠。江戸時代は小大名領・幕領・寺社領があった。1868年(明治元)奈良府や藩・県があった。71年の廃藩置県ののち奈良県が成立。

やまとほんぞう［大和本草］ 江戸前期の代表的本草書。貝原益軒著。本編16巻は1709年(宝永6)刊。諸品図2巻・付録2巻は15年(正徳5)刊。中国明代の『本草綱目』に載る772種，その他の本草書所載203種，和産品358種，海外品29種，計1362種の天産物を独自の分類法で分類。『本草綱目』より人為的な分類だが，より実用的・博物誌的である。長年の現地調査と実験にもとづく記述で，日本の本草学の自立を示した。

やまとものがたり［大和物語］ 平安時代の歌物語。作者・成立年未詳。951年(天暦5)頃成立，1000年(長保2)頃増補か。173段・歌数295首(定家本系)からなる。当時流行した歌語りを採録したもの。142段以前は皇族・貴族・僧侶・女房など実在人物の説話を集め，露悪的な裏話もある。143段以降は古伝承のしみじみとした物語が多い。『日本古典文学大系』所収。

やまとよざ［大和四座］ 大和国に本拠をおいた主要猿楽座。円満井・坂戸・結崎・外山の四座。興福寺・多武峰・法隆寺などの所属として鎌倉時代にはうまれていたと考えられるが，四座による興福寺薪猿楽・春日若宮祭への参勤は明治維新まで途絶えることなく継続された。猿楽座は本来「翁」を演じるための組織(翁座)だったが，能芸の人気の高まりにつれて円満井座から金春座，坂戸座から金剛座，結崎座から観世座，外山座から宝生座が派生し，室町初期以降は大和四座といえば能座をさした。能座派生後も翁座としての四座は解体したわけではなく，南都両神事への参勤は翁座としての参勤という意識が後代まで残っていた。

やまなうじきよ［山名氏清］ 1344～91.12.30 南北朝期の武将。丹波・和泉両国ほかの守護。山名時氏の子。1378年(永和4・天授4)和泉国守護となり，紀伊国守護となった兄義理とともに南朝勢力の征討に活躍。90年(明徳元・元中7)将軍足利義満の命令に従い甥で女婿の満幸とともに同族時熈・氏之(幸)を攻めたが，91年満幸の失脚，時熈らの赦免など，山名一族の勢力削減を狙う義満に翻弄された。このため満幸らと反抗を決意し，同年12月和泉から京都に進攻したが敗死(明徳の乱)。

やまなかしかのすけ［山中鹿介］ 1541?～78.7.17 戦国期～織豊期の武将。尼子氏の重臣。実名幸盛。1566年(永禄9)尼子氏が毛利氏に滅ぼされると，京都にあった尼子一族の勝久を擁立。勝久とともに尼子氏再興をめざし，69年出雲で，73年(天正元)因幡で活動したが失敗。77年織田信長・豊臣秀吉の支援をえて播磨国上月城に拠ったが，翌年毛利軍に包囲されて落城。勝久は自殺し，鹿介は捕らえられたのち備中国合の渡(現，岡山県高梁市)で殺害された。

やまなし［山名氏］ 南北朝・室町時代の守護大名家。清和源氏新田氏の一流。新田義重の長男義範を祖とする。上野国山名郷(現，群馬県高崎市)を本拠とし，山名氏を称した。南北朝期，足利方に従って活躍。11カ国の守護領国をもち，六分一殿(六分一衆)とよばれたが，氏清のとき明徳の乱で勢力を大きく削減された。その後回復して幕府四職家の一つとなり，持豊(宗全)の代に，管領細川勝元と対立。応仁・文明の乱をひきおこし，乱後は急速に没落。近世初めに豊国が徳川家康に仕え，但馬国に6700石を与えられた。のち村岡(現，兵庫県村岡町)に陣屋をおく。1868年(明治元)1

万1000石となり，村岡藩主。維新後，男爵。→巻末系図

やまなしけん [山梨県] 中部地方の南東部に位置する内陸県。旧甲斐国を県域として成立。1868年(明治元)旧幕領だった甲斐国には鎮撫府がおかれ，三分代官の支配地を府中県・市川県・石和^{いさわ}県としたが，まもなく鎮撫府は甲斐府にかわるとともに3県も廃された。翌年甲斐府が甲府県と改称され，さらに70年三郷領の一つとして存続していた田安領を併合して全域1県となった。71年山梨県と改称して現在に至る。県庁所在地は甲府市。

やまなしはんぞう [山梨半造] 1864.3.1～1944.7.2 明治中期～昭和前期の陸軍軍人。相模国生れ。陸軍士官学校(旧8期)・陸軍大学校卒。日清・日露戦争に出征，第1次大戦では青島チンタオ攻略を指揮する。1922年(大正11)には加藤友三郎内閣の陸相として大戦後の軍縮を推進。関東大震災に際し関東戒厳司令官兼東京警備司令官に任じられる。27年(昭和2)朝鮮総督に就任するが朝鮮総督府疑獄に連坐，無罪となったものの公的生命を絶たれた。

やまなときひろ [山名時熙] 1367～1435.7.4 南北朝期～室町中期の武将。但馬・備後両国ほかの守護。将軍足利義満は山名氏の勢力削減を狙い，時熙・氏之(幸)と同族氏清・満幸をあやつった。1390年(明徳元・元中7)時熙は守護職を没収され，翌年氏清は義満に反抗したが失敗(明徳の乱)。乱後但馬国守護職を許されてしだいに勢力を回復。管領職につぐ家格の四職家を獲得し，1428年(正長元)足利義教の将軍擁立の際は中心人物の1人となった。

やまなもちとよ [山名持豊] 1404～73.3.18 室町時代の武将。但馬・備後などを領有する有力守護大名。入道して宗全。応仁・文明の乱の西軍という。1441年(嘉吉元)嘉吉の乱では赤松氏討伐の主力となり，乱後播磨など赤松氏旧領を獲得。このため山名氏は最有力の守護大名細川氏に匹敵する勢力となった。以後赤松氏の再興を警戒したが，58年(長禄2)細川勝元は同氏を再興させて，持豊に威圧する姿勢を示した。両者の対立に斯波氏・畠山氏などの内紛がからみ，持豊・勝元をそれぞれの主将とする二大勢力が成立，67年(応仁元)応仁・文明の乱が始まった。73年(文明5)大乱の終結をみることなく京都の陣中で死没。

やまのうえのおくら [山上憶良] 660～733? 山於憶良とも。奈良初期の官人・歌人。臣^{おみ}姓。「万葉集」に長歌や短歌・旋頭歌・漢詩・漢文等を載せる。701年(大宝元)に無位で遣唐少録に任じられ，帰国後伯耆守となった。721年(養老5)には東宮(聖武天皇)に侍する。この頃「類聚歌林」を編纂したと考えられる。726年(神亀3)に筑前守となり大宰帥大伴旅人などと邂逅，歌人として大きく飛躍することとなった。漢学の知識や特異な思想性から帰化人であったとの説もあるが，臣姓であることから考えても疑問。

やまのうちうえすぎし [山内上杉氏] 上杉氏宗家。関東管領家。1363年(貞治2・正平18)関東管領となった上杉憲顕^{のりあき}を祖とし，管領職を継承。子憲方^{のりかた}のとき，鎌倉山ノ内に住み，山内上杉氏と称した。孫の憲基^{のりもと}は，上杉禅秀の乱で大勢^{いきお}いた上杉氏憲^{うじのり}と争い，その跡は越後上杉房方の子憲実^{のりざね}が継いだ。以後，足利成氏^{しげうじ}や扇谷^{おうぎがやつ}上杉定正^{さだまさ}らと抗争。後北条氏の進出により衰退した。憲政のとき，長尾景虎^{かげとら}(上杉謙信)に関東管領職と上杉の姓を譲った。→巻末系図

やまびらき [山開き] 登山を解禁すること，またその儀式。山が神の降臨する聖地とされ，登山が山頂に祭る神祠を拝むなどの信仰行事であったころ，富士山・白山・立山などの霊山では平日の登拝禁^{きん}として，夏の定めた日を限って禁を解いた。山岳ごとに決められた期日があり，登拝者は事前に数日間の水垢離^{みずごり}をとった。現在はスポーツとしての登山の開始期を意味する。長野県南安曇郡では，共有山への入山の禁が解ける山の口明けのことを山開きとよんだ。

やまぶし [山伏] 修験道における指導的宗教者。山野に伏して修行し験力^{げんりき}を獲得したことから山臥とも書き，験を修めた者の意味で修験者ともいう。頭巾^{ときん}を被り，柿色の鈴懸^{すずかけ}と結袈裟^{ゆいげさ}をまとい，笈^{おい}を背負って法螺^{ほら}を吹くなど，独特のいでたちで活動した。紀州の熊野から吉野金峰山にいたる大峰山を中心道場とし，役小角^{えんのおづぬ}を祖として，天台系の本山派と真言系の当山派を形成した。

やまべのあかひと [山部赤人] 生没年不詳。奈良時代の歌人。宿禰^{すくね}姓。「万葉集」にのべ50首の作品を残す。長歌を中心とした歌人で，とくに巻6には聖武天皇の行幸に従った際の長歌が多く収められている。笠金村とともに聖武朝初年に天武皇統としての意識を強くよびおこす作品群を作った。年次の明らかな作に724年(神亀元)の紀伊国行幸から736年(天平8)の吉野行幸までの歌がある。「吉野讃歌」「富士の山を望む歌」等が有名。

やまほうし [山法師] ⇨僧兵^{そうへい}

やまほこ [山鉾] 台の上に山に擬した作り物をのせ，その山の上に鉾をたてたもの。京都の祇園祭など，牛頭天王^{ごずてんのう}系の祭礼に典型的にみられる。大嘗祭で神を移動するのに使った標山^{しめやま}が原形といわれる。祓い清める意味のある鉾と神霊のよる山とを結びつけたもの。

やまむろぐんぺい [山室軍平] 1872.7.29/8.20～1940.3.13　明治～昭和前期の宗教家。救世軍日本司令官。岡山県の農家に生まれ、上京し活版工のとき路傍伝道を聞き感動し入信。1889年(明治22)新島襄を慕って同志社大学入学。濃尾地震のとき石井十次じゅうじの孤児救済活動に協力。95年創立まもない救世軍に入隊、1926年(昭和元)日本司令官に就任。娼妓自由廃業・労働紹介所設置・慈善鍋運動・療養所設置など貧民救済や人権保護に尽力した。

やまもといそろく [山本五十六] 1884.4.4～1943.4.18　明治末～昭和前期の軍人。海軍大将・元帥。新潟県出身。海軍兵学校(32期)・海軍大学校卒。日本海海戦で重傷を負う。駐米大使館付武官・空母赤城艦長・海軍航空本部長などを歴任。1936年(昭和11)海軍次官となり、米内光政海相とともに日独伊三国同盟に反対した。39年連合艦隊司令長官となり、太平洋戦争開戦時の真珠湾攻撃・ミッドウェー海戦などを指揮したが、43年4月南方前線を視察中ソロモン諸島上空で米軍の待ちぶせにあい戦死。元帥を追贈され、国葬が行われた。

やまもとかんすけ [山本勘介] ?～1561.9.10?　武田信玄の軍師として知られる。1543年(天文12)三河から甲斐にきて兵法に通じていたため重用され、61年(永禄4)川中島の戦で戦死したという。実在の人物かどうかは不明。弘治3年(推定、1557)6月23日付の晴信(信玄)書状に晴信の使者として「山本菅助」がみえ、この人物に兵法の大家という人物像が付加され、後世に伝えられたとも考えられる。

やまもとごんべえ [山本権兵衛] 1852.10.15～1933.12.8　明治～昭和前期の政治家・海軍軍人。鹿児島藩出身。薩英戦争・戊辰ぼしん戦争に従軍。維新後海軍で累進、軍務局長などをへて第2次山県内閣～第1次桂内閣の海相。西郷従道つぐみちのもとに日本海軍の育成に貢献し、薩摩閥の後継者となった。1904年(明治37)海軍大将。13年(大正2)大正政変により政友会を与党に第1次山本内閣を組織し、軍部大臣武官制の現役規定を廃止したが、翌年シーメンス事件で退陣。23年革新倶楽部を与党に第2次山本内閣を組織し、関東大震災の復旧にあたったが、虎の門事件で短命政権に終わった。以後は薩派の長老として活動。伯爵。

やまもとごんべえないかく [山本権兵衛内閣] ■第1次(1913.2.20～14.4.16)。第3次桂内閣に代わって海軍大将山本権兵衛が組閣した内閣。政友会と提携し、軍部大臣現役武官制や文官任用令の改正、官吏の大減員を行い、財政の縮減をはかった。1914年(大正3)1月シーメンス事件で世論の攻撃をうけ、貴族院における海軍予算の大削減で予算不成立となり、同年3月24日に総辞職、第2次大隈内閣が成立。■第2次(1923.9.2～24.1.7)。加藤友三郎内閣に代わり、山本権兵衛が組閣した内閣。普通選挙法制定をかかげて組閣準備中に関東大震災に見舞われる。組閣後ただちに東京に戒厳令をしき、帝都復興院を設置するなど震災の復興処理にあたった。1923年(大正12)12月27日虎の門事件がおこり、即日引責辞職、翌年清浦内閣が成立。

やまもとせんじ [山本宣治] 1889.5.28～1929.3.5　大正～昭和前期の生物学者・政治家。京都府出身。カナダに渡航して苦学、東大卒。同志社大学予科講師、京都帝国大学講師となり、サンガー夫人の来日後産児制限運動を推進。京都労働学校校長に就任。京都学連事件に連坐。日本農民組合・政治研究会・労働農民党に参加、第1回普選で労働農民党代議士となる。第56議会で3・15事件の拷問の実態を予算委員会で暴露し、右翼の七生義団の刺客に刺殺された。

やまもとやすえ [山本安英] 1906.12.29～93.10.20　大正・昭和期の女優。東京都出身。本名千代。2世市川左団次の現代劇女優養成所で女優の道を歩みはじめ、築地小劇場の創設に参加。木下順二が彼女のために書いた「夕鶴」を、1949～84年(昭和24～59)に1000回上演した。NHK声優の教育を通して、独自のせりふ術・朗唱法を開拓した。

やまもとゆうぞう [山本有三] 1887.7.27～1974.1.11　大正・昭和期の劇作家・小説家。本名は勇造。栃木県出身。東大卒。丁稚奉公の体験をもつ。第3次「新思潮」同人。1920年(大正9)「生命の冠」を発表し、劇作家として認められる。以後「嬰児殺し」「坂崎出羽守」「同志の人々」「海彦山彦」などの戯曲をあいついで発表。26年(昭和元)の長編小説「生きとし生けるもの」以降は、「波」「女の一生」「真実一路」「路傍の石」などで、不運にめげない意志の強固な努力家の主人公を描いた。第2次大戦後は国語の新表記、国語研究所の創設を推進。65年文化勲章受章。

やまわきとうよう [山脇東洋] 1705.12.18～62.8.8　江戸中期の古方派の医師。名は尚徳なおのり、字は玄飛、東洋は号。京都生れ。実父は丹波国亀山の医師清水立安あん。山脇玄脩の養子となり、1726年(享保11)家督を継ぐ。法眼ほうげんに叙され養寿院の院号をうけた。後藤艮山ごんざんに古医方を学ぶ。中国古典を読み、ヘスリング著の解剖書をみて五臓六腑説に疑問をいだき、人体解剖の機会をうかがっていた。54年(宝暦4)閏2月7日、官許を得て京都六角獄舎内で男刑死体の解剖(観蔵)を行った。解剖実施をめぐり賛否両論がおきたが、5年後「蔵志」

を刊行し，杉田玄白らの蘭学勃興の誘因となった。荻生徂徠とその一門の思想的影響が強い。「養寿館医則」を著し，46年(延享3)に「外台秘要方」を翻刻した。門人に栗山孝庵・永富独嘯庵がいる。墓所は京都市の真宗院と誓願寺。

やもり [家守] 家主・大屋(家)・屋代とも。近世，おもに都市社会で，家持不在の家屋敷を預かり，管理を請け負う者。家守給を得，家持に代わって町での公的役務を勤め，擬制的親子関係にもとづいて地借・店借を統制し，地代・店賃を取り立てた。中期以降，三都などで大商人資本による家屋敷集積が進むと，増加した家持不在の家屋敷に家守をおくことが義務づけられる。とくに江戸では家守によって町政が運営されることが一般化し，家守を専業とする者も現れ，その地位が株として売買されることもあった。

やゆう [也有] 1702.9.4～83.6.16 江戸中期の俳人。横井氏。名古屋藩の名門藩士。名古屋生れ。1727年(享保12)父の隠居後，家督を継ぐ。以後諸役に任じられるが，54年(宝暦4)致仕，前津(現，名古屋市中区)の知ново亭に隠棲。俳諧は美濃派の巴静門，また同地の宗匠巴雀ge・木児らにも師事した。隠棲後，指導的立場から「非四論」「くだ見草」など多くの俳論書を刊行。俳諧のほか平家琵琶・謡曲・詩歌・狂歌・書画に優れた才能を発揮した。俳文集「鶉衣」は軽妙自在で俳文の極致を示す。

やよいじだいじん [弥生時代人] 弥生時代の日本列島には，縄文時代以来の土着の人々と大陸から渡来した人々が混在していたことが知られる。かつては在来系の人々が弥生時代人の主体であったと考えられていたが，近年になって佐賀県・福岡県・山口県などの弥生時代遺跡で，身長が高く，顔が面長で，鼻根が平坦であるなど，縄文時代人とはかけはなれた特徴をもつ人骨が多数発見され，西日本の一部では渡来系集団が優勢であったことが明らかになってきた。この集団の遺伝的影響が，稲作文化の東漸とともに，やがては東日本にまで及び，その結果，在来集団を大きく変化させて現代日本人の原型を形成するに至ったと考えられている。

やよいちょういせき [弥生町遺跡] 向ケ丘貝塚とも。東京都文京区弥生にある弥生時代の遺跡。1884年(明治17)に有坂鉊蔵によってこの地で発見された1個の壺が弥生土器の由来となり，弥生時代の名称のおこりともなった学史上重要な遺跡。この土器は後に弥生町式土器として南関東の弥生後期中葉に位置づけられた。1975年(昭和50)に同所と推定される地点で貝層・溝が調査され，弥生町二丁目遺跡として国史跡に指定。

やよいどき [弥生土器] 弥生時代に用いられた土器の総称。東北地方から九州南部にいたる範囲に分布。1884年(明治17)有坂鉊蔵によって，それまで知られていた縄文土器とは異なる1個の壺が東京都弥生町遺跡から発見され，その後各地でも発見されるようになり，発見地の名称をとって弥生式土器と命名。土器の種類は貯蔵用の壺形土器と煮沸用の甕形土器，供献用の高坏形土器が主である。他に時期・地域によっては器台形土器・水差形土器・手焙形土器など特殊なものもある。九州北部では大型の甕が作られ甕棺としても用いられる。製作は粘土紐を積み上げて成形し，箆や刷毛状器具で器面を整え，文様をつけ，乾燥させてから800℃前後の酸化焰で焼成。基本的には縄文土器の製法と同じ。各地で地域色豊かな型式があり，細かく分類・編年されている。一般に前期・中期・後期の3時期にわける。近畿では弥生時代を通して第Ⅰ～第Ⅴ様式に編年され，それを基軸に全国的な土器編年の整合が図られている。前期は九州北部に成立した遠賀川式土器が近畿・伊勢湾地方にまで分布し，一部は東北地方を含む東日本でも発見される。この時期から中期にかけて東日本ではまだ縄文土器の伝統を残す土器群が普及。中期には各地で地域性が顕著になり，九州では甕棺の全盛期を迎える。後期には全国的に無文化が進行し，古墳時代の土師器にひきつがれていく。

やらちょうびょう [屋良朝苗] 1902.12.13～97.2.14 第2次大戦後の琉球政府主席・沖縄県初代知事。沖縄県出身。広島高等師範卒。沖縄・台湾の師範学校・中学校で教鞭をとり，戦後沖縄で高等学校校長を務める。沖縄群島政府文教部長として教育の復興にあたり，1968年(昭和43)琉球政府の主席公選制実施で当選。沖縄県の祖国復帰に尽力。復帰後，知事に当選。

やり [槍] 鑓・鎗とも。長い木の先端に金属の穂をつけた武器。故実家は槍と矛を区別し，槍は木製の柄に茎をさしこみ，矛は柄に袋状にかぶせるというが，用途的には両者の区別はしがたい。槍は石器時代から狩猟や戦闘に用いられてきたが，騎射戦から歩兵戦に移った室町時代には，徒歩での主用武器となった。時代や使用法により，長短のほかに，槍形に平三角形・両鎬形・笹穂形・十文字形・千鳥十文字形・片鎌形などさまざまな種類がある。

やりがんな [鉇] 槍鉋とも。木材を削る工具で，釿などで荒削りしたものを仕上げるのに使う。古墳時代から遺品があり古代・中世に盛んに使われたが，近世では台鉋の出現で姿を消した。やや幅の広い槍の穂先に似た刃が少し反り，これに木柄をつけて両手で握り座って手前に引いて削る。正倉院宝物に

遺品があるほか、「石山寺縁起」「春日権現験記」など中世の寺社縁起絵巻に使用場面が描かれる。

ヤルタかいだん [ヤルタ会談] 1945年(昭和20)2月4～11日、ソ連領クリミア半島のヤルタで開催された米・英・ソ3国首脳会談。米大統領F.D.ローズベルト、英首相チャーチル、ソ連首相スターリンが列席。議題は、第2次大戦遂行のための軍事戦略問題と3国協調による戦後世界秩序構想であった。ソ連の対日参戦とその条件に関して、ヤルタ秘密協定がまとめられた。

ヤルタひみつきょうてい [ヤルタ秘密協定] 1945年(昭和20)2月11日ヤルタ会談のなかで、米・英・ソ3国間に結ばれた秘密協定。ソ連の対日参戦とその条件、第2次大戦後の東アジアに関する合意をその内容とする。ドイツ降伏後の2～3カ月以内に対日戦にソ連が参加する条件として、外モンゴルの現状維持、日露戦争で失われた権益の回復(南樺太の返還、大連港の国際化と優先的使用権、旅順口租借権、満鉄の中ソ合弁会社による共同運営)、千島列島の引渡しなどが定められ、さらに中ソ友好同盟条約の締結が約された。この協定はのち対日講和、日ソ国交回復、北方領土問題と関連して戦後日本の重大な政治問題となった。

やろうかぶき [野郎歌舞伎] 1652年(承応元)若衆歌舞伎が禁止され、翌年、赦免の条件として若衆が前髪を剃り落とした野郎頭で舞台へあがった。それ以降、元禄歌舞伎の時代となる貞享頃までの歌舞伎をいう。特色としては、能狂言の摂取、傾城買狂言・衆道狂言の発達、役柄の分化などがあげられる。俳優は依然として色売の対象であったが、演じられる内容はしだいに色本位から内容本位に移行せざるをえなくなり、元禄歌舞伎の戯曲的発展を準備した。

ヤン・ヨーステン Jan Joosten van Loodensteijn 1556?～1623 オランダ船の航海士、朱印船貿易家。1598年ロッテルダムの貿易会社のリーフデ号に乗り組み、1600年(慶長5)4月豊後国白杵湾に漂着。同船の航海長ウィリアム・アダムズとともに徳川家康に外交顧問として厚遇され、江戸に屋敷(八重洲河岸の地名は彼の居住地にちなむ)を賜り日本女性と結婚、耶揚子と称した。09年平戸オランダ商館の開設後は、商館と幕府との交渉に協力し、また朱印船貿易に従事し、12～21年(慶長17～元和7)の間朱印状を得てシャム、トンキンなどに派船した。オランダへの帰国交渉のためバタビアに渡航した際、遭難し溺死した。

ゆ

ゆい [結] 共同や結合の意味を表し、とくに交換労働の慣行をさすことが多い。結返しの言葉があるように、かならず返す必要があると考えられている点で、共同作業である模合とは異なる。結は労働力の等価交換が原則で、作業によっては牛馬1匹と人間2人などの交換もある。田植や稲刈など、季節内や年内など短い期間に返す結と、屋根普請など数十年という長い期間で返せばよい結とがある。結をくむ相手は、隣近所の家、気のあった仲間、近隣組織、講仲間、親類などが一般的だが、ユイシュ(結い衆)、エドシ(ユイ同士すなわちユイ仲間)など、親戚・姻戚関係を示す言葉としてユイの語を用いる地方があり、元来は族縁関係に発生した合力と考えられる。

ゆいいつしんとう [唯一神道] 吉田神道・卜部神道・元本宗源神道・唯一宗源神道とも。室町末期に京都吉田神社の神官吉田兼俱らが唱道した神道の一流派。本地垂迹説にもとづく両部神道に対して、唯一の神を主張。天地に先立ち、陰陽を超越する存在として神を位置づけ、森羅万象は神の所為であり、いっさいの現象は神道にかなうものであるとする。教義の重要部分を秘伝とし、伝授にあたってはいくつかの制限を設け、十八神道・宗源神道・神道護摩の三壇行事をたて、安鎮法などの諸法を行った。儒教・仏教・道教・陰陽道などを融合した神道説として、後世に大きな影響を与えた。

ゆいえん [唯円] 1222～89.2.6 鎌倉中・後期の浄土真宗の僧。親鸞の直弟子で河和田(現、茨城県水戸市)の唯円と称される。親鸞の孫唯善の師で、本願寺の覚如から質問をうけたという。親鸞没後の異義の蔓延をなげき、親鸞の語録を集成して異義を批判した「歎異抄」の著者とされる。常陸国河和田の報仏寺は唯円の遺跡という。

ゆいじょううらがき [唯浄裏書] 六波羅奉行人斎藤基茂(法名唯浄)が、「御成敗式目」の法意を解説、読みを正して、斎藤家の子や一族の者に伝授した注釈書。六波羅探題・室町幕府の奉行人を勤めた斎藤家の家説として代々伝えられた。写本には、1289年(正応2)12月に伝授した本奥書がある。現存する「御成敗式目」の注釈書では成立年代が最も古い。竜門文庫蔵本には、1356年(延文元・正平11)に行われた講義テキストと推定される。「中世法制史料集」

所収。

ゆいしょうせつ [由比正雪] 1605?~51.7.26
由井とも。江戸初期の軍学者。慶安事件の首謀者。駿河国生れ。江戸にでてみずから楠木正成の子孫などと称して軍学を講じ，旗本や大名家中・牢人らを弟子とした。1651年(慶安4)7月23日，江戸で密告者があり，一味の丸橋忠弥の逮捕に端を発した幕府の取調べの結果，駿河国久能山など全国各所で騒動をおこし幕府転覆を企てる一味の首領とされた。同月26日，旅宿中の駿府において幕府の捕手に包囲され自殺(慶安事件)。牢人救済が目的とされるが，事件を企てた真意や背後関係については不明の部分が多い。後世，実録本・浄瑠璃・歌舞伎などの登場人物として広く知られるようになり，さまざまな逸話が付加された。

ゆいしょうせつのらん [由比正雪の乱] ⇨慶安事件

ゆいぶつしかん [唯物史観] ⇨史的唯物論

ゆいまぎょうぎしょ [維摩経義疏] 鳩摩羅什訳「維摩経」の注釈書。三経義疏の一つ。3巻。聖徳太子撰。614年(推古22)成立。はじめに経題を釈し，ついで経文を序説・正説・流通説にわけて注釈。東晉の僧肇「注維摩経」や道生の説に多く依拠し，ほかにも諸経を引用するが，批判を加え自説をのべる箇所もある。606年(598とも)推古天皇に行った講経の原稿をまとめたものともいわれる。「大正新修大蔵経」「大日本仏教全書」所収。

ゆう [木綿] 植物性の繊維で織った布，またはその繊維で作られた幣帛。麻・苧・楮・蘇・科・藤・葛などが代表的な原料。幣帛や榊につけた場合，先に垂れた部分を木綿垂とよんだ。神聖視されていたためか幣帛以外にも祭礼・葬儀に用いることが多く，木綿襷・木綿鬘などの衣装にも使った。

ゆうあいかい [友愛会] 1912年(大正元)8月，鈴木文治が15人の労働者を会員として創設した労働団体。自覚と修養によって労働者の人格を高め，地位の改善を図ることを目的とした。機関紙「友愛新報」を発行して会の宣伝に努め，会員は創立1年後には1326人，16年7月末には1万6000人と急増。野坂参三らインテリと松岡駒吉らの参加により，しだいに労働組合としての性格を強め，16年の横浜船渠ドック争議，17年の東京の池貝鉄工所争議，室蘭の日本製鋼所争議など友愛会員の関与する争議も増えした。第1次大戦後，麻生久ら新人会員の参加で戦闘化し，19年8月には大日本労働総同盟友愛会と改称，運営でも会長独裁を排して理事合議制を採用した。21年日本労働総同盟(総同盟)と改称。

ゆうがおだなのうりょうずびょうぶ [夕顔棚納涼図屏風] 久隅守景作の二曲屏風。夏の宵，農家の軒先にしつらえられた夕顔棚の下で涼をとる親子のくつろいだ姿を詩情豊かに描く。木下長嘯子の和歌「夕顔のさける軒端の下すずみ男はててれ(褌)女はふたの(腰巻)して」に着想を得たものか。紙本淡彩。縦150.6cm，横167.3cm。国宝。文化庁保管。

ゆうかく [遊廓] 遊郭・廓とも。原則として公娼制のもとで指定された売春区画。豊臣政権の公娼制ではあいまいだったが，江戸幕府は特別の区域として一ら村から隔離された。社会的には廓内人口の別立てや，町役負担の免除，地理的には周囲を溝や塀で囲んで出入を一方口とした。しかし，京の島原，江戸の吉原，大坂の新町，長崎の丸山などの主要地以外は，全国の遊廓数(25カ所前後)も明確でなく，半公認の存在や私娼取締りの不徹底さもあった。明治期以後も実質的に継続しつつ拡大したが，1946年(昭和21)の公娼廃止で形式的に閉鎖，58年の売春防止法で完全に消滅した。近世の遊廓は一種の社交場的機能をもち，芝居とともに近世文化の形成に重要な位置を占めた。しかし明治期以後はたんなる売春地帯で，そのような機能は失われた。

ゆうきうじとも [結城氏朝] 1402~41.4.16
室町中期の下総国の武将。1440年(永享12)3月永享の乱で敗死した鎌倉公方足利持氏の遺児安王・春王が挙兵すると，氏朝は本拠下総国結城城(現，茨城県結城市)に迎え，下野・常陸などの反幕府・反上杉氏勢力の協力をえた。しかし上杉憲実・同清方らの幕府軍に包囲され，41年(嘉吉元)4月結城城は落城，氏朝は自殺(結城合戦)。

ゆうきかっせん [結城合戦] 1440年(永享12)下総結城氏朝が，鎌倉公方足利持氏の遺児を擁しておこした幕府への反乱。本質的には上杉氏など関東の親幕府勢力と反幕府・反上杉氏勢力の抗争。38年持氏は対立していた幕府と衝突したが敗れ，翌年鎌倉で自殺(永享の乱)。遺児安王・春王は下野にのがれたのち，40年3月挙兵。氏朝は本拠下総国結城城(現，茨城県結城市)に迎え，宇都宮等綱・小山広朝・那須資重・佐竹義人らが味方した。幕府は上杉憲実・同清方らを主将とし，関東の親幕府勢力のほか信濃小笠原氏・甲斐国武田氏・越後国長尾氏などを動員して4月結城城を包囲。翌年(嘉吉元)4月同城は陥落して氏朝は自殺，春王・安王は捕らえられて斬殺された。

ゆうきし [結城氏] 中世下総国の豪族。小山氏の一流。小山政光の三男朝光が，源頼朝をたすけた功で下総国結城郡を与えられ，この地を本拠に結城氏を称したのに始まる。鎌倉

幕府の有力御家人となり，白河結城・寒河尻・大内・網戸らの諸氏を輩出。南北朝期には足利方に従い，安房・下総両国の守護となり，鎌倉府の重鎮として活躍。11代氏朝のとき結城合戦で断絶したが，まもなく再興。戦国期には結城城主政勝の名により「結城氏新法度」が制定された。天正年間豊臣秀吉に従い，所領を安堵された。のち徳川家康の子秀康を養子に迎えた。慶長年間越前国北庄（現，福井市）へ転封され，松平氏に改姓。白河結城氏は，秀吉の奥羽平定で改易となり，伊達氏家臣となった。→巻末系図

ゆうきししんはっと［結城氏新法度］「結城家法度」とも。1556年（弘治2）11月25日，下総国結城城主の結城政勝の名により制定された家法。前文と104カ条の法度本文，制定奥書と2カ条の追加，家臣連署の請文からなる。前文によれば，家中の統制を目的に制定されたものという。しかし条文中に立法趣旨や立法過程についてふれた箇所があり，重臣への諮問をへて制定されたことが明記されていることから，結城氏と家臣の間で取り交わされた協約といえる。結城氏の領国は，結城領・結城支城領・有力国人領など，性格の異なる領域からなっていたが，この法度は結城領について適用するため制定されたとみられる。「日本思想大系」所収。

ゆうきひでやす［結城秀康］ 1574.2.8〜1607.閏4.8 織豊期〜江戸初期の武将。越前国福井藩の藩祖。徳川家康の次男。幼名於義丸。遠江国生れ。小牧・長久手の戦ののち，豊臣秀吉の養子となって羽柴秀康を名のり，従四位下侍従三河守に叙任。九州攻めに初陣し，1590年（天正18）下総国結城の結城晴朝の養子となって，10万1000石を継ぐ。関ケ原の戦では上杉氏の動きを抑え，戦後越前国68万石を与えられる。その後松平姓に復し，子孫も松平姓を名のる。

ゆうざきざ［結崎座］ 大和猿楽の一つ。奈良県川西町結崎に本拠地があった座。円満井座・坂戸座・外山座とともに興福寺薪猿楽や春日若宮祭の八講猿楽に参勤していたが，特に多武峰とは関係が密接で不参の場合には厳罰が科せられる定めだった。長い間観世座の古名とされていたが，「翁」を演じる組織の翁座としての結崎座から能楽を主とする能座の観世座が派生した。観世座の名は結崎座の大夫観阿弥の幼名観世丸による。

ゆうすいち［遊水池］ 湖・沼・池など河川の流域にあって，増水時にその水を満たして洪水を緩和する役割をもった場所。栃木県に始まり，埼玉県北河辺町と茨城県古河市境で利根川に注ぐ渡良瀬川の遊水池が有名だが，近世には越後国紫雲寺潟，下総国飯沼・印旛沼なども遊水池の機能をはたした。それらの岸辺は通常の水位のときには耕作ができるが，増水時には被害をうける不安定なものであった。

ゆうせいしょう［郵政省］ 1949年（昭和24）6月逓信省の2省分割により創設された中央官庁。郵政を統轄し，郵政審議会・簡易保険郵便年金審査会・通信博物館などの付属機関と，地方貯金局（84年地方郵政局に統合）・郵便局などの地方機関をもつ。52年日本電信電話公社（85年民営化）が設立され，その監督および電波監理，放送に関する行政業務を開始。53年新設の国際電信電話の監督を所管に加えた。2001年（平成13）1月，中央省庁再編により自治省・総務庁と統合して総務省となり，郵政事業部門の外局として郵政事業庁がおかれる。

ゆうぜつせんとうき［有舌尖頭器］ 有茎尖頭器とも。舌状の基部をもつ尖頭器。舌状の基部を茎として木・骨製柄の先端に装着し槍の穂先とする。小型のものは石鏃との区別がむずかしいものもある。縄文草創期を中心に盛行するが，北海道では土器使用以前から用いられ，シベリア・中国東北地区・カムチャツカ方面にも分布。

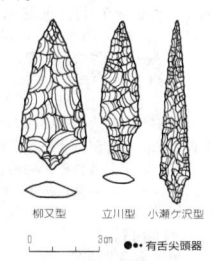

柳又型　立川型　小瀬ケ沢型

0 3cm ●●有舌尖頭器

ゆうぜんぞめ［友禅染］ 糸目糊を主体とする糊防染と多彩な色挿しにより，絵画のような自由度の高い図様を表現する染色法。俗に，江戸前・中期に活躍した扇面絵師宮崎友禅の創始と伝えられるが，彼は意匠家としての役割をはたしたもので，近世初期から伝わる小目糊の技術を友禅染として大成したのは京都五条近辺の染工たちと考えられる。本来は筒描きか楊枝糊による手描友禅（本友禅）の形態だったが，明治期以降は型紙を用いる型友禅，ビロードに絵画的な文様を表現したビロード友禅，生地に直接筆彩を施す素描友禅など多様に発展した。今日では手描友禅も糯米の糊にかわってゴム糊を用いるものが主流である。

ゆうそくこじつ［有職故実］「続日本紀」延暦9年（790）7月17日条に，「有識者」とあり，「源氏物語」紅葉賀の巻にも「心ことなりと世の人に思はれたるいうそくのかぎり」とみえ

る。「有職」と書くようになったのは、鎌倉初期と思われる。朝廷の儀式典例にくわしいことを有職、奥ゆかしく、よろずにわたり心得のある人を有職人という。公家故実は藤原忠平の子の実頼・師輔に始まり、その作法をそれぞれ小野宮流・九条家流と称する。以後、貴族各自が儀式行事を運営することを主として記した日記を作成し、天皇家および貴族の家は儀式書とともに、日記などによって父祖の儀式作法を子孫に家流として伝えた。室町時代には、伊勢流・小笠原流と称する武家故実もある。

ゆうぞんしゃ[猶存社] 大正期に国家改造を意図して結成された最初の実践団体。1919年(大正8)8月1日、満川亀太郎・大川周明らが「革命日本の建設・改造運動の連絡」のために創立。翌年中国から北一輝を迎え、その原稿「国家改造案原理大綱」を印刷・配布した。同人に鹿子木員信・安岡正篤・清水行之助・西田税らがいる。怪文書によって既成勢力を攻撃する北と、教化啓蒙に力をそそぐ大川・満川との方針をめぐる対立から、23年2月解散。

ゆうづうねんぶつしゅう[融通念仏宗] 良忍を開祖とし、1117年(永久5)に開宗された浄土教の一宗派。本山は大阪市の大念仏寺。1人の念仏の功徳がいっさいの人に、他人の念仏の功徳が1人に融通しあい大きな利益をもたらすとする。鎌倉中期の導御のとき、壬生寺で融通大念仏狂言が、清涼寺で融通大念仏会が現在に伝えられる。融通念仏の興隆のようすは、14世紀の良鎮以後多く開版された「融通念仏縁起絵巻」にうかがわれる。

ゆうびかん[有備館] 宮城県岩出山町にある旧岩出山藩主伊達氏の学問所。現存する最古の近世学校建造物。1691年(元禄4)仙台藩主隠居所を修築し春学館と名づけ、藩士子弟のための学問所とした。翌年現在地に移築、有備館と改称する。名は「史記」の「文事あれば必ず武備有り、武事あれば必ず文備有り」からとったという。国史跡、庭園は国名勝。

ゆうひつ[右筆] 筆を執ること。公家の家政機関では院司・家司が奉書を作成し、能書は尊重されても、右筆をおくことはなかった。文筆にたけた者の少ない鎌倉では、主人の意をうけて文書・書状を作成する右筆は重宝がられ、北条氏や有力御家人の被官にも右筆が現れた。引付に右筆の職がおかれ、幕府の奉行人が任じられた。室町幕府では、引付に配属された奉行人をառくべき右筆方奉行人と称し、戦国期以降も右筆は重用され、政務にかかわる者も現れた。江戸幕府では役職として設置され、当初は室町幕府の書札礼式などの知識や経験を

もつ者が登用された。

ゆうびんせいど[郵便制度] 1871年(明治4)前島密の立案による東京―大阪間の「新式郵便」開始が日本における近代郵便の創業。前代からの飛脚は遅滞・不着がはなはだしいうえに高額のため、駅逓頭に就任した前島は、飛脚にかわる近代郵便制度の創業を決意。欧米視察後、72年郵便を全国に実施、73年郵便事業の政府専掌・全国均一料金制を確立した。郵便物としては71年に書状とともに金子入書状(のちの現金書留郵便)・日刊紙類(のちの第3種)、72年書留・書籍類(のちの第4種)、外国郵便の取扱いを開始、73年郵便葉書を発行した。なお最初の郵便切手は1871年に発行された。

ゆうびんちょきん[郵便貯金] 1875年(明治8)5月開始の駅逓寮貯金をはじめとする、郵便局取扱いの貯金事業。85年に預金規則を公布、大蔵省預金局が設置されてからは同局が貯金の管理・運用を行った。また90年8月の郵便貯金条例公布以後は、郵便制度の一部ではない独立の郵便貯金制度となった。1905年7月の郵便貯金法の制定で、従来の法規が統合整理された。この間、切手貯金・証券貯金・規約貯金・据置貯金・学童共同貯金を設け、また郵便集配人による貯金取扱いの便宜をとりいれ、広く国民各層の貯蓄収集の機関として定着。貯蓄奨励政策の中心となって零細な大衆貯蓄を集中した。なお現行法は47年(昭和22)に制定された郵便貯金法である。

ゆうびんほうちしんぶん[郵便報知新聞] 駅逓頭前島密の支援で、1872年(明治5)6月1日に創刊された新聞。栗本鋤雲を主筆に自由民権派の政論新聞となり、82年には矢野竜渓が社長に就任、事実上立憲改進党の機関紙となった。84年の部数約5600部。自由民権運動の退潮で伸び悩み、86年紙面の通俗化をはかり営業的新聞となった。94年12月26日「報知新聞」と改題。

ゆうりゃくてんのう[雄略天皇] 記紀系譜上の第21代天皇。5世紀後半頃の在位という。大泊瀬幼武天皇と称する。允恭天皇の第五子。母は忍坂大中姫命。兄の安康天皇が眉輪王に殺されると、兄弟を疑い、同母兄の八釣白彦・坂合黒彦皇子を眉輪王とともに葛城円大臣の家で焼き殺した。さらに履中天皇の子で、安康天皇が後継者に考えていた市辺押磐皇子を殺し、泊瀬朝倉宮に即位したと伝える。「宋書」倭国伝にみえる倭王武に比定される。武は477年、安東大将軍を称して将軍号を授けられ、翌年に大将軍、翌々年には鎮東大将軍に進められた。また埼玉県の稲荷山古墳か

ら出土した鉄剣銘文にみえる「獲加多支鹵大王わかたけるのおおきみ」にあてられる。

ユーカラ アイヌが伝承する長編の英雄叙事曲・神謡。地域によってハウキ・サコロペ・ヤイェラップなどとよぶ。一例をあげれば，ポンシヌタプカウンクル（ポイヤウンペとあだなされる）という若き英雄がレプンクル（沖に住むひと）といわれる人々と幾多の戦いをへて，やがて美貌の伴侶をえて故郷に凱旋するという構成。聞き手が拍子棒で拍子をとり，語りの間合いに掛け声を発しながら語られる。アイヌ文学を代表する作品群として知られ，古くは蝦夷浄瑠璃・軍談浄瑠璃とも称された。知里真志保によって，ヤウンクル（本土びと）とレプンクルとの戦いというモチーフがアイヌとそれ以外の民族との民族戦争にもとづくとの考えが提示されて以来，歴史性をめぐるさまざまの議論がある。

ゆかわひでき [湯川秀樹] 1907.1.23～81.9.8 昭和期の物理学者。東京都出身。京大卒。1934年（昭和9）素粒子論で中間子の存在を予言，37年アンダーソンがその存在を確証すると，坂田昌一・武谷三男・小林稔らと中間子場理論を展開。39年京都帝国大学教授。48年プリンストン高等研究所客員教授に招かれ，翌年コロンビア大学教授。非局所場の理論を提唱した。49年日本人ではじめてノーベル物理学賞受賞。53年帰国し，京都大学基礎物理学研究所所長。55年ラッセル・アインシュタイン宣言の共同署名者となる。パグウォッシュ会議に積極的に参加し，科学者京都会議を主宰。世界連邦世界協会の会長も務めた。学士院賞・文化勲章をうけた。

ゆぎしょう [湯起請] おもに中世に行われた，宣誓をともなう神判の一形態。主張の真偽を判断しがたい場合や，犯人の特定が困難な場合に，神仏に判断を仰ぐもの。それぞれの主張を起請文に記し，偽りのないことを神仏に誓ってから，煮えたぎる熱湯の中に手を入れ石をとりだし，かたわらの棚にのせる。これができなかったり，手に火傷をおった場合は湯起請失とされ，有罪，あるいは主張が偽りであると判定された。形式は古代の盟神探湯くかたちに連なる。中世後期には焼けた鉄棒を用いる火起請（鉄火起請てっか）も行われた。近代にも，鍛冶屋の祭神に宣誓するなどの神判を伝える地方があった。

ゆきまつずびょうぶ [雪松図屛風] 円山応挙が描いた紙本淡彩の写生画。六曲一双。18世紀後半の制作。清々しい雪晴れの松樹を，金泥引きや金砂子などの技法を駆使して表現したもので，応挙が考案した写実画新様式による立体性が顕著に示されている。三井総領家伝来の作品。両隻とも縦155.5cm，横362.0cm。国宝。三井文庫蔵。

ゆぎょうしょうにん [遊行上人] 遊行聖ひじりと

も。諸国を遍歴遊行し仏道修行する僧侶。なかでも時宗の開祖一遍は，諸国を遊行しながら遊行札とよばれる念仏札を配り，民衆の念仏教化を行ったので遊行上人とよばれた。2祖真教は遊行派という時宗の根幹をなす一派を築いた。時宗の総本山である神奈川県藤沢市の清浄光寺しょうじょうこうじは遊行寺の名で知られ，歴代住職も一遍同様諸国を遊行したので遊行上人とよばれた。

ゆげい [靫負] 大化前代における大和朝廷の親衛軍。靫ゆぎは矢をいれて背負う道具で，「ゆげい」は「ゆぎおい」の義であり，弓矢を身につけるところからきたのであり，おもに西国の豪族の子弟が奉仕し，名代なしろの部によって資養され，武装して宮門の守衛などにあたった。大伴氏に統率されていたらしい。令制の衛府では，衛門府が靫負の伝統をひくとして「ゆげいのつかさ」とよばれた。

ゆしませいどう [湯島聖堂] 東京都文京区にある。1632年（寛永9）林羅山らが上野忍ケ岡の家塾内に設けた聖堂を，90年（元禄3）湯島昌平坂しょうへいざかに移したのに始まる。「江戸名所図会」によれば，入徳門を入ると，1段高くなり，上段に杏壇きょうだん門，大聖堂（大成殿），廻廊を配する。これは1799年（寛政11）昌平坂学問所開設と同時に行われた改造後の姿である。現存の聖堂は関東大震災ののち1933年（昭和8）に再建された鉄筋コンクリート造。国史跡。

ゆしゅつにゅうひんとうりんじそちほう [輸出入品等臨時措置法] 日中戦争開始後の1937年（昭和12）9月10日に制定された，経済の物的側面を直接に統制するための法典。対象には輸出入品のみでなくそれを原料とする製品を含み，また政府の命令事項は，輸出入の制限・禁止だけでなく当該製品の配給・使用・消費，さらに生産・価格決定にまで及んだ。授権立法としての性格をもち，国家総動員法の先駆となった。以降，多数の規則が同法を根拠に商工省令をもって制定され，資金面での臨時資金調整法と並んで日中戦争下の統制経済の支柱となった。

ゆそでん [輸租田] 律令制下，田租の国衙への納入を規定された田。その田種は，口分田くぶん・位田・功田・賜田・墾田・郡司職田・見任にん国造田であり，時代によっては采女田うぬめ・職分田も輸租田となることがある。延喜主税式では，不輸租田・輸地子田以外はすべて輸租田とした。これらの多くは受田者自身の個別用途に供せられる私田であることから，一般にその田租が免じられることはなかった。

ゆづきのきみ [弓月君] 秦はた氏の祖とされる伝説上の人物。「日本書紀」は応神14年に百済くだらから渡来したとするが，実は新羅しらぎ系で，その伝承も東漢やまとのあや氏や西文かわちのふみ氏に対抗して

後代に造作したものとされる。秦氏の成立も，欽明朝頃に山背国を中心に各地の新羅系渡来人を組織したもので，中国史書に辰韓は秦の亡命者とあることから秦氏と称したものであろう。ユヅキも，斎槻の木のことで，古代朝鮮の聖木信仰に由来する語であろう。

ゆな [湯女] 入浴場で接客する女性。中世前期の有馬温泉に湯女がいたと伝えられ，後期の京都の風呂屋にも入浴の世話や浴後の酒食を接待する女性がいた。これがのちに私娼となり，近世初期に風呂屋女または湯女とよばれた。江戸幕府の禁止令にもかかわらず，髪洗女などの名で存続した例もある。温泉地にはそれぞれの俗称でよぶ湯女をおいた。

ユネスコ [UNESCO] 国際連合教育科学文化機関(United Nations Educational, Scientific and Cultural Organization)の略称。教育・科学・文化を通じた国際協力の促進を目的とする国際連合の専門機関。1945年，44カ国が参加した連合国教育文化会議で採択されたユネスコ憲章にもとづいて設立された。本部はパリ。主要機関は総会・執行委員会・事務局。日本は51年(昭和26)に加盟。

ゆめのしろ [夢の代] 江戸後期の町人学者山片蟠桃の主著。天文・地理・神代・歴代・制度・経済・経論・雑書・異端・無鬼(上下)・雑論の12巻からなる。懐徳堂の中井竹山・履軒の校閲をへて1820年(文政3)完成。知の枠組みはいわゆる懐徳堂朱子学だが，そこに一貫する徹底した合理的視点は，従来の朱子学的窮理概念の変容を示す。地動説にもとづく新しい世界像，合理的歴史像の提示，市場経済の分析など近代的合理性が高く評価されるが，合理性の特質を最もよく表しているのが，「神も鬼も存在しない」という無鬼の主張である。「日本思想大系」所収。

ユリウスれき [ユリウス暦] ユリウス・カエサルによって紀元前46年からローマで用いられた暦法。1年を365.25日とする太陽暦で，4年に1日の閏日を2月に設ける。太陰太陽暦を廃して，エジプトの太陽暦を参照して作られた。ユリウス暦はローマの勢力範囲内に普及し，今日のヨーロッパ諸国の月名の起源をなす。1582年ユリウス暦を修正したグレゴリオ暦がローマで採用され，現在世界の多くの国が使用している。

ゆりきみまさ [由利公正] 1829.11.11～1909.4.28 幕末～明治期の政治家。福井藩士の出身。子爵。維新前の名は三岡八郎。藩札発行と専売制を結合した殖産興業政策で，幕末の福井藩財政を再建した。1868年(明治元)参与に任じられ，五カ条の誓文の原案を起草する一方，会計基立金募集・太政官札発行・商法司設置などの由利財政を展開。太政官札の流通難など批判が高まり，69年に辞職。以後は東京府知事・元老院議官・貴族院議員などを務めた。

よ

よあけまえ [夜明け前] 島崎藤村の長編小説。2部よりなる。1929年(昭和4)より35年まで「中央公論」に連載。藤村晩年の傑作であり、また歴史小説としても近代文学史上に残る作品である。木曾馬籠宿まごめじゅくの本陣・問屋・庄屋を兼ねる17代目の当主青山半蔵の経験した明治維新前後の動乱の時代が綴られる。中山道の要所として、地方でありながら中央の時勢が伝わってくる地点であり、また民衆にじかに接する立場を設定することで、独自の視点から維新の歴史を描いた。半蔵のモデルは藤村の父正樹であるが、父の理想と挫折の半生に作者自身の思想を重ねあわせ、さらにさまざまな歴史的資料を駆使して重厚な作品世界を作り上げることに成功している。

よう [庸] 律令制での租税負担の一つ。養老令では年間10日の歳役えだちの義務を規定し、その代納の庸として1日につき2尺6寸の布を納めるとする。大宝令では全員が布2丈6尺を納める規定で、養老令でも歳役の徴発はなく、庸は調と並ぶ基本的税目であった。次丁は正丁の半額、中男および京・畿内は免除された。庸の品目は布のほか米・塩・綿で、706年(慶雲3)額は半減されている。改新の詔みことのりに仕丁・采女うねめのため郷土の50戸に韓人・采女をだす制がみえ、こうした仕丁などの資養物としてのチカラシロの制を前提として、大宝令で雇役制の成立とともに税制として庸が成立した。のちの調庸布の制を除けば、庸は調と区別されるのが原則で、調が大蔵省に納入されるのに対して民部省に納入され、雇役の功直こうちょくのほか、衛士えじ・仕丁・采女などの食料にあてられるなど用途も異なり、資養物としての性格をもち続けた。

ようがく [洋学] 江戸時代に学ばれた西洋学術の総称。大航海時代にポルトガル・スペインなどからキリスト教とともに伝わった学術を蛮学とよんだ。鎖国後は宗教色の少ないオランダ系学術の移植・研究が行われ、蘭学とよばれて広く用いられた。洋学ははじめ蘭学と同じ意味に用いられたが、幕末・開港期にイギリス系・フランス系などの学術が移植・研究されると、蘭学の名称で包括することができなくなり、一般的名称となった。蛮学につづく蘭学の初期はオランダ語を通じて医学を中心に学ばれ、享保期の天文学・暦学をへて、田沼時代以降多方面に本格化した。18世紀後半から生じた北方問題を契機に、世界地理や地図の調査・研究が行われ、海外情報の収集・研究が進められた。アヘン戦争以降、ペリー来航にいたる日本をめぐる国際情勢の変化にともない、兵学・築城学など軍事科学・技術の習得が盛んとなった。洋学の発達にともなって、封建制批判も芽ばえたが、幕政批判は弾圧され、以降の洋学は殖産興業・富国強兵にむかった。

ようがくこうよう [幼学綱要] 1882年(明治15)12月に宮内省から出版された児童教訓書。上中下3巻7冊の和装本。79年「教学聖旨」の筆録と同じ頃、勅命により元田永孚ながざねが編纂に着手、3年後の82年地方長官参内の際に勅諭とともに下賜された。図画挿入など「教学聖旨」の「小学条目二件」が示す方法に従って、儒学的な20の徳目をとりあげ、児童に仁義忠孝の精神を説いている。「教学聖旨」以来、元田ら宮中保守派が主張してきた儒教による教育是正論の具体的施策として編纂された。

ようがくしょ [洋学所] 江戸幕府の洋学研究機関。蕃書調所ばんしょしらべしょの前身。1853年(嘉永6)のペリー来航を契機に高まった外交文書翻訳・外国事情調査・洋式軍事技術導入の必要に応じるため、従来その事業を行っていた天文方の蛮書和解御用の1局ではなく、独立した洋学所の設立がはかられた。55年(安政2)古賀謹一郎が頭取に任命されて開設準備が行われ、56年2月に蕃書調所と改称し、7月開業した。

ようきょく [謡曲] 能の詞章、あるいはその節。謡うたいと同義であるが、謡のほうが古い言い方で、謡曲の語が使われだすのは近世後期以降。世阿弥時代から酒盛や旅中などで歌われることが多く、素人の武家・公家・庶民の間にも広まり、室町中期には愛好者の組織である謡講うたいこうもうまれた。江戸時代には謡曲熱の反映として謡本うたいぼんの刊行が盛んになり、寺子屋でも謡が教えられた。近世以降俳諧をはじめ他の文芸・文化に及ぼした影響は大きい。

ようぎん [洋銀] 幕末期の開国以降、日本に流入した外国貨幣の総称。流入貨幣にはアメリカ・ドル、ポンド、フラン、ルーブルなどもあったが、最も多かったのがメキシコ・ドル(メキシコ銀)で、一般にはこれをさす場合が多い。1859年(安政6)開港とともに、生糸・茶などの輸出品の対価として流入した。さらに国内外の金銀比価の差から日本の金貨を不法にもちだすため大量流入し、万延期の幣制改革による金相場引上げを招いた。開港場ではそのまま使用が認められ、明治期に入っても幣制改革の際には基準通貨の確定に際して洋銀との交換率が考慮されたほか、横浜為替会社ではメキシコ銀を引当てとする洋銀券の発行も行った。

ようけんどう [養賢堂] 陸奥国仙台藩の藩校。

1736年(元文元)設置の学問所が明倫館養賢堂と称されて子弟教育の場だったが、60年(宝暦10)北1番丁勾当台通東南角に移転して拡張し、72年(安永元)に養賢堂と命名。学田は1万2000石、大講堂以下諸施設が整備された。学科は1811年(文化8)時で漢学・算法・習字・礼法・兵学・剣槍術などがあったが、19年(文政2)に聖廟設置、ほかに庶民のための日講所や蘭学局などが時勢に応じて加えられた。幕末には英学も加え、医学校を東2番丁に併設。

ようごがっこう [養護学校] 1947年(昭和22)の学校教育法に定められた障害児学校の一つ。知的発達障害者・肢体不自由者・病弱・身体虚弱者を対象に、幼稚園から高等学校に準じる教育、および障害を補うための知識・技能を授ける学校。56年公立養護学校整備特別措置法により都道府県に設置がすすめられ、79年度から義務教育制となった。

ようさく [用作] ⇒正作(せいさく)

ようじょうくん [養生訓] 貝原益軒(えきけん)の心身修養論。8巻。1713年(正徳3)成立。「益軒十訓」の一つ。中国の医書からの書抜きを分類してまとめた「頤生輯要(いせいしゅうよう)」(1682)を通俗的な訓戒の書に要約し直したもの。総論・飲食・飲酒・飲茶・たばこ・慎色欲・五官・二便・洗浴・慎病・択医・用薬・養老・育幼・鍼・灸法の項目からなり、具体的な知見にもとづいて記す。「益軒全集」「日本の名著」「岩波文庫」所収。

ようしょしらべしょ [洋書調所] 江戸幕府の洋学研究教育機関。1862年(文久2)5月、それまでの蕃書(ばんしょ)調所が改称されて成立。63年2月に学問所付属となり、同年5月小川町の狭い構舎から一ツ橋門外の広い新設構舎へ移転し、8月開成所に改称される。

ようすい [用水] 飲料・消火などの生活利用、農業生産における灌漑、工業生産の発展にともなう動力・発電への利用などを目的に使用される水。また水路をさすこともあり、さらに広くこれらを含んだ水利用と管理・維持のための地域的なシステムを総称して用水という。農業生産、とくに近世に発達した河川灌漑において、悪水と対比的に用いられる場合が多い。

ようぜいてんのう [陽成天皇] 868.12.16～949.9.29　在位876.11.29～884.2.4　清和天皇の第1皇子。名は貞明(さだあきら)。母は藤原長良(ながら)の女高子(たかいこ)。2歳で皇太子に立ち、876年(貞観18)清和の譲位をうけて践祚した。883年(元慶7)陽成は殿上で殺人事件をおこし、翌年17歳で退位に追いこまれた。皇位を失ったのちも、元来は正統の地位にあったとする意識をもち続けたようであり、宇多天皇を「家人」とよんだとも伝えられる。

ようにん [用人] 江戸時代、大名家・旗本家において、財政をはじめ諸雑務の処理にあたった役人。大名家では一般に家老につぐ高い式格をもち、旗本家でも家政全般を預かり、年貢収受をはじめとする知行所支配の柱であった。そのため、家臣のなかから家格にかかわりなく有能な人材が抜擢されることもあった。幕府ではたんに用人という役職はなかったが、側用人・広敷用人などがおかれていた。なお老中の用人を公用人といった。

ようにん [遥任] 遥授とも。地方官(おもに国司)が、任命されたのちも赴任の義務を免除され、在京のまま得分のみをうけること。赴任して執務をする受領(ずりょう)に対する語。奈良時代の員外国司・権任国司の制に始まるとされるが、826年(天長3)の親王任国制が遥任を前提としているように、平安初期にはすでに制度として成立していた。そのねらいは、中央財政の窮乏にともない苦しくなった京官の待遇を、公廨稲(くがいとう)の配分によって改善することにあり、平安中期にかけてますます盛んになった。

ようふ [庸布] 庸の一品目。大麻(たいま)・苧麻(ちょま)を原料とする麻布(あさ)。初見は改新の詔(みことのり)で、仕丁・采女(うねめ)のため郷里で1戸あたり庸布1丈2尺を出す規定であった。令制では正丁1人あたり布の長さ2丈6尺、幅2尺4寸とするが、当時貨幣的機能をもった常布(1丈3尺)2枚を納めるのが令の狙いらしく、706年(慶雲3)庸が半減されて布1丈3尺となった。713年(和銅6)庸布は2丁分の2丈6尺を1段として合成することとし、717年(養老元)には調庸布4丈2尺を1端と定め、調が布以外の地域では庸布は2丁分を合成して2丈8尺が1段となり、以後定着した。

ようふうが [洋風画] 明治期以前の日本で、西洋画法にもとづいて描かれた絵画作品。油絵とは限らない。早く桃山時代に、イエズス会のもとで、西洋の画を模写しながら聖画を制作した初期洋風画があったが中絶。江戸時代後半に至り、写実性にすぐれた西洋の画法やものの見方をとりいれ、西洋画法を適用して日本の風景や風俗の描写を行った洋風画が成立した。佐竹曙山(しょざん)や小田野直武(おだのなおたけ)らの秋田蘭画に続き、司馬江漢(しばこうかん)や亜欧堂田善(あおうどうでんぜん)らがすぐれた洋風画を描いた。

ようまい [庸米] 庸の一品目。令文に庸は雇役民・衛士・仕丁(しちょう)などの食料にあてるとあり、庸米の比重は大きく、平城宮跡からも木簡の出土例が多い。正丁の負担額は3斗であったと考えられるが、庸米木簡には1俵である5斗のほか6斗と5斗8升の例が多い。仕丁などに中央で支給される食料米の大月・小月の1月分(1日2升)として納入する意識がうかがえ、改

ようめいがく [陽明学] 中国の明代中期の思想家王陽明が提唱した儒学理論。元・明代に国家公認の経書の解釈学となり形骸化した朱子学に対し，王陽明は朱子学の内側からの思想的革新を企て，朱子学の性即理に対し，心即理・知行合一・致良知の説を主張した。つまり朱子学が実際には天下の事々物々の理を客観的にきわめることを重視したのに対し，陽明学は宇宙の理法や人間の倫理はうまれながらに人の心にそなわっているとし，心で獲得された理の日常行動での具体的発現を重視した。朱子学の理論体系を前提に，外在的な規範よりも自己の内面的な判断力とその実行を重視したため，社会変革の推進者に受容され，またその機能をはたすことが少なくなかった。

ようめいてんのう [用明天皇] 記紀系譜上の第31代天皇。6世紀後半の在位という。大兄皇子・橘豊日天皇と称する。欽明天皇の皇子。母は蘇我稲目の女堅塩媛。推古天皇は同母妹。異母妹の穴穂部間人皇女を皇后とし，聖徳太子・来目皇子らをもうけた。磐余に池辺双槻宮を営んだ。即位翌年の新嘗の日から病気になり，仏教に帰依することを群臣に協議させた。蘇我馬子は支持したが，物部守屋と中臣勝海は，異国の神を祭ることに反対し，激しく対立したという。天皇の病状が重くなったとき，司馬達等らの子鞍部多須奈が出家を申し出，さらに丈六仏と寺の建立を約束し，これが坂田寺であると伝えられた。

ようめいぶんこ [陽明文庫] 近衛家伝来の文書・記録・図書・美術品などを収蔵する文庫。京都市。その名は室町時代からみえるが，現在地において一括保存されるようになったのは，1938年(昭和13)近衛文麿によってである。文書・記録類が数十万点，図書類が数万冊といわれ，そのなかには「御堂関白記」「後二条師通記」など近衛家代々の日記をはじめ，「陽明世伝」と称される古典籍，歴代の宸翰・宸筆多を含む。

ようめいもん [陽明門] 平安宮の外郭門(宮城門)の一つ。東面の南第3の門。かつて門を守衛した山部氏にちなみ山部門といったが，785年(延暦4)桓武天皇の諱「山部」を避ける氏族名改称にともない山門とされ，さらに818年(弘仁9)唐風の佳字に改名。門内右側に左近衛府があったので近衛御門ともいう。門は基壇上にたち，正面5間，奥行2間で中央3間。屋根は切妻造，瓦葺。

ようろうりつりょう [養老律令] 律令国家の基本法典で，律10巻(12編)・令10巻(30編)。元正天皇の命をうけた藤原不比等らが，8世紀前半の養老年間に編纂を開始したと思われるが，編纂・成立過程は不明な点が多い。大宝律令とくらべて宮衛令など令の編目を増設したり，令の編目名称を改めるなど形式的改正のほか，戸令応分条の改変や公式令勅符式の削除など内容的にも大いに修正が加えられた。編纂自体の困難さに加え，天平年間の政変・社会不安などのため，施行は757年(天平宝字元)まで遅れた。その後，古代国家の基本法典の地位を保ち，形式的には明治初期まで国家体制を規定する法典であり続けた。現在，律は約3分の1しか残っていないが，令はその注釈書である「令義解」「令集解」などのかたちで大半が伝存する。

ようわのききん [養和の飢饉] 養和年間(1181〜82)におきた大飢饉。1180年(治承4)に始まる源平争乱期以降，鎌倉時代は異常気象・洪水・地震などで慢性的な飢饉に悩まされた。なかでも養和の飢饉・寛喜の飢饉(1231)・正嘉の飢饉(1258〜59)は大きかった。養和の飢饉については「方丈記」に「養和のころとか(中略)二年があひだ，世の中飢渇して，あさましき事侍りき。或は春夏ひでり，或は秋大風洪水など，よからぬ事どもうちつづきて，五穀ことごとくならず云々」とその惨状が記される。被害は西日本がはなはだしかったため，平氏のうけた打撃は大きく，源平合戦の結果にも影響した。

よかれん [予科練] ⇨海軍飛行予科練習生

よきんふうさ [預金封鎖] 第2次大戦直後のインフレーション対策として，1946年(昭和21)2月預貯金の払出しに制限を加えた措置。金融緊急措置令・日本銀行券預入令により，1人100円に限って旧紙幣と新紙幣の切換えを図るとともに，それ以外の旧紙幣を金融機関預金として封鎖した。そして一定額の生活資金・事業資金のみ制限枠内の引出しを認可したが，インフレ対策としての実効性に乏しく，47年5月制限枠撤廃に至った。

よくさんぎいんどうめい [翼賛議員同盟] 日中戦争・太平洋戦争期の衆議院における最大院内会派。政党解散，大政翼賛会の結成後，衆議院議員倶楽部の後身として1941年(昭和16)9月2日結成。定数466人のうち当初326人が参加。翼賛選挙後の翼賛政治会結成にともない，42年5月19日に解散。

よくさんせいじかい [翼賛政治会] 太平洋戦争期の政事結社(政治活動をする団体)。1942年(昭和17)4月の翼賛選挙後，東条首相の要請で政財界・言論界の有力者による翼賛政治結集準備委員会が結成され，5月20日に設立された。政府が認めた唯一の政事結社で，事実上の一国

よくさ

一党体制が成立、議会は政府の協力機関化した。総裁は44年8月まで阿部信行、以後は小林躋造。ほぼ全員の衆議院議員と貴族院議員の一部が参加。運営の中心は総務会で、総務会長（前田米蔵、のち金光庸夫）が衆議院議員であることから、運営の主導権は衆議院勢力にあった。45年3月30日大日本政治会が結成されるのにともない解散。

よくさんせんきょ［翼賛選挙］ 1942年（昭和17）4月30日実施の第21回総選挙の通称。任期満了にともなう総選挙は時局急迫を理由に1年延期されていたが、実施にあたって東条内閣は、政府に有利な政界刷新をねらって事実上の推薦選挙とする方針をうちだした。各界代表者に翼賛政治体制協議会を結成させ、衆議院定数と同じ466名の推薦候補を選定させたため翼賛選挙とよばれた。立候補者総数は1079人、当選者の内訳は推薦候補381人（うち現職200人）、非推薦候補85人（うち現職47人）。推薦候補を有利に導くため官憲による露骨な選挙干渉が多発し、のちに議会で問題となったほか、大審院で選挙無効の判決がでた例もあった。

よくりゅう［抑留］ 中世とくに鎌倉時代の荘園における地頭の侵略行為。一般には「抑えとどめる」という意味だが、中世ではおもに年貢・公事の徴収権をもつ者が地頭の恣意的な収奪を非難する際に使った。広い意味では「奪い取る」「押し取る」などの行為をさす場合もあり、その意味で横妨・押領などと同義に用いられることもあった。

よこあなしきせきしつ［横穴式石室］ 古墳の埋葬施設の一つ。竪穴式石室の対照語。4世紀末に朝鮮半島から九州北部に伝えられ、古墳中期には近畿・東海地方にまで広がったが、竪穴式石室にかわって全国的に普及するのは後期からである。棺を安置する玄室、その入口の羨門、その前につづく羨道、入口の羨門などを板状の平石や川原石・塊石・切石などで構築。墳丘の横に設けた羨門から、大きな板石や塊石などで閉塞。埋葬に先行して石室が構築され、埋葬や追葬は羨門から行われる。合葬・追葬を意図した埋葬施設で、その伝来には合葬思想を伴っており、以後日本でも合葬が盛んに行われた。

よこあなぼ［横穴墓］ 丘陵斜面や崖面を水平方向に掘って羨道と玄室を造ったもの。入口前面には、墓前祭祀の場と考えられる前庭部を造る。九州北部で5世紀後半に出現し、6～7世紀には各地で造られた。横穴式石室と同様、多葬を基本とした家族墓の性格をもつ。群集墳と同じく群をなして存在する。副葬品は若干の武器・装身具をもつものがほとんど。絵画・彫刻などの装飾をもつものもある。

よこいしょうなん［横井小楠］ 1809.8.13～69.1.5 幕末・維新期の政治家。肥後国熊本藩士の次男。通称平四郎、小楠は号。藩校時習館で学んだのち江戸に遊学。帰国後私塾を開き、熊本実学党を結成して藩政改革を企図するが失敗、1851年（嘉永4）から諸国を遊歴する。58年（安政5）福井藩に招かれ、松平慶永の政治顧問となる。「国是三論」（1860）を著し、開国通商・殖産興業・富国強兵を主張して藩政改革を主導した。62年（文久2）慶永のブレーンとして公武合体運動を推進し、雄藩連合を構想するが、63年失脚し、熊本で閑居。儒学に立脚しつつ、幕末の内政および外交政策をとらえ直し、革新的な思想を唱えて、当時の有識者に大きな思想的影響を与えた。維新後、新政府の徴士・参与となったが、69年（明治2）1月保守派に京都で暗殺された。

よこいやゆう［横井也有］ ⇨ 也有

よこすかせいてつしょ［横須賀製鉄所］ フランスの技術援助で建設された江戸幕府の製鉄・造船所。1864年（元治元）幕府の小栗忠順とフランス公使ロッシュとで立案となった。4年間に製鉄所（機械工場）・修船場・造船場・武器庫など、フランスのツーロン軍港を3分の2程度に縮小した設備を、240万ドルの経費で整備する構想。フランス海軍のベルニが首長となって建設にあたったが、設備の大半が未完成のまま明治新政府に引き継がれ、海軍工廠の基礎になった。

よこすかぞうせんじょ［横須賀造船所］ 江戸幕府の横須賀製鉄所の後身で、横須賀海軍工廠の前身。明治政府は幕府の建設した横須賀製鉄所を接収して1871年（明治4）横須賀造船所と改称、翌年工部省から海軍省に移管し、主船寮に属した。この造船所で軍艦清輝・迅鯨・天城・磐城・葛城・武蔵・愛宕・高雄がつぎつぎに建造された。84年横須賀鎮守府管下に入り、1903年横須賀海軍工廠に発展した。

よこはまじけん［横浜事件］ 太平洋戦争下の言論弾圧事件。1942年（昭和17）雑誌「改造」の8・9月号に掲載された細川嘉六の論文「世界の動向と日本」が共産主義の宣伝にあたるとして、神奈川県特高課は9月14日細川を検挙。さらに細川と交遊のあった日本評論社・岩波書店など自由主義的な出版社の編集者・左翼運動家などを治安維持法違反で検挙、自白を強要して共産党再建会議を捏造した。「改造」「中央公論」は廃刊、拷問により4人が死亡した。

よこはましょうきんぎんこう［横浜正金銀行］ 第2次大戦前の外国為替専門の特殊銀行。1879年（明治12）に横浜の貿易商と福沢諭吉門下生が商権独立を目的に大隈重信大蔵卿の後援で創立

よこはましんぽうもしほぐさ［横浜新報もしほ草］　幕末・維新期の新聞。アメリカ人バン・リードが横浜居留地で1868年(明治元)閏4月に創刊。70年3月の42編まで刊行。編集者は岸田吟香ぎんこう，のち栗田万次郎。国内情報，とくに戊辰ぼしん戦争の戦況記事が多い。また戦時国際法を紹介，政府のアヘン禁令や公議所開設を歓迎，国家独立のため早急に内乱を収めるべきと主張するなど啓蒙的論説記事に特色がある。

よこはままいにちしんぶん［横浜毎日新聞］　横浜活版社から1870年(明治3)12月8日に創刊された日本最初の日刊邦字新聞。木刻活字による洋紙1枚両面刷の画期的なもので，貿易関係記事や海外ニュースなどを掲載。79年編集局を東京に移し「東京横浜毎日新聞」と改題，沼間守一社長のもと改進党系新聞の性格を強め，自由民権運動の高揚とともに有力な全国新聞となった。86年「毎日新聞」と改題，沼間の死後島田三郎が社長となる。日露戦争では開戦に至るまで非戦論を唱えた。1906年「東京毎日新聞」と改題，09年「報知新聞」の経営に移り，13年(大正2)山本実彦が譲り受け社主となる。40年(昭和15)「帝都日日新聞」に吸収され廃刊。

よこみつりいち［横光利一］　1898.3.17～1947.12.30　昭和期の小説家。本名利一としかず。福島県出身。菊池寛の知遇をうけ，1923年(大正12)に「蠅」「日輪」が出世作。「文芸時代」創刊によっておこった新感覚派運動の中心となり，その後も常に第2次大戦前の昭和文学の新しい方向を実作・理論の両面から行い時代をリードする存在であった。代表作「機械」「旅愁」。

よこやまげんのすけ［横山源之助］　1871.2.21～1915.6.3　明治期の労働問題研究家。富山県出身。涯茫々生などと号した。中学校中退後上京し，二葉亭四迷らと交流して影響をうける。1894年(明治27)毎日新聞社入社。都市下層社会の探訪記事を発表し，「日本之下層社会」にまとめた。初期社会主義者とも接触して社会労働問題にも関心を寄せ，「内地雑居後之日本」を著し，「職工事情」調査にも参加。後年は移民問題・文学評論に転じた。

よこやまたいかん［横山大観］　1868.9.18～1958.2.26　明治～昭和期の日本画家。茨城県出身。旧姓酒井，名は秀麿。のち母方の姓をつぐ。東京美術学校卒。岡倉天心・橋本雅邦がほうらに学ぶ。京都市立美術工芸学校教諭をへて，東京美術学校助教授となる。1898年(明治31)校長天心を排斥する東京美術学校騒動に同調して辞職。日本美術院の創立に参加。菱田春草とともに朦朧もうろう体の画法を試みて日本画の改革を行う。1903年インド，04～05年ヨーロッパ各地を巡遊した。06年茨城県五浦いづらで研鑽をつみ，初期文展で大胆な意欲作を発表。14年(大正3)日本美術院を再興し，「生々流転」などを発表，画壇に大きな影響力をもち続けた。帝室技芸員・帝国美術院会員・芸術院会員。37年(昭和12)第1回文化勲章受章。

よさのあきこ［与謝野晶子］　1878.12.7～1942.5.29　明治～昭和前期の歌人・詩人。大阪府出身。旧姓鳳ほう。本名しょう。堺女学校卒。独学で日本の古典を学び，旧派和歌を作る。1900年(明治33)与謝野寛ひろし(鉄幹)の新詩社に参加，「明星」の才女として名を馳せる。大恋愛の末に鉄幹と結婚。その経緯を中心とした短歌を集め，01年「みだれ髪」を上梓。恋に燃える自我を情熱的に歌い，同時代の青年を魅了した。04年には日露戦争に従軍した弟の無事を祈る反戦詩「君死にたまふこと勿れ」を発表。11年平塚らいてうらの「青鞜」が創刊されると，それに共鳴して作品を寄せる。この時期，婦人問題についての著述も多く，文化学院の学監を務めるなど女子教育にもたずさわった。初の「源氏物語」現代語訳など日本の古典文学に関する作品も多い。

よさのひろし［与謝野寛］　1873.2.26～1935.3.26　明治～昭和前期の歌人・詩人。京都府出身。号鉄幹てっかん。真宗寺院に生まれ，京都の学林で学ぶ。落合直文に師事し，あさ香社で活躍。1894年(明治27)評論「亡国の音」で旧派和歌を批判。以後，雄勁な虎剣調といわれる作をなす。99年新詩社を設立，「明星」を刊行して浪漫主義文学運動の中心となる。鳳晶子と結婚。「誠之助の死」は大逆事件への憤怒の詩。1915年(大正4)には衆議院選挙に出馬し落選。「日本古典全集」を編纂。詩歌集「東西南北」「天地玄黄」「紫」「毒草」。

よさぶそん［与謝蕪村］⇨蕪村ぶそん

よしおかやよい［吉岡弥生］　1871.3.10～1959.5.22　明治～昭和期の医師。近代女子医学教育の確立者。静岡県出身。父の反対を押し切って上京し済生学舎に入る。1893年(明治26)医術開業免許を得て，東京で開業，結婚。1900年済生学舎が女子の入学を拒否したので，女子の医学

よしお

研究の不便を解消するため、飯田町3丁目の自宅に東京女医学校を創設。同校は東京女子医学専門学校をへて、第2次大戦後、東京女子医科大学となった。女性の地位向上など社会活動にも勤めた。

よしおこうぎゅう [吉雄耕牛] 1724～1800.8.16 江戸中期のオランダ通詞・蘭方医。名は永章、通称は定次郎・幸左衛門・幸作、耕牛は号。1737年(元文2)稽古通詞、42年(寛保2)小通詞、48年(寛延元)大通詞となり、90年(寛政2)まで勤務。出島のオランダ商館医から医術を学ぶ。「因液発備」などの訳著があり、杉田玄白らとの交流が深く、「解体新書」に序文を寄せる。家塾成秀館には各地から入門者が集まった。吉雄邸2階のオランダ風の座敷は有名。

よしかわえいじ [吉川英治] 1892.8.11～1962.9.7 大正・昭和期の小説家。本名英次ひで。神奈川県出身。小学校中退後、職を転々としながら川柳・小説を雑誌に投稿。関東大震災後文筆専業となり、1926～27年(昭和元～2)の伝奇的時代小説「鳴門秘帖」で地位を確立。作風はしだいに社会的背景の重視と人間像の追究に傾き、「宮本武蔵」(1935～39)は広く求道の書としても読まれた。以後「新書太閤記」「三国志」「新・平家物語」「私本太平記」などを発表。60年文化勲章受章。没後、吉川英治国民文化振興会が設立され、吉川英治賞(文化・文学)が制定された。東京都青梅市の旧居は記念館となっている。

よしかわこれたり [吉川惟足] 1616.2.28～94.11.16 姓は「きっかわ」、名は「これたる」とも。江戸前期の神道家。吉川神道の創始者。初名は元成で惟足・従時ときと改名、尼崎屋五郎左衛門と称し、号は視吾堂あれみ・相山隠士。武士の家系の出身で、江戸日本橋の商家に養子に入って家業をついだが、業績が芳しくなく鎌倉に閑居。1653年(承応2)萩原兼従かねよりに入門し、唯一神道の口伝くでんを伝授されて江戸で一派を開き、将軍徳川家綱や会津藩主保科正之らに講説を行った。著書「神代巻惟足抄」「中臣祓聞書なかとみのはらえききがき」。

よしかわしんとう [吉川神道] 江戸前期に吉川惟足これたりが提唱した神道。惟足ははじめ唯一神道に学び秘伝を伝授されたが、儒教や山崎闇斎の影響をうけて独自の神道説を唱えた。教義の内容は、国常立くにとこたち尊を万物創造の神と位置づけ、心の中に神を内在させる人神合一を理想とするもので、神社における神道を行法神道と批判し、道徳・政治に関与する理学神道を主張。儒教道徳にもとづく皇室を中心とする君臣関係を強調した神籬磐境ひもろぎいわさかの秘伝も説いた。これらの根底には「日本書紀」や「中臣祓なかとみのはらえ」の研究があり、以後の国学や神道説の

発展に影響を与えた。

よしざき [吉崎] 戦国期、越前国坂北郡にあった真宗の寺内町じないちょう。現在の福井県金津町。奈良興福寺大乗院領河口荘細呂宜ほそろぎ郷内にあたる。領主が類縁関係にあったことなどから、蓮如は1471年(文明3)ここに入る。加越国境の交通の要衝で、周辺の国々から門徒が集まり発展した。加賀国の武士勢力に押されて75年に退去。加賀一向一揆と朝倉氏との対立が深まり、1506年(永正3)破却された。

よしざわあやめ [芳沢あやめ] 1673～1729.7.15 歌舞伎俳優。元禄～享保期の京坂の名女方。俳名春水。屋号は橘屋。1698年(元禄11)に演じた「傾城浅間嶽けいせいあさまがたけ」の傾城三浦が出世役となり、享保期には空前の格づけを与えられた。写実的な地芸にすぐれ、女方芸の大成者とされる。芸談集「あやめぐさ」は著名。芸名は文化期の5世まで伝えられる。2世・3世は初世の長男と四男。4世は初世の次男山下又太郎の門弟で2世の養子となった。5世は3世の子。いずれも各時代を代表する女方。

よししげのやすたね [慶滋保胤] ?～1002.10.21 平安中期の文人・儒者。字は茂能。唐名は定諟。賀茂忠行の子であるが、陰陽おんよう道の家学を捨て紀伝道を志し、本姓も読みかえた。文章もんじょう博士菅原文時に師事して文章生から従五位下大内記となり、永観改元の詔などを草した。その間、念仏結社である勧学会の設立に尽力し、986年(寛和2)出家。法名ははじめ心覚、のち寂心。世に内記入道と称し、諸国遍歴後、洛東の如意輪寺に没した。「本朝文粋もんずい」に収められた「池亭記」では、当時の社会批評と文人貴族の風流を展開し、また浄土信仰に傾倒して「日本往生極楽記」を著した。弟子に寂照じょう(大江定基)がおり、藤原道長もみずから白衣弟子と称した。

よしだかねとも [吉田兼倶] 1435～1511.2.19 室町中期～戦国期の神道家。唯一神道の創始者。卜部兼名うらべのかねなの子。初名は兼敏で、1466年(文正元)改名。当初は神祇大副を勤め、卜部家の家職・学問を継承していたが、しだいに家の学問・神道説を整理し「神明三元五大伝神妙経」を著して唯一神道の基礎を作った。その後も神道説の中心に位置する「日本書紀」神代巻と「中臣祓なかとみのはらえ」の研究を重ね、後土御門ごつちみかど天皇に進講したのをはじめ、公卿にも講義を行う。84年(文明16)邸内に斎場所として大元宮だいげんを建立。唯一神道の入門書であり、根本教典にあたる「唯一神道名法要集」「神道大意」を著し、唯一神道の教化に努めた。死後、吉田社の境内に葬られ、神竜たつ大明神として祀られた。

よしだけ [吉田家] 卜部うらべ氏。吉田神社の神

官として古くから活躍し、南北朝期の兼煕のとき吉田を家名として堂上(とうしょう)に昇った。室町中期に兼倶(かねとも)が唯一神道を唱道し、神祇伯白川家に対抗しうる存在となった。近世に入り、兼見(かねみ)が吉田社内に神祇官の神殿をおく勅許を得勢力を拡大。地方の神官に対して葬祭免許を授与する特権をもち、大なる影響力を行使した。江戸時代の家格は半家。家禄は766石余。維新後、良義のとき子爵。→巻末系図

よしだけんこう【吉田兼好】 1283?～1352?
鎌倉後期～南北朝期の歌人。父は卜部兼顕(うらべのかねあき)。兄に大僧正慈遍がいる。俗名兼好(かねよし)。堀川家に家司として仕え、また当主具守の女基子の生んだ後二条天皇に六位蔵人として出仕。1308年(延慶元)天皇の死により宮廷から退いた。13年(正和2)以前に出家、法名兼好(けんこう)。修学院や横川(よかわ)に隠棲。関東に下向したこともある。二条を世の門に入り、浄弁・頓阿(とんあ)・慶運とともに二条派の和歌四天王の1人に数えられる。晩年の44年(康永3・興国5)足利義詮(あきら)勧進の「金剛三昧院奉納和歌」に参加。家集「兼好法師集」、随筆「徒然草(つれづれぐさ)」で知られる。

よしださだふさ【吉田定房】 1274～1338.1.23
鎌倉末～南北朝初期の公卿。経長の次男。蔵人(くろうど)・弁官・蔵人頭をへて、1302年(乾元元)参議となる。父とともに大覚寺統に親近し、後宇多上皇の執権・伝奏となった。また乳父(めのと)として後醍醐天皇に近侍して側近となり、北畠親房・万里小路(までのこうじ)宣房とともに「後の三房」とよばれた。元弘の乱は、定房が討幕計画を鎌倉幕府に密告したことが発端となったといわれるが、幕府崩壊直後の建武政権下では、再び後醍醐天皇に重用され、内大臣に任じられるという破格の昇進を遂げた。南北両朝の分裂時には北朝に仕え、のち南朝に走り、吉野で没した。

よしだしげる【吉田茂】 1878.9.22～1967.10.20
第2次大戦後の日本を代表する政治家。実父は土佐の自由民権家の竹内綱(たけうちつな)、養父は横浜の貿易商吉田健三。牧野信顕の女婿。東大卒。外交官試験に合格。田中義一内閣の東方会議に出席。駐英大使を最後に1939年(昭和14)外交の第一線から退いた。第2次大戦中は反政府活動の嫌疑で憲兵隊に拘置されたこともあった。戦後は東久邇(ひがしくに)・幣原(しではら)両内閣の外相となる。追放をうけた鳩山一郎の懇請をうけて、46年5月日本自由党総裁として組閣、占領期における講和・独立期の政治運営にあたる。軽軍備・経済重点の政治・外交指導のスタイルは、のちに吉田ドクトリンと称された。

よしだしげるないかく【吉田茂内閣】 日本自由党・民主自由党・自由党の吉田茂を首班とする内閣。途中一時期の中断をはさみ、前後7年余に及んだ。■第1次(1946.5.22～47.5.24)。GHQの覚書によって日本自由党総裁鳩山一郎が公職追放されて、吉田が日本進歩党と連立し組閣。新憲法の公布をはじめ戦後民主化の基本的制度を整備するとともに、食糧不足や労働争議の多発など不安な社会情勢のなかで、経済再建のための傾斜生産方式を採用した。1947年(昭和22)4月の新憲法下初の総選挙で社会党に第1党の席を奪われ、総辞職。
■第2次(1948.10.15～49.2.16)。芦田内閣の崩壊後、民主自由党を基盤として成立。アメリカが経済復興を重視し始めたので、インフレ克服のための引締め政策を実施した。国会の内閣不信任案可決と同時に解散。総選挙の結果、民主自由党は単独過半数をえた。
■第3次(1949.2.16～52.10.30)。国会の安定多数を背景とする第3次内閣が吉田政治の頂点で、ドッジ・ラインの超均衡予算による経済再建と講和条約の締結を主要課題とした。講和条約の発効後に衆議院を解散、再び選挙で勝利した。
■第4次(1952.10.30～53.5.21)。独立後の安全保障政策への保守勢力内部と野党側の反発によって、しだいに苦境においこまれ、内閣不信任案も可決されて国会を解散した。
■第5次(1953.5.21～54.12.10)。過半数を割って少数与党内閣として成立。逆コースの進展、造船疑獄の発覚、保守勢力の内紛などにより、翌1954年(昭和29)12月総辞職し、吉田政治に終止符がうたれた。

よしだしょういん【吉田松陰】 1830.8.4～59.10.27 幕末期の思想家・教育者。長門国萩藩士杉百合之助の次男。名は矩方(のりかた)、通称寅次郎、松陰は号。長門国生れ。山鹿流兵学師範だった叔父の死後、吉田家を相続、兵学師範となる。九州・江戸に遊学。1851年(嘉永4)藩の許可なく東北行を敢行して御家人召放となる。54年(安政元)ペリーに対し親ález約締結のため飛船した折、密航を企て失敗し入獄。1年後、叔父玉木文之進の松下村塾の主宰者となり、高杉晋作・久坂玄瑞(げんずい)・入江杉蔵・野村和作・前原一誠(いっせい)・伊藤博文など、幕末～明治期に活躍した人材を教育した。58年日米修好通商条約の調印を批判し、藩に老中要撃の計画を提起したりしたため再下獄。翌年幕府から藩に松陰東送の命が下り江戸に送られ、訊問に際してペリー来航以来の幕府の一連の政策を批判し、処刑された。

よしだじんじゃ【吉田神社】 京都市左京区に鎮座。二十二社下社。旧官幣中社。祭神は健御賀豆智(たけみかずち)神・伊波比主(いはひぬし)神・天之子八根(あめのこやね)神・比売(ひめ)神。貞観年間に中納言藤原山蔭により春日四神を勧請したのが創祀と伝えられ、平安京近郊の藤原氏の氏神として信仰され

た。神職は987年(永延元)から卜部氏(のち吉田氏と称する)が世襲し、室町時代には吉田兼倶らが吉田神道を開き、神社を再興。例祭は4月18日(以前は4月中旬・11月中旬)。

よしだしんとう [吉田神道] ⇨唯一神道

よしだとうご [吉田東伍] 1864.4.14～1918.1.22 明治・大正期の歴史地理学者。日本の歴史地理学の草分け的存在。越後国生れ。独学で郷里の新潟県北蒲原郡安田町の小学校教員になる。のち北海道へわたって鮭漁業に従事したが、その間も独学で研究を続けた。1891年(明治24)北海道からの投稿論文が歴史学界で認められた。その後、読売新聞社をへて、東京専門学校講師、早稲田大学史学科教授を歴任。著書「大日本地名辞書」。

よしだとうよう [吉田東洋] 1816～62.4.8 江戸後期の高知藩士。馬廻格200石取りの正清の四男。名は正秋。東洋は号。1842年(天保13)船奉行、44年(弘化元)藩主によるおこぜ組発足にともない郡奉行となるが、翌年病気のため辞職。辞職中建白書「時事五箇条」をまとめ法制整備・人材登用などを提案。新藩主の山内豊信により大目付に任じられ、53年(嘉永6)8月、ペリー来航時の米国国書に対する高知藩の意見書をまとめる。54年(安政元)免職。この間、土佐国長浜に小林塾を開き、後藤象二郎・岩崎弥太郎らを集める。57年復職し、安政改革を主導するが、公武合体的な志向から土佐勤王党に殺害される。

よしだとみぞう [吉田富三] 1903.2.10～73.4.27 昭和期の病理学者。福島県出身。東大卒。ドイツに留学。長崎医科大・東北帝大・東京大学各教授。1932年(昭和7)佐々木隆興とともにネズミに肝臓癌を発生させる実験に成功。43年ネズミの腹水癌(吉田肉腫)を発見し、動物の癌実験に用いられる。これらの研究で2度学士院恩賜賞を受賞。癌研究会研究所所長・国語審議会委員・日本ユネスコ国内委員会副会長を歴任。朝日文化賞・文化勲章をうける。

よしだみつよし [吉田光由] 1598～1672.11.21 江戸前期の数学者。幼名与七、通称七兵衛、号は久菴。京都の豪商角倉の一族で、吉欠宗運と角倉了以は従兄弟。はじめ毛利重能に学び、のち了以の子素菴から中国の「算法統宗」を教科書として与えられ、これを研究して「塵劫記」(1627)を著した。多くの工夫がされ、同書は江戸時代の出版物に大きな影響を与えた。肥後国熊本藩細川氏に招かれ、九州各地で指導した。晩年は失明、角倉与一に養われた。著書「古暦便覧」「和漢編年合運図」。

よしつねせんぼんざくら [義経千本桜] 人形浄瑠璃。時代物。5段。2世竹田出雲・三好松洛・並木千柳(宗輔)合作。1747年(延享4)11月大坂竹本座初演。義経伝説を題材にするが、源平合戦で入水したはずの平知盛・教経・維盛らが実は死んでいなかったとして、彼らの平家滅亡後の生き方を描くことが主眼。謡曲「船弁慶」、近松門左衛門作「吉野忠信」「天鼓」の影響がみられるが、源九郎狐の伝承をとりいれるなどの工夫をして変化にとんだ内容。初演時から好評で「菅原伝授手習鑑」「仮名手本忠臣蔵」とともに三大名作と称される。初演の翌年歌舞伎に移されて江戸中村座で上演、現在まで人気出し物の一つ。

よしのがりいせき [吉野ケ里遺跡] 佐賀県神埼郡神埼町・三田川町・東脊振村にまたがる吉野ケ里丘陵上にある大規模な複合遺跡。弥生時代に各地に成立した国の中心となる集落の構造を具体的に知りうる日本最大級の環濠集落。1986年(昭和61)から発掘が行われ、弥生時代の環濠集落、墳丘墓と甕棺墓、古墳時代の前方後墳と集落、奈良時代の官道跡と官衛遺跡が発見された。弥生集落は、前期初頭から2～3の小規模な集落が丘陵上に定着。やがて丘陵南部に約3ヘクタールの拠点的な環濠集落が成立し、中期初頭まで機能した。この時期、青銅器の鋳造も開始された。前期の環濠の埋没後、丘陵を南北に区切る東西方向の溝が掘削され、その南側に中期中頃まで大規模な集落が営まれる。丘陵上では2000基をこえる甕棺墓の列埋葬が行われ、丘陵南北の両端には巨大な墳丘墓が造営された。北墳丘墓には14基以上の甕棺があり、うち8基に有柄銅剣を含む細形銅剣やガラス管玉を副葬していた。これらは首長層を含む有力家族集団の墓とされる。墳丘墓に対する大規模な祭祀は後期まで継続。中期後半には丘陵全体を取り囲む総延長2.5kmの外濠が掘られ、濠と土塁・逆茂木で守られた面積40ヘクタールの環濠集落が成立した。後期には外濠中央部に、中濠と物見櫓を付設した内濠で二重に囲まれた南内郭が造られ、郭内には十数軒の竪穴住居跡のほか溝で囲まれた高床建物があり、外濠の西側には大規模な高床倉庫群がおかれた。後期中頃には北墳丘墓の南側にも北内郭が設けられ、郭内には約12.5m四方の大型掘立柱建物跡が検出された。南内郭よりも小規模だが、一段と高い身分層の居住区とみられる。3世紀代には環濠集落は廃絶した。国特別史跡。

よしのさくぞう [吉野作造] 1878.1.29～1933.3.18 大正・昭和前期の政治学者・評論家。宮城県出身。東大卒。1909年(明治42)東京帝国大学助教授となり、翌年欧州留学。14年(大正3)同教授となり、政治史を担当。同年から28年(昭和3)まで「中央公論」に時事論文を発表、ことに16年1月号の「憲政の本義を説いて其有

終の美を済すの途を論ず」は有名で,「民本主義」を主張して大正デモクラシーに理論的根拠を与えた。18年には黎明会を結成。また友愛会など労働運動にも関係し, 社会民衆党の結成にも助力した。著書は「支那革命小史」「欧州動乱史論」など多数あり, また「明治文化全集」24巻の刊行にも尽力。「吉野作造民本主義論集」全8巻。

よしのちょう [吉野朝] ⇨ 南朝なんちょう

よしののあんぐう [吉野行宮] 南北朝期, 現在の奈良県吉野郡吉野山におかれた, 南朝の拠点となる仮宮かりみや。1336年(建武3・延元元)12月, 後醍醐天皇は京都花山院を出て大和国賀名生あのうに走り, さらに吉野山に入った。行在所あんざいしょは吉水院, ついで実城じょう寺。39年(暦応2・延元3)8月, 天皇は当地で死去。ついで後村上天皇は同地で践祚せんそするが, 各地の行宮を転々とした。次の長慶天皇は摂津国住吉で践祚した後, 68年(応安元・正平23)12月, 同地に入り, のち河内国天野の金剛寺に移った。南北朝期を通じて吉野に行宮がおかれたのは比較的短い。

よしはるしきもく [義治式目] ⇨ 六角氏式目ろっかくししきもく

よしますとうどう [吉益東洞] 1702.5.-~73.9.25 江戸中期の医師・漢方家。父は畠山重家。名は為則, 通称は周助。東洞は号。安芸国広島生れ。古医方を修め, 天下の医師を医すとの理想にもえて, 1738年(元文3)京都に移った。後藤艮山こんざんに会してさらに古医方を究め, 親試実験主義を貫き万病一毒説を唱えた。山脇東洋の推挽により世に認められ, 医名は全国にひびいた。門人は中西深斎・前野良沢・和田東郭ら千数百人。著書「類聚方」はベストセラーで, ほかに「方極」「薬徴」「医事或問」「古書医言」。墓所は京都市の荘厳寺。

よしみつ [吉光] 刀工の名。古刀期から現代まで同名が多数いる。古刀期の土佐の吉光らのほか, 鎌倉後期の京粟田口あわたぐち派の藤四郎吉光があげられる。享保期の刀剣帳には, 正宗・江ごう(義弘)とともに名物三作とする。御物「一期一振」の刀, 重文の薙刀なぎなた直し刀(骨喰)などのほかはすべて短刀か剣で, 国宝4, 重文9がある。

よしみねのやすよ [良岑安世] 785~830.7.6 良峰とも。平安初期の公卿。桓武天皇皇子。母は女嬬にょじゅ百済永継。藤原冬嗣ふゆつぐの同母弟。宗貞(僧正遍照)・長直なおらの父。若くして狩猟を好み, 多くの伎芸をよくした。802年(延暦21)良岑朝臣を賜姓されて臣籍降下し, 従五位に叙位。809年(大同4)従五位下。才により武官を兼ね, 書や音楽もよくしたという。右近衛少将・雅楽頭・左少弁などを歴任し, 811年(弘仁2)蔵人頭。その後左衛門督・右大弁を兼ね, 815年に左近中将を兼任。翌年参議。821年従三位・中納言。のち按察使あぜち・春宮大夫・右近衛大将などを兼任。828年(天長5)大納言。「日本後紀」「内裏式」の編纂に従事。「経国集」に多くの漢詩を残す。

よしみひゃくあな [吉見百穴] 埼玉県吉見町にある古墳後期の横穴墓群。市野川に臨む凝灰質砂岩の崖面に営まれ, 200基をこえる横穴墓が確認された。1887年(明治20)坪井正五郎が地元の支援をうけて発掘。この調査を契機に「穴居説」と「墓穴説」の論争が行われ, 学史的に著名。副葬品には, 装身具類・武具類・土器類・円筒埴輪などがあり, 6世紀の終りには横穴墓が営まれ始めていることが知られる。国史跡。

よしむらとらたろう [吉村寅太郎] 1837.4.18~63.9.27 虎太郎とも。幕末期の尊攘派志士。土佐国高岡郡津野山郷芳生野村の庄屋吉村太平の長男。12歳で庄屋となり各地の庄屋を歴任。その間志士と交わり, 武市瑞山みずやまの土佐勤王党に参加し, 1862年(文久2)脱藩。寺田屋騒動で捕らえられて土佐へ送還されたが, 出獄すると翌年再び上洛し, 天誅組総裁の1人となり大和国で挙兵。諸藩軍の追討をうけて苦戦し, 吉野の鷲家口わしかぐちで戦死。

よしやのぶこ [吉屋信子] 1896.1.12~1973.7.11 大正・昭和期の小説家。新潟県出身。栃木高女卒。少女小説から出発し「花物語」で人気を博す。代表作「地の果まで」「女の友情」「良人おっとの貞操」「鬼火おに」, 俳人伝「底のぬけた柄杓ひしゃく」。

よしわら [吉原] 江戸の遊廓。1618年(元和4)それまで市中に散在していた売春宿を日本橋葺屋ふきや町に集めたのが始まりで, 市域の発展により中心街に近くなったため, 明暦の大火後の57年(明暦3)に浅草の先(現, 台東区千束4丁目)に移転させた。以後, 正式にはこれを新吉原, 旧地を元吉原と称した。新吉原は約2万坪。周囲に溝を設け, 出入りは大門おおもんの一方口とし, 外観にも特別な区域とした。仲の町なかのちょうとよばれる中央の広い道路で左右に二分し, 江戸町ちょう・京町まち・角町すみちょうなど5町をおいた。開設時には揚屋あげやもあったが, 18世紀中頃に廃絶し, 代わって引手茶屋が遊興の中心となった。つねに3000人ほどの売春婦を抱えたが, 幕末に退潮したまま明治以後も存続し, 1958年(昭和33)の売春防止法の施行で消滅した。

よしん [予審] 捜査と公判の中間に位置する非公開の刑事手続。1880年(明治13)制定の治罪法において導入され, 昭和前期の刑事訴訟法まで存続した。検事の起訴を受理した予審判事によ

ってなされる。予審判事は被告人の訊問、捜査内容の再検討と職権による事実調査を通じ、公判維持の可否を検討して公判開始・免訴・公訴棄却を判断する。1948年(昭和23)制定の現行刑事訴訟法では当事者主義の採用にともない廃止。

よすみとっしゅつがたふんきゅうぼ [四隅突出型墳丘墓] 広義の墳丘墓の一種。方形の四隅が突出し、墳丘の裾を列石と貼石で囲った墳墓。丘陵尾根上にあり、集落とは隔絶する。埋葬主体は土壙で複数のものが多い。一般的に副葬品は少なく、玉類などの装身具が中心。墳丘には壺・高坏・器台などの土器が供献される。特殊壺形土器・特殊器台形土器が出土する例もある。弥生中期末~古墳前期の山陰地方を中心に、広島県山間部から富山県にかけて分布。

よせ [寄席] 落語・講釈・漫才などの大衆芸能を上演するところ。演芸場。人寄せ場の意。源流としては、元禄期に活躍した京の露の五郎兵衛や江戸の鹿野武左衛門、大阪の米沢彦八らが辻咄に用いた仮設の筵小屋があげられるが、寛政年間に三笑亭可楽が江戸の下谷に落語の席を開いたのが最初。晴雨にかかわらず口演できたので、自然人寄せの場所になり、寄席となった。同時期に大坂では初代桂文治が常打小屋を建てたが、関西では席または講釈場と称した。以来、盛衰をくり返し今日に至るが、最盛期には東西に100軒をこす寄席があった。

よせぎづくり [寄木造] 一木造に対するもので、頭体の幹部を前後あるいは左右に2材、または前後左右に4材を矧ぐなど二つ以上の材で造る技法。ただし材の大きさが不均等である場合は寄木造とはいわない。ふつうこの幹部に小材を矧いで全体を造るが、そこにも一定の規則がある。10世紀半ばに頭体部全体を2材で造る初期的な寄木造が現れ、1053年(天喜元)に定朝が造った平等院鳳凰堂阿弥陀如来像ではほぼ完成した木寄法がみられる。寄木造はその後も発達し、用材の大きさを細かく指定した仏師の注文も残る。複数の材で造るこの技法は、材の確保が容易で分業が可能であり、平安後期の貴族の膨大な需要に応えるために発達した技法といえる。

よせばくみあい [寄場組合] ⇨御改革組合

よっかいちぜんそく [四日市喘息] 三重県四日市市南部の石油化学コンビナートから排出された亜硫酸ガスや窒素酸化物が原因で、同地域住民の間で多発した喘息などの呼吸器系疾患。大気汚染は1950年代後半に始まり60年代に激化。磯津地区の公害認定患者9人は、67年(昭和42)9月三菱油化など6社を被告として、共同不法行為責任による損害賠償請求を津地裁四日市支部に提訴、72年7月原告側全面勝訴の判決が下された。94年(平成6)12月末現在の公害病認定者数は783人。

よつつじよしなり [四辻善成] 1326~1402.9.3 南北朝期~室町中期の公家・学者。号は清閑寺。順徳天皇の孫尊雅王の子。1356年(延文元・正平11)源姓を与えられる。95年(応永2)左大臣。親王宣下の望みをはたさず辞任。出家して常勝と称する。歌人・古典学者としても知られ、惟良の筆名で「源氏物語」の注釈書「河海抄」とその秘蔵書「珊瑚秘抄」などを著した。「源氏千鳥抄」は彼の講義を浪速の連歌師平井相助が筆録したもの。

よどぎみ [淀君] ⇨淀殿

よどしゅく [淀宿] 東海道の宿駅(現、京都市伏見区)。古くから要地として知られる。1623年(元和9)淀藩が成立して城下町ともなった。淀川舟運の一翼をになう淀舟の拠点であり、宿内には過書船などの賃銭高札もあった。1843年(天保14)には町並東西14町57間余、人口2287人、家数836軒、うち旅籠屋16、定人馬100人100疋、うち定囲5人5疋・臨時御用問25人15疋。

よどどの [淀殿] 1569?~1615.5.8 淀君とも。豊臣秀吉の側室、秀頼の母。近江国小谷城主浅井長政の女、母は織田信長の妹小谷の方。名は茶々。1573年(天正元)小谷落城の際、母妹とともに城を出、織田家の庇護をうける。82年、柴田勝家と再婚した母に従い、越前国北庄へ移る。83年の北庄落城の際、姉2人(初はのち京極高次の室常高院、江はのち徳川秀忠の室崇源院)と城を出て秀吉の庇護をうける。のち山城国淀城に移り、秀吉の側室となる。89年鶴松を生むが夭折、93年(文禄2)秀頼を生む。秀吉の死後は、秀頼の後見として政治に関与し、徳川家康と対立。大坂の陣で徳川氏に敗れ、1615年(元和元)秀頼とともに大坂城で自害。

よどのうおいち [淀の魚市] 中世、山城国淀で塩・相物の取引を独占した市。淀は宇治川・桂川・木津川の合流点に近く、京都の外港的役割をはたしていた。淀の魚市は淀川を通過する塩・相物を積載した船を年貢船以外は強制的に着岸させ、淀以外での塩市の開催を禁止して京都に入る塩・相物の取引を独占した。問丸によって運営され、取引された商品は京都の塩屋や、郊外の西岡付近の塩座に配給された。室町時代には西園寺家・三条西家に公事を納めていた。

よどのくもん [四度公文] 律令制下で諸国からの四度使が提出した公文の総称。正税帳使・大帳使・貢調使・朝集使を四度使といい、それぞれが中心になる帳簿とその補助とな

る枝文縡を持参した。734年(天平6)の「出雲国計会帳」では，使者が提出する公文の目録が作られて，弁官に一括して提出されたことがうかがえる。また四度公文の提出期限は種類によっても異なるが，地域によって差が設けられ，遠距離の地域に便宜が図られていた。

よどのつかい [四度使] 律令制下，諸国からの公文をたずさえて上京する使者の主要なもの。毎年諸国から上京する正税帳使・大帳使・貢調使・朝集使の4使者は，諸国の政務と中央での政務をつなぐ重要な役割を担い，四度使と総称されて重視された。8世紀中頃の天平期には，すでに四度使の概念が形成されていたとみられる。国司の官人(史生や医師なども含む)から使者が任じられ，補佐のために雑掌という在地者が複数従い，多数の四度公文を運んだ。

よどやたつごろう [淀屋辰五郎] ?~1717.12.21 大坂の豪商淀屋の5代目。名は三郎右衛門広当。辰五郎は通称。1705年(宝永2)闕所・所払となり，山城国八幡(現，京都府八幡市)に追放され，下村故庵と改名し晩年をすごした。闕所の理由は，驕奢または新町廓での豪遊が原因で印偽造の罪を犯したなど諸説があるが定かでない。後世に流布した闕所時の財産目録は幕府・大名への巨額の貸金と土地の集積を示すが，真偽は不詳。

よないみつまさ [米内光政] 1880.3.2~1948.4.20 大正・昭和期の海軍軍人・政治家。岩手県出身。海軍大学校卒。第1次世界大戦中ロシアに駐在し，シベリア出兵時にはウラジオストク派遣軍司令部付，1936年(昭和11)連合艦隊司令長官兼第1艦隊司令長官となる。その2カ月後に林内閣の海相に就任。続く第1次近衛・平沼両内閣でも留任し，山本五十六次官，井上成美軍務局長とともに日独防共協定強化交渉に反対し，海上封鎖と爆撃による日中戦争の解決を主張した。40年湯浅倉平内大臣の推薦で首相となったが，ナチス・ドイツの戦勝と新体制運動により短命に終わる。日米開戦には重臣として反対。44年7月小磯内閣のときに現役復帰して海相に就任。鈴木貫太郎内閣でも留任し，戦争終結に尽力した。

よないみつまさないかく [米内光政内閣] 米内光政を首班とした内閣(1940.1.16~7.22)。穏健派とみられていた海軍大将米内が首相に，陸相には昭和天皇の指名で畑俊六が就任した。阿部前内閣の傾向を強め穏健な性格の内閣といわれた。しかし第2次大戦下でのドイツの電撃的勝利を背景に国内でも政界再編成の動きが活発化し，6月に近衛文麿が新体制運動にのりだすと，親英米的で日独伊三国同盟に難色を示す米内内閣に不満をもつ陸軍は倒閣に動きだした。機密漏洩の嫌疑で有田八郎外相を取り調べて内閣をゆさぶり，畑俊六陸相が単独で辞表提出し，7月16日総辞職。

よなおし [世直し] 幕末から明治初年にかけておきた民衆運動。百姓一揆との共通性を強調する立場は世直し一揆とよび，百姓一揆との異質性を強調する立場は世直し騒動とよぶことが多い。一揆と騒動の区別はむずかしいが，いわゆる世直し一揆が慶応年間から明治初年に高揚期をむかえたことに問題はない。世直しという言葉は世の中を改め新しい世にするとの意味で用いられるが，世直し一揆では世直しの時，世直しの事業という意味で用いられる。世直し大明神が登場し，貧窮者を放置したままの豪農・富裕商人・高利貸を懲らしめるために，世直し神の命令に従って神罰を行うという考えも現れた。一揆参加者については，労働力販売によって生活を維持ないし補充しなければならない「半プロレタリア層」を重視する立場があるが，貧しい百姓・没落した小作人・在郷町の店借層などの中下層民など，さまざまな階層が参加したとする立場もある。一揆の要求は金・穀物の供出，質地・質物の返還要求などの現実的要求から，窮民救済，上下無し(平等)まであった。1866年(慶応2)の世直し一揆・打ちこわしは全国に及び，幕藩体制を大きく揺り動かした。

よねざわはん [米沢藩] 出羽国米沢(現，山形県米沢市)を城地とする外様大藩。1601年(慶長6)上杉景勝が関ケ原の戦後の処分によって，会津若松120万石から領地の一部だった米沢30万石に入封して成立。以後13代にわたる。64年(寛文4)3代綱勝が嗣子を定めずに没したため15万石に減封。藩領は，30万石時代は出羽国置賜郡と陸奥国伊達・信夫の両郡。減封後は置賜郡のみ。家臣団数は会津時代の規模を維持したため，下級武士は原方と称して城下町の外に居住し，半農半士の生活を営んだ。青苧・漆・紅花・蠟などの特産物を産する。9代治憲(鷹山)によって徹底的な藩政改革が行われ，財政の再建や絹織物の専売制などの殖産興業政策が実施された。戊辰戦争後の処分で4万石減封。1869年(明治2)支藩米沢新田藩を併合。詰席は大広間。藩校興譲館。廃藩後は米沢県となる。

よびえき [予備役] 現役とともに常備兵役を構成する兵役の種類。現役を終えたものが服する兵役で，1927年(昭和2)兵役法では現役が陸軍2年，海軍3年で予備役は陸軍が5年4カ月，海軍が4年とされた。高級職業軍人の場合は，疾病や定年以外の事由で予備役に編入されることは，当局からの忌避，非公式の処罰を意味した。

よぼうこうきん【予防拘禁】
第2次大戦中に治安維持法違反による受刑者、刑の執行終了者および保護観察中の者のうち再犯の恐れのある人物を拘禁する制度。思想犯保護観察法とは相互補完の関係にある。司法省は1934年(昭和9)から本制度の導入を提案していたが、41年の治安維持法改正により採用された。裁判所は検事の請求にもとづき2年を上限として拘禁を決定するが、更新は無制限に可能だった。45年GHQの指令により廃止。

よみうり【読売】
⇨瓦版(かわらばん)

よみうりしんぶん【読売新聞】
1874年(明治7)11月2日、東京で創刊された小新聞(こしんぶん)の始祖。総振り仮名付きの談話に近い文体と雑報中心の紙面、紙名の由来である街頭での呼売りで人気を獲得、発行部数で大新聞の正力を抜き去った。89年本野盛亨(もりとし)が初代経営者子安峻(たかし)の後を継ぎ、坪内逍遙・尾崎紅葉らが入社すると、硯友社の作家が活躍、文学新聞として名高くなった。1924年(大正13)3月正力松太郎が社長に就任、部数を伸ばした。42年(昭和17)8月、新聞統合により「報知新聞」を合併し「読売報知」となったが、戦後旧名に復帰。「朝日」「毎日」と激しい販売合戦を展開し、日本最大の発行部数を誇る新聞に成長した。販売部数約1026万部(2000)。

よみうりしんぶんしゃそうぎ【読売新聞社争議】
■第1次。1945年(昭和20)10月、従業員組合が正力松太郎ら経営者の戦争責任追及と社内民主化を要求したもので、正力が組合指導者を解雇し、組合は「生産管理」戦術により、いちおう組合に有利に決着した。
■第2次。1946年(昭和21)6月、GHQの労働運動抑制政策を背景に経営陣が編集幹部を解雇したため大規模な争議となったもので、GHQと政府の支援をうけた経営者の勝利に終わり、戦後の新聞民主化運動は挫折。

よみほん【読本】
近世小説の一様式。通例、上方を中心とする前期読本と、江戸を中心とする後期読本にわける。後期の読本のうち江戸で出版されたものを、とくに江戸読本ということもある。浮世草子の衰退期に構成・表現・文体などに中国白話小説の影響をうけて成立。1749年(寛延2)刊行の都賀庭鐘作「英草紙(はなぶさぞうし)」にはじまる。前期の傑作に76年(安永5)刊行の上田秋成作「雨月物語」がある。99年(寛政11)刊行の山東京伝作「忠臣水滸伝」の成功は、この分野への出版書肆の積極的参入をもたらし、江戸で読本という分野があらためて成立する。曲亭馬琴作「南総里見八犬伝」は江戸読本の代表作。

よめいりこん【嫁入婚】
夫処婚(ふしょこん)とも。嫁が婿方の家に引き移るか通うかする嫁入りによって成立する婚姻形式。婚姻成立祝は婿方で行い、夫婦の寝所は婿方の家に所属する。武家社会の成熟にともなって確立し、近世には伊勢流・小笠原流などの婚礼形式も整えられ、庶民の間にも普及した。当人どうしの自主性よりも家の要求に比重をおいた婚姻で、婚域の拡大と娘の労働力の生家における重要性の減少、儒教倫理の影響などが発生原因に考えられている。婿方・嫁方両家を仲立ちする仲人の重要性も増した。嫁入りしても婚姻成立祝がないまま婿方の家に嫁の資格を試されたりすることもあり、婚姻成立祝をしてもただちに婿方の家の主婦となることを意味しなかった。嫁の里方への依存性も少ない。

よものあから【四方赤良】
⇨大田南畝(なんぽ)

よりあい【寄合】
鎌倉幕府の合議体のうち、得宗の私邸で開催された秘密会議。北条時頼時代の私的秘密会議に源を発し、やがて制度的に整備され、幕府制度として位置づけられた。審議内容は、人事などの重要案件にわたり、本来の最高議決機関である評定(ひょうじょう)の上位に位置。構成員は寄合衆とよばれた。

よりいともんけいどき【撚糸文系土器】
縄文早期前半の土器様式。砲弾形を呈する尖底(せんてい)の深鉢形土器で、縄条線(らくじょうせん)の回転押圧によって施文する撚糸文(よりいともん)系も特徴がある。回転縄文施文のJ型、撚糸文施文のY型、縄文撚糸文併用のJY型、無文のM型に分類され、第1様式(井草Ⅰ式)、第2様式(井草Ⅱ式・大丸(だいまる)式)、第3様式(稲荷台(いなりだい)式)、第4様式(夏島式)、第5様式(花輪台式・稲荷原式・大浦山式・東山式)の変遷過程がある。関東地方を中心に福島・山形・新潟県下に分布。神奈川県横須賀市の夏島貝塚の夏島式にともなう貝層のカキ殻と木炭を炭素年代測定した結果、9450±400年前とされたが、予想外の古さを示す測定値の是非をめぐり、縄文時代の実年代論争がおこった。

よりうど【寄人】
■朝廷では後院・記録所・御書所・和歌所・院文殿(もんどころ)、武家政権では政所(まんどころ)・侍所・問注所におかれた職員の称。上卿(しょうけい)や別当・執事の指揮のもとで、評定によって荘園整理(記録所)、訴訟審理(記録所・院文殿・問注所)、和歌選定(和歌所)などを行った。
■平安時代、国衙から公田を請作し官物を負担する田堵(たと)でありながら、荘園領主に人的に隷属し所役を奉仕した荘民。11世紀中葉以降、荘園領主の権威を背景に請作公田の荘園化を推進した。

よりおや【寄親】
擬制的な血縁関係によって従者・被保護者を指揮・統制する者。ある者に身を寄せ、庇護されるという場合には、奈良時代

の寄口という，平安時代の寄人などのように，「寄」が使用された。鎌倉時代には，武士・在地領主層が惣領制にもとづく惣領制において，血縁関係のない武士を惣領が武士団内部の指揮系統下にとりこむようになる。庶子と同様な所当公事を割り当てる際，擬制的な血縁関係すなわち惣領が親，被庇護者が子という関係をとるのを，寄親・寄子といった。南北朝動乱後の室町時代，各地の諸領主が従者や被官人を指揮・支配する場合にも，寄親としての関係が用いられ，戦国期には戦国大名の家臣団組織において，寄親は指南・奏者とよばれた。

よりき [与力] 江戸幕府の職名。鎌倉時代には加勢すること，またその人を意味したが，室町・戦国期には大名や武将に付属して騎乗する武士をいい，人数を騎で数えた。江戸時代には諸役所の奉行・所司代・留守居・番頭・物頭などに付属して頭を助け，各組配下の同心を指揮して任務を遂行。役方の職では在任期間の短い奉行に比べて長期間在職し，職務に練達した与力は実質中心的な役割をはたした。1711年(正徳元)合計1176騎。そのうち最多人員は先手与力の251騎。江戸の町与力は町奉行2人と2組50騎。家格は御目見以下の御家人で，譜代席・一代限りの抱席(多く世襲)であった。給与は給地200石，切米200俵，役米80石などで表され，実質的に大差ないが一定しなかった。

よりこ [寄子] 中世の武士団において，惣領が血縁関係のない武士を一族内にとりこむため擬制的な親子関係をとり，(寄)親として従者・被保護者を(寄)子に組織するもの。室町時代以降，家臣団編成の手段として広く用いられ，戦国大名の軍事組織編成にも多くとりいれられた。村落レベルでも労働奉仕・被保護の関係としてみられた。

よりしろ [依代] 神霊がよりつくもの。祭ごとに来臨すると考えられた神が，これを媒体にして来臨する。山岳・樹木・岩などの自然物や，幟・御幣・神輿・山車などの祭具，案山子・農具などの生産用具などがあてられる。長野県諏訪地方の諏訪大社をはじめとする神社の御柱行事にたてる御柱，小正月の行事に飾る作り物，祭場にたてる柴挿しなどの例がある。人間が依代となる場合には憑坐という。

よろずちょうほう [万朝報] 黒岩涙香が1892年(明治25)11月1日に東京で創刊した新聞。赤紙に印刷されたので赤新聞ともよばれた。弱きを助け強きをくじくというモットーによる舌鋒の鋭さと安価がうけ，東京で1，2位を争う有力紙になった。明治30年代には幸徳秋水・堺利彦・内村鑑三らが記者として論陣を張り，帝国主義・軍国主義に反対したが，同紙が日露開戦是認に転じた1903年にこの3人が退社。大正初期は桂内閣・山本内閣打倒で先頭に立ったが，大隈内閣擁護は読者の支持をえられず，20年(大正9)黒岩の死去後は経営不振が続き，40年(昭和15)新聞統合により「東京毎夕新聞」と合併し消滅。最盛期の発行部数約25万部。

よわなさけうきなのよこぐし [与話情浮名横櫛] 歌舞伎狂言。通称「切られ与三」。3世瀬川如皐作。1853年(嘉永6)3月江戸中村座初演。長唄の家元4世芳村伊三郎の実話にもとづく講釈・人情噺に取材した9幕の長編。伊豆屋の養子与三郎と愛人横櫛お富のくり返される出会いと別れを軸に，与三郎の実家穂積家の人々の紛失した香炉捜しの筋が絡む。全身に切り傷を負った与三郎がお富と再会する源氏店妾宅の場が有名である。

よん・いちろくじけん [4・16事件] 1929年(昭和4)4月16日の共産党に対する弾圧事件。3・15事件で検挙を免れた最高幹部による再建運動に対し，警察は翌年4月に三田村四郎・鍋山貞親・市川正一らを一斉検挙，在中国の佐野守や偽電報により上海で検挙され，共産党は組織的には壊滅した。この年の検挙4942人，起訴339人の大部分はこの事件による。翌年3・15事件，4・16事件の被告は合同公判に付された。両事件はあわせて第2次共産党事件とよばれる。

よんだいこうがいそしょう [四大公害訴訟] 健康や生命に甚大な被害を及ぼした阿賀野川水銀中毒事件・四日市喘息・富山イタイイタイ病・熊本水俣病にかかわる損害賠償請求訴訟。1967年(昭和42)から69年にかけて提訴され，71年から73年の間にいずれも原告患者側が勝訴。日本の公害史上画期的な判決だが，賠償金額は低く，害された健康は元に戻るわけではない。四大公害訴訟の過程で「公害は予防こそ大切」という世論が形成され，公害・環境問題に大きな影響を与えた。

らいごうず [来迎図] ⇨聖衆来迎図

らいさんよう [頼山陽] 1780.12.27～1832.9.23 江戸後期の儒学者・詩人・歴史家。父は春水。母は梅颸。名は襄、字は子襄・子成、通称は久太郎。山陽・三十六峰外史と号す。大坂生れ。広島藩儒の父に従って広島に移る。叔父杏坪に学び、江戸遊学後、一時情緒の安定を欠き、1800年(寛政12)脱藩したため座敷牢に幽閉される。のちに菅茶山の廉塾をへて上京。篠崎小竹や梁川星巌などと交わり、歌作の旅での交友も多い。歴史家としても著名で、「日本外史」「日本政記」で展開した史論は、幕末の志士たちの歴史意識・尊王思想の形成に多大な影響を与えた。「新策」「通議」などの政策論や、「日本楽府」「山陽詩鈔」などの著書もある。

ライシャワー Edwin Oldfather Reischauer 1910.10.15～90.9.1 アメリカの歴史学者・日本研究家。駐日大使。宣教師A.K.ライシャワーの子。東京生れ。ハーバード大学で東洋学を学び、第2次大戦中はアメリカ政府の対日政策立案に協力。戦後は同大学教授として日本研究に指導的役割をはたした。広い視野に立った日本近代化の積極的理解は近代化論とよばれ、マルクス主義的研究が主流だった日本の学界にも大きな影響を与えた。屈指の知日派として1960～66年(昭和35～41)駐日大使を務め、日米関係の円滑化に尽力。「Japan—Past and Present」など日本研究に関する著作が数多く、自伝に「My Life between Japan and America」がある。

らいしゅんすい [頼春水] 1746.6.30～1816.2.19 江戸後期の儒学者。安芸国の豪商の子。頼山陽の父。名は惟寛・惟完、字は千秋、通称は弥太郎。春水と号。儒学を平賀晋民に学び、片山北海の混沌詩社で詩名をあげる。大坂江戸堀に開塾。朱子学を奉じ、1781年(天明元)広島藩儒となってからは藩学の朱子学での統一をはかり、柴野栗山・西山拙斎らとともに幕府の教学統制(寛政異学の禁)に熱意を示した。著書「春水遺稿」「春水遺響」のほか、「芸備孝義伝」を編纂。

ライト Frank Lloyd Wright 1869.6.8～1959.4.9 アメリカの建築家。ル・コルビュジエやミース・ファン・デル・ローエと並ぶ現代建築の世界的巨匠。1905年(明治38)初来日。浮世絵の収集家としても著名。建築家として東京日比谷に帝国ホテル(23年竣工。玄関部分が愛知県犬山市の明治村に移築復元)を建設し、彼自身の代表作を日本に遺す。昭和初期にスクラッチタイル張りライト式建築の流行をもたらす。自由学園明日館なかつかん(重文)・林愛作邸のほか、兵庫県芦屋市に山邑邸(重文)が現存。

らいみきさぶろう [頼三樹三郎] 1825.5.26～59.10.7 幕末期の尊攘派志士。京都生れ。儒者頼山陽の三男。1840年(天保11)以降大坂・江戸に遊学。さらに蝦夷地えぞを旅行して49年(嘉永2)に帰京。家塾を開き多くの志士と交わる。55年(安政2)母の死後尊攘運動に奔走。梁川星巖・梅田雲浜らと親交、将軍継嗣問題では一橋派にくみして公卿間に入説した。58年安政の大獄で捕らえられ、翌年江戸に檻送され小塚原で斬刑に処された。

ラオス インドシナ半島メコン川中流域の内陸国。漢字表記は老檛。ほとんどが高原・山岳地域で、14世紀頃から仏教王国を形成、ビルマ、タイ、ベトナムに従属したこともあった。1886年フランス領インドシナに編入された。1940年(昭和15)日本軍が北部仏印に進駐し、45年3月名目的な独立を認められたが、日本の敗戦によりフランスが復帰し独立を否定。54年にはフランスも王国の独立を認めたが、王制支持の右派とラオス愛国戦線(パテト・ラオ)の左派が対立。75年にラオス愛国戦線が全土を掌握して共和国が成立してからも混乱が続いた。この間日本は、ラオスが対日賠償請求権を57年に放棄したのに対応して技術協力、10億円相当の無償援助を提供し、各種建設工事を行い、内戦中も経済援助を拡大した。正式国名はラオス人民民主共和国。首都ビエンチャン。

らいいち・らくざ [楽市・楽座] 楽市(場)であることを表す楽市文言で、楽市令の通称。15～16世紀に新しい地方市場、近世都市が民衆の手で各地に誕生するが、そのなかには、寺内町に代表されるような楽市場であるものがあった。楽市は、神仏が支配し俗権力が及ばない聖域で、「縁切り」の原理が貫いていた。楽市では、(1)住人の不輸不入権、自由住還が認められていること、(2)楽座(無座)であること、(3)主人のもとから逃亡してきた奴隷や逃げこんだ犯罪人は解放されること、などが原則であった。九州の博多も当時楽津とされており、堺などの中世自由都市も、このような楽市的性格をもつ都市であったといえる。

らいちれい [楽市令] 16世紀後半、戦国大名や織豊政権が発布した市場法・都市法。寺内町など旧来から楽市として存在してきた市場を復興させるためにその特権を保障したものと、楽市場の存在を前提に、新設の城下町や市場の繁栄を目的にしてだされたものとの2タイプが

ある。織田信長が，1567年(永禄10)にだした美濃国加納宛のものは前者で，77年(天正5)安土城下にだしたものは後者である。

らくご [落語] 大衆芸能の一つ。滑稽譚の結末に「オチ」をつける話芸。元禄期前後上方に発生。京都の露の五郎兵衛が「軽口噺」を辻咄としたのがはじめ。ほぼ同時期に江戸では鹿野武左衛門，大坂では米沢彦八が辻咄を演じ，落語の基礎をつくった。江戸では武左衛門の後継者がないため一時衰微したが，大坂の咄の会に刺激をうけて復興。その推進力は，烏亭焉馬，2代石井宗叔など。彼らが咄の会を開いて以降，江戸の文人・通人の間で自作自演の会が流行した。こうした流れのなかから初代三笑亭可楽ら職業落語家が出現。大坂では初代桂文治が坐摩神社内で口演した頃に寄席がおこり，今日の興行形態が整う。以来芝居噺・音曲噺などをうみ，大衆娯楽の代表となった。

ラグーザ Vincenzo Ragusa 1841.7.8〜1927.3.13 イタリアの彫刻家。シチリア島パレルモ生れ。パレルモ塑像学校で学ぶ。全イタリア美術展では暖炉装飾彫刻で最高賞を受賞。日本派遣の選抜競技会に首席で合格，日本政府に招かれ1876年(明治9)来日し，工部美術学校彫刻科教授となる。約6年間滞日し，アカデミックな写実主義彫刻の技術と理論を教え，日本の洋風彫刻の基礎を築いた。清原玉と結婚。帰国後，パレルモに工芸学校を設立。日本の漆芸を伝えることに尽力した。

らくしょ [落書] 本来は犯人告発のための匿名の投書をさしたが，一般的には社会や権力者などを批判・諷刺した匿名の文章や詩歌をいう。とくに和歌の形式のものを落首というが，中世には区別せずすべて落書とよばれたようである。「建武年間記」に載る「二条河原落書」が著名。これは後醍醐天皇と建武新政府を非難した内容で「此比京都ニハヤル物，夜討強盗謀綸旨」と始まり，七五調の物尽しの形式になっている。

ラクスマン Adam Kirillovich Laksman 1766〜? ロシアの陸軍将校。フィンランド人。父キリル・ラクスマンはロシアに仕えた博物学者で，イルクーツクで大黒屋光太夫ら日本人漂流民と接触，また現地官民の希望をうけて対日通商開始を政府に建言し選任裁可をえた。アダムは1792年(寛政4)その団長として，3人の日本人漂流民を伴い蝦夷地根室に来航。翌年松前で江戸幕府の使節と交渉し，漂流民の送還と長崎入港の信牌をえることに成功。ただし長崎には口航せず帰国。96年以降，記録がない。

らくちゅうらくがいずびょうぶ [洛中洛外図屏風] 京都の市中および郊外の景観を俯瞰的にとらえた都市風俗図屏風。都の名所旧跡や社寺，公武の邸宅などの地理的要素に，四季の景物や年中行事，人々の生活風俗を織りまぜて細密描写したもの。平安朝の四季絵・名所絵の系譜にも連なる。景観構成は，右隻に東山と洛中の東半分，左隻に西山と洛中の西半分を描くものが多い。1500年前後から江戸中期まで盛んに制作された。数十点現存するが，16世紀の作品は，国立歴史民俗博物館蔵町田家本や狩野永徳筆の旧上杉家本などわずか4点，大半は図様の定型化した江戸初期以降のものである。土佐派や狩野派の有力絵師が手がけた初期作品は，生活風俗の描写に活気が感じられた。

らくやき [楽焼] 京都楽家の茶陶をさすが，広くは同じ系統の焼物の総称としても用いられる。聚楽焼という称もあるため，聚楽第の御庭焼と推測する説もある。長次郎を祖とし，千利休の指導をうけて鉛釉を使った黒楽・赤楽の茶碗を創始したのは1586年(天正14)頃である。以後現代まで，千家の美意識に従った茶碗を作り続けている。同じ技で楽茶碗を作る脇窯(大樋焼・玉水焼など)も楽焼の支流で，各地に窯を設けた。鉛釉の陶器を広く楽焼ともいう。

らくろうぐん [楽浪郡] 前漢の武帝が前108年，衛氏朝鮮を平定して真番・臨屯・玄菟とともにおいた四郡の一つ。はじめ朝鮮は朝鮮半島北西部，現在の平安南道から黄海道の地。前82年に真番・臨屯両郡の大半を併合，さらに3世紀初頭に南半部が分離して帯方郡となった。中国本土から多くの官吏・商人らが移住し，その文化は周辺諸民族に大きな影響を与えたが，313年に高句麗に滅ぼされた。郡治は現在の平壌市南部，大同江南岸の楽浪土城とされる。「漢書」は，前1世紀に倭人が定期的に朝貢したと記している。

ラジオ ラジオ放送の略。放送局から電波を使って放送し，多数の受信者にきかせるマス・メディアの一つ。日本では1925年(大正14)3月，JOAK芝浦で仮放送を開始，7月から愛宕山で本放送。ニュース・講演のほか，ラジオ体操・ラジオドラマ・音楽番組など新しい大衆文化をつくりだし，国民生活と密着した。中波による標準放送のほか，短波放送・FM(超短波)放送なども誕生したが，テレビの普及でマス・メディア第一の地位を譲った。

らじょう [羅城] 京城とも。都城の周囲に造られた城壁。羅はつらなるの意。中国の羅城は都城の四周に造築された。日本では679年(天武8)難波に築いたとするのが初見。「延喜式」によれば，平安京の羅城は京南面の羅城門の両翼に限られたとみられる。平城京なども含めて日本の羅城は儀礼的性格が強い。

らそつ

らそつ [邏卒] 明治初期，治安維持を目的に設置された組織および職名。巡査の前身。1871年(明治4)10月神奈川県横浜，この直後東京府にも設置された。当初邏卒は官名ではなく，取締組子の総称として用いられポリスとも称された。72年5月東京府下の取締組を邏卒と改称，8月の司法職務定制に地方邏卒が規定された。その後巡査と改称した。

らでん [螺鈿] 夜光貝・鮑・蝶貝などの貝殻を砥石で磨いて適当な厚さにし，これを切って装飾に用いる方法。技術的には次の三つに大別にできる。(1)木地に貝を文様の形に彫りこみ，そこに貝片を埋める木地螺鈿。最も古い手法で，正倉院宝物にも多くの類例がある。(2)木地に貝片を貼って下地をつけ，漆で塗りこめてから研ぎ出す。平安時代以降に盛んに行われた手法で，典型作は永青文庫蔵の時雨螺鈿鞍(国宝)など。(3)木地をおおよそ文様の形に彫りこみ，そこに貝片を貼って下地をつけ，漆を塗る。中尊寺金色堂の内部装飾などが好例。室町時代に入ると，伝統的な螺鈿に，中国明の影響をうけた薄貝による螺鈿が加わった。これは青貝とよばれ，近世以降大いに流行する。

らんいんさくせん [蘭印作戦] 太平洋戦争初期の1942年(昭和17)1～3月に実施された日本軍によるオランダ領東インド諸島への石油・航空基地獲得作戦。海軍航空部隊が2月3日からジャワの連合軍を攻撃，一方，パレンバン製油所占領を目的とする空挺部隊が2月14日降下し，翌日同工場を占領した。日本軍は制空・制海権を握り，第16軍(司令官今村均中将)が3月1日ジャワ島に上陸，9日連合軍は降伏。石油資源は確保されたが，連合軍の反攻も早かった。

らんがく [蘭学] 江戸時代，オランダ語を通じて学ばれた西洋の学術・文化・技術と西洋知識，ならびにその習俗の総称。日蘭交渉の初期にはオランダ通詞が医術を兼修。8代将軍徳川吉宗の実学奨励策で，学者による学習が始まり，田沼時代には殖産興業と外国貿易拡大をはかる積極的世情のなかで，「解体新書」の訳述・刊行という画期的成果があった。実証精神が普及し，薬学・本草学など関連分野に拡大，外科から内科・眼科・産科などに分化した。一方，幕府天文方での改暦の必要から天文学・暦学が学ばれ，ニュートン力学の研究に発展した。18世紀後半に始まるロシアの南下，国際情勢の変化に対して，世界地理・西洋地理学の研究が進み，天文方に蛮書和解御用の新局が設けられ，蘭学は公学化した。アヘン戦争以降，対外危機意識が高まり，オランダ式砲術・兵学が幕府・諸藩に導入され，開国後は，長崎海軍伝習・医学伝習をはじめ，蕃書調所が建設された。蘭学塾も医師に加えて武士の入塾者が増加。外科術・種痘・コレラ予防などで西洋医学の優秀さが評価された。諸外国との条約締結，貿易の進展は，英語・フランス語・ドイツ語などを必要とし，それぞれの文化も摂取されるようになると，蘭学から洋学の名称が定着した。

らんがくかいてい [蘭学階梯] 大槻玄沢が著した蘭学入門書。2巻。1788年(天明8)刊。上巻には朽木昌綱・萩野信敏の序文があり，総説・通商・神益・精詳・慕効・興学・立成・禦侮・勧戒の章からなる。日蘭交渉，渡来物産，諸科学，蘭学の首唱，前野良沢の研究の苦心や蘭学のすすめなどを説く。下巻は文字・数量・配韻・比音・訓詁・転釈・修学・訳辞・訳章・釈義・類語・成語付訓点並二訳文・助語・点例・書籍・学訓の章からなる。オランダ語学習法，訳文作成までの方法，単語・文章の説明，助語や句切り符号の説明，舶来書籍名，蘭学学習一般に関する注意などを説く。巻末に宇田川玄随・桂川甫周の跋文を付す。まとまった最初の蘭学入門書として大きな影響を及ぼした。「日本思想大系」所収。

らんがくことはじめ [蘭学事始] 杉田玄白晩年の回想録。2巻。1815年(文化12)4月草稿ができ，門人の大槻玄沢に校訂が託された。古写本は「蘭東事始」「和蘭事始」の書名で伝わる。69年(明治2)福沢諭吉が上下2巻の木版本を刊行するに際し，底本とした「和蘭事始」を「蘭学事始」に改めた。のち「岩波文庫」に収録され普及した。「蘭学事始」の書名も当初から存在したようで，「蘭東事始」とともに大槻玄沢の命名した書名だったといわれる。晩年の回想録のため誤った記述もみられるが，蘭学の草創・発達の経過をのべた同時代の文献としては他に類書なく，文化史的価値は高い。「日本古典文学大系」所収。

らんけいどうりゅう [蘭渓道隆] 1213～78.7.24 鎌倉中期に来朝した中国南宋の臨済宗の僧。諡号は大覚禅師。出自は冉氏。13歳のとき成都の大慈寺で出家，のち無準師範などに参禅。陽山の無明慧性のもとで悟りを契り法をつぐ。1246年(寛元4)入宋した日本の律僧月翁智鏡の誘いで来日。以後，筑前国円覚寺，京都泉涌寺・来迎院，鎌倉寿福寺に寓居。53年(建長5)北条時頼に招かれて鎌倉建長寺開山となる。のち京都建仁寺に住んだが，再び建長寺に戻る。義翁・竜江のほか多数の弟子を輩出し，この一派を大覚派という。晩年，讒言により2度甲斐国に流されたが，そのつど赦されて建長寺に戻った。「大覚禅師語録」がある。

らんぼう [濫妨] 乱妨とも。実力行使をともなった不当な掠奪・権利侵害のこと。とくに中世

に，訴状・陳状などの訴訟文書で広く用いられた。中世社会で「不当な」というのは，対立する一方当事者側が相手方の行為を非難する主観的な言い分であることが多く，「濫妨」行為主体の側からは「正当な」権利にもとづく行為であると主張されることが少なくない。

らんま[欄間] 建具の入った柱間の天井と鴨居の間を壁にしないで，格子や透彫，彫物のある板などにしたもの。襖などの建具で仕切られた部屋相互の空間的一体感を表現するため，採光・通風・装飾などの目的に用いる。なお禅宗建築のなかには，外壁上部の内法貫と頭貫との間に波形連子をいれた弓欄間を用いるものがある。桃山・江戸時代の寺社・書院などには，彩色した立体的な彫刻欄間もみられる。

り[里] 律令制下の地方組織。郡の下部で行政の最末端にあり，50戸から構成されて里長1人がおかれた。改新の詔にみえる同様の規定は大宝令文による修飾とみられるが，飛鳥京跡出土の木簡によって天智朝以前の50戸を単位とする組織の存在が判明している。717年(養老元)郷里制が採用され，それまでの里を郷と改称して郷長をおき，郷を2〜3の里にわけて里正をおいた。740年(天平12)頃に郷里制は廃止されて国郡制となり，組織としての里は消滅。

りえんじょう[離縁状] 去状・暇状・隙状・離別状とも。江戸時代，庶民が離婚するときに夫が妻に交付した文書。夫が妻に離婚する旨を言い渡した離婚文言と，以後の再婚を許可する再婚許可文言からなる。3行半に書かれることが多いため，三行半とも俗称された。庶民の離婚は嫁入り・婿入りをとわず夫から妻への離縁状の交付を要し，これにより両者とも再婚が可能となった。

りかがくけんきゅうじょ[理化学研究所] 日本を代表するシンクタンク。1917年(大正6)財界からの寄付金と国庫補助，皇室下賜金とで財団法人として設立。21年3代目所長に大河内正敏が就任，同所の発明を工業化する理研コンツェルンを創立。利益の一部を還元することに成功してから業容を拡大，40年(昭和15)3月現在主任研究員33人，研究員42人，総勢1858人の世界有数の大研究所に発展した。48年法律により株式会社科学研究所に改組され(社長仁科芳雄)，50年生産部門を科研化学として分離独立。55年株式会社科学研究所法により政府半額出資の特殊法人となり，58年の理化学研究所法で現在の特殊法人へと改組された。

りかしゅう[李花集] 後醍醐天皇の皇子宗良親王の家集。1371年(応安4・建徳2)12月の贈答歌が下限で，その後まもなく自撰か。四季・恋・雑に部類。912首を所収。詞書中の94首もあわせて，後村上天皇・懐良親王・北畠親房・二条為定などとの贈答歌を含む。二条派風の平淡な歌が多いが，境涯にもとづく感懐歌に特色がある。伝本は尊経閣文庫本の系統のみ。「岩波文庫」所収。

りきしゃ[力者] 「ろくしゃ」とも。中世，公家・武家や寺院などで力役に従う法体の下部。もともとは力持ちの意だが，中世では諸権門において駕輿丁や馬の口取り，主

人の警固や外出の供立ちなどに従った剃髪の従者をさす。近世では力役に従事する有髪の従者や，力士すなわち相撲取りの意で使われた。

りきしょっき [力織機] イギリスのエドマンド・カートライトが1785年に発明した織物用機械。動力によって，杼打ち，筬打ち，捲取りの一連の操作を自動的に行う。1887年(明治20)頃から輸入され比較的大規模な織物工場で使用された。各地で進められていた在来式の織機の改良を背景に，1900年頃豊田式(綿)や津田式(絹)など独自の力織機が発明され，日露戦争後から大戦間期にかけて，輸出向生産を皮切りに全国の織物産地に急速に普及した。

りきゅうはちまんぐう [離宮八幡宮] 大山崎離宮八幡宮とも。京都府大山崎町西谷に鎮座。旧称社。祭神は応神天皇・酒解神・田心姫神・市杵島姫命・湍津姫命。859年(貞観元)宇佐から八幡神が勧請されたとき最初に鎮座した場所に祭られたのが創建と伝える。八幡自体は式内社ではないが，山上の天王社と摂社の酒解社は式内社で，両社は八幡宮が勧請される以前から信仰されていた。陸上・河川交通の要衝として信仰を集めた。中世には油座が組織されて奉仕を行うとともに，油座の特権を得て荏胡麻の仕入・製造・販売などを独占する大山崎神人の拠点となった。例祭は9月15日。

りえんたい [陸援隊] 幕末期の浪士隊。土佐国高知藩には直属せずに出京官の管轄のもと，行動力のある独自組織として中岡慎太郎が志士を組織した。坂本竜馬を中心とする海援隊とともに，高知藩参政後藤象二郎らの合意をえ，1867年(慶応3)7月に結成。隊員70人。隊長中岡のほか幹部には土佐の田中光顕らがいた。11月に中岡が暗殺されてからは田中が隊を率い，12月には鷲尾隆聚卿を奉じ，十津川郷士とともに大和・紀伊方面を押さえた。翌年，御親兵に編入された。

りくぐんぐんしゅく [陸軍軍縮] 大正後期の陸軍軍縮小問題。第1次大戦後，ワシントン体制が成立したこと，自由デモクラシーの風潮が広がったこと，経済不況によって財政緊縮が必要になったことなどによって，軍備の縮小が求められるようになった。これに応じて陸軍では，まず加藤友三郎内閣の山梨半造陸相が，ついで護憲三派内閣の宇垣一成陸相が経費・人員の削減を実施した。とくに宇垣軍縮によって4個師団の廃止が実現され，それを財源に軍備の近代化が進められた。

りくぐんしかんがっこう [陸軍士官学校] 陸軍兵科将校の養成機関。東京の市谷にあった。1874年(明治7)10月陸軍兵学寮の士官学校が独立した。1920年(大正9)8月陸軍中央幼年学校(1896年設置，翌年開校)を陸軍士官学校予科に，従来の陸軍士官学校を陸軍士官学校本科とした。37年(昭和12)本科は陸軍士官学校(神奈川県座間)に，予科は陸軍予科士官学校(東京市谷，のち埼玉県朝霞)となった。45年8月廃止。

りくぐんしょう [陸軍省] 明治初期から第2次大戦の敗戦まで陸軍の軍政を統轄した中央官庁。1871年(明治4)7月，兵部省陸軍部設置。72年2月，兵部省の廃止により陸軍省・海軍省が分離して設置された。はじめは太政官の一省で，初代陸軍卿は山県有朋。78年外局だった参謀局が参謀本部として独立。85年内閣制度成立により内閣の一省となる。初代陸軍大臣は大山巌。翌年陸軍省官制を制定し，大臣官房および総務・騎兵・砲兵・工兵・会計・医務の6局をおく。90年総務・騎兵・砲兵・工兵の各局を統合して軍務局を設置。翌年会計局を経理局と改称。1900年大臣・次官(総務長官)の現役武官制を確立。その規定は13年(大正2)に削除されたが，36年(昭和11)復活。陸軍の軍政を統轄して政治的にも発言力をもった。45年11月に廃止され，第一復員省となった。

りくぐんパンフレットもんだい [陸軍パンフレット問題] 陸軍省新聞班が1934年(昭和9)10月1日付で発行した「国防の本義と其強化の提唱」(陸軍パンフレット)をめぐる政治問題。池田純久少佐が中心となって作成したもので，「たたかひは創造の父，文化の母である」で始まる。危機感を国民に訴えつつ，統制経済，公益優先主義，社会政策の重視など，「国防国策」構想を主張した。社会大衆党の一部は賛成したが，既成政党や社会大衆党左派などは陸軍の政治関与であるとして反対した。

りくぐんようねんがっこう [陸軍幼年学校] 陸軍の士官生徒となる幼年生徒を教育する学校。陸軍兵学寮内の幼年学舎が1875年(明治8)独立。96年に東京・仙台・名古屋・大阪・広島・熊本に陸軍地方幼年学校を設置，さらにその卒業生を対象に従来の幼年学校を東京中央幼年学校とした。1920年(大正9)8月東京中央幼年学校は陸軍士官学校予科(のち陸軍予科士官学校)，地方幼年学校は陸軍幼年学校と改称。大正期の軍縮により東京以外の地方幼年学校は廃止となったが，36年(昭和11)以降逐次復活した。入学資格は13〜15歳，おおむね中学1〜2年程度の学力の入学試験を行った。45年8月廃止。

りくごうざっし [六合雑誌] キリスト教主義の明治・大正期の総合雑誌。1880年(明治13)10月，小崎弘道・植村正久らにより結成された東京青年会(YMCA)の機関誌として警醒社から発刊。内容はキリスト教に関する論説のほか，政治・文学・芸術・社会問題など多

岐にわたる。98年ユニテリアン派の機関誌「宗教」を合体吸収し、同派から発行。社会主義研究会の機関誌的役割もはたすようになった。1921年(大正10) 2月終刊。同年発行の「創造者」は後継誌。

りくぜんのくに [陸前国] 1868年(明治元)陸奥国を分割して新設された国。現在の宮城県の大部分と岩手県南東部。当初は柴田・名取・宮城・黒川・賀美・玉造・栗原・遠田・志田・桃生・牡鹿・登米・気仙・本吉の14郡が属した。翌年涌谷県・栗原県・桃生県・白石県・江刺県と新仙台藩領にわかれる。新仙台藩領分は71年の廃藩置県により仙台県となる。72年仙台県は宮城県と改称。76年岩手県に属した気仙郡を除き他の郡は宮城県となる。

りくちゅうのくに [陸中国] 1868年(明治元)陸奥国を分割して新設された国。現在の岩手県の大半と秋田県の一部。当初は磐井・江刺・胆沢・和賀・稗貫・紫波・閉伊・岩手・九戸・鹿角の10郡が属した。翌年江刺・胆沢・九戸の各県と新盛岡藩領・一関藩領となる。新盛岡藩は70年盛岡県となり、翌年廃藩置県で一関藩は一関県となって胆沢県と江刺県の大半を併合,閉伊・九戸郡が盛岡県、鹿角郡が秋田県に属した。盛岡県は72年に岩手県と改称、一関県は水沢県・磐井県と改称し、76年岩手県に併合。

りくちょうぶんか [六朝文化] 中国江南に政権を保持した呉・東晋・宋・斉・梁・陳の六朝の貴族社会を中心にした3~6世紀の文化。詩人の陶淵明、絵画の顧愷之、書の王羲之らがでた。老荘思想が盛んになり、竹林の七賢などが活躍した。

りくゆえんぎたいい [六諭衍義大意]「六諭衍義」の大意を平易な和文にしたもの。1巻。室鳩巣著。1722年(享保7)刊。「六諭衍義」は明の太祖洪武帝が民衆教化を目的に作った6カ条の訓戒の解説書。将軍徳川吉宗は島津吉貴から献上されて「六諭衍義」を琉球の荻生徂徠に訓点を、室鳩巣に和訳を命じた。本書はこの和訳本を官刻したもの。寺子屋の手習い本などの庶民教育に用いられ、近世中期~近代初期の民衆道徳形成に寄与した。「日本教育文庫訓戒編」,「日本思想大系」所収。

リクルートじけん [リクルート事件] 1988年(昭和63)に発覚した疑獄事件。88年6月子会社の川崎市助役への贈収賄事件発覚に端を発し、就職情報産業のリクルート社の業績拡大を狙った、政財界有力者への未公開株の譲渡・売却という贈収賄事件に拡大した。その結果89年(平成元)江副浩正リクルート社前会長、真藤恒NTT前会長、藤波孝生元官房長官ほか多数が逮捕・起訴され、秘書官が疑惑に関係したとして宮沢喜一蔵相が辞任した。

りけんコンツェルン [理研コンツェルン] 大河内正敏が育成した新興財閥。1921年(大正10)理化学研究所所長に就任した大河内は財政難を克服するため、同所の発明・特許を工業化する会社を創立し、その利益の一部を研究所に還元する方策を考えた。その結果うまれたのが理研コンツェルンで、最盛期の39年(昭和14)には傘下企業63社、公称資本金1億5000万円に達した。しかし大河内の造兵優先の経営失敗のため、日本興業銀行により再編成され、41年金属機械関係主要7社が合併して払込資本金6700万円の理研工業がうまれ、翌年初めには大河内も会長を辞任。学者が経営した日本唯一の企業集団は終りを迎えた。

りこうしょう [李鴻章] Li Hongzhang 1823.1.5~1901.11.7 中国清朝末期の政治家。字は少荃。安徽省出身。1847年進士に及第。61年曾国藩の幕僚として淮勇軍を編成、翌年江蘇巡撫として太平天国を鎮圧。両江総督・湖広総督をへて、70年直隷総督兼北洋通商事務大臣となり、清政府の外交・軍事・経済の全権を掌握。「自強求富」の洋務運動に力をそそぎ、江南製造局・輪船招商局・天津電報局・上海機器織布局などの近代工業を創設。外交では妥協路線を堅持し、壬午・甲申事変の際、日本との衝突をさけ、日清戦争の回避にも努めた。戦後全権として下関で講和条約に調印。対露接近を図り、露清密約にも調印。1901年義和団の乱の処理後、急逝した。

リゴール [六崑] マレー半島中部東海岸の要港ナコンシータマラートの通称。漢字表記は六崑・六甲・六坤など。もとシャムの港市で、ポルトガル・オランダ・中国船が交易。日本の鎖国時代にはリゴールから出航した唐船が時折長崎に入港した。17世紀前半、アユタヤに渡った山田長政がリゴール総督に任命され、同地で毒殺された。

りさんぺい [李参平] ?~1655 江戸初期の伊万里焼の陶工で、その開祖とされる。日本名は金ケ江三兵衛。朝鮮半島忠清道金江の生れという。文禄・慶長の役の際、佐賀藩の家臣に従って来日し、1616年(元和2)有田泉山に白磁鉱が発見されると、上白川で白磁を焼いたと「金ケ江日記」は伝える。西有田町の竜泉寺の過去帳の1655年(明暦元)には上白川三兵衛とあり、上白川の墓地からは同年・同名の墓石も発見された。

りしちょうせん [李氏朝鮮] 1392~1910年の朝鮮半島の王朝、李朝。高麗の武人李成桂が建国。明の裁可をえて国号を朝鮮とした。首

都は漢城府(現,ソウル)。文武の両班ﾊﾝを中核とする集権的な官僚支配体制を形成した。「訓民正音」(ハングル・朝鮮文字)を制定した15世紀前半の世宗時代が最盛期。17世紀初頭の清国の侵入以後は清と宗属関係に入った。日本とは室町時代に応永の外寇、日朝貿易などの関係があり、16世紀末に豊臣秀吉の侵略をうけて疲弊。江戸幕府とは朝鮮通信使を送って友好関係を維持したが、幕府滅亡で朝鮮側は鎖国方針をとった。明治政府は日朝修好条規を結び開国させたが、閔ﾐﾝ氏政権のもとで日清両国の対立抗争が続いた。1897年国号を大韓帝国、国王を皇帝と改称。日清・日露戦争の結果日本が影響力を拡大し、1910年日韓併合によって滅んだ。

りしゅんしん [李舜臣] 1545.3.8～98.11.19
朝鮮王朝中期の武将。徳水の人。字は汝諧、諡は忠武。1576年武科及第。92年壬辰倭乱(文禄の役)がおこると、朝鮮半島南岸各所で日本水軍を撃破、沿岸制海権を確保した。功により正二品正憲大夫、忠清・全羅・慶尚三道水軍統制使となる。97年1月讒言ｻﾞﾝにより逮捕投獄されたが、同年7月復職。翌年11月露梁ﾉﾘｮｳ津の戦闘中に没。日本軍の得意な銃撃・白兵戦を防ぐために考案した亀甲船は有名。

りしょうとう [利生塔] 足利尊氏・直義ﾀﾀﾞﾖｼ兄弟が後醍醐天皇をはじめとする元弘以来の戦没者の慰霊と平和を祈願して建立した塔。一国ごとに寺(安国寺)と塔が設けられ、塔には仏舎利2粒が納置された。禅僧夢窓疎石ﾑｿｳｿｾｷの勧めによるが、源流にインドのアショーカ王の8万4000の仏舎利塔があったといわれる。現存する遺構はないが、京都の法観寺や栃木県南河内町の薬師寺など28国に所在したことが確認されている。

りしょうばん [李承晩] Rhee Syng-man 1875.3.26～1965.7.19 韓国の政治家。黄海道出身。独立協会幹部として反日・独立運動に従事。1905年渡米。ワシントン大学を卒業後、プリンストン大学で博士号を獲得。19年上海で大韓民国臨時政府を組織し、国務総理ついで大統領となるが、その後はアメリカで独立運動を継続。日本敗戦後の45年1月帰国し、48年大韓民国の成立とともに初代大統領。4選するが60年4月の学生革命により辞任。亡命先のハワイで死去。

りしょうばんライン [李承晩ライン] 朝鮮半島周辺海域に設定された韓国の主権行使の範囲を示す線。1952年(昭和27)1月18日李承晩大韓民国大統領の「海洋主権宣言」による。これによって日本漁船の立入り禁止区域が設けられ、操業中の日本漁船がしばしば拿捕された。日本は公海自由の原則を主張して対立したが、65年の日韓基本条約締結によって撤廃された。

リース Ludwig Riess 1861.12.1～1928.12.27
日本近代歴史学の基を築いたドイツの歴史家。西プロイセン出身。1880年ベルリン大学入学、84年中世イギリス議会制度史の研究で博士の学位を取得。87年(明治20)帝国大学文科大学に招聘され史学科の創設に参与、1902年に帰国するまでヨーロッパ実証史学の移植と西洋史学専攻者の養成に尽力した。帰国後ベルリン大学講師および教授に就任。著書「歴史学方法論」「近代ヨーロッパの基礎」(ともに独文)。

りせいけい [李成桂] 1335～1408.5.24 太祖とも。李氏朝鮮初代国王(在位1392～98)。諱は成桂。字は仲潔。号は松軒。咸鏡南道永興に生まれ、武将として高麗に仕えて北方では女真ｼﾞｮｼﾝ勢力を平定、紅巾軍の侵入を防ぎ、南方では倭寇の平定に力を尽くした。1388年高麗政府の中心人物崔瑩ｻｲｴｲを退け、辛禑ｼﾝｳ王を廃して辛昌王をたてた。ついでこれをも廃して恭譲王をたてたのち、92年王位につき、国号を朝鮮と改めた。98年鄭道伝ﾃｲﾄﾞｳﾃﾞﾝらの反対により退位。

りちゅうてんのう [履中天皇] 記紀系譜上の第17代天皇。5世紀前半期の在位という。大兄去来穂別ｵｵｴｲｻﾞﾎﾜｹ天皇と称する。仁徳天皇の第一子。母は皇后磐之媛ｲﾜﾉﾋﾒ。即位前、羽田矢代宿禰ﾊﾀﾉﾔｼﾛﾉｽｸﾈの女(葦田宿禰の女ともいう)黒媛ｸﾛﾋﾒをめぐり同母弟の瑞歯別ﾐﾂﾊﾜｹ(反正天皇)に同母弟の住吉仲ｽﾐﾉｴﾉﾅｶﾂ皇子を殺させた。磐余稚桜ｲﾜﾚﾉﾜｶｻﾞｸﾗ宮(現,奈良県桜井市池之内付近)を営み、黒媛との間に市辺押磐ｲﾁﾉﾍﾉｵｼﾊ皇子らをもうけた。「宋書」倭国伝の讃ｻﾝにあてる説がある。百舌鳥耳原南陵ﾓｽﾞﾉﾐﾐﾊﾗﾉﾐﾅﾐに葬られたとされ、大阪府堺市の石津丘古墳があてられる。

りちょう [里長] 「さとおさ」とも。律令制下、地方行政組織の末端にあった50戸からなる里の長。その里の白丁ﾊｸﾃｲで清正強幹の者から選ばれ、徭役ﾖｳｴｷが免除された。令の規定では里内の戸口の把握、農業の奨励、治安維持、徴税などを職掌とし、租税免除などを命じた詔勅を里内の民に周知するよう定められた。「貧窮問答歌」に描かれた苛酷な徴税吏が知られるが、実態は郡司のもとで雑務に追う者ﾞ、範とした唐の里正にくらべて職権は低かった。静岡県伊場遺跡出土の木簡にみえる「五十戸造」は、7世紀後半の里長の前身である可能性があり、717年(養老元)の郷里制施行以後は郷長ｺﾞｳﾁｮｳとなった。

りつ [律] 古代の法。律令のうちの律。今日の刑法にあたるもので、犯罪と刑罰を規定した法。中国では早くから発達し、隋・唐時代には高度で体系的な法として大成した。日本では7世紀後半から導入をめざしたが、条文の改変はわずかで、結果として中国と大差のない法典となった。日本最初の律は浄御原ｷﾖﾐﾊﾗ律とい

われてきたが、制定施行説・非施行説・未完成説・唐律代用説など諸説あって明らかでない。その後は大宝律・養老律が作成・頒行された。ただし、実際に律にもとづいて犯罪と刑罰が処断されたかどうかは疑問が多い。大宝律は全巻が散逸、養老律も全10巻のうち3巻を伝えるのみだが、逸文の収集によって、今日では大宝律のごく一部と養老律のかなりの部分を知ることができる。

りっか [立花] 立華とも。いけばなの花形。江戸前期に2世池坊専好の跡を継いだ専存没後、その子専養を2世専好の門下の安立坊周玉や十一屋太右衛門らが擁立し、寛文年間に立花から立華を創出。立花は役枝を固定化し、胴作の景の表出を競うものである。その後、表現形式を変化させていったが、明治10年代に池坊専正が胴作を含むすべてを固定化し、現在の正風体(明治)立華が成立した。1962年(昭和37)には新しいいけばなの理論をとりいれた現代立華が制定された。

りっけん [立券] 荘園の立荘や所領の売買・譲渡にあたって官司から証明をえること。券文(契)を立てるの意味で、古代にも不動産の売買にあたっては券文が立てられたが、10世紀以降、班田図が作成されなくなると、券文自身が不動産領有の重要な根拠となった。国司による免判も立券の一つであり、国司免判によって公田の官物や雑役が免除され、国免荘としての立荘が認可された。平安後期以降の荘園の立券に際して、最も重視されたのは官省符であった。

りっけんかいしんとう [立憲改進党] 明治前・中期の政党。1882年(明治15)3月、明治14年の政変で下野した大隈重信と大隈系の旧官吏・言論人などを中心に結党。国会開設にむけて府県会議員を組織し、漸進主義的・合法主義的な運動を展開。弾圧強化などで不振に陥り、84年には総理大隈も脱党。88年、大隈が外相として入閣し、条約改正交渉を担当したことを通じて党勢拡張をはかったが、改正交渉は挫折し、第1回総選挙でも少数党にとどまった。初期議会で自由党と民党連合を結成して藩閥政府と対決したが、自由党と第2次伊藤内閣の接近にともない民党連合は崩壊。立憲改進党は国民協会などと連合して対外硬運動を推進したが、党勢は伸び悩んだ。96年3月、立憲革新党などと合同して進歩党を結成した。

りっけんこくみんとう [立憲国民党] 明治末～大正期の政党。1910年(明治43)3月、憲政本党を軸に又新会・無名会などが合同して成立。結党当時の所属衆議院議員数92人。憲政本党当時から表面化していた大石正巳・武富時敏・箕浦勝人らの改革派と犬養毅率いる非改革派との対立が激化し、改革派は大正政変に際して桂新党(のちの立憲同志会)に参加、非改革派は憲政擁護運動に重要な役割をはたしたが、立憲国民党自体は第3党に転落した。犬養は臨時外交調査会に参加し、普通選挙運動に同調するなど努力したものの党勢は振わず、20年(大正9)の第14回総選挙では29議席に激減。22年9月に解党し、11月に革新倶楽部に改組された。

りっけんじゆうとう [立憲自由党] ⇨自由党㊀

りっけんしょうごう [立券荘号] 荘園の立荘手続き。平安後期以降の荘園の立荘にあたっては、国司免判による公田官物や雑役の免除の事実認定と、国免荘としての立荘が重視されたが、最終的な手続きとしては太政官による立券、すなわち官省符が必要とされた。太政官の官使と国衙の国使が荘園の境界線上の四隅に牓示を打ち、領域を確定したうえで、立券文を作成した。

りっけんせいじ [立憲政治] 憲法にもとづいて国民の権利と自由を定め、議会を設けて国民を政治に参与させる政治形態をいう。ヨーロッパを中心に強大な王権を制限するかたちで発達し、19世紀末までにはヨーロッパ諸国の大半で立憲政治が実現した。その知識は1820年代に日本に伝えられ、幕末の対外危機のなかで立憲政治採用論が芽ばえた。明治維新をへて、72年(明治5)頃から公選の議会設立案が政府部内で検討され始め、つづいて民権派の国会開設運動も始まり、欧米列強と並び立つ強国の建設を目標に立憲政治の実現への動きが進んだ。89年政府の主導による大日本帝国憲法の発布、90年の帝国議会の開設の結果、日本はアジアにおける唯一の立憲国となった。憲法はプロイセン流君権主義をとりいれていたが、第1次大戦後には議会中心の政治運営が立憲政治の常道(憲政の常道)として定着した。第2次大戦下、軍部の台頭で立憲政治は危機に瀕したが、1947年(昭和22)日本国憲法が施行され、議会制民主主義を原理として強力に復活した。

りっけんせいたいじゅりつのみことのり [立憲政体樹立の詔] 1875年(明治8)漸進的な立憲政治実現の方針を示した詔。大久保利通が木戸孝允・板垣退助らの会議(大阪会議)で内政改革を約束して2人を参議に復帰させ、同年4月14日に詔が発せられた。内容は、元老院・大審院を設け、地方官を召集して「漸次ニ国家立憲ノ政体ヲ立テ」ことを明らかにしたもの。五カ条の誓文とともに国会開設運動に大きな拠り所を与えた。

りっけんせいたいりゃく [立憲政体略] 明治初期の立憲政体の概説書。加藤弘之著。18

68年(明治元)刊。立憲政体には君主が大権を握り，国憲を制定して人民に国事参与の権利を与える「上下同治」と，人民が国憲を制定して統領に施政権を委託する「万民共治」の2種があるとした。また人民の権利には私権(生活権・自由権など)と公権(選挙権)の別があることをのべて，立憲政体こそ「天下の天下」であると評価した。簡潔で正確な記述により立憲政体の知識普及に貢献。「明治文化全集」所収。

りっけんせいゆうかい[立憲政友会] 明治〜昭和前期の政党。1900年(明治33)9月，民党政党設立をめざす伊藤博文が憲政党・伊藤系官僚などを中核として結成。実力者星亨の暗殺，伊藤総裁の枢密院議長への転出をへて，西園寺公望総裁のもとで原敬・松田正久が党を実質的に統率した。日露戦争後は桂太郎の率いる官僚閥と交互に政権を担当し，桂園時代とよばれた。短期間を除いて衆議院第1党の地位を占め，18年(大正7)には第3代総裁の原が組閣し，積極政策により全盛時代を迎えた。原暗殺後は高橋是清総裁のもとで党は混迷し，24年に床次竹二郎派が脱党して政友本党を結成し，第3党に転落した。25年には田中義一を総裁に迎え，革新倶楽部と合同するなど勢力を回復した。昭和期に入り田中義一・犬養毅の2人の総裁による組閣があったが，5・15事件以降の鈴木喜三郎総裁のもとでは政権から遠ざかり，39年(昭和14)に中島知久平派と久原房之助派に分裂した。40年ともに大政翼賛会に合流し，解党。

りっけんていせいとう[立憲帝政党] 明治前期の政府系政党。1882年(明治15)3月，福地源一郎・水野寅次郎・丸山作楽らが結成。国会開設にむけて民権派に対抗しようと，漸進主義にもとづく秩序的進歩を志向した。欽定憲法，二院制，制限選挙，軍人の政治不干渉などを綱領とした。10月には西京同志大懇親会を開催し，地方の組織化もある程度進んだが，超然主義で意志統一した政府は保護を停止し，83年9月に解党した。

りっけんどうしかい[立憲同志会] 大正初期の政党。第3次桂内閣において憲政擁護運動に直面した桂太郎は，1913年(大正2)1月に新党計画を公表し，自ら新党創立委員長となって2月7日立憲同志会宣言を発表。10月に桂が死去したため，以後加藤高明を中心として結党準備が進められ，12月23日加藤を総理に中央倶楽部や立憲国民党の約半数，桂系官僚などを糾合し，所属代議士93人で正式発足。第1次山本内閣の野党立憲国民党・中正会と非政友三派を形成，シーメンス事件を追及した。次の第2次大隈内閣では与党となり，15年3月の第12回総選挙で153人を当選させて第1党となる。16年10月中正会・公友倶楽部と合同して憲政会を結成。

りっけんみんせいとう[立憲民政党] 昭和前期の政党。憲政会と政友本党の合同によって1927年(昭和2)6月1日に成立。総裁は浜口雄幸。29年7月浜口内閣を実現。緊縮政策を実施して金解禁を断行した。30年2月の総選挙では273人の絶対多数を獲得，ロンドン海軍軍縮条約締結に成功。11月に浜口が右翼に狙撃され，31年4月に総裁・首相を若槻礼次郎と交代。第2次若槻内閣は満州事変の勃発もあって内政・外交ともに行き詰まり，12月辞職。内相安達謙蔵らが脱党した。40年2月斎藤隆夫の反軍演説問題では除名を支持。近衛新体制運動に主流派は消極的であったが，新体制推進派の脱党を契機に8月15日解党した。

りっこくし[六国史] 奈良・平安時代に，律令国家により編集された「日本書紀」「続日本紀」

●•• 六国史

書名／巻数／完成年	収載の歴代・年代	撰者	備考
日本書紀 30巻，720(養老4)	神代〜持統 〜697(　〜持統11)	舎人親王	別に系図1巻欠け
続日本紀 40巻，797(延暦16)	文武〜桓武 697〜791(文武元〜延暦10)	菅野真道 藤原継縄など	
日本後紀 40巻，840(承和7)	桓武〜淳和 792〜833(延暦11〜天長10)	藤原冬嗣 藤原緒嗣など	巻5など10巻のみ現存
続日本後紀 20巻，869(貞観11)	仁明 833〜850(天長10〜嘉祥3)	藤原良房 春澄善縄	
日本文徳天皇実録 10巻，879(元慶3)	文徳 850〜858(嘉祥3〜天安2)	藤原基経 菅原是善 島田良臣	
日本三代実録 50巻，901(延喜元)	清和〜光孝 858〜887(天安2〜仁和3)	藤原時平 大蔵善行	

「日本後紀」「続日本後紀」「日本文徳天皇実録」「日本三代実録」の六つの正史の総称。神代から887年(仁和3)までの国家の発展, 政治情勢の推移など, 歴史の大勢を知ることができる。中国の史書にならった漢文の史書で, 編年体の叙述形式をとるが, 臣下の薨卒伝には個人の詳しい伝記をのせて紀伝体の特色もとりいれている。古代史の最も根本的な史料。

りっししゃ [立志社] 自由民権運動の代表的地方政社。1874年(明治7)4月高知で結成。結社の動機は, 民撰議院設立建白書の目標を追求し, また土佐派が東京での運動継続が困難になったため, 郷里で政府批判の勢力拠点を構築することにあった。板垣退助を中心に, 片岡健吉・林有造らを幹部として士族を結集, 教育・士族授産・自由民権運動を展開した。77年西南戦争で西郷軍に呼応する動きもあったが機会を失し, 片岡を代表として国会開設を要求する立志社建白を提出したが却下された。これを契機に愛国社, 国会期成同盟, 自由党へと発展する勢力の中心的拠点として活動。自由党の創立に際し, 高知で結成された海南自由党へと発展的に解消した。

りっしゃくじ [立石寺] 山形市山寺にある天台宗の寺。宝珠山と号す。通称は山寺。寺伝によれば, 860年(貞観2)円仁の創建。鎌倉時代には, 幕府の支配をうけたらしく, 当寺の院主・別当両職の任命権は幕府にあった。1520年(永正17)伊達氏の天童攻めの折, 一山炎上。43年(天文12)円海が復興。江戸時代に寺領1420石。1689年(元禄2)芭蕉が当寺を訪れた。寺宝の木造薬師如来座像・如法経所碑は, いずれも重文。国名勝・史跡。

りっしゅう [律宗] 南都六宗の一つ。日本仏教十三宗の一宗。戒律を固く守ることにより成仏をめざす宗派。「四分律」や「梵網経」などを所依の経典とする。唐招提寺創建の鑑真を宗祖とし, 法進・如宝・豊安・思託らが継承したが, 平安時代に入って衰退した。平安末期に実範がでて戒律の衰微を憂え, 鎌倉初期には貞慶が戒律の復興を企図し, 弟子の覚真は興福寺に常喜院を創建して律学道場とした。鑑真以後衰滅した如法の受戒を復興したのは覚盛・円晴・有厳・叡尊の4人だった。叡尊は西大寺を拠点として教えを広め, 弟子の忍性は鎌倉極楽寺に拠って律宗の布教に努めるなど, 西大寺流律宗は鎌倉時代を中心に全国的な広がりをみた。覚盛の唐招提寺流からは東大寺戒壇院中興の円照や凝然らが輩出した。

りっしょうあんこくろん [立正安国論] 日蓮著。1260年(文応元)宿屋左衛門入道を介して前執権北条時頼に提出した建白書。「開目鈔」「観心本尊鈔」とならぶ日蓮の三大部の一つ。旅客と主人の問答9番よりなる。あいつぐ天変地異は,「法華経」の正法にそむき念仏の邪法に帰依するためで, もし念仏の邪法を禁じなければ自界反逆と他国侵略がかならずおこるとして,「法華経」に帰依するよう勧め, 立正安国の理想をのべた。時頼に提出したものは伝わらないが, 69年(文永6)の日蓮真筆本(国宝)が下総の中山法華経寺に現存するほか, 直弟子たちによる写本がある。「日本古典文学大系」所収。

りっしょうこうせいかい [立正佼成会] 法華系在家教団。1938年(昭和13)長沼妙佼と庭野日敬らが霊友会から分立した大日本立正交成会に始まる。日中戦争中, 長沼の霊感による啓示と指導により発展したが, 太平洋戦争中は活動が停滞。敗戦後, 占領下で活発な布教活動を展開し, 50年代には, 東日本を基盤に霊友会につぐ新宗教となった。サークルの法座組織を通じた布教と個人の人格完成をめざす教義は, 仏教の現代化を求める人心をつかんだ。60年に立正佼成会と改名。以後, 国内的に「国民皆信仰, 宗教協力」を社会的に実践し, 国際的には宗教平和運動を展開。64年, 東京杉並区の本部に大聖堂を建立。

りったいし [立太子] 天皇がただ1人の皇位継承予定者としての皇太子を決定すること, またその儀式。皇太子制度は律令制定にともなって整備された。奈良時代前半までは, 立太子は候補者が成年に達したのち行われたため, 皇太子空位の時期もあったが, 後半以降は新天皇の即位後ただちに立太子が行われるようになった。同時に皇太子の地位をめぐる争いもふえ, 皇太子の地位を奪う廃太子という事象も多くなった。立太子の儀は平安時代になると整備され, 文武百官に対する宣命の宣旨のほか, 山陵への奉告, 壺切剣の相伝などが行われるようになった。

りったいは [立体派] 20世紀初頭にパリでおこった芸術運動。キュビスム。ピカソ, ブラックらが推進し, その理論は自然を円球・円錐・円筒でとらえようとしたセザンヌの晩年のことばに淵源をもつ。運動としては1914年に終わるが, 日本には大正初期に紹介され, 万鉄五郎・黒田重太郎・東郷青児らが強い影響をうけた。

りっとう [率稲] 本稲を貸し付けずに, 貸し付けた場合の利稲に相当する分の稲だけを徴収するという変則的な出挙の方式(利稲率徴), またはその方式で徴収する稲。最初から本稲を用意しないとする, 弘仁年間を初見とし9世紀後半にはすでに恒常化していた返挙を, より積極的に展開したものといえる。加挙稲の設定の際に行われはじめ, 10〜11世紀に

田積にもとづいて賦課されて一般化し、出挙が本来の意義を失って地税化するのを促した。

リットンちょうさだん [リットン調査団] イギリスのリットン卿を団長とする満州事変に関する国際連盟現地調査委員会。1931年(昭和6)12月に設置。イギリスのほかにフランス・ドイツ・イタリア、国際連盟非加盟国のアメリカの5カ国の委員によって構成され、32年4月から6月にかけて、東京や満州、北平(北京)などの中国各地で現地調査を行った。10月の報告書は、日本軍の正当防衛を認めない一方で、満州の特殊事情に理解を示す妥協的な内容であった。

リットンほうこくしょ [リットン報告書] 満州事変に際し、国際連盟理事会決議にもとづいて派遣された現地調査委員会(リットン調査団)の報告書。上海・北平(北京)・満州の実地調査と要人との会見をもとに厖大な報告書を作成、1932年(昭和7)10月2日に公表。穏やかな表現ながら柳条湖事件以来の日本軍の行動を自衛行動とは認めず、満州国建国を自発的な自治運動の結果とも認めなかった。また満州に中国主権下の地方自治政府を設け、日本の主導のもとに列国の国際管理下におくことを提案していた。報告書の勧告は国際連盟での審議の基礎となるものであったが、すでに満州国を承認していた日本はこれに反発し、連盟脱退への道を歩むことになる。

りつりょうこっか [律令国家] 7世紀後半から9世紀頃までの古代国家。基本法典の律令の名をとった呼称。天皇を中心とした体系的な中央集権的国家機構で、中央に都城が営まれ、議政官を核とした太政官を頂点に二官八省の官僚機構を設け、地方は国郡里(郷)の行政組織に編成。国司には中央官人が任命され、地方豪族を郡司以下に組織した。戸籍計帳を作って班田収授を行い、租庸調や雑徭を徴収して全国の民衆を支配した。良民と賤民とに身分が区別され、支配者層はさらに位階により区分された。とくに五位以上はさまざまな特権をもち、畿内の有力氏族出身者が独占した。律令国家は、10世紀頃に班田収授の法などの破綻により崩壊したと一般には考えられるが、大王のもとに畿内豪族が結集して畿外を支配するという大和王権のあり方をうけついでおり、10世紀はそうした古い枠組が崩壊しただけで、中国的な律令の理念はその後の国家のなかで展開したと考えることもできる。

りつりょうせい [律令制] 古代国家の基本法典である律と令およびその国制。広義には律令国家と同義であるが、むしろ国制の理念、本質的性格をさす。律令は唐のそれを手本としたので継受法ともいえるが、唐では律令格式と礼とで全体の国制を規定していたのに対し、日本では8世紀には集成法としての格式はなく、律令のみで全体を規定した点に特色があり、選択的に継受している。律令は外見上唐制に類似する部分が多いが、唐制を模倣し理想をかかげただけで現実には機能しなかった部分がある一方で、7世紀の国制を継承し、在地首長制など日本独自の構造に依拠している部分もあり、律令制と氏族制との二元的構造を考える説もある。9世紀には律令から格式の時代へ移行し、やがて律令制は崩壊するとされるが、律令制を広義に唐制を継受した国制ととらえれば、律令の規定は青写真的であり、礼の継受を含めて、律令制は9世紀以降に展開すると考えることもできる。

りとう [吏党] 初期議会期における親政府派の呼称。「民党」とともに中江兆民の命名によるという。具体的には大成会から中央交渉部・国民協会の流れをさす。民党に対抗する一方、超然主義の建前から藩閥政府とも距離を保たざるを得ない立場にあった。自由党が第2次伊藤内閣に接近するとともに、吏党という名称も用いられなくなった。

リニッジ 祖先と成員との関係を具体的・明確に示すことができ、成員全員が系譜関係を認知しあった集団。外婚制をともなった父系・母系などの単系出自集団で、成員は権利と義務を保証され、誰もが代表権をもてる平等な関係であり、成員間の相互扶助、花嫁代償などの共同責任、死者の供養などの共同行為を行うことも多い。リニッジlineageがいくつか集合してクランclanを形成する。大規模なリニッジでは、世代の経過とともに小さい単位へと枝分れする分節化が行われることも多い。

リーフデごう [リーフデ号] 1600年(慶長5)豊後国の海岸に漂着したオランダ船。3檣、300トンのガレオン船。1598年オランダが東方貿易開拓のため派遣した6隻の船団中の1隻で、途中悪天候などで船団は離散した。乗組員110人のうち生存者は20人余にすぎず、そのなかのイギリス人航海士アダムズ(三浦按針)は徳川家康に認められて外交顧問となり、朱印船貿易にも活躍。リーフデ号は豊後から大坂に回航されたのち、関東に向けて航海した際に沈没。栃木県佐野市の竜江院に貨狄さまとして祭られていた木造のエラスムス像(重文)は、本船の元の名がエラスムス号だったための船尾像とされている。

りゅうあみ [立阿弥] 足利将軍に仕えた立花か作家の一系統の人物の呼称。その活動は、15世紀前半～16世紀初頭に及び、歴代唐物等・座敷飾の同朋衆や立花の名手として活躍したことが知られる。とくに将軍足利義政につ

かえた立阿弥は、たびたび将軍の御前の花瓶に花を立てるなど、立花成立期の名人として著名。

りゅうえい［柳営］ 軍を率いる将軍が構える営所のことで、いわゆる幕府のこと。その所在地、また将軍・将軍家をさす。中国の漢代、匈奴に備えるため、将軍周亜夫が細柳の地に営したとき、営中の軍令が厳正に行われ、訪れた文帝がそれに感嘆したという故事にもとづく。

りゅうえき［留役］「るえき・るやく」とも。律令制で歳役の10日をこえて延長して使役する制。30日を限度とする。唐制にならっているが、大宝令には規定がなく、養老令の規定も現実には実施されなかった。

りゅうきせんもんけいどき［隆起線文系土器］ 縄文草創期前半に位置づけられる土器様式。粘土紐の貼付によって表現された隆起線文に特色がある。九州・四国・本州に広く分布。尖底または丸底の深鉢形土器が多いが、九州には平底のものもある。隆起線文の表現方法には、粘土紐を貼りつけ、刻目や刺突またはつまみやひねりを加えたものと、篦状工具の押引きによるミミズ腫れ状の微隆起線文がある。1960~63年（昭和35~38）の長崎県吉井町の福井洞穴の発掘調査で、旧石器終末期から細石刃文化が継続する過程で隆起線文土器の出現する事実が確認され、最古の縄文土器として注目された。炭素年代測定では1万2500±350年、1万2700±500年前とされた。

りゅうきゅうおうこく［琉球王国］ 1429年、尚巴志が沖縄本島の北山・中山・南山の3王国を統一して樹立した王国。首里に王府をおき、奄美諸島から八重山列島に至る南西諸島を領域とした。すでに1372年に中山王察度が明の太祖洪武帝に入貢していたが、尚氏も引続き明と冊封関係を続けた。1609年（慶長14）鹿児島藩主島津家久は徳川家康の許可を得て琉球を征服し、与論島以北の奄美諸島を割譲させ、慶賀使・謝恩使を江戸に派遣することで幕府への従属を示させた。明との冊封関係は続けられたので、琉球は日明両属の立場となった。幕府が倒れた後、明治政府は1872年（明治5）琉球藩をおき尚氏を藩王としたが、79年軍隊・警察官を動員して沖縄県の設置を宣言し、王国は解体され、その歴史を閉じた。

りゅうきゅうおうふ［琉球王府］ ⇨首里王府

りゅうきゅうきぞくもんだい［琉球帰属問題］ 明治前半期、琉球諸島の帰属をめぐる日清間の外交・領土問題。1874年（明治7）の台湾出兵前後から廃琉置県以前までの第1段階では、日本側は琉球を日本専属と主張、清国側は清国専属の属国であると同時に自主国であると主張し、互いに譲らなかった。79年の廃琉置県から琉球分割条約の締結までの第2段階では、日本側は廃琉置県を内政問題と主張、清国側は一方的な廃琉置県に抗議したが、日清両属論を認めた。前米国大統領グラントの調停を契機に、日清両国は80年宮古・八重山両諸島を清国領、その北方の諸島を日本領とする琉球分割条約案で妥結した。しかし琉球人の激しい抵抗や清国政府の調印拒否により廃案となる。

りゅうきゅうしせつ［琉球使節］ 江戸時代、琉球国王が徳川将軍に送った外交使節。将軍代替りを祝う慶賀使と、国王が即位を謝す謝恩使があった。1634年（寛永11）に始まり、1850年（嘉永3）まで18回実施。初回は京都までで、次回から江戸に赴いた（江戸入り）。1710年（宝永7）将軍の威光を高める外交儀礼として位置づけられるとともに、使節一行に中国風の風俗が強制された。1850年以後も2回慶賀使が計画されたが、国事多端を理由に中止。

りゅうきゅうしょぶん［琉球処分］ 明治政府による琉球国の日本国への併合にいたる一連の措置。処分の経過は三つの段階に区分される。1872~74年（明治5~7）の第1段階では、琉球王国を琉球藩に、国王を藩王に改称し、外務省の管轄下におき、日本の台湾出兵を契機に外務省から内務省へ移管。75~79年の第2段階では、冊封進貢関係廃止、明治年号の使用などを命じ、裁判権の接収を強行。79年3月~81年3月の第3段階では、廃藩置県を宣言して併合を完了したが、琉球および清国側の抵抗にあい、前米国大統領グラントの調停を契機に琉球分割条約を締結するものの、琉球人の抵抗などにより廃案となり、以後併合の既成事実を積み重ねる。

りゅうきゅうしりょうそうしょ［琉球史料叢書］ 首里王府編の正史・由来記などを収録した書。5冊。伊波普猷・東恩納寛惇・横山重の編集で、1940~42年（昭和15~17）刊行。内容は第1・2冊「琉球国由来記」、第3冊「琉球国旧記」、第4冊「中山世譜」、第5冊「中山世鑑」。史料の解説を伊波と東恩納が担当している。琉球史研究の基礎史料で同叢書の刊行により多くの研究者が容易に利用することが可能となり、その後の沖縄研究に大きく貢献した。

りゅうきゅうせいふ［琉球政府］ 米国統治下の沖縄における住民側の政治機構。1952年（昭和27）4月1日設立、72年5月14日廃止。形式上は司法（上訴裁判所）、立法（立法院）、行政（行政主席）の三権分立制をとる自治機関であったが、その上部にある米国民政府の布告・布令などに従属し、米軍支配の代行機関という性格

が強かった。行政主席は当初民政副長官（のち高等弁務官）の任命制であったが、住民の自治権拡大運動によって、1968年11月主席公選が実現。

りゅうきゅうせいふく［琉球征服］ 江戸幕府が対明政策の一環として薩摩藩の島津氏に行わせた琉球侵略。徳川家康は1599年（慶長4）以降、豊臣秀吉の朝鮮侵略後の講和交渉に着手した。家康は琉球に明との講和を仲介させるため、1602年冬、奥州伊達氏領に漂着した琉球人を島津氏に命じて送還させ、尚寧王に来聘を要求したが、琉球は応じなかった。06年3月島津氏は来聘問題の解決と版図拡大の二つを狙って琉球出兵を計画し、09年3月樺山久高を大将に3000余を出兵。4月1日尚寧が降伏、同4日首里城を開城した。5月末島津軍は尚寧・三司官らを鹿児島に連行し、7月7日家康は江戸で2代将軍秀忠に会見。幕府は尚寧に琉球の存続を保証した。14年冬、幕府は琉球を通じて日明関係の樹立を希望するが、琉球は幕府の要望を明側に伝えなかったと思われる。

りゅうきゅうはん［琉球藩］ 1872年（明治5）琉球国を廃して設置。同年明治政府の要請で首里王府は維新慶賀使を派遣、その際国王尚泰を藩王に、琉球国を琉球藩とする勅命をうけた。前年の71年、宮古島民が台湾に漂着、54人が殺害される琉球漂流民殺害事件がおきた。政府は琉球処分を急ぎ、将来の廃藩置県をみこみ、すでに全国で廃された藩を設置するという方法をとった。75年琉球処分官が来琉、王府内では種々の抵抗が試みられたが、79年4月処分は断行され、沖縄県となる。

りゅうきゅうひょうりゅうみんさつがいじけん［琉球漂流民殺害事件］ 明治初年、琉球の漂流民が台湾で殺害された事件。宮古島から首里王府への貢納船が、その帰途1871年11月（明治4年10月）嵐のため遭難し、66人が台湾東岸に漂着、うち54人が現地住民に殺害された。琉球を属領とする日本政府は清国と交渉したが、清国政府は台湾を「化外の地」としたので、74年これを理由に台湾出兵を行った。

りゅうきゅう・べいこくしゅうこうじょうやく［琉球・米国修好条約］ 琉球修好条約とも。1854年アメリカ合衆国全権大使ペリーが首里王府と結んだ条約。日米和親条約と別個に締結された事実は、近世の琉球が独自の王国として存在したことを示す。調印書に条約名の掲出はなく、英・漢両文の7カ条からなる。(1)物品の相対売買、(2)アメリカ船への薪水供給、(3)難破船の救助、(4)自由遊歩、(5)アメリカ人墓地の設置と保護、(6)アメリカ船への水先案内、(7)薪水代価などを規定。1872年（明治5）の琉球藩設置後、米国公使ド゠ロングの照会に対し、日本の外務省は琉米条約を維持遵行することを言明しており、琉球の外交権および外交事務を吸収合併した。

りゅうきゅうぼうえき［琉球貿易］ 14～19世紀、三山・琉球王国と中国・朝鮮・日本・東南アジア諸国との貿易。根拠地は那覇。明とは皇帝から冊封をうけて朝貢貿易を行った。1372年に中山王、ついで南山王、北山王の三山が入貢し、琉球王国統一後も中山王の名で入貢。高麗とは89年、李氏朝鮮とは92年以降貿易を行っている。日本とは1414年（応永21）以後、室町幕府と交渉をもち、兵庫・堺の商人と貿易し、応仁・文明の乱後も堺の商船が琉球との間を往来。博多・対馬・薩摩とも貿易が続いた。東南アジア諸国からは、胡椒・蘇木・象牙などを輸入し、明・朝鮮・日本への輸出品とした。明へは琉球産の馬・硫黄や、日本製の刀剣・武具・扇子も輸出。16世紀、ポルトガル商人の活動により東南アジア貿易は衰退。1609年（慶長14）薩摩国島津氏の琉球侵攻後も、明・清との朝貢貿易は継続。東南アジア産の品目にかわって紅銅・黒漆竜画螺鈿などが進貢品となり、琉球産の海産物や焼酎（泡盛）のほか、北海産の昆布が大量に輸出された。銀で中国産の生糸・絹織物・薬種を購入し、島津氏を通じて日本市場に流した。

りゅうきゅうりっぽういん［琉球立法院］ アメリカ統治下の沖縄に設置された琉球政府の立法機関。議員は住民の選挙により選出され、住民自治の立場にたって民立法を行うが、米国民政府の布告・布令・指令の範囲内に制限された。極端な小選挙区制による公選は米軍当局によりさまざまな干渉をうけたが、民意を直接反映する数少ない機会として自治権拡大運動の舞台となった。1962年（昭和37）の2・1決議は復帰運動の大きな推進力となった。

りゅうきゅうれっとうこうとうべんむかん［琉球列島高等弁務官］ アメリカ統治下の沖縄における米国民政府の長官。1957年（昭和32）6月、大統領行政命令により従来の民政府副長官にかわる施政権者として現役軍人が就任した。布告・布令を公布し、琉球政府の三権を統轄し、立法院に対する拒否権や公務員の罷免権など、沖縄の施政とよばれる絶大な権力をふるい、米軍支配の象徴的存在であった。

りゅうきゅうれっとうべいこくみんせいふ［琉球列島米国民政府］ 沖縄統治のための米国政府の出先機関。1950年（昭和25）12月、対日講和後の長期的な沖縄統治の方針を示した米極東軍総司令官の指令により設置、72年施政権返還で廃止。住民側の琉球政府の司法・立法・

行政の全権は、米国民政府の発する布告・布令・指令の範囲内に制限された。長官の高等弁務官は絶大な権限をもって軍事優先政策を推進した。

りゅうこう [隆光] 1649.2.8〜1724.6.7 江戸中期の真言宗新義派の僧。5代将軍徳川綱吉の護持僧。出自は大和国の旧家河辺氏。1658年（万治元）仏門に入る。長谷寺・豊提寺で修学したのち、奈良・醍醐で密教を修行。86年（貞享3）将軍家祈禱寺の筑波山知足院の住職に命じられたのを機に、急速に綱吉の帰依を得た。95年（元禄8）真言宗新義派では初の大僧正となる。著書「理趣経解嘲」「筑波山縁起」。日記「隆光僧正日記」。

りゅうこつしゃ [竜骨車] 主として江戸前・中期に使用された揚水機。灌漑や鉱山の排水に用いられた。傾斜した箱状の樋 (とい) の中に30枚ほどの水搔き板をとりつけ、箱の上部についている輪軸を2人の足で回転させることによって上方に送り、水をくみあげる。中世に中国から伝来し、江戸前期に畿内を中心に普及したが、構造が複雑で壊れやすかったため、寛文年間に発明された踏車 (ふみぐるま) が宝暦〜安永頃を境に使用されると、しだいにすたれていった。

●●● 竜骨車

りゅうししんろん [柳子新論] 江戸中期の政治経済論。1巻。山県大弐 (やまがただいに) 著。1759年（宝暦9）成立。正名以下13編。尊王斥覇 (そんのう) の立場に立つ山崎闇斎学派と、尚農卑商論・礼楽制度論の立場から現実の社会矛盾と為政者の責任倫理を強調した荻生徂徠 (おぎゅうそらい) 学派の思想とを結びつけた、幕藩制解体期の政治批判書。神武以来の天皇家と藤原氏による政治を中国古代の理想世に劣らぬものと讃え、保元・平治の乱以後の武家政治を批判、また君主を天下の責任主体として機能的に把握した結果、放伐論を肯定している点が特徴的である。「岩波文庫」「日本思想大系」所収。

りゅうじょうこじけん [柳条湖事件] 関東軍が満州（中国東北部）でおこし満州事変の発端となった謀略事件。1931年（昭和6）9月18日午後10時20分過ぎ、奉天（現、瀋陽）駅北方の柳条湖で南満州鉄道線が爆破された。日本側は張学良 (ちょうがくりょう) 軍の仕業としてただちに近くの張軍の本拠北大営奉天を攻撃し、翌日には沿線主要都市を制圧した。鉄道爆破は、満蒙の武力制圧と直接支配を企図する関東軍高級参謀板垣征四郎大佐、作戦主任参謀石原莞爾 (かんじ) 中佐を中心に周到に準備された謀略であった。攻撃は満鉄線沿線から9月21日吉林 (きつりん)、10月8日錦州にまで拡大され、若槻内閣・陸軍中央も既成事実の追認を余儀なくされた。

りゅうぞうじし [竜造寺氏] 中世肥前国の豪族。本姓藤原氏。肥前国在庁官人高木氏の一流。鎌倉時代、高木季家 (すえいえ) が佐嘉郡小津東郷内竜造寺村（現、佐賀市）地頭に任じられて、以後竜造寺氏を称し、御家人として活躍。南北朝期は足利尊氏に従い、その後は代々少弐 (しょうに) 氏に属して活躍、有力な国人領主に成長した。戦国期、隆信の代に、少弐時尚 (ときひさ) を破り、肥前国を平定。大友・島津両氏と並んで九州を三分する勢いを示したが、隆信敗死後は急速に衰えた。その後は重臣鍋島 (なべしま) 氏に代わられ断絶。→巻末系図

りゅうたつ [隆達] 1527〜1611.11.25 織豊期の小歌隆達節の創始者。博多に来日し帰化した漢人の後裔での和泉国堺に移り、薬種問屋を営み高三 (たかさぶ) を姓とした。父隆喜の隠居所日蓮宗顕本寺の庵室を引き継ぎ、高三坊・自在庵などと称した。多才で書画や音曲にもすぐれ、とくに当時流行の小歌を集め、みずから作詩・作曲をし「隆達小歌」を大成。

りゅうたつぶし [隆達節] 安土桃山時代に隆達が歌いはやらせた小歌。「隆達小歌集」に伝えられる詞章は約500首あるが、恋を主題にした歌が多数を占めている。隆達自作のほか、古歌の節も付け直して新しい旋律を創造し、扇拍子で歌ったという。宝永期頃まで歌われたが、他の歌謡の流行で衰え、その曲節は伝わらない。

りゅうていたねひこ [柳亭種彦] 1783.5.12〜1842.7.19 江戸後期の戯作者。本名は高屋彦四郎知久。旗本の子として江戸に生まれ、家督を相続。唐衣橘洲 (からころもきっしゅう) や烏亭焉馬 (えんば) に師事して戯作の道に入り、「奴の小まん」前編(1807)などの読本を数種発表したのち合巻に重心を移し、「正本製 (しょうほんじたて)」で合巻作者としての地位を確保。とくに「修紫 (にせむらさき) 田舎源氏」と「邯鄲 (かんたん) 諸国物語」が好評だったが、前者が天保の改革で筆禍をうけて版木を没収され、まもなく病死。優れた考証随筆もある。

りゅうもんせっくつ [竜門石窟] ロンメン石窟。中国河南省洛陽の郊外、伊水の両岸にある仏教遺跡。494年北魏の孝文帝が大同から洛陽に遷都してから雲崗 (うんこう) 石窟にかわって造営された。北魏のものは14窟で、賓陽 (ひんよう) 中洞は帝

室の造営として代表的なもの。隋・唐代にも継続され、高宗時代の670〜680年に最盛期を迎え、奉先寺洞の高さ13mの廬舎那仏とそれをとりまく立像は偉観である。

りょう [令] 律と並ぶ律令国家の基本法典。「令は勧誡を以て本となす」とのべられたように、令の基本的性格は教令法とされ、「懲粛を以て宗となす」処罰法としての律と対をなす関係にある。内容は国制を規定する行政法的なものから、訴訟法・民法・商法的なもの、そして官吏の服務規定など広範な法規定を含む。令は本来中国の漢王朝以来独自な発展をとげた法典であったが、日本の古代国家は7世紀後半以降おもに唐代の令をもとに、日本社会の実情にあわせるための改変を加えるなどして日本令を編纂。近江令・浄御原令・大宝令・養老令の編纂が伝えられるほか、養老令の刪定が2度行われたことが知られる。なお近江令の存否や性格については論争がある。

りょう [両] ㊀中国から渡来した重量の単位。斤の16分の1、銖の24倍。貫の100分の1で、10匁に相当。中国では、音律の基礎となる黄鐘管を満たす黍の重さを12銖、これを二つあわせて両とする。日本では大宝令制で導入され、24銖を小1両、小3両を大両とし、銀・銅・穀物の計量以外には小両を用いるとするが、必ずしも守られなかった。その後、両の絶対値は時代や地方によって変化し、京目1両を4匁5分とするのに対して、田舎目1両は4匁7分であった。近世になると1両が10匁に安定する。尺貫法では37.5g。

㊁江戸時代の金貨の貨幣単位。分の4倍、銖(朱)の16倍。分と同じように重量単位から転じた。慶長小判1枚(=1両)は4匁7分6厘と定め、その4分の1を一分金としたが、その後の改鋳によって小判の質量が変化しても両と分、分と銖の関係はかわらなかったので、質量単位としての意味を失い、貨幣単位として定着した。

りょう [梁] 中国の南北朝時代の王朝の一つ(502〜557)。蕭衍(武帝)が斉の和帝から禅譲をうけて建国。都は建康(現、南京)。武帝は倭や百済を重視し、即位の年に百済王と倭王武をそれぞれ鎮東大将軍から征東将軍と征東大将軍に進めた。548年、東魏の亡命者侯景の反乱によって王朝は混乱し、陳覇先(陳の武帝)が王朝を倒した。なお「梁職貢図」は3代元帝(蕭繹)の作。

りょう [寮] 大宝・養老令制の官司の等級の一つで、職につぐ格づけのもの。四等官の名称は順に頭・助・允・属。八省の被管として左右大舎人寮・内蔵寮・大学寮・雅楽寮・主計寮・木工寮など多数存在

し、このほかにも左右馬寮などがあり、令外官の内匠寮もこれに準ずる。これらの諸寮は、官員の官位相当から数により、さらに2等級に分類され、上の等級は大寮と称される。

りょう [遼] 契丹族の建てた王朝(916〜1125)。東モンゴルのシラ・ムレン川流域で遊牧していた契丹族を、10世紀初め耶律阿保機(太祖)が統合、916年皇帝を称した。東は渤海国を征服し、南は河北・山西両省の北部、西は内外蒙古から西域にまで勢力が及んだ。1004年宋と澶淵の盟を結んでから安定し、最盛期を迎えた。1115年に独立した女真族の首長阿骨打(金太祖)は宋と結んで遼を攻撃し、25年天祚帝は捕らえられ滅亡した。

りょうあんじせきてい [竜安寺石庭] 室町時代枯山水式の代表的庭園。7・5・3個の石を3群に配した15個の石と白砂とで構成され、虎の子渡しとも称される。作庭時期は室町後期の相阿弥作、江戸時代作など定説はなく、塀ぎわに陰刻で小太郎・彦二郎と判読される1石がある。国史跡・国特別名勝。

りょううんしゅう [凌雲集] 正式名は「凌雲新集」。最初の勅撰漢詩集。1巻。814年(弘仁5)成立。小野岑守が菅原清公・勇山文継らとはかり撰進。書名は雲を凌ぎ高く聳える詩文集という意で、「史記」によるとされる。782〜814年(延暦元〜弘仁5)の作品を採録し、作者は平城上皇、嵯峨天皇、皇太弟(淳和天皇)以下23人で、全90首。ただし現存本では巨勢識人の1首が加わっている。配列はのちの勅撰漢詩集とは異なり、部類別分類をせず、平城上皇から順に個人別に官位順による。遊覧・宴集の詩が多く、嵯峨天皇を中心とする君臣間の唱和、天皇賛美の奉和応製の詩が多く、弘仁期の文学の特色がよくうかがえる。「日本古典全集」所収。

りょうかいまんだら [両界曼荼羅] 両部曼荼羅とも。胎蔵界曼荼羅と金剛界曼荼羅の2種の曼荼羅をあわせた呼称。両曼荼羅は別個に成立・発展したが、中国では二元論的に把握され、東西一対の曼荼羅として位置づけられた。胎蔵界曼荼羅は「大日経」に依拠して図絵され、金剛界曼荼羅は「金剛頂経」により縦横に整然と9区(九会)の曼荼羅を並べたもの。前者は悟りの本来の姿(理)を示し、後者は仏の智恵の実相を表したものとされ、両曼荼羅を統一して理智不二という密教的な世界観を表す。空海請来の正系である現図曼荼羅のほか、子島曼荼羅・西院曼荼羅などの別系本があり、また台密では金剛界曼荼羅に八十一尊曼荼羅を用いることもある。→図次頁

りょうがえ [両替] 金銀銭三貨の交換を中心に

●● 両界曼荼羅

	西	
四印会	一印会	理趣会
供養会	成身会	降三世三昧耶会
微細会	三昧耶会	降三世会

南　　　　　　　　　　　北

東

金剛界曼荼羅

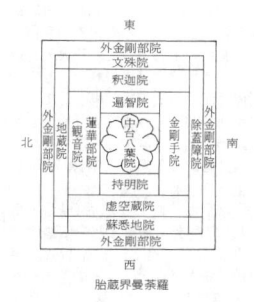

東

	外金剛部院	
	文殊院	
	釈迦院	
外金剛部院 地蔵院 蓮華部院(観音院)	遍智院 中台八葉院 持明院	外金剛部院 除蓋障院 金剛手院
	虚空蔵院	
	蘇悉地院	
	外金剛部院	

南　　　　　　　　　　　北

西

胎蔵界曼荼羅

行われた多様な金融業務，またそれを業務とする金融業者。中世にも両替や割符という為替取組みを行った両替衆の存在が知られるが，近世に入ると三都をはじめ地方都市にも出現，業務内容・規模ともに発達して機能が分化した。銭の交換を主とし手数料を得る銭両替が一般的であるが，三都とくに大坂には本両替が存在し，より高度な金融業務をはたした。大坂の本両替は，金銀貨の交換，預金，貸付け，手形の振出し，為替の取組みなど，銀行業務のおもなものはすでに行っていた。明治期に，経済制度の変化や藩債処分などにより打撃をうけるが，銀行資本に転換したり，洋銀・藩債証券を取り扱い，明治中期まで両替商として存続した者もいた。

りょうかん [良寛] 1758.12.～1831.1.6　江戸後期の漢詩人・歌人。禅僧。越後国出雲崎の名主山本泰雄の長男。幼名栄蔵。文孝を名のる。良寛は剃髪後の名。通称左衛門。字は曲。五合庵・大愚と号す。13歳頃，儒学を大森子陽に就学，のち光照寺の玄乗破了に参禅。22歳のとき備中国玉島円通寺の大忍国仙について同寺に赴き，1790年（寛政2）師から印可の偈をうけた。その後は諸国を行脚し，47歳で越後国国上山の中腹五合庵に定住した。天性の詩才に恵まれて詩・歌に秀で，書は独自の光彩を放って珍重される。奇行で知られ，200近い逸話が伝わる。歌集「布留散東」「蓮の露」。

りょうかん [良観] ⇨忍性

りょうけ [領家] 荘園領主のうち本家の下位におかれた権門勢家。本家職が成立していない場合は，領家ひとりが荘園領主であった。平安後期以降の荘園は，平安中期の国免荘を前提としたものが多く，院政期には，領家であった中流の貴族や官人が，競って上級権力者に国免荘を再寄進した。こうした場合には領家の上位に本家が成立したが，再寄進されないままの荘園も多かった。寺社領の荘園では，平安中期の荘園がそのまま再編成されたものも多く，荘園領主は領家のみであった。その権限は，国衙公権を分有したものであり，預所や上司を現地に派遣して荘園の経営にあたったが，実際の経営は，下級荘官である下司や公文という在地領主層による場合が多かった。なお，領家は職権の面からみるときは領家職とよばれた。

りょうけしき [領家職] 本家職の下に位置した荘園の支配・所有権。在地領主から寄進をうけた荘園領主が，その荘園をより確かなものとするため有勢な皇族や貴族を上級領主に仰いで再寄進した場合，みずからを領家といった。院を本家に仰いだため，領家がへりくだって預所などと職を自称した例もある。荘園の検注権や荘官の任免権などを内容とする荘務権は，領家職に留保されることも，本家職に移行することもあり，一様ではない。

りょうげのかん [令外官] 大宝令制定後に新設された職員令に規定のない常置の官司・官職。奈良時代～平安初期に新設の令外官の多くは，太政官に所属する官職（内大臣・中納言）や令制官司と同格の官司（中衛府・造宮省・修理職・斎宮寮・造○○司など）であり，それらは官位相当・除目下で任命するという点でも令制官と同じであり，太政官に統轄される令制官司に準じたものである。それに対して平安時代に新設された令外官の多くは，摂政・関白・蔵人・検非違使・禁中所々など，令制官司とは無関係に，特定の職務・権限が官司化・官職化したもので，官位相当はなく，ほかに本官をもつ者の兼官であった。それらは天皇との臣従関係にもとづき宣旨によって任命され，多くは天皇の代替りに，任命しなおされた。

りょうこ [陵戸] ⇨五色の賎

りょうごくばし [両国橋] 東京の隅田川にかかる橋。中央区東日本橋と墨田区両国を結ぶゲル

バー型鉄橋。明暦大火の反省から1659年(万治2)木橋がかけられ, はじめは大橋, のちに武蔵・下総両国を結ぶところから両国橋の愛称でよばれた。江戸文化の中心として, 花火・舟遊びをはじめとして浮世絵や落語の舞台としても有名。橋の両側は江戸最大の盛り場としてにぎわった。1904年(明治37)それまでよりやや上流にかけられた鉄橋は関東大震災にも落ちなかったが, 震災復興計画により, 32年(昭和7)改修されて現在に至っている。

りょうじ [令旨] 皇太子および三后(皇后・皇太子・太皇太后)の命令・意志などを伝達する文書。律令制下では公式令 くしきりょう に令旨式が規定された。発給手続きは皇太子などの意向をうけた者がそれを春宮坊 とうぐうぼう に伝達し, 春宮坊は皇太子などに返事をし, 画日 かくじつ をへたうえでさらに1通を写して施行することになっていた。平安時代後半になると, 皇太子・三后・女院・親王などの意向をうけた近侍者の名で発給された奉書形式の令旨が行われるようになった。

りょうじさいばんけん [領事裁判権] 領事が在任国に在住する自国民を, 在任国の法権に服させず, 本国法にもとづいて裁判する権利。ヨーロッパ商人の中近東などでの領事選任による自治に起源。キリスト教国民がイスラム国家のオスマン朝から恩恵的に得た治外法権に由来し, ペルシア・中国・タイなどが欧米諸国と結んだ不平等条約につい で, 日本では1854年(安政元)日米和親条約付録を萌芽とし, 安政五カ国条約で民事・刑事とも片務的に規定, 居留地自治が成立した。実際の裁判判決が不公正でも上告は海外のため困難であった。条約改正交渉では82年(明治15)内地開放の条件に法権服従を提示, 94年イギリスなどとの新条約で領事裁判はなくなり, 99年実施により法権を回復。国際社会においては1949年のエジプトを最後に消滅した。

りょうしゅみょう [領主名] 中世の在地領主の所領である大規模で特権的な名田。百姓名に対して提起された学術用語。辺境で典型的にみられ, 成立は荒田開発に際し国衙 こくが 周辺に設定された別名 べつみょう にさかのぼるとされる。在地領主は別名の設定にあたって国衙のもつ勧農権を分与されたが, これが領主権の根拠となり, 時代とともに領主所領の下地 したじ 支配権へと発展し領主名が成立した。立荘により荘園内に含まれた場合は下司名・公文名 くもんみょう などの荘官名となったものが多い。

りょうしょ [料所] 特定の目的にあてるための所随。中世, 荘園の多くは, 年中・公事 くじ を特定の行事や堂舎の維持などの料とする名目で立荘された。したがって荘園の大半はなんらかの料所である。寺社領の場合, それぞれの荘園は大仏灯油・御影供 みえく・大塔修理などにあてるための料所と位置づけられていた。料所のうち天皇家領の, 天皇や上皇の生活の資にあてる荘園はとくに御料所とよばれた。そして, 室町幕府・江戸幕府の将軍家の経費をまかなう直轄領や蔵入地 くらいりち も同じく御料所と称された。

りょうしょ [梁書] 中国南朝の梁(502〜557)の興亡を扱う正史。56巻。姚察 ようさつ が陳朝のもとで編纂を開始し, その死後姚思廉 ようしれん が隋・唐両朝のもとでこれを継承完成。それまでに編纂された梁の史書は参照されたらしいが, すべて散佚。『史記』以来の体裁によるが本紀・列伝のみ。東夷倭伝には, 卑弥呼 ひみこ の宗女臺(台)与 とよ(壹与 いちよ)が王となったことや, 倭の五王讃・彌 み・済・興・武のことが記されている。中華書局刊。

りょうしょう [領掌] 領はすべる, おさめる, とりしまるの意, 掌はつかさどるの意。領有し支配すること。とくに中世では, 所職や所領を領有し相当の職分をつかさどり, 応分の収益をえることをさしていった。古くは, 「りょうじょう」と読んで領状と混用されることがあったらしい。

りょうしょうし [廖承志] Liao Chengzhi 1908〜83.6.10 中国の政治家。国民党元老廖仲愷 ちゅうがい の子。別名は何柳華。両親が日本へ亡命中に東京で生まれ, 1919年帰国。父の暗殺後に再度来日, 早稲田大学第一高等学院に入るがのち退校。長征に参加後, 35年中国共産党出版局長となり, 49年以降, 統一戦線幹部副部長などの要職に就き, 高碕達之助とLT貿易を実現。中日友好協会会長・第5期全人代副委員長も務めた。

りょうじんひしょう [梁塵秘抄] 平安末期, 後白河上皇が撰んだ今様 いまよう の歌謡集。『本朝書籍目録』によれば, もと20巻で歌詞集と口伝集各10巻であったか。明治末期に巻1(断簡), 巻2のみ発見された。書名は虞公 ぐこう と韓娥 かんが の美声が梁の上の塵を舞いあがらせた故事にもとづく。長歌10首, 古柳10首, 今様10首, 法文歌 ほうもん 220首, 四句神歌 しくじんか 204首, 二句神歌121首, 計566首を収める。仏教歌謡を中心に, 神祇信仰, 院政期の都市生活, 庶民の日常をもりこむ社会史の資料としても有効である。巻1の伝本は桂宮小路家旧蔵(天理図書館蔵)巻子本など, 巻2は竹柏園旧蔵(天理図書館蔵)2冊本が唯一の伝本で, 正徹 しょうてつ の孫弟子正韻の奥書をもつ。『日本古典文学大系』所収。

りょうせん [良賤] 律令制における良・賤身分のこと。または良民と賤民のこと。日本の律令制では被支配民の身分を良・賤に二大別し, 租庸調などの公課を負担する公民を良民とし, 特

りょうち [領知] 「領」はすべる, おさめる, とりしまるの意,「知」は管掌する, つかさどるの意で, 所領や所職 ﹅﹅ を領有し支配することをいう。鎌倉幕府法では, 知行とほぼ同義に用いられている。中世後期にも同様の意味に用いられたが, やがて領有の対象となった所領や所職そのものをさした。

りょうちしゅいんじょう [領知朱印状] 豊臣政権および江戸時代, 豊臣秀吉や将軍が発給した知行を安堵する文書。将軍の代替りのほか, 大名の新規取立てや転封の際に発給された。江戸時代, 10万石以上の大名には判物 はんもつ が与えられたが, 両者を総称して「御朱印」とよばれた。別紙として領知目録がそえられる。

りょうとうげきしゅのふね [竜頭鷁首船] 「りゅうとうげきしゅのふね」とも。神秘的な霊力が風水の難をさけるという竜や想像上の水鳥の鷁を船首の装飾とした2艘1対の船。貴族が乗って遊興するための船ではなく, 朝観 ちょうかん や寺社などへの行幸, その他朝儀, 寺社供養などの行事に楽人10人ほどと棹郎 とうろう (船頭) 4人が乗り, 池で楽をかなでる楽船として用いられた。「駒競 こまくらべ 行幸絵巻」「紫式部日記絵巻」などに描かれる。

りょうとうてつりつ [両統迭立] 鎌倉後期, 皇位・所領をめぐって対立した二つの皇統, 後深草天皇系の持明院統と, 亀山天皇系の大覚寺統との間で, 交替で天皇を出すこととした原則。後嵯峨上皇が後継者を指名することなく没した後, 決定をゆだねられた幕府は, 上皇の中宮大宮院の証言によって亀山天皇の親政となし, 天皇が皇子世仁 よひと 親王 (後宇多天皇) に譲位した際には, 北条時宗の斡旋によって後深草皇子煕仁 ひろひと (伏見天皇) を皇太子とした。これ以降, 持明院統の後伏見, 大覚寺統の後二条, 持明院統の花園が交替で皇位につき, 皇室領荘園も持明院統が長講堂領を, 大覚寺統が八条院領を継承して室町院領は両統に折半された。1317年 (文保元) 文保の和談によって両統を守ることが決められ, 大覚寺統の後醍醐が皇位についた。この時点では, さらに持明院統が後伏見系と花園系, 大覚寺統が後二条系と後醍醐系に分裂。26年 (嘉暦元) 持明院統の量仁 かずひと が皇太子になったことは, 後醍醐天皇の倒幕運動の動機の一つとなった。南北朝内乱ののち, 92年 (明徳3・元中9) の両朝合一によって再び両統迭立の原則によることとなったが, 実際は持明院統のみが皇位を継承した。

りょうとうはんとう [遼東半島] リアオトン半島。中国東北部遼寧省南部にあり, 南西に向かって黄海・渤海に突き出している半島。1895年 (明治28) 日清講和条約で日本に割譲されたが, 三国干渉の結果, 日本はこれを放棄した。日本にかわりロシアが東清鉄道条約及び98年の旅順・大連租借条約により, 半島租借権を得て要塞・軍港を築いた。しかし日本は日露戦争でこれらの要塞・軍港を占領し, 1905年の日露講和条約および満州に関する日清条約により租借権を継承, 15年 (大正4) の対華二十一カ条の要求で租借期限を99年間に延長した。関東州とよばれ, 関東都督府および関東庁の管轄下におかれた。第2次大戦の日本の敗戦により, 中国に返還された。

りょうのぎげ [令義解] 養老令の官撰注釈書。10巻。右大臣清原夏野 きよはらのなつの を総裁とし, その他多くの学者・文人を撰者とした。額田今足 ぬかたのいまたり の進言により826年 (天長3) 編纂を始め, 833年完成・奏上し, 翌年施行した。本書の完成・施行により令文の解釈は確定し, 他の解釈は許されないこととなり, 注釈そのものも法としての強制力をもった。解釈は諸学者の注釈書を参考にして行われているが, とくに「令釈」にもとづくところが多い。養老令そのものがまったく残っていないので, 本書の引用する養老令条文は貴重な史料である。現存する写本で欠けている部分を「令集解 りょうのしゅうげ」などから復原したものをあわせて「国史大系」に収める。

りょうのしゅうげ [令集解] 養老令の私撰注釈書。「令釈 りょうのしゃく」をはじめ古来の令注釈書を集成したもの。もと50巻と伝えるが, 現存するのは35巻 (うち3巻は本来のものではない)。「本朝書籍目録」によれば明法博士惟宗直本 これむねのなおもと の撰。引用されている格式 きゃくしき が弘仁のものなので貞観年間 (859～877) 前半以前の成立か。「令義解」の施行により令文解釈は一定したが, これにより多くの学説がうずもれることを恐れた直本が集大成したといわれている。引用されているおもな注釈書には,「古記」「令釈」「跡記」「穴記」「讃記」「物記」「伴記」などがあり, 唯一の大宝令注釈書である「古記」は重要である。「国史大系」所収。

りょうばん [両班] 両序とも。禅院での役職を教学関係の西班 せいはん と経理関係の東班 とうはん にわけてよんだ区分。仏殿・法堂 はっとう で僧侶が並ぶときの位置に由来する。西班 (仏壇に向かって

左側)は首座・書記・知蔵・知客・知浴・知殿が,東班(右側)は都寺・監寺・副寺・維那・典座・直歳と並んだ。室町時代には経理や荘園経営を行う東班衆が禅院内で権力を握る傾向にあった。

りょうぶしんとう [両部神道] 習合神道。真言密教との神仏習合説をもとに成立した神道。名称は,真言密教の世界観を表す胎蔵界曼荼羅・金剛界曼荼羅からなる両界曼荼羅(両部曼荼羅)により仏と神の習合の関係を示したことによる。平安時代から主張され,鎌倉時代には空海などの主張のかたちを借りて理論書が提示され,1318年(文保2)成立の「三輪大明神縁起」で神道説が説かれた。両部神道の名称は,吉田兼倶の「唯一神道名法要集」ではじめて使用された。近世以降,新たに提示された神道説の基本と位置づけられたが,明治期になると神仏分離政策により衰退した。

りょうぼせい [両墓制] 埋葬墓(遺体を埋葬する墓地。一般に埋墓という)と,石塔を建てる墓地(一般に詣墓という)を離して設ける墓制。この墓制は関西地方を中心に分布し,九州や東北地方ではほとんどみられない。両墓制については,死穢と霊魂の分離を前提として死骸=穢れ=埋墓と,霊魂=清浄=祭祀=詣墓という一つの連続した葬墓制の習俗としてとらえる学説と,埋墓は死者への恐れや穢によって村境の外に設けられ,詣墓は仏教信仰の影響で礼拝供養するために新たに建てられたものとし,異なった二つの要因が二つの墓地を形成したとする学説がある。

りょうみん [良民] 律令制の身分用語。良賤制という身分制度において,賤民と対比される人民で,とくに日本では課役を負担する公民とほぼ同義で用いられることが多い。公民と同じく「オオミタカラ」と訓じられる。良民という語自体は中国からのもので,礼的秩序内の存在という意味ももっていたが,日本ではその意味はなかった。

りょうようのたたかい [遼陽の戦] 1904年(明治37)8~9月,日露戦争における大規模な陸戦。旅順攻略と同時に行われ,日本は13万,ロシアは22万の兵力を投入し,戦闘は激烈をきわめた。ことに首山堡の争奪をめぐる攻防は激戦で,日本軍は9月4日にようやく占領,遼陽を包囲されることをおそれたロシア軍は退却した。この後ロシア軍は新鋭兵力を加えて10月にも反攻したが(沙河の会戦),撤退した。

りょくじ [緑児] 緑は律令制の年齢区分の一つ。大宝令の規定で,男女3歳以下をさす。籍帳の記載例は緑子・緑児・緑女。養老令では唐制にならって黄と改められた。

りょくふうかい [緑風会] 1947年(昭和22)4月の第1回参議院選挙で当選した無所属議員により結成された参議院会派。初夏の緑風のなかで開会した新憲法下の国会に新風を送ることを念じて命名。当初は山本有三・松平恒雄らの文化人・旧官僚を中心とする92人が所属,参議院の最大勢力であった。文化財保護法など独自の法案提出も行ったが,議員数はしだいに減少し,59年選挙では当選者11人になった。翌年3月に参議院同志会と改称,62年には第二院クラブとして院内交渉団体を結成。65年6月に4人の現職議員の任期満了とともに消滅。

りょじゅんこうりゃく [旅順攻略] 日露戦争では1904年(明治37)8月~05年1月,バルチック艦隊の極東回航前に港内のロシア艦隊を潰滅させ,連合艦隊を閉塞作戦から解放するための作戦であった。しかし要塞に立てこもるロシア軍(ステッセル司令官)の防備は堅く,第3軍(乃木希典司令官)は肉弾による3度の正面攻撃をくり返したが失敗し,目標を203高地にかえ,大口径砲の使用によりようやく攻略。1月1日にロシア軍は降伏し,同月13日に日本軍が入城した。

りらくじょう [離洛帖] 藤原佐理が991年(正暦2)5月19日付で,任地の大宰府に赴く途中,長門国赤間関の泊から都の春宮権大夫藤原誠信にあてた消息。内容は,下向に際し,摂政藤原道隆に赴任の挨拶を怠った失礼に対しとりなしを依頼するもの。自由奔放に草書で書かれ,強く鋭い筆勢と墨色の絶妙な変化は,佐理の消息5通のなかで最もすぐれた書といわれる。畠山記念館蔵。縦30.8cm,横62.4cm。国宝。

りん [厘] 釐とも。単位の一つ。長さとしては分の10分の1で約0.3mm,重量としては分の10分の1で0.0375g,貨幣としては銭の10分の1をいう。

りんか [林下] 官寺である叢林に対し,私寺の系統の禅寺。南北朝期から夢窓疎石と円爾の法流を軸に五山制度が整備されると,それに包括されない永平寺系の曹洞宗や臨済宗の大徳寺・妙心寺などをさした。これらの教団ははじめ少数派の存在だったが,室町時代から地方や民衆の間に教線を拡大して五山派をしのぐ勢いを示した。

りんきょうしん [臨教審] ⇨ 臨時教育審議会

リングぼうせきき [リング紡績機] 1830年代にアメリカで考案され,80年代末に技術的に完成された紡績機。牽伸・加撚・捲糸が,往復運動をともなう従来のミュール紡績機とは違って,リングとトラベラーの使用で連続的に行われ,太糸・中糸では生産性が高く,また熟練を

りんけ [林家]「はやしけ」とも。江戸幕府の儒官として文書行政や教育をつかさどった家。初代羅山 $_{らざん}$ は徳川家康以下、秀忠・家光・家綱と4代の将軍に仕えて朱子学を講じ、将軍や幕閣からの諮問に答え、武家諸法度、朝鮮使節への国書起草などを行い、弟永喜とともにその地位を高めた。1630年(寛永7)上野忍岡 $_{しのぶがおか}$ の地に学寮を建設し、幕府学政への参与の道を開き、学者を養成した。2代鵞峰 $_{がほう}$・3代鳳岡 $_{ほうこう}$ によって幕府内での地位が確立。林家の私塾は寛政期に官学昌平黌 $_{しょうへいこう}$ へと発展した。鳳岡のときに大学頭の官号を得、僧侶の剃髪・僧形も終焉させた。その後、代々の林家当主は幕府の諮問をうけ、幕臣の教育にも参与。また諸種の編纂事業も主導した。門弟を多く輩出したが、学問的な発展はみられない。家禄は徐々に加増され、述斎のとき3000石余を給された。→巻末系図

りんざいしゅう [臨済宗] 中国禅家五家七宗の一つ。唐代の臨済義玄 $_{ぎげん}$ を開祖とする。日本に本格的に伝えたのは鎌倉時代の栄西が最初。この後、1267年(文永4)宋から帰国した南浦紹明 $_{なんぽじょうみょう}$ (大応国師)が伝え、大灯国師宗峰妙超 $_{しゅうほうみょうちょう}$ から関山慧玄 $_{えげん}$ へと伝法した系統、すなわち応・灯・関の一系が栄え、今日も道元の流れをくむ曹洞宗とともに現代日本の禅を代表する宗派として栄えている。室町中期には白隠慧鶴 $_{はくいんえかく}$ がでて、独自の公案体系を確立するなど、臨済宗中興の祖といわれる。また江戸初期に来日した隠元隆琦 $_{いんげんりゅうき}$ は宇治に万福寺を創建し、日本黄檗 $_{おうばく}$ 宗の開祖となった。日本臨済宗には大竜寺派・相国寺派・建仁寺派・南禅寺派・妙心寺派・建長寺派・東福寺派・大徳寺派・円覚寺派・永源寺派・方広寺派・国泰寺派・仏通寺派・向嶽 $_{こうがく}$ 寺派の各派がある。

りんじ [綸旨] 天皇の意思を伝達する奉書形式の文書。天皇の秘書官である蔵人 $_{くろうど}$ が天皇の意思を承り、形式上の差出人となって出される。平安時代に発生した。本来は私的な内容にのみ使用されたが、やがて公的な内容にも使用されるようになった。「綸旨(綸言)を被るにいわく」で始まり、「綸旨(綸言)此の如し」「天気此くの如し」「天気候 $_{そうろう}$ ところなり」などで終わるのが一般的だが、「仰せに依り執達件の如し」「御気色 $_{みけしき}$ 候ところなり」で終わり、一般の御教書と区別がつかない場合もある。1回使用したのちに漉き返した紙の宿紙 $_{しゅくし}$ を使用することが多かった。

りんじきょういくしんぎかい [臨時教育審議会] 1984年(昭和59)8月に設置された、総理大臣の諮問に応じる教育に関する審議会。臨教審と略称。教育関係者・政財界関係者25人と専門委員20人で構成。中曽根内閣のもと、85年6月の第1次答申から第4次答申を87年8月に提出して解散した。具体的には個性重視の原則を掲げ、(1)初等中等教育関係で6年制中等学校・単位制高等学校の新設、(2)高等教育関係では文部大臣への勧告権をもつ大学審議会の創設、産学協同の推進、その他生涯学習体系への移行、国際化・情報化への対応などを答申。

りんじぎょうせいちょうさかい [臨時行政調査会] 行政改革推進のための総理府の付属機関。臨調と略称。1962~64年(昭和37~39)の第1臨調は、行政運営の総合化・合理化・能率化を中心に内閣の総合調整機能強化などを答申。81~83年の第2臨調は行政改革と行政再建に重点をおき、変化への対応、総合性の確保、能率化、信頼性の確保を中心に答申。これにもとづき国鉄・電電公社・専売公社が民営化された。

りんじしきんちょうせいほう [臨時資金調整法] 戦時金融統制の根拠法令。1937年(昭和12)9月、軍需産業・生産力拡充産業へ資金を重点的に配分するために制定された。輸出入品等臨時措置法とともに戦時統制の中心に位置した。長期資金を対象とする本法により、10万円以上の貸付・証券引受、資本金50万円以上の企業の設立、増資・合併は許可制となった。また産業を軍需産業の甲、紡績など非軍需産業の丙、中間の乙の3種に区分し、甲は原則許可、丙は原則不許可、乙は場合によるという許可方針(調整標準)が設定された。

りんじぞうやく [臨時雑役] 雑役とも。10世紀から官物 $_{かんもつ}$ とならび、公領で賦課された税目の一つ。朝廷の行事経費や国司の必要経費を調達するため、国司が公領に随時賦課するもの。個々の具体的な経費名で賦課が行われ、これら雑多な課役を総称して臨時雑役とよんだ。臨時雑役のなかでも、造内裏役 $_{ぞうだいりやく}$・伊勢神宮役夫工米 $_{やくぶくまい}$ など重要な国家事業・行事の経費は、11世紀から順次、荘園へも賦課される一国平均役になっていった。

りんとんぐん [臨屯郡] ⇨楽浪郡 $_{らくろうぐん}$

りんのうじ [輪王寺] 東京都台東区の上野公園にある東叡山寛永寺の本坊。当寺3世の後水尾天皇の皇子守澄 $_{しゅちょう}$ 入道親王のとき、日光に輪王寺の寺号が与えられ、親王が日光輪王寺門跡と寛永寺の住持を兼ね、輪王寺宮と号したのが始まり。以後代々の輪王寺宮は寛永寺に住み、江戸と日光を往復して両寺を統轄した。1869年(明治2)輪王寺の号は廃されたが、85年日光・東叡山の両所に寺号が復活され、寛永寺と

別に門跡寺院として輪王寺がたてられた。

りんぱ[琳派] 光琳派とも。明快な構図や色彩による装飾性の強い画風を特徴とする江戸時代の絵画様式。俵屋宗達を祖とし，俵屋宗雪・喜多川相説・尾形光琳・尾形乾山・渡辺始興・酒井抱一と続く。抱一以降は江戸琳派ともいう。光琳は宗達に，抱一は光琳に私淑して，様式の継承と新展開に努めた。四季の草花や伊勢物語絵などを多くとりあげ，伝統的なやまと絵の手法を洗練させた。染織や蒔絵・陶磁器など工芸分野ともかかわりが深く，主要画家はそれぞれ工房を営み，制作にあたったと考えられる。優美で親しみやすい画風は，18世紀半ば以降，光琳模様として庶民にも定着した。

る

る[流] 流罪・流刑とも。律の五罪の一つ。死について重いもの。この刑に処せられることを配流という。本籍地からの強制移住と現地での1年間の労役をくみあわせた刑罰で，近流・中流・遠流の3等がある。「隋書」倭国伝には「流」が，また「日本書紀」天武5年(676)8月条にはすでに「三流」の別もみえるが，記紀などによれば，古来犯罪人を辺境の地または島に追放する(はふる)という刑罰が行われており，日本律の流罪は，この固有法のうえに唐律の流刑の規定を継受して成立した。中世の武家法にも継承され，鎌倉時代には遠流1種となり，夷島(蝦夷が島)・伊豆大島・陸奥などへ流し，その地の御家人に監視させた。江戸時代には「公事方御定書」に遠島といい，伊豆七島・薩摩・五島の島々などに流していた。流罪の刑に処せられた人を流人といい，流人と配流場所を記したものを流帳といった。

るいじゅうこくし[類聚国史] 六国史の記事を，神祇・帝王・後宮・歳時・音楽・政理・刑法・職官・田地・祥瑞・災異・仏道・風俗などの諸事項に分類し，年代順に配列した史書。本編200巻・目録2巻・帝王系図3巻。892年(寛平4)菅原道真が宇多天皇の勅命により撰進したものであるが，道真の左遷(901)後ほどなく，「三代実録」の記事が付加された。本書はすでに平安末期には散逸したようであるが，1815年(文化12)61巻を集めて校合・公刊された。のち1巻を加えて「国史大系」に収める。六国史の記事検出に便利であるうえ，散逸した「日本後紀」の逸文を引用しているなど，六国史の欠落を補う意味でも貴重である。

るいじゅうさんだいきゃく[類聚三代格] 弘仁・貞観・延喜3代の格を集大成して分類・整理した法令集。平安中期の成立と推定されるが撰者不詳。3代の格がすべて官司別分類であるのに対し，本書は神社・仏事・諸司・諸国・交替・公廨・農桑・調庸・田地など項目別にまとめる。30巻との伝えもあるが，現存するのは12巻本と20巻本の両種。一部に欠失があるため利用に際し注意を要するが，3代の格そのものが失われていることから律令国家研究に不可欠の文献である。格文の収録は機械的ではなく，一つの格文を複数の事項に分割採録する場合もある。「国史大系」所収。

るいじゅうじんぎほんげん[類聚神祇本源] 中世神道論の書。15巻。1320年(元応2)度会

家行著。平安末〜鎌倉時代，伊勢外宮ぐうにうまれた伊勢神道の原形「神道五部書」を整備して神道説として体系化したもの。編目は天地開闢編・本род造化編・天地所化編・天тоん編・内宮編・外宮遷座編・宝基編・形文編など15編。本書の影響下に北畠親房「元元集」や慈遍「旧事本紀玄義」が著された。

るいじゅうふせんしょう [類聚符宣抄]「左丞抄じょうしょう」とも。壬生みぶ官家(小槻おづき氏)が，737〜1093年(天平9〜寛治7)の宣旨・官宣旨・太政官符などを収集した書物。10巻。編者不詳。平安中期には成立。現存の8巻には，神事・災異・疾病・帝皇・后宮・皇親・外記雑事・弁官雑事・諸社雑事・諸道雑事・給上日事に分類されている。官符・宣旨を原形に近いかたちで引用し，その作成過程や事務処理の詳細を知ることができる。「国史大系」所収。

ルイス・フロイス ⇨フロイス

るがくしょう [留学生] 遣隋使・遣唐使に伴われて入唐した学生のうち，長期間の留学を求められた者。僧ならば学問僧とよぶ。多く官人の子弟から選ばれ，推古朝の高向玄理たかむくのくろまろ，在唐17年ののち734年(天平6)に「唐礼」などの漢籍や武具をたずさえて帰国した吉備真備きびのまきび，また帰国をはたせず唐で高官となった阿倍仲麻呂らが著名。延喜大蔵省式によれば絁あしぎぬ4疋・綿20屯・布13端が支給され，在唐中は唐政府の保護・監督下におかれた。

るき [流記] 寺社の権利を守るため，後世に伝える機能を付された文書のこと。古代には，資財帳をはじめとする寺社の公的な財産目録は，朝廷・国衙こくがに進上することが義務づけられており，いったん進上されれば，公験くげんの機能をもつようになるので，寺社は寺領争論などに備え，提出した文書を保存していた。

るしゃなぶつ [盧遮那仏] ⇨毘盧遮那仏びるしゃなぶつ

るすい [留守居] ⇨大名留守居だいみょうるすい

るすどころ [留守所] 平安中期〜南北朝期に諸国の国衙こくがに設置された機関。受領ずりょう国司の遙任ようにんが広まると，諸国には留守所がおかれて，受領が私的に任じた目代もくだいを派遣して管轄させ，国衙全体の運営を行わせるようになった。留守所もまた国衙機構の所どころの一つであるが，受領から発せられた庁宣をうけて留守所下文くだしぶみを発行し，他の所を管轄して実務を行わせるなど，国衙の行政機能の中枢を担う存在であった。鎌倉時代になると，幕府から補任された守護が諸国の在庁官人との結びつきを強め，国衙の行政機構を掌握し，受領国司の制度に由来する留守所はしだいに国衙に対する影響力を縮小していった。

ルーズベルト ⇨ローズベルト

ルソン [呂宋] フィリピン諸島中最大の島。1571年以来，スペイン人がマニラを根拠地に植民地化し，新大陸の銀を資本に中国人と交易した。また日本の朱印船が渡来，日本銀と中国生糸・蘇木・鹿皮・呂宋壺などが取引された。1592年(文禄元)豊臣秀吉の帰服要求を機に，マニラのディラオやサンミゲルに日本町が形成され，徳川家康もメキシコ交易などを目的にルソンとの交渉をもった。しかし1620年(元和6)の平山常陳事件で関係が悪化し，24年(寛永元)フィリピン総督の復交要請を拒否して国交は断絶した。

れい [例] 令文(りょうぶん)の不備を補ったり，令文の解釈を明確化するために出された施行細則，ないしそれらを集めた法典。式に類似する。大宝律令の施行にともない，令師(りょうし)とよばれる明法家の発した施行細則を整理した「八十一例」のほか，「六十一例」「弾例」「式部省例」「治部省例」「刑部省例」「囚獄司例」，和気清麻呂が撰したという「民部省例」などが知られる。体裁や内容はさまざまだが，令文と同様「凡(およそ)」の字を冠する完成形のものもある。多くは「弘仁式」にうけつがれた。

れいげんてんのう [霊元天皇] 1654.5.25～1732.8.6　在位1663.1.26～87.3.21　後水尾(ごみずのお)天皇の第19皇子。名は識仁(さとひと)。生母は園基音(そのもとね)の娘新広義門院国子。幼称高貴宮(あてのみや)。1654年(承応3)兄後光明天皇の養子となり儲君に治定。58年(万治元)親王宣下。62年(寛文2)12月元服し，翌年1月践祚。父法皇の没後は直接政務をとったが，近頃と事を謀ることが多く，朝廷内に軋轢が生じた。一方，大嘗会(だいじょうえ)の再興など朝儀の復興に意欲的であった。1713年(正徳3)8月落飾，法名素浄。

れいこ [例挙] 定率(じょうりつ)・見挙(けんきょ)とも。10～11世紀に国ごとに定められた正税出挙(しょうぜいすいこ)の規定量。一般に延喜主税式に定められた量(式数)から，国ごとに認められた正税の減額分(減省(げんせい))を差し引いた量にあたる。

れいぜいてんのう [冷泉天皇] 950.5.24～1011.10.24　在位967.5.25～969.8.13　村上天皇の第2皇子。名は憲平(のりひら)。母は藤原師輔の女安子。為平(ためひら)親王・円融天皇の同母兄。生後2カ月で皇太子に立てられたが，成長とともに資質の欠陥を現し，父帝を悩ませた。967年(康保4)父帝の死去により践祚。円融を皇太弟に立て，2年後に譲位したが，このとき長子(花山(かざん)天皇)が2歳で立太子した。

レイテおきかいせん [レイテ沖海戦] 太平洋戦争でアメリカ軍のフィリピン奪回作戦にともない，1944年(昭和19)10月23～26日に同島周辺で展開された日米の海空戦。正式名称は日本でフィリピン沖海戦，アメリカでレイテ湾海戦。米軍のレイテ島上陸にともない日本海軍は全兵力で出撃，水上部隊を敵上陸地点に突入させて上陸企図を挫折させようとしたが，成功しなかった。日本は武蔵など大型軍艦の大半を撃破され，組織的な作戦能力を失った。

れいびょうけんちく [霊廟建築] 死者の霊を祭る建築。古くは寺院や神社におかれ，廟または霊屋(たまや)とよばれる。香椎宮(仲哀天皇)，多武峰(とうのみね)(藤原鎌足)，四天王寺聖霊院(聖徳太子)，北野天満宮(菅原道真)などが著名だが，建築の形式に共通の特徴はない。近世に増加する霊廟建築は，本殿と拝殿を石の間でつなぐ北野天満宮の権現造を原則とする。1599年(慶長4)の豊臣秀吉の豊国廟がその初めであり，徳川将軍は家康以下7代家継まで，日光東照宮をはじめ各地に霊廟が設けられた。

れいへいし [例幣使] 毎年決まった時期に奉幣のため神社に派遣される勅使。9月11日に伊勢神宮にむけて派遣される神嘗(かんなめ)祭のための奉幣が早くから例幣とよばれて重視されたため，一般にはその使(伊勢例幣使・神嘗祭使)をさす。江戸時代にはとくに日光例幣使をいう。

れいへいしどう [例幣使道] 日光例幣使街道とも。徳川家康の忌日に日光東照宮で行われる大祭に，年々朝廷から派遣される奉幣使が通行した道。道中奉行の支配下にあった。中山道を倉賀野でわかれ，玉村・五料(ごりょう)・芝(柴)・木崎・太田・八木・築田(やた)・天明(てんみょう)・犬伏・富田・栃木・合戦場・金崎の13宿があり，その先は壬生(みぶ)通をへて今市に達する。壬生通の5宿を加えて18宿とすることもある。

れいめいかい [黎明会] 大正期の啓蒙団体。米騒動後の国家主義思想の高まりに対抗するため，吉野作造と福田徳三が中心となり少数の学者・思想家を組織したもの。1918年(大正7)12月23日結成。言論統制をめざして毎月1回時事問題をとりあげた講演会を開いた。参加者は吉野・福田のほかに今井嘉幸(よしゆき)・新渡戸稲造・穂積重遠・大庭景秋・大山郁夫・渡辺鉄蔵・森戸辰男・姉崎正治ら。普通選挙実施，武断的対外政策の廃棄，治安警察法第17条廃棄問題などについて啓蒙し，講演集も出版した。ILO労働代表選出問題で会員の意見が割れ，20年8月解散。

れきかく [礫槨] 粘土槨や木炭槨の粘土や木炭のかわりに，礫を用いて木棺を安置するために造られた古墳の埋葬施設。墳丘に土壙(どこう)を掘り，礫で棺床(かんしょう)を造って木棺を安置するが，木棺を礫でおおうことはなかったようで，礫床とよぶのがよいという意見もある。

れきがく [暦学] 暦の作成・作成のための学問。日本では7世紀頃までに百済(くだら)を通して中国の太陰太陽暦が伝えられ，日・月の天文常数や造暦の規則を記した元嘉暦などの中国暦法が順次施行された。令制では陰陽(おんみょう)寮の暦博士が中心となって毎年の暦を作ったが，861年(貞観3)唐の宣明暦採用後800年余り改暦は行われず，また平安中期から暦道は賀茂氏の家業となり，暦学は長く停滞した。江戸時代に入

り渋川春海はもとの授時暦を改良した貞享暦を作り、日本人による最初の暦法が施行され、造暦の実務も幕府天文方に移った。江戸中期から漢訳・蘭訳の西洋天文学書が紹介され、その成果をとりいれた寛政暦・天保暦が施行され、ついで明治政府は太陰太陽暦を廃し、1873年(明治6)から現行の太陽暦(グレゴリオ暦)に移行した。

れきしものがたり [歴史物語] 平安末期から書かれた漢字仮名交りの物語的な歴史記述。物語風史書ともいう。この名称は昭和初期に芳賀矢一により使われはじめるが、それ以前は世継ぎなどといわれた。藤原道長の栄華を編年体で記した「栄花物語」がそのはじめとされる。その後、鏡物とよばれる「大鏡」「今鏡」「水鏡」「増鏡」と歴史物語が多く残された。それまでの歴史書が漢文体で史実のみを記したのに対し、仮名によっていきいきとした描写が可能になり、歴史上の人物の内面まで描かれるようになった。史実に忠実に語られていて、軍記物語やある種の主張が強く説かれている史論書などとは別に扱うのが一般的。

れきしょうしんしょ [暦象新書] 江戸後期の天文物理学書。長崎の元オランダ通詞の志筑忠雄が訳述。3巻。1798～1802年(寛政10～享和2)に成立。原典はオックスフォード大学のジョン・ケイルのラテン語の書をオランダのルロフスがオランダ語訳し、ライデンで出版(1741)したもの。西欧の天文学・力学の理論をのべたものだが、志筑はさらに原書にない独創的な新説も補っている。ほぼ同時代のカントやラプラスの太陽系の成因に関する星雲説を図説しており、18世紀末の日本の水準をはるかにこえている。「日本哲学全書」所収。

れきだいほうあん [歴代宝案] 琉球王国の外交文書集。1424年から1867年までの国際交流史の根本史料。第1～3集、別集、目録の計270巻として編集され、中国・朝鮮・暹羅シャム・安南アン・爪哇ジャ・満刺加マッカ・蘇門答剌スマなど、東アジアから東南アジア諸国との往復文書を収める。文書の種類は中国皇帝の詔勅、礼部や福建布政使司の咨文、琉球国王の表文・奏文・咨文・符文・執照文などが多い。沖縄県教育委員会から刊行中。

れきはかせ [暦博士] 律令制の陰陽寮に属する教官。唐の司暦と保章正の職掌を兼ね、暦の作成と暦生に暦法を教えることを職掌とする。従七位上相当。定員は本来1人だが、やがて権暦博士1人がおかれ、暦博士2人による暦の作成が定着した。2人の博士が頒暦用の暦と天体暦である七曜暦の作成を分担したと思われるが、頒暦の署名の実例は2人の博士による連署である。平安後期以降の暦博士は賀茂氏が独占した。

れきほう [暦法] ⇨暦法

れきみょう [暦名] 人名を列記した帳簿様の文書。古代の律令制度の用語。同様の書式の人名列記を交名ともいう。計帳制度のうえで戸口を列記した計帳歴や、軍団ごとに作成された兵士歴名簿など、人名を記録することで行政の状況を把握できたため、いろいろな種類のものが作成された。中世でも用いられた。

レコード 音楽などを録音した円盤。蓄音機・プレーヤーを用いて再生する。1877年、アメリカでエジソンがフォノグラフとよぶ円筒形蠟管のレコードを開発、御雇外国人ユーイングが79年(明治12)東京商法会議所で公開した。88年にアメリカのベルリナーが円盤形のレコードを発明、大量生産が可能になった。東京銀座の天賞堂は日本の芸能各種を吹きこんで輸入し、1903年11月に平円盤の名で発売、08年4月以降はレコードと改称した。1分間に約78回転するこのレコードは、48年にアメリカで33⅓回転のLP(ロングプレイング)盤が現れてから、SP(スタンダードプレイング)盤とよばれた。LPの日本発売は51年(昭和26)4月のこと。82年10月、音の波形をデジタル信号に変換してレーザー光線で再生するCD(コンパクトディスク)が、世界にさきがけて日本で発売され、レコードは衰微した。

レザノフ Nikolai Petrovich Rezanov 1764.3.28～1807.3.1 ロシアの政治家。1799年設立されたロシア・アメリカ会社の総支配人。1803年同社の世界周航計画に日本との通商交渉が加えられると、みずから周航隊長兼使節となり、大西洋・太平洋を航海。04年(文化元)4人の日本人漂流民を伴い、先にラクスマンに与えられた信牌をもって長崎へ来航。しかし半年も待たされたうえ要求のすべてを拒絶され、待遇も悪かったため、06年武力を背景に通商開始を迫ることを決意、いったん配下の海軍士官に対し樺太・蝦夷地の攻撃を指示した。その後曖昧な指令変更を残したまま帰途につき、ペテルブルク(現、サンクトペテルブルク)へ戻る途中病死した。

レースラー Karl Friedrich Hermann Roesler 1834.12.18～94.12.2 ロエスレルとも。ドイツの公法学者。ミュンヘンやチュービンゲンなどの大学で法学・国家学を学び、ローシュトック大学の国家学教授となる。1878年(明治11)外務省顧問として招聘され、のち内閣顧問。明治憲法起草に際し、伊藤博文に助言を与え、草案を示して内容・構成・条文の形態の基礎を作った。93年帰国。

れっとうかいぞう [列島改造] 地方開発型の政治構想の一つ。その代表である「日本列島改

造論」は1972年(昭和47)6月11日，当時通産相だった田中角栄が早坂茂三や通産省グループと合作して発表。巨大都市から人とカネの動きを地方へ還流させることを提言。新潟県出身の田中ならではの発想だった。

レッドパージ 共産党員とその同調者を公職や企業から追放すること。1950年(昭和25)5月のマッカーサー声明，6月の共産党幹部の追放，7月の共産党機関紙「アカハタ」停刊命令など，占領軍による共産党排除政策などで明確になった。7月末からはマスコミ関連会社での共産党員排除が始まり，ほかの民間主要企業，公務員にも拡大。年末までに1万数千人が職場から排除された。この結果，労働組合での共産党系の影響力は弱まった。

れんが[聯歌] 聯歌とも。和歌から派生した文芸形式。筑波の道とゅば雅称。和歌の上句(長句)と下句(短句)をそれぞれ別の人が詠み，唱和させたもの。長句と短句を1句ずつつなげたものを単連歌といい，それより長いものを鎖連歌とよばれば複数の人で100句詠み続ける百韻の形式が一般的。その他，百韻を10種続けて千句にし，千句を10種続けて万句としたり，五十韻・世吉ょ(44句)・歌仙(36句)などの形式がある。最初の1句を発句ほっく，第2句を脇句ゎき，以下第3句，第4と続き，最後の1句を挙句ぁげという。また百韻は4枚の懐紙に執筆ょっの手で記録される。「日本書紀」にある日本武尊ゃまとたけると秉燭人ひととの片歌問答が連歌の始まりとされ，平安時代まではおもに単連歌が和歌の余技に行われたが，鎌倉時代になると鎖連歌が流行し，賭物などをして優劣を競いあうようになる。その頃から式目(法式)が整いはじめ，連歌師とよばれるプロの指導者も現れた。江戸時代に入ると俳諧の連歌が流行し，正式な連歌は衰退していく。

れんがし[連歌師] 地下ぢげ連歌において指導的役割をする者。鎌倉末期から用例がみられ，連歌の上手を意味する場合から，宗祇そぅぎや紹巴じょうはのような職業連歌師とする場合まで多様。北野神社連歌会所の宗匠はその頂点であった。職業連歌師の姿は「七十一番職人歌合」によれば，黒衣の法体ほったいで側に執筆しっの少年を従える。

れんがしんしき[連歌新式] 連歌の規則(式目)。1372年(応安5・文中元)二条良基ょしもとが，それ以前の「建治新式」を補訂して「応安新式」を作り，1452年(享徳元)一条兼良がさらに改訂して「新式今案」を定めた。1501年(文亀元)には肖柏の補訂により「連歌新式追加並新式今案等」がなる。これらを「建治新式」以前の連歌本式に対して「連歌新式」という。「連歌法式綱要」所収。

れんげおういん[蓮華王院] 京都市東山区にある天台宗の寺。妙法院所管。後白河法皇が1164年(長寛2)鳥羽上皇の得長寿院にならって法住寺殿内に創建を発願し，平清盛に命じて堂舎，丈六の本尊，等身の千体観音像を造営させた。本堂は三十三間堂の名で知られる。湛慶たんけいの本尊千手観音，二十八部衆，風神・雷神などの国宝と，重文の千体千手観音像を所蔵。本堂の通し矢で知られる。

本堂 ほん 内部に丈六の本尊と千体の観音像を安置。後白河法皇が平清盛に命じて1164年(長寛2)に創建。1249年(建長元)焼失。66年(文永3)の再建堂が現存する。東に面し，正面35間(母屋33間)，奥行5間。一部に中世新様式の影響がみえるが，鎌倉時代京都の和様建築の代表例。国宝。

れんげもん[蓮華文] 蓮の花を意匠化した文様。古代エジプトのロータス文に起源が求められる。とくに炎暑のインドでは涼しい水辺と水中に咲く蓮は理想の境地を象徴し，それが煩悩から解脱して涅槃ねはんの境地に至るのと合致するとして，仏教文化とともに発達した。紀元前2世紀のサーンチーのストゥーパの石製欄楯らんじゅんの装飾にすでに用いられている。日本には仏教とともに伝来し，飛鳥時代以降寺院の軒丸瓦，仏像の台座・光背，仏具にも広く表され，仏教の代表的な装飾文様となった。

れんごう[連合] 日本労働組合総連合会の略称。1987年(昭和62)設立の全日本民間労働組合連合会，およびこれが官公部門を含めて89年(平成元)に発足させた労働組合のナショナル・センター。1987年に同盟・中立労連，88年に新産別，89年には総評がそれぞれ解散して連合に合流。一方，連合を労働戦線の右翼的大再編とみなす勢力は，89年に全労連(日本共産党系)と全労協(日本社会党左派系)を発足させた。

れんごうかんたい[連合艦隊] 2個以上の艦隊で編成される日本海軍の外洋作戦担当の中核部隊。最初の編成は日清戦争にともない1894年(明治27)7月19日，常備艦隊と西海艦隊からなり，司令長官は伊東祐亨いとう中将。次は日露戦争にともない1903年12月28日，第1・第2艦隊(のちに第3・第4艦隊を加える)からなり，司令長官は東郷平八郎中将(のち大将)。その後連合艦隊は演習その他の目的のため年度の所要期間編成されたが，33年(昭和8)5月20日以降，常時編成となった。太平洋戦争開戦時には第1～第6艦隊，第1・第11航空艦隊，南遣艦隊からなり，司令長官は山本五十六いそろく大将。戦争中は2個艦隊以上をもつ方面艦隊・第1機動部隊も連合艦隊に含まれていた。

れんごうこくぐんさいこうしれいかんそうしれいぶ[連合国軍最高司令官総司令部] 1945

年(昭和20)10月,連合国軍最高司令官マッカーサーのもとに総司令部(General Headquarters 略称GHQ)が設置された。総司令部のなかでとりわけ民政局・経済科学局は,占領改革に関する政策形成に強い指導力を発揮した。他方,対日占領はドイツの場合と異なり,日本政府の存在と機能を認めたうえで実施された。その結果,総司令部の各部局は,日本政府との非公式協議を通して占領政策を形成する側面もあった。

れんざ [連坐] 職務・組織をともにする関係者に,無実であってもかけられた刑罰。律においては連坐は公坐相連といい,各役所ごとに四等官の誰かが罪を犯した場合,他の四等官はそれぞれ1等を減じて加刑された。武家法では,貞永式目に代官が年貢を抑留して先例にそむいた場合,主人にも加刑する規定がみえる。以後近世まで連坐は郷・所をともにする者にかける方向で拡大されたが,近代刑法の制定とともに廃止された。

れんじゃく [連雀] 連尺・連索とも。中世〜近世に,本来は荷を運ぶ木製の背負道具であるが,それを使用した商人をもさすようになる。連雀商人は行商人の一種をさしたが,行商人一般をもさすようになった。彼らは連雀を用いて,比較的長距離を売り歩いた。とくに戦国期に活躍し,城下町には連雀町が形成され,駿河では商人頭の友野氏が連雀役を徴収した。近世においても近江商人・富山売薬商人などが活動した。

れんしょ [連署] 一般には1通の文書に連名で署判することを意味するが,鎌倉幕府では執権と連名で署判をする役職をいった。執権の次席として政務を補佐する重職。執権・連署をあわせて,両執権・両後見・両国司・両探題ともいった。1224年(元仁元)執権北条義時の死後,執権に義時の子泰時が就任し,翌年連署に弟時房を任じたのが始まり。以後,得宗家が執権を勤め,重時流・政村流・実泰流・時房流など得宗家に忠実な有力庶家から連署が選ばれた。得宗家で連署についたのは時宗だけで,この場合は連署の政村が執権に就任,時宗がふさわしい年齢に達してから連署に復した。得宗家から執権を出せない場合,連署から執権となった例もある。

れんにょ [蓮如] 1415.2.25〜99.3.25 室町中期〜戦国期の浄土真宗の僧。諱は兼寿。父は存如。少年期に本願寺再興を決意し,父に宗学を学び真宗教義への理解を深めた。1447〜49年(文安4〜宝徳元)東国に赴き親鸞関係の遺跡を巡り,57年(長禄元)本願寺8世となった。以後,近江門徒の掌握を行ったため比叡山との関係が悪化し,65年(寛正6)本願寺の破却にあった。三河地方の教化ののち,71年(文明3)越前国吉崎に坊舎をたてた。吉崎には門前町が形成され大いに栄えたが,富樫氏の攻略にあい退去。京都山科に本願寺を再興し,教団隆盛の基礎を築いた。教えは「御文^{ふみ}」としてまとめられた。

ろう [臈] 年臈にもとづく序列のこと。本来は僧尼が得度してからの年数をいい、寺院社会ではそれによって地位が決まった(臈)。平安時代の律令官司では年労(在任年数)によって官位が昇進するという慣例がうまれ、俗官においても臈という観念・規範が成立した。上臈・第一臈・臈次などの用法がみられる。

ろうえい [朗詠] 広義の雅楽の小種目名。平安中期に成立。唐楽の吹き物を伴奏とする謡物。いもで郢曲ともいう。曲章は通常漢文の読み下し形。漢文音読の例もある。4行の漢詩であっても、1の句から3の句にわけて、それぞれ別の句頭が独唱した後で斉唱する。210種の詞章があったというが、現在は14種。2の句の音域が高くて困難なことから、「二の句がつげぬ」という言回しがうまれたともいう。

ろうがっこう [聾学校] 聾者や強度の難聴者に必要な知識・技能教育を行う学校。日本では1878年(明治11)に古河太四郎らによって始められた京都盲啞院が最初。1910年には盲学校と分離した単独の聾啞学校である官立東京聾啞学校が誕生。23年(大正12)の盲学校及聾啞学校令により、道府県の学校設置義務を定めた。第2次大戦後の48年(昭和23)に就学義務制となり、法的基盤が確立された。

ろうこく [漏刻] 水時計のこと。水を利用して時を知る時計で、時を計るための漏壺には排水型と受水型がある。技術上の難点からヨーロッパではおもに日時計が使われたのに対して、中国・日本では漏刻が盛んに用いられた。とくに中国では水力による時間計測技術が発達し、水力で動くプラネタリウムまで考案された。日本では660年(斉明6)に中大兄皇子(天智天皇)がはじめて作ったとされ、令制では陰陽寮に漏刻博士がおかれた。奈良県明日香村の水落遺跡には、その遺構から漏刻が設けられていたと考えられる。その後近世に至るまで使用されたようだが、構造に不明な点が多い。

ろうじゅう [老中] 江戸幕府の職名。全国支配のための諸政務を統轄した幕府の最高職。おもに禁中・公家・門跡・諸大名の統制や奉書加判、大目付などの幕府諸役人の支配、財政、異国御用などを取り扱い、2万5000石以上の譜代大名が任命された。定員は4〜5人で月番で政務を行った。初期には御年寄衆・出頭衆などと称され、将軍や大御所の出頭人の性格が強く、土井利勝のように強大な権限をもつ者もいた。しかし1630年代に3代将軍徳川家光によって合議や月番を強要され、職掌も順次成文化されるなど、権限は徐々に限定をうけ、38年(寛永15)制度的に確立した。老中の呼称もこの頃一般化する。

ろうじゅうほうしょ [老中奉書] 江戸幕府老中が将軍の意を奉じて発する文書の一つ。奉書文言をもたないものも当時奉書とよばれており、文言の有無は老中奉書の必要条件ではない。幕政初期から年寄奉書が存在していたが、老中の呼称が定着する徳川家光政権期から多用されるようになる。1664年(寛文4)公家・門跡・参勤・城郭普請や就封の謝恩などに関することは連署、献上物への礼など小事にかかわることは月番老中による単署とすることが定められた。その後も発給相手の身分・格式と、用途によって用紙の形態(折紙・竪紙・無判・切紙)、差出者のあり方(単署・連署)の組合せが定式化していく傾向が認められる。

ろうしょうどうにほんこうろく [老松堂日本行録] 李氏朝鮮初期の日本紀行詩文集。宋希璟(号は老松堂)著。応永の外寇後の1420年(応永27)宋希璟が日本回礼使として漢城(現、ソウル)から京都まで往復した際の見聞・感懐を、漢詩とその序に託したもの。日朝関係史だけでなく、海賊・寺院・農耕など、15世紀の日本社会が知られる。井上周一郎氏蔵古写本を底本とした訳注本が、「岩波文庫」に所収。

ろうちょう [労帳] 叙位・除目の候補者の年労(あしかけの勤務年数)を注進する文書。叙位では諸司の最上臈を記す十年労帳、除目では四所(内竪所・校書殿・進物所・大舎人寮)労帳・内舎人労帳・所蔵滝口労帳などが用いられた。おおむね9世紀中・後期の成立と考えられ、他の勘文類や申文とともに、叙任の選考にあたって有効に機能した。

ろうてい [老丁] 老は律令制の年齢区分の一つ。男女61〜65歳の者は、66歳以上を耆と称した。老のうち男は課役負担者を示す「丁」の語をつけて老丁とよばれ、正丁の半分を負担する次丁に区分される。籍帳には老女を次女と記載する例もある。758年(天平宝字2)7月には、農民の負担軽減を理由に、老と耆の年齢を1歳引き下げたが、これは藤原仲麻呂の民心掌握策とみられる。

ろうとう [郎等] ⇨家子・郎等

ろうどうかんけいちょうせいほう [労働関係調整法] 労働争議の制限・調停などに関する法律。労働組合法・労働基準法とならぶ労働三法の一つ。1946年(昭和21)9月制定、10月施行。労働委員会の斡旋・調停・仲裁による

調整を定めるなど労働争議の平和的処理，予防を目的としているが，公益事業争議の冷却期間や非現業の行政・司法事務の官公職員の争議禁止など，その制定経緯は組合運動とくに46年の産別10月闘争への牽制意図があった。49年に公益事業の追加指定が労働委員会から総理大臣の国会承認事項へ切り換えられ，52年には緊急調整という特別の手続きが定められ，62年にも若干の改正がなされたが，法原則の変化はない。

ろうどうきじゅんほう〔労働基準法〕 労働条件の最低基準を定めた法律。GHQの占領政策の一つである労働改革の流れのなかで1947年(昭和22)制定された。労働者保護法制の中心をなす。恩恵的な労使関係を前提としていた1911年(明治44)制定の工場法などとは異なり，日本国憲法第25条(生存権)や第27条2項(勤労条件法定主義)などの理念をうけたもので，労使関係の近代化を意図していた。今日まで最低賃金法(59年)，労働安全衛生法(72年)などの関連諸法規が制定され，その理念や原則もかなり変貌をとげつつある。とくに最近では，87年・93年(平成5)・98年に大改正がなされ，98年の改正は，男女雇用機会均等法や育児・介護休業法などの改正も伴うものであり，制定以来最大の改正であった。女子保護規定の撤廃，労働時間の規制の弾力化，規制緩和策などが盛りこまれた。この背景には，経済のサービス化，情報化，グローバル化，そして少子・高齢化などの社会の変容が大きく影響している。

ろうどうくみあいきせいかい〔労働組合期成会〕 職工義友会が母体になり，1897年(明治30)7月5日に結成された労働組合の結成を目的とした団体。幹事長に高野房太郎，幹事に片山潜・沢田半之助ら，評議員に佐久間貞一・鈴木純一郎，のちに島田三郎・安部磯雄らが就任した。各地で演説会を開いて組合の結成を訴え，同年12月には準機関紙「労働世界」を発刊。会員の大部分が京浜地方の鉄工であったので，同じく鉄工組合を組織。その他，日本鉄道矯正会や活版工組合の結成に大きな役割をはたした。99年には5700人の会員を擁したが，1900年以後急速に衰退し，01年に消滅した。

ろうどうくみあいほう〔労働組合法〕 労働者の団結権・団体交渉権・争議権などを保障した法律。第2次大戦前の1931年(昭和6)，政府提出の労働組合法が衆議院を通過したが，貴族院で審議末了で廃案となった。最初の労働組合法は，第2次大戦後のGHQの民主化政策の一環として，日本国憲法の施行よりも早い45年12月に制定された。その後の占領政策の転換もあり，48年7月の政令201号によって官公庁関係の労働者が特別法下におかれ，法自体も49年に不当労働行為制度や労働組合の自主性要件などが全面改正され，52年に手直しがされた。法の基本は，その後あまり変化はない。ただ第4章「労働委員会」は，公共企業体等労働関係法が，公社の民営化などにより国営企業労働関係法(87年)，さらには国営企業及び特定独立行政法人の労働関係に関する法律(99年)と改正されたことによる中労委の組織改編にともなっての改正がなされた。

ろうどうしょう〔労働省〕 労働行政を担当する中央行政機関。1947年(昭和22)9月1日発足。任務は労働組合に関する事務，労働条件の向上，婦人の地位の向上，職業紹介など労務需給の調整，失業対策・職業訓練・労働統計調査・労働者災害保険事業・雇用保険事業を行うこととする。内局は当初労政局・労働基準局・婦人少年局(のち婦人局)・職業安定局の4局であったが，66年に職業訓練局(のち職業能力開発局)が加わった。外局に行政委員会の一つとして中央労働委員会がある。発足当初は労使関係の安定化が中心課題であったが，時代の変化のなかで，高齢者や女性の雇用促進，男女雇用機会均等化，労働時間短縮，外国人労働者問題など，中心的課題も変化してきている。2001年(平成13)1月，中央省庁再編により厚生省と統合して厚生労働省となる。

ろうどうせかい〔労働世界〕 労働組合期成会発行の本格的な労働運動機関紙。1897年(明治30)12月1日，片山潜を主筆に当初月2回で刊行開始。片山のほか安部磯雄・高野房太郎らが寄稿した。初期は労資協調的であったが，社会主義欄の設置，世界の労働運動事情の紹介など社会主義的色彩が強まり，鉄工組合の衰微とともに1901年の第100号で「内外新報」と改称。第2次「労働世界」，「社会主義」と続いたが，05年11月に途絶。

ろうどうそうぎちょうていほう〔労働争議調停法〕 1925年(大正14)の普通選挙法の制定とひきかえに作られた労働運動取締法。26年4月公布。大正デモクラシーのなかで成立したため，争議の自由を前提とする任意調停主義を採用し，3者構成の調停委員会(非常設)が作られたものの，調停は事実上警察権力にゆだねられた。46年(昭和21)9月の労働関係調整法公布にともない廃止された。

ろうどうちだい〔労働地代〕 ⇨封建地代 ほうけんちだい

ろうどうのうみんとう〔労働農民党〕 大正末〜昭和初期の左派無産政党。略称は労農党。農民労働組合の結社禁止後，無産政党組織準備態勢を母体に，左派を排除して1926年(大正15)3月結成。委員長杉山元治郎，書記長三輪寿壮らがる。左派の加入をめぐって対立し，10月に右派・中間派が脱退。12月に残留組は大山郁夫を委員長とし，左翼政党となった。日本共産党の

影響下で28年(昭和3)の総選挙に大量立候補するなど公然活動を行ったが、3・15事件で活動家が検挙され、同年4月結社禁止となった。

ろうにん [牢人] 浪人とも。江戸時代、主家をもたない武士や奉公人。17世紀前半には大名の改易・減封、自主的な暇乞いや処罰などによって大量に発生した。はじめ幕府は都市域を中心に滞留する彼らをきびしく取り締まったが、慶安事件などを契機として末期養子を解禁し、牢人発生の原因となる大名の改易を減少させた。江戸では町奉行所による掌握・管理のもと、苗字帯刀と町方居住を許すようになる。この時期には再仕官の可能性がほとんど閉ざされ、帰農・帰商するほかは、武芸をはじめ学問・文芸の分野や寺子屋の師匠などで生活を維持するしかなかった。17世紀末には、足軽・若党など出替り奉公人の牢人化による都市域滞留とその取締りが問題化する。

ろうのうとう [労農党] 新労農党とも。昭和期の左派無産政党。4・16事件後の左派の不振に直面し、大山郁夫ら政治的自由獲得同盟の幹部は、1929年(昭和4)11月労農党を結成。委員長大山、書記長細迫兼光。しかし日本共産党との対立によって党内は混乱し、また日本労働組合総評議会を結成したがふるわず、31年7月全国労農大衆党へ合流した。

ろうのうは [労農派] 昭和戦前期に日本共産党ないし講座派と対立したマルクス主義者の一グループ。福本イズムにより日本共産党が再建されたが、天皇制・地主制の封建的要素を過大評価する27年テーゼ以後の共産党の戦略に反対して、堺利彦・山川均・荒畑寒村・猪俣津南雄・鈴木茂三郎らによって1927年(昭和2)12月に創刊された雑誌「労農」に由来。その後日本資本主義論争が展開されたが、講座派と理論的に対立した櫛田民蔵・大内兵衛・向坂逸郎・有沢広巳・土屋喬雄らの学者グループも労農派とよばれるようになった。近代日本農村の伝統的諸要素を日本資本主義成立過程の特質から説明し、地主・小作関係の非封建制を主張する点にその理論的特徴がある。

ろうのうやわ [老農夜話] 中台芳昌が1843年(天保14)に著した農書。年間の稲作が古来の和歌の引用と農事図によって解説されている。なかでも水稲作における種籾の選択の重要性を指摘し、早稲14種、中稲30種、晩稲13種、糯米23種の特性がのべられ、浸種・田植・草取り・稲刈などの農作業が克明に描かれている。

ろうべん [良弁] 689～773.閏11.16 奈良時代の僧。相模国の人。俗姓漆部氏。一説に近江国志賀郡の百済氏。義淵に法相を、審祥に華厳を学ぶ。733年(天平5)金鐘寺をたて、740年に同寺で審祥を講師に招いて華厳経講説を開始した。744年知識華厳別供を設け、翌々年法華会を創始した。751年(天平勝宝3)少僧都に任命され、翌年大仏開眼供養ののちに初代東大寺別当に就任したという。756年大僧都となり、760年(天平宝字4)僧位僧官改正を上奏した。石山寺造営にも尽力し、764年僧正となる。根本僧正・金鐘菩薩と称され、奈良後期の東大寺や仏教界で隠然たる実力を誇った。

ろうや [牢屋] 江戸時代の刑事施設。本来は取調べ中の者を拘留しておくための施設であった(ただし被取調人のすべてが牢屋に未決拘留されたわけではなく、軽罪の者はできるだけ入牢させず、村や町に預けおかれるく扱われた)。また有罪確定者の刑執行までの拘置場所、永牢・過怠牢などの刑罰のための拘禁場所、死刑や拷問の執行場所などとしても機能し、不浄の地、この世の地獄などといわれた。江戸小伝馬町の牢屋が最大で、数百人を収容、身分の高下に応じて収容すべき獄舎が区別されていた。牢屋奉行は各獄舎ごとに牢名主を任命し、囚人監視の職務を請け負わせたため囚人間に特殊な牢法が発達し、私刑も行われた。

ろうやままさみち [蠟山政道] 1895.11.21～1980.5.15 大正・昭和期の政治学者。群馬県出身。東大卒。1928年(昭和3)東京帝国大学教授。現代行政学の導入・確立に努める。39年平賀粛学に抗議して退官。42年衆議院議員。第2次大戦後は民主社会党のブレーンやお茶の水女子大学学長などを務めた。著書「行政組織論」「政治学の任務と対象」。

ロエスレル ⇨レースラー

ろく [禄] 定期ないし臨時に下付される給付の総称。古代の律令制下では、品階・位階、官職、身分に応じて封戸を賜い、あるいは絁・布・糸・綿、鉄・鍬、庸布・銭・米などを定期的に支給した。禄令に、官職にともなう季禄・職封、品階・位階にともなう品封・位封・位禄、皇族に賜う中宮湯沐、東宮一年雑用料・号録・皇親時服料、功績を賞する功封を載せるほか、「延喜式」などに馬料・時服・月料・要劇料・番上粮が規定される。また節日に衣服や絹・綿を節録として賜ったのも、半ば定期給与である。それ以外の臨時・恒例の行事でも、当座で賜録されることが通例であり、平安時代、被物として大桂・細長や女装束が用いられた。近世では、仕官した者を支給する俸禄をさした。地方知行に対する蔵米支給のことをいう。

ろくえふ [六衛府] 左右近衛府・左右衛門府・左右兵衛府の総称。平安初期の官制改革の一環として行われた天皇親衛軍の統廃合によって成

立。近衛府は天皇近辺の警衛・宿直を，衛門府・兵衛府は外衛（がい）とも称されて宮門・宮城門の守衛を担当し，元日朝賀などの国家儀礼では儀仗兵となった。やがて左右近衛府は賭弓（のり ゆみ）・競馬（くらべうま）・相撲（すまい）など娯楽的宮廷儀礼を演じる儀礼担当機関となり，衛門府官人は京畿内の警察裁判を担当する検非違使（けびいし）庁を構成した。

ろくおんじ [鹿苑寺] 京都市北区にある臨済宗相国寺派の寺。北山と号し，通称は金閣寺。開山は夢窓疎石（そせき）。足利義満が営んだ北山殿（やま）の舎利殿（金閣）を中心として，義満の死没，足利義持が菩提を弔うために寺とした。応仁・文明の乱では西軍の陣となり，金閣以外のほとんどの堂舎を焼失。のち再建され，17世紀末までに現在の堂舎が整った。金閣は室町文化を代表するものだったが焼失し，1955年(昭和30)再建。池泉回遊式庭園は国特別史跡・特別名勝。大書院障壁画「足利義満像」（ともに重文）などがある。

金閣（きんかく） 室町幕府の3代将軍足利義満が北山殿に設けた3層の住宅系建築。最上層に舎利を安置するため舎利殿とよばれた。創建は1398年(応永5)頃。1950年(昭和25)放火で焼失し，55年に再建。初層は法水院，2層は潮音洞といい観音像を安置，3層は究竟頂（くっきょうちょう）といい阿弥陀三尊・舎利などを安置した。外部を金箔でおおい，室町中期にはすでに金閣とよばれた。

ろくごうまんざん [六郷満山] 豊後国国東郡の6郷（来縄・田染（たしぶ）・伊美・国東・安岐・武蔵・田染）に展開した宇佐八幡宮の影響をうけた天台宗系の山岳寺院の仏教文化の美称。六郷山寺院は中世には本山・中山・末山の3グループに編成され，執行（しゅぎょう）によって統轄されていた。また各寺には院主のもとに数十坊から十数戸の坊とよぶ僧侶の家があり，寺は村落を包括した。国東塔・磨崖仏などの石造物や，富貴寺大堂などの文化財や修正鬼会（しゅじょうおにえ）の祭も残っている。

ろくさいいち [六斎市] 中世～近世に都市・農村で特定の日に月6度開かれた定期市。一般に応仁・文明の乱後各地に発生したとみられ，15世紀後半には美濃国大矢田市などが六斎市となっていた。戦国大名は新宿・新町設置の際，六斎市を開く例が多かった。開催日を異にするいくつかの六斎市が結びつき，一定の市場網を形成する場合もあり，秩父盆地では秩父大宮（1・6日）を親市とし，贄川（にえかわ）（2・7日）・吉田（3・8日）・大野原（4・9日）・上小鹿野（かみおがの）（5・10日）の順で開催するシステムがとられていた。

ろくさいにち [六斎日] 仏教でいう斎日で，毎月8・14・15・23・29・30日の6日。前半・後半

の3日ずつを三斎日という。この日鬼神が人を悩まし寺するという古代インドの信仰をとりいれたもので，出家者は布薩説戒（ふさつせっかい）して自分の行為が規律に反しないか懺悔（さんげ）し，在家の信者は八斎戒を守った。八斎戒は，昼以後の食事の禁止(斎)と，禁殺生などの七戒。とくにこの日の殺生禁断は令にも規定され，武家もこれにならった。

ろく・さんせい [6・3制] 1947年(昭和22)から実施された新しい学校体系・制度。狭義には小学校6年間と新制中学校3年間の義務教育体系をさし，広義には新制高等学校3年間と大学4年間を含めた6・3・3・4制の略称としての単一学校制度をさす。日本の第2次大戦前の学校体系は，中等教育以上が複雑に分岐する複線型であったが，1930年代に阿部重孝による6・3・3制案や教育審議会で8年制義務教育構想・中等学校一元化構想などが提出された。第1次アメリカ教育使節団報告書において6・3制が勧告され，教育刷新委員会の建議で具体化した。47年学校教育法が公布され，6・3制学校制度が発足した。

ろくしゃくきゅうまい [六尺給米] 六尺給とも。江戸時代の付加税で，高掛（たかがかり）三役の一つ。江戸城内で台所賄方や掃除夫などとして使役された雑役夫の給米にあてるため，幕領及び御三卿領の村々に賦課された。はじめは実際に人夫を徴用し，のち米納となって1721年(享保6)以降は高100石につき米2斗ずつとされたが，金納の場合もあった。1871年(明治4)廃止。

ろくじゅうろくぶ [六十六部] 詳しくは日本廻国大乗妙典六十六部経聖（ひじり）。略称は六部・廻国。「法華経」66部を書写し，全国66州の霊場に1部ずつ奉納する廻国の修行者，またその書写した経典。江戸時代には経典でなく納経札が奉納された。各国の一宮や国分寺に納めることが多いが，必ずしも一定せず巡路も決まっていない。六十六部に身をやつした物乞いも多く，行き倒れのあった場所には六部塚が作られた。

ろくしょうじ [六勝寺] 平安後期に京都東山岡崎に建立されて，院政期に隆盛をきわめた六つの御願（ごがん）寺の総称。白河天皇御願の法勝寺，堀河天皇御願の尊勝寺，鳥羽天皇御願の最勝寺，鳥羽天皇の中宮待賢門院御願の円勝寺，崇徳天皇御願の成勝（じょうしょう）寺，近衛天皇御願の延勝寺をさす。1185年(文治元)以降，仁和（にんな）寺を総検校（けんぎょう）にいただき，各寺に別当や執事がおかれた。各寺とも密教と浄土教を主軸として，数量功徳主義的に現当2世の安楽を祈願するため，多くの堂舎・仏像を配した。法勝寺・尊勝寺は2町四方以上の寺域を誇ったが，他の4寺は小規模化した。多くは受領（ずりょう）の成

ろくし

功しょうによって造営された。

ろくじょうてんのう [六条天皇] 1164.11.14～76.7.17 在位1165.6.25～68.2.19 二条天皇の皇子。名は順仁のぶひと。母は伊岐氏。1165年(永万元)2歳で皇太子に立ったその日，父帝の譲位をうけて践祚した。父帝はその1カ月後に死去。祖父後白河上皇の意志により，66年(仁安元)後白河の第7皇子(高倉天皇)が立太子し，68年5歳で高倉に譲位した。

ろくどうえ [六道絵] 人間以下の生物は因果応報により6種の世界，すなわち六道(天上・人間・修羅・畜生・餓鬼がき・地獄)に生死をくり返すという仏教の教えを図示した絵。その諸苦悩を深刻に表すことにより，煩悩を捨てて仏道に励むことを促す。地獄からの救済者である地蔵菩薩や十王像がともに描きこまれることもある。遺品に平安後期の「地獄草紙」「餓鬼草紙」，鎌倉時代の聖衆来迎寺蔵本などがある。聖衆来迎寺本は「往生要集」にもとづく15幅からなる傑作。各縦155.5cm，横68cm。国宝。

ろくはら [六波羅] 六原とも。京都の鴨川の東側の地名。現在の京都市東山区にあたる。平安時代以来の葬送地である鳥辺野とりべのの入口にあたる。963年(応和3)空也くうやがこの地に六波羅蜜寺(はじめ西光寺)を建立し，信仰の場として栄えたが，平安末期にはその一族である平正盛以来の平氏の本拠地を構え，鎌倉時代には源頼朝の宿所や，鎌倉幕府の出張所である六波羅探題たんだいがおかれ，武士が多く居住する場所となった。

ろくはらせいけん [六波羅政権] ⇨平氏政権へいしせいけん

ろくはらたんだい [六波羅探題] 鎌倉幕府が，京都六波羅の地に設置した出先機関。南方・北方両府がある。公家政権の守護と監視，洛中の治安維持，西国の軍事・裁判・検断などの沙汰を行った。承久の乱後の1221年(承久3)6月に設置。初代探題は北条泰時・同時房。はじめは承久の乱の戦後処理を行い，京都の警備にあたった。幕府に準じて組織整備が行われ，59年(正元元)大事は鎌倉の指示を仰ぎ，小事は六波羅の専決事項とすることが定められてから，評定衆・引付方がおかれた。正安年間には検断方がおかれ，引付方から検断沙汰が移管。鎌倉が管轄する関東分との境は，時期によって変動するが，おおよそ三河・美濃・飛騨・加賀諸国であった。鎮西探題が設置されると，九州は六波羅所管から移された。歴代探題は，北条氏の得宗家・重時流・政村流・実泰流・時房流から選ばれ，執権・連署につぎ，引付頭人と同格の重職であった。

ろくはらみつじ [六波羅蜜寺] 京都市東山区にある真言宗智山派の寺。普陀落ふだらく山と号す。963年(応和3)空也建立の西光寺が起源とされる。その没後，2世中信は寺観を整え，寺号を六波羅蜜寺と改めて天台別院としたという。法華八講・迎講・地蔵講や念仏三昧を修める寺として京都の貴賤の信仰を集めた。何度か火災にあうが勧進により復興され，近世以降は智積院末寺となる。十一面観音立像・空也くうや上人立像はいずれも重文。

ろくぶんのいちしゅう [六分一衆] 六分一殿とも。南北朝末期の山名一族をさす言葉。1379年(康暦元・天授5)以後山名一族は12カ国の守護職を保有し，日本66カ国の6分の1を占めたのでこの称がある。具体的には山城・和泉・紀伊・丹波・丹後・但馬・因幡・伯耆・出雲・隠岐・美作・備後の各国。明徳の乱後は3カ国に削られた。

ろくめいかん [鹿鳴館] 明治前期の欧化政策を象徴する建造物。明治政府の御雇建築家コンドルの代表作として著名だが，創建時の姿伝を伝える設計図面などの建築資料は少ない。条約改正交渉にあたった外務卿井上馨かおるの発案とされ，当初は東京倶楽部とセットになった外国人接客館として計画された。1881年(明治14)着工，83年11月28日開館。連夜のごとく夜会・舞踏会・バザーが催され，鹿鳴館時代とよばれる一時代を築いた。井上の失脚，反欧化主義の台頭にともないその存在意義は薄れ，90年に外務省から宮内省へ移管，94年には華族会館に払い下げられた。1940年(昭和15)まで現在の東京都千代田区内幸町1丁目，帝国ホテル南隣接地にあった。

ろくめいかんじだい [鹿鳴館時代] 1880年代，鹿鳴館で西洋風の夜会などが盛行した欧化主義の時代。鹿鳴館の舞踏会に象徴される表面的な欧化政策は，井上馨かおる外務卿の条約改正を側面的に促進する役目をもっていたが，井上の失脚により幕を閉じた。近代化の多様な価値と可能性を内包していた文明開化とは異なり，あだ花ともいえる鹿鳴館時代は，同時期の国粋保存主義にも席を譲ることになった。

ろこうきょうじけん [盧溝橋事件] 1937年(昭和12)7月7日深夜に北平(現，北京)郊外の盧溝橋付近で勃発した日中両軍の衝突事件。かねて共産軍の北上を理由に増強されていた支那駐屯軍第1連隊第3大隊第8中隊が，盧溝橋付近で夜間演習中の午後10時40分頃，盧溝橋北側の中国軍陣地方面から実弾射撃をうけ，また不明兵1人が出て現地は緊迫した(兵は20分後に帰隊)。中国側責任者の謝罪を要求する北平特務機関長松井太久郎と第29軍第38師長張自忠ちょうじちゅうの間の現地交渉で11日午後8時中に協定が成立した。しかし同日，日本政府は軍部の拡大派に押されて満州(中国東北部)・朝鮮からの部隊派遣を決定したために局地解決の機会は失われ，

事変は日中戦争に拡大していった。

ロシア ❶東スラブ族のなかの大ロシア人を主体とする，ユーラシア大陸北部地域の多民族国家。漢字表記は魯西亜・露西亜。日本との関係は18世紀蝦夷地での接触に始まる。ロシアは大黒屋光太夫ら日本人漂流者の情報をもとに，他の列強と競って日本の開国を迫り，1854年(安政元)の日露通好条約と75年(明治8)の樺太・千島交換条約により国境を確定する。19世紀末にロシアは極東進出を積極化し，1900年の義和団の乱鎮圧を契機に満州を占領するにいたって日本との対立が決定的となり，04～05年の日露戦争を戦う。アメリカの仲介で05年の日露講和条約(ポーツマス条約)を調印，日本は樺太南半を獲得した。17年の2月革命によってロシア帝国は崩壊，ソビエト連邦が成立した。

❷正式国名はロシア連邦。1991年12月のクーデタをへてソ連邦が崩壊し，ソ連邦の中心であったロシア連邦共和国が独立，ロシア連邦となった。人口の8割はロシア人が占めるが，21の共和国を含む多民族国家。首都モスクワ。

ロシアかくめい [ロシア革命] 1917年3月・11月(ロシア暦では2月・10月)にロシアで発生した2度の革命(広義では1905年の第1次革命を含む)。2月革命では「パンをよこせ」と要求する女性らのデモに端を発した民衆運動によりロマノフ王朝が打倒され，自由主義的な臨時政府が成立。10月革命でケレンスキーらの臨時政府がレーニンらの率いるボリシェビキ勢力などの武装蜂起により打倒された。その後革命は国内の反革命運動や外国からの干渉戦争により危機に陥るが，レーニンやトロツキーの指導のもとで多大の犠牲をだしながら維持され，22年にソビエト社会主義共和国連邦が成立した。史上初の社会主義革命が以後の世界史に与えた影響は大きい。

ロシアぐんかんつしませんりょうじけん [ロシア軍艦対馬占領事件] 1861年(文久元)にロシア軍艦が対馬国芋崎を占拠した事件。2月3日ロシア軍艦ポサードニク号が軍事的要衝の地として注目されていた対馬の浅茅(海)湾中尾崎に来航，その後尾ヶ浦口の芋崎に船体修理を名目に停泊・上陸し，対馬府中藩の制止をふりきり営舎を建設した。さらに資材・食糧・遊女，芋崎付近の土地租借権，ロシア軍による浅茅(海)湾警備権などを要求。ロシアの武力を恐れた幕府と府中藩は，島民の激しい抵抗を抑え艦長ビリレフと交渉，さらにイギリスに折衝を依頼した。芋崎付は約半年間占拠されたが，7月23日イギリスは東アジアの勢力均衡維持のため2隻の軍艦を派遣して強硬に退去を迫り，8月15日ポサードニク号は退去した。

ろじん [魯迅] Lu Xun 1881.9.25～1936.10.19 中国の作家・思想家。本名は周樹人ｼｭｼﾞﾝ。字は予才。浙江省の人。1902年(明治35)日本に留学。進化論に関心をもち，仙台医学専門学校に入学。06年文学に転じ，東京で文芸雑誌「新生」を計画したが失敗。09年帰国。辛亥ｼﾝｶﾞｲ革命後，南京臨時政府・北京政府教育部部員となる。旧体制下の中国を痛烈に批判した「狂人日記」「阿Q正伝」などの口語体小説は，中国近代文学の黎明を告げる代表作。

ローズベルト ❶Franklin Delano Roosevelt 1882.1.30～1945.4.12 アメリカ合衆国32代大統領(民主党，在職1933～45)。第2次大戦終結目前まで，4期12年間大統領を務めた。国内ではニューディール政策による大恐慌からの脱出を試み，対外的には第2次大戦に参戦，連合国側を勝利に導く一方で，一連の首脳会談において，国際連合を中心とする戦後世界秩序の確立に努めるなど，国内外ともに強力な指導力をもって対処した。

❷Theodore Roosevelt 1858.10.27～1919.1.6 アメリカ合衆国26代大統領(共和党，在職1901～09)。カリブ海地域で帝国主義政策を推進する一方，極東地域にも関心を示し，日露戦争の講和仲介を行った。また日米紳士協約(1907～08)で日本政府に移民の自主規制を求め，同時にサンフランシスコ市に日本人生徒への差別を撤廃させた。

ろっかくし [六角氏] 中世近江国の豪族。宇多源氏佐々木氏の宗家。佐々木信綱の三男泰綱ﾔｽﾂﾅが京都六角東洞院に住み，六角氏を称した。鎌倉時代，同族の京極氏とともに近江半国守護となり，佐々木氏の主流となった。元弘の乱で鎌倉幕府に従って守護職を失ったが，のち足利尊氏についた。室町時代以降，幕府内で重んじられた京極氏に圧迫され，領内では国人領主層の離反に苦しめられた。定頼の代，将軍足利義晴をたすけて勢力を伸ばしたが，1568年(永禄11)織田信長に敗れ滅亡。

ろっかくししきもく [六角氏式目] 義治ﾖｼﾊﾙ式目とも。近江国南部を領した戦国大名六角氏が1567年(永禄10)4月に定めたとされる67カ条の法度ﾊｯﾄ。と，三上恒安以下20人の六角氏重臣が連署して六角氏奉行人にあてた5カ条の起請文ｷｼｮｳﾓﾝ，六角義賢ﾖｼｶﾀ・同義治が家臣にあてた8カ条の起請文，そして6カ条の追加法度からなる。体裁は三上氏以下の六角氏重臣によって起草され，六角氏が承認を与え，大名当主と家臣の間で起請文を交換して制定されたかたちをとる。それに対応して内容も，六角氏の恣意的な施政を制約する規定が過半を占め，領主層を結集して百姓支配にあたる目的で，戦国大名六角氏と配下の領主層の間に締結された協約という性格が強い。「日本思想大系」所収。

ろっかくせいばつ【六角征伐】 戦国期に行われた、近江国守護六角高頼に対する将軍足利義尚らと同奉材(義materializes)による2度の追討。高頼は応仁・文明の乱以来、寺社本所領や幕臣所領を押領。近江に所領をもつ奉公衆らの要請をうけた義尚は幕府権威回復のため、1487年(長享元)9月に出陣。1年半余近江国栗太郡鈎(現,滋賀県栗東町)に在陣後病没。将軍職を継いだ義材は91年(延徳3)8月親征し、1年4カ月在陣。全般的に諸守護大名は征伐に協調的でなく、大きな成果はあげられなかった。

ろっかせん【六歌仙】「古今集」の序で論評された6人の歌人。遍照・在原業平・文屋康秀・喜撰・小野小町・大友黒主をいう。ただし「古今集」時代には六歌仙のいい方はなく、藤原公任の「三十六人撰」以前に成立した概念か。「古今集」の撰者たちより前の世代で、漢詩文に押されていた和歌の復興に力があった。

ロッキードじけん【ロッキード事件】 アメリカのロッキード社の航空機売込みにからむ大汚職事件。1976年(昭和51)2月、アメリカ議会で同社の工作資金が右翼の児玉誉士夫や同社代理店の丸紅に支払われたことが発覚。三木武夫首相は真相の徹底究明を約束、国会では小佐野賢治国際興業社主、丸紅・全日空関係者らの証人喚問が行われた。東京地検も捜査を開始し日米司法共助の取決めでアメリカから資料を入手、関連会社関係者に続いて7月には田中角栄元首相を外為法違反と受託収賄罪で逮捕。総理大臣の犯罪として国民に大きな衝撃を与えた。裁判は77年から丸紅、全日空、児玉・小佐野ルートにわけて行われ、83年の一審判決では田中元首相に懲役4年の実刑判決、ほかの被告も有罪となる。しかし長期裁判となった同事件は、審理中に田中元首相など5人の被告が死去し、公訴棄却となった。

ロッシュ Léon Roches 1809.9.27〜1900.6.23? 幕末期の駐日フランス公使。グルノーブル大学中退後、父親のいるアルジェリアに渡り、アフリカ駐屯軍の通訳官となる。アラブの風俗・習慣・言語に精通し、一時アブデル・カデルの顧問も勤めた。1846年その活躍が認められて外交官職に転じ、トリエステ、トリポリ、チュニスの各領事・総領事などを勤めたあと、64年(元治元)ベルクールの後任として来日。横須賀製鉄所建設、横浜仏語伝習所設立、幕府軍の三兵教練のためフランスから技師や軍人を招聘するのに尽力し、幕府を積極的に支援した。しかし召還命令をうけ、幕府崩壊後の68年(明治元)6月帰国。

ろっぽうぐみ【六方組】 江戸前期、旗本奴・町奴などのかぶき者が結成したさまざまな組の総称。長い両刀をぶっちがいに差し、両手をふって道をのし歩くその六方に出ばる歩き方の特徴から、かぶき者は六方者ともよばれ、また関東弁を主体とする彼らの言葉も六方詞と称された。

ロドリゴ・デ・ビベロ ⇨ビベロ

ろんご【論語】 孔子とその弟子たちとの問答・言行の記録とされる中国儒教の経典。四書の一つ。10巻20編。内容上、2〜3伝の弟子時代の編集部分と、4〜5伝の弟子時代の続集部分とが指摘される。前2世紀初めに魯の国所伝の魯論、斉国所伝の斉論、孔子旧宅壁中発見の古論の3テキストがあり、これらを校合し整理したテキストが継承され、現行テキストとなる。前2世紀後半、儒教が国教の扱いをうけて以来、国政に影響を与える。宋代の10世紀後半以後、理学理論構成の基礎を担った。

ろんごこぎ【論語古義】 伊藤仁斎著の「論語」注釈書。10巻。1712年(正徳2)高弟などが編集・刊行。仁斎が半生をかけた研究の成果といえ、「論語」至上主義に立ち、孔門の原義の復元をめざす。「論語」テキストの前後各10編を、成立時期の異なる正・続関係にあるとした。道徳仁義説、性善説、天命説、鬼神卜筮の排斥など、「論語」「孟子」の連続的発展という立場の解釈が特徴。「日本名家四書注釈全書」所収。

ろんそう【論奏】 公式令に規定された太政官から天皇へ上奏する文書様式の一つ。国政上の重要事項(養老令では唐の発日勅と奏抄の事項をあわせたもの)について太政官の合議により発議し、原則として大納言が奏上し、天皇の裁可を請うもの。天皇の裁可はみずから「聞」と書くことで示された(実例では奏上者が「奉勅依奏」と記す場合もある)。

ロンドンかいぐんぐんしゅくかいぎ【ロンドン海軍軍縮会議】 補助艦保有量の制限を主目的とした国際会議。英・米・日・仏・伊の参加により1930年(昭和5)1月から開催。日本側全権は若槻礼次郎ら。交渉は日本対仏伊という難航したが、主力艦建造休止措置の5カ年延長と英・米・日3国の補助艦保有量制限について合意が成立。日本では海軍軍令部などが不満をつのらせ、統帥権干犯問題が発生。35年12月第2次の会議が開かれたが、日本は36年1月に脱退、軍縮時代に終止符が打たれた。

ロンドンかいぐんじょうやく【ロンドン海軍条約】 英・米・日・仏・伊の参加したロンドン海軍軍縮会議において、1930年(昭和5)4月22日に調印された、主力艦建造休止措置の延長と補助艦保有量の制限などを規定した軍縮条約。有効期限は36年末まで。また補助艦については英・米・日のみの合意となった。日本は会

議開催にあたって，補助艦総トン数を対米7割，大型巡洋艦対米7割，潜水艦現有量保持の三大原則を主張したが，交渉を通じて妥協し，補助艦総トン数対米6割9分7厘5毛，大型巡洋艦対米6割2厘などで合意。条約批准の過程で統帥権干犯問題が発生したが，条約上の兵力量の決定は政府が行うものと考えていた浜口内閣はこれを抑えた。

ろんにん[論人] 中世の裁判で，訴えられた被告をいい，訴人とあわせて訴訟人といった。鎌倉幕府の訴訟手続では，訴えが受理されると，訴状に問状御教書（答弁催促状）を添えて論人に交付される。論人はこれに対する答弁書である陳状を提出し，これが3度くり返されて（三問三答の訴陳），問注にいたる。

わ[倭] 中国で称された日本の古名。「山海経㊟」にはじめてみえ，「漢書」地理志，「魏志」東夷伝から「旧唐書㊟」東夷伝までの正史にも例外なく記録される。朝鮮でも，石上㊟神宮七支刀，広開土王碑（好太王碑）をはじめ，「三国史記」もすべてこの称を踏襲している。わが国でも，ヤマトという国名と日本の総名（国号）の双方に，この字をあてて用いたが，7世紀末から8世紀にかけて，国名は大倭㊟→大養徳㊟→大和に，総名は日本に改めた。しかし中国・朝鮮では，後世も倭寇㊟・倭乱のように用いることがあった。

ワイエスじゅういちゆそうき[YS11輸送機] 第2次大戦後，国の保護下で開発された中型旅客機。1956年(昭和31)通産省の提唱で航空機工業育成のため企画され，58年航空機工業振興法制定により国家的事業となった。東京大学航空研究所の協力で設計され，翌年設立された官民共同出資の日本航空機製造が62年試作1号機を完成，その翌年量産に着手して182機を生産。双発60人乗で競合機が多く，経営的には欠損となったが，工業育成の目的は一定程度達成された。

ワイエムシーエー[YMCA] 正称はキリスト教青年会(Young Men's Christian Association)。1880年(明治13)小崎弘道㊟が会長となり，東京京橋区の京橋教会において，アメリカのYMCAにならい東京青年会を組織。日本では文明開化の基底にキリスト教の真理と生命力が必要とした思想運動の色彩が濃厚。都市YMCA・大学YMCA・キャンプ場・研究所がある。

ワイダブリュシーエー[YWCA] 正称はキリスト教女子青年会(Young Women's Christian Association)。1855年イギリスにおこったキリスト教信仰を基盤とする祈りと奉仕の団体。世界YWCAは本部事務所をスイスのジュネーブにおく。日本YWCAはアメリカ，カナダからの協力を得て1905年(明治38)創立，都市YWCA・学校YWCAがある。

わいないさだゆき[和井内貞行] 1858.2.15～1922.5.16 明治・大正期の養魚家。陸奥国鹿角郡生れ。栄養不足のため魚のすまない十和田湖で，コイ・フナ・マスなどを放流するが失敗。苦心の末，1902年(明治35)支笏㊟湖のヒメマスの卵を人工孵化して稚魚放流に成功。八郎潟の小エビを移植し餌の問題を解決。十和田

湖全体の漁業権を認可されたが，第2次大戦後，漁業制度改革によって独占権を失った。功績は昭和10年代に「国語読本」に紹介され著名となった。

わいはんないかく [隈板内閣] ⇨大隈重信内閣 ㊀

わおうぶのじょうひょうぶん [倭王武の上表文] 478年，中国南朝の宋に倭王武(雄略天皇)が送った上表文。「宋書」倭国伝にみえる。武は上表で，東は毛人(えみし)55国を，西は衆夷(しゅうい)66国を征服して国内を統一，さらに海北の朝鮮半島南部95国を平定したと誇示しており，475年に百済(くだら)の蓋鹵(がい)王を殺した高句麗に対抗するため「使持節，都督倭・百済・新羅・任那・加羅・秦韓・慕韓七国諸軍事，安東大将軍，倭王」の称号を求めた。すでに宋に朝貢している百済を除いた称号は認められたが，朝鮮半島に対する軍事的支配には疑問がある。

わか [和歌] 倭歌・国歌とも。からうた(漢詩)に対するやまとうた(日本の歌)の意であるが，実際には短歌を主として長歌・旋頭歌(せどうか)・片歌(かたうた)などの範囲に限られ，歌謡・連歌・俳諧・近代詩などは含まれない。「万葉集」に「倭歌」と表記した1例が初見で，「古今集」仮名序で紀貫之(つらゆき)が「やまとうた」と明示，日本固有の文芸として賞揚した。短歌以外の歌体が衰微しはじめ，漢詩を意識するとも徐々に薄れてきてからは，短歌と同義に用いるようになるが，短歌の名称が和歌にとってかわるのは明治期の短歌革新運動以後で，和歌の語は古典和歌のみをさし，近現代の和歌は短歌とよばれるようになった。

わかえじま [和賀江島] 鎌倉時代に築造された相模国鎌倉郡の港。現在の神奈川県鎌倉市材木座の飯島崎一帯。1232年(貞永元)勧進聖人往阿弥陀仏は執権北条泰時の許可をえて築港を行い，翌年に完成。周辺は商業地区として賑わった。1307年(徳治2)には和賀江関所があった。49年(貞和5・正平4)の足利尊氏書状写によると，和賀江島のある飯島に到着する船からの津料の升米(しょうまい)徴収と島修築は，極楽寺が管理した。国史跡。

わがく [和学] 神道・歴史・法制・文学・有職(ゆうそく)など，日本の学問領域を幅広く対象とする学問。漢学に対する語。国学と同義に用いられるが，近世の公的呼称としては和学が一般的。本来は漢学中心の学問体系の1科でもあったため，近世前半は林羅山(らざん)・貝原益軒・新井白石などおもに漢学家によって担われたが，元禄期以降，契沖(けいちゅう)・荷田春満(かだのあずままろ)・壺井義知(よしちか)・吉見幸和など和学を専門とする人材が輩出した。

わがくこうだんしょ [和学講談所] 江戸後期，塙保己一(はなわほきいち)の建てた和学講究を目的とする学舎。1793年(寛政5)江戸麴町裏6番丁に幕府の許可を得て創立し，林大学頭支配となる。1805年(文化2)表6番丁に移転。従前からの「群書類従」の編集刊行，「史料」「武家名目抄」の編纂を業務とし，常時7～8人の編纂員が参加した。22年(文政5)保己一が没し子忠宝(ただたか)が継ぎ，61年(文久元)には伊丹光之丞が出役頭取，62年忠宝の子忠韶(ただつぐ)が和学所付となった。同年櫻吉所を併設，国史律令および武家故実の講習，和歌文章の会が催された。68年(明治元)廃止。「史料」の稿本は新政府の修史局に移管された。付属の文庫を温故堂という。

わかさのくに [若狭国] 北陸道の国。現在の福井県西部。「延喜式」の等級は中国。「和名抄」では遠敷(おにゅう)・大飯(おおい)・三方(みかた)の3郡からなる。国府・国分寺は遠敷郡(現，小浜市)におかれた。一宮は若狭彦神社(現，小浜市)。「和名抄」所載田数は3077町余。「延喜式」では調は塩と海産物のみで，庸は米。平安末期には平氏の知行国となり，ついで木曾(源)義仲の勢力下に入る。鎌倉時代の守護は北条氏とその一門。南北朝期は一色氏，室町時代は武田氏が支配した。江戸時代は酒井氏の小浜藩が一国支配。1871年(明治4)の廃藩置県により小浜県となる。同年鯖江(さばえ)県と合併して敦賀県となる。76年敦賀県が廃され，旧若狭国は滋賀県に編入。81年石川県から分離した旧越前国7郡とともに福井県となる。

わかしゅかぶき [若衆歌舞伎] 若衆すなわち元服前の前髪をつけた美少年による歌舞伎。女歌舞伎と同系統から活動していたらしいが，1629年(寛永6)の女歌舞伎の禁止に伴い，その地位にとってかわった。内容的には，女歌舞伎と共通するレビュー的な踊に加えて，猿若(さるわか)作者によって伝えられた舞踊的物まね芸や，見世物的な軽業(かるわざ)芸など，多彩な特色をもっていた。しかし女歌舞伎同様容色本位のものであったため，風俗的弊害から52年(承応元)禁止された。

わかたけるのおおきみ [獲加多支鹵大王] 埼玉県行田市の稲荷山(いなりやま)古墳から出土した鉄剣の銘文にみえる大王。斯鬼(しき)宮を営んだ。鉄剣に刻まれた辛亥年が471年と想定されること，また雄略天皇の名の大泊瀬幼武(おおはつせわかたける)と類似することから雄略に比定された。熊本県玉名市の江田船山(えたふなやま)古墳出土の鉄刀銘文中の大王は，以前は「治天下複宮弥都歯(たじひのみやにあめのしたしろしめ)大王」と推測され，反正(はんぜい)天皇をさすと考えられてきたが，稲荷山鉄剣銘の大王と同一人物とする説が強くなっている。

わかつきれいじろう [若槻礼次郎] 1866.2.5～1949.11.20 大正・昭和期の政治家。出雲国

生れ。東大卒。大蔵次官をへて貴族院議員となり，1912年(大正元)第3次桂内閣の蔵相。立憲同志会に入党。第2次大隈内閣の蔵相。加藤高明の護憲三派内閣では内相として普通選挙法と治安維持法を成立させた。26年(昭和元)憲政会内閣を組織するが金融恐慌が発生し，台湾銀行救済緊急勅令案を枢密院に否決されて総辞職。30年のロンドン海軍軍縮会議では首席全権として条約に調印。浜口内閣総辞職後，立憲民政党総裁として民政党内閣を引き継いだが，満州事変の対応に苦慮し，安達謙蔵内相による協力内閣運動に揺さぶられて総辞職。太平洋戦争期には穏健派の重臣として活動。

わかつきれいじろうないかく [若槻礼次郎内閣] ■第1次(1926.1.30～27.4.20)。加藤高明(改造)内閣の総辞職後，加藤内閣の内相若槻礼次郎が組織した憲政会内閣。幣原喜重郎外相を中心に対中国協調外交を進めたが，金融恐慌に際して幣原外交を軟弱外交と批判する枢密院によって，台湾銀行救済のための緊急勅令案を否決され，総辞職した。
■第2次(1931.4.14～12.13)。浜口雄幸内閣の総辞職後，若槻が組織した民政党内閣。浜口内閣の井上財政と幣原外交とを継承。満州事変には不拡大方針をとったが，軍部の独走を阻止できなかった。安達謙蔵内相らの協力内閣運動による閣内不一致のため総辞職した。

わがつまさかえ [我妻栄] 1897.4.1～1973.10.21 昭和期の民法学者。山形県出身。東大卒。東京帝国大学助教授をへて1927年(昭和2)同教授となり，民法講座を担当。講義案でもある『民法講義』は民法解釈学の標準とされた。第2次大戦後の民法改正に指導的役割をはたし，憲法問題研究会に参加して日本国憲法の擁護に努めた。56年法務省特別顧問，64年文化勲章受章。著書「近代に於ける債権の優越的地位」「親族法」。

わかどころ [和歌所] 勅撰和歌集編纂のために設置された臨時の役所。「古今集」を編纂するときは内御書所(うちのごしょどころ)を撰集所にあてたが，和歌所の名はない。951年(天暦5)の「後撰集」編纂の際，昭陽舎(しょうようしゃ)(梨壺)においたのが最初。「新古今集」の撰進にあたった和歌所は，1201年(建仁元)に院御所におかれた。職員には別当・開闔(かいこう)・寄人(よりうど)などがあり，寄人には当代の代表的歌人が起用された。「後撰集」の撰者になった和歌所詰めの人たちは，梨壺の五人(大中臣能宣(おおなかとみのよしのぶ)・清原元輔・源順(したごう)・紀時文・坂上望城(もちき))として知られている。

わかどしより [若年寄] 江戸幕府の職名。江戸城に勤務する番士や諸役人・職人などを支配した，老中につぐ幕府の重職。定員は3～5人で，おもに1万～2万石級の譜代大名が任命され，月番で政務を行った。老中が幕府の公儀面にあたったのに対し，大名徳川氏としての家政面を担当した職といえる。一般に1633年(寛永10)に設置された六人衆が起源とされるが，徳川秀忠の側近井上正就(まさなり)・永井尚政(なおまさ)ら「近侍の三臣」にそのきざしがうかがえる。制度的には34～38年の一連の職務規定により成立。49年(慶安2)一時中絶しその職掌は老中に吸収されたが，62年(寛文2)復活。職名は成立当初に年寄衆(老中)に比べて若年の者が任命されたことに由来する。

わかなしゅう [若菜集] 島崎藤村(とうそん)の第1詩集。1897年(明治30)春陽堂刊。近代の詩概念にもとづいた抒情詩の最も早い時期の作品であり，明治30年代の浪漫主義全盛時代を画する代表的詩集。近代的な生の自覚のもとに，自己実現と個人感情の解放をめざす青年の情熱と鬱屈，あるいはそれゆえの苦悩が，恋愛や青春の彷徨，自然との交感を通して七五調の文語定型詩に盛りこまれている。情感あふれる詩編の数々は同時代およびのちの詩人たちに多大の影響を及ぼした。

わかものぐみ [若者組] 若連中・若者仲間とも。青年男子によって構成される年齢集団の一つ。厳格な加入儀礼や若者条目・役職秩序など定型的な組織をもつ者組がある一方，同年代の仲間集団のようなものもある。また構成員を1戸1人に制限するもの，一定年齢に達した男子全員が加入するものなどがある。加入年齢は共通してほぼ15歳だが，退会時期はさまざまで，結婚を機に退会するもの，既婚者や壮年層も加わるものなどがある。村行事への奉仕，共有山の管理，村内警備，海難救助など大きな役割をになう若者組がある一方，若者宿を中心にした婚姻統制の機能を主とするものもある。近代に官製の青年会・青年団へ再編されたが，従来の性格を維持した若者組を残す村落も多かった。

わかものやど [若者宿] 村の青年男子が集会・仕事・遊び・寝泊りなどのために集まる場所。若者組の集会所としての性格が強い宿と，仕事宿・遊び宿・寝宿(ねやど)とは同じものではない。前者は新加入者の承認や若者条目のいいきかせ，定例会での相談などの場で，役職や構成員の序列に従って役割や行動が厳格に定まっている公的なものであり，後者は仲間内の私的な集まりともいえる。2種類の宿が併存する場合もあった。祭などの際に設けられる臨時の宿もある。

わかやまけん [和歌山県] 近畿地方の南西部に位置する県。旧紀伊国の大部分を県域とする。1868年(明治元)和歌山藩の付家老が支配する田辺領・新宮(しんぐう)領が藩に列せられた。伊都

ど・那賀両郡の高野山領は，69年堺県，70年五条県に属した。71年廃藩置県により和歌山県・田辺県・新宮県が成立，同年11月旧高野山領とともに和歌山県に統合された。度会県(のち三重県に合併)との県境を北山川としたため，牟婁郡北山5カ村は和歌山県の飛地として残った。県庁所在地は和歌山市。

わかやまはん　[和歌山藩]　紀州藩とも。紀伊国和歌山(現，和歌山市)に城地をもつ大藩。御三家の一つ。紀伊一国などを領す。1600年(慶長5)浅野幸長が甲斐国から入封し，37万6500石余。19年(元和5)広島へ転封となり，徳川家康の十男頼宣が駿府50万石から入る。藩領は紀伊一国と大和・伊勢両国の一部を含む55万5000石余。以後14代にわたる。吉宗・家茂の2将軍を出す。浅野幸長が入封直後に領内検地を実施して以後，本格的な検地は行われていない。徳川頼宣の藩主在任は50年近くに及び，2代光貞の頃までに藩政の基礎が確立。幕府から付けられた家老の安藤・水野・久野各氏が領内の要所に配され，藩政のうえでも重きをなした。明治初年，安藤氏と水野氏はそれぞれ田辺藩・新宮藩として独立。特産物の醬油・酢・蜜柑・備長炭などは藩の専売。1823年(文政6)旱魃を契機に大規模な一揆(文政の水騒動)がおきた。詰邸は大廊下。藩校学習館。支藩に伊予国西条藩。廃藩後は和歌山県となる。

わかやまぼくすい　[若山牧水]　1885.8.24〜1928.9.17　明治〜昭和前期の歌人。本名繁。宮崎県出身。早大卒。1905年(明治38)尾上柴舟の車前草社に参加。08年歌集「海の声」出版，清新な歌風を示す。10年刊の「別離」により，前田夕暮とともに自然主義歌人として注目される。同年「創作」を創刊主宰。20年(大正9)沼津に移り田園生活を送る。26年(昭和元)雑誌「詩歌時代」創刊。中期の暗く思索的な作風をへて，後期は流麗な牧水調に深みをました。旅と酒を愛した歌人として知られる。

わかん　[倭館]　室町〜江戸時代，李氏朝鮮が日本人使節接待のために設けた客館，ならびに居留地域。都の漢城(現，ソウル)には日本人の客館として東平館がおかれ，倭館と通称された。浦所については，1423年(応永30)乃而浦(齊浦)・富山浦(釜山)に，のち塩浦にも設置された。1510年(永正7)の三浦の乱の結果，12年から齊浦以外の倭館は閉鎖。21年(大永元)開港場に釜山が加わり倭館は2カ所になったが，44年(天文13)の通交断絶後，47年から釜山の豆毛浦1カ所に限られた。文禄・慶長の役で閉鎖，その後再開されて絶影島仮倭館，1607〜78年(慶長12〜延宝6)は豆毛浦倭館，78〜1873年(明治6)は草梁倭館と，場所を変えた。

わかんこんこうぶん　[和漢混淆文]　和文体と漢文訓読体が混ざった文体をいう。概念の定義は従来かならずしも厳密ではなく，研究者の間でも異説がある。通常，典型的なる和漢混淆文としては，鎌倉時代以降の「平家物語」「保元物語」「太平記」などの軍記，「海道記」「方丈記」などの紀行・随筆，謡曲・幸若舞などの詞章などをあげることが多い。実際には漢文訓読体としての要素のなかには変体漢文的なものもみられ，また和文的要素のなかには雅語のみならず俗語的表現もみられる。和漢混淆文は江戸時代には広く行われ，実際に書かれる文章の多くの部分を占めたものと考えられる。明治期になり言文一致体の成立と流行によってようやく衰え，最近ではごく限定された場合にのみ用いられるにすぎない。

わかんさんさいずえ　[和漢三才図会]　江戸中期の図解百科事典。105巻。大坂の医師寺島良安編。1712年(正徳2)の自序がある。原漢文。明の王圻編「三才図会」にならい，天上・地上・人事の三才を網羅する。巻14の夷人物のように「三才図会」の記述にほとんど拠っている巻もあるが，和漢の書を渉猟し，みずからの意見・解釈をも表明している。ただし武士にかかわることは多くが省略されており，出版前後の幕府権力への慎重な対応も指摘される。項目ごとに異名・和名を併記し，唐音も表示するなど，図解以外にも利用上の種々の便宜がはかられた。「東洋文庫」所収。

わかんろうえいしゅう　[和漢朗詠集]　平安時代の歌謡集。2巻。藤原公任撰。1012年(長和元)頃，あるいは18年(寛仁2)頃の成立。上巻は四季，下巻は雑。漢詩文588首と和歌216首。朗詠題のあとに中国詩文・日本詩文・和歌の順に並べる。漢詩文の作者は白居易が圧倒的に多く，菅原文時・同道真が続く。和歌の作者は紀貫之・凡河内躬恒・柿本人麻呂・中務などが多い。成立の背景には歌謡の流行や，和漢の作品を並置する傾向の発生がある。後世の文学に与えた影響は大きく，和歌・漢詩のほか，物語・軍記・説話・今様・謡曲など多岐に及ぶ。「日本古典文学大系」「講談社学術文庫」所収。

わきおうかん　[脇往還]　脇街道とも。江戸幕府道中奉行の支配下にあった五街道以外の街道。脇往還を領内にもつ領主が直接の管理責任をもったが，幕府勘定奉行も間接的に関与した。山陽道や伊勢路・佐渡路など，主要な脇往還では五街道並の宿駅機能が整備されていたが，中小の脇往還の多くは宿駅人馬も常備されず，宿泊施設も不十分であった。

わこと

わきじ [脇侍] ⇨脇侍ホッシ

わきほんじん [脇本陣] 江戸時代,大名の止宿する本陣の予備として建てられた宿泊施設。本陣が満室の場合に利用された。規模の点では本陣に及ばないが,門構え・玄関付きの本陣に準じるものもあり,町や村の有力者が経営した。東海道小田原宿の4軒の脇本陣のうち3軒は門構え・玄関付きで建坪も平均100坪ほどた。明治にいたり宿駅制が廃止されると,本陣・脇本陣の名称も廃止された。

ワーグマン Charles Wirgman 1832.8.31～91.2.8 イギリスの画家。ロンドン生れ。1857年(安政4)「イラストレーテッド・ロンドン・ニューズ」の特派員として東洋に派遣され,「浪士乱入図」をはじめ幕末激動期の動向を紹介した。61年(文久元)から横浜に住む。油彩・水彩で日本の風俗を描き,高橋由一ホ゜ッ・五姓田ゴセ゛ンタ゛義松らに洋画技法を教えた。62年風刺漫画の月刊誌「ジャパン・パンチ」を発行。横浜で死去。

わけ [別] 古代のカバネ。本来は5世紀中葉以前に大和政権の大王ススキ・王族や,その勢力下にある地方豪族の名の下に付した尊称であった。5世紀中葉以降,大王という称号が成立するとしだいにカバネ化し,旧別姓の地方豪族に君(公)姓が与えられると,7世紀以降,別は氏の名に転化して,君(公)のカバネを有する別(和気)氏が成立した。

わけうじ [和気氏] 別氏とも。吉備地方の豪族出身の氏族。垂仁天皇の皇子鐸石別ヌテシ命の後裔という。元来,備前国藤野郡(のちの和気郡)付近を本拠とする地方豪族だったが,8世紀半ば頃に広虫ヒロムシ・清麻呂姉弟が中央に出仕。氏姓ははじめ磐梨別公イハナシワケノキミ。のち藤野別真人・吉備藤野和気真人・輔治能ケ゛真人・別部・和気公・和気宿禰ネネ゛と次々に改姓し,774年(宝亀5)和気朝臣となる。清麻呂の子久世ヒロョ・真綱マッナ゛らは文章生モンシ゛ョウから出身して官途につき,良吏として知られる一方,高雄山寺(のちの神護寺)で法会を開くなど,最澄・空海の外護者として天台・真言両宗の創立に貢献。広世は大学別当となって大学寮を復興し,一族のため弘文院を設立した。「和気氏系図」が伝わる。

わけのきよまろ [和気清麻呂] 733～799.2.21 8世紀後半の公卿。備前国藤野郡を本拠とする豪族和気氏の出身で,しばしば改氏姓があった。姉の広虫ヒロムシ(法均尼)とともに孝謙(重祚シ゛ユウソして称徳)天皇に重用され,764年(天平宝字8)恵美押勝ナカマロの乱で活躍。766年(天平神護2)従五位下。道鏡ト゛ウキョウを皇位にたてるべきとした宇佐八幡宮の神託を偽りしと奏したため,別部穢麻呂ワケヘ゛ノキ゛と改名され大

隅国へ配流。翌年称徳天皇が没し召還され,771年(宝亀2)本姓・本位に復した。のち摂津大夫・民部大輔・中宮大夫を歴任。この間長岡京造営に功があったが,ひそかに新都造営を上奏し,平安京の造営大夫に任じられた。799年(延暦18)没し,正三位を追贈。

わけのひろむし [和気広虫] 730～799.1.20 奈良後期の高級女官。備前国藤野郡生れ。もと藤野別真人ワケヒ゛トの妻。葛木戸主ヘ゛ヌシの妻。和気清麻呂の姉。孝謙太上天皇に仕え,その出家に従い法均と称する。恵美押勝の乱後,斬刑者の助命嘆願、捨て子の養育にもつとめる。765年(天平神護元)従五位下・勲六等。宇佐八幡宮神託事件に連坐して別部狭虫ワケヘ゛ノと改名され,備後国に配流された。光仁天皇即位により許されて復位し,785年(延暦4)従四位上に昇る。光仁・桓武両天皇の信任あつく,典蔵クラノと・典侍ナイシノを歴任。贈正三位。

わこう [倭寇] 中国大陸・朝鮮半島で略奪行為を行った海賊集団に対する中国・朝鮮側の呼称。おもに13～16世紀の海賊集団をさす。最盛期は14～16世紀で,14～15世紀に活動した前期倭寇(14～15世紀の倭寇とも)と16世紀に活動した後期倭寇(16世紀の倭寇とも)にわけられる。13世紀,松浦マツラ党などが朝鮮半島を襲撃したのを初発期の倭寇とよぶ見解もある。民族・国籍をこえて連合した集団である点が特徴。前期倭寇は1350年(観応元・正平5)以降に朝鮮半島,ついで中国大陸を襲撃したもの。近年の研究では,済州島の海民や禾尺カチャク・才人サイシンとよばれる高麗の賎民などの朝鮮人が参加したとみられている。これに,朝鮮側が三島の倭寇と認識した対馬・壱岐・松浦を拠点とした海民などの日本人が連合し,米や人などを略奪した。明の海禁政策や,朝鮮の懐柔策,明や高麗・李氏朝鮮の要請による日本側の倭寇禁圧の結果,倭寇の多くは向化コウカ倭人・使送倭人などの平和的貿易者に変質し鎮静化した。16世紀,アジア海域の貿易が活発化し,明の海禁政策がゆきづまり,密貿易者が横行するが,密貿易者の武装集団が倭寇化して,中国の舟山シュウサン群島や浙江セッコウ・福建フッケン,日本の五島列島などで活動した。その大半は中国人で,日本人は1～2割程度。ポルトガル人・スペイン人も含まれていた。首領として,王直オウチョクが有名。明が海禁を緩和し,豊臣秀吉が1588年(天正16)にはん禁止令(海賊禁止令)を発令したことで,鎮静化した。

わごと [和事] 歌舞伎の演技術およびその演技術を用いる場面や演目をさす。元禄期の名優坂田藤十郎らによって創始されたが,当初は痴話コ゛ト・やつし事とよばれた。廓クルワで遊女と痴話チワ喧嘩をしたり戯れたりする演技が原型で,没

落した若殿がかつての馴染みの遊女にあう場面が多い。享保期に至り,その演技の質を表現して和らか事,さらに和事の名称が成立。和事は色男の役だが,喜劇的な側面が不可欠で,若旦那の「突っころばし」なども和事から派生した演技・役柄である。元禄期には江戸にも中村七三郎のような和事の名人がいたが,もっぱら上方の和事が伝承されたことから,一般に江戸の荒事と対比されるようになった。

わさん [和算] 中国の数学書を手本に日本人が開発した数学。狭義では関孝和以降から明治初期までの数学をいう。掛算の「九九」は古代から貴族や知識人の常識となり,江戸時代以降は日本人の知的財産となっている。13〜14世紀に中国で普及した算盤は日本式に改良され,16世紀末には広く普及した。1627年(寛永4)に出版された吉田光由の「塵劫記」は,江戸時代の教科書の手本となった。知的遊戯としての数学は年ごとに高度となり,関孝和は行列式および展開法,ベルヌイ数,補間法・補外法,不定方程式などの研究を残した。その後,建部賢弘による$(\arcsin x)^2$の級数展開など,世界に先駆けて発表された定理や理論は少なくない。日本人の多くが数学に親しんだことは,多くの数学者が各地で塾をもち,遊歴算家が各地で数学を指導したことでも知られる。大島喜侍の大島流,三池市兵衛の三池流,百川治兵衛の百川流,宅間能清の宅間流,西川正休の西川流などの諸流派も成立した。維新後,明治政府は西洋文化を積極的に摂取したため,伝統的な和算は終わり,和算の土台となった西洋数学が築かれた。

わじしょうらんしょう [和字正濫鈔] 江戸前期に国学者の契沖が著した仮名遣い書。5巻。1693年(元禄6)頃成立。95年刊。当時行われていた定家仮名遣いに対する歴史的仮名遣いの祖。すでに発音が同じになっていたア・ヤ・ワ・ハ行の仮名の書きわけの基準を平安初期以前の文献に求めて単語ごとに示している。奈良時代にはさらに上代特殊仮名遣いの別があったが,それには気がついていない。楫取魚彦の「古言梯」などで増補されていった。「契沖全集」所収。

わじまぬり [輪島塗] 石川県輪島市周辺で製作される漆器の総称。木地にヒバ・アスナロ(アテ)を用いた板物,ケヤキを使った挽物などを主体に,実用品から高級品まで大量の漆器を全国に送りだしている。特色は,珪藻土を主成分とした地の粉で丈夫な下地を作り,それに丁寧な塗りの工程を加えて,堅牢な漆器を作りだす点で,沈金や蒔絵などの加飾とあわせて,他に類をみない完成度の高さを示す。起源は不明だが,応永期頃,紀伊国根来寺の僧福蔵が当地に移り住み,技を伝えたとの伝説がある。

わじん [和人] 倭人とも。日本列島のなかで日本語を母語とする人々,ないしは日本史の中心をなす人々をいう。狭義の「日本人」と同義。中国人の日本人に対する呼称,いまひとつは日本で「夷人」に対して「日本人」をさす語。現在でもアイヌの人々に対して本州系日本人に使用することがある。アイヌ語ではシサム(隣人)といい,また転じてシャモともいう。

わじんち [和人地] 松前地・シャモ地とも。近世の北海道島における地域区分のうち,蝦夷地と区別された渡島半島南端の和人の居住地。松前藩の本領にあたる。西は熊石,東は亀田に番所をおき,蝦夷地への人々の往来をきびしく取り締まった。蝦夷地の幕府直轄にともない村莊の和人地が拡大し,1800年(寛政12)には東が野田追まで,64年(元治元)には東が長万部までとなり,さらに65年(慶応元)には西蝦夷地の小樽内が含まれた。69年(明治2)北海道成立により消滅。

ワシントンかいぎ [ワシントン会議] 1921年(大正10)11月12日から翌年2月6日まで,ワシントンにおいてハーディング米大統領の提唱で開催された国際会議。日本全権は首席全権加藤友三郎海相,徳川家達貴族院議長,幣原喜重郎駐米大使。アメリカの国務長官ヒューズを議長とし,米・英・日・仏・伊の主力艦保有量を制限する海軍軍縮条約と,太平洋および中国における現状維持を目的とする四カ国条約および九カ国条約が締結された。この結果,第1次大戦後の極東における協調主義的な国際秩序であるワシントン体制が形成された。

ワシントンかいぐんぐんしゅくじょうやく [ワシントン海軍軍縮条約] 第1次大戦後に開かれたワシントン会議において,1922年(大正11)2月6日に米・英・日・仏・伊の5カ国間で締結された海軍軍縮条約。主力艦(戦艦)の現有勢力比率は米・英5に対し,日3,仏・伊は1.67とされた。交渉は10年間の建艦休止,建造中の主力艦全部廃棄,現有勢力比の維持をめざす米首席ヒューズの軍縮提案に始まり,これに加藤寛治海軍首席随員ら日本海軍側が対米7割比率を主張して反対。加藤友三郎首席全権の高度の政治的判断で,太平洋諸島の軍事施設などの現状維持を条件に対米6割を受諾。以後,建艦競争の中心は補助艦に移行した。

わせ・なかて・おくて [早稲・中稲・晩稲] 稲の生育する熟期の長短に応じて分類した品種。近世には稲の品種を稲種・苗草・稲毛などとよび,農民の経験にもとづく優良種秋なの選抜によって品種改良が著しく進展,人名・地名・寺社名をつけた多くの品種が登場した。早稲・

中稲・晩稲という品種分化は、数種類の種芋を組み合わせて災害の危険分散をはかったり、水田に早稲の後作として麦・菜種などを栽培したり、農作業のピーク時を緩和したりするなど、多方面にわたる技術改善に寄与した。

わぞくどうじくん [和俗童子訓] 貝原益軒の啓蒙的な教育の書。5巻。1710年(宝永7)成立。総論上・総論下・随年教法・読書法・手習法・女子を教える法の項目からなり、早期教育の重要性を説き、教育理念・道徳教育・教育環境・教育方法などの問題を平易に説いたもの。「岩波文庫」「日本の名著」所収。

わたえい [和田英] 1857.8.21〜1929.9.26 英子、のぶとも。明治期の製糸工女。信濃国松代藩士横田数馬の次女。1873年(明治6)開業まもない官営富岡製糸場に入場、1等工女となる。翌年郷里に戻り、創立された西条村製糸場六工社などで器械製糸技術の指導に尽力した。後年その体験を「富岡日記」とよばれる回想記に残した。

わだえいさく [和田英作] 1874.12.23〜1959.1.3 明治〜昭和期の洋画家。鹿児島県出身。曾山幸彦・原田直次郎に学び、天真道場に入門。白馬会創立に参加する。1897年(明治30)東京美術学校に編入。「渡頭の夕暮」などを発表する。99年渡仏、翌年パリに移りラファエル・コランに師事した。東京美術学校教授、のち校長。帝国美術院会員・帝室技芸員・芸術院会員。文化勲章受章。

わだかっせん [和田合戦] 1213年(建保元)5月2・3日、鎌倉で和田義盛と北条義時の間で行われた合戦。2月の泉親衡の乱に対する処置を不満とした義盛は、5月2日、大倉幕府・義時邸・大江広元邸を襲撃した。幕府は炎上、源実朝は避難するような状態だったが、三浦氏の裏切りによって、3日、和田一族は滅亡した。合戦ののち、義時は義盛にかわって侍所別当となり、政所別当とあわせて幕府政務の中心の地位を得た。

わたざ [綿座] 中世、綿を販売した商人の同業者組織。京都八坂神社に属する綿本座・新座が有名。本座商人は三条町・七条町・錦小路町に居住して町場での店売をしたが、本座に属する下人などは振売に従事した。新座商人は洛中の里地域での振売を行った。両座は営業権をめぐって対立し、1343年(康永2・興国4)には本座商人が新座商人の営業停止を検非違使庁に訴え、いったんは勝訴するが、八坂神社の訴えにより敗訴した。

わださんぞう [和田三造] 1883.3.3〜1967.8.22 明治〜昭和期の洋画家。兵庫県出身。白馬会絵画研究所で黒田清輝に師事。東京美術学校卒。1909年(明治42)渡欧。27年(昭和2)帝国美術院会員、32年東京美術学校図案科教授。工芸美術・色彩研究の分野でも活躍した。58年文化功労者。作品「南風」。

わたどの [渡殿] 寝殿造で、寝殿と対との間など、建物と建物の間をつなぐように建てられた建物。本来は、建物をいくつかつないで区画を形成する廻廊の一種であったのに、のちに簀子縁を設け、ここを渡り廊下のようにして行くようになった。また、蔀戸や遣戸で囲われた内部は、家族や女房の居所にも利用された。建具のない吹放ちになった渡殿は透渡殿という。

わたなべかざん [渡辺崋山] 1793.9.16〜1841.10.11 江戸後期の三河国田原藩家老・南画家・蘭学者。名は定静。字は子安。通称登。崋山は号。田原藩士渡辺定通の子。江戸生れ。家計を助けるため画を学び、谷文晁らにみいだされて入門。沈南蘋の影響をうけた花鳥画を描いたが、30歳頃から西洋画に心酔、西洋画の陰影表現と描線を主とした伝統的な表現を調和させ、独自の肖像画の様式を確立。「鷹見泉石像」「市河米庵像」などを描き、洋画への傾倒や藩の海岸掛に任じられたことから蘭学研究に入り、小関三英・高野長英らと交流しながら海外事情や新知識を摂取、これが幕府儒官林述斎とその一門の反感をかい、捕らえられて在所蟄居を命じられ(蛮社の獄)、2年後自刃。

わたなべじょうたろう [渡辺錠太郎] 1874.4.16〜1936.2.26 明治〜昭和前期の軍人。陸軍大将。愛知県出身。陸軍士官学校(8期)・陸軍大学校卒。日露戦争に出征。元帥山県有朋付副官を務め、ドイツ駐在。オランダ公使館付武官・参謀本部第4部長・第7師団長・陸軍航空本部長・台湾軍司令官などを歴任。1935年(昭和10)真崎甚三郎の後を継いで教育総監に就任。天皇機関説を擁護する言動などにより、2・26事件で反乱部隊の襲撃をうけ殺害された。

わだよしもり [和田義盛] 1147〜1213.5.3 鎌倉前期の武将。幕府の初代侍所別当。父は三浦義明の子義宗。通称小太郎。本領は相模国三浦郡和田郷。1180年(治承4)源頼朝挙兵時には、三浦義澄とともに頼朝軍に加わった。同年11月、侍所が設置されると初代別当として軍政を担当。95年(建久6)頼朝上洛に際し洛中警固の奉行を勤め、頼朝の推挙で左衛門尉に任官。99年(正治元)源頼家の親裁を停止する十三宿老合議制がしかれるとその一員となった。梶原氏追討や比企氏討滅に北条氏と同一歩調をとったが、1213年(建保元)泉親衡の乱に一族が加わり北条義時と対立、和田合戦をおこして敗死。

わたらいいえゆき［度会家行］
生没年不詳。南北朝期の伊勢豊受大神宮の神官。有行の子。1306年(徳治元)禰宜に補任される。南朝方について，後醍醐天皇の吉野遷幸に尽力し，36年(建武3・延元元)宗良親王を奉じて伊勢国に下向した北畠親房・顕信父子を援助した。40年(暦応3・興国元)一禰宜となるが，49年(貞和5・正平4)北朝方から連動の科により禰宜を解任された。伊勢神道の大成者として知られ，「類聚神祇本源」「瑚璉集」「神道簡要」「神祇秘抄」などを著し，親房をはじめ南朝方に大きな思想的影響を与えた。1351年(観応2・正平6)96歳で没したとする説があるが，56年までその活動が確認され没年未詳。

わたらいゆきただ［度会行忠］
1236～1305.閏12.27 鎌倉後期の伊勢豊受大神宮の神官・神道学者。父は行良。1251年(建長3)禰宜に補任。83年(弘安6)一時三禰宜の職を解かれるが，85年に関白藤原兼平の命によって著した「二所大神宮神名秘書」が，亀山上皇にも読まれて，87年に復職。1304年(嘉元2)一禰宜となり，翌年没した。「古老口実伝」「奉仕秘記」「心御柱記」などの著があり，伊勢神道の興隆発展に大きな役割をはたした。

わたりやぐら［渡櫓］
櫓を連結するために用いられる多聞。連立式や連結式の天守で，天守と小天守をつなぐものなどがあり，姫路城に現存する。江戸時代の大坂城は，本丸全体に渡櫓が巡っていた。また櫓門の両側の石垣上に渡した櫓をさす場合もある。このほか多聞そのものを渡櫓とよぶことがある。

わつじてつろう［和辻哲郎］
1889.3.1～1960.12.26 大正・昭和期の倫理学者。兵庫県出身。東大卒。1927年(昭和2)に渡欧し，翌年帰国して31年京都帝国大学教授，34年東京帝国大学教授となる。ニーチェ，キルケゴール研究から出発し，「日本精神史研究」をへて「人間の学としての倫理学」「風土―人間学的考察」に到達したのは，東大転任の前後だった。定年退官の翌50年日本倫理学会結成とともに初代会長となり，更に多くの文化活動にたずさわった。構造的把握よりも，豊かな直観力という資質に見合った解釈学において優れていた。

わどうかいちん［和同開珎］
708年(和銅元)に発行された金属貨幣。皇朝十二銭の1番目。5月発行の銀銭と，8月発行の銅銭があり，銅銭には鋳造時期により大別して古和同と新和同がある。「和同」は年号和銅とは別の吉語か。「珎」を「寶」の省画とみて「かいほう」と読む説もあるが，「珎」は「珍」であり，「かいちん」と読む説が有力。唐の開元通宝にならって銭貨制度を整え律令国家の容姿を整備するとともに，平城京遷都に要する莫大な経費を確保し財政運用の円滑化を図るため発行された。蓄銭叙位令や，畿内の調の銭納などによって京畿内を中心に広く流通するようになった。709年8月，銀銭の使用を禁止。和同銅銭の発行には，それまで貨幣的機能を担ってきた銀の地金の機能を，和同銅銭にうけつがせるための仲立ちとして意味があった。

わに［王仁］
西文氏(河内書)氏の祖とされる伝説上の人物。「古事記」では和邇吉師。「日本書紀」応神15年に渡来した阿直岐の推薦で，翌年百済から招かれた王仁は，皇子の菟道稚郎子の師となり，諸典籍を講じたという。「古事記」では論語・千字文をもたらしたとする。百済に亡命した楽浪官人の王氏の末裔と思われる。西文氏は河内国古市郡を本拠とし，支族に馬・蔵・高志・栗栖などがあり，東漢氏とともに文筆を業とした。

わのごおう［倭の五王］
「宋書」倭国伝にみえる5世紀頃の5人の倭王で，讃・珍(「梁書」は彌)・済・興・武をいう。宋・斉・梁などの中国南朝に遣使朝貢し，日本列島と朝鮮南部の地域における軍事権の行使を主張する号を自称し，その承認を求めた。朝鮮南部の百済・新羅・任那(加耶・加羅)に対する倭国の政治的・軍事的関与について，中国皇帝の保証を得るとともに，倭国内部における大王権力の強化をも意図したものであろう。応神以下の天皇に比定されるが，議論のわかれる王もある。

わびちゃ［侘茶］
不足・不満のなかに安心をみいだそうとする茶の精神。「侘」とは本来心細いこと，辛いことをさす言葉だが，中世隠遁者の間にそうした環境に安住して，質朴自然のなかに生きることを理想とする精神がうまれた。茶道もこの精神をとりいれ，武野紹鷗は「慎み深く，驕らぬ様」といい，千利休は茶の湯の本道は名物道具など一つもももたず，修行の深い覚悟，茶の工夫をすることが侘だと説く。利休の侘茶の大成とは，それまでなかった草庵の小間の茶を工夫・創案したことをいう。

わみょうるいじゅうしょう［和名類聚抄］
「倭名類聚抄」「和(倭)名抄」「順和名」とも。日本最古の意義分類体の漢和辞書・百科辞典。醍醐天皇の皇女勤子内親王の依頼により源順撰。承平年間(931～938)の成立。意義によって部類をたて，漢語を掲出して漢文による注記をほどこし，和訓を万葉仮名で付記する。伝本には10巻本系と20巻本系があるが，前後関係は不詳。10巻本は天・人(衣食・調度を含む)・動植物24部128門，20巻本は歳時・音楽・職官・国郡・香薬などを加えた32部249門からなる。国郡部の郷名は9～10世紀前半の史料としてきわめて貴重。

わよ [和与]

一般的には自由意志による贈与，それも子孫以外の血縁関係のない者に対する贈与を意味し，これをとくに他人だ和与と称した。また和解の意味にも用いられ，とくに鎌倉幕府では，地頭などの荘園侵略に起因して和与が行われるようになり，後期には盛行した。その方法には，地頭請けや下地中分じかたちゅうぶんなどがあった。訴訟の途中で和解が成立すると和与状が作成され，幕府はこれを保証する下知状を発給した。これがない私和与は，訴訟法上不利益をこうむった。

わよう [和様]

日本風の書のこと。唐様の対語。奈良～平安初期には中国の書とくに王羲之おうぎしの書風に追従することが第1とされたが，平安中期に至ってそれまでとは一線を画する日本独特の書風が確立した。概して温和で優美なこの書風を和様とよぶ。和様の示す範囲は一般に楷書・行書・草書の漢字三体に限定され，日本でうまれた仮名は含まれない。最初の和様創始者は三蹟の1人小野道風みちかぜで，王羲之の書を日本化して書くことに成功した。その後，同じく三蹟の藤原佐理すけまさ・藤原行成ゆきなりによって継承された。とくに後世の和様書流の根幹となる世尊寺せそんじ流の祖である行成の書風は広く流行した。法性寺ほっしょうじ流・御家流（青蓮院しょうれんいん流）など中世～近世に主流をなしたものはおおむね和様であり，明治期に入って中国風の書が盛んになるまで長期にわたり隆盛を誇った。

わようけんちく [和様建築]

鎌倉時代以降，中国の影響で大仏様・禅宗様が登場したのに対して，日本の伝統的建築様式をいう。和様は7～8世紀に断続的に輸入された中国建築の様式を基礎にし，平安時代を通じて形成された。長押なげを用いること，床を張ること，水平性の強いおだやかなデザインなどが特徴。その後，大仏様・禅宗様の貫ぬき，虹梁こうりょう，木鼻きばなど新しい構造材や細部のデザインが和様にとりいれられ，新しい展開を示した。鎌倉～南北朝期の様式を新和様あるいは折衷様とよぶことができ，いずれも和様建築の新展開である。

わよじょう [和与状]

訴訟の途中などで紛争当事者同士の和解（和与）が成立したときに作成される文書。同内容のものを訴訟人そしょうにんが独自に作成して交換する場合と，同文の文書2通を作成して共に1通を保存する場合がある。和与が成立すると，鎌倉幕府はこれを保証するため，和与状の裏に担当奉行の証判（裏封うらふう）を与え，かつ下知状（和与の裁許状）を発給した。これがないものを私和与といい，のちに訴訟となったときも証拠として採用されない不利益をこうむった。

わよちゅうぶん [和与中分]

鎌倉時代，所領相論の当事者同士の示談によって成立した下地中分したじちゅうぶん。下地中分には，幕府の裁許によるもののほか，当事者同士による解決を幕府が奨励していたため，幕府法廷に提訴されたが判決前の和与によるものも多かった。和与が成立すると，当事者は和与状を交換，幕府に届け出てこれを公認する下知状をうけた。

わらじ [草鞋]

「わらぐつ・わろうず・わらんじ」とも。稲藁で足の形に編んで作った履物。踵かかとをうける返しと，足に草鞋を結びつけるための紐，紐を通すためのいくつかの乳ちで構成される。ふつうは乳が左右に2対つく四乳ちょ草鞋だが，無乳むちで子供用のゴンゾワラジ，1対の大原女おはらめの草鞋，2対か3対の武者草鞋，4対の修験者の草鞋がある。仕事や旅行のときに履くことが多く，紐で足ずれするためにふつうは甲掛・草鞋掛・足袋をも一緒につける。

わりたけがたもっかん [割竹形木棺]

丸太を縦に半截はんさいし，内を刳くり抜き両端に小口板をはめこみ，またはあてた木棺。竹を縦に半截した形に似ることからこの名がある。竪穴たてあな式石室に粘土床を築いて安置するが，粘土槨ねんどかくにも用いる。古墳前～中期にみられるが，前期のものが長さ6～7m，大阪府和泉黄金塚こがねづか古墳の中央梛例では8.7mの長大な棺であるのに対し，中期後半以降は短くなり，2～3mのものが多い。同様の刳抜式木棺で断面形が多少平らな舟形木棺がある。

わりもと [割元]

⇨大庄屋おおしょうや

ワルシャワじょうやくきこう [ワルシャワ条約機構]

冷戦期の東欧における地域的集団安全保障機構。1955年西ドイツの再軍備と北大西洋条約機構（NATO）加盟に対抗して，ソ連の指導のもとで東欧ハカ国友好相互援助条約（ワルシャワ条約）を結んで成立。56年のソ連軍によるハンガリー介入のように，同機構は域内での政治的監視機能をも保持。また68年のチェコ介入ではブレジネフ・ドクトリン（制限主権論）が展開された。アルバニアが中ソ論争を機に68年に脱退。冷戦の終結により，91年3月に軍事機構として，また7月に政治機構としても解散を決定。

われぜに [破銭]

割銭とも。中世～近世初頭の悪銭の一種。中国銭などが割れたもの，あるいは割れ目が入ったもの。破損の程度によって通用価値は異なるが，1569年（永禄12）織田信長が発した撰銭令えりぜにれいでは精銭せいせんの5分の1と定められた。

われら [我等]

大正・昭和期の評論雑誌。1918年（大正7）白虹はっこう事件で大阪朝日新聞社を退社した長谷川如是閑にぜかんが，翌年12月大山郁夫・丸山幹治らと創刊。マルクス主義文献の紹介に努め，社会主義思想の流行をもたらし

た。またファシズム批判の論説などを掲げたが時流に抗しきれず,30年(昭和5)3月に終刊。同年5月「批判」と改題して再出発した。

わろうだ [円座] ⇨円座ぎん

わんがんせんそう [湾岸戦争] 1990年8月2日イラクのクウェート侵攻を契機として開始された戦争。サダム・フセイン大統領は,イスラエルのアラブ占領地からの撤退をクウェートからのイラク軍撤収の交換条件としたが,アメリカは拒否。翌年1月17日,アメリカを主体とする国連多国籍軍がイラクを攻撃し,イラクの降伏で2月28日戦争は終結した。日本は総額130億ドルの支援を行ったが列国の評価は低く,これを契機として真の国際貢献とはなにかという議論がおきた。

年代表

1) 西暦は，1582年10月4日までユリウス暦，その翌日からグレゴリオ暦である。
2) 閏月は干支の後に丸数字で示した。
3) 改元月日は太陰暦(1871年まで)である。
4) 天皇即位は践祚年を採用したが，桓武天皇以前は実質的な即位の年とした。
5) 渤海の年号と西暦の対応関係については，いくつかの説がある。
6) 南北朝期(1331〜92年)の㊗は北朝，㊛は南朝を示す。

西暦	干支	年号	天皇	隋・唐	高句麗	新羅	百済
593	癸丑	(推古元)	推古	隋 文帝 開皇13	嬰陽王 4	真平王 15	威徳王 40
594	甲寅⑧	(2)		14	5	16	41
595	乙卯	(3)		15	6	17	42
596	丙辰	(4)		16	7	18	43
597	丁巳④	(5)		17	8	19	44
598	戊午	(6)		18	9	20	恵王 元
599	己未	(7)		19	10	21	法王 元
600	庚申①	(8)		20	11	22	武王 元
601	辛酉	(9)		仁寿元	12	23	2
602	壬戌⑩	(10)		2	13	24	3
603	癸亥	(11)		3	14	25	4
604	甲子	(12)		煬帝 4	15	26	5
605	乙丑⑦	(13)		大業元	16	27	6
606	丙寅	(14)		2	17	28	7
607	丁卯	(15)		3	18	29	8
608	戊辰③	(16)		4	19	30	9
609	己巳	(17)		5	20	31	10
610	庚午⑪	(18)		6	21	32	11
611	辛未	(19)		7	22	33	12
612	壬申	(20)		8	23	34	13
613	癸酉⑧	(21)		9	24	35	14
614	甲戌	(22)		10	25	36	15
615	乙亥	(23)		11	26	37	16
616	丙子⑤	(24)		12	27	38	17
617	丁丑	(25)		13	28	39	18
618	戊寅	(26)		恭帝侑 義寧元 恭帝侗 皇泰元	栄留王 元	40	19
619	己卯①	(27)		唐 高祖 武徳元 2	2	41	20
620	庚辰	(28)		3	3	42	21
621	辛巳⑩	(29)		4	4	43	22
622	壬午	(30)		5	5	44	23
623	癸未	(31)		6	6	45	24
624	甲申⑦	(32)		7	7	46	25
625	乙酉	(33)		8	8	47	26
626	丙戌	(34)		太宗 9	9	48	27
627	丁亥③	(35)		貞観元	10	49	28
628	戊子	(36)		2	11	50	29
629	己丑⑫	(舒明元)	舒明	3	12	51	30
630	庚寅	(2)		4	13	52	31
631	辛卯	(3)		5	14	53	32
632	壬辰⑧	(4)		6	15	善徳女王 元	33
633	癸巳	(5)		7	16	2	34
634	甲午	(6)		8	17	3	35
635	乙未⑤	(7)		9	18	4	36
636	丙申	(8)		10	19	5	37
637	丁酉	(9)		11	20	6	38
638	戊戌②	(10)		12	21	7	39
639	己亥	(11)		13	22	8	40
640	庚子⑩	(12)		14	23	9	41
641	辛丑	(13)		15	24	10	義慈王 元
642	壬寅	(皇極元)	皇極	16	宝蔵王 元	11	2

西暦	干支	年 号	改元	天皇	唐・周		高句麗		新 羅		百 済	
643	癸卯⑦	(皇極 2)		皇極	太宗	貞観17	宝蔵王	2	善徳女王	12	義慈王	3
644	甲辰	(3)				18		3		13		4
645	乙巳	大化 元	6.19	孝徳		19		4		14		5
646	丙午③	(2)				20		5		15		6
647	丁未	(3)				21		6	真徳女王	元		7
648	戊申⑫	(4)				22		7		2		8
649	己酉	(5)			高宗	23		8		3		9
650	庚戌	白雉 元	2.15			永徽元		9		4		10
651	辛亥⑨	(2)				2		10		5		11
652	壬子	(3)				3		11		6		12
653	癸丑	(4)				4		12		7		13
654	甲寅⑤	(5)				5		13	武烈王	元		14
655	乙卯	(斉明元)		斉明		6		14		2		15
656	丙辰	(2)				顕慶元		15		3		16
657	丁巳①	(3)				2		16		4		17
658	戊午	(4)				3		17		5		18
659	己未⑩	(5)				4		18		6		19
660	庚申	(6)				5		19		7		20
661	辛酉	(7)		天智		竜朔元		20	文武王	元		
662	壬戌⑦	(天智元)				2		21		2		
663	癸亥	(2)				3		22		3		
664	甲子	(3)				麟徳元		23		4		
665	乙丑③	(4)				2		24		5		
666	丙寅	(5)				乾封元		25		6		
667	丁卯⑪	(6)				2		26		7		
668	戊辰	(7)				総章元		27		8		
669	己巳	(8)				2				9		
670	庚午⑨	(9)				咸亨元				10		
671	辛未	(10)		弘文		2				11		
672	壬申	(弘文元)				3				12		
		(天武元)										
673	癸酉⑥	(2)		天武		4				13		
674	甲戌	(3)				上元元				14		
675	乙亥	(4)				2				15		
676	丙子②	(5)				儀鳳元				16		
677	丁丑	(6)				2				17		
678	戊寅⑩	(7)				3				18		
679	己卯	(8)				調露元				19		
680	庚辰	(9)				永隆元				20		
681	辛巳⑦	(10)				開耀元			神文王	元		
682	壬午	(11)				永淳元				2		
683	癸未	(12)			中宗	弘道元				3		
684	甲申④	(13)			睿宗	嗣聖元				4		
						文明元						
685	乙酉	(14)			(則天武后)	光宅元				5		
686	丙戌⑫	朱鳥 元	7.20	持統		垂拱元				6		
687	丁亥	(持統元)				2				7		
688	戊子	(2)				3				8		
689	己丑⑧	(3)				永昌元				9		
690	庚寅	(4)				載初元				10		
					(周)	天授元						

年代表

年代表

西暦	干支	年号	改元	天皇	周・唐		渤海		新羅	
691	辛卯	(持統 5)		持統	(周)	天授 2			神文王	11
692	壬辰⑤	(6)				如意元			孝昭王	元
						長寿元				
693	癸巳	(7)				2				2
694	甲午	(8)				延載元				3
695	乙未②	(9)				証聖元				4
						天冊万歳元				
696	丙申	(10)				万歳登封元				5
						万歳通天元				
697	丁酉⑫	(文武元)		文武		神功元	渤海			6
698	戊戌	(2)				聖暦元	高王	元		7
699	己亥	(3)				2		2		8
700	庚子⑦	(4)				久視元		3		9
701	辛丑	大宝 元	3.21			大足元		4		10
						長安元				
702	壬寅	2				2		5	聖徳王	元
703	癸卯④	3				3		6		2
704	甲辰	慶雲 元	5.10			4		7		3
705	乙巳	2			(唐) 中宗	神竜元		8		4
706	丙午①	3				2		9		5
707	丁未	4		元明		景竜元		10		6
708	戊申⑧	和銅 元	1.11			2		11		7
709	己酉	2				3		12		8
710	庚戌	3				唐隆元		13		9
					睿宗	景雲元				
711	辛亥⑥	4				2		14		10
712	壬子	5				太極元		15		11
						延和元				
					玄宗	先天元				
713	癸丑	6				開元元		16		12
714	甲寅②	7				2		17		13
715	乙卯	霊亀 元	9. 2	元正		3		18		14
716	丙辰⑪	2				4		19		15
717	丁巳	養老 元	11.17			5		20		16
718	戊午	2				6		21		17
719	己未⑦	3				7	武王	仁安元		18
720	庚申	4				8		2		19
721	辛酉	5				9		3		20
722	壬戌④	6				10		4		21
723	癸亥	7				11		5		22
724	甲子	神亀 元	2. 4	聖武		12		6		23
725	乙丑①	2				13		7		24
726	丙寅	3				14		8		25
727	丁卯⑨	4				15		9		26
728	戊辰	5				16		10		27
729	己巳	天平 元	8. 5			17		11		28
730	庚午⑥	2				18		12		29
731	辛未	3				19		13		30
732	壬申	4				20		14		31
733	癸酉③	5				21		15		32
734	甲戌	6				22		16		33
735	乙亥⑪	7				23		17		34
736	丙子	8				24		18		35

西暦	干支	年号		改元	天皇	唐		渤海		新羅	
737	丁丑	天平	9		聖武	玄宗	開元25	文王	大興元	孝成王	元
738	戊寅⑦		10				26		2		2
739	己卯		11				27		3		3
740	庚辰		12				28		4		4
741	辛巳③		13				29		5		5
742	壬午		14				天宝元		6	景徳王	元
743	癸未		15				2		7		2
744	甲申①		16				3		8		3
745	乙酉		17				4		9		4
746	丙戌⑨		18				5		10		5
747	丁亥		19				6		11		6
748	戊子		20				7		12		7
749	己丑⑤	天平感宝元 天平勝宝元		4.14 7.2	孝謙		8		13		8
750	庚寅		2				9		14		9
751	辛卯		3				10		15		10
752	壬辰③		4				11		16		11
753	癸巳		5				12		17		12
754	甲午⑩		6				13		18		13
755	乙未		7				14		19		14
756	丙申		8			粛宗	至徳元		20		15
757	丁酉⑧	天平宝字元		8.18			2		21		16
758	戊戌				淳仁		乾元元		22		17
759	己亥		3				2		23		18
760	庚子④		4				上元元		24		19
761	辛丑		5				2		25		20
762	壬寅⑫		6			代宗	宝応元		26		21
763	癸卯		7				広徳元		27		22
764	甲辰		8		称徳		2		28		23
765	乙巳⑩	天平神護元		1.7			永泰元		29	恵恭王	元
766	丙午		2				大暦元		30		2
767	丁未	神護景雲元		8.16			2		31		3
768	戊申⑥		2				3		32		4
769	己酉		3				4		33		5
770	庚戌	宝亀	元	10.1	光仁		5		34		6
771	辛亥③		2				6		35		7
772	壬子		3				7		36		8
773	癸丑⑪		4				8		37		9
774	甲寅		5				9		38		10
775	乙卯		6				10		39		11
776	丙辰⑧		7				11		40		12
777	丁巳		8				12		41		13
778	戊午		9				13		42		14
779	己未⑤		10			徳宗	14		43		15
780	庚申		11				建中元		44	宣徳王	元
781	辛酉	天応	元	1.1	桓武		2		45		2
782	壬戌①	延暦	元	8.19			3		46		3
783	癸亥		2				4		47		4
784	甲子⑨		3				興元元		48		5
785	乙丑		4				貞元元		49	元聖王	元
786	丙寅		5				2		50		2
787	丁卯⑤		6				3		51		3

年代表

西暦	干支	年号		改元	天皇	唐		渤海		新羅	
788	戊辰	延暦	7		桓武	徳宗	貞元 4	文王	大興52	元聖王	4
789	己巳		8				5		53		5
790	庚午③		9				6		54		6
791	辛未		10				7		55		7
792	壬申⑪		11				8		56		8
793	癸酉		12				9		57		9
794	甲戌		13				10	大元義 成王 康王	中興元		10
795	乙亥⑦		14				11		正暦元		11
796	丙子		15				12		2		12
797	丁丑		16				13		3		13
798	戊寅⑤		17				14		4		14
799	己卯		18				15		5	昭聖王	元
800	庚辰		19				16		6	哀荘王	元
801	辛巳①		20				17		7		2
802	壬午		21				18		8		3
803	癸未⑩		22				19		9		4
804	甲申		23				20		10		5
805	乙酉		24			順宗	永貞元		11		6
806	丙戌⑥	大同	元	5.18	平城	憲宗	元和元		12		7
807	丁亥		2				2		13		8
808	戊子		3				3		14		9
809	己丑②		4		嵯峨		4	定王	15	憲徳王	元
810	庚寅	弘仁	元	9.19			5		永徳元		2
811	辛卯⑫		2				6		2		3
812	壬辰		3				7		3		4
813	癸巳		4				8	僖王	朱雀元		5
814	甲午⑦		5				9		2		6
815	乙未		6				10		3		7
816	丙申		7				11		4		8
817	丁酉④		8				12		5		9
818	戊戌		9				13	簡王	太始元		10
819	己亥		10				14	宣王	建興元		11
820	庚子①		11			穆宗	15		2		12
821	辛丑		12				長慶元		3		13
822	壬寅⑨		13				2		4		14
823	癸卯		14		淳和		3		5		15
824	甲辰	天長	元	1.5		敬宗	4		6		16
825	乙巳⑦		2				宝暦元		7		17
826	丙午		3			文宗	2		8	興徳王	元
827	丁未		4				太和元		9		2
828	戊申③		5				2		10		3
829	己酉		6				3		11		4
830	庚戌⑫		7				4		12		5
831	辛亥		8				5	大彝震	咸和元		6
832	壬子		9				6		2		7
833	癸丑⑦		10		仁明		7		3		8
834	甲寅	承和	元	1.3			8		4		9
835	乙卯		2				9		5		10
836	丙辰⑤		3				開成元		6	僖康王	元

西暦	干支	年号		改元	天皇	唐		渤海		新羅	
837	丁巳	承和	4		仁明	文宗	開成 2	大彝震	咸和 7	僖康王	2
838	戊午		5				3		8	閔哀王	元
839	己未①		6				4		9	神武王	元
										文聖王	元
840	庚申		7			武宗	5		10		2
841	辛酉⑨		8				会昌元		11		3
842	壬戌		9				2		12		4
843	癸亥		10				3		13		5
844	甲子⑦		11				4		14		6
845	乙丑		12				5		15		7
846	丙寅		13			宣宗	6		16		8
847	丁卯③		14				大中元		17		9
848	戊辰	嘉祥	元	6.13			2		18		10
849	己巳⑫		2				3		19		11
850	庚午		3		文徳		4		20		12
851	辛未	仁寿	元	4.28			5		21		13
852	壬申⑧		2				6		22		14
853	癸酉		3				7		23		15
854	甲戌	斉衡	元	11.30			8		24		16
855	乙亥④		2				9		25		17
856	丙子		3				10		26		18
857	丁丑	天安	元	2.21			11		27	憲安王	元
858	戊寅②		2		清和		12	大虔晃	元		2
859	己卯	貞観	元	4.15		懿宗	13		2		3
860	庚辰⑩		2				咸通元		3		4
861	辛巳		3				2		4	景文王	元
862	壬午		4				3		5		2
863	癸未⑥		5				4		6		3
864	甲申		6				5		7		4
865	乙酉		7				6		8		5
866	丙戌③		8				7		9		6
867	丁亥		9				8		10		7
868	戊子⑫		10				9		11		8
869	己丑		11				10		12		9
870	庚寅		12				11		13		10
871	辛卯⑧		13				12		14		11
872	壬辰		14				13	大玄錫	元		12
873	癸巳		15			僖宗	14		2		13
874	甲午④		16				乾符元		3		14
875	乙未		17				2		4	憲康王	元
876	丙申		18		陽成		3		5		2
877	丁酉②	元慶	元	4.16			4		6		3
878	戊戌		2				5		7		4
879	己亥⑩		3				6		8		5
880	庚子		4				広明元		9		6
881	辛丑		5				中和元		10		7
882	壬寅⑦		6				2		11		8
883	癸卯		7				3		12		9
884	甲辰		8		光孝		4		13		10
885	乙巳②	仁和	元	2.21			光啓元		14		11
886	丙午		2				2		15	定康王	元
887	丁未⑪		3		宇多		3		16	真聖女王	元

西暦	干支	年号	改元	天皇	唐〜後晋	遼	渤海	新羅	高麗
888	戊申	仁和 4		宇多	昭宗 文徳元		大玄錫 17	真聖女王 2	
889	己酉	寛平元	4.27		竜紀元		18	3	
890	庚戌⑨	2			大順元		19	4	
891	辛亥	3			2		20	5	
892	壬子	4			景福元		21	6	
893	癸丑⑤	5			2		22	7	
894	甲寅	6			乾寧元		大瑋瑎 元	8	
895	乙卯	7			2		2	9	
896	丙辰①	8			3		3	10	
897	丁巳	9		醍醐	4		4	孝恭王 元	
898	戊午⑩	昌泰元	4.26		光化元		5	2	
899	己未	2			2		6	3	
900	庚申	3			3		7	4	
901	辛酉⑥	延喜元	7.15		天復元		8	5	
902	壬戌	2			2		9	6	
903	癸亥	3			3		10	7	
904	甲子③	4			哀帝 天祐元		11	8	
905	乙丑	5			2		12	9	
906	丙寅⑫	6			後梁 3	遼	13	10	
907	丁卯	7			太祖 開平元	太祖 元	大諲譔 元	11	
908	戊辰	8			2	2	2	12	
909	己巳⑧	9			3	3	3	13	
910	庚午	10			4	4	4	14	
911	辛未	11			乾化元	5	5	15	
912	壬申⑤	12			郢王 2	6	6	神徳王 元	
913	癸酉	13			末帝 3	7	7	2	
914	甲戌	14			4	8	8	3	
915	乙亥②	15			貞明元	9	9	4	
916	丙子	16			2	神冊元	10	景明王 元	
917	丁丑⑩	17			3	2	11	2	高麗
918	戊寅	18			4	3	12	3	太祖 元
919	己卯	19			5	4	13	3	2
920	庚辰⑥	20			6	5	14	4	3
921	辛巳	21			龍徳元	6	15	5	4
922	壬午	22			後唐 2	天賛元	16	6	5
923	癸未④	延長元	④.11		荘宗 同光元	2	17	7	6
924	甲申	2			2	3	18	景哀王 元	7
925	乙酉⑫	3			明宗 3	4	19	2	8
926	丙戌	4			天成元	太宗 天顕元	20	3	9
927	丁亥	5			2	2		敬順王 元	10
928	戊子⑧	6			3	3		2	11
929	己丑	7			4	4		3	12
930	庚寅	8		朱雀	長興元	5		4	13
931	辛卯⑤	承平元	4.26		2	6		5	14
932	壬辰	2			3	7		6	15
933	癸巳	3			閔帝 4	8		7	16
934	甲午①	4			廃帝 応順元 清泰元	9		8	17
935	乙未	5			後晋 2	10		9	18
936	丙申⑪	6			高祖 天福元	11			19
937	丁酉	7	5.22		2	12			20
938	戊戌	天慶元			3	会同元			21

西暦	干支	年号		改元	天皇	後晋〜北宋			遼		高麗	
939	己亥⑦	天慶	2		朱雀	後晋	高祖	天福 4	太宗	会同 2	太祖	22
940	庚子		3					5		3		23
941	辛丑		4					6		4		24
942	壬寅③		5				出帝	7		5		25
943	癸卯		6					8		6	恵宗	26
944	甲辰⑫		7					開運元		7		元
945	乙巳		8					2		8	定宗	2
946	丙午		9		村上			3		9		元
947	丁未⑦	天暦	元	4.22		後漢	高祖	天福12	世宗	大同元		2
										天禄元		
948	戊申		2				隠帝	乾祐元		2		3
949	己酉		3					2		3	光宗	4
950	庚戌⑤		4					3		4		元
951	辛亥		5			後周	太祖	広順元	穆宗	応暦元		2
952	壬子		6					2		2		3
953	癸丑①		7					3		3		4
954	甲寅		8				世宗	顕徳元		4		5
955	乙卯⑨		9					2		5		6
956	丙辰		10					3		6		7
957	丁巳	天徳	元	10.27				4		7		8
958	戊午⑦		2					5		8		9
959	己未		3				恭帝	6		9		10
960	庚申		4			北宋	太祖	建隆元		10		11
961	辛酉③	応和	元	2.16				2		11		12
962	壬戌		2					3		12		13
963	癸亥⑫		3					乾徳元		13		14
964	甲子	康保	元	7.10				2		14		15
965	乙丑		2					3		15		16
966	丙寅⑧		3					4		16		17
967	丁卯		4		冷泉			5		17		18
968	戊辰	安和	元	8.13				開宝元		18		19
969	己巳⑤		2		円融			2	景宗	保寧元		20
970	庚午	天禄	元	3.25				3		2		21
971	辛未		2					4		3		22
972	壬申②		3					5		4		23
973	癸酉	天延	元	12.20				6		5		24
974	甲戌⑩		2					7		6		25
975	乙亥		3					8		7	景宗	26
976	丙子	貞元	元	7.13			太宗	太平興国元		8		元
977	丁丑⑦		2					2		9		2
978	戊寅	天元	元	11.29				3		10		3
979	己卯		2					4		乾亨元		4
980	庚辰③		3					5		2		5
981	辛巳		4					6		3	成宗	6
982	壬午⑫		5					7	聖宗	乾亨		元
983	癸未	永観	元	4.15				8		統和元		2
984	甲申		2		花山			雍熙元		2		3
985	乙酉⑧	寛和	元	4.27				2		3		4
986	丙戌		2		一条			3		4		5
987	丁亥	永延	元	4.5				4		5		6
988	戊子⑤		2					端拱元		6		7
989	己丑	永祚	元	8.8				2		7		8

年代表

年代表

西暦	干支	年号		改元	天皇	北　宋		遼		高　麗	
990	庚寅	正暦	元	11.7	一条	太宗	淳化元	聖宗	統和 8	成宗	9
991	辛卯②		2				2		9		10
992	壬辰		3				3		10		11
993	癸巳⑩		4				4		11		12
994	甲午		5				5		12		13
995	乙未	長徳	元	2.22			至道元		13		14
996	丙申⑦		2				2		14		15
997	丁酉		3			真宗	3		15	穆宗	16
998	戊戌		4				咸平元		16		元
999	己亥③	長保	元	1.13			2		17		2
1000	庚子		2				3		18		3
1001	辛丑⑫		3				4		19		4
1002	壬寅		4				5		20		5
1003	癸卯		5				6		21		6
1004	甲辰⑨	寛弘	元	7.20			景徳元		22		7
1005	乙巳		2				2		23		8
1006	丙午		3				3		24		9
1007	丁未⑤		4				4		25		10
1008	戊申		5				大中祥符元		26		11
1009	己酉		6				2		27	顕宗	12
1010	庚戌②		7				3		28		元
1011	辛亥		8		三条		4		29		2
1012	壬子⑩	長和	元	12.25			5		開泰元		3
1013	癸丑		2				6		2		4
1014	甲寅		3				7		3		5
1015	乙卯⑥		4				8		4		6
1016	丙辰		5		後一条		9		5		7
1017	丁巳	寛仁	元	4.23			天禧元		6		8
1018	戊午④		2				2		7		9
1019	己未		3				3		8		10
1020	庚申⑫		4				4		9		11
1021	辛酉	治安	元	2.2			5		太平元		12
1022	壬戌		2			仁宗	乾興元		2		13
1023	癸亥⑨		3				天聖元		3		14
1024	甲子	万寿	元	7.13			2		4		15
1025	乙丑		2				3		5		16
1026	丙寅⑤		3				4		6		17
1027	丁卯		4				5		7		18
1028	戊辰	長元	元	7.25			6		8		19
1029	己巳②		2				7		9		20
1030	庚午		3				8		10		21
1031	辛未⑩		4				9	興宗	景福元	徳宗	22
1032	壬申		5				明道元		重熙元		元
1033	癸酉		6				2		2		2
1034	甲戌⑥		7				景祐元		3	靖宗	3
1035	乙亥		8				2		4		元
1036	丙子		9		後朱雀		3		5		2
1037	丁丑④	長暦	元	4.21			4		6		3
1038	戊寅		2				宝元元		7		4
1039	己卯⑫		3				2		8		5
1040	庚辰	長久	元	11.10			康定元		9		6
1041	辛巳		2				慶暦元		10		7

西暦	干支	年号		改元	天皇	北 宋		遼		高 麗	
1042	壬午⑨	長久	3		後朱雀	仁宗	慶暦 2	興宗	重熙11	靖宗	8
1043	癸未		4				3		12		9
1044	甲申	寛徳	元	11.24			4		13		10
1045	乙酉⑤		2		後冷泉		5		14		11
1046	丙戌	永承	元	4.14			6		15	文宗	12
1047	丁亥		2				7		16		元
1048	戊子①		3				8		17		2
1049	己丑		4				皇祐元		18		3
1050	庚寅⑩		5				2		19		4
1051	辛卯		6				3		20		5
1052	壬辰		7				4		21		6
1053	癸巳⑦	天喜	元	1.11			5		22		7
1054	甲午		2				至和元		23		8
1055	乙未		3				2	道宗	清寧元		9
1056	丙申③		4				嘉祐元		2		10
1057	丁酉						2		3		11
1058	戊戌⑫	康平	元	8.29			3		4		12
1059	己亥		2				4		5		13
1060	庚子		3				5		6		14
1061	辛丑⑧		4				6		7		15
1062	壬寅		5				7		8		16
1063	癸卯		6			英宗	8		9		17
1064	甲辰⑤		7				治平元		10		18
1065	乙巳	治暦	元	8. 2			2		咸雍元		19
1066	丙午		2				3		2		20
1067	丁未①		3			神宗	4		3		21
1068	戊申		4		後三条		熙寧元		4		22
1069	己酉⑩	延久	元	4.13			2		5		23
1070	庚戌		2				3		6		24
1071	辛亥		3				4		7		25
1072	壬子⑦		4		白河		5		8		26
1073	癸丑		5				6		9		27
1074	甲寅	承保	元	8.23			7		10		28
1075	乙卯④		2				8		大康元		29
1076	丙辰		3				9		2		30
1077	丁巳⑫	承暦	元	11.17			10		3		31
1078	戊午		2				元豊元		4		32
1079	己未		3				2		5		33
1080	庚申⑧		4				3		6		34
1081	辛酉	永保	元	2.10			4		7		35
1082	壬戌		2				5		8		36
1083	癸亥⑥		3				6		9	順宗 宣宗	37
1084	甲子	応徳	元	2. 7			7		10		元
1085	乙丑		2			哲宗	8		大安元		2
1086	丙寅②		3		堀河		元祐元		2		3
1087	丁卯	寛治	元	4. 7			2		3		4
1088	戊辰⑩		2				3		4		5
1089	己巳		3				4		5		6
1090	庚午		4				5		6		7
1091	辛未⑦		5				6		7		8
1092	壬申		6				7		8		9

西暦	干支	年号		改元	天皇	北宋・南宋		遼・金		高麗	
1093	癸酉	寛治	7		堀河	哲宗	元祐 8	道宗	大安 9	宣宗	10
1094	甲戌③	嘉保	元	12.15			紹聖元		10	献宗	11
1095	乙亥		2				2		寿昌元	粛宗	元
1096	丙子	永長	元	12.17			3		2		元
1097	丁丑①	承徳	元	11.21			4		3		2
1098	戊寅		2				元符元		4		3
1099	己卯⑨	康和	元	8.28			2		5		4
1100	庚辰		2			徽宗	靖国 3		6		5
1101	辛巳		3				建中靖国元	天祚帝	乾統元		6
1102	壬午⑤		4				崇寧元		2		7
1103	癸未		5				2		3		8
1104	甲申	長治	元	2.10			3		4		9
1105	乙酉②		2				4		5	睿宗	10
1106	丙戌	嘉承	元	4.9			5		6		元
1107	丁亥⑩		2		鳥羽		大観元		7		2
1108	戊子	天仁	元	8.3			2		8		3
1109	己丑		2				3		9		4
1110	庚寅⑦	天永	元	7.13			4		10		5
1111	辛卯		2				政和元		天慶元		6
1112	壬辰		3				2		2		7
1113	癸巳③	永久	元	7.13			3		3		8
1114	甲午		2				4	金	4		9
1115	乙未		3				5	太祖 収国元	5		10
1116	丙申①		4				6		2		11
1117	丁酉		5				7		天輔元		12
1118	戊戌⑨	元永	元	4.3			重和元		2		13
1119	己亥		2				宣和元		3		14
1120	庚子	保安	元	4.10			2		4		15
1121	辛丑⑤		2				3		5 保大元		16
1122	壬寅		3				4		6 2	仁宗	17
1123	癸卯		4		崇徳		5	太宗 天会元	3		元
1124	甲辰②	天治	元	4.3			6		2 4		2
1125	乙巳		2			欽宗	7		3 5		3
1126	丙午⑩	大治	元	1.22		南宋	靖康元		4		4
1127	丁未		2			高宗	建炎元		5		5
1128	戊申		3				2		6		6
1129	己酉⑦		4				3		7		7
1130	庚戌		5				紹興元		8		8
1131	辛亥	天承	元	1.29					9		9
1132	壬子④	長承	元	8.11			2		10		10
1133	癸丑		2				3		11		11
1134	甲寅⑫		3				4		12		12
1135	乙卯	保延	元	4.27			5	熙宗	13		13
1136	丙辰		2				6		14		14
1137	丁巳⑨		3				7		15		15
1138	戊午		4				8		天眷元		16
1139	己未		5				9		2		17
1140	庚申⑤		6				10		3		18
1141	辛酉	永治	元	7.10	近衛		11		皇統元		19
1142	壬戌	康治	元	4.28			12		2		20
1143	癸亥②		2				13		3		21
1144	甲子	天養	元	2.23			14		4		22

年代表

西暦	干支	年号		改元	天皇	将軍	南　宋		金		高　麗	
1145	乙丑⑩	久安	元	7.22	近衛		高宗	紹興15	熙宗	皇統 5	仁宗	23
1146	丙寅		2					16		6	毅宗	24
1147	丁卯⑥		3					17		7		元
1148	戊辰⑥		4					18		8		2
1149	己巳		5					19	海陵王	天徳元		3
1150	庚午		6					20		2		4
1151	辛未④	仁平	元	1.26				21		3		5
1152	壬申		2					22		4		6
1153	癸酉⑫		3					23		貞元元		7
1154	甲戌	久寿	元	10.28				24		2		8
1155	乙亥		2		後白河			25		3		9
1156	丙子⑨	保元	元	4.27				26		正隆元		10
1157	丁丑		2					27		2		11
1158	戊寅		3		二条			28		3		12
1159	己卯⑤	平治	元	4.20				29		4		13
1160	庚辰	永暦	元	1.10				30		5		14
1161	辛巳	応保	元	9.4				31	世宗	大定元		15
1162	壬午②		2				孝宗	32		2		16
1163	癸未	長寛	元	3.29				隆興元		3		17
1164	甲申⑩		2					2		4		18
1165	乙酉	永万	元	6.5	六条			乾道元		5		19
1166	丙戌	仁安	元	8.27				2		6		20
1167	丁亥⑦		2					3		7		21
1168	戊子		3		高倉			4		8		22
1169	己丑	嘉応	元	4.8				5		9		23
1170	庚寅④		2					6		10	明宗	24
1171	辛卯	承安	元	4.21				7		11		元
1172	壬辰⑫		2					8		12		2
1173	癸巳		3					9		13		3
1174	甲午		4					淳熙元		14		4
1175	乙未⑨	安元	元	7.28				2		15		5
1176	丙申		2					3		16		6
1177	丁酉	治承	元	8.4				4		17		7
1178	戊戌⑥		2					5		18		8
1179	己亥		3					6		19		9
1180	庚子		4		安徳			7		20		10
1181	辛丑②	養和	元	7.14				8		21		11
1182	壬寅	寿永	元	5.27				9		22		12
1183	癸卯⑩							10		23		13
1184	甲辰	元暦	元	4.16	後鳥羽			11		24		14
1185	乙巳	文治	元	8.14				12		25		15
1186	丙午⑦		2					13		26		16
1187	丁未		3					14		27		17
1188	戊申		4					15		28		18
1189	己酉④		5				光宗	16	章宗	29		19
1190	庚戌	建久	元	4.11				紹熙元		明昌元		20
1191	辛亥⑫		2					2		2		21
1192	壬子		3			源頼朝		3		3		22
1193	癸丑		4					4		4		23
1194	甲寅⑧		5				寧宗	5		5		24
1195	乙卯		6					慶元元		6		25
1196	丙辰		7					2		承安元		26

年代表

西暦	干支	年号	改元	天皇	将軍	南宋		金		モンゴル		高麗	
1197	丁巳⑥	建久 8		後鳥羽	源頼朝	寧宗	慶元 3	章宗	承安 2			神宗	27
1198	戊午	9		土御門			4		3				元
1199	己未	正治元	4.27				5		4				2
1200	庚申②	2					6		5				3
1201	辛酉	建仁元	2.13				嘉泰元		泰和元				4
1202	壬戌⑩	2			源頼家		2		2				5
1203	癸亥	3			源実朝		3		3				6
1204	甲子	元久元	2.20				4		4			熙宗	7
1205	乙丑⑦	2					開禧元		5	モンゴル			元
1206	丙寅	建永元	4.27				2		6	太祖	元		2
1207	丁卯	承元元	10.25				3		7		2		3
1208	戊辰④	2					嘉定元	衛紹王	8		3		4
1209	己巳	3					2		大安元		4		5
1210	庚午	4		順徳			3		2		5		6
1211	辛未①	建暦元	3.9				4		3		6	康宗	7
1212	壬申	2					5		崇慶元		7		元
1213	癸酉⑨	建保元	12.6				6		至寧元		8	高宗	2
								宣宗	貞祐元				
1214	甲戌	2					7		2		9		元
1215	乙亥	3					8		3		10		2
1216	丙子⑥	4					9		4		11		3
1217	丁丑	5					10		興定元		12		4
1218	戊寅	6					11		2		13		5
1219	己卯②	承久元	4.12				12		3		14		6
1220	庚辰	2					13		4		15		7
1221	辛巳⑩	3		仲恭			14		5		16		8
				後堀河									
1222	壬午	貞応元	4.13				15		元光元		17		9
1223	癸未	2					16	哀宗	2		18		10
1224	甲申⑦	元仁元	11.20			理宗	17		正大元		19		11
1225	乙酉	嘉禄元	4.20				宝慶元		2		20		12
1226	丙戌	2			藤原頼経		2		3		21		13
1227	丁亥③	安貞元	12.10				3		4		22		14
1228	戊子	2					紹定元		5		23		15
1229	己丑	寛喜元	3.5				2		6	太宗	元		16
1230	庚寅①	2					3		7		2		17
1231	辛卯	3					4		8		3		18
1232	壬辰⑨	貞永元	4.2	四条			5		開興元		4		19
									天興元				
1233	癸巳	天福元	4.15				6		2		5		20
1234	甲午	文暦元	11.5				端平元	末帝	3		6		21
1235	乙未⑥	嘉禎元	9.19				2				7		22
1236	丙申	2					3				8		23
1237	丁酉	3					嘉熙元				9		24
1238	戊戌②	暦仁元	11.23				2				10		25
1239	己亥	延応元	2.7				3				11		26
1240	庚子⑩	仁治元	7.16				4				12		27
1241	辛丑	2					淳祐元			脱列哥那	13		28
1242	壬寅	3		後嵯峨			2				元		29
1243	癸卯⑦	寛元元	2.26				3				2		30
1244	甲辰	2			藤原頼嗣		4				3		31
1245	乙巳	3					5				4		32

西暦	干支	年号		改元	天皇	将 軍	南 宋		モンゴル・元		高 麗	
1246	丙午④	寛元	4		後深草	藤原頼嗣	理宗	淳祐6	定宗	元	高宗	33
1247	丁未	宝治	元	2.28				7		2		34
1248	戊申⑫		2					8	海迷失	3		35
1249	己酉	建長	元	3.18				9		元		36
1250	庚戌		2					10		2		37
1251	辛亥⑨		3					11	憲宗	元		38
1252	壬子		4			宗尊親王		12		2		39
1253	癸丑		5					宝祐元		3		40
1254	甲寅⑤		6					2		4		41
1255	乙卯		7					3		5		42
1256	丙辰	康元	元	10.5				4		6		43
1257	丁巳③	正嘉	元	3.14				5		7		44
1258	戊午		2					6		8		45
1259	己未⑩	正元	元	3.26	亀山			開慶元		9	元宗	46
1260	庚申	文応	元	4.13				景定元	世祖	中統元		元
1261	辛酉	弘長	元	2.20				2		2		2
1262	壬戌⑦		2					3		3		3
1263	癸亥		3					4		4		4
1264	甲子	文永	元	2.28			度宗	5		至元元		5
1265	乙丑④		2					咸淳元		2		6
1266	丙寅		3			惟康親王		2		3		7
1267	丁卯		4					3		4		8
1268	戊辰①		5					4		5		9
1269	己巳		6					5		6		10
1270	庚午⑨		7					6		7		11
1271	辛未		8					7	元	8		12
1272	壬申		9					8	(国号改名)	9		13
1273	癸酉⑤		10					9		10		14
1274	甲戌		11		後宇多		恭帝	徳祐元		11	忠烈王	15
1275	乙亥	建治	元	4.25				徳祐元		12		元
1276	丙子③		2				端宗	景炎元		13		2
1277	丁丑		3					2		14		3
1278	戊寅⑩	弘安	元	2.29			帝昺	祥興元		15		4
1279	己卯		2					2		16		5
1280	庚辰		3							17		6
1281	辛巳⑦		4							18		7
1282	壬午		5							19		8
1283	癸未		6							20		9
1284	甲申④		7							21		10
1285	乙酉		8							22		11
1286	丙戌⑫		9							23		12
1287	丁亥		10		伏見					24		13
1288	戊子	正応	元	4.28						25		14
1289	己丑⑩		2			久明親王				26		15
1290	庚寅		3							27		16
1291	辛卯		4							28		17
1292	壬辰⑥		5							29		18
1293	癸巳	永仁	元	8.5						30		19
1294	甲午		2						成宗	31		20
1295	乙未②		3							元貞元		21
1296	丙申		4							2		22
1297	丁酉⑩		5							大徳元		23

年代表

西暦	干支	年号	改元	天皇	将軍		元		高麗	
1298	戊戌	永仁 6		後伏見	久明親王		成宗	大徳 2	忠烈王	24
1299	己亥	正安元	4.25					3		25
1300	庚子⑦	2						4		26
1301	辛丑	3		後二条				5		27
1302	壬寅	乾元元	11.21					6		28
1303	癸卯④	嘉元元	8.5					7		29
1304	甲辰	2						8		30
1305	乙巳⑫	3						9		31
1306	丙午	徳治元	12.14					10		32
1307	丁未	2					武宗	11		33
1308	戊申⑧	延慶元	10.9	花園	守邦親王			至大元	忠宣王	34
1309	己酉	2						2		元
1310	庚戌	3						3		2
1311	辛亥⑥	応長元	4.28				仁宗	4		3
1312	壬子	正和元	3.20					皇慶元		4
1313	癸丑	2						2	忠粛王	5
1314	甲寅③	3						延祐元		元
1315	乙卯	4						2		2
1316	丙辰⑩	5						3		3
1317	丁巳	文保元	2.3	後醍醐				4		4
1318	戊午	2						5		5
1319	己未⑦	元応元	4.28					6		6
1320	庚申	2					英宗	7		7
1321	辛酉	元亨元	2.23					至治元		8
1322	壬戌⑤	2						2		9
1323	癸亥	3					泰定帝	3		10
1324	甲子	正中元	12.9					泰定元		11
1325	乙丑①	2						2		12
1326	丙寅	嘉暦元	4.26					3		13
1327	丁卯⑨	2						4		14
1328	戊辰	3					天順帝	致和元		15
								天順元		
1329	己巳	元徳元	8.29				文宗	天暦元		
							明宗	2		16
							文宗			
1330	庚午⑥	2						至順元	忠恵王	17

西暦	干支	㉘年号	改元	㉙年号	改元	㉚天皇	㉛天皇	将軍	元		高麗	
1331	辛未	元徳 3		元弘元	8.9	光厳	後醍醐	守邦親王	文宗	至順 2	忠恵王	元
1332	壬申	正慶元	4.28	2					寧宗		忠粛王	2
1333	癸酉②	2		3					順帝	元統元		2
1334	甲戌			建武元	1.29					2		3
1335	乙亥⑩			2						至元元		4
1336	丙子			延元元	2.29	光明				2		5
1337	丁丑			2						3		6
1338	戊寅⑦	暦応元	8.28	3				足利尊氏		4		7
1339	己卯	2					後村上			5	忠恵王	8
1340	庚辰	3		興国元	4.28					6		元
1341	辛巳④	4		2						至正元		2
1342	壬午	康永元	4.27	3						2		3
1343	癸未	2		4						3		4
1344	甲申②	3		5						4	忠穆王	5

西暦	干支	北年号	改元	南年号	改元	北天皇	南天皇	将軍	琉球	元・明	高麗・朝鮮
1345	乙酉	貞和元	10.21	興国 6		光明	後村上	足利尊氏		順帝 至正 5	忠穆王
1346	丙戌⑨	2		正平元	12.8					6	2
1347	丁亥	3		2						7	3
1348	戊子	4		3		崇光				8	忠定王
1349	己丑⑥	5		4					琉球	9	元
1350	庚寅	観応元	2.27	5					察度 元	10	2
1351	辛卯	2		6					2	11	恭愍王 3
1352	壬辰②	文和元	9.27	7		─後光厳─			3	12	元
1353	癸巳	2		8					4	13	2
1354	甲午⑩	3		9					5	14	3
1355	乙未	4		10					6	15	4
1356	丙申	延文元	3.28	11					7	16	5
1357	丁酉⑦	2		12					8	17	6
1358	戊戌	3		13				足利義詮	9	18	7
1359	己亥	4		14					10	19	8
1360	庚子④	5		15					11	20	9
1361	辛丑	康安元	3.29	16					12	21	10
1362	壬寅	貞治元	9.23	17					13	22	11
1363	癸卯①	2		18					14	23	12
1364	甲辰	3		19					15	24	13
1365	乙巳⑨	4		20					16	25	14
1366	丙午	5		21					17	26	15
1367	丁未	6		22					18	明 27	16
1368	戊申⑥	応安元	2.18	23			長慶	足利義満	19	太祖洪武元	17
1369	己酉	2		24					20	2 29	18
1370	庚戌	3		建徳元	7.24				21	3 30	19
1371	辛亥③	4		2		後円融			22	4	20
1372	壬子	5		文中元	4.?				23	5	21
1373	癸丑⑩	6		2					24	6	22
1374	甲寅	7		3					25	7	辛禑 23
1375	乙卯	永和元	2.27	天授元	5.27				26	8	元
1376	丙辰⑦	2		2					27	9	2
1377	丁巳	3		3					28	10	3
1378	戊午	4		4					29	11	4
1379	己未④	康暦元	3.22	5					30	12	5
1380	庚申	2		6					31	13	6
1381	辛酉	永徳元	2.24	弘和元	2.10				32	14	7
1382	壬戌①	2		2		後小松			33	15	8
1383	癸亥	3		3			後亀山		34	16	9
1384	甲子⑨	至徳元	2.27	元中元	4.28				35	17	10
1385	乙丑	2		2					36	18	11
1386	丙寅	3		3					37	19	12
1387	丁卯⑤	嘉慶元	8.23	4					38	20	13
1388	戊辰	2		5					39	21	辛昌 14
1389	己巳	康応元	2.9	6					40	22	恭譲王 元
1390	庚午③	明徳元	3.26	7					41	23	2
1391	辛未	2		8					42	24	3
1392	壬申⑩	3		9					43	25	朝鮮 4
											太祖 元

年代表

年代表

西暦	干支	年号		改元	天皇	将軍	琉球		明		朝鮮(李朝)	
1393	癸酉	明徳	4		後小松	足利義満	察度	44	太祖	洪武26	太祖	2
1394	甲戌	応永	元	7.5		足利義持		45		27		3
1395	乙亥⑦		2					46		28		4
1396	丙子		3				武寧	元		29		5
1397	丁丑		4					2		30		6
1398	戊寅④		5					3	恵帝	31	定宗	7
1399	己卯		6					4		建文元		元
1400	庚辰		7					5		2	太宗	2
1401	辛巳①		8					6		3		元
1402	壬午		9					7	成祖	4		2
1403	癸未⑩		10					8		永楽元		3
1404	甲申		11					9		2		4
1405	乙酉		12					10		3		5
1406	丙戌⑥		13				尚思紹	元		4		6
1407	丁亥		14					2		5		7
1408	戊子		15					3		6		8
1409	己丑③		16					4		7		9
1410	庚寅		17					5		8		10
1411	辛卯⑩		18					6		9		11
1412	壬辰		19		称光			7		10		12
1413	癸巳		20					8		11		13
1414	甲午⑦		21					9		12		14
1415	乙未		22					10		13		15
1416	丙申		23					11		14		16
1417	丁酉⑤		24					12		15		17
1418	戊戌		25					13		16	世宗	18
1419	己亥		26					14		17		元
1420	庚子①		27					15		18		2
1421	辛丑		28					16		19		3
1422	壬寅⑩		29				尚巴志	元		20		4
1423	癸卯		30			足利義量		2		21		5
1424	甲辰		31					3	仁宗	22		6
1425	乙巳⑥		32					4	宣宗	洪熙元		7
1426	丙午		33					5		宣徳元		8
1427	丁未		34					6		2		9
1428	戊申③	正長	元	4.27	後花園			7		3		10
1429	己酉	永享	元	9.5		足利義教		8		4		11
1430	庚戌⑪		2					9		5		12
1431	辛亥		3					10		6		13
1432	壬子		4					11		7		14
1433	癸丑⑦		5					12		8		15
1434	甲寅		6					13		9		16
1435	乙卯		7					14	英宗	10		17
1436	丙辰⑤		8					15		正統元		18
1437	丁巳		9					16		2		19
1438	戊午		10					17		3		20
1439	己未①		11					18		4		21
1440	庚申		12				尚忠	元		5		22
1441	辛酉⑨	嘉吉	元	2.17				2		6		23
1442	壬戌		2			足利義勝		3		7		24
1443	癸亥		3					4		8		25
1444	甲子⑥	文安	元	2.5				5		9		26

西暦	干支	年号		改元	天皇	将軍	琉球		明		朝鮮(李朝)	
1445	乙丑	文安	2		後花園		尚思達	元	英宗	正統10	世宗	27
1446	丙寅		3					2		11		28
1447	丁卯②		4					3		12		29
1448	戊辰		5					4		13		30
1449	己巳⑩	宝徳	元	7.28		足利義政		5	代宗	14		31
1450	庚午		2				尚金福	元		景泰元	文宗	32
1451	辛未		3					2		2		元
1452	壬申⑧	享徳	元	7.25				3		3	端宗	2
1453	癸酉		2					4		4		元
1454	甲戌		3				尚泰久	元		5		2
1455	乙亥④	康正	元	7.25				2		6	世祖	3
1456	丙子		2					3		7		元
1457	丁丑	長禄	元	9.28				4	英宗	天順元		2
1458	戊寅①		2					5		2		3
1459	己卯		3					6		3		4
1460	庚辰⑨	寛正	元	12.21				7		4		5
1461	辛巳		2				尚徳	元		5		6
1462	壬午		3					2		6		7
1463	癸未⑥		4					3		7		8
1464	甲申		5		後土御門			4	憲宗	8		9
1465	乙酉		6					5		成化元		10
1466	丙戌②	文正	元	2.28				6		2		11
1467	丁亥	応仁	元	3.5				7		3		12
1468	戊子⑩		2					8		4	睿宗	13
1469	己丑	文明	元	4.28				9		5	成宗	元
1470	庚寅		2				尚円	元		6		元
1471	辛卯⑧		3					2		7		2
1472	壬辰		4					3		8		3
1473	癸巳		5			足利義尚		4		9		4
1474	甲午⑤		6					5		10		5
1475	乙未		7					6		11		6
1476	丙申		8					7		12		7
1477	丁酉①		9				尚宣威 尚真	元 元		13		8
1478	戊戌		10					2		14		9
1479	己亥⑨		11					3		15		10
1480	庚子		12					4		16		11
1481	辛丑		13					5		17		12
1482	壬寅⑦		14					6		18		13
1483	癸卯		15					7		19		14
1484	甲辰		16					8		20		15
1485	乙巳③		17					9		21		16
1486	丙午		18					10		22		17
1487	丁未⑪	長享	元	7.20				11	孝宗	23		18
1488	戊申		2					12		弘治元		19
1489	己酉	延徳	元	8.21				13		2		20
1490	庚戌⑧		2			足利義稙		14		3		21
1491	辛亥		3					15		4		22
1492	壬子	明応	元	7.19				16		5		23
1493	癸丑④		2					17		6		24
1494	甲寅		3			足利義澄		18		7	燕山君	25
1495	乙卯		4					19		8		元

西暦	干支	年号		改元	天皇	将軍	琉球		明		朝鮮(李朝)	
1496	丙辰②	明応	5		後土御門	足利義澄	尚真	20	孝宗	弘治 9	燕山君	2
1497	丁巳		6					21		10		3
1498	戊午⑩		7					22		11		4
1499	己未		8					23		12		5
1500	庚申		9		後柏原			24		13		6
1501	辛酉⑥	文亀	元	2.29				25		14		7
1502	壬戌		2					26		15		8
1503	癸亥		3					27		16		9
1504	甲子③	永正	元	2.30				28		17		10
1505	乙丑		2					29	武宗	18		11
1506	丙寅⑪		3					30		正徳元	中宗	元
1507	丁卯		4					31		2		2
1508	戊辰		5			足利義稙		32		3		3
1509	己巳⑧		6					33		4		4
1510	庚午		7					34		5		5
1511	辛未		8					35		6		6
1512	壬申④		9					36		7		7
1513	癸酉		10					37		8		8
1514	甲戌		11					38		9		9
1515	乙亥②		12					39		10		10
1516	丙子		13					40		11		11
1517	丁丑⑩		14					41		12		12
1518	戊寅		15					42		13		13
1519	己卯		16					43		14		14
1520	庚辰⑥		17					44		15		15
1521	辛巳	大永	元	8.23		足利義晴		45	世宗	16		16
1522	壬午		2					46		嘉靖元		17
1523	癸未③		3					47		2		18
1524	甲申		4					48		3		19
1525	乙酉⑪		5					49		4		20
1526	丙戌		6		後奈良			50		5		21
1527	丁亥		7				尚清	元		6		22
1528	戊子⑨	享禄	元	8.20				2		7		23
1529	己丑		2					3		8		24
1530	庚寅		3					4		9		25
1531	辛卯⑤		4					5		10		26
1532	壬辰	天文	元	7.29				6		11		27
1533	癸巳		2					7		12		28
1534	甲午①		3					8		13		29
1535	乙未		4					9		14		30
1536	丙申⑩		5					10		15		31
1537	丁酉		6					11		16		32
1538	戊戌		7					12		17		33
1539	己亥⑥		8					13		18		34
1540	庚子		9					14		19		35
1541	辛丑		10					15		20		36
1542	壬寅③		11					16		21		37
1543	癸卯		12					17		22		38
1544	甲辰⑪		13					18		23	仁宗	39
1545	乙巳		14					19		24	明宗	元
1546	丙午		15			足利義輝		20		25		元
1547	丁未⑦		16					21		26		2

西暦	干支	年号		改元	天皇	将軍	琉球		明		朝鮮(李朝)	
1548	戊申	天文	17		後奈良	足利義輝	尚清	22	世宗	嘉靖27	明宗	3
1549	己酉		18					23		28		4
1550	庚戌⑤		19					24		29		5
1551	辛亥		20					25		30		6
1552	壬子		21					26		31		7
1553	癸丑①		22					27		32		8
1554	甲寅		23					28		33		9
1555	乙卯⑩	弘治	元	10.23				29		34		10
1556	丙辰		2				尚元	元		35		11
1557	丁巳		3		正親町			2		36		12
1558	戊午⑥	永禄	元	2.28				3		37		13
1559	己未		2					4		38		14
1560	庚申		3					5		39		15
1561	辛酉③		4					6		40		16
1562	壬戌		5					7		41		17
1563	癸亥⑫		6					8		42		18
1564	甲子		7					9		43		19
1565	乙丑		8					10		44		20
1566	丙寅⑧		9					11	穆宗	45		21
1567	丁卯		10					12		隆慶元	宣祖	22
1568	戊辰		11			足利義栄 足利義昭		13		2		元
1569	己巳⑤		12					14		3		2
1570	庚午	元亀	元	4.23				15		4		3
1571	辛未		2					16		5		4
1572	壬申①		3					17	神宗	6		5
1573	癸酉	天正	元	7.28			尚永	元		万暦元		6
1574	甲戌⑪		2					2		2		7
1575	乙亥		3					3		3		8
1576	丙子		4					4		4		9
1577	丁丑⑦		5					5		5		10
1578	戊寅		6					6		6		11
1579	己卯		7					7		7		12
1580	庚辰③		8					8		8		13
1581	辛巳		9					9		9		14
1582	壬午		10					10		10		15
1583	癸未①		11					11		11		16
1584	甲申		12					12		12		17
1585	乙酉⑧		13					13		13		18
1586	丙戌		14		後陽成			14		14		19
1587	丁亥		15					15		15		20
1588	戊子⑤		16					16		16		21
1589	己丑		17				尚寧	元		17		22
1590	庚寅		18					2		18		23
1591	辛卯①		19					3		19		24
1592	壬辰	文禄	元	12.8				4		20		25
1593	癸巳⑨		2					5		21		26
1594	甲午		3					6		22		27
1595	乙未		4					7		23		28
1596	丙申⑦	慶長	元	10.27				8		24		29
1597	丁酉		2					9		25		30
1598	戊戌		3					10		26		31

西暦	干支	年号	改元	天皇	将軍	琉球	明		清		朝鮮(李朝)	
1599	己亥③	慶長 4		後陽成		尚寧 11	神宗	万暦27			宣祖	32
1600	庚子	5					12	28				33
1601	辛丑⑪	6					13	29				34
1602	壬寅	7					14	30				35
1603	癸卯	8			徳川家康		15	31				36
1604	甲辰⑧	9					16	32				37
1605	乙巳	10			徳川秀忠		17	33				38
1606	丙午	11					18	34				39
1607	丁未④	12					19	35				40
1608	戊申	13					20	36			光海君	41
1609	己酉	14					21	37				元
1610	庚戌②	15					22	38				2
1611	辛亥	16		後水尾			23	39				3
1612	壬子⑩	17					24	40				4
1613	癸丑	18					25	41				5
1614	甲寅	19					26	42				6
1615	乙卯	元和元	7.13				27	43	清			7
1616	丙辰	2					28	44	太祖	天命元		8
1617	丁巳	3					29	45		2		9
1618	戊午③	4					30	46		3		10
1619	己未	5					31	47		4		11
1620	庚申⑫	6					32	光宗 48		5		12
							熹宗	泰昌元				
1621	辛酉	7				尚豊 元		天啓元		6		13
1622	壬戌	8				2		2		7		14
1623	癸亥⑧	9			徳川家光	3		3		8	仁祖	元
1624	甲子	寛永元	2.30			4		4		9		2
1625	乙丑	2				5		5		10		3
1626	丙寅④	3				6		6	太宗	11		4
1627	丁卯	4				7	毅宗	7		天聡元		5
1628	戊辰	5				8		崇禎元		2		6
1629	己巳②	6		明正		9		2		3		7
1630	庚午	7				10		3		4		8
1631	辛未⑩	8				11		4		5		9
1632	壬申	9				12		5		6		10
1633	癸酉	10				13		6		7		11
1634	甲戌⑦	11				14		7		8		12
1635	乙亥	12				15		8		9		13
1636	丙子	13				16		9		崇徳元		14
1637	丁丑③	14				17		10		2		15
1638	戊寅	15				18		11		3		16
1639	己卯⑪	16				19		12		4		17
1640	庚辰	17				20		13		5		18
1641	辛巳	18				尚賢 元		14		6		19
1642	壬午⑨	19				2		15		7		20
1643	癸未	20		後光明		3		16	世祖	8		21
1644	甲申	正保元	12.16			4	福王	17		順治元		22
1645	乙酉⑤	2				5		弘光元		2		23
							唐王聿鍵	隆武元				
1646	丙戌	3				6	唐王聿鐭	紹武元		3		24
							永明王					
1647	丁亥	4						永暦元		4		25

年代表

西暦	干支	年号	改元	天皇	将軍	琉球	明		清		朝鮮(李朝)	
1648	戊子①	慶安元	2.15	後光明	徳川家光	尚質 元	永明王	永暦 2	世祖	順治 5	仁祖	26
1649	己丑	2				2		3		6	孝宗	27
1650	庚寅⑩	3				3		4		7		元
1651	辛卯	4			徳川家綱	4		5		8		2
1652	壬辰	承応元	9.18			5		6		9		3
1653	癸巳⑥	2				6		7		10		4
1654	甲午	3		後西		7		8		11		5
1655	乙未	明暦元	4.13			8		9		12		6
1656	丙申④	2				9		10		13		7
1657	丁酉	3				10		11		14		8
1658	戊戌⑫	万治元	7.23			11		12		15		9
1659	己亥	2				12		13		16	顕宗	10
1660	庚子	3				13		14		17		元
1661	辛丑⑧	寛文元	4.25			14		15	聖祖	18		2
1662	壬寅	2				15		16		康熙元		3
1663	癸卯	3		霊元		16				2		4
1664	甲辰⑤	4				17				3		5
1665	乙巳	5				18				4		6
1666	丙午	6				19				5		7
1667	丁未②	7				20				6		8
1668	戊申	8				21				7		9
1669	己酉⑩	9				尚貞 元				8		10
1670	庚戌	10				2				9		11
1671	辛亥	11				3				10		12
1672	壬子⑥	12				4				11		13
1673	癸丑	延宝元	9.21			5				12		14
1674	甲寅	2				6				13	粛宗	15
1675	乙卯④	3				7				14		元
1676	丙辰	4				8				15		2
1677	丁巳⑫	5				9				16		3
1678	戊午	6				10				17		4
1679	己未	7				11				18		5
1680	庚申⑧	8			徳川綱吉	12				19		6
1681	辛酉	天和元	9.29			13				20		7
1682	壬戌	2				14				21		8
1683	癸亥⑤	3				15				22		9
1684	甲子	貞享元	2.21			16				23		10
1685	乙丑	2				17				24		11
1686	丙寅③	3				18				25		12
1687	丁卯	4		東山		19				26		13
1688	戊辰	元禄元	9.30			20				27		14
1689	己巳①	2				21				28		15
1690	庚午	3				22				29		16
1691	辛未⑧	4				23				30		17
1692	壬申	5				24				31		18
1693	癸酉	6				25				32		19
1694	甲戌⑤	7				26				33		20
1695	乙亥	8				27				34		21
1696	丙子	9				28				35		22
1697	丁丑②	10				29				36		23
1698	戊寅	11				30				37		24
1699	己卯⑨	12				31				38		25

西暦	干支	年号		改元	天皇	将軍	琉球		清		朝鮮(李朝)	
1700	庚辰	元禄	13		東山	徳川綱吉	尚貞	32	聖祖	康熙39	粛宗	26
1701	辛巳		14					33		40		27
1702	壬午⑧		15					34		41		28
1703	癸未		16					35		42		29
1704	甲申	宝永	元	3.13				36		43		30
1705	乙酉④		2					37		44		31
1706	丙戌		3					38		45		32
1707	丁亥		4					39		46		33
1708	戊子①		5					40		47		34
1709	己丑		6		中御門	徳川家宣		41		48		35
1710	庚寅⑧		7				尚益	元		49		36
1711	辛卯	正徳	元	4.25				2		50		37
1712	壬辰		2					3		51		38
1713	癸巳⑤		3			徳川家継	尚敬	元		52		39
1714	甲午		4					2		53		40
1715	乙未		5					3		54		41
1716	丙申②	享保	元	6.22		徳川吉宗		4		55		42
1717	丁酉		2					5		56		43
1718	戊戌⑩		3					6		57		44
1719	己亥		4					7		58		45
1720	庚子		5					8		59	景宗	46
1721	辛丑⑦		6					9		60		元
1722	壬寅		7					10	世宗	61		2
1723	癸卯		8					11		雍正元		3
1724	甲辰④		9					12		2	英祖	4
1725	乙巳		10					13		3		元
1726	丙午		11					14		4		2
1727	丁未①		12					15		5		3
1728	戊申		13					16		6		4
1729	己酉⑨		14					17		7		5
1730	庚戌		15					18		8		6
1731	辛亥		16					19		9		7
1732	壬子⑤		17					20		10		8
1733	癸丑		18					21		11		9
1734	甲寅		19					22		12		10
1735	乙卯③		20		桜町			23	高宗	13		11
1736	丙辰	元文	元	4.28				24		乾隆元		12
1737	丁巳⑪		2					25		2		13
1738	戊午		3					26		3		14
1739	己未		4					27		4		15
1740	庚申⑦		5					28		5		16
1741	辛酉	寛保	元	2.27				29		6		17
1742	壬戌		2					30		7		18
1743	癸亥④		3					31		8		19
1744	甲子	延享	元	2.21				32		9		20
1745	乙丑⑫		2			徳川家重		33		10		21
1746	丙寅		3					34		11		22
1747	丁卯		4		桃園			35		12		23
1748	戊辰⑩	寛延	元	7.12				36		13		24
1749	己巳		2					37		14		25
1750	庚午		3					38		15		26
1751	辛未⑥	宝暦	元	10.27				39		16		27

年代表

西暦	干支	年号		改元	天皇	将軍	琉球		清		朝鮮(李朝)	
1752	壬申	宝暦	2		桃園	徳川家重	尚穆	元	高宗	乾隆17	英祖	28
1753	癸酉		3					2		18		29
1754	甲戌②		4					3		19		30
1755	乙亥		5					4		20		31
1756	丙子⑪		6					5		21		32
1757	丁丑		7					6		22		33
1758	戊寅		8					7		23		34
1759	己卯⑦		9					8		24		35
1760	庚辰		10			徳川家治		9		25		36
1761	辛巳		11					10		26		37
1762	壬午④		12		後桜町			11		27		38
1763	癸未		13					12		28		39
1764	甲申⑫	明和	元	6.2				13		29		40
1765	乙酉		2					14		30		41
1766	丙戌		3					15		31		42
1767	丁亥⑨		4					16		32		43
1768	戊子		5					17		33		44
1769	己丑		6					18		34		45
1770	庚寅⑥		7		後桃園			19		35		46
1771	辛卯		8					20		36		47
1772	壬辰	安永	元	11.16				21		37		48
1773	癸巳③		2					22		38		49
1774	甲午		3					23		39		50
1775	乙未⑫		4					24		40		51
1776	丙申		5					25		41	正祖	52
1777	丁酉		6					26		42		元
1778	戊戌⑦		7					27		43		2
1779	己亥		8		光格			28		44		3
1780	庚子		9					29		45		4
1781	辛丑⑤	天明	元	4.2				30		46		5
1782	壬寅		2					31		47		6
1783	癸卯		3					32		48		7
1784	甲辰①		4					33		49		8
1785	乙巳		5					34		50		9
1786	丙午⑩		6					35		51		10
1787	丁未		7			徳川家斉		36		52		11
1788	戊申		8					37		53		12
1789	己酉⑥	寛政	元	1.25				38		54		13
1790	庚戌		2					39		55		14
1791	辛亥		3					40		56		15
1792	壬子②		4					41		57		16
1793	癸丑		5					42		58		17
1794	甲寅⑪		6					43		59		18
1795	乙卯		7				尚温	元		60		19
1796	丙辰		8					2	仁宗	嘉慶元		20
1797	丁巳⑦		9					3		2		21
1798	戊午		10					4		3		22
1799	己未		11					5		4		23
1800	庚申④		12					6		5	純祖	24
1801	辛酉	享和	元	2.5				7		6		元
1802	壬戌		2					8		7		2
1803	癸亥①		3				尚成	元		8		3

西暦	干支	年号		改元	天皇	将軍	琉球		清		朝鮮(李朝)	
1804	甲子	文化	元	2.11	光格	徳川家斉	尚灝	元	仁宗	嘉慶 9	純祖	4
1805	乙丑⑧		2					2		10		5
1806	丙寅		3					3		11		6
1807	丁卯		4					4		12		7
1808	戊辰⑥		5					5		13		8
1809	己巳		6					6		14		9
1810	庚午		7					7		15		10
1811	辛未②		8					8		16		11
1812	壬申		9					9		17		12
1813	癸酉⑪		10					10		18		13
1814	甲戌		11					11		19		14
1815	乙亥		12					12		20		15
1816	丙子⑧		13					13		21		16
1817	丁丑		14		仁孝			14		22		17
1818	戊寅	文政	元	4.22				15		23		18
1819	己卯④		2					16		24		19
1820	庚辰		3					17	宣宗	25		20
1821	辛巳		4					18		道光元		21
1822	壬午①		5					19		2		22
1823	癸未		6					20		3		23
1824	甲申⑧		7					21		4		24
1825	乙酉		8					22		5		25
1826	丙戌		9					23		6		26
1827	丁亥⑥		10					24		7		27
1828	戊子		11					25		8		28
1829	己丑		12					26		9		29
1830	庚寅③	天保	元	12.10				27		10		30
1831	辛卯		2					28		11		31
1832	壬辰⑪		3					29		12		32
1833	癸巳		4					30		13		33
1834	甲午		5					31		14	憲宗	34
1835	乙未⑦		6				尚育	元		15		元
1836	丙申		7					2		16		2
1837	丁酉		8			徳川家慶		3		17		3
1838	戊戌④		9					4		18		4
1839	己亥		10					5		19		5
1840	庚子		11					6		20		6
1841	辛丑①		12					7		21		7
1842	壬寅		13					8		22		8
1843	癸卯⑨		14					9		23		9
1844	甲辰	弘化	元	12.2				10		24		10
1845	乙巳		2					11		25		11
1846	丙午⑤		3		孝明			12		26		12
1847	丁未		4					13		27		13
1848	戊申	嘉永	元	2.28			尚泰	元		28		14
1849	己酉④		2					2		29	哲宗	15
1850	庚戌		3					3	文宗	30		元
1851	辛亥		4					4		咸豊元		2
1852	壬子②		5					5		2		3
1853	癸丑		6			徳川家定		6		3		4
1854	甲寅⑦	安政	元	11.27				7		4		5
1855	乙卯		2					8		5		6

西暦	干支	年号		改元	天皇	将軍	琉球		清		朝鮮(李朝)	
1856	丙辰	安政	3		孝明	徳川家定	尚泰	9	文宗	咸豊 6	哲宗	7
1857	丁巳⑤		4					10		7		8
1858	戊午		5			徳川家茂		11		8		9
1859	己未		6					12		9		10
1860	庚申③	万延	元	3.18				13		10		11
1861	辛酉	文久	元	2.19				14	穆宗	11		12
1862	壬戌⑧		2					15		同治元		13
1863	癸亥		3					16		2	高宗(李太王)	14
1864	甲子	元治	元	2.20				17		3		元
1865	乙丑⑤	慶応	元	4.7				18		4		2
1866	丙寅		2			徳川慶喜		19		5		3
1867	丁卯		3		明治			20		6		4

西暦	干支	年号		改元	天皇	内閣	琉球		清		朝鮮(李朝)	
1868	戊辰④	明治	元	9.8	明治		尚泰	21	穆宗	同治 7	高宗	5
1869	己巳		2					22		8		6
1870	庚午⑩		3					23		9		7
1871	辛未		4					24		10		8
1872	壬申		5					25		11		9
1873	癸酉		6					26		12		10
1874	甲戌		7					27	徳宗	13		11
1875	乙亥		8					28		光緒元		12
1876	丙子		9					29		2		13
1877	丁丑		10					30		3		14
1878	戊寅		11					31		4		15
1879	己卯		12					32		5		16
1880	庚辰		13							6		17
1881	辛巳		14							7		18
1882	壬午		15							8		19
1883	癸未		16							9		20
1884	甲申		17							10		21
1885	乙酉		18			伊藤博文①				11		22
1886	丙戌		19							12		23
1887	丁亥		20							13		24
1888	戊子		21			黒田清隆				14		25
1889	己丑		22			山県有朋①				15		26
1890	庚寅		23							16		27
1891	辛卯		24			松方正義①				17		28
1892	壬辰		25			伊藤博文②				18		29
1893	癸巳		26							19		30
1894	甲午		27							20		31
1895	乙未		28							21		32
1896	丙申		29			松方正義②				22		建陽元
1897	丁酉		30							23		光武元
1898	戊戌		31			伊藤博文③ 大隈重信① 山県有朋②				24		2
1899	己亥		32							25		3
1900	庚子		33			伊藤博文④				26		4
1901	辛丑		34			桂太郎①				27		5
1902	壬寅		35							28		6
1903	癸卯		36							29		7

西暦	干支	年号		改元	天皇	内閣	清		朝鮮(李朝)	
1904	甲辰	明治	37		明治	桂太郎①	徳宗	光緒30	高宗	光武 8
1905	乙巳		38					31		9
1906	丙午		39			西園寺公望①		32		10
1907	丁未		40					33	純宗(李王)	11
										隆熙元
1908	戊申		41			桂太郎②	宣統帝	34		2
1909	己酉		42					宣統元		3
1910	庚戌		43					2		4
1911	辛亥		44			西園寺公望②		3		
1912	壬子	大正	元	7.30	大正	桂太郎③	中華民国	元		
1913	癸丑		2			山本権兵衛①		2		
1914	甲寅		3			大隈重信②		3		
1915	乙卯		4					4		
1916	丙辰		5			寺内正毅		5		
1917	丁巳		6					6		
1918	戊午		7			原 敬		7		
1919	己未		8					8		
1920	庚申		9					9		
1921	辛酉		10			高橋是清		10		
1922	壬戌		11			加藤友三郎		11		
1923	癸亥		12			山本権兵衛②		12		
1924	甲子		13			清浦奎吾		13		
						加藤高明				
1925	乙丑		14					14		
1926	丙寅	昭和	元	12.25	昭和	若槻礼次郎①		15		
1927	丁卯		2			田中義一		16		
1928	戊辰		3					17		
1929	己巳		4			浜口雄幸		18		
1930	庚午		5					19		
1931	辛未		6			若槻礼次郎②		20		
						犬養毅				
1932	壬申		7			斎藤実		21		
1933	癸酉		8					22		
1934	甲戌		9			岡田啓介		23		
1935	乙亥		10					24		
1936	丙子		11			広田弘毅		25		
1937	丁丑		12			林銑十郎		26		
						近衛文麿①				
1938	戊寅		13					27		
1939	己卯		14			平沼騏一郎		28		
						阿部信行				
1940	庚辰		15			米内光政		29		
						近衛文麿②				
1941	辛巳		16			近衛文麿③		30		
						東条英機				
1942	壬午		17					31		
1943	癸未		18					32		
1944	甲申		19			小磯国昭		33		
1945	乙酉		20			鈴木貫太郎		34		
						東久邇稔彦				
						幣原喜重郎				
1946	丙戌		21			吉田茂①		35		
1947	丁亥		22			片山哲		36		

西暦	干支	年号	改元	天皇	内閣
1948	戊子	昭和23		昭和	芦田均
					吉田茂②
1949	己丑	24			吉田茂③
1950	庚寅	25			
1951	辛卯	26			
1952	壬辰	27			吉田茂④
1953	癸巳	28			吉田茂⑤
1954	甲午	29			鳩山一郎①
1955	乙未	30			鳩山一郎②③
1956	丙申	31			石橋湛山
1957	丁酉	32			岸信介①
1958	戊戌	33			岸信介②
1959	己亥	34			
1960	庚子	35			池田勇人①②
1961	辛丑	36			
1962	壬寅	37			
1963	癸卯	38			池田勇人③
1964	甲辰	39			佐藤栄作①
1965	乙巳	40			
1966	丙午	41			
1967	丁未	42			佐藤栄作②
1968	戊申	43			
1969	己酉	44			
1970	庚戌	45			佐藤栄作③
1971	辛亥	46			
1972	壬子	47			田中角栄①②
1973	癸丑	48			
1974	甲寅	49			三木武夫
1975	乙卯	50			
1976	丙辰	51			福田赳夫
1977	丁巳	52			
1978	戊午	53			大平正芳①
1979	己未	54			大平正芳②
1980	庚申	55			鈴木善幸
1981	辛酉	56			
1982	壬戌	57			中曽根康弘①
1983	癸亥	58			中曽根康弘②
1984	甲子	59			
1985	乙丑	60			
1986	丙寅	61			中曽根康弘③
1987	丁卯	62			竹下登
1988	戊辰	63			
1989	己巳	平成元	1.8	現天皇	宇野宗佑
					海部俊樹①
1990	庚午	平成2		現天皇	海部俊樹②
1991	辛未	3			宮沢喜一
1992	壬申	4			
1993	癸酉	5			細川護熙
1994	甲戌	6			羽田孜
					村山富市
1995	乙亥	7			
1996	丙子	8			橋本竜太郎①②
1997	丁丑	9			
1998	戊寅	10			小渕恵三
1999	己卯	11			
2000	庚辰	12			森喜朗①②
2001	辛巳	13			小泉純一郎①
2002	壬午	14			
2003	癸未	15			小泉純一郎②
2004	甲申	16			
2005	乙酉	17			小泉純一郎③
2006	丙戌	18			安倍晋三

● 林家略系図

正勝 ┬ 吉勝 ══ 信勝(羅山・道春) ┬ 春勝(鵞峰・春斎) ┬ 春信(梅洞)
　　 └ 信時 ─ 信澄(永喜)　　　　 │　　　　　　　　　└ 信篤(鳳岡・春常) ── 信充(榴岡) ── 信言(鳳谷)
　　　　　　　　　　　　　　　　　 └ 靖(守勝・読耕斎・春徳)

　　　　　　　　　　　　　┌ 信愛(竜潭) ── 信徴(鳳潭) ══ 信敬(錦峰) ══ 衡(述斎) ┬ 銚(檉宇) ── 健(壮軒) ══ 燁(復斎) ── 昇(学斎)
　　　　　　　　　　　　　└ 忠耀(鳥居耀蔵)

●∴ 山名氏略系図

義範 — 政氏 — 時氏
時氏 ┬ 師義 — 義幸
　　 ├ 義理
　　 ├ 義清
　　 ├ 氏冬
　　 ├ 氏清
　　 └ 時義

義幸 ┬ 氏之〔氏幸〕？
　　 ├ 満幸
　　 ├ 義清 — 教清 — 政清
　　 └ 熙貴 — 勝豊

時義 — 時熙 — 持豊〔宗全〕— 教豊＝政豊 — 致豊 — 豊定 — 豊国 — 豊政 — 矩豊 — 義済 — 義路（男爵）〔村岡藩〕

氏之〔氏幸〕？

●∴ 山内上杉氏略系図

重房 — 頼重 — 憲房
憲房 ┬ 清子（足利貞氏室、尊氏・直義母）
　　 └ 重顕〔扇谷上杉〕

重顕 ┬ 重能〔宅間上杉〕
　　 ├ 憲藤〔犬懸上杉〕
　　 └ 憲顕〔山内上杉〕

憲顕 ┬ 能憲
　　 ├ 能憲
　　 ├ 憲春
　　 ├ 憲栄〔越後上杉〕
　　 ├ 憲英〔庁鼻上杉〕
　　 └ 憲方 — 憲定

憲定 ┬ 憲基 — 憲実 — 憲忠
　　 └ 房方 — 朝方 — 房朝 — 房定 — 房能
　　　　　　　 　　　　　　　 　　　　└ 定実

憲実 ┬ 房顕 — 顕定 ═ 憲房 — 憲政 ═ 輝虎〔謙信〕〔米沢上杉〕
　　 └ 清方

●∴ 結城氏略系図

朝光 ┬ 朝広
　　 ├ 時光〔寒河〕
　　 ├ 重光〔山河〕
　　 └ 朝村〔網戸〕

朝広 — 広綱 — 氏朝 — 政朝 — 政勝 ═ 晴朝 ═ 朝勝
　　　　　　　 　　　　　　　 　　　　　　　 └ 秀康〔北庄藩〕〔越前松平〕

広綱 — 祐広〔白河結城〕— 宗広 — 親朝 — 親光

●∴ 吉田家略系図

兼熙 — 兼敬 ═ 兼富 — 兼名 — 兼倶 — 兼致 — 兼満 — 兼右 — 兼見 — 兼敬 — 良義（子爵）
　　　　　　　　　　　　　　　　　　　　　　　　　　　　　　└ 梵舜

●∴ 竜造寺氏略系図

季家 — 胤栄 ═ 隆信 — 政家 — 高房 — 季明
　　　　　　　　　　　　　　└ 安良 — 氏久 ═ 政展

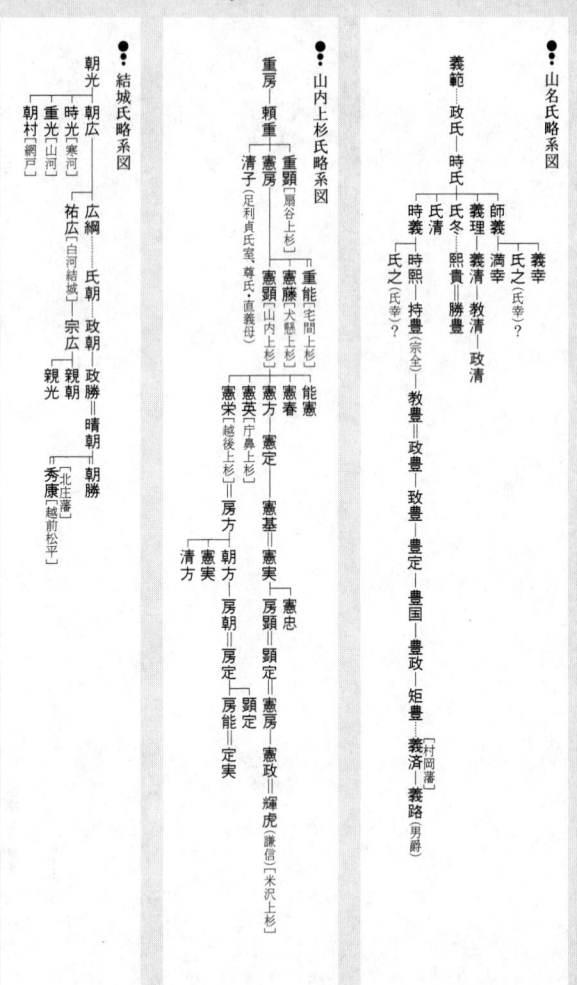

三善氏(1)～(3)略系図

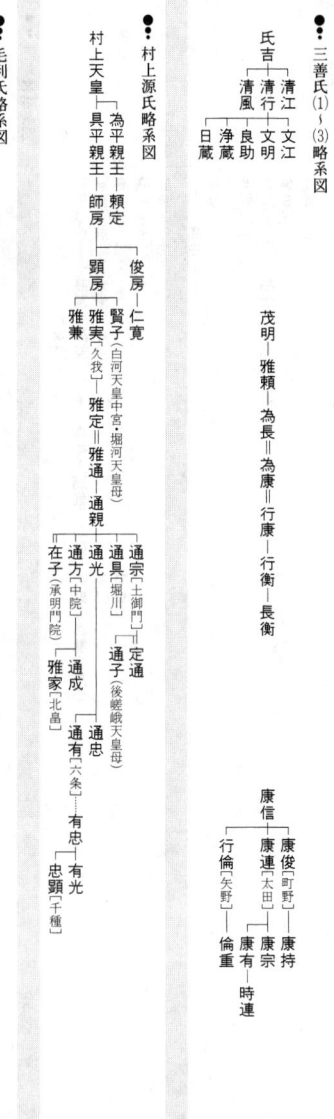

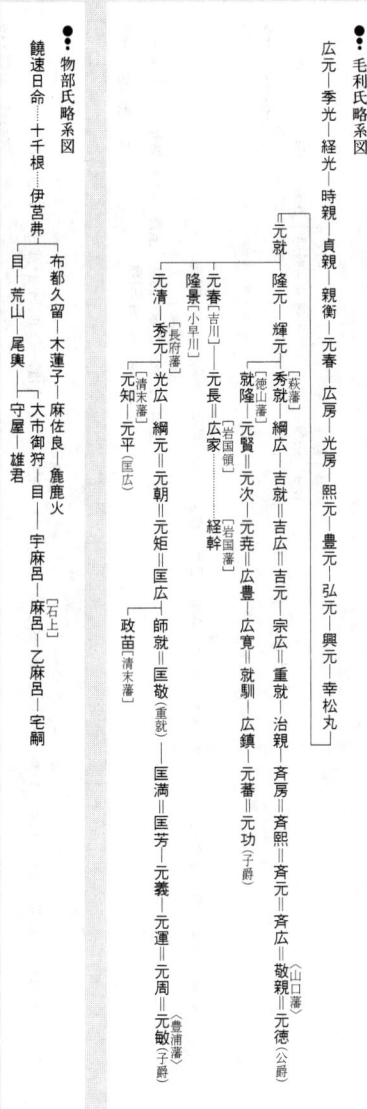

```
氏吉 ─┬─ 清江 ── 文江
      ├─ 清行 ── 文明
      ├─ 清風 ── 良助
      └─ 浄蔵
         日蔵
```

茂明 ── 雅頼 ── 為長 ＝ 為康 ── 行康 ── 行衡 ── 長衡

```
康信 ─┬─ 康俊［町野］
      ├─ 康連［太田］── 康持
      │                  康宗
      └─ 行倫［矢野］── 康有 ── 時連
                          倫重
```

村上源氏略系図

```
村上天皇 ── 為平親王 ── 頼定
            具平親王 ── 師房 ─┬─ 俊房 ── 顕房 ─┬─ 賢子(白河天皇中宮、堀河天皇母)
                              │                 ├─ 仁寛
                              │                 └─ 雅実［久我］── 雅定 ── 雅通 ── 通親 ─┬─ 通宗［土御門］
                              │                                                          ├─ 通具［堀川］── 定通
                              │                                                          │   通子(後嵯峨天皇母)
                              │                                                          ├─ 通光 ── 通忠
                              │                                                          ├─ 通成 ── 通有［六条］── 有忠 ── 有光
                              │                                                          │                                忠顕［千種］
                              │                                                          ├─ 在子(承明門院)
                              │                                                          └─ 雅家［北畠］
                              └─ 雅兼
```

毛利氏略系図

```
広元 ── 季光 ── 経光 ── 時親 ── 貞親 ── 親衡 ── 元春 ── 広房 ── 光房 ── 熙元 ── 豊元 ── 弘元 ── 興元 ── 幸松丸
                                                                                                  元就 ─┬─ 隆元 ── 輝元 ─┬─ 秀就［萩藩］── 綱広 ── 吉就 ── 吉広 ── 吉元 ── 宗広 ── 重就 ── 治親 ── 斉房 ＝ 斉熙 ＝ 斉元 ＝ 斉広 ＝ 敬親 ── 元徳［公爵］(山口藩)
                                                                                                        │                └─ 就隆［徳山藩］── 元賢 ── 元次 ── 元堯 ── 広豊 ── 広寛 ── 就馴 ── 元蕃 ＝ 元功［子爵］
                                                                                                        ├─ 元春［吉川］── 元長 ── 広家［岩国領・岩国藩］── 経幹
                                                                                                        ├─ 隆景［小早川］
                                                                                                        ├─ 元清 ─┬─ 秀元［長府藩］── 光広 ── 綱元 ─┬─ 元朝 ＝ 元矩 ＝ 匡広 ── 師就 ＝ 匡敬(重就) ── 匡満 ── 匡芳 ── 元義 ── 元運 ── 元周 ── 元敏［子爵］(豊浦藩)
                                                                                                        │         │                                 └─ 政苗［清末藩］
                                                                                                        │         └─ 元知 ── 元平［匡広］
                                                                                                        └─ 元氏
```

物部氏略系図

```
饒速日命 ── 十千根 ── 伊莒弗 ─┬─ 布都久留 ── 木蓮子 ── 麻佐良 ── 麁鹿火
                              │                                      大市御狩 ─┬─ 目 ── 宇麻呂 ── 麻呂 ── 乙麻呂 ── 宅嗣
                              │                                                └─ 守屋 ＝ 雄君
                              └─ 目 ── 荒山 ── 尾輿
                                                                        ［石上］
```

● 松前氏略系図

信広(蠣崎)―光広―義広―季広―慶広(松前)[松前藩]―盛広―公広―氏広―高広―矩広=邦広=資広―道広―章広[松前藩]―見広―良広=昌広=崇広=徳広―修広(子爵)

広年(波響)[梁川藩][松前藩]―泰広

● 三浦氏略系図

為継(為次)―義継(義次)―義明―義宗(椙本)
　　　　　　　　　　　義澄―義盛(和田)
　　　　　　　　　　　　　　義村―胤義
　　　　　　　　　　　　　　　　　泰村
　　　　　　　　　　　　　　　　　光村
　　　　　　　　　　　　　　　　　景村
義連(佐原)―盛連―盛時(三浦)―頼盛―時明―時継―高継―高通―高連―高明―時高=義同(道寸)―義意

● 御子左家略系図

長家―忠家―俊忠―俊成―定家―為家―女子
　　　　　　　　　　　　　　　　　成家
　　　　　　　　　　　　　　　　　為氏(二条)―為世―為通―為定―為遠―衡
　　　　　　　　　　　　　　　　　為教(京極)―為子
　　　　　　　　　　　　　　　　　　　　　　為兼
　　　　　　　　　　　　　　　　　為相(冷泉)―為冬

● 三井家略系図

高安―高俊―俊次(釘抜三井)―高平(北)―政俊(家原)
　　　　　　　　　　　　　高富(伊皿子)―高美―高清―高祐―高就―高福―高朗=高棟―高公
　　　　　　　　　　　　　　　　　　　　　　　　　　　　　　　　　高弘
　　　　　　　　　　　　　高治(新町)―李俊(小野田)
　　　　　　　　　　　　　高伴(室町)
　　　　　　　　　　　　　高利―安長―みち
　　　　　　　　　　　　　　　　みね=高古(永坂町)
　　　　　　　　　　　　　　　　かち(長井)
　　　　　　　　　　　　　　　　高久(南)
　　　　　　　　　　　　　　　　孝賢(松坂)……高愛=高弘(八郎次郎)
　　　　　　　　　　　　　　　　高春(小石川)

松平氏略系図

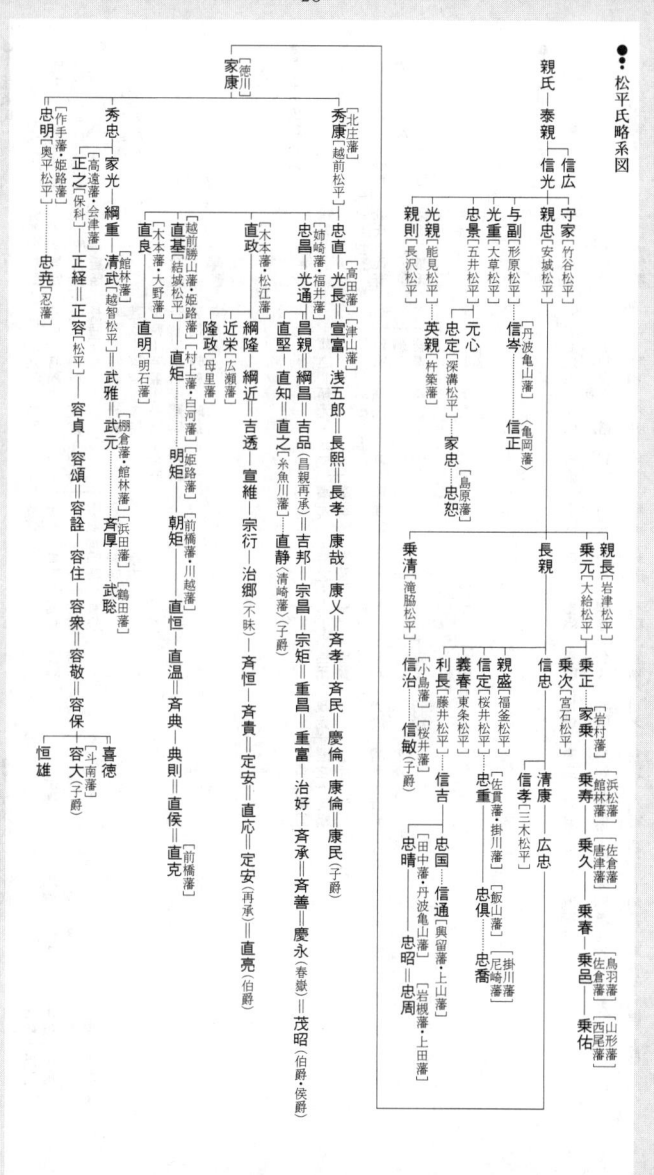

```
親氏―泰親―信広
           ├信光―守家〔竹谷松平〕
           │    ├与副〔形原松平〕
           │    ├親忠―忠定〔安城松平〕
           │    │    ├光重〔大草松平〕―忠定〔五井松平〕
           │    │    ├忠景〔深溝松平〕―伊忠―家忠〔島原藩〕―忠利―忠房
           │    │    │                        ―忠恕
           │    │    ├光親―元心
           │    │    │    ├英親〔杵築藩〕
           │    │    │    └親則〔能見松平〕
           │    │    └忠吉―信吉〔丹波亀山藩〕―信正―信岑
           │    └親長〔岩津松平〕
           │      ├乗元〔大給松平〕―乗正―家乗〔岩村藩〕―乗寿〔浜松藩・館林藩・唐津藩〕―乗久〔佐倉藩〕―乗春〔佐倉藩〕―乗邑〔山形藩〕―乗佑〔西尾藩〕
           │      │              └乗次〔宮石松平〕
           │      ├親正―清忠〔三木松平〕―広忠
           │      ├信忠―親盛〔福釜松平〕
           │      │    ├信定〔桜井松平〕―信孝
           │      │    ├義春〔東条松平〕
           │      │    ├利長〔藤井松平〕―信一〔桜井藩〕―忠国〔田中藩・信濃上山藩〕―忠晴〔丹波亀山藩〕―忠昭―忠周
           │      │    │              └信吉               └忠倶〔飯山藩〕―忠番〔掛川藩〕
           │      │    ├義敏（子爵）
           │      │    └信治〔小島藩〕
           │      └長親―乗清〔滝脇松平〕
           │
           ├徳川家康
           │    ├秀康〔越前松平〕
           │    │    ├北庄藩
           │    │    └忠直〔高田藩・津山藩〕
           │    │        ├光長―宣富
           │    │        ├浅五郎
           │    │        ├長煕―長孝―康哉―康乂―斉民（子爵）
           │    │        │              └慶倫―康倫―康民（子爵）
           │    │        └〔姫路藩・福井藩〕忠昌―光通
           │    │        ├親昌―綱昌―吉品（昌親再承）―吉邦―宗昌―宗矩―重昌―重富―治好―斉承═斉善═慶永(春嶽)═茂昭（伯爵・侯爵）
           │    │        └直政〔木本藩・松江藩〕直堅
           │    │                          ├直知―直（糸魚川藩）―直之
           │    │                          │                  ├直静―清崎藩(子爵)
           │    │                          │                  └直亮（再承）
           │    │                          ├近栄〔広瀬藩〕
           │    │                          └隆政―綱隆―綱近―吉透―宣維―宗衍―治郷(不昧)―斉恒―斉貴―定安―直応═定安(再承)═直亮（伯爵）
           │    │    ├直基〔結城松平・姫路藩・越前勝山藩〕―直矩〔前橋藩・川越藩〕―明矩―朝矩―直恒―直温―斉典―典則―直克〔前橋藩〕
           │    │    ├直良〔木本藩・大野藩〕
           │    │    └直明〔明石藩〕
           │    │        └近栄―母里藩
           │    │
           │    ├秀忠―家光―綱重―清武〔館林藩〕―武雅〔棚倉藩・館林藩〕―武元〔浜田藩〕―武厚〔浜田藩〕―武聡〔鶴舞藩〕
           │    │    └綱吉〔館林藩〕
           │    │
           │    └正之〔保科・会津松平〕―正経―正容―容貞―容頌―容詮―容住―容衆―容敬―容保―喜徳
           │                                                                    ├恒雄
           │                                                                    └容大(子爵)〔斗南藩〕
           │
           └忠明〔作手藩・奥平松平・姫路藩〕―忠尭〔忍藩〕
```

※ 縦書きの複雑な系図のため、読み取りが困難な部分があります。

北条氏(一)略系図

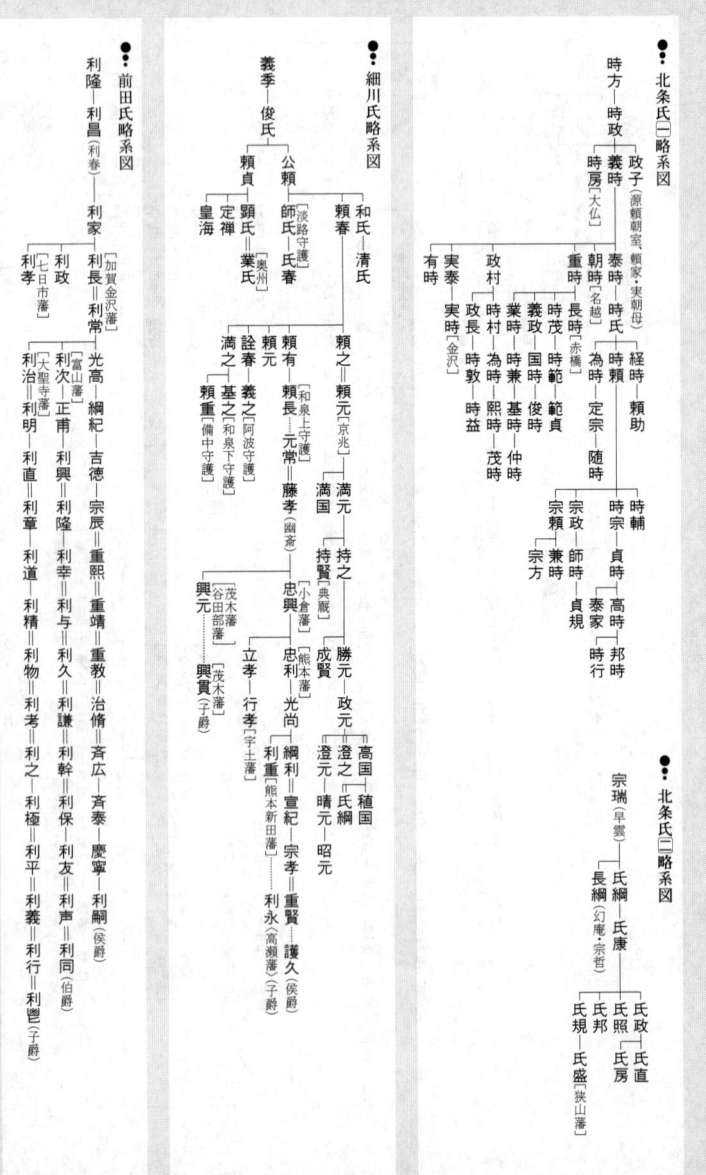

時方―時政―政子(源頼朝室、頼家・実朝母)
　　　　　義時―泰時―時氏―経時
　　　　　時房〔大仏〕　　　　頼助
　　　　　　　　重時―為時―定宗―随時―時輔
　　　　　　　　　　　時頼　　　　　　時宗―貞時―高時―邦時
　　　　　　　　　　　　　　　　　　　　　　　　泰家　時行
　　　　　　　　政村　朝時〔名越〕
　　　　　　　　実泰　時定
　　　　　　　　有時　長時〔赤橋〕
　　　　　　　　　　　時茂　時範―範貞
　　　　　　　　　　　時輔　時兼　俊時
　　　　　　　　　　　業時　時村　基時
　　　　　　　　　　　時村　時政　仲時
　　　　　　　　　　　実時　国時　茂時
　　　　　　　　　　　政長　為時
　　　　　　　　　　　時益　熙時
　　　　　　　　　　　　　　時敦
　　　　　　　　　　　　　　茂時
　　　　　　　　　　　　　　　　宗頼―師時
　　　　　　　　　　　　　　　　宗政　宗時
　　　　　　　　　　　　　　　　　　　宗方

細川氏略系図

義季―俊氏―公頼―和氏―清氏
　　　　　　　　頼春
　　　　　　　頼貞〔淡路守護〕
　　　　　　　　師氏〔奥州〕
　　　　　　　　顕氏
　　　　　　　　定禅　氏春
　　　　　　　　皇海　業氏
　　　　　　　　　　　　頼之〔京兆〕―頼元―満之
　　　　　　　　　　　　　　　　　　　　頼有〔和泉上守護〕―頼長〔和泉下守護〕―満国
　　　　　　　　　　　　　　　　　　　　　　　頼元常―藤孝〔幽斎〕―忠興〔小倉藩〕―忠利〔熊本藩〕
　　　　　　　　　　　　　　　　　　　　　　　　　　　　　　　　　　　　　興元〔谷田部藩〕……興貫(子爵)
　　立孝〔宇土藩〕―行孝
　　　　　　　　　　　　　　　　　　　　　　　　　　　　　　　　　　　　　　茂元……(茂木藩)
　　　　　　　　　　　　　　　　　　　　　　　　　　　　　　　　　　　　　光尚　綱利―宣紀―宗孝―重賢―治年
　　　利重〔熊本新田藩〕―護久(侯爵)
　　利永〔高瀬藩〕(子爵)
　　　　　　　　　　　　　　　　　　　　　　　持之―勝元―政元―澄元―晴元―昭元
　　　　　　　　　　　　　　　　　　　　　　　典厩　成賢　高国
　　　　　　　　　　　　　　　　　　　　　　　　　　　　　稙国
　　　　　　　　　　　　　　　　　　　　　満元　持賢　氏綱
　　　　　　　　　　　　　　　　　　　　　　　　　　　　
　　　　　　　　　　　　頼元　満之　頼之〔阿波守護〕―詮春―満春―基之〔和泉下守護〕―義之〔阿波守護〕―頼重〔備中守護〕

前田氏略系図

利隆―利昌(利春)―利家―利長〔加賀金沢藩〕―利常―光高―綱紀―吉徳―宗辰―重熙―重靖―重教―治脩―斉広―斉泰―慶寧―利嗣(侯爵)
　　　　　　　　　　　　　利政　　　　　利次〔富山藩〕―正甫―利興―利隆―利幸―利与―利久―利謙―利幹―利保―利友―利同(伯爵)
　　　　　　　　　　　　　利孝〔七日市藩〕　　　　　　　　　　　　　　　　　　　　　　　　　　　　　　　　　利声　利行(伯爵)
　　　　　　　　　　　　　　　　　　　　　利治〔大聖寺藩〕―利明―利直―利章―利道―利精―利物―利考―利之―利極―利平―利義―利行=利鬯(子爵)

北条氏(二)略系図

宗瑞(早雲)―氏綱―氏康―氏政―氏直
　　　　　　　　　長綱(幻庵・宗哲)　氏照　氏房
　　　　　　　　　　　　　　　　　　氏邦
　　　　　　　　　　　　　　　　　　氏規―氏盛〔狭山藩〕

平氏略系図

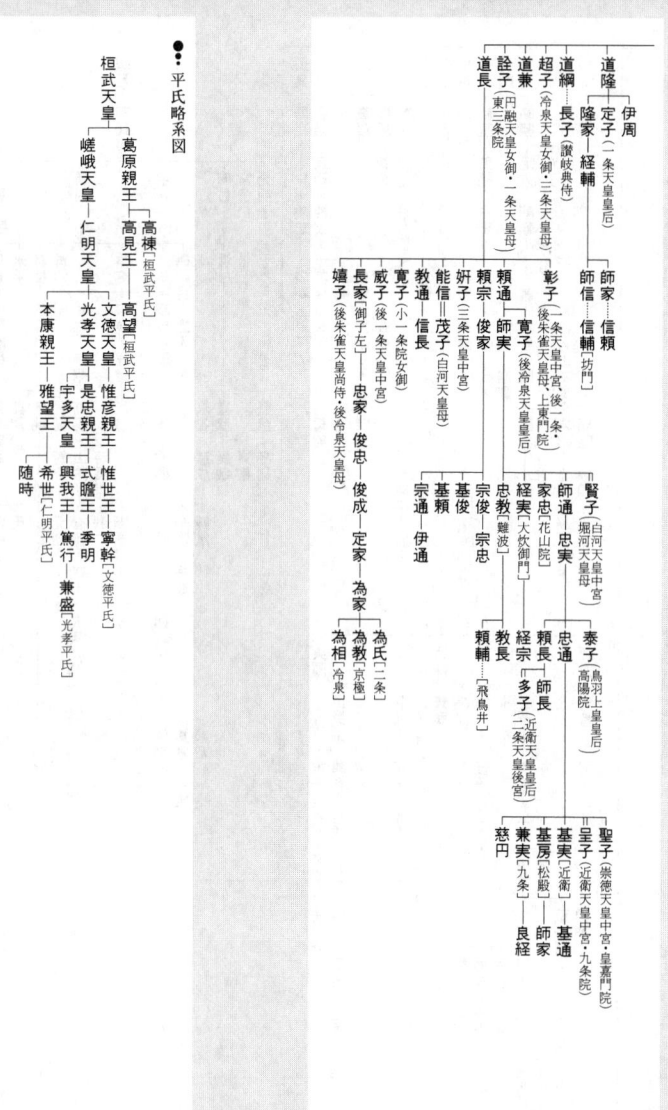

桓武天皇―葛原親王―高棟[桓武平氏]
　　　　　　　　　―高見王―高望[桓武平氏]
　　　　―嵯峨天皇―仁明天皇―文徳天皇―惟彦親王
　　　　　　　　　　　　　　　　　　―惟世王―惟幹[文徳平氏]
　　　　　　　　　　　　　　―光孝天皇―是忠親王―式瞻王―季明―興我王―篤行―兼盛[光孝平氏]
　　　　　　　　　　　　　　―宇多天皇―本康親王―雅望王―希世[仁明平氏]―随時

道隆―定子(一条天皇皇后)
　　―伊周
　　―隆家―経輔―師家
　　　　　　　　―信頼
　　　　　　―信輔[坊門]
道綱
道兼―尊子[冷泉天皇女御・三条天皇母]
超子[冷泉天皇女御・三条天皇母]
道長―彰子(一条天皇中宮・後一条・後朱雀天皇母)
　　―寛子(後朱雀天皇皇后・上東門院)
　　―妍子(三条天皇中宮)
　　―威子(後一条天皇中宮)
　　―嬉子(後朱雀天皇尚侍・後冷泉天皇母)
　　―頼通―寛子(後冷泉天皇皇后)
　　　　―師実―家忠[花山院]
　　　　　　―忠実―忠通―基実[近衛]―基通―家実―兼実[九条]
　　　　　　　　　　　―頼長―師長
　　　　　　　　　　　―泰子[高陽院]
　　　　　　　　　　　―多子[近衛天皇皇后・二条天皇皇后]
　　　　　　―賢子(白河天皇中宮・堀河天皇母)
　　　　　　―経実[大炊御門]―経宗
　　　　　　　　　　　　　　―経家―頼輔―教長
　　　　　　　　　　　　　　　　　　　　―教宗[飛鳥井]
　　　　　　―師通―忠実(上記)
　　　　　―俊家―宗通―伊通
　　　　　　　　　―基頼―宗俊―俊成―定家―為家―為氏[二条]
　　　　　　　　　　　　　　　　　　　　　　　　―為教[京極]
　　　　　　　　　　　　　　　　　　　　　　　　―為相[冷泉]
教通―信長
能信―茂子―白河天皇
　　―師信
師実(上記)
詮子(円融天皇女御・一条天皇母・東三条院)
聖子(崇徳天皇中宮・皇嘉門院)
呈子(近衛天皇中宮・九条院)
基実(上記)
基房[松殿]―師家
兼実[九条](上記)―良経
慈円

● 藤原氏略系図　＊は養子関係

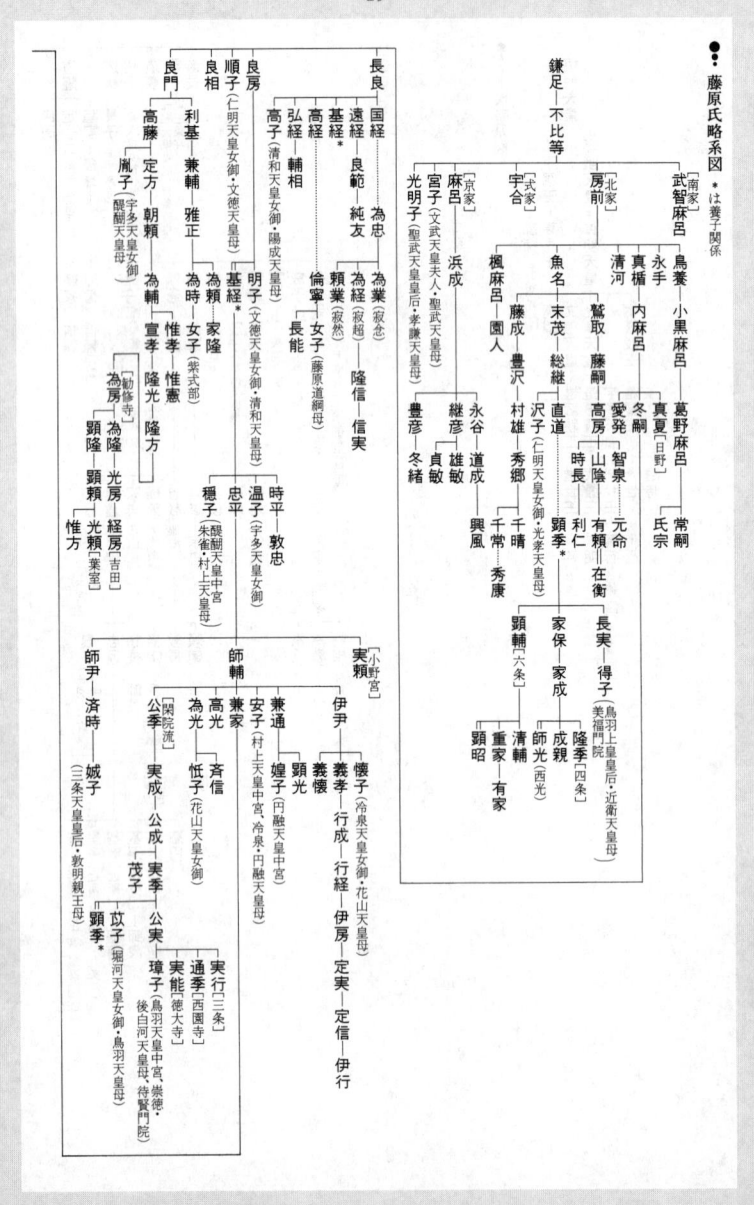

鎌足―不比等
├―武智麻呂［南家］
│　├―豊成
│　│　└―継縄
│　│　　　└―豊彦
│　├―仲麻呂
│　└―乙麻呂
│　　　└―是公
├―房前［北家］
│　├―鳥養
│　│　└―小黒麻呂
│　│　　　└―葛野麻呂
│　│　　　　　└―常嗣
│　├―永手
│　├―真楯
│　│　└―内麻呂
│　│　　　├―真夏［日野］
│　│　　　│　└―氏宗
│　│　　　└―冬嗣
│　│　　　　　├―長良
│　│　　　　　│　├―国経
│　│　　　　　│　│　└―遠経
│　│　　　　　│　│　　　└―良範＊―純友
│　│　　　　　│　├―弘経
│　│　　　　　│　│　└―基経＊
│　│　　　　　│　├―高経
│　│　　　　　│　└―高子（清和天皇女御・陽成天皇母）
│　│　　　　　├―良房
│　│　　　　　│　└―明子（文徳天皇女御・清和天皇母）
│　│　　　　　├―順子（仁明天皇女御・文徳天皇母）
│　│　　　　　├―良相
│　│　　　　　│　├―常行
│　│　　　　　│　└―多美子（清和天皇女御）
│　│　　　　　├―良門
│　│　　　　　│　├―高藤
│　│　　　　　│　│　├―定方
│　│　　　　　│　│　│　└―朝頼
│　│　　　　　│　│　│　　　└―為輔
│　│　　　　　│　│　│　　　　　├―宣孝
│　│　　　　　│　│　│　　　　　│　└―隆光
│　│　　　　　│　│　│　　　　　└―惟孝
│　│　　　　　│　│　│　　　　　　　└―隆憲
│　│　　　　　│　│　├―胤子（宇多天皇女御・醍醐天皇母）
│　│　　　　　│　└―利基
│　│　　　　　│　　　└―兼輔
│　│　　　　　│　　　　　└―雅正
│　│　　　　　│　　　　　　　├―為時
│　│　　　　　│　　　　　　　│　├―惟規
│　│　　　　　│　　　　　　　│　└―女子（紫式部）
│　│　　　　　│　　　　　　　├―為頼
│　│　　　　　│　　　　　　　└―為長
│　│　　　　　└―基経＊
│　│　　　　　　　├―時平
│　│　　　　　　　│　└―敦忠
│　│　　　　　　　├―仲平
│　│　　　　　　　├―温子（宇多天皇女御）
│　│　　　　　　　├―穏子（醍醐天皇中宮・朱雀・村上天皇母）
│　│　　　　　　　└―忠平
│　│　　　　　　　　　├―実頼［小野宮］
│　│　　　　　　　　　│　└―頼忠
│　│　　　　　　　　　│　　　├―公任
│　│　　　　　　　　　│　　　│　└―定頼
│　│　　　　　　　　　│　　　└―遵子（円融天皇中宮）
│　│　　　　　　　　　├―師輔
│　│　　　　　　　　　│　├―伊尹
│　│　　　　　　　　　│　│　├―義孝―行成―行経―伊房―定実―定信―伊行
│　│　　　　　　　　　│　│　└―懐子（冷泉天皇女御・花山天皇母）
│　│　　　　　　　　　│　├―兼通
│　│　　　　　　　　　│　│　├―顕光
│　│　　　　　　　　　│　│　└―媓子（円融天皇中宮）
│　│　　　　　　　　　│　├―安子（村上天皇中宮・冷泉・円融天皇母）
│　│　　　　　　　　　│　├―兼家
│　│　　　　　　　　　│　│　├―道隆
│　│　　　　　　　　　│　│　├―道兼
│　│　　　　　　　　　│　│　├―道長
│　│　　　　　　　　　│　│　└―超子
│　│　　　　　　　　　│　├―高光
│　│　　　　　　　　　│　├―忯子（花山天皇女御）
│　│　　　　　　　　　│　├―斉信
│　│　　　　　　　　　│　├―公季［閑院流］
│　│　　　　　　　　　│　│　└―実成
│　│　　　　　　　　　│　│　　　├―公成
│　│　　　　　　　　　│　│　　　│　└―実季
│　│　　　　　　　　　│　│　　　│　　　├―公実
│　│　　　　　　　　　│　│　　　│　　　│　├―通季［西園寺］
│　│　　　　　　　　　│　│　　　│　　　│　├―実能［徳大寺］
│　│　　　　　　　　　│　│　　　│　　　│　├―実行［三条］
│　│　　　　　　　　　│　│　　　│　　　│　└―璋子（鳥羽天皇中宮・崇徳・後白河天皇母・待賢門院）
│　│　　　　　　　　　│　│　　　│　　　└―苡子（堀河天皇女御・鳥羽天皇母）
│　│　　　　　　　　　│　│　　　└―茂子
│　│　　　　　　　　　│　└―師尹
│　│　　　　　　　　　│　　　└―済時
│　│　　　　　　　　　│　　　　　└―城子（三条天皇皇后・敦明親王母）
│　├―清河
│　├―魚名
│　│　├―末茂
│　│　│　└―総継
│　│　│　　　└―沢子（仁明天皇女御・光孝天皇母）
│　│　├―鷲取
│　│　├―藤成
│　│　│　└―豊沢
│　│　│　　　└―村雄
│　│　│　　　　　└―秀郷
│　│　│　　　　　　　├―千晴
│　│　│　　　　　　　└―千常―秀康
│　│　└―鷹取
│　└―楓麻呂
│　　　└―園人
│　　　　　├―浜成
│　　　　　└―継彦
│　　　　　　　├―永谷
│　　　　　　　│　└―貞敏
│　　　　　　　└―道成
│　　　　　　　　　└―雄敏
│　　　　　　　　　　　└―興風
├―宇合［式家］
│　├―広嗣
│　├―良継
│　├―百川
│　├―蔵下麻呂
│　└―田麻呂
│　　　各流
│　　　└―愛発
│　　　　　├―冬緒
│　　　　　├―高房
│　　　　　│　├―山陰
│　　　　　│　│　└―時長
│　　　　　│　│　　　└―顕季＊
│　│　　　　│　│　　　　　├―長実―得子（鳥羽上皇皇后・近衛天皇母・美福門院）
│　│　　　　│　│　　　　　├―家保―家成
│　│　　　　│　│　　　　　│　　　├―成親
│　│　　　　│　│　　　　　│　　　├―師光［西光］
│　│　　　　│　│　　　　　│　　　├―隆季［四条］
│　│　　　　│　│　　　　　│　　　│　├―清親
│　│　　　　│　│　　　　　│　　　│　├―重家
│　│　　　　│　│　　　　　│　　　│　└―有家
│　│　　　　│　│　　　　　│　　　└―顕昭
│　│　　　　│　│　　　　　└―顕輔［六条］
│　│　　　　│　│　　　　　　　└―清輔
│　│　　　　│　└―智泉
│　│　　　　└―元命
│　│　　　　　└―利仁
│　│　　　　　　　└―頼有＊―在衡
├―宮子（文武天皇夫人・聖武天皇母）
├―光明子（聖武天皇皇后・孝謙天皇母）
├―京家
└―麻呂

畠山氏略系図

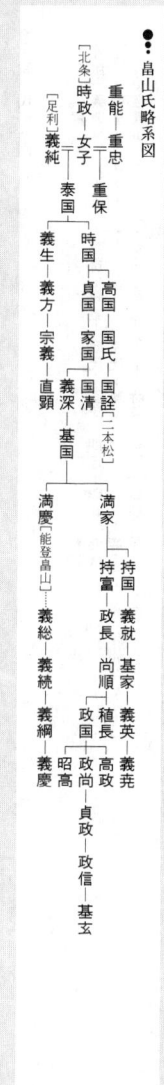

[北条]時政―女子
重能―重忠
[足利]義純―泰国―重保
　　　　　　　高国―国氏―国詮[二本松]
　　　　　　　時国―貞国―国家―国清
　　　　　　　義生―義方　　　　義深―基国
　　　　　　　　　　　宗義　　　　　直顕
　　　　　　　　　　　　　満慶[能登畠山]
　　　　　　基国―満家―持国―義就―基家―義英―義尭
　　　　　　　　　　　持富―政長―尚順―稙長―政国―昭高
　　　　　　　　　　　　　　　　　　　　　　　政尚―貞政―政信―基玄
　　　　　　　　　　　　　義総―義続―義綱―義慶

一橋家略系図

宗尹―治済―家斉―斉敦―斉礼＝慶昌―慶寿―昌丸＝慶喜―茂栄(茂徳)―達道(伯爵)
　　　　　　　斉位

日野家略系図

真夏―浜雄―家宗―弘蔭―繁時―輔道―有国―資業―実綱―有信―実光―資長―兼光―資実―家光―資宣―俊光
資名―時光―資康
資朝―邦光―資教―有光　　頼資(広橋)
資俊[柳原]　　業子(足利義満室)　　　　　　　　　　　　　　　　　　　　　　　　　　　　　　　　　　　　有範―親鸞
賢俊　　　　　　　　　　　康子(足利義満室・北山院)
　　　　　　　　　　　　　栄子(足利義持室・義量母)
　　　　　　　　　　　　　豊光
　　　　　　　　　　　　　重光
　　　　　　　　　　　　　義資―政光(重政)
　　　　　　　　　　　　　　　　女子(足利義教室・観智院)
　　　　　　　　　　　　　　　　富子(足利義政室・義尚母)
　　　　　　　　　　　　　　　　勝光
　　　　　　　　　　　　　　　　　　重子(足利義教室・義勝・義政母)
　　　　　　　　　　　　　　　　　　女子(足利義視室・義稙母)
　　　　　　　　　　　　　　　　　　政資＝内光―輝資―資勝……資秀(伯爵)

伏見宮家略系図 ①〜㉔は当主代数

崇光天皇―栄仁親王①―治仁王②
　　　　　　　　　　　貞成親王③(後崇光院)―後花園天皇
　　　　　　　　　　　　　　　　　　　　　　貞常親王④―邦高親王⑤―貞敦親王⑥―邦輔親王⑦―貞康親王⑧―邦房親王⑨―貞清親王⑩
邦尚親王⑪
邦道親王⑫
貞致親王⑬―邦永親王⑭―貞建親王⑮―邦忠親王⑯
　　　　　　　　　　　　　　　　　　邦頼親王⑱＝貞行親王⑰(桃園天皇皇子)
　　　　　　　　　　　　　　　　　　　　　　　　貞敬親王⑲―邦家親王⑳
　　　　　　　　　　　　　　　　　　　　　　　　　　　　　　　久邇宮
　　　　　　　　　　　　　　　　　　　　　　　　　　　　　　　朝彦親王(中川宮)
　　　　　　　　　　　　　　　　　　　　　　　　　　　　　　　貞教親王㉑
　　　　　　　　　　　　　　　　　　　　　　　　　　　　　　　貞愛親王㉒―博恭王㉓―博義王・博明王㉔

●中臣氏略系図

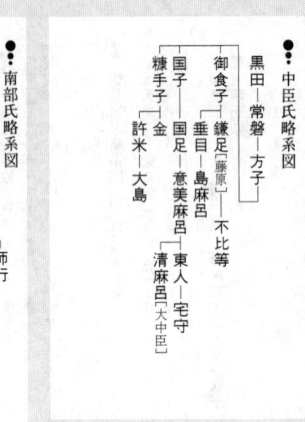

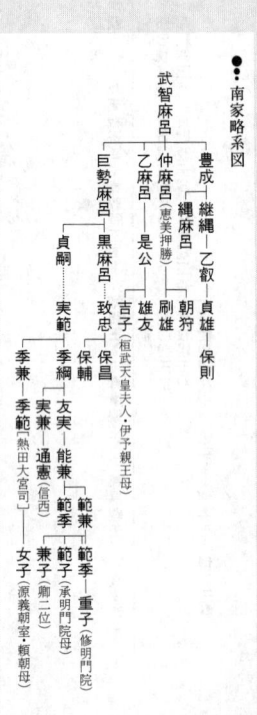

黒田 ― 常磐 ― 方子
御食子
　├ 鎌足〔藤原〕― 不比等
垂目 ― 島麻呂
国子
　├ 国足 ― 意美麻呂
糠手子
　├ 金
許米 ― 大島
東人 ― 宅守
清麻呂〔大中臣〕

●南家略系図

武智麻呂
├ 豊成 ― 継縄 ― 乙叡 ― 貞雄 ― 貞則 ― 保則
├ 仲麻呂〔恵美押勝〕
├ 縄麻呂
├ 刷雄
├ 朝狩
乙麻呂
├ 是公
├ 吉子（桓武天皇夫人・伊予親王母）
├ 雄友
巨勢麻呂
├ 黒麻呂 ― 致忠
貞嗣
├ 実範
　├ 保輔
　├ 保昌
　├ 季綱 ― 実兼 ― 友実
　　　　　　├ 能兼
　　　　　　├ 通憲〔信西〕
　├ 季兼 ― 季範〔熱田大宮司〕
　　　　　├ 実兼
　　　　　├ 範兼 ― 兼子〔卿二位〕
　　　　　├ 範季 ― 範子〔承明門院〕
　　　　　　　　 ├ 範茂
　　　　　　　　 ├ 重子〔修明門院〕
　　　　　├ 女子（源義朝室・頼朝母）

●南部氏略系図

光行 ― 実光 ― 時実
├ 政行 ― 師行
　　　　├ 政長 ― 信政 ― 信光 ― 信栄
　　　　　　　　　　　　　　　├ 直政＝直義〔遠野南部〕
├ 義元 ― 政康 ― 安信 ― 晴政 ― 晴継
　　　　├ 高信 ― 信直 ― 利直〔盛岡藩〕
　　　　　　　　　　　├ 重直 ― 重信 ― 行信 ― 信恩 ― 利正 ― 利敬 ― 利剛 ― 利恭〔盛岡藩・伯爵〕
　　　　　　　　　　　├ 直房〔八戸藩〕
　　　　　　　　　　　├ 政信 ― 信粛〔七戸藩〕

●二条家略系図

良実 ― 師忠 ― 兼基
　　　　　　├ 道平 ― 良基
　　　　　　　　　　├ 師嗣
　　　　　　　　　　├ 師良
　　　　　　　　　　├ 教基
　　　　　　　　　　├ 冬実
　　　　　　　　　　├ 満基＝持基 ― 持通 ― 政嗣 ― 尚基 ― 尹房 ― 昭実 ― 康道 ― 吉忠 ― 宗煕 ― 斉敬＝基弘〔公爵〕
　　　　　　　　　　　　　　　　　　　　　　　　　　　　　├ 舎子（青綺門院）

●新田氏略系図

義重
├ 義俊〔山見〕
├ 義範〔山名〕
├ 義兼 ― 義房 ― 政義 ― 政氏 ― 基氏 ― 朝氏
├ 義季〔徳川・世良田〕　　　　　　　　　　├ 家氏〔大館・堀口〕
├ 経義〔額戸〕　　　　　　　　　　　　　├ 時兼〔岩松〕
　　　　　　　　　　　　　　　　　　　　├ 女子〔足利義純室〕
　　　　　　　　　　　　　　　　　　　　├ 義貞 ― 義顕
　　　　　　　　　　　　　　　　　　　　　　　├ 義興
　　　　　　　　　　　　　　　　　　　　　　　├ 義宗 ― 義治
　　　　　　　　　　　　　　　　　　　　├ 義助〔脇屋〕

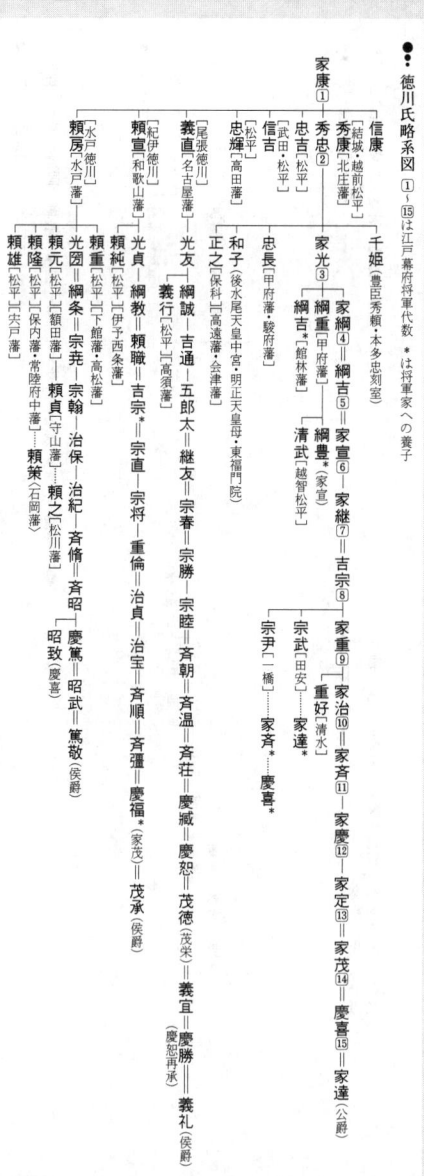

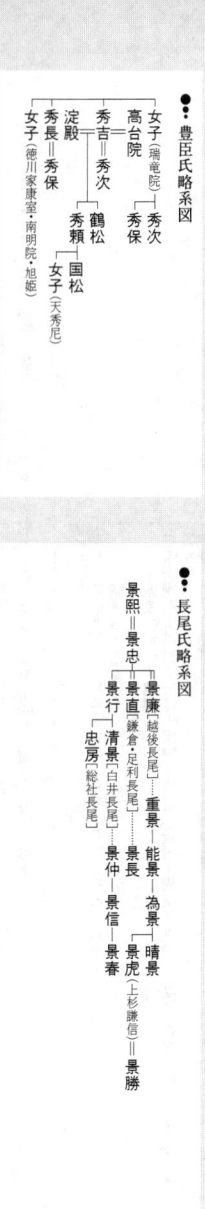

徳川氏略系図　①〜⑮は江戸幕府将軍代数　*は将軍家への養子

```
信康〔結城・越前松平〕
家康①─┬─秀康〔北庄藩〕
       ├─忠吉〔武田・松平〕
       ├─信吉〔田中・松平〕
       ├─忠輝〔高田藩〕
       ├─千姫（豊臣秀頼・本多忠刻室）
       ├─家光③─┬─家綱④
       │       ├─綱重〔甲府藩〕─家宣⑥─┬─家継⑦
       │       │                        └─綱豊*〔家宣〕
       │       ├─綱吉⑤〔館林藩〕
       │       └─清武〔越智松平〕
       ├─忠長〔甲府藩・駿府藩〕
       ├─和子（後水尾天皇中宮・明正天皇母・東福門院）
       ├─正之（保科〔高遠藩・会津藩〕）
       ├─義直〔名古屋藩〕─光友─綱誠─吉通─五郎太
       │                              ├─継友
       │                              ├─宗春
       │                              └─宗勝─宗睦─斉朝═斉温═斉荘═慶臧═慶恕═茂徳（茂栄）═義宜═慶勝（慶恕再承）─義礼（侯爵）
       ├─頼宣〔和歌山藩〕─光貞─┬─綱教═頼職
       │                        ├─吉宗⑧─┬─家重⑨─家治⑩═家斉⑪─家慶⑫─家定⑬═家茂⑭═慶喜⑮═家達（公爵）
       │                        │        │        重好　清水　　　　　　　　　　　　　　　　　　　
       │                        │        ├─宗武〔田安〕─┬─治察
       │                        │        │              └─家達*
       │                        │        └─宗尹〔一橋〕─┬─治済─家斉*
       │                        │                        └─好豊
       │                        └─宗直─宗将─重倫─治貞─治宝─斉順═斉彊═慶福（家茂）
       │                                                                └─茂承（侯爵）
       ├─頼房〔水戸藩〕─光圀═綱条─宗尭─宗翰─治保─治紀─斉脩═斉昭─慶篤
       │                                                              ├─昭武
       │                                                              └─昭致（慶喜）
       ├─頼宣〔伊予西条藩〕
       │   頼純─頼致─頼渡─頼徳─頼啓
       ├─頼元〔松平〕〔額田藩〕〔守山藩〕頼貞
       ├─頼隆〔松平〕〔保内藩〕〔常陸府中藩〕頼路
       ├─頼雄〔松平〕〔下館藩・高松藩〕
       └─頼雄〔松平〕〔宍戸藩〕
           頼策〔石岡藩〕
```

豊臣氏略系図

```
女子（瑞竜院）
秀次
高台院
秀吉─┬─秀次
     │  淀殿─┬─鶴松
     │       └─秀頼─┬─国松
     │               └─女子（天秀尼）
     └─秀保
秀長═秀保
女子（徳川家康室・南明院・旭姫）
```

長尾氏略系図

```
景熙─景忠─景廉〔越後長尾〕─重景─能景─為景─┬─晴景
                                              ├─景虎（上杉謙信）═景勝
    景直〔鎌倉・足利長尾〕
    景行─清景〔白井長尾〕─景仲─景信─景春
                        忠房〔総社長尾〕
```

●…伊達氏略系図

朝宗―宗村―義広―政依―宗綱―基宗―行朝―宗遠―政宗―氏宗―持宗―成宗―尚宗―稙宗―晴宗―輝宗

政宗〔仙台藩〕
├―忠宗―綱宗―綱村―吉村―宗村―重村―斉村―周宗=斉宗=斉義=斉邦=慶邦―宗基(伯爵)
├―宗勝〔関藩〕
└―秀宗〔宇和島藩〕―宗利―宗贇―村年―村候―村寿―宗紀=宗城=宗徳(伯爵・侯爵)
　　　　　　　　　　├―宗純〔伊予吉田藩〕
　　　　　　　　　　└―宗良〔田村〕―宗顕〔岩沼藩/建顕〕関藩
　　　　　　　　　　　　　　　　　　宗贇

●…田安家略系図

宗武―治察=斉匡―慶頼―寿千代=家達=慶頼(再承)―達孝(伯爵)
　　　　定信

●…千葉氏略系図

常将―常長(常永)―常時―常澄(上総)
　　　　　　　　　　　　　広常
　　　　　　　常兼―常重―常胤
　　　　　　　　　　　　　├―胤正―成胤―胤綱―時胤―頼胤―宗胤―胤宗―貞胤―氏胤―満胤―兼胤―康胤―邦胤―重胤
　　　　　　　　　　　　　├―師常(相馬)
　　　　　　　　　　　　　├―胤盛(武石)
　　　　　　　　　　　　　├―胤信(大須賀)
　　　　　　　　　　　　　├―胤通(国分)
　　　　　　　　　　　　　└―胤頼(東)
　　　　　　　　　　　　　　胤貞〔肥前千葉〕

●…長宗我部氏略系図

能俊…信能―兼能―兼序―国親―元親―信親
　　　　　　　　　　　　　　　　　盛親

●…富樫氏略系図

家国―高家―氏春―満家―満春―教家―成春―政親
　　　　　　　　　　　　　　泰高―稙泰―泰俊

●蘇我氏略系図

石河―満智―韓子―高麗―稲目
稲目の子:
- 馬子
- 境部摩理勢
- 堅塩媛（欽明天皇妃・用明・推古天皇母）
- 小姉君（欽明天皇妃・崇峻天皇母）
- 石寸名（用明天皇嬪）

馬子の子:
- 蝦夷―入鹿
- 倉麻呂（雄当）
- 刀自古郎女（聖徳太子妃・山背大兄王母）
- 法提郎女（舒明天皇夫人・古人大兄皇子母）

倉麻呂の子:
- 石川麻呂―遠智娘（天智天皇妃・持統天皇母）／姪娘（天智天皇妃・元明天皇母）／乳娘（孝徳天皇妃）／媼娘（藤原不比等室・武智麻呂・房前・宇合母）
- 日向
- 連子―安麻呂［石川］―石足―年足―名足／宮麻呂／常陸娘（天智天皇妃）
- 赤兄―大蕤娘（天武天皇夫人）

●鷹司家略系図

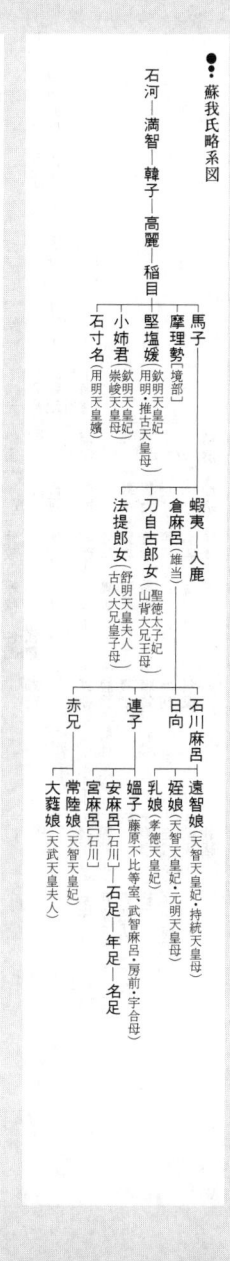

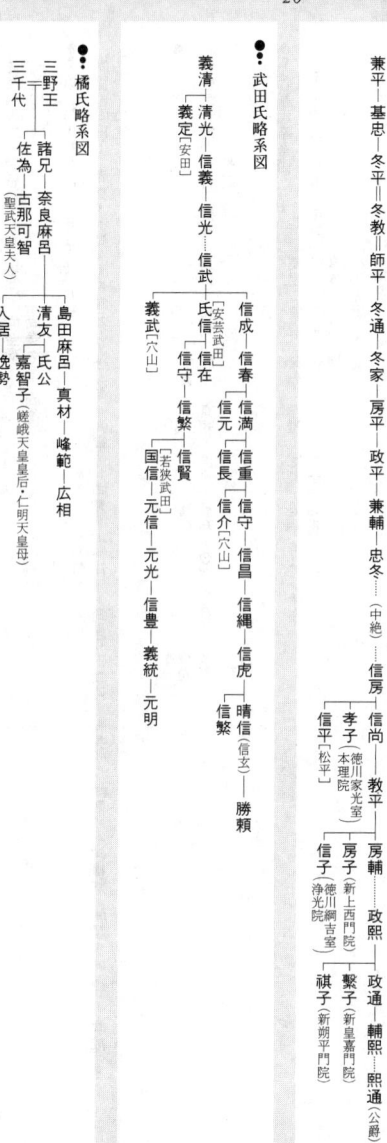

兼平―基忠―冬平＝冬教＝師平―冬通―冬家―房平―政平―兼輔―忠冬……（中絶）……信房―信尚―教平―房輔―政熈―輔熈―熈通（公爵）
途中枝分かれ:
- 孝子［本理院・徳川家光室］
- 信平［松平］
- 房子［新上西門院・徳川綱吉室］
- 信子［浄光院］
- 政通―繋子［新皇嘉門院］
- 祺子［新朔平門院］

●武田氏略系図

義清―清光―信義―信光―信政（安田）
- 義定［安田］
- 信成―信春―信満―信重―信守―信昌―信縄―信虎―晴信（信玄）―勝頼
- 信武〔穴山〕―氏信［安芸武田］
- 信在
- 信守―信繁
- 信元―信長―信介（穴山）
- 信賢
- 国信［若狭武田］―元信―元光―信豊―義統―元明

●橘氏略系図

三野王―三千代
- 諸兄―奈良麻呂―清友―氏公／島田麻呂／真材／峰範／広相／入居／逸勢／嘉智子（嵯峨天皇皇后・仁明天皇母）
- 佐為―古那可智（聖武天皇夫人）

● 第一尚氏略系図 ①〜⑦は王統の代数

佐銘川大主―尚思紹①―尚巴志②―尚忠③―尚思達④
　　　　　　　　　　　　　　　　尚金福⑤―尚泰久⑥―尚徳⑦

● 第二尚氏略系図 ①〜⑲は王統の代数

尚稷―尚円①―尚真③―尚清④―尚元⑤―尚永⑥＝尚寧⑦＝尚豊⑧―尚賢⑨
　　　尚宣威②　　　　　　　　　　　　　　　　　　　　　　　尚質⑩―尚貞⑪―尚純―尚益⑫―尚敬⑬―尚穆⑭―尚哲―尚灝⑰―尚成⑯
　　尚温⑮―尚育⑱―尚泰⑲(侯爵)

● 少弐氏略系図

資頼―資経―盛経―貞経―頼尚―頼澄―貞頼―満貞―嘉頼―教頼―政資―資元―政興
　　　　　　　　　景資　　　　　　冬資

● 菅原氏略系図

古人―清公―是善―道真―高視―雅規―資忠―孝標―定義―是綱[高辻]―為長
　　　　　　　　　　　淳茂　文時　在躬　　女子　　明国―行国―頼盛―行綱
　　　　　　　　　　　(宇多天皇女御)　輔正　　[在良][唐橋]

● 清和源氏略系図 ①〜③は鎌倉幕府将軍代数

清和天皇―陽成天皇
　　　　　貞純親王―経基[多田]―満仲―頼光[摂津源氏][大和源氏]―頼国―頼綱―明国―行国―頼盛―行綱
　　　　　　　　　　　　　　　　　　頼親[河内源氏]　　　　　　　　国房―光国―光信[土岐]　　仲政―頼政
　　　　　　　　　　　　　　　　　　頼信―頼義―義家―義親―為義―義朝①―頼朝②―頼家③―一幡
　　公暁
　　女子(竹御所)
　　　　　　　　　　　　　　　　　　　　　　　　　　　　　　　　　　　　頼朝①　実朝③
　　　　　　　　　　　　　　　　　　　　　　　　　　　　　　　　　　　　義平　女子(大姫)
　　　　　　　　　　　　　　　　　　　　　　　　　　　　　　　　　　　　範頼―範円[吉見]―実円―時元
　　　　　　　　　　　　　　　　　　　　　　　　　　　　　　　　　　　　全成[阿野]
　　　　　　　　　　　　　　　　　　　　　　　　　　　　　　　　　　　　義円
　　　　　　　　　　　　　　　　　　　　　　　　　　　　　　　　　　　　義経
　　　　　　　　　　　　　　　　　　　　　　　　　　　　　　　　　義賢―義仲[木曽]
　　　　　　　　　　　　　　　　　　　　　　　　　　　　　　　　　義広
　　　　　　　　　　　　　　　　　　　　　　　　　　　　　　　　　行家
　　　　　　　　　　　　　　　　　　　　　　　　　　　　　　為朝
　　　　　　　　　　　　　　　　　　　　　　　　　　　　　　頼賢
　　　　　　　　　　　　　　　　　　　　　　　　　　　　　義重[新田]
　　　　　　　　　　　　　　　　　　　　　　　　　　　　　義康[足利]
　　　　　　　　　　　　　　　　　　　　　　　　　　　　義忠
　　　　　　　　　　　　　　　　　　　　　　　　　　　　義業―昌義[佐竹]
　　　　　　　　　　　　　　　　　　　　　　　　　　　義光―義清[武田]
　　　　　　　　　　　　　　　　　　　　　　　　　　　　　盛義
　　　　　　　　　　　　　　　　　　　　　　　　　　　義綱
　　　　　　　　　　　　　　　　　　　　　　　　　　　頼義
　　　　　　　　　　　　　　　　　　　　　　　　　頼綱―仲政―頼政―仲綱
　　　　　　　　　　　　　　　　　　　　　　　　　　　　為国　　　　頼兼
　　　　　　　　　　　　　　　　　　　　　　　　　　　　　　　　　　頼茂
　　　　　　　　　　　　　　　　　　　頼清―仲宗―顕清[村上]

式家略系図

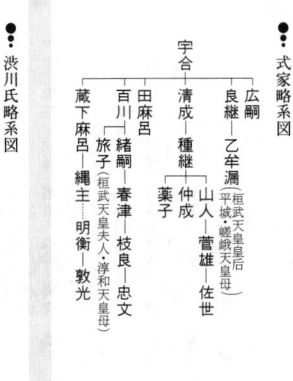

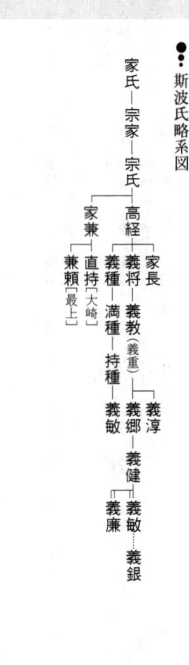

広嗣
良継―乙牟漏（桓武天皇皇后・平城・嵯峨天皇母）
宇合―清成―種継―山人―菅雄・佐世
　　　田麻呂―仲成
　　　百川―緒嗣―春津・枝良・忠文
　　　蔵下麻呂―旅子（桓武天皇夫人・淳和天皇母）
　　　　　　　　薬子
　　　　　　　縄主―明衡・敦光

斯波氏略系図

家氏―宗家―宗氏―高経―家長
　　　　　　　　　　家兼―直持〔大崎〕―兼頼〔最上〕
　　　　　　　　　　義将―義種―満種―持種―義郷―義健―義廉
　　　　　　　　　　　　　義教（義重）―義淳
　　　　　　　　　　　　　　　　　　　　義敏―義寛―義銀

渋川氏略系図

義顕（兼氏）―義春―貞頼―義季―直頼―義行―満頼―義俊・義鏡・義尭・義基
　　　　　　　　　　　　　幸子（足利義詮室）
　　　　　　　　　　　　　満行―義長

島津氏略系図

忠久―忠時―久経―忠宗―貞久―師久・氏久・久豊―忠国―友久・運久＝忠良―以久―忠恒〔佐土原藩〕―忠亮〔伯爵〕
　　　　　　　　　　元久
　　　　　　　　　　　　　　　立久―忠昌―忠治―忠隆―勝久―貴久―義久・義弘・家久・歳久
　　　　　　　　　　　　　　　　　　　　　　　　　　　　　　　　　家久―光久―綱貴―吉貴―継豊―宗信・重年―重豪―斉宣―斉興―斉彬〔公爵〕―寅子（徳川家斉室・広大院）
　　　敬子（徳川家定室・天璋院）
　　　久光〔玉里〕〔公爵〕―忠義―久治
　　　忠義〔鹿児島藩〕
　　　久保

清水家略系図

重好＝敦之助＝斉順＝斉明＝斉彊＝昭武＝篤守〔伯爵〕

相良氏略系図

周頼 ― 頼景 ― 長頼 ― 頼親 ＝ 頼俊［下相良］― 長氏、頼広 ― 定頼 ― 前頼 ― 長続 ― 頼金 ― 長定 ― 義滋 ― 長定 ＝ 義滋 ＝ 晴広 ― 義陽 ― 忠房 ＝ 長毎 ― 頼寛［人吉藩］

頼氏［上相良］

頼俊

頼喬 ＝ 頼福 ― 長興 ＝ 長在 ― 頼峰 ＝ 頼央 ― 見長 ＝ 頼完 ― 福将 ― 長寛、頼徳、頼之 ― 長福 ＝ 頼基 ＝ 頼紹（子爵）

為続 ― 長毎

佐竹氏略系図

昌義 ― 隆義 ― 秀義 ― 貞義 ― 義篤 ― 義宣 ― 義盛 ＝ 義人 ― 義昭 ― 義重 ― 義宣 ― 義隆

義季 ― 義安［革島］

師義［山入］― 与義

義通 ― 実尭 ― 義尭 ― 義弘

義頼 ― 義康［館山藩］

忠義

義長［秋田新田藩］

義寛 ― 義格 ― 義真 ― 義明 ― 義敦 ― 義和 ― 義厚 ― 義睦 ＝ 義尭 ＝ 義脩 ＝ 義尭（再承・侯爵）

義都 ― 義峰 ― 義堅

義処 ― 義峰 ― 義堅

義道 ― 義明 ― 義尭

義忠 ― 義理（子爵）［岩崎藩］

里見氏略系図

義俊 ― 義成 ― 義基 ― 義実 ― 成義 ― 実尭 ― 義尭 ― 義弘 ― 義頼 ― 義康［館山藩］― 忠義

三条家略系図

実行 ― 公教 ― 実房 ― 公房 ― 公親 ― 実重 ― 公茂 ― 実忠 ― 公忠 ― 実冬 ― 公冬 ― 実量 ― 公敦 ― 実香 ― 公頼 ― 実治 ― 公修 ― 実万 ― 実美（公爵）

有子［安喜門院］

実仲［九条］

公宣［正親町三条・姉小路］― 実親 ― 実薩 ― 公貞 ― 実躬 ― 公秀 ― 実継 ― 公豊 ― 実雅 ― 公治 ― 実望 ― 公兄 ― 実福 ― 公豊 ― 実愛 ― 公勝（伯爵・侯爵）

公氏

秀子［陽禄門院］

厳子［通陽門院］

冬子

公時［三条西］― 公保 ― 実隆 ― 公条 ― 実枝 ― 季知 ― 公允（伯爵）

尹子［足利義教室］

実清

実敦、公久［花園］

公教［嵯峨］

・・近衛家略系図

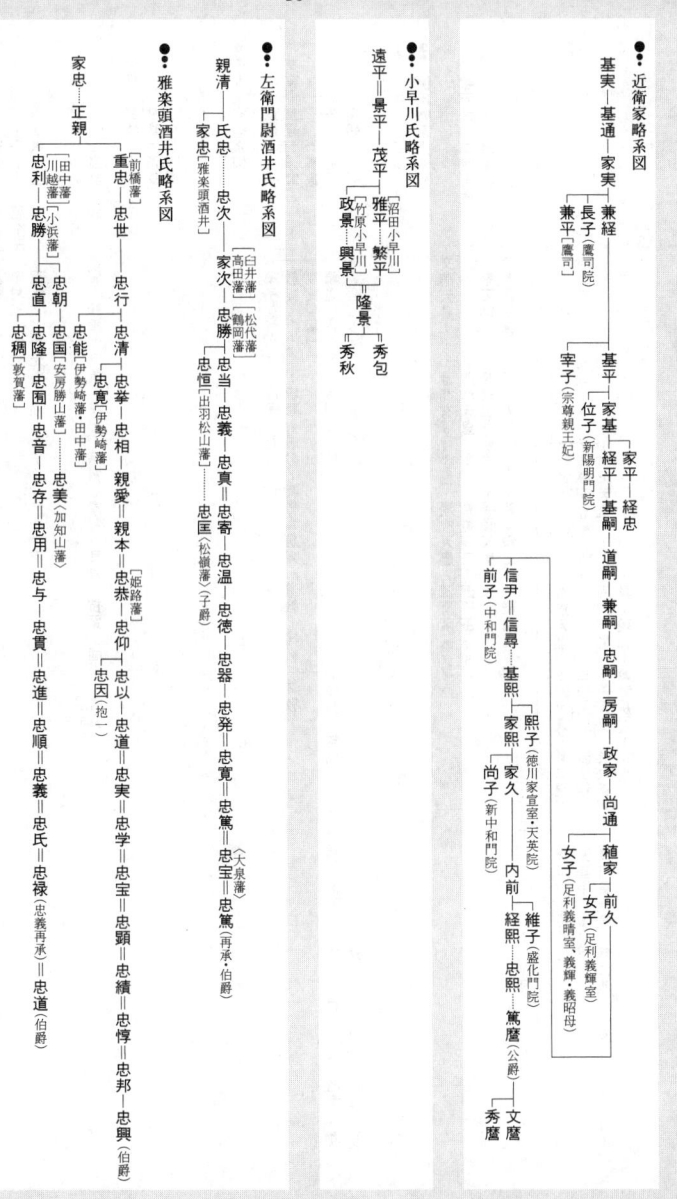

基実 ─ 基通 ─ 家実 ─ 兼経
├ 長子(鷹司)
├ 兼平(鷹司)
└ 基平 ─ 家基 ─ 家平 ─ 経忠
　　　├ 宰子(宗尊親王妃)
　　　└ 位子(新陽明門院)
　　　　　経平 ─ 基嗣 ─ 道嗣 ─ 兼嗣 ─ 忠嗣 ─ 房嗣 ─ 政家 ─ 尚通 ─ 稙家 ─ 前久
　　　　　　　　　　　　　　　　　　　　　　　　　　　　　├ 女子(足利義晴室、義輝母)
　　　　　　　　　　　　　　　　　　　　　　　　　　　　　└ 女子(足利義輝室)

信尹 ─ 信尋 ─ 尚嗣 ─ 基熙 ─ 家熙 ─ 家久 ─ 内前 ─ 経熙 ─ 忠熙 ─ 篤麿(公爵) ─ 文麿
　　　　前子(中和門院)　熙子(徳川家宣室・天英院)　維子(盛化院)　　　　　　　　　秀麿
　　　　　　　　　　　　尚子(新中和門院)

・・小早川氏略系図

遠平 ─ 景平 ─ 茂平 ┬ 沼田小早川 ─ 雅平 ─ 繁平
　　　　　　　　　└ 竹原小早川 ─ 政景 ─ 興景 ─ 隆景 ┬ 秀包
　　　　　　　　　　　　　　　　　　　　　　　　　　└ 秀秋

・・左衛門尉酒井氏略系図

親清 ─ 氏忠 ─ 忠次 ┬ 家次[雅楽頭酒井]
　　　　　　　　　└ 家次[白井藩・高田藩] ─ 忠勝[松代藩・鶴岡藩] ─ 忠恒[出羽松山藩] ─ 忠匡[松嶺藩](子爵)

・・雅楽頭酒井氏略系図

家忠 ─ 正親 ┬ [前橋藩]重忠 ─ 忠世 ─ 忠行 ─ 忠清 ─ 忠挙 ─ 忠相 ─ 親愛 ─ 親本 ┬ [姫路藩]忠恭 ─ 忠以 ─ 忠道 ─ 忠実 ─ 忠学 ─ 忠宝 ─ 忠顕 ─ 忠績 ─ 忠惇 ─ 忠邦 ─ 忠興(伯爵)
　　　　　　│　　　　　　　　　　　　　　　　　　　　　　　　　　　　　　　　　　└ 忠仰 ─ 忠因(抱一)
　　　　　　├ [田中藩][川越藩][小浜藩]忠利 ─ 忠勝 ─ 忠直 ─ 忠隆 ─ 忠囲 ─ 忠音 ─ 忠存 ─ 忠用 ─ 忠与 ─ 忠貫 ─ 忠進 ═ 忠順 ═ 忠義 ═ 忠氏 ═ 忠禄(忠義再承) ═ 忠道(伯爵)
　　　　　　　　　　　　　　　　　　　　　　　　　[敦賀藩]忠稠
　　　　　　└ 忠能[伊勢崎藩] ─ 忠寛[伊勢崎藩] ─ 忠当 ─ 忠真 ─ 忠寄 ─ 忠温 ─ 忠徳 ─ 忠器 ─ 忠発 ─ 忠寛 ─ 忠篤(再承・伯爵)
　　忠美[加知山]
　　(大泉藩)忠宝 = 忠篤

●清原氏(1)～(3)略系図

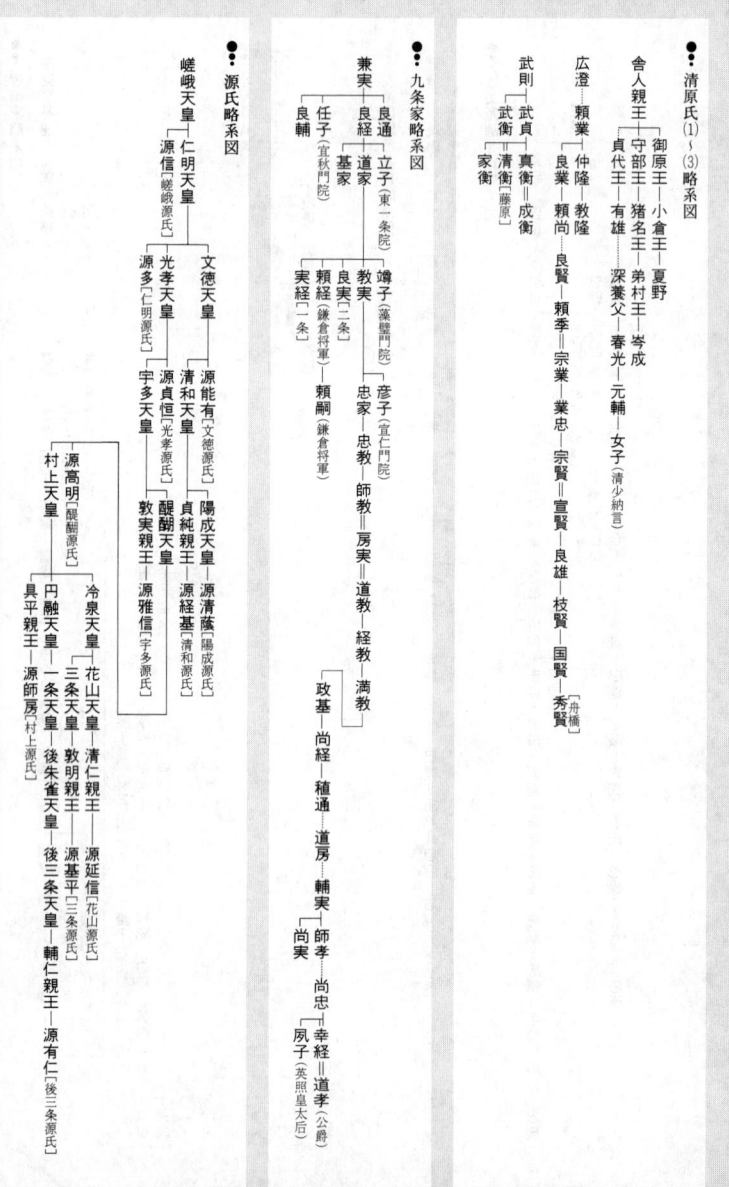

御原王―小倉王―夏野
舎人親王┬守部王―猪名王―弟村王―岑成
　　　　└貞代王―有雄―深養父―春光―元輔―女子(清少納言)

広澄―頼業―良業―頼尚―良賢―頼季―宗業―業忠―宗賢═宣賢―良雄―枝賢―国賢―秀賢
　　　　　　　　　　　　　　　　　　　　　　　　　　　　　　　　　　　[舟橋]

武則―武貞―真衡┬成衡
　　　　　　　└清衡[藤原]
　　　　家衡

●九条家略系図

兼実┬良通
　　├良経┬立子(東一条院)
　　│　　├道家┬彦子(宜仁門院)
　　│　　│　　├教実─基実─良実(二条)─忠家(宜門院)─師教─房実═道教─経教─満教
　　│　　│　　├良実[二条]
　　│　　│　　├頼経(鎌倉将軍)─頼嗣(鎌倉将軍)
　　│　　│　　└実経[一条]
　　└任子(宜秋門院)
良輔

政基─尚経─稙通─道房─輔実─師孝─尚忠─幸経═道孝(公爵)
　　　　　　　　　　　　　　　　　　夙子(英照皇太后)

●源氏略系図

嵯峨天皇─源信[嵯峨源氏]
仁明天皇┬源多[仁明源氏]
　　　　├文徳天皇┬源能有[文徳源氏]
　　　　│　　　　└清和天皇─源貞恒[光孝源氏]
　　　　└光孝天皇─宇多天皇┬源雅信[宇多源氏]
　　　　　　　　　　　　　├敦実親王
　　　　　　　　　　　　　├醍醐天皇┬源高明[醍醐源氏]
　　　　　　　　　　　　　│　　　　├村上天皇┬冷泉天皇┬花山天皇─清仁親王─源延信[花山源氏]
　　　　　　　　　　　　　│　　　　│　　　　│　　　　└三条天皇─敦明親王─源基平[三条源氏]
　　　　　　　　　　　　　│　　　　│　　　　└円融天皇─一条天皇─後朱雀天皇─後三条天皇─輔仁親王─源有仁[後三条源氏]
　　　　　　　　　　　　　│　　　　└具平親王─源師房[村上源氏]
　　　　　　　　　　　　　├陽成天皇─源清蔭[陽成源氏]
　　　　　　　　　　　　　└貞純親王─源経基[清和源氏]

●菊池氏略図

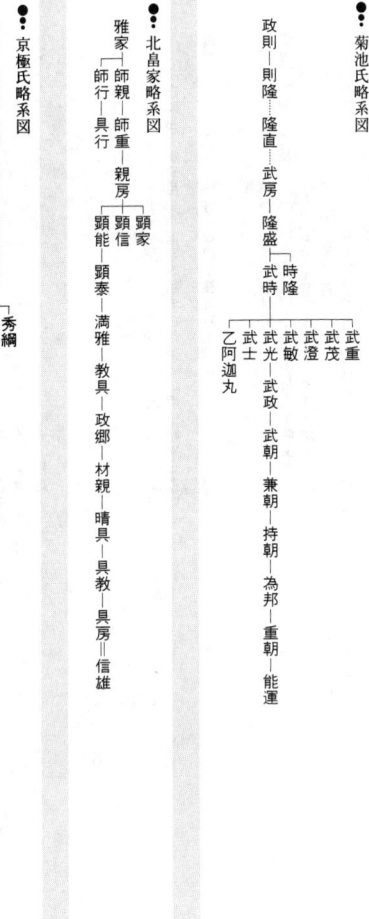

政則─則隆─隆直─武房─隆盛┬時隆┬武時┬武重
　　　　　　　　　　　　　　　　　├武茂
　　　　　　　　　　　　　　　　　├武澄
　　　　　　　　　　　　　　　　　├武光─武政─武朝─持朝─為邦─重朝─能運
　　　　　　　　　　　　　　　　　├武敏
　　　　　　　　　　　　　　　　　├武士
　　　　　　　　　　　　　　　　　└乙阿迦丸
　　　　　　　　　　　　　　　　　　　　兼朝

●北畠家略系図

雅家─師親─師重─親房┬顕家
　　　　　　　　　　├顕信─顕能─顕泰─満雅─教具─政郷─材親─晴具─具教─具房═信雄
師行─具行

●京極氏略系図

氏信─宗綱═貞宗═宗氏─高氏（導誉）─秀綱┬高秀┬高詮─高久（尼子）
　　　　　　　　　　　　　　　　　　　　　　　├高光（持光）═高数═持清
　　　　　　　　　　　　　　　　　　　　　　　└持高
　　　　　　　　　　　　　　　　　　　　　└高和─高豊─高或─高矩─高中─高朗═高徳（子爵）
　　　　　　　　　　　　　　　　　　　　　　　　〔松江藩〕
　　　　　　　　　　　　　　　　　　　　　　　　〔丸亀藩〕
　　　　　　　　　　　　　　　　　　　　　　　　多度津藩 高典（子爵）

勝秀─高清─高峰─高吉┬女子（松丸殿）
　　　　　　　　　　├高次─忠高═高和（小浜藩）
　　　　　　　　　　└高知┬高広─高国
　　　　　　　　　　　　　├高三─高直（丹後田辺藩）
　　　　　　　　　　　　　└高盛─高住─高栄─高寛─高永─高品─高有─高行─高厚（子爵）〔豊岡藩〕
政光
政経
　　　　　　　　　　　　　　　　　宮津藩
　　　　　　　　　　　　　　　峰山藩 高通─高供─高明─高之─高長═高久─高備─高倍─高鎮═高景═高富─高陳═高富（再承・子爵）

❖ 桓武平氏略系図

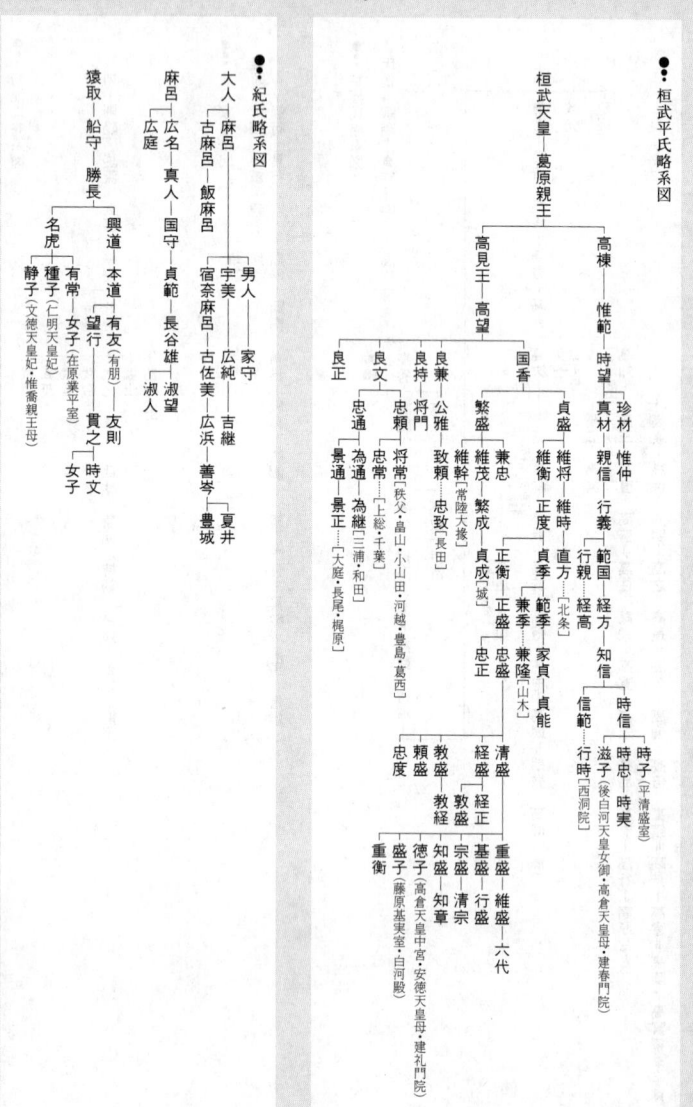

桓武天皇―葛原親王
├―高棟―惟範―時望
│   │   └―時忠
│   │   ├―珍材―真材―親信―範国―行方―知信―時信―時子(平清盛室)
│   │   │   │   ├―時忠
│   │   │   │   ├―時実
│   │   │   │   └―滋子(後白河天皇女御・高倉天皇母・建春門院)
│   │   │   └―惟仲
│   │   │   └―行義
│   │   │   └―経方―経高―行時(西洞院)
│   │   │   └―信範―行時
│   │   └―貞盛―維衡―正度―季衡―兼盛―家貞―清盛…（下記）
│   │   │   └―直方(北条)
│   │   │   └―維時
│   │   ├―維将
│   │   └―忠致(長田)
│
└―高見王―高望
              ├―国香―貞盛（上記）
              ├―良香
              │
              ├―良兼―公雅
              │   └―繁盛―維茂(秩父・畠山・小山田・河越・豊島・葛西)
              │   └―維幹(常陸大掾)
              │   └―繁成
              │   └―貞成(城)
              │
              ├―良持―将門
              │   └―将常
              │
              ├―良文―忠通―忠常―為継―景正[大庭・長尾・梶原]
              │   └―常長[三浦・和田]
              │
              └―良正

清盛系：
平正盛―忠盛―清盛
                ├―重盛―維盛―六代
                │   └―資盛
                │   └―清経
                │   └―有盛
                │   └―師盛
                ├―基盛―行盛
                ├―宗盛―清宗
                │   └―能宗
                ├―知盛―知章
                ├―重衡
                ├―徳子(高倉天皇中宮・安徳天皇母・建礼門院)
                └―盛子(藤原基実室・白河殿)

忠度・頼盛・教盛―教経・敦盛・経正・経盛

❖ 紀氏略系図

大人―麻呂
         ├―男人―家守
         ├―古麻呂―宇美
         │   ├―広純
         │   └―吉継
         ├―広名―真人―国守―貞範―長谷雄―淑望
         ├―宿奈麻呂―古佐美―広浜―善岑
         ├―飯麻呂
         └―広庭

麻呂系：
麻呂―興道―本道―有友(有朋)―友則
                          ├―種子(仁明天皇妃)
                          ├―有常―女子(在原業平室)―貫之―時文
                          │   └―女子
                          ├―望行
                          └―静子(文徳天皇妃・惟喬親王母)

猿取―船守―勝長
              └―名虎―夏井
                          └―豊城

● 葛城氏略系図

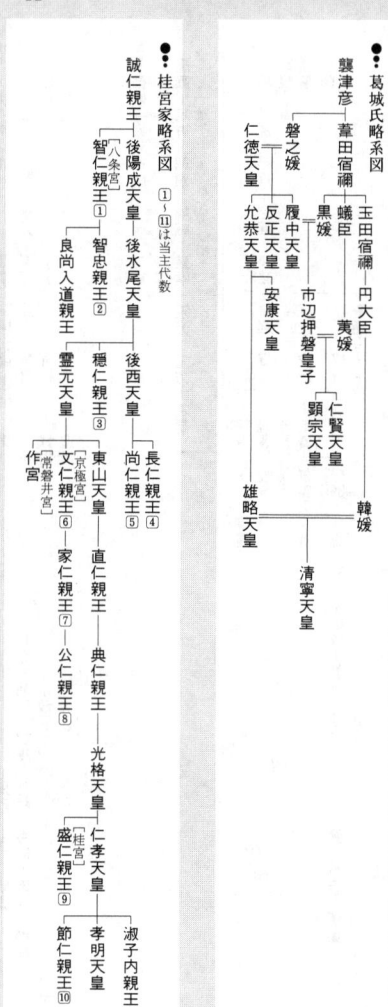

襲津彦 ─ 葦田宿禰 ─ 玉田宿禰 ─ 円大臣
磐之媛
仁徳天皇 ─ 履中天皇 ─ 市辺押磐皇子 ─ 仁賢天皇 ─ 顕宗天皇
      ├ 反正天皇 ─ 蟻臣 ─ 荑媛
      └ 允恭天皇 ─ 安康天皇
              └ 雄略天皇 ═ 韓媛 ─ 清寧天皇
黒媛

● 桂宮家略系図　①〜⑪は当主代数

誠仁親王 ─ 後陽成天皇 ─ 後水尾天皇
智仁親王① [八条宮] ─ 智忠親王② ─ 良尚入道親王 ─ 穂仁親王③ ─ 霊元天皇
　├ 長仁親王④
　├ 尚仁親王⑤
　├ 後西天皇
　├ 東山天皇 ─ 直仁親王 ─ 典仁親王 ─ 光格天皇 ─ 仁孝天皇 ─ 孝明天皇
　├ 文仁親王⑥ [京極宮] ─ 家仁親王⑦ ─ 公仁親王⑧
　├ 作宮 [常磐井宮]
　└ 盛仁親王⑨ [桂宮] ─ 淑子内親王⑪
　　　　　　　　　　　　節仁親王⑩

● 蒲生氏略系図

惟賢 ─ 俊綱 ─ 俊宗 ─ 重俊 ─ 氏俊 ─ 俊綱 ─ 秀朝 ─ 高秀 ─ 秀胤 ─ 秀兼 ─ 秀貞 ─ 秀綱 ─ 貞秀 ─ 秀行 ─ 秀紀
俊光……知俊
高郷 ─ 定秀 ─ 賢秀 ─ 氏郷 ─ 秀行 [会津藩] ─ 忠郷
　　　　　　　　　　　　　　　　　　　　　　　　└ 忠知 [上山藩・伊予松山藩]

● 閑院宮家略系図　①〜⑦は当主代数

直仁親王① ─ 典仁親王② ─ 美仁親王③ ─ 孝仁親王④ ─ 愛仁親王⑤ ═ 載仁親王⑥ ─ 春仁王⑦
　　　　　　　└ 光格天皇

●:織田氏略系図

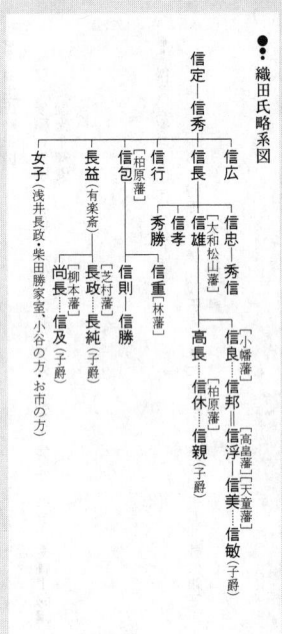

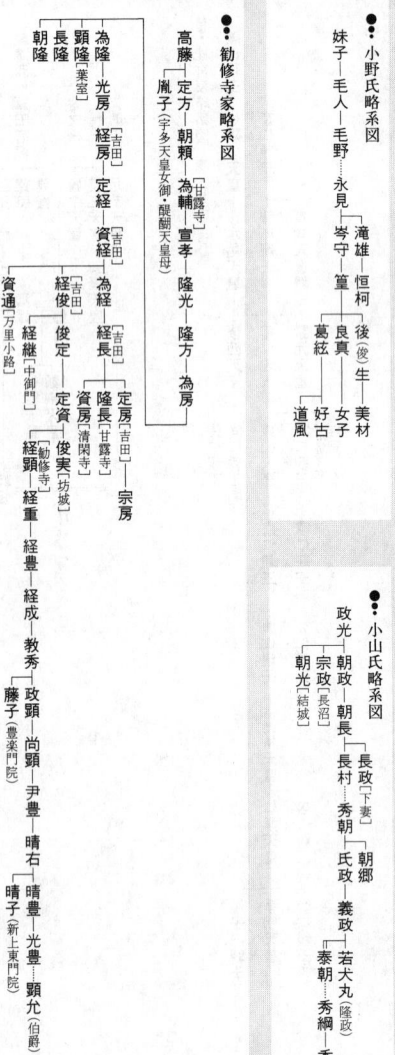

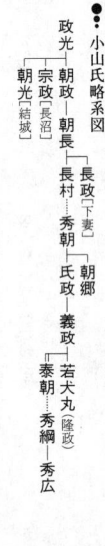

信定―信秀―信広
　　　　　├信忠―秀信
　　　　　├信雄―秀信〔大和松山藩〕
　　　　　│　　├信良〔小幡藩〕
　　　　　│　　├信包―信邦〔高畠藩〕
　　　　　│　　├信則―信勝〔柏原藩〕
　　　　　│　　├信重〔林藩〕
　　　　　│　　└信孝―信浮―信美〔天童藩〕
　　　　　│　　　　　　　　　　信敏（子爵）
　　　　　├信行
　　　　　├信孝
　　　　　├信休―信親（子爵）〔柏原藩〕
　　　　　├秀勝
　　　　　├長益〔有楽斎〕―長孝
　　　　　│　　├長政―長純（子爵）〔柳本藩〕
　　　　　│　　├尚長―信及（子爵）〔芝村藩〕
　　　　　│　　└高長
　　　　　└女子（浅井長政・柴田勝家室、小谷の方・お市の方）

●:小野氏略系図

妹子―毛人―毛野―永見―滝雄―恒柯―後（俊）生―美材―道風
　　　　　　　　　　　　岑守―篁―良真―女子―好古
　　　　　　　　　　　　　　　　　　　葛絃

●:勧修寺家略系図

高藤―定方―朝頼―胤子〔甘露寺〕（宇多天皇女御・醍醐天皇母）
　　　　　　　　為輔―宣孝―隆光―隆方―為房
　　　　　　　　　　　　　　　　　　　為隆―隆
　　　　　　　　　　　　　　　　　　　　　光房―朝隆〔葉室〕
　　　　　　　　　　　　　　　　　　　　　顕隆〔葉室〕
　　　　　　　　　　　　　　　　　　　　　朝隆
　　　　　　　　　　　　　　　　　　　　　　経房―定経―経経〔吉田〕
　　　　　　　　　　　　　　　　　　　　　　　　　　　資経〔吉田〕
　　　　　　　　　　　　　　　　　　　　　　　　　　　　経俊
　　　　　　　　　　　　　　　　　　　　　　　　　　　　　経長〔吉田〕―定房〔吉田〕―宗房
　　　　　　　　　　　　　　　　　　　　　　　　　　　　　隆長〔清閑寺〕
　　　　　　　　　　　　　　　　　　　　　　　　　　　　　資房〔甘露寺〕―俊定
　　　　　　　　　　　　　　　　　　　　　　　　　　　　　　　　　　　　定資
　　　　　　　　　　　　　　　　　　　　　　　　　　　　　　　　　　　　経資
　　　　　　　　　　　　　　　　　　　　　　　　　　　　　　　　　　　　資通〔万里小路〕
　　　　　　　　　　　　　　　　　　　　　　　　　　　　　　　　　　　　経継〔中御門〕
　　　　　　　　　　　　　　　　　　　　　　　　　　　　　　　　　　　　俊実〔坊城〕
　　　　　　　　　　　　　　　　　　　　　　　　　　　　　　　　　　　　経顕〔勧修寺〕―経重―経豊―経成―教秀
　　　藤子（豊楽門院）
　　　政顕―尚顕―尹豊―晴右―晴豊―光豊―顕允（伯爵）
　　　晴子（新上東門院）

●:小山氏略系図

政光―朝政―朝長―長政〔下妻〕
　　　　　　　　長村―秀朝―朝郷―氏政―義政―若犬丸（隆政）
　　　　　　　　　　　　　　　　　　　　　　泰朝―秀綱―秀広
　　　宗政〔長沼〕
　　　朝光〔結城〕

●大内氏略系図

盛房……弘世―義弘―持世
　　　　　　　盛見―教弘―政弘―義興―義隆―義長
　　　　　　　弘茂
　　　　　　　　　　　　　　　　　　　女子（大友義鑑室・大内義長母）

●大江氏略系図

本主―音人―玉淵―朝綱…佐国―以言―嘉言―仲宣―維明―維時―斉光―定基（寂照）
　　　　　　千里
　　　　　　千古
　　　　　　　　　　　　　　　　　　　　　　重光―匡衡―挙周―成衡―匡房―維順―維光―匡範
　　　広元［寒河江］
　　　親広［寒河江］
　　　時広［長井］
　　　宗元［那波］
　　　季光［毛利］
　　　忠成［海東］

●大伴氏略系図

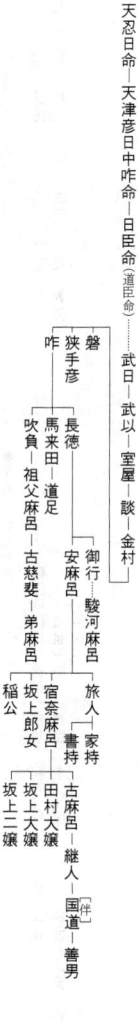

天忍日命―天津彦日中咋命―日臣命（道臣命）―武日―武以―室屋―談―金村
　　　　　　　　　　　　　　　　　　　　　　　　　　　　　　　　　　　磐
　　　　　　　　　　　　　　　　　　　　　　　　　　　　　　　　　　　狭手彦
　　　　　　　　　　　　　　　　　　　　　　　　　　　　　　　　　　　咋―長徳
　　　　　　　　　　　　　　　　　　　　　　　　　　　　　　　　　　　　　馬来田―道足
　　　　　　　　　　　　　　　　　　　　　　　　　　　　　　　　　　　　　吹負―祖父麻呂―古慈斐―弟麻呂
　　　　　　　　　　　　　　　　　　　　　　　　　　　　　　　　　　　　　　　御行―駿河麻呂
　　　　　　　　　　　　　　　　　　　　　　　　　　　　　　　　　　　　　　　安麻呂―旅人―家持
　　書持
　　宿奈麻呂―古麻呂―継人―国道―（伴）善男
　　坂上郎女―田村大嬢
　　坂上大嬢
　　稲公―坂上二嬢

●大友氏略系図

能直―親秀―頼泰―親時―貞宗―貞載［立花］
　　　　　能秀［詫摩］　　　氏泰
　　　　　重秀［戸次］　　　氏時―氏継
　　　　　時景［万田］
　　　　　能郷［志賀］　　　　　　　　親世
　　　　　親泰［田北］　　　　　　　　　　義鑑―義鎮（宗麟）―義統
　　　　　泰広［田原］

一条家略系図

実経 ─ 家経 ─ 内実 ─ 内経 ─ 経通 ─ 房経 ─ 経嗣 ╤ 兼良 ─ 教房 ╤ 冬良 ─ 内基 ╤ 昭良 ─ 教輔 ╤ 兼輝 ─ 兼香 ─ 道香 ─ 輝良 ─ 忠良 ╤ 実良 ═ 実輝(公爵)
│　　　│
項子(万秋門院)　　　　　　　　　　　　　　　　　　尋尊　　房家(土佐一条)　冬基(醍醐)　　　　　　　　　　　　　富子(恭礼門院)　　　　美子(昭憲皇太后)

一色氏略系図

公深 ┬ 頼行 ─ 直氏
　　 └ 範氏 ─ 範光 ─ 詮範 ─ 満範 ┬ 持範 ─ 義貫 ─ 義直
　　　　　　　　　　　　　　　　 └ 持信
　　　　　　　　　　　　　　　　　　藤長

上杉氏略系図

重房 ┬ 頼重 ┬ 女子(足利頼氏室家時母)
　　 │　　 └ 清子(足利貞氏室尊氏・直義母)
　　 └ 憲房 ┬ 重顕 ─ 朝定
　　　　　　├ 重能 ┬ 能憲 ═ 憲孝
　　　　　　│　　 └ 顕能
　　　　　　│　　　[宅間上杉]
　　　　　　│　　　[犬懸上杉]
　　　　　　├ 憲藤
　　　　　　│　　　[扇谷上杉]
　　　　　　└ 憲顕 ┬ 憲方 ─ 憲定 ═ 輝虎(謙信) ┬ 景虎
　　　　　　　　　 │　　　[庁鼻和上杉]　　　　 │　[米沢藩]
　　　　　　　　　 │　　　　　　　　　　　　 └ 景勝 ─ 綱憲 ┬ 吉憲 ─ 重定 ═ 治憲(鷹山) ═ 治広 ═ 斉定 ─ 斉憲(伯爵)
　　　　　　　　　 │　　　　　　　　　　　　　　　　　　　　└ 勝周
　　　　　　　　　 │　　　　　　　　　　　　　　　　　　　　　[米沢新田藩]
　　　　　　　　　 ├ 憲英
　　　　　　　　　 │　　[山内上杉]
　　　　　　　　　 └ 憲栄
　　　　　　　　　　　[越後上杉]

今川氏略系図

国氏 ─ 基氏 ─ 範国 ┬ 範氏 ─ 泰範 ─ 範政 ─ 範忠 ─ 義忠 ─ 氏親 ┬ 氏輝
　　　　　　　　　 │　　　　　　　　　　　　　　　　　　　　 └ 義元 ─ 氏真 ┬ 範以
　　　　　　　　　 │　　　　　　　　　　　　　　　　　　　　　　　　　　　 └ 高久(品川)
　　　　　　　　　 └ 貞世(了俊) ─ 貞臣
　　　　　　　　　　 仲秋

扇谷上杉氏略系図

重顕 ─ 朝定 ─ 顕定 ═ 氏定 ─ 持朝 ─ 顕房 ─ 政真 ═ 定正 ═ 朝良 ═ 朝興 ─ 朝定

奥州藤原氏略系図

経清 ─ 清衡 ─ 基衡 ─ 秀衡 ┬ 国衡
　　　　　　　　　　　　　 └ 泰衡
　　　　　　　　　　　　　　 忠衡

有栖川宮家略系図

①〜⑩は当主代数

後陽成天皇 ― 後水尾天皇 ―［花町宮］良仁親王②（後西天皇）
　　　　　　　　　　　　　└［高松宮］好仁親王①― 幸仁親王③―［有栖川宮］正仁親王④
　　　　　　　　　　　　　└ 霊元天皇 ― 職仁親王⑤― 織仁親王⑥― 韶仁親王⑦― 幟仁親王⑧― 熾仁親王⑨
　　　└ 威仁親王⑩― 栽仁王

在原氏略系図

平城天皇 ─┬─ 阿保親王 ─ 本主 ─ 音人（大江）
　　　　　└─ 高岳親王 ─┬─ 仲平
　　　　　　　　　　　　├─ 行平
　　　　　　　　　　　　└─ 守平 ─ 業平 ─ 棟梁 ─ 元方
　　　　　　　　　　　　　　　　　善淵
　　　　　　　　　　　　　　　　　安貞

池田氏略系図

恒利 ─ 恒興 ─［姫路藩］輝政 ─┬─ 利隆 ─［鳥取藩・岡山藩］光政 ─┬─［岡山藩］綱政 ─ 継政 ─ 宗政 ─ 治政 ─ 斉政＝斉敏＝慶政＝茂政 ─ 章政（侯爵）
　　　　　　　　　　　　　　　│　　　　　　　　　　　　　　　　├─ 政言［岡山新田藩］
　　　　　　　　　　　　　　　│　　　　　　　　　　　　　　　　├─ 輝録［岡山新田藩］
　　　　　　　　　　　　　　　│　　　　　　　　　　　　　　　　├─ 政礼［生坂藩］（子爵）
　　　　　　　　　　　　　　　│　　　　　　　　　　　　　　　　└─ 徳澄 ─ 治道 ─ 斉稷 ─ 斉訓 ─ 慶行 ─ 慶栄 ─ 慶徳 ─ 輝知（侯爵）
　　　　　　　　　　　　　　　│　　　　　　　　　　　　　　　　　　［鴨方藩］
　　　　　　　　　　　　　　　├─［岡山藩］忠継＝忠雄 ─［鳥取藩］光仲 ─┬─ 綱清 ─ 吉泰 ─ 宗泰 ─ 重寛 ─ 治道 ─ 斉邦 ─ 斉稷 ─ 斉訓 ─ 慶行 ─ 慶栄 ─ 慶徳
　　　　　　　　　　　　　　　│　　　　　　　　　　　　　　　　　　　├─ 仲澄［鳥取新田藩］
　　　　　　　　　　　　　　　│　　　　　　　　　　　　　　　　　　　├─ 清定
　　　　　　　　　　　　　　　│　　　　　　　　　　　　　　　　　　　└─ 徳定［若桜藩］（子爵）
　　　　　　　　　　　　　　　│　　　　　　　　　　　　　　　　　　　└─ 徳澄［鹿野藩］（子爵）
　　　　　　　　　　　　　　　└─ 輝澄［山崎藩］

伊勢氏略系図

俊継 ─ 盛継 ─ 貞継 ─ 貞国 ─┬─ 貞親 ─ 貞宗 ─ 貞陸 ─ 貞丈 ─ 貞敦 ─ 貞春
　　　　　　　　　　　　　　└─ 貞藤

浅野氏略図

長勝＝長政〔真壁藩〕
├─幸長〔和歌山藩〕
└─長晟〔広島藩〕
　├─長重〔笠間藩〕
　│　└─長直〔赤穂藩〕─長友─長矩
　└─光晟─綱晟─綱長
　　　└─吉長─宗恒─重晟─斉賢─斉粛─慶熾＝長訓─長勲（侯爵）
　　　　　　　　　　　　　　　　　　　長賢
　　　　　　〔三次藩〕長治＝長照＝長澄＝長経＝長寔
　　　　　　〔広島新田藩〕

足利氏略図 ①～⑮は室町幕府将軍代数

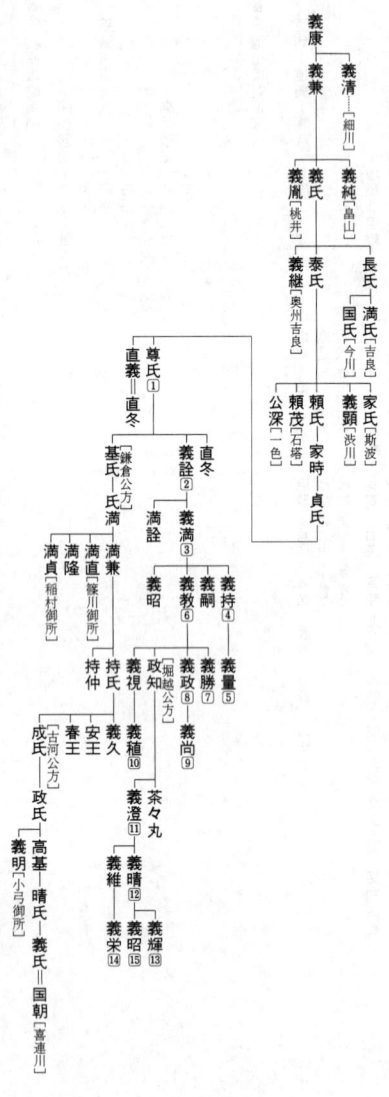

義康─義兼
　├─義清〔細川〕
　├─義氏
　│　├─義純〔畠山〕
　│　│　　長氏
　│　│　　　├─満氏
　│　│　　　│　├─国氏〔今川〕
　│　│　　　│　│　└─頼氏─家時─貞氏
　│　│　　　│　└─家氏〔斯波〕
　│　│　　　└─頼氏〔石塔〕
　│　├─義胤〔桃井〕
　│　│　└─泰継〔奥州吉良〕
　│　　　　　公深〔一色〕
　│　　　　　頼顕〔渋川〕
　└─尊氏
　　├─直義＝直冬①
　　│　　└─直冬
　　└─義詮②
　　　　└─義満③
　　　　　　├─満詮
　　　　　　│　├─基氏〔鎌倉公方〕
　　　　　　│　│　　氏満
　　　　　　│　│　　　├─満兼
　　　　　　│　│　　　├─満直〔篠川御所〕
　　　　　　│　│　　　├─満隆
　　　　　　│　│　　　└─満貞〔稲村御所〕
　　　　　　│　　　　　持仲
　　　　　　│　　　　　持氏
　　　　　　│　　　　　　├─成氏
　　　　　　│　　　　　　│　└─政氏─高基─晴氏─義氏＝国朝〔喜連川〕
　　　　　　│　　　　　　│　　　　　　　義明〔小弓御所〕
　　　　　　│　　　　　　├─春王
　　　　　　│　　　　　　├─安王
　　　　　　│　　　　　　└─義久
　　　　　　│　　　　　　　　義視
　　　　　　│　　　　　　　　　├─義稙⑩
　　　　　　│　　　　　　　　　│　├─茶々丸
　　　　　　│　　　　　　　　　│　└─義澄⑪
　　　　　　│　　　　　　　　　│　　　├─義晴⑫
　　　　　　│　　　　　　　　　│　　　│　├─義輝⑬
　　　　　　│　　　　　　　　　│　　　│　└─義昭⑮
　　　　　　│　　　　　　　　　│　　　└─義維
　　　　　　│　　　　　　　　　│　　　　　義栄⑭
　　　　　　├─義持④
　　　　　　├─義嗣
　　　　　　├─義教⑥
　　　　　　│　├─義勝⑦
　　　　　　│　└─義政⑧
　　　　　　│　　　├─義尚⑨
　　　　　　│　　　└─政知〔堀越公方〕
　　　　　　└─義量⑤
　　　　　　　義昭
　　　　　　堀越公方

尼子氏略図

高久─持久─清定─経久
　├─政久─晴久─義久
　│　　　　　　└─勝久
　└─国久─誠久

　

中御門天皇1―桜町天皇2―後桜町天皇4
　　　　　　―桃園天皇3―後桃園天皇5―欣子内親王（新清和院）
［閑院宮］直仁親王―典仁親王―光格天皇6―仁孝天皇7―孝明天皇8―明治天皇9―大正天皇10
［伏見宮］貞行親王
桂宮盛仁親王
親子内親王（和宮・静寛院宮）

大正天皇10
├ 昌子内親王
├ 房子内親王
├ 允子内親王
├ 聡子内親王
├ 昭和天皇11
├ ［秩父宮］雍仁親王
├ ［高松宮］宣仁親王
└ ［三笠宮］崇仁親王

昭和天皇11
├ 成子内親王
├ 祐子内親王
├ 和子内親王
├ 厚子内親王
├ 天皇（現）12
├ ［常陸宮］正仁親王
└ 貴子内親王

［三笠宮］崇仁親王
├ 寛仁親王
├ ［桂宮］宜仁親王
├ 容仁親王
└ ［高円宮］憲仁親王

天皇（現）12
├ 徳仁親王―愛子内親王
├ ［秋篠宮］文仁親王―眞子内親王
│　　　　　　　　　├ 佳子内親王
│　　　　　　　　　└ 悠仁親王
└ 清子内親王

❖ 赤松氏略系図

則景―家範―久範―茂則―則村
則村┬範資―光範
　　├貞範―顕則―満貞―貞村
　　├則祐┬義則┬満祐―教康
　　│　　　　└義雅―性存―政則＝義村―晴政―義祐―則房
　　└氏範

❖ 朝倉氏略系図

広景―高景……教景―家景―孝景（敏景）┬氏景―貞景―孝景―義景
　　　　　　　　　　　　　　　　　　└教景（宗滴）

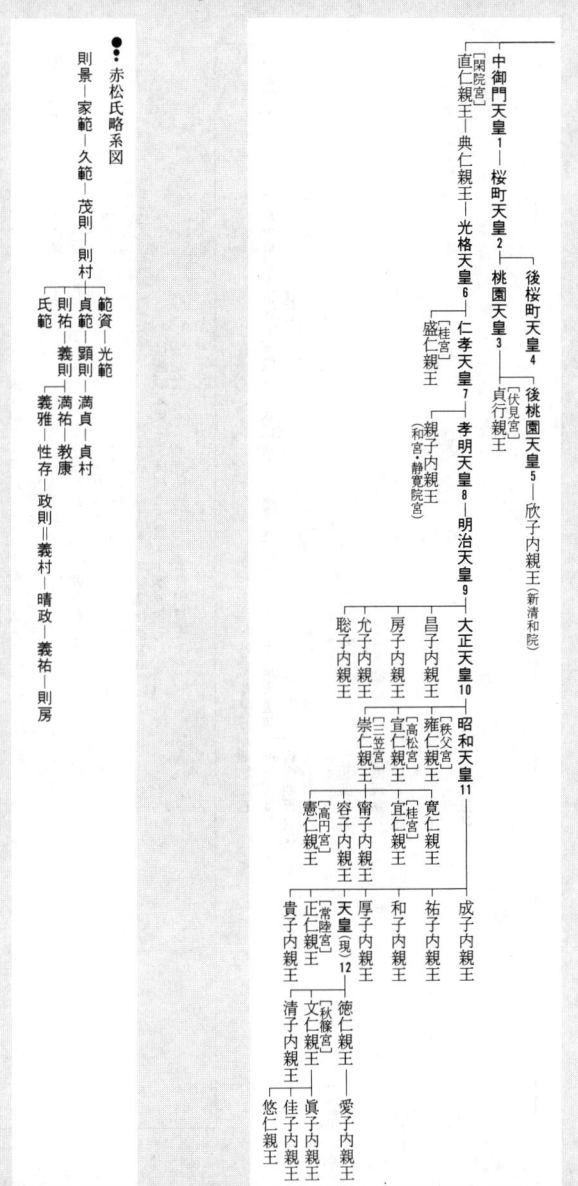

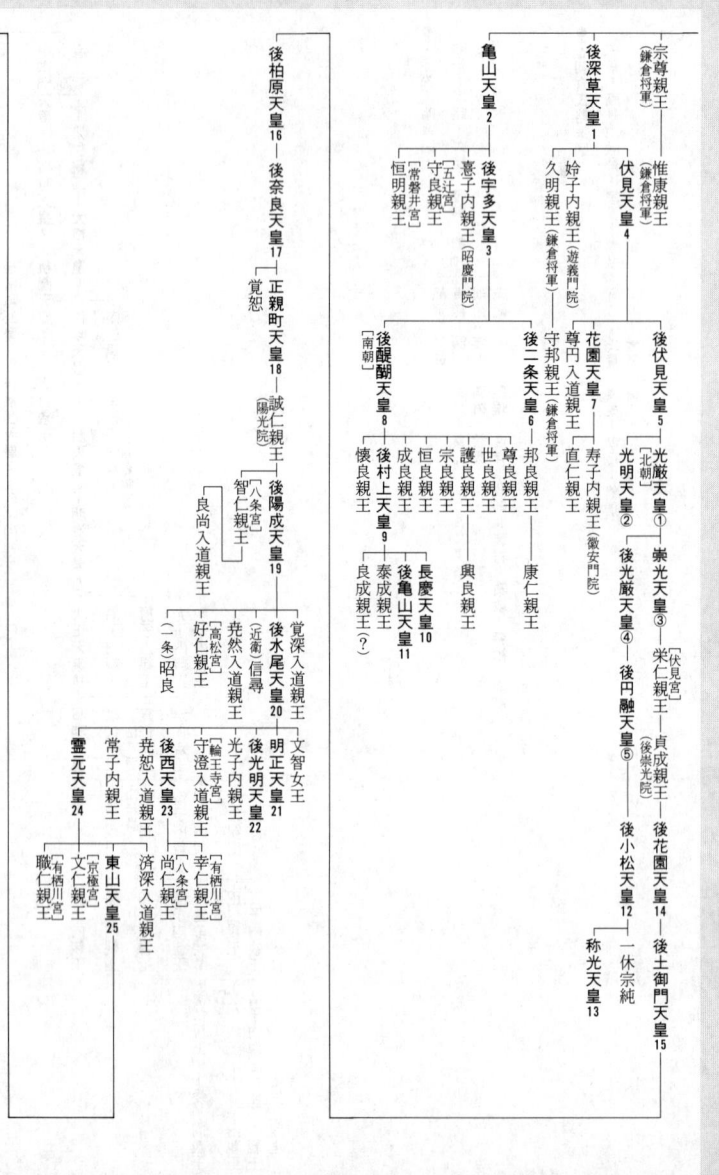

- 後深草天皇 1
  - 宗尊親王（鎌倉将軍）
  - 惟康親王（鎌倉将軍）
  - 伏見天皇 4
    - 後伏見天皇 5
      - 光厳天皇①［北朝］
        - 崇光天皇③
          - 栄仁親王［伏見宮］
            - 貞成親王（後崇光院）
              - 後花園天皇 14
              - 貞常親王［伏見宮］
        - 後光厳天皇④
          - 後円融天皇⑤
            - 後小松天皇 12
              - 称光天皇 13
              - 小川宮
              - 一休宗純
      - 光明天皇②
      - 後光厳天皇（再掲）
    - 花園天皇 7
      - 直仁親王
    - 寿子内親王（徽安門院）
  - 尊円入道親王
  - 守邦親王（鎌倉将軍）
  - 久明親王（鎌倉将軍）
  - 姈子内親王（遊義門院）
- 亀山天皇 2
  - 後宇多天皇 3
    - 後二条天皇 6
      - 邦良親王
      - 康仁親王
    - 後醍醐天皇 8［南朝］
      - 護良親王
      - 世良親王
      - 尊良親王
      - 恒良親王
      - 成良親王
      - 宗良親王
      - 後村上天皇 9
        - 長慶天皇 10
          - 泰成親王
        - 後亀山天皇 11
          - 良泰親王（?）
      - 懐良親王
    - 憙子内親王（昭慶門院）
  - 守良親王
  - 五辻宮守良親王
  - 恒明親王（常磐井宮）
- 後柏原天皇 16
  - 後奈良天皇 17
    - 正親町天皇 18
      - 誠仁親王（陽光院）
        - 後陽成天皇 19
          - 覚深入道親王
          - 後水尾天皇 20
            - 明正天皇 21
            - 後光明天皇 22
            - 後西天皇 23
              - 尚仁親王
              - 幸仁親王
              - 有栖川宮
              - 八条宮
              - 輪王寺宮
              - 守澄入道親王
              - 光子内親王
            - 霊元天皇 24
              - 京極宮
              - 文仁親王
              - 有栖川宮
              - 職仁親王
              - 東山天皇 25
              - 常子内親王
              - 済深入道親王
            - 堯恕入道親王
          - 良尚入道親王
          - 堯然入道親王
          - 好仁親王（高松宮）
          - 近衛信尋
          - 一条昭良
          - 文智女王
          - 八条宮智仁親王
  - 覚恕

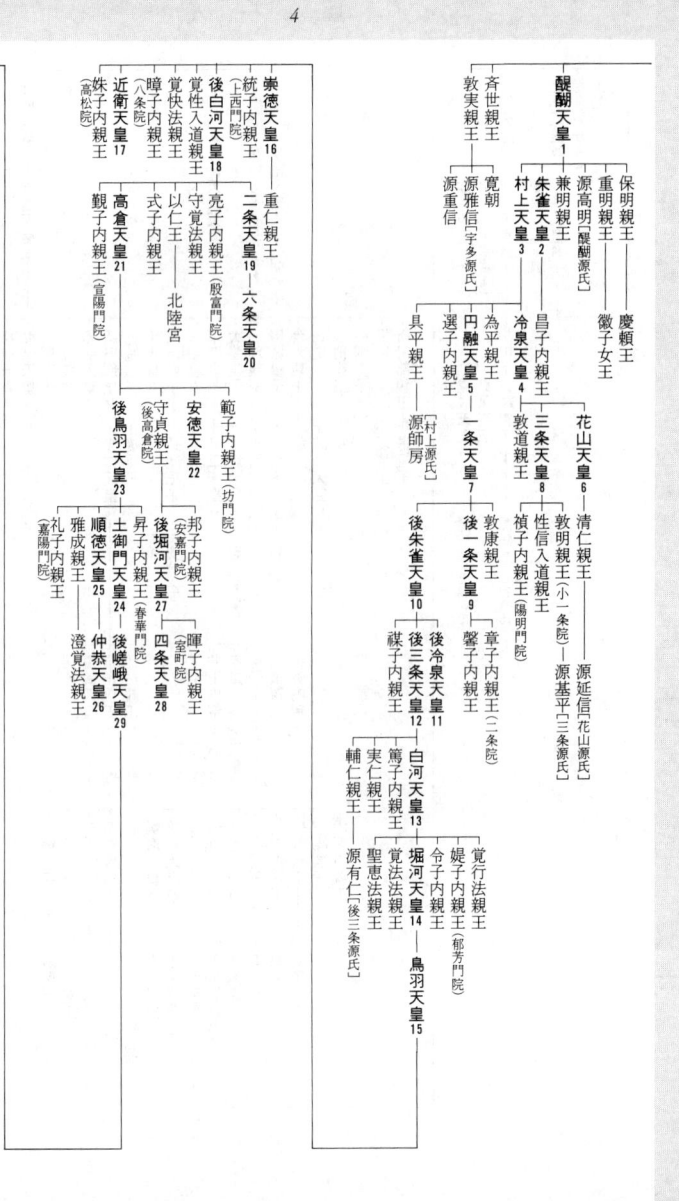

醍醐天皇1
├─保明親王
│ └─慶頼王
├─重明親王
│ └─徽子女王
├─源高明〔醍醐源氏〕
├─朱雀天皇2
├─村上天皇3
│ ├─昌子内親王
│ ├─冷泉天皇4
│ │ ├─為平親王
│ │ ├─円融天皇5──一条天皇7
│ │ ├─選子内親王
│ │ ├─三条天皇8
│ │ │ ├─敦明親王(小一条院)──源基平〔三条源氏〕
│ │ │ ├─敦儀親王
│ │ │ ├─敦平親王
│ │ │ ├─性信入道親王
│ │ │ └─禎子内親王(陽明門院)
│ │ ├─敦道親王
│ │ └─花山天皇6
│ │   ├─清仁親王
│ │   │ └─源有仁〔後三条源氏〕
│ │   └─源延信〔花山源氏〕
│ └─具平親王
│   └─源師房〔村上源氏〕
├─兼明親王
├─源雅信〔宇多源氏〕
├─寛朝
├─源重信
├─敦実親王
└─斉世親王

一条天皇7
├─敦康親王
├─後一条天皇9
│ └─章子内親王(二条院)
├─後朱雀天皇10
│ ├─祐子内親王
│ ├─後冷泉天皇11
│ ├─馨子内親王
│ ├─後三条天皇12
│ │ ├─実仁親王
│ │ ├─輔仁親王
│ │ ├─白河天皇13
│ │ │ ├─媞子内親王(郁芳門院)
│ │ │ ├─令子内親王
│ │ │ ├─覚行法親王
│ │ │ ├─堀河天皇14──鳥羽天皇15
│ │ │ ├─聖恵法親王
│ │ │ └─覚法法親王
│ │ └─篤子内親王

鳥羽天皇15
├─崇徳天皇16
│ └─重仁親王
├─統子内親王(上西門院)
├─後白河天皇18
│ ├─亮子内親王(殷富門院)
│ ├─守覚法親王
│ ├─以仁王
│ │ └─北陸宮
│ ├─式子内親王
│ ├─二条天皇19──六条天皇20
│ ├─覚快法親王
│ ├─高倉天皇21
│ │ ├─範子内親王(坊門院)
│ │ ├─安徳天皇22
│ │ ├─守貞親王(後高倉院)
│ │ │ ├─邦子内親王(安嘉門院)
│ │ │ ├─昇子内親王(春華門院)
│ │ │ └─後堀河天皇27
│ │ │   ├─暉子内親王(室町院)
│ │ │   └─四条天皇28
│ │ └─後鳥羽天皇23
│ │   ├─礼子内親王(嘉陽門院)
│ │   ├─雅成親王
│ │   ├─順徳天皇25
│ │   │ ├─仲恭天皇26
│ │   │ └─忠成王
│ │   ├─土御門天皇24──後嵯峨天皇29
│ │   └─澄覚法親王
│ └─覲子内親王(宣陽門院)
├─暲子内親王(八条院)
├─妹子内親王(高松院)
└─近衛天皇17

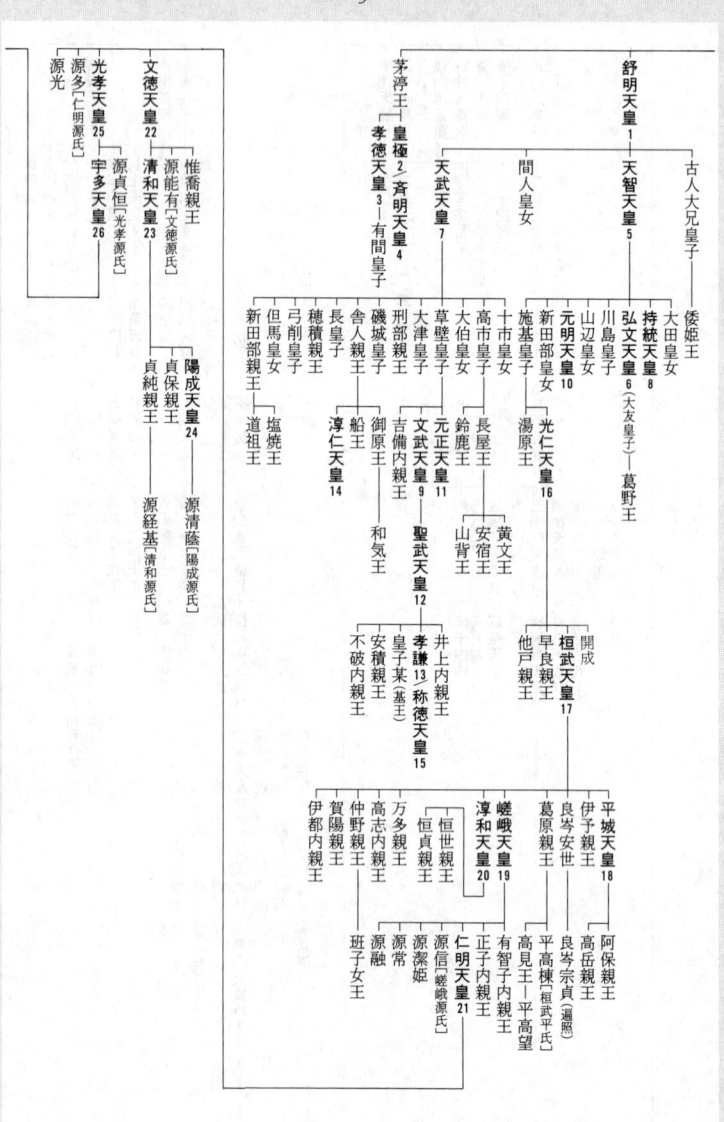

- 舒明天皇 1
  - 古人大兄皇子
  - 倭姫王
  - 大田皇女
  - 天智天皇 5
    - 持統天皇 6（大友皇子）── 葛野王
    - 弘文天皇 8
    - 川島皇子
    - 山辺皇女
    - 新田部皇女
    - 元明天皇 10
  - 間人皇女
  - 天武天皇 7
    - 十市皇女
    - 高市皇子 ── 長屋王 ── 黄文王 / 安宿 / 山背
    - 草壁皇子
      - 元正天皇 9
      - 文武天皇 11 ── 聖武天皇 12
        - 井上内親王
        - 孝謙 13 / 称徳天皇 15
        - 皇子某（基王）
        - 安積親王
        - 不破内親王
    - 大伯皇女
    - 大津皇子
    - 刑部親王
    - 磯城皇子
    - 穂積皇子
    - 長皇子
    - 弓削皇子
    - 舎人親王 ── 御原王 / 吉備内親王 / 船王 / 池田親王 / 三原王 / 淳仁天皇 14
    - 但馬皇女
    - 新田部親王 ── 道祖王 / 塩焼王
- 茅淳王
  - 皇極 2 / 斉明天皇 4
  - 孝徳天皇 3 ── 有間皇子

- 光仁天皇 16
  - 湯原親王
  - 他戸親王
  - 早良親王
  - 開成
  - 桓武天皇 17
    - 平城天皇 18
      - 阿保親王
      - 高岳親王
      - 良岑安世
      - 伊予親王
      - 葛原親王 ── 高見王 ── 平高望
      - 良岑宗貞（遍昭）
      - 平高棟〔桓武平氏〕
    - 嵯峨天皇 19
      - 源信〔嵯峨源氏〕
      - 源常
      - 源潔姫
      - 源融
      - 正子内親王
      - 有智子内親王
      - 仁明天皇 21
      - 班子女王
    - 淳和天皇 20
      - 恒世親王
      - 恒貞親王
      - 高志内親王
      - 仲野親王
      - 万多親王
      - 賀陽親王
      - 伊都内親王

- 文徳天皇 22
  - 惟喬親王
  - 源能有〔文徳源氏〕
  - 清和天皇 23
    - 陽成天皇 24
      - 貞保親王
      - 貞純親王 ── 源経基〔清和源氏〕
    - 源清蔭〔陽成源氏〕
- 光孝天皇 25
  - 源多〔仁明源氏〕
  - 源貞恒〔光孝源氏〕
  - 宇多天皇 26
- 源光

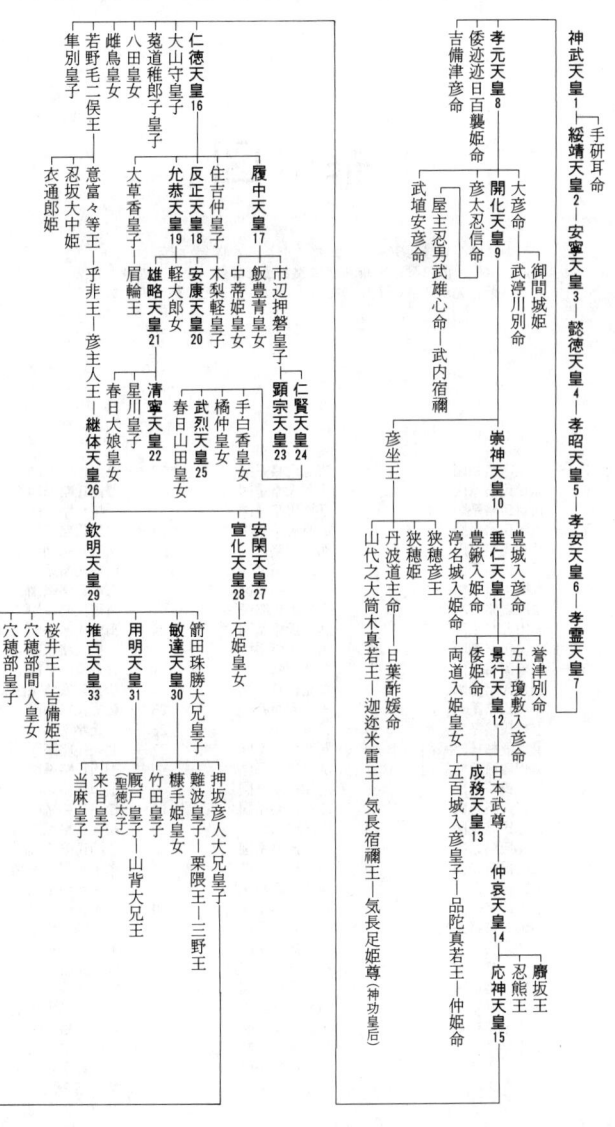

天皇家略系図

数字はページ内における即位順。丸数字は北朝天皇

神武天皇①系統

神武天皇① ─ 綏靖天皇② ─ 安寧天皇③ ─ 懿徳天皇④ ─ 孝昭天皇⑤ ─ 孝安天皇⑥ ─ 孝霊天皇⑦

孝元天皇⑧
├ 倭迹迹日百襲姫命
├ 吉備津彦命
├ 大彦命 ─ 御間城姫
├ 開化天皇⑨
│   ├ 彦太忍信命 ─ 屋主忍男武雄心命 ─ 武内宿禰
│   └ 崇神天皇⑩
│   ├ 豊城入彦命
│   ├ 豊鍬入姫命
│   ├ 倭姫命
│   └ 垂仁天皇⑪ ─ 景行天皇⑫
│   ├ 淳名城入姫命
│   ├ 両道入姫皇女
│   ├ 狭穂彦王
│   ├ 狭穂姫
│   └ 五百城入彦皇子 ─ 品陀真若王 ─ 仲姫命
│   日本武尊 ─ 仲哀天皇⑭ ─ 応神天皇⑮
│   ├ 麛坂王
│   └ 忍熊王
│   成務天皇⑬
│   丹波道主命 ─ 日葉酢媛命
│   彦坐王 ─ 山代之大筒木真若王 ─ 迦迩米雷王 ─ 気長宿禰王 ─ 気長足姫尊（神功皇后）
└ 武埴安彦命

誉津別命
五十瓊敷入命

仁徳天皇⑯系統

仁徳天皇⑯
├ 大山守皇子
├ 菟道稚郎子皇子
├ 八田皇女
├ 雌鳥皇女
├ 若野毛二俣王 ─ 意富々等王 ─ 乎非王 ─ 彦主人王 ─ 継体天皇㉖
├ 隼別皇子
├ 忍坂大中姫
├ 衣通郎姫
├ 履中天皇⑰
│   ├ 市辺押磐皇子
│   │   ├ 仁賢天皇㉔ ─ 手白香皇女
│   │   │   ├ 橘仲皇女
│   │   │   └ 春日山田皇女
│   │   └ 顕宗天皇㉓
│   └ 飯豊青皇女
├ 反正天皇⑱
└ 允恭天皇⑲
    ├ 安康天皇⑳
    ├ 雄略天皇㉑ ─ 清寧天皇㉒
    │   ├ 星川皇子
    │   └ 春日大娘皇女
    ├ 木梨軽皇子
    ├ 軽大郎女
    ├ 中蒂姫命
    ├ 大草香皇子
    ├ 眉輪王
    └ 住吉仲皇子

継体天皇㉖
├ 安閑天皇㉗
├ 宣化天皇㉘ ─ 石姫皇女
└ 欽明天皇㉙
    ├ 箭田珠勝大兄皇子
    ├ 敏達天皇㉚
    │   ├ 押坂彦人大兄皇子
    │   ├ 難波皇子 ─ 栗隈王 ─ 三野王
    │   ├ 糠手姫皇女
    │   ├ 竹田皇子
    │   └ 桜井王 ─ 吉備姫王
    ├ 用明天皇㉛
    │   ├ 厩戸皇子（聖徳太子） ─ 山背大兄王
    │   ├ 来目皇子
    │   └ 当麻皇子
    ├ 推古天皇㉝
    ├ 穴穂部皇子
    ├ 穴穂部間人皇女
    └ 崇峻天皇㉜

系　図

1) 系図の記号は実子を−，養子を＝，省略を…で示した。
2) 〈 〉内は幕末・維新期に改名した藩名。なお，近世大名家で転封先が3藩以上にわたる場合は，最初と最後のみ示した。

2 ── 天皇家略系図	14 ── 菊池氏略系図	22 ── 徳川氏略系図
6 ── 赤松氏略系図	北畠氏略系図	豊臣氏略系図
朝倉氏略系図	京極氏略系図	長尾氏略系図
7 ── 浅野氏略系図	15 ── 清原氏略系図	23 ── 中臣氏略系図
足利氏略系図	九条家略系図	南家略系図
尼子氏略系図	源氏略系図	南部氏略系図
8 ── 有栖川宮家略系図	16 ── 近衛家略系図	二条家略系図
在原氏略系図	小早川氏略系図	新田氏略系図
池田氏略系図	酒井氏略系図	24 ── 畠山氏略系図
伊勢氏略系図	17 ── 相良氏略系図	一橋家略系図
9 ── 一条家略系図	佐竹氏略系図	日野家略系図
一色氏略系図	里見氏略系図	伏見宮家略系図
今川氏略系図	三条家略系図	25 ── 藤原氏略系図
上杉氏略系図	18 ── 式家略系図	26 ── 平氏略系図
扇谷上杉氏略系図	斯波氏略系図	27 ── 北条氏略系図
奥州藤原氏略系図	渋川氏略系図	細川氏略系図
10 ── 大内氏略系図	島津氏略系図	前田氏略系図
大江氏略系図	清水家略系図	28 ── 松平氏略系図
大伴氏略系図	19 ── 尚氏略系図	29 ── 松前氏略系図
大友氏略系図	少弐氏略系図	三浦氏略系図
11 ── 織田氏略系図	菅原氏略系図	御子左家略系図
小野氏略系図	清和源氏略系図	三井家略系図
小山氏略系図	20 ── 蘇我氏略系図	30 ── 三善氏略系図
勧修寺家略系図	鷹司家略系図	村上源氏略系図
12 ── 葛城氏略系図	武田氏略系図	毛利氏略系図
桂宮家略系図	橘氏略系図	物部氏略系図
蒲生氏略系図	21 ── 伊達氏略系図	31 ── 山名氏略系図
閑院宮家略系図	田安家略系図	山内上杉氏略系図
13 ── 桓武平氏略系図	千葉氏略系図	結城氏略系図
紀氏略系図	長宗我部氏略系図	吉田家略系図
	富樫氏略系図	竜造寺氏略系図
		32 ── 林家略系図

●●・方位

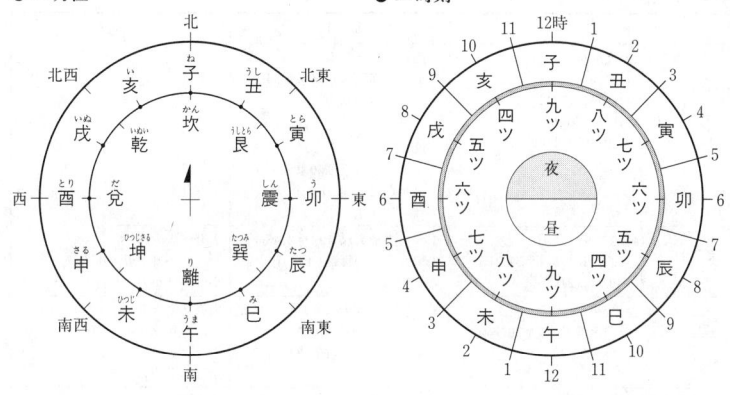

北西　北　北東
　　亥　子　丑
戌　乾　坎　艮　寅
西―酉　兌　　震―卯―東
　　申　坤　離　巽　辰
　　　未　午　巳
南西　南　南東

●●・時刻

12時
11　　1
10　　　2
　亥　子　丑
　　四　九　　寅
9　戌　ツ　ツ　　3
　　五　　八
　　ツ　夜　ツ
8　　　　　　　4
　　六　昼　七
7-酉　ツ　　ツ-卯-6
　　七　　六
　　ツ　　ツ
6　　八　五　　5
　　ツ　ツ　辰
5　申　　　　　7
　　　未　午　巳
4　　　　　　8
　3　2　1　12　11　10　9

●●・干支順位

甲子	乙丑	丙寅	丁卯	戊辰	己巳	庚午	辛未	壬申	癸酉
きのえね	きのとのうし	ひのえとら	ひのとのう	つちのえたつ	つちのとのみ	かのえうま	かのとのひつじ	みずのえさる	みずのとのとり
カッシ	イッチュウ	ヘイイン	テイボウ	ボシン	キシ	コウゴ	シンビ	ジンシン	キユウ

甲戌	乙亥	丙子	丁丑	戊寅	己卯	庚辰	辛巳	壬午	癸未
きのえいぬ	きのとのい	ひのえね	ひのとのうし	つちのえとら	つちのとのう	かのえたつ	かのとのみ	みずのえうま	みずのとのひつじ
コウジュツ	イツガイ	ヘイシ	テイチュウ	ボイン	キボウ	コウシン	シンシ	ジンゴ	キビ

甲申	乙酉	丙戌	丁亥	戊子	己丑	庚寅	辛卯	壬辰	癸巳
きのえさる	きのとのとり	ひのえいぬ	ひのとのい	つちのえね	つちのとのうし	かのえとら	かのとのう	みずのえたつ	みずのとのみ
コウシン	イツユウ	ヘイジュツ	テイガイ	ボシ	キチュウ	コウイン	シンボウ	ジンシン	キシ

甲午	乙未	丙申	丁酉	戊戌	己亥	庚子	辛丑	壬寅	癸卯
きのえうま	きのとのひつじ	ひのえさる	ひのとのとり	つちのえいぬ	つちのとのい	かのえね	かのとのうし	みずのえとら	みずのとのう
コウゴ	イツビ	ヘイシン	テイユウ	ボジュツ	キガイ	コウシ	シンチュウ	ジンイン	キボウ

甲辰	乙巳	丙午	丁未	戊申	己酉	庚戌	辛亥	壬子	癸丑
きのえたつ	きのとのみ	ひのえうま	ひのとのひつじ	つちのえさる	つちのとのとり	かのえいぬ	かのとのい	みずのえね	みずのとのうし
コウシン	イッシ	ヘイゴ	テイビ	ボシン	キュウ	コウジュツ	シンガイ	ジンシ	キチュウ

甲寅	乙卯	丙辰	丁巳	戊午	己未	庚申	辛酉	壬戌	癸亥
きのえとら	きのとのう	ひのえたつ	ひのとのみ	つちのえうま	つちのとのひつじ	かのえさる	かのとのとり	みずのえいぬ	みずのとのい
コウイン	イツボウ	ヘイシン	テイシ	ボゴ	キビ	コウシン	シンユウ	ジンジュツ	キガイ

●・度量衡

	度(長さ)	面積	量(容積)
令制以前	尺 ＝高麗尺 　　＝令大尺 　　＝曲尺1.173尺＝37.1cm 古周尺＝曲尺0.64尺＝20.2cm 漢尺　＝曲尺0.8尺＝25.3cm	1代(しろ)＝5歩 1歩＝方高麗尺6尺＝4.96m² 1束＝1代の収穫 　　＝大升1升 1段＝50代 　　＝250歩(穫稲50束) 1束＝10把 　　＝10斤	斗 升
大宝令制 (七〇二年)	大尺(測地のみ) 　　＝曲尺1.173尺＝37.1cm 　　＝小尺1.2尺	1歩＝方令大尺5尺＝3.45m² 1束＝5歩の穫稲(不成斤)	大升＝唐大升 　　＝小升3升＝0.71ℓ 小升＝唐小升
和銅の制 (七一三年)	大尺　＝令小尺 　　　＝曲尺0.978尺＝30.9cm 　　　＝小尺1.2尺	1歩＝方和銅大尺6尺＝3.45m² 　　(＝令小尺6尺) 1束＝7.3歩の穫稲(成斤)	大升＝令大升 　　＝新京枡0.396升 　　＝小升3升＝0.71ℓ 小升＝令小升
平安時代～戦国期	鉄尺　＝曲尺31.6cm 竹尺　＝長尺 　　　＝曲尺1.15尺＝36.4cm 裏尺　＝曲尺1.41尺 古尺　＝曲尺0.98尺 叡山尺＝曲尺0.76尺 高野尺＝曲尺0.79尺 菊尺　＝曲尺0.45尺 北条氏分国　1里＝6町 今川氏分国　1里＝60町 武田氏分国　1里＝6または36町 山陽道　　　1里＝48または72町 筑前　　　　1里＝50町	[西国,北陸の一部] 　　　　　1段＝50代 　　　　　1代＝6歩 [播磨]　　1段＝50束 　　　　　1束＝10把 [加賀・能登]1段＝100束 [北陸・東北]1段＝100刈 [越後]　　1段＝600刈 1歩＝方鉄尺6尺＝3.60m²	宣旨枡 　1升＝新京枡0.45升＝0.81ℓ 民部省厨斗・武佐枡 　1升＝新京枡0.8升＝1.44ℓ 古京枡 　1升＝新京枡0.96升＝1.74ℓ 三井寺枡(山門枡・大津枡) 　1升枡(方4.85寸・深2.3寸) 　　＝新京枡0.83升 供用枡(伊勢外宮) 大升(方4.8寸・深2.3寸) 大升1升＝新京枡0.82升 小升(方2.4寸・深1.4寸) 小升1升＝新京枡0.124升 安藤枡 　1升＝新京枡1.2升
江戸時代	曲尺　＝鯨尺0.8尺＝31.6cm 鯨尺　＝曲尺1.25尺＝39.5cm 呉服尺＝曲尺1.2尺＝38.0cm 又四郎尺＝曲尺0.938尺＝29.7cm 享保尺＝曲尺0.978尺＝30.9cm 折衷尺＝曲尺0.958尺＝30.3cm 裏尺　＝曲尺1.7142尺 菊尺　＝曲尺0.64尺 文尺(足袋尺)＝曲尺0.8尺	[太閤検地] 　1歩＝方1間 　　　＝方曲尺6.3尺＝3.97m² [慶長以後] 　1歩＝方1間 　　　＝方曲尺6尺＝3.60m²	新京枡＝1.8ℓ 江戸枡 　1升＝新京枡0.964升 　　＝1.74ℓ 甲州枡 　1升＝新京枡3升＝5.39ℓ 伊奈十合枡(対馬) 　1升＝新京枡1.394升
明治期	[明治8(1875)] 　法定尺＝折衷尺＝30.3cm [明治9(1876)] 　1里＝36町	[地租改正(明治6＝1873)] 　1町＝10段 　1段＝10畝 　1畝＝30坪(歩) 　1坪＝方曲尺6尺＝3.30m²	[明治8(1875)] 　法定枡＝新京枡 　　＝64,827立方分 　　＝1.8ℓ

前近代の度量衡については異説が多く，本表は一応の目安である。またメートル法への換算などは近似値の場合が多い。

衡(重さ)
両
大両(銀・銅・穀) 　＝小両3両 大斤＝小斤3斤
大両＝小両3両 　＝10匁 小両(湯薬のみ)
綿　1屯＝4両 絹　1疋＝350匁 稲　1束＝大10斤 　　　(穀米1斗,舂米5升) 鉄　1廷＝3斤5両
京目　　1両＝4.5匁 田舎目　1両＝4.7匁
唐目　　1斤＝160匁 大和目　1斤＝180匁 口目　　1斤＝200匁 山目　　1斤＝230または250匁
[明治8 (1875)] 　1斤＝16両＝600g 　1両＝4分＝37.5g 　1分＝6銖(朱)

長　さ　　　[明治以降]
1丈　＝10尺　＝ 3.03m 1尺　＝10寸　＝ 30.3cm 1寸　＝10分　＝ 3.03cm 1分　＝10厘　＝ 3.03mm 1厘　＝10毫　＝ 0.30mm 大1里＝36町　＝3,927m 小1里＝ 6町 1町　＝60間(歩)＝109.09m 1間　＝ 6尺　＝ 1.8181m

地　積　　　[太閤検地以降][明治以降]
1町　＝ 10段(反)　　　　＝9,910m² 1段　＝360歩　＝300歩　＝ 991m² 大　　＝240歩　＝200歩 半(中)＝180歩　＝150歩 小　　＝120歩　＝100歩
1段　＝10畝 1畝　　　　　＝30歩　＝99.1m² 1歩(坪)　　　＝方6尺　＝ 3.3m²

容　積　　　[明治以降]
1斛(石)＝10斗＝180.39ℓ 1斗　＝10升＝ 18.04ℓ 1升　＝10合＝ 1.80ℓ 1合　＝10勺＝180.39mℓ

重　さ　　　[明治以降]
1斤＝16両　　＝ 600g 1両＝4分　　＝37.5g 1分＝6銖(朱)＝ 9.4g 1銖　　　　　＝ 1.6g 1貫＝1000匁　＝3.75kg
1両＝10匁

山川 日本史小辞典(新版)

	2001年5月1日　第1版第1刷発行
	2007年3月10日　第1版第4刷発行
編　者	日本史広辞典編集委員会
発行者	野澤伸平
発行所	株式会社　山川出版社
	〒101-0047 東京都千代田区内神田1-13-13
	電話　03(3293)8131(営業)
	03(3293)8135(編集)
	http://www.yamakawa.co.jp/
	振替　00120-9-43993
印刷・製本	図書印刷株式会社
装　幀	菊地信義

Ⓒ 2001 Printed in Japan　　ISBN 978-4-634-62040-7

落丁本・乱丁本などがございましたら，小社営業部宛にお送り下さい。送料小社負担でお取替えします。定価はケースに表示してあります。